UMA VISÃO HUMANISTA DO DIREITO
HOMENAGEM AO PROFESSOR MARÇAL JUSTEN FILHO

A Editora Fórum, consciente das questões sociais e ambientais, utiliza, na impressão deste material, papéis certificados FSC® (*Forest Stewardship Council*).

A certificação FSC é uma garantia de que a matéria-prima utilizada na fabricação do papel deste livro provém de florestas manejadas de maneira ambientalmente correta, socialmente justa e economicamente viável.

MONICA SPEZIA JUSTEN
CESAR PEREIRA
MARÇAL JUSTEN NETO
LUCAS SPEZIA JUSTEN

Coordenação Geral

UMA VISÃO HUMANISTA DO DIREITO
HOMENAGEM AO PROFESSOR MARÇAL JUSTEN FILHO

Volume 1

Marçal Justen Filho: a pessoa e o jurista
Coordenação temática: Fernão Justen de Oliveira

Direito Administrativo Geral
Coordenação temática: André Guskow Cardoso e Karlin Olbertz Niebuhr

Controle e Direito Administrativo Sancionador
Coordenação temática: Benjamin Zymler

Belo Horizonte

2025

© 2025 Editora Fórum Ltda.

É proibida a reprodução total ou parcial desta obra, por qualquer meio eletrônico, inclusive por processos xerográficos, sem autorização expressa do Editor.

Conselho Editorial

Adilson Abreu Dallari	Floriano de Azevedo Marques Neto
Alécia Paolucci Nogueira Bicalho	Gustavo Justino de Oliveira
Alexandre Coutinho Pagliarini	Inês Virgínia Prado Soares
André Ramos Tavares	Jorge Ulisses Jacoby Fernandes
Carlos Ayres Britto	Juarez Freitas
Carlos Mário da Silva Velloso	Luciano Ferraz
Cármen Lúcia Antunes Rocha	Lúcio Delfino
Cesar Augusto Guimarães Pereira	Marcia Carla Pereira Ribeiro
Clovis Beznos	Márcio Cammarosano
Cristiana Fortini	Marcos Ehrhardt Jr.
Dinorá Adelaide Musetti Grotti	Maria Sylvia Zanella Di Pietro
Diogo de Figueiredo Moreira Neto (*in memoriam*)	Ney José de Freitas
Egon Bockmann Moreira	Oswaldo Othon de Pontes Saraiva Filho
Emerson Gabardo	Paulo Modesto
Fabrício Motta	Romeu Felipe Bacellar Filho
Fernando Rossi	Sérgio Guerra
Flávio Henrique Unes Pereira	Walber de Moura Agra

Luís Cláudio Rodrigues Ferreira
Presidente e Editor

Coordenação editorial: Leonardo Eustáquio Siqueira Araújo
Revisão: Gabriela Sbeghen
Capa, projeto gráfico e diagramação: Walter Santos

Rua Paulo Ribeiro Bastos, 211 – Jardim Atlântico – CEP 31710-430
Belo Horizonte – Minas Gerais – Tel.: (31) 99412.0131
www.editoraforum.com.br – editoraforum@editoraforum.com.br

Técnica. Empenho. Zelo. Esses foram alguns dos cuidados aplicados na edição desta obra. No entanto, podem ocorrer erros de impressão, digitação ou mesmo restar alguma dúvida conceitual. Caso se constate algo assim, solicitamos a gentileza de nos comunicar através do *e-mail* editorial@editoraforum.com.br para que possamos esclarecer, no que couber. A sua contribuição é muito importante para mantermos a excelência editorial. A Editora Fórum agradece a sua contribuição.

Dados Internacionais de Catalogação na Publicação (CIP) de acordo com ISBD

U48	Uma visão humanista do direito: homenagem ao Professor Marçal Justen Filho / Monica Spezia Justen, Cesar Pereira, Marçal Justen Neto, Lucas Spezia Justen (coord). Belo Horizonte: Fórum, 2025. v. 1.
	1.038 p. 17x24cm
	v. 1
	ISBN impresso 978-65-5518-918-6
	ISBN digital 978-65-5518-919-3
	1. Direito Administrativo Geral. 2. Controle. 3. Direito Administrativo Sancionador. I. Justen, Monica Spezia. II. Pereira, Cesar. III. Justen Neto, Marçal. IV. Justen, Lucas Spezia. V. Título.
	CDD: 342
	CDU: 342

Ficha catalográfica elaborada por Lissandra Ruas Lima – CRB/6 – 2851

Informação bibliográfica deste livro, conforme a NBR 6023:2018 da Associação Brasileira de Normas Técnicas (ABNT):

JUSTEN, Monica Spezia; PEREIRA, Cesar; JUSTEN NETO, Marçal; JUSTEN, Lucas Spezia (coord.). *Uma visão humanista do direito*: homenagem ao Professor Marçal Justen Filho. Belo Horizonte: Fórum, 2025. v. 1. 1.038 p. ISBN 978-65-5518-918-6.

Sobre o homenageado

Marçal Justen Filho graduou-se em Direito pela UFPR em 1977. Doutor e Mestre em Direito Público pela Pontifícia Universidade Católica de São Paulo. Advogado, árbitro e parecerista. Professor titular da Faculdade de Direito da Universidade Federal do Paraná de 1986 a 2006. *Visiting Fellow* no Instituto Universitário Europeu (Itália, 1999) e *Research Scholar* na Yale Law School (EUA, 2010/2011). Professor do IDP, em Brasília.

SUMÁRIO

NOTA DOS COORDENADORES
**MONICA SPEZIA JUSTEN, CESAR PEREIRA, MARÇAL JUSTEN NETO,
LUCAS SPEZIA JUSTEN**.. 29

A PESSOA E O JURISTA MARÇAL JUSTEN FILHO
(Coordenador: Fernão Justen de Oliveira)

A OBRA DE MARÇAL JUSTEN FILHO NOS TRIBUNAIS BRASILEIROS: UM
MAPEAMENTO DAS CITAÇÕES
LUCAS SPEZIA JUSTEN, MONICA SPEZIA JUSTEN.. 33

1	A trajetória do Professor Marçal Justen Filho – Monica Spezia Justen	33
1.1	Inspiração para se tornar professor e frutos desse trabalho	34
1.2	Momentos importantes que compartilhamos relacionados ao magistério do Marçal	36
1.3	E o amor?	38
1.4	Como seu trabalho impactou a vida de nossa família?	38
1.5	2014	39
2	Marçal: Pai e Professor – Lucas Spezia Justen	39
3	Estudo e metodologia	42
4	Tribunais Superiores e Tribunal de Contas da União	44
5	Tribunais de Justiça	45
6	Tribunais Regionais Federais	48
7	Tribunais de Contas dos Estados, dos Municípios dos Estados e dos Municípios	49
8	Tribunais Regionais Eleitorais	50
9	Tribunais Regionais do Trabalho	51
10	Outros tribunais, órgãos deliberativos e câmaras arbitrais	51
11	Pesquisa de citações de obras	52
12	Considerações finais	53
	Referências	54

MARÇAL JUSTEN FILHO: A JORNADA INICIAL QUE EU VI
RUY FERNANDO DE OLIVEIRA... 57

ADMINISTRATIVISTA POR ACASO

CARLOS ARI SUNDFELD, ANDRÉ ROSILHO, YASSER GABRIEL 61

1	O caipira na academia	61
2	O comentador	66
3	O manualista	70
	Referências	74

MARÇAL JUSTEN FILHO: JURISTA E CIDADÃO

CLÈMERSON MERLIN CLÈVE... 77

1	Palavras iniciais	77
2	A teoria do direito	78
3	A filosofia constitucional	79
4	A leitura do desenho constitucional	81
5	A Administração Pública e direito administrativo	82
6	Marçal, jurista e cidadão	84
	Referências	85

CELEBRANDO MARÇAL JUSTEN FILHO: VIDA, OBRA E IMPACTO NO IDP

FRANCISCO SCHERTEL MENDES, ATALÁ CORREIA.. 87

	Introdução	87
I	Uma vida e trajetória acadêmica de inspiração: o Professor Marçal	88
II	Aqueles que nos constituem: a relação do Professor Marçal com o IDP	93
	Conclusão: o legado de Marçal Justen Filho no IDP e no direito brasileiro	95
	Referências	95

DIREITO ADMINISTRATIVO GERAL

(Coordenadores: André Guskow Cardoso e Karlin Olbertz Niebuhr)

EXTRAVASAMENTO DE SUAS COMPETÊNCIAS PELO SUPREMO TRIBUNAL FEDERAL

ADILSON ABREU DALLARI 99

1	Direitos e garantias na Constituição Federal	99
2	Violação de competências e garantias pelo Judiciário	100
3	Alargamento artificial da competência básica e fundamental do Poder Judiciário	102
4	O problema das arguições de descumprimento de preceito fundamental	103
5	A insatisfação popular com os resultados do pleito presidencial de 2022	104
6	O desbordamento acentuado das competências do STF	107
7	Conclusões	107

APROVAÇÃO TÁCITA DE ATOS PÚBLICOS DE LIBERAÇÃO DE ATIVIDADES ECONÔMICAS (EFEITOS POSITIVOS DO SILÊNCIO ADMINISTRATIVO) NO DIREITO POSITIVO BRASILEIRO

ALEXANDRE SANTOS DE ARAGÃO 109

I	Introdução	109
II	Aprovação tácita de atos de liberação de atividade econômica no art. 3º, IX, da Lei de Liberdade Econômica	111
III	Regulamentação da aprovação tácita pelo Decreto nº 10.178/2019	116
III.1	Dever de cada entidade densificar customizadamente as exceções do §3º do art. 10 do Decreto nº 10.178/2019	120
III.2	Início da contagem com a apresentação dos elementos necessários à instrução do processo	121
III.3	Direito ao reconhecimento da aprovação tácita após o decurso do prazo	123
IV	Conclusões	124
	Referências	125

DIREITO ADMINISTRATIVO DIGITAL E OS CONTORNOS DE UM MODELO DE GOVERNANÇA INFORMACIONAL

ANA CRISTINA AGUILAR VIANA 127

1	Introdução	127
2	A governança enquanto categoria de uma administração pública digital	129
3	As hierarquias de governança	130
4	A governança política como direcionadora da governança e a gestão de dados	133
5	O desafio da governança de dados em um modelo federativo	135
6	Considerações finais	138
	Referências	139

O PRINCÍPIO DA IMPESSOALIDADE ADMINISTRATIVA E A INTELIGÊNCIA ARTIFICIAL

ANDRÉ CYRINO, MARCUS VINICIUS BARBOSA 143

I	Introdução: um axioma e uma tecnologia	143
II	Breve notas sobre inteligência artificial	145
III	Breves notas sobre o princípio da impessoalidade na Administração Pública	148
IV	Inteligência artificial, Direito Administrativo e impessoalidade	152
V	Como a inteligência artificial pode aperfeiçoar a concretização do princípio da impessoalidade na prática	154
VI	Conclusão	156
	Referências	157

QUEM PAGA? O CONSEQUENCIALISMO (PRAGMATISMO) NO PENSAMENTO E NA OBRA DE MARÇAL JUSTEN FILHO

ANDRÉ GUSKOW CARDOSO..161

1   Uma breve explicação inicial: revelações necessárias..161

2   A origem da expressão...161

3   Consequencialismo muito antes da LINDB..162

4   O pensamento consequencialista de Marçal Justen Filho...162

4.1   Consequencialismo e método pragmático...162

4.2   Consequencialismo e eficiência econômica..163

4.3   Consequencialismo no direito tributário..163

4.4   Consequencialismo e desconsideração da personalidade jurídica................................164

4.5   Licitações e consequencialismo..164

4.6   Consequencialismo nos contratos administrativos...167

4.7   Consequencialismo e responsabilidade estatal: os precatórios e o regime instituído pela Emenda Constitucional nº 62/2009...168

4.8   Atividade regulatória e consequencialismo...169

4.9   Método pragmático e a Lei de Improbidade Administrativa..170

4.10   Concessões de serviço público: o pensamento consequencialista na matéria.............170

4.11   Os riscos e limites do consequencialismo...172

5   Consagração legislativa pela LINDB..173

6   A relevância do pensamento e da interpretação consequencialista...............................173

7   Insuficiência da previsão legal: necessidade de uma verdadeira cultura jurídica pragmático-consequencialista..174

8   Conclusão: quem paga?...174

RESPONSABILIDADE CIVIL EXTRACONTRATUAL DO ESTADO: POR UM TRATAMENTO LEGISLATIVO UNIFICADO

ANTONIO ANASTASIA, FLÁVIO UNES...175

1   Introdução..175

2   Aspectos materiais..178

2.1   Elementos fundamentais da responsabilidade civil extracontratual do Estado: ação ou omissão administrativa, dano e nexo de causalidade...178

2.2   Responsabilidade subjetiva por omissão..180

2.3   Atos judiciais, legislativos e das funções essenciais à Justiça..181

2.4   Excludentes de responsabilidade..185

2.5   Direito de regresso..186

3   Aspectos processuais..187

3.1   Legitimidade passiva...187

3.2   Denunciação da lide...188

4   Possibilidade de ressarcimento do dano pela via administrativa..................................189

5	Tratamento legislativo unificado	189
	Referências	198

A ADMINISTRAÇÃO PÚBLICA DA REALIDADE. ESTUDO EM HOMENAGEM AO PROFESSOR MARÇAL JUSTEN FILHO

CARMEN SILVIA LIMA DE ARRUDA 201

1	Introdução	201
2	Supremacia dos direitos fundamentais	203
2.1	Dignidade da pessoa humana	204
2.2	Mínimo existencial	206
3	A realidade dos vulneráveis	207
3.1	Vulnerabilidade concreta	208
3.2	Constitucionalização das vulnerabilidades	208
3.3	Políticas e programas	209
3.3.1	Programa Bolsa Família	210
3.3.2	Política Nacional de Atenção Básica	210
3.3.3	Programa Nacional de Assistência Estudantil	211
4	Conclusão	211
	Referências	212

AINDA E SEMPRE O ATO ADMINISTRATIVO

EDSON RIBAS MALACHINI 215

1	Essência da distinção entre ato administrativo e sentença	215
2	A anulação dos próprios atos pela Administração	216
3	Falta de conceituação diversa da invalidade no Direito Administrativo, assim como no Direito Processual Civil	223
4	A revogação	227
5	A jurisprudência do Supremo Tribunal em torno da Súmula nº 473	228
	Referências	230

CONTROLE INFORMACIONAL DA DISCRICIONARIEDADE ADMINISTRATIVA

EURICO BITENCOURT NETO 231

1	Nota introdutória	231
2	O que é discricionariedade administrativa	231
3	Controle da discricionariedade administrativa em um Direito Administrativo informacional	238
4	Nota conclusiva	242
	Referências	242

O PENSAMENTO DE MARÇAL JUSTEN FILHO NA CONFORMAÇÃO DA TEORIA BRASILEIRA DO DIREITO ADMINISTRATIVO CONTEMPORÂNEA
FERNANDO MENEZES DE ALMEIDA 245

1   Apresentação 245

2   Proposta de compreensão de uma teoria brasileira do direito administrativo 245

3   Os direitos fundamentais como elemento central de uma nova vertente da teoria do direito administrativo 249

4   Exemplo de reflexo prático do uso da teoria: o controle de legalidade da ação administrativa 252

5   Uma "escola" dos direitos fundamentais? 254

    Referências 254

REGIME JURÍDICO DOS REGULAMENTOS: AS NECESSÁRIAS DISTINÇÕES ENTRE LEI, REGULAMENTO E ATO ADMINISTRATIVO
FLAVIO JOSÉ ROMAN 257

1   Introdução 257

1.1   Função dos conceitos jurídicos 261

2   A lei e o regulamento 263

2.1   Sentido material e formal da palavra *lei* 263

2.2   Conteúdo da lei: ato administrativo na forma de lei 264

2.3   Princípios que presidem a relação entre lei e regulamento 267

2.3.1   Princípio da primazia da lei 268

2.3.2   Princípio da reserva material e formal da lei 268

2.4   A diferenciação entre a lei e o regulamento 269

2.4.1   A criação do direito pela via regulamentar 271

3   O regulamento e o ato administrativo 276

3.1   Dificuldades decorrentes da indiferenciação 276

3.2   Notas distintivas entre regulamento e ato administrativo 279

3.2.1   Princípio da inderrogabilidade singular dos atos regulamentares 291

3.3   Proposta de conceituação 292

4   Conclusão: o regime jurídico do regulamento 298

    Referências 300

SEGURANÇA JURÍDICA EM TEMPOS DE INCERTEZA
FLORIANO DE AZEVEDO MARQUES NETO 303

    Introdução: uma homenagem mais que merecida 303

    Segurança jurídica, essa nossa desconhecida íntima 305

A GESTÃO DEMOCRÁTICA DAS CIDADES NA PERSPECTIVA DO DIREITO ADMINISTRATIVO DE ESPETÁCULO

JEFFERSON LEMES DOS SANTOS 309

1   Introdução 309

2   A gestão democrática no Estatuto das Cidades 312

3   Os canais de participação 314

4   A falta de efetividade da gestão democrática 315

5   Gestão democrática e Direito Administrativo de Espetáculo: uma releitura necessária 317

6   Conclusão 318

     Referências 318

INTELIGÊNCIA ARTIFICIAL: PERSPECTIVAS DE USO E ABUSO NO EXERCÍCIO DAS FUNÇÕES PÚBLICAS

JESSÉ TORRES PEREIRA JUNIOR 321

1   Controvérsias mundiais sobre a IA como ferramenta de aperfeiçoamento de gestão; da normatização ao incentivo e implementação nos processos judiciais e administrativos 321

2   Da necessidade de sistemas eletrônicos interoperáveis; do uso da *blockchain* no sistema de armazenamento, troca e validação de dados e informações 328

3   Entraves, resistências e desafios operacionais 333

4   Responsabilização 336

5   Conclusão 337

     Referências 337

DECISÃO ALGORÍTMICA NO ÂMBITO DA PREVIDÊNCIA SOCIAL BRASILEIRA: O QUE É E COMO ATUA O ROBÔ ISAAC?

JOSÉ SÉRGIO DA SILVA CRISTÓVAM, MARCELO BOSS FÁBRIS 343

1   Considerações iniciais 343

2   Decisão algorítmica no âmbito da Administração Pública 344

3   Parâmetros mínimos da decisão administrativa algorítmica 348

4   A decisão algorítmica no âmbito da Previdência Social brasileira 353

5   Considerações finais 358

     Referências 360

CONCEITOS INVENTADOS DE DIREITO ADMINISTRATIVO

JOSÉ VICENTE SANTOS DE MENDONÇA 363

I   Introdução: a inovação do jurista e o jurista da inovação 363

II   Conceitos inventados de direito administrativo 364

III   Como fazer coisas com conceitos de direito administrativo 368

IV   Encerramento 370

     Referências 370

BALIZAS PARA A RESPONSABILIDADE ADMINISTRATIVA DO SERVIDOR PÚBLICO POR ATOS DA VIDA PRIVADA

LEILA CUÉLLAR 373

1   Considerações iniciais 373

2   Responsabilidade administrativa do servidor público 373

3   Processo administrativo disciplinar e atos da vida privada – Limites 377

4   Observações finais 384

    Referências 385

AS ENTIDADES DO "TERCEIRO SECTOR" E A ORGANIZAÇÃO ADMINISTRATIVA DA SEGURANÇA SOCIAL EM PORTUGAL

LICÍNIO LOPES MARTINS 387

1   Introdução 387

2   A base constitucional e legal do Estatuto do "terceiro sector" 389

3   A delimitação legal do "terceiro sector" 390

3.1   Os tipos legais de IPSS e a delimitação estatutária de actividades 390

3.2   Alguns aspectos do "modelo legal de governação" 393

4   A Jurisprudência do Tribunal de Justiça da União Europeia (TJUE) e a Directiva 2014/24/UE 398

5   A jurisprudência do Tribunal Constitucional português 400

6   A organização administrativa da segurança social e da saúde e a cooperação com as entidades do "terceiro sector" 402

6.1   Alguns princípios e pressupostos fundamentais da cooperação 402

6.2   As áreas típicas de cooperação 403

    Referências 407

SERVIÇOS SOCIAIS AUTÔNOMOS E SEUS CONTORNOS JURÍDICOS: ATIVIDADES NÃO EXCLUSIVAS DE ESTADO E LIBERDADE DE FORMAS

LUCIANO FERRAZ 409

1   Introdução 409

2   Desenvolvimento 411

3   Conclusão 418

    Referências 418

SUSTENTABILIDADE, GOVERNANÇA E DIREITO ADMINISTRATIVO

MARIA CRISTINA CESAR DE OLIVEIRA 421

1   Introdução 421

2   Sustentabilidade 422

2.1   No plano internacional 422

2.2   Sustentabilidade complexa 424

3	Governança pública	426
4	O direito administrativo	427
4.1	Função administrativa	427
4.2	Princípios jurídicos da Administração	428
4.3	Os princípios jurídicos e o art. 20 da Lei de Introdução ao Direito Brasileiro – LINDB	433
5	À guisa de conclusão	435
	Referências	435

ADMINISTRAÇÃO DIRETA: ESSA DESCONHECIDA
PAULO MODESTO ... 437

1	Uma palavra sobre Marçal	437
2	A administração direta na Constituição Federal	437
3	Administração direta como Hidra de Lerna	438
4	Administração direta: uma definição breve	439
4.1	Dos fins múltiplos	439
4.2	Da concretização da função administrativa imediata das entidades políticas da federação em qualquer dos Poderes	440
4.3	Da presença de vínculos de coordenação e hierárquico	441
4.4	Do regime de direito público	443
5	Continuidade e descontinuidade da administração direta	444
5.1	Do órgão temporário de transição administrativa	444
5.2	Da ampliação do processo de transição administrativa na administração direta	447

PANORAMA GERAL DA RESPONSABILIDADE CIVIL DO ESTADO NO BRASIL: PROJEÇÕES SOBRE O FUTURO DA RESPONSABILIDADE PÚBLICA
RAFAEL CARVALHO REZENDE OLIVEIRA ... 449

1	Introdução	449
2	Fonte constitucional da responsabilidade civil do Estado	450
3	Fundamentos da responsabilidade civil objetiva do Estado	451
4	Pressupostos da responsabilidade civil e causas excludentes	452
5	Responsabilidade civil por ato lícito	453
6	Omissão genérica *v.* omissão específica	455
7	Responsabilidade objetiva do Estado e responsabilidade subjetiva dos agentes públicos	457
8	Projeções sobre o futuro da responsabilidade pública no Brasil	459
9	Conclusão	459
	Referências	461

LOTERIAS ESTADUAIS, CONCESSÃO POR CREDENCIAMENTO E A CONTRIBUIÇÃO DE MARÇAL JUSTEN FILHO PARA A DELEGAÇÃO DO SERVIÇO PÚBLICO LOTÉRICO

RICARDO DE PAULA FEIJÓ 463

1	Introdução	463
2	O serviço lotérico no Brasil e a decisão do STF de 2020	463
2.1	O que é a atividade de loteria	463
2.2	A legislação federal sobre loteria e a competência exclusiva da União	464
2.3	A natureza de serviço público da atividade lotérica	465
2.4	A decisão do STF de 2020 autorizando a exploração das loterias estaduais	465
3	A modelagem das loterias estaduais e a análise do caso do Maranhão	466
3.1	A criação da loteria do Maranhão	466
3.2	O procedimento de manifestação de interesse da Maranhão Parcerias – Escolha do modelo de ampla concorrência	466
3.3	O questionamento do modelo jurídico	467
3.4	Os argumentos jurídicos vencedores e a contribuição de Marçal Justen Filho	468
3.5	O reflexo do modelo utilizado no Maranhão em outros estados	469
4	O modelo de ampla concorrência da autorização federal de exploração de apostas de quota fixa	471
4.1	A criação da modalidade de quota fixa pela Lei nº 13.756/2018	471
4.2	A Lei nº 14.790/2023 e o detalhamento da regulação da modalidade de aposta de quota fixa	472
4.3	O processo de autorização para exploração de apostas de quota fixa	473
5	Conclusão	474
	Referências	474

A RESERVA NORMATIVA DE ADMINISTRAÇÃO NO DIREITO BRASILEIRO

WALLACE PAIVA MARTINS JUNIOR 477

1	Introdução	477
2	Reserva de Administração	478
3	Competências normativas do Poder Executivo	479
3.1	Forma e conteúdo	481
3.2	Posição	481
3.3	Espécies	482
4	A reserva normativa de regulamento de organização	485
5	Outros espaços para regulamento autônomo	490
5.1	Diferença entre competência e reserva normativas do Poder Executivo	493
5.2	Colisões entre regulamento independente e lei	495
	Referências	495

CONTROLE E DIREITO ADMINISTRATIVO SANCIONADOR
(Coordenador: Benjamin Zymler)

ENTRE O CAOS E O NADA: A MULTIPLICIDADE DE SANÇÕES EM CASOS DE CARTÉIS EM LICITAÇÃO
ALEXANDRE DITZEL FARACO..501

    Introdução 501

    Sistemas de sanções a cartéis em licitação 501

    Efeitos da multiplicidade de sistemas sobrepostos 508

    Como equacionar 512

    Exemplos e avanços recentes..515

    Referências 516

IMPROBIDADE URBANÍSTICA
ANGELA CASSIA COSTALDELLO, KARLIN OLBERTZ NIEBUHR 519

    A homenagem...519

1   Introdução 520

2   O sistema de responsabilização por improbidade 523

3   O enquadramento da improbidade urbanística no sistema de responsabilização........525

4   A responsabilização dos agentes políticos por improbidade urbanística – Inteligência do art. 52, do Estatuto da Cidade 529

5   Improbidade urbanística decorrente de lesão ao erário pela aquisição de imóvel com preempção por preço superior ao de mercado.................................531

6   Improbidade urbanística decorrente de violação a princípios qualificada pela prática de desvio de finalidade 533

6.1   Improbidade urbanística decorrente de omissão no aproveitamento de imóvel objeto de desapropriação por descumprimento da função social da propriedade urbana 534

6.2   Improbidade urbanística decorrente de aplicação de recursos em desacordo com as normas de execução da política urbana 536

6.3   Improbidade urbanística decorrente de omissões nos processos de elaboração, fiscalização e revisão da política urbana.................................538

7   Outras hipóteses de improbidade urbanística 540

    Referências 542

AS ALTERAÇÕES DA LEI DE IMPROBIDADE ADMINISTRATIVA: REAVALIAÇÃO E ADEQUAÇÃO ÀS GARANTIAS CONSTITUCIONAIS E DIREITOS FUNDAMENTAIS
CAROLINE MARIA VIEIRA LACERDA 545

    Introdução 545

I   Desafios do controle administrativo no Brasil: risco, medo e responsabilização 546

II	O controle pela Lei de Improbidade Administrativa (Lei nº 8.429, de 2.6.1992) e suas disfunções	547
III	Repensando o interesse público no direito administrativo brasileiro	549
IV	A Lei de Introdução às Normas do Direito Brasileiro e a nova perspectiva de segurança jurídica no direito público brasileiro	551
V	A evolução da Lei de Improbidade Administrativa: a necessidade de reavaliação e adequação às garantias constitucionais e direitos fundamentais	553
	Conclusão	560
	Referências	560

A DECISÃO DE TIPIFICAÇÃO DO ART. 17, §10-C DA LIA E REPERCUSSÕES PROCESSUAIS DA REGRA QUE TUTELA O DIREITO DO RÉU DE SE DEFENDER DA CAPITULAÇÃO LEGAL

DOSHIN WATANABE 563

1	Introdução	563
2	O regime jurídico específico do processo de improbidade administrativa	565
3	O demandado no processo de improbidade administrativa se defende dos fatos principais e também da tipificação legal ou apenas dos fatos?	566
4	Consequência da vedação da modificação da capitulação legal do autor pelo juiz: mitigação legal do *iura novit curia* e da *mihi factum, dabo tibi ius*	568
5	A decisão de tipificação (art. 17, §10-C da LIA): aspectos e variações processuais	570
5.1	Obrigação do autor de precisar a capitulação legal na petição inicial	572
5.2	Irretroatividade da obrigação de capitulação específica sobre as petições iniciais anteriores à Lei nº 14.230 (26.10.2021)	572
5.3	Incidência da regra da decisão de tipificação aos processos em curso	573
5.4	A primeira variação: reconhecimento de inadequação da tipificação após a estabilização da demanda e extinção do processo por inépcia da inicial	573
5.5	A segunda variação: mitigação da estabilização e oportunidade para o autor corrigir a inadequação da tipificação, assegurando-se o contraditório do réu	574
5.6	A terceira variação: reconhecimento da inadequação da tipificação e a correção de aspectos formais da capitulação pelo próprio juiz	576
5.7	A possibilidade jurídica de correção de vícios formais e seus limites	577
5.8	A extinção da ação por inadequação da tipificação feita pelo autor: não interrupção do prazo prescricional para nova ação baseada em outra tipificação	578
6	Conclusão	579
	Referências	579

O NOVO REGIME SANCIONATÓRIO DA IMPROBIDADE ADMINISTRATIVA

EDILSON PEREIRA NOBRE JUNIOR, VITOR GALVÃO FRAGA 581

| I | Introdução | 581 |
| II | Sobre o ressarcimento | 582 |

III	O vigente art. 12 da LIA	584
IV	A aplicação das sanções	590
V	Palavras finais	596
	Referências	596

CONTROLE E CONSENSUALIDADE: O CASO "TCU – SECEXCONSENSO"
EGON BOCKMANN MOREIRA 599

	Introdução	599
I	Controle e consensualismo: da oposição à integração	600
II	A Instrução Normativa – TCU nº 91/2022	602
III	A natureza da Instrução Normativa – TCU nº 91/2022 e suas decorrências	606
	Considerações finais	607

CONVERSÃO DA AÇÃO DE IMPROBIDADE ADMINISTRATIVA EM AÇÃO CIVIL PÚBLICA
FELIPE SCRIPES WLADECK, PAULO OSTERNACK AMARAL 609

1	Um artigo em homenagem ao Prof. Marçal Justen Filho	609
2	O art. 17, §16, da Lei nº 8.429/1992 (o objeto do estudo)	609
3	A conversão e seus requisitos	610
3.1	Ausência de requisito para aplicação das sanções punitivas	610
3.2	"Existência de ilegalidades ou de irregularidades administrativas a serem sanadas"	613
3.3	Impossibilidade de conversão da ação civil pública em ação de improbidade administrativa	618
4	Momento da conversão	618
5	Conversão em sede recursal (ainda sobre o momento da conversão)	619
6	Estabilização da demanda e conversão	620
6.1	Estabilização da demanda segundo o CPC	620
6.2	As razões para os limites a modificações na demanda	621
6.3	Aplicabilidade das regras do CPC sobre estabilização da demanda ao processo de improbidade	622
6.4	Conversão com base nos elementos da demanda posta	623
6.5	Possibilidade de modificação da demanda antes ou depois da conversão	623
7	Conversão e a posição dos sujeitos do processo	624
7.1	A posição do julgador	624
7.2	A posição do autor	625
7.3	A posição do réu	625
8	Sucessão processual e conversão	625
9	Conversão parcial ou total	626
10	Conversão e devido processo legal	627

10.1	Motivação da decisão de conversão	627
10.2	Contraditório e ampla defesa	628
11	O destino da pretensão de imposição de sanções por improbidade em caso de conversão	630
11.1	Rejeição com julgamento de mérito	630
11.2	Rejeição sem julgamento de mérito	630
12	Extinção ou prosseguimento do processo na falta de requisito para a conversão	630
13	Natureza e recorribilidade da decisão sobre conversão	630
14	Considerações finais	632
	Referências	632

O OBJETO DO PROCESSO E A DECISÃO QUE TIPIFICA O ATO DE IMPROBIDADE ADMINISTRATIVA

FLÁVIO CHEIM JORGE, MARIANA FERNANDES BELIQUI 635

1	Introdução	635
2	O objeto do processo na ação de improbidade administrativa	635
3	Certeza e determinação do pedido na ação de improbidade administrativa	637
4	A decisão que tipifica o ato ímprobo	641
5	Conclusão	644
	Referências	645

O STF, O STJ E A RETROATIVIDADE BENÉFICA NO DIREITO ADMINISTRATIVO SANCIONADOR

FRANCISCO ZARDO 647

1	Um agradecimento necessário	647
2	A retroatividade benéfica na Constituição Federal	648
3	A reforma da Lei de Improbidade Administrativa e o debate sobre a sua retroatividade – O Tema nº 1.199 do STF	649
4	O STJ e a retroatividade benéfica no Direito Administrativo Sancionador após o Tema nº 1.199 do STF	652
5	Conclusões	654
	Referências	655

NOVA LEI DE IMPROBIDADE ADMINISTRATIVA E O NOVO REGIME JURÍDICO DO ATO DE IMPROBIDADE ATENTATÓRIO AOS PRINCÍPIOS DA ADMINISTRAÇÃO PÚBLICA: DESDOBRAMENTO E POSSIBILIDADES DO TEMA 1.199 DA REPERCUSSÃO GERAL

GILMAR FERREIRA MENDES 657

	Introdução	657
	Lei nº 14.230/2021 e a profunda alteração no regime de responsabilização pelos atos de improbidade administrativa	658

Retroatividade da Nova Lei de Improbidade e o Tema nº 1.199 da repercussão geral 663

Retroatividade da Lei nº 14.230/2021 e o ato de improbidade administrativa atentatório a princípios da Administração Pública (Lei nº 8.429/1992, art. 11) 664

Conclusão 667

Referências 668

A AÇÃO DE IMPROBIDADE ADMINISTRATIVA TEM FIM? ANÁLISE E PERSPECTIVAS ACERCA DA (IM)PRESCRITIBILIDADE DO RESSARCIMENTO AO ERÁRIO

GIULIA DE ROSSI ANDRADE, ADRIANA DA COSTA RICARDO SCHIER 669

1   Introdução 669

2   As interpretações evolutivas sobre a (im)prescritibilidade do ressarcimento ao erário 670

3   O julgamento do Tema nº 897: Recurso Extraordinário nº 852.475/SP 673

4   A solução que poderia ter vindo com a Lei nº 14.230/21 675

5   A possível – e esperada – reviravolta jurisprudencial 678

6   Considerações finais 680

Referências 681

OS LIMITES DO CONTROLE DO TCU SOBRE AS AGÊNCIAS REGULADORAS

GIUSEPPE GIAMUNDO NETO 683

Referências 689

DO CONFLITO AO CONSENSO: COMO AS PARCERIAS PÚBLICO-PRIVADAS TÊM REFORÇADO ESSA VISÃO

ISADORA CHANSKY COHEN, ANA CAROLINA SETTE DA SILVEIRA, CAIO FELIPE CAMINHA DE ALBUQUERQUE, MURILO TAMBASCO 691

Referências 702

TRIBUNAIS DE CONTAS E SUA RELEVÂNCIA NO CONTROLE CONSENSUAL DA ADMINISTRAÇÃO PÚBLICA

IVAN LELIS BONILHA 705

O controle da Administração Pública 706

Administração Pública e o princípio da eficiência 708

Consensualismo na Administração Pública 709

A supremacia do interesse público 710

Consensualismo e corrupção 712

Consensualismo e controle na Nova Lei de Licitações e Contratos Administrativos (NLLC) 714

Considerações finais 718

AINDA PRECISAMOS DISCUTIR SOBRE A "NATUREZA" DOS ILÍCITOS PENAIS E ADMINISTRATIVOS? (A VISÃO DO STF SOBRE O ART. 21, §4º, DA LEI DE IMPROBIDADE, INDICA QUE SIM)

**JACINTO NELSON DE MIRANDA COUTINHO,
ALICE DANIELLE SILVEIRA DE MEDEIROS**.................721

1 Considerações iniciais.................721

2 A obsolescência das aproximações e distinções clássico-formais entre os ilícitos penal e administrativo.................724

3 Os reflexos da absolvição criminal nas ações de improbidade: a previsão do art. 21, §4º, da LIA, e o início do julgamento da ADI nº 7.236, pelo STF.................730

4 Considerações finais.................735

Referências.................736

O VALOR JURÍDICO DO ART. 26 DA LINDB COMO PERMISSIVO GENÉRICO DA CONSENSUALIDADE ADMINISTRATIVA

JULIANA BONACORSI DE PALMA.................739

1 Introdução: o valor de permissivos genéricos à consensualidade administrativa.................739

2 Permissivos genéricos da consensualidade administrativa.................741

2.1 A consensualidade não é matéria de reserva legal.................741

2.2 O pragmatismo dos permissivos genéricos.................742

2.3 A identidade dos permissivos genéricos na consensualidade administrativa.................747

3 Valor jurídico do novo permissivo genérico na consensualidade administrativa: o art. 26 da LINDB.................748

3.1 O permissivo genérico do art. 26: fundamento de legalidade da celebração de acordos administrativos.................748

3.2 Testes de legalidade na consensualidade administrativa.................752

4 Considerações finais.................758

Referências.................760

ACORDOS NA IMPROBIDADE

LUIZ FELIPE HADLICH MIGUEL.................761

1 Uma justa homenagem.................761

2 Introdução.................762

3 Da iniciativa do acordo.................763

4 Do momento do acordo.................763

5 Dos requisitos do acordo.................764

6 Dos limites do acordo.................765

7 Da extinção do acordo.................766

8 Acordo – Faculdade ou obrigação?.................766

9 Conclusão.................767

Referências.................768

O FUTURO DO CONTROLE EXTERNO DEMOCRÁTICO: DESAFIOS E IMPASSES
LUIZ HENRIQUE LIMA 769

1   Introdução 769

2   O controle: suas origens históricas e sua presença nas Constituições brasileiras 770

3   A independência como a condição primordial para a efetividade do controle e a democracia como o seu ambiente natural 774

4   Visões críticas sobre o funcionamento do controle externo brasileiro 776

5   Desafios e impasses para o futuro do controle externo democrático da administração pública no Brasil 779

      Referências 781

UM CONCEITO DE DIREITO, PARA UMA SEGURA DEFINIÇÃO DE IMPROBIDADE ADMINISTRATIVA
MÁRCIO CAMMAROSANO 783

1   Ciência do Direito e as divergências quanto à delimitação de seu objeto de estudo 783

2   Notas de um dos conceitos de Direito 785

3   Contradição performativa positivista? 786

4   Divergências quanto às projeções valorativas 791

5   Algumas projeções de nossa concepção positivista do Direito – Direito, legalidade, moralidade e improbidade 793

      Conclusões 796

      Referências 797

A TUTELA CAUTELAR DE INDISPONIBILIDADE DE BENS NA LIA
MARIA AUGUSTA ROST 799

I   Introdução 799

II   As inovações da Lei nº 14.230/2021 na tutela cautelar de indisponibilidade de bens ... 800

III   Panorama atual da posição do STJ sobre as alterações no regime da cautelar de indisponibilidade de bens 803

IV   Direito intertemporal: questões controversas a serem enfrentadas pelo STJ para decidir sobre a aplicabilidade da Lei nº 14.230/2021 aos processos em curso 805

V   Conclusão 808

      Referências 808

PROCESSO ADMINISTRATIVO SANCIONADOR: POR QUE ELE É DIFERENTE?
MARINA FONTÃO ZAGO 811

1   Introdução 811

2   O que o processo administrativo sancionador tem de diferente? 813

3   Finalidades visadas pelo processo administrativo sancionador 814

4   Regimes jurídicos do processo administrativo sancionador 814

5   Garantias do administrado em processo sancionador 816

6	Consensualidade no processo administrativo sancionador	817
7	Proporcionalidade na aplicação de sanções administrativas	819
8	Conclusões	820
	Referências	820

A CONSENSUALIDADE NA ADMINISTRAÇÃO PÚBLICA COMO MECANISMO DE REDUÇÃO DE CUSTOS DE TRANSAÇÃO NAS CONTRATAÇÕES PÚBLICAS NO BRASIL

MAYARA GASPAROTO TONIN, MARINA KUKIELA 823

	Introdução	823
1	Os custos de transação	824
2	Os custos de transação nas contratações públicas	826
3	Consensualidade na Administração Pública	827
4	Mecanismos de consensualidade na Administração Pública	828
4.1	Transações com a Procuradoria-Geral da Fazenda Nacional	829
4.2	Soluções consensuais no Tribunal de Contas da União	829
4.3	Autocomposição na Advocacia-Geral da União	830
4.4	Mediação e negociação no Poder Executivo	831
5	Consensualidade como mecanismo concreto de diminuição de custos de transação	831
	Considerações finais	833
	Referências	834

FISHING EXPEDITION NO DIREITO ADMINISTRATIVO SANCIONADOR

MAURO ROBERTO GOMES DE MATTOS 835

I	Síntese do tema	835
II	Conclusão	840
	Referências	842

O MINISTÉRIO PÚBLICO DE CONTAS JUNTO AO TCU (MPTCU) E A PROMOÇÃO DA SUSTENTABILIDADE AMBIENTAL – ATUAÇÃO, PERSPECTIVAS E DESAFIOS

PAULO SOARES BUGARIN 843

1	Introdução	843
2	O MPTCU: uma breve apresentação	845
3	Atuação do MPTCU: alguns casos relevantes	847
4	O Comitê de Sustentabilidade Socioambiental e Mudanças Climáticas do MPTCU e os desafios atuais	852
5	Conclusão, perspectivas e desafios	854
	Referências	855

LIMITES DA COISA JULGADA À LUZ DO NOVO REGIME LEGISLATIVO DE IMPROBIDADE ADMINISTRATIVA

PAULO HENRIQUE DOS SANTOS LUCON 857

1 Introdução 857

2 O instituto da coisa julgada como elemento fundamental do processo 857

3 Improbidade administrativa 864

4 Limites da coisa julgada e a Lei nº 14.230/2021 866

5 Encerramento 868

Referências 869

O PRINCÍPIO DA CULPABILIDADE E A (IN)CONSTITUCIONALIDADE DA RESPONSABILIDADE OBJETIVA NA LEI ANTICORRUPÇÃO

RAFAEL MUNHOZ DE MELLO 871

1 Introdução 871

2 O princípio da culpabilidade no direito administrativo sancionador 872

3 A responsabilidade objetiva na Lei Anticorrupção: uma leitura compatível com a Constituição Federal 875

4 Conclusão 880

Referências 880

A EVOLUÇÃO DA PRESCRIÇÃO NA JURISPRUDÊNCIA DO TRIBUNAL DE CONTAS DA UNIÃO

RICARDO BARRETTO DE ANDRADE, FLÁVIA TAPAJÓS TEIXEIRA 883

1 Introdução 883

2 Fundamentos da prescrição administrativa 884

2.1 A prescrição no direito administrativo brasileiro 884

2.2 Prescrição ordinária e prescrição intercorrente 885

3 Histórico: a construção jurisprudencial do STF e do TCU sobre o tema da prescrição 886

3.1 Evolução do entendimento do STF 886

3.2 A evolução da prescrição da pretensão punitiva no TCU 890

3.3 A evolução da prescrição da pretensão ressarcitória no TCU 892

4 A Resolução nº 344/2022 895

4.1 Acórdão nº 2.285/2022: principais discussões que conduziram à Resolução nº 344/2022 895

4.2 As controvérsias oriundas da aplicação da Resolução nº 344/2022 e a publicação da Resolução nº 367/2024 899

5 Considerações finais 904

Referências 904

A FLEXIBILIZAÇÃO DOS REQUISITOS ESSENCIAIS À FORMALIZAÇÃO DO ACORDO DE NÃO PERSECUÇÃO CIVIL: A INTEGRALIDADE A PARTIR DA POSSIBILIDADE

RITA TOURINHO 907

1 Introdução 907

2 Do conteúdo essencial do acordo de não persecução civil 908

3 O ressarcimento do dano no âmbito da improbidade administrativa: incidência e extensão 909

3.1 Da incidência do ressarcimento do dano 909

3.2 A extensão do dano para fins de ressarcimento decorrente do ato de improbidade administrativa 911

4 Da reversão à pessoa jurídica lesada da vantagem indevida fruto da improbidade administrativa 914

5 Interpretando o conteúdo essencial do ANPC: a busca pela efetividade normativa.....915

5.1 Interpretando a norma jurídica... 915

5.2 Desvendando as normas contidas nos incs. I e II, do art. 17-B, da LIA... 916

5.3 A extensão da integralidade para fins do ressarcimento de danos e devolução da vantagem indevidamente obtida na formalização do ANPC..................................... 918

6 Conclusão 923

Referências 924

A DESCONSIDERAÇÃO DA PESSOA JURÍDICA NA LEI DAS ESTATAIS (LEI 13.303/2016)

RODRIGO XAVIER LEONARDO 927

I Introdução 927

II A patologia e o fármaco: o abuso da constituição de entidades personificadas para obliterar sanções contratuais... 928

III A inconstitucionalidade da extensão automática das sanções administrativas 932

IV A Lei da Liberdade Econômica e a Lei das Estatais: dois momentos da desconsideração da pessoa jurídica... 934

V A interpretação da Lei das Estatais à luz do Código Civil 936

VI Considerações finais 939

Referências 940

O *STANDARD* DE PROVA PARA A INDISPONIBILIDADE DE BENS NA AÇÃO DE IMPROBIDADE: HOMENAGEM AO PROFESSOR MARÇAL JUSTEN FILHO

ROGÉRIA DOTTI.. 943

1 Introdução 943

2 A homenagem ao Professor Marçal Justen Filho 944

3	As alterações da Lei nº 14.230/2021 em relação à tutela provisória nas ações de improbidade	945
4	O conteúdo indeterminado do decreto de indisponibilidade de bens para proteger o "interesse público" e a insegurança jurídica correlata	947
5	A especificidade das situações que envolvem atos improbidade e a prova persuasiva	950
6	Qual deve ser o *standard* probatório e as particularidades do decreto de indisponibilidade de bens nas ações de improbidade?	951
7	Conclusões	954
	Referências	955

CARTEL E FRAUDE À LEI EM LICITAÇÕES

TERCIO SAMPAIO FERRAZ JUNIOR 959

1	O ilícito em sede concorrencial e administrativa	959
2	Lei nº 12.529/11 e Lei nº 8.666/93: mercado relevante	965
3	Abuso concorrencial e fraude à lei em licitações	968
	Referências	974

A AÇÃO DE IMPROBIDADE NÃO É AÇÃO COLETIVA

DAVID PEREIRA CARDOSO, TERESA ARRUDA ALVIM 977

1	Introdução	977
2	O que é improbidade?	978
3	Ação de improbidade como tema do direito sancionador	980
4	Ação de improbidade é ação civil pública?	983
5	Procedimento que nada tem de "comum"	988
6	Conclusão	991
	Referências	992

CONTROLE EXTERNO DO TRIBUNAL DE CONTAS DA UNIÃO, LINHAS DE DEFESA, CONTROLE INTERNO PREVENTIVO NA LEI Nº 14.133/21 E A INCONSTITUCIONALIDADE DO ACÓRDÃO Nº 572/22/TCU

**VIVIAN CRISTINA LIMA LÓPEZ VALLE,
IGOR DINIZ KLAUTAU DE AMORIM FERREIRA** 995

1	Uma introdução necessária: uma nova racionalidade de controle no ambiente de contratação pública brasileira	995
2	Do papel constitucional do TCU como órgão constitucional de controle externo	996
3	O novo ambiente de *compliance* e integridade estabelecido pela Lei nº 14.133/21 e as linhas de defesa	997
4	O comando decisório do Acórdão nº 572/22/TCU e suas consequências práticas para o controle de ilegalidades nas licitações brasileiras	1000
5	A necessidade de aplicação da Lei nº 13.655/2018 e das regras de boa administração a partir da eficiência, eficácia, economicidade e celeridade	1006

6	Uma conclusão: a necessidade de um controle preventivo e repressivo concomitante para a garantia do interesse público	1007
	Referências	1009

A "INDEPENDÊNCIA DE INSTÂNCIAS": OS IMPACTOS DA AÇÃO E DAS SANÇÕES POR IMPROBIDADE NAS ESFERAS CIVIL, PENAL E ADMINISTRATIVA
WILLIAM ROMERO 1013

1	Introdução	1013
2	Diretrizes constitucionais e legais pertinentes: admissão em torno da viabilidade de múltiplas sanções	1014
3	As perspectivas da análise: absolvição e múltiplas sanções	1016
4	A natureza jurídica da improbidade	1018
4.1	Os valores protegidos e a incidência dos princípios do direito administrativo sancionador	1018
4.2	A incidência de garantias do direito penal ao direito administrativo sancionador	1018
4.3	As discussões do STF no âmbito do Tema nº 1.199: confirmação de identidade entre o direito penal e o direito administrativo sancionador	1020
4.4	Síntese do tópico	1021
5	O dever de coerência das decisões sob tutela do Estado (juiz e administração)	1022
5.1	Autonomia relativa do Estado: núcleo comum do poder sancionatório	1022
5.2	Independência mitigada entre instâncias e prestígio à segurança jurídica	1022
5.3	Dever de avaliar a situação concreta e prestígio à tutela do Poder Judiciário	1023
5.4	Distinção entre múltiplos processos e múltiplas sanções	1024
5.5	Preceitos supralegais da Convenção Americana de Direitos Humanos	1025
5.6	A relevância do art. 21, §4º, da LIA	1026
5.7	Comunicação feita a partir da absolvição por improbidade ao direito penal	1027
6	Considerações finais	1028
	Referências	1029

SOBRE OS AUTORES 1031

NOTA DOS COORDENADORES

Cada um de nós tem uma ligação única com o Marçal, construída ao longo dos anos de convívio e aprendizado. De maneiras distintas, fomos profundamente marcados pela sua influência, e, apesar de nossas diferentes trajetórias, compartilhamos o mesmo respeito e admiração pelo legado que construiu. Nós quatro fomos seus alunos na Faculdade de Direito – em um período abrangendo da década de 1980 até 2024 – em matérias das mais diversas: Direito Empresarial, Direito Tributário, Introdução ao Estudo do Direito, Direito Administrativo e Direito Econômico.

Esta homenagem começou como uma surpresa.

Em meados de 2023, depois de uma conversa entre a Monica e o Cesar, começamos a formar o grupo dos coordenadores temáticos. A ideia era reunir colegas e especialistas que, assim como nós, foram influenciados por suas ideias e ensinamentos. Estávamos, enfim, tirando do papel algo que parecia inevitável. A produção de uma obra coletiva em homenagem a grandes juristas tornou-se uma espécie de tradição no meio jurídico, e acreditávamos que havia chegado o momento certo para o Marçal receber a sua. Assim, o projeto tomou forma naturalmente, recebendo o apoio de todos que dele tomavam conhecimento.

O Marçal é um jurista influente em várias áreas. Para cobrir os múltiplos campos de seu interesse até este momento, reunimos juristas com profundo conhecimento em seus respectivos setores e com décadas de convívio com o Marçal: Alexandre Wagner Nester, André Guskow Cardoso, Benjamin Zymler, Betina Treiger Grupenmacher, Clèmerson Merlin Clève, Eduardo Talamini, Egon Bockmann Moreira, Fernão Justen de Oliveira, Guilherme F. Dias Reisdorfer, Isabella Moreira de Andrade Vosgerau, Karlin Olbertz Niebuhr, Mayara Gasparoto Tonin e Rafael Wallbach Schwind.

Em conjunto com os coordenadores temáticos, preparamos uma lista de convidados – quase todos estão entre os 233 autores dos 174 artigos que compõem os três volumes da homenagem. Fizemos contato com o Luís Cláudio Ferreira, da Editora Fórum, que deu seu apoio imediato e produziu a imagem de uma capa provisória para o projeto.

Com tudo pronto, apresentamos ao Marçal no início de 2024 o resultado dessa "conspiração do bem" de seus amigos e admiradores. E o projeto foi para a rua no final de março de 2024. O entusiasmo dos convidados foi imediato.

A aderência aos prazos também foi rigorosa. Nem poderia ser diferente, em se tratando do Marçal como homenageado. Tudo seguiu o cronograma previsto – ainda que graças a contatos pessoais da Monica para o *nudge* necessário – e a estrutura originalmente estabelecida. Em setembro de 2024, os três volumes da obra coletiva estavam na Editora.

A organização de 174 artigos, com o processamento das informações e documentos de 233 autores, foi uma tarefa gigantesca. Teria sido impossível sem a dedicação de um grupo de jovens advogados e estagiários da Justen, Pereira, Oliveira e Talamini, coordenados por Marçal Justen Neto e Lucas Spezia Justen. O grupo atuou na elaboração do manuscrito enviado em setembro de 2024 para a Editora e nas diversas interações posteriores até a versão final estar pronta para produção. Nosso agradecimento e reconhecimento para Ana Paula Sovierzoski, Caroline Martynetz, Daniel Carvalho

Lopes, Edson Francisco Rocha Neto, Eduardo Nadvorny Nascimento, João Pedro Lima de Vasconcellos, Jolivê Alves da Rocha Filho, Nicole Mendes Müller, Paola Gabriel Ábila, Raphaela Thêmis Leite Jardim e Rodrigo Costa Protzek. Também para Juliana Hammerschmidt de Assunção, que deu apoio administrativo ao grupo.

Os 70 anos do Marçal, completados em 1º de março de 2025, deram a oportunidade para esta homenagem. O Marçal tem muito mais a produzir e nos ensinar, com a energia, perspicácia, clareza e criatividade que o caracterizam. Mas o momento é adequado para celebrar a sua extensa obra ainda em construção. Sob certo ângulo, esta é uma homenagem intermediária. Uma oportunidade de meditação sobre a sua contribuição atual e futura para o Direito brasileiro e, sobretudo, de diálogo com o próprio Marçal sobre as ideias e métodos que criou e ajudou a disseminar em campos jurídicos tão variados.

A obra foi organizada em três volumes. O primeiro reúne os artigos e depoimentos sobre o Marçal como pessoa e jurista (coordenados por Fernão Justen de Oliveira), os temas de Direito Administrativo em geral (coordenados por André Guskow Cardoso e Karlin Olbertz Niebuhr) e os tópicos de Controle e Direito Administrativo Sancionador (cujo coordenador é o Benjamin Zymler). O segundo volume versa sobre Licitações e Contratações Administrativas (tema coordenado por Alexandre Wagner Nester e Egon Bockmann Moreira), Direito Constitucional (sob a coordenação de Clèmerson Merlin Clève), Direito Tributário (coordenação de Betina Treiger Grupenmacher) e Filosofia e Teoria Geral do Direito (capítulo coordenado por Guilherme F. Dias Reisdorfer). O terceiro volume compreende Regulação e Infraestrutura (cujo coordenador é Rafael Wallbach Schwind), Direito Processual e Resolução de Disputas (sob a coordenação de Eduardo Talamini) e Direito Empresarial (com as coordenadoras Isabella Moreira de Andrade Vosgerau e Mayara Gasparoto Tonin).

Por sua dimensão e pela profundidade e variedade de temas abrangidos em cada capítulo, esta obra coletiva já nasce monumental. O esforço de todos – coordenadores, autores e colaboradores – visou a um registro que refletisse de algum modo a vastidão da produção jurídica do Marçal até agora.

Agradecemos a cada um dos que dedicaram seu tempo e conhecimento para participar deste projeto. Aos que produziram reflexões memoráveis, que dialogam com as obras do Marçal e as colocam em contexto. Aos que fizeram depoimentos sobre a influência do Marçal nas suas próprias trajetórias. Aos que apresentaram teses inovadoras, interpretações criativas, sistematizações inéditas e produções acadêmicas que o momento desta homenagem lhes permitiu realizar.

O Marçal é um incentivador da criação de conhecimento. Não haveria melhor homenagem que a demonstração concreta, refletida em cada um dos 174 artigos desta obra coletiva, da inspiração intelectual que o Marçal produz em nós.

Monica Spezia Justen
Cesar Pereira
Marçal Justen Neto
Lucas Spezia Justen
Coordenadores Gerais

A PESSOA E O JURISTA MARÇAL JUSTEN FILHO

(Coordenador: Fernão Justen de Oliveira)

A OBRA DE MARÇAL JUSTEN FILHO NOS TRIBUNAIS BRASILEIROS: UM MAPEAMENTO DAS CITAÇÕES

LUCAS SPEZIA JUSTEN

MONICA SPEZIA JUSTEN

Agora bem, em uma vida humana há dois elementos que não são eleitos: um é a circunstância; o outro, a vocação. A primeira é algo em que me encontro, desde o lugar e o tempo em que nasci até minha realidade psicofísica, passando por minha situação social etc.; a circunstância me é imposta, e com ela tenho que fazer a minha vida. A vocação tampouco é escolhida, mas não seria exato dizer que me encontro com ela; melhor, me encontra a mim, me chama, e correlativamente a descubro; não me é imposta, senão proposta, e ainda que não esteja em minhas mãos ter ou não ter essa vocação, permaneço em frente a ela em uma essencial liberdade: posso segui-la ou não, ser a ela fiel ou infiel.

(Julián Marías)[1]

1 A trajetória do Professor Marçal Justen Filho – Monica Spezia Justen

Esta obra em homenagem ao Marçal é uma realização muito simbólica para nossa família, para os advogados da Justen, Pereira, Talamini e Oliveira e para todos os coordenadores de áreas que aceitaram o desafio de colaborar conosco. Ao enviar os convites para participar desse trabalho, percebemos o entusiasmo dos convidados em submeter seus artigos. Pudemos compreender a dimensão do quanto o Marçal marcou a vida das pessoas que teve a oportunidade de ensinar, orientar ou simplesmente com

---

[1] MARÍAS, Julián. *Ortega*: las trayectorias. Madrid: Alianza Editorial, 1983. p. 24.

as quais pode trabalhar. Nesse distinto grupo, encontram-se filhos, sobrinhos, sócios, acadêmicos de Direito, mestres e doutores, outros professores, servidores públicos, políticos e empresários. Foram centenas de profissionais da área jurídica que, como eu, tiveram o privilégio de ter Marçal Justen Filho como professor.

Seu talento para o Direito sempre se manifestou desde o início do curso. É evidente que o meio em que nasceu e cresceu favoreceu seu sucesso, afinal, era filho de professora e de magistrado. Foi em casa que seu caráter, sua moral e sua ética se moldaram. Mas uma boa semente também precisa de sol e solo fértil para vingar. O sol: as oportunidades; o solo: a sua disciplina e vontade de crescer.

1.1 Inspiração para se tornar professor e frutos desse trabalho

As primeiras manifestações de sua aptidão para o magistério iniciaram-se nas salas de um cursinho para vestibular, em que lecionou aulas de História Geral. Não era de se surpreender que em 1977, recém-formado, Marçal Justen Filho tenha sido convidado a dar aulas na UFPR.

Nos idos dos anos 70 e início dos anos 80, os parâmetros para se tornar professor universitário na UFPR ainda não impunham ao candidato que tivesse mestrado, muito menos doutorado. Esses eram requisitos para progredir dentro da carreira. Não obstante, essas qualificações foram buscadas pelo Marçal porque sabia que as suas escolhas pessoais, tanto para o magistério, como para a advocacia, passavam pelo aperfeiçoamento, pelo aprofundamento nas áreas de Direito Tributário e Comercial. Foi na PUC-SP que encontrou as condições perfeitas para fazer mestrado e, em seguida, doutorado, sem interromper sua atividade advocatícia. O convívio com os professores e profissionais de São Paulo contribuiu significativamente para o embasamento de suas teses jurídicas.

O ápice da sua carreira como professor na Faculdade de Direito da UFPR deu-se com apenas 9 anos de formado, em 1986, quando se candidatou e foi aprovado para o cargo de Professor Titular em Direito Comercial, com a tese *Desconsideração da personalidade societária no Direito brasileiro*.[2] Foi justamente na querida Faculdade de Direito da UFPR que sua vocação para professor se consolidou e onde lecionou na graduação e pós-graduação por 28 anos.

Seu incessante desejo de aprender e compartilhar o conhecimento adquirido motivaram-no durante sua carreira de docente a ponto de expandir essa atividade acadêmica para o setor privado, por meio dos diversos cursos que deu para operadores do Direito, em especial nos temas de Licitações e Contratos Públicos. Na condição de colaborador da Escola Nacional de Advocacia, até os dias de hoje, Marçal também contribui com a formação de advogados na área de licitações e contratos administrativos por meio de cursos *on-line*.

Naturalmente curioso e instigado pelas evoluções tecnológicas, esteve sempre à frente de sua geração, na busca pela atualização e aprofundamento de seus conhecimentos jurídicos. Uma de suas características mais marcantes como professor

---

[2] JUSTEN FILHO, Marçal. *Desconsideração da personalidade societária no direito brasileiro*. São Paulo: Revista dos Tribunais, 1987.

foi sua incrível capacidade de organizar o conhecimento e transmiti-lo aos alunos. É um professor esquemático e um jurista sistemático. Dotado de uma inteligência analítica e pragmática, sempre foi capaz de reproduzir e inovar a ciência do Direito. Mas, humildemente, costuma atribuir seu progresso pessoal a sua capacidade de aprender com seus antecessores. Valoriza e incorpora as experiências daqueles que o antecederam, seja na vida, nos ambientes acadêmicos, tanto na UFPR quanto na PUC-SP, ou círculos profissionais.

Marçal jamais entrou numa sala de aula ou em uma sala de conferência para palestrar sem ter preparado minuciosamente sua fala. Em 1988, nas aulas de Introdução ao Direito, nós conseguíamos transcrever as aulas seguindo o plano de aula detalhado que estava posto na lousa antes mesmo de a aula se iniciar. Ele seguia uma metodologia de enumeração de temas e subtemas que facilitava o acompanhamento de suas aulas, aliás, a mesma que usa para escrever seus manuais e pareceres. Depois do surgimento do PowerPoint, suas palestras seguem rigorosamente esse método; são planejadas para facilitar a compreensão de sua plateia.

Na advocacia, sua carreira no Direito Empresarial estava indo muito bem quando, provocado por uma particular defesa de um cliente, Marçal viu-se diante de novos desafios e foi instado a adentrar os meandros do Direito Administrativo por meio do instituto das licitações públicas. Em decorrência desse litígio desafiador e da promulgação de uma nova Lei de Licitações[3] em 1993, surgiu tanto a oportunidade, quanto a necessidade de se tornar um doutrinador em Direito Administrativo. Como Malcom Gladwell nos ensina,[4] surgiu a oportunidade que se transformou em uma vantagem. Foi uma janela que se abriu naquele momento, propiciando-lhe a oportunidade perfeita para traçar seu extraordinário caminho nessa especialidade do Direito, à qual se dedicou em grande parte de sua vida.

É fato que sua robusta produção acadêmica ganhou destaque na Faculdade de Direito, bem como no mercado de livros jurídicos. Mas, além de suas três teses destinadas ao progresso na carreira no magistério universitário, produziu mais treze obras, algumas delas reeditadas mais de 15 vezes. Escreveu outros títulos em parcerias com advogados da sua própria sociedade de advogados, participou de coletâneas com colegas juristas, tem diversos textos publicados em homenagem a outros juristas, traduziu uma obra do Direito francês, produziu dezenas de artigos publicados em plataformas jurídicas como o *Portal Migalhas, Conjur* e *Jota*. Arrisco dizer que o Marçal sempre se sentiu provocado pela máxima muito conhecida entre professores universitários dos EUA: *publish or perish*.

---

[3]   O livro *Comentários à Lei de Licitações e Contratos Administrativos* teve 18 edições até ser promulgada a Lei nº 14.133/2021, que versa sobre o mesmo tema e que também foi objeto de um novo livro: JUSTEN FILHO, Marçal. *Comentários à Lei de Licitações e Contratações Administrativas*. 2. ed. São Paulo: Thomson Reuters, 2023.

[4]   GLADWELL, Malcolm. *Outliers*: the story of success. [s.l.]: [s.n.], 2008. Kindle. No Capítulo 2 do livro, trata das coincidências de quem viveu o *boom* no desenvolvimento na área de produção de *softwares* nos EUA. O autor aponta para a grande coincidência dos expoentes que nasceram em torno do ano de 1955, como Steve Jobs e Bill Gates, e suas incríveis oportunidades: "These stories, instead, about people who were given a special opportunity to work really hard and seized it, and who happened to come of age at a time when that extraordinary effort was rewarded by the rest of the society. Their success was not just of their making. It was a product of the world in which they grew up". Marçal nasceu nesse exato ano, 1955, e não posso deixar de associar o brilhantismo de sua carreira com as oportunidades que encontrou e soube aproveitar, trabalhando muito e exaustivamente para isso.

1.2 Momentos importantes que compartilhamos relacionados ao magistério do Marçal

Como disse antes, fui aluna do Marçal. Primeiro, em 1988, na disciplina de Introdução ao Direito. Que privilégio ser apresentada ao Direito pelas suas aulas. Já à época percebia que a sua didática e seu raciocínio lógico transformaram aquela disciplina num curso praticamente pronto. Quando, 32 anos depois (em plena pandemia), Marçal se propôs a entrar em sala de aula (virtual) para dar a mesma disciplina ao nosso filho Lucas, todo aquele acervo recebeu uma nova abordagem e foi aperfeiçoado para se tornar um livro e consolidar a sua metodologia de ensino para quem ingressa no curso de Direito.

Nos anos 90, em especial pelo incentivo gerado pela promulgação da CF/1988, centenas de operadores do Direito, seja na esfera privada, seja na pública, começaram a buscar pós-graduação, mestrado e doutorado. Foi quando a nossa dileta UFPR também passou a se destacar como um grande núcleo de juristas. Como professor da pós-graduação, Marçal passou a ofertar a disciplina de Direito Tributário e, mais tarde, passou a dar aulas de Direito Administrativo e Direito Econômico. Entre 1998 e 1999, também fui sua aluna no mestrado.

Marçal é um professor e jurista que se dedica e orientar profissionais oriundos de diversas carreiras jurídicas. Curiosamente, como doutrinador, jamais entra em sala para "doutrinar" os alunos. Marçal sempre proclamou que a neutralidade científica é um princípio fundamental que guia a investigação e a produção de conhecimento em diversas áreas, incluindo o Direito. Para ele, essa neutralidade assumiu uma importância singular desde o início de sua carreira no magistério e é, igualmente, observada em suas publicações. Mantendo essa postura, foi capaz de moldar a abordagem dos conteúdos, interagindo com os alunos e contribuindo para a formação de futuros juristas. Seu apreço pela neutralidade científica sempre pautou e pauta até hoje sua postura ética e profissional.

Nossos objetivos de estudos se conjugaram em 1999, quando, após o casamento, fomos passar 6 meses no Instituto Universitário Europeu em Fiesole, Itália. Eu havia ingressado no mestrado na área de Direito Constitucional e depois alterei para a área de Direito Administrativo. Marçal já era um autor na área de Direito Administrativo e buscava se aprofundar na temática de Direito da Regulação, estimulado pelas reformas estatais brasileiras no governo FHC, bem como pelas inovações jurídicas produzidas no âmbito da União Europeia. Para mim, era maravilhoso combinar uma lua de mel prolongada com a oportunidade de realizar a pesquisa para minha dissertação sobre o instituto do serviço público no Direito europeu.[5]

Passamos seis meses muito concentrados na imersão proporcionada pelo Robert Schumann Center. Para Marçal, o resultado desse período foi um livro bastante complexo e abrangente sobre evolução da temática de regulação no Direito brasileiro, lançado em 2001.[6] Essa experiência acabou por incentivar outros "retiros" para que ele pudesse encontrar o seu foco e a concentração necessária para sua produção científica.

---

[5] A dissertação resultante dessa pesquisa foi aprovada no Curso de Mestrado em Direito da UFPR e publicada sob o título *A noção de serviço público no direito europeu*.

[6] JUSTEN FILHO, Marçal. *O direito das agências reguladoras independentes*. São Paulo: Dialética, 2002.

Em outubro de 2002, durante uma temporada de um mês no sul da França, Marçal dedicou-se a escrever uma obra-prima, até hoje referência no tema: *Teoria geral das concessões de serviço público*.

Dado o sucesso dessas experiências sabáticas, em 2004 passamos quase três meses em Paris com o objetivo de trazer de lá um novo livro, o *Curso de Direito Administrativo*, com uma abordagem inovadora, em que o Direito Administrativo "deixa de ser estudado como um instrumento apenas de limitação das competências administrativas. Passa a ser também um conjunto de normas que impõem ao Estado a promoção dos Direitos Fundamentais e da Democracia".[7] Essa obra, que já está na sua 15ª edição, é um estudo aprofundado e atualizado das instituições do Direito Administrativo contemporâneo.

Houve, por ocasião dessa obra, um grande salto, uma corajosa tomada de posição doutrinária compatível com os novos tempos, de um Brasil sob uma Constituição que trouxera proteção relevante para a esfera do indivíduo, mas que, até então, não tinha provocado uma revisão no Direito Administrativo, até então fundado no postulado da supremacia do interesse público.

Foi nesse ano de 2005 que Marçal decidiu pedir exoneração do seu cargo de Professor Titular na Faculdade de Direito da UFPR. Entretanto, sua atividade de magistério apenas mudou de público, tendo dedicado anos à formação de profissionais atuantes nas áreas de Licitações e Contratos e setores regulados, por meio de cursos privados de curta duração ou cursos em parceria com professores de outras instituições.[8]

Marçal retornou às salas da graduação em 2020, como mencionado acima, por uma circunstância familiar. O ingresso do nosso filho na Faculdade de Direito do IDP em Brasília provocou o estímulo para retomar às salas de aula de graduação[9] por mais alguns anos.

Embora Marçal tenha revelado e insistido que nunca foi "acima de tudo um professor de Direito Empresarial, Direito Tributário, Direito Econômico ou Direito Administrativo", sua atividade no magistério nunca cessou, desde as primeiras aulas de Introdução ao Direito. Se é, acima de todas as coisas, *advogado*, não se pode ignorar que há aí um círculo virtuoso entre a atividade advocatícia e o magistério, sendo que uma função gerou a necessidade e a possibilidade de a outra existir e prosperar. Da fusão de suas duas magistrais carreiras surgiu o Marçal jurista, que hoje é um dos pareceristas brasileiros mais prestigiados, devido à solidez e consistência de sua produção acadêmica e experiência advocatícia.

Por fim, já são mais de 50 anos em que Marçal desempenha a atividade de magistério, uma vocação para ensinar que se realiza de modo natural em sua vida, um chamado ao qual permaneceu fiel até os dias de hoje. Ele pode até negar que tenha esse talento, mas, se for assim, então a sua dedicação ao magistério foi a mais pura manifestação de generosidade para com todos que já o tiveram como mestre. Generosidade, aliás, que será retribuída nesta obra, pelos artigos e homenagens que a família, amigos e discípulos oferecem nas páginas a seguir.

---

[7] O próprio autor, na apresentação da contracapa (JUSTEN FILHO, Marçal. *Curso de Direito Administrativo*. 1. ed. São Paulo: Saraiva, 2005).

[8] Muitos anos depois, Marçal teve a oportunidade de compartilhar uma disciplina sobre contratos administrativos na pós-graduação da USP, com os eminentes professores Carlos Ari Sundfeld e Floriano de Azevedo Marques.

[9] Essa experiência será abordada a seguir, pelo próprio Lucas.

1.3 E o amor?

O curso do amor verdadeiro nunca fluiu suavemente.

(Shakespeare, *Sonho de uma noite de verão*)

Há muito se ouve falar que o amor constrói. Será? Talvez seria melhor dizer que o amor reconstrói. Para nós, Marçal e eu, a paixão e o amor aconteceram desestruturando os padrões com os quais nascemos e crescemos até então. A explicação oferecida por Slavoj Žižek é a que melhor elucida esse "terremoto" ocorrido em nossas vidas. Interpretando o conceito de amor em Žižek, Stephen West, nosso "quase-amigo" de todas as horas, afirma que:

> Quando você se apaixona por alguém, realmente não importa COMO era sua vida antes de conhecer essa pessoa. Não importa o ritmo que você dava a sua vida, quão estabelecidas as coisas estavam em sua vida. Quando você conhece alguém que faz você querer enredar/ entremear suas vidas juntas isso fundamentalmente ABALA TODA a sua vida e obriga você a reconstruí-la simbolicamente, a partir dessa outra pessoa.[10]

Pois foi bem assim que nossa história começou: abdicação, transformação e reconstrução, muita força interior. Nossa vida comum não seguiu rumos-padrão, mas isso não era novidade para o Marçal – que já havia implodido os trilhos de sua vida profissional tantas vezes, refazendo uma nova rota, sem medo das perdas que o esperavam. Na vida pessoal e na carreira, Marçal enfrentou a condição de mutante – unicamente facultada aos seres humanos – como um *privilégio ontológico*.[11] Perder nunca foi seu medo, mas ganhar e conquistar sempre foram desafios que jamais temeu.

Bem por isso, mudanças geográficas também fizeram parte de nossas vidas e sair de Curitiba, morar nos EUA, escolher viver em Brasília foi parte dessa reconstrução. No amor, juntos, não foi diferente. Juntos somos a somatória de um amor sólido num relacionamento dinâmico e apaixonado.

1.4 Como seu trabalho impactou a vida de nossa família?

Nossa vida sempre envolveu um comprometimento pessoal para além da vida conjugal. Trabalhamos juntos na grande virada do escritório no início dos anos 2000, dando-lhe um perfil empresarial para que o crescimento acontecesse nos moldes dos grandes escritórios do Brasil.

Mais tarde, organizamos uma empresa na área de treinamento em Licitações, Contratos Administrativos, Concessões e Regulação. Na BAC, Marçal continuou dando cursos focados nas necessidades dos operadores das Licitações, Pregão Eletrônico e Concessões. Foram diversos seminários, congressos e viagens que resultaram na consolidação de seu nome como jurista e advogado nessas áreas.

---

[10] WEST, Stephen. Philosophize this! #201. *Podcasts Apple*, 7 maio 2024. Tradução livre.

[11] "Não há, portanto, que derramar lágrimas excessivas sobre a mudança de tudo quanto é humano. Essa mudança é, justamente, o nosso privilégio ontológico" (ORTEGA Y GASSET, Jose. *História como sistema*. 1. ed. Brasília: Editora Universidade de Brasília, 1982. Coleção Orteguiana. p. 50).

Na sequência, em 2010, mais uma vez, fez a escolha por um ano sabático em Yale para se atualizar e enriquecer seus conhecimentos do Direito americano. Essa estada, que deveria ser de 10 meses, estendeu-se por outros quatro anos. Sem podermos avaliar bem na época, mas hoje bastante evidente, esse período de quatro anos foi uma das experiências familiares mais ricas e profundas que vivenciamos, tornando-nos ainda mais unidos e comprometidos um com o outro.

1.5 2014...

Finalmente, em 2014, decidimos por mais uma mudança: voltamos ao Brasil e estabelecemos residência na capital federal. Viver em Brasília não só pelas circunstâncias profissionais, mas porque a cidade nos agrada e trouxe a sensação de segurança e bem-estar a que tínhamos nos acostumados nos EUA. Nesse novo contexto, coube-nos construir juntos um novo espaço profissional e familiar para crescermos e sermos felizes. Esse projeto tem nos motivado nesses últimos onze anos e tem sido extremamente prazeroso.

Estabelecer-se em Brasília desencadeou uma série de novos engajamentos profissionais e sociais. É, sem dúvidas, uma vida bastante animada, repleta de novas amizades, mas sobretudo é uma boa cidade, onde recebemos filhos e netos para apreciar os dias quentes de sol e céu azul que a cidade nos proporciona.

Nossos quase 28 anos juntos foram uma jornada incrível até agora, repleta de amor, companheirismo e respeito mútuo. Muitas viagens e experiências pelo mundo afora que nos fizeram crescer como indivíduos, mais compassivos e sensíveis com a condição humana. Nesse especial particular, é fundamental destacar o interesse e apreço que compartilhamos pela filosofia (a viagem de todos os dias). A filosofia nos incentiva a cultivar virtudes como a bondade, a compaixão, a justiça e a coragem, que são fundamentais para construir relacionamentos fortes e duradouros. Em especial, nessa fase madura e de estabilidade emocional e profissional, é muito instigante fazermos juntos incursões na filosofia em que encontramos as ferramentas para refletir as nossas questões existenciais.

Finalmente, a você, Marçal, dedico o meu destino (*amor fati*). A você pertence o *Aeternitas Amoris*: o amor eterno, repetido em quantos ciclos intermináveis forem possíveis em nossa existência cósmica.

Para além dessa introdução pessoal que continua a seguir com o relato e generosas palavras do Lucas como aluno, apresentaremos um estudo objetivo do impacto das obras do Marçal nos tribunais brasileiros. Números que vão atestar a relevância de sua doutrina no Direito brasileiro.

2 Marçal: Pai e Professor – Lucas Spezia Justen

A trajetória do Professor Marçal Justen Filho é amplamente reconhecida e celebrada por muitos que tiveram o privilégio de conviver com ele, seja como colegas da faculdade, profissionalmente por meio da advocacia, como alunos na UFPR ou dos diversos cursos que ministrou ou mesmo como admiradores de suas obras. Contudo, minha homenagem parte de uma perspectiva diferente. Não vivi grande parte de sua trajetória acadêmica, não vi o início de seu escritório nem participei de muitas das conquistas que construíram sua reputação como jurista. Foi na convivência diária que percebi o verdadeiro significado de seu compromisso com o estudo e o Direito. Mais do que um professor brilhante e um jurista respeitado, Marçal é para mim um exemplo constante de disciplina, dedicação, ética e amor pelo que faz. Suas lições ultrapassaram as paredes das salas de aula e se manifestaram no cotidiano, moldando minha visão de mundo e minha formação pessoal. Este artigo e a organização desta obra são uma expressão de gratidão e reconhecimento por todo o impacto que ele tem em minha vida, não apenas profissionalmente, mas também como ser humano, como pai.

Uma das lições mais valiosas que Marçal me ensinou é que, na vida, nem sempre fazemos o que gostamos, mas sim o que precisamos. Ele não me ensinou isso apenas com palavras, mas com seu próprio exemplo de vida. Aos 18 anos, sofreu uma lesão no joelho enquanto jogava futebol. A medicina da época recomendou uma cirurgia para remover o menisco, uma prática que hoje é vista com cautela. O prognóstico foi severo: se ele não mantivesse a musculatura da perna forte, corria o risco de enfrentar complicações graves, incluindo a perda de movimento. Assim, Marçal encerrou sua carreira no futebol de forma precipitada e essa condição tornou-se uma constante em sua vida, um desafio a ser enfrentado diariamente. Por mais de 50 anos, ele se dedicou à musculação quase todos os dias, não por prazer, mas por entender que era uma necessidade.

Seria fácil, diante de uma situação como essa, ceder ao caminho de menor resistência, aceitar a dor e a limitação como inevitáveis, especialmente quando não há expectativa de melhora. No entanto, nunca escolheu o caminho fácil, enfrentando sua realidade com uma determinação inabalável, sabendo que o objetivo não era melhorar, mas evitar que as coisas piorassem. Quando consultou os maiores especialistas em joelho do Brasil, a resposta foi sempre a mesma: "não sei o que você está fazendo, mas continue". A retirada do menisco, que deveria ter resultado em artrose, dores crônicas e perda de movimento, não produziu os efeitos esperados. Seu compromisso com essa rotina, mesmo sem prazer, é um testemunho de sua determinação e força de vontade. É essa mesma determinação que aplica em todas as áreas de sua vida, e que sempre serviu como grande exemplo para mim.

Antes mesmo de compreender o que era o Direito Administrativo, e muito menos o que era uma licitação ou uma concessão, já havia acumulado uma grande coleção de obras sobre os assuntos. Todo ano, desde pequeno, recebia uma edição nova do *Curso de Direito Administrativo* ou dos *Comentários à Lei de Licitações e Contratos Administrativos*. Acompanhei a evolução destas obras não pela nova jurisprudência ou por alterações legislativas, mas pelas novas cores nas capas e pelo aumento no número de folhas. As edições anuais tornaram-se parte da minha vida, como uma espécie de calendário que marcava o passar dos anos. Essas obras, escritas pelo meu pai, não eram apenas livros na estante; eram o reflexo tangível de seu empenho e dedicação. Naquela época, eu não poderia compreender quanto esforço estava por trás daqueles livros, quantas horas de dedicação e quantos sacrifícios haviam sido feitos. Somente poderia esperar que aquelas páginas incompreensíveis fariam parte do meu próprio aprendizado e formação um dia.

Poucos meses antes de iniciar a faculdade de Direito, fui surpreendido com a notícia de que meu pai assumiria a disciplina de Introdução ao Estudo do Direito. Sabia que ele havia lecionado essa matéria no início de sua carreira, mas não imaginava que ele retornaria a ela justamente para me acompanhar nesse início de jornada. Durante aqueles meses que antecederam o início das aulas, tive o privilégio de testemunhar de perto a elaboração dos materiais da disciplina, com a mesma seriedade e rigor que ele sempre aplicou em tudo que fazia. Sua velocidade me espantava. Em poucos dias já havia preparado 24 aulas de 2 horas, com *slides* completos para acompanhar. Tendo este material pronto e alguns meses até o início das aulas (era o primeiro semestre de 2020, com todas as incertezas da pandemia), resolvemos revisar o conteúdo juntos. Por algumas semanas fazíamos uma aula por dia, discutindo temas de maior interesse. Foi meu primeiro contato com as suas aulas e sua didática e confesso que me deu falsas expectativas para os meus próximos anos na faculdade. Dificilmente encontraria um professor de seu nível.

Minha mãe, com sua sabedoria habitual, observou a situação e sugeriu: "Por que não transformar esse material em um livro?". E, assim, uma decisão inesperada foi tomada. Mais uma vez, fiquei impressionado com a rapidez do seu trabalho. Com intervalos de poucos dias, ouvia: "terminei o capítulo X e já comecei o próximo". Tentei ajudar no que podia, mas, no fim das contas, não consegui acompanhar o ritmo acelerado de um especialista.

Assim nasceu a primeira edição da obra *Introdução ao estudo do Direito*. Para muitos, pode parecer mais um livro na vasta produção de Marçal, mas, para mim, representou muito mais. Foi um gesto profundo de afeto, uma forma de dizer, à sua maneira, que estaria ao meu lado naquele momento tão importante.

Tive o privilégio, também, de cursar outras matérias, agora fora do regime remoto da pandemia, com o meu pai. Entre essas disciplinas, duas de "Tópicos Especiais de Direito Administrativo", que abordaram os temas de licitações, improbidade, contratos administrativos e concessões. Essas disciplinas foram únicas, não apenas pelo conteúdo abordado, mas pela forma como foram concebidas. Marçal teve total liberdade para estruturar as matérias sem prévia definição do currículo, permitindo que ele moldasse o curso de acordo com sua visão e experiência, criando um programa que refletia seus entendimentos e profundo conhecimento.

Marçal, como professor, possui uma habilidade única de transformar o aprendizado em uma experiência intensa. Sua profundidade intelectual se revela no material que nunca deixa de preparar e em cada exemplo, referência e discussão em sala. Ninguém sai de suas aulas o mesmo: alguns saem frustrados ou chorando, outros chocados ou perplexos, e há aqueles que saem com brilho nos olhos, sentindo novas portas se abrindo dentro de suas mentes. O rigor que ele aplica ao estudo e à interpretação do Direito é transmitido de forma tão impactante que molda não só a forma como pensamos, mas também como agimos enquanto operadores do Direito.

Ao longo da faculdade, pude finalmente desvendar o lado "oculto" de Marçal Justen Filho. Aquele que sempre foi, antes de tudo, meu pai, revelava-se também como um dos grandes juristas do Brasil. De certa forma, eu já sabia disso, mas não compreendia plenamente o que significava. Com o tempo, porém, fui descobrindo que isso envolvia muito mais do que eu imaginava: a admiração dos pares, referências aos seus posicionamentos em aula, seus livros nas bibliotecas, demandas por sua participação em eventos pelo Brasil afora, suas citações em artigos, livros e decisões judiciais, desde o 1º grau ao TCU, STJ, até acórdãos de Repercussão Geral do STF, sua proximidade de outros grandes autores do Direito brasileiro, e muito mais.

Pude finalmente abrir os livros que durante a maior parte da minha vida haviam sido relegados à prateleira. Pude finalmente mergulhar nos casos que, até então, eram apenas histórias que eu ouvira evoluir ao longo do tempo. Pude conhecer as pessoas que, movidas por diversos motivos, dedicaram partes significativas de suas vidas ao escritório que Marçal construiu, inspiradas por sua visão de mundo. Pude encontrar, também, aqueles que o admiram profundamente, pessoas cujas trajetórias e carreiras foram transformadas por sua pessoa e por suas obras.

O Direito me proporcionou muitas coisas, mas, acima de tudo, me permitiu conhecer o meu pai. Conhecê-lo não apenas como a figura paterna que sempre esteve presente em minha vida, mas também como o jurista que moldou tantas outras. Por meio do Direito, vi não apenas o profissional admirado por muitos, mas o outro lado de um ser humano que, com dedicação e integridade, construiu um legado que transcende as páginas de seus livros, os corredores de seu escritório e suas salas de aula.

Espero que a organização desta obra possa servir como uma homenagem sincera e profunda, não apenas de minha parte, mas também de tantos outros que têm carinho e respeito por Marçal Justen Filho e que dedicaram seu tempo para contribuir. Que esta coletânea celebre sua trajetória, sua contribuição incomensurável ao Direito e, acima de tudo, o impacto que ele teve em nossas vidas, tanto profissionalmente quanto pessoalmente. Obrigado, pai!

3 Estudo e metodologia

Neste estudo, foi realizada uma análise quantitativa das citações feitas às obras de Marçal Justen Filho nos tribunais do Brasil e certos órgãos deliberativos relevantes. O objetivo foi identificar quais tribunais utilizam com maior frequência seus escritos como referência e entender a influência de suas obras nas decisões judiciais. Para isso, foi conduzida uma busca abrangente pelas citações de Marçal Justen Filho em diferentes tribunais, com destaque para aqueles com o maior número de referências. Nos tribunais com maior incidência de citações, o estudo examinou quais obras entre as principais (sem distinção quanto à edição) – *Curso de Direito Administrativo*,[12] *Comentários* à *Lei de Licitações e Contratos Administrativos/Contratações Administrativas*[13] e *Reforma da Lei de Improbidade Administrativa* –[14] são mais mencionadas. Além disso, foi realizada uma busca por temas-chave das obras de Marçal Justen Filho, como "licitação", "concessão", "contratos administrativos", "improbidade", "serviço público" e "desconsideração da personalidade jurídica" para identificar os assuntos que mais frequentemente aparecem associados às suas contribuições.

Entre os tribunais analisados estão os Tribunais Superiores (STF, STJ, TST, TSE, STM), os Tribunais de Justiça, os Tribunais Regionais Federais, os Tribunais Regionais

---

[12] JUSTEN FILHO, Marçal. *Curso de Direito Administrativo*. 1. ed. São Paulo: Saraiva, 2005.

[13] JUSTEN FILHO, Marçal. *Comentários à Lei de Licitações e Contratos Administrativos*. São Paulo: Dialética, 2010; JUSTEN FILHO, Marçal. *Comentários à Lei de Licitações e Contratações Administrativas*. 2. ed. São Paulo: Thomson Reuters, 2023.

[14] JUSTEN FILHO, Marçal. *Reforma da Lei de Improbidade Administrativa*: comparada e comentada. Rio de Janeiro: Forense, 2021.

do Trabalho, os Tribunais Regionais Eleitorais, o Tribunal de Contas da União, os Tribunais de Contas dos Estados e dos Municípios, os Tribunais de Justiça Militares, órgãos deliberativos relevantes, como o Conselho Nacional de Justiça (CNJ), o Conselho Administrativo de Defesa Econômica (Cade) e o Conselho Administrativo de Recursos Fiscais (Carf), e algumas das câmaras arbitrais mais relevantes do Brasil. Ao final, o estudo totalizou 91.260 resultados, abrangendo acórdãos e decisões.

Complementando essa análise, foram utilizados recursos como o Google Acadêmico para realizar uma busca das obras de Marçal Justen Filho mais citadas em trabalhos acadêmicos. Esse levantamento permitiu mapear não apenas a aplicação prática de suas ideias nos tribunais, mas também a repercussão de seus escritos no meio acadêmico. O estudo oferece, assim, uma visão abrangente do impacto das contribuições de Marçal Justen Filho, medido quantitativamente, refletindo sua importância na construção da jurisprudência brasileira e na formação de operadores do direito.

A metodologia adotada nesta pesquisa fundamentou-se predominantemente na utilização da plataforma Jusbrasil,[15] especialmente no sistema de pesquisa de jurisprudência integrada, sendo complementada por verificações nos *sites* de jurisprudência dos próprios tribunais. Os dados foram coletados ao longo do mês de agosto de 2024. A escolha da Jusbrasil como principal fonte decorreu de sua funcionalidade superior e da consistência dos resultados oferecidos, em comparação com as variadas plataformas de jurisprudência dos diferentes tribunais, que apresentam divergências significativas em termos de funcionalidade, acessibilidade e abrangência dos dados. A pesquisa foi conduzida por meio do uso de conectivos e operadores booleanos, o que permitiu a realização de buscas precisas e segmentadas.

Para quantificar o número geral de citações a Marçal Justen Filho, foi utilizada a expressão "Justen Filho". Quando se buscou identificar citações relacionadas a temas específicos, como "licitação", as buscas foram refinadas por meio da combinação de termos, por exemplo, "Justen Filho" + "licitação". Nos casos em que a Jusbrasil não disponibilizava os dados de determinados tribunais, a pesquisa foi realizada diretamente nas plataformas próprias desses tribunais, assegurando, assim, a abrangência e precisão dos resultados obtidos.

É importante salientar que os resultados das pesquisas por temas não são mutuamente exclusivos, mas sim independentes, uma vez que é possível que o mesmo acórdão cite diversos temas. Dessa forma, um único acórdão pode ser contado em mais de um resultado temático, o que reflete a complexidade e a interconexão dos assuntos tratados nas decisões judiciais.

---

[15] JURISPRUDÊNCIA. *Jusbrasil*. Disponível em: https://www.jusbrasil.com.br/jurisprudencia/.

4 Tribunais Superiores e Tribunal de Contas da União

Tribunal	Total de citações	Curso*	Comentários*	Reforma*	Principais temas citados
STF	607	74%	11,5%	2,1%	1. Concessões (73,3%) 2. Licitação (27,2%) 3. Contratos Administrativos (17,0%) 4. Improbidade (11,4%) 5. Serviço Público (1,3%) 6. Desconsideração da Personalidade Jurídica (1,3%)
STJ	2.187	59,9%	20,6%	0,1%	1. Concessões (36,5%) 2. Licitação (33,2%) 3. Contratos Administrativos (28,8%) 4. Serviço Público (19,8%) 5. Improbidade (13,7%) 6. Desconsideração da Personalidade Jurídica (1,0%)
TST	3.569	7,9%	78,3%	0%	1. Licitação (91,5%) 2. Contratos Administrativos (86,4%) 3. Concessões (33,0%) 4. Serviço Público (1,8%) 5. Improbidade (3,7%) 6. Desconsideração da Personalidade Jurídica (1,0%)
TCU	3.120	9,6%	64,3%	0%	1. Licitação (97,3%) 2. Contratos Administrativos (72,6%) 3. Concessões (45,3%) 4. Serviço Público (23,8%) 5. Improbidade (13,1%) 6. Desconsideração da Personalidade Jurídica (2,8%)
STM	7	-	-	-	-
TSE	9	-	-	-	-

*Curso = *Curso de Direito Administrativo*, Comentários = *Comentários à Lei de Licitações e Contratos Administrativo*, Reforma = *Reforma da Lei de Improbidade Administrativa*.

As obras de Marçal Justen Filho exercem significativa influência nos Tribunais Superiores do Brasil e no Tribunal de Contas da União, especialmente no desenvolvimento da jurisprudência em Direito Administrativo. Ao todo, são 9.499 citações. No Supremo Tribunal Federal (STF), é citado 607 vezes, com 74% das referências ao *Curso de Direito*

Administrativo. Temas como "Concessões" e "Licitação" aparecem em 73,3% e 27,2% das citações, respectivamente.

No Superior Tribunal de Justiça (STJ), Marçal Justen Filho é ainda mais citado, com 2.187 referências. O *Curso de Direito Administrativo* lidera as menções com 59,9%, seguido pelos *Comentários à Lei de Licitações e Contratos Administrativos* (20,6%). Esses dados refletem a aplicação prática dessas obras em decisões que envolvem "Licitação" (33,2%), "Concessões" (36,5%) e "Contratos Administrativos" (28,8%).

No Tribunal Superior do Trabalho (TST), há 3.569 citações às obras de Marçal Justen Filho, com predominância dos *Comentários à Lei de Licitações e Contratos Administrativos* (78,3%). "Licitação" é o tema mais citado, aparecendo em 91,5% das referências, destacando a aplicação prática das obras no contexto das contratações públicas e licitações trabalhistas. Aqui, destaca-se a discussão sobre a responsabilidade subsidiária da Administração pelo inadimplemento do contratado prestador de serviços ao ente público.

O Tribunal de Contas da União (TCU), incluído aqui pelo seu destaque, possui 3.120 citações, sendo 64,3% aos *Comentários à Lei de Licitações e Contratos Administrativos* e 9,6% ao *Curso de Direito Administrativo*. Temas como "Licitação" (97,3%) e "Contratos Administrativos" (72,6%) são os mais discutidos, refletindo a base sólida que as obras de Marçal Justen Filho fornecem para a interpretação desta legislação no controle externo.

No Tribunal Superior Eleitoral (TSE) e no Superior Tribunal Militar (STM), as obras de Marçal Justen Filho têm uma presença mais modesta, com 9 e 7 citações, respectivamente, o que reflete a natureza distinta das matérias tratadas nessas cortes, em que o Direito Administrativo tem menor centralidade.

5 Tribunais de Justiça

(continua)

TJ	Total de citações	Curso*	Comentários*	Reforma*	Temas mais citados
TJ-SP	12.804	57,7%	30,9%	1,7%	1. Licitação (44,4%) 2. Concessão (38,3%) 3. Contratos Administrativos (37,5%) 4. Serviço Público (36,9%) 5. Improbidade (20,1%) 6. Desconsideração da Personalidade Jurídica (1,8%)
TJ-RS	9.681	56,0%	10,4%	0,2%	1. Concessão (76,3%) 2. Serviço Público (48,9%) 3. Contratos Administrativos (38,8%) 4. Licitação (34,3%) 5. Improbidade (5,3%) 6. Desconsideração da Personalidade Jurídica (0,2%)
TJ-PR	9.337	64,0%	21,2%	1,1%	1. Concessão (51,5%) 2. Licitação (32,8%) 3. Serviço Público (32,8%) 4. Contratos Administrativos (27,2%) 5. Improbidade (16,6%) 6. Desconsideração da Personalidade Jurídica (1,3%)

(conclusão)

TJ	Total de citações	Curso*	Comentários*	Reforma*	Temas mais citados
TJ-MG	8.266	62,3%	23,3%	0,8%	1. Concessão (62,8%) 2. Serviço Público (52,6%) 3. Licitação (42,4%) 4. Contratos Administrativos (40,8%) 5. Improbidade (17,3%) 6. Desconsideração da Personalidade Jurídica (0,9%)
TJ-SC	4.468	37,2%	44,0%	0,5%	1. Licitação (67,1%) 2. Concessão (57,7%) 3. Contratos Administrativos (56,6%) 4. Serviço Público (37,8%) 5. Improbidade (17,5%) 6. Desconsideração da Personalidade Jurídica (1,2%)
TJ-DF	1.342	41,1%	46,9%	0,7%	1. Licitação (67,6%) 2. Contratos Administrativos (61,2%) 3. Concessão (57,4%) 4. Serviço Público (30,8%) 5. Improbidade (16,6%) 6. Desconsideração da Personalidade Jurídica (3,4%)
TJ-RJ	993	58,4%	17,9%	0,6%	-
TJ-SE	840	72,0%	23,6%	0,4%	-
TJ-MS	758	38,1%	17,0%	1,5%	-
TJ-RN	711	37,0%	28,3%	17,3%	-
TJ-CE	710	33,1%	33,7%	6,5%	-
TJ-MT	685	44,2%	42,6%	4,1%	-
TJ-GO	650	61,4%	29,7%	1,4%	-
TJ-PI	601	35,3%	9,2%	0,2%	-
TJ-PA	507	71,0%	11,8%	10,8%	-
TJ-PB	486	33,1%	41,2%	0,8%	-
TJ-ES	449	29,0%	54,1%	1,8%	-
TJ-BA	433	54,3%	23,1%	0,0%	-
TJ-RR	350	50,0%	10,6%	2,0%	-
TJ-AL	235	40,4%	11,5%	1,7%	-
TJ-PE	203	43,8%	26,6%	6,4%	-
TJ-MA	194	42,3%	40,7%	5,7%	-
TJ-AM	179	41,3%	36,3%	0,0%	-
TJ-AP	176	51,7%	38,1%	0,0%	-
TJ-RO	175	40,6%	45,7%	1,7%	-
TJ-AC	117	22,2%	32,5%	1,7%	-
TJ-TO	80	45,0%	17,5%	21,3%	-

*Curso = *Curso de Direito Administrativo*, Comentários = *Comentários à Lei de Licitações e Contratos Administrativo*, Reforma = *Reforma da Lei de Improbidade Administrativa*.

Para analisar os dados dos Tribunais de Justiça, focamos especialmente nos tribunais que se destacam em número de citações, explorando as obras mais mencionadas e os principais temas discutidos nessas jurisdições.

Os Tribunais de Justiça acumulam 54.430 resultados. O Tribunal de Justiça de São Paulo (TJ-SP) lidera em citações das obras de Marçal Justen Filho, com um total de 12.804 referências. O *Curso de Direito Administrativo* é a obra mais citada, com 57,7% das menções, seguido pelos *Comentários à Lei de Licitações e Contratos Administrativos*, com 30,9%. Temas como "Licitação" e "Concessão" dominam as citações.

No Tribunal de Justiça do Rio Grande do Sul (TJ-RS), as obras de Marçal Justen Filho são citadas 9.681 vezes, destacando-se as menções ao *Curso de Direito Administrativo* (56,0%) e aos *Comentários à Lei de Licitações e Contratos Administrativos* (10,4%). O tribunal mostra uma ênfase particular em temas de "Concessão" (75,3%) e "Serviço Público" (48,9%), sublinhando a relevância dessas áreas no contexto regional.

O Tribunal de Justiça do Paraná (TJ-PR) também mostra um alto número de citações, com 9.337 referências. O *Curso de Direito Administrativo* é citado em 64,0% dos casos, evidenciando sua importância. Os temas mais citados incluem "Concessão" (51,5%) e "Licitação" (32,8%).

O Tribunal de Justiça de Minas Gerais (TJ-MG), com 8.266 citações, apresenta uma forte presença das obras de Marçal Justen Filho. O *Curso de Direito Administrativo* domina as menções, com 62,3%, enquanto "Concessão" e "Serviço Público" são os temas mais frequentemente discutidos, aparecendo em 62,8% e 52,6% das citações, respectivamente.

No Tribunal de Justiça de Santa Catarina (TJ-SC), as obras são citadas 4.468 vezes, com destaque para os *Comentários à Lei de Licitações e Contratos Administrativos* (44,0%) e o *Curso de Direito Administrativo* (37,2%). Os temas "Licitação" (67,1%) e "Concessão" (57,7%) aparecem com maior frequência.

Finalmente, o Tribunal de Justiça do Distrito Federal (TJ-DF) contabiliza 1.342 citações, com predominância dos *Comentários à Lei de Licitações e Contratos Administrativos* (46,9%) e do *Curso de Direito Administrativo* (41,1%). "Licitação" (67,6%) e "Contratos Administrativos" (61,2%) são os temas mais citados.

A análise dos Tribunais de Justiça revela um padrão claro: o *Curso de Direito Administrativo* emerge como a obra mais citada, com exceção do TJ-SC e do TJ-DF, em que a obra *Comentários à Lei de Licitações e Contratos Administrativos* apresenta maior número de citações.

Em relação aos temas, Licitação e Concessão se alternam como os mais citados. Por exemplo, Licitação é o tema predominante no TJ-SP, no TJ-SC e no TJ-DF, enquanto Concessão assume maior relevância no TJ-RS, no TJ-PR e no TJ-MG. Esses dados indicam que, possivelmente, há especificidades regionais que influenciam a aplicação e a interpretação das obras de Marçal Justen Filho, refletidas nas prioridades e nas necessidades de demandas jurídicas locais.

6 Tribunais Regionais Federais

TRF	Total de citações	Curso*	Comentários*	Reforma*	Temas mais citados
TRF-4	3.538	54,2%	34,7%	0,2%	1. Concessão (60,5%) 2. Serviço Público (48,0%) 3. Licitação (46,8%) 4. Contratos Administrativos (41,9%) 5. Improbidade (9,7%) 6. Desconsideração da Personalidade Jurídica (0,5%)
TRF-3	2.139	81,0%	13,7%	1,6%	1. Concessão (79,8%) 2. Serviço Público (58,9%) 3. Contratos Administrativos (44,0%) 4. Licitação (45,6%) 5. Improbidade (5,7%) 6. Desconsideração da Personalidade Jurídica (0,3%)
TRF-1	1.130	32,4%	38,9%	4,2%	1. Licitação (49,1%) 2. Contratos Administrativos (43,5%) 3. Concessão (36,9%) 4. Serviço Público (21,6%) 5. Improbidade (12,6%) 6. Desconsideração da Personalidade Jurídica (0,1%)
TRF-2	606	56,1%	29,0%	0,0%	1. Concessão (47,9%) 2. Licitação (47,0%) 3. Serviço Público (31,5%) 4. Contratos Administrativos (37,1%) 5. Improbidade (18,2%) 6. Desconsideração da Personalidade Jurídica (0,2%)
TRF-5	219	25,1%	34,2%	3,7%	1. Licitação (71,2%) 2. Contratos Administrativos (42,9%) 3. Concessão (38,4%) 4. Improbidade (27,9%) 5. Serviço Público (21,9%) 6. Desconsideração da Personalidade Jurídica (0%)
TRF-6	4	-	-	-	-

*Curso = *Curso de Direito Administrativo*, Comentários = *Comentários à Lei de Licitações e Contratos Administrativo*, Reforma = *Reforma da Lei de Improbidade Administrativa.*

Ao todo, os Tribunais Regionais Federais representam 7.636 citações. No TRF-4, que apresenta o maior número entre os Tribunais Regionais Federais, com 3.538 referências, o *Curso de Direito Administrativo* é a obra mais citada, representando 54,2% das menções. Já os *Comentários* à *Lei de Licitações e Contratos Administrativos* aparecem em 34,7% das citações. Em relação aos temas, "Concessão" (60,5%), "Serviço Público" (48,0%), e "Licitação" (46,8%) são os mais discutidos.

No TRF-3, com 2.139 citações, a obra *Curso de Direito Administrativo* domina as referências com 81,0%, seguida pelos *Comentários à Lei de Licitações e Contratos Administrativos*, que aparecem em somente 13,7% das citações. Os temas mais citados são "Concessão" (79,8%) e "Serviço Público" (58,9%), evidenciando a aplicação dessas obras na administração pública e em decisões judiciais.

O TRF-1, que totaliza 1.130 citações, apresenta uma distribuição mais equilibrada entre o *Curso de Direito Administrativo*, citado em 32,4% das vezes, e os *Comentários à Lei de Licitações e Contratos Administrativos*, que aparecem em 38,9% das citações. Em relação aos temas, "Licitação" (49,1%), "Contratos Administrativos" (43,5%), e "Concessão" (36,9%) são os mais relevantes.

No TRF-2, com 606 citações, o *Curso de Direito Administrativo* é a obra mais citada, presente em 56,1% das decisões, seguido pelos *Comentários à Lei de Licitações e Contratos Administrativos*, com 29,0%. Os temas predominantes são "Concessão" (47,9%), "Licitação" (47,0%), e "Serviço Público" (31,5%).

Por fim, no TRF-5, que conta com 219 citações, as obras *Comentários à Lei de Licitações e Contratos Administrativos* e *Curso de Direito Administrativo* são mencionadas em 34,2% e 25,1% das vezes, respectivamente. Os temas mais discutidos incluem "Licitação" (71,2%) e "Contratos Administrativos" (42,9%).

O TRF-6, com apenas 4 citações, não apresenta dados significativos para uma reflexão mais aprofundada, sendo que somente foi instalado em agosto de 2022.

A análise das citações nos Tribunais Regionais Federais revela que o *Curso de Direito Administrativo* é a obra mais frequentemente mencionada, especialmente no TRF-3, em que representa 81,0% das citações, e no TRF-2, com 56,1% das referências. Entre os temas discutidos, "Licitação" e "Concessão" se destacam como os mais frequentes, evidenciando a aplicação prática dessas questões no contexto jurídico. O TRF-4 e o TRF-3 se destacam em menções a "Concessão", com 60,5% e 79,8%, respectivamente, enquanto "Licitação" é predominante no TRF-5, com 71,2% das citações. Esse panorama destaca a influência dessas obras e temas no contexto das decisões judiciais dos TRFs, reforçando a centralidade dessas discussões no direito administrativo brasileiro.

7 Tribunais de Contas dos Estados e dos Municípios

Tribunal	Citações	Tribunal	Citações	Tribunal	Citações
TCE-SP	3237	TCE-PB	169	TCE-AL	0
TCE-RJ	2321	TCE-DF	132	TCE-BA	0
TCE-MG	2201	TCE-GO	118	TCE-MA	0
TCE-MS	852	TCM-GO	84	TCE-MT	0
TCE-ES	562	TCE-PA	48	TCE-PI	0
TCM-SP	460	TCE-SE	19	TCE-RN	0
TCE-CE	430	TCE-AP	3	TCE-RO	0
TCE-PR	428	TCE-AM	2	TCE-RR	0
TCE-PE	360	TCE-SC	1	TCM-BA	0
TCM-RJ	255	TCE-TO	1	TCM-PA	0
TCE-RS	182	TCE-AC	0		

As obras de Marçal Justen Filho também exercem considerável influência nos Tribunais de Contas dos Estados e dos Municípios, somando 11.865 citações. Damos destaque ao TCE-SP, que lidera com 3.237 citações, seguido pelo TCE-RJ (2.321 citações) e TCE-MG (2.201 citações). Outros tribunais, como o TCE-MS (852 citações), TCE-ES (562 citações), e TCE-CE (430 citações), também mostram um uso significativo das obras de Marçal, consolidando sua relevância em diversas regiões do país.

Nos Tribunais de Contas dos Municípios, o TCM-SP destaca-se com 460 citações, seguido pelo TCM-RJ, com 255. Em contrapartida, há tribunais nos quais as citações são inexistentes ou baixas, como os TCEs do Acre, Alagoas, Bahia, Maranhão, Mato Grosso, Piauí, Rio Grande do Norte, Rondônia e Roraima, além dos TCMs da Bahia e Pará. Nota-se, também, que os sistemas de busca de jurisprudência dos TCEs e TCMs sofrem de maiores limitações quando comparados aos outros tribunais consultados, possivelmente contribuindo a um resultado inferior ao que realmente representam.

8 Tribunais Regionais Eleitorais

Tribunal	Citações	Tribunal	Citações	Tribunal	Citações
TRE-ES	20	TRE-SC	2	TRE-RJ	0
TRE-SP	11	TRE-RS	2	TRE-PI	0
TRE-RR	10	TRE-PE	2	TRE-PB	0
TRE-GO	9	TRE-PA	2	TRE-MT	0
TRE-DF	9	TRE-RN	1	TRE-MA	0
TRE-PR	8	TRE-MG	1	TRE-BA	0
TRE-MS	5	TRE-AM	1	TRE-AP	0
TRE-CE	3	TRE-TO	0	TRE-AL	0
TRE-SE	2	TRE-RO	0	TRE-AC	0

As citações às obras de Marçal Justen Filho nos Tribunais Regionais Eleitorais (TREs) estão em linha com o padrão observado no Tribunal Superior Eleitoral (TSE), em que a influência do autor é mais discreta em comparação com outros ramos do Judiciário, acumulando somente 88 resultados. O TRE-ES lidera com 20 citações, seguido pelo TRE-SP com 11, e TRE-RR com 10 citações. Diversos tribunais, como TRE-DF e TRE-GO, também apresentam citações, embora em números mais modestos. Por outro lado, há TREs, como os do Acre, Alagoas, Bahia, e Mato Grosso, que não registram nenhuma citação, o que reflete a natureza específica e menos frequente da aplicação do Direito Administrativo em contextos eleitorais.

9 Tribunais Regionais do Trabalho

Tribunal	Citações
TRT-9 (PR)	3746
TRT-6 (PE)	667
TRT-2 (SP)	392
TRT-4 (RS)	224
TRT-1 (RJ)	200
TRT-15 (SP)	142
TRT-5 (BA)	132
TRT-20 (SE)	110

Tribunal	Citações
TRT-10 (DF/TO)	103
TRT-16 (MA)	102
TRT-13 (PB)	95
TRT-12 (SC)	91
TRT-7 (CE)	59
TRT-22 (PI)	50
TRT-17 (ES)	49
TRT-3 (MG)	38

Tribunal	Citações
TRT-21 (RN)	29
TRT-8 (PA/AP)	26
TRT-14 (RO/AC)	19
TRT-24 (MS)	13
TRT-23 (MT)	12
TRT-11 (AM/RR)	9
TRT-18 (GO)	7
TRT-19 (AL)	7

As citações das obras de Marçal Justen Filho nos Tribunais Regionais do Trabalho (TRTs) revelam uma distribuição significativa (6.322 resultados), com destaque especial para o TRT-9 (PR), que lidera com 3.746 citações. Esse número é muito superior aos demais TRTs, indicando uma forte influência das obras de Justen Filho na jurisprudência trabalhista de seu estado de origem. O TRT-6 (PE) e o TRT-2 (SP) também se destacam, com 667 e 392 citações. A presença constante das citações em todos os TRTs demonstra a relevância abrangente das suas contribuições, ainda que com variações regionais significativas.

10 Outros tribunais, órgãos deliberativos e câmaras arbitrais

Tribunais de Justiça Militares	
Tribunal	Citações
TJM-SP	337
TJM-MG	1
TJM-RS	0

Conselhos deliberativos	
Tribunal	Citações
CADE	37
CARF	20
CNJ	12

Câmaras arbitrais	
Tribunal	Citações
ICC	10
CBMA	2
CCBC	1

Nos Tribunais de Justiça Militares, apenas o TJM-SP se destaca com 337 citações às obras de Marçal Justen Filho, enquanto TJM-MG possui uma única citação e o TJM-RS, nenhuma. Nos conselhos deliberativos, o Cade e o Carf registram 37 e 20 citações, respectivamente, refletindo a influência do autor em questões econômicas e regulatórias. O CNJ apresenta 12 menções, destacando sua relevância em temas de governança. Nas câmaras arbitrais do Brasil, a International Chamber of Commerce (ICC) tem 10 citações em sentenças, o Centro Brasileiro de Mediação e Arbitragem (CBMA), 2, e a Câmara de Comércio Brasil Canadá (CCBC), apenas uma. Estas arbitragens são majoritariamente contra o poder público e incluem, por exemplo, Concessionária BR-040 *v.* ANTT, Nova Petróleo *v.* ANP, Transnorte Energia *v.* ANEEL, entre outras.

11 Pesquisa de citações de obras

Embora o Google Acadêmico tenha várias limitações como ferramenta de busca de material de pesquisa acadêmica, a plataforma permite o rastreamento de citações feitas a diversas obras disponíveis na internet. Apesar de não oferecer um controle rigoroso de qualidade dos artigos que integram sua base de dados e de não catalogar artigos de forma abrangente (especialmente artigos restritos a serviços pagos ou a obras não digitalizadas), esta ferramenta ainda permite que tenhamos uma ideia geral de quais obras de um autor são mais citadas. Para este estudo, utilizaram-se o Google Acadêmico[16] e o *software* agregador de dados *Publish or Perish*[17] para analisar as citações das obras de Marçal Justen Filho, oferecendo uma perspectiva valiosa sobre sua relevância e influência no campo do Direito. A seguir, destaco as 15 mais citadas, entre livros, capítulos e artigos.

Obra	Citações
1. *Curso de Direito Administrativo* (todas as edições)	3.881
2. *Comentários à Lei de Licitações e Contratos Administrativos/Contratações Administrativas* (todas as edições)	2.116
3. *O Direito das Agências Reguladoras Independentes.* Dialética, 2002.	613
4. *Teoria Geral das Concessões de Serviço Público.* Dialética, 2003	541
5. *Desconsideração da Personalidade Societária no Direito Brasileiro.* Revista dos Tribunais, 1987	226
6. *Pregão: Comentários à Legislação do Pregão Comum e Eletrônico* (todas as edições)	209
7. *Conceito de interesse público e a "personalização" do direito administrativo.* Revista Trimestral de Direito Público 26/1999, p. 115-136	162
8. *O Imposto Sobre Serviços na Constituição.* Revista dos Tribunais, 1985	105
9. *Art. 20 da LINDB – Dever de Transparência, Concretude e Proporcionalidade nas Decisões Públicas.* Revista de Direito Administrativo, out. 2018, p. 13-41	91
10. *O Direito Administrativo do Espetáculo*, in: ARAGÃO, Alexandre Santos de; MARQUES NETO, Floriano de Azevedo (Org.). Direito Administrativo e seus novos paradigmas. Fórum, 2008, p. 65-85	91
11. *Sujeição Passiva Tributária.* CEJUP, 1986.	82
12. *O Estatuto da Microempresa e as Licitações* Públicas (todas as edições)	62
13. *Agências Reguladoras e Democracia: existe um déficit democrático na "regulação independente".* Revista de Direito Público da Economia, v. 1, n. 2, abr. 2003, p. 273-301	56
14. *As Diversas Configurações da Concessão de Serviço* Público. Revista de Direito Público da Economia, v. 1, n. 1, mar. 2003, p. 95-136	52
15. *Empresa, Ordem Econômica e Constituição.* Revista de Direito Administrativo, n. 212, 1998, p. 109-133	42

---

[16] GOOGLE ACADÊMICO. Disponível em: https://scholar.google.com/.

[17] HARZING, Anne-Wil. Publish or perish. *Harzing.com*. Disponível em: https://harzing.com/resources/publish-or-perish.

As citações das obras de Marçal Justen Filho demonstram padrões interessantes tanto em termos de volume quanto de distribuição temática. A totalidade da busca, com 82 obras, indica que é citado em 8.674 publicações acadêmicas. O *Curso de Direito Administrativo* lidera com 3.881 citações, indicando sua posição como referência central na literatura de Direito Administrativo. Esta obra, por sua natureza abrangente, é citada em um amplo espectro de casos.

Já os *Comentários à Lei de Licitações e Contratos Administrativos* ocupam o segundo lugar, com 2.116 citações, confirmando a relevância desta obra, mesmo sendo de natureza técnica e voltada à prática. Em contraste, obras como *O Direito das Agências Reguladoras Independentes* e *Teoria Geral das Concessões de Serviço Público* apresentam números de citações menores, mas ainda significativos, com 613 e 541 citações respectivamente. Esses números são especialmente relevantes quando se considera que são obras com mais de 20 anos desde suas publicações e sem edições subsequentes.

Comparando os temas abordados, percebe-se que as obras com maior número de citações estão associadas a tópicos de Direito Administrativo, como licitações, contratações públicas e concessões, enquanto obras que tratam de temas diversos, como a desconsideração da personalidade jurídica, tendem a ter menos citações. Essas diferenças quantitativas nas citações indicam não apenas a popularidade das obras, mas também a extensão da aplicação dos temas abordados por Justen Filho em diversas áreas do Direito.

12 Considerações finais

Concluindo este estudo, fica evidente a ampla e diversificada influência das obras de Marçal Justen Filho nos tribunais brasileiros, como demonstrado pelos 91.260 resultados de citações entre acórdãos e decisões. Como esperado, os Tribunais de Justiça se destacam com o maior número de citações, totalizando 55.430. Em segundo lugar estão os Tribunais de Contas, totalizando 14.985 citações entre o TCU, os TCEs e TCMs. Em terceiro lugar está, surpreendentemente, a Justiça do Trabalho, com 9.891 citações, sendo que 6.322 advêm dos Tribunais Regionais do Trabalho e 3.569 do Tribunal Superior do Trabalho.

Ao comparar a distribuição das citações de Marçal Justen Filho com a distribuição geral dos processos judiciais no Brasil, conforme o relatório *Justiça em números 2024*, do Conselho Nacional de Justiça, surgem observações interessantes. Entre os 83,8 milhões de processos pendentes no Brasil, 77% estão na Justiça Estadual, 15% na Justiça Federal, 6,4% na Justiça do Trabalho e 1,5% nos Tribunais Superiores.[18] Poderia se esperar uma distribuição semelhante das citações de Marçal Justen Filho, porém, o estudo revelou que 73,2% das citações estão na Justiça Estadual, 10,1% na Justiça Federal, 8,3% na Justiça do Trabalho e 8,4% nos Tribunais Superiores. Há, portanto, uma sobrerrepresentação das citações nos Tribunais Superiores e na Justiça do Trabalho, enquanto os Tribunais de Justiça e os Tribunais Regionais Federais apresentam uma sub-representação.

Entre suas obras, o *Curso de Direito Administrativo* é a mais citada nos tribunais, com 37.407 referências nos Tribunais Superiores, TCU, TJs e TRFs, consolidando-se

---

[18] CONSELHO NACIONAL DE JUSTIÇA. *Justiça em números 2024*. Brasília: CNJ, 2024. p. 19. Disponível em: www.cnj.jus.br/pesquisas-judiciarias/justica-em-numeros/.

como uma das grandes fontes de referência no Direito Administrativo brasileiro. Com 15 edições desde 2005, essa obra reflete a profundidade e abrangência necessárias para lidar com o setor público, tornando-se uma base frequente em decisões relevantes. Em segundo lugar, com 21.562 citações, estão os *Comentários à Lei de Licitações e Contratos Administrativos/Contratações Administrativas*, uma obra técnica e prática, que acompanhou a Lei nº 8.666/93 por 18 edições e, mais recentemente, passou a abordar a Lei nº 14.133/21 em 2 edições. O *Curso* e os *Comentários* são as obras principais de Marçal. Ambas são extensas e rigorosamente atualizadas. Ao longo de suas várias edições, essas obras se tornaram indispensáveis para aqueles que buscam uma compreensão aprofundada e prática do direito administrativo.

Entre os temas das citações, "concessão" toma maior destaque com 34.019 resultados, seguido de "licitação" com 30.307. Esses dois temas alternam-se como os mais discutidos, variando de acordo com a natureza dos tribunais e das matérias que costumam julgar. No Supremo Tribunal Federal, por exemplo, 73,3% das decisões e acórdãos citados envolvem concessões, enquanto no Tribunal de Contas da União, 97,3% dos julgados tratam de licitações. Em tribunais como o STJ, há maior equilíbrio entre os temas. Esses dados demonstram que a obra de Marçal Justen Filho abrange uma ampla gama de temas essenciais para a compreensão da administração pública.

A pesquisa por citações, embora limitada pelos motivos discutidos acima, resultou no levantamento de 8.674 publicações acadêmicas com citações à produção de Marçal. Novamente o *Curso* e os *Comentários* se destacam, com 3.881 e 2.116 citações, respectivamente.

Como um todo, esses dados reforçam a importância de Marçal Justen Filho como uma fonte de referência essencial para as decisões judiciais e para a literatura jurídica que abordam questões complexas e variadas dentro do campo do Direito Administrativo e além.

Referências

CONSELHO NACIONAL DE JUSTIÇA. *Justiça em números 2024*. Brasília: CNJ, 2024. Disponível em: www.cnj.jus.br/pesquisas-judiciarias/justica-em-numeros/.

GLADWELL, Malcolm. *Outliers*: the story of success. [s.l.]: [s.n.], 2008. Kindle.

GOOGLE ACADÊMICO. Disponível em: https://scholar.google.com/.

HARZING, Anne-Wil. Publish or perish. *Harzing.com*. Disponível em: https://harzing.com/resources/publish-or-perish.

JURISPRUDÊNCIA. *Jusbrasil*. Disponível em: https://www.jusbrasil.com.br/jurisprudencia/.

JUSTEN FILHO, Marçal. *Comentários à Lei de Licitações e Contratações Administrativas*. 2. ed. São Paulo: Thomson Reuters, 2023.

JUSTEN FILHO, Marçal. *Comentários à Lei de Licitações e Contratos Administrativos*. São Paulo: Dialética, 2010.

JUSTEN FILHO, Marçal. *Curso de Direito Administrativo*. 1. ed. São Paulo: Saraiva, 2005.

JUSTEN FILHO, Marçal. *Desconsideração da personalidade societária no direito brasileiro*. São Paulo: Revista dos Tribunais, 1987.

JUSTEN FILHO, Marçal. *O direito das agências reguladoras independentes*. São Paulo: Dialética, 2002.

JUSTEN FILHO, Marçal. *Reforma da Lei de Improbidade Administrativa*: comparada e comentada. Rio de Janeiro: Forense, 2021.

JUSTEN, Monica Spezia. *A noção de serviço público no direito europeu*. São Paulo: Dialética, 2003.

MARÍAS, Julián. *Ortega*: las trayectorias. Madrid: Alianza Editorial, 1983.

ORTEGA Y GASSET, Jose. *História como sistema*. 1. ed. Brasília: Editora Universidade de Brasília, 1982. Coleção Orteguiana.

SHAKESPEARE, William. *Sonho de uma noite de verão*. [s.l.]: [s.n.], [s.d.].

WEST, Stephen. Philosophize this! #201. *Podcasts Apple*, 7 maio 2024.

Informação bibliográfica deste texto, conforme a NBR 6023:2018 da Associação Brasileira de Normas Técnicas (ABNT):

JUSTEN, Lucas Spezia; JUSTEN, Monica Spezia. A obra de Marçal Justen Filho nos tribunais brasileiros: um mapeamento das citações. *In*: JUSTEN, Monica Spezia; PEREIRA, Cesar; JUSTEN NETO, Marçal; JUSTEN, Lucas Spezia (coord.). *Uma visão humanista do direito*: homenagem ao Professor Marçal Justen Filho. Belo Horizonte: Fórum, 2025. v. 1, p. 33-55. ISBN 978-65-5518-918-6.

MARÇAL JUSTEN FILHO:
A JORNADA INICIAL QUE EU VI

RUY FERNANDO DE OLIVEIRA

Este breve escrito não é um artigo de doutrina nem se pretende o panegírico merecido pelo Marçal. É mais o registro do afeto de cunhado e de reminiscências sutis que já superam 60 anos.

Mas a memória e o esquecimento são capacidades xifópagas; não há refúgio intelectual que evite a distorção de uma pelo outro. Se a memória provoca a estabilidade do saber pela retenção e reconstituição do pretérito, por sua vez o esquecimento consente o próprio pensar. Ao contar a história de Irineu Funes, que adquiriu memória infalível ao acidentar-se em uma cavalgada, Jorge Luis Borges concluiu que seu personagem "não era muito capaz de pensar. Pensar é esquecer diferenças, é generalizar, abstrair".[1]

Esquecer porventura detalhes do convívio com Marçal permite concentrar-me em pensar, em refletir sobre o seu percurso valioso e sobretudo humano, dedicado a produzir conhecimento, construir identidades, desenvolver valores, ser útil aos seus contemporâneos e pósteros.

Na ocasião desta publicação, não é impossível que tenha eu a oportunidade de ser o integrante da comunidade jurídica com o mais recuado presenciamento da trajetória do Marçal.

Era ele o caçula de uma família com virtudes admiráveis: o desembargador Marçal Justen, figura carismática e inesquecível para quem o conheceu mesmo superficialmente; a professora Chloris Casagrande Justen, célebre formadora de muitas gerações de paranaenses que segue impressionando aos 100 anos de idade; a primogênita Chloris Elaine, de personalidade brilhante e cativante, com quem me casei; Liana Márcia, filha do meio, notável por sua simpatia e inteligência; e Marçal Filho, com a idade de 7 anos.

Lembro-me do menino tranquilo e organizado, que brincava e estudava sozinho, sem causar atropelos domésticos ou incômodos aos familiares. Mas não era um solitário.

---

[1] Disponível em: https://dramaticas.una.edu.ar/assets/files/file/artes-dramaticas/2014/2014-ad-una-cpu-2015-texto-funes-el-memorioso-borges.pdf. Acesso em: 20 jul. 2024.

Jogava bola na Rua Saldanha da Gama com outras crianças, recebia amigos do Colégio Estadual do Paraná e frequentava suas casas. Pedalava nos arredores de casa, para preocupação da mãe...

Tenho a imagem remota dele integrado, alegre e que costumava, para surpresa e satisfação geral, ficar à frente da televisão vendo filmes de super-heróis, espontaneamente vestido a caráter. Assistia a jogos de futebol na TV, uniformizado apropriadamente, controlando uma bola e dando uns chutes e dribles. Praticou esse esporte com apuro e também judô no Clube Curitibano. Muito ligado ao pai, iam juntos aos jogos do Athletico na antiga Baixada, o estádio Joaquim Américo.

Não posso esquecer do seu respeito e admiração pela figura paterna. Em conversas e escritos, revelou que ele foi seu melhor amigo,[2] aquele com quem poderia contar para o que desse e viesse. Ressaltava-lhe os predicados de cidadão e magistrado, um homem bom, conselheiro procurado por aqueles em dificuldade, sensível e solidário. E, por certo, para sua formação, Marçal há de se ter inspirado nessa personalidade invulgar e marcante. Assim como na da mãe querida, mestra, poetisa, oradora, acadêmica, sempre presente nos momentos importantes de sua vida.

Uma aptidão perceptível do Marçal se revelou na liderança natural que exercia nos grupos de que participava, como mais tarde foi confirmado na faculdade. Os colegas reuniam-se em sua casa para estudar, ouvi-lo atentos, debater a matéria e consolidar amizades.

Vários de seus atributos concorriam para uma antevisão desse futuro auspicioso: disciplina, persistência, concentração, planejamento, método, organização e tantos outros indispensáveis à formação de um completo profissional. Porém, mais do que uma preparação calcada em critérios científicos consagrados, ele dispunha do recurso decisivo de uma inteligência poderosa.

Nem por isso nele captei alguma vez um pensamento arrogante ou afirmação presunçosa. O verdadeiro intelectual, como Marçal, exercita a discrição, a modéstia, a generosidade e, muito especialmente, a renúncia: sabe não haver crescimento possível sem fazer escolhas, desconfortáveis por definição e talvez silenciosas.

Aluno brilhante, sempre em escolas públicas, recordo quando se classificou em primeiro lugar no vestibular da Faculdade de Direito da Universidade Federal do Paraná em 1973, quando estagiou no escritório do (também meu) professor Egas Moniz de Aragão, e depois quando se graduou, em 1977, com a média mais elevada no curso desde a sua fundação em 1912. Lembro quando assumiu em 1986 como professor titular mais jovem da nossa UFPR, em que lecionou de 1979 a 2006.

Acompanhei quando fundou sua banca, hoje entre as mais reconhecidas do Brasil, e também a repercussão do seu desempenho profissional em meu cotidiano de julgador, quando ainda em atividade.

Mesmo impedido nos processos que ele patrocinava, era frequente receber notícia sobre as variadas atividades do Marçal por profissionais com quem eu tinha mais contato em virtude de atribuições associativas e judicantes. Ora narravam a sua condução exemplar em uma causa complexa, ora descreviam a qualidade de uma palestra ou que

---

[2] JUSTEN FILHO, Marçal. Marçal Justen: a história do magistrado. *Revista Toga e Literatura*, Curitiba, n. 4, p. 28-33, dez. 2009.

alguma edição se havia esgotado em sua cidade, tamanha a procura: não eram elogios para agradar ao parente, mas já reflexo de um êxito que tende merecidamente a aumentar.

Penso comovido na convivência especial que mantenho com meu cunhado Marçal. Já então prestigiado advogado, professor e escritor, ao publicar uma obra reservava um exemplar com dedicatória, para meu orgulho. Dois deles ilustram bem a diversidade e qualidade de tantas matérias tratadas, que enriquecem minha biblioteca: o mais antigo *Sujeição passiva tributária*, de 1986, oferecido "com muita estima e carinho" e, após vários outros, o mais recente *Introdução ao estudo do Direito*, de 2020, "com a amizade e a admiração".

Reler sua letra segura é como voltar no tempo com o poder de assistir às proezas do menino e o progresso do rapaz, evoluindo para suas lições, criações e instrumentos fundamentais para o saber jurídico.

O futuro chegou. Marçal completa 70 anos e o enigma da memória permanece intacto.

Enquanto Funes tornou-se imune ao esquecimento após acometido de paraplegia e o próprio Borges sucumbia à cegueira quanto mais se iluminava, a mim bastou, mais afortunadamente, resistir ao tempo para testemunhar o desenvolver também prodigioso da pessoa e do jurista Marçal Justen Filho.

Informação bibliográfica deste texto, conforme a NBR 6023:2018 da Associação Brasileira de Normas Técnicas (ABNT):

OLIVEIRA, Ruy Fernando de. Marçal Justen Filho: a jornada inicial que eu vi. *In*: JUSTEN, Monica Spezia; PEREIRA, Cesar; JUSTEN NETO, Marçal; JUSTEN, Lucas Spezia (coord.). *Uma visão humanista do Direito*: homenagem ao Professor Marçal Justen Filho. Belo Horizonte: Fórum, 2025. v. 1, p. 57-59. ISBN 978-65-5518-918-6.

ADMINISTRATIVISTA POR ACASO

CARLOS ARI SUNDFELD

ANDRÉ ROSILHO

YASSER GABRIEL

Para celebrar Marçal Justen Filho.

1 O caipira na academia

O ambiente bom de verdade atrai gente interessante, ativa a imaginação, seduz, gera movimento e criação. Mas como se faz um ambiente assim? É sempre a mesma coisa: há alguém, uma pessoa inspiradora. Para a geração de publicistas brasileiros que, como Marçal Justen Filho, se formou com tempo ruim, durante a ditadura militar, ou mesmo na passagem para a democracia, Geraldo Ataliba foi o cara.

Marçal se formou em 1977 na UFPR e iniciou de imediato a vida docente na mesma Faculdade de Direito, onde se dedicou inicialmente ao direito comercial, área compatível com sua atividade de jovem advogado. Mas houve uma reforma educacional e se passou a exigir pós-graduação dos professores. Para atender à exigência, Marçal escolheu fazer em São Paulo o seu mestrado (1980-1984) e o seu doutorado (1985).

Segundo ele:

Para um caipira da Curitiba dos anos 1970, conviver com a PUC-SP foi um tremendo choque. A Universidade era um polo de contestação e irreverências, em que conviviam alunos das diversas áreas. [...] A PUC-SP renovou o estudo do direito no Brasil. Difundiu um modelo de cursos de especialização, centrado no debate envolvendo grandes professores (inclusive estrangeiros) e profissionais experimentados. Isso promoveu o senso crítico quanto à realidade brasileira. Esse modelo foi replicado para cursos de mestrado e de doutorado.[1]

---

[1] JUSTEN FILHO, Marçal. O direito administrativo como aventura existencial e as peripécias de um insubordinado. *Revista Estudos Institucionais*, v. 9, n. 3, set./dez. 2023. p. 797.

Quem só veio a conhecer Marçal Justen Filho bem depois, pelos livros, aulas e palestras de direito administrativo, estranhará sua escolha de área para a pós-graduação: o direito tributário. Qual a razão? Essa escolha era compreensível à época em função do professor responsável por fazer da PUC-SP o que ela se tornara.

Marçal explicou: "Geraldo Ataliba era um líder incomparável".[2] Pois seria justamente Ataliba o orientador de Marçal no mestrado e no doutorado. É preciso, então, situar e decifrar Geraldo Ataliba para descobrir qual foi seu impacto formativo sobre Marçal, da mesma forma que ocorreu com toda a geração de juristas que teve a oportunidade de conviver com ele, com seus discípulos ou com o ambiente que ele havia criado na universidade.

Geraldo Ataliba personificou a terceira fase da ideia de Constituição no Brasil.

Na primeira, a Constituição – então a do Império, de 1824 – teve influência sobre a política, não exatamente sobre os profissionais e as instituições judiciais. Pimenta Bueno, o Marquês de São Vicente, grande político do Império, foi o rosto dessa época.

Um novo regime, outra Constituição – agora a da República, de 1891 – abriria a segunda fase, em que a Constituição começaria a se juridicizar de verdade, a virar lei, aparecer nas petições, frequentar os Tribunais. Alguém tinha de encarnar essa transição da política para o Direito; uma figura de síntese, advogado militante, mas também político. Essa pessoa seria Ruy Barbosa, que hoje é lembrado menos pelas campanhas civilistas do que pelos *habeas corpus* com que, como advogado, ajudou o então noviço Supremo Tribunal Federal a juridicizar a Constituição.

Geraldo Ataliba, embora jamais tenha passado pela carreira política, assumiria, na terceira fase da ideia de Constituição no Brasil, boa parte do papel que Ruy Barbosa criara para si. Ataliba, como Ruy, era brilhante e, como advogado, grande inventor de teses, que depois transformava também em artigos e livros.

O direito público brasileiro da fase atual, a quarta fase – na qual Marçal Justen Filho tem sido um advogado e escritor jurídico de sucesso –, teria seu marco inicial com a Constituição democrática de 1988.

Hoje, a Constituição não só vale como lei (uma Lei Maior), como virou lei para tudo: não só para as questões estruturais de Estado e para os direitos fundamentais clássicos (os temas "verdadeiramente constitucionais", como se dizia no passado), mas para qualquer tópico, de qualquer ramo, em especial para o direito administrativo, embora não só para ele: também para família, contratos, crimes, processos, responsabilidade e muito mais. É estranho para os contemporâneos: vivemos desde 1988, nós e o publicista Marçal Justen Filho, o quarto tempo, o da onipresença constitucional.

E pensar que, para chegar até aqui, a ideia de Constituição teve, antes, de ganhar a força normativa que, a despeito dos discursos, em verdade não teve na primeira fase, no Império. Foi Ruy Barbosa, por assim dizer, quem se incumbiu de empurrar a Constituição para dentro do Direito.

Mas o que veio depois de Ruy? Veio o projeto constitucional expansionista, tirando a Constituição de seu pequeno oásis – os cursos de direito constitucional e os acórdãos do Supremo Tribunal Federal – para lançá-la à conquista do continente ao redor, bem

---

[2] JUSTEN FILHO, Marçal. O direito administrativo como aventura existencial e as peripécias de um insubordinado. *Revista Estudos Institucionais*, v. 9, n. 3, set./dez. 2023. p. 797.

antes que se sentisse forte o bastante para se arriscar, na quarta fase, a atual, ao domínio do mundo jurídico inteiro.

Nessa terceira fase, a do início de sua irresistível expansão, o alvo da constitucionalização foi o direito público, todo ele, todos seus ramos (o administrativo, o tributário, o financeiro etc.). Nessa fase, quem cresceu e dominou foi o publicista Geraldo Ataliba, justamente o orientador de Marçal Justen Filho.

É irônico que, no Brasil, a ebulição inicial do movimento de constitucionalização do direito público tivesse de ocorrer justamente durante uma ditadura militar, sob as Constituições de 1967 e 1969, nada democráticas, sob cuja vigência Marçal fez toda a sua formação, desde o início da faculdade, em 1973, até 1985, quando concluiu seu doutorado. Mas foi assim. Hoje, pode soar paradoxal que a constitucionalização geral do direito público tenha sido a bandeira de juristas democráticos, como Ataliba, se, àquela época em que ele se lançou na cruzada, vigiam Constituições autoritárias.

Mas isso fazia sentido para ele, pois não só a Constituição autoritária dos militares se sentira obrigada a se render a certas tradições civis (assegurando direitos fundamentais, mesmo enfraquecidos, mantendo nominalmente a Federação e a autonomia municipal, p. ex.), como assumira alguns compromissos com a modernização do Estado (fazendo a reforma tributária, mantendo os concursos públicos etc.). Assim, mesmo na Constituição autoritária havia o que usar para, no dia a dia da prática jurídica, movimentar e até melhorar o país. E o que nela não atraía se podia tentar contornar ou amenizar por meio de interpretações, dentro das velhas tradições jurídicas.

Para os mestres com quem Marçal Justen Filho aprendeu a ser um publicista durante sua pós-graduação, o movimento pela constitucionalização generalizada do direito público teve também um sentido intelectual. Os juristas cultivam a aspiração de serem considerados cientistas, deixando de ser desprezados como aprendizes ou mestres de um simples ofício – um ofício antigo, é verdade, mas de qualquer modo coisa de artesãos. Como fazer o caminho de ofício a ciência?

Para os publicistas, a Constituição foi se delineando no decorrer do século XX como o elo, o princípio unificador, que poderia dar dignidade intelectual a seu campo de atuação. No caso brasileiro, pela metade dos anos 1960, ainda jovem, Geraldo Ataliba apanharia essa bandeira que vinha circulando por algumas mãos e a carregaria com um vigor novo, que foi contagiando uma geração. Tributaristas não deveriam ser simples especialistas em questões fiscais, mas membros de uma ampla comunidade científica, a dos publicistas, que abarcaria administrativistas e outros mais.

A produção escrita de Ataliba foi relativamente discreta. Seu texto mais conhecido, ainda hoje lido entre tributaristas acadêmicos (ou melhor, entre "constitucionalistas tributaristas"), é apenas um pequeno livro, embora instigante, chamado *Hipótese de Incidência Tributária*. Nele, é visível a aspiração de fazer uma teoria de valor universal sobre a norma tributária, e, ainda, de extrair da Constituição categorias suficientes para, mal ou bem, estruturar todo o direito tributário brasileiro. O autor publicou muitos trabalhos, é certo, inclusive em outros campos do direito público, mas foram sobretudo artigos e pareceres de ocasião, com espírito de advogado.

Só que a influência de Ataliba não veio talvez exatamente do valor de sua produção escrita – embora fosse uma produção interessante, provocativa, militante; com estilo. Veio, muito mais, de seu poder pessoal de seduzir e inspirar, em cursos, seminários e congressos, que organizou, frequentou e estrelou incansavelmente, por toda sua carreira.

Ataliba foi o maior animador jurídico que a geração de Marçal Justen Filho conheceu. Na PUC-SP, da qual foi inclusive reitor, não só iniciara, nos primeiros anos da década de 1970, os cursos de especialização, mestrado e doutorado em sua área mais específica, o direito tributário, como fez com que acontecessem em outros ramos do direito público, inclusive o direito administrativo, para o qual sempre tinha opiniões fortes. O sucesso foi imediato e, durante um bom período, a turma da PUC-SP deu a tônica do direito público – e foi a maior formadora, no Brasil, de professores e profissionais para a área. Um deles, Marçal Justen Filho.

Ataliba era muito empreendedor e o ambiente universitário era limitador para ele, mesmo sendo docente atuante e influente em duas instituições: não só a PUC-SP, mas também a USP, da qual seria igualmente professor titular. Por isso, criou ou impulsionou a criação de institutos de direito tributário, administrativo, constitucional e municipal, para congregar especialistas e organizar seminários, congressos e cursos de especialização.

Essas entidades ainda hoje existem e foram decisivas na nacionalização do movimento para valorizar e ampliar o campo profissional do direito público – área para a qual Marçal iria redirecionar com sucesso sua advocacia tempos depois de sair da PUC-SP – sem contar o papel dele, nada desprezível, na formação e atualização profissional de publicistas em geral, inclusive administrativistas, como Marçal se tornaria.

Divulgar e expandir o direito público não seria pouca tarefa nas décadas subsequentes, em que milhares de faculdades de Direito seriam criadas sem que houvesse, nas escolas mais antigas, mestres e vigor suficientes para formar professores de direito público na quantidade e qualidade necessárias. Marçal, p. ex., lembra muito negativamente das aulas de direito administrativo que teve na faculdade, na UFPR, em 1977:

> A disciplina era ministrada no quinto ano da Faculdade, quando a maioria dos alunos já se encontrava comprometida com projetos profissionais. O conteúdo da disciplina era muito mais do que desalentador, era insuportavelmente chato. Ainda que existisse na Faculdade o Professor Manoel de Oliveira Franco Sobrinho, seguia-se fielmente a cartilha de Hely Lopes Meirelles. Não se examinava nenhuma questão relevante da realidade sócio-política brasileira. Lembro-me das exposições sobre os tipos de decreto, a definição de portaria, algumas noções sobre licitação. Em suma, direito administrativo era uma das disciplinas mais odiadas pelos alunos, que a identificavam com os piores vícios da organização do Estado.[3]

As aulas e outras iniciativas de Ataliba seriam, assim, decisivas para seduzir Marçal para o direito público a que ele se dedicaria posteriormente. E, indiretamente, foram importantes na modernização do país, por terem ajudado na disseminação de um direito público com alma e qualidade.

Mas não foi só. Ataliba criou duas revistas, inicialmente publicadas pela Editora Revista dos Tribunais e depois pela Malheiros: a *Revista de Direito Público* (depois *Revista Trimestral de Direito Público*) e a *Revista de Direito Tributário*. Elas rapidamente se tornaram as mais influentes, abrindo espaço para uma nova geração de advogados e escritores,

---

[3] JUSTEN FILHO, Marçal. O direito administrativo como aventura existencial e as peripécias de um insubordinado. *Revista Estudos Institucionais*, v. 9, n. 3, set./dez. 2023. p. 795.

levando ideias e informações a um mercado muito carente, sobretudo nas administrações públicas e órgãos judiciais. Marcaram sua época.

Marçal certamente observou esse movimento à época e entendeu a importância de escrever e publicar para poder crescer como advogado, e também para influir mais amplamente. Ele viria a resgatar esse exemplo no início dos anos 1990, quando decidiu se lançar em uma grande empreitada.

Muita gente não gostava de Geraldo Ataliba, com razão ou sem. Ele era mandão, irrequieto, cheio de opiniões. Anos depois, Marçal captou isso com ironia em um depoimento: "Ataliba, em especial, reputava que todas as interpretações divergentes das suas eram inconstitucionais".[4]

Podia ser bem ríspido, ultrapassava limites, perdia a cabeça. Fazia inimigos, falava mal deles, cotovelava. Às vezes, se não sabia, inventava. Como alguém assim era capaz de inspirar? Bem, esse Ataliba só dava meio expediente; havia outro, no mesmo corpo. Um sujeito mais para fora que para dentro, que ria, vibrante. Escolhia pessoas pela faísca dos olhos: atentava para elas, queria saber, ouvia, sabia rebater e elogiar, espalhava para os outros, convidava, cavava oportunidades, jogava na roda; sugeria livros e mandava; surpreendia com bilhetes.

O valor de um tipo assim é começar muito com pouco: juntando os olhos que brilham, o resto vem com o tempo. São tantos os professores inteligentes, com boas ideias, que deixam branco ou cinza na vida dos alunos: têm muito a dizer, mas nada a ouvir, nada a ver; no fim não sobra nada. Com Ataliba não foi assim.

É interessante que Ataliba tenha inevitavelmente marcado Marçal Justen Filho – ainda que, com seu jeito exagerado, adotasse ao final com ele uma atitude incompatível com a de orientador. O próprio Marçal relatou o episódio:

> No ano seguinte, obtive o doutorado com *Sujeição Passiva Tributária*. Nessa tese, eu já me afastava do enfoque ortodoxo da PUC, porque me filiava filosoficamente ao tridimensionalismo de Miguel Reale. Ataliba não gostou desse desvio e não participou da banca de exame, embora fosse meu orientador.[5]

Pode ter sido também um jeito meio sem modos de o orientador dizer ao orientando: você já está formado, já é um publicista por si mesmo, com ideias próprias, como deve ser; já não precisa mais de mim.

No período que vai de fins da década de 1960 até a metade da década de 1980, quando Marçal concluiu o doutorado na PUC-SP, contra todas as probabilidades de uma era de ditadura, criou-se no Brasil um ambiente acadêmico muito envolvente, favorável ao desenvolvimento do direito público. Geraldo Ataliba injetou ar fresco, deu vida a esse ambiente. Por isso os "caipiras" eram atraídos por ele. Em certos contextos, a criação de ambientes, um trabalho coletivo, tem mais valor que sofisticados projetos intelectuais solitários.

---

[4] JUSTEN FILHO, Marçal. O direito administrativo como aventura existencial e as peripécias de um insubordinado. *Revista Estudos Institucionais*, v. 9, n. 3, set./dez. 2023. p. 797.

[5] JUSTEN FILHO, Marçal. O direito administrativo como aventura existencial e as peripécias de um insubordinado. *Revista Estudos Institucionais*, v. 9, n. 3, set./dez. 2023. p. 798.

Hoje há um impressionante número de cursos, entidades e revistas concorrendo nesse mercado de direito público, mas basta puxar o fio que sai de cada um deles e a ponta dará em alguma das iniciativas, orientações ou influências de Ataliba sobre os jovens de sua época. Essa é uma contribuição que não está visível nos textos que escreveu. Foi onde ele fez realmente a diferença. De algum modo, Marçal Justen Filho é uma delas.

Ataliba durou pouco, morreu em 1995. Mas aqueles que, como Marçal, o viram atuando de perto ainda são capazes de reconhecer seus traços em muitas coisas interessantes que se faz no direito público brasileiro hoje em dia.

Quando Ataliba morreu, Marçal Justen Filho estava, significativamente, dando passos decisivos para aparecer como publicista influente. O papel que ele assumiu inicialmente foi o de comentador jurídico.

2 O comentador

Glosadores tiveram papel fundamental na redescoberta do *Corpus Iuris* – compilação de leis romanas do século VI d.C., que está na origem do direito europeu continental.

Seu método era baseado na glosa, que consistia em anotações às *leges* – isto é, a partes do *Corpus Iuris* – realizadas sempre na ordem expositiva. O trabalho de exegese, apoiado sobretudo em análise gramatical, visava estabelecer relação com outras passagens do texto normativo a fim de confirmar ou negar a validade da interpretação sugerida. Ainda não havia uma preocupação com a ordenação das normas em um sistema coeso.

Os comentadores beberam na fonte dos glosadores. Contudo, adotaram método de análise ligeiramente diverso. Mantiveram o trabalho de exegese organizado a partir da ordem expositiva no plano externo, seguindo a linha do *Corpus Iuris*, mas alteraram substancialmente a ordem interna das anotações a seus dispositivos. Passou-se a admitir maior liberdade na exploração de diferentes matérias a fim de estabelecer novas conexões entre as várias partes do texto normativo. Trechos de todos os setores do *Corpus Iuris* passaram a ser utilizados com alto grau de interdependência.

Compromissados com o pensamento sistemático do Direito, o aparecimento dos comentadores acabou se confundindo com o início da própria dogmática jurídica na Europa.

Visando proporcionar a leitura mais adequada de dispositivos em face do contexto normativo no qual estão inseridos e a resolução de casos futuros, comentadores passaram a considerar dispositivos de certo código, ou de certo texto normativo, como parte de uma rede de vasos comunicantes. Ampliaram, assim, o campo de trabalho do intérprete do Direito, explorando áreas que até então não tinham sido adentradas por glosadores.[6]

Ao longo do tempo, a figura do comentador evoluiu e se adaptou a novas realidades. Mas, na essência, seguiu tendo função bastante similar à que tinha quando do seu aparecimento com o *Corpus Iuris*: interpretar as normas em vigor de modo sistemático, visando conferir ao operador do direito caminhos interpretativos razoavelmente seguros, confiáveis.

---

[6] Sobre o papel dos glosadores e comentadores na interpretação do Direito, ver ANDRADE, Fábio Siebeneichler de. *Da codificação* – Crônica de um conceito. Porto Alegre: Livraria do Advogado, 1997. p. 35 e ss.

Simples consulta a obras de comentadores brasileiros – país cujo direito está estruturado sobre noções e tradições do direito europeu continental – é suficiente para constatá-lo.

Tome-se como exemplo Theotônio Negrão, autor do célebre *Código Civil e legislação civil em vigor*, lançado em 1980.

Ao introduzir sua obra, Theotônio revelou marcada preocupação com a assimilação de seus comentários pelo público em geral, leigo e especializado, razão pela qual teria decidido lhes acrescer notas com "noções elementares destinadas a facilitar a compreensão dos textos até mesmo ao público em geral". Em sua busca por didatismo, destacou o enfrentamento de dois desafios principais: "distinguir entre o que estava, e o que não estava em vigor", e lidar com o fato de que teria passado a ser usual "que o mesmo diploma legislativo contivesse disposições dos mais diversos ramos do direito".[7]

Fran Martins, em seu *Comentários* à *Lei das Sociedades Anônimas*, lançado em 1977, explicitou o que a seu ver seriam elementos essenciais ao bom desempenho da função de comentador: o "uso da lei pelas sociedades, a lição da jurisprudência, os ensinamentos dos doutos".[8]

Em nota explicativa à 15ª edição de seu *Código Civil anotado*, Maria Helena Diniz afirmou que o propósito do livro teria sido

> analisar as normas em sua estrutura lógica, sem olvidar o dinamismo jurídico, abrangendo, sempre que possível, de modo direto, a riqueza e o imprevisto da vida cotidiana, evitando controvérsias, procurando apontar, ao lado dos aspectos teóricos, as questões práticas e soluções jurisprudenciais.[9]

Ao vestir o figurino de comentador no campo do direito administrativo – mais especificamente no campo das licitações e contratos públicos –, Marçal acabou se conectando à tradição jurídica que remonta a tempos quase imemoriais.

Sua aproximação com o objeto foi curiosa – o fenômeno seria explicável pela "conjugação da circunstância e da vocação, no fluxo da vivência".[10]

Em 1987, Marçal havia sido contratado por empresa que fornecia para o setor público – até então, dedicara-se a outras áreas do direito nos planos acadêmico e da advocacia. "Diante da necessidade profissional", viu-se compelido a enfrentar o tema das licitações. A licitação, em realidade, chegou-lhe como pedra no sapato – "a licitação atrapalhou a minha vida".[11]

Ao constatar certa "dissociação entre o tratamento concreto da licitação e da contratação administrativa em relação ao conjunto do 'saber jurídico'",[12] Marçal identificou

---

[7] NEGRÃO, Theotônio. *Código Civil e legislação civil em vigor*. 28. ed. São Paulo: Saraiva, 2009. p. 13.

[8] MARTINS, Fran. *Comentários à Lei das Sociedades Anônimas*. Rio de Janeiro: Forense, 1977. v. 1.

[9] DINIZ, Maria Helena. *Código Civil anotado*. 15. ed. São Paulo: Saraiva, 2010.

[10] JUSTEN FILHO, Marçal. O direito administrativo como aventura existencial e as peripécias de um insubordinado. *Revista Estudos Institucionais*, v. 9, n. 3, set./dez. 2023. p. 792.

[11] JUSTEN FILHO, Marçal. O direito administrativo como aventura existencial e as peripécias de um insubordinado. *Revista Estudos Institucionais*, v. 9, n. 3, set./dez. 2023. p. 792.

[12] JUSTEN FILHO, Marçal. O direito administrativo como aventura existencial e as peripécias de um insubordinado. *Revista Estudos Institucionais*, v. 9, n. 3, set./dez. 2023. p. 800.

a necessidade, e a oportunidade, de escrever a partir de um enfoque diferente sobre a lei de licitações e contratos da época, o Decreto-Lei nº 2.300, de 1986.

Foi assim que, "[e]m 1º de maio de 1991, aproveit[ou] o feriado para iniciar um livro de comentários sobre o decreto-lei 2.300".[13] Ao término do projeto, que se estendeu por dois anos, uma surpresa: a promulgação da Lei nº 8.666, de 1993, que revogara o Decreto-Lei nº 2.300, de 1986:

> Então, em junho de 1993, foi promulgada a Lei 8.666. Eu tinha concluído os comentários ao Decreto-lei 2.300. Em trinta dias, adaptei a obra à nova Lei, que era, em grande parte, uma repetição do diploma anterior. Meu livro retratava a proposta de integrar "licitações" e direito administrativo, subordinando o estudo e a aplicação dos institutos ao sistema jurídico. Algo que me parecia evidente, mas que apresentava uma dimensão quase revolucionária à época. Em final de agosto de 1993, a obra Comentários à Lei de Licitações e Contratos Administrativos, editada pela Editora AIDE, chegou ao mercado. E minha vida mudou.[14]

Advogado hábil e dedicado, Marçal procurou imprimir em seu livro de comentários sobre a Lei nº 8.666, de 1993, a "experiência da atuação concreta em licitações" e oferecer respostas, "fundadas numa abordagem sistêmica do Direito", a questões práticas que o tema poderia suscitar.[15]

No âmbito do direito administrativo, poucos textos normativos precisaram tanto de comentadores como a Lei nº 8.666, de 1993. Aqui, talvez mais do que em qualquer outro contexto, era imprescindível que profissionais se dispusessem a, com paciência, equilíbrio e engenho, trazer um pouco de racionalidade e ordem ao caos.

De um lado, porque o debate sobre a Lei nº 8.666, de 1993, era apaixonado. Ela mexia com o sentimento e o imaginário dos que com ela lidavam no cotidiano (controles, advogados, jornalistas etc.). Encarnava, a um só tempo, a moralidade e a ineficiência nas contratações públicas. De outro lado, porque a lei era complexa, extensa, prolixa, mal redigida, pesada e enviesada. Campo fértil para litígio e confusão.

Em 1993, o legislador tomou a decisão de transferir para a lei federal boa parte das decisões que poderiam ser tomadas, no plano abstrato ou concreto, por outras instâncias e atores – seja pelo Legislativo dos estados e municípios, seja pela própria administração pública das três esferas federativas (editando-se regulamentos ou, eventualmente, produzindo atos administrativos). Por meio de uma lei rígida e minuciosa, reduziu significativamente a margem de discricionariedade do gestor público, amarrando-o a parâmetros normativos prévios. Sob o pretexto do combate à corrupção, procurou criar a figura do gestor boca da lei.

Afora as travas que criou para a gestão pública, havia o fato de as normas da Lei nº 8.666, de 1993, terem sido editadas de modo bastante enviesado.

---

[13] JUSTEN FILHO, Marçal. O direito administrativo como aventura existencial e as peripécias de um insubordinado. *Revista Estudos Institucionais*, v. 9, n. 3, set./dez. 2023. p. 801.

[14] JUSTEN FILHO, Marçal. O direito administrativo como aventura existencial e as peripécias de um insubordinado. *Revista Estudos Institucionais*, v. 9, n. 3, set./dez. 2023. p. 799.

[15] JUSTEN FILHO, Marçal. O direito administrativo como aventura existencial e as peripécias de um insubordinado. *Revista Estudos Institucionais*, v. 9, n. 3, set./dez. 2023. p. 802.

A legalização das regras sobre licitações foi conduzida por grupos de interesses que as moldaram de modo a atender não ao interesse da coletividade, mas daqueles que foram capazes de influir decisivamente no processo legislativo. Amarrou-se a administração a um conjunto de rígidas regras que, sob o pretexto de promoverem a competição e a moralização, levaram ao fechamento do mercado público.[16] Um jogo de dados viciados.[17]

Não por acaso o período que se seguiu à edição da Lei nº 8.666, de 1993, foi marcado pela abertura de sucessivas válvulas de escape à sua rigidez – materializadas nas hipóteses de dispensa de licitação – e pela consolidação de tendências na legislação orientadas pelo afastamento das regras da Lei nº 8.666, de 1993 (desestatização, flexibilização dos modelos contratuais, flexibilização dos critérios de julgamento, deslegalização e tratamento especial conferido às empresas estatais).[18]

Com o tempo, o livro *Comentário à Lei de Licitações e Contratos Administrativos – Lei 8.666/1993* foi se espalhando Brasil afora e se consolidando como a principal referência no assunto.

Muitas são as razões que explicam o sucesso da obra. Duas delas parecem sobressair às demais.

Em primeiro lugar, Marçal não mediu esforços para manter o livro vivo, atual, conectado aos debates e tendências do momento. O *Comentário à Lei de Licitações e Contratos Administrativos – Lei 8.666/1993* renovou-se a cada ano, a cada uma de suas 18 edições. Uma catedral em eterna construção, permitindo ao operador do direito na área de licitações e contratos desenvolver o hábito de buscar apoio no livro para lidar com os desafios da área, novos e velhos.

Em segundo lugar, o livro foi capaz de olhar para as normas da lei de licitações e contratos a partir de olhar muito prático e pragmático, não ensimesmado, voltado a oferecer ao operador do direito um caminho interpretativo seguro, confiável.

Com o tempo, o prestígio do livro só fez crescer. Já a Lei nº 8.666, de 1993, aos poucos foi perdendo seus fãs. Mas verdade seja dita: apesar dos seus defeitos e da sua queda de popularidade, estávamos, todos, habituados a ela... Um lar ruim, verdade, mas ainda assim um lar.

Em 2021, o Congresso Nacional resolveu virar a mesa. Por meio da edição da Lei nº 14.133, anunciou o *soft closing* de uma era.

A Lei nº 14.133, de 2021, determinou o fim da Lei nº 8.666, de 1993, no prazo de dois anos (art. 193, II). Dificuldades práticas na implementação da nova lei, principalmente por municípios, fez com que a revogação ficasse para 30.12.2023.

A morte e sepultamento da Lei nº 8.666, de 1993, deixaram um suspense no ar: como superar o desafio de interpretar e aplicar a Lei nº 14.133, maior e mais complexa que a lei anterior? Teria o autor da obra de referência em licitação e contratos a intenção, e a energia, de comentar, um a um, os 194 artigos da nova lei – que se desdobram em incontáveis parágrafos, incisos e alíneas?

---

16 Sobre o tema, ver SUNDFELD, Carlos Ari. Contratações públicas e o princípio da concorrência. *In*: SUNDFELD, Carlos Ari (Org.). *Contratações Públicas e seu Controle*. São Paulo: Malheiros, 2013. p. 15 e ss.

17 ROSILHO, André. As licitações segundo a Lei nº 8.666 – Um jogo de dados viciados. *Revista de Contratos Públicos*, v. 2, p. 9-38, 2012.

18 Para uma análise sobre esses movimentos de reforma, ver ROSILHO, André. *Licitação no Brasil*. São Paulo: Malheiros, 2013. p. 144 e ss.

Em abril de 2023, a tensão se desfez. Marçal saiu-se com nova edição dos *Comentários* à *Lei de Licitações e Contratações Administrativas*, agora à luz da lei de 2021, reinventando-se como comentador. Um alento para quem lida com o terreno movediço das contratações públicas.

Mas, a essa época, Marçal já tinha deixado de ser conhecido apenas por seu grande sucesso como comentador.

Anos antes, percebendo que as mudanças em outras áreas do direito administrativo vinham sendo ainda mais significativas do que na das licitações e contratos, ele decidira assumir mais um papel: o de manualista do direito administrativo.

3 O manualista

Na história do direito administrativo brasileiro, o epílogo da década de 1980 acabou se transformando no prólogo para uma agitada década de 1990, período que traria muitas reformas estruturais à administração pública. Grandes reformas, concebidas por grandes normas. Primeiro veio a Constituição Federal, ainda em 1988. Daí vieram leis sobre servidores públicos (1990), improbidade administrativa (1992), tribunal de contas (1992), licitações e contratos públicos (1993), concessões (1995), privatizações e agências reguladoras (1996 em diante), terceiro setor (1998 e 1999), processo administrativo (1999) e finanças públicas (2000).[19]

Foi neste período que surgiram as primeiras edições de manuais de direito administrativo que emplacariam sucessos nas graduações em Direito pelo Brasil, predominantemente dominadas por Hely Lopes Meirelles e seu *Direito Administrativo Brasileiro* desde 1964, quando editado pela primeira vez.[20] Estavam entre esses manualistas, por exemplo, Maria Sylvia Zanella Di Pietro, lançando seu *Direito Administrativo* (1990); Lúcia Valle Figueiredo, com seu *Curso de Direito Administrativo* (1994); e Odete Medauar, e o *Direito Administrativo Moderno* (1996).[21] Também foi lançada, em 1991, a segunda edição do *Elementos de Direito Administrativo*, de Celso Antônio Bandeira de Mello, manual que, em 1993, seria rebatizado como *Curso de Direito Administrativo*.[22]

A primeira edição do livro de Celso Antônio Bandeira de Mello havia sido lançada em 1980, com tiragens sucessivas até 1988. Na introdução à segunda edição da obra, o autor registra que o elemento definidor para a elaboração de uma nova edição teriam sido os novos preceitos constitucionais que haviam impactado o direito administrativo, bem

---

[19] As leis referidas foram editadas pela administração pública federal, algumas com incidência nacional (como a Lei de Licitações e Contratos e a Lei de Concessões). Outras, cuja abrangência ficou restrita à União, tiveram normas equivalentes sendo aos poucos editadas nos demais entes federativos (como leis sobre servidores públicos e terceiro setor). As leis mencionadas no trecho são as seguintes: Lei nº 8.112, de 1990; Lei nº 8.429, de 1992; Lei nº 8.443, de 1992; Lei nº 8.666, de 1993; Lei nº 8.987, de 1995; Lei nº 9.427, de 1996, e 9.472, de 1997, por exemplo; Lei nº 9.637, de 1998, e Lei nº 9.790, de 1999; Lei nº 9.784, de 1999; Lei Complementar nº 101, de 2000.

[20] MEIRELLES, Hely Lopes. *Direito Administrativo brasileiro*. São Paulo: Revista dos Tribunais, 1964.

[21] DI PIETRO, Maria Sylvia Zanella. *Direito Administrativo*. São Paulo: Atlas, 1990; FIGUEIREDO, Lúcia Valle. *Curso de Direito Administrativo*. São Paulo: Malheiros, 1994; MEDAUAR, Odete. *Direito Administrativo moderno*. São Paulo: Revista dos Tribunais, 1996.

[22] BANDEIRA DE MELLO, Celso Antônio. *Elementos de Direito Administrativo*. 2. ed. São Paulo: Malheiros, 1991; BANDEIRA DE MELLO, Celso Antônio. *Curso de Direito Administrativo*. 4. ed. São Paulo: Malheiros, 1993.

como normas sobre licitações e contratações públicas editadas no período –[23] discurso que encontrava eco nos outros manuais referidos.

Maria Sylvia Zanella Di Pietro, por exemplo, dizia, naquele momento:

> [...] a nova Constituição trouxe princípios inovadores que refletem o espírito democrático que norteou a sua elaboração; nota-se a preocupação em restringir a autonomia administrativa, aumentando o controle dos demais Poderes sobre a Administração Pública e inserindo a participação popular na função fiscalizadora. O direito administrativo assume, pois, feição nova. Não é fácil discorrer sobre ele, porque a fase é de aprendizado, de interpretação, de assimilação de novos conceitos e princípios; o momento é de elaboração legislativa, doutrinária e jurisprudencial; muita coisa há por fazer.[24]

Esses manuais foram produzidos sobre duas noções fundamentais: a da *supremacia do interesse público sobre o privado* e a da *indisponibilidade do interesse público*. Os termos haviam sido utilizados por Celso Antônio Bandeira de Mello, em 1968, no livro *Regime Jurídico das Autarquias* e, posteriormente, em 1980, no seu *Elementos de Direito Administrativo*.[25] Ganharam notoriedade na comunidade acadêmica especializada e passaram a ser amplamente empregados para designar a ideia de um regime jurídico de direito público, que dava à administração poderes amplos para realizar o "interesse público".[26]

Outra característica relevante: eram manuais escritos por autores essencialmente ligados ao funcionalismo público ou à academia jurídica. Sua origem não pertencia ao mundo dos escritórios de advocacia – embora seus excertos figurassem como fundamentos doutrinários referidos em petições judiciais e administrativas, entre um "como ensina..." e outro "nesse sentido entende...".

Para ficar nos exemplos mencionados: Maria Sylvia Zanella Di Pietro era procuradora do Estado de São Paulo e professora da Faculdade de Direito da USP. Lúcia Valle Figueiredo, juíza federal e professora da PUC-SP. Antes, havia sido procuradora municipal e assessora do Tribunal de Contas do Município, ambos de São Paulo. Odete Medauar, procuradora do Município de São Paulo e professora da USP. Celso Antônio Bandeira de Mello, embora tivesse escritório de advocacia, fez carreira e ganhou notoriedade fundamentalmente como professor da PUC-SP.

Gerações anteriores de manualistas também haviam sido mais ligadas ao funcionalismo público e distantes do mundo da advocacia privada. Por exemplo: Hely Lopes Meirelles (juiz de direito e secretário estadual de São Paulo no governo de Abreu

---

[23] O autor, discorrendo sobre seus motivos para elaborar a segunda edição: "O fato decisivo, entretanto, que me levou a prepará-la foi, evidentemente, a sobrevinda da Constituição de 1988, assim como a de algumas importantes alterações legislativas que a precederam, sobreposse em tema de licitação e contrato" (BANDEIRA DE MELLO, Celso Antônio. *Elementos de Direito Administrativo*. 2. ed. São Paulo: Malheiros, 1991. p. 5).

[24] DI PIETRO, Maria Sylvia Zanella. *Direito Administrativo*. São Paulo: Atlas, 1990. p. 19.

[25] BANDEIRA DE MELLO, Celso Antônio. *Regime Jurídico das Autarquias*. São Paulo: Revista dos Tribunais, 1968. p. 292 e ss.; BANDEIRA DE MELLO, Celso Antônio. *Elementos de Direito Administrativo*. 2. ed. São Paulo: Malheiros, 1991. p. 8-12.

[26] Sobre a difusão das noções de supremacia e indisponibilidade do interesse público, ver SUNDFELD, Carlos Ari. A construção do direito administrativo brasileiro e suas ideias. *In*: SUNDFELD, Carlos Ari. *Direito Administrativo para céticos*. 2. ed. São Paulo: Malheiros, 2014. p. 63-65.

Sodré) e Themistocles Brandão Cavalcanti (diversos cargos na administração pública e, posteriormente, ministro do Supremo Tribunal Federal).[27]

É nesse panorama que, em 2005, entra Marçal Justen Filho e lança a primeira edição de seu *Curso de Direito Administrativo*. Quase 20 anos mais tarde, avaliando retrospectivamente sua trajetória profissional, o autor relatou o impulso propulsor do empreendimento:

> A transcendência axiológica dos direitos fundamentais tornou-se evidente para mim no ano de 2003. Rejeitei a concepção tradicional da supremacia e indisponibilidade do interesse público. Tinha a percepção de que todos os manuais então existentes eram reedições de obras escritas antes da Constituição de 1988 ou que retratavam os enfoques do período anterior. Não era casual que o direito administrativo tivesse permanecido por muitos anos impermeável às imposições da Constituição de 1988.[28]

Embora, no início da década de 1990, a Constituição Federal houvesse sido declarada como um grande incentivo para nascimento ou aprimoramento de manuais de direito administrativo, a percepção do autor era de que o conteúdo e a forma dessas obras não haviam mudado em relação às que lhes antecederam. Talvez porque as noções de supremacia e indisponibilidade do interesse público eram articuladas para sustentar capacidades da administração pública em moldes semelhantes ao que, em manuais anteriores, havia sido dito a respeito do poder de polícia: uma ampla capacidade para a administração conseguir alcançar finalidades que entendesse relevantes ("interesse público"), para isso podendo relativizar direitos de particulares, se necessário.[29]

Para Marçal, perceber o direito administrativo a partir de concepções como essas ignorava os direitos fundamentais estipulados pela Constituição Federal, em 1988, cuja proteção passara a constituir a verdadeira centralidade da atuação da administração pública:

> Tornou-se evidente para mim a ausência de sincronia entre o direito administrativo e a Constituição de 1988. A centralidade dos direitos fundamentais, afirmada pelos constitucionalistas como fundamento da ordem constitucional, era ignorada no âmbito do direito administrativo. Os institutos tradicionais do direito administrativo continuavam sendo examinados sob o enfoque anterior à Constituição.[30]

Com este incômodo, Marçal inaugurava a primeira edição do seu *Curso* afirmando que "a supremacia e a indisponibilidade do interesse público têm sido invocadas, com

---

[27] Themistocles Brandão Cavalcanti foi autor de famoso manual intitulado *Tratado de Direito Administrativo* (Rio de Janeiro: Freitas Bastos, 1942).

[28] JUSTEN FILHO, Marçal. O direito administrativo como aventura existencial e as peripécias de um insubordinado. *Revista Estudos Institucionais*, v. 9, n. 3, set./dez. 2023. p. 805.

[29] Na segunda edição de seu manual, Hely Lopes Meirelles conceituava poder de polícia como a "faculdade discricionária da Administração Pública de restringir e condicionar o uso e gozo dos direitos individuais, especialmente os de propriedade, em benefício do bem-estar geral" (MEIRELLES, Hely Lopes. *Direito Administrativo brasileiro*. 2. ed. São Paulo: Revista dos Tribunais, 1966. p. 94).

[30] JUSTEN FILHO, Marçal. O direito administrativo como aventura existencial e as peripécias de um insubordinado. *Revista Estudos Institucionais*, v. 9, n. 3, set./dez. 2023. p. 804 - 805.

frequência, para justificar atos incompatíveis com a ordem constitucional democrática" e que seria "necessário, por isso, encontrar solução mais satisfatória e mais adequada em face da Constituição de 1988".[31] Na conclusão de um dos capítulos introdutórios, o autor resumia a concepção que informaria as ideias desenvolvidas na obra: o interesse público seria verdadeiramente atendido quando decisões estatais respeitassem direitos fundamentais.[32]

Possivelmente, essa diferença de visão foi influenciada por uma característica marcante do autor, que o distinguia dos manualistas que lhe antecederam: Marçal fez carreira essencialmente na advocacia privada. Teve vínculo com a administração apenas por meio do cargo de professor da Universidade Federal do Paraná e, brevemente, quando desempenhou a função de advogado do Departamento de Estradas e Rodagem (1979-1981) e de procurador do Estado do Paraná (1982-1984) – sem nunca ter deixado de advogar para o setor privado. A ideia, portanto, de que a administração pública detém poderes amplos e pode utilizá-los em detrimento de particulares afetava diretamente o mercado em que atuava.

É uma constatação. Os manualistas que antecederam Marçal possivelmente elaboravam suas obras a partir de visões ligadas a suas próprias experiências profissionais e, portanto, mais favoráveis à administração pública. O mesmo pode explicar a preferência, por Marçal, de uma visão do direito administrativo que contemplava sua atividade profissional na advocacia privada. Tal percepção parece encontrar respaldo nas palavras do próprio autor:

> Eu nunca fui "acima de tudo" um professor universitário. Nem de direito empresarial, nem de direito tributário, nem de direito econômico, nem de direito administrativo. Se eu tenho sido algo acima de tudo, tenho sido um advogado. A produção acadêmica é uma decorrência dessa condição, uma espécie de externalidade positiva dessa condição.[33]

Essa influência da vida prática da advocacia privada é verificada também no espaço dado em seu *Curso* ao *direito administrativo econômico*, algo inédito até então e, até hoje, incomum em manuais. No final dos anos 1990, a expressão começou a ser utilizada para designar um direito administrativo associado às desestatizações e ao papel de regulador que o Estado passou a desempenhar sobre setores econômicos que antes eram total ou significantemente estatizados.[34] Na primeira edição, a obra já contava com capítulo intitulado "Tipos de atividade administrativa: a regulação econômica-social", dedicado à compreensão do modelo de "estado-regulador".[35]

Com o passar dos anos, o *Curso de Direito Administrativo*, atualmente em sua 15ª edição, ficou também caracterizado por apresentar visões plurais sobre os temas

---

[31] JUSTEN FILHO, Marçal. *Curso de Direito Administrativo*. São Paulo: Saraiva, 2005. p. 35.

[32] JUSTEN FILHO, Marçal. *Curso de Direito Administrativo*. São Paulo: Saraiva, 2005. p. 45.

[33] JUSTEN FILHO, Marçal. O direito administrativo como aventura existencial e as peripécias de um insubordinado. *Revista Estudos Institucionais*, v. 9, n. 3, set./dez. 2023. p. 807.

[34] O livro *Direito Administrativo Econômico*, de 2002, ilustra bem as várias discussões, à época, designadas por essa expressão: delegação de serviços públicos, agências reguladoras, regulação da concorrência, privatizações, direitos dos usuários de serviços públicos, empresas estatais etc. (SUNDFELD, Carlos Ari (Coord.). *Direito Administrativo Econômico*. São Paulo: Malheiros, 2002).

[35] JUSTEN FILHO, Marçal. *Curso de Direito Administrativo*. São Paulo: Saraiva, 2005. p. 447-477.

que aborda (como exemplo, as divergências doutrinárias a respeito do uso de princípios como elementos necessários à compreensão e aplicação do direito administrativo),[36] bem como incorporar preocupações atuais relacionadas a direito público, que vão além dos ensinamentos básicos da matéria (a 15ª edição, por exemplo, alerta para os seguintes desafios enfrentados pelo direito administrativo brasileiro: o risco do fascismo, o risco da corrupção e o risco da insegurança jurídica).[37]

Talvez a grande contribuição de Marçal, o manualista, ao direito administrativo brasileiro tenha sido apresentar temas básicos, essenciais àqueles que começam seus estudos, a partir de premissas diferentes das mais comumente utilizadas. Nem todos irão concordar com sua abordagem, que talvez não seja a mais popular.[38] Mas, sem dúvidas, há valor na pluralidade que traz para o debate acadêmico.

Referências

ANDRADE, Fábio Siebeneichler de. *Da codificação* – Crônica de um conceito. Porto Alegre: Livraria do Advogado, 1997.

BANDEIRA DE MELLO, Celso Antônio. *Curso de Direito Administrativo*. 4. ed. São Paulo: Malheiros, 1993.

BANDEIRA DE MELLO, Celso Antônio. *Elementos de Direito Administrativo*. 2. ed. São Paulo: Malheiros, 1991.

CAVALCANTI, Themistocles Brandão. *Tratado de Direito Administrativo*. Rio de Janeiro: Freitas Bastos, 1942.

DI PIETRO, Maria Sylvia Zanella. *Direito Administrativo*. São Paulo: Atlas, 1990.

DINIZ, Maria Helena. *Código Civil anotado*. 15. ed. São Paulo: Saraiva, 2010.

FIGUEIREDO, Lúcia Valle. *Curso de Direito Administrativo*. São Paulo: Malheiros, 1994.

JUSTEN FILHO, Marçal. *Curso de Direito Administrativo*. 15. ed. Rio de Janeiro: Forense, 2024.

JUSTEN FILHO, Marçal. *Curso de Direito Administrativo*. São Paulo: Saraiva, 2005.

JUSTEN FILHO, Marçal. O direito administrativo como aventura existencial e as peripécias de um insubordinado. *Revista Estudos Institucionais*, v. 9, n. 3, set./dez. 2023.

MARTINS, Fran. *Comentários à Lei das Sociedades Anônimas*. Rio de Janeiro: Forense, 1977. v. 1.

MEDAUAR, Odete. *Direito Administrativo moderno*. São Paulo: Revista dos Tribunais, 1996.

MEIRELLES, Hely Lopes. *Direito Administrativo brasileiro*. 2. ed. São Paulo: Revista dos Tribunais, 1966.

MEIRELLES, Hely Lopes. *Direito Administrativo brasileiro*. São Paulo: Revista dos Tribunais, 1964.

---

[36] JUSTEN FILHO, Marçal. *Curso de Direito Administrativo*. São Paulo: Saraiva, 2005. p. 66-67.

[37] JUSTEN FILHO, Marçal. *Curso de Direito Administrativo*. 15. ed. Rio de Janeiro: Forense, 2024. p. 7-9.

[38] Marçal relata sua própria percepção de que houve uma aceitação modesta de seu manual pelo público. Possivelmente, por não aderir a ideias mais comumente difundidas no ensino do direito administrativo: "O livro teve uma recepção modesta. Nunca foi adotado pela generalidade das Faculdades. Muitas delas continuam a seguir as edições póstumas de Hely. Os manuais preferidos têm sido os de Celso Antônio, Maria Sylvia e Carvalho Filho. Lembro-me de uma passagem em que alguém me contou que um 'professor de cursinho de concurso' teria dito: 'Não estudem pelo livro do Marçal porque vocês serão reprovados'. De todo modo, acho que o meu manual teve boas repercussões e influenciou de algum modo a evolução do direito administrativo posterior no Brasil" (JUSTEN FILHO, Marçal. O direito administrativo como aventura existencial e as peripécias de um insubordinado. *Revista Estudos Institucionais*, v. 9, n. 3, set./dez. 2023. p. 805).

NEGRÃO, Theotônio. *Código Civil e legislação civil em vigor*. 28. ed. São Paulo: Saraiva, 2009.

ROSILHO, André. As licitações segundo a Lei nº 8.666 – Um jogo de dados viciados. *Revista de Contratos Públicos*, v. 2, p. 9-38, 2012.

ROSILHO, André. *Licitação no Brasil*. São Paulo: Malheiros, 2013.

SUNDFELD, Carlos Ari (Coord.). *Direito Administrativo Econômico*. São Paulo: Malheiros, 2002.

SUNDFELD, Carlos Ari. A construção do direito administrativo brasileiro e suas ideias. *In*: SUNDFELD, Carlos Ari. *Direito Administrativo para céticos*. 2. ed. São Paulo: Malheiros, 2014.

SUNDFELD, Carlos Ari. Contratações públicas e o princípio da concorrência. *In*: SUNDFELD, Carlos Ari (Org.). *Contratações Públicas e seu Controle*. São Paulo: Malheiros, 2013.

Informação bibliográfica deste texto, conforme a NBR 6023:2018 da Associação Brasileira de Normas Técnicas (ABNT):

SUNDFELD, Carlos Ari; ROSILHO, André; GABRIEL, Yasser. Administrativista por acaso. *In*: JUSTEN, Monica Spezia; PEREIRA, Cesar; JUSTEN NETO, Marçal; JUSTEN, Lucas Spezia (coord.). *Uma visão humanista do Direito*: homenagem ao Professor Marçal Justen Filho. Belo Horizonte: Fórum, 2025. v. 1, p. 61-75. ISBN 978-65-5518-918-6.

MARÇAL JUSTEN FILHO: JURISTA E CIDADÃO

CLÈMERSON MERLIN CLÈVE

No hay mayor señorío que el de sí mismo,

de sus afectos, que llega a ser triunfo del albedrío.

(Baltasar Gracián. *Arte de prudência*)

1 Palavras iniciais

Fomos, eu e Marçal, colegas na centenária Faculdade de Direito da Universidade Federal do Paraná. Ali, na sua *Alma Mater*, como aluno ou professor, desempenhou papel da maior importância. Aluno brilhante, aprovado em primeiro lugar no concurso de ingresso, foi professor desde muito jovem. Inquieto, preparado, ministrou várias cadeiras, sempre de modo singular, granjeando admiração e respeito de discentes contemporâneos e de colegas na docência. Começou, com pouco mais de vinte anos, recém-formado, ministrando a disciplina de Introdução ao Estudo do Direito, passando depois pelo Direito Tributário, pelo Direito Comercial, para completar a carreira no Departamento de Direito Público, como Professor Titular de Direito Administrativo. Advogado requisitado, é, hoje, um dos mais respeitados juristas do país. Em toda a história da faculdade, até o momento de sua formatura, mercê das altíssimas médias alcançadas, foi o melhor aluno da instituição. Doutor, publicista consagrado, conferencista aplaudido, autor de inúmeras obras, algumas alcançando o patamar de clássicos da literatura jurídica nacional, figurou entre os gigantes a ensinar na velha, mas sempre nova, Faculdade, conferindo prestígio à instituição e levando o seu nome mundo afora. Cosmopolita, viveu na Europa e na América do Norte, frequentou (na qualidade de *research scholar* ou *visiting fellow*) o Instituto Universitário Europeu, em Florença, e a Yale University, em New Haven, mas nem por isto deixou de amar com devoção a sua terra, a sua gente e – por que não? – o seu Athletico Paranaense. É um ser humano generoso, dedicando-se, também, a iniciativas de interesse comunitário. Ele, ao lado de Monica, sua amantíssima esposa, por exemplo, liderou a criação da Associação dos Amigos da Biblioteca da Faculdade de Direito da Universidade Federal do Paraná, iniciativa voltada à atualização do seu acervo. Marçal merece todas as homenagens. Bom homem, amigo dos amigos, humanista como poucos, é, por isso, também, amigo do bem e da humanidade.

Registro nesta obra que celebra as suas lições, como demonstração de consideração e estima, esperando que não estejam contaminadas em excesso pela subjetividade, algumas notas fragmentárias sobre o seu pensamento jurídico, sobretudo, mas não apenas, em matéria constitucional.

2 A teoria do direito

Nas suas últimas obras, Marçal aceita a ideia de que a ordem constitucional é composta por regras e princípios.[1] Não rejeita alguma sorte de vinculação do direito com a moral por meio dos princípios e valores constitucionais. Vai além do normativismo kelseniano[2] ou do empreendimento teórico de Hart,[3] desenvolvendo uma estratégia voltada ao incremento do controle da discricionariedade judicial. Admite, por vezes, alguma dose de realismo, na medida em que dá importância aos fatores sociais na definição do sentido do direito, fatores sociais e institucionais inclusive decorrentes do poder de agência dos jurisdicionados. Daí porque compreende que o conteúdo integral do direito não decorre, apenas, das normas, mas, também, da dinâmica de sua aplicação.

Reconhece a importância dos aportes da visão institucionalista do direito, sem negligenciar certos elementos provenientes do positivismo, da doutrina da ponderação e, mesmo, do realismo jurídico (na linha de Riccardo Guastini,[4] mas não daquele professado por Duncan Kennedy).[5]

Diz Marçal em certa edição do seu vitorioso *Curso de Direito Administrativo*: "O ponto essencial reside no fato de que a visão institucionalista impede a redução do direito à lei. O direito é muito mais do que um conjunto de textos escritos produzidos pela vontade de um parlamento ou de um governante".[6]

E adiante: "[...] a disciplina da conduta se consagra por meio do conjunto de normas e também pelos sentidos, valores e vivência produzidos pelas instituições sociais".

Por isso, o "direito é produzido por instituições estatais de modo formal e de modo informal por instituições estatais e não estatais". [7]

Arrematava, na quarta edição da obra, publicada pela Saraiva em 2009, que a

> concepção institucionalista tem a virtude de exigir que o estudioso do direito conheça os mecanismos concretos que operam em cada sociedade. Impõe a diferenciação entre os

---

[1] JUSTEN FILHO, Marçal. *Curso de direito administrativo*. 14. ed. rev., atual e ampl. Rio de Janeiro: Forense, 2023. p. 29.

[2] KELSEN, Hans. *Teoria pura do direito*. São Paulo: Martins Fontes, 1998.

[3] HART, H. L. A. *The concept of law*. 2. ed. Oxford: Clarendon Press, 1994.

[4] GUASTINI, Riccardo. Il realismo giuridico ridefinito. *Revus – Journal for Constitutional Theory and Philosophy of Law*, n. 19, p. 97-111, 2013.

[5] KENNEDY, Duncan. *Libertad y restricción en la decisión judicial*. [s.l.]: Siglo del Hombre Editores, 1999.

[6] JUSTEN FILHO, Marçal. *Curso de direito administrativo*. 12. ed. São Paulo: Revista dos Tribunais, 2016. p. 15.

[7] JUSTEN FILHO, Marçal. *Curso de direito administrativo*. 12. ed. São Paulo: Revista dos Tribunais, 2016. p. 16.

diversos países, pois cada um é composto por instituições diferentes. Permite compreender o motivo pelo qual cada nação dá soluções diversas para problemas comuns e restringe a possibilidade da importação sem critérios nem limites de modelos jurídicos provenientes de outros países.[8]

No decorrer do tempo, o *Curso* evoluiu e assim, também, as lições ali plasmadas. A primeira edição é de 2004. Duas décadas depois, encontra-se na décima quinta edição, tendo transitado entre algumas editoras. Por ocasião dos trabalhos de revisão e atualização da obra, ainda que as diretrizes tenham permanecido intactas nesses vinte anos, como o próprio autor assinala,[9] é perceptível a alteração de vários tópicos em decorrência de ampliação, recorte ou supressão. Determinadas incursões teóricas que apareciam de modo vigoroso, por exemplo, foram, em edições recentes, alinhavadas de modo distinto, mais econômico, para conferir à obra uma dimensão ainda mais direta e didática, tudo, porém, sem prejudicar a profundidade e a robustez das lições nela apresentadas.

3 A filosofia constitucional

O debate contemporâneo no campo da filosofia constitucional é agitado pelo contraste entre *comunitaristas* e *liberais* e entre *procedimentalistas* e *substancialistas*. Embora não trate diretamente dessas questões, percebe-se no pensamento do Marçal Justen Filho a adesão a uma interessante construção.

Adota, por exemplo, posições comunitárias quando realça a necessidade da compreensão dos valores da sociedade, quando critica toda forma de fruição dos direitos sem preocupação com consequências de natureza social (em função de interesse próprio) ou quando defende a funcionalização dos direitos vinculados à esfera patrimonial ou dos quais decorrem reflexos diretos na esfera patrimonial.

Abraça posições liberais, entretanto, quando erige o seu discurso a partir de uma visão amiga dos direitos individuais e comprometida com a ideia de que o ser humano é também um soberano cujos interesses não se dissolvem na sociedade, quando aponta para uma compreensão dos direitos fundamentais garantidora não apenas dos direitos coletivos, mas também daqueles incidentes sobre a esfera privada, o ser humano cuja autonomia reclama robusta proteção. Não subordina, portanto, a autonomia pública à esfera da autonomia privada nem dissolve a autonomia privada no domínio da autonomia pública. Ambas são indispensáveis no contexto do Estado democrático de direito.[10]

Ignora, por outro lado, o debate entre *procedimentalistas* e *substancialistas* desenhando doutrina particular. Confere à lei a relevância que deve ter no contexto democrático (precedência, deferência), mas nem por isso imagina que a solução legal é imaculada, insuscetível de questionamento. A jurisdição constitucional tem acesso direto ao conteúdo

---

[8] JUSTEN FILHO, Marçal. *Curso de direito administrativo*. 4. ed. São Paulo: Saraiva, 2009. p. 23.

[9] Ver a Apresentação à 14ª edição em: JUSTEN FILHO, Marçal. *Curso de direito administrativo*. 14. ed. rev., atual e ampl. Rio de Janeiro: Forense, 2023. p. VII-VIII.

[10] JUSTEN FILHO, Marçal. *Curso de direito administrativo*. 14. ed. rev., atual e ampl. Rio de Janeiro: Forense, 2023. p. 36.

da Constituição;[11] controla a higidez do procedimento de elaboração da norma legal, assim como, a partir de parâmetros sólidos, o seu conteúdo, verificando a adequação e proporcionalidade da solução adotada. Pode, inclusive, de modo legítimo, prestando tributo à dinâmica dos *checks and balances* qualificadora do princípio da separação de poderes, abraçar compreensão do conteúdo constitucional distinta daquela do legislador. O Judiciário, afinal, operando como último intérprete da Constituição, está autorizado, sempre que tiver razões robustas e suficientes, a ultrapassar a solução adotada pelo Legislativo, valendo o mesmo para a Administração. Mas nem por isso deixa de trabalhar com categorias procedimentais: iter de formação da vontade, de definição da escolha do legislador, processo, procedimento, deliberação, consenso, publicidade e comunicação.

Acompanha, por outro lado, Hannah Arendt e Massimo Severo Giannini para advertir que "a manutenção do poder político depende da capacidade de um governo obter adesão popular [...]. Tal não pode ser obtido pela violência, mas depende de outros instrumentos [...]".[12]

Isto porque o

tema da legitimação se relaciona com o modo de comunicação entre o governo e a sociedade. Se o direito não encontra seu fundamento de validade numa base religiosa ou puramente moral, e como não pode manter-se por via da força, então a única alternativa restante é o consenso dos cidadãos. Esse consenso, na democracia, é obtido por meio do respeito a procedimentos.[13]

Todavia,

esse consenso pressupõe, primeiramente, a possibilidade de cada indivíduo ser tratado como igual, como titular de direitos insuprimíveis. Não há consenso entre indivíduos que se qualificam como desiguais. Portanto, é indispensável o reconhecimento dos direitos fundamentais para haver o consenso.

Sustenta, pois, a necessidade de participação igualitária dos cidadãos no espaço público. Nesta ou naquela edição do seu *Curso*, rendendo homenagem ao pensamento habermasiano, aquiesceu que essa "participação se faz por meio de um processo de comunicação. Mais precisamente, as decisões adotadas por um governo e o direito produzido são reflexos desse processo comunicacional".[14]

O procedimento democrático envolve a ideia de que "válidas são aquelas normas (e apenas aquelas normas) a que todos os que possam ser por ela afetados puderem prestar seu assentimento como participantes em discursos racionais".[15] Em edição mais recente, adverte que a "legitimidade e a validade dos atos estatais não dependem da

---

[11] JUSTEN FILHO, Marçal. *Curso de direito administrativo.* 14. ed. rev., atual e ampl. Rio de Janeiro: Forense, 2023. p. 189 e seguintes.

[12] JUSTEN FILHO, Marçal. O direito regulatório. *Interesse Público*, Belo Horizonte, n. 43, p. 19-40, 2007.

[13] JUSTEN FILHO, Marçal. *Curso de direito administrativo.* 4. ed. São Paulo: Saraiva, 2009. p. 12.

[14] JUSTEN FILHO, Marçal. *Curso de direito administrativo.* 12. ed. São Paulo: Revista dos Tribunais, 2016. p. 15.

[15] JUSTEN FILHO, Marçal. *Curso de direito administrativo.* 4. ed. São Paulo: Saraiva, 2009. p. 13.

participação efetiva e real de cada cidadão, mas da existência de disciplina jurídica que não exclua essa participação".[16]

Neste ponto, o seu pensamento, vizinho do empreendimento teórico habermasiano,[17] não fica muito distante daquilo que, em certo sentido, tem sido, com outros fundamentos e a partir de distinta perspectiva, preconizado por Robert Alexy.[18]

4 A leitura do desenho constitucional

Marçal pode ser definido como um liberal social e progressista, preocupando-se com os postulados (i) democrático e (ii) republicano, (iii) com os direitos fundamentais, individuais e coletivos, negativos ou positivos, sem negligenciar jamais o que reclama, não apenas do ponto de vista constitucional, (iv) a dignidade da pessoa humana.

Abraça uma ideia vigorosa de democracia que acrescenta aos seus elementos clássicos algumas pitadas do pensamento deliberativo. Esta preocupação está presente inclusive quando discorre sobre a ordem econômica brasileira. É realista, porém. Sabe que de boa intenção o inferno está cheio. Sensato, defende a liberdade de iniciativa, embora, sempre, com os temperamentos necessários para a realização dos direitos sociais. Daí que o Estado democrático de direito – escreve – "caracteriza-se não apenas pela supremacia da Constituição, pela incidência do princípio da legalidade e pela universalidade da jurisdição, mas pelo respeito aos direitos fundamentais e pela supremacia da soberania popular".[19] A ordem econômica, orientada para a prossecução dos princípios definidos constitucionalmente, é sensível à soberania popular. Não constitui, portanto, território alheio aos impulsos democráticos.

A Lei Fundamental é assimilada enquanto ordem normativa composta por princípios e regras. Não destoa, aqui, do pensamento hegemônico brasileiro. Confere, ao mesmo tempo, atenção aos valores constitucionais nucleares e à função própria das regras e dos princípios.[20] Aceita o manejo da ponderação enquanto método adequado, em certos casos, para a definição da norma a incidir sobre o caso concreto.[21] Vê com bons olhos os postulados da razoabilidade e da proporcionalidade. Trabalha com a noção de sistema, assimilando este como construção racional e não como simples dado. Neste ponto, diz, é "necessário destacar que o sistema jurídico é produzido pela conjugação de técnicas hermenêuticas e de princípios jurídicos propriamente ditos".[22]

---

[16] JUSTEN FILHO, Marçal. *Curso de direito administrativo*. 14. ed. rev., atual e ampl. Rio de Janeiro: Forense, 2023. p. 5.

[17] HABERMAS, J. *Teoria da ação comunicativa*. São Paulo: Unesp, 2022; HABERMAS, J. *Direito e democracia*: entre facticidade e validade. Rio de Janeiro: Tempo Brasileiro, 1997.

[18] ALEXY, Robert. *Teoria dos direitos fundamentais*. São Paulo: Malheiros, 2008; *Teoría del discurso y derechos humanos*. Tradução de Luis Villar Borda. Bogotá: Universidad Externado de Colombia, 1995.

[19] JUSTEN FILHO, Marçal. *Curso de direito administrativo*. 4. ed. São Paulo: Saraiva, 2009. p. 14.

[20] JUSTEN FILHO, Marçal. *Curso de direito administrativo*. 14. ed. rev., atual e ampl. Rio de Janeiro: Forense, 2023. p. 30 e seguintes.

[21] JUSTEN FILHO, Marçal. *Curso de direito administrativo*. 14. ed. rev., atual e ampl. Rio de Janeiro: Forense, 2023. p. 35.

[22] JUSTEN FILHO, Marçal. *Curso de direito administrativo*. 14. ed. rev., atual e ampl. Rio de Janeiro: Forense, 2023. p. 50.

Define a interpretação conforme, a razoabilidade e a proporcionalidade como técnicas hermenêuticas. Aponta a hierarquia, a temporalidade e a especialidade como ferramentas de compatibilização. Completa apontando os princípios jurídicos como indicadores do conteúdo constitucional. Confere especial relevância aos princípios relativos ao procedimento, aos direitos fundamentais (dignidade humana, isonomia, liberdade), aos princípios políticos (democracia republicana, legalidade e federação), aos sociais (solidariedade, direitos sociais) e aos econômicos (propriedade privada, livre-iniciativa etc.). Cumpre, aqui, considerar que há princípios caracterizados como mandados de otimização, conforme os ensinamentos de Alexy[23] e outros que desafiam leitura como condensações generalizantes do tratamento de determinadas matérias nos termos da doutrina clássica, aquilo que Celso Antônio Bandeira de Mello chama de mandamentos nucleares do sistema jurídico.[24] São coisas distintas, provêm de doutrinas distintas e desempenham funções distintas no processo de interpretação e aplicação do direito.

5 A Administração Pública e direito administrativo

A doutrina jurídico-administrativa desenvolvida por Marçal opera *crítica* e *superação* muito significativas quando se cuida de um país com uma herança incômoda em matéria de administração pública. Superação, convém lembrar, não significa descartar, mas ir além.

Marçal opera, em primeiro lugar, uma *crítica* ao patrimonialismo, ao fisiologismo, mas também ao paternalismo injustificável no campo da gestão pública. Compreende o Estado como *meio* e não como *fim*. O Estado tem, constitucionalmente, objetivos fundamentais a cumprir e direitos fundamentais a concretizar. Daí que a ossatura estatal não tem os direitos fundamentais à sua disposição; ao contrário, são os direitos fundamentais que reivindicam o Estado enquanto ferramenta para a sua satisfação. Por isso, a Administração Pública, enquanto órgão ou conjunto de órgãos e entidades, constitui valioso *instrumento* para a prossecução dos direitos fundamentais e realização do interesse público. Marçal reside aqui ao lado da melhor doutrina, a única, afinal, compatível com a nossa Lei Fundamental.

Supera, por outro lado, a concepção weberiana de Administração e, então, o direito administrativo daí derivado. A boa administração pública, apresentada enquanto organização burocrática, afirma-se, tradicionalmente e na melhor das hipóteses, a partir do exercício racional da autoridade legalmente legitimada. Ora, embora nem sempre encontrável nos países periféricos (contaminados pelo patrimonialismo, fisiologismo, compadrio e populismo), isto que nesses países já constituiria um avanço não é mais suficiente. A Administração Pública deve evoluir e, em consonância, também o direito administrativo. Fala-se, nos dias que correm, inclusive de um Estado Pós-Moderno que, naturalmente, reclama um direito administrativo da pós-modernidade, nos termos das preleções de Jacques Chevallier plasmadas em livro traduzido para o português pelo

---

[23] ALEXY, Robert. *Teoria dos direitos fundamentais*. São Paulo: Malheiros, 2008.
[24] BANDEIRA DE MELLO, Celso Antônio. *Curso de direito administrativo*. São Paulo: Malheiros, 2012. p. 54.

próprio Marçal.[25] Da Constituição tomada como documento amigo emerge um renovado direito administrativo demandado pelas exigências do tempo novo, mais democrático, participativo, procedimental, muitas vezes consensual, regulador, cúmplice da eficiência, da sustentabilidade, dos parâmetros claros de satisfação de metas e resultados, sem jamais deixar de considerar os direitos e princípios indisponíveis plasmados pelo Constituinte. É essa espécie de direito administrativo que se vê muito bem retratada nas obras de Marçal, em especial no seu disputadíssimo *Curso*.

Nessa toada, Marçal define o direito administrativo como

> o conjunto das normas jurídicas que disciplinam a organização e o funcionamento das estruturas estatais e não estatais investidas da função administrativa estatal e da gestão dos bens públicos e privados necessários, visando a realização dos direitos fundamentais [...] e a promoção do desenvolvimento nacional sustentável.[26]

Reitere-se a afirmação de que constitui o conjunto de *atividades necessárias à realização dos direitos fundamentais*. A administração pública, portanto, é compreendida, não custa reafirmar, como instrumento para a prossecução dos direitos fundamentais. Não é, nem pode ser, um fim em si mesmo, um espaço de exasperação do poder político, de obtenção de vantagens pessoais, de domínio para a promoção dos interesses privados de determinada classe, grupo ou família.

Porque reconhece o lugar da Administração e o papel do direito administrativo para a satisfação dos direitos fundamentais, Marçal, como outros publicistas de mesmo cariz, opera a releitura do princípio da supremacia do interesse público. Nestes termos, afirma que (i) o interesse público não se confunde com o simples interesse do Estado nem (ii) com o singelo interesse do aparato administrativo ou (iii) do agente público.[27] Vai além, reconhecendo que, na verdade, não há propriamente interesse público, mas, antes, interesses, no plural (decorrentes da concorrência ou colisão de direitos fundamentais), sendo certo que o interesse prevalecente ou definitivo haverá de ser encontrado a partir da composição entre os interesses contrapostos, eventualmente sendo necessário fazer uso do método da ponderação com o manejo dos postulados da razoabilidade e da proporcionalidade.

Para o jurista paranaense, portanto, o "regime jurídico de direito público consiste num conjunto de normas jurídicas que disciplinam poderes, deveres e direitos vinculados diretamente à supremacia e à indisponibilidade dos direitos fundamentais".[28]

De modo que a atividade administrativa, preleciona,

---

[25] CHEVALLIER, Jacques. *O Estado pós-moderno*. Tradução de Marçal Justen Filho. Belo Horizonte: Fórum, 2009.

[26] JUSTEN FILHO, Marçal. *Curso de direito administrativo*. 14. ed. rev., atual e ampl. Rio de Janeiro: Forense, 2023. p. 1.

[27] JUSTEN FILHO, Marçal. *Curso de direito administrativo*. 14. ed. rev., atual e ampl. Rio de Janeiro: Forense, 2023. p. 44.

[28] JUSTEN FILHO, Marçal. *Curso de direito administrativo*. 14. ed. rev., atual e ampl. Rio de Janeiro: Forense, 2023. p. 36.

envolve a necessidade de selecionar e compor diferentes interesses públicos e privados, com observância de um procedimento democrático e do princípio da proporcionalidade. Não seria exagero afirmar que a Administração Pública nunca se deparará com uma situação simples e fácil, em que existirá um único e inquestionável interesse público a ser escolhido e prestigiado.[29]

Acrescenta ainda: "Há necessidade de ponderar os interesses e os valores a que se relacionam. Quando os diferentes interesses em atrito comportam equivalente tutela e proteção, a solução mais adequada é propiciar a realização conjunta – ainda que limitada – de todos eles [...]". Sendo isto irrealizável, o "resultado poderá ser o sacrifício a interesses e a direitos, o que será admissível quando tal for a única ou a menos nociva alternativa para a realização conjunta de diversos valores protegidos pelo direito".[30]

Importa, neste ponto, enfatizar que a preocupação com a eficiência administrativa, a impessoalidade, a economicidade e, portanto, com a otimização dos recursos públicos, em consonância com a normativa constitucional, está presente de modo marcante na produção jurídica do vitorioso publicista paranaense.

6 Marçal, jurista e cidadão

O jurista Marçal não se aparta do cidadão Marçal: acredita no indivíduo, no valor do esforço pessoal, repele o paternalismo injustificável, toma a dignidade da pessoa humana como sagrada e tem fé na capacidade do ser humano. A sua postura, como jurista ou como cidadão, é republicana (a cidadania impõe deveres), é liberal (todos têm direitos), é democrática (todos devem ser ouvidos) e igualitária (a igualdade de oportunidades é necessária para a eficiente deliberação no espaço público).

Aprendeu Marçal quando jovem, ainda estudante universitário, que através do direito é possível construir outro mundo, mais livre, mais aberto, mais justo, mas que isto exige trabalho, muita dedicação, estudo e não reclamo de comiseração ou de cuidado indevido. Descobriu, além, que o trabalho, a dedicação e o estudo são permanentes, eternos, daí a necessidade de constantes atualização, renovação e reinvenção. Marçal está sempre a se reinventar, a se renovar, a esculpir em si um ser humano cada vez melhor, mas, ao mesmo tempo, sem deixar de ser o mesmo: um ser autêntico, autêntico no sentido heideggeriano, coisa rara nos dias que correm. Não é isto, afinal, que sugere Drummond no belo poema *A Máquina do Tempo*?

A máquina do tempo nos tritura?

Ao mesmo tempo cria imagens novas.

Renascemos em cada criatura

Que nos traz do infinito as boas novas.

Ou nascer:

---

[29] JUSTEN FILHO, Marçal. *Curso de direito administrativo*. 14. ed. rev., atual e ampl. Rio de Janeiro: Forense, 2023. p. 54.

[30] JUSTEN FILHO, Marçal. *Curso de direito administrativo*. 14. ed. rev., atual e ampl. Rio de Janeiro: Forense, 2023. p. 54.

Nascer

Outra e outra vez

Indefinidamente

Como a planta sempre nascendo

Da primeira semente...

Referências

ALEXY, Robert. *Teoría del discurso y derechos humanos*. Tradução de Luis Villar Borda. Bogotá: Universidad Externado de Colombia, 1995.

ALEXY, Robert. *Teoria dos direitos fundamentais*. São Paulo: Malheiros, 2008.

BANDEIRA DE MELLO, Celso Antônio. *Curso de direito administrativo*. São Paulo: Malheiros, 2012.

CHEVALLIER, Jacques. *O Estado pós-moderno*. Tradução de Marçal Justen Filho. Belo Horizonte: Fórum, 2009.

GUASTINI, Riccardo. Il realismo giuridico ridefinito. *Revus – Journal for Constitutional Theory and Philosophy of Law*, n. 19, p. 97-111, 2013.

HABERMAS, J. *Direito e democracia*: entre facticidade e validade. Rio de Janeiro: Tempo Brasileiro, 1997.

HABERMAS, J. *Teoria da ação comunicativa*. São Paulo: Unesp, 2022.

HART, H. L. A. *The concept of law*. 2. ed. Oxford: Clarendon Press, 1994.

JUSTEN FILHO, Marçal. *Curso de direito administrativo*. 12. ed. São Paulo: Revista dos Tribunais, 2016.

JUSTEN FILHO, Marçal. *Curso de direito administrativo*. 14. ed. rev., atual e ampl. Rio de Janeiro: Forense, 2023.

JUSTEN FILHO, Marçal. *Curso de direito administrativo*. 4. ed. São Paulo: Saraiva, 2009.

JUSTEN FILHO, Marçal. O direito regulatório. *Interesse Público*, Belo Horizonte, n. 43, p. 19-40, 2007.

KELSEN, Hans. *Teoria pura do direito*. São Paulo: Martins Fontes, 1998.

KENNEDY, Duncan. *Libertad y restricción en la decisión judicial*. [s.l.]: Siglo del Hombre Editores, 1999.

Informação bibliográfica deste texto, conforme a NBR 6023:2018 da Associação Brasileira de Normas Técnicas (ABNT):

CLÈVE, Clèmerson Merlin. Marçal Justen Filho: jurista e cidadão. *In*: JUSTEN, Monica Spezia; PEREIRA, Cesar; JUSTEN NETO, Marçal; JUSTEN, Lucas Spezia (coord.). *Uma visão humanista do Direito*: homenagem ao Professor Marçal Justen Filho. Belo Horizonte: Fórum, 2025. v. 1, p. 77-85. ISBN 978-65-5518-918-6.

CELEBRANDO MARÇAL JUSTEN FILHO: VIDA, OBRA E IMPACTO NO IDP

FRANCISCO SCHERTEL MENDES

ATALÁ CORREIA

O Direito não é algo abstrato. Não se confunde com o texto escrito da Lei. Não se conhece o Direito sem conhecer profundamente a vida real. O Direito integra a vida individual e social e reflete os valores fundamentais da Civilização. Para compreender o Direito, é necessário conhecer o passado. Mas a função do Direito é mudar o futuro, promover a segurança e a justiça e realizar concretamente a dignidade de todo ser humano. Por isso, a vida do operador do Direito é um compromisso com a sociedade em que vive, com o estudo e com a atuação prática.

(Marçal Justen Filho)[1]

Introdução

A busca pelo conhecimento é uma jornada que atrai aqueles que são inquietos, que desafiam as certezas estabelecidas e percebem o poder transformador da mente humana. Em uma sociedade em constante mudança, a educação é uma ferramenta poderosa para impactar vidas, questionar paradigmas e construir um futuro mais justo e igualitário. Os que se dedicam a essa busca incessante encontram-se impulsionados por uma curiosidade que ultrapassa as fronteiras do conhecido. Exploram novas ideias, aprofundam-se em questões complexas e enxergam nas inovações a oportunidade de

---

[1] Disponível em: https://www.justenfilho.com.br/.

criar um mundo melhor. Esse caminho, embora árduo, é recompensador para aqueles que buscam ir além, e que acreditam que o conhecimento tem o potencial de revolucionar estruturas e mudar destinos.

Marçal Justen Filho é um exemplo vivo dessa busca incansável pelo conhecimento e do desejo de contribuir para a sociedade através do saber. Para além de sua atividade como advogado, consagrou-se ele como um dos maiores teóricos do direito administrativo brasileiro. Sua trajetória trouxe impacto profundo e duradouro em nossa ciência jurídica. Sua obra, composta por diversos livros, artigos, conferências internacionais e seminários, assim como cursos, palestras e disciplinas lecionados, reflete sua paixão por explorar novos horizontes, questionar convenções estabelecidas e promover uma prática jurídica que busca a justiça e a equidade.

Trata-se, portanto, de figura central na modernização do direito administrativo brasileiro. Isso não seria possível se não estivesse ele guiado por imperativo ético de transformação do mundo jurídico e da sociedade, se não escudasse seu trabalho na supremacia dos direitos fundamentais. Sua noção de Estado é contemporânea e os direitos fundamentais, nela, se tornam o fundamento da existência da Administração Pública e do cumprimento de suas funções perante a estrutura do Estado e da nação brasileira.

Neste texto, celebramos a trajetória do Professor Marçal Justen Filho a partir de um olhar pessoal e da agradável convivência no Instituto Brasileiro de Ensino Desenvolvimento e Pesquisa. Ali, pudemos conhecer o homem cuja busca pelo conhecimento é acompanhada por um compromisso inabalável com o ensino e a formação de novas gerações de juristas. Sua trajetória de dedicação ao ensino, dentro e fora da sala de aula, personifica a inquietação intelectual que tem sido fundamental para a disseminação de um pensamento crítico e inovador entre estudantes e profissionais do direito. Essa devoção que marca a sua trajetória é a força motriz que visa impactar a vida de jovens, preparando-os não apenas para compreender as complexidades do direito administrativo, mas também para atuar como agentes de transformação social.

Ao percorrermos sua vida, sua obra e seu legado, convidam-se juristas a seguir seus passos, reconhecendo o seu potencial transformador e a importância de uma abordagem ética e comprometida no exercício da profissão. Marçal Justen Filho não é apenas um estudioso do direito; ele é um mentor e um modelo para aqueles que acreditam que o conhecimento pode e deve ser utilizado para promover mudanças positivas na sociedade. Seu exemplo nos convida a refletir sobre o papel do jurista na construção de um mundo mais justo e equitativo, incentivando-nos a buscar, com a mesma paixão e dedicação, o aprimoramento contínuo e a contribuição significativa para o bem comum.

I Uma vida e trajetória acadêmica de inspiração: o Professor Marçal

O Professor Marçal Justen Filho se distingue pela excelência acadêmica e teórica que permeia toda a sua carreira. Desde suas primeiras incursões no mundo do Direito, demonstra um domínio extraordinário das nuances jurídicas e uma capacidade de interpretar e sintetizar teorias complexas com clareza e profundidade. Sua busca incessante pelo conhecimento levou-o a explorar novas perspectivas e questionar paradigmas estabelecidos, de modo a contribuir para o avanço do pensamento jurídico.

Marçal Justen Filho não apenas dominou diversas complexidades do Direito, mas também pôde antecipar tendência, com abordagem inovadora, dessa forma marcando gerações de estudantes e profissionais. Sua habilidade em articular conceitos teóricos e sua paixão pela pesquisa o tornaram uma referência incontornável do direito administrativo brasileiro.

Como professor, inspira a todos com suas aulas envolventes, desafiando seus alunos a pensar criticamente e a buscar soluções criativas para os dilemas jurídicos contemporâneos. Sua dedicação à educação é evidenciada por sua paciência, sua clareza e seu compromisso com a formação de juristas altamente capacitados.

Sua influência no Instituto Brasileiro de Ensino, Desenvolvimento e Pesquisa (IDP) tem sido enriquecedora e transformadora. Ao combinar sua prática profissional com uma abordagem acadêmica profunda, o professor impulsionou o desenvolvimento da instituição e elevou seus padrões de excelência.

A jornada do Professor Marçal é uma ode à busca pelo conhecimento e à excelência em todas as suas formas. Neste texto, celebramos não apenas suas conquistas, mas também o impacto duradouro que sua visão e sua dedicação tiveram sobre a comunidade acadêmica e o Direito brasileiro.

Formado em Direito pela Universidade Federal do Paraná (UFPR) em 1977, iniciou uma carreira de destaque desde cedo. A busca por ampliar seus horizontes acadêmicos é refletida pela obtenção de seu Mestrado em Direito em 1984, com o tema "O imposto sobre serviços na Constituição", e seu Doutorado em Direito em 1985, com o tema "Sujeição passiva tributária", pela Pontifícia Universidade Católica de São Paulo (PUC-SP), de modo a aprofundar os seus conhecimentos e a firmar-se como um pensador crítico e visionário.

Durante seus anos como professor titular da Faculdade de Direito da UFPR, de 1986 a 2006, o Professor Marçal deixou uma marca indelével em seus alunos. Sua abordagem pedagógica cativante e instigante os desafiava a explorar novas perspectivas e a pensar criticamente sobre questões complexas de direito administrativo. Sua influência transcendeu as salas de aula, moldando uma geração de profissionais comprometidos com a ética e a excelência.

Experiências internacionais do Professor Marçal, como *Visiting Fellow* no Instituto Universitário Europeu, na Itália, em 1999, e como *Research Scholar* na Yale Law School, nos Estados Unidos, de 2010 a 2011, enriqueceram sua visão acadêmica e permitiram-lhe contribuir ainda mais para o desenvolvimento do direito administrativo no Brasil e no mundo. Sua relevância internacional se expressa, por exemplo, como membro da Red Iberoamericana de Contratación Pública, da Public Contracts in Legal Globalization Network e do Grupo Brasileiro da Association Henri Capitant des Amis de la Culture Juridique Française.

O professor também coordena projeto de pesquisa intitulado Núcleo de Estudos sobre Federalismo e Relações Intergovernamentais. Ali, investiga-se o papel dominante do equilíbrio federativo e do sistema de relações intergovernamentais para a eficiência e a eficácia das políticas públicas. Trata-se de questões importantes para todas as federações, porém especialmente o Brasil, devido às grandes desigualdades regionais. Regiões mais ricas podem operar quase sem ajuda federal, enquanto as mais pobres dependem fortemente dela. Assim, equilíbrio federativo exige sistema que promova uma distribuição justa de responsabilidades e recursos a fim de garantir a estabilidade e a eficácia nas ações de governo.

Uma de suas obras mais proeminentes, *Curso de Direito Administrativo*, é considerada uma referência essencial na área. A 15ª edição destaca a crescente importância do método pragmático na interpretação e na aplicação do direito administrativo, assim como enfatiza a necessidade de efetivar os direitos fundamentais consagrados na Constituição. A atividade administrativa do Estado é vista como um instrumento crucial para transformar a realidade brasileira, que deve priorizar a avaliação das consequências efetivas das soluções adotadas. Além disso, preocupa-se em apresentar a jurisprudência judicial e administrativa mais atual, expressando, em muitos casos, discordâncias com as soluções apresentadas pela jurisprudência. Nesse sentido, defende a função social da dogmática. A doutrina tem o papel não apenas de descrever as posições adotadas, mas cabe-lhe essencialmente realizar uma revisão crítica da jurisprudência, o que pode levar à superação de precedentes e à adoção de soluções mais alinhadas com os valores fundamentais.

O Professor Marçal destaca a importância da atividade administrativa do Estado em promover os direitos fundamentais. O interesse público é inseparável da satisfação dos direitos humanos e, desse modo, o direito administrativo deve acompanhar as transformações da realidade brasileira, ajustando-se continuamente às novas demandas e desafios da sociedade. A eficiência ganha especial sentido em sua obra. A prática jurídica deve buscar a eficiência, a transparência e a responsabilidade, sempre com o objetivo de promover o bem-estar social e garantir a proteção dos direitos dos cidadãos. Sua visão reformista propõe uma administração pública mais próxima da sociedade, capaz de dialogar e buscar consensos, ao mesmo tempo que se compromete com a ética e a justiça na gestão dos recursos públicos.

Entre as dezenas de livros publicados e organizados, é também autor de célebres livros na área de direito administrativo, dos quais se destacam *Comentários à Lei de Licitações e Contratos Administrativos – Lei 14.133/2021* (2ª edição, Thomson Reuters Brasil, 2023), *Reforma da Lei de Improbidade Administrativa: Lei 14230/2021 comparada e comentada* (Forense, 2021); *Introdução ao Estudo do Direito* (2ª edição, Forense, 2021); *Comentários à Lei de Contratos de Publicidade da Administração – Lei 12.232/2010* (Fórum, 2020); *Comentários à Lei de Licitações e Contratações Administrativas – Lei 8.666/1993* (18ª edição, Revista dos Tribunais, 2019); *Pregão* (6ª edição, Dialética, 2013); *Comentários ao RDC* (Dialética, 2013); *Teoria Geral das Concessões de Serviço Público* (Dialética, 2003) e *O direito das agências reguladoras independentes* (Dialética, 2002).

À vista disso, é inegável a sua influência sobre a interpretação e a aplicação das principais leis de direito administrativo. Seu notório saber jurídico na área foi mais uma vez reconhecido quando, em 2018, foi nomeado para compor a comissão de juristas responsáveis pela elaboração do anteprojeto de reforma da Lei de Improbidade Administrativa (Lei nº 8.429/1992).

Em seu livro *Reforma da Lei de Improbidade Administrativa: Lei 14230/2021 comparada e comentada*, o Professor Marçal explica que a Lei nº 8.429, promulgada em 1992, introduziu novas abordagens no combate à corrupção e na moralização das funções públicas. Entretanto, ao longo dos anos, a aplicação prática da lei revelou algumas distorções na repressão à improbidade.

A prática demonstrou um problema fundamental: a banalização de ações de improbidade administrativa, de modo que diversos processos foram iniciados sem provas consistentes, com a intenção de realizar investigações durante a fase de instrução. Era comum que as petições iniciais carecessem de especificação de fatos concretos. Além disso, tornou-se prática frequente solicitar condenações com base indiscriminada nos arts. 9º (enriquecimento ilícito), 10 (prejuízo ao erário) e 11 (atentado contra os princípios da Administração Pública) da Lei de Improbidade, o que resultava na prolongação indefinida dos litígios, frequentemente mais associados a disputas políticas do que a questões jurídicas.

Essa situação levou à proliferação de julgamentos em primeira instância sem a devida produção de provas, baseados em presunções. Inicialmente, isso resultou na inversão do ônus da prova ao exigir-se que o próprio réu provasse sua inocência. Posteriormente, até mesmo a possibilidade de o réu apresentar provas contra as acusações foi suprimida. Outro problema surgiu com a aplicação da improbidade por mera culpa, conforme o art. 10 da lei, em que condutas sem envolvimento com corrupção ou violação à moralidade eram punidas de forma excessiva.

Nesse contexto, muitas ações de improbidade passaram a ser direcionadas para objetivos diferentes dos previstos constitucionalmente. O conceito de improbidade tornou-se indefinido, gerando uma significativa insegurança jurídica que prejudicava a atuação dos agentes públicos.

Diante desse cenário, surgiram propostas de alteração da Lei de Improbidade, das quais muitas se tornaram modificações pontuais na lei, porém se mostrou indispensável uma revisão mais ampla da lei. Para solucionar os problemas identificados, a Câmara dos Deputados constituiu, em 22.2.2018, uma comissão para formular proposta de reforma da Lei de Improbidade. Presidida pelo Ministro do STJ, Mauro Campbell Marques, a comissão foi integrada por ilustres e eminentes juristas brasileiros, entre os quais o Prof. Marçal Justen Filho.

Após intenso empenho da comissão, um anteprojeto foi enviado à Câmara dos Deputados e o processo legislativo teve início. As propostas principais do anteprojeto foram preservadas, embora várias outras soluções, não incluídas inicialmente, tenham sido aprovadas. No final, a Lei nº 14.230 foi sancionada em 25.10.2021, sem vetos ao texto aprovado pelo Congresso.

A Lei nº 14.230 introduziu diversas inovações importantes, das quais se destacam: a exigência de dolo comprovado para a punição por improbidade; a possibilidade de sancionar entidades privadas que tenham recebido benefícios, incentivos ou vantagens de origem estatal; a eliminação da perda de cargo ou mandato nas infrações previstas no art. 11; a restrição da punição de terceiros àqueles que tenham induzido ou contribuído comprovadamente para a prática da improbidade; a criação de uma ação judicial específica para punições por improbidade, afastando a aplicação do regime da ação civil pública; a atribuição exclusiva ao Ministério Público da legitimidade ativa para propor ações de improbidade; o aumento do rigor nos requisitos para ajuizamento dessas ações, exigindo a qualificação dos fatos conforme os arts. 9º, 10 e 11 da Lei nº 8.429; a proibição do julgamento antecipado do caso em situações de condenação do réu; a fixação de um prazo prescricional de oito anos, contado a partir da data do ilícito; e a previsão da prescrição intercorrente, também com prazo de oito anos, a partir do ajuizamento da ação de improbidade.

Seu livro seminal *Comentários à Lei de Licitações e Contratos Administrativos* consolidou-se como uma obra de referência indispensável para estudiosos, juristas e operadores do direito administrativo. Ao longo de décadas, a obra realizou profunda e detalhada análise da Lei nº 8.666/1993 e, posteriormente, da Lei nº 14.133/2021. Seu trabalho não apenas superou abordagens formalistas que tradicionalmente permeavam as licitações, mas também propôs soluções teóricas e práticas plenamente compatíveis com os preceitos constitucionais. O objetivo ali traçado aos poucos passou a guiar a atuação de milhares de profissionais, de modo a garantir que os procedimentos licitatórios atendam aos interesses coletivos de maneira eficaz, de modo a promover a realização dos direitos fundamentais e a assegurar a eficiência e a transparência na gestão pública.

O texto é enriquecido com uma vasta e cuidadosa exposição da jurisprudência mais recente do Supremo Tribunal Federal (STF), do Superior Tribunal de Justiça (STJ) e do Tribunal de Contas da União (TCU), e oferece uma visão atualizada e abrangente das interpretações e aplicações das normas de licitações e contratos administrativos.

O compromisso do Professor Marçal com a formação de uma nova geração de jovens com visão crítica e compromisso com os direitos fundamentais é exemplificado de maneira notável por meio de sua obra *Introdução ao Estudo do Direito* (2ª edição, Forense, 2021). Após meses de gestação, a obra veio a público para que os alunos da graduação do IDP pudessem acompanhar suas aulas. Por isso, o professor se preocupou em garantir que o conteúdo fosse suficientemente acessível aos estudantes iniciantes, de modo que eles pudessem estabelecer uma conexão clara entre os conhecimentos prévios que já possuem e as novas experiências próprias das complexas questões jurídicas. Essa acessibilidade é crucial para criar uma base sólida que permita ao estudante navegar pelos desafios do estudo do Direito com confiança e clareza. Por outro lado, o autor não sacrifica a profundidade em nome da simplicidade. Evita-se, com cuidado, que a abordagem da obra se torne tão superficial a ponto de ser considerada irrelevante ou inútil. Dessa forma, o Professor Marçal, como é próprio aos grandes juristas, condensou nesse trabalho o que percebeu, ao longo da sua carreira, ser essencial aos primeiro-anistas. Apresentou uma visão equilibrada, rigorosa e absolutamente atualizada sobre o Direito brasileiro, moldada para oferecer uma compreensão adequada e robusta mesmo para aqueles que estão dando seus primeiros passos nesse vasto campo do conhecimento. A obra é fruto de sua paixão inabalável pelo conhecimento, pela inovação dentro da esfera jurídica e pelo compromisso com a formação de juristas altamente capacitados e éticos.

Ao longo de sua carreira, o Professor Marçal não apenas se destacou como um teórico de excelência no campo do direito administrativo, mas também demonstrou uma habilidade excepcional em aplicar suas ideias de maneira prática e eficaz. Seu trabalho tem gerado um impacto significativo no mundo jurídico brasileiro, influenciando tanto a teoria quanto a aplicação do Direito. Seu legado é marcado pela combinação de um pensamento profundamente analítico com uma visão prática, que juntos têm contribuído para a evolução e a melhoria das práticas jurídicas no Brasil. Assim, a influência do Professor Marçal se estende além das salas de aula e das páginas de seus livros, permeando decisões judiciais, reformas legislativas e a formação de uma cultura jurídica mais consciente e comprometida com os valores fundamentais da justiça e da equidade.

II Aqueles que nos constituem: a relação do Professor Marçal com o IDP

Ao celebrarmos Marçal Justen Filho, homenageamos um mestre que dedicou sua vida ao avanço do direito administrativo no Brasil. Sua visão esclarecida, sua integridade e seu compromisso com a excelência deixaram um legado duradouro no IDP e na comunidade jurídica, inspirando futuros juristas a seguir seus passos de busca pela justiça e pelo conhecimento. Em nossa instituição, no período entre 2015 e 2024, o professor lecionou as disciplinas de Introdução ao Estudo do Direito e turmas de Tópicos em Direito Administrativo, no âmbito da graduação em Direito. Nos cursos de Pós-Graduação *lato sensu* em Direito Administrativo, Direito Constitucional e em Processo Civil, por sua vez, conduziu a disciplina de Licitações Públicas e turmas de Tópicos Especiais em Direito Administrativo, Direito Constitucional e Processo Civil. Também ministrou, no curso de Mestrado Acadêmico em Direito Constitucional, a disciplina de Estado Brasileiro e Ordem Econômica no Século XXI.

Para a Professora Carolina Lacerda, docente de Direito Administrativo da instituição:

> Marçal Justen Filho é, sem dúvida, uma peça fundamental na consolidação da excelência acadêmica e no fortalecimento do ensino do direito no Brasil. Seu legado como professor e advogado é testemunho de seu compromisso com o ensino e com a justiça. Para nós, alunos, professores e colegas, Marçal Justen Filho é mais do que um educador. É uma fonte constante de inspiração e motivação para todos que o cercam. Ele nos desafia a pensar criticamente e a buscar sempre a excelência. Sua dedicação incansável e seu compromisso com a educação têm moldado a carreira de inúmeros juristas no Brasil.
>
> Sua paixão pelo direito é contagiante e sua ética profissional, inquestionável. Ele nos ensina, diariamente, a importância de sermos não apenas professores, mas também pesquisadores e defensores da justiça. Nós, que temos o privilégio de trabalhar ao seu lado, somos imensamente gratos por sua dedicação e seu exemplo. Além de seu brilhantismo acadêmico e profissional, sua generosidade também sempre se faz presente no compartilhamento de seu vasto conhecimento, na dedicação de tempo e atenção para orientar e apoiar seus alunos e colegas. Sua generosidade se manifesta também em seu comprometimento com a formação de novas gerações de juristas, evidenciando um profundo respeito e amor pela profissão. Obrigada, Marçal, por ser inspiração constante. Sua trajetória e suas contribuições são um legado que perdurará por muitas gerações. É uma honra aprender com você e compartilhar esta jornada acadêmica.

Assim, Marçal Justen Filho desempenhou um papel crucial no desenvolvimento acadêmico do IDP. Sua participação ativa nas atividades de ensino, pesquisa e extensão, bem como seu envolvimento na formulação e revisão de projetos pedagógicos, contribuiu para o avanço do IDP como um centro de excelência no ensino do Direito. Além de lecionar importantes disciplinas, também participou de debates e eventos que promoveram a integração entre o conhecimento acadêmico e a prática jurídica, de modo a fortalecer a reputação da instituição como um espaço de formação de juristas altamente qualificados e comprometidos com os valores democráticos e o Estado de Direito. Sua influência no IDP ultrapassa as fronteiras da sala de aula, permeando a cultura acadêmica e inspirando todos os que têm o privilégio de aprender e trabalhar com ele.

Em sua trajetória no IDP, o Prof. Marçal Justen Filho demonstrou um comprometimento singular com a formação integral de seus alunos, indo além da simples transmissão de conteúdo. Sua abordagem pedagógica, caracterizada pela profundidade e exigência, transformava cada aula em uma experiência enriquecedora, em que o Direito era explorado em suas nuances mais sofisticadas e relacionado a princípios fundamentais de justiça. Seu legado, portanto, não se limita às obras que publicou ou às disciplinas que ministrou, mas também ao impacto duradouro que deixou em cada um de seus alunos, motivando-os a refletir criticamente e a buscar a excelência em suas jornadas como juristas. A generosidade com que compartilhou seu saber, aliada a uma didática excepcional, fez com que seus ensinamentos ultrapassassem as barreiras do aprendizado técnico, de modo a inspirar gerações de juristas a pensar o Direito de forma mais profunda e comprometida com os direitos fundamentais.

Nesse sentido, o aluno do curso da Graduação em Direito do IDP Lucas Spezia Justen relata:

> Como aluno do IDP, tive o privilégio de cursar várias disciplinas com o Prof. Marçal, incluindo Introdução ao Estudo do Direito e Tópicos Especiais de Direito Administrativo 1 e 2 – (abrangendo as matérias de Licitações, Improbidade, Contratos Administrativos e Concessões). Em cada uma dessas disciplinas, o Prof. Marçal trouxe não apenas seu vasto conhecimento, mas também uma didática de primeira, capaz de tornar temas complexos em acessíveis.
>
> O que mais me marcou foi seu comprometimento com a formação dos alunos. Ele não apenas transmite conhecimento, mas também incentiva a reflexão crítica e a busca pela excelência na formação. Suas aulas são um verdadeiro convite ao aprofundamento, podendo facilmente ser confundidas com aulas de mestrado ou até doutorado. Acompanham o estado da arte do Direito Administrativo, combinando sua vasta experiência prática em diversas áreas com doutrina relevante. Parece impossível, mas há um livro do Prof. Marçal para cada uma das disciplinas que ministrou! Prepara suas disciplinas minuciosamente, com slides e leituras para todas as aulas.
>
> O Prof. Marçal não só me ensinou Direito Administrativo; ele me ensinou a pensar o Direito de forma mais crítica e comprometida com os direitos fundamentais. Tenho certeza de que muitos outros alunos compartilham desse sentimento.

Destaca-se, assim, a extraordinária capacidade didática do Professor Marçal, que, ao lecionar disciplinas de intensa profundidade, consegue equilibrar o rigor acadêmico com uma abordagem acessível e compreensível para todos os alunos. Ele não apenas transmite o conhecimento de forma clara, mas também cria um ambiente de aprendizado que estimula a curiosidade e o pensamento crítico. Suas aulas não se limitam à simples exposição de conceitos, mas se transformam em verdadeiros laboratórios de ideias, nos quais os estudantes são convidados a questionar, refletir e inovar na teoria e na prática jurídicas. Esse compromisso com a formação crítica e inovadora faz do Professor Marçal uma referência inigualável no ensino do Direito, inspirando seus alunos a transcender o aprendizado técnico e a buscar uma compreensão mais profunda e transformadora do campo jurídico.

Conclusão: o legado de Marçal Justen Filho no IDP e no direito brasileiro

Se é notório o impacto monumental de Marçal Justen Filho no campo do direito administrativo, não poderíamos narrar o que testemunhamos no campo de nossa atuação: sua contribuição inestimável ao Instituto Brasileiro de Ensino, Desenvolvimento e Pesquisa (IDP). Trata-se de acadêmico de renome e também mentor, formador e líder. Celebrar Marçal Justen Filho é reconhecer a importância de uma vida dedicada ao avanço do conhecimento jurídico, à formação de profissionais éticos e ao compromisso com a justiça, valores que continuarão a reverberar na comunidade jurídica brasileira e além.

No Instituto Brasileiro de Ensino, Desenvolvimento e Pesquisa (IDP), o Professor Marçal deixou uma marca indelével. Sua participação ativa em diversas frentes – desde o ensino até a pesquisa e a formulação de políticas acadêmicas – consolidou o IDP como uma referência na formação de juristas comprometidos com os valores democráticos e o Estado Democrático de Direito. Sua abordagem pedagógica, que transcendia a mera transmissão de conhecimento, incentiva seus alunos a explorar as complexidades do Direito e a refletir sobre seu papel como agentes de transformação social.

A celebração de Marçal Justen Filho é, acima de tudo, uma homenagem ao seu compromisso com a educação e com a construção de um futuro mais justo. Seu legado perdurará não apenas nas páginas de suas publicações e nas reformas jurídicas que influenciou, mas também nas mentes e nos corações de todos aqueles que tiveram o privilégio de aprender com ele. Marçal Justen Filho é, sem dúvida, um farol para o Direito brasileiro, e seu exemplo continuará a guiar novas gerações de juristas em sua busca pela excelência e pela justiça.

Referências

JUSTEN FILHO, Marçal. *Comentários à Lei de Contratos de Publicidade da Administração Pública*: Lei 12.232/2010. 1. ed. Belo Horizonte: Fórum, 2020. v. 1. 435 p.

JUSTEN FILHO, Marçal. *Comentários à Lei de Licitações e Contratações Administrativas*. 1. ed. São Paulo: Thomson Reuters, 2021. v. 1. 1.824 p.

JUSTEN FILHO, Marçal. *Comentários à Lei de Licitações e Contratos Administrativos*. 18. ed. São Paulo: Revista dos Tribunais/Thomson Reuters, 2019. 1.664 p.

JUSTEN FILHO, Marçal. *Comentários ao RDC*. 1. ed. São Paulo: Dialética, 2013. v. 1. 716 p.

JUSTEN FILHO, Marçal. *Introdução ao estudo do Direito*. 2. ed. Rio de Janeiro: Forense, 2021. 385 p.

JUSTEN FILHO, Marçal. *O Direito das agências reguladoras independentes*. 1. ed. São Paulo: Dialética, 2002. v. 1. 639 p.

JUSTEN FILHO, Marçal. *Pregão*: comentários à legislação do pregão comum e eletrônico. 6. ed. São Paulo: Dialética, 2013. v. 1. 446 p.

JUSTEN FILHO, Marçal. *Reforma da Lei de Improbidade Administrativa*: Lei 14.230 comparada e comentada. 1. ed. Rio de Janeiro: Forense, 2021. v. 1. 344 p.

JUSTEN FILHO, Marçal. *Teoria geral das concessões de serviço público*. 1. ed. São Paulo: Dialética, 2003. v. 1. 654 p.

Informação bibliográfica deste texto, conforme a NBR 6023:2018 da Associação Brasileira de Normas Técnicas (ABNT):

MENDES, Francisco Schertel; CORREIA, Atalá. Celebrando Marçal Justen Filho: vida, obra e impacto no IDP. *In*: JUSTEN, Monica Spezia; PEREIRA, Cesar; JUSTEN NETO, Marçal; JUSTEN, Lucas Spezia (coord.). *Uma visão humanista do Direito*: homenagem ao Professor Marçal Justen Filho. Belo Horizonte: Fórum, 2025. v. 1, p. 87-96. ISBN 978-65-5518-918-6.

DIREITO
ADMINISTRATIVO GERAL

(Coordenadores:
André Guskow Cardoso e Karlin Olbertz Niebuhr)

DIREITO
ADMINISTRATIVO GERAL

(Coordenadores)
André Gonçalves Zipperer e Vinícius Oliveira Fernandes

EXTRAVASAMENTO DE SUAS COMPETÊNCIAS PELO SUPREMO TRIBUNAL FEDERAL

ADILSON ABREU DALLARI

O poder corrompe. O poder absoluto corrompe absolutamente.

(Lord Acton)

1 Direitos e garantias na Constituição Federal

Para que servem, ou, melhor dizendo, qual a eficácia concreta dos direitos e garantias constantes do texto da Constituição Federal? Em tempos normais, as instituições e autoridades não abusam de seus poderes. Em períodos ditatoriais, tais direitos e garantias são inúteis. O problema está em tempos híbridos, quando tais direitos e garantias funcionam nas relações jurídicas normais, mas são inócuos quando da existência de componentes ou interesses políticos.

Em seu art. 2º, a CF dispõe sobre a chamada separação de poderes, afirmando que o Legislativo, o Executivo e o Judiciário são poderes independentes e harmônicos entre si. Isso significa que, da mesma forma que não existe hierarquia entre os membros da federação, também não há hierarquia entre os poderes de cada ente federativo, cabendo a cada um exercer as funções que lhes são prescritas no texto constitucional.

Mas é fundamental salientar que a CF outorga uma série de direitos e garantias diretamente aos cidadãos, que sempre devem ser respeitados pelos entes federativos e pelos ramos do poder público, conforme dispõe o art. 5º: "Todos são iguais perante a lei, sem distinção de qualquer natureza, garantindo-se aos brasileiros e aos estrangeiros residentes no País a inviolabilidade do direito à vida, à liberdade, à igualdade, à segurança e à propriedade, nos termos seguintes". Não é o caso de se examinar todos os setenta e nove incisos desse artigo, até porque o §2º afirma que esse rol não é exaustivo, dado que não exclui outros direitos e garantias decorrentes do regime, dos princípios constitucionais e de tratados internacionais.

Entretanto, para os fins deste estudo, alguns desses direitos e garantias expressamente consignados no texto constitucional merecem especial destaque, motivo pelo qual passam a ser sinteticamente comentados alguns incisos. "II - ninguém será obrigado a fazer ou deixar de fazer alguma coisa senão em virtude de lei", mas, na prática, uma infinidade de normas infralegais de toda ordem criam obrigações e também afirmam direitos. "LIV - ninguém será privado da liberdade ou de seus bens sem o devido processo legal", mas, na realidade, o que se tem observado são lesões, principalmente à liberdade, sem observância do rito processual; "LV - aos litigantes, em processo judicial ou administrativo, e aos acusados em geral são assegurados o contraditório e ampla defesa, com os meios e recursos a ela inerentes", porém, o mais elementar instrumento de defesa, saber do que alguém está sendo acusado, tem sido negado e, em alguns casos, uma penalidade é aplicada de fato, sem que exista acusação. "LVI - são inadmissíveis, no processo, as provas obtidas por meios ilícitos", entretanto, no momento, provas obtidas ilicitamente (como gravações clandestinas e relatórios "encomendados") têm sido aproveitadas. Por último, "LVII - ninguém será considerado culpado até o trânsito em julgado de sentença penal condenatória", nessa matéria, ou seja, quanto à presunção de inocência, a jurisprudência oscilou, conforme a posição política dos réus; num momento, admitiu-se a prisão após decisão de segunda instância (na qual fica estabelecida a materialidade do fato e a autoria do delito, afastando a presunção de inocência), mas, atualmente, tal presunção passou a ser considerada até o trânsito em julgado da sentença condenatória, o que, na prática, significa que tal sentença, para quem tem posses ou influência, nunca será cumprida, dada a infinidade de recursos que levam à prescrição do crime.

Merece destaque o disposto no art. 133 da Constituição Federal, estabelecendo que "O advogado é indispensável à administração da justiça, sendo inviolável por seus atos e manifestações no exercício da profissão, nos limites da lei". Isso não é uma afirmação romântica, desprovida de efeitos jurídicos. Note-se que esse dispositivo está inserido no Capítulo IV, do Título IV, que cuida, exatamente, "Das Funções Essenciais à Justiça". Ou seja, o advogado é tão essencial quanto magistrados e membros do Ministério Público, não havendo hierarquia entre membros desses três segmentos. Merece especial destaque o disposto na Súmula Vinculante do STF nº 14: "É direito do defensor, no interesse do representado, ter acesso amplo aos elementos de prova que, já documentados em procedimento investigatório realizado por órgão com competência de polícia judiciária, digam respeito ao exercício do direito de defesa". É elementar que ninguém pode se defender sem saber exatamente do que está sendo acusado, o que só é possível mediante o acesso e exame dos autos. Na prática, porém, isso tem sido negado, seja pela procrastinação artificial das investigações, seja por simples negativa autoritária sem qualquer justificativa.

Em síntese, são frequentes, atualmente, as invasões de competências entre poderes do Estado, assim como o desrespeito a diretos e garantias do cidadão, daí porque se pode falar em extravasamento da distribuição constitucional de competências, muito especialmente pelo Poder Judiciário, que é o foco deste estudo.

2 Violação de competências e garantias pelo Judiciário

Além dos acima referidos dispositivos constitucionais, são também relevantes, para os fins do presente estudo, os que constam do art. 53 e seu §2º, que se transcrevem:

Art. 53. Os Deputados e Senadores são invioláveis, civil e penalmente, por quaisquer de suas opiniões, palavras e votos. [...]

§2º Desde a expedição do diploma, os membros do Congresso Nacional não poderão ser presos, salvo em flagrante de crime inafiançável. Nesse caso, os autos serão remetidos dentro de vinte e quatro horas à Casa respectiva, para que, pelo voto da maioria de seus membros, resolva sobre a prisão.

Note-se: prisão provisória somente em flagrante de crime inafiançável, cuja manutenção ou negação deve ser decidida pela Casa legislativa.

Não obstante o vigor e a amplitude da imunidade parlamentar "por qualquer de suas opiniões", essa proteção foi violentada pelo STF, no rumoroso caso do Deputado Daniel Silveira, preso altas horas da noite, em sua casa, com base num mandado de prisão em flagrante expedido pelo Ministro Alexandre de Moraes, sem a especificação de determinado tipo criminal inafiançável, mas apenas com referências genéricas à vetusta Lei de Segurança Nacional (Lei nº 7.170, de 14.12.1983, que define os crimes contra a segurança nacional e a ordem política e social) promulgada pelo então Presidente João Figueiredo.

O fato é que o deputado, num vídeo divulgado pela internet, teceu uma série de comentários desairosos ao STF, dirigindo impropérios a determinados ministros, numa linguagem lastimável, evidenciando gravíssima falta de educação. Isso, entretanto, não é crime (muitíssimo menos inafiançável) e obviamente não pode servir para prisão em flagrante, pois não se deu no momento do suposto crime, mas, sim, apenas depois de divulgado pela imprensa. Por tal comportamento, o deputado poderia ser punido por seus pares, com base no art. 55, II, da CF, que, observado o devido processo legal e assegurada a ampla defesa, comina a pena de perda do mandato ao deputado ou senador "cujo procedimento for declarado incompatível com o decoro parlamentar". Poderia, ainda, ser punido pelo uso, por parte dos ofendidos, do direito de resposta, previsto no art. 5º, V, da Constituição Federal.

Essa despropositada prisão gerou mais absurdos. Diante do despropósito da prisão de um deputado federal por crime de opinião, decidiu o Presidente da República, com base no disposto no inc. XII, do art. 84 da Constituição Federal, conceder-lhe o indulto. Essa decisão gerou alguns debates, especialmente na imprensa, merecendo destaque uma nota publicada na *Gazeta do Povo*, de 11.5.2022:

Em razão das discussões acerca da constitucionalidade do decreto do presidente da República que concedeu indulto (graça) ao deputado federal Daniel Silveira, os professores de Direito abaixo relacionados reuniram-se e examinaram o decreto, sem qualquer radicalismo ou viés político, até com o fim de auxiliar a busca da pacificação social e declaram, sob uma perspectiva estritamente jurídica, que o indulto individual ou graça constitui ato soberano do presidente da República, explicitado em sua competência privativa, insculpida no art. 84, inc. XII, combinado com o art. 5, inc. XLIII, da Constituição Federal de 1988. A graça é instituto clássico no ordenamento jurídico brasileiro, previsto desde a Constituição de 1824. Trata-se de ato de clemência, de que o chefe do Poder Executivo pode lançar mão, em observância ao princípio da separação dos poderes, por meio do sistema de freios e contrapesos.

Signatários: Adilson Abreu Dallari, Dircêo Torrecillas Ramos, Fernando Azevedo Fantauzzi, Ivan Sartori, Ives Gandra da Silva Martins, Janaína Conceição Paschoal, Mariane Andreia Cardoso dos Santos, Modesto Carvalhosa, Samantha Ribeiro Meyer-Pflug Marques e Sérgio de Azevedo Redó.

A Constituição Federal, no mencionado art. 5º, XLIII, considera inafiançáveis e insuscetíveis de indulto alguns crimes, entre os quais a prática de terrorismo. Como, no caso, tal vedação não poderia ser aplicada, decidiu o STF anular o indulto sob fundamento da ocorrência de "desvio de finalidade", obviamente sem qualquer suporte jurídico. Este, certamente, será sempre lembrado como um caso clássico de violação da distribuição constitucional de competências.

3 Alargamento artificial da competência básica e fundamental do Poder Judiciário

A competência básica e fundamental de todos os órgãos do Poder Judiciário é a de julgar; de decidir controvérsias que lhes sejam apresentadas pelos interessados, ou de simplesmente dizer o direito, sempre que for provocado ou chamado a decidir. Nenhum julgador tem poder de iniciativa; não pode decidir sem que haja uma solicitação e, obviamente, não pode instaurar uma controvérsia ou investigação. Na prática, porém, essa característica fundamental e elementar foi violentada.

Sirva como exemplo da invasão de competências a instauração do Inquérito nº 4.701, presidido pelo Ministro Alexandre de Moraes, designado arbitrariamente (por decisão pessoal; sem sorteio, como determinam as normas vigentes) pelo Ministro Dias Toffoli, Presidente do STF, com base no art. 43 do Regimento Interno, que dispõe: "Ocorrendo infração à lei penal na sede ou dependência do Tribunal, o presidente instaurará inquérito, se envolver autoridade ou pessoa sujeita à sua jurisdição, ou delegará esta atribuição a outro ministro".

No documento de instauração desse inquérito, que teria como objetivo apurar ameaças a ministros ou ao próprio Tribunal, não foi indicada qualquer específica ameaça concreta plausível nem qualquer infração penal, sendo certo que não se trata de apurar algo ocorrido no âmbito físico do Tribunal, como expressamente determina o Regimento Interno. Tratava-se de apurar a autoria de críticas, deboches, bravatas e supostas ameaças aos ministros, num conjunto designado popularmente como *fake news*, que não corresponde a qualquer tipo penal. Não há algo determinado a ser apurado. Na verdade, o procedimento tinha e tem por objeto vasculhar a vida de um considerável contingente de pessoas, para ver se existe algum comportamento sancionável. O fato é que tal inquérito foi prorrogado várias vezes e "engordado" com novas supostas práticas a serem apuradas, motivo pelo qual atravessou o tempo, perdurando por vários anos, e continua vigente.

Na verdade, o STF está usurpando funções do Ministério Público, que, nos termos do art. 129 da CF, tem como funções institucionais (entre outras): "III - promover o inquérito civil e a ação civil pública, para a proteção do patrimônio público e social, do meio ambiente e de outros interesses difusos e coletivos"; "VIII - requisitar diligências investigatórias e a instauração de inquérito policial, indicados os fundamentos jurídicos de suas manifestações processuais". A gravidade dessa usurpação de funções é muito maior do que parece, pois, evidentemente, não se pode esperar isenção e imparcialidade se o órgão que investiga e acusa é o mesmo que julga.

4 O problema das arguições de descumprimento de preceito fundamental

Nas competências do STF, enumeradas no art. 102 da CF, não há qualquer menção ao exercício de atividades investigativas. Entretanto, o §1º desse artigo (acrescentado a ele pela EC nº 3, de 17.3.1993) contém uma disposição solta no ar, sem qualquer conexão com o rol expresso de atribuições, e que tem servido como um aríete para invasões de toda ordem: "A arguição de descumprimento de preceito fundamental, decorrente desta Constituição, será apreciada pelo Supremo Tribunal Federal, na forma da lei".

A lei aí mencionada é a Lei nº 9.882, de 3.12.1999, que dispõe sobre o processo e julgamento da arguição de descumprimento de preceito fundamental, tendo por objetivo "evitar ou reparar lesão a preceito fundamental, resultante de ato do Poder Público", tendo cabimento, também "quando for relevante o fundamento da controvérsia constitucional sobre lei ou ato normativo federal, estadual ou municipal, incluídos os anteriores à Constituição". Essa formulação é bastante vaga, permitindo a propositura de ação sempre que se entender afetado, de alguma forma, o formidável rol de direitos e princípios prodigalizados pela CF.

Na prática, o que se tem observado é que partidos que sofrem derrotas no âmbito das Casas Legislativas recorrem ao STF, com espantosa prodigalidade, visando reverter o resultado adverso, alegando que a decisão proferida no âmbito legislativo teria ferido algum preceito constitucional fundamental.

Dois artigos dessa lei, se fossem aplicados, poderiam diminuir o número exagerado de tais arguições: o art. 4º, dizendo que "A petição inicial será indeferida liminarmente, pelo relator, quando não for o caso de arguição de descumprimento de preceito fundamental, faltar algum dos requisitos prescritos nesta Lei ou for inepta", e o art. 5º, que condiciona o deferimento de liminar à decisão da maioria dos membros da corte, autorizando a concessão pelo relator, apenas em casos de extrema urgência ou perigo de lesão grave, ou em período de recesso, mas sempre *ad referendum* do Tribunal Pleno. Na prática, todavia, essas limitações não são observadas.

A raiz do problema gerado pela Lei nº 9.882, de 3.12.1999, está em seu art. 2º, que autoriza a propositura da arguição por todos os legitimados para a ação direta de inconstitucionalidade, entre os quais estão os partidos políticos com representação no Congresso Nacional (art. 103, VIII, da CF). Como não há ônus algum para a propositura da arguição, nem sucumbência, o que se tem observado é um festival de arguições e, pior que isso, de concessão de liminares por decisões monocráticas.

Até o advento da Lei nº 9.882, de 3.12.1999, a atuação mais incisiva do STF sobre o Executivo e o Legislativo poderia se dar por meio do mandado de injunção, previsto no art. 5º, LXXI da CF, nestes termos: "conceder-se-á mandado de injunção sempre que a falta de norma regulamentadora torne inviável o exercício dos direitos e liberdades constitucionais e das prerrogativas inerentes à nacionalidade, à soberania e à cidadania". O mandado de injunção nunca foi um meio de invasão de competências.

Porém, agora, por meio da arguição de descumprimento de preceito fundamental – ADPF, desconsiderando-se totalmente o adjetivo "fundamental", passou o STF a dar seguimento a todo e qualquer suposto descumprimento de qualquer preceito ou princípio, invadindo funções tanto do Executivo, quanto do Legislativo.

Um exemplo pode evidenciar esse estado de coisas. Atendendo a pedido do PSB, na ADPF nº 772, o Ministro Edson Fachin suspendeu resolução do Comitê Executivo de Gestão, da Câmara de Comércio Exterior – Gecex, que zerou a alíquota de importação de armas de defesa, de pequeno calibre. O ministro justifica que a medida foi adotada para proteger a indústria nacional de armamentos contra a concorrência de fabricantes estrangeiros, e que o estímulo à compra de armas coloca em risco a segurança das pessoas. Impossível não ver aí uma violação do disposto no art. 49, V, da CF, no sentido de que é de competência exclusiva do Congresso Nacional sustar atos normativos que exorbitem do poder regulamentar.

5 A insatisfação popular com os resultados do pleito presidencial de 2022

Para efeito de comparação, é conveniente recordar eventos ocorridos em 24.5.2017, quando um verdadeiro exército de pessoas, arregimentadas pela CUT e pela força sindical, foi levado a Brasília por cerca de 800 ônibus, para protestar contra as reformas trabalhista e previdenciária e para postular a deposição do Presidente Michel Temer. Multidões de manifestantes ocuparam vários espaços públicos, provocando tumultos e confrontos, com o uso de bombas caseiras, paus, pedras etc., acarretando depredações e muitos focos de incêndio, com muita fumaça. A polícia, chamada a tempo, conseguiu isolar o Palácio do Planalto, mas o resultado final, com a cessação dos atos de violência, foi alcançado quando o Presidente se valeu da convocação das Forças Armadas para garantia da lei e da ordem, conforme previsto na Constituição Federal, art. 142, e na Lei Complementar nº 97, de 9.6.1999. Não houve excessos por parte das autoridades e a ordem pública foi plenamente restabelecida.

Muito diferente foi o ocorrido em 8.1.2023, na Presidência de Luiz Inácio Lula da Silva. Mas, para entender o porquê das agitações então ocorridas, é preciso voltar ao tempo das eleições presidenciais de 2022. Durante o período de propaganda eleitoral, observou-se uma claríssima disparidade de tratamento entre os dois principais postulantes. O candidato à reeleição, o Presidente Jair Messias Bolsonaro, teve todas as dificuldades e impedimentos para desenvolver sua propaganda, dado que o TSE considerava como propaganda eleitoral indevida a participação do Presidente da República em atos oficiais e festividades nacionais, como as celebrações do 7 de setembro.

Por outro lado, o candidato Lula, que havia sido libertado da prisão (a que havia sido condenado por 9 juízes em 3 instâncias), por meio de um questionável artifício processual, podia fazer quaisquer manifestações, em qualquer lugar e a qualquer tempo, sem nenhuma restrição. O faccionismo da Justiça Eleitoral ficou patente e incontestável.

A própria lisura da apuração, que deu uma apertada vitória ao favorecido, chegou a ser questionada, mas, independentemente disso, o fato é que o resultado do pleito gerou uma enorme insatisfação, especialmente junto a um considerável contingente de pessoas que estava acampada junto aos quartéis do Exército brasileiro e que esperava uma ação, uma revolta, uma insubordinação dos militares para anular as eleições.

Registre-se que o Presidente Bolsonaro, no final do mandato, nada questionou e retirou-se do Brasil, indo para a cidade de Orlando, nos Estados Unidos da América, sem nem mesmo esboçar qualquer ato de protesto ou revolta. Nada, absolutamente nada, indicava qualquer ação violenta contra o resultado do pleito.

Entretanto, em 8.1.2023, aquelas pessoas, que não aceitavam o resultado do pleito e não se conformavam com a inação das Forças Armadas, num ato de revolta, dirigiram-se à Praça dos Três Poderes, espontaneamente, sem qualquer comando, incitação ou direção, invadindo as sedes dos Poderes e praticando atos de vandalismo, depredando bens públicos, sem que tivessem maior resistência. No dia subsequente, foram convencidos pelos militares a deixar o acampamento e a entrar em ônibus que, pensavam eles, iriam levá-los a locais de onde poderiam retornar às suas cidades de origem. Na verdade, foram enganados e levados a um verdadeiro campo de concentração, num estádio, onde foram deixados sem qualquer cuidado, conforto, alimentação, condições de higiene, num amontoado de pessoas de ambos os sexos e todas as idades, inclusive crianças, sofrendo todas as privações. Dali, sem qualquer acusação formal, foram levados a diferentes prisões, superlotando as celas já ocupadas por prisioneiros comuns.

Não é o caso de se relatar aqui todos os eventos que levaram ao estado atual desses prisioneiros, que agora estão sendo julgados e condenados, sob a alegação de que teriam participado de um suposto golpe de estado. O fato é que, ao longo do tempo, foram encontrados papéis contendo minutas ou rascunhos apócrifos de uma possível aplicação, pelo Presidente Bolsonaro, do disposto nos arts. 136 e 137 da Constituição Federal, que se referem, respectivamente, ao Estado de Defesa e ao Estado de Sítio. Não se conhece o teor dessas minutas, que foram designadas nas investigações levadas a efeito pelo STF como "minutas do golpe", nas quais estariam sendo previstas a prisão de autoridades e a convocação de nova eleição presidencial, sem, entretanto, indicar quem seria o agente de tais medidas. Isso serviu de pretexto para que aquelas pessoas passassem a ser havidas como agentes da preparação e execução de um violento golpe de Estado e outras medidas contrárias ao Estado Democrático de Direito.

A experiência mostra que não existe golpe de Estado sem a participação dos militares e sem que haja uma liderança hábil e disposta a instaurar um novo governo. Assim fica patentemente evidenciada a falsidade desse suposto alegado propósito. O fato é que o Presidente Bolsonaro, que então era o comandante supremo das Forças Armadas, nos termos do art. 142 da Constituição Federal, não se valeu dessa condição para qualquer tentativa de golpe de Estado, enquanto estava no comando. É totalmente despropositada a fantasiosa insinuação de que pretenderia ele tentar um golpe de Estado depois de deixar o comando e tendo saído do país.

Não obstante o despropósito, o STF desencadeou uma série de medidas para uma fantasiosa defesa do Estado Democrático de Direito, atropelando todos os direitos e garantias constitucionais dos cidadãos, acima referidas. Não é o caso de se relatar aqui todas as ocorrências, mas apenas referir um ou outro caso concreto.

No curso de um Inquérito sigiloso nº 12.100 (por si só despropositado), o Ministro Alexandre de Moraes, em 8.2.2024, determinou a prisão de Felipe Martins, ex-assessor do Presidente Bolsonaro para assuntos internacionais, sob a acusação de que ele teria saído do Brasil, clandestinamente, em 30.12.2023, acompanhando o Presidente em sua viagem para Orlando. O acusado apresentou documento comprovando que, na verdade, não havia ido para o exterior (o que foi comprovado pelas autoridades de fronteira dos Estados Unidos), mas, sim, viajado (documentadamente) de São Paulo para Curitiba (o que foi comprovado pelo Gabinete de Segurança Internacional da Presidência da República – GSI-PR). Em 1.3.2024, o Ministério Público oficiou no sentido da liberdade do acusado, mas o pedido foi negado. Qual teria sido o crime cometido por ele? Nada em concreto, mas sim um suposto envolvimento num fantasioso golpe de Estado e outras atividades correlatas. Após seis meses da prisão, o Ministro Alexandre de Moraes finalmente acolheu a manifestação da PGR e mandou soltar Felipe Martins, mas com o uso de tornozeleira eletrônica e uma série de restrições de direito e de obrigações.

Outro caso rumoroso é o da Sra. Débora Rodrigues dos Santos, 38 anos, dois filhos menores, ré primária, que passou 420 dias presa, sem qualquer denúncia formal, e que acabou sendo condenada a 17 anos de prisão em regime fechado. Para comparação, vale lembrar que crimes de homicídio levam à prisão por, em média, 11 anos, e que presas com filhos menores são normalmente contempladas com a prisão domiciliar. O que, exatamente, teria feito essa senhora? Ela ganhou notoriedade por ter escrito com batom, na estátua da Justiça, em frente ao STF, a frase "Perdeu Mané", que fora uma vez pronunciada pelo Ministro Roberto Barroso. Na denúncia oferecida pela PGR, seus crimes seriam: associação criminosa armada, abolição violenta do Estado democrático de direito, golpe de Estado, dano qualificado por violência e grave ameaça, com emprego de substância inflamável, contra o patrimônio da União e com considerável prejuízo para a vítima e, por último, deterioração do patrimônio tombado.

Como é possível tanto a prisão de quem comprovou que não se evadiu do Brasil, como a prisão de quem maculou, com batom (simples pintura para os lábios, não inflamável e facilmente removível), uma estátua? A resposta está no subterfúgio utilizado para isso: considerar todos, tanto os participantes da minuta do suposto golpe, quanto de todos os atos de 8 de janeiro (tivessem ou não ingressado nos palácios), como integrantes de um grupo criminoso. Não houve individualização da conduta: todos seriam partícipes de tudo, como executores, financiadores e autores intelectuais. Obviamente, a maioria dos participantes dos mencionados delitos não teria foro privilegiado, mas, para justificar a atuação pelo STF, foram incluídos no grupo criminoso um senador e diversos deputados federais.

Na verdade, como enxergam as pessoas mais lúcidas e desprovidas de preconceitos ou propósitos políticos, o que houve em Brasília, em 8.1.2023, foi uma explosão da massa frustrada em seu propósito de obter a anulação do pleito presidencial, que externou sua revolta mediante a pura e simples depredação das instalações das sedes dos poderes. Nada mais que isso.

Delitos certamente foram cometidos, mas isso deveria ser apurado pela autoridade competente (não pelo STF), com individualização das condutas e com direito à ampla defesa, inclusive, elementarmente, com o acesso dos advogados aos autos. Não faz sentido algum alegar que, se fossem observadas as garantias constitucionais e as normas legais, muitos culpados ficariam impunes.

6 O desbordamento acentuado das competências do STF

Do extenso rol de competências que a Constituição Federal confere ao STF, não consta a apuração de danos a prédios públicos. Isso caberia aos órgãos da justiça comum, com a necessária atuação regular do Ministério Público, sendo assegurada a ampla defesa, com os meios e recursos a ela inerentes. Não cabe ao STF a abertura de inquéritos penais.

Cabe, sim, ao STF, excepcionalmente, conforme foi acima referido (art. 43 do Regimento Interno), instaurar inquérito para apurar infração penal "na sede ou dependência do Tribunal", e mais, "se envolver pessoa sujeita a sua jurisdição", sendo certo que tal inquérito pode ser presidido pelo Presidente da Corte, ou delegado, mediante sorteio, a outro ministro, aleatoriamente (não por escolha pessoal do Presidente, como ocorreu).

Note-se que o delito a ser apurado deveria ter sido praticado "na sede ou dependência do Tribunal", não nas sedes de todos os poderes da República.

Na pletora de fundamentos para as condenações, está uma dezena de condutas previstas no Código Penal, na legislação ambiental (Lei nº 9.605, de 12.2.1998, arts. 62, II e 65, parágrafo único) e na legislação sobre terrorismo, Lei nº 13.260, de 16.3.2016, notadamente no art. 6º, parágrafo único, que se refere a financiamento de atividades terroristas, no art. 5º, que se refere a atos preparatórios "com o propósito inequívoco de consumar tal delito", e no art. 3º, que se refere a integrar organização terrorista. É escandalosamente despropositado imputar tudo isso aos baderneiros de 8.1.2023. O mais grave é que nada disso se enquadra na competência do STF.

7 Conclusões

A extensa análise das competências dos entes federativos e dos poderes, feita no início desta exposição, mostra que a Constituição Federal proporciona indicativos suficientes para definir quem é competente para a prática de qual ato. Como essa indicação não é absolutamente taxativa em todos os casos, sempre haverá alguma margem de dúvida. Mas é também verdade que, ao longo do tempo, os questionamentos foram sendo resolvidos voluntariamente ou por meio de decisões judiciais.

O fenômeno do extravasamento de competências do STF e das frequentes invasões de competências de outros órgãos ou poderes é bastante recente, não podendo ser imputado a defeitos da CF, mas levando à conclusão da existência de um forte componente político.

A crise mais acentuada nessa explosão de competências pelo STF está na crendice de que seus ministros seriam inimputáveis. Não é o que consta da Constituição Federal, art. 52, II, que confere ao Senado Federal competência para julgar os ministros do Supremo Tribunal Federal pelo cometimento de crimes de responsabilidade, sendo que a legislação sobre essa matéria (Lei nº 1.079, de 10.4.1950, em seu art. 39, 5) tipifica como crime de responsabilidade de ministros do STF "Proceder de modo incompatível com a honra, dignidade e decoro de suas funções".

O grande problema é que compete ao STF, art. 102, julgar os membros do Congresso Nacional, gerando assim um acordo para assegurar a impunidade recíproca.

A solução óbvia para essa gravíssima crise na distribuição constitucional de competências é muito simples: basta cumprir o que determina a Constituição Federal.

Basta que o STF retome sua função precípua de ser guarda da Constituição Federal, que efetivamente desempenhou ao longo de tantos anos, com o tirocínio, a competência técnica, a sabedoria e a dignidade dos ministros que sempre honraram a toga.

Informação bibliográfica deste texto, conforme a NBR 6023:2018 da Associação Brasileira de Normas Técnicas (ABNT):

DALLARI, Adilson Abreu. Extravasamento de suas competências pelo Supremo Tribunal Federal. *In*: JUSTEN, Monica Spezia; PEREIRA, Cesar; JUSTEN NETO, Marçal; JUSTEN, Lucas Spezia (coord.). *Uma visão humanista do Direito*: homenagem ao Professor Marçal Justen Filho. Belo Horizonte: Fórum, 2025. v. 1, p. 99-108. ISBN 978-65-5518-918-6.

APROVAÇÃO TÁCITA DE ATOS PÚBLICOS DE LIBERAÇÃO DE ATIVIDADES ECONÔMICAS (EFEITOS POSITIVOS DO SILÊNCIO ADMINISTRATIVO) NO DIREITO POSITIVO BRASILEIRO

ALEXANDRE SANTOS DE ARAGÃO

I Introdução

Os atos administrativos possuem grande importância na garantia dos direitos fundamentais dos indivíduos e para a própria concepção do Direito Administrativo. Antes de surgirem, o Estado atuava por meio de atos materiais diretamente oriundos da vontade limitada do soberano. Foi apenas com a sujeição da Administração Pública à legalidade que se tornou possível a construção de uma Teoria dos Atos Administrativos, essencial para juridicizar e intermediar a mera vontade do Estado e a sua execução material, propiciando seu controle.

Pelo ato administrativo, a Administração Pública *de per se* modifica a esfera jurídica de outrem, seja restringindo-a (aplicando-lhe uma multa, proibindo determinada construção, interditando estabelecimento, convocando para prestar serviço militar etc.), seja ampliando-a (concedendo licenças, autorizando o uso de bem público, outorgando subsídios fiscais, ou autorizando o exercício de atividades econômicas).

Difere-se o *ato administrativo* do *fato administrativo*. Enquanto este é mera atividade pública material, sem conteúdo jurídico imediato, o ato administrativo se revela como uma verdadeira manifestação unilateral de vontade do Estado, no exercício de função administrativa, que tem por fim imediato criar, modificar ou extinguir direitos ou obrigações.

Destaca-se que a vontade que constitui o substrato do ato administrativo não é uma vontade subjetiva, na acepção tradicional civilista do termo, mas sim uma manifestação concreta, impessoal e objetiva da Administração Pública na execução das finalidades a ela outorgadas pela lei e pela Constituição.

Todavia, se a manifestação de vontade é inerente à existência do ato administrativo, surge com isso uma interessante questão: e os casos em que a Administração Pública pura e simplesmente se silencia? Qual o sentido e os efeitos do silêncio administrativo? O silêncio administrativo é uma ausência de manifestação de vontade por parte da Administração Pública, constituindo, muitas vezes, omissão ilícita da Administração Pública em relação a um ato administrativo que deveria ser editado geralmente em resposta a um requerimento do cidadão.

Como já tivemos oportunidade de observar em outro trabalho, "em regra, o silêncio administrativo, apesar de poder ser atacado judicialmente, forçando-se a Administração a emitir o ato, não gera, por si só, efeitos jurídicos, salvo nos casos em que a lei expressamente atribuir efeitos ao silêncio".[1]

Nas palavras de Vicente Escuin Palop, "o silêncio administrativo se produz na ausência de resposta administrativa a um pedido do administrado, de maneira que é esse que vai determinar o conteúdo do ato, que constituirá a sua aceitação ou indeferimento, a depender do que a norma dispuser para o caso".[2] De fato, leis há em que o silêncio significa deferimento do pedido por expressa determinação legal. Algumas leis, considerando os atrasos da Administração Pública no exercício de suas prerrogativas e a incompatibilidade entre o silêncio administrativo por um longo período e a segurança jurídica, sempre previram que, decorrido determinado prazo sem o pronunciamento da Administração acerca de pleito a ela apresentado, considera-se aquele aprovado. Nesses casos teremos os "efeitos positivos do silêncio administrativo".[3]

A lógica é que nesses casos o silêncio da Administração Pública configura omissão ilícita por violar o direito de petição constitucionalmente assegurado (art. 5º,

---

[1] ARAGÃO, Alexandre Santos de. *Curso de direito administrativo*. 2. ed. Rio de Janeiro: Forense, 2013. p. 151. Destaca-se que a aprovação administrativa por decurso de prazo, naturalmente, permanece sujeita aos mesmos controles de juridicidade, inclusive de invalidação, aos quais também se sujeitam as aprovações administrativas propriamente ditas, com todas as possibilidades e limites, inclusive temporais (prazos prescricionais etc.), a elas inerentes.

[2] ESCUIN PALOP, Vicente. *El acto administrativo implícito*. Madrid: Civitas, 1999. p. 14.

[3] Há, na teoria geral do direito civil, discussão acerca da identidade entre os conceitos de "silêncio" (e dos seus efeitos) e "manifestação tácita". No direito privado, entende-se que a manifestação tácita é a vontade extraível, ainda que indiretamente, das ações, gestos ou palavras de determinado indivíduo; enquanto o silêncio, por si só, não representa qualquer manifestação de vontade, sendo, pois, uma total abstenção. Sobre o tema, Caio Mário da Silva Pereira leciona que a manifestação tácita de vontade é aquela "que resulta de um comportamento do agente, traduzindo a exteriorização por uma dada atitude. Para o ordenamento, tem eficácia a manifestação tácita de vontade, tanto quanto a expressa, salvo nos casos em que a lei exige esta última forma, e muitas vezes é o próprio direito positivo que traduz em emissão volitiva um mencionado comportamento". Já o silêncio significa "a abstenção de pronunciamento da pessoa em face de uma solicitação ambiente. Por via de regra, o silêncio é a ausência de manifestação de vontade, e, como tal, não produz efeitos" (PEREIRA, Caio Mário da Silva. *Instituições de direito civil*: introdução ao direito civil. Teoria geral de direito civil. 30. ed. Rio de Janeiro: Forense, 2017. v. 1, p. 392-393). No direito administrativo, porém, essa distinção não se verifica. Paulo Modesto, em artigo específico sobre o tema, leciona que, "no silêncio administrativo, tradicionalmente, a norma jurídica pode estabelecer a ficção concessória ou denegatória do pleito apresentado pelo particular, em face do vencimento de prazos estabelecidos para a emissão da decisão pela Administração Pública. A ficção concessória é denominada *silêncio positivo*; a denegatória, *silêncio negativo*. O silêncio negativo é frequentemente denominado de *indeferimento tácito*, pois substitui o ato formal de indeferimento da pretensão apresentada pelo particular e sem resposta explícita da Administração Pública. O silêncio positivo é, por sua vez, designado de *deferimento tácito*. A rigor, não há ato algum, mas simples ficção legal com efeito substitutivo do ato expresso de deferimento ou indeferimento" (MODESTO, Paulo. Silêncio administrativo positivo, negativo e translativo: a omissão estatal formal em tempos de crise. *Revista Colunistas de Direito do Estado*, n. 317, dez. 2016. Disponível em: https://bit.ly/silencio-adm. Acesso em: 13 maio 2024. Grifos no original). Assim, no presente trabalho, usaremos indistintamente as expressões "aprovação tácita", "efeitos positivos do silêncio administrativo", "silêncio positivo" ou, ainda, "aprovação por decurso de prazo", para nos referir ao mesmo fenômeno jurídico.

XXXIV, "a", CF).[4] Inverte-se a lógica tradicional: o silêncio da Administração Pública passa a configurar aprovação, enquanto o indeferimento do pleito é que passa a exigir manifestação expressa.

Ilustrativamente, no Direito do Petróleo e do Gás, disposições atribuindo efeitos positivos ao silêncio não são novidade. Desde a edição da Lei do Petróleo, existe previsão de que os planos e projetos de desenvolvimento e produção petrolífera não apreciados pela ANP em cento e oitenta dias considerar-se-ão automaticamente aprovados (art. 26, §3º, da Lei nº 9.478/1997).[5] Embora existam posicionamentos doutrinários isolados que entendem que o instituto da aprovação tácita no Direito Administrativo seria injurídico, por representar uma disponibilidade do interesse público por decurso do prazo ou a geração de efeitos jurídicos sem motivação, o STF, na ADI nº 3.273,[6] considerou constitucional essa modalidade de aprovação de pleitos de particulares.

À luz dessa possibilidade foi que o legislador, ao estabelecer a Declaração de Direitos de Liberdade Econômica (Lei nº 13.874/2019), também previu, agora, no entanto, com azo de estatuto geral, como uma garantia de toda pessoa, natural ou jurídica, a "aprovação tácita" dos "atos públicos de liberação da atividade econômica" em caso de silêncio da Administração. É o que passaremos a analisar.

II Aprovação tácita de atos de liberação de atividade econômica no art. 3º, IX, da Lei de Liberdade Econômica

A Constituição Federal coloca a liberdade de exercício da atividade econômica privada como um dos próprios fundamentos da República (art. 1º, IV, da Constituição) e da Ordem Constitucional Econômica (Constituição Federal, art. 170, *caput*), constituindo requisito do desenvolvimento sustentável da Nação.

Como afirma Eros Roberto Grau, "a livre iniciativa não é tomada, enquanto fundamento da República Federativa do Brasil, como expressão individualista, mas sim

---

[4] A Constituição assegura o direito de petição aos órgãos e entidades públicas, o que abrange o direito de o pedido ser adequadamente apreciado, afastando até mesmo respostas meramente formais e burocráticas. Conforme observa Thiago Marrara, "muitos administrativistas, como Adilson Abreu Dallari e Irene Patrícia Nohara, esclarecem que o direito de petição consagrado na Constituição da República (art. 5º, XXXIV, 'a') embute um direito à decisão e, por imperativo lógico, um dever de decidir. De que valeria o direito de pedir se não viesse necessariamente acompanhado de um direito de resposta? Nada adiantaria o legislador garantir o direito de o cidadão solicitar algo à administração sem que esse direito implicasse o dever estatal de examinar tais solicitações e emitir uma decisão expressa sobre elas. É desse raciocínio que resulta a relação inexorável entre direito de petição e dever de decisão" (MARRARA, Thiago. Administração que cala consente? Dever de decidir, silêncio administrativo e aprovação tácita. *Revista de Direito Administrativo*, Rio de Janeiro, v. 280, n. 2, p. 227-264, maio/ago. 2021).

[5] "Art. 26. A concessão implica, para o concessionário, a obrigação de explorar, por sua conta e risco e, em caso de êxito, produzir petróleo ou gás natural em determinado bloco, conferindo-lhe a propriedade desses bens, após extraídos, com os encargos relativos ao pagamento dos tributos incidentes e das participações legais ou contratuais correspondentes. [...] §3º Decorrido o prazo estipulado no parágrafo anterior sem que haja manifestação da ANP, os planos e projetos considerar-se-ão automaticamente aprovados".

[6] ADI nº 3.273/DF, Tribunal Pleno, Rel. Min. Carlos Britto, Red. do acórdão Min. Eros Grau, julg. 16.3.2005. Ao julgar o citado dispositivo da Lei do Petróleo que contemplava essa possibilidade, o Min. Gilmar Mendes afirmou que "essa é uma cláusula de estímulo, de impulso, tendo em vista um processo iniciado e já avançado, envolvendo, portanto, um conceito de segurança jurídica. Depois de as empresas terem tomado as medidas necessárias e, por conseguinte, terem cumprido toda a sua parte, inclusive com a pesquisa já exitosa, é natural que haja pelo menos uma decisão sobre esse tema. Foi uma medida, portanto, que o legislador achou por bem tomar. Não me parece que haja nada de abusivo também nesse aspecto".

no quanto expressão de [bem] socialmente valioso".[7] Por essa razão, o rol dos direitos fundamentais sempre contemplou direitos de natureza econômica, a exemplo da vetusta "liberdade de indústria e comércio" (*verbi gratia*, a Constituição Imperial brasileira[8] e os arts. 4º e 17 da Declaração dos Direitos do Homem, de 26.8.1789) e do direito de propriedade, base de todos os demais direitos de natureza econômica.[9]

Buscando-se garantir o exercício pleno desse direito, foi editada a Medida Provisória nº 881/2019, posteriormente convertida na Lei nº 13.874/2019, que, dentre outras medidas, instituiu a chamada Declaração de Direitos de Liberdade Econômica. O diploma, de acordo com seu art. 1º, §4º, constitui norma geral de direito econômico e deve ser observado inclusive "para todos os atos públicos de liberação da atividade econômica" exarados por qualquer ente federativo.[10]

Bernardo Ströbel Guimarães leciona que:

> o que a Lei promove é a afirmação de que para todas as atividades econômicas, a regra é a liberdade. E que para ela ser restringida pelo Estado, é necessário que sejam apresentadas justificativas concretas que realmente demonstrem que os efeitos sociais pretendidos justifiquem o sacrifício a ser implementado. A liberdade em direito se marca exatamente pela criação de espaços de autodeterminação, nos quais os sujeitos são livres para eleger e buscar seus objetivos.[11]

Assim, nas palavras de Marcelo Vieira Rechtman, foi criado "um rol de princípios, direitos e garantias com espectro abrangente, que atuariam em favor da liberdade econômica e promoveriam uma revogação ou flexibilização tácita de normas específicas contrárias".[12]

Dentre as garantias trazidas pela lei, sobretudo no art. 3º da norma, o legislador previu como direito de todos os particulares a apreciação em tempo razoável dos seus pedidos de liberação de atividades econômicas, sob pena de aprovação tácita em caso de silêncio administrativo. *In verbis*:

> Art. 3º São direitos de toda pessoa, natural ou jurídica, essenciais para o desenvolvimento e o crescimento econômicos do País, observado o disposto no parágrafo único do art. 170 da Constituição Federal: [...]

---

[7] GRAU, Eros Roberto. *A Ordem Econômica na Constituição de 1988*. 4. ed. São Paulo: Malheiros, 1988. p. 222; 227.

[8] Constituição Imperial brasileira, art. 179, XXIV – "Nenhum gênero de trabalho, cultura indústria ou comércio pode ser proibido, uma vez que não se oponha aos costumes públicos, à segurança, e à saúde dos cidadãos".

[9] Para Gaspar Ariño Ortiz, o direito de livre iniciativa é expressão dos direitos de propriedade, de livre escolha da profissão ou ofício, do direito ao trabalho, da liberdade de circulação de bens e pessoas, da liberdade contratual e da dignidade da pessoa humana, por propiciar o "livre desenvolvimento da personalidade" (ARIÑO ORTIZ, Gaspar. *Princípios de Derecho Público Económico*. Granada: Ed. Comares e Fundación de Estudios de Regulación, 1999. p. 212-213).

[10] *In verbis*: "§4º O disposto nos arts. 1º, 2º, 3º e 4º desta Lei constitui norma geral de direito econômico, conforme o disposto no inciso I do caput e nos §§1º, 2º, 3º e 4º do art. 24 da Constituição Federal, e será observado para todos os atos públicos de liberação da atividade econômica executados pelos Estados, pelo Distrito Federal e pelos Municípios, nos termos do §2º deste artigo".

[11] GUIMARÃES, Bernardo Ströbel. Abuso do "poder regulador" (o que é e como se controla). *In*: GOERGEN, Jerônimo (Org.). *Liberdade econômica*. [s.l.]: [s.n.], 2020. p. 73.

[12] RECHTMAN, Marcelo Vieira. A nova Lei da Liberdade Econômica. *In*: HANSZMANN, Felipe. *Atualidade em direito societário e mercado de capitais*. Rio de Janeiro: Lumen Juris, 2019. v. IV. p. 622.

IX - ter a garantia de que, nas solicitações de atos públicos de liberação da atividade econômica que se sujeitam ao disposto nesta Lei, apresentados todos os elementos necessários à instrução do processo, o particular será cientificado expressa e imediatamente do prazo máximo estipulado para a análise de seu pedido e de que, transcorrido o prazo fixado, o silêncio da autoridade competente importará aprovação tácita para todos os efeitos, ressalvadas as hipóteses expressamente vedadas em lei; [...].

Interpretando especificamente o dispositivo, André Cyrino:

A partir da máxima segundo a qual "quem cala consente" (*qui tacet consentiri videtur*), aproxima-se a lógica do direito administrativo a uma dinâmica mais próxima da agilidade esperada pelos agentes econômicos. O Poder Público, ainda que possa (e deva) regular a atividade econômica, não pode criar barreiras de entrada ao agente econômico pela sua própria inação. Afinal, se, em princípio, deve haver a liberdade, tal como preconiza o art. 170, parágrafo único, da Constituição, faz todo sentido que, diante da necessidade de um ato de liberação (previsto em lei), esse seja presumido após transcurso de prazo razoável.[13]

A lógica do dispositivo é evitar, portanto, que a "liberação de uma atividade econômica, manifestamente com reflexos positivos para toda a sociedade, possa ficar à mercê de uma autorização sem prazo fixado",[14] fazendo caber, nesses casos, a substituição do ato público de liberação formal pela manifestação de vontade presumida.

Para que o particular faça jus ao direito de aprovação tácita, todavia, é preciso que seu pleito observe alguns requisitos. Conforme Thiago Marrara, para haver aprovação tácita, devem estar reunidas as seguintes características:

(i) a existência de uma solicitação dos interessados; (ii) de um ato administrativo liberatório; (iii) relativo ao desempenho de atividade econômica; (iv) que venha acompanhada dos elementos instrutórios exigidos; bem como (v) a fixação de um prazo de decisão pela administração; (vi) que venha a ser violado.[15]

Em primeiro lugar, portanto, o pleito sujeito à aprovação tácita deve ter sido iniciado pelo próprio interessado, seja de maneira voluntária (como no caso das licenças, das autorizações etc.), seja de forma compulsória (como no caso dos atos de concentração econômica submetidos à avaliação do Cade). Encontram-se ressalvados da hipótese, portanto, os procedimentos instaurados de ofício pela própria Administração Pública.

Em segundo lugar, tal pleito deve ter por objeto um ato público liberatório, termo ao qual o legislador atribuiu conceito verdadeiramente amplo. Nos termos do seu art. 1º, §6º, estabeleceu-se, a título meramente exemplificativo, que:

---

[13] CYRINO, André. Atos de liberação. *In*: MARQUES NETO, Floriano Peixoto; RODRIGUES JR., Otávio Luiz; LEONARDO, Rodrigo Xavier. *Comentários à Lei da Liberdade Econômica*. São Paulo: Revista dos Tribunais, 2019. p. 152.

[14] SOUZA, Guilherme Carvalho. Comentários ao art. 3º, inciso IX e §§6º a 8º. *In*: SANTA CRUZ, André; DOMINGUES, Juliana Oliveira; GABAN, Eduardo Molan. *Declaração de direitos de liberdade econômica*. São Paulo: JusPodivm, 2020. p. 190.

[15] MARRARA, Thiago. Administração que cala consente? Dever de decidir, silêncio administrativo e aprovação tácita. *Revista de Direito Administrativo*, Rio de Janeiro, v. 280, n. 2, p. 227-264, maio/ago. 2021.

Art. 1º [...]

§6º *Para fins do disposto nesta Lei, consideram-se atos públicos de liberação a licença, a autorização, a concessão, a inscrição, a permissão, o alvará, o cadastro, o credenciamento, o estudo, o plano, o registro e os demais atos exigidos, sob qualquer denominação, por órgão ou entidade da administração pública na aplicação de legislação, como condição para o exercício de atividade econômica, inclusive o início, a continuação e o fim para a instalação, a construção, a operação, a produção, o funcionamento, o uso, o exercício ou a realização, no âmbito público ou privado, de atividade, serviço, estabelecimento, profissão, instalação, operação, produto, equipamento, veículo, edificação e outros.*

A doutrina observa que "a letra da lei é ampla. Com as ressalvas objetivas feitas pelo §6º do art. 3º, todo e qualquer ato de outorga pode ser considerado ato de liberação".[16] Thiago Marrara aduz que o ato público de liberação previsto pela lei é o "ato administrativo, geralmente prévio à realização de um ato comissivo do particular e que condiciona sua licitude. Reconhecido esse conteúdo mandamental, o ato será liberatório a despeito do nome que o rotule".[17]

Nesses casos,

preenchidos os requisitos e apresentados os documentos necessários, o particular terá o direito ao deferimento daquilo que requereu, a despeito da eventual inércia. Tal consequência já decorreria da própria lógica dos atos vinculados, os quais correspondem a um direito subjetivo do particular, como ensina Hely Lopes Meirelles. Com a nova norma, os atos vinculados de liberação existirão a partir do transcurso do prazo.[18]

Para tanto, exige-se, como terceiro requisito legal da aprovação tácita, que o pleito esteja formalmente acompanhado por todos "os elementos necessários à instrução" do pedido de liberação. A aferição dessa completude instrutória deve se basear, necessariamente, nas normas regulatórias editadas pela autoridade administrativa para regulamentar o pleito sob análise.

Conforme minudenciaremos no tópico III.2, efetivamente reunidos os elementos descritos na norma, por meio da apresentação pelo particular da documentação enumerada para a apreciação do pleito, considera-se devidamente instruído o pedido, incidindo, assim, a regra do art. 3º, IX, da Lei de Liberdade Econômica.

---

[16] CYRINO, André. Atos de liberação. *In*: MARQUES NETO, Floriano Peixoto; RODRIGUES JR., Otávio Luiz; LEONARDO, Rodrigo Xavier. *Comentários à Lei da Liberdade Econômica*. São Paulo: Revista dos Tribunais, 2019. p. 152. O autor ressalva que, em sua opinião, o "elastério do dispositivo causa perplexidades", afirmando que a sua amplitude poderia implicar até mesmo inconstitucionalidades, sobretudo nos casos dos atos administrativos vinculados que pressuponham alguma espécie de condicionamento, em que se "não se trata de dizer 'sim' ou 'não', mas como", e no caso dos "atos de liberação que possuam caráter bilateral – como são as concessões" (CYRINO, André. Atos de liberação. *In*: MARQUES NETO, Floriano Peixoto; RODRIGUES JR., Otávio Luiz; LEONARDO, Rodrigo Xavier. *Comentários à Lei da Liberdade Econômica*. São Paulo: Revista dos Tribunais, 2019. p. 152).

[17] MARRARA, Thiago. Administração que cala consente? Dever de decidir, silêncio administrativo e aprovação tácita. *Revista de Direito Administrativo*, Rio de Janeiro, v. 280, n. 2, p. 227-264, maio/ago. 2021. p. 250.

[18] CYRINO, André. Atos de liberação. *In*: MARQUES NETO, Floriano Peixoto; RODRIGUES JR., Otávio Luiz; LEONARDO, Rodrigo Xavier. *Comentários à Lei da Liberdade Econômica*. São Paulo: Revista dos Tribunais, 2019. p. 154.

Destaca-se, como quarto elemento das hipóteses sujeitas aos efeitos positivos do silêncio administrativo do art. 3º, IX, da Lei de Liberdade Econômica, a necessidade de a atividade a ser liberada ser uma atividade econômica:

> Várias conclusões se extraem daí. A uma, o legislador não quis estender o instituto para relações entre administração e usuários de serviços públicos (relações de serviço), entre administração e seus agentes (relações laborais), administração e seus contratados (relações contratuais). A aprovação tácita vale somente para relações de polícia administrativa! A duas, restringe-se por força do texto legal a relações liberatórias baseadas na polícia administrativa sobre comportamentos que configurem atividade econômica, não incidindo sobre relações de polícia sobre atividades sociais, tarefas públicas (*e.g.*, autorizações para desempenho de serviço público por agente econômico na qualidade de delegatário ou credenciamento para desempenho de atividades acessórias de polícia na qualidade de credenciado), nem a atividades religiosas ou meramente domésticas, como o porte de arma sem fins profissionais.[19]

Por fim, exige-se que a aprovação administrativa esteja sujeita a um prazo e que este prazo seja violado pela autoridade administrativa que deveria se pronunciar tempestivamente.

Considerando que a Lei de Liberdade "pode ser conceituada como norma de sobredireito, isto é, lei sobre leis, visto que pretende orientar a interpretação e a aplicação de outras normas",[20] encontram-se abarcadas pela garantia do art. 3º, IX, todas as solicitações de atos públicos de liberação da atividade econômica que vierem a preencher os requisitos acima detalhados.

Uma vez reunidos os expostos cinco pressupostos, a regra é, portanto, a aprovação tácita. Inverteu a Lei de Liberdade Econômica a lógica tradicional e se estabeleceu, como premissa geral, aplicável a todas as atividades econômicas sujeitas a liberações públicas, que, em caso de silêncio da Administração, considera-se autorizado o empreendimento sujeito à aprovação estatal, restando excepcionadas dessa regra somente as "hipóteses expressamente vedadas em lei".

A ressalva final do inc. IX, do art. 3º, acima transcrita, é, contudo, de suma relevância. Embora o legislador tenha relegado o detalhamento de diversas previsões da Lei de Liberdade Econômica aos respectivos regulamentos,[21] foi ele bastante claro ao prever que só estariam ressalvados do âmbito de incidência da garantia de aprovação

---

[19] MARRARA, Thiago. Administração que cala consente? Dever de decidir, silêncio administrativo e aprovação tácita. *Revista de Direito Administrativo*, Rio de Janeiro, v. 280, n. 2, p. 227-264, maio/ago. 2021. p. 250.

[20] ZARDO, Francisco. A Lei de Liberdade Econômica e alguns reflexos sobre o direito administrativo. *In*: GOERGEN, Jerônimo (Org.). *Liberdade econômica*: o Brasil livre para crescer. Brasília: Do organizador, 2020. p. 58.

[21] Ilustrativamente, ao prever no art. 2º, IV, que o reconhecimento da vulnerabilidade do particular perante o Estado seria um de seus princípios, a Lei de Liberdade Econômica previu no §1º do mesmo artigo que o "regulamento disporá sobre os critérios de aferição para afastamento do inciso IV do caput deste artigo, limitados a questões de má-fé, hipersuficiência ou reincidência". Da mesma maneira, a lei, ao prever a garantia do particular de "desenvolver, executar, operar ou comercializar novas modalidades de produtos e de serviços quando as normas infralegais se tornarem desatualizadas por força de desenvolvimento tecnológico consolidado internacionalmente", ressalvou que deveria ser ela exercida "nos termos estabelecidos em regulamento, que disciplinará os requisitos para aferição da situação concreta, os procedimentos, o momento e as condições dos efeitos" (art. 3º, VI).

tácita os casos que houvessem sido excepcionados de maneira expressa por "lei", em seu sentido formal.

Conforme se extrai da própria letra da parte final do citado inc. IX, portanto, quaisquer pedidos formais de liberação que não forem expressa e especificamente excepcionados pelo Poder Legislativo através de lei complementar ou ordinária serão considerados tacitamente aprovados em caso de silêncio da autoridade administrativa competente no prazo que lhe foi estipulado para se manifestar.

Sendo a garantia de aprovação tácita um dos "direitos de toda pessoa, natural ou jurídica, essenciais para o desenvolvimento e o crescimento econômicos do País" (art. 3º, *caput*, da Lei de Liberdade Econômica), qualquer interpretação acerca das suas exceções deve ser feita de forma restritiva. E tal hermenêutica, naturalmente, leva à conclusão de que, ao mencionar a "lei" como única fonte das exceções ao direito de aprovação tácita, o inc. IX do art. 3º vedou a *criação* de quaisquer outras ressalvas por meio de normas infralegais.

Isso não impede, contudo, que previsões regulamentares secundárias venham a meramente sumarizar as vedações já existentes nas leis formais. É precisamente o que faz o Decreto nº 10.178/2019, ao regulamentar especificamente o art. 3º, inc. IX, da Lei de Liberdade Econômica, conforme demonstraremos a seguir.

III Regulamentação da aprovação tácita pelo Decreto nº 10.178/2019

O Decreto nº 10.178/2019 foi editado para regulamentar especificamente o *caput*, os incs. I e IX e os §§1º, I, e 8º do art. 3º da Lei de Liberdade Econômica.

Referidos dispositivos, como examinado acima, tratam da aprovação tácita de pleitos de liberação de atividades econômicas não apreciados pela Administração dentro dos prazos adredemente estabelecidos. Para a operacionalização dessa garantia, o decreto densifica a lei e prevê, por exemplo, a possibilidade de classificação das atividades submetidas à liberação pública em níveis diferentes de risco, bem como estabelece os prazos máximos que deverão ser observados pela Administração para apreciação dos pedidos de liberação de atividades econômicas.[22]

Acerca do primeiro ponto, o decreto dispõe que as atividades econômicas reguladas deverão ser divididas em três níveis de risco. As atividades de menor risco, de nível I, não necessitarão de qualquer ato público de liberação para serem exercidas (art. 8º),[23] enquanto as atividades de nível de risco II contarão com um procedimento simplificado, cuja aprovação do pleito, se adequadamente instruído, deve ser feita de forma automática, no momento da solicitação (art. 9º, *caput* e §1º).[24]

Já as atividades de risco nível III são aquelas cuja aprovação demanda uma análise mais detalhada da Administração, exigindo-se um intervalo entre a solicitação

---

[22] Conforme objeto do decreto: "Regulamenta dispositivos da Lei nº 13.874, de 20 de setembro de 2019, para dispor sobre os critérios e os procedimentos para a classificação de risco de atividade econômica e para fixar o prazo para aprovação tácita".

[23] "Art. 8º O exercício de atividades econômicas enquadradas no nível de risco I dispensa a solicitação de qualquer ato público de liberação".

[24] "Art. 9º Os órgãos e as entidades adotarão procedimentos administrativos simplificados para as solicitações de atos públicos de liberação de atividades econômicas enquadradas no nível de risco II".

do particular e aprovação do Estado. Os pleitos relativos a essas atividades, embora não possam ser deferidos automaticamente, deverão ser respondidos em um prazo máximo a ser definido pela entidade responsável para a aprovação, observado o limite máximo de sessenta dias trazido pelo art. 11 do decreto.[25]

É justamente sobre estes últimos casos (atividades de risco III cuja aprovação é submetida a prazos máximos) que a regra da aprovação tácita do art. 3º, IX da Lei de Liberdade Econômica recai, na forma do art. 10, *caput* e §1º do decreto:

Art. 10. A autoridade máxima do órgão ou da entidade responsável pelo ato público de liberação fixará o prazo para resposta aos atos requeridos junto à unidade.

§1º Decorrido o prazo previsto no caput, a ausência de manifestação conclusiva do órgão ou da entidade acerca do deferimento do ato público de liberação requerido implicará sua aprovação tácita.

Além de tais previsões gerais, ao tratar das hipóteses excepcionais de não incidência da garantia de aprovação tácita pelo decurso do prazo previsto para a manifestação da Administração, o art. 10, §3º, do Decreto nº 10.178/2019 prevê que:

Art. 10. [...]

§3º O disposto no caput [aprovação tácita] não se aplica:

I - a ato público de liberação relativo a questões tributárias de qualquer espécie ou de concessão de registro de direitos de propriedade intelectual;

II - quando a decisão importar em compromisso financeiro da administração pública;

III - quando se tratar de decisão sobre recurso interposto contra decisão denegatória de ato público de liberação;

IV - aos processos administrativos de licenciamento ambiental, na hipótese de exercício de competência supletiva nos termos do disposto no §3º do art. 14 da Lei Complementar nº 140, de 8 de dezembro de 2011; ou

V - aos demais atos públicos de liberação de atividades com impacto significativo ao meio ambiente, conforme estabelecido pelo órgão ambiental competente no ato normativo a que se refere o caput.

Refletindo a já examinada lógica da Lei de Liberdade Econômica, referido dispositivo não inova, mas apenas sumariza os casos excepcionais de liberação pública nos quais o particular já de toda sorte não faria jus à aprovação tácita, reunindo-os em uma previsão regulamentar específica.

Isso porque, embora tenha a Lei de Liberdade Econômica ressalvado que as exceções à norma contida no seu art. 3º, inc. IX, somente poderiam ser feitas por lei em sentido formal, o fato de o decreto apenas replicar a disciplina já contida em outras leis confere a ele legitimidade.[26]

---

[25] "Art. 11. Para fins do disposto no §8º do art. 3º da Lei 13.874, de 2019, o órgão ou a entidade não poderá estabelecer prazo superior a sessenta dias para a decisão administrativa acerca do ato público de liberação".

[26] Quanto a essa possibilidade de um decreto vir a meramente sumarizar disposições legais, o Supremo Tribunal Federal já analisou caso similar, em que encarou com naturalidade a reprodução, pelo regulamento, das normas

Em relação aos incs. I e II do §3º do art. 10 do decreto, por exemplo, a previsão da norma regulamentar apenas replica as disposições já contidas na própria Lei de Liberdade Econômica.[27] Ao preverem a impossibilidade de serem aprovados tacitamente os atos liberatórios relativos a questões tributárias e patentárias, bem como aqueles que importem em compromisso financeiro da Administração, referidos dispositivos regulamentares apenas replicam os incs. I e II do §6º do art. 3º da Lei de Liberdade Econômica, segundo os quais:

§6º O disposto no inciso IX do caput deste artigo não se aplica quando:

I - versar sobre questões tributárias de qualquer espécie ou de concessão de registro de marcas;

II - a decisão importar em compromisso financeiro da administração pública; [...].

Já a previsão do inc. III, relativa à impossibilidade de se aprovar tacitamente pleito liberatório quando transcorrido eventual prazo para apreciação de recursos administrativos após decisão denegatória desse mesmo pedido de liberação, não conta com reprodução legal expressa, mas decorre da lógica do próprio art. 3º, IX da Lei de Liberdade Econômica, cujo teor estabelece que a aprovação tácita ocorrerá em caso de silêncio da autoridade competente quanto ao pleito. Se, todavia, já há decisão anterior negando o pleito de liberação, não há de se falar em silêncio quanto ao pedido, mas sim em hipótese em que houvera expressa manifestação negativa da Administração sobre a qual a garantia do art. 3º, IX, não pode incidir.

De igual maneira, a vedação à aprovação tácita em procedimentos de licenciamento ambiental contida no inc. IV do §3º do art. 10 do decreto apenas reflete a previsão expressa da Lei Complementar nº 140/2011 que, ao tratar dos prazos para tramitação dos processos de licenciamento ambiental, já previu em seu art. 14, §3º que:

Art. 14. Os órgãos licenciadores devem observar os prazos estabelecidos para tramitação dos processos de licenciamento. [...]

§3º O decurso dos prazos de licenciamento, sem a emissão da licença ambiental, não implica emissão tácita nem autoriza a prática de ato que dela dependa ou decorra, mas instaura a competência supletiva referida no art. 15.

Por fim, no que diz respeito ao inc. V, embora referida norma também tenha por base uma previsão legal anterior, algumas considerações adicionais se mostram necessárias.

Referido inciso, relativo "aos demais atos públicos de liberação de atividades com impacto significativo ao meio ambiente", apenas refletiu o então vigente §12 do

---

legais a ele anteriores. Nos termos do voto da Ministra Cármen Lúcia, que acompanhou o voto vencedor, "nem desobedece a Constituição da República o disposto nos §§5º, 10 e 11 do art. 11 da Lei n. 6.385/1976, alterada pelo Decreto n. 3.995/2001. [...] *Esses dispositivos não inovam a ordem jurídica*" (STF, ADI nº 2.601/DF, Plenário, Rel. Min. Ricardo Lewandowski, julg. 19.8.2021, grifos nossos).

[27] "Art. 3º [...] §6º O disposto no inciso IX do caput deste artigo não se aplica quando: I - versar sobre questões tributárias de qualquer espécie ou de concessão de registro de marcas; II - a decisão importar em compromisso financeiro da administração pública".

art. 3º da Lei de Liberdade Econômica, cujo teor previa que "o disposto no inc. IX do caput não se aplica às atividades com impacto significativo no meio ambiente, conforme estabelecido pelo órgão ambiental competente".

Em sua redação original, o Decreto nº 10.178/2019, editado em 18.12.2019, não contava com tal previsão. Em 27.12.2019, todavia, sobreveio a Medida Provisória nº 915, que incluiu no art. 3º da Lei de Liberdade Econômica o citado §12.[28] Buscando incluir na sumarização do decreto aquela nova previsão legal, foi editado, em 30.1.2020, o Decreto nº 10.219/2020, que, dentre outras alterações, acresceu ao Decreto nº 10.178/2019 o inc. V do §3º de seu art. 10.

Ocorre, contudo, que a previsão normativa com estatura de lei formal que lhe fundamentava foi suprimida pelo Congresso Nacional no âmbito da conversão da MP nº 915/2019 na Lei nº 14.011/2020.

Essa não conversão em lei do dispositivo traz uma importante consequência. Embora o inc. V do art. 10, §3º, decorresse, em sua origem, de previsão legal expressa, a exclusão do §12 do art. 3º da Lei de Liberdade Econômica do ordenamento jurídico resulta no esvaziamento dos efeitos jurídicos da norma regulamentar dela decorrente. A uma, porque a Lei de Liberdade Econômica, como já exposto, é expressa ao excepcionar a aprovação tácita apenas às "hipóteses expressamente vedadas *em lei*". A duas, pois, com a supressão da previsão legal, faltaria àquele regulamento secundário o seu próprio fundamento normativo primário.

Não somente, a opção legislativa de não convalidar a referida previsão da MP – previsão esta que, reitera-se, levou à inclusão dela também no decreto – não pode ser desconsiderada na interpretação do regulamento. Seria no mínimo irrazoável que, diante da expressa rejeição da matéria pelo legislador, o dispositivo em questão continuasse a produzir efeitos.[29]

Dessa maneira, embora também estivesse à sua época meramente refletindo previsão legal expressa, conclui-se que o inc. V do §3º do art. 10 do Decreto nº 10.178/2019 não poderia produzir efeitos válidos.

Assim como fez o Poder Executivo central por meio do Decreto nº 10.178/2019, as próprias autoridades responsáveis pela aprovação dos pleitos liberatórios também podem detalhar, em atos normativos próprios, as exceções legais à regra da aprovação tácita à luz de sua realidade regulatória. Essa possibilidade foi expressamente prevista pelo §5º do art. 10 do Decreto nº 10.178/2019 e encontra-se à inteira disposição das entidades administrativas, desde que, naturalmente, referidos atos representem mera densificação das hipóteses anteriormente já previstas em lei a partir das especificidades das atividades sujeitas à sua aprovação. É o que examinaremos a seguir.

---

[28] "Art. 3º [...] §12. O disposto no inciso IX do caput não se aplica às atividades com impacto significativo no meio ambiente, conforme estabelecido pelo órgão ambiental competente. (Incluído pela Medida Provisória nº 915, de 2019)".

[29] Conforme leciona Carlos Maximiliano, em ponderações acerca da utilidade hermenêutica dos chamados "Materiais Legislativos ou Trabalhos Preparatórios", mas cujo raciocínio também se aplica no processo legislativo em face de medidas provisórias: "se um preceito figurava no Projeto primitivo e foi eliminado, não pode ser deduzido, nem sequer por analogia, de outras disposições que prevaleceram, salvo quando a supressão se haja verificado apenas por considerarem-no desnecessário ou incluído implicitamente no texto final" (MAXIMILIANO, Carlos. *Hermenêutica e aplicação do direito*. 21. ed. Rio de Janeiro: Forense, 2017. p. 151).

III.1 Dever de cada entidade densificar customizadamente as exceções do §3º do art. 10 do Decreto nº 10.178/2019

O art. 10, §5º, do Decreto nº 10.178/2019, fundamental para o tema ora tratado, só pode ser lido se em conjunto com as demais normas que compõem o sistema no qual ele se insere.[30]

Referido dispositivo estabelece que: "o ato normativo de que trata o caput conterá anexo com a indicação de todos os atos públicos de liberação de competência do órgão ou da entidade não sujeitos a aprovação tácita por decurso de prazo".

Conforme exposto no tópico anterior, o próprio §3º do art. 10 do mesmo Decreto nº 10.178/2019, sumarizando as previsões legais existentes, já estabelece a quais atos públicos liberatórios de atividades econômicas "o disposto no caput [ou seja, a aprovação tácita] não se aplica".

Ao enumerar as vedações legais, todavia, o §3º do art. 10 o faz apenas condensando em um único dispositivo as exceções existentes nas leis formais. E nem poderia deixar de ser assim. Sendo a Lei de Liberdade Econômica norma de sobredireito, a disciplina de seu decreto regulamentador também abrange os mais diversos órgãos e entidades da Administração Pública federal, sujeitando genérica e abstratamente, pois, um sem-número de atividades e situações díspares entre si.

Assim, como forma de eliminar quaisquer incertezas quanto ao âmbito de aplicação das hipóteses do citado §3º, foi que o legislador regulamentar delegou aos órgãos e entidades administrativas responsáveis pelos atos públicos de liberação, no §5º do mesmo artigo, a tarefa de *especificar e densificar, em suas respectivas* áreas *de atuação*, os casos em que a regra geral de aprovação tácita não incidiria, sem perder de vista, evidentemente, a enumeração por ele já feita no §3º. Se não fosse assim, este dispositivo seria despiciendo.

Veja-se que a própria topografia do seu texto reforça esse entendimento, pois a regra que lista as exceções gerais à aprovação tácita vem antes daquela que incumbe os órgãos e entidades administrativas de indicar as exceções específicas. Logo, o §5º do art. 10 deve ser interpretado à luz do §3º.

Ou seja, a cada ente compete realizar o exame (valendo-se de sua *expertise* técnica) de quais atos específicos sujeitos à sua aprovação se enquadram nas hipóteses descritas no decreto e, portanto, não podem ser aprovados tacitamente. Uma vez identificados, poderão ser eles discriminados no anexo dos atos normativos que disciplinam a regra de aprovação tácita no âmbito das autoridades competentes para exarar atos públicos de liberação. O objetivo de constar de anexo é dar maior clareza, didatismo e segurança jurídica em relação a tais exceções que, obviamente, devem ser excepcionais. Não quis o legislador deixar ao cidadão a "aventura" de buscar e interpretar um sem-número de

---

[30] Examinando a necessidade de se adotar, na interpretação e aplicação do direito, uma hermenêutica atenta a todo o arcabouço normativo no qual ele se insere, Luís Roberto Barroso assevera que "a ordem jurídica é um sistema e, como tal, deve ser dotada de unidade e harmonia" (BARROSO, Luís Roberto. *Curso de direito constitucional contemporâneo*: os conceitos fundamentais e a construção do novo modelo. São Paulo: Saraiva, 2011. p. 295). Esse mesmo enfoque estrutural e sistemático do Direito é ainda observado por Norberto Bobbio, que ressalta que o jurista percorre um caminho que vai da parte para o todo, isto é, da norma ao ordenamento, para compreensão da estrutura, o que é dizer, do sistema (MARTINS-COSTA, Judith. *A boa-fé no direito privado*: sistema e tópica no processo obrigacional. 1. ed. 2. tir. São Paulo: Revista dos Tribunais, 2000. p. 428 e ss.).

atos normativos, garantindo-lhe apenas examinar diretamente um anexo especialmente editado para tal fim.

Referidos atos normativos, editados pelas autoridades competentes para emitir os atos públicos de liberação de atividade dos quais cuida a Lei de Liberdade Econômica, revelam-se, portanto, como importantes bússolas destinadas a guiar, de acordo com a realidade regulatória de cada órgão e entidade, o procedimento indicado pelo Decreto nº 10.178/2019, em cumprimento ao art. 3º, IX da Lei de Liberdade Econômica.

Havendo correspondência entre a lei, o decreto e a norma regulatória específica responsável por excepcionar a incidência da garantia trazida pelo art. 3º, IX da Lei de Liberdade Econômica, a regra geral de aprovação tácita poderá ser afastada e não se poderá extrair qualquer efeito positivo do silêncio administrativo.

Se, todavia, não houver ressalva expressa nas normas regulatórias responsáveis por densificar as exceções legais à garantia de aprovação tácita, qualquer pleito liberatório que cumprir os requisitos trazidos pelo inc. IX do art. 3º da Lei de Liberdade Econômica deverá ser considerado tacitamente aprovado em caso de não pronunciamento da Administração no prazo máximo definido.

III.2 Início da contagem com a apresentação dos elementos necessários à instrução do processo

Nos termos do art. 12 do Decreto nº 10.178/2019, os prazos para fins de aprovação tácita se iniciam a partir da data de apresentação de todos os elementos necessários à instrução do processo.[31]

Referida previsão decorre do art. 3º, IX, da Lei de Liberdade Econômica, segundo o qual a solicitação de liberação, para estar sujeita à aprovação tácita em caso de silêncio da Administração, precisa vir "acompanhada dos elementos *instrutórios* exigidos".

E sobre esse ponto uma relevante observação deve ser feita: a aferição da completude instrutória, para fins de início da contagem do prazo de aprovação tácita não depende de uma análise do conteúdo dos documentos juntados pelo requerente, mas sim do atendimento formal às enumerações normativas.

Em outras palavras, quando a Lei de Liberdade Econômica e o seu decreto regulamentador dispõem que a aprovação tácita depende da apresentação dos "elementos necessários à *instrução* do processo", apenas exigem que, nesse primeiro momento, estejam formalmente reunidos os elementos normativamente descritos como essenciais à avaliação.

Como se sabe, na Teoria Geral do Processo, o momento da instrução é distinto do momento decisório, sendo aquele formal e prévio.[32] Eventuais avaliações acerca do mérito dos documentos apresentados, embora fundamentais para o pronunciamento

---

[31] "Art. 12. O prazo para decisão administrativa acerca do ato público de liberação para fins de aprovação tácita inicia-se na data da apresentação de todos os elementos necessários à instrução do processo".

[32] Conforme aduz a doutrina, "A fase decisória é aquela concebida para o julgamento da demanda, [...] *ocorrida após ampla dialética*, pois as partes já aí terão exposto os fatos e fundamentação jurídica em que apoiam as suas postulações, assim como produzido as provas destinadas à prova de tais fatos, *instruindo-se o processo*" (ALVAREZ, Anselmo Prieto; PINHO, Américo Andrade. O julgamento interlocutório do mérito e seu regime jurídico. *Revista de Processo*, v. 302, p. 219-239, abr. 2020).

final da Administração quanto à liberação do pleito em si, são irrelevantes para a definição da suficiência da instrução e, consequentemente, do marco inicial do prazo de aprovação tácita.

Para que se possa falar em completude da instrução, é natural que os documentos apresentados pela solicitante devam ter relação com as exigências normativas. Se, todavia, a documentação encaminhada pelo particular corresponder, ainda que apenas *prima facie*, aos elementos descritos normativamente, terá início a fluência do prazo de aprovação tácita, a despeito da necessidade de eventuais complementações, atualizações ou correções relativas ao documento constante da lista normativa que já tinha sido apresentado.

Em outras palavras, para que tenha início o prazo de aprovação tácita, bastará a correspondência formal entre os elementos instrutórios apresentados e os requisitos normativamente estabelecidos para a aprovação de determinado pleito. Ainda que pontualmente se façam necessários certos acréscimos ou correções no conteúdo da documentação apresentada, deve-se considerar suficientemente instruído o pleito que apresentar documentação correspondente ao que a autoridade competente descreve como necessário em norma.

Pressupor que o início do prazo de aprovação tácita de pleitos liberatórios estaria condicionado à perfeição material de todos os documentos instrutórios formalmente apresentados significaria inclusive despir de finalidade o art. 13, *caput*, do Decreto nº 10.178/2019. Referido dispositivo prevê que "o prazo para a decisão administrativa acerca do ato público de liberação para fins de aprovação tácita poderá ser suspenso uma vez, se houver necessidade de *complementação* da instrução processual" (grifos nossos).

Naturalmente, a possibilidade de suspensão do prazo de aprovação tácita em caso de necessidade de "complementação da instrução processual" só faria algum sentido se referido prazo pudesse ser iniciado a despeito da necessidade de eventuais acréscimos na substância dos documentos que instruíram o pedido.

Com efeito, caso o início da contagem do período máximo de pronunciamento da Administração Pública pressupusesse a integridade material da documentação instrutória, sequer haveria razão para o decreto mencionar a "suspensão" daquele prazo no caso de eventual complementação dos elementos instrutórios se fazer necessária (só se suspende o que já havia se iniciado, o que já estava em curso). A avaliação acerca da completude da documentação já representaria a análise final pela procedência do pedido de liberação da atividade (a Administração teria verificado não só a presença de todos os documentos, mas também já a perfeição material de todos eles). Essa hermenêutica não seria possível, pois, como se sabe, "não se presumem, na lei, palavras inúteis".[33]

---

[33] MAXIMILIANO, Carlos. *Hermenêutica e aplicação do direito*. 21. ed. Rio de Janeiro: Forense, 2017. p. 204. Leciona o centenário autor que, em Direito, "dá-se valor a todos os vocábulos e, principalmente, a todas as frases, para achar o verdadeiro sentido de um texto; porque este deve ser entendido de modo que tenham efeito todas as suas provisões, nenhuma parte resulte inoperativa ou supérflua, nula ou sem significação alguma".

III.3 Direito ao reconhecimento da aprovação tácita após o decurso do prazo

Se, uma vez iniciada a contagem, o ato público de deliberação não for emitido dentro do prazo previsto, considerar-se-á aprovado de pleno direito o pleito formulado pelo particular. No entanto, embora o mero decurso já seja suficiente para conferir efeitos jurídicos positivos ao silêncio administrativo, o decreto regulamentador da Lei de Liberdade Econômica prevê ainda que o particular cuja atividade foi tacitamente autorizada tem direito à emissão de documento comprobatório do deferimento do seu pedido de liberação (art. 14, Decreto nº 10.178/2019).

Sobre esse tema, Thiago Marrara destaca que:

> como ato administrativo fictício de efeito liberatório de um comportamento particular, a aprovação tácita não encerra os problemas decorrentes da omissão da administração em processar e decidir tempestivamente uma solicitação. Em primeiro lugar, é possível que o beneficiário do silêncio necessite comprovar a aprovação tácita perante terceiros, inclusive outros órgãos da administração pública.[34]

Com o intuito de evitar que problemas como esses viessem a decorrer do deferimento tácito dos atos liberatórios e visando garantir maior segurança jurídica ao particular cuja atividade econômica já fora tacitamente aprovada, estabelece o art. 14 do Decreto nº 10.178/2019 que:

> Art. 14. O requerente poderá solicitar documento comprobatório da liberação da atividade econômica a partir do primeiro dia útil subsequente ao término do prazo, nos termos do disposto no art. 10.
>
> §1º O órgão ou a entidade buscará automatizar a emissão do documento comprobatório de liberação da atividade econômica, especialmente nos casos de aprovação tácita.
>
> §2º O documento comprobatório do deferimento do ato público de liberação não conterá elemento que indique a natureza tácita da decisão administrativa.

Por meio desse ato, a autoridade competente reconhecerá o direito do particular previamente constituído em decorrência do seu silêncio, atestando, para todos os fins, a liberação já anteriormente materializada em decorrência do transcurso do prazo.

Destaca-se, nesse ponto, que referido documento certificatório, como se intui pelo próprio tratamento a ele conferido pelo Regulamento, possui natureza estritamente declaratória e não constitutiva.[35]

---

[34] MARRARA, Thiago. Administração que cala consente? Dever de decidir, silêncio administrativo e aprovação tácita. *Revista de Direito Administrativo*, Rio de Janeiro, v. 280, n. 2, p. 227-264, maio/ago. 2021. p. 258.

[35] Diferenciando essas duas qualificações dos atos administrativos quanto aos seus efeitos, Celso Antonio Bandeira de Mello leciona que "Atos constitutivos são os que fazem nascer uma situação jurídica, seja produzindo-a originariamente, seja extinguindo ou modificando situação anterior. Exemplo: uma autorização para exploração de jazida; a demissão de um funcionário. Já os Atos declaratórios são os que afirmam a preexistência de uma situação de fato ou de direito. Exemplo: a conclusão de vistoria em edificação afirmando que está ou não em condições habitáveis; uma certidão de que alguém é matriculado em escola pública" (BANDEIRA DE MELLO, Celso Antônio. *Curso de direito administrativo*. 32. ed. São Paulo: Malheiros, 2015. p. 433. Grifos nossos).

Em outras palavras, referido documento não materializará a aprovação tácita propriamente dita. Esta será existente, válida e eficaz desde o primeiro dia subsequente ao prazo máximo de pronunciamento da Administração, independentemente da existência ou não de documento comprovando-a. De toda sorte, caso deseje o agente econômico requerê-lo, a fim de comprová-la por meio de ato oficial, será dever da Administração fornecê-lo.

Tais assertivas não poderiam ser afastadas nem se houvesse a necessidade de nova complementação dos documentos instrutórios já conhecidos pela Administração. Afinal, por expressa previsão do Decreto nº 10.178/2019, a suspensão de que trata o art. 13 do Regulamento só pode paralisar a contagem do prazo de aprovação tácita "uma única vez".

IV Conclusões

Ao longo deste trabalho, tivemos oportunidade de examinar alguns aspectos da aprovação tácita dos atos públicos de liberação de atividade econômica no Direito Positivo brasileiro.

Como vimos, a regra prevalecente no Direito Administrativo brasileiro, após a Lei de Liberdade Econômica, é que o silêncio da Administração Pública após o prazo fixado (não superior a 60 dias) equivale a um consentimento tácito dos pleitos submetidos à sua aprovação.

A Lei de Liberdade Econômica não só criou hipótese de atribuição de efeitos positivos ao silêncio administrativo como foi ainda mais longe. Transformou o que era exceção em regra e vice-versa: agora são os atos liberatórios não sujeitos à aprovação tácita que devem estar expressamente previstos, e não em qualquer diploma normativo, mas em lei formal, como estabelece o art. 3º, IX, da Lei de Liberdade Econômica. O legislador houve por bem reservar para si a criação de exceções à regra geral da aprovação tácita, a fim de evitar que a Administração Pública pudesse, eventualmente, vir a esvaziar o sentido da lei por meio de normas infralegais.

Tanto assim é que o diploma regulamentador da Lei de Liberdade Econômica, Decreto nº 10.178/2019, ao dispor sobre os casos de inaplicabilidade da aprovação tácita, apenas replicou disposições já de outro modo extraíveis de leis formais, como a própria Lei de Liberdade Econômica e a Lei Complementar nº 140/2011. Da mesma forma, aos órgãos e entidades da Administração Pública cabe apenas o dever de especificar e densificar, em suas respectivas áreas de atuação, as vedações já existentes nas leis formais.

Vimos também que um dos requisitos da aprovação tácita é a completude instrutória *formal* do pleito, que deve vir acompanhado de todos os documentos necessários à instrução do processo. Não pode, porém, a aprovação tácita pressupor uma análise anterior da procedência material dos documentos pela autoridade administrativa, sob pena de a garantia do efeito positivo do silêncio administrativo cair completamente no vazio: a verificação de que todos os documentos exigidos estão perfeitos já equivaleria ao próprio deferimento da autorização. Uma situação é nem haver um dos documentos listados na norma como necessários à instrução do processo liberatório; outra, completamente diferente, é todos esses documentos estarem presentes, porém com um ou mais deles não estando perfeitos.

De todo modo, o art. 13 do Decreto nº 10.178/2019 autorizou que a autoridade suspenda, apenas por uma única vez, o curso do prazo para o seu pronunciamento caso necessária a complementação da instrução processual, ou seja, caso falte algum dos documentos normativamente listados como necessários para a emissão da autorização. Apresentado o documento faltante, retoma-se a contagem do prazo do dia em que foi suspenso. Naturalmente, por empregar expressamente o decreto o termo "suspensão do prazo" e não "interrupção", não há o recomeço do prazo desde o seu início.

Após o decurso do prazo máximo fixado para a aprovação tácita, caso a Administração não tenha se manifestado de maneira definitiva acerca do pleito liberatório que lhe foi dirigido, passa o requerente a fazer jus ao documento (meramente) declaratório do deferimento tácito do seu pleito, na forma do art. 14 do Decreto nº 10.178/2019.

Referências

ALVAREZ, Anselmo Prieto; PINHO, Américo Andrade. O julgamento interlocutório do mérito e seu regime jurídico. *Revista de Processo*, v. 302, p. 219-239, abr. 2020.

ARAGÃO, Alexandre Santos de. *Curso de direito administrativo*. 2. ed. Rio de Janeiro: Forense, 2013.

ARIÑO ORTIZ, Gaspar. *Princípios de Derecho Público Económico*. Granada: Ed. Comares e Fundación de Estudios de Regulación, 1999.

BANDEIRA DE MELLO, Celso Antônio. *Curso de direito administrativo*. 32. ed. São Paulo: Malheiros, 2015.

BARROSO, Luís Roberto. *Curso de direito constitucional contemporâneo*: os conceitos fundamentais e a construção do novo modelo. São Paulo: Saraiva, 2011.

BRASIL. Supremo Tribunal Federal. *Ação Direta de Inconstitucionalidade nº 2.601/DF*. Tribunal Pleno, Rel. Min. Ricardo Lewandowski, julg. 19 ago. 2021.

BRASIL. Supremo Tribunal Federal. *Ação Direta de Inconstitucionalidade nº 3.273/DF*. Tribunal Pleno, Rel. Min. Carlos Britto, Red. do acórdão Min. Eros Graus, julg. 16 mar. 2005.

CYRINO, André. Atos de liberação. *In*: MARQUES NETO, Floriano Peixoto; RODRIGUES JR., Otávio Luiz; LEONARDO, Rodrigo Xavier. *Comentários à Lei da Liberdade Econômica*. São Paulo: Revista dos Tribunais, 2019.

DINAMARCO, Cândido Rangel. *Instituições de Direito Processual Civil*. São Paulo: Malheiros, 2001. v. 2.

ESCUIN PALOP, Vicente. *El acto administrativo implícito*. Madrid: Civitas, 1999.

GRAU, Eros Roberto. *A Ordem Econômica na Constituição de 1988*. 4. ed. São Paulo: Malheiros, 1988.

GUIMARÃES, Bernardo Ströbel. Abuso do "poder regulador" (o que é e como se controla). *In*: GOERGEN, Jerônimo (Org.). *Liberdade econômica*. [s.l.]: [s.n.], 2020.

MARRARA, Thiago. Administração que cala consente? Dever de decidir, silêncio administrativo e aprovação tácita. *Revista de Direito Administrativo*, Rio de Janeiro, v. 280, n. 2, p. 227-264, maio/ago. 2021.

MARTINS-COSTA, Judith. *A boa-fé no direito privado*: sistema e tópica no processo obrigacional. 1. ed. 2. tir. São Paulo: Revista dos Tribunais, 2000.

MAXIMILIANO, Carlos. *Hermenêutica e aplicação do direito*. 21. ed. Rio de Janeiro: Forense, 2017.

MODESTO, Paulo. Silêncio administrativo positivo, negativo e translativo: a omissão estatal formal em tempos de crise. *Revista Colunistas de Direito do Estado*, n. 317, dez. 2016. Disponível em: https://bit.ly/silencio-adm. Acesso em: 13 maio 2024.

PEREIRA, Caio Mário da Silva. *Instituições de direito civil*: introdução ao direito civil. Teoria geral de direito civil. 30. ed. Rio de Janeiro: Forense, 2017. v. 1.

RECHTMAN, Marcelo Vieira. A nova Lei da Liberdade Econômica. *In*: HANSZMANN, Felipe. *Atualidade em direito societário e mercado de capitais*. Rio de Janeiro: Lumen Juris, 2019. v. IV.

SOUZA, Guilherme Carvalho. Comentários ao art. 3º, inciso IX e §§6º a 8º. *In*: SANTA CRUZ, André; DOMINGUES, Juliana Oliveira; GABAN, Eduardo Molan. *Declaração de direitos de liberdade econômica*. São Paulo: JusPodivm, 2020.

ZARDO, Francisco. A Lei de Liberdade Econômica e alguns reflexos sobre o direito administrativo. *In*: GOERGEN, Jerônimo (Org.). *Liberdade econômica*: o Brasil livre para crescer. Brasília: Do organizador, 2020.

Informação bibliográfica deste texto, conforme a NBR 6023:2018 da Associação Brasileira de Normas Técnicas (ABNT):

ARAGÃO, Alexandre Santos de. Aprovação tácita de atos públicos de liberação de atividades econômicas (efeitos positivos do silêncio administrativo) no Direito Positivo brasileiro. *In*: JUSTEN, Monica Spezia; PEREIRA, Cesar; JUSTEN NETO, Marçal; JUSTEN, Lucas Spezia (coord.). *Uma visão humanista do direito*: homenagem ao Professor Marçal Justen Filho. Belo Horizonte: Fórum, 2025. v. 1, p. 109-126. ISBN 978-65-5518-918-6.

DIREITO ADMINISTRATIVO DIGITAL E OS CONTORNOS DE UM MODELO DE GOVERNANÇA INFORMACIONAL

ANA CRISTINA AGUILAR VIANA

1 Introdução

O direito público brasileiro contemporâneo é um fenômeno da modernidade e acompanha as modificações sócio-históricas e as mutações estatais, as quais internalizam as modificações da cultura ocidental. A emergência da sociedade de dados e do estado digital implica mutações e faz nascer novos desafios.

A transformação digital vem acompanhada de um quadro paradigmático específico, identificado em três eixos por Cynthia Fleury.[1] O primeiro reside na crise da formatação estatal moderna. A globalização, a quebra da soberania estatal, a emergência de atores não estatais, o descrédito do modelo parlamentar são todos elementos que mostram uma crise de legitimidade e de eficácia do modelo estatal burocrático do estilo weberiano.

O segundo eixo refere ao espectro da governança, do qual desponta um metapoder.[2] O universo digital, antes erigido com o desiderato de ser o lócus de ausência de soberania,[3] hoje se vê dominado por tecno-oligarquias, que o governam numa versão opaca da mão invisível, em uma lógica de mercado. Diz-se, assim, que emergem novas formas de relação de poder e de sua produção, que modificam não apenas a lógica

---

[1] FLEURY, Cynthia. *Régulation démocratique et numérique*. Conferência no Institut Catholique de Paris em 06/01/2020. Paris, 2020.

[2] FLEURY, Cynthia. *Régulation démocratique et numérique*. Conferência no Institut Catholique de Paris em 06/01/2020. Paris, 2020.

[3] BARLOW, John Perry. A Declaration of the Independence of Cyberspace. *Electronic Frontier Foundation*. Disponível em: https://www.eff.org/fr/cyberspace-independence. Acesso em: 19 out. 2023.

capitalista[4] como também inauguram um novo modelo de colonialismo.[5] São os dados que, embora não sejam naturais nem limitados, constituem a matéria-prima dessa sociedade que se converte em digitalizada.

O terceiro eixo se relaciona ao antropocentrismo, em que a própria figura do sujeito é repensada, em uma percepção distinta do contrato social moderno.[6] Fala-se em realidade "datificada",[7] da existência de relações sociais que exigem um olhar para além do indivíduo, da impossibilidade de se examinar a pessoa por si só, mas no âmbito de suas relações em um universo de extração de dados, da comercialização, predição, antecipação, seleção e modulação de comportamentos. Os sujeitos são híbridos e não mais individuais.

Esse quadro paradigmático revela o seio de uma mutação histórica, em que são redefinidos os papéis das instituições. As transformações, que não ocorrem de modo isolado, relacionam-se com o desenvolvimento tecnológico e demandam atenção às estruturas basilares que se desenham diante do universo digital, a qual discrepa dos elementos fundantes da organização estatal burocrática erigida sob os pilares da modernidade.[8]

Deste modo, o governo digital inaugura *uma nova etapa dos governos*, o que exige um reposicionamento atento à própria natureza do ambiente objeto de estudo. Com o avanço das tecnologias da informação e comunicação (TICs), os governos estão sendo obrigados a se adaptar a novas realidades. Elas impactam a organização burocrática tradicional da administração pública. Entretanto, a revolução não significa apenas uma modernização do Estado ou uma desmaterialização de seus serviços. É uma nova forma de pensar a ação pública, o bem público, o interesse geral e suas categorias de análise.[9]

No aspecto global e interdisciplinar, a governança é um termo recorrente para discutir a regulamentação de novas tecnologias. Nesse cenário, a governança assume um papel central, não apenas como um conjunto de práticas administrativas, mas como uma filosofia orientadora que influencia a maneira como as políticas públicas são formuladas e implementadas. Além disso, sua filosofia também modela a disciplina jurídica, de modo que seu estudo passa a ser fundamental.

Diante disso, o presente estudo visa explorar as múltiplas dimensões da governança e responsabilidade no contexto digital, discutindo suas implicações para a ação pública, a legitimidade política e as transformações necessárias na administração pública para enfrentar os desafios da era digital. Apresenta-se, inicialmente, a governança enquanto categoria transdisciplinar e normativa que constitui a base dos fundamentos de um direito administrativo digital. Em seguida, descrevem-se as dimensões e hierarquias

---

[4] ZUBOFF, Shoshana. *The age of surveillance capitalism*: the fight for a human future at the new frontier of power. London: Profile books, 2019.

[5] COULDRY, Nick; MEJIAS, Ulises A. Le colonialisme des données: repenser la relation entre le big data et le sujet contemporain. *Questions de communication*, v. 42, n. 2, p. 205-221, 2022. Disponível em: https://www.cairn.info/revue-questions-de-communication-2022-2-page-205.htm. Acesso em: 28 out. 2023.

[6] FLEURY, Cynthia. *Régulation démocratique et numérique*. Conferência no Institut Catholique de Paris em 06/01/2020. Paris, 2020.

[7] MAYER-SCHÖNBERGER, Viktor; CUKIER, Kenneth. *Big data*: la révolution des données est en marche. Tradução de Hayet Dhifallah. Paris: R. Laffont, 2014. 1. v.

[8] CHEVALLIER, Jacques. *L'Etat post-moderne*. 5. ed. Paris: LGDJ, 2017.

[9] CHEVALLIER, Jacques. Vers l'État-plateforme? *Revue française d'administration publique*, v. 167, n. 3, p. 627-637, 2018. Disponível em: https://www.cairn.info/revue-francaise-d-administration-publique-2018-3-page-627.htm.

de governança no ambiente digital, para analisar os desafios da governança em um modelo de estado federativo, como o Brasil. As considerações finais apontam para o exame da administração pública a partir da ideia de governança, de modo a lidar com as múltiplas singularidades de uma sociedade informacional.

2 A governança enquanto categoria de uma administração pública digital

Segundo Jacques Comaille,[10] a emergência da governança inaugura um novo regime de racionalidade do poder público, da governabilidade e dos fundamentos do poder político, em que a ação política depende da eficácia da ação pública, não se bastando mais mediante uma disposição normativa anterior – decorrente de uma vontade artificial. Isto é, a governança se legitima pela atuação da ação pública. Para o autor, essa relação faz com que se deva estudar a ação pública do ponto de vista do poder político, a fim de adequar ambos. Deste modo, ação política e ação pública, em um modelo de governança, incorporam um processo de legitimação próprio e interdependente. Ambos incontingentes.

Assim, compreende-se a governança[11] enquanto fenômeno interdisciplinar, transversal, o que implica seu exame pelo direito em conjunto com outras disciplinas. Isso não significa rupturas ou transformações radicais, mas, antes, um "sincretismo", considerado como "quase inescapável para o jurista".[12] No caso do direito público, o desenvolvimento da governança "é decisivo, pois esse campo do direito merece ser melhor compreendido à luz dessa acumulação com outras disciplinas e outras formas de conhecimento".[13]

Além disso, a governança não pode ser examinada sem se atender ao ambiente de estudo, o espaço digital. Se as tecnologias da informação constituem uma primeira fase do informacionalismo, a virada digital potencializa a disseminação de estruturas que estão não apenas em *interação*, mas *convergem* entre si.[14]

Pierre Beckouche, ao aludir ao que ele refere de mutação antropológica, elenca alguns dos elementos constitutivos do fenômeno, no qual o ser humano é colocado em constante e instantânea conexão, pela: i) produção exponencial de informações; ii) circulação unificada de dados e seu duplo acesso: tanto o acesso do usuário às informações como o acesso dos operadores digitais aos dados pessoais do usuário;

---

[10] COMMAILLE, Jacques. Sociologie de l'action publique. *In*: *Dictionnaire des politiques publiques*. Paris: Presses de Sciences Po, 2019. v. 5e éd., p. 576-584. (Références). Disponível em: https://www.cairn.info/dictionnaire-des-politiques-publiques--9782724625110-p-576.htm.

[11] A governança amplia o alcance de seus instrumentos normativos para além do campo jurídico, estabelecendo-se como uma espécie de metalei que reconcilia lógicas que de outra forma seriam consideradas irreconciliáveis (PITSEYS, John. Le concept de gouvernance. *Revue interdisciplinaire d'études juridiques*, v. 65, n. 2, p. 207-228, 2010. Disponível em: https://www.cairn.info/revue-interdisciplinaire-d-etudes-juridiques-2010-2-page-207.htm).

[12] MOCKLE, Daniel. *La gouvernance publique*. 1. ed. Paris: LGDJ-Lextenso, 2022. (Droit et Société, droit).

[13] MOCKLE, Daniel. Le principe général du bon gouvernement. *Les Cahiers de droit*, v. 60, n. 4, p. 1031-1086, 2019. Disponível em: https://www.erudit.org/fr/revues/cd1/2019-v60-n4-cd05038/1066349ar/. Acesso em: 8 out. 2023.

[14] MCAFEE, Andrew; BRYNJOLFSSON, Erik. *Machine, platform, crowd*: Harnessing our digital future. New York: WW Norton & Company, 2017. Disponível em: https://books.google.com/books?hl=en&lr=id=zh1DDQAA QBAJ&oi=fnd&pg=PT6&dq=info:ad91ptT3f4AJ:scholar.google.com&ots=wH8tpV4x1h&sig=FOFIMzssalgt-g-qe8o2jE9vpx0. Acesso em: 25 abr. 2024.

iii) capacidades de armazenamento e processamento de dados que escapam ao entendimento humano; e *iv*) multiplicação de aplicações, para atender às necessidades sociais, seja na esfera doméstica, econômica, administrativa ou cultural.[15]

Essas modificações também impactam o setor público. O governo utiliza os dados para atividades diárias, sejam internas, sejam externas. Para previsão de demandas, disposições acerca de serviços a serem prestados. No setor público, essas capacidades de comunicação digital em rede e de supervisão gerencial informatizada catalisam mudanças profundas na estrutura e operação das instituições reguladoras e de governança.[16]

Logo, verificar as modificações no ecossistema implica examinar questões organizacionais e institucionais do Estado. Dispõe-se que, no que tange ao espaço de racionalização das funcionalidades, o impacto das novas tecnologias traz mudanças que podem ser observadas no setor público: *i*) nas estruturas de organização, arquitetura e funcionamento; *ii*) nas mudanças de cultura e de gestão, vinculados ao modelo do tipo político ideal; *iii*) nas relações entre Estado e sociedade.[17]

Esses impactos no setor público são tomados como um ponto de partida – básico e necessário – para a análise de uma governança e responsabilidade informacional, o que, por sua vez, realça novas dimensões de análise de produções de valores, de esferas de comunicação, de espaços de poder. Isto é, se novos espaços e esferas emergem, direitos e deveres devem ser a eles adaptados, em conformidade com suas naturezas.

3 As hierarquias de governança

Se a governança inaugura um novo vocabulário, a transformação digital adiciona valores, princípios, dimensões de análise para exame pelo direito. Com efeito, a governança não é apenas transversal, mas é multiconceitual e multifuncional. Há, de qualquer modo, uma hierarquia, de modo que ela primeiramente significa um modelo de racionalidade próprio, cuja filosofia direciona os demais tipos.[18]

Nesse caso, ela será aqui compreendida como um *valor/filosofia* que é colocada na arquitetura e que condiciona a performance de todo o ecossistema em rede, a exemplo do tipo de boa governança/governança corporativa. O modelo da boa governança, por exemplo, de raiz individualista, orienta-se para um *valor* na experiência do usuário, de um lado, e na adoção de métricas de boas condutas e gestão de riscos, por parte do Estado, do outro.

A governança também trata de mecanismos e estratégias de atuação gerencial, de infraestrutura e organizacional, que correspondem aos modelos de governança

---

[15] BECKOUCHE, Pierre. La révolution numérique est-elle un tournant anthropologique? *Le Débat*, v. 193, n. 1, p. 153-166, 2017. Disponível em: https://www.cairn.info/revue-le-debat-2017-1-page-153.htm.

[16] DUNLEAVY, Patrick. Information regimes in government bureaucracies and "digital decompression". *In*: UK POLITICAL STUDIES ASSOCIATION CONFERENCE. University of York, York, United Kingdom, 2022. Disponível em: http://eprints.lse.ac.uk/114488/. Acesso em: 27 out. 2023.

[17] CHEVALLIER, Jacques. Vers l'État-plateforme? *Revue française d'administration publique*, v. 167, n. 3, p. 627-637, 2018. Disponível em: https://www.cairn.info/revue-francaise-d-administration-publique-2018-3-page-627.htm.

[18] UBALDI, Benjamin; WELBY, Barbara-Chiara. Digital Government: The Future Is Already Here, It's Just Unevenly Distributed. *In*: LIEBOWITZ, Jay (Ed.). *Pivoting Government through Digital Transformation*. [s.l.]: Auerbach Publications, 2023.

da informação e governança de dados. Fundamentais no esquema organizacional e funcional, elas são dependentes da filosofia política que persegue determinada lógica de governança.[19] Trata-se, assim, de uma cadeia de modelos de governança, que varia em termos de gestão-gerenciais e técnicos, sendo que o mais amplo se relaciona com modelos gerencialistas, enquanto a gestão de dados será o elemento mais técnico, dependente, contudo, dos mecanismos e estratégias dispostos no demais.

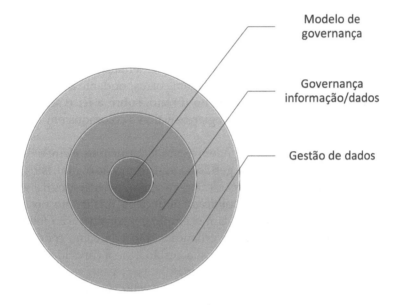

Fonte: Pierre Desrochers.[20]

Além disso, os tipos de governança e de gestão dialogam com os critérios da transformação digital, que tratam de avaliações de maturidades dos governos digitais, elencados por organismos internacionais, e que são adotados na política brasileira da transformação digital.

Na OCDE,[21] a transformação de um governo eletrônico para um governo digital é mensurada por meio do exame das dimensões de maturidade, em conjunto com os princípios de competência e valores de governança. Elas são tomadas como direcionadoras das políticas públicas e justificam e fundamentam os princípios da governança, seja para remodelá-los em atenção às dimensões postuladas, seja para acrescentar novos elementos. No mesmo sentido, o Banco Mundial estabelece o índice

---

[19] DESROCHERS, Pierre. *Les données administratives publiques dans l'espace numérique*. Québec: Presses de l'Université du Québec, 2022. (Gouvernance de l'information, 2).

[20] DESROCHERS, Pierre. *Les données administratives publiques dans l'espace numérique*. Québec: Presses de l'Université du Québec, 2022. (Gouvernance de l'information, 2).

[21] OECD. *The OECD Digital Government Policy Framework*: Six dimensions of a Digital Government. Paris: OECD, 2020. Disponível em: https://www.oecd-ilibrary.org/governance/the-oecd-digital-government-policy-framework_f64fed2a-en;jsessionid=J6IaAoiCoIWQQk2RQNuF7sv9kW72OhNgOE-LGMwg.ip-10-240-5-83. Acesso em: 18 out. 2023.

de maturidade GovTech, enquanto as Nações Unidas avaliam a transformação digital dos governos enfatizado no viés social.[22]

O *framework* da OCDE, tomado aqui como ponto de análise, é considerado um instrumento de política pensado para auxiliar os governos na implementação de abordagens estratégicas nos setores públicos, sendo que suas recomendações são observadas no Brasil na disposição da sua política de transformação digital. Esse *framework* se compõe das seguintes dimensões:[23] *i*) *digital by design, ii*) modelo plataforma, *iii*) governos centrados para e pelo usuário, governos orientados por dados *iv*), proatividade, e *v*) governos abertos por padrão.[24]

Estes, por sua vez, também dependem da percepção valorativa da governança para sua análise e interpretação.[25] Por sua vez, a implementação no direito dos princípios da governança faz-se adotando uma abordagem correspondente às áreas e disciplinas correlatas. Esses princípios são reflexos no direito, sobre a lei e seus mecanismos, em atenção aos critérios que vão privilegiar os valores colocados em dada lógica de governança.

É a partir da sua filosofia que se podem examinar princípios, elementos, dimensões e disposições normativas, técnicas e de gestão da transformação digital. Isto é, é o modelo institucional de governança que confere os valores a serem considerados nas governanças, no processo de legitimação das ações políticas e públicas, e, finalmente, nos mecanismos de proteção, concretização e controle. Um exemplo é a consideração feita no manual de boas práticas do TCU, em que a governança é colocada como condicionadora da governança de informação, de dados e de sua gestão, com a capacidade de direcionar políticas públicas e normas voltadas a esse fim.[26]

Deste modo, as questões técnicas dependem do valor, da filosofia política elencada. Logo, a filosofia é importante, porque orienta o *design*. Em resumo, é esse conjunto de acoplados que trazem à tona os princípios da governança que são dispostos ao universo jurídico, o qual, no seu ambiente, deverá pensar nesse escorço em atenção à natureza do ciberespaço, à filosofia empregada, ao valor e aos mecanismos de governança instrumentais e intermediários, cujas interpretações são feitas também em atenção às dimensões de maturidade.

---

[22] WORLD BANK. *GovTech Maturity Index* – 2022 Update: Trends in Public Sector Digital Transformation. 2022. Disponível em: http://hdl.handle.net/10986/38499. Acesso em: 31 out. 2023.

[23] Nos termos: "é orientada para o usuário quando atribui um papel central às necessidades e à conveniência das pessoas na formação de processos, serviços e políticas, adotando mecanismos inclusivos que permitam que isso aconteça; é proativa quando antecipa as necessidades das pessoas e responde a elas rapidamente, evitando a necessidade de dados complicados e processos de prestação de serviços" (OECD. *The OECD Digital Government Policy Framework*: Six dimensions of a Digital Government. Paris: OECD, 2020. Disponível em: https://www.oecd-ilibrary.org/governance/the-oecd-digital-government-policy-framework_f64fed2a-en;jsessionid=J6IaAoiCoIWQQk2RQNuF7sv9kW72OhNgOE-LGMwg.ip-10-240-5-83. Acesso em: 18 out. 2023).

[24] OECD. *The OECD Digital Government Policy Framework*: Six dimensions of a Digital Government. Paris: OECD, 2020. Disponível em: https://www.oecd-ilibrary.org/governance/the-oecd-digital-government-policy-framework_f64fed2a-en;jsessionid=J6IaAoiCoIWQQk2RQNuF7sv9kW72OhNgOE-LGMwg.ip-10-240-5-83. Acesso em: 18 out. 2023.

[25] Isto é, a valoração da dimensão "orientado para o usuário" assume uma interpretação particular quando examinada pela lógica da boa governança.

[26] TRIBUNAL DE CONTAS DA UNIÃO. *Guia da Política de Governança Pública* – Casa Civil. Brasília: TCU, 2018. Disponível em: https://www.gov.br/casacivil/pt-br/assuntos/governanca/comite-interministerial-de-governanca/arquivos/guia-da-politica-de-governanca-publica_versao-defeso.pdf/view. Acesso em: 1º nov. 2023.

4 A governança política como direcionadora da governança e a gestão de dados

Examinar a governança de dados a partir da percepção dos dados enquanto uma cadeia e recurso coloca a necessidade de uma compreensão para além das taxonomias (dados privados, públicos, sensíveis, pessoais). Ao tratar da governança de dados em um governo orientado para dados, a OCDE estabelece um quadro próprio, em que destaca o seu direcionamento para a geração de valor público, que deve ser feita por meio de um *planejamento*, uma *entrega* e um *monitoramento* de políticas públicas apropriados.[27]

Esse quadro é dividido em três grandes facetas, *valor público* (valor, orientação), *governança* (as estratégias) *confiança* (os princípios). Essa distribuição reforça o argumento que a governança, enquanto tipo institucional – ou filosofia –, é uma condutora anterior dos esquemas a refletir sobre as facetas de uma governança de dados.[28] Como se trata de palavras polissêmicas, é comum referir como conceitos sinônimos.[29]

No âmbito *gerencial*, governança de informações, de dados e a gestão de dados atendem a diferentes funções e responsabilidades dentro de uma organização. A governança se refere ao primeiro estágio na criação de uma estrutura baseada em gestão e política de governança, consolidando uma visão geral da organização (a definição do propósito).

Em termos gerais, pode-se compreender governança de informações e a governança de dados como um quadro estratégico, ao passo que a gestão de dados se concentra no fornecimento da tecnologia e dos serviços. Com efeito, a governança de dados se situa em um nível intermediário, mostrando-se como um sistema de processos e controles de gerenciamento, políticas administrativas, direitos de decisão e responsabilidades que visam garantir a implementação de *controles formais* de gerenciamento.[30]

O estabelecimento de um ambiente propício à exploração de dados, a implementação de regras e diretrizes claras, a atribuição de poderes de tomada de decisão e a obrigação de prestação de contas são elementos fundamentais para que se concretize de modo eficaz a gestão de dados.[31] Esta, por sua vez, depende da tecnologia da informação para administrar sistemas de arquitetura, catálogos de dados e práticas e procedimentos de tecnologia da informação para gerenciar dados de forma eficaz. Isso mostra que não se pode, portanto, pensar em modelos de gestão isolados, mas que o escorço refere a um movimento organizacional completo, em que a gestão dos dados é o nível de aspecto mais técnico e, para que se concretize, é necessário que esteja alinhado à filosofia orientada da governança.[32]

---

[27] OECD. *Going Digital Guide to Data Governance Policy Making*. [s.l.]: OECD, 2022. Disponível em: https://www.oecd-ilibrary.org/content/publication/40d53904-en.

[28] OECD. *Going Digital Guide to Data Governance Policy Making*. [s.l.]: OECD, 2022. Disponível em: https://www.oecd-ilibrary.org/content/publication/40d53904-en.

[29] DESROCHERS, Pierre. *Les données administratives publiques dans l'espace numérique*. Québec: Presses de l'Université du Québec, 2022. (Gouvernance de l'information, 2).

[30] DESROCHERS, Pierre. *Les données administratives publiques dans l'espace numérique*. Québec: Presses de l'Université du Québec, 2022. (Gouvernance de l'information, 2).

[31] DESROCHERS, Pierre. *Les données administratives publiques dans l'espace numérique*. Québec: Presses de l'Université du Québec, 2022. (Gouvernance de l'information, 2).

[32] KITAYAMA, Marina; BIONI, Bruno. A Governança de dados como política pública: perspectivas da cooperação entre Defensorias e sociedade civil. *Cadernos da Defensoria Pública do Estado de São Paulo*, v. 6, n. 31, p. 74-92, 2021.

No caso brasileiro, constata-se uma carência de uniformização estratégica, instrumental e técnica dos modelos de governança. Além disso, a transformação digital se materializa sob uma lógica específica. Há, com efeito, uma base valorativa que condiciona e direciona os demais esquemas, fazendo emergir o que se diz uma *reforma silenciosa*[33] da ação política e pública.

Essa reforma silenciosa leva a um cenário de crescente algoritmização da administração pública, em que se sugestiona o potencial de superação do patrimonialismo do passado ao remover a intervenção humana em organizações públicas.[34] Este movimento[35] se desenrola por meio dos princípios transversais da governança.

O Tribunal de Contas da União, por exemplo, dispõe que se deve pensar em "patamares mínimos de boa governança e a criação de um arranjo institucional flexível que permitisse adequações e particularizações".[36] O TCU ainda destaca que o Decreto nº 9.203/2017 traz ferramentas para implementar *coordenação* e *coerência* dos modelos de governança, o qual é considerado um marco e um direcionador dos *valores* a serem perseguidos.

Por sua vez, os princípios e valores[37] são estabelecidos a fim de buscar adaptação da gestão pública às boas práticas estabelecidas por essas instituições, decorrendo, daí, a definição das noções dos conceitos e princípios, normatizados no ordenamento jurídico.

É o que se observa também das considerações do Ministério do Planejamento,[38] ao distinguir governança corporativa, da pública, das TICs e governança digital, destacando a relevância do primeiro como direcionador das demais.

Logo, no caso do Brasil, a governança da informação e de dados é desenhada em atenção e no interior da política da *governança corporativa*, que condiciona estratégias e políticas para que se alinhem aos resultados desejados e tratem dos riscos envolvidos.

---

[33] FILGUEIRAS, Fernando. Indo além do gerencial: a agenda da governança democrática e a mudança silenciada no Brasil. *Revista de Administração Pública*, v. 52, p. 71-88, 2018. Disponível em: https://www.scielo.br/j/rap/a/Pry L9JzmYhyVBTrdG3GGxsr/?lang=pt. Acesso em: 18 out. 2023.

[34] FILGUEIRAS, Fernando. Indo além do gerencial: a agenda da governança democrática e a mudança silenciada no Brasil. *Revista de Administração Pública*, v. 52, p. 71-88, 2018. Disponível em: https://www.scielo.br/j/rap/a/Pry L9JzmYhyVBTrdG3GGxsr/?lang=pt. Acesso em: 18 out. 2023.

[35] Por exemplo, as plataformas de mídia social mudaram todo o processo de comunicação pública na sociedade, com efeitos variados. As mídias sociais alteraram as formas de socialização entre os jovens, facilitaram a disseminação do discurso de ódio e afetaram diretamente o funcionamento dos regimes democráticos (FILGUEIRAS, Fernando. Indo além do gerencial: a agenda da governança democrática e a mudança silenciada no Brasil. *Revista de Administração Pública*, v. 52, p. 71-88, 2018. Disponível em: https://www.scielo.br/j/rap/a/Pry L9JzmYhyVBTrdG3GGxsr/?lang=pt. Acesso em: 18 out. 2023).

[36] TRIBUNAL DE CONTAS DA UNIÃO. *Guia da Política de Governança Pública* – Casa Civil. Brasília: TCU, 2018. Disponível em: https://www.gov.br/casacivil/pt-br/assuntos/governanca/comite-interministerial-de-governanca/arquivos/guia-da-politica-de-governanca-publica_versao-defeso.pdf/view. Acesso em: 1º nov. 2023.

[37] O Decreto nº 9.203/2017 elenca os seguintes princípios: 1. Capacidade de resposta; 2. Integridade; 3. Transparência; 4. Equidade e participação; 5. *Accountability*; 6. Confiabilidade; 7. Melhoria regulatória.

[38] Nos termos: "As boas práticas de governança corporativa convertem princípios básicos em recomendações objetivas, alinhando interesses com a finalidade de preservar e otimizar o valor econômico de longo prazo da organização, facilitando seu acesso a recursos e contribuindo para a qualidade da gestão da organização, sua longevidade e o bem comum". Governança digital "É a utilização, pelo setor público, de recursos de TIC com o objetivo de melhorar a informação e a prestação de serviços, incentivando a participação da sociedade no processo de tomada de decisão e aprimorando os níveis de responsabilidade, transparência e efetividade do governo". Finalmente, a governança da TI é "É o sistema pelo qual o uso atual e futuro da TIC é dirigido e controlado, mediante avaliação e direcionamento do uso da TIC para dar suporte à organização e monitorar seu uso para realizar os planos" (BRASIL. Ministério do Planejamento, Orçamento e Gestão. *Manual de Gestão de Integridade, Riscos e Controles Internos da Gestão*. 2017. Disponível em: https://repositorio.cgu.gov.br/handle/1/74041. Acesso em: 13 nov. 2023).

Além disso, verifica-se um modelo ambíguo de governança,[39] em que convergem formatos hierárquicos, com base em autonomia burocrática, e outros menos hierárquicos e mais interativos, que envolvem formatos de relacionamento com os mercados – como resultado das reformas administrativas, ou com espaços societais, como já bem evidenciado anteriormente.[40]

O governo federal tem um quadro impreciso, de disposições e mecanismos fragmentados e pulverizados.[41] É um cenário, enfim, que cria "situações de conflito e ineficácia no design da política de dados".[42] Vale dizer, não existe no Brasil uma estratégia centralizada direcionada a todo o setor público, o que faz com que a adaptabilidade e os aprendizados sobre o manejo e aplicação das tecnologias sejam setoriais.[43]

Essa configuração traz um problema relevante na transformação digital, pois pensar em uma governança informacional implica pensar em uma estratégia de governança de dados, cuja fragmentação compromete a efetivação dos eixos que compõem a faceta da governança.

5 O desafio da governança de dados em um modelo federativo

No caso da governança de dados, a interoperabilidade é um meio para que se promova o compartilhamento, o qual, por sua vez, é capaz de ser gerador de valor. Por isso, um fator primordial é a capacidade de interação entre órgãos e instituições, isto é, a conectividade feita por meio dos fluxos para construção de valores. A busca pela integração entre os órgãos e entidades têm sido uma pauta presente no âmbito da gestão pública, constituindo-se uma preocupação central.[44]

Nessa esteira, a Lei do Governo Digital permite a interoperabilidade entre os entes federados, por meio da Base Nacional de Serviços Públicos.[45] No entanto, a estrutura federativa e a autonomia dos estados federados fazem com que a implementação da política do governo digital se torne mais complicada que em estados unitários, constituindo-se uma das barreiras à governança digital do Brasil.

---

[39] No Decreto nº 8.638/2016 – já revogado, conceituava-se a governança digital como: a utilização pelo setor público de recursos de tecnologia da informação e comunicação com o objetivo de melhorar a disponibilização de informação e a prestação de serviços públicos, incentivar a participação da sociedade no processo de tomada de decisão e aprimorar os níveis de responsabilidade, transparência e efetividade do governo.

[40] FILGUEIRAS, Fernando. Indo além do gerencial: a agenda da governança democrática e a mudança silenciada no Brasil. *Revista de Administração Pública*, v. 52, p. 71-88, 2018. Disponível em: https://www.scielo.br/j/rap/a/Pry1.9JzmYhyVBTrdG3GGysr/?lang=pt. Acesso em: 18 out. 2023.

[41] FILGUEIRAS, Fernando; LUI, Lizandro. Designing data governance in Brazil: an institutional analysis. *Policy Design and Practice*, v. 6, n. 1, p. 41-56, 2023. Disponível em: https://www.tandfonline.com/doi/full/10.1080/25741292.2022.2065065. Acesso em: 18 out. 2023.

[42] FILGUEIRAS, Fernando; LUI, Lizandro. Designing data governance in Brazil: an institutional analysis. *Policy Design and Practice*, v. 6, n. 1, p. 41-56, 2023. Disponível em: https://www.tandfonline.com/doi/full/10.1080/25741292.2022.2065065. Acesso em: 18 out. 2023.

[43] FILGUEIRAS, Fernando; LUI, Lizandro. Designing data governance in Brazil: an institutional analysis. *Policy Design and Practice*, v. 6, n. 1, p. 41-56, 2023. Disponível em: https://www.tandfonline.com/doi/full/10.1080/25741292.2022.2065065. Acesso em: 18 out. 2023.

[44] FILGUEIRAS, Fernando; LUI, Lizandro. Designing data governance in Brazil: an institutional analysis. *Policy Design and Practice*, v. 6, n. 1, p. 41-56, 2023. Disponível em: https://www.tandfonline.com/doi/full/10.1080/25741292.2022.2065065. Acesso em: 18 out. 2023.

[45] "Parágrafo único. Cada ente federado poderá disponibilizar as informações sobre a prestação de serviços públicos, conforme disposto nas suas Cartas de Serviços ao Usuário, na Base Nacional de Serviços Públicos, em formato aberto e interoperável e em padrão comum a todos os entes".

Com efeito, o conjunto da configuração institucional[46] do modelo federativo, das legislações esparsas,[47] conduz à primeira demarcação de que as políticas brasileiras de governança pública e de governança digital carecem de coordenação e coerência, o que traz um problema para uma adequabilidade das instituições e organizações para transformação digital, um fator observado, inclusive, pela OCDE.[48]

A estratégia de governo digital brasileira se destina ao governo federal,[49] cuja adesão é voluntária aos demais entes federativos.[50] Essa disposição se expande por todas as políticas de transformação digital no país. Por exemplo, a prestação de serviços públicos é centralizada na Plataforma Cidadania Digital, que traz acesso aos cidadãos de serviços públicos digitais, instituída por meio do Decreto nº 8.936/2016. Neles estão incluídos um portal de serviço para ser um canal de comunicação do cidadão com pedidos e prestação de serviços públicos, o que se faz em uma abrangência federal.

Por sua vez, a *Rede Nacional de Governo Digital* – RNGD, que institui a página "Gov.br", vem disposta no art. 7º do Decreto federal nº 10.332/2020, com a finalidade de promover o intercâmbio de informações. Mas, embora se proponha como Plataforma central, ela não é empregada pela maior parte dos municípios.[51]

Esse ponto realça outra particularidade do desenho institucional brasileiro e seus arranjos. Nos termos da Constituição, a prestação da maioria dos serviços públicos

---

[46] A governança pública, normatizada pelo Decreto nº 9.203, de 2017, aplica-se expressamente no âmbito da federação, do mesmo modo que a lei do governo digital. Além disso, os mecanismos e plataformas também são voltados à integração federativa. A dificuldade se acresce quando se observa que a própria política federal da transformação digital é fragmentada e não coordenada, o que traz celeumas para uma adequabilidade das entidades federativas para a transformação digital.

[47] Atualmente, as principais normas direcionadoras da transformação digital e de governança no Brasil são: o Decreto nº 10.332/2020, que estabelece a Estratégia do Governo Digital de 2020 a 2022; o Decreto nº 10.0466/2019, que dispõe sobre governança no compartilhamento de dados no âmbito federal; a Lei nº 14.129.2021 do Governo Digital, e a Lei nº 12.507/2011; o Decreto nº 9.203, que dispõe sobre a política de governança federal; e a LINDB, que altera as normas do direito público brasileiro. A Lei de Processo Administrativo e a Constituição também compõem o corpo normativo. Além disso, a LGPD e o Marco Civil da Internet são dois marcos normativos relevantes, devendo desde logo levar em consideração que se trata de normas oriundas de e criadas para relações civis, não sendo, deste modo, propostas para a governança de dados. Os modelos divergem entre si e se direcionam à administração pública federal. Deste modo, não são todos desenhados para o Estado como um todo.

[48] Segundo a OECD: "a existência de várias políticas pode afetar negativamente a disponibilidade de uma visão clara e integrada de governo capaz de guiar as ações a serem executadas por entidades públicas, privadas e da sociedade civil. A multiplicação de estratégias pode vir a ofuscar a governança institucional" (OECD. *Modernizando a avaliação dos riscos para a integridade no Brasil*: Rumo a uma abordagem comportamental e orientada por dados. [s.l.]: OECD, 2022. Disponível em: https://www.oecd-ilibrary.org/governance/modernizando-a-avaliacao-dos-riscos-para-a-integridade-no-brasil_61d7fc60-pt. Acesso em: 13 nov. 2023).

[49] A Lei do Governo Digital, nº 14.129/2021, estabelece no seu art. 2º sua aplicação aos órgãos da administração pública direta federal (Poderes Executivo, Judiciário e Legislativo, Tribunal de Contas da União e o Ministério Público da União) e entidades da administração pública indireta federal, incluídas as empresas públicas e sociedades de economia mista, suas subsidiárias e controladas, que prestem serviço público, autarquias e fundações públicas.

[50] BRASIL. Ministério do Planejamento, Orçamento e Gestão. *Estratégia de Governança Digital da Administração Pública Federal 2016-19*. 2016. Disponível em: http://bibliotecadigital.economia.gov.br/handle/123456789/1021. Acesso em: 31 out. 2023.

[51] Segundo Mariano Lafuente, os que empregam em maior proporção são os das Regiões Sul e Sudeste, em detrimento aos do Norte e Nordeste do país. Concentra-se, ainda, nas metrópoles, 28%, e nos centros de zona, 22% (LAFUENTE, Mariano; LEITE, Rafael; PORRÚA, Miguel *et al. Transformação digital dos governos brasileiros*: satisfação dos cidadãos com os serviços públicos digitais. [s.l.]: Inter-American Development Bank, 2021. Disponível em: https://publications.iadb.org/pt/node/29788. Acesso em: 1º nov. 2023).

básicos à população é de competência dos governos estaduais e locais.[52] Isto é, a estrutura federativa, de modo assimétrico e descentralizado, confere uma autonomia que deixa a cargo dos municípios a maioria das prestações dos serviços à população, constituindo, assim, uma fragmentação da política de governança e um entrave à transformação digital.[53]

Por outro lado, uma política de governo digital depende de ferramentas que sejam capazes de integrar os serviços estaduais e municipais. Vale dizer, "não basta o desenvolvimento de uma política dirigida à Administração federal",[54] de modo que a transformação digital brasileira deve abranger não apenas o desenho da federação, mas "depende de integração institucional".[55]

Uma alternativa seria refletir sobre políticas baseadas em plataformas que visem à unificação de modo a simplificar os serviços públicos por meio das tecnologias digitais. No entanto, resta o questionamento sobre uma maior centralização ou fragmentação dos modelos de plataforma. Por isso, a descentralização radical não é bem vista.[56]

A gestão de dados, como visto, também depende da tecnologia da informação. Elas apoiam o planejamento, o desenvolvimento, a implementação e a administração de sistemas de arquitetura, sistemas de gerenciamento de catalogação de dados, práticas e procedimentos para gerenciar os fluxos de dados de uma organização de forma eficiente e econômica.

Nesse sentido, o Decreto nº 10.332/ 2020, de aplicabilidade federal, trata de uma cultura orientada por dados, elencando metas, como integração dos sistemas, criação de políticas públicas baseadas em dados. No entanto, na prática, as equipes de gestão empregam suas metodologias de modo isolado.

De modo que, a despeito de as organizações públicas gerarem grandes quantidades de dados, emergem diversos desafios e barreiras além da integração, e que se referem à carência de conhecimento e qualificação sobre a temática, o que não raro conduz a um debate direcionado sobre esse procedimento e sobre as estratégias de governança de informação e de dados. E, ao contrário das grandes empresas de tecnologia digital, as organizações públicas se deparam muitas vezes com ferramentas, processos e metodologias desatualizados.[57]

---

[52] AFONSO, José Roberto R.; MONTEIRO, Bernardo Motta. Do governo eletrônico à governança pública digital: muito por fazer (e ganhar) no Brasil. *Revista Conjuntura Econômica*, v. 76, n. 6, p. 22-24, 2022. Disponível em: https://periodicos.fgv.br/rce/article/view/86085. Acesso em: 18 out. 2023.

[53] AFONSO, José Roberto R.; MONTEIRO, Bernardo Motta. Do governo eletrônico à governança pública digital: muito por fazer (e ganhar) no Brasil. *Revista Conjuntura Econômica*, v. 76, n. 6, p. 22-24, 2022. Disponível em: https://periodicos.fgv.br/rce/article/view/86085. Acesso em: 18 out. 2023.

[54] BAPTISTA, Patrícia; ANTOUN, Leonardo. Governo digital: política pública, normas e arranjos institucionais no regime federativo brasileiro: a edição da lei federal n. 14.129/2021 e o desenvolvimento da política nacional de governo digital. *RFD – Revista da Faculdade de Direito da UERJ*, n. 41, p. 1-34, 2022. Disponível em: https://www.e-publicacoes.uerj.br/index.php/rfduerj/article/view/70724. Acesso em: 18 out. 2023.

[55] AFONSO, José Roberto R.; MONTEIRO, Bernardo Motta. Do governo eletrônico à governança pública digital: muito por fazer (e ganhar) no Brasil. *Revista Conjuntura Econômica*, v. 76, n. 6, p. 22-24, 2022. Disponível em: https://periodicos.fgv.br/rce/article/view/86085. Acesso em: 18 out. 2023.

[56] AFONSO, José Roberto R.; MONTEIRO, Bernardo Motta. Do governo eletrônico à governança pública digital: muito por fazer (e ganhar) no Brasil. *Revista Conjuntura Econômica*, v. 76, n. 6, p. 22-24, 2022. Disponível em: https://periodicos.fgv.br/rce/article/view/86085. Acesso em: 18 out. 2023.

[57] DESROCHERS, Pierre. *Les données administratives publiques dans l'espace numérique*. Québec: Presses de l'Université du Québec, 2022. (Gouvernance de l'information, 2).

Logo, a despeito das normas existentes sobre governança de dados, essas disposições conduzem a resultados ineficazes também pela disposição de modo discrepante com os objetivos da governança e gestão de dados. Não por acaso, Fernando Filgueiras aponta que o caminho da governança de dados no Brasil decorre das escolhas institucionais, o que acaba potencializando um sistema "moldado pela propriedade e custódia dos dados e pela fragmentação do armazenamento e uso dos dados".[58]

Em resumo, as tensões da governança acabam conduzindo a uma ineficácia das ações em um grande esquema. Finalmente, a desconfiança da população com o governo e o uso e tratamento de dados dificulta ainda mais mudanças substanciais, pois são enfatizadas em proteção dos dados individuais e não na exploração dos dados e na necessidade de integração para uma interoperabilidade eficaz.

6 Considerações finais

A narrativa evidencia que a governança informacional merece um "projeto de adequação",[59] que pode ser compreendido como tal, como uma *política de Estado*,[60] ou mesmo como um marco nacional de governança pública digital. Com efeito, no caso dos programas de governança pública, um programa de governança de dados é importante "política pública de garantia de direitos fundamentais e de aprimoramento organizacional das instituições".[61] Para a OCDE, o projeto de governança deve abordar a segurança dos serviços e dos dados, bem como buscar a integração entre os sistemas.[62]

Trata-se do que Bruno Bioni chama de projeto de adequação.[63] Ele emerge de estruturas institucionais que moldam as interações dos atores relacionadas a dados massivos para políticas públicas.[64] Esse processo implica a "adoção de uma série de medidas" a serem adotadas pelo setor público. Com efeito, a implementação e execução de um programa de adaptação é de complexidade, especialmente em um cenário em

---

[58] FILGUEIRAS, Fernando; LUI, Lizandro. Designing data governance in Brazil: an institutional analysis. *Policy Design and Practice*, v. 6, n. 1, p. 41-56, 2023. Disponível em: https://www.tandfonline.com/doi/full/10.1080/25741 292.2022.2065065. Acesso em: 18 out. 2023.

[59] KITAYAMA, Marina; BIONI, Bruno. A Governança de dados como política pública: perspectivas da cooperação entre Defensorias e sociedade civil. *Cadernos da Defensoria Pública do Estado de São Paulo*, v. 6, n. 31, p. 74-92, 2021.

[60] ALMEIDA, Virgilio; FILGUEIRAS, Fernando; GAETANI, Francisco. Digital Governance and the Tragedy of the Commons. *IEEE Internet Computing*, v. 24, n. 4, p. 41-46, 2020. Disponível em: https://ieeexplore.ieee.org/document/9195909/. Acesso em: 18 out. 2023.

[61] WERNER, Patricia Ulson Pizarro. A abordagem direito e políticas públicas como ferramenta de aprimoramento das instituições jurídicas: qualidade organizacional, sistematização de dados e fomento das relações interinstitucionais. *REI – Revista Estudos Institucionais*, v. 5, n. 3, p. 926-941, 2019. Disponível em: https://www.estudosinstitucionais.com/REI/article/view/435. Acesso em: 19 ago. 2024.

[62] OECD. *Modernizando a avaliação dos riscos para a integridade no Brasil*: Rumo a uma abordagem comportamental e orientada por dados. [s.l.]: OECD, 2022. Disponível em: https://www.oecd-ilibrary.org/governance/modernizando-a-avaliacao-dos-riscos-para-a-integridade-no-brasil_61d7fc60-pt. Acesso em: 13 nov. 2023.

[63] KITAYAMA, Marina; BIONI, Bruno. A Governança de dados como política pública: perspectivas da cooperação entre Defensorias e sociedade civil. *Cadernos da Defensoria Pública do Estado de São Paulo*, v. 6, n. 31, p. 74-92, 2021.

[64] FILGUEIRAS, Fernando; LUI, Lizandro. Designing data governance in Brazil: an institutional analysis. *Policy Design and Practice*, v. 6, n. 1, p. 41-56, 2023. Disponível em: https://www.tandfonline.com/doi/full/10.1080/25741 292.2022.2065065. Acesso em: 18 out. 2023.

que pouca atenção se dá ao setor público.[65] Tais medidas vão muito além da adaptação aos termos das normas de direito privado, como a LGPD.[66]

A necessidade de reformular a abordagem estratégica em relação aos dados sugere uma maneira de conceituar a governança de dados que reconheça sua relação com a gestão de dados. Esse é um primeiro elemento. Além disso, é relevante identificar as particularidades dessa nova estruturação, da infraestrutura de dados, as questões fundamentais a serem elencadas em um modelo de governança, o que se deve buscar examinar em atenção a uma perspectiva de governança informacional, a qual abrange as diversas camadas de governança e gestão.

Pode-se pensar igualmente em um marco de governança próprio no Brasil, que uniformize, sem ferir a autonomia federativa, a governança digital e busque lidar com as assimetrias da descentralização brasileira. Isso deve ser feito a partir do olhar do público, e por meio da governança enquanto categoria.

A análise também evidencia a importância da governança digital na transformação das administrações públicas em um cenário global cada vez mais interconectado. No contexto brasileiro, os desafios são relacionados à fragmentação das políticas de governança e à complexidade do modelo federativo. De todo modo, a governança informacional, além de representar uma evolução técnica, impõe a necessidade de uma filosofia orientadora que possa alinhar as práticas de gestão pública às novas exigências do ambiente digital.

Essa característica da governança e sua importância enquanto categoria básica de uma administração digital não podem passar indenes pelo direito. O caminho de um direito administrativo digital se faz a partir dos elementos e vocabulários de uma sociedade informacional e, neste sentido, as estruturas normativas devem ser pensadas em atenção aos modelos de governança e gestão de informação. Com efeito, entende-se que a governança informacional deve ser vista não somente como um conjunto de práticas administrativas, mas como uma categoria interdisciplinar que integra aspectos jurídicos, técnicos e políticos.

Somente por meio de uma governança bem estruturada, que leve em conta as especificidades do ciberespaço e as novas demandas sociais, será possível garantir uma administração pública digital adequada e responsiva às necessidades dos cidadãos.

Referências

AFONSO, José Roberto R.; MONTEIRO, Bernardo Motta. Do governo eletrônico à governança pública digital: muito por fazer (e ganhar) no Brasil. *Revista Conjuntura Econômica*, v. 76, n. 6, p. 22-24, 2022. Disponível em: https://periodicos.fgv.br/rce/article/view/86085. Acesso em: 18 out. 2023.

ALMEIDA, Virgilio; FILGUEIRAS, Fernando; GAETANI, Francisco. Digital Governance and the Tragedy of the Commons. *IEEE Internet Computing*, v. 24, n. 4, p. 41-46, 2020. Disponível em: https://ieeexplore.ieee.org/document/9195909/. Acesso em: 18 out. 2023.

---

[65] KITAYAMA, Marina; BIONI, Bruno. A Governança de dados como política pública: perspectivas da cooperação entre Defensorias e sociedade civil. *Cadernos da Defensoria Pública do Estado de São Paulo*, v. 6, n. 31, p. 74-92, 2021.

[66] AFONSO, José Roberto R.; MONTEIRO, Bernardo Motta. Do governo eletrônico à governança pública digital: muito por fazer (e ganhar) no Brasil. *Revista Conjuntura Econômica*, v. 76, n. 6, p. 22-24, 2022. Disponível em: https://periodicos.fgv.br/rce/article/view/86085. Acesso em: 18 out. 2023.

BAPTISTA, Patrícia; ANTOUN, Leonardo. Governo digital: política pública, normas e arranjos institucionais no regime federativo brasileiro: a edição da lei federal n. 14.129/2021 e o desenvolvimento da política nacional de governo digital. *RFD – Revista da Faculdade de Direito da UERJ*, n. 41, p. 1-34, 2022. Disponível em: https://www.e-publicacoes.uerj.br/index.php/rfduerj/article/view/70724. Acesso em: 18 out. 2023.

BARLOW, John Perry. A Declaration of the Independence of Cyberspace. *Electronic Frontier Foundation*. Disponível em: https://www.eff.org/fr/cyberspace-independence. Acesso em: 19 out. 2023.

BECKOUCHE, Pierre. La révolution numérique est-elle un tournant anthropologique? *Le Débat*, v. 193, n. 1, p. 153-166, 2017. Disponível em: https://www.cairn.info/revue-le-debat-2017-1-page-153.htm.

BRASIL. Ministério do Planejamento, Orçamento e Gestão. *Estratégia de Governança Digital da Administração Pública Federal 2016-19*. 2016. Disponível em: http://bibliotecadigital.economia.gov.br/handle/123456789/1021. Acesso em: 31 out. 2023.

BRASIL. Ministério do Planejamento, Orçamento e Gestão. *Manual de Gestão de Integridade, Riscos e Controles Internos da Gestão*. 2017. Disponível em: https://repositorio.cgu.gov.br/handle/1/74041. Acesso em: 13 nov. 2023.

CHEVALLIER, Jacques. *L'Etat post-moderne*. 5. ed. Paris: LGDJ, 2017.

CHEVALLIER, Jacques. Vers l'État-plateforme? *Revue française d'administration publique*, v. 167, n. 3, p. 627-637, 2018. Disponível em: https://www.cairn.info/revue-francaise-d-administration-publique-2018-3-page-627.htm.

COMMAILLE, Jacques. Sociologie de l'action publique. *In*: *Dictionnaire des politiques publiques*. Paris: Presses de Sciences Po, 2019, v. 5e éd., p. 576-584. (Références). Disponível em: https://www.cairn.info/dictionnaire-des-politiques-publiques--9782724625110-p-576.htm.

COULDRY, Nick; MEJIAS, Ulises A. Le colonialisme des données: repenser la relation entre le big data et le sujet contemporain. *Questions de communication*, v. 42, n. 2, p. 205-221, 2022. Disponível em: https://www.cairn.info/revue-questions-de-communication-2022-2-page-205.htm. Acesso em: 28 out. 2023.

DESROCHERS, Pierre. *Les données administratives publiques dans l'espace numérique*. Québec: Presses de l'Université du Québec, 2022. (Gouvernance de l'information, 2).

DUNLEAVY, Patrick. Information regimes in government bureaucracies and "digital decompression". *In*: UK POLITICAL STUDIES ASSOCIATION CONFERENCE. University of York, York, United Kingdom, 2022. Disponível em: http://eprints.lse.ac.uk/114488/. Acesso em: 27 out. 2023.

FILGUEIRAS, Fernando. Indo além do gerencial: a agenda da governança democrática e a mudança silenciada no Brasil. *Revista de Administração Pública*, v. 52, p. 71-88, 2018. Disponível em: https://www.scielo.br/j/rap/a/PryL9JzmYhyVBTrdG3GGxsr/?lang=pt. Acesso em: 18 out. 2023.

FILGUEIRAS, Fernando; LUI, Lizandro. Designing data governance in Brazil: an institutional analysis. *Policy Design and Practice*, v. 6, n. 1, p. 41-56, 2023. Disponível em: https://www.tandfonline.com/doi/full/10.1080/25741292.2022.2065065. Acesso em: 18 out. 2023.

KITAYAMA, Marina; BIONI, Bruno. A Governança de dados como política pública: perspectivas da cooperação entre Defensorias e sociedade civil. *Cadernos da Defensoria Pública do Estado de São Paulo*, v. 6, n. 31, p. 74-92, 2021.

LAFUENTE, Mariano; LEITE, Rafael; PORRÚA, Miguel *et al*. *Transformação digital dos governos brasileiros*: satisfação dos cidadãos com os serviços públicos digitais. [s.l.]: Inter-American Development Bank, 2021. Disponível em: https://publications.iadb.org/pt/node/29788. Acesso em: 1º nov. 2023.

MAYER-SCHÖNBERGER, Viktor; CUKIER, Kenneth. *Big data*: la révolution des données est en marche. Tradução de Hayet Dhifallah. Paris: R. Laffont, 2014. 1. v.

MCAFEE, Andrew; BRYNJOLFSSON, Erik. *Machine, platform, crowd*: Harnessing our digital future. New York: WW Norton & Company, 2017. Disponível em: https://books.google.com/books?hl=en&lr=&id=zh1DDQAAQBAJ&oi=fnd&pg=PT6&dq=info:ad91ptT3f4AJ:scholar.google.com&ots=wH8tpV4x1h&sig=FOFIMzssalgt-g-qe8o2jE9vpx0. Acesso em: 25 abr. 2024.

MOCKLE, Daniel. *La gouvernance publique*. 1. ed. Paris: LGDJ-Lextenso, 2022. (Droit et Société, droit).

MOCKLE, Daniel. Le principe général du bon gouvernement. *Les Cahiers de droit*, v. 60, n. 4, p. 1031-1086, 2019. Disponível em: https://www.erudit.org/fr/revues/cd1/2019-v60-n4-cd05038/1066349ar/. Acesso em: 8 out. 2023.

OECD. *Going Digital Guide to Data Governance Policy Making*. [s.l.]: OECD, 2022. Disponível em: https://www.oecd-ilibrary.org/content/publication/40d53904-en.

OECD. *Modernizando a avaliação dos riscos para a integridade no Brasil*: Rumo a uma abordagem comportamental e orientada por dados. [s.l.]: OECD, 2022. Disponível em: https://www.oecd-ilibrary.org/governance/modernizando-a-avaliacao-dos-riscos-para-a-integridade-no-brasil_61d7fc60-pt. Acesso em: 13 nov. 2023.

OECD. *The OECD Digital Government Policy Framework*: Six dimensions of a Digital Government. Paris: OECD, 2020. Disponível em: https://www.oecd-ilibrary.org/governance/the-oecd-digital-government-policy-framework_f64fed2a-en;jsessionid=J6IaAoiCoIWQQk2RQNuF7sv9kW72OhNgOE-LGMwg.ip-10-240-5-83. Acesso em: 18 out. 2023.

PITSEYS, John. Le concept de gouvernance. *Revue interdisciplinaire d'études juridiques*, v. 65, n. 2, p. 207-228, 2010. Disponível em: https://www.cairn.info/revue-interdisciplinaire-d-etudes-juridiques-2010-2-page-207.htm.

TRIBUNAL DE CONTAS DA UNIÃO. *Guia da Política de Governança Pública* – Casa Civil. Brasília: TCU, 2018. Disponível em: https://www.gov.br/casacivil/pt-br/assuntos/governanca/comite-interministerial-de-governanca/arquivos/guia-da-politica-de-governanca-publica_versao-defeso.pdf/view. Acesso em: 1º nov. 2023.

UBALDI, Benjamin; WELBY, Barbara-Chiara. Digital Government: The Future Is Already Here, It's Just Unevenly Distributed. *In*: LIEBOWITZ, Jay (Ed.). *Pivoting Government through Digital Transformation*. [s.l.]: Auerbach Publications, 2023.

WERNER, Patricia Ulson Pizarro. A abordagem direito e políticas públicas como ferramenta de aprimoramento das instituições jurídicas: qualidade organizacional, sistematização de dados e fomento das relações interinstitucionais. *REI – Revista Estudos Institucionais*, v. 5, n. 3, p. 926-941, 2019. Disponível em: https://www.estudosinstitucionais.com/REI/article/view/435. Acesso em: 19 ago. 2024.

WORLD BANK. *GovTech Maturity Index* – 2022 Update: Trends in Public Sector Digital Transformation. 2022. Disponível em: http://hdl.handle.net/10986/38499. Acesso em: 31 out. 2023.

ZUBOFF, Shoshana. *The age of surveillance capitalism*: the fight for a human future at the new frontier of power. London: Profile books, 2019.

Informação bibliográfica deste texto, conforme a NBR 6023:2018 da Associação Brasileira de Normas Técnicas (ABNT):

VIANA, Ana Cristina Aguilar. Direito administrativo digital e os contornos de um modelo de governança informacional. *In*: JUSTEN, Monica Spezia; PEREIRA, Cesar; JUSTEN NETO, Marçal; JUSTEN, Lucas Spezia (coord.). *Uma visão humanista do direito*: homenagem ao Professor Marçal Justen Filho. Belo Horizonte: Fórum, 2025. v. 1, p. 127-141. ISBN 978-65-5518-918-6.

O PRINCÍPIO DA IMPESSOALIDADE ADMINISTRATIVA E A INTELIGÊNCIA ARTIFICIAL

ANDRÉ CYRINO

MARCUS VINICIUS BARBOSA

temos todas as coragens,

menos a de negar o pedido de um amigo.[1]

1 Introdução: um axioma e uma tecnologia

Não é raro olhar para o noticiário e ver o público e o privado se misturando. Há casos pitorescos. Em 17.2.2020, uma manchete dava conta da condenação de um prefeito por improbidade administrativa. O motivo: perseguiu adversários se valendo da própria autoridade. Assim, dentre outras práticas: proibiu o estacionamento de veículos no quarteirão de um hotel que venceu uma ação contra o município e determinou o corte ilegal de salários do vice-prefeito que concorreu contra a sua reeleição.[2] Ainda antes, em 5.7.2018, o jornal *O Globo* divulgou áudio do então prefeito do Rio de Janeiro, em um evento público no Palácio da Cidade com pastores evangélicos e líderes religiosos, em que ele, referindo-se à marcação de cirurgias de varizes e catarata, disse: "É só conversar com a Márcia que ela vai anotar, vai encaminhar e, daqui a uma semana ou duas, eles

---

[1] DAMATTA, Roberto. Conflito de interesse: quando a ética pessoal encontra a justiça. *O Estado de S. Paulo*, São Paulo, 14 ago. 2024. Disponível em: https://www.estadao.com.br/cultura/roberto-damatta/conflito-de-interesse-quando-a-etica-pessoal-encontra-a-justica/. Acesso em: 19 ago. 2024.

[2] PREFEITO é condenado pelo TJ-SP por perseguir adversários políticos. *Conjur*, 17 fev. 2020. Disponível em: https://www.conjur.com.br/2020-fev-17/prefeito-condenado-tj-sp-perseguir-adversarios-politicos/. Acesso em: 19 ago. 2024.

estão operando".[3] Em 18.2.2020, o sítio eletrônico *Consultor Jurídico* publicava matéria noticiando a condenação de um prefeito do interior de São Paulo por ter contratado, sem licitação ou processo regular de contratação direta, a empresa presidida pelo filho para organizar a festa de peão de boiadeiro da cidade.[4]

Uma breve pesquisa de jurisprudência no sítio eletrônico do Supremo Tribunal Federal, utilizando o princípio da impessoalidade como parâmetro, apresenta mais de duzentos resultados tratando das mais diversas situações. Reiteradamente, o Supremo tem destacado a importância e força normativa do princípio da impessoalidade. Há até uma súmula vinculante sobre a matéria, a Súmula Vinculante nº 13, que vedou o nepotismo. Como se sabe, esse verbete trata especificamente da proibição de nomeação de parentes para cargos em comissão na Administração Pública, uma prática que dominou ampla e escancaradamente o Estado brasileiro por séculos. Embora um pouco mais inibido, o nepotismo segue sendo um problema nacional. Sempre há um parente a nomear (ou indicar).

Esses exemplos ajudam a dar a dimensão do quanto precisamos evoluir para garantir que questões estranhas ao interesse público, e que, portanto, minam a imparcialidade que se espera da função administrativa, sejam extirpadas ou reduzidas ao máximo do cotidiano da Administração Pública. Como explica Luís Roberto Barroso, "a dificuldade de separar o público do privado é marca da nossa formação nacional". E prossegue para dizer que "por essa razão, e a despeito dos dispositivos constitucionais que buscaram trazer solução para o tema, a jurisprudência ainda precisa por vezes reafirmar o óbvio nessa matéria".[5] O patrimonialismo[6] é um traço que ainda nos persegue.

No contexto atual, a luta da sociedade brasileira por uma Administração Pública mais transparente e impessoal ganha uma aliada de peso: a inteligência artificial (IA). A possibilidade de automação de atos da Administração Pública com IA, de modo a reduzir, ao menos em parte, o papel humano na atividade administrativa, é estratégia que tem sido amplamente debatida pelo mundo, na esteira do desenvolvimento dessa indústria e da ampliação da sua aplicação nos mais diversos campos da vida privada, como demonstra o recente relatório da Organização para a Cooperação e Desenvolvimento Econômico – OCDE.[7]

O presente artigo tem como argumento central a urgência da aplicação da inteligência artificial à atividade administrativa como forma de concretizar o princípio da impessoalidade. Se administradores públicos se valem de suas atribuições para favorecer dimensões privadas de suas vidas, a nossa sugestão é a de que as máquinas podem ser um remédio. O fio condutor do texto é explorar o potencial da inteligência artificial

---

[3] ABBUD, Bruno; SEARA, Berenice. Crivella oferece a pastores cirurgias de catarata e ajuda para problemas no IPTU. *O Globo*, 4 jul. 2018. Disponível em: https://oglobo.globo.com/politica/crivella-oferece-pastores-cirurgias-de-catarata-ajuda-para-problemas-no-iptu-22856078. Acesso em: 19 ago. 2024.

[4] VIAPIANA, Tábata. Ex-prefeito é condenado por contratar empresa do filho sem licitação. *Conjur*, 18 fev. 2020. Disponível em: https://www.conjur.com.br/2020-fev-18/ex-prefeito-condenado-contratar-empresa-filho-licitacao/. Acesso em: 19 ago. 2024.

[5] BARROSO, Luís Roberto. Os donos do poder: a perturbadora atualidade de Raymundo Faoro. *Revista Brasileira de Políticas Públicas*, v. 12, n. 3, 2022. DOI: 10.5102/rbpp.v12i3.8839.

[6] HOLANDA, Sérgio Buarque. *Raízes do Brasil*. 4. ed. Rio de Janeiro: [s.n.], 2006; e FAORO, Raymundo. *Os donos do poder*. 11. ed. São Paulo: Globo, 1997.

[7] Para a íntegra do relatório, acessar: https://www.oecd.org/en/publications/governing-with-artificial-intelligence_26324bc2-en.html.

de acelerar o processo de despedida de um passado insistente e nada republicano da Administração Pública brasileira. Um tempo marcado pela pessoalidade na produção normativa, parcialidade nos processos decisórios, nepotismo, promoção pessoal e partidarismos.[8]

Para tanto, o trabalho está dividido em quatro tópicos, além dessa introdução e da conclusão ao final. O primeiro traz uma breve explicação dessa tecnologia. O segundo traça algumas linhas fundamentais acerca do princípio da impessoalidade. O terceiro conecta as duas primeiras, esclarecendo como e por que é constitucionalmente urgente o uso da inteligência artificial pela Administração Pública brasileira. O quarto demonstra, a partir de casos concretos, como a inteligência artificial poderia ter levado a um resultado distinto, realizando em maior medida o princípio da impessoalidade.

2 Breve notas sobre inteligência artificial

Aquele que é hoje reconhecido como o primeiro sistema de inteligência artificial remonta o ano de 1943.[9] Desde então, essa tecnologia vem se desenvolvendo como em ondas, com avanços e retrocessos, sendo certo que seu desenvolvimento nem sempre conseguiu cumprir as grandiosas promessas feitas pelos seus entusiastas, atraindo ou repelindo os investimentos nessa indústria, conforme o momento. Não se trata, portanto, de uma tecnologia exatamente nova. Porém, os sistemas de inteligência artificial ganharam nova dimensão ao se beneficiarem do espantoso aumento do poder computacional visto nos últimos anos e da quantidade quase interminável de dados que se consegue coletar, armazenar e estruturar atualmente.[10]

Há distintas formas de se definir um sistema de inteligência artificial, as quais podem variar de acordo com a ênfase que se dá à capacidade de essa aplicação agir e pensar racionalmente como um humano, como propõem Stuart Russel e Peter Norvig.[11] Não ofereceremos um mapeamento dessas formas. Para nossos fins, o mais importante é entender o que exatamente a inteligência artificial é capaz de fazer e as oportunidades jurídicas que defluem das suas diversas aplicações. Assim, de forma bastante simplificada, é correto dizer que um sistema de inteligência artificial une engenharia da computação e determinada quantidade de dados para resolver problemas das mais diferentes ordens, desde os mais simples até os mais complexos. Portanto, um sistema de inteligência artificial é um sistema de modelos algorítmicos que desempenham funções cognitivas ou de percepção que eram previamente reservadas pelo pensamento, julgamento e raciocínio humanos.[12] Nas palavras de Andrew Ng, a inteligência artificial é a capacidade do sistema

---

[8] ÁVILA, Ana Paula Oliveira. *O princípio da impessoalidade da administração pública para uma administração parcial.* 1. ed. Rio de Janeiro: Renovar, 2004. p. 81-103.

[9] RUSSEL, Stuart; NORVIG, Peter. *Artificial Intelligence*: a modern approach. 3. ed. New Jersey: Prentice Hall, 2010. p. 1-5.

[10] RISSE, Mathias. Human Rights and Artificial Intelligence: An Urgently Needed Agenda. *Human Rights Quarterly*, v. 41 n. 1, p. 1-16, 2019. Project MUSE. DOI: 10.1353/hrq.2019.0000.

[11] RUSSEL, Stuart; NORVIG, Peter. *Artificial Intelligence*: a modern approach. 3. ed. New Jersey: Prentice Hall, 2010. p. 1-5.

[12] LESLIE, David; BURR, Christopher; AITKEN, Mhairi; COWLS, Josh; KATELL, Mike; BRIGGS, Morgan. Artificial intelligence, human rights, democracy, and the rule of law: a primer. *The Council of Europe*, 2021. Disponível em: https://creativecommons.org/licenses/by-nc-sa/4.0/legalcode. Acesso em: 23 nov. 2023.

de interpretar dados externos, aprender com esses dados e usar esses aprendizados para alcançar objetivos e tarefas específicas por meio de adaptação flexível.[13]

O Brasil ainda busca definir um marco regulatório para as aplicações de inteligência artificial. Hoje tramita no Congresso Nacional um substitutivo aos Projetos de Lei nºs 5.051, de 2019, 21, de 2020, e 872, de 2021, elaborado por uma comissão de juristas nomeada pelo Senador Federal, que traz a seguinte definição para um sistema de inteligência artificial:

> sistema computacional, com graus diferentes de autonomia, desenhado para inferir como atingir um dado conjunto de objetivos, utilizando abordagens baseadas em aprendizagem de máquina e/ou lógica e representação do conhecimento, por meio de dados de entrada provenientes de máquinas ou humanos, com o objetivo de produzir previsões, recomendações ou decisões que possam influenciar o ambiente virtual ou real.[14]

O *machine learning* é o principal tipo de inteligência artificial aplicado atualmente nos diferentes campos da indústria. Trata-se de espécie de inteligência artificial formada por três componentes principais: o *training dataset*, modelo definido, e o algoritmo. Depois de alimentar o modelo esperado com o conjunto de dados do *training dataset*, o algoritmo identifica padrões e promove ajustes até conseguir a previsão mais precisa para a tarefa que lhe foi dada, como identificar uma imagem de um tumor, por exemplo. O "aprendizado" ocorre como um processo iterativo, em que os parâmetros do modelo são melhorados pelo algoritmo com base em cálculos estatísticos. A cada etapa, o modelo produz uma estimativa de previsão que é comparada com o valor real encontrado no conjunto de dados de treinamento, e o algoritmo usa essa comparação para ajustar os parâmetros, e aperfeiçoar a estimativa para a próxima etapa. O objetivo final é construir um modelo treinado e capaz de processar dados que estão fora do *training dataset*, realizando previsões eficientes fora do conjunto de dados iniciais. Realizando novos diagnósticos de tumores em pacientes reais a partir do aprendizado obtido com o *training dataset*, para ficar no exemplo mencionado acima.[15]

Ou seja, com a tecnologia de *machine learning*, algoritmos evoluem a partir de sua exposição a um extenso conjunto de informações.[16] Sem a necessidade de indicação manual de instruções,[17] esses sistemas se utilizam das estatísticas para encontrar padrões a partir da análise de ampla quantidade de dados. Dessa forma, são capazes de realizar

---

[13] NG, Andrew. What Artificial Intelligence Can't Do Right Now. *Harvard Business Review Online*, 2016. Disponível em: https://hbr.org/2016/11/what-artificial-intelligencecan-and-cant-do-rightnow. Acesso em: 23 nov. 2023.

[14] O relatório final, incluindo o substitutivo, pode ser acessado pelo *link*: https://legis.senado.leg.br/sdleg-getter/documento/download/777129a2-e659-4053-bf2e-e4b53edc3a04.

[15] ROBINSON, Amy; HERBERT-VOSS, Ariel. *Technology Fact Sheets*: machine learning. Edição de Belei Bogdan. Cambridge: Technology and Public Purpose Project/Belfer Center for Science and International Affairs Harvard Kennedy School and CRCS Center for Research on Computation and Society/Harvard John A. Paulson School of Engineering and Applied Sciences, 2019. p. 1-2.

[16] INTRONA, Lucas D. Algorithms. Governance, and Governmentality: On Governing Academic Writing. *Science, Technology, & Human Values*, v. 41, n. 1, p. 17-49, 2016. p. 25.

[17] COGLIANESE, Cary; LEHR, David. Regulating by Robot: Administrative Decision Making in the Machine-Learning Era. *Georgetown Law Journal*, U of Penn, Inst for Law & Econ Research Paper n. 17-8, v. 105, 2017. p. 1157.

diagnósticos e/ou prognósticos, bem como tomar ou embasar decisões sobre questões complexas.[18]

Mas as coisas podem ficar mais complicadas. Há um outro modelo de inteligência artificial chamado *deep learning* e que está hoje por trás de *softwares* de tradução, captura de imagens, reconhecimento de voz e de inteligência artificial generativa. Ele também está no centro das pesquisas para desenvolvimento de um sistema capaz de conduzir de forma segura veículos autônomos e dos chamados vídeos sintéticos ou *deep fakes*. Trata-se de um modelo mais complexo de *machine learning* e que está sendo estudado para passar a substituir modelos mais simples.[19] Em apertada síntese, esses sistemas utilizam camadas de redes neurais que desenvolvem o algoritmo por trás do sistema de AI, que, de tão complexos, torna-se quase impossível para os próprios engenheiros da computação que trabalharam no projeto entender por que o sistema se comporta de uma ou outra maneira.[20]

É claro que isso gera preocupações. Trata-se de sistemas difíceis ou impossíveis de serem auditados ou regulados por completo. Há, ainda, risco para privacidade de dados, práticas discriminatórias, agravamento da desigualdade, questões éticas, entre outros problemas. A despeito disso, desde assistentes quotidianos como Alexa e Google Home, a navegadores para automóveis, como o Waze, essas soluções avançam.[21]

Finalizando esse tópico, é importante destacar que se deve ser agnóstico em relação à inteligência artificial em si. Eventuais problemas não estão necessariamente na tecnologia, mas em determinados usos que se pode fazer dela, inclusive no direito administrativo.[22] A despeito da sua capacidade de gerar desenvolvimento econômico-

---

[18] ARAÚJO, Valter Shuenquener de; ZULLO, Bruno Almeida; TORRES, Maurílio. Big data, algoritmos e inteligência artificial na Administração Pública: reflexões para a sua utilização em um ambiente democrático. *A&C – Revista de Direito Administrativo & Constitucional*, Belo Horizonte, ano 20, n. 80, p. 241-261, abr./jun. 2020. p. 246-247. DOI: 10.21056/aec.v20i80.1219. Disponível em: https://www.revistaaec.com/index.php/revistaaec/article/view/1219/855.

[19] KNIGHT, Will. The Dark Secret at the Heart of AI. *MIT Technology Review Online*, 2017. Disponível em: https://www.technologyreview.com/2017/04/11/5113/the-dark-secret-at-the-heart-of-ai/. Acesso em: 23 nov. 2023.

[20] KNIGHT, Will. The Dark Secret at the Heart of AI. *MIT Technology Review Online*, 2017. Disponível em: https://www.technologyreview.com/2017/04/11/5113/the-dark-secret-at-the-heart-of-ai/. Acesso em: 23 nov. 2023.

[21] Registre-se, também, que essas tecnologias estão sendo utilizadas ou testadas para aplicações menos palpáveis para quem não pesquisa mais a fundo o assunto, como: veículos autônomos; detecção de fraudes em compras públicas; concessão de crédito imobiliário; contratação de novos funcionários; cálculo da probabilidade de um preso voltar a delinquir; reconhecimento facial, dentre outras. V., respectivamente, MCFARLAND, Matt. Tesla owners say they are wowed – and alarmed – by 'full self-driving'. *CNN Business*, 2022. Disponível em: https://edition.cnn.com/2021/11/03/cars/tesla-full-self-driving-fsd/index.html. Acesso em: 23 nov. 2023; https://portal.tcu.gov.br/imprensa/noticias/inteligencia-artificial-auxilia-fiscalizacao-do-tcu-sobre-compras-relacionadas-a-covid-19.htm; NOBLE, Safiya Umoja. *Algorithms of Oppression*: how search engines reinforce racism. New York: New York University Press, 2018; JOHAR, Vinay. Artificial Intelligence In Hiring: A Tool For Recruiters. *Forbes*, 2022. Disponível em: https://www.forbes.com/sites/forbesbusinesscouncil/2022/06/10/artificial-intelligence-in-hiring-a-tool-for-recruiters/?sh=671574cd3200. Acesso em: 23 nov. 2023; CORBETT-DAVIES, Sam; PIERSON, Emma; FELLER, Avi; GOEL, Sharad; A computer program used for bail and sentencing decisions was labeled biased against blacks. It's actually not that clear. *The Washington Post*, 2016. Disponível em: https://www.washingtonpost.com/news/monkey-cage/wp/2016/10/17/can-an-algorithm-be-racist-our-analysis-is-more-cautious-than-propublicas/. Acesso em: 23 nov. 2023; MOZUR, Paul. Inside China's Dystopian Dreams: A.I., Shame and Lots of Cameras. *The New York Times*, 2018. Disponível em: https://www.nytimes.com/2018/07/08/business/china-surveillance-technology.html. Acesso em: 23 nov. 2023.

[22] CYRINO, André; SANTOS, Júlio Domingues. Três riscos no uso de algoritmos na Administração Pública. *In*: FUX, Luiz; MELO, Marco Aurélio Bezerra de; PINHO, Humberto Dalla Bernardina de (Coord.). *As inovações tecnológicas no direito*: o impacto nos diferentes ramos. Londrina: Thoth, 2024. p. 181-196.

social e bem-estar, deve-se sempre ter em conta também os possíveis efeitos negativos.[23] Assim, reconhecer os problemas e regular determinados usos como forma de controlar os efeitos constitucionalmente indesejáveis do emprego da inteligência artificial não significa ser contrário a ela. Da mesma forma, enxergar o potencial que a inteligência artificial pode ter na construção de uma Administração Pública mais transparente, eficiente e impessoal não importa em desconsiderar os riscos envolvidos e as medidas mitigadoras e de governança que devem ser tomadas.

De todo modo, o objetivo do presente trabalho não é problematizar os riscos do uso da inteligência artificial pela Administração Pública, nem defender a sua regulação quanto ao uso privado. Por opção, explicadas as características básicas dessa tecnologia, busca-se apenas destacar os efeitos positivos que ela pode ter para a concretização do princípio constitucional da impessoalidade, mais bem explicado a seguir.

3 Breves notas sobre o princípio da impessoalidade na Administração Pública

O sociólogo Roberto DaMatta conta a estória de Pedro Honorato, o político honesto. Pedro, quando criança, fez uma promessa a Deus de nunca mentir e se manter honesto. Morador de uma pequena cidade do interior, quando cresceu partiu para capital para estudar. Retornou formado e ainda mais honesto. Decidiu se candidatar a prefeito de sua cidade natal com a bandeira da honestidade e ganhou as eleições. Logo nos primeiros dias de governo, começou a implementar sua plataforma. Assim, exonerou e buscou demitir funcionários fantasmas, além de outros tantos que estavam implicados em diversos delitos. Entre os demitidos havia filhos de políticos, amigos, conhecidos etc. Além disso, não aceitou empregar nenhum familiar, nem mesmo quando a indicação veio da sua própria sua mulher. Muitos tentaram demovê-lo de tais decisões, incluindo a sua própria família, porém ele se manteve firme. Conclusão: Pedro Honorato caiu em desgraça na cidade. Do padre aos próprios familiares, todos viraram às costas para Pedro, que terminou o mandato sozinho, perdendo a família, os amigos e a esposa, que não aceitaram que ele os tivesse "trocado" pela política.[24]

A anedota de Roberto DaMatta,[25] romantizada e com alguns exageros, como é natural do estilo, ajuda a entender o drama brasileiro no manejo da coisa pública. Uma gestão cujo modelo esperado não deve ser frio, distante e imparcial, mas calcado pela preocupação com as relações pessoais. Logo, qualquer conteúdo normativo que se busque atribuir ao princípio da impessoalidade não pode se afastar da história, do aspecto sociológico e desse estado de coisas.

---

[23] Segundo o clássico conceito de Joseph A. Schumpeter, a inovação se traduz em um estímulo para o desenvolvimento econômico, que se dá sempre que há: (i) uma aplicação comercial ou industrial de algo novo – um novo produto, processo ou método de produção; (ii) um novo mercado ou fonte de abastecimento; (iii) uma nova forma de organização comercial, empresarial ou financeira (SCHUMPETER, Joseph Alois. *The theory of economic development*. Cambridge, Massachusetts: Harvard University, 1934. p. 36).

[24] DAMATTA, Roberto. História de Pedro Honorato: o político honesto. *O Estado de S. Paulo*, São Paulo, 12 jul. 2024. Disponível em: https://www.estadao.com.br/cultura/roberto-damatta/historia-de-pedro-honorato-o-politico-honesto/. Acesso em: 19 ago. 2024.

[25] Para aprofundar: DAMATTA, Roberto. *Carnavais, malandros e heróis*: para uma sociologia do dilema brasileiro. Rio de Janeiro: Rocco, 1997.

A doutrina brasileira se divide quanto ao conteúdo do princípio da impessoalidade, sendo possível elencar ao menos três entendimentos distintos. O primeiro entendimento considera que impessoalidade e princípio da finalidade são o mesmo. Compartilhava desse entendimento Hely Lopes Meirelles, para quem o princípio da impessoalidade nada mais é que o clássico princípio da finalidade, que condiciona o agente público a praticar a finalidade prevista de maneira expressa ou "virtual" na lei. Assim, desde que se siga esse mandamento de praticar a finalidade prevista na norma, fica garantido que o agente público não realizará o ato em proveito próprio ou de terceiros.[26]

O segundo entendimento é capitaneado por Celso Antônio Bandeira de Mello, que considera que o princípio da impessoalidade equivale ao princípio da isonomia ou da igualdade, tal qual previsto no art. 5º, *caput* da Constituição. Nesse sentido, se todos são iguais perante a lei, também devem assim ser tratados pela Administração, o que seria o bastante para evitar que simpatias ou animosidades pessoais desviassem a atuação administrativa do seu curso.[27]

O terceiro entendimento afirma que a impessoalidade possui um conteúdo jurídico próprio, como concordam José Afonso da Silva,[28] Cármen Lúcia Antunes Rocha,[29] Alexandre Santos de Aragão,[30] Diogo de Figueiredo Moreira Neto,[31] Mateus Bertoncini[32] e Juarez Freitas.[33] Embora concordem quanto à existência de um conteúdo jurídico próprio, os autores divergem em relação a qual deve ser esse conteúdo.

José Afonso da Silva aponta a objetividade como principal móvel da impessoalidade, destacando que os atos administrativos não são imputáveis ao agente público que os pratica, mas ao órgão em nome do qual age o funcionário.[34] Cármen Lúcia Antunes Rocha reconhece certa proximidade da impessoalidade com a ideia de igualdade, mas ressalta que o objeto da impessoalidade é a neutralidade da atividade administrativa, que deve fixar o interesse público como único vetor válido da atuação do Estado.[35] Embora reconhecendo conteúdo próprio à impessoalidade, Alexandre Santos de Aragão afirma que ele não deixa de ser uma especialização do princípio da igualdade no Direito Administrativo, além de incidir para garantir o atingimento da finalidade pública.[36]

---

[26] MEIRELLES, Hely Lopes. *Direito administrativo brasileiro*. 18. ed. atual. por Eurico Andrade de Azevedo, Délcio Balestero Aleixo e José Emmanuel Burle Filho. São Paulo: Malheiros, 1993. p. 85-86.

[27] BANDEIRA DE MELLO, Celso Antônio. *Curso de direito administrativo*. 20. ed. rev. e atual. até a Emenda Constitucional 48, de 10.08.2005. São Paulo: Malheiros, 2006. p. 102.

[28] SILVA, José Afonso da. *Curso de direito constitucional positivo*. 39. ed. rev. e atual. (até a Emenda Constitucional n. 90, de 15.09.15). São Paulo: Malheiros, 2002. p. 678-679.

[29] ROCHA, Cármen Lúcia Antunes. *Princípios constitucionais da Administração Pública*. Belo Horizonte: Del Rey, 1994. p. 152-153.

[30] ARAGÃO, Alexandre dos Santos de. *Curso de direito administrativo*. Rio de Janeiro: Forense, 2012. p. 70-71.

[31] MOREIRA NETO, Diogo de Figueiredo. *Curso de direito administrativo*: parte introdutória, parte geral e parte especial. 15. ed. rev., refund. e atual. Rio de Janeiro: Forense, 2009. p. 104.

[32] BERTONCINI, Mateus Eduardo Siqueira Nunes. *Princípios de direito administrativo brasileiro*. São Paulo: Malheiros, 2002. p. 101-104.

[33] FREITAS, Juarez. *O controle dos atos administrativos e os princípios fundamentais*. 4. ed. refund. e ampl. São Paulo: Malheiros, 2009. p. 82-87.

[34] SILVA, José Afonso da. *Curso de direito constitucional positivo*. 39. ed. rev. e atual. (até a Emenda Constitucional n. 90, de 15.09.15). São Paulo: Malheiros, 2002. p. 678-679.

[35] ROCHA, Cármen Lúcia Antunes. *Princípios constitucionais da Administração Pública*. Belo Horizonte: Del Rey, 1994. p. 152-153.

[36] ARAGÃO, Alexandre dos Santos de. *Curso de direito administrativo*. Rio de Janeiro: Forense, 2012. p. 70-71. Em sentido próximo, Marçal Justen Filho também enxerga a impessoalidade como uma faceta da isonomia (JUSTEN FILHO, Marçal. *Curso de direito administrativo*. 14. ed. rev., atual. e reform. Rio de Janeiro: Forense, 2023. p. 72).

Para Diogo de Figueiredo Moreira Neto, há três acepções do princípio da impessoalidade que, somadas, delimitam o correto desempenho da função administrativa guiada por uma *indisponível finalidade objetiva do Estado*. A primeira acepção veda distinções onde a lei não o fizer. A segunda acepção proíbe a Administração de perseguir interesses exclusivamente secundários e, portanto, obriga uma atuação sempre no interesse da sociedade. A terceira acepção interdita que a Administração persiga quaisquer outros interesses, em prejuízo dos estabelecidos na lei e na Constituição.[37]

Mateus Bertoncini realça que a impessoalidade não se confunde com o princípio da igualdade nem com o da finalidade, estando mais próximo da ideia de imparcialidade, que impõe um dever de dispensar um tratamento aos administrados que seja despido de humores e sentimentos capazes de interferir no bom desempenho da função pública.[38] Juarez Freitas equipara a impessoalidade à imparcialidade, destacando a sua relevância para ao atingimento dos objetivos previstos na Constituição. O autor destaca que o princípio da impessoalidade "incentiva e obriga os agentes públicos a praticarem uma gestão desatrelada dos interesses mesquinhos e secundários, no compromisso com o direito fundamental-síntese à boa administração pública".[39]

Mas o fato é que a impessoalidade é princípio que pode ser analisado sob dois ângulos, sendo um mais organizacional, ainda que com relevantes consequências práticas, e outro mais operativo.[40] Sob o *primeiro prisma*, ligado à organização administrativa, o princípio da impessoalidade impõe que os atos da Administração Pública sejam imputados ao Estado, não ao agente pessoa física que o praticou como mera representação da vontade estatal. Refere-se, assim, à teoria da imputação volitiva, corolário da Teoria do Órgão, e ilustrada no §1º do art. 37 da Constituição, que desautoriza que a publicidade dos atos, programas, obras, serviços e campanhas de órgãos públicos apresente nomes, símbolos ou imagens que caracterizem promoção pessoal de autoridades ou serviços públicos, concretizando a ideia de que as realizações governamentais não são de autoria do agente público, mas sim da entidade a qual ele está designado.[41]

Sob o *segundo prisma*, de teor operativo, como destaca Marçal Filho, a Administração Pública deve atuar sem concessão de privilégios a determinado administrado, bem como sem causar prejuízos em razão de atributos de qualquer natureza que não sejam relevantes para a atuação administrativa. Em outras palavras, é vedado que a Administração beneficie ou prejudique pessoas que estão na mesma posição jurídica por força de características pessoais, sociais ou econômicas.[42]

Há três problemas insuperáveis com os entendimentos que negam um conteúdo próprio à impessoalidade. *Primeiro*, eles parecem desconsiderar o fato de esse princípio

---

[37] MOREIRA NETO, Diogo de Figueiredo. *Curso de direito administrativo*: parte introdutória, parte geral e parte especial. 15. ed. rev., refund. e atual. Rio de Janeiro: Forense, 2009. p. 104.

[38] BERTONCINI, Mateus Eduardo Siqueira Nunes. *Princípios de direito administrativo brasileiro*. São Paulo: Malheiros, 2002. p. 101-104.

[39] FREITAS, Juarez. *O controle dos atos administrativos e os princípios fundamentais*. 4. ed. refund. e ampl. São Paulo: Malheiros, 2009. p. 82-87.

[40] ARAGÃO, Alexandre dos Santos de. *Curso de direito administrativo*. Rio de Janeiro: Forense, 2012. p. 70.

[41] CRFB/88: "Art. 37. [...] §1º A publicidade dos atos, programas, obras, serviços e campanhas dos órgãos públicos deverá ter caráter educativo, informativo ou de orientação social, dela não podendo constar nomes, símbolos ou imagens que caracterizem promoção pessoal de autoridades ou servidores públicos".

[42] JUSTEN FILHO, Marçal. *Curso de direito administrativo*. 14. ed. rev., atual. e reform. Rio de Janeiro: Forense, 2023. p. 72.

constar expressamente no art. 37, *caput*, da Constituição, e possuir, portanto, força normativa indiscutível.[43] *Segundo*, ao se reduzir o conteúdo da impessoalidade ao de outros princípios de Direito Administrativo, afastam-se do debate acerca da sua concretização os aspectos históricos e sociológicos que motivaram a sua inclusão no texto constitucional, com o potencial de reduzir o seu alcance. *Terceiro*, diminui-se o papel simbólico da impessoalidade como mecanismo de inserção de argumentos antipatrimonialistas ao discurso jurídico-administrativo.

Portanto, considera-se que a impessoalidade tem sim um conteúdo próprio, o que preserva o seu alcance e garante potencial para realizar em maior medida o estado de coisas almejado com a sua inserção no texto constitucional. Assim, a noção de impessoalidade no direito brasileiro objetiva evitar que as motivações pessoais e subjetivas sejam as verdadeiras razões das ações administrativas, impedindo que a gestão da coisa pública seja influenciada por antipatias, simpatias, desejos de vingança, represálias, nepotismo, favorecimento pessoal ou de terceiros. Dessa forma, pretende-se que prevaleça o conceito de função pública, ou seja, a ideia de que os poderes concedidos devem ser direcionados ao interesse de toda a sociedade, resultando em decisões desvinculadas de razões pessoais.[44]

Mas não é só. É possível se falar, com fundamento nos aspectos históricos e sociológicos já expostos, em um conteúdo mínimo do qual extrai um dever *antipatrimonialista*; uma cláusula antipatrimonialista que se aproxima da ideia de imparcialidade. Nessa linha, Juarez Freitas e Ana Paula Ávila destacam o dever de imparcialidade como o aspecto mais relevante do princípio da impessoalidade, uma vez que ele condiciona a atuação do agente público que lida com os interesses dos administrados, reforçando a necessidade de desempenharem a função pública com o desinteresse que lhe deve servir de nota distintiva e impõe-lhes o dever de agir de maneira isenta.[45]

Em última análise, a *leitmotiv* do princípio da pessoalidade é conter/corrigir a tendência humana, por vezes irrefreável, de atuar de maneira parcial em certas situações. Como a vontade da Administração é expressa, como regra, a partir de atos administrativos praticados por servidores públicos que são seres humanos, abre-se espaço para uma discussão sobre a possibilidade de retirada dessa vontade humana da equação, a partir do desenvolvimento acelerado das aplicações de inteligência artificial. Ou, em certos casos, quando não for possível eliminar essa vontade humana, reduzir o seu espaço ou criar constrangimentos à sua manifestação errática, privilegiando o dever de objetividade. Quem sabe, no futuro, a própria necessidade da construção feita a partir da teoria do órgão possa ser rediscutida ou abandonada em um novo contexto em que a Administração Pública expressará a sua vontade por ela mesma, via decisão algorítmica bem regulada e objetiva, e não mais por um servidor.

A impessoalidade ainda apresenta outras dimensões a partir das quais se extraem deveres específicos de obediência por parte do Poder Público. Esses conceitos são mais

---

[43] HESSE, Konrad. *A força normativa da Constituição* (Die normative kraft der Verfassung). Tradução de Gilmar Ferreira Mendes. Porto Alegre: Sergio Antônio Fabris Editor, 1991.

[44] MEDAUAR, Odete. *Direito administrativo moderno*. 22. ed. rev., atual. e ampl. 1. reimpr. Belo Horizonte: Fórum, 2020. p. 127.

[45] ÁVILA, Ana Paula Oliveira. *O princípio da impessoalidade da administração pública para uma administração parcial*. 1. ed. Rio de Janeiro: Renovar, 2004. p. 51-59; FREITAS, Juarez. *O controle dos atos administrativos e os princípios fundamentais*. 4. ed. refund. e ampl. São Paulo: Malheiros, 2009. p. 82-87.

explorados no capítulo final a partir de exemplos concretos que ajudam a entender as nuances relevantes para entender todo o potencial da inteligência artificial para a concretização do princípio da impessoalidade. Para o momento, destaca-se apenas que, ao lado do dever de imparcialidade, há um dever de igualdade e outro de objetividade que podem ser deduzidos do princípio da impessoalidade.[46] Um olhar a partir dessas diferentes dimensões da impessoalidade tem o potencial de amplificar o raio de alcance e o potencial transformador desse princípio.

O certo é que a discussão sobre a automação de parte das atividades da Administração Pública como forma de ampliar o padrão de imparcialidade da sua atuação é uma imposição ao contexto brasileiro. É disso que cuida o próximo tópico.

4 Inteligência artificial, Direito Administrativo e impessoalidade

Em junho de 2024, a Nvidia alcançou o topo entre as empresas mais valiosas do mundo pela primeira vez, superando a Microsoft.[47] A empresa é líder no fornecimento de *chips* e *softwares* para o desenvolvimento para soluções de inteligência artificial.[48] Esse fato é um marco que demonstra o ritmo acelerado de crescimento e o volume crescente de investimentos de empresas de tecnologia e, também, da indústria tradicional na pesquisa, desenvolvimento e aplicação em soluções de inteligência artificial para aprimorar seus negócios.[49] Assim, numa velocidade assustadora essa tecnologia vai se espalhando para diversos setores da economia e da vida.[50]

---

[46] ÁVILA, Ana Paula Oliveira. *O princípio da impessoalidade da administração pública para uma administração parcial*. 1. ed. Rio de Janeiro: Renovar, 2004. p. 45-80.

[47] NVIDIA supera Microsoft e Apple e vira empresa mais valiosa do mundo. *Metrópoles*, 29 nov. 2023. Disponível em: https://www.metropoles.com/negocios/nvidia-supera-microsft-e-apple-e-vira-empresa-mais-valiosa-do-mundo. Acesso em: 19 ago. 2024.

[48] Entre outras coisas, a Nvidia gera dados sintéticos para acelerar o desenvolvimento de inteligência artificial de veículos autônomos, braços robóticos, humanoides e espaços inteligentes, como apresentado no próprio *site* da empresa (Disponível em: https://www.nvidia.com/en-us/about-nvidia/#About%20Us).

[49] Um estudo do Fórum Econômico Mundial de 2023 dá conta que aproximadamente 75% das empresas pesquisadas reconhecem que investem ou vão investir em inteligência artificial nos próximos cincos anos. Esse *boom* tem o potencial de gerar valor, seja pelos ganhos de produtividade, seja pela possibilidade de desenvolvimento de novos produtos e serviços (FUTURE of Jobs Report – Insight Report. *World Economic Forum*, 2023. Disponível em: https://www3.weforum.org/docs/WEF_Future_of_Jobs_2023.pdf. Acesso em: 23 nov. 2023). No Brasil o cenário não é diferente. Cada vez mais empresas vêm adotando ferramentas com IA em diversos segmentos econômicos. Segundo estudo encomendado pela IBM, no segundo semestre de 2022, 41% das organizações entrevistadas no Brasil indicaram que utilizavam de forma ativa IA. V. Disponível em: https://www.ibm.com/blogs/ibm-comunica/estudo-ibm-41-das-empresas-no-brasil-ja-implementaram-ativamente-inteligencia-artificial-em-seus-negocios/. Acesso em: 28 mar. 2024. Outro estudo de 2023 sobre o mercado brasileiro, patrocinado pela Microsoft, levantou que 90% das MPMEs (micro, pequenas e médias empresas) afirmavam que buscavam adotar soluções de inteligência artificial naquele momento, enquanto 74% responderam que já estavam usando sempre ou muitas vezes. V. https://news.microsoft.com/pt-br/inteligencia-artificial-ja-e-parte-do-dia-a-dia-de-74-das-mpmes-brasileiras/.

[50] No setor de saúde, a inteligência artificial mostrou avanços impressionantes. Os pesquisadores do MIT estão usando o aprendizado de máquina para selecionar substâncias potenciais que matam bactérias usando mecanismos diferentes dos medicamentos existentes. Após essa pré-seleção, os pesquisadores testam apenas as hipóteses mais promissoras. Pesquisas semelhantes usando métodos tradicionais seriam proibitivamente caras, levariam muito mais tempo e teriam um resultado mais incerto. V. TRAFTON, Anne. Artificial intelligence yields new antibiotic. *MIT News*, 2020. Disponível em: https://news.mit.edu/2020/artificial-intelligence-identifies-new-antibiotic-0220. Também há avanços no uso da IA na detecção precoce de doenças como câncer e Alzheimer, analisando imagens médicas e dados de pacientes. Em outros setores, a IA está sendo aproveitada para resolver problemas complexos em física, química e ciência climática. Por exemplo, modelos de IA são utilizados para prever padrões climáticos e otimizar o uso de energia.

Nesse contexto de ampliação da complexidade e diante do volume gigantesco de dados para processar, não é factível pensar que o Poder Público possa renunciar ao ganho de produtividade e eficiência que o uso da inteligência artificial é capaz de oferecer.[51] A inteligência artificial tem o potencial de transformar a tomada de decisões por parte do Estado, melhorando a precisão e a consistência da tomada de decisões, combatendo a corrupção e o compadrio e reduzindo os atrasos. Uma aplicação de IA bem treinada pode facilmente substituir humanos em quase todas as tarefas que podem ser automatizadas, como licenciar serviços simples, conceder autorizações e dispensar serviços públicos.[52]

Ademais, o uso da inteligência artificial reduzirá o custo de pessoal, deixando mais dinheiro para ser alocado em serviços essenciais, como educação, saúde e previdência social etc. A adoção dessa tecnologia também preservará o tempo de funcionários públicos qualificados para realização de tarefas mais complexas, privilegiando o princípio da eficiência. Para além do princípio da eficiência, a incorporação da inteligência artificial pela Administração Pública brasileira passa a ser um meio valioso de concretização de outros direitos previstos na Constituição, já que eficiência e promoção de direitos incorporam um compromisso necessário ante a escassez e a contingência de escolhas alocativas.[53]

Para os fins deste trabalho, mais do que a realização do princípio da eficiência e promoção de direitos fundamentais, interessa especialmente a possibilidade de avanço na concretização do princípio da impessoalidade com o uso da inteligência artificial pela Administração. Incluído no texto constitucional ao lado dos demais princípios da Administração Pública, o princípio da impessoalidade igualmente goza de eficácia normativa e, portanto, habilitadora da ação administrativa diretamente com fundamento na Constituição com o objetivo de concretizá-lo, independentemente de intermediação do legislador ordinário.[54]

Pois bem. Cabe agora responder se a inteligência artificial é mesmo capaz de concretizar em maior medida o princípio da impessoalidade na comparação com a não adoção. Com o objetivo de facilitar a compreensão do raio de atuação desse princípio, é possível dividir a impessoalidade em diferentes dimensões das quais se extraem deveres distintos, embora não excludentes.

Primeiro, como destacado em tópico anterior, vale relembrar a ligação histórica que a noção de impessoalidade tem com valores como isonomia e justiça. Logo, a impessoalidade também impõe o dever de a Administração tratar a todos de maneira isonômica. Algoritmos bem construídos são capazes de promover de maneira mais

---

[51] AUBY, Jean-Bernard. Administrative Law Facing Digital Challenges. *European Review of Digital Administration & Law – Erdal*, v. 1, Issue 1-2, June-December, p. 7-15, 2020. ISBN: 978-88-255-3896-0. DOI: 10.4399/97888255389602.

[52] COGLIANESE, Cary. Administrative Law in the Automated State. *Daedalus*, v. 150, n. 3, p. 104, 2021. U of Penn Law School, Public Law Research Paper No. 21-15. Disponível em: https://ssrn.com/abstract=3825123.

[53] CYRINO, André. O princípio constitucional da eficiência: interdisciplinaridade, análise econômica e método no direito administrativo brasileiro. *In*: CYRINO, André. *Direito administrativo de carne e osso*: estudos e ensaios. Rio de Janeiro: Processo, 2021. p. 51-76. Sobre o papel atual do Direito Administrativo no Brasil, v. BINENBOJM, Gustavo. *Uma teoria do direito administrativo*: direitos fundamentais, democracia e constitucionalização. Rio de Janeiro: Renovar, 2014.

[54] BARROSO, Luís Roberto. A constitucionalização do direito e suas repercussões no âmbito administrativo. *In*: ARAGÃO, Alexandre Santos de; MARQUES NETO, Floriano de Azevedo (Coord.). *Direito administrativo e seus novos paradigmas*. Belo Horizonte: Fórum, 2012. p. 31-63; BINENBOJM, Gustavo. *Uma teoria do direito administrativo*: direitos fundamentais, democracia e constitucionalização. Rio de Janeiro: Renovar, 2014. p. 148.

efetiva essa dimensão do princípio da impessoalidade, já que aumentam a consistência da atuação administrativa, diminuem os erros e reduzem a interferência humana que, por vezes, são causas de aplicação não isonômica do Direito Administrativo.[55] Isso é possível graças à grande capacidade que esses sistemas têm de identificar padrões semelhantes e dar a eles a mesma solução.

Segundo, o princípio da impessoalidade cria para a Administração Pública um dever de objetividade, que se traduz na obrigação de se pautar por procedimentos e regras objetivas, além de guiar a atuação administrativa segundo critérios racionais e indiferentes a crenças, voluntarismos e considerações de ordem subjetiva.[56] Contribuiria, assim, *e.g.*, com a Lei nº 14.133/2021, que traz o julgamento objetivo como um dos princípios do procedimento licitatório e a necessidade de adoção de um procedimento objetivo como requisito dos procedimentos de controle das contratações.[57] As características dessa tecnologia aperfeiçoam o processo de criação e *enforcement* de procedimentos objetivos, privilegiando a dimensão objetiva da impessoalidade.

Terceiro, a impessoalidade gera para a Administração um dever de imparcialidade, ou seja, as decisões administrativas devem ser desinteressadas e isentas, sem que o prolator da decisão possua interesse direto ou indireto no desfecho daquela ação administrativa, vendendo, entre outras, a prática de nepotismo.[58] Trata-se de dever afeto aos magistrados que migrou para a função administrativa também por influência do Direito anglo-saxão, no qual foi consagrada como uma obrigação da atividade quase judicante exercida pelas agências reguladoras e extraída da cláusula do *due process*.[59] No direito positivo brasileiro, o dever de imparcialidade encontra-se na *ratio* das regras de impedimento e suspeição constantes da Lei nº 9.784/1999.[60] A inexistência de relações pessoais dos algoritmos com os administrados e a ausência de interesse pessoal das máquinas no desfecho da ação administrativa tornam mais efetiva a realização dessa dimensão da impessoalidade.

5 Como a inteligência artificial pode aperfeiçoar a concretização do princípio da impessoalidade na prática

Três exemplos ajudam a demonstrar de maneira concreta como o uso dessa tecnologia pela Administração Pública tem o potencial de prevenir problemas reais da Administração Pública.

O *primeiro exemplo* pode ser extraído do poder de polícia. Não raro o Brasil convive com uma realidade nessa área, em que ordens e fiscalizações de polícia são direcionadas contra inimigos e desviadas de amigos. Lembremos do exemplo mencionado na

---

[55] ÁVILA, Ana Paula Oliveira. *O princípio da impessoalidade da administração pública para uma administração parcial.* 1. ed. Rio de Janeiro: Renovar, 2004. p. 46.

[56] ÁVILA, Ana Paula Oliveira. *O princípio da impessoalidade da administração pública para uma administração parcial.* 1. ed. Rio de Janeiro: Renovar, 2004. p. 47-48.

[57] Lei nº 14.133/2021, v. arts. 5º e 171, II.

[58] ÁVILA, Ana Paula Oliveira. *O princípio da impessoalidade da administração pública para uma administração parcial.* 1. ed. Rio de Janeiro: Renovar, 2004. p. 51-67.

[59] BARNETT, Kent. Regulating Impartiality in Agency Adjudication. 69 *Duke L.J.* 1695-1748, 2020.

[60] Lei nº 9.784/1999, v. arts. 18, 19 e 20.

introdução, em que o prefeito resolveu alterar as regras de trânsito nas proximidades do empreendimento de um inimigo apenas para prejudicá-lo, direcionando uma ordem de polícia de trânsito, no caso. Por outro lado, a simples impossibilidade material de se fiscalizar todos ao mesmo tempo tem o potencial de causar situações anti-isonômicas, em que alguns são penalizados pelo descumprimento das ordens de polícia, enquanto outros sequer são alcançados pela fiscalização.

Agora, imagine-se essa ideia aplicada ao exercício da polícia edilícia ou das construções. A conjugação de imagens de satélites, drones e um sistema bem desenvolvido de IA poderia fazer o trabalho inicial de identificação de construções irregulares pela cidade. Após a detecção inicial de uma violação à ordem de polícia, o próprio sistema realizaria um relatório a ser enviado ao fiscal já com a proposição da sanção a ser aplicada. Até aqui, já é possível concluir que o uso da inteligência artificial aperfeiçoa o dever de igualdade.

Devido à grande capacidade de processamento de dados desses sistemas, aliada à possibilidade de oferecer resultados iguais para padrões semelhantes, um sistema bem construído de inteligência artificial reduziria a margem de erro e permitiria uma fiscalização mais ampla, com mais isonomia, objetividade e imparcialidade. Sem falar que, bem construído, esse sistema organizaria as fiscalizações de forma randômica ou segundo critérios republicanos previamente definidos, evitando direcionamentos da atividade fiscalizatória para ajudar ou prejudicar alguém.

Indo além, caso o arranjo preveja que esse relatório propositivo vincula a atividade do fiscal, *e.g.*, criando uma hipótese de inversão do ônus argumentativo caso ele decida não seguir o relatório gerado pelo sistema, a margem para um modo de agir que viole a imparcialidade ou a objetividade ficaria mais restrita. Ou seja, ainda que a decisão pela sanção não seja automatizada nessa hipótese, o que se acredita também possa ser feito, uma inversão do ônus argumentativo que obrigue o agente público a justificar eventual ação discrepante do indicado pelo sistema já teria um efeito de dissuadir violações.

Causaria um maior constrangimento em quem pretendesse agir em descompasso com o dever de imparcialidade, hipótese em que a ação administrativa ocorre orientada por interesses diretos ou indiretos do servidor que a prática. Basta imaginar o caso de um agente público que pretendesse livrar de sanção um imóvel de propriedade de seus pais. Por outro lado, também traria embaraços a quem, por convicção religiosa ou política, pretendesse afastar a penalidade de um líder religioso ou político pertencente ao mesmo espectro político-ideológico.

Segundo exemplo, hoje já há experiências implementadas no Brasil de uso de inteligência artificial para a organização do atendimento presencial em órgãos públicos que lidam com a prestação de serviços públicos.[61] É comum que, em uma realidade de escassez e de dificuldade de acesso a serviços públicos, como saúde, educação e previdência social, alguns consigam acesso a benefícios em detrimento de outros em razão de parentesco, amizade ou afinidade política. Por vezes, em determinado posto médico ou escola em que o atendimento é reputado como sendo de melhor qualidade, ou mesmo o único disponível em determinada região, apenas conseguem vagas aqueles

---

[61] SILVEIRA, S. A. Governo dos algoritmos. *Revista de Políticas Públicas*, 21(1), p. 267-282, 2017. Disponível em: https://doi.org/10.18764/2178-2865.v21n1p267-281. Acesso em: 25 out. 2023.

que são amigos ou parentes de funcionários, que chegam com a indicação de algum político ou líder religioso da região. Ou seja: onde deveria haver uma fila em que todos deveriam ser tratados de acordo com os deveres de objetividade, imparcialidade e igualdade, muitas vezes há um servidor responsável por decidir com base em critérios subjetivos e, portanto, estranhos ao interesse público, quem deve ou não ser atendido.

Ora, imagine-se o efeito da construção de um sistema de inteligência artificial para resolver esse problema das filas de cirurgias no sistema de saúde.[62] Podemos dar o nome de Márcia a esse sistema, numa referência a um caso citado na introdução e que ficou famoso na cidade do Rio de Janeiro. O sistema Márcia seria o responsável pela organização de forma transparente, baseada em critérios objetivos e republicanos, da fila de atendimento daqueles que necessitam de uma cirurgia eletiva ou da dispensação de algum medicamento ou tratamento.[63]

Esse sistema, como forma de privilegiar a eficiência e a isonomia, condicionaria o atendimento e o acesso aos medicamentos exclusivamente aos que estejam no primeiro lugar da fila. A realização de procedimento ou a entrega ao medicamento fora da ordem prevista, se constatada, dispararia sinal de alerta e possível sindicância, o que geraria fortes incentivos a comportamentos mais republicanos, com mais objetividade, imparcialidade e menos oportunismos.

Terceiro exemplo, aqui cabe lembrar do caso do prefeito que contratou a empresa presidida pelo filho para organizar a festa de peão de boiadeiro. Mais um entre muitos casos de violação à impessoalidade no campo de licitações e contratos. O uso da inteligência artificial se mostra um parceiro de primeira grandeza na concretização do dever de imparcialidade no campo das contratações públicas também. Isso porque algoritmos que promovam a coleta de dados dos certames e sejam capazes de identificar corretamente padrões que sejam distorcidos podem evitar superfaturamento e alcançar tratamento igualitário entre todos os participantes. A tecnologia pode detectar padrões anormais em propostas de modo a indicar tentativas de manipulação de preços ou outras irregularidades.[64] Como no caso médico, seria como detectar tumores no seu nascedouro.

6 Conclusão

Apesar de constar do texto original da Constituição de 1988, o princípio da impessoalidade ainda é um grande desafio para a Administração Pública brasileira. Muito se discute quanto ao conteúdo dessa norma, mas ainda pouco se aprofundou sobre formas efetivas de concretizá-la. As discussões atuais também parecem não ter

---

[62] Em verdade, o Governo Federal já estuda utilizar inteligência artificial para melhorar o sistema de saúde e organizar as filas de atendimento (Disponível em: https://agenciabrasil.ebc.com.br/saude/noticia/2023-05/ministerio-da-saude-planeja-inclusao-de-inteligencia-artificial-no-sus).

[63] É importante registrar que não se desconhece a existência do chamado SISREG (Sistema de Regulação) de leitos e atendimentos, utilizado por estados e municípios. Contudo, na pesquisa realizada, não foi localizada nenhuma referência ao uso de inteligência artificial nessas aplicações. Ademais, é importante frisar que o SISREG já existia no Rio de Janeiro quando ocorreu o fatídico episódio do "é só conversar com a Márcia" e não foi suficiente para evitar tal desvio.

[64] CAVALEIRO, Vasco. Contratação pública eletrônica: os meios tecnológicos e os fins de eficiência e de transparência. *In*: SILVA, Artur Flamínio da (Coord.). *Direito administrativo e tecnologia*. 2. ed. Coimbra: Almedina, 2021. p. 111-133.

explorado suficientemente a dimensão sociológica do princípio da impessoalidade, ligada à noção de imparcialidade, enquanto cláusula antipatrimonialista. Há muito o que fazer. Mas essa batalha ganhou um reforço possivelmente disruptivo em face dos recentes desenvolvimentos da inteligência artificial e sua expansão para o uso pela Administração Pública.

A despeito dos riscos (que não foram objeto deste estudo), há enorme potencial para a IA como forma de promover a impessoalidade. Mantendo sempre clara a premissa de que nos referimos a sistemas bem construídos (em que o remédio não se torne veneno, com aprendizados equivocados), vislumbramos que os caminhos sugeridos acima incrementem o ideal republicano, com mais imparcialidade, isonomia e objetividade na administração pública. Se há dificuldade para que se neguem pedidos de um amigo, que a decisão administrativa possa também caber a algoritmos que não tenham relações pessoais.

Referências

ARAGÃO, Alexandre dos Santos de. *Curso de direito administrativo*. Rio de Janeiro: Forense, 2012.

ARAÚJO, Valter Shuenquener de; ZULLO, Bruno Almeida; TORRES, Maurílio. Big data, algoritmos e inteligência artificial na Administração Pública: reflexões para a sua utilização em um ambiente democrático. *A&C – Revista de Direito Administrativo & Constitucional*, Belo Horizonte, ano 20, n. 80, p. 241-261, abr./jun. 2020. DOI: 10.21056/aec.v20i80.1219. Disponível em: https://www.revistaaec.com/index.php/revistaaec/article/view/1219/855.

AUBY, Jean-Bernard. Administrative Law Facing Digital Challenges. *European Review of Digital Administration & Law – Erdal*, v. 1, Issue 1-2, June-December, p. 7-15, 2020. ISBN: 978-88-255-3896-0. DOI: 10.4399/97888255389602.

ÁVILA, Ana Paula Oliveira. *O princípio da impessoalidade da administração pública para uma administração parcial*. 1. ed. Rio de Janeiro: Renovar, 2004.

BANDEIRA DE MELLO, Celso Antônio. *Curso de direito administrativo*. 20. ed. rev. e atual. até a Emenda Constitucional 48, de 10.08.2005. São Paulo: Malheiros, 2006.

BARNETT, Kent. Regulating Impartiality in Agency Adjudication. 69 *Duke L.J.* 1695-1748, 2020.

BARROSO, Luís Roberto. A constitucionalização do direito e suas repercussões no âmbito administrativo. *In*: ARAGÃO, Alexandre Santos de; MARQUES NETO, Floriano de Azevedo (Coord.). *Direito administrativo e seus novos paradigmas*. Belo Horizonte: Fórum, 2012. p. 31-63. ISBN 978-85-7700-186-6.

BARROSO, Luís Roberto. Os donos do poder: a perturbadora atualidade de Raymundo Faoro. *Revista Brasileira de Políticas Públicas*, v. 12, n. 3, 2022. DOI: 10.5102/rbpp.v12i3.8839.

BERTONCINI, Mateus Eduardo Siqueira Nunes. *Princípios de direito administrativo brasileiro*. São Paulo: Malheiros, 2002.

BINENBOJM, Gustavo. *Uma teoria do direito administrativo*: direitos fundamentais, democracia e constitucionalização. Rio de Janeiro: Renovar, 2014.

CAVALEIRO, Vasco. Contratação pública eletrônica: os meios tecnológicos e os fins de eficiência e de transparência. *In*: SILVA, Artur Flamínio da (Coord.). *Direito administrativo e tecnologia*. 2. ed. Coimbra: Almedina, 2021.

COGLIANESE, Cary. Administrative Law in the Automated State. *Daedalus*, v. 150, n. 3, p. 104, 2021. U of Penn Law School, Public Law Research Paper No. 21-15. Disponível em: https://ssrn.com/abstract=3825123.

COGLIANESE, Cary; LEHR, David. Regulating by Robot: Administrative Decision Making in the Machine-Learning Era. *Georgetown Law Journal*, U of Penn, Inst for Law & Econ Research Paper n. 17-8, v. 105, 2017.

CYRINO, André. O princípio constitucional da eficiência: interdisciplinaridade, análise econômica e método no direito administrativo brasileiro. *In*: CYRINO, André. *Direito administrativo de carne e osso*: estudos e ensaios. Rio de Janeiro: Processo, 2021.

CYRINO, André; SANTOS, Júlio Domingues. Três riscos no uso de algoritmos na Administração Pública. *In*: FUX, Luiz; MELO, Marco Aurélio Bezerra de; PINHO, Humberto Dalla Bernardina de (Coord.). *As inovações tecnológicas no direito*: o impacto nos diferentes ramos. Londrina: Thoth, 2024. p. 181-196.

FAORO, Raymundo. *Os donos do poder*. 11. ed. São Paulo: Globo, 1997.

FREITAS, Juarez. *O controle dos atos administrativos e os princípios fundamentais*. 4. ed. refund. e ampl. São Paulo: Malheiros, 2009.

HESSE, Konrad. *A força normativa da Constituição* (Die normative kraft der Verfassung). Tradução de Gilmar Ferreira Mendes. Porto Alegre: Sergio Antônio Fabris Editor, 1991.

HOLANDA, Sérgio Buarque. *Raízes do Brasil*. 4. ed. Rio de Janeiro: [s.n.], 2006.

INTRONA, Lucas D. Algorithms. Governance, and Governmentality: On Governing Academic Writing. *Science, Technology, & Human Values*, v. 41, n. 1, p. 17-49, 2016.

JUSTEN FILHO, Marçal. *Curso de direito administrativo*. 14. ed. rev., atual. e reform. Rio de Janeiro: Forense, 2023.

KNIGHT, Will. The Dark Secret at the Heart of AI. *MIT Technology Review Online*, 2017. Disponível em: https://www.technologyreview.com/2017/04/11/5113/the-dark-secret-at-the-heart-of-ai/.

LESLIE, David; BURR, Christopher; AITKEN, Mhairi; COWLS, Josh; KATELL, Mike; BRIGGS, Morgan. Artificial intelligence, human rights, democracy, and the rule of law: a primer. *The Council of Europe*, 2021. Disponível em: https://creativecommons.org/licenses/by-nc-sa/4.0/legalcode.

MEDAUAR, Odete. *Direito administrativo moderno*. 22. ed. rev., atual. e ampl. 1. reimpr. Belo Horizonte: Fórum, 2020.

MEIRELLES, Hely Lopes. *Direito administrativo brasileiro*. 18. ed. atual. por Eurico Andrade de Azevedo, Délcio Balestero Aleixo e José Emmanuel Burle Filho. São Paulo: Malheiros, 1993.

MOREIRA NETO, Diogo de Figueiredo. *Curso de direito administrativo*: parte introdutória, parte geral e parte especial. 15. ed. rev., refund. e atual. Rio de Janeiro: Forense, 2009.

NG, Andrew. What Artificial Intelligence Can't Do Right Now. *Harvard Business Review Online*, 2016. Disponível em: https://hbr.org/2016/11/what-artificial-intelligencecan-and-cant-do-rightnow.

NOBLE, Safiya Umoja. *Algorithms of Oppression*: how search engines reinforce racism. New York: New York University Press, 2018.

RISSE, Mathias. Human Rights and Artificial Intelligence: An Urgently Needed Agenda. *Human Rights Quarterly*, v. 41 n. 1, p. 1-16, 2019. Project MUSE. DOI: 10.1353/hrq.2019.0000.

ROBINSON, Amy; HERBERT-VOSS, Ariel. *Technology Fact Sheets*: machine learning. Edição de Belei Bogdan. Cambridge: Technology and Public Purpose Project/Belfer Center for Science and International Affairs Harvard Kennedy School and CRCS Center for Research on Computation and Society/Harvard John A. Paulson School of Engineering and Applied Sciences, 2019. p. 1-2.

ROCHA, Cármen Lúcia Antunes. *Princípios constitucionais da Administração Pública*. Belo Horizonte: Del Rey, 1994.

RUSSEL, Stuart; NORVIG, Peter. *Artificial Intelligence*: a modern approach. 3. ed. New Jersey: Prentice Hall, 2010.

SCHUMPETER, Joseph Alois. *The theory of economic development*. Cambridge, Massachusetts: Harvard University, 1934.

SILVA, José Afonso da. *Curso de direito constitucional positivo*. 39. ed. rev. e atual. (até a Emenda Constitucional n. 90, de 15.09.15). São Paulo: Malheiros, 2002.

SILVEIRA, S. A. Governo dos algoritmos. *Revista de Políticas Públicas*, 21(1), p. 267-282, 2017. Disponível em: https://doi.org/10.18764/2178-2865.v21n1p267-281.

TRAFTON, Anne. Artificial intelligence yields new antibiotic. *MIT News*, 2020. Disponível em: https://news.mit.edu/2020/artificial-intelligence-identifies-new-antibiotic-0220.

Informação bibliográfica deste texto, conforme a NBR 6023:2018 da Associação Brasileira de Normas Técnicas (ABNT):

CYRINO, André; BARBOSA, Marcus Vinicius. O princípio da impessoalidade administrativa e a inteligência artificial. *In*: JUSTEN, Monica Spezia; PEREIRA, Cesar; JUSTEN NETO, Marçal; JUSTEN, Lucas Spezia (coord.). *Uma visão humanista do direito*: homenagem ao Professor Marçal Justen Filho. Belo Horizonte: Fórum, 2025. v. 1, p. 143-159. ISBN 978-65-5518-918-6.

QUEM PAGA? O CONSEQUENCIALISMO (PRAGMATISMO) NO PENSAMENTO E NA OBRA DE MARÇAL JUSTEN FILHO

ANDRÉ GUSKOW CARDOSO

1 Uma breve explicação inicial: revelações necessárias

Conheço o Professor Marçal Justen Filho desde 1996, quando iniciei meu estágio em seu escritório. Na época, eu estava no segundo ano da Faculdade de Direito da Universidade Federal do Paraná (UFPR), na qual o Professor Marçal lecionava há mais de uma década. Desde então, meu apreço e respeito por sua integridade acadêmica e pessoal só aumentaram. Em 1999, formei-me e comecei a advogar no escritório por ele fundado em 1986.

Esse convívio de quase trinta anos permitiu o desenvolvimento de uma relação de amizade, respeito e profunda estima. Pode-se argumentar que essa proximidade e os longos anos de convivência poderiam comprometer minha capacidade de avaliar de forma imparcial a obra do Professor Marçal. Trata-se de uma questão objetiva.

De qualquer forma, isso não compromete o objetivo deste texto. Primeiro, porque o convívio e a consideração pelo Professor Marçal, cultivados ao longo dos anos, são, na verdade, ferramentas que permitem uma percepção mais profunda de sua obra e pensamento. Em segundo lugar, esta obra reúne justamente artigos em homenagem ao Professor Marçal. Portanto, a admiração por sua obra e pessoa é, certamente, um traço comum entre os diversos autores desta coletânea.

2 A origem da expressão

"Quem paga?". Meu primeiro contato com o questionamento, colocado pelo Professor Marçal, foi durante a faculdade, nas suas aulas de direito tributário. A expressão, empregada pelo Professor Marçal para questionar as consequências de determinada interpretação jurídica para a norma tributária, provocou uma reflexão que passei a realizar desde então.

3 Consequencialismo muito antes da LINDB

Note-se que tais questionamentos e a adoção de um pensamento pragmatista por Marçal Justen Filho precedem muito as previsões da LINDB. Já em suas obras publicadas na década de 1980, essas preocupações já estavam presentes.

4 O pensamento consequencialista de Marçal Justen Filho

Os pontos a seguir explorados demonstram a variedade de âmbitos nos quais o pensamento pragmatista e consequencialista de Marçal Justen Filho se revelou ao longo de sua carreira como jurista. Trata-se de simples exemplos, escolhidos sem critério metodológico específico. A obra de Marçal Justen Filho contém muito mais exemplos e situações em que esse pensamento foi aplicado. De qualquer modo, os exemplos são relevantes para se demonstrar a variedade de situações em que o método pragmatista e consequencialista foi adotado pelo autor.

4.1 Consequencialismo e método pragmático

Uma das premissas conceituais adotadas por Marçal Justen Filho no seu *Curso de direito administrativo* consiste na afirmação do *método pragmático*.

Segundo o autor:

> O processo de criação e aplicação do direito é dinâmico, indissociável das novas configurações das vivências sociais, políticas e econômicas. As simplificações e abstrações produzidas pela doutrina apresentam uma dimensão utópica. O grande risco é o estudioso confundir a realidade com a abstração e supor que o direito vigente é aquele que existe apenas num plano ideal.[1]

A partir de tal constatação, Marçal Justen Filho estabelece as seguintes premissas. Indica que o pragmatismo se funda em três pilares: o antifundamentalismo, o contextualismo e o consequencialismo.

O primeiro consiste na "inviabilidade da adoção de pressupostos imutáveis e intangíveis, de natureza abstrata".[2] O segundo, o reconhecimento de que:

> o conhecimento e as proposições, tal como dominantes em um determinado momento, são o resultado da experiência concreta produzida pelas circunstâncias verificadas num determinado momento. A vida humana insere-se num processo dinâmico contínuo, que produz inovações e torna superadas as concepções pretéritas.[3]

O consequencialismo, segundo Marçal Justen Filho, corresponde à percepção de que "todas as decisões, escolhas e teorias produzem potenciais efeitos distintos.

---

[1] JUSTEN FILHO, Marçal. *Curso de direito administrativo*. 14. ed. Rio de Janeiro: Forense, 2023. p. 9.

[2] JUSTEN FILHO, Marçal. *Curso de direito administrativo*. 14. ed. Rio de Janeiro: Forense, 2023. p. 9.

[3] JUSTEN FILHO, Marçal. *Curso de direito administrativo*. 14. ed. Rio de Janeiro: Forense, 2023. p. 10.

A seleção de uma dentre elas deve refletir uma previsão sobre essas consequências, cabendo adotar-se aquela cujos efeitos sejam avaliados como os melhores e mais adequados".[4]

Tendo em vista essas premissas, indica-se que o pragmatismo "impõe ao aplicador o dever de considerar a dimensão do futuro na sua decisão, escolhendo a medida que – sendo compatível com a ordem jurídica – produza o resultado mais compatível com os fins comuns e com a efetivação dos propósitos da existência".[5]

Portanto, o consequencialismo está contido no método pragmático. É um de seus pilares.

4.2 Consequencialismo e eficiência econômica

Ao contrário do que poderia sugerir uma conclusão apressada extraída da já aludida expressão "Quem paga?", a adoção do método pragmático não pressupõe a adoção de uma racionalidade meramente econômica.

Ao tratar do princípio da eficiência (eficácia) administrativa, Marçal Justen Filho esclarece esse ponto. Ressalta que "quando se afirma que a atividade estatal é norteada pela eficiência, não se impõe a subordinação da atividade administrativa à pura e exclusiva racionalidade econômica. Eficiência administrativa não é sinônimo de eficiência econômica".[6] Por isso mesmo, segundo o autor, parte da doutrina tem adotado a expressão "princípio da eficácia administrativa". Tal princípio "impõe como primeiro dever à Administração evitar o desperdício e a falha".[7]

Nas palavras de Marçal Justen Filho:

> a ordem jurídica veda o desperdício econômico porque a otimização do uso dos recursos permite a realização mais rápida e mais ampla dos encargos estatais. Mas, quando houver incompatibilidade entre a eficiência econômica e certos valores fundamentais, deverá adotar-se a solução que preserve ao máximo todos os valores em conflito, mesmo que tal implique a redução da eficiência econômica.[8]

Há, portanto, uma preocupação com a eficiência da atuação do Estado. Mas não se resume a isso. A preocupação contida no método pragmatista (abrangendo a análise consequencialista) vai além. Considera esse aspecto econômico, mas também outros fatores, inclusive a preservação e realização de direitos fundamentais.

4.3 Consequencialismo no direito tributário

Como indicado ao início do presente, o pensamento pragmatista de Marçal Justen Filho já se mostrava presente no âmbito do direito tributário.

---

[4]   JUSTEN FILHO, Marçal. *Curso de direito administrativo*. 14. ed. Rio de Janeiro: Forense, 2023. p. 10.
[5]   JUSTEN FILHO, Marçal. *Curso de direito administrativo*. 14. ed. Rio de Janeiro: Forense, 2023. p. 10.
[6]   JUSTEN FILHO, Marçal. *Curso de direito administrativo*. 14. ed. Rio de Janeiro: Forense, 2023. p. 75.
[7]   JUSTEN FILHO, Marçal. *Curso de direito administrativo*. 14. ed. Rio de Janeiro: Forense, 2023. p. 76.
[8]   JUSTEN FILHO, Marçal. *Curso de direito administrativo*. 14. ed. Rio de Janeiro: Forense, 2023. p. 76.

Ao examinar a noção de sujeição passiva tributária e, mais especificamente, do princípio da capacidade contributiva, o autor aponta que "basta haver critério científico evidenciador da incorreção da solução consagrada legislativamente para que se imponha o reconhecimento da inconstitucionalidade da lei, fraudadora do princípio constitucional da justiça social".[9]

Ou seja, reconhecia, já naquele momento, que a existência de fatores – em sua maioria extrajurídicos – que evidenciassem violação concreta à capacidade contributiva poderia conduzir à inconstitucionalidade de determinada lei tributária. Trata-se de passagem que confirma o emprego de método e interpretação claramente pragmáticos, especialmente no âmbito do direito tributário, em que o entendimento prevalente à época fundava-se precipuamente num enfoque puramente normativo.

4.4 Consequencialismo e desconsideração da personalidade jurídica

Ao examinar o tema da desconsideração da personalidade jurídica, Marçal Justen Filho ressaltou o caráter *funcional* do instituto da personalidade jurídica.

E, ao examinar a desconsideração, indicou que:

> A correspondência a uma função é, então, indispensável para a construção do conceito de desconsideração. É inviável a tentativa de elaborar uma teoria da desconsideração tomando em vista o ato ou a série de atos, em si mesmos, relativamente aos quais se processará a desconsideração. Embora seja indispensável ter em vista tais circunstâncias, é fundamental avaliar as consequências que serão produzidas em caso de aplicação dos princípios atinentes à pessoa jurídica.

O autor prossegue ressaltando que "O que justifica toda a teoria da desconsideração é o risco de uma utilização anômala do regime correspondente à pessoa jurídica acarretar um resultado indesejável".[10]

Em outra passagem sobre o tema, Marçal Justen Filho reafirma essa posição de natureza claramente pragmatista. Indica que "A desconsideração não é um remédio para um defeito na criação ou manutenção da sociedade personificada. Bem por isso, seus pressupostos devem-se vincular à desnaturação funcional".

Conforme o autor, "O fundamento da desconsideração é o abuso funcional na utilização da pessoa jurídica, de molde a provocar um resultado incompatível, no caso concreto, com a previsão abstrata visualizada pelo ordenamento".[11]

4.5 Licitações e consequencialismo

No âmbito das licitações públicas, também é evidente o pensamento pragmático de Marçal Justen Filho.

---

[9] JUSTEN FILHO, Marçal. *Sujeição passiva tributária*. Belém: Cejup, 1986. p. 260.

[10] JUSTEN FILHO, Marçal. *Desconsideração da personalidade societária no direito brasileiro*. São Paulo: RT, 1987. p. 57.

[11] JUSTEN FILHO, Marçal. *Desconsideração da personalidade societária no direito brasileiro*. São Paulo: RT, 1987. p. 135.

Quando examina a previsão do art. 5º, da Lei nº 14.133/2021, que prevê os princípios aplicáveis às licitações, Marçal Justen Filho critica a previsão, por identificar uma concepção "principiologista".

Posiciona-se de modo contrário a essa orientação, indicando que:

Não se trata de negar a importância normativa dos princípios constitucionais, nem de ignorar que os valores compõem a estrutura do direito. Adota-se entendimento de que a disciplina infraconstitucional de licitações e contratos administrativos faz-se preponderantemente por meio de regras. Nesses temas, é fundamental reduzir a indeterminação normativa.

O autor prossegue indicando que "A multiplicação de princípios reduz a segurança jurídica. A potencial contradição de soluções propiciadas por múltiplos e diversos princípios amplia o risco de interpretações distintas e conflitantes entre os órgãos administrativos e as instituições de controle". Aponta que "Esse é o fundamento para uma severa crítica ao art. 5º, que é um amontoado não sistemático de princípios e que se presta a fundamentar as mais diversas conclusões a propósito dos assuntos disciplinados pela Lei 14.133/2021".[12]

A solução propugnada por Marçal Justen Filho para evitar o "principiologismo" passa pela adoção de um método pragmático, consequencialista.

Segundo Marçal:

Nenhuma decisão administrativa é válida quando fundar-se na invocação pura e simples de um princípio. Precisamente pela dimensão aberta do princípio, enquanto considerado abstratamente, a sua aplicação ao caso concreto depende da avaliação da realidade e da identificação das implicações do princípio como disciplina normativa efetiva. Essa imposição decorre diretamente do art. 20 da LINDB [...].[13]

A conclusão de Marçal Justen Filho é de que o atendimento à exigência do art. 20 da LINDB

implica a necessidade de considerar a pluralidade de princípios eventualmente incidentes num caso determinado, a avaliação das possíveis implicações decorrentes de cada um desses princípios, a estimativa sobre os efeitos decorrentes da aplicação dos diversos princípios e a ponderação sobre a solução mais satisfatória.[14]

Portanto, trata-se de enfoque claramente fundado no pensamento pragmatista e consequencialista.

---

[12] JUSTEN FILHO, Marçal. *Comentários à Lei de Licitações e Contratos Administrativos*. 2. ed. São Paulo: Thompson Reuters, 2023. p. 98.

[13] JUSTEN FILHO, Marçal. *Comentários à Lei de Licitações e Contratos Administrativos*. 2. ed. São Paulo: Thompson Reuters, 2023. p. 102. A previsão do art. 20 da LINDB é a seguinte: "Art. 20. Nas esferas administrativa, controladora e judicial, não se decidirá com base em valores jurídicos abstratos sem que sejam consideradas as consequências práticas da decisão. Parágrafo único. A motivação demonstrará a necessidade e a adequação da medida imposta ou da invalidação de ato, contrato, ajuste, processo ou norma administrativa, inclusive em face das possíveis alternativas".

[14] JUSTEN FILHO, Marçal. *Comentários à Lei de Licitações e Contratos Administrativos*. 2. ed. São Paulo: Thompson Reuters, 2023. p. 102.

Ao tratar do orçamento estimado em licitações públicas, Marçal Justen Filho examina a sua importância e demonstra que a fixação de preços reduzidos pode ter consequências desastrosas para a contratação pública.

Aponta que "Em muitos casos, a fixação de preços muito reduzidos como teto máximo da contratação poderá resultar na ausência de interessados e no insucesso da licitação".[15] Também ressalta que "Existe o risco da seleção adversa".[16]

Ao tratar do tema, indica que "a seleção adversa se verifica nas hipóteses em que um sujeito, buscando realizar a contratação mais vantajosa possível, pratica soluções que resultam em solução desastrosa".[17] Em seguida, conclui que "A fixação de um valor inferior ao necessário para remunerar adequadamente o particular pode resultar numa sucessão de problemas durante a execução do contrato".[18]

Ao tratar do pregão, a análise pragmática e consequencialista de Marçal Justen Filho também fica evidente. O tema da seleção adversa é retomado quando do exame da modalidade licitatória do pregão.

Uma das constatações de Marçal Justen Filho quando examina a questão do objeto do pregão é de que:

> O resultado prático da generalização do pregão tem sido a comprovação da tese acadêmica da seleção adversa. A Administração tem desembolsado valores mais reduzidos e adquirido produtos destituídos de qualidade mínima. Há o enorme risco de o fornecedor não cumprir as suas obrigações e os produtos não apresentarem a durabilidade nem outros atributos indispensáveis.[19]

Mais adiante, o autor aponta que:

> a generalização do pregão propicia o autoengano da Administração Pública. Visando desembolsar o menor preço possível para obter um produto apto a satisfazer suas necessidades, a Administração adota uma sistemática orientada por critérios defeituosos, que conduzirão previsivelmente a uma contratação não satisfatória.[20]

Ao examinar o regime jurídico de licitações diferenciadas para microempresas instituído pela Lei Complementar nº 123/2006, Marçal Justen Filho reafirma a necessidade de interpretação pragmática e consequencialista.

---

[15] JUSTEN FILHO, Marçal. *Comentários à Lei de Licitações e Contratos Administrativos*. 2. ed. São Paulo: Thompson Reuters, 2023. p. 395.

[16] JUSTEN FILHO, Marçal. *Comentários à Lei de Licitações e Contratos Administrativos*. 2. ed. São Paulo: Thompson Reuters, 2023. p. 395.

[17] JUSTEN FILHO, Marçal. *Comentários à Lei de Licitações e Contratos Administrativos*. 2. ed. São Paulo: Thompson Reuters, 2023. p. 395.

[18] JUSTEN FILHO, Marçal. *Comentários à Lei de Licitações e Contratos Administrativos*. 2. ed. São Paulo: Thompson Reuters, 2023. p. 395.

[19] JUSTEN FILHO, Marçal. *Comentários à Lei de Licitações e Contratos Administrativos*. 2. ed. São Paulo: Thompson Reuters, 2023. p. 460.

[20] JUSTEN FILHO, Marçal. *Comentários à Lei de Licitações e Contratos Administrativos*. 2. ed. São Paulo: Thompson Reuters, 2023. p. 460.

Aponta que:

As fórmulas complexas e sofisticadas contempladas no art. 47[21] não podem ser o fundamento legislativo para ser produzida a pura e simples transferência de benefícios para empresas privadas. Essa solução corresponderia à destruição da função do contrato administrativo. Não se trataria de *função social*, mas de *abuso de poder* por parte do Estado.[22]

E o autor prossegue, indicando que:

Não se admite que a Administração Pública produza liberalidades na transferência de recursos para entidades privadas, visando pura e simplesmente a redistribuição de riqueza. Transferir dinheiro do Estado para entidade privada (seja ela microempresa, empresa de pequeno porte ou macroempresa) somente é admissível quando se configurar a existência de benefícios aos interesses coletivos.[23]

Esses são alguns dos exemplos da aplicação do pensamento de cunho pragmático às licitações. Há vários outros exemplos em que o método pragmático é adotado por Marçal Justen Filho, mas os temas acima referidos dão uma noção adequada de sua aplicação ao campo do direito das licitações e contratações públicas.

4.6 Consequencialismo nos contratos administrativos

No âmbito das contratações públicas, também está presente o pensamento pragmatista e consequencialista de Marçal Justen Filho.

Ao tratar da intangibilidade da equação econômico-financeira, o autor o relaciona ao princípio da eficiência, indicando que "A proteção à equação econômico-financeira decorre do princípio da eficiência administrativa, que exige que a Administração Pública desembolse o menor valor possível nas suas contratações".[24]

Desse modo, para Marçal Justen Filho:

A ausência de garantia aumentaria o risco dos particulares, especialmente em vista das competências anômalas peculiares ao contrato administrativo. A Administração obterá as melhores propostas apenas se reduzir os riscos imprevisíveis ou de consequências incalculáveis. A intangibilidade da equação econômico-financeira é a garantia ofertada ao particular de que não correrá risco quanto a eventos futuros, incertos e excepcionais. Essa proteção produz a redução geral dos preços pagos pelo Estado no conjunto global de suas contratações.[25]

---

[21] A previsão legal é a seguinte: "Art. 47. Nas contratações públicas da administração direta e indireta, autárquica e fundacional, federal, estadual e municipal, deverá ser concedido tratamento diferenciado e simplificado para as microempresas e empresas de pequeno porte objetivando a promoção do desenvolvimento econômico e social no âmbito municipal e regional, a ampliação da eficiência das políticas públicas e o incentivo à inovação tecnológica".

[22] JUSTEN FILHO, Marçal. *O Estatuto da Microempresa e as licitações públicas*. São Paulo: Dialética, 2007. p. 176.

[23] JUSTEN FILHO, Marçal. *O Estatuto da Microempresa e as licitações públicas*. São Paulo: Dialética, 2007. p. 176.

[24] JUSTEN FILHO, Marçal. *Curso de direito administrativo*. 14. ed. Rio de Janeiro: Forense, 2023. p. 315.

[25] JUSTEN FILHO, Marçal. *Curso de direito administrativo*. 14. ed. Rio de Janeiro: Forense, 2023. p. 315.

Em outras palavras, quem pagaria pela ausência da garantia à equação econômico-financeira nos contratos administrativos seria o próprio Estado (e a sociedade), que teria que arcar com valores maiores apresentados pelos particulares, à vista da ampliação dos riscos na contratação com os entes públicos.

Ao examinar o regime da Lei nº 14.133/2021, Marçal Justen Filho confirma esse entendimento ao examinar o regime de partilha dos riscos da contratação.

Aponta que "A própria Lei 14.133/2021 reconhece que o preço a ser pago ao particular reflete a amplitude dos riscos a ele alocados. Isso significa que a ampliação dos riscos atribuídos ao particular conduz à elevação da remuneração desembolsada pela Administração".[26] E o autor vai além, ressaltando que "A alocação eficiente do risco reflete a capacidade de cada parte em promover o seu gerenciamento. Portanto, é indispensável a existência de estudos econômicos que determinem a solução mais satisfatória".[27]

4.7 Consequencialismo e responsabilidade estatal: os precatórios e o regime instituído pela Emenda Constitucional nº 62/2009

Quando examinou o regime instituído pela Emenda Constitucional nº 62/2009 para os precatórios judiciais, Marçal Justen Filho detectou vários defeitos que conduziam à conclusão pela inconstitucionalidade do novo regime.

Além da violação à isonomia, à moralidade, à proporcionalidade, à segurança jurídica, à coisa julgada e à necessidade de proteção à eficácia da decisão judicial, dentre outros defeitos identificados pelo autor, a conclusão adotada envolve pensamento claramente pragmatista, voltado ao exame dos efeitos e consequências da referida emenda constitucional.

Note-se que, ao examinar o tema, Marçal Justen Filho chega a rejeitar o argumento *de fato* de que "as inovações da EC apenas refletiriam a incorporação pelo Direito de uma situação de fato já existente".[28] Segundo o autor, o argumento consistiria em que "a Fazenda Pública já não paga as suas dívidas e, por isso, a EC apenas estaria formalizando essa situação de fato, prevendo uma solução – ainda que danosa para os credores – que seria menos nociva que a continuidade do atual cenário".[29]

O autor reafirma que:

> Em um Estado Democrático de Direito, a solução para práticas aberrantes, infringentes dos valores fundamentais consagrados constitucionalmente, reside não na revogação dos princípios constitucionais, mas na reforma das condutas fáticas. Portanto, a circunstância de Estados e Municípios terem acumulado dívidas da ordem de mais de 60 bilhões de

---

[26] JUSTEN FILHO, Marçal. *Curso de direito administrativo*. 14. ed. Rio de Janeiro: Forense, 2023. p. 320.

[27] JUSTEN FILHO, Marçal. *Curso de direito administrativo*. 14. ed. Rio de Janeiro: Forense, 2023. p. 319.

[28] JUSTEN FILHO, Marçal. *Emenda dos Precatórios*. Fundamentos de sua inconstitucionalidade. Belo Horizonte: Fórum, 2010. p. 67.

[29] JUSTEN FILHO, Marçal. *Emenda dos Precatórios*. Fundamentos de sua inconstitucionalidade. Belo Horizonte: Fórum, 2010. p. 67.

reais, deixando de liquidar as dívidas regularmente reconhecidas pelo Poder Judiciário, *nunca* dispensará o exame da constitucionalidade das propostas de normas destinadas a eliminar a dita irregularidade.[30]

Indicou que:

cabe destacar que a experiência evidencia que as melhores intenções do legislador muitas vezes se traduzem em providências práticas de efeitos incalculados, não previstos e não desejados. Esses efeitos ignorados pelo legislador podem ser muito mais nocivos e perversos do que a situação concreta a ser combatida.[31]

O autor prossegue, apontando que:

Num exame mais detalhado, a EC nº 62 configura-se como um exemplo rematado desse fenômeno. A manutenção dessa emenda no ordenamento jurídico propiciará não apenas a infração a regras e a destruição da força normativa de princípios constitucionais, mas também abrirá oportunidade para o agravamento incontrolável do passivo da Fazenda Pública em virtude de decisões judiciais.[32]

A conclusão demonstra que a adoção de uma postura pragmatista e consequencialista não significa atribuir apenas prevalência a fatos e situações constituídas na realidade. É necessário tomar em conta essas circunstâncias, mas também valores consagrados pelo ordenamento jurídico e as consequências da adoção de determinada solução legislativa ou de reforma constitucional.

4.8 Atividade regulatória e consequencialismo

No âmbito da atividade regulatória, o maior exemplo da aplicação do pensamento pragmatista e da interpretação consequencialista reside na exigência de análise de impacto regulatório (AIR), estabelecida pelas leis nºs 13.874/2019 e 13.848/2019.

Com relação a esse tema, Marçal Justen Filho aponta que a

seriedade do planejamento conduziu à concepção da figura da Análise de Impacto Regulatório, que se configura como requisito prévio necessário à implantação de qualquer inovação relevante na regulação setorial. [...] Consiste na avaliação dos custos, dos benefícios e dos efeitos das inovações regulatórias pretendidas.[33]

---

[30] JUSTEN FILHO, Marçal. *Emenda dos Precatórios*. Fundamentos de sua inconstitucionalidade. Belo Horizonte: Fórum, 2010. p. 68.

[31] JUSTEN FILHO, Marçal. *Emenda dos Precatórios*. Fundamentos de sua inconstitucionalidade. Belo Horizonte: Fórum, 2010. p. 109.

[32] JUSTEN FILHO, Marçal. *Emenda dos Precatórios*. Fundamentos de sua inconstitucionalidade. Belo Horizonte: Fórum, 2010. p. 109.

[33] JUSTEN FILHO, Marçal. *Curso de direito administrativo*. 14. ed. Rio de Janeiro: Forense, 2023. p. 534.

Segundo o autor:

> A ausência da Análise de Impacto Regulatório revela a carência de meditação e ponderação sobre as providências pretendidas. [...] Em se tratando de decisões de grande relevo, a inexistência da Análise de Impacto Regulatório se constitui em defeito insanável e insuperável. Assim se passa porque a autoridade administrativa não pode impor à sociedade alterações radicais e relevantes sem avaliar minuciosamente os efeitos decorrentes.[34]

Mais uma vez, portanto, está-se diante da relevância do pensamento pragmático e do consequencialismo, em campo de fundamental relevância para o funcionamento das organizações estatais atuais.

4.9 Método pragmático e a Lei de Improbidade Administrativa

Ao examinar o contido no inc. VIII, do art. 10 da Lei nº 8.249/1992 (com as alterações produzidas pela Lei nº 14.230/2021), Marçal Justen Filho lança mão do método pragmático ao afastar o cabimento de responsabilização automática do particular contratado pela Administração pelo simples fato de figurar como contratado. Nesse caso, ressalta que "a tese de responsabilização do terceiro pelas infrações praticadas pela Administração Pública em virtude da mera circunstância de haver participado do contrato produz o risco da redução radical do universo de interessados em contratar com ela".[35]

O autor reafirma que:

> A questão é extremamente grave no tocante a contratações emergenciais. Se a infração ao dever de licitar for fundamento para sancionar o particular, haverá uma rejeição generalizada à participação do particular, especialmente em contratos emergenciais. Então, a situação de emergência não será atendida de modo satisfatório. O resultado será a consumação de danos irreparáveis ou de difícil reparação.[36]

4.10 Concessões de serviço público: o pensamento consequencialista na matéria

O método pragmatista também foi aplicado por Marçal Justen Filho ao âmbito das concessões de serviço público. O autor reconhece que "a concessão de serviço público produz a exploração empresarial de um serviço público. Isso significa que o concessionário aplicará seus recursos e esforços para prestação do serviço público, mas visando a obtenção de lucro".[37]

Considerando essa premissa, aponta que as eventuais pretensões do Poder Público em suprimir a remuneração adequada ao particular

---

[34] JUSTEN FILHO, Marçal. *Curso de direito administrativo*. 14. ed. Rio de Janeiro: Forense, 2023. p. 534.

[35] JUSTEN FILHO, Marçal. *Reforma da Lei de Improbidade Administrativa*. Rio de Janeiro: Forense, 2022. p. 106.

[36] JUSTEN FILHO, Marçal. *Reforma da Lei de Improbidade Administrativa*. Rio de Janeiro: Forense, 2022. p. 106.

[37] JUSTEN FILHO, Marçal. *Teoria geral das concessões de serviço público*. São Paulo: Dialética, 2003. p. 68.

acarretaria a inviabilização da concessão por ato de responsabilidade do Estado. A novidade jurídica está na interdição ao Estado de adotar condutas aptas a comprometer a prestação de serviços públicos adequados. A outorga de tarifas justas não é mais simples questão subordinada ao "poder discricionário do Estado".[38]

Conforme Marçal Justen Filho:

Verificando ser a concessão a alternativa ótima, a Administração tem o dever de implementá-la e de garantir seu adequado funcionamento. Garante-se o adequado funcionamento não apenas quando se fiscaliza o concessionário e se reprimem tarifas excessivas, mas também quando se assegura a ele a percepção da remuneração avençada.

Desse modo, segundo o autor:

Frustrar a cobrança da tarifa corresponde a, para usar linguagem vulgar, "dar um tiro no próprio pé". A Administração não é "dona" da coisa pública para frustrar a continuidade do serviço e inviabilizar a satisfação das necessidades da comunidade no futuro. Verifica-se, portanto, que impedir a cobrança de tarifas justas e adequadas não afeta apenas e estritamente o interesse do concessionário. De um modo direto, afeta-se o interesse econômico do empresário. Mas, em termos indiretos, infringe-se o interesse público. Coloca-se em risco a dignidade das pessoas que, no futuro, não terão possibilidade de fruir de serviços públicos adequados e satisfatórios.[39]

Mais adiante, ao enfrentar a discussão atinente à exigência ou não de vias alternativas para a concessão de rodovias, Marçal Justen Filho indica que:

a invocação à liberdade de circulação não retrata, na maior parte dos casos, a defesa de direitos fundamentais, inerentes a um regime democrático ou essenciais à afirmação das manifestações da dignidade humana. Trata-se, pura e simplesmente, do interesse econômico de não pagar pedágio.[40]

E aqui transparece o pensamento pragmatista do autor, que aponta que "prevalecesse a tese da gratuidade da utilização da rodovia ou da construção de via alternativa, teria de enfrentar-se uma questão fundamental. Haveria um problema a ser resolvido: *quem paga a conta?*".[41]

Marçal Justen Filho prossegue indicando que, por um lado,

Reconhecida a impossibilidade de cobrança do pedágio, estará caracterizada a quebra da equação econômico-financeira, senão a nulidade da concessão. Logo, haverá que indenizar o concessionário por todas as perdas e danos verificadas. Isso significará uma oneração gigantesca para os cofres públicos, apta a inviabilizar o cumprimento de funções estatais relacionadas de modo muito mais direto e imediato com a dignidade humana. Ao invés

---

[38] JUSTEN FILHO, Marçal. *Teoria geral das concessões de serviço público*. São Paulo: Dialética, 2003. p. 69.

[39] JUSTEN FILHO, Marçal. *Teoria geral das concessões de serviço público*. São Paulo: Dialética, 2003. p. 69.

[40] JUSTEN FILHO, Marçal. *Teoria geral das concessões de serviço público*. São Paulo: Dialética, 2003. p. 191.

[41] JUSTEN FILHO, Marçal. *Teoria geral das concessões de serviço público*. São Paulo: Dialética, 2003. p. 191.

de custear o sistema de saúde, de previdência e de educação, o Estado terá de indenizar os concessionários de rodovias.[42]

Do mesmo modo, ressalta que:

Por outro lado, restará o problema futuro. Um Estado endividado como o Brasil não dispõe de recursos para construir ou manter rodovias. Nem, muito menos, encontra-se em condições de manter um sistema rodoviário duplicado: um conjunto de rodovias públicas, mantidas pelos cofres públicos para utilização gratuita dos proprietários de veículos, e outro conjunto de rodovias privadas, objeto da concessão. Nem haveria disposição da iniciativa privada para assumir os encargos pertinentes a concessões, diante ou do risco de ser reconhecida a nulidade do contrato ou da inviabilidade econômica de competir com rodovias gratuitas não pedagiadas.[43]

4.11 Os riscos e limites do consequencialismo

No entanto, ao examinar o tema da aplicação do direito sob o enfoque consequencialista, Marçal Justen Filho identifica alguns riscos que devem ser necessariamente considerados.

Primeiro, indica que:

A complexidade da vida social tem conduzido ao reconhecimento da necessidade de avaliação dos efeitos concretos das diversas interpretações possíveis de serem adotadas. Isso conduz à seleção da interpretação em vista da consequência mais desejável ou menos nociva.[44]

No entanto, reconhece que "Essa solução não pode ser adotada em termos absolutistas. Não pode resultar no sacrifício de direitos fundamentais protegidos pela Constituição".

Dentre os riscos mencionados por Marçal Justen Filho está o risco de *comprometimento da* ética, no sentido de que "A solução adotada pode configurar-se como injusta e comprometer a imparcialidade, além de dar oportunidade a soluções variáveis segundo as circunstâncias de cada situação concreta".[45]

Outro risco identificado consiste na possibilidade de *comprometimento da igualdade,* "eis que pode resultar no tratamento diferenciado de pessoas em condições similares, violando a isonomia".[46]

Do mesmo modo, aponta-se a possibilidade de *risco à segurança jurídica,* na medida em que "a interpretação prevalente dependerá de um juízo realizado em vista das consequências – o que envolve uma avaliação que, em muitos casos, somente é viável ocorrer em momento posterior à consumação dos fatos".[47]

---

[42] JUSTEN FILHO, Marçal. *Teoria geral das concessões de serviço público.* São Paulo: Dialética, 2003. p. 191.

[43] JUSTEN FILHO, Marçal. *Teoria geral das concessões de serviço público.* São Paulo: Dialética, 2003. p. 191.

[44] JUSTEN FILHO, Marçal. *Introdução ao estudo do direito.* 2. ed. Rio de Janeiro: Forense, 2021. p. 304.

[45] JUSTEN FILHO, Marçal. *Introdução ao estudo do direito.* 2. ed. Rio de Janeiro: Forense, 2021. p. 305.

[46] JUSTEN FILHO, Marçal. *Introdução ao estudo do direito.* 2. ed. Rio de Janeiro: Forense, 2021. p. 305.

[47] JUSTEN FILHO, Marçal. *Introdução ao estudo do direito.* 2. ed. Rio de Janeiro: Forense, 2021. p. 305.

5 Consagração legislativa pela LINDB

Como demonstrado acima, a postura pragmática e consequencialista existente na obra de Marçal Justen Filho precede as previsões da Lei nº 13.655/2018, que modificou o contido na Lei de Introdução às Normas do Direito Brasileiro – LINDB.

Mas, recentemente, a preocupação pragmatista passou a ser incorporada em normas legais específicas. A LINDB consagrou previsões específicas que consagram o pensamento e interpretação pragmatista e consequencialista. Há pelo menos três dispositivos em que essa orientação é evidente.

No art. 20, indica-se que "Nas esferas administrativa, controladora e judicial, não se decidirá com base em *valores jurídicos abstratos* sem que sejam consideradas as *consequências práticas* da decisão". Exige-se motivação específica, que deve demonstrar "a necessidade e a adequação da medida imposta ou da invalidação de ato, contrato, ajuste, processo ou norma administrativa, inclusive em face das possíveis alternativas".

O art. 21, por sua vez, estabelece que "A decisão que, nas esferas administrativa, controladora ou judicial, decretar a invalidação de ato, contrato, ajuste, processo ou norma administrativa deverá indicar de modo expresso suas *consequências jurídicas* e *administrativas*". Também nesse caso, é evidente a orientação pragmatista e consequencialista.

No art. 22, por sua vez, define-se que "Na interpretação de normas sobre gestão pública, serão considerados os obstáculos e as dificuldades reais do gestor e as exigências das políticas públicas a seu cargo, sem prejuízo dos direitos dos administrados". Ademais, o §1º da referida norma estabelece que "Em decisão sobre regularidade de conduta ou validade de ato, contrato, ajuste, processo ou norma administrativa, serão consideradas as *circunstâncias práticas* que houverem imposto, limitado ou condicionado a ação do agente".

Conforme Marçal Justen Filho:

> As alterações consagradas pela Lei 13.655/2018, que modificou a LINDB, incorporaram as concepções do pragmatismo hermenêutico. As suas determinações são orientadas a dispor sobre o exercício presente e futuro das competências administrativas e da atividade hermenêutica do intérprete. Também disciplinam o exercício das competências controladoras e judiciais voltadas a fiscalizar a validade das decisões administrativas.[48]

6 A relevância do pensamento e da interpretação consequencialista

Não há dúvida a respeito da relevância – e, pode-se dizer, imprescindibilidade – do enfoque pragmatista e consequencialista.

É que o Direito não constitui sistema hermeticamente fechado. A aplicação e interpretação das normas jurídicas pressupõem necessariamente a apreensão da realidade. Mas não se trata apenas de uma realidade estática, tal como se apresenta para aquele encarregado de interpretar e aplicar o direito. A percepção da realidade deve considerar também um enfoque prospectivo, de modo que sejam levadas em conta as consequências

---

[48] JUSTEN FILHO, Marçal. *Curso de direito administrativo*. 14. ed. Rio de Janeiro: Forense, 2023. p. 10.

práticas da aplicação de determinada norma a uma situação concreta, considerando-se também os valores e princípios consagrados pelo sistema jurídico.

Nesse sentido, para Marçal Justen Filho, "A interpretação do Direito, que se interconecta com a sua aplicação, é um fenômeno da realidade social, que reflete as diversas dimensões fáticas e valorativas prevalentes numa comunidade".[49]

7 Insuficiência da previsão legal: necessidade de uma verdadeira cultura jurídica pragmático-consequencialista

Dada a relevância do pensamento pragmatista-consequencialista, verifica-se a insuficiência de sua mera previsão legal. Não há dúvidas de que a consagração de regras no âmbito da LINDB que conduzem à interpretação e aplicação pragmatista das normas jurídicas é relevante. Mas talvez se mostre insuficiente.

É que tais regras também devem ser objeto de interpretação e aplicação pelos operadores do direito. Então, mais do que a mera previsão no texto de uma lei, é essencial que haja uma conscientização dos intérpretes e aplicadores do direito no sentido de que é necessário examinar e avaliar as consequências práticas da aplicação das normas jurídicas.

É fundamental aludir-se à necessidade de uma cultura jurídica pragmático-consequencialista, consciente da relevância, mas também dos limites e riscos inerentes ao pensamento pragmatista.

8 Conclusão: quem paga?

Por tudo isso, retorna-se à expressão "quem paga?" que ouvi de Marçal Justen Filho há quase três décadas em sala de aula. Agora, após muitos anos de convívio e aprendizado, percebo que a referida expressão constitui uma espécie de *síntese*, um verdadeiro *gatilho* para que não se deixe de lado a consideração a consequências concretas e efeitos derivados da interpretação e aplicação de determinada norma jurídica.

Não se trata apenas de considerar aspectos econômicos ou preocupações com as consequências econômicas de determinado ato. Tampouco é possível dar prevalência ou atribuir caráter absoluto a tais consequências e efeitos. Como demonstrado, trata-se de enfoque que deve levar em conta também os valores e princípios jurídicos presentes no nosso ordenamento e próprios limites e riscos da aplicação do pensamento pragmático.

Informação bibliográfica deste texto, conforme a NBR 6023:2018 da Associação Brasileira de Normas Técnicas (ABNT):

CARDOSO, André Guskow. Quem paga? O consequencialismo (pragmatismo) no pensamento e na obra de Marçal Justen Filho. *In*: JUSTEN, Monica Spezia; PEREIRA, Cesar; JUSTEN NETO, Marçal; JUSTEN, Lucas Spezia (coord.). *Uma visão humanista do Direito*: homenagem ao Professor Marçal Justen Filho. Belo Horizonte: Fórum, 2025. v. 1, p. 161-174. ISBN 978-65-5518-918-6.

---

[49] JUSTEN FILHO, Marçal. *Introdução ao estudo do direito*. 2. ed. Rio de Janeiro: Forense, 2021. p. 309.

RESPONSABILIDADE CIVIL EXTRACONTRATUAL DO ESTADO: POR UM TRATAMENTO LEGISLATIVO UNIFICADO

ANTONIO ANASTASIA

FLÁVIO UNES

1 Introdução

Não há como iniciar o presente estudo sem fazer referência ao professor Marçal Justen Filho. Em verdade, de tal vulto é a figura do homenageado para a construção dogmática do Direito Administrativo que suas lições se fazem repercutir nos mais variados aspectos de tão complexa – e fundamental – disciplina. Assim, não apenas a evolução de nossa compreensão sobre a responsabilidade civil extracontratual do Estado é tributária da obra do professor Marçal Justen Filho, mas também inúmeros outros horizontes do Direito Administrativo, cujo alargamento se deve, em grande medida, ao homenageado.

De rigor, portanto, introduzir o tema a ser enfrentado com a fixação de premissa fundamental, da lavra de Marçal Justen Filho. Nas palavras do autor,[1] os "governantes e os governados encontram-se em posição de igualdade, todos submetidos ao Direito, ainda que haja competência dos primeiros de tomarem decisões vinculantes para todos". Efetivamente, essa é a compreensão do Direito Administrativo que mais se coaduna com o paradigma do Estado Democrático de Direito, mostrando-se essencial a uma análise do tema da responsabilidade civil extracontratual do Estado comprometida com os direitos fundamentais.

Atualmente, as regras sobre a responsabilidade civil extracontratual do Estado no ordenamento jurídico brasileiro só podem ser encontradas de modo esparso na legislação administrativa, civil ou processual – ou, ainda, na fecunda produção jurisprudencial (e, em boa medida, também doutrinária) sobre o assunto, cujo horizonte hermenêutico se apoia essencialmente na redação da norma do art. 37, §6º, da Constituição Federal.

---

[1] JUSTEN FILHO, Marçal. *Curso de Direito Administrativo*. 14. ed. Rio de Janeiro: Forense, 2023. p. 5.

Como é cediço, trata-se de matéria delimitada por contornos próprios e inconfundíveis com os elementos norteadores do regime de responsabilidade civil extracontratual (ou *aquiliana*) aplicável aos particulares, que tem como preceito fundante, na ordem constitucional, o art. 5º, V, da Lei Maior e, nos domínios da legislação ordinária, os arts. 186, 187 e 927 do Código Civil de 2002.

Nesse sentido, Celso Antônio Bandeira de Mello leciona que "a responsabilidade do Estado governa-se por princípios próprios, compatíveis com a peculiaridade de sua posição jurídica e, por isso mesmo, é mais extensa que a responsabilidade que pode calhar às pessoas privadas".[2] Indo além, Marçal Justen Filho[3] lembra que inexiste "um regime jurídico uniforme para todas as hipóteses de atuação administrativa".

De todo modo, a responsabilidade extracontratual do Estado é matéria dotada de contornos muito próprios. Basta considerar-se a posição de supremacia de que goza o Estado, enquanto garantidor primário da satisfação do interesse público, posição essa que justifica o manejo de prerrogativas não extensíveis a qualquer outra pessoa. Cogite-se, por exemplo, da autoexecutoriedade dos atos administrativos – segundo a qual, em suma, a ação administrativa prescinde da autorização prévia do Poder Judiciário –, costumeiramente desdobrada em exigibilidade (*privilège du préalable*) e executoriedade (*privilège d'action d'office*), podendo esta última envolver, a propósito, o uso da força.[4]

Para além da dispersão normativa do tema, da sua construção jurisprudencial (por vezes, marcada por entendimentos dissonantes entre Cortes Superiores) e de suas características únicas, é importante acrescentar que o tema ostenta fundamental relevância para a preservação de direitos e garantias fundamentais de todos os indivíduos sujeitos à ação (ou que suportem a omissão) do Estado, em suas mais diversas expressões (que, portanto, não se limitam à atuação meramente executiva).

Não por outra razão, de há muito tempo se reclama a elaboração de legislação que consolide, num só diploma, as normas gerais que definem o regime de responsabilidade civil extracontratual do Estado. Com isso, o que se pretende é, essencialmente, promover um aumento de qualidade da legislação (tornando-a coesa, sistematizada e coerente) para, desse modo, incrementar-se a necessária segurança jurídica com relação aos vetores normativos e hermenêuticos que devem orientar a compreensão do tema, seja pelo Poder Judiciário, pelo Poder Executivo, ou mesmo pelos próprios administrados.

Com efeito, a criação de um verdadeiro Estatuto da Responsabilidade Civil do Estado, que consolide regras gerais de direito material e processual dos vários ramos do direito que seccionam o tema da responsabilidade extracontratual, é providência já notada no direito comparado. Cite-se, nesse particular, a experiência de Portugal,

---

[2]   BANDEIRA DE MELLO, Celso Antônio. *Curso de Direito Administrativo*. 22. ed. rev. e atual. São Paulo: Malheiros, 2007. p. 960.

[3]   JUSTEN FILHO, Marçal. *Curso de Direito Administrativo*. 14. ed. Rio de Janeiro: Forense, 2023. p. 833.

[4]   Interessante referir à observação de José dos Santos Carvalho Filho nesse aspecto, para quem "a autoexecutoriedade representa um ponto de tensão entre a eficácia da ação administrativa e eventual prática de arbitrariedade decorrente de um único juízo de valor, no caso da Administração. Numerosas situações consumadas autoexecutoriamente pelo Poder Público provocam lesão irreparável (ou, ao menos, de difícil reparação) aos administrados. É preciso ter em mira o fato de que nem sempre o administrador atua com equilíbrio e bom senso, isso quando sua conduta não está contaminada de ilegalidade e arbítrio. Exatamente por esse motivo, o administrado fica praticamente inerme diante da lesão que sofre" (CARVALHO FILHO, José dos Santos. A autoexecutoriedade e a garantia do contraditório no processo administrativo. *Revista do Ministério Público*, Rio de Janeiro, n. 39, jan./mar. 2011. p. 79).

que promulgou seu Regime da Responsabilidade Civil Extracontratual do Estado e Demais Entidades Públicas (Lei nº 67, de 31.12.2007), até mesmo por exigência da União Europeia.[5]

Nesse particular, vale trazer à colação breve excerto do comentário de Vitor Luís de Almeida:[6]

> Em matéria cível, apenas com o advento da Lei nº 67, de 31 de dezembro de 2007, que aprovou o Regime da Responsabilidade Civil Extracontratual do Estado e Demais Entidades Públicas, o ordenamento jurídico português passou a dispor, de forma clara, sobre um novo regime de responsabilização do Estado num plano tríplice: administrativo, jurisdicional e legislativo. Tratou-se no plano interno de garantir efetividade ao art. 22º da Constituição da República Portuguesa e no plano externo, de aderir-se às exigências da jurisprudência comunitária no que toca à responsabilidade dos Estados-membros por violação do Direito Comunitário [...].

Embora nos pareça salutar que algumas dimensões da responsabilidade do Estado continuem a ser regidas por legislação específica – tal como a responsabilidade contratual (mais bem encaixada na Lei de Licitações), a decorrente de desapropriação (pois se trata de microssistema com regras totalmente próprias) e os casos de responsabilidade pela teoria do risco integral –,[7] a consolidação das normas gerais esparsas e a consagração de entendimentos já sedimentados em âmbito jurisprudencial se apresentam como interessante via de ação aberta à atividade legislativa. A propósito, em estudo comparativo entre os sistemas jurídicos brasileiro e português, Rodrigo Tostes de Alencar Mascarenhas[8] menciona, como primeiro grande contraste, exatamente o tratamento normativo do tema:

> [...] enquanto no Brasil as questões de responsabilidade extracontratual do Estado são resolvidas praticamente por um único dispositivo da Constituição, e por sua interpretação doutrinária e jurisprudencial, ou seja, sem a mediação legislativa, em Portugal há uma lei específica tratando do tema, relativamente recente (que substitui legislação anterior

---

[5] Nesse sentido, Carla Amado Gomes cita, como antecedentes da legislação portuguesa, a "pressão da jurisprudência internacional, máxime comunitária, no sentido do ressarcimento de danos provocados aos particulares, quer por facto da função jurisdicional (atraso na administração de justiça, pelo qual Portugal já foi diversas vezes condenado pelo Tribunal Europeu dos Direitos do Homem; erro grosseiro na aplicação do Direito Comunitário, na sequência do Acórdão do Tribunal de Justiça de 10 de Setembro de 2003 – caso Köbler), quer por facto da função legislativa [...]" (GOMES, Carla Amado. A responsabilidade civil extracontratual da Administração por facto ilícito: reflexões avulsas sobre o novo regime da Lei 67/2007, de 31 de dezembro. *Revista Julgar*, n. 5, p. 73-98, maio/ago. 2008. p. 74).

[6] ALMEIDA, Vitor Luís de. A responsabilidade civil do Estado por erro judiciário sob a ótica do sistema lusófono: análise nos ordenamentos jurídicos português e brasileiro. *Revista de Informação Legislativa*, Brasília, ano 49, n. 196, out./dez. 2012. p. 268.

[7] "[...] apenas pela teoria do risco integral – adotada no ordenamento jurídico brasileiro em casos excepcionais, como na responsabilidade civil acidentária ou infortunística, coberta pelo seguro social; no seguro obrigatório para os proprietários de veículos automotores (DPVAT); e no dano nuclear –, não há necessidade de exame da relação de causa e efeito entre o dano e a conduta/atividade omissiva ou comissiva daquele tido por causador" (REsp nº 1.936.743/SP, Rel. Min. Luis Felipe Salomão, Quarta Turma, julgado em 14.6.2022. *DJe*, 8.9.2022).

[8] MASCARENHAS, Rodrigo Tostes de Alencar. A responsabilidade extracontratual do Estado e de seus agentes por decisões tomadas em situações de risco e incerteza: uma comparação entre Brasil e Portugal. *RDA – Revista de Direito Administrativo*, Rio de Janeiro, v. 261, p. 89-113, set./dez. 2012. p. 91.

de 1967), e que trata não só dos temas clássicos da responsabilidade extracontratual, mas também de questões bem contemporâneas, como a responsabilidade por atos do Poder Judiciário e do Poder Legislativo.

Em suma, é essa a matéria de que nos dedicaremos a tratar no presente ensaio, trazendo, ao final, a sugestão de um possível texto normativo que estabeleça o *Estatuto da Responsabilidade Civil do Estado* no ordenamento jurídico brasileiro.

2 Aspectos materiais

Em se tratando da delimitação, por meio de lei em sentido formal, de um arcabouço normativo que concentre as regras gerais atinentes ao tratamento do tema da responsabilidade extracontratual do Estado, é relevante que sejam previstas normas de índole material e processual, na medida em que as particularidades inerentes ao assunto também projetam efeitos sobre o plano do processo civil[9] eventualmente estabelecido entre a Administração e o indivíduo lesado pela ação estatal.

Sendo assim, optamos por dividir o presente estudo em duas partes fundamentais – em alinhamento com a proposta normativa –, sendo o item 2 (e subitens) dedicados ao tratamento de elementos de direito substantivo, ao passo que o item 3 (e subitens) se dedicará ao exame mais detido de alguns aspectos de direito processual, efeitos diretos que são dos contornos materiais do regime de responsabilidade civil extracontratual do Estado, como acima referimos.

2.1 Elementos fundamentais da responsabilidade civil extracontratual do Estado: ação ou omissão administrativa, dano e nexo de causalidade

É assente, tanto em doutrina[10] quanto em jurisprudência, a compreensão de que a responsabilidade civil extracontratual, seja das pessoas jurídicas de direito público, seja das de direito privado prestadoras de serviço público, "baseia-se no risco administrativo, sendo objetiva, [e] exige os seguintes requisitos: ocorrência do dano; ação ou omissão administrativa; existência de nexo causal entre o dano e a ação ou omissão administrativa e ausência de causa excludente da responsabilidade estatal".[11]

---

[9] Como exemplo, cite-se o entendimento do Superior Tribunal de Justiça quanto à denunciação à lide nos casos de responsabilidade extracontratual do Estado: "O STJ entende que a denunciação à lide na ação de indenização fundada na responsabilidade extracontratual do Estado é facultativa, haja vista o direito de regresso estatal estar resguardado, ainda que seu preposto, causador do suposto dano, não seja chamado a integrar o feito" (REsp nº 1.292.728/SC, Rel. Min. Herman Benjamin, Segunda Turma, julgado em 15.8.2013. *DJe*, 2.10.2013).

[10] "[...] a Administração, ao desenvolver as suas atividades, por certo *assume o risco* de causar danos a terceiros, razão pela qual todos que suportam a Administração devem participar das indenizações dos danos que possam causar, como se fora um grande seguro universal, indenizando o lesado pela mera ocorrência do dano, bastando à vítima provar sua *existência* e a *autoria*, daí a denominação de *teoria do risco administrativo*" (MOREIRA NETO, Diogo de Figueiredo. *Curso de Direito Administrativo*: parte introdutória, parte geral e parte especial. Rio de Janeiro: Forense, 2005. p. 588)

[11] RE nº 608.880, Rel. p/ Acórdão Ministro Alexandre de Moraes, Tribunal Pleno, julgado em 8.9.2020. *DJe*, 1º.10.2020.

Não apenas a ação administrativa, no sentido de conduta praticada pelo agente público (ou particular no exercício delegado da função pública), com dolo ou culpa, é capaz de ensejar a responsabilização extracontratual do Estado. Também a *omissão* administrativa, em determinadas hipóteses, é suficiente para deflagrar hipótese de responsabilidade civil (ato ilícito), em regra na modalidade subjetiva.[12] Não se pode deixar de registrar, contudo, que doutrina e jurisprudência consagram o entendimento de que, observados determinados critérios, a responsabilização pela omissão será objetiva.[13]

Por outro lado, o dano suportado pelo administrado precisa ser específico e anormal, não se considerando lesiva a mera frustração de expectativas do particular, exceto, evidentemente, quando o Estado as tenha induzido. Nesse caso, a quebra de expectativa legítima[14] deve render ensejo à indenização, quando a Administração tenha levado o particular de boa-fé a adotar comportamento neste ou naquele sentido.

Em suma, considerar-se-á o dano *específico* quando atinja apenas um ou alguns indivíduos, frustrando efetivamente o exercício de um direito, presente ou futuro; por outro lado, o dano será *anormal* quando for superior ao sacrifício que normalmente seria exigível de qualquer administrado, decorrente de um ato *antijurídico*. Aqui, calha trazer à colação a importante distinção feita por Eduardo García de Enterría e Tomás-Ramón Fernández[15] entre *lesão* e *prejuízo* no contexto da responsabilidade extracontratual:

> [...] o conceito jurídico de *lesão* difere substancialmente do conceito vulgar de prejuízo. Em um sentido puramente econômico ou material, entende-se por prejuízo qualquer detrimento ou perda patrimonial. A *lesão* à qual se refere a cláusula constitucional e legal é outra coisa, no entanto. Para que exista *lesão* em sentido estrito não basta que exista um prejuízo material, uma perda patrimonial; é absolutamente necessário que esse prejuízo patrimonial seja *antijurídico*, antijuridicidade na qual está o fundamento [...] da obrigação de indenizar.

---

[12] "3. No Brasil, a regra geral de responsabilização civil do Estado varia conforme se trate de ação ou omissão. Na conduta comissiva, o ente público responde objetivamente; na omissiva, subjetivamente. Justifica-se a responsabilidade subjetiva sob o argumento de que nem toda omissão estatal dispara, automaticamente, dever de indenizar. Do contrário seria o Estado transformado em organismo segurador universal de todos contra tudo" (AREsp nº 1.717.869/MG, Rel. Min. Herman Benjamin, Segunda Turma, julgado em 20.10.2020. *DJe*, 1º.12.2020).

[13] Assim é o escólio de Maria Sylvia Zanella Di Pietro: "Alguns, provavelmente preocupados com as dificuldades, para o terceiro prejudicado, de obter ressarcimento na hipótese de se discutir o elemento subjetivo, entendem que o dispositivo constitucional abarca os atos comissivos e omissivos do agente público. Desse modo, basta demonstrar que o prejuízo sofrido teve um nexo de causa e efeito com o ato comissivo ou com a omissão. Não haveria que se cogitar de culpa ou dolo, mesmo no caso de omissão" (DI PIETRO, Maria Sylvia Zanella. *Direito Administrativo*. 25. ed. São Paulo: Atlas, 2012. p. 709).

[14] Cite-se, por exemplo, precedente do col. Superior Tribunal de Justiça em que a Corte Superior entendeu pela existência de direito à reparação – pela União Federal – de danos morais suportados por candidata em concurso público: "2. Em sede de responsabilidade civil objetiva do Estado, a condenação em danos morais, por presunção, é possível, desde que os fatos que a ensejaram forneçam elementos suficientes à essa presunção, com a demonstração objetiva de que os efeitos do ilícito praticado têm repercussão na esfera psíquica do lesado. [...] 3. Assim, quando se verifica a vitoriosa aprovação em um concorrido certame, dentro do número de vagas oferecidas, a frustração de uma expectativa legítima fundada em direito subjetivo já adquirido, que traz ao lume a possibilidade de o aprovado vir a auferir, com estabilidade e por meio de seu trabalho técnico, ganhos significativos, desde sempre pretendidos e perseguidos, torna razoável o entendimento de que são devidos, por presunção, danos morais em tais situações" (REsp nº 1.056.871/RS, Rel. Min. Benedito Gonçalves, Primeira Turma, julgado em 17.6.2010. *DJe*, 1º.7.2010).

[15] GARCÍA DE ENTERRÍA, Eduardo; FERNÁNDEZ, Tomás-Ramón. *Curso de Direito Administrativo*. 2. ed. São Paulo: Revista dos Tribunais, 2014. p. 393.

Ademais, é necessário que haja um nexo de causalidade entre a conduta e o dano, seja porque o dano foi *diretamente* causado pelo Estado (ou seus agentes), seja porque este se *comprometeu a evitar* sua ocorrência, em consonância com a chamada teoria dos danos diretos e imediatos,[16] já insculpida no art. 403 do Código Civil de 2002 e defendida pela doutrina majoritária no direito comparado.[17] Marçal Justen Filho,[18] a propósito, faz importante observação relativa à teoria do dever de diligência especial da Administração Pública, afirmando tratar-se de um critério útil "para eliminar as dúvidas sobre os casos de omissão, permitindo identificar com certa tranquilidade as hipóteses em que surge a responsabilidade civil do Estado".

Esse nexo de causalidade, a propósito, será rompido quando se demonstrar que o Estado tomou todas as providências dele exigíveis para evitar a ocorrência do dano. Afinal, nas situações em que não tenha um *dever jurídico específico de agir*, imputar ao Estado a responsabilidade objetiva equivaleria a tratá-lo como segurador universal, compreensão já afastada pela jurisprudência das Cortes Superiores.[19]

2.2 Responsabilidade subjetiva por omissão

No que concerne à responsabilidade por omissão, não se descura da enorme controvérsia sobre o tema na doutrina[20] e na jurisprudência. Como registrado parágrafos acima, para o Superior Tribunal de Justiça, a responsabilidade extracontratual do Estado nas hipóteses de dano provocado por conduta omissiva se dá – em regra – na modalidade subjetiva.

Contudo, precedentes mais recentes da jurisprudência do Supremo Tribunal Federal (citados, inclusive, pelo STJ) firmam a compreensão de que "a responsabilidade civil do Estado, seja por ato comissivo, *seja por ato omissivo*, é orientada pela teoria do risco administrativo e resulta na *responsabilidade objetiva*, presente o nexo causal entre a conduta, ou sua ausência, e o dano provocado ao cidadão"[21] (grifos nossos).

---

[16] "[...] 2. Direito Administrativo. 3. Responsabilidade civil contratual do Estado. [...]. Ocorrência de dano. 6. Relação de causalidade. Adoção pela doutrina e jurisprudência das teorias da causalidade adequada e do dano direto e imediato. Independentemente de qual se escolha, revela-se essencial que a relação seja direta e imediata entre o ato e dano praticado. Precedentes. [...]" (ACO nº 1.853-AgR-segundo, Rel. Ministro Gilmar Mendes, julgado em 17.8.2018. *DJe*, 29.8.2018).

[17] Cf. CAHALI, Yussef Sahid. *Responsabilidade civil do Estado*. São Paulo: RT, 1995. p. 95; SANTOS, Rodrigo Valgas dos. Nexo causal e excludentes da responsabilidade extracontratual do Estado. *In*: FREITAS, Juarez (Org.). *Responsabilidade civil do Estado*. São Paulo: Malheiros, 2006. p. 279.

[18] JUSTEN FILHO, Marçal. *Curso de Direito Administrativo*. 14. ed. Rio de Janeiro: Forense, 2023. p. 835.

[19] Vale a referência, como exemplo, ao tema da responsabilidade civil do Estado por danos decorrentes do comércio de fogos de artifício, já apreciado pelo Supremo Tribunal Federal. O Tema nº 366 da Repercussão Geral assim dispõe: "Para que fique caracterizada a responsabilidade civil do Estado por danos decorrentes do comércio de fogos de artifício, é necessário que exista a violação de um dever jurídico específico de agir, que ocorrerá quando for concedida a licença para funcionamento sem as cautelas legais ou quando for de conhecimento do poder público eventuais irregularidades praticadas pelo particular".

[20] "[...] o tratamento jurídico dos atos omissivos do Estado é objeto de grandes divergências doutrinárias. De um lado, há doutrinadores que defendem a teoria subjetiva para as hipóteses de atos omissivos; de outro, em menor número, há defensores da aplicabilidade da regra geral da responsabilidade objetiva para o caso" (MELO, Luiz Carlos Figueira de; FALEIROS JÚNIOR, José Luiz de Moura. A responsabilidade civil objetiva do Estado por atos omissivos: realidade ou apenas tendência? *Revista Publicum*, Rio de Janeiro, v. 5, n. 1, p. 92-110, 2019. p. 100).

[21] AgInt no AREsp nº 2.025.085/SP, Rel. Min. Benedito Gonçalves, Primeira Turma, julgado em 20.3.2023. *DJe*, 22.3.2023.

De fato, e com vênias ao entendimento manifestado pela Corte Suprema, parece mais consentânea com o regime jurídico-administrativo a orientação no sentido de que a responsabilidade extracontratual do Estado por condutas omissivas seja subjetiva, dependendo de demonstração de dolo (ou, pelo menos, de culpa – ainda que anônima, decorrente do não funcionamento do serviço público, ou de seu funcionamento atrasado ou em más condições).

É que, de fato, devem ser consideradas as notórias limitações relacionadas à atuação administrativa, que não dispõe de condições para estar em todo lugar a todo o tempo, velando por tudo e por todos. Desse modo, dever-se-á responsabilizar o Estado, objetivamente, "apenas na hipótese de estar obrigado a impedir o evento lesivo, sob pena de convertê-lo em 'segurador universal'",[22] de acordo com a jurisprudência do STJ.

Por outro lado, a responsabilidade extracontratual será objetiva quando o Estado tiver assumido o *dever de evitar o dano*[23] (isto é, caso tenha havido, na hipótese, o descumprimento de um dever jurídico específico de proteção), tal como ocorre com danos sofridos por crianças sob a guarda estatal em escolas públicas, ou por indivíduos em custódia,[24] como pacificamente entende o Supremo Tribunal Federal.

2.3 Atos judiciais, legislativos e das funções essenciais à Justiça

Outro aspecto polêmico, ao qual não podemos nem devemos nos furtar, diz respeito à responsabilidade extracontratual do Estado por atos judiciais, legislativos ou praticados pelas funções essenciais à Justiça (Ministério Público, Advocacia Pública, Defensoria Pública, nos termos dos arts. 127, 131 e 134 da Constituição). Nesse tão pantanoso terreno, também é necessário um equilíbrio para, nas palavras de Juarez Freitas,[25] não tornar o Poder Público "nem segurador universal, nem Estado omisso".

No que importa aos *atos judiciais*, ao contrário do que preconizam as teorias da irresponsabilidade,[26] temos que a responsabilidade civil do Estado deverá estar configurada nas hipóteses em que a decisão seja reformada (ou rescindida) *e tenha havido dolo*

---

[22] REsp nº 135.542/MS, Rel. Min. Castro Meira, Segunda Turma, julgado em 19.10.2004. *DJ*, 29.8.2005.

[23] Como anota Leonardo Lagos, "não é qualquer omissão do Estado que gera sua responsabilidade civil, mas só aquela omissão no momento em que era seu dever agir. Desta forma, quando o poder público deixa de realizar uma conduta que era obrigado a fazer, acaba praticando ato ilícito, que, por sua vez, atrai a teoria subjetiva da responsabilidade (e não a teoria objetiva), porquanto não há conduta ilícita que não advenha de culpa ou dolo" (LAGOS, Leonardo Bas Galupe. A responsabilidade civil do Estado por omissão: objetiva ou subjetiva? *Revista da AGU*, Brasília/DF, v. 15, n. 2, p. 187-214, abr./jun. 2016. p. 207).

[24] "1. Esta Corte, ao julgar o RE 841.526-RG/RS, processo piloto do Tema 592 da Repercussão Geral, de relatoria do Ministro Luiz Fux, assentou que, em caso de inobservância do seu dever específico de proteção previsto no art. 5º, XLIX, da Constituição Federal, o Estado é responsável pela morte de detento" (RE nº 1.400.820-AgR, Rel. p/ Acórdão Ministro Edson Fachin, Segunda Turma, julgado em 24.10.2023. *DJe*, 9.11.2023).

[25] FREITAS, Juarez. Responsabilidade civil do Estado e o princípio da proporcionalidade: vedação de excesso e de inoperância. *In*: FREITAS, Juarez (Org.). *Responsabilidade civil do Estado*. São Paulo: Malheiros, 2006. p. 177.

[26] "Ora, considerando a existência de uma previsão constitucional ampla acerca da responsabilidade do Estado por atos de seus agentes, sem qualquer distinção sobre a natureza desse agente; considerando ainda que tal previsão visa instrumentalizar uma série de outros direitos e garantias fundamentais, é de controversa aceitação a sobrevivência da tese da irresponsabilidade, não importa em que nicho de atuação estatal" (BARRETO, Lucas Hayne Dantas. Responsabilidade civil do Estado por denegação do acesso à justiça. *RDA – Revista de Direito Administrativo*, Rio de Janeiro, v. 262, p. 199-232, jan./abr. 2013. p. 211).

ou culpa grave do órgão julgador. Logicamente, essa regra é excepcionada nos casos de condenação penal por erro judiciário, à qual a Constituição deu tratamento distinto (art. 5º, LXXV). Confira-se, a propósito, a acertada crítica de Alexandre Santos de Aragão:[27]

> Apesar do ingente esforço da quase unanimidade da doutrina, a responsabilidade civil do Estado por atos jurisdicionais (note-se: não em relação a atos administrativos expedidos no âmbito do judiciário), não excepcionada pelo art. 37, §6º, CF, é ainda praticamente inexistente, mesmo havendo no Direito Positivo brasileiro alguns dispositivos expressos.

A legislação deve estar atenta aos fatos da vida, sem o que o legislador não cumprirá a contento o seu mister institucional. Quer-se com isso dizer que a criação de normas gerais e abstratas no ordenamento jurídico serve, em muitos casos – sobretudo quando se cogita de reparação de ilícitos praticados pelo Estado, em relação marcada pela assimetria de poderes de parte a parte –, para endereçar desafios da prática cotidiana (seja ela administrativa ou judiciária, por exemplo).

Nesse sentido, ao tratar dos fundamentos axiológicos que sustentam a compreensão de que é cabível a responsabilização por danos suportados no exercício da função jurisdicional, ainda que à luz do Direito português, Guilherme da Fonseca e Miguel Bettencourt da Câmara[28] bem observam:

> Um dever de indemnizar, a que corresponde um direito dos cidadãos lesados a uma indemnização, com cobertura constitucional, de tal modo que se não possa dizer que se reconhece o direito por danos causados, por exemplo, à propriedade, ao comércio e à indústria, mas não se reconhece o mesmo direito por danos emergentes da violação de direitos tão ou mais fundamentais, como o direito à liberdade individual ou o direito a uma sentença de um Tribunal justo e célere.

Importa endereçar, em particular, o caso das prisões *preventivas*. Ao contrário da jurisprudência que se firmou sobre o tema,[29] não se pode negar que uma prisão preventiva pode, em algumas situações, ser apta a ensejar a responsabilidade civil objetiva por ato jurisdicional, nos casos em que posteriormente fica comprovado que o fato não ocorreu, ou a negativa de autoria, ou que o jurisdicionado permaneceu preso além do prazo razoável (art. 5º, LXXVIII, da Constituição Federal).

---

[27] ARAGÃO, Alexandre Santos de. *Curso de Direito Administrativo*. Rio de Janeiro: Forense, 2012. p. 581.

[28] FONSECA, Guilherme da; CÂMARA, Miguel Bettencourt da. A responsabilidade civil por danos decorrentes do exercício da função jurisdicional (em especial, o erro judiciário). *Revista Julgar*, n. 11, p. 11-20, 2010. p. 14.

[29] Cf., por todos, os seguintes excertos: "3. A jurisprudência do Supremo Tribunal Federal firmou-se no sentido de que, salvo nas hipóteses de erro judiciário, de prisão além do tempo fixado na sentença – previstas no art. 5º, inciso LXXV, da Constituição Federal –, bem como nos casos previstos em lei, a regra é a de que o art. 37, §6º, da Constituição não se aplica aos atos jurisdicionais quando emanados de forma regular e para o fiel cumprimento do ordenamento jurídico" (ARE nº 939.966-AgR, Rel. Ministro Dias Toffoli, Segunda Turma, julgado em 15.3.2016. *DJe*, 18.5.2016); "2. Direito Administrativo. Responsabilidade civil do estado. Erro judiciário. 3. Prisão cautelar. Regularidade. Ausência de responsabilidade civil por atos jurisdicionais, ressalvadas hipóteses constitucionais. 4. Dever de indenizar. Inocorrência. [...]" (ARE nº 846.615-AgR, Rel. Min. Gilmar Mendes, Segunda Turma, julgado em 28.4.2015. *DJe*, 12.5.2015).

Em outras palavras, não é que toda prisão preventiva que não redunde em condenação, ao final do processo penal, gere responsabilidade: é que, quando se mostrar que a cautelaridade foi exercida de forma abusiva pelo Estado, deve a vítima ser indenizada (quando, por exemplo, prendeu-se preventivamente indivíduo que, após a instrução, concluiu-se não ter sido o autor do fato típico). É o que dispõe, por exemplo, a *Ley Orgánica 6/1985*, que dispõe sobre a organização e o funcionamento do Poder Judiciário na Espanha:

> Artículo 294. Tendrán derecho a indemnización quienes, después de haber sufrido prisión preventiva, sean absueltos *por inexistencia del hecho imputado* o *por esta misma causa* haya sido dictado auto de sobreseimiento libre, siempre que se le hayan irrogado perjuicios.
>
> 2. La cuantía de la indemnización se fijará en función del tiempo de privación de libertad y de las consecuencias personales y familiares que se hayan producido. [Os trechos em destaque foram declarados inconstitucionais pelo Tribunal Constitucional espanhol, na *Sentencia del TC 85/2019*, aumentando-se o escopo protetivo da norma]

Cabe, ainda no tema das prisões preventivas, fazer menção a precedente oriundo do Tribunal de Justiça do Estado de São Paulo, que entendeu devida a indenização a indivíduo preso preventivamente, posteriormente absolvido por ausência de provas. O entendimento no sentido do dever de indenizar, contudo, decorreu não da posterior absolvição no processo criminal, mas de vício de *motivação* em ato administrativo praticado pela Polícia Civil no curso do inquérito policial, que redundou na decretação da prisão preventiva do acusado.[30]

Por outro lado, quanto aos atos dos agentes de funções essenciais à Justiça, responderá o Poder Público, além das regras já vigentes, quando o próprio Estado-Juiz reconhecer que houve, por exemplo, litigância de má-fé. De fato, a Lei Federal nº 12.869/2019 (conhecida como "Lei do Abuso de Autoridade") estabeleceu o dever de indenizar em razão de crimes de abuso de autoridade "cometidos por agente público, servidor ou não, que, no exercício de suas funções ou a pretexto de exercê-las, abuse do poder que lhe tenha sido atribuído" (art. 1º).

Para além das repercussões do abuso de autoridade na esfera penal, a condenação por crimes de abuso de autoridade (como decretar medida de privação de liberdade em *manifesta desconformidade* com as previsões legais – art. 9º; ou violência institucional – art. 15-A) torna certa "a obrigação de indenizar o dano causado pelo crime" (art. 4º, I). Mais do que isso, havendo decisão, no juízo criminal, quanto à existência ou autoria do fato, não mais se poderão discutir tais matérias no âmbito cível (art. 7º).

Finalmente, em relação aos atos legislativos, como se sabe, a doutrina e a jurisprudência predominantes reconhecem o dever do Estado de indenizar nos casos de leis de efeitos concretos que gerem prejuízos não ordinários (ou, em outras palavras, danos

---

[30] Confira-se breve trecho da ementa: "Embargos de declaração. [...]. Vício configurado. Responsabilidade do Estado que deve ser analisada sob o prisma da conduta dos agentes policiais na fase investigativa. Irregularidades verificadas. Danos morais devidos. [...]" (TJSP, Embargos de Declaração na Apelação Cível nº 1001523-26.2017.8.26.0037/5000. Rel. Desembargador Fernão Borba Franco, Sétima Câmara de Direito Público, julgado em 14.12.2020. *DJe*, 21.12.2020).

desproporcionais) a pessoas determinadas.[31] Esse, também, foi o caminho trilhado pela já mencionada Lei portuguesa nº 67/2007, cujo art. 15(1) dispõe:

> O Estado e as regiões autónomas são civilmente responsáveis pelos danos anormais causados aos direitos ou interesses legalmente protegidos dos cidadãos por actos que, no exercício da função político-legislativa, pratiquem, em desconformidade com a Constituição, o direito internacional, o direito comunitário ou acto legislativo de valor reforçado.

Calha trazer à colação, ainda à luz da legislação portuguesa, e em consonância com o nosso posicionamento, o comentário de Mário Aroso de Almeida[32] a respeito da conformação da ilicitude enquanto pressuposto do dano indenizável decorrente do exercício da função legislativa:

> Existe uma conduta ilícita por parte do legislador, passível de constituir o Estado em responsabilidade por facto ilícito, quando o legislador produza uma lei que viole parâmetros objectivos de validade que se lhe imponham e da qual resulte a ofensa de direitos ou interesses juridicamente protegidos. Para que a conduta do legislador seja ilícita, é, pois, necessário que ela configure a violação de normas cuja observância se lhe imponha e que daí advenha a lesão de direitos ou interesses juridicamente protegidos.

Além disso, é salutar que se preveja, também na linha da jurisprudência majoritária, o dever de indenizar os prejuízos causados por leis posteriormente declaradas inconstitucionais – seja em sede de controle concentrado de constitucionalidade,[33] seja mesmo nos casos de controle incidental (quando houver o trânsito em julgado). A propósito, José dos Santos Carvalho Filho[34] leciona que "se o dano surge em decorrência de lei inconstitucional, a qual evidentemente reflete atuação indevida do órgão legislativo, não pode o Estado simplesmente eximir-se da obrigação de repará-lo, porque nessa hipótese configurada estará a sua responsabilidade civil".

Por fim, devem-se mencionar os casos de omissão inconstitucional, reconhecida em ação direta de inconstitucionalidade por omissão, ou em mandado de injunção (também após o trânsito em julgado), nas hipóteses em que a omissão legislativa ou regulamentar frustre o exercício de direitos. Em interessante precedente, aliás, o Supremo Tribunal

---

[31] É o que destaca Rafael Carvalho Rezende Oliveira: "A primeira hipótese de responsabilidade estatal por ato legislativo refere-se à promulgação de leis de efeitos concretos. Ora, se o fundamento da irresponsabilidade estatal é o caráter genérico e abstrato das leis, deve ser reconhecida a possibilidade de responsabilidade civil nos casos em que as leis não possuem tais atributos. A lei de efeitos concretos é uma lei em sentido formal, uma vez que a sua produção pelo Poder Legislativo observa o processo de criação de normas jurídicas, mas é um ato administrativo em sentido material, em virtude dos efeitos individualizados" (OLIVEIRA, Rafael Carvalho Rezende. *Curso de Direito Administrativo*. 8. ed. rev. e atual. Rio de Janeiro: Método, 2020. p. 778).

[32] ALMEIDA, Mário Aroso de. A responsabilidade do legislador no âmbito do art. 15º do novo regime introduzido pela Lei nº 67/2007, de 31 de dezembro. *Revista Julgar*, n. 5, p. 39-50, 2008. p. 43.

[33] Deve-se ressalvar, contudo, entendimento do STJ no sentido de que a responsabilidade civil do Estado só seria admissível "na hipótese de haver sido declarada a inconstitucionalidade de lei pelo Supremo Tribunal Federal em sede de controle concentrado" (REsp nº 571.645/RS, Rel. Min. João Otávio de Noronha, Segunda Turma, julgado em 21.9.2006. *DJ*, 30.10.2006).

[34] CARVALHO FILHO, José dos Santos. *Manual de Direito Administrativo*. 30. ed. rev., atual. e ampl. São Paulo: Atlas, 2016. p. 603.

Federal já reconheceu a existência de direito à indenização caso o Congresso Nacional não chegasse à conclusão do processo legislativo em determinado prazo, fixado em mandado de injunção.[35]

2.4 Excludentes de responsabilidade

Com efeito, embora seja, em regra, objetiva a responsabilidade extracontratual do Estado por atos dos agentes públicos, ela poderá ser afastada nos casos já tradicionalmente reconhecidos de excludentes de responsabilidade (culpa exclusiva da vítima, ato exclusivo de terceiros ou caso fortuito ou força maior) – as quais consistem em hipóteses de *rompimento* do nexo de causalidade. De fato, como decorre da jurisprudência predominante, o dano indenizável pressupõe a relação de *causalidade* imediata entre a conduta do agente público e a lesão ao bem jurídico tutelado.[36]

É interessante notar, nesse passo, que a já mencionada legislação portuguesa (Lei nº 67/2007, art. 11, 1) prevê que a culpa *concorrente* da vítima pode *atenuar* a responsabilidade, mitigando (ou mesmo excluindo) o dever de indenizar. Como leciona Patrícia Pinto Alves:[37]

> A culpa do lesado afere-se nos mesmos termos que na responsabilidade delitual, podendo, consoante as circunstâncias, excluir ou reduzir a responsabilidade da administração (art. 11, n.º 1 do RRcivilEEE); no último caso, haverá que apurar em que proporção o risco criado e a culpa do lesado concorreram para a produção do dano/da lesão.

Essas excludentes, no entanto, não se aplicam aos casos de responsabilidade extracontratual pela *teoria do risco integral*, tal como se dá nos casos de danos decorrentes de acidentes nucleares, danos ambientais[38] ou outros casos previstos em lei específica.

---

[35] "3. Se o sujeito passivo do direito constitucional obstado e a entidade estatal a qual igualmente se deva imputar a mora legislativa que obsta ao seu exercício, e dado ao Judiciário, ao deferir a injunção, somar, aos seus efeitos mandamentais típicos, o provimento necessário a acautelar o interessado contra a eventualidade de não se ultimar o processo legislativo, no prazo razoável que fixar, de modo a facultar-lhe, quanto possível, a satisfação provisória do seu direito" (MI nº 283, Rel. Min. Sepúlveda Pertence, Tribunal Pleno, julgado em 20.3.1991. *DJ*, 14.11.1991).

[36] "4. A fuga de presidiário e o cometimento de crime, sem qualquer relação lógica com sua evasão, extirpa o elemento normativo, segundo o qual a responsabilidade civil só se estabelece em relação aos efeitos diretos e imediatos causados pela conduta do agente. Nesse cenário, em que não há causalidade direta para fins de atribuição de responsabilidade civil extracontratual do Poder Público, não se apresentam os requisitos necessários para a imputação da responsabilidade objetiva prevista na Constituição Federal – em especial, como já citado, por ausência do nexo causal" (RE nº 608.880, Rel. p/ Acórdão Ministro Alexandre de Moraes, Tribunal Pleno, julgado em 8.9.2020. *DJe*, 1º.10.2020).

[37] ALVES, Patrícia Pinto. A responsabilidade civil extracontratual do Estado por ato administrativo no ordenamento jurídico português: uma tripla perspectiva do regime da responsabilidade delitual, pelo risco e por fato ilícito. *Revista de Direito*, Viçosa, v. 11, n. 1, p. 387-416, 2019. p. 405.

[38] "A discussão sobre a aplicação ou não da teoria do risco integral também é travada no âmbito do direito ambiental. Para grande parte da doutrina ambientalista e da jurisprudência nacional, a legislação brasileira teria ido além da mera responsabilidade objetiva e adotado a teoria do risco integral, que não admite, como visto, as tradicionais excludentes de nexo de causalidade" (ARAGÃO, Alexandre Santos de. A responsabilidade civil e ambiental em atividades nucleares. *RDA – Revista de Direito Administrativo*, Rio de Janeiro, v. 271, p. 65-107, jan./abr. 2016. p. 85-86).

Assim, exclui a responsabilidade civil do Estado a ocorrência de culpa exclusiva da vítima, de ato exclusivo de terceiro (caso o Estado não tenha se comprometido, por lei ou por ato, a evitar ou a impedir o dano), ou nas conhecidas hipóteses de caso fortuito ou força maior, assim definidos na legislação civil, salvo se o próprio Estado tenha criado a situação perigosa, inclusive por conduta omissiva.[39] Se o dano for provocado por uma pluralidade de causas, todas deverão ser proporcionalmente consideradas na determinação do valor do ressarcimento, como se verifica do exemplo da legislação portuguesa sobre o tema.

2.5 Direito de regresso

Como se sabe, o Estado tem direito de regresso contra o agente que tenha praticado o ato lesivo (ou que seja responsável pela omissão danosa), nos casos de dolo ou culpa.

Nesse sentido, deve-se fazer menção ao Tema nº 940 da Repercussão Geral do STF, que dispõe que "a ação por danos causados por agente público deve ser ajuizada contra o Estado ou a pessoa jurídica de direito privado prestadora de serviço público, sendo parte ilegítima para a ação o autor do ato, assegurado o direito de regresso contra o responsável nos casos de dolo ou culpa". Desse modo, identificado o agente responsável e apurado seu dolo ou culpa, impõe-se a efetivação do direito, não apenas por meio de ação regressiva,[40] mas também mediante devido processo administrativo –[41] viabilizando-se, inclusive, a celebração de acordo na esfera administrativa –, observado, em todo o caso, o princípio da inafastabilidade da jurisdição.

A propósito, a instauração do processo administrativo voltado a identificar o agente causador do dano – e, além disso, apurar seu dolo ou culpa – pode ser determinada de ofício pela autoridade competente, ainda que não iniciada ou não encerrada a ação judicial proposta pela vítima (ou pelos demais legitimados).

Desse modo, identificados o valor da indenização e a ocorrência de dolo ou culpa na conduta do agente, ele deverá ser intimado para ressarcir o valor total da indenização, atualizado monetariamente, sob pena de inscrição em dívida ativa. A propósito, é de se facultar ao agente público o pagamento parcelado do valor da indenização, inclusive

---

[39] "Outra hipótese reside na omissão do Estado, quando devida e comprovadamente advertido da possibilidade de ocorrer o fato causador dos danos. Mesmo que o fato provenha de terceiros, o certo é que conduta diligente do Estado poderia ter impedido a sua ocorrência. Aqui a responsabilidade civil do Estado pela omissão é concreta, não podendo fugir à obrigação de reparar os danos" (CARVALHO FILHO, José dos Santos. *Manual de Direito Administrativo*. 30. ed. rev., atual. e ampl. São Paulo: Atlas, 2016. p. 599).

[40] "2. A orientação vinculante exarada pela Suprema Corte é expressa ao afirmar que o ressarcimento de eventual prejuízo causado pelo agente público dever ser buscado por meio de ação regressiva. É nesta seara que será aferido o elemento subjetivo da conduta praticada pelo servidor e definido, se for o caso, o dever de ressarcimento ao ente público. 3. O direito de regresso deve ser exercido pelo ente público condenado na ação de responsabilidade por danos. O particular não possui legitimidade para o ajuizamento de tal demanda, daí por que lhe falece interesse processual para pretensão de vincular o agente público à instrução processual empreendida no presente feito" (AgInt nos EDcl no REsp nº 1.833.714/RS, Rel. Min. Og Fernandes, Segunda Turma, julgado em 10.3.2020. *DJe*, 17.3.2020).

[41] Esse é, também, o posicionamento de Rafael Oliveira: "A cobrança regressiva em face do agente público deve ocorrer, inicialmente, na esfera administrativa. No caso de acordo administrativo, o agente providenciará o ressarcimento aos cofres públicos. Ausente o acordo, o Poder Público deverá propor a ação regressiva em face do agente público culpado" (OLIVEIRA, Rafael Carvalho Rezende. *Curso de Direito Administrativo*. 8. ed. rev. e atual. Rio de Janeiro: Método, 2020. p. 772).

por desconto mensal em folha de pagamento, de parcela da remuneração recebida, respeitados os limites fixados em cada regime jurídico. De toda forma, a obrigação de reparar o dano estende-se aos sucessores, estendendo-se contra eles até o limite do valor da herança.

Caso o ilícito tenha repercussões também na esfera penal, uma vez transitada em julgado, a *condenação* criminal do agente pelo mesmo fato causador do dano decerto enseja sua obrigação de ressarcir em valor a ser apurado, liquidado e executado pelo juízo cível competente. Nessa hipótese, não se questiona mais sobre a existência do fato, a sua autoria, o dolo ou a culpa.

Em sentido oposto, a *absolvição* criminal do agente, transitada em julgado, por negativa de existência do fato ou de autoria, afasta o direito de regresso. Acresça-se, também, que caso a sentença criminal transitada em julgado declare ter sido o ato praticado em legítima defesa, em estado de necessidade, em estrito cumprimento de dever legal, no exercício regular de direito ou com inexigibilidade de conduta diversa, tampouco há falar-se no exercício do direito de regresso.

Quando o direito de regresso não for ou não puder ser discutido na ação de responsabilidade civil do Estado, nem for possível a apuração pela via administrativa, caberá o ajuizamento de ação própria contra o agente público responsável pelo dano, sob pena de responsabilidade, nos termos do art. 28 da Lei de Introdução às Normas do Direito Brasileiro (Decreto-Lei nº 4.657/1942).

3 Aspectos processuais

3.1 Legitimidade passiva

É prerrogativa processual do autor da ação de indenização ajuizá-la apenas contra o Estado, apenas contra o agente público responsável pelo dano, ou contra ambos, em litisconsórcio. De fato, muito embora a jurisprudência do STF seja em sentido oposto – como se colhe, inclusive, da redação do Tema nº 940 da Repercussão Geral, acima mencionado –, a doutrina majoritária entende que a legitimidade passiva da ação de responsabilidade civil é não apenas do Estado, mas também do próprio agente público causador do dano.

Com efeito, cabe à vítima escolher se deseja acionar: (i) apenas o Estado, sem precisar provar dolo ou culpa do agente, em caso de responsabilidade objetiva, mas sujeita ao regime de precatórios; (ii) apenas o agente causador do dano, sendo necessário comprovar que atuou com dolo ou culpa, e sujeitando-se ao risco de insolvência, mas fugindo do regime de execução por meio de precatórios; ou (iii) contra ambos, em litisconsórcio passivo facultativo. Por todos, confira-se o autorizado posicionamento doutrinário de José dos Santos Carvalho Filho:[42]

> [...] tanto pode o lesado propor a ação contra a pessoa jurídica, como contra o agente estatal responsável pelo fato danoso, embora seja forçoso reconhecer que a Fazenda Pública sempre poderá oferecer maior segurança ao lesado para o recebimento de sua indenização; por

---

[42] CARVALHO FILHO, José dos Santos. *Manual de Direito Administrativo*. 30. ed. rev., atual. e ampl. São Paulo: Atlas, 2016. p. 612.

outro lado, a responsabilidade do agente livra o lesado da conhecida demora do pagamento em virtude do sistema de precatórios judiciais. Além dessas hipóteses, ainda pode o autor, no caso de culpa ou dolo, mover a ação contra ambos em litisconsórcio facultativo, já que eles são ligados por responsabilidade solidária.

Essa opção, de fato, é mais consentânea com o direito da vítima à efetiva tutela jurisdicional – ou de acesso à ordem jurídica justa, para usar as palavras de Kazuo Watanabe.[43] É, ainda, a tendência no direito administrativo europeu.[44]

De qualquer forma, caso a vítima deseje acionar apenas o agente público responsável pelo dano (ainda que ele seja insolvente), obviamente estará renunciando em caráter irretratável ao direito de acionar o Estado – é uma verdadeira opção que se deve fazer, afinal. De todo modo, nesse cenário, o Estado deve ser notificado do ajuizamento da ação, podendo atuar ao lado do autor, desde que isso se afigure útil ao interesse público, a juízo do respectivo representante legal ou dirigente.

Seja a demanda proposta apenas contra o agente causador do dano, seja ela ajuizada contra o agente e o Estado, a Administração Pública poderá pleitear o direito de regresso contra o agente público no âmbito do mesmo processo, já que o próprio autor da ação já a propôs fundamentado no dolo ou culpa do agente. Contudo, caso a demanda seja proposta apenas contra o Estado, a Administração Pública só poderá pleitear o direito de regresso contra o agente nos casos em que for permitida a denunciação da lide, de que trataremos no item a seguir.

3.2 Denunciação da lide

A questão da denunciação da lide é, de fato, polêmica. Hoje, a temática é tratada (parcial e abstratamente) pelo inc. II do art. 125 do Código de Processo Civil. A denunciação da lide (para que o Estado busque exercer o direito de regresso contra o causador do dano no mesmo processo) só será possível quando o próprio autor já fundamentar sua alegação na existência de dolo ou culpa (evitando-se, assim, a inovação temática) e desde que tal intervenção de terceiro não cause tumulto processual.

Com efeito, a jurisprudência do Superior Tribunal de Justiça é pacífica no sentido de não haver qualquer obrigatoriedade de se promover denunciação da lide, de modo a atribuir-se a responsabilidade pelo dano ao agente causador, em matéria de responsabilidade extracontratual do Estado,[45] justamente em razão dos princípios da economia e da celeridade processual. Excepciona-se o entendimento pela facultatividade apenas às hipóteses nas quais, se não houver a denunciação, "o denunciante perderá o direito de regresso, devendo ser indeferida quando houver demora na prestação jurisdicional".[46]

---

[43] WATANABE, Kazuo. Acesso à justiça e sociedade moderna. *In*: GRINOVER, Ada Pelegrini. *Participação e processo*. São Paulo: Revista dos Tribunais, 1988. p. 128.

[44] GONZÁLEZ-VARAS IBÁÑEZ, Santiago. *El Derecho Administrativo Europeo*. Sevilla: Instituto Andaluz de Justicia y Administración Pública, 2005. p. 419.

[45] AgInt no AREsp nº 1.756.583/SP, Rel. Min. Sérgio Kukina, Primeira Turma, julgado em 19.4.2021. *DJe*, 27.4.2021; AgInt no AREsp nº 913.670/BA, Rel. Min. Mauro Campbell Marques, Segunda Turma, julgado em 1º.9.2016. *DJe*, 14.9.2016; AgRg no REsp nº 1.444.491/PI, Rel. Min. Og Fernandes, Segunda Turma, julgado em 27.10.2015. *DJe*, 12.11.2015.

[46] AgRg no REsp nº 1.230.008/RS, Rel. Min. Regina Helena Costa, Primeira Turma, julgado em 18.8.2015. *DJe*, 27.8.2015.

De qualquer sorte, sempre que não se admitir a denunciação da lide, poderá o Estado – deverá, em verdade – ajuizar ação autônoma de regresso, além de ser possível o ressarcimento administrativo do dano, na forma delineada pela lei de cada ente federativo.

4 Possibilidade de ressarcimento do dano pela via administrativa

Sem prejuízo da propositura da ação própria no Poder Judiciário, é razoável que a vítima e outros legitimados (em caso de sucessão, por exemplo) possam pleitear administrativamente a reparação dos danos, suspendendo-se o prazo de prescrição da ação de reparação de danos a partir da data do protocolo do requerimento, até a decisão final.

Essa possibilidade mostra-se consentânea com a tendência que se tem observado de promover-se a adoção de mecanismos de solução extrajudicial de conflitos pela Administração Pública, conhecidas que são as dificuldades (morosidade, custos, impactos sistêmicos) inerentes à movimentação da máquina judiciária, prestigiando-se o potencial de autocomposição das partes.

Se, de um lado, ao menos em regra a atividade administrativa deve pautar-se pela observância ao princípio da legalidade estrita, por outro, a solução de eventuais pretensões indenizatórias no campo administrativo é solução que se coaduna com a promoção do princípio da eficiência, reduzindo-se tempo, custos e trabalho expendidos com pretensões indenizatórias que poderiam ser solucionadas – evidentemente, a depender das características do caso concreto – na seara administrativa. De todo modo, nunca é demais recordar que a decisão administrativa estará sujeita ao escrutínio judicial, dada a garantia fundamental da inafastabilidade da jurisdição.

Com isso, tem-se que a apresentação do requerimento administrativo não afasta ou exclui a possibilidade de composição da controvérsia por meio da arbitragem ou da mediação no âmbito da Administração Pública (nos termos das Leis Federais nºs 9.307/1996 e 13.140/2015, respectivamente). De todo modo, o procedimento a ser adotado para o ressarcimento administrativo do dano deverá ser disciplinado em regulamento de cada ente federado.

5 Tratamento legislativo unificado

O presente trabalho buscou propor algumas contribuições para avanços no campo do tratamento legislativo do complexo tema da responsabilidade extracontratual do Estado. Como se viu, são diversos os aspectos que, conjuntamente, compõem essa disciplina fundamental ao estudo do Direito Administrativo, marcados – alguns mais, outros menos – por fortes divergências nas searas doutrinária e jurisprudencial.

As dissonâncias interpretativas, comuns à ciência do Direito, sobretudo no que toca ao campo da hermenêutica jurídica, assumem contornos próprios na matéria em estudo, ao ter-se em perspectiva que, em grande medida, as teorias e institutos que conformam o campo dogmático da responsabilidade extracontratual do Estado decorrem, exatamente, da construção jurisprudencial e das formulações teóricas que se sucedem no tempo. Isto é, com o avanço e o aprofundamento das discussões sobre as nuances e os efeitos diretos e indiretos da adoção desta ou daquela corrente, há de perceber-se mudanças concretas no tratamento dado ao regime de responsabilidade civil do Estado.

Ao tratamento eminentemente jurisprudencial do tema, somam-se as dificuldades de encontrar-se apenas de modo esparso, no ordenamento jurídico, as normas que conformam o arcabouço dogmático da responsabilidade extracontratual do Estado. Aliás, como bem observa autorizada doutrina citada no presente ensaio, grande parte do regime de responsabilidade extracontratual da Administração Pública, no Brasil, decorre essencialmente da interpretação de um único dispositivo – o art. 37, §6º, da Constituição.

Há que se ponderar, ainda, que, num país de dimensões continentais, com seus mais de cinco mil municípios, poderá haver, consequentemente, mais de cinco mil "regimes" diferentes de responsabilidade extracontratual da Administração Pública – observadas, evidentemente, as normas constitucionais e outras de caráter nacional –, haja vista a competência concorrente dos Entes Federativos para estabelecer a sua própria organização administrativa.

Dado esse cenário, salutar e oportuna se mostra a definição de normas gerais sobre aspectos materiais e processuais atinentes ao regime de responsabilidade civil do Estado no ordenamento jurídico brasileiro, respeitadas as esferas de ação legiferante ou regulamentar cometida a cada ente subnacional. Longe de esgotar as diversas e respeitáveis controvérsias doutrinárias e jurisprudenciais relativas ao tema, o que se pretendeu foi chamar a atenção para aquelas que nos pareceram dotadas de especial relevo, e que, a nosso sentir, poderiam ser objeto de tratamento legislativo uniformizante.

A consolidação, em um único *Estatuto da Responsabilidade Extracontratual do Estado*, dos fundamentos, princípios, critérios e limites que dão estofo dogmático aos diversos institutos da matéria, tem o mérito de *pacificar controvérsias* ainda hoje persistentes, incrementar a *segurança jurídica* pela uniformização do tratamento do tema, e *orientar* a atividade legiferante de estados, Distrito Federal e municípios pela fixação de normas de caráter geral, contribuindo-se – também sob esse prisma – com o fortalecimento da segurança jurídica no ordenamento jurídico brasileiro.

Nesse cenário, propomos o seguinte texto normativo para unificação do tratamento do tema:

Estatuto da Responsabilidade Civil Extracontratual do Estado

Projeto de Lei n. [XXX], de [XXXX]

Institui o Estatuto da Responsabilidade Civil Extracontratual do Estado.
O CONGRESSO NACIONAL decreta:

CAPÍTULO I
DISPOSIÇÕES GERAIS

Art. 1º Esta Lei estabelece normas sobre a responsabilidade civil do Estado pelos danos que seus agentes, nessa qualidade, causarem a terceiros.
§1º Para fins desta Lei, entende-se como Estado:
I - a União, os Estados, o Distrito Federal, os Municípios e suas respectivas autarquias e fundações públicas;

II - as empresas públicas, as sociedades de economia mista e suas subsidiárias, prestadoras de serviços públicos;

III - as concessionárias, permissionárias e autorizatárias de serviços públicos; e

IV - as demais pessoas jurídicas de direito privado que, sob qualquer título, prestem serviços públicos.

§2º Não se submete ao disposto nesta Lei:

I - a responsabilidade civil contratual do Estado, regida pela legislação específica;

II - a responsabilidade civil extracontratual do Estado por desapropriação direta ou indireta de bens móveis ou imóveis.

§3º O disposto nesta Lei não se aplica às empresas estatais e sociedades de economia mista que explorem atividade econômica, nos termos do §1º do art. 173 da Constituição Federal.

§4º A responsabilidade do Estado é subsidiária à das concessionárias, permissionárias, autorizatárias e de outras pessoas privadas prestadoras de serviços públicos, quando os fatos geradores da responsabilidade se relacionarem com os serviços públicos que desempenham.

§5º As concessionárias, permissionárias e autorizatárias de serviços públicos respondem pelos danos causados aos usuários ou a terceiros, sem que a fiscalização exercida pelo órgão competente exclua ou atenue essa responsabilidade.

Art. 2º A responsabilidade civil do Estado exige os seguintes pressupostos:

I - existência do dano;

II- nexo causal;

II - estar o agente no exercício de suas funções;

III - ausência de causa excludente de responsabilidade; e

IV - culpa ou dolo, na hipótese de omissão.

CAPÍTULO II
DO DANO

Art. 3º O dano pode ser moral ou material, e individual ou coletivo.

§1º O dano deve ser certo e injusto.

§2º Considera-se o dano:

I - certo, quando frustre efetivamente o exercício de um direito, presente ou futuro;

II - injusto, quando superior ao sacrifício que normalmente seria exigível de qualquer administrado.

§3º Não se considera dano a mera frustração de expectativas.

§4º É indenizável o dano decorrente da quebra de legítimas expectativas, quando o Estado tenha induzido o particular de boa-fé a adotar determinado comportamento.

CAPÍTULO III
DA CONDUTA

Art. 4º São atribuíveis ao Estado as condutas:

I - de quaisquer agentes públicos, quando no exercício da função;

II - dos agentes públicos que, exorbitando o exercício das funções, apresentem-se aos particulares de boa-fé como alguém que atua em nome do Estado.

§1º Para os fins desta Lei, considera-se agente público todo aquele que exerce, ainda que transitoriamente ou sem remuneração, por eleição, nomeação, designação, contratação ou qualquer outra forma de investidura ou vínculo, mandato, cargo, emprego ou função pública.

§2º No caso do inciso II, aqueles que atuarem em nome do Estado sem autorização, ou além das suas atribuições, responderão nas esferas administrativa e criminal, sem prejuízo do direito de regresso do Estado.

§3º Se o agente atuar fora das hipóteses previstas neste artigo, estará excluída a responsabilidade civil do Estado, sem prejuízo da responsabilidade pessoal do agente.

CAPÍTULO IV
DO NEXO DE CAUSALIDADE

Art. 5º O dano decorre da ação ou omissão do Estado quando ocorrer qualquer das seguintes hipóteses:

I - for diretamente causado pelo Estado ou por qualquer agente público;

II - for causado por ação de terceiro, que o Estado tenha-se comprometido, por lei ou por ato, a evitar ou a impedir;

III - for derivado de omissão atribuível ao mal funcionamento de serviço do Estado; ou

IV - for diretamente causado pela inexistência de serviço público obrigatório.

§1º Rompe-se o nexo de causalidade quando demonstrado que o Estado tomou todas as providências exigíveis para evitar o dano.

§2º O Estado só responde pelos danos que ordinariamente decorreriam de sua ação ou omissão, ou da de seus agentes.

§3º Os eventos danosos posteriores à ação ou omissão estatal e que dela não decorram diretamente não são atribuíveis ao Estado.

CAPÍTULO V
DA RESPONSABILIDADE CIVIL DO ESTADO

Seção I
Da Responsabilidade Objetiva por Ação

Art. 6º A responsabilidade civil do Estado por atos de seus agentes independe de dolo ou culpa destes.

Seção II
Da Responsabilidade Subjetiva pela Omissão

Art. 7º A responsabilidade civil do Estado por omissão depende da demonstração de culpa, ainda que de forma anônima.

§1º Há culpa anônima quando o serviço público não funcionou, ou funcionou mal ou de modo atrasado.

§2º No caso do inciso II do art. 5º, dispensa-se a demonstração de culpa.

Seção III
Da Responsabilidade pelo Risco Integral

Art. 8º O Estado é civilmente responsável, independentemente de culpa, conduta ou nexo de causalidade, pelos danos decorrentes de:

I - acidente nuclear;

II - acidente aeronáutico, na forma da legislação específica;

III - outros casos previstos em lei específica.

Parágrafo único. Nos casos deste artigo, não se aplicam as excludentes de responsabilidade do art. 14.

Seção IV
Da Responsabilidade Decorrente da Função Jurisdicional

Art. 9º Pelos danos decorrentes do exercício da função jurisdicional, o Estado é civilmente responsável, assegurado o direito de regresso, quando o membro do Poder Judiciário:

I - proceder com dolo ou fraude;

II - recusar, omitir ou retardar, sem justo motivo, providência que deva ordenar de ofício ou a requerimento da parte, nos termos do parágrafo único, do art. 143, da Lei nº 13.105, de 16 de março de 2015 – Código de Processo Civil.

Parágrafo único. Enquanto não se esgotarem previamente os recursos previstos no ordenamento processual, descabe a caracterização de dano oriundo da função jurisdicional.

Art. 10. O Estado indenizará o condenado por erro judiciário e aquele que ficar preso além do tempo fixado na sentença.

§1º A indenização por condenação penal decorrente de erro judicial posteriormente reconhecido independe de culpa.

§2º O preso preventivamente tem direito a indenização quando ficar provado, alternativamente, que:

I - o fato criminoso não ocorreu;

II - não foi ele o autor do fato criminoso;

III - ficou preso além do prazo razoável para a conclusão do processo.

§3º A indenização não será devida, se o erro ou a injustiça da condenação decorrer de ato ou falta imputável ao próprio interessado, como a confissão ou a ocultação de prova em seu poder.

Seção V
Da Responsabilidade Decorrente da Função de Controle Externo

Art. 11. Pelos danos decorrentes do exercício pelos Tribunais e Conselhos de Contas de sua competência constitucional de controle externo, o Estado é civilmente responsável quando o Ministro ou Conselheiro agir com dolo ou fraude, assegurado o direito de regresso.

Parágrafo único. Na hipótese de exercício de função administrativa, à responsabilidade civil do Estado, pela atuação dos Tribunais e Conselhos de Contas, aplicar-se-á o regime geral previsto nesta Lei.

Seção VI
Da Responsabilidade Decorrente das Funções Essenciais à Justiça

Art. 12. Pelos danos decorrentes do exercício pelo Ministério Público, pela Advocacia Pública ou pela Defensoria Pública de suas funções institucionais, o Estado é civilmente responsável, assegurado o direito de regresso, quando:

I - os seus membros procederem com dolo ou fraude;

II - o agente fizer uso indevido das informações e documentos que obtiverem, inclusive nas hipóteses legais de sigilo;

III - reconhecida a litigância de má-fé;

IV - reconhecida a atuação temerária;

Parágrafo único. Na hipótese de exercício de função administrativa, à responsabilidade civil do Estado, pela atuação do Ministério Público, da Advocacia Pública ou da Defensoria Pública, aplicar-se-á o regime geral previsto nesta Lei.

Seção VII
Da Responsabilidade Decorrente da Função Legislativa

Art. 13. O Estado responde pelos danos decorrentes da função legislativa, em qualquer das seguintes hipóteses:

I - quando for aprovada lei que atinja pessoas ou grupos determinados e que seja posteriormente declarada inconstitucional:

a) em decisão definitiva de mérito proferida em sede de controle concentrado de constitucionalidade;

b) em sede de controle difuso de constitucionalidade, após o trânsito em julgado da decisão;

II - quando for aprovada lei que, embora constitucional, atinja pessoas ou grupos determinados, impondo-lhes sacrifícios maiores que os razoavelmente exigíveis;

III - quando descumprido o dever constitucional de legislar, assim reconhecido:

a) em sede de ação direta de inconstitucionalidade por omissão, ou outra ação de controle concentrado de constitucionalidade, caso persista a mora legislativa após o transcurso do prazo judicialmente fixado para suprir a omissão;

b) em sede de mandado de injunção ou qualquer outra ação de controle difuso, sempre após o trânsito em julgado, e caso persista a mora legislativa mesmo após o transcurso do prazo judicialmente fixado para suprir a omissão.

CAPÍTULO VI
DAS EXCLUDENTES DE RESPONSABILIDADE

Art. 14. Exclui a responsabilidade civil do Estado a ocorrência de qualquer das seguintes hipóteses:

I - culpa exclusiva da vítima;

II - ato exclusivo de terceiro, se não for aplicável o inciso II do art. 5º;

III - caso fortuito ou força maior, assim definidos na legislação civil.

§1º Se a culpa da vítima concorrer para o dano, atenua-se a responsabilidade civil do Estado.

§2º Na hipótese do inciso III do *caput*, não se exclui a responsabilidade civil do Estado quando este criou a situação perigosa.

Art. 15. Se o dano for provocado por uma pluralidade de causas, todas deverão ser proporcionalmente consideradas na determinação do valor do ressarcimento.

CAPÍTULO VII
DO DIREITO DE REGRESSO

Art. 16. O Estado tem direito de regresso contra o agente que tenha praticado o ato ou que seja responsável pela omissão, nos casos de dolo ou culpa.

§1º Identificado o agente responsável e apurado seu dolo ou culpa, impõe-se a efetivação do direito de regresso.

§2º A obrigação de reparar o dano estende-se aos sucessores e contra eles será executada até o limite do valor da herança recebida.

Art. 17. Para fins de exercício do direito de regresso, a identificação do agente causador do dano e a apuração de seu dolo ou culpa serão efetuadas mediante processo administrativo.

§1º A autoridade competente poderá determinar, de ofício, a instauração de processo administrativo para identificar o agente causador do dano e apurar seu dolo ou culpa, ainda que não iniciada ou não encerrada a ação judicial intentada pela vítima ou pelos demais legitimados e nos casos de processo administrativo de reparação de dano.

§2º Nos casos de condenação transitada em julgado, o fato deverá ser comunicado pelo juízo à autoridade competente, no prazo de quinze dias.

Art. 18. Havendo a definição do valor a ser indenizado e identificada a ocorrência de dolo ou culpa na conduta do agente, este será intimado para, no prazo de trinta dias, ressarcir o valor total da indenização, atualizado monetariamente.

§1º Vencido o prazo fixado no *caput*, sem o pagamento, serão os valores inscritos em dívida ativa.

§2º O agente poderá efetuar o pagamento de forma parcelada, inclusive autorizando o desconto mensal em folha de pagamento, de parcela da remuneração recebida, para pagamento do débito com o erário, respeitados os limites fixados em cada regime jurídico.

§3º A exoneração, demissão, dispensa, rescisão contratual, cassação de aposentadoria ou qualquer outra situação que impeça o desconto não extinguem a obrigação de o agente quitar integralmente o débito em trinta dias, sob pena de inscrição em dívida ativa.

Art. 19. A condenação criminal do agente, transitada em julgado, pelo mesmo fato causador do dano, acarreta sua obrigação de ressarcir em valor a ser apurado, liquidado e executado pelo juízo cível competente, não se questionando mais sobre a existência do fato, a autoria, o dolo ou a culpa.

Art. 20. A absolvição criminal do agente, transitada em julgado, pelo mesmo fato causador do dano, que negue a existência do fato ou da autoria, afasta o exercício do direito de regresso.

§1º A sentença criminal, transitada em julgado, que declare ter sido o ato do agente praticado em legítima defesa, em estado de necessidade, em estrito cumprimento de dever legal, no exercício regular de direito ou com inexigibilidade de conduta diversa, também exclui o exercício do direito de regresso.

§2º Não será excluído o direito de regresso contra o agente, quando a decisão, no juízo penal:

I - ordenar o arquivamento do inquérito ou de peças de informação por insuficiência de prova quanto à existência da infração penal ou sua autoria;

II - absolver o réu por não haver prova da existência do fato;

III - absolver o réu por não existir prova suficiente para a condenação;

IV - declarar extinta a punibilidade;

V - declarar que o fato imputado não é definido como infração penal.

Art. 21. Quando o direito de regresso não for ou não puder ser discutido na ação de responsabilidade civil do Estado, nem for possível a apuração administrativa nos termos do art. 17, deverá ser ajuizada ação própria contra o agente público responsável pelo dano, sob pena de responsabilidade, nos termos do art. 28 do Decreto-Lei nº 4.657, de 4 de setembro de 1942.

CAPÍTULO VIII
DO PROCESSO

Seção I
Das Partes

Art. 22. São partes legítimas na ação de responsabilidade civil:

I - como autor:

a) a vítima ou seus sucessores;

b) o substituto processual;

c) o representante processual, com expressa e específica autorização das vítimas;

II - como réus:

a) o Estado;

b) o agente público responsável pelo dano.

§1º O autor pode optar por ajuizar a ação:

I - contra o Estado, apenas;

II - contra o agente público responsável pelo dano, apenas;

III - contra o Estado e contra o agente público, em litisconsórcio.

§2º No caso do inciso I do §1º, o Estado só poderá pleitear o direito de regresso contra o agente, nos casos em que for permitida a denunciação da lide.

§3º No caso do inciso II do §1º:

I - o autor da ação renuncia ao direito de acionar o Estado, ainda que insolvente o agente público responsável pelo dano;

II - o Estado deve ser notificado do ajuizamento da ação, podendo atuar ao lado do autor, desde que isso se afigure útil ao interesse público, a juízo do respectivo representante legal ou dirigente.

§4º Nos casos dos incisos II e III do §1º:

I - o autor da ação deve fundamentar o pedido na existência de dolo ou culpa do agente;

II - o agente público que tiver de se defender, em qualquer esfera, por ato ou comportamento praticado no exercício normal de suas competências terá direito patrocínio da defesa pela advocacia pública.

§5º No caso do inciso III do §1º, o Estado poderá pleitear o direito de regresso contra o agente público, no âmbito do mesmo processo.

Seção II
Da Denunciação da Lide

Art. 23. Quando a ação for ajuizada apenas contra o Estado, o juiz admitirá a denunciação da lide, para discutir o direito de regresso, desde que preenchidas cumulativamente as seguintes condições:

I - a alegação do autor seja fundada em dolo ou culpa do agente público responsável pelo dano;

II - a intervenção do litisdenunciado não comprometa substancialmente o andamento do processo.

CAPÍTULO IX
DO RESSARCIMENTO ADMINISTRATIVO DO DANO

Art. 24. Sem prejuízo da propositura da ação própria no Poder Judiciário, a vítima e outros legitimados poderão pleitear administrativamente a reparação dos danos.

§1º A partir da data do protocolo do requerimento, fica suspenso o prazo de prescrição da ação de reparação de danos, até decisão final.

§2º O requerimento deve conter o nome, a qualificação, o domicílio e o endereço do requerente, os fundamentos de fato e de direito do pedido, as provas e o valor da indenização pretendida.

§3º Concordando o requerente com o valor da indenização estipulada pelo Poder Público, o pagamento será efetuado em ordem própria, conforme previsão orçamentária específica.

§4º A apresentação do requerimento de que trata o *caput* não afasta a possibilidade de composição da controvérsia por meio da arbitragem ou da mediação no âmbito da administração pública.

§5° O procedimento a ser adotado para o ressarcimento administrativo do dano será disciplinado em regulamento de cada ente federado.

CAPÍTULO X
DA PRESCRIÇÃO

Art. 25. Prescreve em cinco anos a pretensão de reparação civil contra o Estado, nos termos desta Lei.

§1º O termo inicial do prazo prescricional é a data em que se configurar a lesão.

§2º Os prazos de prescrição estão sujeitos à suspensão e interrupção na forma da lei civil.

CAPÍTULO XI
DAS DISPOSIÇÕES FINAIS

Art. 26. Aplicam-se subsidiariamente ao disposto nesta Lei:

I - a Lei nº 10.406, de 10 de janeiro de 2002 (Código Civil), em relação à responsabilidade;

II - a Lei nº 13.105, de 16 de março de 2015 (Código de Processo Civil), em relação ao processo e julgamento da ação de responsabilidade civil do Estado.

III - a Lei nº 8.078, de 11 de setembro de 1990 (Código de Defesa do Consumidor), quando caracterizada relação de consumo.

Art. 27. Revoga-se o art. 1º-C da Lei nº 9.494, de 10 de setembro de 1997.

Art. 28. Esta Lei entra em vigor cento e oitenta dias após a sua publicação.

Referências

ALMEIDA, Mário Aroso de. A responsabilidade do legislador no âmbito do art. 15º do novo regime introduzido pela Lei nº 67/2007, de 31 de dezembro. *Revista Julgar*, n. 5, p. 39-50, 2008.

ALMEIDA, Vitor Luís de. A responsabilidade civil do Estado por erro judiciário sob a ótica do sistema lusófono: análise nos ordenamentos jurídicos português e brasileiro. *Revista de Informação Legislativa*, Brasília, ano 49, n. 196, out./dez. 2012.

ALVES, Patrícia Pinto. A responsabilidade civil extracontratual do Estado por ato administrativo no ordenamento jurídico português: uma tripla perspectiva do regime da responsabilidade delitual, pelo risco e por fato ilícito. *Revista de Direito*, Viçosa, v. 11, n. 1, p. 387-416, 2019.

ARAGÃO, Alexandre Santos de. A responsabilidade civil e ambiental em atividades nucleares. *RDA – Revista de Direito Administrativo*, Rio de Janeiro, v. 271, p. 65-107, jan./abr. 2016.

ARAGÃO, Alexandre Santos de. *Curso de Direito Administrativo*. Rio de Janeiro: Forense, 2012.

BANDEIRA DE MELLO, Celso Antônio. *Curso de Direito Administrativo*. 22. ed. rev. e atual. São Paulo: Malheiros, 2007.

BARRETO, Lucas Hayne Dantas. Responsabilidade civil do Estado por denegação do acesso à justiça. *RDA – Revista de Direito Administrativo*, Rio de Janeiro, v. 262, p. 199-232, jan./abr. 2013.

CAHALI, Yussef Sahid. *Responsabilidade civil do Estado*. São Paulo: RT, 1995.

CARVALHO FILHO, José dos Santos. A autoexecutoriedade e a garantia do contraditório no processo administrativo. *Revista do Ministério Público*, Rio de Janeiro, n. 39, jan./mar. 2011.

CARVALHO FILHO, José dos Santos. *Manual de Direito Administrativo*. 30. ed. rev., atual. e ampl. São Paulo: Atlas, 2016.

DI PIETRO, Maria Sylvia Zanella. *Direito Administrativo*. 25. ed. São Paulo: Atlas, 2012.

FONSECA, Guilherme da; CÂMARA, Miguel Bettencourt da. A responsabilidade civil por danos decorrentes do exercício da função jurisdicional (em especial, o erro judiciário). *Revista Julgar*, n. 11, p. 11-20, 2010.

FREITAS, Juarez. Responsabilidade civil do Estado e o princípio da proporcionalidade: vedação de excesso e de inoperância. *In*: FREITAS, Juarez (Org.). *Responsabilidade civil do Estado*. São Paulo: Malheiros, 2006.

GARCÍA DE ENTERRÍA, Eduardo; FERNÁNDEZ, Tomás-Ramón. *Curso de Direito Administrativo*. 2. ed. São Paulo: Revista dos Tribunais, 2014.

GOMES, Carla Amado. A responsabilidade civil extracontratual da Administração por facto ilícito: reflexões avulsas sobre o novo regime da Lei 67/2007, de 31 de dezembro. *Revista Julgar*, n. 5, p. 73-98, maio/ago. 2008.

GONZÁLEZ-VARAS IBÁÑEZ, Santiago. *El Derecho Administrativo Europeo*. Sevilla: Instituto Andaluz de Justicia y Administración Pública, 2005.

JUSTEN FILHO, Marçal. *Curso de Direito Administrativo*. 14. ed. Rio de Janeiro: Forense, 2023.

LAGOS, Leonardo Bas Galupe. A responsabilidade civil do Estado por omissão: objetiva ou subjetiva? *Revista da AGU*, Brasília/DF, v. 15, n. 2, p. 187-214, abr./jun. 2016.

MASCARENHAS, Rodrigo Tostes de Alencar. A responsabilidade extracontratual do Estado e de seus agentes por decisões tomadas em situações de risco e incerteza: uma comparação entre Brasil e Portugal. *RDA – Revista de Direito Administrativo*, Rio de Janeiro, v. 261, p. 89-113, set./dez. 2012.

MELO, Luiz Carlos Figueira de; FALEIROS JÚNIOR, José Luiz de Moura. A responsabilidade civil objetiva do Estado por atos omissivos: realidade ou apenas tendência? *Revista Publicum*, Rio de Janeiro, v. 5, n. 1, p. 92-110, 2019.

MOREIRA NETO, Diogo de Figueiredo. *Curso de Direito Administrativo*: parte introdutória, parte geral e parte especial. Rio de Janeiro: Forense, 2005.

OLIVEIRA, Rafael Carvalho Rezende. *Curso de Direito Administrativo*. 8. ed. rev. e atual. Rio de Janeiro: Método, 2020.

SANTOS, Rodrigo Valgas dos. Nexo causal e excludentes da responsabilidade extracontratual do Estado. *In*: FREITAS, Juarez (Org.). *Responsabilidade civil do Estado*. São Paulo: Malheiros, 2006.

WATANABE, Kazuo. Acesso à justiça e sociedade moderna. *In*: GRINOVER, Ada Pelegrini. *Participação e processo*. São Paulo: Revista dos Tribunais, 1988.

Informação bibliográfica deste texto, conforme a NBR 6023:2018 da Associação Brasileira de Normas Técnicas (ABNT):

ANASTASIA, Antonio; UNES, Flávio. Responsabilidade civil extracontratual do Estado: por um tratamento legislativo unificado. *In*: JUSTEN, Monica Spezia; PEREIRA, Cesar; JUSTEN NETO, Marçal; JUSTEN, Lucas Spezia (coord.). *Uma visão humanista do Direito*: homenagem ao Professor Marçal Justen Filho. Belo Horizonte: Fórum, 2025. v. 1, p. 175-199. ISBN 978-65-5518-918-6.

A ADMINISTRAÇÃO PÚBLICA DA REALIDADE. ESTUDO EM HOMENAGEM AO PROFESSOR MARÇAL JUSTEN FILHO

CARMEN SILVIA LIMA DE ARRUDA

1 Introdução

No Brasil, desde sempre, o direito administrativo dos livros e da academia tinha (e ainda tem) muito pouco a ver com a atividade da Administração Pública e com a produção jurisprudencial. [...] Há a produção doutrinária e existe a realidade dos fatos. Usualmente, os institutos do direito administrativo da academia são utilizados segundo a conveniência da autoridade administrativa para justificar decisões fundadas em critérios puramente subjetivos.[1]

Rompemos o século XXI com uma nova concepção de Direito Administrativo, mais dinâmico, mais moderno e, sobretudo, cunhado "sob o primado dos direitos fundamentais".[2] Grande parte dessa evolução doutrinária e jurisprudencial devemos às contribuições do Professor Marçal Justen Filho, construídas ao longo de décadas de dedicação ao direito público.

Com elevado espírito de cidadania, revelado nas ideias que permeiam tantas defesas, artigos e livros elaborados, o jurista Marçal Justen Filho sempre esteve comprometido com as exigências da realidade brasileira para melhoria de uma "Administração

---

[1] JUSTEN FILHO, Marçal. O direito administrativo como aventura existencial e as peripécias de um insubordinado. *Revista Estudos Institucionais*, v. 9, n. 3, p. 791-809, set./dez. 2023.

[2] JUSTEN FILHO, Marçal. *Curso de Direito Administrativo*. 14. ed. rev., atual. e reform. Rio de Janeiro: Forense, 2022.

pública orientada a promover a democracia, incentivar o desenvolvimento, assegurar a integridade do meio ambiente, reduzir as desigualdades regionais e assegurar a todas as pessoas sua realização plena e digna".[3]

O longo caminho percorrido não foi fácil. Partia-se de um direito administrativo da ditadura, concebido sob a égide de regimes autoritários, centrado no poder de polícia.[4] Compreendia-se o direito administrativo como limitado à aplicação da legislação, construído à sombra do direito constitucional, este sim, encarregado de ordenar questões relevantes do Estado, da sociedade e do cidadão. O ato administrativo era seu elemento central, "discricionário e capaz de ser impingido sobre liberdades privadas e propriedade sem o consentimento dos cidadãos",[5] aumentando a autoridade administrativa e reduzindo os direitos dos cidadãos. A Administração Pública concentrava poder acima dos governados, em nome da ordem e segurança públicas, num modelo autoritário.

A promulgação da Constituição Federal de 1988, carinhosamente apelidada de "Constituição Cidadã", veio consagrar os princípios da Administração Pública,[6] da legalidade, moralidade, publicidade, impessoalidade, visando trazer segurança e proteção jurídica do cidadão e melhoria das decisões administrativas, um grande marco evolutivo para a compreensão do direito administrativo como instrumento de concretização do direito constitucional ou, ainda, como direito constitucional aplicado,[7] o "guardião da esfera pública".

A proeminência dos princípios constitucionais prometia uma mudança de paradigma, fortalecidos pela consagração do princípio da supremacia e da indisponibilidade do interesse público,[8] numa realidade de grande deficiência na prestação de serviços públicos. Passada a primeira década, adveio a Emenda Constitucional nº 19/98, trazendo a reforma administrativa, com a introdução do princípio da eficiência no texto constitucional,[9] que impõe, segundo Justen Filho, a "utilização mais produtiva de recursos econômicos de sorte a produzir os melhores resultados, vedando-se o desperdício ou a má utilização dos recursos destinados à satisfação das necessidades coletivas".[10]

---

[3] JUSTEN FILHO, Marçal. O direito administrativo como aventura existencial e as peripécias de um insubordinado. *Revista Estudos Institucionais*, v. 9, n. 3, p. 791-809, set./dez. 2023. p. 796.

[4] JUSTEN FILHO, Marçal. O direito administrativo como aventura existencial e as peripécias de um insubordinado. *Revista Estudos Institucionais*, v. 9, n. 3, p. 791-809, set./dez. 2023. p. 801.

[5] D'ALBERTINE, Marco. Transformations of Administrative Law Regimes. *In*: ROSE-ACKERMAN, Susan *et al. Comparative Administrative Law*. 2. ed. Cheltenham, UK: Edward Elgar Publishing, 2017. p. 105.

[6] BRASIL. *Constituição da República Federativa do Brasil, de 5 de outubro de 1988*: "Art. 37. A administração pública direta e indireta de qualquer dos Poderes da União, dos Estados, do Distrito Federal e dos Municípios obedecerá aos princípios de legalidade, impessoalidade, moralidade, publicidade e eficiência e, também, ao seguinte: [...]".

[7] ROSE-ACKERMAN, Susan; LINDSETH, Peter L.; EMERSON, Blake. *Comparative Administrative Law*. 2. ed. Cheltenham, UK: Edward Elgar Publishing, 2017. p. 2.

[8] "4.4. A superação da proposta de supremacia do interesse público: Logo, os interesses dos particulares não podem ser reputados como intrinsecamente inferiores a um 'interesse público' em abstrato. O particular é sujeito de direitos. Seus interesses podem ser tutelados pela ordem jurídica, inclusive em face do Estado, de toda a Nação e dos demais particulares. Afirmar que todo e qualquer conflito de interesses entre particular e Estado se resolve pela prevalência do chamado interesse público é uma afirmação inconsistente com a ordem jurídica. E assim se passa precisamente porque a Constituição contempla, antes de tudo, um conjunto de garantias em favor do particular e contra o Estado. A supremacia do interesse público somente é consagrada em Estados totalitários, que eliminam do ser humano a condição de sujeito de direito" (JUSTEN FILHO, Marçal. O Direito Administrativo de espetáculo. *Fórum Administrativo*, ano 9, n. 100, jun. 2009. Item 4.4).

[9] BRASIL. Constituição (1988). *Emenda Constitucional nº 19, de 04 de junho de 1998*.

[10] JUSTEN FILHO, Marçal. *Curso de Direito Administrativo*. 14. ed. rev., atual. e reform. Rio de Janeiro: Forense, 2022. p. 75.

Já sob o primado das agências reguladoras, da dialética processual administrativa, evoluiu-se à compreensão do direito administrativo focado na supremacia dos direitos fundamentais,[11] objeto de exploração e destaque no *Curso de Direito Administrativo*,[12] publicado em 2004.

Abria-se a oportunidade de transformação do direito administrativo brasileiro em um "direito administrativo da realidade: aquele que é efetivamente praticado pela administração".[13]

Nas obras de Marçal Justen Filho, incontáveis vezes referenciadas nos julgados das cortes superiores, a evolução do *direito administrativo da realidade* tornou-se sua missão de vida.[14] O professor não mediu esforços para contribuir para evolução do direito administrativo de soluções, consequencialista, forjando agentes públicos capazes de concretizar os direitos sociais consagrados no texto constitucional, e garantindo os direitos fundamentais ao povo brasileiro, objetivo maior do nosso Estado Democrático e Social de Direito.[15]

2 Supremacia dos direitos fundamentais

A nova ordem jurídica brasileira inaugurada pela Constituição Federal de 1988 exigiu uma importante mudança de paradigma da função administrativa, já não mais compreendida sob o prisma da supremacia do interesse público, mas direcionada à concretização dos direitos fundamentais,[16] e dos objetivos da República Federativa do Brasil, encartados no art. 3º do texto constitucional.[17]

O ideal de construção de uma sociedade justa e igualitária, com erradicação da pobreza, exige a transformação da Administração Pública, voltada à realidade, à eficiência, "orientada a promover a democracia, a incentivar o desenvolvimento, a assegurar

---

[11] "O direito administrativo é um conjunto das normas jurídicas que disciplinam a organização e o funcionamento das estruturas estatais e não estatais investidas da função administrativa estatal e da gestão dos bens públicos e privados necessários, visando a realização dos direitos fundamentas da generalidade do povo a promoção do desenvolvimento nacional sustentável" (JUSTEN FILHO, Marçal. *Curso de Direito Administrativo*. 14. ed. rev., atual. e reform. Rio de Janeiro: Forense, 2022. p. 1).

[12] JUSTEN FILHO, Marçal. O direito administrativo como aventura existencial e as peripécias de um insubordinado. *Revista Estudos Institucionais*, v. 9, n. 3, p. 791-809, set./dez. 2023. p. 805.

[13] JUSTEN FILHO, Marçal. O direito administrativo como aventura existencial e as peripécias de um insubordinado. *Revista Estudos Institucionais*, v. 9, n. 3, p. 791-809, set./dez. 2023. p. 806.

[14] JUSTEN FILHO, Marçal. O direito administrativo como aventura existencial e as peripécias de um insubordinado. *Revista Estudos Institucionais*, v. 9, n. 3, p. 791-809, set./dez. 2023. p. 808.

[15] JUSTEN FILHO, Marçal. O direito administrativo como aventura existencial e as peripécias de um insubordinado. *Revista Estudos Institucionais*, v. 9, n. 3, p. 791-809, set./dez. 2023. p. 6.

[16] "o Estado é instrumento da promoção dos direitos fundamentais, e qualquer atuação meramente aparente destinada a neutralizar esse compromisso ofende à ordem jurídica.... A compatibilidade com os direitos fundamentais torna-se o critério de juridicidade e de validade da atividade estatal, inclusive para desqualificar a conduta estatal puramente omissiva" (JUSTEN FILHO, Marçal. O Direito Administrativo de espetáculo. *Fórum Administrativo*, ano 9, n. 100, jun. 2009. Item 4.5).

[17] BRASIL. *Constituição (1988). Constituição da República Federativa do Brasil*: "Art. 3º Constituem objetivos fundamentais da República Federativa do Brasil: I - construir uma sociedade livre, justa e solidária; II - garantir o desenvolvimento nacional; III - erradicar a pobreza e a marginalização e reduzir as desigualdades sociais e regionais; IV - promover o bem de todos, sem preconceitos de origem, raça, sexo, cor, idade e quaisquer outras formas de discriminação".

a integridade do meio ambiente, a reduzir as desigualdades regionais e assegurar a todas as pessoas a sua realização plena e digna".[18]

Daí a necessidade da evolução do direito administrativo, em que a função administrativa é compreendida como *o conjunto de poderes jurídicos destinados a promover a satisfação de direitos fundamentais,*[19] por meio da implantação e do desenvolvimento de políticas e serviços públicos pelo Estado, *destinados a assegurar e promover a dignidade humana em suas diversas manifestações.*[20]

2.1 Dignidade da pessoa humana

> *A norma da dignidade humana está "baseada na compreensão do ser humano como um ser intelectual e moral, capaz de se determinar e de se desenvolver em liberdade. (... liberdade ...) de um indivíduo relacionado a uma comunidade e a ela vinculado".*[21]

A promoção da dignidade humana, para Marçal Justen Filho, síntese dos direitos fundamentais, constitui o verdadeiro sentido, razão de existir, do direito administrativo, e o exercício do poder político.[22]

O reconhecimento da dignidade da pessoa humana como "inerente a todos os membros da família humana e dos seus direitos iguais e inalienáveis é o fundamento da liberdade, da justiça e da paz no mundo", conforme exposto no preâmbulo da Declaração Universal dos Direitos do Homem de 1948,[23] em claro reencontro do pensamento kantiano, segundo o qual cada homem é um fim em si mesmo e jamais um meio, a ser usado para este ou aquele propósito.

Consagrando a transição democrática e de institucionalização dos direitos humanos, o constituinte brasileiro avançou extraordinariamente ao inserir o princípio da dignidade humana no art. 1º, III, da CF/88, como fundamento da organização nacional, gozando de valor intrínseco absoluto.

Com efeito, o constituinte fundamentou sua escolha no "princípio antrópico", que reconhece "o indivíduo conformador de si próprio e da sua vida segundo o seu próprio projeto espiritual (*plastes et fictor*)",[24] reconhecendo o homem como sujeito de direitos perante a República, que existe para servir ao homem, e não o contrário, daí advindo sua condição de cidadão.

---

[18] JUSTEN FILHO, Marçal. *Curso de Direito Administrativo.* 14. ed. rev., atual. e reform. Rio de Janeiro: Forense, 2022. p. vii.

[19] JUSTEN FILHO, Marçal. *Curso de Direito Administrativo.* 14. ed. rev., atual. e reform. Rio de Janeiro: Forense, 2022. p. 17.

[20] JUSTEN FILHO, Marçal. *Curso de Direito Administrativo.* 14. ed. rev., atual. e reform. Rio de Janeiro: Forense, 2022. p. 56.

[21] ALEXY, Robert. *Teoria dos direitos fundamentais.* Tradução de Virgílio Afonso da Silva da 5. ed. alemã. 2. ed. São Paulo: Malheiros, 2011. p. 356.

[22] JUSTEN FILHO, Marçal. *Curso de Direito Administrativo.* 14. ed. rev., atual. e reform. Rio de Janeiro: Forense, 2022. p. 60.

[23] UNESCO. *Declaração Universal dos Direitos do Homem, de 1948.* Disponível em: http://unesdoc.unesco.org/images/0013/001394/139423por.pdf. Acesso em: 1º ago. 2024.

[24] CANOTILHO, José Joaquim Gomes. *Direito constitucional.* Coimbra: Almedina, 2003. p. 225.

Para Canotilho, "o expresso reconhecimento da dignidade da pessoa humana é o *núcleo essencial* da República",[25] e esse caráter de fundamentalidade, eixo central do Estado Democrático de Direito, passa a integrar, segundo Barroso, "a identidade política, ética e jurídica da Constituição, e como consequência, não pode ser objeto de emenda tendente a sua abolição [...] é a partir do núcleo essencial do princípio da dignidade da pessoa humana que se irradiam todos os direitos materialmente fundamentais".[26]

Nesta linha, a dignidade da pessoa humana é núcleo central da ordem jurídica democrática, do qual decorrem os demais subprincípios constitucionais ou setoriais, que fundamentam o próprio direito, como reconhecido pela Corte Suprema, no voto da lavra do Ministro Celso de Mello, *in verbis*:

> o princípio da dignidade da pessoa humana representa - considerada a centralidade desse postulado essencial (CF, art. 1º, III) - significativo vetor interpretativo, *verdadeiro valor-fonte* que conforma e inspira todo o ordenamento constitucional vigente em nosso País e que traduz, *de modo expressivo*, um dos fundamentos em que se assenta, *entre nós*, a ordem republicana e democrática consagrada pelo sistema de direito constitucional positivo, tal como tem reconhecido a jurisprudência desta Suprema Corte, cujas decisões, *no ponto*, refletem, *com precisão*, o próprio magistério da doutrina. [...].[27]

Para Alexy,

> Este princípio é tão indeterminado quanto o conceito de dignidade humana. Para além das fórmulas genéricas, como aquela que afirma que o ser humano não pode ser transformado em meros objetos, *o conceito de dignidade humana pode ser expresso por meio de um feixe de condições concretas, que devem estar (ou não podem estar) presentes para que a dignidade da pessoa humana seja garantida.* Sobre algumas dessas condições é possível haver consenso.[28]

Com efeito, dignidade da pessoa humana tornou-se um axioma, uma proposição aceita por todos,[29] não se resumindo apenas a prestações de educação e saúde, e assistência aos desamparados, englobando outros bens, como a liberdade e a autonomia individual, e "identifica um espaço de integridade moral a ser assegurado a todas as pessoas por sua só existência no mundo" e, ainda, "relaciona-se com a liberdade e valores do espírito como com as condições materiais de subsistência",[30] um núcleo material elementar composto do mínimo existencial.

---

[25] CANOTILHO, José Joaquim Gomes. *Direito constitucional*. Coimbra: Almedina, 2003. p. 226.

[26] BARROSO, Luís Roberto. *Curso de direito constitucional contemporâneo*: os conceitos fundamentais e construção do novo modelo. São Paulo: Saraiva, 2009. p. 178.

[27] BRASIL. Supremo Tribunal Federal. *Ag. Reg. no Recurso Extraordinário com Agravo 639.337/SP*. Relator Ministro Celso de Mello, julgado em 23.08.2011.

[28] ALEXY, Robert. *Teoria dos direitos fundamentais*. Tradução de Virgílio Afonso da Silva da 5. ed. alemã. 2. ed. São Paulo: Malheiros, 2011. p. 355. Grifos nossos.

[29] BARCELLOS, Ana Paula. *A eficácia jurídica dos princípios constitucionais. O princípio da dignidade da pessoa humana*. 3. ed. rev. e atual. Rio de Janeiro: Renovar, 2011. p. 31.

[30] BARROSO, Luís Roberto. *Curso de direito constitucional contemporâneo*: os conceitos fundamentais e construção do novo modelo. São Paulo: Saraiva, 2009. p. 336.

2.2 Mínimo existencial

> *Quem é espoliado no mínimo existencial, indispensável ao engajamento político e à fruição dos direitos fundamentais à vida, à segurança, ao bem-estar e à própria dignidade, vive em condições subumanas, sendo privado do status de cidadão.*[31]

O princípio da dignidade da pessoa humana está intrinsecamente relacionado ao direito ao mínimo existencial, que pode ser compreendido

> como todo o conjunto de prestações materiais indispensáveis para assegurar a cada pessoa uma vida condigna (portanto, saudável) [...] constituindo o núcleo essencial dos direitos fundamentais sociais, núcleo este blindado contra toda e qualquer intervenção por parte do Estado e da sociedade.[32]

A teoria do mínimo existencial foi desenvolvida na Alemanha, por Otto Bachof, a partir de 1954,[33] como o reconhecimento de um direito subjetivo à garantia positiva de recursos mínimos para uma existência digna, e não apenas o direito à liberdade, mas à segurança social, sem os quais a própria dignidade ficaria sacrificada. Aplicando a teoria então desenvolvida, a Corte Constitucional alemã consagrou definitivamente, com *status* constitucional, a garantia do mínimo existencial, como garantia a uma existência digna que abrange mais do que a garantia à mera sobrevivência física, situando-se, portanto, além do limite da pobreza absoluta.

No Brasil, em que pese não ter sido expressamente previsto no texto constitucional, Ricardo Lobo Torres leciona que sua proteção é pré-constitucional, pois ancorada na ética, e se funda na liberdade, ou melhor, nas condições iniciais para o exercício da liberdade, na ideia de felicidade, nos direitos humanos e nos princípios da igualdade e da dignidade humana,[34] consagrada pelo Supremo Tribunal Federal, nos seguintes termos, *verbis*:

> A noção *de mínimo existencial*, que resulta, *por implicitude,* de determinados preceitos constitucionais (CF, art. 1º, III, e art. 3º, III), compreende um complexo de prerrogativas cuja concretização revela-se capaz de garantir *condições adequadas de existência digna,* em ordem a assegurar, *à pessoa,* acesso efetivo *ao direito geral de liberdade* e, *também, a prestações positivas originárias* do Estado, viabilizadoras *da plena fruição* de direitos sociais básicos, *tais como* o direito à educação, o direito à proteção integral da criança e do adolescente, o direito à saúde, o direito à assistência social, o direito à moradia, o direito à alimentação e o direito à segurança.[35]

---

[31] BRASIL. Supremo Tribunal Federal. *Ag. Reg. no Recurso Extraordinário com Agravo 639.337/SP.* Relator Ministro Celso de Mello, julgado em 23.08.2011. p. 3.

[32] SARLET, Ingo Wolfgang. Breves considerações sobre os deveres de proteção do Estado e a garantia da proibição de retrocesso em matéria ambiental. *RDA,* São Paulo, v. 58, 2010. p. 584.

[33] SARLET, Ingo Wolfgang. Breves considerações sobre os deveres de proteção do Estado e a garantia da proibição de retrocesso em matéria ambiental. *RDA,* São Paulo, v. 58, 2010. p. 564.

[34] TORRES, Ricardo Lobo. *O direito ao mínimo existencial.* Rio de Janeiro: Renovar, 2009. p. 13.

[35] BRASIL. Supremo Tribunal Federal. *Ag. Reg. no Recurso Extraordinário com Agravo 639.337/SP.* Relator Ministro Celso de Mello, julgado em 23.08.2011.

O mínimo existencial, portanto, deve ser compreendido como um direito "às condições mínimas de existência humana digna",[36] associado ao desenvolvimento, como meio de assegurar o gozo dos direitos fundamentais, "a educação básica, saúde preventiva, água potável, etc., e água com o mínimo ecológico meio ambiente saudável",[37] cabendo à Administração Pública garantir ao cidadão o mínimo existencial.

3 A realidade dos vulneráveis

> *Acho que a vida é vivência concreta, experiência real, experimentação das alternativas possíveis e tornadas possíveis pelo existir individual e coletivo.*[38]

Na realidade, o existir individual de muitos brasileiros está ainda distante do ideal constitucional de garantia dos direitos fundamentais. Impõe-se abrir os olhos e reconhecer que expressiva parcela da população brasileira se encontra em situação de pobreza e pobreza extrema, em situação de vulnerabilidade social.[39]

Vulneráveis são todos aqueles que se encontram

> fragilizados, jurídica ou politicamente, que necessitam de auxílio e proteção para a garantia de seus direitos como cidadãos [...] que está em desvantagem quanto ao critério de distribuição (renda, serviços, qualidade de vida, educação e saúde) e que é alvo de políticas públicas especificas de auxílio e de busca de garantia de direitos.[40]

Vulneráveis são os que não têm capacidade de se cuidar ou de se proteger contra ataques, abusos ou exploração de outras pessoas, em razão das circunstâncias ou situações e, por consequência, são vítimas de manipulação, sofrendo abusos físicos, morais, psicológicos, econômicos, e sexuais. Estão à margem da sociedade, em sua maioria mulheres, negros, moradores de rua ou de comunidades, crianças,[41] idosos.[42]

---

[36] TORRES, Ricardo Lobo. *O direito ao mínimo existencial*. Rio de Janeiro: Renovar, 2009. p. 8.

[37] TORRES, Ricardo Lobo. *O direito ao mínimo existencial*. Rio de Janeiro: Renovar, 2009. p. 11.

[38] JUSTEN FILHO, Marçal. O direito administrativo como aventura existencial e as peripécias de um insubordinado. *Revista Estudos Institucionais*, v. 9, n. 3, p. 791-809, set./dez. 2023. p. 808.

[39] Para se ter uma ideia, em 2021, a situação de pobreza e de extrema pobreza somadas, em Alagoas, Pernambuco e Maranhão, era superior a 60,5% da população. Em todos os nove estados nordestinos, 33 milhões de pessoas pertenciam à linha de pobreza e outras 10 milhões estavam em situação de extrema pobreza, em 2021 (NO BRASIL, 9,6 milhões saíram da condição de extrema pobreza em 2023. *Agência Gov.*, 12 jul. 2024. Disponível em: https://agenciagov.ebc.com.br/noticias/202407/no-brasil-9-6-milhoes-sairam-da-condicao-de-extrema-pobreza-em-2023-1. Acesso em: 1º ago. 2024).

[40] SCOTT, Juliano Beck; PROLA, Caroline de Abreu; SIQUEIRA, Aline Cardoso; PEREIRA, Caroline Rubin Rossato. O conceito de vulnerabilidade social no âmbito da psicologia no brasil: uma revisão sistemática da literatura. *Psicol. rev.*, Belo Horizonte, v. 24, n. 2, maio/ago. 2018.

[41] HÁ 32 milhões de crianças e adolescentes na pobreza no Brasil, alerta Unicef. *Unicef*. Disponível em: https://www.unicef.org/brazil/comunicados-de-imprensa/ha-32-milhoes-de-criancas-e-adolescentes-na-pobreza-no-brasil-alerta-unicef. Acesso em: 1º ago. 2024.

[42] Disponível em: https://www.gov.br/saude/pt-br/composicao/saps/equidade/o-que-e-equidade/populacoes-em-situacao-de-vulnerabilidade-e-desigualdade-social. Acesso em: 1º ago. 2024.

Socialmente vulneráveis são desprovidos dos diretos sociais básicos, contemplados no rol do art. 6º da CF/88, como moradia, saúde, educação.

A despeito da riqueza brasileira, que eleva o país ao rol dos 10 maiores PIBs do mundo,[43] ainda hoje, a população de vulneráveis sociais é significativa, e reflete a realidade da desigualdade social brasileira. Os elevados índices de pobreza,[44] analfabetismo, insegurança e violência, retratados nos relatórios anualmente divulgados pelo IBGE,[45] evidenciam que parcela considerável da população não consegue satisfazer suas próprias necessidades básicas.

Para esta realidade de brasileiros, os vulneráveis, o direito administrativo brasileiro, "que vive em outro mundo [...] em que tudo está bem",[46] ainda não chegou.

3.1 Vulnerabilidade concreta

Realidade de pobreza e privação foi descrita por Alexandre da Silva, pessoa em situação de rua, desempregado, com deficiência intelectual e epilepsia, na inicial do mandado de injunção impetrado junto ao Supremo Tribunal Federal, objetivando regulamentação do benefício assistencial do Bolsa Família, previsto na Lei nº 10.836/2004.[47]

Nesse caso concreto, a Corte Suprema reconheceu que "cidadania tem a ver com o mínimo existencial, levando em conta a relação da renda básica, a garantir a dignidade humana, com a participação política, considerado o processo de deliberação e criação de leis" e que "a falta de recursos mínimos para o gozo de direito fundamental priva a pessoa quer da condição de cidadão quer da própria liberdade".

Reconheceu, ainda, a Suprema Corte, que a inércia do Executivo em editar decreto a concretizar direito versado na Lei nº 10.835/2004 prejudica diretamente a cidadania, ao inviabilizar o exercício de liberdades públicas e privadas e nega o mínimo existencial, a revelar indignidade, julgando procedente o pedido o autor para fixar prazo para a edição, pelo Presidente da República, de norma regulamentadora.

3.2 Constitucionalização das vulnerabilidades

Após o julgamento do MI nº 7.300, foi promulgada a Emenda Constitucional nº 114, de 2021, que incluiu os socialmente vulneráveis no parágrafo único do art. 6º

---

[43] Disponível em: https://valor.globo.com/brasil/noticia/2024/04/17/ranking-maiores-pibs-do-mundo-em-2024.ghtml. Acesso em: 1º ago. 2024.

[44] O percentual de pessoas em situação de pobreza caiu de 36,7% em 2021 para 31,6% em 2022, enquanto a proporção de pessoas em extrema pobreza caiu de 9,0% para 5,9%, neste período (Disponível em: https://agenciadenoticias.ibge.gov.br/agencia-noticias/2012-agencia-de-noticias/noticias/38545-pobreza-cai-para-31-6-da-populacao-em-2022-apos-alcancar-36-7-em-2021. Acesso em: 1º ago. 2024).

[45] Disponível em: https://www.ibge.gov.br/estatisticas/sociais/populacao/25844-desigualdades-sociais-por-cor-ou-raca.html. Acesso em: 1º ago. 2024.

[46] JUSTEN FILHO, Marçal. *Curso de Direito Administrativo*. 14. ed. rev., atual. e reform. Rio de Janeiro: Forense, 2022. p. 7.

[47] BRASIL. Supremo Tribunal Federal. *Mandado de Injunção 7.300*. Relator Ministro Marco Aurélio, Relator para Acórdão Ministro Gilmar Mendes, Tribunal Pleno, julgado em 27.04.2021, publicado em 23.08.2021. Disponível em: https://redir.stf.jus.br/paginadorpub/paginador.jsp?docTP=TP&docID=756870789. Acesso em: 1º ago. 2024.

da CF/88,[48] garantindo a todo cidadão, nesta situação, o direito ao recebimento de um benefício assistencial constituído de renda básica familiar – Bolsa Família, a ser pago pelo poder público.

A redução da vulnerabilidade socioeconômica das famílias em situação de pobreza ou de extrema pobreza também foi incorporada nos objetivos constitucionais da Assistência Social, nos termos do art. 203 da CF/88.[49]

A Lei nº 14.284, de 29.12.2021,[50] instituiu o Programa Alimenta Brasil e o Cad-Único, registro eletrônico para coletar e processar informações de identificação e registro das famílias de baixa renda, para programas sociais do governo e, mais recentemente, a Lei nº 14.601 instituiu o Programa Bolsa Família, destinado à transferência direta e condicionada de renda, às pessoas inscritas no Cad-Único e com renda familiar inferior a R$218,00.

3.3 Políticas e programas

> *A transformação concreta da realidade social e sua adequação ao modelo constitucional dependem primordialmente do desenvolvimento de atividades administrativas efetivas.*[51]

A *Administração Pública da Realidade* deve afastar-se das "soluções opacas e destituídas de transparência"[52] e comprometer-se "com a Nação brasileira, no sentido de garantir que os poderes estatais sejam efetivamente utilizados para promover o desenvolvimento econômico e social, combater a miséria, reduzir as desigualdades regionais e assegurar a existência digna de todos"[53] e, para tanto, deve desenvolver e priorizar as políticas públicas[54] e programas voltados à concreta transformação da realidade dos mais vulneráveis.

---

[48] BRASIL. Constituição (1988). *Constituição da República Federativa do Brasil*: "Art. 6º São direitos sociais a educação, a saúde, a alimentação, o trabalho, a moradia, o transporte, o lazer, a segurança, a previdência social, a proteção à maternidade e à infância, a assistência aos desamparados, na forma desta Constituição. Parágrafo único. Todo brasileiro em situação de vulnerabilidade social terá direito a uma renda básica familiar, garantida pelo poder público em programa permanente de transferência de renda, cujas normas e requisitos de acesso serão determinados em lei, observada a legislação fiscal e orçamentária".

[49] BRASIL. Constituição (1988). *Constituição da República Federativa do Brasil*: "Art. 203. A assistência social será prestada a quem dela necessitar, independentemente de contribuição à seguridade social, e tem por objetivos: [...] VI - a redução da vulnerabilidade socioeconômica de famílias em situação de pobreza ou de extrema pobreza".

[50] "Institui o Programa Auxílio Brasil e o Programa Alimenta Brasil; define metas para taxas de pobreza; altera a Lei nº 8.742, de 7 de dezembro de 1993; revoga a Lei nº 10.836, de 9 de janeiro de 2004, e dispositivos das Leis nºs 10.696, de 2 de julho de 2003, 12.512, de 14 de outubro de 2011, e 12.722, de 3 de outubro de 2012; e dá outras providências".

[51] JUSTEN FILHO, Marçal. O Direito Administrativo de espetáculo. *Fórum Administrativo*, ano 9, n. 100, jun. 2009. Item. 4.11.

[52] JUSTEN FILHO, Marçal. O Direito Administrativo de espetáculo. *Fórum Administrativo*, ano 9, n. 100, jun. 2009. Item 4.11.

[53] JUSTEN FILHO, Marçal. *Curso de Direito Administrativo*. 14. ed. rev., atual. e reform. Rio de Janeiro: Forense, 2022. p. 7.

[54] "Política pública reflete uma concepção política sobre o modo de promover o bem-comum e contempla instrumentos de intervenção na realidade" (Parecer elaborado pelo Professor Doutor Marçal Justen Filho, versando sobre a minuta de anteprojeto da Lei da Política Nacional de Saneamento Básico. p. 44) (Disponível em: file:///C:/Users/CSA/Downloads/admin,+Gerente+da+revista,+Parecer+PL+5296+02.2005.pdf. Acesso em: 1º ago. 2024).

Exemplificamos algumas políticas públicas de inclusão implementadas para promover a igualdade e criar oportunidades. Devemos persistir e ampliar as políticas públicas, pois são ferramentas de transformação do *direito administrativo da realidade*, capazes de promover o desenvolvimento social do país e transformação dos vulneráveis e marginalizados em cidadãos plenos de dignidade.

3.3.1 Programa Bolsa Família

Neste sentido, mencione-se o Programa Bolsa Família, programa federal instituído em 2004,[55] de transferência direta e indireta de renda que integra benefícios de assistência social, saúde, educação e emprego, destinado às famílias em situação de pobreza, que possibilita a emancipação socioeconômica da família em situação de vulnerabilidade social, contribuindo para a inclusão social.

Importante instrumento de mitigação das desigualdades socioeconômicas, o Programa Bolsa Família enfrentou dificuldades até seu aprimoramento pela Lei nº 14.601/23.[56] Algumas situações levadas ao conhecimento da Suprema Corte, como no caso que envolvia a distribuição de benefícios entre as regiões do Brasil, onde foi determinada a indicação de critérios e cronograma para a concessão dos benefícios; disponibilização de dados a fundamentar a supressão de novos ingressos no Programa; e a liberação imediata de recursos destinados a inscrições, respeitada a proporcionalidade.[57]

Em outra oportunidade, o Supremo Tribunal Federal decidiu pela constitucionalidade da política pública de acesso a crédito com taxas de juros menores direcionada às famílias brasileiras inscritas no Programa Bolsa Família, presente o objetivo de conferir proteção social a quem dela necessitar para a garantia da subsistência.[58]

3.3.2 Política Nacional de Atenção Básica

A Política Nacional de Atenção Básica é de responsabilidade comum a todos os membros das equipes que atuam na Atenção Básica, devendo acompanhar e registrar, no Sistema de Informação da Atenção Básica e no mapa de acompanhamento do Programa Bolsa Família, as condicionalidades de saúde das famílias beneficiárias.

---

[55] BRASIL. *Lei Federal 10.836, de 9 de janeiro de 2004*. Cria o Programa Bolsa Família e dá outras providências.

[56] BRASIL. *Lei nº 14.601, de 19 de junho de 2023*. Institui o Programa Bolsa Família; altera a Lei nº 8.742, de 7 de dezembro de 1993 (Lei Orgânica da Assistência Social), a Lei nº 10.820, de 17 de dezembro de 2003, que dispõe sobre a autorização para desconto em folha de pagamento, e a Lei nº 10.779, de 25 de novembro de 2003; e revoga dispositivos das Leis nºs 14.284, de 29 de dezembro de 2021, e 14.342, de 18 de maio de 2022, e a Medida Provisória nº 1.155, de 1º de janeiro de 2023.

[57] BRASIL. Supremo Tribunal Federal. *Ação Cível Originária 3.359/DF*. Relator: Ministro Marco Aurélio, Redator do Acórdão: Ministro Alexandre de Moraes, Plenário, julgado em 25/04/2023.

[58] BRASIL. Supremo Tribunal Federal. *ADI 7.223/DF*. Relator Ministro Nunes Marques, Plenário, julgado em 12/09/2023.

3.3.3 Programa Nacional de Assistência Estudantil

Outro importante programa de inclusão social e educacional, o Programa Nacional de Assistência Estudantil – PNAES, instituído pelo Decreto nº 7.234/2010, a ser executado pelo Ministério da Educação, tem como finalidade ampliar as condições de permanência dos jovens na educação superior pública federal, e como objetivo promover a democratização do ensino superior, minimizando os efeitos das desigualdades sociais e regionais na permanência e conclusão da educação superior; e contribuir para a promoção da inclusão social pela educação.

Para consecução dos seus objetivos, a Portaria nº 24/2021 – RIFB/IFBRASILIA estabelece critérios e procedimentos para a realização de estudo socioeconômico e cálculo do Índice de Vulnerabilidade Social (IVS) dos estudantes, regulamentado pela Portaria nº 24/2021 RIFB/IFBRASILIA, que é uma expressão quantitativa de análise, composta por indicadores de renda, de comprometimento de renda e de fatores sociais de vulnerabilidade.

Nos termos do art. 4º da referida Portaria, vulnerabilidade social é compreendida como processo de exclusão, discriminação ou enfraquecimento dos grupos sociais e sua capacidade de reação, como situação decorrente da pobreza, precário ou nulo acesso aos serviços públicos, privação e/ou fragilização de vínculos afetivos relacionais e de pertencimento social, que interferem na permanência e no êxito dos estudantes.

4 Conclusão

Das lições do Professor Marçal Justen Filho, somos instados a lutar por uma *Administração Pública da realidade*,[59] como aquela capaz de operar a "transformação concreta da realidade social e sua adequação ao modelo constitucional",[60] dedicada à efetiva concretização dos valores constitucionais, que garantam igualdade, oportunidades de crescimento e bem-estar ao cidadão.

Nessa visão, o primado da supremacia da dignidade humana não pode ser um argumento retórico, a ser repetido à exaustão em manuais e livros de direito administrativo, mas um exercício diário de servir ao público, com respeito, acolhimento e proteção, especialmente daqueles em situação de vulnerabilidade.

Somente então, por meio da efetiva e eficiente implementação de políticas públicas e ações inclusivas em prol dos vulneráveis, permitindo-lhes o gozo dos direitos fundamentais e cidadania plena, será possível a diminuição das desigualdades, e a construção de uma sociedade justa e solidária, capaz de promover a verdadeira democracia, tão sonhada pelo Professor Marçal Justen Filho.

---

[59] "Direito Administrativo do espetáculo produz-se a si próprio, alimenta-se de si mesmo para continuar a existir e a florescer" (JUSTEN FILHO, Marçal. O Direito Administrativo de espetáculo. *Fórum Administrativo*, ano 9, n. 100, jun. 2009. Item 5).

[60] JUSTEN FILHO, Marçal. O Direito Administrativo de espetáculo. *Fórum Administrativo*, ano 9, n. 100, jun. 2009. Item 4.11.

Referências

ALEXY, Robert. *Teoria dos direitos fundamentais*. Tradução de Virgílio Afonso da Silva da 5. ed. alemã. 2. ed. São Paulo: Malheiros, 2011.

BARCELLOS, Ana Paula. *A eficácia jurídica dos princípios constitucionais*. O princípio da dignidade da pessoa humana. 3. ed. rev. e atual. Rio de Janeiro: Renovar, 2011.

BARROSO, Luís Roberto. *Curso de direito constitucional contemporâneo*: os conceitos fundamentais e construção do novo modelo. São Paulo: Saraiva, 2009.

BRASIL. Constituição (1988). *Emenda Constitucional nº 19, de 04 de junho de 1998*. Disponível em: https://www.planalto.gov.br/ccivil_03/Constituicao/Emendas/Emc/emc19.htm?TSPD_101_R0=5a6b1c315c257fd03020e6d717af9862y5200000000000000000542415c9ffff00000000000000000000000000005b2bd5e800eebb0b44. Acesso em: 1º ago. 2024.

BRASIL. *Constituição da República Federativa do Brasil de 1988*. Disponível em: http://www.planalto.gov.br/ccivil_03/constituicao/constituicao.htm. Acesso em: 1º ago. 2024.

BRASIL. *Lei 14.601, de 19 de junho de 2023*. Institui o Programa Bolsa Família; altera a Lei nº 8.742, de 7 de dezembro de 1993 (Lei Orgânica da Assistência Social), a Lei nº 10.820, de 17 de dezembro de 2003, que dispõe sobre a autorização para desconto em folha de pagamento, e a Lei nº 10.779, de 25 de novembro de 2003; e revoga dispositivos das Leis nºs 14.284, de 29 de dezembro de 2021, e 14.342, de 18 de maio de 2022, e a Medida Provisória nº 1.155, de 1º de janeiro de 2023. Disponível em: https://www.planalto.gov.br/ccivil_03/_ato2023-2026/2023/lei/l14601.htm?hidemenu=true. Acesso em: 1º ago. 2024.

BRASIL. *Lei Federal 10.836, de 9 de janeiro de 2004*. Cria o Programa Bolsa Família e dá outras providências. Disponível em: https://www.planalto.gov.br/ccivil_03/_Ato2004-2006/2004/Lei/L10.836.htm. Acesso em: 1º ago. 2024.

BRASIL. *Lei nº 14.284, de 29 de dezembro de 2021*. Institui o Programa Auxílio Brasil e o Programa Alimenta Brasil; define metas para taxas de pobreza; altera a Lei nº 8.742, de 7 de dezembro de 1993; revoga a Lei nº 10.836, de 9 de janeiro de 2004, e dispositivos das Leis nos 10.696, de 2 de julho de 2003, 12.512, de 14 de outubro de 2011, e 12.722, de 3 de outubro de 2012; e dá outras providências. Disponível em: https://www.planalto.gov.br/ccivil_03/_ato2019-2022/2021/lei/l14284.htm. Acesso em: 1º ago. 2024.

BRASIL. Supremo Tribunal Federal. *Ação Cível Originária 3.359/DF*. Relator Min. Marco Aurélio, Redator do Acórdão: Ministro Alexandre de Moraes. Plenário, julgado em 25/04/2023. Disponível em: https://redir.stf.jus.br/paginadorpub/paginador.jsp?docTP=TP&docID=768723503. Acesso em: 1º ago. 2024.

BRASIL. Supremo Tribunal Federal. *ADI 7.223/DF*. Relator Ministro Nunes Marques, Plenário, julgado em 12/09/2023. Disponível em: https://redir.stf.jus.br/paginadorpub/paginador.jsp?docTP=TP&docID=771484199. Acesso em: 1º ago. 2024.

BRASIL. Supremo Tribunal Federal. *Ag. Reg. no Recurso Extraordinário com Agravo 639.337/SP*. Relator Ministro Celso de Mello, julgado em 23.08.2011. Disponível em: http://redir.stf.jus.br/paginadorpub/paginador.jsp?docTP=AC&docID=627428. Acesso em: 1º ago. 2024.

BRASIL. Supremo Tribunal Federal. *Mandado de Injunção 7.300*. Relator Ministro Marco Aurélio, Relator para Acórdão Ministro Gilmar Mendes, Tribunal Pleno, julgado em 27.04.2021, publicado em 23.08.2021. Disponível em: https://redir.stf.jus.br/paginadorpub/paginador.jsp?docTP=TP&docID=756870789. Acesso em: 1º ago. 2024.

CANOTILHO, José Joaquim Gomes. *Direito constitucional*. Coimbra: Almedina, 2003.

D'ALBERTINE, Marco. Transformations of Administrative Law Regimes. *In*: ROSE-ACKERMAN, Susan *et al. Comparative Administrative Law*. 2. ed. Cheltenham, UK: Edward Elgar Publishing, 2017.

JUSTEN FILHO, Marçal. *Curso de Direito Administrativo*. 14. ed. rev., atual. e reform. Rio de Janeiro: Forense, 2022.

JUSTEN FILHO, Marçal. O direito administrativo como aventura existencial e as peripécias de um insubordinado. *Revista Estudos Institucionais*, v. 9, n. 3, p. 791-809, set./dez. 2023. Disponível em: https://www.estudosinstitucionais.com/REI/article/view/781/865. Acesso em: 1º ago. 2024.

JUSTEN FILHO, Marçal. O Direito Administrativo de espetáculo. *Fórum Administrativo*, ano 9, n. 100, jun. 2009. Disponível em: https://editoraforum.com.br/wp-content/uploads/2017/03/direito-administrativo-espetaculo. pdf. Acesso em: 1º ago. 2024.

ROSE-ACKERMAN, Susan; LINDSETH, Peter L.; EMERSON, Blake. *Comparative Administrative Law*. 2. ed. Cheltenham, UK: Edward Elgar Publishing, 2017.

SARLET, Ingo Wolfgang. Breves considerações sobre os deveres de proteção do Estado e a garantia da proibição de retrocesso em matéria ambiental. *RDA*, São Paulo, v. 58, 2010.

SARMENTO, Daniel; GALDINO, Flavio. *Direitos Fundamentais*. Estudos em Homenagem ao Professor Ricardo Lobo Torres. [s.l.]: [s.n.], 2006.

SCOTT, Juliano Beck; PROLA, Caroline de Abreu; SIQUEIRA, Aline Cardoso; PEREIRA, Caroline Rubin Rossato. O conceito de vulnerabilidade social no âmbito da psicologia no brasil: uma revisão sistemática da literatura. *Psicol. rev.*, Belo Horizonte, v. 24, n. 2, maio/ago. 2018. Disponível em: https://pepsic.bvsalud.org/scielo.php?script=sci_arttext&pid=S1677-11682018000200013. Acesso em: 1º ago. 2024.

TORRES, Ricardo Lobo. *O direito ao mínimo existencial*. Rio de Janeiro: Renovar, 2009.

UNESCO. *Declaração Universal dos Direitos do Homem, de 1948*. Disponível em: http://unesdoc.unesco.org/images/0013/001394/139423por.pdf. Acesso em: 1º ago. 2024.

Informação bibliográfica deste texto, conforme a NBR 6023:2018 da Associação Brasileira de Normas Técnicas (ABNT):

ARRUDA, Carmen Silvia Lima de. A Administração Pública da realidade. Estudo em homenagem ao Professor Marçal Justen Filho. *In*: JUSTEN, Monica Spezia; PEREIRA, Cesar; JUSTEN NETO, Marçal; JUSTEN, Lucas Spezia (coord.). *Uma visão humanista do direito*: homenagem ao Professor Marçal Justen Filho. Belo Horizonte: Fórum, 2025. v. 1, p. 201-213. ISBN 978-65-5518-918-6.

AINDA E SEMPRE O ATO ADMINISTRATIVO

EDSON RIBAS MALACHINI

1 Essência da distinção entre ato administrativo e sentença

O critério essencial da distinção entre o *ato administrativo* unilateral e a *sentença* jurisdicional (*lato sensu*), segundo a mais autorizada doutrina nacional e estrangeira, é o fato de ser dotada, a segunda, do atributo da *coisa julgada*, inexistente para o primeiro.

Advirtamos, desde logo, que, quando falamos nesse atributo, estamos nos referindo à *coisa julgada material*, que é a verdadeira coisa julgada, e não à simples *coisa julgada formal*, que outra coisa não é que a *preclusão*, isto é, o impedimento para que um dos sujeitos processuais pratique ato que já não é mais oportuno (preclusão *temporal*), que é incompatível com outro por ele mesmo anteriormente praticado (preclusão *lógica*), ou que, simplesmente, ele já praticou no processo (preclusão *consumativa*). Essa, a chamada "coisa julgada formal" (*preclusão*), é inerente a todo processo, seja judicial, seja administrativo.

Já a verdadeira *res iudicata* só pode decorrer de ato decisório *jurisdicional* (sentença, decisão monocrática de juiz de tribunal, acórdão). Quando a esse ato decisório se alia a *preclusão* – a impossibilidade de dele recorrer, na maioria dos casos por decurso do respectivo prazo –, temos a possibilidade de haver a *coisa julgada* (*Rechtskraft*, força de direito, no Direito alemão). Mas para que isso ocorra há necessidade de mais dois requisitos: que a decisão judicial tenha sido sobre o *mérito* da causa (da *res in iudicium deducta*), e que tenha havido *cognição* suficiente sobre ele; em outras palavras: que o *elemento declarativo* da decisão tenha *peso* suficiente para tanto. Uma cognição precária, provisória (como a realizada para a concessão, ou não, de uma *medida cautelar*), não ensejará decisão dotada da eficácia de *coisa julgada material*).

Não temos, como é sabido, o *contencioso administrativo*, do Direito continental europeu. Onde há esse sistema, as decisões proferidas pelos respectivos órgãos (o Conselho de Estado, por exemplo) não podem ser revistas pela Jurisdição comum: elas próprias são *jurisdicionais*, não administrativas; e, por isso mesmo, *fazem* coisa julgada. No Brasil, muito diversamente, as decisões proferidas nos processos administrativos, pelos órgãos competentes, são sempre sujeitas à revisão pelo Poder Judiciário, mediante provocação do interessado (propositura de *ação*). Evidenciam-no a Constituição Federal, art. 5º, XXXV:

> A lei não excluirá da apreciação do Poder Judiciário lesão ou ameaça a direito.

E a *Súmula* nº 473, do Supremo Tribunal Federal:

> A administração pode anular seus próprios atos, quando eivados de vícios que os tornam ilegais, porque deles não se originam direitos; ou revogá-los, por motivo de conveniência ou oportunidade, respeitados os direitos adquiridos, e *ressalvada, em todos os casos, a apreciação judicial*.

Por outro lado, é preciso ressaltar também os fins atribuídos aos poderes Executivo e Judiciário. A administração é da essência do Poder Executivo, embora ocorra também no âmbito do Poder Judiciário e do Poder Legislativo. É claro que esses dois Poderes não poderiam existir sem sua própria administração; mas ela é apenas meio para a realização de seus fins primordiais, que são, respectivamente, a aplicação da justiça e a produção das leis (*lato sensu*). Já a administração é o fim primordial do Poder Executivo, e consiste, basicamente, na realização de todas as providências necessárias para a consecução do bem comum da população, do interesse público. Enquanto isso, a jurisdição, atribuída entre nós apenas ao Poder Judiciário, tem por fim essencial a realização de um dos aspectos desse bem comum, desse interesse público: a aplicação da justiça nos casos concretos que lhe são submetidos, com a consecução de dois objetivos: *a*) a *realização do Direito; b*) a *paz social*.

Feito esse parêntese, e como é imenso o campo de atuação do Direito Administrativo, e do próprio *ato administrativo* em si mesmo – este considerado a própria alma daquele, no Estado de Direito, seu único hábitat possível –, vamos nos restringir, neste ensaio, apenas ao exame da aludida *Súmula* nº 473, do Supremo Tribunal, que, de certa forma, está situada na fronteira jurídica entre a Administração e a Jurisdição, traçando justamente os lindes entre o Direito Administrativo e o Direito Processual; sem deixarmos de fazer algumas considerações sobre o preciso conceito da *invalidade* jurídica (*nulidade* e *anulabilidade*).

2 A anulação dos próprios atos pela Administração

A primeira parte da *Súmula* nº 473 diz: "A administração pode anular seus próprios atos, quando eivados de vícios que os tornam ilegais, porque deles não se originam direitos"; e a primeira observação a fazer, aí, é que o verbo *anular* está empregado em sentido amplo, compreendendo, além da *anulação* propriamente dita – concernente aos atos jurídicos *anuláveis* –, a *decretação de nulidade*, concernente aos atos *nulos*. É bastante comum, aliás, esse emprego do verbo *anular*, assim como do substantivo *anulação*, para significar também a *decretação de nulidade* dos atos jurídicos. E tal uso ocorre *commoditatis causa*: é mais simples e fácil usar o verbo *anular* e o substantivo *anulação* que as expressões mais longas *decretar a nulidade* ou *decretação de nulidade*. Nem há maior inconveniente nisso, desde que se deixe claro do que se está falando: de ato jurídico *nulo* ou de ato jurídico simplesmente *anulável*. Até porque, como deixa claro o Código Civil,

> Art. 182. Anulado o negócio jurídico, restituir-se-ão as partes ao estado em que antes dele se achavam, e, não sendo possível restituí-las, serão indenizadas com o equivalente.

Isto é, uma vez decretada a *nulidade* ou a *anulação* do *negócio jurídico*, ou do ato jurídico *stricto sensu* (*atos jurídicos lícitos*, no dizer do art. 185), as consequências são as mesmas para um e outro caso (ao contrário do que alguns pensam). O art. 182 não se refere apenas ao ato jurídico *nulo*, mas também ao *anulável*; e isso vem de longa tradição no Direito brasileiro, pois regra idêntica (com a só diferença da palavra *ato* no lugar de *negócio jurídico*) já estava no art. 158 do Código Civil de 1916.

Nem é outra a lição de Pontes de Miranda:

> *§363. NULIDADES DITAS ABSOLUTA E RELATIVA* [...]
>
> 3. DECISÕES SOBRE INVALIDADE. – Ambas as sentenças que decretam a nulidade e a anulabilidade são constitutivas negativas: após a sua eficácia, nada existe no mundo jurídico, no tocante à *res deducta*.
>
> *§364. CONCEITO PRECISO DE ANULABILIDADE* [...]
>
> 4. PLANO DA VALIDADE. – Erro tão grande quanto considerar-se válido, mas atacável, o ato jurídico anulável é o de ter-se a anulação como destruidora de efeitos, e não do ato jurídico. A sentença anulatória desconstituiria apenas eficácia (A. F. RUDORFF, em G. F. PUCHTA, *Pandekten*, 4.ª ed., 98; F. W. CHRISTIANS, *Über die sogen. relative Nichtigkeit*, 21). A anulação vai mais fundo, desce ao plano da existência, desconstitui o próprio ato jurídico, *donde não haver*, depois, *qualquer diferença entre o ato jurídico nulo, a que se decretou a nulidade, e o ato jurídico anulável, que se anulou* (J. BARON, *Pandekten*, 8.ª ed., 107; J. UNGER, *System*, II, 140). Tudo se passa como se ato jurídico não tivesse havido, – donde a incidência da regra jurídica de restituição (art. 158 [CC 1916; art. 182 CC 2002]); F. REGELSBERGER, *Pandekten*, I, 634; A. BRINZ, *Lehrbuch*, IV, 2.ª ed., 405), sem necessidade de querela. O ato jurídico anulável pode vir a ser válido, o que não ocorre com o ato jurídico nulo; mas ser anulável é ser inválido. Quando se diz que até à anulação o ato jurídico anulável vale, como faz C. PETERSEN (*Die Bestatitung nichtiger und anfechtbarer Rechtsgeschäft*, 98), confundem-se validade e eficácia. [...]
>
> *§365. EFICÁCIA DO ANULÁVEL*
>
> 1. EFICÁCIA E INVALIDADE. – O anulável tem eficácia; é inválido, porém há duas espécies de invalidade: o nulo é uma delas; outra, o anulável. Esse fato de ser anulável, sem ser nulo, e o de ter efeitos, o que o nulo não tem, levaram a construções diferentes do anulável: [...] *c*) finalmente, tem-se o nulo como o desconstituível, que não precisa de desconstituição de efeitos, *pois não os irradia*, e o anulável como o desconstituível que precisa da desconstituição para que se extingam, *ex tunc*, os efeitos. A última é a construção científica dos nossos dias. Se alguém pretende efeitos do nulo, o interessado (art. 146 [CC 1916; art. 168 CC 2002]) vem com a alegação da nulidade, que leva em si, como consequente, a de inexistência de efeitos. Se o juiz reconhece a nulidade, desconstitui o negócio jurídico nulo: pode-se dizer que a sua sentença tem a força de extinguir, *ex tunc*, o ato jurídico, repelindo o suporte

fáctico gravemente deficitário; não se pode dizer que tem eficácia de extinguir os efeitos do negócio jurídico, *ex tunc*. Não se extingue o nada. A sentença de anulação, sim: extingue, *ex tunc*, negócio jurídico e, pois, a eficácia que se produzia.[1]

Aliás, note-se que o próprio art. 182 do Código Civil diz (referindo-se às duas espécies): "*Anulado* o negócio jurídico [...]" (como dizia o art. 158 do Código de 1916: "*Anulado* o ato [...]").

Mas é preciso, ainda, para que a lição fique completa, reproduzir o trecho seguinte do mestre, que, por sua precisão, desaconselha qualquer tentativa de resumi-lo ou de tentar explicá-lo com outras palavras. Devemos acrescentar, apenas, que o Código Civil de 2002 acolheu a crítica nele contida, pois não fala em *nulidade absoluta* e em *nulidade relativa*, mas unicamente em negócios jurídicos (ou atos) *nulos* e *anuláveis*, em *nulidade* (sem mais) e em *anulabilidade* (explicitando este substantivo nos arts. 176 e 177). Ei-lo, pois:

§363. NULIDADES DITAS ABSOLUTA E RELATIVA

1. CRÍTICA ÀS DUAS EXPRESSÕES. – A nulidade, diz-se, é absoluta; nulidade relativa é a anulabilidade. Devemos evitar os dois adjetivos "absoluta" e "relativa"; porque, empregando-os em diferentes sentidos e baralhando a esses, a cada momento, os juristas e juízes cometem erros sem conta. O sentido adequado de relatividade e de absolutidade é o referente aos *limites subjetivos da eficácia*: relativa é a eficácia só atinente a um, ou a alguns; absoluta, a eficácia *erga omnes*. Ora, já esse sentido não pode ser o que serviria a se distinguirem o nulo e o anulável. Absoluta, no plano da validade, seria a invalidade alegável por um, que fosse, de todos os interessados; e relativa, a que só pudesse ser alegada por alguém, ou algumas pessoas apontadas na lei. É êsse o critério dos arts. 146 e 152 [CC 2002, arts. 168 e 177]. As confusões, a que acima aludimos, levam a falar-se de invalidade relativa, quando se aliena a coisa empenhada, hipotecada, anticrética, ou o título caucionado, ou a coisa alheia, espécies em que apenas se trata de ineficácia. São confusões derivadas da insuficiência de cultura lógico-matemática dos juristas e da sua formação retórico-oratória, óbice ao rigor de terminologia e à reflexão percuciente. A relatividade no tocante à ação (de anulação) é a que consta do art. 152, 2.ª parte, onde se diz: "Só os interessados as podem alegar, e aproveitam exclusivamente aos que as alegarem, salvo o caso de solidariedade, ou indivisibilidade" [CC 2002, art. 177, 2ª parte]. Só o começo dessa 2.ª parte do art. 152 aqui nos importa entender. É de notar-se, desde logo, que se fala de "interessados", expressão que aparece, idêntica, no art. 146. "As nulidades do artigo antecedente", lê-se no art. 146, "podem ser alegadas por qualquer interessado, ou pelo Ministério Público, quando lhe couber intervir". Já aí ressalta que os "interessados" a que se refere o art. 146, são "interessados" segundo conceito de "interesse", que não é, de modo nenhum, o conceito de "interesse" que serviu a se cogitar de "interessados", no art. 152. Se só um fôsse o conceito, a única diferença consistiria em ser alegável pelo Ministério Público, quando houvesse de intervir, a nulidade. Ora, nem historicamente, nem dentro da sistemática do direito civil, seria possível tal dilatação da alegabilidade do anulável. O Código Civil argentino, art. 1.047, 2.ª e 3.ª partes, diz que a nulidade (= "nulidad absoluta"): "Puede alegarse por todos los que tengan interés en hacerlo, excepto el que ha ejecutado el acto, sabiendo o debiendo saber el vicio que lo invalidaba. Puede también

---

[1] PONTES DE MIRANDA, Francisco Cavalcanti. *Tratado de Direito Privado*. 1. ed. São Paulo: Revista dos Tribunais, 2015. *E-book*. Grifos nossos.

pedirse su declaración por el Ministério Público, en el interés de la moral o de la ley". No art. 1.048, estatui-se: "La nulidad relativa", expressão que se refere à *anulação*, "no puede ser declarada por el juez sino a pedimento de parte, ni puede pedir-se su declaración por el Ministério Público en el solo interés de la ley, ni puede alegarse sino por aquellos en cuyo beneficio la han establecido las leyes". A expressão "declarada" a respeito de nulidade e de anulação, aí está por "pronunciada"; e não no sentido estrito de "declarada", tal como se precisou na classificação quinqual das decisões judiciais por sua eficácia. Porém, no tocante à legitimação ativa para a ação de anulação (= de "nulidad relativa"), o texto argentino é melhor que o brasileiro: em vez de aludir a "interessados", criando ambiguidade com a expressão do art. 146 (argentino, art. 1.048), fala de "aquellos en cuyo beneficio la han establecido las leys". Seria errado ler-se: "aquêles em desproveito de cuja esfera jurídica nasceram, se modificaram, ou se extinguiram direitos, pretensões, ações, ou exceções", ou "os interessados a que a eficácia própria do negócio jurídico ofenderia", ou coisa que o valha. Seria passar-se ao plano da eficácia quando o problema tem de se confinar no plano da validade. Nesse, o que se pode e deve entender é "aqueles em cujo benefício se há estabelecido, na regra jurídica sôbre deficiência do suporte fáctico, a anulabilidade".[2]

A *invalidade* dos atos jurídicos (inclusive, pois, dos atos jurídicos *administrativos*), na verdade, é matéria pertencente à *teoria geral do Direito*, que estabelece o sistema básico respectivo, podendo haver, eventualmente, algumas regras particulares em cada campo do ordenamento jurídico, como o do Direito processual e o do Direito administrativo, por exemplo. Mais amplamente, o conceito e a classificação do *fato jurídico* (em sentido lato, compreendendo o fato jurídico *stricto sensu*, o negócio jurídico, o ato jurídico *stricto sensu*, o ato-fato e até os atos ilícitos), nos planos da existência, da validade e da eficácia, integram a teoria geral do Direito. Mas se tem de concordar com Marcos Bernardes de Mello, no livro *Teoria do fato jurídico – Plano da validade*, quando adverte:

> Não contém este livro uma teoria geral da validade (ou da nulidade), porquanto esta nos parece uma tarefa impossível. Conforme mostramos no desenvolvimento da matéria, as necessidades práticas do direito impõem que soluções particularizadas sejam dadas às questões relativas à validade dos atos jurídicos. Assim, as peculiaridades que se encontram nos diversos ramos da Ciência Jurídica constituem um obstáculo à formulação de conceitos que, pelo seu nível de abstração, atendam a todas as situações possíveis. Fracassaram, pelo que nos consta, todas as grandes tentativas científicas de elaborar uma teoria geral da validade dos atos jurídicos.[3]

Além do título dedicado às *nulidades*, no Código de Processo Civil (Título III do Livro IV, arts. 276 a 283), temos de estar atentos, agora, no próprio campo do Direito processual e, especialmente, no do Direito Administrativo, aos dispositivos acrescentados à Lei de Introdução às Normas do Direito Brasileiro (LINDB – Decreto-Lei nº 4.657, de 1942) pela Lei nº 13.655, de 2018 (que incluiu naquela "disposições sobre segurança

---

[2] PONTES DE MIRANDA, Francisco Cavalcanti. *Tratado de Direito Privado*. 1. ed. São Paulo: Revista dos Tribunais, 2015. *E-book.*

[3] MELLO, Marcos Bernardes de. *Teoria do fato jurídico* – Plano da validade. 8. ed. São Paulo: Saraiva, 2008. "Apresentação", p. XXIV; cf. §6º, "Sobre a possibilidade de elaboração de uma teoria geral da validade (ou das nulidades)" (p. 14-17).

jurídica e eficiência na criação e na aplicação do direito público"), cuja importância é justamente ressaltada por Marçal Justen Filho:[4]

Art. 20. Nas esferas administrativa, controladora e judicial, não se decidirá com base em valores jurídicos abstratos sem que sejam consideradas as consequências práticas da decisão.

Parágrafo único. A motivação demonstrará a necessidade e a adequação da medida imposta ou da invalidação de ato, contrato, ajuste, processo ou norma administrativa, inclusive em face das possíveis alternativas.

Art. 21. A decisão que, nas esferas administrativa, controladora ou judicial, decretar a invalidação de ato, contrato, ajuste, processo ou norma administrativa deverá indicar de modo expresso suas consequências jurídicas e administrativas.

Parágrafo único. A decisão a que se refere o *caput* deste artigo deverá, quando for o caso, indicar as condições para que a regularização ocorra de modo proporcional e equânime e sem prejuízo aos interesses gerais, não se podendo impor aos sujeitos atingidos ônus ou perdas que, em função das peculiaridades do caso, sejam anormais ou excessivos.

Art. 22. Na interpretação de normas sobre gestão pública, serão considerados os obstáculos e as dificuldades reais do gestor e as exigências das políticas públicas a seu cargo, sem prejuízo dos direitos dos administrados.

§1º Em decisão sobre regularidade de conduta ou validade de ato, contrato, ajuste, processo ou norma administrativa, serão consideradas as circunstâncias práticas que houverem imposto, limitado ou condicionado a ação do agente.

§2º Na aplicação de sanções, serão consideradas a natureza e a gravidade da infração cometida, os danos que dela provierem para a administração pública, as circunstâncias agravantes ou atenuantes e os antecedentes do agente.

§3º As sanções aplicadas ao agente serão levadas em conta na dosimetria das demais sanções de mesma natureza e relativas ao mesmo fato.

Art. 23. A decisão administrativa, controladora ou judicial que estabelecer interpretação ou orientação nova sobre norma de conteúdo indeterminado, impondo novo dever ou novo condicionamento de direito, deverá prever regime de transição quando indispensável para que o novo dever ou condicionamento de direito seja cumprido de modo proporcional, equânime e eficiente e sem prejuízo aos interesses gerais.

Parágrafo único. (Vetado).

Art. 24. A revisão, nas esferas administrativa, controladora ou judicial, quanto à validade de ato, contrato, ajuste, processo ou norma administrativa cuja produção já se houver completado levará em conta as orientações gerais da época, sendo vedado que, com base em mudança posterior de orientação geral, se declarem inválidas situações plenamente constituídas.

Parágrafo único. Consideram-se orientações gerais as interpretações e especificações contidas em atos públicos de caráter geral ou em jurisprudência judicial ou administrativa majoritária, e ainda as adotadas por prática administrativa reiterada e de amplo conhecimento público.

---

[4] JUSTEN FILHO, Marçal. *Curso de Direito Administrativo*. 15. ed. Rio de Janeiro: Forense, 2024. *E-Book*. Capítulo 7 ("O Ato Administrativo"), nºs 29.2 a 32.

Art. 25. (Vetado).

Art. 26. Para eliminar irregularidade, incerteza jurídica ou situação contenciosa na aplicação do direito público, inclusive no caso de expedição de licença, a autoridade administrativa poderá, após oitiva do órgão jurídico e, quando for o caso, após realização de consulta pública, e presentes razões de relevante interesse geral, celebrar compromisso com os interessados, observada a legislação aplicável, o qual só produzirá efeitos a partir de sua publicação oficial.

§1º O compromisso referido no *caput* deste artigo:

I – buscará solução jurídica proporcional, equânime, eficiente e compatível com os interesses gerais;

II – (Vetado);

III – não poderá conferir desoneração permanente de dever ou condicionamento de direito reconhecidos por orientação geral;

IV – deverá prever com clareza as obrigações das partes, o prazo para seu cumprimento e as sanções aplicáveis em caso de descumprimento.

§2º (Vetado).

Art. 27. A decisão do processo, nas esferas administrativa, controladora ou judicial, poderá impor compensação por benefícios indevidos ou prejuízos anormais ou injustos resultantes do processo ou da conduta dos envolvidos.

§1º A decisão sobre a compensação será motivada, ouvidas previamente as partes sobre seu cabimento, sua forma e, se for o caso, seu valor.

§2º Para prevenir ou regular a compensação, poderá ser celebrado compromisso processual entre os envolvidos.

Art. 28. O agente público responderá pessoalmente por suas decisões ou opiniões técnicas em caso de dolo ou erro grosseiro.

§1º (Vetado).

§2º (Vetado).

§3º (Vetado).

Art. 29. Em qualquer órgão ou Poder, a edição de atos normativos por autoridade administrativa, salvo os de mera organização interna, poderá ser precedida de consulta pública para manifestação de interessados, preferencialmente por meio eletrônico, a qual será considerada na decisão.

§1º A convocação conterá a minuta do ato normativo e fixará o prazo e demais condições da consulta pública, observadas as normas legais e regulamentares específicas, se houver.

§2º (Vetado).

Art. 30. As autoridades públicas devem atuar para aumentar a segurança jurídica na aplicação das normas, inclusive por meio de regulamentos, súmulas administrativas e respostas a consultas.

Parágrafo único. Os instrumentos previstos no *caput* deste artigo terão caráter vinculante em relação ao órgão ou entidade a que se destinam, até ulterior revisão.

Mas, além dessas normas, o autor citado lembra outras relevantes, a começar pela Lei nº 9.868, de 1999, que no art. 27 dispõe:

Ao declarar a inconstitucionalidade de lei ou ato normativo, e tendo em vista razões de segurança jurídica ou de excepcional interesse social, poderá o Supremo Tribunal Federal, por maioria de dois terços de seus membros, restringir os efeitos daquela declaração ou decidir que ela só tenha eficácia a partir de seu trânsito em julgado ou de outro momento que venha a ser fixado.

E argumenta, a nosso ver procedentemente:

Essa disciplina conduz ao reconhecimento de que a infração do ato administrativo à Constituição não acarreta necessariamente a pronúncia do vício com efeitos retroativos à data de sua prática. Não há justificativa lógico-jurídica para que a solução do art. 27 da Lei 9.868/1999 seja mantida restrita ao âmbito da declaração de inconstitucionalidade de lei.

Fazemos aqui apenas a observação de que, para nós, conquanto essa norma fale duas vezes em "declaração" (de inconstitucionalidade), trata-se de *decretação*: a decisão é *constitutiva negativa* (ou *desconstitutiva*); a que é *declaratória* é a decisão proferida na ação de *declaração de constitucionalidade* de lei ou ato normativo.

Continuando a sua argumentação, arremata o autor:

A solução adotada quanto à inconstitucionalidade implica sua extensão às hipóteses de ilegalidade do ato administrativo. O vício consistente em ofender a Constituição é mais grave do que o defeito de infringir a lei. Não teria cabimento aplicar disciplina jurídica mais severa para a ilegalidade do que aquela reservada para a inconstitucionalidade do ato administrativo.

Essa solução também está autorizada pelo art. 20, parágrafo único, da LINDB, assim como pelo art. 148, §§1º e 2º, da Lei 14.133/2021.[5]

Esta última (a Lei nº 14.133, de 2021, sobre "Licitação e Contratos Administrativos") efetivamente dispõe, no Capítulo XI ("Da Nulidade dos Contratos"):

Art. 147. Constatada irregularidade no procedimento licitatório ou na execução contratual, caso não seja possível o saneamento, a decisão sobre a suspensão da execução ou sobre a declaração [*rectius*: decretação] de nulidade do contrato somente será adotada na hipótese em que se revelar medida de interesse público, com avaliação, entre outros, dos seguintes aspectos:

[...] [Seguem-se os incs. I a XI.]

Parágrafo único. Caso a paralisação ou anulação não se revele medida de interesse público, o poder público deverá optar pela continuidade do contrato e pela solução da irregularidade por meio de indenização por perdas e danos, sem prejuízo da apuração de responsabilidade e da aplicação de penalidades cabíveis.

Art. 148. A declaração [*rectius*: decretação] de nulidade do contrato administrativo requererá análise prévia do interesse público envolvido, na forma do art. 147 desta Lei, e

---

[5]   JUSTEN FILHO, Marçal. *Curso de Direito Administrativo*. 15. ed. Rio de Janeiro: Forense, 2024. *E-Book*. Capítulo 7, nºs 30.1 e 30.2.

operará retroativamente, impedindo os efeitos jurídicos que o contrato deveria produzir ordinariamente e desconstituindo os já produzidos.

§1º Caso não seja possível o retorno à situação fática anterior, a nulidade será resolvida pela indenização por perdas e danos, sem prejuízo da apuração de responsabilidade e aplicação das penalidades cabíveis.

§2º Ao declarar [*rectius*: decretar] a nulidade do contrato, a autoridade, com vistas à continuidade da atividade administrativa, poderá decidir que ela só tenha eficácia em momento futuro, suficiente para efetuar nova contratação, por prazo de até 6 (seis) meses, prorrogável uma única vez.

Sobre essas disposições, pondera Justen Filho:

Reputa-se que essa disciplina legal comporta aplicação extensiva, sendo aplicável de modo genérico às atividades administrativas. Mesmo que não se trate de situação diretamente subsumível à Lei 14.133/2021, inexiste fundamento para reservar apenas ao âmbito de licitações e contratações administrativas o tratamento ali previsto. Aliás, cabe assinalar que a solução contemplada nos arts. 147 e 148 da Lei 14.133/2021 apenas explicita o regime da LINDB – o qual disciplina amplamente toda a atividade administrativa.

Faz ainda, o mesmo autor, relevante advertência quanto à "observância do devido processo legal na invalidação":

O desfazimento do ato administrativo defeituoso exige a observância do devido processo legal [...].

A competência reconhecida na Súmula 473 do STF e no art. 53 da Lei 9.784/1999 [que "regula o processo administrativo no âmbito da Administração Pública Federal"], para a anulação pela própria Administração dos atos administrativos defeituosos não significa a desnecessidade de processo administrativo, exigência inafastável em vista do art. 5º, LIV e LV, da CF/1988.

Finalmente, lembra que o art. 54 da mesma lei estabelece um prazo de *decadência* para exercício desse direito-dever pela Administração:[6]

Art. 54. O direito da Administração de anular os atos administrativos de que decorram efeitos favoráveis para os destinatários decai em cinco anos, contados da data em que foram praticados, salvo comprovada má-fé.

3 Falta de conceituação diversa da invalidade no Direito Administrativo, assim como no Direito Processual Civil

Abrimos aqui, inicialmente, um novo parêntese, para falar do excelente *Curso de Direito Administrativo* de Marçal Justen Filho (homenageado nesta coletânea), na

---

6   JUSTEN FILHO, Marçal. *Curso de Direito Administrativo*. 15. ed. Rio de Janeiro: Forense, 2024. *E-Book*. Capítulo 7, nºs 27.8, 33-33.1 e 35.

recentíssima edição de janeiro de 2024 (15ª). Nesse livro, que tivemos o prazer de ler em *e-book*, no próprio telefone celular (em que cada página se enquadra com perfeição), assistindo, no início de cada capítulo, a um resumo dele em forma de aula por vídeo do autor, pudemos constatar que ele exaure o vasto campo dessa disciplina, revelando elogiável e constante preocupação com o Estado Democrático de Direito e com os direitos fundamentais constitucionais, no estudo de cada instituto ou aspecto desse ramo do Direito.

E nele o autor anota:

> A teoria das nulidades do direito administrativo ainda se encontra em construção e reflete três ordens de dificuldades.
>
> A primeira é a ausência de um Código de Direito Administrativo, que consagre de modo amplo e segundo uma abrangência de natureza sistêmica a solução legislativa para a questão das nulidades. Algumas leis contêm regras sobre a matéria (Lei de Introdução às Normas do Direito Brasileiro – LINDB, Lei de Licitações, Lei de Processo Administrativo Federal). Mas não há uma sistematização ampla dos casos de nulidade e das soluções aplicáveis.
>
> A segunda é que o direito administrativo disciplina matérias heterogêneas, dificultando uma regulação uniforme e unitária também quanto às nulidades.
>
> Em terceiro lugar, grande parte da teoria das nulidades no direito administrativo foi desenvolvida sob a influência não democrática, em que a atuação estatal refletia a vontade suprema do governante.[7]

De nossa parte, ao escrevermos os comentários iniciais ao Título III do Livro IV do Código de Processo Civil, fizemos as observações que se seguem ao sistema de nulidades nele instituído:

> A primeira observação a fazer, quando se examina o Título III (do Livro IV) do CPC 2015, é que quase nenhuma alteração *substancial* foi nele feita. Isso significa que, para o novo legislador, o antigo Capítulo V do Título V do Livro I, do CPC 1973, era quase *perfeito*. [...]
>
> No entanto, o título sobre as *nulidades* do Código de 2015, assim como o de seus antecessores (1939 e 1973), ao contrário de se aproximar da "perfeição", peca pela falta de clareza e de sistemática precisa, e se afasta da *simplicidade* que evitaria as inúmeras dúvidas que sua aplicação suscita. Diversamente fez a Lei dos Juizados Especiais (L. 9.099/1995) – sem esquecer, é claro, que ela, por sua finalidade, *deve* primar pela simplicidade –, que conseguiu resumir num único artigo, com um parágrafo, o seu *sistema*:
>
> Art. 13. Os atos processuais serão válidos sempre que preencherem as finalidades para as quais forem realizados, atendidos os critérios indicados no art. 2º desta Lei.
>
> §1º Não se pronunciará qualquer nulidade sem que tenha havido prejuízo. [...]
>
> E o irônico é que o Código de Processo Civil, com todos os seus oito artigos que procuram harmonizar-se entre si, não chega, afinal, a resultado diferente...

---

[7] JUSTEN FILHO, Marçal. *Curso de Direito Administrativo*. 15. ed. Rio de Janeiro: Forense, 2024. *E-Book*. Capítulo 7, nº 27.2.

Daí a certeira crítica de Pontes de Miranda,[8] sem dúvida extensível ao legislador de 2015: "Do exame do sistema brasileiro fica patente que há *problema de técnica legislativa das nulidades dos atos processuais*, e que o legislador de 1939 e o de 1973 estiveram longe de o resolver, satisfazendo as exigências de exatidão, precisão e simplicidade".

A segunda anotação preliminar é que a observação, feita por Pontes de Miranda já sobre o CPC 1939[9] (cujo Tít. X do Liv. II, arts. 273-279, também foi repetido substancialmente pelo CPC 1973), continua perfeitamente válida: "O que mais surpreende o leitor do Código do Processo Civil é que no título onde se trata das nulidades, a lei quase só se preocupasse com as regras jurídicas contrárias à nulidade, ou à sua decretação. O legislador traduziu bem o seu propósito político de salvar os processos".[10]

E tanto é assim que podemos dizer que, rigorosamente, bastariam dois artigos nesse título, sendo o primeiro deles, na verdade, mero corolário do *princípio geral* sobre a *forma* dos atos processuais, já instituído no art. 188 (reprodução fiel do art. 154 do CPC 1973), *verbis*: "Art. 188. Os atos e os termos processuais independem de forma determinada, salvo quando a lei expressamente a exigir, considerando-se válidos os que, realizados de outro modo, lhe preencham a finalidade essencial":

Art. 277. Quando a lei prescrever determinada forma, o juiz considerará válido o ato se, realizado de outro modo, lhe alcançar a finalidade. [...]

Art. 282. Ao pronunciar a nulidade, o juiz declarará que atos são atingidos e ordenará as providências necessárias a fim de que sejam repetidos ou retificados.

§1º O ato não será repetido nem sua falta será suprida quando não prejudicar a parte.

§2º Quando puder decidir o mérito a favor da parte a quem aproveite a decretação da nulidade, o juiz não a pronunciará nem mandará repetir o ato ou suprir-lhe a falta.

Os outros dispositivos podem ser considerados meramente *complementares* (com harmonização às vezes de difícil compreensão) desses, que são os *básicos* ou *fundamentais*.

Isso quer dizer, em resumo, que, no sistema estabelecido pelo Código de Processo Civil, o *ato processual*, mesmo quando defeituoso, só não será *válido* (= só será *nulo*) se, cumulativamente, *não alcançar sua finalidade* e *causar prejuízo a qualquer das partes*.[11]

---

[8] PONTES DE MIRANDA, Francisco Cavalcanti. *Comentários ao CPC [de 1973]*. 2. ed. Rio de Janeiro: Forense, 1979. t. III. p. 469-470. Grifos no original.

[9] PONTES DE MIRANDA, Francisco Cavalcanti. *Comentários ao CPC [de 1939]*. 2. ed. Rio de Janeiro: Forense, 1958. t. IV. p. 22.

[10] A observação foi repetida, com mínimas alterações, em PONTES DE MIRANDA, Francisco Cavalcanti. *Comentários ao CPC [de 1973]*. 2. ed. Rio de Janeiro: Forense, 1979. t. III. p. 449.

[11] É firme e iterativa a jurisprudência do STJ nesse sentido, já desde a vigência do CPC 1973: REsp nº 900888, 1ª Seção. *DJe*, 31.3.2008; REsp nº 896435, 1ª Seção. *DJe*, 9.11.2009; AgRg nos EDcl nos EResp 1499212, Corte Especial. *DJe*, 16.12.2015; AgRg na PET no ARE no RE nos EDcl no AgRg no AREsp nº 391803, Corte Especial. *DJe*, 19.5.2016; AgRg no AResp 613320, 2ª Turma. *DJe*, 17.3.2016; AgInt no AREsp nº 887326. *DJe*, 28.6.2016; AgInt no REsp nº 1032741, 4ª Turma. *DJe*, 1.9.2016; AgInt no AREsp nº 913670, 2ª Turma. *DJe*, 14.9.2016; AgInt no AREsp nº 929368 3ª, Turma. *DJe*, 12.9.2016; REsp nº 1327001, 3ª Turma. *DJe*, 30.9.2016; AgInt no AResp 910845, 3ª Turma. *DJe*, 20.10.2016; REsp nº 1197824, 4ª Turma. *DJe*, 28.10.2016; AgInt no RMS 48640, 2ª Turma. *DJe*, 27.10.2016; AgRg no REsp nº 1214644, 1ª Turma. *DJe*, 21.3.2017; AgRg no RMS 33351, 1ª Turma. *DJe*, 17.5.2017; REsp nº 1443735, 3ª Turma, 22.6.2017; AgInt no AgInt no REsp nº 1602746, 2ª Turma. *DJe*, 13.9.2017; REsp nº 1432579, 4ª Turma. *DJe*, 23.11.2017; AgInt no REsp nº 1684637, 2ª Turma. *DJe*, 28.5.2018; REsp nº 1358057, 3ª Turma. *DJe*, 25.6.2018; AgInt no REsp nº 1689834, 1ª Turma. *DJe*, 10.9.2018; REsp nº 1731464, 3ª Turma. *DJe*, 1.10.2018; REsp nº 1759832,

Finalmente, a terceira observação, introdutória aos comentários sobre os arts. 276 a 283, é a de que o Código de Processo Civil *não criou* categorias próprias de *invalidade*; assim, devem prevalecer aquelas bem estratificadas por uma longa experiência histórica, nos códigos civis de diversos países, e que se consolidaram no nosso CC 2002, que aperfeiçoou as disposições do CC 1916, deixando muito claro que há *duas* categorias de *invalidade*: a *nulidade* (sem qualquer qualificativo) e a *anulabilidade* – substituindo as denominações equívocas de *nulidade absoluta* e *nulidade relativa* (adotadas pela maioria da doutrina), objeto da crítica aprofundada de Pontes de Miranda –,[12] estabelecendo a sistemática de cada uma daquelas categorias nos arts. 166 a 170 e 171 a 181, respectivamente (sendo os arts. 182 a 184 comuns às duas categorias). Já os atos *inexistentes* estão em outro plano que não o da *invalidade*: no próprio plano da *existência* dos fatos jurídicos; e, se não contêm em seu *suporte fático* os elementos mínimos previstos na lei para a incidência dela, não ingressam no mundo jurídico (não se tornando, pois, *fatos jurídicos*), permanecendo apenas no mundo fático. Nesse caso há *insuficiência* do suporte fático, o que impede a incidência da lei e a entrada no mundo jurídico; enquanto, no caso de *invalidade* (defeito, aliás, restrito aos *atos jurídicos* em sentido amplo – atos jurídicos *stricto sensu* e *negócios jurídicos*), o ato ingressa no mundo jurídico, tornando-se, pois, *ato jurídico*, mas com *deficiência* em seu suporte fático, que o torna *inválido* – *nulo* ou *anulável*.

Assim, dentro dessa sistemática que ora propomos –[13] e tal como no direito material –, as *nulidades* (despegadas dos equívocos epítetos *absoluta* e *relativa*) são, todas, arguíveis, além de pelos interessados, pelo Ministério Público, e de conhecimento *ex officio* pelo Juiz (CC 168), não estando sujeitas à *preclusão* prevista no CPC 278; já as *anulabilidades*, como anotamos adiante (em comentário ao art. 278), que têm um regime todo especial em relação àquelas, no direito material, não se coadunam com o direito processual – cujos códigos, aliás, referem-se sempre apenas às *nulidades*.

Quanto ao art. 278 –

> Art. 278. A nulidade dos atos deve ser alegada na primeira oportunidade em que couber à parte falar nos autos, sob pena de preclusão.
>
> Parágrafo único. Não se aplica o disposto no *caput* às nulidades que o juiz deva decretar de ofício, nem prevalece a preclusão provando a parte legítimo impedimento.

– afirmamos: o art. 278 corresponde ao art. 245 do CPC 1973.

2ª Turma. *DJe*, 27.11.2018; REsp nº 1765579, 3ª Turma. *DJe*, 12.5.2019; REsp nº 1800605, 2ª Turma. *DJe*, 22.5.2019; REsp nº 1433311, 2ª Turma. *DJe*, 26.8.2019; AgInt nos EDcl no REsp nº 1689105, 4ª Turma. *DJe*, 2.10.2019; REsp nº 1252372, 2ª Turma. *DJe*, 30.10.2019; AgInt nos EDcl no REsp nº 1412643, 4ª Turma. *DJe*, 19.11.2019; AgInt no AREsp nº 1601473, 2ª Turma. *DJe*, 1.6.2020; AgInt na PET no AREsp nº 1550485, 1ª Turma. *DJe*, 12.6.2020; AgInt no REsp nº 1379773, 1ª Turma. *DJe*, 1.7.2020. E assim, aliás, também ocorre quanto ao *processo penal*, com base na regra fundamental do art. 563 do CPP (cf. AgRg no AREsp nº 1482954, 5ª Turma. *DJe*, 24.9.2019).

[12] PONTES DE MIRANDA, Francisco Cavalcanti. *Tratado de Direito Privado*. Rio de Janeiro: Borsoi, 1970. t. IV, *passim*.

[13] Abandonando, pois, a classificação quádrupla elaborada por Galeno Lacerda e adotada por Moniz de Aragão (inexistência, nulidade absoluta, nulidade relativa, anulabilidade), que por nossa vez adotamos em trabalho de anos atrás (As Nulidades do Processo Civil. *Rev. de Proc.*, 9/57, jan./mar. 1978; reproduzido na Coleção *Doutrinas Essenciais – Processo Civil* (Organização de Luiz R. Wambier e Teresa A. Alvim Wambier. São Paulo: RT, 2011. v. III-2. nº 51. p. 891).

Também esta disposição do *caput* não tem aplicação prática, uma vez que não há, no processo, *nulidades* que o juiz não "deva decretar de ofício". Sendo o processo regido por leis exclusivamente *públicas*, não há nele lugar para as *anulabilidades*, ou seja, para as *invalidades* que só podem ser reconhecidas pelo juiz mediante a provocação do *interessado*; em que os atos que as contêm podem ser *confirmados* ou *ratificados* pelo mesmo interessado, com efeito retroativo, tornando-se, assim, juridicamente perfeitos; em que os atos por elas viciados, se não forem *impugnados*, objeto de *ação anulatória*, no prazo de *decadência* previsto em lei, se tornam *convalidados*, isto é, livres do defeito que os inquinava – figurativamente se diz que tais atos *convalescem*, ficam curados definitivamente da doença original que os acometia (cf. CC, arts. 171, 172, 173, 174, 175, 177, 178, 179).[14]

Pode-se observar, aliás, que os acórdãos (inclusive os do Superior Tribunal de Justiça), que invocam o princípio da *preclusão*, explicitado neste artigo, normalmente não se limitam a invocá-lo, mas procuram demonstrar que a *nulidade* na realidade não ocorreu, ou se apoiam no princípio básico da *falta de prejuízo* para a parte (*Pas de nullité sans grief* – art. 282, §1º) (cf. jurisprudência arrolada na nota 11, *supra*).[15]

4 A revogação

Quanto à *revogação* dos atos administrativos, Justen Filho adverte, aqui também, que ela tem de ser precedida do *processo administrativo* ("o devido processo legal"), "destinado não apenas a que a Administração Pública comprove a ocorrência dos pressupostos necessários, mas à apuração de eventual indenização ao particular afetado".[16]

Mais uma vez, aqui, Pontes de Miranda ensina: "A revogação é retirada da *vox*, da manifestação de vontade (= retira-se a *vox*). Se a revogação é de admitir-se apanha-se a voz e, pois, *não se mantém a palavra*.[17] [...]".

E explica:

NATUREZA DA REVOGAÇÃO. – A revogação, como ato jurídico, entra na classe da manifestação de vontade, ou da comunicação de vontade ou de conhecimento, que se revoga, porém com sinal contrário. Não é ato jurídico com sinal contrário ao ato jurídico que se vai atingir. Não se dirige à resolução do negócio jurídico, ou à cessação dele, ou do ato jurídico *stricto sensu*; dirige-se ao próprio suporte fáctico daquele, ou desse. A revogação é manifestação unilateral de vontade do revogante. Se está em causa ato jurídico *stricto sensu*, ou negócio jurídico unilateral, atinge a manifestação unilateral de vontade, como se dá a respeito do testamento, ou da tributação (imposição ou taxação). Se está em causa negócio jurídico bilateral, a manifestação de vontade do revogante que é atingida, pela retirada da *vox*; mas vem abaixo o negócio jurídico bilateral, porque uma das manifestações

---

[14] Cf. DINAMARCO, Cândido Rangel. *Instituições de Direito Processual Civil*. São Paulo: Malheiros, 2001. v. II. n. 709. p. 588-589.

[15] CUNHA, José Sebastião Fagundes; CAMBI, Eduardo; BOCHENEK, Antônio; KOZIKOSKI, Sandro (Org.). *Código de Processo Civil comentado*. 2. ed. Curitiba: Juruá, 2022. p. 513-516.

[16] JUSTEN FILHO, Marçal. *Curso de Direito Administrativo*. 15. ed. Rio de Janeiro: Forense, 2024. *E-Book*. Capítulo 7, nº 36, especialmente nº 36.6.

[17] No original está: "[...] Se a revogação é de admitir-se apanhar-se a voz e, pois, não se manter a palavra. [...]".

de vontade, que o compunham, está sem o elemento vocal. Assim, a revogação é, sempre, ato unilateral, com eficácia negativa, pela insuficiência, assim superveniente, do suporte fáctico. Unilateral é a manifestação de vontade na revogação do testamento; unilateral, a manifestação de vontade na doação, que é negócio jurídico bilateral. Se, *in casu*, não é revogável a manifestação de vontade que se inseriu no suporte fáctico do ato jurídico, e o manifestante tenta "revogá-la", a manifestação de vontade fica incólume a essa investida. É ato jurídico *ineficaz*; porque ofende o princípio de vinculação, isto é, da inatingibilidade dos atos jurídicos perfeitos, dos direitos adquiridos e da coisa julgada formal, pelo arbítrio de cada um. É o princípio do respeito à estabilidade, expresso na máxima *Quieta non movere*, porém, aí, mais sensível, por se tratar de respeito a direitos, pretensões, ações e exceções.[18]

5 A jurisprudência do Supremo Tribunal em torno da Súmula nº 473

O Supremo Tribunal Federal tem mantido a aplicação da *Súmula* nº 473, sempre com atenção à exigência do *devido processo legal* e do prazo *decadencial* (de 5 anos) do art. 54 da Lei nº 9.784, de 1999, assim como ao art. 37, §6º, da Constituição Federal ("As pessoas jurídicas de direito público e as de direito privado prestadoras de serviços públicos responderão pelos danos que seus agentes, nessa qualidade, causarem a terceiros, assegurado o direito de regresso contra o responsável nos casos de dolo ou culpa"), como se vê da pequena amostra a seguir apresentada, colhida no próprio portal do Tribunal:[19]

Vai, em primeiro lugar, o acórdão em que, apesar de longo voto do Ministro Bilac Pinto (relator), que pretendia a revisão das *Súmulas* nºs 473 e 346 (esta absorvida por aquela), o Supremo Tribunal as manteve:

> Funcionário público. Reintegração em virtude de processo revisional que concluiu pela sua inocência relativamente ao ilícito disciplinar que lhe fora atribuído e que determinara a sua demissão em virtude de processo administrativo. Irrevogabilidade do ato de revisão uma vez que, no acórdão recorrido, é negada a existência de resíduo ou fato novo, que autorizasse o reexame do caso. Manutenção das Súmulas 473 e 346. Recurso extraordinário não conhecido. (RE nº 74390. Rel. Bilac Pinto, Tribunal Pleno, julgado em 03-05-1978. DJ, 15-09-1978 PP-06987 Ement Vol-01107-01 PP-00203 RTJ Vol-00088-01 PP-00133)

> EMENTA: Ato administrativo: ilegalidade: anulação e ressarcimento de danos morais. Súmula 473. CF, art. 37, §6º. A Administração Pública pode anular seus próprios atos, quando inquinados de ilegalidade (Súmula 473); mas, se a atividade do agente público acarretou danos patrimoniais ou morais a outrem – salvo culpa exclusiva dele, eles deverão ser ressarcidos, de acordo com o disposto no art. 37, §6º, da Constituição Federal. (RE nº 460881. Rel. Sepúlveda Pertence, Primeira Turma, julgado em 18-04-2006. DJ, 12-05-2006 PP-00011 Ement Vol-02232-05 PP-00829 RTJ Vol-00201-03 PP-01182 LEXSTF v. 28, n. 330, 2006, p. 299-303 RMP n. 35, 2010, p. 223-226)

---

[18] PONTES DE MIRANDA, Francisco Cavalcanti. *Tratado das ações*. 1. ed. Atualização de Nelson Nery Junior e Georges Abboud. São Paulo: Revista dos Tribunais, 2016. t. IV (Ações Constitutivas), §207, 6, p. 436, e 4, p. 434-435.

[19] Disponível em: https://jurisprudencia.stf.jus.br/pages/search?base=acordaos&pesquisa_inteiro_teor=false&sin onimo=true&plural=true&radicais=false&buscaExata=true&page=1&pageSize=10&queryString=s%C3%BAmu la%20473&sort=_score&sortBy=desc.

EMENTA DIREITO ADMINISTRATIVO. SERVIDOR PÚBLICO. APOSENTADORIA. RETIFICAÇÃO DO ATO DE APOSENTADORIA PELO TRIBUNAL DE CONTAS DO ESTADO. INCORPORAÇÃO INTEGRAL DE GRATIFICAÇÃO. NÃO POSSIBILIDADE. AUSÊNCIA DOS REQUISITOS LEGAIS. LEI COMPLEMENTAR 10.098/1994. POSSIBILIDADE DE A ADMINISTRAÇÃO ANULAR OU REVOGAR SEUS ATOS. SÚMULA 473/STF. ACÓRDÃO RECORRIDO PUBLICADO EM 02.3.2009. A jurisprudência da Corte é firme no sentido de que a Administração Pública pode anular os seus próprios atos quando eivados de vícios que os tornem ilegais, desde que observado o devido processo legal, conforme disposto na Súmula 473/STF: [...] (AI nº 769812 AgR. Rel. Rosa Weber, Primeira Turma, julgado em 03-06-2014, Acórdão Eletrônico DJe-122 Divulg 23-06-2014 Public 24-06-2014)

AGRAVO REGIMENTAL EM AGRAVO DE INSTRUMENTO. CONSTITUCIONAL. ADMI-NISTRATIVO. PROCEDIMENTO ADMINISTRATIVO. SÚMULA 473. OBSERVÂNCIA DO ART. 5º, LV, DA CONSTITUIÇÃO FEDERAL. 1. A Constituição Federal, no seu art. 5º, LV, assegura aos litigantes, em processo judicial e administrativo, o contraditório e a ampla defesa, com os meios e os recursos inerentes. Precedentes. 2. Agravo regimental improvido. (AI nº 627146 AgR. Rel. ELLEN GRACIE, Segunda Turma, julgado em 31-08-2010, DJe-179 DIVULG 23-09-2010 PUBLIC 24-09-2010)

EMENTA: ADMINISTRATIVO. AGRAVO REGIMENTAL EM AGRAVO DE INSTRU-MENTO. SÚMULA 473 DO STF. NECESSIDADE DE PROCESSO ADMINISTRATIVO. ALEGADA VIOLAÇÃO AO ART. 5º, LIV E LV DO STF. OFENSA REFLEXA. AGRAVO IMPROVIDO. I – O entendimento da Corte é no sentido de que, embora a Administração esteja autorizada a anular seus próprios atos quando eivados de vícios que os tornem ilegais (Súmula 473 do STF), não prescinde do processo administrativo, com obediência aos princípios constitucionais da ampla defesa e do contraditório. Precedentes. II – Como tem consignado o Tribunal, por meio de remansosa jurisprudência, a alegada violação ao art. 5º, LIV e LV, da Constituição, pode configurar, em regra, situação de ofensa reflexa ao texto constitucional, por demandar a análise de legislação processual ordinária, o que inviabiliza o conhecimento do recurso extraordinário. III – Agravo regimental improvido. (AI nº 710085 AgR. Rel. Ricardo Lewandowski, Primeira Turma, julgado em 03 02 2009, DJe-043 Divulg 05-03-2009 Public 06-03-2009 Ement Vol-02351-11 PP-02229)

Finalmente, merece atenção especial o acórdão a seguir. Justen Filho menciona a *Súmula* Vinculante nº 3, do Supremo Tribunal, anotando:

O tema do devido processo legal em invalidação de atos administrativos foi examinado pelo STF a propósito da atuação do TCU.

"Nos processos perante o Tribunal de Contas da União asseguram-se o contraditório e a ampla defesa quando da decisão puder resultar anulação ou revogação de ato administrativo que beneficie o interessado, excetuada a apreciação do ato de concessão inicial de aposentadoria, reforma e pensão" (Súmula Vinculante 3).

Essa orientação é muito relevante não apenas relativamente a processos que tramitem perante o TCU. Também reflete uma orientação a ser observada genericamente pela Administração Pública, sempre que reputar cabível a revisão dos próprios atos pretéritos.[20]

---

[20] JUSTEN FILHO, Marçal. *Curso de Direito Administrativo*. 15. ed. Rio de Janeiro: Forense, 2024. *E-Book*. Capítulo 8, 25.3.

Acórdão mais ou menos recente do Tribunal (consubstanciado em 83 páginas) estabeleceu o seguinte:

> Recurso extraordinário. Repercussão geral. 2. Aposentadoria. Ato complexo. Necessária a conjugação das vontades do órgão de origem e do Tribunal de Contas. Inaplicabilidade do art. 54 da Lei 9.784/1999 antes da perfectibilização do ato de aposentadoria, reforma ou pensão. Manutenção da jurisprudência quanto a este ponto. 3. Princípios da segurança jurídica e da confiança legítima. Necessidade da estabilização das relações jurídicas. Fixação do prazo de 5 anos para que o TCU proceda ao registro dos atos de concessão inicial de aposentadoria, reforma ou pensão, após o qual se considerarão definitivamente registrados. 4. Termo inicial do prazo. Chegada do processo ao Tribunal de Contas. 5. Discussão acerca do contraditório e da ampla defesa prejudicada. 6. TESE: "Em atenção aos princípios da segurança jurídica e da confiança legítima, os Tribunais de Contas estão sujeitos ao prazo de 5 anos para o julgamento da legalidade do ato de concessão inicial de aposentadoria, reforma ou pensão, a contar da chegada do processo à respectiva Corte de Contas". 7. Caso concreto. Ato inicial da concessão de aposentadoria ocorrido em 1995. Chegada do processo ao TCU em 1996. Negativa do registro pela Corte de Contas em 2003. Transcurso de mais de 5 anos. 8. Negado provimento ao recurso. (RE nº 636553. Rel. Gilmar Mendes, Tribunal Pleno, julgado em 19-02-2020, Processo Eletrônico Repercussão Geral – Mérito DJe-129 Divulg 25-05-2020 Public 26-05-2020)

Referências

CUNHA, José Sebastião Fagundes; CAMBI, Eduardo; BOCHENEK, Antônio; KOZIKOSKI, Sandro (Org.). *Código de Processo Civil comentado*. 2. ed. Curitiba: Juruá, 2022.

DINAMARCO, Cândido Rangel. *Instituições de Direito Processual Civil*. São Paulo: Malheiros, 2001. v. II. n. 709.

JUSTEN FILHO, Marçal. *Curso de Direito Administrativo*. 15. ed. Rio de Janeiro: Forense, 2024. *E-Book*.

MELLO, Marcos Bernardes de. *Teoria do fato jurídico* – Plano da validade. 8. ed. São Paulo: Saraiva, 2008.

PONTES DE MIRANDA, Francisco Cavalcanti. *Comentários ao CPC [de 1973]*. 2. ed. Rio de Janeiro: Forense, 1979. t. III.

PONTES DE MIRANDA, Francisco Cavalcanti. *Comentários ao CPC [de 1939]*. 2. ed. Rio de Janeiro: Forense, 1958. t. IV.

PONTES DE MIRANDA, Francisco Cavalcanti. *Tratado das ações*. 1. ed. Atualização de Nelson Nery Junior e Georges Abboud. São Paulo: Revista dos Tribunais, 2016. t. IV.

PONTES DE MIRANDA, Francisco Cavalcanti. *Tratado de Direito Privado*. 1. ed. São Paulo: Revista dos Tribunais, 2015. *E-book*.

Informação bibliográfica deste texto, conforme a NBR 6023:2018 da Associação Brasileira de Normas Técnicas (ABNT):

MALACHINI, Edson Ribas. Ainda e sempre o ato administrativo. *In*: JUSTEN, Monica Spezia; PEREIRA, Cesar; JUSTEN NETO, Marçal; JUSTEN, Lucas Spezia (coord.). *Uma visão humanista do Direito*: homenagem ao Professor Marçal Justen Filho. Belo Horizonte: Fórum, 2025. v. 1, p. 215-230. ISBN 978-65-5518-918-6.

CONTROLE INFORMACIONAL DA DISCRICIONARIEDADE ADMINISTRATIVA

EURICO BITENCOURT NETO

1 Nota introdutória

O presente texto compõe obra em homenagem ao Professor Marçal Justen Filho, referência fundamental do Direito Administrativo brasileiro pós-Constituição de 1988. Sua contribuição, em distintos campos de atuação da Administração Pública, é sempre marcada pela conjugação de solidez teórica com a preocupação com a eficácia do Direito Administrativo. Nesse sentido, a escolha do tema se deveu à percepção da dificuldade que, ainda hoje, se verifica na identificação do substrato dogmático-conceitual da discricionariedade administrativa, bem como das dificuldades decorrentes para sua operação concreta, em especial no âmbito do seu controle externo.

A discricionariedade administrativa e seu controle permanecem, ainda hoje, sem solução consensual sobre os seus contornos e limites. Nesta oportunidade, busca-se identificar o que significa discricionariedade administrativa, a partir de uma análise ampliada dos modos de atribuição legal de autonomia decisória à Administração Pública para, em um segundo momento, verificar como uma perspectiva informacional do Direito Administrativo oferece fundamento adequado para caracterizar os limites do controle externo – judicial e pelos Tribunais de Contas – do exercício da competência discricionária.

2 O que é discricionariedade administrativa

Discricionariedade administrativa é dos temas mais controversos no Direito Administrativo, seja porque não há regulação legislativa clara de seu conceito e de seus contornos, seja porque as distintas compreensões da doutrina nem sempre partem dos mesmos pressupostos teóricos.[1]

---

[1] Nesse sentido, KRELL, Andreas J. Discricionariedade administrativa, conceitos jurídicos indeterminados e controle judicial. *Revista da Escola de Magistratura Federal da 5ª Região*, Recife, n. 8, p. 177-224, 2004. p. 178.

Ainda que os fundamentos para o que se considera um adequado conceito de discricionariedade já tenham sido explicitados em outras oportunidades,[2] aqui serão retomados, a fim de explorar, na segunda parte do texto, a vertente do controle da discricionariedade administrativa, compreendida no âmbito de uma perspectiva informacional do Direito Administrativo.

O primeiro pressuposto para a compreensão do que seja discricionariedade administrativa é ter em conta a grande transformação por que passou a vinculação da Administração à legalidade, do século XIX até nossos dias. As funções da legalidade se transformaram: de uma legalidade exaustiva, para uma legalidade aberta; de uma normatividade por regras, para uma normatividade por regras e por princípios; de uma legalidade exclusivamente fundada em *hard law*, para uma legalidade que admite, a pouco e pouco, *soft law*.[3] Os novos traços da legalidade administrativa indicam a admissão de um espaço de maior protagonismo do administrador na execução da legalidade, embora previsto em um quadro de distintas e entrelaçadas vinculações jurídicas.

No campo dessa nova legalidade, a atuação administrativa não cabe mais na compreensão simplista da dualidade vinculação-discricionariedade, no sentido de ausência ou presença de liberdade decisória nos quadros da lei. A noção de autonomia decisória torna-se mais complexa, impõe abordagem analítica dos enunciados normativos que veiculam competências administrativas, sejam as hipóteses em que a lei atribui com clareza opções de escolha decisória ao administrador, quanto ao exercício da competência, sejam aquelas em que a norma legal usa expressões vagas ou imprecisas para descrever a competência, sejam, ainda, as hipóteses de "preenchimento valorativo de conceitos jurídicos indeterminados figurando na previsão (Tatbestand) de normas jurídicas".[4]

Assim, para saber o que é discricionariedade administrativa é necessário percorrer as diferentes formas que a lei usa para atribuir algum espaço de autonomia decisória à Administração Pública.

Nos casos em que o enunciado normativo descreve com clareza uma opção quanto ao exercício da competência, por exemplo: "a Administração Pública poderá...", ou "cargo de livre nomeação ou exoneração", ou ainda "a Administração nomeará um dos três nomes constantes de lista...", está clara a existência de autonomia decisória e, por consequência, de competência discricionária.

Por outro lado, cabe destacar que o enunciado normativo pode fazer uso de expressões vagas ou imprecisas, o que pressupõe uma avaliação administrativa sobre o

---

[2] Especialmente em: BITENCOURT NETO, Eurico. *Concertação administrativa interorgânica*: Direito Administrativo e organização no século XXI. São Paulo: Almedina, 2017. p. 261-269; Discricionariedade administrativa, margem de livre decisão e o art. 20 da Lei de Introdução às Normas do Direito Brasileiro. *In*: GOMES, Carla Amado; NEVES, Ana Fernanda; BITENCOURT NETO, Eurico. *Discricionariedade administrativa e controlo da administração pública*. Lisboa: ICJP, 2023. p. 63-85.

[3] CORREIA, José Manuel Sérvulo; MARQUES, Francisco Paes. *Noções de direito administrativo*. 2. ed. Coimbra: Almedina, 2021. v. 1. p. 270-271; OTERO, Paulo. *Legalidade e administração pública*: o sentido da vinculação administrativa à juridicidade. Coimbra: Almedina, 2003. p. 162-179. Apontando a relevância do *soft law* no âmbito do Direito Administrativo europeu, SILVA, Suzana Tavares da. A nova dogmática do direito administrativo: o caso da administração por compromissos. *In*: GONÇALVES, Pedro (Org.). *Estudos de contratação pública*. Coimbra: Coimbra Editora, 2008. t. I. p. 917.

[4] CORREIA, José Manuel Sérvulo. Margem de livre decisão, equidade e preenchimento de lacunas: as afinidades e os seus limites. *In*: MIRANDA, Jorge (Ed.). *Estudos em homenagem a Miguel Galvão Telles*. Coimbra: Almedina, 2012. v. 1. p. 385.

seu conteúdo em cada caso concreto. O uso de conceitos jurídicos indeterminados pode se dar na hipótese ou previsão do enunciado normatívo, que descreve a situação de fato que, uma vez ocorrida, deflagra o exercício da competência administrativa, ou no mandamento ou estatuição, parte do enunciado normativo que descreve a competência administrativa a ser exercida.

Assim, por exemplo, no enunciado que estabeleça: "em caso de iminente perigo público, a Administração Pública adotará as medidas necessárias para garantir a segurança", a expressão "iminente perigo público" descreve a situação de fato que, uma vez verificada, deflagra o uso da competência; por sua vez, a descrição da competência também se faz por expressão imprecisa, "medidas necessárias para garantira segurança". Neste exemplo, tem-se o uso de imprecisões semânticas, ou conceitos indeterminados, na hipótese e no mandamento do enunciado normativo.

Nesses casos, é possível identificar autores para os quais a discricionariedade administrativa compreende uma margem de liberdade administrativa na escolha do sentido de decisões concretas e, ainda, outra margem de liberdade, decorrente dos conceitos jurídicos indeterminados presentes na previsão normativa.[5]

De outro lado, há autores que restringem a discricionariedade administrativa à primeira concepção (definição do sentido de decisões concretas), por vislumbrarem distinções que impõem a singularização da segunda concepção (conceitos indeterminados na previsão normativa). Neste último caso, para congregar as duas concepções, tem-se evitado o uso da expressão *discricionariedade administrativa* em sentido amplo, substituindo-a por *margem de livre decisão administrativa*.[6]

Diante das transformações das relações entre a Administração e a lei, que conferem à função administrativa papel decisivo na configuração concreta dos interesses públicos e dos meios para concretizá-los, afirma-se como mais adequado o entendimento segundo o qual o uso de conceitos indeterminados, tanto na hipótese, quanto na estatuição ou mandamento, configuram zonas de autonomia decisória para a Administração.[7]

Diante das variações que pode haver em uma ou outra concepção, cabe retomar os fundamentos justificadores do sentido adequado de discricionariedade administrativa, como caracterizadora de autonomia decisória da Administração:[8]

 a) a discricionariedade administrativa corresponde a uma competência atri-buída por lei a um órgão administrativo, de definir "o sentido de decisões

---

[5] Nesse sentido, por exemplo, BANDEIRA DE MELLO, Celso Antônio. *Curso de direito administrativo*. 35. ed. São Paulo: JusPodivm; Malheiros, 2021. p. 921-924.

[6] Tal expressão tem origem em Walter Schmidt: *Entscheidungsspielraum* (CORREIA, José Manuel Sérvulo. *Legalidade e autonomia contratual nos contratos administrativos*. reimpr. Coimbra: Almedina, 2003. p. 130). Adotando a expressão, CORREIA, José Manuel Sérvulo. Margem de livre decisão, equidade e preenchimento de lacunas: as afinidades e os seus limites. *In*: MIRANDA, Jorge (Ed.). *Estudos em homenagem a Miguel Galvão Telles*. Coimbra: Almedina, 2012. v. 1. p. 385; SOUSA, Marcelo Rebelo de; MATOS, André Salgado de. *Direito administrativo geral*: introdução e princípios fundamentais. 3. ed. Lisboa: Dom Quixote, 2008. t. I. p. 183.

[7] Assinalando que é "cada vez maior o número de autores alemães que entendem que o legislador habilita (explícita ou implicitamente) a Administração para completar ou aperfeiçoar, no ato de aplicação, uma hipótese normativa incompleta ou concretizar uma norma aberta", seja na hipótese normativa, seja na estatuição, KRELL, Andreas J. Discricionariedade administrativa, conceitos jurídicos indeterminados e controle judicial. *Revista da Escola de Magistratura Federal da 5ª Região*, Recife, n. 8, p. 177-224, 2004. p. 193.

[8] Tais conclusões foram traçadas em BITENCOURT NETO, Eurico. *Concertação administrativa interorgânica*: Direito Administrativo e organização no século XXI. São Paulo: Almedina, 2017. p. 264-265.

concretas através da ponderação autónoma dos interesses públicos e privados relevantes";[9]

b) diferentemente do que preconiza relevante parcela da doutrina,[10] nas balizas da discricionariedade administrativa a escolha do decisor administrativo não é indiferente para o Direito: se o sentido das decisões concretas se deve atingir pela ponderação de interesses em jogo,[11] pode-se afirmar que importa para o Direito o modo como o aplicador escolhe os pressupostos que, extraídos do caso concreto, ditarão o sentido da decisão,[12] desempenhando importante papel o princípio da proporcionalidade;[13]

c) a compreensão da discricionariedade leva em conta a estrutura dual da norma atributiva (uma previsão e uma estatuição)[14] e a indispensabilidade do exercício do poder de definição autodeterminada do conteúdo da situação concreta, mediante uma ponderação autônoma de interesses públicos e privados relevantes;[15]

d) embora sejam figuras próximas, os conceitos jurídicos indeterminados, ou as incertezas semânticas (indefinições da linguagem, que compõem o que muitos chamam margem de livre apreciação),[16] na previsão normativa,

---

[9] CORREIA, José Manuel Sérvulo. Margem de livre decisão, equidade e preenchimento de lacunas: as afinidades e os seus limites. *In*: MIRANDA, Jorge (Ed.). *Estudos em homenagem a Miguel Galvão Telles*. Coimbra: Almedina, 2012. v. 1. p. 386.

[10] Como, por exemplo, GARCÍA DE ENTERRÍA, Eduardo; FERNÁNDEZ, Tomás-Ramón. *Curso de derecho administrativo*. 14. ed. Navarra: Thomson-Civitas, 2008. v. 1. p. 468-469; ARAÚJO, Florivaldo Dutra de. *Motivação e controle do ato administrativo*. Belo Horizonte: Del Rey, 1992. p. 87.

[11] WOLFF, Hans J.; BACHOF, Otto; STOBER, Rolf. *Direito administrativo*. Tradução de António F. de Sousa. Lisboa: Fundação Calouste Gulbenkian, 2006. v. 1. p. 462; JUSTEN FILHO, Marçal. *Curso de direito administrativo*. 7. ed. rev. atual. Belo Horizonte: Fórum, 2011. p. 208.

[12] CORREIA, José Manuel Sérvulo. Margem de livre decisão, equidade e preenchimento de lacunas: as afinidades e os seus limites. *In*: MIRANDA, Jorge (Ed.). *Estudos em homenagem a Miguel Galvão Telles*. Coimbra: Almedina, 2012. v. 1. p. 390. Também negando que a escolha, dentro dos parâmetros abstratos postos pela norma, é indiferente ao Direito, já que concretamente a discricionariedade pode ser limitada por outras normas do ordenamento, DUARTE, David. A discricionariedade administrativa e a competência (sobre a função administrativa) do Provedor de Justiça. *In*: PROVEDORIA DE JUSTIÇA (Ed.). *O Provedor de Justiça* – novos estudos. Lisboa: Provedoria de Justiça, 2008. p. 58-60. O que é correto afirmar-se é que, desde que o procedimento decisório tenha observado as vinculações aos direitos fundamentais, aos princípios da Administração Pública e aos fins públicos da atuação em causa, "não interessa discutir se haveria outra solução ainda melhor para nessa base invalidar a decisão efetivamente tomada". Mas, por outro lado, cabe repisar: "Sem dúvida que o trabalho de complementação é jurídico e que não é irrestrita a liberdade de decisão" (CORREIA, José Manuel Sérvulo. Margem de livre decisão, equidade e preenchimento de lacunas: as afinidades e os seus limites. *In*: MIRANDA, Jorge (Ed.). *Estudos em homenagem a Miguel Galvão Telles*. Coimbra: Almedina, 2012. v. 1. p. 392). No mesmo sentido, MAURER, Hartmut. *Direito administrativo geral*. Tradução de Luís Afonso Heck da 14. ed. Barueri: Manole, 2006. p. 148.

[13] CORREIA, José Manuel Sérvulo. *Legalidade e autonomia contratual nos contratos administrativos*. reimpr. Coimbra: Almedina, 2003. p. 113-116; WOLFF, Hans J.; BACHOF, Otto; STOBER, Rolf. *Direito administrativo*. Tradução de António F. de Sousa. Lisboa: Fundação Calouste Gulbenkian, 2006. v. 1. p. 471.

[14] CORREIA, José Manuel Sérvulo. *Legalidade e autonomia contratual nos contratos administrativos*. reimpr. Coimbra: Almedina, 2003. p. 109.

[15] CORREIA, José Manuel Sérvulo. Margem de livre decisão, equidade e preenchimento de lacunas: as afinidades e os seus limites. *In*: MIRANDA, Jorge (Ed.). *Estudos em homenagem a Miguel Galvão Telles*. Coimbra: Almedina, 2012. v. 1. p. 388.

[16] SOUSA, Marcelo Rebelo de; MATOS, André Salgado de. *Direito administrativo geral*: introdução e princípios fundamentais. 3. ed. Lisboa: Dom Quixote, 2008. t. I. p. 190-196; DUARTE, David. A discricionariedade administrativa e a competência (sobre a função administrativa) do Provedor de Justiça. *In*: PROVEDORIA DE JUSTIÇA (Ed.). *O Provedor de Justiça* – novos estudos. Lisboa: Provedoria de Justiça, 2008. p. 48.

não se confundem com hipóteses de discricionariedade administrativa. A distinção entre as duas figuras não se assenta na compreensão das hipóteses de discricionariedade como escolhas realizadas em ambiente de indiferença para o Direito (baseadas em "indiferentes jurídicos"). A distinção se dá porque, no caso de conceitos jurídicos indeterminados, trata-se de concluir se o texto normativo é ou não aplicável, enquanto, na discricionariedade, trata-se de determinar um sentido de decisão administrativa.[17]

Dito de outro modo, no primeiro caso, definindo-se por ser aplicável a norma ao caso concreto; num segundo momento, pode haver um poder vinculado ou discricionário, dependendo de, na estatuição, os efeitos de direito encontrarem-se inteiramente definidos ou não. Neste último caso, havendo uma imprecisão semântica na previsão normativa e uma competência discricionária na estatuição, está-se diante do que, no Direito Administrativo alemão, se tem chamado de "prescrições de acoplamento ou tipos mistos".[18]

A opção pela separação entre as hipóteses de incertezas semânticas na previsão normativa e aquelas de discricionariedade demonstra a opção por um determinado conceito de discricionariedade administrativa. Nesse sentido, ela é compreendida como a competência para definir o sentido de uma decisão concreta,[19] vale dizer, para, a partir do espaço de autonomia conferido pela norma, escolher, por uma análise ponderada, se adota ou não uma conduta, ou uma entre as condutas possíveis.[20] Em outras palavras, a discricionariedade administrativa tem que ver com escolhas relativas à determinação de efeitos jurídicos que decorrem da aplicação da norma.

Já nos casos de incertezas semânticas situadas na previsão dos enunciados normativos, "não se encontra envolvida qualquer ponderação de interesses conflituantes para encontrar a bissetriz da sua concordância prática, mas tão só uma conceção do teor parcial de uma situação tal como ela se põe num certo momento".[21]

O que se tem, portanto, são exercícios analíticos distintos: um, o das situações de discricionariedade, um exame ponderado dos interesses concretos em jogo, para se definir o sentido da decisão administrativa; outro, o das hipóteses de incertezas semânticas

---

[17] Acerca dos conceitos jurídicos indeterminados, a precisa lição de Sérvulo Correia: "Para concluir se o pressuposto se verifica, o órgão competente terá de avaliar a suficiência de uma qualidade numa pessoa ou numa coisa ou estimar uma evolução futura de um processo social em termos de sim ou não [...] Aquilo de que se cura é tão só responder a um 'questionário legal' sobre a presença na situação real de um elemento sem o qual não estarão reunidos os pressupostos de exercício do poder de decidir" (CORREIA, Jose Manuel Sérvulo. Margem de livre decisão, equidade e preenchimento de lacunas: as afinidades e os seus limites. *In*: MIRANDA, Jorge (Ed.). *Estudos em homenagem a Miguel Galvão Telles*. Coimbra: Almedina, 2012. v. 1. p. 393).

[18] MAURER, Hartmut. *Direito administrativo geral*. Tradução de Luís Afonso Heck da 14. ed. Barueri: Manole, 2006. p. 164; KRELL, Andreas J. Discricionariedade administrativa, conceitos jurídicos indeterminados e controle judicial. *Revista da Escola de Magistratura Federal da 5ª Região*, Recife, n. 8, p. 177-224, 2004. p. 193.

[19] CORREIA, José Manuel Sérvulo. Margem de livre decisão, equidade e preenchimento de lacunas: as afinidades e os seus limites. *In*: MIRANDA, Jorge (Ed.). *Estudos em homenagem a Miguel Galvão Telles*. Coimbra: Almedina, 2012. v. 1. p. 386.

[20] Mencionando os conceitos de discricionariedade de decisão e discricionariedade de escolha no Direito Administrativo alemão, CORREIA, José Manuel Sérvulo. *Legalidade e autonomia contratual nos contratos administrativos*. reimpr. Coimbra: Almedina, 2003. p. 109-110; 746. Em sentido semelhante, MAURER, Hartmut. *Direito administrativo geral*. Tradução de Luís Afonso Heck da 14. ed. Barueri: Manole, 2006. p. 143.

[21] CORREIA, José Manuel Sérvulo. Margem de livre decisão, equidade e preenchimento de lacunas: as afinidades e os seus limites. *In*: MIRANDA, Jorge (Ed.). *Estudos em homenagem a Miguel Galvão Telles*. Coimbra: Almedina, 2012. v. 1. p. 393.

na previsão normativa, relativo à verificação, na situação concreta, da presença dos elementos que levam à aplicação da norma, ou ao exercício da competência decisória.

A discricionariedade é sempre ligada a uma conduta, a uma escolha vinculada a uma decisão, cuja habilitação se encontra na parte relativa à estatuição da norma, seja para não atuar, seja para atuar, ou atuar de determinada maneira. Essa noção de discricionariedade administrativa não inclui a chamada "discricionariedade cognitiva", de apreciação da previsão normativa: "o domínio da discricionariedade só começa quando os pressupostos da lei estão preenchidos".[22]

Posição distinta é a que se baseia em um amplo conceito de discricionariedade,[23] não se atendo apenas à competência para a definição do sentido das decisões concretas, mas incluindo em seu âmbito a opção entre a norma ser ou não aplicável, decorrente de uma incerteza semântica no texto normativo relativo à previsão.[24] Pelas razões já sumariamente expostas, parece mais adequado distinguir tais hipóteses daquelas de discricionariedade administrativa, não sem reconhecer seus pontos comuns, que autorizam agrupá-las no conceito geral de margem de livre decisão.[25]

Há determinadas hipóteses de relação entre conceitos indeterminados na previsão normativa e competências discricionárias na estatuição em que a jurisprudência administrativa alemã considerou que, em algumas normas jurídicas, a análise do conceito jurídico indeterminado presente na previsão determina a competência discricionária em sua extensão e conteúdo, fazendo, assim, com que a análise da previsão já obrigue a um determinado sentido da decisão.[26] Nesses casos, pode-se dizer que, sendo aplicável a norma, a competência, em tese discricionária, será concretamente vinculada.

Já se a incerteza semântica estiver na parte relativa à estatuição do enunciado normativo, poderá haver discricionariedade, na medida em que, ao fim do exercício de

---

[22] WOLFF, Hans J.; BACHOF, Otto; STOBER, Rolf. *Direito administrativo*. Tradução de António F. de Sousa. Lisboa: Fundação Calouste Gulbenkian, 2006. v. 1. p. 461-462. Em sentido semelhante, distinguindo uma discricionariedade cognitiva, presente na apreciação de conceitos jurídicos indeterminados na previsão normativa, que entende justiciável, da discricionariedade voluntária, relativa à estatuição, MAURER, Hartmut. *Direito administrativo geral*. Tradução de Luís Afonso Heck da 14. ed. Barueri: Manole, 2006. p. 167.

[23] MAURER, Hartmut. *Direito administrativo geral*. Tradução de Luís Afonso Heck da 14. ed. Barueri: Manole, 2006. p. 166.

[24] DUARTE, David. A discricionariedade administrativa e a competência (sobre a função administrativa) do Provedor de Justiça. In: PROVEDORIA DE JUSTIÇA (Ed.). *O Provedor de Justiça* – novos estudos. Lisboa: Provedoria de Justiça, 2008. p. 53-54. Em sentido semelhante, BANDEIRA DE MELLO, Celso Antônio. *Curso de direito administrativo*. 35. ed. São Paulo: JusPodivm; Malheiros, 2021. p. 921-924. Defendendo o uso da expressão "discricionariedade administrativa" também para os casos de uso de conceitos indeterminados no pressuposto de fato dos enunciados normativos, pelo fato de que não se trata de figuras jurídicas "ferreamente separadas", além do que facilita os estudos no âmbito do Direito comparado, SCHMIDT-AβMANN, Eberhard. *La teoria general del derecho administrativo como sistema*. Madri-Barcelona: INAP-Marcial Pons, 2003. p. 220-221. Também Pedro Costa Gonçalves utiliza a expressão "discricionariedade de apreciação", assinalando com clareza que seu exercício não envolve ponderação de interesses, mas um juízo de apreciação que, em regra, conduz a um resultado de sim ou não, nos termos da compreensão de Sérvulo Correia (GONÇALVES, Pedro Costa. *Manual de direito administrativo*. Coimbra: Almedina, 2019. v. 1. p. 268-269).

[25] CORREIA, José Manuel Sérvulo. Margem de livre decisão, equidade e preenchimento de lacunas: as afinidades e os seus limites. In: MIRANDA, Jorge (Ed.). *Estudos em homenagem a Miguel Galvão Telles*. Coimbra: Almedina, 2012. v. 1. p. 394.

[26] MAURER, Hartmut. *Direito administrativo geral*. Tradução de Luís Afonso Heck da 14. ed. Barueri: Manole, 2006. p. 165. Por exemplo, uma norma do código de construções que estabelece que, caso determinados projetos não prejudiquem interesses públicos, poderiam ser autorizados. Na verdade, a interpretação que se deu foi no sentido de que, admitida aplicação da norma – o projeto não prejudica interesses públicos – a competência seria vinculada, já que não haveria razões para se recusar a autorização (*BverwGE* 18, 247, 250).

interpretação, ainda reste abertura para uma autonomia administrativa, uma vez que o legislador não tenha completado a descrição da decisão a ser tomada.[27] Nesse sentido, a indeterminação dos efeitos jurídicos (estando certo que a norma se aplica) estabelece uma competência discricionária.[28] As incertezas semânticas ligadas à estatuição da norma podem constituir-se em expediente técnico para criar opções de efeitos jurídicos que se comportem no espectro de opções da palavra, habilitando o administrador para determinar os efeitos aplicáveis.[29]

Nesse sentido, se as incertezas semânticas na estatuição das normas criam alternativas de efeitos a produzir, cabendo ao administrador definir qual delas será aplicada, não há distinção dessa hipótese normativa, para efeito de se reconhecer a presença de discricionariedade administrativa, de outros meios de que a norma se vale para criar opções de efeitos jurídicos submetidas à escolha ponderada do órgão administrativo. Tanto numa como noutra hipótese, a escolha entre os efeitos possíveis da norma é balizada pela juridicidade, não cabendo dizer que no caso de incertezas semânticas na estatuição haveria uma "construção de vontade normativa estranha e alheia ao aplicador",[30] enquanto na discricionariedade, a escolha seria pessoal, legitimada pela lei.

O que caracteriza a discricionariedade administrativa, como já referido, é a atribuição, pelo enunciado normativo, de uma competência de definição administrativa autônoma do sentido de decisões concretas. Também nos casos de incertezas semânticas, localizadas na parte da norma relativa à estatuição, poderá haver abertura à definição concreta e autônoma do sentido possível de uma decisão, dentro do espectro de sentidos possíveis da palavra ou da expressão utilizada. Nesses casos, como em outras hipóteses possíveis de discricionariedade administrativa, a escolha nunca será livre, estará sempre balizada pelos interesses públicos e privados presentes e pela aplicação de normas limitadoras, para a definição do espaço de discricionariedade concretamente considerado.

Assim, não faz sentido diferenciar casos de discricionariedade, em que a lei atribui ao administrador competência para formular uma escolha segundo sua avaliação subjetiva, ainda que por critérios objetivos, dos assim chamados conceitos jurídicos indeterminados, que confeririam uma autonomia de escolha ao aplicador, mas que não se reconduziria à discricionariedade porque tal escolha deveria ser a mais compatível com o conceito, ou a melhor possível.[31]

Ora, em todos os casos em que a lei confere ao administrador a definição de uma solução concreta, entre mais de uma possível, sua escolha será sempre subjetiva – não há "autômatos subsuntivos"[32] na aplicação da norma – e, por outro lado, será sempre

---

27 CORREIA, José Manuel Sérvulo. *Legalidade e autonomia contratual nos contratos administrativos*. reimpr. Coimbra: Almedina, 2003. p. 110.

28 WOLFF, Hans J.; BACHOF, Otto; STOBER, Rolf. *Direito administrativo*. Tradução de António F. de Sousa. Lisboa: Fundação Calouste Gulbenkian, 2006. v. 1. p. 461.

29 DUARTE, David. A discricionariedade administrativa e a competência (sobre a função administrativa) do Provedor de Justiça. *In*: PROVEDORIA DE JUSTIÇA (Ed.). *O Provedor de Justiça* – novos estudos. Lisboa: Provedoria de Justiça, 2008. p. 53-54.

30 JUSTEN FILHO, Marçal. *Curso de direito administrativo*. 7. ed. rev. atual. Belo Horizonte: Fórum, 2011. p. 208.

31 JUSTEN FILHO, Marçal. *Curso de direito administrativo*. 7. ed. rev. atual. Belo Horizonte: Fórum, 2011. p. 211-214.

32 CORREIA, José Manuel Sérvulo. Margem de livre decisão, equidade e preenchimento de lacunas: as afinidades e os seus limites. *In*: MIRANDA, Jorge (Ed.). *Estudos em homenagem a Miguel Galvão Telles*. Coimbra: Almedina, 2012. v. 1. p. 387.

condicionada pela norma que atribuiu a competência e as demais normas que se aplicam no caso concreto. O maior ou menor espaço de escolha não é critério para dizer se há ou não discricionariedade: esta pode até mesmo ser reduzida a zero, na análise da relação do caso concreto com normas limitadoras que incidem sobre a competência discricionária.[33]

Em síntese, o uso de incertezas semânticas, os assim chamados conceitos jurídicos indeterminados, tanto na previsão quanto na estatuição do enunciado normativo, constituem modos de a lei conferir à Administração autonomia decisória.

3 Controle da discricionariedade administrativa em um Direito Administrativo informacional

O crescimento exponencial da produção de informações e de conhecimento nos últimos tempos, com o correspondente aumento dos riscos, é realidade que não passa despercebida ao Direito Administrativo. A sua resposta a essa questão fundamental do nosso tempo é descrita de modo analítico por Ino Augsberg, sob o título Direito Administrativo Informacional.[34]

Não se trata de mera seara do Direito Administrativo especial, tampouco nomeia um aspecto parcial do Direito Administrativo geral.[35] Trata-se de mudança paradigmática na sua compreensão, como sistema de processamento de informações para a tomada de decisão administrativa. Assim, o Direito Administrativo Informacional não significa expansão ou complementação do objeto clássico do Direito Administrativo, mas um novo fundamento para o Direito Administrativo como um todo, que ocorre pela necessidade de processar juridicamente o fenômeno sociológico conhecido como sociedade da informação.[36]

Em outras palavras, o Direito Administrativo Informacional designa a reação do Direito Administrativo ao desenvolvimento social que dá origem à transição para a "sociedade da informação", "do conhecimento" ou a "sociedade de risco".[37] Nesse quadro, deve-se compreender que "toda ação administrativa é processamento de informação em uma organização administrativa, que, por sua vez, nada mais é do que um sistema de processamento de informação".[38] E, sendo a ação administrativa regulada pelo Direito Administrativo, tal sistema de processamento de informação é juridicamente balizado.

---

[33] BANDEIRA DE MELLO, Celso Antônio. *Curso de direito administrativo*. 35. ed. São Paulo: JusPodivm; Malheiros, 2021. p. 917.

[34] AUGSBERG, Ino. *Direito administrativo informacional*: por uma dimensão cognitiva do controle jurídico das decisões administrativas. São Paulo: Contracorrente, 2023.

[35] AUGSBERG, Ino. *Direito administrativo informacional*: por uma dimensão cognitiva do controle jurídico das decisões administrativas. São Paulo: Contracorrente, 2023. p. 15-17.

[36] AUGSBERG, Ino. *Direito administrativo informacional*: por uma dimensão cognitiva do controle jurídico das decisões administrativas. São Paulo: Contracorrente, 2023. p. 22-23.

[37] AUGSBERG, Ino. *Direito administrativo informacional*: por uma dimensão cognitiva do controle jurídico das decisões administrativas. São Paulo: Contracorrente, 2023. p. 26.

[38] AUGSBERG, Ino. *Direito administrativo informacional*: por uma dimensão cognitiva do controle jurídico das decisões administrativas. São Paulo: Contracorrente, 2023. p. 40.

Tem-se, assim, uma virada epistemológica no Direito Administrativo:

em contraposição à sua definição tradicional, que caracteriza o conhecimento, principalmente, como conhecimento baseado na experiência de fatos e de suas conexões, e, assim, em grande medida, situa-o fora da área jurídica original, o conhecimento é agora reconhecido como uma dimensão constitutiva dos processos jurídicos. O conhecimento como condição da ação racional, e também, principalmente, da operação jurídica racional, passa a designar um pré-requisito do Direito, que, ao mesmo tempo, pertence ao próprio Direito. O que está em questão é a necessidade de uma epistemologia especificamente jurídica. Portanto, a mudança da perspectiva clássica, orientada para a ação e para a decisão no Direito Administrativo, para o novo paradigma central da informação como base operacional decisiva para tomada de decisões administrativas, não representa apenas uma expansão da área jurídica para incluir o processamento jurídico de fluxos informacionais, mas também uma nova forma de autorreferencialidade do Direito.[39]

Nessa perspectiva, a situação em que a norma de Direito Administrativo deve ser aplicada, isto é, a verificação do pressuposto de fato para sua aplicação, não é algo dado, mas o produto de um processo de construção que deve ser orientado normativamente.[40]

Como já assinalado, são três as hipóteses gerais de autonomia decisória da Administração Pública: a) discricionariedade em sentido próprio: a.1) a atribuição, pelo enunciado normativo, no âmbito da estatuição da norma, de uma competência de definição do sentido de uma decisão concreta, por meio da ponderação autônoma de interesses públicos e privados relevantes; a.2) os casos de incertezas semânticas, localizadas na parte da norma relativa à estatuição do enunciado normativo, em que haja abertura à definição concreta e autônoma do sentido possível de uma decisão, dentro do espectro de sentidos possíveis da palavra ou da expressão utilizada; b) margem de apreciação jurídica: as hipóteses de incertezas semânticas na previsão normativa, relativas à verificação, na situação concreta, da presença dos elementos que levam à aplicação da norma, ou ao exercício da competência decisória.

Em todos os três tipos de atuação administrativa autônoma, a apreciação ou a decisão a que procede a Administração Pública não é livre, mas juridicamente modulada:[41] para além das balizas da norma que atribui a competência discricionária ou a competência de apreciação jurídica do suposto de fato, haverá que observar outras normas do ordenamento, como os princípios da Administração Pública, as normas de direitos fundamentais e, especialmente, o princípio da proporcionalidade e o princípio da imparcialidade, em seu sentido objetivo.

Em síntese, o exercício das competências administrativas autônomas exige um processo decisório pautado pela geração, coleta e processamento de informações, a fim de que a Administração pondere os interesses relevantes no caso e demonstre que sua decisão é o resultado de tal ponderação, ou, no caso da autonomia de apreciação,

---

[39] AUGSBERG, Ino. *Direito administrativo informacional*: por uma dimensão cognitiva do controle jurídico das decisões administrativas. São Paulo: Contracorrente, 2023. p. 24-25.

[40] AUGSBERG, Ino. *Direito administrativo informacional*: por uma dimensão cognitiva do controle jurídico das decisões administrativas. São Paulo: Contracorrente, 2023. p. 23.

[41] SCHMIDT-AβMANN, Eberhard. *La teoria general del derecho administrativo como sistema*. Madri-Barcelona: INAP-Marcial Pons, 2003. p. 221.

seja demonstrada a sua adequação.[42] Tal processo pode ser simples, como no caso da nomeação para um cargo em comissão, em que se demonstra que os requisitos mínimos da lei foram observados e que não há outra norma – regra ou princípio – do ordenamento vedando a escolha feita, ou pode ser complexo, como no caso da realização de uma obra pública, em que se entrelaçam distintos e contrapostos interesses públicos, como a sustentabilidade ambiental, a proteção do patrimônio histórico, o desenvolvimento econômico, a proteção de comunidades indígenas.

O controle jurídico da decisão administrativa autônoma não é um controle que busca verificar se foi adotada "a melhor decisão possível", ou a "única decisão correta", do contrário não haveria propriamente autonomia decisória, já que os órgãos de controle, especialmente em âmbito jurisdicional, ao fim e ao cabo, substituiriam a escolha administrativa – sobre a decisão ou o sentido possível de determinação da incerteza semântica – pela sua. É que, por exemplo, quando a lei usa a expressão "perigo iminente", nem sempre haverá uma única resposta, no caso concreto, se foi ou não configurada a situação de fato, gerando uma zona de incerteza em que opera a autonomia administrativa.

O único modo de preservar a autonomia administrativa é enquadrar o controle no âmbito da perspectiva informacional do Direito Administrativo. Isso significa que o papel do Judiciário e, em alguns casos, dos Tribunais de Contas, será verificar se o processo decisório se constituiu em um processamento de informações juridicamente satisfatório. Dito de outro modo, caberá verificar se a escolha administrativa decorreu de uma análise ponderada, imparcial e proporcional dos interesses em jogo, ou de uma apreciação adequada. Ou seja, se a Administração levou em consideração as informações que deveria levar, em função dos interesses que importavam para decidir, de modo proporcional.

Aqui tem grande relevância a noção de imparcialidade objetiva. Em poucas palavras, pode-se dizer que a imparcialidade impõe, sob sua face objetiva, "uma directriz de compleição da decisão"[43] por meio da necessidade de consideração de fatos ou interesses relevantes e da exclusão de fatos ou interesses irrelevantes, por meio de ponderação. A imparcialidade, em suma, determina que a atuação administrativa pondere interesses e, para tanto, é necessário que tais interesses "sejam captados procedimentalmente".[44]

Esse sentido objetivo da imparcialidade gera para a Administração um dever de ponderação em situações nas quais a diversidade de interesses públicos e privados deve ser levada em conta e integrados na decisão administrativa. Trata-se de fazer participar do procedimento diferentes interessados e valorar comparativamente todos os interesses em jogo, explicitando na decisão o exercício ponderativo dos interesses, das circunstâncias concretas e das vinculações jurídicas aplicáveis, por meio de motivação adequada.[45]

---

[42] GONÇALVES, Pedro Costa. *Manual de direito administrativo*. Coimbra: Almedina, 2019. v. 1. p. 276.

[43] DUARTE, David. *Procedimentalização, participação e fundamentação*: para uma concretização do princípio da imparcialidade administrativa como parâmetro decisório. Coimbra: Almedina, 1996. p. 290.

[44] DUARTE, David. *Procedimentalização, participação e fundamentação*: para uma concretização do princípio da imparcialidade administrativa como parâmetro decisório. Coimbra: Almedina, 1996. p. 297.

[45] OTERO, Paulo. *Direito do procedimento administrativo*. Coimbra: Almedina, 2016. v. 1. p. 186-187.

No Direito Administrativo brasileiro, não se encontram muitas referências explícitas quanto ao princípio da imparcialidade, especialmente em sua dimensão objetiva. Não obstante, entre os princípios da Administração Pública elencados no art. 37 da Constituição, está o da impessoalidade, que, se à primeira vista, parece relacionado apenas a uma dimensão subjetiva de vedação de privilégios e perseguições, como expressão do princípio da igualdade,[46] ou da imputação dos atos dos agentes públicos à pessoa estatal,[47] deve ser interpretado como congênere da imparcialidade.[48]

É que a noção de impessoalidade está necessariamente ligada à de isenção ou neutralidade[49] da atuação administrativa, apontando para uma atuação correta "relativamente à sua *indisponível finalidade objetiva*, que vem a ser aquela expressa na legislação".[50] E, tal como na ideia de imparcialidade, uma decisão pessoal, subjetivamente considerada, significa que a inclusão ou exclusão de um determinado interesse que preside a decisão administrativa num sentido de favorecimento ou prejuízo a alguém decorre, em última análise, de que o decisor não considerou adequadamente os interesses relevantes para o caso e não desconsiderou os irrelevantes. Em outras palavras, independentemente de uma vontade de beneficiar ou prejudicar, a decisão que desse processo decorre é pessoal por razões objetivas.[51]

Assim, o que cumpre verificar é se, no exercício da autonomia decisória, a Administração produziu ou captou as informações que deveria, em função da finalidade normativa da competência, e se as processou adequadamente em uma atividade de balanceamento de interesses. Se a decisão administrativa foi o resultado de tal operação, chancelada pelo teste de proporcionalidade, ela será válida, ainda que o órgão de controle possa argumentar que haveria uma decisão "melhor".

Em síntese, o controle informacional da discricionariedade administrativa, ou, de modo ampliado, das hipóteses de autonomia administrativa, atua sobre o processamento das informações que fundamentaram a decisão, não sobre a sua correspondência com uma noção mítica de "melhor decisão possível", ou "única decisão correta".

---

[46] BANDEIRA DE MELLO, Celso Antônio. *Curso de direito administrativo*. 35. ed. São Paulo: JusPodivm; Malheiros, 2021. p. 96.

[47] DI PIETRO, Maria Sylvia Zanella. *Direito administrativo*. 31. ed. São Paulo: Forense, 2018. p. 94.

[48] ROCHA, Cármen Lúcia Antunes. *Princípios constitucionais da administração pública*. [s.l.]: [s.n.], [s.d.]. p. 147; FREITAS, Juarez. *O controle dos atos administrativos e os princípios fundamentais*. 4. ed. São Paulo: Malheiros, 2009. p. 82.

[49] BATISTA JÚNIOR, Onofre Alves. *Princípio constitucional da eficiência administrativa*. 2. ed. Belo Horizonte: Fórum, 2012. p. 287. Assinalando que a Administração, como parte na prossecução dos interesses públicos, não pode assumir uma posição de neutralidade, pelo que sua imparcialidade é relativa, ANDRADE, José Carlos Vieira de. A imparcialidade da administração como princípio constitucional. *Boletim da Faculdade de Direito da Universidade de Coimbra*, Coimbra, v. 1, p. 219-246, 1974. p. 225-226.

[50] MOREIRA NETO, Diogo de Figueiredo. *Curso de direito administrativo*: parte introdutória, parte geral e parte especial. 15. ed. Rio de Janeiro: Forense, 2009. p. 104.

[51] Nesse sentido, tratando do princípio da imparcialidade, com argumentos que se podem empregar também ao princípio da impessoalidade, já que os sentidos subjetivos deles se equivalem, DUARTE, David. *Procedimentalização, participação e fundamentação*: para uma concretização do princípio da imparcialidade administrativa como parâmetro decisório. Coimbra: Almedina, 1996. p. 290.

4 Nota conclusiva

Uma resposta juridicamente adequada para os desafios contemporâneos do controle da Administração Pública passa pela clarificação dos critérios de identificação das hipóteses de autonomia decisória da Administração Pública e pela caracterização dos limites do controle externo – pelo Poder Judiciário e pelos Tribunais de Contas.

No âmbito de uma legalidade transformada e de uma sociedade da informação e de riscos, o reconhecimento da relevância da discricionariedade administrativa e da margem de apreciação jurídica requer uma perspectiva informacional do Direito Administrativo, em que tal controle se limita a uma aferição informacional do processo decisório, isto é, para além da verificação da norma de competência e de outras normas que eventualmente limitem o espaço decisório, o controlador se limitará a verificar se a decisão decorreu de um processamento de informações ponderado e proporcional, não lhe cabendo substituir o juízo administrativo.

Referências

ANDRADE, José Carlos Vieira de. A imparcialidade da administração como princípio constitucional. *Boletim da Faculdade de Direito da Universidade de Coimbra*, Coimbra, v. 1, p. 219-246, 1974.

ARAÚJO, Florivaldo Dutra de. *Motivação e controle do ato administrativo*. Belo Horizonte: Del Rey, 1992.

AUGSBERG, Ino. *Direito administrativo informacional*: por uma dimensão cognitiva do controle jurídico das decisões administrativas. São Paulo: Contracorrente, 2023.

BANDEIRA DE MELLO, Celso Antônio. *Curso de direito administrativo*. 35. ed. São Paulo: JusPodivm; Malheiros, 2021.

BATISTA JÚNIOR, Onofre Alves. *Princípio constitucional da eficiência administrativa*. 2. ed. Belo Horizonte: Fórum, 2012.

BITENCOURT NETO, Eurico. *Concertação administrativa interorgânica*: Direito Administrativo e organização no século XXI. São Paulo: Almedina, 2017.

BITENCOURT NETO, Eurico. Discricionariedade administrativa, margem de livre decisão e o art. 20 da Lei de Introdução às Normas do Direito Brasileiro. *In*: GOMES, Carla Amado; NEVES, Ana Fernanda; BITENCOURT NETO, Eurico. *Discricionariedade administrativa e controlo da administração pública*. Lisboa: ICJP, 2023. Disponível em: https://icjp.pt/publicacoes/pub/1/37542/view.

CORREIA, José Manuel Sérvulo. *Legalidade e autonomia contratual nos contratos administrativos*. reimpr. Coimbra: Almedina, 2003.

CORREIA, José Manuel Sérvulo. Margem de livre decisão, equidade e preenchimento de lacunas: as afinidades e os seus limites. *In*: MIRANDA, Jorge (Ed.). *Estudos em homenagem a Miguel Galvão Telles*. Coimbra: Almedina, 2012. v. 1. p. 379-402.

CORREIA, José Manuel Sérvulo; MARQUES, Francisco Paes. *Noções de direito administrativo*. 2. ed. Coimbra: Almedina, 2021. v. 1.

DI PIETRO, Maria Sylvia Zanella. *Direito administrativo*. 31. ed. São Paulo: Forense, 2018.

DUARTE, David. A discricionariedade administrativa e a competência (sobre a função administrativa) do Provedor de Justiça. *In*: PROVEDORIA DE JUSTIÇA (Ed.). *O Provedor de Justiça – novos estudos*. Lisboa: Provedoria de Justiça, 2008.

DUARTE, David. *Procedimentalização, participação e fundamentação*: para uma concretização do princípio da imparcialidade administrativa como parâmetro decisório. Coimbra: Almedina, 1996.

FREITAS, Juarez. *O controle dos atos administrativos e os princípios fundamentais*. 4. ed. São Paulo: Malheiros, 2009.

GARCÍA DE ENTERRÍA, Eduardo; FERNÁNDEZ, Tomás-Ramón. *Curso de derecho administrativo*. 14. ed. Navarra: Thomson-Civitas, 2008. v. 1.

GONÇALVES, Pedro Costa. *Manual de direito administrativo*. Coimbra: Almedina, 2019. v. 1.

JUSTEN FILHO, Marçal. *Curso de direito administrativo*. 7. ed. rev. atual. Belo Horizonte: Fórum, 2011.

KRELL, Andreas J. Discricionariedade administrativa, conceitos jurídicos indeterminados e controle judicial. *Revista da Escola de Magistratura Federal da 5ª Região*, Recife, n. 8, p. 177-224, 2004.

MAURER, Hartmut. *Direito administrativo geral*. Tradução de Luís Afonso Heck da 14. ed. Barueri: Manole, 2006.

MOREIRA NETO, Diogo de Figueiredo. *Curso de direito administrativo*: parte introdutória, parte geral e parte especial. 15. ed. Rio de Janeiro: Forense, 2009.

OTERO, Paulo. *Direito do procedimento administrativo*. Coimbra: Almedina, 2016. v. 1.

OTERO, Paulo. *Legalidade e administração pública*: o sentido da vinculação administrativa à juridicidade. Coimbra: Almedina, 2003.

SCHMIDT-AβMANN, Eberhard. *La teoria general del derecho administrativo como sistema*. Madri-Barcelona: INAP-Marcial Pons, 2003.

SILVA, Suzana Tavares da. A nova dogmática do direito administrativo: o caso da administração por compromissos. *In*: GONÇALVES, Pedro (Org.). *Estudos de contratação pública*. Coimbra: Coimbra Editora, 2008. t. I. p. 893-942.

SOUSA, Marcelo Rebelo de; MATOS, André Salgado de. *Direito administrativo geral*: introdução e princípios fundamentais. 3. ed. Lisboa: Dom Quixote, 2008. t. I.

WOLFF, Hans J.; BACHOF, Otto; STOBER, Rolf. *Direito administrativo*. Tradução de António F. de Sousa. Lisboa: Fundação Calouste Gulbenkian, 2006. v. 1.

Informação bibliográfica deste texto, conforme a NBR 6023:2018 da Associação Brasileira de Normas Técnicas (ABNT):

BITENCOURT NETO, Eurico. Controle informacional da discricionariedade administrativa. *In*: JUSTEN, Monica Spezia; PEREIRA, Cesar; JUSTEN NETO, Marçal; JUSTEN, Lucas Spezia (coord.). *Uma visão humanista do direito*: homenagem ao Professor Marçal Justen Filho. Belo Horizonte: Fórum, 2025. v. 1, p. 231-243. ISBN 978-65-5518-918-6.

O PENSAMENTO DE MARÇAL JUSTEN FILHO NA CONFORMAÇÃO DA TEORIA BRASILEIRA DO DIREITO ADMINISTRATIVO CONTEMPORÂNEA

FERNANDO MENEZES DE ALMEIDA

1 Apresentação

Com grande alegria recebi o convite para juntar-me à homenagem ao caro amigo Marçal Justen Filho. Marçal, cuja rica produção mostrou-se de excepcional qualidade desde seus primeiros e pioneiros trabalhos, construiu, como professor, doutrinador, advogado e consultor, uma obra de fundamental importância para o direito e para as instituições jurídicas no Brasil, formando inúmeras gerações e instruindo permanentemente governantes e praticantes do direito pelo caminho dos melhores princípios e valores.

Uma peculiaridade da obra de Marçal, que sempre chamou minha atenção, é sua capacidade de transitar com excelência por diversas áreas do direito, como exemplo, empresarial, tributária e administrativa, sempre com uma ampla visão transversal das questões.

No trabalho que produzi como tese de concurso de professor titular na Universidade de São Paulo, sobre *a formação da teoria do direito administrativo no Brasil*, tive a oportunidade de aprofundar a análise de diversas ideias de Marçal Justen Filho. Pretendo assim, no presente texto, reproduzir alguns aspectos dessa análise.

2 Proposta de compreensão de uma teoria brasileira do direito administrativo

Na ocasião, busquei abordar o objeto de estudo "teoria" como fruto de criação coletiva, independente da conexão com autorias individuais. Nesse sentido, não produzi uma tese sobre história do pensamento de autores administrativistas no Brasil nem sobre obras que expressem esse pensamento.

Todavia, necessariamente passei por diversas citações de autores, com a identificação de seu pensamento pessoal, e de obras específicas, uma vez que não é outra a matéria-prima de que se forma a teoria.

Em suma, a *tese* que se pretende sustentar é a de que a teoria do direito administrativo no Brasil submete-se historicamente a um *processo formativo*, encontra um momento de *formação de continuidade teórica* aproximadamente em torno da década de 40 do século XX e chega aos dias de hoje com um grau de *maturidade,* adquirido nestes primeiros anos do século XXI, que permite qualificá-la como uma teoria *brasileira* do direito administrativo.

Maturidade é a expressão com a qual se quer designar um novo momento de adensamento, de ganho de complexidade da teoria ao longo de seu processo formativo.

E, após esse novo momento, a teoria do direito administrativo no Brasil pode-se dizer uma teoria *brasileira* do direito administrativo, para frisar o grau com que possui elementos *especificamente nacionais,* ao lado de elementos universais.

Tais elementos especificamente nacionais, impregnados de um sentido finalístico-valorativo, passam a ser o novo centro de convergência das preocupações substanciais da teoria.

Esse sentido finalístico-valorativo – faço aqui uma breve síntese do argumento –, aplicado à teoria do direito administrativo, foi construído a partir de uma adaptação da clássica chave de análise de Hélio Jaguaribe, identificando as seguintes "principais posições" delimitadoras da "controvérsia ideológica brasileira": "a) O Cosmopolitismo, compreendendo duas variantes, a liberal e a desenvolvimentista; b) O Nacionalismo, compreendendo duas variantes, a socializante e a desenvolvimentista".[1]

Numa formulação que se harmoniza com o pensamento de Hélio Jaguaribe, mas que foi concebida em investigação histórica especialmente voltada para mundo do direito, Carlos Guilherme Mota[2] trabalha com as categorias "liberais" e "nacionalistas".

Carlos Guilherme Mota esclarece que, no Brasil republicano, os liberais – diferentemente dos liberais europeus: revolucionários e progressistas, com envolvimento direto nas revoluções burguesas – tendem a um misto de conservadorismo social com defesa de direitos típicos das democracias liberais e com abertura à integração econômica internacional; enquanto os nacionalistas tendem a ser estatistas, de diversos matizes ideológicos de esquerda, centro ou direita.

Assim, extraindo e adaptando dos raciocínios de Jaguaribe e de Mota elementos propícios para a compreensão da formação da teoria do direito administrativo no Brasil, em sua evolução pós-1930, concebem-se duas posições:

a) liberal, com suas vertentes democrática e subjetivista; e

b) estatizante, com suas vertentes nacionalista e publicista.

Os troncos *liberal* e *estatizante* devem ser, pois, compreendidos ambos no contexto do estado de direito ocidental, contexto em que o Brasil, em linhas gerais, sempre se

---

[1] JAGUARIBE, Hélio. *Desenvolvimento econômico e desenvolvimento político*. Rio de Janeiro: Fundo de Cultura, 1962. p. 201. Para o aprofundamento de cada posição e suas variantes, ver p. 201-210.

[2] MOTA, Carlos Guilherme. Para uma visão de conjunto: a história do Brasil pós-1930 e seus juristas. *In*: MOTA, Carlos Guilherme; SALINAS, Natasha S. C. (Coord.). *Os juristas na formação do Estado-Nação brasileiro*: 1930 – dias atuais. São Paulo: Saraiva, 2010. p. 72.

inseriu, em que pesem oscilações (no plano do governo) de tendências autoritárias ao longo da história.

É tradicional trabalhar-se na teoria política e mesmo na teoria do direito constitucional, com a dicotomia "liberalismo/totalitarismo" (inserindo-se o autoritarismo como uma forma mais branda de totalitarismo). Assim ensina Georges Burdeau, em obra atualizada por Francis Hamon e Michel Troper:

> Os sistemas liberais são aqueles nos quais essas normas [jurídicas, especialmente as legislativas] tratam apenas de certas matérias e, nessas matérias, somente dos princípios fundamentais, deixando o restante para a autonomia das pessoas privadas. Esses sistemas preservam, pois, a liberdade dessas pessoas. A liberdade em questão é, de um lado o conjunto das liberdades dito "liberdades públicas" ou "direitos humanos", de outro lado, a liberdade econômica.
>
> Nos sistemas totalitários, ao contrário, existe um grande número de normas, produzidas pelo poder político e que regem todos os campos da vida, de modo a que a margem deixada para a autonomia, isto é, para a liberdade dos indivíduos é muito frágil.[3]

Ora, no caso, a referência a uma posição *liberal*, quanto à teoria do direito administrativo, comunga da mesma essência acima indicada para os sistemas liberais, que assim pode ser adaptada e contextualizada: dar prioridade à existência de uma esfera livre da interferência estatal, para a plena realização dos direitos fundamentais.

Por outro lado, a posição *estatizante* não corresponde à *totalitária* da dicotomia clássica. No contexto do Estado de direito brasileiro, ela é uma derivação, em grau intermediário, da posição *liberal* (da dicotomia clássica), mas em que ganha predominância a interferência estatal para a realização desses mesmos direitos fundamentais.

Não se trata, portanto, de uma posição estatizante que tenda (como seria no caso do totalitarismo) à anulação dos indivíduos. É, sim, uma posição estatizante no sentido de valorizar a ação estatal como instrumento para a realização dos direitos desses indivíduos.[4]

As vertentes das posições liberal e estatizante, acima propostas para a compreensão da formação da teoria do direito no Brasil, também merecem uma breve explicação.

Em primeiro lugar, diferentemente do que se passa na análise empreendida por Hélio Jaguaribe, essas vertentes não são simultâneas, mas sucedem-se no tempo.

Assim, ao longo do período histórico delimitado entre 1930 e 1988, a posição *liberal* tende a comportar predominantemente o qualificativo *democrático*, enquanto a posição *estatizante* tende a comportar predominantemente o qualificativo *nacionalista*.

Democrático não é necessariamente qualificativo de *liberal* nem vice-versa. Portanto, não é uma redundância dizer liberal-democrático. Por outro lado, *democrático* não é propriamente algo oposto a *nacionalista*, mas sim a *autocrático*. E o *nacionalismo* não é necessariamente *autocrático*.[5]

---

[3] HAMON, Francis; TROPER, Michel. *Droit constitutionnel*. 33. ed. Paris: LGDJ, 2012. p. 99. Tradução nossa.

[4] Aliás, esclareça-se que "estatizante" não tem aqui o sentido econômico de transferência para o domínio estatal de certos bens antes de domínio privado.

[5] *Democracia* opõe-se à *autocracia* como sistemas de elaboração das normas jurídicas, conforme, respectivamente, o princípio da *autonomia* ou o princípio da *heteronomia*, isto é, conforme as normas jurídicas sejam produzidas pelos

O par de expressões *democrático* e *nacionalista* é aqui empregado para enfatizar características da posição *liberal* e da posição *estatizante*, especialmente no período histórico entre 1930 e 1988. A oposição dicotômica está, pois, entre *liberal* e *estatizante* (e não entre *democrático* e *nacionalista*).

Com efeito, durante os governos, que se sucedem segundo distintos regimes constitucionais, no período em questão, os liberais (independentemente de serem ou não também nacionalistas) tendem a pôr em relevo sua característica democrática; assim como os estatizantes (independentemente de serem ou não também democráticos) tendem a pôr em relevo sua característica nacionalista.

E, ao longo do período histórico posterior a 1988, a posição *liberal* passa a caracterizar-se predominantemente como *subjetivista*, enquanto a posição *estatizante*, como *publicista*.

Os qualificativos *democrático* e *nacionalista* não estão abolidos da realidade política brasileira, mas restam em segundo plano no âmbito das controvérsias próprias da teoria do direito administrativo.

Num período de consolidação progressiva da democracia brasileira – fenômeno que hoje persiste e parece ainda ter forças para se projetar para as próximas décadas – que é também o período (em sua fase mais próxima dos dias de hoje) de *amadurecimento* da teoria *brasileira* do direito administrativo, as posições *liberal* e *estatista* passam a se matizar mais por sua propensão a enaltecer, como valores fundantes do direito administrativo, os *direitos fundamentais* ou o *interesse público*.

Os qualificativos *subjetivista* e *publicista*, em suma, são uma referência à convergência finalística da teoria em direção, respectivamente, ao valor dos *direitos fundamentais* ou ao valor do *interesse público*.

Subjetivista, portanto, não se relaciona com o sentido de algo voltado ao íntimo do psiquismo, mas sim com *sujeitos* dos direitos fundamentais; e *publicista* é empregado para expressar a ligação com o destaque que certa corrente teórica pretende dar ao caráter *público* do interesse a ser prioritariamente protegido pelo direito administrativo.

Ora, retomo aqui a premissa de que, por um lado, na tese, não pretendi produzir um estudo da história do pensamento de autores administrativistas no Brasil, nem das obras que expressem esse pensamento – concebendo "teoria" como fruto de criação coletiva, independente da conexão com autorias individuais –; entretanto, por outro lado, na tese inevitavelmente apresentei o pensamento pessoal presente em obras especificamente citadas, uma vez que não é outra a matéria-prima de que se forma a teoria.

Nesse sentido, Marçal Justen Filho foi presença fundamental entre os autores cujo pensamento é marcante da apontada vertente *liberal-subjetivista* da teoria brasileira do direito administrativo contemporâneo.

---

mesmos indivíduos que a ela estarão submetidos, ou conforme sejam produzidas por outros indivíduos. Essa a clássica lição de Hans Kelsen, em sua *General theory of law and state* (Tradução de Anders Wedberg. Cambridge: Harvard University, 1949. p. 284 e segs.). Hamon e Troper, na referida atualização da obra de Burdeau, valendo-se dos conceitos propostos por Kelsen, mostram que pode haver – ainda que com pequena probabilidade de existência na prática – um sistema democrático e totalitário (em que a lei, elaborada pelo próprio povo, limite as suas liberdades), assim como pode haver um sistema autocrático e liberal (em que a lei, elaborada por pessoas distintas do conjunto de seus destinatários, preserve as liberdades) (HAMON, Francis; TROPER, Michel. *Droit constitutionnel*. 33. ed. Paris: LGDJ, 2012. p. 100).

Não pretendo aqui – insisto – personificar a teoria. Nem mesmo reduzir o pensamento de Marçal a um rótulo pelo qual designei um elemento abstrato de análise. Mas certamente identifiquei na obra de Marçal uma forte e consistente presença do elemento central dos *direitos fundamentais*, a marcar uma virada na teoria do direito administrativo pós-1988.

Passo a esclarecer e ilustrar melhor.

3 Os direitos fundamentais como elemento central de uma nova vertente da teoria do direito administrativo

A perspectiva jurídica induz identificar no início da vigência da Constituição de 1988 o marco simbólico para a separação de períodos históricos no Brasil. Entretanto, não é simplesmente o dia 5.10.1988 que se apresenta na história como um divisor de águas. O processo político-social, levando à mudança do regime, por óbvio, é muito mais complexo. Todavia, a então nova Constituição ofereceu a base jurídica ao mesmo tempo indicativa e indutora de mudança na realidade social, especialmente na dimensão jurídica dessa realidade.

A Constituição de 1988 pode ser inserida no contexto, comum a diversos países ocidentais, de "constitucionalização do direito", no sentido de "efeito expansivo das normas constitucionais, cujo conteúdo material e axiológico se irradia, com força normativa, por todo o sistema jurídico", tal como esclarece Luís Roberto Barroso.[6]

Ainda que se trate de fenômeno sentido, em linhas gerais, nos estados de direito ocidentais, a incidência e a intensidade da constitucionalização do direito não é igual em todos eles. A precedência, em termos de produção de impactos sensíveis no direito positivo, cabe à Alemanha, especialmente com a compreensão da dimensão objetiva dos direitos fundamentais, ou seja, a dimensão que os toma por referência ao seu significado para a sociedade como um todo, e não apenas por referência ao proveito individual que deles decorra.

A constitucionalização do direito com base na ideia-chave de direitos fundamentais, sob influência desse modo germânico, é fenômeno sentido atualmente no Brasil.

Os direitos fundamentais, como tratados pela Constituição brasileira, são a mais relevante marca do sistema constitucional atual e mais importante vetor para sua compreensão.

Refletindo-se sobre as obras que dão substrato à teoria do direito administrativo, a Constituição de 1988 e o fenômeno da constitucionalização do direito induzem a que seus temas substanciais das obras se concentrem em torno de valores e fins constitucionalmente previstos.

Essa convergência numa visão finalístico-valorativa, contudo, não implica convergência dos autores quanto aos valores a inspirar os fins. Neste ponto, situa-se a divergência entre basicamente duas correntes de pensamento, que se desenvolvem em torno dos eixos valorativos fundados, de um lado, nos *direitos fundamentais*, e, de outro,

---

[6] BARROSO, Luís Roberto. A constitucionalização do direito e suas repercussões no âmbito administrativo. *In*: ARAGÃO, Alexandre Santos de; MARQUES NETO, Floriano de Azevedo (Coord.). *Direito administrativo e seus novos paradigmas*. Belo Horizonte: Fórum, 2008. p. 32.

no *interesse público* – caracterizando o que sugeri denominar corrente *liberal-subjetivista* e corrente *estatizante-publicista*.

Repito: *subjetivista* e *publicista* são uma referência à convergência finalística da teoria em direção, respectivamente, ao valor dos *direitos fundamentais* ou ao valor do *interesse público*. *Subjetivista* relaciona-se, pois, com *sujeitos* dos direitos fundamentais; e *publicista*, com ao caráter *público* do interesse a ser prioritariamente protegido pelo direito administrativo.

Com a estabilização democrática marcada pela Constituição de 1988, a corrente dita estatizante desloca-se para conectar-se a determinada visão valorativa de legalidade, inspirada pela supremacia do interesse público.

No sentido da afirmação do valor do interesse público, posição emblemática em obras contemporâneas tem sido a de Celso Antônio Bandeira de Mello.

O autor, buscando as "'pedras de toque' do regime jurídico administrativo", parte da compreensão de que o direito administrativo reproduz as características do regime de direito público em geral, às quais acrescenta especificidades. Daí prossegue:

> O regime de direito público resulta da caracterização normativa de determinados interesses como pertinentes à sociedade e não aos particulares considerados em sua individuada singularidade.
>
> Juridicamente esta caracterização consiste, no Direito Administrativo, segundo nosso modo de ver, na atribuição de uma disciplina normativa peculiar que, fundamentalmente, se delineia em função da consagração de dois princípios:
>
> a) supremacia do interesse público sobre o privado;
>
> b) indisponibilidade, pela Administração, dos interesses públicos.[7]

Deixo, porém, de desenvolver esse ponto, citado apenas para marcar o contraste com a visão centrada no valor dos direitos fundamentais.

E justamente é a posição de Marçal Justen Filho que bem ilustra a divergência teórica, propondo a substituição, como fundamento do regime de direito público, da noção de interesse público, pela de direitos fundamentais, enquanto "conjunto de normas jurídicas, previstas primariamente na Constituição e destinadas a assegurar e promover a dignidade humana em suas diversas manifestações, de que derivam posições jurídicas para os sujeitos privados e estatais".[8]

Para Marçal Justen Filho, "O regime de direito público consiste num conjunto de normas jurídicas que disciplinam poderes, deveres e direitos vinculados diretamente à supremacia e à indisponibilidade dos direitos fundamentais".[9]

Nota-se claramente, por comparação à postura anterior, a substituição da noção de *interesse público* pela noção de *direitos fundamentais*, como portadora dos atributos de supremacia e indisponibilidade.

---

[7] BANDEIRA DE MELLO, Celso Antônio. *Curso de direito administrativo*. 33. ed. São Paulo: Malheiros, 2016. p. 55-56.

[8] JUSTEN FILHO, Marçal. *Curso de direito administrativo*. 14. ed. Rio de Janeiro: Forense, 2023. p. 56.

[9] JUSTEN FILHO, Marçal. *Curso de direito administrativo*. 14. ed. Rio de Janeiro: Forense, 2023. p. 36.

Diversas justificativas para sua crítica à supremacia do interesse público como fundamento do direito administrativo são expostas na obra de Marçal. Delas, em rápido sumário, podem-se destacar: a existência de uma diversidade de fundamentos para o direito administrativo, não redutíveis a um único princípio; a existência de uma diversidade até mesmo inerente ao interesse público, que antes se apresenta como "interesses públicos"; o anacronismo da invocação de "interesses"; enfim, a própria inexistência de um conteúdo específico para a noção de interesse público.[10]

Segundo Marçal Justen Filho, a própria definição de "direito administrativo" tem como elemento central os "direitos fundamentais":

> Direito administrativo é o conjunto das normas jurídicas que disciplinam a organização e o funcionamento das estruturas estatais e não estatais investidas da função administrativa estatal e da gestão dos bens públicos e privados necessários, visando a realização dos direitos fundamentais da generalidade do povo e a promoção do desenvolvimento nacional sustentável.[11]

Pode-se, pois, vislumbrar uma tendência da corrente liberal – no âmbito da teoria do direito administrativo – de alinhar-se valorativamente com a defesa dos direitos fundamentais; e uma tendência da corrente estatizante, com a defesa do interesse público.

E cada qual vislumbra como ponto criticável da outra não o valor em si por ela defendido, mas o uso "liberal" ou "estatizante" que faça do valor.

Dito de outro modo, o pensamento estatizante não é contra os direitos fundamentais, mas acusa a outra corrente de pensamento de invocá-los para favorecer os interesses econômicos privados, inclusive os internacionais. E o pensamento liberal não é contra o interesse público, mas imputa à outra corrente um uso desse valor para anular a preeminência do indivíduo em face do Estado.

Sigo, com o pensamento de Marçal Justen Filho, ilustrando esse segundo aspecto:

> O resultado é que o Direito Administrativo, nos dias atuais, exterioriza-se em concepções e institutos que refletem uma visão autoritária da relação entre Estado e indivíduo. A manifestação mais evidente desse descompasso reside na concepção de que o fundamento do Direito Administrativo consiste na supremacia do interesse público. Essa proposta incorpora o germe da rejeição à importância do particular, dos interesses não estatais e das organizações da sociedade. [...]
>
> O núcleo do Direito Administrativo do espetáculo reside no pressuposto de que o ser humano não é o protagonista nem da História, nem dos processos políticos, nem do direito. O Direito Administrativo do espetáculo costuma qualificar o ser humano como "o particular", ou "o administrado". O particular é uma figura indeterminada e imprecisa, destituída de características diferenciais em face do Estado e da Administração Pública (sempre com iniciais maiúsculas). O administrado não tem rosto em face do Direito Administrativo, é quase uma sombra.[12]

---

[10] JUSTEN FILHO, Marçal. *Curso de direito administrativo.* 14. ed. Rio de Janeiro: Forense, 2023. p. 39 e segs.

[11] JUSTEN FILHO, Marçal. *Curso de direito administrativo.* 14. ed. Rio de Janeiro: Forense, 2023. p. 1.

[12] JUSTEN FILHO, Marçal. O direito administrativo de espetáculo. *In:* ARAGÃO, Alexandre Santos de; MARQUES NETO, Floriano de Azevedo (Coord.). *Direito administrativo e seus novos paradigmas.* Belo Horizonte: Fórum, 2008. p. 67; 73-74.

4 Exemplo de reflexo prático do uso da teoria: o controle de legalidade da ação administrativa

Essa divergência entre vertentes da teoria do direito administrativo não se limita à dimensão abstrata. Verifique-se – sempre recordando que aqui faço uma síntese de ideias expostas com mais detalhamento em meu referido livro sobre *a formação da teoria do direito administrativo no Brasil* –, por exemplo, uma consequência dessa divergência sobre a concepção do controle jurisdicional da administração pública.

Basicamente, duas novas posições começam a se formar na contemporânea teoria do direito administrativo. Pode-se vislumbrar uma tendência de que a *vertente liberal* da teoria do direito administrativo no Brasil, e que pode ser associada à defesa valorativa dos direitos fundamentais como seu ponto principal, pretenda ver nesses direitos o critério básico do órgão jurisdicional para aferir o cumprimento da legalidade da ação administrativa.

A índole liberal dessa tendência, em sua origem (em período constitucional anterior), expressava-se pela ênfase nas garantias decorrentes da legalidade cumulativamente material (norma geral e abstrata) e formal (ato do parlamento), a serem respeitadas pelo controle jurisdicional, cabendo a este igualmente fazer a administração respeitá-las.

No contexto atual, o aspecto *formal* da legalidade passa a incluir mais intensamente o ato do poder constituinte, ao lado do ato do parlamento. Isso, aliás, não deixa de comportar, em essência, a mesma remissão à elaboração da lei por seus destinatários ou, no mais das vezes, pelos representantes desses destinatários.

E o aspecto *material* da legalidade, por um lado – o lado da aplicação direta de princípios –, expande essa generalidade e abstração a um grau que tende à perda de segurança do comando normativo, do ponto de vista do destinatário da norma, quanto aos delineamentos da conduta que se pretende disciplinar.[13] Porém, por outro, busca uma compensação, destacando a importância das regras – prioritariamente as constitucionais, mas também as legais – enquanto comandos dotados de maior definição em seu enunciado.

Assim, a invocação da importância das regras mitiga a margem de ação do intérprete jurisdicional na aplicação do que seria uma livre ponderação dos princípios.

Trata-se, enfim, de uma visão tendente a valorizar a decisão do legislador (ou do legislador constituinte), e não a decisão do órgão jurisdicional de controle, no tocante à definição da ação administrativa devida.

Por certo que a palavra final será dada pelo órgão jurisdicional; porém, a postura teórica em questão sustenta uma preponderância substancial da decisão legislativa (inclusive constitucional) que diminui a margem de "escolha" a que proceda o julgador no momento de decidir.

---

[13] Como sugere Carlos Ari Sundfeld, "vive-se hoje um ambiente de 'geleia geral' no direito público brasileiro, em que princípios vagos podem justificar qualquer decisão". E, mais adiante, explicitando não desprezar o debate contemporâneo sobre a teoria dos princípios, explica sua intenção de "contribuir para resgatar a seriedade do tema, que foi se perdendo com o uso forense dos princípios. De nada adiantará a crescente sofisticação teórica alcançada pelos pensadores se, usando o pretexto e o charme da teoria, o que os práticos estiverem fazendo não for além de puro voluntarismo. A caricatura dos princípios é um problema real, importante, que precisa ser enfrentado" (SUNDFELD, Carlos Ari. *Direito administrativo para céticos*. São Paulo: Malheiros, 2012. p. 60).

Nessa lógica, prepondera a decisão legislativa, ainda que sempre passível de controle jurisdicional. E, de todo modo, restringe-se a prevalência da decisão discricionária da administração.

O que se espera do controle jurisdicional é reconduzir a decisão administrativa à decisão contida na legalidade, esta amplificada na medida em que se entenda iluminada pelos valores constitucionalmente prestigiados. Não se espera, todavia, que o controle jurisdicional interfira com a decisão legislada (especialmente, com a decisão constitucionalizada).

A ampliação do controle de constitucionalidade das leis, fenômeno evidente do momento atual, não modifica essa perspectiva. Na verdade, a recondução das leis (em sentido estrito) à conformidade com a Constituição, ainda que feita pelo órgão jurisdicional, não nega a lógica de que a decisão normativa de conteúdo geral e abstrato já fora tomada pelo órgão de representação da vontade legiferante popular – no caso, o constituinte.

A perspectiva liberal-subjetivista, em essência, caracteriza-se por valorizar a legalidade como decisão tomada no plano normativo geral e abstrato, em relação à decisão jurisdicional, ou à decisão administrativa, tomadas no plano normativo individual e concreto. Essa legalidade que se preconiza possui um sentido amplo – constitucional, antes de mais nada – e é axiologicamente inspirada.

Cite-se, para ilustrar a construção teórica que se está a analisar, os seguintes pontos extraídos da obra de Marçal Justen Filho, valendo-me aqui de trechos de edição anterior da referida obra,[14] com o intuito de evidenciar que há mais de década Marçal já adotava postura crítica hoje bem mais frequente:

a) "o reconhecimento da importância dos princípios conduziu a certo desprestígio das regras, o que é um equívoco";

b) "o princípio não fornece uma solução exata, precisa e predeterminada", remetendo a quem decide no caso concreto a escolha da solução mais adequada";

c) "a existência das regras é essencial para a segurança jurídica e para a certeza do direito";

d) "é evidente que a aplicação das regras deve ser permeada pela influência dos princípios, mas não se pode eliminar a certeza inerente à regra";

e) "a regra traduz as escolhas quanto aos valores e aos fatos sociais, permitindo a todos os integrantes da sociedade conhecer de antemão a solução prestigiada pelo direito".

Nota-se, portanto, que essa postura teórica está a valorizar a escolha de solução feita pelo legislador, isto é, por aquele que toma a decisão vislumbrando a matéria por uma perspectiva distanciada da situação individual e concreta.

Nesse sentido, para seguir na ilustração da teoria, por sua vertente liberal-subjetivista, lembre-se ainda, com Odete Medauar,[15] que não se vive um momento de erosão do princípio da legalidade, mas sim do princípio da legalidade "girando só em torno da lei votada pelo Parlamento". Trata-se, agora, de uma legalidade que vincula a

---

[14] JUSTEN FILHO, Marçal. *Curso de direito administrativo*. 9. ed. São Paulo: Revista dos Tribunais, 2013. p. 134-135.

[15] MEDAUAR, Odete. *O direito administrativo em evolução*. 3. ed. Brasília: Gazeta Jurídica, 2017. p. 171.

atividade da administração a "valores consagrados constitucionalmente e inerentes ao modelo de Estado aí previsto".

Também é emblemática dessa preocupação liberal-subjetivista com o prestígio da decisão normativa geral e abstrata a valorização da segurança jurídica. A decisão legislativa prévia é importante instrumento para ampliar o potencial de previsibilidade da conduta a ser exigida dos indivíduos.

5 Uma "escola" dos direitos fundamentais?

A atual tensão entre uma corrente teórica liberal baseada no valor dos direitos fundamentais e uma corrente teórica estatizante baseada no valor do interesse público – ambas buscando justificar esses valores em elementos peculiares do sistema constitucional brasileiro – é importante indicador desse novo estágio evolutivo da teoria do direito administrativo, que se disse, no início deste texto, de *maturidade*.

As noções de direitos fundamentais e de interesse público são elementos presentes, em essência (com variações terminológicas), na teoria do direito administrativo desde suas origens.

A novidade do período atual está no fato de essas noções tornarem-se os polos de um debate análogo ao que se celebrizou na França, protagonizado pela Escola do Serviço Público e pela Escola da *Puissance Publique*.

No meu trabalho sobre *a formação da teoria do direito administrativo no Brasil*, arrisquei afirmar existirem atualmente, no âmbito nacional, uma Escola dos Direitos Fundamentais e uma Escola do Interesse Público, marcos de uma teoria brasileira do direito administrativo. E certamente essa Escola dos Direitos Fundamentais – caso se aceite a referida afirmação – muito deve a Marçal Justen Filho.

Referências

BANDEIRA DE MELLO, Celso Antônio. *Curso de direito administrativo*. 33. ed. São Paulo: Malheiros, 2016.

BARROSO, Luís Roberto. A constitucionalização do direito e suas repercussões no âmbito administrativo. *In*: ARAGÃO, Alexandre Santos de; MARQUES NETO, Floriano de Azevedo (Coord.). *Direito administrativo e seus novos paradigmas*. Belo Horizonte: Fórum, 2008.

HAMON, Francis; TROPER, Michel. *Droit constitutionnel*. 33. ed. Paris: LGDJ, 2012.

JAGUARIBE, Hélio. *Desenvolvimento econômico e desenvolvimento político*. Rio de Janeiro: Fundo de Cultura, 1962.

JUSTEN FILHO, Marçal. *Curso de direito administrativo*. 14. ed. Rio de Janeiro: Forense, 2023.

JUSTEN FILHO, Marçal. *Curso de direito administrativo*. 9. ed. São Paulo: Revista dos Tribunais, 2013.

JUSTEN FILHO, Marçal. O direito administrativo de espetáculo. *In*: ARAGÃO, Alexandre Santos de; MARQUES NETO, Floriano de Azevedo (Coord.). *Direito administrativo e seus novos paradigmas*. Belo Horizonte: Fórum, 2008.

KELSEN, Hans. *General theory of law and state*. Tradução de Anders Wedberg. Cambridge: Harvard University, 1949.

MEDAUAR, Odete. *O direito administrativo em evolução*. 3. ed. Brasília: Gazeta Jurídica, 2017.

MENEZES DE ALMEIDA, Fernando Dias. *A formação da teoria do direito administrativo no Brasil*. 2. ed. São Paulo: Quartier Latin, 2019.

MOTA, Carlos Guilherme. Para uma visão de conjunto: a história do Brasil pós-1930 e seus juristas. *In*: MOTA, Carlos Guilherme; SALINAS, Natasha S. C. (Coord.). *Os juristas na formação do Estado-Nação brasileiro*: 1930 – dias atuais. São Paulo: Saraiva, 2010.

SUNDFELD, Carlos Ari. *Direito administrativo para céticos*. São Paulo: Malheiros, 2012.

Informação bibliográfica deste texto, conforme a NBR 6023:2018 da Associação Brasileira de Normas Técnicas (ABNT):

ALMEIDA, Fernando Menezes de. O pensamento de Marçal Justen Filho na conformação da teoria brasileira do direito administrativo contemporânea. *In*: JUSTEN, Monica Spezia; PEREIRA, Cesar; JUSTEN NETO, Marçal; JUSTEN, Lucas Spezia (coord.). *Uma visão humanista do Direito*: homenagem ao Professor Marçal Justen Filho. Belo Horizonte: Fórum, 2025. v. 1, p. 245-255. ISBN 978-65-5518-918-6.

REGIME JURÍDICO DOS REGULAMENTOS: AS NECESSÁRIAS DISTINÇÕES ENTRE LEI, REGULAMENTO E ATO ADMINISTRATIVO

FLAVIO JOSÉ ROMAN

1 Introdução

O presente ensaio, tal como sistematizado, revisto e atualizado, é elaborado para compor volume em homenagem ao professor Marçal Justen Filho. Sinto-me bastante honrado com a possibilidade de, revisitando estudos anteriores sobre o tema da lei, do ato administrativo e, em especial, do regulamento,[1] poder prestar essa justa homenagem a um dos maiores administrativas brasileiros com o qual tenho a satisfação do convívio na graduação e na pós-graduação do Instituto Brasileiro de Ensino, Desenvolvimento e Pesquisa (IDP-DF). O convite, porém, foi-me formulado diretamente pelo aluno Lucas Spezia Justen, a quem tiver o prazer de ministrar as aulas de Direito Administrativo II na graduação do IDP-DF. Jovem altamente qualificado, que se destaca não só pela inteligência e sólida formação humanista, mas também pelo comportamento sempre cortês e atencioso. Foi, então, pelo fruto que conheci ainda melhor essa frondosa árvore de conhecimento do Direito Administrativo.

Um fato interessante, porém, foi descobrir que os estudos de Direito Administrativo não foram a primeira opção de Marçal Justen Filho, mas, sim, o Direito Tributário e, em especial, o Direito Comercial. E foi justamente o tema da licitação, um dos mais áridos do Direito Administrativo, que foi capaz de trazer o prof. Marçal para a ordem dos administrativistas.

---

[1] Os apontamentos aqui lançados retomam os estudos sobre o tema empregados em dois textos com sistemática bem diferente da apresentada nesta oportunidade, que tem por foco a distinção entre o regime jurídico do ato administrativo e do regulamente. Cf. ROMAN, Flavio José. A função regulamentar da Administração Pública e a regulação do sistema financeiro nacional. *In*: JANTALIA, Fabiano (Coord.). *A regulação jurídica do sistema financeiro nacional*. Rio de Janeiro: Lumen Juris, 2009, e ROMAN, Flavio José. *Os regulamentos e as exigências da legalidade estudo sobre a viabilidade dos regulamentos delegados no ordenamento jurídico brasileiro*. Dissertação (Mestrado) – Programa de Pós-Graduação, PUC-SP, 2007.

Realmente, tivemos muita sorte com essa mudança. Marçal certamente figura em qualquer panteão de administrativistas, não apenas pelo tema da licitação, mas também pelas mais diversas searas do Direito Administrativo. Tanto assim que nos agraciou com um *Curso de direito administrativo*, que já chega à 15ª edição. Nessa obra, propõe uma visão inovadora, a partir de uma proposta de gravitação do Direito Administrativo em torno dos direitos fundamentais. "O núcleo do direito administrativo reside não no interesse público, mas na promoção dos direitos fundamentais indisponíveis".[2] Essa é a visão humanista que se pretende celebrar com o presente volume.

Todavia, não só pelas lições ministradas, pelos livros e artigos publicados, o Prof. Marçal nos cativa, mas assim o faz também pela experiência que compartilha para mudar a forma do ensino do Direito Administrativo, participando de iniciativas que trazem mudanças de paradigma na forma como os temas devem ser ministrados.[3]

Tudo isso mostra a responsabilidade que é tentar organizar e sistematizar um dos temas que nos parece dos mais relevantes para o Direito Administrativo na contemporaneidade, que é o do regime jurídico do regulamento para compor obra que leva a grife Marçal Justen Filho.

Feito, assim, esse breve esclarecimento preliminar dos motivos deste ensaio, avançamos apontar qual é o regime jurídico do regulamento administrativo no ordenamento jurídico brasileiro.

O Direito Administrativo é o Direito em oposição ao Poder. As origens do Direito Administrativo o vinculam a uma atitude de oposição ao Poder, pois é um Direito que se justifica enquanto limitação do Poder. Dessa forma, esse Direito é, naturalmente, refratário ao reconhecimento das prerrogativas da Administração, especialmente quanto ao reconhecimento de um poder normativo da Administração, exercido em paralelo à atividade legislativa do Parlamento. Nesse contexto, esse poder normativo é facilmente compreendido como contrário ao Estado de Direito.

Essa desconfiança em relação ao Poder, em verdade, essa luta contra o Poder impregna (ou deve impregnar) toda compreensão do Direito Administrativo.[4] O Direito Administrativo deve ser visto "como um conjunto de limitações aos poderes do Estado ou, muito mais acertadamente, como um conjunto de deveres da Administração em face dos administrados".[5] Até mesmo por que é a acolhida da separação de poderes e da legalidade que vai dar existência ao Direito Administrativo e colocar amarras nas prerrogativas da Administração.[6]

---

[2]   JUSTEN FILHO, Marçal. *Curso de direito administrativo*. 15. ed. Rio de Janeiro: Forense, 2024. p. 44.

[3]   Fazemos referência aos seguintes textos: JUSTEN FILHO, Marçal. O direito administrativo como aventura existencial e as peripécias de um insubordinado. *REI – Revista Estudos Institucionais*, 9(3), p. 791-809, set./dez. 2023. DOI: https://doi.org/10.21783/rei.v9i3.781 e SUNDFELD, Carlos Ari *et al. Curso de direito administrativo em ação*: casos e leituras para debate. São Paulo: JusPodivm, 2024.

[4]   Nas palavras de Agustín Gordillo: "El derecho administrativo es derecho constitucional y político, es lucha contra el poder –cualquier poder– en la defensa de los derechos de los indivíduos y associacions de indivíduos, es la aventura de pensar". GORDILLO, Agustín. *Tratado de derecho administrativo*. 7. ed. Belo Horizonte: Del Rey e Fundación de Derecho Administrativo, 2003. t. 1 (parte genemeral). p. I-10.

[5]   BANDEIRA DE MELLO, Celso Antônio. *Curso de direito administrativo*. 20. ed. São Paulo: Malheiros, 2006. p. 42.

[6]   Cf. TÁCITO, Caio. Transformações no Direito Administrativo. *Boletim de Direito Administrativo*, São Paulo, p. 82-86, fev. 1999. p. 82. Também Marcello Caetano destaca que "a *legalidade*, ou submissão da Administração às leis é condição essencial da existência do Direito Administrativo". CAETANO, Marcello. *Manual de direito administrativo*. 10. ed. Revista e atualizada por Diogo Freitas do Amaral. Coimbra: Almedina, 1973, 7. reimpr. 2001. p. 45. Cf., ainda, MAURER, Harmut. *Direito administrativo geral*. Tradução de Luís Afonso Heck. Barueri: Manole, 2006. §2, 8, 9, p. 17-8.

Gordillo explica, porém, que a noção de ato administrativo nasce com a Revolução Francesa e nos chega com o peso de haver nascido com o privilégio do funcionário. Essa noção é compromissada, portanto, com o poder. O direito constitucional argentino – assim também nosso ordenamento constitucional – começa, então, a alterar essa perspectiva. Daí que o central hoje não deve ser o *ato* impugnado, mas a *pretensão* processual, isto é, o *direito* do indivíduo e não a *prerrogativa* da Administração. As teses que procuravam assegurar que a Administração é sempre a fiel tutora do interesse público e o particular é o seu inimigo já não devem, pois, prevalecer. O que deve prevalecer em todos os casos é o direito e a justiça e não o poder desgarrado da lei.[7]

Essa compreensão remete ao cuidado indicado por Marçal Justen Filho sobre as origens não democráticas dos atributos do ato administrativo.[8] Eis, já de partida, uma excelente razão prática para apartar o regime jurídico do ato administrativo do regime jurídico da competência regulamentar: afastá-lo dos aspectos não democráticos e garantir-lhe um regime próprio, consentâneo com os riscos do reconhecimento de uma atividade normativa infralegal.

Se, por um lado, essa compreensão de Direito Administrativo o coloca numa posição avessa à ampliação das prerrogativas da Administração Pública.[9] Por outro lado, explica a posição majoritária da doutrina de Direito Administrativo que é terminantemente contrária ao reconhecimento de qualquer possibilidade normativa da Administração Pública capaz de criar direito ou obrigação. Estes autores entregam ao regulamento o mais diminuto espaço possível e compreendem-no como ato totalmente incapaz de alterar o ordenamento jurídico.[10] É possível dizer, inclusive, que há um significado emocional negativo da palavra regulamento no Direito Administrativo.[11]

Não obstante o esforço do Direito Administrativo na repressão e na contenção da atividade normativa da Administração, na atualidade, verifica-se um incremento de suas possibilidades normativas: gostemos ou não dessa ampliação dos poderes da Administração, não podemos, contudo, negá-la. A atividade normativa da Administração ganhou, pois, maior relevo, em especial diante da impossibilidade do Legislativo em suprir a carência de uma normatividade complexa e apta a resolver os novos conflitos da sociedade globalizada. No campo da regulação econômica, principalmente, verifica-se o

---

[7] Gordillo, ob. cit., t. 3 (el acto administrativo), 6. ed., p. I 1 5.

[8] "Há forte resquício das teorias políticas anteriores à instauração do Estado Democrático de Direito, que identificavam a atividade administrativa como manifestação da soberania estatal. Como decorrência, o ato administrativo traduzia as prerrogativas do Estado, impondo-se ao particular pela utilização da força e da violência". JUSTEN FILHO, Marçal. *Curso...* cit., p. 159.

[9] "[...] uma das finalidades do direito administrativo é limitar o poder. Por isso, as regras de forma do ato administrativo não se orientam à defesa dos interesses da Administração. Ao contrário, a disciplina sobre a forma dos atos administrativos destina-se a garantir o controle das competências administrativas e dos poderes estatais". *Idem, ibidem*, p. 169.

[10] Nesse sentido, as considerações de Ruy Cirne Lima são emblemáticas: "No presente, porém, a significação do regulamento é apagadíssima [...]. Inoperante *contra legem* ou sequer *praeter legem*, o regulamento administrativo endereçado como vimos, à generalidade dos cidadãos, *nenhuma importância, como direito material possui*. Avulta nele, certamente, o cometimento técnico. Cumpre-lhe resolver o problema da execução da lei – problema técnico jurídico, por excelência". LIMA, Ruy Cirne. *Princípios de direito administrativo*. 7. ed. revista e reelaborada por Paulo Alberto Pasqualini. São Paulo: Malheiros, 2007. p. 88, o grifo não consta do original.

[11] Sobre o chamado significado emotivo das palavras, cf. CARRIÓ, Genaro R. *Notas sobre derecho y lenguaje*. 4. ed. Buenos Aires: Abeledo-Perrot, 1990. p. 22-4. Também Karl Olivecrona ao tratar das funções da linguagem fala das propriedades emotivas das palavras. OLIVECRONA, Karl. *Linguagem jurídica e realidade*. Tradução de Edson L. M. Bini. Prefácio de Alaôr Caffé Alves. São Paulo: Quartier Latin, 2005. p. 50-2.

desenvolvimento das possibilidades regulamentares da Administração. Não é possível repetir no Parlamento a multiplicidade de interesses vigentes na sociedade. Daí um crescimento da discricionariedade administrativa, normativa ou não, bem como da busca de novas fontes de legitimidade da atuação administrativa, como uma maior participação popular nos negócios da Administração, a contratualização da atividade administrativa, com o fim de buscar maior consenso, além da procedimentalização da atuação administrativa e da consensualidade nos negócios administrativos.[12]

A atualidade revela, pois, a necessidade de um ordenamento jurídico mais flexível, apto a acompanhar tais mudanças, o que envolve, inexoravelmente, todos os riscos de uma atuação normativa da Administração e que devem ser necessariamente sopesados pelo Direito Administrativo. Afinal, cabe questionar se a necessidade de uma Administração mais dinâmica é razão suficiente para uma relativazação do princípio da legalidade.[13]

Alguns autores, contudo, não se intimidaram em criticar a doutrina de Direito Administrativo e reclamaram novos paradigmas para o Direito Administrativo,[14] o que gerou uma relação de tensão na doutrina quanto ao tema do regulamento. Exemplo disso são as fortes palavras de Eros Roberto Grau, quando acusa a doutrina nacional de Direito Administrativo de isolar-se olimpicamente da realidade.[15]

A proposta de nosso estudo, contudo, não é o debate acerca dos limites e possibilidades do regulamento no ordenamento jurídico brasileiro. O objeto deste ensaio cinge-se à discussão acerca da conveniência e da utilidade de se continuar a estudar os regulamentos como uma espécie de ato administrativo. É questionar, portanto, se uma operacional sistematização da função administrativa reclama ou não uma diferenciação entre regulamentos e atos administrativos. É discorrer sobre as notas distintivas dos regimes jurídicos desses conceitos jurídicos e concluir, portanto, se as diferenças são significativas e justificam, pois, o estudo separado de regulamentos e atos administrativos.

Ao pretender expor as razões que justificariam o estudo apartado dos regulamentos, não queremos, contudo, tergiversar com a ideia segundo a qual o Direito Administrativo se presta para reconhecer deveres e não prerrogativas da Administração.

---

[12] Cf. MONCADA, Luís S. Cabral de. *Lei e regulamento*. Coimbra: Coimbra Editora, 2002. p. 17-23 e p. 148-57.

[13] "A dinâmica administrativa de nossos dias não é argumento bastante para a eliminação da reserva da lei no âmbito das prestações económicas e sociais. A tese de que é preferível uma administração operativa embora autónoma a uma administração que não actua, tendo em vista os interesses e necessidades sociais em causa, não é convincente nem sequer do ponto de vista sociológico em que a sua defesa costuma ser colocada. Não está provado que a dispersão das actividades administrativas conduza sempre aos melhores resultados e sobretudo não é possível provar que administração funciona tanto mais eficientemente quanto mais tênue fosse a sua vinculação à lei". *Idem, ibidem*, p. 220.

[14] Sobre a idealização de novos paradigmas de Direito Administrativo, remetemos às obras de MARQUES NETO, Floriano Peixoto de Azevedo. *Regulação estatal e interesses públicos*. São Paulo: Malheiros, 2002 e BINENBOJM, Gustavo. *Uma teoria de direito administrativo*: direitos fundamentais, democracia e constitucionalização. Rio de Janeiro: Renovar, 2006.

[15] "A doutrina brasileira tradicional do direito administrativo, isolando-se da realidade, olimpicamente ignora que um conjunto de elementos de índole técnica, aliado a motivações de premência e celeridade na conformação do regime a que se subordina a atividade de intermediação, tornam o procedimento legislativo, com seus prazos e debates prolongados, inadequado à ordenação de matérias essencialmente conjunturais. [...] Não é estranho, assim, que essa doutrina – no mundo irreal em que se afaga – não avance um milímetro além da afirmação, por exemplo, de que todas as resoluções do Conselho Monetário Nacional, editadas pelo Banco Central do Brasil são inconstitucionais!" GRAU, Eros Roberto. *O direito posto e o direito pressuposto*. 6. ed. São Paulo: Malheiros, 2005. p. 232-3.

Logo, a distinção não se presta para reconhecer, em hipótese alguma, prerrogativas legislativas à Administração Pública. Afinal, não se pode simplesmente olvidar todo o esforço desenvolvido para se reduzir os espaços de atuação livre (ou política) da Administração. Não se pretende, destarte, excluir os regulamentos da função administrativa ou sequer ampliar os poderes da Administração para conferir aos seus atos o valor de lei. Bem por isso, o primeiro esforço de nosso estudo foi procurar distinguir, como questão preliminar, o regulamento da lei.[16]

Assim, reconhecimento de um regime jurídico-administrativo específico do regulamento tem a pretensão de tornar mais segura e simples a enumeração das limitações próprias dessa atividade da Administração, pois que reconhecemos mais rapidamente as especificidades desse regime jurídico. Então, a diferenciação servir a uma melhor operacionalização do controle dos atos regulamentares em função da imediata compreensão das peculiaridades de seu regime jurídico, bem como dos riscos inerentes a essa atuação normativa.

E esse conhecimento se revela também útil em razão da sua já apontada presença marcante e de sua imprescindibilidade em nosso cotidiano. O parecer de Agustín Gordillo, embora não deixe de enfatizar os riscos do poder regulamentar, também é nesse sentido: "En la inmediatez diaria de la vida administrativa, el reglamento es la norma de mayor importancia momentânea".[17]

Logo, se não é possível reduzir a zero as possibilidades normativas da Administração, ao revés, a complexidade atual torna imprescindível sua atuação, convém conhecer as particularidades do regime jurídico dessa sua forma de atuação, com o fim de melhor aparelhar o administrado contra eventual sanha normativa da Administração.

1.1 Função dos conceitos jurídicos

Antes, porém, de avançar para apontar as notas distintivas dos regimes jurídicos do regulamento e do ato administrativo, é preciso estabelecer algumas premissas acerca do que se compreende por conceito jurídico e qual a finalidade que exercem na ciência jurídica.

Procuramos nos afastar, de pronto, daquelas concepções segundo as quais os conceitos jurídicos devem revelar a essência ou a *verdadeira* natureza jurídica de determinado instituto jurídico.[18] Os conceitos jurídicos não são verdadeiros ou falsos: eles são ou não úteis porque indicam de forma própria os efeitos jurídicos de determinado instituto jurídico.[19]

---

[16] Cabral de Moncada explica que, inicialmente, o alcance do princípio da legalidade referia-se justamente às relações entre lei e regulamento, pretendo limitar o poder normativo autônomo do Executivo, especialmente pela ideia de reserva da lei. Só numa fase seguinte o princípio da legalidade passa a viger na atuação concreta do Executivo e, finalmente, torna-se pressuposto de sua atuação. Ob. cit. p. 72-9 e nota 76.

[17] Ob. cit. loc. cit., p. VII-20.

[18] "Como recuerda Alf Ross (*Sobre el derecho y la justicia*, Buenos Aires, Abelado-Perrot, 1961, p. 11 y sus remissiones), pertenece al pasado la formulación de preguntas tales como qué es lo que algo 'realmente es' (op. cit., p. 109); ello se vincula a 'la creencia de que las palabras representan objetivamente conceptos o ideas dados cuyo significado debe ser descubierto y descripto', la que se remonta a la teoría de la definición de Aristóteles, en la cual 'el filósofo se pregunta qué «son realmente» «verdad», «belleza», «bondad», etc. y cree posible establecer definiciones verdaderas' (Op. loc. cit.)". Gordillo, ob. cit., t. 1, p. I-18-9. V., ainda, G. Carrió, ob. cit., p. 100-3 e 117-8.

[19] Cf. Celso Antônio Bandeira de Mello, ob. cit., p. 349-55.

A linguagem jurídica utiliza termos da linguagem ordinária,[20] pois que seu uso eficaz exige que seja compreendida pelo maior número possível de pessoas. Bem por isso, apresenta características próprias dessa linguagem natural, dentre as quais a vaguidade potencial. É que as palavras não possuem um significado preciso, elas não têm mais que uma zona central, onde seu significado é mais ou menos certo, e uma zona exterior na qual sua aplicação já não é tão usual, em que é cada vez mais difícil dizer com precisão se a palavra deve ou não ser aplicada.[21] Em Direito Administrativo, a zona de incerteza é usualmente muito ampla. Daí a imprescindibilidade de se estipular um campo de aplicação mais preciso – ainda que não seja possível uma estipulação totalmente precisa –[22] para se conhecer então o campo de aplicação de determinado regime jurídico e não outro. Há, portanto, certa margem para uma *liberdade de estipulação*, para que se procure sistematizar e ordenar a atividade administrativa. Mas não se deve confundir essa liberdade com arbitrariedade; não se deve apartar o conceito de seu significado usual, o que pode gerar má-compreensão ou, até mesmo, o solipsismo.[23]

O discurso jurídico manipula muitas palavras sem referência semântica, isto é, sem referência a um estado de coisas: seriam palavras "ocas".[24] Dessa forma, estabelecem, numa primeira série de regras, os fatos que geram determinado conceito, e, em outra série, as consequências jurídicas relativas a esse conceito. As normas jurídicas poderiam se expressar sem necessidade de utilizar essa referência: bastaria estabelecer diretamente uma conexão entre cada fato e a sua consequência jurídica, dispensando, assim, o recurso ao conceito jurídico. Mas um ordenamento assim concebido seria extremamente complexo e de dificílima manipulação diante do número assombroso de normas que seriam necessárias. Daí a necessidade de o pensamento jurídico conceitualizar as normas, de forma a reduzi-las a uma ordem sistemática com o fim de oferecer uma versão do direito vigente mais clara e mais compreensível.[25]

Os conceitos não são, pois, mais do que convenções, pontos de referência, aos quais relacionamos determinadas consequências que o direito lhe atribui; a cada conceito, portanto, deve, em tese, corresponder um conjunto de normas que formam seu regime jurídico.

Como nos explica Gordillo, numa releitura do princípio lógico da identidade, "Posiblemente no hay dos cosas en el universo que sean exactamente iguales en todos los aspectos", bem como "probablemente no haya dos cosas en el universo tan diferentes entre sí que no tengan algunas características comunes, de manera que constituyan una base ubicarlas dentro de una misma clase".[26] O critério, portanto, para se procurar

---

[20]   Cf. Karl Olivecrona, ob. cit., p. 17.

[21]   Cf. Genaro Carrió, ob. cit. p. 31-6 e 49-55.

[22]   Carrió explica que não basta recorrer a novas ou mais palavras para tentar uma definição exata, a incerteza, ainda que possa ser reduzida, é inexorável Ob. cit., p. 69-70.

[23]   Cf. Gordillo, ob. cit., loc. cit., p. I-14-21 e Carrió, ob. cit., p. 91-5.

[24]   Cf. Karl Olivecrona, ob. cit., p. 47 e segs.

[25]   Cf. ROSS, Alf. *Tû-Tû*. Tradução de Edson L. M. Bini. Prefácio de Alaôr Caffé Alves. São Paulo: Quartier-Latin, 2004. p. 28-42. V. também Karl Olivecrona, ob. cit., p. 93-5, trecho no qual analisa a função técnica da expressão "direito subjetivo" e utiliza a figura do "entroncamento ferroviário" para retratar o papel desempenhado pela noção de direito subjetivo: "Sem o entroncamento, seria necessário construir muitíssimas linhas diretas para conectar os pontos terminais de ambos os grupos" Ob. cit., p. 95.

[26]   Ob. cit., loc. cit., p. I-21.

distinguir esse plexo de efeitos jurídicos, que caracteriza dado conceito jurídico, deve ser, pois, o da utilidade dessa diferenciação, porque logramos encontrar diferenças *substanciais* entre dois institutos. A definição que se oferece deve então corresponder a uma adequada metodologia e a uma satisfatória sistematização da realidade do regime jurídico da função administrativa.[27]

2 A lei e o regulamento

Iniciamos, pois, pela diferenciação entre os conceitos de lei e de regulamento. Não existe possibilidade de se associar ato da Administração e lei. O primeiro cuidado em tema de regulamentos é diferenciá-lo da lei. A palavra *lei* é muitas vezes usada com o sentido bastante amplo para significar norma ou a norma escrita. Contudo, o termo *lei* refere-se a um tipo especial de norma, àquela que é supremo governo da comunidade. Deve-se, portanto, evitar a conceituação do regulamento como lei material.

2.1 Sentido material e formal da palavra *lei*

A *lei* é fruto da atividade parlamentar, que prevalece perante qualquer outra fonte normativa, exceção feita à Constituição. Nada, além da Constituição, pode limitar a lei, porque aquele que pretenda limitar a lei quer colocar-se acima dela, sendo uma das características do conceito de lei a superioridade hierárquica. Por isso, seu poder de inovação do ordenamento jurídico é completo.[28]

Não obstante o sentido de lei antes assinalado – manifestação escrita superior derivada da atividade parlamentar –, é usual a distinção do termo *lei* em seu sentido formal e em seu sentido material. Em sentido formal ou orgânico, lei é o ato do órgão constitucionalmente encarregado de exercer a função legislativa na forma prevista pelo processo legislativo.[29] Nesse sentido, a proposta é definir a lei sem questionar acerca de seu conteúdo, ou seja, pouco importa se o ato é ou não geral e abstrato. Já em sentido material, a lei é o ato jurídico emanado do Estado com o caráter de norma geral, abstrata e obrigatória, com a finalidade de regular a vida coletiva.[30] É definir a lei pelas notas da abstração, da generalidade e de sua força obrigatória, sem se questionar acerca da origem do ato e de sua forma de produção.

Essa proposta acaba por aproximar regulamento e lei, mediante a afirmação de que os regulamentos são *lei* em sentido material. Uma aproximação, porém, indesejável.

A exigência de generalidade e abstração da lei explica-se historicamente pela força do pensamento liberal em sua luta contra os privilégios então existentes. É revelador da

---

27 Cf. Gordillo, ob. cit., loc. cit., p. X-1.

28 Cf. GARCÍA DE ENTERRÍA, Eduardo; FERNÁNDEZ, Tomás-Ramón. *Curso de derecho administrativo.* 12. ed. Madrid: Civitas, 2004, reimpr. 2005. v. 1, p. 116. Os autores espanhóis explicam que, afastada a justificação pelo princípio monárquico, o poder regulamentar deve hoje se fundamentar numa disposição constitucional. Ob. cit., loc. cit., p. 186. Os autores destacam na obra a produção de cada um, mas se solidarizam pelo conjunto, pois participam ativamente da redação de todo o texto. Ob. cit., loc. cit., p. 8, razão pela qual em todas as citações dessa obra atribuímos o texto aos dois autores.

29 FAGUNDES, Miguel Seabra. *O controle dos atos administrativos pelo Poder Judiciário.* 7. ed. Atualizada por Gustavo Binenbojm. Rio de Janeiro: Forense, 2005. p. 25-6. Cf., ainda, Harmut Maurer, ob. cit., §4, 8, p. 69.

30 Cf. M. Seabra Fagundes, ob. cit., p. 22.

força da lei como garantia à livre vontade individual. Entretanto, no Estado Social, a lei não cumpre apenas a função de garantia, mas é instrumento de implantação de política pública: a lei não perde sua função de garantia, mas ganha novas funções.[31]

2.2 Conteúdo da lei: ato administrativo na forma de lei

O conceito material de lei é tormentoso em razão da impossibilidade de, na atualidade, definir qual o conteúdo possível da lei. Tudo o que adquire a forma de lei é lei, ao menos quanto à eficácia e à força de lei. Trata-se de um mandamento, que pode ser geral e abstrato ou singular e concreto. Geralmente, trata-se de mandamento geral e abstrato. Todavia, excepcionalmente o Legislativo expede ato concreto e singular pela via legislativa, fenômeno que se tornou mais corrente com a proposta de um Estado interventor. São os casos que Ernest Forsthoff chamou de "leis-medidas" (*massnahme-gesetz*), aproveitando-se da distinção feita por Carl Schimitt entre lei e medida.[32] São, pois, medidas legais concretas destinadas a resolver problemas concretos, econômicos e sociais. O ato, então, torna-se imediatamente impugnável pela via judiciária, como se ato administrativo fosse. Ainda assim, não se pode imaginar que essa lei equivale a um ato administrativo comum. Basta lembrar que a Administração Pública poderia – caso se tratasse de um ato administrativo ordinário – revogá-lo fundada exclusivamente em razões de conveniência e oportunidade. No entanto, somente à lei cabe assim fazer. Não se cogita de revogação de ato com forma de lei por outra forma que não a lei formal.

Portanto, não se pode determinar *a priori* qual é o conteúdo possível da lei. Nesse sentido, forma e conteúdo se identificam. Não há conteúdo ou matéria de lei sem forma de lei.[33] Vale advertir que a Constituição de 1988 (art. 48) estabelece a competência do Congresso Nacional para legislar sobre todas as matérias de competência da União. Não se pode falar, também, de um conteúdo reservado à lei formal, ou, então, deve-se falar em uma reserva total em seu favor.

Chegar a essas conclusões implica admitir a inexistência de limites à prática de atos administrativos concretos pelo Poder Legislativo na forma de lei? A resposta deve ser negativa sob pena de incidirmos em uma tirania legislativa, pois não estaria mais esse Poder obrigado a criar regras iguais para todos.

A questão dos limites à prática de atos administrativos via legislação formal foi analisada por San Tiago Dantas, em estudo no qual, inspirado pela regra do *due process of law* norte-americano, concluiu pela vedação da prática desses atos em dissonância com as leis de regência da matéria. Em meados do século passado, ele já se preocupava com a intervenção do Estado nas relações econômicas e a necessidade da expedição de atos legislativos de conteúdo concreto. Assim, asseverou a necessidade de reconhecermos (a) a natureza ilimitada da atividade legislativa ou, então, (b) firmarmos a "doutrina sobre os limites constitucionais da função legislativa, excluindo dela *as leis que não podem ser feitas*,

---

[31] Cf. Luís S. Cabral de Moncada, ob. cit., p. 941-2.

[32] Cf. CANOTILHO, J. J. Gomes. *Direito constitucional e teoria da Constituição*. 7. ed. 2. reimpr. Coimbra: Almedina, 2003. p. 717-8, Almiro do Couto e Silva, ob. cit., p. 53-4, e Eros Roberto Grau, ob. cit., p. 254-5.

[33] Nesse sentido, mas se referindo ao ordenamento constitucional espanhol que, contudo, se aplica no ponto também ao nosso ordenamento constitucional, García de Enterría e Fernández, ob. cit., loc. cit., p. 124-5.

e que, se o forem, não podem lograr aplicação".[34] Destacou, enfim, a impossibilidade de leis formais com conteúdo concreto dissonantes da regra geral prevista para a matéria, tudo por força da consagração da igualdade perante a lei, nota do Estado de Direito.[35] Se o ato, porque revestido na forma de lei, obriga a todos e imobiliza o Judiciário, "a ordem jurídica não disporá de critérios dogmáticos capazes de repelir os atos de arbítrio que atribuam a um o que a todos é vedado ou que contrariamente privem alguém do que a lei geral manda reconhecer a todos".[36]

É com fundamento nessas considerações de San Tiago Dantas que Seabra Fagundes vai destacar a impossibilidade de o Legislativo abster-se do respeito às normas abstratas e genéricas na expedição de lei de sentido individual. Se assim não fosse, conclui, os direitos subjetivos do administrado ficariam "à mercê de restrições e discriminações capazes de mutilá-lo de morte, ou mesmo extingui-lo".[37]

Também no entendimento de Oswaldo Aranha Bandeira de Mello, "afigura-se inconstitucional qualquer lei individual, isto é, em favor ou contra alguém determinadamente".[38] Tal possibilidade feriria o princípio da igualdade de todos perante a lei.

A Constituição portuguesa de 1976, bem por isso, estabelece no seu art. 18.3 que "As leis restritivas de direitos, liberdades e garantias têm de revestir carácter geral e abstracto e não podem ter efeito retroactivo nem diminuir a extensão e o alcance do conteúdo essencial dos preceitos constitucionais".

Já sobre as leis excepcionadoras de regra geral, isto é, leis especiais, San Tiago Dantas asseverou a necessidade de uma igualdade proporcional, vale dizer, a lei deve se justificar como um reajuste de situações desiguais.[39]

Além da limitação fundada no princípio isonômico, haveria, ainda, um segundo limite: a separação de poderes. Segundo essa concepção, cada órgão do Estado prática atos típicos e atípicos. Mas a prática de atos atípicos por cada órgão encontra limite no núcleo essencial de cada função. Logo, a prática contínua e indiscriminada de atos concretos pela Legislação poderá significar infringência ao princípio da separação de poderes e, por consequência, gerar a inconstitucionalidade da lei concreta. O inverso

---

[34] DANTAS, Francisco Cavalcanti de San Tiago. *Problemas de direito positivo*: estudos e pareceres. 2. ed. Rio de Janeiro: Forense, 2004, p. 24, os destaques são do original.

[35] Ob. cit., loc. cit. p. 40.

[36] "Quer isto dizer que ao parlamento é lícito reservar para sua esfera de competência certos atos administrativos, como a declaração de utilidade pública e todos os outros que dizem com a sua competência constitucional relacionada com a gestação financeira [refere-se às leis orçamentárias]. Esses atos administrativos são formalmente leis, mas sendo atos *in concretu*, dependem para sua validade de serem conformes às leis gerais preexistentes. Se assim não fosse, estaria atingido o princípio da igualdade, e do mesmo passo se comoveriam os fundamentos do Estado de Direito" San Tiago Dantas, ob. cit., p. 55.

[37] Ob. cit., p. 257, nota 11.

[38] BANDEIRA DE MELLO, Oswaldo Aranha. *Princípios gerais de direito administrativo*. 2. ed. Rio de Janeiro: Forense, 1979. v. I. p. 244.

[39] Ob. cit., p. 43-4. O argumento é semelhante ao de Celso Antônio Bandeira de Mello: o fator de discrímen adotado pela derrogação deve guardar relação de pertinência lógica com a desequiparação procedida. Ou seja, deve-se apurar se há justificativa racional para atribuir o específico tratamento jurídico construído em função da desigualdade formada. BANDEIRA DE MELLO, Celso Antônio. *Conteúdo jurídico do princípio da igualdade*. São Paulo: Malheiros, 3. ed. 1993, 8. tir. 2000. p. 37-8 e 47.

também pode caracterizar inconstitucionalidade, vale dizer, a prática reiterada e indiscriminada de ato materialmente legislativo pelo Executivo também é capaz de gerar inconstitucionalidade.[40]

Cada vez que o legislador desce às minúcias do caso concreto, ele perde parte de sua própria condição de legislador, o que explica porque, muitas vezes, não completa totalmente o quadro normativo, e, assim, entrega certa discricionariedade à Administração. Vale dizer, o legislador pode eliminar toda a discricionariedade da Administração, "mas para isso tem de sacrificar a sua própria qualidade de legislador".[41]

Efetivamente, não existe em nosso ordenamento uma reserva de matérias entregue à deliberação da Administração. Não existe, portanto, uma *reserva dogmática* da Administração,[42] o que não significa dizer que, com fundamento numa distinção material de funções, não se possa sustentar uma *reserva funcional* da Administração Pública ou do Executivo. A lição de Cabral de Moncada explica a compreensão dessa reserva funcional de administração, que não configura uma área livre da intervenção legislativa, mas defere uma preferência à Administração no trato da questão:

> A não existência de limites institucionais à competência parlamentar não invalida, porém, que possam existir limites de outra natureza, desde logo funcionais e que a partir deles se não possa construir um novo espaço de manobra do executivo, dentro, claro está, das estruturas constitucionais actuais e só para elas valendo. É por esta via que o problema parece capaz de apresentar soluções: se o parlamento pode efectivamente legislar sobre qualquer assunto, isso não significa que ele o deva fazer, a querer respeitar o estatuto constitucional do executivo, dotado claramente de um âmbito razoavelmente alargado de competência, que lhe não estão reservadas, no sentido formal em que o estão a favor do parlamento, mas que cabem no raio de acção do executivo, mas que estão funcionalmente adstritas.[43]

Com efeito, se não é possível declarar que determinada matéria está dogmática ou constitucionalmente reservada à deliberação discricionária do Executivo, isso não significa que o Legislativo é livre para aniquilar, mediante a reiterada prática de atos concretos, o núcleo essencial da função executiva. Isso, por óbvio, gera inconstitucionalidade por infringência à separação de poderes, eis que o caso infringe o núcleo essencial da função típica da Administração e equivale à aniquilação de um órgão de soberania por outro.

---

[40] Nesse sentido: "A reiterada utilização de «leis concretas» pela assembléia legislativa pode significar a prática de actos administrativos sob a forma de leis, acabando numa deslocação nuclear das funções primariamente competentes do executivo para o âmbito do legislativo. Por outro lado, a sistemática assunção de poderes legislativos por parte dos governos é susceptível de conduzir à concentração de poderes políticos e legislativos no órgão governamental de forma a poder considerar-se nuclearmente lesado o núcleo essencial de funções. Nestes casos, o princípio da separação de poderes pode funcionar com princípio normativo autónomo invocável na solução de litígios jurídico-constitucionais. Gomes Canotilho, ob. cit., p. 252 e nota 17. Na nota o autor português destaca que se deve ter em conta justamente a vigorosa polêmica no direito constitucional brasileiro acerca das medidas provisórias.

[41] QUEIRÓ, Afonso Rodrigues. A teoria do 'desvio de poder' em direito administrativo [1ª parte]. *Revista de Direito Administrativo*, Rio de Janeiro, v. 6, p. 41-78, out./dez. 1946. p. 59.

[42] "O direito brasileiro prevê que cabe à lei dispor sobre toda e qualquer matéria, ressalvados os limites constitucionais". Marçal Justen Filho, ob. cit., p. 202.

[43] Luís S. Cabral de Moncada, ob. cit., p. 370.

É certo também que a hipótese é de difícil caracterização, porque o conteúdo específico da reserva funcional de administração depende justamente do que a legislação lhe defere. A hipótese, portanto, só se verificaria numa situação de anormalidade constitucional, mas fica delineada a hipótese, ao menos no plano abstrato. Também não se pode imaginar – e fique isso bem claro – que caiba ao Executivo o direito de conter a densidade da previsão legislativa, afinal é a conveniência da lei que fixa os limites do que cabe à função administrativa: o que se justifica, portanto, é só uma diretriz de autocontenção do Legislativo.

A conclusão, portanto, é no sentido de que a prática reiterada e contínua de atos concretos pelo Legislativo encontra limites não só no princípio da igualdade, mas também numa compreensão material do princípio da separação de poderes. Esta hipótese, contudo, não garante nenhuma espécie de reserva dogmática ou formal, mas *configura mera diretriz de autocontenção do Legislativo*. Logo, cuida-se de uma reserva relativa e precária, não seria uma reserva propriamente dita.

Não obstante a indicação dessa mera diretriz de autocontenção, um caso muito recente do Supremo Tribunal Federal (STF) sinaliza uma hipótese de controle de constitucionalidade. O avanço do Legislativo por meio das chamadas emendas parlamentares ao orçamento mediante prática reiterada, ainda que o tema estivesse disciplinado por meio de emenda constitucional, levou ao reconhecimento de que a prática poderia significar infringência aos limites constitucionais do poder reformador, caracterizador, em tese, de ato tendente a abolir a separação de poderes e infringente aos princípios republicano e da transparência. O tema é objeto, em especial, de duas ações de controle concentrado, a Arguição de Descumprimento de Preceito Fundamental nº 850 e a Ação Direta de Inconstitucionalidade (ADI) nº 7.688. O voto proferido pelo Min. Gilmar Mendes traz ecos desse argumento:

> O modelo tal como vigente, com a devida vênia, produz efeitos deletérios, porquanto desestimula a coordenação programática de políticas públicas, produz incentivos de atuação fragmentada, sem base nos princípios constitucionais reitores do orçamento público, e diminui consideravelmente o âmbito das despesas discricionárias, asfixiando as competências do Poder Executivo.[44]

Estabelecida a premissa dessa supremacia do espaço legislativo, ressalvadas hipóteses extremas, na sequência indicamos os princípios que presidem a relação lei e regulamento.

2.3 Princípios que presidem a relação entre lei e regulamento

Há, em especial, dois princípios que presidem a relação entre a lei e o regulamento, o da primazia da primeira em face do segundo, e o da reserva material e formal da lei. Estes princípios marcam as profundas diferenças de regime jurídico de cada ato.

---

[44] STF, trecho do voto proferido no julgamento da medida cautelar na ADI nº 7.688, Rel. Min. Flávio Dino, j. em 16.8.2024, acórdão ainda não publicado, o destaque não consta do original.

2.3.1 Princípio da primazia da lei

O princípio da primazia da lei estabelece a prevalência da lei em todas as circunstâncias sobre o regulamento que disponha em sentido contrário. "É pacífico o entendimento de que o regulamento não pode infringir a lei. O regulamento tem hierarquia normativa inferior ao da lei, de modo que a contradição com a norma legal acarreta a invalidade do dispositivo nele contido".[45] Advertimos, mais uma vez, que não há em nosso ordenamento constitucional uma zona de reserva em favor do regulamento. Logo, ele não pode pretender prevalecer sobre a lei em nenhuma circunstância. O regulamento pode, pois, complementá-la, mas não pode contrariá-la ou excluí-la. O contrário, sim, pode se verificar. É usual a afirmação de que o campo próprio do regulamento são as questões internas à Administração, mas, mesmo nessa hipótese, a lei pode disciplinar a questão retirando toda a possibilidade regulamentar da Administração, embora deva fazê-lo com parcimônia.

Para García de Enterría e Fernández, essa primazia ou preferência se justifica porque a lei é a manifestação da comunidade, e o regulamento, da vontade subalterna da Administração. Assim, essa subordinação revela o caráter instrumental da Administração e de seus produtos normativos com respeito ao soberano, i.e., ao povo, cujo representante é o Parlamento. Assim como no Brasil, em Espanha não há qualquer reserva em favor do regulamento, o que também autoriza a conclusão desses autores para afirmar que a lei pode disciplinar toda a matéria, retirando todas as possibilidades antes deixadas ao regulamento.[46]

2.3.2 Princípio da reserva material e formal da lei

O princípio da *reserva material* da lei estabelece que somente a lei pode regular determinadas matérias. O princípio se desenvolve com amparo na doutrina filosófica de John Locke (1632–1704) e Jean-Jacques Rosseau (1712–1778) para assegurar que a liberdade e a propriedade só serão limitadas por meio de lei formal. As limitações à liberdade e à propriedade somente serão possíveis, portanto, por força da vontade geral.[47]

Em nosso ordenamento constitucional, contudo, a questão da reserva tem contornos mais amplos que os antes assinalados, não se restringindo, pois, exclusivamente à questão da liberdade e da propriedade. É que todas as matérias de competência da União estão reservadas à lei formal (art. 48 da Constituição), que estabelece a competência do Congresso Nacional para dispor sobre todas as matérias da competência da União.[48] Essa forma de reserva, aliás, explica Gordillo, é uma característica dos ordenamentos jurídicos latino-americanos.[49] Não há, pois, zonas livres à Administração ou reservadas à sua regulação.

---

[45] Marçal Justen Filho, ob. cit., p. 203. No mesmo sentido: "Sempre que em face de uma norma regulamentar se encontra uma lei, aquela cede a esta. Em outras palavras, o regulamento deve ser compatível com a lei. Trata-se do princípio da preferência da lei". TAVARES, André Ramos. *Curso de direito constitucional*. 2. ed. São Paulo: Saraiva, 2003. p. 447.

[46] García de Enterría e Fernández, ob. cit., loc. cit., p. 238.

[47] García de Enterría e Fernández, ob. cit., loc. cit., p. 241-2.

[48] Nesse sentido, Marçal Justen Filho, ob. cit., p. 202.

[49] Ob. cit., loc. cit., p. VII-7.

Além dessa exigência de completa reserva em favor da lei, nosso ordenamento constitucional traz ainda hipóteses expressas de reserva absoluta da lei: casos em que a densidade da previsão legal deve ser total, como ocorrem nas exigências de atendimento ao princípio da tipicidade penal e tributária. Nesses casos, o legislador constituinte explicitou que será inconstitucional qualquer tentativa do legislador de autorizar à Administração ato normativo que procure estabelecer regra complementar ao atendimento das finalidades legais: todas as disposições pertinentes deverão estar previamente previstas na lei formal.

Demais disso, essa completa reserva material em favor da lei implica um princípio de *reserva formal* da lei. Esse princípio é uma decorrência necessária dos princípios da hierarquia normativa superior da lei e da paridade de formas. Assim, se determinado ato é validamente praticado é preciso um outro ato com a mesma formalidade para retirá-lo do mundo jurídico. Daí se segue que, se determinada matéria está regulada pela lei, somente à lei – ou outro ato equivalente ou superior – cabe reformar sua disciplina.[50] Justifica-se, assim, um congelamento do grau hierárquico.[51] Equivale dizer, o regulamento posterior não revoga a lei, como, aliás, dispõe o art. 2º da Lei de Introdução às Normas do Direito brasileiro.[52] Assim, será preciso, antes, que uma lei revogue a disciplina legal ou determine que, a partir de então, a matéria será regulada em seus termos e nos termos de seu regulamento a ser expedido, revogando indiretamente a lei formal anterior.[53] Também implica dizer que a lei e seu regulamento estão separados e qualitativamente diferenciados: a lei não considera o regulamento parte dela.

2.4 A diferenciação entre a lei e o regulamento

O regulamento, como visto, não é uma *lei* em sentido material. A lei é inovadora, suprema, desde que obedecido o princípio da constitucionalidade,[54] e representa a vontade da comunidade. O regulamento não representa a vontade da comunidade pela simples razão de a Administração não representar a comunidade, ela é uma organização à serviço da comunidade. O regulamento é uma simples regra técnica. Enquanto a lei tem esse caráter amplamente inovador, o regulamento é executivo, complementar ao sentido da lei. A lei é superior e inovadora, já o regulamento é inferior, subalterno, secundário e complementar, gozando exclusivamente da presunção de legitimidade. Daí a correta conclusão de García de Enterría e Fernández de que "El reglamento tiene de común con la Ley el ser una norma escrita, pero difiere en todo lo demás".[55]

---

[50] Cf. Eduardo García de Enterría e Tomás-Ramón Fernández, ob. cit., p. 251.

[51] Cf. J. J. Gomes Canotilho, ob. cit., p. 836-7 e 841-2.

[52] Decreto-lei 4.657, de 4.9.1942: "Art. 2º. Não se destinando a vigência temporária, a lei terá vigor até que *outra a* modifique ou revogue" (o destaque não é do original).

[53] Cf. LEAL, Victor Nunes. Lei e regulamento. *In*: LEAL, Victor Nunes. *Problemas de direito público*. Rio de Janeiro: Forense, 1960. p. 81-2 e nota 22.

[54] André Ramos Tavares explica que o princípio da constitucionalidade exige "que toda lei e ato normativo de um Estado seja praticado em *consonância com a Constituição* e, pois, que perante esta seja *controlável*". Ob. cit., p. 442, destacamos. V., ainda, sobre o princípio da constitucionalidade, RÁO, Vicente, *O direito e a vida dos direitos*. 6. ed. Atualizada e anotada por Ovídio Rocha Sandoval. São Paulo: Revista dos Tribunais, 2004. p. 330-2. Ainda sobre o princípio da constitucionalidade, cf. ROMAN, Flavio José. Princípio da constitucionalidade: algumas questões. *Revista APG – Associação dos Pós-Graduandos da PUC-SP*, São Paulo, p. 143-164, 2008. p. 143 e segs.

[55] Ob. cit., loc. cit., p. 182.

Algo próximo desse entendimento é o de Marcello Caetano. Para esse autor, o regulamento é "norma jurídica de carácter geral e execução permanente dimanada de uma autoridade administrativa sobre matéria de sua competência".[56] Assim, o regulamento tem afinidade com a lei pela generalidade. No entanto, enquanto a lei é um ato político pelo qual se firma a ordem jurídica superior do Estado, o regulamento é um ato de administração (não confundir com ato administrativo). Portanto, o regulamento não apresenta a característica da novidade no que toca à limitação dos direitos individuais: suas normas apenas desenvolvem ou aplicam outras normas que são, sim, inovadoras. Inclui-se, pois, o regulamento na função executiva. Em verdade, ele disciplina a função executiva dos órgãos que exercem essa função. Por ele se procura coordenar e disciplinar a aplicação da lei, garantindo maior eficiência e certeza do direito.[57]

Já Gordillo preocupa-se em enfatizar a impossibilidade de se relacionar lei e ato do Poder Executivo. Invoca, inclusive, a definição de lei proposta pela Corte Interamericana de Direitos Humanos:

> La Corte IDH define pues como leyes "la norma jurídica de carácter general, ceñida al bien común, emanada de los órganos legislativos constitucionalmente previstos y democráticamente elegidos y elaboradas según el procedimiento establecido por las constituciones de los Estados parte para la formación de las leyes", pues "El principio de legalidad, las instituciones democráticas y el estado de derecho son inseparables", es la legislatura electa y no otra la tiene la potestad legislativa.[58]

Gordillo explica, mais à frente, que, mesmo na hipótese de a atividade do Executivo praticar ato materialmente idêntico à lei, ele é incapaz de exercer a função legislativa em seu sentido técnico jurídico, porque há uma "notória diferencia de régimen jurídico entre la ley y el reglamento".[59] O autor explica mais: chamar de lei atos do Poder Executivo envolve um uso semântico legitimador, que deve ser abandonado.[60] Por isso, assim nos parece, faz bem a Constituição francesa ao estabelecer, em seu art. 34, que "La loi est votée par le Parlement".

As considerações de Gordillo também se prestam, no caso brasileiro, para explicar as diferenças entre lei e medida provisória. Esta não é lei justamente porque, editada pelo chefe do Executivo, não segue o processo legislativo constitucional. Não por outra razão, o texto da Constituição (art. 62, §3º) estabelece a necessidade de a medida provisória ser *convertida* em lei, sob pena de perder eficácia. Ora, só se converte em lei aquilo que não é lei.

---

[56] Ob. cit., p. 95, destaque do original.

[57] Marcello Caetano, ob. cit., p. 97-8, e *Princípios fundamentais do direito administrativo*. 2. reimpr. portuguesa da edição brasileira de 1977. Coimbra: Almedina, 2003. p. 80-1.

[58] Gordillo, ob. cit., loc. cit., p. VII-5 e I-12. Ele transcreve trecho das opiniões consultivas n. 6 e n. 8 da Corte IDH, respectivamente.

[59] Gordillo, ob. cit., loc. cit., p. IX-10.

[60] Ob. cit., loc. cit., p. VII-5.

2.4.1 A criação do direito pela via regulamentar

Em outra oportunidade já destacamos a insuficiência da distinção entre regulamento e lei pautada exclusivamente no critério da criação do direito.[61] Na asserção de Diogenes Gasparini, "todo e qualquer regulamento cria direito originariamente".[62] Por isso, destaca que mesmo os regulamentos de execução são inovadores porque completam e detalham a lei lacunosa. É possível, assim, que o regulamento estabeleça formalidades ou requisitos não previstos na lei, mas necessários para assegurar sua execução.[63]

Não obstante, diferente do que dizia Gasparini, somente à lei cabe inovar originariamente, isto é, com fundamento direto no texto da Constituição.[64] Na atual sistemática constitucional, quando a doutrina admite, excepcionalmente, a aplicação direta da Constituição pela Administração para expedir ato, no exercício da função administrativa destaca que se trata de ato plenamente vinculado.[65] Onde não há espaço para juízos discricionários da Administração não há lugar para o regulamento: se a lei já prevê o único modo de atuação possível para a Administração em determinada hipótese, não há espaço para o regulamento.[66] Logo, ao regulamento cumpre intermediar a lei e o ato de aplicação. Só assim é possível discernir competência legislativa e competência regulamentar.[67]

A partir da promulgação da Emenda Constitucional nº 32, de 11.9.2001, parte relevante da doutrina assentiu com a possibilidade de regulamentos autônomos. Admitindo, inclusive, a possibilidade de regulamentos com relativa autonomia pelos Conselhos Nacional de Justiça e do Ministério Público, com amparo em precedente específico do STF, mediante o qual se decretou a validade de norma autônoma com

---

[61] ROMAN, Flavio José. A função... cit., p. 60-5.

[62] GASPARINI, Diógenes. *Poder regulamentar*. 2. ed. São Paulo: Revista dos Tribunais, 1982. p. 13-4.

[63] Essa também é a precisa avaliação de Marçal Justen Filho: "Alguns pensadores rejeitam a possibilidade de qualquer complementação significativa por parte do regulamento em relação à lei. Invocam argumento extraído do art. 84, IV, da CF/1988, que determina incumbir ao Presidente da República a competência para editar decretos e regulamentos para a fiel execução das leis. Sendo assim, o regulamento apenas poderia traduzir a vontade já contida na lei. Discorda-se desse raciocínio. A fiel execução da lei pode significar a realização da finalidade buscada pelo direito, sem que isso signifique a mera repetição dos termos da regulação legislativa. A atuação inovadora do Executivo, por via regulamentar, reflete uma necessidade relacionada à produção normativa. O Legislativo não dispõe de condições para formular todas as soluções. A lei é um esquema normativo que demanda complementação. [...] Se fosse vedada qualquer inovação na disciplina legal, o regulamento seria inútil. [...] Logo, o que se pode discutir não é a existência de cunho inovador nas regras contidas no regulamento, mas a extensão da inovação produzível por essa via. O tema vem merecendo intensa atenção da doutrina estrangeira ao longo do tempo". Ob. cit., p. 205.

[64] Gasparini, no regime constitucional anterior, defendeu a existência de regulamentos autônomos. Assim, admitia que o regulamento poderia, em certas hipóteses, regulamentar a Constituição (ob. cit., p. 58-9). Podemos assentar que o autor, de certa forma, reviu essa posição em obra mais recente porque destacou que os regulamentos autônomos desaparecem com a Constituição de 1988, mas parecem retornar com a nova redação dada o art. 84, VI, da Constituição, pela Emenda Constitucional 32, de 11.9.2001. Cf. GASPARINI, Diógenes. *Direito administrativo*. 10. ed. São Paulo: Saraiva, 2005. p. 122.

[65] Cf. Celso Antônio Bandeira de Mello, ob. cit., p. 359.

[66] Cf. Celso Antônio Bandeira de Mello, ob. cit., p. 326.

[67] Nesse sentido, André Tavares: "Apenas o Poder Legislativo é que goza da faculdade de criar normas jurídicas que inovem originariamente o sistema jurídico nacional. É isso que distingue a competência legislativa da mera competência regulamentar [...] Os decretos regulamentares não se prestam, contudo, à mera repetição da lei, circunstância que lhes conferiria a qualidade de normas inúteis. Os decretos, quando editados, servem para conferir um grau de concretude às normas legais, explicitando-as, tornando-as executáveis pelos órgãos da Administração e pelos particulares" Ob. cit., p. 449.

previsão de vedação ao chamado nepotismo.[68] Assim, a doutrina de Marçal Justen Filho admite "a validade dos regulamentos autônomos necessários à implementação de direitos fundamentais ou à aplicação de vedações contempladas constitucionalmente".[69]

O Decreto nº 12.002, de 22.4.2024, reproduzindo norma já constante do revogado Decreto nº 9.191, de 1º.11.2017, que estabelece normas para elaboração, redação, alteração e consolidação de atos normativos, prevê, em seu art. 26, a possibilidade de edição de "decreto autônomo" nas mesmas hipóteses prevista no art. 84, VI, alíneas "a" e "b", da Constituição. É dizer: tais decretos[70] serviriam para a disciplina interna da Administração federal e para a extinção de cargos ou funções públicas vagas.

O argumento, porém, não nos convence. Isso porque as vedações contempladas constitucionalmente, a exemplo do caso do nepotismo, são hipóteses de vinculação constitucional. Tais atos não seriam, propriamente, regulamentos, pois não veiculam escolhas discricionárias da Administração, como, aliás, destacam alguns precedentes do próprio STF.[71] As outras duas hipóteses, por sua vez, também não se caracterizam como regulamento autônomo em relação à lei. Isso porque na primeira hipótese, quando disciplina a estrutura interna da Administração federal, o regulamento disciplina o funcionamento de um órgão previamente criado por lei formal. Já na segunda hipótese, a extinção de cargo específico vago é um ato concreto e não regulamentar. Tais decretos, portanto, diferente do que estabelece o Decreto nº 12.002, de 2024, não são verdadeiramente autônomos.

Daí as razões pelas quais concluímos que é correto distinguir lei e regulamento pela afirmação de que só à primeira cabe inovar originariamente, isto é, com fundamento direito na Constituição, a ordem jurídica; sem negar, contudo, que ao segundo cabe inovar essa ordem com fundamento na primeira. A principal distinção refere-se à compreensão de que a *lei* é ato do Poder Legislativo, pois que nenhum ato da Administração é capaz de receber, de forma própria, em sentido técnico-jurídico, essa denominação. Logo, só é lei aquela derivada do Poder Legislativo, na forma do processo legislativo constitucional.

Embora seja subalterno à lei, os regulamentos, muitas vezes, propõem-se à tarefa de interpretação da lei. Procuram, dessa forma, indicar o sentido da lei com a finalidade de melhor viabilizar sua aplicação, especialmente quando o conteúdo da lei é sintético ou ampara conceitos indeterminados. Mas a interpretação da lei tanto é tarefa da Administração, para executar a lei, como também do administrado, para ajustar seu comportamento ao previsto na lei. No entanto, só ao Judiciário cabe interpretar de forma definitiva o Direito. Logo, a interpretação da Administração é incapaz de vincular o Judiciário ou mesmo o administrado, que poderá questioná-lo judicialmente.[72]

---

[68] STF, ADC 12, Pleno, Rel. Min. Carlos Britto, j. 20.8.2008. *DJe*, 17.12.2009.

[69] Ob. cit., p. 204.

[70] "Regulamento e decreto são figuras conceitualmente distintas. O regulamento é o conjunto de normas administrativamente editadas. O decreto é o instrumento pelo qual o Chefe do Executivo manifesta formalmente por escrito sua vontade funcional, nas hipóteses cabíveis". Marçal Justen Filho, ob. cit., p. 206.

[71] "Não é privativa do chefe do Poder Executivo a competência para a iniciativa legislativa de lei sobre nepotismo na administração pública: leis com esse conteúdo normativo dão concretude aos princípios da moralidade e da impessoalidade do art. 37, caput, da Constituição da República, que, ademais, têm aplicabilidade imediata, ou seja, independente de lei. Precedentes. Súmula Vinculante 13. STF, RE 570.392, Rel. Min. Cármen Lúcia, j. 11.12.2014. *DJe*, 19.2.2015, Tema 29 da Repercussão Geral.

[72] Cf. Celso Antônio Bandeira de Mello, ob. cit., p. 338.

Aliás, o Prof. Cretella Júnior via na interpretação a "finalidade precípua" do regulamento. Sintetizava os limites dessa interpretação da Administração: "Regulamentar é editar regras ou normas que se limitam a adaptar a atividade humana ao texto e não o texto à atividade humana".[73]

Bem por isso, García de Enterría e Fernández explicam que não se deve atribuir ao regulamento o valor de interpretação autêntica da legislação. Isso porque a Administração não representa o povo e, portanto, não é legislador. Concluem, então, que: "El juez no está, pues, vinculado por la interpretación que de una Ley haga el Reglamento".[74]

Nesse sentido é a doutrina de Diógenes Gasparini:

> A única interpretação aceita pelo sistema é a realizada pelo Judiciário, o único a dizer a palavra final. Nem mesmo a interpretação levada a efeito pelo Poder Legislativo, chamada de autêntica, é aceita, já que é entendida como nova lei, modificadora daquela dita interpretada.[75]

Lembre-se, ainda, como já destacava Seabra Fagundes, que a violação da lei também pode ocorrer por má interpretação da lei. Interpretar a lei é questão de legalidade e legitimidade do ato e não constitui, pois, o seu mérito, judicialmente insindicável.[76]

É que o regulamento não tem valor de lei: quando um ato pode ser equiparado à lei por sua força jurídico-formal, é a própria Constituição que assim o define como faz na hipótese de medida provisória. Então, a Constituição utiliza a fórmula "valor de lei".[77] E isso não acontece no caso do regulamento. Portanto, a interpretação veiculada em regulamento não é interpretação autêntica da lei. A interpretação expressa no regulamento, destarte, só vincula aqueles subordinados hierarquicamente ao emissor do regulamento.

Essa conclusão, contudo, deve ser recebida com temperamentos, ressalvando o caso de regulamentos claramente ilegais. Imaginar a existência de um dever de aplicação do regulamento ilegal em função da subordinação equivale a colocar o regulamento no patamar derrogatório da lei, o que não se justifica.[78] Efetivamente, a subordinação hierárquica não é razão suficiente para obrigar os agentes a preferirem aplicar o regulamento em detrimento da lei, porque tal compreensão da matéria equivaleria a colocar o regulamento em patamar superior ao legal. Essa possibilidade, no entanto, não se aplicaria no caso de uma ordem concreta, ainda que geral, determinar a aplicação do regulamento, segundo os autores espanhóis.[79]

---

[73] CRETELLA JÚNIOR, José. *Dicionário de direito administrativo*. 3. ed. Rio de Janeiro: Forense, 1978, verbete "poder regulamentar", p. 401, 1ª col.

[74] Ob. cit., loc. cit., 2004, p. 100.

[75] *Poder...* cit., p. 64-5.

[76] Seabra Fagundes, ob. cit., p. 185, nota 127.

[77] Cf. J. J. Gomes Canotilho, ob. cit., p. 697.

[78] Cf. García de Enterría e Fernández, ob. cit., loc. cit., p. 226-8.

[79] "El deber de observancia de la Ley y de correlativa inaplicación del Reglamento que la infringe alcanza también –es forzoso repetirlo frente a las creencias habituales– a los mismos funcionarios administrativos. Los funcionarios no están vinculados a los Reglamentos como consecuencia de su subordinación jerárquica, sino en cuanto que dichos Reglamentos forman parte del ordenamiento jurídico, del Derecho objetivo. No están, pues, obligados a aplicar Reglamentos ilegales en todo caso, porque ello supondría reconocer en los Reglamentos un

Diógenes Gasparini, entretanto, assevera a obrigatoriedade dos regulamentos ilegais para as autoridades administrativas inferiores. O regulamento só deve, pois, ser revisto pela autoridade que o expediu. Não obstante, assevera que o agente encarregado da aplicação de um regulamento ilegal "deve representar ao seu superior, nos termos do art. 164, c/c o art. 194, VI, da Lei federal 1.711/52,[80] ou nos termos da legislação estadual ou municipal".[81]

Ora, representar contra o ato ilegal é a forma de o servidor público negar-lhe aplicação. Esta é a forma pela qual o servidor se insurge contra o ato ilegal. Logo, não há como dizer que o servidor é obrigado a cumprir o regulamento ainda que ilegal. Essa é a melhor exegese acerca dos deveres do servidor, pois a lei de regência nega dever de obediência inclusive às ordens diretas manifestamente ilegais, o que dizer de um regulamento. É dever do servidor representar contra a ordem ilegal, negando-lhe aplicação.[82] Analisando o ordenamento jurídico argentino, Gordillo explica que a Administração invocará sua própria torpeza caso insista em aplicar um regulamento ilegal. Aquele que cumpre o regulamento antijurídico deve ser responsabilizado na forma da lei.[83]

Realmente, a inclinação do servidor é apegar-se aos regulamentos em detrimento da lei. É que a densidade normativa dos regulamentos, geralmente, é muito maior do que a da lei. Os regulamentos indicam de forma mais direta e segura a conduta a ser adotada pelo agente público, que tende a guiar-se por eles, deixando de confirmar a legalidade das disposições regulamentares ou, mesmo quando constata a contrariedade, tende a justificar sua postura com fundamento na dicção mais precisa do regulamento.

A solução da questão exige, ainda, a distinção entre o juízo do agente público acerca da ilegalidade e a constituição da ilegalidade, e, a partir daí, da cisão entre o dever de representar contra a ilegalidade e o dever de obediência por força do princípio hierárquico.

Há uma clara diferença entre o conhecimento da ilegalidade ou da invalidade de um ato e sua constituição. Há uma clara diferença entre o conhecimento, a opinião de que determinado ato é inválido e a constituição dessa invalidade. Assim, a rigor, o ato só é inválido no exato momento em que é anulado; antes disso, há apenas uma opinião nesse sentido. O ordenamento jurídico, por isso, qualifica determinado órgão para decidir se determinado ato efetivamente é ou não inválido. Só a manifestação desse órgão é capaz de constituir a ilegalidade. Não existe, pois, ilegalidade de pleno direito, que se pronuncie como que de modo automático. A ilegalidade é um pressuposto,

---

deber de observancia superior al de la Ley; otro, el que administran los funcionarios, en que esa superioridad no entraría en juego". García de Enterría e Fernández, ob. cit., loc. cit., p. 227-8.

[80] Lei nº 1.711, de 28.10.1952, revogada pelo art. 253 da Lei nº 8.112, de 11.12.1990: "Art. 164. É assegurado ao funcionário o direito de requerer ou representar. [...]. Art. 194. São deveres do funcionário: [...] IV – observância das normas legais e regulamentares".

[81] Diógenes Gasparini, *Poder...* cit., p. 70.

[82] Lei nº 8.112, de 11.12.1990: "Art. 116. São *deveres* do servidor: [...] III – observar as normas legais e regulamentares; IV – cumprir as ordens superiores, exceto quando manifestamente ilegais; [...] XII – *representar contra ilegalidade*, omissão ou abuso de poder. Parágrafo único. A representação de que trata o inciso XII será encaminhada pela via hierárquica e apreciada pela autoridade superior àquela contra a qual é formulada, assegurando-se ao representando ampla defesa" (destacamos).

[83] Ob. cit., loc. cit., p. VII-24-5.

um catalisador, da reação do ordenamento contra a ilegalidade, reação essa que é a constituição dessa ilegalidade.[84]

Hartmut Maurer explica que a ordem hierárquica das normas jurídicas disciplina a hierarquia e a validez jurídico-material, mas até esse ponto nada diz ainda sobre quem está autorizado a examinar a norma em questão, e, no caso de contradição, comprovar vinculativamente a nulidade.[85] Daí a necessidade de se discutir a capacidade dos funcionários administrativos para exame e rejeição das normas jurídicas.

Dessa forma, fica claro que, no âmbito administrativo-interno, a constituição da ilegalidade é atribuição da autoridade superior, geralmente a mesma que expediu o regulamento. Mas disso não decorre logicamente o dever de obediência, a qualquer custo, do agente público ao regulamento que reputa ilegal. Se, no juízo no agente, o regulamento é ilegal, tem-se ainda mera opinião, incapaz de constituir a ilegalidade, mas já suficiente para que o dever de obediência ao regulamento seja, ao menos, suspenso e passe a existir outro dever: o de representar contra a ilegalidade. Representar contra o ato ilegal é a forma de o servidor negar aplicação ao regulamento que, segundo seu juízo, é ilegal. Não há como dizer que o servidor hierarquicamente inferior é obrigado a cumprir o regulamento ainda que ilegal. Ele é obrigado, sim, a representar contra o regulamento. Suspende-se, portanto, aqui o dever de obediência porque não se pode colocar o princípio hierárquico acima do princípio da legalidade.

Essa é a exegese que se harmoniza com os deveres do servidor, pois nossa lei de regência determina o dever do servidor de representar contra a ilegalidade e não o dever de obedecer às ordens manifestamente ilegais (art. 116, XII, da Lei nº 8.112, de 11.12.1990). O primeiro compromisso do servidor é com a lei, e não com o regulamento. E, por isso, a lei determina ao servidor que represente contra a ilegalidade. A representação, como dito, é a forma legal de averiguação e constituição da ilegalidade constatada pelo juízo do servidor, ao menos no âmbito interno-administrativo, sem prejuízo de posterior análise jurisdicional da questão. É evidente, também, que tais considerações também se aplicam, com maior força de razão, para a hipótese de regulamento inconstitucional.

Questão diferente é se a ilegalidade constatada pelo agente público irá ou não se constituir, isto é, se ela será ou não decretada de forma vinculante. Assim, caso não se constitua a ilegalidade que o juízo do agente público supôs existir, então, se restabelece o dever de obediência ao determinado pelo superior hierárquico pela via regulamentar, por força do princípio hierárquico. A ilegalidade não se constituiu e se limitou ao juízo do agente público – ela não passava, ao menos do ponto de vista jurídico, de uma opinião – e, por isso, fica restabelecido o dever de obediência ao regulamento porque, ao menos no âmbito interno-administrativo, a ilegalidade não existiu.

Essa hipótese deve, ainda, ser diferenciada das hipóteses em que cabe direito de resistência do servidor – e do administrado – ao disposto no regulamento e não apenas o dever de representar contra o regulamento ilegal. O direito de resistir ao regulamento ilegal só cabe nas hipóteses de regulamento inexistente. Ou seja, naquelas hipóteses em que a rejeição do ordenamento jurídico ao regulamento é total porque veiculam ou

---

[84] Cf. AMARAL, Antônio Carlos Cintra do. *Extinção do ato administrativo*. São Paulo: Revista dos Tribunais, 1978. p. 61-3.

[85] Hartmut Maurer, ob. cit., §4, 44-7, p. 90-4.

prescrevem atitudes criminosas ou porque sequer se completou de forma adequada o seu ciclo de formação.[86] Nesses casos, não é simplesmente um dever de obediência que deixa de existir, mas se impõe um dever de não obediência do servidor, isto é, não só o servidor pode, mas deve resistir, sob pena de se sujeitar à condenação criminal pertinente, porque não incide a excludente de ilicitude prevista no inc. III do art. 23 do Código Penal, nem a excludente de culpabilidade do art. 22, segunda parte, do mesmo código.

Essa compreensão, inclusive, milita em favor da presunção de legitimidade dos atos administrativos, porque confere maior operacionalidade ao controle interno da Administração e coloca todos os servidores como encarregados de zelar pela legalidade dos atos da Administração.[87] O primeiro compromisso do servidor é com a lei e não com o regulamento, devendo-se reprimir sua inclinação "natural" para privilegiar o regulamento em detrimento da lei. Outra conclusão seria uma indesejável inversão da hierarquia normativa.[88]

Indicadas as diferenças entre o regulamento e a lei, cabe evidenciar as particularidades dos regulamentos em face dos atos administrativos concretos.

3 O regulamento e o ato administrativo

Nesse ponto relembramos: conceitos não são verdadeiros ou falsos, eles são ou não úteis porque indicam de forma própria os efeitos jurídicos de determinado instituto jurídico. Os conceitos não são, pois, mais do que convenções às quais relacionamos determinadas consequências que o direito lhes atribui; a cada conceito, portanto, deve corresponder um conjunto de normas que formam seu regime jurídico. O critério, portanto, para se procurar distinguir esse plexo de efeitos jurídicos, que caracteriza dado conceito, deve ser, pois, o da utilidade dessa diferenciação porque logramos encontrar diferenças substanciais.

Convém analisar os autores que não professam tal distinção. Esse exercício já demonstrará algumas dificuldades resultantes da tentativa de aproximar esses atos da Administração e evidenciará a utilidade da separação.

3.1 Dificuldades decorrentes da indiferenciação

Na doutrina nacional, Diógenes Gasparini inclui o regulamento no conceito de ato administrativo. Assim, os atos da Administração podem ser ajurídicos, isto é, atos materiais que não produzem efeitos jurídicos, e jurídicos. Dentre os atos jurídicos da Administração, há atos regrados pelo direito privado e atos administrativos. E ao definir

---

[86] Weida Zancaner ensina que: "A maneira pela qual um ato ganha existência jurídica encontra-se estabelecida na própria ordem normativa; assim, não é a simples exteriorização fática condição suficiente para que um ato adquira existência jurídica, embora seja condição necessária" ZANCANER, Weida. *Da convalidação e da invalidação dos atos administrativos*. 2. ed. São Paulo, 1993, 3. tir. 2001. p. 33.

[87] Essa compreensão de que todos os servidores são responsáveis pela conformidade dos atos administrativos agora ganha previsão expressa no art. 169, incisos I a II, da Lei 14.133, de 1º.4.2021.

[88] Abordamos questão semelhantes, acerca da aplicação do princípio da proporcionalidade no controle de atos regulamentares. Cf. ROMAN, Flavio José. *Discricionariedade técnica na regulação econômica*. São Paulo: Saraiva, 2013. p. 209-11.

o ato administrativo indica o envolvimento da Administração na relação jurídica como parte nela diretamente interessada, como uma de suas notas características.

Os atos administrativos, por sua vez, subdividem-se em (*i*) executivo, que são os atos concretos, e (*ii*) os normativos, que são abstratos. Os regulamentos, assim como as portarias, instruções e regimentos, são, pois, atos administrativos normativos. Define, então, regulamento como "ato administrativo normativo, editado, mediante decreto, privativamente pelo Chefe do Poder Executivo, segundo uma relação de compatibilidade com a lei, para desenvolvê-la ou para regular matéria a ele reservada".[89]

A inclusão dos regulamentos, portarias, instruções e regimentos no conceito de ato administrativo, na obra de Gasparini, mostra uma inconsistência, quando do cotejo desses institutos e sua definição de ato administrativo. É que o autor define ato administrativo como manifestação da Administração como "parte diretamente interessada numa relação jurídica". Ora, nesses atos normativos a Administração Pública não é parte diretamente interessada numa relação jurídica.[90] Nessas circunstâncias, a sua tese de que os atos normativos da Administração são atos administrativos fica inconsistente, além de revelar a associação usual e, por vezes, inconsciente, do termo "ato administrativo" aos atos de conteúdo concreto.

Luciano Ferreira Leite inclui o regulamento no conceito de ato administrativo. Define o regulamento como ato complementar à lei de repetidas aplicações nas quais se reiteram as hipóteses nele previstas. O autor se preocupa, inclusive, em destacar que, "Caso não tivéssemos o cuidado de alojar o regulamento como espécie de ato administrativo, seria possível admitir-se a expedição de ato regulamentar sem previsão legal".[91]

As considerações do autor, assim entendemos, confundem regra e ato de aplicação, norma abstrata e norma concreta. Ora, se o regulamento é o ato cuja aplicação se repete, a impugnação judicial individual contra o regulamento deveria implicar certamente a expulsão do ato do ordenamento jurídico, afinal é o mesmo ato cuja aplicação foi repetida. Mas isso efetivamente não acontece. E não acontece porque a parte impugna o ato concreto de aplicação do regulamento, isto é, o ato administrativo, e apenas incidentalmente discute-se a legitimidade do regulamento abstratamente considerado. É possível dizer mais: se o regulamento é o ato cuja aplicação se repete, sua revogação poderia infringir direito adquirido do administrado, contudo, é o próprio Luciano Ferreira quem destaca a faculdade discricionária da Administração para revogar o ato regulamentar.[92] Também não se justifica a inclusão do regulamento como ato administrativo para compreendê-lo como ato submetido à lei. Isso porque o regulamento é exercício da função administrativa, atividade plenamente vinculada à lei, e isso basta para submetê-lo à legalidade.

Ainda na doutrina nacional, a posição de Celso Antônio Bandeira de Mello destaca que o regulamento não se enquadra em um conceito estrito de ato administrativo.

---

[89] *Poder*...cit., p. 6, e *Direito*...cit., p. 119-20.

[90] Aliás, André Gonçalves Pereira afirma que a diferença fundamental entre regulamento e ato administrativo que justifica a distinção "É que o regulamento é *mediato* em relação ao administrado, enquanto o acto administrativo é *imediato*, projectando-se directamente na esfera jurídica do administrado". PEREIRA, André Gonçalves. *Erro e ilegalidade no acto administrativo*. Lisboa: Ática, 1962. p. 82, os grifos são do original.

[91] Ob. cit., p. 15.

[92] Ob. cit., p. 28.

Trabalha, assim, com dois conceitos de ato administrativo, um amplo – no qual se ajusta o regulamento – e outro estrito, que se caracteriza por ser um comando concreto complementar da lei.[93] Essa proposta de sistematização, com a devida vênia, não nos parece a mais operacional. Distinguir o ato administrativo do regulamento, em atenção às diferenças desses institutos jurídicos nos parece o critério mais apropriado, porque evidencia as peculiaridades do regulamento. E Celso Antônio não nega as diferenças. Tanto assim, que dedicará um capítulo próprio ao regulamento em sua obra (capítulo VI) e outro ao ato administrativo (capítulo VII). Ademais, antes de analisar cada uma das "vias técnico-jurídicas de ação administrativa", o referido autor destaca seis modalidades de atuação infralegal da Administração: (a) os atos unilaterais, gerais e abstratos, dentre os quais se salienta o *regulamento*; (b) os atos unilaterais e concretos, isto é, os atos administrativos; (c) o processo ou procedimento administrativo; (d) os contratos administrativos; e (e) a licitação.[94]

A proposta de Oswaldo Aranha Bandeira de Mello é algo semelhante à antes exposta. Ao discorrer sobre o ato administrativo, explica que conceito deste se opõe ao de ato da Administração Pública. Este abrange qualquer ato jurídico da Administração Pública, seja expedido no regime de Direito Privado, seja expedido no regime de Direito Público. O conceito de ato administrativo, dessa forma, restringe-se aos atos jurídicos dos órgãos administrativos em que há manifestação de vontade autoritária estatal. Logo, em um conceito amplo, ato administrativo pode abrigar atos normativos – gerais, abstratos e impessoais – como atos executivos – individuais, concretos e pessoais. Contudo, o autor não deixa de reconhecer que o uso tradicional e comum da expressão corresponde ao ato executivo, individual, concreto e pessoal. Bem por isso, o seu conceito de ato administrativo traz estas características, embora o autor não deixe de externar a preferência por chamar este ato de executivo como espécie do gênero ato administrativo.[95]

Então, será que basta conhecer as diferenças e reduzir o problema a uma questão terminológica? André Gonçalves Pereira assevera que não.

> A terminologia, precisamente porque é convencional, desempenha uma função – e essa função é a de designar com o mesmo nome coisas idênticas e com nomes diferentes coisas diferentes [...] Portanto o problema cifra-se nisto: o regulamento e o acto administrativo concreto têm regimes jurídicos diferentes, que justifiquem a construção de um conceito autónomo para cada um, e, portanto, sua designação por nomes diversos?[96]

Portanto, a sistematização mais operacional – e não a única correta – é a que nos remete a uma melhor compreensão acerca da função administrativa e das peculiaridades

---

[93] Celso Antônio Bandeira de Mello, *Curso...* cit., p. 358-60. Numa acepção estrita, para Celso Antônio Bandeira de Mello, ato administrativo corresponde a seguinte noção: "declaração *unilateral* do Estado no exercício de prerrogativas públicas, manifestada mediante comandos concretos complementares da lei (ou, excepcionalmente, da própria Constituição, aí de modo plenamente vinculado) expedidos a título de lhe dar cumprimento e sujeitos a controle de legitimidade por órgão jurisdicional" (ob. cit., p. 360).

[94] Celso Antônio Bandeira de Mello, ob. cit., p. 311-2.

[95] *Princípios...*cit., loc. cit., p. 460-3. Realmente, não é sem razão que o sentido usual e comum do conceito de ato administrativo esteja relacionado ao ato concreto. Conforme doutrina Luís S. Cabral de Moncada que o patrono do conceito de ato administrativo é Otto Mayer para quem o ato administrativo era um ato de execução da lei para o caso concreto, à semelhança de uma sentença. Ob. cit., p. 111-2 e nota 130.

[96] Ob. cit., p. 81.

de cada atividade administrativa. Daí a proposta de diferenciação entre regulamento e ato administrativo. Inclusive para facilitar a defesa contra a crescente atividade normativa da Administração. Torna-se, pois, útil o conhecimento do regime jurídico peculiar do regulamento em razão de sua presença mais constante em nosso cotidiano.

Seguimos, então, para tentar alinhar o pensamento daqueles doutrinadores que professam uma sistematização da função administrativa nesses moldes.

3.2 Notas distintivas entre regulamento e ato administrativo

Na doutrina estrangeira, destaca-se a posição de García de Enterría e Fernández na distinção entre regulamentos e atos administrativos. Para esses autores, "el Reglamento no es ni una Ley material ni un acto administrativo general; es sin duda un *quid aliud* frente a esas dos instituciones más comunes y conocidas".[97] Não é possível, portanto, definir o regulamento como um ato administrativo geral e abstrato e lhe aplicar toda a teoria do ato administrativo. Os autores afirmam que os poderes (*as potestades*) da Administração são de cinco classes: regulamentos, ato administrativo *stricto sensu*,[98] contratos,[99] exercício da coação[100] e atividade técnica da Administração.[101] Seria possível estabelecer uma teoria geral das quatro primeiras classes, mas essa teria um grau de abstração excessivo, tornando difícil a compreensão de classes tão diversas.[102]

É preciso, pois, distinguir para melhor compreender a função administrativa. E a distinção mais óbvia é que o ato administrativo é mera aplicação do ordenamento e o regulamento forma uma parte (secundária) desse ordenamento. O ato administrativo é concreto, pessoal e individualizado; o regulamento é geral, impessoal e abstrato.

Nesse sentido, o critério proposto por Marcello Caetano, que se pauta nessa relação singular-geral: "O regulamento, embora seja um acto jurídico unilateral de Direito Público dimanado de um órgão da Administração Pública, contém *normas gerais*, ou seja, preceitos de caráter genérico e de aplicação permanente". Já sobre o ato administrativo, diz: "O acto administrativo, pelo contrário, produz efeitos jurídicos *num caso concreto*".[103]

Mas esse critério de correlação singular → ato administrativo e geral → regulamento não é capaz de resolver todas as hipóteses. É que não há apenas uma diferença

---

[97] Ob. cit., loc. cit., p. 187.

[98] "Acto administrativo sería así la declaración de voluntad, de juicio, de conocimiento o de deseo realizada por la Administración en ejercicio de una potestad administrativa distinta de la potestad reglamentaria" Ob. cit., loc. cit., p. 550.

[99] Eles destacam que não há um regime jurídico unitário para o contrato administrativo. Por isso preferem, no lugar de apresentar uma definição do contrato administrativo, expor os contratos previstos na legislação espanhola que formam uma pluralidade de figuras diferentes. Ob. cit., loc. cit., p. 731-2.

[100] A coação administrativa ou ação direta da Administração deriva da singular posição da Administração cuja coação é legítima. Assim, ela pode impor por sua própria autoridade a execução forçada de seus direitos e com isso produzir de maneira válida uma alteração da situação possessória. Cf. García de Enterría e Fernández, ob. cit., loc. cit., p. 781-2.

[101] A atividade técnica é uma atividade material que não produz efeitos jurídicos nem altera nenhuma situação jurídica. São exemplos a vigília da polícia, a construção de estradas e o atendimento aos enfermos nos hospitais públicos. Cf. García de Enterría e Fernández, ob. cit., loc. cit., p. 823.

[102] Ob. cit., loc. cit., p. 493-4.

[103] Marcello Caetano, *Princípios...* cit., p. 97.

quantitativa, mas sim de grau: o regulamento cria ou inova direito objetivo[104] e o ato administrativo aplica esse direito. E essa diferença de grau fica evidente quando se imagina um ato administrativo com destinatário incerto, como na hipótese de um anúncio de licitação.

Assim, para García de Enterría e Fernández, o critério mais seguro é apurar se o ato se integra ao ordenamento. Caso o ordenamento continue o mesmo antes e depois de o ato ter sido produzido, então são atos aplicativos do ordenamento e não inovadores do ordenamento. Daí por que o poder regulamentar não cabe a qualquer órgão da Administração, mas tão somente àqueles a quem o ordenamento confere esse poder.[105]

Sobre a diferenciação entre ato administrativo e regulamento, assentam, ainda, que *a vedação ao arbítrio deve ser mais rigorosamente exigida no que se refere aos regulamentos.* É que a infringência se perpetua e se multiplica no tempo, sendo mais grave. E, por isso, García de Enterría e Fernández destacam que "Los Reglamentos constituyen hoy, sin duda, la mayor amenaza de la libertad".[106]

Também não basta dizer que o regulamento é norma, enquanto o ato administrativo não tem natureza de norma.[107] Isso porque esse argumento não vale para aqueles[108] que veem o ordenamento jurídico como uma estrutura escalonada infra-supraordenada de normas. Nessa perspectiva, tanto a sentença como o ato administrativo são normas porque são prescrições de conduta. Daí dizermos que o regulamento é norma de direito objetivo e o ato administrativo não. O regulamento, portanto, integra o ordenamento jurídico, o ato administrativo não.

Então, vislumbra-se o fundamento da diferenciação e que também separa o regulamento do contrato administrativo: o caráter ordenador e, nesse sentido, criador de direito, que possui o regulamento. Já o ato administrativo – e o contrato administrativo – são atos ordenados, se limitam a aplicar o direito. Por isso, ato administrativo e regulamento diferem em pontos substanciais.[109] O regulamento é ato ordenador e criador de direito – cria norma de direito objetivo – já o ato administrativo é ato exclusivamente ordenado.

Em nosso ordenamento constitucional, o regulamento apresenta uma composição híbrida nesse aspecto. Em função da concepção de legalidade posta em nosso ordenamento e da completa reserva em favor da lei, o regulamento é, ao mesmo tempo, ato ordenado – porque inconstitucional o regulamento com inovação originária do

---

[104] Norma de direito objetivo é a norma que disciplina a ação. É uma diretriz que vive fora da pessoa titular da faculdade conferida. Sobre o tema, cf. Vicente Ráo, ob. cit., p. 215-6 e nota 1. SILVA, De Plácido e. *Vocabulário jurídico.* 25. ed. Atualizado por Nagib Slaib Filho e Gláucia Carvalho. Rio de Janeiro: Forense, 2004, verbete "direito objetivo", p. 474, 1ª col. V., DUGUIT, Léon. *Fundamentos do direito.* Tradução e notas de Ricardo Rodrigues Gama. Campinas: LZN Editora, 2003. p. 3.

[105] Ob. cit., loc. cit., p. 187-189 e 554.

[106] Ob. cit., loc. cit., p. 204. Semelhantemente: "El reglamento es una fuente perniciosa de ilegalidad e injusticia...". Por isso "Corresponde a los tribunales juzgar con mayor severidad que la que actualmente utilizan, la validez y vigencia de estas 'normas'". Agustín Gordillo, ob. cit., loc. cit., Ob. cit., loc. cit., p. VII-15 e 22.

[107] Cf. André Gonçalves Pereira, ob. cit., p. 84-5. Não obstante, o autor não deixa de afirmar que a distinção deve se pautar no conteúdo, que deve conter comandos não individualizados, aplicáveis em todas as hipóteses em que se verifica a previsão.

[108] KELSEN, Hans. *Teoria pura do direito.* 6. ed. 1960. Tradução de João Baptista Machado. São Paulo: Martins Fontes, 6. ed. 1998. p. 260 e segs.

[109] García de Enterría e Fernández, ob. cit., loc. cit., p. 494.

ordenamento jurídico – e ato ordenador – porque não se presta a simplesmente repetir as disposições da lei.

Seabra Fagundes, contudo, não admite qualquer ato de criação do direito no exercício da função administrativa. Assenta assim que: "Os atos jurídicos, por meio dos quais se exerce a administração não *constituem* o direito. Não são atos de formação da regra jurídica".[110] Realmente, essa conclusão é coerente com a sua definição de função administrativa inspirada na doutrina de Gabino Fraga:[111] "aquela pela qual o Estado determina situações jurídicas individuais, concorre para sua formação e pratica atos materiais".[112] Bem por isso, sustentava que faltava ao regulamento o caráter de novidade: não deve o regulamento acarretar qualquer modificação à ordem jurídica vigorante, limitando-se a pormenorizar as condições de modificação originária da lei.[113] O regulamento seria apenas um ato de cooperação para a produção de um efeito jurídico ulterior. Os regulamentos ligar-se-iam por *dependência* ou *correlação* a certos efeitos jurídicos.[114]

Não aderimos a essa tese, fundamentalmente, por duas razões. A primeira refere-se à impossibilidade de se considerar o regulamento um ato jurídico não inovador, em alguma medida, da ordem jurídica. Tanto assim que é o próprio Seabra Fagundes quem alerta para o seguinte ponto: "todo ato jurídico (e, consequentemente, também o ato administrativo) implica modificar situação jurídica anterior".[115] Se o regulamento nada acrescenta à lei, ele é inútil ou quase isso, ele não se ajustaria sequer ao conceito de ato jurídico. Portanto também ele modifica a situação jurídica que lhe era anterior e, com certeza, não modifica a situação jurídica de uma só pessoa ou de determinada circunstância concreta, mas do próprio ordenamento jurídico. Ele cria direito para uma situação jurídica geral e abstrata.

A segunda: a conjugação dos argumentos do autor nos levaria a colocar a função regulamentar fora do exercício da função administrativa, afinal aquela não é execução material nem determina uma situação jurídica individual. Logo, preferimos concluir no sentido de que os regulamentos criam norma de direito objetivo no exercício de função administrativa, isto é, na função que é subordinada à lei.

Outras diferenças entre regulamento e ato administrativo são apontadas por Agustín Gordillo. Ele é um dos autores que mais insiste na diferenciação entre ato administrativo e regulamento, além de ser capaz de indicar o maior número de notas distintivas. Segundo esse autor, podemos oferecer uma definição elementar de ato administrativo: declaração realizada no exercício da função administrativa que produz efeitos jurídicos diretos. Essa seria uma definição correta, mas padeceria de um erro metodológico e prático, pois seria muito ampla e vaga. Daí propor a distinção entre ato, fato, contrato e regulamento. Não quer com isso negar que o regulamento e o contrato sejam atos de feições administrativas, mas unicamente opta, por razões de metodologia,

---

[110] Ob. cit., p. 8, nota 8.

[111] A referência indicada pelo autor é Gabino Fraga Junior, *Derecho Administrativo*, 1934, p. 55, n. 51. Segundo o autor mexicano citado por Seabra Fagundes, a administração "es una actividad del Estado que se realiza bajo un orden jurídico y que consiste en la ejecución de actos materiales, o de actos que determinan situaciones jurídicas para casos individuales".

[112] Ob. cit., p. 8.

[113] Ob. cit., p. 23, nota 3, e 26, nota 6.

[114] Ob. cit., p. 42, nota 45.

[115] Ob. cit., p. 24, nota 4.

de praticidade e utilidade, pela distinção. Daí também não ter procedência o argumento segundo o qual os regulamentos não são atos legislativos e por isso seriam atos administrativos. Razões metodológicas e didáticas justificam a não sobreposição dos conceitos.[116]

Podemos extrair da lição do autor argentino ao menos quinze diferenças entre o regime jurídico do ato administrativo e o do regulamento. Ei-las: (1) notificação e publicação: o ato administrativo exige conhecimento certo, salvo citação por edital, já o regulamento adquire eficácia depois de sua publicação (conhecimento ficto); (2) hierarquia normativa do regulamento sobre o ato administrativo, pois toda decisão deve estar conforme uma regra geral, ou seja, conforme o regulamento; (3) só o ato administrativo pode gerar coisa julgada administrativa, enquanto o regulamento pode amplamente ser revogado por razões de ilegitimidade; (4) a exigência de motivação não é aplicada com o mesmo rigor no regulamento; (5) a audiência prévia, na hipótese de regulamento, só se faz por meio de audiência pública; (6) só no ato administrativo se pode cogitar de hipótese de silêncio;[117] (7) o poder de emissão do ato administrativo é amplo, o poder de emitir regulamento, restrito; (8) efeitos da interposição de recurso: a possibilidade de suspensão só se aplica ao ato administrativo; (9) só para os atos administrativos haveria possibilidade de efeito retroativo quando do saneamento de suas nulidades; (10) a lei admite efeito retroativo na substituição de outro ato administrativo revogado, ou na hipótese favorável ao administrado; (11) só o regulamento pode ser fonte de competência; (12) quanto à impugnação, ela é *sine die* para o regulamento, enquanto o prazo inicia-se a partir da aplicação no caso de ato administrativo, entre outras distinções acerca da autoridade competente para conhecer da impugnação e da infringência de direito subjetivo ou interesse legítimo; (13) quanto ao procedimento de elaboração: apenas o regulamento e os "grandes projetos" exigem audiência pública; (14) o fim do procedimento de impugnação, na hipótese de ato, geralmente dá-se pela expedição de outra resolução concreta, enquanto é excepcional o término do procedimento pela emissão de novo regulamento; e, finalmente, (15) só os atos administrativos são diretamente impugnáveis na via jurisdicional, os regulamentos, em princípio, não.[118]

Afora a indicação dessas notas distintivas, Gordillo ainda destaca a conveniência dessa distinção. É que muitos autores incluem o regulamento no conceito de ato administrativo para depois indicar o regulamento como fonte de Direito Administrativo sem explicar, contudo, os problemas resultantes do poder regulamentar.[119] O autor argentino esclarece, ainda, que a cisão não significa negar que o regulamento é um ato de feições administrativas, mas unicamente opta pela distinção por razões metodológicas.

Diante dessas particularidades do regulamento, apontadas em especial por Gordillo, é preciso agora verificar as diferenças entre o ato administrativo e regulamento encontradas especificamente em nosso ordenamento jurídico. Ademais, caberá apurar se

---

[116] Agustín Gordillo, ob. cit., t. 1, p. X-7-8.

[117] Seria impensável, por exemplo, a possibilidade de aprovação tácita de regulamento, tal como previsto no art. 3º, IX, da Declaração de Direitos de Liberdade Econômica, Lei nº 13.874, de 20.9.2019. Diferentemente, a Lei de Organização das Agências Reguladores, referenciada mais à frente, imporá atos precedentes necessários à edição de regulamentos.

[118] Agustín Gordillo, ob. cit., t. 3 (el acto administrativo), p. IV-4-15. Cf., ainda, Celso Antônio Bandeira de Mello. *Curso...* cit., p. 355, nota 8, onde enumera as diferenças entre ato administrativo e regulamento apontadas por Agustín Gordillo em *El acto administrativo*, 2. ed., Abeledo-Perrot, Buenos Aires, 1974, p. 101 e segs.

[119] Cf. Agustín Gordillo, ob. cit., t. 1, p. VII-19, e t. 3, p. IV-6.

as diferenças são suficientes para justificar a indicação de um regime jurídico diferenciado do regulamento e, por isso, justificar a distinção proposta.

A principal diferença entre ato administrativo e regulamento reside na abstração, que é própria do segundo. Assim, a maior parte das diferenças é decorrência dessa distinção principal.[120] Diz-se que o regulamento é geral e abstrato, mas a generalidade do regulamento decorre de sua abstração, ou seja, da estipulação de uma situação-tipo, que se aplica a todos que incorrem naquela situação-tipo.[121] Já o ato administrativo cuida de uma situação concreta, não obstante possa ser um ato geral.

Essa colocação já inspira uma necessária distinção do ato administrativo no comparativo com o regulamento. Uma das hipóteses de extinção do ato administrativo é o exaurimento de seus efeitos. "O ato administrativo se extingue quando todos os seus potenciais efeitos tenham sido produzidos. Produz-se a exaustão do ato e a relação jurídica se extingue em virtude da ausência de outros deveres ou direitos a cargo das partes".[122] Essa hipótese não se aplica aos atos regulamentares em razão da abstração. Eles podem permanecer anos sem aplicação, mas a potência de sua aplicação segue latente.

Também é preciso diferenciar o ato administrativo geral do regulamento. Diógenes Gasparini ensina que os regulamentos são atos de efeitos *erga omnes*, enquanto os atos gerais se relacionam com destinatários individuados. Dessa forma, estes visam destinatários não determinados ou determináveis *a priori*, embora possam ser individualizados *a posteriori*; já nos regulamentos, os destinatários são sempre indetermináveis, antes ou durante a sua vigência. O regulamento é obrigatório a partir de sua publicação, os atos gerais, a partir da ciência pelos destinatários. Os regulamentos são inderrogáveis no caso concreto, já os atos gerais podem ser excepcionados em favor ou contra algum destinatário pela edição de outro ato. O ato geral é imediatamente impugnável judicialmente, já os regulamentos não, pois que estes não necessariamente lesam imediatamente os interesses dos administrados. Os atos gerais se exaurem integralmente quando de sua aplicação, o que não acontece com os regulamentos, cujos efeitos permanecem no tempo, disciplinando todas as situações que possam ocorrer no seu período de vigência.[123] Enfim, os atos gerais "atingem uma pluralidade indeterminada de pessoas vinculadas à mesma situação concreta".[124] Logo, o critério de diferenciação deve se pautar na generalidade,

---

[120] Cf. André G. Pereira, ob. cit., p. 82-3, e TALAMINI, Daniele Coutinho. Regulamento e ato administrativo. *Revista Trimestral de Direito Público*, São Paulo, n. 21, p. 84-6, 1998.

[121] Cf., nesse sentido, Daniele C. Talamini, ob. cit., p. 85.

[122] Marçal Justen Filho, ob. cit., p. 187.

[123] Gasparini, *Poder...* cit., p. 12-3. Sobre ato geral, v. também Celso Antônio Bandeira de Mello, ob. cit., p. 395. Gasparini explica, ainda, que o regulamento não se confunde com o ato plural nem com o ato coletivo. "Atos plurais são aqueles que, sob a forma única, enfeixam vários atos de conteúdo idêntico. São simultaneamente dirigidos a vários destinatários. Poderiam ser cindidos em tantos atos quantos são os beneficiados. Representam a soma de atos individuais que por medida prática são unificados. São editados em um só ato pelo agente competente, que é também competente para expedi-los separadamente. É o caso de nomeação de candidatos aprovados em concurso de ingresso ao serviço público. Os atos coletivos são unitários e indivisíveis em relação aos destinatários. Não podem ser cindidos em tantos atos de dissolução de uma reunião ou de uma passeata, ou ainda o ato mímico de *'pare'*, levada a efeito por um guarda de trânsito". Gasparini, ob. cit., p. 13. Uma lista de casos em que a diferenciação entre regulamento e ato administrativo é mais complexa também é apresentada por STASSINOPOULOS, Michel. *Traité des actes administratifs*. Athènes: Librarie Sirey, 1954. p. 65-8. Explica Stassinopoulos que o critério de diferenciação deve se pautar na generalidade, mas não na generalidade numérica e sim na generalidade abstrata, que consistiria na possibilidade de aplicação em casos futuros e indetermináveis (ob. cit. p. 65).

[124] SUNDFELD, Carlos Ari. *Direito administrativo ordenador*. São Paulo: Malheiros, 1993, 3. tir. 2003. p. 75.

mas não na generalidade numérica e sim na generalidade abstrata, que consiste na possibilidade de aplicação em casos futuros e indeterminados.[125]

Outra nota diferenciadora refere-se à forma de comunicação do ato. É necessário registrar que não pretendemos avançar aqui na discussão sobre se a publicação e a notificação integram o plano da existência ou da eficácia do ato. A intenção é apenas destacar as diferenças entre ato administrativo e regulamento. Assim, os atos administrativos restritivos de direito exigem a intimação do interessado. É uma exigência da ampla defesa, consagrada também na legislação ordinária federal.[126] Nos atos regulamentares não se passa da mesma forma. A vigência decorre da mera publicação, pois não há uma relação direta com o administrado a justificar a necessidade de intimação pessoal.

A ciência do administrado interessado também revela distinções nas hipóteses de invalidação e de revogação do regulamento e do ato administrativo.[127] Como não há relação direta com o administrado, as possibilidades de invalidação e revogação do regulamento são amplas[128] e prescindem de intimação do administrado interessado. O que não acontece com o ato administrativo. Como diz Celso Antônio Bandeira de Mello: "Não se anula ato algum *de costas para o cidadão, à revelia dele*".[129] Entendemos que esse argumento também se aplica, com maior razão, à revogação. A diferença entre ato administrativo e regulamento, também nesse caso, se explica pela inexistência de relação direta com a Administração no regulamento. Já os atos administrativos que aplicaram o regulamento, estes sim, exigirão ciência do administrado na hipótese de invalidação e de revogação, mas poderão não ser afetados na hipótese de revogação do regulamento.

Essa inexistência de relação direta com o administrado, contudo, não significa assentar que não existam efeitos externos à Administração decorrentes da edição de regulamentos. É desacertada a pretensão de afastar o regulamento do conceito de ato administrativo tendo por critério o argumento de que os regulamentos "não são comandos dirigidos ao comportamento dos indivíduos em geral e sim apenas ao dos órgãos do Poder Executivo".[130] Ainda segundo esse argumento, "os regulamentos não produzem, diretamente, efeitos jurídicos na esfera do particular".[131] Essa proposta implica o reconhecimento de poderes autônomos à Administração na suposição de que sua regulação intestina não afeta o administrado, o que não se mostra verdadeiro

---

[125] Cf. STASSINOPOULOS, Michel. *Traité des actes administratifs*. Athénes: Librarie Sirey, 1954. p. 65 e FERRAZ, Sérgio. Regulamento. *In*: FERRAZ, Sérgio. *3 estudos de direito*. São Paulo: Revista dos Tribunais, 1977. p. 112.

[126] Lei nº 9.784, de 29.1.1999: "Art. 3º O administrado tem os seguintes direitos perante a Administração, sem prejuízo de outros que lhe sejam assegurados: [...] II - ter ciência da tramitação dos processos administrativos em que tenha a condição de interessado, ter vista dos autos, obter cópias de documentos neles contidos e conhecer as decisões proferidas; [...]. Art. 26. O órgão competente perante o qual tramita o processo administrativo determinará a intimação do interessado para ciência de decisão ou a efetivação de diligências. [...] §3º A intimação pode ser efetuada por ciência no processo, por via postal com aviso de recebimento, por telegrama ou outro meio que assegure a certeza da ciência do interessado".

[127] Em síntese, revogação e anulação são formas de se retirar o ato do universo jurídico. A primeira com fundamento em razões de conveniência e oportunidade. A segunda fundamenta-se na desconformidade do ato com as prescrições jurídicas. Cf. Celso Antônio Bandeira de Mello, ob. cit., p. 417 e 429-30.

[128] Celso Antônio Bandeira de Mello destaca que a questão dos limites *específicos* ao poder de revogar só se coloca sobre os atos concretos. Ob. cit., p. 424.

[129] Ob. cit., p. 432.

[130] AMARAL, Antônio Carlos Cintra do. Conceito e elementos do ato administrativo. *Revista de Direito Público*, São Paulo, n. 32, p. 36-42, nov./dez. 1974. p. 37.

[131] Antônio Carlos Cintra do Amaral. *Extinção...* cit., p. 22.

porque essa atuação normativa interna, ainda que indiretamente, o atinge. Inclusive porque o ato administrativo concreto, que forma a relação direta com o administrado e, portanto, possui efeitos externos, deverá pautar-se segundo o disposto em regulamento, como reconhece Antônio Carlos Cintra do Amaral.[132] Por consequência, também não tem procedência o argumento de que o regulamento não se ajusta ao conceito de ato administrativo porque não diz respeito à relação entre Administração e particular, e a teoria do ato administrativo visa a descrever essa relação. O ato não pode contrariar o regulamento, daí a importância para o administrado desse regulamento. Ademais, a tese parece querer reduzir o Direito Administrativo à teoria do ato administrativo.

Ainda sobre a revogação e invalidação, cabe destacar que também há diferenças quanto ao objeto de invalidação ou de revogação. A revogação do regulamento tem sempre por objeto suprimir o próprio regulamento, pois se pretende eliminar a fonte das relações jurídicas por razões de conveniência e oportunidade, impedindo o surgimento de novas relações. Na invalidação, queremos eliminar o próprio regulamento.

Diversamente, nas hipóteses de revogação de atos administrativos *já eficazes* (se o ato não é ainda eficaz a situação é semelhante à do regulamento), pretendemos encerrar a relação jurídica decorrente do ato administrativo, permanecendo inalterados os efeitos já produzidos. Dessa forma, muitos atos administrativos não poderão ser revogados porque a relação não é contínua. Também na hipótese de invalidação do ato administrativo já eficaz, o objeto de invalidação é a relação jurídica, se possível de forma retroativa. O ato administrativo já não importa porque justamente desapareceu com sua aplicação concreta.[133]

Ainda sobre a hipótese de invalidação de ato administrativo, poderá se dar o caso de decadência do direito de a Administração anular o ato, o que não acontece na hipótese de anulação do regulamento.[134] Cabe acrescentar que a expressão "favoráveis para os destinatários" usada pelo dispositivo legal citado não deixa hipótese de dúvida acerca de se tratar de uma relação concreta.[135] Não se cogita da decadência do direito da Administração de anular o regulamento.

Há mais: não se cogita de convalidação de ato regulamentar. O ato administrativo *existente*[136] e inválido pode, em certas hipóteses, admitir a convalidação, o suprimento da invalidade com efeitos retroativos. Já o regulamento inválido, isto é, que ingressou no ordenamento jurídico, mas com vício de invalidade, não admite a supressão da invalidade com efeitos retroativos. Trata-se, em verdade, de novo regulamento, sem efeitos retroativos; apenas a partir desse segundo ato vigerá o regulamento. Nesse aspecto, portanto, o regulamento segue um regime jurídico idêntico ao da lei inválida. Nesse aspecto, portanto, o ato regulamentar segue um regime jurídico mais próximo ao da lei

---

[132] Conceito... cit., p. 38, e *Extinção...* cit., p. 21-2.

[133] Cf. Celso Antônio Bandeira de Mello, ob. cit., p. 419-25 e 431-2.

[134] Lei nº 9.784, de 29.1.1999: "Art. 54. O direito da Administração de anular os atos administrativos de que decorram efeitos favoráveis para os destinatários decai em cinco anos, contados da data em que foram praticados, salvo comprovada má-fé".

[135] Cf. Gordillo, ob. cit., t. 3, p. IV-9, analisando disposição semelhante do ordenamento jurídico argentino.

[136] Sobre os conceitos de existência e vigência dos atos jurídicos, cf. Kelsen, ob. cit., p. 11 e 300 e segs., que professa tese em que esses elementos são indistinguíveis. De forma mais acerta, cf. Marcello Caetano, *Princípios...* cit. p. 113, Celso Antônio Bandeira de Mello, ob. cit., p. 360 e nota 12, e André Tavares, ob. cit., p. 125 e segs., entre outros.

inválida. Aplicável, pois, à hipótese, o disposto no art. 1º, §3º, do Decreto-Lei nº 4.657, de 4.9.1942, segundo o qual as correções a texto de lei já em vigor serão consideradas lei nova. A correção da invalidade deve ser considerada ato novo, vige a partir da correção. No caso, portanto, prevalece o princípio da irretroatividade das normas (Constituição, art. 5º, XL). Cabe ressalvar, contudo, as hipóteses em que, normalmente, admite-se a retroatividade do regulamento com fundamento na disposição constitucional referida, ou seja, nas hipóteses de retroatividade benéfica ao administrado.

Todavia, a impossibilidade de convalidar o regulamento não implica necessariamente a impossibilidade de se convalidar os atos concretos de aplicação desse regulamento inválido.

Podemos salientar, ainda, uma diferença quanto ao objeto desses atos. Pressupomos no caso a diferenciação entre conteúdo e objeto. Conteúdo de um ato é sua prescrição, é o que o ato dispõe. Já o objeto do ato é aquilo sobre o que o ato dispõe.[137] Na hipótese de ato administrativo cujo objeto seja materialmente impossível, o ato é inexistente. O mesmo não acontece na hipótese de regulamento. É preciso, para concluir pela inexistência do regulamento, analisar se a hipótese do regulamento é absolutamente impossível ou apenas circunstancialmente impossível. Caso o objeto seja circunstancialmente impossível, o regulamento é perfeito, isto é, existe. Um exemplo simples. Caso a autoridade conceda, por ato administrativo, uma comenda ao brasileiro ganhador do prêmio Nobel. Não existe brasileiro em tais condições, o ato administrativo é, pois, inexistente. Caso o Chefe do Executivo concedesse a comenda por ato abstrato, isto é, por regulamento, nos seguintes termos: "aos brasileiros ganhadores do prêmio Nobel será concedida comenda". Nesse caso, o ato não é inexistente porque o objeto é apenas circunstancialmente impossível, vale dizer, a hipótese é apenas circunstancialmente inaplicável.

É importante destacar, ainda, as diferenças quanto à forma de controle jurisdicional do ato. É que os regulamentos se sujeitam a controle *incidental* de constitucionalidade e legalidade. Logo, quando em juízo, a parte atenta contra o ato de aplicação concreta do regulamento, e não contra o próprio regulamento. A mera publicação do ato, em princípio, não permite o controle jurisdicional, salvo nas hipóteses de controle concentrado de constitucionalidade. O objeto da ação não deve, portanto, discutir a constitucionalidade ou ilegalidade do ato regulamentar de forma direta, mas como questão incidental. O administrado carece, por certo, em razão da generalidade e abstração do ato regulamentar, de interesse processual para impugná-lo judicialmente.[138] Indispensável para a propositura da ação é a interferência direta do ato na esfera jurídica do administrado ou, pelo menos, a ameaça a essa esfera jurídica do administrado.

Contudo, quando se trata de regulamento restritivo de direito ou proibitivo, não é preciso mais que a publicação. É que a referida relação direta sempre acontece quando o ato é restritivo do exercício de um direito; logo não é preciso nada mais para o ingresso em juízo, basta a publicação da regra restritiva ou proibitiva, vale dizer, a publicação do ato regulamentar. Em geral, contudo, a ilegalidade é alegada apenas em defesa do réu acusado de ter violado o regulamento e, então, a decisão tem apenas efeitos *inter partes*.[139]

---

[137] Cf. Celso Antônio Bandeira de Mello, ob. cit., p. 366-8.
[138] Cf. Diógenes Gasparini. *Poder...* cit., p. 88-9.
[139] Cf. Marcello Caetano. *Princípios...* cit., p. 425.

Ainda sobre o controle jurisdicional, é preciso notar que o requisito de interesse a legitimar a propositura de ação deve ser conciliado com as disposições da Lei de Ação Popular (Lei nº 4.717, de 29.6.1965). Consoante referida lei, o cidadão, isto é, o eleitor, é parte legítima para pleitear a anulação ou a declaração de nulidade de qualquer ato lesivo ao patrimônio da Administração Pública. Logo, se o regulamento for capaz de, por si, causar a lesão referida, fica aberta a possibilidade de controle jurisdicional por via de ação popular. Na hipótese, convém destacar, a sentença terá eficácia *erga omnes*, por força do disposto no art. 18 da Lei de Ação Popular, salvo na hipótese de ser julgada improcedente por deficiência de prova.

Convém assentar, contudo, que a ameaça ao direito do administrado é, na maioria dos casos, bastante nítida no caso dos regulamentos em razão de seu maior grau de densidade normativa em contraste com a lei. O ato administrativo formador da relação jurídica mostra-se, portanto, na iminência de ser praticado, justificando o controle jurisdicional. Ademais, aguardar a formação da relação jurídica poderá causar, muitas vezes, prejuízo irreparável ao administrado. "Assim, ainda que inexista a relação jurídica há direito subjetivo a ser protegido, não sendo possível a Administração invocar a impossibilidade de apreciação judicial".[140]

Ainda assim, não se imagina que esse controle jurisdicional seja capaz de retirar o ato normativo ilegal do ordenamento jurídico. Embora inválido o próprio regulamento, e, por consequência, também o ato que lhe concretiza a aplicação, mantém-se a fonte de invalidade e elimina-se tão só o ato concreto.[141]

De toda sorte, o prazo prescricional para o administrado prejudicado pela aplicação de um ato regulamentar requerer a reparação da lesão ao Judiciário corre a partir do ato que o aplica e não da publicação do ato regulamentar.[142] Da mesma forma, na hipótese de um regulamento ilegal do qual decorrem efeitos favoráveis para o administrado, o cômputo do prazo decadencial, previsto no art. 54 da Lei do Processo Administrativo Federal, para a Administração anular o ato, inicia-se com o ato de aplicação, e não da publicação do regulamento.

As hipóteses antes descritas não implicam, por certo, a impossibilidade de a Administração anular o próprio ato regulamentar, evitando, pois, novos atos baseados em norma ilegal: decai o direito de anular o ato administrativo ou prescreve a ação contra a Administração, mas não se pode falar em prescrição ou decadência em favor da preservação do ato regulamentar.

A possibilidade, pois, de retirada do regulamento do ordenamento jurídico pelo Judiciário dar-se-ia apenas na hipótese de controle concentrado de constitucionalidade, por via de ação direta. Contudo, essa possibilidade esbarra, muitas vezes, na

---

[140] Luciano Leite, ob. cit., p. 91.

[141] Vale destacar que a jurisprudência argentina começa a admitir "los efectos *erga omnes* de la sentencia condenatoria de la administración o anulatoria de un acto de carácter general, abandonando así la vieja solución que en caso de considerarlo ilegítimo se limitaba a su no aplicación al caso particular". Agustín Gordillo, ob. cit., t. 3, p. IV-16. O avanço jurisprudencial foi possível a partir do entendimento de que o regulamento ilegal é nulo de pleno direito e não goza mais de presunção de legitimidade.

[142] Cf. art. 1º do Decreto nº 20.910, de 6.1.1932, prazo prescricional quinquenal, aplicável também às autarquias, cf. art. 2º do Decreto-Lei nº 4.597, de 19.8.1942. Sem prejuízo de aplicação do art. 1º-C da Lei nº 9.494, de 10.9.1997.

jurisprudência do STF, que exige o caráter primário da inovação normativa veiculada por ato infralegal.[143]

Assim, admite-se o controle abstrato tão só nas hipóteses nas quais se verifica um caráter "autônomo" do regulamento, ou seja, naquelas hipóteses em que a verificação da inconstitucionalidade não depende da apuração de sua compatibilidade com a lei. Em tais hipóteses, a decisão tem, por certo, efeitos *erga omnes*, e é capar de retirá-lo do ordenamento.[144]

Os vários obstáculos colocados pelo STF têm gerado críticas da doutrina acerca da inexistência de um contencioso abstrato do juízo de constitucionalidade e legalidade dos atos regulamentares.[145] A cada vez mais marcante presença dos atos regulamentares em nosso cotidiano, realmente, exige uma apreciação sem ressalvas da constitucionalidade dos atos regulamentares em controle abstrato. Ademais, também é perfeitamente viável a compreensão de que, em tais hipóteses, o que se verifica não é tão só ilegalidade e mera inconstitucionalidade indireta. No caso, há, em verdade, ilegalidade e inconstitucionalidade concomitante e o ato legal é apenas aparentemente interposto. Afinal, é a própria Constituição que determina que o regulamento obedeça ao texto legal.[146]

A boa hermenêutica constitucional também determina que se interprete a "expressão ato normativo federal ou estadual" constante do disposto no art. 102, I, "a", no sentido de abranger os regulamentos ilegais. É que, "na interpretação de preceitos relativos à garantia jurisdicional da Constituição, deve ter-se em conta o interesse decisivo da lei fundamental na desaplicação ou eliminação de actos contrários às normas constitucionais".[147] Há um componente de proteção-controle que o STF nega quando restringe o acesso ao controle abstrato de constitucionalidade dos regulamentos. A norma constitucional, segundo esse componente, quer ser interpretada no sentido de oferecer maior controle.

---

[143] São muitos os precedentes jurisprudenciais: "[...] eventual extravasamento, pelo ato regulamentar, dos limites a que se acha materialmente vinculado poderá configurar insubordinação administrativa aos comandos da lei. Mesmo que desse vício jurídico resulte, num desdobramento ulterior, uma potencial violação da carta magna, ainda assim estar-se-á em face de uma situação de inconstitucionalidade meramente reflexa ou oblíqua, cuja apreciação não se revela possível em sede jurisdicional concentrada". STF, Pleno, ADI 1.347-5, Rel. Min. Celso de Mello, j. 5.10.1995. *DJ*, 1º.12.1995, v.u. "É incabível a ação direta de inconstitucionalidade quando destinada a examinar atos normativos de natureza secundária que não regulem diretamente dispositivos constitucionais, mas sim normas legais. Violação indireta que não autoriza a aferição abstrata de conformação constitucional". STF, Pleno, ADI 2.714, Rel. Min. Maurício Corrêa, j. 13.3.2003, P. *DJ*, de 27.2.2004. No mesmo sentido, ADI 3.954, Rel. Min. Eros Grau, j. 3-3-2009, dec. monocrática. *DJe*, 9-3-2009 e ADI 2.862, Rel. Min. Cármen Lúcia, j. 26.3.2008. *DJe*, de 9.5.2008.

[144] Indispensável aqui a referência à jurisprudência do STF: "Segundo a jurisprudência desta Suprema Corte, viável o controle abstrato da constitucionalidade de ato do TSE de conteúdo jurídico-normativo essencialmente primário. A Resolução 23.389/2013 do TSE, ao inaugurar conteúdo normativo primário com abstração, generalidade e autonomia não veiculado na Lei Complementar 78/1993 nem passível de ser dela deduzido, em afronta ao texto constitucional a que remete – o art. 45, caput e §1º, da CF1 –, expõe-se ao controle de constitucionalidade concentrado". ADI 4.965, Rel. Min. Rosa Weber, j. 1º.7.2014. *DJe*, de 30.10.2014. No mesmo sentido, ADI 5.122, Rel. Min. Edson Fachin, j. 3.5.2018, Informativo 900.

[145] Cf. MENDES, Gilmar Ferreira. *Jurisdição constitucional*: o controle abstrato de normas no Brasil e na Alemanha. 3. ed. São Paulo: Saraiva, 1999. p. 180-6, Sérgio V. Bruna, ob. cit., p. 264-6 e Gustavo Binenbojm, nota de atualização à M. Seabra Fagundes, ob. cit., p. 298. Cf., ainda, a defesa de José Roberto Pimenta Oliveira para o controle concentrado da razoabilidade-proporcionalidade da competência normativa da Administração, especialmente em razão da expansão dessa atribuição. Ob. cit., p. 313-4.

[146] André Ramos Tavares, ob. cit., p. 185.

[147] J. J. Gomes Canotilho, ob. cit., p. 933.

As restrições ao controle concentrado, entretanto, podem ser parcialmente compensadas por via da ação popular (art. 18 da Lei nº 4.717, de 29.6.1965) e da ação civil pública (art. 16 da Lei nº 7.347, de 24.7.1985), que atribuem efeito *erga omnes* aos dispositivos das decisões. A possibilidade de ação popular e ação civil pública encontra amparo em alguns precedentes jurisprudenciais.[148] Contudo, não há como negar que também ela esbarra na dificuldade de demonstrar em juízo a lesão decorrente de ato abstrato, embora tal requisito, no caso de regulamento, deve ser sopesado com a alta densidade de sua previsão e que, portanto, muitas vezes, será suficiente para caracterizar a ameaça a direito.

A ilegalidade pela Administração no exercício da função regulamentar também pode se caracterizar pela omissão normativa. Hipótese que poderá configurar crime de responsabilidade por parte do Presidente da República, tipificado no art. 85, VII, da Constituição, na medida em que configura ato contra o cumprimento das leis. "Frustrar a execução de uma lei é descumpri-la por omissão".[149]

Para as hipóteses de omissão, Luciano Leite propôs o seguinte: "De qualquer modo, enquanto não existir regulamentação da lei o órgão incumbido de dar instruções e dirimir dúvidas 'enche o vazio do regulamento'".[150] Não vemos possibilidade de acolher esse entendimento. Em verdade, não há como imaginar aplicação de uma lei não autoexecutável sem o respectivo regulamento, nas partes em que ele seja imprescindível. Bem por isso, Vicente Ráo, quando se refere às leis não bastantes em si, conclui que tais leis não são vigentes porque dependem de regulamentação.[151] É que a falta de regulamentação de uma lei, que a exige para sua execução, embora não seja capaz de provocar a prorrogação de sua vigência, a torna ineficaz. A lei é vigente apenas na parte em que reclama sua regulamentação, sendo, portanto, capaz de caracterizar a mora regulamentar da Administração. A falta de regulamentação impede a produção de todos os efeitos jurídicos desejados pela lei. Razão pela qual é comum e bastante recomendável que a lei indique um prazo para a promulgação de seu regulamento.

A falta de regulamentação da lei não autoexecutável impede a concretização de direitos do administrado, provocando odiosa ilegalidade administrativa. Essa omissão regulamentar pode se amoldar à hipótese de mandado de injunção ou de ação direta por omissão inconstitucional (Constituição, art. 5º, LXXI, e art. 103, §2º).[152]

A previsão de ações constitucionais, com o fim de suprir a omissão, também não nega a possibilidade de ajuizamento de ações com pedido de reparação de perdas e danos pela inércia normativa do Estado. A hipótese pode se configurar pela inércia do Presidente da República, bem como pela inércia de qualquer outro órgão com poder normativo. Assim, se já ultrapassado prazo razoável ou aquele estipulado em lei para a

---

[148] Nesse sentido os precedentes referidos por Sérgio V. Bruna, ob. cit., p. 265-6 e nota 32.

[149] Celso Antônio Bandeira de Mello. *Curso...* cit., p. 328.

[150] Ob. cit., p. 26.

[151] Ob. cit., p. 328 e 338-9.

[152] Cf. Maria Sylvia Zanella Di Pietro. *Omissões...* cit., p. 259. A hipótese, no entanto, é de difícil caracterização do dano, como atesta o Tema 19 da Repercussão Geral do STF, segundo o qual "O não encaminhamento do projeto de lei de revisão anual dos vencimentos dos servidores públicos, previsto no inciso X do art. 37 da CF/1988, não gera direito subjetivo a indenização. Deve o Poder Executivo, no entanto, se pronunciar, de forma fundamentada, acerca das razões pelas quais não propôs a revisão".

regulamentação, poderá o juiz, analisando o caso concreto, apurar o dano experimentado pelo prejudicado.[153]

Além das apontadas diferenças quanto à forma de controle jurisdicional dos regulamentos, convém destacar que os regulamentos também se sujeitam a controle parlamentar que não se aplica aos atos administrativos em geral. Cabe ao Congresso Nacional o controle dos atos regulamentares, na forma do art. 49, V, da Constituição. Cabe, ainda, ao Congresso Nacional sustar os atos exorbitantes do dever-poder regulamentar, mediante resolução, bem como "zelar pela preservação de sua competência legislativa em face da atribuição normativa dos outros poderes" (Constituição, art. 49, XI).[154]

Há, ainda, uma segunda hipótese de controle pelo Legislativo. É o caso de ser o ato declarado inconstitucional pelo STF, em controle difuso de constitucionalidade. Caberá, então, ao Senado Federal, por resolução, suspender, no todo ou em parte, o regulamento inconstitucional, com fundamento no art. 52, X, da Constituição. É verdade que a Constituição atual, diferente da anterior (Constituição de 1967/1969, art. 42, VII) não inclui expressamente o decreto entre as possibilidades de suspensão. Contudo, se o Senado Federal pode suspender a lei, que é manifestação superior do Estado, com maior razão poderá suspender o ato regulamentar, cujo controle está sujeito ao Congresso Nacional como visto, eis que já declarada judicialmente, em decisão definitiva, a exacerbação da função regulamentar pelo STF.

Insistir na distinção entre ato administrativo também se justifica, para além das diferenças apontadas, pela compreensão de que a função administrativa possui um conteúdo heterogêneo e que, por isso mesmo, convém procurar explicitar as características próprias de cada tipo de ato expedido no exercício dessa função, procurando isolar as diferentes categorias.[155] É preciso, assim, evitar que o conceito de ato administrativo não se confunda com o de função administrativa, afinal um conceito de ato administrativo equivalente ao de função administrativa também não se justificaria.

Dessa forma, diante de tais notas distintivas e da impossibilidade de se confundir ato administrativo e função administrativa, é forçoso concluir que não se ajusta o conceito de regulamento ao de ato administrativo. Há distinções suficientes para justificar e tornar útil essa diferenciação. A confusão é fruto de uma tentativa de negar importância ao regulamento. Contudo, os regulamentos gozam, na atualidade, de uma presença marcante em nosso cotidiano.[156] Logo, é melhor compreender de imediato as diferenças

---

[153] Cf., nesse sentido, Maria Sylvia Zanella Di Pietro, última ob. cit., p. 259-61.

[154] No entanto, cabe reconhecer que essa forma de controle, na prática, tem se mostrado extremamente débil. A pesquisa de Sérgio Bruna (ob. cit., p. 260, nota 24) aponta apenas dois casos de suspensão de ato normativo da Administração pelo Congresso Nacional, embora as propostas nesse sentido sejam bem mais numerosas. A hipótese de um controle débil foi ratificada em estudo mais recente no qual se destacou que "o PDL [projeto de decreto legislativo] não parece ser um mecanismo efetivo para o controle de legalidade ou constitucionalidade dos atos das agências reguladoras". Todavia, essa efetividade, se avaliada como mecanismo de controle político, pode se mostrar mais animadora: "Nessa perspectiva, ainda que sem a promulgação, a tramitação de PDLs pode contribuir para pressionar as agências a alterar ou revogar atos normativos impugnados". JORDÃO, Eduardo Ferreira *et al*. Sustação de normas de agências reguladoras pelo Congresso Nacional: pesquisa empírica sobre a prática do art. 49, V, da CRFB. *Revista Direito GV*, São Paulo, v. 19, e2315, 2023. DOI: https://doi.org/10.1590/2317-6172202315. p. 25-6.

[155] Nesse sentido, Daniele C. Talamini, ob. cit., em especial, p. 73.

[156] O censo de reguladores federais de 2022 indicou a existência de 106 reguladores federais. Disponível em: https://www.gov.br/mdic/pt-br/assuntos/reg/reguladores-federais.

de regime jurídico porque melhor se compreenderão os limites inerentes ao regulamento. E as diferenças entre ato administrativo e regulamento não se encerram aqui.

3.2.1 Princípio da inderrogabilidade singular dos atos regulamentares

A principal diferença entre os regimes jurídicos dos atos administrativos e dos regulamentos é a impossibilidade de derrogação singular dos atos regulamentares. É a partir desse princípio que se compreende a diferença substancial entre regulamento e ato administrativo. Isso porque, a partir do princípio da inderrogabilidade singular, decorre a superioridade hierárquica dos regulamentos ante os atos administrativos.[157] Evidencia-se, portanto, o regulamento como ato ordenador, o que lhe afasta do conceito de ato administrativo, unicamente ordenado.

Em razão do princípio da inderrogabilidade singular, na relação regulamento-ato administrativo, não vale o argumento de quem pode o mais também pode o menos. Ou seja, não é porque à Administração é possível revogar todo o regulamento que ela está autorizada a derrogá-lo na aplicação em um caso concreto.

O fundamento para essa impossibilidade reside no princípio de tratamento isonômico (Constituição, art. 5º, *caput*) e, por consequência, no princípio da impessoalidade da Administração Pública (Constituição, art. 37, *caput*), bem como no princípio da legalidade administrativa (Constituição, art. 37, *caput*).

Constituiria, pois, tratamento discriminatório – favorável ou não ao administrado – admitir, em princípio, a possibilidade de derrogação singular dos atos regulamentares. Não se deve olvidar que a função regulamentar se justifica também para evitar tratamentos díspares na atuação da Administração.[158] Não faria qualquer sentido que a autoridade administrativa editasse norma regulamentar para, ato contínuo, excepcioná-la na sua aplicação concreta. A situação constrangeria fortemente a exigência de tratamento impessoal a ser dispensado pela Administração Pública.

Contudo, García de Enterría e Fernández consideram a fundamentação isonômica insuficiente para justificar a regra da inderrogabilidade singular dos atos regulamentares. É que ela remonta a uma justificativa incompleta da inderrogabilidade, pois se preocupa apenas com o tratamento diferenciado que prejudica o patrimônio do administrado. Entretanto, é nas hipóteses de tratamento favorável, não estendido aos demais, que ocorrem as maiores transgressões ao Direito. Vale dizer, a regra da inderrogabilidade singular está preocupada também e especialmente com a produção de efeitos jurídicos favoráveis e injustificáveis em favor de pessoas determinadas, quando não preencham todos os requisitos previstos nas normas regulamentares.[159]

Consideramos que o princípio da isonomia veda por completo a possibilidade de revogação singular. Isso porque o princípio isonômico veda a norma que "singulariza atual e definitivamente um destinatário determinado, ao invés de abranger uma categoria de pessoas ou uma pessoa futura e indeterminada".[160] Ademais, o fator de discrímen

---

[157] Nesse sentido, Gordillo, ob. cit., t. 1, p. VII-19, e t. 3, p. IV-6.
[158] Cf. Celso Antônio Bandeira de Mello, ob. cit., p. 326. No mesmo sentido, Gasparini, última ob. cit., p. 104.
[159] García de Enterría e Fernández, ob. cit., loc. cit., p. 209-10.
[160] Celso Antônio Bandeira de Mello, *Conteúdo...* cit., p. 47.

adotado pela derrogação deve guardar relação de pertinência lógica com a desequiparação procedida. Ou seja, deve-se apurar se há justificativa racional para atribuir o específico tratamento jurídico construído em função da desigualdade formada.[161] Assim, temos na isonomia fator suficiente para fundamentar a inderrogabilidade singular dos atos regulamentares.

O fundamento no princípio isonômico, entretanto, não descarta a fundamentação apresentada pelos espanhóis, mas a ela se soma. O fundamento apresentado pelos autores refere-se ao respeito ao princípio da legalidade, compreendido como princípio de juridicidade.[162] Assim, a Administração não deve respeito tão só às leis formais, mas a todas as normas e princípios de Direito. Por conseguinte, embora a Administração possa derrogar o regulamento, fazê-lo num caso concreto seria infringir o regulamento, implicando, pois, infringência ao princípio da legalidade em termos de juridicidade. Dessa assertiva, concluem os autores mais uma diferença entre o Legislativo – que não se vincula às suas leis – e a Administração – que não é livre para a criação jurídica.[163]

Efetivamente, não se pode negar que "é desdobramento de um dos aspectos da legalidade o respeito, quando da prática de atos individuais, aos atos genéricos que a Administração, com base na lei, haja produzido para regular seus comportamentos ulteriores".[164] O regulamento também é limite de atuação administrativa. Ela pode revogá-lo, mas não pode simplesmente ignorá-lo.

O regulamento é, pois, fonte de direito, diferente do ato administrativo concreto. Daí, pois, a superioridade do primeiro em face do segundo. Portanto, é ilegal o ato administrativo contrário ao regulamento legalmente produzido.

3.3 Proposta de conceituação

A pretensão, nesse ponto, é indicar um conceito de regulamento capaz de indicar sua não coincidência com o de ato administrativo. É preciso, antes de tudo, destacar que nosso ordenamento constitucional positivo restringe o sentido do termo *regulamento*. Assim, a Constituição da República, art. 84, IV, estabelece que o regulamento é ato

---

[161] Celso Antônio Bandeira de Mello, última ob. cit., p. 37-8 e 47.

[162] García de Enterría e Fernández explicam que a Administração se vincula ao ordenamento jurídico como um todo sem distinção entre as suas diferentes fontes particulares. Merkl cunhou então a expressão "princípio da juridicidade da Administração". Isso para reservar o termo "princípio da legalidade" para o jugo da Administração à lei formal. A superação da vinculação à legalidade decorre de uma superação do positivismo legalista. A Constituição espanhola estabelece, no seu art. 103, item 1 que "La Administración Pública sirve con objetividad los intereses generales y actúa de acuerdo con los principios de eficacia, jerarquía, descentralización, desconcentración y coordinación, con sometimiento pleno a la ley y al Derecho". Concluem, portanto, que a expressão "submissão plena à lei e ao Direito", por certo, se refere ao dever de respeito a todas as normas e princípios de Direito. Ob. cit., loc. cit., p. 442-8. Existem disposições legais com texto semelhante ao do dispositivo constitucional espanhol referido. Lei nº 9.784, de 29.1.1999, art. 2º, parágrafo único: "Nos processos administrativos serão observados, entre outros, os critérios de: I - atuação conforme a lei e o Direito;". Lei nº 4.717, de 29.6.1965: "Art. 2º. São nulos os atos lesivos ao patrimônio das entidades mencionadas no artigo anterior, nos casos de: [...] c) ilegalidade do objeto; [...]. Parágrafo único. Para a conceituação dos casos de nulidade observar-se-ão as seguintes normas: [...] c) a ilegalidade do objeto ocorre quando o resultado do ato importa em violação de lei, regulamento ou outro ato normativo;".

[163] García de Enterría e Fernández, ob. cit. loc. cit., p. 210-1.

[164] Celso Antônio Bandeira de Mello, ob. cit., p. 66. No mesmo sentido, Gordillo com o acréscimo de que a Administração não pode invocar regulamentos antijurídicos, afinal ela não pode invocar sua própria torpeza para, ilegalmente, cumprir o regulamento que expediu. Ob. cit., t. 1, p. VII-22-5.

privativo do Presidente da República. Em razão do princípio da simetria entre entes da federação, o regulamento também é atribuição dos chefes do Executivo dos estados, Distrito Federal e municípios.[165]

Essa é uma regra tradicional de nosso direito constitucional. Segundo Gasparini, essa determinação constitucional se explicaria pelo fato de o Chefe do Executivo participar do processo legislativo. Esse fato, inclusive, explicaria porque o Governador de Território não possui atribuição regulamentar.[166] No entanto, o poder ou dever-poder regulamentar parece estar mais ligado à execução ou à discricionariedade na execução da lei do que à participação no processo legislativo. Afinal, o regulamento não se equipara à lei.

Porém, não há como negar que o regulamento, no nosso ordenamento constitucional, é atribuição privativa do Presidente da República. Isso seria lutar contra a letra expressa da Constituição. E mais: essa competência é indelegável, salvo na hipótese de regulamento que disponha sobre organização e funcionamento da Administração federal ou sobre a extinção de cargos e funções públicas, quando vagos (Constituição, art. 84, parágrafo único). Então, é legítimo questionar: são necessariamente inconstitucionais todas as leis que atribuem alguma possibilidade normativa aos demais órgãos da Administração Pública?

A conclusão não deve ser necessariamente pela inconstitucionalidade.[167] Tais atos configurariam atos infrarregulamentares. Vale dizer, seguem o mesmo regime de limitações impostas ao regulamento. E mais: em razão da subordinação hierárquica, devem respeitar as normas legitimamente expedidas pelo Chefe do Executivo no exercício de atribuição privativa constitucional regulamentar. Não são, em sentido estrito, regulamentos, mas se sujeitam ao mesmo regime jurídico, ou seja, às mesmas limitações.

Em verdade, a palavra *regulamento*, como esclarece Celso Antônio Bandeira de Mello, não isola uma categoria de atos uniformes, sequer esses atos se restringem ao Executivo.[168] Assim o denominador comum é de ser um ato geral e normalmente abstrato

---

[165] V., a propósito, a definição de regulamento de Diógenes Gasparini, que faz referência expressa como ato editado por decreto privativamente pelo Chefe do Executivo. *Poder...* cit., p. 6 e *Direito...* cit., p. 119-20.

[166] Cf. Gasparini, *Poder...* cit., p. 108-11.

[167] Cabe anotar, sobre o ponto, que o ordenamento constitucional espanhol vive situação assemelhada, pois que a Constituição de Espanha (art. 97) atribui apenas ao Governo o dever-poder regulamentar. Assim, as demais autoridades administrativas dependem de uma habilitação legal específica para poder expedir regulamentos. Ainda assim, esse poder será de efeito organizativo-interno, com restritos efeitos externos, salvo na hipótese do Banco de Espanha, cuja competência normativa foi reforçada pela Ley de Autonomia de 1994, promulgada com amparo no Tratado da União Europeia. Cf. García de Enterría e Fernández, ob. cit., loc. cit., p. 191-6.

[168] Efetivamente, os regulamentos não se restringem à Administração Pública. Deve-se reconhecer que o Legislativo e o Judiciário também são capazes de expedir regulamentos. Essa conclusão é necessariamente coerente com a possibilidade de exercício da função administrativa por esses órgãos. São, pois, atos normativos no exercício de função administrativa e, portanto, infralegais. Aliás, assim compreendemos também a possibilidade normativa do Conselho Nacional de Justiça (CNJ), prevista no art. 103-B, §4º, I, introduzido pela Emenda Constitucional nº 45, de 8.12.2004, pois que é um órgão de função administrativa do Judiciário, incapaz de exercer função legislativa ou jurisdicional. Os atos do CNJ são, portanto, necessariamente, infralegais. Esse, contudo, não foi o entendimento do STF. É necessário reconhecer que o STF concluiu que as resoluções do CNJ são atos normativos de natureza primária, isto é, aplicam diretamente a Constituição. V. Pleno, Ação direta de constitucionalidade (medida cautelar) 12-6, Rel. Min. Carlos Ayres Britto, j. 16.2.2006, acórdão ainda não publicado. V., em especial, o voto do Min. Carlos Ayres Britto, publicado no sítio do STF (http://www.stf.gov.br/imprensa/pdf/votoadc12.pdf). V., a propósito, as críticas a essa ampla possibilidade normativa feitas por André Tavares no artigo CNJ: Conselho Nacional de Justiça ou Congresso Nacional de Justiça. *Boletim Informativo Ibec*, n. 1, p. 29-32, jan./mar. 2006. Disponível em: http://www.ibec.inf.br/article/archive/17/. Acesso em: 22 maio 2006.

expedido por órgão diverso daquele que exerce a função legislativa. O autor destaca, contudo, que "o sentido principal da voz 'regulamento' está reportado a atos emitidos pelo Chefe do Executivo".[169] Define, pois, regulamento como ato geral, normalmente abstrato, de competência privativa do Presidente da República.[170] Ainda assim, o Prof. Celso Antônio Bandeira de Mello, revelando a proximidade de regime desses atos, conclui o capítulo dedicado ao *regulamento no direito brasileiro* de seu *Curso*, asseverando que: "Tudo quanto se disse a respeito do regulamento e de seus limites aplica-se, ainda com maior razão, as instruções, portarias, resoluções, regimentos ou quaisquer outros atos gerais do Executivo".[171]

Gasparini, embora somente admita regulamentos expedidos pelo Presidente da República, reconhece que são atos infrarregulamentares os atos expedidos pelos demais órgãos da Administração Pública. "Os atos normativos baixados ante ou com apoios em tais autorizações [legais] não seriam, em sentido estrito, regulamentos. Seriam, na verdade, regimentos, estatutos ou instruções, que, no caso, consubstanciam atos infra-regulamentares".[172]

Ora, se o conceito deve, em tese, definir um regime jurídico, parece mais apropriado relacionar o termo *regulamento*, em sentido amplo, a todos os atos normativos expedidos no exercício da função administrativa. Assim, o sentido amplo conferido à palavra *regulamento* se justificaria em função do regime jurídico substancialmente igual dos atos normativos abstratos da Administração Pública. Nesse sentido, portanto, a palavra denota um regime jurídico substancialmente igual, diferente da aplicação ampla da expressão *ato administrativo*, que denota regimes jurídicos díspares. Por isso, correta a definição de regulamento de García de Enterría e Fernández: "Se llama Reglamento a toda norma escrita dictada por la Administración".[173] Mas não basta dizer que o regulamento é norma, pois norma é uma prescrição, que pode ser geral e abstrata ou individual e concreta.[174] Bem por isso, é preciso dizer que o regulamento, num sentido amplo, é uma regra de direito objetivo. Essa definição se justificaria para apartar os regulamentos – tanto em sentido estrito como também os atos infrarregulamentares – dos atos administrativos.

A solução proposta pelo ordenamento jurídico argentino caminha em sentido próximo. Assim, explica Agustín Gordillo, que a faculdade de editar regulamentos é outorgada principalmente ao Poder Executivo e só de forma limitada ao Chefe de Gabinete. Somente por exceção se admite essa faculdade, de maneira limitada, às entidades descentralizadas, ressalvado o caso das autoridades independentes. Conclui, portanto, que, fora desses casos, é necessária uma norma expressa de lei que autorize a regulamentação por órgãos diversos.[175]

---

[169] Celso Antônio Bandeira de Mello, ob. cit., p. 313-4, os destaques são do original.

[170] Celso Antônio Bandeira de Mello, ob. cit., p. 317.

[171] Ob. cit., p. 343.

[172] *Poder...* cit., p. 109.

[173] Ob. cit. loc. cit., p. 181. Na doutrina nacional, F. C. San Tiago Dantas empregava o termo regulamento em um sentido amplo: "O poder de baixar regulamentos, isto é, de estatuir normas jurídicas hierarquicamente inferiores e subordinadas à lei, mas que nem por isso deixam de reger coercitivamente as relações sociais, é uma atribuição constitucional do Presidente da República, mas a própria lei pode conferi-la, em assuntos determinados, a um órgão da Administração pública ou a uma dessas entidades autônomas que são as autarquias". Ob. cit., p. 153.

[174] Kelsen, ob. cit., em especial, p. 260 e segs.

[175] Agustín Gordillo, ob. cit., t. 1, p. VII-39.

No ordenamento jurídico português, explica Gomes Canotilho, o fundamento do poder regulamentar reside na própria Constituição. Então como explicar as hipóteses de regulamentos que não têm fundamento direto na Constituição? A resposta, explica, passa pela compreensão de que a função regulamentar não compõe um sistema fechado, mas um sistema aberto e assim autoriza a atribuição pelo legislador.

> O fundamento constitucional dos regulamentos não deve, porém, ser compreendido em termos análogos ao fundamento jurídico-constitucional dos actos legislativos (actos primários). O sistema jurídico-constitucional dos actos legislativos assenta no princípio da tipicidade (é, pois, um "sistema fechado"), ao passo que o regime jurídico do poder regulamentar é compatível com um *sistema aberto* em que o legislador, nos quadros da constituição, tem a possibilidade de atribuir e modelar poderes regulamentares (é o que acontece, hoje, por exemplo, em relação aos poderes regulamentares das entidades administrativas independentes).[176]

Também na Itália, conforme explica Luís S. Cabral de Moncada,[177] a forma normal de expedição de regulamentos é o decreto presidencial, cuja previsão encontra-se no art. 87 da Constituição italiana. A previsão constitucional, no entanto, não serviu para reservar-lhe a elaboração de todos os regulamentos. A conclusão do autor, já quando analisa o ordenamento jurídico português, é a seguinte: a atribuição de poder regulamentar pode acontecer tanto em nível legal como em nível constitucional. Mas a fundamentação constitucional não basta para fundamentar um regulamento, é preciso uma lei para a fundamentação de cada regulamento, para lhe servir de parâmetro de controle.[178]

Entre nós, uma proposta de solução é apresentada por Eduardo Salomão Neto. Para o autor, os regulamentos expedidos com fundamento no art. 84, VI, da Constituição da República independem de autorização específica em lei para sua expedição. Mas o dispositivo constitucional não seria capaz de impedir a produção de regulamentos autorizados pelos demais órgãos da Administração Pública.[179]

A solução, portanto, passaria por reconhecer que, no caso brasileiro, os atos que *não* são editados pelo Presidente da República, ou seja, que não encontram fundamento no art. 84, IV, da Constituição da República, devem buscar seu fundamento numa autorização ou habilitação legal específica. Além disso, tais normas regulamentares deverão ter o conteúdo substancial de suas determinações previstas na lei habilitante, sob pena de inconstitucionalidade.

Ainda em nossa doutrina, Caio Tácito bem explicitou que o poder regulamentar do Presidente da República era incapaz de inviabilizar o poder normativo de outras autoridades. O texto é anterior ao da vigente Constituição, mas cabe anotar que também o texto da Constituição de 1967/1969 (art. 81, III) atribuía privativamente ao Presidente da República o poder de expedir regulamentos para a fiel execução das leis. Merece transcrição o trecho em questão:

---

[176] J. J. Gomes Canotilho, ob. cit., p. 834, os destaques são do original.

[177] Ob. cit., p. 558 e nota 894.

[178] *Idem, ibidem,* p. 1.018-20.

[179] SALOMÃO NETO, Eduardo. *Direito bancário.* 3. ed. São Paulo: Trevisan, 2020. p. 130-1.

Se o poder regulamentar é em princípio e dominantemente exercido pelo Presidente da República, em razão de sua competência constitucional, nada impede – antes em determinadas circunstâncias aconselha – possa a lei habilitar outras autoridades à prática do poder normativo. [...] Não somente o Presidente, pela via regulamentar constitucional, ou os Ministros de Estado, habilitados em lei, como ainda os chefes de serviços gozam de competência, até mesmo sem texto expresso, para editar normas de conteúdo materialmente legislativo, no âmbito de seus poderes de direção [...] Nem a interpretação histórica, nem a lógica ou a gramatical, podem conduzir à exclusividade do poder regulamentar [do Presidente], com desprezo da continuidade da legislação que, firmando princípios e diretrizes de regulação, compõe a atribuição normativa secundária de órgãos de fiscalização e controle de atividades econômicas, com endosso da doutrina e da jurisprudência. A norma de competência do Presidente da República é enumerativa, não sendo válido o raciocínio *a contrario sensu*, excludente de outra fórmula de ação normativa que a discricionariedade do legislativo entenda necessária e conveniente.[180]

Com efeito, parece correto o entendimento de que o poder regulamentar não é exclusivo do Presidente da República. A competência normativa-regulamentar, conforme o já referido parecer de Gomes Canotilho,[181] é uma competência normativa aberta, diferente da competência normativa-legislativa, que é constitucionalmente fechada. Esse fato autorizaria a lei ordinária a habilitar determinadas autoridades administrativas a expedirem ato normativo em execução à lei. A Constituição da República oferece fundamento para essa possibilidade quando fala em poder regulamentar do Executivo e não do Presidente (Constituição, art. 49, V). Também quando concede ao Congresso Nacional o dever de zelar por sua competência em face da atribuição normativa de outros Poderes (Constituição, art. 49, XI). Quando estabelece a reserva de plenário para a declaração de inconstitucionalidade de "lei ou ato normativo do Poder Público" (Constituição, art. 97). Bem como quando prevê ação direta de constitucionalidade e inconstitucionalidade contra lei e ato normativo federal (Constituição, art. 102, I, "a"). Em especial, quando esclarece que a decisão da declaração de inconstitucionalidade por omissão deverá ser atendida por órgão administrativo em trinta dias (Constituição, art. 103, §2º). Assim também na previsão da competência do Superior Tribunal de Justiça para julgar mandado de injunção quando a norma regulamentadora for atribuição de órgão, entidade ou autoridade federal, da administração direta ou indireta, excetuados os casos de competência do STF e dos órgãos da Justiça Militar, da Justiça Eleitoral, da Justiça do Trabalho e da Justiça Federal (Constituição, art. 105, I, "h"). Isso sem falar na previsão do Estado como agente normativo e regulador prevista no art. 174, *caput*, além da previsão de, ao menos duas, entidades reguladoras (Constituição, arts. 21, XI, e 177, §2º).

Se assim é, realmente, concebe-se como legítimo o uso amplo do termo *regulamento*. Essa definição seria capaz, ainda, de abrigar em seu conceito muitos dos atos infrarregulamentares. Convém, contudo, destacar que a possibilidade de expedir regulamento, como já destacamos, depende de uma expressa habilitação legal. Logo, não são regulamentos

---

[180] TÁCITO, Caio. Comissão de valores mobiliários. Poder regulamentar [parecer]. *In*: TÁCITO, Caio. *Temas de direito público: estudos e pareceres*. Rio de Janeiro: Renovar, 1997, v. 2. p. 1.079, 1.083 e 1.088.

[181] Ob. cit., p. 834.

os atos normativos que pretendam a regulamentação de outro ato infralegal. Ou seja, não seriam regulamentos as normas que regulamentam outro regulamento.

Nesse ponto, cabe consignar, parenteticamente, dois esclarecimentos adicionais. O primeiro: não se cogita de habilitação para o exercício de função regulamentar por meio de medida provisória (Constituição, art. 62). É que a relevância e, especialmente, a urgência requerida para a edição do ato não se ajustam à necessidade de ulterior regulamentação da norma. O segundo: na forma do art. 13, I, da Lei nº 9.784, de 29.1.1999, não pode ser objeto de delegação "a edição de atos de caráter normativo". Logo, o órgão habilitado não tem o poder de habilitar outro por meio de seus regulamentos.

Não obstante o reconhecimento dessa possibilidade regulamentar em sentido amplo, não se deve olvidar que cabe ao Presidente da República o exercício da direção superior da Administração Pública federal (Constituição, art. 84, II). Dessa forma, os atos do Presidente da República sobrepõem-se, de regra, aos demais atos normativos da Administração. Logo, somente na hipótese em que haja o reconhecimento legal e *constitucional* de autonomia para a disciplina de determinada matéria poderá ser admitida a aplicação do princípio da especialidade, que justificaria a prevalência da norma setorial em detrimento da norma expedida pelo órgão de direção.

Assim, parece correta a advertência feita por Gustavo Binenbojm, acerca da impossibilidade de regulamentos presidenciais revogarem ou invalidarem norma expedida por agência reguladora. Caso fosse possível a hipótese cogitada, toda a deferência à autonomia desses órgãos da Administração seria de pouquíssima valia. Logo, a autonomia que lhes é deferida poderá justificar a prevalência de suas normas no setor que lhes compete regular. Daí não parece ser correto tachar todas as normas editadas por agências e órgãos reguladores de infrarregulamentar, pois que essa atitude desprestigia e ignora a autonomia reconhecida a favor desses órgãos.

Estabelecido o fundamento da competência regulamentar, cabe, agora, quanto à definição ampla de regulamento, destacar o fato de que também não basta dizer que o regulamento é uma norma jurídica, pois a norma jurídica se define como uma prescrição, que pode ser geral e abstrata ou individual e concreta.[182] Bem por isso, é preciso dizer que o regulamento, num sentido amplo, é uma regra de direito objetivo ou norma abstrata. Cuida-se, pois, de uma deliberação tomada, não em consideração de um caso particular e atual, mas para regular todos os casos da mesma natureza, no presente ou no futuro, que possam ser abrangidos pela norma e, portanto, destinada a ser aplicada a todos indivíduos nas condições previstas pelo seu texto.[183]

Essa definição se justificaria para apartar os regulamentos – tanto em sentido estrito (regulamento presidencial) como também os regulamentos em sentido amplo – dos atos administrativos concretos. Ato administrativo e regulamento têm regimes jurídicos próximos, porque ambos são expedidos no exercício de função administrativa. Há, contudo, distinções importantes, que devem ser conhecidas.

Ao fim, não podemos deixar de referir que essa diferenciação agora, entre nós, começa a chegar ao próprio direito positivo. As previsões contidas nos arts. 4º a 13 da Lei nº 13.848, de 25.6.2019. Embora o Capítulo I da Lei de Organização das Agências

---

[182] Hans Kelsen, ob. cit., em especial, p. 260 e segs.
[183] J. J. Gomes Canotilho, ob. cit., p. 715.

Reguladoras disponha sobre o processo decisório, envolvendo atos concretos e atos normativos, determinadas previsões são aplicáveis apenas aos chamados atos normativos, a exemplo da regra de indispensabilidade de realização de análise de impacto regulatório (art. 6º), e de realização de consulta pública (art. 9º). Ademais, a previsão contida no art. 29 da Lei de Introdução às Normas de Direito Brasileiro, que autoriza a realização de consulta pública previamente à realização do ato, aplica-se apenas aos regulamentos.

4 Conclusão: o regime jurídico do regulamento

Ato administrativo e regulamento têm regimes jurídicos próximos, porque ambos são expedidos no exercício de função administrativa. Há, contudo, distinções graves, que devem ser conhecidas. Os regulamentos não são nem lei em sentido material nem ato administrativo geral: são coisas diversas. É o que procuramos demonstrar. E vale a pena ou é útil diferenciar para melhor conhecer os regimes jurídicos que são próprios de cada atividade, especialmente em razão da quantidade crescente de atos normativos produzidos pela Administração.

Já não se justifica definir o regulamento como ato administrativo geral ou abstrato. Se antes, em razão do pouquíssimo espaço que se quis reconhecer aos regulamentos, não havia razão maior para a diferenciação entre ato administrativo e regulamento, na atualidade, torna-se imperioso o conhecimento das diferenças de regime jurídico.

Conclusivamente, podemos asseverar que o *regulamento*, em sentido amplo, ou metodológico-sistemático, é a regra de direito objetivo (abstrata) expedida em desenvolvimento à lei de habilitação, no exercício de função administrativa, e submetida a controle jurisdicional de legitimidade. Já em sentido estrito, ou constitucional-positivo, o regulamento é uma regra de direito objetivo (abstrata) expedida em desenvolvimento à lei, no exercício de função administrativa, e submetida a controle jurisdicional de legitimidade, pelo Chefe do Executivo, com fundamento em atribuição constitucional privativa. Dessa forma, reserva-se o termo *ato administrativo* para as declarações unilaterais, manifestadas mediante ato concreto complementar da lei, ou em cumprimento à determinação vinculante da Constituição, no exercício da função administrativa e submetidos a controle jurisdicional de legitimidade.

A conclusão, no entanto, não significa assentar que os conceitos indicados sejam os únicos corretos, ela deriva exclusivamente de considerações acerca da melhor forma de sistematização da função administrativa, que são indicadas nesse quadro elaborado para demonstrar o quão diferentes são os regimes de cada conceito.

(continua)

Regulamento	Ato administrativo
É ato que integra o ordenamento jurídico.	É ato de aplicação do ordenamento jurídico.
É ato ordenador.	É ato ordenado.
É ato geral, impessoal e abstrato.	É ato concreto, pessoal e individualizado.
É formado por preceitos de caráter genérico e de aplicação permanente.	Produz efeitos jurídicos num caso concreto.

(continua)

Regulamento	Ato administrativo
Não admite a extinção do ato pelo exaurimento de seus efeitos.	Admite a extinção do ato pelo exaurimento de seus efeitos.
O conhecimento é ficto.	Exige conhecimento certo.
Não faz "coisa julgada" administrativa.	Faz "coisa julgada" administrativa.
Poder de emissão restrito.	Poder de emissão amplo.
Não admite saneamento com efeitos retroativos (convalidação).	Admite convalidação com efeitos (convalidação).
Em princípio, não é diretamente impugnável na via judicial difusa.	É impugnável diretamente na via judicial difusa.
É fonte de direito.	Não é fonte de direito.
É obrigatório a partir de sua publicação.	É obrigatório a partir da ciência.
As possibilidades de revogação e invalidação são amplas e não dependem de ciência do interessado.	As possibilidades de revogação e invalidação não são amplas e dependem da ciência do interessado.
A revogação é sempre do próprio regulamento.	A revogação do ato já eficaz refere-se à relação surgida em razão do ato, impedindo novos efeitos.
A invalidação é sempre do próprio regulamento.	A invalidação não é do ato, mas da relação surgida em razão do ato inválido.
Não se sujeita à regra de decadência do art. 54 da Lei nº 9.784, de 1999.	Sujeita-se à regra de decadência do art. 54 da Lei nº 9.784, de 1999.
Não se admite hipótese de regulamento por silêncio da Administração.	Admite-se hipótese de silêncio da administração como ato administrativo.
Regulamento	Ato administrativo
É ato que integra o ordenamento jurídico.	É ato de aplicação do ordenamento jurídico.
É ato ordenador.	É ato ordenado.
É ato geral, impessoal e abstrato.	É ato concreto, pessoal e individualizado.
É formado por preceitos de caráter genérico e de aplicação permanente.	Produz efeitos jurídicos num caso concreto.
Não admite a extinção do ato pelo exaurimento de seus efeitos.	Admite a extinção do ato pelo exaurimento de seus efeitos.
O conhecimento é ficto.	Exige conhecimento certo.
Não faz "coisa julgada" administrativa.	Faz "coisa julgada" administrativa.
Poder de emissão restrito.	Poder de emissão amplo.
Não admite saneamento com efeitos retroativos (convalidação).	Admite convalidação com efeitos (convalidação).
Em princípio, não é diretamente impugnável na via judicial difusa.	É impugnável diretamente na via judicial difusa.
É fonte de direito.	Não é fonte de direito.

(conclusão)

Regulamento	Ato administrativo
É obrigatório a partir de sua publicação.	É obrigatório a partir da ciência.
As possibilidades de revogação e invalidação são amplas e não dependem de ciência do interessado.	As possibilidades de revogação e invalidação não são amplas e dependem da ciência do interessado.
A revogação é sempre do próprio regulamento.	A revogação do ato já eficaz refere-se à relação surgida em razão do ato, impedindo novos efeitos.
A invalidação é sempre do próprio regulamento.	A invalidação não é do ato, mas da relação surgida em razão do ato inválido.
Não se sujeita à regra de decadência do art. 54 da Lei nº 9.784, de 1999.	Sujeita-se à regra de decadência do art. 54 da Lei 9.784, de 1999.
Não se admite hipótese de regulamento por silêncio da Administração.	Admite-se hipótese de silêncio da administração como ato administrativo.
Regulamento	Ato administrativo
É ato que integra o ordenamento jurídico.	É ato de aplicação do ordenamento jurídico.
É ato ordenador.	É ato ordenado.

Referências

AMARAL, Antônio Carlos Cintra do. Conceito e elementos do ato administrativo. *Revista de Direito Público*, São Paulo, n. 32, p. 36-42, nov./dez. 1974.

AMARAL, Antônio Carlos Cintra do. *Extinção do ato administrativo*. São Paulo: Revista dos Tribunais, 1978.

BANDEIRA DE MELLO, Celso Antônio. *Conteúdo jurídico do princípio da igualdade*. São Paulo: Malheiros, 3. ed. 1993, 8. tir. 2000.

BANDEIRA DE MELLO, Celso Antônio. *Curso de direito administrativo*. 20. ed. São Paulo: Malheiros, 2006.

BANDEIRA DE MELLO, Oswaldo Aranha. *Princípios gerais de direito administrativo*. 2. ed. Rio de Janeiro: Forense, 1979. v. I.

BINENBOJM, Gustavo. *Uma teoria de direito administrativo*: direitos fundamentais, democracia e constitucionalização. Rio de Janeiro: Renovar, 2006.

CAETANO, Marcello. *Manual de direito administrativo*. 10. ed. Revista e atualizada por Diogo Freitas do Amaral. Coimbra: Almedina, 1973, 7. reimpr. 2001.

CAETANO, Marcello. *Princípios fundamentais do direito administrativo*. 2. reimpr. portuguesa da edição brasileira de 1977. Coimbra: Almedina, 2003.

CANOTILHO, J. J. Gomes. *Direito constitucional e teoria da Constituição*. 7. ed. 2. reimpr. Coimbra: Almedina, 2003.

CARRIÓ, Genaro R. *Notas sobre derecho y lenguaje*. 4. ed. Buenos Aires: Abeledo-Perrot, 1990.

CRETELLA JÚNIOR, José. *Dicionário de direito administrativo*. 3. ed. Rio de Janeiro: Forense, 1978.

DANTAS, Francisco Cavalcanti de San Tiago. *Problemas de direito positivo*: estudos e pareceres. 2. ed. Rio de Janeiro: Forense, 2004.

DUGUIT, Léon. *Fundamentos do direito*. Tradução e notas de Ricardo Rodrigues Gama. Campinas: LZN Editora, 2003.

FAGUNDES, Miguel Seabra. *O controle dos atos administrativos pelo Poder Judiciário*. 7. ed. Atualizada por Gustavo Binenbojm. Rio de Janeiro: Forense, 2005.

FERRAZ, Sérgio. Regulamento. *In*: FERRAZ, Sérgio. *3 estudos de direito*. São Paulo: Revista dos Tribunais, 1977. p. 105-26.

GARCÍA DE ENTERRÍA, Eduardo; FERNÁNDEZ, Tomás-Ramón. *Curso de derecho administrativo*. 12. ed. Madrid: Civitas, 2004, reimpr. 2005. v. 1.

GASPARINI, Diógenes. *Direito administrativo*. 10. ed. São Paulo: Saraiva, 2005.

GASPARINI, Diógenes. *Poder regulamentar*. 2. ed. São Paulo: Revista dos Tribunais, 1982.

GORDILLO, Agustín. *Tratado de derecho administrativo*. 6. ed. Belo Horizonte: Del Rey e Fundación de Derecho Administrativo, 2003. t. 3 (el acto administrativo).

GORDILLO, Agustín. *Tratado de derecho administrativo*. 7. ed. Belo Horizonte: Del Rey e Fundación de Derecho Administrativo, 2003. t. 1 (parte geneneral).

GRAU, Eros Roberto. *O direito posto e o direito pressuposto*. 6. ed. São Paulo: Malheiros, 2005.

JORDÃO, Eduardo Ferreira *et al*. Sustação de normas de agências reguladoras pelo Congresso Nacional: pesquisa empírica sobre a prática do art. 49, V, da CRFB. *Revista Direito GV*, São Paulo, v. 19, e2315, 2023. DOI: https://doi.org/10.1590/2317- 6172202315.

JUSTEN FILHO, Marçal. *Curso de direito administrativo*. 15. ed. Rio de Janeiro: Forense, 2024.

JUSTEN FILHO, Marçal. O direito administrativo como aventura existencial e as peripécias de um insubordinado. *REI – Revista Estudos Institucionais*, 9(3), p. 791-809, set./dez. 2023. DOI: https://doi.org/10.21783/rei.v9i3.781.

KELSEN, Hans. *Teoria pura do direito*. 6. ed. 1960. Tradução de João Baptista Machado. São Paulo: Martins Fontes, 6. ed. 1998.

LEAL, Victor Nunes. Lei e regulamento. *In*: LEAL, Victor Nunes. *Problemas de direito público*. Rio de Janeiro: Forense, 1960. p. 56-91.

LEITE, Luciano Ferreira. *O regulamento no direito brasileiro*. Tese (Doutorado) – Pontifícia Universidade Católica de São Paulo, 1982.

LIMA, Ruy Cirne. *Princípios de direito administrativo*. 7. ed. revista e reelaborada por Paulo Alberto Pasqualini. São Paulo: Malheiros, 2007.

MARQUES NETO, Floriano Peixoto de Azevedo. *Regulação estatal e interesses públicos*. São Paulo: Malheiros, 2002.

MAURER, Harmut. *Direito administrativo geral*. Tradução de Luís Afonso Heck. Barueri: Manole, 2006.

MONCADA, Luís S. Cabral de. *Lei e regulamento*. Coimbra: Coimbra Editora, 2002.

OLIVECRONA, Karl. *Linguagem jurídica e realidade*. Tradução de Edson L. M. Bini. Prefácio de Alaôr Caffé Alves. São Paulo: Quartier Latin, 2005.

PEREIRA, André Gonçalves. *Erro e ilegalidade no acto administrativo*. Lisboa: Ática, 1962.

QUEIRÓ, Afonso Rodrigues. A teoria do 'desvio de poder' em direito administrativo [1ª parte]. *Revista de Direito Administrativo*, Rio de Janeiro, v. 6, p. 41-78, out./dez. 1946.

RÁO, Vicente, *O direito e a vida dos direitos*. 6. ed. Atualizada e anotada por Ovídio Rocha Sandoval. São Paulo: Revista dos Tribunais, 2004.

ROMAN, Flavio José. A função regulamentar da Administração Pública e a regulação do sistema financeiro nacional. *In*: JANTALIA, Fabiano (Coord.). *A regulação jurídica do sistema financeiro nacional*. Rio de Janeiro: Lumen Juris, 2009. p. 57-98.

ROMAN, Flavio José. *Discricionariedade técnica na regulação econômica*. São Paulo: Saraiva, 2013.

ROMAN, Flavio José. *Os regulamentos e as exigências da legalidade estudo sobre a viabilidade dos regulamentos delegados no ordenamento jurídico brasileiro*. Dissertação (Mestrado) – Programa de Pós-Graduação, PUC-SP, 2007.

ROMAN, Flavio José. Princípio da constitucionalidade: algumas questões. *Revista APG – Associação dos Pós-Graduandos da PUC-SP*, São Paulo, p. 143-164, 2008.

ROSS, Alf. *Tû-Tû*. Tradução de Edson L. M. Bini. Prefácio de Alaôr Caffé Alves. São Paulo: Quartier-Latin, 2004.

SALOMÃO NETO, Eduardo. *Direito bancário*. 3. ed. São Paulo: Trevisan, 2020.

SILVA, De Plácido e. *Vocabulário jurídico*. 25. ed. Atualizado por Nagib Slaib Filho e Gláucia Carvalho. Rio de Janeiro: Forense, 2004.

STASSINOPOULOS, Michel. *Traité des actes administratifs*. Athénes: Librarie Sirey, 1954.

SUNDFELD, Carlos Ari *et al*. *Curso de direito administrativo em ação*: casos e leituras para debate. São Paulo: JusPodivm, 2024.

SUNDFELD, Carlos Ari. *Direito administrativo ordenador*. São Paulo: Malheiros, 1993, 3. tir. 2003.

TÁCITO, Caio. Comissão de valores mobiliários. Poder regulamentar [parecer]. *In*: TÁCITO, Caio. *Temas de direito público*: estudos e pareceres. Rio de Janeiro: Renovar, 1997. v. 2. p. 1.075-93.

TÁCITO, Caio. Transformações no Direito Administrativo. *Boletim de Direito Administrativo*, São Paulo, p. 82-86, fev. 1999.

TAVARES, André Ramos. *Curso de direito constitucional*. 2. ed. São Paulo: Saraiva, 2003.

TURCZYN, Sidnei. *O sistema financeiro nacional e a regulação bancária*. São Paulo: Revista dos Tribunais, 2005.

ZANCANER, Weida. *Da convalidação e da invalidação dos atos administrativos*. 2. ed. São Paulo, 1993, 3. tir. 2001.

Informação bibliográfica deste texto, conforme a NBR 6023:2018 da Associação Brasileira de Normas Técnicas (ABNT):

ROMAN, Flavio José. Regime jurídico dos regulamentos: as necessárias distinções entre lei, regulamento e ato administrativo. *In*: JUSTEN, Monica Spezia; PEREIRA, Cesar; JUSTEN NETO, Marçal; JUSTEN, Lucas Spezia (coord.). *Uma visão humanista do Direito*: homenagem ao Professor Marçal Justen Filho. Belo Horizonte: Fórum, 2025. v. 1, p. 257-302. ISBN 978-65-5518-918-6.

SEGURANÇA JURÍDICA EM TEMPOS DE INCERTEZA

FLORIANO DE AZEVEDO MARQUES NETO

Introdução: uma homenagem mais que merecida

Quem hoje se aproxima do Direito Administrativo logo vai saber quem é Marçal Justen Filho. E logo lhe colocará no estreito rol dos Cardeais, dos monstros consagrados do Direito Administrativo. Dificilmente alguém instado a listar os cinco maiores administrativistas brasileiros deixará de incluir Marçal.

Mas nem sempre foi assim. E isso só aumenta a dívida que nós, mais jovens, temos com ele.

Marçal não surgiu no mundo jurídico pelo Direito Administrativo. Emerge na cena acadêmica, como jovem brilhante, no Direito Tributário e lá faz seus primeiros trabalhos. No começo dos anos 90, antevê a guinada que o Direito Administrativo passaria a dar e começa a se interessar pelo tema. Em 1993, ele entra no "nosso" campo com o seu hoje a um só tempo clássico e *best seller Comentários* à *Lei de Licitações e Contratos Administrativos*, publicado meses após a edição da então lei nova. A obra, apesar de se propor a comentar texto legal, já prenunciava abordagens inovadoras e não adesistas à doutrina predominante. Ao sucesso editorial do *Licitações* sucederam obras seminais, como o livro sobre *Concessões* (1997) outro sobre *Agências Reguladoras* (2002) e outros tantos. Todos com um pensamento original e descompromissado com a doutrina que se repetia há anos.

Falar da obra grandiosa de Marçal é chover no molhado. Lembrar sua capacidade analítica, sua obsessão pela completude da análise, seus índices detalhados e amiudados em números e subnúmeros que dão a visão clara do todo a partir da parte, tudo isso é já um tanto óbvio.

Mas queria registrar minha homenagem quase agradecimento pelo que Marçal significou para mim, para a minha trajetória. Não são poucos a importância e o impacto que o surgimento editorial do Marçal no Direito Administrativo significou na época para aqueles que, como eu, iniciavam o percurso. O Direito Administrativo nos anos 70 e 80 era uma seita fechada com poucos pastores, muito ciosos com a sua "doutrina da fé".

Havia praticamente um pensamento único, pouca inovação e nenhum questionamento. Marçal foi o primeiro a, consistentemente e já do alto de uma Cátedra em Universidade importante, começar a mostrar que era possível pensar fora da casinha.

Os temas que escolheu para aprofundar, as ideias originais, o método rigoroso de esgotar todos os aspectos do assunto, a abertura para literatura fora do circuito Paris-Bordeaux, creiam, inspiraram e inspiram muitas gerações mais jovens.

Seu *Curso de Direito Administrativo*, afirmo, é revolucionário e reconhecido mesmo por aqueles que, como o José Vicente, decretaram a morte dos manuais.[1]

Para mim a influência do Marçal é inigualável. Depois de conhecê-lo por textos, iniciei o convívio com ele no final dos anos 90, na advocacia, em uma das oportunidades em que o Direito Administrativo teve que dar combate às desastrosas ousadias populistas dos governantes paranaenses (estes também fazedores de escola, da má escola). Ali percebi que, além de genial e trabalhador incansável, Marçal tinha a generosidade, a lealdade e a lhaneza como características. Além da pouca paciência com quem não tem nada a dizer e mesmo assim fala demais! Confesso que nos primeiros meses de convívio morria de medo de me exceder no falatório ou dissertar sobre o que eu não dominava e receber a peremptória sentença que Marçal dedica aos enganadores jurídicos: "Este sujeito é um idiota". Sempre que íamos nos reunir, estudava no detalhe o assunto que seria tratado e me condicionava a só intervir naquilo que tivesse certeza e na hora oportuna. Com o tempo, fui relaxando. Até hoje minha idiotice não foi detectada pelo amigo.

Desde então não mais deixamos de interagir, de dialogar e de nos encontrar. Tive a honra, o prazer e o frio na barriga de ter Marçal em duas de minhas bancas de concurso. E de descobrir que a amizade e a cordialidade não evitavam arguições duras, inteligentes, instigantes e tão provocantes quanto provocativas. Mas sempre leais e fidalgas. Tanto que sobrevivi a elas. E nossa amizade também.

Numa destas oportunidades, justamente no meu concurso de titularidade, Marçal me fez uma pergunta, de chofre, logo no início, que até hoje me persegue.

Indagou: "Plutão é mesmo um planeta?".

Fazia menção a uma discussão tertúlia surgida anos antes no ensejo do rebaixamento do até então incontroverso planeta componente do Sistema Solar que, observado por tecnologia de investigação espacial mais acurada, havia tido seu *status* revisitado, considerado então um mero asteroide. Marçal queria com isso mostrar que minha tese aparentemente envolvia uma indagação tão irrespondível quanto inútil.

No dia da arguição, engoli seco e tentei defender a relevância e a pertinência da tese que eu apresentara. E desde então tenho tentado encontrar uma resposta inteligente. Não para saber se Plutão é planeta ou corpo celeste. Mas para mostrar que na ciência qualquer indagação é possível e importante, desde que respondida com método, como faz Marçal.

Mas, seguindo nas imagens estelares, assim como o telescópio Webb mostrou que Universo é muito maior e mais complexo que o sistema solar, Marçal nos mostrou que o Direito Administrativo é muito mais que a doutrina tradicional queria provar ser. Marçal

---

[1] Ver MENDONÇA, José Vicente Santos de. O que restou dos manuais de Direito Administrativo? *Jota*, 2020. Disponível em: https://www.jota.info/opiniao-e-analise/colunas/publicistas/o-que-restou-dos-manuais-de-direito-administrativo-14072020.

foi o primeiro a explodir a autorreferência do Direito Administrativo ensimesmando num suposto regime jurídico único e coerente, para ir buscar uma explicação instrumental apoiada na função instrumental de consecução dos direitos fundamentais. Ao fazê-lo, não só decretou o óbito da doutrina incumbente, mas abriu o Direito Administrativo para uma infinidade de campos, abordagens e reconfigurações.

Marçal é um dos pais fundadores do direito administrativo contemporâneo. Com sua generosidade acadêmica e inflexibilidade de princípios, Marçal não tolhe o surgimento de discípulos (são muitos), autores e mesmo contestadores dos seus pontos de vista. Só não tem paciência para dogmatas e enganadores. O que torna a tarefa de homenageá-lo ainda mais desafiadora.

Marçal, eu e, creio, todas as gerações de administrativistas que te sucederam somos muito gratos a você.

Segurança jurídica, essa nossa desconhecida íntima

Segurança jurídica, entre nós, cumpre um papel de ser um mantra retórico com o qual todos concordam e propalam, mas que na primeira oportunidade afastam e desconsideram. No Direito Administrativo, então, a segurança jurídica é um nada pois sempre será sobrepujada pelo *interesse público*, seja lá o que isso significa ou que conteúdo circunstancialmente assuma. Um fenômeno interessante, pois o Direito Administrativo surge exatamente para assegurar os três vetores que integram o conceito de segurança jurídica.[2]

Porém, com o tempo, esta função garantista do Direito Administrativo foi cedendo para uma outra função, operacional, voltada a permitir a ação e a intervenção do Estado sobre o plexo de direitos dos indivíduos. Na esteira das teorias da supremacia do interesse público, o Direito Administrativo tornou-se um direito à insegurança jurídica, um instrumento da incerteza, a negação da previsibilidade. Na seara administrativa, contratos não vinculam, obrigações de pagar não são mandatórias, atos podem ser desfeitos a qualquer tempo, demonstrações de validade, veracidade ou facticidade são acoimadas pelas presunções, o controle do tempo é uma prerrogativa exclusiva do poder público.

Isso coloca o Direito Administrativo numa posição antípoda com o Direito Moderno.

O direito moderno surge e se constrói a partir de uma tentativa de tornar mais administrável a incerteza própria da vivência humana. Por meio de uma lógica legal-racional, adotando um termo weberiano, tem na segurança jurídica a premissa e o objetivo de sua existência. Justifica-se, assim, pela tentativa de conferir aos seres humanos alguma base de certeza diante da inevitável incerteza.

---

[2] Como afirmei em obra recente: "E aí chegamos aos três vetores da segurança jurídica. A segurança jurídica tem uma vertente da estabilidade, na medida em que dá perenidade aos atos jurídicos e aos efeitos deles decorrentes, mesmo quando houver câmbios nas normas ou no entendimento que se faz delas. Tem um vetor de previsibilidade, protraindo mudanças bruscas, surpresas, armadilhas. E, por fim, tem um vetor de proporcionalidade (e de ponderabilidade), na medida em que a aplicação do Direito não pode nem ser irracional, nem desproporcional. É, exatamente, nesses três sentidos que a Lei nº 13.655/18 veio reforçar a aplicação da segurança jurídica no âmbito do Direito Público" (MARQUES NETO, Floriano de Azevedo; FREITAS, Rafael Véras de. *Comentários à Lei nº 13.655/2018 (Lei da Segurança para a Inovação Pública)*. 2. reimpr. Belo Horizonte: Fórum, 2019. p. 18).

Em outras palavras, o direito não pretende obstar ou erradicar o conflito, mas tomá-lo como um dado e, sob esta lente, lidar com seus efeitos. Para isso, tenta, de um lado, antecipar a emergência do conflito na realidade concreta, antevendo sua existência e antecipando suas consequências, e, de outro, amestrar a mudança e gerenciar seus impactos, prevendo, inclusive, efeitos dissuasórios à conduta indesejada.

A segurança jurídica, nesta perspectiva, pode ser concebida em três dimensões principais.

A primeira, é a da *previsibilidade*. O direito procura fazer previsível a incerteza, por mais contraditório que possa parecer, e o faz através de mecanismos que antecipam riscos, mitigam efeitos e dissuadem condutas, atribuindo a elas consequências. A previsibilidade é, portanto, a dimensão da segurança jurídica que visa conferir uma espécie de "protocerteza" de que o incerto de amanhã pode ser capturado no tempo presente.

E isso foi fundamental para o desenvolvimento do capitalismo. O capitalista precisava saber que o mercador de Flandres iria chegar ao seu destino com uma carta de câmbio, obter o dinheiro e depois pagar a dívida. Essa "protocerteza" só existia porque o capitalista confiava que o direito seria capaz de, por meio da atribuição de consequência dissuasiva a uma conduta indesejada (não pagar), garantir que o comerciante pagaria sua dívida.

A segunda dimensão é a da *estabilidade*. Consubstancia-se na procura do direito por estabilizar as situações que já estão consolidadas, e neutralizar as consequências das mudanças, estas inevitáveis. O direito adquirido é um exemplo de manifestação da estabilidade. Ainda que possa ser questionado no futuro, serve como uma trava jurídica para evitar que os direitos acervados pelos indivíduos se transformem em nada.

A terceira dimensão, a mais complexa, é a da coerência. Trata-se da tentativa de tornar o conflito, em si disruptivo, algo administrável. É a tentativa do direito de conferir coerência ao que é disfuncional, tomado assim o conflito. Desse modo, uma vez materializada a incerteza em fatos indesejados, deve ser rapidamente incorporada à ordem jurídica e absorvida pelo código do direito.

A incerteza, nessa análise, é aquilo que não é possível antever e antecipar. É, em última instância, a incapacidade de a racionalidade humana apreender todas as dimensões do porvir. Com efeito, a humanidade, há muito tempo, e por meio de diferentes mecanismos, esforça-se para lidar com a incerteza. Esse esforço ocorre, por exemplo, tanto por meio da religião, quanto por meio do surrealismo – este imputando à fantasia o que a outra imputa a Deus. O direito, por sua vez, lida com a incerteza tentando antecipar as consequências do porvir.

Nesse fazer, o direito empenha um esforço que se assemelha a enxugar o gelo. É útil e necessário para as relações humanas, mas inapto a prever e tratar todas as incertezas. Tal inaptidão é ainda mais patente diante dos conflitos atuais. Os modelos tradicionais de previsão, estabilidade e coesão já não respondem mais às mudanças decorrentes de uma sociedade heterogênea. De fato, quanto maior a heterogeneidade da sociedade, maior a incerteza. A emergência e a assunção de direitos pelos heterogêneos, combinada com a disruptividade dos conflitos, elevam a incapacidade do direito de capturar plenamente a incerteza.

Ilustram este desafio quatro características do mundo atual.

A primeira, é a da sociedade multiclasses, explorada na literatura italiana por Sabino Cassese.[3] Nela, o conflito é gerado não pelo sistema, mas pelos descompromissados com o sistema. Estes, que representam a segunda característica: são aqueles que, por exemplo, não têm compromisso com o sistema democrático ou com o sistema capitalista. Ao mesmo tempo, o mundo contemporâneo vive o que se pode chamar de "dessacralidade do direito". Isto é: não há mais uma deferência social ao direito, mas um questionamento às suas próprias premissas. Soma-se a este cenário a dimensão temporal dos conflitos, cuja emergência acelerou-se com o advento da tecnologia. Hoje, eles se propagam por redes de comunicação tão eficientes que são capazes de, rapidamente, aglutinar grupos dispersos e intensificar seus questionamentos. As redes sociais como que comprimiram o tempo, tornando o fluxo dos processos históricos tão acelerados como efêmeros. É o que vem ocorrendo em todos os lugares do mundo: Praça Tahrir no Egito, Praça Euromaidan na Ucrânia, Praça dos Três Poderes aqui no Brasil. Em suma, há uma aceleração dos conflitos antissistêmicos.

O produto desses diferentes elementos sobre o corpo social pode ser representado pelo trilema regulatório de Teubner. De um lado, há uma hiperlegalização da sociedade – ou seja, todos querem um direito para chamar de seu. Todos querem que o direito reflita as suas aspirações e, uma vez conquistados os direitos, não seja possível retroceder. A consequência é uma ordem jurídica hiperinflada, que, ao invés de conferir coerência às contradições, termina por incorporá-las. E, no fim do dia, torna o sistema incoerente e disfuncional (pois incapaz de efetivar o que reconhece como direito).

De outro lado, há uma politização do direito. E essa politização se reflete na abertura do texto normativo a uma avalanche de princípios, que passam a corromper a textura legal e tornam a aplicação do direito cada vez mais política. Nessa toada, o Poder Judiciário aquiesce à politização criando fórmulas mágicas. No Brasil, vê-se isso, por exemplo, no corolário *in dubio pro societate*, uma criação aberrante que pressupõe haver um legítimo interesse da sociedade na punição a qualquer custo dos ilícitos. Algo como a contrafação da garantia da liberdade pela certeza da punição, o "olho por olho, dente por dente" com roupagem jurídica e enunciação em latim. Como se o Judiciário brasileiro admitisse um direito da sociedade à punição, tão somente para corresponder ao clamor popular punitivista.

Do mesmo modo, as políticas públicas também passam a ser judicializadas, deixando de ser discutidas na arena política e passando para a jurídica. O Judiciário passa a ser o foro de formulação ou de censura de políticas que, no entanto, como o próprio nome denuncia, sao de natureza politica.

E, assim, chega-se à terceira dimensão do trilema de Teubner,[4] que é a perda de coerência do sistema. Há, ao fim, uma confusão de métodos entre os diferentes atores. O Judiciário passa a julgar com métodos políticos. A política passa a decidir com métodos jurídicos ou "judicializantes". Ambas as esferas se tornam indiferentes entre si. Deixam de manifestar deferência à outra. A consequência é, enfim, a implosão da segurança jurídica tal como concebida nos moldes tradicionais.

---

[3] CASSESE, Sabino. L'Arena Pubblica. *Rivista trimestrale di diritto pubblico*, Milano, v. 51, n. 3, p. 601-650, luglio/sett. 2001.

[4] Ver TEUBNER, Gunter. *O Direito como sistema autopoiético*. Lisboa: Fundação Calouste Gulbenkian, 1989.

Todos estes fatores maximizam a insegurança jurídica, colapsam o pressuposto do Direito como estabilizador das relações e predicador de certeza.

A manifestação desse colapso pode ser sintetizada em cinco pontos: i) o essencialismo toma o lugar do positivismo, importando menos a norma tal como posta em sua literalidade, e mais em sua "essência"; ii) a clássica divisão de competências cede lugar às disputas reputacionais, através das quais órgãos com atribuições legais sobrepostas se socorrem de sua reputação para que detenham a palavra final; iii) os instrumentos jurídicos rígidos cedem a fórmulas políticas, como a indisponibilidade do interesse público ou a dignidade da pessoa humana; iv) o legal dá lugar ao justo, o que remete ou ao jusnaturalismo ou a uma politização da decisão positiva; e, por fim, v) a objetividade dá lugar à subjetividade axiológica, porque quanto mais abertos os princípios, mais eles terão que ser preenchidos de concretude pela concepção subjetiva do decisor.

Esse processo, que colhe todo o Direito, apresenta-se de forma mais grave no Direito Administrativo. Além da crise da contemporaneidade, nosso campo jurídico. Este é o dilema que está posto. E seu ensejo para o direito administrativo é o da necessidade de se encarar quatro questões-chave.

A primeira, é a da redução da normatividade. Isso significa que nem todos os conflitos sociais precisam estar refletidos no direito positivo. Ou seja, o Direito precisa sopesar seu papel de configurador da normatividade, sob pena de perder a eficácia e, com isso, seu poder vinculante.

A segunda, é a do reforço às dimensões da estabilidade e da previsibilidade para além da análise econômica. Deve restar claro que, embora toda análise econômica do direito seja consequencialista, nem todo consequencialismo é economicista.

A terceira, é a reflexão sobre como o direito administrativo pode auxiliar na retomada da coerência entre os sistemas. Seja pela via do reforço à autocontenção, seja pela via da discussão do controle ou não da discricionariedade administrativa.

A quarta e última é o desenvolvimento de uma nova perspectiva de motivação, a partir da qual seja possível compreendê-la para além dos cânones formais, que não respondem mais às questões postas. Ou seja, impor ao decisor o imperativo de que a decisão venha acompanhada de uma construção expositiva sobre quais as premissas adotadas para decidir os conflitos, crescentemente multilaterais e insolúveis.

Pensar a segurança jurídica em termos contemporâneos envolve, portanto, muito mais do que simplesmente o seu emprego como função retórica. Implica um compromisso firme dos atores jurídicos de respeitá-la não como mais um princípio, mas como condição estruturante e determinante do próprio Direito. Do contrário, diante dos desafios contemporâneos, só nos restará observar, da tribuna, o esgarçamento da civilização tal como a conhecemos.

Informação bibliográfica deste texto, conforme a NBR 6023:2018 da Associação Brasileira de Normas Técnicas (ABNT):

MARQUES NETO, Floriano de Azevedo. Segurança jurídica em tempos de incerteza. *In*: JUSTEN, Monica Spezia; PEREIRA, Cesar; JUSTEN NETO, Marçal; JUSTEN, Lucas Spezia (coord.). *Uma visão humanista do Direito*: homenagem ao Professor Marçal Justen Filho. Belo Horizonte: Fórum, 2025. v. 1, p. 303-308. ISBN 978-65-5518-918-6.

A GESTÃO DEMOCRÁTICA DAS CIDADES NA PERSPECTIVA DO DIREITO ADMINISTRATIVO DE ESPETÁCULO

JEFFERSON LEMES DOS SANTOS

1 Introdução

A expressão "Direito Administrativo de Espetáculo" foi utilizada por Marçal Justen Filho em artigo que compôs uma coletânea de análises sobre os novos paradigmas no direito administrativo.[1] Sua análise foi influenciada por Guy Debord e por Fabio Merusi, que identificaram a proliferação de atividades imaginárias para a satisfação das necessidades de uma sociedade de consumo, seja no campo sociológico (Debord), seja no campo jurídico (Merusi).

Marçal Justen Filho analisou esse arquétipo no âmbito do Direito Administrativo brasileiro com precisão e profundidade e desencadeou uma série de reflexões sobre o espetáculo ilusório que permeia o exercício da função administrativa. Em uma rápida consulta ao *Google Scholar*, é possível identificar cerca de 100 referências diretas ao texto de Marçal Justen Filho. Esse número impressiona, já que livros clássicos do Direito Administrativo, como *Serviço público e concessão de serviço público*,[2] de Celso Antônio Bandeira de Mello, têm pouco mais de 50 referências na plataforma.

A expressão "Direito Administrativo de Espetáculo" também se popularizou, sendo constantemente utilizada em análises jurídicas de outras áreas,[3] inclusive com referência expressa em acórdão do TCU.[4] Sob certo ângulo, pode-se afirmar que o "Direito Administrativo de Espetáculo" ganhou contornos de uma verdadeira teoria

---

[1] ARAGÃO, Alexandre Santos de; MARQUES NETO, Floriano de Azevedo (Coord.). *Direito administrativo e seus novos paradigmas*. Belo Horizonte: Fórum, 2008.

[2] BANDEIRA DE MELLO, Celso Antônio. *Serviço público e concessão de serviço público*. São Paulo: Malheiros, 2017.

[3] Veja-se, como exemplo: COELHO, Saulo de Oliveira Pinto; ASSIS, Alline Neves de. Um constitucionalismo do espetáculo? Espetacularização das políticas públicas e ineficiência do controle jurídico-constitucional. *Revista Brasileira de Estudos Políticos*, Belo Horizonte, n. 115, p. 541-584, jul./dez. 2017.

[4] TCU. *Acórdão 1556/2020* – Plenário, Rel. Min. Bruno Dantas, j. 17.06.2020.

sociojurídica, embora o próprio autor tenha ressalvado que a expressão conteria certo "exagero".[5] Uma nova teoria, segundo Thomas Khun, requer a reconstrução e reavaliação dos fatos anteriores, em um processo intrinsecamente revolucionário e dialético dentro de um discurso científico.[6] A repercussão que o "Direito Administrativo de Espetáculo" teve na comunidade científica é sintomática dessa revolução desencadeada por Marçal Justen Filho. Quando menos, pode-se afirmar que a ideia de um "Direito Administrativo de Espetáculo" representa um paradigma emergente[7] no Direito Administrativo pela constatação da falência teórica e social de alguns paradigmas dominantes.

Também é inegável que a análise de Marçal Justen Filho foi extremamente profunda, ainda que formatada em um texto curto, de artigo científico. Como Machado de Assis, que mantinha nos seus contos curtos o mesmo nível de profundidade analítica impresso em seus longos romances, Marçal Justen Filho manteve o mesmo rigor metodológico presente em obras mais extensas, a exemplo do *Curso de Direito Administrativo*.[8] Essa profundidade é perceptível na forma pela qual a o "Direito Administrativo de Espetáculo" foi estruturado pelo autor, a partir de delimitação dos seus pressupostos epistemológicos, institutos e função.

A *função* do "Direito Administrativo de Espetáculo" é impedir uma posição ativa dos cidadãos, seja pela proliferação de conceitos que neutralizam a divergência, seja pela imagem ilusória de controle.[9] Seus *pressupostos* epistemológicos consistem na retirada do protagonismo dos cidadãos, na preferência por princípios destituídos de conteúdo prático, na redução das divergências internas e na confusão entre a vontade do governante e a vontade da Administração.

Seus *institutos* estão representados nos aparatos formais que criam a ilusão de controle e impedem a compreensão do processo decisório. Segundo o autor, um exemplo de aparato formal ilusório é quando se diz que o fim do ato é vinculado à satisfação do interesse público, numa construção abstrata e vaga. Afirmações desse tipo acabam camuflando as reais finalidades que motivam a tomada de decisão, criando um entretenimento enganador.

A partir das premissas lançadas por Marçal Justen Filho, é possível qualificar o "espetáculo" promovido pelo "Direito Administrativo de Espetáculo" como essencialmente autoritário. O entretenimento reproduz a ilusão de um "Estado Democrático", camuflando as relações sociais autoritárias que ocorrem nos bastidores da realidade social.

O autoritarismo brasileiro é fenômeno amplamente debatido no campo das ciências sociais. A obra de Lília Schwarcz, intitulada "Sobre o autoritarismo brasileiro",[10]

---

[5]   JUSTEN FILHO, Marçal. O direito administrativo de espetáculo. *Fórum Administrativo. Direito Público*, Belo Horizonte, ano 9, n. 100, jun. 2009. p. 3. Disponível em: https://editoraforum.com.br/wp-content/uploads/2017/03/direito-administrativo-espetaculo.pdf Acesso em: 2 ago. 2024.

[6]   KUHN, Thomas S. *A estrutura das revoluções científicas*. 5. ed. São Paulo: Perspectiva, 1998. p. 26.

[7]   Para uma definição precisa sobre o conceito de paradigma emergente e dominante, confira-se: SANTOS, Boaventura de Sousa. *Um discurso sobre as ciências*. 5. ed. São Paulo: Cortez, 2008.

[8]   JUSTEN FILHO, Marçal. *Curso de direito administrativo*. 14. ed. Rio de Janeiro: Forense, 2023.

[9]   JUSTEN FILHO, Marçal. O direito administrativo de espetáculo. *Fórum Administrativo. Direito Público*, Belo Horizonte, ano 9, n. 100, jun. 2009. p. 6. Disponível em: https://editoraforum.com.br/wp-content/uploads/2017/03/direito-administrativo-espetaculo.pdf Acesso em: 2 ago. 2024.

[10] SCHWARCZ, Lilia Moritz. *Sobre o autoritarismo brasileiro*. São Paulo: Companhia das Letras, 2019.

sintetiza os pressupostos fundamentais do autoritarismo no clientelismo e no patrimonialismo. O patrimonialismo é o fenômeno no qual os agentes do poder se utilizam da máquina pública para a satisfação de interesses pessoais destituídos de ética ou moral.[11] Já o clientelismo, faz com que as instituições públicas passem a ser interpretadas "como um prolongamento de uma extensão do ambiente doméstico" do administrador.[12]

O "Direito Administrativo de Espetáculo" mantém esse *status quo* ao neutralizar qualquer expectativa de controle efetivo sobre atividade administrativa.[13] Ele cria um ambiente favorável à manutenção do poder pelo poder, garantindo a perpetuação das práticas autoritárias. Valendo-se de expressões abstratas, como a "supremacia do interesse público",[14] administradores autoritários beneficiam apaniguados políticos sob uma aparência de legalidade e tutela do "bem comum". Por outro lado, o patrimonialismo se fortalece a partir de uma relação sinuosa de troca de favores e corrupção.

Para superar esse modelo autoritário, Marçal Justen Filho aponta a necessidade de reconstrução do Direito Administrativo. Esse caminho, segundo o autor, perpassa pela afirmação da primazia do ser humano, pelo reconhecimento da natureza instrumental do Estado, pela superação da supremacia do interesse público, pela afirmação da supremacia dos direitos fundamentais, pela proteção às minorias e aos seus interesses eliminação, pela concretização da regularidade concreta e efetiva processualização da atividade administrativa, pela adoção de mecanismos de efetiva participação popular e pela constitucionalização do Direito Administrativo.[15]

Dentre os caminhos apontados, é relevante o destaque sobre a efetiva participação popular enquanto mecanismo para a reconstrução do Direito Administrativo. Para Marçal Justen Filho, a organização administrativa deve estar aberta à influência da sociedade civil na vontade estatal, assegurando um ambiente institucional que garanta o dissenso e a divergência como forma de promover decisões legítimas e satisfatórias.[16]

O final do século XX protagonizou uma intensa produção acadêmica sobre a participação social. No contexto político-jurídico brasileiro, esse processo resultou na chamada "Constituição Cidadã". A Constituição de 1988 foi erigida sob um processo constituinte marcado pela participação da sociedade civil.[17] Para Leonardo Avritzer, a consolidação da sociedade civil brasileira surge como reação ao processo antidemocrático

---

[11] SCHWARCZ, Lilia Moritz. *Sobre o autoritarismo brasileiro*. São Paulo: Companhia das Letras, 2019. p. 68.

[12] SCHWARCZ, Lilia Moritz. *Sobre o autoritarismo brasileiro*. São Paulo: Companhia das Letras, 2019. p. 73.

[13] JUSTEN FILHO, Marçal. O direito administrativo de espetáculo. *Fórum Administrativo. Direito Público*, Belo Horizonte, ano 9, n. 100, jun. 2009. p. 6. Disponível em: https://editoraforum.com.br/wp-content/uploads/2017/03/direito-administrativo-espetaculo.pdf Acesso em: 2 ago. 2024.

[14] JUSTEN FILHO, Marçal. O direito administrativo de espetáculo. *Fórum Administrativo. Direito Público*, Belo Horizonte, ano 9, n. 100, jun. 2009. p. 7. Disponível em: https://editoraforum.com.br/wp-content/uploads/2017/03/direito-administrativo-espetaculo.pdf Acesso em: 2 ago. 2024.

[15] JUSTEN FILHO, Marçal. O direito administrativo de espetáculo. *Fórum Administrativo. Direito Público*, Belo Horizonte, ano 9, n. 100, jun. 2009. p. 9-13. Disponível em: https://editoraforum.com.br/wp-content/uploads/2017/03/direito-administrativo-espetaculo.pdf Acesso em: 2 ago. 2024.

[16] JUSTEN FILHO, Marçal. O direito administrativo de espetáculo. *Fórum Administrativo. Direito Público*, Belo Horizonte, ano 9, n. 100, jun. 2009. p. 12. Disponível em: https://editoraforum.com.br/wp-content/uploads/2017/03/direito-administrativo-espetaculo.pdf Acesso em: 2 ago. 2024.

[17] Sobre o processo constituinte democrático, consultar: SALGADO, Eneida Desiree; BACELLAR FILHO, Romeu Felipe; BIERRENBACH, Flavio. *Constituição e democracia*: tijolo por tijolo em um desenho (quase) lógico: vinte anos de construção do projeto democrática brasileiro. Belo Horizonte: Fórum, 2007.

ditatorial e se consolidou na redemocratização.[18] Nesse período, a demanda pela construção de espaços de deliberação entre sociedade civil instituições estatais[19] impulsionou o programa de gestão participativa inserido na Constituição.

No âmbito do direito urbanístico, a participação social foi estruturada em torno de uma diretriz geral de "Gestão Democrática", com a previsão de instrumentos formais de participação da sociedade civil em conselhos setoriais, de consulta prévia à população como condição de validade do Plano Diretor, e de oitiva da população sobre a gestão orçamentária (arts. 2º inc. II, 43, 44, e 45 do Estatuto das Cidades). Essa arquitetura institucional conduz à hipótese preliminar de que haveria uma "blindagem institucional" que garante a superação do "Direito Administrativo de Espetáculo" na condução da política urbana municipal. Nesse sentido, a gestão democrática prevista no Estatuto das Cidades seria uma resposta satisfatória à superação do autoritarismo brasileiro. O presente trabalho testa essa hipótese a partir de uma revisão bibliográfica, buscando analisar como, e sob quais condições, o paradigma do "Direito Administrativo de Espetáculo" pode aprimorar a gestão democrática.

2 A gestão democrática no Estatuto das Cidades

O art. 2º, inc. II do Estatuto das Cidades eleva a gestão democrática como uma de suas diretrizes gerais de política urbana. Segundo a definição legal, a gestão democrática é caracterizada pela "participação da população e de associações representativas dos vários segmentos da comunidade na formulação, execução e acompanhamento de planos, programas e projetos de desenvolvimento urbano". Esse é o vetor de orientação do estatuto das cidades,[20] que pode ser justificado por razões jurídicas, políticas e pragmáticas.

A gestão democrática das cidades encontra fundamento constitucional no art. 29, inc. XII, da Constituição, que impõe a cooperação das associações representativas no planejamento urbano municipal. A Constituição ainda prevê outras modalidades de participação social, cuja arquitetura pode ser dividida, didaticamente, entre participação social em políticas públicas, participação na administração da Justiça e participação em contexto de crise democrática.

A Constituição assegurou a "participação da sociedade civil nos processos de formulação, de monitoramento, de controle e de avaliação" de políticas públicas (art. 193, parágrafo único). Políticas estruturantes da Ordem Social (Título VIII), como a educação (art. 205), seguridade social (art. 204, inc. II), política agrícola (art. 187), proteção ao patrimônio cultural (art. 216, §1º), e tutela às crianças e adolescentes (art. 227, §1º) e ao meio ambiente ecologicamente equilibrado (art. 225); contém previsões expressas garantindo que a condução da política ocorra com a colaboração da sociedade civil.

---

[18] AVRITZER, Leonardo. Sociedade civil e Estado no Brasil: da autonomia à interdependência política. *Opinião Pública*, Campinas, v. 18, n. 2, p. 383-398, nov. 2012.

[19] LÜCHMANN, Lígia Helena Hahn. Interfaces socioestatais e instituições participativas: dimensões analíticas. *Lua Nova*, v. 109, jan./abr. 2020. p. 17. Disponível em: https://doi.org/10.1590/0102-013049/109. Acesso em: 2 jul. 2024.

[20] MOREIRA, Egon Bockmann; HUNGARO, Luis Alberto. Improbidade administrativa urbanística: o planejamento como instrumento preventivo. *Revista de Direito Público da Economia – RDPE*, Belo Horizonte, ano 16, n. 62, p. 43-68, abr./ jun. 2018. p. 46-47.

A participação da sociedade civil é elemento estruturante na administração da Justiça, visto que tanto o Conselho Nacional de Justiça (art. 103-A) quanto o Conselho Nacional do Ministério Público (art. 130-A) asseguram a participação de representantes da sociedade civil em sua composição. Por fim, também existem previsões que asseguram a participação em contexto de crise democrática, na medida em que o Conselho da República, responsável por se pronunciar sobre intervenção federal e demais questões relevantes para a estabilidade das instituições democráticas (art. 90), é composto por seis membros da sociedade civil (art. 89, inc. VII). Essa arquitetura constitucional assegura a participação social na organização da Administração e funciona como mecanismo de efetivação de direitos fundamentais em sua dimensão material.[21]

A gestão democrática também atribui legitimidade democrática às decisões políticas. A legitimidade das escolhas políticas (ou a falta dela) é tema profundamente debatido do âmbito das ciências sociais. Priscila Specie afirma que a participação social surge como uma resposta procedimental ao déficit de legitimidade do Estado-Providência e das instituições políticas tradicionais.[22] Esse déficit de legitimidade é descrito por Irene Nohara a partir da descrença social nos representantes políticos, o que demandaria a ampliação dos momentos de participação direta da população, para além da mera escolha dos representantes.[23]

Esse problema não é exclusivo da política brasileira. Alicia Ziccardi, ao tratar da participação social no *contexto mexicano*, ressalta a descrença no voto e a demanda por espaços de participação para que os sujeitos afetados pelas decisões possam integrar o processo decisório.[24] Nesse contexto, a gestão democrática contempla uma função legitimadora da ação estatal, vez que reduz a distância entre os representantes políticos e os representados.[25] A redução dessa distância permite que o exercício da função administrativa esteja alinhado à diversidade social. Por isso que se atribui à gestão democrática contornos de um novo pacto territorial, com a implementação de um compromisso coletivo pelo desenvolvimento das capacidades e potencialidades de todos os cidadãos.[26]

A participação social também aprimora a prestação de serviços públicos, o que pode ser considerado um fundamento de ordem pragmática. Segundo Malena, Forster e Singh, a participação social induz o desenvolvimento socioeconômico, porque possibilita

---

[21] PEREZ, Marcos Augusto. *Institutos de participação popular na administração pública*. 1999. Dissertação (Mestrado) – Universidade de São Paulo, São Paulo, 1999.

[22] SPECIE, Priscila. *Direito e participação social*. 2015. Tese (Doutorado em Filosofia e Teoria Geral do Direito) – Faculdade de Direito, Universidade de São Paulo, São Paulo, 2015. p. 35. DOI: 10.11606/T.2.2016.tde-16092016-132522. Acesso em: 15 ago. 2024.

[23] NOHARA, Irene Patrícia. Consensualidade e gestão democrática do interesse público no Direito Administrativo contemporâneo. *Interesse Público – IP*, Belo Horizonte, ano 15, n. 78, p. 29-51, mar./abr. 2013. p. 37.

[24] ZICCARDI, Alicia. Espacios e instrumentos de participación ciudadana para las políticas sociales del ámbito local. *In*: ZICCARDI, Alicia. *Participación ciudadana y políticas sociales en el ámbito local*. [s.l.]: [s.n.], 2004. p. 247.

[25] OLIVEIRA, Cláudia Alves de. A gestão democrática urbana na sociedade do conhecimento/The Urban Democratic Management in the Knowledge Society. *Revista de Direito da Cidade*, v. 4, n. 1, p. 180-199, 2012. p. 184. DOI: 10.12957/rdc.2012.9702. Disponível em: https://www.e-publicacoes.uerj.br/rdc/article/view/9702. Acesso em: 2 ago. 2024.

[26] BUCCI, Maria Paula Dallari. Gestão democrática da cidade. *In*: DALLARI, Adilson de Abreu; FERRAZ, Sergio. *Estatuto da Cidade*. Comentários à Lei Federal nº 10.257/2001. 4. ed. São Paulo: Malheiros, 2014. p. 337-338.

ganhos de eficiência na prestação dos serviços públicos.[27] Com a participação social há a diversificação da agenda institucional, direcionando recursos públicos para demandas mais relevantes para a comunidade política. Isso qualifica a prestação de serviços e utilidades públicas, garantindo uma alocação adequada dos recursos.[28] Também há um melhoramento no conteúdo das decisões administrativas, que passam a se tornar mais justas e acertadas.[29] Essas razões pragmáticas justificam a participação social sob mote da eficiência na gestão administrativa.

3 Os canais de participação

A participação social ocorre a partir de canais burocráticos de interação com o Poder Público. Quanto mais estruturados e eficientes os canais burocráticos, mais efetiva será a participação social.[30] O Estatuto das Cidades elenca alguns desses canais de participação. O art. 43, inc. I, alude aos conselhos de participação social, que são "órgãos colegiados de política urbana, nos níveis nacional, estadual e municipal". Tais órgãos são criados por ato normativo com a finalidade de promover a interação entre agentes públicos e particulares, buscando a tomada de decisões no âmbito de sua competência. Não possuem autonomia gerencial, administrativa ou financeira e se subordinam à estrutura hierárquica da Administração. Seus atos estão sujeitos ao controle jurisdicional.[31]

O art. 43, inc. II aduz aos debates, audiências e consultas públicas como instrumentos da gestão democrática. Tais instrumentos contemplam caráter não vinculante, consultivo ou meramente opinativo. Seu intuito é viabilizar a participação social na fase instrutória do processo decisório.[32] Embora não haja uma vinculação, as contribuições integram a formação do ato decisório[33] e devem ser devidamente consideradas pela Administração.

O art. 43, inc. III menciona as conferências sobre assuntos de interesse urbano, nos níveis nacional, estadual e municipal. Tais conferências são processos participativos

---

[27] MALENA, C.; FORSTER, R.; SINGH, J. Social accountability: an introduction to the concept and emerging practice. The World Bank, Social Development. Washington, DC: The World Bank, [s.d.]. p. 7.

[28] BALESTERO, Gabriela Soares. O orçamento participativo e poder do Estado. *Rev. SJRJ*, Rio de Janeiro, v. 17, n. 28, p. 81-96, 2010. p. 90.

[29] "os mecanismos participativos exercem um duplo papel informativo. De um lado, propiciam a obtenção de dados por parte dos cidadãos; de outro, habilitam o órgão administrativo decidir, tornando-o apto a emitir um provimento mais acertado e mais justo, pois estabelece um maior conhecimento acerca da situação subjacente à decisão administrativa" (OLIVEIRA, Gustavo Henrique Justino de. Participação administrativa. *A&C – Revista de Direito Administrativo & Constitucional*, Belo Horizonte, v. 5, n. 20, p. 167-194, 2007. p. 180. DOI: 10.21056/aec.v5i20.459. Disponível em: https://revistaaec.com/index.php/revistaaec/article/view/459. Acesso em: 15 ago. 2024).

[30] GOMIDE, Alexandre de Ávila; PIRES, Roberto Rocha. *Capacidades estatais e democracia*: arranjos institucionais de políticas públicas. Brasília: Ipea, 2014. p. 374.

[31] PEREZ, Marcos Augusto. *Institutos de participação popular na administração pública*. 1999. Dissertação (Mestrado) – Universidade de São Paulo, São Paulo, 1999. p. 106-109.

[32] PEREZ, Marcos Augusto. *Institutos de participação popular na administração pública*. 1999. Dissertação (Mestrado) – Universidade de São Paulo, São Paulo, 1999. p. 131.

[33] MELONCINI, Maria Isabela Haro. *Gestão democrática na elaboração do plano diretor*: o caso do Plano Diretor Estratégico do Município de São Paulo (Lei Municipal nº 16.050/2014). 2018. Dissertação (Mestrado em Direito do Estado) – Faculdade de Direito, Universidade de São Paulo, São Paulo, 2018. p. 60. DOI: 10.11606/D.2.2018. tde-17092020-172936. Acesso em: 10 jul. 2024.

desenvolvidos em assembleias ou fóruns com o objetivo de inserir temas de relevância social na agenda pública institucional.[34] As conferências também inserem a política urbana local em um contexto político mais amplo.[35] A cada quatro anos, por exemplo, ocorre a Conferência Nacional das Cidades, com o objetivo de avaliar e propor diretrizes gerais à Política Nacional de Desenvolvimento Urbano, além de avaliar a aplicação do Estatuto da Cidade. Essa discussão nacional é precedida por discussões em nível estadual e municipal, conforme dispõe o art. 2º inc. IV, do Decreto Federal nº 9.076.

O art. 43, inc. IV, aduz à iniciativa popular de projeto de lei e de planos, programas e projetos de desenvolvimento urbano. A iniciativa popular legislativa ocorre nos limites da Constituição, que exige a manifestação de interesse de pelo menos 5% do eleitorado (art. 29, inc. XIII) e ressalva as matérias de iniciativa privativa do chefe do Poder Executivo (art. 61, §1º). A previsão do Estatuto das Cidades é criticada por não romper, ou otimizar, a burocracia procedimental exigida para a iniciativa popular legislativa.[36]

O art. 44 estabelece que a gestão orçamentária municipal ocorrerá de forma participativa, mediante a realização de debates, audiências e consultas públicas sobre as propostas do plano plurianual, da lei de diretrizes orçamentárias e do orçamento anual, como condição obrigatória para sua aprovação pela Câmara Municipal. Orçamento participativo inaugura um novo modelo de administração orçamentária, em que a opacidade e inacessibilidade do orçamento tradicional é superada por um novo padrão de relacionamento com o Estado e a sociedade civil.[37] Essa nova dinâmica de gestão orçamentária tende a ser mais eficiente na correção de distorções e desigualdades sociais, diante da abertura para que a sociedade inclua demandas até então fora da agenda orçamentária institucional.[38]

4 A falta de efetividade da gestão democrática

O grande problema da gestão democrática é a dificuldade em garantir efetividade ao resultado das deliberações. A participação social se concretiza através da intervenção

---

[34] SOUZA, Clóvis Henrique Leite de; CRUXÊN, Isadora Araujo; LIMA, Paula Pompeu Fiuza; ALENCAR, Joana Luiza Oliveira; RIBEIRO, Uriella Coelho. Conferências típicas e atípicas. *In*: AVRITZER, Leonardo; SOUZA, Clóvis Henrique Leite de (Org.). *Conferências nacionais*: atores, dinâmicas participativas e efetividades. Brasília: [s.n.], 2013. p. 47

[35] SOUZA, Clóvis Henrique Leite de; CRUXÊN, Isadora Araujo; LIMA, Paula Pompeu Fiuza; ALENCAR, Joana Luiza Oliveira; RIBEIRO, Uriella Coelho. Conferências típicas e atípicas. *In*: AVRITZER, Leonardo; SOUZA, Clóvis Henrique Leite de (Org.). *Conferências nacionais*: atores, dinâmicas participativas e efetividades. Brasília: [s.n.], 2013. p. 31.

[36] RAMOS, Marcelene Carvalho da Silva. Participação popular como condição de efetividade da gestão urbano-democrática. *A&C – R. de Dir. Administrativo e Constitucional*, Belo Horizonte, ano 6, n. 25, p. 95-108, jul./set. 2006. p. 105-106.

[37] LÜCHMANN, Lígia Helena Hahn. *Possibilidades e limites da democracia deliberativa*: a experiência do orçamento participativo de Porto Alegre. 2002. 225 p. Tese (Doutorado) – Instituto de Filosofia e Ciências Humanas, Universidade Estadual de Campinas, Campinas, 2002. p. 94-97. Disponível em: https://hdl.handle.net/20.500.12733/1591933. Acesso em: 21 maio 2024.

[38] LÜCHMANN, Lígia Helena Hahn. *Possibilidades e limites da democracia deliberativa*: a experiência do orçamento participativo de Porto Alegre. 2002. 225 p. Tese (Doutorado) – Instituto de Filosofia e Ciências Humanas, Universidade Estadual de Campinas, Campinas, 2002. p. 20. Disponível em: https://hdl.handle.net/20.500.12733/1591933. Acesso em: 21 maio 2024.

popular no procedimento decisório estatal.[39] Existe uma pluralidade de interfaces de participação social, de modo que o principal gargalo já não é mais a existência de mecanismos que possibilitem a interação entre Administração e particulares,[40] mas sim o de garantir que a participação social tenha reflexos na atividade administrativa. Por isso o forte movimento na literatura conclamando a adoção de mecanismos que atribuam efetividade à participação social. Existem análises que defendem a introdução de mecanismos de retorno à população que participou das deliberações,[41] principalmente com o acesso ao conteúdo posterior da deliberação.[42] Há também uma demanda para que a Administração considere o que foi deliberado[43] e que os instrumentos de participação social previstos formalmente sejam entronizados no corpo administrativo do Estado.[44]

A ausência de efetividade pode ser explicada pela dependência da "vontade política" do gestor em efetivar o resultado da deliberação. Ainda que os instrumentos de consulta e audiência pública sejam deflagrados formalmente e ocorram de modo regular, a assimilação da contribuição dependerá da vontade política do gestor. Segundo Clèmerson Merlin Clève, existem três postulados fundamentais para a efetivação da participação social na Administração Pública.[45] O primeiro pressuposto envolve aspectos subjetivos dos participantes, que dependem que lhe sejam assegurados a liberdade de pensamento, de expressão, de reunião e de associação para que a contribuição possa ser minimamente genuína. O segundo pressuposto está relacionado ao conteúdo da deliberação e diz respeito à transparência das informações disponibilizadas aos cidadãos. O terceiro e mais emblemático pressuposto consiste na alteração da psicologia coletiva dos administradores. Para o autor, os administradores desconfiam da suposta intromissão dos cidadãos na função administrativa, de modo que seria indispensável construir uma nova mentalidade para a gestão administrativa.

Embora pareça uma análise "voluntarista", estudos no campo das ciências sociais têm constatado que a efetividade da participação está concomitantemente sujeita às

---

[39] OLIVEIRA, Gustavo Henrique Justino de. Participação administrativa. *A&C – Revista de Direito Administrativo & Constitucional*, Belo Horizonte, v. 5, n. 20, p. 167-194, 2007. p. 180. DOI: 10.21056/aec.v5i20.459. Disponível em: https://revistaaec.com/index.php/revistaaec/article/view/459. Acesso em: 15 ago. 2024.

[40] Para Lígia Helena Luchmann, a existência de déficit de participação não decorre da ausência de espaços ou instrumentos para participação. Atualmente existe uma pluralidade de interfaces que estreitam cada vez mais o distanciamento entre Estado e Sociedade civil. Portanto, o déficit de participação está muito mais relacionado com a maneira pela qual esses espaços são ocupados do que pela sua existência formal (LÜCHMANN, Lígia Helena Hahn. Interfaces socioestatais e instituições participativas: dimensões analíticas. *Lua Nova*, v. 109, jan./abr. 2020. p. 39. Disponível em: https://doi.org/10.1590/0102-013049/109. Acesso em: 2 jul. 2024).

[41] NOHARA, Irene Patrícia. Consensualidade e gestão democrática do interesse público no Direito Administrativo contemporâneo. *Interesse Público – IP*, Belo Horizonte, ano 15, n. 78, p. 29-51, mar./abr. 2013. p. 35.

[42] ROCHA NETO, Pedro Cesar da. A Covid-19 e a gestão democrática da cidade no Brasil: reflexos práticos nas revisões dos planos diretores municipais brasileiros *Int. Públ. – IP*, Belo Horizonte, ano 22, n. 122, p. 197-226, jul./ago. 2020. p. 207-208.

[43] SILVA, Laís Sales do Prado e; SANTOS, Murillo Giordan; PAULINO, Virgínia Juliane Adami. Audiências públicas: histórico, conceito, características e estudo de caso. *A&C – R. de Dir. Administrativo & Constitucional*, Belo Horizonte, ano 15, n. 62, p. 237-257, out./dez. 2015. p. 249.

[44] OLIVEIRA, Gustavo Henrique Justino de. Participação administrativa. *A&C – Revista de Direito Administrativo & Constitucional*, Belo Horizonte, v. 5, n. 20, p. 167-194, 2007. p. 185. DOI: 10.21056/aec.v5i20.459. Disponível em: https://revistaaec.com/index.php/revistaaec/article/view/459. Acesso em: 15 ago. 2024.

[45] CLÈVE, Clèmerson Merlin. O cidadão, a administração pública e a nova constituição. *Revista de informação legislativa*, Brasília, ano 27, n. 106, abr./jun. 1990. p. 93-94. Disponível em: https://www2.senado.leg.br/bdsf/bitstream/handle/id/175764/000449021.pdf?sequence=1&isAllowed=y.

vontades e humores de governos eleitos e à lógica do sistema político, com a interferência das lideranças partidárias e do legislativo.[46]

5 Gestão democrática e Direito Administrativo de Espetáculo: uma releitura necessária

As constatações de Marçal Justen Filho sobre o "Direito Administrativo de Espetáculo" permitem uma análise crítica sobre o instituto da gestão democrática. A crença em uma "blindagem institucional" que garante a superação do autoritarismo brasileiro pela gestão democrática pode (e deve) ser revista a partir das premissas levantadas pelo autor. A garantia formal de instrumentos de participação não impede que esses instrumentos sejam "espetacularizados", tal como constatado por Ana Paula Sovierzoski a propósito da participação social digital.[47] Nesse sentido, é indispensável que o instituto da gestão democrática seja colocado em prática mediante uma procedimentalização efetiva e uma rejeição a romantismos ilusórios.

A efetividade da procedimentalização é invocada por Marçal Justen Filho como mecanismo de superação do Direito de Administrativo de Espetáculo. Para o autor, o processo administrativo não pode ser um arremedo de ritos posteriores à formação da vontade do governante.[48] No espetáculo, primeiro é decidido e depois são deflagrados atos e procedimentos que buscam atribuir aparência de legitimidade ao que foi decidido, quando o correto seria que a vontade administrava surgisse no processo de deliberação. É o que se chama de participação gerencial, em que a procedimentalização está centrada na troca política entre governantes e governados.[49] A política é encarada de forma menos idealizada, em que trocas fazem parte do jogo político. O fio condutor será a intensidade das trocas, que tendem a ser mais democráticas quando o universo de ingerência é expandido para a população em geral, para além dos agentes públicos.

A procedimentalização também deve ser vista de modo amplo, na qual o administrador efetivamente encampa o conteúdo da deliberação. Esse engajamento para com o deliberado evita a utilização de subterfúgios para frustrar o conteúdo daquilo que foi decidido coletivamente. Em outras palavras, a chave para a efetivação da procedimentalização pode estar na tolerância mútua e na reserva institucional atribuída às deliberações participativas. Em um contexto político, a tolerância mútua e a reserva institucional são as "regras não escritas" do jogo democrático que decorreriam de um senso comum compartilhado pelos integrantes da arena política.[50] Essa dimensão "não

---

[46] LÜCHMANN, Lígia Helena Hahn. Interfaces socioestatais e instituições participativas: dimensões analíticas. *Lua Nova*, v. 109, jan./abr. 2020. p. 40. Disponível em: https://doi.org/10.1590/0102-013049/109. Acesso em: 2 jul. 2024.

[47] SOVIERZOSKI, Ana Paula. Governo digital e participação cidadã: o novo espetáculo? *Migalhas*. Disponível em: https://www.migalhas.com.br/depeso/357712/governo-digital-e-participacao-cidada-o-novo-espetaculo. Acesso em: 2 jul. 2024.

[48] JUSTEN FILHO, Marçal. O direito administrativo de espetáculo. *Fórum Administrativo. Direito Público*, Belo Horizonte, ano 9, n. 100, jun. 2009. p. 12. Disponível em: https://editoraforum.com.br/wp-content/uploads/2017/03/direito-administrativo-espetaculo.pdf Acesso em: 2 ago. 2024.

[49] OLIVEIRA, Gustavo Henrique Justino de. Participação administrativa. *A&C – Revista de Direito Administrativo & Constitucional*, Belo Horizonte, v. 5, n. 20, p. 167-194, 2007. p. 189. DOI: 10.21056/aec.v5i20.459. Disponível em: https://revistaaec.com/index.php/revistaaec/article/view/459. Acesso em: 15 ago. 2024.

[50] LEVITSKY, Steven; ZIBLATT, Daniel. *Como as democracias morrem*. Rio de Janeiro: Zahar, 2018. p. 118.

escrita" da procedimentalização se alinha com o pressuposto da "psicologia coletiva dos administradores", descrita por Clèmerson Clève e mencionada acima.

Também é necessário rejeitar perfil ilusório sobre o cidadão participante. Existe uma visão idealizada de que a participação social na Administração é protagonizada por sujeitos conscientes de seus direitos civis, cooperadores, que assumem um protagonismo altruísta em nome da coletividade.[51] Essa visão romantiza o ser humano real que participa, que muitas vezes pode reproduzir nos espaços de deliberação ideias antidemocráticas. Nem sempre a participação é altruísta, já que a própria participação gera um capital social que pode ser o motivador da participação individual.[52] Seja como for, grande desafio consiste em rejeitar uma leitura romantizada dos institutos e se atentar concretamente para a gestão democrática sem ideações abstratas.

6 Conclusão

O presente trabalho buscou analisar se a arquitetura institucional da gestão democrática assegura uma "blindagem institucional" capaz de superar o "Direito Administrativo de Espetáculo". Após a revisão da literatura, rejeitou-se a hipótese preliminar de que os instrumentos de gestão democrática contidos no Estatuto das Cidades possibilitariam a superação da Administração autoritária. Como achado principal da pesquisa, identificou-se que o ferramental teórico produzido por Marçal Justen Filho sobre o "Direito Administrativo de Espetáculo" se revelou indispensável para a análise crítica dos instrumentos de gestão democrática previstos no Estatuto das Cidades.

Referências

ARAGÃO, Alexandre Santos de; MARQUES NETO, Floriano de Azevedo (Coord.). *Direito administrativo e seus novos paradigmas*. Belo Horizonte: Fórum, 2008.

AVRITZER, Leonardo. Sociedade civil e Estado no Brasil: da autonomia à interdependência política. *Opinião Pública*, Campinas, v. 18, n. 2, p. 383-398, nov. 2012.

BALESTERO, Gabriela Soares. O orçamento participativo e poder do Estado. *Rev. SJRJ*, Rio de Janeiro, v. 17, n. 28, p. 81-96, 2010.

BANDEIRA DE MELLO, Celso Antônio. *Serviço público e concessão de serviço público*. São Paulo: Malheiros, 2017.

BODART, C. das N. Capital social e orçamento participativo: uma revisão crítica de alguns autores. *Mediações – Revista de Ciências Sociais*, Londrina, v. 15, n. 2, p. 304-323, 2010. DOI: 10.5433/2176-6665.2010v15n2p304. Disponível em: https://ojs.uel.br/revistas/uel/index.php/mediacoes/article/view/8210. Acesso em: 20 maio 2024.

BUCCI, Maria Paula Dallari. Gestão democrática da cidade. *In*: DALLARI, Adilson de Abreu; FERRAZ, Sergio. *Estatuto da Cidade*. Comentários à Lei Federal nº 10.257/2001. 4. ed. São Paulo: Malheiros, 2014.

---

[51] OLIVEIRA, Gustavo Henrique Justino de. Participação administrativa. *A&C – Revista de Direito Administrativo & Constitucional*, Belo Horizonte, v. 5, n. 20, p. 167-194, 2007. p. 174-175. DOI: 10.21056/aec.v5i20.459. Disponível em: https://revistaaec.com/index.php/revistaaec/article/view/459. Acesso em: 15 ago. 2024.

[52] BODART, C. das N. Capital social e orçamento participativo: uma revisão crítica de alguns autores. *Mediações – Revista de Ciências Sociais*, Londrina, v. 15, n. 2, p. 304-323, 2010. p. 319-320. DOI: 10.5433/2176-6665.2010v15n2p304. Disponível em: https://ojs.uel.br/revistas/uel/index.php/mediacoes/article/view/8210. Acesso em: 20 maio 2024.

CLÈVE, Clèmerson Merlin. O cidadão, a administração pública e a nova constituição. *Revista de informação legislativa*, Brasília, ano 27, n. 106, abr./jun. 1990. Disponível em: https://www2.senado.leg.br/bdsf/bitstream/handle/id/175764/000449021.pdf?sequence=1&isAllowed=y.

COELHO, Saulo de Oliveira Pinto; ASSIS, Alline Neves de. Um constitucionalismo do espetáculo? Espetacularização das políticas públicas e ineficiência do controle jurídico-constitucional. *Revista Brasileira de Estudos Políticos*, Belo Horizonte, n. 115, p. 541-584, jul./dez. 2017.

GOMIDE, Alexandre de Ávila; PIRES, Roberto Rocha. *Capacidades estatais e democracia*: arranjos institucionais de políticas públicas. Brasília: Ipea, 2014.

JUSTEN FILHO, Marçal. *Curso de direito administrativo*. 14. ed. Rio de Janeiro: Forense, 2023.

JUSTEN FILHO, Marçal. Direito Administrativo de Espetáculo. *In*: ARAGÃO, Alexandre Santos de; MARQUES NETO, Floriano de Azevedo (Coord.). *Direito administrativo e seus novos paradigmas*. Belo Horizonte: Fórum, 2008. p. 65-85.

KUHN, Thomas S. *A estrutura das revoluções científicas*. 5. ed. São Paulo: Perspectiva, 1998.

LEVITSKY, Steven; ZIBLATT, Daniel. *Como as democracias morrem*. Rio de Janeiro: Zahar, 2018.

LÜCHMANN, Lígia Helena Hahn. *Possibilidades e limites da democracia deliberativa*: a experiência do orçamento participativo de Porto Alegre. 2002. 225 p. Tese (Doutorado) – Instituto de Filosofia e Ciências Humanas, Universidade Estadual de Campinas, Campinas, 2002. Disponível em: https://hdl.handle.net/20.500.12733/1591933. Acesso em: 21 maio 2024.

LÜCHMANN, Lígia Helena Hahn. Interfaces socioestatais e instituições participativas: dimensões analíticas. *Lua Nova*, v. 109, jan./abr. 2020. Disponível em: https://doi.org/10.1590/0102-013049/109. Acesso em: 2 jul. 2024.

MALENA, C.; FORSTER, R.; SINGH, J. Social accountability: an introduction to the concept and emerging practice. The World Bank, Social Development. Washington, DC: The World Bank, [s.d.].

MELONCINI, Maria Isabela Haro. *Gestão democrática na elaboração do plano diretor*: o caso do Plano Diretor Estratégico do Município de São Paulo (Lei Municipal nº 16.050/2014). 2018. Dissertação (Mestrado em Direito do Estado) – Faculdade de Direito, Universidade de São Paulo, São Paulo, 2018. DOI: 10.11606/D.2.2018.tde-17092020-172936. Acesso em: 10 jul. 2024.

MOREIRA, Egon Bockmann; HUNGARO, Luis Alberto. Improbidade administrativa urbanística: o planejamento como instrumento preventivo. *Revista de Direito Público da Economia – RDPE*, Belo Horizonte, ano 16, n. 62, p. 43-68, abr./jun. 2018.

NOHARA, Irene Patrícia. Consensualidade e gestão democrática do interesse público no Direito Administrativo contemporâneo. *Interesse Público – IP*, Belo Horizonte, ano 15, n. 78, p. 29-51, mar./abr. 2013.

OLIVEIRA, Cláudia Alves de. A gestão democrática urbana na sociedade do conhecimento/The Urban Democratic Management in the Knowledge Society. *Revista de Direito da Cidade*, v. 4, n. 1, p. 180-199, 2012. DOI: 10.12957/rdc.2012.9702. Disponível em: https://www.e-publicacoes.uerj.br/rdc/article/view/9702. Acesso em: 2 ago. 2024.

OLIVEIRA, Gustavo Henrique Justino de. Participação administrativa. *A&C – Revista de Direito Administrativo & Constitucional*, Belo Horizonte, v. 5, n. 20, p. 167-194, 2007. DOI: 10.21056/aec.v5i20.459. Disponível em: https://revistaaec.com/index.php/revistaaec/article/view/459. Acesso em: 15 ago. 2024.

PEREZ, Marcos Augusto. *Institutos de participação popular na administração pública*. 1999. Dissertação (Mestrado) – Universidade de São Paulo, São Paulo, 1999.

RAMOS, Marcelene Carvalho da Silva. Participação popular como condição de efetividade da gestão urbano-democrática. *A&C – R. de Dir. Administrativo e Constitucional*, Belo Horizonte, ano 6, n. 25, p. 95-108, jul./set. 2006.

ROCHA NETO, Pedro Cesar da. A Covid-19 e a gestão democrática da cidade no Brasil: reflexos práticos nas revisões dos planos diretores municipais brasileiros *Int. Públ. – IP*, Belo Horizonte, ano 22, n. 122, p. 197-226, jul./ago. 2020.

SALGADO, Eneida Desiree; BACELLAR FILHO, Romeu Felipe; BIERRENBACH, Flavio. *Constituição e democracia*: tijolo por tijolo em um desenho (quase) lógico: vinte anos de construção do projeto democrática brasileiro. Belo Horizonte: Fórum, 2007.

SANTOS, Boaventura de Sousa. *Um discurso sobre as ciências*. 5. ed. São Paulo: Cortez, 2008.

SCHWARCZ, Lilia Moritz. *Sobre o autoritarismo brasileiro*. São Paulo: Companhia das Letras, 2019.

SILVA, Laís Sales do Prado e; SANTOS, Murillo Giordan; PAULINO, Virgínia Juliane Adami. Audiências públicas: histórico, conceito, características e estudo de caso. *A&C – R. de Dir. Administrativo & Constitucional*, Belo Horizonte, ano 15, n. 62, p. 237-257, out./dez. 2015.

SOUZA, Clóvis Henrique Leite de; CRUXÊN, Isadora Araujo; LIMA, Paula Pompeu Fiuza; ALENCAR, Joana Luiza Oliveira; RIBEIRO, Uriella Coelho. Conferências típicas e atípicas. *In*: AVRITZER, Leonardo; SOUZA, Clóvis Henrique Leite de (Org.). *Conferências nacionais*: atores, dinâmicas participativas e efetividades. Brasília: [s.n.], 2013.

SOVIERZOSKI, Ana Paula. Governo digital e participação cidadã: o novo espetáculo? *Migalhas*. Disponível em: https://www.migalhas.com.br/depeso/357712/governo-digital-e-participacao-cidada-o-novo-espetaculo.

SPECIE, Priscila. *Direito e participação social*. 2015. Tese (Doutorado em Filosofia e Teoria Geral do Direito) – Faculdade de Direito, Universidade de São Paulo, São Paulo, 2015. DOI: 10.11606/T.2.2016.tde-16092016-132522. Acesso em: 15 ago. 2024.

TCU. *Acórdão 1556/2020* – Plenário, Rel. Min. Bruno Dantas, j. 17.06.2020.

ZICCARDI, Alicia. Espacios e instrumentos de participación ciudadana para las políticas sociales del ámbito local. *In*: ZICCARDI, Alicia. *Participación ciudadana y políticas sociales en el ámbito local*. [s.l.]: [s.n.], 2004. p. 245-271.

Informação bibliográfica deste texto, conforme a NBR 6023:2018 da Associação Brasileira de Normas Técnicas (ABNT):

SANTOS, Jefferson Lemes dos. A gestão democrática das cidades na perspectiva do Direito Administrativo de Espetáculo. *In*: JUSTEN, Monica Spezia; PEREIRA, Cesar; JUSTEN NETO, Marçal; JUSTEN, Lucas Spezia (coord.). *Uma visão humanista do Direito*: homenagem ao Professor Marçal Justen Filho. Belo Horizonte: Fórum, 2025. v. 1, p. 309-320. ISBN 978-65-5518-918-6.

INTELIGÊNCIA ARTIFICIAL: PERSPECTIVAS DE USO E ABUSO NO EXERCÍCIO DAS FUNÇÕES PÚBLICAS

JESSÉ TORRES PEREIRA JUNIOR

1 Controvérsias mundiais sobre a IA como ferramenta de aperfeiçoamento de gestão; da normatização ao incentivo e implementação nos processos judiciais e administrativos

As políticas públicas e empresariais vêm incorporando, no último lustro, dois temas inovadores e convergentes: agenda ESG (*Environmental, Social, Governance*) e inteligência artificial. A Lei nº 14.133/2021, de Licitações e Contratos Administrativos, absorveu, em termos, a presença do *homo digitalis* na atividade contratual da Administração Pública, que também deve servir àquele tríduo da sustentabilidade. Tanto que: em seu art. 11, parágrafo único, alude à gestão de riscos e a planejamento estratégico; em seu art. 12, VI, recomenda que os atos sejam "preferencialmente digitais"; em seu art. 17, §2º, quer que as licitações sejam realizadas preferencialmente sob a forma eletrônica; em seu art. 18, VIII, inclui, na instrução do processo licitatório, a consideração do ciclo de vida do objeto para distinguir o resultado de contratação mais vantajoso para a Administração, aludindo, no §1º, definidor do conteúdo do estudo técnico preliminar, as estimativas quantitativas que possibilitem "economia de escala"; em seus arts. 19 e 20 cria catálogo eletrônico de padronização e veda a aquisição de bens de luxo.

Ponderar-se-ia que digitalização, sustentabilidade, consecução eletrônica e outras expressões técnicas pretenderiam induzir aperfeiçoamentos para que a Administração identifique, em cada caso, o resultado mais vantajoso para si e que isto sempre constituiu o alvo fundamental de todas as "concorrências" desde as do direito financeiro do Segundo Império, e que alcançam, hoje, valores cujo somatório ultrapassa, em âmbito nacional, 10% do PIB ao ano, ou seja, mais de 500 bilhões de reais.

Imagine-se se a modernidade tecnológica, em permanente evolução, trouxer, com o fim de supostamente aperfeiçoar os certames competitivos públicos, a possibilidade de fazer-se uso de instrumentos ainda mais sofisticados – o que se está a denominar de inteligência artificial –, aptos a reduzir prazos de implementação e de elevar certezas de identificação da tal vantagem para a Administração. Mas que riscos de erro ou de manipulação acompanhem o uso abusivo ou desviado daqueles instrumentos, a gerar deformações que venham a beneficiar interesses privados em detrimento dos públicos, de sorte a que os resultados dos certames competitivos atendam, não raro, antes ao interesse de alguns do que ao interesse público. Como fazer uso de instrumentos de inteligência artificial sob controle eficiente, efetivo e eficaz, de sorte a obstar tal deformação?

A Administração Pública e os agentes, públicos e privados, gestores e partícipes de licitações e contratações administrativas, devem admitir que desvios podem ocorrer e se devem preparar para identificá-los, evitá-los e reprimi-los, sob pena de responsabilização administrativa, civil e penal daqueles que lhes hajam dado causa em proveito próprio, agindo com dolo ou erro grave, inescusável.

Estar-se-ia diante de temores infundados, que apenas encobririam despreparo para conhecer e bem aplicar aqueles instrumentos de IA, não raro travestidos de expressões em inglês, desconhecidas do cotidiano da governança pública?

Comecemos por consolidar o que tem sido objeto de multiplicadas opiniões técnicas, veiculadas por reiterado noticiário jornalístico dos últimos meses, na medida em que se aproximam eleições, no Brasil e no mundo, e cujo apoio em contratações administrativas e campanhas eleitorais cresce sem cessar, de modo a que estas favoreçam este ou aquele grupo nos resultados que poderão advir de compras, obras e serviços pela Administração.

Das *fake news* às *deepfakes*, há de admitir-se que instrumentos de IA possam vir a ser manipulados de modo a propiciar vantagens e desvantagens comprometedoras dos estudos técnicos preliminares e das pesquisas de preços nos processos de licitações e contratações públicas. Como adverte o Ministro Benjamin Zymler, do TCU, ao prefaciar singular obra dos professores Bradson Camelo, Marcos Nóbrega e Ronny Charles de Torres:

> [...] o aumento da discricionariedade proporcionado pelas inovações normativas da Lei nº 14.133/2021 traz reflexos sobre o dever de motivação pelos gestores de suas decisões e atos administrativos. Dito de outra forma, a aplicação da nova norma exige que o agente público esteja muito mais qualificado do que no passado, pois deverá realizar opções que nunca fez. Para isso, terá que produzir análises técnicas, análises de razoabilidade, além de fundamentar e insculpir no processo a sua motivação [...].[1]

Proceda-se a um rol sintético daquele noticiário predisposto a prevenir desvios e dissimulações, com aparência de uso insuspeito de ferramentas de inteligência artificial, aptos, todavia, a causar prejuízos financeiros e à imagem pública de órgãos e agentes da Administração Pública.

Aos 30.11.2023, o jornal *O Globo* veiculou (p. 3) considerações assinadas por Dora Kaufman, professora na PUC-SP, que se sintetizam a seguir:

---

[1] CAMELO, Bradson; NÓBREGA, Marcos; TORRES, Ronny Charles de. *Análise Econômica das Licitações e Contratos.* Belo Horizonte: Fórum, 2023. p. 12.

O debate atual sobre crescimento econômico inclui como macrotendências a transição verde, a mitigação das mudanças climáticas, a conscientização dos consumidores sobre sustentabilidade, as fontes de energia renováveis e o rastreamento das cadeias de suprimento. Essas e outras macrotendências fazem parte da agenda ESG (Environmental, Social, Governance – conjunto de padrões e boas práticas a ser observado pelas organizações socialmente conscientes e sustentáveis. Em paralelo, cresce o consenso sobre a inteligência artificial (IA) ser a tecnologia de propósito geral do século XXI, o que atribui a ela papel estratégico no futuro da sociedade. As duas agendas, ESG e IA, precisam convergir [...] [há] treze áreas em que a IA pode contribuir positivamente. Os sistemas elétricos são responsáveis por cerca de um quarto das emissões de gases de efeito estufa; a IA pode acelerar o desenvolvimento de tecnologias de energia limpa, melhorar as previsões de geração e demanda, otimizar o gerenciamento e o monitoramento desses sistemas. Em relação ao setor de transportes, a IA tem potencial de melhorar a engenharia de veículos, habilitar infraestrutura inteligente e gerar informações relevantes para políticas públicas [...] cenários semelhantes na indústria, no agronegócio e nas *smart cities*.

Ao gerar esses e outros benefícios, contudo, os modelos de IA impactam negativamente o meio ambiente (modelos são intensivos em dados, processamento computacional é intensivo em energia e emissão de CO2) [...] com base em estudo da Universidade de Massachussets [...] treinar um modelo de IA para lidar com a linguagem humana pode levar a emissões de quase 300 mil quilos de dióxido de carbono, equivalente a cerca de cinco vezes as emissões de um carro médio durante toda a sua existência, incluindo a fabricação [...]

No pilar social, a IA pode reduzir as desigualdades ao democratizar o acesso da população às inovações tecnológicas (telemedicina, aprendizado personalizado, segurança e justiça, crédito, previsões em geral). No entanto, simultaneamente, a IA pode aumentar a desigualdade digital e a distribuição desigual do crescimento econômico. A denominada automação inteligente amplia os efeitos da automação programada ao substituir tarefas e funções cognitivas (com efeito negativo sobre a renda das funções preservadas aos humanos).

No pilar governança, sendo a inteligência artificial a tecnologia estratégica do século XXI, não há como pensar em diretrizes e códigos de ética para nortear a gestão das organizações, sejam públicas ou privadas, sem contemplar as particularidades dos modelos de IA [...]

Estamos numa era de transformação de sistemas e de mudanças em nível econômico global. Precisamos de novas métricas. Temos de mudar as cadeias de valor, da matéria-prima até o produto final. Para isso, precisamos de dados, de ciência e de colaboração. Ou seja, agregar inteligência artificial à agenda ESG.

Aos 30.1.2024, o mesmo jornal deu conta (p. 17) de que

o centro de inovação tecnológica dos Hospital das Clínicas da Faculdade de Medicina da USP (o maior da América Latina) e a Amazon Web Services firmaram acordo inédito para a criação de um laboratório de inteligência artificial generativa. O projeto [...] será no Instituto de Radiologia [...], na elaboração de laudos para exames [...] O objetivo é reduzir, em pelo menos 30%, o tempo gasto pelo médico radiologista na confecção do laudo [...] Como também é um hospital-escola, as pesquisas desenvolvidas no complexo acabam sendo replicadas de forma veloz pelo número de médicos que forma [...] A história médica é importantíssima para que o radiologista comece a elaborar seu laudo. Nessa primeira etapa, esse histórico vai chegar ao médico sem que ele precise vasculhar prontuários e outros exames [...] A segunda fase será tornar o lado mais fácil para o paciente entender [...] e não criar mais dúvidas e ansiedade [...].

Na edição de 15.12.2023, a médica Ludmila Abrahão Hajjar assinou coluna (p. 24) em que discute

> o potencial de promoção da empatia por máquinas [...] um estudo de 2023, com 195 perguntas de pacientes para médicos voluntários, em fórum de mídia social e para o ChatGPT, mostrou que as respostas da IA eram 9,8 vezes mais propensas a serem consideradas empáticas do que as dos médicos [...] Embora um sistema de IA nunca possa substituir o toque humano na medicina, ele tem o potencial de ajudar médicos e enfermeiros a mobilizarem ainda mais empatia e humanidade para se envolverem com seus pacientes e continuarem um caminho de crescimento e autoaperfeiçoamento [...] os modelos de IA [...] podem se equivocar. No entanto, o potencial de a IA orientar profissionais de saúde para serem mais compassivos e sensíveis por meio da revisão de suas interações com os pacientes pode surgir como uma ferramenta educacional vital no futuro que será útil para a humanidade.

Matérias publicadas aos 31.1.2024 (p. 14) anunciaram que o *boom* da tecnologia da IA estimulou

> empresas, agências governamentais e universidades a criarem o que se tornou o novo papel mais importante no segmento corporativo dos Estados Unidos e de outros países: o executivo sênior responsável pela IA [...] A Mayo Clinic, no Arizona, criou uma vaga inédita no sistema do hospital: diretor executivo de inteligência artificial [...] depois do lançamento do ChatGPT e do frenesi no mercado provocado pela tecnologia, o hospital decidiu que precisava trabalhar mais com IA e encontrar alguém para coordenar esforços [...] Inserindo IA em cada camada de nossas tecnologias, estamos conquistando novos clientes e ajudando a gerar novos benefícios e ganhos de produtividade em todos os setores [...].

Nada obstante a visualização de benefícios que a IA possa trazer no presente e para o futuro, multiplicam-se, ao mesmo tempo, ponderações quanto aos usos abusivos e prejudiciais de seu emprego.

A edição de 31.5.2023 (p. 21) sintetizou alertas divulgadas pelo *New York Times*, a saber:

> Especialistas e executivos da indústria tecnológica lançaram novo alerta contra a inteligência artificial (IA). Em sucinto comunicado, afirmam que a tecnologia que estão criando pode, um dia, representar uma ameaça existencial à Humanidade e deve ser considerada um risco semelhante a pandemias e guerras nucleares [...] A carta aberta foi assinada por mais de 350 executivos, pesquisadores e engenheiros que trabalham com IA [...] Recentes avanços nos chamados modelos de linguagem ampla (LLMs, na sigla em inglês) – o tipo de sistema usado pelo ChatGPT e outros chatbots – geraram temor de que a IA possa ser usada para disseminar desinformações e discurso de ódio, ou que elimine milhões de empregos [...].

Nota publicada em coluna de 24.12.2023 (p. 8) informou que

Mais da metade dos brasileiros (51%) acredita que a inteligência artificial deve agravar a disseminação de *fake news* entre a população [...] O levantamento, realizado entre 21 de abril e 5 de maio, com 21,8 mil entrevistados, coletou impressões da opinião pública sobre as novas ferramentas no Brasil e em outros 28 países. Entre os mais preocupados com a desinformação via IA são Canadá (64%), Nova Zelândia (63%) e França (61%). Os menos alarmados são Hungria (41%), Coreia do Sul (40%) e Japão (29%).

A edição de 7.2.2024 divulgou (p. 15) que

O mais longevo presidente de um banco central do mundo, Mugur Isarescu, da Romênia, foi alvo de um vídeo *deepfake* que o mostrava promovendo investimentos fraudulentos [...] O episódio é mais um caso de desinformações criadas para minar a credibilidade de instituições importantes [...] O Banco Nacional da Romênia emitiu alerta lembrando aos cidadãos que nem Isarescu (que preside o Banco Central do país desde 1990) nem a autarquia fazem recomendações de investimento. O vídeo usa a imagem e a voz de Isarescu para promover investimento em ações e oferece às pessoas um *link* para uma plataforma fraudulenta [...] Especialistas em segurança cibernética alertaram que os ataques se intensificarão este ano, com quatro rodadas de eleições – parlamentar, presidencial, da União Européia e local – programadas na Romênia [...].

A edição de 14.1.2024 (p. 6) noticiou que o Senado Federal brasileiro criou comissão para regulamentar o uso de IA:

O projeto estabelece diretrizes gerais para o desenvolvimento, implementação e uso de sistemas de IA no Brasil [...] prevê a participação humana no ciclo da inteligência artificial e rastreabilidade das decisões como meio de prestação de contas e atribuição de responsabilidades a uma pessoa natural ou jurídica [...] estipula ainda que pessoas atingidas de maneira significativa por decisões das ferramentas podem requisitar revisão humana [...] imposição de multa de até R$50 milhões por infração ou até 2% do faturamento, no caso de empresas. Outras punições possíveis são a proibição de participar dos ambientes regulatórios experimentais e a suspensão temporária ou definitiva do sistema [...] a preocupação é que a campanha deste ano sofra uma enxurrada de material manipulado com inteligência artificial, como fotos, vídeos e áudios [...] Especialistas defendem a criação de um Fórum Brasileiro de Inteligência Artificial para a elaboração de um plano nacional [...] O governo também está usando IA para identificar potenciais fraudes no cadastro do Bolsa Família através do cruzamento de dados [...].

Matéria estampada na edição de 7.12.2023 (p. 2) informou que

Nos Estados Unidos, uma comissão do Senado formada por democratas e republicanos discute propostas de legislação para a sociedade usufruir os benefícios da IA, mas também se proteger dos danos [...] Na União Europeia, normas vigentes já obrigam a informar quando qualquer conteúdo é gerado por robôs ou produzido artificialmente [...] No Brasil, ministro do STF defendeu a cassação do registro do mandato e a inexigibilidade para candidatos cuja campanha comprovadamente usar IA para manipular seus conteúdos de propaganda [...]. Sem legislação adequada, as plataformas digitais têm usado a privacidade dos usuários como argumento para alegar ser impossível obter tais informações [...].

Wilson Pedroso, consultor eleitoral e analista político, assinou artigo publicado na edição de 30.1.2024 (p. 3), relatando que

Nas recentes eleições presidenciais da Argentina, o mundo todo assistiu ao uso criminoso *deepfake* (termo usado para caracterizar manipulações de material audiovisual com uso de inteligência artificial) como arma política. Os recursos – que permitem a perfeita recriação de vozes humanas e de imagens em vídeo – fizeram estragos na campanha do candidato Sergio Massa, derrotado pelo atual presidente, Javier Milei. A imagem do rosto de Massa foi sobreposta a um vídeo para simular que ele estivesse usando cocaína. A fraude foi descoberta, mas um desgaste de tamanha proporção, em plena disputa eleitoral, é irreversível [...] O Tribunal Superior Eleitoral brasileiro trabalha na normatização do uso de IA em disputas políticas. A previsão é que a divulgação de *deepfake* seja caracterizada como abuso de poder ou crime eleitoral, com penas que podem variar de multa a prisão [...] É necessário que, paralelamente, o assunto seja regulamentado pela legislação federal de forma que as punições ocorram para além do âmbito da Justiça Eleitoral [...].

Relato jornalístico sobre a participação do Presidente do Supremo Tribunal Federal brasileiro no Fórum Econômico Mundial de Davos, publicado aos 18.1.2024 (p. 9), assinalou que o Ministro Luís Roberto Barroso

defendeu a regulação da inteligência artificial para lidar com os riscos que essas novas tecnologias representam hoje para as democracias [...] – Tem muitos riscos da inteligência artificial. Um deles é o impacto sobre as democracias, as potencialidades da desinformação e do *deepfake* (falsificação de áudio e vídeo) [...] A democracia é feita da participação esclarecida das pessoas, portanto, um mecanismo que possa massificar a desinformação pode produzir um impacto extremamente negativo sobre a liberdade das pessoas e sobre a democracia [...].

O jornalista Pedro Dória escreveu, em sua coluna de 23.2.2024 (p. 3), que a

Open AI anunciou SORA, uma inteligência artificial para gerar vídeos [...] E ainda não caiu a ficha para muita gente: a produção audiovisual nunca mais será a mesma [...] A gente imagina uma cena, descreve em uma frase ou um parágrafo, manda para o computador via internet. A resposta é um vídeo [...] se ninguém avisar que aquilo é 100% sintético, parece de verdade. Parecem atores, parece cidade, floresta, mar, não importa o cenário. Tudo o que pode ser descrito numa frase poderá virar vídeo realista num par de minutos. SORA nasce com alguns usos diferentes [...] Quem quiser pode enviar uma fotografia, descrever a cena que seja e aquela fotografia vira o quadro inicial do vídeo produzido. Quem preferir pode enviar um vídeo e pedir à IA que o estenda por mais um minuto. "Depois que meu filho chuta a bola, por favor leve a bola ao gol do Maracanã" [...] Talvez não seja até o final de 2024, mas é difícil imaginar que a década chegue à segunda metade sem que assistamos a um filme inteiramente produzido por inteligência artificial [...] alguém com uma história na cabeça, uns amigos estudantes de interpretação e um smartphone na mão poderá filmar com qualidade suficiente para que SORA, ou ferramenta similar, dê o acabamento que for desejado [...] IAs são alimentadas com a produção da humanidade. Elas copiam, copiam magistralmente, copiam com uma sofisticação que sequer poderíamos imaginar ver apenas cinco anos atrás. Mas copiam, apenas copiam, não criam. O problema de chamá-las "inteligência" é que isso dá a ilusão de que pode vir criatividade dali. Não virá. Ao construir uma história inteira, produzirá sempre pastiches, entregará clichês. A capacidade de criar ainda será por um tempo o último bastião da humanidade.

Em artigo que subscreveu aos 27.2.2024 (p. 3), Patrick Burnett, CEO de instituição bancária, destacou que

o *deepfake* também pode trazer prejuízos irreversíveis para empresas... Fraudadores conseguiram se passar pelo diretor financeiro da empresa numa videoconferência, resultando num prejuízo de US$25 milhões [...]. Segundo as investigações da polícia de Hong Kong, aquele funcionário acreditava estar conversando com integrantes reais da equipe, quando, na verdade, eram rostos falsos criados por tecnologia de inteligência artificial de última geração [...]. Para começarmos a combater a ameaça, o primeiro passo é criar conhecimento. O debate público precisa mirar o *deepfake* como risco de forma a alertar o setor corporativo a respeito da urgência da cibersegurança [...]. A IA, com sua capacidade assombrosa de nos iludir, estará cada vez mais à disposição de grupos criminosos [...].

Noticiário de 28.2.2014 (p. 6) deu conta de que o Tribunal Superior Eleitoral brasileiro aprovou

resolução que proíbe as *deepfakes* eleitorais e determina que a inteligência artificial só pode ser usada nas campanhas com um aviso de que o conteúdo foi feito a partir de uma ferramenta do tipo. Caso um candidato use *deepfake*, poderá ter o registro cassado [...] define o mecanismo como conteúdo sintético em formado de áudio, vídeo ou combinação de ambos, que tenha sido gerado ou manipulado digitalmente [...] o descumprimento das normas configura abuso de utilização dos meios de comunicação, acarretando cassação ou perda do mandato e impõe apuração de responsabilidades.

Na edição jornalística do dia seguinte (p. 10), o noticiário destacou que o texto de outra Resolução do TSE

determina que as plataformas são responsáveis pela implantação de medidas que impeçam a publicação de conteúdo irregular, como notícias falsas, que atinjam a integridade do pleito [...] o texto também estipula a retirada imediata, em casos de risco, de conteúdos com, entre outros pontos, ataques à democracia e discursos de ódio, o que inclui promoção de racismo, homofobia e ideologias nazistas [...].

Na edição de 30.3.2024 (p. 14), noticiou-se que

Recriar vozes humanas com realismo a partir da inteligência artificial (IA) é a próxima fronteira a ser explorada pela OpenAI, criadora do ChatGPT, ferramenta que se popularizou na virada de 2022 para 2023 [...]. Por enquanto não há previsão de um lançamento geral da ferramenta [...] O sistema é capaz de reproduzir falas em diferentes idiomas. Segundo a OpenAI, foram feitos clones em inglês, espanhol, mandarim, alemão, francês, japonês e português [...] Instituto de Neurociências [...] usou a ferramenta para restaurar a voz de uma jovem que perdeu a capacidade de falar de forma clara devido a um tumor cerebral [...] Por outro lado, a Open AI reconhece que gerar áudios realistas com IA "acarreta sérios riscos" e destaca a gravidade deles especialmente em ano eleitoral [...] Em janeiro, um telefonema falso, de aparência realista, supostamente do presidente dos EUA, Joe Biden, encorajou as pessoas no estado de New Hampshire a não votarem nas primárias das eleições presidenciais. Outro risco apontado pela própria OpenAI é o uso da ferramenta para invadir sistemas de autenticação por voz, usados para acesso a contas bancárias ou outros aplicativos. Por isto, a empresa sinaliza que a abertura da ferramenta para o público deve ser acompanhada pela "eliminação progressiva da autenticação baseada em voz", pela criação de políticas de proteção de voz dos usuários e pela adoção de tecnologia de rastreamento de conteúdo audiovisual gerado por IA.

As sínteses supratranscritas, entre tantas outras que têm sido veiculadas pelos meios de comunicação, evidenciam a importância de que escolas de formação de magistrados, membros do Ministério Público, procuradores estaduais, servidores públicos em geral (CR/88, art. 39, §2º), e de entidades privadas de estudo e pesquisa sobre o tema venham a desenvolver seminários, cursos, textos acadêmicos e de pesquisas acerca do uso de instrumentos de IA na instrução e definição de seus processos administrativos e judiciais, de molde a prevenir e coibir abusos e desvios em detrimento do propósito de elevar o nível de qualidade, presteza e certeza dos resultados almejados pela legislação de regência. Oportuno, destarte, que todos se precatem em busca de proveito para a ordem pública, no presente e para o futuro próximo.

Temos exemplificado, na Escola da Magistratura do Rio de Janeiro, com a possibilidade de, à falta desses cuidados e avanços de controle tecnológico, vir a ser proibida a utilização de gravações de depoimentos de testemunhas ou de técnicos que devam ser ouvidos na fase de instrução de processos. Se não for mediante norma reguladora, as autoridades condutoras desses processos, como magistrados e dirigentes de órgãos administrativos, poderão vir a recusar como prova depoimentos gravados, aceitando apenas testemunhos presenciais. Postura de precaução ou prejuízo ao grau de celeridade do processo? Modernização ou risco de responsabilização?

2 Da necessidade de sistemas eletrônicos interoperáveis; do uso da *blockchain* no sistema de armazenamento, troca e validação de dados e informações

A partir dos anos oitenta, o Brasil passou a incorporar leis cujo objetivo era permitir a inserção de tecnologias concedentes de incentivos e investimentos.

Em termos de transmissão de dados, os recursos inicialmente disponíveis eram os de telefonia fixa e o *fac-simile*, conhecido comumente como "fax", que consistia na reunião, em um só aparelho, de três funções: "escanear" um documento, transmitir os dados a outro fax, e imprimir o documento recebido. Além da função habitual de propiciar simples chamada telefônica, por meio do compartilhamento do mesmo sistema de transmissão das imagens captadas pelo aparelho.

O fax, uma das primeiras inovações potencialmente utilizadas pelos advogados mesmo antes da disseminação dos computadores em larga escala, a contar do início da década de 1990, surgiu e se multiplicou a partir da Lei nº 7.463/86 (Planin – Plano Nacional de Informática e Automação), com notável repercussão nos setores produtivos e comerciais, figurando como útil ferramenta para agilizar a consolidação de relações contratuais (a exemplo do que se dispunha em sede de locações de imóveis com base no art. 58, da Lei nº 8.245/91, regulamentação pela Lei nº 9.800/99), com celeridade satisfatória para o ritmo da época.

São vários os exemplos de antigas práticas que hoje não seriam mais toleradas. Esperar em uma fila para ser atendido no caixa de um supermercado, aguardando que o atendente registre manualmente os preços dos produtos, um por um, em sua máquina registradora, é algo que certamente desgosta o consumidor da modernidade. Vale o mesmo raciocínio para o uso de uma impressora matricial, ou no preparo de um café sem o uso de cafeteira, assim como também o envio de carta pelos correios. As alternativas mais céleres e viáveis vão gradativamente anulando a razão de ser dos antigos mecanismos. Passa-se a repensar a forma de prestação dos serviços em geral, com o fim de buscar eficiência e menor dispêndio de recursos.

O Poder Judiciário não foi o único afetado pelo crescimento demográfico acelerado e pela ampliação do acesso à justiça a partir das sucessivas ondas renovatórias de Mauro Cappelletti, tendo-se buscado a superação de obstáculos de ordem econômica, geográfica e burocrática.[2] O operador do direito passou a ser mais demandado e cobrado pelos resultados. E assim todos os serviços que abarcam outras esferas de poderes, com grande destaque para as atividades administrativas, que representam número significativo das demandas levadas ao Poder Público.

Os profissionais do direito precisam ter ao seu dispor ferramentas introdutórias de meios eficazes para a obtenção de informações e subsídios. Se um escritório de advocacia forma carteira considerável de novos clientes, seus sócios podem imediatamente contratar mais advogados e auxiliares para atender à nova demanda. Se perder a carteira, logo pode demitir os funcionários excedentes. O ajuste orçamentário é imediato; a liberdade para que o setor privado tome medidas para o acréscimo ou o corte de despesas em um curto espaço de tempo permite que o gestor faça a alocação dos recursos disponíveis de acordo com as reais necessidades.

Na advocacia pública isto não ocorre com a mesma flexibilidade. O quadro de servidores públicos, o estoque de materiais, insumos, equipamentos, e prestadores de serviço não podem sofrer alterações bruscas. Quando necessários ajustes, estabelece a legislação longo caminho a ser percorrido. Depende-se de previsão orçamentária para a abertura de concurso público e de edital de licitação para contratação de bens ou de serviços, a partir de planejamento que a Carta da República quer obrigatório (art. 174).

A inovação tecnológica figura como uma "tábua de salvação", pois em termos estruturais e contratuais não há muito a ser feito em pouco tempo. Quando a "conta não fecha", a solução se deve ancorar em medidas criativas com baixo custo. Estabelecer prioridades e metas. Sacrificar algumas metas para que se atinjam aquelas consideradas

---

[2] CAPPELLETTI, Mauro. *Acesso à Justiça*. Tradução de Ellen Gracie Northfleet. Porto Alegre: Sérgio Antonio Fabris Editor, 1988.

como mais importantes. Cabe ao gestor promover a realização do que é possível, com os recursos limitados que lhes são disponibilizados.

Leis recentes autorizam e incentivam o uso das ferramentas tecnológicas. O vigente Código de Processo Civil consagra a tecnologia como aliado em seu art. 194. O Decreto federal nº 8.538/2015 veio a dispor sobre o uso do meio eletrônico para a realização do processo administrativo. O Decreto federal nº 9.203/2017 traz a política de governança da administração pública federal direta, autárquica e fundacional; em seu art. 4º, II, formula a diretriz de promover a simplificação administrativa, a modernização da gestão pública e a integração dos serviços públicos, especialmente aqueles prestados por meio eletrônico. A partir dele foi instituído o Sistema de Governança Corporativa ao lado de uma série de políticas voltadas para a sua implementação em caráter preventivo e estratégico.

As leis existentes em matéria de processo eletrônico, seja judicial, seja administrativo, traçam algumas diretrizes e balizamentos, mas se devem render ao fato de que as tecnologias estão em constante desenvolvimento e aprimoramento. Tal lacuna deve ser mantida para a preservação de razoável margem para a gradual inserção de novidades, a partir de experimentos e constante observação dos resultados obtidos. Quatro segmentos necessitam de especial atenção, como consolida Cristiane Iwagura, da Advocacia Geral da União:

a) Pessoal. Capacitação e treinamento de servidores. Formação de equipes especializadas compostas por profissionais de outras áreas, como exemplo, programadores, engenheiros, técnicos especializados em tecnologia da informação, *webdesigners*, especialistas em segurança da informação, armazenamento e tratamento dos dados.

b) Contratação específica de novas tecnologias. Aquisição de equipamentos e contratos de manutenção, *softwares*, banco de dados e armazenamento, provedores de internet e banda larga.

c) Sistemas processuais interoperáveis que permitam comunicação e troca de dados de maneira simples, segura e transparente. Busca-se a eliminação de fases desnecessárias e obstáculos de ordem estrutural ou burocrática que dificultam o manuseio de diferentes sistemas incidentes sobre uma mesma operação ou etapa processual, permitindo-se maior flexibilidade e dinamismo na troca de informações entre pessoas e diferentes órgãos, que sejam imprescindíveis à elucidação de questões que impeçam o avanço processual para as fases seguintes.

d) Ações que promovam, além do uso das novas tecnologias, a inserção de fluxos de trabalho, gestão, mapeamento de competências e de riscos, estabelecimento de atuações estratégicas e medidas preventivas ou gerenciais, com o fim de oferecer condições para a prática de atividades rotineiras de maneira organizada e eficiente, com razoabilidade de esforços e máximo de resultados, a partir do uso da criatividade e de conhecimentos interdisciplinares.

A partir da Emenda Constitucional nº 45/2004, que, ao dispor sobre a Reforma do Judiciário, além de consagrar a duração razoável do processo em seu art. 5º, LXXVIII, criou o Conselho Nacional de Justiça – CNJ, tendo como uma de suas missões a de promover ações voltadas para a melhoria da gestão do Poder Judiciário mediante planejamento estratégico. Cerca de dois anos após a criação do CNJ, a informatização do processo judicial passou a ser regulamentada pela Lei nº 11.419/2006, a Lei dos Processos

Eletrônicos. De acordo com o Relatório Justiça em Números do CNJ, de 2020, os números em relação à taxa de congestionamento e de informatização dos processos apresentaram considerável melhora: onze Tribunais alcançaram índice de 100% (cem por cento) de processos eletrônicos nos dois graus de jurisdição; na Justiça Federal, o índice foi de 94% (noventa e quatro por cento); na Justiça Estadual, 88% (oitenta e oito por cento).

Em termos de interoperabilidade, são variados e numerosos os diferentes sistemas processuais eletrônicos adotados em todo o território nacional, cada qual com suas características e sem a adoção de parâmetros uniformes no *layout*, ferramentas, interfaces de trabalho, modo de processamento e de armazenamento, e outros elementos facilitadores de seu manejo por usuários que precisam acessar mais de um desses sistemas. Dentre os sistemas informatizados são poucos aqueles aptos a se comunicar com outras plataformas, ou que permitam troca de informações e de dados de modo desburocratizado, com o uso das potencialidades tecnológicas.

A Receita Federal desenvolveu o e-CAC, que, além de oferecer acesso a todos os dados relacionados à situação cadastral e fiscal dos cidadãos, possibilita o atendimento ao público de diversas formas, introduzindo notável simplificação dos procedimentos de fiscalização e de cobrança.

A interoperabilidade que se espera é aquela que promove a máxima comunicação entre os órgãos pertencentes a todas as esferas de poder, de setores públicos ou privados, que guardem consigo informação que se demonstre necessária para alguma etapa sequencial dentro da cadeia de serviços prestados por todos.

O exemplo máximo de interoperabilidade da atualidade é o da Estônia, conhecida como o "país digital", que utiliza o conceito como mola-mestre de eficiente prestação de serviços públicos essenciais e o desenvolvimento de atividades econômicas de maneira integrada, em termos de tecnologia.

Em que pese o CNJ haver criado um Grupo de Interoperabilidade em 2006,[3] a interoperabilidade ainda não foi implementada. O CNJ anunciou a retomada da interoperabilidade a partir da criação da Plataforma Digital do Poder Judiciário Brasileiro – PDPJ-Br, mantendo-se o sistema PJe como o de Processo Eletrônico prioritário, nos termos da Resolução CNJ nº 335 de 29.9.2020.

A ideia concebida para o PJe como um *marketplace* para os sistemas processuais eletrônicos mantidos pelos Tribunais, concentrando-se nele informações e dados acerca do desenvolvimento dessas plataformas em diferentes justiças especializadas espalhadas por todo o território nacional, agrega elementos que consolidam uma central de inteligência artificial e também *road maps*, ou seja, listagens dinâmicas de aplicativos, *softwares* e programas em fase de desenvolvimento e aprimoramento voltado para os serviços próprios da esfera judicial.

Cogita-se da adoção pelo Judiciário de um sistema de *blockchain* capaz de garantir o armazenamento, a troca e a validação de informações e dados de maneira segura e eficiente.[4] A Estônia implementou o uso da *blockchain* de maneira eficiente ao estabelecer

---

[3] BRANDIS, Juliano; IWAKURA, Cristiane Rodrigues. *Modelo Nacional de Interoperabilidade* – uma realidade possível? Disponível em: https://www.processoetecnologia.com.br/modelo-nacional-de-interoperabilidade-uma-realidade-possivel. Acesso em: 5 out. 2020.

[4] IWAKURA, Cristiane Rodrigues. *Plataforma Digital do Poder Judiciário Brasileiro* – PDPJ-Br: em busca da Interoperabilidade. Disponível em: https://emporiododireito.com.br/leitura/plataforma-digital-do-poder-judiciario-brasileiro-pdpj-br-em-busca-da-interoperabilidade. Acesso em: 9 out. 2020.

um mecanismo de identificação interoperável entre os variados órgãos e entidades do país, responsáveis pela prestação de serviços públicos essenciais e políticas públicas. Parte de uma premissa básica, refletida em uma relação de confiança entre os cidadãos. Por ser também um território não tão extenso como é o do Brasil, isto se torna muito mais viável do ponto de vista operacional, mas nada impede que se pense na adoção de um sistema semelhante por regiões no país.[5]

Parte-se da ideia de uma identificação comum a todos os cidadãos com múltiplas funções. A identificação conhecida como ID-card[6] possibilita que o cidadão com ela tenha acesso a diversos serviços, concentrando todas as informações acerca de seus dados pessoais e dos atos civis praticados em rede, em um armazenamento em nuvem, ou seja, que permanece hospedado integralmente em meio informatizado mantido pela rede mundial de computadores, protegido e validado constantemente pela *blockchain*. Esta funciona como enuncia a tradução do termo em inglês, ou seja, estabelece-se por intermédio de uma cadeia de blocos, cada qual representando um dado ou informação recém-chegada ao armazenamento em nuvem. Por exemplo: uma ida ao médico para receber uma prescrição de medicamentos; registram-se data, horário de atendimento e prescrição na nuvem; faz-se a conferência dos dados do paciente, validando este ato em um bloco. O cidadão em seguida vai abastecer seu carro em um posto de gasolina, pagando pelo serviço com o seu ID-card, no qual estão também integradas as informações bancárias, autorizando-se o pagamento. Forma-se um novo bloco da cadeia com este registro e validação, que se acopla ao bloco anterior, integrando, assim, uma corrente de informações verificadas e autenticadas.

Todos os participantes validam a *blockchain*. Existe uma descentralização sobre registro, armazenamento e validação de todos os dados e informações incorporados à *blockchain*. Portanto, para que alguém falsifique um dado, deverá deter pelo menos 51% (cinquenta e um por cento)[7] de todo o poder computacional da cadeia, difícil de ocorrer, e, ainda, conseguir romper toda a cadeia de informações integrantes daquela pessoa, pois cada informação ou dado novo armazenado valida o dado que venha *a posteriori*.

Quanto mais antigo for um dado, mais forte será a sua segurança. Para atingi-lo, o infrator deverá percorrer toda a cadeia de todos os atos posteriores. Toda essa operação de "ataque" aos dados poderá ser testemunhada e invalidada por diversos outros usuários que fazem parte da *blockchain*, pois eles também possuem em seus registros as mesmas informações que seriam em tese alvo de um ataque. Diante de assimetria informacional, podem disparar o mecanismo de invalidação.

A utilidade da *blockchain* promove não apenas a interoperabilidade entre sistemas, mas também a segurança das provas produzidas em substituição às atas notariais,[8]

---

[5]   Disponível em: https://e-estonia.com/solutions/e-identity/id-card/.

[6]   DOMENICI, Thiago. *A curiosa estratégia digital da Estônia*. Disponível em: https://outraspalavras.net/sem-categoria/a-curiosa-estrategia-digital-da-estonia. Acesso em: 24 ago. 2020.

[7]   BASTIANI, Amanda. *Entenda o que é um Ataque 51%*. Disponível em: https://www.criptofacil.com/entenda-o-que-e-um-ataque-de-51. Acesso em: 25 ago. 2020.

[8]   ASSIS, Carlos Augusto de; CARACIOLA, Andrea; DELLORE, Luiz. Prova produzida por meio de blockchain e outros meios tecnológicos: equiparação à ata notarial? *In*: LUCON, Henrique dos Santos *et al.* (Coord.). *Direito, processo e tecnologia*. São Paulo: Revista dos Tribunais, 2020.

assim como, também, nos termos da Lei de Liberdade Econômica – Lei nº 13.874/2019, o arquivamento de documentos eletrônicos e negócios probatórios.[9]

3 Entraves, resistências e desafios operacionais

Seria útil estabelecer um sistema de intercâmbio de informações e de inteligência que promovesse uma comunicação e a troca de dados de maneira mais rápida e desburocratizada entre setores da Administração Pública Federal, Poder Judiciário, Polícia Federal, Ministério Público, Tribunais de Contas e Advocacia Pública, podendo-se eventualmente incluir nesta rede instituições privadas que desenvolvam relevantes papéis em matéria de serviços e políticas públicas, com é o caso, por exemplo, de entidades reguladoras auxiliares, concessionárias, instituições financeiras e instituições de ensino.

Gustavo Binenbojm, ao discorrer sobre a publicidade administrativa e a eficácia da divulgação de atos do Poder Público pela internet, asseverou que, "em um país com ainda elevadíssimo nível de exclusão digital como o Brasil", a exclusiva divulgação oficial de atos do Poder Público por "mera publicação na internet acarreta prejuízo sensível para o grau de publicidade e conhecimento de tais atos por parte dos eventuais interessados".[10] Para Leonardo Greco, "a virtualização do processo e a imposição de exigências custosas para que os advogados exerçam o patrocínio judicial terão o nefasto efeito da elitização da advocacia".[11]

Daí não ser correto dizer que a informatização dos processos gerará uma economia exorbitante com a "eliminação do papel". Em verdade, ocorrerá na prática um deslocamento de despesas com recursos que passarão a se apresentar ultrapassados mediante a introdução das novas tecnologias, como veículos automotores, papel, insumos, materiais de escritório e outros gastos atrelados à manutenção e ao manuseio dos processos físicos, assim como qualquer custeio que represente algo da antiga rotina de trabalho que não se demonstre mais necessário.

Os gastos não se restringem à aquisição de novos equipamentos e *softwares*. Há uma linhagem de despesas decorrentes do emprego dessas novas tecnologias, cuja eficiência carece de constante atualização e manutenção. Na medida em que o Poder Público autoriza e incentiva a informatização dos meios digitais para a veiculação dos serviços essenciais oferecidos em suas diversas esferas, deverá também se encarregar de oferecer as devidas condições de trabalho para que os seus agentes executem suas atribuições, sob pena de estar se comprometendo o próprio acesso à justiça e outras garantias constitucionalmente estatuídas.

Os dados representam, hoje, o ativo mais precioso. A ciência computacional permite a modelagem e a previsibilidade sobre comportamentos humanos. Os dados constituem a matéria bruta da inteligência artificial. Por lado, entende-se aquela mínima

---

[9] DIDIER JR., Fredie; OLIVEIRA, Rafael Alexandria de. O uso da tecnologia blockchain para arquivamento de documentos eletrônicos e negócios probatórios segundo a lei de liberdade econômica. *Revista de Estudos Jurídicos do Superior Tribunal de Justiça*, p. 28-47, Brasília, 2020.

[10] BINENBOJM, Gustavo. *Temas de direito administrativo e constitucional* – Artigos e pareceres. Rio de Janeiro: Renovar, 2008. p. 632.

[11] GRECO, Leonardo. *Instituições de Processo Civil*. Rio de Janeiro: Forense, 2009. v. I. p. 299.

representação sobre alguma coisa que possa identificá-la, como exemplo, o nome de uma pessoa ou a cor dos seus olhos, isoladamente. A partir de um dado isolado, não se tem muito o que fazer na ciência de dados; no máximo, classificá-los em uma lista atingindo-se uma estatística sem muito significado: quantas pessoas se chamam Maria, ou quantas pessoas possuem os seus olhos azuis.

A partir da coleta de mais de um dado, passa-se a obter informações interessantes: Maria tem vinte anos de idade e está desempregada. Se acrescentarmos mais um dado, a informação terá um maior potencial para o uso de inteligência artificial: Maria tem vinte anos de idade, é formada em enfermagem e está desempregada. Por meio do cruzamento dessas informações, pode-se extrair um diagnóstico sobre o perfil de uma população, a partir do qual pode ser desenvolvido um mecanismo de inteligência artificial capaz de mapear, por exemplo, quais são os profissionais, por gênero, idade e especialização, que enfrentam maiores dificuldades para se inserir no mercado de trabalho, em certo período.

Segundo Ricardo Dalmaso Marques, a análise e interpretação de fatos a partir do uso da inteligência artificial estão evoluindo e afetando a hermenêutica jurídica.[12]

O uso de *Analytics*, ramo do *Business Intelligence* (BI), que, por sua vez, consiste na utilização da inteligência extraída desses dados e informações no processo de tomada de decisões, e de *Big Data Analytics*, que representa o uso das mesmas técnicas a partir de dados em larga escala, tem sido cada vez mais comum no Direito, na medida em que a previsibilidade de condutas e de comportamentos é fator essencial para a compreensão de diversos institutos jurídicos e para a busca de uma solução adequada, mais estável, e com maior grau de aceitação para as controvérsias existentes. Passa-se a introduzir nas rotinas de trabalho técnicas advindas de outras áreas do conhecimento, citando-se como bons exemplos: *Legal Design Thinking, Visual Law, Storytelling, Data Science, Business Inteligence,* Jurimetria, *Big Data Analytics,* e tantas outras, algumas muito próximas entre si, mas cada qual com alguma peculiaridade em sua aplicação.

A informática aplicada ao direito produz expressiva economia de tempo e de dinheiro, reduzindo-se o desperdício com insumos e o desgaste de pessoal com tarefas repetitivas ou deslocamentos, além de promover significativa melhoria para que se facilite a comunicação e a troca de dados e informações relevantes. Por outro lado, ainda se demonstra aquém das necessidades o aparelhamento estatal para o recebimento de novas tecnologias. Em que pesem os esforços dos gestores responsáveis pela contratação pública, o sistema licitatório e de controle é rígido, dificultando a aquisição de máquinas de última geração por preços vantajosos.

Thomas Friedman, em palestra sobre a evolução tecnológica, partindo-se da Lei de Moore, que enuncia que a capacidade computacional dobra a cada dois anos, e que por isto a velocidade das novas tecnologias tem evoluído muito mais rápido do que a capacidade humana,[13] tem-se que, além de os agentes não conseguirem se capacitar a tempo para manejarem as máquinas e *softwares*, o Poder Público não conseguiria

---

[12] MARQUES, Ricardo Dalmaso. Inteligência Artificial e Direito: o uso da tecnologia na gestão do processo no Sistema Brasileiro de Precedentes. *Revista de Direito e as Novas Tecnologias*, v. 3, abr./jun. 2019.

[13] SERRANO, Filipe. *Para Thomas Friedman, a tecnologia já remodela a sociedade.* Disponível em: https://exame.com/revista-exame/a-tecnologia-ja-esta-remodelando-a-sociedade-diz-thomas-friedman. Acesso em: 15 out. 2020.

promover contratualmente a devida atualização dos sistemas sem a aquisição e troca constante de equipamentos eletrônicos.

Este ritmo engessado no funcionamento do Poder Público, seja por questões burocráticas, seja culturais, que dificilmente será rompido sem investimento específico e significativo, ao lado de tratamento normativo diferenciado que possa propiciar a concretização dos princípios da Lei nº 10.973/2004 – a Lei de Inovação, impede o avanço das novas tecnologias de maneira horizontal e retarda a sua implementação satisfatória.

Veja-se um caso prático. O servidor, durante a pandemia, encontrava-se impedido de trabalhar presencialmente e de realizar audiências perante o juiz, devendo cumprir suas tarefas por meio digital, seja peticionando e acessando os autos eletronicamente, seja participando de videoconferências. Estariam todos os servidores devidamente equipados em suas residências para desempenhar essas tarefas? Por mais que o Poder Público empreste *notebooks*, a estrutura adequada envolve outros recursos, com destaque aqui para o serviço de provimento de acesso à internet. Vários funcionários tiveram que implementar com seus próprios recursos toda esta estrutura. Os pagamentos de auxílios indenizatórios em razão do deslocamento ou alimentação foram suspensos em diversas unidades da Administração Pública. Em larga escala, não estaria o Poder Público obtendo uma vantagem econômica que poderia ser deslocada para o custeio desses serviços e aparelhamento adequado correspondente às novas necessidades? Registra-se aqui este ponto de reflexão, que, embora não seja o cerne da questão que se pretende elucidar, revela-se como pressuposto elementar para a implementação dos sistemas informatizados, com potencial para gerar economia em favor dos cofres públicos e para alavancar a eficiência administrativa junto à regulamentação do *home office*.

O Acordo de Cooperação Técnica nº 58/2009 foi pactuado entre STF, CNJ, SJF, AGU e outros órgãos para promover a integração de sistemas do Poder Judiciário e órgãos integrantes da Administração Pública por meio da tecnologia "Web Service". De acordo com o *site* da Justiça Federal do Rio de Janeiro, a integração teria permitido, em 2015, que cerca de seis mil novos processos de execução fiscal fossem ajuizados eletronicamente, gerando uma economia de papel em torno de 120 mil páginas. A Justiça Federal e a Fazenda Nacional noticiaram a integração dos respectivos sistemas, de modo que o Procurador da Fazenda teria condições para elaborar e ajuizar a ação por um mesmo sistema informatizado, tornando desnecessária a sua impressão, transporte e digitalização.

Existem outras iniciativas que estão evoluindo gradativamente. Contudo, não se vai ter interoperabilidade de sistemas de pronto. São muitos os entraves burocráticos. Dificuldades em razão da autonomia dos órgãos. Quem sabe, em relação a essas questões macro, não se passe a desenvolver algum sistema em sentido inverso ao processo de descentralização do poder. Descentralizou-se o poder estatal para se ter maior eficiência, especialização – e aí surgiram os entes federados, o sistema de *checks and balances* e a autonomia entre os poderes.

Em se tratando da inserção de novas tecnologias, algo extremamente técnico e de interesse geral, com a necessidade de se estabelecer uma informatização que promova o desenvolvimento de sistemas interoperáveis que se comuniquem se integrem, que facilitem a vida dos operadores e dos usuários, qual seria a solução possível para que todos os envolvidos adotem sistemas com padrões uniformes e que se comuniquem entre si, sem riscos de falseamentos deliberados?

Veja-se iniciativa recente do Conselho Nacional de Justiça de promover o PDPJ-Br como meio de promover a integração dos sistemas ou a recentíssima autorização para que os Tribunais venham a adotar a Justiça 100% Digital, trazendo consigo um movimento de adesão para que se eliminem gradualmente os processos físicos e as rotinas presenciais. Todas as iniciativas se devem embasar no diálogo e na apresentação de regras claras de como os sistemas poderiam funcionar de maneira integrada. As novas tecnologias não convivem com as antigas rotinas jurídicas e administrativas pensadas para os processos físicos.

Nesse contexto, a inteligência artificial desempenha papel importante no processo de tomada de decisões judiciais e administrativas. Mas, para que o resultado desejado seja alcançado, livre de vieses cognitivos, são necessárias a implementação urgente de uma política de governança e a regulação dos meios digitais, sem as quais novos problemas surgirão. O ordenamento jurídico ainda precisa avançar para que sejam superadas ou mitigadas as principais dificuldades encontradas para a implementação de sistemas informatizados integrados, e para que novas tecnologias sejam adequadamente introduzidas em todas as rotinas de trabalho, inaugurando-se a era do Governo Digital.

4 Responsabilização

Os avanços das relações da vida em sociedade contemporânea apresentam expressiva curva exponencial de utilização de meios tecnológicos para interfaces humanas. Não poderia ser diferente em relação às ciências jurídicas.

A proliferação de debates e textos acerca da inteligência artificial no âmbito jurídico ganha cada vez mais especificidades dentro de cada disciplina jurídica. O Direito Civil, dentre outros temas, discute questões relacionadas a direitos autorais e responsabilidade por danos. O Direito Processual se dedica à avaliação da fundamentação das decisões judiciais elaboradas por robôs. No Direito Administrativo já há alguns debates em relação às contratações públicas. Ainda na temática administrativa, reflete-se acerca da avaliação da conduta como hábil a ser enquadrada como ímproba.

Passível de discussão doutrinária e jurisprudencial o enquadramento no âmbito administrativo pelos legitimados ativos para o manejo de ação de apuração de improbidade administrativa, bem como no processo de julgamento pelo Poder Judiciário.

Como toda reflexão atinente à inovação, é preciso não adotar uma visão maniqueísta totalmente otimista ou pessimista. No atual estágio de aplicação, observam-se problematizações ainda carentes de debates e racionalização.

Na seara do Direito Administrativo, vislumbra-se questão premente: as sanções administrativas. Tal como no Direito Penal, a individualização da pena administrativa é um dos corolários epistemológicos que legitima sua atuação. Será possível a construção de uma inteligência artificial hábil a considerar elementos atinentes a questões subjetivas daquele que responde a processo sancionador? A resposta parece inclinar-se pela negativa.

Contudo, mais preocupante do que a indicação de possível resposta acerca do tema, parece ressoar a ausência de questionamento aquecido a respeito do tema. Pouco adiantam pautas panfletárias sem que haja a legitimidade pelo procedimento e a discussão técnica e adequada. Algumas capturas de discursos em pautas públicas importantes resultaram em lamentável caminhar, que fez o Direito se tornar elemento adjacente e não estruturante do Estado Democrático.

Proselitismos não podem constituir pautas públicas e muito menos políticas públicas. Os compromissos assumidos por um Estado-Nação precisam encontrar em seus agentes ações concretas que os viabilizem. A defesa intransigente do regime democrático não precisa de mais discursos vazios. Precisa de ação concreta no dia a dia da Administração Pública, instrumental para a realização de direitos fundamentais.

A ausência de debate público efetivo acerca dos rumos que o direito administrativo sancionador tomará ante a inteligência artificial precisa alarmar os agentes sociais, sob pena de verem sucumbir garantias essenciais que legitimam a configuração da responsabilidade do agente e a aplicação de sanção.

5 Conclusão

Concordando ou discordando, importa debater. Nas palavras de Paulo Freire, "ninguém caminha sem aprender a caminhar, sem aprender a fazer o caminho caminhando, refazendo e retocando o sonho pelo qual se pôs a caminhar". Caminhemos. Assim vem de proceder a Assembleia Geral das Nações Unidas ao aprovar, aos 11.3.2024, alentada resolução que traça conceitos, normas e cautelas sobre usos e abusos da inteligência artificial na gestão pública.

Referências

ALENCAR, Ana Catarina de. *Inteligência artificial, ética e direito* – Guia prático para entender o novo mundo. Rio de Janeiro: Expressa, [s.d.].

ALVARENGA, Daniel; FERREIRA, Kaline. Do mediador advogado público. Jota, *2020*. Disponível em: https://www.jota.info/opiniao-e-analise/colunas/tribuna-da-advocacia-publica/do-mediador-advogado-publico-17102020. Acesso em: 21 out. 2020.

ANDRADE, André Gustavo Corrêa de. Desinformação na era digital. *Revista da Ajuris*, v. 49, n. 153, p. 37-66, 2022.

ASSIS, Carlos Augusto de; CARACIOLA, Andrea, DELLORE, Luiz. Prova produzida por meio de blockchain e outros meios tecnológicos: equiparação à ata notarial? In: LUCON, Henrique dos Santos *et al.* (Coord.). *Direito, processo e tecnologia*. São Paulo: Revista dos Tribunais, 2020.

BACAROLLO, Felipe. *Inteligência artificial* – Aspectos éticos-jurídicos. Coimbra: Almedina, [s.d.].

BARBOSA, Mafalda Miranda *et al.* (Coord.). *Direito digital e inteligência artificial* – Diálogos entre Brasil e Europa. São Paulo: Foco, [s.d.].

BARROCAS, Carolina; FERREIRA, Daniel Brantes. *Online Dispute Resolution como forma de solução de conflitos em tempos de pandemia no Brasil e Canadá*: habilidades e competências dos profissionais. Disponível em: https://www.direitoprofissional.com/odr-em-tempos-de-pandemia-no-brasil-e-canada. Acesso em: 25 out. 2020.

BASTIANI, Amanda. *Entenda o que é um Ataque 51%*. Disponível em: https://www.criptofacil.com/entenda-o-que-e-um-ataque-de-51. Acesso em: 25 ago. 2020.

BIGATON, Tainá Rafaela. *Entre humanos e máquinas pensantes*. Rio de Janeiro: Lumen Juris, [s.d.].

BINENBOJM, Gustavo. *Temas de direito administrativo e constitucional* – Artigos e pareceres. Rio de Janeiro: Renovar, 2008.

BOTS. *The Media Manipulation Casebook*. Disponível em: mediamanipulation.org/definitions/bots. Acesso em: 12 jul. 2021.

BRANDIS, Juliano; IWAKURA, Cristiane Rodrigues. *Modelo Nacional de Interoperabilidade* – uma realidade possível? Disponível em: https://www.processoetecnologia.com.br/modelo-nacional-de-interoperabilidade-uma-realidade-possivel. Acesso em: 5 out. 2020.

BRASIL. Ministério da Justiça. Secretaria de Reforma do Judiciário. SRJ/MJ. *I Diagnóstico da Advocacia Pública no Brasil*. Brasília: SRJ, 2011. Disponível em: https://www.justica.gov.br/seus-direitos/politicas-de-justica/publicacoes/Biblioteca/diagnostico-advocacia.pdf. Acesso em: 22 set. 2020.

BRUCH, Tiago Bruno. *Judiciário brasileiro e inteligência artificial*. Curitiba: CRV, [s.d.].

BUCCI, Eugênio. *Existe democracia sem verdade factual?* São Paulo: Estação das Letras e Cores, 2019.

CÂMARA NOTÍCIAS. *Projeto exige consentimento prévio para uso de deepfake de pessoa falecida*. Disponível em:https://www.camara.leg.br/noticias/983623-projeto-exige-consentimento-previo-para-uso-de-deepfake-de-pessoa-falecida/#:~:text=O%20Projeto%20de%20Lei%203608,preservando%20sua%20mem%C3%B3ria%20e%20personalidade. Acesso em: 15 fev. 2024.

CANTARINI, Paola *et al*. (Org.). *Direito e inteligência artificial*: fundamentos. Rio de Janeiro: Lumen Juris, [s.d.].

CAPPELLETTI, Mauro. *Acesso à Justiça*. Tradução de Ellen Gracie Northfleet. Porto Alegre: Sérgio Antonio Fabris Editor, 1988.

CERTCC. Disponível em https://www.cert.br/certcc/csirts/csirt_faq-br.html. Acesso em: 15 fev. 2024.

CHANG, Ming-Ching; LYU, Siwei. Ictu Oculi: Exposing AI Generated Fake Face Videos by Detecting Eye Blinking. *ArXiv*, v. abs/1806.02877, 2018. Disponível em: arxiv.org/pdf/1806.02877.pdf. Acesso em: 15 fev. 2024.

COSTA, Márcio José Magalhães. *Inteligência Artificial e Responsabilidade Civil*. São Paulo: Rumo Jurídico, [s.d.].

DEEP LEARNING é tecnologia de aprendizado de máquina que mais cresce em todo o mundo. Disponível em: unicamp.br/unicamp/noticias/2017/10/02/deep-learning-e-tecnologia-de-aprendizado-de-maquina-que-mais-cresce-em-todo-o. Acesso em: 15 fev. 2024.

DI PIETRO, Maria Sylvia Zanella. A Advocacia Pública como função essencial à Justiça. *Conjur*, 2016. Disponível em https://www.conjur.com.br/2016-ago-18/interesse-publico-advocacia-publica-funcao-essencial-justica. Acesso em: 23 out. 2020.

DIDIER JR., Fredie; OLIVEIRA, Rafael Alexandria de. O uso da tecnologia blockchain para arquivamento de documentos eletrônicos e negócios probatórios segundo a lei de liberdade econômica. *Revista de Estudos Jurídicos do Superior Tribunal de Justiça*, Brasília, 2020.

Disponível em: https://conteudojuridico.com.br/consulta/artigos/53256/o-deep-fake-e-a-legislao-brasileira-utilizao-de-instrumentos-legais-para-a-proteo-imagem.

DOMENICI, Thiago. *A curiosa estratégia digital da Estônia*. Disponível em: https://outraspalavras.net/sem-categoria/a-curiosa-estrategia-digital-da-estonia. Acesso em: 24 ago. 2020.

EIFER, Gabriel Hernan. *Apresentação sobre Gerenciamento do Contencioso Eletrônico*. Disponível em: https://web.microsoftstream.com/video/d85540f7-2355-477b-9bd0-1d6c6b8fe773. Acesso em: 25 out. 2020.

FACEBOOK decide não excluir deepfake de Mark Zuckerberg no Instagram. *Tecnoblog – Blog Eletrônico*. Disponível em: https://tecnoblog.net/294405/facebook-vai-manter-deepfake-de-mark-zuckerberg/. Acesso em: 15 fev. 2024.

FORNASIER, Mateus de Oliveira. *A Inteligência Artificial como Pessoa?* Responsabilidade e Personalidade de Entes Artificiais e o Direito Brasileiro. Londrina: Thoth, [s.d.].

FRAZÃO, Ana; MULHOLLAND, Caitlin. *Inteligência Artificial e Direito*. São Paulo: Thomson Reuters; Revista dos Tribunais, [s.d.].

FREITAS, Juarez; FREITAS, Thomas B. *Direito e Inteligência Artificial em Defesa do Humano*. Belo Horizonte: Fórum, [s.d.].

GOGONI, Ronaldo. O que é deep fake e porque você deveria se preocupar com isso. *Tecnoblog*, 18 out. 2018. Disponível em: tecnoblog.net/264153/o-que-e-deep-fake-e-porque-voce-deveria-se-preocupar-com-isso. Acesso em: 15 fev. 2024.

GRECO, Leonardo. *Instituições de Processo Civil*. Rio de Janeiro: Forense, 2009. v. I.

IWAKURA, Cristiane Rodrigues. *Plataforma Digital do Poder Judiciário Brasileiro* – PDPJ-Br: em busca da Interoperabilidade. Disponível em: https://emporiododireito.com.br/leitura/plataforma-digital-do-poder-judiciario-brasileiro-pdpj-br-em-busca-da-interoperabilidade. Acesso em: 9 out. 2020.

JUNQUILHO, Tainá Aguiar. *Inteligência Artificial no Direito* – limites éticos. São Paulo: JusPodivm, [s.d.].

KORKMAZ, Maria Regina Rigolon. *Decisões Automatizadas* – explicação, revisão e proteção na era da inteligência artificial. São Paulo: Thomson Reuters; Revista dos Tribunais, [s.d.]..

LAGE, Fernanda de Carvalho. *Manual de Inteligência Artificial no Direito Brasileiro*. São Paulo: JusPodivm, [s.d.].

LANA, Pedro de Perdigão. *A autoria das obras autonomamente geradas por inteligência artificial e o domínio do público*. Coimbra: Almedina, [s.d.]. t. VII. Coleção de Direito Intelectual.

LEE, Kai-Fu. *AI Superpowers*: China, Silicon Valley, and the New World Order. Boston, MA: Mariner Books, 2018.67 Deepfake de áudioteccogsn. 23, jan./jun. 2021.

LIMA, Edcarlos Alves. *Inovação e contratações públicas inteligentes*. Belo Horizonte: Fórum, [s.d.].

MARQUES, André Ferreira. *Inteligência Artificial, regulação ética e responsabilidade civil*. Curitiba: Juruá, [s.d.].

MASOOD, Momina *et al.* Deepfakes Generation and Detection: State-of-the-art, open challenges, countermeasures, and way forward. *arXiv.org*, 25 fev. 2021. Disponível em: arxiv.org/abs/2103.00484. Acesso em: 14 fev. 2024

MESSARIS, P.; ABRAHAM, L. The role of images in framing news stories. *In*: REESE, Stephen D.; GANDY, Oscar H.; GRANT, August E. Grant (Ed.). *Framing public life, Mahwah*, NJ: Erlbaum, 2001. p. 215-226.

MOMOLLI, Andreia. *Hermenêutica Jurídica e Inteligência Artificial no Processo Jurisdicional*. Curitiba: Juruá, [s.d.].

MOTA, Luíza Rosso. *Decisão Judicial Penal e Inteligência Artificial* – Máquinas poderosas ou perigosas? Rio de Janeiro: Lumen Juris, [s.d.].

NASSIF, Gustavo Costa. As ouvidorias públicas no contexto de um novo modelo de governança. *Revista do Tribunal de Contas do Estado de Minas Gerais*, v. 73, ano XXVII, n. 4, 2009

O QUE é deepfake? Conheça exemplos e entenda os riscos dessa tecnologia. *Tecnoblog – Blog Eletrônico*. Disponível em: https://tecnoblog.net/264153/o-que-e-deep-fake-e-porque-voce-deveria-se-preocupar-com-isso/. Acesso em: 14 fev. 2024.

O QUE é deepfake? Inteligência artificial é usada para fazer vídeo falso. *Tecnoblog – Blog Eletrônico*. Disponível em: https://www.techtudo.com.br/noticias/2018/07/o-que-e-deepfake-inteligencia-artificial-e-usada-pra-fazer-videos-falsos.ghtml Acesso em: 14 fev. 2024.

PÉRCIO, Gabriela Veron; FORTINI, Cristiana (Coord.). *Inteligência e Inovação em Contratação Pública*. Belo Horizonte: Fórum, [s.d.].

PINTO, Henrique Alves *et al.* (Coord.). *Inteligência Artificial Aplicada ao Processo de Tomada de Decisões*. Belo Horizonte: D'Plácido, [s.d.].

PRADO, Magaly Parreira do. Deepfake de áudio: manipulação simula voz real para retratar alguém dizendo algo que não disse. *TECCOGS – Revista Digital de Tecnologias Cognitivas*, n. 23, p. 45-68, jan./jun. 2021. Disponível em: https://super.abril.com.br/tecnologia/afinal-o-que-sao-deepfakes/. Acesso em: 14 fev. 2024.

PRADO, Magaly. Inteligência artificial e algoritmos de enganação. *In*: SANTAELLA, Lucia (Org.). *Inteligência artificial & redes sociais*. São Paulo: Educ, 2019. p. 57-72.

RECONTEXTUALIZED media. *The Media Manipulation Casebook*. Disponível em: mediamanipulation.org/definitions/recontextualized-media. Acesso em: 10 jul. 2021.

RIBEIRO, Flávia Pereira; IWAKURA, Cristiane Rodrigues. CNJ aprovou a Justiça 100% digital – ônus e bônus. *Migalhas*. Disponível em: https://migalhas.uol.com.br/depeso/335087/cnj-aprovou-a-justica-100--digital---onus-e-bonus. Acesso em: 21 out. 2020.

RODRIGUES, Bruno Alves. *A Inteligência Artificial no Poder Judiciário e a Convergência com a Consciência Humana para a Efetividade da Justiça*. São Paulo: Thomson Reuters; Revista dos Tribunais, [s.d.].

SADDY, André (Coord.). *Inteligência Artificial e Direito Administrativo*. Rio de Janeiro: CEEJ, [s.d.].

SAMPAIO, José Adércio Leite. *A Inteligência Artificial a (Des)Serviço do Estado de Direito*. Brasília: CAPES/RTM, [s.d.].

SANTAELLA, Lucia. As irmãs siamesas fake news e pós-verdade expandidas nas deepfakes. *TECCOGS – Revista Digital de Tecnologias Cognitivas*, n. 23, p. 15-24, jan./jun. 2021.

SARLET, Gabrielle Bezerra Sales *et al.* (Coord.). *Inteligência Artificial e Direito*. São Paulo: Fundação Fênix, [s.d.].

SCHIEFLER, Eduardo André Carvalho. *Contratações Públicas & Inteligência Artificial*. São Paulo: Dialética, [s.d.].

SERRANO, Filipe. *Para Thomas Friedman, a tecnologia já remodela a sociedade*. Disponível em: https://exame.com/revista-exame/a-tecnologia-ja-esta-remodelando-a-sociedade-diz-thomas-friedman. Acesso em: 15 out. 2020.

SILVEIRA NETO, Antônio. Conflitos de massa e gestão dos processos judiciais: uma proposta da Associação dos Magistrados Brasileiros. *In*: MORAES, Vânila Cardoso André (Coord.). *As demandas repetitivas e os grandes litigantes*: possíveis caminhos para a efetividade do sistema de justiça brasileiro. Brasília: Enfam, 2016.

SPENCER, Michael K. Deep Fake, a mais recente ameaça distópica. *Outras Palavras*, 30 maio 2019. Disponível em: outraspalavras.net/tecnologiaemdisputa/deep-fake-a-ultima-distopia. Acesso em: 13 jul. 2021.

TANDOC JR., Edson C.; WEI LIM, Zheng; LING, Richard. Defining "Fake News": A typology of scholarly definitions. *Digital Journalism*, v. 6, n. 2, p. 137-153, 2017.

TEIXEIRA, Tarcísio; CHELIGA, Vinicius. *Inteligência Artificial – Aspectos Jurídicos*. São Paulo: JusPodivm, [s.d.].

TEPEDINO, Gustavo *et al.* (Coord.). *O Direito Civil na Era da Inteligência Artificial*. São Paulo: Thomson Reuters; Revista dos Tribunais, [s.d.].

TOLEDO, Nayron. *Inteligência Artificial e Direito*. São Paulo: Dialética, [s.d.].

TRANSPARÊNCIA BRASIL. *Recomendações de governança*: uso de inteligência artificial pelo poder público. São Paulo, 2020. Disponível em: bit.ly/3xfOXY0. Acesso em: 17 jul. 2021

UNESCO. Institute for Information Technologies in Education. *TheNextMinds*. 2020.

VAINZOF, Rony *et al. Inteligência Artificial, Sociedade, Economia e Estado*. São Paulo: Thomson Reuters; Revista dos Tribunais, [s.d.].

VALENTE, Victor Augusto Estevam. *Inteligência Artificial e Direito Penal*. Belo Horizonte: D'Plácido, [s.d.].

VIGLIAR, José Marcelo Menezes (Coord.). *Inteligência Artificial – Aspectos jurídicos*. Coimbra: Almedina, [s.d.].

VILLAC, Teresa *et al.* (Coord.). *Gestão Pública Brasileira – Inovação sustentável em rede*. Belo Horizonte: Fórum, [s.d.].

WOLKART, Erik Navarro. *Inteligência Artificial e Sistemas de Justiça*. São Paulo: Thomson Reuters, [s.d.].

YOU won't believe what Obama says in this video! *YouTube*, 2018. Disponível em: https://www.youtube.com/watch?v=cQ54GDm1eL0. Acesso em: 14 fev. 2024.

ZAMPIER, Bruno. *Estatuto Jurídico da Inteligência Artificial*. São Paulo: Foco, [s.d.].

Informação bibliográfica deste texto, conforme a NBR 6023:2018 da Associação Brasileira de Normas Técnicas (ABNT):

PEREIRA JUNIOR, Jessé Torres. Inteligência artificial: perspectivas de uso e abuso no exercício das funções públicas. *In*: JUSTEN, Monica Spezia; PEREIRA, Cesar; JUSTEN NETO, Marçal; JUSTEN, Lucas Spezia (coord.). *Uma visão humanista do Direito*: homenagem ao Professor Marçal Justen Filho. Belo Horizonte: Fórum, 2025. v. 1, p. 321-341. ISBN 978-65-5518-918-6.

DECISÃO ALGORÍTMICA NO ÂMBITO DA PREVIDÊNCIA SOCIAL BRASILEIRA: O QUE É E COMO ATUA O ROBÔ ISAAC?

JOSÉ SÉRGIO DA SILVA CRISTÓVAM

MARCELO BOSS FÁBRIS

1 Considerações iniciais

A temática da implementação das ferramentas de tecnologia da informação e comunicação (TICs) no âmbito da Administração Pública tem avançado fortemente, tanto no âmbito acadêmico como na perspectiva prática da atuação administrativa, na esteira da dimensão do chamado *e-govement* ou Governo digital, inclusive a partir do desenvolvimento e inserção das ferramentas de inteligência artificial (IA), claro traço de sensível aprofundamento deste fenômeno.

Nessa perspectiva, torna-se imperiosa uma análise crítica acerca de tais ferramentas de IA, porquanto sua aplicação já é realidade em muitos âmbitos da vida pública, perpassando desde o Poder Judiciário até a Previdência Social brasileira.

No caso, aqui se adota uma perspectiva mais crítica, afastando-se otimismos apressados ou ufanismos tecnológicos de toda espécie, de forma a compreender tanto a forma de constituição de tais soluções algorítmicas, como suas limitações. Essencial compreendermos como a forma de construção dos algoritmos e a constituição das bases de dados utilizadas como substrato influenciam a correção e imparcialidade das predições e decisões proferidas pelas ferramentas de IA.

Na mesma esteira, importa uma atenta discussão acerca dos limites éticos impostos à implantação e operação das aludidas ferramentas de IA, a partir do estudo das diretrizes constantes na Recomendação do Conselho da OCDE sobre Inteligência Artificial e na Estratégia Brasileira de Inteligência Artificial (EBIA), para, por fim, compreender como tais diretrizes contribuem para a compatibilização das soluções de IA com as balizas e parâmetros impostos pela Constituição e pelo regime jurídico-administrativo.

Nessa perspectiva, ganham destaque princípios como da publicidade e transparência para o desenvolvimento, aplicação e operação das ferramentas de IA, da *explicabilidade* das decisões algorítmicas, isto é, a explicitação dos passos lógicos que levaram à adoção de determinada predição ou decisão pela IA, afora a necessidade de motivação clara das decisões algorítmicas, a resguardar princípios como o contraditório e a ampla defesa.

Essas dimensões e perspectivas são aplicadas na análise da (pouco divulgada) implementação das ferramentas de IA no âmbito da Previdência Social brasileira, mais diretamente no caso do robô Isaac, criado pela Dataprev para analisar requerimentos administrativos previdenciários, tanto para análises preditivas como decisões administrativas propriamente ditas.

Por fim, aborda-se a (in)compatibilidade entre os referidos princípios ético-jurídicos atinentes às ferramentas de IA e a forma de desenvolvimento e implementação das ferramentas de IA no âmbito da Previdência Social brasileira, para concluir que a implementação dessa ferramenta de IA não atende aos pressupostos éticos previstos pelos organismos nacionais e internacionais, de forma a não se mostrar compatível com os pressupostos do regime jurídico-administrativo constitucional.

2 Decisão algorítmica no âmbito da Administração Pública

A aplicação da IA no âmbito da Administração Pública, outrora uma perspectiva distante e futurista, hoje assenta-se cada vez mais como uma realidade inescapável.

Os exemplos são diversos e apresentam resultados notáveis. Apenas para duas referências pontuais e já bastante difundidas, citam-se a robô Alice (Acrônimo de Análise de Licitações e Editais) pelo Tribunal de Contas da União (TCU), usado para analisar automaticamente editais de licitações e atas de registros de preço, para identificar indícios de desvios,[1] bem como o robô Victor, utilizado pelo Supremo Tribunal Federal (STF) no auxílio à análise de admissibilidade de recursos extraordinários.[2]

Na mesma esteira, destacam-se iniciativas de implementação da IA no âmbito da Seguridade Social, como a utilização de inteligência artificial para o processamento e análise dos pedidos de auxílio emergencial,[3] bem como o pouco divulgado robô Isaac, criado pela Dataprev para a análise de requerimentos administrativos em matéria previdenciária.[4]

Com efeito, a implementação das ferramentas de IA no âmbito da Administração Pública insere-se em um contexto maior, a dimensão do Governo digital, a partir da integração das tecnologias de informação e comunicação (TICs) no âmbito da gestão

---

[1] Neste sentido, ver: COMO as robôs Alice, Sofia e Monica ajudam o TCU a caçar irregularidades em licitações. *Portal G1*, 18 mar. 2018. Disponível em: https://g1.globo.com/economia/tecnologia/noticia/como-as-robos-alice-sofia-e-monica-ajudam-o-tcu-a-cacar-irregularidades-em-licitacoes.ghtml. Acesso em: 24 ago. 2024.

[2] Neste sentido, ver: SUPREMO TRIBUNAL FEDERAL. STF inicia uso de inteligência artificial para identificar processos com repercussão geral. *Portal STF*, Brasília, 11 mar. 2022. Disponível em: https://portal.stf.jus.br/noticias/verNoticiaDetalhe.asp?idConteudo=471331&ori. Acesso em: 24 ago. 2024.

[3] Neste sentido, ver: O QUE a Dataprev analisa no auxílio emergencial de 2021? *Jornal DCI*, 31 mar. 2021. Disponível em: https://www.dci.com.br/economia/o-que-a-dataprev-analisa-no-auxilio-emergencial-de-2021/113303/#:~:text=O%20processo%20ocorre%20a%20partir,de%20registros%20de%20diversos%20%C3%B3rg%C3%A3os. Acesso em: 24 ago. 2024.

[4] Neste sentido, ver: DATAPREV. *5ª Semana de Inovação*: Dataprev apresenta Isaac, solução de IA. 7 nov. 2019. Disponível em: https://portal3.dataprev.gov.br/5a-semana-de-inovacao-dataprev-apresenta-isaac-solucao-de-ia. Acesso em: 24 ago. 2024.

pública, o que remonta pelo menos a década de 1990 e os movimentos neoliberais de modernização da Administração Pública.[5]

No mesmo sentido, Dario Azevedo Nogueira Junior relaciona a implementação das TICs no âmbito da Administração Pública com o movimento conhecido como "Reforma Gerencial", rente às reformas neoliberais promovidas pelo Governo FHC, na esteira das ideias de redução da estrutura estatal e diminuição do gasto público (mantras do chamado Estado mínimo).[6]

Rafael de Brito Dias indica que, ao fortalecer uma base retórica que exaltava os princípios da eficiência, o projeto da reforma gerencial acabou por promover uma rápida expansão e penetração das ferramentas de Governo eletrônico no âmbito da Administração, a enquadrar a reforma gerencial como elemento fundamental para a implementação das ferramentas de Governo digital no Brasil.[7]

Com efeito, esse pano de fundo político-econômico que informa o discurso da eficiência gerencial acabou por muito tempo a pautar em maior ou menor medida diversas normas voltadas à instituição e regulamentação da implementação de TICs no âmbito da Administração Pública brasileira,[8] até chegarmos na dimensão atual do chamado Governo digital.

Sobre a implementação das ferramentas de Governo digital (*e-gov*), despontam pelo menos três conceitos operacionais distintos, quais sejam: (i) a *e-Administração Pública*, consubstanciada na aplicação das ferramentas de TICs para desenvolver melhorias nos processos internos do setor público; (ii) a *e-Democracia*, que tem por escopo promover e ampliar a participação democrática dos cidadãos por meio da aplicação de TICs nos processos de consulta popular; e, (iii) os *e-Serviços Públicos*, voltados à implementação das TICs no âmbito da prestação dos serviços públicos.[9]

---

[5] Sobre o tema, ver: BARBOZA, Hugo Leonardo; FERNEDA, Ariê Scherreier; CRISTÓVAM, José Sérgio da Silva. A Estratégia Brasileira de Inteligência Artificial no paradigma do Governo digital. *Revista do Direito*, Santa Cruz do Sul, n. 67, p. 1-18, maio/ago. 2022. Disponível em: https://online.unisc.br/seer/index.php/direito/article/view/17460. Acesso em: 24 ago. 2024.

[6] NOGUEIRA JUNIOR, Dario Azevedo. Governo eletrônico e neoliberalismo: arquétipo das limitações da interatividade cidadã no modelo brasileiro. *Revista Eletrônica Internacional de Economia Política da Informação, da Comunicação e da Cultura*, Aracaju, v. 23, p. 7-21, 2021. Disponível em: http://hdl.handle.net/20.500.11959/brapci/163109. Acesso em: 24 ago. 2024.

[7] DIAS, Rafael de Brito. Governo eletrônico: ferramenta democrática ou instrumento do neoliberalismo? *Revista Tecnologia e Sociedade*, Curitiba, v. 8, n. 15, p. 30-44, 2021. Disponível em: https://periodicos.utfpr.edu.br/rts/article/view/2593. Acesso em: 24 ago. 2024.

[8] A título de exemplo, destaca-se o inventário das iniciativas públicas e legislações atinentes à matéria elaboradas ao longo dos últimos 20 (vinte) anos: Portal Governo Digital em 2000; a criação do Portal da Transparência em 2004; o Portal da Inclusão Digital, em 2006; a realização de pesquisas em TICs para Governo eletrônico; a Lei de Acesso à Informação, em 2011; o Marco Civil da Internet, de 2014; a instituição do Processo Nacional Eletrônico, pelo Decreto n. 8.539, de 8 de outubro de 2015; a política de Governança Digital na Administração Federal, com o Decreto n. 8.638, de 18 de janeiro de 2016; a criação do Sistema Nacional para a Transformação Digital, pelo Decreto n. 9.319, de 21 de março de 2018; e, mais recentemente, a inauguração do Portal Gov.br, pelo Decreto n. 9.756, de 11 de abril de 2019, unificando todos os canais digitais do Governo Federal. Neste sentido, ver: CRISTÓVAM, José Sérgio da Silva; SAIKALI, Lucas Bossoni; SOUSA, Thanderson Pereira de. Governo digital na implementação de serviços públicos para a concretização de direitos sociais no Brasil. *Seqüência*, Florianópolis, n. 84, p. 209-242, abr. 2020. p. 216. Disponível em: https://periodicos.ufsc.br/index.php/sequencia/article/view/2177-7055.2020v43n84p209. Acesso em: 24 ago. 2024.

[9] CRISTÓVAM, José Sérgio da Silva; SAIKALI, Lucas Bossoni; SOUSA, Thanderson Pereira de. Governo digital na implementação de serviços públicos para a concretização de direitos sociais no Brasil. *Seqüência*, Florianópolis, n. 84, p. 209-242, abr. 2020. p. 216. Disponível em: https://periodicos.ufsc.br/index.php/sequencia/article/view/2177-7055.2020v43n84p209. Acesso em: 24 ago. 2024.

Nesse contexto se inclui uma série de iniciativas de implementação de ferramentas de IA, seja no âmbito da própria gestão interna da Administração, seja também no âmbito da prestação de serviços públicos, como o já citado robô Isaac no âmbito da Previdência Social.

Por certo, assim como nas modalidades presenciais, os *e-Serviços Públicos* estão igualmente submetidos ao regime de direito público e aos princípios típicos do serviço público, como a generalidade, modicidade das tarifas, continuidade, regularidade, eficiência, segurança, atualidade e cortesia, bem como detêm o mesmo desiderato constitucional dos serviços públicos analógicos, qual seja, o de concretizar os direitos sociais à população.[10]

Dentro desse cenário, parece essencial questionar até que ponto tal digitalização dos serviços públicos e, mais especificamente, a aplicação do ferramental da IA neste processo estariam efetivamente voltadas à promoção, concretização e ampliação daquela dimensão de avanço do Estado social nitidamente apontada pela Constituição de 1988.

Aqui também parece relevante, ainda que brevemente, refinar a ideia de inteligência artificial. Para os contornos do presente estudo, ressoa adequada a conceituação proposta por Juarez Freitas, quando a caracteriza como um "[...] sistema cognitivo de máquina, adaptável e relativamente autônomo, emulatório da inteligência decisória humana".[11]

Nessa perspectiva, para Vanice Lírio do Valle, o desenvolvimento da inteligência artificial está intrinsecamente relacionado à reprodução computacional cada vez mais apurada da operação cognitiva (aprendizado de máquina) e/ou decisória que se desenvolveria no cérebro humano.[12]

Em síntese, pode-se conceituar, de maneira simplificada, a inteligência artificial como a emulação tanto do processo cognitivo de aprendizagem como o processo de tomada de decisão humanos, por meio de processos computacionais relativamente autônomos e adaptáveis.

Mas o simples fato de a IA operar e aplicar de forma homogênea os algoritmos que lhe serviram de base, ou que foi inferido pelo aprendizado de máquina, não significa que tais operações são necessariamente objetivas, ou mesmo que privilegiam a impessoalidade e igualdade.[13]

Como pontuam Carla Regina Bortolaz de Figueiredo e Flavio Garcia Cabral, a IA é completamente condicionada à programação humana, porquanto se realiza a partir da inserção de dados e a definição de padrões escolhidos por seres humanos, razão pela qual determinado sistema pode ser programado de forma equivocada, da mesma forma que pode ser corrigido.[14]

---

[10] CRISTÓVAM, José Sérgio da Silva; SAIKALI, Lucas Bossoni; SOUSA, Thanderson Pereira de. Governo digital na implementação de serviços públicos para a concretização de direitos sociais no Brasil. *Seqüência*, Florianópolis, n. 84, p. 209-242, abr. 2020. p. 218. Disponível em: https://periodicos.ufsc.br/index.php/sequencia/article/view/2177-7055.2020v43n84p209. Acesso em: 24 ago. 2024.

[11] FREITAS, Juarez. Direito administrativo e inteligência artificial. *Revista Interesse Público*, Belo Horizonte, ano 21, n. 114, 2019. p. 2.

[12] VALLE, Vanice Lírio do. Inteligência artificial incorporada à Administração Pública: mitos e desafios teóricos. *A&C – Revista de Direito Administrativo & Constitucional*, Belo Horizonte, ano 20, n. 81, p. 179-200, jul./set. 2020.

[13] VALLE, Vanice Lírio do. Inteligência artificial incorporada à Administração Pública: mitos e desafios teóricos. *A&C – Revista de Direito Administrativo & Constitucional*, Belo Horizonte, ano 20, n. 81, p. 179-200, jul./set. 2020. p. 13.

[14] FIGUEIREDO, Carla Regina Bortolaz de; CABRAL, Flávio Garcia. Inteligência artificial: machine learning na Administração Pública. *International Journal of Digital Law*, Belo Horizonte, ano 1, n. 1, p. 79-95, jan./abr. 2020. p. 9.

É justamente por isso que, se não for firmemente regulada e socialmente fiscalizada, a IA pode acabar por refletir "[...] os estereótipos, os desvios cognitivos e os preconceitos de projetistas e controladores".[15]

Contaminação esta que pode se dar tanto a partir das bases de dados, que, uma vez enviesados podem, de forma intencional ou não, manter invisíveis determinados extratos sociais ou situações fáticas específicas, ou mesmo na forma como estes dados são processados pelos algoritmos, isto é, nas inferências e padrões reconhecidos e aproveitados pelo sistema para a tomada de decisão ou construção do aprendizado de máquina.[16]

Com efeito, a decisão algorítmica não pode ser tomada como objetiva e imparcial *per si*, visto que é necessariamente condicionada às entradas de informações (bancos de dados) e às configurações realizadas por seres humanos, os quais, conscientemente ou não, possuem vieses cognitivos e visões de mundo próprias.

Da mesma forma, fica clara a existência de uma correlação umbilical entre os mecanismos de inteligência artificial e as bases de dados que lhes servem de alicerce, de forma que a correção e a qualidade da decisão algorítmica estão diretamente relacionadas à qualidade da base de dados que lhe serviu de substrato. Bases de dados enviesadas conduzem a decisões enviesadas, da mesma forma que bases de dados incompletas, desatualizadas, eivadas de dados incorretos podem conduzir a decisões algorítmicas igualmente equivocadas.

Sobre o tema, Bruna Magalhães destaca que as decisões algorítmicas podem acabar por reproduzir os erros, vícios, desatualizações nas bases de dados utilizadas como substrato para a IA, incorreções estas que, inclusive, podem ser inseridas, de forma proposital ou não, por agentes administrativos ou pelo próprio administrado.[17]

Assim, a correção das decisões proferidas por mecanismos de inteligência artificial está diretamente relacionada à correção das bases de dados utilizadas como substrato para a decisão, como às programações das inferências e padrões a serem buscados em tais bases pela IA, ambos diretamente definidos por seres humanos e, portanto, passíveis de vieses, erros, vícios e incorreções.

Logo, longe da sonhada objetividade e imparcialidade absoluta, as decisões tomadas por algoritmos podem ser incorretas, ou mesmo incompatíveis com o ordenamento constitucional e com o regime jurídico-administrativo, a reproduzir vieses e preconceitos de seus desenvolvedores.

Essas críticas e limitações não devem ser lidas como um impeditivo negativo total e absoluto para a implementação das decisões algorítmicas no âmbito da Administração Pública. Pelo contrário, apontam sim para a inescapável necessidade de adoção de "um padrão de cuidado que supere o simples fascínio pela suposta superioridade do tecnológico".[18] Nas certeiras palavras de Juarez Freitas:

---

[15] FREITAS, Juarez. Direito administrativo e inteligência artificial. *Revista Interesse Público*, Belo Horizonte, ano 21, n. 114, 2019. p. 3.

[16] VALLE, Vanice Lírio do. Inteligência artificial incorporada à Administração Pública: mitos e desafios teóricos. *A&C – Revista de Direito Administrativo & Constitucional*, Belo Horizonte, ano 20, n. 81, p. 179-200, jul./set. 2020. p. 14.

[17] MAGALHÃES, Bárbara. Desafios da inteligência artificial nas garantias do Direito e processo administrativo. *Liber Amicorum Benedita Mac Crorie*, Minho, v. I, p. 261-276, 14 dez. 2022.

[18] VALLE, Vanice Lírio do. Inteligência artificial incorporada à Administração Pública: mitos e desafios teóricos. *A&C – Revista de Direito Administrativo & Constitucional*, Belo Horizonte, ano 20, n. 81, p. 179-200, jul./set. 2020. p. 15.

Nada disso será de fácil metabolismo. O refúgio nostálgico em épocas anteriores à ambivalente era digital não é opção válida. Revela medo e despreparo, quando se precisa de adaptação e flexibilidade mental. Em última instância, a IA tem que passar, sim, pelo crivo de regulação desenviesante e enriquecida pela análise estratégica, em lugar do impulsivismo célere demais, que se compraz na inovação pela inovação. Numa frase derradeira: a IA pode-deve ser coadjuvante de infungíveis habilidades e virtudes humanas.[19]

Com efeito, a inteligência artificial não é neutra, tampouco imparcial, porquanto largamente condicionada pelos parâmetros predefinidos por seus programadores e pela qualidade do banco de dados utilizado como base, reproduzindo em considerável medida uma decisão consciente ou não de seus desenvolvedores.

É justamente por isso que, quando se está diante da implementação de tais ferramentas de IA no âmbito da Administração Pública, essa "decisão" acerca da operação dos algoritmos e da composição das bases de dados precisa ser apropriada pela sociedade, pela via de um controle estreito de forma a compatibilizá-los com as balizas impostas pelo ordenamento jurídico nacional.

É nessa perspectiva que sobreleva a importância do estudo dos parâmetros mínimos para a compatibilização da decisão algorítmica e da utilização das ferramentas de IA, com os limites e balizas impostos pela Constituição de 1988 e pelo regime jurídico de prerrogativas e sujeições típico da Administração Pública, conforme se buscará adiante avançar na análise e aprofundamento.

3 Parâmetros mínimos da decisão administrativa algorítmica

A temática da utilização das ferramentas no âmbito governamental e das consequentes balizas éticas e jurídicas a serem impostas às decisões e operações algorítmicas tem sido objeto de preocupações e debates a nível global.

Nesse sentido, a Recomendação do Conselho da OCDE sobre Inteligência Artificial, aprovada pelos países membros em maio de 2019, apresenta diretrizes, princípios e recomendações, com objetivo de orientar governos, organizações e outros atores no sentido do desenvolvimento de soluções de IA que sejam robustas, seguras, justas e confiáveis e que, principalmente, não percam de vista a centralidade na pessoa humana.[20]

Para os contornos do presente estudo, cumprem destacar 2 (dois) dos 5 (cinco) princípios elencados no aludido documento internacional, para a administração responsável das ferramentas de IA:

1.2. Valores centrados no ser humano e justiça

a) Os atores da IA devem respeitar o estado de direito, os direitos humanos e os valores democráticos durante todo o ciclo de vida do sistema de IA. Estes incluem liberdade, dignidade e autonomia, privacidade e proteção de dados, não discriminação e igualdade, diversidade, equidade, justiça social e direitos trabalhistas reconhecidos internacionalmente.

---

[19] FREITAS, Juarez. Direito administrativo e inteligência artificial. *Revista Interesse Público*, Belo Horizonte, ano 21, n. 114, 2019. p. 12.

[20] FREITAS, Juarez. Direito administrativo e inteligência artificial. *Revista Interesse Público*, Belo Horizonte, ano 21, n. 114, 2019. p. 25-27.

b) Para tanto, os atores da IA devem implementar mecanismos e salvaguardas, como a capacidade de determinação humana, que sejam adequados ao contexto e consistentes com o estado da arte.

1.3. Transparência e explicabilidade

Os Atores de IA devem se comprometer com a transparência e a divulgação responsável em relação aos sistemas de IA. Para tanto, devem fornecer informações significativas, adequadas ao contexto e consistentes com o estado da arte:

i. para promover uma compreensão geral dos sistemas de IA,

ii. conscientizar as partes interessadas sobre suas interações com sistemas de IA, inclusive no local de trabalho,

iii. para permitir que os afetados por um sistema de IA entendam o resultado.

iv. para permitir que aqueles afetados adversamente por um sistema de IA contestem seu resultado com base em informações simples e fáceis de entender sobre os fatores e a lógica que serviu de base para a previsão, recomendação ou decisão.[21]

De plano, destaca-se a preocupação da OCDE com a submissão das aludidas ferramentas de IA às balizas e limites impostos pelo Estado de direito, pelos direitos humanos e pelos valores democráticos, ou seja, a conformação destes instrumentos aos ordenamentos jurídicos nacionais e às normativas internacionais.

Ainda, desponta a preocupação com a transparência e explicabilidade das decisões algorítmicas, isto é, que decisões e recomendações proferidas pelas ferramentas de inteligência artificial sejam efetivamente compreendidas por seus destinatários, tanto no que tange ao seu conteúdo, como no que se refere ao percurso lógico realizado pela IA, bem como na possibilidade de que aqueles que foram afetados de forma negativa por tais deliberações algorítmicas possam efetivamente contestá-las a partir de dados e informações claros acerca de sua formulação.

No mesmo sentido das recomendações internacionais, o Ministério da Ciência, Tecnologia e Inovação publicou, em abril de 2021, a Estratégia Brasileira de Inteligência Artificial (EBIA). Referido documento apresenta 3 (três) grandes diretrizes para nortear os processos regulatórios na temática de IA, quais sejam: 1) a necessidade de proteção de direitos, garantindo tanto a proteção de dados pessoais como a vedação à discriminação de viés algorítmico; 2) a manutenção das condições adequadas para o desenvolvimento tecnológico, visto que as potencialidades da IA ainda não são plenamente reconhecidas; e 3) a necessidade de parâmetros legais para garantir a segurança jurídica e a responsabilização dos envolvidos no desenvolvimento e implementação das ferramentas de IA.[22]

Segundo Rafael Lobato Collet Janny Teixeira, a EBIA está alinhada às diretrizes da OCDE, porquanto tem como objetivo estratégico "estabelecer valores éticos para uso da

---

[21] OCDE. *Recommendation of the Council on Artificial Intelligence, 2019*. Disponível em: https://legalinstruments.oecd.org/en/instruments/OECD-LEGAL-0449. Acesso em: 24 ago. 2024. Tradução livre.

[22] BARBOZA, Hugo Leonardo; FERNEDA, Ariê Scherreier; CRISTÓVAM, José Sérgio da Silva. A Estratégia Brasileira de Inteligência Artificial no paradigma do Governo digital. *Revista do Direito*, Santa Cruz do Sul, n. 67, p. 1-18, maio/ago. 2022. p. 9-10. Disponível em: https://online.unisc.br/seer/index.php/direito/article/view/17460. Acesso em: 24 ago. 2024.

IA na Administração Pública Federal, além de nortear as ações do estado brasileiro no sentido de estimular a pesquisa, a inovação e o desenvolvimento de soluções em IA".[23]

Para além das precitadas diretrizes, vale recuperar que toda e qualquer iniciativa de aplicação de soluções de IA no âmbito da Administração Pública está necessariamente submetida às balizas delineadas pela Constituição e pelo respectivo regime jurídico-administrativo, sendo dever precípuo da Administração Pública a satisfação e concretização dos direitos fundamentais dos cidadãos, função que conforma diretamente todo o regime jurídico-administrativo.[24]

Daí a centralidade do respeito e garantia aos direitos fundamentais dos destinatários, dentre os quais aqui despontam o direito de acesso à informação, consubstanciado na publicização e amplo acesso às bases de dados e passos lógicos adotados pelas ferramentas de IA, bem como os direitos ao contraditório e ampla defesa plenos em face de tais decisões. Ainda, a utilização de ferramentas de IA está condicionada e limitada pelos princípios, peculiaridades e sujeições típicas do regime jurídico-administrativo, com destaque para os contornos deste estudo, aos princípios da publicidade, eficiência e motivação dos atos administrativos.

No que tange aos princípios do acesso à informação e da publicidade, tanto na estratégia nacional, como nas diretrizes da OCDE, há grande preocupação com a transparência e a necessidade de divulgação que garanta efetiva publicidade aos padrões e passos lógicos que orientam e conformaram as decisões da IA (explicabilidade),[25] cabendo aqui destaque, da EBIA, acerca da necessidade de explicabilidade das decisões algorítmicas:

> Ainda nesse contexto, ganha importância a ideia de que é desejável que decisões tomadas por sistemas automatizados sejam passíveis de explicação e de interpretação. Ainda que tecnologias de machine learning sejam frequentemente caracterizadas como "sistemas fechados", é possível incorporar tais ideias aos sistemas de IA de várias maneiras, inclusive por meio da implementação de mecanismos para facilitar a rastreabilidade do processo decisório e do desenvolvimento e emprego de ferramentas e de técnicas de explicabilidade. [...] Entende-se, assim, que o foco da explicabilidade deve se voltar ao fornecimento de informações significativas que permitam interpretar o sistema.[26]

Destaca-se que o referido direito à efetiva explicação acerca de tal percurso lógico adotado pela IA está positivado no art. 20 da Lei Geral de Proteção de Dados

---

[23] TEIXEIRA, Rafael Lobato Collet Janny. Diretrizes ético-jurídicas aplicáveis ao design e uso da Inteligência Artificial pela Administração Pública. *In*: SADDY, André (Org.). *Inteligência artificial e direito administrativo*. Rio de Janeiro: CEEJ, 2022. p. 307-344. Disponível em: https://play.google.com/books/reader?id=6r-xEAAAQBAJ&pg=GBS. PA310&hl=pt. Acesso em: 24 ago. 2024.

[24] SCHIEFLER, Eduardo André Carvalho; CRISTÓVAM, José Sérgio da Silva; SOUSA, Thanderson Pereira de. Administração Pública digital e a problemática da desigualdade no acesso à tecnologia. *International Journal of Digital Law*, Belo Horizonte, ano 1, n. 2, p. 97-116, maio/ago. 2020. p. 100.

[25] BARBOZA, Hugo Leonardo; FERNEDA, Ariê Scherreier; CRISTÓVAM, José Sérgio da Silva. A Estratégia Brasileira de Inteligência Artificial no paradigma do Governo digital. *Revista do Direito*, Santa Cruz do Sul, n. 67, p. 1-18, maio/ago. 2022. p. 11. Disponível em: https://online.unisc.br/seer/index.php/direito/article/view/17460. Acesso em: 24 ago. 2024.

[26] BRASIL. Ministério da Ciência, Tecnologia e Inovação. *Estratégia Brasileira de Inteligência Artificial*. Jul. 2021. p. 19. Disponível em: https://www.gov.br/mcti/pt-br/acompanhe-omcti/transformacaodigital/arquivosinteligenciaartificial/ia_estrategia_documento_referencia_4- 979_2021.pdf. Acesso em: 24 ago. 2024.

(Lei nº 13.709/2018 – LGPD), podendo mesmo ser depreendido do princípio da transparência, no campo das decisões artificiais administrativas (autônomas e adaptáveis), que afetam direitos e interesses legítimos.[27]

Nesse sentido, a explicabilidade "[...] pode ser caracterizada como a garantia de justificação suficiente para determinada decisão algorítmica, tornando-a compreensível ao destinatário humano, sem prejuízo da acurácia".[28]

O dever de explicabilidade tem como finalidade precípua evitar a opacidade das decisões algorítmicas, isto é, a dificuldade de auditar e/ou conferir o processo de tomada de decisão, previsão ou recomendação realizado pelos sistemas de IA, tanto sob a perspectiva da inacessibilidade a tais informações, como à dificuldade de compreensão dessas informações por parte dos seus destinatários –[29] situações que caracterizam a denominada "caixa preta".[30]

Ocorre que a função precípua do processo administrativo é não apenas tornar o ato administrativo válido a partir do acatamento dos requisitos jurídicos formais impostos pelo ordenamento, mas, principalmente, a de que o cidadão possa conhecer o caminho percorrido pelo ato administrativo até que ele efetivamente produza efeito no mundo dos fatos e, consequentemente, impacte na sua esfera jurídica individual.[31]

É justamente por isso que, assim como as decisões administrativas proferidas por humanos, as decisões que partam de algoritmos devem ser devidamente justificadas de maneira transparente, com divulgação dos padrões que norteiam a produção de resultados da máquina, para que o destinatário possa compreender o caminho lógico empreendido para a tomada da decisão administrativa.[32]

Outrossim, cumpre destacar a relação direta entre a explicabilidade das decisões algorítmicas e a obrigatoriedade de motivação das decisões administrativas, na esteira do art. 50 da Lei nº 9.784/1999. Todas as decisões proferidas via ferramentas de IA devem resguardar o direito à clara explicitação de motivos fáticos e jurídicos que lhe serviram de fundamento, isto é, o direito à alargada fundamentação decisória.

Importante frisar que tal determinação legal não pode ter sua eficácia elidida por "óbice técnicos" (caixa preta algorítmica) afinal, "[...] se escolhas humanas requerem motivação plausível, 'a fortiori' solicitam justificativas categóricas as decisões conduzidas por IA e *machine learning*".[33]

---

[27] FREITAS, Juarez. Direito administrativo e inteligência artificial. *Revista Interesse Público*, Belo Horizonte, ano 21, n. 114, 2019. p. 12.

[28] FREITAS, Juarez; FREITAS, Thomas Bellini. *Direito e inteligência artificial*. Belo Horizonte: Fórum, 2020.

[29] BELCHIOR, Wilson Sales. Inteligência Artificial, princípios e recomendações da OCDE. *Migalhas*, 2020. Disponível em: https://www.migalhas.com.br/depeso/330983/inteligencia-artificial--principios-e-recomendacoes-da-ocde. Acesso em: 24 ago. 2024.

[30] BARBOZA, Hugo Leonardo; FERNEDA, Ariê Scherreier; CRISTÓVAM, José Sérgio da Silva. A Estratégia Brasileira de Inteligência Artificial no paradigma do Governo digital. *Revista do Direito*, Santa Cruz do Sul, n. 67, p. 1-18, maio/ago. 2022. p. 12. Disponível em: https://online.unisc.br/seer/index.php/direito/article/view/17460. Acesso em: 24 ago. 2024.

[31] SCHIEFLER, Eduardo André Carvalho; CRISTÓVAM, José Sérgio da Silva; SOUSA, Thanderson Pereira de. Administração Pública digital e a problemática da desigualdade no acesso à tecnologia. *International Journal of Digital Law*, Belo Horizonte, ano 1, n. 2, p. 97-116, maio/ago. 2020. p. 102.

[32] FREITAS, Juarez. Direito administrativo e inteligência artificial. *Revista Interesse Público*, Belo Horizonte, ano 21, n. 114, 2019. p. 25-27.

[33] FREITAS, Juarez. Direito administrativo e inteligência artificial. *Revista Interesse Público*, Belo Horizonte, ano 21, n. 114, 2019. p. 7.

Inclusive, o descumprimento dessa obrigação legal de revelar os passos lógicos norteadores da decisão algorítmica (*explicabilidade*), insculpida, frise-se, de forma expressa no art. 20 da LGPD, provocaria a inversão do ônus da prova em favor do atingido, de forma que incumbiria ao Poder Público (dotado de maior capacidade e conhecimento técnico) comprovar que os algoritmos utilizados avaliaram adequadamente os fundamentos de fato e de direito no caso concreto, isso por meio de motivação explícita, como aponta o art. 50 da Lei de Processo Administrativo.[34]

Para além do conhecimento acerca dos processos e passos lógicos adotados pelas ferramentas de IA, impõe-se um amplo conhecimento acerca de quais bases de dados foram adotadas pelo algoritmo para a tomada de decisão, até porque a qualidade e correção da decisão algorítmica depende diretamente da base de dados utilizada como substrato.

Portanto, o acesso a informações claras acerca dos dados utilizados de substrato pela IA é indispensável à efetiva transparência das decisões algorítmicas, razão pela qual a gestão de dados pela Administração Pública de deve ser (i) aberta; (ii) transparente; (iii) protegida; e (iv) regulada.[35]

Da mesma forma, a correção das decisões demanda que esse volume de dados esteja organizado de maneira funcional, própria para a execução das atividades da IA, razão pela qual se faz necessária uma estruturação normativa que viabilize juridicamente a catalogação destes dados nas quantidades necessárias e com a qualidade apropriada.[36]

Ainda, o respeito aos princípios da publicidade e da motivação administrativa é condição *sine qua non* e pressuposto básico para que se possa falar na existência dos direitos fundamentais ao contraditório e ampla defesa no âmbito do processo administrativo algorítmico, porquanto o conhecimento acerca dos fundamentos fáticos e jurídicos da decisão (motivação), dos passos lógicos que levaram a sua elaboração e das bases de dados que lhe serviram de substrato, afigura-se como o mínimo necessário para que a parte possa compreender e adequadamente contrapor-se à decisão administrativa algorítmica.

Questão ainda mais complexa se refere à efetiva existência de um contraditório material no âmbito das decisões administrativas algorítmicas, isto é, do direito à parte de ter a capacidade de ser efetivamente ouvida e de que seus argumentos e manifestações de fato influenciem na decisão a ser prolatada (construção conjunta do provimento).[37]

No mesmo sentido, tal questão se relaciona diretamente com o correlato direito à produção de prova, porquanto, até o presente momento, inteligência artificial não

---

[34] FREITAS, Juarez. Direito administrativo e inteligência artificial. *Revista Interesse Público*, Belo Horizonte, ano 21, n. 114, 2019. p. 6.

[35] CRISTÓVAM, José Sérgio da Silva; HAHN, Tatiana Meinhart. Administração Pública orientada por dados: Governo Aberto e Infraestrutura Nacional de Dados Abertos. *Revista de Direito Administrativo e Gestão Pública*, v. 6, p. 1-24, 2020. p. 3. Disponível em: http://https://www.indexlaw.org/index.php/rdagp/article/view/6388/pdf. Acesso em: 24 ago. 2024.

[36] SCHIEFLER, Eduardo André Carvalho; CRISTÓVAM, José Sérgio da Silva; PEIXOTO, Fabiano Hartmann. A inteligência artificial aplicada à criação de uma central de jurisprudência administrativa: o uso das novas tecnologias no âmbito da gestão de informações sobre precedentes em matéria administrativa. *Revista do Direito*, Santa Cruz do Sul, v. 3, p. 18-34, 2020. p. 27.

[37] DIDIER JR., Fredie. *Curso de direito processual civil*. 21. ed. Salvador: JusPodivm, 2019. v. 1, p. 107.

se presta à análise aprofundada da miríade de provas que pode ser utilizada para demonstrar um fato, o que pode acarretar infração ao direito constitucional de produção de prova.[38]

Com efeito, há largas dificuldades adicionais se pretendida a utilização das ferramentas de decisão algorítmica nos processos administrativos que necessariamente demandam, ou mesmo possibilitem, a produção de diferentes tipos de prova, ou que necessitem de uma análise e argumentação jurídica mais complexas, a demandar, *v.g.*, uma aplicação sistêmica do direito, em situações de sofisticado sopesamento de princípios, algo que atualmente parece mesmo inviável.

Isso refugiria ao processo silogístico de leitura de banco de dados e inferência de padrões predeterminados, resvalando para as complexidades e vicissitudes, por vezes subjetivas, da realidade fática, que muitas vezes se fazem incontornáveis – *v.g.*, casos de colheita de prova testemunhal.

O emprego de tais ferramentas de IA em casos de maior complexidade afigura-se, por si só, um vilipendio direto aos princípios constitucionais do contraditório e da ampla defesa, impedindo que os argumentos tecidos sejam efetiva e substantivamente considerados, ou mesmo que sejam produzidas as provas necessárias à plena elucidação do caso.

Portanto, há parâmetros éticos e jurídico-normativos mínimos que não podem nem devem ser negligenciados na utilização de tais ferramentas. Feitas essas incursões preliminares, passa-se à análise específica de sua implementação no âmbito da previdência social, mais especificamente a experiência do robô Isaac, criado pela Dataprev para análise, instrução e decisão algorítmica em processos administrativos previdenciários.

4 A decisão algorítmica no âmbito da Previdência Social brasileira

Aqui se pretende a análise crítica da implementação de ferramentas de inteligência artificial no âmbito da Previdência Social brasileira, mais especificamente a partir da pouco divulgada implementação do robô Isaac. Porém, antes parece oportuno tecer um breve panorama acerca do delineamento constitucional da Previdência Social brasileira e das atribuições exercidas por sua mais importante autarquia, o Instituto Nacional do Seguro Social (INSS).

Com a promulgação da Constituição de 1998, houve uma verdadeira reformulação formal do sistema de proteção social, com a transformação dos direitos à previdência, à assistência social e à saúde, em direitos fundamentais sociais (art. 6º), de modo a transformar a Seguridade Social em um instrumento/técnica para a realização de tais direitos sociais, a partir de sua conformação como "[...] um conjunto integrado de ações, de iniciativa do Poder Público e de toda a sociedade, destinados a assegurar os direitos à Previdência, à Saúde, e à Assistência Social" (art. 194, *caput*).[39]

---

[38] SILVA, Raphael Caetano Rodrigues. *Os riscos da implementação da inteligência artificial no processo decisório*. 2020. 29 f. TCC (Graduação) – Curso de Direito, Centro Universitário Una, Belo Horizonte, 2020. p. 11. Disponível em: https://repositorio.animaeducacao.com.br/bitstream/ANIMA/13783/1/TCC%20Raphael%20Caetano.pdf. Acesso em: 24 ago. 2024.

[39] SAVARIS, José Antônio *et al*. *Curso de especialização em direito previdenciário*. Curitiba: Juruá, 2005.

Já no que tange à Previdência Social, a Constituição desdobra em 3 (três) os sistemas de proteção previdenciária, dos quais, 2 (dois) são os regimes básicos, quais sejam o Regime Geral de Previdência Social (RGPS) (art. 201 e ss.) e os Regimes Próprios de Previdência de Servidores Públicos (RPPS) (art. 40 e ss.), estes últimos para servidores ocupantes de cargos efetivos (incluindo vitalícios) e militares. Ainda, há o regime complementar, tanto público (§§ 14, 15 e 16 do art. 40), como o privado (art. 202 e ss.), cujo objetivo é o de ampliar os futuros rendimentos previdenciários.[40]

No que se refere ao RGPS, objeto de maior importância no presente trabalho, insta destacar que tal regime é aquele que cobre o maior número de segurados, obrigatório para todos os que exercem atividades remuneradas na iniciativa privada – isto é, fora do âmbito da Administração Pública.[41]

Nessa linha, para gerir este vasto sistema do Regime Geral, em 1990 foi instituído o INSS (Lei nº 8.029/1990) – a partir da fusão do Instituto Nacional de Previdência Social (INPS) com o Instituto de Administração Financeira da Previdência e Assistência Social (IAPAS).

Da mesma forma, para regulamentar as disposições constitucionais precitadas, foram publicadas, no plano infraconstitucional, as Leis nºs 8.212/1991 e 8.213/1991, que tratam respectivamente do custeio de toda a Seguridade Social e dos benefícios e serviços oferecidos pelo RGPS, esta última, regulamentada pelo Decreto nº 3048/1999, conjunto normativo que vigora até hoje, ainda que com as alterações ocorridas em diversas das suas disposições.[42]

O art. 201 da Constituição de 1988 desenhou tal regime a partir de um sistema unificado, de caráter contributivo e filiação obrigatória, que inclui prestações (benefícios e serviços) à gama de respectivos segurados. São benefícios que englobam as mais diversas situações e riscos sociais, como a incapacidade laboral (temporária ou permanente) causada por doenças, acidentes ou idade avançada, encargos familiares – como proteção à maternidade, proteção em face de desemprego involuntário, salário família e auxílio-reclusão, bem como pensão por morte para os dependentes.

O pedido de benefícios pelos segurados faz-se via requerimentos administrativos, formulados de forma presencial ou eletrônica à autarquia previdenciária (art. 124-A da Lei nº 8.213/1991), que, por lei, tem o prazo de 45 (quarenta e cinco dias) para analisar o pedido, implementá-lo e realizar a disponibilização do primeiro pagamento (art. 41-A da Lei nº 8.213/1998).

Entretanto, referido prazo não é cumprido pelo INSS, inclusive por diversos fatores de ordem estrutural, relacionados principalmente à falta de efetivo e estrutura deficitária, de forma que, em 2023, a chamada "fila do INSS" chegou a mais de 1,8 milhão de requerimentos administrativos aguardando análise,[43] sendo que tais números vêm

---

[40] IBRAHIM, Fábio Zambitte. *Curso de direito previdenciário*. 20. ed. Niteroi: Impetus, 2015.

[41] KERTZMAN, Ivan. *Curso prático de direito previdenciário*. 12. ed. Salvador: JusPodivm, 2015. p. 731.

[42] LAZZARI, João Batista; CASTRO, Carlos Alberto Pereira de. *Manual de direito previdenciário*. Rio de Janeiro: Forense, 2020. p. 5.

[43] GERCINA, Cristiane. Fila da previdência tem 1,8 milhão de segurados à espera de atendimento. *Folha de São Paulo*, São Paulo, 28 fev. 2023. Disponível em: https://www1.folha.uol.com.br/mercado/2023/02/fila-da-previdencia-tem-18-milhao-de-segurados-a-espera-de-atendimento.shtml. Acesso em: 24 ago. 2024.

experimentando redução entre 2023 e 2024, com queda do tempo médio de análise dos pedidos para 47 dias em 2023.[44]

Diante de tal cenário, a Dataprev, empresa pública responsável tanto pela administração e processamento do banco de dados do INSS, como por desenvolver soluções de TICs para o âmbito da Previdência e Assistência Social,[45] vem desenvolvendo uma série de iniciativas de "digitalização" da Previdência Social, especialmente a partir do progressivo implemento do portal digital "Meu INSS", por meio do qual o segurado pode obter uma série de informações, ter acesso a serviços e realizar requerimentos administrativos de forma *on-line*.[46]

Com o aprofundamento dessa política de implementação das TICs, em 2019 a Dataprev desenvolveu uma ferramenta de inteligência artificial denominada Isaac, com o objetivo de agilizar a análise dos processos administrativos previdenciários pelo INSS.[47] Ferramenta que foi pouco divulgada à época e, inclusive, sequer consta no *site* do INSS, sendo divulgada apenas na plataforma da Dataprev, quando do seu lançamento, a partir da singela descrição a seguir:

> Para que o futuro traga facilidade e acessibilidade para os cidadãos, a Dataprev desenvolveu o Isaac, que utiliza algoritmos preditivos para tomada de decisão no reconhecimento de direitos previdenciários. Apelidado de Isaac em homenagem a Isaac Asimov, responsável por clássicos como Eu, Robô, a trilogia Fundação e As Cavernas de Aço, a solução desenvolvida pela Dataprev atende às demandas do INSS, mas pode ser usada em uma série de outros casos. Com critérios de risco ajustáveis e apto a fazer análises do passado parar prever o futuro, o Isaac tem mais uma vantagem: realizar análises paralelas de milhares de processos. Ou seja, usando tecnologia de ponta para a integração de soluções, a Dataprev utiliza *machine learnig* para cruzar diversas bases de dados e oferecer uma resposta confiável, que pode ser assistida ou automática.[48]

---

[44] FILA de espera no INSS para concessão de benefícios cai para 47 dias em 2023. *O Globo*, Rio de Janeiro, 23 jan. 2024. Disponível em: https://oglobo.globo.com/economia/noticia/2024/01/23/fila-de-espera-no-inss-para-concessao-de-beneficios-cai-para-47-dias-em-2023.ghtml. Acesso em: 24 ago. 2024.

[45] BRASIL. *Conheça a Dataprev*. 2023. Disponível em: https://portal.dataprev.gov.br/conheca-dataprev-quem-somos/empresa. Acesso em: 24 ago. 2024.

[46] Nesse sentido: "A plataforma Meu INSS é uma central de serviços digital do INSS, implementado em 2018 com o objetivo de agilizar a concessão de benefícios como aposentadorias, 27 salário-maternidade, auxílio-doença, entre outros. Tanto o site quanto o aplicativo digital foram originados com o objetivo de aliviar o número de requerimentos presenciais dos segurados do INSS, visto que o trabalhador pode demandar seu benefício de forma online, sem precisar ir até uma agência [...] O aplicativo permite fazer pedidos de concessão de aposentadoria e outros benefícios, expedir extratos, certidões e declarações, além de realizar agendamentos e solicitações. Por meio dessa plataforma o assegurado realiza agendamentos de perícias médicas, ver em que fase está o seu pedido de benefício, verificar todo o histórico de trabalho, conferir quanto tempo de contribuição ele tem, faz simulações (calculadora) de aposentadoria, entre outros serviços. Como sendo, a principal inovação, o requerimento de benefícios previdenciários" (VIEIRA, Jéssica Ednayara Carvalho. *Desafios da adoção de TIC por idosos para a realização de autosserviço*: um estudo sobre a adoção da plataforma meu INSS. 2021. 71 f., il. Trabalho de Conclusão de Curso (Bacharelado em Administração) – Universidade de Brasília, Brasília, 2021).

[47] LOBO, Ana Paula. Dataprev vai comprar Inteligência Artificial e exige uso da nuvem pública. *Convergência Digital*, 22 jun. 2020. Disponível em: https://www.convergenciadigital.com.br/cgi/cgilua.exe/sys/start.htm?UserActiveTemplate=site&UserActive-Template=mobile%252Csite&infoid=53987&sid=97. Acesso em: 24 ago. 2024.

[48] DATAPREV. *5ª Semana de Inovação*: Dataprev apresenta Isaac, solução de IA. 7 nov. 2019. Disponível em: https://portal3.dataprev.gov.br/5a-semana-de-inovacao-dataprev-apresenta-isaac-solucao-de-ia. Acesso em: 24 ago. 2024. 2019.

Essa sucinta descrição é acompanhada do infográfico a seguir, que dá conta dos objetivos da implementação do Isaac:

A partir dessas poucas informações disponibilizadas, pode-se apurar que a ferramenta tinha por objetivo inicial a diminuição do acúmulo de processos aguardando análise, a partir da utilização de algoritmos preditivos para a tomada de decisão no reconhecimento de direitos previdenciários, previsões estas que seriam, ao menos inicialmente, confirmadas por humanos.

Além disso, na medida em que a ferramenta "vai aprendendo e melhorando", a análise dos benefícios passaria a ser realizada de forma automática, "até que 100% das concessões de aposentadorias sejam feitas automaticamente", a indicar o objetivo final da ferramenta.

As reduzidas informações sobre o Isaac nos portais oficiais da Dataprev e do INSS impõem recorrer às manifestações realizadas pela própria Dataprev em matérias jornalísticas, buscando compreender um pouco mais sobre a sua lógica de funcionamento. Nesse sentido, destaca-se matéria da *Folha de São Paulo* de maio de 2022 (3 anos após o lançamento do Isaac):

> A Dataprev (empresa de tecnologia do governo federal) afirma que utiliza um sistema de inteligência artificial capaz de deferir ou indeferir benefícios. Em 2019, o órgão lançou a ferramenta Issac. A empresa diz que não são se trata especificamente de robôs, mas de uma ferramenta que, acoplada ao Meu INSS, faz concessão ou indeferimento de forma automática [...]
>
> A partir do número de CPF do cidadão, o sistema consulta toda a vida laboral do requerente e submete as informações à análise para concessão do benefício. São calculados, por exemplo, tempo de contribuição e qualidade de segurado. [...]
>
> Em nota, a Dataprev afirma que "o requerimento só é despachado automaticamente quando as informações disponíveis permitem concluir de forma inequívoca pelo deferimento ou indeferimento", dentro das normas legais do INSS, e diz ainda que a "inteligência artificial desenvolvida pela Dataprev não substitui a tomada de decisão de analistas do INSS; apenas faz a triagem dos casos simples".[49]

---

[49] GERCINA, Cristiane. Análise automática de benefícios do INSS por robô falha, diz sindicato: instituto não comenta e Dataprev afirma que inteligência artificial "apenas faz a triagem dos casos simples". *Folha de São*

Em síntese, a partir das respostas concedias pela Dataprev, denota-se que, para além da atribuição inicial de "análise preditiva", o Isaac "faz concessão ou indeferimento de forma automática", ou seja, decide o mérito de requerimentos administrativos previdenciários.

Pelo que se pode apurar da manifestação, a análise algorítmica é realizada via análise automática dos dados disponíveis nos bancos de dados do INSS, para, com base nesses dados, calcular automaticamente o tempo de contribuição e os períodos de qualidade de segurado do requerente.

Com base nessas informações colhidas exclusivamente do banco de dados do INSS, a ferramenta concede ou indefere automaticamente os ditos "casos simples", isto é, os requerimentos que supostamente poderiam ser decididos via informações constantes no banco de dados do INSS.

Com efeito, ter-se que recorrer a reportagens jornalísticas para apurar minimamente a forma de operação da aludida ferramenta de IA desenvolvida pela Dataprev e adotada pelo INSS já depõe contra os deveres de transparência, publicidade e explicabilidade acerca dos parâmetros, critérios e passos lógicos adotados pelo Isaac. Não se têm maiores informações acerca do modo de funcionamento dos algoritmos empregados, quais são as bases de dados utilizadas ou mesmo quais os passos lógicos que orientam e conformaram as predições ou decisões da referida ferramenta.

Soma-se a isso o fato de que o INSS não possui nenhuma norma regulamentadora acerca da utilização da IA, tampouco há transparência na sua utilização – sequer é possível saber quais benefícios são concedidos pela inteligência artificial ou os critérios empregados.[50]

Portanto, trata-se de decisão algorítmica dotada de elevado grau de opacidade, sendo simplesmente impossível saber quais foram os passos lógicos adotados pelo algoritmo para realizar o processo de predição ou de tomada de decisão, verdadeiro exemplo de "caixa-preta algorítmica", em clara dissonância com o princípio da explicabilidade.

Questão ainda mais complexa se apresenta quando da análise das bases de dados utilizadas pelo Isaac para realizar análises preditivas e decidir os processos administrativos. Apesar de não constar expressamente nas fontes oficiais, pode-se depreender que a base de dados utilizada é o Cadastro Nacional de Informações Sociais (CNIS), mantido pela Dataprev.

Isso porque o art. 29-A da Lei nº 8.213/91 expressamente dispõe que o referido sistema será utilizado pelo INSS para a análise dos vínculos, remunerações dos segurados, tempo de contribuição e qualidade de segurado, bem como para o cálculo dos salários de benefício.

No entanto, é preciso destacar que a qualidade, atualização e transparência das informações contidas no CNIS é objeto de questionamentos no âmbito do Tribunal de Contas da União (TCU), como destacado no Relatório de Acompanhamento nº TC 016.332/2021-0, relatado pelo Ministro Aroldo Cedraz, no qual são avaliadas a qualidade

---

Paulo, São Paulo, 4 maio 2022. Disponível em: https://www1.folha.uol.com.br/mercado/2022/05/inss-usa-robos-para-tentar-reduzir-fila-de-beneficios-diz-sindicato.shtml. Acesso em: 24 ago. 2024.

[50] CAMARA, Natacha Bublitz. O uso da inteligência artificial no processo administrativo como ferramenta para auxiliar na efetividade dos direitos humanos. *Revista Brasileira de Direito Social*, Belo Horizonte, v. 4, n. 1, p. 5-19, 2021. p. 12. Disponível em: https://rbds.emnuvens.com.br/rbds/article/view/144. Acesso em: 24 ago. 2024.

dos dados constantes no CNIS, bem como "[...] o grau de risco envolvido na concessão automática de benefícios previdenciários, trabalhistas e assistenciais ao se utilizarem os dados do Cnis".[51]

Referida auditoria constatou milhões de casos de pessoas físicas, empresas e vínculos empregatícios com informações incompletas, inválidas ou inconsistentes nas bases de dados que integram o CNIS, algo preocupante quando se leva em consideração que boa parte das "[...] rotinas atuais de análise e concessão de benefícios previdenciários tomam por base informações com problemas graves de qualidade e confiabilidade".[52]

Constatou-se, ainda, a completa ausência de rastreabilidade dos dados do CNIS que fundamentaram as decisões manuais ou automatizadas, vez que os dados que compõem o cadastro podem ser alterados a qualquer tempo, sem que seja possível verificar o histórico de tais alterações,[53] o que vulnera sobremaneira a transparência e confiabilidade das decisões adotadas.

Com efeito, tal cenário aponta a base de dados·CNIS repleta de incorreções, com dados desatualizados e pouco transparentes, ante a ausência de rastreabilidade, a prejudicar sobremaneira a qualidade das decisões algorítmicas que a utilizem como único substrato para a predição ou decisão.

Existe uma correlação umbilical entre os mecanismos de IA e as bases de dados que lhes servem de alicerce, de forma que a correção e a qualidade da decisão algorítmica estão diretamente relacionadas à qualidade da base de dados que lhes serviu de substrato.

Fica claro que a utilização do CNIS, por parte das ferramentas de IA, como substrato exclusivo para conceder ou indeferir requerimentos de benefícios previdenciários, afigura-se temerária, dada a baixa correção, atualização e transparência dos referidos dados, o que leva à conclusão de que a implementação, no âmbito do INSS, do robô Isaac, desenvolvido pela Dataprev, afigura-se em verdadeira "caixa-preta" algorítmica, uma vez que não há qualquer transparência acerca dos passos lógicos adotados pelo algoritmo, que tem como substrato uma base de dados pouco confiável, porquanto repleta de incorreções e impassível de rastreamento dos dados.

5 Considerações finais

As decisões e predições elaboradas a partir da utilização de ferramentas de IA estão inexoravelmente relacionadas a decisões humanas, refletidas nos algoritmos que lhes serviram de base e nos bancos de dados eleitos como substrato para as decisões. Portanto, tais decisões não se afiguram propriamente "imparciais" ou "impessoais", porquanto relacionadas àquelas decisões humanas que lhes precedem (escolhas formuladas na criação dos algoritmos e na constituição da base de dados).

Justamente por isso que tais decisões, principalmente quando aplicadas no âmbito da Administração Pública, não podem ser tomadas de forma acrítica como

---

[51] BRASIL. Tribunal de Contas da União – TCU. Relatório de Acompanhamento nº TC 016.332/2021-0. Rel. Min. Aroldo Cedraz. Brasília, DF, 5 out. 2022. *Diário Oficial da União*, Brasília, 5 out. 2022. p. 1.

[52] BRASIL. Tribunal de Contas da União – TCU. Relatório de Acompanhamento nº TC 016.332/2021-0. Rel. Min. Aroldo Cedraz. Brasília, DF, 5 out. 2022. *Diário Oficial da União*, Brasília, 5 out. 2022. p. 59-60.

[53] BRASIL. Tribunal de Contas da União – TCU. Relatório de Acompanhamento nº TC 016.332/2021-0. Rel. Min. Aroldo Cedraz. Brasília, DF, 5 out. 2022. *Diário Oficial da União*, Brasília, 5 out. 2022. p. 60.

soluções inteiramente "técnicas" e "racionais", mas sim devem estar submetidas ao crivo dos princípios éticos delineados em âmbito nacional e internacional, bem como às balizas delineadas pela Constituição de 1988 e pelos princípios basilares do regime jurídico-administrativo.

Após as análises aqui suscitadas, no caso da implementação da ferramenta de IA Isaac, parece caracterizado claro descumprimento aos princípios insculpidos no item 1.3 da Recomendação do Conselho da OCDE sobre Inteligência Artificial, bem como às disposições da EBIA, porquanto: (i) não há adequada compreensão sobre a forma de funcionamento do robô Isaac; (ii) não há adequada informação ao usuário sobre quais pedidos de benefício serão julgados pela IA; (iii) não há adequada explicação sobre os passos lógicos adotados pelo robô Isaac para a produção da decisão, o que compromete sua compreensão pelos usuários e, consequentemente, acarreta empecilhos à contestação da aludida decisão (prejuízo ao contraditório e ampla defesa), pois, como aponta Natacha Bublitz Camara, "[...] a ausência de conhecimento dos algoritmos e dados utilizados viola o princípio da ampla defesa, pois não há como se defender sem ter conhecimento dos fatores que motivaram o resultado", afetando inclusive a segurança jurídica e o princípio da confiança.[54]

Ainda, a ausência de adequada transparência acerca do robô Isaac vulnera o art. 20 da LGPD, que expressamente assegura o direito à efetiva explicação acerca de tal percurso lógico adotado pela IA. Há direito a que as decisões e recomendações proferidas pelas ferramentas de IA sejam efetivamente compreendidas por seus destinatários, tanto no que tange ao seu conteúdo, como no que se refere ao percurso lógico realizado. Sem isso há uma verdadeira "caixa-preta" algorítmica.

Com efeito, uma vez desrespeitados os princípios da publicidade e da explicabilidade, fica evidente o prejuízo aos direitos fundamentais ao contraditório e ampla defesa no âmbito dos processos administrativos decididos pela aludida ferramenta de IA, porquanto o conhecimento acerca dos passos lógicos que levaram à sua elaboração, bem como das bases de dados que lhe serviram de substrato, afigura-se como o mínimo necessário para que a parte possa compreender e, querendo, eventualmente poder questionar de forma efetiva a respectiva decisão.

Inclusive, o descumprimento da aludida obrigação legal de explicabilidade da decisão tende a provocar a inversão do ônus da prova em favor do atingido.[55] Dessa forma, incumbiria à Dataprev e ao INSS comprovar que os algoritmos utilizados avaliaram adequadamente os fundamentos de fato e de direito atinentes ao requerimento previdenciário realizado, mediante motivação explícita (art. 50 da Lei nº 9.784/1999), condição *sine qua non* para a existência de ampla defesa e de um efetivo contraditório no âmbito dos processos administrativos decididos por algoritmos.

Soma-se a isso o fato de que a base de dados utilizada pelo aludido algoritmo (CNIS) mostra-se repleta de incorreções, dados desatualizados e pouco transparentes

---

[54] CAMARA, Natacha Bublitz. O uso da inteligência artificial no processo administrativo como ferramenta para auxiliar na efetividade dos direitos humanos. *Revista Brasileira de Direito Social*, Belo Horizonte, v. 4, n. 1, p. 5-19, 2021. Disponível em: https://rbds.emnuvens.com.br/rbds/article/view/144. Acesso em: 24 ago. 2024. p. 13.

[55] FREITAS, Juarez. Direito administrativo e inteligência artificial. *Revista Interesse Público*, Belo Horizonte, ano 21, n. 114, 2019. p. 6.

(ausência de rastreabilidade), situações a prejudicar sensivelmente a qualidade das respectivas decisões algorítmicas.

Em síntese, a forma como o robô Isaac foi implantado no âmbito da Previdência Social brasileira coloca-se em desacordo tanto com os princípios éticos eleitos pela OCDE e pela EBIA, como em relação aos direitos dos destinatários destas decisões à *explicabilidade*, transparência, publicidade, contraditório e ampla defesa, pressupostos normativos centrais do sistema constitucional e do respectivo regime jurídico-administrativo brasileiro.

Referências

BARBOZA, Hugo Leonardo; FERNEDA, Ariê Scherreier; CRISTÓVAM, José Sérgio da Silva. A Estratégia Brasileira de Inteligência Artificial no paradigma do Governo digital. *Revista do Direito*, Santa Cruz do Sul, n. 67, p. 1-18, maio/ago. 2022. Disponível em: https://online.unisc.br/seer/index.php/direito/article/view/17460. Acesso em: 24 ago. 2024.

BELCHIOR, Wilson Sales. Inteligência Artificial, princípios e recomendações da OCDE. *Migalhas*, 2020. Disponível em: https://www.migalhas.com.br/depeso/330983/inteligencia-artificial--principios-e-recomendacoes-da-ocde. Acesso em: 24 ago. 2024.

BRASIL. *Conheça a Dataprev*. 2023. Disponível em: https://portal.dataprev.gov.br/conheca-dataprev-quem-somos/empresa. Acesso em: 24 ago. 2024.

BRASIL. Ministério da Ciência, Tecnologia e Inovação. *Estratégia Brasileira de Inteligência Artificial*. Jul. 2021. Disponível em: https://www.gov.br/mcti/pt-br/acompanhe-omcti/transformacaodigital/arquivosinteligenciaartificial/ia_estrategia_documento_referencia_4- 979_2021.pdf. Acesso em: 24 ago. 2024.

BRASIL. Tribunal de Contas da União – TCU. Relatório de Acompanhamento nº TC 016.332/2021-0. Rel. Min. Aroldo Cedraz. Brasília, DF, 5 out. 2022. *Diário Oficial da União*, Brasília, 5 out. 2022.

CAMARA, Natacha Bublitz. O uso da inteligência artificial no processo administrativo como ferramenta para auxiliar na efetividade dos direitos humanos. *Revista Brasileira de Direito Social*, Belo Horizonte, v. 4, n. 1, p. 5-19, 2021. Disponível em: https://rbds.emnuvens.com.br/rbds/article/view/144. Acesso em: 24 ago. 2024.

COMO as robôs Alice, Sofia e Monica ajudam o TCU a caçar irregularidades em licitações. *Portal G1*, 18 mar. 2018. Disponível em: https://g1.globo.com/economia/tecnologia/noticia/como-as-robos-alice-sofia-e-monica-ajudam-o-tcu-a-cacar-irregularidades-em-licitacoes.ghtml. Acesso em: 24 ago. 2024.

CRISTÓVAM, José Sérgio da Silva; HAHN, Tatiana Meinhart. Administração Pública orientada por dados: Governo Aberto e Infraestrutura Nacional de Dados Abertos. *Revista de Direito Administrativo e Gestão Pública*, v. 6, p. 1-24, 2020. Disponível em: http://https://www.indexlaw.org/index.php/rdagp/article/view/6388/pdf. Acesso em: 24 ago. 2024.

CRISTÓVAM, José Sérgio da Silva; SAIKALI, Lucas Bossoni; SOUSA, Thanderson Pereira de. Governo digital na implementação de serviços públicos para a concretização de direitos sociais no Brasil. *Seqüência*, Florianópolis, n. 84, p. 209-242, abr. 2020. Disponível em: https://periodicos.ufsc.br/index.php/sequencia/article/view/2177-7055.2020v43n84p209. Acesso em: 24 ago. 2024.

DATAPREV. *5ª Semana de Inovação*: Dataprev apresenta Isaac, solução de IA. 7 nov. 2019. Disponível em: https://portal3.dataprev.gov.br/5a-semana-de-inovacao-dataprev-apresenta-isaac-solucao-de-ia. Acesso em: 24 ago. 2024.

DIAS, Rafael de Brito. Governo eletrônico: ferramenta democrática ou instrumento do neoliberalismo? *Revista Tecnologia e Sociedade*, Curitiba, v. 8, n. 15, p. 30-44, 2021. Disponível em: https://periodicos.utfpr.edu.br/rts/article/view/2593. Acesso em: 24 ago. 2024.

DIDIER JR., Fredie. *Curso de direito processual civil*. 21. ed. Salvador: JusPodivm, 2019. v. 1.

FIGUEIREDO, Carla Regina Bortolaz de; CABRAL, Flávio Garcia. Inteligência artificial: machine learning na Administração Pública. *International Journal of Digital Law*, Belo Horizonte, ano 1, n. 1, p. 79-95, jan./abr. 2020.

FILA de espera no INSS para concessão de benefícios cai para 47 dias em 2023. *O Globo*, Rio de Janeiro, 23 jan. 2024. Disponível em: https://oglobo.globo.com/economia/noticia/2024/01/23/fila-de-espera-no-inss-para-concessao-de-beneficios-cai-para-47-dias-em-2023.ghtml. Acesso em: 24 ago. 2024.

FREITAS, Juarez. Direito administrativo e inteligência artificial. *Revista Interesse Público*, Belo Horizonte, ano 21, n. 114, 2019.

FREITAS, Juarez; FREITAS, Thomas Bellini. *Direito e inteligência artificial*. Belo Horizonte: Fórum, 2020.

GERCINA, Cristiane. Análise automática de benefícios do INSS por robô falha, diz sindicato: instituto não comenta e Dataprev afirma que inteligência artificial "apenas faz a triagem dos casos simples". *Folha de São Paulo*, São Paulo, 4 maio 2022. Disponível em: https://www1.folha.uol.com.br/mercado/2022/05/inss-usa-robos-para-tentar-reduzir-fila-de-beneficios-diz-sindicato.shtml. Acesso em: 24 ago. 2024.

GERCINA, Cristiane. Fila da previdência tem 1,8 milhão de segurados à espera de atendimento. *Folha de São Paulo*, São Paulo, 28 fev. 2023. Disponível em: https://www1.folha.uol.com.br/mercado/2023/02/fila-da-previdencia-tem-18-milhao-de-segurados-a-espera-de-atendimento.shtml. Acesso em: 24 ago. 2024.

IBRAHIM, Fábio Zambitte. *Curso de direito previdenciário*. 20. ed. Niteroi: Impetus, 2015.

KERTZMAN, Ivan. *Curso prático de direito previdenciário*. 12. ed. Salvador: JusPodivm, 2015.

LAZZARI, João Batista; CASTRO, Carlos Alberto Pereira de. *Manual de direito previdenciário*. Rio de Janeiro: Forense, 2020.

LOBO, Ana Paula. Dataprev vai comprar Inteligência Artificial e exige uso da nuvem pública. *Convergência Digital*, 22 jun. 2020. Disponível em: https://www.convergenciadigital.com.br/cgi/cgilua.exe/sys/start.htm?User ActiveTemplate=site&UserActive-Template=mobile%252Csite&infoid=53987&sid=97. Acesso em: 24 ago. 2024.

MAGALHÃES, Bárbara. Desafios da inteligência artificial nas garantias do Direito e processo administrativo. *Liber Amicorum Benedita Mac Crorie*, Minho, v. I, p. 261-276, 14 dez. 2022.

NOGUEIRA JUNIOR, Dario Azevedo. Governo eletrônico e neoliberalismo: arquétipo das limitações da interatividade cidadã no modelo brasileiro. *Revista Eletrônica Internacional de Economia Política da Informação, da Comunicação e da Cultura*, Aracaju, v. 23, p. 7-21, 2021. Disponível em: http://hdl.handle.net/20.500.11959/brapci/163109. Acesso em: 24 ago. 2024.

O QUE a Dataprev analisa no auxílio emergencial de 2021? *Jornal DCI*, 31 mar. 2021. Disponível em: https://www.dci.com.br/economia/o-que-a-dataprev-analisa-no-auxilio-emergencial-de-2021/113303/#:~:text=O%20processo%20ocorre%20a%20partir,de%20registros%20de%20diversos%20%C3%B3rg%C3%A3os. Acesso em: 24 ago. 2024.

OCDE. *Recommendation of the Council on Artificial Intelligence, 2019*. Disponível em: https://legalinstruments.oecd.org/en/instruments/OECD-LEGAL-0449. Acesso em: 24 ago. 2024.

SAVARIS, José Antônio *et al*. *Curso de especialização em direito previdenciário*. Curitiba: Juruá, 2005.

SCHIEFLER, Eduardo André Carvalho; CRISTÓVAM, José Sérgio da Silva; SOUSA, Thanderson Pereira de. Administração Pública digital e a problemática da desigualdade no acesso à tecnologia. *International Journal of Digital Law*, Belo Horizonte, ano 1, n. 2, p. 97-116, maio/ago. 2020.

SCHIEFLER, Eduardo André Carvalho; CRISTÓVAM, José Sérgio da Silva; PEIXOTO, Fabiano Hartmann. A inteligência artificial aplicada à criação de uma central de jurisprudência administrativa: o uso das novas tecnologias no âmbito da gestão de informações sobre precedentes em matéria administrativa. *Revista do Direito*, Santa Cruz do Sul, v. 3, p. 18-34, 2020.

SILVA, Raphael Caetano Rodrigues. *Os riscos da implementação da inteligência artificial no processo decisório*. 2020. 29 f. TCC (Graduação) – Curso de Direito, Centro Universitário Una, Belo Horizonte, 2020. Disponível em: https://repositorio.animaeducacao.com.br/bitstream/ANIMA/13783/1/TCC%20Raphael%20Caetano.pdf. Acesso em: 24 ago. 2024.

SUPREMO TRIBUNAL FEDERAL. STF inicia uso de inteligência artificial para identificar processos com repercussão geral. *Portal STF*, Brasília, 11 mar. 2022. Disponível em: https://portal.stf.jus.br/noticias/verNoticiaDetalhe.asp?idConteudo=471331&ori. Acesso em: 24 ago. 2024.

TEIXEIRA, Rafael Lobato Collet Janny. Diretrizes ético-jurídicas aplicáveis ao design e uso da Inteligência Artificial pela Administração Pública. *In*: SADDY, André (Org.). *Inteligência artificial e direito administrativo*. Rio de Janeiro: CEEJ, 2022. p. 307-344. Disponível em: https://play.google.com/books/reader?id=6r-xEAAAQBAJ&pg=GBS.PA310&hl=pt. Acesso em: 24 ago. 2024.

VALLE, Vanice Lírio do. Inteligência artificial incorporada à Administração Pública: mitos e desafios teóricos. *A&C – Revista de Direito Administrativo & Constitucional*, Belo Horizonte, ano 20, n. 81, p. 179-200, jul./set. 2020.

VIEIRA, Jéssica Ednayara Carvalho. *Desafios da adoção de TIC por idosos para a realização de autosserviço*: um estudo sobre a adoção da plataforma meu INSS. 2021. 71 f., il. Trabalho de Conclusão de Curso (Bacharelado em Administração) – Universidade de Brasília, Brasília, 2021.

Informação bibliográfica deste texto, conforme a NBR 6023:2018 da Associação Brasileira de Normas Técnicas (ABNT):

CRISTÓVAM, José Sérgio da Silva; FÁBRIS, Marcelo Boss. Decisão algorítmica no âmbito da Previdência Social brasileira: o que é e como atua o robô Isaac? *In*: JUSTEN, Monica Spezia; PEREIRA, Cesar; JUSTEN NETO, Marçal; JUSTEN, Lucas Spezia (coord.). *Uma visão humanista do Direito*: homenagem ao Professor Marçal Justen Filho. Belo Horizonte: Fórum, 2025. v. 1, p. 343-362. ISBN 978-65-5518-918-6.

CONCEITOS INVENTADOS
DE DIREITO ADMINISTRATIVO

JOSÉ VICENTE SANTOS DE MENDONÇA

I Introdução: a inovação do jurista e o jurista da inovação

Há juristas e juristas.

Há os que se acomodam nos louros da fama e os que, inquietos, movem-se em direção a espaços inauditos. O Professor Marçal Justen Filho é desta última espécie. Ao longo da carreira, uniu conhecimento acadêmico e sabedoria prática, a ponto de aprimorar categorias e criar conceitos de direito administrativo.[1] Daí o sentido do presente texto, que se volta a perquirir acerca dos sentidos possíveis da inovação conceitual na teoria e na prática.

O artigo possui uma tese. Ei-la afirmada desde logo: a maior inovação do direito administrativo pode ser o próprio direito administrativo. Entendê-lo não como harmonia de categorias sopradas pela música de anjos; não como defesa retórica do cidadão diante do estado; mas como caixa de ferramentas, aptas, cada uma, a produzir determinado estado de coisas, de acordo com seu uso adequado, pode libertá-lo de folclores e de fundamentos.[2] Eis o que cumpre fazer: desencantar o direito administrativo.[3]

---

[1] Um exemplo notório é a categoria da "vantajosidade", influente no campo da licitação e da contratação pública.

[2] Sobre os folclores incidentes sobre um dos temas clássicos do direito administrativo – o ato administrativo –, v. SCHIRATO, Victor Rhein. Repensando a pertinência dos atributos dos atos administrativos. *In*: MEDAUAR, Odete; SCHIRATO, Victor Rhein. *Os caminhos do ato administrativo*. São Paulo: Revista dos Tribunais, 2011. Sobre a noção de direito administrativo como caixa de ferramentas, ver, na literatura nacional, a dissertação de Leonardo Coelho Ribeiro: RIBEIRO, Leonardo Coelho. *O direito administrativo como caixa de ferramentas*: a formulação e a avaliação da ação pública entre instrumentalismo, instituições e incentivos. Dissertação (Mestrado em Direito Público) – UERJ, Rio de Janeiro, 2015.

[3] Estou usando a expressão "desencantamento" no sentido técnico que ela passou a ter a partir de sua utilização, como conceito-chave para o entendimento da sociedade moderna, por Max Weber. O "desencantamento do mundo", adaptação de *Entzauberung der Welt* – literalmente: a "desmagificação do mundo" –, é o processo, ocorrido na sociedade moderna, por intermédio do qual a racionalidade técnica expulsou representações mágicas tradicionais. Cf. PIERUCCI, Antônio Flávio. *O desencantamento do mundo*: todos os passos do conceito em Max Weber. São Paulo: Editora 34, 2003. O *desencantamento do direito administrativo* poderia ser, assim, o processo por meio do qual visões instrumentais se tornam o *leitmotiv* da teoria do direito administrativo (a prática sempre foi delas).

No texto, pretendo sugerir um instrumentalismo endógeno, isto é, operando a partir dos próprios conceitos do direito administrativo brasileiro. A ideia é a de que existam três espécies de invenções doutrinárias jusadministrativas: (i) a *invenção* propriamente dita, em que um autor ou um operador institucional do direito cria uma categoria doutrinária de direito administrativo; (ii) a *diferenciação*, em que o empreende-dor conceitual busca diferenciar-para-aplicar entre categorias de direito administrativo; e (iii) a *recuperação* histórica, em que o empreendedor conceitual recupera as origens de determinada categoria, em geral para indicar que o uso que dela se faz, no momento atual, não é adequado.

Logo após identificar as três espécies de invenções jusadministrativas (item II), redijo, no mesmo espírito instrumental, o que poderiam ser algumas descrições de seu uso. "Como fazer coisas com conceitos de direito administrativo?" é a pergunta, que Austin jamais se fez, mas cujo princípio de resposta perpassa o artigo.[4]

II Conceitos inventados de direito administrativo

Um empreendedor conceitual é todo aquele que cria, manipula, diferencia ou recupera conceitos, de modo a utilizá-los como meio para determinado fim.[5] Há empre-endedores conceituais em todos os lugares, da escola até a fábrica até a universidade. A chamada doutrina jurídica – que não é científica nem teria como o ser – é o espaço, por excelência, dos empreendedores conceituais no direito.[6] Mas também os tribunais, ao operar conceitos e aplicá-los aos casos, podem, em alguns casos, atuar como empre-endedores conceituais.

O empreendedor conceitual, ao atuar junto aos conceitos de direito administra-tivo, opera fazendo três coisas: (i) ele *inventa* conceitos de direito administrativo; ele (ii) *diferencia* conceitos de direito administrativo, com foco em sua aplicação; (iii) ele *recupera* noções antigas, em geral – mas não apenas –, para sugerir que seu uso atual não é adequado (significando que não é conforme seu uso antigo). Em sentido amplo, todas essas três operações são invenções jusadministrativas, pois constroem propositivamente algo a partir de outra coisa.[7]

A (i) *invenção* propriamente dita é a atividade mais arriscada do empreendedor conceitual de direito administrativo, e, ao mesmo tempo, a que lhe pode ser mais

---

4 AUSTIN, John. *How to do things with words*. 2. ed. Cambridge: Harvard University Press, 1975.

5 Construí o conceito de empreendedor conceitual a partir da noção de empreendedor de normas, constante de SUNSTEIN, Cass. Social Norms and Social Roles. *Columbia Law Review*, 96: 903.

6 Em especial, a doutrina jurídica em sentido bem clássico, isto é, os advogados-professores de direito, os "juristas". O jurista se depara com um problema concreto e tenta moldar a teoria à resolução do caso. Ao operar por meio de paráfrases e recortes de conceitos, o jurista se vê obrigado a forçar/adaptar a teoria à conclusão a que pretende chegar. Ao fazê-lo, o jurista inova; empreende conceitualmente. Os pesquisadores de direito em sentido puro – os professores em regime de dedicação exclusiva, por exemplo – talvez não se sintam obrigados a tal ginástica. Assim, institucionalmente, eles não contam com os incentivos que os levem ao empreendedorismo conceitual. De todas as vantagens que a profissionalização do ensino jurídico haja trazido, há, pelo menos, essa desvantagem: o empreendedorismo parece ser, afinal, mister próprio de advogados.

7 No sentido proposto neste texto, a *invenção* conceitual não se confunde com a *mutação* conceitual. A invenção conta com certo grau de deliberação do intérprete; já a mutação decorre de fenômenos que lhe são externos (como exemplo, a inovação tecnológica, que faz com que o vetusto "furto de energia elétrica" do Código Penal possa ser, por mutação, aplicado também ao furto de sinal de *wi-fi*). Numa distinção bem simples, a invenção foca-se no intérprete, ao passo que a mutação se volta ao elemento interpretado.

gratificante. Se bem-sucedida, ela pode, literalmente, mudar o mundo. Pode-se cogitar que o próprio direito administrativo tenha surgido a partir de uma invenção, realizada pelos revolucionários franceses, de uma jurisdição dedicada aos assuntos do Estado, que se apartaria da jurisdição comum. A partir daí, o órgão central desta jurisdição – o Conselho de Estado – passou a inventar categorias próprias, como as de serviço público (caso *Gás de Bordeaux*) ou a da responsabilidade civil do Estado, diferenciada, de algum modo, daquela dos particulares (caso *Blanco*; caso *Pelletier*).[8] Exemplo mais singelo: a distinção entre atos administrativos complexos e compostos, inventada por Hely Lopes Meirelles, passou quase a ter força de lei no direito administrativo brasileiro.[9] Ela é tão consolidada que chega a ser cobrada em provas objetivas de direito administrativo.[10]

Não há apenas invenção de conceitos. Há, também, a *metainvenção*, que é a invenção que se realiza sobre conceitos inventados de direito administrativo. Exemplo notório: o professor francês Gaston Jèze, a partir da terceira edição de seu livro *Princípios Gerais de Direito Administrativo*, analisou a jurisprudência do Conselho de Estado e sintetizou, em onze afirmações (que chamou, casualmente, de regras), o entendimento daquela corte sobre o controle do motivo do ato administrativo.[11] A terceira regra era a seguinte: "Quando um agente público expressa, no próprio ato, os motivos que o fizeram agir, estes motivos, na forma como estão expressos no ato, consideram-se, em princípio, determinantes".[12]

A recepção desta afirmação, pela doutrina brasileira de direito administrativo, gerou o que passou a ser conhecido, entre nós, como teoria dos motivos determinantes. Por ela, o ato fica vinculado à existência dos motivos declarados. A teoria é de ampla aceitação doutrinária e jurisprudencial (há vários julgados do STJ acolhendo-a como razão para a decisão), embora, atualmente, haja se tornado redundante. Pois bem: a doutrina brasileira de direito administrativo, ao inventar a teoria dos motivos determinantes, operou uma metainvenção, pois inventou em cima da invenção de Gaston Jèze, ou, antes, da invenção do Conselho de Estado francês.[13]

---

[8] Em rigor, todos os conceitos jurídicos, como conceitos expressos em linguagem, são conceitos inventados (no sentido de que eles não são encontrados prontos no mundo); alguns dão a sorte, ou o azar, de serem incorporados na legislação. Quando falo de conceitos inventados de direito administrativo, quero chamar atenção para a atividade, não de todo deliberada, consistente na propositura de novos conteúdos jurídicos a partir do lugar preferencial da doutrina e/ou da jurisprudência.

[9] MEIRELLES, Hely Lopes. *Direito administrativo brasileiro*. 33. ed. São Paulo: Malheiros, 2007. p. 172-173.

[10] TCE-Acre/2006(CESPE): "O ato de aposentadoria de um servidor público é ato composto, conforme entendimento da melhor doutrina, visto que opera efeitos imediatos quando de sua concessão pelo respectivo órgão, devendo apenas o Tribunal de Contas ratificá-lo ou não. Esse entendimento, entretanto, não é seguido pelo STF, o qual entende que a hipótese revela um ato complexo, aperfeiçoando-se com o referido registro do Tribunal de Contas". O gabarito original da questão era "certo", mas a questão foi anulada por causa da menção à "melhor doutrina" (que ninguém sabe qual é, mas, para o examinador, aparentemente, era a de Hely Lopes Meirelles).

[11] É justo observar, com Caio Tácito, que muitas não tratam do que hoje entendemos por motivo do ato. V. TÁCITO, Caio. Controle dos motivos do ato administrativo. *In*: TÁCITO, Caio. *Temas de direito público*: estudos e pareceres. Rio de Janeiro: Renovar, 1997.

[12] Esta obra de Jèze pode ser consultada, na íntegra, em tradução para a língua espanhola, no *site* da biblioteca da Universidade Autônoma do México. O *link* é o seguinte: http://biblio.juridicas.unam.mx/libros/libro.htm?l=443.

[13] Isto é: a teoria dos motivos determinantes ou é uma metainvenção (uma invenção sobre invenção de Jèze) ou é uma "metametainvenção" (uma invenção brasileira sobre a invenção de Jèze sobre a invenção do Conselho de Estado da França).

Há *riscos* na invenção de conceitos. O primeiro, e mais óbvio, é que a invenção não seja adotada na prática, quer dizer, que não sirva como razão para a decisão de juízes e/ou de autoridades administrativas; não inspire o legislador; não seja replicada por outros doutrinadores. Mas há riscos menos evidentes. Quando a invenção é inteiramente percebida (ou, quiçá, autopercebida) como deliberada, ela perde parte de sua força persuasiva; é como se o direito precisasse cultivar a crença em conceitos naturalísticos. Se o empreendedor conceitual de direito administrativo é flagrado no ato da invenção, dá-se algo como nos antigos desenhos animados, em que o personagem anda dois passos pelo abismo, toma consciência de que o faz e, então, cai. Inventar conceitos de direito administrativo é atividade que se faz de modo despercebido e/ou dissimulado.[14][15]

O *procedimento* da invenção de conceitos jurídicos de direito administrativo não segue estrutura clara. Mas, em geral, pode-se tentar cogitar de noção procedimental, aplicável às três espécies, e que seria a seguinte. O empreendedor conceitual, em especial os que gozam de algum privilégio simbólico – *v.g.*, professores de direito de universidades de ponta; ministros de cortes superiores – inventam o conceito. A partir daí, surge a etapa de disseminação da novidade: certos alunos (ex.: alunos que assessorem ministros) e juízes de instâncias inferiores tenderão a replicar a invenção, até o ponto em que, mercê da replicação, ela se naturalize. No ponto em que uma nova doutrina já não é mais referida, nas petições, decisões e pareceres, como "nova doutrina", então ela deixa de ser adorno retórico e se transforma em doutrina de verdade. Não existe nova doutrina: toda doutrina é velha ou ainda está tentando. Quando uma doutrina sofre críticas, aí, então, pode-se dizer que ela se consagrou: pois só se bate no que existe. Daí então que se pode antever estratégia arriscada de empreendedorismo conceitual, que é propor, de cara, ideias extravagantes, convidando à crítica; se o convite for aceito, a proposta doutrinária encurtou caminhos e passou a existir, se bem que sua efetividade pode não ser das maiores (v. próximo item).

A (ii) *diferenciação* de conceitos de direito administrativo, com foco em sua aplicação, também é usual. Aqui, o empreendedor extrai, pela via do estabelecimento de distinções semânticas, um conceito novo de um conceito antigo. Ambos os conceitos deverão guardar, entre si, certa semelhança de família. Toda diferenciação é, antes, uma invenção; mas a diferenciação parte, necessariamente, de conceito-mãe (ao contrário da invenção, cujas origens não são reconduzíveis a um único ponto focal).

---

[14] É interessante sugerir, aqui, um paralelo com as línguas humanas. A despeito de diversas tentativas, nenhuma língua humana inventada, destinada à comunicação geral, deu certo (talvez o mais próximo de um "dar certo" seja o esperanto; ainda assim, o êxito é relativo). Por outro lado, linguagens inventadas destinadas a funções específicas – a matemática e as linguagens de programação em computador, por exemplo – são um sucesso. O que justifica o êxito de umas e o fracasso de outras? A linguagem jurídica é uma linguagem natural, e, por isso, irrita-se com as tentativas deliberadas de invenção? É tema para uma reflexão autônoma. Sobre as linguagens inventadas em geral, v. OKRENT, Arika. *In the land of invented languages*: adventures in linguistic creativity, madness, and genius. [s.l.]: Spiegel & Grau, 2010.

[15] Há outros riscos. Por exemplo: quando a invenção conceitual é por demais bem-sucedida, ela pode se naturalizar de tal modo que pode passar a ser vista como um óbice jurídico autônomo à atividade legiferante. Exemplo caricatural desse fenômeno (o qual decorre, note-se bem, do extremo êxito de uma invenção conceitual) são as discussões sobre se uma lei pode criar uma autorização vinculada e/ou uma licença discricionária. É claro que pode, mas o ponto não é esse; o ponto é a própria pergunta. Um grupo de autores e de práticos de direito administrativo francês *inventou* os conceitos de autorização (necessariamente discricionária) e de licença (necessariamente vinculada); o êxito foi tamanho que, até hoje – ainda que cada dia menos –, num distante país tropical, concedeu-se a essa invenção o *status* de poder constituinte originário.

A doutrina italiana de direito administrativo, ao tratar da intensidade do controle judicial sobre os atos administrativos, operou estratégia de diferenciação conceitual ao propor a noção de "mérito técnico" e de seu correlato – a "discricionariedade técnica" –, partindo das noções de mérito administrativo e de discricionariedade administrativa.[16] A estratégia foi replicada no Brasil, em especial no início do debate sobre agências reguladoras, e teve algum êxito na doutrina, ainda que não necessariamente haja servido como argumento que vinculasse os tribunais.[17]

A diferenciação é menos arriscada do que a invenção. Ela parte de algo já sólido, e, assim, em regra, arrisca-se a rejeição menor por parte da comunidade de intérpretes e operadores institucionais do direito. Por outro lado, seus espaços de manobra são menores: se deve guardar semelhança de família com o conceito estabelecido, o empreendedor conceitual não possuirá tanta liberdade quanto na invenção.

A (iii) *recuperação* histórica é o empreendimento conceitual mais complexo. Ele, tanto quanto a diferenciação, parte de algo que já existe, não para propor uma diferença, mas para propor, seja um *retorno* – ao sentido conceitual original –, seja uma *rejeição* – em razão do sentido original. Ela é, por assim dizer, um originalismo positivo ou negativo. Sua força persuasiva decorre do tradicionalismo associado à academia e à prática do direito, associada àquele autocultivo, pelo direito, da crença em conceitos naturalísticos. Se se desvela, por algum método histórico, o conceito *original*, este, quase que de modo irresistível, é percebido como o conceito *correto* e/ou único. Daí, este sentido é usado para louvar, criticar ou salvar o uso contemporâneo do conceito.

Quando Paulo Otero, e, entre nós, Gustavo Binenbojm, recuperam as origens do trabalho de geração de conceitos do Conselho de Estado francês, fazem-no para criticar o que entendem ser a origem autoritária da disciplina. É recuperação histórica (aqui, macroconceitual), em sentido negativo, que pretende sugerir que o direito administrativo se funde, agora, em bases democráticas.[18] Com objeto menor, a crítica, dentre outros, de Santamaría Pastor e Agustín Gordillo à noção de poder de polícia parte da recuperação de sua origem histórica. Se poder de polícia é conceito originário do estado de polícia, ele, hoje, não poderia ser salvo, pois é *só isso o que ele poderia ser*.[19] São exemplos de *recuperação-rejeição*.

Um exemplo de *recuperação-retorno*. No direito administrativo brasileiro, às vezes surgem afirmações de que contratos administrativos são contratos personalíssimos.[20]

---

[16] V. JORDÃO, Eduardo. *Controle judicial de uma administração pública complexa*. São Paulo: Malheiros, 2016.

[17] Cf. ALMEIDA, Fabricio Antonio Cardim de. *Revisão judicial das decisões do Conselho Administrativo de Defesa Econômica (Cade)*. Belo Horizonte: Fórum, 2011. A pesquisa empírica apresentada neste livro indicou que, para o período analisado (1994 até abril de 2010), o argumento do mérito técnico *não* impediu a análise do mérito das decisões do Cade pelo Judiciário.

[18] OTERO, Paulo. *Legalidade e Administração Pública*: o sentido da vinculação administrativa à juridicidade. Coimbra: Almedina, 2007; BINENBOJM, Gustavo. *Uma teoria do direito administrativo*: direitos fundamentais, democracia e constitucionalização. Rio de Janeiro: Renovar, 2006.

[19] SANTAMARÍA PASTOR, Juan Alfonso. *Principios de Derecho Administrativo General II*. Madri: Iustel, 2004; GORDILLO, Agustín. *Tratado de derecho administrativo*. 8. ed. Buenos Aires: F.D.A., 2006. t. 2; GARCÍA DE ENTERRÍA, Eduardo; FERNÁNDEZ, Tomás-Ramón. *Curso de Derecho Administrativo II*. Buenos Aires: La Ley, 2006. p. 104-106. A crítica vem desde a doutrina germânica e tornou-se comum em setores das doutrinas espanhola, italiana e argentina.

[20] Nesse sentido, dentre os autores clássicos, Hely Lopes Meirelles (MEIRELLES, Hely Lopes. *Direito administrativo brasileiro*. 34. ed. São Paulo: Malheiros, 2008. p. 214), e, dentre os mais recentes, Edmir Netto de Araújo (ARAÚJO, Edmir Netto de. *Contrato administrativo*. São Paulo: Revista dos Tribunais, 1987. p. 51).

O raciocínio que conduz a tal conclusão se expressa da seguinte forma: a administração pública tem o dever de licitar; ao fazê-lo, considera as condições infungíveis do licitante vencedor. Ela não pode, então, alterar o contratante.

Ao que parece, tal compreensão parte de ideias cristalizadas por autores franceses. Ocorre que, até 1993, na França, a contratação de particulares para a realização de serviços públicos se dava por meio de escolha discricionária da administração. Diante disso, é claro que a contratação haveria de ser personalíssima, porque o administrador de fato escolhia um prestador baseado nas qualidades particulares do contratado. Só a partir da *Loi Sapin*, de 29.1.1993, é que se passou a realizar procedimento para a seleção de contratados.[21] [22] [23]

Assim, a recuperação-retorno, como técnica de empreendedorismo conceitual de direito administrativo, permite afirmar que a ideia de personalismo dos contratos públicos fazia sentido na França pré-1993, não faz sentido no Brasil de 2024.

III Como fazer coisas com conceitos de direito administrativo

Inventar, diferenciar, recuperar conceitos. Há um modo certo de fazê-los? Se se entende que, por "certo", quer-se significar "mais persuasivo" – e a aderência é a medida do sucesso do empreendedor conceitual –, parece que há duas estratégias mais típicas: uma estratégia ortodoxa e uma estratégia heterodoxa.

A estratégia tradicional recomenda antes a *diferenciação* do que a invenção. Deve-se partir de ideias antigas e, de modo gradual, introduzir inovações. Como se está tratando, aqui, do que é, em essência, uma estratégia pragmática, nada melhor do que fazer referência a um dos pais do pragmatismo filosófico, William James. Pois James, com o lançamento de seu livro, em 1907, esperava inaugurar algo "próximo à reforma protestante". Apesar disso, *et pour cause*, ele se preocupou com a estratégia de apresentação: para não soar muito revolucionário, e daí, possivelmente, perder adesões, James, a partir do subtítulo, tratou de desarmar ânimos. Chamou seu livro de *Pragmatism – A new name for some old ways of thinking*. Ainda no mesmo ânimo, enfileirou antecedentes para o pragmatismo: Sócrates, Aristóteles, Kant, Stuart Mill, Francis Bacon, Spinoza, Locke, Hume. Não considerou sua proposta um conteúdo filosófico autônomo, mas apenas um método.[24]

Empreender conceitos de forma ortodoxa é isso: sugerir reformas pontuais; diferenciar conceitos; encontrar antecessores. Não vamos nos esquecer de que, quando

---

[21] A respeito do ponto, cf. MOREIRA, Egon Bockmann. Concessão de serviço público: breves notas sobre a atividade empresarial concessionária. *Revista da Procuradoria Geral do Estado do Rio de Janeiro*, 2012. Edição Especial. Disponível em: https://pge.rj.gov.br/comum/code/MostrarArquivo.php?C=MzU3OA%2C%2C.

[22] A lei pode ser acessada por meio do seguinte *link*: https://www.legifrance.gouv.fr/affichTexte.do?cidTexte=JORFTEXT000000711604&categorieLien=id.

[23] O Supremo Tribunal Federal, em 2022, julgou improcedente a ADI nº 2.946, em que se discutia a constitucionalidade do art. 27 da Lei Federal nº 8.987/95. A ADI partia do pressuposto do caráter personalíssimo dessa espécie de contrato administrativo. Para um artigo em que nosso homenageado defende a possibilidade da concessão, veja-se JUSTEN FILHO, Marçal *et al*. É constitucional transferir contratos de concessão. *Jota*, 2021. Disponível em: https://www.jota.info/opiniao-e-analise/colunas/publicistas/e-constitucional-transferir-contratos-de-concessao-17082021.

[24] Desenvolver em MENDONÇA, José Vicente Santos de. *Direito constitucional econômico*: a intervenção do estado na economia à luz da razão pública e do pragmatismo. 2. ed. Belo Horizonte: Fórum, 2014.

tratamos do direito, estamos falando de prática social para a qual são oferecidas sugestões como a seguinte, de Carlos Maximiliano:

> Fica bem ao magistrado aludir às teorias recentes, mostrar conhecê-las, porém só impor em aresto a sua observância quando deixarem de ser consideradas ultra-adiantadas, semi-revolucionárias; obtiverem o aplauso dos moderados, não *misoneístas,* porém prudentes, *doutos e sensatos.*[25]

O empreendedorismo ortodoxo não é, entretanto, imobilista de fato; ele é malandro; ele inova por entre a institucionalidade.[26]

Exemplos de estratégias ortodoxas de empreendedorismo conceitual são todas as que, ao invés de, por exemplo, abandonar a noção de poder de polícia administrativa, operam-lhe uma constitucionalização-releitura.[27] Não se trataria de abandonar a noção, mas de a reler à luz dos direitos fundamentais.

A estratégia heterodoxa prefere invenções ou recuperações conceituais com possível impacto. Ela parte de uma ideia que, isoladamente considerada, poderia ser tida como extravagante; ela convida à crítica, e, em verdade, *afirma-se* na crítica. Ignora, no todo ou em parte, tradições; propõe denominações; ousa abandonos. O risco da estratégia heterodoxa é causar impacto, mas, diante da resiliência do real, não conformar inteiramente práticas. Carlos Ari Sundfeld, ao recomendar o abandono da noção de poder de polícia em prol da de direito administrativo ordenador, age, quem sabe, segundo uma estratégia heterodoxa.[28] Em seu tempo, a crítica ao dito princípio da supremacia do interesse público sobre o privado também seguiu, em boa parte, uma estratégia mais próxima da heterodoxia. Em boa medida, o *Curso de Direito Administrativo* do Professor Marçal Justen Filho é eivado de um espírito heterodoxo.[29]

Não há estratégia melhor ou pior; tanto a ortodoxia quanto a heterodoxia têm seu momento. Além disso, é de se ver que não há obrigatoriedade de usos consistentes de estratégias heterodoxas ou ortodoxas; pode-se ser, aqui, no todo ou em parte, ortodoxo, e, ali, heterodoxo. Sem falar que se pode ser as duas coisas ao mesmo tempo: pode-se propor revoluções sob capas tradicionais; e se adotar estratégias reformistas por meio de apresentações formais de impacto. Última observação: ortodoxia e heterodoxia só o são em relação a certos *observadores* e em certo *período.* As estratégias são sempre contextuais. Quem, em 2002, sugeria que a supremacia do interesse público sobre o privado devesse ser repensada adotava, então, como dito, estratégia mais próxima à heterodoxia; em

---

[25] MAXIMILIANO, Carlos. *Hermenêutica e aplicação do direito.* 16. ed. Rio de Janeiro: Forense, 1996. p. 160. Os grifos constam do original.

[26] Sobre estratégias malandras, v. SCHUARTZ, Luis Fernando. *Consequencialismo jurídico, racionalidade decisória e malandragem.* Mimeo. Ainda, sugerindo que o princípio da eficiência possa ser o veículo da malandragem consequencialista, cf. MENDONÇA, José Vicente Santos de; ALMEIDA FILHO, Jorge Celso Flemming de. O argumento consequencialista e sua relação com o princípio da eficiência. In: CARRILHO, Leonardo; OLIVEIRA, Fernando Fróes; MENDONÇA, José Vicente Santos de (Org.). *Revista de Direito da Associação dos Procuradores do Novo Estado do Rio de Janeiro,* Rio de Janeiro, v. XXIII, p. 505-534, 2015.

[27] Por ex., cf. SANTOS, Estêvão Gomes Corrêa dos. *Em defesa do poder de polícia:* uma proposta de superação das críticas e dos modelos alternativos ao poder de polícia no direito administrativo contemporâneo. 2016. Dissertação (Mestrado em Direito) – Universidade do Estado do Rio de Janeiro, 2016.

[28] SUNDFELD, Carlos Ari. *Direito administrativo ordenador.* São Paulo: Malheiros, 2003.

[29] JUSTEN FILHO, Marçal. *Curso de direito administrativo.* 25. ed. Rio de Janeiro: Forense, 2024.

2024, a estratégia heterodoxa talvez seja defender a supremacia. Os conceitos inventados de direito administrativo têm vida própria. Nascem, reproduzem-se, morrem. Até que sejam reinventados, isto é: até que ressuscitem.

IV Encerramento

Todo conceito jurídico é um conceito inventado. Mas nem sempre se inventa da mesma forma. Neste texto, publicado numa coletânea em homenagem a um jurista inovador, quis destacar que, antes de se discutir por que e como o direito administrativo pode ser amigo ou inimigo da inovação, ele pode inovar *dentro de si mesmo*. Direito saído da estatalidade; com forte carga política; condenado a eternas crises (do serviço público, do estado etc.) e, consequentemente, a eternas reformas, talvez ele se encontre, desde sempre, no limite entre o que é e o que pode ser. Um direito de transição. Um direito de invenção.

Referências

ALMEIDA, Fabricio Antonio Cardim de. *Revisão judicial das decisões do Conselho Administrativo de Defesa Econômica (Cade)*. Belo Horizonte: Fórum, 2011.

ARAÚJO, Edmir Netto de. *Contrato administrativo*. São Paulo: Revista dos Tribunais, 1987.

AUSTIN, John. *How to do things with words*. 2. ed. Cambridge: Harvard University Press, 1975.

BINENBOJM, Gustavo. *Uma teoria do direito administrativo*: direitos fundamentais, democracia e constitucionalização. Rio de Janeiro: Renovar, 2006.

GARCÍA DE ENTERRÍA, Eduardo; FERNÁNDEZ, Tomás-Ramón. *Curso de Derecho Administrativo II*. Buenos Aires: La Ley, 2006.

GORDILLO, Agustín. *Tratado de derecho administrativo*. 8. ed. Buenos Aires: F.D.A., 2006. t. 2.

JORDÃO, Eduardo. *Controle judicial de uma administração pública complexa*. São Paulo: Malheiros, 2016.

JUSTEN FILHO, Marçal *et al*. É constitucional transferir contratos de concessão. *Jota*, 2021. Disponível em: https://www.jota.info/opiniao-e-analise/colunas/publicistas/e-constitucional-transferir-contratos-de-concessao-17082021.

JUSTEN FILHO, Marçal. *Curso de direito administrativo*. 25. ed. Rio de Janeiro: Forense, 2024.

MAXIMILIANO, Carlos. *Hermenêutica e aplicação do direito*. 16. ed. Rio de Janeiro: Forense, 1996.

MEIRELLES, Hely Lopes. *Direito administrativo brasileiro*. 33. ed. São Paulo: Malheiros, 2007.

MEIRELLES, Hely Lopes. *Direito administrativo brasileiro*. 34. ed. São Paulo: Malheiros, 2008.

MENDONÇA, José Vicente Santos de. *Direito constitucional econômico*: a intervenção do estado na economia à luz da razão pública e do pragmatismo. 2. ed. Belo Horizonte: Fórum, 2014.

MENDONÇA, José Vicente Santos de; ALMEIDA FILHO, Jorge Celso Flemming de. O argumento consequencialista e sua relação com o princípio da eficiência. *In*: CARRILHO, Leonardo; OLIVEIRA, Fernando Fróes; MENDONÇA, José Vicente Santos de (Org.). *Revista de Direito da Associação dos Procuradores do Novo Estado do Rio de Janeiro*, Rio de Janeiro, v. XXIII, p. 505-534, 2015.

MOREIRA, Egon Bockmann. Concessão de serviço público: breves notas sobre a atividade empresarial concessionária. *Revista da Procuradoria Geral do Estado do Rio de Janeiro*, 2012. Edição Especial. Disponível em: https://pge.rj.gov.br/comum/code/MostrarArquivo.php?C=MzU3OA%2C%2C.

OKRENT, Arika. *In the land of invented languages*: adventures in linguistic creativity, madness, and genius. [s.l.]: Spiegel & Grau, 2010.

OTERO, Paulo. *Legalidade e Administração Pública*: o sentido da vinculação administrativa à juridicidade. Coimbra: Almedina, 2007.

PIERUCCI, Antônio Flávio. *O desencantamento do mundo*: todos os passos do conceito em Max Weber. São Paulo: Editora 34, 2003.

RIBEIRO, Leonardo Coelho. *O direito administrativo como caixa de ferramentas*: a formulação e a avaliação da ação pública entre instrumentalismo, instituições e incentivos. Dissertação (Mestrado em Direito Público) – UERJ, Rio de Janeiro, 2015.

SANTAMARÍA PASTOR, Juan Alfonso. *Principios de Derecho Administrativo General II*. Madri: Iustel, 2004.

SANTOS, Estêvão Gomes Corrêa dos. *Em defesa do poder de polícia*: uma proposta de superação das críticas e dos modelos alternativos ao poder de polícia no direito administrativo contemporâneo. 2016. Dissertação (Mestrado em Direito) – Universidade do Estado do Rio de Janeiro, 2016.

SCHIRATO, Victor Rhein. Repensando a pertinência dos atributos dos atos administrativos. *In*: MEDAUAR, Odete; SCHIRATO, Victor Rhein. *Os caminhos do ato administrativo*. São Paulo: Revista dos Tribunais, 2011.

SCHUARTZ, Luis Fernando. *Consequencialismo jurídico, racionalidade decisória e malandragem*. Mimeo.

SUNDFELD, Carlos Ari. *Direito administrativo ordenador*. São Paulo: Malheiros, 2003.

SUNSTEIN, Cass. Social Norms and Social Roles. *Columbia Law Review*, 96: 903.

TÁCITO, Caio. Controle dos motivos do ato administrativo. *In*: TÁCITO, Caio. *Temas de direito público*: estudos e pareceres. Rio de Janeiro: Renovar, 1997.

Informação bibliográfica deste texto, conforme a NBR 6023:2018 da Associação Brasileira de Normas Técnicas (ABNT):

MENDONÇA, José Vicente Santos de. Conceitos inventados de direito administrativo. *In*: JUSTEN, Monica Spezia; PEREIRA, Cesar; JUSTEN NETO, Marçal; JUSTEN, Lucas Spezia (coord.). *Uma visão humanista do Direito*: homenagem ao Professor Marçal Justen Filho. Belo Horizonte: Fórum, 2025. v. 1, p. 363-371. ISBN 978-65-5518-918 6.

BALIZAS PARA A RESPONSABILIDADE ADMINISTRATIVA DO SERVIDOR PÚBLICO POR ATOS DA VIDA PRIVADA[1]

LEILA CUÉLLAR

1 Considerações iniciais

O Estatuto dos Servidores Públicos Civis da União, das autarquias e das fundações públicas federais (Lei Federal nº 8.112/1990), os estatutos de servidores públicos estaduais e municipais, assim como diversos outros diplomas legais específicos de determinadas categorias de servidores públicos (Estatuto dos Funcionários do Poder Judiciário, Lei Orgânica da Magistratura Nacional, Códigos de Disciplina da Polícia Militar, por exemplo), possuem normas a respeito dos deveres e proibições dos servidores, civis ou militares, e sobre a responsabilidade (administrativa, civil e penal) por ilícitos funcionais.

No âmbito da responsabilidade administrativa, diversos questionamentos têm sido apontados pela doutrina e pela jurisprudência. No presente artigo, pretendemos apresentar algumas ponderações sobre um dos temas que tem acarretado reflexões: a responsabilidade administrativa do servidor público por atos da vida privada.

O artigo abordará de maneira sucinta (i) a noção de responsabilidade administrativa e sua abrangência e, em seguida, (ii) notas sobre os limites da responsabilidade administrativa do servidor público por atos da vida privada.

2 Responsabilidade administrativa do servidor público

Diversos diplomas legais vigentes contemplam regramentos sobre os deveres e as proibições/vedações aplicáveis aos servidores públicos e acerca das responsabilidades.

---

[1] Artigo escrito para publicação em livro em homenagem ao Professor Doutor Marçal Justen Filho. É uma honra poder participar desta homenagem ao caro Professor Marçal, com agradecimentos pelos seus valiosos ensinamentos e cumprimentos pela brilhante trajetória.

Ou seja, as consequências a serem experimentadas pelos servidores em vista da prática de atos ilícitos qualificados por dolo ou erro grosseiro (LINDB, art. 28). Dependendo da natureza do cargo, os dispositivos são mais abrangentes, como no caso das atividades policiais e militares.

A partir de pesquisa efetuada na Lei Federal nº 8.112/1990 e em estatutos de servidores públicos estaduais e do Distrito Federal,[2] é possível constatar certa padronização no que tange às previsões relacionadas com os deveres e as proibições dos servidores, bem como em tópico que versa sobre a apuração de responsabilidades e aplicação de sanções.

Os dispositivos legais costumam elencar deveres e proibições e, em seguida, destacar a responsabilização dos servidores por infrações/ilícitos funcionais. As previsões são exaustivas e denotam a aplicação dos princípios da legalidade e da tipicidade para as condutas que são consideradas infrações ou ilícitos funcionais.

O Estatuto federal e a maioria das leis estaduais analisados não apresentam um conceito de infração disciplinar. Indicam as obrigações e proibições e, quando tratam da responsabilidade administrativa, aduzem que ela decorre do "exercício irregular de suas atribuições" (art. 121 da Lei Federal nº 8.112/1990) e "resulta de ato omissivo ou comissivo praticado no desempenho do cargo ou função" (art. 124 da Lei Federal nº 8.112/1990).

A Lei Estadual catarinense nº 6.745/1985, contudo, assim prevê:

> Art. 135. Constitui infração disciplinar toda a ação ou omissão do funcionário que possa comprometer a dignidade e o decoro da função pública, ferir a disciplina e a hierarquia,

---

[2] Consultamos as seguintes normas estaduais e distritais: *Acre* (Lei Complementar nº 39/1993, https://www.legisweb.com.br/legislacao/?id=116186), *Alagoas* (Lei nº 5.247/1991, https://leisestaduais.com.br/AL/LEI-5247-1991-ALAGOAS-AL.pdf), *Amapá* (Lei nº 66/1993, https://editor.amapa.gov.br/arquivos_portais/publicacoes/EDUCA%C3%A7%C3%A3O_d554a1f8f2368db6d94b626fa5aa7c76.pdf), *Amazonas* (Lei nº 1.762/1986, https://www.pge.am.gov.br/wp-content/uploads/2020/11/Estatuto-dos-Funcionarios-Publicos-Civis-do-Estado-do-Amazonas.pdf), *Bahia* (Lei nº 6677/1994, https://servidores.rhbahia.ba.gov.br/legislacao), *Ceará* (Lei nº 9.826/1974, https://www.al.ce.gov.br/publicacoes-inesp/legislacao-estadual), *Distrito Federal* (Lei Complementar nº 840/2011, https://www.sinj.df.gov.br/sinj/Norma/70196/Lei_Complementar_840_23_12_2011.html), *Espírito Santo* (Lei Complementar nº 46/1994, https://pge.es.gov.br/Media/pge/docs/ESTATUTO_SERVIDOR.pdf; https://servidor.es.gov.br/Media/PortalServidor/Carreira%20e%20Desenvolvimento/Estatuto%20LC_46_1994.pdf), *Goiás* (Lei nº 20.756/2020, https://legisla.casacivil.go.gov.br/pesquisa_legislacao/100979/lei-20756), *Maranhão* (Lei nº 6.107/1994, https://seplan.ma.gov.br/uploads/seplan/docs/estatuto_servidor.pdf), *Mato Grosso* (Lei Complementar nº 4/1990, https://legislacao.mt.gov.br/lei/estatuto-dos-servidores-publicos-civis-do-estado-mt-2023-01-12-versao-consolidada?origin=instituicao), *Mato Grosso do Sul* (Lei nº 1102/1990, https://www.legisweb.com.br/legislacao/?id=134974), *Minas Gerais* (Lei nº 869/1952, https://www.almg.gov.br/legislacao-mineira/texto/LEI/869/1952/?cons=1), *Pará* (Lei nº 5.810/1994, https://www.pge.pa.gov.br/sites/default/files/legislacao/LO5810_1994_RJU_atualizada_ate_a_Lei_9982-2023_0.pdf), *Paraíba* (Lei Complementar nº 58/2003, https://paraiba.pb.gov.br/indiretas/ouvidoria-geral-do-estado/legislacao/lei-complementar-58-estatuto-dos-servidores.pdf/view), *Paraná* (Lei Estadual nº 6.174/1970 e Lei Estadual nº 20.656/2021, https://www.legislacao.pr.gov.br/legislacao/entradaSite.do?action=iniciarProcesso), *Pernambuco* (Lei nº 6.123/1968, http://www.portais.pe.gov.br/c/document_library/get_file?uuid=e963389d-8746-4eef-bd12-819694e80d93&groupId=4356545), *Piauí* (Lei Complementar nº 13/1994, http://www.cel.pi.gov.br/download/200506/CEL27_3b04318950.pdf), *Rio de Janeiro* (Decreto nº 2.479/1979, http://alerjln1.alerj.rj.gov.br/decest.nsf/968d5212a901f75f0325654c00612d5c/2caa8a7c2265c33b0325698a0068e8fb), *Rio Grande do Norte* (Lei Complementar nº 122/1994, https://www.al.rn.leg.br/legislacao/leis-complementares), *Rio Grande do Sul* (Lei Complementar nº 10.098/1994, https://www.al.rs.gov.br/filerepository/replegis/arquivos/10.098.pdf), *Rondônia* (Lei Complementar nº 68/1992, https://sapl.al.ro.leg.br/media/sapl/public/normajuridica/1992/3785/3785_texto_integral.pdf), *Roraima* (Lei Complementar nº 10/1994, https://www.mpc.rr.gov.br/uploads/2013/09/03092013113423709_6.pdf), *Santa Catarina* (Lei Complementar nº 491/2010, http://leis.alesc.sc.gov.br/html/2010/491_2010_lei_complementar.html e Lei nº 6745/1985, http://leis.alesc.sc.gov.br/html/1985/6745_1985_lei_compilada.html), *São Paulo* (Lei nº 10.261/1968, https://www.al.sp.gov.br/repositorio/legislacao/lei/1968/lei-10261-28.10.1968.html), *Sergipe* (Lei nº 2.148/1977, https://aleselegis.al.se.leg.br/Arquivo/Documents/legislacao/html/L21481977.html) e *Tocantins* (Lei nº 1.818/2007, https://central3.to.gov.br/arquivo/251100/).

prejudicar a eficiência dos serviços públicos ou causar prejuízo de qualquer natureza à Administração.

Parágrafo único. A infração disciplinar será punida conforme os antecedentes, o grau de culpa do agente, bem assim os motivos, as circunstâncias e as consequências do ilícito.

O Estatuto dos Servidores do Rio de Janeiro (Decreto nº 2.479/1979) também contempla uma previsão:

Art. 305. Constitui infração disciplinar toda ação ou omissão do funcionário capaz de comprometer a dignidade e o decoro da função pública, ferir a disciplina e a hierarquia, prejudicar a eficiência do serviço ou causar dano à Administração Pública.

E a legislação do Distrito Federal (Lei Complementar nº 840/2011) dispõe no seguinte sentido:

Art. 187. A infração disciplinar decorre de ato omissivo ou comissivo, praticado com dolo ou culpa, e sujeita o servidor às sanções previstas nesta Lei Complementar. [...]

Art. 217. O processo disciplinar é o instrumento destinado a apurar responsabilidade do servidor por infração disciplinar

No Ceará, a Lei nº 9826/1974 prescreve:

Art. 175. Considera-se ilícito administrativo a conduta comissiva ou omissiva, do funcionário, que importe em violação de dever geral ou especial, ou de proibição, fixado neste Estatuto e em sua legislação complementar, ou que constitua comportamento incompatível com o decoro funcional ou social.

Parágrafo único – O ilícito administrativo é punível, independentemente de acarretar resultado perturbador do serviço estadual.

Considera-se ilícito ou infração funcional, portanto, em princípio, conduta comissiva ou omissiva que importe violação aos deveres ou proibições a que estão submetidos os servidores públicos. Deveres a configurar condutas ativas tipificadas de modo específico em lei; proibições, aqueles comportamentos que, de modo claro e certo, são vedados aos servidores.

Sobre a noção de ilícito funcional, são valiosos os ensinamentos de Marçal Justen Filho:

A infração aos deveres inerentes ao regime jurídico funcional comporta um tratamento próprio, ainda que sujeito aos princípios e regras genéricos atinentes ao ilícito.

A ação ou omissão reprováveis apenas se configuram como ilícito na medida em que consistam na infração de um dever jurídico. O ilícito se consuma quando o sujeito tinha o dever de adotar certa conduta e deixa de fazê-lo por culpa ou dolo.[3]

---

[3]   JUSTEN FILHO, Marçal. *Curso de direito administrativo*. 15. ed. Rio de Janeiro: Forense, 2024. p. 656-657.

Aprofundando o tema, cabe citar, igualmente, as observações do autor quanto ao regime jurídico sancionatório, decorrente do poder disciplinar do ente público em relação ao servidor:

[...] Apenas para rememorar os pontos fundamentais, cujo desenvolvimento lá se encontra, o regime jurídico de direito administrativo sancionatório apresenta as seguintes características:

- os ilícitos e as sanções administrativas obedecem ao regime próprio do direito penal;

- aplica-se o princípio da legalidade no tocante à definição das infrações e na fixação das sanções;

- a configuração da ilicitude depende da presença de um elemento subjetivo reprovável, que integra a descrição normativa do ilícito;

- o sancionamento se subordina ao princípio da proporcionalidade;

- a observância do devido processo legal, com respeito ao contraditório e à ampla defesa, é uma condição inafastável para a punição.[4]

Além disso, é oportuno frisar que alguns estatutos aludidos no presente estudo e outros diplomas legais específicos de determinadas carreiras sublinham que o servidor público deve proceder na vida privada de forma a dignificar a função pública.

Assim, *v.g.*, o disposto na Lei paranaense nº 6.174/1970:[5]

Art. 279. São deveres do funcionário: [...]

XIV - Proceder na vida pública e privada de forma a dignificar sempre a função pública; [...].

Ainda, nesta seara, é importante assinalar que as leis consultadas têm disposto sobre a *responsabilidade administrativa, civil e penal*, destacando a independência das esferas e a possibilidade de acumulação de sanções.

Apenas a título exemplificativo, citamos o que contempla a legislação federal mencionada sobre a responsabilidade e, em especial, sobre a responsabilidade administrativa:

Art. 121. O servidor responde civil, penal e administrativamente pelo exercício irregular de suas atribuições. [...]

Art. 124. A responsabilidade civil-administrativa resulta de ato omissivo ou comissivo praticado no desempenho do cargo ou função.

Art. 125. As sanções civis, penais e administrativas poderão cumular-se, sendo independentes entre si.

Art. 126. A responsabilidade administrativa do servidor será afastada no caso de absolvição criminal que negue a existência do fato ou sua autoria.

---

4   JUSTEN FILHO, Marçal. *Curso de direito administrativo*. 15. ed. Rio de Janeiro: Forense, 2024. p. 654.

5   No mesmo sentido, dentre outros, os estatutos dos servidores públicos dos estados de São Paulo (art. 241, XIV, da Lei nº 10.261/1968) e do Sergipe (art. 250, XVI, da Lei nº 2.148/1977).

Art. 126-A. Nenhum servidor poderá ser responsabilizado civil, penal ou administrativamente por dar ciência à autoridade superior ou, quando houver suspeita de envolvimento desta, a outra autoridade competente para apuração de informação concernente à prática de crimes ou improbidade de que tenha conhecimento, ainda que em decorrência do exercício de cargo, emprego ou função pública.

A responsabilidade administrativa decorre, portanto, da prática de conduta que a lei atribuiu como ilícito funcional, quando os deveres ou as proibições impostas ao servidor público não forem por ele respeitados. Vinculam-se não só às suas "atribuições" (art. 121), mas exigem que tenham sido praticados "no desempenho do cargo ou função".

Nas palavras de Marçal Justen Filho:

A responsabilidade administrativa consiste no dever de o agente estatal responder pelos efeitos jurídico-administrativos dos atos praticados no desempenho de atividade administrativa estatal, inclusive suportando a sanção administrativa cominada em lei pela prática de ato ilícito.

[...] A investidura no exercício da função pública gera um comprometimento individual com o aparato estatal, e a sociedade impõe ao sujeito inúmeros deveres. O sujeito tem o dever de *responder* pela conduta adotada no desempenho das atividades administrativas, e isso significa a impossibilidade de eximir-se dos efeitos das ações e omissões. O sujeito é *responsável* no sentido da existência de um dever de prestação de contas dos atos a outrem e de arcar com as consequências de condutas reprováveis ou equivocadas.[6]

Na mesma linha, destaca José dos Santos Carvalho Filho:

Quando o servidor pratica um ilícito administrativo, a ele é atribuída responsabilidade administrativa. O ilícito pode verificar-se por conduta comissiva ou omissiva e os fatos que o configuram são os previstos na legislação estatutária.

A responsabilidade administrativa deve ser apurada em processo administrativo, assegurando-se ao servidor o direito à ampla defesa e ao contraditório, bem coo a maior margem probatória, a fim de possibilitar mais eficientemente a apuração do ilícito. Constatada a prática do ilícito, a responsabilidade importa a aplicação da adequada sanção administrativa.[7]

Apresentada a noção de responsabilidade de ilícito administrativo e responsabilidade administrativa, é preciso verificar o que as normas dispõem sobre quando é cabível a instauração de processo administrativo disciplinar.

3 Processo administrativo disciplinar e atos da vida privada – Limites

Convém destacar que a sindicância e o processo administrativo disciplinar buscam, originariamente, a apuração de atos praticados pelos servidores no serviço público (no exercício da função). Enquanto, por que e quando estiverem exercendo o papel de

---

[6] JUSTEN FILHO, Marçal. *Curso de direito administrativo*. 15. ed. Rio de Janeiro: Forense, 2024. p. 653.

[7] CARVALHO FILHO, José dos Santos. *Manual de direito administrativo*. 38. ed. Barueri: Atlas, 2024. p. 651.

servidor público, os sujeitos submetem-se às condutas tipificadas em lei. Decorrem do poder-dever da administração pública de apurar a existência de infrações administrativas praticadas pelos servidores públicos e aplicar as sanções cabíveis.

Assim dispõem, por exemplo, os arts. 143 e 148 da Lei Federal nº 8.112/90:

Art. 143. A autoridade que tiver ciência de irregularidade no serviço público é obrigada a promover a sua apuração imediata, mediante sindicância ou processo administrativo disciplinar, assegurada ao acusado ampla defesa. [...]

Art. 148. O processo disciplinar é o instrumento destinado a apurar responsabilidade de servidor *por infração praticada no exercício de suas atribuições, ou que tenha relação com as atribuições do cargo em que se encontre investido.* (Grifos nossos)

Para ilustrar, apenas, apontamos dois exemplos de legislações estaduais, dos estados do Paraná e da Bahia, em sentido semelhante.

Os arts. 116 e 126 da Lei Estadual Paranaense nº 20.656/2021, diploma que estabelece normas gerais e procedimentos especiais sobre atos e processos administrativos que não tenham disciplina legal específica, no âmbito do Estado do Paraná, estatuem da seguinte forma:

Art. 116. A sindicância destina-se a apurar indícios de autoria e materialidade de irregularidade *praticada no serviço público*, devendo ser instruída com brevidade, clareza e exatidão. [...]

Art. 126. O Processo Administrativo Disciplinar é o instrumento destinado a apurar responsabilidade de servidor por infração *praticada no exercício de suas atribuições, ou que tenha relação com as atribuições do cargo em que se encontre investido.* (Grifos nossos)

E o Estatuto dos Servidores Públicos do Estado do Paraná prescreve:

Art. 286. Pelo exercício irregular de suas atribuições, o funcionário responde civil, penal e administrativamente. [...]

Art. 289. A responsabilidade administrativa resulta de atos praticados ou omissões ocorridas no desempenho do cargo ou função.

No Estado da Bahia, a Lei estadual nº 6.677/1994 assim aduz:

Art. 209. O processo disciplinar destina-se a apurar responsabilidade de servidor por infração praticada no exercício de suas funções ou relacionada com as atribuições do seu cargo.

Alguns estatutos estaduais preveem disposições diferentes, esclarecendo que o processo administrativo disciplinar está vinculado à apuração da prática de infração disciplinar.[8]

---

[8] Por exemplo, a Lei Complementar nº 840/11, do Distrito Federal ("Art. 217. O processo disciplinar é o instrumento destinado a apurar responsabilidade do servidor por infração disciplinar"), a Lei nº 2.148/1977, do Sergipe ("Art. 274. Instaurar-se-á Processo Administrativo Disciplinar, para apuração de irregularidades no

Em princípio, portanto, a apuração de eventual responsabilidade administrativa do servidor está relacionada com atos praticados no exercício de suas atribuições ou a elas imediatamente relacionados.

Contudo, e *excepcionalmente*, algumas vezes atos praticados fora do serviço (considerados atos da vida privada), ou seja, *desvinculados da função exercida pelo servidor*, podem guardar relação com o cargo do servidor ou ter consequências que impliquem desrespeito a deveres ou proibições impostas aos servidores públicos. Importante avaliar, então, *se* e *quando* os atos da vida privada podem acarretar a responsabilidade administrativa do servidor e ser objeto de sindicância ou processo administrativo disciplinar.

Há algumas normas legais mais abrangentes acerca da natureza dos atos apurados por meio de sindicâncias e processos administrativos disciplinares (que levam em consideração a natureza específica das funções exercidas, como é o caso dos policiais civis ou militares), bem como existem manifestações da doutrina e da jurisprudência entendendo que em algumas hipóteses poderá ser instaurada sindicância ou processo administrativo disciplinar em relação a atos da vida privada, com as devidas restrições ou balizas.

No caso da legislação federal e de alguns estados, para os servidores públicos civis, em geral, conforme artigos transcritos acima, consta, por exemplo, que o processo administrativo disciplinar poderá ser instaurado para apurar responsabilidade de servidor por infração (1) *praticada no exercício de suas atribuições, ou* (2) *que tenha relação com as atribuições do cargo em que se encontre investido.*

A legislação federal citada e as normas acima arroladas em nota de rodapé são *silentes*, todavia, quanto à averiguação relativa a *atos da vida privada*.

Mais especificamente acerca da possibilidade de instauração de sindicância ou processo administrativo disciplinar, *de forma excepcional*, em relação a atos da vida privada, os ensinamentos de Antonio Carlos Alencar Carvalho:

> O regime disciplinar do funcionalismo não se preocupa, embora seja esse o parâmetro geral, somente com os atos estritamente desempenhados no exercício funcional, mas também busca preservar a imagem, decoro e credibilidade que devem merecer perante a sociedade os que titularizam cargos e funções públicas (no fundo se protege a imagem e confiança da Administração Pública, representada por seus agentes), sempre consideradas as atribuições específicas do cargo em que investido o servidor para o fim de se gerar responsabilidade por atos da vida privada, preservado o núcleo essencial do direito fundamental à intimidade e à vida privada como parâmetro, no mais.[9]

Serviço Público e responsabilização dos seus autores"), a Lei Complementar nº 58/2003, da Paraíba ("Art. 136. O processo disciplinar é o instrumento destinado a apurar responsabilidade de servidor por infração prevista nesta Lei") e a Lei nº 1.102/1990, do Mato Grosso do Sul (art. 241, *caput*, "O processo administrativo disciplinar é um instrumento destinado a apurar responsabilidade de funcionário, por infração praticada no exercício de suas atribuições").

[9] CARVALHO, Antonio Carlos Alencar. *Manual de processo administrativo disciplinar e sindicância*: à luz da jurisprudência dos tribunais e da casuística da Administração Pública. 8. ed. Belo Horizonte: Fórum, 2024, v. 1, p. 235.

É importante sublinhar que a possibilidade de instauração de sindicância ou processo administrativo disciplinar em relação a atos da vida privada ocorre de maneira *excepcional*, apenas quando os atos acarretem repercussões na esfera de atividades do servidor, configurem infração disciplinar e sempre considerados os limites constitucionais, especialmente de respeito à individualidade, aos direitos fundamentais. A vida privada e a intimidade são garantias constitucionais expressas.

Nessa linha, Antonio Carlos Alencar Carvalho complementa seus estudos, frisando a necessidade de se observar a efetiva *repercussão dos atos da vida privada praticados* e *os limites impostos à Administração Pública* pelo *respeito à individualidade, aos direitos fundamentais* do servidor envolvido:

> Sobre a repercussão de FATOS DA VIDA PRIVADA, OU DEVERES EXTRAFUNCIONAIS na terminologia que adota, M. Leal Henriques escreve que a sua OFENSA SÓ CONSTITUI OBJETO DE INFRAÇÃO DISCIPLINAR QUANDO ATINJA O SERVIÇO DIRETAMENTE OU POR MEIO DA DESQUALIFICAÇÃO PESSOAL DO FUNCIONÁRIO.
>
> Note-se, aí, a implícita consideração da premissa de agressão às específicas atribuições do cargo em que investido o servidor.
>
> A administrativista lusa Raquel Carvalho, nesse sentido, anota que, CONQUANTO INDESEJÁVEL O COMETIMENTO DE CRIMES POR SERVIDOR PÚBLICO, PARA QUE SEJA DEFLAGRADO PROCESSO E APLICADA PUNIÇÃO ADMINISTRATIVA, OS FATOS DEVEM CONSUBSTANCIAR UMA INFRAÇÃO DISCIPLINAR.[10]

Citando Clarissa Sampaio Silva, o mesmo doutrinador adiciona:

> Clarissa Sampaio Silva, *abraçando a IDEIA RESTRITA DA RESPONSABILIDADE EXCEPCIONAL POR ATOS DA VIDA PARTICULAR, OBSERVA QUE A LIBERDADE DE EXPRESSÃO, A VIDA PRIVADA E A INTIMIDADE, BEM COMO O LIVRE DESENVOLVIMENTO DA PERSONALIDADE DO SERVIDOR FORA DO SERVIÇO SOMENTE PODERÃO TER RELEVO NO QUE SE RELACIONAREM COM A ADMINISTRAÇÃO PÚBLICA,* falecendo ao Estado, no mais, estabelecer pautas de conduta ou obrigações fora desse âmbito funcional, assim como se tolhe a ciência por outras pessoas de fatos e circunstâncias pertinentes estritamente à esfera particular do agente estatal. *Junta que eventuais deveres de conduta ilibada e moralidade no comportamento privado somente serão aceitáveis quando rigorosamente justificadas pela natureza das atividades exercidas na função administrativa e no que se reflita sobre a instituição pública, para evitar descrédito ao funcionário, sempre sob o critério de as restrições guardarem vinculação racional, razoável e proporcional com a dignidade das funções.*[11] (Grifos nossos)

Acompanhamos as lições acima transcritas, no sentido de que a sindicância e o processo administrativo disciplinar, inicialmente utilizados para apurar fatos praticados

---

[10] CARVALHO, Antonio Carlos Alencar. *Manual de processo administrativo disciplinar e sindicância*: à luz da jurisprudência dos tribunais e da casuística da Administração Pública. 8. ed. Belo Horizonte: Fórum, 2024, v. 1, p. 241.

[11] CARVALHO, Antonio Carlos Alencar. *Manual de processo administrativo disciplinar e sindicância*: à luz da jurisprudência dos tribunais e da casuística da Administração Pública. 8. ed. Belo Horizonte: Fórum, 2024, v. 1, p. 241-242.

no exercício das atribuições funcionais ou que com ele guardem imediata relação material (consoante a norma federal e normas estaduais sobre processo administrativo disciplinar), podem, excepcionalmente, envolver atos da vida privada (atos praticados fora do serviço), desde que (1) os atos da vida privada *tenham repercussão administrativa, vinculação imediata com as atribuições do cargo exercido pelo servidor e/ou ensejem violação a deveres funcionais* e (2) sejam *respeitados os ditames constitucionais e legais, em especial o respeito aos direitos fundamentais e à dignidade da pessoa.*

Ou seja, *nem sempre poderá a administração pública instaurar sindicância ou processo administrativo disciplinar relacionados a atos da vida privada* (ou atos praticados fora do serviço, para a terminologia às vezes adotada). É necessário observar os parâmetros para a excepcional responsabilidade administrativa por atos da vida privada.

Nesse diapasão, comentando o disposto no art. 148 da Lei Federal nº 8.112/90, Antonio Carlos Alencar Carvalho se pronuncia em sentido idêntico, anotando que é preciso cotejar a relação direta entre a conduta privada, "se manifestamente incompatível com os valores esperados dos titulares de cargos na Administração Pública" e a imediata vinculação com as atribuições funcionais do cargo do servidor. Vejamos:

> Isto é, *a excepcional responsabilização do agente público transgressor, em razão de ato praticado fora do exercício da função administrativa, depende do ilícito guardar pertinência com as específicas atribuições funcionais do cargo ocupado pelo servidor faltoso, do que segue o raciocínio, a contrario sensu, de que não caberá punição disciplinar, em princípio, por conduta inteiramente alheia às competências do posto titularizado pelo transgressor e que não implique atentado contra a Administração Pública, ou ao menos que não evidencia que o agente esteja moralmente impossibilitado de prosseguir no desempenho de seus específicos misteres administrativos.* [...]
>
> Não há ensejo, porém, para elastecer o alcance das punições disciplinares para fatos da vida privada ou da intimidade, que devem ter seu âmbito próprio de repressão, com consequências cíveis, comerciais, familiares, sociais, desaprovação moral contra o servidor, todavia sem repercussão na via administrativa.[12] (Grifos nossos)

Pela possibilidade de instauração de processo administrativo disciplinar, de maneira excepcional, por atos cometidos no âmbito de sua vida privada ou social que tenham reflexo na vida funcional, citamos, no âmbito federal, a Nota Técnica da Controladoria-Geral da União (Nota Técnica nº 113/2023/CGUNE/CRG), contemplando orientações aos órgãos integrantes do Sistema de Correição do Poder Executivo Federal sobre a apuração disciplinar relativa de atos antidemocráticos ocorridos em 8.1.2023, que culminaram com a invasão e depredação do Palácio do Planalto, Congresso Nacional e Supremo Tribunal Federal, eventualmente praticados por agentes públicos federais.[13] São situações flagrantemente excepcionais, a contemplar condutas ativas que violam desproporcionalmente os deveres dos servidores e, por isso mesmo, autorizam a persecução administrativa (assim como a penal e a civil).

---

[12] CARVALHO, Antonio Carlos Alencar. *Manual de processo administrativo disciplinar e sindicância*: à luz da jurisprudência dos tribunais e da casuística da Administração Pública. 8. ed. Belo Horizonte: Fórum, 2024, v. 1, p. 240-241.

[13] Disponível em: https://repositorio.cgu.gov.br/handle/1/69603. Acesso em: 10 jul. 2024.

Referida nota técnica destaca que a regra é a aplicação de normas disciplinares a comportamentos ilícitos dos servidores no exercício do cargo, mas que o servidor também pode, de forma excepcional, responder disciplinarmente por atos cometidos no âmbito de sua vida privada ou social que tenham reflexo na vida funcional. Cabem transcrever alguns trechos da referida nota técnica, por sua pertinência:

> 4.3. No âmbito correcional, é exceção o alcance disciplinar a atos privados, mas é legalmente possível, no sentido de que se exige desses agentes a adoção de postura compatível com o desempenho da função pública. Isso porque, no exercício das atribuições relativas ao seu cargo ou a ele relacionadas, os atos praticados pelo servidor são atribuídos ao próprio Estado, daí a exigência de observância de determinados padrões de comportamento. Nos termos do Manual de Processo Administrativo Disciplinar Da Controladoria-Geral da União, edição 2022, p. 200: [...]

> 4.5. O Manual de PAD da CGU, ed. maio de 2022, p.p.23-24, menciona a aplicação da Lei no 8.112, de 1990, à vida privada em casos excepcionais, conforme segue:

> Os atos praticados na esfera da vida privada do servidor público, em princípio, não são apurados no âmbito da Lei no 8.112/90 e só possuem reflexos disciplinares quando o comportamento se relaciona com as atribuições do cargo. Excetua-se dessa regra a previsão legal específica de irregularidade administrativa ínsita ao comportamento privado ou social do servidor, a exemplo da prevista no denominado Estatuto da Atividade Policial Federal (Lei no 4.878, de 3 de dezembro de 1965, art. 43). [...]

> A redação não deixa dúvida acerca da abrangência de condutas cometidas fora do estrito exercício das atribuições do cargo, ou seja, os reflexos de eventual desvio de conduta do servidor ultrapassam os limites do espaço físico da repartição e as horas que compõem sua jornada de trabalho. Incluem-se aí a situação de teletrabalho, os períodos de férias, licenças ou afastamentos autorizados. Exige-se, porém, que as irregularidades tenham alguma relação, no mínimo indireta, com o cargo do servidor ou com suas respectivas atribuições, ou que, de alguma maneira, afetem o órgão no qual o infrator está lotado.

Admitindo a excepcional apuração de responsabilidade do servidor por atos da vida privada, cabem destacar também pelo menos duas decisões do E. Superior Tribunal de Justiça, cujas ementas são transcritas:

> ADMINISTRATIVO. AGRAVO INTERNO EM MANDADO DE SEGURANÇA. SERVIDOR PÚBLICO FEDERAL. POLICIAL RODOVIÁRIO FEDERAL. PROCESSO ADMINIS-TRATIVO DISCIPLINAR (PAD). DEMISSÃO. IMPROBIDADE ADMINISTRATIVA. FUNDAMENTAÇÃO. REGULARIDADE DO PAD. MÉRITO ADMINISTRATIVO. PRO-PORCIONALIDADE.

> 1. Processo administrativo que aplicou penalidade de demissão ao impetrante, por concluir que o impetrante incidiu em improbidade administrativa ao, fora das funções de Policial Rodoviário Federal, fazer uso de arma funcional, proferir ameaças, ingressar em luta corporal e efetuar disparos, ocasionando danos graves e permanentes à vítima.

> 2. A tese de que os fatos imputados ao impetrante teriam sido praticados em sua vida privada (e por isso seriam impassíveis de punição na seara funcional) foi devidamente examinada pela autoridade impetrada, que conclui que o uso de arma da corporação pelo impetrante para o fim de praticar ilícitos dolosos na vida privada é uso que tem relação

com as atribuições do cargo de Policial Rodoviário Federal. Incursionar em tal razões importaria adentrar ao mérito administrativo, o que é vedado no controle jurisdicional das decisões proferidas em sede de Processo Administrativo Disciplinar.

3. A alegação de que não houve justificativa para a capitulação da conduta como improbidade administrativa não procede, uma vez que o parecer e relatório adotados como razão de decidir pela autoridade impetrada consignam que a condição de Policial Rodoviário Federal (com o treinamento recebido) impunha ao servidor agir em defesa do interesse público, e não utilizar das vantagens decorrentes da condição de Policial em confronto provocado com particular desarmado, o que se considerou - fundamentadamente - que viola o dever de lealdade, gerando prejuízo à imagem da instituição.

4. O impetrante não respondeu apenas por o uso indevido de arma da corporação fora do horário de expediente, conduta à qual a Portaria MJ n. 1534/02 comina a penalidade de suspensão, mas sim pela prática de improbidade administrativa, uma vez que a conduta a ele imputada não se cingiu ao uso indevido da arma, mas incluiu ameaças verbais, luta corporal, disparos e danos graves e permanentes à vítima. A avaliação da gravidade da infração efetuada em sede de Processo Administrativo Disciplinar, se não ultrapassa a esfera do proporcional e do razoável, não se sujeita à revisão judicial.

5. Agravo interno não provido. (AgInt no MS n. 24.039/DF, relator Ministro Benedito Gonçalves, Primeira Seção, julgado em 14/11/2018, *DJe* de 12/12/2018)[14]

MANDADO DE SEGURANÇA. PROCESSO ADMINISTRATIVO DISCIPLINAR. PRISÃO EM FLAGRANTE DE ADVOGADO DA UNIÃO QUE PRETENSAMENTE SE FEZ PASSAR POR OUTRA PESSOA EM CONCURSO PÚBLICO. PLEITO DE TRANCAMENTO. TESE DE FALTA DE JUSTA CAUSA PARA A INSTAURAÇÃO DO PROCESSO POR ATIPICIDADE DA CONDUTA. NÃO-CARACTERIZAÇÃO. PREVISIBILIDADE DA CONDUTA EM TESE NA LEGISLAÇÃO DISCIPLINAR APLICÁVEL. NULIDADE DA PORTARIA. NÃO-OCORRÊNCIA. FUNDAMENTAÇÃO SUFICIENTE. DIREITO LÍQUIDO E CERTO NÃO EVIDENCIADO.

1. Não se vislumbra a atipicidade da conduta que, em tese, pode perfeitamente assumir adequação típica, amoldando-se ao disposto nos arts. 116, inciso IX e 132, inciso IV, ambos da Lei n.º 8.112/90, este último c.c. o art. 11, inciso V, da Lei n.º 8.429/92.

2. Embora o pretenso ato ilícito não tenha sido praticado no efetivo exercício das atribuições do cargo, mostra-se perfeitamente legal a instauração do procedimento administrativo disciplinar, mormente porque a acusação impinge ao Impetrante conduta que contraria frontalmente princípios basilares da Administração Pública, tais como a moralidade e a impessoalidade, valores que tem, no cargo de advogado da União, o dever institucional de defender.

3. Malgrado não tenham sido reproduzidos na Portaria Instauradora os fundamentos para dar suporte à acusação, houve expressa ratificação ou mesmo adesão das razões declinadas no relatório do Procedimento Correicional Extraordinário, que passaram, desse modo, a integrar o ato, motivo pelo qual não se verifica a alegada ausência de fundamentação. Tanto está claramente indicada qual a conduta a ser investigada que o acusado está exercendo

---

[14] Disponível em: https://processo.stj.jus.br/processo/revista/documento/mediado/?componente=MON&seque ncial=86594905&tipo_documento=documento&num_registro=201800182106&data=20180824&formato=PDF. Acesso em: 5 jul. 2024.

neste mandamus, com toda amplitude possível e sem nenhuma restrição, seu direito de insurgir-se contra os fundamentos que deram origem à instauração do procedimento.

4. Uma vez que a Portaria Instauradora integrada pelos fundamentos do Relatório, demonstra, de forma clara e objetiva, os fatos supostamente configuradores de infração disciplinar com todas as suas circunstâncias, bem como o possível envolvimento do Impetrante nos delitos em tese, de forma suficiente para ensejar sua apuração, não há razão para trancar o procedimento.

5. Ordem denegada. (MS n. 11.035/DF, relatora Ministra Laurita Vaz, Terceira Seção, julgado em 14/6/2006, *DJ* de 26/6/2006, p. 116.)[15]

Constata-se, assim, que atualmente há doutrina e jurisprudência apoiando a *possibilidade de responsabilização do servidor por atos praticados na vida privada de forma excepcional*. Mas tal perspectiva se dá naqueles casos gritantemente excepcionais, em que o servidor ultrapassa quaisquer balizas e comete atos ilícitos de dimensão superlativa, a permitir a conclusão de que está a desrespeitar princípios básicos não só da função pública, mas, em especial, a praticar condutas tipificadas como ilícitos penais.

Se é fato que a Administração Pública não poderia sindicar a moralidade e/ou a vida privada dos servidores (para o qual sua intimidade é blindada pela Constituição), é igualmente certo que ela há de adotar providências impeditivas de condutas que transcendam o núcleo da privacidade das pessoas e se projetem em flagrantes dimensões de ilicitude civil e/ou criminal. Nestes casos excepcionais, poderá, desde que por decisão motivada, com lastro em provas ou elementos indiciários lícitos, ser instalado o devido processo administrativo.

4 Observações finais

Com fundamento na legislação, na doutrina e na jurisprudência atuais, entendemos pela possibilidade excepcional de responsabilidade dos servidores públicos por *atos da vida privada* (às vezes, denominados de *atos fora do trabalho*) e, consequentemente, da instauração de sindicância ou processo administrativo disciplinar pertinentes, respeitando-se no mínimo algumas balizas, como: (i) a análise deve ser feita em cada caso concreto, dependendo do ato praticado, das atribuições do cargo do servidor envolvido, das consequências do ato para a função exercida, da legislação aplicável no que se refere aos deveres e obrigações dos servidores, (ii) sempre considerados os limites impostos pelos direitos fundamentais, dentre outros que possam estar previstos na legislação.

---

[15] Disponível em: https://processo.stj.jus.br/processo/revista/documento/mediado/?componente=ITA&sequencial =633336&num_registro=200501604424&data=20060626&formato=PDF. Acesso em: 10 jul. 2024.

Referências

CARVALHO FILHO, José dos Santos. *Manual de direito administrativo*. 38. ed. Barueri: Atlas, 2024.

CARVALHO, Antonio Carlos Alencar. *Manual de processo administrativo disciplinar e sindicância*: à luz da jurisprudência dos tribunais e da casuística da Administração Pública. 8. ed. Belo Horizonte: Fórum, 2024, v. 1.

CGU. *Nota Técnica nº 113/2023/CGUNE/CRG*. Disponível em: https://repositorio.cgu.gov.br/handle/1/69603. Acesso em: 10 jul. 2024.

JUSTEN FILHO, Marçal. *Curso de direito administrativo*. 15. ed. Rio de Janeiro: Forense, 2024.

Informação bibliográfica deste texto, conforme a NBR 6023:2018 da Associação Brasileira de Normas Técnicas (ABNT):

CUÉLLAR, Leila. Balizas para a responsabilidade administrativa do servidor público por atos da vida privada. *In*: JUSTEN, Monica Spezia; PEREIRA, Cesar; JUSTEN NETO, Marçal; JUSTEN, Lucas Spezia (coord.). *Uma visão humanista do direito*: homenagem ao Professor Marçal Justen Filho. Belo Horizonte: Fórum, 2025. v. 1, p. 373-385. ISBN 978-65-5518-918-6.

AS ENTIDADES DO "TERCEIRO SECTOR" E A ORGANIZAÇÃO ADMINISTRATIVA DA SEGURANÇA SOCIAL EM PORTUGAL[1]

LICÍNIO LOPES MARTINS

1 Introdução

O sector cooperativo e social goza de um "estatuto" constitucional específico e autónomo, a par com o sector público e o sector privado (lucrativo). Um dos seus âmbitos mais marcantes é constituído pelos meios de produção possuídos e geridos por pessoas colectivas, sem carácter lucrativo, que tenham como principal objectivo a solidariedade social (alínea d) do n.º 4 do artigo 82.º da Constituição da República Portuguesa – CRP).[2]

Para a doutrina *jus* constitucional mais autorizada, o artigo 82.º da CRP constitui "uma típica garantia institucional", uma vez que garante a existência de todos e de cada um dos sectores (e subsectores) de propriedade dos meios de produção, adiantando-se que, "tal como sucede em relação aos demais sectores, também no caso do sector social e cooperativo a garantia institucional do n.º 1 (do artigo 82.º da CRP) significa que lhe está assegurado o peso e a dimensão necessários para ter o seu lugar numa economia mista, para além da dicotomia sector privado – sector público". Em consonância com

---

[1] O presente artigo pretende constituir um singelo contributo de homenagem a um Grande e Admirável Professor. O Professor Marçal Justen Filho, um ensinador universal do Direito, em especial do Direito Público. O autor agradece reconhecidamente aos professores organizadores da homenagem pelo convite que lhe endereçaram para participar na obra.

[2] O artigo 82.º da CRP, com a epígrafe "Sectores de propriedade dos meios de produção", garante a coexistência de três sectores de propriedade dos meios de produção, nos seguintes termos: "2. O sector público é constituído pelos meios de produção cujas propriedade e gestão pertencem ao Estado ou a outras entidades públicas. 3. O sector privado é constituído pelos meios de produção cuja propriedade ou gestão pertence a pessoas singulares ou colectivas privadas, sem prejuízo do disposto no número seguinte. 4. *O sector cooperativo e social compreende especificamente:* a) Os meios de produção possuídos e geridos por cooperativas, em obediência aos princípios cooperativos, sem prejuízo das especificidades estabelecidas na lei para as cooperativas com participação pública, justificadas pela sua especial natureza; b) Os meios de produção comunitários, possuídos e geridos por comunidades locais; c) Os meios de produção objecto de exploração colectiva por trabalhadores; d) *Os meios de produção possuídos e geridos por pessoas colectivas, sem carácter lucrativo, que tenham como principal objectivo a solidariedade social,* designadamente entidades de natureza mutualista".

esta perspectiva, outra doutrina afirma que o "sector cooperativo e social constitui um domínio privilegiado para, cumprindo o objectivo plasmado no artigo 2.º (da CRP), assegurar, na organização e na gestão dos meios de produção, a realização da democracia económica e social" e, nesta sequência, conclui que a "Constituição, ao garantir a existência do sector cooperativo e ao autonomizar, dentro deste sector, especificamente quatro subsectores, não permite que o legislador suprima qualquer um dos subsectores". Por isso, advoga-se que a salvaguarda de cada um dos subsectores que integram o sector cooperativo e social se impõe inclusivamente ao legislador de revisão constitucional.

Como veremos num dos pontos seguintes, esta "típica garantia institucional" tem vindo igualmente a ser densificada pela jurisprudência do Tribunal Constitucional.

Também no contexto da União Europeia, o sector das instituições particulares sem fins lucrativos tem merecido especial atenção, quer na perspectiva legislativa, quer, antes disso, na actividade jurisprudencial do Tribunal de Justiça da União Europeia (TJUE).[3]

À semelhança do que sucede no plano interno dos Estados-Membros, o panorama reflecte uma visível preocupação em salvaguardar a importância, as características peculiares e a autonomia daquele sector. Em especial, a nova Directiva 2014/24/UE, sobre o novo regime geral da contratação pública, projecta estas dimensões, designadamente numa das suas vertentes fundamentais: o quadro relacional entre as organizações daquele sector e o Estado e a Administração Pública em geral.[4]

Na medida em que um dos "eixos" nucleares e transversais do regime legal referido, de direito interno português, se centra, precisamente, nesse quadro, afigura-se pertinente fazer aqui uma leitura, ainda que sintética, da dimensão estratégica que está subjacente ao regime daquela Directiva e igualmente subjacente à jurisprudência do Tribunal de Justiça da União Europeia.

Em virtude da sua natureza, importância social e económica e finalidades estratégicas na perspectiva da execução das políticas públicas dos Estados-Membros e da própria União Europeia, as instituições particulares sem fins lucrativos são merecedoras de um regime autónomo e que, sem dúvida, surge como uma das novidades mais relevantes da Directiva 2014/24/UE: referimo-nos ao regime especial de adjudicação de contratos para serviços sociais e de saúde e outros serviços específicos (equivalentes ou conexos).

Aliás, o número e a extensão dos Considerandos da Directiva 2014/24/UE sobre esta temática são, só por si, reveladores da referida importância estratégica que a União Europeia lhes concede. Está em causa a especial particularidade que um conjunto de organizações assume – ou passa a assumir – no regime europeu da contratação pública: as organizações sem fins lucrativos (associações, fundações, cooperativas e, eventualmente num futuro próximo, as designadas "empresas sociais"), que, em virtude da sua natureza, finalidades e diferenciada tradição consoante os países, são merecedoras de um "estatuto jurídico autónomo".

---

[3] Note-se que, também no Direito Europeu e na jurisprudência do TJUE, a designação de *instituições particulares sem fins lucrativos* é mais abrangente do que a de instituições particulares de solidariedade social. Estas são uma espécie do género, tal como sucede na já referida Lei de Bases da Economia Social. O que se diz no texto, a propósito do Direito Europeu, abrange todas as instituições particulares sem fins lucrativos que tenham fins (predominantemente) sociais, o que, no essencial, acaba por coincidir com o âmbito (intensivo e extensivo) desta Lei de direito interno português.

[4] Directiva 2014/24/UE do Parlamento Europeu e do Conselho, de 26 de Fevereiro de 2014, relativa aos contratos públicos, e que entrou em vigor em 18 de Abril de 2016, revogando a Directiva 2004/18/CE.

A especial relação destas organizações com a Administração Pública determina a sua inclusão numa espécie de "cláusula de salvaguarda" que é reconhecida a cada um dos Estados-Membros, a significar a disponibilidade para, livremente, (auto)definirem os modos organizativos e funcionais de prestação de determinados serviços, em especial, no caso, os que (ainda) reflectem características típicas do modelo de Estado Social (serviços de saúde, de carácter social e outros serviços de natureza similar).

2 A base constitucional e legal do Estatuto do "terceiro sector"

No plano constitucional, para além da já referida "garantia institucional" do n.º 4 do artigo 82.º da CRP, merece, naturalmente, especial relevância o n.º 5 do artigo 63.º, no qual se estabelece, sob a epígrafe "Segurança social e solidariedade", que o "Estado apoia e fiscaliza, nos termos da lei, a actividade e o funcionamento das legalmente designadas por instituições particulares de solidariedade social (IPSS) e de outras de reconhecido interesse público sem carácter lucrativo, com vista à prossecução de objectivos de solidariedade social consignados, nomeadamente, neste artigo, na alínea b) do n.º 2 do artigo 67.º, no artigo 69.º, na alínea e) do n.º 1 do artigo 70.º e nos artigos 71.º e 72.º".

No plano legislativo, as IPSS (ou, num sentido mais amplo, o sector da economia social), nos anos mais recentes tem sido objecto de uma particular e intensa intervenção e também de uma semelhante actividade administrativa regulamentadora, em desenvolvimento e concretização dos regimes legais adoptados. Destacamos, em especial: i) a Lei n.º 30/2013, de 8 de Maio, Lei de Bases da Economia Social; ii) o Decreto-Lei n.º 172-A/2014, de 14 de Novembro, que republicou o Estatuto das Instituições Particulares de Solidariedade Social (IPSS), aprovado pelo Decreto-Lei, n.º 119/83, de 25 de Fevereiro; iii) a Lei n.º 119/2015, de 31 de Agosto, que aprova o Código Cooperativo; iv) o Decreto-Lei n.º 120/2015, de 30 de Junho, que estabelece os princípios orientadores e o enquadramento a que deve obedecer a cooperação entre o Estado e as entidades do sector social e solidário (regime que é extensivo às instituições sem fins lucrativos de utilidade pública cujo fim social seja a prossecução de objectivos de solidariedade social) e as IPSS ou legalmente equiparadas (cooperação no âmbito da segurança social); v) o Decreto-Lei n.º 138/2013, de 9 de Outubro, que define as formas de articulação do Ministério da Saúde e dos estabelecimentos e serviços do Serviço Nacional de Saúde com as IPSS, enquadradas no regime da Lei de Bases da Economia Social; vi) o Decreto-Lei n.º 139/2013, de 9 de Outubro, que estabelece o regime jurídico das convenções que tenham por objecto a realização de prestações de cuidados de saúde aos utentes do Serviço Nacional de Saúde (SNS), no âmbito da rede nacional de prestação de cuidados de saúde; vii) e a Lei n.º 24/2012, de 9 de Julho (Lei-quadro das Fundações, alterada pela Lei n.º 150/2015, de 10 de Setembro), que estabelece o regime aplicável às fundações de solidariedade social.

No plano do direito da União Europeia, a Directiva 2014/24/UE, sobre o novo regime geral da contratação pública, e, por força dela, a necessária revisão do Código dos Contratos Públicos de 2008, que deverá incluir um regime especial de adjudicação de contratos para serviços sociais e de saúde e outros serviços específicos (equivalentes ou conexos).

No plano da jurisprudência, permitimo-nos conceder um especial relevo ao Acórdão do Tribunal Constitucional n.º 612/2011, de 13 de Dezembro de 2011, e ao Acórdão do Tribunal de Justiça da União Europeia, 11 de Dezembro de 2014 (Proc. C113/13), Azienda sanitaria «Spezzino»/San Lorenzo società cooperativa sociale.

3 A delimitação legal do "terceiro sector"

3.1 Os tipos legais de IPSS e a delimitação estatutária de actividades

Segundo o artigo 4.º da Lei de Bases da Economia Social e o artigo 4.º do Decreto-Lei n.º 120/2015, de 30 de Junho, "[...] entende-se por «sector social e solidário» o conjunto das instituições particulares de solidariedade social, ou legalmente equiparadas, definidas no artigo 1.º do Estatuto das Instituições Particulares Solidariedade Social".[5]

Na sequência da Lei de Bases da Economia Social, que veio materializar a importância que o Estado atribui ao "sector social e solidário", o legislador procedeu à revisão do Estatuto das IPSS, em anexo ao Decreto-Lei n.º 172-A/2014, de 14 de Novembro (que republica o Decreto-Lei n.º 119/83, de 25 de Fevereiro).

Como nota preliminar, o novo regime jurídico das IPSS (constante do respectivo Estatuto) contém a matriz jurídica imperativa das IPSS, em termos: i) da legalidade da sua constituição; ii) da legalidade do seu funcionamento e de exercício das respectivas actividades; e iii) do modelo de governação/gestão.

Desde logo, é estabelecido o dever de respeito pelos princípios orientadores da economia social, bem como pelo regime previsto no Estatuto, que é aplicável subsidiariamente às IPSS com regime especial (p. ex., as associações mutualistas e as fundações, conforme o estabelecem os artigos 76.º e 77.º-A do Estatuto das IPSS).

O Estatuto revisto mantém, no essencial, a noção de IPSS já adquirida, havendo, no entanto, que salientar a precisão terminológica introduzida na parte final do n.º 1 do artigo 1.º, substituindo-se a fórmula "não sejam administradas pelo Estado ou por um corpo autárquico", por "não sejam administradas pelo Estado ou por outro organismo público") e "reforçando-se" a observância, pelas IPSS, dos princípios estabelecidos na Lei de Bases da Economia Social. Em geral, esta matriz identitária de regime resulta do n.º 2

---

[5] Na definição que é dada no n.º 1 do artigo 1.º, na versão do Decreto-Lei n.º 172-A/2014, as instituições particulares de solidariedade social são "[...] pessoas coletivas, sem finalidade lucrativa, constituídas exclusivamente por iniciativa de particulares, com o propósito de dar expressão organizada ao dever moral de justiça e de solidariedade, contribuindo para a efetivação dos direitos sociais dos cidadãos, *desde que não sejam administradas pelo Estado ou por outro organismo público*. 2 – A atuação das instituições pauta-se pelos princípios orientadores da economia social, definidos na Lei n.º 30/2013, de 8 de maio, bem como pelo regime previsto no presente Estatuto". Com a epígrafe "Fins e atividades principais" e, portanto, nuclearmente qualificadores de uma organização como IPSS, determina o artigo 1.º-A dos estatutos revistos: "Os objetivos referidos no artigo anterior (artigo 1.º) concretizam-se mediante a concessão de bens, prestação de serviços e de outras iniciativas de promoção do bem-estar e qualidade de vida das pessoas, famílias e comunidades, nomeadamente nos seguintes domínios: *a*) Apoio à infância e juventude, incluindo as crianças e jovens em perigo; *b*) Apoio à família; *c*) Apoio às pessoas idosas; *d*) Apoio às pessoas com deficiência e incapacidade; *e*) Apoio à integração social e comunitária; *f*) Proteção social dos cidadãos nas eventualidades da doença, velhice, invalidez e morte, bem como em todas as situações de falta ou diminuição de meios de subsistência ou de capacidade para o trabalho; *g*) Prevenção, promoção e proteção da saúde, nomeadamente através da prestação de cuidados de medicina preventiva, curativa e de reabilitação e assistência medicamentosa; *h*) Educação e formação profissional dos cidadãos; *i*) Resolução dos problemas habitacionais das populações; *j*) Outras respostas sociais não incluídas nas alíneas anteriores, desde que contribuam para a efetivação dos direitos sociais dos cidadãos".

do artigo 1.º, nos termos do qual a "actuação das instituições pauta-se pelos princípios orientadores da economia social, definidos na Lei n.º 30/2013, de 8 de Maio, bem como pelo regime previsto no presente Estatuto"[6] e do n.º 3 do artigo 1.º, ao determinar que o "regime estabelecido no presente Estatuto aplica-se subsidiariamente às instituições que se encontrem sujeitas a regulamentação especial". Trata-se, sem dúvida, de uma disposição de inegável importância prática, designadamente na extensão do âmbito de aplicação do estatuto das IPSS a outras organizações, como poderá suceder com as cooperativas que prossigam fins de solidariedade social, com as associações mutualistas[7] e outras instituições particulares de interesse público (por exemplo, as fundações).[8]

Relativamente às formas jurídicas ou tipos legais de IPSS, à semelhança do que sucedia anteriormente, o artigo 2.º do Estatuto revisto continua a adoptar o princípio da tipicidade quanto às figuras jurídicas que podem ser qualificadas como IPSS: legalmente apenas podem ser qualificadas como IPSS as organizações que se constituam segundo um dos tipos de pessoas colectivas taxativamente elencado naquele artigo. A principal novidade residirá na revogação da forma "associações de voluntários de acção social", que passam a associações de solidariedade social (n.º 7.º do artigo 5.º do Decreto-Lei n.º 172-A/2014), acrescentando-se ainda, como mais rigor terminológico, a designação associações mutualistas ou de socorros mútuos (artigo 2.º, n.º 1, do Estatuto). Além dos tipos legais referidos no n.º 1 do artigo 2.º do Estatuto, aditou-se um n.º 2, no qual se estabelece que as instituições, nos termos da Concordata celebrada entre a Santa Sé e a República Portuguesa em 18 de Maio de 2004, podem assumir a forma de Institutos de Organizações ou Instituições da Igreja Católica, designadamente Centros Sociais Paroquiais e Caritas Diocesanas e Paroquiais.

Os tipos legais de IPSS são indissociáveis da função credenciadora do registo e a utilidade pública (artigos 7º e 8.º do Estatuto das IPSS). O Estatuto revisto mantém a obrigatoriedade do registo – a efectuar nos termos regulamentados –, do qual resulta a aquisição automática, *ope legis*, pelas IPSS registadas, da natureza de pessoa colectiva de utilidade pública.

A separação entre os fins principais e instrumentais (actividades instrumentais) das IPSS constitui uma outra nota marcante do Estatuto das IPSS (artigos 1º-A e 1º-B do Estatuto).[9] De sublinhar, neste contexto, a inovadora (de)limitação ao exercício de

---

[6] A Lei de Bases da Economia Social estabelece, no seu artigo 5.º, como "Princípios orientadores", entre outros, da cooperação entre o Estado e as organizações a *"gestão autónoma e independente das autoridades públicas e de quaisquer outras entidades exteriores à economia social"* e que a "cooperação consiste na relação de parceria estabelecida entre o Estado e as instituições com o objetivo de desenvolver um modelo de contratualização assente na partilha de objetivos e interesses comuns," bem como de repartição de obrigações e responsabilidades" (artigo 2.º do Decreto-Lei n.º 120/2015, de 30 de Junho).

[7] As associações mutualistas ou de socorros mútuos, não obstante disporem de um regime próprio (o Código das Associações Mutualistas), o Estatuto revisto das IPSS é subsidiariamente aplicável a estas associações por expressa remissão do mesmo, tal como o determina o seu artigo 76.º: as associações mutualistas regem-se pelas disposições constantes de legislação especial e, subsidiariamente, pelas disposições do presente Estatuto.

[8] Relativamente às fundações de solidariedade social, dispõe o artigo 77.º-A, quanto ao regime aplicável, que as fundações de solidariedade social se regem pelo disposto na Lei-quadro das Fundações, aprovada pela Lei n.º 24/2012, de 9 de Julho, e, subsidiariamente, pelas disposições do Estatuto revisto das IPSS, sendo que o disposto no capítulo I do Estatuto revisto é directamente aplicável a estas fundações, com excepção dos artigos 10.º, 12.º, 13.º, 20.º, 21.º e 21.º-C.

[9] No artigo 1.º-B, com a epígrafe "Fins secundários e atividades instrumentais", dispõe-se que: "1 – As instituições podem também prosseguir de modo secundário outros fins não lucrativos, desde que esses fins sejam compatíveis com os fins definidos no artigo anterior. 2 – As instituições podem ainda desenvolver actividades

actividades instrumentais aos fins não lucrativos: admite-se a possibilidade de exercício de actividades instrumentais, mesmo quando desenvolvidas por (outras) entidades criadas, para esse efeito, pelas IPSS.

Contudo, o exercício de actividades instrumentais está sujeito a uma condição e a um limite (um limite de regime): por um lado, constitui condição para o exercício de actividades secundárias/instrumentais que os respectivos resultados económicos revertam exclusivamente para o financiamento dos fins não lucrativos prosseguidos pelas IPSS; por outro, o regime do Estatuto não é aplicável quando esteja exclusivamente em causa o desenvolvimento de tais actividades instrumentais. A inaplicabilidade do regime do Estatuto em tudo o que diga respeito exclusivamente aos fins secundários e às actividades instrumentais desenvolvidas implica a necessidade de assegurar a separação orçamental/financeira/contabilística das actividades.

Mas, note-se, que a inaplicabilidade do regime do Estatuto àquelas actividades não prejudica a competência dos serviços com funções de fiscalização ou de inspecção para verificarem a natureza secundária ou instrumental das actividades desenvolvidas e, caso concluam pelo cometimento de ilegalidades, para a aplicação do regime contra--ordenacional pertinente.

Para além disso, é legítimo questionar se não poderão resultar outras consequências do eventual apuramento do exercício ilegal/ilícito de actividades secundárias (por exemplo, para efeitos de extinção das entidades, por decisão do Tribunal Arbitral, por os fins reais já não coincidirem com os expressos nos estatutos ou serem prosseguidos de forma imoral ou ilícita?).

Será ainda de questionar que tipo de entidades podem as IPSS constituir (ou participar) para prosseguirem actividades instrumentais. Atendendo à "abertura" do Estatuto revisto, nada impede, desde que observados os requisitos legais e regulamentares aplicáveis, que, inclusivamente, possam constituir ou participar em sociedades. Assim sucede, por exemplo, no regime jurídico da farmácia de oficina. As IPSS podem ser proprietárias das clássicas "farmácias internas", mas o regime admite que constituam uma "entidade comercial" com o fim de explorar uma farmácia em condições normais de mercado.

Efectivamente, o artigo 1.º-B do Estatuto revisto, pelo menos de forma expressa, vem alargar a capacidade jurídica das IPSS relativamente à prossecução de fins secundários e actividades instrumentais. Capacidade que já resultaria da teoria geral das pessoas colectivas, mas, ainda assim, justifica-se aquele "aditamento" legislativo pela segurança e certeza jurídicas que confere, merecendo, neste âmbito, especial menção a nota já antes referida, que resulta do n.º 2 deste novo artigo, ao estabelecer que as instituições podem ainda desenvolver actividades de natureza instrumental relativamente aos fins não lucrativos, ainda que desenvolvidos por outras entidades por elas criadas, mesmo

---

de natureza instrumental relativamente aos fins não lucrativos, ainda que desenvolvidos por outras entidades por elas criadas, mesmo que em parceria e cujos resultados económicos contribuam exclusivamente para o financiamento da concretização daqueles fins. 3 – O regime estabelecido no presente Estatuto não se aplica às instituições em tudo o que diga respeito exclusivamente aos fins secundários e às atividades instrumentais desenvolvidas por aquelas. 4 – O disposto no número anterior não prejudica a competência dos serviços com funções de fiscalização ou de inspeção para a verificação da natureza secundária ou instrumental das atividades desenvolvidas e para a aplicação do regime contraordenacional adequado ao efeito".

que em parceria e cujos resultados económicos contribuam exclusivamente para o financiamento da concretização daqueles fins.

Em termos prático-jurídicos, pode dizer-se que as IPSS gozam, hoje, de uma habilitação genérica para, de forma instrumental, explorar serviços e desenvolver actividades de escopo económico (ou com escopo económico). Já assim sucedia, embora de forma limitada, com a faculdade, também já salientada, que lhes era especialmente concedida para a exploração de farmácias abertas ao público. Regime que, porventura, se pode considerar o precedente mais imediato do artigo 1.º-B do estatuto revisto das IPSS.

Efectivamente, nos termos do n.º 3 do artigo 14.º do Decreto-Lei n.º 307/2007, de 31 de Agosto, na redacção que lhe foi dada pelo Decreto-Lei n.º 109/2014, de 10 de Julho, as entidades do sector social da economia podem ser proprietárias de "farmácias abertas ao público, nos termos previstos no artigo 59.º-A do mesmo diploma, desde que cumpram o regime nele estabelecido e demais normas regulamentares que o concretizam". A nova redacção do n.º 3 do artigo 14.º do Decreto-Lei n.º 307/2007, de 31 de Agosto, foi introduzida na sequência da jurisprudência do Tribunal Constitucional (provocada por iniciativa da Provedoria de Justiça). Referimo-nos ao Acórdão do Tribunal Constitucional n.º 612/2011, de 12 de Dezembro de 2011, que declarou a inconstitucionalidade, com força obrigatória geral, da redacção originária dos artigos 14.º, n.º 1, 47.º, n.º 2, alínea a), e do artigo 58.º do Decreto-Lei n.º 307/2007, de 31 de Agosto, na medida em que aí se impunha às entidades do sector social que, no desempenho de funções próprias do seu escopo, constituíssem sociedades comerciais para manter ou ter acesso à propriedade das farmácias, por violação do princípio da proibição do excesso ínsito no princípio do Estado de Direito, consagrado no artigo 2.º da CRP, conjugado com o artigo 63.º, n.º 5.[10]

Os tipos legais de IPSS são, ainda, indissociáveis da configuração imperativa e uniforme dos estatutos das IPSS (dos estatutos de cada IPSS). Efectivamente, o Estatuto legal revisto estabelece um conjunto de normas imperativas para cada um dos estatutos das IPSS (artigo 10.º do Estatuto revisto). Assim sucede com as menções estatutárias obrigatórias, que passaram a ser mais amplas: por exemplo, a inclusão da forma jurídica adoptada; a denominação dos órgãos; sua composição e forma de designar os respectivos membros; e, em especial, as competências e regras de funcionamento desses órgãos; assim como a clara/expressa separação entre fins principais e fins secundários e o modo de prosseguir estes fins, devendo constar do documento estatutário se os fins secundários são directamente desenvolvidos pela IPSS ou por uma terceira entidade por esta criada.

3.2 Alguns aspectos do "modelo legal de governação"

Neste âmbito reafirma-se o princípio da autonomia das IPSS (artigo 3.º do Estatuto): mantém-se a liberdade de organização interna, sendo reformulado o conceito de liberdade de actuação, no sentido do respeito da identidade das Instituições, mas aditam-se diversas exigências.

---

[10] No entanto, não declarou a inconstitucionalidade, que também era requerida, do n.º 3 do artigo 14.º do Decreto-Lei n.º 307/2007, de 31 de Agosto, nos termos do qual as "entidades do sector social da economia podem ser proprietárias de farmácias desde que cumpram o disposto no presente decreto-lei e demais normas regulamentares que o concretizam, bem como o regime fiscal aplicável às pessoas colectivas referidas no n.º 1" (isto é, às sociedades comerciais).

3.2.1 Impedimentos absolutos

O Estatuto reviste prevê um elenco de impedimentos absolutos quanto à composição dos órgãos e titularidade de cargos (artigo 15º): i) limitação do acesso de trabalhadores aos órgãos de administração e de fiscalização (nestes órgãos os trabalhadores das instituições não podem ter presença maioritária); e ii) não podem exercer o cargo de presidente do órgão de fiscalização.

Aplicabilidade daquele primeiro impedimento às cooperativas de solidariedade social poderá suscitar dúvidas interpretativas. Mas, quanto a estas, deverá fazer-se uma distinção. Nos termos do Código respectivo, nas cooperativas os titulares dos órgãos sociais são eleitos em assembleia geral de entre os cooperadores (n.º 1 do artigo 29.º do Código Cooperativo). Mas o "estatuto" de cooperadores não corresponde necessariamente aos cooperadores-trabalhadores da cooperativa, devendo fazer-se a distinção entre cooperadores-trabalhadores e cooperadores-meros prestadores de serviços. Aquele impedimento não é extensivo a estes últimos.

3.2.2 Conflitos de interesses e impedimentos dos titulares dos órgãos

O Estatuto revisto alarga e intensifica o conjunto de situações de conflitos de interesses/impedimentos dos titulares dos órgãos, que são extensivas ao exercício de actividades conflituantes com a das instituições (artigo 21º-B): i) os titulares dos órgãos não podem votar em assuntos que directamente lhes digam respeito, ou nos quais sejam interessados os respectivos cônjuges ou pessoa com quem vivam em condições análogas às dos cônjuges, ascendentes, descendentes ou qualquer parente ou afim em linha recta ou no 2.º grau da linha colateral; ii) e não podem exercer actividade conflituante com a actividade da instituição onde estão inseridos, nem integrar órgãos sociais de entidades conflituantes com os da instituição, ou de participadas desta (por exemplo, uma entidade em que uma IPSS tenha participado na constituição, para o exercício de fins secundários, e participe na respectiva gestão, desde que se verifique alguma situação de interesse conflituante). O n.º 4 do artigo 21º-B fornece algum apoio para determinar as situações susceptíveis de interesse conflituante: considera-se aí como situação conflituante a que implique qualquer interesse num determinado resultado ilegítimo, num serviço ou numa transacção efectuada, e obtiver uma vantagem financeira ou benefício de outra natureza que o favoreça.

Compreende-se ainda que os titulares dos órgãos de administração não possam contratar directa ou indirectamente com a instituição, salvo se do contrato resultar manifesto benefício para a instituição. Este "manifesto benefício" não tem de corresponder a uma "quase-liberalidade"; bastará, em princípio, que do contrato resultem vantagens significativas ou substanciais, comparativamente ao que sucederia em condições normais de mercado.

3.2.3 Limitação dos mandatos e incompatibilidades

A limitação dos mandatos constitui uma outra regra de importância crucial, cuja inobservância determina a nulidade da eleição (artigo 21.º-C, do Estatuto revisto): é imposta uma duração dos mandatos dos titulares dos órgãos das IPSS, correspondente a

4 anos, e é introduzida a limitação dos mandatos do presidente da IPSS (ou "cargo equiparado"), que só pode ser eleito/designado para 3 mandatos consecutivos. Compreende-se a limitação, ao pretender-se obstar à eternização de mandatos. Mas é de sublinhar o cuidado do legislador ao deixar claro, no n.º 1 do artigo 5.º do próprio Decreto-Lei n.º 172-A/2014, de 14 de Novembro, que aquela regra só se aplica para futuro, isto é, aos mandatos cujo início tenha ocorrido já na vigência deste novo regime, não sendo, para aquele efeito, contabilizados os mandatos já exercidos ou os que, à data da entrada em vigor do novo regime – 17 de Novembro de 2014 –, se encontrassem em curso.

Menor clareza teve o legislador ao referir-se a "cargo equiparado", no n.º 6 do artigo 21.º-C, do Estatuto): o facto de a referida limitação implicar a inelegibilidade e de a sua inobservância ter como consequência uma sanção radical – a nulidade – exigia-se do legislador um maior cuidado na identificação do "cargo equiparado" ao de presidente da instituição (por exemplo, a limitação poderá ser extensiva ao cargo de presidente da mesa da assembleia geral ou ao presidente do órgão de fiscalização?). De qualquer modo, o artigo 15º-A, ao reafirmar a incompatibilidade entre a titularidade do órgão da administração e a titularidade do órgão de fiscalização e da mesa da assembleia geral, parece sugerir que o exercício destes cargos se subsume ao conceito indeterminado de "cargo equiparado".

3.2.4 Regras de competência dos órgãos de administração

O Estatuto das IPSS clarifica algumas regras de competência dos órgãos de administração, merecendo destaque a "regra de competência" do órgão de administração estabelecida no artigo 13.º, n.º 1, alínea c), nos termos da qual deve assegurar a organização e o funcionamento dos serviços e equipamentos, nomeadamente elaborando os regulamentos internos que se mostrem adequados e promovendo a organização e elaboração da contabilidade, nos termos da lei.

No entanto, ao órgão de administração é atribuída habilitação legal para proceder a uma "descentralização funcional": o órgão de administração pode delegar poderes de representação e administração para a prática de certos atos ou de certas categorias de atos em qualquer dos seus membros, em profissionais qualificados ao serviço da instituição, ou em mandatários (artigo 13.º, n.º 3). Para este efeito, sobre o órgão de administração impende o dever legal de definir expressamente os "certos atos" ou de "certas categorias de atos". Significa isto que não pode tratar-se de uma delegação genérica ou "em branco", sob pena de ilegalidade da respectiva deliberação; a delegação tem de ser específica. A lei não delimita os tipos ou a categoria de actos: só actos de administração ordinária ou também actos de administração extraordinária? Seguindo a clássica regra de que o intérprete não deve introduzir distinções onde o legislador não o fez (ou faz), deverá entender-se que se trata de matéria "delegada" na discricionariedade do órgão de administração, desde que, naturalmente, outras disposições legais ou regulamentares não obstem ao uso dessa discricionariedade.

3.2.5 A institucionalização de mecanismos de supervisão

O Estatuto legal das IPSS eliminou o clássico regime de tutela administrativa sobre as IPSS. Mas convirá ter presente que isso não significa uma menor "regulação intromissiva" da Administração na esfera das instituições, nem tão pouco uma menor consistência dos mecanismos internos de (auto)controlo. Nos pontos seguintes limitamo-nos a enumerar o que impropriamente designamos por "mecanismos de supervisão" das IPSS.

a) O reforço dos poderes do órgão (interno) de fiscalização (artigo 14.º, do Estatuto): para além da função consultiva tradicional, é-lhe reconhecido o poder legal de "controlo e fiscalização da instituição, podendo, nesse âmbito, efectuar aos restantes órgãos (incluindo a assembleia geral) as recomendações que entenda adequadas com vista ao cumprimento da lei, dos estatutos e dos regulamentos e, designadamente, fiscalizar o órgão de administração da instituição, podendo, para o efeito, consultar a documentação necessária".

b) Mecanismo de supervisão geral directamente instituído pela Lei de Bases da Economia Social. O artigo 6.º da Lei n.º 30/2013, sob a epígrafe "Base de dados e conta satélite da economia social", instituiu um sistema que se regista como positivo no plano da transparência e da responsabilidade social (ou, como também se diz, no plano da responsividade social) das IPSS. Nos seus termos, cabe ao Governo elaborar, publicar e manter actualizada em sítio próprio a base de dados permanente das entidades da economia social e devem ainda, ser assegurada a criação e a manutenção de uma conta satélite para a economia social, desenvolvida no âmbito do sistema estatístico nacional.

c) Sujeição aos mecanismos de supervisão das entidades reguladoras independentes. Também a Lei n.º 67/2013, de 28 de Agosto (Lei-quadro das entidades administrativas independentes com funções de regulação da actividade económica dos sectores privado, público e cooperativo) insere no âmbito da actividade das entidades reguladoras competentes as instituições do sector social e cooperativo. Assim o determina no artigo 1.º, relativo ao objecto da actividade reguladora, ao estipular que aquele Lei-quadro estabelece os princípios e as normas por que se regem as entidades administrativas independentes com funções de regulação e de promoção e defesa da concorrência respeitantes às actividades económicas dos sectores privado, público, cooperativo e social.

d) Mecanismos de supervisão geral instituídos para determinados grupos de entidades: as fundações. A Lei n.º 24/2012, de 9 de Julho, que aprova a Lei-Quadro das Fundações, alterada pela Lei n.º 150/2015, de 10 de Setembro, no seu artigo 9.º, sujeita as pessoas colectivas com o formato de fundação a um vasto leque de deveres de transparência, cujo cumprimento deve ser assegurado junto da Presidência do Conselho de Ministros.

e) Transparência financeira: o Estatuto das IPSS, no seu artigo 14º-A, n.º 2, estabelece regras sobre a publicitação das contas, impondo designadamente a publicitação obrigatória no sítio institucional electrónico da instituição até 31 de Maio do ano seguinte a que dizem respeito.

f) Sujeição à verificação externa da legalidade financeira: o poder discricionário e (quase)hierárquico do Governo. As contas das IPSS devem ser apresentadas, dentro dos prazos estabelecidos, ao órgão competente para a verificação da sua legalidade, para ulterior comunicação às entidades competentes (artigo 14.º-A, n.ºs 3, 4 e 7 do Estatuto). E, neste âmbito, o Estatuto das IPSS associa novas causas de destituição dos órgãos: o incumprimento do dever de apresentação das contas, nos prazos estabelecidos, de acordo com n.º 5 do artigo 14.º-A, do Estatuto, pode implicar – ou, pelo menos, potenciar – o surgimento de causa justificativa de destituição dos órgãos das instituições. E, neste contexto, emerge o poder discricionário e de recorte hierárquico do órgão político-administrativo competente – o membro do Governo responsável pela área da segurança social ou um órgão delegado, que, nos termos do n.º 7 do artigo 14.º-A, conjugado com o artigo 38.º-A, ambos do Estatuto revisto, pode determinar ao órgão de administração que apresente um programa adequado ao restabelecimento da legalidade e do equilíbrio financeiro, a submeter à sua aprovação, sendo que o mero atraso na apresentação de contas parece funcionar como uma presunção de ilegalidade financeira e de desequilíbrio financeiro das instituições. Situação que, só por si, pode revelar-se insuficiente para legitimar a desproporcionalidade de uma "medida" administrativa/governamental própria do clássico exercício do poder de direcção no âmbito de relações hierárquicas. Desproporcionalidade que se torna ainda mais manifesta se se considerar que uma tal "medida" administrativa é indiferenciadamente abrangente: aparentemente, pela redacção da lei, todas as instituições, independentemente de receberem, ou não, apoios financeiros públicos, encontram-se a ela sujeitas. Naturalmente que, para ser possível salvaguardar, nesta parte, a constitucionalidade do Estatuto revisto impõe-se, no mínimo, uma interpretação restritiva. Para além disso, falhará o pressuposto do exercício daquele poder governamental quando o apoio financeiro público seja apenas municipal ou maioritariamente municipal.

3.2.6 Um "severo" regime sancionatório

O regime substantivo e procedimental condicionante da validade dos actos e deliberações dos órgãos das IPSS é comparativamente mais gravoso do que o regime que o Código do Procedimento Administrativo (CPA) estabelece para os órgãos públicos. Apenas alguns exemplos permitirão compreender esta ilação:

a) No regime do CPA, a regra geral para as ilegalidades dos actos dos órgãos públicos é a da mera anulabilidade (artigo 163.º, n.º 1); no Estatuto das IPSS prevalece a regra geral da nulidade: são nulas as deliberações "Cujo conteúdo contrarie normas legais imperativas" (alínea b) do n.º 1 do artigo 21.º-D, do Estatuto das IPSS).

b) A imparcialidade procedimental e decisória: o n.º 5 do artigo 17.º do Estatuto revisto, sobre o funcionamento dos órgãos de administração e fiscalização, determina que é nulo o voto de um membro sobre assunto que directamente lhe diga respeito e no qual seja interessado, bem como seu cônjuge, pessoa com quem viva em condições análogas às dos cônjuges e respectivos ascendentes e descendentes, bem como qualquer parente ou afim em linha recta ou no 2.º grau da linha colateral. Para situações análogas, o CPA determina a mera anulabilidade (artigo 77.º).

c) As causas de inelegibilidade para os órgãos sociais das instituições: só podem ser eleitos os associados que, entre outros requisitos cumulativos, tenham, pelo menos, um ano de vida associativa, salvo se os estatutos exigirem maior prazo, determinando a inobservância destes requisitos a nulidade da eleição (artigos 21.º e 64.º-B, n.º 2, do Estatuto revisto).

d) A nulidade das deliberações que não estejam integradas e totalmente reproduzidas na respectiva acta (artigo 21.º-D, do Estatuto revisto). O CPA determina a ineficácia das deliberações (artigo 34.º, n.º 6).

e) Por força do artigo 22.º do Estatuto revisto, são sempre anuláveis as deliberações de qualquer órgão contrárias à lei ou aos estatutos, seja pelo seu objecto, seja em virtude de meras irregularidades havidas na convocação ou no funcionamento do órgão (isto, se não forem nulas nos termos antes referidos).

f) E nulidades invocáveis a todo o tempo: a salvaguarda da estabilidade institucional e funcional aconselharia a que, pelo menos, algumas delas pudessem ficar sujeitas a um limite temporal.

g) Por último, uma inibição que não encontra paralelo no ordenamento jurídico nacional: a proibição de executar obras por administração directa de valor superior a 25 mil euros, quando sejam financiadas por entidades públicas (artigo 23.º, n.º 1, do Estatuto revisto).

4 A Jurisprudência do Tribunal de Justiça da União Europeia (TJUE) e a Directiva 2014/24/UE

É visível o reconhecimento da importância estratégica das instituições particulares sem fins lucrativos na jurisprudência do TJUE. Assim sucedeu no Acórdão de 11 de Dezembro de 2014 (Proc. C113/13). E, como veremos, também entre nós, o mesmo problema de fundo acabou por estar subjacente ao Acórdão do Tribunal Constitucional n.º 612/2011, de 13 de Dezembro de 2011.

Daquele Acórdão do TJUE podem extrair-se as linhas jurisprudenciais justificativas da legitimidade da concessão de um estatuto especial às instituições particulares sem fins lucrativos, que, embora pensadas para o quadro global do direito europeu, podem, igualmente, legitimar a adopção de medidas no plano do direito interno (isto é, no âmbito de cada um dos um dos Estados-Membros).

Em primeiro lugar, o modo de organização dos serviços: se este se basear nos princípios da universalidade, da solidariedade, da eficácia económica e da adequação, no sentido de que o recurso prioritário, pela Administração Pública, a organizações sociais sem fins lucrativos para prestar os serviços visa garantir que esses serviços sejam assegurados em condições de equilíbrio económico no plano orçamental. Se assim suceder, estes objectivos são tidos em consideração pelo direito da União Europeia.

Nesta decorrência, em segundo lugar, o direito da União Europeia não prejudica a competência dos EstadosMembros para organizarem os seus sistemas de saúde pública e de segurança social, como, aliás, já foi reafirmado em diversa jurisprudência do TJUE.[11]

---

[11] Assim sucede pelo menos desde o Acórdão do Tribunal de 17 de Junho de 1997, Proc. C-70/95, *Sodemare SA, Anni Azzurri Holding SpA e Anni Azzurri Rezzato Srl versus Regione Lombardia*, sobre *residências para pessoas idosas com*

Nesta matéria, o princípio é o de que a saúde e a vida das pessoas ocupam o lugar pioneiro entre os bens e interesses protegidos pelos Tratados constitutivos da União Europeia, cabendo a cada um dos EstadosMembros decidir o nível a que pretendem assegurar a protecção social e a prestação de cuidados de saúde, bem como o modo – ou os modos – como esse nível deve ser alcançado. Para este efeito, impõe-se que disponham de uma irredutível margem de apreciação e de decisão.

O objectivo geral de, por um lado, garantir, no território de cada EstadoMembro, uma acessibilidade suficiente e permanente a uma gama equilibrada de serviços sociais e de saúde e, por outro, a necessidade de assegurar o equilíbrio e a sustentabilidade financeira dos serviços sociais e de saúde, através de um controlo de custos e da adopção de medidas evitem qualquer desperdício de recursos financeiros, técnicos e humanos justificam a derrogação às regras europeias da contratação pública (e da concorrência, em geral).

Em terceiro lugar, nas políticas públicas especificamente dirigidas aos idosos, o TJUE firmou a jurisprudência de que um EstadoMembro, no âmbito da sua competência para organizar o seu sistema de segurança social, pode considerar que um sistema de assistência social e de saúde aos idosos implica necessariamente, para serem alcançados os seus objectivos, o respeito pela finalidade exclusivamente social desse sistema. Pelo que é legítimo que a admissão de operadores privados, na qualidade de prestadores de serviços de assistência social, dependa da condição de não terem fim lucrativo. Por definição, as organizações sociais sem fins lucrativos preenchem este último requisito.

Com fundamentos próximos dos que vimos expondo, o TJUE fixou a seguinte jurisprudência e que é generalizável a todos os serviços sociais e de saúde (e serviços equivalentes ou conexos): os artigos 49.º e 56.º do Tratado sobre o Funcionamento da União Europeia (TFUE) devem ser interpretados no sentido de que não se opõem a uma regulamentação nacional na qual se preveja que a prestação daqueles serviços possa ser confiada prioritariamente e por ajuste directo, sem qualquer forma de publicidade, a organizações sociais sem fins não lucrativos, desde que o quadro legal e convencional ao abrigo do qual se desenvolve a actividade dessas organizações contribua efectivamente para a finalidade social e para a prossecução dos objectivos de solidariedade e de eficácia orçamental em que essa regulamentação se baseie.

A jurisprudência do TJUE viria a obter pleno acolhimento no regime da Directiva 2014/24/UE. E numa dupla perspectiva: por um lado, através da previsão de exclusões específicas do seu regime (de todo o seu regime), sendo este inaplicável aos contratos celebrados entre as organizações sem fins lucrativos e a Administração Pública e independentemente do seu valor, desde que esses contratos tenham por objecto a prestação dos serviços nela expressamente identificados; por outro, estabelece um regime procedimental específico para a adjudicação de outros contratos a essas mesmas organizações, mas que só terá de ser observado quando o seu valor seja igual ou superior a determinado limiar financeiro.

---

a ausência de fim lucrativo a liberdade de estabelecimento/livre prestação de serviços. Entre outros, também o Acórdão de 1 de Junho de 2010, Procs. C-570/07, *José Manuel Blanco Pérez e María del Pilar Chao Gómez versus Consejería de Salud y Servicios Sanitarios,* e Proc. C-571/07, *Principado de Astúrias, sobre farmácias, liberdade de estabelecimento, saúde pública e proximidade no fornecimento de medicamentos à população.*

5 A jurisprudência do Tribunal Constitucional português

Como se referiu no intróito do presente texto, o legalmente designado sector da economia social tem sido objecto de extensa intervenção legislativa. E até ao dia 18 de Abril de 2016, o legislador português (tal como o de cada um dos outros Estados-Membros) teria de transpor, para o direito interno, o regime da Directiva 2014/24/UE. O que significa ter, em breve, pelo menos uma outra intervenção legislativa "de fundo" no "estatuto" das instituições sem fins lucrativos, em especial nas que sejam qualificadas como IPSS.

Ora, como se salientou, para os serviços de saúde, de carácter social e outros conexos, a Directiva 2014/24/UE apenas determina a adopção de um procedimento simplificado de adjudicação a partir do limiar de 750 mil euros (valor estimado do contrato). Pelo que, até este valor, os Estados-Membros dispõem de plena disponibilidade legislativa para definirem os termos do seu relacionamento com as organizações do sector privado não lucrativo. Consequentemente, nesta "folga", impõe-se questionar, para o caso português, qual a solução a adoptar pelo legislador e os termos em que essa solução pode ser adoptada.

E a pergunta que colocamos, como, aliás, o próprio título deste ponto o sugere, apenas é direccionada para as organizações sem fins lucrativos, em especial as IPSS, na medida em que, do ponto de vista do direito interno, a problemática jurídico-constitucional só se suscita em relação àquelas organizações (e não, obviamente, em relação a outros operadores – operadores privados com fins lucrativos – que actuem em actividades substancialmente semelhantes).

E a resposta àquela pergunta exigiria certamente a consideração de diversos tópicos argumentativos. Sinteticamente vamos limitar-nos apenas a alguns; talvez os suficientes para, pelo menos, fornecer as variáveis a ter em conta neste domínio.

Um primeiro tópico poderia ser favorável ao princípio da concorrência, acentuando a sua dimensão jurídico-constitucional, sendo que, neste contexto, uma das "incumbências prioritárias do Estado" a que se refere o artigo 81.º da CRP, consiste em "garantir a equilibrada concorrência entre as empresas" (alínea f)), como modo de "assegurar o funcionamento eficiente do mercado". Este entendimento favoreceria, pois, a previsão de um regime interno mais favorável ao mercado e, por conseguinte, menos "protector" das instituições do sector cooperativo e social.

Contudo, contra esta perspectiva, pode argumentar-se que as organizações sem fins lucrativos são detentoras de um regime constitucional específico, por serem abrangidas pelo âmbito (intensivo e extensivo) do conceito constitucional de sector cooperativo e social (artigo 82º, nº 4, da CRP), a que acresceria o facto de uma apreciável fatia dessas organizações serem qualificadas como instituições de interesse público (artigo 63º, nº 5, da CRP). Razões que, no plano jurídico-constitucional, apoiam a previsão de um regime diferenciado nesta matéria relativamente aos agentes económicos (aos agentes do sector privado lucrativo) e, consequentemente, a ser adoptado um regime que não tenha em conta aquelas razões, estaria legitimada uma (possível) argumentação defensora da sua inconstitucionalidade, designadamente por violação da garantia constitucional do sector cooperativo e social (artigo 82º, nº 4, da CRP).

Ora, é precisamente neste contexto que deve ser localizada a questão a que preliminarmente nos referimos, sendo incontornável, para o efeito, a consideração da jurisprudência do Tribunal Constitucional a propósito da protecção constitucional do sector cooperativo e social, nomeadamente o acórdão que declarou a inconstitucionalidade do diploma que obrigava as associações mutualistas a constituir uma sociedade comercial para a prestação de serviços funerários (Acórdão do Tribunal Constitucional n.º 635/2006, emitido na sequência do Acórdão n.º 236/2005 e do Acórdão n.º 279/00). Mais recentemente, merece referência especial o Acórdão n.º 612/2011.

Neste último, (re)afirma-se a garantia institucional da coexistência dos sectores público, privado e cooperativo e social, estabelecida no artigo 82.º da Constituição, adiantando-se que as organizações deste sector, enquanto coadjuvantes da acção estadual na prestação de serviços e fornecimentos de bens que efectivam direitos sociais, maxime os referidos no n.º 5 do artigo 63.º, são credoras do apoio do Estado. E reiterou-se a doutrina de que a protecção do sector cooperativo e social de propriedade dos meios de produção está entre os princípios fundamentais da organização económica do Estado (alínea f) do artigo 80.º da Constituição).

E é ainda incontornável a conjugação sistemática das (eventuais) soluções a equacionar com a Lei n.º 30/2013, de 8 de Maio (a Lei de Bases da Economia Social), que aponta expressamente para um princípio do apoio/protecção e da cooperação com o sector cooperativo e social, realçando, especificamente, no artigo 12.º este mesmo princípio: as "entidades que integram a base de dados prevista no artigo 6.º da presente lei estão sujeitas às normas nacionais e comunitárias dos serviços sociais de interesse geral no âmbito das suas actividades, sem prejuízo do princípio constitucional de protecção do sector cooperativo e social".

Aliás, foi já em concretização desta Lei que foi aprovado, para a área da saúde, o regime específico dos contratos celebrados entre o Estado e as organizações sem fins lucrativos enquadradas no regime da Lei de Bases da Economia Social (Decreto-Lei n.º 138/2013, de 9 de Outubro).

No artigo 6.º daquele diploma, sob a epígrafe "Procedimento prévio de contratualização", dispõe-se que os acordos devem ser precedidos de um estudo que avalie a economia, eficácia e eficiência do acordo, bem como a sua sustentabilidade financeira, adiantando-se que a "Parte II do Código dos Contratos Públicos, aprovado pelo Decreto-Lei n.º 18/2008, de 29 de Janeiro, não é aplicável à formação dos acordos a que se refere o presente decreto-lei".

Os acordos (ou melhor, os contratos) que constituem objecto do Decreto-Lei n.º 138/2013 assumem a forma de "acordo de gestão" e de "acordos de cooperação": o acordo de gestão tem por objecto a gestão de um estabelecimento do Serviço Nacional de Saúde; o acordo de cooperação visa a integração de estabelecimentos de saúde das organizações no Serviço Nacional de Saúde, o qual passa a assegurar as prestações de saúde nos termos dos demais estabelecimentos deste Serviço. Em qualquer dos casos, as organizações são, pois, inseridas na rede de prestação de cuidados de saúde do Serviço Nacional de Saúde (cfr. o artigo 2.º do mesmo diploma legal).[12]

---

[12] Quanto às designadas "convenções do Serviço Nacional de Saúde", o problema encontra-se já resolvido pelo Decreto-Lei n.º 139/2013, de 9 de Outubro, que determina a adopção de procedimentos concursais abertos, independentemente do tipo de operadores (potencialmente) interessados (com ou sem fins lucrativos), inclusive com a remissão para o regime dos tipos procedimentais previstos no CCP.

Por conseguinte, no processo de transposição da Directiva 2014/24/UE não vemos razões para o legislador nacional inverter os meritórios princípios de cooperação que adoptou na Lei de Bases da Economia Social e no Decreto-Lei n.º 120/2015, de 30 de Junho, que estabelece os princípios orientadores e o enquadramento a que deve obedecer a cooperação entre o Estado e as entidades do sector social e solidário, o qual foi objecto de desenvolvimento e concretização através da Portaria n.º 196-A/2015, de 1 de Julho, que define os critérios, regras e formas em que assenta o modelo específico da cooperação estabelecida entre o Instituto da Segurança Social, I. P., e as IPSS (e instituições legalmente equiparadas).[13]

Naqueles diplomas, a relação institucional e jurídica entre a Administração Pública e as IPSS baseia-se estruturalmente em princípios de cooperação estratégica e funcional; concepção que, em alguns aspectos, como vimos, não seria "replicada" no Decreto-Lei n.º 172-A/2014, de 14 de Novembro, que alterou e republicou o Estatuto das Instituições Particulares de Solidariedade Social (IPSS), aprovado pelo Decreto-Lei n.º 119/83, de 25 de Fevereiro.

6   A organização administrativa da segurança social e da saúde e a cooperação com as entidades do "terceiro sector"

6.1 Alguns princípios e pressupostos fundamentais da cooperação

Para regular a relação entre o Estado e as "entidades da economia social", o Decreto-Lei n.º 120/2015, de 30 de Junho, veio fazer o enquadramento de uma cooperação concretizada em quatro áreas: a) Segurança Social; b) Emprego e Formação Profissional; c) Educação; e d) Saúde.

Esta cooperação, que visa desenvolver a rede de respostas sociais em todo o território e requalificar as já existentes, deve materializar-se em modelos de contratualização específicos para cada domínio social do Estado, a definir em diplomas próprios.

No domínio da Segurança Social, foi publicada a Portaria n.º 196-A/2015, de 1 de Julho – em vigor desde o dia 2 de Julho de 2015 –, que determina os critérios, regras e formas em que assenta a cooperação entre o Instituto da Segurança Social, I.P., e as IPSS, ou entidades legalmente equiparadas, com vista ao desenvolvimento de serviços e equipamentos para a protecção social dos cidadãos.

Neste quadro, o legislador elege como princípio estrutural e transversal o princípio da estabilidade das relações de cooperação. Assim resulta expressamente do artigo 9.º da Lei de Bases da Economia Social: no seu relacionamento com as entidades da economia social, o Estado deve garantir a necessária estabilidade das relações estabelecidas com as entidades da economia social" (alínea d)). Este mesmo princípio é, depois, reafirmado na alínea e) do artigo 7.º do Decreto-Lei n.º 120/2015, de 30 de Junho: a cooperação entre

---

[13]   A Lei de Bases da Economia Social estabelece, no seu artigo 5.º, como "Princípios orientadores", entre outros, da cooperação entre o Estado e as organizações a "gestão autónoma e independente das autoridades públicas e de quaisquer outras entidades exteriores à economia social" e que a "cooperação consiste na relação de parceria estabelecida entre o Estado e as instituições com o objetivo de desenvolver um modelo de contratualização assente na partilha de objetivos e interesses comuns, bem como de repartição de obrigações e responsabilidades" (artigo 2.º do Decreto-Lei n.º 120/2015, de 30 de Junho).

o Estado e as instituições visa garantir a estabilidade das relações entre o Estado e as instituições.

Mas o princípio da cooperação é biunívoco. Daí que se compreenda a sua associação a um outro: precisamente, o princípio do cumprimento dos acordos de cooperação celebrados com o Estado. Princípio este que, inclusivamente, é erigido em "princípio estatutário", ao constar expressamente do artigo 4.º-A do Decreto-Lei n.º 172-A/2014, de 14-11, que republica o Estatuto das IPSS: as instituições ficam obrigadas ao cumprimento das cláusulas dos acordos de cooperação que vierem a celebrar com o Estado.

Mas a institucionalização em concreto da cooperação depende do cumprimento, pelas IPSS, de alguns pressupostos gerais e específicos, que abreviadamente elencamos:

a) O registo da IPSS, nos termos do Estatuto das IPSS, aprovado pelo Decreto-Lei n.º 119/83 de 25 de Fevereiro, na redacção que lhe foi dada pelo Decreto-Lei n.º 172 –A/2014, de 14 de Novembro.

b) O enquadramento das actividades desenvolvidas ou desenvolver nos objectivos estatutários da IPSS.

c) O exercício legal de mandato por parte dos titulares dos órgãos da IPSS.

d) O cumprimento do disposto no artigo 21.º-A do Estatuto das IPSS (ou seja, a verificação de que nenhum dos titulares dos órgãos da IPSS foi reeleito ou novamente designado para os órgãos da mesma IPSS ou de outra, após ter sido condenado em processo judicial, por sentença transitada em julgado em Portugal ou no estrangeiro, por crime doloso contra o património, abuso de cartão de garantia ou de crédito, usura, insolvência dolosa ou negligente, apropriação ilegítima de bens do sector público ou não lucrativo, falsificação, corrupção e branqueamento de capitais, salvo se, entretanto, tiver ocorrido a extinção da pena).

e) A situação regularizada perante a Autoridade Tributária e a Segurança Social.

A estes pressupostos gerais acresce um conjunto de requisitos específicos para a concretização da cooperação.[14]

6.2   As áreas típicas de cooperação

6.2.1 A área da segurança social

Reunidos os pressupostos antes mencionados, a cooperação entre o Instituto da Segurança Social e as IPSS pode revestir a forma de acordo de cooperação, acordo de gestão ou protocolo e tem por objecto algumas das áreas típicas do modelo constitucional de Estado social: a segurança social; a saúde; a educação; o emprego e a formação profissional (artigo 5.º do Decreto-Lei n.º 120/2015, de 30 de Junho).

As formas jurídicas típicas (ou nominadas) de cooperação são, agora (e finalmente), objecto de dignidade e de forma legal, podendo consistir em acordos de cooperação,

---

[14]   São requisitos específicos para a concretização da cooperação: verificação das necessidades da comunidade, por forma a evitar assimetrias na disposição geográfica dos serviços e equipamentos; existência de instalações para o funcionamento dos serviços e equipamentos em conformidade com os diplomas em vigor e em instrumentos regulamentares aprovados pelos membros do Governo; e a inscrição das verbas necessárias em orçamento anual do Instituto da Segurança Social.

acordos de gestão, protocolos e convenções. A disciplina mais desenvolvida dos acordos de cooperação na área da segurança social consta da Portaria n.º 169-A/2015, de 1 de Julho, prevendo, inclusivamente, um regime de adaptação para os acordos transactos: os acordos de cooperação que hajam sido celebrados ao abrigo da legislação anterior devem ser revistos no prazo máximo de três anos, de modo a adequá-los gradualmente às disposições constantes da Portaria n.º 196-A/2015, de 1 de Julho.

Mas o regime – e bem – é aberto e flexível, considerando o específico objecto dos acordos e a complexidade e especificidade das respostas sociais a desenvolver.[15]

Daí, e desde logo, a previsão de modalidades diferenciadas de acordos de cooperação: acordos de cooperação típicos (por o apoio obedecer a um valor de financiamento padronizado por utente ou família, sendo possível a sua determinação com base na despesa de funcionamento associada ao desenvolvimento da resposta social); e acordos de cooperação atípicos (por o apoio financeiro a conceder implicar uma alteração aos critérios padronizados, designadamente em função da população a abranger e dos recursos humanos a afectar). Neste segundo caso, compreende-se que a celebração dos acordos dependa da emissão de parecer prévio pelo Instituto da Segurança Social.

O regime dos acordos de cooperação consta, no essencial dos artigos 10.º a 19.º e 32 a 39.º da Portaria n.º 169-A/2015, de 1 de Julho, e do regulamento anexo à mesma. Deste regime, conjugado com o n.º 6 do artigo 1.º do Código dos Contratos Públicos, relativo aos "critérios de administratividade" dos contratos celebrados pela Administração (e outras entidades), resulta a natureza administrativa dos acordos de cooperação. O "critério dos poderes" do contraente público, previstos Portaria n.º 169-A/2015, reforça aquela natureza, especialmente os poderes de fiscalização, suspensão e de resolução dos acordos (incluindo a resolução sancionatória). Esta doutrina é extensiva aos acordos de gestão e aos protocolos, bem como aos similares acordos previstos para a área da saúde.

Os acordos de gestão têm por objecto confiar às instituições as instalações e a gestão de um estabelecimento de apoio social, de natureza pública (n.º 3 do artigo 10.º do Decreto-Lei n.º 120/2015, de 30-7, e n.º 3 do artigo 7.º Portaria n.º 169-A/2015). Trata-se, pois, de um contrato escrito (formal) que visa confiar à IPSS as instalações e a gestão de um estabelecimento de apoio social, de natureza pública, onde se desenvolvem respostas sociais. O acordo de gestão pode prever a gestão do funcionamento do equipamento social ou a gestão do funcionamento e, cumulativamente, a cedência a título gratuito do edificado, em regime de comodato (existindo, pois, a obrigação de restitui-lo). O acordo de gestão assume uma dupla fisionomia: a sua celebração implica (isto é, pressupõe), para o funcionamento da resposta social, a celebração de um acordo de cooperação (n.º 2 do artigo 22.º da Portaria n.º 169-A/2015), com a consequente aplicação a estes acordos do regime próprio dos acordos de cooperação (artigos 10.º a 19.º da Portaria n.º 169-A/2015), para além, naturalmente, da aplicação do regime também expressamente

---

[15] O acordo de cooperação tem por objecto o apoio para o desenvolvimento de um serviço ou equipamento; uma resposta social destinada ao apoio de crianças e jovens, pessoas com deficiência e incapacidade, pessoas idosas e família e comunidade (n.º 2 do artigo 10.º do Decreto-Lei n.º 120/2015, 30-6 e artigo 10.º Portaria n.º 169-A/2015, de 1 de Julho). Trata-se de um contrato escrito (formal), através do qual se estabelece uma relação jurídica com vista ao desenvolvimento de uma resposta social destinada ao apoio de crianças e jovens, pessoas com deficiência e incapacidade, pessoas idosas, família e comunidade, com comparticipação financeira e apoio técnico do Instituto da Segurança Social.

aplicável aos acordos de gestão (artigos 32.º a 39.º da Portaria n.º 169-A/2015. Prevê-se igualmente, para estes contratos, "instrumentos de reacção" contra o incumprimento: a advertência escrita; a suspensão; e a resolução

Por sua vez, o protocolo estabelece um modelo de experimentação que visa o desenvolvimento de projectos e medidas inovadoras de acção social, que concorram para a resolução de situações identificadas nos territórios. Assume também a forma de contrato escrito, com a particularidade de estabelecer um modelo de partilha de responsabilidades, para o desenvolvimento de projectos e medidas inovadoras de acção social, em resposta às necessidades sociais; uma espécie de "parceria para a inovação social".

O essencial do seu regime consta dos artigos 28.º a 31.º e 34.º a 39.º da Portaria n.º 169-A/2015, com semelhantes "mecanismos de reacção" contra o incumprimento: a advertência escrita; a suspensão; e a resolução. E ainda a sujeição a "mecanismos" institucionais de supervisão, através das Comissões de Acompanhamento de âmbito nacional e as Comissões Distritais de Cooperação (artigos 40 e 41.º da Portaria 196-A/2015, de 1-7).

Por último, apenas uma nota para sublinhar duas novidades.

Uma refere-se à previsão de um regime próprio para o que poderemos designar por "cooperação horizontal", que integra matéria nova, facultando-se às IPSS a possibilidade de estabelecer entre si formas de cooperação que visem, designadamente, a utilização comum de serviços ou equipamentos e o desenvolvimento de acções de solidariedade social, de responsabilidade igualmente comum ou em regime de complementaridade, sendo que a cooperação se concretiza por iniciativa das instituições ou por intermédio das respectivas organizações de uniões, federações ou confederações.

A segunda para sublinhar a novidade, para as áreas referidas, dos contratos interadministrativos de delegação de competências nos municípios e entidades intermunicipais (artigo 10.º do Decreto-Lei n.º 30/2015, de 12 de Fevereiro).

6.2.2 A área da saúde

O Decreto-Lei n.º 138/2013, de 9 de Outubro, no artigo 2.º, com a epígrafe "Formas de articulação", define as modalidades jurídicas típicas (ou nominadas) de cooperação na área da saúde. Aí se estabelece que as IPSS intervêm na actividade do Serviço Nacional de Saúde (SNS) mediante a realização de prestações de saúde traduzidas em acordos que revestem as seguintes modalidades: acordo de gestão; acordo de cooperação, e convenções.

Como a própria designação o sugere, o acordo de gestão tem por objecto a gestão de um estabelecimento do SNS, não divergindo, nesta parte, da noção dada ao mesmo acordo na área da segurança social.

O acordo de cooperação visa a integração de um estabelecimento de saúde pertencente às IPSS no SNS, o qual passa a assegurar as prestações de saúde nos termos dos demais estabelecimentos do SNS (n.º 3 do artigo 2.º do Decreto-Lei n.º 138.º/2013).

Quanto aos pressupostos e procedimento de celebração, a lei prevê um regime comum aos acordos de gestão e de cooperação: em especial, o regime relativo à demonstração e garantia da economia, eficácia e eficiência dos acordos, bem como a sua sustentabilidade financeira; uma demonstração que faz apelo ao "comparador do sector público" e à técnica do "value for money" (alínea d) do n.º 1 do artigo 4.º e n.º 1 do artigo 6.º Decreto-Lei n.º 138.º/ 2013); e a inaplicabilidade da Parte II do Código dos Contratos Públicos, relativa aos procedimentos pré-contratuais de adjudicação (n.º 2 do artigo 6.º do Decreto-Lei n.º 138.º/2013).

O regime substantivo dos acordos consta, no essencial, dos artigos 5.º a 11.º e artigo 15.º do Decreto-Lei n.º 138.º/2013, salientando-se o regime de incumprimento das obrigações de serviço público e de resolução dos acordos (artigo 15.º), bem como a tabela de preços a aplicar aos acordos, cuja é aprovada pelo membro do Governo responsável pela área da saúde, tendo por referência as tabelas de preços estabelecidas para os hospitais do SNS.

Particular revelo assume ainda o acordo de cooperação com o objecto específico de devolução de hospitais às misericórdias. Este acordo tem por objecto específico a reversão da posse de hospitais do SNS, com cessão da exploração dos estabelecimentos (artigo 15.º). A sua celebração depende igualmente do pressuposto geral já referido: a demonstração e garantia da economia, eficácia e eficiência dos acordos, bem como a sua sustentabilidade financeira (alínea d) do n.º 1 do artigo 4.º e n.º 1 do artigo 6.º Decreto-Lei n.º 138.º/2013). Mas estes "acordos de devolução" dependem ainda da demonstração de um pressupostos específico: o estudo a que se refere o n.º 1 do artigo 6.º do Decreto-Lei n.º 138.º/2013 deve demonstrar que a celebração do acordo diminui os respectivos encargos globais do SNS em, pelo menos, 25 % relativamente à alternativa de prestação de serviços pelo sector público, sendo a valorização da produção a realizar de acordo com o modelo de financiamento aplicável aos hospitais E. P. E. (alínea a) do artigo 14.º do Decreto-Lei n.º 138.º/2013). Ambos os pressupostos referidos constituem condições inderrogáveis da legalidade/validade da celebração destes contratos administrativos.

A celebração de acordos de cooperação com o objecto específico de devolução de hospitais às misericórdias não se encontra sujeita aos procedimentos pré-contratuais estabelecidos na parte II do Código dos Contratos Públicos, compreendendo-se esta "isenção", na medida em que está predominantemente em causa uma espécie de "reintegração in natura" das misericórdias, com raízes históricas na implementação do SNS.

Em termos paralelos ao que sucede na área da segurança social, também para a área da saúde se prevê a habilitação para celebrar contratos interadministrativos de delegação de competências nos municípios e entidades intermunicipais (artigo 9.º do Decreto-Lei n.º 30/2015, de 12 de Fevereiro.

Por último, as convenções, cujo regime consta do Decreto-Lei n.º 139/2013, de 9 de Outubro (diploma que estabelece o regime jurídico das convenções que tenham por objecto a realização de prestações de cuidados de saúde aos utentes do SNS, no âmbito da rede nacional de prestação de cuidados de saúde).

Este tipo de contrato não oferece particularidades de regime na relação do Estado com as IPSS; o seu regime aplica-se indiferenciadamente a todas as entidades (com fins lucrativos ou sem fins lucrativos)

As convenções apresentam-se com diferentes modalidades, em função do tipo de procedimento adoptado para a respectiva celebração: procedimento de contratação para uma convenção específica; ou procedimento de adesão a um clausulado tipo previamente publicado. À celebração de convenções específicas aplica-se, com adaptações, o regime do Código dos Contratos Públicos, para a celebração de acordos quadro.

Os preços máximos a pagar no âmbito das convenções são os constantes da tabela de preços do SNS, sem prejuízo de serem estabelecidas tabelas de preços específicos e de o procedimento concursal incluir uma fase de negociação.

Naturalmente que as IPSS que celebrem este tipo de contrato, como qualquer entidade privada que celebre convenções com o SNS, ficam sujeitas à actividade reguladora da Entidade Reguladora da Saúde, em conformidade com a Lei n.º 67/2013, de 28 de Agosto (Lei-quadro das entidades administrativas independentes com funções de regulação da actividade económica dos sectores privado, público e cooperativo) e os Estatutos daquela entidade, aprovados pelo Decreto-Lei n.º 126/2014, de 22 de Agosto.

Referências

APARÍCIO MEIRA, Deolinda; ELISABETE RAMOS, Maria. Governação e Regime Económico das Cooperativas. Estada da arte e linhas de reforma. *VidaEconómica*, Porto, 2014.

CANOTILHO, J. Joaquim Gomes; MOREIRA, Vital. *Constituição da República Portuguesa Anotada*. 4. ed. rev. Coimbra: Coimbra Editora, 2007. v. I.

CASALTA NABAIS, J. Alguns perfis da propriedade colectiva nos países da civil law, in Estudos em homenagem ao Prof. Doutor Rogério Soares. *Boletim da Faculdade de Direito de Coimbra, STVDIA IVRIDICA*, Coimbra, 2001, p. 223 e ss.

FARINHO, Domingos Soares. *Fundações e interesse público*. Coimbra: Almedina, 2014.

GONÇALVES, Pedro Costa. *Direito dos contratos públicos*. 3. ed. Coimbra: Almedina, 2019.

GONÇALVES, Pedro Costa. *Entidades Privadas com Poderes Públicos*. Coimbra: Almedina, 2005.

GONÇALVES, Pedro Costa. *Reflexões sobre o Estado regulador e o Estado contratante*. Coimbra: Coimbra Editora, 2013.

LOPES MARTINS, Licínio. *As Instituições Particulares de Solidariedade Social*. Coimbra: Almedina, 2009.

LOPES MARTINS, Licínio. *Empreitada de obras públicas*: o modelo normativo do contrato administrativo e do contrato público (em especial, o equilíbrio económico-financeiro). reed. Coimbra: Almedina, 2015.

LOPES MARTINS, Licínio. *Nótulas sobre o Estatuto revisto das Instituições Particulares de Solidariedade Social*. Coimbra: Instituto Jurídico da Faculdade de Direito da Universidade de Coimbra. No prelo.

LOPES MARTINS, Licínio. O Acórdão do Tribunal da Relação de Coimbra, de 10-09-2013, e a repartição da competência jurisdicional sobre associações canonicamente erectas na jurisprudência dos Tribunais Portugueses. *Cooperativismo e Economia Social (CES)*, n. 36, Vigo, 2014.

LOPES MARTINS, Licínio. O regime da farmácia de oficina. *In: Estudos em Homenagem ao Professor Doutor Guilherme de Oliveira*. Coimbra: [s.n.], 2015. No prelo.

MEDEIROS, Rui, Âmbito do novo regime da contratação pública à luz do princípio da concorrência. *Cadernos de Justiça Administrativa (CJA)*, n. 69, 2008.

MIRANDA, Jorge; MEDEIROS, Rui. *Constituição Portuguesa Anotada*. Coimbra: Coimbra Editora, 2006. t. II.

TAVARES DA SILVA, Suzana; DIAS SOARES, Cláudia. Regime Fiscal das Entidades da Economia Social e Civil. *VidaEconómica*, Porto, 2015.

Informação bibliográfica deste texto, conforme a NBR 6023:2018 da Associação Brasileira de Normas Técnicas (ABNT):

MARTINS, Licínio Lopes. As Entidades do "Terceiro Sector" e a Organização Administrativa da Segurança Social em Portugal. *In*: JUSTEN, Monica Spezia; PEREIRA, Cesar; JUSTEN NETO, Marçal; JUSTEN, Lucas Spezia (coord.). *Uma visão humanista do Direito*: homenagem ao Professor Marçal Justen Filho. Belo Horizonte: Fórum, 2025. v. 1, p. 387-408. ISBN 978-65-5518-918-6.

SERVIÇOS SOCIAIS AUTÔNOMOS E SEUS CONTORNOS JURÍDICOS: ATIVIDADES NÃO EXCLUSIVAS DE ESTADO E LIBERDADE DE FORMAS

LUCIANO FERRAZ

1 Introdução

Foi com alegria que recebi o convite dos coordenadores desta obra, para escrever um ensaio em homenagem à trajetória acadêmico-profissional do Professor Marçal Justen Filho. O Professor Marçal é induvidosamente uma das principais referências que cultivo entre os autores de Direito Administrativo no Brasil. A coerência de suas ideias e a profundidade de seus ensinamentos dispensam maiores comentários, pelo que participar deste tributo é, para mim, motivo de orgulho.

O tema escolhido para a tarefa, o dos serviços sociais autônomos e seus contornos mais expressivos, insere-se no difícil capítulo das formatações organizacionais da Administração Pública e das parcerias administrativas,[1] apresentando variantes significativas a depender das opções políticas de cada tempo.[2]

Nesse ambiente, o uso de formas de atuação do Estado, para atender às necessidades concretas do seu cotidiano, leva à identificação de um "polimorfismo organizatório"

---

[1] Sobre o tema e seu pertencimento ao âmbito do direito administrativo, ver Marçal Justen Filho, *verbis*: "a criação de organizações não estatais orientadas à satisfação de direito fundamentais produz a ampliação dos limites do direito administrativo. Assim, por exemplo, o direito administrativo disciplina o desempenho de atividades de cunho educacional prestadas por entidades privadas. Nenhum particular pode ser obrigado a aplicar seus esforços e seus bens em atividades de natureza educativa. Mas, se resolverem a tanto se dedicar, estarão subordinados a uma série de determinações produzidas pelas instituições de direito administrativo" (JUSTEN FILHO, Marçal. *Curso de Direito Administrativo*. 14. ed. São Paulo: Forense, 2023. p. 2).

[2] Na Alemanha, desde a primeira metade do século XX, Ernst Forsthoff exortava a comunidade científica para a importância do aprofundamento do tema dos mecanismos de organização da administração pública para a prestação de serviços e atividades públicas, ver FORSTHOFF, Ernst. *Lehrbruch des Verwaltungsrecht*. I Band. München: Beck, 1961. p. 375-378.

da Administração Pública brasileira,[3] assunto trabalhado com propriedade em excertos doutrinários estrangeiros,[4] mas de certa forma incipiente nos estudos nacionais.

No direito europeu, tem prevalecido quanto ao assunto a regra geral da "liberdade de formas" (*formenwahlfreiheit*), trazendo preocupações mais materiais e menos formais em relação ao uso de instrumentos organizacionais pela Administração Pública, desde que observados alguns limites: (a) a proibição do abuso de formas; e (b) a salvaguarda das vinculações jurídicas de direito público à preservação dos direitos fundamentais dos cidadãos.[5]

Na Alemanha, por exemplo, a Constituição de 1949 outorgou ampla liberdade de conformação legislativo-organizacional a cada um dos entes políticos (*Bund, Lander* e *Gemeiden*). As entidades locais (equivalentes aos nossos municípios) desenvolveram longa tradição no uso de formas privadas de administração, aplicadas a tarefas públicas.[6] Em Portugal, segundo diagnóstico de Paulo Otero, o assunto encontra-se permeado por uma interpenetração do Direito Privado na operatividade do Direito Administrativo, com o recurso à formatação de figuras híbridas que não aceitam categorização nos tipos comuns das entidades públicas.[7]

No Brasil, por influência do Decreto-Lei nº 200/67, considerável parte dos estudos de Direito Administrativo continua atrelada a uma concepção quadripartite das possíveis entidades de natureza administrativa a compor o extrato da Administração Pública, consoante disciplina o seu art. 5º: autarquia, empresa pública, sociedade de economia mista e fundação pública.[8]

Essa "tipicidade organizatória" tornou-se assim regra na abordagem geral do tema, havendo um vezo bastante constituído de que pessoas políticas têm de se adequar aos moldes preconcebidos pelo legislador federal, sem liberdade de formas. Mas a forma de Estado brasileira é federativa. A liberdade constitutiva das organizações regionais e locais reside, em maior dimensão, na eleição dos meios e dos instrumentos aptos a

---

[3] FERRAZ, Luciano. Crônica jurisprudencial sobre um polimorfismo organizatório da Administração Pública brasileira. *Conjur*, 2023. Disponível em: https://www.conjur.com.br/2023-mai-18/interesse-publico-cronica-jurisprudencial-polimorfismo-organizatorio/. Acesso em: 5 ago. 2024.

[4] Dentre outros, ver MOREIRA, Vital. *Administração Autónoma e Associações Públicas*. Coimbra: Almedina, 1997. p. 256.

[5] Sobre o tema dos direitos fundamentais na Alemanha, ver ALEXY, Robert. *Teoria dos Direito Fundamentais*. Tradução de Virgílio Afonso da Silva. São Paulo: Malheiros, 2008.

[6] O alemão Hartmut Maurer ensina que, "como a administração no total, também a administração municipal pode resolver tarefas administrativas autênticas segundo as regras do direito privado. A Administração de intervenção depende de ordem e coerção, não pode renunciar, sem dúvida, aos poderes soberanos de direito público. Mas a administração de prestação pode, enquanto legalmente nada de diferente está regulamentado, realizar-se também segundo o direito privado. Isso tem importância, sobretudo, para administração municipal, uma vez que ela, preponderantemente, tem de produzir prestações para os cidadãos. Em conformidade com isso, pode a entrega de água, energia e gás, a evacuação de resíduos, o uso de meios de transportes públicos e a utilização de outras instalações públicas do município no âmbito social, cultural e econômico (jardins de infância, hospitais, teatros, piscinas descobertas e assim por diante) ser reguladas jurídico-publicamente ou jurídico-privadamente. Os municípios têm, sob esse aspecto, um direito de escolha" (MAURER, Hartmut. *Elementos de Direito Administrativo Alemão*. Tradução de Luis Afonso Heck. Porto Alegre: Sérgio Antônio Fabris Editor, 2001. p. 157-159).

[7] OTERO, Paulo. *Vinculação e liberdade de conformação do setor empresarial do Estado*. Coimbra: Coimbra Editora, 1998. p. 225.

[8] Os autores têm incluído os consórcios públicos, independentemente de sua natureza jurídica, no âmbito da Administração indireta. Ver, por todos, DAL POZZO, Augusto Neves; ROCHA, Sílvio Luís Ferreira. *Curso de Direito Administrativo*. São Paulo: Thomson Reuters Brasil, 2024. p. 175.

dar melhores respostas aos anseios da sociedade, especialmente quando se cogita de atividades vinculadas à manutenção do mínimo existencial e da dignidade da pessoa humana (saúde, educação, assistência social, segurança, meio ambiente etc.), que se constituem, afinal, no núcleo central dos direitos fundamentais constitucionais.[9]

Nesse sentido, convém destacar a existência de estruturas organizacionais públicas e público-privadas, antes e após a Constituição de 1988, que não se adequam plenamente aos modelos descritos pelo Decreto-Lei nº 200/67. E mais que isso: que variantes de regime jurídico aplicáveis em cada caso obrigam a identificar a manifestação de um "polimorfismo organizatório" em terras brasileiras, com destaque para desenhos de atuação do Poder Público em regime de colaboração com particulares e com a sociedade civil organizada, ou mesmo para a constituição de novos modelos que escapam à tradição dicotômica entre Administração direta e indireta.

O anunciado "polimorfismo organizatório" situa-se, portanto, numa zona peculiar, a mixar situações de fato, consolidadas pela *práxis*, com posições jurídicas (*rechtsposition*), fincadas em tentativas de absorção normativa das diversas realidades administrativas. Entre nós, o fenômeno é diversificado e comporta diferentes manifestações, não só porque existem, no direito positivo, entidades administrativas de um tipo, instituídas formalmente como de outro, como também porque a doutrina e a jurisprudência reconhecem um intercambiamento de regimes jurídicos de direito público e de direito privado entre elas.

Nesse particular, a Administração Pública brasileira se encontra permanentemente em processo de reformulação e de reconfiguração estrutural. Por vezes, formatos experimentais inserem-se no contexto, enquanto, noutras vezes, são releituras e adaptações das realidades estruturais já existentes que passam a responder aos desígnios de levar a cabo atividades gizadas de interesse público. É com esta perspectiva que se desenvolverá o presente artigo, o qual versará sobre os serviços sociais autônomos e seus principais contornos jurídico-políticos.

2 Desenvolvimento

A diversidade de atores e sítios em que o tema deste artigo deita raiz demonstra a necessidade de reconhecimento, em maior ou menor grau, da interseção de regimes jurídicos de Direito Público e de Direito Privado, especialmente quando se admitem movimentos de "contratualização" da administração pública e de engajamento evolutivo de protagonistas e coadjuvantes privados no desempenho de tarefas públicas (por exemplo, parcerias com o terceiro setor, delegação de atribuições estatais a particulares, parcerias público-privadas).

Na análise das evoluções conceituais, legislativas e práticas no seio da Administração Pública brasileira, não é difícil perceber a existência de uma pluralidade de

---

[9] "A Constituição de 1998, considerada com um pacto nacional, consagrou uma ordem política e social democrática, sendo a única forma admissível. O direito administrativo reflete a prevalência de concepções democráticas para o Estado – que apenas pode ser concebido como um instrumento para a realização dos valores fundamentais e para o bem comum de todos. Nenhuma interpretação jurídica ou solução de aplicação de normas jurídicas é admissível quando importar a violação a direito fundamentais ou ao modelo democrático de organização do poder" (JUSTEN FILHO, Marçal. *Curso de Direito Administrativo*. 14. ed. São Paulo: Forense, 2023. p. 3).

estruturas administrativas com diferentes perfis e regimes jurídicos, convindo identificar que a maior ou menor incidência de formas e normas (princípios e regras) de direito público ou de direito privado nas relações travadas pelas administrações públicas, em todos os níveis, dependerá, essencialmente, dos seguintes aspectos: (a) da *pessoa jurídica* designada para exercer a atividade administrativa, seja ela pertencente ou não à Administração Pública; (b) do tipo de *atividade administrativa* em desenvolvimento (poder de polícia, serviços públicos econômicos, serviços sociais, atividade econômica em sentido próprio, fomento); (c) do *instrumento jurídico utilizado* para efetivar a ação administrativa (atos administrativos, contratos administrativos típicos, contratos de gestão, convênios de cooperação e instrumentos congêneres); (d) da *finalidade pública perseguida* (atendimento direto e gratuito à sociedade ou atendimento da necessidade com a autorização de cobrança de tarifas dos usuários ou remunerações pagas pelo Poder Público); (e) dos *direitos e interesses* dos diversos atores legitimamente envolvidos na prestação das atividades (direitos individuais, coletivos e difusos).

Tratando-se de serviços sociais de interesse público ou de relevância pública (saúde, educação, assistência social, previdência),[10] as tendências organizacionais do Estado moderno caminham para um decréscimo do intervencionismo direto do Poder Público, em ordem a evitar a replicação de estruturas estatais obsoletas.

A ideia fundamental subjacente é de que, ao invés de constituir estruturas próprias para prestar atividades de interesse social, o Estado se predisponha a fomentar a iniciava privada (*v.g.*, por meio de repasse de recursos públicos), mediante a instituição de ajustes bilaterais com entidades de direito privado, alheias à estrutura da Administração Pública.[11] Isso não significa que o Estado não possa prestar diretamente a atividade. É seu dever. Mas a eleição sobre a forma de prestação é uma decisão de natureza política.

Nessa linha de argumentação, a Administração Pública brasileira vivenciou alterações significativas no seu perfil orgânico e funcional nos últimos 25 anos ou mais, influenciada inicialmente pelo PDRAE (Plano de Reforma do Aparelho do Estado), elaborado pelo antigo Ministério de Administração e Reforma do Estado nos idos de 1995. Entre as medidas sugeridas pelo PDRAE destacavam-se, pela pertinência ao tema em análise, arranjos disciplinadores das relações entre o setor público (primeiro setor) e terceiro setor (público não estatal), constituído por entidades não governamentais,

---

[10] É equivocado tratar os serviços sociais de interesse público mediante o conceito de serviço público econômico do art. 175 da Constituição. Os serviços públicos econômicos são atividades cuja titularidade é, por força da Constituição e da lei, invocada pelo Estado. Trata-se de ambiente constitucionalmente atribuído ao Poder Público, fazendo depender a exploração privada de contratos especiais de concessão ou permissão. Os serviços sociais de interesse público são atividades concomitantemente exploráveis pela inciativa privada e pela inciativa pública, embora haja um compromisso estatal com a sua prestação à sociedade. Quando os particulares exploram tais atividades, o fazem por direito próprio, com ou sem finalidade lucrativa. É o que se passa, por exemplo, com os serviços sociais de saúde e educação. Bons exemplos do que se está a afirmar encontram-se no art. 199 da Constituição, que dispõe ser a assistência à saúde livre à iniciativa privada, e no art. 209 da Constituição, que dispõe que o ensino é livre à iniciativa privada, atendidas as condições que arrola.

[11] Na Grã-Bretanha, cumprem esse papel na área dos serviços sociais, em geral, as "Quangos" (Organizações Quase Autônomas Não Governamentais). Os documentos oficiais se valem para designá-las da expressão *Non-Departmental Public Bodies* (NDPBs), definidos como "um organismo que possui um papel no Governo nacional, mas não é um departamento ou parte dele, e que atua em maior ou menor proximidade dos Ministros". Sobre o tema, ver MELO, Cristina Andrade. As organizações sociais e as Quasi autonomous non governmental organizations (Quangos) da Grã-Bretanha: uma fuga para o direito privado? *Revista do Tribunal de Contas do Estado de Minas Gerais*, ano XXIX, v. 79, n. 2, p. 62-85, abr./jun. 2011.

pertencentes à sociedade civil, e que se organizavam, sem fins lucrativos, para a prestação de atividades de interesse coletivo em regime de parceira com o Estado.[12]

Com esse propósito, a União editou as Leis Federais nº 9.637/98 e nº 9.790/99, que cuidaram, respectivamente, das organizações sociais (OS) e das organizações da sociedade civil de interesse público (Oscip), qualificações jurídicas destinadas às entidades do terceiro setor (público não estatal), com vistas ao fortalecimento de suas relações com o Poder Público. Posteriormente, editou a Lei nº 13.019/14 para tratar de maneira mais uniforme das parcerias voluntárias de interesse social, procurando suprir uma lacuna de regulamentação e flexibilizar a rigidez do controle de meios.[13]

O projeto das organizações sociais e demais geraram críticas em diversos segmentos. Sua aplicação prática, por meio da absorção de atividades anteriormente desempenhadas por entidades estatais extintas, demonstrava a potencialidade para a diminuição da máquina pública, num contexto típico de privatização (em amplo sentido).

Nesse ambiente, o STF foi provocado a se pronunciar sobre o modelo federal das organizações sociais (OS), no julgamento da ADI nº 1.923. Por maioria de votos, o Plenário do STF reconheceu a sua constitucionalidade, aplicando a técnica de intepretação conforme a Constituição à Lei nº 9.637/98 e do art. 24, XXIV da Lei nº 8.666/93, para afastar qualquer interpretação que restringisse o controle, pelo Ministério Público e pelo TCU, da aplicação de verbas públicas pelas organizações sociais.[14]

O modelo das organizações sociais, que terminou chancelado pelo STF, foi adotado em diversos cantos do país. Ele efetivamente tinha e tem o potencial de estabelecer uma relação dinâmica entre a sociedade civil e o Estado, marcada pela mutualidade e pela convivência harmônica. Contudo, a implantação prática do modelo em alguns lugares terminou por trazer maiores problemas do que soluções. Não é isso um problema ínsito, convém repisar, ao modelo das organizações sociais, senão próprio de sua execução e controle.

Os serviços sociais autônomos têm aproximação com o modelo das organizações sociais, encontrando uma correspondência lógica e de *design*. Conforme adverte Di Pietro, "segundo tudo indica, o que serviu de inspiração para o projeto das organizações sociais foram os chamados Serviços Sociais Autônomos (Sesi, Sesc, Senai e outros) e, mais proximamente, o Serviço Social Autônomo 'Associação das Pioneiras Sociais'".[15]

Decerto, a técnica de emparceiramento das organizações sociais e dos serviços sociais autônomos com o Poder Público é assemelhada, com a diferença marcante de que o último é constituído por iniciativa legislativa do Poder Público, secundada pela prática de atos constitutivos, e não por uma movimentação própria dos particulares, como se passa no caso das organizações socais.

---

[12] MODESTO, Paulo. Experimentação nas parceiras sociais: 25 anos da Lei das OSs. *Conjur*, 2023. Disponível em: https://www.conjur.com.br/2023-out-26/interesse-publico-experimentacao-parceiras-sociais-25-anos-lei-oss. Acesso em: 5 ago. 2024.

[13] Sobre o tema, ver FERRAZ, Luciano. Convênios com entidades privadas sem fins lucrativos depois da MROSC. *Conjur*, 2022. Disponível em: https://www.conjur.com.br/2022-ago-18/interesse-publico-sobrevivencia-convenios-entidades-fins-lucrativos. Acesso em: 5 ago. 2024.

[14] STF. ADI 1923, Rel. Ayres Britto, Rel. p/ Acórdão: Luiz Fux, Tribunal Pleno, julgado em 16/04/2015, Acórdão Eletrônico *DJe*-254 Divulg 16-12-2015 Public 17-12-2015.

[15] DI PIETRO, Maria Sylvia Zanella. *Parcerias na Administração Pública*: concessão, permissão, franquia, terceirização, parcerias público-privadas e outras formas. 10. ed. São Paulo: Atlas, 2016. p. 282.

Os serviços sociais autônomos tiveram origem no Brasil na década de 1940, com participação decisiva do empresariado nacional em sua constituição e financiamento. O Decreto-Lei nº 4.048/42 criou o Senai – *Serviço Nacional de Aprendizagem Industrial* (assim denominado pelo Decreto-Lei nº 4.936/42); o Decreto-Lei nº 8.621/46 criou o *Serviço Nacional de Aprendizagem Comercial* (Senac), mas atribuiu à Confederação Nacional do Comércio o encargo de organizá-lo e administrá-lo; o Decreto-Lei nº 9.043/46 atribuiu à Confederação Nacional da Indústria o encargo de criar, organizar e dirigir o *Serviço Social da Industria* (Sesi) e o Decreto-Lei nº 9.853/46 atribuiu à Confederação Nacional do Comércio o encargo de criar, organizar e dirigir o *Serviço Social do Comércio* (Sesc).

O art. 62 do ADCT da Constituição da República de 1988, além de preservar as entidades constituídas sob a égide de constituições anteriores, previu, ainda, a criação, por lei, do Serviço Nacional de Aprendizagem Rural (Senar), nos modelos da legislação relativa ao Senai e ao Senac, criação esta que se perfez com a edição da Lei Federal nº 8.315/91.

Entretanto, mais recentemente

> os serviços sociais autônomos vêm crescendo com contribuições relevantes em serviços voltados para toda a coletividade na área de seguridade social, promovendo saltos na saúde pública, na previdência social e no desenvolvimento social nacional de políticas econômicas de interesse coletivo e titularidade para a gestão de novos postos de emprego e consequente integração ao mercado de trabalho.[16]

De fato, a experiência tem demonstrado a vocação dos serviços sociais autônomos para o desempenho de atividades não exclusivas de Estado, nas quais o Poder Público e os particulares de *per se*, com ou sem fins lucrativos, convivem na exploração livre, sem a necessidade da formalização de vínculos jurídicos de concessão ou permissão, nos termos do decidido pelo STF na ADI nº 1.923:

> os setores de saúde (CF, art. 199, caput), educação (CF, art. 209, *caput*), cultura (CF, art. 215), desporto e lazer (CF, art. 217), ciência e tecnologia (CF, art. 218) e meio ambiente (CF, art. 225) configuram serviços públicos sociais, em relação aos quais a Constituição, ao mencionar que "são deveres do Estado e da Sociedade" e que são "livres à iniciativa privada", permite a atuação, por direito próprio, dos particulares, sem que para tanto seja necessária a delegação pelo poder público, de forma que não incide, in casu, o art. 175, caput, da Constituição.

A norma constitucional a ser considerada matriz da autorização para a criação de serviços sociais autônomos direcionados à execução de serviços sociais é o art. 240 da Constituição, segundo o qual "ficam ressalvadas do disposto no art. 195 as atuais contribuições compulsórias dos empregadores sobre a folha de salários, destinadas às entidades privadas de serviço social e de formação profissional vinculadas ao sistema sindical".[17]

---

[16] ALMEIDA, Edvaldo Nilo de. *Sistema S*: fundamentos constitucionais. Rio de Janeiro: Forense, 2021. p. XXXV.

[17] De se notar que, por força dessa disposição constitucional (art. 240), os serviços sociais autônomos constituem-se como espécies de entidades de direito privado a par daquelas estabelecidas no art. 44 do Código Civil, cuja personificação e classificação deriva diretamente da Constituição.

A redação do dispositivo constitucional abrange, inclusive por conta da conjunção aditiva "e" utilizada pelo constituinte, tipos diferentes de serviços sociais autônomos, independentemente de serem ou não destinatários de contribuições compulsórias, todos a assumir, por força da própria Constituição, personalidade jurídica privada, a saber: (a) entidades privadas de serviço social; (b) entidades privadas de formação profissional vinculadas ao sistema sindical; (c) entidades privadas dedicadas conjuntamente a ambas as atividades.

De acordo com a lição de Hely Lopes Meirelles, os serviços sociais autônomos

> são entes paraestatais de cooperação com o Poder Público, com administração e patrimônios próprios, revestindo a forma de instituições particulares convencionais (fundações, sociedades civis ou associações) ou peculiares ao desempenho de suas incumbências estatutárias [...] Essas instituições, embora oficializadas pelo Estado, não integram a Administração Pública direta nem indireta, mas trabalham ao lado do Estado, sob seu amparo, cooperando nos setores, atividades e serviços que lhes são atribuídos, por serem considerados de interesse específico de determinados beneficiários. Recebem, por isso, oficialização do Poder Público e autorização legal para arrecadarem e utilizarem na sua manutenção contribuições parafiscais, quando não são subsidiadas diretamente por recursos orçamentários da entidade que as criou.[18]

O respaldo constitucional de criação dos serviços sociais autônomos para a execução de tarefas públicas em benefício da população em geral deixa ver que sua constituição por iniciativa do Estado (pessoas políticas) não significa burla à incidência do regime jurídico administrativo, seja porque é a própria Constituição que lhes outorga personalidade jurídica de direito privado (art. 240 da Constituição), seja porque não desempenham atividades exclusivas do Estado (saúde, educação, assistência social, previdência), seja porque tais entidades não se estabelecem no seio da Administração Pública direita ou indireta.

O STF tem compreendido que "os serviços sociais autônomos do denominado sistema 'S', embora compreendidos na expressão de entidade paraestatal, são pessoas jurídicas de direito privado, definidos como entes de colaboração, mas não integrantes da Administração Pública".[19]

No julgamento da ADI nº 1.864, o mesmo STF teve a oportunidade de apreciar a constitucionalidade do modelo expandido dos serviços sociais autônomos (constituídos pelo próprio Estado, para além do "Sistema S"), aplicados à execução dos serviços de interesse social de relevância pública, terminando por compreender que sua instituição, com personalidade jurídica privada e com atuação paralela à da Secretaria de Estado, em regime de cooperação (mero auxiliar do Estado na execução da atividade educacional), não encontra óbices constitucionais, tampouco reflete opção violadora da regra do art. 37, XIX da Constituição.

A Suprema Corte brasileira reconheceu que não existe um dever de as entidades políticas procederem à descentralização de atividades estatais (não exclusivas de

---

[18] MEIRELLES, Hely Lopes. *Direito Administrativo Brasileiro*. 20. ed. São Paulo: Malheiros, 1995. p. 335.

[19] STF. ACO 1953 AgR, Rel. Ricardo Lewandowski, Tribunal Pleno, julgado em 18-12-2013, Acórdão Eletrônico DJe-034, Divulg 18-02-2014, Public 19-02-2014.

Estado) apenas e tão somente por intermédio de entidades da Administração indireta, admitindo que

> nessa visão moderna é que o requerido promoveu a parceria com pessoa jurídica de direito privado por ele mesmo instituída, como forma de administrar a transição da atuação predominantemente do Estado no campo da educação pública para inseri-la no mundo da realidade das transformações advindas, quer queira quer não, com o pragmatismo da globalização e competividade.[20] [21]

Em outras palavras, no campo das formatações administrativas proporcionadas pelo Estado, uma vez respeitada a diferença do regime jurídico imposto pelas próprias atividades desempenhadas, pouco importa que se trate de pessoas jurídicas de um ou outro tipo, desde que as finalidades perseguidas estejam, ao fim e ao cabo, sendo atendidas.

O reconhecimento pelo STF da constitucionalidade dessa categorização dos serviços sociais autônomos corrobora a minha particular percepção, já há anos manifestada em sítio doutrinário, acerca da existência, em paralelo à Administração Pública direta e indireta, de um extrato organizatório denominado Administração Pública Autônoma, e que se forma por entidades constituídas debaixo de lei, porém como organismos de atuação paralela ao Estado: (a) autarquias profissionais (pessoas públicas); (b) serviços sociais autônomos (pessoas privadas), como tenho sustentado em excerto de doutrina já faz tempo.[22]

Na jurisprudência do STF, decisões revelam que o *locus* organizacional de tais entidades é mesmo diferente da Administração direta e da Administração indireta, a ver que

> os Serviços Sociais Autônomos, gênero do qual é espécie o Senai Serviço Nacional de Aprendizagem Industrial, são entidades de educação e assistência social, sem fins lucrativos, não integrantes da Administração direta ou indireta, que se enquadram no conceito do art. 150, VI, c, da Carta Magna Federal e dos arts. 9º, IV, c e 14 do Código Tributário Nacional, assecuratório de imunidade tributária, pelo que mantida deve ser a sentença que a reconheceu no tocante à exigência do pagamento do Imposto Sobre Serviços – ISS.[23]

Os serviços sociais autônomos, por força de sua natureza parestatal, devem ser vistos como mecanismos de execução das políticas públicas sociais, as quais devem ser formuladas dentro das estruturas dos Poderes Legislativo e Executivo da entidade constituinte. Seu regime jurídico será híbrido, com prevalência do direito privado, mas com incidência do direito público, porquanto as paraestatais não integram a Administração Pública Federal direta ou indireta, mas se subordinam a deveres impostos pela gestão

---

[20] STF. ADI 1864.

[21] Ver, também, a ADI 1956, Rel. Dias Toffoli, Tribunal Pleno, julgado em 21-06-2022, Processo Eletrônico *DJe*-155, Divulg 04-08-2022, Public 05-08-2022.

[22] FERRAZ, Luciano. Comentários ao inciso XIX do art. 37 da Constituição. *In*: CANOTILHO, J. J. Gomes *et al.* (Coord.). *Comentários à Constituição do Brasil*. 2. ed. São Paulo: Saraiva, 2018. p. 947-950.

[23] STF. ARE 739369 AgR. Rel. Luiz Fux, Primeira Turma, julgado em 25-06-2013, Acórdão Eletrônico DJe-157, Divulg 12-08-2013, Public 13-08-2013.

de recursos e meios da sociedade. De acordo com o STF, "o regime jurídico privado, ao qual se submetem, é parcialmente derrogado por normas de direito público, uma vez que tais entidades recebem incentivo e proteção do Estado".[24]

A criação dos serviços sociais autônomos depende de lei (da entidade federativas constituinte). A atividade principal a ser desempenhada pelas entidades são serviços sociais. O instrumento para estabelecer e reger o relacionamento entre o Poder Público e o serviço social autônomo é o contrato de gestão ou congêneres. Os órgãos de direção serão disciplinados pela lei e pelo estatuto da entidade, com representante indicados pelo Poder Público e pela sociedade civil, respeitada a paridade, para o desempenho de mandatos com prazo disciplinado na lei de criação.

O quadro próprio de pessoal do serviço social autônomo é regido pela CLT (Consolidação da Leis do Trabalho). Isso é da essência do modelo. A admissão, como se trata de entidade paraestatal, observa princípios da Administração Pública, a exemplo das entidades do Sistema S, mas não significa subordinação à regra do concurso público (art. 37, II) exigível das entidades da Administração indireta.[25]

As leis de constituição das entidades também podem prever a possibilidade de cessão de mão de obra remunerada pelo erário (servidores públicos efetivos), para exercício de suas atividades junto ao serviço social autônomo, assim como prever a possibilidade de concessão e permissão de uso de bens públicos.[26]

Os contratos com fornecedores em geral e prestadores de serviços dos serviços sociais autônomos deverão seguir princípios da Administração Pública, mediante a expedição de regulamento próprio de licitações e contratos. É esta a orientação que se extrai da jurisprudência do Tribunal de Contas da União (TCU), com destaque para a Decisão nº 907/1997-TCU-Plenário[27] e do Acórdão nº 62/2007-TCU-Plenário,[28] bem como do STF, nos termos do MS nº 33.442 Agr., a ver:

> Serviço Social Autônomo. Natureza privada. Não se submete ao processo licitatório previsto pela Lei 8.666/93. Necessidade de regulamento próprio. Procedimento simplificado que observe os princípios gerais previstos no art. 37, caput, CF. Atendimento. 4. Ausência de argumentos capazes de infirmar a decisão agravada.[29]

---

[24] STF. MS 37626, Rel. Flávio Dino, Primeira Turma, julgado em 29-04-2024, Processo Eletrônico DJe-s/n, Divulg 03-05-2024, Public 06-05-2024.

[25] Sobre o assunto, o Tema nº 569/STF: "Os serviços sociais autônomos integrantes do denominado Sistema 'S' não estão submetidos à exigência de concurso público para contratação de pessoal, nos moldes do art. 37, II, da Constituição Federal".

[26] STF. ADI 3917, Rel. Gilmar Mendes, Tribunal Pleno, julgado em 03-05-2021, Processo Eletrônico DJe-091, Divulg 12-05-2021, Public 13-05-2021.

[27] TCU – Decisão nº 907/1997-Plenário: "por não estarem incluídos na lista de entidades enumeradas no parágrafo único do art. 1º da Lei nº 8.666/1993 [hoje art. 1º da Lei 14.133/21], os serviços sociais autônomos não estão sujeitos à observância dos estritos procedimentos na referida lei, e sim aos seus regulamentos próprios devidamente publicados".

[28] TCU – Decisão nº 62/2007-Plenário: "as entidades do Sistema 'S' têm liberdade procedimental para aprovar os regulamentos internos de licitação de suas unidades".

[29] STF. MS 33442 AgR, Rel. Gilmar Mendes, Segunda Turma, julgado em 15-02-2019, Processo Eletrônico DJe-036, Divulg 21-02-2019, Public 22-02-2019. No mesmo sentido, STF – RE 1259480 AgR, Rel. Dias Toffoli, Primeira Turma, julgado em 27-06-2022, Processo Eletrônico DJe-155, Divulg 04-08-2022, Public 05-08-2022, verbis: "tais entidades não se submetem à obrigatoriedade de licitação para contratar com terceiros, tampouco à necessidade de contratação de pessoal mediante concurso público, mas o administrador público deve sempre observar os princípios constitucionais, de modo que a contratação direta deve observar critérios objetivos e impessoais, com publicidade, de forma a permitir o acesso a todos os interessados".

A prestação de contas dos serviços sociais autônomos, salvo determinação em contrário do Tribunal de Contas competente,[30] deve se efetivar sistematicamente ao órgão repassador ou gestor dos recursos públicos transferidos, à semelhança do que acontece com os convênios e instrumentos congêneres. E isso se passa, obviamente, sem que haja prejuízo à fiscalização dos órgãos de controle interno e externo da entidade repassadora, dependendo da competência da origem dos recursos transferidos.[31]

3 Conclusão

Em conclusão, destaca-se que é constitucional e viável a implementação pelo Poder Público de serviços sociais autônomos, para o desempenho dos serviços não exclusivos de Estado, com fundamento no art. 240 da Constituição.

Os serviços sociais autônomos assumem a natureza jurídica de entidades parestatais, instituídas por iniciativa do Poder Público, sem pertencimento à Administração direta ou indireta. Encartam-se no que particularmente denomino Administração Pública Autônoma. Sua criação depende de autorização legislativa, como pessoa jurídica de direito privado que é, a seguir os preceitos do art. 45 do Código Civil e 119 da Lei nº 6.015/73.

O regime de pessoal do serviço social autônomo é o da CLT e a admissão deve se dar, mediante processos objetivos de seleção, que privilegiem princípios da Administração Pública, não necessariamente pela via dos concursos públicos aplicáveis à Administração direta e indireta.

As contratações do serviço social autônomo também devem observar princípios da Administração Pública, conforme estipulado em seu regulamento interno. O regime jurídico das licitações será o previsto nesse regulamento, que pode e deve ser mais flexíveis do que as licitações e contratos administrativos tradicionais. O regime jurídico dos contratos, por sua vez, será o estipulado no Código Civil, despidos das prerrogativas típicas da Administração Pública.

A prestação de contas dos recursos públicos percebidos pela entidade deve se dar diretamente para o órgão ou fundo repassador dos recursos no âmbito do contrato de gestão ou congênere, observada a competência de cada qual, salvo deliberação noutro sentido do Tribunal de Contas competente.

Referências

ALEXY, Robert. *Teoria dos Direito Fundamentais*. Tradução de Virgílio Afonso da Silva. São Paulo: Malheiros, 2008.

ALMEIDA, Edvaldo Nilo de. *Sistema S*: fundamentos constitucionais. Rio de Janeiro: Forense, 2021.

---

[30] Foi o que houve com as organizações sociais qualificadas em âmbito federal, mediante a Decisão Administrativa nº 592/98 – Plenário do TCU, que firmou o entendimento de que tais entidades estariam sujeitas à prestação de contas sistemática, a ser encaminhada anualmente ao Tribunal de Contas da União nos moldes das entidades da Administração Pública.

[31] Nesse sentido, a ver, também quanto às organizações sociais, a orientação constante do Acórdão nº 3.014/2010-Plenário do TCU, que reconheceu a sujeição dessas entidades às recomendações da CGU (Controladoria-Geral da União).

DAL POZZO, Augusto Neves; ROCHA, Sílvio Luís Ferreira. *Curso de Direito Administrativo*. São Paulo: Thomson Reuters Brasil, 2024.

DI PIETRO, Maria Sylvia Zanella. *Parcerias na Administração Pública*: concessão, permissão, franquia, terceirização, parcerias público-privadas e outras formas. 10. ed. São Paulo: Atlas, 2016.

FERRAZ, Luciano. Comentários ao inciso XIX do art. 37 da Constituição. *In*: CANOTILHO, J. J. Gomes *et al.* (Coord.). *Comentários à Constituição do Brasil*. 2. ed. São Paulo: Saraiva, 2018.

FERRAZ, Luciano. Convênios com entidades privadas sem fins lucrativos depois da MROSC. *Conjur*, 2022. Disponível em: https://www.conjur.com.br/2022-ago-18/interesse-publico-sobrevivencia-convenios-entidades-fins-lucrativos. Acesso em: 5 ago. 2024.

FERRAZ, Luciano. Crônica jurisprudencial sobre um polimorfismo organizatório da Administração Pública brasileira. *Conjur*, 2023. Disponível em: https://www.conjur.com.br/2023-mai-18/interesse-publico-cronica-jurisprudencial-polimorfismo-organizatorio/. Acesso em: 5 ago. 2024.

FORSTHOFF, Ernst. *Lehrbruch des Verwaltungsrecht*. I Band. München: Beck, 1961.

JUSTEN FILHO, Marçal. *Curso de Direito Administrativo*. 14. ed. São Paulo: Forense, 2023.

MAURER, Hartmut. *Elementos de Direito Administrativo Alemão*. Tradução de Luis Afonso Heck. Porto Alegre: Sérgio Antônio Fabris Editor, 2001.

MEIRELLES, Hely Lopes. *Direito Administrativo Brasileiro*. 20. ed. São Paulo: Malheiros, 1995.

MELO, Cristina Andrade. As organizações sociais e as Quasi autonomous non governamental organizations (Quangos) da Grã-Bretanha: uma fuga para o direito privado? *Revista do Tribunal de Contas do Estado de Minas Gerais*, ano XXIX, v. 79, n. 2, p. 62-85, abr./jun. 2011.

MODESTO, Paulo. Experimentação nas parceiras sociais: 25 anos da Lei das OSs. *Conjur*, 2023. Disponível em: https://www.conjur.com.br/2023-out-26/interesse-publico-experimentacao-parceiras-sociais-25-anos-lei-oss. Acesso em: 5 ago. 2024.

MOREIRA, Vital. *Administração Autónoma e Associações Públicas*. Coimbra: Almedina, 1997.

OTERO, Paulo. *Vinculação e liberdade de conformação do setor empresarial do Estado*. Coimbra: Coimbra Editora, 1998.

Informação bibliográfica deste texto, conforme a NBR 6023:2018 da Associação Brasileira de Normas Técnicas (ABNT):

FERRAZ, Luciano. Serviços sociais autônomos e seus contornos jurídicos: atividades não exclusivas de Estado e liberdade de formas. *In*: JUSTEN, Monica Spezia; PEREIRA, Cesar; JUSTEN NETO, Marçal; JUSTEN, Lucas Spezia (coord.). *Uma visão humanista do Direito*: homenagem ao Professor Marçal Justen Filho. Belo Horizonte: Fórum, 2025. v. 1, p. 409-419. ISBN 978-65-5518-918-6.

SUSTENTABILIDADE, GOVERNANÇA E DIREITO ADMINISTRATIVO

MARIA CRISTINA CESAR DE OLIVEIRA

1 Introdução

Preliminarmente, para o desenvolvimento do tema proposto, é necessário afirmar a premissa básica que aqui se estabelece: o Estado de Direito possui, como essência, o dever de realização dos Direitos Fundamentais. Nesse sentido, quer no plano internacional, quer nas instâncias nacionais, garantir a realização material da dignidade humana consiste em obrigação do Poder Público, em todos os níveis.

Como explica Amartya Sen,[1] "a expansão da liberdade humana é tanto o principal fim como o principal meio do desenvolvimento". O processo de desenvolvimento, portanto, deve estar, diretamente, relacionado à avaliação das liberdades reais desfrutadas pelas pessoas, em efetivo envolvimento na construção de seus próprios destinos e não como beneficiárias passivas de projetos desenvolvimentistas. As liberdades estão interligadas, possuem função instrumental e incluem componentes, como: facilidades econômicas, liberdades políticas, oportunidades sociais, garantias de transparência e segurança protetora.

Dessa forma, o crescimento econômico não poderá ser aferido, exclusivamente, pelo critério de aumento de rendas privadas, mas deve, também, ser estimado em razão, por exemplo, da expansão de serviços sociais, possibilitada por tal crescimento. Por outro lado, as oportunidades sociais, criadas pelos serviços como o de educação pública, e o de saúde, podem colaborar para o desenvolvimento econômico e para a redução das taxas de mortalidade. A vivência real dessas liberdades possibilitará aos indivíduos melhor qualidade de vida.

---

[1] SEN, Amartya. *Desenvolvimento como liberdade*. Tradução de Laura Teixeira Motta. São Paulo: Companhia das Letras, [s.d.]. p. 459-460.

2 Sustentabilidade

Verifica-se então, que para a concreção dos direitos fundamentais, faz-se necessária a estruturação de um modelo específico de desenvolvimento, porém não estático, mas sujeito a constantes realinhamentos.

2.1 No plano internacional

Internacionalmente, há muito a questão da sustentabilidade tem sido objeto de inúmeros acordos e estudos, como exemplo: a Conferência de Estocolmo de 1972, o Relatório de 1987, denominado "Nosso Futuro Comum" (Relatório Brundtland), a Conferência do Rio de Janeiro de 1992, Conferência Rio+20 de 2012 e seu documento resultante "O Futuro Que Queremos" e, mais recentemente, a Cúpula das Nações Unidas em Nova York, que aprovou o documento "Transformando Nosso Mundo: a Agenda 30 para o Desenvolvimento Sustentável".

É nessa perspectiva que se tece o conceito de desenvolvimento sustentável, como resultante do processo histórico, em constante vir a ser.

No Relatório "Nosso Futuro Comum", a definição inaugural do conceito de desenvolvimento sustentável é apresentada. Diz o Relatório: "o desenvolvimento sustentável é aquele que atende às necessidades do presente, sem comprometer a possibilidade de as gerações futuras atenderem às suas próprias necessidades".[2]

E o referido Relatório completa:

> Em essência, o desenvolvimento sustentável é um processo de transformação no qual a exploração dos recursos, a direção dos investimentos, a orientação do desenvolvimento tecnológico e a mudança institucional se harmonizam e reforçam o potencial presente e futuro de atender às necessidades e aspirações humanas.

Na mesma direção, porém destacando a necessária eficácia, transparência e ação responsável e democrática das instituições, declara a carta da Conferência Rio+20:[3]

> 10. Reconhecemos que a democracia, a boa governança e o Estado de Direito, nos níveis nacional e internacional, bem como um ambiente favorável são essenciais para o desenvolvimento sustentável, incluindo um crescimento econômico sustentável e igualitário, desenvolvimento social, proteção ambiental e a erradicação da pobreza e da fome. Reafirmamos que, para alcançar os objetivos de desenvolvimento sustentável, precisamos de instituições em todos os níveis, que sejam eficazes, transparentes, responsáveis e democráticas.

---

[2] COMISSÃO MUNDIAL SOBRE MEIO AMBIENTE. *Nosso futuro comum*. Rio de Janeiro: Fundação Getúlio Vargas, 1988. p. 46

[3] Disponível em: http://www.rio20.gov.br/documentos/documentos-da-conferencia/o-futuro-que-queremos/at_download/the-future-we-want.pdf.

De 1987 até o presente, elementos e perspectivas foram adicionados ao conceito de sustentabilidade, culminando hoje com a já mencionada Agenda 30. Tal Agenda, consoante seu Preâmbulo, consiste em "um plano de ação para as *pessoas*, para o *planeta* e para a *prosperidade*. Ela também busca fortalecer a *paz* universal com mais liberdade. Todos os países e todas as partes interessadas, atuando em *parceria* colaborativa, implementarão este plano".[4]

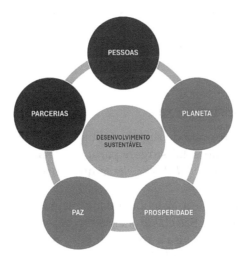

Fonte: Autora, 2024.

A partir desses cinco elementos, a Agenda 30 estabeleceu 17 Objetivos de Desenvolvimento sustentável e 169 metas integradas e indivisíveis.

Fonte: https://brasil.un.org/pt-br/sdgs.

---

[4] Disponível em: https://brasil.un.org/sites/default/files/2020-09/agenda2030-pt-br.pdf.

Como se verifica do quadro apresentado, os ODS – Objetivos de Desenvolvimento Sustentável representam uma visão ampliada das vertentes do desenvolvimento sustentável e conjugam suas várias dimensões. Importante ressaltar que o objetivo primeiro de sua listagem é a erradicação da pobreza, que, em conjunto com os demais objetivos, conformam a máxima da saudável qualidade de vida, tanto no que diz respeito ao aspecto material, quanto intelectual e espiritual.

Com efeito, ainda no Preâmbulo, consta explícito o reconhecimento no sentido de que "a erradicação da pobreza em todas as suas formas e dimensões, incluindo a pobreza extrema, é o maior desafio global e um requisito indispensável para o desenvolvimento sustentável".[5]

2.2 Sustentabilidade complexa

Em alternativa à proposta de sustentabilidade até então dominante, calcada no tripé econômico, social e ambiental, surge, a partir do Pensamento Complexo, de Edgar Morin,[6] o modelo, de *sustentabilidade complexa*,[7] que amplia as categorias previstas no Relatório Brundtland.

A nova proposta entende a sustentabilidade integrada de sete dimensões abertas, complementares e conjugadas. São elas: dimensão social, econômica, ambiental, cultural, política, espacial e interior, que visa a apreender percepções, comportamentos, valores e posicionamentos diante da realidade. A sustentabilidade complexa é fundada nos seguintes princípios: princípio sistêmico, princípio hologramático, princípio do círculo retroativo, princípio do círculo recursivo, princípio da auto-organização, princípio dialógico e princípio da reintrodução do conhecimento em todo conhecimento, a partir do paradigma complexo de Morin.

Entre as significativas contribuições trazidas pelo prisma da sustentabilidade complexa, pode ser destacada, inicialmente, a resultante da compreensão do princípio do círculo retroativo, do círculo recursivo e da auto-organização.[8]

> As dimensões, apesar de descritas e detalhadas, não são controláveis. Alterações em uma determinada dimensão pode provocar efeitos diferentes em outra(s). A sustentabilidade complexa rompe com determinismos e com a causalidade linear. Ela considera que, enquanto uma dimensão produz outra, ela é produzida pelas demais, num processo de auto-organização ininterrupto, aberto, que recebe interações do meio, e que abraça o caos e a incerteza.

---

[5] Disponível em: https://brasil.un.org/sites/default/files/2020-09/agenda2030-pt-br.pdf.

[6] MORIN, Edgar. *Introdução ao pensamento complexo*. Tradução de Eliane Lisboa. 5. ed. Porto Alegre: Sulina, 2015. p. 57-76.

[7] ROCHA, J. C. M. da; LUZIO-DOS-SANTOS, L. M. Sustentabilidade complexa: o discurso de sustentabilidade sob a perspectiva do pensamento complexo de Edgar Morin. *Remea – Revista Eletrônica do Mestrado em Educação Ambiental*, v. 37, n. 1, p. 208-227, 2020. DOI: https://doi.org/10.14295/remea.v37i1.9789.

[8] ROCHA, J. C. M. da; LUZIO-DOS-SANTOS, L. M. Sustentabilidade complexa: o discurso de sustentabilidade sob a perspectiva do pensamento complexo de Edgar Morin. *Remea – Revista Eletrônica do Mestrado em Educação Ambiental*, v. 37, n. 1, p. 208-227, 2020. DOI: https://doi.org/10.14295/remea.v37i1.9789.

Outro ponto valioso da concepção de sustentabilidade complexa refere ao princípio dialógico e ao princípio da reintrodução do conhecimento em todo conhecimento. Nesse aspecto, a ideia de complexidade, ao mesmo tempo em que aglutina dimensões contraditórias, que a princípio seriam excludentes, as concebe indissociáveis.

Em resumo, "a sustentabilidade complexa não pretende levar o discurso a conclusões finais, mas sim abrir caminhos e ampliar a compreensão, respeitando a diversidade, sem fazer um puro e simples catálogo de dimensões fechadas e definitivas da sustentabilidade".[9]

Paralelamente à perspectiva complexa, mas seguindo a trilha principiológica, Juarez Freitas[10] propõe o seguinte conceito de sustentabilidade:

> Trata-se do princípio constitucional que determina, com eficácia direta e imediata a responsabilidade do Estado e da sociedade pela concretização solidária ao desenvolvimento material e imaterial, socialmente inclusivo, durável e equânime, ambientalmente limpo, inovador. Em resumo, ético e eficiente, no intuito de assegurar, preferencialmente de modo preventivo e precavido, no presente e no futuro, o direito ao bem-estar.

Ainda sobre o tema, Marçal Justen Filho assinala que o "desenvolvimento nacional sustentável significa a elevação da riqueza nacional mediante a adoção de práticas compatíveis com a preservação do meio ambiente e de modo a garantir a viabilidade da vida humana digna no presente e no futuro".[11]

E adiante, conclui: "A riqueza nacional é o resultado de um processo complexo, que envolve a quantidade da riqueza econômica, mas também reflete a qualidade das condições sociais e, mesmo políticas da vida individual e coletiva".[12]

Em síntese, a questão da sustentabilidade traz consigo a proposta de construção de um outro paradigma ético, fundado na solidariedade entre todos os povos e em relações mais dignas e produtivas entre os homens e entre os homens e a natureza. Tal desiderato incumbe à sociedade civil e aos Estados, independentemente do hemisfério em que se situem, quer no Norte, atingido pela poluição da riqueza, marcado pelo caos urbano, chuva ácida etc., quer no Sul, onde a poluição da pobreza, tão próxima de nós, é a marca dominante: precariedade da saúde, da educação, de habitação, de transporte, lazer etc.

Percebe-se, então, que o tema "direitos fundamentais" significa um dos desafios mais expressivos deste século XXI, a envolver a *eficácia*, tanto dos direitos civis e políticos, quanto dos econômicos, culturais e socioambientais.

Dessa forma, para fazer face às crescentes demandas oriundas da concepção de desenvolvimento sustentável, amplamente considerado, torna-se necessária a adoção de um modelo de governança, em especial, da governança pública, capaz de produzir respostas eficientes e eficazes, compatíveis com as reais necessidades dos cidadãos.

---

9   ROCHA, J. C. M. da; LUZIO-DOS-SANTOS, L. M. Sustentabilidade complexa: o discurso de sustentabilidade sob a perspectiva do pensamento complexo de Edgar Morin. *Remea – Revista Eletrônica do Mestrado em Educação Ambiental*, v. 37, n. 1, p. 208-227, 2020. DOI: https://doi.org/10.14295/remea.v37i1.9789.

10 FREITAS, Juarez. *Sustentabilidade*: direito ao futuro. 4. ed. Belo Horizonte: Fórum, 2019. p. 45.

11 JUSTEN FILHO, Marçal. *Comentários à Lei de Licitações e Contratações Administrativas*: Lei 14.133/2021. São Paulo: Thompson Reuters Brasil, 2021. p. 147.

12 JUSTEN FILHO, Marçal. *Comentários à Lei de Licitações e Contratações Administrativas*: Lei 14.133/2021. São Paulo: Thompson Reuters Brasil, 2021. p. 147.

3 Governança pública

Segundo Canotilho, o conceito de governança pode ser definido como a "capacidade de pilotagem de sistemas complexos",[13] e a boa governança, como a forma responsável, equilibrada e legítima de gestão dos recursos econômicos, políticos, culturais e socioambientais.

Ressalta Canotilho que a abrangência de boa governança inclui tanto a ideia de capacidade dos Estados na condução financeira e administrativa de seus recursos, quanto uma reflexão sobre a própria essência do Estado e sua vocação para a sustentabilidade.

E afirma o jurista luso: "o desenvolvimento sustentável, centrado na pessoa humana, envolve como elementos essenciais o respeito dos direitos humanos e das liberdades fundamentais, a democracia assente no Estado de Direito, o sistema de governo transparente e responsável".[14]

Consoante Renato Cader e Teresa Villac,[15] "A análise de como o conceito de governança se insere na perspectiva da sustentabilidade envolve o conhecimento de mecanismos e instrumentos que se fazem necessário para o estabelecimento de uma noção aplicável do que é ou não uma boa governança".

Nessa linha, o Tribunal de Contas da União – TCU entende que a governança pública pelo enfoque organizacional, "compreende essencialmente os mecanismos de liderança, estratégia e controle postos em prática para avaliar, direcionar e monitorar a atuação da gestão, com vistas à condução de políticas públicas e à prestação de serviços de interesse da sociedade".[16]

E, como princípios da governança pública organizacional, o TCU, inclusive como orientação para a Administração Pública, elenca os seguintes:

Fonte: TCU, 2021 (adaptado pela autora).

A concreção de tais princípios pelos responsáveis pela tomada de decisão na Administração Pública conforma a boa gestão, e com isso pode ser caracterizada como sustentável.

É nítida, portanto, a relação intrínseca entre sustentabilidade e governança. A condução de engrenagens dotadas de complexidades pelo prisma da sustentabilidade

---

[13] CANOTILHO, José Joaquim Gomes. *Brancosos e interconstitucionalidade*. Itinerários dos discursos sobre a historicidade constitucional. Coimbra: Almedina, 2006. p. 328.

[14] CANOTILHO, José Joaquim Gomes. *Brancosos e interconstitucionalidade*. Itinerários dos discursos sobre a historicidade constitucional. Coimbra: Almedina, 2006. p. 133.

[15] CADER, Renato; VILLAC, Tereza. *Governança e sustentabilidade*. Belo Horizonte: Fórum, 2022. p. 18.

[16] TRIBUNAL DE CONTAS DA UNIÃO. *Dez passos para a boa governança*. 2. ed. Brasília: TCU, Secretaria de Controle Externo da Administração do Estado, 2021.

complexa e o alinhamento desses temas passa a ser tarefa desafiadora, porém essencial para a efetivação dos direitos fundamentais.

4 O direito administrativo

O desenvolvimento sustentável é oriundo de formulação histórica e, como tal, também presente na Constituição brasileira e na legislação infraconstitucional, a permear, em todas as suas dimensões, esse conjunto normativo.

Nesse cenário de novos paradigmas, ao Direito e, em particular, ao Direito Administrativo, é cogente incluir e refletir conceitos, mecanismos e instrumentos com potencialidade para fazer face às imposições de uma governança pública participativa sustentável, vocacionada à eficácia dos direitos fundamentais, constitucionalmente assegurados.

Como assinala Vanice Valle:[17]

Revela-se o Direito como ciência receptiva à incorporação do conceito de governança – e com isso é possível afirmar que na chamada dimensão objetiva, o direito fundamental à boa administração se identifique como aquela comprometida com a governança, com a gestão democrática da coisa pública, aberta às contribuições, censura e controle da sociedade civil organizada.

4.1 Função administrativa

Nesse contexto, a função administrativa, em suas múltiplas facetas, há de ser exercida de modo compatível e pertinente com os propósitos da sustentabilidade.

Segundo Marçal Justen Filho,[18] *função administrativa* pode ser definida:

Conjunto de poderes jurídicos destinados a promover a satisfação de interesses essenciais, relacionados com a realização de direitos fundamentais, cujo desempenho exige uma organização estável e permanente, exercidos sob regime jurídico infralegal e que se exteriorizam em decisões destituídas de natureza jurisdicional

Por seu turno, com relação à função pública identificada à *boa administração*, para assim ser compreendida, é imprescindível apresentar algumas características fundamentais. Assim, deve ser exercida calcada nos princípios jurídicos, no intuito de ser participativa e inclusiva; prudente, transparente; coerente; legítima; eficaz; motivada; atenta à proporcionalidade entre custo e benefício.

---

[17] VALLE, Vanice Regina Lírio do. *Direito fundamental à boa administração e governança*. Belo Horizonte: Fórum, 2011.

[18] JUSTEN FILHO, Marçal. *Curso de direito administrativo*. 13. ed. rev., atual. e ampl. São Paulo: Thomson Reuters Brasil, 2018. p. 34.

4.2 Princípios jurídicos da Administração

Os princípios jurídicos, espécie de norma jurídica, espelham os objetivos fundamentais da República brasileira:

I – construir uma sociedade livre, justa e solidária;

II – garantir o desenvolvimento nacional;

III – erradicar a pobreza e a marginalização e reduzir as desigualdades sociais e regionais e,

IV – promover o bem de todos, sem preconceitos de origem, raça, sexo, cor, idade e quaisquer outras formas de discriminação.[19]

4.2.1 Normas jurídicas

Como já afirmado alhures,[20] as normas jurídicas – fenômeno jurídico por excelência – compõem dado sistema jurídico e admitem duas espécies, a saber: os princípios e as regras.

Os princípios são normas jurídicas, expressas ou implícitas, que consignam ideal de valor que dada sociedade, historicamente considerada, elege como fundamental para ser efetivamente por ela vivenciado. As regras são normas jurídicas e, normalmente, responsáveis pela materialização dos valores consagrados nos princípios jurídicos.

Já os princípios podem ser cumpridos em diferentes graus e a medida de seu cumprimento depende das possibilidades reais e jurídicas. O âmbito das possibilidades jurídicas é determinado pelos princípios opostos. Já as regras são normas que quase sempre contêm uma determinação. As regras somente podem ser cumpridas ou não. Se a regra é válida deve ser feito o que ela exige.

A distinção entre as regras e os princípios também é observada na colisão de princípios e nos conflitos de regras. Com efeito, o conflito de regras se resolve, ou introduzindo em uma das regras uma cláusula de exceção ou declarando inválida uma das regras. A validez jurídica da regra não é gradual, ela vale ou não vale juridicamente.

Quando se trata da colisão de princípios, sob certas circunstâncias, um dos princípios terá precedência sobre o outro. Isso não significa declarar o princípio preterido como inválido, pois sob outras circunstâncias a solução poderá ser diversa. Assim, o problema da colisão dos princípios se resolve segundo a dimensão de peso ou densidade. A relação de tensão entre princípios deve ser solucionada por meio da ponderação entre eles. Tomados isoladamente, em certas circunstâncias, os princípios podem conduzir a uma contradição, porém, na realidade, isso significa que um limita a possibilidade jurídica do cumprimento do outro. Há entre eles, portanto, uma relação de precedência condicionada.

---

[19] Disponível em: https://www.planalto.gov.br/ccivil_03/constituicao/ConstituicaoCompilado.htm.

[20] OLIVEIRA, Maria Cristina Cesar. Propriedade intelectual e conflitos normativos. *Publicações da Escola da AGU*, Brasília, ano IV, n. 14, jan. 2012. p. 69-70.

Outro ponto fundamental na teoria dos princípios, segundo Alexy,[21] diz respeito à máxima da proporcionalidade (adequação, necessidade e ponderação em sentido estrito). A máxima da proporcionalidade em sentido estrito, ou mandamento de ponderação, deriva da própria relatividade com respeito às possibilidades jurídicas. Já as máximas da adequação e da necessidade resultam do caráter dos princípios como mandamentos de otimização com relação às possibilidades fáticas.

Por outro lado, é importante observar que os princípios jurídicos possuem dupla funcionalidade: finalística e metodológica. No primeiro caso, são eles que consignam as razões, os fundamentos e os objetivos teleológicos do sistema, apontando para os ideais a serem efetivamente vivenciados pelo grupo social. No segundo, os princípios jurídicos, a "costurar" as regras jurídicas, permitem ao intérprete e ao aplicador do direito a apreensão da lógica e do sentido do sistema jurídico.

Fundada nesses paradigmas, a Lei Maior, em seus vários escaninhos, prescreve Direitos Fundamentais individuais, sociais, coletivos e difusos. Para assegurar a existência e a eficácia social dos Direitos Fundamentais, a Constituição estabelece certas garantias, que consistem em uma série de instrumentos e mecanismos aptos a conferir aos titulares dos Direitos Fundamentais meios para a aplicabilidade, a inviolabilidade e o efetivo exercício desses direitos.

Por outro lado, as garantias aos Direitos Fundamentais, particularmente em regiões de extrema pobreza, como o Brasil, em particular na Amazônia, não podem constituir apenas instrumentos formais, sob pena de não se dar cumprimento às funções de concreção para a quais se destinam. Assim, a criação de mecanismos de prestação efetiva e positiva pelo Estado é exigência básica, necessária para a existência das condições materiais de dignidade, exigência primeira para qualquer tentativa de realização do princípio constitucional do desenvolvimento sustentável.

4.2.2 Dimensão principiológica

4.2.2.1 Participação e cidadania

Em primeiro lugar, a governança pública na trilha de sustentabilidade há de ser "cidadã", isto é, buscar resultados de afirmação da cidadania. A identificação das necessidades sociais, formuladas por intermédio dos próprios cidadãos em parceria com a Administração Pública, e a atuação aberta e comprometida com o diálogo nas questões decisórias e na implementação de políticas públicas induzem à disseminação do sentimento de pertencimento de cada um, não como objeto, mas sujeito ativo e participativo dos caminhos do desenvolvimento, e também responsável pelos resultados alcançados, sem dúvida elevam qualitativamente o teor da efetivação da função administrativa e do interesse público em concreto.

---

[21] ALEXY, Robert. *Teoria de los Derechos Fundamentales*. Tradução de Ernesto Garzón Valdés. Madrid: [s.n.], [s.d.]. p. 81-94.

4.2.2.2 Inclusão e solidariedade

Esse modelo exige que a participação da sociedade civil ocorra de forma inclusiva, de modo a prestigiar o conhecimento científico nos seus variados campos e saberes provenientes da vivência da cidadania.

Segundo Renato Cader e Teresa Villac:[22]

> A transversalidade dos temas governança e sustentabilidade exige, além da clara participação da sociedade civil, o intercâmbio eficaz entre cientistas e formuladores de políticas, sem ignorar o fato de que esses últimos devem estar dispostos a validar a qualidade da informação científica ofertada.

Também, a gestão inclusiva deve promover possibilidade de acesso aos bens e serviços públicos de forma democrática, a entender e considerar as diversidades em todas as suas circunstâncias, pelo ponto de vista humanista e igualitário.

Nessa senda, é importante ressaltar que, no direito brasileiro, o serviço público constitui garantia material de direito fundamental, pois figura como mecanismo de prestação efetiva e positiva oferecida pelo Estado como exigência básica, necessária para a existência das condições materiais de vida digna, requisito fundamental para a concreção do desenvolvimento sustentável.[23]

Exemplo significativo é o trazido por Marçal Justen Filho,[24] que ressalta a possibilidade de o instituto da licitação também ter por finalidade a inclusão e solidariedade. Afirma o autor:

> Em alguns casos admite-se que a licitação também seja orientada a promover a inovação ou fomentar atividades socialmente desejáveis – por exemplo, a contratação de pessoas com mobilidade reduzida. Nesses casos, as contratações públicas são um meio para que a Administração utilize seu poder de compra para combater situações sociais e econômicas indesejáveis ou para incentivar setores que merecem proteção.

4.2.2.3 Prudência

Em face de conteúdos complexos como o de governança sustentável, no contexto da contemporaneidade, qualificada pelo desenvolvimento galopante, especialmente da ciência, da tecnologia, da inovação e da informação, que, ao lado das inestimáveis vantagens para a qualidade de vida, possuem potencialidade, cada vez maior, de gerar riscos socioambientais, econômicos e culturais, por excelência, e consequentemente, haver a ocorrência de danos, presentes ou potenciais, previsíveis ou não, a prudência ou prevenção e precaução, é dado fundamental à Administração responsável e equilibrada.

---

[22] CADER, Renato; VILLAC, Tereza. *Governança e sustentabilidade*. Belo Horizonte: Fórum, 2022. p. 141.

[23] OLIVEIRA, Maria Cristina Cesar de. *Princípios jurídicos e jurisprudência socioambiental*. Belo Horizonte: Fórum, 2009. p. 87.

[24] JUSTEN FILHO, Marçal. Como contratar? Funções e problemas das licitações. *In*: SUNDFELD, Carlos Ari *et al*. *Curso de Direito Administrativo em Ação* – Casos e Leituras para Debates. São Paulo: JusPodivm, 2024. p. 423.

Prever e prevenir é, em regra, mais benéfico, visto que os efeitos prejudiciais podem ser irreversíveis. A fluidez de que é dotada a questão socioambiental, cujos danos não respeitam nem tempo, nem espaço, a transpor territórios e gerações.

A gestão de riscos, por conseguinte, é instrumental de primeira necessidade para que as atividades da Administração possam ser concebidas e projetadas dentro dos parâmetros da sustentabilidade, e, como tais, voltadas à real vivência dos direitos fundamentais pela coletividade.

O direito administrativo, por seu turno, passa a reconhecer, cada vez mais, o fato de que as condutas humanas podem ser, efetiva ou potencialmente, causa de impactos, às vezes severos, em todas as dimensões da sustentabilidade.

Lei nº 14.133/2021, Lei de Licitações e Contratos Administrativos, é exemplo bem significativo dessa orientação, ao dispor sobre matriz e gestão de riscos em vários de seus capítulos.

No intuito de fazer frente à problemática, deve a Administração, mediante a avalição prévia da intensidade e magnitude dos impactos negativos, optar pela alternativa mais adequada à realidade que se apresenta, sempre aferindo e ponderando seus possíveis efeitos, bem como prever, dentre os limites fáticos e jurídicos existentes, medidas mitigadoras dos possíveis danos. Ainda, pode figurar no caso concreto, como a alternativa mais favorável, a decisão de *não fazer*, ou seja, a não concretização de determinado projeto, política ou medida. Embora, em todas as soluções dadas pela Administração, a *motivação* da conduta comissiva ou omissiva adotada seja condição elementar e essencialmente necessária, é, especialmente, diante da opção de *não fazer* que tal exigência deve ser fartamente apresentada, pois a precaução não pode significar um álibi para o imobilismo do Poder Público, quando for imperioso agir. A omissão administrativa em face da existência de alternativa tecnicamente viável e sustentável, que no Direito e na prática se afigura capaz de solucionar o caso concreto conflituoso, significa afronta jurídica, do mesmo modo que o inverso.

4.2.2.4 Coerência

A ação estatal, ainda que pautada na transparência e na prudência, poderá resultar ineficaz quando inexistente a conjugação entre as diversas políticas públicas implementadas. A superposição ou a contradição entre os postulados dessas políticas remetem à ineficácia do conjunto e oneram os cofres públicos, sustentados pela coletividade. Nesse cenário, o princípio da coerência se impõe como prioridade a ser sistematicamente aferida, sob pena de estarmos diante da *má governança*.

Ao mesmo tempo, a gestão desarmônica de planejamento e a atuação descoordenada dos setores responsáveis pela prestação do serviço público elevam os custos não somente econômicos e financeiros, mas também aqueles de natureza socioambiental, política e cultural sustentados pela coletividade.

Na *gestão integrada*, portanto, as ações a cargo do Poder Público não devem tender para objetivos unicamente economicistas e setoriais, mas ter em vista uma concepção global de proteção do bem público, amplamente considerado.[25]

---

[25] DOURADO JUNIOR, Octavio. *Águas na Amazônia*. Gestão de Recursos Hídricos nos Países da Bacia Amazônica. Curitiba: Juruá, 2014. p. 66.

4.2.2.5 Atualidade

Considerando que a função administrativa deve ser exercida com a finalidade de que os direitos fundamentais sejam realmente vivenciados por dada coletividade, a correlata entrega da prestação devida urge ser atual. O atraso no atendimento das demandas sociais praticamente invalida o fim proposto.

Com efeito, a dissincronia entre o tempo das necessidades públicas e o tempo da Administração burocrática consubstancia um dos problemas mais relevantes quando se pensa na governança pública sustentável. Somente boas intenções não vencem essa dificuldade. É imperativo que essa barreira seja ultrapassada.

Um dos meios que se afigura elegível, na hipótese, diz respeito à utilização da *tecnologia* adaptada para as precisões do serviço, a colocar à disposição dos interessados informações corretas, atuais e de interesse dos indivíduos e da sociedade em geral, a exemplo do processo eletrônico, amplamente utilizado.

Outra forma possível de atuação voltada para a simplificação e a celeridade que a situação tratada exige é consubstanciada em meios extrajudiciais de solução pacífica de conflitos, amparados na temática da *consensualidade*.

A alternativa da resolução ou de prevenção de conflitos desatrelada do Poder Judiciário é uma mudança em curso, que pode inibir o excesso de demandas judiciais e os relativos a recursos procrastinatórios. Nesse enfoque, Flávio Amaral Garcia explica que "a consensualidade é um modo de agir e gerir a coisa pública que não se caracteriza pela imposição, pela verticalidade ou pela autoridade, mas pela possibilidade de negociação, de flexibilidade e de participação ativa do cidadão".[26] E arremata:

> O processo administrativo se apresenta como a matriz por excelência da participação administrativa, constituindo-se no meio adequado para identificar, articular, ponderar e arbitrar os distintos interesses que ele nele convergem, alterando profundamente o marco teórico do Direito Administrativo tradicional, estruturado, nos primórdios, a partir do poder da autoridade estatal. O eixo central da produção das decisões administrativas deixa de ser o ato (imperativo e unilateral) e passa a ser o processo (consensualizado e dialético), conforme percebido pela doutrina administrativista contemporânea.[27]

No plano normativo, várias são as leis que disciplinam a consensualidade da Administração Pública. Assim, a Lei nº 9.307/96, com as alterações introduzidas pela Lei nº 13.129/2015, Lei da Arbitragem; a Lei de Licitação e Contratos, Lei nº 14.133/2021; a Lei nº 13.655/2018, Lei de Introdução às Normas do Direito Brasileiro – LINDB e a Lei nº 13.867/2019, que alterou o Decreto-Lei nº 3.365/41 para tratar sobre a opção da via consensual em matéria de desapropriação por utilidade pública, especificamente sobre definição de valores de indenização, dentre outras.

---

[26] GARCIA, Flávio Amaral. Notas sobre mediação, conciliação e as funções da Advocacia pública: uma perspectiva à luz do Direito administrativo contemporâneo. *In*: CUÉLLAR, Leila *et al. Direito Administrativo e Alternative Dispute Resolution*: arbitragem, dispute board, mediação e negociação. 2. ed. Belo Horizonte: Fórum, 2022. p. 29.

[27] GARCIA, Flávio Amaral. Notas sobre mediação, conciliação e as funções da Advocacia pública: uma perspectiva à luz do Direito administrativo contemporâneo. *In*: CUÉLLAR, Leila *et al. Direito Administrativo e Alternative Dispute Resolution*: arbitragem, dispute board, mediação e negociação. 2. ed. Belo Horizonte: Fórum, 2022. p. 30.

Relativamente à matéria, no tocante à LINDB, afirma Carlos Ari Sundfeld:[28]

> No imaginário jurídico histórico, a solução de crises de legalidade envolveria sempre resistência, contencioso, processo estatal e imposições de autoridade.
>
> Em contraposição, o art. 26 da nova LINDB, buscou reconhecer e disciplinar, em caráter geral, o uso da consensualidade administrativa para a solução dessas situações difíceis, oferecendo instrumentos para sua adequada construção nos casos concretos.

A proposta legislativa, portanto, buscou tornar a Administração mais flexível, dialógica, sustentável e contemporânea ao atendimento das necessidades públicas.

Fonte: Autora, 2024.

4.3 Os princípios jurídicos e o art. 20 da Lei de Introdução ao Direito Brasileiro – LINDB

Os princípios jurídicos, como já anteriormente examinado, são dotados de carga valorativa de grande intensidade. Especialmente pela característica da abstração da qual são dotados, tais normas impõem exercício de interpretação para sua aplicabilidade no caso concreto.

E, nos chamados "casos difíceis",[29] a colisão de princípios de mesma hierarquia exige que o aplicador do direito realize a tarefa interpretativa em várias etapas: a) em primeiro lugar, demonstre qual o princípio jurídico de maior peso ou densidade em face aos dados fáticos e jurídicos que circundam a situação concreta, em exame; b) em seguida, busque o menor sacrifício do princípio, no caso real, preterido; e, ainda, c) que o juiz ou o administrador, ou o controlador, necessariamente justifique, diante das várias

---

[28] SUNDFELD, Carlos Ari. *Direito administrativo*: o novo olhar da LINDB. 2. reimpr. Belo Horizonte: Fórum, 2022. p. 82.
[29] DWORKIN, Ronald. *O império do Direito*. Tradução de Jefferson Luiz Camargo. São Paulo: Martins Fontes, 1999. p. 74-80

alternativas possíveis, a decisão adotada, demonstrando, inclusive, sua compatibilidade com as dimensões principiológicas e repercussões práticas e, assim, motivá-la.

Entretanto, o defeito de uso não macula o princípio, mas pode implicar, muitas vezes, decisionismo judicial ou administrativo. A ausência de motivação remete a decisões muitas vezes desproporcionais, abusivas e injustas.

Como explica Marçal Justen Filho:[30]

> Nesses casos, a invocação a fórmulas gerais e imprecisas funciona como uma solução para encobrir uma preferência subjetiva da autoridade estatal. O sujeito investido da competência, formula uma escolha segundo processos psicológicos indeterminados. Em muitos casos, essa decisão até pode se configurar como arbitrária. A invocação a fórmulas genéricas apresenta uma dimensão retórica, destinada a impedir a crítica e a ocultar a solução arbitrária adotada.

No intuito de evitar o mau uso que possa ser feito dos conceitos normativos fluidos, a Lei nº 13.655/2018 – LINDB, em seu art. 20, preceitua:

> Art. 20. Nas esferas administrativa, controladora e judicial, não se decidirá com base em valores jurídicos abstratos sem que sejam consideradas as consequências práticas da decisão.
>
> Parágrafo único. A motivação demonstrará a necessidade e a adequação da medida imposta ou da invalidação de ato, contrato, ajuste, processo ou norma administrativa, inclusive em face das possíveis alternativas.

A LINDB, nesse tema, inovou ao determinar, inclusive, a demonstração das *consequências práticas* das medidas. A partir desse mandamento, a orientação a seguir é aproximar os fatos da vida ao direito, sem descurar de suas normas.

Sem ruptura com a premissa do direito administrativo conectado à realização do interesse comum, a lei busca resultados e reflexos da atuação administrativa na realidade. Surge, assim, não mediante justaposição, mas por integração, uma concepção de atuação administrativa, cujo fim é satisfazer os direitos fundamentais e, por consequência, os interesses públicos, esses fundados no plano da realidade, mediante, inclusive, a ponderação de suas consequências práticas. "Com isso, combatem o equívoco de que interpretação jurídica e decisão por princípio seriam puros juízos abstratos que autorizariam o aplicador a se manter distante das evidências do real, das consequências e da metódica comparação das alternativas".[31]

Nessa linha, Gustavo Binenbojm[32] formula a ideia de uma metodologia pragmática para a ação da Administração Pública, calcada no "antifundacionalismo" que abandona premissas estáticas e estritamente abstratas; "contextualismo", que insere a

---

[30] JUSTEN FILHO, Marçal. Art. 20 da LINDB – Dever de transparência, concretude e proporcionalidade nas decisões públicas. *Revista de Direito Administrativo*, p. 13-41, 2018. p. 23. DOI: https://doi.org/10.12660/rda.v0.2018.77648.

[31] SUNDFELD, Carlos Ari. *Direito administrativo*: o novo olhar da LINDB. 2. reimpr. Belo Horizonte: Fórum, 2022. p. 44.

[32] BINENBOJM, Gustavo. Para que, afinal, serve o direito administrativo? *In*: SUNDFELD, Carlos Ari *et al. Curso de Direito Administrativo em Ação* – Casos e Leituras para Debates. São Paulo: JusPodivm, 2024. p. 701.

questão problemática em seu contexto fático, atento à intersubjetividade aí presente, e no "consequencialismo", que tem em mira os resultados e impactos decorrentes das decisões administrativas.

Dessa forma, as inúmeras exigências consignadas na LINDB, a demandar um outro pensar a coisa pública, bem como um distinto caminho metodológico de interpretação do direito e sua aplicação no caso concreto, é forçoso perceber que a Administração há que estabelecer um novo modelo de governança. E, assim, rever suas estruturas e conceitos, bem como desenvolver estratégias capazes de observar e captar o real e suas nuances, a fim de interpretar o fato segundo as premissas dos direitos fundamentais e, consequentemente, da sustentabilidade, visto que o contexto fático é parte integrante da norma jurídica, consoante o art. 20 da LINDB, ora em exame.

5 À guisa de conclusão

Nenhum ato, de qualquer natureza ou origem, é capaz de decretar que a partir desse momento se passa a adotar uma governança sustentável em todo país.

Com efeito, a implantação de um modelo responsável e equilibrado de governança se consubstancia em um processo de construção histórica para reciclar mentes e condutas. A internalização da lógica da sustentabilidade, totalmente afetada aos direitos fundamentais, obedece a um procedimento multifacetado a envolver a política, a economia, o jurídico, a proteção socioambiental, a cultura e, principalmente, a ética.

A alteração de paradigma ético, da troca do meu para o nosso e do bem-estar presente para a qualidade de vida nossa e das futuras gerações consiste na pedra angular para a implantação, certamente lenta e gradativa, com erros e acertos, de uma governança pública que, estribada no direito administrativo, normativo e vivo, possa ter capacidade para efetiva realização dos direitos fundamentais, como expressão da sadia qualidade de vida para todos, independentemente de tempo e espaço.

Referências

ALEXY, Robert. *Teoria de los Derechos Fundamentales*. Tradução de Ernesto Garzón Valdés. Madrid: [s.n.], [s.d.].

BINENBOJM, Gustavo. Para que, afinal, serve o direito administrativo? *In*: SUNDFELD, Carlos Ari *et al*. *Curso de Direito Administrativo em Ação* – Casos e Leituras para Debates. São Paulo: JusPodivm, 2024.

BRASIL. Disponível em: http://www.rio20.gov.br/documentos/documentos-da-conferencia/o-futuro-que-queremos/at_download/the-future-we-want.pdf.

BRASIL. Disponível em: https://brasil.un.org/sites/default/files/2020-09/agenda2030-pt-br.pdf.

BRASIL. Disponível em: https://www.planalto.gov.br/ccivil_03/constituicao/ConstituicaoCompilado.htm.

CADER, Renato; VILLAC, Tereza. *Governança e sustentabilidade*. Belo Horizonte: Fórum, 2022.

CANOTILHO, José Joaquim Gomes. *Brancosos e interconstitucionalidade*. Itinerários dos discursos sobre a historicidade constitucional. Coimbra: Almedina, 2006.

COMISSÃO MUNDIAL SOBRE MEIO AMBIENTE. *Nosso futuro comum*. Rio de Janeiro: Fundação Getúlio Vargas, 1988.

DOURADO JUNIOR, Octavio. *Águas na Amazônia*. Gestão de Recursos Hídricos nos Países da Bacia Amazônica. Curitiba: Juruá, 2014.

DWORKIN, Ronald. *O império do Direito*. Tradução de Jefferson Luiz Camargo. São Paulo: Martins Fontes, 1999.

FREITAS, Juarez. *Sustentabilidade*: direito ao futuro. 4. ed. Belo Horizonte: Fórum, 2019.

GARCIA, Flávio Amaral. Notas sobre mediação, conciliação e as funções da Advocacia pública: uma perspectiva à luz do Direito administrativo contemporâneo. *In*: CUÉLLAR, Leila *et al*. *Direito Administrativo e Altenative Dispute Resolution*: arbitragem, dispute board, mediação e negociação. 2. ed. Belo Horizonte: Fórum, 2022.

JUSTEN FILHO, Marçal. Art. 20 da LINDB – Dever de transparência, concretude e proporcionalidade nas decisões públicas. *Revista de Direito Administrativo*, p. 13-41, 2018. DOI: https://doi.org/10.12660/rda.v0.2018.77648.

JUSTEN FILHO, Marçal. *Comentários à Lei de Licitações e Contratações Administrativas*: Lei 14.133/2021. São Paulo: Thompson Reuters Brasil, 2021.

JUSTEN FILHO, Marçal. Como contratar? Funções e problemas das licitações. *In*: SUNDFELD, Carlos Ari *et al*. *Curso de Direito Administrativo em Ação* – Casos e Leituras para Debates. São Paulo: JusPodivm, 2024.

JUSTEN FILHO, Marçal. *Curso de direito administrativo*. 13. ed. rev., atual. e ampl. São Paulo: Thomson Reuters Brasil, 2018.

MORIN, Edgar. *Introdução ao pensamento complexo*. Tradução de Eliane Lisboa. 5. ed. Porto Alegre: Sulina, 2015.

OLIVEIRA, Maria Cristina Cesar de. *Princípios jurídicos e jurisprudência socioambiental*. Belo Horizonte: Fórum, 2009.

OLIVEIRA, Maria Cristina Cesar de. Propriedade intelectual e conflitos normativos. *Publicações da Escola da AGU*, Brasília, ano IV, n. 14, jan. 2012.

ROCHA, J. C. M. da; LUZIO-DOS-SANTOS, L. M. Sustentabilidade complexa: o discurso de sustentabilidade sob a perspectiva do pensamento complexo de Edgar Morin. *Remea – Revista Eletrônica do Mestrado em Educação Ambiental*, v. 37, n. 1, p. 208-227, 2020. DOI: https://doi.org/10.14295/remea.v37i1.9789.

SEN, Amartya. *Desenvolvimento como liberdade*. Tradução de Laura Teixeira Motta. São Paulo: Companhia das Letras, [s.d.].

SUNDFELD, Carlos Ari. *Direito administrativo*: o novo olhar da LINDB. 2. reimpr. Belo Horizonte: Fórum, 2022.

VALLE, Vanice Regina Lírio do. *Direito fundamental à boa administração e governança*. Belo Horizonte: Fórum, 2011.

Informação bibliográfica deste texto, conforme a NBR 6023:2018 da Associação Brasileira de Normas Técnicas (ABNT):

OLIVEIRA, Maria Cristina Cesar de. Sustentabilidade, governança e direito administrativo. *In*: JUSTEN, Monica Spezia; PEREIRA, Cesar; JUSTEN NETO, Marçal; JUSTEN, Lucas Spezia (coord.). *Uma visão humanista do Direito*: homenagem ao Professor Marçal Justen Filho. Belo Horizonte: Fórum, 2025. v. 1, p. 421-436. ISBN 978-65-5518-918-6.

ADMINISTRAÇÃO DIRETA:
ESSA DESCONHECIDA

PAULO MODESTO

1 Uma palavra sobre Marçal

Marçal Justen Filho é intelectual refinado e produtivo, autor de centenas de textos imprescindíveis, generoso com os mais novos como apenas os grandes mestres sabem ser. Entretanto, sempre convocou a minha atenção a sua capacidade de renovar-se, revisar conceitos e, corajosamente, arrostar marés doutrinárias de conformismo e repetição. Marçal não descansa enquanto não traduz em frases objetivas o que pensa, na busca da síntese simples e direta. Marçal neste ano completa setenta anos, com a meninice e a energia de um garoto. Homenageá-lo é uma tarefa que se cumpre com alegria e responsabilidade, amizade e respeito.

2 A administração direta na Constituição Federal

Na gramática constitucional brasileira, administração pública é signo regido no plural em diferentes sentidos. No art. 37 da Constituição, por exemplo, administração pública é voz plural no sentido *organizacional* (administração direta e indireta), no sentido *federativo* (administração federal, estadual, municipal e distrital), no sentido *interorgânico* (administração de qualquer dos Poderes) e no sentido *formal-material* (atos, programas, obras, serviços, processos, contratos, entre muitas outras formas de atividade administrativa submetidas – à semelhança dos órgãos e entidades – aos princípios gerais da legalidade, impessoalidade, moralidade, publicidade e eficiência).

Não há, a partir do direito positivo, como falar consistentemente sobre *uma* administração pública, mas sobre múltiplas, quer no *sentido de organização* (*acepção subjetiva de administração* ou de administração-aparato) quer no *sentido formal-material* (isto é, na *acepção objetiva de administração*, alusiva ao complexo diversificado de atividades, processos e atos concretizadores da função administrativa do Estado). Em síntese: no direito brasileiro, administração pública não é sinônimo de organização do Poder Executivo ou de atividade funcional do Poder Executivo. Administração é organização *policêntrica* e atividade *heterogênea*, distribuída entre todos os Poderes e entre todas as unidades da Federação, ademais de atividade passível de delegação em algumas hipóteses a pessoas naturais e pessoas jurídicas de direito privado externas à estrutura do Estado.

3 Administração direta como Hidra de Lerna

Em cada unidade política federativa, há uma e apenas *uma administração direta*. É a *unidade jurídica da administração central*. Unidade de um só tronco que se expressa por várias cabeças, ordenada em órgãos superiores e inferiores, coordenados com algum grau de autonomia ou submetidos a vínculos de comando hierárquico estrito, mas cuja atividade e atos na função administrativa são imputados à pessoa jurídico-política central de cada unidade federativa. Nesse conjunto articulado, os órgãos são unidades de atuação fracionária do todo em que consiste a pessoa jurídica central.

Como na *Hidra de Lerna*, animal fantástico da mitologia grega, a extinção de uma cabeça ou órgão não fulmina a administração direta. As cabeças se regeneram e multiplicam, assim como, na administração direta, quando um órgão é extinto ou cindido, as suas funções são redistribuídas ou novos órgãos são criados para assumir as suas responsabilidades.

Na administração direta os órgãos implementam os *serviços integrados na estrutura central do Estado*, seja na esfera federal, estadual, municipal ou distrital, dispersos em todos os Poderes e presentes igualmente nos órgãos constitucionais autônomos (Ministério Público, Tribunal de Contas, Defensoria, Conselho Nacional de Justiça, Conselho Nacional do Ministério Público). Esses órgãos coordenados e integrados ao corpo central da pessoa política não possuem isoladamente personalidade jurídica. As ações judiciais contra os seus atos são movidas diretamente contra a entidade política. A denominação administração direta abrange órgãos civis e militares realizadores da *função administrativa imediata e nuclear da pessoa federativa*. Não há a intermediação ou interposição de qualquer outra entidade.

Marçal Justen Filho, em trilha semelhante e com olhar atento, se bem o interpreto, define a administração direta como *o conjunto de* órgãos *voltados à função administrativa de extração constitucional*. Para Marçal,

a administração direta é uma manifestação estatal que é produzida em nível constitucional. O Estado e administração direta são manifestações indiferenciáveis de um mesmo fenômeno jurídico. A administração direta é um dos meios pelos quais o Estado se torna presente na vida social.[1]

A unidade jurídica da administração direta não autoriza a conclusão de que todos os órgãos vinculados à pessoa jurídica central estejam submetidos hierarquicamente ao Poder Executivo ou ao Chefe do Poder Executivo ou respondam à direção do Chefe

---

[1] JUSTEN FILHO, Marçal. Parecer elaborado sobre a proposta legislativa de criação dos consórcios públicos. *Revista Eletrônica de Direito do Estado*, Salvador, n. 3, p. 10-11, jul./out. 2005. Disponível em: http://www. direitodoestado.com.br/artigo/marcal-justen-filho/parecer-versando-sobre-a-proposta-legislativa-de-criacao-de-consorcios-publicos.

do Executivo. Trata-se de equívoco comum, presente inclusive em leis, mas facilmente demolido: não há hierarquia entre os órgãos administrativos de diferentes Poderes, não há hierarquia dos órgãos constitucionais autônomos em face do Poder Executivo, e mesmo na intimidade do Poder Executivo há órgãos refratários a vínculos hierárquicos, a exemplo dos conselhos consultivos e dos conselhos de representação. *A unidade da administração direta é unidade jurídica, não é unidade de gestão ou de comando hierárquico.*

Equivocada, portanto, a definição de administração direta do art. 4º, I, do Decreto-Lei nº 200/1967: "Art. 4º A Administração Federal compreende: I - A Administração Direta, que se constitui dos serviços integrados na estrutura administrativa da Presidência da República e dos Ministérios". Essa definição, muito repetida em manuais e provas de concurso, é manifestamente incompatível com o art. 37, *caput*, da Constituição Federal ("Art. 37. A administração pública *direta e indireta de qualquer dos Poderes* da União, dos Estados, do Distrito Federal e dos Municípios obedecerá aos princípios de legalidade, impessoalidade, moralidade, publicidade e eficiência e, também, ao seguinte"). A Hidra de Lerna possui muitas cabeças e nenhuma cabeça dominante.

4 Administração direta: uma definição breve

A administração direta, sinônimo de administração centralizada no Brasil, refere-se ao conjunto dos órgãos e relações organizativas expressivos da *função administrativa imediata das entidades políticas da Federação* (União, estados, Distrito Federal e municípios), *realizada sem a intermediação de outras entidades* e *em qualquer dos Poderes da República, articulada por vínculo hierárquico ou de coordenação, de fins múltiplos e regime jurídico de direito público.*

Essa definição sintetiza vários aspectos relevantes que pedem detalhamento, nomeadamente a característica (4.1) dos fins múltiplos; (4.2) da concretização da função administrativa imediata das entidades políticas da federação em qualquer dos Poderes; (4.3) da presença de vínculos de coordenação ao lado do vínculo hierárquico; (4.4) do regime de direito público.

4.1 Dos fins múltiplos

Na administração direta não vigora o *princípio da especialidade*, pois os órgãos da administração direta nao assumem uma área de atuação material dominante ou definida com exclusividade, executando variadas competências materiais administrativas e políticas, inclusive as funções estratégicas de direção, supervisão e fixação de políticas públicas.

Nos ministérios e nas secretarias, nos departamentos e nos colegiados, cuida-se de educação, saúde, energia, justiça, economia, relações internacionais, segurança, saneamento, cultura, ciência e tecnologia, planejamento, meio ambiente, entre muitas outras esferas de ação, por órgãos diversos e ao mesmo tempo integrados na mesma pessoa. A administração direta, que integra essas e outras áreas de atuação na expressão de uma única pessoa política-administrativa, pode ser em vista disso também definida (de modo abreviado) como *o conjunto dos órgãos e relações organizativas de direito público, de fins múltiplos e capacidade política e administrativa.*[2] As entidades da administração indireta, reversamente e por determinação constitucional, são criadas diretamente por lei específica ou por lei específica recebem autorização de instituição para desenvolver atividade em áreas determinadas ou delimitadas de atuação (art. 37, XIX e XX, da CF).

4.2 Da concretização da função administrativa imediata das entidades políticas da federação em qualquer dos Poderes

Não há administração direta apenas no Poder Executivo, mas em qualquer dos órgãos constitucionais autônomos e em todos os Poderes, conforme explicita a cabeça do art. 37, da Constituição Federal, que fixa os princípios gerais da "administração direta e indireta" de qualquer dos Poderes da União, estados, municípios e Distrito Federal.

O *policentrismo na administração direta*, em cada unidade política, é frequentemente negligenciado pelo saber convencional de tradição centralista, cujo foco de análise limita-se ao Poder Executivo. O *radar doutrinário* perde a visão do conjunto e questões relevantes ficam sem resposta. Entretanto, o policentrismo na administração central precisa ser compatibilizado com a previsão do art. 84, II, e VI, "a" e "b", da Constituição Federal, que atribui ao Presidente da República a competência de "exercer, com o auxílio dos Ministros de Estado, a direção superior da administração federal" e, na sequência, "dispor, mediante decreto, sobre: a) organização e funcionamento da administração federal, quando não implicar aumento de despesa nem criação ou extinção de órgãos públicos" e "b) extinção de funções ou cargos públicos, quando vagos".

Esses enunciados gerais devem ser harmonizados com outras previsões constitucionais diametralmente opostas, constantes, por exemplo, dos arts. 51, IV; 52, XIII; 73; 92, X; 96, I, "a", "b", "e", "f"; 99; 103-B, §4º, I; 127, §2º; 130-A, §2º, I; 134, §2º, todos da Constituição Federal, e que atribuem autonomia administrativa ampla ao Senado Federal, à Câmara dos Deputados, ao Tribunal de Contas da União, ao Poder Judiciário da União, ao Ministério Público da União, à Defensoria Pública da União, ao Conselho Nacional de Justiça e ao Conselho Nacional do Ministério Público.

As competências enunciadas nos preceitos do art. 84, II e VI, "a" e "b", de direção superior da administração federal e as de editar decretos de reorganização administrativa e de extinção de cargos vagos são compatíveis com o restante da Constituição Federal *somente se dirigidas* à *administração direta do Poder Executivo*. Não abrangem toda a administração federal direta, pois não alcançam os órgãos constitucionais autônomos ou a administração do Poder Legislativo e do Poder Judiciário e, tampouco, ouso dizer, a administração federal indireta (formada por pessoas jurídicas distintas da administração central cuja autonomia administrativa é graduada por lei). Nos enunciados do art. 84, II e VI, "a" e "b", da Constituição Federal, a lei constitucional disse mais do que quis

---

[2]   Essa definição é tributária da clássica lição de Celso Antonio Bandeira de Mello sobre o conceito jurídico de autarquia como "pessoa jurídica de direito público exclusivamente administrativa" (BANDEIRA DE MELLO, Celso Antonio. *Natureza e regime jurídico das autarquias*. São Paulo: RT, 1968. p. 226).

(plus dixit quam voluit).[3] *A Administração Pública Federal não se confunde com* a *administração pública do Poder Executivo Federal.*[4]

O Presidente da República não revisa atos ou decisões dos órgãos administrativos do Poder Judiciário, da administração interna do Poder Legislativo ou dos órgãos constitucionais autônomos. Não exerce a "direção superior" desses órgãos no plano disciplinar, no de orientação, ou comando, ou na solução de conflitos de atribuição. A competência conferida, com privatividade, ao Presidente da República pelo art. 84, VI, da Constituição, de mediante decreto dispor sobre "a organização e o funcionamento da administração federal, quando não implicar aumento de despesa nem criação ou extinção de órgãos públicos", *cinge-se* à *administração direta do Poder Executivo Federal,* não alcançando, como aparentemente sugere a literalidade do enunciado, os órgãos administrativos do Poder Judiciário, do Poder Legislativo ou dos órgãos constitucionais autônomos. Essas unidades administrativas foram excluídas de determinações concretas do Presidente da República e gozam de independência administrativa conferida pelas normas expressas na Constituição anteriormente referidas e, consequentemente, possuem direção própria e prerrogativas de auto-organização (isto é, enfaixam prerrogativas e deveres específicos como *sujeitos de direito organizativo,* conceito que não se confunde com o de pessoa jurídica).[5] Se efetivamente coubesse ao Presidente, ou simetricamente ao Chefe do Executivo das demais unidades políticas, a ampla "direção superior" de toda a administração direta, seria esvaziada a cláusula da separação de Poderes, matéria excluída inclusive de deliberação em sede de emenda constitucional (art. 60, §4º, III, da CF).

A administração direta expressa funções administrativas imediatamente extraídas da Constituição, que recebem adensamento legal, porém que não possuem origem na lei. Nesse sentido, os órgãos da administração direta imprimem desenvolvimento a *funções administrativas imediatas e nucleares do Poder Público em cada unidade federativa.*

4.3 Da presença de vínculos de coordenação e hierárquico

É a ampla independência ou *autonomia em sentido administrativo* dos Poderes que exige, inelutavelmente, a *coordenação interorgânica* no âmbito da administração direta em cada pessoa política. A administração federal *direta,* por exemplo, nada mais *sintetiza* do que a coordenação administrativa complexa da administração federal do Poder Executivo, do Poder Legislativo, do Poder Judiciário e dos órgãos administrativos constitucionais independentes.

---

[3]   Sobre os limites dos decretos de organização, ver: MODESTO, Paulo. *Direito administrativo da experimentação.* São Paulo: JusPodivm, 2024. p. 102-108.

[4]   No mesmo sentido, FERREIRA, Sérgio de Andréa. *Comentários à Constituição.* Rio de Janeiro: Freitas Bastos, 1991. v. III. p. 15.

[5]   Sobre a *subjetividade organizatória,* isto é, constituírem os órgãos públicos *sujeitos de direito* na organização e em face da organização, plexos individualizados de competências e atuação, titulares de capacidade jurídica, embora destituídos de personalidade jurídica (entendida esta como aptidão genérica para direitos e obrigações), ver MODESTO, Paulo. Legalidade e autovinculação da Administração Pública: pressupostos conceituais do contrato de autonomia no anteprojeto da nova lei de organização administrativa. *In:* MODESTO, Paulo (Org.). *Nova Organização Administrativa:* estudos sobre a proposta da Comissão de Especialistas constituída pelo governo federal para reforma da organização administrativa brasileira. Belo Horizonte: Fórum, 2009. p. 150-160 (2º edição de 2011, p. 155-165). Na internet, disponível em: https://www.academia.edu/45494341.

Por óbvio, ainda há lugar para vínculos hierárquicos no âmbito da administração pública direta e na intimidade de cada entidade da administração indireta, mas é irrealista considerá-los a única relação organizativa presente e unificadora de toda a estrutura administrativa. *A administração direta é organizada com base na hierarquia, na coordenação e na desconcentração, sendo composta por órgãos, sem personalidade jurídica, os quais podem dispor de autonomia, nos termos da Constituição e da lei.*[6]

O conceito de desconcentração não explica o policentrismo na administração direta em cada unidade federativa, isto é, a existência de *administrações distintas*, com comando ou direção próprias, cadeias decisórias exclusivas, vinculadas e referidas juridicamente à pessoa central do Estado. *O policentrismo na administração direta tem matriz constitucional; a desconcentração é legal ou viabilizada por atos administrativos de delegação.*

Desconcentração é a transferência do exercício ou da titularidade de competências de órgãos de cúpula ou centrais para órgãos inferiores, especializados ou periféricos na intimidade de uma mesma pessoa administrativa e dentro da dinâmica da organização administrativa. A desconcentração pode ocorrer por delegação de competências, por cisão de órgãos ou criação de novos órgãos especializados ou inferiores. No plano infralegal, a desconcentração é viável quando a lei não tenha assinalado competências exclusivas ou vedado expressamente a delegação de funções. A desconcentração por delegação do exercício de competência pode ocorrer mesmo fora da hierarquia (art. 12 da Lei nº 9.784/99).

A decisão de desconcentrar serve a propósitos de especializar órgãos e aproximar a realização da função administrativa do cidadão (*administração de proximidade*). Não há criação de pessoa jurídica na desconcentração (embora possa ocorrer criação de órgãos) ou qualquer espécie de relação interadministrativa (intersubjetiva).

É certo que é possível falar em *desconcentração originária*, quando a lei retira do centro decisório atribuição ou competência preexistente e a transfere para novos órgãos, e em *desconcentração derivada*, quando a transferência do exercício de atribuições decorre de ato administrativo de delegação. É inclusive teoricamente possível *desconcentrar competências entre* órgãos *de diferentes Poderes*, via coordenação administrativa e acordos interorgânicos, desde que não estejam em causa competências exclusivas ou relacionadas a conteúdos subtraídos às próprias leis delegadas (*v.g.*, art. 68, §1º, I, da Constituição).[7]

Feita essa ressalva, é indiscutível o papel destacado da Chefia do Poder Executivo na iniciativa de leis e nos regulamentos que alcançam e disciplinam de forma *transversal* toda a administração pública direta e indireta, inclusive a administração pública do Poder Judiciário, do Poder Legislativo e dos órgãos constitucionais autônomos, constitutiva dos *sistemas transversais de gestão*, envolvendo, *entre outros*, (a) a contabilidade única dos três Poderes e os sistemas de planejamento e de orçamento (art. 165 e segs., da CF;

---

[6] Esse resumo repete o enunciado do art. 4º do Anteprojeto apresentado pela Comissão de Especialistas ao Governo Federal em 2009, com acréscimo apenas na palavra "coordenação", que complementa e confere coerência ao texto proposto. Para acesso ao inteiro teor do anteprojeto, cf. https://www.academia.edu/1055240.

[7] Não se adere ao conceito de "desconcentração intersubjetiva", realizada "entre órgãos de diferentes pessoas coletivas", conforme preleciona o douto Pedro Costa Gonçalves (GONÇALVES, Pedro Costa. *Manual de direito administrativo*. Coimbra: Almedina, 2019. v. 1, p. 515). Diferentemente de Portugal, no Brasil qualquer deslocação de competência entre pessoas distintas recebe a designação técnica de descentralização, sendo impróprio referir como desconcentração a transferência de competências ou atribuições entre o Estado (pessoa central) e órgãos de outra pessoa (administrativa ou política).

art. 5º, da Lei nº 10.180/2001); (b) a adoção de critérios e normas de licitação e contratação de obras e serviços (art. 37, XXI, da CF); (c) a disciplina uniforme da gestão do regime próprio de previdência e do órgão ou entidade gestora desse regime em cada unidade da federação (art. 40, §20, da CF); (d) a fiscalização financeira da administração pública direta e indireta e o estabelecimento do plano plurianual, das diretrizes orçamentárias e dos orçamentos anuais (arts. 163, V, e 165, I a III, da CF) . Os *sistemas transversais ou estruturadores de gestão* são aqueles que exigem maior grau de uniformidade e coerência de aplicação, permeando todas as unidades administrativa da administração direta e, por vezes, de todas as entidades da administração indireta. São pouco estudados na doutrina brasileira, exigem atuação integrada dos órgãos administrativos dos três Poderes, inclusive dos órgãos de controle interno (art. 74, *caput*, da CF), a reclamar tratamento analítico isolado e específico.

4.4 Do regime de direito público

Os órgãos da administração direta submetem-se ao direito público no desenvolvimento de suas funções próprias, na gestão de seus bens, pessoal, no plano processual e nas suas relações de organização. Gozam de imunidade tributária recíproca ampla, conforme o art. 150, VI, "a", da Constituição Federal, independentemente da classificação da atividade exercida como serviço essencial ou acessório. Sujeitam-se integralmente ao regime de precatórios e à responsabilidade objetiva, pelos danos a que derem causa. Estão protegidos pela impenhorabilidade de seus bens nas execuções de dívidas. Adotam o regime estatutário na investidura e na disciplina dos seus agentes. Seguem a lei de licitações e contratos em todas as contratações de bens e serviços e não estão sujeitas à falência ou recuperação judicial. Gozam de prazo em dobro nas suas manifestações processuais, salvo exceções legais (ex., em ações de controle direto de constitucionalidade) e diversas prerrogativas no âmbito judicial, como intimação pessoal e dispensa de depósito prévio em ações rescisórias.

Na administração direta, embora cada órgão seja um centro de confluência de normas e possua *individualidade organizativa ou instrumental (subjetividade organizatória)*, preserva-se a unidade do Estado, bem como a aplicação ordinária do seu regime jurídico comum, o direito público. As relações de cooperação e conflito no interior de cada órgão (*relações intraorgânicas*) e as relações dos órgãos entre si (*relações interorgânicas*) são resolvidas sem a ruptura da unidade estrutural do próprio Estado.[8]

---

[8] Na literatura nacional, antes de todos e dos meus próprios textos, ver VILANOVA, Lourival. *Causalidade e relação no direito*. 4. ed. São Paulo: RT, [s.d.]. p. 265-285 e MELLO, Marcos Bernardes de. *Teoria do fato jurídico*: plano da eficácia. 1ª Parte. São Paulo: Saraiva, 2003. p. 98 e segs. Na literatura internacional, no tocante à capacidade jurídica dos órgãos públicos para relações interorgânicas ou internas, como centros individualizados de imputação, entre dezenas de autores, cf. FODERARO, Salvatore. *Personalità interorganica*. 2. ed. Pádua: Cedam, 1957; LEITÃO, Alexandra. *Contratos interadministrativos*. Coimbra: Almedina, 2011. p. 30-32; MOREIRA, Vital. *Administração autónoma e associações públicas*. Coimbra: Coimbra Ed., 1997. p. 273-275; GONÇALVES, Pedro Costa. *Manual de direito administrativo*. Coimbra: Almedina, 2019. v. 1, p. 688-691; SANTAMARIA PASTOR, Juan Afonso. La teoría del órgano en el Derecho Administrativo. *REDA*, n. 40-41, p. 43-86, 1984; TREVIJANO FOS, J. A. GARCÍA. *Tratado de Derecho Administrativo*. 2. ed. Madrid: [s.n.], 1971. v. I. t. II. p. 193 e seg.; MAURER, Hartmut. *Droit Administratif Allemand*. Tradução de Michel Fromont. Paris; LGDJ, 1995. p. 38-39; WOLFF, Hans J.; BACHOF, Otto; STOBER, Rolf. *Direito administrativo*. Tradução de Antonio F. de Souza. Lisboa: Fundação Calouste Gulbenkian, 2006. v. 1, p. 483-500; GIANNINI, Massimo Severo. *Diritto amministrativo*. Milão: Giuffrè, 1970. v. 1, p. 113 e segs.

5 Continuidade e descontinuidade da administração direta

A administração direta constitui a espinha dorsal da execução das funções administrativas primárias do Poder Público. Em princípio, deveria estar imune a problemas de descontinuidade, pois tem matriz constitucional e não legal. Ela não pode ser extinta pelas maiorias políticas ocasionais. Não é viável fulminar ou esvaziar órgãos que a Constituição predefine como essenciais ou integrantes da composição estrutural da própria separação de Poderes.

No plano dos fatos, entretanto, a descontinuidade é um problema que perturba gravemente o funcionamento da administração direta. Não é incomum nas sucessões de governo, sobretudo quando há alternância de poder e vitória de partidos de oposição, que o governante eleito encontre dificuldade em acessar informações sobre a composição da força de trabalho, os processos judiciais em curso, as dívidas em execução, os precatórios em ordem de pagamento, o acervo mobiliário e o patrimônio imobilizado da pessoa política sob nova direção e as demandas urgentes que esperam resposta. Trata-se do problema da *transição governamental*, que afeta com especial intensidade os órgãos da administração direta do Poder Executivo.

A *transição governamental administrativa*, ou simplesmente *transição administrativa*, pode ser objeto de planejamento antecipado, pois é problema recorrente no Brasil, capaz de afetar a continuidade de políticas públicas e serviços essenciais após alternância de governo. Para mitigar as dificuldades que oferece, defendo que a própria organização administrativa ou a legislação eleitoral e financeira nacional contemple soluções permanentes para a transição governamental, escapando a soluções casuísticas e estabelecidas *ad hoc* para cada eleição.

5.1 Do órgão temporário de transição administrativa

No direito brasileiro, não há lei nacional permanente voltada a disciplinar a transição governamental.

As leis eleitorais nacionais, nomeadamente a Lei Complementar nº 64/1990 (Lei de Inelegibilidades), o Código Eleitoral (Lei nº 4.737/1965) e a Lei das Eleições (Lei nº 9.504/1997), assim como leis de natureza financeira, como a Lei de Responsabilidade Fiscal (Lei Complementar nº 101/2000) e a Lei Complementar nº 208/2024 (mediante alteração da Lei nº 4.320/64), *vedam progressivamente* (e por períodos diversos) comportamentos abusivos e despesas irrazoáveis no último *ano de mandato* (ou com repercussão no último ano do mandato) para preservar a *igualdade eleitoral e evitar o abuso do poder econômico.* Entre as limitações estão despesas desproporcionais com propaganda governamental; criação ou ampliação de renúncias fiscais; aumentos de vencimentos de servidores acima da inflação; operações de crédito por antecipação da receita; realização de despesa sem contar com disponibilidade financeira; cessão de direitos creditórios originados de créditos tributários e não tributários a menos de 90 dias das eleições e, principalmente, a criação de programas sociais novos que importem em distribuir bens e valores diretamente à população no período eleitoral. Mas em momento algum impõem a criação ou instituição de qualquer órgão para estruturar, viabilizar ou facilitar a transição administrativa.

No âmbito restrito da União, a Lei Federal nº 10.609/2002 e o Decreto nº 7.221/2010 suprem em parte as omissões das leis eleitorais e financeiras nacionais com a previsão de instituição de *comissão de transição* para o cargo de Presidente da República.

A Lei Federal nº 10.609/2002, entretanto, é ambígua sobre o *status* desta comissão, por vezes denominada "equipe de transição". Ora a considera uma "faculdade" (opção) do candidato eleito, ora determina a criação de *cinquenta cargos em comissão*, denominados *Cargos Especiais de Transição Governamental – CETG, de exercício privativo da equipe de transição,* supervisionados por um Coordenador, a quem a lei defere a prerrogativa de "requisitar as informações dos órgãos e entidades da Administração Pública federal" (art. 2º, §2º, da Lei Federal nº 10.609/2002). Todos os titulares dos cargos *CETG* deverão manter sigilo dos dados e informações confidenciais a que tiverem acesso, sob pena de responsabilização (art. 5º).

A *competência de requisição* pode ser utilizada para acesso às informações relativas às contas públicas, aos programas e aos projetos do Governo federal, com vistas a que Comissão de Transição possa "inteirar-se do funcionamento dos órgãos e entidades que compõem a Administração Pública federal e preparar os atos de iniciativa do novo Presidente da República, a serem editados imediatamente após a posse" (art. 2º, da Lei Federal nº 10.609/2002).

Os cargos especiais de transição governamental "somente serão providos no último ano de cada mandato presidencial, a partir do *segundo dia útil após a data do turno que decidir as eleições presidenciais* e deverão estar *vagos obrigatoriamente no prazo de até dez dias contados da posse do candidato eleito*" (art. 4º, da Lei Federal nº 10.609/2002).

A nomeação dos cargos especiais de transição governamental será feita pelo Chefe da Casa Civil da Presidência da República, porém *todos os nomes serão indicados pelo candidato eleito* (art. 2º, §2º, da Lei Federal nº 10.609/2002), situação incomum, que torna a hipótese um excelente exemplo escolar de provimento discricionário de cargo público de natureza vinculada![9] Além disso, o *Presidente da República* poderá nomear o Coordenador da equipe de transição para o cargo de *Ministro Extraordinário*, nos termos do art. 37 do Decreto-Lei nº 200, de 25.2.1967, caso a indicação realizada pelo eleito recaia sobre membro do Poder Legislativo Federal.

A lei federal não o afirma expressamente, mas a comissão de transição deve ser considerada órgão *temporário sediado na Presidência da República*, pois não apenas a designação dos cargos de seus integrantes são de responsabilidade do Ministro Chefe da Casa Civil da Presidência da República, ou do Presidente da República, quando se tratar de nomear coordenador membro do Poder Legislativo Federal, como seu orçamento e suas despesas correrão à conta das dotações orçamentárias da Presidência da República (art. 7º, da Lei Federal nº 10.609/2002). A Casa Civil deve ainda disponibilizar, aos candidatos eleitos para os cargos de Presidente e Vice-Presidente da República, local, infraestrutura e apoio administrativo necessários ao desempenho de suas atividades (art. 6º).

---

[9]   A hipótese amplia a lista de oito tipos de formas de provimento de cargos públicos no direito brasileiro, que apresentei exemplificativamente no artigo "Devido processo legal das eleições administrativas e o princípio da anualidade", publicado originalmente no *Conjur*, em 9.9.2021 (Disponível em: https://www.conjur.com.br/2021-set-09/interesse-publico-devido-processo-legal-eleicoes-administrativas-principio-anualidade/ e https://www.academia.edu/53271409) e no livro FORTINI, Cristiana; MOTTA, Fabrício; FERRAZ, Luciano; MODESTO, Paulo; VALLE, Vanice (Org.). *Interesse público multinível*. Minas Gerais: Dialética, 2024. p. 231-236.

A Comissão de Transição não será instalada no caso de reeleição do Presidente da República (art. 9º) e, qual órgão *fênix*, será reconstituída e reativada no segundo dia útil do anúncio do vencedor da eleição seguinte e desativada até o décimo dia após a nova posse presidencial.[10]

No plano estadual, a Lei mineira nº 19.434, de 11.1.2011, dispõe sobre a instituição facultativa de Comissão de Transição por candidato eleito para o cargo de Governador do Estado ou Prefeito Municipal. A lei mimetiza em grande medida o modelo federal, inclusive na nomenclatura, na competência de requisição e nas finalidades, diferenciando-se por não criar cargos comissionados nem autorizar qualquer espécie de remuneração para os integrantes da Comissão de Transição. Merece crítica, porém, a alusão à instituição do órgão de transição para o plano municipal, matéria afeta à autonomia organizatória dos municípios mineiros e fora da competência do legislador estadual.

No âmbito local, quase sempre por simples decreto do Prefeito, inúmeros municípios têm instituído *comissões informais de transição*, sem orçamento, estrutura física ou cargos remunerados para provimento após os processos eleitorais, ou *comissões de transmissão de governo*, compostas estas exclusivamente por integrantes da gestão em último ano de mandato. Essa medida tem ocorrido não por maturidade institucional, mas para o cumprimento de determinações e orientações de Tribunais de Contas, que a consideram necessária para o adequado cumprimento do art. 42 da Lei Complementar nº 101/2000 (Lei de Responsabilidade Fiscal). Essa norma estabelece ser vedado ao titular de Poder ou de órgão em qualquer esfera da federação, nos últimos dois quadrimestres do seu mandato, contrair obrigação de despesa que não possa ser cumprida integralmente dentro dele, ou que tenha parcelas a serem pagas no exercício seguinte sem que haja suficiente disponibilidade de caixa para este efeito. A "comissão de transição" ou a "comissão de transmissão", conforme o caso, cumpriria o papel de relatar o atendimento dessa exigência, evitando que o gestor derrotado e ainda no cargo oculte e transfira passivos sem lastro financeiro para o sucessor, cautela necessária para uma *transição financeira responsável*. Para um exemplo eloquente do que vem de ser dito, consulte-se a Resolução nº 1.311/2012 do TCM/BA.[11]

---

[10] Em verdade, a alusão a "órgão fênix" é simplesmente metafórica. A Lei Federal nº 10.609/2002 criou o órgão de transição governamental e os cargos que o integram, com as competências e finalidades estabelecidas, e ocorre apenas a indeterminação ocasional e fática de seus titulares no período anterior e posterior ao assinalado para as transições administrativas. Uma vez realizada a eleição, havendo interesse manifestado pelo eleito em indicar titulares para os cargos de transição governamental, o provimento é obrigatório e o órgão volta à condição efetiva de unidade de atuação da administração pública.

[11] O TCM-BA tem sido bastante ativo na orientação e fiscalização dos processos de transição nos municípios baianos. Editou a Resolução nº 1.311/2012, que estabelece procedimentos para a transição de governo nos municípios da Bahia, publicou *Cartilha de Transição de Governo*, que orienta os gestores municipais, detalhando os procedimentos necessários para uma transição adequada, e realiza fiscalizações ativas, como auditorias para o verificar o cumprimento das normas de transição. Em casos de descumprimento, tem emitido alertas e, em situações mais graves, aplicado multas aos gestores. A comissão de transmissão de governo é exigida pelo art. 1º, da Resolução nº 1.311/2012: "Art. 1º Os Prefeitos e Presidentes de Câmara que estão encerrando o mandato constituirão, nos órgãos que dirigem, uma Comissão de Transmissão de Governo incumbida de repassar informações e documentos aos representantes da nova administração, de modo a não inibir, prejudicar ou retardar as ações e serviços encetados em prol da comunidade, evitando a descontinuidade administrativa no município. Parágrafo único. A Comissão de que trata este artigo será constituída com antecedência mínima de 30 (trinta) dias da posse dos eleitos e transmissão dos respectivos cargos". A norma prescreve para o prefeito eleito a instituição, após a posse, de outra comissão, "com conhecimentos técnicos nas áreas orçamentária, financeira e patrimonial, que terá como atribuição analisar os levantamentos e demonstrativos elaborados pela

É importante que os eleitos tenham interesse efetivo nos processos de transição administrativa, sobretudo porque eventuais lacunas de informação na prestação de contas dos antecessores (sobretudo em transferências interfederativas) podem repercutir diretamente nas responsabilidades de seus sucessores, como sintetiza bem a Súmula nº 230 do Tribunal de Contas da União:

> SÚMULA TCU 230: Compete ao prefeito sucessor apresentar a prestação de contas referente aos recursos federais recebidos por seu antecessor, quando este não o tiver feito e o prazo para adimplemento dessa obrigação vencer ou estiver vencido no período de gestão do próprio mandatário sucessor, ou, na impossibilidade de fazê-lo, adotar as medidas legais visando ao resguardo do patrimônio público.

5.2 Da ampliação do processo de transição administrativa na administração direta

As normas referidas sobre a transição governamental administrativa no plano federal, estadual e municipal, meramente exemplificativas, sugerem que estamos distantes da maturidade institucional necessária para assegurar a continuidade adequada de serviços e programas desenvolvidos pela administração direta durante as sucessões políticas. Embora importantes, apresentam lacunas que comprometem a efetividade da transição, ainda amplamente dependente da disposição política dos governantes que deixam o cargo e dos que assumem. E são de curta duração, quase inviáveis para ordenar o início eficaz de uma nova gestão perante a complexidade atual da administração pública.

A experiência internacional tem revelado que a transição administrativa não deve ser processo limitado aos dois meses e poucos dias que separam, como regra entre nós, a proclamação dos resultados das disputas eleitorais e a posse dos eleitos.

Em 2010, por exemplo, o Congresso norte-americano editou a *Pre-Election Presidential Transition Act* (*Public Law* 111-283), modificando a Lei de Transição Presidencial de 1963 para determinar ao gestor do GSA (*General Services Administration*) o fornecimento de certos serviços e instalações para a transição presidencial, incluindo espaço para escritórios, equipamentos e o pagamento de certas despesas relacionadas, além do suporte de segurança e logística para candidatos presidenciais e vice-presidenciais qualificados antes da eleição geral.[12] O período de transição foi ampliado em planejamento e assiste os candidatos a partir do momento em que são oficialmente reconhecidos em convenção e tornam-se elegíveis. Essa alteração ampliou a transição para um período de mais de cem dias.

No relatório que acompanhou a aprovação da lei, os congressistas reconheceram que as atividades de transição anteriores à eleição eram negligenciadas, pois candidatos relutavam em iniciá-las por razões logísticas (distrair o pessoal-chave da campanha) ou por razões políticas (em particular, riscos de imagem, pois atos de transição poderiam

---

Comissão de Transmissão de Governo e sobre eles emitir relatório conclusivo; avaliar as informações prestadas pela gestão anterior" (art. 6º, IV). A íntegra da resolução pode ser lida pelo link: https://www.tcm.ba.gov.br/tcm/DiretorioPublicacao/Resolucoes/131112/resolucao131112.pdf.

[12] Disponível em: https://www.congress.gov/bill/111th-congress/senate-bill/3196.

criar a impressão de que o candidato postulante assumiu prematuramente a vitória ou o candidato à reeleição assumiu antecipadamente a derrota). No entanto, consideraram importante para a segurança nacional – especialmente após os atentados de 11.9.2001 – conceder mais tempo para a preparação da transição, a checagem de segurança das equipes qualificadas dos candidatos, a identificação dos postos-chave da administração (evitando lacunas de liderança), a fim de garantir o imediato funcionamento dos serviços estratégicos a partir da posse do eleito. E a legislação passou a determinar que, no último ano do mandato, o Presidente incumbente deve oferecer à publicidade relatório resumido das atividades planejadas para a transição, incluindo a informação dos recursos envolvidos, a fim de "educar a imprensa e o público sobre a importância do início de planejamento de transição".[13]

Talvez entre nós também seja urgente educar a imprensa, os vários órgãos da administração direta, o público, os partidos, os órgãos de controle, sobre a importância da transição governamental. E ampliar fortemente a institucionalidade dos processos de transição governamental através de normas mais detalhadas estabelecidas nas leis nacionais eleitorais e financeiras ou nas leis de organização administrativa de cada entidade federativa.

A cultura política, a resistência à transparência e outros fatores ainda contribuem para a persistência de problemas de descontinuidade administrativa no Brasil. E a complexidade crescente da organização administrativa torna ainda mais urgente associar continuidade e mudança, evitando hiatos em decisões estratégicas da administração direta e ausência de lideranças em momentos de maior instabilidade e incerteza.

Informação bibliográfica deste texto, conforme a NBR 6023:2018 da Associação Brasileira de Normas Técnicas (ABNT):

MODESTO, Paulo. Administração direta: essa desconhecida. *In*: JUSTEN, Monica Spezia; PEREIRA, Cesar; JUSTEN NETO, Marçal; JUSTEN, Lucas Spezia (coord.). *Uma visão humanista do Direito*: homenagem ao Professor Marçal Justen Filho. Belo Horizonte: Fórum, 2025. v. 1, p. 437-448. ISBN 978-65-5518-918-6.

---

[13] Relatório do Comitê de Segurança Interna e Assuntos Governamentais (Disponível em: https://www.congress. gov/congressional-report/111th-congress/senate-report/239. Acesso em: 1º set. 2024).

PANORAMA GERAL DA RESPONSABILIDADE CIVIL DO ESTADO NO BRASIL: PROJEÇÕES SOBRE O FUTURO DA RESPONSABILIDADE PÚBLICA

RAFAEL CARVALHO REZENDE OLIVEIRA

1 Introdução

A responsabilidade civil do Estado decorre da própria cláusula do Estado Democrático de Direito, uma vez que representa, concomitantemente, um mecanismo de restauração da integridade do ordenamento jurídico violado a partir da atuação estatal e um instrumento de reparação de danos que garante a implementação do princípio da igualdade e da proteção dos direitos fundamentais.[1]

Na sua essência, o cerne da responsabilidade civil do Estado não é, necessariamente, punir quem causou dano a outrem, mas sim proteger o patrimônio jurídico do ofendido.[2]

Os ordenamentos jurídicos de diversos países estabelecem regras e procedimentos próprios para a responsabilização estatal.[3] O fio condutor, que revela certa aproximação nas diferentes opções normativas, é a previsão – constitucional, legal ou jurisprudencial

---

[1] De forma semelhante, Marçal Justen Filho afirma que a responsabilidade civil do Estado é uma característica da democracia republicana e, numa acepção ampla, "significa o dever de reconhecer a supremacia da sociedade e a natureza instrumental do aparato estatal" (JUSTEN FILHO, Marçal. A responsabilidade do Estado. *In*: FREITAS, Juarez (Org.). *Responsabilidade civil do Estado*. São Paulo: Malheiros, 2006. p. 226).

[2] Nesse sentido, Maria Celina Bodin de Moraes afirma: "O princípio da proteção da pessoa humana, determinado constitucionalmente, gerou no sistema particular da responsabilidade civil, a sistemática extensão da tutela da pessoa da vítima, em detrimento do objetivo anterior de punição do responsável. Tal extensão, neste âmbito, desdobrou-se em dois efeitos principais: de um lado, no expressivo aumento das hipóteses de dano ressarcível; de outro, na perda de importância da função moralizadora, outrora tida como um dos aspectos nucleares do instituto" (MORAES, Maria Celina Bodin de. A constitucionalização do direito civil e seus efeitos sobre a responsabilidade civil. *Revista Direito, Estado e Sociedade*, v. 9, n. 29, p 233-258, jul./dez. 2006. p. 238).

[3] No célebre *arrêt* Blanco, julgado pelo Tribunal de Conflitos na França, em 1873, considerado por grande parcela da doutrina como a certidão de nascimento do Direito Administrativo, restou consignada a inaplicabilidade do Código Civil aos casos de responsabilidade civil do Estado e a necessidade de aplicação de regime jurídico específico (Direito Administrativo) (LONG, M.; WEIL, P.; BRAIBANT, G.; DEVOLVÉ, P.; GENEVOIS, B. *Les grands arrêts de la jurisprudence administrative*. 16. ed. Paris: Dalloz, 2007. p. 1-7).

– da responsabilidade civil do Estado, com o dever de reparação dos danos decorrentes do exercício da atividade estatal. As peculiaridades incluem as exigências e os procedimentos para implementação da responsabilidade civil do Estado, que sofrem variações conforme a realidade de cada ordenamento jurídico.

No presente texto, o objetivo é apresentar o panorama geral da responsabilidade civil do Estado no Brasil, a partir do regime jurídico previsto no texto constitucional e da interpretação dos tribunais, notadamente o Supremo Tribunal Federal, que tem delineado aspectos relevantes sobre os limites e as possibilidades de responsabilização do Estado.

Ao longo do artigo, pretende-se abordar temáticas relevantes da responsabilidade civil do Estado, especialmente em razão do exercício da função administrativa, com destaque para a apresentação de sua previsão constitucional, fundamentos, pressupostos, causas excludentes, configuração excepcional diante de atos lícitos, casos de omissão estatal e a responsabilidade pessoal dos agentes públicos. Além disso, serão apresentadas projeções sobre o futuro da responsabilidade pública no Brasil.

2 Fonte constitucional da responsabilidade civil do Estado

O regime jurídico da responsabilidade civil da Administração Pública é consagrado no art. 37, §6º, da Constituição da República Federativa do Brasil (CRFB) de 1988, que consolidou definitivamente a responsabilidade civil objetiva das pessoas de direito público e alarga a sua incidência para englobar as pessoas jurídicas de direito privado prestadoras de serviços públicos, assegurando o direito de regresso em face de seus respectivos agentes, que respondem de forma subjetiva.[4]

De acordo com o referido dispositivo constitucional: "As pessoas jurídicas de direito público e as de direito privado prestadoras de serviços públicos responderão pelos danos que seus agentes, nessa qualidade, causarem a terceiros, assegurado o direito de regresso contra o responsável nos casos de dolo ou culpa".

Sem exigir a demonstração de culpa pelos danos causados no exercício da função pública, o art. 37, §6º, da CRFB estabelece a responsabilidade civil objetiva para dois grupamentos de pessoas, a saber:

a) pessoas jurídicas de direito público: são as entidades integrantes da Administração direta (União, estados, Distrito Federal e municípios) e da indireta (autarquias e fundações autárquicas);

b) pessoas jurídicas de direito privado prestadoras de serviços públicos: compreendem as entidades de direito privado da Administração indireta (empresas públicas, sociedades de economia mista e fundações estatais de direito privado), além das concessionárias e permissionárias de serviços públicos.

É possível perceber que a responsabilidade civil objetiva, de índole constitucional, alcança não apenas as entidades estatais, integrantes da expressão "Administração

---

[4] É oportuno registrar que, apenas com o advento da Constituição de 1946 (art. 194), o ordenamento jurídico consagrou a teoria da responsabilidade objetiva das pessoas jurídicas de direito público, que foi mantida na Constituição de 1967 (art. 105) e na EC nº 1/1969 (art. 107). Até aquele momento, vigorava a teoria da responsabilidade civil subjetiva das pessoas jurídicas de direito público.

Pública", mas também as entidades da iniciativa privada que prestam serviços públicos por meio de delegação estatal.

Ademais, é preciso destacar que o art. 37, §6º, da CRFB fundamenta, na essência, a responsabilidade civil em razão do exercício da função administrativa, seja ela exercida de forma típica pelo Poder Executivo, seja de forma atípica pelos Poderes Judiciário e Legislativo.[5]

Na hipótese de responsabilidade civil por atos judiciais, o fundamento é o art. 5º, LXXV e LXXVIII, da CRFB, compreendendo três hipóteses: a) erro judiciário; b) prisão além do tempo fixado na sentença; e c) demora na prestação jurisdicional.

Já os casos de responsabilidade civil por atos legislativos, ainda que não possuam expressa previsão constitucional, decorrem da interpretação sistemática da Constituição Federal, a saber: a) leis de efeitos concretos e danos desproporcionais; b) leis inconstitucionais; e c) omissão legislativa desproporcional.

O objeto central do presente estudo é a responsabilidade civil do Estado por atos praticados no exercício da função administrativa, com enfoque no art. 37, §6º, da CRFB.

3 Fundamentos da responsabilidade civil objetiva do Estado

A responsabilidade civil do Estado apoia-se em dois fundamentos importantes que estão interligados: teoria do risco administrativo e repartição dos encargos sociais.[6]

A teoria do risco administrativo parte do princípio de que o Estado, ao assumir prerrogativas especiais e realizar diversas tarefas em relação aos cidadãos, também assume os riscos de danos inerentes a essas atividades.

Em razão dos benefícios que as atividades administrativas proporcionam à coletividade, os eventuais danos sofridos por indivíduos específicos devem ser igualmente suportados pela coletividade.

O ressarcimento dos prejuízos é efetivado pelo Estado com recursos públicos, ou seja, oriundos das obrigações tributárias e não tributárias suportadas pelos cidadãos. Dessa forma, a coletividade, que se beneficia com a atividade administrativa, assume o ônus de ressarcir aqueles que sofreram danos em razão dessa mesma atividade. Trata-se da adoção do princípio da repartição dos encargos sociais, vinculado ao princípio da igualdade (isonomia).

Outra teoria que procura justificar a responsabilidade civil do Estado é a teoria do risco integral. Segundo essa teoria, o Estado assumiria integralmente o risco por potenciais danos decorrentes de atividades que desenvolve ou fiscaliza.

Enquanto a teoria do risco administrativo admite a alegação de causas excludentes do nexo causal por parte do Estado, a teoria do risco integral afasta tal possibilidade. Assim, por exemplo, de acordo com o risco integral, o Estado seria responsabilizado mesmo na hipótese de caso fortuito e força maior.

O ordenamento jurídico brasileiro adotou, como regra, a teoria do risco administrativo. No entanto, uma parcela da doutrina e da jurisprudência defende a adoção da

---

5   Para o aprofundamento da responsabilidade civil por atos legislativos e judiciais, *vide*: OLIVEIRA, Rafael Carvalho Rezende. *Curso de direito administrativo*. 12. ed. São Paulo: Método, 2024. p. 798-806.

6   OLIVEIRA, Rafael Carvalho Rezende. *Curso de direito administrativo*. 12. ed. São Paulo: Método, 2024. p. 780.

teoria do risco integral em situações excepcionais, como: responsabilidade por danos ambientais ou ecológicos (art. 225, §3º, da CRFB e art. 14, §1º, da Lei nº 6.938/1981); responsabilidade por danos nucleares (art. 21, XXIII, "d", da CRFB); responsabilidade da União perante terceiros no caso de atentado terrorista, ato de guerra ou eventos correlatos, contra aeronaves de matrícula brasileira operadas por empresas brasileiras de transporte aéreo, excluídas as empresas de táxi aéreo (art. 1º da Lei nº 10.744/2003).

4 Pressupostos da responsabilidade civil e causas excludentes

Em razão da adoção da responsabilidade civil objetiva do Estado, o ordenamento jurídico não exige a demonstração da culpa nas ações judiciais indenizatórias propostas pelas vítimas da ação ou omissão estatal.

Dessa forma, a configuração da responsabilidade objetiva do Estado pressupõe três elementos: a) fato administrativo (conduta comissiva ou omissiva atribuída ao Poder Público); b) dano; e c) nexo causal.[7]

De acordo com a teoria do risco administrativo, adotada pelo art. 37, §6º, da CRFB, o Estado pode afastar a sua responsabilidade por meio do rompimento do nexo de causalidade, demonstrando que o dano suportado pela vítima não foi causado pela ação ou omissão administrativa.

As causas excludentes do nexo de causalidade decorrem, em última instância, da redação da referida norma constitucional que consagra a responsabilidade civil do Estado apenas pelos danos causados por seus agentes públicos, o que não ocorre nas hipóteses em que os danos são imputados à própria vítima, a terceiros e aos eventos da natureza. Nessas situações não há, propriamente, ato ou fato administrativo que tenha causado o dano à vítima.

Além da ação ou omissão administrativa, a caracterização da responsabilidade do Estado está atrelada à previsibilidade e à evitabilidade do evento danoso, afastando-se a responsabilidade estatal nas hipóteses de danos causados por situações que não poderiam ser previstas ou evitadas pelo Estado, salvo nas hipóteses em que a própria legislação estabelecer a responsabilidade estatal como forma de justiça social.

Nesse contexto, as causas excludentes do nexo causal são: a) fato exclusivo da vítima (ou culpa exclusiva da vítima): hipótese em que o dano é causado por fato exclusivo da própria vítima, o que caracteriza a autolesão (ex.: indivíduo que comete

---

[7] Diversas teorias procuram explicar o nexo de causalidade na responsabilidade civil, especialmente nas hipóteses de causalidades múltiplas ou concausas, destacando-se: a) teoria da equivalência das condições (equivalência dos antecedentes ou *conditio sine qua non*): elaborada por Von Buri, todos os antecedentes que contribuírem de alguma forma para o resultado são equivalentes e considerados como causas do dano; b) teoria da causalidade adequada: elaborada por Ludwig von Bar e desenvolvida por Johannes von Kries, a teoria considera como causa do evento danoso aquela que, em abstrato, seja a mais adequada para a produção do dano; e c) teoria da causalidade direta e imediata (ou teoria da interrupção do nexo causal): os antecedentes do resultado não se equivalem e apenas o evento que se vincular direta e imediatamente com o dano será considerado causa necessária do dano. Sobre as teorias do nexo de causalidade, *vide*: CRUZ, Gisela Sampaio da. *O problema do nexo causal na responsabilidade civil*. Rio de Janeiro: Renovar, 2005. Apesar de sofrer críticas, notadamente por restringir o nexo causal, dificultando a responsabilização nos casos de danos indiretos ou remotos, a teoria da causalidade direta e imediata foi consagrada no art. 403 do Código Civil: "Ainda que a inexecução resulte de dolo do devedor, as perdas e danos só incluem os prejuízos efetivos e os lucros cessantes por efeito dela direto e imediato, sem prejuízo do disposto na lei processual".

suicídio dentro da sua residência); b) fato de terceiro: situação em que o dano é causado pela ação ou omissão de outro particular (ex.: o Estado não será responsabilizado, em regra, por crimes praticados no seu território, mas sim o indivíduo que praticou o crime); e c) caso fortuito ou força maior: casos em que os danos são causados por eventos naturais ou humanos imprevisíveis (ex.: danos oriundos de inundação causada por chuva torrencial e imprevisível).

Aqui, é importante frisar que a exclusão do nexo causal, e consequentemente da responsabilidade estatal, somente ocorrerá nas situações em que os eventos sejam exclusivamente atribuídos à vítima, ao terceiro ou à natureza.

Contudo, comprovada a contribuição da ação ou omissão dos agentes públicos na consumação do dano, ainda que haja também contribuição da vítima, do terceiro ou de evento natural, o Estado será responsabilizado na medida de sua colaboração para o dano (art. 945 do Código Civil).

5 Responsabilidade civil por ato lícito

Em regra, a responsabilidade civil está associada à violação de um dever jurídico, motivo pelo qual o ato ilícito é a fonte geradora da responsabilidade. Vale dizer: a violação de um dever jurídico preexistente acarreta o dever jurídico sucessivo de reparação do dano (responsabilidade).

Todavia, no âmbito da responsabilidade objetiva, a ilicitude da conduta – manifestada por eventual negligência, imprudência ou imperícia dos agentes públicos – não é essencial para a caracterização da responsabilidade estatal. Isso ocorre porque, nesse regime, não se exige a demonstração de culpa em sentido amplo para a responsabilização do Estado.

Caracterizada a ilicitude da atuação estatal, restará configurada a responsabilidade civil, mas é possível imputar responsabilidade civil ao Estado mesmo nos casos de atuação lícita, especialmente em duas situações:[8]

a) expressa previsão legal (ex.: responsabilidade da União por danos provocados por atentados terroristas contra aeronaves de matrícula brasileira, na forma da Lei nº 10.744/2003); e

b) sacrifício desproporcional ao particular (ex.: ato jurídico que determina o fechamento permanente de rua para tráfego de veículos, inviabilizando a continuidade de atividades econômicas prestadas por proprietários de postos de gasolina ou de estacionamento de veículos).

---

[8] OLIVEIRA, Rafael Carvalho Rezende. *Curso de direito administrativo.* 12. ed. São Paulo: Método, 2024. p. 779-780. Nesse sentido, admitindo a responsabilidade civil do Estado por ato lícito, mencionem-se, por exemplo: GARCÍA DE ENTERRÍA, Eduardo. *Curso de derecho administrativo.* 9. ed. Madrid: Civitas, 2004. v. II. p. 375-377; GONZÁLEZ PÉREZ, Jesús. *Responsabilidad patrimonial de las administraciones públicas.* 4. ed. Madrid: Civitas, 2006. p. 434-435; CASSAGNE, Juan Carlos. *Derecho administrativo.* 8. ed. Buenos Aires: Abeledo-Perrot, 2006. t. I. p. 497; DI PIETRO, Maria Sylvia Zanella. *Direito administrativo.* 22. ed. São Paulo: Atlas, 2009. p. 647; STOCO, Rui. *Tratado de responsabilidade civil.* 6. ed. São Paulo: RT, 2004. p. 1.163; STF, Tribunal Pleno, RE nº 571.969/DF, Rel. Min. Cármen Lúcia, DJe-181 18.09.2014 (Informativo de Jurisprudência do STF n. 738). Em Portugal, o Artigo 16 do anexo da Lei nº 67/2007, de 31 de dezembro, dispõe: "O Estado e as demais pessoas colectivas de direito público indemnizam os particulares a quem, por razões de interesse público, imponham encargos ou causem danos especiais e anormais, devendo, para o cálculo da indemnização, atender-se, designadamente, ao grau de afectação do conteúdo substancial do direito ou interesse violado ou sacrificado".

Quanto ao "sacrifício desproporcional ao particular", naturalmente que a atuação estatal quando em conformidade com o ordenamento jurídico não acarreta, em regra, a responsabilidade das entidades da Administração Pública, uma vez que não seria razoável imputar responsabilidade nas situações de cumprimento adequado dos deveres impostos pela Constituição Federal e pela legislação em geral.

A antijuridicidade ou ilicitude, ainda que não esteja presente na atuação estatal, pode surgir nos danos resultantes da referida atuação. Assim, mesmo nos casos de atuação lícita do Estado, os danos eventualmente suportados por determinadas pessoas (físicas ou jurídicas) podem ser desproporcionais ou antijurídicos, abrindo-se caminho para o dever de indenização estatal, com fundamento na teoria da repartição dos encargos sociais (solidariedade social) e no princípio da igualdade.

Conforme pontuado por Jesús González Pérez: "De lo expuesto se desprende que la antijuridicidad se dará, no ya porque sea contraria a Derecho la conducta que la motiva, sino porque el sujeto que la sufre no tenga el deber jurídico de soportar".[9]

Em síntese, no campo da responsabilidade objetiva do Estado, a ilicitude desloca-se da conduta estatal para o resultado (dano antijurídico). Independentemente da natureza da conduta do agente (lícita ou ilícita), a responsabilidade do Estado restará configurada quando comprovado o dano ilícito, anormal e desproporcional causado à vítima. Portanto, ainda que a conduta estatal seja lícita, restará caracterizada a responsabilidade do Estado quando demonstrada a ilicitude do dano.

Aqui, cabe destacar a tradicional distinção entre a responsabilidade civil por danos causados pela atuação estatal e o sacrifício de direitos promovido pelo Poder Público. Enquanto a responsabilidade civil do Estado pressupõe a violação a direitos, seja por meio de condutas estatais antijurídicas, seja por meio da atuação lícita do Estado, mas causadora de danos anormais e específicos que não deveriam ser suportados pelo particular, gerando o dever de ressarcimento dos prejuízos causados, o sacrifício de direitos envolve situações em que a própria ordem jurídica confere ao Estado a prerrogativa de restringir ou suprimir direitos patrimoniais de terceiros, mediante o devido processo legal e o pagamento de indenização (ex.: desapropriação).[10]

Na responsabilidade civil, a lesão aos direitos de terceiros é efeito reflexo da atuação estatal, lícita ou ilícita. Por outro lado, o sacrifício de direitos compreende atuação estatal, autorizada pelo ordenamento, cujo objetivo principal (direto) é restringir ou extinguir direitos de terceiros, mediante pagamento de indenização.

Independentemente da distinção entre responsabilidade civil e sacrifício de direitos, cuja linha é tênue nas situações de responsabilidade por ato lícito, o mais importante é o reconhecimento do dever de indenização por parte do Estado nas situações em que os requisitos do ressarcimento estiverem demonstrados.

---

[9] GONZÁLEZ PÉREZ, Jesús. *Responsabilidad patrimonial de las administraciones públicas*. 4. ed. Madrid: Civitas, 2006. p. 435.

[10] Nesse sentido: ALESSI, Renato. *La responsabilità della pubblica amministrazione*. 3. ed. Milão: Giuffrè, 1955. p. 115-139; GARCÍA DE ENTERRÍA, Eduardo. *Curso de derecho administrativo*. 9. ed. Madrid: Civitas, 2004. v. II. p. 358; SANTAMARÍA PASTOR, Juan Alfonso. *Principios de derecho administrativo general*. Madrid: Iustel, 2004. v. II. p. 483; CAHALI, Yussef Said. *Responsabilidade civil do Estado*. 3. ed. São Paulo: RT, 2007. p. 13; BANDEIRA DE MELLO, Celso Antônio. *Curso de direito administrativo*. 21. ed. São Paulo: Malheiros, 2006. p. 948; SUNDFELD, Carlos Ari. *Direito administrativo ordenador*. São Paulo: Malheiros, 2003. p. 95.

6 Omissão genérica *v.* omissão específica

Não há consenso a respeito das situações e das exigências para configuração da responsabilidade civil por omissões do Estado. A discussão gira em torno da própria possibilidade de configurar a responsabilidade nos casos de inação estatal, em razão da necessidade de demonstração do nexo de causalidade entre a omissão e o dano, além da natureza (subjetiva ou objetiva) da eventual responsabilidade civil do Estado.

De um lado, parcela da doutrina sustenta que a responsabilidade civil do Estado seria sempre objetiva, uma vez que o art. 37, §6º, da CRFB não faz qualquer distinção entre as condutas comissivas ou omissivas para configuração da responsabilidade estatal.[11]

Por outro lado, existe o entendimento doutrinário que defende a natureza subjetiva da responsabilidade civil, com presunção de culpa, nos casos de omissão estatal, tendo em vista que o Estado, na omissão, não seria o causador do dano, mas atuaria de forma ilícita (com culpa) quando descumprisse o dever legal de impedir a ocorrência do dano.[12]

De nossa parte, entendemos que apenas seria possível configurar a responsabilidade civil na hipótese de omissão específica do Estado, afastando-se eventual responsabilidade na omissão genérica.[13] Enquanto a omissão genérica é caracterizada pelo descumprimento do dever genérico de ação (ex.: omissão genérica que não evita a prática de um crime), a omissão específica relaciona-se com a violação do dever jurídico específico de agir (ex.: o Estado é cientificado de que uma manifestação violenta será realizada e não atua para impedir a concretização da violência).

De fato, o art. 37, §6º, da CRFB, que consagra a responsabilidade civil objetiva do Estado, apoiada na teoria do risco administrativo, não faz distinção entre ação e omissão estatal.

A responsabilidade por omissão estatal revela o descumprimento do dever jurídico de impedir a ocorrência de danos. Todavia, somente será possível responsabilizar o Estado nos casos de omissão específica, quando demonstradas a previsibilidade e a evitabilidade do dano, notadamente pela aplicação da teoria da causalidade direta e imediata quanto ao nexo de causalidade (art. 403 do Código Civil). Vale dizer: a responsabilidade restará configurada nas hipóteses em que o Estado tinha a possibilidade de prever e de evitar o dano, mas optou por permanecer omisso.

Nas omissões genéricas, devido às limitações naturais das pessoas, que não podem estar em todos os lugares ao mesmo tempo, e da inexistência do nexo de causalidade, não há que falar em responsabilidade estatal, sob pena de considerarmos o Estado segurador universal e adotarmos a teoria do risco integral. Assim, por exemplo, o Estado não é responsável pelos crimes ocorridos em seu território. Todavia, se o Estado é notificado

---

[11] MEIRELLES, Hely Lopes. *Direito administrativo brasileiro.* 22. ed. São Paulo: Malheiros, 1997. p. 567.

[12] BANDEIRA DE MELLO, Oswaldo Aranha. *Princípios gerais de direito administrativo.* Rio de Janeiro: Forense, 1979. v. II. p. 487; BANDEIRA DE MELLO, Celso Antônio. *Curso de direito administrativo.* 21. ed. São Paulo: Malheiros, 2006. p. 966-971; DI PIETRO, Maria Sylvia Zanella. *Direito administrativo.* 22. ed. São Paulo: Atlas, 2009. p. 652; GASPARINI, Diógenes. Direito administrativo. 12. ed. São Paulo: Saraiva, 2007, p. 990; FIGUEIREDO, Lúcia Valle. *Curso de direito administrativo.* 2. ed. São Paulo: Malheiros, 1995. p. 176; STOCO, Rui. *Tratado de responsabilidade civil.* 6. ed. São Paulo: RT, 2004. p. 963.

[13] OLIVEIRA, Rafael Carvalho Rezende. *Curso de direito administrativo.* 12. ed. São Paulo: Método, 2024. p. 788-790. A distinção entre omissão genérica e específica também é realizada pelos seguintes autores: CASTRO, Guilherme Couto de. *A responsabilidade civil objetiva no direito brasileiro.* Rio de Janeiro: Forense, 1997. p. 37; CAVALIERI FILHO, Sergio. *Programa de responsabilidade civil.* 7. ed. São Paulo: Atlas, 2007. p. 231.

sobre a ocorrência de crimes constantes em determinado local e permanece omisso, haverá responsabilidade.

Outro exemplo típico de omissão específica do Estado, que enseja o dever de indenizar, é o caso envolvendo a guarda de pessoas e coisas perigosas. Conforme já decidiu o Supremo Tribunal Federal, "em caso de inobservância do seu dever específico de proteção previsto no art. 5º, inciso XLIX, da Constituição Federal, o Estado é responsável pela morte de detento".[14]

No referido julgamento, restou nítida a aplicação da tese da responsabilidade civil objetiva para as omissões estatais e a preocupação da Suprema Corte com a demonstração do nexo causal a partir da caracterização da omissão específica, na forma do trecho a seguir destacado:

> [...] 1. A responsabilidade civil estatal, segundo a Constituição Federal de 1988, em seu artigo 37, §6º, subsume-se à teoria do risco administrativo, tanto para as condutas estatais comissivas quanto paras as omissivas, posto rejeitada a teoria do risco integral. 2. A omissão do Estado reclama nexo de causalidade em relação ao dano sofrido pela vítima nos casos em que o Poder Público ostenta o dever legal e a efetiva possibilidade de agir para impedir o resultado danoso. 3. É dever do Estado e direito subjetivo do preso que a execução da pena se dê de forma humanizada, garantindo-se os direitos fundamentais do detento, e o de ter preservada a sua incolumidade física e moral (artigo 5º, inciso XLIX, da Constituição Federal). 4. O dever constitucional de proteção ao detento somente se considera violado quando possível a atuação estatal no sentido de garantir os seus direitos fundamentais, pressuposto inafastável para a configuração da responsabilidade civil objetiva estatal, na forma do artigo 37, §6º, da Constituição Federal. 5. *Ad impossibilia nemo tenetur*, por isso que nos casos em que não é possível ao Estado agir para evitar a morte do detento (que ocorreria mesmo que o preso estivesse em liberdade), rompe-se o nexo de causalidade, afastando-se a responsabilidade do Poder Público, sob pena de adotar-se *contra legem* e a *opinio doctorum* a teoria do risco integral, ao arrepio do texto constitucional. 6. A morte do detento pode ocorrer por várias causas, como, *v. g.*, homicídio, suicídio, acidente ou morte natural, sendo que nem sempre será possível ao Estado evitá-la, por mais que adote as precauções exigíveis. 7. A responsabilidade civil estatal resta conjurada nas hipóteses em que o Poder Público comprova causa impeditiva da sua atuação protetiva do detento, rompendo o nexo de causalidade da sua omissão com o resultado danoso. 8. Repercussão geral constitucional que assenta a tese de que: em caso de inobservância do seu dever específico de proteção previsto no artigo 5º, inciso XLIX, da Constituição Federal, o Estado é responsável pela morte do detento. 9. In casu, o tribunal a quo assentou que inocorreu a comprovação do suicídio do detento, nem outra causa capaz de romper o nexo de causalidade da sua omissão com o óbito ocorrido, restando escorreita a decisão impositiva de responsabilidade civil estatal. 10. Recurso extraordinário DESPROVIDO.

Em outra oportunidade o Supremo Tribunal Federal admitiu a responsabilidade civil do Estado, em razão da ausência ou insuficiência de condições legais de encarceramento.[15] De acordo com a Suprema Corte:

---

[14] STF, RE 841.526/RS, Rel. Min. Luiz Fux, Tribunal Pleno, *DJe*-159 01.08.2016 (Tema 592 da Tese de Repercussão Geral do STF).

[15] STF, RE 580.252/MS, Rel. Min. Teori Zavascki, Redator do acórdão: Min. Gilmar Mendes, Tribunal Pleno, *DJe*-204 11.09.2017 (Tema 365 da Tese de Repercussão Geral do STF).

Considerando que é dever do Estado, imposto pelo sistema normativo, manter em seus presídios os padrões mínimos de humanidade previstos no ordenamento jurídico, é de sua responsabilidade, nos termos do art. 37, §6º, da Constituição, a obrigação de ressarcir os danos, inclusive morais, comprovadamente causados aos detentos em decorrência da falta ou insuficiência das condições legais de encarceramento.

No caso em comento, o Tribunal partiu da premissa de que a garantia mínima de segurança pessoal, física e psíquica dos detentos constitui dever estatal, amparado amplamente no ordenamento jurídico nacional e em fontes normativas internacionais adotadas pelo Brasil. Como consequência, o Estado é responsável pela guarda e segurança das pessoas submetidas a encarceramento, enquanto permanecerem detidas, constituindo seu dever "mantê-las em condições carcerárias com mínimos padrões de humanidade estabelecidos em lei, bem como, se for o caso, ressarcir danos que daí decorrerem".

Por fim, em reforço à tese da responsabilidade objetiva nos casos de omissão específica, o Supremo Tribunal Federal decidiu:[16]

> Para que fique caracterizada a responsabilidade civil do Estado por danos decorrentes do comércio de fogos de artifício, é necessário que exista a violação de um dever jurídico específico de agir, que ocorrerá quando for concedida a licença para funcionamento sem as cautelas legais ou quando for de conhecimento do poder público eventuais irregularidades praticadas pelo particular.

No julgado em referência, a Suprema Corte manteve o acórdão do Tribunal de Justiça do Estado de São Paulo que concluiu, pautado na doutrina da teoria do risco administrativo e com base na legislação local, que não poderia ser atribuída ao Município de São Paulo a responsabilidade civil pela explosão ocorrida em loja de fogos de artifício, ausente a omissão estatal na fiscalização da atividade, "uma vez que os proprietários do comércio desenvolviam a atividade de forma clandestina, pois ausente a autorização estatal para comercialização de fogos de artifício".

É possível perceber, a partir dos julgados do Supremo Tribunal Federal, uma tendência ao acolhimento da tese da responsabilidade civil objetiva nos casos de omissão específica do Estado.

7 Responsabilidade objetiva do Estado e responsabilidade subjetiva dos agentes públicos

A configuração da responsabilidade objetiva das pessoas jurídicas de direito público e das pessoas jurídicas de direito privado prestadoras de serviços públicos está necessariamente relacionada à ação ou omissão de determinado agente público no exercício da atividade administrativa.

---

[16] STF, RE 136.861/SP, Rel. Min. Edson Fachin, Redator do acórdão: Min. Alexandre de Moraes, Tribunal Pleno, *DJe*-011 22.01.2021 (Tema 366 da Tese de Repercussão Geral do STF).

Contudo, é preciso distinguir o tratamento constitucional da responsabilidade civil do Estado e da responsabilidade pessoal dos agentes públicos.[17] Nesse sentido, o art. 37, §6º, da CRFB consagra dois regimes jurídicos distintos de responsabilidade: a) responsabilidade objetiva das pessoas jurídicas de direito público e das pessoas jurídicas de direito privado prestadoras de serviços públicos; e b) responsabilidade pessoal e subjetiva dos agentes públicos.

A norma constitucional em comento, ao tratar da responsabilidade pessoal dos agentes públicos, exige a comprovação do dolo ou culpa, sem qualquer gradação do elemento subjetivo. No entanto, o art. 28 da Lei de Introdução às Normas do Direito Brasileiro (LINDB), incluído pela Lei nº 13.655/2018, exige a demonstração do dolo ou erro grosseiro (culpa grave) para a responsabilização dos agentes públicos, o que pode gerar dúvidas quanto à sua constitucionalidade.[18] De nossa parte, não vislumbramos ofensa ao texto constitucional na gradação da culpa, por parte do legislador ordinário, para responsabilização pessoal do agente público, notadamente pela razoabilidade da restrição.[19]

A responsabilidade civil do Estado somente será caracterizada, como já destacado, se o dano for causado por agente público "nessa qualidade" (art. 37, §6º, da CRFB), ou seja, deve existir uma conexão direta entre o dano e o exercício da função pública, ainda que o servidor esteja fora de sua jornada de trabalho. Dessa forma, os atos praticados por agentes em suas vidas privadas, movidos por sentimentos pessoais e sem relação com a função pública, não acarretam responsabilidade do Estado, mas responsabilidade pessoal do autor do fato.

Outro ponto importante refere-se à adoção da teoria da dupla garantia no art. 37, §6º, da CRFB, conforme já decidiu o Supremo Tribunal Federal.[20] Segundo a mencionada teoria, o dispositivo constitucional teria consagrado duas garantias distintas: a) a garantia

---

[17] A distinção é tradicionalmente apresentada no Direito francês que separa a responsabilidade da Administração Pública e a responsabilidade pessoal do agente público (*faute personnelle*). No célebre *arrêt* Pelletier, de 1873, o Tribunal de Conflitos diferenciou a *faute personnelle*, que carretaria a responsabilidade pessoal do agente público, e a *faute du service* (culpa do serviço ou culpa anônima ou falta do serviço), ensejadora da responsabilidade civil do Estado. No Brasil, a falta pessoal do agente público, praticada na sua vida privada, sem qualquer vinculação com a função pública, acarretaria a sua responsabilidade civil subjetiva, mas não a responsabilidade estatal. Todavia, se o dano for causado pelo agente público no exercício da função pública ou a pretexto de exercê-la, incidirá a reponsabilidade do Estado (LONG, M.; WEIL, P.; BRAIBANT, G.; DEVOLVÉ, P.; GENEVOIS, B. *Les grands arrêts de la jurisprudence administrative*. 16. ed. Paris: Dalloz, 2007. p. 8-15). Ao tratarem da *faute personnelle*, Charles Debbasch e Frédéric Colin afirmam: "Sont, tout d'abord, des fautes personnelle, les fautes commises en dehors de l'exercise de la fonction, les fautes absolument étrangères au servisse. Les actes commis par le founctionnire dans le cadre de sa vie privée relèvent du droit privé et non du droit administratif" (DEBBASCH, Charles; COLIN, Frédéric. *Droit Administratif*. 8. ed. Paris: Economica, 2007. p. 492). De acordo com Jaqueline Morand-Deviller: "La faute de service sera la règle, alors que la faute personnelle, 'de nature à engager (la) responsabilité particulière' de l'agent, restera l'exception" (MORAND-DEVILLER, Jaqueline. *Droit Administratif*. 12 ed. Paris: Montchrestien, Lextenso éditions, 2011. p. 685).

[18] LINDB: "Art. 28. O agente público responderá pessoalmente por suas decisões ou opiniões técnicas em caso de dolo ou erro grosseiro".

[19] OLIVEIRA, Rafael Carvalho Rezende. *Curso de direito administrativo*. 12. ed. São Paulo: Método, 2024. p. 790.

[20] Conforme decidiu o STF: "A teor do disposto no art. 37, §6º, da Constituição Federal, a ação por danos causados por agente público deve ser ajuizada contra o Estado ou a pessoa jurídica de direito privado prestadora de serviço público, sendo parte ilegítima para a ação o autor do ato, assegurado o direito de regresso contra o responsável nos casos de dolo ou culpa" (STF, RE 1.027.633/SP, Rel. Min. Marco Aurélio, Tribunal Pleno, *DJe*-268 06.12.2019) (Tema 940 da Tese de Repercussão Geral do STF). No Direito português, existe a responsabilidade solidária do Estado e seus agentes públicos em caso de dolo ou culpa grave (Artigo 8º, 1, 2 e 3, do anexo da Lei 67/2007, de 31 de dezembro).

de que a vítima seja ressarcida pelos danos causados pelo Estado; e b) a garantia do agente público, que somente seria responsabilizado regressivamente perante o Estado, não sendo lícito admitir que a vítima de *per saltum* proponha ação judicial diretamente em face do agente público. Dessa forma, a vítima não poderia propor a ação indenizatória em face do agente público, mas apenas em face da pessoa jurídica de direito público ou da pessoa de direito privado prestadora de serviços públicos, cabendo à pessoa jurídica propor a ação regressiva em face do agente público.

8 Projeções sobre o futuro da responsabilidade pública no Brasil

A partir da evolução legislativa e da jurisprudência dos tribunais, especialmente o Supremo Tribunal Federal, é possível constatar algumas transformações relevantes na compreensão da responsabilidade civil do Estado e apresentar, nesse momento, algumas tendências que devem ser consolidadas nos próximos anos.

Ao refletir sobre as projeções e o futuro da responsabilidade civil do Estado no Brasil, destacamos as seguintes tendências de forma exemplificativa:

a) a substituição definitiva da responsabilidade subjetiva pela responsabilidade objetiva do Estado, inclusive nos casos de omissão;

b) a ampliação da responsabilidade civil do Estado para abarcar, inclusive, os atos lícitos que geram danos específicos e anormais, com fundamento na socialização dos danos ou na solidariedade no dever de reparação;

c) a manutenção da excepcionalidade da adoção da teoria do risco integral, especialmente aplicada às atividades de elevado risco, potencialmente causadoras de danos coletivos ou especiais, assim considerados pela legislação, não se resumindo aos danos ambientais, com fundamento nos direitos fundamentais e no princípio da prevenção/precaução; e

d) a consagração da restrição da responsabilidade pessoal dos agentes públicos para os casos de dolo ou "erro grosseiro" e de forma regressiva, com o intuito de garantir maior independência decisória e afastar o medo de solução inovadora e não formalista no âmbito da Administração Pública.

As referidas tendências fundamentam-se, essencialmente, no incremento dos riscos da sociedade contemporânea, potencializados pelo avanço de novas tecnologias e pela utilização crescente da inteligência artificial. Esses fatores justificam a adoção de medidas preventivas e reparadoras de danos, inclusive por meio do reconhecimento da responsabilidade civil do Estado.

9 Conclusão

A responsabilidade civil do Estado evoluiu de forma considerável no ordenamento jurídico brasileiro para ser compreendida, no atual estágio evolutivo, como o dever de reparação dos danos causados por agentes públicos, independentemente da demonstração do dolo ou da culpa.

No contexto da objetivação da responsabilidade, verificou-se a transferência da antijuridicidade da conduta estatal para o dano causado pelo exercício da função pública, abrindo-se caminho para o reconhecimento gradativo da viabilidade de responsabilidade do Estado por atos lícitos que causam danos anormais e específicos.

A desnecessidade de imputação de culpa, seja individual, seja anônima, para configuração da responsabilidade civil do Estado, não significa dizer que inexiste filtros relevantes que devem ser apreciados na eventual imputação de responsabilidade, com destaque para o ônus de demonstrar o nexo de causalidade e comprovar a ocorrência do dano.

O presente estudo apontou, ainda, quatro tendências exemplificativas da responsabilidade civil do Estado no Brasil: a) a substituição definitiva da responsabilidade subjetiva pela responsabilidade objetiva do Estado, inclusive nos casos de omissão; b) a ampliação da responsabilidade civil do Estado para abarcar, inclusive, os atos lícitos que geram danos específicos e anormais; c) manutenção da excepcionalidade da adoção da teoria do risco integral, especialmente aplicada para atividades de elevado risco, potencialmente causadoras de danos coletivos; e d) consagração da restrição da responsabilidade pessoal dos agentes públicos para os casos de dolo ou "erro grosseiro" e de forma regressiva.

A ampliação das hipóteses de responsabilidade civil do Estado, com a maior proteção da vítima, não pode ensejar, contudo, uma aplicação equivocada do princípio da responsabilidade, transformando o Estado em "segurador universal" que responderia por todos os danos causados no seu território. Mais uma vez, a aplicação adequada das tendências indicadas ao longo do texto depende, necessariamente, da avaliação criteriosa, em cada caso concreto, dos elementos ensejadores da responsabilidade (conduta, dano e nexo de causalidade) e das eventuais causas excludentes do nexo causal (fato exclusivo da vítima, fato de terceiro e caso fortuito ou força maior).

Em suma, a responsabilidade civil do Estado revela importante instrumento de restauração da integridade do ordenamento jurídico e de reparação dos danos causados às vítimas, mas a sua utilização indevida, como tudo na vida, poderia transformar o remédio em veneno.

Conforme demonstrado ao longo do presente artigo, as entidades do Terceiro Setor têm recebido o reconhecimento normativo e administrativo na execução de políticas públicas em diversos setores sociais a partir das parcerias formalizadas com a Administração Pública.

No âmbito da promoção e da proteção do meio ambiente, as parcerias com as entidades do Terceiro Setor têm sido incentivadas no cenário internacional e nacional, com especial destaque para o papel desenvolvido na educação ambiental.

A educação ambiental, de caráter formal e não informal, prevista no art. 225, §1º, VI, da CRFB e na Lei nº 9.795/1999, tem o condão de evitar ou minimizar danos ambientais por meio da conscientização da população para boas práticas ambientais, o que vai ao encontro dos princípios ambientais da precaução e da prevenção.

Na organização administrativa atual, fundada na consensualidade e na participação da iniciativa privada na tomada de decisões estatais, as entidades do Terceiro Setor recebem especial destaque na concretização do interesse público, abrindo-se caminho para a proliferação de parcerias com a Administração Pública para desenvolvimento de políticas públicas de educação ambiental, tanto formal quanto não formal, garantindo assim o desenvolvimento sustentável.

É preciso, portanto, reconhecer e incentivar o papel do Terceiro Setor na proteção do meio ambiente, com a prevenção por meio de educação ambiental.

Referências

ALESSI, Renato. *La responsabilità della pubblica amministrazione*. 3. ed. Milão: Giuffrè, 1955.

BANDEIRA DE MELLO, Celso Antônio. *Curso de direito administrativo*. 21. ed. São Paulo: Malheiros, 2006.

BANDEIRA DE MELLO, Oswaldo Aranha. *Princípios gerais de direito administrativo*. Rio de Janeiro: Forense, 1979. v. II.

CAHALI, Yussef Said. *Responsabilidade civil do Estado*. 3. ed. São Paulo: RT, 2007.

CASSAGNE, Juan Carlos. *Derecho administrativo*. 8. ed. Buenos Aires: Abeledo-Perrot, 2006. t. I.

CASTRO, Guilherme Couto de. *A responsabilidade civil objetiva no direito brasileiro*. Rio de Janeiro: Forense, 1997.

CAVALIERI FILHO, Sergio. *Programa de responsabilidade civil*. 7. ed. São Paulo: Atlas, 2007.

CRUZ, Gisela Sampaio da. *O problema do nexo causal na responsabilidade civil*. Rio de Janeiro: Renovar, 2005.

DEBBASCH, Charles; COLIN, Frédéric. *Droit Administratif*. 8. ed. Paris: Economica, 2007.

DI PIETRO, Maria Sylvia Zanella. *Direito administrativo*. 22. ed. São Paulo: Atlas, 2009.

FIGUEIREDO, Lúcia Valle. *Curso de direito administrativo*. 2. ed. São Paulo: Malheiros, 1995.

GARCÍA DE ENTERRÍA, Eduardo. *Curso de derecho administrativo*. 9. ed. Madrid: Civitas, 2004. v. II.

GASPARINI, Diógenes. *Direito administrativo*. 12. ed. São Paulo: Saraiva, 2007.

GONZÁLEZ PÉREZ, Jesús. *Responsabilidad patrimonial de las administraciones públicas*. 4. ed. Madrid: Civitas, 2006.

JUSTEN FILHO, Marçal. A responsabilidade do Estado. In: FREITAS, Juarez (Org.). *Responsabilidade civil do Estado*. São Paulo: Malheiros, 2006.

LONG, M.; WEIL, P.; BRAIBANT, G.; DEVOLVÉ, P.; GENEVOIS, B. *Les grands arrêts de la jurisprudence administrative*. 16. ed. Paris: Dalloz, 2007.

MEIRELLES, Hely Lopes. *Direito administrativo brasileiro*. 22. ed. São Paulo: Malheiros, 1997.

MORAES, Maria Celina Bodin de. A constitucionalização do direito civil e seus efeitos sobre a responsabilidade civil. *Revista Direito, Estado e Sociedade*, v. 9, n. 29, p. 233-258, jul./dez. 2006.

MORAND-DEVILLER, Jaqueline. *Droit Administratif*. 12 ed. Paris: Montchrestien, Lextenso éditions, 2011.

OLIVEIRA, Rafael Carvalho Rezende. *Curso de direito administrativo*. 12. ed. São Paulo: Método, 2024.

SANTAMARÍA PASTOR, Juan Alfonso. *Principios de derecho administrativo general*. Madrid: Iustel, 2004. v. II.

STOCO, Rui. *Tratado de responsabilidade civil*. 6. ed. São Paulo: RT, 2004.

SUNDFELD, Carlos Ari. *Direito administrativo ordenador*. São Paulo: Malheiros, 2003.

Informação bibliográfica deste texto, conforme a NBR 6023:2018 da Associação Brasileira de Normas Técnicas (ABNT):

OLIVEIRA, Rafael Carvalho Rezende. Panorama geral da responsabilidade civil do Estado no Brasil: projeções sobre o futuro da responsabilidade pública. *In*: JUSTEN, Monica Spezia; PEREIRA, Cesar; JUSTEN NETO, Marçal; JUSTEN, Lucas Spezia (coord.). *Uma visão humanista do Direito*: homenagem ao Professor Marçal Justen Filho. Belo Horizonte: Fórum, 2025. v. 1, p. 449-462. ISBN 978-65-5518-918-6.

LOTERIAS ESTADUAIS, CONCESSÃO POR CREDENCIAMENTO E A CONTRIBUIÇÃO DE MARÇAL JUSTEN FILHO PARA A DELEGAÇÃO DO SERVIÇO PÚBLICO LOTÉRICO

RICARDO DE PAULA FEIJÓ

1 Introdução

O presente artigo tem o objetivo de abordar como o serviço público lotérico vem sendo delegado para a iniciativa privada, especialmente no âmbito das loterias estaduais. Nesse contexto, discutiremos a contribuição realizada por Marçal Justen Filho, especialmente em parecer que versava sobre a viabilidade da realização de concessão da loteria do Estado do Maranhão por meio de credenciamento.

2 O serviço lotérico no Brasil e a decisão do STF de 2020

A atividade de loteria possui longa história no Brasil, sempre atraindo debates sobre os problemas sociais atrelados a ela, como destacado por Antonio Benatte.[1]

2.1 O que é a atividade de loteria

A legislação brasileira não traz uma definição expressa e clara do que se constitui atividade de loteria. Tradicionalmente, entende-se como loteria toda atividade que envolve uma aposta em número ou símbolo que será sujeita a um concurso ou sorteio de prognósticos.[2]

---

[1] BENATTE, Antonio Paulo. *Dos jogos que speculam com o acaso*: contribuição à história do jogo de azar no Brasil (1890-1950). Tese (Doutorado) – Instituto de Filosofia e Ciências Humanas, Universidade Estadual de Campinas, Campinas, 2002. p. 13.

[2] Conceituação encontrada na doutrina internacional ROSE, I. Nelson; CHAMPION JR., Walter T. *Gaming law in a nutshell*. 2. ed. St. Paul: West Academic Publishing, 2018. p. 32. Também já nos manifestamos em igual sentido:

Por sua vez, concurso ou sorteio de prognósticos é o sorteio dos números ou símbolos a partir de um número finito de números ou símbolos.

Portanto, conceitua-se a atividade de loteria como a aposta em números ou símbolos, escolhidos a partir de um conjunto finito, e submetidos a um sorteio ou concurso de prognósticos.

2.2 A legislação federal sobre loteria e a competência exclusiva da União

A primeira legislação que consolidou o regime jurídico das loterias foi o Decreto-Lei nº 21.143, de 1932, que buscou sistematizar a legislação do setor. Após uma sucessão de alterações, foi editado o Decreto-Lei nº 6.259, de 1944, que previa que "A loteria federal terá livre circulação em todo o território do país, enquanto que as loterias estaduais ficarão adstritas aos limites do Estado respectivo".

A referida legislação sofreu alterações ao longo dos anos, até ser completamente alterada pelo Decreto-Lei nº 204/1967, cuja vigência persiste até hoje e é um dos principais marcos normativos do setor lotérico, em conjunto com a Lei nº 13.756/2018.

Uma das principais alterações promovidas pelo Decreto-Lei nº 204/1967 foi a previsão de que a exploração das loterias constitui serviço público exclusivo da União. Retirou-se a competência dos Estados e criou-se um regime de transitoriedade, permitindo a manutenção das loterias estaduais vigentes. No entanto, vedou-se a criação de novas loterias estaduais e restringiu-se a atividade lotérica estadual às quantidades de bilhetes e séries que eram emitidos à época do Decreto-Lei nº 204.

A competência exclusiva da União para explorar as loterias foi, posteriormente, acompanhada pelo entendimento do Supremo Tribunal Federal de que a União também possui competência exclusiva para legislar sobre loteria, com força no art. 22, XX, da Constituição Federal. Esse entendimento foi consagrado na Súmula Vinculante nº 2 do STF: "É inconstitucional a lei ou ato normativo Estadual ou Distrital que disponha sobre sistemas de consórcios e sorteios, inclusive bingos e loterias".

Vale ressaltar que a loteria federal é explorada pela Caixa Econômica Federal, por força do Decreto-Lei nº 759/1969, art. 2º, "g". Em 1979, a Lei nº 6.717 autorizou a Caixa a realizar concursos previstos no Decreto nº 204/1967.

Desde o surgimento das loterias no Brasil, como regra, a competência de exploração e a regulação e supervisão do serviço público de Loteria Federal do Brasil sempre foram exercidas pelo Ministério da Fazenda. Na atual configuração ministerial, essa competência foi reafirmada pelo art. 29, X, "f", da Lei nº 14.600/2023.

Portanto, a Loteria Federal é operada pela Caixa Econômica Federal sob a supervisão do Ministério da Fazenda. Isso resulta do controle jurídico exercido pelo Ministério da Fazenda, ao qual a CEF está vinculada.

FEIJÓ, Ricardo de Paula. *Regulação de jogos de azar e das loterias no Brasil*: perspectivas para o futuro. Rio de Janeiro: Lumen Juris, 2021. p. 24.

2.3 A natureza de serviço público da atividade lotérica

Importante ressaltar que a atividade lotérica é reconhecida expressamente como serviço público pelo art. 1º do Decreto-Lei nº 204/1967. A natureza de serviço público da atividade lotérica ocorre desde o Decreto de 1932, conforme leciona Caio Tácito: "As loterias, tanto federal quanto estaduais, são consideradas como serviço público desde 1932, quando pela primeira vez se consolidou o direito federal a esse respeito".[3]

Isso foi reafirmado na decisão do STF de 2020, que será mais bem abordada a seguir, nos seguintes termos:

> Por esse motivo, parece-nos, no todo, acertada a afirmação do Ministro LUÍS ROBERTO BARROSO, em artigo doutrinário, ao confirmar que "no que se refere à natureza jurídica da atividade lotérica, legem habemus". De acordo com Sua Excelência: 'É possível afirmar, assim, em linha de coerência com a posição doutrinária prevalente, que no Brasil a atividade de exploração de loterias é qualificada desde muito tempo, e até o presente, como serviço público' (BARROSO, Luís Roberto. op. Cit., p. 264). [...] Uma vez definida como premissa deste voto a ideia de que as atividades lotéricas são serviços públicos [...].[4]

Portanto, o serviço lotérico possui natureza jurídica de serviço público.

2.4 A decisão do STF de 2020 autorizando a exploração das loterias estaduais

A competência exclusiva da União para explorar o serviço público lotérico, entretanto, foi considerada inconstitucional pelo Supremo Tribunal Federal em 2020 no julgamento de duas arguições de descumprimento de preceito fundamental (ADPFs) e uma ação direta de inconstitucionalidade (ADIN).[5]

O STF declarou não recepcionados o art. 1º, *caput*, e 32, *caput* e §1º, do Decreto-Lei nº 204/1967, que reservavam à União a competência exclusiva para explorar loterias e vedavam a criação de loterias estaduais.[6]

No voto conduzido pelo Ministro Gilmar Mendes e acompanhado por unanimidade, o STF decidiu que as loterias são um serviço público, mas a Constituição Federal não prevê a exclusividade da União para explorar essa atividade. Assim, os estados têm competência residual para explorar loterias, conforme o art. 25, §1º, da Constituição Federal.

---

[3] TÁCITO, Caio. Loterias estaduais (criação e regime jurídico). *Revista dos Tribunais*, ano 94, v. 838, ago. 2005. p. 750.

[4] STF. *ADPF 492, ADPF 493 e ADIN 4.986*. Rel. Min. Gilmar Mendes, julgado em 30.9.2020.

[5] STF. ADPF 492. Rel. Min. Gilmar Mendes, julgado em 30.9.2020. BRASIL. STF. ADPF 493. Rel. Min. Gilmar Mendes, julgado em 30.9.2020. BRASIL. STF. *ADI 4.986*. Rel. Min. Gilmar Mendes, julgado em 30.9.2020.

[6] "Art. 1º A exploração de loteria, como derrogação excepcional das normas do Direito Penal, constitui serviço público exclusivo da União não suscetível de concessão e só será permitida nos termos do presente Decreto-lei. [...] Art. 32. Mantida a situação atual, na forma do disposto no presente Decreto-lei, não mais será permitida a criação de loterias estaduais. §1º As loterias estaduais atualmente existentes não poderão aumentar as suas emissões ficando limitadas às quantidades de bilhetes e séries em vigor na data da publicação deste Decreto-lei".

O STF ratificou a competência legislativa privativa da União (art. 22, XX, da Constituição Federal) para legislar sobre loterias, contudo, destacou que a competência material e administrativa é comum com os estados. Portanto, é constitucional a instituição e exploração do serviço público lotérico pelos estados, que devem seguir as modalidades previstas na legislação federal.

3 A modelagem das loterias estaduais e a análise do caso do Maranhão

Desde a decisão do STF, há um amplo movimento de criação e retomada das loterias estaduais. A maioria dos estados da Federação possui legislação criando ou autorizando a criação do serviço público lotérico estadual.

No entanto, a efetiva implementação das loterias ainda não ocorreu de forma tão abrangente. Um dos motivos disso é a discussão jurídica sobre os modelos adequados e permitidos para a delegação do serviço lotérico para a iniciativa privada, que vem sendo travada em diversos estados.

3.1 A criação da loteria do Maranhão

O Estado do Maranhão é um ótimo exemplo de estado que conseguiu implementar seu serviço lotérico. Logo após a decisão do STF, em 21.12.2020, o Estado do Maranhão aprovou a Lei Estadual nº 11.389/2020, que restituiu "a Loteria do Estado do Maranhão, serviço público estadual destinado a gerar recursos para financiar atividades socialmente relevantes relacionadas à promoção do direito à educação".[7]

A Lei nº 11.389/2020 também autorizou a delegação da exploração do serviço lotérico estadual para a iniciativa privada, por meio da Maranhão Parcerias S/A (Mapa).

3.2 O procedimento de manifestação de interesse da Maranhão Parcerias – Escolha do modelo de ampla concorrência

No início de 2021, a Mapa publicou o Edital de Chamamento Público nº 01/2021 de Procedimento de Manifestação de Interesse Privado (PMIP), para que os interessados apresentassem estudos e projetos de viabilidade técnica, econômico-financeira e jurídica para operar a manter a Loteria do Estado do Maranhão.

Houve a apresentação de estudos por três empresas. O modelo jurídico selecionado propôs a concessão de serviço público lotérico por meio de um processo de credenciamento. Todas as empresas interessadas em explorar a loteria do Maranhão e que cumprissem os requisitos técnicos e econômico-financeiros receberiam a concessão da loteria estadual.

A escolha do modelo foi motivada, principalmente, pela criação de um ambiente de ampla concorrência, buscando otimizar a arrecadação e transferir as responsabilidades de planejamento e execução dos serviços para a iniciativa privada. Os estudos

---

[7] MARANHÃO. *Lei Estadual nº 11.389, de 20 de novembro de 2020*. Disponível em: https://mapa.ma.gov.br/programas-ou-campanhas/legislacao_home. Acesso em: 26 maio 2024.

econômico-financeiros indicavam que o modelo de ampla concorrência era o mais indicado para alcançar essas premissas.

Diante disso, houve a publicação do Edital de Credenciamento nº 01/2021 – DL/Mapa, "para concessão dos serviços de LOTERIA DO ESTADO DO MARANHÃO-LOTEMA, definindo critérios gerais para a exploração em ambiente concorrencial de todas as modalidades lotéricas autorizadas".[8]

3.3 O questionamento do modelo jurídico

O modelo adotado pelo Estado do Maranhão, entretanto, foi questionado por uma das empresas cujos estudos não foram selecionados. O principal argumento utilizado para questionar juridicamente o modelo foi a suposta exigência legal de realização de licitação para concessão de serviço público. Com isso, a realização de processo de contratação direta, por inexigibilidade de licitação, mediante credenciamento, seria ilegal.

O questionamento inicialmente foi levado ao Tribunal de Contas do Estado do Maranhão, que concedeu tutela cautelar para suspender o edital de credenciamento. A decisão cautelar foi questionada pela Maranhão Parcerias perante o Tribunal de Justiça do Maranhão, que suspendeu a decisão do TCE.

A decisão judicial foi objeto de suspensão de segurança no STJ pela mesma empresa que promoveu a representação no TCE, alegando ser concessionária de loteria em Minas Gerais. O então presidente do STJ, Ministro Humberto Martins, deferiu o pedido para sustar os efeitos da decisão proferida no Mandado de Segurança nº 0801336-84.2022.8.10.0000, até o trânsito em julgado do mérito dessa demanda.

O TJ/MA prosseguiu com o julgamento do mérito do mandado de segurança e, em sessão realizada em 25.5.2022, concedeu a segurança para cassar a decisão PL-TCE/MA nº 01/2022 proferida no âmbito da Representação nº 8.949/2021.[9]

Em 19.4.2023, o STJ julgou agravo interno interposto no âmbito da Suspensão de Segurança nº 3.376/MA, dando provimento ao recurso para não conhecer da suspensão de segurança, em razão da ilegitimidade ativa da empresa requerente.[10] No mesmo dia, o TCE/MA julgou improcedente a Representação nº 8.949/2021.

Com isso, colocou-se fim à discussão e reconheceu-se a legalidade do procedimento adotado pelo Estado do Maranhão pelo TJ/MA, TCE/MA e STJ. O processo de credenciamento prosseguiu e foi realizada a assinatura do contrato com 4 (quatro) consórcios habilitados para prestar o serviço público de loterias no Estado do Maranhão

---

[8] MARANHÃO. *Edital de Credenciamento nº 01/2021* – DL/MAPA. Disponível em: https://mapa.ma.gov.br/pregoes?status=&type=. Acesso em: 26 maio 2024.

[9] Eis trecho relevante do acórdão: "[...] constatamos ter ficado devidamente esclarecido no processo TC 008.797/93-5 que o sistema de credenciamento, quando realizado com a devida cautela, assegurando tratamento isonômico aos interessados na prestação dos serviços e negociando-se as condições de atendimento, obtém-se uma melhor qualidade dos serviços além do menor preço, podendo ser adotado sem licitação amparado no art. 25 da Lei 8.666/93. (Decisão nº 104/1995 – Plenário)" (MARANHÃO. TJMA. MSCiv 0801336-84.2022.8.10.0000. Rel. Des. Antonio Fernando Bayma Araujo, Órgão Especial. *DJe*, 31 maio 2022).

[10] BRASIL. STJ. AgInt na SS n. 3.376/MA. Rel. Min. Maria Thereza de Assis Moura, Corte Especial, julgado em 19/4/2023. *DJe*, 11 maio 2023.

3.4 Os argumentos jurídicos vencedores e a contribuição de Marçal Justen Filho

O argumento contrário à delegação da Loteria do Maranhão por meio de credenciamento sustentava-se na suposta inexistência de autorização dessa forma de concessão pela Lei nº 8.987/1995. Assim, alegava-se que, mesmo a delegação de concessão sem exclusividade demandaria licitação, sendo vedado ao regulamento de licitações inovar na matéria. Por isso, o edital de credenciamento da Maranhão Parcerias seria nulo.

O argumento vencedor foi o de que a regra de licitação, ainda que existente, não é inflexível quanto aos fatos que conduzem à inviabilidade ou inexistência de competição. Trata-se de uma situação fática que impossibilita a realização de licitação. Consequentemente, a licitação torna-se inexigível por ser impossível de ser realizada.

No caso da Maranhão Parcerias, empresa estatal, a inexigibilidade de licitações está prevista no art. 30 da Lei nº 13.303/2016, cuja redação é similar à previsão do art. 74 da Lei nº 14.133/2021 e ao art. 25 da antiga Lei de Licitações (Lei nº 8.666/1993).

A inviabilidade de competição foi constatada porque se decidiu, a fim de garantir a eficiência do serviço, não limitar o número de operadores de loteria, desde que atendidos os requisitos de habilitação previstos em edital. Logo, não há competição pelo contrato de concessão. Não há disputa de propostas entre os interessados, uma vez que todos os habilitados são contratados pelo Estado.

Como não havia previsão de não contratação de interessado que atendesse aos requisitos de habilitação, a licitação tornou-se inexigível. A inexigibilidade de licitação não possui nenhuma incompatibilidade com o regime de delegação de serviço público.

Nesse ponto, a contribuição de Marçal Justen Filho foi significativa para a delegação dos serviços lotéricos estaduais. Em sua clássica obra *Teoria geral das concessões de serviço público*, Marçal Justen Filho já lecionava que a Lei nº 8.987/1995 autoriza a delegação de serviço público sem licitação:

> Embora o silêncio da Lei nº 8.987, é admissível a contratação direta, sem prévia licitação, para concessões e permissões. É possível adotar, para o caso, a mesma sistemática tradicional, distinguindo hipóteses de inexigibilidade e de dispensa. [...] A viabilidade de competição não pode ser reputada como inerente à outorga de serviços públicos para a iniciativa privada. [...].[11]

De forma ainda mais concreta, Marçal Justen Filho produziu parecer a pedido da empresa que produziu os estudos vencedores, o qual foi apresentado no âmbito do Tribunal de Contas do Estado e, consequentemente, do Tribunal de Justiça.

Em seu parecer, seguindo a linha já exposta em sua obra, Marçal Justen Filho ensina-nos que a inexigibilidade de licitação também é cabível para a delegação de serviço público quando for inviável a competição, especialmente quando for realizada a outorga da concessão a todos os interessados que preencherem os requisitos do edital de chamamento público.

---

[11] JUSTEN FILHO, Marçal. *Teoria geral das concessões de serviços públicos.* São Paulo: Dialética, 2003. p. 284.

O fundamento dessa inexigibilidade de licitação é a inexistência de excludência de potenciais interessados. Para Marçal Justen Filho, nesses casos, a realização da licitação não possui nenhuma utilidade.[12]

O parecer do homenageado teve papel importante no desfecho do processo perante o Tribunal de Contas, tendo sido expressamente acolhido pelo relatório da unidade técnica do TCE/MA.

> Da mesma forma, o parecer do Ilustre Professor Doutor Marçal Justen Filho, que acompanhou manifestação da empresa NGT à impugnação protocolada pela Intralot, corrobora a validade do Edital de Credenciamento nº 01/2021 e demonstra a improcedência das alegações da Representante.[13]

A doutrina de Marçal Justen Filho e o parecer produzido no âmbito do Tribunal de Contas do Maranhão tiveram contribuição significativa para o desfecho favorável ao modelo de concessão de serviço público estadual de loteria.

3.5 O reflexo do modelo utilizado no Maranhão em outros estados

O pioneirismo do Estado do Maranhão na adoção do modelo de credenciamento de múltiplos operadores foi de extrema relevância para o setor, e serviu como inspiração para outros estados.

O principal exemplo disso talvez seja o Estado do Paraná. Em 20.12.2020, foi publicada a Lei Estadual nº 20.945, para instituir o serviço de loteria do Estado do Paraná e criar a Loteria do Estado do Paraná – LOTTOPAR, autarquia responsável por planejamento, exploração, administração e fiscalização do serviço público de loterias no Estado do Paraná.[14]

Essa lei foi regulamentada pelo Decreto Estadual nº 10.843/2022,[15] posteriormente alterado pelo Decreto Estadual nº 5.514, de 17.4.2024.[16]

Em maio 2023, a Loteria do Estado do Paraná lançou o Edital de Credenciamento nº 001/2023, para contratação de pessoas jurídicas para concessão da exploração da

---

[12] Registre-se que o Tribunal de Contas da União já se manifestou no mesmo sentido da doutrina e acolheu a legalidade da inexigibilidade de licitação para a delegação de serviços públicos quando é inviável a competição: "10. Relativamente à segunda questão, acolho, sem retoques, os argumentos da Subprocuradora-Geral Dra. Cristina Machado da Costa e Silva, no sentido de que inexigibilidade de licitação, diante da inviabilidade de competição, autoriza a contratação direta mesmo nos casos de outorgas de concessão de serviços públicos" (Acórdão nº 3.158/2012, Segunda Câmara. Rel. Raimundo Carreiro, julgado em 8.5.2012). Igualmente, a Instrução Normativa nº 27/1998 do TCU, em seu art. 10, trata da obrigação da União de comunicar os casos em que foi realizada concessão ou permissão de serviço público por inexigibilidade de licitação. Isso revela que o TCU admite essa forma de contratação de concessão e permissão de serviço público de forma geral.

[13] TCE/MA. *Relatório de Instrução nº 3902022.*

[14] PARANÁ. *Lei nº 20.945, de 20 de dezembro de 2020.* Disponível em: https://www.legislacao.pr.gov.br/legislacao/pesquisarAto.do?action=exibir&codAto=258052. Acesso em: 27 maio 2024.

[15] PARANÁ. *Decreto Estadual 10.843, de 17 de abril de 2022.* Disponível em: https://www.legislacao.pr.gov.br/legislacao/pesquisarAto.do?action=exibir&codAto=263690&indice=1&totalRegistros=1&dt=14.8.2022.9.16.59.24. Acesso em: 27 maio 2024.

[16] PARANÁ. *Decreto Estadual 5514, de 17 de abril de 2024.* Disponível em: https://www.legislacao.pr.gov.br/legislacao/pesquisarAto.do?action=exibir&codAto=324112&codItemAto=2053100#2053100. Acesso em: 27 maio 2024.

modalidade lotérica de apostas de quota fixa, sem exclusividade e sem limites de operadores.[17] Para exploração da aposta de quota fixa, 5 empresas assinaram o contrato de concessão com o Estado do Paraná, e já estão com a operação em funcionamento.

Em dezembro de 2023, a Loteria do Estado do Paraná publicou o Edital de Chamamento Público nº 003/2023, para "credenciamento de pessoas jurídicas qualificadas com intenção de concessão comum da exploração da modalidade lotérica instantânea, em meio físico e/ou virtual".[18]

Para a modalidade lotérica instantânea, também foi adotado modelo de delegação à iniciativa privada por meio de credenciamento, sem exclusividade e sem limite de operadores.

Em face desse edital, duas empresas interessadas apresentaram representação no Tribunal de Contas do Estado do Paraná.[19] Dentre os argumentos lançados na representação, o principal foi a impossibilidade de utilização do instituto do credenciamento como meio de delegação do serviço público de loteria instantânea e a inviabilidade e ineficiência de delegação do serviço lotérico para múltiplos operadores.

O TCE/PR, por meio do Despacho nº 106/24, referendado pelo Acórdão nº 10/24, deferiu a medida cautelar, para suspender o Edital de Chamamento Público nº 03/2023, por considerar que a opção da modalidade licitatória de credenciamento para a concessão de serviço público, em detrimento da modalidade concorrência, afrontaria o art. 2º, inc. II, da Lei nº 8.987/95.

Em face dessa decisão, o Estado do Paraná impetrou mandado de segurança perante o Tribunal de Justiça do Estado do Paraná, defendendo a legalidade do Edital de Chamamento Público nº 03/2023.

Na inicial do mandado de segurança, o Estado do Paraná utilizou como fundamento para seus argumentos o parecer de Marçal Justen Filho acolhido no âmbito do Estado do Maranhão.

O Tribunal de Justiça do Paraná deferiu liminar para suspender os efeitos do acórdão do TCE/PR e autorizar a continuidade do credenciamento instaurado pelo Edital de Chamamento Público nº 03/2023.[20]

Após a concessão dessa medida liminar, o credenciamento para a concessão da modalidade lotérica instantânea prosseguiu. Uma empresa foi credenciada e assinou o contrato de concessão, com previsão de início de operação a partir de junho de 2024.

Dando continuidade à delegação do serviço público de loterias para particulares, em março de 2024 a Loteria do Estado do Paraná publicou o Edital de Chamamento Público nº 001/2024, para "Credenciamento de pessoas jurídicas com intenção de concessão comum da exploração das modalidades lotéricas de prognóstico esportivo, prognóstico específico, prognóstico numérico e espécie passiva, em meio físico e/ou virtual",[21] em regime de concorrência, sem exclusividade e limite de operadores.

---

[17] PARANÁ. *Edital de Credenciamento nº 001/2023*. Disponível em: https://www.lottopar.pr.gov.br/Pagina/Credenciamento/Edital-01-2023. Acesso em: 27 maio 2024.

[18] PARANÁ. *Edital de Chamamento Público nº 003/2023*. Disponível em: https://www.lottopar.pr.gov.br/Pagina/Credenciamento/Edital-03-2023. Acesso em: 27 maio 2024.

[19] PARANÁ. TCE/PR. *Representação nº 840234/23*. Rel. Fabio de Souza Camargo.

[20] TJPR. *MSCiv 0005962-46.2024.8.16.0000 MS*. Rel. Des. Antonio Renato Strapasson, Órgão Especial.

[21] PARANÁ. *Edital de Chamamento Público nº 001/2024*. Disponível em: https://www.lottopar.pr.gov.br/Pagina/Credenciamento/Edital-01-2024. Acesso em: 27 maio 2024.

Como se observa, o Estado do Paraná também delegou à iniciativa privada a exploração do serviço público de loterias, por meio de processos de credenciamentos, em regime de concorrência e sem limite de operadores.

Outro estado que também adota o modelo de credenciamento é o Rio de Janeiro. Fundada em 1944, a Loteria do Estado do Rio de Janeiro, autarquia estadual, foi uma das poucas loterias estaduais que se manteve em atividade após o Decreto-Lei nº 204/1967, com considerável êxito, ainda que com número limitado de bilhetes e jogos.

Ao longo dos anos, o Governo do Estado do Rio de Janeiro posicionou-se contrariamente ao monopólio da União em diversas ocasiões, tendo sido inclusive o autor da Arguição de Descumprimento de Preceito Fundamento nº 492, cuja procedência alterou as regras para exploração das loterias pelos estados da Federação, como acima exposto.

Após a decisão do STF e publicação da Lei Federal nº 13.756/2018, em abril de 2023, a Loteria do Estado do Rio de Janeiro – LOTERJ lançou o Edital de Credenciamento nº 01/2023, cujo objeto inicialmente era a concessão a particulares, exclusivamente em ambiente de concorrência, da modalidade lotérica de apostas esportivas de quota fixa.[22]

Em julho de 2023, esse edital passou por uma retificação, para incluir todas as demais modalidades lotéricas legalmente previstas, permanecendo a opção pelo modelo de delegação por meio de credenciamento, em regime de concorrência entre os operadores.

Esses dois exemplos reforçam a grande utilidade e solidez do modelo de livre concorrência e de delegação dos serviços públicos lotéricos mediante inexigibilidade de licitação, utilizando-se procedimento de credenciamento.

Mais do que isso, são testemunhos práticos da contribuição de Marçal Justen Filho para o desenvolvimento desse modelo de delegação de serviço público de loterias em regime de livre concorrência, por meio de processos de credenciamento.

4 O modelo de ampla concorrência da autorização federal de exploração de apostas de quota fixa

O modelo de ampla concorrência também foi adotado no âmbito da autorização da modalidade lotérica de apostas de quota fixa na esfera federal.

4.1 A criação da modalidade de quota fixa pela Lei nº 13.756/2018

Até 2018, as apostas esportivas no Brasil eram restritas às corridas de cavalos. No entanto, com a promulgação da Lei nº 13.756/2018, passou a ser permitida a exploração de apostas esportivas de quota fixa em território nacional, na qualidade de modalidade lotérica. O art. 29, §1º, da Lei nº 13.759, criou a modalidade lotérica de aposta de quota fixa, que "consiste em sistema de apostas relativas a eventos reais de temática esportiva, em que é definido, no momento de efetivação da aposta, quanto o apostador pode ganhar em caso de acerto do prognóstico".

---

[22] RIO DE JANEIRO. *Edital de Credenciamento 01/2023*. Disponível em: https://www.loterj.rj.gov.br/edital.php?id=74. Acesso em: 29 maio 2024.

As apostas esportivas de quota fixa foram consideradas, pela Lei nº 13.756/2018, um serviço público exclusivo da União, a ser explorado em todo país, mediante delegação à iniciativa privada pelo Ministério da Fazenda. Essa exclusividade da União não perdurou, diante da decisão do STF sobre as loterias estaduais.

Um aspecto relevante foi a previsão do §2º do art. 29, que determinou que a exploração de apostas de quota fixa seja autorizada ou concedida pelo Ministério da Fazenda, obrigatoriamente delegada à iniciativa privada. A lei também exigiu um ambiente concorrencial, proibindo monopólios.

Havia previsão legal de que o Ministério da Fazenda regulamentaria a modalidade lotérica em até 2 anos, prorrogáveis por igual período. Nesse contexto, surgiram diversos debates e foram compartilhadas minutas de decretos regulamentadores. Em algumas ocasiões, surgiram propostas de modelos de licitação com número limitado de operadores de apostas de quota fixa.

4.2 A Lei nº 14.790/2023 e o detalhamento da regulação da modalidade de aposta de quota fixa

Em 2023, após 4 anos sem adequada regulamentação da Lei nº 13.756, o novo governo passou a trabalhar de forma mais enfática na regulação do setor. Isso deu origem a uma medida provisória enviada ao Congresso Nacional. Essa medida provisória não foi votada, mas ela serviu de base para projeto de lei que, após muita discussão, foi aprovado.

Assim, foi publicada a Lei nº 14.790/2023, que alterou de forma significativa a modalidade lotérica de apostas de quota fixa. A maior alteração foi a previsão de que a aposta de quota fixa abrange duas atividades, distintas entre si: i) eventos reais de temática esportiva; e ii) eventos virtuais de jogos *on-line*.

Jogo *on-line* foi definido como "canal eletrônico que viabiliza a aposta virtual em jogo no qual o resultado é determinado pelo desfecho de evento futuro aleatório, a partir de um gerador randômico de números, de símbolos, de figuras ou de objetos definido no sistema de regras".

A lei também previu que os operadores deverão ser autorizados pelo Ministério da Fazenda, cumprir requisitos técnicos rigorosos, manter sede no Brasil, com pelo menos 20% do capital social pertencente a sócios brasileiros. Além disso, a lei impõe a adoção de políticas corporativas obrigatórias para prevenir fraudes e promover o jogo responsável.

Estabeleceu, ainda, que as empresas devem pagar um valor máximo de outorga de R$30 milhões para operar até três marcas por até cinco anos. A publicidade de apostas esportivas também foi regulamentada para proteger consumidores, especialmente menores de idade.

Além das definições e alterações relevantes elencadas, outra chamou atenção: a alteração no art. 35-A da Lei nº 13.756/2018 para restringir a operação de serviços lotéricos a uma única concessão por empresa privada ou grupo econômico em apenas um estado ou no Distrito Federal e limitar a comercialização e publicidade de loterias pelos estados e Distrito Federal aos seus respectivos territórios.

No dia 3.5.2024, os estados de São Paulo, Minas Gerais, Piauí, Paraná, Acre, Mato Grosso do Sul, Rio de Janeiro e o Distrito Federal ajuizaram a Ação Direta de Inconstitucionalidade (ADI) nº 7.640, no Supremo Tribunal Federal (STF), para contestar a aplicabilidade dos §§2º e 4º do art. 35-A da Lei Federal nº 13.756/2018.[23] Os estados alegam que essas restrições violam os princípios constitucionais de separação de poderes, livre iniciativa e concorrência, além de dificultar a delegação de serviços lotéricos à iniciativa privada e favorecer operadores com menor capacidade técnica e financeira.

O julgamento dessa ADI é aguardado pelo setor, e a decisão é de grande relevância, especialmente no que tange à exploração das loterias estaduais.

A Lei nº 14.790/2023 marcou um avanço significativo para a indústria de jogos e apostas no Brasil, e deu ensejo a regulamentações adicionais pelo Ministério da Fazenda.

4.3 O processo de autorização para exploração de apostas de quota fixa

Em 30.1.2024, foi publicado o Decreto nº 11.907, que criou a Secretaria de Prêmios e Apostas (SPA) no âmbito do Ministério da Fazenda. A SPA tem como responsabilidades regulamentar e monitorar o mercado de apostas, jogos *on-line*, loterias e promoções comerciais, além de conceder autorizações e fiscalizar o cumprimento das normas.

A nova estrutura visa garantir a transparência e integridade no setor, incluindo a prevenção de crimes como corrupção e lavagem de dinheiro, ao mesmo tempo em que busca promover o jogo responsável e equilibrado. As subsecretarias têm atribuições específicas, abrangendo desde a análise de pedidos de autorização até a aplicação de sanções administrativas em caso de infrações.

Em 22.5.2024, foi publicada a Portaria SPA/MF nº 827, que estabelece as regras e condições para a autorização da exploração comercial de apostas de quota fixa por agentes econômicos privados no Brasil.

Este regulamento permite a regularização das pessoas jurídicas que atualmente operam apostas esportivas e jogos *on-line* no país. As empresas deverão cumprir critérios rigorosos relacionados à habilitação jurídica, regularidade fiscal e trabalhista, idoneidade, e qualificação econômico-financeira e técnica para obter a autorização.

A portaria introduz um regime de transição, permitindo que as empresas tenham até 31.12.2024 para se adequar às novas normas. A partir de 1º.1.2025, empresas sem a devida autorização da SPA/MF estarão sujeitas a penalidades. Para obter a autorização, as empresas devem apresentar extensa documentação e pagar uma outorga de R$30 milhões à União, o que lhes permitirá explorar até três marcas comerciais por um período de cinco anos.

As empresas que protocolarem seus pedidos de autorização nos primeiros 90 dias após a publicação da portaria terão prioridade na análise e receberão suas autorizações até o final de 2024, atendidos todos os requisitos da portaria.

A SPA/MF busca emitir as primeiras autorizações até 31.12.2024, proporcionando maior segurança e regulamentação ao mercado de apostas de quota fixa no Brasil.

Como se pode observar, o modelo federal segue um processo de delegação do serviço lotérico federal por meio de um processo similar ao credenciamento, sendo que

---

[23] BRASIL. STF. *ADI 7.640*. Rel. Min. Luiz Fux.

todos os interessados que atenderem aos requisitos de habilitação e pagarem a outorga receberão a autorização para explorar a modalidade lotérica de apostas de quota fixa na esfera federal.

5 Conclusão

O serviço público lotérico sofreu alterações profundas desde 2018, com a criação da modalidade lotérica de apostas de quota fixa e a decisão do STF a respeito da competência dos estados de criarem e explorarem suas loterias.

As alterações demandaram discussões jurídicas a respeito do modelo jurídico a ser utilizado para delegar para a iniciativa privada a exploração da atividade lotérica, especialmente no ambiente de maior competitividade possível.

A solução encontrada por muitos estados e no âmbito federal foi a realização de processos sem exclusividade e, consequentemente, sem competição. Para isso, a contribuição doutrinária de Marçal Justen Filho foi significativa para consolidar a viabilidade jurídica e a solidez desse modelo.

Referências

BENATTE, Antonio Paulo. *Dos jogos que especulam com o acaso*: contribuição à história do jogo de azar no Brasil (1890-1950). Tese (Doutorado) – Instituto de Filosofia e Ciências Humanas, Universidade Estadual de Campinas, Campinas, 2002.

BRASIL. STF. *ADI 4.986*. Rel. Min. Gilmar Mendes, julgado em 30.9.2020.

BRASIL. STF. *ADI 7.640*. Rel. Min. Luiz Fux.

BRASIL. STF. *ADPF 492*. Rel. Min. Gilmar Mendes, julgado em 30.9.2020.

BRASIL. STF. *ADPF 493*. Rel. Min. Gilmar Mendes, julgado em 30.9.2020.

BRASIL. STJ. AgInt na SS n. 3.376/MA. Rel. Min. Maria Thereza de Assis Moura, Corte Especial, julgado em 19/4/2023. *DJe*, 11 maio 2023.

FEIJÓ, Ricardo de Paula. *Regulação de jogos de azar e das loterias no Brasil*: perspectivas para o futuro. Rio de Janeiro: Lumen Juris, 2021.

JUSTEN FILHO, Marçal. *Teoria geral das concessões de serviços públicos*. São Paulo: Dialética, 2003.

MARANHÃO. *Edital de Credenciamento nº 01/2021 – DL/MAPA*. Disponível em: https://mapa.ma.gov.br/pregoes?status=&type=. Acesso em: 26 maio 2024.

MARANHÃO. *Lei Estadual nº 11.389, de 20 de novembro de 2020*. Disponível em: https://mapa.ma.gov.br/programas-ou-campanhas/legislacao_home. Acesso em: 26 maio 2024.

MARANHÃO. TJMA. MSCiv 0801336-84.2022.8.10.0000. Rel. Des. Antonio Fernando Bayma Araujo, Órgão Especial. *DJe*, 31 maio 2022.

PARANÁ. *Decreto Estadual 10.843, de 17 de abril de 2022*. Disponível em: https://www.legislacao.pr.gov.br/legislacao/pesquisarAto.do?action=exibir&codAto=263690&indice=1&totalRegistros=1&dt=14.8.2022.9.16.59.24. Acesso em: 27 maio 2024.

PARANÁ. *Decreto Estadual 5514, de 17 de abril de 2024*. Disponível em: https://www.legislacao.pr.gov.br/legislacao/pesquisarAto.do?action=exibir&codAto=324112&codItemAto=2053100#2053100. Acesso em: 27 maio 2024.

PARANÁ. *Edital de Chamamento Público nº 003/2023*. Disponível em: https://www.lottopar.pr.gov.br/Pagina/Credenciamento/Edital-03-2023. Acesso em: 27 maio 2024.

PARANÁ. *Edital de Credenciamento nº 001/2023*. Disponível em: https://www.lottopar.pr.gov.br/Pagina/Credenciamento/Edital-01-2023. Acesso em: 27 maio 2024.

PARANÁ. *Lei nº 20.945, de 20 de dezembro de 2020*. Disponível em: https://www.legislacao.pr.gov.br/legislacao/pesquisarAto.do?action=exibir&codAto=258052. Acesso em: 27 maio 2024.

PARANÁ. TCE/PR. *Representação nº 840234/23*. Rel. Fabio de Souza Camargo.

RIO DE JANEIRO. *Edital de Credenciamento 01/2023*. Disponível em: https://www.loterj.rj.gov.br/edital.php?id=74. Acesso em: 29 maio 2024.

ROSE, I. Nelson; CHAMPION JR., Walter T. *Gaming law in a nutshell*. 2. ed. St. Paul: West Academic Publishing, 2018.

TÁCITO, Caio. Loterias estaduais (criação e regime jurídico). *Revista dos Tribunais*, ano 94, v. 838, ago. 2005.

TCE/MA. *Relatório de Instrução nº 3902022*.

Informação bibliográfica deste texto, conforme a NBR 6023:2018 da Associação Brasileira de Normas Técnicas (ABNT):

FEIJÓ, Ricardo de Paula. Loterias estaduais, concessão por credenciamento e a contribuição de Marçal Justen Filho para a delegação do serviço público lotérico. *In*: JUSTEN, Monica Spezia; PEREIRA, Cesar; JUSTEN NETO, Marçal; JUSTEN, Lucas Spezia (coord.). *Uma visão humanista do Direito*: homenagem ao Professor Marçal Justen Filho. Belo Horizonte: Fórum, 2025. v. 1, p. 463-475. ISBN 978-65-5518-918-6.

A RESERVA NORMATIVA DE ADMINISTRAÇÃO NO DIREITO BRASILEIRO

WALLACE PAIVA MARTINS JUNIOR

1 Introdução

No direito brasileiro, o Poder Executivo desenvolve intensa atividade como centro produtor de normas jurídicas que não se localizam no patamar secundário dos regulamentos executivos. Eduardo García de Enterría e Tomás-Ramón Fernández anotam que a Administração Pública é, em maior ou menor medida, fonte de normas autônomas,[1] e Marçal Justen Filho pondera que a ampliação da competência normativa do Poder Executivo atinge "a dimensão da hierarquia normativa", explicando que "a afirmativa de que todas as demais manifestações de competência normativa eram secundárias e acessórias em face da lei perdeu seu cunho de verdade inquestionável".[2]

Desde que as atividades administrativas prestacional e interventiva recrudesceram, demandando mecanismos céleres de normatização ou imbuídos com maiores doses de profundidade, densidade e tecnicidade (o que persiste na fase de administração conformadora), a ampliação dessa competência normativa exibe o conflito entre os Poderes Legislativo e Executivo na condução política dos negócios públicos, abalando a clássica concepção de separação de poderes,[3] com experiências diferençadas em razão de determinantes econômicas, sociais e políticas de cada ambiente jurídico,[4] fomentadas por

---

[1] GARCÍA DE ENTERRÍA, Eduardo; FERNÁNDEZ, Tomás-Ramón. *Curso de derecho administrativo*. Madrid: Civitas, 1982. v. I. p. 364.

[2] JUSTEN FILHO, Marçal. *Curso de direito administrativo*. 4. ed. São Paulo: Saraiva, 2009. p. 133.

[3] CASSAGNE, Juan Carlos. *Los grandes principios del derecho público constitucional y administrativo*. 1. ed. Buenos Aires: Thomson Reuters La Ley, 2015. p. 155-156.

[4] Como os modelos de *delegation with standards* no direito norte-americano, *provvedimenti provvisori con forza di legge* na Constituição italiana (art. 77), regulamentos independentes na Constituição portuguesa (arts. 112º e 118º), e separação entre matérias reservadas ao *domaine de la loi* e *domaine de l'ordonnance* na Constituição francesa (arts. 34 e 37).

diversos fatores tendentes à deslegalização em sentido amplo,[5] não obstante as críticas assentadas nos déficits de democraticidade, pluralismo e transparência.

No atual estágio da ciência jurídica, em que o positivismo foi superado pelas preocupações com valores como justiça, ética e equidade, essa situação crônica atinge os pilares fundamentais do Estado Democrático de Direito (princípios de divisão funcional do poder e legalidade) e não pode abdicar a conexão com a concepção de democracia e a proteção dos direitos fundamentais *a latere* da eficiente prossecução do interesse público (primário). A herança liberal põe a lei como expressão da vontade geral e antídoto contra o cesarismo governamental. Porém, parece anacrônico afirmar que é atípica a função normativa do Poder Executivo, não obstante a lei aquinhoe maiores graus de estabilidade, democraticidade, transparência, pluralismo e segurança ao direito.

2 Reserva de Administração

O espaço de atos da competência privativa do Presidente da República é denominado em gênero como reserva de Administração, da qual a reserva de competência normativa é espécie. Privatividade exclui a participação alheia. Decorrente da separação de poderes sob o espeque da independência, que a imuniza de interferência do Poder Legislativo,[6] ela tem raízes, entre outras fontes, na identificação, no sistema constitucional, de um núcleo funcional reservado à Administração contra as ingerências do Parlamento.[7] É dividida em reserva geral e específica: a primeira tem sede "no princípio da separação de poderes e significa que a atuação de cada órgão estatal não pode invadir ou cercear o 'núcleo essencial' da competência dos outros órgãos, cabendo exclusivamente à Administração executar as leis, especialmente no exercício da discricionariedade administrativa"; a segunda ocorre "quando a Constituição destaca determinadas matérias, submetendo-as à competência exclusiva do Poder Executivo".[8] O Poder Executivo não carece de autorização parlamentar para realizar seus atos, salvo se a Constituição a determine, não cabendo ao Legislativo, como amiúde ocorre com as denominadas leis autorizativas, ordenar ou facultar atos que lhe são próprios para a execução da lei, inscritos em sua competência administrativa privativa (prática de atos típicos e ordinários de Administração, exame de conveniência e oportunidade para desempenho do poder regulamentar[9] etc.). A reserva de Administração prevista no art. 84 da Constituição congrega atos políticos ou de governo (*v.g.*, incs. VIII, XII, XIX, XX), da Administração (*v.g.*, incs. II, XXI), administrativos (*v.g.*, incs. I, XIV, XV, XXV), normativos (*v.g.*, incs. IV, VI, "a", XXVI).

---

[5] Crise da concepção liberal do princípio da legalidade e da democracia representativa, ausência de celeridade e conhecimento técnico do legislador para tratar questões complexas (OLIVEIRA, Rafael Carvalho Rezende. *Curso de direito administrativo*. 9. ed. Rio de Janeiro: Forense; Método, 2021), impossibilidade de a lei regular mínimos detalhes e minúcias "todas las conductas administrativamente disponibles en la vida social" (MARTÍN MATEO, Ramón. *Manual de derecho administrativo*. 18. ed. Madrid: Trivium, 1997. p. 131-137), crise do positivismo legalista etc.

[6] Segundo o Supremo Tribunal Federal, "o princípio constitucional da reserva de administração impede a ingerência normativa do Poder Legislativo em matérias sujeitas à exclusiva competência político-administrativa do Poder Executivo" (STF, ADI 2.364/AL, Tribunal Pleno, Rel. Min. Celso de Mello, 17.10.2018. *DJe*, 7.3.2019).

[7] CANOTILHO, J. J. Gomes. *Direito constitucional*. 5. ed. Coimbra: Almedina, 1991. p. 810-811.

[8] OLIVEIRA, Rafael Carvalho Rezende. *Curso de direito administrativo*. 9. ed. Rio de Janeiro: Forense; Método, 2021.

[9] STF, ADI 4.052/DF, Tribunal Pleno, Rel. Min. Rosa Weber, 4.7.2022.

A atividade regulamentar do Poder Executivo é substancialmente normativa.[10] Regulamentos "son normas jurídicas" e "el contener normas jurídicas distingue a los Reglamentos de los actos administrativos".[11] O regulamento é "conceitualmente uma norma jurídica promulgada por um órgão executivo" e "se diferencia do ato administrativo, que regula um caso particular, por seu caráter abstrato-geral".[12] Atos normativos geram normas jurídicas (com as características de abstração, generalidade, impessoalidade e indeterminação); atos administrativos são declarações unilaterais de vontade estatal vinculadas à legislação e destinadas à criação, modificação ou extinção de situações ou relações jurídicas, com efeitos concretos, determinados, diretos e específicos. Atos normativos do Poder Executivo são atos da Administração, mas não atos administrativos; possuem o predicado da repetição indefinida no tempo, diferentemente dos atos administrativos (gerais ou singulares) que se exaurem com a produção de seus efeitos: aqueles têm eficácia até sua revogação.

3 Competências normativas do Poder Executivo

Competência normativa é gênero que congrega as espécies de competência legislativa,[13] regulamentar, reguladora e regimental, pois, "o Poder Legislativo não detém o monopólio da função normativa, mas apenas de uma parcela dela, a função legislativa".[14] A competência legislativa é ponto luminoso no direito brasileiro, porque "a edição de atos normativos primários, que instituem direitos e criam obrigações, é função típica do Poder Legislativo",[15] como as leis, dentre outras espécies (emendas constitucionais, medidas provisórias, decretos legislativos e resoluções). Preferência de lei e reserva (absoluta e relativa) de lei derivam dos princípios de separação de poderes e legalidade.[16] Embora o Chefe do Poder Executivo participe do processo legislativo de leis e medidas provisórias, essa atuação não é produção normativa exclusiva; integra a atividade legislativa do Poder Executivo, mas não sua competência normativa. A competência normativa *lato sensu* do Poder Executivo é esfera maior que abrange medidas provisórias e regulamentos. A competência normativa regulamentar da Administração Pública consiste na produção de norma jurídica exclusivamente pelo Poder Executivo.

---

[10] CASSAGNE, Juan Carlos. *Los grandes principios del derecho público constitucional y administrativo.* 1. ed. Buenos Aires. Thomson Reuters La Ley, 2015. p. 388-389.

[11] MARTÍN MATEO, Ramón. *Manual de derecho administrativo.* 18. ed. Madrid: Trivium, 1997. p. 131-137.

[12] MAURER, Hartmut. *Direito administrativo geral.* Tradução de Luís Afonso Heck. Barueri: Manole, 2006. p. 390-391.

[13] "A lei não contém, necessariamente, uma norma; a norma não é necessariamente emanada mediante uma lei; assim temos três combinações possíveis: a lei-norma, a lei não norma e a norma não lei. Às normas que não são lei correspondem leis-medida [*Massnahmegesetze*], que configuram ato administrativo apenas completável por agente da Administração, portando em si mesmas o resultado específico ao qual se dirigem. São leis apenas em sentido formal, não o sendo, contudo, em sentido material" (STF, ADI 820/RS, Tribunal Pleno, Rel. Min. Eros Grau, 15.3.2007. *DJe,* 29.2.2008).

[14] STF, ADI 2.950 AgR/RJ, Tribunal Pleno, Rel. Min. Eros Grau, 6.10.2004. *DJ,* 9.2.2007, p. 16.

[15] MENDES, Gilmar Ferreira; BRANCO, Paulo Gustavo Gonet. *Curso de direito constitucional.* 18. ed. São Paulo: SaraivaJur, 2023.

[16] A Constituição de 1988 enfatiza a importância da legalidade (art. 25, I, Ato das Disposições Transitórias), mas a flexibiliza com centros de competência normativa (primária) nos demais poderes.

À luz dos critérios de inovação na ordem jurídica (substancial) e de vinculação à norma parlamentar (formal), distinguem-se os atos normativos da Administração Pública nos graus primário e secundário.[17] Havendo criação de direito novo, é ato normativo primário, cujo fundamento repousa diretamente na Constituição, eis que não exige intermediação legislativa infraconstitucional; os atos normativos secundários são aqueles que têm a missão de explicitação do conteúdo e do alcance da lei e viabilização de sua exequibilidade, sendo acessórios, dependentes, subordinados, vinculados. Não criam direito novo e não podem ser *contra legem* nem *praeter legem* ou *ultra legem*, senão *secundum legem* e *intra legem*, porque seu pressuposto é a lei, sendo interditados à criação ou extinção de direitos e deveres, imposição de proibições, previsão de sanções, descrição de infrações etc. Outra classificação sopesa que "a diferença entre elas concerne apenas ao grau, à amplitude, com que a discricionariedade ou o poder normativo é conferido", apreciando situações em que os regulamentos são editados em razão de leis de densidade normativa exaustiva (reserva absoluta de lei), de grande densidade normativa e de baixa densidade normativa (*lois-cadre*), sem prejuízo do "grande âmbito" em que "a Administração tem poder regulamentar implicitamente conferido pela própria Constituição [...] extraído até mesmo das normas constitucionais programáticas".[18]

A atividade normativa do Poder Executivo foi durante muito tempo caracterizada como poder regulamentar da alçada privativa do Chefe do Poder Executivo. Está presente na Constituição de 1988 (art. 84, IV) com fórmula que concentra na competência privativa do Presidente da República a expedição de decretos e regulamentos para fiel execução das leis. Não é a única fonte produtora de normas jurídicas pelo Poder Executivo, embora na escala de hierarquia normativa ocupe a cimeira infralegal: a Constituição possibilita aos Ministros de Estado a expedição de instruções para a execução das leis, decretos e regulamentos (art. 87, parágrafo único, II). A competência normativa do Poder Executivo é mais ampla na Constituição de 1988: além da organização e do funcionamento da Administração mediante decreto (art. 84, VI), atribui poder normativo a órgão do Poder Executivo (art. 237) e órgãos reguladores (arts. 21, XI, e 177, §2º, III). Regulação é atividade administrativa "que envolve poder normativo por parte da Administração Pública" nas áreas de polícia, fomento e intervenção.[19] Alude-se ao poder normativo da Administração para "emitir normas para disciplinar matérias não privativas da lei",[20] enquanto o poder regulamentar tem a missão de dar exequibilidade às leis em nível de "atividade normativa secundária",[21] diferenciando-se, ainda, poder regulamentar e poder regulatório em razão da diversidade de titularidade e de conteúdo (político ou técnico),[22] o que se deve notadamente às agências reguladoras e órgãos ou entes com capacidade normativa (regulamentos setoriais). Poder Judiciário, Ministério Público, Tribunal de Contas, são outros núcleos de competência normativa alheios ao Poder Executivo em

---

[17] DI PIETRO, Maria Sylvia Zanella; MARTINS JUNIOR, Wallace Paiva. *Tratado de direito administrativo*: teoria geral e princípios do direito administrativo. 3. ed. São Paulo: Thomson Reuters, 2022. v. 1, p. 296.

[18] ARAGÃO, Alexandre Santos de. Princípio da legalidade e poder regulamentar no Estado contemporâneo. *R. Dir. Adm.*, Rio de Janeiro, v. 225, p. 109-129, jul./set. 2001.

[19] DI PIETRO, Maria Sylvia Zanella. *Direito administrativo*. 36. ed. Rio de Janeiro: Forense, 2023.

[20] MEDAUAR, Odete. *Direito administrativo moderno*. 11. ed. São Paulo: Revista dos Tribunais, 2007. p. 115.

[21] MENDES, Gilmar Ferreira; BRANCO, Paulo Gustavo Gonet. *Curso de direito constitucional*. 18. ed. São Paulo: SaraivaJur, 2023.

[22] OLIVEIRA, Rafael Carvalho Rezende. *Curso de direito administrativo*. 9. ed. Rio de Janeiro: Forense; Método, 2021.

razão da autonomia dada pela Constituição, e a partir da Emenda Constitucional nº 45/04 vieram a lume os Conselhos Nacionais de Justiça e do Ministério Público com competência regulamentar (arts. 103-B, §4º, I e 130-A, §2º, I), eliminando a exclusividade dessa denominação ao Chefe do Poder Executivo.

3.1 Forma e conteúdo

As formas dessa competência normativa abrangem, para além dos decretos, resoluções, portarias, instruções, circulares, regimentos, provimentos, ordens de serviço, avisos, situados no nível inferior às leis e aos decretos, ressalvadas exceções.[23] São graus diversos de regulamentação: "os decretos e regulamentos podem ser considerados como *atos de regulamentação de primeiro grau*; outros atos que a eles se subordinem e que, por sua vez, os regulamentem, evidentemente com maior detalhamento, podem ser qualificados como *atos de regulamentação de segundo grau*, e assim por diante", como as instruções expedidas pelos Ministros de Estado.[24]

Decreto é forma; regulamento é conteúdo. Estabelecendo normas jurídicas, regulamentos são todos os atos normativos editados pelo Poder Executivo, com multiplicidade de denominações (formas) e diversidade de posições hierárquicas. Outras espécies de atos da Administração podem ter idênticas formas e denominações, mas, têm diferentes conteúdos; não são atos normativos senão atos administrativos e não veiculam normas jurídicas (nomeação ou exoneração de agente público; desapropriação de bem particular etc.). O art. 29 da Lei de Introdução às Normas do Direito Brasileiro, que estabelece a consulta pública precedente à edição de atos normativos, salvo os de mera organização interna, é medida de compensação ao baixo grau de democraticidade nessa produção normativa. Apesar de ser norma geral, a formalidade de natureza participativa é faculdade e não dever, salvo leis específicas em contrário.

3.2 Posição

Regulamentos do Chefe do Poder Executivo ocupam o patamar normativo infralegal, subordinados à lei, aos princípios jurídicos, aos tratados e convenções internacionais, e à Constituição. Normas infralegais de outros agentes, entidades e órgãos subordinados ou vinculados têm valor inferior aos decretos regulamentares e, sucessivamente, à lei, aos tratados e convenções internacionais, aos princípios jurídicos e à Constituição. Exceções à superioridade da lei ou do regulamento (geral) dependem de cada ambiente jurídico (regulamento autônomo com valor semelhante à lei; regulamento setorial com valor simétrico ao regulamento geral).[25] Entre os princípios

---

[23] O Supremo Tribunal Federal afiançou a natureza de norma primária de resolução do Conama (STF, ADI 5.547/DF, Tribunal Pleno, Rel. Min. Edson Fachin, 22.9.2020. *DJe*, 6.10.2020), embora negada antes (STF, ADI 3.074 AgR/DF, Tribunal Pleno, Rel. Min. Teori Zavascki, 28.5.2014. *DJe*, 13.6.2014), assim como à Anvisa (STF, ADI 4.874/DF, Tribunal Pleno, Rel. Min. Rosa Weber, 01.2.2018. *DJe*, 1.2.2019) e à Anatel (STF, ADI 1.668/DF, Tribunal Pleno, Rel. Min. Edson Fachin, 01.3.2021. *DJe*, 23.3.2021).

[24] CARVALHO FILHO, José dos Santos. *Manual de direito administrativo*. 34. ed. São Paulo: Atlas, 2020.

[25] Alexandre Santos de Aragão anota o caráter não exclusivo da competência normativa do Chefe do Poder Executivo e que a lei pode promover a descentralização do poder normativo do Poder Executivo para órgãos

jurídicos peculiares às normas regulamentares estão a inderrogabilidade singular dos regulamentos[26] e a superioridade dos atos regulamentares em relação aos atos individuais[27] que demarcam (a) a hierarquia superior do regulamento em relação aos atos administrativos individuais, (b) a conformidade e vinculação dos atos individuais ao regulamento, (c) o impedimento à revogação do regulamento por atos individuais, e (d) a simetria das formas para revogação ou modificação do regulamento.

3.3 Espécies

Regulamento em sentido amplo é gênero abrangente das demais formas de atos infralegais acima indicadas (resoluções, portarias etc.), designando os atos normativos emanados do Poder Executivo. Chave da distinção entre atos normativos a partir de sua substância é a originalidade: são originários os que criam direito novo e derivados os que explicitam norma preexistente, viabilizando sua execução. Regulamento executivo e autônomo são suas espécies clássicas: aquele complementa a lei, contendo normas para sua fiel execução, sem caráter de inovação na ordem jurídica, limitando-se a estabelecer regras sobre a forma como a lei vai ser cumprida pela Administração, enquanto este "inova na ordem jurídica, porque estabelece normas sobre matérias não disciplinadas em lei; ele não completa nem desenvolve nenhuma lei prévia".[28] Outras espécies (regulamentos autorizados, de complementação, de atuação, de necessidade e de urgência, de deslegalização) integram os sistemas jurídicos português, espanhol, italiano, alemão, francês e argentino.[29]

---

ou entidades, de maneira que "a ingerência do Chefe do Poder Executivo neste campo normativo consistirá em violação da respectiva norma legal ou constitucional", e que "por sua sede constitucional, temos uma reserva inquestionavelmente legítima de poder normativo delegificado em favor de órgãos ou entidades estranhas ao Poder Legislativo. E mais, como essas esferas normativas autônomas fundamentam-se diretamente no Poder Constituinte, estão protegidas contra as ingerências que a elas venham a ser impostas, ressalvada, naturalmente, a incidência de normas da própria Constituição, mormente as concernentes à Administração Pública, e a possibilidade de balizamento e coordenação de caráter político – não técnico – pelo Poder Legislativo" (ARAGÃO, Alexandre Santos de. O poder normativo das agências reguladoras independentes e o Estado democrático de Direito. *Revista de Informação Legislativa*, Brasília, ano 37, n. 148, p. 275-299, out./dez. 2000).

[26] CASSAGNE, Juan Carlos. *Los grandes principios del derecho público constitucional y administrativo*. 1. ed. Buenos Aires: Thomson Reuters La Ley, 2015. p. 388-389.

[27] BRABAINT, Guy; STIRN, Bernard. *Le droit administratif français*. 4. ed. Paris: Presses de Sciences Po et Dalloz, 1997. p. 210-214.

[28] DI PIETRO, Maria Sylvia Zanella. *Direito administrativo*. 36. ed. Rio de Janeiro: Forense, 2023.

[29] CAETANO, Marcello. *Manual de direito administrativo*. 10. ed. Coimbra: Almedina, 1997. t. I. p. 98-101, n. 45; MARTÍN MATEO, Ramón. *Manual de derecho administrativo*. 18. ed. Madrid: Trivium, 1997. p. 131-137; MAURER, Hartmut. *Direito administrativo geral*. Tradução de Luís Afonso Heck. Barueri: Manole, 2006. p. 71; DEBBASCH, Charles. *Science administrative*. 4. ed. Paris: Dalloz, 1980. p. 72; BRABAINT, Guy; STIRN, Bernard. *Le droit administratif français*. 4. ed. Paris: Presses de Sciences Po et Dalloz, 1997. p. 210-211; 214; GORDILLO, Agustín. *Tratado de derecho administrativo y obras selectas*: Parte general. 1. ed. Buenos Aires: Fundación de Derecho Administrativo, 2017. v. 1. A Itália concebe na Lei nº 400/98 (art. 17) cinco espécies de regulamentos: (a) *esecutivi* (adotados para execução das leis e decretos legislativos); (b) *di attuazione e integrazione* (de normas de princípio contidas em leis ou decretos legislativos); (c) *independenti* (nas matérias nas quais falte a disciplina por lei ou de atos com força de lei, desde que não se trate de reserva de lei); (d) *de organizzazione* (sobre organização e funcionamento da Administração segundo disposições ditadas pela lei); (e) *di delegificazione* (disciplina das matérias não cobertas pela reserva absoluta de lei, mas veiculadas por lei) (CORSO, Guido. *Manuale di diritto amministrativo*. 8. ed. Torino: G. Giappichelli Editore, 2017. p. 49).

3.3.1 Regulamentos executivos

Servindo para atribuição de exequibilidade à lei, densificação ou complementação para aplicabilidade da lei, ou explicitação do alcance e conteúdo da lei,[30] a justificativa do regulamento executivo está na divisão funcional do poder:

> a função do Poder Executivo de exercer a direção superior da Administração Pública fez com que se chegasse ao consenso doutrinário de que esse [...] poder regulamentar, conferido ao Presidente da República pela Constituição, consiste no mais importante meio pelo qual a Administração Pública exerce atividade normativa secundária [...].[31]

Fator de contenção da discricionariedade, confere maiores graus de segurança jurídica, objetividade, e igualdade, ao calibrar ou parametrizar essa margem de liberdade[32] e havendo somente campo para interpretação de conceitos vagos ou imprecisos, ele é mecanismo de segurança jurídica, como traçado na Lei de Introdução às Normas do Direito Brasileiro, adornado de caráter vinculante (art. 30), o que contribui para a isonomia ao atribuir significado uniforme àqueles conceitos, "de modo a evitar a possibilidade de tratamento desigual perante situações idênticas".[33]

Ao regulamento executivo não é consentido alterar a lei, nem a contrariar e, tampouco, alargar direitos e deveres estabelecidos na lei,[34] o que não impede "a fixação de *obrigações subsidiárias* (ou *derivadas*) – diversas das *obrigações primárias* (ou *originárias*) contidas na lei".[35] Sua relação com a lei é gizada por acessoriedade, complementariedade, dependência, subordinação, vinculação. Não é sua tarefa a repetição ou reprodução da lei; a regulamentação é fator de eficácia da lei em face de norma *not self executing*.

---

[30] Daí opinião salientando que "os regulamentos não são leis e sim meios de execução destas" (BUENO, José Antônio Pimenta. *Direito público e análise da Constituição do Império*. Brasília: Senador Federal; Editora Universidade de Brasília, 1978. p. 236, n. 327).

[31] MENDES, Gilmar Ferreira; BRANCO, Paulo Gustavo Gonet. *Curso de direito constitucional*. 18. ed. São Paulo: SaraivaJur, 2023.

[32] A Constituição prevê o regulamento (executivo) porque a execução da leis pressupõe a "*interferência dos órgãos administrativos* para aplicação do que nelas se dispõe, *sem, entretanto, predeterminar exaustivamente, isto é, com todas as minúcias, a forma exata da atuação administrativa pressuposta*", e sua função é a limitação da discricionariedade administrativa (ao dispor sobre o *modus operandi* nas relações surgidas na execução da lei e caracterizar fatos, situações ou comportamentos enunciados na lei mediante conceitos vagos) e a decomposição analítica do conteúdo de conceitos sintéticos (BANDEIRA DE MELLO, Celso Antônio. *Curso de direito administrativo*. 26. ed. São Paulo: Malheiros, 2009. p. 347; 362).

[33] DAL POZZO, Augusto Neves Dal Pozzo; ROCHA, Silvio Luís Ferreira da. *Curso de direito administrativo*. São Paulo: Thomson Reuters, 2024. p. 65.

[34] "Ao exercer a função de regulamentar, não deve pois, o Executivo criar direitos ou obrigações novas, que a lei não criou; ampliar, restringir ou modificar direitos ou obrigações constantes da lei; ordenar ou proibir o que a lei não ordena ou não proíbe, facultar ou vedar de modo diverso do estabelecido em lei, extinguir ou anular direitos ou obrigações que a lei conferiu, criar princípios novos, diversos, alterar a forma que, segundo a lei, deve revestir um ato, atingir, atingindo por qualquer modo, o espírito da lei" (RÁO, Vicente. *O direito e a vida dos direitos*. 3. ed. São Paulo: Revista dos Tribunais, [s.d.]. v. 1, p. 273).

[35] CARVALHO FILHO, José dos Santos. *Manual de direito administrativo*. 34. ed. São Paulo: Atlas, 2020.

3.3.2 Regulamentos autônomos

Expõe a doutrina que "há alguns casos, todavia, que a Constituição autoriza determinados órgãos a produzirem atos que, tanto como as leis, emanam diretamente da Carta e têm natureza primária; inexiste qualquer ato de natureza legislativa que se situe em patamar entre a Constituição e o ato de regulamentação, como ocorre com o poder regulamentar", tendo por "escopo regulamentar a própria Constituição" e, destarte "serão eles autônomos e de natureza primária, situando-se no mesmo patamar em que se alojam as leis dentro do sistema de hierarquia normativa".[36]

Oswaldo Aranha Bandeira de Mello classificava os regulamentos autônomos em internos, que se repartem em orgânicos (organização da Administração Pública) e regimentais (condições internas da execução dos serviços públicos e de sua utilização por terceiros), e externos que são os policiais (manutenção da ordem, resguardo da segurança e da salubridade públicas, e preservação da liberdade e da propriedade dos indivíduos).[37] Segundo Maria Sylvia Zanella Di Pietro, os regulamentos autônomos se dividem em regulamentos jurídicos (ou normativos) e administrativos (ou de organização): aqueles "estabelecem normas sobre relações de supremacia geral", estes "contêm normas sobre a organização administrativa ou sobre as relações entre os particulares que estejam em situação de submissão especial ao Estado, decorrente de um título jurídico especial", e como a discricionariedade é de menor grau naqueles, "os regulamentos jurídicos são necessariamente complementares à lei, enquanto os regulamentos administrativos podem ser baixados com maior liberdade", de maneira que "nos sistemas jurídicos que admitem essa distinção, os regulamentos independentes ou autônomos só podem existir em matéria organizativa ou de sujeição; nunca nas relações de supremacia geral".[38] E conclui que, "excluída a hipótese do artigo 84, VI, com a redação dada pela Emenda Constitucional nº 32, só existe o *regulamento de execução*, hierarquicamente subordinado a uma lei prévia, sendo ato de competência privativa do Chefe do Poder Executivo", pois, "com a alteração do dispositivo constitucional, fica restabelecido, de forma muito limitada, o regulamento autônomo no direito brasileiro, para a hipótese específica inserida na alínea *a*".[39]

A diferença entre regulamentos executivos e independentes situa-se na geração de direito novo e na hierarquia: estes são normas jurídicas primárias (ou de primeiro grau) que inovam no sistema jurídico, tendo valor semelhante às leis, enquanto aqueles são normas secundárias (ou de segundo grau), acessórios, complementares, dependentes, subordinados e vinculados às leis.

---

[36] CARVALHO FILHO, José dos Santos. *Manual de direito administrativo*. 34. ed. São Paulo: Atlas, 2020.

[37] BANDEIRA DE MELLO, Oswaldo Aranha. *Princípios gerais de direito administrativo*. 3. ed. São Paulo: Malheiros, 2007. v. I. p. 353-368.

[38] DI PIETRO, Maria Sylvia Zanella. *Direito administrativo*. 36. ed. Rio de Janeiro: Forense, 2023. Rafael Carvalho Rezende Oliveira diz que "normalmente no âmbito das "relações especiais de poder" (ou "relações de sujeição especial"), o princípio da legalidade é aplicado de forma mais flexível, abrindo-se a possibilidade para edição de regulamentos administrativos, na ausência da lei, em situações excepcionais, com fundamento direto na Constituição" (OLIVEIRA, Rafael Carvalho Rezende. *Curso de direito administrativo*. 9. ed. Rio de Janeiro: Forense; Método, 2021).

[39] DI PIETRO, Maria Sylvia Zanella. *Direito administrativo*. 36. ed. Rio de Janeiro: Forense, 2023.

3.3.3 Outras espécies

Regulamento autorizado é figura criada a partir de lei que estabelece princípios gerais, parâmetros, limites, padrões e *standards* para que o Chefe do Poder Executivo os complemente em regulamento. Segundo a literatura, "o regulamento autorizado *intra legem* é plenamente compatível com o ordenamento jurídico brasileiro, podendo constituir relevante instrumento de realização de política legislativa, tendo em vista considerações de ordem técnica, econômica, administrativa etc.", diferentemente do regulamento delegado, instituído por

> autorizações legislativas puras ou incondicionadas, de nítido e inconfundível conteúdo renunciativo. Tais medidas representam inequívoca deserção do compromisso de deliberar politicamente, configurando manifesta fraude ao princípio da reserva legal e à vedação à delegação de poderes.[40]

Os regulamentos autorizados se identificam com os regulamentos de atuação ou complementação (aditamentos e complementos aos princípios, normas gerais e diretrizes de lei). Duvidosa no direito brasileiro a admissão de regulamentos de necessidade ou de urgência em matérias não disciplinadas em lei em virtude da previsão constitucional de medidas provisórias.

4 A reserva normativa de regulamento de organização

A Emenda nº 32 à Constituição de 1988 instituiu a reserva normativa de regulamento de organização[41] sintetizada na competência privativa do Presidente da República para, mediante decreto, dispor sobre organização e funcionamento da administração federal, quando não implicar aumento de despesa nem criação ou extinção de órgãos públicos, e extinção de funções ou cargos públicos, quando vagos (art. 84, VI, "a" e "b"). A suma dos arts. 48, X e XI, 61, §1º, II, "e", 84, VI, "a" e "b", e 88[42] é a existência de duas reservas (ambas no grau normativo primário): (a) lei, cujo processo legislativo é de ignição exclusiva do Chefe do Poder Executivo (criação e extinção de órgãos); (b) regulamento autônomo de organização, cuja competência é privativa do Presidente da República (organização e funcionamento da Administração sem aumento de despesa nem criação ou extinção de órgão). Como aponta a doutrina, "a competência, quanto à alínea *a*, limita-se à organização e funcionamento, pois a criação e extinção de Ministérios e órgãos da Administração Pública continua a depender de lei".[43]

---

[40] MENDES, Gilmar Ferreira; BRANCO, Paulo Gustavo Gonet. *Curso de direito constitucional*. 18. ed. São Paulo: SaraivaJur, 2023.

[41] Paulo Henrique Macera entende que "o instituto da reserva de administração, tendo em vista seu conceito mais amplo, pode se configurar sob dois aspectos: a reserva de administração em sentido estrito e a reserva de regulamento" (MACERA, Paulo Henrique. Reserva de administração: delimitação conceitual e aplicabilidade no direito brasileiro. *Revista Digital de Direito Administrativo*, v. 1, n. 2, p. 333-376, 2014).

[42] Essas regras têm conexão com o art. 37, XIX, da Constituição: as reservas de lei e de iniciativa legislativa abrangem a criação, transformação ou extinção de autarquias, empresas estatais e fundações governamentais, em atenção ao princípio da simetria (ou paralelismo) das formas, como decidido (RTJ 204/88); é prerrogativa de governo do Chefe do Poder Executivo, exigente do *placet* do Parlamento.

[43] DI PIETRO, Maria Sylvia Zanella. *Direito administrativo*. 36. ed. Rio de Janeiro: Forense, 2023.

É restrita e limitada. O Poder Executivo não recebeu liberação "para dispor sobre todo e qualquer tema, nem se dispensou a existência de lei como pressuposto para o exercício da competência administrativa regulamentar".[44] E condicionada a não aumentar gasto ou criar ou extinguir órgão.

Há críticas à interpretação de estatuição de reserva normativa refutando que "a estruturação e as atribuições de órgãos da administração pública passaram a dispensar a veiculação de lei" porque

> a administração pública em Estados democráticos, diferentemente, não se coaduna com semelhante posição de independência. A ação administrativa depende de uma autorização conferida por um poder exterior à própria administração pública. Essa exigência é traduzida pelo princípio da legalidade: seja no sentido negativo (primado, primazia ou preferência de lei), que reza que a administração não pode atuar de modo contrário ao que estabelecido por lei; seja na vertente positiva, que prescreve que a ação administrativa deve se fundar na lei (precedência ou reserva de lei).[45]

Clèmerson Merlin Clève sumula a inexistência de partilha de competências, gizando que "o art. 84, VI, da Constituição não apresenta hipótese de regulamento autônomo, mas antes de um tipo que fica a meio caminho entre este e o de execução, muito mais próximo deste do que daquele, o assim chamado regulamento de organização".[46] Também se argumenta a supremacia da lei em sentido contrário ao regulamento, a ausência de impedimento à lei suficientemente minuciosa, e a inapropriada influência do direito continental europeu no direito brasileiro arquitetado no regime presidencialista enquanto aquele tem base no regime parlamentarista, em que o "governo é dotado de competências normativas muito mais intensas".[47] Ainda se articula que organização e funcionamento da Administração são meros atos administrativos ordinatórios, e não normativos,[48] infirmando sua classificação como regulamento autônomo porque ela "deve resultar em prerrogativa de legislar reconhecida ao Poder Executivo com base no direito constitucional".[49] Em voto no Supremo Tribunal Federal, o Ministro Gilmar Mendes expõe que "só se pode cogitar de reserva de administração quando o próprio texto constitucional, além de ter atribuído a matéria à função legiferante do Executivo, houver expressamente vedado a intervenção do Parlamento".[50]

Em sentido oposto, manifesta-se que o art. 84, VI, "a", da Constituição na redação dada pela Emenda nº 32, é norma jurídica que

---

[44] JUSTEN FILHO, Marçal. *Curso de direito administrativo*. 4. ed. São Paulo: Saraiva, 2009. p. 137.

[45] MENDES, Gilmar Ferreira; BRANCO, Paulo Gustavo Gonet. *Curso de direito constitucional*. 18. ed. São Paulo: SaraivaJur, 2023.

[46] CLÈVE, Clèmerson Merlin. *Direito constitucional brasileiro*. Organização do Estado e dos poderes. São Paulo: Revista dos Tribunais, 2014. v. II.

[47] JUSTEN FILHO, Marçal. *Curso de direito administrativo*. 4. ed. São Paulo: Saraiva, 2009. p. 136.

[48] CARVALHO FILHO, José dos Santos. *Manual de direito administrativo*. 34. ed. São Paulo: Atlas, 2020.

[49] DAL POZZO, Augusto Neves Dal Pozzo; ROCHA, Silvio Luís Ferreira da. *Curso de direito administrativo*. São Paulo: Thomson Reuters, 2024. p. 68.

[50] STF, ADI 5.779/DF, Tribunal Pleno, Rel. Min. Nunes Marques, redator para o acórdão Min. Edson Fachin, 14.10.2021. *DJe*, 23.2.2022.

consagra hipótese de reserva de administração, uma vez que a organização da Administração Pública Federal (por simetria, estadual e local também) deixou de ser tratada por lei e passou para o domínio do regulamento, evidenciando uma verdadeira deslegalização efetivada pelo próprio texto constitucional. A ideia, como se vê, foi retirar do legislador essa matéria, transferindo-a, com exclusividade, para o âmbito do regulamento a ser editado pelo chefe do Executivo. Em consequência, hoje, a atuação legislativa nesse campo é considerada inconstitucional.[51]

Alexandre de Moraes sintetiza que

a partir da EC nº 32/01, o texto constitucional brasileiro passou a admitir – sem margens para dúvidas – os "decretos autônomos" do Chefe do Executivo, com a finalidade de organização da Administração Pública, pois o art. 84, VI, da CF permite ao Presidente dispor, mediante decreto, sobre a organização da administração federal, quando não implicar aumento de despesa nem criação ou extinção de órgãos públicos, por equipará-lo aos demais atos normativos primários, inclusive lei, e, consequentemente, afirmar seu absoluto respeito ao princípio da reserva legal.[52]

Para José Afonso da Silva a norma constitucional contém "autorização para expedição de uma forma de regulamento autônomo, o chamado 'regulamento orgânico e de administração".[53] Ela é semelhante à Constituição de 1967 na redação da Emenda nº 01/69 (art. 81, V), e àquela época se entendia que "tal matéria parece agora vedada ao legislador"[54] porque "tornou-se imune à ação legislativa ordinária" como *"mais um dos domínios vedados à lei"*.[55]

A Constituição, no art. 84, VI, instituiu reserva de regulamento autônomo para organização e funcionamento da Administração desde que não implique aumento de despesa nem criação ou extinção de órgãos públicos porque se trata de matéria da competência privativa do Presidente da República (art. 84, *caput*), eliminadas a iniciativa legislativa reservada (art. 61, §1º, II, *e, in fine*) e a reserva de lei (arts. 48, XI, e 88). A privatividade impede o Parlamento de editar lei ou sustar a eficácia do respectivo decreto (a prerrogativa excepcional só incide no caso de regulamento executivo,[56] sem inibir o controle concentrado de constitucionalidade do regulamento autônomo),[57] porque é zona em que só o Chefe do Poder Executivo pode estatuir. Decisão enuncia que "o art. 84, VI, a, da Constituição Federal, na redação dada pela Emenda Constitucional

---

51   OLIVEIRA, Rafael Carvalho Rezende. *Curso de direito administrativo*. 9. ed. Rio de Janeiro: Forense; Método, 2021.

52   "A Constituição de 1988, apesar de reservar a primazia, não concedeu o monopólio da função normativa ao Poder Legislativo, estabelecendo outras fontes normativas primárias, tanto no Executivo (medidas provisórias, decretos autônomos), quanto no Judiciário (poder normativo primário do Conselho Nacional de Justiça). A norma prevista no inciso VI, do art. 84, consagra, no dizer do Ministro Carlos Britto, verdadeira autorização "constitutiva de regulamento autônomo" [...]" (MORAES, Alexandre de. *Direito constitucional*. 36. ed. São Paulo: Atlas, 2020).

53   SILVA, José Afonso da. *Comentário contextual à Constituição*. 6. ed. São Paulo: Malheiros, 2009. p. 486.

54   FERREIRA FILHO, Manuel Gonçalves. *Comentários à Constituição brasileira*. 3. ed. São Paulo: Saraiva, 1983. p. 373.

55   MELLO FILHO, José Celso de. *Constituição federal anotada*. 2. ed. São Paulo: Saraiva, 1986. p. 257.

56   VALADÃO, Marcos Aurélio Pereira. Sustação de atos do Poder Executivo pelo Congresso Nacional com base no artigo 49, inciso V, da Constituição de 1988. *Revista de Informação Legislativa*, Brasília, ano 38, n. 153, p. 287-301, jan./mar. 2002.

57   STF, ADI 5.082/DF, Tribunal Pleno, Rel. Min. Edson Fachin, 24.10.2018. *DJe*, 2.4.2020.

32/2001, permitiu ao Presidente da República dispor, mediante decreto, sobre matéria que antes só poderia ser disciplinada por lei".[58] A Emenda nº 32 rompeu com a assimetria no cotejo com a independência dos demais Poderes (e órgãos constitucionais autônomos) para sua organização e funcionamento (arts. 51, IV, 52, XII, 73, 96, I, "a" e "b", 129, §2º) e impôs maiores limitações às medidas provisórias (art. 62), sugerindo contrapartida no art. 84, VI.

O conteúdo dessa fórmula normativa demanda ser depurado porque persiste a reserva de lei para criação e extinção de órgãos públicos (arts. 48, XI, e 61, §1º, II, "e", da Constituição) – o que inclui a definição ou descrição de suas atribuições (Tema nº 917 de repercussão geral).[59] Por organização se entende a estruturação interna seccionada em plexos de competência elementares à finalidade do órgão público; por funcionamento, o modo de desenvolvimento de sua atuação.[60] Os desdobramentos atomizados essenciais à atividade do órgão público criado por lei e os meios e modais de sua atuação para os fins da competência que a lei assinalou se inserem no âmbito do regulamento. Por força do princípio hierárquico e da teoria dos poderes implícitos, é legítimo o regulamento para dotar polos ou núcleos às atividades-meio do órgão público (seções, divisões, departamentos, assessorias, diretorias etc.) na gestão de recursos humanos e materiais, finanças, criando células (subórgãos) auxiliares, inferiores, interiores, subalternos do órgão imprescindíveis às suas atividades-fim, desde que não haja aumento de despesa. Dessa noção se excluem os órgãos de cúpula (ou autônomos) como os Ministérios, cujas criação e extinção, e atribuições, estão sujeitas à reserva de lei, ou outros órgãos criados por lei (com ou sem competências por ela definidas).

Celso Antônio Bandeira de Mello adverte que o art. 84, VI, "a", da Constituição "faculta é que o Executivo proceda, no *interior dos esquemas já legalmente traçados da maneira genérica*, quer no que atina a *competências*, quer no que atina à *organização básica* na lei formulada, a *ulteriores subdivisões*, isto é, partições *na intimidade dos mesmos* órgãos, de tal sorte que as atribuições, já estatuídas em lei para aquele órgão, sejam internamente distribuídas, pois não pode criar órgãos novos nem extinguir os preexistentes. Competências outras não podem ser instituídas *ex novo*" e "quanto às disposições sobre o funcionamento da Administração Federal, não passam de simples manifestação de

---

[58] STF, ADI 2.601/DF, Tribunal Pleno, Rel. Min. Ricardo Lewandowski, 19.8.2021. *DJe*, 4.8.2022.

[59] "Não usurpa competência privativa do Chefe do Poder Executivo lei que, embora crie despesa para a Administração, não trata da sua estrutura ou da atribuição de seus órgãos nem do regime jurídico de servidores públicos (art. 61, §1º, II, 'a', 'c' e 'e', da Constituição Federal)".

[60] São assuntos da reserva normativa de Administração regras de definição do horário de expediente e de atendimento ao público, de rotinas burocráticas, de medidas para continuidade do serviço público nas situações extraordinárias e urgentes, de escala de férias dos servidores, de fixação, isenção, revisão ou extinção de tarifa de serviço público, de criação de células especializadas, de localização física do órgão, e, como julgado, de liberação de recursos para pagamento da folha de pessoal (STF, ADI 2.564/DF, Tribunal Pleno, Rel. Min. Ellen Gracie, 8.10.2003. *DJ*, 6.2.2004), extinção de contratos (STF, ADI 3.075/PR, Tribunal Pleno, Rel. Min. Gilmar Mendes, 24.9.2014. *DJe*, 5.11.2014), alteração do modo de cobrança do pedágio em rodovias (STF, ARE 1.245.566 AgR/SP, 1ª Turma, Rel. Min. Luiz Fux, 3.3.2020. *DJe*, 16.3.2020), proibição de cobrança de tarifa de serviços públicos (RTJ 234/09), gratuidade a categoria de usuário de serviço público (STF, ARE 929.591 AgR/PR, 2ª Turma, Rel. Min. Dias Toffoli, 6.10.2017. *DJe*, 27.10.2017), anulação de concurso público (STF, ADI 776 MC/RS, Tribunal Pleno, Rel. Min. Celso de Mello, 23.10.1992. *DJ*, 15.12.2006) fechamento ou transferência de unidades de ensino público (STF, ARE 1.371.889 AgR/RJ, 1ª Turma, Rel. Min. Alexandre de Moraes, 16.5.2022. *DJe*, 25.5.2022), criação de obrigação em contrato de concessão de serviço público (RTJ 200/84) etc.

poder hierárquico".[61] Trata-se de "mera competência para um arranjo intestino dos órgãos e competências *já criadas por lei*".[62] Com efeito, "o decreto passou a ser, a partir da Emenda Constitucional nº 32, de 2001, o único instrumento normativo apto a versar sobre atribuições e estruturação *intestinas* dos Ministérios e órgãos da administração pública ('intestinas' pois, em razão do princípio da legalidade, não pode haver, *in casu*, influxo restritivo sobre direitos de particulares). Portanto, as atribuições e a estruturação intestinas dos Ministérios e órgãos da administração pública não mais tocam à lei, devendo ser veiculadas em decreto autônomo – vale repetir, espécie normativa primária – desde que não implique aumento de despesa ou criação ou extinção de órgãos públicos (cf. art. 84, VI, 'a', da Constituição de 1988, com a redação da Emenda Constitucional nº 32, de 2001)" e "nada impede que competências já existentes – sejam ou não meramente intestinas – sejam transferidas de um órgão público para outro via decreto autônomo fundado na alínea 'a' do inc. VI do art. 84 da Constituição de 1988, com a redação da Emenda Constitucional nº 32, de 2001".[63] Carlos Ari Sundfeld infirma ao regulamento de organização (a) a instituição de órgãos por meio da criação de cargos novos ou com o aproveitamento de cargos existentes, mediante a atribuição de competência nova se afetar a esfera jurídica de terceiros, (b) a criação ou extinção de Ministério (âmbito federal) e Secretarias (âmbito estadual), mesmo com a transferência de cargos e competências a órgãos existentes, (c) a alteração da vinculação do órgão fixada em lei, (d) a subtração, total ou parcial, das competências atribuídas por lei ao órgão, (e) a extinção pura e simples de órgão criado por lei, (f) a extinção por desmembramento ou fusão de órgãos criados unidos ou separados por lei.[64]

A questão é mais aguda quando o subórgão foi criado por lei e sua extinção se dá por regulamento em momentos distintos, tendo como referencial a Emenda nº 32. Há decisão frisando que:

> considerado o princípio da separação dos poderes, conflita com a Constituição Federal a extinção, por ato unilateralmente editado pelo Chefe do Executivo, de órgãos colegiados que, contando com menção em lei em sentido formal, viabilizem a participação popular na condução das políticas públicas – mesmo quando ausente expressa "indicação de suas competências ou dos membros que o compõem".[65]

As fórmulas constitucionais precedentes à Emenda Constitucional nº 32/01 sujeitavam à reserva de lei a estruturação e atribuições de Ministérios e órgãos da Administração Pública, o que foi erradicado das normas vigentes. Como foi mantida essa exigência para a criação desses organismos, ela compreende a transformação

---

[61] BANDEIRA DE MELLO, Celso Antônio. *Curso de direito administrativo*. 26. ed. São Paulo: Malheiros, 2009. p. 103-104.

[62] BANDEIRA DE MELLO, Celso Antônio. *Curso de direito administrativo*. 26. ed. São Paulo: Malheiros, 2009. p. 338-339.

[63] AMARAL JÚNIOR, José Levi Mello do. Decreto autônomo: questões polêmicas. *Revista Jurídica Virtual*, Brasília, v. 5, n. 49, jun. 2003.

[64] SUNDFELD, Carlos Ari. Criação, estruturação e extinção de órgãos públicos: limites da lei e decreto regulamentar. *Revista de Direito Público*, São Paulo, n. 97, p. 43-52, jan./mar. 1991.

[65] STF, ADI 6.121 MC/DF, Tribunal Pleno, Rel. Min. Marco Aurélio, 13.6.2019. *DJe*, 28.11.2019.

substancial,[66] a fusão, a cisão e a descrição de suas atribuições – é elementar à criação do órgão que suas competências estejam delineadas em lei em virtude do princípio de especialidade que rege os movimentos de desconcentração e descentralização administrativas. Na repercussão geral que reverberou a natureza limitada da reserva de iniciativa legislativa do Chefe do Poder Executivo (Tema nº 917), indiretamente, se envolveu a reserva normativa de Administração, porque se discutia lei de iniciativa parlamentar de organização e funcionamento da Administração com aumento de despesa. Subjacente à iniciativa legislativa está a reserva de lei pelo aumento de gasto público. Diferentes são a previsões de obrigação ao Poder Executivo e de competência a órgão público do Poder Executivo, pois somente nesta se exige lei de iniciativa reservada.[67]

A reserva de regulamento tem limitações. Além das formais, é limitada materialmente pela Constituição, pelos princípios jurídicos, e pelos tratados e convenções internacionais, não podendo contrariá-los.[68] A restrição de direitos individuais sempre demanda lei formal e a esfera da reserva normativa da Administração não pode afetá-la.[69]

5 Outros espaços para regulamento autônomo

A abertura de outros espaços ao regulamento autônomo é empolgante debate que transita por posturas variegadas (flexibilização do rigor formal da legalidade estrita em prol de maiores velocidade e tecnicidade normativas da Administração Pública; acantonamento da reserva de lei às manifestações de poder extroverso do Estado; adoção de outras matrizes normativas para a condução política dos negócios públicos)[70] que se contrapõem às noções de preferência (ou primazia) da lei e preponderância do Poder Legislativo na função normativa, radicadas no princípio de legalidade.

Legalidade envolve tanto a vinculação negativa consistente na supremacia da lei (*negative Bindung*), limite de intervenção do poder público na esfera particular, quanto a vinculação positiva pela reserva de lei (*positive Bindung*), condicionante

---

[66] "A Constituição da República não oferece guarida à possibilidade de o Governador do Distrito Federal criar cargos e reestruturar órgãos públicos por meio de simples decreto" (Tema nº 48 de repercussão geral).

[67] O Supremo Tribunal Federal decidiu que "não ofende a separação de poderes, a previsão, em lei de iniciativa parlamentar, de encargo inerente ao Poder Público a fim de concretizar direito social previsto na Constituição", pois, "não se trata sequer de reconhecer direitos, visto que eles emanam da própria Constituição, mas de lhes dar concretude", razão pela qual não há "invasão de competência quando o poder legislativo limita-se a explicitar o conteúdo de direito fundamental já expresso na Constituição", e mesmo se cria obrigações à Administração Pública e ao Poder Executivo, elas "não implicam, necessariamente, a alteração de sua estrutura ou a criação de novas atribuições" (STF, ADI 4.723/AP, Tribunal Pleno, Rel. Min. Edson Fachin, 22.6.2020. *DJe*, 8.7.2020).

[68] STF, ADPF 622/DF, Tribunal Pleno, Rel. Min. Roberto Barroso, 01.3.2021. *DJe*, 21.5.2021; STF, ADPF, 651/DF, Tribunal Pleno, Rel. Min. Cármen Lúcia, 28.4.2022. *DJe*, 29.8.2022.

[69] DI PIETRO, Maria Sylvia Zanella; MARTINS JUNIOR, Wallace Paiva. *Tratado de direito administrativo*: teoria geral e princípios do direito administrativo. 3. ed. São Paulo: Thomson Reuters, 2022. v. 1, p. 299.

[70] "Ademais, com a crise da concepção liberal do princípio da legalidade e o advento do pós-positivismo, a atuação administrativa deve ser pautada não apenas pelo cumprimento da lei, mas também pelo respeito aos princípios constitucionais, com o objetivo de efetivar os direitos fundamentais. Assim, por exemplo, no tocante à 'administração de prestações', quando o Estado gera comodidades e utilidades para a coletividade, sem a necessidade do uso de sua autoridade (poder de império), bem como na atuação consensual da Administração, o princípio da legalidade deve ser compreendido na acepção da vinculação negativa. A ausência de restrições aos direitos fundamentais e o próprio consenso do cidadão serviriam como fonte de legitimação para essa atuação pública, sem a necessidade de respaldo específico na lei, desde que respeitado o princípio da isonomia" (OLIVEIRA, Rafael Carvalho Rezende. *Curso de direito administrativo*. 9. ed. Rio de Janeiro: Forense; Método, 2021).

da atuação da Administração Pública à prévia autorização em lei. O princípio da legalidade em seu aspecto positivo exprime a relação de aderência da Administração Pública à lei oriunda do Parlamento porque, como acentua Michel Stassinopoulos, "a lei não é apenas o limite do ato administrativo, mas sua condição e sua base. Em um estado de Direito, a Administração não se encontra apenas na impossibilidade de agir *contra legem* ou *praeter legem*, mas é obrigada a agir sempre *secundum legem*",[71] sentença adotada no direito italiano,[72] e acompanhada por Seabra Fagundes gizando a "integral submissão da Administração Pública à lei".[73] Limite e fundamento da atuação estatal, a lei é o pressuposto da ação administrativa e, no direito brasileiro, entendimentos há pontuando que "não há nenhuma matéria reservada ao regulamento" em razão do princípio da universalidade da lei.[74] O princípio da reserva de lei, exigente da disciplina de determinado assunto por lei,[75] compreende gradientes diferençados nos círculos das reservas absoluta e relativa, sendo esta fértil para a competência regimental e regulamentar[76] e balizando regulamentos autorizados e setoriais. Se legalidade em sentido amplo admite várias formas (Constituição, princípios jurídicos, tratados e convenções internacionais, leis, regulamentos) diversas das concentradas na norma legislativa (ainda que com variações de intensão), isso não esgota o exame da questão, merecendo adição a partilha entre os Poderes Legislativo e Executivo na condução política dos assuntos públicos e a imprescindibilidade de asseguramento de direitos fundamentais e adimplemento de deveres subjetivos públicos para aventar variados prismas na ampliação das hipóteses de regulamento autônomo.

Se é excepcional o poder normativo primário extraparlamentar, a Constituição atribui, mediante fórmulas explícitas ou implícitas, competência normativa a outros

---

[71] STASSINOPOULOS, Michel. *Traité des actes administratifs*. [s.l.]: l'Institut français d'Athènes, 1954. p. 69.

[72] A literatura anota que "tornando al principio di legalità quanto dell'attività amministrativa, si osserva, in primo luogo, che lo stesso appare testualmente limitato alla sola organizzazione degli uffici pubblici. Invece, giustamente la dottrina lo ha significativamente esteso all'attività sulla scorta di considerazioni che riecheggiano quanto si diceva poco addietro circa l'assoggetamento alla legge dei tutta la sua attività" (FRANCO, Italo. *Manuale del nuovo diritto amministrativo*. Padova: Cedam, 2012. p. 57).

[73] FAGUNDES, Miguel Seabra. *O controle dos atos administrativos pelo Poder Judiciário*. 8. ed. Rio de Janeiro: Forense, 2010. p. 115, n. 51.

[74] CLÈVE, Clèmerson Merlin. *Atividade legislativa do Poder Executivo*. 2. ed. São Paulo: Revista dos Tribunais, 2000. p. 280.

[75] FRACA, Gabino. *Derecho administrativo*. 12. ed. México: Porrua, 1968. p. 109.

[76] Segundo decisão, "há visível distinção entre as seguintes situações: [i] vinculação às definições da lei e [ii] vinculação às definições decorrentes – isto é, fixadas em virtude dela – de lei. No primeiro caso estamos diante da reserva da lei; no segundo, em face da reserva da norma [norma que pode ser tanto legal quanto regulamentar ou regimental]. Na segunda situação, ainda quando as definições em pauta se operem em atos normativos não da espécie legislativa – mas decorrentes de previsão implícita ou explícita em lei – o princípio estará sendo acatado. 6. No caso concreto, o princípio da legalidade expressa reserva de lei em termos relativos [= reserva da norma]; não impede a atribuição, explícita ou implícita, ao Executivo e ao Judiciário, para, no exercício da função normativa, definir obrigação de fazer ou não fazer que se imponha aos particulares e os vincule. 7. Se há matérias que não podem ser reguladas senão pela lei [...] aqui entendida como tipo específico de ato legislativo, que os estabeleça – das excluídas a essa exigência podem tratar, sobre elas dispondo, o Poder Executivo e o Judiciário, em regulamentos e regimentos. Quanto à definição do que está incluído nas matérias de reserva de lei, há de ser colhida no texto constitucional; quanto a essas matérias não cabem regulamentos e regimentos. [...] 8. Não há delegação de competência legislativa na hipótese e, pois, inconstitucionalidade. Quando o Executivo e o Judiciário expedem atos normativos de caráter não legislativo – regulamentos e regimentos, respectivamente – não o fazem no exercício da função legislativa, mas no desenvolvimento de função normativa. O exercício da função regulamentar e da função regimental não decorrem de delegação de função legislativa; não envolvem, portanto, derrogação do princípio da divisão dos poderes" (STF, HC 91.509/RN, 2ª Turma, Rel. Min. Eros Grau, 27.10.2009. *DJe*, 12.2.2010).

atores quando lhes timbra autonomia, geratriz da capacidade para regrar assuntos não incluídos na reserva de lei.[77] Como acentuava Diógenes Gasparini, "a atribuição regulamentar vai além da mera execução das leis, para em algumas hipóteses, executar a própria Constituição".[78] A produção de normas jurídicas além do círculo da reserva de lei consiste na faculdade da Administração Pública "de emitir normas para disciplinar matérias não privativas da lei",[79] apoiando-se o regulamento autônomo na competência privativa do Chefe do Poder Executivo para direção superior da administração em matéria não sujeita à reserva de lei,[80] fortificado pelo princípio de hierarquia, compreensivo da edição de atos normativos para ordenação da atuação dos subalternos.[81] Outra hipótese é a concretização de direitos fundamentais em razão da omissão legislativa, expondo que "apenas se poderão admitir regulamentos autônomos orientados a assegurar a realização de direitos fundamentais, quando a ausência de lei puder acarretar o sacrifício de valores protegidos constitucionalmente",[82] de maneira que

> é possível admitir outros casos (não expressos) de poder normativo autônomo a partir da consagração do princípio da juridicidade. Em tempos de constitucionalização do ordenamento jurídico, a omissão legislativa não pode servir como um mecanismo fraudulento para impedir a plena efetividade do texto constitucional. Reconhecidas a superioridade da Constituição e a centralidade dos direitos fundamentais, deve ser admitida a edição de regulamentos autônomos em relação às matérias não sujeitas à reserva legal, quando a Administração Pública tiver como norte o atendimento de objetivos (deveres) constitucionais.[83]

O exercício desse poder normativo limitado às matérias diretamente ligadas às competências constitucionais da Administração Pública, excetuadas as reservadas à lei formal, destina-se, em linha de princípio, à disciplina de situação ou relação jurídica de sujeição por título especial (singular) e indiretamente às demais pessoas.[84] Para Thiago Marrara, "a ausência de lei jamais poderia impedir que a Administração Pública agisse a fim de concretizar os objetivos do Estado. Dessa maneira, em regra, a prática de atos administrativos e atos da Administração, incluindo atos normativos, é sempre possível mesmo na ausência de lei específica tratando da matéria desde que: (1) tais atos sirvam para a concretização dos fins do Estado (arts. 1º a 4º da CF) e (2) pautem-se pelos princípios basilares de direito administrativo (sobretudo os do art. 37, *caput*, da CF). Isso significa dizer que o Poder Público não está autorizado a negar efetividade à Constituição em razão de uma omissão do legislador, salvo em algumas situações

---

[77] DI PIETRO, Maria Sylvia Zanella; MARTINS JUNIOR, Wallace Paiva. *Tratado de direito administrativo*: teoria geral e princípios do direito administrativo. 3. ed. São Paulo: Thomson Reuters, 2022. v. 1, p. 296-297.

[78] GASPARINI, Diógenes. *Poder regulamentar*. 2. ed. São Paulo: Revista dos Tribunais, 1982. p. 35.

[79] MEDAUAR, Odete. *Direito administrativo moderno*. 11. ed. São Paulo: Revista dos Tribunais, 2007. p. 115.

[80] DI PIETRO, Maria Sylvia Zanella; MARTINS JUNIOR, Wallace Paiva. *Tratado de direito administrativo*: teoria geral e princípios do direito administrativo. 3. ed. São Paulo: Thomson Reuters, 2022. v. 1, p. 296-297.

[81] DI PIETRO, Maria Sylvia Zanella. *Direito administrativo*. 36. ed. Rio de Janeiro: Forense, 2023.

[82] JUSTEN FILHO, Marçal. *Curso de direito administrativo*. 4. ed. São Paulo: Saraiva, 2009. p. 312.

[83] OLIVEIRA, Rafael Carvalho Rezende. *Curso de direito administrativo*. 9. ed. Rio de Janeiro: Forense; Método, 2021.

[84] MOTTA, Fabrício. *Função normativa da Administração Pública*. Belo Horizonte: Fórum, 2007. p. 174-175.

excepcionais", enumeradamente (a) a reserva legal estrita, (b) a primazia da lei, e (c) a reserva não escrita de lei.[85]

Decisão da Suprema Corte brasileira referente à proibição do nepotismo em resolução do Conselho Nacional de Justiça a concebeu como ato normativo primário com a "finalidade debulhar os próprios conteúdos lógicos dos princípios constitucionais de centrada regência de toda a atividade administrativa do Estado", de maneira que os "densifica apropriadamente", sem ofender "a pureza do princípio da separação dos Poderes", à vista da competência normativa do órgão central de controle.[86] Esse *leading case* foi reiterado em repercussão geral estadeada nas premissas de que "a vedação do nepotismo não exige a edição de lei formal para coibir a prática" e a proibição "decorre diretamente dos princípios contidos no art. 37, *caput*, da Constituição Federal" (Tema nº 66).[87] Refutando a inconstitucionalidade de lei de iniciativa parlamentar proibitiva dessa prática, decidiu-se em repercussão geral (Tema nº 29) que:

> não é privativa do Chefe do Poder Executivo a competência para a iniciativa legislativa de lei sobre nepotismo na Administração Pública: leis com esse conteúdo normativo dão concretude aos princípios da moralidade e da impessoalidade do art. 37, *caput*, da Constituição da República, que, ademais, têm aplicabilidade imediata, ou seja, independente de lei.[88]

Julgando lei de iniciativa parlamentar prescrevendo regras de moralidade administrativa para nomeação em cargos de provimento em comissão e funções de confiança, foi rechaçada a reserva de iniciativa legislativa, reverberando que a aplicação do princípio de moralidade administrativa independe de lei e "não há falar em vício de iniciativa de lei que impõe obrigação que deriva automaticamente da própria Constituição da República".[89]

As possibilidades de regulamento autônomo para além do art. 84, VI, da Constituição devem ser calibradas pelos limites que o ordenamento jurídico implanta como a reserva de lei (nas formas estrita e não escrita, segundo alvitra Thiago Marrara) e as hipóteses em que não haja reserva explícita de lei, mas tácita implícita, identificadas na reserva de iniciativa legislativa do Presidente da República e na autorização legislativa igualmente de sua iniciativa privativa.

5.1 Diferença entre competência e reserva normativas do Poder Executivo

Se ao Poder Executivo é consentido disciplinar assunto que não se encontra sob a reserva de lei e decorra diretamente de competência dada pela Constituição, ou

---

[85] MARRARA, Thiago. As fontes do direito administrativo e o princípio da legalidade. *In*: DI PIETRO, Maria Sylvia Zanella; RIBEIRO, Carlos Vinícius Alves (Coord.). *Supremacia do interesse público e outros temas relevantes do direito administrativo*. São Paulo: Atlas, 2010. p. 230-260.

[86] STF, ADC 12 MC/DF, Tribunal Pleno, Rel. Min. Carlos Britto, 16.2.1996. DJ, 1º.9.2006 (RTJ 199/427).

[87] STF, RE 579.951/RN, Tribunal Pleno, Rel. Min. Ricardo Lewandowski, 20.8.2008. *DJe*, 24.10.2008.

[88] STF, RE 570.392/RS, Tribunal Pleno, Rel. Min. Cármen Lúcia, 11.12.2014. *DJe*, 19.2.2015.

[89] STF, RE 1.273.372 AgR/SP, 2ª Turma, Rel. Min. Edson Fachin, 15.5.2023. *DJe*, 1.6.2023.

para não imolar direitos subjetivos públicos basilares em razão da inércia ou omissão legislativa, não é qualquer competência normativa que desenvolva correspondente à reserva normativa de Administração, pois seu pressuposto é a relação de privatividade, excludente das demais esferas de competência normativa. Do contrário, reserva não há, senão faculdade de normatizar. O art. 84, VI, da Constituição, é situação que só o Poder Executivo deve normatizar, diferentemente de hipóteses em que o Poder Executivo pode (também) normatizar a título de uma competência normativa supletiva, residual[90] ou compartilhada, fundamentada no vácuo em matéria não reservada à lei (reservas estrita ou implícita) ou à sua iniciativa legislativa exclusiva, por exemplo.

A compreensão da taxatividade da reserva de iniciativa legislativa do Chefe do Poder Executivo em repercussão geral (Tema nº 917) explicitou a opção constituinte pela iniciativa legislativa concorrente e indiretamente realçou a superioridade do Parlamento na produção normativa e a preferência de lei. Além disso, é vetor interpretativo que resolve a colisão entre as reservas de lei[91] e regulamento (autônomo),[92] porque pressuposto daquela é a competência legislativa, notadamente em face do *nocciolo duro* da legalidade estrita (ainda que haja imprecisão na práxis entre iniciativa e competência, especialmente no que se refere a atribuições de órgão público,[93] superada quando há aumento de despesa).[94] A baliza determinante é a excepcionalidade da reserva de regulamento autônomo na competência normativa do Poder Executivo.

---

[90] Como visto, a evolução da função regulamentar alcançou o reconhecimento de uma zona regulamentar independente do Poder Executivo ou de uma função regulamentar residual "cuando el Parlamento no legisla sobre una determinada institución o situación general" (CASSAGNE, Juan Carlos. *Los grandes principios del derecho público constitucional y administrativo*. 1. ed. Buenos Aires: Thomson Reuters La Ley, 2015. p. 155-156). Segundo explica a doutrina italiana, "come si vede, vi sono delle materie per la qualli soltanto la legge può dettare una disciplina; ma quanto alle restanti materie – per la quali, si può dire, l'ordinamento ammette che la disciplina possa essere dettata, indifferentemente, da una legge o da un regolamento – laddove nessuna regolamentiozione legislativa risulti, del tutto leggitima sarà l'eventuale emissione di un regolamento governativo al fine di dettare disposizioni al riguardo" (FRANCO, Italo. *Manuale del nuovo diritto amministrativo*. Padova: Cedam, 2012. p. 146).

[91] "1. Vício de iniciativa, vez que o projeto de lei foi apresentado por um parlamentar, embora trate de matéria típica de Administração. 2. O texto normativo criou novo órgão na Administração Pública estadual, o Conselho de Administração, composto, entre outros, por dois Secretários de Estado, além de acarretar ônus para o Estado-membro. Afronta ao disposto no artigo 61, §1º, inciso II, alínea 'e' da Constituição do Brasil" (RTJ 200/1065).

[92] "AÇÃO DIRETA DE INCONSTITUCIONALIDADE. LEI Nº 11.830, DE 16 DE SETEMBRO DE 2002, DO ESTADO DO RIO GRANDE DO SUL. ADEQUAÇÃO DAS ATIVIDADES DO SERVIÇO PÚBLICO ESTADUAL E DOS ESTABELECIMENTOS DE ENSINO PÚBLICOS E PRIVADOS AOS DIAS DE GUARDA DAS DIFERENTES RELIGIÕES PROFESSADAS NO ESTADO. CONTRARIEDADE AOS ARTS. 22, XXIV; 61, §1º, II, C; 84, VI, A; E 207 DA CONSTITUIÇÃO FEDERAL. No que toca à Administração Pública estadual, o diploma impugnado padece de vício formal, uma vez que proposto por membro da Assembleia Legislativa gaúcha, não observando a iniciativa privativa do Chefe do Executivo, corolário do princípio da separação de poderes. Já, ao estabelecer diretrizes para as entidades de ensino de primeiro e segundo graus, a lei atacada revela-se contrária ao poder de disposição do Governador do Estado, mediante decreto, sobre a organização e funcionamento de órgãos administrativos, no caso das escolas públicas [...]" (RTJ 191/479).

[93] "É indispensável a iniciativa do Chefe do Poder Executivo (mediante projeto de lei ou mesmo, após a EC 32/01, por meio de decreto) na elaboração de normas que de alguma forma remodelem as atribuições de órgão pertencente à estrutura administrativa de determinada unidade da Federação" (STF, ADI 3.254-ES, Tribunal Pleno, Rel. Min. Ellen Gracie, 16.11.2005, v.u. *DJ*, 2.12.2005, p. 02).

[94] "À luz do princípio da simetria, são de iniciativa do Chefe do Poder Executivo estadual as leis que versem sobre a organização administrativa do Estado, podendo a questão referente à organização e funcionamento da Administração Estadual, quando não importar aumento de despesa, ser regulamentada por meio de Decreto do Chefe do Poder Executivo (art. 61, §1º, II, 'e' e art. 84, VI, 'a' da Constituição federal)" (STF, ADI 2.857-ES, Tribunal Pleno, Rel. Min. Joaquim Barbosa, 30.08.2007, v.u. *DJe*, 30.11.2007)

5.2 Colisões entre regulamento independente e lei

A dilatação de espaço ao regulamento independente potencializa atrito entre as reservas de lei e regulamento. Sua solução transita pela identificação desses domínios – reserva significa exclusividade. Após a Emenda Constitucional nº 32, não pode a lei disciplinar organização e funcionamento da Administração (salvo se houver aumento de despesa ou criação ou extinção de órgãos públicos) em virtude da reserva de regulamento, sem prejuízo da recepção de leis precedentes modificáveis unicamente por decreto. Se lei superveniente à emenda tratou da matéria, é inconstitucional por invadir a reserva de regulamento,[95] não sendo convalidada pela sanção, mercê de lição em contrário traçando paralelo com o art. 37 da Constituição francesa.[96] Se o regulamento foi editado com caráter supletivo, compartilhado ou residual, a solução é a primazia ou preferência de lei. A expedição do regulamento autônomo impede a edição de lei[97] se decorrer da reserva de Administração em razão de privatividade daquele, diferentemente da situação em que o Poder Executivo tem a possibilidade de emissão de regulamento independente sem que haja reserva, em virtude do princípio de universalidade (preferência) da lei.

Malgrado a denominação de bens públicos ser ato típico de reserva de Administração, o Supremo Tribunal Federal reconheceu, em repercussão geral, a coabitação normativa entre os Poderes Legislativo e Executivo mediante lei e decreto, respectivamente (Tema nº 1.070).[98] Há na Constituição relação de compartilhamento normativo assimétrico na criação de espaços territoriais especialmente protegidos, porque se admite ato normativo do Poder Executivo, enquanto a alteração ou supressão exigem a reserva de lei (art. 225, §1º, III).

Referências

AMARAL JÚNIOR, José Levi Mello do. Decreto autônomo: questões polêmicas. *Revista Jurídica Virtual*, Brasília, v. 5, n. 49, jun. 2003.

ARAGÃO, Alexandre Santos de. O poder normativo das agências reguladoras independentes e o Estado democrático de Direito. *Revista de Informação Legislativa*, Brasília, ano 37, n. 148, p. 275-299, out./dez. 2000.

ARAGÃO, Alexandre Santos de. Princípio da legalidade e poder regulamentar no Estado contemporâneo. *R. Dir. Adm*, Rio de Janeiro, v. 225, p. 109-129, jul./set. 2001.

BANDEIRA DE MELLO, Celso Antônio. *Curso de direito administrativo*. 26. ed. São Paulo: Malheiros, 2009,

---

[95] RTJ 191/479.

[96] AMARAL JÚNIOR, José Levi Mello do. Decreto autônomo: questões polêmicas. *Revista Jurídica Virtual*, Brasília, v. 5, n. 49, jun. 2003.

[97] Explica Thiago Marrara que "quando a Constituição ressalva determinadas matérias para tratamento via regulamento autônomo do Chefe do Executivo, não parece haver sequer a possibilidade de que elas sejam disciplinadas por outra fonte, tal como a lei em sentido formal. Justamente por isso, essa fonte é dita 'autônoma', ou seja, autônoma em relação às atividades do Poder Legislativo" (MARRARA, Thiago. As fontes do direito administrativo e o princípio da legalidade. *In*: DI PIETRO, Maria Sylvia Zanella; RIBEIRO, Carlos Vinícius Alves (Coord.). *Supremacia do interesse público e outros temas relevantes do direito administrativo*. São Paulo: Atlas, 2010. p. 230-260).

[98] "É comum aos poderes Executivo (decreto) e Legislativo (lei formal) a competência destinada à denominação de próprios, vias e logradouros públicos e suas alterações, cada qual no âmbito de suas atribuições".

BANDEIRA DE MELLO, Oswaldo Aranha. *Princípios gerais de direito administrativo*. 3. ed. São Paulo: Malheiros, 2007. v. I.

BRABAINT, Guy; STIRN, Bernard. *Le droit administratif français*. 4. ed. Paris: Presses de Sciences Po et Dalloz, 1997.

BUENO, José Antônio Pimenta. *Direito público e análise da Constituição do Império*. Brasília: Senador Federal; Editora Universidade de Brasília, 1978.

CAETANO, Marcello. *Manual de direito administrativo*. 10. ed. Coimbra: Almedina, 1997. t. I.

CANOTILHO, J. J. Gomes. *Direito constitucional*. 5. ed. Coimbra: Almedina, 1991.

CARVALHO FILHO, José dos Santos. *Manual de direito administrativo*. 34. ed. São Paulo: Atlas, 2020.

CASSAGNE, Juan Carlos. *Los grandes principios del derecho público constitucional y administrativo*. 1. ed. Buenos Aires: Thomson Reuters La Ley, 2015.

CLÈVE, Clèmerson Merlin. *Atividade legislativa do Poder Executivo*. 2. ed. São Paulo: Revista dos Tribunais, 2000.

CLÈVE, Clèmerson Merlin. *Direito constitucional brasileiro*. Organização do Estado e dos poderes. São Paulo: Revista dos Tribunais, 2014. v. II.

CORSO, Guido. *Manuale di diritto amministrativo*. 8. ed. Torino: G. Giappichelli Editore, 2017.

DAL POZZO, Augusto Neves Dal Pozzo; ROCHA, Silvio Luís Ferreira da. *Curso de direito administrativo*. São Paulo: Thomson Reuters, 2024.

DEBBASCH, Charles. *Science administrative*. 4. ed. Paris: Dalloz, 1980.

DI PIETRO, Maria Sylvia Zanella. *Direito administrativo*. 36. ed. Rio de Janeiro: Forense, 2023.

DI PIETRO, Maria Sylvia Zanella; MARTINS JUNIOR, Wallace Paiva. *Tratado de direito administrativo*: teoria geral e princípios do direito administrativo. 3. ed. São Paulo: Thomson Reuters, 2022. v. 1.

FAGUNDES, Miguel Seabra. *O controle dos atos administrativos pelo Poder Judiciário*. 8. ed. Rio de Janeiro: Forense, 2010.

FERREIRA FILHO, Manuel Gonçalves. *Comentários à Constituição brasileira*. 3. ed. São Paulo: Saraiva, 1983.

FRAGA, Gabino. *Derecho administrativo*. 12. ed. México: Porrua, 1968.

FRANCO, Italo. *Manuale del nuovo diritto amministrativo*. Padova: Cedam, 2012.

GARCÍA DE ENTERRÍA, Eduardo; FERNÁNDEZ, Tomás-Ramón. *Curso de derecho administrativo*. Madrid: Civitas, 1982. v. I.

GASPARINI, Diógenes. *Poder regulamentar*. 2. ed. São Paulo: Revista dos Tribunais, 1982.

GORDILLO, Agustín. *Tratado de derecho administrativo y obras selectas*: Parte general. 1. ed. Buenos Aires: Fundación de Derecho Administrativo, 2017. v. 1.

JUSTEN FILHO, Marçal. *Curso de direito administrativo*. 4. ed. São Paulo: Saraiva, 2009.

MACERA, Paulo Henrique. Reserva de administração: delimitação conceitual e aplicabilidade no direito brasileiro. *Revista Digital de Direito Administrativo*, v. 1, n. 2, p. 333-376, 2014.

MARRARA, Thiago. As fontes do direito administrativo e o princípio da legalidade. *In*: DI PIETRO, Maria Sylvia Zanella; RIBEIRO, Carlos Vinícius Alves (Coord.). *Supremacia do interesse público e outros temas relevantes do direito administrativo*. São Paulo: Atlas, 2010. p. 230-260.

MARTÍN MATEO, Ramón. *Manual de derecho administrativo*. 18. ed. Madrid: Trivium, 1997.

MAURER, Hartmut. *Direito administrativo geral*. Tradução de Luís Afonso Heck. Barueri: Manole, 2006.

MEDAUAR, Odete. *Direito administrativo moderno*. 11. ed. São Paulo: Revista dos Tribunais, 2007.

MELLO FILHO, José Celso de. *Constituição federal anotada*. 2. ed. São Paulo: Saraiva, 1986.

MENDES, Gilmar Ferreira; BRANCO, Paulo Gustavo Gonet. *Curso de direito constitucional*. 18. ed. São Paulo: SaraivaJur, 2023.

MORAES, Alexandre de. *Direito constitucional*. 36. ed. São Paulo: Atlas, 2020.

MOTTA, Fabrício. *Função normativa da Administração Pública*. Belo Horizonte: Fórum, 2007.

OLIVEIRA, Rafael Carvalho Rezende. *Curso de direito administrativo*. 9. ed. Rio de Janeiro: Forense; Método, 2021.

RÁO, Vicente. *O direito e a vida dos direitos*. 3. ed. São Paulo: Revista dos Tribunais, [s.d.]. v. 1.

SILVA, José Afonso da. *Comentário contextual à Constituição*. 6. ed. São Paulo: Malheiros, 2009.

STASSINOPOULOS, Michel. *Traité des actes administratifs*. [s.l.]: l'Institut français d'Athènes, 1954.

SUNDFELD, Carlos Ari. Criação, estruturação e extinção de órgãos públicos: limites da lei e decreto regulamentar. *Revista de Direito Público*, São Paulo, n. 97, p. 43-52, jan./mar. 1991.

VALADÃO, Marcos Aurélio Pereira. Sustação de atos do Poder Executivo pelo Congresso Nacional com base no artigo 49, inciso V, da Constituição de 1988. *Revista de Informação Legislativa*, Brasília, ano 38, n. 153, p. 287-301, jan./mar. 2002.

Informação bibliográfica deste texto, conforme a NBR 6023:2018 da Associação Brasileira de Normas Técnicas (ABNT):

MARTINS JUNIOR, Wallace Paiva. A reserva normativa de Administração no direito brasileiro. *In*: JUSTEN, Monica Spezia; PEREIRA, Cesar; JUSTEN NETO, Marçal; JUSTEN, Lucas Spezia (coord.). *Uma visão humanista do direito*: homenagem ao Professor Marçal Justen Filho. Belo Horizonte: Fórum, 2025. v. 1, p. 477-497. ISBN 978-65-5518-918-6.

CONTROLE E DIREITO ADMINISTRATIVO SANCIONADOR

(Coordenador: Benjamin Zymler)

ENTRE O CAOS E O NADA: A MULTIPLICIDADE DE SANÇÕES EM CASOS DE CARTÉIS EM LICITAÇÃO

ALEXANDRE DITZEL FARACO

Introdução

A punição a cartéis em licitação é marcada, no direito brasileiro, pela multiplicidade de sistemas de sanções que se sobrepõem e podem ser aplicados concomitantemente aos mesmos fatos. Esse cenário se formou de modo assistemático e como resposta legislativa a diferentes contextos históricos. O resultado não é favorável a um tratamento coerente da matéria e que de fato promova os objetivos de dissuasão e repressão ao ilícito.

A existência de vários sistemas e autoridades com poderes para aplicar sanções não implica, necessariamente, maior efetividade na promoção desses objetivos. O resultado pode ser o oposto. Ademais, o quadro existente é de difícil compatibilização com princípios que deveriam moldar o processo de aplicação de sanções em nosso direito, como a vedação ao *bis in idem*.

O artigo parte da descrição dessa multiplicidade de sistemas para, em seguida, tratar de seus efeitos e limitações. A partir disso, discute parâmetros que permitem equacionar os problemas identificados e destaca alguns casos recentes em que autoridades reconheceram a necessidade de mitigar os efeitos da aplicação independente e concomitante dos vários sistemas.

Sistemas de sanções a cartéis em licitação

Por meio de licitações a administração pública estabelece um processo formal e controlado de concorrência entre agentes econômicos para identificar a oferta que melhor atende ao interesse público em determinado caso. Se já há concorrência no mercado entre os potenciais ofertantes, qual a necessidade de realizar licitações? Não bastaria contratar aquele que oferece a preços mais baixos?

Ainda que fosse simples como essas perguntas sugerem, a licitação, em qualquer circunstância, permite o controle e a avaliação da decisão do agente público responsável pela contratação. Procura, com isso, limitar desvios e dar transparência aos critérios usados, evidenciando sua adequação – ou não – aos parâmetros legais aplicáveis.

Mas, muitas vezes, o objeto da contratação é complexo e a identificação da melhor oferta não é trivial. A licitação faz com que os potenciais ofertantes revelem sua melhor oferta e reduz a assimetria de informações para quem contrata. Permite, ainda, aos próprios ofertantes entender melhor o que se espera deles e que tipo de proposta devem desenvolver. Não é incomum que empresas privadas se valham, pelo mesmo motivo, de processos análogos em suas contratações.

Ainda que haja dinâmica competitiva no mercado e potencial diversidade de ofertantes, o processo formal de contratação, que criará disputa específica por determinado objeto, possibilita que a concorrência efetivamente ocorra no caso concreto em benefício do contratante e dos próprios ofertantes, pois todos trabalharão com o mesmo nível de informação sobre a oportunidade existente.[1]

O que genericamente se denomina como "cartéis em licitação" refere-se a acordos ou ajustes entre concorrentes ofertantes para frustrar o caráter competitivo de licitações e, com isso, potencialmente prejudicar a identificação da melhor oferta. O foco da conduta é impedir ou restringir os efeitos positivos da concorrência em pressionar os agentes econômicos a oferecerem propostas com as melhores condições possíveis.

Pode envolver agentes que oferecem os bens e serviços objeto da contratação e terceiros que os auxiliam na formatação desses acordos – como consultorias, sindicatos e associações. Pode também envolver os próprios agentes públicos, que colaboram com os particulares e deixam de atuar em prol do interesse público.

É comum verificar atos de corrupção em paralelo a cartéis em licitações, pois a organização desses arranjos pode depender ou ser facilitada por atos do agente público. É o caso da confecção de edital com exigências excessivas para participar da licitação, que só podem ser atendidas pelos participantes do cartel ou que viabiliza a formação do acordo ao reduzir o universo de potenciais participantes.

A frustração do caráter competitivo da licitação é grave na perspectiva da realização do interesse público. A administração despende mais recursos do que o necessário, limitando sua capacidade de realizar políticas públicas. As empresas privadas tornam-se ineficientes, pois o que define o sucesso em contratações públicas não é a capacidade de oferecer bens e serviços a custos menores ou de gerar inovações tecnológicas, mas de manipular o processo de contratação e cooptar agentes públicos. Essa ineficiência tende a impactar não só as empresas que fornecem à administração, mas toda a cadeia produtiva na qual se inserem, com potenciais repercussões para outros setores da economia.

Há, ainda, a geração de descrédito dos cidadãos com a organização do Estado e com o sistema político, tanto em razão da falta de políticas públicas adequadas, como pela percepção de que os recursos públicos originados do pagamento de tributos são largamente desviados de suas finalidades.

O ordenamento jurídico brasileiro tem múltiplos sistemas de sanções voltados à prevenção e repressão dessa conduta. As normas foram editadas em diferentes períodos,

---

[1] Para análise exaustiva das finalidades da licitação e princípios que a regem, v. JUSTEN FILHO, Marçal. *Comentários à Lei de Licitações e Contratos Administrativos*. 14. ed. São Paulo: Dialética, 2010. p. 60 e ss.

em resposta a contextos políticos e sociais diversos e sem preocupação com qualquer sistematização mais ampla, atribuindo competências para aplicar sanções a distintas autoridades sem a criação de mecanismos de coordenação ou solução de conflitos.

A gravidade da conduta faz com que seja objeto de tratamento criminal. O Capítulo II-B do Título XI da Parte Especial do Código Penal define atualmente os crimes em licitações e contratos administrativos, os quais incluem a "frustração do caráter competitivo de licitação":

> Frustrar ou fraudar, com o intuito de obter para si ou para outrem vantagem decorrente da adjudicação do objeto da licitação, o caráter competitivo do processo licitatório. (Art. 337-F)

Essa conduta poder ser acompanhada de outras hipóteses tipificadas no mesmo capítulo, como o "afastamento de licitante" (art. 337-K) ou a "fraude em licitação" (art. 337-L), assim como de outros crimes contra a administração pública, como as diferentes modalidades de corrupção e peculato.

Quando o acordo entre concorrentes vai além do contexto de uma licitação específica, mas reflete arranjo em relação ao mercado como um todo, é possível cogitar da caracterização de crime contra a ordem econômica, conforme tipificado no art. 4º da Lei nº 8.137/90. A conduta em relação à licitação, nessa hipótese, insere-se no âmbito de arranjo mais extenso que procura afetar a dinâmica do mercado como um todo. Os agentes econômicos não visam apenas àquela licitação, mas dividem obras e clientes de forma geral. Há, por exemplo, um rodízio aplicado a sucessivas licitações com objetos análogos e mesmo abrangendo fornecimentos a clientes privados.

Não é correto – embora por vezes isso seja feito na aplicação da norma – equiparar toda e qualquer frustração ao caráter competitivo de licitação com a conduta que caracteriza o crime contra a ordem econômica. O objeto de uma licitação não se confunde, em regra, com o mercado como um todo e o acordo sobre ele não implica necessariamente estratégia coletiva de dominação de mercado.[2]

A repressão criminal alcança as pessoas físicas participantes da conduta – aquelas que atuam como representantes ou em benefício dos agentes econômicos e os agentes públicos. Estes também são alcançados pelas sanções da Lei nº 8.429/92, a Lei de Improbidade Administrativa – "LIA", que pune a prática dos chamados "atos de improbidade administrativa", os quais abrangem condutas que possam frustrar o "caráter concorrencial" de procedimento licitatório (art. 11, V). As sanções da LIA, embora gravosas, não têm natureza criminal e são aplicadas em processo judicial civil.[3]

Os agentes públicos estão sujeitos, ainda, a sanções administrativas aplicadas com base nas suas respectivas legislações estatutárias – como a Lei nº 8.112/90 em âmbito federal. Podem, ainda, ser punidos pelo Tribunal de Contas da União – "TCU"

---

[2] Sobre o conflito aparente de normas e concurso de crimes em relação a esses tipos penais, v. MARTINEZ, Ana Paula. *Repressão a cartéis*. São Paulo: Singular, 2013. p. 194 e ss.

[3] As sanções da LIA têm caráter civil por serem aplicadas no âmbito de processo judicial civil por juiz com competência dessa natureza. Distinguem-se das sanções previstas na legislação penal e também não se confundem com aquelas de natureza administrativa – i.e., aplicadas por autoridade administrativa e não judicial. Essa distinção baseia-se na competência de quem aplica a sanção e dos seus efeitos e não reflete necessariamente a gravidade da pena. Sobre o caráter civil das sanções da LIA, v. GARCIA, Emerson; ALVES, Rogério Pacheco. *Improbidade administrativa*. 8. ed. São Paulo: Saraiva, 2014. p. 619.

nos termos de sua lei orgânica (Lei nº 8.443/92) ou pelos Tribunais de Contas de outras esferas federativas conforme as respectivas leis orgânicas locais.

Os agentes econômicos privados não serão, em regra, alcançados pela repressão criminal, exceto seus representantes ou pessoas físicas agindo em seu interesse.[4] Mas parte das normas referidas acima pode alcançar as pessoas jurídicas que integram ou auxiliam o cartel. A LIA estabelecia que:

> As disposições desta lei são aplicáveis, no que couber, àquele que, mesmo não sendo agente público, induza ou concorra para a prática do ato de improbidade ou dele se beneficie sob qualquer forma direta ou indireta. (Art. 3º)

Esse dispositivo foi largamente usado para incluir no polo passivo de ações de improbidade pessoas jurídicas privadas envolvidas de alguma forma no ilícito. Por vezes os autores das ações de improbidade pretendiam leitura extensiva do art. 3º, como se o dispositivo tivesse instituído sistema de responsabilidade objetiva de pessoas jurídicas, o que não consta da LIA.[5] O regime de responsabilização dos particulares sob a LIA envolve a demonstração de culpa ou dolo, conforme a sistemática geral de responsabilidade subjetiva.

As alterações que a Lei nº 14.230/21 introduziu na LIA afastaram qualquer dúvida nesse sentido. O art. 3º passou a prever expressamente que essa responsabilização de terceiros dependeria da caracterização de ato doloso: "[a]s disposições desta Lei são aplicáveis, no que couber, àquele que, mesmo não sendo agente público, induza ou concorra dolosamente para a prática do ato de improbidade".

Enquanto a LIA visa à conduta do agente público e apenas de forma mediata a do particular, a Lei nº 12.846/13 – a Lei Anticorrupção – "LAC" – criou sistema adicional de punição com foco na responsabilização da pessoa jurídica privada e sob novos parâmetros de responsabilidade.

Ao contrário de outras normas já vigentes quando de sua promulgação – nas quais a aplicação de sanções exige demonstração de culpa ou dolo – a LAC criou sistema de responsabilidade objetiva, o que tende a tornar mais eficaz o regime de punição e impõe ao particular o ônus de criar mecanismos voltados a limitar o risco de que o ilícito ocorra.

A LAC incluiu dentre os "atos contra a administração pública" que são objeto de sanção diversas hipóteses de atos atentatórios às licitações, inclusive o de "frustrar ou fraudar, mediante ajuste, combinação ou qualquer outro expediente, o caráter competitivo de procedimento licitatório público" (art. 5º, IV, "a").

---

[4] Quando o titular da empresa é empresário individual pessoa física, também poderá ser sancionado criminalmente. Mas, na contratação com a administração pública, essa hipótese tende a ser excepcional e envolver contratações de menor valor e relevância.

[5] Além de não trazer disciplina expressa de responsabilidade objetiva da pessoa jurídica, a qual não se presume tendo em vista seu caráter excepcional, seria incoerente pretender admitir regime de responsabilização mais rigoroso àquele que é alcançado pela LIA por vias reflexas – i.e., o particular – do que ao agente público que é o foco de responsabilização da lei. Sobre a inadmissibilidade da responsabilidade objetiva no âmbito da LIA, v. GARCIA, Emerson; ALVES, Rogério Pacheco. *Improbidade administrativa*. 8. ed. São Paulo: Saraiva, 2014. p. 367. Por outro lado, Carlos Ari Sundfeld observa como a imprecisão da redação da LIA e a interpretação frequentemente dada pelo Ministério Público e Judiciário acabam, na prática, por indevidamente aproximar o regime da LIA da responsabilização objetiva (SUNDFELD, Carlos Ari. *Direito administrativo*: o novo olhar da LINDB. Belo Horizonte: Fórum, 2022. p. 183).

O sistema da LAC passou a coexistir com o da LIA, com a previsão expressa, num primeiro momento, de que a aplicação das sanções previstas na primeira não afastaria a aplicação concomitante da segunda (art. 30, I, da LAC). Com isso a aplicação da LAC e da LIA passou a ocorrer de forma sobreposta e descoordenada, com base em competências e processos distintos, gerando conflitos que serão comentados no capítulo seguinte.

As alterações na LIA introduzidas pela Lei nº 14.230/21 equacionaram os problemas associados a esta sobreposição, em reconhecimento expresso de que a sistemática que sucedeu a promulgação da LAC era incompatível com a vedação ao *bis in idem*.[6] Passou a existir previsão de que as sanções da LIA não se aplicam às pessoas jurídicas privadas "caso o ato de improbidade administrativa seja também sancionado como ato lesivo à administração pública" nos termos da LAC (art. 3º, §2º), assim como que as sanções aplicadas com base nesses dois diplomas legais "deverão observar o princípio constitucional do *non bis in idem*" (art. 12, §7º).

Embora não haja mais espaço à aplicação concomitante da LAC e da LIA a pessoas jurídicas privadas, prevalecendo a LAC na hipótese dos cartéis em licitação, mantiveram-se outras sobreposições entre sistemas de sanção. A LAC contém duas outras ressalvas nesse sentido. O art. 29 prevê que não serão afastadas as competências do Conselho Administrativo de Defesa Econômica – "Cade" – para processar e julgar fato que constitua "infração da ordem econômica".[7] O art. 30 prevê que não serão afetados os processos decorrentes de atos ilícitos alcançados pelas normas de licitação e contratos da administração pública.[8]

As "infrações da ordem econômica" sancionadas pelo Cade estão definidas na Lei nº 12.529/11. A delimitação do ilícito no art. 36 é bastante específica ao direito da concorrência e não parte da descrição de condutas determinadas, mas de efeitos sobre o mercado.[9] Não há, portanto, a descrição de atos que caracterizam a ilicitude, mas de efeitos que podem decorrer de conjunto indeterminado de atos.[10]

A ilicitude resta caracterizada quando os atos tiverem por objeto produzir esses efeitos ou puderem simplesmente produzir tais efeitos, ainda que o objeto seja outro e até mesmo lícito. Exemplo da primeira espécie são os cartéis. Quando concorrentes fazem acordos sobre variáveis de mercado, como preço e quantidade, pretendem

---

[6] De acordo com a doutrina prevalecente no Brasil, o princípio *non bis in idem* deriva das garantias do devido processo legal encontradas no art. 5º da Constituição Federal. Como explica Fábio Medina Osório: "A idéia básica do 'non bis in idem' é que ninguém pode ser condenado ou processado duas ou mais vezes por um mesmo fato, eis uma concepção praticamente universal, que desde as origens anglo-saxônicas encontra-se presente nos ordenamentos democráticos (v.g. art. 8o, n. 4, do Pacto de San José de Costa Rica)". V. OSÓRIO, Fábio Medina. *Direito administrativo sancionador*. 3. ed. São Paulo: RT, 2009. p. 274.

[7] O art. 29 ressalva também as competências do Ministério da Justiça e Ministério da Fazenda para esse mesmo fim. Essa referência tinha sentido apenas em relação à sistemática vigente antes da Lei nº 12.529/11. Com a edição desta, as competências para processar e julgar tais infrações ficaram concentradas no Cade.

[8] O art. 30 mencionava também a LIA. As alterações na LIA destacadas antes afastaram a vigência dessa previsão.

[9] "Art. 36. Constituem infração da ordem econômica, independentemente de culpa, os atos sob qualquer forma manifestados, que tenham por objeto ou possam produzir os seguintes efeitos, ainda que não sejam alcançados: I - limitar, falsear ou de qualquer forma prejudicar a livre concorrência ou a livre iniciativa; II - dominar mercado relevante de bens ou serviços; III - aumentar arbitrariamente os lucros; e IV - exercer de forma abusiva posição dominante".

[10] Sobre caracterização das infrações da ordem econômica, v. FARACO, Alexandre Ditzel. Livre concorrência (art. 170) e repressão ao abuso do poder econômico (art. 173, §4º) como fundamentos do direito da concorrência. *In*: NUSDEO, Fábio (Coord.). *A ordem econômica constitucional*. São Paulo: Thomson Reuters Brasil, 2019. p. 157 e ss.

diretamente limitar a concorrência. Quando um concorrente celebra com outro acordo para compartilhar certos ativos de produção ou desenvolver nova tecnologia o objeto não é necessariamente limitar a concorrência, mas esse pode ser um dos efeitos ancilares do ajuste a depender das circunstâncias do caso concreto – pois a cooperação em questão pode conduzir à uniformização da atuação das partes no mercado.

Nessa segunda espécie estão atos que podem ser lícitos em determinados contextos e ilícitos em outros. Como a definição do ilícito não se baseia na descrição de determinada conduta, mas de seus efeitos, é possível que o mesmo comportamento caracterize infração num caso e não em outro, o que responde por parte da complexidade envolvida na caracterização de muitos dos ilícitos no direito da concorrência.

Não há, portanto, um rol expresso e fechado de condutas ilícitas que definem a competência do Cade. O art. 36, §3º, descreve de forma exemplificativa determinadas condutas que, configurando alguma das hipóteses de efeitos descritas no *caput*, caracterizam as ditas infrações.

A lista de exemplos não altera a definição do ilícito, a qual continua delimitada no *caput* do art. 36, mas procura tornar mais concretas as hipóteses de infração a partir da descrição de condutas usualmente associadas à produção dos efeitos ilícitos. De qualquer forma, os exemplos não esgotam as inúmeras possibilidades de manifestação dos ilícitos.

Dentre esses exemplos está a conduta de "acordar, combinar, manipular ou ajustar com concorrente, sob qualquer forma [...] preços, condições, vantagens ou abstenção em licitação pública",[11] que é uma modalidade de frustração do caráter competitivo da licitação.[12]

A principal sanção prevista na Lei nº 12.529/11 é pecuniária e com parâmetros próximos àqueles da LAC (art. 37). Além disso, o Cade pode impor outras sanções como a proibição de contratar com instituições financeiras oficiais e de participar de licitação (art. 38, II).[13]

A LAC prevê a aplicação concomitante não apenas da legislação de defesa da concorrência, mas também dos sistemas de sanção previstos nas leis de licitações. A Lei nº 14.133/21, que contém normas gerais sobre licitações e contratações administrativas – "LLCA" –, prevê diversos ilícitos que serão objeto de sanção em âmbito administrativo

---

[11] Na jurisprudência do Cade, considera-se caracterizada a infração ainda que a prática abranja apenas uma licitação, não sendo necessário acordo mais amplo que afete todo o mercado e conjunto de licitações com objetos análogos. Prática pontual que afete apenas um certame não teria como caracterizar o efeito de "dominar mercado relevante de bens ou serviços" (art. 36, II). Não seria necessariamente apta a afetar a dinâmica do mercado como um todo. Por outro lado, é passível de caracterizar a hipótese de "limitar, falsear ou de qualquer forma prejudicar a livre concorrência ou a livre iniciativa".

[12] A frustração do caráter competitivo da licitação pode ser alcançada sem acordo com concorrentes. É o caso de conluio entre potencial licitante e o agente público para elevar significativamente as exigências para habilitação à participação na licitação, reduzindo o número de empresas aptas.

[13] A multa da LAC será "no valor de 0,1% (um décimo por cento) a 20% (vinte por cento) do faturamento bruto do último exercício anterior à da instauração do processo administrativo, excluídos os tributos, a qual nunca será inferior à vantagem auferida, quando for possível sua estimação" (artigo 6º, I). A da Lei n. 12.529/11 será no valor "de 0,1% (um décimo por cento) a 20% (vinte por cento) do valor do faturamento bruto da empresa, grupo ou conglomerado obtido, no último exercício anterior à instauração do processo administrativo, no ramo de atividade empresarial em que ocorreu a infração, a qual nunca será inferior à vantagem auferida, quando for possível sua estimação" (art. 37, I). As alíquotas são, portanto, as mesmas, e as bases de cálculo, embora apresentem algumas diferenças, remetem ao volume de atividades da empresa no exercício anterior ao início do processo.

(art. 159). Alguns estão relacionados ao não cumprimento do contrato e de obrigações no âmbito das licitações. Mas há também a previsão da prática de atos ilícitos com vistas a frustrar os objetivos da licitação (inc. XI), o que pode abranger atos aptos a frustrar a competitividade do certame. De qualquer forma, o art. 155 ainda remete diretamente aos ilícitos do art. 5º da LAC como hipótese adicional a autorizar a aplicação das sanções da LLCA (inc. XII).

De forma oposta ao que hoje consta da LIA, há sobreposição expressa entre os sistemas sancionadores, inclusive com a reprodução das hipóteses de ilícitos, em contradição com o princípio que veda o *bis in idem*. Não apenas se há dois sistemas sancionadores na esfera administrativa para os mesmos fatos, mas a mesma autoridade terá, no caso concreto, competência para aplicar concomitantemente as sanções da LAC e da lei de licitações.[14]

As sanções abrangem a imposição de multa, mas calculada sobre o valor do contrato. A base de cálculo é distinta, portanto, daquela usada pela LAC (art. 156, §3º). Admite-se sua aplicação cumulativa com as demais sanções – advertência, impedimento de licitar e contratar e declaração de inidoneidade para licitar e contratar (art. 156, *caput* e §7º).

Somam-se a todas essas sanções, também com caráter de punição administrativa, aquelas aplicáveis aos particulares pelos Tribunais de Contas. Embora o foco dessas instituições seja acompanhar a regularidade do emprego dos recursos públicos pelos agentes públicos, suas respectivas leis orgânicas são interpretadas pelas próprias cortes de contas como contendo poderes para alcançar os particulares.[15]

Em âmbito federal, a lei orgânica do TCU prevê sanções pecuniárias e a possibilidade, na ocorrência de fraude comprovada à licitação, de ser declarada a inidoneidade do licitante fraudador para participar em licitações, nos termos do art. 46. O TCU entende, ainda, que pode impor a particulares a reparação dos danos ao erário que tiver apurado.

O entendimento ainda preponderante nos tribunais brasileiros é o de que esses sistemas convivem e as respectivas sanções podem ser aplicadas concomitantemente às mesmas pessoas. Os argumentos usados pelos tribunais para afastar a caracterização de *bis in idem* são baseados na existência de independência de cada esfera, dados os objetivos diferentes das normas, em função dos bens jurídicos protegidos ou da natureza distinta das sanções.[16]

---

[14] O art. 159 estabelece que "[o]s atos previstos como infrações administrativas nesta Lei ou em outras leis de licitações e contratos da Administração Pública que também sejam tipificados como atos lesivos na Lei nº 12.846, de 1º de agosto de 2013, serão apurados e julgados conjuntamente, nos mesmos autos, observado o rito procedimental e a autoridade competente definidos na referida Lei".

[15] Carlos Ari Sundfeld e Jacintho Arruda Câmara criticam a expansão da atuação do TCU no sentido de alcançar particulares e demonstram a incompatibilidade desse entendimento com sua função constitucional e com as normas que organizam sua atividade – v. SUNDFELD, Carlos Ari; CÂMARA, Jacintho Arruda. Limites da jurisdição dos Tribunais de Contas sobre particulares. *In*: SUNDFELD, Carlos Ari; ROSILHO, André (Coord.). *Tribunal de Contas da União no direito e na realidade*. São Paulo: Almedina, 2020. p. 63 e ss.

[16] V. MACHADO, Maíra. Independência como indiferença: ne bis in idem e múltipla incidência sancionatória em casos de corrupção. *Direito, Estado e Sociedade*, Rio de Janeiro, n. 55, jul./dez. 2019. p. 282 e ss.

Efeitos da multiplicidade de sistemas sobrepostos[17]

A profusão de normas, descrita no tópico anterior, e a ausência de articulação entre elas geram conflitos e inconsistências em sua aplicação. Mas, por outro lado, também já foi apontada como potencialmente relevante num contexto histórico de baixa eficácia na punição desses ilícitos. A multiplicidade de autoridades e normas criaria sistema complexo com níveis diversos de redundância, o que aumentaria as chances de punição. Na falta de atuação ou atuação insuficiente de algumas das autoridades – seja por captura e falta de independência, morosidade ou limitações diversas –, outras poderiam evitar que o ilícito deixasse de ser punido.[18]

Mas não há relação necessária entre a multiplicação de níveis de redundância e a maior eficácia das normas. O quadro de sobreposições pode, ainda, gerar conflitos e insegurança jurídica que terão efeitos exatamente opostos. Mapear os efeitos desse complexo sistema normativo não é trivial e a discussão se dá em grande medida em bases casuísticas e limitada evidência empírica.

Numa situação de baixa eficácia dos sistemas de sanções, parece razoável esperar que os diversos níveis de redundância garantam alguma eficácia, embora isso não seja confirmado pelo histórico brasileiro. Por outro lado, quando essas normas ganham concomitantemente eficácia significativa diante de situações concretas, os conflitos irão surgir e podem comprometer os resultados que serão alcançados no médio e longo prazo. No momento presente, pode-se ter a ilusão de que se está punindo com bastante rigor certos fatos, mas isso pode ter como custo reduzir a eficácia do sistema no futuro – além dos riscos de excessos sancionatórios incompatíveis com direitos e garantias constitucionais.

A Operação Lava Jato ("OLJ") ofereceu oportunidade concreta de avaliar esse ponto. Primeiro, não foi a sobreposição normativa existente que levou ao alto grau de eficácia dessa investigação. Há diversos fatores envolvidos e é difícil pretender mapeá-los de forma exaustiva. Houve nas últimas décadas fortalecimento e amadurecimento institucional dos órgãos de persecução criminal em nível federal – Ministério Público e Polícia – acompanhados de mudanças na legislação penal, que introduziram novos meios de investigação – destacadamente as colaborações premiadas – e punições mais rigorosas. Há, ainda, circunstâncias aleatórias que não têm a ver com o sistema institucional existente, mas que foram aproveitadas de forma competente pelos atores envolvidos, levando a resultados inéditos no Brasil.[19]

---

[17] Parte das discussões que seguem foram apresentadas pelo autor em Lei de Defesa da Concorrência e Lei Anticorrupção: sobreposições e conflitos normativos. *Revista de Direito Público da Economia*, ano 15, n. 59, p. 9-23, jul./set. 2017.

[18] Essa vantagem da "multiplicidade institucional" é destacada por Mariana Mota Prado *et al.* na análise que fazem das sobreposições descritas acima ("Specifically, we contend that the overlap of anti-corruption functions among various governmental entities – 'institutional multiplicity' – has strengthened outcomes by allowing institutions to compete, to collaborate, to complement one another, or to compensate for one another's deficiencies or oversights" – PRADO, Mariana Mota; CARSON, Lindsey D.; CORREA, Izabela. The Brazilian Clean Company Act: Using Institutional Multiplicity for Effective Punishment. *Osgoode Legal Studies Research Paper Series*, 119, 2016).

[19] Relato criterioso sobre a operação e análise de seus impactos é feito por PIMENTA, Raquel de Mattos. *A construção dos acordos de leniência da Lei Anticorrupção*. São Paulo: Blucher, 2020.

A identificação e punição de extensa rede de corrupção, capitaneadas pelos órgãos de persecução penal, abriram espaço para atuação de outras autoridades com base nos demais instrumentos legais existentes. O presente texto não pretende avaliar as motivações e os objetivos institucionais que possam ter influenciado a ação de cada autoridade envolvida, tampouco os questionamentos jurídicos que surgiram posteriormente e invalidaram boa parte dos resultados alcançados.

O ponto que interessa destacar foi o cenário de conflito e insegurança jurídica que surgiu em decorrência da atuação sobreposta de múltiplas autoridades.[20] Destacam-se, nesse contexto, as disputas em torno dos efeitos gerados pelos acordos de leniência celebrados pelo Ministério Público Federal – "MPF" – com pessoas jurídicas privadas.[21] A extensão dos efeitos foi questionada por outras autoridades com base em suas respectivas competências legais.

É o que se verificou, por exemplo, na decisão da Advocacia Geral da União – "AGU" – de propor ações de improbidade em relação aos ilícitos apurados na Petrobras mesmo contra as empresas que assinaram acordos com o MPF.[22] O TCU, naquele contexto, também afastou a possibilidade de tais acordos restringirem o poder sancionador

---

[20] V. FARACO, Alexandre Ditzel; ROCHA, Bolívar Moura. Legislação anticorrupção: balanço e proposta de ajuste. *Jota*, 13 abr. 2021. Disponível em: https://www.jota.info/opiniao-e-analise/artigos/legislacao-anticorrupcao-balanco-e-proposta-de-ajuste-13042021?non-beta=1. Acesso em: 31 maio 2024.

[21] Os acordos celebrados no âmbito da OLJ pelo MPF disciplinam, em relação às pessoas jurídicas, os aspectos cíveis atinentes à LIA, ou seja, as sanções cíveis e o ressarcimento. Ao contrário da LAC, que disciplina expressamente os acordos de leniência em relação ao sistema de sanções administrativas que instituiu, não havia então previsão legal expressa disciplinando a celebração de acordos dessa natureza pelo MPF. Tais acordos basearam-se na interpretação sistemática de diferentes normas, como o art. 129, inc. I, da Constituição Federal; os arts. 13 a 15 da Lei nº 9.807/99; o art. 1º, §5º, da Lei nº 9.613/98; o art. 5º, §6º, da Lei nº 7.347/85; o art. 26 da Convenção de Palermo; o art. 37 da Convenção de Mérida; os arts. 4º a 8º da Lei nº 12.850/13; o art. 487, III, "b" e "c", do Código de Processo Civil; os arts. 840 e 932, III, do Código Civil; os arts. 16 a 21 da Lei nº 12.846/2013, as quais costumavam ser citadas nos preâmbulos dos acordos. Comumente os acordos celebrados com as pessoas jurídicas trataram também da persecução penal dos indivíduos ligados à empresa, disciplinando os benefícios que poderiam receber em troca de sua colaboração, nos termos da Lei nº 12.850/13. Essa abordagem de tratar em acordo com pessoa jurídica aspectos penais foi, posteriormente, rechaçada pelo STJ – v. RHC 154979/SP, Rel. Min. Olindo Menezes, 6ª Turma, j. 9.8.2022. *DJe*, 15.8.2022.

[22] Essa questão foi enfrentada, por exemplo, na Ação Civil Pública de Improbidade Administrativa nº 5025956-71.2016.4.04.7000/PR que tramitou na 1ª Vara Federal de Curitiba. Na ação proposta pela AGU, o MPF se manifestou no sentido da impossibilidade de imposição de sanções aos réus que já haviam celebrado acordos de leniência. Essa circunstância motivou o juiz da causa a levantar a constrição cautelar que recaía sobre o patrimônio de empresas do grupo Odebrecht, destacando que as múltiplas competências legais não poderiam ser exercidas de forma contraditória e gerar quadro de insegurança jurídica (decisão de 24.3.2017). Posteriormente, em sede de agravo de instrumento, foi concedido efeito suspensivo no TRF4 que determinou a manutenção da indisponibilidade dos bens. Nesta decisão, ainda que em caráter liminar, foi questionada a competência do MPF para celebrar acordos com os efeitos pretendidos. Consignou-se, ainda, que os acordos não poderiam afastar a aplicação das sanções cíveis ou impedir a propositura de novas ações de improbidade: "Ocorre que o art. 17, §1º, da Lei 8.429/1992 veda a transação, acordo ou conciliação nas ações de improbidade administrativa. A intenção do legislador foi vedar a aplicação direta das sanções previstas no artigo 12 do mencionado diploma legal (GARCIA, Emerson; ALVES, Rogério Pacheco. *Improbidade administrativa*. 1. ed. Rio de Janeiro: Lumen Juris, 2002). Contudo, não existe impedimento ao estabelecimento de condições, por meio de transação, no que se refere à forma de reparação do dano, estando seu alcance restrito ao ressarcimento ao erário, que deve ser integral, não alcançando as demais sanções previstas na lei, inclusive no que se refere à multa civil, bem como não inviabilizando o ajuizamento ou prosseguimento da ação de improbidade. Neste aspecto, o Acordo de Leniência deveria restringir-se a promover o integral ressarcimento ao erário, isso porque o direito patrimonial em questão é de ordem indisponível, sendo certo que o acordo não pode dispor a respeito das demais sanções de natureza civil, previstas no art. 12 da Lei 8.429/1992" (Agravo de Instrumento 5023972-66.2017.4.04.0000/PR, Rel. Des. Federal Fernando Quadros da Silva, 29.5.2017).

do órgão – embora a decisão tenha enfatizado que a existência do acordo e a postura colaborativa deveriam ser fatores a mitigar as sanções que poderiam ainda ser aplicadas.[23]

A incerteza quanto aos efeitos de acordos celebrados por uma autoridade ou qual extensão terá a atuação punitiva das diferentes autoridades gera insegurança que pode comprometer a eficácia do sistema de combate à corrupção e às fraudes em licitação. Não há nessa afirmação qualquer sugestão de que ilícitos dessa natureza não devam ser objeto de punição rigorosa. Mas apenas a constatação de que o uso de instrumentos de colaboração entre a autoridade e aqueles envolvidos no ilícito tende a ser fator determinante do sucesso de novas investigações e da eficácia das normas voltadas à punição de condutas de difícil detecção.

Se aquele que assume os custos de cooperar, que podem ser bastante altos, tem a perspectiva de ser jogado em situação de absoluta incerteza jurídica e passar a ser alvo da atuação indiscriminada de outros órgãos, o incentivo à colaboração desaparece. Eventuais benefícios, como redução de multas, são anulados pela ação de outras autoridades e não serão vistos como motivos suficientes para justificar estratégia de colaboração.

A ausência de um programa eficaz de leniência ou colaboração pode comprometer os resultados futuros da prevenção e repressão aos ilícitos.[24] É o que indica a experiência da autoridade concorrencial brasileira sob a Lei nº 12.529/11, âmbito em que tais acordos são usados com sucesso há mais tempo e no qual tiveram papel central como meio de repressão e prevenção de ilícitos de difícil detecção.[25] Ausente um programa eficaz de leniência, a Lei nº 12.529/11 não teria alcançado seu atual nível de efetividade.

As múltiplas sobreposições normativas podem ter efeitos positivos num contexto de baixa eficácia das normas, operando como níveis de redundância em que a ineficácia de um dos componentes é suplantada pelo funcionamento de outro. Mas podem comprometer o sistema quando todos os componentes passam a funcionar ao mesmo tempo.

Ademais, defender a possibilidade de aplicação concomitante de todas as sanções resultaria em excesso incompatível com o princípio que veda a dupla punição pelo mesmo fato, mesmo que se adote a interpretação, ainda bastante presente na doutrina e jurisprudência, de que isso seria admissível quando as normas protegessem "bens jurídicos" distintos.[26]

---

[23] *Vide* Acórdão nº 483/2017 – TCU – Plenário, 22.3.2017, Processo 016.991/2015-0.

[24] Não obstante a comparação com a legislação concorrencial seja pertinente, programas de leniência e delação premiada no combate à corrupção tendem a não apresentar eficácia enquanto instrumento dissuasório na mesma amplitude que se verifica no combate a cartéis. No caso dos cartéis, o efeito desestabilizador dos programas de leniência tende a ser maior, pois a decisão de desrespeitar as regras do cartel e colaborar com a autoridade tende a trazer benefícios para a empresa que vão além da mitigação das penalidades. Os participantes de um cartel têm incentivos a desviarem-se do comportamento combinado com seus concorrentes, pois isso pode permitir maiores vendas e ganhos de participação no mercado. O que impede a instabilidade do cartel em decorrência desses incentivos é a possibilidade de os participantes punirem aquele que adota o comportamento desviante. Mas se este opta por delatar o cartel haverá a interrupção da conduta, o que impede retaliações. A mesma dinâmica e estrutura de incentivos não se verifica necessariamente nos casos de corrupção, o que reduz o efeito dissuasório de programas de leniência.

[25] Na revisão por pares (*peer review*) sobre o Brasil conduzida pelo Comitê de Concorrência da OCDE em 2018, foi destacado que "grande parte do nível de combate a cartéis no Brasil pode ser atribuído ao sucesso de seu programa de leniência" (v. OCDE (2019), Revisão por Pares da OCDE sobre Legislação e Política de Concorrência: Brasil. Disponível em: https://www.gov.br/cade/pt-br/centrais-de-conteudo/publicacoes-institucionais. Acesso em: 5 jul. 2024).

[26] Há significativa presença na doutrina e na jurisprudência da visão de que as diferentes esferas de sanção – cível, administrativa e penal – podem conviver sem violar o princípio do *non bis in idem*. Cada esfera pode funcionar

Mas tentar identificar bens jurídicos distintos no caso de cartéis em licitação em geral não tem fundamento. Considere-se, por exemplo, a aplicação conjunta da LAC e da Lei nº 12.529/11. Enquanto a primeira teria como bem jurídico o interesse da administração, a segunda protegeria o funcionamento da dinâmica do mercado. Mas nesse ponto os focos de proteção das duas leis se confundem e não há como distingui-los de forma consistente. No contexto de uma licitação, o interesse da administração é afetado pelo cartel em razão do falseamento da competitividade do certame – i.e., a conduta ilícita prejudica o funcionamento adequado dos mecanismos de mercado e com isso atinge o interesse da administração em obter a melhor proposta.[27]

A Lei nº 12.529/11 tem como foco a preservação dessa mesma competitividade. Pretender criar um bem jurídico distinto não passa de esforço retórico vazio que, se admitido, permitiria a multiplicação de sanções de forma irrestrita. Sob esse enfoque, poderiam ser criadas novas sanções administrativas a cartéis porque afetariam o interesse dos consumidores, a soberania nacional, o combate à desigualdade etc.

Se esses interesses e princípios podem ser realizados como consequência do funcionamento de mecanismos de mercado baseados em concorrência, o prejuízo que sofrem em função do falseamento desses mecanismos já é sancionado pelo fato de a Lei nº 12.529/11 punir condutas que atentam à concorrência. Não se justifica a sobreposição de mais um novo nível de penalidades.

Em relação à sobreposição da LAC com a LLCA e as normas do TCU, é ainda mais evidente o caráter artificial de se tentar imaginar "bens jurídicos" distintos sendo protegidos em cada um desses sistemas de sanção. Todas as normas se referem ao interesse da administração de contratar sob as melhores condições possíveis.

Isso veio a ser reconhecido no âmbito da LIA, cuja redação atual expressamente indica que sua aplicação simultânea com a LAC é incompatível com a vedação ao *bis in idem*. Essa previsão evidencia não apenas o artificialismo de se identificar "bens jurídicos" distintos nos sistemas de sanções sobrepostos, mas também a noção de que a aplicação concomitante de sanções administrativas e judiciais poderia não caracterizar *bis in idem*.

Além da mudança na LIA, que expressamente reconheceu e endereçou a questão do *bis in idem*, alterações introduzidas na LINDB alguns anos antes já refletiam a preocupação com os efeitos do empilhamento de sistemas de sanções. O art. 22, §3º, instituiu regra de aplicação geral que exige que "[a]s sanções aplicadas ao agente serão levadas em conta na dosimetria das demais sanções de mesma natureza e relativas ao mesmo fato".

---

de forma independente e aplicar suas respectivas sanções caso as condições fixadas em lei estejam presentes. Para discussão da doutrina e da jurisprudência relativas ao assunto, cf. Valdir Moysés Simão e Marcelo Pontes Vianna, SIMÃO, Valdir Moysés; VIANNA, Marcelo Pontes. *O acordo de leniência na lei anticorrupção*. São Paulo: Trevisan, 2017, capítulo 1; ainda sobre o assunto e a reação mais recente à sobreposição de sanções em âmbito administrativo, v. SUNDFELD, Carlos Ari. *Direito administrativo*: o novo olhar da LINDB. Belo Horizonte: Fórum, 2022. p. 195.

[27] Não significa que o interesse da administração no tocante às regras de licitações se limite à proteção da competitividade do certame. Uma licitação pode visar realizar outros objetivos, não estritamente relacionados à obtenção da proposta mais vantajosa, ou ser prejudicada por condutas não relacionadas ao aspecto da competitividade – como a falsificação de um documento pelo licitante para preencher condições de habilitação que não possui. Na punição de eventuais ilícitos em tais situações o interesse da administração não se confunde com a preservação da competitividade. Mas, por essa mesma razão, essas hipóteses não caracterizam ilícitos sob a Lei nº 12.529/11.

A regra é versão bastante atenuada do *non bis in idem*, pois não veda a cumulação de sanções e ainda mantém referência à "natureza" das sanções, que poderia ser interpretada como admitindo a possibilidade de aplicação concomitante de sanções do mesmo tipo, se aplicadas por autoridades distintas. De qualquer forma, aponta para a necessidade de se conterem excessos sancionatórios e a insegurança jurídica decorrentes de nossa multiplicidade de sistemas.[28]

Como equacionar

Parâmetros legislativos mais recentes indicam como restringir os problemas decorrentes da aplicação concomitante de diferentes sistemas de sanções. Se, por um lado, mantêm-se vigente as previsões da LAC de aplicação simultânea da Lei nº 12.529/11 e da LLCA – e esta última chega a disciplinar como isso se dará –, a LIA passou a fazer referência expressa à vedação ao *bis in idem*, e a LINDB, à necessidade de considerar os efeitos já gerados por algum dos sistemas de sanção antes de aplicar outro.

Essas referências legais recentes – para além da base constitucional da vedação ao *bis in idem* – confirmam que as sobreposições descritas não devem ser interpretadas no sentido de que o sistema normativo buscaria a aplicação de todas as sanções na máxima extensão possível. Afastam-se da noção de independência entre as várias esferas sancionadoras e tentam criar alguma sistematicidade em conjunto normativo editado em diferentes momentos e contextos.

Sob essa perspectiva, as sobreposições em questão deveriam ser compreendidas como níveis de redundância voltados a garantir eficácia ao sistema de persecução e punição, mas não como conjunto interligado de sanções a serem aplicadas de forma concomitante. Reconhecer isso implica afastar a possibilidade de sanções serem cumuladas.

As sanções aplicadas com base numa das múltiplas normas já representa punição pelo ilícito definido na outra, dada a circunstância de a conduta ser a mesma e sequer se poder distinguir de forma coerente os bens jurídicos afetados. Assim, por exemplo, quando o Cade aplica multa a participante de cartel em licitação, a sanção já satisfaz a pretensão punitiva da administração sob a LAC ou a LLCA. O inverso também deveria ser observado, na hipótese de o órgão administrativo ter aplicado a sanção sob a LAC ou a LLCA em primeiro lugar.

É possível, ainda, que o órgão que primeiro decida sobre o assunto entenda que a sanção não deveria ser aplicada. Decisão como essa também afastaria, em regra, a possibilidade de outro órgão aplicar sanção de sua competência pelo mesmo fato. A vedação ao *bis in idem* em sentido amplo implica que a mesma pessoa não pode ser processada duas vezes pelo mesmo fato. É irrelevante se o primeiro processo concluiu pela aplicação ou não da sanção.

No caso concreto, podem existir situações específicas aptas a justificar conclusão distinta, mesmo sob os parâmetros aqui defendidos. Embora a base fática possa ser a

---

[28] "O non bis in idem não foi acolhido em sua versão mais rígida, pois não se proibiu a dupla sanção pelo mesmo fato. Todavia, o dispositivo impôs a consideração das sanções anteriores na dosagem das posteriores – e com isso sugeriu que, em função do dever de proporcionalidade, haveria vedação a que o empilhamento de sanções de origem diversa leve a um excesso sancionatório" (SUNDFELD, Carlos Ari. *Direito administrativo*: o novo olhar da LINDB. Belo Horizonte: Fórum, 2022. p. 196-197).

mesma, a caracterização do ilícito pode sofrer variações, como a existência ou não de responsabilidade objetiva. As regras de prescrição também não são uniformes – embora devessem ser, exceto quando há diferenças muito relevantes na caracterização do ilícito. Assim, o ilícito pode estar prescrito sob uma das leis, mas não sob outra.

Questão relacionada é o que fazer se o primeiro órgão que atua aplicar determinada sanção – como a pecuniária usualmente aplicada pelo Cade – mas não esgotar o rol de sanções que outros órgãos poderiam aplicar – como restrições à contratação com o poder público e publicações.

Novamente a compreensão do *bis in idem* de forma ampla – como a impossibilidade de submeter a mesma pessoa a novo processo pelos mesmos fatos – afastaria a hipótese de processo voltado a "suplementar" as sanções já aplicadas por outro órgão. Essa é a perspectiva adotada pela atual redação da LIA ao afastar sua aplicação simultânea com a LAC, sem considerar as diferenças nos tipos de sanções. Versão mitigada do princípio, como a encontrada na LINDB, admitiria outras sanções, se presentes as condições nas respectivas leis.

Há na jurisprudência decisões que chegaram a resultados análogos à versão mitigada da vedação ao *bis in idem*, mesmo antes da LINDB, com base nos princípios da proporcionalidade e da razoabilidade. Em decisão em recurso especial no qual o Ministério Público questionava decisão que afastou a multa cível em ação de improbidade, a Primeira Turma do STJ observou que a não incidência da referida sanção atenderia aos princípios referidos, tendo em vista a existência de multa já aplicada pelo TCU com base em sua lei orgânica e a aplicação de outras sanções previstas na LIA.[29]

Embora a discussão desse ponto na decisão tenha sido bastante superficial, há o reconhecimento de que a aplicação de determinada sanção deve levar em conta sanções já aplicadas pelo mesmo fato. O enfoque adotado na decisão não excluiu desde logo a possibilidade de cumulação das mesmas sanções. Mas os princípios da proporcionalidade e da razoabilidade parecem ter sido usados para conter excessos decorrentes da sobreposição de sistemas sancionadores. Na aplicação das sanções, esses princípios imporiam a avaliação de como funcionaram e quais efeitos produziram no caso concreto os múltiplos níveis de sanção.

As sobreposições aqui discutidas se estendem à possibilidade de celebração de acordos de leniência, prevista na Lei nº 12.529/11 e na LAC, ainda que com características e efeitos não idênticos.

Assim como em relação à aplicação de sanções, a celebração de acordo por uma autoridade pode ter impacto na atuação da outra – e os efeitos do acordo não podem ser simplesmente desconsiderados pela autoridade que dele não participou. Cenário no qual acordo celebrado por uma das autoridades é ignorado pela outra – que ainda usa a colaboração voluntária da beneficiária para puni-la – resultaria na total ineficácia dos programas de leniência.

As condições para celebração desses acordos na Lei nº 12.529/11 e na LAC são semelhantes e refletem relação sinalagmática em que, na essência, a autoridade concorda em afastar ou mitigar a aplicação de sanções em contrapartida à colaboração do envolvido

---

[29] V. Recurso Especial nº 1.413.674 – SE, Rel. para o acórdão Min. Benedito Gonçalves, v.m. *DJe*, 31.5.2016.

na apuração da infração, apta a levar à condenação os demais partícipes. Faculta-se à administração, portanto, celebrar acordos como forma de obtenção de evidências que comprovem a ilicitude.

Há diferenças mais substanciais quanto aos efeitos dos acordos nas duas leis. Na LAC os benefícios são mais restritos e não preveem a isenção total de penas na esfera administrativa, mas desconto na multa que pode chegar a dois terços do seu valor (art. 16, §2º). Na Lei nº 12.529/11, o beneficiário da leniência pode alcançar a extinção integral da ação punitiva em sede administrativa – i.e., ficar isento de qualquer sanção administrativa (art. 86).

Adicionalmente, o acordo celebrado em âmbito administrativo sob a Lei nº 12.529/11 produz efeitos penais para as pessoas físicas. Há previsão, em benefício das pessoas físicas que participarem do acordo, de extinção da punibilidade penal pelos crimes contra a ordem econômica, tipificados na Lei nº 8.137/90, e nos demais crimes diretamente relacionados à prática de cartel.

A diferença substancial entre os efeitos dos acordos previstos nas duas leis torna mais provável que, numa situação de cartel em licitação, aquele interessado em colaborar procure o Cade antes da autoridade competente sob a LAC. Não apenas em razão dos efeitos administrativos, mas principalmente devido ao afastamento da punibilidade penal. A colaboração efetiva da pessoa jurídica com frequência depende da participação das pessoas físicas envolvidas, as quais não terão incentivos para confessar fatos que as deixarão expostas em sede criminal.

A celebração do acordo com o Cade sob a Lei nº 12.529/11, na hipótese estrita de cartel em licitação, deveria alcançar as punições previstas na LAC. Primeiro, pelas conclusões expostas acima, no sentido de que as sanções administrativas em questão não deveriam ser cumuladas, pois voltadas a punir os mesmos fatos e proteger os mesmos bens jurídicos.

Por questão de congruência, ao se afastar integralmente a possibilidade de se aplicar uma dessas sanções, em razão dos benefícios da colaboração, estaria afastada também a sanção redundante. Trata-se de consequência necessária da compreensão dos níveis sobrepostos de sanções como níveis de redundância. O mesmo raciocínio valeria para a hipótese de o acordo ter sido celebrado sob a LAC, o que alcançaria as punições previstas na Lei nº 12.529/11.

Mas para além disso, o próprio texto da Lei nº 12.529/11 já estabeleceu expressa e inequivocamente essa consequência, ao prever que o acordo de leniência implica "a extinção da ação punitiva da administração pública" sem qualquer limitação à ação do Cade. Não deveria surpreender a afirmação de que a atuação do Cade pode restringir o exercício de competência punitiva de outro órgão da administração. Isso se coaduna com a visão das sobreposições aqui descritas como níveis de redundância. Ademais, a Lei nº 12.529/11 vai muito além disso, ao prever a extinção da punibilidade penal por ato de órgão administrativo que não é titular da ação penal.[30]

---

[30] Há quem equivocadamente questione a constitucionalidade do art. 87 da Lei nº 12.529/11. Para uma discussão exaustiva do tema, cf. MARTINEZ, Ana Paula. *Repressão a cartéis*. São Paulo: Singular, 2013. p. 269 e ss.

Exemplos e avanços recentes

Decisões recentes em âmbito administrativo, já após a edição da LINDB, indicam um afastamento da noção mais estrita de independência das várias esferas sancionadoras – que admite a aplicação concomitante dos sistemas de sanção – e tendência à adoção, pelo menos em relação aos efeitos práticos, de versão mitigada do princípio da vedação ao *bis in idem* – que exige considerar sanções já aplicadas em outras esferas.

No julgamento do primeiro caso de cartel em licitação originado da OLJ, conhecido como "PAC Favelas",[31] o Tribunal do Cade reconheceu a possibilidade de serem abatidos, do valor da sanção pecuniária, valores eventualmente pagos em outra esfera sancionadora.

A conduta também era objeto de apuração pela CGU e foi abrangida por acordo de leniência celebrado com aquele órgão sob a previsão da LAC, ao menos por uma das investigadas no Cade. O voto condutor da decisão – voto-vista do Presidente Alexandre Cordeiro Macedo – afastou, em princípio, a caracterização de *bis in idem*. Enfatizou a tese da existência de bens jurídicos diversos protegidos e ilícitos distintos, na linha do que a jurisprudência tem tradicionalmente afirmado. Reconheceu, porém, com fundamento no art. 22 da LINDB, que:

> Ainda que os bens jurídicos tutelados sejam diversos (e exista alguma diferença entre os sistemas normativos), acredita-se que o nível de intersecção entre as normas entre a Lei de Defesa da Concorrência e a Lei Anticorrupção é de tal envergadura, que é necessário que a criação de algum nível de interlocução entre os microssistemas em questão: todos na esfera administrativa. [....] Deste modo, considerando que, embora os ilícitos sejam distintos, há um elevado grau de intersecção entre a Lei de Defesa da Concorrência e a Lei Anticorrupção, é importante que a sanção de natureza semelhante, referente a fato em questão, seja considerada, quando da estipulação da sanção.

O voto concluiu, então, pela possibilidade de compensar eventuais valores pagos no âmbito do acordo com a CGU com os valores da multa imposta pelo Cade, devendo-se saldar apenas eventual diferença a maior. Embora a posição do Cade continue presa à visão de independência das esferas, admitiu que esta deve ser aplicada de forma mitigada e deve existir interlocução entre os diferentes sistemas, tendo como efeito prático limitar a sobreposição de sanções.

No TCU, abordagem semelhante foi adotada como norma geral constante da Instrução Normativa nº 95, de 21.2.2024, que disciplina a coordenação do Tribunal com outras autoridades sancionadoras, conforme o Acordo de Cooperação Técnica celebrado em 6.8.2020. A norma prevê:

---

[31] O Processo Administrativo nº 08700.007776/2016-41 apurou prática de cartel em licitação, no contexto da Concorrência Nacional nº 002/2007/SEOBRAS/MCIDADES/CAIXA, realizada pela Secretaria de Obras do Governo do Estado do Rio de Janeiro, visando à contratação de serviços de engenharia e construção para urbanização do Complexo do Alemão, Complexo de Manguinhos e Comunidade da Rocinha no Rio de Janeiro/RJ, entre março de 2007 e fevereiro de 2008.

CAPÍTULO VI

DA SEXTA AÇÃO OPERACIONAL

MECANISMOS DE COMPENSAÇÃO DE VALORES PARA EVITAR BIS IN IDEM

Art. 25. Nas ações de controle abrangendo atos e irregularidades incluídas no escopo do acordo de leniência, o Tribunal poderá compensar ou abater multas pagas em função de condutas tipificadas em mais de uma legislação, desde que envolvam exatamente as mesmas irregularidades tratadas no processo do TCU.

Parágrafo único. A compensação ou abatimento de que trata o caput depende da comprovação, por parte da pessoa jurídica arrolada, de que há identidade de fatos entre o motivo da condenação em outra instância e o processo em curso no TCU, bem como do pagamento da sanção.

Art. 26. Nas ações de controle abrangendo atos e irregularidades incluídas no escopo do acordo de leniência, o Tribunal poderá compensar ou abater a parcela de lucro efetivamente devolvida, relativa aos itens do contrato no qual o TCU identificou dano, desde que demonstrado o efetivo ressarcimento pela empresa colaboradora.

O fundamento da norma, como fica claro do título do respectivo capítulo, é evitar o *bis in idem*. Ao contrário do que se verifica na decisão do Cade, o TCU parece se afastar expressamente, aqui, da noção estrita de independência entre esferas sancionadoras e reconhecer que a aplicação das múltiplas legislações existentes pode resultar em *bis in idem* incompatível com o sistema jurídico. Apesar da diferença de enfoque, o resultado prático acaba por ser equivalente ao daquele alcançado pelo Cade.

Embora esses exemplos reflitam avanços relevantes na prática brasileira, ainda representam reconhecimento limitado da vedação ao *bis in idem* e da contenção de excessos na aplicação concomitante dos múltiplos sistemas sancionadores.

A sucessão ou concomitância de processos sancionadores, com potenciais decisões sobrepostas ou divergentes, continua a ser uma possibilidade, apenas abrindo-se a perspectiva de, no momento de aplicação da sanção, eventuais excessos serem contidos pela possibilidade de compensação em uma esfera do que foi pago em outra.

Referências

FARACO, Alexandre Ditzel. Lei de Defesa da Concorrência e Lei Anticorrupção: sobreposições e conflitos normativos. *Revista de Direito Público da Economia*, ano 15, n. 59, p. 9-23, jul./set. 2017.

FARACO, Alexandre Ditzel. Livre concorrência (art. 170) e repressão ao abuso do poder econômico (art. 173, §4º) como fundamentos do direito da concorrência. *In*: NUSDEO, Fábio (Coord.). *A ordem econômica constitucional*. São Paulo: Thomson Reuters Brasil, 2019.

FARACO, Alexandre Ditzel; ROCHA, Bolívar Moura. Legislação anticorrupção: balanço e proposta de ajuste. *Jota*, 13 abr. 2021. Disponível em: https://www.jota.info/opiniao-e-analise/artigos/legislacao-anticorrupcao-balanco-e-proposta-de-ajuste-13042021?non-beta=1. Acesso em: 31 maio 2024.

GARCIA, Emerson; ALVES, Rogério Pacheco. *Improbidade administrativa*. 8. ed. São Paulo: Saraiva, 2014.

JUSTEN FILHO, Marçal. *Comentários à Lei de Licitações e Contratos Administrativos*. 14. ed. São Paulo: Dialética, 2010.

MACHADO, Maíra. Independência como indiferença: ne bis in idem e múltipla incidência sancionatória em casos de corrupção. *Direito, Estado e Sociedade*, Rio de Janeiro, n. 55, jul./dez. 2019.

MARTINEZ, Ana Paula. *Repressão a cartéis*. São Paulo: Singular, 2013.

OSÓRIO, Fábio Medina. *Direito administrativo sancionador*. 3. ed. São Paulo: RT, 2009.

PIMENTA, Raquel de Mattos. *A construção dos acordos de leniência da Lei Anticorrupção*. São Paulo: Blucher, 2020.

PRADO, Mariana Mota; CARSON, Lindsey D.; CORREA, Izabela. The Brazilian Clean Company Act: Using Institutional Multiplicity for Effective Punishment. *Osgoode Legal Studies Research Paper Series*, 119, 2016.

SIMÃO, Valdir Moysés; VIANNA, Marcelo Pontes. *O acordo de leniência na lei anticorrupção*. São Paulo: Trevisan, 2017.

SUNDFELD, Carlos Ari. *Direito administrativo*: o novo olhar da LINDB. Belo Horizonte: Fórum, 2022.

SUNDFELD, Carlos Ari; CÂMARA, Jacintho Arruda. Limites da jurisdição dos Tribunais de Contas sobre particulares. *In*: SUNDFELD, Carlos Ari; ROSILHO, André (Coord.). *Tribunal de Contas da União no direito e na realidade*. São Paulo: Almedina, 2020.

Informação bibliográfica deste texto, conforme a NBR 6023:2018 da Associação Brasileira de Normas Técnicas (ABNT):

FARACO, Alexandre Ditzel. Entre o caos e o nada: a multiplicidade de sanções em casos de cartéis em licitação. *In*: JUSTEN, Monica Spezia; PEREIRA, Cesar; JUSTEN NETO, Marçal; JUSTEN, Lucas Spezia (coord.). *Uma visão humanista do Direito*: homenagem ao Professor Marçal Justen Filho. Belo Horizonte: Fórum, 2025. v. 1, p. 501-517. ISBN 978-65-5518-918-6.

IMPROBIDADE URBANÍSTICA

ANGELA CASSIA COSTALDELLO

KARLIN OLBERTZ NIEBUHR

A homenagem

Sobre Marçal Justen Filho.

Muito há a escrever e a lembrar da pessoa, do amigo, do professor e do advogado Marçal Justen Filho. Porém, este momento merece destaque a sua história indescritivelmente excepcional e que marcou todos que o conhecem, que partilham ou partilharam a convivência pessoal e profissional, ou aqueles que apenas assistiram a suas palestras ou têm, em seus livros, as referências profundas e atuais do Direito Público.

Aliada a essas qualidades, certamente *admiração* é a palavra que vem à mente para definir o sentimento que desperta em quem o rodeia, em todos os setores de sua vida. Contudo, menciono uma impressão que guardo desde sempre e constitui, para mim, um referencial subjetivo na vida acadêmica e profissional. E não poupo a expressá-lo nas muitas vezes que mencionei Marçal Justen Filho: é o do intelectual que se mantém atento e flexível, numa espécie de peculiar *humildade* (termo de que me socorro na falta de outro mais adequado) perante o saber, que leva a explorar infinitas perspectivas e construir o conhecimento em novas bases. Sempre *verdades* e *certezas* merecem ser revistas e renovadas. É esse um dos traços que o distingue de muitos juristas e que o faz ser quem é.

Lembro Jean-Paul Sartre, que, no esforço de desfazer o sentido negativo atribuído aos intelectuais – então vistos como prepotentes – e demonstrar o papel transformador na sociedade contemporânea, com sua visão existencialista, traz um retrato, ainda que parcial, do ora homenageado:

> [...] o intelectual é o homem que toma consciência da oposição, nele e na sociedade, entre a pesquisa da verdade prática (com todas as normas que ela implica) e a ideologia dominante (com seus sistemas de valores tradicionais). Essa tomada de consciência – ainda que, "para ser real", deva se fazer, no intelectual, "desde o início", no próprio nível de suas atividades

profissionais e de sua função – nada mais do que o desvelamento das contradições fundamentais da sociedade [...] o intelectual é portanto, um técnico do universal que se apercebe de que, em seu próprio domínio, a universalidade ainda não está pronta, está perpetuamente "a fazer". (*Em defesa dos intelectuais*, 1994)[1]

Angela Cassia Costaldello

Tive a honra e o privilégio de integrar, por muitos anos, o grupo de pesquisa de Marçal Justen Filho, e de assumir a posição de advogada no escritório por ele fundado. A ele eu rendo todos os aplausos e a minha profunda gratidão: ensinou-me, com o brilhantismo que lhe é característico, o que é ser profissional; apoiou-me, incondicionalmente, em minha trajetória acadêmica; e mostrou-me a empatia compassiva que é própria dos espíritos mais elevados.

Entre tantas lições e exemplos de vida, de estudo e de advocacia, guardo dele uma frase que evidencia o seu despojamento das vaidades do mundo, e que tomei para mim como um princípio: "desafortunada é a pessoa que não tem quem lhe diga que ela está errada". Penso que não exista pensamento mais humanista que esse (e Marçal Justen Filho é um humanista). E tenho para mim, a partir dos seus ensinamentos, que um mundo melhor é possível quando substituímos respostas absolutas por dúvidas infinitas.

Karlin Olbertz Niebuhr

1 Introdução

O ambiente urbano, consubstanciado na cidade, transforma-se incessantemente por inumeráveis fatores e é, na contemporaneidade, uma das mais intensas demonstrações do imaginário, individual e coletivo, em todos os tempos e quadrantes, no qual se revelam as necessidades, os interesses, os avanços, os retrocessos, as omissões, as ações e toda a atividade humana e da natureza.

Múltiplos traços constituem a cidade e são continuamente mutáveis por fatores gerados pelas ações humanas ou por fenômenos naturais graduais ou abruptos, mas que resultam em contexturas tão variadas em especificidades que se mostra improvável a sua exata definição, senão por um recorte temporal e espacial muito específico. Os mais variados agentes, extrínseca ou intrinsecamente, são os formadores desse cenário no qual ressaltam grupos sociais, culturais, econômicos, políticos e estatais.

Jacqueline Beaujeau-Garnier retrata com precisão as variantes de que "[...] a cidade pode ser dinâmica e próspera ou degradada e quase moribunda; é o nó de fluxos sucessivamente centrípetos ou centrífugos de toda natureza".[2]

---

[1] Excertos da compilação de duas conferências proferidas em Tóquio e Kioto, em 1965, receberam o título original de *Plaidoyers pour les intellectueles* (SARTRE, Jean-Paul. *Em defesa dos intelectuais*. Tradução de Sérgio Góes de Paula. São Paulo: Ática, 1994. p. 35; 30; 31, respectivamente. Título original).

[2] BEAUJEAU-GARNIER, Jacqueline. *Geografia urbana*. Lisboa: Calouste Gulbenkian, 1980. p. 16 *apud* SPOLITO, Eliseu Savério. *Redes e cidades*. São Paulo: Editora UNESP, 2008. p. 13.

Os desafios e as projeções que o ambiente urbano suscita e incita têm sido preocupantes para parcela significativa dos países e organismos internacionais. O adensamento populacional crescente e irrefreável,[3] as disparidades sociais, econômicas, geográficas, ambientais, com todas as suas consequências, aliadas ao desprezo pelos comandos normativos, são referidas por Chantal Iorio, que se apoia na observação de Louis Chevalier, para quem a utilização de mecanismos de direito urbanístico serve para diminuir a segregação, em todas as suas dimensões.[4]

Os movimentos de planejamento das cidades, que as idealizavam preservando suas origens e a naturalidade na satisfação das necessidades dos habitantes locais, não mais escapam às ingerências econômicas, à globalização, à certa semelhança de modelos de planejamento urbano, às regras da produção e circulação de bens, ao mercado apesar das profundas diferenças das realidades urbanas. É "a cidade como arena da multiculturalidade".[5]

Michel Huet, ao buscar a opinião de vários urbanistas, administradores e arquitetos,[6] alerta que, conquanto a cidade seja uma questão do Estado, "podemos perguntar porque, após vários anos, então, a cidade está em perigo, que o urbano é negligenciado, uma tal dispersão existe no tratamento do urbano ao menos no âmbito do aparelho do Estado". Desconsiderar as circunstâncias em que se encontra a sociedade urbana, suas "fraturas sociais",[7] assim como desprezar a necessidade de iniciativas do Poder Público para ordenar a cidade, concretizando uma política urbana condizente com os comandos constitucionais e legais, é catastrófico se levadas em conta as projeções

---

[3] A revisão feita em 2019, do *World Population Prospects* (26ª edição) das Nações Unidas e que considera os dados entre 1950 e 2018, chegou aos resultados de que 55% da população mundial vive na área urbana e, até 2050, atinja o percentual de 70%. Esse é um referencial que deve ser considerado um vetor para tratar de qualquer dos temas no ambiente urbano. A previsão do programa ONU-HABITAT é a de que, em 2030, existirão 43 megacidades, a maioria em regiões em desenvolvimento (Disponível em: https://data.unhabitat.org/pages/urban-population-and-demographic-trends. Acesso em: 19 ago. 2024). A Revisão do *World Population Prospects* de 2024 (28ª edição) apresenta as estimativas e projeções oficiais da população das Nações Unidas, que foram preparadas pela Divisão de População do Departamento de Assuntos Econômicos e Sociais do Secretariado das Nações Unidas. Ela apresenta estimativas populacionais de 1950 até o presente para 237 países ou áreas, sustentadas por análises de tendências demográficas históricas. Esta última avaliação considera os resultados de 1.910 censos populacionais nacionais conduzidos entre 1950 e 2023, bem como informações de sistemas de registro vital e de 3.189 pesquisas amostrais nacionalmente representativas. A revisão de 2024 também apresenta projeções populacionais para o ano 2100 que refletem uma gama de resultados plausíveis nos níveis global, regional e nacional (Disponível em: https://www.un.org/development/desa/pd/sites/www.un.org.development. desa.pd/files/undesa_pd_2024_wpp_2024_advance unedited 0.pdf Acesso em: 19 ago. 2024).

[4] IORIO, Chantal. Le principe de mixité en droit de l'Urbanisme. *In*: PONTIER, Jean-Marie (Org.). *Les principes et le droit*. Aix-em-Provence: Presses Universitaires d'Aix-Marseille, 2007. p. 279. Ao se expor sua visão da realidade francesa, de modo incisivo, vaticina: "o dia onde nós teremos os bairros aristocráticos e os bairros proletariados, os bairros financeiros e os bairros indigentes e, na sequência, a companhia da guarda nacional com luvas amarelas e botas envernizadas e outros com mãos calejadas, nós teremos destruído a base essencial da ordem pública e preparado atrozes calamidades em nosso país" (tradução livre). Original "Le jour où nous aurons des quartiers aristocratiques et des quartiers prolétariens, des quartiers financiers et des quartiers indigents et, par suite, des companies de garde nationale jaunes et em bottes versnies, et d'autres aux mains calleuses, nous aurons détruit La base essentielle de l' ordre public et préparé d' effroyables calamites à notre pays".

[5] GOMES, Renato Cordeiro. A cidade como arena da multiculturalidade. *Compós*, ed. 1, dez. 2004. Disponível em: http://www.compos.org.br/e-compos. Acesso em: 17 ago. 2024.

[6] São eles François Barré, Joseph Belmont, François Chaslin, Jean Nouvel, Dominique Perrault e Christian de Portzamparc (HUET, Michel. *Le droit de l'urbain* – de l'urbanisme à l'urbanité. Paris: Economica, 1998. p. 97).

[7] Expressão utilizada por Michel Huet (*Le droit de l'urbain* – de l'urbanisme à l'urbanité. Paris: Economica, 1998. p. 33).

futuras do ambiente urbano. Essas variáveis incalculáveis do século XXI desvelam a fragilidade espacial, humana, econômica e social da cidade que continua a ser o *locus* das incertezas.[8]

Contudo, embora não isento de críticas, o Direito, e, em especial, o Direito Urbanístico, no seu arcabouço legal, não ficou inerte a essas mudanças que se operam no ambiente urbano, não obstante não se lhe seja imanente adiantar-se às transformações e necessidades que sociedade passa a exigir na sua ínsita dinamicidade.

Ante tantas causas integrantes da complexidade da cidade –[9] esses apontamentos de ordem geral (perscrutar o tema exige tocar em aspectos multidisciplinares e transdisciplinares), dentre os tantos fatores identificáveis, estão a violação ou a omissão às normas urbanísticas que ignoram os comandos constitucionais e legais determinantes para a concretização das funções sociais da cidade – é inevitável não tocar na *improbidade urbanística*. Ocorrência que merece reflexão e construção doutrinária e atenção da jurisprudência.

A proposta deste artigo é a de examinar a improbidade urbanística no âmbito do sistema de responsabilização por improbidade administrativa, isto é, a improbidade urbanística como uma espécie indissociável desse sistema singular e autônomo, que apresenta comandos, sanções e processo próprios, e que foi mais bem definido com a reforma legislativa produzida pela Lei nº 14.230/2021.

A nova redação do art. 1º, *caput*, da Lei nº 8.429/1992, conferida pela Lei nº 14.230/2021, alude expressamente ao "sistema de responsabilização por atos de improbidade administrativa". Embora existam divergências de perspectiva sobre o modo de ser desse sistema, que se verificam quando a doutrina busca classificar as modalidades de responsabilização existentes no direito positivo brasileiro (administrativa, jurisdicional, civil, penal, comum, especial, política etc.), a fim de enquadrar, nessas modalidades, a responsabilização por improbidade administrativa; quando a doutrina controverte sobre a natureza das sanções por improbidade; ou quando busca definir, recorrendo a preceitos como moralidade, honestidade, boa administração etc., o bem jurídico tutelado pelas normas que tipificam os atos ímprobos, fato é que, a partir da alteração legislativa, impõe-se ao intérprete considerar e dar concretude à previsão da existência de um sistema, reconhecendo, por conseguinte, que as diversas disposições

---

[8] Adequadamente, Jean-Bernard Auby, apoiando-se em Alain Bourdin, Marie-Pierre Lefeuvre e Pierre Melé, descreve, diante das mutações constantes do cenário de incertezas urbanas, a função do Direito: a regulação e eficácia jurídica de modo a mitigá-las, contribuindo para realocar as relações sociais dentro de parâmetros possíveis (AUBY, Jean-Bernard. *Droit de la Ville* – Du fonctionnement juridique des villes au droit à la Ville. Paris: LexisNexist, 2013. p. 7).

[9] Jean-Bernard Auby aborda os aspectos que devem ser considerados no emaranhado ambiente da cidade. "O fato de os sistemas jurídicos não terem geralmente uma definição homogênea da Cidade não impede que todos os tipos de regras jurídicas sejam enxertados na realidade sociológica, econômica, técnica e política que as cidades constituem. O principal meio através do qual isto ocorre é o território: é essencialmente por serem reconhecidas como territórios particulares que as cidades passam a constituir objetos jurídicos particulares" (Tradução livre). Original "Le fait que les systèmes juridiques ne possèdent en général pas de défintition homogène de la Ville n'empêche pas toutes sortes de règles juridiques de se greffer sur la réalité sociologique, économique, thecnique, politique, que constituent les villes. Le biais principal par lequel cela s'opère est le territoire: c'est essentiellement parce qu'elles sont reconnus comes des territoires particuliers que les villes en viennent à constituer des objets juridiquês particuliers" (AUBY, Jean-Bernard. *Droit de la Ville* – Du fonctionnement juridique des villes au droit à la Ville. Paris: LexisNexist, 2013. p. 4).

legais sobre improbidade, justamente por constituírem um sistema, se integram e demandam interpretação conjunta, tomando em vista as suas inter-relações.[10]

Esse dado é especialmente relevante em matéria de improbidade urbanística porque, sem embargo das previsões da Lei nº 8.429/1992, que tipificam infrações por improbidade nos arts. 9º, 10 e 11, é um outro diploma legislativo, a Lei nº 10.257/2001 (o Estatuto da Cidade),[11] no seu art. 52, que estabelece normas tipificadoras específicas para a improbidade urbanística, que precisam receber interpretação sistemática, considerando a Lei nº 8.429/1992 reformada. Sob um outro ângulo, esse dado é relevante porque, a depender do grau de reprovabilidade da infração a uma norma urbanística, praticada no processo de elaboração ou execução da política urbana, poderá se configurar a improbidade urbanística, mesmo que a infração não se enquadre em alguma das condutas do art. 52 do Estatuto da Cidade, mas se enquadre nos arts. 9º, 10 ou 11 da Lei nº 8.429/1992.

Importa notar que a sede para este exame, um livro em homenagem ao Professor Marçal Justen Filho, é muito propícia tendo em vista as múltiplas e notáveis contribuições desse grande jurista para o Direito Público brasileiro, aplicáveis à improbidade urbanística. Seu *Curso de Direito Administrativo*, por exemplo, além de fundar-se metodologicamente na realização dos direitos fundamentais, entre os quais se inclui o direito à boa administração pública, explora questões cruciais para o direito urbanístico, notadamente o planejamento, as limitações e restrições à propriedade imobiliária com viés urbanístico e, pioneiramente, a concessão urbanística,[12] além de apresentar um posicionamento próprio e original sobre a responsabilização por improbidade, fundado na centralidade da sanção de suspensão de direitos políticos, e que desenvolve mais detidamente na obra *Reforma da Lei de Improbidade Administrativa comentada e comparada*.[13]

Cabe, então, enfrentar o tema da improbidade urbanística, agraciando o conjunto da obra de Marçal Justen Filho, não sem antes apresentar algumas notas fundamentais do sistema de responsabilização por improbidade.

2 O sistema de responsabilização por improbidade

A improbidade administrativa é uma infração com dignidade constitucional. A Constituição Federal alude à improbidade quando lhe atribui a grave e excepcional sanção da suspensão de direitos políticos (art. 15, inc. V), e quando prevê que "os atos de improbidade administrativa importarão a suspensão dos direitos políticos, a perda da função pública, a indisponibilidade dos bens e o ressarcimento ao erário, na forma e gradação previstas em lei, sem prejuízo da ação penal cabível" (art. 37, §4º), entre outras

---

[10] JUSTEN FILHO, Marçal. *Reforma da lei de improbidade administrativa comentada e comparada*: Lei 14.230, de 25 de outubro de 2021. Rio de Janeiro: Forense, 2022. p. 7-8.

[11] A par do Estatuto da Cidade, a Lei nº 13.089/2015 (o Estatuto da Metrópole) chegou a prever hipóteses de improbidade urbanística, no art. 21, na sua redação original. Não obstante, esse dispositivo foi revogado pela Lei nº 13.683/2018.

[12] JUSTEN FILHO, Marçal. *Curso de direito administrativo*. 14. ed. Rio de Janeiro: Forense, 2023. p. 390 e ss.; 491-492; 532-533.

[13] JUSTEN FILHO, Marçal. *Curso de direito administrativo*. 14. ed. Rio de Janeiro: Forense, 2023. p. 390 e ss.; 491-492; 803 e ss.; e *Reforma da lei de improbidade administrativa comentada e comparada*: Lei 14.230, de 25 de outubro de 2021. Rio de Janeiro: Forense, 2022.

passagens. Quer dizer, o sistema de responsabilização por improbidade tem início na Constituição, não obstante o seu laconismo a respeito da matéria.

O novo art. 1º da Lei nº 8.429/1992, reformado pela Lei nº 14.230/2021, possui importância ímpar para compreensão do sistema de responsabilização por improbidade. Não à toa esse dispositivo é referido pela doutrina como fundante[14] do sistema de responsabilização: é nele que se encontram as referências à finalidade da lei e a explicitação do bem jurídico tutelado, bem como outros parâmetros interpretativos.

Nesse contexto, o *caput* do art. 1º estabelece que o sistema de responsabilização por improbidade "tutelará a probidade na organização do Estado e no exercício de suas funções". É esta a razão de ser do sistema, que deve ser considerada premissa e norte interpretativo para o qual se dirigem todas as demais disposições. O sistema de responsabilização por improbidade tutela a *probidade* nas atividades estatais, nos seus aspectos estrutural e funcional. Não se trata de tutelar a *legalidade*, ou de responsabilizar ações ou omissões que infrinjam a lei; quando define o bem jurídico tutelado, o *caput* do art. 1º enuncia que somente se configura a improbidade quando a conduta de infringir a lei é dotada de uma reprovabilidade extraordinária, evidenciadora de uma intenção torpe, de má-fé, de *violação à probidade*. Trata-se da consagração do que a doutrina e a jurisprudência já haviam pontuado desde longa data, no sentido de que a improbidade não se confunde com a ilegalidade, ou de que a improbidade é uma ilegalidade qualificada, e essa constatação vem reforçada pelo art. 17-C, §1º, da Lei nº 8.429/1992 reformada, segundo o qual "a ilegalidade sem a presença de dolo que a qualifique não configura ato de improbidade". O *caput* do art. 1º ainda prevê que a tutela da probidade ocorre "como forma de assegurar a integridade do patrimônio público e social". Nessa passagem, há uma expressão moduladora da função da tutela da probidade, no sentido de que ela existe *como forma* de tutelar outro bem jurídico, que é a integridade do patrimônio público e social. Essa expressão tem consequências. Significa dizer que o sistema de responsabilização por improbidade não se destina a tutelar *diretamente* o patrimônio público e social (embora sirva como forma indireta de tutelá-lo), que poderá ser (como efetivamente é) objeto de outro sistema de responsabilização. Convergem para esse entendimento o art. 17-D, *caput* e parágrafo único, da Lei nº 8.429/1992 reformada, que veda o ajuizamento da ação de improbidade para o controle de legalidade de políticas públicas e para a proteção do patrimônio público e social, do meio ambiente e de outros interesses difusos, coletivos e individuais homogêneos, atribuindo esse papel à ação civil pública, objeto da Lei nº 7.347/1975.

Mas há outras previsões relevantes. O §1º do art. 1º, da Lei nº 8.429/1992 reformada, estabelece que se consideram atos de improbidade administrativa "as condutas dolosas tipificadas nos arts. 9º, 10 e 11 desta lei, ressalvados tipos previstos em leis especiais". Está aqui, em "tipos previstos em leis especiais", a abertura da Lei nº 8.429/1992 para o art. 52 do Estatuto da Cidade, e que com ele deve ser compatibilizada, para integração ao sistema. Nesse âmbito, a Lei nº 8.429/1992 consagrou três categorias de improbidade,

---

[14] COSTALDELLO, Angela Cassia; KANAYAMA, Rodrigo Luís. Em busca do equilíbrio do sistema de responsabilização por atos de improbidade administrativa. *In*: VANIN, Fabio Scopel; ROBL FILHO, Ilton Norberto; ROCHA, Wesley (Org.). *Lei de Improbidade Administrativa* – Lei n. 14/230/2021 – Comentários e Análise Comparativa. São Paulo: Almedina Brasil, 2023. *E-Book*.

e cada qual se identifica por um núcleo próprio de reprovabilidade,[15] a que o art. 52 do Estatuto da Cidade deverá se referir. No art. 9º, previu tipos de improbidade que produzem enriquecimento ilícito do agente público; no art. 10, tipos de improbidade que produzem lesão ao erário; e, no art. 11, tipos de improbidade que atentam contra princípios da administração pública, violando deveres de honestidade, imparcialidade e legalidade.

O art. 52 do Estatuto da Cidade, por seu turno, remete a outros dispositivos do mesmo diploma legal, tipificando, de modo específico, as ações ou omissões que se subsumem às hipóteses de improbidade urbanística.

Vê-se, portanto, que o tema demanda a aplicabilidade integrada e sistemática de ambos os diplomas legislativos – a Lei nº 8.429/1992 reformada e a Lei nº 10.257/2001 – resultando em um sistema de improbidade que tem por repercussão lógica e imediata a responsabilização dos agentes a quem são imputadas as condutas ímprobas, na seara urbanística, nos termos da legislação pertinente.

3 O enquadramento da improbidade urbanística no sistema de responsabilização

Em vista do exposto, a improbidade urbanística pode ser conceituada como uma *infração, praticada no exercício das funções de elaboração e execução da política urbana, que se caracteriza por uma ação ou omissão deliberada do agente público, violadora da norma urbanística, e que é dotada de reprovabilidade extraordinária, nos termos da lei.*

O conceito ora proposto remete, como não poderia deixar de ser, ao direito urbanístico, que é o ramo do direito que impõe a disciplina físico-social dos espaços habitáveis,[16] ou que regula a política espacial da cidade,[17] visando à harmonização das funções do meio ambiente urbano, na busca pela qualidade de vida da coletividade.[18]

A finalidade das referências ao direito urbanístico é discriminar a improbidade urbanística como uma espécie, no sistema de responsabilização por improbidade, que tem em vista, especificamente, a tutela da probidade na organização estatal e no exercício das funções *urbanísticas*. A previsão de condutas específicas de improbidade na legislação urbanística (no art. 52 do Estatuto da Cidade) demonstra a relevância dessa espécie de tutela e recomenda a discriminação.[19]

---

[15] JUSTEN FILHO, Marçal. *Reforma da lei de improbidade administrativa comentada e comparada*: Lei 14.230, de 25 de outubro de 2021. Rio de Janeiro: Forense, 2022. p. 18.

[16] MOREIRA NETO, Diogo de Figueiredo. *Introdução ao direito ecológico e ao direito urbanístico*. Rio de Janeiro: Forense, 1975. p. 60; SILVA, José Afonso da. *Direito urbanístico brasileiro*. 5. ed. São Paulo: Malheiros, 2008. p. 50.

[17] SUNDFELD, Carlos Ari. O Estatuto da Cidade e suas diretrizes gerais. *In*: DALLARI, Adilson Abreu; FERRAZ, Sérgio (Coord.). *Estatuto da Cidade* (Comentários à Lei Federal 10.257/2001). 3. ed. São Paulo: Malheiros, 2010. p. 49.

[18] DI SARNO, Daniela Campos Libório. *Elementos de direito urbanístico*. Barueri: Manole, 2004. p. 33.

[19] Na doutrina sobre improbidade administrativa, examinam especificamente a improbidade urbanística as seguintes obras: FERNANDES, Felipe; PORTO, José Roberto Mello; PENNA, Rodolfo. *Manual de improbidade administrativa*. Belo Horizonte: Casa do Direito, 2022. p. 52; NEVES, Daniel Amorim Assumpção; OLIVEIRA, Rafael Carvalho Rezende. *Manual de improbidade administrativa*: direito material e processual. 7. ed. Rio de Janeiro: Forense; São Paulo: Método, 2019. p. 105-107; e PAZZAGLINI FILHO, Marino. *Lei de Improbidade Administrativa comentada*: aspectos constitucionais, administrativos, civis, criminais, processuais e de responsabilidade fiscal. 7. ed. São Paulo: Atlas, 2018. p. 141-160.

Nesse sentido, o conceito alude à *norma urbanística*, que é a norma de direito urbanístico; e à *política urbana*, que é a expressão constitucional para a atividade urbanística do Estado (Capítulo II do Título VII da Constituição Federal), cuja missão é "ordenar o pleno desenvolvimento das funções sociais da cidade e garantir o bem-estar de seus habitantes" (art. 182, *caput*, da Constituição Federal). Isso significa acomodar, no espaço da cidade, os diversos interesses, direitos e deveres, de destinatários e titulares diversos, e que se relacionam como forças sociais opostas quanto ao modo de ocupação e de produção do espaço. Há oposição porque as diferentes forças sociais disputam o uso de recursos escassos, que são as localizações dos bens públicos e privados na cidade, e a política urbana, ou atividade estatal urbanística, surge como um resultado dessas disputas, a fim de organizar o acesso às localizações, definir a proximidade e a intensidade de seus usos e estabelecer a densidade das aglomerações.[20]

Fala-se em *elaboração* da política urbana, e não apenas em *execução*, porque a improbidade urbanística pode se verificar desde o processo de concepção e elaboração da política urbana, mediante as leis de planejamento urbano (em especial, a lei do plano diretor, que é o "instrumento básico da política de desenvolvimento e de expansão urbana", na linha do art. 182, §1º, da Constituição Federal), para alcançar todo tipo de atuação estatal, e não apenas a atuação estritamente administrativa.[21]

O planejamento merece especial detença nos processos de elaboração da política urbana, posteriormente materializado no plano diretor, por constituir a fase germinal que determina a regulamentação do uso do solo urbano, vinculando as finalidades de ocupação solo em curto, médio e longo prazo, mediante dados técnicos como a suportabilidade do solo para edificações, definição de arruamento e praças, equipamentos públicos, projeção de infraestrutura para instalação de serviços públicos, estabelecimento de áreas específicas para habilitação e atividades econômicas e industriais, previsão de áreas para proteção ambiental etc. Teleologicamente deve antever a máxima abrangência das potencialidades operativas da plurifunção do planejamento urbanístico. Por se tratar de um campo de interesses múltiplos é, igualmente, um campo de disputas. Por vezes, a improbidade urbanística pode ser constata-se já nessa fase da estruturação da política urbana.

Por outro lado, não se está a propor que a responsabilização por improbidade urbanística tenha por objeto a tutela da *ordem urbanística*,[22] isto é, da legalidade da política urbana, das ações urbanísticas e da proteção do meio ambiente urbano. Esse não é o papel imediato da responsabilização por improbidade, cujo caráter é estritamente repressivo e sancionatório da pessoa que pratica o ato ou omissão ímprobos. A tutela da ordem

---

[20] LOJKINE, Jean. *O estado capitalista e a questão urbana*. Tradução de Estela dos Santos Abreu. São Paulo: Martins Fontes, 1981. p. 180; COSTALDELLO, Angela Cassia. Perspectivas do desenvolvimento urbano à luz do direito fundamental à cidade. *In*: BACELLAR FILHO, Romeu Felipe; GABARDO, Emerson; HACHEM, Daniel Wunder (Org.). *Globalização, direitos fundamentais e direito administrativo*: novas perspectivas para o desenvolvimento econômico e socioambiental (Anais do I Congresso da Rede Docente Eurolatinoamericana de Direito Administrativo). Belo Horizonte: Fórum, 2011. p. 86; OLBERTZ, Karlin. *Operação urbana consorciada*. Belo Horizonte: Fórum, 2011. p. 32.

[21] "[...] a repressão à improbidade abrange inclusive as condutas defeituosas verificadas no desempenho de funções políticas, jurisdicionais e legislativas" (JUSTEN FILHO, Marçal. *Reforma da lei de improbidade administrativa comentada e comparada*: Lei 14.230, de 25 de outubro de 2021. Rio de Janeiro: Forense, 2022. p. 2).

[22] Sobre o tema da ordem urbanística, conferir PINTO, Victor Carvalho. A ordem urbanística. *Revista de Direito Imobiliário*, n. 51, p. 120-132, jul./dez. 2001.

urbanística, de forma direta, é objeto para ação civil pública (art. 4º da Lei nº 7.347/1975), tal como acima já se indicou, e não para ação de improbidade.[23] Não obstante, a ação de improbidade tutela a probidade como forma de assegurar a ordem urbanística, na linha do art. 1º da Lei nº 8.429/1993.

A definição de *improbidade urbanística* acima proposta contém elementos nucleares para sua caracterização, destacando-se a *ação ou omissão deliberada do agente público* que viole norma urbanística cujo comando legal é cogente, assim eleita pelo legislador e cuja finalidade é salvaguardar bens jurídicos, individuais e coletivos, tidos por relevantíssimos no ambiente urbano. Tal previsão vem a dar concretude à Constituição Federal que se empenhou, em vários dispositivos, ao *combater a corrupção*[24] e as ilegalidades emanadas do Poder Público. Adotando esse viés que a improbidade se direciona aos agentes públicos com o propósito de afastar ações ou omissões teratológicas que provoquem danos irreparáveis.

A Lei nº 8.429/1992 reformada, diversamente da redação anterior que era mais específica, engloba amplamente os agentes que podem ser responsabilizados por improbidade, não se restringindo aos agentes públicos regularmente investidos na função pública. Indistintamente incorpora, sob os mesmos tipos de conduta ímproba, os particulares, pessoas físicas ou jurídicas que, de algum modo, se relacionam com a Administração Pública, que em seu nome atuem ou que concorram para o ato de improbidade.[25] Por outro lado, afasta dissonâncias da doutrina e da jurisprudência quanto à aplicabilidade da Lei nº 8.429/1992 aos agentes políticos, deixando expressa a possibilidade de que incida sobre suas condutas.[26]

---

[23] O art. 17-D, *caput* e parágrafo único, da Lei nº 8.429/1992, incluído pela Lei nº 14.230/2021, veda o ajuizamento da ação de improbidade para o controle de legalidade de políticas públicas e para a proteção do patrimônio público e social, do meio ambiente e de outros interesses difusos, coletivos e individuais homogêneos, atribuindo esse papel à ação civil pública. É verdade que não se descarta o papel da tipificação da improbidade urbanística como forma de desincentivar condutas que infringem a ordem urbanística (e talvez por isso o art. 1º da Lei nº 8.429/1992 trate da tutela da probidade "como forma de assegurar a integridade do patrimônio público e social"), mas a tutela da ordem urbanística, de forma direta, é objeto para ação civil pública.

[24] A respeito, Bernardo Ströbel Guimarães salienta que "A Constituição se compromete com o 'combate à corrupção'. Diversas das suas normas convergem para este objetivo. Isto reflete a tentativa de dar resposta ao fato de que, historicamente, as relações público-privadas no Brasil são marcadas pela apropriação privada de interesses públicos. Poder econômico e poder político não raro se articulam para conferir vantagens indevidas a particulares às custas do interesse público (GUIMARÃES, Bernado Strobel; SOUZA, Caio Augusto Nazario; VIOLIN, Jordão; MADALENA, Luis Henrique. *A nova improbidade administrativa*. Rio de Janeiro: Forense, 2023. p. 18). A propósito, a doutrina já se preocupa especificamente com o que chama de "corrupção urbanística". Sobre o tema, conferir: PRESTES, Vanêsca Buzelato. *Corrupção urbanística*: da ausência de diferenciação entre direito e política no Brasil. Belo Horizonte: Fórum, 2018; e RIBEIRO, Carlos Vinícius Alves. Cidades são possíveis? – A ordenação do solo urbano e a corrupção urbanística. *In*: ALMEIDA, Fernando Dias Menezes de; MARQUES NETO, Floriano de Azevedo; MIGUEL, Luiz Felipe Hadlich; SCHIRATO, Vitor Rhein (Org.). *Direito público em evolução*: estudos em homenagem à Professora Odete Medauar. Belo Horizonte: Fórum, 2013. p. 635-644.

[25] "Art. 2º Para os efeitos desta Lei, consideram-se agente público o agente político, o servidor público e todo aquele que exerce, ainda que transitoriamente ou sem remuneração, por eleição, nomeação, designação, contratação ou qualquer outra forma de investidura ou vínculo, mandato, cargo, emprego ou função nas entidades referidas no art. 1º desta Lei. (Redação dada pela Lei nº 14.230, de 2021) Parágrafo único. No que se refere a recursos de origem pública, sujeita-se às sanções previstas nesta Lei o particular, pessoa física ou jurídica, que celebra com a administração pública convênio, contrato de repasse, contrato de gestão, termo de parceria, termo de cooperação ou ajuste administrativo equivalente. (Incluído pela Lei nº 14.230, de 2021)".

[26] COSTALDELLO, Angela Cassia; KANAYAMA, Rodrigo Luís. Em busca do equilíbrio do sistema de responsabilização por atos de improbidade administrativa. *In*: VANIN, Fabio Scopel; ROBL FILHO, Ilton Norberto; ROCHA, Wesley (Org.). *Lei de Improbidade Administrativa* – Lei n. 14/230/2021 – Comentários e Análise Comparativa. São Paulo: Almedina Brasil, 2023. *E-Book*. p. 77.

Nesse passo, o Estatuto da Cidade adiantou-se à Lei nº 8.429/1992 reformada, ao abranger como sujeitos ativos de conduta ímproba os agentes políticos, aspecto mais bem explorado.

A par dessas alterações, a intencionalidade dos agentes é requisito para a caracterização da conduta ímproba, espraiando-se por vários dispositivos a exigência do elemento dolo, e circunscreve, para fins da nova redação da Lei nº 8.429/1992.

Deixa isento de dúvidas que o sujeito ativo deve estar imbuído do *animus* de praticar ou de abster-se de praticar ato lesivo ao patrimônio público. Com isso, elidiu discussões ocorridas na vigência do texto anterior da Lei nº 8.429/1992, seguiu orientação jurisprudencial, em especial do Superior Tribunal de Justiça, e posicionamentos doutrinários consistentes, ao prever, de modo imperativo, o dolo do agente, diante de circunstâncias nos arts. 9º, 10 e 11 da lei.[27] Ademais, a nova redação exigiu dolo específico para a configuração de improbidade: no art. 1º, §2º, definiu dolo como "a vontade livre e consciente de alcançar o resultado ilícito tipificado nos arts. 9º, 10 e 11 desta Lei, *não bastando a mera voluntariedade do agente*"; e no §3º, aludiu expressamente a "ato doloso com *fim ilícito*".[28]

O último elemento da definição ora proposta, a reprovabilidade extraordinária (nos termos da lei), tem por finalidade enfatizar a teratologia da conduta ímproba, que consistirá em uma prática ou omissão que o ordenamento jurídico considera extremamente condenável. A improbidade não consistirá em uma mera ilegalidade, mas em uma ilegalidade qualificada por outros elementos, que lhe conferem gravidade diferenciada, e a que se cominam penalidades muito severas e que fogem aos regimes da responsabilização civil ou administrativa comuns.[29]

Ao se tratar de improbidade urbanística, as novas regras da Lei nº 8.429/1992 servem de sustentáculo para as condutas estimadas ímprobas pelo Direito Urbanístico. Por outras palavras, respeitadas as particularidades dos princípios e regramentos urbanísticos, adota-se a disciplina contida na Lei de Improbidade e os *standards* do Direito Administrativo sancionador.

Desse modo, os agentes, sejam públicos ou privados, que pratiquem atos contrários ao Estatuto da Cidade, ou deixem de praticá-los quando é-lhes exigido, com a intenção

---

[27] Art. 9º e incisos ("Dos Atos de Improbidade Administrativa que Importam Enriquecimento Ilícito"); art. 10, incisos e parágrafos ("Dos Atos de Improbidade Administrativa que Causam Prejuízo ao Erário") e art. 11, incisos e parágrafos ("Dos Atos de Improbidade Administrativa que Atentam Contra os Princípios da Administração Pública").

[28] A doutrina observa que "não é suficiente para caracterização da improbidade administrativa mera violação à lei. Diante da complexidade da aplicação do emaranhado normativo brasileiro, é quase impossível aos agentes públicos não 'descumprirem' a lei. Para fins de improbidade o relevante é saber se tal descumprimento teve por finalidade atingir o bem jurídico tutelado pela Lei 8.429/1992. Não se pode confundir mera voluntariedade com a vontade livre e consciente de praticar ou deixar de praticar atos de modo a ferir a probidade (honestidade) na Administração Pública. Quem causou algum dano por descumprir a norma pode estar sujeito à responsabilização civil, mas não estará, necessariamente, sujeito às sanções de improbidade" (SANTOS, Rodrigo Valgas dos. Genérico ou específico? Afinal, qual o dolo exigível no novo regime de improbidade administrativa? *In*: DAL POZZO, Augusto Neves; OLIVEIRA, José Roberto Pimenta (Coord.). *Lei de Improbidade Administrativa reformada*. São Paulo: RT, 2022. p. 264).

[29] "A improbidade é uma ilegalidade qualificada por outros elementos, que lhe dão uma dimensão de gravidade diferenciada, implicam reprovabilidade muito intensa e exigem um sancionamento extremamente severo" (JUSTEN FILHO, Marçal. *Reforma da lei de improbidade administrativa comentada e comparada*: Lei 14.230, de 25 de outubro de 2021. Rio de Janeiro: Forense, 2022. p. 15).

e previsibilidade de violar a ordem jurídica, incidirá sobre eles a responsabilização por improbidade. De um cenário para outro, difere apenas a natureza das atividades, urbanísticas ou não.

4 A responsabilização dos agentes políticos por improbidade urbanística – Inteligência do art. 52, do Estatuto da Cidade

O art. 52 do Estatuto da Cidade é uma norma dirigida expressamente à responsabilização do Prefeito municipal e do Governador do Distrito Federal por improbidade. No *caput*, prevê que, "sem prejuízo da punição de outros agentes públicos envolvidos e da aplicação de outras sanções cabíveis, o *Prefeito* incorre em improbidade administrativa" quando pratica uma das condutas previstas nos incisos. A alusão ao Prefeito deve ser lida como alcançando o Governador do Distrito Federal, por força do art. 51, segundo o qual "Para os efeitos desta Lei, aplicam-se ao Distrito Federal e ao Governador do Distrito Federal as disposições relativas, respectivamente, a Município e a Prefeito".[30]

A doutrina diverge sobre se a norma alcança também outros agentes públicos, que não somente o Prefeito e o Governador do Distrito Federal. Para Levin, o art. 52, *caput*, admite outros sujeitos ativos, porque contém a ressalva inicial, "sem prejuízo da punição de outros agentes públicos envolvidos", e porque a Lei nº 8.429/1992 admite a possibilidade de concurso de pessoas para a prática de improbidade administrativa. Com efeito, no art. 3º, mesmo na sua redação original, a Lei nº 8.429/1992 já previa a aplicabilidade das suas disposições "àquele que, mesmo não sendo agente público, induza ou concorra" para a prática do ato de improbidade. O autor dá o exemplo de um secretário municipal, auxiliar do Prefeito, que tenha contribuído para a prática de conduta ímproba prevista no art. 52 do Estatuto da Cidade, afirmando que poderá figurar no polo passivo da ação, e responderão os dois pela prática do mesmo ato de improbidade.[31]

Em sentido parcialmente diverso, Carvalho Filho entende que "as condutas tipificadas no art. 52 são específicas para o prefeito, ao passo que outros agentes, sobretudo da Prefeitura, podem incorrer em improbidade pela prática de ações ou omissões tipificadas na Lei nº 8.429/92".[32] É o que se passaria com um secretário municipal que recebesse vantagem indevida para atingir o resultado proibido pelas normas do art. 52 do Estatuto da Cidade, e que responderia por improbidade com fundamento direto na Lei nº 8.429/1992, enquanto o Prefeito responderia pela prática da conduta prevista no art. 52.

A discussão pode não parecer muito frutífera. Qualquer que seja a posição adotada, o resultado terá de ser, necessariamente, o enquadramento da conduta do

---

[30] É também essa a observação de LEVIN, Alexandre. Atos de improbidade administrativa praticados contra a ordem urbanística – Estudo sobre o art. 52 do Estatuto da Cidade. *Revista Brasileira de Estudos da Função Pública – RBEFP*, n. 8, p. 125-150, maio/ago. 2014, citando o magistério de Diógenes Gasparini.

[31] LEVIN, Alexandre. Atos de improbidade administrativa praticados contra a ordem urbanística – Estudo sobre o art. 52 do Estatuto da Cidade. *Revista Brasileira de Estudos da Função Pública – RBEFP*, n. 8, p. 125-150, maio/ago. 2014. p. 128.

[32] CARVALHO FILHO, José dos Santos. *Comentários ao Estatuto da Cidade*. 3. ed. Rio de Janeiro: Lumen Juris, 2009. p. 344.

Prefeito e de qualquer outro agente público envolvido em alguma das previsões dos arts. 9º, 10 e 11 da Lei nº 8.429/1992. Isso se passa porque a norma do art. 52 do Estatuto da Cidade não se aplica autonomamente. É indispensável a subsunção concomitante e complementar da conduta ímproba prevista no art. 52 a alguma das previsões dos arts. 9º, 10 e 11 da Lei nº 8.429/1992, porque as condutas do art. 52 não são acompanhadas da estipulação de sanções. É somente o art. 12 da Lei nº 8.429/1992 que estabelece as sanções por improbidade, em três incisos, cada qual correspondendo a uma categoria de improbidade prevista nos arts. 9º, 10 e 11 da lei.

Ou seja, para identificar a sanção aplicável à improbidade urbanística tipificada no art. 52, é necessário recorrer aos núcleos de reprovabilidade dos arts. 9º, 10 e 11 da Lei nº 8.429/1992, que envolvem a obtenção de enriquecimento ilícito pelo agente público; a produção de lesão patrimonial ao erário público; e a violação a princípios fundamentais da Administração Pública. Nesse sentido, o próprio art. 52, *caput*, alude à incursão em improbidade administrativa "nos termos da Lei nº 8.429/1992".

Contudo, o resultado da discussão precisa ser outro quando se considera que o art. 11 passou a prever, a partir da reforma, um rol taxativo de condutas ímprobas (rol taxativo, mas aberto à legislação especial, por força do §2º, como se verá), e que a maior parte das condutas previstas no art. 52 do Estatuto da Cidade deve ser enquadrada nesse dispositivo (no art. 11). Nessas circunstâncias, se houver outro sujeito ativo, que não o Prefeito e o Governador do Distrito Federal, e se na sua conduta não se verificar, concretamente, outro núcleo de reprovabilidade (enriquecimento ilícito ou lesão patrimonial ao erário público), para enquadramento nos arts. 9º e 10 da Lei nº 8.429/1992, não haverá espaço para a sua responsabilização por improbidade.

Não obstante a consideração devida aos que pensam de forma diferente, entende-se que é essa mesma a única interpretação cabível em vista da legislação. O art. 52 refere-se explícita e especificamente a condutas próprias do Prefeito ou do Governador do Distrito Federal. Se a lei quisesse tipificar condutas de outros agentes, teria a eles expressamente se referido, ou utilizado uma fórmula geral. Nesse sentido, a expressão "sem prejuízo da punição de outros agentes públicos" não quer dizer que outros agentes podem praticar individualmente aquelas condutas e serem responsabilizados por improbidade, mas quer apenas ressalvar o cabimento da responsabilização de outros agentes pela prática de condutas próprias (que poderão ser enquadradas nos arts. 9º e 10); ou ressalvar o cabimento da responsabilização por coautoria, porque esses outros agentes podem ter induzido ou concorrido com o Prefeito ou o Governador do Distrito Federal para as condutas do art. 52 (interpretação se ampara no art. 3º da Lei nº 8.429/1992, que prevê que as disposições da lei são aplicáveis, "no que couber, àquele que, mesmo não sendo agente público, induza ou concorra dolosamente para a prática do ato de improbidade").

Seja como for, cabe examinar cada uma das tipificações do art. 52, para desvendar a sua integração ao sistema de responsabilização por improbidade. São oito incisos do art. 52, mas o primeiro foi vetado.[33] Dentre os demais sete incisos, postula-se que seis

---

[33] A redação do art. 52, inc. I, previa como improbidade administrativa a conduta do Prefeito de "impedir ou deixar de garantir a participação de comunidades, movimentos e entidades da sociedade civil" conforme o disposto no §3º do art. 4º do Estatuto da Cidade, que estabelece o controle social da aplicação dos recursos públicos, quando o manejo dos instrumentos de política urbana demandarem dispêndio de recursos. O dispositivo foi vetado com fundamento na dificuldade de interpretação e aplicação, dada a conotação política da garantia da participação social.

dizem respeito à improbidade por violação a princípios, com subsunção ao art. 11 da Lei nº 8.429/1992; e um relaciona-se à improbidade por lesão patrimonial ao erário, objeto do art. 10 da Lei nº 8.429/1992.

Este segundo tipo de improbidade urbanística é o de mais simples compreensão e um bom começo para enfrentamento da matéria. Ele se associa ao art. 52, inc. VIII: "adquirir imóvel objeto de direito de preempção, nos termos dos arts. 25 a 27 desta Lei, pelo valor da proposta apresentada, se este for, comprovadamente, superior ao de mercado".

5 Improbidade urbanística decorrente de lesão ao erário pela aquisição de imóvel com preempção por preço superior ao de mercado

Os arts. 25 a 27 do Estatuto da Cidade, indicados pelo art. 52, inc. VIII, disciplinam a preempção urbanística.

Direito de preempção, em direito urbanístico, é o direito de preferência, conferido ao Poder Público municipal, para aquisição de imóvel urbano objeto de alienação onerosa entre particulares, a fim de realizar objetivos da política urbana.[34] O exercício desse direito tem finalidades específicas dispostas no Estatuto da Cidade: trata-se de um instrumento de política urbana (art. 4º, inc. V, "m") de utilização restrita a determinadas áreas fixadas em lei municipal (art. 25, §1º), e que será exercido quando o município necessitar dessas áreas para os fins de regularização fundiária; execução de programas e projetos de habitação de interesse social; constituição de reserva fundiária; ordenamento e direcionamento da expansão urbana; implantação de equipamentos urbanos e comunitários, incluindo espaços públicos de lazer e áreas verdes; criação de unidades de conservação ou proteção e outras áreas de interesse ambiental; e proteção de áreas de interesse histórico, cultural ou paisagístico (art. 26).

De acordo com o art. 52, inc. VIII, do Estatuto, comete improbidade o Prefeito ou o Governador do Distrito Federal que adquirir imóvel, por direito de preempção, pagando o preço da proposta apresentada, quando este preço for comprovadamente superior ao preço de mercado. O sentido da norma é o de atribuir reprovabilidade extraordinária a essa conduta do Prefeito (ou do Governador do Distrito Federal), que tem o dever de zelar pelos recursos públicos com diligência especial, notadamente os recursos destinados à execução da política urbana, e como consequência deve assegurar-se de que o preço praticado é compatível com os valores do mercado imobiliário, evitando favorecer o vendedor.

Isso se faz a partir de bases objetivas: o proprietário, vendedor do imóvel, deverá notificar o Município da sua intenção de venda, e a notificação deverá ser acompanhada da proposta de compra assinada por terceiro interessado, da qual constarão preço, condições de pagamento e prazo de validade, conforme estabelece o art. 27, §1º, do Estatuto da Cidade. Essa proposta, evidentemente, não será suficiente para demonstrar

---

[34] O direito de preempção urbanística está disciplinado nos arts. 25 a 27 do Estatuto da Cidade. Sobre o tema, consultar, entre outros, MEIRELLES, Renata Nadalin. Preempção. *In*: MEDAUAR, Odete; SCHIRATO, Vitor Rhein; MIGUEL, Luiz Felipe Hadlich; GREGO-SANTOS, Bruno. *Direito urbanístico*: estudos fundamentais. Belo Horizonte: Fórum, 2019. p. 204 e ss.

a adequação do preço em relação aos preços do mercado, de modo que competirá ao Município analisar detidamente as suas condições, valendo-se de outros dados e comparações, para então decidir a respeito da aquisição.

Uma vez adquirido o imóvel com preço comprovadamente superior ao de mercado, caberá a responsabilização do Prefeito (ou do Governador do Distrito Federal) por improbidade urbanística. O núcleo da reprovabilidade consistirá na ação ou omissão dolosa que ensejou lesão patrimonial ao erário público, na execução da política urbana, por ter havido aquisição que acarretou perda ou dilapidação patrimonial, na forma do art. 10, *caput*, da Lei nº 8.429/1992:

> Constitui ato de improbidade administrativa que *causa lesão ao erário* qualquer ação ou omissão dolosa, que enseje, efetiva e comprovadamente, *perda patrimonial*, desvio, apropriação, malbaratamento ou *dilapidação* dos bens ou haveres das entidades referidas no art. 1º desta Lei, e notadamente [...].

Esse é o núcleo da improbidade *urbanística* prevista no art. 52, inc. VIII, do Estatuto da Cidade, que resulta da integração desse dispositivo com a norma do art. 10, *caput*, da Lei nº 8.429/1992. Não significa dizer que não configuraria improbidade a mera aquisição do imóvel por preço superior ao de mercado, mediante ação ou omissão dolosa, mesmo que independente da preempção urbanística e da execução da política urbana. Tanto isso é verdade que o inc. V do art. 10 da Lei nº 8.429/1992 tipifica como improbidade a conduta de "permitir ou facilitar a aquisição, permuta ou locação de bem ou serviço por preço superior ao de mercado". Em vista desse dispositivo, aliás, outros agentes públicos, que não o Prefeito ou o Governador do Distrito Federal, poderão cometer improbidade decorrente da aquisição de imóvel com preempção por preço superior ao de mercado, com fundamento direto no art. 10, inc. V, da Lei nº 8.429/1992. A diferença está na dignidade própria conferida à tutela da probidade *como forma* de assegurar a ordem urbanística (na linha do que prescreve o art. 1º da Lei nº 8.429/1992 ao se referir à tutela indireta do patrimônio público e social), e na atribuição de um dever de diligência especial ao Prefeito ou ao Governador do Distrito Federal na execução da política urbana.

Sob outro ângulo, veja-se que outras condutas podem concorrer para a prática da improbidade urbanística consistente na aquisição de imóvel, com preempção, por preço superior ao de mercado; tome-se o exemplo da conduta espúria de favorecimento pessoal de um agente público, que recebe percentual subtraído do sobrepreço do imóvel. Neste caso, estará configurada improbidade administrativa fundada no art. 9º da Lei nº 8.429/1992, que prevê:

> Constitui ato de improbidade administrativa importando em *enriquecimento ilícito* auferir, mediante a prática de ato doloso, qualquer tipo de vantagem patrimonial indevida em razão do exercício de cargo, de mandato, de função, de emprego ou de atividade nas entidades referidas no art. 1º desta Lei, e notadamente: [...].

6 Improbidade urbanística decorrente de violação a princípios qualificada pela prática de desvio de finalidade

Os demais incisos do art. 52 convergem para um único núcleo de reprovabilidade, localizado no atentado a princípios fundamentais da Administração Pública, na elaboração ou na execução da política urbana, qualificado pela prática de desvio de finalidade.

A compreensão desses tipos específicos de improbidade urbanística depende de prévias considerações a respeito do art. 11 da Lei nº 8.429/1992, na redação reformada. Veja-se que a redação original do art. 11 constituía um sério "desafio hermenêutico" para o intérprete,[35] em virtude da amplitude normativa propiciada pela previsão de violação a princípios. O problema estava em que os princípios são normas de preceito vago, fluido, que não podem ser aplicados em abstrato ou *a priori*, anteriormente a uma experiência concreta, como parâmetros certos para a previsibilidade da correção de uma conduta. São conceitos que não têm densidade normativa suficiente para tipificar uma infração, com o nível de certeza e previsibilidade exigido pelo ordenamento jurídico. Contudo, a reforma da Lei nº 8.429/1992 alterou a redação do art. 11, conferindo-lhe maior delimitação. Isso se passou, em especial, porque a lei reformada definiu um rol taxativo de condutas ímprobas no art. 11, uma vez que, diferentemente dos arts. 9º e 10, o *caput* do art. 11 não mais contém a expressão "notadamente", que está contida no final do *caput* de cada um dos outros dois artigos e que atribui aos seus róis de condutas a condição de meramente exemplificativos.

Isso não significa dizer, contudo, que somente as condutas previstas no rol do art. 11 da Lei nº 8.429/1992 configuram improbidade que esteja nele fundada. Uma interpretação com esse sentido conduziria à inutilidade de todos os incisos do art. 52 do Estatuto da Cidade, que somente podem ser enquadrados no art. 11 (e, como postulado hermenêutico, não se privilegia a interpretação de uma regra que conduz à inutilidade de outra regra).

Neste caso, a taxatividade do art. 11 deve ser entendida como aberta para a legislação especial. Esse entendimento encontra fundamento no próprio art. 11, §2º; isto é, somente haverá improbidade fundada no art. 11 quando a Lei nº 8.429/1992 assim explicitamente o referir (é o caso dos incisos do art. 11), ou quando se tratar de *outros atos tipificados explicitamente como de improbidade administrativa por outras leis e que puderem ser subsumidos ao art. 11*, como prevê o art. 11, §2º.

Mas a melhor delimitação do art. 11 ainda vai além. Seu núcleo de reprovabilidade se direciona a condutas incompatíveis com princípios fundamentais que norteiam a função administrativa do Estado, e que configurarão improbidade administrativa sem que haja consumação de enriquecimento ilícito do agente público ou de lesão patrimonial ao erário. Esses elementos não integram o núcleo de reprovabilidade extraordinária do art. 11 da Lei nº 8.429/1992, que contempla outros fatores.

Em primeiro lugar, a improbidade fundada no art. 11 se configura mediante ação ou omissão dolosa que atente contra os princípios fundamentais da Administração Pública e que *viole deveres de honestidade, de imparcialidade e de legalidade*. É o

---

[35] A expressão é de JUSTEN FILHO, Marçal. *Reforma da lei de improbidade administrativa comentada e comparada*: Lei 14.230, de 25 de outubro de 2021. Rio de Janeiro: Forense, 2022. p. 115-116.

que se encontra expressamente previsto no *caput* do art. 11, e não pode ser ignorado. Ou seja, não é qualquer violação a um princípio da Administração Pública que configura improbidade administrativa, e será inviável enquadrar no art. 11 uma conduta que, embora reprovável, não constitua violação a esses deveres específicos de honestidade, imparcialidade e legalidade.

Em segundo lugar, o enquadramento da conduta na categoria da improbidade do art. 11 pressupõe a demonstração objetiva da prática de uma ilegalidade no exercício da função pública, com indicação das normas constitucionais, legais ou infralegais violadas. É o que estabelece o §3º do art. 11. Logo, não bastará invocar a violação a um princípio e aos deveres de honestidade, imparcialidade e legalidade, para configurar a improbidade administrativa; deverá ser demonstrada a violação própria a uma regra, constitucional, legal ou infralegal, que estabeleça um parâmetro mais preciso de correção da conduta, ou um dever de agir que tenha sido descumprido.

Em terceiro lugar, para configuração da improbidade do art. 11 da Lei nº 8.429/1992, há exigência de "lesividade relevante" ao bem jurídico tutelado, conforme o §4º do art. 11. Isso significa afastar da tipificação da improbidade prevista no art. 11 as condutas que, embora reprováveis, sejam desprovidas de reprovabilidade extraordinária, à luz dos valores jurídicos e do dolo envolvidos.

Em quarto lugar, somente haverá improbidade administrativa fundada no art. 11 quando "for comprovado na conduta funcional do agente público o fim de obter proveito ou benefício indevido para si ou para outra pessoa ou entidade". É o que prevê o §1º do dispositivo, com inspiração explícita na Convenção das Nações Unidas contra a Corrupção, promulgada pelo Decreto nº 5.687, de 31.1.2006. Isto significa que somente se caracteriza a improbidade administrativa por violação a princípio quando, a par de todas as exigências acima descritas, também exista demonstração de desvio de finalidade. E esse é um elemento nuclear das hipóteses de improbidade urbanística do art. 52 do Estatuto da Cidade, a seguir examinadas.

6.1 Improbidade urbanística decorrente de omissão no aproveitamento de imóvel objeto de desapropriação por descumprimento da função social da propriedade urbana

Segundo o inc. II do art. 52, o Prefeito (ou o Governador do Distrito Federal) incorre em improbidade administrativa quando "deixar de proceder, no prazo de cinco anos, o adequado aproveitamento do imóvel incorporado ao patrimônio público, conforme o disposto no §4º do art. 8º desta Lei".

O art. 8º do Estatuto da Cidade versa sobre a desapropriação por descumprimento da função social da propriedade urbana. Essa modalidade de desapropriação está prevista no art. 182, §4º, inc. III da Constituição Federal, como a última providência a ser executada no caso de propriedade urbana não edificada, subutilizada ou não utilizada, para que a propriedade seja destinada ao cumprimento da sua função social. Aplica-se à propriedade que não foi adequadamente aproveitada pelo seu proprietário, descumprindo sua função social urbana, mesmo depois da imposição de deveres de parcelamento, edificação ou utilização compulsórios, e de imposto sobre a propriedade predial e territorial urbana (IPTU) progressivo no tempo, por cinco anos. Trata-se de modalidade especial de desapropriação, por vezes chamada de "desapropriação-sanção", porque a Constituição se refere a ela, no art. 182, §4º, como "pena" ("sob pena de"), e porque o pagamento da indenização não é feito previamente nem em dinheiro, mas em títulos da dívida pública resgatáveis em prestações, sem abranger todos os consectários de indenização que são previstos para uma desapropriação comum. É o que está previsto nos parágrafos do art. 8º do Estatuto da Cidade.

A partir da incorporação do imóvel ao domínio público, o Poder Público municipal terá cinco anos para proceder ao seu adequado aproveitamento, seja diretamente, seja mediante alienação ou concessão a terceiros, precedidas de licitação, conforme prevê o §5º do art. 8º. Esse dever de aproveitamento (que nada mais é do que a extensão do dever de aproveitamento que recaía sobre o proprietário original, e que recairá sobre eventual novo proprietário, na forma do §6º do art. 8º), também recai sobre o Poder Público municipal, e é a sua violação que dá lugar à improbidade urbanística prevista no art. 52, inc. II, do Estatuto da Cidade, cuja responsabilidade é imputada ao Prefeito ou ao Governador do Distrito Federal.

Trata-se aqui da inobservância de um dever legal, disposto no §4º do art. 8º do Estatuto, de conferir aproveitamento ao bem. Essa circunstância permite o enquadramento no art. 11, na medida em que se subsome à violação a um dever de legalidade e que se verifica a existência de uma regra exigindo a prática de uma conduta (*caput* e §3º do art. 11). Ademais, caberá verificar a ocorrência de lesividade relevante, o que se reforçará pelo fato de que o não aproveitamento do imóvel já havia conduzido o Município a se valer de todo o arsenal de instrumentos de coação em face do proprietário original, culminando com a desapropriação por descumprimento da função social da propriedade urbana (§4º do art. 11). Enfim, caberá analisar se, no caso concreto, houve desvio de finalidade na omissão do Prefeito (ou do Governador do Distrito Federal). Não basta, nesse caso, o desvio de finalidade de cunho objetivo, que se constata pelo simples não aproveitamento do imóvel para a finalidade que justificou a sua desapropriação; é necessária comprovação de conduta cujo fim era o de obter proveito ou benefício indevido para si ou para outrem (§§1º e 2º do art. 11). Se tal se verificar, estará configurada a improbidade urbanística prevista no art. 52, inc. II, do Estatuto da Cidade, complementado pelo art. 11 da Lei nº 8.429/1992.[36]

---

[36] Há doutrinadores que, examinando o tema anteriormente à reforma da Lei nº 8.429/1992, sugeriram que a improbidade urbanística do art. 52, inc. II, do Estatuto da Cidade, pode se configurar como uma improbidade por lesão ao erário, porque "a desapropriação envolve o desembolso efetivo de verbas orçamentárias, orientadas por finalidade pública relativa ao bem desapropriado. Afeta, portanto, o Erário" (MOREIRA, Egon Bockmann; HUNGARO, Luis Alberto. Improbidade administrativa urbanística: o planejamento como instrumento preventivo. *Revista de Direito Público da Economia – RDPE*, n. 62, p. 43-68, abr./jun. 2018. p. 57). Com efeito, cabe cogitar que essa espécie de improbidade, por lesão ao erário, também possa se configurar, a depender das circunstâncias concretas. No entanto, e pensando-se exclusivamente na dicção do art. 52, inc. II, e na reforma da Lei nº 8.429/1992, tem-se que a conduta de não aproveitamento do imóvel não configura, por si, "efetiva e comprovadamente, perda patrimonial, desvio, apropriação, malbaratamento ou dilapidação de bens ou haveres" públicos, para que seja subsumida ao *caput* do art. 10 da Lei nº 8.429/1992.

6.2 Improbidade urbanística decorrente de aplicação de recursos em desacordo com as normas de execução da política urbana

Os incs. IV e V do art. 52 do Estatuto da Cidade tipificam a improbidade urbanística relacionada à utilização de três instrumentos distintos da política urbana, que apresentam notáveis pontos em comum. No inc. IV, há menção à outorga onerosa do direito de construir e de alteração de uso; no inc. V, às operações urbanas consorciadas.

Os três instrumentos têm como pano de fundo a delimitação, por lei fundada no plano diretor, de áreas da cidade em que se permite certa flexibilização da disciplina urbanística do *uso do solo*, com alteração da destinação do lote estabelecida pelo zoneamento, e da *ocupação* do solo, com alteração da densidade populacional e edilícia até então admitida.

A *outorga onerosa de alteração de uso* confere ao seu titular o direito de alterar o uso estabelecido para determinado imóvel (residencial, comercial, industrial etc.), mediante contrapartida a ser prestada ao Poder Público municipal; a *outorga onerosa do direito de construir* confere ao seu titular o direito de "criar solo", isto é, de construir acima do coeficiente de aproveitamento básico adotado (que é um índice que expressa a relação entre a área edificável e a área total do terreno), também mediante contrapartida a ser prestada ao Poder Público municipal; e as *operações urbanas consorciadas* se valem desses dois instrumentos e de outras possibilidades de flexibilização do regime urbanístico (o art. 33, §2º, do Estatuto da Cidade, permite alterações de normas edilícias, modificações de índices e características de parcelamento, regularizações etc.) para promover a execução de um plano urbanístico especial, estabelecido por lei para determinada área da cidade, e cujas intervenções serão financiadas pelas contrapartidas que deverão ser pagas pelos beneficiários das outorgas.[37]

A questão fundamental para a configuração da prática de improbidade urbanística na aplicação desses três instrumentos está em o Prefeito ou o Governador do Distrito Federal utilizarem os recursos auferidos pelo Município com as outorgas e demais benefícios de flexibilização em desacordo com as regras que vinculam a sua destinação à execução da política urbana, ou à execução do plano urbanístico especial, objeto da operação urbana consorciada.

Assim, o art. 31 do Estatuto da Cidade vincula a utilização dos recursos auferidos com as outorgas onerosas de alteração de uso e do direito de construir às finalidades previstas nos incs. "I a IX do art. 26", que são as mesmas finalidades a que se destina o exercício do direito de preempção (regularização fundiária; execução de programas e projetos de habitação de interesse social; constituição de reserva fundiária; ordenamento e direcionamento da expansão urbana; implantação de equipamentos urbanos e comunitários, incluindo espaços públicos de lazer e áreas verdes; criação de unidades de conservação ou proteção e outras áreas de interesse ambiental; e proteção de áreas

---

[37] As autoras trataram desses três instrumentos principalmente em: COSTALDELLO, Angela Cassia. As transformações do regime jurídico da propriedade privada: a influência do direito urbanístico. *Revista da Faculdade de Direito da Universidade Federal do Paraná*, v. 45, p. 151-168, 2006; e OLBERTZ, Karlin. *Operação urbana consorciada*. Belo Horizonte: Fórum, 2011; e Potencial adicional de construção e os limites de sustentabilidade das cidades. *In*: ALMEIDA, Fernando Dias Menezes de; MARQUES NETO, Floriano de Azevedo; MIGUEL, Luiz Felipe Hadlich; SCHIRATO, Vitor Rhein (Org.). *Direito público em evolução*: estudos em homenagem à Professora Odete Medauar. Belo Horizonte: Fórum, 2013. p. 657-667.

de interesse histórico, cultural ou paisagístico – v. o tópico 5, acima). E o art. 33, §1º, vincula a utilização dos recursos obtidos com as outorgas e demais benefícios previstos em uma operação urbana consorciada à aplicação exclusiva na área da própria operação com dois propósitos: primordialmente, o de financiar a execução do plano urbanístico especial; de forma subjacente, o de demonstrar à iniciativa privada que adquirir outorgas e benefícios, para investir na região, é um bom negócio, porque os recursos serão aplicados exclusivamente nas melhorias urbanísticas previstas no plano da operação.

Poderá haver, portanto, improbidade urbanística, cuja responsabilidade é imputada ao Prefeito e ao Governador do Distrito Federal, quando esses recursos forem utilizados em desacordo com as suas finalidades, que são vinculantes. Sendo esta, exclusivamente, a conduta, sem outros elementos que possam indicar enriquecimento ilícito ou lesão patrimonial ao erário público, não se tratará de improbidade urbanística subsumível aos arts. 9º ou 10 da Lei nº 8.429/1992, nos limites desses dois dispositivos. Será o caso de subsunção, concomitante e complementar, ao art. 11, cujo núcleo de reprovabilidade é da violação a princípios fundamentais da Administração Pública.

Estarão presentes os requisitos para tanto na medida em que se verificar ter havido inobservância de regra explícita exigindo a prática de uma conduta, disposta nos arts. 31 e 33, §1º, do Estatuto da Cidade, e consequente violação ao dever de legalidade (aliás, eventualmente, também aos deveres de honestidade e imparcialidade).

Também poderá se verificar lesividade relevante, dada a dimensão dos efeitos da concessão de benefícios não compensados urbanisticamente. Tome-se o exemplo da outorga onerosa do direito de construir. A razão fundamental para que o direito de construir seja limitado, por meio do coeficiente de aproveitamento, está em que o seu exercício indiscriminado, especialmente depois do desenvolvimento dos materiais e das técnicas que permitiram a verticalização, compromete a sustentabilidade do espaço urbano. Com efeito, a intensificação da densidade edilícia tende a resultar em adensamento populacional e, como consequência, tende a sobrecarregar os equipamentos urbanos existentes, com prejuízo da capacidade das vias de tráfego, do esgotamento sanitário, das escolas, dos hospitais, do transporte público, dos parques e demais equipamentos e serviços de utilidade pública disponíveis na região. Quer dizer, o espaço urbano admite determinado volume máximo de solo criado, calculado em vista das condições da região em termos de estrutura e equipamentos urbanos. Se o estoque de "solo criável", ou de potencial adicional de construção, for utilizado em desacordo com a capacidade da região de depurar as consequências do adensamento edilício e populacional, e não for compensado pela utilização dos recursos com ele auferidos em melhorias urbanísticas na região, haverá dano grave à ordem urbanística.

Como último requisito de enquadramento no art. 11, será necessário verificar se houve desvio de finalidade na conduta do Prefeito (ou do Governador do Distrito Federal). Novamente, não bastará o desvio de finalidade de cunho objetivo, que se constata pela simples não destinação dos recursos às suas finalidades; é necessária a comprovação de conduta cujo fim era o de obter proveito ou benefício indevido para si ou para outrem (§§1º e 2º do art. 11). Se tal se verificar, estará configurada a improbidade urbanística prevista no art. 52, inc. IV ou V, do Estatuto da Cidade, complementado pelo art. 11 da Lei nº 8.429/1992.

6.3 Improbidade urbanística decorrente de omissões nos processos de elaboração, fiscalização e revisão da política urbana

Os últimos incisos do art. 52 do Estatuto da Cidade remetem aos processos de elaboração, fiscalização e revisão da política urbana. O inc. VI trata da conduta do Prefeito ou do Governador do Distrito Federal de "impedir ou deixar de garantir os requisitos contidos nos incisos I a III do §4º do art. 40", incisos esses que contemplam as garantias de participação social, publicidade e acesso (transparência) no processo de elaboração do plano diretor e na fiscalização da sua implementação. Já o inc. VII disciplina a conduta do Prefeito ou do Governador do Distrito Federal de "deixar de tomar as providências necessárias para garantir a observância do disposto no §3º do art. 40 e no art. 50", que estabelecem o dever de revisão da lei do plano diretor a cada dez anos, e de instituição do plano diretor, até 30.6.2008, para cidades com mais de vinte mil habitantes e integrantes de regiões metropolitanas e aglomerações urbanas.

O plano diretor é o instrumento básico da política de desenvolvimento e de expansão urbana do Município (art. 182, §1º, da Constituição Federal), é veiculado por lei municipal e traduz as exigências fundamentais de ordenação da cidade. Resulta do amplo processo de planejamento municipal, e contempla o específico processo de tomada de decisões atinentes à política urbana. Nesse contexto, deve estabelecer os objetivos a serem atingidos pela política urbana, os prazos e as metas para atingimento desses objetivos, os instrumentos, e as formas de atuação do Município para executá-la. Além disso, o plano diretor deve estipular diretrizes para o desenvolvimento urbano municipal que levem em conta as especificidades locais. Tamanha é a relevância do plano diretor que a Constituição Federal prevê que a propriedade urbana cumpre sua função social quando atende às exigências fundamentais de ordenação da cidade expressas no plano diretor (art. 182, §2º).

Para a elaboração do plano diretor, devem ser atendidas as diretrizes previstas no Estatuto da Cidade. Uma diretriz é uma espécie de norma jurídica que não contém preceito certo e determinado, mas "preceitos norteadores da efetivação de uma política";[38] assim, dirige-se a outros legisladores, a administradores e ao intérprete em geral, constituindo norma sobre a elaboração e o conteúdo de outras normas.

As diretrizes gerais da política urbana estão previstas no art. 2º do Estatuto da Cidade e, entre elas, encontra-se a da "gestão democrática por meio da participação da população e de associações representativas dos vários segmentos da comunidade na formulação, execução e acompanhamento de planos, programas e projetos de desenvolvimento urbano" (inc. II). Quer dizer, a formulação, a execução e o acompanhamento dos planos municipais, em que se inclui o plano diretor, devem ser permeáveis à participação social. Isso significa não apenas conceder espaço para a participação social, mas assegurar amplo acesso a todos os atos e documentos, garantir à população e às associações a oportunidade de manifestação, análise e contribuição informadas, e considerar efetivamente essas contribuições na tomada de decisão. Em última análise, trata-se de garantir a *transparência* da atuação pública, em suas diferentes dimensões: publicidade, acesso,

---

[38] MEDAUAR, Odete. Diretrizes gerais – arts. 1º ao 3º. *In*: MEDAUAR, Odete; ALMEIDA, Fernando Dias Menezes de (Coord.). *Estatuto da Cidade* – Lei 10.257, de 10.07.2001. 2. ed. São Paulo: RT, 2004. p. 20.

participação popular informada e motivação dos atos, com consideração explícita das contribuições recebidas da sociedade.[39]

Essa diretriz da gestão democrática ganha concretude pelas regras dos incs. I a III do §4º do art. 40 do Estatuto, que exigem do Poder Legislativo e do Poder Executivo que garantam a participação social no processo de elaboração do plano diretor e na fiscalização da sua implementação, o que se reforça pela regra do art. 52, inc. VI, que tipifica a improbidade urbanística do Prefeito e do Governador do Distrito Federal que impeçam ou deixem de garantir essa participação social.

Os incs. I a III do §4º do art. 40 impõem aos Poderes Legislativo e Executivo (e o art. 52, inc. VI, impõe especificamente ao Prefeito e ao Governador do Distrito Federal) que garantam, para a elaboração e a fiscalização do plano diretor, a promoção de audiências públicas e debates, com a participação da população e de associações representativas dos vários segmentos da comunidade, assim como a publicidade e o acesso aos documentos e informações produzidos.

Comete improbidade urbanística o Prefeito e o Governador do Distrito Federal que impedir ou deixar de garantir esses requisitos do processo de elaboração e fiscalização da implementação do plano diretor. Não se trata, mais uma vez, de improbidade que possa ser estritamente subsumida aos arts. 9º e 10 da Lei nº 8.429/1992, porque o art. 52, inc. VI, não cogita de enriquecimento ilícito do agente público ou lesão patrimonial ao erário. Ou seja, essa improbidade se subsome, em vista dessa delimitação, ao art. 11 da Lei nº 8.429/1992, configurando atentado aos princípios fundamentais da Administração Pública, notadamente o princípio da publicidade (ou, mais amplamente, de transparência). Resta então indagar sobre se os demais requisitos para subsunção ao art. 11 estarão presentes. Não será difícil identificar violação a um dever de legalidade, e existem regras prescrevendo especificamente o dever de o Prefeito e o Governador do Distrito Federal garantirem a participação social na hipótese. Ademais, a conduta ativa de "impedir" a participação social, prevista na tipificação, traz em si uma lesividade relevante à probidade e à democracia participativa, o que também poderá se verificar relativamente à conduta omissiva de "deixar de garantir". E ainda será necessário evidenciar, no caso concreto, o dolo do Prefeito ou do Governador do Distrito Federal no sentido de obter proveito ou benefício para si ou para outrem.

Por outro lado, também comete improbidade urbanística, com fundamento no art. 52, inc. VII, do Estatuto da Cidade, o Prefeito ou o Governador do Distrito Federal que deixar de tomar as providências necessárias para revisar o plano diretor, no mínimo a cada dez anos. A revisão da lei do plano diretor é um dever relevantíssimo, dada a dinamicidade do espaço urbano, das configurações, das demandas e do desenvolvimento das cidades. Por meio da regra que prevê a revisão a cada dez anos, prevista no art. 40, §3º, busca-se garantir a atualidade e a aderência da política urbana à realidade concreta. Novamente, trata-se de conduta que demanda integração com o art. 11 da Lei nº 8.429/1992: a omissão implica violação a princípio (quando menos, o da legalidade); fundamenta-se em violação de norma legal explícita; poderá estar imbuída de lesividade relevante, em especial se houver maior delonga na revisão da lei do plano diretor; e

---

[39] Sobre o tema, que passa a ganhar maior atenção no Brasil, cabe conferir a obra pioneira de ARRUDA, Carmen Silvia Lima de. *O princípio da transparência*. São Paulo: Quartier Latin, 2020.

poderá visar à obtenção de benefício indevido para o Prefeito (ou Governador do Distrito Federal) ou para outrem.

A última parte do inc. VII do art. 52 diz respeito à improbidade urbanística que decorre da omissão nas providências necessárias para instituir o plano diretor, nas hipóteses dos incs. I e II do art. 41 do Estatuto da Cidade (por remissão do art. 50). Essas hipóteses são as de cidades com mais de vinte mil habitantes (inc. I) e integrantes de regiões metropolitanas e aglomerações urbanas (inc. II) que não tivessem plano diretor e que não tomassem providências para instituí-lo no prazo original de cinco anos a partir da data da promulgação do Estatuto da Cidade (10.7.2001), e no prazo derradeiro de 30.6.2008 (pela redação do art. 50 conferida pela Lei nº 11.673/2008).

O dispositivo é datado e, por isso mesmo, perde validade após tantos anos do final do último prazo previsto. Não obstante, cabe indagar se o dispositivo poderia ser aplicado para cidades que passaram, supervenientemente, a ter o dever de instituir plano diretor, seja porque sua população superou os vinte mil habitantes, seja porque a cidade passou a integrar região metropolitana ou aglomeração urbana.

A questão poderia se resolver sem que houvesse necessidade de invocar o art. 52, inc. VII. A improbidade urbanística que decorreria desse dispositivo é aquela que demanda integração com o art. 11 da Lei nº 8.429/1992, na mesma linha da improbidade urbanística prevista no art. 52, VI. Assim, e independentemente do art. 52, inc. VII, caberia falar em improbidade urbanística pela violação direta do dever legal previsto no art. 41, incs. I e II, do Estatuto da Cidade. Isto é, uma vez observado o crescimento populacional, ou agregada a cidade a uma região metropolitana ou aglomeração urbana, e constatado o dever de instituir plano diretor, a omissão de providências para sua instituição poderia configurar improbidade urbanística, se presentes os demais requisitos exigíveis.

No entanto, o rol de tipificações do art. 11 se fechou a partir da reforma da Lei de Improbidade. Só existe improbidade fundada no art. 11 se houver a sua tipificação nos seus incisos ou em norma especial que venha a ser integrada pelo art. 11. Em vista disso, se não houver outro núcleo de reprovabilidade na conduta de deixar de instituir o plano diretor, relacionado a enriquecimento ilícito do agente público, ou a lesão patrimonial ao erário público, não estará configurada improbidade urbanística.

7 Outras hipóteses de improbidade urbanística

As condutas definidas no art. 52 do Estatuto da Cidade não limitam as hipóteses de improbidade urbanística. Acima já se verificou que outros agentes que contribuam para a prática dessas condutas também poderão ser responsabilizados por improbidade, e já se indicou que há possibilidade de responsabilização por condutas subsumíveis diretamente aos arts. 9º, 10 e 11.

A dinâmica com que se processam as circunstâncias urbanísticas provocadas pela sociedade, as quais exigem a participação dos agentes públicos e privados, impede que sejam previstas todas as hipóteses nas quais se constate improbidade urbanística. Por tais razões, a doutrina pontua que são inesgotáveis os exemplos de atos de improbidade urbanística que não estão tipificados pelo art. 52. Cogita de permissão para construção em área de preservação permanente em troca de benefícios pessoais; de omissão de providências para realocação de moradores de áreas de risco, dando oportunidade a acidentes e pagamentos de indenização; de alteração do plano diretor para aumentar, indevidamente, o coeficiente de aproveitamento e beneficiar particulares; de ocupações irregulares em áreas costeiras, com restrição de acesso a praias e anuência do Município; de dispensa da apresentação de Estudo de Impacto de Vizinhança, quando exigível, para benefício próprio ou de outrem etc.[40]

Uma breve consulta à jurisprudência propicia exemplos concretos, notadamente em matéria de controle do uso e de parcelamento do solo pelo Município. São situações em que há omissão nos deveres de fiscalização e de sancionamento de condutas ilícitas. Licenças urbanísticas são concedidas em dissonância com os requisitos legais e, por vezes, com supressão da manifestação de outras instâncias competentes; e em que loteamentos são realizados de forma irregular, sem nem sequer a previsão ou a execução da sua infraestrutura básica, dando causa a problemas de difícil solução e que requerem mais recursos públicos.

Em um caso emblemático,[41] julgado antes da reforma da Lei nº 8.429/1992, o Superior Tribunal de Justiça examinou caso que lhe foi submetido à apreciação em que ocorreu o loteamento irregular de imóvel particular, situação que resultou na condenação do Município ao pagamento de indenização. Esse loteamento foi instalado sem autorização dos órgãos públicos competentes e sem execução da infraestrutura básica, em especial sistema de captação e escoamento de águas pluviais, exigido pelo art. 2º, §5º, da Lei nº 6.766/1979 (a Lei de Parcelamento do Solo Urbano). Ademais, ficou demonstrado que o loteamento ocorreu para permitir a construção de casas populares, mas essas casas foram destinadas a beneficiar pessoas específicas, previamente selecionadas, sem critérios de impessoalidade.

Neste caso, o Superior Tribunal de Justiça entendeu que as condutas ilícitas não constituíram meras irregularidades, mas graves ofensas à legalidade e à impessoalidade. Por evidente, há primazia do tratamento das questões sociais e a função social da propriedade deve ser observada, mas isso não autoriza o administrador a agir à margem da legislação e das políticas públicas estabelecidas.

O reconhecimento jurisprudencial da improbidade urbanística vem em boa hora. Os problemas urbanos que parecem se eternizar no Brasil muitas vezes resultam de práticas reprováveis e de omissões, por vezes de má-fé, na aplicação das normas urbanísticas.[42] A responsabilização por improbidade, nos casos de reprovabilidade extraordinária das condutas, pode contribuir para alcançar a almejada ordem urbanística estabelecida na Constituição Federal, que deve se materializar na efetiva função social da cidade.

---

[40] LEVIN, Alexandre. Atos de improbidade administrativa praticados contra a ordem urbanística – Estudo sobre o art. 52 do Estatuto da Cidade. *Revista Brasileira de Estudos da Função Pública – RBEFP*, n. 8, p. 125-150, maio/ago. 2014. p. 136-137.

[41] REsp nº 1.156.209/SP, Rel. Min. Herman Benjamin, Segunda Turma, julgado em 19.8.2010. *DJe*, de 27.4.2011.

[42] É a observação de MEDAUAR, Odete. Diretrizes gerais – arts. 1º ao 3º. *In*: MEDAUAR, Odete; ALMEIDA, Fernando Dias Menezes de (Coord.). *Estatuto da Cidade* – Lei 10.257, de 10.07.2001. 2. ed. São Paulo: RT, 2004. p. 31-32.

Referências

ARRUDA, Carmen Silvia Lima de. *O princípio da transparência*. São Paulo: Quartier Latin, 2020.

AUBY, Jean-Bernard. *Droit de la Ville* – Du fonctionnement juridique des villes au droit à la Ville. Paris: LexisNexist, 2013.

CARVALHO FILHO, José dos Santos. *Comentários ao Estatuto da Cidade*. 3. ed. Rio de Janeiro: Lumen Juris, 2009.

COSTALDELLO, Angela Cassia. As transformações do regime jurídico da propriedade privada: a influência do direito urbanístico. *Revista da Faculdade de Direito da Universidade Federal do Paraná*, v. 45, p. 151-168, 2006.

COSTALDELLO, Angela Cassia. Perspectivas do desenvolvimento urbano à luz do direito fundamental à cidade. *In*: BACELLAR FILHO, Romeu Felipe; GABARDO, Emerson; HACHEM, Daniel Wunder (Org.). *Globalização, direitos fundamentais e direito administrativo*: novas perspectivas para o desenvolvimento econômico e socioambiental (Anais do I Congresso da Rede Docente Eurolatinoamericana de Direito Administrativo). Belo Horizonte: Fórum, 2011.

COSTALDELLO, Angela Cassia; KANAYAMA, Rodrigo Luís. Em busca do equilíbrio do sistema de responsabilização por atos de improbidade administrativa. *In*: VANIN, Fabio Scopel; ROBL FILHO, Ilton Norberto; ROCHA, Wesley (Org.). *Lei de Improbidade Administrativa* – Lei n. 14/230/2021 – Comentários e Análise Comparativa. São Paulo: Almedina Brasil, 2023. *E-Book*.

DI SARNO, Daniela Campos Libório. *Elementos de direito urbanístico*. Barueri: Manole, 2004.

FERNANDES, Felipe; PORTO, José Roberto Mello; PENNA, Rodolfo. *Manual de improbidade administrativa*. Belo Horizonte: Casa do Direito, 2022.

GOMES, Renato Cordeiro. A cidade como arena da multiculturalidade. *Compós*, ed. 1, dez. 2004. Disponível em: http://www.compos.org.br/e-compos. Acesso em: 17 ago. 2024.

GUIMARÃES, Bernado Strobel; SOUZA, Caio Augusto Nazario; VIOLIN, Jordão; MADALENA, Luis Henrique. *A nova improbidade administrativa*. Rio de Janeiro: Forense, 2023.

HUET, Michel. *Le droit de l'urbain* – de l'urbanisme à l'urbanité. Paris: Economica, 1998.

IORIO, Chantal. Le principe de mixité en droit de l'Urbanisme. *In*: PONTIER, Jean-Marie (Org.). *Les principes et le droit*. Aix-em-Provence: Presses Universitaires d'Aix-Marseille, 2007.

JUSTEN FILHO, Marçal. *Curso de direito administrativo*. 14. ed. Rio de Janeiro: Forense, 2023.

JUSTEN FILHO, Marçal. *Reforma da lei de improbidade administrativa comentada e comparada*: Lei nº 14.230, de 25 de outubro de 2021. Rio de Janeiro: Forense, 2022.

LEVIN, Alexandre. Atos de improbidade administrativa praticados contra a ordem urbanística – Estudo sobre o art. 52 do Estatuto da Cidade. *Revista Brasileira de Estudos da Função Pública – RBEFP*, n. 8, p. 125-150, maio/ago. 2014.

LOJKINE, Jean. *O estado capitalista e a questão urbana*. Tradução de Estela dos Santos Abreu. São Paulo: Martins Fontes, 1981.

MEDAUAR, Odete. Diretrizes gerais – arts. 1º ao 3º. *In*: MEDAUAR, Odete; ALMEIDA, Fernando Dias Menezes de (Coord.). *Estatuto da Cidade* – Lei nº 10.257, de 10.07.2001. 2. ed. São Paulo: RT, 2004.

MEIRELLES, Renata Nadalin. Preempção. *In*: MEDAUAR, Odete; SCHIRATO, Vitor Rhein; MIGUEL, Luiz Felipe Hadlich; GREGO-SANTOS, Bruno. *Direito urbanístico*: estudos fundamentais. Belo Horizonte: Fórum, 2019.

MOREIRA NETO, Diogo de Figueiredo. *Introdução ao direito ecológico e ao direito urbanístico*. Rio de Janeiro: Forense, 1975.

MOREIRA, Egon Bockmann; HUNGARO, Luis Alberto. Improbidade administrativa urbanística: o planejamento como instrumento preventivo. *Revista de Direito Público da Economia – RDPE*, n. 62, p. 43-68, abr./jun. 2018.

NEVES, Daniel Amorim Assumpção; OLIVEIRA, Rafael Carvalho Rezende. *Manual de improbidade administrativa*: direito material e processual. 7. ed. Rio de Janeiro: Forense; São Paulo: Método, 2019.

OLBERTZ, Karlin. *Operação urbana consorciada*. Belo Horizonte: Fórum, 2011.

OLBERTZ, Karlin. Potencial adicional de construção e os limites de sustentabilidade das cidades. *In*: ALMEIDA, Fernando Dias Menezes de; MARQUES NETO, Floriano de Azevedo; MIGUEL, Luiz Felipe Hadlich; SCHIRATO, Vitor Rhein (Org.). *Direito público em evolução*: estudos em homenagem à Professora Odete Medauar. Belo Horizonte: Fórum, 2013. p. 657-667.

PAZZAGLINI FILHO, Marino. *Lei de Improbidade Administrativa comentada*: aspectos constitucionais, administrativos, civis, criminais, processuais e de responsabilidade fiscal. 7. ed. São Paulo: Atlas, 2018.

PINTO, Victor Carvalho. A ordem urbanística. *Revista de Direito Imobiliário*, n. 51, p. 120-132, jul./dez. 2001.

PRESTES, Vanêsca Buzelato. *Corrupção urbanística*: da ausência de diferenciação entre direito e política no Brasil. Belo Horizonte: Fórum, 2018.

RIBEIRO, Carlos Vinícius Alves. Cidades são possíveis? – A ordenação do solo urbano e a corrupção urbanística. *In*: ALMEIDA, Fernando Dias Menezes de; MARQUES NETO, Floriano de Azevedo; MIGUEL, Luiz Felipe Hadlich; SCHIRATO, Vitor Rhein (Org.). *Direito público em evolução*: estudos em homenagem à Professora Odete Medauar. Belo Horizonte: Fórum, 2013.

SANTOS, Rodrigo Valgas dos. Genérico ou específico? Afinal, qual o dolo exigível no novo regime de improbidade administrativa? *In*: DAL POZZO, Augusto Neves; OLIVEIRA, José Roberto Pimenta (Coord.). *Lei de Improbidade Administrativa reformada*. São Paulo: RT, 2022.

SARTRE, Jean-Paul. *Em defesa dos intelectuais*. Tradução de Sérgio Góes de Paula. São Paulo: Ática, 1994.

SILVA, José Afonso da. *Direito urbanístico brasileiro*. 5. ed. São Paulo: Malheiros, 2008.

SPOLITO, Eliseu Savério. *Redes e cidades*. São Paulo: Editora UNESP, 2008.

SUNDFELD, Carlos Ari. O Estatuto da Cidade e suas diretrizes gerais. *In*: DALLARI, Adilson Abreu; FERRAZ, Sérgio (Coord.). *Estatuto da Cidade* (Comentários à Lei Federal 10.257/2001). 3. ed. São Paulo: Malheiros, 2010.

Informação bibliográfica deste texto, conforme a NBR 6023:2018 da Associação Brasileira de Normas Técnicas (ABNT):

COSTALDELLO, Angela Cassia; NIEBUHR, Karlin Olbertz. Improbidade urbanística. *In*: JUSTEN, Monica Spezia; PEREIRA, Cesar; JUSTEN NETO, Marçal; JUSTEN, Lucas Spezia (coord.). *Uma visão humanista do Direito*: homenagem ao Professor Marçal Justen Filho. Belo Horizonte: Fórum, 2025. v. 1, p. 519-543. ISBN 978-65-5518-918-6.

AS ALTERAÇÕES DA LEI DE IMPROBIDADE ADMINISTRATIVA: REAVALIAÇÃO E ADEQUAÇÃO ÀS GARANTIAS CONSTITUCIONAIS E DIREITOS FUNDAMENTAIS

CAROLINE MARIA VIEIRA LACERDA

Introdução

No Brasil, ainda vigora a crença de que o rigor na responsabilização dos agentes administrativos serve como forte mecanismo preventivo e dissuasório de cometimentos de ilícitos. Historicamente, pouco se discute sobre os efeitos deletérios dos excessos na fiscalização e na punição, especialmente na responsabilização pessoal do agente público.

A legislação administrativa, esparsa, se mostrou ampla, flexível e irrestrita no que diz respeito às responsabilizações, mas engessada, rígida e inflexível no que tange à análise da realidade e na parametrização das sanções, sempre situando o Estado em uma posição de superioridade absoluta em relação aos administrados.

"Dorme tranquilo quem indefere".[1] Essa máxima é reflexo do desenho institucional da administração pública brasileira e de diversos equívocos de percepção do direito administrativo, especialmente no que tange ao *interesse público.*

Isso porque parcela relevante da doutrina do direito administrativo brasileiro afirma que o fundamento do regime de direito administrativo reside nos princípios da supremacia e indisponibilidade do interesse público. Esses princípios, dotados de conceitos jurídicos indeterminados, foram interpretados no sentido de superioridade sobre os demais interesses existentes em sociedade e de impossibilidade de sacrifício ou transigência quanto ao interesse público.

---

[1] Frase atribuída a Marcos Juruena Villela Souto e Flávio Amaral Garcia, repetida, reiteradamente, em suas palestras (BINENBOJM, Gustavo; CYRINO, André. O Art. 28 da LINDB – A cláusula geral do erro administrativo. *Revista de Direito Administrativo*, p. 203-224, 2018. Disponível em: http://bibliotecadigital.fgv.br/ojs/index.php/rda/article/view/77655. Acesso em: 12 jul. 2024).

Nesse cenário, gestores públicos ficaram temerosos na atuação administrativa, por medo de reação excessiva dos órgãos de controle, de maneira que deixaram de realizar atividades imprescindíveis ao interesse público. Já sabendo das probabilidades de ser responsabilizado, o agente público atua de forma a gerir estratégias preventivas de fuga da responsabilidade. Cuida-se do que se convencionou chamar de *apagão das canetas*.[2]

Assim, legislações intencionalmente amplas e autoritárias, pautadas no conceito jurídico indeterminado de interesse público, vêm sendo, ao longo do tempo, repensadas. Um controle rigoroso não pode ser entendido como necessariamente bom ou ruim, eficiente ou ineficiente. É imprescindível encontrar a medida ideal e contingente, que varie de acordo com a relevância da atividade fiscalizada, com os custos decorrentes da fiscalização, com a eficácia de medidas alternativas, e com a segurança jurídica dos envolvidos.

Exemplos desse novo caminho legislativo foram as alterações trazidas pela Lei nº 13.655, de 25.4.2018, que incluíram, na Lei de Introdução às Normas do Direito Brasileiro – o Decreto-Lei nº 4.657, de 4.9.1942 –, disposições sobre segurança jurídica e eficiência na aplicação do direito público. Os dispositivos legais, expressos nessa norma de sobredireito,[3] buscaram dar um caráter mais objetivo e seguro para aplicação da legislação voltada às condutas dos agentes públicos.

Com essas alterações nas normas de direito público, se fez essencial a reanálise de toda a legislação estatal infraconstitucional, especialmente aquelas voltadas à punição dos agentes públicos.

Nesse sentido, este artigo se propõe a verificar os impactos dessas modificações legislativas na Lei nº 14.230, de 25.10.2021, a qual alterou a Lei de Improbidade Administrativa (Lei nº 8.429, de 2.6.1992).

Com as mudanças nas normas, busca-se uma guinada em favor da eficiência do Estado e da melhoria de sua gestão. Isso passa, necessariamente, pela compreensão de que o direito administrativo é a compilação de uma grande diversidade de formas de organização, com vocações próprias, voltada à instrumentalização de interesses públicos, caso a caso.

I Desafios do controle administrativo no Brasil: risco, medo e responsabilização

Em virtude dos pilares em que foi calcado – a supremacia e a indisponibilidade do interesse público –, o direito administrativo brasileiro incorporou uma vasta gama de mecanismos jurídicos para controle da atividade administrativa e imposição de sanções rigorosas.

No Brasil, o risco associado à ordenação de despesas ou tomada de decisões é maior do que em outros países, devido à disfuncionalidade dos sistemas de controle.

---

[2] BONA, Daniel Braga. Alteração da LINDB e seus reflexos na punição por atos de improbidade lesivos ao erário. *Conjur*, 2019. Disponível em: https://www.conjur.com.br/2019-dez-30/mp-debate-alteracao-lindb-reflexos-punicao-atos-improbidade. Acesso em: 6 jul. 2024.

[3] Conforme Norberto Bobbio: "As normas de sobredireito são aquelas que estabelecem regras para a criação, interpretação e aplicação das normas primárias" (BOBBIO, Norberto. *Teoria da norma jurídica*. Brasília: Editora Universidade de Brasília, 1999).

A perspectiva punitivista em relação aos agentes públicos gerou um novo fenômeno de responsabilização, aproximando-se da responsabilidade objetiva para sancioná-los, em clara violação ao art. 37, §6º, da Constituição Federal, que impõe a responsabilidade subjetiva para fins de regresso.

Isso gerou um fenômeno conhecido como *blame games*, ou jogos de culpa, especialmente estudado pela doutrina estrangeira, que objetiva desviar a responsabilidade dos gestores por meio de estratégias premeditadas.

As decisões dos administradores visando à autoproteção têm efeitos drásticos na administração pública, pois o objetivo principal passa a ser pessoal, e não o interesse público. Tal abordagem distorce completamente o conceito de boa administração pública, pois os agentes procuram evitar responsabilização, mesmo que isso implique má administração.

O medo também é causa de disfunções na administração, como o imobilismo decisório, que pode levar a uma postura mais rigorosa dos órgãos de controle, criando um ciclo vicioso.

Essa situação é especialmente grave porque o medo inibe uma atuação criativa dos gestores e os leva a aplicar o direito de maneira cautelosa, pensando primeiro em como os órgãos de controle agirão, o que compromete a eficiência administrativa. Isso é referido como o "apagão das canetas", indicando a recusa do agente público de tomar decisões.

Esse medo é exacerbado pela insegurança jurídica gerada por normas excessivamente abertas, pela hiperinflação legislativa e pela pouca deferência dos órgãos de controle às decisões administrativas. O controle disfuncional, portanto, fomenta o medo.

Esse contexto levou os operadores do direito a reconsiderarem e refletirem profundamente sobre as noções de interesse público. Além disso, estimulou o legislador a criar alternativas para limitar a responsabilidade dos agentes públicos pela Lei nº 13.655/2018, que estabeleceu parâmetros para o exercício do controle. O principal argumento foi a busca por segurança jurídica e a redução da responsabilização indiscriminada dos agentes públicos, impondo critérios mais objetivos para a fiscalização.

II O controle pela Lei de Improbidade Administrativa (Lei nº 8.429, de 2.6.1992) e suas disfunções

A Constituição Federal de 1988 determinou os princípios vetores de uma boa administração pública em seu art. 37, *caput*, a fim de criar forte aparato protetor da sociedade contra atividade administrativa ilegal e imoral. Assim, estabeleceu, no §4º do art. 37, severas penas para aqueles que não atenderem ao dever de probidade.[4]

O dever de probidade dos agentes públicos no tratamento da coisa pública, na prestação de serviços públicos ou no exercício das funções públicas está, portanto, plasmado no sistema constitucional que tutela a administração pública.

Em virtude de o §4º do art. 37 da CF ser uma norma constitucional de eficácia limitada, houve a necessidade de uma lei específica que regulamentasse a improbidade administrativa.

---

[4] BRASIL. Constituição da República Federativa do Brasil: promulgada em 5 de outubro de 1988. Art. 37, *caput* e §4º.

A Lei de Improbidade Administrativa – LIA (Lei nº 8.429, de 2.6.1992) regulamentou o art. 37, §4º, da Constituição. A densidade das proibições e sanções dirigidas aos atos ímprobos articula a funcionalidade dos princípios da legalidade, culpabilidade, segurança jurídica e proporcionalidade.

Essa lei trouxe importantes avanços na busca de uma administração pública mais proba. Contudo, com a evolução do direito administrativo, influenciada por temas como neoconstitucionalismo, direitos fundamentais e horizontalização, as disfunções da norma se fizeram visíveis.

Essas disfunções também são consequências da origem da LIA. Isso porque, no seu processo de criação, aprovação e promulgação, os parlamentares não quiseram tomar partido do que devia ser condenável, mas precisavam demonstrar severidade no sancionamento, para não serem acusados de condescendência. Assim, a lei foi criada com determinação austera das punições, mas com tipos amplos e indefinidos.

A não delimitação da gravidade das infrações caracterizou a técnica legislativa da lei, de modo que seu compromisso com a segurança jurídica não parece ter sido elevado. Ao contrário, a ideia de eficiência punitiva estaria referenciada justamente na abertura dos tipos sancionadores, para evitar o engessamento dos operadores jurídicos e das instituições fiscalizadoras.

O conceito de improbidade administrativa, advindo da lei, não alcançava somente atos de corrupção pública, mas também distorções inerentes à desorganização administrativa, ao desgoverno e à ineficiência endêmica. Isso decorreu da estreita relação histórica entre o dever de probidade e os crimes de responsabilidade.[5]

As normas sobre improbidade administrativa contemplavam ilícitos com tipos sancionadores extremamente abertos, bem como as clássicas estruturas ético-normativas dos crimes de responsabilidade, de maneira que a vagueza de sua normatização dava abertura a arbítrios e inseguranças.

O *status* principiológico de certas expressões da norma serviram para mascarar a falta de critérios e placitar decisões no mínimo questionáveis, sob o prisma de justiça material. Diante dos vagos termos da norma, cabia aos juízes assumir o ônus que o legislador lhes repassou e elaborar uma política de repressão com base na interpretação dada a esses conceitos amplos e indeterminados.

A falta de parâmetros para a dosimetria das sanções nas ações de improbidade administrativa podia resultar tanto em excessividade de pena quanto em ausência da punição adequada.

As normas da LIA foram utilizadas como uma panaceia contra todos os males que assolavam o Poder Público, ainda que em sutil e questionável irregularidade. Ao adquirir dimensão tão ampla, tornou-se disfuncional.

Entre os problemas fundamentais da lei estava a banalização das ações improbidade. Muitos processos foram instaurados com a perspectiva de investigação na fase de instrução, ou seja, sem elementos probatórios consistentes.

---

[5] No Brasil, a Constituição de 1824, nos arts. 38 e 47, já contemplava a responsabilidade de altos mandatários da nação por crimes de responsabilidade. Todas as Constituições brasileiras republicanas previram a improbidade como crime de responsabilidade do Presidente da República e dos altos mandatários da nação (1891, art. 54, 6; 1934, art. 57, "f"; 1937, art. 85, "d"; 1946, art. 89, V; 1967, art. 84, V; EC nº 1/1969, art. 82, V; 1988, art. 85, V). Cf.: BROSSARD, Paulo. *O impeachment*. 3. ed. São Paulo: Saraiva, 1992.

Também se tornou usual pedidos de condenação fundamentados indiscriminadamente nos arts. 9º, 10 e 11 da lei, o que conduziu à eternização de litígios, muitas vezes envolvendo disputas políticas. Isso propiciou a proliferação de julgamentos sem provas, fundados em presunções de diversas naturezas. Segundo Marçal Justen Filho, "em um cenário inicial, tratava-se de alteração do ônus da prova, atribuindo ao réu o ônus da prova de sua inocência".[6]

Outro problema da lei consistia em fundamentar a improbidade em mera culpa. Condutas que não envolviam corrupção nem violação ao princípio da moralidade eram sancionadas de forma severa.

A percepção da improbidade em um contexto amplo de má-gestão leva ao equívoco de acreditar que ineficiência signifique desonestidade.

Para que ineficiência fosse improbidade, seria necessário que a ação ineficiente visasse a malferir a probidade administrativa. Essa discussão, ao contrário do que se possa imaginar, não tem apenas consequências teóricas, mas é o ponto fulcral de muitos dos equívocos nas condenações por improbidade administrativa. Afinal, eram frequentes as decisões em que se faziam incidir as pesadas sanções da LIA quando não havia o apontamento de qualquer ato desonesto do gestor, mas, meramente, inabilidade.

III Repensando o interesse público no direito administrativo brasileiro

Parte significativa da doutrina sustenta que o regime jurídico administrativo se baseia nos princípios da supremacia e indisponibilidade do interesse público.

De acordo com esse entendimento, o princípio da supremacia do interesse público é entendido como superior aos demais interesses sociais, significando que interesses privados não podem prevalecer sobre o interesse público. A indisponibilidade implica que o interesse público não pode ser sacrificado ou negociado, derivando-se da sua supremacia.

Como resultado prático, a adoção desses princípios resulta na atribuição de uma margem indeterminada e indeterminável de autonomia ao governante para impor suas escolhas individuais.[7]

A interpretação ampla e muitas vezes indeterminada do interesse público tem levado a uma aplicação rigorosa e, por vezes, excessiva das normas administrativas. Isso se deve ao entendimento de que, para proteger o interesse público, é necessário um controle rigoroso sobre as ações dos agentes públicos. Esse controle rigoroso pode resultar em uma fiscalização excessiva e na aplicação de punições severas para garantir que nenhum interesse privado se sobreponha ao interesse coletivo.

Esse critério de autoridade para definir o direito administrativo, embora ainda vivo, desde cedo foi bastante contestado, porque não permite resolver, de modo satisfatório, os conflitos, nem fornece fundamento consistente para as decisões administrativas.

Ademais, esse modelo é incompatível com a Constituição, com a concepção do Estado Democrático de Direito e com a própria função reservada ao direito administrativo:

---

[6] JUSTEN FILHO, Marçal. *Reforma da Lei de Improbidade Administrativa comentada e comparada*: Lei 14.230, de 25 de outubro de 2021. Rio de Janeiro: Forense, 2022. p. 1.

[7] JUSTEN FILHO, Marçal. *Curso de direito administrativo*. 15. ed. Rio de Janeiro: Forense, 2024. p. 44.

A solução do prestígio ao interesse público é tão perigosa para a democracia quanto todas as fórmulas semelhantes adotadas em regimes totalitários (o espírito do povo alemão ou o interesse do povo soviético). Bem por isso, todos os regimes democráticos vão mais além da fórmula da supremacia e indisponibilidade do interesse público. Esse é um pressuposto norteador das escolhas, mas há critérios de outra natureza que se impõem como parâmetro de controle das decisões administrativas.[8]

Segundo Marçal Justen Filho, a incompatibilidade do modelo se deve a várias causas: a) a Constituição consagra os direitos fundamentais como base de todo o ordenamento jurídico; b) é impossível definir um conceito abstrato e geral para a expressão *interesse público*; c) não é viável unificar e simplificar os interesses conflitantes na sociedade para que um deles seja qualificado como o interesse público; d) existem interesses individuais, coletivos e difusos protegidos juridicamente que não pertencem ao Estado; e e) o direito administrativo é configurado como um conjunto de normas destinadas a equilibrar interesses estatais e não estatais, garantindo a promoção dos direitos fundamentais.

Por sua natureza de conceito jurídico indeterminado, a doutrina costuma invocar o interesse público sem apresentar conceito preciso para a expressão. Contudo, a função primordial atribuída ao interesse público exige a definição de contornos mais precisos.[9]

Devido à natureza dos princípios, é comum que ocorram conflitos em sua aplicação, o que não implica contradição no sistema jurídico nem requer a eliminação de um dos princípios em conflito. O princípio da supremacia do interesse público não é hierarquicamente superior a outros princípios, nem tem o condão de anulá-los. Conflitos entre posições jurídicas não podem ser resolvidos por uma preponderância absoluta e abstrata de um princípio sobre o outro, sob pena de violação de direitos fundamentais.

A afirmação de que o interesse público sempre prevalece simplifica a realidade de maneira equivocada, já que o direito público protege múltiplos interesses indisponíveis, todos categorizados como públicos. No direito administrativo, os conflitos não ocorrem apenas entre interesses públicos e privados, mas também entre diferentes interesses públicos.

A concepção da supremacia e indisponibilidade do interesse público sobre o privado reflete um cenário jurídico que não mais existe. A distinção entre direito subjetivo e interesse jurídico, desenvolvida pela Teoria Geral do Direito Privado, é essencial para compreender essa questão.

Enquanto o direito subjetivo atribui a um sujeito a possibilidade de exigir uma conduta específica de outro, o interesse jurídico representa uma posição de conveniência derivada da ordem jurídica, sem atribuir um dever específico a um sujeito. A proteção jurídica ao direito subjetivo é intensa e prevalece sobre outros interesses, inclusive públicos, salvo quando a ordem jurídica determinar o contrário.[10]

A ideia de conflito entre direito subjetivo e interesse público é imprópria, pois a proteção ao direito subjetivo reflete a escolha da ordem jurídica por uma proteção

---

[8]   JUSTEN FILHO, Marçal. *Curso de direito administrativo*. 15. ed. Rio de Janeiro: Forense, 2024. p. 45.

[9]   JUSTEN FILHO, Marçal. *Curso de direito administrativo*. 15. ed. Rio de Janeiro: Forense, 2024. p. 45.

[10] ABBOUD, Georges; CARNIO, Henrique Garbellini. Direito subjetivo I: conceito, teoria geral e aspectos constitucionais. *Revista de Direito Privado*, v. 52, p. 11-29, 2012.

intensa para uma situação específica. A existência de um direito subjetivo significa sua prevalência sobre outros interesses, inclusive os públicos.

Portanto, apenas alguns interesses podem ser considerados públicos. Isso permite a distinção entre duas categorias de interesses. Há aqueles que dizem respeito à existência individual e egoística, cuja combinação não resulta em um interesse público. Por outro lado, existem interesses ligados a questões essenciais, que são classificados como públicos. Esses interesses são tão significativos que não exigem unanimidade ou maioria para serem reconhecidos. O critério distintivo é um atributo peculiar que qualifica algo como interesse público.[11]

Portanto, o ponto fundamental de distinção entre interesse público e interesse privado reside em que certos interesses envolvem a realização de valores fundamentais indisponíveis, especialmente a dignidade da pessoa. "Recolocando o problema em outros termos, um interesse é público por ser indisponível, e não o inverso. Por isso, é incorreto afirmar que algum interesse, por ser público, é indisponível".[12]

Há interesses que precisam ser atendidos pela atividade administrativa, podendo ser de titularidade individual, coletiva ou difusa. Portanto, é preferível usar a expressão "interesses coletivos" em vez de "interesse público".

As ponderações apresentadas não adotam uma concepção individualista que nega a proteção jurídica a interesses coletivos, nem defendem a supremacia do interesse privado. O que se combate é a postura antidemocrática de sacrificar interesses não estatais sem maiores preocupações, apenas invocando a conveniência estatal com a expressão *interesse público*.

No Estado Democrático de Direito, a atividade administrativa subordina-se a um critério fundamental anterior à supremacia e indisponibilidade do interesse público: a supremacia e indisponibilidade dos direitos fundamentais. Consequentemente, é necessário revisar pressupostos e formas de abordagem do direito administrativo, demandando novos programas e propostas para a atividade administrativa. Pode-se referir a isso como a "personalização do direito administrativo", estendendo-se ao direito como um todo.

IV A Lei de Introdução às Normas do Direito Brasileiro e a nova perspectiva de segurança jurídica no direito público brasileiro

A profusão de mecanismos de controle e a multiplicação de processos administrativos e judiciais versando sobre a validade de atos administrativos gerou insegurança jurídica disseminada.

Um esforço para ampliar a certeza no tocante à atividade administrativa do Estado se traduziu na edição da Lei nº 13.655, de 25.4.2018, que alterou a Lei de Introdução às Normas do Direito Brasileiro – LINDB (Decreto-Lei nº 4.657, de 4.9.1942), a fim de estabelecer regras de interpretação para, efetivamente, guiar o direito público.

Esse deslocamento acompanhou a alteração de entendimento sobre o que vem a ser o interesse público, pautado pela mudança do papel do Estado, que transformou

---

[11] JUSTEN FILHO, Marçal. *Curso de direito administrativo*. 15. ed. Rio de Janeiro: Forense, 2024. p. 44.
[12] JUSTEN FILHO, Marçal. *Curso de direito administrativo*. 15. ed. Rio de Janeiro: Forense, 2024. p. 44.

sua postura de abstenção para prestação positiva. A constitucionalização do direito,[13] associada à percepção de que a hermenêutica não advinha somente dos códigos, também foi fator relevante para a mudança da abrangência da lei.

Houve a superação do dogma da completude, que afirma que os princípios complementam as regras em suas lacunas, tendo em vista que foram alavancadas as normas de interpretação, sendo-lhes assegurada a cogência.[14]

Essas alterações na lei buscaram reforçar a segurança jurídica e ponderar algumas insuficiências da norma anterior na criação e aplicação do direito público. A aposta das modificações na norma foi no sentido de que trariam mais equilíbrio e segurança jurídica ao Estado, tornando mais segura a atuação dos gestores e dos parceiros privados, e mais estáveis as transições jurídicas, sem comprometer o controle público. Segundo Carlos Ari Sundfeld, as alterações visaram a "um direito público baseado em normas e em evidências, e não idealizações, e que leve em conta a realidade da gestão pública brasileira".[15]

O diploma incorpora, em grande parte, os parâmetros que já vinham se consolidando na doutrina desde a década de 1990, no sentido de que não se deve ver o direito público como mecanismo apenas formal de aplicação de regras, mas como gerador de consequências que atingem, diretamente, a economicidade do ato.

As regras da LINDB configuram normas gerais de criação, interpretação e aplicação do ordenamento jurídico como um todo, indistintamente, aos segmentos do direito público e do direito privado e possuem quatro principais eixos: (i) a segurança jurídica de cidadãos e empresas diante do Estado; (ii) a segurança na atuação dos administradores públicos; (iii) a democratização e aumento da transparência da administração; e (iv) a valorização das consequências de cada decisão tomada e a realidade prática de quem decide.[16]

Portanto, um dos eixos principais na discussão da necessidade de alteração da LINDB para criar critérios de interpretação também voltados ao direito público foi a segurança jurídica. Com isso, procurou-se afastar o raciocínio de que a realidade vence o direito.

---

[13] Luís Roberto Barroso define a constitucionalização do direito como um fenômeno caracterizado pela incorporação dos valores, princípios e normas constitucionais ao conjunto do ordenamento jurídico, influenciando e transformando profundamente as diversas áreas do direito. Esse processo ocorre em duas dimensões principais: a) dimensão normativa: a Constituição passa a ser considerada uma norma jurídica, com força vinculante e aplicabilidade direta, afetando a interpretação e aplicação das demais normas do ordenamento jurídico; b) dimensão valorativa: a Constituição incorpora valores fundamentais que orientam a interpretação e a aplicação das normas jurídicas. Princípios como a dignidade da pessoa humana, a igualdade, a liberdade, e a justiça social passam a ter um papel central na construção e aplicação do direito (BARROSO, Luís Roberto. *Interpretação e aplicação da Constituição*: fundamentos de uma dogmática constitucional transformadora. São Paulo: Saraiva, 2009).

[14] NOHARA, Irene Patrícia. *LINDB*: Lei de Introdução às Normas no Direito Brasileiro, hermenêutica e novos parâmetros ao direito público. Curitiba: Juruá, 2018. p. 11-20.

[15] SUNDFELD, Carlos Ari. A Lei de Introdução às Normas do Direito Brasileiro e sua Renovação. *In*: CUNHA FILHO, Alexandre Jorge Carneiro da; ISSA, Rafael Hamze; SCHWIND, Rafael Wallbach. *Lei de Introdução às Normas do Direito Brasileiro* – Anotada: Decreto-Lei n. 4.657, de 4 de setembro de 1942. São Paulo: Quartier Latin, 2019. v. I. p. 36.

[16] CUNHA FILHO, Alexandre Jorge Carneiro da; ISSA, Rafael Hamze; SCHWIND, Rafael Wallbach. *Lei de Introdução às Normas do Direito Brasileiro* – Anotada: Decreto-Lei n. 4.657, de 4 de setembro de 1942. São Paulo: Quartier Latin, 2019. v. II. p. 30.

V A evolução da Lei de Improbidade Administrativa: a necessidade de reavaliação e adequação às garantias constitucionais e direitos fundamentais

Apesar de vigente há mais de 30 anos, a LIA sempre foi objeto de críticas, em virtude de seus conceitos jurídicos amplos, suas severas punições e seu afastamento do princípio constitucional da segurança jurídica. Ante as críticas doutrinárias e jurisprudenciais e a evolução legislativa do direito administrativo, houve a necessidade de revisitação também da LIA.

Mostrou-se imprescindível conferir densidade às normas sobre improbidade administrativa, tanto no que diz respeito às infrações como às sanções. Também houve a necessidade de aproximação da lei com os princípios constitucionais e os direitos fundamentais.

Segundo o Ministro Mauro Campbell, houve grande preocupação da Lei nº 14.230/2021 em trazer mecanismos de contenção de abusos. Ademais, ressaltou que a elaboração da lei seguiu três premissas básicas: (a) incorporar ao projeto a jurisprudência consolidada dos Tribunais Superiores na interpretação da LIA; (b) compatibilizar a lei com leis posteriores (CPC, Lei Anticorrupção e LINDB); e (c) sugerir novidades, novos institutos, novas premissas, que corrijam os pontos mais sensíveis da LIA.[17]

A proposição da alteração legislativa foi objeto de muitas críticas. Para grande parcela da população, questionar e alterar a LIA se mostrou medida impensável de freio ao combate à corrupção no Brasil.

Por esse motivo, a Lei nº 14.230, de 25.10.2021, que alterou a LIA, se submeteu a árduo processo legislativo para sua aprovação, o que gerou constantes modificações das normas propostas até o momento de sua promulgação.[18] Também por isso, mesmo após a vigência da lei, intensas modificações de entendimento jurisprudencial vêm ocorrendo.[19]

A evolução da LIA reflete uma transformação significativa no entendimento do que constitui o interesse público no Brasil. Historicamente, a LIA foi concebida e aplicada com base em uma interpretação rigorosa e muitas vezes punitivista do interesse público, priorizando a supremacia deste sobre os direitos individuais dos agentes públicos. Com o tempo, a doutrina e a jurisprudência brasileiras passaram a reconhecer a necessidade de equilibrar a proteção do interesse público com a garantia dos direitos fundamentais dos indivíduos.

---

[17] CÂMARA DOS DEPUTADOS. *Parecer da Comissão Especial* – Projeto de Lei nº 10.887, de 2018. p. 2. Disponível em: https://docplayer.com.br/213695072-Camara-dos-deputados-gabinete-do-deputado-federal-carlos-zarattini. html. Acesso em: 23 jun. 2024.

[18] A Câmara dos Deputados constituiu, em 22.2.2018, uma comissão para formular proposta de reforma à Lei de Improbidade Administrativa. Presidida pelo Ministro do STJ, Mauro Campbell Marques, a comissão foi integrada pelos juristas Cassio Scarpinella Bueno, Emerson Garcia, Fabiano da Rosa Tesolin, Fábio Bastos Stica, Guilherme de Souza Nucci, Marçal Justen Filho, Mauro Roberto Gomes de Mattos, Ney Bello, Rodrigo Mudrovitsch e Sérgio Arenhart. Desse esforço conjunto foi originado o Projeto de Lei nº 10.887/2018, de autoria do Deputado Roberto Lucena e de relatoria do Deputado Carlos Zarattini, que alterou a Lei nº 8.429/1992. Ao final, foi sancionada a Lei nº 14.230, de 25.10.2021, que alterou significativamente a Lei nº 8.429/1992. As alterações foram sancionadas sem veto com vigência imediata para a data de sua publicação.

[19] A exemplo do Tema nº 1.199/STF e do julgamento cautelar da ADI nº 7.236 (Rel. Min. Alexandre de Moraes, decisão monocrática, divulgado em 9.1.2023).

Ao adotar expressamente os princípios do direito administrativo sancionador – DAS,[20] o legislador limitou o poder persecutório do Estado, ampliando o espectro de garantias constitucionais aos demandados e afastando do intérprete o manejo indevido de ações.[21] Dessa forma, procurou se aproximar das noções contemporâneas sobre o *interesse público*.

Outra relevante alteração provocada pela Lei nº 14.230/2021 se deu à luz da própria semântica da palavra *improbidade*, que significa *desonestidade* com a coisa pública. Daí decorre a interpretação que já vinha sendo adotada pelos tribunais brasileiros em alguns casos: é impossível ser desonesto sem intenção.[22]

Diante dessa premissa, a nova LIA encampou em seu texto o entendimento jurisprudencial de exigência de dolo para responsabilização do agente. Por dolo quer-se designar como a vontade consciente e dirigida de realizar ou mesmo aceitar a conduta prevista no tipo. Ou seja, danos causados com culpa (imprudência, negligência e imperícia) não se configuram como atos ímprobos.[23]

Nesse sentido, destaca-se o novo art. 17-C, §1º, da LIA: "A ilegalidade sem a presença de dolo que a qualifique não configura ato de improbidade".[24] Reforça essa nova exigência a revogação do art. 5º da LIA, que previa a modalidade culposa.

O que se extrai do novo texto legal é a necessidade de *dolo específico* para todos os atos de improbidade administrativa. O *dolo específico* não se caracteriza apenas como voluntariedade do agente, mas como conduta praticada "com o fim de obter proveito ou benefício indevido para si ou para outra pessoa ou entidade".[25]

De acordo com a lei, "considera-se dolo a vontade livre e consciente de alcançar o resultado ilícito tipificado [...] não bastando a voluntariedade do agente". Ainda no mesmo sentido: "Art. 1º [...] §3º O mero exercício da função ou desempenho de competências públicas, sem comprovação de ato doloso com fim ilícito, afasta a responsabilidade por ato de improbidade administrativa".[26] Isto é: exige-se prova de um critério finalístico da infração aos tipos ímprobos, que é visar obter proveito ou benefício indevido para si ou outrem.

---

[20] "Art. 1º [...] §4º Aplicam-se ao sistema da improbidade disciplinado nesta Lei os princípios constitucionais do direito administrativo sancionador" (BRASIL. Lei de Improbidade Administrativa: promulgada em 2 de junho de 1992).

[21] A influência do DAS se faz presente em diversos dispositivos da LIA: a) o art. 17, §6º, I, exige individualização da conduta do réu na petição inicial; b) o art. 17, §10-C combinado com o §10-F, I, afasta a possibilidade de aplicação do brocardo do princípio *iuria novit curia* no julgamento da ação de improbidade; c) o art. 17, §18, prevê o direito do réu de ser interrogado sobre os fatos de que trata a ação de improbidade, sem que a sua recusa ou o seu silêncio sejam interpretados como confissão; d) o art. 17, §19, I, afasta a presunção de veracidade dos fatos alegados pelo autor em caso de revelia; e) o art. 17, §19, II, veda a distribuição dinâmica do ônus da prova prevista no art. 373, §§1º e 2º, do CPC. A despeito dessa ampliação de garantias, a nova redação da LIA não manteve algumas prerrogativas referentes ao processo penal constantes da redação anterior. A redação originária do art. 17, §12, da LIA, determinava a aplicação da prova oral nas ações de improbidade administrativa, com regras consagradas no art. 221, *caput* e §1º, do CPP. Essa norma foi revogada, passando-se a aplicar as regras do CPC à hipótese. Outra alteração legislativa promovida pela Lei nº 14.230/2021 foi a extinção da fase prévia de admissibilidade da petição inicial, inspirada no procedimento dos arts. 513 a 518 do CPP.

[22] STJ. Agravo Regimental no Agravo em Recurso Especial 543.065 SP. Rel. Min. Sérgio Kukina. Julgamento: 17.11.2020. Publicação: 18.12.2020.

[23] A redação anterior da LIA trazia uma hipótese de improbidade por culpa em seu art. 10.

[24] BRASIL. Lei de Improbidade Administrativa: promulgada em 2 de junho de 1992. Art. 17-C, §1º.

[25] BRASIL. Lei de Improbidade Administrativa: promulgada em 2 de junho de 1992. Art. 11, §1º.

[26] BRASIL. Lei de Improbidade Administrativa: promulgada em 2 de junho de 1992. Art. 1º, §2º e §3º.

A exigência de dolo específico para a caracterização de atos de improbidade demonstra uma evolução no entendimento do interesse público. Reconhece-se que proteger o interesse público não deve significar punir indiscriminadamente todos os erros administrativos, mas sim focar em ações que realmente envolvam desonestidade e intenção de obter benefícios indevidos.

É possível extrair do novo texto legal do art. 17-C, I, da LIA, que é inadmissível a mera *presunção* do dolo específico, sem amparo das circunstâncias fáticas objetivas, robustecidas por provas documentais, testemunhais e periciais.[27]

A nova lei trouxe expressamente a obrigatoriedade da exposição minuciosa dos fatos e a individualização da conduta, de forma a estabelecer que o demandado tem o direito de saber do que está sendo acusado e por quais motivos integra o polo passivo da ação.

O legislador exigiu também que a petição inicial seja instruída com documentos ou justificação que contenham indícios suficientes da veracidade dos fatos e do dolo imputado ou com razões fundamentadas da impossibilidade de apresentação de qualquer dessas provas, observada a legislação vigente.[28]

Também preconiza a nova LIA que, "para cada ato de improbidade administrativa, deverá necessariamente ser indicado apenas um tipo dentre aqueles previstos [...]".[29] Será nula a decisão de mérito total ou parcial da ação de improbidade administrativa que condenar o requerido por tipo diverso daquele definido na petição inicial.[30]

No mesmo sentido, estabelece o art. 17, §10-C, da LIA que "[...] o juiz proferirá decisão na qual indicará com precisão a tipificação do ato de improbidade administrativa imputável ao réu, sendo-lhe vedado modificar o fato principal e a capitulação legal apresentada pelo autor".[31]

Em suma, o legislador veda que o Poder Judiciário confira para os fatos narrados na petição inicial da ação por ato de improbidade administrativa uma capitulação legal diversa daquela atribuída pelo autor da demanda – o que ocorria frequentemente à luz da antiga redação da LIA.

As alterações da LIA também deram nova faceta ao princípio da independência das instâncias. Na antiga sistemática, apenas a sentença penal que reconhecesse a *inexistência material do fato* ou a *ausência de autoria* poderia fazer coisa julgada no âmbito cível. Todas as demais causas de absolvição criminal não implicavam necessariamente absolvição cível.[32]

O legislador trouxe previsão expressa no §4º do art. 21 da LIA, de que a absolvição criminal em ação que discuta os mesmos fatos, confirmada por decisão colegiada, impede o trâmite da ação de improbidade administrativa, havendo comunicação com todos os fundamentos de absolvição previstos no art. 386 do Código de Processo Penal – CPP.[33]

---

[27] BRASIL. Lei de Improbidade Administrativa: promulgada em 2 de junho de 1992. Art. 17-C.

[28] BRASIL. Lei de Improbidade Administrativa: promulgada em 2 de junho de 1992. Art. 17, §6º, II.

[29] BRASIL. Lei de Improbidade Administrativa: promulgada em 2 de junho de 1992. Art. 17, §10-D.

[30] BRASIL. Lei de Improbidade Administrativa: promulgada em 2 de junho de 1992. Art. 17, §10-F, I.

[31] BRASIL. Lei de Improbidade Administrativa: promulgada em 2 de junho de 1992. Art. 17, §10-C.

[32] STF. Embargos de Declaração no Mandado de Segurança: 24.379 – DF. Rel. Min. Dias Toffoli. Julgamento: 22.9.2015. Publicação: 19.10.2015.

[33] BRASIL. Lei de Improbidade Administrativa: promulgada em 2 de junho de 1992. Art. 21, §4º.

Portanto, foi instituído pressuposto processual negativo ou extrínseco específico para a responsabilização por ato de improbidade administrativa, devendo ser conhecido de ofício, a qualquer tempo, em qualquer grau de jurisdição e impondo a extinção do processo sem resolução de mérito.

Contudo, em 27.12.2022, o art. 21, §4º, da LIA, teve sua eficácia suspensa por decisão cautelar, proferida pelo Ministro Alexandre de Moraes, no âmbito da ADI nº 7.236/DF, ainda pendente de confirmação pelo Plenário do STF. Segundo o Ministro, "a comunicabilidade ampla pretendida pela norma questionada acaba por corroer a própria lógica constitucional da autonomia das instâncias".[34]

Parte da questão é resolvida pelo §3º do art. 21 da LIA (não atingido pela cautelar na ADI nº 7.236/DF), que permanece prevendo a comunicação, à esfera da improbidade, da absolvição penal fundamentada na inexistência da conduta ou na negativa da autoria (hipóteses equivalentes àquelas previstas nos incs. I e IV do art. 386 do CPP).

Quanto aos demais fundamentos da absolvição penal, em especial aqueles alusivos à *insuficiência probatória* (art. 386, II, V e VII, do CPP), bem como situações de rejeição da denúncia por *ausência de justa causa* (art. 395, II, do CPP), a definição da controvérsia passa pela análise de precedentes do STF e do STJ anteriores e posteriores à vigência do art. 21, §4º, da LIA, os quais vêm consolidando uma inovadora concepção de independência mitigada de esferas punitivas, temperada pelos princípios constitucionais do *ne bis in idem* e da segurança jurídica.

Nesse contexto, ao suspender a eficácia do art. 21, §4º, da LIA, o próprio Ministro Alexandre de Moraes reconheceu ter a jurisprudência do STF avançado em direção à consolidação de uma *independência mitigada* entre as esferas punitivas.[35]

O Superior Tribunal de Justiça – STJ também assentou que "a autonomia das esferas há que ceder espaço à coerência que deve existir entre as decisões sancionatórias". Afinal, nas palavras do Ministro Sebastião Reis Júnior, "não há como ser mantida a incoerência de se ter o mesmo fato por não provado na esfera criminal e por provado na esfera administrativa".[36]

Em recente decisão – prolatada posteriormente à suspensão do art. 21, §4º, da LIA, na ADI nº 7.236/DF –, o Ministro Gilmar Mendes salientou que a suspensão de referido dispositivo legal "não atinge a vedação constitucional do *ne bis in idem*", bem assim que, "na perspectiva de ampliar o espectro de garantias, desde que a instância penal tenha exaurido, por decisão definitiva (sentença ou rejeição da denúncia por ausência de justa causa material), incide a regra do *ne bis in idem* em todo espectro sancionatório estatal".[37]

---

[34] STF. ADI 7.236. Rel. Min. Alexandre de Moraes. Decisão Monocrática. Publicação: 15.5.2024.

[35] Ao fazê-lo, o Ministro aludiu de forma expressa ao precedente firmado pelo STF na Reclamação nº 41.557/SP, oportunidade em que determinado o trancamento de ação por improbidade administrativa na qual se discutiam os mesmos fatos objeto de ação penal trancada em sede de *habeas corpus*, sob o fundamento de ausência de justa causa (STF. Reclamação 41.557. Rel. Min. Gilmar Mendes. Julgamento:15/12/2020). Semelhante padrão decisório viria a ser empregado no âmbito da Reclamação 46.343/DF. (STF. Reclamação nº 46.343 – DF MC. Rel. Min. Gilmar Mendes. Julgamento: 19/4/2021). Em que pese a decisão esteja sob segredo de justiça, esclarece-se que o seu acesso foi possível em razão de o documento ter sido juntado, pelos procuradores dos reclamantes, nos autos de processo público em trâmite no Superior Tribunal de Justiça (STJ. Recurso Especial 1913132-PR, páginas 505 a 525 e-STJ).

[36] STJ. Agravo Regimental nos Embargos de Declaração no Habeas Corpus 601.533- SP. Rel. Min. Sebastião Reis Júnior. Sexta Turma. Julgamento: 21.9.2021. Publicação: 1º.10.2021.

[37] STF. Reclamação 57.215/DF MC. Rel. Min. Gilmar Mendes. Julgamento: 6.1.2023. Publicação: 9.1.2023.

Isso implica admitir que a ação de improbidade não é uma ação cível em sentido próprio. Ela é repressiva, de caráter sancionatório, destinada à aplicação de sanções de caráter pessoal. A instauração da ação de improbidade, tanto quanto da ação penal, depende de elementos probatórios mínimos de ocorrência do ilícito e de sua autoria.

As alterações da LIA também revelaram o intuito de alcançar maior segurança jurídica na tipificação de improbidade administrativa por ofensa a princípios. A Lei nº 14.230/2021 alterou a redação do art. 11 da LIA, adotando solução normativa distinta da contemplada nos arts. 9º e 10, referentes ao enriquecimento ilícito e ao dano ao erário, respectivamente. No caso do art. 11, há uma tipificação de condutas no *caput*, que é complementada na previsão dos incisos, que, agora, é *taxativo*, e não mais *exemplificativo*.

Para essa alteração legislativa, a influência da LINDB foi fundamental, porque nela já havia disposição, desde 2018, para a vedação de julgamentos baseados em "valores jurídicos abstratos sem que sejam consideradas as consequências práticas da decisão".[38]

Os deveres de honestidade, de imparcialidade e de legalidade são interpretados em vista da posição do agente público, que está constrangido a realizar os interesses coletivos. É indispensável que o sujeito infrinja um dever inerente à posição funcional em que se encontra.[39]

A nova redação do art. 11 combinada com o art. 12, III, da LIA, somente permite a condenação por multa e a proibição de contratar com o poder público ou de receber benefícios ou incentivos fiscais ou creditícios, nos casos de improbidade por ofensa a princípios.[40]

À primeira vista, parece que o intuito da norma foi ser complacente com os casos de ofensa a princípios administrativos. Contudo, o objetivo real dessa norma é impedir que as ações de improbidade administrativa se tornem ferramentas para disputas políticas pautadas em insegurança jurídica, punitivismo exacerbado e variações jurisprudenciais.

O novo §1º do art. 12 da LIA prevê expressamente que a perda da função pública nos casos de condenação por enriquecimento ilícito (art. 9º) ou lesão ao erário (art. 10) atinge apenas o vínculo de mesma qualidade e natureza que o agente público detinha na época do cometimento da infração.

A norma, a princípio, sinaliza a adoção da corrente que prevê a perda da função pública ocupada pelo agente ímprobo no momento do cometimento do ilícito. Contudo, indica a possibilidade de perda da função pública que ocupa no momento do trânsito em julgado, caso o agente mantenha vínculo com o Poder Público *de mesma qualidade e natureza* daquele por ele ocupado à época do cometimento do ilícito.

Nos casos de enriquecimento ilícito (art. 9º), a nova redação da LIA autoriza que o magistrado determine a perda da função pública a vínculos de qualidade e natureza distintas daquele em que praticado o ato ímprobo, quando observada as circunstâncias do fato e a gravidade da infração. A avaliação da gravidade da conduta deve ser realizada com base nos critérios dispostos no art. 17-B do mesmo diploma.

---

[38] BRASIL. Decreto-Lei nº 4.657, de 4 de setembro de 1942. Lei de Introdução às normas do Direito Brasileiro. Art. 20.

[39] BRASIL. Lei de Improbidade Administrativa: promulgada em 2 de junho de 1992. Art. 11, §3º.

[40] BRASIL. Lei de Improbidade Administrativa: promulgada em 2 de junho de 1992. Art. 12, III.

Portanto, com a nova redação da LIA, somente casos excepcionais de enriquecimento ilícito, devidamente justificados pelo julgador, ensejariam a perda de outra função pública de natureza diversa daquela em que foi cometido o ato ímprobo.

O §9º do art. 12 da LIA assevera que a perda da função pública só se efetiva após o trânsito em julgado da condenação.[41] Essa regra consagra expressamente o princípio da presunção da inocência previsto no art. 5º, LVII, aplicável a qualquer réu submetido a sanções, sejam de natureza penal ou administrativa.

Caso se atribua natureza de urgência, o art. 20, §1º, da LIA, dispõe que:

> A autoridade judicial competente poderá determinar o afastamento do agente público do exercício do cargo, do emprego ou da função, sem prejuízo da remuneração, quando a medida for necessária à instrução processual ou para evitar a iminente prática de novos ilícitos.[42]

Note-se que o afastamento do cargo ou função pública se dá a fim de evitar a prática de novos ilícitos ou quando for necessária à instrução processual.

Essa alteração legal foi objeto de impugnação por meio da ADI nº 7.236, de relatoria do Ministro Alexandre de Moraes, que, por decisão cautelar, suspendeu a eficácia do art. 12, §1º, da LIA, ainda pendente de confirmação pelo Plenário do STF.

Segundo o Ministro relator:

> [...] o art. 12, §1º, da nova LIA, traça uma severa restrição ao mandamento constitucional de defesa da probidade administrativa, que impõe a perda de função pública como sanção pela prática de atos ímprobos independentemente da função ocupada no momento da condenação com trânsito em julgado.

Além disso, "sua incidência concreta pode eximir determinados agentes dos efeitos da sanção constitucionalmente devida simplesmente em razão da troca de função ou da eventual demora no julgamento da causa [...]".[43]

Com a suspensão de eficácia do dispositivo, os parâmetros jurisprudenciais anteriores voltam a ter incidência nos casos de improbidade administrativa. Ou seja, até a deliberação pelo Plenário do STF, permanece o entendimento no sentido de que o agente ímprobo perderia a função pública ocupada no momento do trânsito em julgado da ação de improbidade.

O prazo de prescrição das ações de improbidade administrativa também foi substancialmente alterado pela Lei nº 14.230/2021. Com a nova redação, o prazo prescricional das ações de improbidade passou a ser de 8 anos, contados a partir da ocorrência do fato ou, no caso de infrações permanentes, do dia em que cessou a permanência.[44]

A fixação da data do fato como termo inicial torna a contagem do prazo prescricional mais segura. Isso porque, no regime anterior, esse início variava de acordo com a

---

[41] BRASIL. Lei de Improbidade Administrativa: promulgada em 2 de junho de 1992. Art. 12, §9º.

[42] BRASIL. Lei de Improbidade Administrativa: promulgada em 2 de junho de 1992. Art. 20, §1º

[43] STF. ADI 7.236. Rel. Min. Alexandre de Moraes. Decisão Monocrática. Publicação: 15.5.2024.

[44] BRASIL. Lei de Improbidade Administrativa: promulgada em 2 de junho de 1992. Art. 23.

qualidade do sujeito ativo do ato. Ademais, a redação anterior não previa expressamente regras de prescrição para o terceiro (particular) que participava do ato de improbidade administrativa em conjunto com o agente público.

A Lei nº 14.230/2021 ainda inseriu na LIA a possibilidade de prescrição intercorrente,[45] a qual, segundo jurisprudência anterior do STJ, era inaplicável às ações de improbidade administrativa.[46] De acordo com a LIA, a prescrição intercorrente ocorrerá no prazo de 4 anos. Caso seja ultrapassado esse prazo, haverá perda da pretensão punitiva por parte do Estado.[47]

Outro ponto extremamente relevante a ser destacado é que, depois do ajuizamento da ação (primeira causa de interrupção), os demais marcos interruptivos são sempre decisões condenatórias. Assim, se a sentença ou o acórdão forem absolutórios, esse pronunciamento não servirá para interromper a prescrição.

Importante chamar atenção para o fato de que o art. 23, §4º, III, IV e V, da LIA, tratam tanto de decisão quanto de acórdão. Assim, a decisão monocrática do Desembargador ou do Ministro Relator pode ter, em tese, o condão de interromper a prescrição.

Por outro lado, se a Turma der provimento ao agravo e reformar a decisão monocrática do Desembargador ou do Ministro, teremos uma singular hipótese na qual a interrupção que havia sido promovida perderá efeito.[48]

O §6º do art. 23 da LIA trata da extensão subjetiva dos efeitos das causas interruptivas da prescrição: "A suspensão e a interrupção da prescrição produzem efeitos relativamente a todos os que concorreram para a prática do ato de improbidade".[49]

O §7º, por sua vez, dispõe sobre a extensão objetiva dos efeitos das causas interruptivas: "Nos atos de improbidade conexos que sejam objeto do mesmo processo, a suspensão e a interrupção relativas a qualquer deles estendem-se aos demais".[50]

Uma das consequências decorrentes da prática do ato de improbidade administrativa é a obrigação de ressarcir integralmente o dano causado. Essa pretensão, contudo, é imprescritível. O fundamento para isso está na parte final do §5º do art. 37 da CF/88: "A lei estabelecerá os prazos de prescrição para ilícitos praticados por qualquer agente, servidor ou não, que causem prejuízos ao erário, ressalvadas as respectivas ações de ressarcimento".[51] Nesse contexto, há jurisprudência consolidada do STF no sentido de que a pretensão de ressarcimento decorrente de ato doloso de improbidade é imprescritível.[52]

A evolução da LIA, com suas recentes modificações, não apenas aprimora a proteção do interesse público, mas também assegura um ambiente mais justo e seguro para os agentes públicos, alinhando-se com os avanços contemporâneos na interpretação dos

---

[45] BRASIL. Lei de Improbidade Administrativa: promulgada em 2 de junho de 1992. Art. 23, §8º.

[46] STJ. Agravo Interno no Recurso Especial 1.872.310/PR. Rel. Min. Benedito Gonçalves. Julgamento: 5.10.2021.

[47] BRASIL. Lei de Improbidade Administrativa: promulgada em 2 de junho de 1992. Art. 23.

[48] JUSTEN FILHO, Marçal. *Reforma da Lei de Improbidade Administrativa comentada e comparada*: Lei 14.230, de 25 de outubro de 2021. Rio de Janeiro: Forense, 2022. p. 257.

[49] BRASIL. Lei de Improbidade Administrativa: promulgada em 2 de junho de 1992. Art. 23, §6º.

[50] BRASIL. Lei de Improbidade Administrativa: promulgada em 2 de junho de 1992. Art. 23, §7º.

[51] BRASIL. Constituição da República Federativa do Brasil: promulgada em 5 de outubro de 1988. Art. 37, §5º.

[52] "São imprescritíveis as ações de ressarcimento ao erário fundadas na prática de ato doloso tipificado na Lei de Improbidade Administrativa" (STF. Plenário. Recurso Extraordinário 852475/SP, Rel. originário Min. Alexandre de Moraes, Relator para acórdão: Ministro Edson Fachin, julgado em 8 de agosto de 2018 (Repercussão Geral – Tema 897) (Informativo 910).

direitos e deveres no âmbito do direito administrativo brasileiro. Isso representa um importante passo para a modernização e humanização do sistema jurídico-administrativo, promovendo uma administração pública mais eficiente e responsiva às necessidades da sociedade.

Conclusão

A análise das recentes modificações na LIA revela um esforço legislativo para corrigir excessos e disfunções históricas, promovendo uma maior segurança jurídica e um equilíbrio mais justo na responsabilização dos agentes públicos.

A introdução de critérios mais objetivos e a exigência de dolo específico para caracterizar a improbidade administrativa representam passos importantes para evitar a punição indiscriminada e excessiva, que anteriormente gerava insegurança e paralisia decisória entre os gestores públicos.

Além disso, as mudanças visaram a alinhar a legislação com os princípios constitucionais e os direitos fundamentais, reforçando o respeito à presunção de inocência e garantindo uma abordagem mais criteriosa e justa na aplicação das sanções. A incorporação de jurisprudência consolidada e a harmonização com leis posteriores como o Código de Processo Civil, a Lei Anticorrupção e a LINDB demonstram um movimento em direção à modernização e à racionalização do direito administrativo sancionador no Brasil.

Ao limitar a autonomia punitiva do Estado e valorizar a transparência, a segurança jurídica e a análise das consequências práticas das decisões administrativas, a nova LIA busca fomentar uma administração pública mais eficiente e responsável e menos vulnerável a arbitrariedades. A adoção dessas medidas é fundamental para restaurar a confiança dos gestores públicos, incentivar a inovação administrativa e promover uma gestão pública mais eficaz e comprometida com o verdadeiro interesse público.

Referências

ABBOUD, Georges; CARNIO, Henrique Garbellini. Direito subjetivo I: conceito, teoria geral e aspectos constitucionais. *Revista de Direito Privado*, v. 52, p. 11-29, 2012.

ARANHA, Marcio Iorio. *Interpretação constitucional e as garantias institucionais dos direitos fundamentais*. [s.l.]: Laccademia Publishing Limited, 2014.

ÁVILA, Humberto. *Fundamentos do Estado de Direito*. São Paulo: Malheiros, 2005.

BARROSO, Luís Roberto. *Interpretação e aplicação da Constituição*: fundamentos de uma dogmática constitucional transformadora. São Paulo: Saraiva, 2009.

BARROSO, Luís Roberto. Neoconstitucionalismo e constitucionalização do direito: o triunfo tardio do direito constitucional no Brasil. *Revista Brasileira de Direito Público – RBDP*, n. 11, p. 21-65, out./dez. 2005.

BINENBOJM, Gustavo. Da supremacia do interesse público ao dever de proporcionalidade: um novo paradigma para o Direito Administrativo. *Revista Quaestio Iuris*, v. 1.2, p. 27-63, 2005.

BINENBOJM, Gustavo. *Uma teoria do direito administrativo*: direitos fundamentais, democracia e constitucionalização. Rio de Janeiro: Renovar, 2014.

BINENBOJM, Gustavo; CYRINO, André. O Art. 28 da LINDB – A cláusula geral do erro administrativo. *Revista de Direito Administrativo*, p. 203-224, 2018. Disponível em: http://bibliotecadigital.fgv.br/ojs/index.php/rda/article/view/77655. Acesso em: 12 jul. 2024.

BOBBIO, Norberto. *Teoria da norma jurídica.* Brasília: Editora Universidade de Brasília, 1999.

BONA, Daniel Braga. Alteração da LINDB e seus reflexos na punição por atos de improbidade lesivos ao erário. *Conjur*, 2019. Disponível em: https://www.conjur.com.br/2019-dez-30/mp-debate-alteracao-lindb-reflexos-punicao-atos-improbidade. Acesso em: 6 jul. 2024.

BROSSARD, Paulo. *O impeachment.* 3. ed. São Paulo: Saraiva, 1992.

CÂMARA DOS DEPUTADOS. *Parecer da Comissão Especial* – Projeto de Lei nº 10.887, de 2018. Disponível em: https://docplayer.com.br/213695072-Camara-dos-deputados-gabinete-do-deputado-federal-carlos-zarattini.html. Acesso em: 23 jun. 2024.

CUNHA FILHO, Alexandre Jorge Carneiro da; ISSA, Rafael Hamze; SCHWIND, Rafael Wallbach. *Lei de Introdução às Normas do Direito Brasileiro* – Anotada: Decreto-Lei n. 4.657, de 4 de setembro de 1942. São Paulo: Quartier Latin, 2019. v. II.

DIPP, Gilson. A dosimetria das sanções por improbidade administrativa. *Doutrina: edição comemorativa 30 anos,* Brasília, 2019. Disponível em https://ww2.stj.jus.br/docs_internet/revista/eletronica/revista_doutrina_dos_30_anos.pdf. Acesso em: 29 jun. 2020.

DWORKIN, Ronald. *Taking rights seriously.* Cambridge, Massachusetts: Harvard University Press, 1977.

JUSTEN FILHO, Marçal. *Curso de direito administrativo.* 15. ed. Rio de Janeiro: Forense, 2024.

JUSTEN FILHO, Marçal. *Reforma da Lei de Improbidade Administrativa comentada e comparada*: Lei 14.230, de 25 de outubro de 2021. Rio de Janeiro: Forense, 2022.

LACERDA, Caroline Maria Vieira. *Os impactos da Lei de Introdução às Normas do Direito Brasileiro nas ações de improbidade administrativa.* Belo Horizonte: Fórum, 2021.

MARQUES NETO, Floriano de Azevedo. Interesses públicos e privados na atividade estatal de regulação. In: MARRARA, Thiago (Org.). *Princípios de direito administrativo*: legalidade, segurança jurídica, impessoalidade, publicidade, motivação, eficiência, moralidade, razoabilidade, interesse público. São Paulo: Atlas, 2012.

MEDAUAR, Odete. *Direito administrativo moderno.* Belo Horizonte: Fórum, 2018.

NEVES, Daniel Amorim Assumpção; OLIVEIRA, Rafael Carvalho Rezende. *Improbidade administrativa*: direito material e processual. Rio de Janeiro: Forense, 2022.

NOHARA, Irene Patrícia. *LINDB*: Lei de Introdução às Normas no Direito Brasileiro, hermenêutica e novos parâmetros ao direito público. Curitiba: Juruá, 2018.

SCHWIND, Rafael Wallbach. Processo administrativo em evolução. *In*: ALMEIDA, Fernando Dias Menezes *et al. Direito público em evolução.* Estudos em homenagem à professora Odete Medauar. Belo Horizonte: Fórum, 2013.

SUNDFELD, Carlos Ari. A Lei de Introdução às Normas do Direito Brasileiro e sua Renovação. *In*: CUNHA FILHO, Alexandre Jorge Carneiro da; ISSA, Rafael Hamze; SCHWIND, Rafael Wallbach. *Lei de Introdução às Normas do Direito Brasileiro* – Anotada: Decreto-Lei n. 4.657, de 4 de setembro de 1942. São Paulo: Quartier Latin, 2019. v. I.

SUNDFELD, Carlos Ari. *Fundamentos de direito público.* São Paulo: Malheiros, 2006.

SUNDFELD, Carlos Ari; KANAYAMA, Ricardo Alberto. A promessa que a Lei de Improbidade Administrativa não foi capaz de cumprir. *Publicações da Escola da AGU – Combate à Corrupção na Administração Pública – Diálogos Interinstitucionais,* v. 12, n. 2, p. 409-426, 2020.

TALAMINI, Eduardo. A (in)disponibilidade do interesse público: consequências processuais (composições em juízo, prerrogativas processuais, arbitragem e ação monitória). *Academia.edu*, 2004. Disponível em: https://www.academia.edu/231461/A_in_disponibilidade_do_interesse_p%C3%BAblico_consequ%C3%AAncias_processuais_2005. Acesso em: 22 fev. 2023.

Legislação

BRASIL. Constituição da República Federativa do Brasil: promulgada em 5 de outubro de 1988.

BRASIL. Lei de Improbidade Administrativa: promulgada em 2 de junho de 1992.

BRASIL. Lei nº 13.655, de 25 de abril de 2018. Dispõe sobre a interpretação e aplicação do direito público. *Diário Oficial da União*, Brasília, DF, 26 abr. 2018.

Julgados

STF. ADI 7.236. Rel. Min. Alexandre de Moraes. Decisão Monocrática. Publicação: 15/5/2024.

STF. Reclamação 41.557. Rel. Min. Gilmar Mendes. Segunda Turma. Julgamento: 15/12/2020.

STF. Reclamação 46.343 – DF MC. Rel. Min. Gilmar Mendes. Julgamento: 19/4/2021.

STF. Reclamação 57.215 – DF MC. Rel. Min. Gilmar Mendes. Julgamento: 6/1/2023. Publicação: 9/1/2023.

STF. Recurso Extraordinário 852.475 – SP, Relator originário: Ministro Alexandre de Moraes, Relator para acórdão: Ministro Edson Fachin. Julgamento: 8/8/2018. Repercussão Geral – Tema 897. Informativo 910.

STJ. Agravo Interno no Recurso Especial 1.872.310 – PR. Rel. Min. Benedito Gonçalves. Julgamento: 5/10/2021.

STJ. Agravo Regimental no Agravo em Recurso Especial 543.065 – SP. Rel. Min. Sérgio Kukina. Data de Julgamento: 17/11/2020. Data de Publicação: 18/12/2020.

STJ. Agravo Regimental nos Embargos de Declaração no Habeas Corpus 601.533 – SP. Rel. Min. Sebastião Reis Júnior. Sexta Turma. Julgamento: 21/9/2021. Publicação: 1º/10/2021.

Informação bibliográfica deste texto, conforme a NBR 6023:2018 da Associação Brasileira de Normas Técnicas (ABNT):

LACERDA, Caroline Maria Vieira. As alterações da Lei de Improbidade Administrativa: reavaliação e adequação às garantias constitucionais e direitos fundamentais. *In*: JUSTEN, Monica Spezia; PEREIRA, Cesar; JUSTEN NETO, Marçal; JUSTEN, Lucas Spezia (coord.). *Uma visão humanista do Direito*: homenagem ao Professor Marçal Justen Filho. Belo Horizonte: Fórum, 2025. v. 1, p. 545-562. ISBN 978-65-5518-918-6.

A DECISÃO DE TIPIFICAÇÃO DO ART. 17, §10-C DA LIA E REPERCUSSÕES PROCESSUAIS DA REGRA QUE TUTELA O DIREITO DO RÉU DE SE DEFENDER DA CAPITULAÇÃO LEGAL

DOSHIN WATANABE

1 Introdução

Em 26.10.2021, foi publicada a Lei nº 14.230, que modificou a Lei nº 8.429/92 (Lei de Improbidade Administrativa – LIA). A Lei nº 14.230 promoveu profundas alterações na LIA, tanto em termos de direito material quanto no que concerne a regras processuais. Houve muito mais do que uma simples reforma.

Embora alguns dispositivos advindos da Lei nº 14.230 tenham sido objeto de ADI (de nº 7.042, 7.043, 7.156, 7.236 e 7.237),[1][2] reputa-se que a lei é constitucional. Se não integralmente, ao menos quanto às suas disposições de natureza processual.

No âmbito do presente artigo, o objetivo será tratar especificamente de aspectos processuais do pronunciamento judicial que pode ser chamado de "decisão de tipificação" ou "decisão de enquadramento", tal como previsto na regra do art. 17, §10-C da LIA.

Desde logo, ressalta-se que a constitucionalidade dessa regra é objeto da ADI nº 7.236, que pende de julgamento. A decisão de dezembro de 2022, pelo relator da ADI, Min. Alexandre de Moraes, indeferiu a medida cautelar que pleiteava a suspensão de sua eficácia. Em maio de 2024, o julgamento da ADI se iniciou e o relator votou no sentido

---

[1] As ADI nºs 7.042 e 7.043 foram julgadas em agosto de 2022 e o respectivo acórdão foi publicado em 28.2.2023. As ADI nºs 7.156 e 7.237 se encontram pendentes de julgamento e não tiveram o pedido de medida cautelar prontamente apreciado porque estão sendo processadas em conformidade com o rito abreviado do art. 12, da Lei nº 9.868/99. A ADI nº 7.236 teve a medida cautelar parcialmente deferida, em dezembro de 2022, e atualmente está pendente de julgamento (que se iniciou em maio de 2024 e foi suspenso em razão de pedido de vista).

[2] Vale ressaltar que, conforme assentou o STF, eventual pendência de publicação do acórdão não impede a imediata aplicação do entendimento firmado pelo Plenário do STF: "a existência de precedente firmado pelo Plenário autoriza o julgamento imediato de causas que versem sobre o mesmo tema, independentemente da publicação ou do trânsito em julgado do leading case" (AgR em RE nº 612.375, Rel. Min. Dias Toffoli. DJe, 1º.9.2017).

de declarar a parcial nulidade, com redução de texto, do art. 17, §10-C, excluindo a expressão "e a capitulação legal apresentada pelo autor". O voto do relator nesse caso será esmiuçado adiante. De todo modo, até o momento, o julgamento da ADI ainda está suspenso, aguardando a devolução do pedido de vista do Min. Gilmar Mendes.

De todo modo, independentemente de qual vier a ser o desfecho do julgamento da ADI pelo STF, que merece deferência, a perspectiva do autor é de que essa nova regra que estabelece a decisão de tipificação, de natureza processual, é constitucional.

O legislador conformou o processo de improbidade administrativa sob a perspectiva de garantias fundamentais, como o contraditório e a ampla defesa, a inafastabilidade da tutela jurisdicional, a tipicidade, a presunção de inocência, e outros corolários do devido processo legal (direito à prova, direito do acusado de ser ouvido etc.).

Isso implica reconhecer que a persecução dos atos de improbidade administrativa, realizado o devido sopesamento de valores constitucionais, não pode se dar sem a observância de amplas garantias processuais ao acusado. O legislador reforçou as garantias processuais do réu. Trata-se de uma escolha constitucionalmente legítima.

Ao tratar da exigência legal de enquadramento das condutas (pelo autor da demanda e pelo juiz) em um único tipo dentre aqueles previstos nos arts. 9º, 10 e 11 da LIA, o Professor Regis Fernandes de Oliveira se pronunciou pela sua constitucionalidade:

> *O mesmo fato não pode estar tipificado em dois dispositivos.* O Ministério Público deve enquadrá-lo em apenas um dispositivo. Eventualmente, o fato pode estar englobado em mais de um. Em tal caso, o Ministério Público deve optar pelo mais gravoso. Se houve dano ao erário, este tipo incorpora outro, menos grave. Não pode haver reverberação. *Não há se falar em inconstitucionalidade; é enquadramento legal.*
>
> *Inexiste qualquer lesão à Constituição em face do procedimento adotado. As garantias processuais estão asseguradas a autor e réu.* Ademais, a legislação vem atribuindo ao juiz, cada vez mais, o impulso processual. Deve ser indicado, com precisão, o dispositivo infringido, bem como a tipificação do ato.[3]

Ademais, a gravidade das sanções por ato de improbidade impõe um tratamento processual diferenciado. Trata-se de conformar o processo, enquanto instrumento público fundamental de tutela dos direitos, às características do direito substancial, orientando-se pelos princípios constitucionais do direito administrativo sancionador (art. 1º da LIA).

Diante dessa característica sancionadora, é inegável a aproximação da ação de improbidade administrativa com o regime do direito penal. Nesse sentido, aponta o Professor Marçal Justen Filho: "Há uma proximidade intensa quanto à natureza, às peculiaridades e ao regime do Direito Penal e do sancionamento à improbidade".[4]

Mas o viés do direito penal não deve esgotar a exegese e limitar o norte interpretativo em relação ao novo regramento trazido pela Lei nº 14.230, inclusive porque o processo de improbidade administrativa comporta aplicação de sanções diferenciadas e

---

3   OLIVEIRA, Regis Fernandes de. Nova Lei de Improbidade Administrativa. *Revista de Direito Administrativo e Infraestrutura*, v. 30, p. 203-234, jul./set. 2024. p. 217.

4   JUSTEN FILHO, Marçal. *Reforma de Lei de Improbidade Administrativa comentada e comparada*: Lei 14.230 de 25 de outubro de 2021. Rio de Janeiro: Forense, 2022. *E-Book*. p. 20.

penas tão graves quanto a privação de liberdade (objeto da esfera penal), como a sanção de suspensão de direitos políticos, que constituem o núcleo de exercício da cidadania.

Sobre a constatação de que as sanções diferenciadas dão identidade à repressão do ato de improbidade administrativa, afirma Marçal Justen Filho:

> *A repressão* à *improbidade administrativa é orientada* à *imposição de sanções diferenciadas aos sujeitos envolvidos* em práticas dotadas de reprovabilidade intensa no tocante ao exercício de funções públicas.
>
> *O que dá identidade* à *improbidade são as sanções diferenciadas*, tais como a suspensão dos direitos políticos, a interdição para contratar com o poder público e a multa civil. Essas sanções apresentam uma dimensão "política", na acepção de que se relacionam com o exercício de poderes inerentes à organização estatal.[5]

Sob essa perspectiva, a análise ora pretendida restringe-se aos principais aspectos processuais da decisão de tipificação e à sua aplicação aos processos judiciais em curso.[6]

2 O regime jurídico específico do processo de improbidade administrativa

Em caráter preliminar, cabe tecer algumas considerações gerais sobre o regime jurídico-processual do processo de improbidade administrativa.

O processo de improbidade possui contornos jurídicos específicos, que impedem seu enquadramento apenas à moldura do processo civil e/ou do penal.

Embora o processo de improbidade administrativa siga o procedimento comum do CPC (art. 17, *caput*, da LIA) e permita aproximação com o regime do direito penal, sua natureza específica induz à adoção de um procedimento rígido (rigidez essa que é voltada à tutela de garantias e do direito de defesa do réu), mas também multifacetado, orientado pelo emprego de regras processuais de diplomas sancionatórios distintos.

Por isso, não há óbice jurídico para que casos não previstos pelas regras do processo de improbidade sejam disciplinados por meio de regras processuais penais, mediante integração analógica,[7] diante da já apontada aproximação. Assim, as regras do processo penal podem servir para suprir lacunas do processo de improbidade.

Um exemplo que tem sido objeto de reflexões é a regra de processo penal que assegura ao réu o direito de ser interrogado pelo juiz ao final da audiência de instrução (CPP, art. 400), a qual foi objeto de análise pelo STJ e resultou na seguinte tese repetitiva "O interrogatório do réu é o último ato da instrução criminal [...]" (Tema nº 1.114/STJ).

---

[5]   JUSTEN FILHO, Marçal. *Reforma de Lei de Improbidade Administrativa comentada e comparada*: Lei 14.230 de 25 de outubro de 2021. Rio de Janeiro: Forense, 2022. *E-Book*. p. 16.

[6]   Para estudo e consideração de outras regras e aspectos processuais da Lei de Improbidade Administrativa, com as alterações da Lei nº 14.230/2021, remete-se a AMARAL, Paulo Osternack; WATANABE, Doshin. *Manual do processo de improbidade administrativa*. Londrina: Thoth, 2023.

[7]   A integração analógica pressupõe lacuna legislativa: uma norma é estendida a um caso que não foi previsto, sequer implicitamente, por outra norma. *Vide* WATANABE, Doshin. *Agravo de Instrumento no CPC/2015*: cabimento, interpretação, integração e meios autônomos de impugnação. Dissertação (Mestrado em Direito) – Setor de Ciências Jurídicas, UFPR, Curitiba, 2020. Capítulo A.II.

A possibilidade jurídica de aplicar a lógica procedimental do interrogatório do processo penal ao processo de improbidade é questão que está sendo enfrentada pelos tribunais. Há julgados do TJPR e do TJSC aplicando a regra processual penal para reconhecer o direito do demandado em processo de improbidade administrativa de ser ouvido como último ato da instrução, apesar de o CPC não prever tal possibilidade.[8]

Porém, também há, em sentido contrário, julgados do TJSC e do TJGO que afastaram a aplicação da regra penal,[9] por se consignar que o processo de improbidade é regido precipuamente pelo CPC. Com isso, não haveria previsão legal (no processo civil) que autorize a realização da oitiva do réu como último ato da instrução, nem no caso do interrogatório livre pelo juiz (art. 139, VIII, do CPC) e tampouco no depoimento pessoal da parte (inaplicável ao processo de improbidade, pois a LIA afasta a pena de confesso).

Mas o caráter multifacetado do processo de improbidade administrativa não decorre só da possibilidade de aplicação de regras do processo civil e penal. Também é confirmada pela sua repercussão na esfera eleitoral. Um exemplo disso é a controvérsia sobre a forma de contagem do prazo de inelegibilidade do apenado por ato de improbidade, tal como prevista no art. 12, §10 da LIA, em face da regra do art. 1º, inc. I, alínea "l", da LC nº 64/1990. A questão é objeto da ADI nº 7.236, que pende de julgamento, tendo sido concedida medida cautelar para suspender a eficácia do art. 12, §10 da LIA.

De todo modo, as alterações da Lei nº 14.230 sobre o processo de improbidade administrativa devem ser interpretadas à luz das garantias consagradas pela Constituição em face de processos sancionatórios. Logo, não deve causar estranhamento que regras específicas existentes apenas no processo de improbidade, tal como o art. 17, §10-C e a decisão de tipificação, pareçam contrariar certos dogmas dos processos civil e penal.

E, respeitada a posição contrária, isso não conduz à inconstitucionalidade. Tampouco consiste em incoerência sistêmica ou conflito normativo insuperáveis.

3 O demandado no processo de improbidade administrativa se defende dos fatos principais e também da tipificação legal ou apenas dos fatos?

Uma das controvérsias envolvendo a regra do art. 17, §10-C da LIA e a decisão de tipificação de condutas, concebida pela Lei nº 14.230, gira em torno da vedação legal de o juiz "modificar o fato principal *e a capitulação legal apresentada pelo autor*".

A controvérsia consiste em definir se, no processo de improbidade, o demandado se defende apenas dos fatos narrados na petição inicial, como se dá nos processos civil e penal e ocorria na ação de improbidade antes da Lei nº 14.230, ou se ele se defende

---

[8] TJPR, 5ª Câmara Cível, Agravo de Instrumento 0015702-28.2024.8.16.0000, Rel. Des. Leonel Cunha, julgado em 27.05.2024; TJPR, 4ª Câmara Cível, Agravo de Instrumento 0037019-19.2023.8.16.0000, Rel. Des. Clayton de Albuquerque Maranhão, julgado em 05.03.2024; TJPR, 4ª C. Cível, Agravo de Instrumento 0010028-06.2023.8.16.0000, Rel. Des. Maria Aparecida Blanco de Lima, julgado em 29.08.2023; TJSC, Agravo de Instrumento 5003355-21.2022.8.24.0000, Rel. Jorge Luiz de Borba, 1ª C. de Direito Público, julgado em 07.06.2022.

[9] TJSC, Agravo de Instrumento 5020222-21.2024.8.24.0000, Rel. Bettina Maria Maresch de Moura, 3ª C. de Direito Público, julgado em 06.08.2024; TJGO, Apelação Cível 5461518-42.2019.8.09.0002, 2ª C. Cível, Rel. Des. Ricardo Luiz Nicoli, publicado em 25.06.2024.

dos fatos e da qualificação jurídica atribuída pela inicial – a qual deverá depois ser devidamente enquadrada pelo juiz, por ocasião da decisão de tipificação – tal como prevê a atual LIA.

Sob a perspectiva do autor deste texto, a Lei nº 14.230 conduz necessariamente à conclusão de que, no processo de improbidade administrativa, o demandado se defende inclusive da qualificação jurídica dada aos fatos. Isso ganha especial relevância, por exemplo, ao se considerar que a reprovabilidade de alguns tipos da LIA está estritamente relacionada a condutas específicas. O modo de agir, tal como qualificado legalmente pelas hipóteses dos arts. 9º, 10 e 11, integra o próprio núcleo do ato de improbidade.

Essa percepção é confirmada expressamente pelo art. 17, §10-C da LIA, que veda ao juiz não apenas a modificação do "fato principal", mas inclusive a "capitulação legal apresentada pelo autor". No mesmo sentido, o §10-F, inc. I do art. 17 prevê que será nula a decisão que condenar o requerido "por tipo diverso daquele indicado na inicial".[10]

Assim, pressupõe-se que o réu "fará uma defesa e uma produção de prova naqueles limites e não pode ser surpreendido".[11] Isto é: o réu se defende da tipificação.

Cogite-se no caso em que o autor tipifica na inicial a conduta dos réus no tipo legal do art. 10, inc. VI da LIA. O referido dispositivo tipifica como ímprobo o ato de "realizar operação financeira sem observância das normas legais e regulamentares ou aceitar garantia insuficiente ou inidônea". Ou seja, o único sujeito passível de ser apenado por tal ato seria aquele agente com competência para realizar a operação financeira. Logo, se houver um réu, particular, que tenha apenas participado em algum elo da operação financeira, apresentará sua defesa demonstrando que não tem competência para realizar o ato, e não poderá ser condenado com base nessa tipificação.

Caso o juiz tivesse "liberdade", na decisão de tipificação, para alterar a tipificação da conduta desse réu para a hipótese do art. 10, inc. II ("permitir ou concorrer para que pessoa física ou jurídica privada utilize bens, rendas, verbas ou valores integrantes do acervo patrimonial das entidades mencionadas no art. 1º desta lei, sem a observância das formalidades legais ou regulamentares aplicáveis à espécie"), sua defesa seria prejudicada, pois passaria a precisar demonstrar que não "permitiu" ou "concorreu" para o ato de improbidade causador de dano ao erário. Trata-se de imputação mais abrangente.

A questão tem relevância crucial, na medida em que, admitida a premissa inversa de que o demandado se defende apenas dos fatos, a consequência jurídica seria reconhecer uma maior flexibilidade quanto à capitulação jurídica de tais fatos. Nesse caso, a tipificação poderia ser alterada, o que implicaria grave prejuízo ao réu, que precisaria ofertar uma nova defesa, desta vez com o objetivo de se defender de outra tipificação.[12]

---

[10]   Reitera-se que a referida regra é objeto da ADI nº 7.236 e que o voto do ministro relator, ainda em discussão pelo colegiado, foi no sentido de julgar procedente a ação, para dar interpretação conforme à regra para excepcionar da cominação legal de nulidade os casos em que o réu "tenha tido a possibilidade de ampla defesa", em conformidade com a decisão de tipificação do §10-C do art. 17 da LIA.

[11]   GAJARDONI, Fernando da Fonseca; FRANCO, Fernão Borba; CRUZ, Luana Pedrosa de Figueiredo; GOMES JUNIOR, Luiz Manoel; FAVRETO, Rogerio. *Comentários à nova Lei de Improbidade Administrativa*. 6. ed. São Paulo: Thomson Reuters Brasil, 2023. p. 387.

[12]   "A defesa do réu estará claramente prejudicada pela mudança na tipificação do ato de improbidade" (GUIMARÃES, Bernardo Strobel; SOUZA, Caio Augusto Nazario de; VIOLIN, Jordão; MADALENA, Luis Henrique. *A nova improbidade administrativa*. Rio de Janeiro: Forense, 2023. p. 201).

Ou seja: sob a perspectiva de quem entende que no processo de improbidade administrativa o réu se defende apenas dos fatos, ao juiz seria permitido corrigir e alterar a capitulação jurídica equivocada feita pelo autor, desde que restrito aos mesmos fatos objeto do processo. Parte-se da premissa de que, se o réu se defende dos fatos, não haveria prejuízo pela alteração da qualificação dos fatos após a apresentação da contestação.

4 Consequência da vedação da modificação da capitulação legal do autor pelo juiz: mitigação legal do *iura novit curia* e da *mihi factum, dabo tibi ius*

Uma vez estabelecida a premissa do autor do presente texto, no sentido de que o réu se defende da tipificação, por força do art. 17, §10-C, cabe analisar a sua consequência em relação a dois brocardos comumente invocados no âmbito dos processos civil e penal.

Trata-se do *iura novit curia* e do *mihi factum, dabo tibi ius*. Ou seja: o juiz conhece a lei e aplica o direito com base nos fatos trazidos pelas partes. Disso decorre a máxima de que o juiz não estaria adstrito à tipificação e qualificação legal indicada pelas partes, pois caberia ao juiz decidir em conformidade com a lei que entende aplicável ao caso.

Por expressa disposição legal do art. 17, §§10-C, 10-D,[13] 10-E e 10-F,[14] constata-se que essas máximas jurídicas não se aplicam ao processo de improbidade administrativa. Nele, o réu se defende inclusive da tipificação, e não apenas dos fatos.

Nesse sentido, a doutrina afirma que, depois da Lei nº 14.230/2021, o réu "defende-se dos fatos, tendo em vista o perfil jurídico-normativo contido na inicial".[15]

Diversos doutrinadores têm reconhecido a peculiaridade dessa regra, por ser mais rigorosa do que a regra do processo penal atinente à qualificação jurídica das condutas:

> Registre-se que, apesar da reconhecida natureza sancionatória da ação de improbidade administrativa, o legislador criou nessa espécie de demanda uma vinculação do juízo à pretensão do autor consideravelmente maior do que aquela existente no processo penal. Resumidamente, as flexibilizações admitidas nos institutos conhecidos como emendatio libelli (art. 383 do CPP) e mutatio libelli (art. 384 do CPP) são inaplicáveis na ação de improbidade administrativa.[16]

> É importante mencionar que, em face da referida vedação contida no §10-C do art. 17 da LIA, mesmo havendo um descompasso entre o fundamento jurídico e a capitulação legal realizada pelo autor na petição inicial, não será possível ao juiz modificar o enquadramento

---

[13] Vale ressaltar que a constitucionalidade desse dispositivo é objeto da ADI nº 7.236, que pende de julgamento. Em maio de 2024, o julgamento da ADI se iniciou e o relator votou no sentido de declarar a inconstitucionalidade do §10-D do art. 17. Mas o julgamento ainda está em curso, com pedido de vista antecipada do Min. Gilmar Mendes.

[14] A constitucionalidade desse dispositivo também é objeto da ADI 7236, que pende de julgamento. Quanto a essa regra, o relator votou no sentido de "dar interpretação conforme ao art. 17, §10-F, inc. I, no sentido de que será nula a decisão de mérito total ou parcial da ação de improbidade administrativa que condenar o requerido por tipo diverso daquele definido na petição inicial, desde que não tenha tido a possibilidade de ampla defesa, observado o parágrafo 10-C".

[15] VITTA, Heraldo Garcia. Parecer – Improbidade administrativa e inovações oriundas da lei 14.230, de 25 de outubro de 2021. *Revista de Direito Administrativo e Infraestrutura*, v. 26, jul./set. 2023. p. 344.

[16] NEVES, Daniel Amorim Assumpção; OLIVEIRA, Rafael Carvalho Rezende. *Improbidade administrativa*: direito material e processual. 9. ed. Rio de Janeiro: Forense, 2022. p. 234-238.

do tipo de improbidade administrativa, não se aplicando, na ação por ato de improbidade administrativa, diversamente do que ocorre no processo penal, o instituto da emendatio libelli.[17]

O saneamento e a organização do processo também ganham representação em sede de improbidade, com o dever de o juiz, após réplica do Ministério Público, estabilizar a demanda enunciando claramente a tipificação da imputação, da qual não poderá divergir (vedada emendatio/mutatio libeli) quando de sua decisão, sob pena de nulidade.[18]

Por outro lado, não se ignora que, no período anterior à vigência da Lei nº 14.230, o STJ possuía entendimento no sentido que:

> [...] não há ofensa ao princípio da congruência quando a decisão judicial enquadra os supostos atos de improbidade em dispositivo diverso daquele trazido na exordial, uma vez que os réus se defendem dos fatos que lhes são imputados, competindo ao juízo, como dever de ofício, sua qualificação jurídica, vigendo em nosso ordenamento jurídico os brocardos iura novit curia e o da mihi factum, dabo tibi ius.[19]

Cabe ressaltar que, ao que tudo indica, esse entendimento do STJ tem se mantido mesmo após a Lei nº 14.230, pois há julgado do final de 2023 nesse mesmo sentido.[20]

Ademais, a doutrina também afirmava, sob a égide da lei anterior, que o demandado na ação de improbidade administrativa se defendia apenas dos fatos: "A aproximação com o processo penal, no ponto, é evidente. *Na demanda por improbidade, assim como ocorre na ação penal, são os fatos narrados que interessam*, não a capitulação proposta pelo autor ou a sanção eventualmente postulada".[21]

Mesmo após a Lei nº 14.230, há quem afirme que o art. 17, §10-C da LIA veicula regra inconstitucional em relação à vinculação do juiz à tipificação dada pelo autor:

> *Entendemos, no que tange à vinculação, que os dispositivos são inconstitucionais, uma vez que violam o princípio da independência funcional do julgador.* A vinculação à tipificação dada pelo autor, além de contrariar o entendimento majoritário em sede jurisprudencial, inclusive na esfera criminal, de que o réu se defende dos fatos e não da capitulação legal, permite a decretação de nulidades por divergências interpretativas entre o Ministério Público e o juiz mesmo quando não se vislumbre qualquer prejuízo à ampla defesa e ao contraditório. Ora, até mesmo na esfera criminal, *ultima ratio* do ordenamento, o artigo 383 do Código de Processo Penal autoriza ao juiz a correção da capitulação dos fatos[22]

---

[17] HOLANDA JR., André Jackson de; TORRES, Ronny Charles Lopes de. *Lei de Improbidade Administrativa comentada*. São Paulo: JusPodivm, 2023. p. 602-603.

[18] MUDROVITSCH, Rodrigo de Bittencourt; NÓBREGA, Guilherme Pupe da. *Lei de Improbidade Administrativa comentada*: de acordo com a reforma pela lei n. 14.230/2021. Rio de Janeiro: Lumen Juris, 2022. p. 291.

[19] STJ, AgInt no AREsp n. 1.415.942/SP, Rel. Min. Benedito Gonçalves. *DJe*, 18.12.2020.

[20] STJ, AgInt no REsp n. 1.896.757/SP, Rel. Min. Sérgio Kukina. *DJe*, 15.12.2023.

[21] MEDINA, Marcelo Borges de Mattos. Conexão entre atos de improbidade administrativa. *Revista de Processo*, v. 178, p. 76-105, dez. 2009.

[22] COSTA, Rafael de Oliveira; BARBOSA, Renato Kim. *Nova Lei de Improbidade Administrativa*: atualizada de acordo com a Lei n. 14.230/2021. São Paulo: Almedina, 2022. p. 188-189.

No entanto, com o devido respeito ao entendimento no sentido de que o réu do processo de improbidade administrativa permaneceria se defendendo apenas dos fatos, ele merece ser revisto, sob pena de contrariedade ao novo regime legal da LIA.

Inclusive há outro aspecto que revela a inviabilidade de aplicar os regimes dos processos civil e penal automaticamente ao processo de improbidade administrativa, notadamente no que se refere aos princípios do *iura novit curia* e do *da mihi factum, dabo tibi ius*, bem como das regras de *mutatio libelli* e da *emendatio libelli* (vigentes no penal).

No processo penal, o juiz pode corrigir a qualificação dos fatos porque esse poder está acompanhado da contrapartida do *in dubio pro reo* e do princípio da insignificância.

O processo de improbidade administrativa tem regime peculiar e multifacetado porque tem em vista a tutela das garantias do réu, como ocorre na esfera penal, mas também se vale do procedimento do processo civil. O processo penal, por sua vez, já tem um procedimento para esse fim e ainda outros princípios voltados à posição do réu.

Logo, não procede a crítica de que as regras do processo de improbidade administrativa não podem ser mais protetivas ao réu do que aquelas que vigoram no processo penal. Respeitado o entendimento contrário, essa comparação é inadequada.

Os princípios do *iura novit curia* e *da mihi factum, dabo tibi ius* são mitigados no processo de improbidade administrativa inclusive por força do art. 17, §10-C da LIA.

5 A decisão de tipificação (art. 17, §10-C da LIA): aspectos e variações processuais

A regra do art. 17, §10-C da LIA prevê que:

> Após a réplica do Ministério Público, o juiz proferirá decisão na qual indicará com precisão a tipificação do ato de improbidade administrativa imputável ao réu, sendo-lhe vedado modificar o fato principal e a capitulação legal apresentada pelo autor.

Preliminarmente, cabe destacar que o STF, no julgamento das ADI nº 7.042 e 7.043, ocorrido em agosto de 2022, declarou a inconstitucionalidade parcial dessa regra, sem redução de texto, apenas para "restabelecer a existência de legitimidade ativa concorrente e disjuntiva entre o Ministério Público e as pessoas jurídicas interessadas para a propositura da ação por ato de improbidade administrativa".

O acórdão desse julgamento foi publicado em 28.2.2023. Como resultado, onde se lê a expressão "réplica do Ministério Público", deve-se entender "réplica do autor", uma vez que por força da ADI há outras pessoas jurídicas legitimadas para propor a ação.

A decisão de tipificação é marcada precipuamente pelo ato do juiz de indicar "com precisão a tipificação do ato de improbidade administrativa imputável ao réu". Ou seja, pressupõe-se que o juiz analisará os fatos e a tipificação (tal como postos pelo autor na petição inicial, impugnados pelo réu na contestação e objeto de réplica do autor), e indicará precisamente aquele tipo que entende se enquadrar para cada conduta.

Uma questão que pode se colocar é: a indicação "com precisão" pelo juiz, que demanda especificar as condutas dos réus e os tipos legais, eventualmente elegendo um tipo dentre outros em tese possíveis, comporta discricionariedade ou poder-dever do juiz?

O autor do presente artigo entende que deve ser descartada qualquer hipótese de discricionariedade. Trata-se de um poder-dever do juiz, orientado pelo princípio da legalidade. Caberá ao juiz realizar a indicação com precisão do tipo em conformidade com as demais regras e os princípios constitucionais e legais do ordenamento jurídico.[23]

Ademais, como visto, diversamente do que ocorre no processo penal, não se aplica à ação de improbidade os institutos da *emendatio libelli* e *mutatio libelli*. Após a prolação da decisão de tipificação, o juiz não poderá mais alterar a tipificação dos alegados atos ímprobos. Também não se permite que o autor da ação de improbidade administrativa corrija ou adite a capitulação legal da inicial após a decisão sobre o enquadramento.

Após a decisão de tipificação, o §10-E do art. 17 da LIA prevê que as partes deverão ser intimadas para especificar as provas que pretendem produzir. Portanto, a referida intimação para indicar provas pressupõe a prévia tipificação dos alegados atos ímprobos. A lei prevê que o réu deverá saber com precisão em face de qual tipo legal se defenderá para que possa especificar adequadamente as provas que pretende produzir.

Em seguida, o processo deverá prosseguir com a prolação da decisão de saneamento e organização do processo, nos termos do art. 357 do CPC. A decisão de tipificação deve anteceder a decisão de saneamento, uma vez que as provas só devem ser especificadas após a definição da tipificação (conforme determina o §10-E do art. 17 da LIA) e o saneador pressupõe a prévia especificação de provas (CPC, art. 357, II).

Ademais, a futura decisão de mérito deverá observar rigorosamente os tipos que foram previamente indicados por ocasião da decisão de tipificação para cada um dos atos de improbidade atribuídos aos réus, nos termos do §10-D do art. 17 da LIA.

Por força da regra do art. 17, §10-F, I, será nula a decisão condenatória de mérito, parcial ou total, que condenar o requerido com base em tipificação diversa daquela previamente delimitada na inicial e na decisão de tipificação do §10-C do art. 17.

A jurisprudência tem aplicado essa regra ao determinar a anulação de decisões que ingressam na fase do saneamento do processo sem antes realizar a tipificação precisa das condutas imputadas aos réus, reconhecendo-se que a tipificação vinculará o juiz no posterior exame do mérito das alegações e pedidos deduzidos na inicial.[24]

Isso impede que o juiz requalifique as condutas do réu no momento de proferir a decisão de mérito. Porém, embora a regra cogite do caso de um tipo legal específico que já deverá ter sido indicado na petição inicial, por algum motivo o autor pode ter deixado de definir um tipo para cada conduta, como determinado pelo §10-D do art. 17.

Em um caso elucidativo enfrentado pela jurisprudência, a inicial foi ajuizada antes da Lei nº 14.230 e se baseou na imputação de prática de ato de improbidade administrativa do art. 11, *caput*, da LIA, com a demanda se estabilizando nesses termos. Após a Lei nº 14.230, o novo art. 11, aplicável de imediato, passou a exigir o enquadramento em condutas taxativas. Ainda que tenha sido reconhecida a prática de ato de improbidade

---

[23] Tal como afirmou Eduardo Talamini, sobre a questão da discricionariedade judicial: "Em síntese, não há discricionariedade do juiz, quando ele define concretamente as hipóteses e limites em que deve atuar. Tampouco é discricionária a atividade que ele desenvolve, quando declara a norma que incidiu (ou está incidindo) no caso concreto". Nesse sentido, *vide* TALAMINI, Eduardo. *Tutela relativa aos deveres de fazer e de não fazer*. 2. ed. São Paulo: Revista dos Tribunais, 2003. p. 382-392.

[24] TJSP, AI 2103592-89.2024.8.26.0000; Rel. Des. Carlos Eduardo Pachi, julgado em 17.7.2024; TJSP, AI 2125957-40.2024.8.26.0000; Rel. Des.ª Paola Lorena, julgado em 11.7.2024.

pela sentença, o Tribunal afastou a condenação do réu, diante da falta de tipificação prévia nos incisos do art. 11, e decretou a extinção do processo, sem resolução do mérito.[25]

Logo, a decisão de mérito deverá estar adstrita à tipificação legal definida na decisão do art. 17, §10-C, que norteará a produção de provas pelo réu.

O enquadramento normativo feito nos termos da decisão do §10-C do art. 17 da LIA é vinculante para o juiz e para as partes.

Com isso, o juiz não poderá condenar o réu por tipo diverso daquele que se estabilizou após a prolação da decisão de tipificação.

A decisão do art. 17, §10-C é decisão interlocutória e, quanto à recorribilidade, poderá ser impugnada por meio de agravo de instrumento (art. 17, §21 da LIA).

Cabe ressaltar que, caso haja superveniente alteração da tipificação em razão do provimento de agravo de instrumento, as partes deverão ter nova oportunidade de especificar provas, considerando a nova tipificação definida em sede recursal.

5.1 Obrigação do autor de precisar a capitulação legal na petição inicial

As regras da LIA que disciplinam a tipificação estabelecem a obrigatoriedade de o autor indicar com precisão a tipificação dos atos já na petição inicial.

Ou seja, a partir da Lei nº 14.230, não é mais permitido ao autor realizar uma tipificação genérica e imprecisa dos atos. Não cabe mais realizar capitulações sucessivas e eventuais, como era usual antes da nova lei ("caso não se condene pelo art. 9, que seja pelo art. 10, ou então pelo art. 11").

Isso é extraível sistematicamente das regras do art. 17, §6º, I, do §10-C e do §10-D, da LIA. O §10-D se dirige a todos os sujeitos processuais (não apenas ao juiz) ao estabelecer que "Para cada ato de improbidade administrativa, deverá necessariamente ser indicado apenas um tipo dentre aqueles previstos nos arts. 9º, 10 e 11 desta Lei".

O art. 17, §10-C pressupõe que cabe ao autor apresentar a "capitulação legal" já na petição inicial, tanto que depois essa tipificação deverá ser analisada pelo juiz, que poderá confirmá-la ou rejeitá-la, aplicando-a ao caso concreto.

Nessa linha, afirma Marçal Justen Filho: "é exigido que a inicial formule a tipificação específica da conduta em vista dos arts. 9º, 10 e 11. Depois, cabe ao juiz deliberar formalmente sobre o tema, na etapa de providências complementares".[26]

Portanto, cabe ao autor apontar a capitulação legal precisa na petição inicial.

5.2 Irretroatividade da obrigação de capitulação específica sobre as petições iniciais anteriores à Lei nº 14.230 (26.10.2021)

Mas há exceção. A obrigação de indicar a tipificação precisa dos atos na petição inicial não se aplica retroativamente às petições iniciais ajuizadas antes da Lei nº 14.230, pois estas são ato processual já praticado e consolidado sob o regramento anterior.

---

[25] TJSP, Ap. Cív. 1000892-31.2020.8.26.0699, Rel. Des. Souza Meirelles, julgado em 14.5.2024.

[26] JUSTEN FILHO, Marçal. *Reforma de Lei de Improbidade Administrativa comentada e comparada*: Lei 14.230 de 25 de outubro de 2021. Rio de Janeiro: Forense, 2022. *E-Book.* p. 199.

Por questão de direito intertemporal, há diferença entre as situações em que o juiz profere a decisão de tipificação considerando a petição inicial de ação de improbidade administrativa proposta antes da vigência da Lei nº 14.230, configurando ato processual já consumado, e as situações em que a ação foi proposta na égide do novo regramento.

Quando a ação foi proposta já sob o novo regramento, impõe-se ao autor realizar a capitulação específica das condutas dos réus na inicial, sob pena de extinção por inépcia.

Em suma: a regra que impõe a capitulação específica pelo autor não pode ser aplicada às iniciais de ações ajuizadas antes da Lei nº 14.230, porque a nova regra processual não atinge ato processual já praticado e consolidado sob o regramento anterior.[27] [28]

5.3 Incidência da regra da decisão de tipificação aos processos em curso

A regra que consagra a necessidade de decisão de tipificação pelo juiz (art. 17, §10-C), por sua vez, deve ser aplicada de imediato. Nem se contraponha que a vedação de retroatividade seria um impeditivo, pois nesse caso não há retroação: a decisão de tipificação será proferida com base no regramento processual vigente. Trata-se apenas de aplicar de imediato a nova norma processual no âmbito de um processo de curso.

5.4 A primeira variação: reconhecimento de inadequação da tipificação após a estabilização da demanda e extinção do processo por inépcia da inicial

A decisão de tipificação pode resultar em algumas variações, a depender da situação do processo e da (in)adequação da capitulação feita pela petição inicial.

A primeira delas é o caso em que o juiz constatar a inadequação da tipificação apresentada pelo autor. Em princípio, considerando-se que o processo de improbidade administrativa deve ser regido pelo procedimento comum do CPC, a estabilização da lide é um óbice intransponível, caso o juiz constate que a tipificação é inadequada.

Isto é: ao juiz é vedado, na decisão de tipificação do art. 17, §10-C, da LIA, corrigir ou consertar a capitulação realizada incorretamente pelo autor. E, constatando a inadequação, não poderá conceder oportunidade para aditamento da inicial, pois o processo já estará estabilizado e, em regra, o réu não consentirá com a alteração, pois isso lhe será prejudicial (CPC, art. 329). Ou seja: o autor não pode mais alterar a tipificação apresentada nesse momento processual, pois isso implicaria alteração da causa de pedir. Caberá ao juiz necessariamente extinguir o processo, por inépcia da petição inicial.

---

[27] "Os dispositivos de natureza processual não se aplicam retroativamente, mas incidem de modo imediato. Os eventos processuais consumados em data anterior [...] não são afetados pela superveniência da nova Lei" (JUSTEN FILHO, Marçal. *Reforma de Lei de Improbidade Administrativa comentada e comparada*: Lei 14.230 de 25 de outubro de 2021. Rio de Janeiro: Forense, 2022. *E-Book*. p. 269).

[28] Nesse sentido são os seguintes julgados: TJPR, 5ª Câmara Cível, AI 0011362-41.2024.8.16.0000, Rel. Des. Carlos Mansur Arida, julgado em 6.8.2024; TJSP, Agravo de Instrumento 2052955-37.2024.8.26.0000, Rel. Antonio Carlos Villen, julgado em 2.8.2024; TJSP, Agravo de Instrumento 2276398-38.2021.8.26.0000, Rel. Des. Alves Braga Junior, julgado em 31.3.2023.

A doutrina tem reconhecido, mesmo antes da vigência da Lei nº 14.230, a aplicação da regra da estabilização da demanda e da congruência, tal como disciplinada pelo regramento do CPC, ao processo de improbidade administrativa:

Aplica-se ao caso, então, a vedação à alteração da ação (pedido e causa de pedir) depois de produzida a citação. Se o réu foi citado para participar de processo instaurado a propósito de uma determinada ação, não se admite a alteração da demanda no curso do processo. Ou seja, não é cabível que um processo em curso seja "aproveitado" para o fim de haver a inovação e a alteração dos fundamentos jurídicos e do pedido.[29]

Por fim, cabe salientar que os princípios estabelecidos no CPC, em seu art. 329, a respeito da estabilização do processo e, pois, do pedido e da causa de pedir, se aplicam às ações por ato de improbidade administrativa: o processo é havido como estável quando não mais possam ser alterados o pedido e a causa de pedir.[30]

Pense-se no exemplo em que a peça inicial acusa o agente público réu [...] consoante tipificado no art. 10, IV, da Lei 8.429/1992, formulando pedido expresso das penas do art. 12, II.

Se, no curso do processo, o juiz depara-se com a prova de que o agente público cometeu o ato em troca de vantagem econômica, não poderá considerar essa circunstância na sentença (por força da regra da congruência entre sentença e causa de pedir – arts. 128 e 460 do CPC (LGL\1973\5) e do princípio da estabilidade do objeto litigioso do processo – arts. 264 e 294 do CPC (LGL\1973\5).

Por isso, o magistrado não poderá cominar ao réu a [...] sanção prevista apenas no art. 12, I, da Lei 8.429/1992 para os atos de improbidade previstos no art. 9º.[31]

Nesse sentido, também há julgados reconhecendo que a capitulação indevida das condutas pela inicial e a constatação, pelo juiz, de impossibilidade de correção, em razão da fase avançada do processo, conduz à extinção do processo por inépcia da inicial.[32]

5.5 A segunda variação: mitigação da estabilização e oportunidade para o autor corrigir a inadequação da tipificação, assegurando-se o contraditório do réu

Como visto, não é juridicamente possível, após a citação e sem consentimento do réu, a regularização posterior da tipificação realizada indevidamente na petição inicial. Aplica-se a estabilização da demanda, pois o réu se defende inclusive da tipificação.

Inclusive por força da estabilização, há julgado que negou oportunidade ao réu para apresentar nova contestação, após a prolação da decisão de tipificação pelo juiz.[33]

---

[29] JUSTEN FILHO, Marçal. *Reforma de Lei de Improbidade Administrativa comentada e comparada*: Lei 14.230 de 25 de outubro de 2021. Rio de Janeiro: Forense, 2022. *E-Book*. p. 201.

[30] CAMMAROSANO, Márcio; POZZO, Antonio Araldo Ferraz Dal. *Improbidade administrativa*: novas disposições, novos desafios. Belo Horizonte: Fórum, 2023. p. 120.

[31] SICA, Heitor Vitor Mendonça. Aspectos do pedido na ação de improbidade administrativa. *Revista de Processo*, v. 178, p. 76-105, dez. 2009.

[32] A título de exemplo: TJSP, Apelação Cível 1000892-31.2020.8.26.0699; Rel. Des. Souza Meirelles, 12ª Câmara de Direito Público, julgado em 14.5.2024; TJSP, Remessa Necessária Cível 1001875-07.2019.8.26.0136, Rel. Des. Leme de Campos, 6ª Câmara de Direito Público, julgado em 26.6.2021.

[33] Vide, por todos, o seguinte julgado: TJSP, Agravo de Instrumento 2012149-57.2024.8.26.0000, Rel. Des. Alves Braga Junior, julgado em 12.7.2024.

Mas cabe considerar que esse entendimento, extraível da dicção do art. 17, §10-C, da LIA, pode vir a ser reformado em controle concentrado de constitucionalidade.

No julgamento da ADI nº 7.236, iniciado em 16.5.2024, o relator, Min. Alexandre de Moraes, proferiu voto que admite a possibilidade de concessão, pelo juiz, de oportunidade para que o autor realize o aditamento da petição inicial, de modo a corrigir a tipificação, desde que assegure ao réu o exercício o contraditório – isto é, manifeste-se sobre a mudança de tipificação, em prazo a ser fixado pelo juiz.[34] O Min. Luiz Fux ainda não proferiu voto, mas comentou o voto do relator e sugeriu a adoção de procedimento similar àquele adotado no processo penal para a *mutatio libelli* (art. 384 do CPP).

Para amparar o seu voto, o relator se valeu de comparação com o processo penal. Aludiu à consideração da maior gravidade da esfera penal, na qual caberia a *emendatio libelli* e a *mutatio libelli*, enquanto expressão do *iura novit curiae*. Consignou-se ainda que a vedação da modificação da "capitulação legal apresentada pelo autor" do art. 17, §10-C, da LIA seria inconstitucional porque o legislador teria pretendido engessar "a interpretação do direito pelo Poder Judiciário" e "o exercício da jurisdição".

O voto do relator também foi no sentido de declarar a inconstitucionalidade do art. 17, §10-D, da LIA e dar interpretação conforme ao §10-F, I, para excepcionar da cominação legal de nulidade os casos em que o réu "tenha tido a possibilidade de ampla defesa", considerando os termos da decisão de tipificação do §10-C do art. 17.

Não houve prolação de outros votos na referida sessão e o julgamento está suspenso, aguardando a devolução de pedido de vista antecipada do Min. Gilmar Mendes.

Caso essa solução prevaleça ao final do julgamento do STF, será necessário reconhecer que algumas regras do procedimento comum do processo civil, como a regra da estabilização da demanda (CPC, art. 329), não se coadunam com o processo de improbidade administrativa. Reforçará a perspectiva, tratada na introdução deste artigo, acerca da especificidade do processo de improbidade administrativa, que admite a confluência e aplicação simultânea de normas processuais de diplomas distintos.

Cabe ressaltar que, caso o juiz oportunize ao autor a realização do aditamento ou correção da petição inicial para readequar e corrigir a tipificação, será obrigação do autor realizar prontamente a adequação, com base no postulado da boa-fé e a cooperação.

Isto é, caso o juiz constate que, mesmo após a concessão de oportunidade, o autor não realizou a devida tipificação e insiste em capitulações genéricas, o processo deverá ser extinto, com a rejeição da inicial por inépcia, ou mesmo a improcedência por manifesta inexistência do ato de improbidade (caso seja possível ingressar no mérito).

Admitir sucessivas oportunidades de novos aditamentos violaria as garantias do demandado ao devido processo legal e à razoável duração do processo.

---

[34] Embora não tenha havido disponibilização de voto escrito, o voto do relator, tal como proferido oralmente na sessão de julgamento, pode ser acessado na gravação da sessão (Disponível em: https://youtu.be/gNc9-nQvUew?si=QR9cZcPSb0RwaqHL. Acesso em: 18 ago. 2024). A partir do momento 01:09 da gravação, o voto trata da (in)constitucionalidade do art. 17, §10-C da LIA e cogita de soluções para aproveitamento e aplicação da norma extirpando a aventada inconstitucionalidade.

5.6 A terceira variação: reconhecimento da inadequação da tipificação e a correção de aspectos formais da capitulação pelo próprio juiz

Uma terceira variação que pode ser considerada, acerca da conduta a ser adotada pelo juiz, por ocasião da decisão de tipificação, é do caso em que o juiz opte por ele próprio corrigir aspectos meramente formais e secundários da tipificação, sem prévia abertura de vista ao autor, por entender que a referida "correção" judicial não modificará substancialmente a tipificação legal do autor, de modo que não haverá prejuízo ao réu.

Em relação essa situação, reputa-se que, se o defeito contido na tipificação apresentada pelo autor for um mero erro material, o juiz pode corrigir, inclusive por força do art. 494, I, do CPC. Trata-se do caso em que a inicial pretendeu capitular o ato no art. 9º, II, da LIA, indicando fatos e fundamentação específica nesse sentido. Mas, ao formular os pedidos, pediu a condenação com base no art. 9º, III, da LIA, que é muito similar, mas por mero lapso ou erro de digitação. Nesse caso, haverá apenas um erro material.

Mas há um limite para a correção de erros materiais e manifestos.

Portanto, se o autor deixou de indicar a tipificação correta, porque os fatos narrados e a fundamentação jurídica não se encaixam no tipo legal indicado na petição inicial, trata-se de defeito substancial, que não pode ser corrigido.

Nem mesmo se o réu se defender do tipo legal certo na contestação, a despeito de esse tipo não ter sido indicado na petição inicial (o que pode ocorrer diante do princípio da eventualidade ou da concentração da defesa), isso será suficiente para convalidação, a não ser que haja consentimento expresso do réu para que o feito prossiga com essa tipificação.

Cogite-se do exemplo em que o juiz entenda que é cabível tipificar a conduta do réu em um tipo legal que, na perspectiva do juiz, pode ser extraído dos fatos expostos, mas que o autor não indicou na petição inicial. Ou mesmo um tipo legal antes não cogitado e que, após contestação e réplica, tenha se revelado pela prova documental.

Nesse caso, ainda que o equívoco do autor em não indicar esse tipo seja manifesto e grosseiro, não caberá ao juiz substituir o autor e corrigir tipificação, pois haverá alteração substancial da imputação e prejuízo ao réu. A consequência da constatação da inadequação da tipificação deve ser a extinção do processo por inépcia da inicial.

Nesse contexto, surge a questão atinente à avaliação que o juiz pode pretender fazer do prejuízo ao réu. É juridicamente possível que eventual falta de tipificação na petição inicial seja considerada sanada ou convalidada pelo juiz na prolação da decisão de tipificação, caso conclua de plano que não houve prejuízo à defesa do réu?

Em princípio, não. Isso porque, em um primeiro momento, a constatação de que a tipificação é inadequada deve gerar presunção de prejuízo à defesa do réu. Não bastará que a contestação tenha tratado de outra tipificação apenas por eventualidade, pois o réu pode não ter se defendido da tipificação precisa na extensão e profundidade necessárias.

Nessas situações cinzentas, reputa-se que o juiz pode abrir vista ao réu, em atenção ao contraditório e dever de cooperação (art. 6º), para que se pronuncie: o processo poderá prosseguir apenas se excepcionalmente o réu apontar que não há prejuízo e concordar com a correção da tipificação naquela fase processual, a despeito da tipificação defeituosa da inicial (mesmo após eventual aditamento). Nesse caso, o próprio réu precisará indicar a tipificação correta, a ser confirmada pelo juiz, a fim de que o processo possa prosseguir.

Nesse caso, o juiz, em seguida, realizará o enquadramento de condutas nos termos da capitulação aceita pelo réu. Mas não havendo concordância expressa do réu com a alteração da tipificação, o processo deverá ser extinto por inépcia da inicial, pois o réu não pode ser compelido a, em seu próprio prejuízo, corrigir a tipificação feita pelo autor.

Em suma: a título de solução de *lege lata*, caberá ao juiz avaliar se o erro de tipificação das condutas é substancial ou meramente formal e se o réu exerceu a defesa adequadamente. Erros meramente formais podem ser corrigidos apenas porque não implicam prejuízo efetivo ao réu. O mesmo não sucede com o erro substancial.

Para avaliar tais situações e a viabilidade de correções, o juiz deve se valer do norte interpretativo da boa-fé e priorizar a solução processual que conduza à prevalência da tutela às garantias do demandado (contraditório, ampla defesa etc.).

5.7 A possibilidade jurídica de correção de vícios formais e seus limites

Na linha do raciocínio anterior, é preciso compatibilizar a atuação do juiz ao realizar a tipificação no processo de improbidade administrativa, nos termos do art. 17, §10-C, considerando a perspectiva da função social do juiz na condução do processo.

Entende-se que a regra do art. 17, §10-C, da LIA atribui ao juiz o poder-dever de corrigir apenas os vícios meramente formais da tipificação, que não causem prejuízo à defesa do réu. E isso implica mitigar a atividade diretiva do juiz sobre o processo.

O CPC, cujo procedimento comum é adotado pela LIA, contém regras sobre a atuação colaborativa e diretiva do juiz no sentido de provocar as partes a corrigir suas alegações. Isso decorre da compreensão de que, no Estado social de direito, o juiz não pode figurar como mero observador distante e impassível diante da luta das partes. A função social se projetaria no processo com a intensificação da atividade do juiz.[35]

Mas o regime da ação de improbidade, tal como delineado pela Lei nº 14.230, por sua vez, foi conformado pelo legislador de modo a, em sentido diverso, limitar a correção de vícios imputáveis ao autor pelo juiz, para isso não causar prejuízo à defesa do réu. Por isso, limitou-se a atividade corretiva do juiz na decisão de tipificação. A lei cuidou de tutelar a posição defensiva do réu em detrimento da sanabilidade de defeitos processuais.

E, mais uma vez, destaque-se que essas regras do processo de improbidade administrativa que dão prevalência à tutela do direito de defesa do réu refletem uma opção constitucionalmente legítima. Admitem-se intensas restrições à modificação da tipificação da petição inicial pelo autor, após a estabilização, para promover a igualdade substancial do réu diante da acusação, considerando o caráter diferenciado das sanções.

Sob essa perspectiva limitadora da atividade corretiva do juiz sobre as alegações das partes, pode-se afirmar que o princípio dispositivo (CPC, art. 2º) no regime do processo de improbidade administrativa cede em face do princípio acusatório e, com isso, deve limitar o emprego de técnicas processuais corretivas e diretivas pelo juiz, sempre que isso puder favorecer a acusação e prejudicar a posição jurídica e a defesa do réu.

---

[35] MOREIRA, José Carlos Barbosa. A função social do processo civil moderno e o papel do juiz e das partes na direção e na instrução do processo. *In*: MOREIRA, José Carlos Barbosa. *Temas de direito processual*. 3ª série. 2. ed. Rio de Janeiro: GZ, 2023.

Entende-se assim que o juiz não pode corrigir vícios substanciais da tipificação porque, se assim o fizesse, estaria substituindo o autor quanto ao dever de capitular adequadamente os fatos na inicial. Não se admite atuação judicial corretiva e diretiva nesse caso, ainda que sob pretexto de dar efetividade ao processo. Apenas correções que não impliquem confusão de funções entre acusador e juiz são compatíveis com a LIA.

Sob outra perspectiva, o desrespeito ao procedimento estabelecido pela LIA para a decisão de tipificação e à vedação da modificação da capitulação legal do autor acarretarão nulidades de caráter absoluto, pois a não observância da forma gerará presunção de prejuízo à defesa do réu. Deve prevalecer a diretriz mais protetiva ao réu.

5.8 A extinção da ação por inadequação da tipificação feita pelo autor: não interrupção do prazo prescricional para nova ação baseada em outra tipificação

Por fim, uma questão relevante consiste em definir se, em caso de extinção do processo de improbidade administrativa deflagrado por petição inicial inepta, será juridicamente possível que o autor proponha nova ação, baseada na tipificação correta.

A primeira resposta é positiva. O autor poderá propor nova ação, versando sobre os mesmos fatos, fundada em qualificação jurídica diversa. Nesse sentido:

> Ou seja, não é cabível que a sentença repute que a conduta do réu, embora não se enquadre na tipificação anteriormente realizada, configuraria improbidade em vista de outro dispositivo legal. *Em tal hipótese, cabe a absolvição do réu e as providências para instauração de outro processo, fundado em qualificação jurídica diversa.*[36]

Em um segundo momento, cabe analisar se o ajuizamento do primeiro processo de improbidade administrativa e realização de citação válida neste feito serão aptos a interromper o curso da prescrição para outra demanda, contendo outra tipificação.

Nesse caso, se constatada a ausência de tipificação adequada e a inépcia da petição inicial, o processo extinto será incapaz de produzir o efeito de interromper o prazo prescricional em relação à pretensão baseada na tipificação correta, objeto do segundo feito, já que o réu terá sido citado para se defender apenas da imputação incorreta.[37] Ainda que se trate dos mesmos fatos, as pretensões serão distintas pela diferença de tipificação.

Logo, a mudança de tipificação gerará uma demanda distinta, já que, à luz da LIA, uma nova tipificação, ainda que baseada nos mesmos fatos, corresponde a outra pretensão, da qual o réu deve ter oportunidade de se defender especificamente. Com isso, em termos práticos, o ajuizamento de novas ações com base nos mesmos fatos e

---

[36] JUSTEN FILHO, Marçal. *Reforma de Lei de Improbidade Administrativa comentada e comparada*: Lei 14.230 de 25 de outubro de 2021. Rio de Janeiro: Forense, 2022. *E-Book*. p. 199.

[37] Aplica-se a lógica, *mutatis mutandis*, de que a citação nula não interrompe a prescrição: "A nulidade da citação impediu que ela produzisse o efeito de interromper o curso do prazo prescricional" (MOREIRA, José Carlos Barbosa. *Temas de direito processual*. 1ª série. 3. ed. Rio de Janeiro: GZ, 2023. p. 337). No caso do processo de improbidade extinto, a citação naquele feito para responder à imputação da prática de ato de improbidade administrativa de tipificação específica não interromperá o curso da prescrição sobre (nova) pretensão baseada em tipificação diversa, assim como ocorre com a citação nula.

tipificações distintas acabará se tornando inviável, pois a primeira ação não será apta a interromper o prazo prescricional para propor demanda baseada em outra tipificação. Seguindo a mesma lógica exposta acima, o curso do prazo decadencial de eventual pretensão sujeita à decadência (tal como a desconstituição de ato jurídico), quando for cumulada com as pretensões punitivas e condenatórias no processo de improbidade administrativa, não deve ser obstado pela ação ajuizada com tipificação incorreta.

6 Conclusão

As reflexões desenvolvidas e as respectivas conclusões sobre o tema estão expostas ao longo do artigo, às quais este tópico conclusivo se reporta, por brevidade.

Ciente dos limites da presente análise, espera-se que o artigo contribua para a reflexão em torno da interpretação da regra do art. 17, §10-C da LIA, da sua constitucionalidade e dos aspectos processuais e práticos envolvendo a decisão de tipificação, considerando a vedação da alteração da capitulação apresentada pelo autor.

Espera-se que o tema seja analisado sob a perspectiva da natureza específica e multifacetada do processo de improbidade administrativa, e diante de premissas e diretrizes da Lei nº 14.230, que trouxeram nova compreensão acerca da natureza do processo de improbidade administrativa e de sua relação com outras esferas processuais.

Referências

AMARAL, Paulo Osternack; WATANABE, Doshin. *Manual do processo de improbidade administrativa*. Londrina: Thoth, 2023.

CAMMAROSANO, Márcio; POZZO, Antonio Araldo Ferraz Dal. *Improbidade administrativa*: novas disposições, novos desafios. Belo Horizonte: Fórum, 2023.

COSTA, Rafael de Oliveira; BARBOSA, Renato Kim. *Nova Lei de Improbidade Administrativa*: atualizada de acordo com a Lei n. 14.230/2021. São Paulo: Almedina, 2022.

GAJARDONI, Fernando da Fonseca; FRANCO, Fernão Borba; CRUZ, Luana Pedrosa de Figueiredo; GOMES JUNIOR, Luiz Manoel; FAVRETO, Rogerio. *Comentários à nova Lei de Improbidade Administrativa*. 6. ed. São Paulo: Thomson Reuters Brasil, 2023.

GUIMARÃES, Bernardo Strobel; SOUZA, Caio Augusto Nazario de; VIOLIN, Jordão; MADALENA, Luis Henrique. *A nova improbidade administrativa*. Rio de Janeiro: Forense, 2023.

HOLANDA JR., André Jackson de; TORRES, Ronny Charles Lopes de. *Lei de Improbidade Administrativa comentada*. São Paulo: JusPodivm, 2023.

JUSTEN FILHO, Marçal. *Reforma de Lei de Improbidade Administrativa comentada e comparada*: Lei 14.230 de 25 de outubro de 2021. Rio de Janeiro: Forense, 2022. *E-Book*.

MEDINA, Marcelo Borges de Mattos. Conexão entre atos de improbidade administrativa. *Revista de Processo*, v. 178, p. 76-105, dez. 2009.

MOREIRA, José Carlos Barbosa. A função social do processo civil moderno e o papel do juiz e das partes na direção e na instrução do processo. *In*: MOREIRA, José Carlos Barbosa. *Temas de direito processual*. 3ª série. 2. ed. Rio de Janeiro: GZ, 2023.

MOREIRA, José Carlos Barbosa. *Temas de direito processual*. 1ª série. 3. ed. Rio de Janeiro: GZ, 2023.

MUDROVITSCH, Rodrigo de Bittencourt; NÓBREGA, Guilherme Pupe da. *Lei de Improbidade Administrativa comentada*: de acordo com a reforma pela lei n. 14.230/2021. Rio de Janeiro: Lumen Juris, 2022.

NEVES, Daniel Amorim Assumpção; OLIVEIRA, Rafael Carvalho Rezende. *Improbidade administrativa*: direito material e processual. 9. ed. Rio de Janeiro: Forense, 2022.

OLIVEIRA, Regis Fernandes de. Nova Lei de Improbidade Administrativa. *Revista de Direito Administrativo e Infraestrutura*, v. 30, p. 203-234, jul./set. 2024.

SICA, Heitor Vitor Mendonça. Aspectos do pedido na ação de improbidade administrativa. *Revista de Processo*, v. 178, p. 76-105, dez. 2009.

TALAMINI, Eduardo. *Tutela relativa aos deveres de fazer e de não fazer*. 2. ed. São Paulo: Revista dos Tribunais, 2003.

VITTA, Heraldo Garcia. Parecer – Improbidade administrativa e inovações oriundas da lei 14.230, de 25 de outubro de 2021. *Revista de Direito Administrativo e Infraestrutura*, v. 26, jul./set. 2023.

WATANABE, Doshin. *Agravo de Instrumento no CPC/2015*: cabimento, interpretação, integração e meios autônomos de impugnação. Dissertação (Mestrado em Direito) – Setor de Ciências Jurídicas, UFPR, Curitiba, 2020.

Informação bibliográfica deste texto, conforme a NBR 6023:2018 da Associação Brasileira de Normas Técnicas (ABNT):

WATANABE, Doshin. A decisão de tipificação do art. 17, §10-C da LIA e repercussões processuais da regra que tutela o direito do réu de se defender da capitulação legal. *In*: JUSTEN, Monica Spezia; PEREIRA, Cesar; JUSTEN NETO, Marçal; JUSTEN, Lucas Spezia (coord.). *Uma visão humanista do Direito*: homenagem ao Professor Marçal Justen Filho. Belo Horizonte: Fórum, 2025. v. 1, p. 563-580. ISBN 978-65-5518-918-6.

O NOVO REGIME SANCIONATÓRIO DA IMPROBIDADE ADMINISTRATIVA[1]

EDILSON PEREIRA NOBRE JUNIOR

VITOR GALVÃO FRAGA

I Introdução

A práxis desenvolvida nas últimas três décadas no que concerne à apuração do que se define por improbidade apresentou-se deveras defeituosa, a despeito da relevância que envolve o tema para a boa administração.

Além do fenômeno que restou conhecido como "vulgarização da improbidade"[2] ou "banalização" das ações judiciais de improbidade,[3] é digno de nota o da equivocada aplicação das sanções pelas sentenças, muitas das quais com evidentes deficiências de motivação quanto à sua individualização.

Assim observa-se, dentre algumas situações, a aplicação de todas as cominações constantes do art. 12 da LIA, como se assim não houvesse uma alternativa, ou até mesmo a aplicação das mesmas penalidades para todos os réus, sem embargo da distinção da atuação de cada um deles para a configuração do ato tido por ímprobo.

Imperfeições dessa ordem decorreram, além de uma escassa cultura sobre o direito administrativo sancionador, da circunstância do tratamento legislativo do tema. Ausente a previsão de regras gerais sobre dosimetria, a LIA, em sua redação original, no seu art. 12, *caput*, afirmou genericamente estar "o responsável pelo ato de improbidade sujeito

---

[1] O presente artigo teve a sua elaboração para integrar livro em homenagem ao Professor Marçal Justen Filho, modelo e exemplo de jurista que muito contribuiu para a formulação atual do direito administrativo brasileiro. Quanto ao desenvolvimento do texto, ao primeiro dos autores coube a elaboração dos tópicos I e III, enquanto, ao segundo, dos tópicos II e IV, sendo o V elaborado a quatro mãos.

[2] MARRARA, Thiago. Atos de improbidade: como a Lei nº 14.230/2021 modificou os tipos infrativos da LIA? *Revista Digital de Direito Administrativo*, v. 10, n. 1, 2023. p. 164.

[3] PIRES, Luís Manuel Fonseca; MARQUES, Vitor. O reencontro da improbidade administrativa com o propósito da Constituição Federal de 1988. *In*: DAL POZZO, Augusto Neves; OLIVEIRA, José Roberto Pimenta (Coord.). *Lei de Improbidade Administrativa reformada*. São Paulo: Revista dos Tribunais, 2022. p. 112.

às seguintes cominações", o que induzia a ideia de que, uma vez julgado procedente o pedido, era de regra a incidência de todas as consequências sancionatórias.

Em face de reação jurisprudencial, quase aproximadamente dezessete anos depois, o art. 12, *caput*, da LIA, sofreu alteração pela Lei nº 12.210/2009, para que se intercalasse a expressão "que podem ser aplicadas isolada ou cumulativamente, de acordo com a gravidade do fato".

Da mesma forma, acrescentou-se parágrafo único ao art. 12 da LIA, que, carente de uma maior precisão, dispôs: "Na fixação das penas previstas nesta lei o juiz levará em conta a extensão do dano causado, assim como o proveito patrimonial obtido pelo agente".

Visando pôr cobro a esse estado de coisas, e, ao mesmo tempo, legar à persecução por ato de improbidade a segurança devida, a Lei nº 14.230/2021 trouxe ampla inovação sobre a temática das sanções.

Além de promover uma nova gradação, especialmente quanto à multa civil, à suspensão dos direitos políticos e à proibição de contratar, reformulou as sanções aplicáveis aos atos de improbidade violadores dos princípios da Administração Pública, excluindo a perda da função pública e a restrição de natureza política.

E, como se não bastasse, agregou ao art. 12 dez parágrafos, dispondo sobre particularidades das diversas sanções, sem contar a inovação advinda com o art. 17-C, minudenciando critérios para a correspondente dosimetria, a serem observados nas sentenças. Dispôs sobre a sua execução, além de legar ao ressarcimento uma nova configuração.

Esse conjunto de inovações será objeto deste escrito, conforme se verá nos tópicos seguintes.

II Sobre o ressarcimento

O *caput* do art. 12 da LIA dá um tratamento especial ao ressarcimento integral do dano, tratando-o em separado das demais sanções,[4] como uma consequência necessária e inafastável do ato ímprobo – quando causador de efetivo dano – ao lado de outras sanções.

Essa previsão da lei reflete o desenvolvimento da jurisprudência do Superior Tribunal de Justiça, no sentido de que o ressarcimento ao erário é um mínimo sancionatório que, isoladamente, não atende aos reclames punitivos da Lei de Improbidade, devendo ser cumulada com ao menos uma das outras sanções, pois "pensamento diverso [...] representaria a ausência de punição substancial a indivíduos que adotaram conduta

---

[4] O ressarcimento integral do dano patrimonial, enquanto consequência legal do ato ímprobo, tem sua natureza controvertida pela jurisprudência. É certo que seu caráter não é repressivo, como nas sanções penais, o que levou à construção jurisprudencial de que não seria propriamente uma sanção, pois apenas visa reestabelecer o *status quo ante* – diferente, por exemplo, da multa civil, que efetivamente busca penalizar o agente (REsp 1.376.481-RN, 2ª Turma, Rel. Min. Mauro Campbell Marques, 15.10.2015, v.u. *DJe*, 22.10.2015). Ainda assim, parece-nos ser incorreto negar-lhe o caráter de sanção, considerando que a restituição, como forma de reestabelecimento do *status quo ante*, configura uma das formas clássicas de responsabilização e, por conseguinte, de sancionamento, fazendo parte da categoria de sanções que Paul Fauconnet chama de "restitutivas" (FAUCONNET, Paul. *Responsibility*: A Study in Sociology. Cincinnati: University of Cincinnati College of Law, 1978. p. 9).

de manifesto descaso para com o patrimônio público".[5] Nessa esteira, é que se conclui que, igualmente, mesmo havendo a devolução do valor antes do ajuizamento da ação de improbidade, não se afasta a possibilidade de aplicação das demais sanções, embora o ato deva ser considerado na sua dosimetria.[6]

A restituição deve ser integral, por ela respondendo todos os bens do devedor – pretéritos, presentes e futuros (art. 942, do Código Civil e art. 789, do Código de Processo Civil) – e transmitindo-se aos sucessores no limite do patrimônio transferido (art. 8º da LIA). Ressalte-se que, conforme entendimento majoritário, a pretensão ressarcitória decorrente de atos de improbidade é imprescritível, por força do art. 37, §5º, da Constituição Federal.[7]

Embora o *caput* do art. 12 fale explicitamente em dano patrimonial, considerando a necessidade de se observar o princípio da *restitutio in integrum* e a recomposição/compensação mais efetiva da expressão dos danos, ainda é viva a polêmica sobre a admissão de dano moral coletivo decorrente de ato de improbidade administrativa. No âmbito do Superior Tribunal de Justiça, há julgados admitindo essa modalidade de dano,[8] embora não se possa afirmar que este constituiu um entendimento pacífico no tribunal.

Luiz Manoel Gomes Júnior e Rogério Favreto argumentam que a reforma da LIA foi muito clara em restringir o ressarcimento aos danos patrimoniais, e que a opção do

---

[5]   REsp 1.019.555 – SP, 2ª Turma, Rel. Castro Meira, 16.06.2009, v.u. *DJe*, 29.6.2009.

[6]   TESOLIN, Fabiano. As sanções previstas na Lei de Improbidade Administrativa e as alterações proporcionadas pela Lei nº 14.230/2021: entre avanços, retrocessos e perspectivas. *In*: DAL POZZO, Augusto Neves; OLIVEIRA, José Roberto Pimenta (Coord.). *Lei de Improbidade Administrativa reformada*. São Paulo: Revista dos Tribunais, 2022. "II – Não se incluem no âmbito da matéria afetada as causas originadas de eventual ato ilícito, contratual ou extracontratual, praticado pelo patrocinador".

[7]   José dos Santos Carvalho Filho (*Improbidade administrativa*: prescrição e outros prazos extintivos. 3. ed. São Paulo: Atlas, 2019. p. 244) esclarece que o dispositivo constitucional apresenta dois comandos, isto é, veicula duas normas jurídicas: de um lado, seguindo a regra geral de prescritibilidade das pretensões, determina que o legislador estabeleça prazo de prescrição para pretensões punitivas dedutíveis contra agentes públicos em razão da prática de atos que causem prejuízos ao erário; de outro, em oposição ao comando anterior, há a imposição de que o legislador não fixe prazo de prescrição relativamente à pretensão de ressarcimento de prejuízos causados ao erário pelo agente. Essa segunda norma veiculada pelo art. 37, §5º, da Constituição Federal, consagra, segundo a interpretação majoritária, uma exceção à regra geral da prescritibilidade das pretensões de ressarcimento ao erário. Em 2010, o Superior Tribunal de Justiça julgou o REsp nº 1.089.492, no qual se discutia a prescrição da pretensão de ressarcimento. A Primeira Turma do STJ, por unanimidade, seguiu o voto do relator, o Min. Luiz Fux, no sentido de que a aplicação das sanções previstas na Lei de Improbidade se submete ao prazo prescricional nela previsto, exceto a reparação do dano ao erário em razão da imprescritibilidade garantida pelo art. 37, §5º, da Constituição Federal, e que, uma vez autorizada a cumulação dos pedidos condenatório e ressarcitório na ação de improbidade, a rejeição de um dos pedidos – considerado prescrito – não teria o condão de obstar o prosseguimento da demanda quanto ao pedido imprescritível. Essa conclusão, confirmada em diversos outros julgados, deu azo à edição da tese 7 da edição nº 38 da *Jurisprudência em Teses* do Superior Tribunal de Justiça, nos seguintes termos: "A eventual prescrição das sanções decorrentes dos atos de improbidade administrativa não obsta o prosseguimento da demanda quanto ao pleito de ressarcimento dos danos causados ao erário, que é imprescritível (art. 37, §5º, da CF)". Mais recentemente, também deu ensejo à fixação da Tese em Recurso Repetitivo nº 1.089 (REsp nº 1.899.407) com a seguinte redação: "Na ação civil pública por ato de improbidade administrativa é possível o prosseguimento da demanda para pleitear o ressarcimento do dano ao erário, ainda que sejam declaradas prescritas as demais sanções previstas no art. 12 da Lei 8.429/92". Na mesma esteira, foi fixada pelo STF a tese para o tema 897 da repercussão geral nos seguintes termos: "São imprescritíveis as ações de ressarcimento ao erário fundadas na prática de ato doloso tipificado na Lei de Improbidade Administrativa".

[8]   Nesse sentido, o REsp nº 960.926 – MG, Rel. Ministro Castro Meira, Segunda Turma, julgado em 18.3.2008. *DJe*, 1.4.2008, de cuja ementa se extrai o seguinte trecho: "3. Não há vedação legal ao entendimento de que cabem danos morais em ações que discutam improbidade administrativa seja pela frustração trazida pelo ato ímprobo na comunidade, seja pelo desprestígio efetivo causado à entidade pública que dificulte a ação estatal. 4. A aferição de tal dano deve ser feita no caso concreto com base em análise detida das provas dos autos que comprovem efetivo dano à coletividade, os quais ultrapassam a mera insatisfação com a atividade administrativa".

legislador por expressamente fazer essa limitação foi uma eloquente tomada de posição que deve ser interpretada objetivamente. Fernando Gajardoni, por sua vez, entende que, mesmo depois da reforma da LIA, seria viável essa espécie de condenação por força da aplicação do microssistema de ações coletivas, em especial o art. 90 do CDC e o art. 21 da Lei nº 7.347/85. Nessa esteira, não haveria sentido invocar o art. 17-D da LIA para sustentar a obrigatoriedade de ajuizamento de duas ações distintas (improbidade e ação civil pública) quando tais ações devem ser processadas em conjunto por conexão. Ademais, tramitando sob o rito ordinário, não haveria óbice para cumulação de pedidos.[9]

Do art. 21, I, da LIA, depreende-se que o ressarcimento é uma sanção que dependente da efetiva ocorrência de dano ao patrimônio público, noção que é ínsita aos atos que causam prejuízo ao erário, mas pode ser acidental nos demais. A LIA é muito firme nesse ponto, reiterando no art. 17-C, I, que a sentença deve indicar os elementos que configuram a tipificação sem presumir qualquer deles.

Nesse sentido, vale dizer que o art. 10 da LIA prevê que os atos de improbidade que causam prejuízo ao erário só podem ser configurados diante de efetiva e comprovada perda patrimonial, desvio, apropriação, malbaratamento ou dilapidação de bens. Porém, no seu §1º, aduz que não ocorrerá imposição de ressarcimento, para evitar enriquecimento sem causa, quando a inobservância de formalidades legais ou regulamentares não implicar perda patrimonial efetiva.

Segundo Wallace Paiva,[10] essa disposição desvela uma exceção ao admitir a isenção do ressarcimento do dano nos casos de necessária observância de formalidades legais (exemplificativamente, os incs. II, III, VII, XI (primeira parte), XV, XVI, XVII, XVIII e XX), sem que se descaracterize o ato de improbidade e as demais penas relativas ao art. 10.

O produto do ressarcimento, na forma do art. 18 da LIA, será destinado à pessoa jurídica prejudicada pelo ilícito, devendo-se deduzir desse valor os serviços efetivamente prestados (§3º) e eventuais quantias que já tiverem sido ressarcidas em outras instâncias de responsabilização que tiverem por objeto os mesmos fatos, a fim de se vedar o *bis in idem* (art. 12, §6º).

Ademais, prevê o art. 18, §4º, que, caso o réu apresente dificuldades financeiras para adimplir o valor inteiro de imediato, o juiz pode autorizar o pagamento parcelado em até 48 parcelas mensais corrigidas.

III   O vigente art. 12 da LIA

Além do ressarcimento, atualmente restrito à reparação de danos que o ato ímprobo acarretar, a prática deste poderá implicar a aplicação das penalidades que estão enumeradas pelo art. 12, I a III, da LIA, isolada ou cumulativamente.

Tratam-se, estreme de dúvidas, de sanções de natureza administrativa, justamente por se reportarem à violação ao regime jurídico-administrativo, ainda que a sua aferição, por uma singularidade do sistema pátrio, tenha lugar no âmbito judicial.

---

[9]   GAJARDONI, Fernando da Fonseca *et al*. *Comentários à nova Lei de Improbidade Administrativa*. 6. ed. São Paulo: Thomson Reuters Brasil, 2023. p. 192-193.

[10]   MARTINS JUNIOR, Wallace Paiva. Responsabilidade por improbidade administrativa e suas sanções. *In*: CONTI, José Maurício *et al*. *Responsabilidade do gestor na Administração Pública*: improbidade e temas especiais. Belo Horizonte: Fórum, 2022. p. 127.

Mantido o elenco existente desde a redação original da LIA, a primeira das sanções cominadas consiste na perda dos bens ou valores acrescidos ilicitamente ao patrimônio pelos responsáveis pelo ato de improbidade.

É aplicável no que concerne aos atos de improbidade que hajam ensejado enriquecimento ilícito (art. 9º, I a XII, LIA) ou danos em desfavor do erário (art. 10, I a XXII, LIA).

Abrange a sanção os bens e valores que tenham sido desviados do patrimônio público, bem assim aqueles que os agentes ímprobos adquiriram com as importâncias resultantes do ilícito. Daí se pode afirmar que, demais da indispensável explicitação na sentença, aquela somente alcança valores ou bens cujo ingresso no acervo patrimonial dos responsáveis tenha sido contemporâneo ou posterior à pratica do ato de improbidade.

Em seguida, alude o legislador à perda da função pública. Inicialmente, é preciso observar que está sujeito a tal penalidade todo aquele que mantêm vínculo, não necessariamente como servidor público, mas quem mantém uma relação funcional no âmbito da Administração Pública direta ou indireta da União, dos estados, do Distrito Federal ou dos municípios, bem assim entidade para cuja criação ou custeio concorreu o erário, conforme o art. 1º, §§5º e 7º, da LIA.

A delimitação desse universo coube ao art. 2º, *caput*, da LIA, ao enunciar:

> Art. 2º Para os efeitos desta Lei, consideram-se agente público o agente político, o servidor público e todo aquele que exerce, ainda que transitoriamente ou sem remuneração, por eleição, nomeação, designação, contratação ou qualquer outra forma de investidura ou vínculo, mandato, cargo, emprego ou função nas entidades referidas no art. 1º desta Lei.

Portanto, não se encontram sob o alcance da mencionada sanção os particulares, pessoas físicas ou jurídicas, que celebrem com a administração convênio, repasse, contrato de gestão, termo de parceria, termo de cooperação ou ajuste administrativo equivalente (art. 2º, parágrafo único da LIA).

A vinculação destes últimos com o Estado é de natureza puramente funcional e não orgânica, não havendo espaço para a aplicação da sanção em comento.

Nos termos do §1º do art. 12 da LIA, tal sanção haverá de incidir sobre o vínculo no qual praticou o réu o ato ímprobo, salvo se, em se tratando de ato de improbidade do qual tenha resultado enriquecimento ilícito (art. 9º, LIA), poder-se-á estendê-la, em caráter excepcional, aos demais cargos e funções, desde que se considerem as circunstâncias do caso e a gravidade da infração.[11]

Respeitadas as convicções em sentido diverso, somos no sentido de que o preceito normativo se encontra, indiscutivelmente, no âmbito da discrição legislativa. Alegações, genéricas e tonitruantes, como "a corrupção é mal" ou "a probidade administrativa é um mandamento constitucional", não impõem a conclusão de que não possa o legislador traçar limites à perda da função pública. A própria CRFB (art. 37, §4º) é explícita, no

---

[11] Ao instante da elaboração deste texto, o preceito acima referido se encontrava suspenso mediante liminar deferida monocraticamente pelo Min. Alexandre de Moraes deferida nos autos da ADI nº 7.236, em data de 22.12.2022. No dia 16 de junho, iniciou-se o julgamento do mérito, o qual, ao depois do voto do relator, foi suspenso diante de pedido de vista formulado pelo Min. Gilmar Mendes.

sentido de que as sanções a que se refere, dentre as quais a perda da função pública, terão a sua "forma e gradação previstas em lei".

Tanto é assim que, no âmbito do Superior Tribunal de Justiça, até o deliberado nos autos dos Embargos de Divergência no EREsp nº 1.701.967,[12] a questão era inçada de controvérsias, o que legitima, a mancheias, que o legislador possa adequar-se a uma delas.

A inconstitucionalidade não pode ser aferível ao gosto ou sabor do aplicador da lei, sem uma demonstração específica da violação dos limites traçados pelo constituinte ao legislador.

Também pensamos que a aposentadoria – a qual, desde as Emendas Constitucionais nºs 20/1998 e 41/2003, reclama contribuição – não poderá ser atingida pela sanção em causa. Não somente pela circunstância de a "perda da função pública" pressupor exercício, mas pela singularidade de que a natureza do instituto da aposentação se acha substancialmente transmudada, não mais consistindo em direito do servidor pelo desempenho de cargo público.[13]

À míngua de previsão em lei, a aplicação da sanção sob análise não impede que venha o condenado retornar ao serviço público. Restrição de direitos desse porte não pode ser imposta sem amparo em norma sem aprovação parlamentar.

Outra das sanções cominadas é a multa civil, aplicável às práticas ímprobas tipificadas nos arts. 9º, 10 e 11, da LIA. A Lei nº 14.230/2021 modificou os seus quantitativos máximos, reduzindo-os. Desse modo, os atuais montantes das multas foram limitados ao valor do acréscimo patrimonial indevido ou dano, quando, pela norma anterior, poderiam ser fixadas até três ou duas vezes, respectivamente. No que concerne aos casos de ofensa a princípios da Administração Pública, reduziu-se o limite da multa civil de cem para vinte e quatro vezes o valor da remuneração percebida pelo agente público.

Considerando-se o caráter benigno da alteração legislativa, irrecusável a sua retroação, nos termos do art. 5º, XL, da CRFB, cuja aplicação, a meu sentir, dirige-se à competência sancionatória em sua integralidade.

O §2º do art. 12 da LIA prevê que, conforme a situação econômica do réu, o valor fixado a título de multa poderá ser aumentado até o dobro do estatuído em lei, contanto que se torne ineficaz para reprovação e prevenção do ato de improbidade.

---

[12] Primeira Seção, maioria, Rel. Des. Francisco Falcão. *DJe*, 2.2.2021. Digno de nota o voto-vencido do Min. Gurgel de Faria, ao enfatizar: "Quanto ao mérito, coaduno-me com a orientação defendida pela eg. Primeira Turma, no sentido de que as normas que descrevem infrações administrativas e cominam penalidades constituem matéria de legalidade estrita, não podendo sofrer interpretação extensiva, motivo pelo qual a sanção de perda da função pública prevista no art. 12 da Lei n. 8.429/1992, não pode atingir cargo diverso do ocupado pelo agente à época da prática da conduta ilícita e que serviu de instrumento para tanto. [...] A subsistir entendimento mais rigoroso, ficaria o agente público ímprobo, inclusive aqueles que já fizeram novos concursos públicos (como é o caso do ora recorrente), ou (aqueles) cujos cargos efetivos não têm qualquer relação com a função exercida no momento da prática do ato de improbidade administrativa, com uma espada sobre as suas cabeças até a hora do trânsito em julgado da sentença condenatória, de modo a alcançar todo e qualquer cargo público então ocupado (quando do trânsito em julgado), implicando, na verdade, o "banimento do servidor" do serviço público, mesmo que ele tenha refeito a sua vida em outra carreira. Essa indefinição quanto ao cargo a ser atingido, marcadamente violadora do princípio da proporcionalidade, certamente não foi a intenção do legislador ordinário ao aprovar a Lei n. 8.429/92, sob os auspícios da Carta Magna/1988, não competindo ao STJ interpretar de forma tão ampla e tão gravosa a aplicação de tal sanção, mormente quando estamos no âmbito do direito sancionador".

[13] Essa não é, contudo, a convicção prevalecente no STF (Segunda Turma, unânime, Agravo Regimental no Recurso Extraordinário nº 1.456.118, Rel. Min. Dias Toffoli, julgado em 21.2.2024; Primeira Turma, unânime, Agravo Regimental no Recurso Extraordinário com Agravo nº 1.321.655, Rel. Min. Alexandre de Moraes, julgado em 23.8.2021).

Do conjunto da LIA, após as recentes inovações, vê-se que o valor arrecadado com o pagamento da multa civil é de ser destinado à pessoa jurídica de direito público lesada.[14] A uma, porque a improbidade resulta de uma infração do agente público ante os deveres a que se encontra sujeito em face de sua vinculação com a pessoa jurídica de direito público lesada. A outra, decorrente da distinção, atualmente inequívoca (art. 17-D, LIA), entre a ação para apuração de improbidade administrativa e a ação civil pública.

A mudança legislativa (art. 16, §10, LIA) teve o préstimo de deixar induvidoso que o valor de uma suposta multa civil, cominada para determinado tipo de ato ímprobo, não poderá ser considerada para fins de determinação do valor da medida de indisponibilidade, superando-se, assim, o Tema nº 1.055 do Superior Tribunal de Justiça.[15]

No que se refere à hipótese de aplicação das sanções cominadas pela LIA em detrimento de pessoa jurídica, é preciso notar que a alteração normativa chama a atenção para dois pontos.

O primeiro é o de que, nos termos do §2º do art. 3º da LIA, exige-se que a postura sob apuração não seja igualmente sancionada como ato lesivo à Administração Pública, por força de tipificação constante do art. 5º, I a V, da Lei nº 12.846/2013.

Isso se justifica em face da vedação à dupla punição pelo mesmo fato. É que, além da identidade de parte, há o mesmo fato e o mesmo fundamento, qual seja responsabilidade administrativa, a qual, em ambas as situações, visa ao resguardo do dever de ética nas relações jurídico-administrativas.[16]

Reforçando a vedação da dupla punição pelo mesmo fato, o §7º do art. 12 da LIA dispõe: "§7º As sanções aplicadas a pessoas jurídicas com base nesta Lei e na Lei nº 12.846, de 1º de agosto de 2013, deverão observar o princípio constitucional do *non bis in idem*".

Os preceitos acima mencionados, na prática, revogam, por incompatibilidade, o disposto no art. 30 da Lei nº 12.846/2013, ao afirmar que a aplicação das sanções que comina não afeta os processos de responsabilização e a inflição de penalidades por ato de improbidade administrativa, nos termos da LIA.

Tanto o §2º do art. 3º quanto o §7º do art. 12, ambos da LIA, têm a sua legitimidade respaldada pela vedação de mais uma punição pelo mesmo fato, que, além de decorrer implicitamente da CRFB,[17] está respaldada pela Convenção Interamericana de Direitos Humanos – CIDH (Artigo 8, nº 4).[18]

---

[14] Nessa linha, há doutrina (TESOLIN, Fabiano. As sanções previstas na Lei de Improbidade Administrativa e as alterações proporcionadas pela Lei nº 14.230/2021: entre avanços, retrocessos e perspectivas. *In*: DAL POZZO, Augusto Neves; OLIVEIRA, José Roberto Pimenta (Coord.). *Lei de Improbidade Administrativa reformada*. São Paulo: Revista dos Tribunais, 2022. p. 324).

[15] Tema 1.055 – STJ: "É possível a inclusão do valor de eventual multa civil na medida de indisponibilidade de bens decretada na ação de improbidade administrativa, inclusive naquelas demandas ajuizadas com esteio na alegada prática de conduta prevista no art. 11 da Lei 8.429/1992, tipificador da ofensa aos princípios nucleares administrativos".

[16] Nesse sentido, ver entendimento doutrinário (NOBRE JÚNIOR, Edilson Pereira. Improbidade administrativa e a proibição do bis in idem. *In*: DAL POZZO, Augusto Neves; OLIVEIRA, José Roberto Pimenta (Coord.). *Lei de Improbidade Administrativa reformada*. São Paulo: Revista dos Tribunais, 2022. p. 247-252).

[17] Examinando o lastro positivo da proibição de duplo julgamento pelo mesmo fato no direito brasileiro, ver a sistematização das opiniões doutrinárias empreendida por Edilson Pereira Nobre Júnior, no sentido de visualizar amparo no próprio princípio da legalidade (art. 5º, XXXIX, CRFB), na ideia de proporcionalidade e racionalidade das sanções, na segurança jurídica, na dignidade da pessoa humana e no devido processo legal (NOBRE JÚNIOR, Edilson Pereira. Improbidade administrativa e a proibição do bis in idem. *In*: DAL POZZO, Augusto Neves; OLIVEIRA, José Roberto Pimenta (Coord.). *Lei de Improbidade Administrativa reformada*. São Paulo: Revista dos Tribunais, 2022. p. 241-247).

[18] "ARTIGO 8 Garantias Judiciais [...] 4. O acusado absolvido por sentença passada em julgado não poderá se submetido a novo processo pelos mesmos fatos" (Disponível em: www.planalto.gov.br).

Especialmente quanto ao Artigo 8 da CADH, é de se atentar para a observação de Pablo Colantuno, no sentido de vir a Corte Interamericana de Direitos Humanos – CIDH interpretando o texto da referida convenção sob dois critérios hermenêuticos inelutáveis. O primeiro é o *pro homine*, essencial para que se possa afirmar que qualquer ordem que consagre direitos fundamentais e que possua uma dimensão especial, fundada na celebração de tratados de direitos humanos, é de ser vista como instrumento destinado a proteger a pessoa e não regular os vínculos entre Estados. Em segundo lugar, vem o evolutivo, de modo a que o intérprete da CADH deve ampliar a sua zona de proteção, conforme resulta dos seus Artigos 1º e 29.[19]

Por essa razão, indiscutível – pelo menos para a CIDH – que os direitos que assegura não poderão se limitar à esfera judicial criminal, devendo ser ampliados para outras competências estatais de natureza punitiva.[20]

O segundo aspecto digno de nota reside na salvaguarda da atividade empresarial, considerada como princípio da ordem econômica (art. 170, *caput*, CRFB). Por isso, o §3º do art. 12 da LIA é explícito, ao acentuar que, por ocasião da responsabilidade da pessoa jurídica, "deverão ser considerados os efeitos econômicos e sociais das sanções, de modo a viabilizar a manutenção de suas atividades". Há, assim, o reconhecimento da relevância da empresa para a coletividade.[21]

Outra das sanções cominadas consiste na proibição de contratar com o poder público ou de receber benefícios ou incentivos fiscais ou creditícios, direta ou indiretamente, ainda que por intermédio de pessoa jurídica da qual seja sócio majoritário.

É suscetível de ser aplicada para punir todas as modalidades de atos ímprobos. Embora se mostre mais adequada para incidir em detrimento daquele que, empresário ou profissional liberal, contrate com o Poder Público, nada impede que seja imposta ao agente público, propriamente dito.

A reforma da LIA trouxe inovações no particular. Primeiramente, a duração da restrição de direito, de modo que poderá incidir até quatorze anos, nas hipóteses de enriquecimento ilícito, podendo perdurar até doze e quatro anos, respectivamente,

---

[19] COLANTUANO, Pablo Á. Gutiérrez. *Controle de convencionalidade na Administração Pública*. Tradução de Igor Ravasco. São Paulo: Contracorrente, 2024. p. 159-166.

[20] Eis, qual uma luva, a afirmação que segue: "Nesse ponto, a Corte IDH é coerente em ampliar direitos e garantias sob a premissa geral de que estes não podem ser limitados ou subordinados a questões organizacionais internas de poder. Excluir da aplicação da ordem de garantias determinada atividade estatal sob o pretexto de serem questões criminais, administrativas, civis, trabalhistas, ambientais, previdenciárias, entre outras possíveis de enunciar, equivaleria a contrariar a letra e o espírito do PSJCR" (COLANTUANO, Pablo Á. Gutiérrez. *Controle de convencionalidade na Administração Pública*. Tradução de Igor Ravasco. São Paulo: Contracorrente, 2024. p. 161).

[21] Colhe-se de Tesolin: "A preservação da figura da empresa envolvida em atos de corrupção e de improbidade administrativa parte da premissa da importância da função econômica e social, preservando empregos, pagamento de tributos e, em muitos casos, a experiência em obras e serviços qualificados que não permitem, em curto espaço de tempo, a mera substituição no mercado por outras empresas" (TESOLIN, Fabiano. As sanções previstas na Lei de Improbidade Administrativa e as alterações proporcionadas pela Lei nº 14.230/2021: entre avanços, retrocessos e perspectivas. *In*: DAL POZZO, Augusto Neves; OLIVEIRA, José Roberto Pimenta (Coord.). *Lei de Improbidade Administrativa reformada*. São Paulo: Revista dos Tribunais, 2022. p. 329-330). Igualmente incisivo, Guilherme Corona: "Preservar a atividade empresarial é menos garantir os interesses dos sócios do que o interesse social e econômico envolvido. É garantir, em verdade, a preservação dos empregos, da arrecadação tributária, da fonte produtiva nacional e da ampla concorrência, tudo com vistas ao atingimento do bem comum e de um sistema sancionatório funcional" (LIMA, Guilherme Corona Rodrigues. As sanções na Lei de Improbidade Administração reformada e o princípio da função social da empresa. *In*: DAL POZZO, Augusto Neves; OLIVEIRA, José Roberto Pimenta (Coord.). *Lei de Improbidade Administrativa reformada*. São Paulo: Revista dos Tribunais, 2022. p. 364).

nos casos de atos que ensejem dano em desfavor do erário e violação aos princípios da Administração Pública.

Desenvolvendo a jurisprudência que já vinha se formando, no sentido de que, por força de um juízo de proporcionalidade, formado a partir da gravidade do ato de improbidade,[22] o §4º, acrescentado ao art. 12 da LIA, preceitua que, em regra, a impossibilidade de contratar há que se limitar ao ente público lesado, observados os seus impactos econômicos e sociais, de maneira a ser preservada a função social da empresa.

Somente diante de situação de excepcionalidade, e por motivos relevantes, devidamente justificados, a sanção em comento poderá ir além do ente público lesado, deixando claro que esta extensão se dirige àqueles que atuam vocacionados para práticas lesivas nas contratações com a Administração Pública.

Em caso de transferências voluntárias de recursos, mediante convênios, é de se entender como ente lesado aquele que, de fato, era o proprietário dos recursos. Por exemplo, suponha-se o cometimento de ato de improbidade em contratação de terceiro com o Município de Catingueiras – PB, cuja população é de 4.491 habitantes, a qual foi custeada por recursos oriundos da União Federal, através do Ministério da Saúde. Punir os réus, impedindo-lhes de contratar ou de receber incentivos de tal município, seria risível. A vedação, em casos que tais, haverá de dizer respeito à União Federal, verdadeira titular dos recursos desviados.

Segundo o §8º do art. 12 da LIA, a pena de vedação para contratar com o Poder Público deverá constar do Cadastro Nacional de Empresas Inidôneas e Suspensas (CEIS) de que trata a Lei nº 12.846/2013, observadas as limitações territoriais contidas em decisão judicial, conforme disposto no §4º do referido artigo.

A LIA, seguindo previsões constitucionais (art. 15, IV, e art. 37, §4º), refere-se à sanção de suspensão dos direitos políticos como resultante da condenação pela prática de ato de improbidade.

Note-se que a Lei nº 14.230/2021 elasteceu os prazos cominados na redação original da LIA, eliminando o patamar mínimo. Assim, tal intervalo de tempo poderá ir até quatorze ou doze anos, conforme se cuide dos comportamentos tipificados nos seus arts. 9º e 10.

Noutro passo, o §10 dispôs que, na contagem do prazo da suspensão dos direitos políticos, computar-se-á retroativamente o intervalo de tempo entre a decisão colegiada e o trânsito em julgado da sentença condenatória.

Chapada, a inconstitucionalidade foi reconhecida, em sede cautelar, na ADI nº 7.236. Isso porque a Lei Complementar nº 64/90, alterada pela Lei Complementar nº 135/2010, prescreve, no particular (art. 1º, I, "l"), que os efeitos da decisão de improbidade principiam desde a decisão de órgão colegiado, protraindo-se até o transcurso do prazo de oito anos após o cumprimento da pena. Não poderia, assim, a Lei nº 14.230/2021 invadir campo reservado pela lei complementar, nos termos do art. 14, §9º, da Constituição.

Fora da hipótese da suspensão de direitos políticos, que venha a se amoldar ao disposto no art. 1º, I, "l", da Lei Complementar nº 64/90, a eficácia temporal – e, de

---

[22] STJ, Primeira Turma, Agravo de Instrumento no REsp nº 1.589.661, unânime, Rel. Min. Gurgel de Faria. *DJe*, 24.3.2017; STJ, Primeira Turma, Agravo Interno no REsp nº 1.580.393, unânime, Rel. Min. Sérgio Kukina. *DJe*, 17.12.2021.

conseguinte, a sua exequibilidade – haverá que observar o trânsito em julgado, nos termos do §9º do art. 12 da LIA.

Há lugar ainda para mais duas observações sobre a reforma legislativa no que diz respeito às sanções. A primeira delas – e que tem ensejado polêmica – decorre não mais da previsão da suspensão dos direitos políticos e da perda da função pública como consequências da responsabilização pelos atos de improbidade tipificados no art. 11 da LIA. Há inclusive quem aponte mácula de constitucionalidade.[23]

Pensamos que a opção legislativa não incidiu em inconstitucionalidade. E isso não somente em face da presunção de constitucionalidade, conatural às leis e atos normativos. Resulta claro, a partir de uma leitura do §4º do art. 37 da CRFB, mesmo aligeirada, caber à lei definir a forma da sanção e critérios para a sua dosimetria, havendo o constituinte mencionado algumas das espécies que podem ser adotadas, não havendo impedimento para que o legislador comine, para certos atos tipificados como ímprobos, apenas parte delas.

Não consideramos satisfatória a inovação legislativa, mas o certo é que a inconstitucionalidade – tornamos a dizer – jamais poderá ser uma questão de gosto.

À derradeira, é de se reportar ao §5º acrescentado ao art. 12 da LIA, ao contemplar a improbidade de menor teor ofensivo – que se distingue da hipótese de insignificância, não a excluindo –[24] para a qual a resposta estatal se restringe à aplicação unicamente de multa, sem prejuízo do ressarcimento do dano e a perda dos valores obtidos ilicitamente.

Cuida-se de uma manifestação do cânon da proporcionalidade, sendo aplicável a todos os tipos de improbidade, inclusive previstos em lei especial.

IV A aplicação das sanções

Antes de analisar os preceitos da LIA modificada, dedicados à aplicação das sanções, é preciso retroceder um pouco na leitura do diploma legislativo para encontrar, no seu início, a lente interpretativa que necessariamente dá o tom de qualquer análise relativa à aplicação de suas sanções. Essa chave hermenêutica está contida no art. 1º, §4º, da lei, o qual dispõe que: "Aplicam-se ao sistema da improbidade disciplinado nesta Lei os princípios constitucionais do direito administrativo sancionador".

Poder-se-ia argumentar que esse dispositivo é despiciendo, que sua ausência não impediria a incidência dos princípios nele mencionados. Contudo, o que se vê é que, mesmo em julgamentos recentes nas nossas cortes superiores, não há consenso sobre a natureza da lei de improbidade, suas sanções e os princípios a ela incidentes.

---

[23] MARTINS JUNIOR, Wallace Paiva. Responsabilidade por improbidade administrativa e suas sanções. *In*: CONTI, José Maurício *et al. Responsabilidade do gestor na Administração Pública*: improbidade e temas especiais. Belo Horizonte: Fórum, 2022. p. 130; MARTINS, Tiago do Carmo. *Improbidade administrativa*: análise da Lei 8.429/92 à luz da doutrina e da jurisprudência. Curitiba: Alteridade, 2022. p. 105-106.

[24] Ver Pedro de Almeida, o qual, demais de se inclinar pela aplicação do princípio da insignificância à improbidade administrativa, que resulta em atipicidade, tem-se que o legislador consagrou a improbidade de menor potencial ofensivo, em razão da qual se constata a existência de um ato típico, mas, pela pequena expressão de sua lesividade, demanda sanção diversa das demais, diante do princípio da proporcionalidade (ALMEIDA, Pedro Luiz Ferreira de. O princípio da insignificância na nova Lei de Improbidade Administrativa. *In*: DAL POZZO, Augusto Neves; OLIVEIRA, José Roberto Pimenta (Coord.). *Lei de Improbidade Administrativa reformada*. São Paulo: Revista dos Tribunais, 2022. p. 348-354).

Por exemplo, no julgamento do paradigmático ARE nº 843.989 (Tema nº 1.199), há votos apontando uma natureza civil à LIA, outros que a identificam com direito administrativo sancionador, mas que divergem sobre sua autonomia científica, ou sobre o que isso implicaria em termos de aproximação com o direito penal.

Parece-nos, portanto, que nessa matéria dizer o óbvio não é desnecessário, e, assim, temos que – agora por força de disposição legislativa expressa – toda a compreensão da LIA deve ser guiada por essa noção sobranceira de um paradigma constitucional do direito administrativo sancionador. Na lição de José Roberto Pimenta e Dinorá Grotti:[25]

> Direitos e garantias constitucionais individuais que merecem atenção cuidadosa no Direito Administrativo Sancionador podem ser catalogados e classificados como princípios materiais e processuais. São materiais, vez que incidem diretamente na relação jurídico-administrativa sancionadora: legalidade, tipicidade, irretroatividade de norma mais prejudicial, imputação adequada, pessoalidade, proporcionalidade, prescritibilidade e non bis in idem. São princípios processuais, vez que incidem na relação jurídico-processual administrativa que objetiva a produção do ato administrativo sancionador: devido processo legal, imparcialidade, contraditório, ampla defesa, presunção de inocência, garantia da não-auto-responsabilização, inadmissibilidade de provas ilícitas, recorribilidade, definição, a priori, da competência administrativa sancionadora, motivação e duração razoável do processo.

Tais princípios são especialmente refletidos na disciplina do art. 17-C, IV, da LIA reformada, pois antes de sua edição, isto é, na redação originária da lei, não havia qualquer preocupação em se estabelecer critérios mínimos de dosimetria. Na redação atual, o mencionado dispositivo prescreve que sejam considerados na aplicação das sanções, de forma isolada ou cumulativa, os princípios da proporcionalidade e da razoabilidade; a natureza, a gravidade e o impacto da infração cometida; a extensão do dano causado; o proveito patrimonial obtido pelo agente; as circunstâncias agravantes ou atenuantes; a atuação do agente em minorar os prejuízos e as consequências advindas de sua conduta omissiva ou comissiva; e os antecedentes do agente.

Não é finalidade do direito administrativo sancionador a mera retribuição por meio de uma punição, pois o sistema sancionador não é um mecanismo de vingança, mas uma estrutura que segue uma lógica de incentivos e desincentivos que levem à promoção dos fins do Estado, como a preservação de direitos fundamentais e a maximização do interesse público por meio da concretização de princípios como o da moralidade e da eficiência.[26]

Como ensina Marçal Justen Filho,[27] a proporcionalidade impõe que as sanções mais severas sejam reservadas a condutas de maior reprovabilidade e nocividade, enquanto

---

[25] OLIVEIRA, José Roberto Pimenta; GROTTI, Dinorá Adelaide Musetti. Direito administrativo sancionador brasileiro: breve evolução, identidade, abrangência e funcionalidades. *Interesse Público – IP*, Belo Horizonte, ano 22, n. 120, mar./abr. 2020. p. 122.

[26] LIMA, Guilherme Corona Rodrigues. As sanções na Lei de Improbidade Administração reformada e o princípio da função social da empresa. *In*: DAL POZZO, Augusto Neves; OLIVEIRA, José Roberto Pimenta (Coord.). *Lei de Improbidade Administrativa reformada*. São Paulo: Revista dos Tribunais, 2022. p. 362.

[27] JUSTEN FILHO, Marçal. *Reforma da Lei de Improbidade Administrativa comentada e comparada*: Lei 14.230, de 25 de outubro de 2021. 1. ed. Rio de Janeiro: Forense, 2022. p. 217.

a razoabilidade exige a compatibilidade das sanções com as finalidades buscadas pela lei, considerando ao máximo a viabilidade da continuidade da atuação profissional e empresarial.

A razoabilidade da sanção, portanto, passa pela sensibilidade de se antever os impactos estruturais do colapso ou encolhimento que uma empresa pode sofrer por conta de uma sanção. Nesse sentido, essencial a consideração das consequências práticas da decisão (art. 20 da LINDB) e da função social da empresa (art. 12, §§3º e 4º, da LIA), a qual deve ser ao máximo preservada ante a imposição sancionatória, parcimônia que se revela salutar no tocante a penas como a proibição de contratar com o Poder Público e a proibição de receber benefícios ou incentivos fiscais. Como assevera Guilherme Corona Rodrigues Lima, "a sanção tem que se mostrar eficiente para a sociedade. Se os custos da sanção se mostrarem maiores que sua aplicação, ela não fará sentido".[28]

A lei não define que circunstâncias serão agravantes ou atenuantes, deixando lacuna a ser colmatada fundamentadamente pelo juiz. Note que o Projeto de Lei nº 2.481/2002, de reforma da Lei de Processo Administrativo Federal, propõe a criação de um art. 68-H sobre motivação de decisões sancionadoras e dosimetria das sanções, cujo paralelo com as disposições respectivas da LIA é inegável, mas não esquece de elencar circunstancias gerais que sempre atenuam (§5º) e agravam (§6º) a penalidade quando não constituem ou qualificam a infração, avançando, portanto, em relação à redação da LIA.[29] Diante da lacuna legal, não há prejuízo em se valer de forma genérica por analogia, respeitadas as peculiaridades da improbidade, das agravantes e atenuantes listadas no Código Penal.

Também a cooperação do agente, em momento posterior à consumação do ilícito, é aspecto que deve ser considerado na dosimetria, pois o sujeito que facilita a atividade controladora do Estado, fornecendo informações pertinentes, quebrando a assimetria

---

[28] LIMA, Guilherme Corona Rodrigues. As sanções na Lei de Improbidade Administração reformada e o princípio da função social da empresa. *In*: DAL POZZO, Augusto Neves; OLIVEIRA, José Roberto Pimenta (Coord.). *Lei de Improbidade Administrativa reformada*. São Paulo: Revista dos Tribunais, 2022. p. 364.

[29] "Art. 68-H. A decisão em processo administrativo sancionador será motivada com as razões que justifiquem a edição do ato, indicando a regra de competência, a contextualização dos fatos e os fundamentos de direito. §1º As sentenças civis e penais produzirão efeitos em relação à infração administrativa quando concluírem pela inexistência da conduta ou pela negativa da autoria. §2º No caso de absolvição criminal, na qual se discuta os mesmos fatos, a autoridade administrativa deverá considerar os elementos do processo criminal. §3º É vedada a imposição de sanção administrativa por tipificação legal diversa da apontada no ato de instauração, admitida a sua emenda com observância do contraditório e ampla defesa. §4º Na aplicação e gradação de sanções administrativas, a autoridade competente deverá considerar, fundamentalmente: I – a proporcionalidade entre a sanção e a gravidade da infração; II – a gravidade da infração, considerando seus motivos e suas consequências, inclusive econômicas e sociais; III – os danos da infração que provierem para a Administração Pública; IV – os antecedentes do infrator; V – as circunstâncias gerais agravantes ou atenuantes da infração, sem prejuízo daquelas previstas em legislação específica. §5º São circunstâncias gerais que sempre atenuam a penalidade: I – a ausência de dolo; II – a reparação espontânea do dano, ou sua limitação significativa; III – a comunicação prévia e eficaz, pelo infrator, do risco de danos a bens, pessoas e serviços; IV – a colaboração do infrator com o órgão competente, inclusive em relação a soluções consensuais. §6º São circunstâncias gerais que sempre agravam a penalidade, quando não constituem ou qualificam a infração: I – reincidência nas infrações; II – ter o infrator cometido a infração: a) para obter vantagem pecuniária ou por outro motivo torpe; b) coagindo outrem para a execução material da infração; c) afetando ou expondo a perigo, de maneira grave, a saúde pública ou o meio ambiente; d) causando danos à propriedade alheia; e) mediante fraude ou abuso de confiança; §7º Havendo efetiva lesão ao patrimônio público, a reparação do dano deverá deduzir o ressarcimento ocorrido nas instâncias criminal, civil, administrativa e controladora que tiver por objeto os mesmos fatos" (SENADO FEDERAL. *Projeto de Lei nº 2481, de 2022*. Disponível em: https://legis.senado.leg.br/sdleg-getter/documento?dm=9199165&ts=17192 55423823&disposition=inline. Acesso em: 24 jun. 2024).

informativa e colaborando espontaneamente para a recomposição da ordem jurídica, faz jus a tratamento mais benéfico.

A nova lei, portanto, estabelece um *iter* concretizador da pena abstratamente prevista, orientando o preenchimento, pelo juiz, dos espaços de adequação deixados pela previsão abstrata. Aumentou-se, por conseguinte, a intensidade do dever de motivação, pois é por meio da fundamentação que se poderá verificar a conformidade da pena concreta com essas balizas entabuladas na lei, assim como a possibilidade de controle, pois agora a medida da sanção está submetida a critérios controláveis na via recursal própria do processo judicial. Sem dúvidas, essa foi uma louvável mudança legislativa, pois promove a consistência do próprio de direito sancionador com o sentido contemporâneo de *rule of law*, isto é, de sedimentação de uma racionalidade interna com "limites e critérios que promovem a fidelidade ao direito e que demandam justificativa razoada".[30]

Apesar disso, tais possibilidades de controle ficam bastante limitadas diante da jurisprudência defensiva dos nossos tribunais superiores. Nesse sentido, salutar a crítica feita por Rodrigo Mudrovitsch e Guilherme Pupe[31] à Súmula nº 7 do STJ, no sentido de que ela se vale insuperavelmente de uma distinção (fato-direito) que nem sempre opera de forma clara e, com o tempo, em virtude dessa falta de clareza, a orientação sumular passou a receber diversas exceções e temperamentos, assumindo um caráter discricionário de "gestão jurisdicional" para o enfrentamento de passivos judiciais, como uma espécie de *certiorari* do direito estadunidense.

No que se refere ao tema da improbidade, os autores notam que a referida súmula é usada pelo STJ para impedir a revisão da dosimetria de penas na via do recurso especial. O mesmo óbice existe quando se trata de revisar sanções penais, porém, no âmbito criminal ele é contornado pelo manejo de *habeas corpus*, remédio que não se sujeita à indigitada compreensão. Parece-nos que não há sentido em, por meio de um óbice processual, reduzir o âmbito protetivo de uma garantia constitucional como a individualização da pena e o devido processo legal no âmbito das ações de improbidade, especialmente agora que a própria LIA estabelece no art. 17-C critérios jurídicos de dosimetria equiparáveis àqueles do art. 59 do Código Penal.

O inc. V do art. 17-C, por sua vez, prescreve que se deve considerar na aplicação das sanções a dosimetria das sanções relativas ao mesmo fato já aplicadas ao agente. A lei aqui reafirma o princípio do *non bis in idem*, que igualmente se manifesta nas disposições dos arts. 12, §7º, e 21, §5º. São mudanças positivas da lei reformada, que trazem maior sistematicidade ao exercício do *jus puniendi* estatal em prol da segurança jurídica e do devido processo legal dentro do que se poderia chamar de "sistema legal de defesa da moralidade".[32]

---

[30] SUNSTEIN, Cass; VERMEULE, Adrian. *Law and Leviathan*: redeeming the Administrative State. Cambridge: The Belknap Press of Harvard University Press, 2020. *E-Book*. Tradução do original "limits that promote fidelity to law and that call for reasoned justifications".

[31] MUDROVITSCH, Rodrigo de Bittencourt; NÓBREGA, Guilherme Pupe da. *Lei de Improbidade Administrativa comentada*: de acordo com a reforma pela lei n. 14.230/2021. Rio de Janeiro: Lumen Juris, 2022. p. 315-319.

[32] Expressão de Diogo de Figueiredo Moreira Neto e Rafael Veras de Freitas (A juridicidade da Lei Anticorrupção: reflexões e interpretações prospectivas. *Revista Fórum Administrativo: FA*, Belo Horizonte, v. 14, n. 156, p. 9-20, fev. 2014), que abrange a Lei de Improbidade, Lei de Licitações e Contratos Administrativos, a Lei de Defesa da Concorrência, Lei Complementar da Ficha Limpa, além dos crimes contra a Administração Pública previstos no Código Penal e legislação extravagante.

Contudo, tais previsões também se mostram bastante limitadas em nosso ordenamento diante de uma histórica e arraigada sedimentação da teoria da independência de instâncias, que acaba por reduzir a densificação do *non bis in idem* e incentivar a tão conhecida proliferação legal de esferas sancionatórias.[33]

O inc. VI do art. 17-C trata da fixação de pena relativamente a terceiro e fixa o dever de se considerar, nesses casos, a sua atuação específica, não admitida a responsabilização de terceiros por ações ou omissões para as quais não tiverem concorrido ou das quais não tiverem obtido vantagens patrimoniais indevidas. O que o dispositivo estabelece, em suma, é que a responsabilização do terceiro não pode ser produzida como extensão automática do sancionamento do agente público, sendo indispensável a comprovação e a explicitação na sentença de uma conduta infracional própria e específica, que reflita o dolo autônomo do terceiro.[34]

Ademais, fundamental considerar a regra do art. 3º, §1º, da LIA, no sentido de que sócios, cotistas, diretores ou colaboradores de pessoa jurídica de direito privado não respondem pelo ato de improbidade que venha a ser imputado à pessoa jurídica, a não ser que, quanto a eles seja comprovada a participação no ato ímprobo e o aferimento de benefícios diretos, caso em que responderão nos limites da sua participação, não se cogitando da responsabilização pela mera obtenção de vantagem.

O inc. VII do art. 17-C, prescreve o dever de se indicar, na apuração da ofensa a princípios, critérios objetivos que justifiquem a imposição da sanção. Trata-se de diretriz específica para o sancionamento de atos de improbidade previstos no art. 11, isto é, aqueles que atentam contra os princípios da administração pública. Nesses casos, não havendo prejuízo patrimonial e enriquecimento ilícito, é fundamental que a sentença objetive a conduta que justifica a aplicação da penalidade, desvelando de forma clara a sua gravidade para além da mera afronta abstrata à norma tipificadora.

O §1º do art. 17-C reitera a exigência do elemento subjetivo doloso. É uma das maiores preocupações da nova LIA deixar bem claro que as sanções por improbidade se restringem a legalidades qualificadas pelo elemento subjetivo, não servindo à punição do gestor incompetente, mas sim daquele que age com má-fé; como explicam Daniel Neves e Rafael Oliveira, "a tipificação da improbidade depende da demonstração da má-fé ou da desonestidade, não se limitando à mera ilegalidade, bem como da grave lesão aos bens tutelados pela Lei de Improbidade Administrativa".[35]

O §2º, por sua vez, trata do litisconsórcio passivo na ação de improbidade. A regra estipulada pelo dispositivo é a de que é vedada a condenação solidária dos agentes, isto é, exige-se que a sentença identifique e individualize a participação pessoal de cada um, realizando o sancionamento na medida e no limite dessas participações. Não há, portanto, qualquer espécie de punição presumida ou por associação, sendo

---

[33] Sobre o tema, já fizemos maiores comentários em FRAGA, Vitor Galvão. O ne bis in idem no direito administrativo sancionador. Um olhar sobre o direito europeu e o direito brasileiro. *In*: NOBRE JÚNIOR, Edilson Pereira (Org.). *Paradigmas do Direito Administrativo Sancionador no Estado constitucional*. 1. ed. São Paulo: Dialética, 2021. p. 151-204.

[34] JUSTEN FILHO, Marçal. *Reforma da Lei de Improbidade Administrativa comentada e comparada*: Lei 14.230, de 25 de outubro de 2021. 1. ed. Rio de Janeiro: Forense, 2022. p. 218-219.

[35] NEVES, Daniel Amorim Assumpção; OLIVEIRA, Rafael Carvalho Rezende. *Manual de improbidade administrativa*: direito material e processual. Rio de Janeiro: Forense, 2022. p. 9.

imprescindível que as atuações de cada agente punido sejam individualizadas e, em razão dessa individualização, sejam as penalidades fundamentadas.

Por fim, merece atenção, também, o art. 18-A da LIA, que dispõe sobre a continuidade de ilícitos e unificação de sanções estipuladas em processos distintos. Nesse ponto, a lei reformada mostra uma preocupação com a razoabilidade das penas e se coaduna com os princípios e noções próprias do direito administrativo sancionador, pois inviabiliza a aplicação de sanções absurdas que podiam ser obtidas pela consideração de múltiplas condutas praticadas em um mesmo contexto delitivo como autônomas, e estabelece, ainda, um teto de vinte anos para as sanções de suspensão de direitos políticos e de proibição de contratar o receber incentivos fiscais ou creditícios (parágrafo único).

O dispositivo possibilita a unificação de sanções num contexto de continuidade infracional, aplicando a sanção maior aumentada de um terço, ou a soma das penas, o que for mais benéfico ao réu. Não se tratando, contudo, de ilícitos continuados, o art. 18-A, II, da LIA, prevê que as penas estabelecidas por diversas condenações por atos de improbidade devem ser somadas para cumprimento.

A definição de continuidade, porém, não é dada pela LIA, o que nos leva a recorrer ao direito penal. Segundo Cezar Roberto Bitencourt,[36] para configuração da continuidade, exige-se a presença de uma homogeneidade de bens jurídicos atingidos e uma homogeneidade de processo executório, as quais podem ser identificadas pela observação dos seguintes requisitos: a) a pluralidade de condutas; b) a pluralidade de delitos da mesma espécie, isto é, que se assemelham por elementos objetivos, subjetivos e pelo interesse jurídico violado; e c) nexo de continuidade delitiva, que pode ser apurado pela presença das mesmas circunstâncias de tempo, lugar, modo de execução e outras semelhantes, como a mesma oportunidade e a mesma situação.

Tais requisitos podem ser sem grandes dificuldades transpostos para o âmbito da improbidade. Um pouco mais problemático, talvez, pode ser a ideia de "delitos da mesma espécie". Parece-nos que a noção de "espécie", no tocante à improbidade, pode ser traduzida nos três tipos de atos ímprobos tipificados pela LIA nos arts. 9º, 10 e 11, os quais podem ser concretizados nas diversas condutas previstas nos seus incisos. Assim, ilícito da mesma espécie seria aquele correspondente ao mesmo artigo legal, independentemente de violar um ou outro inciso.

Ao contrário da previsão do Código Penal, a LIA não prevê a possibilidade de gradação do aumento de pena em razão da continuidade, ou seja, em todos os casos se aplicará o aumento de um terço à maior sanção, ou a soma das sanções, independentemente do número de condutas ilícitas. É sem dúvidas merecedora de críticas essa omissão na redação da lei, que tanto se preocupou com a individualização e razoabilidade das penas, mas não abriu espaço para a gradação do aumento nos casos de continuidade. Como não há uma lacuna propriamente dita na disposição legal, não há como aplicar por analogia o regramento do Código Penal para possibilitar essa gradação.

Ressalte-se, por fim, que a unificação de penas só pode ser feita a partir de requerimento expresso do condenado, nunca de ofício. Fernando Gajardoni[37] pontua

---

[36] BITENCOURT, Cezar R. *Tratado de direito penal*: parte geral. 30. ed. São Paulo: SRV Editora, 2024. v. 1, p. 471.

[37] GAJARDONI, Fernando da Fonseca *et al*. *Comentários à nova Lei de Improbidade Administrativa*. 6. ed. São Paulo: Thomson Reuters Brasil, 2023. p. 486.

que, pela regra de prevenção dos arts. 58 e 59 do CPC, cabe ao interessado trazer ao conhecimento do juízo do cumprimento da sentença da primeira condenação certidão integral e cópias dos processos em que fora condenado novamente por improbidade, mesmo que a segunda condenação tenha sido mais grave que a primeira.

A unificação, portanto, deve ser feita pelo primeiro juízo, inclusive por sua maior condição de aferir as sanções que já foram parcialmente cumpridas na execução em curso. Essa regra de competência, contudo, é relativa, não ensejando nulidade nem a possibilidade do segundo juízo, de ofício, remeter o incidente para o primeiro.

Exceção existiria, apenas, no caso de condenações em juízos federais e estaduais, havendo atração automática para a Justiça Federal por força do art. 109, I, da Constituição Federal em virtude da participação do Ministério Público Federal. Nesse caso, faculta-se a participação dos Ministérios Públicos dos estados na forma do art. 5º, §5º, da Lei nº 7.347/85.[38]

V Palavras finais

As considerações acima tecidas evidenciam a relevante mensagem que as inovações da Lei nº 14.230/2021 trouxeram no que concerne à tipificação e à aplicação das sanções por ato de improbidade administrativa, procurando evitar as distorções que, nesse particular, assomaram na experiência judicial durante os aproximadamente trinta anos de vigência da LIA.

Desse modo, ingressaram no sistema jurídico pátrio preceitos traçando as hipóteses de cabimento e limites de cada uma das espécies de sanção. Foram fixados novos limites quantitativos para a multa civil, bem assim novos prazos de duração para a suspensão de direitos políticos e para a proibição de contratar com o Poder Público ou deste receber incentivos fiscais e creditícios. Vieram a lume critérios balizadores da dosimetria, restringindo, assim, a discrição judicial em favor da proporcionalidade, razoabilidade e individualização das penas.

Com isso, observa-se que a atual disciplina da matéria, se não perfeita, mostra-se satisfatória e adequada, justamente por pretender a sintonia da persecução da improbidade administrativa aos direitos fundamentais que condicionam a atuação estatal em matéria punitiva.

Referências

ALMEIDA, Pedro Luiz Ferreira de. O princípio da insignificância na nova Lei de Improbidade Administrativa. *In*: DAL POZZO, Augusto Neves; OLIVEIRA, José Roberto Pimenta (Coord.). *Lei de Improbidade Administrativa reformada*. São Paulo: Revista dos Tribunais, 2022.

BITENCOURT, Cezar R. *Tratado de direito penal*: parte geral. 30. ed. São Paulo: SRV Editora, 2024. v. 1.

CARVALHO FILHO, José dos Santos. *Improbidade administrativa*: prescrição e outros prazos extintivos. 3. ed. São Paulo: Atlas, 2019.

---

[38] GAJARDONI, Fernando da Fonseca *et al. Comentários à nova Lei de Improbidade Administrativa*. 6. ed. São Paulo: Thomson Reuters Brasil, 2023. p. 486-487.

COLANTUANO, Pablo Á. Gutiérrez. *Controle de convencionalidade na Administração Pública*. Tradução de Igor Ravasco. São Paulo: Contracorrente, 2024.

FAUCONNET, Paul. *Responsibility*: A Study in Sociology. Cincinnati: University of Cincinnati College of Law, 1978.

FRAGA, Vitor Galvão. O ne bis in idem no direito administrativo sancionador. Um olhar sobre o direito europeu e o direito brasileiro. *In*: NOBRE JÚNIOR, Edilson Pereira (Org.). *Paradigmas do Direito Administrativo Sancionador no Estado constitucional*. 1. ed. São Paulo: Dialética, 2021.

GAJARDONI, Fernando da Fonseca *et al*. *Comentários à nova Lei de Improbidade Administrativa*. 6. ed. São Paulo: Thomson Reuters Brasil, 2023.

JUSTEN FILHO, Marçal. *Reforma da Lei de Improbidade Administrativa comentada e comparada*: Lei 14.230, de 25 de outubro de 2021. 1. ed. Rio de Janeiro: Forense, 2022.

LIMA, Guilherme Corona Rodrigues. As sanções na Lei de Improbidade Administração reformada e o princípio da função social da empresa. *In*: DAL POZZO, Augusto Neves; OLIVEIRA, José Roberto Pimenta (Coord.). *Lei de Improbidade Administrativa reformada*. São Paulo: Revista dos Tribunais, 2022.

MARRARA, Thiago. Atos de improbidade: como a Lei nº 14.230/2021 modificou os tipos infrativos da LIA? *Revista Digital de Direito Administrativo*, v. 10, n. 1, 2023.

MARTINS JUNIOR, Wallace Paiva. Responsabilidade por improbidade administrativa e suas sanções. *In*: CONTI, José Maurício *et al*. *Responsabilidade do gestor na Administração Pública*: improbidade e temas especiais. Belo Horizonte: Fórum, 2022.

MARTINS, Tiago do Carmo. *Improbidade administrativa*: análise da Lei 8.429/92 à luz da doutrina e da jurisprudência. Curitiba: Alteridade, 2022.

MOREIRA NETO, Diogo de Figueiredo; FREITAS, Rafael Veras de. A juridicidade da Lei Anticorrupção: reflexões e interpretações prospectivas. *Revista Fórum Administrativo: FA*, Belo Horizonte, v. 14, n. 156, p. 9-20, fev. 2014.

MUDROVITSCH, Rodrigo de Bittencourt; NÓBREGA, Guilherme Pupe da. *Lei de Improbidade Administrativa comentada*: de acordo com a reforma pela lei n. 14.230/2021. Rio de Janeiro: Lumen Juris, 2022.

NEVES, Daniel Amorim Assumpção; OLIVEIRA, Rafael Carvalho Rezende. *Manual de improbidade administrativa*: direito material e processual. Rio de Janeiro: Forense, 2022.

NOBRE JÚNIOR, Edilson Pereira. Improbidade administrativa e a proibição do bis in idem. *In*: DAL POZZO, Augusto Neves; OLIVEIRA, José Roberto Pimenta (Coord.). *Lei de Improbidade Administrativa reformada*. São Paulo: Revista dos Tribunais, 2022.

OLIVEIRA, José Roberto Pimenta; GROTTI, Dinorá Adelaide Musetti. Direito administrativo sancionador brasileiro: breve evolução, identidade, abrangência e funcionalidades. *Interesse Público – IP*, Belo Horizonte, ano 22, n. 120, mar./abr. 2020.

PIRES, Luís Manuel Fonseca; MARQUES, Vitor. O reencontro da improbidade administrativa com o propósito da Constituição Federal de 1988. *In*: DAL POZZO, Augusto Neves; OLIVEIRA, José Roberto Pimenta (Coord.). *Lei de Improbidade Administrativa reformada*. São Paulo: Revista dos Tribunais, 2022.

SUNSTEIN, Cass; VERMEULE, Adrian. *Law and Leviathan*: redeeming the Administrative State. Cambridge: The Belknap Press of Harvard University Press, 2020.

TESOLIN, Fabiano. As sanções previstas na Lei de Improbidade Administrativa e as alterações proporcionadas pela Lei nº 14.230/2021: entre avanços, retrocessos e perspectivas. *In*: DAL POZZO, Augusto Neves; OLIVEIRA, José Roberto Pimenta (Coord.). *Lei de Improbidade Administrativa reformada*. São Paulo: Revista dos Tribunais, 2022.

Informação bibliográfica deste texto, conforme a NBR 6023:2018 da Associação Brasileira de Normas Técnicas (ABNT):

NOBRE JUNIOR, Edilson Pereira; FRAGA, Vitor Galvão. O novo regime sancionatório da improbidade administrativa. *In*: JUSTEN, Monica Spezia; PEREIRA, Cesar; JUSTEN NETO, Marçal; JUSTEN, Lucas Spezia (coord.). *Uma visão humanista do direito*: homenagem ao Professor Marçal Justen Filho. Belo Horizonte: Fórum, 2025. v. 1, p. 581-598. ISBN 978-65-5518-918-6.

CONTROLE E CONSENSUALIDADE: O CASO "TCU – SECEXCONSENSO"

EGON BOCKMANN MOREIRA

Introdução

O Direito Público ocupa um ambiente fronteiriço do universo jurídico, aproximando o poder político em sua forma bruta às demandas da cidadania. É por meio da legalidade que o Estado de Direito pretende domar o poder político e fazer com que o seu exercício preste deferência aos direitos fundamentais das pessoas. Por isso, não é de se estranhar que, à medida que os direitos fundamentais experimentem novas perspectivas existenciais e que o poder político expanda seus meios de ação, o Direito Público necessite se adaptar, alterando os modos de conformação e aplicação da legalidade e da eficiência. Aqui entra em cena o Direito Administrativo dos nossos dias.

O Direito Administrativo contemporâneo é – precisa ser – marcado por duas diretrizes autorreferenciadas: *(i)* essencialmente dinâmico e *(ii)* serviente aos direitos fundamentais. Talvez seja esse o fator distintivo mais marcante da produção acadêmica do Professor Marçal Justen Filho, tal como consolidado em sua *Magnus Opus*, o *Curso de Direito Administrativo* – que abandonou as racionalidades antigas, valorizadoras dos agentes, órgãos e entidades administrativos (o exercício do poder e seus titulares) ou do regime jurídico-administrativo estático e subordinativo (a supremacia e a indisponibilidade).

Dando um passo avante, Marçal Justen Filho assim define o Direito Administrativo:

O direito administrativo é o conjunto das normas jurídicas que disciplinam a organização e o funcionamento das estruturas estatais e não estatais investidas da função administrativa estatal e da gestão de bens públicos e privados necessários, visando à realização dos direitos fundamentais da generalidade do povo e à promoção do desenvolvimento nacional sustentável.[1]

---

[1] JUSTEN FILHO, Marçal. *Curso de direito administrativo*. 15. ed. Rio de Janeiro: Forense, 2024. p. 1 (grifos no original). Compreensão que já estava estampada na primeira edição do *Curso* (São Paulo: Saraiva, 2005).

O escopo visado pelo Direito Administrativo, a justificar a sua própria existência, engloba duas ideias principais interconectadas: a garantia dos direitos fundamentais para todos os cidadãos e o desenvolvimento sustentável. Por um lado, seus pontos de partida e de chegada são os direitos básicos e universais que todas as pessoas têm, simplesmente por serem humanas – enfatizando-se que devem ser garantidos para todos os indivíduos, sem qualquer discriminação. Por outro, refere-se ao progresso econômico, social, cultural e político de um país, desde que alcançado de uma maneira igualitária, que não esgote os recursos naturais, não cause danos irreparáveis ao meio ambiente e preserve a capacidade de as gerações futuras atenderem às suas próprias necessidades. O Direito Administrativo deve promover ativamente essa interligação entre os direitos fundamentais e o desenvolvimento sustentável: sem a garantia daqueles, é impossível alcançar um desenvolvimento que seja justo e inclusivo.

Dentro dessa perspectiva, desenvolveremos a ideia de consensualismo que marca o Direito Administrativo atual, mesmo diante de órgãos de controle externo. Uma disciplina jurídica que pretende mitigar os antagonismos e prestigiar a paz social equânime e duradoura, inclusive por meio da atenuação ativa dos conflitos.

I Controle e consensualismo: da oposição à integração

1 Caso o ponto de partida do estudioso e aplicador do Direito Administrativo seja o poder estampado em suas autoridades (poder-dever ou dever-poder, tanto faz, eis que poder persiste sendo), conjugado com a supremacia do interesse público e respectiva indisponibilidade, o ambiente cognitivo se referirá a dinâmicas em que um agente, órgão, ou entidade estatal exercitará influência dominante sobre pessoas ou grupos. No limite, acolherá relações de desigualdade e injustiça, perpetuando a marginalização daqueles submetidos ao poder administrativo do Estado.

Basta pensarmos na ideia de que a definição do interesse público, inclusive o dito "primário", competiria privativamente à própria Administração Pública, por meio de atos *interna corporis* sempre qualificados pela presunção de legitimidade, imperiosidade e autoexecutoriedade. Tal como nos monopólios econômicos, os agentes, órgãos e entidades administrativas seriam *public interest makers*, não *public interest takers*: haveria um único produtor do interesse público, supremo e indisponível, sem substitutos próximos num ambiente bloqueado por firme barreira de entrada. Nada de diálogos democráticos. O exercício da função administrativa se prestaria a institucionalizar o poder administrativo de influenciar e definir unilateralmente o interesse público. Isso sem qualquer diálogo, respeito ou deferência para com as pessoas privadas a serem afetadas pelos atos administrativos – tidos tradicionalmente como "administrados" (o objeto – e não o sujeito da relação).

2 A toda evidência, essa ordem de compreensão das coisas não procura assimilar ou explicar, nem muito menos acolher, a ideia de consensualidade público-privada (ainda mais em ambientes de órgãos e entidades de controle externo – como os Tribunais de Contas). Falar da conjugação de controle e consensualismo no Direito Administrativo é, portanto, prestigiar a postura disruptiva, que fratura a imaginada evolução natural da compreensão pretérita ao fixar as premissas interconectadas dos direitos fundamentais e do desenvolvimento sustentável.

Essa disrupção – ou inovação disruptiva – é uma mudança radical, geradora de distinta compreensão do Direito Administrativo, a reconfigurar as relações público-privadas e deslocar o exercício do poder e sua razão de ser: "A atividade administrativa do Estado Democrático de Direito subordina-se, então, a um critério fundamental, que é anterior à supremacia e indisponibilidade do interesse público. Trata-se da *supremacia e indisponibilidade dos direitos fundamentais*".[2]

Ao se defender que a pauta primária do Direito Administrativo é a supremacia e indisponibilidade dos direitos fundamentais, está-se a reposicionar as pessoas privadas diante da Administração Pública (e, esta, em relação àquelas). Atribui-se aos agentes, órgãos e entidades públicas o dever de averiguar o modo mais eficiente para o respeito, ativo e dinâmico, ao exercício dos direitos de seus interlocutores privados (tanto os materiais quanto os processuais). A "vontade" administrativa passa a também ser passível de ser formada por meio do diálogo colaborativo, oriundo da empatia revelada pelo compartilhamento de informações e interesses público-privados.

3 Quem fala em supremacia e indisponibilidade de direitos fundamentais está também a se reportar àqueles positivados nos arts. 1º, 5º e 170 da Constituição brasileira, pertinentes às liberdades de empresa, de iniciativa e de concorrência. Igualmente trata da isonomia – muitas vezes assimétrica, mas, ainda assim, igualitária – entre as pessoas privadas e a Administração Pública. Enfim, está a sustentar esse ângulo específico da dignidade da pessoa: aquele de ser respeitado e levado em consideração, em todos os seus prismas e momentos existenciais, pelo Estado-Administração.

Quando se avança na consensualidade, portanto, aumenta a importância do respeito à vontade e à perspectiva do interlocutor. Incrementam-se os foros democráticos, republicanos e igualitários. Quem negocia, ouve e respeita; quem não negocia, despreza e impõe a sua vontade de modo unilateral. Não é à toa que todos os regimes democráticos se caracterizam exatamente pelas negociações, consensos e dissensos, construídos dinamicamente em vista das próximas gerações. Afinal, a ausência de negociação é própria de regimes autoritários, nos quais a autoridade constituída decide, por si só, qual a melhor solução que atenderia ao autodefinido interesse público.

4 A consensualidade pode se dar em todos os níveis de atuação administrativa, inclusive naqueles mais sensíveis, como a produção de normas regulatórias, que afetarão a conduta e os interesses de milhares de pessoas.

Nas palavras de Marçal Justen Filho, mesmo em termos regulatórios, o modelo de consenso

> é norteado pela harmonização e composição entre os diversos interesses envolvidos na situação concreta. O Estado abre oportunidade para que os particulares externem o seu entendimento sobre questões de interesse comum, formulem sugestões para a adoção de regras e colaborem para a fixação das metas e normas aplicáveis.[3]

Essa participação haverá de ser examinada, avaliada e, motivadamente, acolhida, modificada ou rejeitada. O importante é o respeito ao direito fundamental de participação

---

[2] JUSTEN FILHO, Marçal. *Curso de direito administrativo*. 15. ed. Rio de Janeiro: Forense, 2024. p. 48.

[3] JUSTEN FILHO, Marçal. *Curso de direito administrativo*. 15. ed. Rio de Janeiro: Forense, 2024. p. 517.

na formação dos atos administrativos, inclusive e especialmente aqueles mais sensíveis. Assim se traz a democracia para o dia a dia da Administração Pública, em todos os seus níveis e dimensões.

Postas estas premissas, podemos examinar como foi institucionalizada uma das formas de aplicação da consensualidade em Direito Administrativo diante de Tribunais de Contas, com especial enfoque em soluções que se fundamentem e externalizem a concordância e a uniformidade de opiniões entre pessoas privadas e públicas.

II A Instrução Normativa – TCU nº 91/2022

5 Antes de examinarmos a IN nº 91/2022, é preciso que se diga que a consensualidade não é algo inédito nos Tribunais de Contas. Já há algum tempo se tornou uma diretriz dos órgãos de controle o Termo de Ajustamento de Gestão – TAG. Porém, o que aqui se dá é o ajuste entre o responsável pelas atividades de gestão pública e o próprio Tribunal de Contas. São pactos firmados caso a caso entre os agentes públicos e as Cortes de Contas, que podem ser alocados, em termos amplos, na categoria dos acordos substitutivos de sanção.

Os sujeitos legitimados ao TAG são, portanto, a Corte de Contas e a própria pessoa sujeita ao controle. Detectadas falhas passíveis de ajuste, controlador e controlado definem a alteração na conduta e a respectiva prestação de contas que atenderão, com eficiência, à legalidade da gestão pública. Todavia, o TAG não foi disciplinado nem na Lei Orgânica (Lei nº 8.443/1992) nem no Regimento Interno ou em Instrução Normativa Autônoma do TCU. Ele tem sido manejado pelo TCU com lastro imediato no art. 71 da Constituição, ao pressupor que a competência fiscalizatória e sancionatória traz consigo a possibilidade de convalidar os atos, corrigir de modo espontâneo a conduta e, assim, inibir consensualmente a punição. Pretende-se a sustentabilidade da própria Administração controlada (e de seus agentes).

Situação distinta é a previsão de mediação administrativa, a instalar a competência dinâmica de colaborar na solução de conflitos experimentados por determinados órgãos e entidades administrativas em seu relacionamento com pessoas privadas. Aqui entra em cena o "Caso SecexConsenso".

6 O ato que consolidou a opção pela consensualidade através da mediação no seio do TCU foi a IN nº 91/2022,[4] que institucionalizou a "realização de procedimentos [...] voltados para a solução consensual de controvérsias relevantes e prevenção de conflitos afetos a órgãos e entidades da Administração Pública Federal" (art. 1º).

Haverá um processo de Solicitação de Solução Consensual (SSC), o qual deverá ser encaminhado à Secretaria de Controle Externo de Solução Consensual e Prevenção de Conflitos (SecexConsenso), a quem competirá análise prévia a ser submetida ao Presidente do TCU, que decidirá pela "conveniência e oportunidade" da instalação do procedimento especial (IN nº 91/2022, art. 5º).

---

[4] A redação original da instrução normativa adveio da Presidência do TCU, *ad referendum* do Plenário. Posteriormente, o TCU editou a Instrução Normativa nº 92, de 25.1.2023 – que alterou a redação de alguns dispositivos. Este artigo levará em conta a versão consolidada, integradora de ambas as instruções normativas.

Como se vê, a IN nº 91/2022 trata da prevenção e da solução de conflitos pertinentes não ao TCU, mas sim a determinados órgãos e entidades da Administração Pública Federal em face de pessoas privadas, que poderão procurar a Corte de Contas para que seja instalada a competência controladora-colaborativa, a fim de que eventuais irregularidades e conflitos sejam submetidos a uma espécie de autocomposição supervisionada (ou referendada).

7 Examinemos alguns dos principais tópicos da IN nº 91/2022, iniciando com as pessoas com *legitimidade ativa* para a propositura do procedimento (IN nº 91/2022, art. 2º, incs. I, II e III). São três ordens de legitimados.

Em primeiro lugar, estão as autoridades previstas no art. 264 do Regimento Interno do TCU como aptas a formular consultas, quais sejam:

I – presidentes da República, do Senado Federal, da Câmara dos Deputados e do Supremo Tribunal Federal;

II – Procurador-Geral da República;

III – Advogado-Geral da União;

IV – presidente de comissão do Congresso Nacional ou de suas casas;

V – presidentes de tribunais superiores;

VI – ministros de Estado ou autoridades do Poder Executivo federal de nível hierárquico equivalente;

VII – comandantes das Forças Armadas.

Em segundo lugar, são legitimados os dirigentes máximos das seguintes agências reguladoras, nos termos da Lei nº 13.848/2019:

I - a Agência Nacional de Energia Elétrica (Aneel);

II - a Agência Nacional do Petróleo, Gás Natural e Biocombustíveis (ANP);

III - a Agência Nacional de Telecomunicações (Anatel);

IV - a Agência Nacional de Vigilância Sanitária (Anvisa);

V - a Agência Nacional de Saúde Suplementar (ANS);

VI - a Agência Nacional de Águas (ANA);

VII - a Agência Nacional de Transportes Aquaviários (Antaq);

VIII - a Agência Nacional de Transportes Terrestres (ANTT);

IX - a Agência Nacional do Cinema (Ancine);

X - a Agência Nacional de Aviação Civil (Anac);

XI - a Agência Nacional de Mineração (ANM).

Por fim, a solicitação de solução consensual pode ser formulada "por relator de processo em tramitação no TCU" (IN nº 91/2022, art. 2º, inc. III).

8 Na justa medida em que a Instrução Normativa é ato de natureza regulamentar dirigido àqueles órgãos e entidades submetidos ao TCU, que estabelece procedimento específico e define competências para a instalação, deve-se interpretar restritivamente o rol de legitimados. Quem define competências, limita competências. O que traz ao menos duas decorrências bastante sensíveis.

8.1 A primeira delas está no fato de que a IN nº 91/2022 reconhece a *discricionariedade negocial*: aquela competência detida por agentes e órgãos públicos, permissiva (se não determinante) de que envidem os melhores esforços para desenvolver soluções consensuais em face de conflitos com pessoas privadas. O ato regulamentar declara a existência dessa capacidade prévia dos órgãos e entidades administrativas que enumera. Nos termos da lei, as autoridades administrativas detêm competências negocias, destinadas a construir, de modo transparente e republicano, a melhor solução que prestigie o interesse público no caso concreto.

8.2 A segunda decorrência está no fato de que todas as outras pessoas, públicas e privadas (por exemplo, autarquias federais, empresas estatais e concessionárias de serviços públicos), que não as citadas expressamente na IN nº 91/2022, carecem de legitimidade para a instalação do procedimento. Não porque não disponham de competência negocial (cuja fonte é a lei, não o regulamento), mas sim devido ao fato que não podem exercitá-la para a instalação dessa ordem de procedimento interno à Corte de Contas. Isso porque a norma regulamentar impede os servidores do TCU de processarem pedidos daqueles não expressamente lá arrolados.

Assim, se e quando houver interesse na autocomposição por agentes privados e/ou unidades jurisdicionadas não legitimadas que sejam partes de processos em trâmite perante o TCU, a manifestação deve ser apresentada ao relator do caso, que – a seu exclusivo critério – poderá providenciar o requerimento de SSC.

9 O art. 3º da IN nº 91/2022 permite inferir que o seu conhecimento pressupõe um ato fundamentado – individual, no caso dos órgãos unitários, ou coletivo, na hipótese dos colegiados – que dê atendimento aos cinco pressupostos materiais definidos como elementos mínimos para conhecimento da solicitação.

Seriam eles a "indicação do objeto da busca de solução consensual, com a discriminação da materialidade, do risco e da relevância da situação apresentada" (inc. I); os "pareceres técnico e jurídico sobre a controvérsia, com a especificação das dificuldades encontradas para a construção da solução" (inc. II); a "indicação, se houver, de particulares e de outros órgãos e entidades da administração pública envolvidos na controvérsia" (inc. III); a "indicação, se houver, da existência de processo no TCU que trate do objeto da busca de solução consensual" (inc. IV); e a "manifestação de interesse na solução consensual dos órgãos e entidades da administração pública federal envolvidos na controvérsia" quando se tratar de solicitação formulada por relator de processo do TCU.

Há de existir, por conseguinte, todo um procedimento formal, prévio e externo ao TCU, a ser exaurido como requisito ao conhecimento do pedido – o qual deverá, de forma necessária e suficiente, dar cabo das exigências do art. 3º da IN nº 91/2022. Essa prévia legitimação administrativa reforça o caráter transparente e republicano da SecexConsenso. Não será qualquer conflito de interesses ou divergência que possibilitará a instalação dessa ordem de procedimentos perante o TCU. Pode-se dizer que a atuação da Corte de Contas haverá de ser subsidiária, secundária, em casos com maior e comprovada importância, nos quais as partes interessadas optem por resolver o dilema com a colaboração e a chancela do TCU. Igualmente, o cerne da controvérsia deverá ser nítido, fundamentado tecnicamente, com as partes predefinindo o impasse e quais as alternativas de resolução cogitadas.

Na medida em que pressupõe diálogo prévio e prospectivo entre as partes envolvidas, a maturação antecedente da situação conflituosa é exigência que se justifica por agregar segurança jurídica e eficiência na gestão do procedimento consensual a ser iniciado. Afinal, qualquer ação facilitadora desempenhada pela SecexConsenso demandará anterior compreensão das posições e aproximação dos interesses em jogo.

10 Uma vez admitido o pedido, a SecexConsenso instalará específica Comissão de Solução Consensual (CSC), órgão colegiado com a competência provisória de analisar a viabilidade da solução consensual, composto por determinados servidores do TCU, além de agente da pessoa administrativa que requereu a instalação do procedimento e, eventualmente, um representante da pessoa privada envolvida no conflito (IN nº 91/2022, art. 7º).

Inclusive, a CSC poderá "convidar para participar das reuniões, na qualidade de colaborador, especialistas na matéria objeto da busca de solução consensual que não estejam diretamente envolvidos na controvérsia" (IN nº 91/2022, art. 7º, §3º). Essa medida é de todo salutar, eis que a presença de um *expert* imparcial, alheio à controvérsia e detentor de conhecimento técnico reconhecido, tende a atenuar as assimetrias informacionais e permitir que as partes se sintam confortáveis para construir, dentro de suas possibilidades reais, a melhor solução embasada em critérios objetivos.

Note-se que a CSC não detém competência adjudicatória nem negocial, eis que não decide as controvérsias, tampouco é titular dos direitos e deveres objeto da negociação. Ela apreciará os atos prévios e auxiliará, de modo cooperativo e imparcial, as partes envolvidas a promoverem a autocomposição da controvérsia. Suas competências assemelham-se à de um mediador: aquele terceiro imparcial, de confiança de ambas as partes, que as auxilia a comporem, de modo autônomo, a solução cabível. O que traz o alerta de Marçal Justen Filho no sentido de que a mediação

> relativa a conflitos de que participa a Administração Pública conduz a uma atuação muito diferenciada do agente estatal que servir como mediador. Caber-lhe-á atuar com imparcialidade reforçada, sendo-lhe vedado estabelecer uma preferência apriorística em favor do interesse estatal.[5]

Partindo de entendimentos comuns e nos limites do consenso das próprias partes interessadas a respeito do conflito, o que a CSC elabora é uma "proposta de solução" (art. 7º, §4º da IN nº 91/2022), a ser distribuída a relator e submetida ao Plenário do TCU, depois de parecer do Ministério Público (arts. 8º, 9º e 10 da IN nº 91/2022). O que se tem, portanto, é rito garantidor da legitimidade da solução proposta, que parte de atos tecnicamente justificados, passa por sua negociação mediante terceiro imparcial que, uma vez consolidado, é submetido ao controle do Ministério Público e ao debate no Plenário da Corte.

11 Uma vez aprovada a solução pelo Plenário do TCU, ela deverá ser formalizada "por meio de termo a ser firmado pelo Presidente do TCU e pelo respectivo dirigente máximo dos órgãos e entidades a que se refere o inciso III do §1º do art. 7º desta IN"

---

5   JUSTEN FILHO, Marçal. *Curso de direito administrativo*. 15. ed. Rio de Janeiro: Forense, 2024. p. 330.

(art. 12 da IN nº 91/2022). É de todo recomendado que os terceiros participantes do procedimento tenham conhecimento e anuam ao termo, como forma de aceitar a solução e submeter-se a ela, para todos os efeitos de direito.

12 Por fim, merece destaque a ressalva do art. 15 da IN nº 91/2022, ao consignar que: "Não caberá recurso das decisões que forem proferidas nos autos de Solicitação de Solução Consensual, tendo em vista a natureza dialógica desses processos". Prestigiada ou não a solução consensual, a decisão será definitiva.

O que não importa dizer que a negativa do TCU gere efeitos impeditivos de acordos ou soluções alheios ao ambiente institucional da Corte de Contas. As partes podem continuar negociando, diretamente ou de forma assistida, e, quem sabe, até retornar ao TCU depois de transpor eventuais obstáculos. Da mesma forma, o recurso ao Poder Judiciário é sempre cabível (muito embora seja frágil o interesse de agir daquele que desenvolve e assume uma solução consensual referendada pela autoridade do TCU).

III   A natureza da Instrução Normativa – TCU nº 91/2022 e suas decorrências

13 Destaque-se que Marçal Justen Filho desenvolveu a compreensão de que o TCU possui a estatura constitucional equivalente a um dos poderes do Estado brasileiro:

> A autonomia atribuída constitucionalmente ao Tribunal de Contas conduz ao reconhecimento de sua qualidade de Poder, na acepção de em que a expressão é utilizada a propósito do Executivo, Legislativo e Judiciário.
>
> É juridicamente impossível qualquer autoridade integrante de algum dos três Poderes intervir sobre o desempenho das competências do Tribunal de Contas, tanto quanto é inviável suprimir a existência ou reduzir suas atribuições por meio de medidas infraconstitucionais.[6]

Essa premissa autoriza a compreensão de que a IN nº 91/2022 é um ato administrativo regulamentar com características próprias, por meio do qual o TCU dá aplicabilidade ao art. 71 da Constituição, ao seu Regimento Interno e às Leis nº 8.443/1992 e nº 13.140/2015 – orientado, sem dúvida alguma, pela Lei nº 13.655/2028 (LINDB). Todavia, tradicionalmente, os regulamentos administrativos eram vistos como de execução, dirigidos à escala hierárquica subordinada ao respectivo chefe. Apenas executavam a letra da lei, sem inovar coisa alguma.

14 A Instrução Normativa em exame comprova que esse tempo já passou, eis que se presta a dinamizar competências dirigidas ao atendimento aos direitos fundamentais. O seu sujeito passivo imediato são os servidores do próprio TCU e, de modo mediato ou secundário, as autoridades federais mencionadas e as pessoas privadas que poderão celebrar a solução consensual sob a guarda do TCU. Os destinatários da regulação são, portanto, os servidores do TCU e aquelas pessoas que integram determinados órgãos e entidades da Administração federal, bem como os agentes privados.

---

6   JUSTEN FILHO, Marçal. *Curso de direito administrativo.* 15. ed. Rio de Janeiro: Forense, 2024. p. 749-750.

Por outro lado, o decreto implica o exercício da *função de dinamização da lei*: não é independente ou autônomo (eis que decorre da lei), tampouco o é puramente executivo (não reproduz o texto legal, mas incrementa sua eficácia). Os seus contornos revelam a espontaneidade de submissão dos órgãos e entidades públicas, lado a lado com as pessoas privadas. Ao protocolar o pedido de instalação, antecedido de atos que o explicam e justificam, a pessoa competente pratica o ato-condição de dar como boa e valiosa a IN nº 91/2022, acolhendo todos os seus termos e condições.

Considerações finais

Existem muitas formas de se vislumbrar as inovações no mundo do Direito. Uma delas é mais fácil: basta rejeitá-las, negando genericamente a sua validade em vista de pressupostos cognitivos construídos no passado, para realidades díspares, eternizando o já revogado. Outra, mais exigente, é estudá-las a fundo, examinar a sua estrutura e as suas circunstâncias em vista do estado atual da vida do Direito. Esta segunda não implicará o acolhimento cego a todas as novidades, mas, sim, o exame apurado e sua modulação em vista do que preceitua a Constituição brasileira.

Como se pretendeu demonstrar neste breve artigo, o Professor Marçal Justen Filho vem, há décadas, se esforçando para traduzir o especial enfoque dos direitos humanos e do desenvolvimento sustentável ao Direito Administrativo. Sob esse ângulo democrático, trata com especial cuidado os avanços e constrói soluções para sua aplicação prática. Mais do que inspiradoras, suas lições são *avant la lettre*: antes de existir aquilo de que estamos falando. Sem dúvida alguma, essa qualidade é detida por um dentre poucos: marca do grande mestre que é Marçal Justen Filho.

Curitiba, julho de 2024.

Informação bibliográfica deste texto, conforme a NBR 6023:2018 da Associação Brasileira de Normas Técnicas (ABNT):

MOREIRA, Egon Bockmann. Controle e consensualidade: o caso "TCU – SecexConsenso". *In*: JUSTEN, Monica Spezia, PEREIRA, Cesar; JUSTEN NETO, Marçal; JUSTEN, Lucas Spezia (coord.). *Uma visão humanista do Direito*: homenagem ao Professor Marçal Justen Filho. Belo Horizonte: Fórum, 2025. v. 1, p. 599-607. ISBN 978-65-5518-918-6.

CONVERSÃO DA AÇÃO DE IMPROBIDADE ADMINISTRATIVA EM AÇÃO CIVIL PÚBLICA

FELIPE SCRIPES WLADECK

PAULO OSTERNACK AMARAL

1 Um artigo em homenagem ao Prof. Marçal Justen Filho

O tema da improbidade administrativa integra a vasta obra do Prof. Marçal Justen Filho, que ao menos há duas décadas se dedica ao estudo da Lei nº 8.429/1992, a qual disciplina a ação de improbidade administrativa no Brasil.

O destaque doutrinário e a reconhecida experiência na área justificaram a inclusão do Prof. Marçal na comissão de juristas, constituída pela Câmara dos Deputados, para elaborar um anteprojeto de reforma da Lei nº 8.429/1992. As principais propostas resultaram na edição da Lei nº 14.230/2021, que alterou profundamente o regime da improbidade administrativa no Brasil.

O entendimento do Prof. Marçal a respeito desse novo regramento pode ser encontrado em diversos dos seus escritos, constando de forma mais aprofundada em duas das suas principais obras: *Curso de direito administrativo* (a partir da 14ª edição) e *Reforma da Lei de Improbidade Administrativa comentada e comparada: lei 14.230, de 25 de outubro de 2021*.

O presente texto, especialmente concebido para integrar coletânea em homenagem aos setenta anos do Prof. Marçal, é fruto de reflexões dos seus autores sobre o pensamento do homenageado a respeito do tema da improbidade administrativa.

2 O art. 17, §16, da Lei nº 8.429/1992 (o objeto do estudo)

As alterações realizadas na Lei nº 8.429/1992 por ocasião da reforma de 2021 refletem em grande medida a evolução da doutrina e da jurisprudência nas últimas décadas acerca do instituto da improbidade administrativa. Positivaram-se entendimentos que já vinham sendo aplicados, construídos a partir dos diversos critérios de hermenêutica jurídica.

Mas houve também alterações legais que efetivamente inovaram o regime jurídico da improbidade administrativa, prevendo soluções que não podiam ser antes obtidas mesmo a partir de técnicas interpretativas não baseadas na literalidade do texto da Lei nº 8.429/1992 ou então que, por razões diversas, não eram cogitadas ou aceitas na prática.

Uma das efetivas inovações promovidas pela Lei nº 14.230/2021 está no art. 17, §16, da Lei nº 8.429/1992, que prevê a conversibilidade da ação de improbidade em ação civil pública, "a qualquer momento", quando o julgador "identificar a existência de ilegalidades ou de irregularidades administrativas a serem sanadas sem que estejam presentes todos os requisitos para a imposição das sanções aos agentes incluídos no polo passivo da demanda".

É dessa nova regra que se trata neste artigo. O objetivo é a compreensão dos requisitos e condições para a conversão, estabelecendo-se as balizas para a sua realização em conformidade com o devido processo legal e seus corolários, em especial os direitos de ampla defesa e contraditório dos demandados e o princípio da adstrição.

3 A conversão e seus requisitos

Há conversão quando, preenchidos os requisitos legais, a ação de improbidade administrativa passa a ser processada como ação civil pública, segundo o regime da Lei nº 7.347/1985, para os fins nela previstos.

Não cabe conversão quando o magistrado profere decisão parcial de mérito para reconhecer a improbidade administrativa e aplicar sanções, dando continuidade ao processo para julgamento de outras pretensões que, embora não peculiares ao regime da improbidade e pudessem hipoteticamente ser objeto de ação civil pública, estão igualmente fundamentadas na alegada (e reconhecida) prática de ato ímprobo (ressarcimento ao erário, por exemplo). Nessas condições, a ação continua sendo processada como ação de improbidade administrativa, de modo que a pretensão remanescente será julgada segundo o regime da Lei nº 8.429/1992.

3.1 Ausência de requisito para aplicação das sanções punitivas

O art. 17, §16, condiciona a conversão ao reconhecimento de que não estão presentes todos os requisitos para a imposição das sanções aos agentes incluídos no polo passivo da demanda.

3.1.1 Ausência de requisito para configuração de improbidade administrativa

Em termos gerais, a configuração da improbidade administrativa pressupõe a prática de conduta ativa ou omissiva por agente investido de função pública com vontade livre e consciente (dolo) de alcançar resultado ilícito enquadrável nos arts. 9º, 10 e 11 da Lei nº 8.429/1992.[1]

---

[1] Conforme o art. 3º da Lei nº 8.429/1992, o sujeito que, apesar de não exercer função pública, induzir ou concorrer dolosamente para a prática do ato ímprobo pelo agente público, poderá ser sancionado, no que couber, na

As hipóteses do art. 9º têm em comum o requisito específico da obtenção de vantagem patrimonial indevida (*i.e.*, enriquecimento ilícito) para o próprio agente público ou para terceiro.

Os casos descritos no art. 10 têm como requisito específico a ocorrência de prejuízo concreto (não meramente presumido) ao erário como resultado da atuação ilícita do agente público.

Já a caracterização dos tipos do art. 11, *caput*, exige o aperfeiçoamento de uma das específicas condutas dos seus incisos e lesividade relevante ao bem jurídico tutelado.[2] Não se exige[3] o reconhecimento da produção de danos ao erário ou de enriquecimento ilícito (§4º).

Na ausência de um único requisito geral (como o dolo) ou específico para configuração da hipótese de improbidade administrativa alegada, o magistrado poderá-deverá – se presentes as demais condições aplicáveis, a seguir expostas – promover a conversão em ação civil pública.

Não configurada improbidade administrativa, não serão aplicáveis as sanções a que se refere o art. 17, §16, que são especificamente as de caráter punitivo previstas no art. 12 da Lei nº 8.429/1992 (as demais providências previstas no art. 12 e as do *caput* do art. 18 [*i.e.*, as ressarcitórias e as reparatórias] não são próprias do regime da Lei nº 8.429/1992, razão pela qual não podem ser deduzidas de forma autônoma por meio de ação de improbidade – art. 17-D, *caput*).[4]

3.1.2 Ausência de requisito necessário ao julgamento do mérito da ação de improbidade

O processamento da ação sob o regime da Lei nº 8.429/1992 (e, portanto, a aplicação das sanções punitivas do art. 12) pode ser inviável por conta da falta de requisito necessário ao julgamento do seu mérito (*i.e.*, condições da ação e pressupostos processuais).

Por exemplo, ainda que possa estar configurada a prática de ato ímprobo, se o autor não pedir a aplicação de sanções punitivas (na petição inicial ou em aditamento, nos limites do art. 329 do CPC – v. o tópico 6), a ação não poderá seguir sob o regime da

---

forma do art. 12. A realização do ato ímprobo pelo agente público é essencial para a tipificação da coautoria a que se refere o art. 3º. Se o ato ímprobo não se concretiza, o sujeito que incentivou a sua prática não poderá ser submetido ao regime sancionatório da Lei nº 8.429/1992. Enfim, o pressuposto de cunho subjetivo mínimo para a configuração da improbidade é a presença do agente público, cuja atuação é indispensável para a consumação do ato ímprobo (JUSTEN FILHO, Marçal. *Curso de direito administrativo*. 14. ed. Rio de Janeiro: Forense, 2023. p. 806).

[2] "Trata-se de afastar condutas de pequena nocividade, considerada a questão em termos amplos. Não se configura improbidade quando a violação ao dever de honestidade, de imparcialidade ou de legalidade envolvem bens jurídicos de pequeno valor econômico, produzir efeitos nocivos diminutos ou irrelevantes ou revelar elemento subjetivo de reprovabilidade muito limitada. Sob um certo ângulo, o dispositivo acolhe a tese difundida no direito penal atinente ao princípio da insignificância, relacionado ao chamado crime de bagatela" (JUSTEN FILHO, Marçal. *Reforma da lei de improbidade administrativa comentada e comparada*: lei 14.230, de 25 de outubro de 2021. Rio de Janeiro: Forense, 2022. p. 118).

[3] O que não significa que não possa haver dano ao erário ou enriquecimento ilícito nas hipóteses do art. 11.

[4] "As sanções referidas são aquelas punitivas, de natureza político-administrativas (suspensão dos direitos políticos, proibição de contratar com a administração, perda do cargo ou função, multa etc.), e não abrangem, como já visto, o ressarcimento ao erário" (JORGE, Flávio Cheim. A conversão da ação de improbidade administrativa em ação civil pública. *Revista de Processo*, São Paulo, ano 48, v. 345, p. 267-287, nov. 2023. p. 280).

Lei nº 8.429/1992. Será caso de ausência de interesse de agir (interesse-adequação para ação de improbidade administrativa – art. 485, inc. VI, do CPC).

A ação de improbidade é essencialmente repressiva, prestando-se especialmente para a aplicação das sanções punitivas, de caráter pessoal, do art. 12 da Lei nº 8.429/1992 (art. 17-D, *caput*). Deve necessariamente veicular pedido de punição do réu. Trata-se de requisito para a imposição das sanções punitivas (arts. 141 e 492 do CPC c/c art. 17, §16, da Lei nº 8.492/1992).

Contudo, a falta de requisito ao julgamento do mérito da ação de improbidade não importa necessariamente a falta de requisito para o julgamento do mérito da ação civil pública (v. o tópico 3.2.2).

3.1.3 Intempestividade do exercício da pretensão punitiva ou ocorrência de prescrição intercorrente

A tempestividade do exercício da pretensão punitiva também é um requisito para a aplicação das penas da Lei nº 8.429/1992. Assim, verificando (ainda que possa estar configurada a hipótese de improbidade administrativa alegada) que a pretensão de aplicação das sanções punitivas do art. 12 foi exercida fora do prazo prescricional (art. 23),[5] o juiz deverá rejeitá-la e, se preenchidos os demais requisitos legais aplicáveis, promover a conversão em ação civil pública.[6]

A ocorrência de prescrição intercorrente, da mesma forma, inviabiliza a aplicação das penalidades da Lei nº 8.429/1992, determinando a rejeição da pretensão punitiva (art. 23, §8º) e, desde que presentes as demais condições legais, a conversão em ação civil pública.[7]

A solução a que se refere a tese do Tema Repetitivo nº 1.089 do Superior Tribunal de Justiça[8] deixa de ser aplicável, com a previsão do art. 17, §16, da Lei nº 8.429/1992. Prescritas as pretensões punitivas, o eventual prosseguimento do processo haverá de se dar mediante conversão em ação civil pública, e não mais como ação de improbidade administrativa.[9]

---

[5] O prazo para o exercício da pretensão punitiva no âmbito da ação de improbidade é de oito anos, "contados a partir da ocorrência do fato ou, no caso de infrações permanentes, do dia em que cessou a permanência" (art. 23, *caput*, da Lei nº 8.429/1992). O prazo será suspenso pela instauração de inquérito civil ou de processo administrativo para apuração dos atos ilícitos previstos nos arts. 9º a 11 da Lei nº 8.429/1992, por no máximo cento e oitenta dias corridos, quando voltará a correr – tenham ou não sido concluídas as investigações ou o processo administrativo.

[6] Nesse sentido: HOLANDA JR., André Jackson; TORRES, Ronny Charles Lopes. *Lei de Improbidade Administrativa comentada*. São Paulo: JusPodivm, 2023. p. 616.

[7] A Lei nº 14.230/2021 alterou profundamente o regime de prescrição previsto na Lei nº 8.429/1992. Entre outras modificações, introduziu o §8º no art. 23, que passou a disciplinar a prescrição intercorrente no âmbito da ação de improbidade. De ofício ou a requerimento da parte interessada, o julgador extinguirá o processo com resolução de mérito caso transcorra o prazo de quatro anos entre os marcos interruptivos referidos no §4º do art. 23 da Lei nº 8.429/1992 (*v.g.*, decorra mais de quatro anos do ajuizamento da ação, sem que haja a publicação de uma sentença condenatória).

[8] "Na ação civil pública por ato de improbidade administrativa é possível o prosseguimento da demanda para pleitear o ressarcimento do dano ao erário, ainda que sejam declaradas prescritas as demais sanções previstas no art. 12 da Lei 8.429/1992".

[9] É o que escreve Flávio Cheim Jorge: "A solução proclamada pela nova lei, ante ao reconhecimento da prescrição para a aplicação das sanções, é completamente diversa da adotada pelo Superior Tribunal de Justiça. São técnicas diferentes e não se confundem. A partir da nova lei, o Tema 1.089, do Superior Tribunal de Justiça, deve ser

3.1.4 Condições não cumulativas

As condições acima (compreendidas na fórmula "sem que estejam presentes todos os requisitos para a imposição das sanções aos agentes incluídos no polo passivo da demanda", do art. 17, §16) não são cumulativas (v., porém, o tópico 3.2.3, item "e.iv"). Aliás, podem nem ser cumuláveis, *i.e.*, podem ser excludentes entre si (*v.g.*, não cabe cogitar de intempestividade da pretensão punitiva [tópico 3.1.3] se ela não tiver sido exercida [item 3.1.2]).

3.2 "Existência de ilegalidades ou de irregularidades administrativas a serem sanadas"

Para que seja possível realizar a conversão, o magistrado deve – além de reconhecer que não estão presentes "todos os requisitos para a imposição das sanções aos agentes incluídos no polo passivo da demanda" – identificar a "existência de ilegalidades ou de irregularidades administrativas a serem sanadas" por meio da ação civil pública.

3.2.1 Ilegalidades ou irregularidades sanáveis em ação civil pública

As ilegalidades ou irregularidades serão verificadas pelo magistrado com base nos fundamentos de fato alegados no processo e devem configurar hipótese de cabimento de ação civil pública (*v.g.*, responsabilização por dano patrimonial causado por infração da ordem econômica).[10]

É preciso, também, que as ilegalidades ou irregularidades verificadas possam ser sanadas mediante providências que tenham sido pedidas pelo autor na inicial da ação de improbidade administrativa e que sejam cabíveis em ação civil pública (conforme a respectiva legislação).

Além da aplicação de sanções punitivas (como a suspensão de direitos políticos e limitações ao direito de se relacionar com o Estado), é possível pedir na ação de improbidade administrativa a aplicação das sanções não punitivas previstas nos arts. 12 e 18, *caput*, da Lei nº 8.429/1992.

Trata-se da condenação ao ressarcimento integral do dano patrimonial gerado ao patrimônio público e ao perdimento ou reversão, em favor da pessoa jurídica prejudicada pelo ilícito, de bens ou valores ilicitamente acrescidos ao patrimônio do demandado (sanções de natureza civil).

---

cancelado, na exata medida em que a ação de improbidade não se revela como meio processual adequado para a obtenção apenas do ressarcimento ao erário" (JORGE, Flávio Cheim. A conversão da ação de improbidade administrativa em ação civil pública. *Revista de Processo*, São Paulo, ano 48, v. 345, p. 267-287, nov. 2023. p. 274-275).

[10] A Lei nº 8.429/1992 contém regra a propósito das hipóteses de cabimento de ação civil pública. Trata-se do art. 17-D, parágrafo único, que prevê: "Ressalvado o disposto nesta Lei, o controle de legalidade de políticas públicas e a responsabilidade de agentes públicos, inclusive políticos, entes públicos e governamentais, por danos ao meio ambiente, ao consumidor, a bens e direitos de valor artístico, estético, histórico, turístico e paisagístico, a qualquer outro interesse difuso ou coletivo, à ordem econômica, à ordem urbanística, à honra e à dignidade de grupos raciais, étnicos ou religiosos e ao patrimônio público e social submetem-se aos termos da Lei 7.347, de 24 de julho de 1985".

Uma vez que a imposição de condenação para os referidos fins pode perfeitamente ser objeto de ação civil pública (conforme o art. 3º da Lei nº 7.347/1985), a conversão na forma do art. 17, §16, da Lei nº 8.429/1992 será viável para dar seguimento ao seu julgamento.[11]

Admitindo-se também (apesar da ausência de regra específica na Lei nº 8.429/1992) a decretação de nulidade ou a declaração de inexistência ou de ineficácia do suposto ato ilícito por meio da ação de improbidade,[12] o pedido que tenha sido nela formulado para esse fim poderá ser aproveitado com a conversão. Afinal, essa é uma providência admissível em ações civis públicas (art. 1º, inc. IV, da Lei nº 7.347/1985 c/c o art. 25, inc. IV, alínea "b", da Lei nº 8.625/1993).[13]

3.2.2 Interesse e legitimidade para a ação civil pública

A conversão não pode ser realizada quando identificada a ausência de condição da ação necessária para prosseguimento na forma da Lei nº 7.347/1985. A ilegalidade ou irregularidade administrativa somente poderá ser sanada por meio de ação civil pública apta a ser julgada no mérito.

No tópico anterior, mencionou-se que as providências pedidas na ação de improbidade administrativa devem ser cabíveis em ação civil pública. Isso se refere ao interesse de agir, na modalidade interesse-adequação.

Mencionou-se, igualmente, que as providências pedidas na ação de improbidade devem ser úteis para os fins a serem perseguidos na ação civil pública. Isso se refere ao interesse de agir na modalidade interesse-utilidade.

Acrescenta-se, aqui, que também o interesse-necessidade deve estar presente para a conversão. Não sendo necessária a tutela jurisdicional pedida na ação de improbidade (porque, por exemplo, já ressarcido o valor indevidamente auferido), faltará interesse para buscá-la pela via da ação civil pública.

Além disso, a conversão somente será possível se o autor e o réu da ação de improbidade administrativa tiverem legitimidade (ativa e passiva, respectivamente) para a ação civil pública decorrente.

Eventualmente, o autor não terá legitimidade para a ação de improbidade, mas terá para a ação civil pública. A ilegitimidade ativa para a ação de improbidade não será, então, um óbice para a conversão.

---

[11] "Demonstrado o dano ao erário decorrente de culpa grave do agente público, impõe-se a conversão da ação por improbidade administrativa em ação civil pública para o fim de ressarcimento, nos termos do art. 17, §16, da Lei 8.429/1992" (TRIBUNAL DE JUSTIÇA DE SÃO PAULO. Embargos de Declaração 0000962-78.2010.8.26.0420, 10ª Câmara de Direito Público, Rel. Des. Teresa Ramos Marques, j. em 21.02.2024). No mesmo sentido: TRIBUNAL DE JUSTIÇA DE SÃO PAULO. Agravo de Instrumento 2035894-03.2023.8.26.0000, 10ª Câmara de Direito Público, Rel. Des. Teresa Ramos Marques, j. em 06.07.2023.

[12] GUIMARÃES, Bernardo Strobel; SOUZA, Caio Augusto Nazario de; VIOLIN, Jordão; MADALENA, Luis Henrique. *A nova improbidade administrativa*. Rio de Janeiro: Forense, 2023. p. 207. Por exemplo, o autor pode pretender a condenação dos réus por ato de improbidade consistente em facilitar, de forma dolosa e com prejuízo ao erário, a locação de bem integrante do patrimônio de entidade pública (art. 10, inc. IV, da Lei nº 8.429/1992). Na mesma demanda, de forma cumulada, pode pedir a invalidação do respectivo instrumento contratual ilegal.

[13] TRIBUNAL DE JUSTIÇA DE SÃO PAULO. Apelação Cível 1001089-59.2020.8.26.0028, 4ª Câmara de Direito Público, Rel. Des. Ricardo Feitosa, j. em 26.09.2023.

Em caso de litisconsórcio passivo, a eventual ilegitimidade de um dos litisconsortes para a ação civil pública não será um impedimento para a conversão (bastando excluí-lo do processo).

3.2.3 Impossibilidade de imediato reconhecimento de prescrição ou decadência relativamente ao objeto da ação civil pública

Identificando que a pretensão (*i.e.*, a exigibilidade da prestação pretendida) que seria objeto da ação civil pública está prescrita ou que o direito que por meio dela seria exercitado está extinto por decadência,[14] o juiz não realizará a conversão. Deverá desde logo encerrar o processo.

Nessa hipótese, a sentença será de mérito, na parte em que rejeitar (e a rejeição se dará com base em cognição exauriente) o pedido de caráter não punitivo. Em relação ao pedido de aplicação de sanções punitivas (se houver – v. o tópico 3.1.2), a natureza da sentença dependerá do motivo para negar o seu processamento.

Portanto, é requisito para a conversão que não seja possível ao juiz reconhecer imediatamente a prescrição ou decadência relativamente ao objeto da ação civil pública. Converter já se sabendo que há motivo para extinguir o processo por prescrição ou decadência (*i.e.*, sabendo-se que a ilegalidade ou irregularidade alegada não poderá ser sanada por meio da ação civil pública) é incorreto e vai de encontro ao princípio da eficiência e economia processuais.[15]

Para a análise do preenchimento do requisito em questão, são especialmente relevantes os seguintes aspectos:

(a) A interrupção da prescrição ou o impedimento da decadência, ocorrido em função do ajuizamento da ação de improbidade,[16] também produz efeitos para a eventual ação civil pública. Afinal, para que seja admissível a conversão, exige-se que as pretensões que constituirão o objeto da ação civil pública já fossem extraíveis da causa de pedir e dos pedidos formulados na petição inicial da ação de improbidade. Ou seja, o exame da tempestividade ou não do exercício da pretensão não punitiva não deve ser feito tendo-se por parâmetro a data da conversão. Não é essa data que deve ser considerada como a de exercício da pretensão, mas a do ajuizamento da ação de improbidade administrativa.[17]

---

[14] AMORIM FILHO, Agnelo. Critério científico para distinguir a prescrição da decadência e para identificar as ações imprescritíveis. *Revista dos Tribunais*, São Paulo, ano 86, v. 744, p. 725-750, out. 1997; VENOSA, Sílvio de Salvo. *Direito civil* – Parte geral. 20. ed. São Paulo: Atlas, 2020. p. 625; AMARAL, Francisco. *Direito civil*: introdução. 3. ed. Rio de Janeiro: Renovar, 2000. p. 561 e seguintes.

[15] Mas eventualmente o juiz converterá a ação de improbidade em ação civil pública sem se pronunciar a respeito da questão da prescrição – seja pela falta de elementos suficientes nos autos que lhe permitissem decidi-la, seja por simples omissão. A questão será então decidida no âmbito da ação civil pública resultante da conversão.

[16] O prazo prescricional ou decadencial será interrompido ou impedido pelo despacho que ordenar a citação, ainda que determinado por juízo incompetente, e retroagirá ao dia do ajuizamento da ação (CPC, art. 240, §§1º e 4º, c/c art. 59; CC/2002, art. 202, inc. I; Lei nº 8.429/1992, art. 23, §4º, inc. I).

[17] "CONVERSÃO DA AÇÃO DE IMPROBIDADE ADMINISTRATIVA PARA AÇÃO CIVIL PÚBLICA – Possibilidade de convolação no segundo grau de jurisdição – Prescrição – Não incidência – Prazo prescricional de cinco anos, cujo termo final é a data da propositura da demanda e não a data da conversão" (TRIBUNAL DE JUSTIÇA DE SÃO PAULO. Embargos de Declaração 1000349-81.2018.8.26.0025, 12ª Câmara de Direito Público, Rel. Des. Osvaldo de Oliveira, j. em 07.03.2024).

(b) A suspensão do curso do prazo prescricional a que se refere o art. 23, §1º, da Lei nº 8.429/1992 não produz efeitos em relação ao objeto da eventual ação civil pública. Ela se refere especificamente ao "inquérito civil ou de processo administrativo para apuração dos ilícitos referidos nesta Lei", não sendo apta a se operar em relação ao prazo para exercício de pretensão não destinada a sancionamento não fundado em improbidade administrativa. Mas se aplicam outras causas de suspensão ou interrupção previstas na legislação (por exemplo, por protesto judicial interruptivo, nos termos do art. 726 do CPC c/c art. 202, incs. II e V, do Código Civil).

(c) Com a conversão, o prazo prescricional de oito anos previsto no art. 23, *caput*, da Lei nº 8.429/1992 será inaplicável. Ele é pertinente ao exercício da pretensão punitiva, no âmbito da ação de improbidade. Da mesma forma, após a conversão, não haverá mais que se falar em prescrição intercorrente (art. 23, §8º). Essa disciplina é própria do processo de improbidade. É uma garantia em favor do acusado, destinada a impedir que uma demanda de cunho punitivo se perpetue contra o demandado. Trata-se, em última análise, de prestígio direto ao princípio da presunção de inocência (art. 5º, inc. LVII, da CF/1988) e ao da razoável duração do processo (art. 5º, inc. LXXVIII, da CF/1988).

(d) A Lei nº 7.347/1985 não prevê um prazo de prescrição para o exercício de pretensões condenatórias em sede de ação civil pública. Também não estabelece um prazo decadencial para o exercício de pretensão desconstitutiva (ou constitutiva) no âmbito da ação civil pública. O prazo aplicável dependerá do objeto da pretensão que se exerça em juízo e deve ser buscado em outros diplomas normativos (por exemplo, a Lei nº 4.717/1965,[18] valendo-se do microssistema de processo coletivo, ou o CC/2002).[19]

(e) A verificação da ocorrência ou não de prescrição acerca da pretensão ressarcitória do dano ao erário (para seu eventual aproveitamento em ação civil pública) poderá demandar apuração da natureza do ato impugnado – que poderá configurar improbidade ou não:

  i. se a pretensão de ressarcimento ao erário estiver amparada em ato de improbidade administrativa, o caso enquadrar-se-á na hipótese excepcional de imprescritibilidade a que se refere a tese do Tema de Repercussão Geral nº 897 do Supremo Tribunal Federal;[20]

  ii. se a pretensão de ressarcimento se amparar em ato que configure ilícito civil, não haverá imprescritibilidade. Deverão então ser observados os prazos prescricionais definidos nas normas de direito material aplicáveis (Tema nº 666 do Supremo Tribunal de Federal);[21]

---

[18] Dispõe o art. 21 da Lei nº 4.717/1965 (Lei da Ação Popular): "A ação prevista nesta lei prescreve em 5 (cinco) anos".

[19] Dispõe o art. 206, §3º, inc. V, do Código Civil: "Prescreve: [...] §3º Em três anos: [...] V – a pretensão de reparação civil".

[20] Diz a referida tese: "São imprescritíveis as ações de ressarcimento ao erário fundadas na prática de ato doloso tipificado na Lei de Improbidade Administrativa". A tese foi fixada antes da edição da Lei nº 14.230/2021, que extinguiu a modalidade culposa de improbidade. Logo, em conformidade com a Lei nº 14.230/2021, consideram-se imprescritíveis as ações de ressarcimento ao erário fundadas na prática de ato ímprobo (que só podem ser dolosos).

[21] São os termos da tese do Tema nº 666: "É prescritível a ação de reparação de danos à Fazenda Pública decorrente de ilícito civil". Em seu voto no julgamento do Recurso Extraordinário nº 669.069/MG, *leading case* do Tema nº

iii. no tópico 3.1, viu-se que a aplicação das sanções punitivas da Lei nº 8.429/1992 (e, portanto, a ação de improbidade) pode ser inviável por razões não relacionadas propriamente ao preenchimento dos requisitos para configuração de ato ímprobo. Nessa hipótese, para decidir sobre a conversão, o juiz ainda terá de verificar a existência de ato praticado com vontade livre e consciente (dolo) de gerar dano ao erário, se imputado,[22] na medida em que disso dependa o reconhecimento da ocorrência ou não da prescrição da pretensão de ressarcimento;[23]

iv. ou seja, a constatação da ausência de requisito ao julgamento do mérito da ação de improbidade ou da prescrição da pretensão punitiva basta ao reconhecimento de que não estão "presentes todos os requisitos para a imposição das sanções aos agentes incluídos no polo passivo da demanda" (art. 17, §16 – v. os tópicos 3.1.2 e 3.1.3). Mas não dispensa o juiz de verificar se há ou não improbidade, se isso for preciso para o reconhecimento da "existência de ilegalidades ou de irregularidades administrativas a serem sanadas" (art. 17, §16).

3.2.4 Condições cumulativas

As condições dos tópicos 3.2.1 a 3.2.3 (compreendidas na fórmula "se o magistrado identificar a existência de ilegalidades ou de irregularidades administrativas a serem sanadas", do art. 17, §16) são cumulativas. Ou seja, deve-se identificar a existência de

---

666, o Min. Teori Albino Zavascki esclareceu que a imprescritibilidade se aplica apenas quanto a ilícitos penais e aos configuradores de improbidade administrativa. Veja-se: "Em suma, não há dúvidas de que o fragmento final do §5º do art. 37 da Constituição veicula, sob a forma da imprescritibilidade, uma ordem de bloqueio destinada a conter eventuais iniciativas legislativas displicentes com o patrimônio público. Esse sentido deve ser preservado. Todavia, não é adequado embutir na norma de imprescritibilidade um alcance ilimitado, ou limitado apenas pelo (a) conteúdo material da pretensão a ser exercida – o ressarcimento – ou (b) pela causa remota que deu origem ao desfalque no erário – um ato ilícito em sentido amplo. O que se mostra mais consentâneo com o sistema de direito, inclusive o constitucional, que consagra a prescritibilidade como princípio, é atribuir um sentido estrito aos ilícitos de que trata o §5º do art. 37 da Constituição Federal, afirmando como tese de repercussão geral a de que a imprescritibilidade a que se refere o mencionado dispositivo diz respeito apenas a ações de ressarcimento de danos decorrentes de ilícitos tipificados como de improbidade administrativa e como ilícitos penais" (SUPREMO TRIBUNAL FEDERAL. Recurso Extraordinário 669.069/MG, Plenário, Rel. Min. Teori Zavascki. *DJe*, 30.06.2016). O Min. Gilmar Mendes, em seu voto no julgamento do Recurso Extraordinário nº 636.886/AL, *leading case* do Tema nº 899 do Supremo Tribunal Federal, ao fazer uma síntese do que o Supremo Tribunal Federal decidiu nos recursos extraordinários nºs 669.009/MG, 852.475/SP (referente ao Tema nº 897) e 636.886/AL, apresenta em termos parcialmente diversos o entendimento firmado: "Da conjugação de tais precedentes firmados em repercussão geral, sobressai a conclusão de que, em regra, as ações de ressarcimento ao erário são prescritíveis, salvo as ações fundadas especificamente na prática de ato doloso tipificado na Lei 8.429/1992. Isso inclui, por óbvio, todas as demandas que envolvam pretensão do Estado de ser ressarcido pela prática de qualquer ato ilícito, seja ele de natureza civil, administrativa ou penal, ressalvadas as exceções constitucionais (art. 5º, XLII, e XLIV, CF) e a prática de ato doloso de improbidade administrativa (excluindo-se os atos ímprobos culposos, que se submetem à regra prescricional)" (SUPREMO TRIBUNAL FEDERAL. Recurso Extraordinário 636.886/AL, Plenário, Rel. Min. Alexandre de Moraes. *DJe*, 24.06.2020).

[22] Se não imputado, não se poderá cogitar de improbidade e, assim, de imprescritibilidade.

[23] "Hoje, portanto, mantido e respeitado o entendimento do precedente do STF, somente as ações fundadas em atos dolosos de improbidade administrativa não prescrevem. Na prática isso significa que, para propor ação de ressarcimento ao erário por ato de improbidade administrativa, depois de ultrapassado o prazo do art. 23 da Lei 8.429/1991, o Ministério Público terá de afirmar e provar o dolo" (DIDIER JR., Fredie; ZANETI JR., Hermes. *Curso de direito processual civil* – Processo coletivo. 17. ed. São Paulo: JusPodivm, 2023. v. 4. p. 395).

ilegalidades ou de irregularidades que possam ser sanadas por meio de ação civil pública tempestiva e processualmente viável.

3.3 Impossibilidade de conversão da ação civil pública em ação de improbidade administrativa

Não há previsão na Lei nº 8.429/1992 (ou em qualquer outra) da possibilidade de conversão de ação civil pública em ação de improbidade administrativa. Logo, a solução não pode ser admitida.

A conversão prevista no art. 17, §16, é viável porque o objeto da ação de improbidade administrativa pode, em alguns casos, ser parcialmente aproveitado na ação civil pública, sem tumultos e retrocessos. O contrário não acontece. A ação civil pública precisaria ser substancialmente modificada para que pudessem ser atendidas as condições específicas necessárias ao seu processamento como ação de improbidade (*v.g.*, inclusão de pedidos de aplicação das sanções próprias do regime da Lei nº 8.429/1992, realização de capitulação jurídica específica dos fatos). O devido processo legal seria, no mais das vezes, violado.

4 Momento da conversão

O art. 17, §16, da Lei nº 8.429/1992 estabelece que a conversão da ação de improbidade administrativa em ação civil pública pode ser realizada pelo magistrado "a qualquer momento".

A rejeição da ação de improbidade pode se dar liminarmente, conforme o art. 17, §§6º-B e 11, da Lei nº 8.429/1992. Logo, a conversão em ação civil pública é cabível antes mesmo da citação, se reconhecido de plano o preenchimento dos demais requisitos do art. 17, §16. Aliás, esse é o momento ideal para a conversão. Cita-se o réu desde logo para se defender da ação civil pública.

Após a citação, a conversão permanece possível. A sua realização independe de concordância do réu, na medida em que baseada nos elementos da demanda já posta (v. os tópicos 3.2.1 e 6.4).[24] Mas será preciso lhe oportunizar (bem como ao autor) manifestar-se sobre a conversão, antes[25] e depois da sua realização, para exercer os seus direitos de contraditório e ampla defesa (v. o tópico 10.2).

Proferida decisão rejeitando a pretensão fundada na Lei nº 8.429/1992, o magistrado não poderá mais determinar a conversão. A conversão deve ser determinada na mesma decisão que afasta a ocorrência de improbidade. Aplica-se o art. 494 do CPC. Não se pode descartar, entretanto, a possibilidade de a conversão ser determinada em julgamento de embargos de declaração opostos contra a referida decisão. O suprimento de algum dos vícios do art. 1.022 do CPC pode levar o magistrado a reconhecer o cabimento da conversão e, portanto, a necessidade de prosseguimento do processo como ação civil

---

[24] No tópico 6.5, trata-se da possibilidade de converter em ação civil pública mediante modificação da demanda – hipótese em que os limites dos arts. 108 e 329 do CPC precisam ser observados.

[25] Eventualmente, para demonstrar a ausência dos requisitos necessários para a conversão – e, portanto, a necessidade de extinção do processo.

pública. Nesse caso, será necessário o estabelecimento do prévio contraditório, diante da potencialidade de modificação da decisão como consequência do acolhimento dos embargos declaratórios (art. 1.024, §4º, do CPC).

5 Conversão em sede recursal (ainda sobre o momento da conversão)

A conversão é possível em sede recursal.[26] Reconhecendo a presença dos requisitos necessários, o Tribunal a determinará.[27]

Assim, ao prover um recurso para rejeitar pedido fundado na Lei nº 8.429/1992, o Tribunal poderá converter a ação, por decisão do relator (art. 932, inc. V, do CPC) ou do órgão colegiado.

A providência será igualmente cabível quando o Tribunal, por decisão do relator (art. 932, inc. IV) ou do órgão colegiado, desprover um recurso para confirmar a inocorrência de improbidade administrativa.

A conversão não depende de pedido nessas situações, *i.e.*, pode ser realizada de ofício. Mas o contraditório e a ampla defesa prévios devem ser garantidos, tanto ao recorrente quanto ao recorrido (v. o tópico 10.2).

O autor pode, em todo caso, pedir a conversão ao Tribunal, inclusive recorrendo especificamente para esse fim – *v.g.*, quando reconhecer a correção da decisão de rejeição da ação de improbidade, mas entender que a ação deve ser processada sob o regime da Lei nº 7.347/1985.

A conversão e o julgamento da ação civil pública não devem ser realizados no mesmo ato. Ou seja, o Tribunal não pode validamente, na mesma decisão em que determina a conversão, julgar a ação civil pública decorrente. Converter não é simplesmente tomar uma ação por outra, para julgá-la diretamente, sem a oportunização de exercício de contraditório e de ampla defesa a respeito da nova configuração jurídica da demanda. O §17 do art. 17 da Lei nº 8.429/1992 não deixa dúvida de que, feita a conversão, o processo deve prosseguir para posterior julgamento da ação civil pública – o que vale igualmente para a hipótese de conversão em sede recursal.

Portanto, realizada a conversão, será dada oportunidade para que as partes se manifestem antes do julgamento da ação civil pública. Essa etapa – fundamental, sob pena de nulidade – será desenvolvida no próprio Tribunal, perante o qual poderão até mesmo ser produzidas as provas que se entendam necessárias (conforme os arts. 932, inc. I, e 938, §3º, do CPC). O procedimento apenas deverá ser retomado em primeiro grau caso (i) a produção das provas eventualmente necessárias não puder ser realizada

---

[26] Não há consenso acerca dessa possibilidade. Há quem a refute. Vejam-se os seguintes julgados: Tribunal Regional Federal da 4ª Região, Apelação Cível 5010481-88.2015.4.04.7201, 3ª Turma, Rel. Des. Roger Raupp Rios, j. em 12.03.2024. No mesmo sentido: Tribunal Regional Federal da 4ª Região, Apelação Cível 5004620-06.2015.4.04.7110, 4ª Turma, Rel. Des. Marcos Roberto Araujo dos Santos, j. em 14.11.2023; Tribunal Regional Federal da 4ª Região, Apelação Cível 5048901-72.2018.4.04.7100, 3ª Turma, Rel. Des. Rogerio Favreto, j. em 14.04.2023. Na doutrina, admitindo a possibilidade de conversão em sede recursal: JORGE, Flávio Cheim. A conversão da ação de improbidade administrativa em ação civil pública. *Revista de Processo*, São Paulo, ano 48, v. 345, p. 267-287, nov. 2023. p. 281.

[27] TRIBUNAL DE JUSTIÇA DE SÃO PAULO. Embargos de Declaração 1000349-81.2018.8.26.0025, 12ª Câmara de Direito Público, Rel. Des. Osvaldo de Oliveira, j. em 07.03.2024. Na doutrina: AMARAL, Paulo Osternack; WATANABE, Doshin. *Manual do processo de improbidade administrativa*. Londrina: Thoth, 2023. p. 111.

no Tribunal ou (ii) se não estiverem presentes todas as condições essenciais ao salto de instância, para julgamento do mérito da ação civil pública diretamente pelo Tribunal (art. 1.013, §§3º e 4º, *a contrario sensu*, do CPC, por analogia).[28] Na hipótese, "i", de "conversão em diligência", produzidas as provas em primeiro grau, o feito retorna ao Tribunal para julgamento. Na hipótese "ii", o julgamento se dará em primeiro grau.

6 Estabilização da demanda e conversão

Admitir a conversão em ação civil pública "a qualquer momento" não significa afastar a aplicabilidade das regras do CPC sobre estabilização da demanda a ações de improbidade administrativa.

6.1 Estabilização da demanda segundo o CPC

Cabe ao autor da ação definir os elementos da demanda por ocasião do ajuizamento, delimitando-os na petição inicial com a observância das exigências legais relativas a cada um deles. Mas a demanda não se torna imediatamente imutável, tão logo proposta.

De acordo com o art. 329 do CPC, o autor pode, até a citação, aditar ou alterar o pedido ou a causa de pedir (fundamentos de fato)[29] independentemente de consentimento do réu. Entre a citação e o saneamento do processo, o autor apenas poderá aditar ou alterar o pedido e a causa de pedir com o consentimento do réu, a quem se deve garantir o exercício do contraditório e da ampla defesa a respeito da modificação realizada (inclusive o requerimento de provas suplementares). Após o saneamento, nenhuma alteração ou aditamento são permitidos nos elementos objetivos da demanda, mesmo com o consentimento do réu.

As partes do processo também não podem ser livremente modificadas. A regra geral (extraível do art. 108 do CPC) é a de que, após o ajuizamento da ação, alterações subjetivas apenas são possíveis nos casos expressos em lei, nas condições previstas especificamente para cada um deles.[30] Admite-se, ainda, a despeito da ausência de previsão legal própria, que o autor inclua litisconsortes passivos facultativos até o momento do saneamento – após a citação, desde que com o consentimento do réu (na linha do que

---

[28] Imagine-se que a ação de improbidade é rejeitada de plano em primeiro grau e que o réu não vem a ser citado para contra-arrazoar a apelação do autor. Provida a apelação do autor para determinar a conversão, o procedimento será retomado em primeiro grau, a fim de que se desenvolva regularmente – citando-se o réu para se defender da ação civil pública.

[29] "Reputam-se fatos jurídicos, e portanto integrantes da causa de pedir, somente aqueles que reproduzem em concreto os modelos de fatos descritos em abstrato na norma de direito substancial (*fattispecie* ou hipótese legal). Esses, sim, são os fatos constitutivos do direito alegado pelo autor e têm sua introdução ulterior limitada por aquele dispositivo [art. 329 do CPC]; mas o sistema admite a introdução de meras circunstâncias de fato que não sejam mais que pura argumentação, reforço de argumentação ou mesmo fonte indiciária de convencimento. Quanto a esses novos fatos o autor é livre para aduzi-los a qualquer momento (somente com eventuais restrições inerentes ao contraditório), e o juiz para levá-los em conta mesmo em contrariedade à expressa oposição do réu" (DINAMARCO, Cândido Rangel. *Instituições de direito processual civil*. 7. ed. São Paulo: Malheiros, 2017. v. 2. p. 84).

[30] Por exemplo, inclusão de litisconsorte necessário (art. 115), intervenção de terceiros (art. 119 e seguintes), "substituição do réu" na forma do art. 338 e adição de réu ao lado do originalmente demandado, na forma do art. 339 do CPC.

dispõe o art. 329 do CPC). Já o ingresso de litisconsortes ativos facultativos costuma ser inadmitido em qualquer estágio do processo, sob o fundamento de que implicaria burla ao princípio do juiz natural.[31]

Quando se tratar de modificações restritivas da demanda, os limites são outros. A desistência, total ou parcial, em relação ao pedido ou causa de pedir, em face de um ou mais réus, pode ser manifestada a qualquer tempo pelo autor, enquanto aquilo de que se quer desistir não tiver sido objeto de julgamento – por sentença ou decisão de "extinção parcial do processo" (art. 354, parágrafo único c/c art. 485, §5º, do CPC). Porém, após a apresentação de contestação (ressalvado o disposto no art. 1.040, §§1º a 3º, do CPC), a desistência depende de consentimento do réu – sem a qual a homologação da desistência não será possível (art. 485, §4º, do CPC).

6.2 As razões para os limites a modificações na demanda

As regras de estabilização da demanda se destinam a contribuir para que o procedimento avance, tanto quanto possível, sem tumultos e sem prejuízos ao bom exercício da função jurisdicional.

Se ao autor fosse dado promover alterações ou aditamentos na causa de pedir ou no pedido a qualquer momento, o procedimento ficaria sujeito a reiterados e substanciais retrocessos. Afinal, a cada modificação, o réu (mesmo quando concordasse com a sua realização) teria necessariamente de ser cientificado dos novos termos da demanda, para poder exercer os seus direitos fundamentais ao contraditório e à ampla defesa.

Da mesma forma, admitir o ingresso de qualquer pretenso interessado no processo independentemente do estágio em que se encontre, ainda que com a concordância do autor e do réu, comprometeria a busca por soluções em tempo razoável, justas e efetivas aos conflitos – que é algo que vai além do interesse das partes, sendo um fim do Poder Judiciário no exercício da função jurisdicional (arts. 4º, 6º e 139, inc. II, do CPC; art. 5º, inc. LXXVIII, da CF/1988).

Também modificações restritivas da demanda, se fossem admitidas ao autor sem qualquer limitação, ensejariam (potencialmente) desperdício de atividade jurisdicional já exercida e frustrariam a legítima expectativa do réu (especialmente do que comparece ao processo para exercer o seu direito de defesa, contestando a ação) de obter um resultado de mérito positivo – *i.e.*, um resultado mais seguro e satisfatório aos seus interesses jurídicos.

Ao juiz, ao mesmo tempo em que cabe zelar pela observância das regras de estabilização, tomando as providências necessárias para que modificações na demanda não sejam feitas em desacordo com as condições legais, cumpre respeitar os limites objetivos e subjetivos da demanda tal como regularmente definidos. Na condição de terceiro em relação ao conflito para o qual se busca uma solução, o juiz não pode escolher a causa de pedir ou o pedido no lugar do autor, nem impor a inclusão de novos sujeitos no processo (ressalvada a hipótese de litisconsórcio necessário) ou obrigar o autor a seguir com pedido ou causa de pedir de que ele validamente deseja desistir ou a manter a ação

---

[31] Por exemplo: SUPERIOR TRIBUNAL DE JUSTIÇA. Recurso Especial 1.669.411/RJ, 2ª Turma, Rel. Min. Herman Benjamin. *DJe*, 30.06.2017.

em face de réu contra o qual (observados os limites legais da disponibilidade da ação e do processo) não pretende mais demandar.

6.3 Aplicabilidade das regras do CPC sobre estabilização da demanda ao processo de improbidade

As regras de estabilização da demanda previstas no CPC se aplicam ao processo de improbidade administrativa. Isso decorre do art. 17, *caput*, da Lei nº 8.429/1992.[32] Não há nenhum dispositivo na referida lei que autorize conclusão em sentido contrário.[33]

Em razão da natureza dos interesses em discussão (interesses públicos e coletivos na tutela da probidade administrativa) e das qualidades pessoais e deveres legais dos legitimados ativos (subordinados ao regime de direito público),[34] a desistência da ação de improbidade não pode ser realizada de forma imotivada.[35] [36]

Jamais se permitirão modificações que importem acréscimos e substituições nos elementos da demanda fora dos limites do CPC. A ordem processual não pode ser

---

[32] "Art. 17. A ação para a aplicação das sanções de que trata esta Lei será proposta pelo Ministério Público e seguirá o procedimento comum previsto na Lei 13.105, de 16 de março de 2015 (Código de Processo Civil), salvo o disposto nesta Lei".

[33] O art. 17, §10-C, prevê: "Após a réplica do Ministério Público, o juiz proferirá decisão na qual indicará com precisão a tipificação do ato de improbidade administrativa imputável ao réu, sendo-lhe vedado modificar o fato principal e a capitulação legal apresentada pelo autor". A regra não autoriza o juiz a modificar o "fato principal" (nem "a capitulação legal apresentada pelo autor") até a apresentação da réplica. Apenas estabelece que, após a réplica, haverá a precisa indicação da tipificação do ato imputável ao réu, que deve se basear nos termos da demanda quanto aos fatos e respectiva qualificação legal.

[34] Observe-se que o Supremo Tribunal Federal reconheceu a legitimidade ativa concorrente entre o Ministério Público e as pessoas jurídicas lesadas para ajuizamento da ação de improbidade (SUPREMO TRIBUNAL FEDERAL. Ação Direta de Inconstitucionalidade 7.042/DF, Plenário, Rel. Min. Alexandre de Moraes. *DJe*, 28.02.2023).

[35] Tratando especificamente do Ministério Público, escreve Hugo Nigro Mazzilli: "Na área penal, a única razão pela qual não cabe desistência pelo Ministério Público é porque a lei expressamente a veda. Mas, na área civil, depois de proposta a ação civil pública, se no curso desta surgirem fatos que, no entender do Ministério Público, devam comprometer seu êxito (como quando creia que a ação está insuficiente, inadequada ou erroneamente proposta), o exame do cabimento de desistir ou não da ação em nada viola, em tese, o dever de agir" (MAZZILLI, Hugo Nigro. O princípio da obrigatoriedade e o Ministério Público. *Revista Eletrônica do CEAF*, Porto Alegre, v. 1, n. 1, out. 2011/jan. 2012. Disponível em: https://www.mprs.mp.br/biblioteca/paginas/1248/. Acesso em: 8 jul. 2024). Essas mesmas razões se aplicam a ações de improbidade administrativa. A legislação específica não contém dispositivo vedando a desistência da ação de improbidade. O CPC também não estabelece limite de ordem subjetiva ao exercício da desistência. Diante disso, e estando o Ministério Público sujeito ao princípio da legalidade, ele não apenas pode como deve desistir da ação de improbidade que reconheça ser "insuficiente, inadequada ou erroneamente proposta". Mas, ainda nas palavras de Mazzilli: "Uma vez admitida a desistência no processo civil pelo Ministério Público, ela deverá submeter-se a mecanismos de controle adequados, sejam internos (como os órgãos colegiados competentes), sejam externos (como o controle do juiz do processo, que deverá homologar a desistência da ação ou do recurso, ou o controle daqueles que têm legitimação concorrente e disjuntiva)" (MAZZILLI, Hugo Nigro. O princípio da obrigatoriedade e o Ministério Público. *Revista Eletrônica do CEAF*, Porto Alegre, v. 1, n. 1, out. 2011/jan. 2012. Disponível em: https://www.mprs.mp.br/biblioteca/ paginas/1248/. Acesso em: 8 jul. 2024).

[36] Em caso de desistência infundada manifestada por outro legitimado ativo, o Ministério Público pode assumir a titularidade da ação? Aplicando-se, por analogia, a regra do art. 5º, §3º, da Lei nº 7.347/1985 e a do art. 9º da Lei nº 4.717/1965, a resposta é positiva. No entanto, não há unanimidade sobre a aplicabilidade dessas regras próprias do microssistema coletivo na parte sancionatória-punitiva da ação de improbidade (NEVES, Daniel Amorim Assumpção; OLIVEIRA, Rafael Carvalho Rezende. *Improbidade administrativa*: direito material e processual. 9. ed. Rio de Janeiro: Forense, 2022. p. 271). Caso se entenda pela inaplicabilidade, a assunção de autoria possível seria apenas em relação aos pedidos não punitivos da ação de improbidade – e a hipótese seria de sua conversão em ação civil pública (se presentes os demais requisitos necessários a tanto).

subvertida em prejuízo dos réus e/ou da atuação jurisdicional, beneficiando o autor sob o pretexto das especiais qualidades e relevância dos bens jurídicos cuja tutela é por ele pretendida.[37] Novas demandas que não possam ser acrescentadas no processo em curso, em função dos limites do CPC, deverão ser objeto de ações próprias cabíveis.

6.4 Conversão com base nos elementos da demanda posta

No tópico 3.2.1, mencionou-se que a conversão deve se basear nos fatos que compõem a causa de pedir deduzida na ação de improbidade administrativa. Expôs-se, também, que a conversão pressupõe que o pedido a ser processado sob o regime da ação civil pública, além de adequado aos respectivos fins legais, tenha sido formulado na ação de improbidade.

Assim, imagine-se, por exemplo, hipótese em que o autor alegue a ocorrência de improbidade e peça exclusivamente a imposição das sanções punitivas do art. 12. Caso o julgador constate que não estão presentes os requisitos caracterizadores do ato de improbidade, deverá unicamente rejeitar a ação. Não haverá motivo para a conversão, pois não persistirá nenhuma pretensão passível de ser perseguida sob o regime da ação civil pública. Não se poderá realizar a conversão sob o pretexto de que os fatos narrados na petição inicial serviriam de fundamento a pretensões teoricamente cabíveis em ação civil pública.

Além disso, se o sujeito contra o qual foi ajuizada a ação de improbidade administrativa não for (embora tenda a ser) o mesmo contra o qual prosseguiria a ação civil pública, a conversão será igualmente inviável. Ou seja, deve ser observada a configuração dos polos processuais da ação de improbidade na medida do objeto que se pretende aproveitar.

6.5 Possibilidade de modificação da demanda antes ou depois da conversão

Isso não significa que o autor da ação de improbidade esteja impedido de modificar a demanda antes ou depois da conversão.

Por exemplo, o autor poderá, antes de realizada a citação, independentemente de consentimento dos réus, desistir de pedido de imposição das sanções punitivas da Lei nº 8.429/1992 (v. as notas 35 e 36). Tal conduta será consentânea com a regra do art. 329 do CPC, não violará os direitos de contraditório e ampla defesa e poderá até mesmo justificar a conversão em ação civil pública (se preenchidos os requisitos legais).[38] [39]

---

[37] Observe-se, porém, que os limites do CPC para alteração da demanda não raramente são relativizados em processos de improbidade administrativa (admitindo-se, sem legítima razão, a modificação do pedido, da causa de pedir e das partes após a estabilização da demanda, a critério unicamente do autor – independentemente de concordância do réu). Ver, por exemplo: SUPERIOR TRIBUNAL DE JUSTIÇA. Recurso Especial 1.452.660/ES, 2ª Turma, Rel. Min. Og Fernandes. *DJe*, 27.04.2018; e TRIBUNAL DE JUSTIÇA DE SÃO PAULO. Agravo de Instrumento 2286867-12.2022.8.26.0000, 1ª Câmara de Direito Público, Rel. Des. Danilo Panizza, j. em 28.03.2023.

[38] TRIBUNAL DE JUSTIÇA DE SÃO PAULO. Agravo de Instrumento 2115716-41.2023.8.26.0000, 8ª Câmara de Direito Público, Rel. Des. José Maria Câmara Junior, j. em 25.07.2023.

[39] Nessa hipótese, será inviável a solução dos arts. 5º, §3º, da Lei nº 7.347/1985 e 9º da Lei nº 4.717/1965 – mesmo que se admita a possibilidade (em tese) de um colegitimado, em caso de desistência da ação de improbidade,

Aliás, modificações na demanda poderão ser feitas para assegurar a continuidade da ação de improbidade. No tópico 3.1.2, mencionou-se que, na falta de formulação de pedido de aplicação das sanções punitivas da Lei nº 8.429/1992, se presentes os demais requisitos legais aplicáveis, caberá a conversão. O aditamento dos pedidos (inclusão de pedidos punitivos, nos limites do art. 329 do CPC) poderá evitar a conversão, viabilizando o processamento da ação de improbidade.

Após a conversão, modificações na demanda permanecem possíveis, nos limites dos arts. 108 e 329 do CPC – igualmente aplicáveis a ações civis públicas (art. 19 da Lei nº 7.347/1985). O autor poderá, *v.g.*, incluir no objeto da ação civil pública pedido de condenação em obrigação de fazer ou não fazer (art. 3º da Lei nº 7.347/1985) com base nos fatos que fundamentavam a ação de improbidade administrativa.

Mas o magistrado não deve converter a ação com base nos elementos da demanda posta se eles já não forem suficientes ao preenchimento dos requisitos necessários do art. 17, §16, da Lei nº 8.429/1992. Converter diante da perspectiva de posterior modificação dos elementos da demanda não é uma possibilidade.

7 Conversão e a posição dos sujeitos do processo

O art. 17, §16, prevê que, verificando o preenchimento das condições necessárias, o magistrado poderá converter a ação de improbidade administrativa em ação civil pública. Seria uma faculdade do magistrado ou um dever? Além disso, poderia a conversão se dar a pedido do autor?

7.1 A posição do julgador

É certo que a conversão é sempre realizável de ofício. O art. 17, §16, não deixa dúvidas a esse respeito.

Trata-se de um dever do magistrado. O emprego do termo "poderá", no art. 17, §16, não permite dizer que se trata de mera faculdade. Significa que o magistrado tem o poder de converter. E esse poder deve ser exercido sempre que presentes os requisitos legais aplicáveis.[40]

Impõe-se esse poder-dever ao magistrado com base nos princípios da instrumentalidade, da fungibilidade e da eficiência. O aproveitamento do processo mediante conversão da ação, quando juridicamente possível, é medida voltada ao seu fim último, que é a pacificação social.

---

assumir a sua autoria inclusive em relação a pedidos de aplicação de sanções punitivas da Lei nº 8.429/1992 (v. a nota 36). Se a desistência é parcial, *i.e.*, relativa apenas aos pedidos de punição, o processo prosseguirá com o seu autor original – agora sob o regime da ação civil pública, para aplicação das sanções não punitivas. Não há como a ação prosseguir com dois autores, sob dois regimes diversos (improbidade e ação civil pública).

[40] Não são incomuns os casos em que a legislação emprega o termo "poderá" para se referir aos deveres-poderes do juiz, *i.e.*, aos poderes que ele deve exercer quando presentes os pressupostos concretos para a sua atuação (*v.g.*, arts. 173, §2º, 297, *caput*, e 373, §1º, do CPC).

7.2 A posição do autor

A conversão pode ser realizada a pedido do autor. Pedir a conversão, nesse contexto, pode significar desistir "da ação de improbidade" ou até mesmo admitir a improcedência da pretensão de aplicação das sanções punitivas da Lei nº 8.429/1992 (*i.e.*, renunciar a tal pretensão). O autor deve adotar essas condutas (por imposição do princípio da legalidade) toda vez que reconhecer a ausência dos requisitos necessários ao julgamento de mérito ou de justa causa para a aplicação das sanções.

Por exemplo, verificando que a conduta não é mais tipificada como ímproba (tal como ocorreu com a hipótese do inc. I do art. 11 da Lei nº 8.429/1992, que foi revogado pela Lei nº 14.230/2021), mas persistindo pretensão de responsabilização da empresa privada demandada pelos prejuízos causados ao erário, o autor poderá pedir a conversão da ação de improbidade em ação civil pública para obter o ressarcimento devido.[41] A extinção do tipo excluirá o interesse de agir para aplicação das pretensões punitivas do art. 12 da Lei nº 8.429/1992.

O magistrado decidirá sobre o pedido de conversão, devendo indeferi-lo quando não preenchidos todos os requisitos legais. Nessa hipótese, reconhecendo a validade do ato de desistência ou de renúncia, o magistrado o homologará, extinguindo o processo – sem ou com resolução de mérito, a depender do conteúdo do ato do autor (art. 485, inc. VIII, ou art. 487, inc. III, alínea "c", do CPC). Do contrário, o processo de improbidade deverá ter prosseguimento – se for o caso, com novo autor (art. 5º, §3º, da Lei nº 7.347/1985, por analogia).

7.3 A posição do réu

Em princípio, o réu não tem interesse jurídico para pedir a conversão. Mas a conversão pode ser resultado do exercício da sua defesa. Convencido pela defesa de que não é possível prosseguir com o processo sob o regime da Lei nº 8.429/1992, o magistrado poderá-deverá realizar a conversão, se verificar o preenchimento de todos os requisitos necessários para tanto.

Caso o réu seja um ente estatal, nada impede que ele pleiteie em sua defesa a rejeição do pedido de imposição de sanções punitivas e, ao mesmo tempo, requeira a conversão da ação de improbidade em ação civil pública para que seja apurado, por exemplo, o valor a ser ressarcido aos cofres públicos. Nesse caso haverá evidente interesse jurídico deste réu na conversão.

8 Sucessão processual e conversão

O sujeito que houver praticado o ato de improbidade será legitimado passivo para a ação. Nessa condição, poderá ser condenado (i) ao ressarcimento do dano causado ou à perda ou à reversão (em favor da pessoa jurídica prejudicada) dos bens e valores que

---

[41] TRIBUNAL DE JUSTIÇA DO PARANÁ. Agravo de Instrumento 0064915-42.2020.8.16.0000, 5ª Câmara Cível, Rel. Des. Leonel Cunha, j. em 24.10.2022.

tiver incorporado ilicitamente ao seu patrimônio e (ii) a sofrer a aplicação das penas previstas na Lei nº 8.429/1992.

No entanto, pode ocorrer de o sujeito passivo da ação de improbidade administrativa vir a falecer no curso do processo. A depender do caso, haverá a sucessão processual pelo espólio ou pelos seus sucessores (conforme o art. 110 c/c art. 313, §§1º e 2º, do CPC).

Quando a ação veicular pedido de ressarcimento ao erário ou de reparação por enriquecimento ilícito, os sucessores ou herdeiros do falecido serão incluídos no processo e responderão até o limite do valor da herança ou do patrimônio transferido (art. 8º da Lei nº 8.429/1992).

Verificando-se essa hipótese, e não remanescendo réu contra o qual prosseguir com os pedidos de aplicação das penas da Lei nº 8.429/1992, caberá converter a ação de improbidade administrativa em ação civil pública com fundamento no art. 17, §16, da Lei nº 8.429/1992.

O princípio da pessoalidade da pena impede que a sanção punitiva transborde a esfera jurídica do infrator (art. 5º, inc. XLV, da CF/1988; art. 17-D, *caput*, da Lei nº 8.429/1992). Logo, não seria possível aplicar as regras de sucessão processual para impor aos herdeiros as penas por improbidade derivadas de condutas dos réus que faleceram no curso do processo.

Mas os herdeiros ficam sujeitos à obrigação de ressarcir ou reparar os danos até o limite da herança ou do patrimônio transferido (art. 8º da Lei nº 8.429/1992). Então, nesse caso, em que não seria possível prosseguimento da ação de improbidade (por conta do falecimento dos réus), cabe a conversão para que a pretensão ressarcitória ou reparatória seja exercida em face dos herdeiros, até o limite da herança, por meio de ação civil pública.[42]

Se a ação de improbidade contiver apenas pedido de aplicação de penalidades, o falecimento do réu não ensejará a sucessão processual (art. 8º) nem a conversão em ação civil pública (art. 17, §16). O caso será de extinção do processo por ausência superveniente de réu (art. 485, incs. IV e IX, do CPC).

9 Conversão parcial ou total

Não é possível converter apenas parte da ação de improbidade em ação civil pública, dando seguimento ao processo com uma parcela do objeto sujeita ao regime da Lei nº 8.429/1992 e a outra ao regime da Lei nº 7.347/1985. Trata-se de cumulação inadmissível, conforme o art. 327 do CPC, *a contrario sensu*. Nesse sentido, não se admite a realização de conversão parcial. A solução para a situação em que o julgador verifica que uma parte do objeto configura improbidade e a outra "mera" ilegalidade ou irregularidade administrativa é rejeitar parcialmente a ação (art. 17, §10-B, inc. I, e §11) e prosseguir com o objeto sujeito ao regime da Lei nº 8.429/1992.

Mas é possível que a ação de improbidade seja rejeitada em parte sem conversão e em parte com conversão, dando-se prosseguimento ao processo sob o regime da Lei nº 7.347/1985. Imagine-se, por exemplo, que o autor invoque duas condutas autônomas

---

[42] TRIBUNAL DE JUSTIÇA DE SÃO PAULO. Agravo de Instrumento 2259799-53.2023.8.26.0000, 2ª Câmara de Direito Público, Rel. Des. Marcelo Berthe, j. em 27.03.2024.

do réu, enquadrando cada uma delas em uma hipótese distinta de improbidade (art. 17, §10-D, da Lei nº 8.429/1992). O julgador poderá se convencer de que não há ilegalidade ou irregularidade administrativa em relação a uma conduta e rejeitar de imediato a demanda neste ponto (art. 17, §§10-B, inc. I, e 11). Ao mesmo tempo, pode não vislumbrar improbidade na outra conduta, mas a considerar ilegal ou irregular. Nesse caso, presentes os demais requisitos aplicáveis para a conversão, poderá realizá-la para prosseguimento do processo, sob o regime de ação civil pública, quanto a essa parte da demanda. Nesses termos, admite-se a realização de conversão parcial, *i.e.*, uma conversão que abrange apenas parte do objeto da ação de improbidade.

A conversão será total quando o objeto da demanda estiver todo alheio ao regime da Lei nº 8.429/1992, mas puder ser integralmente aproveitado em ação civil pública.

10 Conversão e devido processo legal

A conversão, para ser válida, além de baseada no reconhecimento do preenchimento dos requisitos legais, deve ser motivada e respeitar as garantias do contraditório e da ampla defesa.

10.1 Motivação da decisão de conversão

O dever constitucional de motivação das decisões judiciais incide em todas as fases do processo (CF/1988, art. 93, inc. IX; CPC, arts. 11 e 489, inc. II e §1º; art. 17-C da Lei nº 8.429/1992, por extensão). A validade da motivação pressupõe clareza, coerência e completude.[43]

Essa diretriz geral já seria suficiente para impor que a decisão que determina a conversão fosse motivada. Todavia, o legislador optou por reiterar de forma específica a necessidade de que a conversão da ação de improbidade em ação civil pública seja realizada "em decisão motivada" (art. 17, §16, da Lei nº 8.429/1992).

10.1.1 Efetiva fundamentação

Impõe-se o enfrentamento de "todos os argumentos deduzidos no processo capazes de, em tese, infirmar a conclusão adotada pelo julgador", sob pena de nulidade (art. 489, §1º, inc. IV, do CPC). Ou seja, a decisão deve dialogar de forma expressa com todas as alegações e provas relevantes produzidas no processo. Aliás, de nada adiantaria assegurar o exercício do contraditório e da ampla defesa antes da conversão (v. o tópico 10.2) se fosse dado ao julgador, ao decidir, passar ao largo das razões das partes.

Ademais, é juridicamente inadmissível rejeitar a pretensão de imposição de penas por improbidade ou reconhecer a "existência de ilegalidades ou de irregularidades administrativas a serem sanadas", aludindo-se genericamente a "preenchimento de requisitos legais" (ou coisa que o valha) ou a conceitos jurídicos indeterminados, atos normativos, precedentes ou enunciados de súmula, sem fazer correlação concreta e

---

[43] LUCCA, Rodrigo Ramina de. *O dever de motivação das decisões judiciais*. Salvador: JusPodivm, 2015. p. 217.

motivada com o caso sob julgamento (CPC, art. 489, §1º, incs. I, II, III e V). Uma decisão nesses termos será nula por vício de fundamentação.[44]

10.1.2 O grau de convicção exigido do julgador

O magistrado deve formar um juízo de certeza (baseado em cognição exauriente) sobre a ausência dos requisitos necessários para a aplicação das sanções próprias do regime da Lei nº 8.429/1992, para converter em ação civil pública – o que eventualmente será possível de plano, a partir dos próprios elementos apresentados com a petição inicial (conforme o art. 17, §§6º-B e 11).[45]

Por outro lado, não se exige um juízo de certeza do magistrado a respeito da "existência de ilegalidades ou de irregularidades administrativas a serem sanadas" e dos demais requisitos necessários ao acolhimento da ação civil pública resultante da conversão. A simples constatação (mediante cognição sumária) de indícios de tais ilegalidades ou irregularidades será suficiente para autorizar a conversão da ação. O juízo de certeza (que poderá tanto ser pelo acolhimento como pela rejeição [com ou sem julgamento de mérito] da ação civil pública) se formará após a conversão, como resultado do contraditório que deverá ser estabelecido no âmbito da ação civil pública.[46]

10.2 Contraditório e ampla defesa

A conversão não pode ser concretizada sem a oportunização de prévio exercício do contraditório e da ampla defesa pelas partes. Aplicam-se as garantias previstas no art. 5º, inc. LV, da CF/1988, bem como as regras correlatas contidas nos arts. 7º, 9º, *caput*, e 10 do CPC.

Então, antes de converter, o magistrado deve conceder prazo para que ambas as partes se manifestem sobre a questão – defendendo ou impugnando[47] a realização da conversão.[48] E, como exposto anteriormente, as razões das partes devem ser consideradas na decisão. A manifestação prévia do réu apenas será dispensada se ele ainda não tiver sido citado.

O exercício do contraditório e da ampla defesa deve ser igualmente assegurado após a prolação da decisão de conversão. Além de recorrer da decisão (v. o tópico 13), as partes poderão (deve-se garantir que possam) se manifestar sobre os atos que já tenham

---

[44] TRIBUNAL DE JUSTIÇA DE SÃO PAULO. Agravo de Instrumento 2084277-75.2024.8.26.0000, 13ª Câmara de Direito Público, Rel. Des. Borelli Thomaz, j. em 29.05.2024.

[45] NEVES, Daniel Amorim Assumpção; OLIVEIRA, Rafael Carvalho Rezende. *Improbidade administrativa*: direito material e processual. 9. ed. Rio de Janeiro: Forense, 2022. p. 266.

[46] Note-se que se está a tratar do grau de convicção exigido do julgador para realizar a conversão. Para encerrar o processo (em vez de converter) na ausência dos requisitos da ação de improbidade, o juízo deve ser de certeza – seja o encerramento com ou sem julgamento de mérito.

[47] O autor pode impugnar a fim de que ação prossiga sob o regime da Lei nº 8.429/1992. O réu pode impugnar a fim de que o processo seja encerrado.

[48] Se a conversão tiver sido pedida pelo autor, será preciso permitir que o réu se manifeste antes da decisão. A depender do teor da manifestação do réu (referência a novos elementos fáticos, por exemplo), ao autor se oportunizará a apresentação de resposta.

sido praticados no processo e as suas etapas subsequentes, agora considerando a sujeição da ação ao regime jurídico da Lei nº 7.347/1985.

Oportunizar a manifestação das partes após a conversão é um dever do magistrado que se põe mesmo quando não se verificam (e em princípio não se verificarão – v. o tópico 6.4) modificações nos elementos objetivos (pedidos e fundamentos de fato) e subjetivos da demanda. O autor poderá, *v.g.*, adequar a fundamentação jurídica da sua pretensão – a qual não se estabiliza –[49] aos fins da ação civil pública.[50] O réu terá sempre o direito de aditar a sua defesa em vista da nova configuração jurídica da ação.

É, portanto, vedado ao magistrado, no mesmo ato em que converte, julgar a ação civil pública. Entre a conversão e o julgamento da ação civil pública, deve-se oportunizar o exercício do contraditório e da ampla defesa pelas partes, observando-se as etapas procedimentais previstas. Não é por outra razão que o art. 17, §17, da Lei nº 8.429/1992 prevê o cabimento de agravo de instrumento contra a decisão de conversão. Se a ação civil pública resultante pudesse ser julgada no mesmo ato da conversão (previsão que, se existisse, seria inconstitucional), o pronunciamento judicial teria natureza de sentença e, consequentemente, não seria cabível agravo de instrumento.

A necessidade ou não de refazimento de atos do processo ou de reabertura de etapas procedimentais já ultrapassadas dependerá do caso. Idealmente, a conversão se dará com o aproveitamento dos atos já praticados, sem retrocessos procedimentais. Mas as circunstâncias do processo podem ensejar tratamento diverso. Não se trata de hipótese exclusiva de casos em que haja modificações nos elementos da demanda. A conversão poderá se dar sem modificações dessa ordem e ainda assim se verificar a necessidade de substituição ou de complementação de atos processuais já praticados. Por exemplo, eventualmente a prova já produzida sobre determinado fato será descartável, por ter sido desenvolvida com foco em aspectos relevantes apenas para o regime da improbidade administrativa. Na ação civil pública decorrente, a produção de nova prova pode ser necessária, tendo-se em vista outros aspectos do mesmo fato especialmente relevantes ao regime da ação civil pública, e que fossem secundários ou não determinantes para a ação de improbidade.[51]

---

[49] "Embora também os fundamentos jurídicos se reputem incluídos na causa de pedir e os exija a lei como requisito da petição inicial (art. 319, inc. III), eles não concorrem para a determinação dos limites do julgamento de mérito a ser feito afinal. O que deve permanecer íntegro é a narrativa de fatos, porque fora destes o juiz jamais poderá julgar (art. 141) e é dos fatos narrados que o réu se defenderá (regime da substanciação). Da causa de pedir, somente a narrativa de fatos se estabiliza, até porque quanto aos fundamentos jurídicos o próprio juiz pode trazer outros diferentes dos que o autor haja alegado (*narra mihi factum dabo tibi jus*)" (DINAMARCO, Cândido Rangel. *Instituições de direito processual civil*. 7. ed. São Paulo: Malheiros, 2017. v. 2. p. 84).

[50] A fundamentação jurídica da ação de improbidade administrativa apresenta uma configuração própria e diferenciada, retratada nos tipos dos arts. 9º, 10 e 11 da Lei nº 8.429/1992 – sendo a natureza jurídica complexa do instituto (que envolve princípios e pressupostos de diversos ramos do direito) a principal razão disso (JUSTEN FILHO, Marçal. *Reforma da lei de improbidade administrativa comentada e comparada*: lei 14.230, de 25 de outubro de 2021. Rio de Janeiro: Forense, 2022. p. 201). Ajustá-la aos fins da ação civil pública pode ser importante ao autor, para o convencimento do juízo.

[51] "Basta observar que, a conversão da demanda reflete diretamente na produção das provas e na produção da defesa do réu. Tal constatação decorre não apenas da presunção de inocência e da inexistência dos efeitos materiais da revelia nas demandas de natureza sancionatória. A imputação de conduta dolosa enseja, por parte do réu, argumentação fático-jurídica e produção de provas diferentes daquelas que seriam utilizadas caso lhe fosse imputada conduta culposa. Com isso quer-se dizer que a conversão, a depender do momento em que determinada, poderá ensejar o retorno a fases procedimentais já ultrapassadas no processo" (JORGE, Flávio Cheim. A conversão da ação de improbidade administrativa em ação civil pública. *Revista de Processo*, São Paulo, ano 48, v. 345, p. 267-287, nov. 2023. p. 281).

11 O destino da pretensão de imposição de sanções por improbidade em caso de conversão

A conversão ocorre quando não é possível prosseguir com a ação de improbidade (especificamente na parte do seu objeto que apresenta caráter punitivo, próprio do regime da Lei nº 8.429/1992) e se determina o prosseguimento do processo sob o regime da Lei nº 7.347/1982.

A negativa de prosseguimento da ação de improbidade pode se dar com ou sem o julgamento de mérito.

11.1 Rejeição com julgamento de mérito

Haverá rejeição da pretensão punitiva no mérito quando o juiz reconhecer que não está configurada a hipótese de improbidade administrativa alegada pelo autor, bem como quando for reconhecida a ocorrência de prescrição.

Embora não se trate propriamente de rejeição da pretensão punitiva, haverá decisão de mérito a seu respeito quando ela for objeto de renúncia da parte do autor da ação de improbidade – o que, como visto no tópico 7.2, pode ensejar a conversão.

Nessas hipóteses, ter-se-á decisão parcial de mérito. A outra parcela do objeto processual passará a ser processada sob o rito da ação civil pública.

11.2 Rejeição sem julgamento de mérito

Não haverá exame do mérito da pretensão punitiva, *v.g.*, quando houver desistência a seu respeito (v. o tópico 7.2) ou quando faltar legitimidade processual ou interesse de agir para a ação de improbidade (v. o tópico 3.1.2).

12 Extinção ou prosseguimento do processo na falta de requisito para a conversão

Se reconhecida a falta de requisito para aplicação das sanções punitivas, mas não forem verificadas as condições necessárias ao prosseguimento da ação na forma da Lei nº 7.347/1985, o juiz deverá encerrar o processo. O encerramento poderá se dar sem ou com o julgamento do mérito das pretensões punitivas e das não punitivas, a depender das circunstâncias do caso.

Não reconhecida a falta de requisito para aplicação das sanções punitivas, o processo de improbidade terá seguimento. Mas o juiz ainda poderá constatar o preenchimento dos pressupostos para a conversão no futuro.

13 Natureza e recorribilidade da decisão sobre conversão

A decisão de conversão não tem aptidão de encerrar o processo ou a fase cognitiva do procedimento em primeiro grau de jurisdição – que prosseguirá sob o regime da Lei nº 7.347/1985. Logo, não se trata de sentença, mas de decisão interlocutória (conforme o art. 203, §2º, do CPC), passível de impugnação por meio de agravo de instrumento (art. 17, §§17 e 21, da Lei nº 8.429/1992).

Assim, cabe agravo de instrumento para impugnar a decisão que, equivocadamente, determinar a conversão. Por exemplo, se não houver ato de improbidade administrativa, tampouco existir pretensão do autor passível de ser perseguida por meio de ação civil pública, a conversão realizada será indevida. Nessa hipótese, haverá *error in judicando*, residente no capítulo da decisão que determinou a conversão. A correta solução para esse caso seria a prolação de sentença de rejeição da ação de improbidade, por ausência de ato ímprobo (art. 17, §10-B, I, §11, da Lei nº 8.429/1992), com a consequente extinção do processo com resolução de mérito (art. 487, inc. I, do CPC).

Também cabe agravo de instrumento contra a decisão interlocutória que indevidamente deixa de converter a ação de improbidade administrativa em ação civil pública. Isso ocorrerá, por exemplo, quando o juiz rejeitar a pretensão de imposição das sanções punitivas, mas, em vez de converter (quando estavam presentes as condições necessárias a tanto), determinar o prosseguimento do processo sob o regime da Lei nº 8.429/1992 em relação à pretensão ressarcitória e/ou à pretensão desconstitutiva do ato administrativo ilegal ou irregular. Assim como na hipótese referida no parágrafo anterior, haverá *error in judicando* no capítulo da decisão em que veiculada a determinação de conversão.

Eventualmente, o agravo de instrumento não terá por fim propriamente questionar a possibilidade de conversão, mas a sua realização em desacordo com o devido processo legal. Por exemplo, será impugnável por agravo a decisão que houver decidido sobre a conversão de forma imotivada ou sem oportunizar contraditório prévio. Nesses casos não se estará diretamente atacando o acerto ou desacerto da conversão (*v.g.*, presença ou ausência dos requisitos para a conversão). A impugnação se concentrará na forma pela qual ela se deu, exigindo-se a demonstração de prejuízo para que a parte obtenha a invalidação da decisão.

O agravo de instrumento poderá ainda versar não sobre o descumprimento dos requisitos ou sobre a forma da conversão, mas sobre a configuração do processo após a sua realização. Por exemplo, havida a conversão, um dos réus poderá agravar para impugnar a sua manutenção no processo a despeito de os pedidos remanescentes não lhe dizerem respeito – hipótese de ilegitimidade passiva do sujeito para figurar como réu da ação civil pública.[52]

Caso a conversão seja decidida no âmbito do Tribunal, serão duas as possíveis vias de impugnação. Se a conversão for determinada ou indeferida por decisão do relator (art. 932, incs. IV e V, do CPC), caberá agravo interno (art. 1.021 do CPC). Se for decidida por órgão colegiado, o respectivo acórdão será passível de ser impugnado por meio de recurso extraordinário e/ou de recurso especial (arts. 102, inc. III, e 105, inc. III, da CF/1988; art. 1.029 do CPC).

Se não estiverem presentes os requisitos para aplicação das sanções punitivas da Lei nº 8.429/1992 nem as condições para processamento de ação civil pública, a hipótese será de sentença, e não de uma decisão interlocutória. Nesse caso, o recurso cabível será apelação (art. 1.009 do CPC).

---

[52] TRIBUNAL DE JUSTIÇA DE SÃO PAULO. Agravo de Instrumento 2041640-12.2024.8.26.0000, 2ª Câmara de Direito Público, Rel. Des. Luciana Bresciani, j. em 12.06.2024.

14 Considerações finais

O presente artigo pretendeu examinar um aspecto específico da produção doutrinária do Prof. Marçal Justen Filho a propósito da Lei nº 8.429/1992: a possibilidade de conversão da ação de improbidade administrativa em ação civil pública, concebida a partir da Lei nº 14.230/2021.

Seguem adiante as principais conclusões atingidas acerca do art. 17, §16, da Lei nº 8.429/1992, que disciplina a conversão das ações:

a) A conversão da ação de improbidade em ação civil pública somente será admitida quando estiverem presentes todos os requisitos previstos no art. 17, §16, da Lei nº 8.429/1992.

b) A conversão pressupõe, por um lado, juízo de certeza acerca da ausência dos requisitos para a aplicação das penas típicas por ato de improbidade e, por outro, o reconhecimento (baseado em cognição sumária) de indícios de ilegalidades ou de irregularidades administrativas sujeitas a controle na forma da Lei nº 7.347/1985.

c) A conversão deve ser realizada com base nos elementos objetivos e subjetivos da demanda proposta pela via da ação de improbidade administrativa, *i.e.*, não pode ser levada a efeito para processamento de demanda que não esteja posta no processo.

d) A conversão poderá ser realizada de ofício ou a requerimento das partes.

e) A conversão poderá ser determinada em primeiro grau ou em sede recursal.

f) A decisão de conversão deverá ser adequadamente motivada.

g) Caberá agravo de instrumento contra a decisão de primeiro grau que decidir acerca da conversão (deferindo-a ou rejeitando-a). Se a conversão for decidida pelo relator, no tribunal, caberá agravo interno. Se a questão for decidida pelo órgão colegiado do tribunal local, caberão recursos extraordinário e/ou especial (desde que presentes os respectivos pressupostos de admissibilidade).

h) O contraditório e ampla defesa deverão ser observados sob três perspectivas: (i) antes da decisão de conversão; (ii) após a conversão, inclusive por meio recursal; e (iii) no âmbito da ação civil pública, em que haverá o aprofundamento da cognição e o julgamento do seu objeto.

Referências

AMARAL, Francisco. *Direito civil*: introdução. 3. ed. Rio de Janeiro: Renovar, 2000.

AMARAL, Paulo Osternack; WATANABE, Doshin. *Manual do processo de improbidade administrativa*. Londrina: Thoth, 2023.

AMORIM FILHO, Agnelo. Critério científico para distinguir a prescrição da decadência e para identificar as ações imprescritíveis. *Revista dos Tribunais*, São Paulo, ano 86, v. 744, p. 725-750, out. 1997.

DIDIER JR., Fredie; ZANETI JR., Hermes. *Curso de direito processual civil* – Processo coletivo. 17. ed. São Paulo: JusPodivm, 2023. v. 4.

DINAMARCO, Cândido Rangel. *Instituições de direito processual civil*. 7. ed. São Paulo: Malheiros, 2017. v. 2.

GUIMARÃES, Bernardo Strobel; SOUZA, Caio Augusto Nazario de; VIOLIN, Jordão; MADALENA, Luis Henrique. *A nova improbidade administrativa*. Rio de Janeiro: Forense, 2023.

HOLANDA JR., André Jackson; TORRES, Ronny Charles Lopes. *Lei de Improbidade Administrativa comentada*. São Paulo: JusPodivm, 2023.

JORGE, Flávio Cheim. A conversão da ação de improbidade administrativa em ação civil pública. *Revista de Processo*, São Paulo, ano 48, v. 345, p. 267-287, nov. 2023.

JUSTEN FILHO, Marçal. *Curso de direito administrativo*. 14. ed. Rio de Janeiro: Forense, 2023.

JUSTEN FILHO, Marçal. *Reforma da Lei de Improbidade Administrativa comentada e comparada*: lei 14.230, de 25 de outubro de 2021. Rio de Janeiro: Forense, 2022.

LUCCA, Rodrigo Ramina de. *O dever de motivação das decisões judiciais*. Salvador: JusPodivm, 2015.

MAZZILLI, Hugo Nigro. O princípio da obrigatoriedade e o Ministério Público. *Revista Eletrônica do CEAF*, Porto Alegre, v. 1, n. 1, out. 2011/jan. 2012. Disponível em: https://www.mprs.mp.br/biblioteca/paginas/1248/. Acesso em: 8 jul. 2024.

NEVES, Daniel Amorim Assumpção; OLIVEIRA, Rafael Carvalho Rezende. *Improbidade administrativa*: direito material e processual. 9. ed. Rio de Janeiro: Forense, 2022.

SUPERIOR TRIBUNAL DE JUSTIÇA. Recurso Especial 1.452.660/ES, 2ª Turma, Rel. Min. Og Fernandes. *DJe*, 27.04.2018.

SUPERIOR TRIBUNAL DE JUSTIÇA. Recurso Especial 1.669.411/RJ, 2ª Turma, Rel. Min. Herman Benjamin. *DJe*, 30.06.2017.

SUPREMO TRIBUNAL FEDERAL. Ação Direta de Inconstitucionalidade 7.042/DF, Plenário, Rel. Min. Alexandre de Moraes. *DJe*, 28.02.2023.

SUPREMO TRIBUNAL FEDERAL. Recurso Extraordinário 636.886/AL, Plenário, Rel. Min. Alexandre de Moraes. *DJe*, 24.06.2020.

SUPREMO TRIBUNAL FEDERAL. Recurso Extraordinário 669.069/MG, Plenário, Rel. Min. Teori Zavascki. *DJe*, 30.06.2016.

TRIBUNAL DE JUSTIÇA DE SÃO PAULO. Agravo de Instrumento 2035894-03.2023.8.26.0000, 10ª Câmara de Direito Público, Rel. Des. Teresa Ramos Marques, j. em 06.07.2023.

TRIBUNAL DE JUSTIÇA DE SÃO PAULO. Agravo de Instrumento 2041640-12.2024.8.26.0000, 2ª Câmara de Direito Público, Rel. Des. Luciana Bresciani, j. em 12.06.2024.

TRIBUNAL DE JUSTIÇA DE SÃO PAULO. Agravo de Instrumento 2084277-75.2024.8.26.0000, 13ª Câmara de Direito Público, Rel. Des. Borelli Thomaz, j. em 29.05.2024.

TRIBUNAL DE JUSTIÇA DE SÃO PAULO. Agravo de Instrumento 2115716-41.2023.8.26.0000, 8ª Câmara de Direito Público, Rel. Des. José Maria Câmara Junior, j. em 25.07.2023.

TRIBUNAL DE JUSTIÇA DE SÃO PAULO. Agravo de Instrumento 2259799-53.2023.8.26.0000, 2ª Câmara de Direito Público, Rel. Des. Marcelo Berthe, j. em 27.03.2024.

TRIBUNAL DE JUSTIÇA DE SÃO PAULO. Agravo de Instrumento 2286867-12.2022.8.26.0000, 1ª Câmara de Direito Público, Rel. Des. Danilo Panizza, j. em 28.03.2023.

TRIBUNAL DE JUSTIÇA DE SÃO PAULO. Apelação Cível 1001089-59.2020.8.26.0028, 4ª Câmara de Direito Público, Rel. Des. Ricardo Feitosa, j. em 26.09.2023.

TRIBUNAL DE JUSTIÇA DE SÃO PAULO. Embargos de Declaração 0000962-78.2010.8.26.0420, 10ª Câmara de Direito Público, Rel. Des. Teresa Ramos Marques, j. em 21.02.2024.

TRIBUNAL DE JUSTIÇA DE SÃO PAULO. Embargos de Declaração 1000349-81.2018.8.26.0025, 12ª Câmara de Direito Público, Rel. Des. Osvaldo de Oliveira, j. em 07.03.2024.

TRIBUNAL DE JUSTIÇA DO PARANÁ. Agravo de Instrumento 0064915-42.2020.8.16.0000, 5ª Câmara Cível, Rel. Des. Leonel Cunha, j. em 24.10.2022.

TRIBUNAL REGIONAL FEDERAL DA 4ª REGIÃO. Apelação Cível 5004620-06.2015.4.04.7110, 4ª Turma, Rel. Des. Marcos Roberto Araujo dos Santos, j. em 14.11.2023.

TRIBUNAL REGIONAL FEDERAL DA 4ª REGIÃO. Apelação Cível 5010481-88.2015.4.04.7201, 3ª Turma, Rel. Des. Roger Raupp Rios, j. em 12.03.2024.

TRIBUNAL REGIONAL FEDERAL DA 4ª REGIÃO. Apelação Cível 5048901-72.2018.4.04.7100, 3ª Turma, Rel. Des. Rogerio Favreto, j. em 14.04.2023.

VENOSA, Sílvio de Salvo. *Direito civil* – Parte geral. 20. ed. São Paulo: Atlas, 2020.

Informação bibliográfica deste texto, conforme a NBR 6023:2018 da Associação Brasileira de Normas Técnicas (ABNT):

WLADECK, Felipe Scripes; AMARAL, Paulo Osternack. Conversão da ação de improbidade administrativa em ação civil pública. *In*: JUSTEN, Monica Spezia; PEREIRA, Cesar; JUSTEN NETO, Marçal; JUSTEN, Lucas Spezia (coord.). *Uma visão humanista do Direito*: homenagem ao Professor Marçal Justen Filho. Belo Horizonte: Fórum, 2025. v. 1, p. 609-634. ISBN 978-65-5518-918-6.

O OBJETO DO PROCESSO E A DECISÃO QUE TIPIFICA O ATO DE IMPROBIDADE ADMINISTRATIVA

FLÁVIO CHEIM JORGE

MARIANA FERNANDES BELIQUI

1 Introdução

O estudo do objeto do processo na ação de improbidade administrativa é de grande relevância no âmbito do direito sancionatório.

Embora a ação de improbidade administrativa tenha natureza civil, conforme reafirmado pelo Supremo Tribunal Federal, sua especificidade e os impactos de suas sanções exigem uma análise diferenciada em relação ao Direito Processual Civil tradicional.

Este artigo tem como objetivo explorar o conceito de objeto do processo na ação de improbidade administrativa, discutindo a relação entre a causa de pedir e o pedido, além de abordar a tipificação do ato de improbidade administrativa à luz da Lei nº 8.429/92 e das modificações recentes pela Lei nº 14.230/2021.

A partir de uma visão crítica, busca-se identificar os específicos e desafios na aplicação desses conceitos no contexto das ações de improbidade. Isso inclui a análise das garantias processuais, como o princípio do *ne bis in idem*, e a necessidade de se ajustarem as regras de imputação e sanção à natureza civil das ações de improbidade, contribuindo para o entendimento mais profundo do Direito Sancionatório e suas consequências.

2 O objeto do processo na ação de improbidade administrativa

A ação de improbidade administrativa, segundo o disposto na Constituição da República e reafirmado pelo Supremo Tribunal Federal no julgamento do Tema nº 1.199, tem natureza civil, e, por isso, na ausência de norma processual específica na Lei Federal nº 8.429/92, deve-se aplicar o Código de Processo Civil, conforme previsão expressa do art. 17, *caput*, da Lei de Improbidade Administrativa.

Tal fato nos conduz à conclusão de que o objeto do processo na ação de improbidade administrativa seria a pretensão processual consistente no pedido iluminado pela causa de pedir, tal como nas ações cíveis.

A aplicação dessa concepção do Direito Processual Civil de objeto do processo à ação de improbidade administrativa pura e simples, contudo, não se revela consentânea com o Direito Sancionatório, uma vez que parte de premissas diversas, pois: enquanto no processo civil se pressupõe isonomia entre as partes e, consequentemente, simetria na distribuição de encargos, no processo punitivo (penal e não penal), diante da figura do Estado acusador no exercício do *ius puniendi*, o réu (acusado) ocupa posição mais fraca, razão pela qual deve gozar de garantias para além daquelas previstas na legislação processual civil.

Nesse sentido, tratando-se de ação punitiva, o autor defende que, tal como na ação penal, o objeto do processo na ação de improbidade administrativa é o *fato típico imputado*, notadamente, diante da previsão expressa na Lei nº 8.429/92 do conceito de imputação (art. 17, §6º, I, §6º-B, §10-C e §15),[1] e da garantia do *ne bis in idem*.

O objeto do processo na ação de improbidade administrativa, então, residiria "em verificar se o acusado incorreu no fato típico previsto na Lei de Improbidade Administrativa":[2] se incorreu, aplica-se a punição, do contrário, a sentença será de improcedência.

Essa compreensão sobre o objeto do processo da ação de improbidade administrativa, entretanto, não está imune à crítica tendo em vista que na ação de improbidade administrativa a causa de pedir está ontologicamente imbricada ao pedido e que, seguindo a vontade do legislador de observância ao Código de Processo Civil naquilo em que não está expressamente disposto na Lei nº 8.429/92, esse pedido deve ser certo e determinado.

Por isso, ousamos entender que ambos os elementos devem ser considerados no futuro provimento jurisdicional.

Desse modo, seguindo a lógica de que a Lei de Improbidade Administrativa reverbera o conceito de imputação, mas com natureza civil, o pedido é igualmente elemento de destaque ao lado da causa de pedir.

Assim, o objeto da ação de improbidade administrativa pode ser compreendido como a causa de pedir (fato típico imputado) ontologicamente emaranhada ao pedido (punição segundo o ato ímprobo praticado).[3]

---

[1] "Art. 17. [...] §6º A petição inicial observará o seguinte: [...] II - será instruída com documentos ou justificação que contenham indícios suficientes da veracidade dos fatos e do dolo imputado ou com razões fundamentadas da impossibilidade de apresentação de qualquer dessas provas, observada a legislação vigente, inclusive as disposições constantes dos arts. 77 e 80 da Lei nº 13.105, de 16 de março de 2015 (Código de Processo Civil). [...] §6º-B. A petição inicial será rejeitada nos casos do art. 330 da Lei nº 13.105, de 16 de março de 2015 (Código de Processo Civil), bem como quando não preenchidos os requisitos a que se referem os incisos I e II do §6º deste artigo, ou ainda quando manifestamente inexistente o ato de improbidade imputado. [...] §10-C. Após a réplica do Ministério Público, o juiz proferirá decisão na qual indicará com precisão a tipificação do ato de improbidade administrativa imputável ao réu, sendo-lhe vedado modificar o fato principal e a capitulação legal apresentada pelo autor. [...] §15. Se a imputação envolver a desconsideração de pessoa jurídica, serão observadas as regras previstas nos arts. 133, 134, 135, 136 e 137 da Lei nº 13.105, de 16 de março de 2015 (Código de Processo Civil)".

[2] PINTO, Marcos Vinícius. *Ação de improbidade administrativa*: presunção de inocência e ne bis in idem. [s.l.]: [s.n.], 2022. p. 105.

[3] Esse entendimento se aproximaria da parcela da doutrina que compreende que o objeto do processo (civil) está tanto no pedido como na causa de pedir. A citar: BEDAQUE, José Roberto dos Santos. Os elementos objetivos da demanda à luz do contraditório. *In*: CRUZ E TUCCI, José Rogério; BEDAQUE, José Roberto dos Santos

3 Certeza e determinação do pedido na ação de improbidade administrativa

De acordo com o previsto nos arts. 322 e 324 do Código de Processo Civil, o pedido deduzido deve ser *certo* e *determinado*.[4]

O pedido será certo na medida em que caracterizar a natureza do provimento jurisdicional e a espécie do bem jurídico pretendido, em qualidade e quantidade. Isso significa que o pedido certo é o pedido *expresso*, que permite a *identificação inequívoca* da natureza das pretensões deduzidas (em caráter mediato e imediato), e é determinado quando indica sua respectiva qualidade e quantidade.[5]

A indefinição da quantidade do bem da vida pretendido, por seu turno, torna o pedido *genérico* e representa a exceção no processo civil,[6] conforme disposto no §1º do art. 324.[7] Deveras, a certeza é a regra do pedido e a indeterminação, a exceção, quadrando, entretanto, ressalvar que o pedido indeterminado pode ser, no seu tempo, determinável.[8]

(Coord.). *Causa de pedir e pedido (questões polêmicas)*. São Paulo: RT, 2002. p. 30- 31; LUCON, Paulo Henrique dos Santos. *Relação entre demandas*. Brasília: Gazeta Jurídica, 2016. p. 51; MACHADO, Marcelo Pacheco. *A correlação no processo civil*: relações entre demanda e tutela jurisdicional. [s.l.]: [s.n.], 2015. p. 81-82; MESQUITA, José Ignácio Botelho de. A causa petendi nas ações reivindicatórias. *In*: MESQUITA, José Ignácio Botelho de. *Teses, estudos e pareceres de processo civil*: direito de ação, partes e terceiros, processo e política. São Paulo: Revista dos Tribunais, 2005. v. 1, p. 140; SANCHES, Sidney. Objeto do processo e objeto litigioso do processo. *Revista de Processo*, São Paulo, v. 13, p. 40-46, 1979; TALAMINI, Eduardo. *Coisa julgada e sua revisão*. São Paulo: Revista dos Tribunais, 2005. p. 79-81; CRUZ E TUCCI, José Rogério. *A causa petendi no processo civil*. 2. ed. São Paulo: Revista dos Tribunais, 2001. p. 22.

[4] "A certeza é condição tanto do pedido imediato quanto do pedido mediato, sendo impossível admitir-se pedido incerto" (WAMBIER, Luiz Rodrigues; TALAMINI, Eduardo. *Curso avançado de processo civil*: teoria geral do processo. 16. ed. São Paulo: Revista dos Tribunais, 2016. v. 1, p. 385).

[5] Na lição de Araken de Assis: "não se admite, a teor da melhor técnica, pedido obscuro, dúbio e vago, substituído, parcial ou integralmente, através de expressão elíptica, por exemplo, condenar o réu 'no que couber' ou, ainda, 'no que reputar justo', e outras, infelizmente comuns" (ASSIS, Araken de. *Cumulação de ações*. 4. ed. São Paulo: Revista dos Tribunais, 2002. p. 234).

[6] O chamado pedido genérico constitui exceção no sistema processual (art. 286 do CPC/1973 e arts. 322 e 324 do CPC/2015). O adjetivo "genérico", remissivo ao substantivo gênero (do latim *genus*, que indica "espécie, gênero"), qualifica coisas, fenômenos ou ações apresentadas em generalidade, sem especificidades, de forma geral, vaga, indeterminada ou incerta. Como será mais bem explicado adiante, o chamado pedido genérico é indeterminado apenas em relação a um de seus aspectos. Pedido genérico não se confunde com pedido incerto (inadmissível), como sugere a pureza da acepção do adjetivo eleito pelo legislador. Também não se confunde com os denominados pedidos implícitos, que são aqueles que, "embora por sua natureza pudessem constituir pedidos autônomos, a lei considera compreendidos no pedido simples ou qualificado, ou presume neles compreendidos como decorrência da sucumbência" fixada nos autos do processo: correção monetária, juros legais de mora etc. O pedido genérico é sempre certo, o que é indeterminada é a quantificação do bem da vida pretendido (*quantum debeatur*). Ainda quanto ao bem da vida, há determinação em certo grau, afinal, o demandante terá que determinar, por exemplo (dentre as hipóteses de admissão legal do pedido genérico), qual é a universalidade pretendida, qual é o quinhão da universalidade pretendida, quantas universalidades são pretendidas etc. Tecnicamente, seria mais conveniente denominar o "pedido genérico" de pedido certo com determinação diferida. Nesse caso, a redação do *caput* do art. 286 do CPC/1973 poderia ter sido a seguinte: "o pedido será sempre certo e determinado. Será admitido, porém, pedido certo com determinação diferida nos seguintes casos [...]". Como será visto oportunamente, o novo Código de Processo Civil (Lei nº 13.105, de 16.3.2015) cuida de retificar a imprecisão do legislador anterior (arts. 322 e 324 do CPC/2015) (MONTEIRO NETO, João Pereira. Teoria Geral do Processo e Processo de Conhecimento. 2. Pedido genérico: reflexões à luz do novo Código de Processo Civil. *Revista de Processo*, v. 243, p. 1-15, maio 2015).

[7] "Art. 324. [...] §1º É lícito, porém, formular pedido genérico: I - nas ações universais, se o autor não puder individuar os bens demandados; II - quando não for possível determinar, desde logo, as consequências do ato ou do fato; III - quando a determinação do objeto ou do valor da condenação depender de ato que deva ser praticado pelo réu".

[8] ZOTARELI, Daniel Menegassi. *A regra da correlação à luz do Código de Processo Civil*. São Paulo: Thomson Reuters Brasil, 2020. p. 36.

No âmbito da improbidade administrativa, o fato típico imputado ao réu está intimamente ligado ao respectivo pedido de aplicação de penas previstas no art. 12 da Lei nº 8.429/92, ainda que se admita a cumulação de outros pedidos (de ressarcimento, de anulação do ato tido como ilegal etc.), sendo que para cada *categoria* de ato de improbidade (arts. 9º, 10 e 11) são previstas sanções em qualidade e quantidades diferentes nos incs. I, II e II do art. 12.[9]

Isso porque o legislador efetivamente previu gradação na gravidade dos atos ímprobos: os que importam em enriquecimento do réu em razão da sua condição agente público ou terceiro atuante junto à Administração Pública.

Os mais graves, com sanções de perdimentos dos bens acrescidos ilicitamente, suspensão dos direitos políticos e proibição de contratar ou receber benefícios da Administração Pública de até quatorze anos (são pelo menos sete pleitos sem que o réu condenado possa exercer seu direito constitucional de votar e ser votado), isso sem mencionar a perda da função pública e a multa civil (correspondente ao acréscimo patrimonial indevido).

Na sequência, os atos que causam dano efetivo ao erário, com sanções de perdimentos dos bens acrescidos ilicitamente (se houve) e suspensão dos direitos políticos e proibição de contratar e receber benefícios da Administração Pública pelo prazo máximo de doze anos, além da perda da função pública e da multa civil.

Por último, os atos atentatórios aos princípios norteadores da Administração Pública que não preveem sanções de perda da função pública e suspensão dos direitos políticos, apenas multa civil e proibição de contratar ou receber benefícios pelo prazo de quatro anos.

Da simples leitura das culminações que podem ser aplicadas em desfavor do réu da ação de improbidade administrativa, já denotamos a relevância da certeza e determinação do pedido.

Isso porque, além de estabelecerem espécies de sanções diferentes, os prazos máximos das sanções que repetem para os três tipos de atos ímprobos variam em mais de três vezes entre as trazidas no inc. I (quatorze anos) e aquela do inc. III (quatro anos), de modo que a indicação das sanções em espécie, prazos e montantes se revela premente. Igualmente a questão relacionada à dosimetria dessas penas pelo juiz em caso de procedência da ação de improbidade administrativa.

---

9 "Art. 12. Independentemente do ressarcimento integral do dano patrimonial, se efetivo, e das sanções penais comuns e de responsabilidade, civis e administrativas previstas na legislação específica, está o responsável pelo ato de improbidade sujeito às seguintes cominações, que podem ser aplicadas isolada ou cumulativamente, de acordo com a gravidade do fato: I - na hipótese do art. 9º desta Lei, perda dos bens ou valores acrescidos ilicitamente ao patrimônio, perda da função pública, suspensão dos direitos políticos até 14 (catorze) anos, pagamento de multa civil equivalente ao valor do acréscimo patrimonial e proibição de contratar com o poder público ou de receber benefícios ou incentivos fiscais ou creditícios, direta ou indiretamente, ainda que por intermédio de pessoa jurídica da qual seja sócio majoritário, pelo prazo não superior a 14 (catorze) anos; II - na hipótese do art. 10 desta Lei, perda dos bens ou valores acrescidos ilicitamente ao patrimônio, se concorrer esta circunstância, perda da função pública, suspensão dos direitos políticos até 12 (doze) anos, pagamento de multa civil equivalente ao valor do dano e proibição de contratar com o poder público ou de receber benefícios ou incentivos fiscais ou creditícios, direta ou indiretamente, ainda que por intermédio de pessoa jurídica da qual seja sócio majoritário, pelo prazo não superior a 12 (doze) anos; III - na hipótese do art. 11 desta Lei, pagamento de multa civil de até 24 (vinte e quatro) vezes o valor da remuneração percebida pelo agente e proibição de contratar com o poder público ou de receber benefícios ou incentivos fiscais ou creditícios, direta ou indiretamente, ainda que por intermédio de pessoa jurídica da qual seja sócio majoritário, pelo prazo não superior a 4 (quatro) anos".

Diante da ausência de normas processuais específicas sobre o pedido na Lei Federal nº 8.429/92, a conclusão lógica alcançada é que sobre o pedido se aplicam as regras do direito processual civil.

Assim, o pedido na ação de improbidade administrativa é composto de um pedido mediato (bem da vida) e imediato (provimento requerido ao juiz), que, em regra, deve ser certo, determinado e inalterável após a estabilização da demanda.

Quanto ao bem da vida pretendido na ação de improbidade administrativa, este consiste nas punições que recaem sobre o réu cometedor do ato ímprobo, não se confundindo com os bens jurídicos tutelados, de natureza difusa, como o patrimônio público e a própria probidade administrativa.[10]

Já em relação à determinação do pedido na petição inicial da ação de improbidade administrativa, notadamente para a aplicação das sanções previstas nos incisos do art. 12, a doutrina diverge quanto ao seu cabimento.

Há quem entenda pela necessidade de indicação precisa das penas (e até da sua gradação) na exordial[11] e quem defenda que a inicial pode indicar tão somente os fatos jurídicos da demanda, reservando ao juiz a aplicação das penas que entender cabíveis e proporcionais.[12]

Tradicionalmente, a petição inicial na ação de improbidade administrativa cumula três pedidos imediatos principais:[13] [14] um declaratório da prática de ato ímprobo; outro sancionador, segundo as penas previstas no art. 12 da Lei nº 8.429/92; e, por fim, um ressarcitório do eventual dano causado ao erário pela prática do ato.

A cumulação é subsidiária, e uma vez que o pedido declaratório é julgado improcedente (concluindo-se pela não subsunção do fato jurídico ao tipo ímprobo), os demais pedidos restam prejudicados.

Diante da ausência de norma específica sobre o pedido na Lei nº 8.429/92, Heitor Vitor Mendonça Sica[15] cuidou de enfrentar pontos sensíveis relacionados à formulação desses pedidos na petição inicial e à aplicação das penas pelo juiz.

---

[10]   "O conceito de 'bem da vida' não se encaixa com precisão quando o processo civil lida com outra espécie de sanção civil, 'a meramente punitiva'. Esta impõe um 'mal', 'punição', castigo' ou 'pena' ao réu. Não há um 'bem' a ser incorporado à esfera jurídica do autor. Inexiste também qualquer situação de vantagem que o beneficie para além da mera 'vitória' no processo. Há tão somente punição aplicada ao réu. O conceito de 'bem da vida' também não se confunde com o de 'bem jurídico tutelado' - bem abstratamente lesado pelo ato concreto. Assim, o bem jurídico tutelado na improbidade administrativa é diferente do 'bem da vida' pretendido. Os bens jurídicos tutelados nessa ação punitiva são de natureza difusa - patrimônio pecuniário e probidade administrativa -, mas não são eles os bens da vida concretamente pedidos, que consistem nas punições que recairão sobre o ímprobo" (PINTO, Marcos Vinícius. *Ação de improbidade administrativa*: presunção de inocência e ne bis in idem. [s.l.]: [s.n.], 2022. p. 122-123).

[11]   OLIVEIRA, José Roberto Pimenta. *Improbidade administrativa e sua autonomia constitucional*. Belo Horizonte: Fórum, 2009. p. 732.

[12]   Nesse sentido: DECOMAIN, Pedro Roberto. *Improbidade administrativa*. São Paulo: Dialética, 2007. p. 294; e GARCIA, Emerson; ALVES, Rogério Pacheco. *Improbidade administrativa*. 6. ed. Rio de Janeiro: Lumen Juris, 2016. p. 720.

[13]   Podem ainda ser cumulados pedidos de anulação do ato administrativo ou de alguma obrigação de fazer ou não fazer, ou de entregar alguma coisa (STJ, 2ª Turma, REsp 964.920/SP, Rel. Min. Herman Benjamin, j. 28.10.2008. *DJe*, 13.03.2009).

[14]   O art. 16 da Lei de Improbidade Administrativa prevê ainda pedidos que podem ser requeridos em caráter cautelar e liminar (inclusive, incidentalmente), como é o caso da indisponibilidade de bens, desde que atendidos os requisitos legais para a concessão da tutela provisória de urgência do Código de Processo Civil.

[15]   SICA, Heitor Vitor Mendonça. Aspectos do pedido na ação de improbidade administrativa. *Revista de Processo*, São Paulo, v. 178, 2009.

O primeiro ponto enfrentado foi o da possibilidade de o autor da ação pedir a aplicação de apenas algumas penas previstas nos incisos do art. 12 e/ou em prazo ou base de cálculo inferior ao máximo estabelecido no dispositivo legal.

A conclusão, com a qual concordamos, é que o autor possui discricionariedade para, diante da gravidade dos fatos típicos por ele imputados ao réu, realizar juízo de valor sobre eles e, com isso, optar pelo pedido de aplicação de algumas medidas (manifestação do princípio da demanda e da inércia da jurisdição a seguir expostos).

É o caso, por exemplo, de um agente público que deixou de realizar acompanhamento adequado de um contrato público (omissão no ato de fiscalização), ainda que enquadre tal fato tipo descrito no art. 10, o autor pode entender excessiva a suspensão dos direitos políticos do agente.

Assim como em caso de não publicação de atos oficiais ao seu tempo e forma, a multa de vinte e quatro vezes o valor da remuneração do agente público pode ser considerada desproporcional pelo próprio autor que pede a aplicação de multa civil de duas vezes tal valor base. Nesse cenário, entendemos que o juiz está limitado ao pedido discricionariamente formulado pelo autor.

O segundo cenário é o caso de o pedido formulado não indicar detidamente quais sanções em tipo e quantidade pretende o autor. Nesse caso, entendemos que seria necessária a intimação para complementação da petição inicial nos termos do art. 321 do Código de Processo Civil, por força do disposto no art. 319, inc. IV do mesmo diploma.

Contudo, não nos parece desarrazoado concluir que, estando as sanções vinculadas à tipificação extraída da inicial (art. 17, §6º, inc. I) e à capitulação indicada na decisão interlocutória tratada em tópico subsequente (art. 17, §10-C), se o autor indicar só o inc. do art. 12, estaria, na verdade, pedindo a aplicação de todas as sanções nele previstas.

Essa omissão por parte do autor não torna o pedido genérico, pois as penas cabíveis podem ser extraídas da vinculação direta existente entre os tipos de ato de improbidade administrativa e as sanções dos incisos do art. 12. Assim, não obstante a omissão do autor, tal fato não torna o pedido genérico ou cambiável entre os incisos do art. 12, o pedido segue vinculado ao tipo imputado e as espécies e quantidades máximas previstas em cada um dos incisos do mencionado dispositivo.

O último cenário que destacamos em relação ao pedido na ação é sobre a possibilidade de o juiz aplicar pena maior ou não requerida pelo autor da ação de improbidade administrativa. Nessa hipótese, entendemos que, caso o juiz condene em quantidade ou em espécie diferente estará proferindo sentença *ultra petita*, uma vez que "lhe é defeso desconsiderar os limites do pedido fixados pela peça inicial".[16]

As exceções seriam as duas hipóteses incluídas pela Lei nº 14.230/2021 nos §§1º e 2º do art. 12: quanto à extensão da sanção de perda da função pública para outros vínculos que o réu possua com a Administração Pública (não limitado, portanto, a qualidade e natureza deste com aquele em que o ato ímprobo foi praticado); sobre a multa poder ser majorada até o dobro, caso o juiz considere que, em razão da situação econômica do réu, o valor previsto nos incisos do art. 12 não é suficiente para o repúdio do ato de improbidade administrativa.[17]

---

[16] SICA, Heitor Vitor Mendonça. Aspectos do pedido na ação de improbidade administrativa. *Revista de Processo*, São Paulo, v. 178, 2009.

[17] O §4º também prevê hipótese de elastecimento da sanção de proibição de contratar com a Administração Pública para além do ente lesado. Não prevê, contudo, se a exceção deve ser requerida pelo autor ou se pode ser considerada de ofício pelo juiz durante a dosimetria das sanções.

Sabemos que essas posições não se coadunam com a jurisprudência formada pelo Superior Tribunal de Justiça,[18] até então, sobre a matéria. Contudo, diante das profundas alterações introduzidas pela Lei nº 14.230/2021 na Lei de Improbidade Administrativa, há a possibilidade de que o Tribunal Superior compreenda a necessidade de certeza e determinação do pedido na ação de improbidade administrativa, pois, no caso de omissão, devem ser aplicadas as normas previstas no Código de Processo Civil sobre pedido.[19]

Nesse cenário, percebe-se que na improbidade administrativa a causa de pedir e o pedido são elementos relevantes para a identificação do objeto do processo na medida em que se trata de ação punitiva (manifestação do *ius puniendi* estatal), porém de natureza civil e, naquilo que a Lei de Improbidade Administrativa não discorre expressamente, submete-se às normas e regras do direito processual civil.

4 A decisão que tipifica o ato ímprobo

Com o ajuizamento da ação (petição inicial do autor) e a citação do réu (para apresentação de contestação, se quiser), ocorre fenômeno conhecido como a estabilização da demanda, a partir da qual o autor não pode mais alterar seus elementos, em especial, os objetivos (causa de pedir e pedido).

Antes da citação, os aditamentos e alterações são livres (art. 329, I, do Código de Processo Civil), após, só são toleradas se o réu anuir (art. 329, II, do Código de Processo Civil), devendo-lhe ser assegurados, diante da inovação, o contraditório e a ampla defesa.[20]

O sistema processual civil brasileiro, portanto, é rígido quanto à possibilidade de alteração da pretensão processual e dos fundamentos que a delimitam,[21] uma vez que a relação processual esteja *angularizada*.

Resolvidas questões incidentes, fixados os pontos de fato que dependem de provas e deferidos os meios probatórios cabíveis, o procedimento estará saneado e preparado para a instrução. Assim, somente em caráter excepcional[22] é permitida alteração com a

---

[18] Sobre o pedido na ação de improbidade administrativa: "VII - Não há se falar em violação do princípio da congruência externa, afinal deve-se contemplar aquilo que se denominou jurisprudencialmente de interpretação lógico-sistemática da exordial. Assim, as sanções por ato ímprobo passam a ser entendidas como pedidos implícitos" (AgInt no REsp 1.628.455/ES, Rel. Min. Francisco Falcão, Segunda Turma, julgado em 6.3.2018. *DJe*, 12.3.2018)

[19] Não julgamos necessário tecer considerados sobre as hipóteses de pedidos genéricos previstas no Código de Processo Civil, pois não se coadunam com a ação de improbidade administrativa, bem como sobre os pedidos implícitos, uma vez que sabemos que incide atualização monetária sobre o valor devido a título de ressarcimento, multa etc.

[20] THEODORO JÚNIOR, Humberto. Estabilização da demanda no novo Código de Processo Civil. *Revista de Processo*, São Paulo, v. 244, p. 195-205, jun. 2015.

[21] "O sistema do processo civil italiano, que admite sucessivas audiências segundo as necessidades da defesa e da instrução, é de procedimento flexível e não rígido como o nosso. Consequentemente, novos fundamentos de fato podem ser trazidos mesmo depois da citação (fatos circunstanciais)" (DINAMARCO, Cândido Rangel. *Instituições de direito processual civil*. 7. ed. São Paulo: Malheiros, 2017. v. II. p. 67).

[22] Em contraponto à rigidez do sistema de estabilização da demanda, a Lei de Improbidade Administrativa, com as alterações introduzidas pela Lei Federal nº 14.230/2021, prevê no art. 17-B possibilidade de autocomposição e celebração de negócio jurídico processual (art. 190, do CPC), observados os seguintes resultados: (i) o integral ressarcimento do dano, se houve, e (ii) e a reversão à pessoa jurídica lesada da vantagem indevida obtida, ainda que oriunda de agentes privados.

aquiescência do réu e antes da decisão saneadora, após a fase postulatória e nas exceções previstas em lei, com as ressalvas da doutrina quanto a isso.[23] [24]

Em consonância com as rígidas normas processuais sobre estabilização da demanda e sobre os limites de alteração dos seus elementos após a citação do autor, tanto pelas partes, como pelo juiz, a Lei de Improbidade Administrativa previu decisão interlocutória que, *pelo momento processual em que é proferida*, merece nosso destaque a novel decisão interlocutória prevista no já mencionado art. 17, §10-C introduzido pela Lei nº 14.230/2021,[25] segundo a qual, após a réplica e antes do saneamento do processo, o juiz "indicará com precisão a tipificação do ato de improbidade administrativa imputável ao réu, sendo-lhe vedado modificar o fato principal e a capitulação legal apresentada pelo autor".[26]

---

[23] Como exemplo, a extensão da exceção disposta no art. 493, do Código de Processo Civil, em relação aos fatos essenciais. Outra exceção seria eventual negócio jurídico processual firmado entre as partes previsto no art. 190 do Código de Processo Civil. Nesse sentido, afirma Humberto Theodoro Júnior que: "[u]ltrapassado o saneamento, as modificações do pedido continuam sendo possíveis, mas terão de submeter-se a regramento específico, que dão poder de controle ao juiz, como no negócio jurídico processual (art. 190 do CPC/2015), e, às vezes, dispensam até o consenso entre as partes, como na superveniência de fato constitutivo, modificativo e extintivo de direito relevante para o julgamento do mérito da causa (art. 493 do CPC/2015). O novo Código, portanto, tratou separadamente os casos de livre modificabilidade do pedido pelas partes e aqueles cuja possibilidade de inovação do objeto litigioso pode ocorrer além do limite temporal traçado pelo art. 329, II, do CPC/2015. Não há incongruência, destarte, entre a estipulação de um termo processual para o exercício da livre modificabilidade do pedido, e previsão de casos especiais em que as alterações do objeto litigioso podem acontecer depois do saneamento, e até mesmo depois da sentença. O art. 329 do CPC/2015 não entra em contradição com o sistema do novo Código, justamente porque, ao disciplinar a oportunidade para que as partes negociem a alteração do pedido, não o fez para proibir que nenhuma modificação ulterior se tornasse impossível" (THEODORO JÚNIOR, Humberto. Estabilização da demanda no novo Código de Processo Civil. *Revista de Processo*, São Paulo, v. 244, p. 195-205, jun. 2015).

[24] A rigidez externada no Código de Processo Civil quanto à estabilização da demanda (arts. 329, 347, 493 e 1.014) tem direta relação à supramencionada teoria da substanciação adotada por nosso sistema processual e se manifesta na preclusão e na regra da eventualidade, que igualmente se vinculam à regra da correlação entre demanda e sentença.

[25] "O art. 17, 10-C, da Lei de Improbidade Administrativa prevê uma decisão exclusiva do procedimento da ação de improbidade administrativa. Antes do saneamento e, principalmente, da organização do processo, caberá ao juiz proferir decisão na qual indicará com precisão a tipificação do ato de improbidade administrativa imputável ao réu. Na prolação dessa decisão, o juízo está vinculado ao fato principal e à capitulação legal apresentada pelo autor" (NEVES, Daniel Amorim Assumpção; OLIVEIRA, Rafael Carvalho Rezende. *Manual de improbidade administrativa*: direito material e processual. [s.l.]: [s.n.], 2022. p. 254).

[26] "Rumando ao artigo 17-C, caput, da Lei de Improbidade Administrativa, ele preconiza que a sentença proferida em ação de responsabilização por ato de improbidade administrativa, além de observar o estatuído no artigo 489 do CPC, deve satisfazer as seguintes exigências: indicar, de modo preciso, os fundamentos que demonstram os elementos a que se referem os artigos 9º, 10 e 11 da LIA, os quais não podem ser presumidos (inc. I); considerar as consequências práticas da decisão, sempre que decidir com base em valores jurídicos abstratos (inc. II); considerar os obstáculos e as dificuldades reais do gestor e as imposições das políticas públicas a seu cargo, sem prejuízo dos direitos dos administrados e das circunstâncias práticas que houverem determinado, limitado ou condicionado a ação do agente (inc. III); considerar, para a aplicação das sanções, de forma isolada ou cumulativa, os postulados da proporcionalidade e da razoabilidade, a natureza, a gravidade e o impacto da infração cometida, a extensão do dano causado, o proveito patrimonial obtido pelo réu, as circunstâncias agravantes ou atenuantes, a atuação do demandado em minorar os prejuízos e as consequências advindas de sua conduta omissiva ou comissiva e os antecedentes do agente (inc. IV); considerar, na aplicação das sanções, a dosimetria das sanções relativas ao mesmo fato já aplicadas ao réu (inciso V); considerar, na fixação das penalidades relativamente a partícipe ou beneficiário do ato ímprobo, quando for o caso, a sua atuação específica, inadmitindo-se a responsabilização por ações ou omissões para as quais não tiver concorrido ou das quais não tiver obtido vantagens patrimoniais indevidas (inciso VI); e indicar, na apuração da ofensa a princípios, critérios objetivos que justifiquem a imposição de sanção (inciso VII). Eis mais deveres judiciais de motivação, embasados sobretudo na perspectiva consequencialista juspublicista albergada pela Lindb após o advento da Lei 13.655/2018. Dignas de nota, outrossim, as grandes similitudes entre os teores dos incisos do artigo 17-C, caput, da LIA e os teores dos adrede mencionados artigos 20 a 22 da Lindb. O descumprimento dos

Na sequência, considerando que "para cada ato de improbidade administrativa, deverá necessariamente ser indicado apenas um tipo dentro aqueles previstos nos artigos 9º, 10 e 11" (§10-D), a Lei de Improbidade Administrativa prevê que "as partes serão intimadas a especificar as provas que pretendem produzir" (§10-E).

Assim, não obstante a regra da estabilização da demanda na ação de improbidade administrativa seguir a rigidez na legislação processual civil, notamos que a Lei nº 14.230/2021 introduziu no ordenamento jurídico novo dever ao juiz consiste no aclaramento da causa de pedir em momento imediatamente anterior ao saneamento do processo.

Essa decisão interlocutória, permitimo-nos pontuar, parece, na verdade, revelar a compreensão do legislador sobre as dificuldades de se extrair da narrativa dos fatos e dos fundamentos jurídicos genericamente pelo autor o fato principal e o pedido por ele deduzido. Isso para não nos repetirmos sobre a temeridade de algumas iniciais, extremamente lacônicas, das quais não se extrai com segurança sequer a categoria do ato de improbidade que está sendo imputado ao réu.

É o caso, por exemplo, de narrativas sobre determinado procedimento licitatório em que se indica suposto direcionamento, com inclusão de cláusulas tidas como restritivas, fala-se nos prejuízos causados ao erário pela frustração do caráter competitivo do certame, concomitantemente com alegações de inobservância do princípio da legalidade, arrematando-se a peça inicial com o pedido de aplicação das sanções previstas no art. 12 da Lei nº 8.429/92.

Ora, dessa inicial, só conseguimos extrair que se imputa ao réu a prática de um ato de improbidade, mas não sabemos qual. Por isso, diante dessa complexidade natural à inicial da ação de improbidade, mister que antes da organização do processo, sejam aclaradas "as regras do jogo".

Essa decisão interlocutória introduzida pela Lei nº 14.230/2021, portanto, parece (acertadamente) presumir a complexidade das causas relacionadas à improbidade administrativa, algo que, salvo melhor juízo, aproximar-se-ia do saneamento do processo disposto no art. 357, §3º, do Código de Processo Civil,[27] porém, ao invés de uma audiência, o juiz profere uma decisão (recorrível) para trazer luz sobre a causa de pedir da ação de improbidade.

No exemplo extremo dado acima, entendemos que o caso seria de inépcia da inicial, pois o pedido deduzido seria genérico, assim como a própria causa de pedir, algo inconcebível para qualquer processo, o que dirá para uma ação punitiva.

Contudo, diante do seu caráter esclarecedor e antecessor do despacho saneador, calhou de ser aqui comentada.

---

deveres judiciais de motivação até aqui apontados caracteriza inequívoca omissão do julgador quanto a tema sobre o qual haveria que se pronunciar, enquanto o cumprimento insuficiente deles pode inquinar o decisum final de obscuridade, atraindo o cabimento dos embargos de declaração, com fulcro no artigo 1.022, caput, incisos I, initio, e II, do CPC" (LIMA, Thadeu Augimeri de Goes. Deveres judiciais instrutórios e de motivação na nova Lei de Improbidade. *Revista Consultor Jurídico*, São Paulo, mar. 2022. Disponível em: https://www.conjur.com.br/2022-mar-23/goes-lima-deveres-judiciais-instrutorios-lia. Acesso em: 12 ago. 2024).

[27] "Art. 357. Não ocorrendo nenhuma das hipóteses deste Capítulo, deverá o juiz, em decisão de saneamento e de organização do processo: [...] §3º Se a causa apresentar complexidade em matéria de fato ou de direito, deverá o juiz designar audiência para que o saneamento seja feito em cooperação com as partes, oportunidade em que o juiz, se for o caso, convidará as partes a integrar ou esclarecer suas alegações".

Por fim, merece ser anotado que a constitucionalidade do referido dispositivo é desafiada na já mencionada Ação Direta de Inconstitucionalidade nº 7.236, e que o trecho que limitava a legitimidade ativa da ação de improbidade administrativa exclusivamente ao Ministério Público foi parcialmente declarado inconstitucional, com interpretação conforme sem redução de texto, conforme decidido na Ação Direta de Inconstitucionalidade nº 7.043.[28] [29]

Com efeito, o pedido se revela elemento da demanda que distancia a ação de improbidade administrativa do sistema processual penal, na medida em que deve ser certo e determinado, ainda que a causa de pedir e o pedido estejam ontologicamente imbricados na ação de improbidade administrativa, sendo eles os elementos identificadores do objeto dessa ação punitiva, ao passo que, pelo momento processual em que é proferida, a decisão que tipifica o ato de improbidade administrativa dá destaque à causa de pedir nessa ação punitiva.

5 Conclusão

O objeto do processo na ação de improbidade administrativa deve ser compreendido de forma integrada, considerando tanto a causa de pedir (fato típico imputado) quanto o pedido (punição segundo o ato ímprobo praticado).

Essa dualidade reflete a natureza punitiva e civil da ação, exigindo que se observem, simultaneamente, os princípios do Direito Sancionatório e as normas do Direito Processual Civil.

A necessidade de certeza e determinação do pedido, bem como a estabilização da demanda, são elementos fundamentais para garantir a segurança jurídica e o devido processo legal.

As alterações legislativas, introduzidas pela Lei Federal nº 14.230/2021, reforçam a importância de uma interpretação criteriosa das normas processuais legais, buscando um equilíbrio entre a eficiência na proteção de atos recentes de improbidade e a preservação dos direitos e garantias dos acusados.

Assim, este ensaio reafirma a importância de um olhar atento às nuances processuais para que a justiça seja eficaz no âmbito das ações de improbidade administrativa, promovendo um sistema que, ao mesmo tempo que pune os desvios de conduta dos agentes públicos, no que diz respeito aos direitos fundamentais e o devido processo legal.

---

[28] Conforme decidido na ADI nº 7.043 pelo Tribunal do Pleno do STF, foi declarada inconstitucionalidade parcial, com interpretação conforme sem redução de texto dos §§6º-A e 10-C do art. 17, assim como do *caput* e dos §§5º e 7º do art. 17-B, da Lei nº 8.429/1992, na redação dada pela Lei nº 14.230/2021, de modo a restabelecer a existência de legitimidade ativa concorrente e disjuntiva entre o Ministério Público e as pessoas jurídicas interessadas para a propositura da ação por ato de improbidade administrativa e para a celebração de acordos de não persecução civil (STF, ADI 7.043-DF, Tribunal Pleno, Rel. Min. Alexandre de Moraes, julg. 31.8.2022. *DJe*, 28.2.2023).

[29] Acreditamos ainda que essa decisão interlocutória, proferida antes da decisão saneadora, é o marco processual da imutabilidade dos elementos da demanda que revela a inaplicabilidade do *iura novit curia* na ação de improbidade administrativa.

Referências

ASSIS, Araken de. *Cumulação de ações*. 4. ed. São Paulo: Revista dos Tribunais, 2002.

BEDAQUE, José Roberto dos Santos. Os elementos objetivos da demanda à luz do contraditório. *In*: CRUZ E TUCCI, José Rogério; BEDAQUE, José Roberto dos Santos (Coord.). *Causa de pedir e pedido (questões polêmicas)*. São Paulo: RT, 2002.

CRUZ E TUCCI, José Rogério. *A causa petendi no processo civil*. 2. ed. São Paulo: Revista dos Tribunais, 2001.

DECOMAIN, Pedro Roberto. *Improbidade administrativa*. São Paulo: Dialética, 2007.

DINAMARCO, Cândido Rangel. *Instituições de direito processual civil*. 7. ed. São Paulo: Malheiros, 2017. v. II.

GARCIA, Emerson; ALVES, Rogério Pacheco. *Improbidade administrativa*. 6. ed. Rio de Janeiro: Lumen Juris, 2016.

LIMA, Thadeu Augimeri de Goes. Deveres judiciais instrutórios e de motivação na nova Lei de Improbidade. *Revista Consultor Jurídico*, São Paulo, mar. 2022. Disponível em: https://www.conjur.com.br/2022-mar-23/goes-lima-deveres-judiciais-instrutorios-lia.

LUCON, Paulo Henrique dos Santos. *Relação entre demandas*. Brasília: Gazeta Jurídica, 2016.

MACHADO, Marcelo Pacheco. *A correlação no processo civil*: relações entre demanda e tutela jurisdicional. [s.l.]: [s.n.], 2015.

MESQUITA, José Ignácio Botelho de. A causa petendi nas ações reivindicatórias. *In*: MESQUITA, José Ignácio Botelho de. *Teses, estudos e pareceres de processo civil*: direito de ação, partes e terceiros, processo e política. São Paulo: Revista dos Tribunais, 2005. v. 1.

MONTEIRO NETO, João Pereira. Teoria Geral do Processo e Processo de Conhecimento. 2. Pedido genérico: reflexões à luz do novo Código de Processo Civil. *Revista de Processo*, v. 243, p. 1-15, maio 2015.

NEVES, Daniel Amorim Assumpção; OLIVEIRA, Rafael Carvalho Rezende. *Manual de improbidade administrativa*: direito material e processual. [s.l.]: [s.n.], 2022.

OLIVEIRA, José Roberto Pimenta. *Improbidade administrativa e sua autonomia constitucional*. Belo Horizonte: Fórum, 2009.

PINTO, Marcos Vinícius. *Ação de improbidade administrativa*: presunção de inocência e ne bis in idem. [s.l.]: [s.n.], 2022.

SANCHES, Sidney. Objeto do processo e objeto litigioso do processo. *Revista de Processo*, São Paulo, v. 13, 1979.

SICA, Heitor Vitor Mendonça. Aspectos do pedido na ação de improbidade administrativa. *Revista de Processo*, São Paulo, v. 178, 2009.

TALAMINI, Eduardo. *Coisa julgada e sua revisão*. São Paulo. Revista dos Tribunais, 2005.

THEODORO JÚNIOR, Humberto. Estabilização da demanda no novo Código de Processo Civil. *Revista de Processo*, São Paulo, v. 244, p. 195-205, jun. 2015.

WAMBIER, Luiz Rodrigues; TALAMINI, Eduardo. *Curso avançado de processo civil*: teoria geral do processo. 16. ed. São Paulo: Revista dos Tribunais, 2016. v. 1.

ZOTARELI, Daniel Menegassi. *A regra da correlação à luz do Código de Processo Civil*. São Paulo: Thomson Reuters Brasil, 2020.

Informação bibliográfica deste texto, conforme a NBR 6023:2018 da Associação Brasileira de Normas Técnicas (ABNT):

JORGE, Flávio Cheim; BELIQUI, Mariana Fernandes. O objeto do processo e a decisão que tipifica o ato de improbidade administrativa. *In*: JUSTEN, Monica Spezia; PEREIRA, Cesar; JUSTEN NETO, Marçal; JUSTEN, Lucas Spezia (coord.). *Uma visão humanista do direito*: homenagem ao Professor Marçal Justen Filho. Belo Horizonte: Fórum, 2025. v. 1, p. 635-646. ISBN 978-65-5518-918-6.

O STF, O STJ E A RETROATIVIDADE BENÉFICA NO DIREITO ADMINISTRATIVO SANCIONADOR

FRANCISCO ZARDO

1 Um agradecimento necessário

Ouvi falar de Marçal Justen Filho pela primeira vez em 1998, logo após o meu ingresso como aluno na graduação da Faculdade de Direito da Universidade Federal do Paraná. O Professor Marçal era referido pelos outros professores como aquele jovem professor titular que, como aluno, havia obtido a melhor média da história da Faculdade de Direito e que, como professor, iniciara na filosofia, passara com excelência pelo Direito Tributário, pelo Direito Comercial e, na época, estava migrando para o Direito Administrativo e o Direito Econômico. Desde então, minha trajetória profissional e acadêmica tem sido profundamente influenciada pela obra do Professor Marçal.

O tema da minha monografia de conclusão da graduação – *Iniciação ao Estudo das Agências Reguladoras* – foi inspirado no seu então recém-lançado *O Direito das Agências Reguladoras Independentes*,[1] um monumento de quase 700 páginas, que, segundo se comentava entre os alunos, havia sido escrito em pouco mais de 30 dias numa viagem à França. Não foi o meu orientador, mas, graças à ajuda do meu colega de turma Marçal Justen Neto, deu-me conselhos preciosos em diálogos prévios à banca examinadora, na qual esteve presente.

Na advocacia, minha opção pelo Direito Administrativo tem relação direta com o período de estágio em uma concessionária de rodovias. O governo do Estado buscava retomar a concessão, tendo lançado mão dos mais diversos expedientes: intervenção, encampação, desapropriação de ações. O advogado Marçal Justen Filho liderou a exitosa defesa da concessionária com conhecimento especializado, estratégia e uma elegante indignação,[2] predicados que aprendi e procuro exercitar.

---

[1] JUSTEN FILHO, Marçal. *O direito das agências reguladoras independentes*. São Paulo: Dialética, 2002.

[2] Ilustrativamente, confira-se: JUSTEN FILHO, Marçal. Por que acredito em lobisomem. *Migalhas*. Disponível em: https://www.migalhas.com.br/depeso/409753/por-que-acredito-em-lobisomem. Acesso em: 7 jul. 2024.

Minha dissertação de Mestrado sobre *Infrações e Sanções em Licitações e Contratos Administrativos*[3] também contou com o estímulo do Professor Marçal que, no seu *Curso de Direito Administrativo*, apontava a lacuna existente afirmando: "o tema até o presente não mereceu maior atenção da doutrina e da jurisprudência".[4] Anos depois, meu trabalho passou a ser generosamente referenciado em seu clássico *Comentários à Lei de Licitações e Contratos Administrativos*.[5]

Na posição de intelectual público, marcou-me a coragem do Professor Marçal em defesa da alteração da Lei de Introdução às Normas do Direito Brasileiro, nos fervorosos debates que antecederam a edição da Lei nº 13.655/2018.[6]

Mais recentemente, em 2022, a convite da Professora Thaís Marçal, tive a alegria de dividir com o Professor Marçal um painel promovido pelo *Migalhas*[7] sobre a nova Lei de Improbidade Administrativa e as repercussões da decisão do Supremo Tribunal Federal no Tema de Repercussão Geral nº 1.199. O professor havia recém-publicado o livro *Reforma da Lei de Improbidade Administrativa*[8] e eu havia atuado como advogado na ação que originou o referido tema. O recorte objeto deste artigo é inspirado, outra vez, naquele diálogo com o Professor Marçal, em suas argutas observações sobre o julgamento do Tema nº 1.199 e nos últimos desdobramentos relativamente à retroatividade benéfica no Direito Administrativo Sancionador.

A celebração dos 70 anos do Professor e Advogado Marçal Justen Filho, que reúne os predicados de talento, dedicação, integridade e coragem, evoca em mim um sentimento: gratidão. Como no poema *Mestre*, de Drummond: "Muito aprendi contigo: a vida é um verso/sem sentido talvez, mas com que música!".

2 A retroatividade benéfica na Constituição Federal

O art. 5º, inc. XXXIX, da Constituição estabelece que "não há crime sem lei anterior que o defina, nem pena sem prévia cominação legal" e o inc. XL dispõe que "a lei penal não retroagirá, salvo para beneficiar o réu". Como ensina Francisco de Assis Toledo à luz destes dispositivos, "a regra geral é a da prevalência da lei do tempo do fato (tempus regit actum), isto é, aplica-se a lei vigente quando da realização do fato".[9] Assim, uma lei nova que defina ilícitos ou comine penas não incidirá sobre fatos ocorridos no passado.

A exceção é quando a lei nova beneficia o acusado, eliminando o crime (*abolitio criminis*) ou tornando mais branda a pena cominada, por exemplo. O artigo 9 da Convenção

---

[3] ZARDO, Francisco. *Infrações e sanções em licitações e contratos administrativo*. São Paulo: Revista dos Tribunais, 2014.

[4] JUSTEN FILHO, Marçal. *Curso de Direito Administrativo*. 3. São Paulo: Saraiva, 2008. p. 452.

[5] JUSTEN FILHO, Marçal. *Comentários à Lei de Licitações e Contratos Administrativos*. 17. ed. São Paulo: Revista dos Tribunais, 2016. p. 1338.

[6] Para rememorar os debates públicos em torno da alteração da LINDB, confira-se: TCU. *Discussão do Projeto de Lei 7.448/2017/Tribunal de Contas da União*; [Palestrantes] Ministro Raimundo Carreiro ... [et al.]. Brasília: TCU, Secretaria-Geral da Presidência (Segepres), 2018. Disponível em: https://portal.tcu.gov.br/data/files/CD/E3/51/19/E151F6107AD96FE6F18818A8/Discussao_projeto_lei_7.448_2017.pdf. Acesso em: 7 jul. 2024.

[7] Disponível em: https://academia.migalhas.com.br/curso/392/improbidade-stf. Acesso em: 24 ago. 2024.

[8] JUSTEN FILHO, Marçal. *Reforma da Lei de Improbidade Administrativa comparada e comentada*. Rio de Janeiro: Forense, 2022.

[9] TOLEDO, Francisco de Assis. *Princípios básicos de Direito Penal*. 5. ed. São Paulo: Saraiva, 1994. p. 30.

Americana de Direitos Humanos (Pacto de São José da Costa Rica), promulgada no Brasil pelo Decreto nº 678/92, preceitua, em harmonia com o art. 5º, XL, da nossa Constituição, que "se depois da perpetração do delito a lei dispuser a imposição de pena mais leve, o delinquente será por isso beneficiado".

A lógica subjacente a esta previsão é a compreensão de que seria injusto punir uma conduta que a sociedade, representada pelo legislador, não mais considera ilícita. Segundo Paulo César Busato, "a retroatividade da lei mais favorável não nega o princípio da legalidade, antes o afirma", pois "não teria sentido, por diferentes razões, sejam político-criminais ou de justiça material, seguir aplicando uma lei que valorativamente já não é compartilhada pelo legislador ou pela sociedade".[10]

No mesmo sentido, nas palavras de Nelson Hungria: "qualquer que seja a função finalística que se atribua à pena (defensiva, intimidativa, corretiva, retributiva etc.) evidentemente cessa tal função quando os fatos que lhe dão motivo não são mais considerados penalmente antijurídicos ou merecedores de pena rigorosa".[11]

3 A reforma da Lei de Improbidade Administrativa e o debate sobre a sua retroatividade – O Tema nº 1.199 do STF

Em 2021, a Lei nº 14.230/2021 trouxe alterações ao texto da Lei nº 8.429/92, que disciplina a responsabilização por atos de improbidade administrativa. As alterações foram tamanhas que muitos se referem à Lei nº 14.230/2021 como a nova Lei de Improbidade Administrativa.[12] Entre as alterações, destaca-se a abolição do tipo culposo no art. 10 (atos que causam prejuízo ao erário), a taxatividade dos tipos do art. 11 (atos que atentam contra os princípios da administração) e o novo regime prescricional, com a criação da prescrição intercorrente (art. 23).

Em fevereiro de 2022, o STF reconheceu a existência de repercussão geral no *leading case* ARE nº 843.989/PR, de relatoria do Ministro Alexandre de Moraes, dando origem ao Tema nº 1.199 para a definição da retroatividade ou não da Lei nº 14.230/2021:

> 1. Revela especial relevância, na forma do art. 102, § 3º, da Constituição, a definição de eventual (IR)RETROATIVIDADE das disposições da Lei 14.230/2021, em especial, em relação: (I) A necessidade da presença do elemento subjetivo dolo para a configuração do ato de improbidade administrativa, inclusive no artigo 10 da LIA; e (II) A aplicação dos novos prazos de prescrição geral e intercorrente.[13]

Em agosto de 2023, o Plenário decidiu o mérito do ARE nº 843.989/PR, dando-lhe provimento para extinguir a ação de origem por unanimidade. Em relação à Tese de Repercussão Geral, por maioria, fixou o seguinte:

---

[10] BUSATO, Paulo César. *Direito penal*: parte geral. 2. ed. São Paulo: Atlas, 2015. p. 47.

[11] HUNGRIA, Nelson. *Comentários ao Código Penal*. Atualização de René Ariel Dotti. 6. ed. Rio de Janeiro: LMJ, 2014. v. 1. t. 1. p. 75.

[12] GUIMARÃES, Bernardo Strobel *et al*. *A Nova Improbidade Administrativa*. 1. ed. São Paulo: Forense, 2023.

[13] STJ, Pleno, ARE nº 843.989 RG, Rel. Min. Alexandre de Moraes. *DJe*, 3.3.2022.

1) É necessária a comprovação de responsabilidade subjetiva para a tipificação dos atos de improbidade administrativa, exigindo-se – nos artigos 9º, 10 e 11 da LIA – a presença do elemento subjetivo – DOLO;

2) A norma benéfica da Lei 14.230/2021 – revogação da modalidade culposa do ato de improbidade administrativa –, é IRRETROATIVA, em virtude do artigo 5º, inciso XXXVI, da Constituição Federal, não tendo incidência em relação à eficácia da coisa julgada; nem tampouco durante o processo de execução das penas e seus incidentes;

3) A nova Lei 14.230/2021 aplica-se aos atos de improbidade administrativa culposos praticados na vigência do texto anterior da lei, porém sem condenação transitada em julgado, em virtude da revogação expressa do texto anterior; devendo o juízo competente analisar eventual dolo por parte do agente;

4) O novo regime prescricional previsto na Lei 14.230/2021 é IRRETROATIVO, aplicando-se os novos marcos temporais a partir da publicação da lei.[14]

O item 2 da Tese afirma, inclusive com letras maiúsculas no original, que a norma benéfica da Lei nº 14.230/2021 não retroage. O voto do relator – acompanhado pela maioria – afastou a incidência do art. 5º, XL, da Constituição, sob o fundamento de que esta garantia constitucional teria aplicação restrita ao Direito Penal. Segundo ele, nas ações de improbidade incidiria o art. 5º, XXXVI ("a lei não prejudicará o direito adquirido, o ato jurídico perfeito e a coisa julgada").

Todavia, o item 3 da Tese contradiz esta conclusão, pois admite a aplicação da Lei nº 14.230/2021 nas ações em curso relativas a atos culposos praticados na vigência do texto anterior, porém sem condenação transitada em julgado. Em termos práticos, se alguém foi acusado de praticar um ato de improbidade administrativa culposo antes de 25.10.2021, o advento da Lei nº 14.230 conduzirá à extinção da ação em andamento, por superveniente atipicidade da conduta. Segundo o relator, "em virtude ao princípio do tempus regit actum, não será possível uma futura sentença condenatória com base em norma legal revogada expressamente".[15]

Ocorre que, ao contrário do que consta no item 2 da Tese, isto não é irretroatividade. Tampouco é correta a invocação do brocardo *tempus regit actum* neste contexto. Aplicar a lei nova em relação à fato praticado antes de sua vigência é aplicá-la retroativamente. Adotar o princípio do *tempus regit actum* é o oposto disso, pois consiste em aplicar "a lei vigente quando da realização do fato".[16]

O paradoxo também foi apreendido por Edilson Pereira Nobre:

Ao assim fazer, incidiu numa contradição em termos, pois, a despeito de timbrar em enunciar a irretroatividade da disposição do art. 10, *caput*, da LIA, com a redação da Lei nº 14.230/2021, não excluiu, antes admitindo, a sua aplicação aos fatos cujos processos de apuração ainda não tiveram a prolação de sentença irrecorrível.[17]

---

[14] STJ, Pleno, ARE nº 843.989 RG Mérito, Rel. Min. Alexandre de Moraes. *DJe*, 9.12.2022.

[15] STJ, Pleno, ARE nº 843.989 RG Mérito, Rel. Min. Alexandre de Moraes. *DJe*, 9.12.2022.

[16] TOLEDO, Francisco de Assis. *Princípios básicos de Direito Penal*. 5. ed. São Paulo: Saraiva, 1994. p. 30.

[17] NOBRE JÚNIOR, Edilson Pereira. Improbidade administrativa e retroatividade benéfica: anotações críticas sobre o ARE 843.989. *A&C – Revista de Direito Administrativo & Constitucional*, Belo Horizonte, ano 24, n. 96, p. 147-164, abr./jun. 2024.

Quem aplicou com coerência lógico-jurídica a ideia de irretroatividade – restando, porém, vencido – foi o Ministro Edson Fachin, segundo o qual "reconhecer a irretroatividade da nova lei de improbidade administrativa significa reconhecer que ela não se aplica às condutas culposas praticadas antes de sua vigência, não havendo importância a existência de investigação, processo, sentença ou trânsito em julgado".[18] A aplicação da lei nova às ações em curso sobre a fatos ocorridos no passado é o que a jurisprudência do Supremo Tribunal Federal consagrou como *retroatividade média*.

Em 1992, na ADI nº 493, de relatoria do Ministro Moreira Alves,[19] o STF adotou a distinção entre retroatividade máxima, média e mínima, ainda presente na jurisprudência atual.[20] Segundo com Gilmar Mendes, Inocêncio Coelho e Paulo Gonet Branco, a retroatividade máxima seria "aquela em que a lei nova nem sequer respeitasse as situações definitivamente decididas por sentença transitada em julgado".[21] Retroatividade média é "quando a lei nova atinge os direitos exigíveis mas não realizados antes de sua vigência".[22] Retroatividade mínima é "quando a lei nova atinge apenas os efeitos dos fatos anteriores, verificados após a data em que ela entra em vigor".[23]

A despeito do que consta no item 2 da Tese fixada no Tema nº 1.199, ao permitir a incidência da norma benéfica que aboliu o tipo culposo de improbidade sobre fatos anteriores a 25.10.2021, o STF admitiu a retroatividade (média) da Lei nº 14.230.

Registre-se que, embora a publicação de sua obra seja anterior ao julgamento do Tema nº 1.199, esta solução coincide com a posição de Marçal Justen Filho, segundo o qual "os processos em curso que envolvam pretensão de aplicação da disciplina original da Lei 8.429/92 subordinam-se às regras mais benéficas da Lei 14.230/2021".[24]

Tanto o STF admitiu a retroatividade (média) das regras mais benéficas da Lei nº 14.230/2021, que o Tema nº 1.199, originalmente voltado à abolição do tipo culposo de improbidade (art. 10), passou a incidir também sobre as alterações do art. 11 da Lei nº 8.429/92: "O entendimento firmado no Tema 1.199 da Repercussão Geral aplica-se ao caso de ato de improbidade administrativa fundado no revogado art. 11, I, da Lei n. 8.429/1992, desde que não haja condenação com trânsito em julgado".[25]

Assim, apesar de constar no item 2 da Tese do Tema nº 1.199 que a norma benéfica da Lei nº 14.230/2021 é irretroativa, em termos práticos, lógicos e técnico-jurídicos, o STF admite sua retroatividade, tal como prevê o art. 5º, LX, da Constituição Federal, nos processos sem trânsito em julgado (*retroatividade média*).

---

[18] STJ, Pleno, ARE nº 843989 RG Mérito, Rel. Min. Alexandre de Moraes. *DJe*, 9.12.2022.

[19] STF, Pleno, ADI nº 493, Rel. Min. Moreira Alves. *DJ*, 4.9.1992.

[20] STJ, Pleno, ADI nº 1220, Rel. Min. Roberto Barroso. *DJe*, 12.3.2020.

[21] MENDES, Gilmar Ferreira; COELHO, Inocêncio Mártires; BRANCO, Paulo Gustavo Gonet. *Curso de Direito Constitucional*. São Paulo: Saraiva, 2007. p. 463.

[22] PEIXOTO, José Carlos de Matos. *Curso de Direito Romano*. Rio de Janeiro: Ed. Peixoto, 1943. p. 212-213. t. I *apud* STF, Pleno, ADI nº 493, Rel. Min. Moreira Alves. *DJ*, 4.9.1992.

[23] PEIXOTO, José Carlos de Matos. *Curso de Direito Romano*. Rio de Janeiro: Ed. Peixoto, 1943. p. 212-213. t. I *apud* STF, Pleno, ADI nº 493, Rel. Min. Moreira Alves. *DJ*, 4.9.1992.

[24] JUSTEN FILHO, Marçal. *Reforma da Lei de Improbidade Administrativa comparada e comentada*. Rio de Janeiro: Forense, 2022. p. 268.

[25] STF, 1ª Turma, RE 1453452 AgR, Rel. Min. Cristiano Zanin. *DJe*, 14.2.2024.

4 O STJ e a retroatividade benéfica no Direito Administrativo Sancionador após o Tema nº 1.199 do STF

Historicamente, o Superior Tribunal de Justiça sempre sufragou a incidência da retroatividade benéfica, prevista no art. 5º, LX, da Constituição Federal, ao Direito Administrativo Sancionador:

> II – O art. 5º, XL, da Constituição da República prevê a possibilidade de retroatividade da lei penal, sendo cabível extrair-se do dispositivo constitucional princípio implícito do Direito Sancionatório, segundo o qual a lei mais benéfica retroage no caso de sanções menos graves, como a administrativa. Precedentes.[26]

Inclusive, após o julgamento do Tema nº 1.199, o STJ tem expandido o alcance da retroatividade benéfica para além da abolição do tipo culposo, exigindo para condenação, por exemplo, o especial fim de agir (dolo específico) – art. 1º, §2º, da Lei nº 8.429/92 com redação da Lei nº 14.230/2021:

> 1. O panorama normativo da improbidade administrativa mudou sensivelmente em benefício do demandado em razão de certas alterações levadas a efeito pela Lei 14.230/2021, édito que, em muitos aspectos, consubstancia verdadeira *novatio legis in mellius*.
>
> 2. Sob o regime da repercussão geral, o Supremo Tribunal Federal pronunciou a aplicabilidade da Lei 14.230/2021 aos processos inaugurados antes de sua vigência e ainda sem trânsito em julgado em relação ao elemento subjetivo necessário para a tipificação dos atos de improbidade administrativa previstos no art. 10 da Lei de Improbidade Administrativa (LIA): o dolo.
>
> 3. Aplicação das conclusões a que chegou o STF no ARE 843.989/PR para além da revogação da modalidade culposa da Lei de Improbidade Administrativa (Tema 1.199) de modo a expandir a retroatividade das alterações à atual exigência de dolo específico para a configuração da improbidade prevista no inciso VI do art. 11 da Lei de Improbidade (ARE 803.568-AgR-segundo-Edv).
>
> 4. A ausência do especial fim de agir remete à atipicidade da conduta. Decisão agravada mantida por diversa fundamentação.
>
> 5. Agravo interno a que se nega provimento.[27]

No entanto, recentemente, a 1ª Turma do Superior Tribunal de Justiça, no julgamento do REsp nº 2.103.140/ES, decidiu que a norma administrativa sancionadora mais benéfica não retroage em favor do acusado. Segundo se depreende do acórdão, esta posição foi adotada com base na tese fixada pelo STF no Tema nº 1.199:

> 3. Não se mostra coerente (com o entendimento do STF) que se aplique o postulado da retroatividade de lei mais benéfica aos casos em que se discute a mera redução do valor de multa administrativa (portanto, muito mais brandos) e, por outro lado, deixe-se de aplicar o

---

[26] STJ, 1ª Turma, AgInt no REsp nº 2.024.133/ES, Rel. Min. Regina Helena Costa. *DJe*, 16.3.2023. No mesmo sentido: STJ, 2ª Turma, AgInt no RMS nº 65.486/RO, Rel. Min. Mauro Campbell Marques. *DJe*, 26.8.2021.

[27] STJ, 1ª Turma, AgInt no REsp nº 1.459.717/AL, Rel. Min. Paulo Sérgio Domingues. *DJe*, 10.6.2024.

referido princípio às demandas de improbidade administrativa, cuja sanção é seguramente muito mais grave, com consequência que chegam a se equiparar às do Direito Penal.

4. Considerando os critérios delineados pelo STF, a rigor, a penalidade administrativa deve se basear pelo princípio do tempus regit actum, salvo se houver previsão autorizativa de aplicação do normativo mais benéfico posterior às condutas pretéritas.[28]

Embora tenha sido amplamente noticiada,[29] entendemos, como já tivemos oportunidade de afirmar,[30] que esta decisão não terá o efeito de sedimentar uma mudança de posicionamento do STJ acerca da incidência da garantia do art. 5º, XL aos processos administrativos sancionadores.

Em primeiro lugar, porque os contornos do caso concreto decidido pelo STJ no REsp nº 2.103.140/ES suscitam dúvidas sobre a pertinência da aplicação do art. 5º, XL, da Constituição. Uma transportadora foi autuada pela Agência Nacional de Transportes Terrestres – ANTT por infração praticada em 2016, sendo aplicada multa de R$5.000,00 com base em resolução de 2011. O processo administrativo foi encerrado em 2018. Após, em 2019, a resolução foi alterada, cominando para a mesma infração a multa de R$550,00. Ocorre que em 2020, portanto, depois da alteração da norma, a transportadora celebrou termo de parcelamento da dívida, com renúncia ao direito de contestar o débito administrativa e judicialmente.

Em segundo lugar, porque, como visto, verdadeiramente, o STF admitiu a retroatividade da Lei nº 14.230/2021, tal como prevê o art. 5º, LX, da Constituição Federal, nos processos sem trânsito em julgado (*retroatividade média*).

Em terceiro lugar, porque, no acórdão do REsp nº 2.103.140/ES, o próprio relator, Ministro Gurgel de Faria, e a Ministra Regina Helena Costa ressalvaram seus posicionamentos pessoais no sentido de admitirem a retroatividade benéfica no Direito Administrativo Sancionador.

É importante recordar que, em outras ocasiões, o Supremo Tribunal Federal afirmou expressamente a incidência do art. 5º, XL, entre outras garantias constitucionais, aos processos administrativos sancionadores,

> na medida em que as sanções administrativas estão sujeitas, em suas linhas gerais, a um regime jurídico único, um verdadeiro estatuto constitucional do poder punitivo estatal, informado por princípios como os da legalidade (CF, art. 5º, II, e 37, caput); do devido processo legal (CF, art. 5º, LIV); do contraditório e da ampla defesa (CF, art. 5º, LV); da segurança jurídica e da irretroatividade (CF, art. 5º, caput, XXXIX e XL); da culpabilidade e da pessoalidade da pena (CF, art. 5º, XLV); da individualização da sanção (CF, art. 5º, XLVI); da razoabilidade e da proporcionalidade" (CF, arts. 1º e 5º, LIV).[31]

---

[28] STJ, 1ª Turma, REsp nº 2.103.140/ES, Rel. Min. Gurgel de Faria. *DJe*, 18.6.2024.

[29] Disponível em: https://www.conjur.com.br/2024-jun-09/norma-administrativa-sancionadora-nao-retroage-a-favor-do-reu-revisa-stj/. Acesso em: 25 ago. 2024.

[30] FORTINI, Cristiana; ZARDO, Francisco. STJ e a retroatividade da norma sancionadora mais benéfica ao acusado. *Conjur*, 2024. Disponível em: https://www.conjur.com.br/2024-jun-17/stj-e-a-retroatividade-da-norma-sancionadora-mais-benefica-ao-acusado/. Acesso em: 25 ago. 2024.

[31] STF, 1ª Turma, MS nº 32.201, Rel. Min. Luís Roberto Barroso. *DJ*, 7.8.2017.

Inclusive, em recentíssima decisão, o Plenário do STF, em decisão unânime, afirmou a "retroatividade das normas administrativo-sancionatórias mais benéficas", com expressa referência à *ratio decidendi* do Tema nº 1.199:

> Ao revés, restou decidido ser possível a aplicação das inovações legislativas aos fatos jurídicos anteriores, desde que não tenha ocorrido o trânsito em julgado, tampouco tenha sido ajuizada a demanda, que busque a aplicação de sanção da improbidade administrativa.
>
> Transportando esse raciocínio para o caso dos autos, *mutatis mutandis*, aplica-se a mesma *ratio decidendi* daquele julgamento paradigmático, tendo em vista que, antes do trânsito em julgado deste processo, adveio norma mais benéfica excluindo a penalidade em sede de direito administrativo sancionador.[32]

5 Conclusões

O exame atento do acórdão proferido no ARE nº 843.989 (Tema nº 1.199)[33] revela que, apesar de constar no item 2 da Tese que a norma benéfica da Lei nº 14.230/2021 é irretroativa, em termos práticos, lógicos e técnico-jurídicos, o STF admitiu sua retroatividade, tal como prevê o art. 5º, LX, da Constituição Federal, nos processos sem trânsito em julgado (*retroatividade média*).

Evidência disso é que, embora originalmente voltado à abolição do tipo culposo de improbidade (art. 10), o Tema nº 1.199 passou a incidir também sobre as alterações do art. 11 da Lei nº 8.429/92.[34]

O STJ tem expandido o alcance da retroatividade benéfica para além da abolição do tipo culposo, exigindo para condenação, por exemplo, o especial fim de agir (dolo específico) – art. 1º, §2º, da Lei nº 8.429/92 com redação da Lei nº 14.230/2021.[35]

No entanto, recentemente, a 1ª Turma do Superior Tribunal de Justiça, no julgamento do REsp nº 2.103.140/ES, decidiu, com base na tese fixada pelo STF no Tema nº 1.199, que a norma administrativa sancionadora mais benéfica não retroage em favor do acusado.[36]

Como se expôs acima, entende-se que esta decisão não terá o efeito de sedimentar uma mudança no posicionamento histórico do STJ no sentido da incidência da garantia do art. 5º, XL aos processos administrativos sancionadores.

Aliás, em recentíssima decisão, o Plenário do STF, em decisão unânime, afirmou a "retroatividade das normas administrativo-sancionatórias mais benéficas", com expressa referência à *ratio decidendi* do Tema nº 1.199.[37]

***

Vida longa ao Professor Marçal Justen Filho!

---

[32] STF, Pleno, ACO nº 3485 AgR, Rel. Min. Gilmar Mendes. *DJe*, 14.3.2024.

[33] STJ, Pleno, ARE nº 843989 RG, Rel. Min. Alexandre de Moraes. *DJe*, 3.3.2022.

[34] STF, 1ª Turma, RE 1453452 AgR, Rel. Min. Cristiano Zanin. *DJe*, 14.2.2024.

[35] STJ, 1ª Turma, AgInt no REsp nº 1.459.717/AL, Rel. Min. Paulo Sérgio Domingues. *DJe*, 10.6.2024.

[36] STJ, 1ª Turma, REsp nº 2.103.140/ES, Rel. Min. Gurgel de Faria. *DJe*, 18.6.2024.

[37] STF, Pleno, ACO nº 3485 AgR, Rel. Min. Gilmar Mendes. *DJe*, 14.3.2024.

Referências

BUSATO, Paulo César. *Direito penal*: parte geral. 2. ed. São Paulo: Atlas, 2015.

FORTINI, Cristiana; ZARDO, Francisco. STJ e a retroatividade da norma sancionadora mais benéfica ao acusado. *Conjur*, 2024. Disponível em: https://www.conjur.com.br/2024-jun-17/stj-e-a-retroatividade-da-norma-sancionadora-mais-benefica-ao-acusado/. Acesso em: 25 ago. 2024.

GUIMARÃES, Bernardo Strobel *et al*. *A Nova Improbidade Administrativa*. 1. ed. São Paulo: Forense, 2023.

HUNGRIA, Nelson. *Comentários ao Código Penal*. Atualização de René Ariel Dotti. 6. ed. Rio de Janeiro: LMJ, 2014. v. 1. t. 1.

JUSTEN FILHO, Marçal. *Comentários à Lei de Licitações e Contratos Administrativos*. 17. ed. São Paulo: Revista dos Tribunais, 2016.

JUSTEN FILHO, Marçal. *Curso de Direito Administrativo*. 3. São Paulo: Saraiva, 2008.

JUSTEN FILHO, Marçal. *O direito das agências reguladoras independentes*. São Paulo: Dialética, 2002.

JUSTEN FILHO, Marçal. Por que acredito em lobisomem. *Migalhas*. Disponível em: https://www.migalhas.com.br/depeso/409753/por-que-acredito-em-lobisomem. Acesso em: 7 jul. 2024.

JUSTEN FILHO, Marçal. *Reforma da Lei de Improbidade Administrativa comparada e comentada*. Rio de Janeiro: Forense, 2022.

MENDES, Gilmar Ferreira; COELHO, Inocêncio Mártires; BRANCO, Paulo Gustavo Gonet. *Curso de Direito Constitucional*. São Paulo: Saraiva, 2007.

NOBRE JÚNIOR, Edilson Pereira. Improbidade administrativa e retroatividade benéfica: anotações críticas sobre o ARE 843.989. *A&C – Revista de Direito Administrativo & Constitucional*, Belo Horizonte, ano 24, n. 96, p. 147-164, abr./jun. 2024.

TOLEDO, Francisco de Assis. *Princípios básicos de Direito Penal*. 5. ed. São Paulo: Saraiva, 1994.

ZARDO, Francisco. *Infrações e sanções em licitações e contratos administrativo*. São Paulo: Revista dos Tribunais, 2014.

Informação bibliográfica deste texto, conforme a NBR 6023:2018 da Associação Brasileira de Normas Técnicas (ABNT):

ZARDO, Francisco. O STF, o STJ e a retroatividade benéfica no Direito Administrativo Sancionador. *In*: JUSTEN, Monica Spezia; PEREIRA, Cesar; JUSTEN NETO, Marçal; JUSTEN, Lucas Spezia (coord.). *Uma visão humanista do Direito*: homenagem ao Professor Marçal Justen Filho. Belo Horizonte: Fórum, 2025. v. 1, p. 647-655. ISBN 978-65-5518-918-6.

NOVA LEI DE IMPROBIDADE ADMINISTRATIVA E O NOVO REGIME JURÍDICO DO ATO DE IMPROBIDADE ATENTATÓRIO AOS PRINCÍPIOS DA ADMINISTRAÇÃO PÚBLICA: DESDOBRAMENTO E POSSIBILIDADES DO TEMA 1.199 DA REPERCUSSÃO GERAL

GILMAR FERREIRA MENDES

Introdução

A Constituição de 1988 reservou tratamento privilegiado à proteção do patrimônio público e ao cuidado no seu trato. A moralidade administrativa, em especial, foi expressamente alçada ao patamar de princípio fundamental da Administração Pública (Constituição, art. 37, *caput*). A título de densificação dessa norma, o próprio texto constitucional houve por bem prever as bases de um sistema autônomo de responsabilização de agentes públicos e privados cujas condutas porventura atentem contra a probidade administrativa. Trata-se da norma contida no §4º do art. 37 da Constituição, segundo a qual "os atos de improbidade administrativa importarão a suspensão dos direitos políticos, a perda da função pública, a indisponibilidade dos bens e o ressarcimento ao erário, na forma e gradação previstas em lei, sem prejuízo da ação penal cabível" (Constituição, art. 37, §4º). Concomitantemente, também o inc. V do art. 15 da Constituição prevê a possibilidade de suspensão dos direitos políticos nos casos de improbidade administrativa, fazendo expressa menção à prescrição contida no §4º do art. 37 da Constituição.

Em cumprimento a esse mandamento constitucional, o legislador ordinário editou a Lei nº 8.429, de 2.6.1992, que dispõe sobre as sanções aplicáveis em virtude da prática de atos de improbidade administrativa e estabelece o procedimento de apuração administrativa e judicial de tais ilícitos. Com o passar do tempo, todavia, a prática judicial e administrativa desvelou gradativamente as limitações do regime de responsabilização por atos de improbidade administrativa erigido pelo legislador em 1992. O aprendizado institucional vivenciado em quase trinta anos de vigência da chamada *Lei de Improbidade*

Administrativa (Lei nº 8.429/1992) veio a culminar na edição da Lei nº 14.230, de 25.10.2021, por meio da qual foi realizada uma série de alterações no regime jurídico e processual de apuração e punição dos atos de improbidade administrativa. Tamanha foi a amplitude e a extensão da reforma legislativa, que a nova legislação acabou recebendo a designação de *Nova Lei de Improbidade Administrativa* – muito embora permaneça vigente a Lei nº 8.429/1992, com as alterações que lhe foram promovidas pela Lei nº 14.230/2021.

Com a entrada em vigor da nova lei, a jurisprudência logo teve de se ocupar da interpretação das disposições por ela introduzidas, inclusive no tocante a atos de improbidade alegadamente praticados em momento anterior à sua entrada em vigor e a processos judiciais em andamento. A questão da retroatividade das disposições da Lei nº 14.230/2021, em específico, foi predominantemente tratada no paradigmático julgamento do ARE nº 843.989/PR (Tema nº 1.199 da repercussão geral).[1]

Sob o pano de fundo da deliberação a que se chegou no julgamento do Tema nº 1.199 da repercussão geral, almeja-se, no presente estudo, realizar um breve apanhado do estado da arte da jurisprudência do Supremo Tribunal Federal acerca da aplicabilidade constitucionalmente adequada de uma das principais mudanças introduzidas pela Lei nº 14.230/2021: a profunda alteração promovida no regime jurídico dos atos de improbidade administrativa atentatórios aos princípios da Administração Pública (Lei nº 8.429/1992, art. 11).

Lei nº 14.230/2021 e a profunda alteração no regime de responsabilização pelos atos de improbidade administrativa

O advento da Lei nº 14.230/2021 representou, sem sombra de dúvidas, significativo ponto de inflexão no regramento da responsabilização por atos de improbidade administrativa. Em grande medida, a reforma legislativa surgiu em resposta a diversos problemas enfrentados pelos intérpretes da Lei nº 8.429/1992 nos seus quase trinta primeiros anos de vigência.

Em verdade, é possível sustentar que, a despeito de sua inequívoca importância para a consolidação do sistema de proteção da probidade administrativa previsto na Constituição de 1988, o diploma legislativo, em sua redação originária, deixou muito a desejar no tocante a diversos preceitos constitucionais, em especial aqueles atinentes às garantias do cidadão acusado da prática de condutas alegadamente enquadradas nos tipos legais de improbidade.

Nos dizeres do administrativista português Marcello Caetano, o dever de probidade está relacionado ao exercício das funções públicas "sempre no intuito de realizar os interesses públicos, sem aproveitar os poderes ou facilidades delas decorrentes em proveito pessoal ou de outrem", impondo ao agente público "uma conduta de absoluta isenção, de modo a que não seja suspeito de prevaricar, de deixar-se corromper ou de por outro modo ser infiel à entidade servida e aos interesses gerais que lhe cumpre realizar e defender".[2] Em tais termos, a inobservância à probidade administrativa está

---

[1] BRASIL. Supremo Tribunal Federal. ARE 843.989/DF. Rel. Min. Alexandre de Moraes, Tribunal Pleno, julgado em 18.8.2022. *DJe*, 9.12.2022.

[2] CAETANO, Marcello. *Manual de Direito Administrativo*. 10. ed. rev. e atual. pelo Prof. Doutor Diogo Freitas do Amaral. Coimbra: Livraria Almedina, 1991. t. II. p. 749-750.

naturalmente ligada ao desígnio subjetivo de realização de interesses outros que não o interesse público – ou seja, vincula-se à vontade do agente de proceder no sentido da consecução de propósitos alheios aos objetivos da Administração Pública.

Nada obstante, o art. 10 da Lei nº 8.429/1992, em sua redação originária, previa expressamente a desnecessidade de dolo específico como pressuposto para a caracterização de eventual ato de improbidade administrativa, admitindo a aplicação das graves sanções previstas no §4º do art. 37 da Constituição também em casos de culpa, abrandando-se significativamente a exigência do elemento subjetivo da conduta. Partindo de tal conformação legislativa, o rigoroso regime punitivo da improbidade administrativa passou a alcançar não apenas o gestor ímprobo como também o gestor inepto ou incompetente. A opção do legislador acabou por fragilizar as barreiras delimitadoras do sistema de responsabilização por improbidade administrativa, reduzindo significativamente o *standard* probatório para punição de acusados, uma vez que não se exigia, em relação a condutas que causassem prejuízo ao erário (Lei nº 8.429/1992, art. 10), a análise e formação de conjunto probatório referente à intenção do agente. Tal ordem de coisas, além de incentivar o manejo de ações de improbidade mal-instruídas, estabelecia relação de evidente desproporcionalidade entre a baixa gravidade de condutas que poderiam ser enquadradas como atos de improbidade e a severidade das sanções aplicáveis.

É bem verdade que os Tribunais paulatinamente reconheceram essa inadequação e se preocuparam em delimitar o conceito de culpa para fins de caracterização de eventual ato de improbidade administrativa, exigindo-se, mesmo no caso do art. 10 da Lei nº 8.429/1992, a caracterização da chamada culpa grave.[3] A própria exigência da culpa grave, porém, gerava perplexidade, uma vez que a imprecisão do conceito inviabilizava o estabelecimento de norte interpretativo seguro. Leve, moderada ou grave, a culpa parecia incompatível com a severidade do regime de responsabilização por improbidade administrativa.[4]

De uma forma geral, a utilização de prescrições genéricas e conceitos demasiadamente indeterminados bem como a ampla abertura semântica dos tipos exemplificativamente previstos na Lei nº 8.429/1992 deram lugar a intermináveis querelas interpretativas sobre os limites de responsabilização dos alegadamente responsáveis por atos de improbidade administrativa. Em muitos casos, passou-se a observar a construção de condenações calcadas na mera infração, apenas formal, a uma dada norma jurídica, sem que o julgador procedesse a qualquer consideração quanto ao contexto material que se colocava diante do administrador no momento da prática do ato tido como ímprobo.

Longe de um diagnóstico isolado, é digno de nota que boa parte da doutrina pátria registrou esse fenômeno. Sobre o tema, Gilson Dipp aponta que "a Lei de Improbidade Administrativa abarcou (i) hipóteses bastantes genéricas e abstratas e (ii) hipóteses muito diferentes entre si, seja pela gravidade da conduta, seja pela repercussão" e alertava para o risco de "banalização do conceito de improbidade administrativa":

---

[3] BRASIL. Superior Tribunal de Justiça. Ação de Improbidade 30/AM. Rel. Min. Teori Zavascki. Corte Especial, julgado em 12.9.2011. *DJe*, 28.9.2011.

[4] Sobre o tema, ver também: MENDES, Gilmar Ferreira; ROSA, Lucas Faber de Almeida. Perfil Constitucional do Regime de Improbidade Administrativa: Repercussões Sistêmicas e a Lei 14.230/2021. *In*: VANIN, Fábio Scopel; ROBL FILHO, Ilton Norberto; ROCHA Wesley (Org.). *Lei de improbidade administrativa*: Lei n. 14.230/2021: comentários e análise. São Paulo: Almedina, 2023.

Com efeito, encontram-se na jurisprudência condenações por atos de improbidade administrativa que envolvem desde o mero atraso na entrega de prestação de contas pelo gestor público, ainda que posteriormente aprovadas pelo órgão competente, ou mesmo a contratação emergencial de poucos servidores públicos para áreas sensíveis como saúde e educação de determinado Município, até esquemas nacionais de enriquecimento ilícito de agentes públicos envolvendo vultosos contratos com a Administração Pública. A esse respeito, já destacamos em anterior artigo a preocupação com a banalização do conceito de improbidade administrativa, que é prejudicial à Administração Pública, por resultar em nuvens de incerteza e suspeitas de desonestidade sobre todos os atos administrativos, e também é prejudicial à própria sociedade, que perde o referencial de gravidade, deixando de diferenciar a má-fé dos atos efetivamente ímprobos em relação às irregularidades sem qualquer gravidade.[5]

Em semelhante sentido, também Carlos Ari Sundfeld elenca parte dos problemas que acometiam a redação originária da Lei nº 8.429/1992:

> Em seu núcleo, ela se limita a enumerar os pecados da improbidade, em três artigos muito longos, cujo texto é menos para especificar e precisar que para apanhar e abranger. São como deixas para o improviso, dedo em riste, em cena de acusação, cheia de ira santa. Pode-se cometer improbidade por "enriquecimento ilícito", por "prejuízo ao erário" ou por violação dos "princípios da Administração Pública". Os preceitos que explicam esses conceitos são, em boa parte, vagos e abertos.
>
> O texto legal não se preocupa muito com circunstâncias da gestão administrativa, com exceções, excludentes ou atenuantes. Só quer incluir o máximo de condutas na fórmula "improbidade" (assim, pela extensão ou vagueza dos termos, se o agente não cometeu um pecado, há de ter cometido algum outro).[6]

O dispositivo que melhor ilustra os problemas surgidos na aplicação da Lei de Improbidade Administrativa é certamente o art. 11 da Lei nº 8.429/1992, que, em sua redação originária, estabelecia constituir "ato de improbidade administrativa que atenta contra os princípios da Administração Pública qualquer ação ou omissão que viole os deveres de honestidade, imparcialidade, legalidade, e lealdade às instituições", na forma de uma série de condutas estipuladas de forma meramente exemplificativa em seus incisos.

Em tese, uma hipótese de ato de improbidade administrativa residual em face dos atos de improbidade que importam enriquecimento ilícito (Lei nº 8.429/1992, art. 9º) e dos atos de improbidade que causam prejuízo ao erário (Lei nº 8.429/1992, art. 10). Na prática, fórmula de responsabilização subsidiária que se tornou a principal ferramenta de trabalho daqueles que patrocinavam ações de improbidade administrativa sem o devido lastro probatório, na força pura e simples da narrativa.

---

[5] DIPP, Gilson. A Dosimetria das Sanções por Improbidade Administrativa. *In*: BRASIL. Superior Tribunal de Justiça. *Doutrina*: edição comemorativa – 30 anos. Brasília: Superior Tribunal de Justiça, 2019. p. 292.

[6] SUNDFELD, Carlos Ari. Um direito mais que administrativo. *In*: MARRARA, Thiago (Org.). *Direito Administrativo*: transformações e tendências. São Paulo: Almedina, 2014. p. 59.

Bastante elucidativos, no particular, são os resultados de pesquisa empírica realizada pelo *Grupo de Estudos em Improbidade Administrativa do Instituto Brasileiro de Ensino, Desenvolvimento e Pesquisa* divulgada em 2019, cujo objeto foi o conjunto de 800 acórdãos publicados pelo Superior Tribunal de Justiça relativamente a ações de improbidade administrativa ajuizadas contra prefeitos.

Constatou-se que menos de 10% dos processos versava sobre enriquecimento ilícito. Ao invés, metade das ações tinha por causa de pedir ofensas a princípios da Administração Pública, muitas vezes de forma genérica – ou seja, resultava do enquadramento das condutas no mal redigido e residual art. 11 da Lei nº 8.429/1992.[7] Partindo do dispositivo, a tática de construir uma narrativa eficaz (do ponto de vista da comunicação) passou a ser a predileta de alguns membros do Ministério Público – felizmente, a minoria –, pouco importando se a ação tinha ou não lastro fático-probatório que justificasse o ajuizamento. A finalidade era clara: criar uma pressão social apta a constranger o magistrado a não rejeitar, por inépcia, uma petição inicial que narra desvios que só existem enquanto *wishful thinking*.

Dessa maneira, em um contexto de crescente judicialização da política e das questões públicas como um todo, observou-se a instrumentalização dos conceitos indeterminados da Lei nº 8.429/1992 para a consecução de fins extralegais. A banalização na invocação do instituto e a irresponsabilidade no manejo das ações civis públicas por ato de improbidade administrativa conduziram a um cenário de estímulos que iam na contramão dos próprios propósitos da atividade administrativa. Em hipóteses de adoção de políticas públicas complexas, como o repasse de verbas ou a renegociação de dívidas públicas, o pior cenário possível é que ocorra o chamado "Apagão das Canetas", situação em que os gestores públicos ficam paralisados pelo medo de responsabilização. O "temor do uso da caneta" é um incentivo negativo – direciona o agir para a solução formal que nada agrega à construção de políticas públicas. Nas palavras precisas do professor carioca Marcos Juruena: "Dorme tranquilo quem indefere".[8]

É justamente nesse contexto e em resposta a tais influxos que o Congresso Nacional houve por bem editar a Lei nº 14.230/2021, promovendo reforma legislativa extensa e abrangente no regime de responsabilização pelos atos de improbidade administrativa. Sem pretensão de exaustividade, cumpre destacar, dentre as inovações introduzidas pela Lei nº 14.230/2021, alguns encaminhamentos do legislador ordinário destinados ao enfrentamento direto das mazelas acima referenciadas.

Quanto ao elemento subjetivo, a reforma promovida pela Lei nº 14.230/2021 extinguiu, de forma eloquente e exaustiva, a possibilidade de responsabilização por alegados atos de improbidade administrativa culposos. A esse respeito, o §1º acrescido ao art. 1º da Lei nº 8.429/1992 é inequívoco ao prever que serão considerados atos de improbidade administrativa "as condutas dolosas tipificadas nos arts. 9º, 10 e 11 desta Lei, ressalvados tipos previstos em leis especiais". Em semelhante sentido, o §3º acrescido ao mesmo dispositivo reforça que "o mero exercício da função ou desempenho

---

[7] CARNEIRO, Rafael de Alencar Araripe. Ações de improbidade no STJ: o que se condena? *Portal Jota*, São Paulo, 4 jan. 2022. Disponível em: https://www.jota.info/opiniao-e-analise/artigos/stj-em-numeros-acoes-de-improbidade-o-que-se-condena-040 12022.

[8] Conforme referenciado em: MASCARENHAS, Rodrigo Tostes de Alencar. O medo e o ato administrativo. *Revista Colunistas – Direito do Estado*, n. 289, 2016.

de competências públicas, sem comprovação de ato doloso com fim ilícito, afasta a responsabilidade por ato de improbidade administrativa". Por fim, sem receio de incorrer em redundância, o legislador igualmente deixou expresso, no próprio *caput* dos arts. 9º, 10 e 11, que a adequação típica das espécies de atos de improbidade ali previstos pressupõe a verificação de ações ou omissões dolosas. Mesmo quanto ao dolo, a nova legislação cuidou de qualificar o dolo que autoriza a responsabilização por ato de improbidade administrativa, passando a exigir o dolo específico, "a vontade livre e consciente de alcançar o resultado ilícito tipificado nos arts. 9º, 10 e 11", não bastando a voluntariedade do agente (Lei nº 8.429/1992, art. 1º, §2º).

Concomitantemente, também a questão referente à dosimetria das sanções aplicáveis recebeu especial atenção do legislador. Foi estabelecida gradação quantitativa e qualitativa entre os tipos de improbidade administrativa previstos nos arts. 9º, 10 e 11, estabelecendo-se que as condutas elencadas no art. 11, menos graves, não mais comportariam a penalidade de perda de função pública e de suspensão dos direitos políticos (Lei nº 8.429/1992, art. 12). No ponto, o legislador adotou solução bastante semelhante ao provimento cautelar concedido nos autos da Ação Direta de Inconstitucionalidade (ADI) nº 6.678/DF, concedido de modo a "conferir interpretação conforme à Constituição ao inciso II do artigo 12 da Lei nº 8.429/1992, estabelecendo que a sanção de suspensão de direitos políticos não se aplica a atos de improbidade culposos que causem dano ao erário", bem como para "suspender a vigência da expressão 'suspensão dos direitos políticos de três a cinco anos' do inciso III do art. 12 da Lei nº 8.429/1992".[9]

Nesse mesmo sentido, a dosimetria das penas recebeu tratamento pormenorizado no inc. IV do art. 17-C, acrescido à Lei nº 8.429/1992, que estabeleceu uma série de parâmetros para a aplicação das sanções, notadamente "os princípios da proporcionalidade e da razoabilidade", "a natureza, a gravidade e o impacto da infração cometida", "a extensão do dano causado", "a atuação do agente em minorar os prejuízos e as consequências advindas de sua conduta", dentre outros. Ainda sobre o tema, destaca-se igualmente a disposição introduzida no §5º do art. 12, segundo a qual nas hipóteses de "atos de menor ofensa aos bens jurídicos tutelados por esta Lei, a sanção limitar-se-á à aplicação de multa, sem prejuízo do ressarcimento do dano e da perda dos valores obtidos, quando for o caso".

Por fim, em relação especificamente aos atos de improbidade por violação dos princípios da Administração Pública (Lei nº 8.429/1992, art. 11), a reforma legislativa, além de ter passado a exigir a caracterização do elemento subjetivo doloso, com necessária comprovação do dolo específico de obter proveito ou benefício indevido para o agente público ou terceiro (Lei nº 8.429/1992, art. 11 *caput* e §1º), promoveu a tipificação taxativa dos atos dolosos de improbidade administrativa (Lei nº 8.429/1992, art. 11, parte final do *caput* e incs. III a XII), bem como passou a exigir "lesividade relevante ao bem jurídico tutelado" como pressuposto para a caracterização do ato de improbidade (Lei nº 8.429/1992, art. 11, §4º), dentre outras alterações.

Em suma, após as alterações promovidas pela Lei nº 14.230/2021, para que haja condenação por ato de improbidade administrativa atentatório a princípios da

---

9   BRASIL. Supremo Tribunal Federal. ADI 6.678 MC/DF. Rel. Min. Marco Aurélio, Decisão Monocrática proferida pelo Min. Gilmar Mendes, julgado em 1º.10.2021. *DJe*, 5.10.2021.

Administração Pública, deve ser necessariamente demonstrada a prática dolosa de alguma das condutas descritas nos incs. III a XII do art. 11 da Lei de Improbidade Administrativa, bem como que a conduta imputada ostenta lesividade relevante ao bem jurídico tutelado.

Assim, por meio das alterações acima aludidas, em especial a retirada do rol exemplificativo do art. 11 e a sua substituição por rol taxativo, o legislador ordinário, mediante a utilização de elementos finalísticos qualificadores das espécies de atos de improbidade, procedeu a uma melhor caracterização das condutas tidas como ímprobas. Houve inequívoco fechamento dos tipos, com adjetivação aprimorada, o que confere ao intérprete melhores fatores para a análise da conduta do agente público.[10]

Como se vê, a reforma legislativa buscou combater justamente as disfunções e incongruências decorrentes da banalização e da utilização abusiva das ações de improbidade, buscando assegurar a concretização de direitos fundamentais e vetores constitucionais relevantes como o devido processo legal, o princípio da individualização da pena, os postulados da razoabilidade e da proporcionalidade e o direito ao contraditório e à ampla defesa.

Com a entrada em vigor da Lei nº 14.230/2021, logo surgiu o problema da sua aplicabilidade a fatos ocorridos em momento anterior à sua vigência, sobretudo porque, nos termos da norma acrescida ao §4º do art. 1º da Lei de Improbidade Administrativa, o sistema da improbidade, como já há muito apontava a doutrina especializada, reclama para si salvaguardas e princípios constitucionais específicos em relação ao direito civil ordinário, próprio de sua natureza enquanto espécie de regramento de direito administrativo sancionador.

Retroatividade da Nova Lei de Improbidade e o Tema nº 1.199 da repercussão geral

A questão da retroatividade da Lei nº 14.230/2021 foi enfrentada pelo Supremo Tribunal Federal no julgamento do Recurso Extraordinário com Agravo (ARE) nº 843.989/DF (Tema nº 1.199 da repercussão geral), ocasião em que se discutia se as inovações introduzidas pela reforma legislativa retroagiriam em benefício daqueles aos quais tenham sido imputados atos de improbidade administrativa na modalidade culposa, inclusive quanto aos prazos prescricionais introduzidos pela nova legislação.

Na ocasião, discutia-se a imputação de atos de improbidade que teriam causado prejuízo ao erário (Lei nº 8.429/1992, art. 10) alegadamente praticados por procuradora contratada por autarquia federal que supostamente teria atuado negligentemente no cumprimento do objeto contratado.

Ao final do julgamento, a Corte entendeu pela fixação das seguintes diretrizes, consolidadas como teses de julgamento, em relação ao cenário jurídico posterior à entrada em vigor da Lei nº 14.230/2021: (1) que é necessária a comprovação da presença do elemento subjetivo "dolo" para a tipificação dos atos de improbidade administrativa;

---

[10] Sobre o tema, ver também: MENDES, Gilmar Ferreira. Supremo Tribunal Federal e Improbidade Administrativa: perspectivas sobre a reforma da Lei 8.429/1992. *In*: MENDES, Gilmar Ferreira; CARNEIRO, Rafael de A. Araripe. *Nova Lei de Improbidade Administrativa*: Inspirações e desafios. Almedina Brasil: São Paulo, 2022.

(2) que a revogação da modalidade culposa do ato de improbidade administrativa é irretroativa, não tendo incidência em relação à eficácia da coisa julgada e a processos de execução das penas e seus incidentes; (3) que a Lei nº 14.230/2021 aplica-se aos atos de improbidade administrativa culposos praticados na vigência do texto anterior da lei, porém sem condenação transitada em julgado, devendo o juízo competente analisar eventual dolo por parte do agente; e (4) que o novo regime prescricional previsto na Lei nº 14.230/2021 é irretroativo, aplicando-se os novos marcos temporais a partir da publicação da lei.[11]

Como se vê, apesar de afirmar a irretroatividade da extinção da modalidade culposa do ato de improbidade administrativa, a Corte estabeleceu exceção de retroatividade relativa para casos em que não tenha havido o trânsito em julgado da condenação por ato de improbidade. Definiu-se, portanto, como regra, a irretroatividade da Lei nº 14.230/2021, ressalvados os processos em que não tenha havido trânsito em julgado. Dito de outra forma, admitiu-se a aplicação das novas disposições da Lei de Improbidade Administrativa aos processos em curso nos quais não tenha sido formada a coisa julgada no sentido da condenação pelo ato de improbidade.

Retroatividade da Lei nº 14.230/2021 e o ato de improbidade administrativa atentatório a princípios da Administração Pública (Lei nº 8.429/1992, art. 11)

Em que pese ter o julgamento do Tema nº 1.199 da repercussão geral debatido a retroatividade da Lei nº 14.230/2021 à luz da extinção da modalidade culposa de ato de improbidade e das alterações referentes aos prazos prescricionais do sistema de improbidade, as diretrizes fixadas no precedente representativo quanto à incidência imediata das novas disposições da Lei nº 8.429/1992 aos processos em que ainda não tenha ocorrido o trânsito em julgado parecem plenamente aplicáveis também nos casos em que não necessariamente esteja em discussão somente esses temas, mas outras alterações relevantes promovidas pela referida reforma legislativa, notadamente a ampla requalificação jurídica dos atos de improbidade atentatórios a princípios da Administração Pública (Lei nº 8.429/1992, art. 11).

Sobre o tema, é particularmente relevante a deliberação a que se chegou na apreciação do ARE nº 1.346.594/SP. Na ocasião, discutia-se caso concreto em que o ato de improbidade imputado consistia na aquisição de imóveis os quais os réus supostamente sabiam que seriam declarados de utilidade pública e, então, expropriados pelo poder público, em operação na qual os réus adquirentes lograriam auferir considerável proveito econômico. A partir de tal hipótese fática, o órgão ministerial houve por bem imputar aos envolvidos (adquirentes e agentes públicos) a prática de ato de improbidade com fundamento exclusivo no *caput* do art. 11 da Lei nº 8.429/1992, em sua redação originária. O Tribunal de origem, em momento anterior à entrada em vigor da Lei nº 14.230/2021, julgou procedente a pretensão ministerial, entendendo pela condenação dos réus por

---

[11] BRASIL. Supremo Tribunal Federal. ARE 843.989/DF. Rel. Min. Alexandre de Moraes, Tribunal Pleno, julgado em 18.8.2022. *DJe*, 9.12.2022.

ato de improbidade atentatório aos princípios da publicidade, da impessoalidade, da moralidade e da legalidade, sem indicar quaisquer das condutas descritas nos incisos do art. 11 da Lei nº 8.429/1992 – ou seja, com base exclusivamente no *caput* do art. 11 da Lei nº 8.429/1992. Enquanto ainda pendente de julgamento o recurso extraordinário interposto contra o acórdão do Tribunal de origem, sobrevieram: (i) a entrada em vigor da Lei nº 14.320/2021; e (ii) o julgamento do ARE nº 843.989/DF (Tema nº 1.199 da repercussão geral).

Em meio a esse cenário fático-normativo, foi proferida decisão monocrática dando provimento ao recurso extraordinário com agravo a fim de reformar o acórdão do Tribunal de origem e julgar improcedente a ação de improbidade administrativa. Entendeu-se, no particular, que a diretriz jurisprudencial de incidência retroativa da Lei nº 14.230/2021 aos fatos discutidos em processos em que ainda não tenha ocorrido o trânsito em julgado, oriunda do Tema nº 1.199 da repercussão geral, seria plenamente aplicável também às alterações promovidas pela reforma legislativa ao art. 11 da Lei nº 8.429/1992.[12]

Saliente-se que, no caso concreto aludido, nem sequer seria possível cogitar providência outra que não o reconhecimento da improcedência da demanda, uma vez que, desde a petição de ingresso, os fatos alegados – apesar de, em tese, passíveis de capitulação distinta – foram enquadrados exclusivamente, por opção do autor da ação, na hipótese típica prevista no *caput* do art. 11 da Lei nº 8.429/1992, posteriormente abolida pela Lei nº 14.230/2021. Nesse cenário, impossível eventual remessa dos autos ao Tribunal de origem para reavaliação das condutas à luz dos ditames da nova legislação, sob pena de violação dos princípios da ampla defesa (já que os réus somente tiveram a oportunidade de se defender da única imputação que lhes foi feita, fundada exclusivamente no *caput* do art. 11 da Lei nº 8.429/1992) e do devido processo legal densificado no princípio da congruência. Como bem relembra Néviton Guedes, o princípio da congruência se presta a "conferir aos litigantes, no âmbito do *due process of law*, o direito de saber, com clareza e precisão, o que exatamente lhes é demandado, evitando-se as surpresas *do juízo e em juízo*, especialmente quando se cuida de processos acusatórios", sendo certo que "não é apenas o órgão judicial que está vinculado, pelo princípio da congruência, aos fundamentos e ao pedido deduzido na petição inicial", em verdade, "também o autor deve respeito ao princípio da congruência, vinculando-se aos fundamentos de fato e de direito que resolveu deduzir ao início da demanda".[13]

Não muito tempo depois da apreciação monocrática do ARE nº 1.346.594/SP, o Plenário do Supremo Tribunal Federal igualmente examinou a matéria por ocasião do julgamento dos Embargos de Declaração nos Embargos de Divergência no Segundo Agravo Regimental no ARE nº 803.568/SP.

Nesse outro caso, o embargante houvera sido condenado pelo Tribunal de origem como incurso no inc. I do art. 11 da Lei nº 8.429/1992, o qual, em sua redação originária,

---

[12] BRASIL. Supremo Tribunal Federal. ARE 1.346.594/SP. Rel. Min. Gilmar Mendes, Decisão Monocrática, julgado em 25.5.2023. *DJe*, 26.5.2023.

[13] GUEDES, Néviton. O princípio da congruência na ação civil pública de improbidade administrativa. *In*: MARQUES, Mauro Campbell (Coord.). *Improbidade Administrativa*: temas atuais e controvertidos. Rio de Janeiro: Forense, 2017. p. 277; 283.

estabelecia constituir ato de improbidade a prática de "ato visando fim proibido em lei ou regulamento ou diverso daquele previsto, na regra de competência". De toda forma, no curso do julgamento dos embargos de declaração, interrompido por pedido de vista, sobrevieram: (i) a entrada em vigor da Lei nº 14.320/2021, que revogou expressamente o inc. I do art. 11 da Lei nº 8.429/1992 e não incluiu a genérica conduta nele contida em nenhuma das hipóteses da tipificação taxativa dos atos de improbidade administrativa atentatórios aos princípios da Administração Pública; e (ii) o julgamento do ARE nº 843.989/DF (Tema nº 1.199 da repercussão geral).

Valendo-se de raciocínio semelhante ao utilizado na apreciação do ARE nº 1.346.594/SP, o Plenário do Supremo Tribunal Federal, por maioria de votos, acolheu os embargos de declaração para reformar o acórdão embargado, dar provimento aos embargos de divergência, ao agravo regimental e ao recurso extraordinário com agravo, a fim de extinguir a ação de improbidade administrativa no tocante ao recorrente. Também nesse outro caso, entendeu-se que as alterações pertinentes da Lei nº 14.230/2021 (revogação expressa da hipótese típica em que enquadrado o recorrente) incidiriam retroativamente em relação aos fatos discutidos em processo em que ainda não tivesse ocorrido o trânsito em julgado, na forma do precedente formado quando da apreciação do Tema nº 1.199 da repercussão geral. Dos votos que compuseram a maioria, apenas o Ministro Alexandre de Moraes registrou ressalva de fundamentação no sentido de considerar que o julgamento do Tema nº 1.199 restringiu-se à retroatividade das normas referentes à exigência do elemento subjetivo doloso e ao regime prescricional, não se aplicando às alterações do art. 11 da Lei nº 8.429/1992, mas entendeu ser o caso de dar provimento ao recurso por inexistência de comprovação do elemento subjetivo na espécie.[14]

Nada obstante, também no caso submetido ao Plenário a remessa dos autos ao Tribunal de origem para eventual reavaliação das condutas imputadas se mostrava processualmente inviável, uma vez que o órgão ministerial deixou de requerer a condenação do recorrente como incurso no art. 9º da Lei nº 8.429/1992 e o acórdão do Tribunal de origem houvera rejeitado a condenação do recorrente pelo art. 10, não tendo havido recurso do Ministério Público quanto ao ponto.

Após o pronunciamento do Plenário, houve também a apreciação, pela Segunda Turma do Supremo Tribunal Federal, de agravo regimental interposto contra decisão que houvera dado provimento ao ARE nº 1.346.594/SP. Nessa segunda ocasião, o órgão fracionário referendou o entendimento segundo o qual as alterações promovidas pela Lei nº 14.230/2021 ao regramento jurídico dos atos de improbidade administrativa atentatórios aos princípios da Administração Pública incidiriam retroativamente aos processos ainda não transitados em julgado, ficando vencido apenas o Ministro Edson Fachin.[15]

Por fim, no recente julgamento dos Embargos de Divergência no Agravo Regimental no ARE nº 1.318.242/SP, o Plenário, dessa vez à unanimidade, entendeu que "as alterações promovidas pela Lei nº 14.231/2021 aos arts. 10 e 11 da Lei nº 8.249/1992

---

[14] BRASIL. Supremo Tribunal Federal. ARE 803.568 AgR-segundo-EDv-ED/SP. Rel. Min. Luiz Fux, Red. p/Acórdão Min. Gilmar Mendes, Tribunal Pleno, julgado em 25.5.2023. *DJe*, 26.5.2023.

[15] BRASIL. Supremo Tribunal Federal. ARE 1.346.594/SP. Rel. Min. Gilmar Mendes, Segunda Turma, julgado em 24.10.2023. *DJe*, 31.10.2023.

aplicam-se aos atos de improbidade administrativa praticados na vigência do texto anterior da lei, porém sem condenação transitada em julgado".[16]

Conclusão

O advento da Lei nº 14.230/2021 parece ter consistido em esforço adequado e consequente do legislador ordinário no sentido de trazer racionalidade ao regramento da responsabilização por atos de improbidade administrativa. De forma clara, é perceptível o intuito legislativo de responder aos problemas vivenciados e documentados pela comunidade jurídica nos quase trinta primeiros anos de vigência da Lei nº 8.249/1992, muitos dos quais relativos ao manejo abusivo de ações de improbidade. Nessa qualidade, a reforma legislativa em questão constitui esforço louvável do Congresso Nacional no sentido da construção de um sistema capaz de, a um só tempo, concretizar o primado da probidade administrativa instituído pela Constituição e levar a sério os direitos e garantias fundamentais daqueles que tratam com a coisa pública, inclusive de modo a viabilizar a própria concretização da atividade administrativa em sua plenitude.

Se a Lei nº 8.429/1992 consistiu em inequívoco avanço no combate à improbidade e à corrupção, a Lei nº 14.230/2021 constitui passo na direção do aperfeiçoamento institucional, da correção de rumos para que o enfrentamento de atos de improbidade ocorra dentro da moldura da Constituição.

Visando conferir efetividade imediata aos comandos do legislador ordinário, o Supremo Tribunal Federal, na apreciação do ARE nº 843.989/DF (Tema nº 1.199 da repercussão geral), firmou entendimento no sentido de que as alterações trazidas pela Lei nº 14.230/2021 quanto à exigência do elemento subjetivo doloso e quanto ao regime prescricional dos atos de improbidade administrativa aplicam-se aos atos de improbidade administrativa culposos praticados na vigência do texto anterior da lei em que não haja condenação transitada em julgado.

Os precedentes subsequentes da Corte analisados no presente estudo parecem indicar que, ato contínuo, a jurisprudência do Supremo Tribunal Federal igualmente tem se orientado no sentido de aplicar semelhante raciocínio à profunda alteração promovida pela Lei nº 14.230/2021 no regime jurídico dos atos de improbidade administrativa atentatórios aos princípios da Administração Pública (Lei nº 8.429/1992, art. 11).

É bem verdade que a constitucionalidade de diversas das alterações promovidas pela Lei nº 14.230/2021 – algumas das quais, inclusive, referenciadas acima – ainda será objeto de apreciação pelo Supremo Tribunal Federal nos autos da ADI nº 7.236, cujo julgamento, à época da finalização do presente estudo, ainda não se concluiu. Nada obstante, deve ser ressaltado que o debate em torno das alterações no regime jurídico da improbidade administrativa insere-se no contexto institucional de um país que luta não apenas contra a corrupção e a má administração da coisa pública, mas também contra as mazelas da infância do Estado Democrático de Direito. A questão, portanto, não é de ordem moral. Como adverte o Professor Lenio Streck: "na Democracia não é a moral que deve filtrar o Direito e, sim, é o Direito que deve filtrar os juízos morais".[17]

---

[16] BRASIL. Supremo Tribunal Federal. ARE 1.318.242 AgR-EDv/SP. Rel. Min. Gilmar Mendes, Tribunal Pleno, julgado em 7.5.2024. *DJe*, 12.6.2024.

[17] STRECK, Lenio. *Precisamos falar sobre direito e moral*. Florianópolis: Tirant Lo Blanch, 2019. p. 11.

Referências

BRASIL. Superior Tribunal de Justiça. Ação de Improbidade 30/AM. Rel. Min. Teori Zavascki. Corte Especial, julgado em 12.9.2011. *DJe*, 28.9.2011.

BRASIL. Superior Tribunal de Justiça. *Doutrina*: edição comemorativa – 30 anos. Brasília: Superior Tribunal de Justiça, 2019.

BRASIL. Supremo Tribunal Federal. ADI 6678 MC/DF. Rel. Min. Marco Aurélio, Decisão Monocrática proferida pelo Min. Gilmar Mendes, julgado em 1.10.2021. *DJe*, 5.10.2021.

BRASIL. Supremo Tribunal Federal. ADI 7.236-MC. Rel. Min. Alexandre de Moraes, julgado em 27.12.2022. *DJe*, 10.1.2023.

BRASIL. Supremo Tribunal Federal. ARE 1.318.242 AgR-EDv/SP. Rel. Min. Gilmar Mendes, Tribunal Pleno, julgado em 7.5.2024. *DJe*, 12.6.2024.

BRASIL. Supremo Tribunal Federal. ARE 1.346.594/SP. Rel. Min. Gilmar Mendes, Segunda Turma, julgado em 24.10.2023. *DJe*, 31.10.2023.

BRASIL. Supremo Tribunal Federal. ARE 843.989/DF. Rel. Min. Alexandre de Moraes, Tribunal Pleno, julgado em 18.8.2022. *DJe*, 9.12.2022.

CAETANO, Marcello. *Manual de Direito Administrativo*. 10. ed. rev. e atual. pelo Prof. Doutor Diogo Freitas do Amaral. Coimbra: Livraria Almedina, 1991. t. II.

CARNEIRO, Rafael de Alencar Araripe. Ações de improbidade no STJ: o que se condena? *Portal Jota*, São Paulo, 4 jan. 2022. Disponível em: https://www.jota.info/opiniao-e-analise/artigos/stj-em-numeros-acoes-de-improbidade-o-que-se-condena-040 12022.

FIGUEIREDO, Marcelo. *Probidade Administrativa*. 6. ed. São Paulo: Malheiros, 2009.

MARQUES, Mauro Campbell (Coord.). *Improbidade Administrativa*: temas atuais e controvertidos. Rio de Janeiro: Forense, 2017.

MARRARA, Thiago (Org.). *Direito Administrativo*: transformações e tendências. São Paulo: Almedina, 2014.

MASCARENHAS, Rodrigo Tostes de Alencar. O medo e o ato administrativo. *Revista Colunistas – Direito do Estado*, n. 289, 2016.

MENDES, Gilmar Ferreira; BRANCO, Paulo Gustavo Gonet. *Curso de Direito Constitucional*. São Paulo: SaraivaJur, 2024.

MENDES, Gilmar Ferreira; CARNEIRO, Rafael de A. Araripe. *Nova Lei de Improbidade Administrativa*: Inspirações e desafios. Almedina Brasil: São Paulo, 2022.

STRECK, Lenio. *Precisamos falar sobre direito e moral*. Florianópolis: Tirant Lo Blanch, 2019.

VANIN, Fábio Scopel; ROBL FILHO, Ilton Norberto; ROCHA Wesley (Org.). *Lei de improbidade administrativa*: Lei n. 14.230/2021: comentários e análise. São Paulo: Almedina, 2023.

Informação bibliográfica deste texto, conforme a NBR 6023:2018 da Associação Brasileira de Normas Técnicas (ABNT):

MENDES, Gilmar Ferreira. Nova Lei de Improbidade Administrativa e o novo regime jurídico do ato de improbidade atentatório aos princípios da Administração Pública: desdobramento e possibilidades do Tema 1.199 da repercussão geral. *In*: JUSTEN, Monica Spezia; PEREIRA, Cesar; JUSTEN NETO, Marçal; JUSTEN, Lucas Spezia (coord.). *Uma visão humanista do Direito*: homenagem ao Professor Marçal Justen Filho. Belo Horizonte: Fórum, 2025. v. 1, p. 657-668. ISBN 978-65-5518-918-6.

A AÇÃO DE IMPROBIDADE ADMINISTRATIVA TEM FIM? ANÁLISE E PERSPECTIVAS ACERCA DA (IM)PRESCRITIBILIDADE DO RESSARCIMENTO AO ERÁRIO

GIULIA DE ROSSI ANDRADE

ADRIANA DA COSTA RICARDO SCHIER

1 Introdução

A prescrição é um dos pilares do Direito, servindo como mecanismo de equilíbrio entre o direito do Estado de exigir o cumprimento de uma obrigação e a necessidade de segurança jurídica para os cidadãos. No âmbito da improbidade administrativa, o debate sobre a prescritibilidade – ou a imprescritibilidade – do ressarcimento ao erário é particularmente complexo e sensível, assumindo uma fundamental relevância, na medida em que envolve não apenas a proteção do patrimônio público, mas também a preservação de garantias constitucionais fundamentais, como a segurança jurídica e a proporcionalidade.

A controvérsia acerca do tema tem sido objeto de intensos debates doutrinários e jurisprudenciais. A decisão do Supremo Tribunal Federal no Tema nº 897, em sede de Repercussão Geral,[1] trouxe à tona uma questão central: a imprescritibilidade do ressarcimento ao erário estaria condicionada à prática de ato doloso de improbidade administrativa. Embora tenha trazido certa clareza ao tema, a decisão também suscitou

---

[1] BRASIL. Supremo Tribunal Federal. *Tema 897* – Prescritibilidade da pretensão de ressarcimento ao erário em face de agentes públicos por ato de improbidade administrativa. Relator: Min. Alexandre de Moraes. Recurso Extraordinário 852.475. Descrição: Discussão, à luz do art. 37, §5º, da Constituição Federal, sobre a prescritibilidade da ação de ressarcimento ao erário fundamentada em ato tipificado como ilícito de improbidade administrativa. Tese: São imprescritíveis as ações de ressarcimento ao erário fundadas na prática de ato doloso tipificado na Lei de Improbidade Administrativa. Disponível em: https://portal.stf.jus.br/jurisprudenciaRepercussao/verAndamentoProcesso.asp?incidente=4670950&numeroProcesso=852475&classeProcesso=RE&numeroTema=897. Acesso em: 4 ago. 2024.

novas dúvidas e incertezas na prática jurídica, notadamente quanto à necessidade – ou não – de haver uma decisão judicial transitada em julgado, reconhecendo a prática de ato ímprobo doloso para que o ressarcimento ao erário pudesse ser considerado imprescritível.

É nesse contexto que se insere o problema que norteia o presente artigo. Em um primeiro momento, o trabalho revisita um panorama jurisprudencial interpretativo-evolutivo recente sobre a (im)prescritibilidade do ressarcimento ao erário, passando pelo entendimento do Tema nº 897 do Supremo Tribunal Federal em 2018, e voltando a decisões anteriores como a do Mandado de Segurança nº 26.210,[2] e do Tema nº 666, em 2016.[3] Em um segundo momento, para aprofundar os fundamentos do julgamento do Tema nº 897, exploram-se de maneira descritiva e crítica as discussões que levaram ao entendimento que se consolidou. Ainda, com base em uma análise feita por Demóstenes Torres e Caio Alcântara Pires Martins,[4] indicam-se algumas perspectivas do que poderia ter sido feito, através da Lei nº 14.230/21, para tentar mitigar algumas das dúvidas e incertezas quanto à (im)prescritibilidade das ações de ressarcimento ao erário. Por fim, destaca-se uma possível reviravolta jurisprudencial que vem se consolidando com o julgamento do Agravo em Recurso Extraordinário nº 1.475.101/SP e do Recurso Especial nº 1.375.812/MA.

A metodologia de pesquisa adotada é o método qualitativo, por meio do qual se analisam as interpretações evolutivas sobre a (im)prescritibilidade do ressarcimento ao erário; o julgamento do Tema nº 897; a solução que poderia ter vindo com a Lei nº 14.230/21; e a possível – e esperada – reviravolta jurisprudencial. A técnica de pesquisa adotada, por sua vez, foi a bibliográfica, jurisprudencial e legislativa.

2 As interpretações evolutivas sobre a (im)prescritibilidade do ressarcimento ao erário

O julgamento do Tema nº 897 pelo Supremo Tribunal Federal em 2018 foi um marco decisivo na discussão sobre a prescritibilidade do ressarcimento ao erário em ações de improbidade administrativa. Até então, o entendimento sobre a prescritibilidade ou imprescritibilidade dessas ações não estava totalmente consolidado, gerando incertezas e divergências interpretativas.

---

[2] BRASIL. Supremo Tribunal Federal. Mandado de Segurança 26.210. Relator: Min. Ricardo Lewandowski. *Diário de Justiça Eletrônico*, 10 out. 2008. Ata nº 32/2008. *DJe*, n. 192, 9 out. 2008. Disponível em: https://portal.stf.jus.br/processos/detalhe.asp?incidente=2430142. Acesso em: 4 ago. 2024.

[3] BRASIL. Supremo Tribunal Federal. *Tema 666* – Imprescritibilidade das ações de ressarcimento por danos causados ao erário, ainda que o prejuízo não decorra de ato de improbidade administrativa. Relator: Min. Teori Zavascki. Recurso Extraordinário 669.069. Descrição: Discussão, à luz do art. 37, §5º, da Constituição Federal, sobre a aplicação da imprescritibilidade das ações de ressarcimento ao erário, verificando se se estende a todas as situações de danos ao erário ou apenas aos decorrentes de atos de improbidade administrativa. Tese: É prescritível a ação de reparação de danos à Fazenda Pública decorrente de ilícito civil. Disponível em: https://portal.stf.jus.br/jurisprudenciaRepercussao/verAndamentoProcesso.asp?incidente=4189164&numeroProcesso=669069&classeProcesso=RE&numeroTema=666. Acesso em: 4 ago. 2024.

[4] TORRES, Demóstenes; MARTINS, Caio Alcântara Pires. Ainda sobre a (im)prescritibilidade do ressarcimento ao Erário. *Consultor Jurídico*, 10 abr. 2023. Disponível em: https://www.conjur.com.br/2023-abr-10/torres-martins-ainda-imprescritibilidade-ressarcimento-erario/. Acesso em: 4 ago. 2024.

Antes do julgamento do Tema nº 897 em 2018, a jurisprudência do Supremo Tribunal Federal sobre a (im)prescritibiliade do ressarcimento ao erário estava em constante evolução, tendo sido abordada em diversas ocasiões. Em 2008, o Supremo Tribunal Federal decidiu no Mandado de Segurança nº 26.210 que a imprescritibilidade das ações de ressarcimento ao erário era a orientação predominante, apesar de algumas vozes discordantes, como o voto do Ministro Marco Aurélio. Essa decisão refletiu uma interpretação ampla do art. 37, §5º da Constituição Federal, que estabelece que a lei definirá os prazos de prescrição para ilícitos que causem prejuízos ao erário, excetuando-se as ações de ressarcimento.

No entanto, em 2016, o Supremo Tribunal Federal já havia demonstrado uma mudança de posicionamento com o julgamento do Recurso Extraordinário nº 669.069/MG, que estabeleceu, através do Tema nº 666, a prescritibilidade das ações de reparação de danos à Fazenda Pública decorrentes de ilícitos civis, distinguindo essas ações das de improbidade administrativa. A decisão destacou a necessidade de distinguir ilícitos civis e atos de improbidade administrativa, estabelecendo que a prescrição se aplicaria às ações de ressarcimento relacionadas a ilícitos civis, enquanto a imprescritibilidade seria restrita aos atos de improbidade.

A decisão sobre o Tema nº 666, precedendo o Tema nº 897, ainda não fazia distinção clara entre atos dolosos e culposos. A Corte havia adotado uma posição mais ampla, sem a necessidade de diferenciar o caráter doloso dos atos. No entanto, a partir de 2018, com o julgamento do Tema nº 897, o Supremo Tribunal Federal passou a adotar uma visão mais refinada. A decisão estabeleceu que apenas atos dolosos de improbidade administrativa são passíveis de imprescritibilidade, enquanto os atos culposos estariam sujeitos ao prazo prescricional de cinco anos, conforme estipulado no antigo art. 23 da Lei de Improbidade Administrativa – ressalvando-se que esse entendimento se deu antes da superveniência da Lei nº 14.230/21.

Assim, ao estabelecer que apenas os atos dolosos são imprescritíveis, o Supremo Tribunal Federal reflete um esforço para equilibrar a responsabilização dos agentes públicos com a proteção dos direitos dos réus. No entanto, essa abordagem também gerou novas questões e desafios, especialmente em relação à definição clara e objetiva do dolo e à sua prova nos processos judiciais. A necessidade de provar o dolo como requisito para a imprescritibilidade gerou um aumento significativo nas disputas judiciais e na duração dos litígios.

Além das implicações práticas, a questão ainda gera outros debates e críticas. O núcleo da controvérsia reside nas diferentes interpretações do §5º do art. 37 da Constituição Federal, que determina que "a lei estabelecerá os prazos de prescrição para ilícitos que causem prejuízos ao erário, ressalvadas as respectivas ações de ressarcimento". Esse dispositivo gerou – e gera – certa instabilidade jurídica, particularmente no que tange à extensão da prescrição para as ações de ressarcimento.

A noção de imprescritibilidade genérica para ações de ressarcimento ao erário não encontra respaldo no ordenamento jurídico brasileiro nem na jurisprudência predominante. Essa conclusão é corroborada pelos debates na Assembleia Nacional Constituinte, em que se discutiu a separação entre prazos de prescrição para ações sancionatórias e para ações de ressarcimento. Professores como Carlos Ari Sundfeld e

Rodrigo Pagani de Souza enfatizam que o §5º do art. 37 foi formulado para distinguir esses prazos e não para estabelecer uma regra geral de imprescritibilidade.[5]

Referido artigo não menciona explicitamente a imprescritibilidade das ações de ressarcimento, ao contrário de outras disposições constitucionais que garantem a imprescritibilidade, como os crimes de racismo e ações de grupos armados. Sérgio de Andréia Ferreira observou que a redação original da proposta constitucional incluía a imprescritibilidade das ações de ressarcimento, mas essa disposição foi removida, indicando que o §5º não deve ser lido como uma cláusula geral de imprescritibilidade.[6]

Assim, o §5º deve ser interpretado em conjunto e sistematicamente com o §4º do mesmo artigo, limitando-se a abranger ações de ressarcimento decorrentes de atos de improbidade administrativa. Esse entendimento é apoiado pelo Tema nº 666 do Supremo Tribunal Federal. A interpretação isolada do §5º pode levar a equívocos, pois a Constituição não especifica a imprescritibilidade para todas as ações de ressarcimento.

Portanto, a interpretação correta do §5º do art. 37 deve respeitar o princípio da segurança jurídica, permitindo a prescrição das ações de ressarcimento de acordo com os prazos estabelecidos pela lei, e assegurando que o direito à defesa dos acusados seja preservado dentro de um prazo razoável. Essa abordagem reflete a necessidade de equilíbrio entre a proteção do erário e os direitos fundamentais dos envolvidos.

Esse posicionamento é apoiado por renomados juristas. O Professor Celso Antônio Bandeira de Mello, inicialmente favorável à imprescritibilidade irrestrita das ações de ressarcimento ao erário, ajustou sua posição, alinhando-se às lições de Emerson Gabardo. Em uma conferência no Congresso Mineiro de Direito Administrativo, realizado em maio de 2009, Emerson Gabardo argumentou que a adoção da imprescritibilidade poderia levar à minimização ou até eliminação prática do direito de defesa dos indivíduos acusados de danos ao erário.[7] O ponto levantado é que, sem um prazo razoável para a apresentação de documentos e defesas, a proteção jurídica do acusado seria comprometida. Celso Antônio Bandeira de Mello, ao aceitar essas considerações, ajustou sua visão para reconhecer que a imprescritibilidade não pode se sobrepor a garantias fundamentais, como o direito de defesa, conforme explicitado na Constituição Federal de 1988, especialmente nos arts. 5º, LII e LXIV, que garantem direitos essenciais aos réus.[8]

Em conclusão, o entendimento mais recente do Supremo Tribunal Federal – Tema nº 897, de 2018 –, que distinguiu atos dolosos e culposos no contexto da prescritibilidade do ressarcimento ao erário, representou um esforço para esclarecer e limitar a aplicação da imprescritibilidade. Embora essa interpretação tenha tentado trazer maior precisão ao distinguir as responsabilidades, ela ainda enfrenta desafios significativos. A evolução contínua da jurisprudência e a análise crítica dos princípios constitucionais relacionados à prescrição e à imprescritibilidade são essenciais para garantir uma aplicação justa e coerente do direito administrativo. Dessa forma, a discussão sobre a prescritibilidade

---

[5] SUNDFELD, Carlos Ari; SOUZA, Rodrigo Pagani de. A prescrição das ações de ressarcimento ao Estado e o art. 37, §5º, da Constituição. *A&C – Revista de Direito Administrativo & Constitucional*, Belo Horizonte, ano 17, n. 68, p. 139-152, abr./jun. 2017.

[6] FERREIRA, Sérgio de Andréia. *Comentários à Constituição*. Rio de Janeiro: Freitas Bastos, 1991. v. 3. p. 313.

[7] GABARDO, Emerson. Adoção da imprescritibilidade e seu impacto no direito de defesa. *Conferência no Congresso Mineiro de Direito Administrativo*, maio 2009.

[8] BANDEIRA DE MELLO, Celso Antônio. *Curso de direito administrativo*. 28. ed. São Paulo: Malheiros, 2011. p. 1073.

e a imprescritibilidade do ressarcimento ao erário permanece um tema de relevância e complexidade, exigindo uma análise aprofundada e uma consideração minuciosa dos princípios constitucionais, da jurisprudência e das implicações práticas para o sistema jurídico brasileiro.

3 O julgamento do Tema nº 897: Recurso Extraordinário nº 852.475/SP

Como já mencionado no tópico anterior, o julgamento do Tema nº 897 de Repercussão Geral, no Recurso Extraordinário nº 852.475/SP, em 2018,[9] marcou um momento decisivo na jurisprudência do Supremo Tribunal Federal sobre a prescritibilidade do ressarcimento ao erário por atos de improbidade administrativa. Com a decisão publicada em 25.3.2019, o Supremo Tribunal Federal fixou a tese de que "são imprescritíveis as ações de ressarcimento ao erário fundadas na prática de ato doloso tipificado na Lei de Improbidade Administrativa". Esse julgamento trouxe consigo novas perspectivas e desafios que ainda reverberam na prática jurídica.

O julgamento começou em 2.8.2018, quando o Ministro Relator, Alexandre de Moraes, apresentou seu voto favorável à prescrição das ações, argumentando que a prescrição é essencial para a segurança jurídica, o devido processo legal e a ampla defesa. O voto do relator foi apoiado pelos Ministros Luís Roberto Barroso, Luiz Fux, Dias Toffoli, Ricardo Lewandowski e Gilmar Mendes, totalizando seis votos pela prescritibilidade. Apenas os Ministros Luiz Edson Fachin e Rosa Weber votaram pela imprescritibilidade.

Na ocasião, o Ministro Barroso, em seu voto, enfatizou que a Constituição só estabelece imprescritibilidade para situações específicas, como crimes de racismo e ações de grupos armados, e não para o ressarcimento ao erário, sustentando que a prescrição se aplicava de forma mais apropriada. O Ministro Luiz Fux, por sua vez, também acompanhando o voto do Ministro Relator, destacou a incoerência de conferir à Fazenda Pública a imprescritibilidade de suas pretensões contra o particular, enquanto as pretensões dos particulares contra a Fazenda se submetem a prazos prescricionais estabelecidos por diversos decretos e leis, como o Decreto nº 22.210, o Decreto nº 2.210 e a Lei nº 9.494. Essa discrepância, segundo seu entendimento inicial, violaria o princípio isonômico, que preconiza tratamento equitativo entre as partes. Fux também ressaltou que, na lógica do Direito, se crimes graves como o homicídio prescrevem, não faz sentido estender a imprescritibilidade às ações do Poder Público, uma vez que isso não se alinha ao princípio da razoabilidade que deve orientar a Constituição Federal.

No entanto, o julgamento foi suspenso e retomado em 8.8.2018. Durante a pausa de 6 dias, houve uma mudança significativa nos votos dos Ministros. O Ministro Barroso, após receber diversas manifestações, reconsiderou sua posição e passou a apoiar a imprescritibilidade, alinhando-se à visão do Ministro Fachin e da Ministra Rosa Weber. Da mesma forma, o Ministro Luiz Fux, inicialmente firme na defesa da prescrição, também alterou seu voto para apoiar a imprescritibilidade, justificando sua decisão com a necessidade de fazer justiça, apesar do seu dever de aplicação do Direito.

---

9   BRASIL. Supremo Tribunal Federal. Recurso Extraordinário 852.475. Relator: Min. Alexandre de Moraes. Redator do acórdão: Min. Edson Fachin. *Diário de Justiça Eletrônico*, 25 mar. 2019. Ata nº 35/2019. *DJe*, n. 58, 22 mar. 2019.

O julgamento resultou em um placar apertado – porém clássico – de 6 a 5, com a tese da imprescritibilidade prevalecendo. Os Ministros Edson Fachin, Rosa Weber, Celso de Mello, Cármen Lúcia, Luiz Fux e Luiz Roberto Barroso votaram pela imprescritibilidade, enquanto os Ministros Alexandre de Moraes, Dias Toffoli, Ricardo Lewandowski, Gilmar Mendes e Marco Aurélio sustentaram a tese da prescritibilidade. A decisão estabeleceu que apenas atos dolosos de improbidade administrativa seriam imprescritíveis, enquanto atos culposos estariam sujeitos ao prazo prescricional.

A decisão do Supremo Tribunal Federal trouxe uma inovação ao diferenciar entre atos dolosos e culposos, uma distinção que não estava prevista nem na Constituição nem na Lei de Improbidade Administrativa. O voto do Ministro Barroso foi particularmente relevante ao propor que a imprescritibilidade se restringisse aos atos dolosos, deixando os atos culposos sujeitos à prescrição. Essa diferenciação, embora tentasse ajustar a decisão com uma base jurídica, acabou gerando complexidade adicional no processo judicial. A decisão criou um impasse significativo, pois as ações de improbidade dolosa se tornaram imprescritíveis, enquanto a comprovação do dolo tornou-se essencial para a configuração da imprescritibilidade.

O impacto prático da decisão é considerável. A aplicação da tese trouxe à tona questões processuais complexas. A questão fundamental levantada é como se pode concluir pela ocorrência de ato ímprobo em uma ação de ressarcimento se as pretensões condenatórias da Lei de Improbidade Administrativa estão prescritas e não é mais possível ajuizar ações para declarar a existência de ato ímprobo, seja ele doloso ou culposo. A pergunta do Ministro Marco Aurélio que não foi respondida resume a problemática: "Qual é a premissa do ressarcimento? É ou não a prática do ato de improbidade? Se não se pode mais discutir a configuração desse ato, como caminhar para a ação de ressarcimento, considerada a imprescritibilidade dessa ação patrimonial?".

Felipe Klein Gussoli aponta que, especialmente a partir de 2021, começaram a surgir sérios problemas relacionados à escolha do rito processual a ser adotado. Se prevalecer o procedimento comum do Código de Processo Civil, segundo ele, poderá haver violação ao princípio constitucional do devido processo legal (art. 5º, LIV e art. 37, §4º) e do rito geral da Lei de Improbidade Administrativa, na medida em que atos ímprobos seriam definidos fora do procedimento especial exigido pelo constituinte. Além disso, isso poderia fomentar um sistema de responsabilização objetiva por atos de improbidade, em que a simples alegação de improbidade dolosa na causa de pedir da ação de ressarcimento seria suficiente para considerar a premissa como verdade, o que ocorre na prática.[10]

A decisão final no Tema nº 897 reflete uma mudança abrupta ocorrida em apenas seis dias entre o início e o fim da sessão de julgamento. Inicialmente, os Ministros Luís Roberto Barroso e Luiz Fux basearam-se na interpretação dogmática e histórica da Constituição para afastar a imprescritibilidade. No entanto, na retificação dos votos, ficou claro que a mudança estava respondendo a pressões externas.

Reitere-se que a tese do Tema nº 897 do Supremo Tribunal Federal condiciona a imprescritibilidade do ressarcimento ao erário à demonstração de que o pedido se

---

[10] GUSSOLI, Felipe Klein. Tema 897 dois anos depois: Imprescritibilidade do ressarcimento ao erário por ato doloso de improbidade. *Migalhas*, 15 abr. 2021. Disponível em: https://www.migalhas.com.br/depeso/343770/tema-897-dois-anos-depois-imprescritibilidade-do-ressarcimento. Acesso em: 4 ago. 2024.

baseia na prática de ato doloso tipificado na Lei de Improbidade Administrativa. Mas, diferentemente de muito malabarismo acrobático interpretativo, o raciocínio é claro: se o ato doloso de improbidade não for reconhecido, a imprescritibilidade do pedido de ressarcimento não se aplicará. Flávio Luiz Yarshell corrobora essa perspectiva ao afirmar que não é desejável nem autorizado pelo ordenamento considerar a pretensão ao ressarcimento como imprescritível, ressaltando que o tempo deve atuar como fator extintivo também para as demais sanções previstas pela Lei nº 8.429/1992.[11] Elody Nassar, por sua vez, aponta que o art. 37, §5º, da Constituição Federal, ao buscar equilibrar a necessidade de ressarcimento ao erário com o princípio da estabilidade das relações jurídicas, enfrenta um conflito fundamental entre o interesse público e o princípio da segurança jurídica. O autor conclui que não é defensável a anulação dos princípios basilares do Estado de Direito, como a segurança e a estabilidade das relações jurídicas.[12] Portanto, a interpretação da imprescritibilidade das ações de ressarcimento ao erário decorrentes de atos de improbidade administrativa não parece plausível, especialmente considerando a importância da segurança jurídica para a construção de uma sociedade justa e estável, conforme preconizado pela Constituição Federal de 1988.

4 A solução que poderia ter vindo com a Lei nº 14.230/21

A Lei nº 8.429/1992, que regula os atos de improbidade administrativa, foi significativamente modificada pela Lei nº 14.230/21, uma importante reforma legislativa que trouxe novas diretrizes para a responsabilização e o ressarcimento ao erário. No entanto, apesar dos avanços, essa reforma não resolveu completamente a questão da (im)prescritibilidade do ressarcimento, evidenciando uma lacuna crítica nesse debate fundamental. A lei não estabelece um prazo prescricional específico para o ressarcimento decorrente de condutas ilícitas, mas apenas para as sanções. Assim como outros ilícitos nas esferas administrativa, cível e penal possuem prazos prescricionais para reparação e/ou ressarcimento, é razoável que o ressarcimento ao erário siga a mesma lógica. A falta de uma definição clara sobre a prescrição gera insegurança jurídica, ao permitir que a ação para compelir o agente a recompor o erário seja proposta a qualquer tempo.

Além disso, a implementação da Lei nº 14.230/21 e a ampliação das funções jurisdicionais têm exacerbado o debate sobre a eficácia e a justiça das reformas legislativas, especialmente diante do crescente ceticismo em relação à atuação parlamentar. O contexto do lavajatismo, uma corrente punitivista, contribuiu para uma resistência significativa a reformas com viés garantista, como aquelas que buscam assegurar os direitos fundamentais previstos na Constituição.[13] Nesse sentido, a prescritibilidade do ressarcimento ao erário é vista por alguns como uma ameaça à integridade da coisa pública, com o argumento de que ela poderia estimular a corrupção e outros danos ao interesse público. A prescrição poderia dar a impressão de que, após o prazo legalmente

---

[11] ARSHELL, Flávio Luiz. Prescrição intercorrente e sanções por improbidade administrativa (Lei nº 8.429/1992). *In*: CIANCI, Mirna (Coord.). *Prescrição no Código Civil*. 3. ed. São Paulo: Saraiva, 2011.

[12] NASSAR, Elody. *Prescrição na Administração Pública*. São Paulo: Saraiva, 2004. p. 186.

[13] TORRES, Demóstenes; MARTINS, Caio Alcântara Pires. Ainda sobre a (im)prescritibilidade do ressarcimento ao Erário. *Consultor Jurídico*, 10 abr. 2023. Disponível em: https://www.conjur.com.br/2023-abr-10/torres-martins-ainda-imprescritibilidade-ressarcimento-erario/. Acesso em: 4 ago. 2024.

estipulado, os danos causados ao erário não precisam mais ser ressarcidos, o que poderia incentivar a prática de atos ilícitos.

A reforma da Lei de Improbidade Administrativa é um exemplo claro de uma abordagem garantista que merece ser preservada. Após anos de esforço doutrinário para integrar à matéria de improbidade os princípios constitucionais do Direito Administrativo Sancionador, a nova lei introduziu mudanças significativas, como a determinação de que a responsabilidade subjetiva deve ser comprovada para tipificação dos atos ímprobos, e a revogação da modalidade culposa, que foi declarada irretroativa e não afetou a coisa julgada.

Além disso, a reforma, iniciada através do Projeto de Lei nº 10.887/18, como muito se desejava, estabeleceu prazos prescricionais para atos ímprobos, incluindo prazos intercorrentes, com marcos interruptivos e suspensivos conforme o art. 23. Inclusive, havia a proposta de inserção do art. 23, §2º, que previa a prescrição de 20 anos – ainda que diversas discussões pudessem surgir sobre o prazo que havia sido sugerido – para a pretensão de condenação ao ressarcimento e perda de bens de origem privada. No entanto, essa previsão foi suprimida na versão final da lei, resultando em uma oportunidade perdida para abordar a questão da prescritibilidade de forma mais clara e eficaz. Essa omissão legislativa perpetrou uma lacuna que contribuiu para o prolongamento da insegurança jurídica e da discussão sobre a prescritibilidade do ressarcimento ao erário – mesmo considerando que tal escolha legislativa seria provavelmente questionada no Supremo Tribunal Federal.

Reiterando-se o que já foi abordado, tem-se que o art. 37, §5º, da Constituição Federal estabelece que a lei deve definir os prazos de prescrição para ilícitos que causem prejuízo ao erário, ressalvadas as ações de ressarcimento. No julgamento do Tema nº 897, a fixação da tese, baseada no voto do Ministro Luiz Edson Fachin, que abriu a divergência para defender que as ações de ressarcimento ao erário fundadas na prática de ato doloso tipificado na Lei de Improbidade Administrativa seriam imprescritíveis, sugeriu a possibilidade de uma ação de ressarcimento suceder uma ação de improbidade prescrita. A Ministra Rosa Weber, em seu voto, também destacou que, se o ressarcimento pressupõe um ato de improbidade reconhecido judicialmente, nada impediria que a ação de ressarcimento buscasse essa declaração apenas para efeito de reparação do dano ao erário.

Invocando essas interpretações, entende-se que a Lei nº 14.230/21 perdeu a oportunidade de solucionar a questão da prescritibilidade do ressarcimento ao erário. Assim, voltou-se a dúvida: é juridicamente admissível a propositura de ação de ressarcimento ao erário sem qualquer limitação temporal, independentemente do decurso do tempo desde a ocorrência do fato gerador do dano? A análise proposta por Demóstenes Torres e Caio Alcântara Pires Martins apresenta fundamentos sólidos para sustentar a negativa dessa possibilidade –[14] algumas delas já exploradas neste artigo.

Em primeiro lugar, os autores ressaltam que a intenção de tornar imprescritíveis as ações de ressarcimento ao erário foi explicitamente refutada pelo constituinte originário durante a elaboração da Constituição de 1988. Durante os debates na Assembleia

---

[14] TORRES, Demóstenes; MARTINS, Caio Alcântara Pires. Ainda sobre a (im)prescritibilidade do ressarcimento ao Erário. *Consultor Jurídico*, 10 abr. 2023. Disponível em: https://www.conjur.com.br/2023-abr-10/torres-martins-ainda-imprescritibilidade-ressarcimento-erario/. Acesso em: 4 ago. 2024.

Constituinte, uma proposta que previa a imprescritibilidade desse tipo de ação foi deliberadamente excluída do texto constitucional final. Essa exclusão revela uma escolha consciente de afastar a imprescritibilidade das ações de ressarcimento. A análise de documentos históricos, nesse contexto, é crucial para interpretar corretamente as intenções dos legisladores e evitar distorções na aplicação do direito.[15]

Como segundo ponto, os autores apontam que a prescrição constitui um princípio fundamental do ordenamento jurídico, cuja exceção deve ser expressamente prevista na Constituição, como ocorre nos incs. XLII e XLIV do art. 5º. A ausência de uma previsão explícita de imprescritibilidade no art. 37, §5º, reforça a ideia de que a prescrição deve prevalecer como regra. A prescrição atua como um baluarte da segurança e da paz públicas, limitando temporalmente a eficácia de pretensões e ações, sejam elas de natureza pessoal, real, privada ou pública.[16] Em termos de proteção do interesse público, a segurança jurídica, que resulta da prescrição, é tão ou mais relevante que a proteção do patrimônio público. E, de fato, é irrealista imaginar que o Estado possa, de maneira eficaz, manejar ações de ressarcimento após décadas, quando as provas e testemunhas já podem ter desaparecido.

Em terceiro lugar, considera-se que a imprescritibilidade das ações de ressarcimento ao erário é desproporcional em face da proteção aos direitos fundamentais. Em nenhum outro ramo do direito se admite a ausência completa de limites temporais, nem mesmo nos casos de crimes graves, como o homicídio. A justificativa de que o ressarcimento não constitui uma sanção não pode ser aceita, pois a inexistência de um prazo prescricional implicaria uma medida potencialmente mais gravosa do que sanções tradicionais, o que é incompatível com o princípio da proporcionalidade.[17]

O quarto ponto diz respeito ao fato de que o ressarcimento ao erário não é considerado uma sanção, não se enquadrando no âmbito do Direito Administrativo Sancionador. O art. 37, §5º, da Constituição Federal diferencia as prescrições de ressarcimento das prescrições de sanções, sem, contudo, estabelecer a imprescritibilidade. A interpretação correta desse dispositivo é que a prescrição do ressarcimento deve ser regulada fora do âmbito da legislação de improbidade administrativa, uma vez que há danos ao patrimônio público que não decorrem de atos ímprobos. Assim, o prazo de prescrição para ações de ressarcimento pode ser diferente, sendo menor ou maior que aquele aplicável aos ilícitos definidos pela Lei de Improbidade Administrativa, estabelecendo uma distinção adequada entre pretensões punitivas e ressarcitórias.

Como quinto apontamento, os autores destacam que, para que se possa caracterizar um ato como ímprobo, é imprescindível uma sentença condenatória transitada em julgado, proferida no âmbito de uma ação de improbidade administrativa. Investigações preliminares, como inquéritos civis públicos ou tomadas de contas, não são suficientes para fundamentar ações de ressarcimento imprescritíveis. Somente após a formação de um título executivo judicial que reconheça a prática de ato doloso tipificado na Lei de Improbidade Administrativa é que se pode admitir a imprescritibilidade da pretensão ressarcitória. Se a ação de improbidade prescreve, o exame do fato é obstado, o que

---

[15] SIMÃO, Calil. *Improbidade Administrativa*: teoria e prática. [s.l.]: [s.n.], 2022. p. 884.

[16] MIRANDA, Pontes de. *Tratado de Direito Privado*. 3. ed. [s.l.]: [s.n.], 1970. t. VI.

[17] OSÓRIO, Fábio Medina. *Direito Administrativo Sancionador*. 8. ed. [s.l.]: [s.n.], 2022.

impede a análise da existência de pagamento indevido para fins de ressarcimento. É incongruente exigir que o réu se defenda de uma pretensão prescrita (improbidade) apenas para evitar uma consequência (ressarcimento) que não pode ser aplicada.[18]

Ainda, como sexto ponto, tem-se que a improbidade administrativa se caracteriza como uma ilegalidade qualificada, marcada pela intenção desonesta do agente. Para que essa qualificação seja reconhecida, é necessária uma condenação judicial definitiva, conforme os prazos estabelecidos na Lei de Improbidade Administrativa. Na ausência de tal condenação, o ato ilícito permanece no campo do ilícito civil, ainda que praticado contra a Administração Pública. Conforme decidido no Tema nº 666, é prescritível a ação de reparação de danos à Fazenda Pública decorrente de ilícito civil, e, portanto, o ressarcimento que não se baseia em ato de improbidade transitado em julgado prescreve em cinco anos, conforme o prazo geral para reivindicações contra a Administração Pública.

Por fim, ressalta-se novamente que, na elaboração do anteprojeto de lei pela comissão de juristas, havia uma proposta para que o prazo de prescrição das ações de ressarcimento fosse de 20 anos. Fábio Medina Osório entende que a fixação de um prazo mínimo de prescrição elevado para essas demandas poderia ter sido a melhor solução, evitando a insegurança jurídica gerada pela ausência de prescrição, mas a opção pela imprescritibilidade resultou em um prazo 15 anos menor, comprometendo o equilíbrio entre a proteção ao patrimônio público e os direitos fundamentais dos cidadãos.[19]

As indefinições jurídicas, notadamente por parte do Poder Judiciário, continuam a gerar tensões entre a proteção ao patrimônio público e os direitos fundamentais dos cidadãos. No entanto, o início do julgamento do Agravo em Recurso Extraordinário nº 1.475.101/SP[20] trouxe novos contornos a essa questão.

5 A possível – e esperada – reviravolta jurisprudencial

A decisão do Supremo Tribunal Federal no julgamento do Tema nº 897, que estabeleceu a imprescritibilidade do ressarcimento ao erário em casos de improbidade administrativa quando comprovado ato doloso, inicialmente foi bem recebida pelos Ministérios Públicos estaduais e federais. A interpretação ministerial ampliou as possibilidades de ação para o ressarcimento de danos ao erário, mesmo após a prescrição dos atos punitivos. Essa expansão hermenêutica levou a um aumento dos pedidos de conversão de ações de improbidade prescritas em ações de ressarcimento. A lógica por trás dessa estratégia era que, uma vez demonstrado o dolo, a imprescritibilidade se aplicaria independentemente da fase processual da ação inicial.

---

[18] ARAÚJO, Aldem. A nova Lei de Improbidade Administrativa e a prescrição do ressarcimento ao erário. *Consultor Jurídico*, 14 dez. 2021. Disponível em: https://www.conjur.com.br/2021-dez-14/johnston-lia-prescricao-ressarcimento-erario. Acesso em: 4 ago. 2024.

[19] OSÓRIO, Fábio Medina. *Direito Administrativo Sancionador*. 8. ed. [s.l.]: [s.n.], 2022.

[20] BRASIL. Supremo Tribunal Federal. *ARE 1.475.101*. Recurso Extraordinário com Agravo. Relator: Min. Alexandre de Moraes. Incluído no calendário de julgamento. Data de Julgamento: 02.04.2024. "Decisão: Após os votos dos Ministros Alexandre de Moraes, Relator, e Cristiano Zanin, que conheciam do agravo para negar-lhe provimento; e dos votos dos Ministros Cármen Lúcia e Flávio Dino, que o proviam para julgar procedente o pedido, pediu vista dos autos o Ministro Luiz Fux. Presidência do Ministro Alexandre de Moraes. Primeira Turma, 02/04/2024".

O início desse processo foi marcado por um entendimento predominantemente favorável à conversão das ações. Os tribunais, em muitos casos, aceitaram que a imprescritibilidade do ressarcimento fosse aplicada mesmo sem a completa instrução processual sobre a improbidade, desde que houvesse uma demonstração prévia do dolo. Esse posicionamento foi crucial para a continuidade das ações de ressarcimento, mesmo após a prescrição dos atos de improbidade.

No entanto, a reviravolta jurisprudencial começou a se manifestar com o início do julgamento do Agravo em Recurso Extraordinário nº 1.475.101/SP, que trouxe novos contornos e desafios para essa questão. O caso em questão envolve o Ministério Público de São Paulo, que, diante da prescrição dos crimes de improbidade, pediu a conversão da ação de improbidade em uma ação de ressarcimento ao erário. Esse pedido foi feito antes da completa instrução processual e da manifestação de defesa dos réus. Em primeira instância, o juiz acolheu o pedido ministerial, com base no entendimento do Tema nº 897, que considera imprescritível a ação de ressarcimento quando baseada em ato doloso de improbidade administrativa.

Contudo, essa decisão foi reformada pelo Tribunal de Justiça de São Paulo, que decidiu que a falta de instrução processual e a ausência de ampla defesa inviabilizavam a classificação das condutas como ímprobas, resultando na prescrição tanto da pretensão punitiva quanto da de ressarcimento. O Ministério Público recorreu ao Supremo Tribunal Federal, alegando que a decisão do Tribunal de Justiça de São Paulo contrariava o entendimento da Corte sobre a imprescritibilidade do ressarcimento.

O início do julgamento do Agravo em Recurso Extraordinário nº 1.475.101/SP trouxe uma nova perspectiva. O Ministro Alexandre de Moraes, relator do caso, entendeu que a condenação pela prática de ato de improbidade é um requisito para o reconhecimento da imprescritibilidade do ressarcimento ao erário. Moraes argumentou que, na ausência de condenação e de identificação do dolo, não há base para exigir a imprescritibilidade do ressarcimento. Esse entendimento foi seguido pelo Ministro Cristiano Zanin. Por outro lado, a Ministra Cármen Lúcia e o Ministro Flávio Dino votaram pela nulidade do acórdão de segunda instância, sustentando que a ação deveria retornar ao tribunal para garantir o devido processo legal, pois não havia como afirmar se o ato doloso havia ocorrido sem a devida instrução processual.

Durante a sessão, o Ministro Alexandre de Moraes criticou a estratégia do Ministério Público, ressaltando que a conversão das ações sem comprovação do dolo representava um erro processual significativo. Moraes argumentou que a ação de improbidade deveria seguir seu curso completo, permitindo a defesa dos réus e a completa instrução processual antes de qualquer decisão sobre a imprescritibilidade do ressarcimento.

Além disso, a decisão unânime do Superior Tribunal de Justiça no Recurso Especial nº 1.375.812/MA[21] consolidou o entendimento de que a imprescritibilidade do ressarcimento ao erário está efetivamente condicionada ao reconhecimento judicial do ato doloso. O caso, transitado em julgado em junho de 2024, envolvia uma ex-prefeita de Passagem Franca, no Estado do Maranhão, e o Superior Tribunal de Justiça reafirmou que a prescrição de cinco anos se aplicava na ausência de reconhecimento

---

[21] BRASIL. Superior Tribunal de Justiça. AgRg no REsp 1.375.812/MA. Agravo Regimental no Recurso Especial. Relator: Min. Paulo Sérgio Domingues. Órgão Julgador: Primeira Turma. *Diário da Justiça Eletrônico*, 12 abr. 2024.

judicial do ato de improbidade. O relator, Ministro Paulo Sérgio Domingues, destacou que a imprescritibilidade só se aplicaria quando houvesse uma declaração específica de improbidade administrativa, alinhando-se com o entendimento estabelecido pelo Supremo Tribunal Federal.

Essa reviravolta jurisprudencial evidencia a necessidade de uma abordagem mais cautelosa e criteriosa na aplicação das normas sobre prescritibilidade em ações de improbidade administrativa. A recente jurisprudência ressalta a importância de um reconhecimento judicial prévio do dolo em ação de improbidade administrativa para a aplicação da imprescritibilidade do ressarcimento ao erário, garantindo a proteção dos direitos processuais dos réus e promovendo uma maior segurança jurídica.

6 Considerações finais

A análise do tema da prescritibilidade do ressarcimento ao erário em ações de improbidade administrativa revela a complexidade e a importância de um equilíbrio justo entre a proteção do patrimônio público e os direitos dos cidadãos. O julgamento do Tema nº 897 pelo Supremo Tribunal Federal trouxe avanços significativos ao estabelecer que apenas atos dolosos são imprescritíveis, enquanto atos culposos estão sujeitos a prazos prescricionais. Essa decisão reflete um esforço para proporcionar uma solução mais equitativa e precisa, distinguindo a gravidade dos atos e suas consequências jurídicas.

O Supremo Tribunal Federal, ao condicionar a imprescritibilidade ao dolo, avançou na jurisprudência ao reconhecer a necessidade de distinguir entre diferentes formas de improbidade administrativa. No entanto, essa abordagem também abriu novas frentes de debate e desafios que ainda demandam maior reflexão e aperfeiçoamento. A definição clara do dolo e a aplicação desse critério nas ações de improbidade são aspectos que continuam a gerar discussões e que requerem uma análise mais aprofundada para garantir uma aplicação justa e proporcional da lei.

Defender a prescritibilidade é, essencialmente, defender a segurança jurídica e a estabilidade das relações jurídicas, princípios fundamentais para o Estado de Direito. A prescrição não deve ser vista como um obstáculo à justiça, mas como uma garantia de que o poder punitivo do Estado será exercido de forma equilibrada e justa, respeitando os direitos individuais e promovendo a paz social. A prescrição permite que os réus tenham a oportunidade de se defender dentro de um prazo razoável, contribuindo para a proteção dos direitos fundamentais e a manutenção da ordem jurídica.

O debate sobre a prescritibilidade do ressarcimento ao erário deve continuar, com o objetivo de alcançar uma solução que proteja o patrimônio público sem comprometer os direitos fundamentais dos cidadãos. É necessário que o Direito evolua para garantir que a justiça seja não apenas eficaz, mas também justa e proporcional, promovendo o bem-estar de toda a sociedade. A discussão sobre a (im)prescritibilidade do ressarcimento ao erário é um exemplo da necessidade de equilibrar a proteção do interesse público com a garantia dos direitos individuais, refletindo a complexidade e a dinâmica do sistema jurídico.

Em suma, a reflexão contínua sobre a prescritibilidade das ações de improbidade administrativa é crucial para garantir uma Administração Pública eficiente e justa.

O sistema jurídico deve buscar soluções que integrem a proteção do erário com o respeito aos princípios constitucionais, promovendo um ambiente em que a justiça seja alcançada de forma equilibrada e equitativa.

Referências

ARAÚJO, Aldem. A nova Lei de Improbidade Administrativa e a prescrição do ressarcimento ao erário. *Consultor Jurídico*, 14 dez. 2021. Disponível em: https://www.conjur.com.br/2021-dez-14/johnston-lia-prescricao-ressarcimento-erario. Acesso em: 4 ago. 2024.

ARSHELL, Flávio Luiz. Prescrição intercorrente e sanções por improbidade administrativa (Lei nº 8.429/1992). *In*: CIANCI, Mirna (Coord.). *Prescrição no Código Civil*. 3. ed. São Paulo: Saraiva, 2011.

BANDEIRA DE MELLO, Celso Antônio. *Curso de direito administrativo*. 28. ed. São Paulo: Malheiros, 2011.

BRASIL. Superior Tribunal de Justiça. AgRg no REsp 1.375.812/MA. Agravo Regimental no Recurso Especial. Relator: Min. Paulo Sérgio Domingues. Órgão Julgador: Primeira Turma. *Diário da Justiça Eletrônico*, 12 abr. 2024.

BRASIL. Supremo Tribunal Federal. *ARE 1.475.101*. Recurso Extraordinário com Agravo. Relator: Min. Alexandre de Moraes. Incluído no calendário de julgamento. Data de Julgamento: 02.04.2024.

BRASIL. Supremo Tribunal Federal. Mandado de Segurança 26.210. Relator: Min. Ricardo Lewandowski. *Diário de Justiça Eletrônico*, 10 out. 2008. Ata nº 32/2008. *DJe*, n. 192, 9 out. 2008. Disponível em: https://portal.stf.jus.br/processos/detalhe.asp?incidente=2430142. Acesso em: 4 ago. 2024.

BRASIL. Supremo Tribunal Federal. Recurso Extraordinário 852.475. Relator: Min. Alexandre de Moraes. Redator do acórdão: Min. Edson Fachin. *Diário de Justiça Eletrônico*, 25 mar. 2019. Ata nº 35/2019. *DJe*, n. 58, 22 mar. 2019.

BRASIL. Supremo Tribunal Federal. *Tema 666* – Imprescritibilidade das ações de ressarcimento por danos causados ao erário, ainda que o prejuízo não decorra de ato de improbidade administrativa. Relator: Min. Teori Zavascki. Recurso Extraordinário 669.069. Descrição: Discussão, à luz do art. 37, §5º, da Constituição Federal, sobre a aplicação da imprescritibilidade das ações de ressarcimento ao erário, verificando se se estende a todas as situações de danos ao erário ou apenas aos decorrentes de atos de improbidade administrativa. Tese: É prescritível a ação de reparação de danos à Fazenda Pública decorrente de ilícito civil. Disponível em: https://portal.stf.jus.br/jurisprudenciaRepercussao/verAndamentoProcesso.asp?incidente=4189164&numeroProcesso=669069&classeProcesso–RE&numeroTema=666. Acesso em: 4 ago. 2024.

BRASIL. Supremo Tribunal Federal. *Tema 897* – Prescritibilidade da pretensão de ressarcimento ao erário em face de agentes públicos por ato de improbidade administrativa. Relator: Min. Alexandre de Moraes. Recurso Extraordinário 852.475. Descrição: Discussão, à luz do art. 37, §5º, da Constituição Federal, sobre a prescritibilidade da ação de ressarcimento ao erário fundamentada em ato tipificado como ilícito de improbidade administrativa. Tese: São imprescritíveis as ações de ressarcimento ao erário fundadas na prática de ato doloso tipificado na Lei de Improbidade Administrativa. Disponível em: https://portal.stf.jus.br/jurisprudenciaRepercussao/verAndamentoProcesso.asp?incidente=4670950&numeroProcesso=852475&classeProcesso=RE&numeroTema=897. Acesso em: 4 ago. 2024.

FERREIRA, Sérgio de Andréia. *Comentários à Constituição*. Rio de Janeiro: Freitas Bastos, 1991. v. 3.

GABARDO, Emerson. Adoção da imprescritibilidade e seu impacto no direito de defesa. *Conferência no Congresso Mineiro de Direito Administrativo*, maio 2009.

GUSSOLI, Felipe Klein. Tema 897 dois anos depois: Imprescritibilidade do ressarcimento ao erário por ato doloso de improbidade. *Migalhas*, 15 abr. 2021. Disponível em: https://www.migalhas.com.br/depeso/343770/tema-897-dois-anos-depois-imprescritibilidade-do-ressarcimento. Acesso em: 4 ago. 2024.

MIRANDA, Pontes de. *Tratado de Direito Privado*. 3. ed. [s.l.]: [s.n.], 1970. t. VI.

NASSAR, Elody. *Prescrição na Administração Pública*. São Paulo: Saraiva, 2004.

OSÓRIO, Fábio Medina. *Direito Administrativo Sancionador*. 8. ed. [s.l.]: [s.n.], 2022.

SIMÃO, Calil. *Improbidade Administrativa*: teoria e prática. [s.l.]: [s.n.], 2022.

SUNDFELD, Carlos Ari; SOUZA, Rodrigo Pagani de. A prescrição das ações de ressarcimento ao Estado e o art. 37, §5º, da Constituição. *A&C – Revista de Direito Administrativo & Constitucional*, Belo Horizonte, ano 17, n. 68, p. 139-152, abr./jun. 2017.

TORRES, Demóstenes; MARTINS, Caio Alcântara Pires. Ainda sobre a (im)prescritibilidade do ressarcimento ao Erário. *Consultor Jurídico*, 10 abr. 2023. Disponível em: https://www.conjur.com.br/2023-abr-10/torres-martins-ainda-imprescritibilidade-ressarcimento-erario/. Acesso em: 4 ago. 2024.

Informação bibliográfica deste texto, conforme a NBR 6023:2018 da Associação Brasileira de Normas Técnicas (ABNT):

ANDRADE, Giulia De Rossi; SCHIER, Adriana da Costa Ricardo. A ação de improbidade administrativa tem fim? Análise e perspectivas acerca da (im)prescritibilidade do ressarcimento ao erário. *In*: JUSTEN, Monica Spezia; PEREIRA, Cesar; JUSTEN NETO, Marçal; JUSTEN, Lucas Spezia (coord.). *Uma visão humanista do Direito*: homenagem ao Professor Marçal Justen Filho. Belo Horizonte: Fórum, 2025. v. 1, p. 669-682. ISBN 978-65-5518-918-6.

OS LIMITES DO CONTROLE DO TCU SOBRE AS AGÊNCIAS REGULADORAS

GIUSEPPE GIAMUNDO NETO

As agências reguladoras brasileiras, com suas funções *normativa, executiva* e *judicante*,[1] são inspiradas, basicamente, nas *comissões reguladoras independentes* dos Estados Unidos (as *independent regulatory comissions*)[2] e nas *autoridades administrativas independentes (autorités administratives indépendantes)* da França,[3] sendo que estas, embora desprovidas de personalidade própria, são dotadas de poderes de normatização, controle e fiscalização, dentre outros, equivalentes às nossas agências reguladoras.[4]

---

[1] Regular, de acordo com a doutrina, "representa uma função administrativa, processualizada e complexa, que compreende uma função normativa, executiva e judicante" (OLIVEIRA, Rafael Carvalho Rezende. *Curso de direito administrativo*. 8. ed. Rio de Janeiro: Método, 2020. p. 528).

[2] Acerca da distinção entre as *independent regulatory comissions* e as demais entidades presentes no direito norte-americano, como as *administrative agencies*: LIMA, Lucas Asfor Rocha. Autonomia normativa das agências reguladoras. *Revista dos Tribunais*, v. 1042, p. 233-274, ago. 2022. Essas entidades têm como marco legal o *Federal Administrative Procedure Act* ("APA"), de 1946 e que, embora modificado, vigora até os dias atuais. Por sua vez, as *comissões reguladoras independentes* advêm da *Interstate Commercial Commission*, de 1887, que disciplinava disputas sobre comércio interestadual entre os estados da federação (WALD, Arnoldo. O controle político sobre as agências reguladoras no direito brasileiro e comparado. *Revista dos Tribunais*, v. 834, p. 84-98, abr. 2005; CASTRO, Carlos Roberto de Siqueira. O regime jurídico e os princípios orientadores das agências de regulação (ano 2002). *In*: CASTRO, Carlos Roberto de Siqueira. *Direito constitucional e regulatório*: ensaios e pareceres. Rio de Janeiro: Renovar, 2011. p. 424; CASTRO, Carlos Roberto de Siqueira. Função normativa regulatória e o novo princípio da legalidade. *In*: ARAGÃO, Alexandre Santos de (Coord.). *O poder normativo das agências reguladoras*. Rio de Janeiro: Forense, 2006. p. 64; CUÉLLAR, Leila. *Introdução às agências reguladoras brasileiras*. Belo Horizonte: Fórum, 2008. p. 13; VILELA, Danilo Vieira. *Lei Geral das Agências Reguladoras*: lei nº 13.848, de 25 de junho de 2019. São Paulo: Thomson Reuters Brasil, 2020. p. 28; ARAGÃO, Alexandre Santos de. Agências reguladoras e agências executivas. *Revista de Direito Administrativo*, Rio de Janeiro, v. 228, abr./jun. 2002. p. 117).

[3] Também: OLIVEIRA, Rafael Carvalho Rezende. O modelo norte-americano de agências reguladoras e sua recepção pelo direito brasileiro. *Boletim de Direito Administrativo*, p. 170-181, fev. 2007.

[4] Sobre as agências reguladoras francesas, ver também: WALD, Arnoldo. O controle político sobre as agências reguladoras no direito brasileiro e comparado. *Revista dos Tribunais*, v. 834, p. 84-98, abr. 2005. A respeito das agências reguladoras no direito comparado, incluindo na Inglaterra, Itália e Argentina, ver: ARAGÃO, Alexandre Santos de. *Agências reguladoras e a evolução do direito administrativo econômico*. Rio de Janeiro: Forense, 2009. p. 221-261.

Historicamente, quando ocorreram delegações abertas e irrestritas, que, na prática, permitiam que as agências reguladoras construíssem livremente as normas, a Suprema Corte norte-americana proclamou a respectiva inconstitucionalidade.[5] Dessa postura do Poder Judiciário norte-americano adveio a *hard-look doctrine*, permitindo que o Judiciário, no cumprimento do *Administrative Procedure Act, exija a demonstração das vantagens da regulação*, superiores às suas desvantagens, bem como *invalide ou devolva* às *agências reguladoras as medidas não alinhadas* às *finalidades da lei*, colocando o Judiciário como um curador da racionalidade dos processos regulatórios.[6]

Em âmbito nacional, a partir do início do século XX, a história registra a instituição de uma série de órgãos e entidades reguladores, as "autarquias de regulação econômica corporativa",[7] de que são exemplos: o Comissariado de Alimentação Pública, de 1918, o Instituto de Defesa Permanente do Café – IBC, de 1923, o Instituto do Açúcar e do Álcool – IAA, de 1933, o Instituto Nacional do Mate, de 1938, o Instituto Nacional do Sal, de 1940, e o Instituto Nacional do Pinho, de 1941.[8] Décadas depois, mas ainda sem a designação formal de "agências" e sem agregarem todos os traços que atualmente as caracterizam, criaram-se outras instituições com funções regulatórias, que contribuíram para o surgimento do modelo consagrado nos anos 1990, dentre elas o Banco Central do Brasil, a Comissão de Valores Mobiliários e o Conselho Administrativo de Defesa Econômica.[9]

Após essas experiências, nos anos 1990, sob os auspícios da Reforma do Estado[10] e da onda de privatizações,[11] as ideias regulatórias desenvolvidas à luz do Direito vigente e das circunstâncias políticas da época confluíram para a conformação das agências

---

[5] A respeito, ver: CASTRO, Carlos Roberto de Siqueira. O regime jurídico e os princípios orientadores das agências de regulação (ano 2002). *In:* CASTRO, Carlos Roberto de Siqueira. *Direito constitucional e regulatório*: ensaios e pareceres. Rio de Janeiro: Renovar, 2011. p. 424-427; BINENBOJM, Gustavo. *Uma teoria do direito administrativo*: direitos fundamentais, democracia e constitucionalização. 3. ed. São Paulo: Renovar, 2014. p. 280-288; BINENBOJM, Gustavo. Agências reguladoras independentes e democracia no Brasil. *In:* BINENBOJM, Gustavo (Coord.). *Agências reguladoras e democracia*. Rio de Janeiro: Lumen Juris, 2006. p. 89-94.

[6] BINENBOJM, Gustavo. Agências reguladoras independentes e democracia no Brasil. *In:* BINENBOJM, Gustavo (Coord.). *Agências reguladoras e democracia*. Rio de Janeiro: Lumen Juris, 2006. p. 93; OLIVEIRA, Rafael Carvalho Rezende. O modelo norte-americano de agências reguladoras e sua recepção pelo direito brasileiro. *Boletim de Direito Administrativo*, p. 170-181, fev. 2007.

[7] SUNDFELD, Carlos Ari. A Administração Pública na Era do Direito Global. *Revista Diálogo Jurídico*, Salvador, ano I, v. 1, n. 2, maio 2001. p. 5.

[8] GROTTI, Dinorá Adelaide Musetti. As agências reguladoras. *Revista Brasileira de Direito Público – RBDP*, Belo Horizonte, ano 2, n. 4, p. 187-219, jan./mar. 2004; DI PIETRO, Maria Sylvia Zanella. *Parcerias na administração pública*: concessão, permissão, franquia, terceirização, parceria público-privada e outras formas. São Paulo: Atlas, 2015. p. 182.

[9] A respeito, ver: JUSTEN FILHO, Marçal. *O direito das agências reguladoras independentes*. São Paulo: Dialética, 2002. p. 328-337.

[10] A respeito: PEREIRA, Luiz Carlos Bresser; SPINK, Peter Kevin (Org.). *Reforma do estado e administração pública gerencial*. Rio de Janeiro: Editora FGV, 2006. Também: CADERNOS Mare da Reforma do Estado. Disponível em: https://www.bresserpereira.org.br/index.php/mare-ministerio-da-reforma-do-estado/cadernos-mare. Acesso em: 14 ago. 2024. BARROSO, Luís Roberto. Agências reguladoras. *In:* DALLARI, Adilson Abreu; NASCIMENTO, Carlos Valder do; MARTINS, Ives Gandra da Silva (Coord.). *Tratado de direito administrativo*. São Paulo: Saraiva, 2013. v. 2. p. 23-58; SOUTO, Marcos Juruena Vilela. Agências reguladoras. *Revista de Direito Administrativo*, v. 216, abr./jun. 1999. p. 132.

[11] É legítimo concluir, a propósito, que as agências reguladoras seriam "o contraponto da desestatização do respectivo setor" (CARVALHO FILHO, José dos Santos. Estado mínimo x estado máximo: o dilema. *Revista eletrônica sobre a reforma do Estado (RERE)*, Salvador, n. 12, dez. 2007/fev. 2008. p. 15).

reguladoras como atualmente as conhecemos, sendo elas entidades da Administração indireta, geralmente autarquias de regime especial, incumbidas de regular a matéria delimitada por lei como de sua competência,[12] tendo por objetivo assegurar a regularidade da prestação dos serviços e o equilíbrio do mercado concorrencial.[13]

Em 2019, sobreveio a Lei nº 13.848/2019, estabelecendo as bases comuns do regime especial das agências reguladoras, antes já inferido a partir das leis esparsas,[14] sintetizado, no art. 3º, a sua natureza especial, "caracterizada pela ausência de tutela ou de subordinação hierárquica, pela autonomia funcional, decisória, administrativa e financeira e pela investidura a termo de seus dirigentes e estabilidade durante os mandatos".

A independência das agências reguladoras, entre nós, não ocorre com a mesma intensidade como encontrada no direito norte-americano.[15] No Brasil, a inafastabilidade do controle jurisdicional faz com que a competência para dirimir conflitos se dê em última instância *administrativa* e, portanto, não há efetiva *independência* em relação ao Poder Judiciário.[16]

Da mesma forma, por força do art. 49, X, da Constituição Federal, não se pode afirmar *independência* em relação ao Poder Legislativo. Ademais, embora a atividade regulatória compreenda a edição de normas, o seu desempenho está circunscrito por atos legislativos que não podem ser contrariados, sob pena de violação dos princípios da legalidade e da separação de poderes.

Nesse quadrante, o que se encontra no Direito pátrio é uma maior autonomia reforçada[17] das agências reguladoras em relação ao Poder Executivo, ainda que estejam situadas na Administração indireta e, por força do art. 84, II, da CF, sujeitas à direção superior exercida pelo Presidente da República, com auxílio dos Ministros de Estado.[18]

A competência da agência reguladora não se reduz à mera execução de previsões legislativas prontas e acabadas, tampouco à solução de conflitos mediante aplicação de normas legais. Os arts. 21, XI, 174 e 177, §2º, III, dão às agências reguladoras o dever-poder

---

[12] DI PIETRO, Maria Sylvia Zanella. *Parcerias na administração pública*: concessão, permissão, franquia, terceirização, parceria público-privada e outras formas. São Paulo: Atlas, 2015. p. 183.

[13] DI PIETRO, Maria Sylvia Zanella. *Parcerias na administração pública*: concessão, permissão, franquia, terceirização, parceria público-privada e outras formas. São Paulo: Atlas, 2015. p. 183; SUNDFELD, Carlos Ari; ROSILHO, André. A regulação e o controle de contas. *Cadernos Gestão Pública e Cidadania*, v. 28, 2023. ISSN 2236-5710. p. 3.

[14] Mesmo antes da promulgação da Lei Geral das Agências Reguladoras, tinha-se na doutrina que "o regime especial vem definido nas respectivas leis instituidoras, dizendo respeito, em regra, à maior autonomia em relação à Administração Direta; à estabilidade de seus dirigentes, expressamente previstas, afastada a possibilidade de exoneração *ad nutum*; ao caráter final das suas decisões, que não são passíveis de apreciação por outros órgãos ou entidades da Administração Pública" (DI PIETRO, Maria Sylvia Zanella. *Direito administrativo*. 31. ed. Rio de Janeiro: Forense, 2018. p. 590).

[15] DI PIETRO, Maria Sylvia Zanella. *Direito administrativo*. 31. ed. Rio de Janeiro: Forense, 2018. p. 591; DI PIETRO, Maria Sylvia Zanella. *Parcerias na administração pública*: concessão, permissão, franquia, terceirização, parceria público-privada e outras formas. São Paulo: Atlas, 2015. p. 186 e ss.; SOUTO, Marcos Juruena Vilela. Agências reguladoras. *Revista de Direito Administrativo*, v. 216, abr./jun. 1999. p. 132.

[16] ARAGÃO, Alexandre Santos de. *Agências reguladoras e a evolução do direito administrativo econômico*. Rio de Janeiro: Forense, 2009. p. 449.

[17] ARAGÃO, Alexandre Santos de. *Agências reguladoras e a evolução do direito administrativo econômico*. Rio de Janeiro: Forense, 2009. p. 448-449.

[18] DI PIETRO, Maria Sylvia Zanella. *Parcerias na administração pública*: concessão, permissão, franquia, terceirização, parceria público-privada e outras formas. São Paulo: Atlas, 2015. p. 199; DI PIETRO, Maria Sylvia Zanella. *Direito administrativo*. 31. ed. Rio de Janeiro: Forense, 2018. p. 591-592; ARAGÃO, Alexandre Santos de. *Agências reguladoras e a evolução do direito administrativo econômico*. Rio de Janeiro: Forense, 2009. p. 448-449.

normativo, necessário para disciplinar, tecnicamente (e sempre "com base nas diretrizes estabelecidas em sua lei de criação"),[19] as atividades do setor regulado.

Superando o antigo modelo da separação de poderes, é como se o legislador, delimitando círculos temáticos altamente técnicos e ligados à economia, com suas constantes mudanças e evoluções, colocasse cada uma dessas matérias sob os cuidados de uma instituição específica, cunhada para dominar os aspectos técnicos e regular com a agilidade requerida pela respectiva atividade econômica, incumbindo-a de uma parcela de deveres-poderes inerentes à função normativa, outra da função judicante e outra da função executória, de modo que a competência atribuída às agências reguladoras tem, como consequência, a *retirada de determinadas matérias do centro das lutas políticas*.[20]

Em rigor, é preciso destacar, assim como a função decisória não se confunde com a jurisdicional, a função normativa das agências reguladoras não decorre de qualquer forma de delegação de poder pelo Legislativo. A função normativa desempenhada pelas agências reguladoras *complementa* a legislação, mas não advém de transferência de poder orgânico do Legislativo.

A função normativa das agências reguladoras manifesta *descentralização do poder normativo do Executivo*:[21] trata-se de uma função normativa *secundária* – sob o aspecto hierárquico –, não podendo contrariar as normas primárias, veiculadas em lei formal.[22] Cabe a estas, às leis, fixar os objetivos e deveres da regulação, e aos regulamentos compete complementar as molduras da lei, estabelecendo os meios para que sejam concretizados.[23]

De tudo isso, extrai-se que a regulação é "atividade administrativa de interpretação e orientação do cumprimento da lei com vistas à eficiência no exercício da intervenção do Estado na economia"[24] e que, sob tal premissa, "deve ser desenvolvida com autonomia e independência dentro dos limites da lei".[25]

---

[19] PEREIRA NETO, Caio Mario da Silva; LANCIERI, Filippo Maria; ADAMI, Mateus Piva. O diálogo institucional das agências reguladoras com os Poderes Executivo, Legislativo e Judiciário: uma proposta de sistematização. *In*: ROSILHO, André; SUNDFELD, Carlos Ari (Org.). *Direito da regulação e políticas públicas*. São Paulo: Malheiros, 2014. p. 145-146.

[20] ARAGÃO, Alexandre Santos de. *Agências reguladoras e a evolução do direito administrativo econômico*. Rio de Janeiro: Forense, 2003. p. 375.

[21] MOREIRA, Egon Bockmann. Agências administrativas, poder regulamentar e o sistema financeiro nacional. *Revista Diálogo Jurídico*, Salvador, v. I, n. 7, out. 2001; BRUNA, Sérgio Varella. *Agências reguladoras*: poder normativo, consulta pública, revisão judicial. São Paulo: Revista dos Tribunais, 2003. p. 86; GUERRA, Sérgio. *Temas de direito regulatório*. Rio de Janeiro: Freitas Bastos, 2004. p. 13.

[22] "Como, em face do *princípio da legalidade*, só a lei – norma de primeiro grau – cria os objetivos e os deveres decorrentes da regulação, cabe reafirmar que se trata a regulação de atividade administrativa. A lei cria a obrigação e o regulador estabelece o método para o seu cumprimento. Para tanto, pode fazê-lo por meio de normas (*rulemaking*) ou de atos concretos (*adjudication*), conforme o maior ou menor grau de conhecimento sobre o setor e o número de destinatários envolvidos" (GUERRA, Sérgio. *Temas de direito regulatório*. Rio de Janeiro: Freitas Bastos, 2004. p. 253). Também: BINENBOJM, Gustavo (Coord.). *Agências reguladoras e democracia*. Rio de Janeiro: Lumen Juris, 2006. p. 170; ARAGÃO, Alexandre Santos de (Coord.). *O poder normativo das agências reguladoras*. Rio de Janeiro: Forense, 2006. p. 187-188.

[23] FERRAZ JUNIOR, Tercio Sampaio. O poder normativo das agências reguladoras à luz do princípio da eficiência. *In*: ARAGÃO, Alexandre Santos de (Coord.). *O poder normativo das agências reguladoras*. Rio de Janeiro: Forense, 2006. p. 281-282; ARAGÃO, Alexandre Santos de. *Agências reguladoras e a evolução do direito administrativo econômico*. Rio de Janeiro: Forense, 2003. p. 375, 380.

[24] SOUTO, Marcos Juruena Villela. Extensão do poder normativo das agências reguladoras. In: ARAGÃO, Alexandre Santos de (Coord.). *O poder normativo das agências reguladoras*. Rio de Janeiro: Forense, 2006. p. 133.

[25] SOUTO, Marcos Juruena Villela. Extensão do poder normativo das agências reguladoras. In: ARAGÃO, Alexandre Santos de (Coord.). *O poder normativo das agências reguladoras*. Rio de Janeiro: Forense, 2006. p. 141.

Não à toa, nesse contexto técnico-jurídico, foi cunhada a expressão "leis-quadro" (*lois-cadre*), "próprias das matérias de particular complexidade técnica e dos setores suscetíveis a constantes mudanças econômicas e tecnológicas",[26] para a instituição das agências reguladoras no Brasil:[27] as leis estabelecem os limites, a "moldura", e as agências reguladoras, de acordo com sua expertise e orientação técnica, devem preencher o espaço deixado pelo legislador. A atribuição de poderes "quase-legislativos, outros quase-judiciais e outros quase-regulamentares" às agências reguladoras permite maior margem (discricionária) para que interpretem, apliquem e regulamentem, de modo complementar, as leis que as sujeitam.[28]

Ao menos em duas oportunidades, decisões do Supremo Tribunal Federal afirmaram a íntima relação (e a sujeição) da autonomia e independência das agências reguladoras para o exercício da função normativa com as "leis-quadro" (*lois-cadre*),

> que acabam por abrir espaços, mais ou menos amplos, à atividade normativa das agências reguladoras. Isso porque, caracterizadas pela baixa densidade normativa, tais leis permitem o desenvolvimento de normas setoriais aptas a, com autonomia e agilidade, regular a complexa e dinâmica realidade social subjacente.[29]

Fora de questionamento o fato de que as agências reguladoras estão sujeitas ao princípio da legalidade,[30] mas, como se denota das citadas decisões do Supremo Tribunal Federal,[31] a legislação assegura às agências reguladoras atuação administrativa *relativamente* autônoma e independente (leia-se: com maior "liberdade" do que as estruturas administrativas tradicionais), respeitadas as molduras estabelecidas pelas "leis-quadro" para que, de acordo com a realidade do setor regulado e das circunstâncias fático-jurídicas, a respectiva agência exerça a regulação que lhe compete.

Por consequência, lê-se de acórdão do STF, que a atuação da agência reguladora "não se reduz à condição de mero órgão de reprodução do conteúdo material do ato legislativo a que se vincula".[32]

---

[26] ARAGÃO, Alexandre Santos de. *Agências reguladoras e a evolução do direito administrativo econômico*. Rio de Janeiro: Forense, 2003. p. 408.

[27] ARAGAO, Alexandre Santos de. *Agências reguladoras e a evolução do direito administrativo econômico*. Rio de Janeiro: Forense, 2003. p. 406-408.

[28] FERRAZ JUNIOR, Tercio Sampaio. O poder normativo das agências reguladoras à luz do princípio da eficiência. In: ARAGÃO, Alexandre Santos de (Coord.). *O poder normativo das agências reguladoras*. Rio de Janeiro: Forense, 2006. p. 271; 281.

[29] STF, RE 867.960/SE, Rel. Min. Luiz Fux, dec. 18.12.2017, e RE 995.585/DF, mesma relatoria, dec. 26.9.2017. Na doutrina, ver: FERRAZ JUNIOR, Tercio Sampaio. O poder normativo das agências reguladoras à luz do princípio da eficiência. *In*: ARAGÃO, Alexandre Santos de (Coord.). *O poder normativo das agências reguladoras*. Rio de Janeiro: Forense, 2006. p. 281; ARAGÃO, Alexandre Santos de. *Agências reguladoras e a evolução do direito administrativo econômico*. Rio de Janeiro: Forense, 2004. p. 408; ARAGÃO, Alexandre Santos de. *Agências reguladoras e a evolução do direito administrativo econômico*. Rio de Janeiro: Forense, 2003. p. 408.

[30] "Todas as competências regulatórias estão sujeitas ao princípio da legalidade administrativa. A lei é fonte obrigatória e raia que jamais pode ser afastada no seu exercício" (FRANÇA, Vladimir da Rocha. *Agência Nacional do Petróleo – ANP*: lei nº 9.478, de 6 de agosto de 1997. 2. ed. São Paulo: Thomson Reuters Brasil, 2020. p. 44).

[31] STF, RE 867.960/SE, Rel. Min. Luiz Fux, dec. 18.12.2017, e RE 995.585/DF, mesma relatoria, dec. 26.9.2017.

[32] STF, ADI-MC 561-8/DF, Rel. Min. Celso de Mello, j. 23.8.1995. Na doutrina, a afirmação é corrente e bem representada por: ARAGÃO, Alexandre Santos de. *Agências reguladoras e a evolução do direito administrativo econômico*. Rio de Janeiro: Forense, 2003. p. 416.

Por força da Constituição Federal e da legislação correlata, as agências reguladoras estão inseridas em um quadrante bastante próprio, que conjuga parcela dos poderes típicos de cada Poder, cabendo a elas (e apenas a elas, as agências reguladoras) a atuação regulatória. As atividades-fim das agências reguladoras, portanto, não se limitam a repetir comandos legais ou executá-los; são elas as detentoras de competência e, de certa forma, da *discricionariedade* para, respeitados os limites das leis-quadro, determinar os caminhos da regulação setorial. Em Parecer publicado, o Ministro Luís Roberto Barroso afirmou a necessidade de as agências reguladoras verem preservado seu espaço de legítima discricionariedade, contra qualquer ingerência indevida, sob pena de falharem na sua missão e arruinarem o projeto nacional, por ele reputado "ambicioso", de melhoria da qualidade dos serviços públicos.[33]

Essa ingerência indevida, a que se refere Barroso, é exatamente a dos Tribunais de Contas sobre as atividades-fim das agências reguladoras.

Isso porque, como evidencia a Constituição Federal, a competência do Tribunal de Contas da União converge em três campos: auditoria financeira e orçamentária, julgamento de contas dos administradores e responsáveis por bens e valores públicos e, por fim, a emissão de parecer prévio sobre as contas anualmente prestadas pelo Chefe do Executivo. Sempre e necessariamente, a competência do Tribunal de Contas pressupõe o uso de dinheiro público, e apenas sobre isto é que se abre a possibilidade de sua atuação.

Essa constatação deságua em outra: as atividades autárquicas que implicam uso de dinheiro público, como sua execução orçamentária e atividades-meio (*v.g.*: contratações e compras em geral), estão sujeitas à fiscalização do Tribunal de Contas da União e seus atos de comando; as atividades-fim, seja porque circunscritas pelas leis-quadro e sujeitas à discricionariedade técnica das agências reguladoras, seja porque não implicam dispêndio de recursos públicos, estão imunes aos atos de comando, que reprimem e revisam, exarados pelo TCU.[34]

Não há qualquer resquício normativo, da Constituição Federal ou de qualquer outro diploma legislativo, que autorize o Tribunal de Contas da União a se debruçar sobre o mérito das decisões administrativas de uma agência reguladora. A hipótese configuraria manifesta ilegalidade, usurpação de competência assegurada pela CF e pela lei a que se sujeita a respectiva agência reguladora, que faz as vezes de administrador competente naquele espaço juridicamente delimitado. Tal interferência, por violar a separação de poderes, é vedada até mesmo ao Chefe do Poder Executivo, Poder ao qual a agência reguladora se acha ligada, ou ao Congresso, coadjuvado pelo TCU.[35]

É fato que, em nossa história, diversas foram as oportunidades em que o Tribunal de Contas da União se imiscuiu na atuação finalística das agências reguladoras, para o que se buscou legitimidade, por exemplo, no argumento de que as autarquias, ainda em

---

[33] BARROSO, Luís Roberto. Natureza jurídica e funções das agências reguladoras de serviços públicos. Limites da fiscalização a ser desempenhada pelo Tribunal de Contas da União. *Revista Trimestral de Direito Público*, v. 25, p. 73-81, 1999.

[34] SUNDFELD, Carlos Ari; ROSILHO, André. A regulação e o controle de contas. *Cadernos Gestão Pública e Cidadania*, v. 28, 2023. ISSN 2236-5710.

[35] BARROSO, Luís Roberto. Natureza jurídica e funções das agências reguladoras de serviços públicos. Limites da fiscalização a ser desempenhada pelo Tribunal de Contas da União. *Revista Trimestral de Direito Público*, v. 25, p. 73-81, 1999.

fase inicial de instalação, não estariam suficientemente aparelhadas.[36] A doutrina reputa, a partir de pesquisas, que, não raras vezes, o TCU tomou decisões "substancialmente interventivas"[37] e a sustentar que estaria se tornando uma espécie de "soberano da regulação".[38] [39]

Com o passar do tempo, no entanto, observaram-se passos de autocontenção importantes, dados pelo próprio TCU, reaproximando-se do figurino institucional que lhe atribui a Constituição.[40]

Por fim, afastando qualquer resquício de dúvida (que já não poderia haver, à luz da Constituição e da legislação vigente), a Lei nº 13.848/2019, que estabelece as regras gerais das agências reguladoras, é repleta de dispositivos que, além de realçarem os aspectos de autonomia daquelas instituições, evidenciam o controle finalístico a ser exercido pelo TCU, o que não se confunde (jamais!) com a Corte de Contas poder atuar em substituição ou se sobrepor às agências reguladoras em suas atividades-fim.

Dessa forma, as demais matérias (não orçamentárias) atinentes às agências reguladoras, dentre as quais está a regulatória, escapam ao poder de intervenção direta do Tribunal de Contas da União, sendo-lhe vedado expedir atos de comando que interfiram na interpretação ou nas escolhas que fazem das normas regulatórias.

Há de se enfatizar, aqui, a ressalva feita por José dos Santos Carvalho Filho: não se questiona a relevância da atuação do Tribunal de Contas da União para a regularidade da atividade administrativa; contudo, disso não se extrai permissão para que as ações da Corte de Contas extrapolem o sistema constitucional –[41] e, no caso, as análises e intervenções nas atividades não orçamentárias (as *regulatórias*, finalísticas, portanto) das agências reguladoras não estão contempladas no quadrante constitucional de sua competência.

Referências

ARAGÃO, Alexandre Santos de. Agências reguladoras e agências executivas. *Revista de Direito Administrativo*, Rio de Janeiro, v. 228, abr./jun. 2002.

BARROSO, Luís Roberto. Natureza jurídica e funções das agências reguladoras de serviços públicos. Limites da fiscalização a ser desempenhada pelo Tribunal de Contas da União. *Revista Trimestral de Direito Público*, v. 25, p. 73-81, 1999.

BINENBOJM, Gustavo. *Uma teoria do direito administrativo*: direitos fundamentais, democracia e constitucionalização. 3. ed. São Paulo: Renovar, 2014.

BRUNA, Sérgio Varella. *Agências reguladoras*: poder normativo, consulta pública, revisão judicial. São Paulo: Revista dos Tribunais, 2003.

---

[36] Sobre o histórico de intervenções do TCU nas atividades das agências reguladoras, ver: CARVALHO, Luciana Luso de. *As agências reguladoras federais de serviços públicos e o controle do Tribunal de Contas da União*. Belo Horizonte: Fórum, 2022. p. 185 e ss.

[37] DERBLI, Ludmila Santos. *O Tribunal de Contas da União e a Indústria do Petróleo*. São Paulo: Almedina, 2021. p. 123.

[38] DUTRA, Pedro; REIS, Thiago. *O soberano da Regulação*: o TCU e a infraestrutura. São Paulo: Singular, 2020.

[39] SUNDFELD, Carlos Ari; ROSILHO, André. A regulação e o controle de contas. *Cadernos Gestão Pública e Cidadania*, v. 28, 2023. ISSN 2236-5710.

[40] Citam-se: IN nº 81/2018, Resolução nº 315/2020 (arts. 12, 14 a 16).

[41] CARVALHO FILHO, José dos Santos. *Manual de direito administrativo*. 30. ed. São Paulo: Atlas, 2016. p. 1070.

CADERNOS Mare da Reforma do Estado. Disponível em: https://www.bresserpereira.org.br/index.php/mare-ministerio-da-reforma-do-estado/cadernos-mare. Acesso em: 14 ago. 2024.

CARVALHO FILHO, José dos Santos. Estado mínimo x estado máximo: o dilema. *Revista eletrônica sobre a reforma do Estado (RERE)*, Salvador, n. 12, dez. 2007/fev. 2008.

CARVALHO, Luciana Luso de. *As agências reguladoras federais de serviços públicos e o controle do Tribunal de Contas da União*. Belo Horizonte: Fórum, 2022.

CASTRO, Carlos Roberto de Siqueira. O regime jurídico e os princípios orientadores das agências de regulação (ano 2002). *In*: CASTRO, Carlos Roberto de Siqueira. *Direito constitucional e regulatório*: ensaios e pareceres. Rio de Janeiro: Renovar, 2011.

CUÉLLAR, Leila. *Introdução às agências reguladoras brasileiras*. Belo Horizonte: Fórum, 2008.

DI PIETRO, Maria Sylvia Zanella. *Parcerias na administração pública*: concessão, permissão, franquia, terceirização, parceria público-privada e outras formas. São Paulo: Atlas, 2015.

FERRAZ JUNIOR, Tercio Sampaio. O poder normativo das agências reguladoras à luz do princípio da eficiência. *In*: ARAGÃO, Alexandre Santos de (Coord.). *O poder normativo das agências reguladoras*. Rio de Janeiro: Forense, 2006.

GROTTI, Dinorá Adelaide Musetti. As agências reguladoras. *Revista Brasileira de Direito Público – RBDP*, Belo Horizonte, ano 2, n. 4, p. 187-219, jan./mar. 2004.

JUSTEN FILHO, Marçal. *O direito das agências reguladoras independentes*. São Paulo: Dialética, 2002.

LIMA, Lucas Asfor Rocha. Autonomia normativa das agências reguladoras. *Revista dos Tribunais*, v. 1042, p. 233-274, ago. 2022.

MOREIRA, Egon Bockmann. Agências administrativas, poder regulamentar e o sistema financeiro nacional. *Revista Diálogo Jurídico*, Salvador, v. I, n. 7, out. 2001.

OLIVEIRA, Rafael Carvalho Rezende. *Curso de direito administrativo*. 8. ed. Rio de Janeiro: Método, 2020.

OLIVEIRA, Rafael Carvalho Rezende. O modelo norte-americano de agências reguladoras e sua recepção pelo direito brasileiro. *Boletim de Direito Administrativo*, p. 170-181, fev. 2007.

PEREIRA, Luiz Carlos Bresser; SPINK, Peter Kevin (Org.). *Reforma do estado e administração pública gerencial*. Rio de Janeiro: Editora FGV, 2006.

SUNDFELD, Carlos Ari. A Administração Pública na Era do Direito Global. *Revista Diálogo Jurídico*, Salvador, ano I, v. 1, n. 2, maio 2001.

SUNDFELD, Carlos Ari; ROSILHO, André. A regulação e o controle de contas. *Cadernos Gestão Pública e Cidadania*, v. 28, 2023. ISSN 2236-5710.

VILELA, Danilo Vieira. *Lei Geral das Agências Reguladoras*: lei nº 13.848, de 25 de junho de 2019. São Paulo: Thomson Reuters Brasil, 2020.

WALD, Arnoldo. O controle político sobre as agências reguladoras no direito brasileiro e comparado. *Revista dos Tribunais*, v. 834, p. 84-98, abr. 2005.

Informação bibliográfica deste texto, conforme a NBR 6023:2018 da Associação Brasileira de Normas Técnicas (ABNT):

GIAMUNDO NETO, Giuseppe. Os limites do controle do TCU sobre as agências reguladoras. *In*: JUSTEN, Monica Spezia; PEREIRA, Cesar; JUSTEN NETO, Marçal; JUSTEN, Lucas Spezia (coord.). *Uma visão humanista do direito*: homenagem ao Professor Marçal Justen Filho. Belo Horizonte: Fórum, 2025. v. 1, p. 683-690. ISBN 978-65-5518-918-6.

DO CONFLITO AO CONSENSO: COMO AS PARCERIAS PÚBLICO-PRIVADAS TÊM REFORÇADO ESSA VISÃO

ISADORA CHANSKY COHEN

ANA CAROLINA SETTE DA SILVEIRA

CAIO FELIPE CAMINHA DE ALBUQUERQUE

MURILO TAMBASCO

O início da década de 90 foi marcado por importantes inovações legislativas que buscaram estabelecer regramentos sobre as relações entre os setores público e privado.

Em 12.4.1990, foi instituído o Programa Nacional de Desestatização ("PND"), pela Lei Federal nº 8.031,[1] impulsionado por questões fiscais, e que concretizou o movimentou de desestatização e proporcionou a retomada da participação privada na esfera pública.[2]

Paralelamente, foi publicada a Lei Federal nº 8.666, de junho de 1993, com a finalidade de regulamentar o art. 37, inc. XXI da Constituição da República, ao instituir normas para licitações e contratos da Administração Pública e a Lei Federal nº 8.429 de junho de 1992.

A denominada "Lei da Improbidade Administrativa", nasceu em meio a casos[3] de grande repercussão nacional ocorridos no final da década de 80 e início dos anos 90, com o objetivo principal de combate à corrupção – especialmente na interface entre gestores públicos e agentes privados.

---

[1]   A Lei nº 8.031/1990 foi posteriormente revogada pela Lei Federal nº 9.491/1997.

[2]   GARCIA, Flávio Amaral. *A mutabilidade nos contratos de concessão*. 2. ed. Rio de Janeiro: JusPodivm, 2023. p. 30. "É nesse contexto que os contratos de concessão retomaram o seu papel de centralidade no ordenamento jurídico brasileiro, que se consolidou, de forma definitiva, com o advento da Lei 8.987/1995, a qual instituiu um regime jurídico de concessões e permissões de serviços públicos para a União, os Estados, os Municípios e o Distrito Federal, fixando normas gerais sobre a matéria".

[3]   Disponível em: https://www.camara.leg.br/radio/programas/258256-especial-das-cpis-cpi-do-orcamento-07-09/. Acesso em: 4 jul. 2024; Disponível em: https://www2.senado.leg.br/bdsf/bitstream/handle/id/319054/noticia. htm?sequence=1. Acesso em: 4 jul. 2024.

Sem diretrizes claras sobre o enquadramento das condutas desses atores no conceito de improbidade, a aplicabilidade da norma foi marcada por controvérsias e entendimentos jurisprudenciais que pretenderam preencher suas lacunosas previsões. Ao longo de quase 30 (trinta) anos de vigência de seu texto original, discussões[4] de naturezas diversas acompanharam a Lei Federal nº 8.429/92, até a sua reforma em 2021 pela Lei Federal nº 14.230, de 25.10.2021.

A repercussão de seus ditames na esfera discricionária dos gestores públicos e na elasticidade dos contratos administrativos, pontos atrelados à evolução doutrinária e conjuntura política, foi se modificando ao longo dos debates.

Por muitos anos a discricionariedade foi reduzida aos termos contratuais e previsões legais expressos, tolhida pelo conceito indeterminado de ato ímprobo e consequente risco de questionamentos. Como resultado, a busca pela zona de segurança na gestão dos contatos públicos reverberou na elasticidade natural de determinadas avenças, como os contratos de concessão,[5] de forma opressora.

Modificações contratuais, adoção de solução técnica diversa ou de caminhos tidos como não convencionais, busca pela simetria de informações, entre outras, poderiam ser consideradas ímprobas pelo texto normativo original. Até a reforma ocorrida em 2021, condutas enquadradas como "culposas" (negligência, imprudência ou imperícia) eram consideradas ímprobas pela jurisprudência[6] e passíveis de aplicação das sanções especificadas na Lei de Improbidade Administrativa.

---

[4] Por isto, as dúvidas que circundam a ação civil de improbidade administrativa são constantes e frequentam diuturnamente as pautas do Poder Judiciário brasileiro. Cabe ação civil de improbidade administrativa contra agentes políticos? Todos os agentes políticos ou só alguns? Afinal quem são os agentes políticos? Se cabível a ação contra eles, há foro privilegiado (o mesmo das ações penais) ou os julgamentos são sempre afetos à 1ª instância do Poder Judiciário? Em sendo de competência dos juízes de primeiro grau, poderiam eles decretar, mesmo contra agentes políticos eleitos pelo voto popular, a perda do cargo, inclusive liminarmente? Os atos de improbidade administrativa são punidos na modalidade culposa, dolosa ou em ambas as modalidades? As sanções da Lei de Improbidade administrativa são cumuláveis obrigatoriamente entre si? São compatíveis e cumuláveis com as previstas na Lei nº 1.079/50 e DL nº 201/67? Têm tais sanções natureza criminal, civil ou administrativa? Podem ser aplicadas pela autoridade administrativa ou são privativas do Poder Judiciário? A ação civil de improbidade administrativa tem natureza própria ou é uma espécie de ação civil pública? Aplica-se a ela o microssistema processual coletivo (art. 90 do CDC c.c art. 21 da LACP)? Em que medida? Entre os legitimados para a propositura da ação civil de improbidade administrativa estão as empresas públicas e sociedades de economia mista? E a Defensoria Pública? E as pessoas jurídicas de direito privado subsidiadas pelo Poder Público? Não observada a fase de defesa preliminar prevista no art. 17 e parágrafos da Lei nº 8.429/92, há nulidade da ação civil de improbidade administrativa? Nulidade absoluta ou relativa? As medidas cautelares de indisponibilidade, sequestro e bloqueio de ativos (arts. 7º e 16 da LIA) podem alcançar bens adquiridos pelo agente antes da prática do ato de improbidade ou só após ela? Podem servir para garantir o pagamento da multa civil prevista no art. 12 e incisos da LIA ou só para a reparação do prejuízo causado ao patrimônio público? Cabe transação ou celebração de compromisso de ajustamento de conduta em sede de improbidade administrativa? Sendo a Lei nº 8.429/92 uma lei aprovada pelo legislador federal, poderia ela disciplinar o tema no âmbito estadual, distrital de municipal? Não teria havido violação do princípio federativo? Quais os impactos da Lei Complementar nº 135, de 4.6.2010 (Lei da *Ficha Limpa*), na Lei de Improbidade Administrativa? Houve revogação parcial do art. 20 da Lei nº 8.429/92, que estabelece só ocorrer a suspensão dos direitos políticos após o trânsito em julgado da sentença condenatória em sede de improbidade?

[5] A essa altura do percurso que se pretende empreender neste estudo, assentada está a premissa de que a mutabilidade é uma característica intrínseca à generalidade dos contratos administrativos, mas que assume especial relevância nos contratos de concessão duradouros, que se sujeitam com maior intensidade às mutações durante a sua execução.

[6] TCU. Processo nº 009.974/2005-5, Acórdão nº 4.702/2014 – Primeira Câmara, 2.9.2014, Rel. Min. Relator José Múcio Monteiro. "O Sr. Wertson ressalta que não teria omitido informações ao seu superior imediato; não teria prevaricado ante a provável irregularidade da compra de um equipamento de informática (servidor); não teria negligenciado a celebração de novo aditivo para enquadrar o contrato ao limite legal de acréscimo de 25%, teria

O mesmo racional era replicado pelo controle externo, em especial pelo Tribunal de Contas da União,[7] ao reforçar entendimentos que rechaçavam qualquer flexibilidade nas condições estabelecidas inicialmente nos contratos públicos. Por vezes os limites do art. 65 da extinta Lei Federal nº 8.666/93 eram citados como base para sustentar a inadequação da conduta de gestores públicos e reforçar a rigidez das relações contratuais.

O consenso na década de 90 se mostrava inviável e até mesmo vedado nas esferas citadas, como na revogada redação do art. 17[8] da Lei de Improbidade Administrativa – cenário que perdurou pela década seguinte e se agravou durante a "Operação Lava-Jato".

Somente em meados de 2015, diante da necessidade de retomada de obras públicas paralisadas e dos projetos de infraestrutura no país é que a modificação do contexto normativo, contratual e jurisprudencial foi, de fato, tangível.

No referido ano foi publicada a Lei Federal nº 13.140 de 26.6.2015, que estabelece a possibilidade e mecanismos de mediação entre particulares como meio de solução de controvérsias e dispõe sobre a autocomposição de conflitos no âmbito da administração pública. Na sequência, em 2017, o Conselho Nacional do Ministério Público – CNMP editou a Resolução nº 179/2017,[9] que autorizava seus membros a celebrar termos de ajustamento de conduta no âmbito das ações de improbidade administrativa, passo importante em direção à flexibilização da aplicação das diretrizes da Lei Federal nº 8.429/92.

Com a entrada em vigor em 2019 da Lei Federal nº 13.964,[10] denominada Lei Anticrime, pôs-se fim à discussão sobre a possibilidade de celebração de acordos de

---

determinado a inclusão de cláusula que obrigaria a contratada a entregar os códigos-fonte nos 5º e 6º Termos Aditivos (capítulo 5 à fl. 23, Anexo 4). 9.1. julgar irregulares as contas de Wertson Brasil de Souza e de Sérgio Ramos Júnior, aplicando a este último multa de R$ 8.000,00 (oito mil reais) e fixando-lhe o prazo de 15 (quinze) dias, a contar da notificação, para comprovar, perante o Tribunal, o recolhimento da dívida aos cofres do Tesouro Nacional, atualizada monetariamente desde a data do presente acórdão até a do efetivo recolhimento, se for paga após o vencimento, na forma da legislação em vigor".

[7] TCU. Acórdão nº 2427-2015 – TCU Plenário. Processo nº 042.020/2012-3, Rel. Min. Benjamim Zymler, data da sessão 30.9.2015. "32. O responsável assinou os aditivos inquinados de irregularidade e não pode eximir-se da responsabilidade. A assinatura de contrato administrativo não é ato de simples formalismo, mas ao contrário, trata-se de ato de grande responsabilidade, uma vez que concretiza manifestação de vontade da Administração Pública, faz lei entre as partes e materializa responsabilidade entre os partícipes ante o interesse público envolvido. A exigência regulamentar de que o termo fosse subscrito por um diretor justifica-se exatamente pela necessidade de controle sobre os atos administrativos onerosos e, consequentemente, impunha ao defendente o dever de examinar a regularidade da aditivação contratual. 34. As análises acima desenvolvidas permitem concluir que as razões de justificativas dos Srs. Ademir Galvão Andrade CPF XXX.051.805-XX e Marcos José Pereira Damasceno CPF XXX.747.032-XX não devem ser acolhidas, permanecendo configurada a prática de ato com grave infração à norma legal consistente em aditivar irregularmente o Contrato 4/2003. 35. Os agentes públicos acima referidos devem responder pelos atos de gestão irregular que viciaram o Contrato 4/2003 e que, apesar de não ser viável a quantificação do dano ao erário, sujeita-os à aplicação da multa prevista no art. 58, inciso II da Lei 8.443/1992. [...] 8. Com efeito, ao examinar a postura dos gestores, observo que não foram afastadas as falhas inicialmente vislumbradas por este Tribunal, relacionadas ao reajustamento dos preços inicialmente pactuados sem que fosse observada a periodicidade anual, infringindo, assim, entendimento consolidado desta Corte de Contas o qual, deve ser notado, já existia à época do contrato inquinado".

[8] "Art. 17. A ação principal, que terá o rito ordinário, será proposta pelo Ministério Público ou pela pessoa jurídica interessada, dentro de trinta dias da efetivação da medida cautelar. §1º É vedada a transação, acordo ou conciliação nas ações de que trata o caput".

[9] Disponível em: https://www.cnmp.mp.br/portal/images/Resolucoes/Resolu%C3%A7%C3%A3o-179.pdf. Acesso em: 4 jul. 2024.

[10] "Art. 6º A Lei nº 8.429, de 2 de junho de 1992, passa a vigorar com as seguintes alterações: 'Art. 17. .... §1º As ações de que trata este artigo admitem a celebração de acordo de não persecução cível, nos termos desta Lei'".

não persecução em ações de improbidade administrativa, que há anos perdurava nos tribunais país afora.

Tais iniciativas refletiram nas discussões sobre as necessárias modificações à Lei Federal nº 8.429/92, para que fossem definidos de forma clara os conceitos fundamentais da norma e adequação à realidade dos contratos públicos pós-Operação Lava-Jato, em especial os regidos pela Lei Federal nº 8.987/95.

O movimento em direção ao consenso, aliado à predominância das parcerias público-privadas (PPPs – *lato sensu*) para concretização de vultosos projetos de infraestrutura, em detrimento das habituais contratações diretas, ecoou nas gestões contratuais.

Com o protagonismo das PPPs em setores diversos da infraestrutura, antes dominados pelos contratos regidos pela extinta Lei Federal nº 8.666/1993, sua natureza mutável e flexível passou a ser incorporada à realidade das relações entre público e privado. A percepção de busca por objetivo em comum nas parcerias e concessões tornou inevitável a revisão da forma de conexão entre as partes e o consenso como realidade inafastável.

Impulsionados por esse contexto fático e pela doutrina, reformas normativas importantes ocorreram em 2021, como a da Lei de Licitações (entrada em vigor da Lei Federal nº 14.133/2021), que modernizou o arcabouço licitatório brasileiro, e a da Lei de Improbidade Administrativa (reforma pela Lei Federal nº 14.230/2021).

A reformada Lei Federal nº 8.429/1992 delimitou conceitos, reservou o sancionamento por improbidade para as infrações mais danosas e reprováveis, sem deixar de reprimir a corrupção – sua finalidade precípua – e estabeleceu o dolo como elemento indispensável à configuração de ato ímprobo.[11]

Os reflexos se expandiram para o Tribunal de Contas da União, que em 2022 criou a "SecexConsenso", Secretaria de Controle Externo de Solução Consensual e Prevenção de Conflitos, por meio da Instrução Normativa nº 91,[12] no intuito de "aumentar a eficiência e a economicidade do Estado por meio do diálogo entre o setor privado e a administração pública federal. A nova unidade terá a competência de desenvolver, propor, sistematizar e avaliar propostas para a solução consensual de controvérsias no País".[13]

Desde a sua implementação a SecexConsenso recebeu[14] número significativo de pedidos de resolução de conflitos pela via consensual – só em 2023, 21 (vinte e um) processos foram levados à Secretaria, dos quais cinco já foram decididos pelo TCU e dois encerrados.

---

[11] JUSTEN FILHO, Marçal. *Reforma da Lei de Improbidade Administrativa*: Lei 14.230 comparada e comentada. 1. ed. Rio de Janeiro: Forense, 2021.

[12] Disponível em: https://pesquisa.apps.tcu.gov.br/documento/norma/*/COPIATIPONORMA:%28%22Instr u%C3%A7%C3%A3o%20Normativa%22%29%20COPIAORIGEM:%28TCU%29%20NUMNORMA:91%20 ANONORMA:2022/DATANORMAORDENACAO%20desc/0. Acesso em: 2 fev. 2024.

[13] Disponível em: https://portal.tcu.gov.br/imprensa/noticias/tcu-investe-em-solucoes-consensuais-de-conflito-para-temas-de-grande-relevancia.htm. Acesso em: 2 fev. 2024.

[14] DANTAS, Bruno. Um ano de SecexConsenso e a mediação técnica no TCU. *Correio Braziliense*, Opinião, 2024. Disponível em: https://www.correiobraziliense.com.br/direito-e-justica/2024/02/6796046-bruno-dantas-um-ano-de-secexconsenso-e-a-meditacao-tecnica-no-tcu.html. Acesso em: 4 jul. 2024. "Recebemos um número expressivo de pedidos, dos mais diversos setores regulados, como energético, rodoviário, ferroviário, portuário, aeroportuário e de telecomunicações. Veja-se que a soma dos valores em disputa é da ordem de 220 bilhões de reais. E que não apenas matérias de infraestrutura podem ser submetidas ao procedimento: está em discussão, por exemplo, uma possível devolução bilionária aos cofres públicos por parte do Fundo de Pensão do BNDES (FAPES)".

O volume de solicitações foi considerado pelo seu idealizador, Ministro Bruno Dantas, como representativo de sucesso da Secretaria, sobretudo pelo arranjo institucional implementado, pelo desenvolvimento de mecanismo específico de resolução consensual com regras próprias e governança interna sólida.[15]

A despeito da resistência ao longo dos anos em admitir a possibilidade e a importância de resoluções consensuais, em detrimento da habitual rigidez que permeou sua atuação desde a concepção, o Tribunal de Contas da União assumiu o protagonismo em âmbito federal dessa nova vertente.

As regras, formas de condução estabelecidas pelo órgão, procedimentos e prerrogativas dos requerimentos tramitados na SecexConsenso foram estabelecidos sob essa ótica e controle integral do TCU.

Habituados a esse cenário de estabelecimento de regras próprias em sua esfera de julgamento e decisões, membros do Tribunal de Contas da União interpretaram o conteúdo da Portaria Normativa PGF/AGU nº 58 de 24.6.2024 pela Procuradoria-Geral Federal e pela Advocacia-Geral da União, como afrontoso à sua discricionariedade e protagonismo.

A referida Portaria tem a finalidade de estabelecer o regramento sobre a atuação da Procuradoria-Geral Federal, perante o Tribunal de Contas da União, nos procedimentos voltados para a solução consensual de controvérsias relevantes e a prevenção de conflitos afetos a entidades públicas da Administração Pública Federal, de que trata a Instrução Normativa TCU nº 91, de 22.12.2022, e subdelega competência para autorizar a celebração de acordos nos casos em que especifica.

No mês seguinte, em 3.7.2024, foi publicado o Decreto Federal nº 12.091/2024, que instituiu a "Rede Federal de Mediação e Negociação – Resolve", capitaneada pela AGU e que consolidou a percepção havida pelo Tribunal de Contas da União.

Isso porque, de acordo com o texto normativo, a Resolve deverá "organizar, promover e aperfeiçoar o uso da autocomposição de conflitos", por meio de mediação e negociação em que órgãos e entidades da administração pública federal direta, autárquica e fundacional sejam partes. A norma representa mais um passo na direção da consensualidade no âmbito da Administração Pública Federal, ao estabelecer com clareza os objetivos da Resolve, sua estrutura organizacional, competências e hierarquia decisória.

O texto ainda estabelece que "a participação e o assessoramento da Advocacia-Geral da União ('AGU') são obrigatórios quando as mediações e as negociações envolverem a União ou as suas autarquias e fundações, de modo a garantir a segurança jurídica e o controle de legalidade".

Apesar da importância da norma e do alinhamento entre os órgãos que atuam nas mais diversas contendas envolvendo a Administração Pública Federal, para que os requerimentos apresentados na SecexConsenso já contassem com a participação de

---

[15] DANTAS, Bruno. Um ano de SecexConsenso e a mediação técnica no TCU. *Correio Braziliense*, Opinião, 2024. Disponível em: https://www.correiobraziliense.com.br/direito-e-justica/2024/02/6796046-bruno-dantas-um-ano-de-secexconsenso-e-a-meditacao-tecnica-no-tcu.html. Acesso em: 4 jul. 2024. "Desenvolvemos um mecanismo específico de resolução consensual, concebido a partir de fundamentos consistentes e experiências exitosas, com regras próprias e uma governança interna sólida para atingir seus objetivos. E é nesse direito administrativo renovado, catalisado pelo consensualismo, que o TCU busca consolidar e expandir os resultados promissores que a SecexConsenso atingiu no seu primeiro ano".

todos e definição uníssona das controvérsias, na avaliação do TCU o normativo lhe retirou autonomia decisória.

A publicação do Decreto motivou, então, a suspensão temporária de todas as reuniões em atividade das comissões de solução consensual da SecexConsenso. Em nota, o Tribunal afirmou que tomou conhecimento do Decreto nº 12.091/2024, e que, "Embora suas disposições sejam quase integralmente dirigidas ao Poder Executivo, as secretarias do TCU estão examinando eventuais repercussões nos processos em curso na Corte".

A obrigatoriedade da participação e anuência da AGU para qualquer câmara de negociação extrajudicial, aí incluída a SecexConsenso, foi interpretada pelo TCU como possível afronta às suas prerrogativas e esvaziamento da recém-criada Secretaria.

Nesse contexto, o tema foi levado ao chefe do executivo por ministros do Tribunal de Contas da União, o que motivou, no final de julho de 2024, a revogação[16] de parte do Decreto Federal nº 12.091/2024 para exclusão dos artigos que previam a obrigatoriedade de participação da AGU nas negociações.[17]

A revogação evidencia o poder de influência do TCU, ao mesmo tempo que revela a limitação do órgão de avaliar que a busca pelo consenso demanda atuação coletiva dos órgãos para que os resultados sejam amplos e tenham força vinculante de forma ampla.

A postura vai justamente de encontro ao proposto pelo próprio idealizador da SecexConsenso, ao pontuar que o consenso representa evolução significativa em relação aos métodos tradicionais, baseados principalmente na imposição unilateral de decisões.[18]

O consenso como solução viável se adequa à própria realidade de muitas das análises que se debruçam sobre contratos de concessão que têm, por natureza, a mutabilidade e a consensualidade como pilares.

Os contratos de concessão – neles incluídos os de parceria público-privada – são ajustes específicos que, apesar de inseridos na categoria dos contratos administrativos, possuem características próprias.

O que efetivamente caracteriza o contrato como parceria público-privada ou concessão, distinguindo-o dos contratos administrativos comuns, é a existência de uma transferência significativa de riscos para o parceiro privado, como prevê a definição utilizada pelo guia de referências em PPPs do Banco Mundial:[19] "A long-term contract between a private party and a government entity, for providing a public asset or service, in which the private party bears significant risk and management responsibility and remuneration is linked to performance".

---

[16] Disponível em: https://sintse.tse.jus.br/documentos/2024/Jul/26/diario-oficial-da-uniao-secao-1/decreto-no-12-119-de-25-de-julho-de-2024-revoga-dispositivos-do-decreto-no-12-091-de-3-de-julho-de. Acesso em: 28 jul. 2024.

[17] Disponível em: https://www.correiobraziliense.com.br/politica/2024/07/6907802-lula-revoga-decreto-e-agu-fica-fora-de-negociacoes-de-acordos-da-uniao.html. Acesso em: 28 jul. 2024.

[18] Pontuação feita pelo Ministro Bruno Dantas: "O consensualismo na administração pública representa uma abordagem moderna e dinâmica no contexto estatal, partindo de uma evolução significativa em relação aos métodos tradicionais, estes baseados primordialmente na imposição unilateral de decisões. Essa tendência global, influenciada por movimentos de reforma em diversas nações, ressalta a importância do diálogo e do consenso na formulação e implementação de políticas públicas, bem como na resolução dos conflitos destas decorrentes".

[19] WORLD BANK. *PPP Reference Guide 3.0*. Washington: Banco Mundial, 2017. p. 1. Disponível em: https://ppp.worldbank.org/public-private-partnership/library/ppp-reference-guide-3-0-full-version. Acesso em: 17 dez. 2023.

No Brasil, as características específicas dos contratos de concessão podem ser encontradas no conceito legal amplo de "contrato de parceria" adotado pelo art. 1º, §2º, da Lei nº 13.334/2016.

Esta norma estabelece um Programa de Parcerias e Investimentos – PPI, justamente para fomentar empreendimentos públicos de infraestrutura. Com efeito, o dispositivo citado estabelece que são contratos de parceria i) a concessão comum; ii) a concessão patrocinada; iii) a concessão administrativa; iv) a concessão regida por legislação setorial; v) a permissão de serviço público; vi) o arrendamento de bem público; e vii) a concessão de direito real.

Além destes previstos expressamente, a norma ainda abre margem para a existência de outros negócios público-privados que podem ser considerados contratos de parceria. Para que esses negócios sejam assim considerados, é necessário que adotem estrutura jurídica semelhante aos arrolados anteriormente, levando-se em conta seu caráter estratégico, sua complexidade, especificidade, volume de investimentos, longo prazo, riscos ou incertezas.

Tem-se, por meio do art. 1º, §2º, da Lei nº 13.334/2016, uma definição legal que permite uma diferenciação entre os chamados "contratos de parceria" e os contratos administrativos em geral, fixando os requisitos que devem ser considerados na classificação.

Nesse sentido, a existência de um regime jurídico próprio para os contratos envolvendo infraestrutura decorre de características do negócio público-privado que o tornam distintos dos contratos comuns: i) caráter estratégico; ii) complexidade; iii) especificidade; iv) volume de investimentos; v) longo prazo; e vi) riscos ou incertezas.

Marçal Justen Filho[20] faz uma comparação didática e exemplificativa entre o contrato de compra e venda e uma concessão que demonstra a funcionalidade da diferenciação de regimes. No primeiro, o objeto da relação jurídica é uma transferência onerosa do domínio de um bem e as obrigações básicas relativas a esse objeto são inerentes a ele mesmo: a obrigação de pagar o preço e a obrigação de transferir o domínio.

Por outro lado, a concessão não permite a identificação de uma prestação específica, existindo uma série de direitos, obrigações e poderes, e não um dever único e essencial ou um direito específico e principal. Essa distinção demonstra a necessidade de provisões contratuais voltadas para o contrato de concessão que não existiriam para os contratos de compra e venda.

O conjunto dessas características resulta na já consolidada ideia de mutabilidade dos contratos de concessão. Por serem contratos com obrigações complexas, grandes investimentos, longo prazo e maior incidência de riscos e incertezas, é de se esperar que alterações de contexto demandem a alteração de especificações contratuais para fazer frente às novas realidades. É por isso que se afirma que os contratos de concessão são incompletos[21] e incapazes de reger de forma absoluta a relação jurídica até o seu fim.

Apesar das constatações expostas, o que se percebe no Brasil é que o arcabouço regulatório (legal e contratual) das concessões não assimilou ainda por completo e de forma expressa essa mutabilidade inerente aos contratos de concessão.

---

[20] JUSTEN FILHO, Marçal. *Teoria geral das concessões de serviço público.* São Paulo: Dialética, 2003. p. 291.

[21] NÓBREGA, Marcos. Contratos incompletos e infraestrutura: contratos administrativos, concessões de serviço público e PPPs. *Revista Brasileira de Direito Administrativo e Regulatório*, v. 1, 2010.

O caráter estanque desse arcabouço, em muito influenciado pela tradição da doutrina francesa,[22] tende a tornar os ajustes contratuais deslocados da realidade fática com o passar do tempo pela influência de inúmeros fatores.

Não havendo a necessária adaptação regulatória pela evolução natural da relação jurídica, os contratos ficam mais sujeitos a eventos com impactos negativos e o equilíbrio econômico-financeiro tende a ser afetado – em alguns casos, de maneira irreversível.

Do ponto de vista econômico, a concepção clássica dos contratos pressupõe racionalidade ilimitada, marcada pela previsibilidade de preferências das partes envolvidas, que se revela parâmetro central para a tomada de decisões entre todos os agentes econômicos e institucionais.

Como o cenário de amplo conhecimento e informação plena na celebração dos contratos não ocorre no mundo dos fatos,[23] o comportamento das partes e o oscilatório e imprevisível ambiente macroeconômico são apenas alguns aspectos que repercutem na formação de contratos imperfeitos ou incompletos, sobretudo no que diz respeito aos projetos de grande vulto realizados pela administração pública.

Nesse sentido, sob o prisma das formulações no âmbito da *Law and Economics*,[24] convencionou-se analisar a atividade administrativa e jurídica não apenas sob os aspectos do *mainstream*, que se encontram calcados nos princípios da racionalidade plena, mas também da alocação de recursos conforme as leis e os mecanismos de sua aplicação, adequados à realidade dos agentes econômicos e, sobretudo, da situação do ambiente macroeconômico e regulatório.

Dessa forma, para solucionar os problemas decorrentes da incompletude contratual, que podem resultar em contratos inviáveis e perdas de importantes investimentos, uma maior abertura à negociação e à consensualidade tem sido incorporada à rotina da gestão contratual.

Essa incorporação está alinhada com o maior influxo da consensualidade e do consequencialismo no âmbito do direito administrativo, derivando-se da boa-fé objetiva e do dever de cooperação entre os contratantes o dever de renegociar os contratos.

Nessa linha e à luz da mutabilidade contratual é possível desenvolver mecanismos contratuais diversos que promovam gestão eficiente, parceria efetiva entre as partes e soluções customizadas à realidade de cada avença. Na prática, cada contrato conta com universo próprio, que exige ferramentas específicas para que os atores contratuais possam delas se valer para exercer efetivamente a consensualidade ao longo da execução.

Exemplo disso são os mecanismos indutores da consensualidade contidos na 5ª rodada de concessões rodoviárias do Estado de Mato Grosso. O primeiro deles consubstancia-se na concepção de fórmula inovadora, que estabelece a possibilidade

---

[22] SILVA, Eric Castro; NÓBREGA, Marcos. A Reforma Tributária e o equilíbrio econômico-financeiro dos contratos administrativos de longo prazo: a inadequação do modelo mecanicista; os pontos focais e a teoria dos múltiplos equilíbrios contratuais. *Working Paper PSPHUB#007*. Disponível em: https://psphub.org/conhecimento/working-paper/reforma-tributaria-e-o-equilibrio/. Acesso em: 8 ago. 2024.

[23] NÓBREGA, Marcos; OLIVEIRA NETTO, Pedro Dias de. O seguro-garantia na Nova Lei de Licitação e os problemas de seleção adversa e risco moral. *Revista de Direito Administrativo*, Rio de Janeiro, v. 281, n. 1, p. 185-205, 2022.

[24] Escola teórica de análise econômica do direito, que comumente emprega a aplicação de métodos econômicos às questões jurídicas.

de qualquer das partes propor inovações ao contrato, que poderão ser adotadas por um período experimental. Trata-se de ambiente contratual experimental, com o propósito de abrir margem à mutabilidade da concessão de forma segura e consensual.

Com o mesmo propósito foi desenvolvida a revisão quadrienal que, de forma pioneira, estabelece a possibilidade de reavaliação fundamentada da matriz de riscos para novas análises qualitativas e quantitativas sobre os riscos já previstos, bem como de eventual inclusão de novos riscos e/ou novas ações de mitigação para riscos novos ou já previstos.

Há, ainda, a possibilidade de readequação do plano de investimentos e revisão do *capex*,[25] mediante estudos e proposta do parceiro privado, em até um ano da assinatura do contrato, de forma a ajustar o contrato à realidade e prevenir conflitos futuros.

Além de tais ferramentas, inovadoras em diversos sentidos e que permitem que as partes construam conjuntamente soluções não definidas contratualmente, foi previsto o compartilhamento do risco de demanda e inadimplência decorrente da implantação do *free flow*,[26] instauração de *dispute boards*,[27] a contratação de um verificador independente e formas de adaptação, prevenção e mitigação aos riscos de desastres naturais e mudanças climáticas, atrelada à obrigação de elaboração de Relatório de Mapeamento dos Riscos Climáticos e de Desastres Naturais Potenciais no âmbito do Sistema Rodoviário.

O cenário promovido por Mato Grosso se alinha à corrente de consensualidade, mas vai além, ao estabelecer recursos contratuais inteligentes e adequados à inerente mutabilidade contratual das concessões e à realidade fática e prática já vivenciada no estado.

Alinha-se, sobretudo, ao citado dever de cooperação entre as partes, que assumiram obrigações contratuais para o atingimento de certos objetivos. A elas interessa, em tese, mais executar o contrato a vê-lo resolvido.

É assim, inclusive, que se torna possível coadunar, de maneira mais eficiente, a *pacta sunt servanda* com a *rebus sic stantibus*, algo que é feito nos contratos administrativos por meio da previsão de um direito à recomposição do equilíbrio incialmente pactuado.

No ponto, vale ressaltar que existe importante distinção entre a renegociação (ou repactuação) de contratos estressados e a negociação contratual periódica para revisão do contrato. A primeira ocorre quando já verificada uma situação insustentável de desequilíbrio contratual, próxima de impossibilitar a execução do ajuste. A renegociação é feita sem tomar totalmente como base as disposições contratuais –,[28] as quais já se mostraram insuficientes para manter o equilíbrio. Já a segunda hipótese (de negociação contratual) pode ser um importante mecanismo para evitar desequilíbrios, por ser um procedimento que pode ser previsto nas cláusulas contratuais para utilização na gestão ordinária do objeto contratual.

---

[25] Capex – *Capital Expediture* ou despesas de capital.

[26] Disponível em: https://www.gov.br/antt/pt-br/acesso-a-informacao/acoes-e-programas/ambiente-regulatorio-experimental-sandbox-regulatorio/pedagio-eletronico-free-flow. Acesso em: 13 ago. 2024.

[27] COMITÊS DE RESOLUÇÃO DE DISPUTAS. *Regulamentados pelo Decreto Estadual nº 958, de 01 de agosto de 2024*. Disponível em: https://www.iomat.mt.gov.br/portal/visualizacoes/pdf/18026/#/p:30/e:18026. Acesso em: 13 ago. 2024.

[28] Disponível em: https://agenciainfra.com/blog/nota-sobre-a-diferenca-entre-negociacoes-renegociacoes-e-reequilibrios-de-contratos-administrativos/.

Para que renegociações de contratos estressados sejam bem-sucedidas, alguns pontos devem ser bem endereçados. A prática internacional considera que, em termos de competitividade, pode haver uma distorção do procedimento licitatório das PPPs e concessões com uma maior abertura à renegociação, afastando-se empresas eficientes e atraindo empresas com capacidade para renegociar.[29] Além disso, como a renegociação é bilateral, pode haver uma relativa perda dos efeitos positivos da competição que levou a parte a ser vencedora, o que abre margem para oportunismos e para uma redução nos benefícios econômicos de uma concessão.

Isso não significa que a renegociação de contratos estressados não deva ocorrer. Na verdade, ela é essencial para salvar os ajustes que não foram adequadamente negociados durante sua gestão. Partindo de uma análise econômica, Schreiber[30] afirma corretamente que os custos da renegociação são inferiores quando comparados às outras opções: a resolução e a revisão judicial.

No entanto, esses problemas podem ser evitados em parte por meio da consolidação da possibilidade de negociação periódica de aspectos contratuais, mediante procedimentos objetivos e transparentes, que gerem incentivos para que as partes sejam claras quanto às suas intenções e necessidades. Dessa forma, os interessados na contratação saberão, de antemão, quais aspectos poderão ser negociados na execução do contrato, por quais procedimentos e em qual momento.

A abertura às negociações aproxima os contratos de concessão da teoria dos contratos relacionais. Um dos critérios para a identificação do contrato relacional é o do planejamento, que deve ser vinculado mais às estruturas e aos processos que regulam a relação. Nesses contratos, o planejamento deve ser suficientemente flexível e adaptável, desenhando-se "no contrato estruturas adequadas para buscar uma solução para as controvérsias que irão surgir, ao invés de buscar um planejamento substancial que traga a solução para cada contingência".[31]

As estruturas contratuais que permitem soluções negociadas, como a revisão periódica, são vantajosas pelo fato de que podem reduzir custos de transação para ambas as partes. O conhecimento prévio acerca da possibilidade de negociação e a existência de parâmetros claros reduz as assimetrias informacionais entre as partes e evita a necessidade de comportamentos oportunistas.

O pensamento administrativista contemporâneo adota o entendimento de que, diante do estágio atual de desenvolvimento do Estado Constitucional de Direito, não é viável presumir que as prerrogativas clássicas da Administração Pública resultaram em um equilíbrio entre direitos em conflito. Com isso, de acordo com Corvalán, torna-se necessário demonstrar abstratamente (de forma prévia) e concretamente (de forma posterior) que "o estabelecimento e a utilização de uma prerrogativa em um sistema, de modo eficaz e eficiente, tutelam os direitos fundamentais".[32]

---

[29] ADB; EBRD; IDB; IsDB; WBG. *The APMG Public-Private Partnership (PPP) Certification Guide*. Washington, DC: World Bank Group, 2016. p. 14. Chapter 8.

[30] SCHREIBER, Anderson. *Equilíbrio contratual e dever de renegociar*. 2. ed. São Paulo: Saraiva Educação, 2020.

[31] KLEIN, Vinícius. *A economia dos contratos*: uma análise microeconômica. 1. ed. Curitiba: CRV, 2015. p. 176.

[32] CORVALÁN, Juan Gustavo. Transformações do "regime de Direito Administrativo": a propósito do regime exorbitante e das prerrogativas da Administração Pública. *A&C – Revista de Direito Administrativo & Constitucional*, Belo Horizonte, ano 13, n. 51, p. 4973, jan./mar. 2013. p. 13.

No mesmo sentido, Valle[33] defende, em um novo modelo de contratação pública, a subsidiariedade do uso unilateral das prerrogativas em relação à negociação, e desde que haja uma vinculação desse uso aos princípios da finalidade, eficiência, motivação, economicidade e proporcionalidade.

A Nova Lei de Licitações e Contratos Administrativos buscou consolidar essa visão atual da atuação administrativa e trouxe mesmo previsões que envolvem negociações. Há possibilidade de negociação de condições vantajosas com o licitante mais bem colocado após o julgamento das propostas (art. 61 da Lei nº 14.133/2021); negociação com os licitantes remanescentes que forem convocados quando o vencedor recusar a assinatura do contrato (art. 90, §4º, da Lei nº 14.133/2021); e negociação no momento de prorrogação dos contratos de serviços e fornecimentos contínuos (art. 107 da Lei nº 14.133/2021).

Esse atual posicionamento acerca dos contratos administrativos é particularmente adequado para os contratos de parceria e está em consonância com a sistemática estabelecida pela LINDB ao focar nas consequências e na análise de custo-benefício.

É nesse contexto que a atuação consensualizada aproxima-se daquilo que Cass Sunstein chama de "revolução do custo-benefício",[34] que pode ser sintetizada na frase: "No action may be taken unless the benefits justify the costs".[35] A adoção dessa regra faz com que as decisões tomadas levem em consideração a real necessidade de intervenção e os efeitos dela decorrentes.

Por esse aspecto, a consensualidade se revela importante ferramenta em benefício econômico das partes e da sociedade, à medida que busca a possibilidade de se atingir arranjo ótimo, baseado na capacidade do que cada agente é capaz de dispor.

Dessa pactuação, capaz de recuperar contratos e extrair gestões contratuais mais inteligentes, derivam externalidades positivas que não se restringem à redução dos custos transacionais, mas que se estendem à possibilidade de ganhos de celeridade e ampliação da segurança sobre as condições macroeconômicas, financeiras e regulatórias prescritas pelos contratos administrativos, viabilizando a concretização de projetos relevantes para o desenvolvimento socioeconômico do país.

A elaboração de estudos que sejam capazes de mensurar e discriminar os impactos relacionados a cada uma das alternativas que envolvem as partes pode conferir segurança adicional na condução das discussões consensuais entre as partes.

Determinados indicadores financeiros, como o *Value For Money* (VfM), podem ser utilizados para conhecimento da combinação ótima entre o ciclo de vida dos custos e adequação à finalidade de um serviço prestado ao público. Considerando aspectos quantitativos e qualitativos, o VfM seria capaz de oferecer visão ampla sobre os riscos gerais que envolvem o projeto, como a aceitação por parte dos usuários, a identificação de ganhos ou perdas de eficiência e possíveis impactos sobre a conformação econômico-financeira.

---

[33] VALLE, Vivian Lima López. *Contratos administrativos e um novo regime jurídico de prerrogativas contratuais na administração pública contemporânea*: da unilateralidade ao consenso e do consenso à unilateralidade na relação contratual administrativa. Belo Horizonte: Fórum, 2018. p. 229.

[34] Tradução livre de *Cost-Benefit Revolution*.

[35] SUNSTEIN, Cass R. *The Cost-Benefit Revolution*. Cambridge: The MIT Press, 2018. p. 15.

As parcerias público-privadas mais modernas já vêm inclusive prevendo a figura de um Verificador Independente, que se caracteriza como um ator neutro, escolhido em conjunto pelas partes e contratado por uma delas, a depender do que seja definido em edital, e que pode aplicar os conceitos de consensualidade tratados neste artigo.

Justamente pelo fato de ser um terceiro que acompanha o contrato, o Verificador Independente é equidistante entre as partes e pode apoiar no preenchimento das lacunas da incompletude das PPPs e concessões e, ao mesmo tempo, fazer um juízo neutro em relação ao interesse das partes. Para além, tal figura é dotada de competência e capacidade até mesmo para apoiar instrumentalmente o cálculo do VFM que conduza à melhor decisão sobre qual solução deve ser implementada diante do conflito aparente.

Sobre esse aspecto, inclusive, o próprio Tribunal de Contas da União[36] já se manifestou sobre a possibilidade de previsão dos Verificadores Independentes no contrato. Antes questionada e objeto dos mais diversos posicionamentos dos ministros da Corte de Contas, a figura do Verificador Independente foi gradativamente pacificada, para que então fosse reconhecida como ator de apoio na mensuração dos indicadores de desempenho e no preenchimento dessas lacunas contratuais.

Diante do exposto, o influxo da consensualização pode ser visto como um fator de legitimação da atuação administrativa, na medida em que a legitimidade esteja vinculada a uma melhor fundamentação em relação às consequências da decisão e ao custo-benefício. Considerando a complexidade da relação contratual, somente por meio da adoção de procedimentos adequados de participação do contratado na fundamentação é que será possível decidir de forma eficiente.

Referências

ADB; EBRD; IDB; IsDB; WBG. *The APMG Public-Private Partnership (PPP) Certification Guide*. Washington, DC: World Bank Group, 2016.

CARVALHO, André Castro. *Infraestrutura sob uma perspectiva pública*: instrumentos para o seu desenvolvimento. 2013. 608 f. Tese (Doutorado) – Faculdade de Direito, USP, São Paulo, 2013.

CORVALÁN, Juan Gustavo. Transformações do "regime de Direito Administrativo": a propósito do regime exorbitante e das prerrogativas da Administração Pública. *A&C – Revista de Direito Administrativo & Constitucional*, Belo Horizonte, ano 13, n. 51, p. 4973, jan./mar. 2013.

GARCIA, Flávio Amaral. *A mutabilidade nos contratos de concessão*. 2. ed. Rio de Janeiro: JusPodivm, 2023.

GÓMEZ-IBAÑEZ, José A. *Regulating infrastructure*: monopoly, contracts, and discretion. Cambridge: Harvard University Press, 2003.

JUSTEN FILHO, Marçal. *Reforma da Lei de Improbidade Administrativa*: Lei 14.230 comparada e comentada. 1. ed. Rio de Janeiro: Forense, 2021.

JUSTEN FILHO, Marçal. *Teoria geral das concessões de serviço público*. São Paulo: Dialética, 2003.

---

[36] Acórdão nº 498/2021 – Plenário. Rel. Min. Vital do Rêgo, Data da Sessão: 10.3.2021. Disponível em: https://pesquisa.apps.tcu.gov.br/documento/acordao-completo/*/NUMACORDAO%253A498%2520ANOACORDAO%253A2021%2520COLEGIADO%253A%2522Plen%25C3%25A1rio%2522/DTRELEVANCIA%2520desc%252C%2520NUMACORDAOINT%2520desc/0. Acesso em: 19 ago. 2024.

KLEIN, Vinícius. *A economia dos contratos*: uma análise microeconômica. 1. ed. Curitiba: CRV, 2015.

NÓBREGA, Marcos; OLIVEIRA NETTO, Pedro Dias de. O seguro-garantia na Nova Lei de Licitação e os problemas de seleção adversa e risco moral. *Revista de Direito Administrativo*, Rio de Janeiro, v. 281, n. 1, p. 185-205, 2022.

SCHREIBER, Anderson. *Equilíbrio contratual e dever de renegociar*. 2. ed. São Paulo: Saraiva Educação, 2020.

SILVA, Eric Castro; NÓBREGA, Marcos. A Reforma Tributária e o equilíbrio econômico-financeiro dos contratos administrativos de longo prazo: a inadequação do modelo mecanicista; os pontos focais e a teoria dos múltiplos equilíbrios contratuais. *Working Paper PSPHUB#007*. Disponível em: https://psphub.org/conhecimento/working-paper/reforma-tributaria-e-o-equilibrio/. Acesso em: 8 ago. 2024.

SUNSTEIN, Cass R. *The Cost-Benefit Revolution*. Cambridge: The MIT Press, 2018.

VALLE, Vivian Lima López. *Contratos administrativos e um novo regime jurídico de prerrogativas contratuais na administração pública contemporânea*: da unilateralidade ao consenso e do consenso à unilateralidade na relação contratual administrativa. Belo Horizonte: Fórum, 2018.

WORLD BANK. *PPP Reference Guide 3.0*. Washington: Banco Mundial, 2017. Disponível em: https://ppp.worldbank.org/public-private-partnership/library/ppp-reference-guide-3-0-full-version. Acesso em: 17 dez. 2023.

Informação bibliográfica deste texto, conforme a NBR 6023:2018 da Associação Brasileira de Normas Técnicas (ABNT):

COHEN, Isadora Chansky; SILVEIRA, Ana Carolina Sette da; ALBUQUERQUE, Caio Felipe Caminha de; TAMBASCO, Murilo. Do conflito ao consenso: como as parcerias público-privadas têm reforçado essa visão. *In*: JUSTEN, Monica Spezia; PEREIRA, Cesar; JUSTEN NETO, Marçal; JUSTEN, Lucas Spezia (coord.). *Uma visão humanista do Direito*: homenagem ao Professor Marçal Justen Filho. Belo Horizonte: Fórum, 2025. v. 1, p. 691-703. ISBN 978-65-5518-918-6.

TRIBUNAIS DE CONTAS E SUA RELEVÂNCIA NO CONTROLE CONSENSUAL DA ADMINISTRAÇÃO PÚBLICA

IVAN LELIS BONILHA

O consensualismo é um novo paradigma do Direito Administrativo, que apresenta novas formas de relacionamento entre o público e o privado e propõe uma Administração Pública mais dialógica e cooperativa, aberta à participação ativa de diversos atores sociais. Trata-se de um movimento que impõe desafios relevantes, teóricos e práticos, mas que supõe a harmonização de interesses públicos e privados visando a uma gestão pública mais efetiva.

Se, de um lado, a Administração Pública brasileira está submetida a um complexo e robusto sistema de controle, essencial para garantir a legalidade, a moralidade e a transparência na gestão dos recursos públicos, de outro, tem-se o princípio da eficiência, introduzido pela Emenda Constitucional nº 19 de 1998, a exigir uma Administração Pública que otimize o uso dos recursos disponíveis, promovendo uma gestão responsável, inovadora e orientada para resultados. O maior ou menor sucesso na implementação do consensualismo na administração reside na busca pelo equilíbrio entre esses dois vetores, o sistema de controle e o princípio da eficiência, e a Nova Lei de Licitações e Contratos Administrativos (NLLC) parece apontar nesse sentido.

No presente trabalho, são examinados, a partir do texto constitucional, o sistema de controle da Administração Pública, com ênfase no papel do Tribunal de Contas, e o Princípio da Eficiência. A seguir é visitado o consensualismo na Administração Pública, diante do qual são destacadas duas questões, sempre suscitadas, que representam desafios a este movimento de transformação do Direito Administrativo: a supremacia do interesse público e a fragilização do combate à corrupção. Por fim, são destacadas algumas inovações do texto da NLLC que sintetizam a compatibilização entre as inovações do consensualismo e o aprofundamento do sistema de controle e apresentadas as considerações finais.

O controle da Administração Pública

A Constituição Federal de 1988 dedica ao controle da Administração Pública[1] um conjunto significativo de normas, conformando um sistema baseado no tripé controle externo (arts. 70 e 71) – controle interno (art. 74) – controle social (art. 74, §2º).[2] Assim, além do controle judicial derivado do sistema uno de jurisdição brasileiro, cujo comando regente se encontra no inc. XXXV do art. 5º da Carta Magna,[3] em nível constitucional, a Administração está submetida a um sistema de controle que repercute por toda a legislação infraconstitucional.

Controle social é o acompanhamento sistemático e atento que o cidadão – individualmente, coletivamente ou por meio de suas entidades associativas e representativas – faz do uso do dinheiro público por parte do governo. Apesar de ser, potencialmente, o controle com maior capilaridade, seu desempenho depende da disponibilidade de instrumentos e informações[4] que permitam conhecer e participar do funcionamento da Administração.

Embora o caminho para a efetividade das políticas públicas comece e termine com a aferição de resultados e excelência na aplicação da técnica, a participação popular se mostra fundamental e deve ser ela mesma objeto de políticas públicas.[5] Assim, o controle social pressupõe o desenvolvimento de políticas endereçadas à sua promoção e a disponibilização pela Administração de mecanismos reais de participação popular e de transparência.

Controle interno é um sistema integrado, obrigatório para todos os órgãos e entidades de todos os Poderes. Ele tem a função de avaliar o cumprimento de metas e a execução de programas de governo e orçamentos, comprovar a legalidade e avaliar a eficácia e eficiência da gestão orçamentária, financeira e patrimonial, bem como da aplicação de recursos públicos por entidades de direito privado e, ainda, exercer o

---

[1] O controle da Administração Pública, conforme lição de Maria Sylvia Zanella Di Pietro, pode ser classificado, quanto ao órgão que o exerce, em controle administrativo, legislativo ou judicial. Quanto ao momento em que o controle é exercido, ele pode ser prévio, concomitante ou posterior. Finalmente, o controle pode ser externo se exercido por um dos Poderes sobre o outro ou interno se referente ao controle de cada Poder sobre os seus próprios atos (DI PIETRO, Maria Sylvia Zanella. *Direito administrativo*. 24. ed. São Paulo: Atlas, 2011. p. 736).

[2] Além do artigo citado, a Constituição Federal traz várias normas que permitem ao cidadão controlar a atuação da Administração Pública, seja em defesa de interesse individual ou do interesse público. Como exemplo, tem-se o direito à informação (art. 5º, XXXIII), o direito de petição (art. 5º, XXXIV), as chamadas "ações constitucionais": *habeas corpus, habeas data*, mandado de segurança, mandado de injunção e, especificamente em relação à defesa do interesse público, a ação popular (art. 5º, LXXIII). O texto também traz normas de controle social para a participação do cidadão na concepção, controle e execução de políticas públicas, como é o caso dos conselhos de acompanhamento e controle social do Fundeb (art. 212-A, X, "d").

[3] CF, art. 5º: "XXXV – a lei não excluirá da apreciação do Poder Judiciário lesão ou ameaça a direito".

[4] Não se trata apenas da necessária disponibilização de informação, mas de uma informação detalhada, acessível a pessoas sem conhecimento técnico e disponível em padrões abertos que permitam facilmente a análise e cruzamento com outras fontes de dados.

[5] Como mostra Amartya Sen, "A política pública tem o papel não só de procurar implementar as prioridades que emergem de valores e afirmações sociais, como também de facilitar e garantir a discussão pública mais completa. O alcance e a qualidade das discussões abertas podem ser melhorados por várias políticas públicas, como liberdade de imprensa e independência dos meios de comunicação (incluindo ausência de censura), expansão da educação básica e escolaridade (incluindo a educação das mulheres), aumento da independência econômica (especialmente por meio do emprego, incluindo o emprego feminino) e outras mudanças sociais e econômicas que ajudam os indivíduos a ser cidadãos participantes. Essencial nessa abordagem é a ideia do público como um participante ativo da mudança, em vez de recebedor dócil e passivo de instruções ou de auxílio concedido" (SEN, Amartya Kumar. *Desenvolvimento como liberdade*. São Paulo: Companhia das Letras, 2000. p. 318).

controle das operações de crédito, avais e garantias e dos direitos e haveres da entidade e prover suporte ao desempenho do controle externo. Nos termos do Guia para as normas de controle interno do Setor Público (ISSAI GOV 9100), da Organização Internacional das Entidades Fiscalizadoras Superiores (Intosai),[6] ele engloba o ambiente de controle, mecanismos de avaliação de riscos, atividades de controle, de informações e comunicações e de monitoramento.

O controle interno deve partir de uma visão integral das atividades da entidade e pressupõe a existência de procedimentos sistemáticos por ela utilizados para o cumprimento de sua missão. Estes procedimentos devem estar embasados em um conjunto de "regras de gerenciamento gerais" que abrangem desde o planejamento até a execução das atividades de forma ordenada, com respeito à legislação vigente e a salvaguarda dos recursos da entidade. No plano operacional, o controle interno efetivo implica, além da existência de órgãos internos especializados, a segregação de funções, a distribuição de responsabilidades, atuação conforme as competências e mediante processo e o estrito cumprimento da lei.

Controle externo é o controle titulado pelo Poder Legislativo e a atividade desenvolvida pelo Tribunal de Contas em âmbito político-administrativo. Órgão operacional do controle externo, o Tribunal de Contas é detentor de um extenso rol de competências constitucionais específicas resultante, nas palavras de Carlos Ayres Britto, "do próprio princípio republicano".[7] Trata-se da instituição que tem no controle e na avaliação dos administradores públicos um dos papéis fundamentais, senão único, dentre as demais instituições e que, pela própria natureza, é o único órgão de Estado concebido para aferir/controlar tecnicamente os resultados das políticas públicas.

O controle exercido pelo Tribunal de Contas desempenha o papel de provocar nas entidades fiscalizadas a necessidade de desenvolvimento e manutenção de um nível adequado de controle interno e, em face do seu poder sancionatório, possibilitar a recuperação de recursos desviados e produzir um efeito de prevenção geral de condutas irregulares. Além disso, esta instituição é um repositório de conhecimento sobre a Administração, que proporciona acesso à informação ao cidadão para o controle social e treinamento aos gestores públicos sobre boas práticas e procedimentos administrativos por meio da sua escola de gestão pública.

O aparelho do Estado é visualizado pela sociedade como uma unidade e o insucesso de um estamento compromete a todos. Não se faz avanços sustentáveis e duradouros avulsamente, isoladamente, mas, num regime de interdependência das corporações. Ademais, como a finalidade primeira de todo o aparato estatal é o desenvolvimento de políticas públicas que beneficiem a sociedade e promovam o bem-estar de todos, há que se buscar a harmonia no funcionamento dos seus componentes, uma vez que instituições fiscalizadoras e fiscalizadas têm o mesmo objetivo fundamental e devem obediência aos mesmos princípios constitucionais da legalidade, impessoalidade, moralidade, publicidade e, em especial, ao princípio da eficiência (CF, art. 37).

---

[6]   Disponível em: https://www.issai.org/wp-content/uploads/2019/08/intosai_gov_9100_e.pdf. Acesso em: 19 jun. 2024.

[7]   BRITTO, Carlos Ayres. O Regime Constitucional dos Tribunais de Contas. *Revista Diálogo Jurídico*, Salvador, v. I, n. 9, dez. 2001. Disponível em: https://editoraforum.com.br/noticias/o-regime-constitucional-dos-tribunais-de-contas-ayres-britto/. Acesso em: 18 jun. 2024.

Administração Pública e o princípio da eficiência

Introduzido no texto da Constituição Federal pela Emenda Constitucional nº 19, de 1998, para Gilmar Mendes[8] o princípio da eficiência exige que os gestores da coisa pública

> [...] não economizem esforços no desempenho dos seus encargos, de modo a otimizar o emprego dos recursos que a sociedade destina para a satisfação das suas múltiplas necessidades; numa palavra, que pratiquem a "boa administração", de que falam os publicistas italianos.

De acordo com Celso Antônio Bandeira de Mello,[9] o princípio constitucional da eficiência se traduz naquilo que Juarez Freitas[10] define como o direito fundamental à boa administração, ou seja, no direito à Administração Pública transparente, sustentável, dialógica, imparcial, proba, respeitadora da legalidade temperada, preventiva, precavida e eficaz.

A eficiência, no contexto da Administração Pública, exige que os serviços públicos sejam prestados com a melhor utilização possível dos recursos disponíveis, garantindo resultados de qualidade e satisfação das necessidades da sociedade. Isso implica uma atuação administrativa que busca a otimização dos processos, a eliminação de desperdícios e a promoção de uma cultura de desempenho e produtividade.

A implementação do princípio da eficiência envolve a adoção de práticas gerenciais modernas, como o planejamento estratégico, a gestão por resultados e a avaliação contínua de desempenho. Essas práticas visam assegurar que a Administração Pública atue de maneira proativa, inovadora e responsiva às demandas sociais, econômicas e tecnológicas.

Além disso, a eficiência na Administração Pública exige a capacitação constante dos servidores, o incentivo à meritocracia e a utilização de tecnologias da informação para melhorar os processos e a transparência das ações governamentais. A busca pela eficiência também está relacionada à necessidade de se combater a burocracia excessiva, simplificando procedimentos e reduzindo a morosidade administrativa.

A promoção da eficiência não se limita apenas aos aspectos internos da Administração Pública, mas também se reflete na qualidade dos serviços prestados ao cidadão. Um serviço público eficiente é aquele que responde de maneira rápida e adequada às necessidades dos usuários, oferecendo soluções eficazes e minimizando os custos operacionais.

O princípio da eficiência, portanto, é essencial para a legitimação da Administração Pública perante a sociedade. Contribui para a construção de uma gestão pública mais ética, transparente e responsável, que respeita os direitos dos cidadãos e promove o bem-estar coletivo. A sua aplicação prática é um desafio constante, que requer compromisso e engajamento tanto dos gestores públicos quanto dos servidores e da própria sociedade,

---

[8] MENDES, Gilmar Ferreira; BRANCO, Paulo Gustavo Gonet; COELHO, Inocência Mártires. *Curso de direito constitucional*. 4. ed. São Paulo: Saraiva. 2009. p. 834.

[9] BANDEIRA DE MELLO, Celso Antônio. *Curso de direito administrativo*. São Paulo: Malheiros, 2004. p. 122.

[10] FREITAS, Juarez. As políticas públicas e o direito fundamental à boa administração. *Revista do Programa de Pós-Graduação em Direito da UFC*. Disponível em: www.periodicos.ufc.br/nomos/article/download/2079/1555. Acesso em: 18 jan. 2018.

que deve exercer o controle social e participar ativamente do processo de melhoria contínua dos serviços públicos.

Diante da modernização da Administração Pública brasileira, em busca de uma gestão mais efetiva, inovadora e orientada para resultados, simbolizada e determinada pela introdução do princípio da eficiência no texto constitucional, se impõe, como apontam Oliveira e Schwanka, o "emprego em larga escala de métodos e técnicas negociais ou contratualizadas no campo das atividades perpetradas pelos órgãos e entidades públicas",[11] ou seja, o consensualismo na Administração Pública.

Consensualismo na Administração Pública

O consensualismo se mostra como uma atualização do Direito Administrativo, à luz da Constituição Federal de 1988. Direito esse que tem suas origens no século XIX e no fascismo italiano, como aponta Marçal Justen Filho.[12] Ele reflete a constitucionalização do Direito Administrativo,[13] com a reconfiguração do papel do Tribunal de Contas e definição de seus poderes, bem como uma espécie de refluxo institucional em face desses mesmos poderes, como se observa nas novas regras da Lei de Introdução às Normas do Direito Brasileiro (LINDB). Trata-se de um novo Direito Administrativo, cujas bases ainda estão sendo lançadas, mas que aponta para novas formas de relacionamento entre a Administração e os particulares.

O consensualismo é um paradigma, que supõe o reconhecimento ao particular de "um conjunto de direitos subjetivos, cuja existência acarreta a redução da órbita de poderes estatais"[14] e "a evolução de um modelo centrado no ato administrativo (unilateralidade) para um modelo que passa a contemplar os acordos administrativos (bilateralidade e multilateralidade)".[15]

Duas questões se destacam ao se analisar este movimento de renovação, uma de ordem teórica ou dogmática e outra de ordem prática. Do ponto de vista dogmático, o consensualismo parece desafiar o dogma da supremacia do interesse público, um dos pilares do Direito Administrativo. Já sobre a questão de ordem prática, especialmente sob a lente do controle, pergunta-se: a necessária maior autonomia e flexibilidade à disposição do administrador público neste Direito Administrativo renovado não abriria espaço para mais corrupção?

---

[11] OLIVEIRA, Gustavo Justino de) SCHWANKA, Cristiane. A administração consensual como a nova face da Administração Pública no século XXI: fundamentos dogmáticos, formas de expressão e instrumentos de ação. *A&C – R. de Dir. Administrativo & Constitucional*, Belo Horizonte, ano 8, n. 32, p. 31-50, abr./jun. 2008. p. 37.

[12] JUSTEN FILHO, Marçal. A indisponibilidade do interesse público e a disponibilidade dos direitos subjetivos da Administração Pública. *Cadernos Jurídicos*, São Paulo, ano 22, n. 58, p. 79-99, abr./jun. 2021. p. 83.

[13] Para Luís Roberto Barroso, "[...] a Constituição figura hoje no centro do sistema jurídico, de onde irradia sua força normativa, dotada de supremacia formal e material. Funciona, assim, não apenas como parâmetro de validade para a ordem infraconstitucional, mas também como vetor de interpretação de todas as normas do sistema" (BARROSO, Luís Roberto. A constitucionalização do direito e suas repercussões no âmbito administrativo. *In*: ARAGÃO, Alexandre Santos de; MARQUES NETO, Floriano de Azevedo (Coord.). *Direito administrativo e seus novos paradigmas*. Belo Horizonte: Fórum, 2012. p. 43. ISBN 978-85-7700-186-6).

[14] JUSTEN FILHO, Marçal. A indisponibilidade do interesse público e a disponibilidade dos direitos subjetivos da Administração Pública. *Cadernos Jurídicos*, São Paulo, ano 22, n. 58, p. 79-99, abr./jun. 2021. p. 87.

[15] OLIVEIRA, Gustavo Justino de; SCHWANKA, Cristiane. A administração consensual como a nova face da Administração Pública no século XXI: fundamentos dogmáticos, formas de expressão e instrumentos de ação. *A&C – R. de Dir. Administrativo & Constitucional*, Belo Horizonte, ano 8, n. 32, p. 31-50, abr./jun. 2008. p. 48.

A supremacia do interesse público

O princípio da supremacia do interesse público é um dos pilares do Direito Administrativo, e desafiá-lo ou, de outra forma, desafiar o entendimento histórico atribuído ao princípio, impõe uma carga significativa de argumentação. A questão fundamental aqui é: como compatibilizar a figura do acordo, antes excepcionalíssima, com o princípio da supremacia do interesse público, que implica, por exemplo, a indisponibilidade do interesse público? A doutrina apresenta alguns caminhos que podem ajudar a iluminar a questão.

De acordo com Luís Roberto Barroso:[16]

> O Direito Administrativo é um dos mais afetados pelo fenômeno da constitucionalização. A partir da centralidade da dignidade da pessoa humana e dos direitos fundamentais, a relação entre Administração e administrados é alterada, com a superação ou releitura de paradigmas tradicionais, sendo de se destacar: *a) a redefinição da ideia de supremacia do interesse público sobre o particular*, com o reconhecimento de que os interesses privados podem recair sob a proteção da Constituição e exigir ponderações em concreto; *b) a conversão do princípio da legalidade administrativa em princípio da juridicidade*, admitindo-se que a atividade administrativa possa buscar seu fundamento de validade diretamente na Constituição, que também funciona como parâmetro de controle; *c) a possibilidade de controle judicial do mérito do ato administrativo*, com base em princípios constitucionais como a moralidade, a eficiência, a segurança jurídica e, sobretudo, a razoabilidade/proporcionalidade.

Dessa forma, para o autor, a "força normativa, dotada de supremacia formal e material" da Constituição impõe a todas as áreas do Direito e, em especial, ao Direito Administrativo, a "centralidade da dignidade da pessoa humana e dos direitos fundamentais" em todo o relacionamento entre a Administração e os administrados. Reconhece-se, assim, aos administrados, direitos subjetivos em face da Administração ou, nas palavras do autor, ocorre "o reconhecimento de que os interesses privados podem recair sob a proteção da Constituição e exigir ponderações em concreto".

Para Barroso, há que se distinguir interesse público primário (interesse da sociedade) do interesse público secundário (interesse da pessoa jurídica de direito público e que "jamais desfrutará de uma supremacia *a priori* e abstrata em face do interesse particular").

Bruno Dantas[17] também remete à distinção entre interesse público primário e secundário, mas, para ele, a transação não pode ser vedada se for desejável em face do interesse social (interesse público primário) e, sendo o meio mais eficiente para atingimento do fim pretendido pela Administração, implicará também a satisfação do interesse público secundário.

---

[16] BARROSO, Luís Roberto. A constitucionalização do direito e suas repercussões no âmbito administrativo. *In*: ARAGÃO, Alexandre Santos de; MARQUES NETO, Floriano de Azevedo (Coord.). *Direito administrativo e seus novos paradigmas*. Belo Horizonte: Fórum, 2012. p. 63.

[17] DANTAS, Bruno. Consensualismo, eficiência e pluralismo administrativo: um estudo sobre a adoção da mediação pelo TCU. *Revista Jurídica da Presidência*, Brasília, v. 22, n. 127, jun./set. 2020. p. 273. Disponível em: https://doi.org/10.20499/2236-3645.RJP2020v22e127-2304. Acesso em: 19 jun. 2024.

Marçal Justen Filho[18] afirma que o interesse público primário e o interesse público secundário (ou interesses públicos) são, ambos, indisponíveis, mas os direitos subjetivos voltados à atividade administrativa são disponíveis:

> Os interesses públicos apresentam essa dimensão de indisponibilidade, implicada na posição funcional do agente estatal e da proibição ao exercício de poder jurídico, para a satisfação de necessidade pessoal. No entanto, os direitos subjetivos – instituídos e disciplinados pela ordem jurídica como instrumento para o desenvolvimento da atividade administrativa – comportam disposição, nos termos e limites contemplados pela mesma ordem jurídica.

Disso decorrem, para o autor, duas consequências: a "difusão da atividade consensual do Estado" e a "impertinência da indisponibilidade do interesse público".

Sob outro enfoque, Gustavo Binenbojm[19] segue uma linha voltada ao pragmatismo, vinculada à efetividade da atividade administrativa. Para ele,

> [...] é possível afirmar que o ordenamento jurídico brasileiro passou por um processo de verdadeira *mutação* da dogmática administrativa, em que a celebração de acordos, antes vista como excepcional e dependente de autorizações legislativas específicas, passa a ser encarada como verdadeira regra geral de permissibilidade para a atuação consensual da Administração Pública. Trata-se de uma solução pragmática voltada à obtenção dos melhores resultados práticos possíveis, ao mesmo tempo que em coloca o Estado em uma posição mais dialógica e democrática na consecução de suas finalidades institucionais.

Além disso, o autor destaca que a adoção de métodos consensuais também promove uma melhor alocação de tempo e recursos do Poder Judiciário, "reveste de maior legitimidade a atuação do Poder Público" e, ainda, "contribui para a transparência no desempenho das funções estatais".

Independentemente do argumento adotado, sob ângulos diversos, a doutrina mostra a compatibilidade entre o interesse público e o consensualismo e o movimento no sentido de sua aplicação preferencial para a solução de conflitos se apresenta como um caminho sem volta para a eficiência da Administração Pública, o que se verifica, inclusive, pela profusão de regras legislativas relacionadas ao tema surgidas no direito positivo brasileiro após 1988.[20]

---

[18] JUSTEN FILHO, Marçal. A indisponibilidade do interesse público e a disponibilidade dos direitos subjetivos da Administração Pública. *Cadernos Jurídicos*, São Paulo, ano 22, n. 58, p. 79-99, abr./jun. 2021. p. 97.

[19] BINENBOJM, Gustavo. A consensualidade administrativa como técnica juridicamente adequada de gestão eficiente de interesses sociais. *Revista Eletrônica da Procuradoria Geral do Estado do Rio de Janeiro – PGE-RJ*, Rio de Janeiro, v. 3 n. 3, set./dez. 2020. p. 7.

[20] BINENBOJM, Gustavo. A consensualidade administrativa como técnica juridicamente adequada de gestão eficiente de interesses sociais. *Revista Eletrônica da Procuradoria Geral do Estado do Rio de Janeiro – PGE-RJ*, Rio de Janeiro, v. 3 n. 3, set./dez. 2020. p. 5.

Consensualismo e corrupção

Corrupção significa a deterioração do Estado, sua degradação. No sentido que nos interessa, relativo ao desenvolvimento de políticas públicas, ao focar no fenômeno universal da corrupção no setor público como resultado da interação entre a atividade econômica produtiva e a busca improdutiva de renda (*rent seeking*), a Professora Susan Rose-Ackerman[21] adotou o conceito de corrupção como "the abuse of an entrusted power for private gain", da Transparência Internacional.[22]

Segundo ela:[23]

> Corruption occurs at the interface of the public and private sectors. Sometimes officials simply steal state assets. But the more interesting and complex cases occur when a private individual or organization bribes a state official with power over the distribution of public benefits or costs.

Embora Rose-Ackerman não desconheça que a corrupção ocorre também dentro do setor privado, sem qualquer participação de servidores públicos, o motivo da sua preocupação com o setor público parece bastante óbvio. De acordo com o Banco Mundial,[24] as contratações públicas são o processo de aquisição, pelo setor público, de bens, serviços ou trabalhos do setor privado e elas representam, em média, de 13% a 20% do PIB dos países, perfazendo um dispêndio global de aproximadamente 9,5 trilhões de dólares. Dessa forma, elas são um dos alvos preferenciais para a ocorrência de desvios e o desafio está em fazer chegar aos verdadeiros destinatários das políticas públicas este imenso manancial de recursos.

Para a professora, o efetivo combate à corrupção deve estar embasado no aumento dos seus riscos e dos seus custos[25] e ela costuma afirmar que a corrupção é antes um sintoma de uma doença da sociedade, não propriamente a doença, e que o combate à corrupção não pode ser um fim em si mesmo:[26]

---

[21] ROSE-ACKERMAN, Susan. *What Is Corruption and Why Does It Matter?* Corruption and Government Causes, Consequences, and Reform. Cambridge: Cambridge University Press, 2016.

[22] Em tradução livre, "o abuso de um poder confiado para ganho privado".

[23] Em tradução livre: "A corrupção ocorre na interface dos setores público e privado. Às vezes, as autoridades simplesmente cometem peculato. Mas os casos mais interessantes e complexos ocorrem quando um indivíduo ou organização privada suborna um funcionário do Estado com poder sobre a distribuição de benefícios ou custos públicos" (ROSE-ACKERMAN, Susan. *The Political Economy of Corruption-Causes and Consequences*. Note n. 74. The World Bank. April, 1996).

[24] Disponível em: https://www.worldbank.org/en/news/feature/2020/03/23/global-public-procurement-database-share-compare-improve.

[25] Para Susan Rose-Ackerman, a receita para o sucesso pressupõe que os servidores públicos sejam bem remunerados e tenham acesso a pensões generosas desde que apresentem carreiras probas. O sistema de seleção dos servidores públicos deve ser transparente e as penalidades por incorrer em corrupção devem estar correlacionadas aos benefícios marginais por agir de forma corrupta. O pano de fundo de um serviço público refratário à corrupção é a existência de um sistema de controle interno eficiente e de leis anticorrupção que sejam vigorosamente aplicadas a corruptos e corruptores. Instituições externas podem complementar os sistemas de controle interno e devem, elas mesmas, estar livres de corrupção para poderem exercitar efetivamente a supervisão (*Idem*).

[26] Em tradução livre: "o combate à corrupção não é um fim em si mesmo. A luta contra a prevaricação faz parte do objetivo mais amplo de criar um governo mais eficaz. Os reformadores não estão apenas preocupados com a corrupção em si, mas também com o seu efeito distorcivo no desenvolvimento e na sociedade. A corrupção generalizada é um sinal de que algo deu errado na relação entre o Estado e a sociedade" (ROSE-ACKERMAN,

[...] combatting corruption is not an end in itself. The struggle against malfeasance is part of the broader goal of creating a more effective government. Reformers are not just concerned with corruption per se but with its distortionary effect on development and society. Widespread corruption is a sign that something has gone wrong in the relationship between the state and society.

Ainda, Rose-Ackerman defende:[27] "Eliminating corruption makes no sense if the result is a rigid, unresponsive, autocratic government. Instead, anticorruption strategies should seek to improve the efficiency and fairness of government and to enhance the efficiency of the private sector".

Assim, em termos constitucionais, o objetivo final do combate à corrupção deve ser a melhoria da gestão pública de forma a promover a concretização dos direitos fundamentais e dos correspondentes deveres fundamentais e este combate deve se dar estritamente dentro dos marcos constitucionais e legais do Estado de Direito.

Não há sentido em eliminar a corrupção à custa de criar um sistema de controle disfuncional e tão "efetivo" que resulte num governo inoperante ou que veja seu funcionamento impossibilitado. Seria uma situação que beiraria o surreal, mas que, em período recente, pareceu ter rondado o Direito Administrativo brasileiro ao ponto de se atribuir a ele o epíteto de direito administrativo do medo. Em alguma medida, as novas regras da LINDB surgiram justamente no intuito de se contrapor a tal estado de coisas.

Para Priscilla Campana,[28]

> Essa ampliação do poder punitivo estatal e a prevalência do controle burocrático gerou um clima de medo na Administração Pública. Num instinto de autoproteção, o gestor público tem preferido não ser proativo, não tomar decisões heterodoxas ou criativas, não assumir riscos, pelo receio de que sua conduta seja interpretada de forma rígida e irredutível pelos órgãos de controle, como comumente se observa. E esse temor cotidiano no exercício das atividades acaba gerando um quadro de ineficiência, já que o gestor público não mais atua apenas na busca da melhor solução ao interesse administrativo, mas também para se proteger.

Um sistema de controle disfuncional acaba por prejudicar a prestação de serviços públicos surtindo efeito contrário ao desejado. Mas não só. Além de expulsar os servidores mais proativos, torná-los apenas reativos ou até mesmo deslocá-los para atuar nos próprios órgãos de controle, essa disfuncionalidade pode trazer um outro efeito profundamente deletério: selecionar para as fileiras do serviço público, de modo adverso, pessoas que simplesmente não tenham compromisso algum com a Administração Pública, ávidas por obter ganhos pessoais de qualquer natureza e a qualquer custo.

Susan. The Political Economy of Corruption – Corruption And The Global Economy – Institute for International Economics. Disponível em: https://www.piie.com/bookstore/corruption-and-global-economy).

[27] Em tradução livre: "Eliminar a corrupção não faz sentido se o resultado for um governo rígido, indiferente e autocrático. Em vez disso, as estratégias anticorrupção devem procurar melhorar a eficiência e a justiça do governo e aumentar a eficiência do sector privado".

[28] CAMPANA, Priscilla de Souza Pestana. A Cultura do medo na Administração Pública e a ineficiência gerada pelo atual sistema de controle. *Revista de Direito*, Viçosa, v. 9, n. 1, 2017. p. 213.

O controle não pode ser um obstáculo à administração, mas sim a salvaguarda contra eventuais desvios dela decorrentes. Como mostra Juarez Freitas,[29] entre as principais críticas à negociação na seara pública está a de que ela ofereceria oportunidade à negociata. Entretanto, para ele,

> O risco preocupa, está claro, mas não a ponto de justificar o banimento puro e simples do compromisso. Justifica sim, uma intervenção vigorosa e cautelar do aparato de controle e autocontrole. Todavia a negociação defensável não se presta a servir de instrumento de violação à moralidade administrativa, seja por enriquecimento ilícito, seja por dano ao erário, seja por violação aos princípios.

De todo o exposto, pode-se concluir que a transformação do Direito Administrativo provocada pelo consensualismo pode implicar também a necessária transformação do controle, mas este movimento está perfeitamente alinhado à busca pela eficiência e eficácia das políticas públicas, objetivo primeiro tanto das estratégias de combate à corrupção quanto do próprio consensualismo.

Consensualismo e controle na Nova Lei de Licitações e Contratos Administrativos (NLLC)

O consensualismo não é apenas um movimento teórico-filosófico. Ele já se encontra albergado na legislação, como é o caso do art. 3º do CPC,[30] do art. 36 da Lei de Mediação, das inovações da LINDB, em especial, seu art. 26, e da NLLC.

A NLLC parece sintetizar este movimento pois, como mostra o Desembargador Jessé Torres Pereira Júnior,[31] ocorreu um significativo incremento de regras relacionadas ao consensualismo, saltando de 0,7% na Lei nº 8.666/93 para 11% na nova lei.

Na NLLC o consensualismo está representado especialmente pelo aumento do grau de equilíbrio e de relacionamento entre a Administração e o mercado. No seu texto, podemos verificar esta tendência transformadora já no art. 5º, com um extenso rol de princípios a serem observados na sua aplicação, acompanhados pela referência expressa às disposições da Lei de Introdução às Normas do Direito Brasileiro (LINDB), que além de expressar um alinhamento conceitual ao movimento, traz nos arts. 26 e 27 referência direta a mecanismos dessa natureza.

Além disso, são agrupados no texto da NLLC institutos que representam claramente a tendência, como o diálogo competitivo, a audiência e a consulta pública[32] e o procedimento de manifestação de interesse (PMI). Por fim, temos também mecanismos de aproximação ao mercado e de alinhamento de expectativas e indução de consenso, redução da intensidade de prerrogativas extraordinárias e instrumentos de solução consensual de conflitos.

---

[29] FREITAS, Juarez. Direito administrativo não adversarial: a prioritária solução consensual de conflitos. *RDA – Revista de Direito Administrativo*, Rio de Janeiro, v. 276, p. 25-46, set./dez. 2017. p. 40.

[30] Que, em seu §2º, impõe ao *Estado*, sempre que possível, a solução consensual dos conflitos. Note-se que este comando se dirige a todos os órgãos de todos os Poderes.

[31] Disponível em: https://www.youtube.com/watch?v=LsBYl50bqww&t=602s. Acesso em: 12 mar. 2024.

[32] Audiência e consulta pública são, ao mesmo tempo, instrumentos de consensualismo e de controle social.

A transformação do Direito Administrativo provocada pelo consensualismo e codificada na NLLC implica a necessidade de preparação da Administração Pública para o atendimento de novas e mais complexas demandas, num movimento de busca pela eficiência e eficácia das políticas públicas.

Diante desse cenário, o sistema de controle, além de estar atento a este novo ambiente, também tem de se adaptar ao seu novo lugar e, em face disso, recebeu significativa atenção da NLLC. De fato, o sistema de controle e, em especial, o controle interno foram contemplados com um conjunto inovador de regras, num texto extremamente didático e minudente, embasado no modelo de três linhas de defesa.[33]

Mas não é somente no capítulo dedicado ao controle das contratações e, portanto, na adoção das três linhas de defesa como mecanismo de imposição de integridade que se verifica a presença do controle interno. Na verdade, ele perpassa toda a lei e, tomando-se como base o Guia para as normas de controle interno do Setor Público,[34] é possível efetuar uma releitura da NLLC, evidenciando que nela estão contemplados, de forma extensiva, todos os componentes do controle interno de acordo com a norma ISSAI GOV 9100, da Intosai.[35]

---

[33] De acordo com o Prof. Flemming Ruud (RUUD, Flemming. Reflections on the Three Lines of Defense. *EU Internal Audit Brussels*, November 24th, 2019) o modelo de três linhas de defesa foi desenvolvido entre 2008 e 2010 pela *Federation of European Risk Management Associations* (FERMA) e pela *European Confederation of Institutes of Internal Auditing* (ECIIA) como orientação para a 8th EU Directive Art. 41 2b (Directiva 2006/43/CE do Parlamento Europeu e do Conselho, de 17 de maio de 2006): "Artigo 41º – Comité de auditoria: 2. Sem prejuízo da responsabilidade dos membros dos órgãos de administração, de direcção ou de fiscalização, ou de outros membros designados pela assembleia geral de accionistas da entidade examinada, o comité de auditoria procede nomeadamente: [...] b) Ao controlo da eficácia dos sistemas de controlo interno, da auditoria interna, sempre que aplicável, e da gestão de risco da empresa" (Disponível em: https://ec.europa.eu/info/sites/default/files/business_economy_euro/accounting_and_taxes/presentations/presentation_flemming_ruud_2019_en.pdf. Acesso em: 22 maio 2021).

[34] Disponível em: https://www.issai.org/wp-content/uploads/2019/08/intosai_gov_9100_e.pdf. Acesso em: 19 jun. 2024.

[35] Tomando-se a norma ISSAI GOV 9100 – Guia para as normas de controle interno do Setor Público, é possível efetuar uma releitura da NLLC evidenciando que seu texto contempla elementos do Ambiente de Controle, da Avaliação de Riscos, das Atividades de Controle, de Informações e Comunicações e de Monitoramento, ou seja, todos os componentes do controle interno de acordo com a norma. *Ambiente de Controle* compreende a integridade pessoal e profissional, o compromisso com a competência, o exemplo dado pela alta administração (*tone at the top*), a estrutura organizacional e as políticas e práticas de recursos humanos. Como exemplo, tais elementos estão dispostos na NLLC no art. 7º, com a atribuição de responsabilidade à autoridade máxima do órgão ou da entidade por promover a gestão por competências, profissionalização, qualificação, prevenção ao conflito de interesses e segregação de funções. *Avaliação de Riscos* compreende a identificação de riscos, análise e avaliação de riscos e desenvolvimento de respostas e está presente no texto legal no art. 11, referente à gestão de riscos. *Atividades de Controle* são as atividades desempenhadas pela Administração que envolvem os procedimentos de autorização e aprovação, de segregação de funções, de controles sobre acesso a recursos e registros, verificações, reconciliações, revisões de desempenho operacional, revisões de operações, processos e atividades e de supervisão (atribuição, revisão e aprovação, orientação e treinamento). Estas estão amplamente difundidas nos artigos da NLLC, dos quais podem ser citados os artigos 11 e 12, com a processualização de toda a atividade de licitação e contrato. *Informações e Comunicações* são os dados gerados internamente, informações sobre eventos externos, atividades e condições necessárias para permitir a tomada de decisões e relatórios. De acordo com a norma, a comunicação eficaz deve fluir para baixo, através e para cima na organização, através de todos os componentes e de toda a estrutura e com partes externas. Tais elementos podem ser identificados no art. 13, com a publicidade dos atos praticados no processo licitatório. *Monitoramento* se refere ao monitoramento contínuo das atividades operacionais normais e recorrentes de uma entidade, às avaliações específicas separadas e à avaliação da eficácia do sistema de controle interno. Com referência a estas atividades, podem ser citados o art. 24, com a proibição de sigilo do orçamento estimado em face dos órgãos de controle interno e externo, e o próprio art. 169, que determina que as contratações públicas deverão submeter-se a práticas contínuas e permanentes de gestão de riscos e de controle preventivo, inclusive mediante adoção de recursos de tecnologia da informação, e que, além de estarem subordinadas ao controle social, sujeitar-se-ão às três linhas de defesa.

O alto grau de detalhe da lei ao descrever o modelo de três linhas de defesa também demonstra uma preocupação em promover um sistema de controle interno realmente efetivo e sua necessária (e peculiar) relação com o controle externo.[36]

A peculiaridade do modelo adotado na lei está na posição em que o controle externo se encontra em relação à instituição licitante, jurisdicionada do Tribunal de Contas. No modelo tradicional do *The Institute of Internal Auditors (IIA)* e, de resto, na própria definição de controle externo, este deve se posicionar externamente ao sistema de controle interno. No caso, não deveria fazer, em tese, parte de nenhuma das três linhas de defesa definidas no texto legal. A incorporação dos Tribunais de Contas à terceira linha de defesa é uma inovação em relação ao desenho tradicional do sistema de controle, com importantes efeitos sobre todo o sistema.

De acordo com este desenho institucional, o Tribunal de Contas passa de assegurador máximo do sistema de controle a componente do sistema de controle, algo que pode indicar uma tentativa de compensar, com um controle mais próximo, o aumento de autonomia proporcionado ao gestor público em razão do consensualismo. Eventualmente, este desenho também pode ser atribuído aos resultados positivos obtidos com a atividade de controle externo concomitante desenvolvida pelos Tribunais de Contas há quase uma década.[37]

Com esta proximidade, ocorre um reforço do controle em face das licitações e contratos da Administração, pois um órgão com alta capacidade técnica e especialização está apto a atuar mais direta e prontamente nos procedimentos da Administração. Todavia, tal configuração pode implicar perda de alguma autonomia do corpo diretivo do jurisdicionado e, se não tomados os devidos cuidados, acabar resultando numa virtual substituição do órgão central de controle interno da Administração pelo Tribunal de Contas. Ambas as situações não são desejáveis e devem ser motivo de atenção de todo o sistema de controle.[38]

---

[36] Interessante notar que a lei, desde logo, disciplina a atuação das linhas de defesa (inclusive dos Tribunais de Contas): "Art. 169 [...]. §3º Os integrantes das linhas de defesa a que se referem os incisos I, II e III do caput deste artigo observarão o seguinte: I – quando constatarem simples impropriedade formal, adotarão medidas para o seu saneamento e para a mitigação de riscos de sua nova ocorrência, preferencialmente com o aperfeiçoamento dos controles preventivos e com a capacitação dos agentes públicos responsáveis; II – quando constatarem irregularidade que configure dano à Administração, sem prejuízo das medidas previstas no inciso I deste §3º, adotarão as providências necessárias para a apuração das infrações administrativas, observadas a segregação de funções e a necessidade de individualização das condutas, bem como remeterão ao Ministério Público competente cópias dos documentos cabíveis para a apuração dos ilícitos de sua competência".

[37] A atividade de controle externo concomitante foi objeto da Resolução Atricon nº 02/2014 (Disponível em: http://qatc.atricon.org.br/wp-content/uploads/2015/04/Resolucao-Atricon-02-2014-Diretrizes-3202-Controle-Externo-Concomitante.pdf. Acesso em: 11 jun. 2024).

[38] Sobre tais preocupações, entre as diretrizes da Resolução Atricon nº 02/2014, já estava disposto que o controle externo concomitante deve: "[...] 10. Ser realizado em estrita consonância com o Estado Democrático de Direito, preservando o princípio da autonomia dos poderes e as competências das instituições republicanas; [...] 13. Ter caráter preventivo e pedagógico, no sentido de prevenir falhas e promover correções dos atos e procedimentos, sem, porém, configurar a prestação de consultoria; 14. Ser praticado com respeito ao poder discricionário que o direito concede à Administração para a prática de atos administrativos, incluindo a liberdade na escolha segundo os critérios de conveniência e oportunidade, próprios da autoridade, observando sempre os limites estabelecidos em lei e os princípios da razoabilidade, proporcionalidade, eficiência e economicidade; 15. Não se constituir como condição para a validade do ato, nem como substituto do sistema de controle interno dos jurisdicionados [...]".

Além de seu posicionamento na terceira linha de defesa, o Tribunal de Contas teve reconhecidos pela lei dois mecanismos que a prática mostrou serem fundamentais para a eficiência de sua atuação: as medidas cautelares e a capacitação do pessoal jurisdicionado.

Os §§1º ao 4º do art. 171 da NLLC trazem a previsão expressa da concessão de medidas cautelares pelos Tribunais de Contas, reconhecendo-lhes assim, em lei, um poder até então derivado de construção jurisprudencial com base na teoria dos poderes implícitos.[39]

Já o art. 173 traz um comando para os Tribunais de Contas promoverem a capacitação dos servidores efetivos e empregados públicos designados para o desempenho das funções essenciais à execução da lei. Trata-se de uma boa prática, em que se manifesta o caráter preventivo do controle, que já se desenvolvia de forma facultativa e ganha contornos obrigatórios com a lei. Segundo Leandro Maciel Nascimento,[40]

> Com o advento da nova lei, pelo menos no âmbito das aquisições públicas, a chamada função pedagógica dos tribunais de contas deixa de ser uma faculdade para se tornar um dever jurídico do controle externo. Dadas a diversidade e a complexidade da matéria, tanto pelas formalidades quanto pelas características de cada objeto a ser contratado (desde o fornecimento de simples materiais de consumo até a configuração de modelos de concessões e parcerias, passando por complexas obras de engenharia e serviços de tecnologia da informação), mostra-se indispensável a participação dos tribunais de contas por meio de suas escolas, na produção, divulgação e compartilhamento de conhecimento técnico.

No geral, os comandos da NLLC acerca do controle encontram-se em sintonia com o movimento de constitucionalização do Direito Administrativo, o que fica evidenciado aqui pela sua processualização e pela imposição de parâmetros para o seu exercício.[41] Do mesmo modo, fica reforçada a noção de que eventuais lacunas percebidas no texto da nova lei em face do funcionamento do sistema assentado na legislação anterior pressupõem uma interpretação baseada na leitura sistêmica da NLLC, fundada no texto constitucional.

---

[39] De acordo com Leandro Maciel Nascimento, a Lei nº 8.666/1993 não tem previsão equivalente e tal fato gerava dúvidas e insegurança ao longo de sua vigência. Na tentativa de contornar essa situação, houve uma construção jurisprudencial, a partir do STF, com fundamento na teoria dos poderes implícitos, de modo a autorizar a concessão de cautelares pelos tribunais de contas. No caso das licitações e contratos, a competência cautelar poderia ser reforçada, a partir de interpretação extensiva do art. 113, da lei antiga (NASCIMENTO, Leandro Maciel. A nova lei geral de licitações e os tribunais de contas brasileiros: notas sobre as inovações e os aperfeiçoamentos no controle das contratações públicas. *Revista Digital de Direito Administrativo*, v. 10, n. 1, 2023. p. 123).

[40] NASCIMENTO, Leandro Maciel. A nova lei geral de licitações e os tribunais de contas brasileiros: notas sobre as inovações e os aperfeiçoamentos no controle das contratações públicas. *Revista Digital de Direito Administrativo*, v. 10, n. 1, 2023. p. 128.

[41] Como mostram Carlos Ari Sundfeld e Camila Castro Neves, trata-se de inovação legislativa congruente com uma reforma administrativa de reação ao "movimento de expansão do controle público", que teve como norte a busca pelo reforço da "formatação jurídica da regulação administrativa", a processualização do direito administrativo e a imposição de "parâmetros normativos novos para orientar o exercício do controle público" (SUNDFELD, Carlos Ari; NEVES, Camila Castro. A nova LINDB e os movimentos de reforma do direito administrativo. *Revista Brasileira de Estudos Políticos*, Belo Horizonte, n. 126, p. 45-80, jan./jun. 2023).

Assim, a NLLC parece avançar não apenas na direção de uma Administração mais voltada ao consensualismo, mas também em busca da consolidação do sistema constitucional de controle da Administração Pública baseado nos controles externo, interno e social.

Considerações finais

A solução de conflitos que envolva a participação e o acordo entre diferentes atores sociais e políticos tem potencial de promover maior legitimidade e aceitação das decisões administrativas e de trazer maior eficiência ao procedimento administrativo, mas também aumenta a complexidade do controle da Administração Pública.

O consensualismo envolve a consideração de uma variedade de interesses de diferentes grupos e atores. Coordenar e conciliar esses interesses pode ser um processo complexo e, eventualmente, mais lento. Da mesma forma, acomodar os diferentes interesses e alcançar o consenso implica adotar normas e regulamentos mais flexíveis e menos específicos e ampliar o espaço de discricionariedade do administrador. A complexidade resultante aumenta a dificuldade da fiscalização e do controle, pois torna mais difíceis a interpretação e a aplicação uniforme das regras.

Além disso, a necessária maior proximidade entre os atores públicos e privados do processo decisório pode agravar o risco de captura da administração pelos interesses particulares e facilitar o surgimento de conflitos de interesse, além de impor desafios à responsabilização em face da maior dificuldade para a identificação de responsabilidades individuais e aplicação de sanções.

A adoção do consensualismo pela Administração Pública também implica a necessidade do seu aperfeiçoamento, com o desenvolvimento de novas competências. Sejam as relacionadas às habilidades de negociação, mediação e gestão de conflitos, sejam aquelas diretamente ligadas a aspectos técnicos, que permitam reduzir a assimetria de informação entre o Estado e os particulares.

Este pode ser um ponto delicado quando se considera, por exemplo, a realidade vivida pelos municípios brasileiros, particularmente aqueles com baixo contingente populacional, o que, em geral, está associado a uma menor capacidade para a prestação eficiente de serviços e grande dificuldade para contar com pessoal qualificado.[42] De acordo com o censo de 2022, 1.322 (24%) municípios brasileiros contam com população de até 5.000 habitantes e 2.492 (45%) possuem até 10.000 habitantes.

Esta nova forma de relacionamento entre público e privado dada pelo consensualismo demanda também o aperfeiçoamento dos mecanismos de transparência e de controle social. Garantir transparência e participação efetiva de todos os atores envolvidos no processo decisório, inclusive e, especialmente, do cidadão, é um grande desafio. Processos participativos podem ser manipulados ou dominados por grupos de influência e falhas na defesa dos interesses coletivos podem comprometer a equidade e sua eficácia.

Todos os pontos de atenção supracitados não podem ser motivo para se opor ao movimento de refundação do Direito Administrativo, mas, sim, para se preparar para

---

[42] Para maior aprofundamento, ver Estudo de Viabilidade Municipal (Disponível em: https://www1.tce.pr.gov.br/conteudo/estudo-de-viabilidade-municipal/296299/area/10. Acesso em: 24 jun. 2024).

esta transformação tão necessária da Administração Pública. A mesma Constituição que estabelece o princípio da eficiência, que tem como corolário o consensualismo, também proporciona o sistema de controle robusto, baseado no tripé controle externo, controle interno e controle social, capaz de se opor a eventuais desvios dele decorrentes.

Assim, mostra-se fundamental que o sistema de controle definido constitucionalmente seja, cada vez mais, prestigiado e operacionalizado pela legislação infraconstitucional, como se verifica no âmbito da NLLC. Por certo não se trata de amplificar um controle burocrático e disfuncional, mas, sim, um controle efetivo, republicano, que objetive a melhoria da gestão pública e a promoção dos direitos e deveres fundamentais por meio do aprimoramento das políticas públicas. Esta é outra faceta da constitucionalização do Direito Administrativo.

No intuito de promover o binômio autonomia/responsabilidade do administrador público, aumenta – inclusive na esteira da NLLC – a importância das funções de controle de caráter preventivo do Tribunal de Contas, em especial as relacionadas à transparência e as pedagógicas, e surge a necessidade de sua instrumentalização para atuar, por vocação técnica e institucional, na mediação de conflitos entre a Administração e a iniciativa privada e, também, entre poderes públicos. Esta é uma nova e promissora seara para as Cortes de Contas.

Considerando que eventuais acordos efetuados pela administração acabarão passando pelo crivo do Tribunal de Contas, nada mais lógico e eficiente do que, para casos complexos, promovê-los sob seus auspícios, no intuito de acelerar a solução e minimizar a chance de questionamento ou de judicialização.

Informação bibliográfica deste texto, conforme a NBR 6023:2018 da Associação Brasileira de Normas Técnicas (ABNT):

BONILHA, Ivan Lelis. Tribunais de Contas e sua relevância no controle consensual da Administração Pública. *In*: JUSTEN, Monica Spezia; PEREIRA, Cesar; JUSTEN NETO, Marçal; JUSTEN, Lucas Spezia (coord.). *Uma visão humanista do Direito*: homenagem ao Professor Marçal Justen Filho. Belo Horizonte: Fórum, 2025. v. 1, p. 705-719. ISBN 978-65-5518-918-6.

AINDA PRECISAMOS DISCUTIR SOBRE A "NATUREZA" DOS ILÍCITOS PENAIS E ADMINISTRATIVOS? (A VISÃO DO STF SOBRE O ART. 21, §4º, DA LEI DE IMPROBIDADE, INDICA QUE SIM)[1]

JACINTO NELSON DE MIRANDA COUTINHO

ALICE DANIELLE SILVEIRA DE MEDEIROS

1 Considerações iniciais

Talvez, agora, depois de vistos e sentidos os efeitos da polarização política que atingiu o ápice (ou quase), no Brasil, no último pleito eleitoral presidencial, mas que já vinha há tempos crescendo e sendo estimulada – sobretudo, pelos veículos de comunicação e redes sociais –, com muita gente alinhada tanto mais à direita, quanto à esquerda, defendendo o uso de "dois pesos de duas medidas" na esfera repressivo-sancionadora e decisões judiciais pendulando na mesma batida, todos acreditam (até os mais esperançosos e otimistas) que, no campo da aplicação, a Constituição da República de 1988 (CR/1988) ainda não conseguiu se firmar como uma Constituição completamente avessa ao *nominalismo*, além de ter assumido traços *instrumentalistas*.

Na doutrina, o termo *nominalismo* costuma aparecer associado a situações que minam ou violam a Constituição; e se revelam como expressões de uma incapacidade de concretização do texto constitucional. As Constituições de feição *nominalista* seriam aquelas que, apesar de declararem direitos, liberdades e princípios e de preverem formas de limitação e controle do poder, mostrar-se-iam alheias à realidade e ineficazes, do ponto de vista jurídico-normativo, ao passo que as *instrumentalistas* seriam aquelas cujos dispositivos serviriam, antes de mais, como instrumento para a manutenção de regimes autoritários, ficando subordinadas às relações de poder.[2]

---

[1] Dedicamos o presente ensaio ao estimado amigo Professor Doutor Marçal Justen Filho. Titular de Direito da Faculdade de Direito da Universidade Federal do Paraná, foi ele o melhor aluno que a Faculdade teve em todos os tempos e, por méritos próprios, tornou-se um ícone. Genial, Marçal sempre soube ser amigo dos amigos.

[2] Neste sentido: PARADA VÁZQUEZ, J. Ramón. El Poder Sancionador de la Administración y la Crisis del Sistema Judicial Penal. *Revista de Administracion Publica – Insituto de Estudios Politicos*, Madri, n. 67, p. 41-94,

Parece certo que se não pode dizer que em todos os aspectos a CR/1988 se encaixa perfeitamente nestes conceitos. De 1988 para cá, houve uma série de avanços democráticos em áreas das mais significativas.[3] Mas na seara de incidência do Direito Público Sancionador – abrangidas todas as áreas nas quais o chamado *ius puniendi* se manifesta – são muitos os exemplos de que reminiscências perversas do modelo autoritário do governo (militar) anterior seguem emperrando as engrenagens do sistema e, consequentemente, impedindo a efetiva consolidação da regência da racionalidade incutida da nova ordem constitucional consagrada com a promulgação da CR/1988.

Se as circunstâncias fossem outras, a defesa incisiva de uma posição provocativa e denunciadora poderia soar cansativa. Porém, dentro de um quadro caracteristicamente *populista punitivo*,[4] em meio ao qual alguns dos principais aplicadores do direito, notadamente Ministros da Corte Constitucional, não têm conseguido se desvencilhar da opinião pública (reacionária), de modo a conferir ao texto interpretação coerente com os princípios do Estado Democrático e Social de Direito, não resta alternativa. Até quando a produção legislativa caminha (bem) na direção oposta, como aconteceu no caso de algumas das mudanças implementadas na Lei nº 8.429/1922 – a denominada Lei de Improbidade Administrativa (LIA) –, por meio da Lei nº 12.430/2021, o STF, muitas vezes, acaba obstando a sua operatividade, por meio da consolidação de entendimentos jurisprudenciais discordantes.

Dentre outras coisas, um estilo de controle social muito particular, que deriva de uma justaposição disfuncional das esferas jurídica, política e social e se beneficia de exibições extravagantes e de apelos emocionais, define o contexto que se pode classificar como *populista punitivo*. Numa clara subversão de preceitos constitucionais dos mais comezinhos, a interpretação – forjada e moldada pela mídia – que é dada a eventos e

---

ene./abr. 1972; NEVES, Marcelo. *Constituição e direito na modernidade periférica*: uma abordagem teórica e uma interpretação do caso brasileiro. São Paulo: Martins Fontes, 2018. Para esse último autor, as Constituições de 1824, 1891, 1934 e de 1946 – além da de 1988 – apresentariam traços nominalistas; e as de 1937 e 1967/1969, traços, precipuamente, instrumentalistas. Com a elaboração da CR/1988, segundo ele, implementou-se a passagem de um instrumentalismo para um novo nominalismo constitucional. Isto, dentre outras coisas, em vista da constatação de que "[a] proclamação do Estado democrático e social de direito com base no texto constitucional desempenha um papel simbólico-ideológico"; e do fato de que a CR/1988 nasceu no contexto de uma crise econômica, que seguiu se agravando e dificultando a observância e a concretização dos preceitos constitucionais. Dentro desse cenário, que denomina "desjuridificante", o autor aponta que "os detentores do poder tendem a sacrificar o direito constitucional em favor das exigências do sistema econômico"; e, ainda, que "o bloqueio ou deformação da concretização constitucional e, conjuntamente, a desconsideração do código autônomo (positivo) do direito tornam-se, sob determinados aspectos, mais problemáticos do que nos contextos sociais menos complexos dos textos constitucionais brasileiros anteriores" (NEVES, Marcelo. *Constituição e direito na modernidade periférica*: uma abordagem teórica e uma interpretação do caso brasileiro. São Paulo: Martins Fontes, 2018. p. 169-209).

[3] Aquela que recobre o âmbito de proteção de direitos sociais, a qual foi decisivamente ampliada, é um bom indicativo disso.

[4] "Among the family of populisms, penal populism represents the most unusual typology, both in terms of structure and because of the problems associated with it. It is not a purely political populism, although the social conditioning that it generates and its instrumental use are political to all intents and purposes. Penal populism primarily relates to the realm of justice and the rule of law, the proper application of laws and the social conditioning that arises from improper applications. Unlike purely political populisms, penal populism is not necessarily anchored to a leader; rather, it constitutes a dynamic that some leaders or organizations, be they social or political, can exploit to generate consensus. Penal populism arises in the sphere of the reception of the rule of law by citizens. Distorted interpretation of the functioning of the justice system on the part of public opinion produces a delegitimization of the rule of law (Anselmi and Falcinelli, 2015)" (ANSELMI, Manuel. *Populism*: a introduction. Tradução de Laura Fano Morrisey. Nova York: Routledge, 2018. p. 73).

atos delitivos pela população, condiciona os debates público e político; e dissemina uma cultura de justiça em que os direitos e garantias constitucionais, porque mal assimilados, são encarados como entraves para a proteção dos cidadãos que veem o seu bem-estar e segurança sob ameaça. A massa, nessa senda, insuflada e movida por uma gama de sentimentos, pensamentos e desejos, pouco – ou nada – se importa com a legitimidade de ações interventivas que implicam aumento da repressão estatal, recrudescimento das punições e adoção de soluções de justiçamento, propriamente; nem ao menos se pergunta acerca de sua eficácia prática.[5] Ao contrário, não só endossa, como começa a demandar com virulência por respostas imediatistas e simplistas, com esse semblante.

Isso vem sendo explorado difusamente pelas mais variadas figuras públicas, como forma de ganhar visibilidade e validação externa, além de vantagens de curto prazo, não apenas na quadra das disputas (eminentemente) políticas, mas, infelizmente, nos Tribunais e, não raro, também, em espaços jurídico-acadêmicos. Com um enorme feixe de relações e discursos que se retroalimentam e se aliam em favor do aumento da intervenção repressivo-estatal crescendo ao redor, causa-se uma espécie de deslegitimação do Estado de Direito.[6]

A CR/1988 representa, do ponto de vista histórico, "o coroamento do processo de transição do regime autoritário em direção à democracia", usando-se as palavras de Cláudio Pereira Souza Neto e Daniel Sarmento.[7] A despeito de as forças que sustentaram o regime militar terem se feito representar na arena constituinte, houve a promulgação de um texto cujas marcas distintivas são "o profundo compromisso com os direitos

---

[5]   O agravamento das penas atreladas aos crimes de licitações operado com a entrada em vigor da Lei nº 14.133/2021, por exemplo, é criticado por Marçal Justen Filho, exatamente a partir desse enfoque, *verbis*: "houve um sensível agravamento das penas cominadas aos crimes. Isso reflete a avaliação da gravidade das infrações cometidas. No entanto, essa alteração também se insere num enfoque tradicional de que a severidade da pena seria suficiente para reduzir a criminalidade – entendimento que não se configura como necessariamente correto" (JUSTEN FILHO, Marçal. A repressão penal a infrações em licitações e contratações administrativas – considerações introdutórias. *In*: BREDA, Juliano (Coord.). *Crimes de Licitação e Contratações Públicas*. São Paulo: RT, 2021. p. 24).

[6]   Há quase vinte anos, num estudo das práticas jurídico-repressivas e das mudanças que culminaram na formação de uma cultura de controle desse cariz nos Estados Unidos e na Grã-Bretanha – cultura essa que acabou mundialmente disseminada –, David Garland identificou uma decrescente autonomia da justiça criminal associada com a massiva ingerência da opinião pública e de outros atores externos. Discorrendo a respeito da questão, ele pontou, dentre outras coisas, que: "o campo do controle organizado do crime foi ampliado, ainda que a arquitetura institucional do Estado de justiça criminal tenha permanecido inalterada. [...]. Agora, a justiça criminal possui menos autonomia do que há três décadas, estando mais sujeita à ingerências vindas de fora. Os atores e agências da justiça criminal são menos capazes de dirigir seus próprios destinos e de formular suas próprias políticas e decisões. Isto e, parcialmente, o resultado da necessidade de trabalhar com outros 'provedores' e de ser mais reativo às demandas do público e de outros 'clientes'. Mas a principal razão para esta perda é que as relações do campo com o público e com o processo político se modificaram. Surgiu uma nova relação entre os políticos, o público e os especialistas do sistema penal, segundo a qual os políticos têm mais autoridade, os especialistas têm menos influência e a opinião pública constitui o ponto de referência para determinar as posições. A justiça criminal está mais sensível às mudanças no humor público e na reação política. Novas leis e políticas são rapidamente instituídas sem consulta prévia aos profissionais do sistema penal e o controle da agenda política por tais profissionais foi consideravelmente reduzido por um estilo populista de fazer política. [...]. As regras atuais de engajamento político asseguram que o governo e o legislativo permaneçam altamente atentos às preocupações públicas, notadamente ao sentimento de que os criminosos estão sendo insuficientemente punidos ou de que indivíduos perigosos estão inadequadamente controlados; exerce-se grande pressão para que medidas que expressem e aliviem estas preocupações sejam instituídas" (GARLAND, David. *A Cultura do Controle*: crime ordem social na sociedade contemporânea. Tradução de André Nascimento. Rio de Janeiro: Revan, 2008. p. 371-373).

[7]   SOUZA NETO, Cláudio Pereira de; SARMENTO, Daniel. *Direito constitucional*: teoria, história e métodos de trabalho. 2. ed. Belo Horizonte: Fórum, 2014. p. 170.

fundamentais e com a democracia, bem como a preocupação com a mudança das relações políticas, sociais e econômicas, no sentido da construção de uma sociedade mais inclusiva, fundada na dignidade da pessoa humana".[8] O problema é que a ruptura do círculo vicioso que fez com que o constitucionalismo brasileiro viesse, até aqui, oscilando entre fases nominalistas e instrumentalistas depende de variáveis complexas, no que se refere aos pressupostos, caminhos e consequências.[9] E a imersão dos detentores do poder nessa dinâmica *populista punitiva* vem contribuindo para que a trajetória constitucional brasileira continue presa dentro desses ciclos, bem como para que incoerências entre as proclamações constitucionais e a realidade social não apenas sigam se proliferando, mas passando despercebidas pela maioria.

Daí ser necessário seguir fazendo coro com os dissidentes e repetindo aquilo que, a esta altura, já poderia estar fora de questão – mas não está –, porque muitos intérpretes e aplicadores do direito, consciente ou inconscientemente, não se têm deixado nortear pela linha de sentido ditada pelo princípio reitor (a *pessoa*) da ordem jurídica estabelecida, lançando mão de artifícios retóricos para (pseudo)legitimar posições orientadas por outros vetores (de sentido) antagônicos.

A discussão acerca das aproximações e/ou distinções entre os ilícitos penais e administrativos, sem embargo do risco de parecer maçante, continua tendo importância por conta disso; e, mais especialmente, porque não são animadores os sinais que a jurisprudência – mormente a do STF – vêm transmitindo. Muitas são as evidências de que o apego a construções doutrinárias relacionadas ao tema, que se predispuseram a contornar problemas enfrentados em outros momentos – construções essas que se afiguram inadequadas ou incapazes de fazer frente às demandas atuais –, não só têm conturbado os debates jurídicos e atrapalhado a compreensão do problema, como vêm dificultando a aderência (pela imensa maioria) dos pressupostos da mentalidade da qual os ditames constitucionais dependem para serem materializados.

2 A obsolescência das aproximações e distinções clássico-formais entre os ilícitos penal e administrativo

A origem das chamadas – porque se não trata de uma única, na realidade – distinções clássicas entre os ilícitos penais e administrativos se relaciona com a aparição da *potestade administrativa sancionadora*, nos meandros do século XVII, variando o conteúdo de suas definições conforme o ritmo das mudanças conjunturais político-jurídicas das localidades nas quais começaram a ser trabalhadas e desenvolvidas. Os efeitos colaterais sentidos na Alemanha e na Espanha – dois dos países mais influentes na formação das bases do (hoje) conhecido Direito Administrativo Sancionador –, em decorrência da consolidação dessa potestade administrativa punitiva, ajudam a entender o que levou muitos estudiosos do direito a se debruçarem sobre o tema dos ilícitos, nessa quadra da história; e um pouco do porquê dos caminhos que eles acabaram trilhando.

---

[8] SOUZA NETO, Cláudio Pereira de; SARMENTO, Daniel. *Direito constitucional*: teoria, história e métodos de trabalho. 2. ed. Belo Horizonte: Fórum, 2014. p. 170.

[9] NEVES, Marcelo. *Constituição e direito na modernidade periférica*: uma abordagem teórica e uma interpretação do caso brasileiro. São Paulo: Martins Fontes, 2018. p. 212.

Isto, talvez, por conta daquele que parece ser o principal elo existente entre as posições variantes concebidas em torno dos elementos que aproximariam e/ou distinguiriam um ilícito do outro, qual seja: conter a expansão da ingerência estatal repressivo-punitiva, que começou a se intensificar no seio do liberalismo social, na medida em que alguns delitos passaram a simbolizar – até então, todos não caracterizavam mais do que atos atentatórios à ordem estabelecida por Deus –, uma ofensa à autoridade do Estado e uma violação do direito à obediência por ele reclamado. Viu-se como necessário, assim, estabelecer distinção entre os ilícitos penais, civis, administrativos etc.[10]

Na Alemanha, James Goldschmidt foi percursor na tentativa de distinguir os ilícitos penais e administrativos, propondo em sua tese de habilitação à cátedra – intitulada *A teoria do direito penal administrativo* (*Die Lehre vom Verwaltungsstrafrecht*) – a clássica separação entre eles, de ordem qualitativa, que "parte das diferenças fundamentais entre o ser humano e a entidade estatal, para afirmar que, enquanto a administração se vincula ao bem público, o direito volta-se ao indivíduo";[11] e que "enquanto o ilícito penal consistia em uma lesão eticamente reprovável de um bem jurídico, o ilícito administrativo correspondia a um ato de desobediência ético-valorativa neutro".[12] Depois, mais autores também se dedicaram a procurar diferenças qualitativas entre os ilícitos penais e administrativos, enquanto outros aderiram a concepções distintivo-quantitativas, a partir das quais, em suma, tinha-se que o ilícito administrativo apenas carregaria um menor conteúdo de injusto, comportando a aplicação de sanções mais brandas, determinadas por critérios de conveniência e oportunidades ligados a interesses específicos e contingenciais do Estado.[13]

---

[10] Com efeito, a questão ganhou relevo com o Iluminismo e com a cisão que a religião, a moral e o Direito experimentam, nessa altura, tornando-se, efetivamente, relevante, no contexto do Estado liberal. Neste sentido: CEREZO MIR, José. *Curso de Derecho Penal Español*: Parte General. 6. ed. Madri: Tecnos, 2004. p. 49-51. Conforme recorda o autor, "[e]n el Estado policía del despotismo ilustrado no es posible distinguir claramente el Derecho penal del Derecho administrativo. No hay sino una división de funciones entre los tribunales y las autoridades administrativas. Com el advenimiento del liberalismo el Derecho penal habría de convertirse en uno de los exponentes más finos del Estado de Drecho, al quedar vinculado el ejercicio del *ius puniendi* al principio de legalidade de los delitos y las penas. La distinción sustancial entre delito e ilícito administrativo se hizo necessária" (CEREZO MIR, José. *Curso de Derecho Penal Español*: Parte General. 6. ed. Madri: Tecnos, 2004. p. 49).

[11] O ano era 1901, conforme indicam Aury Lopes Júnior e Pablo Rodrigo Alflen da Silva (LOPES JÚNIOR, Aury; SILVA, Pablo Rodrigo Alflen da. A incompreendida concepção de processo como "situação jurídica": vida e obra de James Goldschmidt *Revista Eletrônica Acadêmica de Direito Panóptica*, v. 4, n. 3, p. 23-48, 2009. Disponível em: http://www.panoptica.org/seer/index.php/op/article/view/Op_4.3_2009_23-48/92. Acesso em: 20 jul. 2019.

[12] BECHARA, Ana Elisa. *Da teoria do bem jurídico como critério de legitimidade do direito penal*, 464 f. Tese (Doutorado em Direito) Faculdade de Direito, Universidade de São Paulo, São Paulo, 2011. p. 247-248. Segundo Jorge de Figueiredo Dias, essa concepção repercutiu na esfera legislativa primeiro na própria Alemanha (República Federal Alemã), após a 2ª Guerra Mundial, com a promulgação da Lei Penal da Economia, em 1949; e, em seguida, da Lei das Contraordenações, em 1952, admitindo-se, a partir dos estudos e recomendações de Eberhard Schmidt, a figura da contraordenação (*Ordnungswidrigkeit*) (DIAS, Jorge de Figueiredo. *Direito Penal*. Parte Geral. 2. ed. Coimbra: Coimbra, 2007. p. 156-157). No mesmo sentido, Rámon García Albero conta que Erik Wolf trabalhou a tese de Goldschmidt a partir de uma perspectiva filosófica-jurídica; e que, depois, as ideias de ambos receberam novo impulso com a obra de Eberhard Schmidt, o qual, diferentemente dos seus antecessores, viu sua teoria refletida, concretamente, na lei alemã (GARCÍA ALBERO, Ramón. La relación entre ilícito penal e ilícito administrativo: texto y contexto de las teorias sobre la distinción de ilícitos. *In*: MORALES PRATS, Fermín; QUINTERO OLIVARES, Gonzalo (Coord.). *El nuevo derecho penal spañol*: estúdios penales in memoria del profesor José Manuel Valle Muñiz. Navarra: Aranzandi, 2001. p. 295-400).

[13] Neste sentido: BECHARA, Ana Elisa. *Da teoria do bem jurídico como critério de legitimidade do direito penal*. 464 f. Tese (Doutorado em Direito) – Faculdade de Direito, Universidade de São Paulo, São Paulo, 2011. p. 247-248. Nelson Hungria, por exemplo, filiava-se a essa corrente. Segundo ele, "não há falar-se de um ilícito administrativo ontològicamente distinto de um ilícito penal. A separação entre um e outro atende apenas a

O detalhe a enfatizar é que havia um objetivo comum, ao que tudo indica: todos, a começar por Goldschmidt –[14] preocupados com a hipertrofia da esfera de intervenção penal –, pretendiam estabelecer uma fórmula capaz de distinguir ilícito penal e ilícito administrativo, de modo a que, com relação a este último, o legislador moderasse no *quantum* das penas que lhes seriam aplicáveis.[15] Justo, para conter a expansão da intervenção repressivo-estatal.

Mas o problema enfrentado pelos espanhóis, neste aspecto, foi diferente. Na Espanha, a própria Administração acabou munida de um poder sancionador desmensurado, por consequência da ampliação da ingerência repressivo-estatal;[16] e, assim, o investimento na afirmação de que as diferentes categorias de ilícitos compartilhariam uma identidade substancial, com vistas a ampliar o espectro de garantias outorgadas aos

---

critério de conveniência ou oportunidade, afeiçoados à medida do interêsse da sociedade e do Estado, variável no tempo e no espaço. [...] O ilícito administrativo é um *minus* em relação ao *ilícito penal*. [...]. A identidade essencial entre o delito administrativo e o delito penal é atestada pelo próprio fato histórico, aliás reconhecido por GOLDSCHMIDT, de que 'existem poucos delitos penais que não tenham passado pelo estádio do delito administrativo' ('*Wenige Rechtsdelikte, die nicht das Stadium des Verwaltungsdelikts durchschritten hiitte*'). A disparidade entre um e outro – repita-se – é apenas *quantitativa*. [...]. Se nada existe de substancialmente diverso entre ilícito administrativo e ilícito penal, é de negar-se igualmente que haja uma *pena administrativa* essencialmente distinta da *pena criminal*. Há também uma fundamental identidade entre uma e outra, pôsto que *pena* seja, de um lado, o mal infligido por lei como conseqüência de um ilícito e, por outro lado, um meio de intimidação ou coação psicológica na prevenção contra o ilícito. São *species* do mesmo *genus*. Seria esfôrço vão procurar distinguir, como coisas essencialmente heterogêneas, *e. g.,* a multa administrativa e a multa de direito penal. [...]. A única diferença, também aqui, é puramente *quantitativa* (de maior ou menor *intensidade)* e *formal:* as penas administrativas (de direito penal administrativo) são, em geral, menos rigorosas que as criminais e, ao contrário destas, não são aplicadas em *via jurisdicional*, isto é, não vigora a respeito delas o princípio *nulla poena sine judicio ou memo damnetur nisi* per *legale judicium*" (HUNGRIA, Nelson. Ilícito administrativo e ilícito penal. *Revista de Direito Administrativo*, v. 1, n. 1, p. 24-3, 1945).

[14] "Nunca hemos dudado de los ideales que creía defender JAMES GOLDSCHMIDT al propugnar su teoría del Derecho Penal Administrativo. Veía en ella una receta para distinguir esencialmente, ontologicamente, um ilícito penal del ilícito administrativo, y pensaba servir con ellas sus ideas liberales. A su juicio, la asignación de un carácter meramente administrativo a ciertas infracciones llevaría a los legisladores a moderar el quantum de las penas correspondientes, las que, por lo demás, no significarían una mácula, como ocorre con las sanciones penales. ¡Hermonos ideales, sin duda!" (AFTALIÓN, Enrique R. *Derecho Penal Administrativo*. Buenos Aires: Arayú, 1955. p. 77).

[15] Nesse aspecto, a experiência dos franceses e dos italianos, por exemplo, converge com a dos alemães. Tal como aponta José Cerezo Mir (CEREZO MIR, José. *Curso de Derecho Penal Español*: Parte General. 6. ed. Madri: Tecnos, 2004. p. 52). A este respeito, um pouco mais detalhadamente, o autor italiano Daniele Labianca conta que, "[l]e matrici storiche del fenomeno inflattivo di cui qui ci si occupa sono ravvisabili negli eventi bellici intervenuti, in Europa, tra il 1914 e il 1918. [...]. La proliferazione di fattispecie incriminatrici si accompagna, com'è ovvio, all'abuso della sanzione. A livello europeo, le 'origini belliche' delle tendenze legislative caratterizzate dall'utilizzo massiccio di strumenti repressivi, penali o amministrativi, sono particolarmente evidenti nei sistemi tedesco, svizzero e francese. In Italia l'abuso sanzionatorio ha riguardato principalmente la sanzione penale" (LABIANCA, Daniele. *L'illecito penale* – amministrativo tra disciplina interna e influenze convenzionali. 309f. Tesi (Laurea in Diritto Penale II) – Dipartimento di Giurisprudenza, Università di Foggia, Foggia, 2014-2015. p. 55-56).

[16] CEREZO MIR, José. *Curso de Derecho Penal Español*: Parte General. 6. ed. Madri: Tecnos, 2004. p. 52. No mesmo sentido, dentre outros: GARCÍA ALBERO, Ramón. La relación entre ilícito penal e ilícito administrativo: texto y contexto de las teorias sobre la distrinción de ilícitos. *In*: MORALES PRATS, Fermín; QUINTERO OLIVARES, Gonzalo (Coord.). *El nuevo derecho penal spañol*: estúdios penales in memoria del profesor José Manuel Valle Muñiz. Navarra: Aranzandi, 2001. p. 295-400; ALARCÓN SOTOMAYOR, Lucía. Los Confines de las Sanciones: en busca de la frontera entre Derecho Penal y Derecho Administrativo Sancionador. *Revista de Administración Pública*, Madrid, n. 195, p. 135-167, set./dic. 2014; e ZÚÑIGA RODRÍGUEZ, Laura. Relaciones entre Derecho Penal y Derecho Administrativo Sancionador ¿Hacia una "administrativización" del Derecho Penal o una "penalización" del Derecho Administrativo Sancionador. *In*: NIETO MARTÍN, Adán (Coord.). *Homenaje al Dr. Marino Barbero Santos*. In memoriam. Cuenca: Universidad Castilla-La Mancha e Universidad Salamanca, 2001. p. 1416-1444.

acusados, além de providencial, naturalmente, mostrou-se mais útil e palatável.[17] Com a "tesis del supraconcepto de ilícito" – fundada na ideia "de la 'identidad substantiva de ambos ilícitos, penal y administrativo'" –, tal como a classifica Alejandro Nieto García, foi possível criar na Espanha um sistema com estrutura piramidal, coroado pelo *ius puniendi* do Estado e para onde convergem, em linha ascendente, todas as potestades repressivas.[18] Daí decorreu, de acordo o mesmo autor, a aparição e o rápido amadurecimento de um Direito Administrativo Sancionador contrastante com os modelos conhecidos até então;[19] e marcado pela sujeição a um regime jurídico mais protetivo.

Vê-se que, trilhando caminhos, *prima facie*, opostos, doutrinadores adeptos de uma ou outra dessas correntes de pensamento obtiveram resultados proveitosos, em termos protetivos, nos seus respectivos tempos. Tudo o que eles estudaram e deixaram registrado, na forma de teorização, representa um valioso legado, legado este que não pode ser menosprezado nem ignorado.

Com Enrique R. Aftalión,[20] porém, tem-se que *o poder repressivo ostenta uma unidade fundamental* (claro, porque vinculado e monopolizado por um ente, o Estado, igualmente, uno) e não se pode dizer que as particularidades que distinguiriam, qualitativa ou quantitativamente, os ilícitos penal e administrativo – permitindo a sua repartição e catalogação dentro do gênero *ilicitude*, como novas espécies autônomas –, sejam essenciais e tenham um alcance lógico e ontológico. Trata-se apenas de conceituações de caráter dogmático-valorativo (logo, artificiais), direcionadas ao atingimento de finalidades práticas; e, como tais, passíveis de manejo e manipulação político-legislativa. O problema, portanto, não está no rótulo que o legislador coloca na mercadoria, mas nas consequências que as diferentes etiquetas carregam, sendo fundamental, independentemente de quais venham a ser, que eventuais trocas não importem na degradação das garantias mínimas de cada regime.[21]

Partindo de uma concepção normativa dos ilícitos, nunca poderão ser consideradas decisivas as opiniões manifestadas por autores de outros países, em épocas diferentes e

---

[17] Rámon García Albero, por exemplo, menciona textos de Parada Vásquez e Martín Retortillo e García de Enterría, todos datados da década de 1970, como marcos para a denúncia do uso excessivo do poder sancionador pela Administração e do "carácter prebeccariano" dessa postura, bem como para o desenrolar de um esforço doutrinário voltado à articulação de uma teoria do ilícito administrativo que incorporasse conteúdos garantistas já desenvolvidos pela ciência penal, sendo o motor dessa pretensão "una consideración unitaria y sustancial de ambos fenómenos represivos" (GARCÍA ALBERO, Ramón. La relación entre ilícito penal e ilícito administrativo: texto y contexto de las teorias sobre la distrinción de ilícitos. *In*: MORALES PRATS, Fermín; QUINTERO OLIVARES, Gonzalo (Coord.). *El nuevo derecho penal spañol*: estudios penales in memoria del profesor José Manuel Valle Muñiz. Navarra: Aranzandi, 2001. p. 295-400). Também sobre a realidade espanhola, Alice Voronoff conta que, "[a]pós a II Guerra Mundial, a passagem para o Estado social também implicou um aumento dos tipos administrativos, mas concomitantemente ao reforço das sanções penais (e não em substituição a elas). Ademais, no contexto da ditadura franquista a que submetido o país (1939-1975), o processo de despenalização, quando adveio, não foi orientado por um viés liberalizador, mas serviu de instrumento a uma estratégia repressiva. [...]. Isso explica, em grande medida, por que, passada a ditadura, houve um esforço notável da doutrina e dos legisladores espanhóis em torno da construção de um regime jurídico mais protetivo para o direito administrativo sancionador. Um regime assentado na extensão de garantias e princípios penais à esfera administrativa, com base na premissa teórica de um *ius puniendi* estatal único" (VORONOFF, Alice. *Direito Administrativo Sancionador no Brasil*: justificação, interpretação e aplicação. Belo Horizonte: Fórum, 2019. p. 42-43).

[18] NIETO GARCÍA, Alejandro. *Derecho Administrativo Sancionador*. 4. ed. Madri: Tecnos, 2005. p. 149.

[19] NIETO GARCÍA, Alejandro. *Derecho Administrativo Sancionador*. 4. ed. Madri: Tecnos, 2005. p. 149-150.

[20] AFTALIÓN, Enrique R. *Derecho Penal Administrativo*. Buenos Aires: Arayú, 1955.

[21] NIETO GARCÍA, Alejandro. *Derecho Administrativo Sancionador*. 4. ed. Madri: Tecnos, 2005. p. 151.

com referência a normas datadas, tampouco o enquadramento estratégico-metodológico conferido aos diplomas legais pelo legislador. A mesma coisa se pode pensar acerca tanto das teses que afirmam que os ilícitos, no plano ontológico, são iguais, quanto daquelas que apontam serem diferentes.[22] Sim, porque entendida a expressão "ontológica" com referência ao "ser" ou à natureza dos ilícitos, dizer que não existem diferenças dessa ordem entre eles implica afirmar que, na essência, são idênticos. Só que, em termos reais ou não normativos, não dá para dizer nem que os ilícitos são iguais, nem que são diferentes; e defender isso, no plano jurídico, ainda que com propósitos garantistas, não é seguro.

Tal como também observa Nieto García, "nada *impide al legislador tratar de modo igual a dos seres diferentes por esencia (hombre y mujer) o tratar de modo desigual a dos seres ontológicamente iguales* (libres y esclavos, nacionales y extranjeros)".[23] A maior prova disso – assim como a explicação para o que se sucedeu – talvez resida no fato de que toda a teorização (clássica) desenvolvida em torno desta matéria não serviu para evitar a conversão, pelo legislador, de infrações administrativas em delitos e vice-versa.[24]

A única coisa que, de fato, aparenta ter condição de barrar o implemento de medidas politiqueiras, tanto na seara legislativa, quanto judicante (administrativa e judicial), com privilégio e resguardo da racionalidade e da linha de sentido interpretativo refletidos nos dispositivos do texto constitucional vigente, é a defesa intransigente da aplicação, em todas as esferas repressivo-punitivas, de um *regime jurídico* compatível com a invasividade dessa modalidade de ingerência estatal sobre as esferas particulares de direito. E isso impõe, ante o *ne bis in idem* – assegurado como direito fundamental, nas suas duas dimensões, formal e material –, que não sejam impostas, materialmente, restrições a direito em limite superior àquele admitido pela Constituição, com sustentáculo em distinções puramente formais.

Em matéria sancionatória, o processo é o limitador por excelência do poder punitivo estatal. Ele representa algo por demais substancial – da ordem do epistemológico – no âmbito de um Estado Constitucional Democrático. Os direitos e os princípios constitucionais que caracterizam esse tipo específico de Estado condicionam a atividade dos agentes públicos, inclusive – e sobretudo –, na eleição dos meios a serem empregados para perseguir quaisquer que sejam os fins. Na prática, selecionar os meios a serem empregados, com respeito aos postulados que lhe caracterizam é, em si, um dos fins do Estado Constitucional e um dos seus traços distintivos. Isso, para formação do significado daquilo que se chama por "devido processo legal", é determinante.

No marco de um paradigma de justificação e legitimação do Estado, que supera a lógica da mera legalidade formal – e opera dentro de um contexto complexo e de ampliadas demandas sociais –, o panorama das obrigações dos gestores públicos se

---

[22] Neste aspecto, é emblemático o questionamento de Alejandro Nieto García, no sentido de que: "¿qué es lo que quieren decir los Tribunales cuando afirman con tanta convicción que no existen diferencias ontológicas entre delitos y infracciones administrativas, entre penas y sanciones?" (NIETO GARCÍA, Alejandro. *Derecho Administrativo Sancionador*. 4. ed. Madri: Tecnos, 2005. p. 152).

[23] NIETO GARCÍA, Alejandro. *Derecho Administrativo Sancionador*. 4. ed. Madri: Tecnos, 2005. p. 154.

[24] Conforme afirma o autor, "ya nadie puede dudar que las calificaciones no dependen del contenido material de los ilícitos (ni de su función nis de sus fines) sino que son meras etiquetas que el Legislador va colocando libremente por razones de una política punitiva global en la que se utiliza a las normas como simples instrumentos" (NIETO GARCÍA, Alejandro. *Derecho Administrativo Sancionador*. 4. ed. Madri: Tecnos, 2005. p. 158).

redesenha, de forma que o cumprimento de ditames burocráticos e procedimentais não esgota os limites de sua responsabilidade. Por outro lado, déficits de racionalidade no controle coercitivo, decorrentes de uma indisposição ou desinteresse dos agentes a cargo do poder, para um acertamento de posições, tendente à coordenação das atuações persecutórias, não autorizam a adoção de medidas extremas – associáveis, no limite, a um tipo de hipernomia predatória –, que só redobram a sobrecarga aflitiva impingida aos acusados em geral e iludem à opinião pública.

É certo que a opção político-legislativa estampada na Lei nº 14.230/2021, em face daquilo que se tem denominado como *independência entre as instâncias*, não implica uma completa ressignificação do entendimento que, de longa data, é corrente; e reclama ajustes interpretativos,[25] mas ela já simboliza um grande avanço contraestatalista.

Dizer que atos de improbidade importarão na imposição de determinadas sanções, "sem prejuízo da ação penal cabível", não implica, necessariamente, dizer que as instâncias de processamento são inteiramente independentes. Mesmo porque o §4º, do art. 37, da CR/1988, também ressalva que elas (as sanções cominadas para os atos de improbidade) serão aplicadas, "na forma e gradação previstas em lei". Será que o legislador constituinte contava – ou mesmo concordaria – com o fato de que, em paralelo com a Constituição, continuariam a vigorar diplomas (previamente) erigidos sob influências fascistas (como o CPP e CP),[26] bem como com o fato de que eles não passariam por uma rigorosa revisão? Ainda, será que ele esperava que o legislador infraconstitucional fosse, simplesmente, replicar na LIA tipificações e sanções já definidas em leis penais, sem tomar o máximo cuidado para não afrontar a proibição ao *bis in idem*, tampouco estabelecer quaisquer mecanismos de coordenação persecutórios e de interação racional entre as instâncias, que se mostrassem aptos a preservar a unidade orgânica do sistema? Não se trata de questionamentos aleatórios ou insignificantes, pois.

Menelick de Carvalho Netto e Guilherme Scotti lembram que já passou bastante tempo desde que se percebeu que os textos constitucionais, sozinhos, pouco ou nada significam, de modo que a "[a] crença em que a simples literalidade do texto constitucional dispensaria intérpretes e que seria algo capaz de, por si só, determinar o sucesso ou o fracasso da vida institucional de um povo é por demais simplória",[27] havendo de se reconhecer que "[o] problema dos textos é, e sempre será o de qual aplicação somos capazes de dar a eles".[28]

---

[25] COUTINHO, Jacinto Nelson de Miranda, MEDEIROS, Alice Silveira de. Interpretação, Absolvição criminal e improbidade administrativa. *Cadernos de Direito Actual*, n. 19, núm. Ordinário, p. 261-274, 2022.

[26] Para uma análise mais ampliada do tema, ver: COUTINHO, Jacinto Nelson de Miranda; MEDEIROS, Alice Silveira de. Os ilícitos penais e administrativos são iguais ou diferentes? (O bem jurídico tutelado nos atos de improbidade e o fantasma de Manzini). *In*: BARBUGIANI, Luiz Henrique Sormani (Coord.); CASTELO, Fernando Alcântara; BARBUGIANI, Luiz Henrique Sormani (Org.). *Visões contemporâneas sobre direito público*: estudos em homenagem aos 75 anos da Procuradoria-geral do Estado do Paraná. Florianópolis: Habitus, 2022. p. 185-216.

[27] CARVALHO NETTO, Menelick; SCOTTI, Guilherme. 20 anos da Constituição: o desafio da assunção da perspectiva interna da cidadania na tarefa de concretização dos direitos. *In*: MACHADO, Felipe Daniel Amorim; OLIVEIRA, Marcelo Andrade (Coord.). *Constituição e Processo*: a contribuição do processo ao constitucionalismo democrático brasileiro. Belo Horizonte: Del Rey, 2009. p. 96.

[28] CARVALHO NETTO, Menelick; SCOTTI, Guilherme. 20 anos da Constituição: o desafio da assunção da perspectiva interna da cidadania na tarefa de concretização dos direitos. *In*: MACHADO, Felipe Daniel Amorim; OLIVEIRA, Marcelo Andrade (Coord.). *Constituição e Processo*: a contribuição do processo ao constitucionalismo democrático brasileiro. Belo Horizonte: Del Rey, 2009. p. 96.

Ainda com os mesmos autores, tem-se que "qualquer direito, inclusive os clássicos direitos individuais, só pode ser compreendido adequadamente como parte de um ordenamento complexo",[29] mesmo quando o texto seja silente. E a referência concreta de ordenamento complexo ao qual o texto precisa se adequar – de modo a se integrar à sua unidade –, na hipótese, é aquela que se forma em torno da Constituição brasileira de 1988. Dela emana o fundamento de validade material e formal do sistema, portanto; e o que traz de mais distintivo e peculiar é uma evocação aos direitos fundamentais, como significante necessário. No paradigma da democracia constitucional, eles (os direitos fundamentais) devem funcionar como "parâmetro de (des)legitimação dos Estados".[30]

Se a CR/1988 ressalvou que os atos de improbidade seriam punidos com as sanções por ela mesma definidas, "sem prejuízo da ação penal cabível", mas ao lado – e acima disso –, também assegurou às pessoas direitos (fundamentais) e garantias de defesa, tais como *ne bis in idem* e um *devido processo legal*, conclui-se, quase que intuitivamente, que uma noção de *interdependência entre as instâncias* se alinharia bem melhor com o conteúdo do seu art. 37, §4º.

3 Os reflexos da absolvição criminal nas ações de improbidade: a previsão do art. 21, §4º, da LIA, e o início do julgamento da ADI nº 7.236, pelo STF

Na data de 15.5.2024, o STF começou a julgar a ADI nº 7.236.[31] No início da tramitação do processo, em meados de outubro de 2022, o Ministro Alexandre de Moraes, ao qual foi atribuída a relatoria do caso, havia concedido a tutela cautelar pleiteada pela entidade autora, suspendendo a eficácia do §4º, do art. 21, da LIA, com a redação que lhe foi dada pela Lei nº 14.230/2021 ("A absolvição criminal em ação que discuta os mesmos fatos, confirmada por decisão colegiada, impede o trâmite da ação da qual trata esta Lei, havendo comunicação com todos os fundamentos de absolvição previstos no art. 386 do Decreto-Lei nº 3.689, de 3 de outubro de 1941 [Código de Processo Penal]"), o qual inovou no ordenamento, ampliando as hipóteses de comunicabilidade das decisões criminais na esfera de processamento das ações de improbidade. Agora, iniciado o julgamento definitivo do feito, o Ministro relator submeteu à análise do colegiado do Plenário –

---

[29] Menelick de Carvalho Netto e Guilherme Scotti fazem, ainda, a seguinte advertência: "[t]oda nossa experiência histórica acumulada, o aprendizado duramente vivido desde o alvorecer da Modernidade não mais nos permite reforçar a crença ingênua, por exemplo, de que os direitos de 'primeira geração', originalmente afirmados no marco do paradigma constitucional liberal como egoísmos anteriores à vida social, ainda possam ser validamente compreendidos como simples limites à ação, enfocados da pura perspectiva externa do observador" (CARVALHO NETTO, Menelick; SCOTTI, Guilherme. 20 anos da Constituição: o desafio da assunção da perspectiva interna da cidadania na tarefa de concretização dos direitos. *In*: MACHADO, Felipe Daniel Amorim; OLIVEIRA, Marcelo Andrade (Coord.). *Constituição e Processo*: a contribuição do processo ao constitucionalismo democrático brasileiro. Belo Horizonte: Del Rey, 2009. p. 98).

[30] ROSA, Alexandre Morais da. *Decisão Penal*: a bricolage de significantes. Rio de Janeiro: Lumen Juris, 2006. p. 87.

[31] BRASIL. Supremo Tribunal Federal. *Ação Direta de Inconstitucionalidade nº 7236*. Requerente: Associação Nacional dos Membros do Ministério Público (Conamp). Relator Ministro Alexandre de Moraes. Disponível em: https://portal.stf.jus.br/processos/detalhe.asp?incidente=6475588. Acesso em: 10 ago. 2024. Por meio do ajuizamento dessa ação, a Associação Nacional dos Membros do Ministério Público (Conamp) pretende seja declarada a inconstitucionalidade não apenas do art. 21, §4º, da LIA, mas de uma série de outros dispositivos modificados e/ou a ela integrados pela Lei nº 14.230/2021.

visando à adesão – voto que repete os fundamentos declinados quando da concessão da medida liminar, para o fim de declarar a inconstitucionalidade desse dispositivo.

Da correlativa decisão (monocrática) proferida em caráter sumário, colhe-se que ele entendeu ser plausível a alegação deduzida na exordial, no sentido de que

> ao criar uma "irrestrita incidência dos casos de absolvição na seara criminal a ensejara extinção da ação de improbidade", a norma questionada afrontaria cabalmente os princípios da independência das instâncias, do juiz natural, do livre convencimento motivado e da inafastabilidade da jurisdição.

Na visão dele, "a independência de instâncias", que decorreria da previsão do art. 37, §4º, da CR/1988 ("Os atos de improbidade administrativa importarão a suspensão dos direitos políticos, a perda da função pública, a indisponibilidade dos bens e o ressarcimento ao erário, na forma e gradação previstas em lei, sem prejuízo da ação penal cabível"), "exige tratamentos sancionatórios diferenciados entre os atos ilícitos em geral (civis, penais e político-administrativos) e os atos de improbidade administrativa", devendo apenas ser "abrandada por imperativos sistêmicos nas hipóteses em que, na esfera penal, seja possível reconhecer a inexistência do fato ou a negativa de sua autoria". Em conclusão, afirmou, então, que "a comunicabilidade ampla pretendida pela norma questionada acaba por corroer a própria lógica constitucional da autonomia das instâncias".

Na sessão inaugural do julgamento dessa ADI, defendendo verbalmente essa posição[32] (com referência às fls. 57, do voto ainda não divulgado), ele acrescentou argumentos no sentido de que: "já há, na independência e autonomia de instâncias, uma hipótese em que há vinculação, ou seja, quando comprovada negativa de autoria e ausência de materialidade; isso não fere a independência de instâncias porque a não previsão disso feriria a lógica"; e, ainda, no sentido de que outra seria a realidade nos casos de absolvição (criminal) por ausência de provas, sendo indevida a extensão (comunicabilidade) de uma tal decisão com as outras instâncias, porque "aí se estaria impedindo a atuação da jurisdição civil". Para densificar o seu raciocínio, o Ministro Relator cogitou de uma eventual ação penal mal instruída ("uma ação penal na qual não se juntou provas") e uma ação de improbidade na qual, "a partir do inquérito civil se tem todas as provas, todos os laudos", reiterando que, nessa situação, "não é possível haver vinculação ou impedir a continuidade da ação de improbidade".

O Ministro Gilmar Mendes, nesse momento, então, pediu a palavra para apresentar uma observação demais relevante. Começou chamando atenção para o fato de que a maioria das ações de improbidade são ajuizadas pelo Ministério Público, para daí assinalar, em face do princípio da unidade, que não caberia defender o divórcio de ações de improbidade bem instruídas de ações penais. Nas palavras dele, "estamos falando do mesmo ente". Em seguida, reportando-se a um evento concreto (vivenciado por um Promotor de Justiça) para ilustrar o motivo de sua preocupação, afirmou: "ou o sujeito é órgão ou é membro", concluindo ser, depois de mais de 30 anos da promulgação da

---

[32] BRASIL. Supremo Tribunal Federal. *Sessão Plenária (AD)* – Lei de Improbidade Administrativa. 15 de maio de 2024. Disponível em: https://www.youtube.com/watch?v=6uD6Tk7mVgk. Acesso em 10 ago. 2024.

CR/1988, "um falhanço que não se consiga fazer essa coordenação", isto é, "integrar" as atuações do ente ministerial. Ainda, destacou que muitas decisões criminais, a despeito de o conteúdo do dispositivo apontar para a ausência de provas, versam sobre casos em que, no processo, os fatos (verdadeiramente) não restaram comprovados. Ele terminou o seu aparte provocando a seguinte reflexão: "se o mesmo órgão entra com a ação de improbidade e a ação penal e depois resulta incongruente, incoerente, insubsistente, é uma pergunta que se deve fazer".

Na sequência, o Ministro relator repisou a alegação de que a parte final do art. 37, §4º, da CR/1988 ("sem prejuízo da ação penal cabível") já assinalaria uma independência de instâncias com o sentido, por ele, propugnado; e, então, argumentou que, na prática, a recorrência de absolvições criminais fundadas na ausência de provas (art. 386, VII, do CPP) representaria um vício (consistente na adoção, pelo Judiciário, não raro, do caminho mais fácil). Isso, sim, segundo ele, é que deveria ser analisado e reavaliado de forma mais aprofundada, por conta dos reflexos que são produzidos sobre as ações improbidade. Já um aprimoramento do sistema que passasse pela revisão das hipóteses de comunicabilidade das decisões criminais, indo além daquelas já excetuadas (negativa de autoria e ausência de materialidade), não, porque isso comprometeria a independência entre as instâncias.[33]

É visível como, além da genericidade dos argumentos sustentados pelo Ministro Relator – potencialmente bloqueadores de uma qualquer cogitação de preenchimento desse conceito por outros significantes –, as ponderações casuísticas trabalhadas por ele, no geral, seguem uma tendência consequencialista.

No julgamento do ARE nº 843.989/PR,[34] quando o STF discutiu e decidiu acerca da extensão das garantias do direito penal no campo do Direito Administrativo Sancionador (consolidando, ao final, o Tema nº 1.199), a mesma coisa aconteceu, o que, aliás, foi imediatamente – e com precisão cirúrgica – percebido por Marçal Justen Filho.[35] Com ele, tem-se que "as garantias constitucionais pertinentes ao direito penal e ao direito processual penal são extensíveis ao sancionamento administrativo, com as adequações inerentes às peculiaridades que diferenciem os institutos".[36] Isso não significa que o regime jurídico que emana da Constituição e demarca os limites (gerais) de legitimidade da intervenção estatal repressivo-punitiva admita roturas seletivas, em se tratando de temas cujo tratamento tenha sido mais (especificamente) reservado ao Direito Administrativo Sancionador. Mas, como bem assinalou o referido autor, a discussão levada a efeito pelo STF, nessa ocasião, "foi influenciada por uma análise consequencialista quanto aos efeitos de eventual reconhecimento da retroatividade das

---

[33] O julgamento foi suspenso, quando a duração regimental da sessão terminou, vindo o Ministro Gilmar Mendes a pedir vista dos autos, quando ele foi retomado na sessão seguinte (BRASIL. Supremo Tribunal Federal. *Notícias*, 16 maio 2024. Disponível em: https://portal.stf.jus.br/noticias/verNoticiaDetalhe.asp?idConteudo=537620&ori=1#:~:text=O%20Plen%C3%A1rio%20do%20Supremo%20Tribunal,realizadas%20pela%20Lei%2014.230%2F2021. Acesso em: 10 ago. 2024).

[34] BRASIL. Supremo Tribunal Federal. *Recurso Extraordinário com Agravo nº 843.989/PR (Tema nº 1.199)*. Recorrente: Rosemary Terezinha Cordova e Outros. Recorrido: Instituto Nacional do Seguro Social – INSS. Relator Ministro Alexandre de Moraes, Tribunal Pleno, Julgamento em 18/08/2022. Disponível em: https://redir.stf.jus.br/paginadorpub/paginador.jsp?docTP=TP&docID=764875895. Acesso em: 10 ago. 2024.

[35] JUSTEN FILHO, Marçal. *Curso de Direito Administrativo*. 15. ed. São Paulo: Revista dos Tribunais, 2024. p. 357-358.

[36] JUSTEN FILHO, Marçal. *Curso de Direito Administrativo*. 15. ed. São Paulo: Revista dos Tribunais, 2024. p. 357.

normas introduzidas pela Lei nº 14.230/2021 relativamente aos casos de improbidade administrativa".[37]

E foi mesmo. Sim, basta observar que a Corte Constitucional, deliberadamente, optou por relativizar a aplicabilidade do art. 5º, XL, da CR/1988, nas ações de improbidade – a despeito de o art. 1º, §4º, da LIA, textualmente, ter vindo a preceituar que "[a]plicam-se ao sistema da improbidade disciplinado nesta Lei os princípios constitucionais do direito administrativo sancionador", dentre os quais se insere o da retroatividade da lei mais benéfica –,[38] com recurso a argumentos (retóricos) de impacto moral e baixa densidade técnico-jurídica, como os seguintes:

> A corrupção é a negativa do Estado Constitucional, que tem por missão a manutenção da retidão e da honestidade na conduta dos negócios públicos, pois não só desvia os recursos necessários para a efetiva e eficiente prestação dos serviços públicos, mas também corrói os pilares do Estado de Direito e contamina a necessária legitimidade dos detentores de cargos públicos, vital para a preservação da Democracia representativa.

E:

> O princípio da retroatividade da lei penal, consagrado no inciso XL do artigo 5º da Constituição Federal ("a lei penal não retroagirá, salvo para beneficiar o réu") não tem aplicação automática para a responsabilidade por atos ilícitos civis de improbidade administrativa, por ausência de expressa previsão legal e sob pena de desrespeito à constitucionalização das regras rígidas de regência da Administração Pública e responsabilização dos agentes públicos corruptos com flagrante desrespeito e enfraquecimento do Direito Administrativo Sancionador.[39]

Ora, tendo-se (i) que é impossível estabelecer diferenças ontológicas entre os ilícitos – já que, em termos reais ou não normativos, não dá para dizer nem que os ilícitos são iguais, nem que são diferentes –; (ii) que as sanções passíveis de aplicação em casos de improbidade administrativa, além de, materialmente, equivalentes (excetuadas as penas privativas de liberdade), nem sempre são mais brandas do que as penas definidas para os tipos penais correlatos, sendo, igualmente, impossível, portanto, dizer que não produzem efeitos penais (materialmente); (iii) que o pronunciamento da prescrição enseja extinção da punibilidade; e se refere, portanto, a direito material; e (iv) que, às leis produtoras de efeitos penais, aplica-se o art. 2º, parágrafo único, do CP[40] ("A lei

---

[37] JUSTEN FILHO, Marçal. *Curso de Direito Administrativo*. 15. ed. São Paulo: Revista dos Tribunais, 2024. p. 357-358.

[38] Sobre esse tema: COUTINHO, Jacinto Nelson de Miranda; MEDEIROS, Alice Silveira de. Improbidade administrativa, matéria penal e os tribunais superiores. *Revista Consultor Jurídico: Conjur*, São Paulo, 9 jul. 2023. Disponível em: https://www.conjur.com.br/2023-jul-09/coutinhoe-medeiros-improbidade-materia-penal-tribunais. Acesso em: 14 jul. 2024.

[39] BRASIL. Supremo Tribunal Federal. *Recurso Extraordinário com Agravo nº 843.989/PR (Tema nº 1.199)*. Recorrente: Rosemary Terezinha Cordova e Outros. Recorrido: Instituto Nacional do Seguro Social – INSS. Relator Ministro Alexandre de Moraes, Tribunal Pleno, Julgamento em 18/08/2022. Disponível em: https://redir.stf.jus.br/paginadorpub/paginador.jsp?docTP=TP&docID=764875895. Acesso em: 10 ago. 2024.

[40] Mesmo porque, em face da LIA, ainda se pode invocar o art. 9º, da Convenção Americana de Direitos Humanos ("ninguém poderá ser condenado por atos ou omissões que, no momento em que foram cometidos, não

posterior, que de qualquer modo favorecer o agente, aplica-se aos fatos anteriores, ainda que decididos por sentença condenatória transitada em julgado"); fica difícil (tecnicamente) sustentar, com base em argumentos do porte desses acima referidos, que "[o] novo regime prescricional previsto na Lei 14.230/2021 é *irretroativo*, aplicando-se os novos marcos temporais a partir da publicação da lei", mesmo quando se revele mais benéfico, em concreto. Mas uma das teses consolidadas pelo STF, no Tema nº 1.199, foi (precisamente) essa.

Não se pode dizer que todas as decisões dos Tribunais Superiores têm seguido essa mesma tendência consequencialista, a qual também pode ser classificada como reacionário-conservadora ou de viés *populista punitivo*. No âmbito do Superior Tribunal de Justiça (STJ), uma série de decisões cuja *ratio decidendi* se vê assentada em premissas mais adequadas à racionalidade da CR/1988 merecem ser enaltecidas. Talvez a mais recente, dentre elas, seja aquela que foi proferida no bojo do REsp nº 2.107.601/MG.[41] Firme no entendimento de que, uma vez que o STF admitiu, para os processos em curso, a retroação da norma mais benéfica que extirpou do ordenamento a modalidade culposa de improbidade, seria incongruente "afastar a condenação por culpa (porque revogada pela nova lei) e, na mesma decisão, determinar o retorno dos autos à origem para que se permitisse a substituição do ato condenatório com fundamento em elemento subjetivo igualmente revogado (o dolo geral)", o STJ negou provimento ao recurso (manejado pelo

---

constituam delito, de acordo com o direito aplicável. Tampouco poder-se-á impor pena mais grave do que a aplicável no momento da ocorrência do delito. Se, depois de perpetrado o delito, a lei estipular a imposição de pena mais leve, o delinquente deverá dela beneficiar-se"), à qual o Brasil aderiu por meio da promulgação do Decreto nº 678/1992.

41 BRASIL. Superior Tribunal de Justiça. Recurso *Especial nº 2107601/MG*. Recorrente: Ministério Público do Estado de Minas Gerais. Recorrido: João Gutembergue de Castro. Relator Ministro Gurgel de Faria, Primeira Turma, Julgamento em 23/04/2024. Disponível em: https://scon.stj.jus.br/SCON/GetInteiroTeorDoAcordao?num_registro=202303966091&dt_publicacao=02/05/2024. Acesso em: 10 ago. 2024. Merece menção, por ex., também, o julgado firmado no julgamento do RHC nº 173.448, que versava sobre crimes contra a Administração Pública – logo, matéria penal –, visto que o acórdão lavrado pelo STJ, na ocasião, congrega várias passagens emblemáticas, começando pela afirmação de que "a independência das esferas tem por objetivo o exame particularizado do fato narrado, com base em cada ramo do direito, devendo as consequências cíveis e administrativas ser aferidas pelo juízo cível e as repercussões penais pelo Juízo criminal, dada a especialização de cada esfera", sob a advertência de que, "[n]o entanto, as consequências jurídicas recaem sobre o mesmo fato". Na sequência, conclusões de extrema relevância são deduzidas. Dentre elas as seguintes: (i) "[n]essa linha de intelecção, não é possível que o dolo da conduta em si não esteja demonstrado no juízo cível e se revele no juízo penal, porquanto se trata do mesmo fato, na medida em que a ausência do requisito subjetivo provado interfere na caracterização da própria tipicidade do delito, mormente se se considera a doutrina finalista (que insere o elemento subjetivo no tipo), bem como que os fatos aduzidos na denúncia não admitem uma figura culposa, culminando-se, dessa forma em atipicidade, ensejadora do trancamento ora visado"; (ii) "[t]rata-se de crime contra a Administração Pública, cuja especificidade recomenda atentar para o que decidido, sobre os fatos, na esfera cível. Ademais, deve se levar em consideração que o art. 21, §4º, da Lei 8.429/1992, incluído pela Lei n. 14.230/2021, disciplina que 'a absolvição criminal em ação que discuta os mesmos fatos, confirmada por decisão colegiada, impede o trâmite da ação da qual trata esta Lei, havendo comunicação com todos os fundamentos de absolvição previstos no art. 386 do Decreto-Lei n. 3.689, de 3 de outubro de 1941 (Código de Processo Penal)'"; (iii) "[a] suspensão do art. 21, §4º, da Lei 8.429/1992, na redação dada pela Lei n. 14.230/2021 (ADI 7.236/DF) não atinge a vedação constitucional do ne bis in idem [...] e sem justa causa não há persecução penal"; (iv) "[a]pesar de, pela letra da lei, o contrário não justificar o encerramento da ação penal, inevitável concluir que a absolvição na ação de improbidade administrativa, na hipótese dos autos, em virtude da ausência de dolo e da ausência de obtenção de vantagem indevida, esvazia a justa causa para manutenção da ação penal" (BRASIL. Superior Tribunal de Justiça. *Recurso em Habeas Corpus nº 173448/DF*. Recorrente: Maria Cristina Boner Léo. Recorrido: Ministério Público do Distrito Federal e Territórios. Relator Ministro Reynaldo Soares da Fonseca, Quinta Turma, Julgamento em 07 mar. 2023. Disponível em: https://scon.stj.jus.br/SCON/GetInteiroTeorDoAcordao?num_registro=202203607311&dt_publicacao=13/03/202. Acesso em: 10 ago. 2024).

Ministério Público), nesse caso, avalizando a aplicação imediata da (nova) disposição da LIA adequável à hipótese dos autos, porque mais benéfica para o réu.

A questão é que não foi ao STJ que a Carta Constitucional outorgou o ônus – e a competência – de funcionar como seu guardião. E isso é o que se revela deveras preocupante, já que todos os magistrados e Tribunais, incluindo o STJ, devem se curvar às orientações do STF; e se ele próprio (o STF), por seus Ministros, não assumir a dianteira no impulsionamento e na condução de um movimento de resistência contra o *populismo punitivo* que vem contaminando todo o sistema de justiça – e deslegitimando o Estado de direito –, sobretudo nos espaços onde o *ius puniendi* se manifesta, a CR/1988, inevitavelmente, continuará a integrar o rol das Constituições que acabaram adjetivadas ou como nominalistas, ou como instrumentalistas.

4 Considerações finais

Para que o completo giro paradigmático que a CR/1988 se propunha a realizar e os valores axiológico-normativos subjacentes ao seu texto passem a fielmente imperar, em substituição àqueles próprios do ideário autoritário-estatalista que objetivam a *pessoa* e lhe mantém na condição de súdita do Estado soberano (ao contrário do que deveria ser), é demais indispensável que o Supremo Tribunal Federal, efetivamente, comece a desempenhar o papel contramajoritário que lhe cabe, por mais impopular e difícil que isso possa ser para alguns doutos e especialistas, dado pressupor a descontinuidade do uso dos jargões e das redundâncias sofismáticas moralizantes que costumam inebriar e entusiasmar as maiorias inflamadas.

No campo repressivo-estatal, isso necessariamente passa por deixar de compactuar com "burlas de etiquetas" e com discursos *pro societate*, como aqueles que negam a identidade (material) de sanções aplicáveis em face da prática do mesmo ato – e mesmo dos próprios atos e dos bens jurídicos acautelados –, só porque atreladas a infrações replicadas em dois ou mais diplomas legais, aos quais, por razões de pura conveniência político-legislativa, rótulos/etiquetas distintos identificadores da matéria de especialidade foram atribuídos. Tais, também, como aqueles que ignoram a dupla dimensão (formal e material) do direito ao *ne bis in idem* – e a própria unidade do ente estatal detentor do *ius puniendi* – em prol da garantia de uma *independência entre instâncias* quase absoluta e demasiado restritiva de direitos, que apenas favorece a profusão de estratagemas e decisões judiciais desacertadas e inconsistentes – do ponto de vista da racionalidade constitucional –, além de encobrirem a incapacidade (quando não o desinteresse) das autoridades judicantes de se articularem, com vistas a coordenar as suas atuações.

Eis, portanto, um bom ponto de partida para o início de um movimento de investimento real na prevenção e repressão de desvios praticados por agentes que representam ou interagem com a Administração Pública – devendo, assim, contas à coletividade –, tendente à formulação e à implementação de uma sistemática de controle, mais *garantista* do que *populista punitiva*: reconhecer a incapacidade de rendimento das aproximações e distinções (formais) clássicas entre os ilícitos e a necessidade de ressignificar aquilo que se convencionou chamar de *independência entre as instâncias*, colocando-a em compasso com o *ne bis in idem* e, assim, fortalecendo o *devido processo legal* e a própria unidade do Estado.

Referências

AFTALIÓN, Enrique R. *Derecho Penal Administrativo*. Buenos Aires: Arayú, 1955.

ANSELMI, Manuel. *Populism*: a introduction. Tradução de Laura Fano Morrisey. Nova York: Routledge, 2018.

BECHARA, Ana Elisa. *Da teoria do bem jurídico como critério de legitimidade do direito penal*. 464 f. Tese (Doutorado em Direito) – Faculdade de Direito, Universidade de São Paulo, São Paulo, 2011.

BRASIL. Superior Tribunal de Justiça. *Recurso em Habeas Corpus nº 173448/DF*. Recorrente: Maria Cristina Boner Léo. Recorrido: Ministério Público do Distrito Federal e Territórios. Relator Ministro Reynaldo Soares da Fonseca, Quinta Turma, Julgamento em 07 mar. 2023. Disponível em: https://scon.stj.jus.br/SCON/GetInteiroTeorDoAcordao?num_registro=202203607311&dt_publicacao=13/03/202. Acesso em: 10 ago. 2024.

BRASIL. Superior Tribunal de Justiça. Recurso *Especial nº 2107601/MG*. Recorrente: Ministério Público do Estado de Minas Gerais. Recorrido: João Gutembergue de Castro. Relator Ministro Gurgel de Faria, Primeira Turma, Julgamento em 23/04/2024. Disponível em: https://scon.stj.jus.br/SCON/GetInteiroTeorDoAcordao?num_registro=202303966091&dt_publicacao=02/05/2024. Acesso em: 10 ago. 2024.

BRASIL. Supremo Tribunal Federal. *Ação Direta de Inconstitucionalidade nº 7236*. Requerente: Associação Nacional dos Membros do Ministério Público (CONAMP). Relator Ministro Alexandre de Moraes. Disponível em: https://portal.stf.jus.br/processos/detalhe.asp?incidente=6475588. Acesso em: 10 ago. 2024.

BRASIL. Supremo Tribunal Federal. *Notícias*, 16 maio 2024. Disponível em: https://portal.stf.jus.br/noticias/verNoticiaDetalhe.asp?idConteudo=537620&ori=1#:~:text=O%20Plen%C3%A1rio%20do%20Supremo%20Tribunal,realizadas%20pela%20Lei%2014.230%2F2021. Acesso em: 10 ago. 2024.

BRASIL. Supremo Tribunal Federal. *Recurso Extraordinário com Agravo nº 843.989/PR (Tema nº 1.199)*. Recorrente: Rosemary Terezinha Cordova e Outros. Recorrido: Instituto Nacional do Seguro Social – INSS. Relator Ministro Alexandre de Moraes, Tribunal Pleno, Julgamento em 18/08/2022. Disponível em: https://redir.stf.jus.br/paginadorpub/paginador.jsp?docTP=TP&docID=764875895. Acesso em: 10 ago. 2024.

BRASIL. Supremo Tribunal Federal. *Sessão Plenária (AD)* – Lei de Improbidade Administrativa. 15 de maio de 2024. Disponível em: https://www.youtube.com/watch?v=6uD6Tk7mVgk. Acesso em 10 ago. 2024.

CARVALHO NETTO, Menelick; SCOTTI, Guilherme. 20 anos da Constituição: o desafio da assunção da perspectiva interna da cidadania na tarefa de concretização dos direitos. *In*: MACHADO, Felipe Daniel Amorim; OLIVEIRA, Marcelo Andrade (Coord.). *Constituição e Processo*: a contribuição do processo ao constitucionalismo democrático brasileiro. Belo Horizonte: Del Rey, 2009. p. 95-110.

CEREZO MIR, José. *Curso de Derecho Penal Español*: Parte General. 6. ed. Madri: Tecnos, 2004.

COUTINHO, Jacinto Nelson de Miranda; MEDEIROS, Alice Silveira de. Os ilícitos penais e administrativos são iguais ou diferentes? (O bem jurídico tutelado nos atos de improbidade e o fantasma de Manzini). *In*: BARBUGIANI, Luiz Henrique Sormani (Coord.); CASTELO, Fernando Alcântara; BARBUGIANI, Luiz Henrique Sormani (Org.). *Visões contemporâneas sobre direito público*: estudos em homenagem aos 75 anos da Procuradoria-geral do Estado do Paraná. Florianópolis: Habitus, 2022. p. 185-216.

COUTINHO, Jacinto Nelson de Miranda; MEDEIROS, Alice Silveira de. Interpretação, Absolvição criminal e improbidade administrativa. *Cadernos de Dereito Actual*, n. 19, núm. Ordinário, p. 261-274, 2022.

COUTINHO, Jacinto Nelson de Miranda; MEDEIROS, Alice Silveira de. Improbidade administrativa, matéria penal e os tribunais superiores. *Revista Consultor Jurídico: Conjur*, São Paulo, 9 jul. 2023. Disponível em: https://www.conjur.com.br/2023-jul-09/coutinhoe-medeiros-improbidade-materia-penal-tribunais. Acesso em: 14 jul. 2024.

DIAS, Jorge de Figueiredo. *Direito Penal*. Parte Geral. 2. ed. Coimbra: Coimbra, 2007.

GARCÍA ALBERO, Ramón. La relación entre ilícito penal e ilícito administrativo: texto y contexto de las teorias sobre la distrinción de ilícitos. *In*: MORALES PRATS, Fermín; QUINTERO OLIVARES, Gonzalo (Coord.). *El nuevo derecho penal spañol*: estúdios penales in memoria del profesor José Manuel Valle Muñiz. Navarra: Aranzandi, 2001. p. 295-400.

GARLAND, David. *A Cultura do Controle*: crime ordem social na sociedade contemporânea. Tradução de André Nascimento. Rio de Janeiro: Revan, 2008.

HUNGRIA, Nelson. Ilícito administrativo e ilícito penal. *Revista de Direito Administrativo*, v. 1, n. 1, p. 24-3, 1945.

JUSTEN FILHO, Marçal. A repressão penal a infrações em licitações e contratações administrativas – considerações introdutórias. *In*: BREDA, Juliano (Coord.). *Crimes de Licitação e Contratações Públicas*. São Paulo: RT, 2021. p. 15-25.

JUSTEN FILHO, Marçal. *Curso de Direito Administrativo*. 15. ed. São Paulo: Revista dos Tribunais, 2024.

LABIANCA, Daniele. *L'illecito penale* – amministrativo tra disciplina interna e influenze convenzionali. 309f. Tesi (Laurea in Diritto Penale II) – Dipartimento di Giurisprudenza, Università di Foggia, Foggia, 2014-2015.

NEVES, Marcelo. *Constituição e direito na modernidade periférica*: uma abordagem teórica e uma interpretação do caso brasileiro. São Paulo: Martins Fontes, 2018.

PARADA VÁZQUEZ, J. Ramón. El Poder Sancionador de la Administración y la Crisis del Sistema Judicial Penal. *Revista de Administracion Publica – Insituto de Estudios Politicos*, Madri, n. 67, p. 41-94, ene./abr. 1972.

ROSA, Alexandre Morais da. *Decisão Penal*: a bricolage de significantes. Rio de Janeiro: Lumen Juris, 2006.

VORONOFF, Alice. *Direito Administrativo Sancionador no Brasil*: justificação, interpretação e aplicação. Belo Horizonte: Fórum, 2019.

Informação bibliográfica deste texto, conforme a NBR 6023:2018 da Associação Brasileira de Normas Técnicas (ABNT):

COUTINHO, Jacinto Nelson de Miranda; MEDEIROS, Alice Danielle Silveira de. Ainda precisamos discutir sobre a "natureza" dos ilícitos penais e administrativos? (A visão do STF sobre o art. 21, §4º, da Lei de Improbidade, indica que sim). *In*: JUSTEN, Monica Spezia; PEREIRA, Cesar; JUSTEN NETO, Marçal; JUSTEN, Lucas Spezia (coord.). *Uma visão humanista do direito*: homenagem ao Professor Marçal Justen Filho. Belo Horizonte: Fórum, 2025. v. 1, p. 721-737. ISBN 978-65-5518-918-6.

O VALOR JURÍDICO DO ART. 26 DA LINDB COMO PERMISSIVO GENÉRICO DA CONSENSUALIDADE ADMINISTRATIVA[1]

JULIANA BONACORSI DE PALMA

1 Introdução: o valor de permissivos genéricos à consensualidade administrativa

O processo de afirmação da consensualidade administrativa foi extraordinariamente rápido. Nos últimos vinte anos, a consensualidade passou de um apanágio à supremacia do interesse público para a melhor tradução do interesse público no caso concreto. Não que a negociação fosse algo estranho à vida da Administração Pública. Porém, levar os acordos administrativos a sério significa rever sólidos paradigmas teóricos do Direito Administrativo e, talvez o desafio maior, que o Poder Público se dispa de poderes e prerrogativas públicos.

Ainda quando defender a consensualidade era quase um ato de rebeldia, Marçal Justen Filho propôs o fim das prerrogativas públicas nos contratos administrativos. A tese é correta, na minha leitura, mas também pertinentemente provocativa – e boas provocações Marçal sempre soube fazer com maestria para o desenvolvimento do Direito Público brasileiro.[2] Naqueles tempos, era fortíssima a conexão entre prerrogativas públicas e interesse público, de modo que qualquer atalho da ação administrativa que desviasse do caminho da normalidade do império, da unilateralidade e da potestade seria uma ameaça ao interesse público. A consensualidade era um caminho perigoso. Basta mencionar que a Lei de Improbidade Administrativa (Lei nº 8.429/92), uma lei-símbolo

---

[1] Agradeço aos acadêmicos Hellen de Paula e Wesley Pego pela leitura das versões preliminares desse texto. Os erros são todos meus.

[2] Cite-se, por exemplo, o seminal *O Direito Administrativo do Espetáculo*, em que Marçal Justen Filho busca trazer mais realismo ao Direito Administrativo brasileiro, rechaçando "institutos e interpretações descolados da realidade" (JUSTEN FILHO, Marçal. O Direito Administrativo do Espetáculo. *Fórum Administrativo*, v. 100, Belo Horizonte, jun. 2009. p. 145).

do combate à corrupção no Brasil, expressamente vedava a celebração de acordos na ação de improbidade administrativa.[3]

É notável a guinada que a percepção dos acordos administrativos teria em pouquíssimas décadas: do *ostracismo* à *centralidade* no Direito Administrativo. Com a Nova Lei de Licitações e Contratos Administrativos (Lei nº 14.133/2021), outro campo de grande contribuição profissional e acadêmica de Marçal Justen Filho, a "extinção amigável" do contrato administrativo, "por acordo entre as partes",[4] passou a ser denominada "extinção consensual".[5] E não apenas isso, mas relevantes instrumentos consensuais foram positivados na lei, como a mediação, a conciliação, a arbitragem, o *dispute board*.[6]

O que leva a emblemática Lei nº 14.133/2021 a mudar sua linguagem textual para incorporar o glossário da consensualidade e internalizar alguns de seus principais instrumentos? Alguns poderão dizer que se trata de um simples modismo, mas particularmente entendo que esse é um indício de primeira grandeza (afinal, trata-se simplesmente da lei-amálgama do Direito Administrativo brasileiro!) da mudança em curso da cultura jurídica brasileira para direção à consensualidade. Se ainda há muito o que avançar, não há como retroceder.

A história é essa: a partir de discussões acadêmicas e de uma necessidade pragmática de a Administração Pública se valer mais dos acordos administrativos para superar consideráveis disfuncionalidades do método ordinário de execução de competências, passou-se a ter incipiente experiência consensual. Alguns *laboratórios de experimentação consensual*, notadamente o Cade e a AGU, produziram casos, aprendizados e interpretações jurídicas que aproveitaram para toda a Administração Pública. Com base no art. 5º, §6º, da Lei de Ação Civil Pública (Lei nº 7.347/85), diversos entes criaram os seus regulamentos de acordo, notadamente as Agências Reguladoras. Em paralelo, a agenda acadêmica da consensualidade ganhava ainda maior envergadura e o legislador passou a disciplinar a consensualidade administrativa. O movimento de abertura à consensualidade ganhou ainda mais força com as decisões favoráveis dos controladores.[7] Então, o art. 26 da LINDB foi introduzido pela Lei nº 13.655/2018 e consolidou a consensualidade na esfera administrativa: agora, o Poder Público passaria a ter uma norma dedicada e um permissivo genérico à celebração de acordos por todos os órgãos e entes administrativos, independentemente de prévia previsão normativa.

---

[3]   Era a redação do §1º do art. 17 da Lei nº 8429/92: "[é] vedada a transação, acordo ou conciliação nas ações de que trata o caput [ação principal de improbidade administrativa]". O preceito foi temporariamente revogado pela MP nº 703/2015, teve nova redação dada pelo Pacote Anticrime (Lei nº 13.964/2019) – "[a]s ações de que trata este artigo admitem a celebração de acordo de não persecução cível, nos termos desta Lei" – até que o art. 17 foi inteiramente revogado pela Lei nº 14.230/2021.

[4]   Lei nº 14.133/2021, art. 79: "A rescisão do contrato poderá ser: [...] II – amigável, por acordo entre as partes, reduzida a termo no processo da licitação, desde que haja conveniência para a Administração".

[5]   Lei nº 14.133/2021, art. 138: "[a] extinção do contrato poderá ser: [...] II - consensual, por acordo entre as partes, por conciliação, por mediação ou por comitê de resolução de disputas, desde que haja interesse da Administração; §1º A extinção determinada por ato unilateral da Administração e a *extinção consensual* deverão ser precedidas de autorização escrita e fundamentada da autoridade competente e reduzidas a termo no respectivo processo" (grifos nossos).

[6]   O art. 151 da Lei nº 14.133/2021 sedimentou o cabimento da consensualidade em sentido amplo nas contratações públicas: "[n]as contratações regidas por esta Lei, poderão ser utilizados meios alternativos de prevenção e resolução de controvérsias, notadamente a conciliação, a mediação, o comitê de resolução de disputas e a arbitragem". Muito embora não haja qualquer referência aos acordos administrativos no capítulo atinente às sanções, o seu cabimento pode ser depreendido do art. 26 da LINDB, como será oportunamente analisado.

[7]   Cf. Acórdão TCU nº 2.121/2017.

Essa trajetória aponta para a superação dos óbices clássicos à celebração de acordos na esfera administrativa, quais sejam, a legalidade estrita, a supremacia do interesse público sobre o interesse privado e a indisponibilidade do interesse público. Finalmente, o desafio agora seria o da modelagem de melhores arranjos consensuais e garantia do devido processo legal na negociação.

Porém, à medida que avançam as experiências consensuais na Administração Pública, cresceu também uma outra ordem de questionamento: *a consensualidade administrativa é legítima?* Hoje, a crítica à consensualidade administrativa se coloca nos seguintes parâmetros: sua *baixa normatividade* que leva à *excessiva discricionariedade* na negociação e formalização dos acordos, colocando em risco *garantias processuais e substantivas*.

Este texto sustenta a tese de que *o art. 26 da LINDB fundamenta e legitima a consensualidade administrativa ao trazer regras substantivas e de processo que aproveitam a toda manifestação da consensual da Administração Pública*. Compreender o art. 26 como permissivo genérico à consensualidade administrativa é reconhecer um elo de legitimidade entre todas as experiências consensuais brasileiras. Um trabalho relevante passa a ser a busca do significado jurídico de "permissivo genérico" e suas implicações práticas.

2 Permissivos genéricos da consensualidade administrativa

2.1 A consensualidade não é matéria de reserva legal

A *legalidade* é a grande questão da consensualidade administrativa.

Desde as origens da atuação administrativa consensual, o desafio da legalidade sempre esteve presente. O ordenamento jurídico confere fundamento de validade suficiente para que o Poder Público deixe de agir com base na autoridade para celebrar acordos? Resolver conflitos por acordo em detrimento do exercício de poderes – verdadeiros instrumentos de satisfação do interesse público – é renúncia de competência, expressamente vedada? Diante dos princípios da supremacia do interesse público sobre o privado e da indisponibilidade do interesse público, a consensualidade administrativa poderia ser validamente exercitada?

Ensina a mais difundida teoria da ação pública o estrito respeito à legalidade.[8] No entanto, os graus de vinculação da Administração ao legislador,[9] ou à juridicidade,[10] variam em pelo menos três vertentes: (i) *primazia da lei*, em que a Administração Pública não pode contrariar as leis; (ii) *genérica dependência de lei para a Administração*, que determina a necessária preexistência de lei autorizando a ação administrativa; e (iii) *reserva específica de lei*, segundo a qual apenas o Legislador pode dispor sobre determinado exercício de competência, sendo subtraída a vontade administrativa nessa disciplina.[11]

Com relação à legalidade, a consensualidade administrativa delimita uma *vinculação negativa ao ordenamento jurídico*, no sentido de permissibilidade da atuação negocial desde que inexista vedação legal expressa. Considerando o reconhecimento da

---

[8] Legalidade, aqui, compreendida de forma ampla, nos termos da Lei Federal de Processo Administrativo (Lei nº 9.784/99): "atuação conforme a lei e ao Direito" (art. 2º, parágrafo único, inc. I).

[9] SUNDFELD, Carlos Ari. *Direito administrativo para céticos*. 2. ed. São Paulo: Malheiros, 2014. p. 255.

[10] Cf. BINENBOJM, Gustavo. *Uma teoria do direito administrativo*. 3. ed. Rio de Janeiro: Renovar, 2014. p. 39-42.

[11] SUNDFELD, Carlos Ari. *Direito administrativo para céticos*. 2. ed. São Paulo: Malheiros, 2014. p. 255 e ss.

natureza de negócio jurídico aos acordos,[12] deve-se observar o art. 104 do Código Civil nas pactuações, notadamente que os pactuantes sejam todos agentes capazes, o objeto seja lícito, possível, determinado ou determinável e que a forma seja prescrita ou, pelo menos, não defesa em lei.[13] A parte final do art. 104 do Código Civil – acordo *não ser defeso em lei* – reforça o reconhecimento da legalidade nas relações consensuais com o Poder Público como uma vinculação negativa à juridicidade.

Mas é imprescindível que a consensualidade esteja ancorada em uma autorização legal, ainda que genérica: eis a importância dos permissivos genéricos à celebração de acordos pelo Poder Público. Mas essa *genérica dependência de lei* não deve se confundir com *reserva de lei*.

Muito embora o Legislativo crie importantes instrumentos consensuais por meio de lei formal, a exemplo dos acordos de leniência,[14] a consensualidade encerra uma *genérica dependência de lei para a Administração*. É imprescindível que o Legislador reconheça expressamente a consensualidade como forma de expressão administrativa e confira ao Poder Público competência para transacionar. Mas isso não significa que a consensualidade seja uma reserva legal, exigindo que a lei formal preveja os instrumentos consensuais, dinâmica de celebração de acordos e todos os pormenores para sua efetivação. É preciso reconhecer espaço de conformação dos acordos administrativos pela própria Administração Pública.

Não é o Legislativo quem está na lida com os desafios e conflitos que surgem dos inúmeros relacionamentos com o Poder Público. Quem conhece as potencialidades, notadamente com seus zelosos servidores públicos, e as inúmeras limitações orçamentárias, de recursos humanos e técnicas do Poder Público. Quem se apetece pelos incentivos para manter uma relação dialógica com os particulares visando a futuras parcerias e informações para redução da assimetria informacional é o Poder Público. Quem almeja a eficiência administrativa, mais que qualquer outro órgão de Estado, é o Poder Público. É o Poder Público quem irá realizar a negociação, deliberar sobre a oportunidade e conveniência do acordo e são seus agentes que irão assiná-los, comprometendo-se quanto à lisura sob pena de responsabilização pessoal. É o Poder Público que irá modelar o acordo com suas obrigações de dar, fazer ou não fazer junto ao particular visando ao melhor endereçamento do caso concreto, o que, por certo, pressupõe margem de acomodação que a tipicidade legal simplesmente impede.

É nesse contexto que o *permissivo genérico* ganha proeminência.

2.2 O pragmatismo dos permissivos genéricos

Respaldado na teoria do Direito Público, a concepção da legalidade no âmbito da Administração Pública é uma expressão da genérica dependência de lei. Porém, ninguém pode negar a *solução de contingência* no reconhecimento dessa expressão da legalidade: qualquer caminho diferente inviabilizaria por completo a consensualidade na

---

[12] Cf. STF, Inq nº 4.420 AgR, 2018; ADI nº 5.567/2023; e AgR na Pet nº 5.245/2022.

[13] Código Civil, art. 104: "[a] validade do negócio jurídico requer: I - agente capaz; II - objeto lícito, possível, determinado ou determinável; III - forma prescrita ou não defesa em lei".

[14] Cf. art. 16 da Lei Anticorrupção (Lei nº 12.846/2013), que entabula o acordo de leniência anticorrupção, e art. 86 da Lei do Cade (Lei nº 12.529/2011), que dispõe sobre o acordo de leniência antitruste.

Administração Pública. Se a consensualidade não seria reconhecida como uma matéria reservada aos auspícios do Legislador, seria absolutamente imprescindível identificar qual seria o fundamento de legalidade que a viabilizaria juridicamente.

Certo é que a questão não se colocava em setores que já dispunham de expressa referência consensual em texto de lei, como se verifica no âmbito do Cade, da ANS e da CVM, por exemplo. Trata-se de um desafio enfrentado por setores da Administração Pública cujas leis de regência não faziam qualquer menção à consensualidade, como nos setores de infraestrutura, na maior parte da Administração Pública direta, autárquica e fundacional, bem como nas empresas estatais. Estariam esses órgãos e entes públicos privados dos benefícios da consensualidade já comprovados na seara ambiental e antitruste, por exemplo, pelo simples fato de suas leis não disporem sobre a consensualidade? Foi a partir da prática administrativa que se construiu uma solução marcadamente pragmática: enaltecer o art. 5º, §6º, da Lei da Ação Civil Pública (LACP) como *permissivo genérico* à *celebração de acordos na Administração Pública*:

> Lei nº 7.347/85 [...]
>
> Art. 5º Têm legitimidade para propor a ação principal e a ação cautelar: [...]
>
> III - a União, os Estados, o Distrito Federal e os Municípios; (Incluído pela Lei nº 11.448, de 2007).
>
> IV - a autarquia, empresa pública, fundação ou sociedade de economia mista; (Incluído pela Lei nº 11.448, de 2007). [...]
>
> §6º Os órgãos públicos legitimados poderão tomar dos interessados compromisso de ajustamento de sua conduta às exigências legais, mediante cominações, que terá eficácia de título executivo extrajudicial. (Incluído pela Lei nª 8.078, de 11.9.1990)

O §6º foi inserido no art. 5º da LACP pelo Código de Defesa do Consumidor (CDC) em 1990 como reflexo da disciplina de defesa dos interesses e direitos do consumidor em juízo.[15] O termo de ajustamento de conduta (TAC) foi originalmente previsto no PLS nº 97/89, que posteriormente se convolaria no CDC, em seu art. 82, que dispõe sobre os legitimados para defesa em juízo dos interesses e direitos dos consumidores e vítimas,[16] exatamente os mesmos listados na versão original da LACP:[17]

> Lei nº 7.347/85 [...]
>
> Art. 82, [...]

---

[15] Cf. Título III do Código de Defesa do Consumidor (Lei nº 8.078/90).

[16] Art. 82 do CDC: "[p]ara os fins do art. 81, parágrafo único, são legitimados concorrentemente: I - o Ministério Público; II - a União, os Estados, os Municípios e o Distrito Federal; III - as entidades e órgãos da Administração Pública, direta ou indireta, ainda que sem personalidade jurídica, especificamente destinados à defesa dos interesses e direitos protegidos por este código; IV - as associações legalmente constituídas há pelo menos um ano e que incluam entre seus fins institucionais a defesa dos interesses e direitos protegidos por este código, dispensada a autorização assemblear".

[17] Era a redação original do art. 5º da Lei nº 7.437/85: "[a] ação principal e a cautelar poderão ser propostas pelo Ministério Público, pela União, pelos Estados e Municípios. Poderão também ser propostas por autarquia, empresa pública, fundação, sociedade de economia mista ou por associação que: I - esteja constituída há pelo menos um ano, nos termos da lei civil; II - inclua, entre suas finalidades institucionais, a proteção ao meio-ambiente, ao consumidor, ao patrimônio artístico, estético, histórico, turístico e paisagístico".

§3º Os órgãos públicos legitimados poderão tomar dos interessados compromisso de ajustamento de sua conduta às exigências legais, mediante cominações, que terá eficácia de título executivo extrajudicial.

Para harmonizar o sistema de defesa do consumidor, o CDC inseriu o mesmo preceito na LACP pelo acréscimo do §6º ao art. 5º,[18] tendo em vista ser a ação civil pública meio judicial para responsabilização por danos morais e patrimoniais causados ao consumidor.[19] Assim, jamais houve uma construção legislativa da consensualidade para a Administração Pública de forma ampla. A proposta era dotar a política de defesa do consumidor de mais um relevante instrumento jurídico, na linha de outras leis que instrumentalizavam setores específicos, notadamente o ambiental. A previsão da consensualidade na LACP veio pelo simples fato de também a ação civil pública se ocupar da tutela do consumidor, em uma tentativa de fazer com que a consensualidade também valesse para este âmbito de responsabilização.

Ocorre que o chefe do Poder Executivo vetou o §3º do art. 82 do CDC, mas não vetou o correspondente art. 113, que inseriu o TAC na LACP pelo acréscimo do §6º ao seu art. 5º. Essas são as razões do veto:

> É juridicamente imprópria a equiparação de compromisso administrativo a título executivo extrajudicial (C.P.C., art. 585, II). É que, no caso, o objetivo do compromisso é a cessação ou a prática de determinada conduta, e não a entrega de coisa certa ou pagamento de quantia fixada.[20]

Causa estranheza esse destino da consensualidade consumerista. Ora, sendo ambos preceitos de idêntica redação legislativa e aplicabilidade prática, por que apenas o preceito do CDC foi vetado, mas não o da LACP? Seria uma mera falha técnica ou haveria uma justificativa mais profunda de diferenciação dos documentos? Infelizmente os dados públicos não permitem alcançar uma resposta efetiva e futuras pesquisas jurídicas sobre o assunto serão bem-vindas. No entanto, é possível afirmar que o §6º do art. 5º da LACP nunca foi modelado para ser um permissivo genérico à consensualidade administrativa, mas seria exatamente essa a utilidade jurídica do preceito juntamente com a dinâmica de celebração de TACs em fase de inquérito civil ou judicial pelo Ministério Público.

O §6º do art. 5º da LACP passou a ser tomado como fundamento de validade legal da consensualidade administrativa, satisfazendo, para todos os efeitos, os requisitos da genérica dependência de lei. A construção do raciocínio jurídico se faz em três etapas: (i) entendimento de que o art. 5º trata dos *legitimados* à propositura da ação principal e da ação cautelar (*caput*) e da celebração de TAC (§6º); (ii) a Administração Pública se encontra integralmente no *rol de legitimados*, compreendendo a União, Estados, DF e Municípios (inc. III) e autarquias, fundações e empresas estatais (inc. IV); e (iii) o §6º autoriza genericamente a Administração Pública legitimada a celebrar TAC, independentemente de operacionalizar, ou não, na ação civil pública: o *caput* determina os legitimados; o §6º

---

[18] Cf. art. 113 da Lei nº 8.078/90.

[19] Cf. art. 1º, inc. II, Lei nº 7.347/85.

[20] Cf. Mensagem nº 664/90.

autoriza que esses legitimados se valham do TAC como forma de atuação administrativa.

Por essa interpretação, o §6º do art. 5º da LACP passou a ser o permissivo genérico da consensualidade administrativa. Com base nessa construção, Agências Reguladoras de infraestrutura editaram seus regulamentos de consensualidade, notadamente os acordos substitutivos de sanção, ainda hoje fundamentados nesse preceito.

O permissivo genérico da LACP é amplo o suficiente para abarcar toda a Administração Pública nacional, compreendendo a integralidade dos órgãos e entes públicos. Na inexistência de preceito autorizativo em lei, o Poder Público estaria plenamente autorizado para editar regulamento com fundamento direto no respectivo art. 5º, §6º, para disciplinar a celebração de acordos. Nesse regime, é imprescindível que o desenho do acordo siga a funcionalidade do TAC dada pela LACP, com destaque para a *recomposição da legalidade*, tomando-se o compromisso de ajustamento da conduta à lei como *cláusula obrigatória*. No que toca à legalidade, o permissivo genérico da LACP impõe *reserva de norma*, de modo que apenas mediante edição de regulamento que cumpra com o mínimo regulamentar da consensualidade o Poder Público poderá celebrar acordos administrativos nele fundamentados legalmente.[21]

De maior relevância operacional e teórica, o permissivo genérico da LACP potencialmente não é o único no ordenamento jurídico. Foram sucessivas as autorizações legislativas da consensualidade administrativa, com maior ou menor extensão de seus efeitos. Sem a pretensão exaustiva, vejamos alguns deles.

a) *Decreto Paulista nº 52.201/2007* – trata-se de decreto autônomo estadual fundamentado diretamente na Constituição do Estado de São Paulo, que autoriza a celebração de termos de ajustamento de conduta (TAC) pelas Secretarias de Estado, autarquias, fundações e empresas estatais, cujas minutas devem obrigatoriamente ser objeto de manifestação pela Procuradoria Geral do Estado de São Paulo.

b) *Lei da Mediação (Lei nº 13.140/2015)* – versa sobre a consensualidade em sentido estrito e dispõe de duas autorizações. A primeira – comum à União, Estados, DF e Municípios – viabiliza a criação de câmaras de prevenção e resolução administrativa de conflitos,[22] com reserva de regulamento para disciplina da composição e funcionamento por cada ente federado.[23] A segunda, especial à União, permite que a Administração Pública federal direta, autarquias e fundações resolvam suas controvérsias jurídicas por meio de transação por adesão.[24]

c) *Código de Processo Civil (Lei nº 13.105/2015)* – seu art. 3º, §2º, determina que o "Estado promoverá, sempre que possível, a solução consensual dos conflitos".

---

[21] Para a esfera administrativa, prevalece a tese do cumprimento do dever regulamentar dos acordos, com fundamento no art. 5º, §6º, da LACP. No entanto, para o Ministério Público esse dever regulamentar nunca se colocou, de modo que há uma prática consolidada de celebração de TACs pelos membros do Ministério Público com fundamento imediato na LACP. Mais recentemente, porém, o CNMP tem trazido regras sobre o manejo dos TACs aos membros, assim como as próprias instituições se autovinculam a normativas a respeito de procedimentos internos com relação à celebração e homologação do TAC.

[22] Cf. art. 32 da Lei nº 13.140/2015.

[23] Cf. art. 32, §1º, da Lei nº 13.140/2015.

[24] Cf. art. 35 da Lei nº 13.140/2015. Nos termos de seu art. 37, "faculta-se aos Estados, DF e Municípios submeterem seus litígios com órgãos ou entidades federais à AGU para composição extrajudicial do conflito".

Tem-se um permissivo genérico que abarca indistintamente todos os órgãos e entes públicos, inclusive na esfera administrativa, controladora, legislativa e judicial, determinando a preferência à consensualidade em detrimento das vias ordinárias de resolução dos conflitos. Na prática, impõe-se o dever de motivar nas situações em que a resolução de conflitos não pôde se dar pela consensualidade, o que exige prévia tentativa de celebração de acordo. Como norma sem dentes de caráter de diretriz, não há punição pela sua inobservância. Apesar de o preceito não cumprir com o mínimo regulamentar e ser um caso de reserva de norma, há relevantes casos em que o Poder Judiciário tem aceitado a inovação de instrumentos de consensualidade ampla com base no art. 3º, §2º, do CPC.

d) *Lei nº 13.129/2015, que altera a Lei da Arbitragem (Lei nº 9.307/96)* – o art. 1º, §1º, autoriza que a Administração Pública direta e indireta dirima seus conflitos relatos a direitos patrimoniais disponíveis por meio da arbitragem. Alcança toda a Administração Pública nacional, embora de efeitos limitados ao instrumento da arbitragem. Nessa linha, pode-se fazer referência também à Lei de Concessão Comum (Lei nº 8.987/95), que requer como cláusula necessária aos contratos de concessão a previsão do "modo amigável de solução das divergências contratuais"[25] e faculta a adoção de mecanismos privados para a resolução de disputas decorrentes da concessão, inclusive a arbitragem.[26] Previsão equivalente a essa também se encontra na Lei das Parcerias Público-Privadas.[27]

e) *Lei de Relicitação (Lei nº 13.448/2017)* – especificamente aplicável aos sujeitos signatários de contratos de parceria nos setores rodoviário, ferroviário e aeroportuário da Administração Pública federal, autoriza a extinção amigável do contrato de parceria para celebração de um novo,[28] procedimento este denominado relicitação, de natureza eminentemente consensual.

f) *Lei das Agências Reguladoras (Lei nº 13.848/2019)* – de aplicação limitada às Agências Reguladoras listadas em seu art. 2º e das demais de natureza federal que forem criadas após a sua edição, a Lei das Agências Reguladoras as autoriza a celebrar termo de ajustamento de conduta com os sujeitos da regulação.[29]

g) *Lei de Segurança Jurídica para a Inovação Pública (Lei nº 13.655/2018), que altera a LINDB* – disciplina da consensualidade estrita e estritíssima em seu art. 26, de aplicação geral à Administração direta e indireta da União, Estados, DF e Municípios, assim como aos demais órgãos e entes de Estado quando do exercício da função administrativa, quando seus agentes serão equiparados a autoridades administrativas.[30]

---

[25] Cf. art. 23, inc. XV, da Lei nº 8.987/95.

[26] Cf. art. 23-A, inc. XV, da Lei nº 8.987/95.

[27] Cf. art. 11, inc. III, da Lei nº 11.079/2004.

[28] Cf. art. 4º, inc. III, da Lei nº 13.448/2017.

[29] É o texto do art. 32 da Lei nº 13.848/2019: "[p]ara o cumprimento do disposto nesta Lei, as agências reguladoras são autorizadas a celebrar, com força de título executivo extrajudicial, termo de ajustamento de conduta com pessoas físicas ou jurídicas sujeitas a sua competência regulatória, aplicando-se os requisitos do art. 4º-A da Lei nº 9.469, de 10 de julho de 1997".

[30] Aprofundar no item 3 deste artigo.

h) *Lei de Processo Administrativo do Estado do Paraná (Lei nº 20.656/2021)* – autoriza a Administração Pública direta e indireta e os órgãos e entes de Estado que especifica ou que exerçam função administrativa no âmbito do Estado do Paraná a celebrarem termo de ajustamento de conduta como medida alternativa à instauração de processo administrativo para apuração de responsabilidade ou aplicação de sanção, quando instaurado.[31]

Como se pode evidenciar, são diversas as autorizações legislativas ao Poder Público para exercício da atuação administrativa consensual. Mas seriam todas elas permissivos genéricos? Como compatibilizar essas várias autorizações legais com a prática da consensualidade administrativa?

2.3 A identidade dos permissivos genéricos na consensualidade administrativa

Afinal, o que caracteriza um permissivo genérico da consensualidade administrativa? Nem toda a autorização para celebração de acordos administrativos pode ser considerada um permissivo genérico. São pelo menos duas características que qualificam um preceito legal como permissivo genérico.

Primeiramente, o permissivo genérico *não dispõe sobre um instrumento consensual específico* ou, se o faz, esse instrumento admite *múltiplas conformações e utilidades*. Aqui a nota é da atipicidade. O preceito deve possibilitar conformações jurídicas diversas para melhor atendimento dos fins de interesse público, maximizando a margem de liberdade negocial nessa delimitação. Por essas razões, as duas autorizações da Lei de Mediação (criação de câmaras de prevenção e resolução administrativa de conflitos e transação por adesão), a autorização da Lei da Arbitragem e a da Lei de Relicitação não poderem ser consideradas permissivos genéricos. Em todos os casos, está-se diante de instrumentos específicos, embora consensuais, com funcionalidade bem delimitada.

Nessa linha, tampouco se pode considerar a autorização da Lei de Processo Administrativo do Estado do Paraná como um permissivo genérico. Neste caso, o problema não está na previsão de um único instrumento jurídico (o TAC), mas na sua funcionalidade limitada, servindo apenas como acordo substitutivo de sanção ou seu processo. Um permissivo genérico não delimita a funcionalidade do instrumento consensual, mas permite que ele possa assumir diferentes modelagens (como acordos integrativos, acordos de colaboração, acordo substitutivo simples, acordo substitutivo de investimento etc.). Seja na regulamentação, seja na negociação dos termos do acordo, permite-se a inovação de novas figuras consensuais.

Ainda, um permissivo genérico *não se volta a* órgão *ou ente público particular*, como o termo de compromisso no âmbito da CVM, o acordo de supervisão de mercado do Banco Central, o acordo de leniência do Cade e o Acordo de Não Persecução Civil – ANPC na improbidade. Sua finalidade não é conferir legitimação jurídica específica, mas ser horizontalmente incidente na Administração Pública para viabilizar a consensualidade pelo Poder Público como um todo. Portanto, a autorização da Lei das Agências Reguladoras não pode ser considerada um permissivo genérico.

---

[31] Cf. art. 202 da Lei do Estado do Paraná nº 20.656/2021.

Assim, um permissivo genérico consiste *na autorização legal para a prática da consensualidade pela Administração Pública direta e indireta, com amplo exercício da discricionariedade administrativa para conformação atípica dos acordos administrativos de modo a maximizar a satisfação do interesse público concreto.* Sua razão de ser é justamente viabilizar a atuação administrativa consensual no Poder Público, independentemente da situação jurídica concreta, do órgão ou ente público envolvido, de seu instrumento ou utilidade. Na ausência de legislação específica, o permissivo genérico confere o fundamento de legalidade da consensualidade e satisfaz a genérica dependência de lei.

Reconhecer quais são os permissivos genéricos da consensualidade administrativa não é um jogo de classificação formal. Há evidentes utilidades práticas para tanto. No campo jurídico, o permissivo genérico reveste de juridicidade os acordos administrativos celebrados por órgãos e entes públicos que não dispõem de lei específica em matéria de consensualidade. Para a gestão pública, o permissivo genérico é imprescindível para um exercício mais eficiente das competências administrativas na medida em que torna a consensualidade administrativa uma realidade prática. O permissivo genérico sepulta a tese da legalidade estrita na consensualidade, fazendo com que a Administração Pública não seja refém da vontade legislativa para engajar na consensualidade. Seu caráter genérico é um verdadeiro voto de confiança para o Poder Público desenhar em regulamentos instrumentos ótimos consensuais para a sua realidade concreta ou imediatamente engajar em negociação com os particulares, que resulte em um acordo customizado às características, desafios e funcionalidades do caso concreto.

Segundo essa delimitação, hoje são reconhecidos apenas quatro permissivos genéricos da consensualidade administrativa: (i) o art. 5º, §6º, da LACP; (ii) o Decreto Paulista nº 52.201/2007; (iii) o art. 3º, §2º, do CPC; e (iv) o art. 26 da LINDB.

3 Valor jurídico do novo permissivo genérico na consensualidade administrativa: o art. 26 da LINDB

3.1 O permissivo genérico do art. 26: fundamento de legalidade da celebração de acordos administrativos

O art. 5º, §6º, da LACP foi o grande fundamento de legalidade da atuação administrativa consensual até o advento do art. 26 da LINDB. Com base nesse preceito, diversos foram os regulamentos editados pelo Poder Público para introduzir a consensualidade na correspondente esfera administrativa. Porém, ante a existência do permissivo genérico da LACP, por qual razão houve a edição de mais um permissivo genérico? A uma primeira vista, essa estratégia parece ser contraditória ou redundante. No entanto, a edição do art. 26 da LINDB foi essencial para alavancar a consensualidade na esfera administrativa e, de fato, faltava no ordenamento jurídico brasileiro um permissivo expresso, claro e efetivo sobre a viabilidade de o Poder Público celebrar acordos.

São pelo menos três razões que justificam a criação de um novo permissivo genérico para a consensualidade administrativa.

Relevante corrente doutrinária colocava em dúvida a real natureza de permissivo genérico do art. 5º, §6º, da LACP para celebração de acordos administrativos. Para esses autores, haveria *interpretação excessivamente ampliativa* da regra autorizativa da consensualidade à Administração Pública na LACP, autorização esta que se limitaria à proteção de direitos difusos e coletivos nos inquéritos civis e nas ações regidos por esta lei. Assim, o ajustamento de conduta poderia ser validamente celebrado pelo Poder Público, na qualidade de legitimado da LACP, no âmbito do inquérito civil e da ação civil pública, pois, afinal, a LACP trabalha o subsistema jurídico específico da tutela de direitos difusos e coletivos. Fora desses quadrantes, a consensualidade estaria legalmente interditada e qualquer tentativa de reconhecer o art. 5º, §6º, da LACP como permissivo genérico seria puro oportunismo.

Assim, a primeira grande razão – e talvez principal – em se estabelecer um permissivo genérico à celebração de acordos na esfera administrativa corresponde à introdução no sistema jurídico de um *preceito dedicado aos acordos na esfera administrativa*, com previsão clara e irrefutável de que o Poder Público e quem exercer função administrativa encontra-se plenamente autorizado a firmar compromissos nos casos em que especifica. A clareza do comando normativo confere maior segurança jurídica e afasta eventuais questionamentos sobre a consensualidade quanto à legalidade administrativa, como era, então, verificado no ancoramento ao art. 5º, §6º, da LACP.

O art. 26 da LINDB confere inquestionável autorização legal para que o Poder Público celebre acordos em suas várias expressões e manifestações de efeitos. Sua cláusula de legalidade é inquestionável: "a autoridade administrativa poderá, [...] celebrar compromisso com os interessados". Ao recair diretamente sobre o sujeito "autoridade administrativa", a autorização legal do art. 26 em comento permite a celebração de acordos por qualquer pessoa que exerça *função administrativa*. Por essa razão, afirma-se que o novo permissivo genérico da LINDB não encontra fronteiras internas à Administração Pública, mas antes se estende sobre todo o exercício da função administrativa – onde houver exercício de competências administrativas, haverá guarida para a consensualidade para eliminar irregularidade, incerteza jurídica ou situação contenciosa. Isso porque o legislador demarcou o permissivo genérico na figura da autoridade administrativa, e não à instituição Administração Pública.

Importantes consequências jurídicas decorrem desse raciocínio. O mais evidente consiste no reconhecimento de autorização legal para que sujeitos que exerçam atividade administrativa, mas não se encontrem no âmbito do Poder Público, possam celebrar acordos. Assim irá se evidenciar, por exemplo, no exercício de função administrativa atípica pelo Poder Judiciário[32] e pelo Ministério Público. De igual modo encontram-se autorizados para celebrar acordos com fundamento no art. 26 da LINDB o Conselho Nacional de Justiça (CNJ) e o Conselho Nacional do Ministério Público (CNMP), assim como os demais órgãos de deliberação colegiada dessas instituições. Quanto aos Tribunais de Contas, existe controvérsia a respeito da natureza das funções que desempenham: o Tribunal de Contas da União (TCU), por exemplo, defende que ele

---

[32] A par da função jurisdicional, os juízes realizam uma série de atividades administrativas internas à gestão administrativa – como gestão de processos, coordenação de equipe na Vara e fiscalização de serviços de atendimento ao público, por exemplo – ou mesmo ancilares à jurisdição, a exemplo do Estatuto da Criança e do Adolescente – ECA (Lei nº 8.069/90). Segundo o art. 149 d ECA, a *autoridade judiciária disciplinar* pode adotar medidas de autorização e permanência em espaço por crianças e adolescentes desacompanhadas dos pais e sua participação em eventos, o que se formalizará em portaria ou alvará, este no caso de autorização. No âmbito da Justiça do Trabalho, reconhece-se o *poder normativo* para solução de dissídios coletivos (art. 142, §2º, CF). Em todos esses casos e nos demais em que se verifique exercício de função administrativa, cabível a celebração de acordos com fundamento imediato no art. 26 da LINDB.

exerce a chamada *jurisdição de contas*, enquanto outra corrente entende tratar-se de pura prática de competência administrativa.[33] Filiando-se na primeira ou segunda corrente, fato é que o art. 26 da LINDB incide sobre os Tribunais de Contas, cujas negociações devem observar seus preceitos para que os acordos sejam validamente celebrados.[34]

Além dos sujeitos que exerçam função administrativa no âmbito *estatal, particulares que exerçam função administrativa* igualmente estão autorizados a celebrar acordos com base no art. 26 da LINDB, sendo, para todos os efeitos, equiparados à autoridade administrativa. Nessa condição se encontram os delegatários privados de serviços públicos ou de poder de polícia e os particulares mencionados na Lei do Mandado de Segurança, quais sejam, representantes ou órgãos de partidos políticos e dirigentes de pessoas jurídicas ou pessoas naturais "no exercício de atribuições do poder público".[35]

A segunda razão que justifica a disciplina de um novo permissivo genérico à celebração de acordos administrativos no art. 26 da LINDB corresponde ao *estímulo à adoção da consensualidade pela Administração Pública*. Hoje é inquestionável a utilidade dos acordos administrativos na gestão pública, sendo por inúmeras vezes a consolidação do interesse público no caso concreto. Redução de tempo e custos, capacidade satisfativa de conflitos, eficiência da resposta consensual em comparação ao modo típico de ação administrativa e freio à judicialização são atributos geralmente associados aos acordos administrativos. Na prática, as experiências positivas acumuladas fazem com que cada vez mais instituições públicas adotem a consensualidade e normas sejam editadas para a previsão de acordos administrativos. Essa boa maré pode ter sido decisiva para que o legislador tenha entendido que os acordos administrativos são autênticos instrumentos de exercício de competências e que, sim, devem ser cada vez mais estimulados.

Além de prever com clareza a viabilidade jurídica dos acordos na ação administrativa, o art. 26 da LINDB adota uma *autorização legal amplíssima* ao indicar como hipóteses de cabimento a eliminação de irregularidade, incerteza jurídica ou situação contenciosa na aplicação do direito público.

De um modo geral, as normas dispondo sobre a consensualidade giram em torno de um específico instrumento consensual (arbitragem, mediação, termo de ajustamento de conduta, compromisso de cessação, acordo de leniência etc.). Após enunciar o *acordo típico*, a norma confere as hipóteses de cabimento, legitimados, requisitos, efeitos jurídicos e demais elementos de disciplina jurídica. A LINDB altera substancialmente essa sistemática de previsão normativa. Ao invés de indicar tipicamente os instrumentos, refere-se a um genérico "compromisso", de natureza *atípica*, que pode ser empregado

---

[33] Para uma reconstituição desse embate teórico no Direito Público brasileiro e debate prático sobre seus efeitos na composição do regime jurídico processual nos Tribunais de Contas, cf. VIANA, Ismar. *Fundamentos do processo de controle externo*. 3. tir. Rio de Janeiro: Lumen Juris, 2022. p. 101 e ss.

[34] Há uma tendência de os Tribunais de Contas Estaduais disciplinarem seus *termos de compromisso de gestão*, por meio dos quais os jurisdicionados de controle externo – notadamente agentes públicos – firmam compromissos de conduta em processos de responsabilização para fins de atenuação ou afastamento da punição. Trata-se de autêntico exercício de função administrativa. Como será analisado no próximo item, o art. 26 da LINDB tem aplicação subsidiária e atua na conformação jurídica esses instrumentos típicos. Porém, e este é o ponto que interessa nessa linha de raciocínio, o art. 26 da LINDB *autoriza que os Tribunais de Contas celebrem acordos para além de seu espectro de regulamentação*, i.e., nas hipóteses não abarcadas nos regulamentos de consensualidade, desde que para eliminar irregularidade, incerteza jurídica ou situação contenciosa. Assim, por exemplo, as métricas de uma auditoria operacional para fins de fiscalização poderão ser consensuadas com os auditados e as sanções em tomadas de contas substituídas por acordos.

[35] Cf. art. 1º, §1º, Lei nº 12.016/2009.

pela autoridade pública na consensualidade administrativa. Nada obsta, porém, que se dê um nome diferente ao acordo celebrado com fundamento no art. 26 da LINDB. Isso porque o compromisso mencionado no texto legal não se refere propriamente a um instrumento jurídico, mas ao *consenso entre as partes*. Desse modo, há amplo espaço de negociação dos contornos do acordo que será firmado, observada a legislação, inclusive os parâmetros do art. 26 da LINDB.

As hipóteses previstas no art. 26 da LINDB para cabimento dos acordos administrativos também são amplíssimas. Eliminação de irregularidade, incerteza jurídica ou situação contenciosa são *situações de ordem subjetiva*, ou seja, aferíveis pela lente de leitura das partes sobre determinado evento. Vejamos um exemplo. A incerteza jurídica relacionada à liberação de determinada atividade econômica por autoridade reguladora é determinada conforme a percepção que essas partes tenham sobre a decisão pública. Por um lado, o particular pode se sentir inseguro sobre o modo como conceitos jurídicos indeterminados determinantes à liberação serão colmatados pelo regulador (insalubridade, medida de interesse público, menos custoso etc.). Por outro, o regulador pode não deter todas as informações necessárias sobre a atividade econômica a ser liberada *ex ante*, fazendo-se necessária uma exploração para evidenciar os efeitos positivos e negativos da liberação. Nada mais adequado que regulador e solicitante de ato público de liberação celebrem um acordo integrativo definindo os parâmetros de colmatação dos conceitos jurídicos indeterminados e o ônus de o particular apresentar periodicamente relatório de impacto da atividade conforme cronograma consensualmente estabelecido. Trata-se de medida *viabilizadora do exercício de competência administrativa*: sem ela, possivelmente o ato público de liberação não seria expedido ante a impossibilidade de mensuração dos efeitos *ex ante*.

O art. 26 da LINDB permite endereçar uma série de dilemas da ação pública. Em termos gerais, basta que uma das partes indique uma das hipóteses legais para que seja possível a celebração do acordo, lembrando-se sempre do dever de motivar. Justamente porque as hipóteses são aferíveis subjetivamente, entende-se não caber revisão administrativa, controladora ou judicial sobre a existência objetiva de irregularidade, incerteza jurídica ou situação contenciosa; este controle limita-se ao devido processo legal e à pertinência da motivação com relação ao acordo celebrado. Ainda, muito embora o texto legal trabalhe com a locução "eliminar" – dando a entender que a consolidação de uma situação de irregularidade, incerteza jurídica ou contenciosa seria pressuposta –, nada impede que o compromisso seja firmado visando a *prevenir* a ocorrência dessas situações. Aliás, é nesses termos que o art. 27, §2º, da LINDB dispõe sobre o processo para "prevenir ou regular" a compensação por benefícios indevidos ou prejuízos anormais ou injustos do processo ou conduta das partes. A autorização legal para celebrar acordos que eliminem as situações especificadas abarcam, por certo, acordos que as previnam ou trabalhem para a sua resolução, ainda que sem superação total (p. ex., acordo que disponha sobre a quantificação de uma indenização ou a alocação das multas pagas).

O termo "eliminar" deve antes ser entendido como a materialização do *propósito de resolutividade* (cláusula de eficiência) dos acordos administrativos. Os acordos não são simplesmente celebrados para findarem processos ou satisfazerem interesses. É condição de validade dos acordos administrativos celebrados nos termos do art. 26 da LINDB que eles se voltem precipuamente a uma situação concreta (por isso a mera reprodução de modelos é má prática administrativa) e alterem positivamente o seu cenário em direção a uma finalidade pública que supere o problema diagnosticado. O acordo mira em um problema, e suas cláusulas apresentam soluções, ainda que não consigam a sua completa superação. Isso permite o controle dos resultados ao final do prazo do acordo, bem como o ajuste de seus termos no curso da execução para que ele seja o mais eficiente possível.

3.2 Testes de legalidade na consensualidade administrativa

O art. 26 da LINDB passa a ser o mais novo permissivo genérico à celebração de acordos na esfera administrativa. Ao contrário dos demais permissivos genéricos (art. 5º, §6º, da LACP; art. 3º, §2º, do CPC e Decreto Paulista nº 52.201/2007), o art. 26 em comento encontra-se em uma norma de estatura jurídica especial. Para todos os efeitos, a LINDB é uma *norma de sobredireito*,[36] cujos preceitos se sobrepõem às demais normas do Direito e orientam sua interpretação e aplicação prática. Essa peculiaridade requer seja reconhecida a aplicação subsidiária do art. 26 da LINDB às demais normas (leis e regulamentos) que disponham sobre instrumentos consensuais, "observada a legislação aplicável", como o próprio preceito comanda.

Alguns desdobramentos relevantes decorrem de o permissivo genérico da consensualidade administrativa encontrar-se em uma norma de sobredireito. Primeiramente, jamais o regime jurídico específico do instrumento consensual poderá ser afastado para celebração direta do compromisso previsto no art. 26 da LINDB. Seria um erro deixar de celebrar o termo de compromisso de cessação disciplinado no Direito Antitruste ou o acordo de não persecução cível da Lei de Improbidade Administrativa para, em seu lugar, celebrar o compromisso do art. 26 da LINDB (*by-pass*) e seguir o regime da LINDB em completa desconsideração das normas disciplinadoras desses instrumentos. Uma vez disciplinados em normas específicas, os acordos são considerados *típicos*, para todos os efeitos, e devem seguir o seu regime particular. Aliás, é o que o próprio texto do art. 26 da LINDB demarca. Importante salientar que o termo "legislação" empregado vem no sentido de "disciplina normativa", abarcando tanto leis formais como regulamentos que disponham sobre acordos administrativos.

Contudo, é de se reconhecer a aplicação subsidiária do art. 26 da LINDB justamente por sua posição especial em uma lei de sobredireito, conferindo *unidade* de fundamento legal à celebração de acordos pelo Poder Público e também sistematiza o regime jurídico mínimo da consensualidade administrativa formalizada em acordos.[37] A partir da edição da Lei nº 13.655/2018, passa-se a reconhecer *uniformidade do regime jurídico dos acordos*

---

[36] É nessa linha que o STJ reconheceu a cláusula de sobredireito da intangibilidade do ato jurídico perfeito prevista no art. 6º da LINDB. Cf. REsp nº 1.065.782, 2013. No âmbito do STF, é expresso o reconhecimento da natureza de norma sobredireito da LINDB. Ao firmar a tese de que as normas e os tratados internacionais limitadores da responsabilidade das transportadoras aéreas de passageiros, especialmente as Convenções de Varsóvia e Montreal, têm prevalência em relação ao Código de Defesa do Consumidor (Tema nº 210 de Repercussão Geral), o Min. Rel. Luís Roberto Barroso assim se posicionou: "[a] Constituição brasileira, no seu art. 178, previu um critério para a solução dessa antinomia. Neste caso, a Constituição fez um pouco o papel que a antiga *Lei de Introdução ao Código Civil – hoje, Lei de Introdução às Normas do Direito Brasileiro –* faz em termos de regras de sobredireito. Por conseguinte, aqui há uma *regra de sobredireito* constitucional que indica como é que se deve solucionar esta controvérsia".

[37] Importante ressaltar que o Decreto federal nº 9.830/2019, que regulamenta a LINDB, aplica-se tão somente à esfera federal.

administrativos justamente pela aplicação do art. 26 da LINDB, ora como fundamento legal, ora a título de aplicação subsidiária.

Mais do que nunca, é necessário revistar a *teoria da legalidade* para bem manejar a consensualidade administrativa. Passa-se a apresentar alguns dos mais relevantes *testes de legalidade* que surgem na celebração de acordos pelo Poder Público.

3.2.1 Preferência do art. 26 da LINDB e harmonização entre permissivos genéricos

Como indicado, há no Direito brasileiro quatro permissivos genéricos da consensualidade administrativa: (i) o art. 5º, §6º, da LACP; (ii) o Decreto Paulista nº 52.201/2007; (iii) o art. 3º, §2º, do CPC; e (iv) o art. 26 da LINDB. Sustenta-se a tese de que o art. 26 da LINDB, pela sua posição especial em norma de sobredireito, tem *preferência* sobre os demais permissivos genéricos e exige a sua *harmonização* com eles.

Ao ser incorporado à LINDB com a edição da Lei nº 13.655/2018, o art. 26 passa a ser *a cláusula geral autorizativa da consensualidade administrativa*. De fato o art. 26 da LINDB é um permissivo genérico à celebração de acordos pelo Poder Público, mas vai além: trata-se da autorização primeira da consensualidade administrativa. Isso significa, na prática, a *unidade de autorização legal* à celebração de acordos administrativos, que antecedem e têm preferência aos demais permissivos genéricos e mesmo às normas dispositivas de acordos administrativos.

O permissivo do art. 5º, §6º, da LACP dá lugar ao art. 26 da LINDB como fundamento legal para a consensualidade administrativa, reservando-se ao inquérito civil e à ação civil pública. Assim, todos os regulamentos de acordos administrativos que foram editados com base no art. 5º, §6º, da LACP continuam válidos e eficazes, mas desde a edição da Lei nº 13.655/2018 passaram a retirar seu fundamento de validade do art. 26 da LINDB. Para todos esses acordos, o regime do art. 26 da LINDB se aplica e afasta o do art. 5º, §6º, da LACP na medida em que esta norma *não mais serve de permissivo legal* à *consensualidade administrativa*.

E não há qualquer atecnia ou dificuldade prática na substituição de permissivos genéricos. Ocorre que o art. 26 da LINDB *derrogou* o efeito normativo do art. 5º, §6º, da LACP de fundamentação dos regulamentos de consensualidade administrativa ao se autoproclamar como a cláusula de legalidade dos acordos administrativos. Se antes o art. 5º, §6º, da LACP era o fundamento de legalidade dos acordos administrativos, o art. 26 da LINDB toma o seu lugar e passa a fundamentar os acordos administrativos celebrados após a sua edição. Portanto, o art. 26 da LINDB harmoniza os vários permissivos genéricos, autorizações legais e disposições específicas sobre a consensualidade administrativa.

Relevante implicação prática decorre dessa guinada de permissivo genérico: a cláusula de ajustamento de conduta, própria do regime da LACP, deixa de ser obrigatória. Os regulamentos que prevejam o dever de ajustamento de conduta podem ser plenamente revistos para deixarem de ter essa disposição, mesmo porque a celebração acordos no curso de processos sancionadores obsta o reconhecimento da responsabilidade administrativa que predicaria a necessidade de ajustamento de conduta. Não por outra razão, leis formais que dispõem sobre acordos administrativos – e, assim, jamais recorreram ao art. 5º, §6º, da LACP – determinam expressamente que a celebração do acordo não importa em confissão quanto à matéria de fato nem reconhecimento da ilicitude.

Os acordos que venham a ser celebrados no regime da LACP devem observar todos os requisitos de validade apresentados pelo art. 26 da LINDB que não estejam presentes na LACP. Afinal, este preceito determina que a legislação especial seja sempre observada. A bem da verdade, porém, praticamente inexiste requisito de validade, garantias, rito procedimental e regras de negociação no art. 5º, §6º, da LACP.

Quanto aos acordos no regime da LACP cumpridos, não se pode afirmar a retroatividade do art. 26 da LINDB para invalidá-los ou requerer direitos. No entanto, os TACs em curso, em fase de execução, devem obrigatoriamente se amoldar aos preceitos do art. 26 da LINDB, notadamente seu §1º. Seus termos poderão ser revistos caso se comprove que a solução jurídica apresentada não seja proporcional nem equânime. As obrigações genéricas, lastreadas em conceitos jurídicos indeterminados e sem execução delimitada devem ser revistas para que as obrigações sejam claramente definidas. Os TACs sem prazo, que na prática se comportam como autênticos TACs normativos,[38] devem ser revistos para a previsão de prazo certo ou, pelo menos, das circunstâncias de cumprimento que permitam ao particular obter o termo de quitação.

O particular pode solicitar essa renegociação dos TACs no regime da LACP em execução com fundamento no direito de petição ou na correspondente lei de processo administrativo, em se tratando de órgão ou ente público compromissário. Porém, é dever das autoridades públicas chamar a renegociação dos acordos administrativos em execução. Considerando a sua natureza consensual, não cabe alteração unilateral do acordo pela autoridade pública para fins de compatibilização do art. 26 da LINDB. O devido processo legal do art. 26 da LINDB deve ser estritamente observado: negociação dos termos aditivos dos TACs e prévia oitiva do órgão jurídico. Em caso de impasse, a judicialização do acordo se faz necessária.

Quanto à harmonização dos permissivos genéricos, o Decreto Paulista nº 52.201/2007 está em vigor no Estado de São Paulo e fundamenta os acordos celebrados nessa esfera federativa. Porém, aplica-se subsidiariamente o art. 26 da LINDB, considerando a sua natureza de metanorma, uma lei de sobredireito. Quanto ao permissivo do art. 3º, §2º, do CPC, este se volta apenas à *consensualidade no* âmbito *da jurisdição judicial*; os acordos celebrados no exercício de função administrativa devem invariavelmente seguir o rito do art. 26 da LINDB.

3.2.2 Outros testes de legalidade envolvendo o art. 26 da LINDB

Pelo menos quatro testes de legalidade desafiadores se colocam na dinâmica de celebração de acordos administrativos considerando o art. 26 da LINDB.

Um primeiro cenário corresponde ao (i) *acordo administrativo previsto em lei*. O acordo é tipicamente delimitado em lei formal, oriunda do Parlamento, sem prejuízo de posterior regulamentação, que pode se dar por decreto (p. ex., o acordo de leniência

---

[38] Aprofundar em LEITE, Fernanda Piccinin. Uma revisão normativa do termo de ajustamento de conduta previsto na LACP à luz no novo art. 26 da LINDB. *Revista Jurídica Profissional*, v. 1, 2022, *passim*.

da Lei Anticorrupção regulamentado pelo Decreto nº 11.129/2022), por decreto e regulamento (p. ex., o termo de compromisso de cessação do Cade) ou diretamente por regulamento (p. ex., o termo de ajustamento de conduta da ANS, previsto na Lei nº 9.656/98 e disciplinado pela Resolução Normativa nº 378/2015). Inobstante o acordo vir previsto em lei formal em regulamento, o *art. 26 da LINDB tem aplicação subsidiária* ao regime jurídico específico do acordo típico. Como analisado, a LINDB delimita sua incidência e impõe necessário respeito à legislação específica.

O segundo cenário, e bastante comum no âmbito regulatório, é informado pela (ii) *previsão de acordo em regulamento, mas não em lei formal.* Como exemplos desse cenário, mencionem-se Anatel, ANTT etc. Esses acordos são dependentes dos permissivos genéricos justamente por não serem previstos em lei formal, e, em regra, tomaram por referência o art. 5º, §6º, da LACP. Nos casos em que o acordo é previsto em regulamento administrativo apenas, sem qualquer correspondência em lei formal, deve-se reconhecer a plena aplicabilidade do art. 26 da LINDB. Como analisado, este é o caso de *substituição do permissivo genérico da consensualidade administrativa*: se o regulamento tomou como fundamento de validade o art. 5º, §6º, da LACP, agora é o art. 26 da LINDB que o fundamenta. Considerando a hierarquia normativa, qualquer antinomia entre o regulamento de consensualidade e o art. 26 da LINDB se resolve em favor deste, implicando revogação do excerto contrário ao texto legal. Como nos demais casos, o art. 26 da LINDB integra o regime jurídico dos acordos administrativos de assento regulamentar.

Outro cenário de teste de legalidade envolvendo a consensualidade administrativa corresponde (iii) à *previsão de acordos em lei formal, mas sem a correspondente regulamentação.* Trata-se de casos em que o instrumento da consensualidade vem previsto exclusivamente na lei resultante do processo legislativo, como se verifica na transação tributária disciplinada no art. 171 do CTN[39] e na Lei de Transação Tributária (Lei nº 13.988/2020). Aqui também o art. 26 da LINDB se aplica subsidiariamente. Na superveniência de regulamento, o art. 26 da LINDB passa a ter uma função diferenciada.

É comum que os regulamentos supervenientes à autorização legal limitem o alcance da consensualidade administrativa prevista em lei. Veja-se o exemplo prático da seara ambiental. Conforme a Lei de Crimes e Infrações Ambientais (Lei nº 9.605/98), a multa "pode ser convertida em serviços de preservação, melhoria e recuperação da qualidade do meio ambiente".[40] No entanto, os regulamentos historicamente alteraram o sentido de legal de conversão: ao invés de o acordo servir para a *transmutação* da multa em um compromisso em prol do meio ambiente, como a lei determina, os regulamentos trataram a conversão como *desconto do valor da multa.* Aqui há uma clara subversão do sentido legal da consensualidade administrativa e redução do escopo do ajustamento de conduta. Mencione-se ainda a supressão regulamentar do direito à conversão de multa quando da celebração de acordos ambientais que seria devido ao particular celebrante.

Desconto do valor de multa não é conversão de multa. A conversão implica a terminação consensual do processo sancionador e o afastamento de todos os efeitos

---

[39] É a redação do art. 171 do CTN: "[a] lei pode facultar, nas condições que estabeleça, aos sujeitos ativo e passivo da obrigação tributária celebrar transação que, mediante concessões mútuas, importe em determinação de litígio e conseqüente extinção de crédito tributário".

[40] Cf. art. 72, §4º, Lei nº 9.605/98.

jurídicos relacionados à punição, pois sanção não há. Mediante o cumprimento dos termos avençados no acordo, inexiste responsabilidade administrativa; reconhecimento de culpa, autoria e materialidade; condição do regulado como sancionado, inclusive para fins de registros públicos; caracterização da reincidência caso haja o cometimento de nova infração administrativa de mesmo objeto e natureza. O simples desconto não gera essa ordem de efeitos pretendida pelo legislador. Na prática, os regulamentos ambientais apostaram cegamente no *efeito simbólico da sanção* na prevenção de infrações ambientais e, assim, buscaram anular a consensualidade ao incutir o fundo sancionatório ao acordo: uma autêntica multa, com todos os efeitos sancionatórios atrelados, mas de valor reduzido.

Em situações como essas, o art. 26 da LINDB serve para garantir o direito legal à consensualidade administrativa. Percebendo-se que o regulamento diminuiu o alcance dos acordos administrativos conforme desenhado no texto legal, pode-se perfeitamente celebrar o compromisso da LINDB para alcançar a plenitude dos efeitos da consensualidade que fora assegurada na lei. Não se trata de um *by-pass* regulamentar. A adoção do instrumento consensual da LINDB em detrimento dos instrumentos previstos em regulamento é uma necessidade para se fazer valer o direito reconhecido em lei formal à conversão da multa. Na verdade, os regulamentos que limitam o alcance da consensualidade administrativa prevista em lei são *inválidos*.

Apenas recentemente foi editado novo regulamento na tentativa de atender plenamente ao escopo da consensualidade administrativa prevista na Lei de Crimes e Infrações Ambientais, qual seja, a efetiva conversão da multa. O Decreto nº 11.373/2023 alterou o regulamento da lei em comento (Decreto nº 6.514/2008) para expressamente reconhecer as seguintes hipóteses para terminação do processo sancionador ambiental: (i) pagamento da multa com desconto; (ii) parcelamento da multa; ou (iii) "conversão da multa em serviços de prestação, de melhoria e de recuperação da qualidade do meio ambiente".[41] No entanto, evidencia-se que tanto na modalidade de conversão direta quanto na de conversão indireta há o dever de pagamento do "valor da multa consolidada" com desconto.[42] Na prática, o programa de conversão de multas ambientais manteve a punição e seus efeitos na consensualidade administrativa ambiental. Ainda mais grave, essa lógica pressupõe o reconhecimento de autoria e materialidade do autuado no âmbito de um processo sancionador ainda em curso, tolhendo-se o direito de defesa do particular. Enquanto o regulamento não é revisto, o melhor é ler o "desconto da multa ambiental" como "obrigação de dar quantia certa", como constatado no setor antitruste. Isso garantiria a natureza substitutiva da conversão de multa, afastando-se os efeitos precipitados e descabidos da sanção antes mesmo do esgotamento do direito de defesa do particular. Sobre os valores, o ideal seria definir o montante final após a coisa julgada administrativa, evitando-se potencial comportamento oportunista de ancorar valores acima do devido na expectativa de maior recolhimento de parcela da multa ou de chancela de um valor ainda inicial (o da atuação, unilateral do Poder Público e sem o devido contraditório) que pode ser distorcido ante fatos e evidências apresentados no curso do devido processo legal sancionador.

---

[41]   Cf. art. 96, §5º, inc. II, do Decreto nº 6.514/98, com as alterações dadas pelo Decreto nº 11.373/2023.

[42]   Cf. art. 143, §2º, do Decreto nº 6.514/98, com as alterações dadas pelo Decreto nº 11.373/2023.

Outro exemplo de restrição regulamentar da consensualidade administrativa se recolhe do setor de petróleo e gás com a Resolução nº 9.478/2021 da ANP, que dispõe sobre o termo de ajustamento de conduta "relativo ao descumprimento constante de cláusula de conteúdo local os contratos de exploração de petróleo e gás natural extintos ou com fases encerradas". Em uma primeira leitura, poder-se-ia entender que o acordo substitutivo do TAC apenas seria juridicamente viável na específica situação versada na Resolução nº 9.478/2021 da ANP. No entanto, o art. 26 da LINDB confere a colmatação jurídica necessária para que sejam firmados acordos em outras sendas regulatórias da ANP, independentemente de prévia edição de regulamento específico. Como será analisado no próximo teste de legalidade, o art. 26 da LINDB permite imediata celebração de compromissos pela Administração Pública por dispor de *suficiente conteúdo regulamentar*, como já assente na doutrina e na jurisprudência. Ainda mais tranquilo é esse raciocínio quando o caso prático envolver órgãos e entes federais, tendo em vista a existência do Decreto nº 9.830/2019 que regulamenta a aplicação da LINDB no âmbito da União, cujo art. 10 largamente dispõe sobre a celebração de acordos pela Administração Pública.

Por fim, o último teste de legalidade corresponde à (iv) *inexistência de previsão legal ou regulamentar do acordo administrativo*. Sem dúvida, essa é a situação da maioria das ações administrativas. Mesmo com o avanço da disciplina normativa dos acordos administrativos, a imensa maioria das expressões das competências administrativas encontra-se descoberta da juridicidade expressa da consensualidade. Basta considerar a realidade municipalista, por exemplo, ou de outras searas mais refratárias à consensualidade, como o setor de energia ou a esfera disciplinar administrativa.[43] Nesses casos, o art. 26 da LINDB confere fundamento de validade suficiente para a celebração de compromisso nas hipóteses de irregularidade, incerteza jurídica ou situação contenciosa na esfera administrativa.

O art. 26 da LINDB confere *autorização expressa* à celebração acordos pelo Poder Público. Não se verifica qualquer ordem de *delegação legislativa ou regulamentar* para fins de *eficácia da norma*, que deve ser compreendida como *plena* para todos os efeitos. O dever de consideração de regimes jurídicos especiais não implica qualquer ordem de delegação de competências normativas, sendo um demarcador de sua incidência meramente supletiva. Igualmente importante salientar que o art. 26 da LINDB cumpre com o *conteúdo regulamentar mínimo* necessário para a celebração de acordos: âmbito de aplicação, legitimados, regime jurídico, processo de celebração, requisitos, elementos de caracterização e consequências pelo descumprimento encontram-se inteiramente no *caput* e correspondente parágrafo. Na prática, a estrutura normativa do texto do art. 26 da LINDB é compatível com os vários diplomas de consensualidade administrativa e até mesmo mais detalhado.

Por isso não é possível afirmar a existência de reserva de lei ou de reserva de regulamento para a previsão de acordos administrativos. O grande avanço do art. 26 da LINDB na comparação com o art. 5º, §6º, da LACP em termos de permissivo genérico é justamente a sua autonomia e prescindibilidade de qualquer disciplina legal

---

[43] Aprofundar em FRATINI, Inacion Loiola Matovani. *Regime jurídico dos instrumentos consensuais no Sistema Disciplinar do Estado de São Paulo*: razões, instrumentos e perspectivas. Dissertação (Mestrado) – FGV Direito SP, 2022.

ou regulamentar. Não cumprindo com o mínimo regulamentar da consensualidade administrativa, o art. 5º, §6º, da LACP exigia a edição de norma para viabilizar a celebração de acordo na esfera administrativa. Um dos alicerces da Lei nº 13.655/2018 é a consensualidade, tanto que os acordos estão esparsamente previstos na LINDB, como o compromisso por abuso processual (art. 27) e a participação administrativa (art. 29). O art. 26 é o principal incentivo à consensualidade administrativa, por trazer diretamente o instrumento "compromisso" e permitir sua imediata aplicação nas hipóteses em que especifica, acobertando, portanto, todos os campos descobertos das normas de consensualidade administrativa para viabilizar a imediata celebração de acordos administrativos.

Os regulamentos de consensualidade administrativa são sempre bem-vindos para conferir maior previsibilidade e qualidade técnica no desenho dos acordos administrativos. É o que o art. 30 da LINDB requer.[44] Mas isso não significa que haja uma reserva regulamentar dos acordos administrativos diante do art. 26 da LINDB. Apesar de vozes destoantes, é nessa linha que caminha a doutrina[45] e a jurisprudência judicial[46] e controladora.[47]

4 Considerações finais

O Estado Administrativo moderno é legítimo? A partir dessa provocação, Cass Sunstein e Adrian Vermeule desenvolvem uma leitura do Direito Administrativo que, na visão dos autores, terminaria por conferir legitimidade ao controverso Estado Administrativo americano.[48] Para os autores, o Direito Administrativo americano

---

[44] É a redação do art. 30 da LINDB: "[a]s autoridades públicas devem atuar para aumentar a segurança jurídica na aplicação das normas, inclusive por meio de regulamentos, súmulas administrativas e respostas a consultas".

[45] Cf. GUERRA, Sergio; PALMA, Juliana Bonacorsi de. Art. 26 da LINDB – Novo Regime de Negociação com a Administração Pública. *Revista de Direito Administrativo*, Rio de Janeiro, 2018. Edição especial, Direito Público na Lei de Introdução às Normas do Direito Brasileiro – LINDB (Lei nº 13.655/2018). p. 163.

[46] Cf. TJ-SP, Apelação Cível nº 1028747-80.2020.8.26.0053, 2021. Conforme o Desembargador Paulo Alcides, "[n]ão há óbice à transação extrajudicial perpetrada pelos autores, cujo objetivo é, mediante desconto, promover a liquidação de multas ambientais aplicadas pela agência ambiental contra usinas produtoras de álcool (representadas pelos sindicatos demandantes) em decorrência da queima não autorizada da palha de cana de açúcar. A alegação de *ofensa aos princípios da legalidade e da indisponibilidade dos bens públicos não subsiste*, pois o artigo 7º da Resolução SMA nº 51/2016 prevê a possibilidade de redução das multas ambientais em até 90%. Além disso, o desconto concedido pela agência ambiental não implica em renúncia a eventual dever de recomposição de áreas ambientalmente degradadas. O acordo, ademais, que contou com a adesão voluntária das partes, *é louvável, pois além de evitar a judicialização de inúmeros autos de infração* que se encontram em fase pré-judicial (evitando sobrecarga ainda maior do Poder Judiciário), *afasta, também, a incerteza jurídica* que paira sobre tais autuações (diante do posicionamento dos Tribunais a respeito da natureza subjetiva da responsabilidade administrativa ambiental)".

[47] Cf. TCU, Acórdão nº 2.139/2022. Conforme o Min. Bruno Dantas, "De fato, o art. 26 da LINDB traz tipicidade mais ampla que o permissivo anterior – eliminação de irregularidade, incerteza jurídica ou situação contenciosa na aplicação do direito público – justamente com o objetivo de estabelecer margens mais largas de liberdade para se definir a estratégia negocial que melhor se compatibilize com o interesse público. [...] *E o TAC, nesse caso concreto, precisamente por sua flexibilidade, apresenta-se como a estrutura capaz de oferecer às partes a melhor alternativa para a realização do interesse público.* Cumpre ressalvar, contudo, que a estruturação do TAC, nos moldes propostos, só se viabilizou em razão da *participação de uma entidade pública* estar assumindo as obrigações originariamente pactuadas por um particular. Dessa forma, o precedente aqui em julgamento deve ser aplicado com reservas a outras concessões".

[48] SUNSTEIN, Cass; VERMEULE, Adrian. *Law and Leviathan*: redeeming the Administrative State. [s.l.]: [s.n.], 2020. p. 34-36.

possuiria uma moralidade interna informada por princípios e garantias protetivas de valores caros à sociedade americana e que, para uma corrente de pensamento crítica à legitimidade do Estado Administrativo, estariam sob ataque com o excesso de discricionariedade administrativa, arbitrariedade e erosão do controle judicial, especialmente com as teorias da deferência.[49]

A finalidade dos autores é construir um sólido arcabouço teórico sobre a moralidade do Direito Administrativo, amparado na teoria de Lon Fuller, para defesa do Estado Administrativo, então uma das questões teóricas mais debatidas na academia publicista americana. Não convém analisar o êxito da argumentação dos autores sobre o Estado Administrativo. Porém, o percurso argumentativo interessa a este estudo. Em sua análise, Cass Sunstein e Adrian Vermeule conferem *papel central ao processo administrativo na construção da moralidade do Direito Administrativo*, destacando-se o princípio do devido processo legal, embora o *Administrative Procedure Act* (APA) não seja a fonte única da moralidade do Direito Administrativo americano.[50]

Talvez a busca pela moralidade do Direito Administrativo não faça tanto sentido para céticos e pragmáticos, mas o alerta dos autores é de suma relevância: as normas de processo administrativo são imprescindíveis ao Estado de Direito. Não há sistema de Direito Administrativo sem uma disciplina efetiva do processo enquanto arena de conformação do exercício da função administrativa.

Ninguém questionaria que o Direito Administrativo brasileiro é genuinamente um sistema legal com normas de processo administrativo. No entanto, a *qualidade* dessas normas para a garantia de direitos e a efetividade da ação administrativa e a *extensão* da processualidade administrativa são elementos de consideração em qualquer estudo sério sobre a construção do Estado de Direito. Em certa medida, o PL nº 2.481/2022, que visa a reformar a Lei Federal do Processo Administrativo (Lei nº 9.784/99), pode ser encarado como um projeto de robustecimento do Estado de Direito pelo incremento da processualidade administrativa exatamente nessas duas dimensões: incremento da qualidade das normas processuais, que tornam a ação pública mais legítima e efetiva, e extensão do dever de realizar processo administrativo inclusive para órgãos e entes estatais cuja processualidade era bastante diminuta ou mesmo que resistiam a observar os parâmetros das leis de processo administrativo.

A consensualidade administrativa é legítima. É o art. 26 da LINDB, elo de legitimidade de todas as experiências consensuais, que traz em si uma série de deveres e obrigações processuais que serão sempre observados quando do exercício da função consensual. Observar o art. 26 da LINDB não é apenas cumprir com exigências formais, mas antes integrar uma lógica de permeabilidade e funcionalização do Direito Administrativo em parâmetros processuais uniformizantes.

---

[49] SUNSTEIN, Cass; VERMEULE, Adrian. *Law and Leviathan*: redeeming the Administrative State. [s.l.]: [s.n.], 2020. p. 34-36.

[50] SUNSTEIN, Cass; VERMEULE, Adrian. *Law and Leviathan*: redeeming the Administrative State. [s.l.]: [s.n.], 2020. p. 97.

Referências

FRATINI, Inacion Loiola Matovani. *Regime jurídico dos instrumentos consensuais no Sistema Disciplinar do Estado de São Paulo*: razões, instrumentos e perspectivas. Dissertação (Mestrado) – FGV Direito SP, 2022.

GUERRA, Sergio; PALMA, Juliana Bonacorsi de. Art. 26 da LINDB – Novo Regime de Negociação com a Administração Pública. *Revista de Direito Administrativo*, Rio de Janeiro, 2018. Edição especial, Direito Público na Lei de Introdução às Normas do Direito Brasileiro – LINDB (Lei nº 13.655/2018).

JUSTEN FILHO, Marçal. O Direito Administrativo do Espetáculo. *Fórum Administrativo*, v. 100, Belo Horizonte, jun. 2009.

LEITE, Fernanda Piccinin. Uma revisão normativa do termo de ajustamento de conduta previsto na LACP à luz no novo art. 26 da LINDB. *Revista Jurídica Profissional*, v. 1, 2022.

SUNDFELD, Carlos Ari. *Direito administrativo para céticos*. 2. ed. São Paulo: Malheiros, 2014.

VIANA, Ismar. *Fundamentos do processo de controle externo*. 3. tir. Rio de Janeiro: Lumen Juris, 2022.

Informação bibliográfica deste texto, conforme a NBR 6023:2018 da Associação Brasileira de Normas Técnicas (ABNT):

PALMA, Juliana Bonacorsi de. O valor jurídico do art. 26 da LINDB como permissivo genérico da consensualidade administrativa. *In*: JUSTEN, Monica Spezia; PEREIRA, Cesar; JUSTEN NETO, Marçal; JUSTEN, Lucas Spezia (coord.). *Uma visão humanista do direito*: homenagem ao Professor Marçal Justen Filho. Belo Horizonte: Fórum, 2025. v. 1, p. 739-760. ISBN 978-65-5518-918-6.

ACORDOS NA IMPROBIDADE

LUIZ FELIPE HADLICH MIGUEL

1 Uma justa homenagem

Final da década de 90 do século passado. Ingressava na faculdade de direito e, concomitantemente, no escritório de advocacia de meu pai – cuja atuação era, predominantemente, em licitações de obras públicas. Impugnações a editais e recursos administrativos passaram a ser minha rotina.

Na lida diuturna com as compras públicas, notei que tanto as licitantes, quanto a Administração Pública (em especial) escoravam-se, quando da exposição de suas razões, em lições de um autor que, desde então, passei a admirar. Marçal Justen Filho e seu *Comentários* à *Lei de Licitações e Contratos Administrativos* era presença garantida em todo e qualquer processo licitatório em trâmite no Brasil.

Não havia um único escritório de advocacia, dos que militavam na área, que não tivesse um exemplar desta magnífica obra. Ouso dizer que não havia nenhuma repartição pública neste país de dimensões continentais que não mantivesse um "Marçal" em suas prateleiras para consulta e embasamento de seus atos.

O tempo passou... Dono de uma capacidade inigualável de interpretar leis e transformar sua vasta experiência profissional em valiosas obras jurídicas, Marçal continuou a estudar e a escrever.

E eis que a vida me deu a oportunidade de conhecer aquele que era a máxima referência de meus recursos e impugnações. No contato pessoal, pude descobrir que o Marçal amigo é ainda melhor do que o Marçal jurista. Trato fácil, sempre bem-humorado e detentor de uma disposição invejável. Incansável e brilhante. Disposto a enfrentar as mais complexas questões jurídicas – tanto é assim que já se pôs a analisar diversas situações que a ele submeti, das mais esdrúxulas possíveis, por ele facilmente depuradas e explicitadas em magistrais pareceres.

A presente obra nada mais é do que uma singela homenagem ao nosso mestre. Estou certo de que a compilação de ideias neste trabalho só servirá para aguçar seu ímpeto por melhor tratar dos temas que estão aqui expostos.

2 Introdução

Na redação original da Lei Federal nº 8.429, de 2.6.1992 (Lei de Improbidade Administrativa – doravante LIA), estava clara a vedação a qualquer espécie de transação, acordo ou conciliação nas ações que tinham por objeto apurar e sancionar eventuais atos de improbidade administrativa. Imperava à época a ideia de indisponibilidade do interesse público,[1] a impedir qualquer espécie de transação que porventura envolvesse a Administração Pública, mesmo que indiretamente.

Tal entendimento dificultou os avanços no sentido da adoção de acordos em ações de improbidade – até o advento da Lei nº 9.099/1995, que trata dos juizados cíveis e criminais. Ali restou consagrada a possibilidade de transação penal, a afastar a punibilidade em crimes de menor potencial ofensivo.[2] Surge, neste contexto, alguns defensores da possibilidade da celebração de acordos nas improbidades – afinal, se é possível transacionar em matéria penal (cujos interesses estatais tutelados são dos mais sensíveis), mais será no atinente ao direito administrativo sancionador.

Em 2017 o Conselho Nacional do Ministério Público – CNMP editou resolução (nº 179/2017) que, regulamentando o §6º do art. 5º da Lei nº 7.347/1985 (Lei da Ação Civil Pública), diante da conveniência da atuação resolutiva e proativa dos membros do Ministério Público para promoção da justiça e redução da litigiosidade, face à necessidade de uniformização da atuação de seus membros e considerando os direitos e interesses coletivos cuja defesa a eles lhe foi incumbida pela Constituição Federal, fixou parâmetros para a realização de compromissos de ajustamento de conduta – deixando claro, no §2º do art. 1º, que este instrumento é cabível nas hipóteses configuradoras de improbidade administrativa.[3]

---

[1] Nas lições de Celso Antônio Bandeira de Mello: "A indisponibilidade dos interesses públicos significa que, sendo interesses qualificados como próprios da coletividade – internos ao setor público –, não se encontram à livre disposição de quem quer se seja, por inapropriáveis. O próprio órgão administrativo que os representa não tem disponibilidade sobre eles, no sentido de que lhe incumbe apenas curá-los – o que é também um dever – na estrita conformidade do que predispuser a *intentio legis*. [...] Em suma, o necessário – parece-nos – é encarecer que na administração os bens e os interesses *não se acham entregues à livre disposição da vontade do administrador*. Antes, para este, coloca-se a obrigação, o dever de curá-los nos termos da finalidade a que estão adstritos. É a ordem legal que dispõe sobre ela" (BANDEIRA DE MELLO, Celso Antônio. *Curso de direito administrativo*. 21. ed. São Paulo: Malheiros, 2006. p. 70-71).

[2] Lei nº 9.099, de 26.9.1995: "Art. 76. Havendo representação ou tratando-se de crime de ação penal pública incondicionada, não sendo caso de arquivamento, o Ministério Público poderá propor a aplicação imediata de pena restritiva de direitos ou multas, a ser especificada na proposta. §1º Nas hipóteses de ser a pena de multa a única aplicável, o Juiz poderá reduzi-la até a metade. §2º Não se admitirá a proposta se ficar comprovado: I - ter sido o autor da infração condenado, pela prática de crime, à pena privativa de liberdade, por sentença definitiva; II - ter sido o agente beneficiado anteriormente, no prazo de cinco anos, pela aplicação de pena restritiva ou multa, nos termos deste artigo; III - não indicarem os antecedentes, a conduta social e a personalidade do agente, bem como os motivos e as circunstâncias, ser necessária e suficiente a adoção da medida. §3º Aceita a proposta pelo autor da infração e seu defensor, será submetida à apreciação do Juiz. §4º Acolhendo a proposta do Ministério Público aceita pelo autor da infração, o Juiz aplicará a pena restritiva de direitos ou multa, que não importará em reincidência, sendo registrada apenas para impedir novamente o mesmo benefício no prazo de cinco anos. §5º Da sentença prevista no parágrafo anterior caberá a apelação referida no art. 82 desta Lei. §6º A imposição da sanção de que trata o §4º deste artigo não constará de certidão de antecedentes criminais, salvo para os fins previstos no mesmo dispositivo, e não terá efeitos civis, cabendo aos interessados propor ação cabível no juízo cível".

[3] Conselho Nacional do Ministério Público – CNMP, Resolução nº 179, de 26.7.2017: "Art. 1º O compromisso de ajustamento de conduta é instrumento de garantia dos direitos e interesses difusos e coletivos, individuais homogêneos e outros direitos de cuja defesa está incumbido o Ministério Público, com natureza de negócio jurídico que tem por finalidade a adequação da conduta às exigências legais e constitucionais, com eficácia de

Por fim, já enfraquecida a tese da impossibilidade da celebração de acordos diante da realidade dos fatos, em 2019 a Lei nº 13.964 (popularmente conhecida como pacote anticrime) acabou por extirpar a discussão, ao admitir a celebração de acordos de não persecução cível.

Na redação atual da Lei nº 8.429, o art. 17-B dispõe acerca destes acordos, seus requisitos e condições. A intenção é tornar mais racional o sistema de reparação de danos ao erário – vez que a ação judicial, nos moldes processuais atuais e levada a efeito perante um Poder Judiciário deveras assoberbado e, portanto, moroso, tende a resultados pouco efetivos. Vejamos...

3 Da iniciativa do acordo

Restando clara a possibilidade da realização de acordo, a primeira questão é saber de quem é a iniciativa para tanto. Afinal, uma das partes deverá dar início às tratativas.

Neste particular, tanto o agente investigado ou processado, quanto o Ministério Público, poderão tomar a iniciativa. O que se busca com o acordo é do interesse de todos; não há (ou não deveria haver), desta forma, diferença se a iniciativa parte do agente ou do Órgão Ministerial.

Poderíamos supor que a busca do Ministério Público por parte do agente levaria à conclusão de que estaria o último mais interessado em um eventual acordo, prejudicando a negociação dos termos do pacto (face a uma tendência de endurecimento por parte do MP). Daí a importância de a proposta estar sujeita a sigilo – com ele, na hipótese do insucesso das tratativas, não haverá prejuízo à parte.

Vale lembrar também que as negociações para a celebração do acordo deverão ocorrer na presença do defensor do investigado ou demandado, que ponderará suas vantagens e desvantagens face aos ônus e consequências de uma ação judicial e eventual condenação.

Mesmo que tenha o agente procurado o MP e formulado proposta, pode dela desistir. A recíproca também é verdadeira. Enquanto não tiver sido assinado, a desistência ou rejeição é possível – e não importará em reconhecimento da prática do suposto ato ímprobo. Todos os documentos porventura disponibilizados pelo agente deverão lhe ser restituídos e não poderá o Órgão Ministerial utilizar, em uma eventual futura ação ou nos autos daquela que já se processa, qualquer informação que tenha colhido nesta fase negocial – nem mesmo como fundamento para a instauração de novo procedimento investigativo.

4 Do momento do acordo

O acordo poderá ser firmado antes da existência de uma ação judicial, ou quando já tiver sido ela proposta. Na fase extrajudicial, será firmado nos autos do inquérito civil instaurado para apurar a ilicitude – e dependerá da homologação do órgão do Ministério

---

título executivo extrajudicial a partir da celebração. [...] §2º É cabível o compromisso de ajustamento de conduta nas hipóteses configuradoras de improbidade administrativa, sem prejuízo do ressarcimento ao erário e da aplicação de uma ou algumas das sanções previstas em lei, de acordo com a conduta ou o ato praticado".

Público competente para apreciar as promoções de arquivamento de inquéritos civis (Conselho Superior do Ministério Público). Caso não homologado, os efeitos são como os da desistência do acordo (explicitados no item anterior).

Caso já tenha sido distribuída a ação, o acordo dependerá de homologação judicial. Poderá ser feito tanto na primeira instância quanto na fase recursal ou mesmo no momento da execução da sentença condenatória (é o que consta do §4º do art. 17-B da LIA – o C. Superior Tribunal de Justiça assim tem decidido).[4]

É fato que as negociações sofrerão os influxos das decisões já proferidas nos autos. Uma improcedência na primeira instância dará ao então réu um poder de barganha maior nas tratativas de um eventual acordo. Ou o contrário, no caso de uma condenação. Também é fato que as tratativas levarão em conta o estágio do processo, especialmente após o advento das alterações promovidas pela Lei nº 14.230/2021, que trouxe para o âmbito das ações de improbidade o instituto da prescrição intercorrente. Dentro em breve será alcançado o prazo de 4 anos da vigência desta nova regra. É provável que, na iminência de uma possível prescrição, o MP seja mais flexível nas negociações de eventuais acordos.

5 Dos requisitos do acordo

Não obstante o acordo na improbidade ter natureza de negócio jurídico bilateral, a lei estabeleceu alguns requisitos mínimos – sem os quais não poderá ser firmado. O primeiro deles é o integral ressarcimento do dano, a ser apurado pelo Tribunal de Contas competente, que se manifestará após provocação, devendo indicar os parâmetros utilizados para a obtenção do montante a ser ressarcido.

O segundo requisito é a reversão, à pessoa jurídica lesada, da vantagem indevida obtida com o ato tido por ímprobo. Vale dizer que, tanto a extensão do dano, quanto o montante acrescido ilicitamente (quando houver) não poderão ser objeto de negociação. O que se poderá discutir é a forma, prazo e modo de cumprimento da obrigação.

Quanto ao aspecto formal, o acordo deverá conter a identificação completa das partes; a descrição detalhada da conduta tida por ilícita; a subsunção desta conduta a uma das modalidades de ato de improbidade; a quantificação do dano e dos eventuais valores acrescidos ilicitamente; as sanções que serão aplicadas; a forma de cumprimento do acordo; as sanções por eventual descumprimento do avençado.

Há quem defenda a necessidade de confissão do ato ilícito pelo agente – não por expressa previsão na lei, mas por decorrer da dinâmica do microssistema de tutela do patrimônio público.[5] A nosso ver, quisesse o legislador a confissão como requisito para a assinatura do acordo, assim o teria feito. Foi silente – o que conduz à sua desnecessidade.

---

[4] Superior Tribunal de Justiça, EAREsp nº 102.585: "EMENTA: PROCESSUAL CIVIL E ADMINISTRATIVO. IMPROBIDADE. ACORDO DE NÃO PERSECUÇÃO CÍVEL. ÂMBITO RECURSAL. POSSIBILIDADE. HOMOLOGAÇÃO JUDICIAL DO AJUSTE. ART. 17-B, DA LEI N. 8.429/1992, INCLUÍDO PELA LEI N. 14.230/2021. 1. A nova regra legal admite o acordo de não persecução cível, no âmbito das condutas qualificadas como de improbidade administrativa, desde o momento da investigação até a fase de execução da sentença. 2. Possível a homologação judicial de acordo no âmbito de ação de improbidade administrativa em fase recursal. Precedentes. 3. Cumpridos os requisitos legais, homologa-se o acordo".

[5] ANDRADE, Landolfo. *Acordo de não persecução cível*: primeiras reflexões. Disponível em: https://blog.grupogen.com.br/juridico/areas-de-interesse/processocivil/acordo-de-nao-persecucao-civel/. Acesso em: 25 maio 2024.

Nem mesmo nos acordos de não persecução penal, em que a confissão é claramente prevista na lei (art. 28-A do Código de Processo Penal), ela deveria ser exigida. Afinal, é do texto constitucional (art. 5º, LXIII) a garantia da não autoincriminação.

6 Dos limites do acordo

Como o próprio nome diz, o acordo não é uma condição imposta pelo Ministério Público, mas sim o resultado de um diálogo franco e equilibrado, de propostas e contrapropostas, com a concordância mútua em prol de um resultado positivo para as partes e para o interesse público envolvido.

Contudo, mesmo diante desta autonomia negocial (deveras ampla no âmbito do direito privado), na esfera da tutela da probidade/improbidade as balizas são mais estreitas. Há de se fazer um juízo de ponderação (subjetivo) acerca da conveniência do acordo, tomando por norte sua real funcionalidade quanto à reprovação do ilícito e futura prevenção da reincidência.

No mais, em um juízo (objetivo) de efetividade do controle, deve ser considerado o tempo que uma eventual ação judicial demandaria. As ações de improbidade tendem ao infinito – a indicar o acordo como uma opção racional e respeitosa ao princípio da razoável duração do processo.

Nos termos do §2º do art. 17-B da LIA, na celebração do acordo serão consideradas a personalidade do agente, a natureza, as circunstâncias, a gravidade e a repercussão social do ato de improbidade, bem como as vantagens (para o interesse público) da rápida solução do caso. Como se vê, são também critérios subjetivos, mas que contribuem na dosimetria das sanções que serão estabelecidas.

Não cabe ao Ministério Público impor as condições do acordo; deve estar flexível para discuti-las. Não é um "presente" do acusador ao acusado, mas sim um instrumento de consecução do interesse público. Todas as garantias constitucionais devem ser franqueadas ao acusado, sob pena de se corrigir um ilícito com a prática de outro.

É possível que a negociação envolva obrigações outras que não o pagamento/devolução de dinheiro. Certa ocasião tivemos a oportunidade de mediar um acordo com o Ministério Público do Estado de São Paulo no qual a contrapartida da acusada foi o fornecimento de protetores faciais (*face shield*), muito utilizados como Equipamentos de Proteção Individual (EPI) durante a pandemia de Covid-19. A empresa passava por dificuldades financeiras à época, de maneira que pagar qualquer quantia seria inviável – todavia, sua linha de produção poderia fabricar esse tipo de equipamento, cuja necessidade era premente. O MP, ciente das dificuldades de caixa da empresa e imbuído do intento de dar efetividade à sua atuação enquanto órgão de controle, consultou a Secretaria Estadual de Saúde acerca da conveniência desta intenção, que previamente analisou o produto acerca de suas especificações técnicas e qualidade, dando seu aval. Enfim, sob o argumento de que a aceitação destes bens atendia aos interesses sociais por ele tutelados, o D. Promotor de Justiça aceitou a proposta formulada pela empresa, com a destinação das máscaras de proteção à Secretaria Estadual de Saúde, à Federação das Santas Casas e Hospitais Beneficentes do Estado de São Paulo, à Polícia Militar do Estado de São Paulo, à Polícia Civil do Estado de São Paulo e ao Tribunal de Justiça do Estado de São Paulo.

No âmbito negocial, o importante é que sejam identificadas alternativas capazes de viabilizar o acordo – desde que adequadas e suficientes a punir o agente, impedindo-o de reincidir na ilicitude. O sucesso das tratativas está na criatividade dos envolvidos e na boa vontade em encontrar soluções. Nossa cultura, infelizmente, ainda é a do litígio. Há esperança de que as próximas gerações enxerguem o processo judicial como verdadeiramente a última opção.

7 Da extinção do acordo

Entabulado o acordo, e considerando que não necessariamente as obrigações nele assumidas se esvaem de imediato, é imprescindível o acompanhamento de seu cumprimento. Deverá o MP se certificar de que tudo o que fora negociado foi perfeitamente cumprido.

Cumprido integralmente o acordo, o MP deverá promover o arquivamento do procedimento investigatório – ou, quando formulado no bojo de uma ação já distribuída, deverá informar o Juízo, requerendo a extinção da ação e seu consequente arquivamento.

Contudo, em caso de descumprimento do acordo, deverá o MP notificar o celebrante para que apresente justificativa. Se acolhida, o acordo seguirá válido. Rejeitada, o descumprimento, ainda que parcial, ensejará o vencimento antecipado das obrigações convencionadas, com a consequente execução do título (e das sanções nele previstas); ou, não sendo possível a execução, requererá sua rescisão junto ao órgão homologador, retomando-se a investigação ou o processo. Vale ressaltar que, em caso de rescisão do pactuado por descumprimento do agente, as provas por ele fornecidas serão válidas e poderão ser utilizadas na persecução que será retomada.

Nota-se, portanto, que as consequências do descumprimento são por demais gravosas. Este é o espírito – evitar acordos inviáveis ou protelatórios. Há de se ter responsabilidade diante do bem jurídico tutelado.

8 Acordo – Faculdade ou obrigação?

Muito se discute acerca da obrigação do Ministério Público em oferecer o acordo ao agente (sendo este, portanto, um direito subjetivo do acusado) – ou se, exatamente por ser um acordo, seria apenas uma faculdade, a depender do caso concreto e da boa vontade do promotor que estiver à frente do processo.

Vale lembrar, neste particular, que o art. 17-B da Lei de Improbidade Administrativa, introduzido pela Lei nº 14.230/2021, dispõe que o "Ministério Público *poderá*, conforme as circunstâncias do caso concreto, celebrar acordo de não persecução civil". Nesta esteira, há quem defenda que, ao usar o verbo "poderá", o legislador quis deixar claro tratar-se de mera faculdade, e não de direito subjetivo do réu.

Existe certo consenso no que tange à faculdade do Ministério Público acerca do oferecimento/aceitação do acordo. Todavia, a razão de ser uma faculdade, não uma obrigação, parece ser outra. O "poder" nos textos de lei, em especial nos que regulam atividades da Administração Pública, é (há muito) entendido como "dever". Fosse, portanto, por tal razão, e os acordos seriam uma obrigação.

A bem da verdade, a inexistência de direito subjetivo ao oferecimento/aceitação do acordo deriva da necessária ponderação, por parte do órgão legitimado, da sua vantajosidade quanto ao atendimento do interesse público por ele tutelado, em cotejo com os riscos da persecução judicial da plena (e incerta) responsabilização do infrator.

Assim, a pertinência do acordo demanda uma análise do caso concreto, cujos elementos serão ponderados pelo agente competente – dotado de discricionariedade para avaliar se aquele é vantajoso, mesmo inserto em um contexto de elevada fluidez das balizas para sua aferição.

No sentido de ser uma faculdade (e não uma obrigação) é que caminha a jurisprudência, dentre outros, do Tribunal de Justiça do Estado de São Paulo (confira-se, para tanto, Agravo de Instrumento nº 2316483-95.2023.8.26.0000,[6] julgado aos 5.2.2024).[7]

Não obstante ser uma faculdade, deve haver isonomia. Se em dada situação o acordo foi ofertado, em situação análoga há também de o ser. E mais: as condições do acordo igualmente devem guardar coerência, gerando um histórico de parâmetros, a indicar as possibilidades e condições de sua pactuação.

9 Conclusão

É certo que a consensualização, mesmo que mediante renúncias recíprocas, atende ao interesse público, vez que permite sua tutela de forma mais célere e efetiva. Nesta esteira, é possível concluir que a realização de acordos em ações de improbidade administrativa é um avanço em matéria de atividade sancionatória não penal.

Cumpre ao Ministério Público, portanto, avaliar – diante do caso concreto – a conveniência de se oferecer/aceitar um acordo, ponderando se ele será capaz de acomodar os interesses envolvidos na situação em tela, quando em cotejo com sua função de controle e punição dos atos tidos por ilícitos.

A judicialização do embate, tendente à baixa efetividade sancionatória (face a um Poder Judiciário deveras assoberbado e um sistema processual que permite avançar, por décadas, com a discussão), não é o caminho mais racional. Pelo contrário: acaba por perpetuar um conflito sem perspectiva de um desfecho positivo a qualquer das partes (por força da demora).

---

[6] "Ementa: Agravo de instrumento - Ação Civil Pública por atos de improbidade administrativa - Indeferimento de pedido de envio dos autos ao Procurador Geral de Justiça para reanálise da possibilidade de colaboração de acordo de não persecução civil - Nao cabimento - Acordo que trata de faculdade do Ministério Público e não direito subjetivo do réu - Precedentes- Desprovimento do recurso".

[7] No mesmo sentido: "APELAÇÕES. IMPROBIDADE ADMINISTRATIVA. ENRIQUECIMENTO ILÍCITO. VIOLAÇÃO À PRINCÍPIOS 1. Ação civil pública por atos de improbidade administrativa pela qual o Ministério Público do Estado de São Paulo busca a condenação dos réus, advogada e policiais civis, nas condutas previstas nos artigos 9 e 11 da Lei Federal no 8.429/1992, em razão de, conjugadamente e em unidade de desígnios, exigirem ilicitamente das vítimas quantia em dinheiro sob ameaça de fechamento de empresa. Sentença de parcial procedência. 2. Apelações dos réus desacolhido pedido de remessa dos autos ao Ministério Público para oferecimento de acordo de não persecução civil, que não consiste em direito subjetivo e, além disso, já manifestado desinteresse pelo autor da ação. 3. Possibilidade de condenação no âmbito civil mesmo diante da condenação penal fatos que também ensejaram a condenação dos réus no crime de previsto no artigo 158, §1º do Código Penal (extorsão qualificada pelo concurso de agentes) autoria e materialidade ratificada, diante do depoimento das testemunhas colhidos naquela esfera. Condutas dolosas que configuram enriquecimento ilícito e violação aos princípios da administração. Sentença ratificada. Recursos desprovidos" (TJSP. Apelação Cível nº 0070321-53.2012.8.26.0224, Rel. Nogueira Diefenthaler, 5ª Câmara de Direito Público, Foro de Guarulhos – 2ª Vara da Fazenda Pública, Data do Julgamento: 5.6.2023, Data de Registro: 7.6.2023).

Poderá o acordo ser entabulado tanto na fase pré-processual quanto na fase processual. Em qualquer das hipóteses, haverá um espaço de discricionariedade, reservado ao ente legitimado, para oferecer/aceitar o acordo.

O diálogo e a negociação são instrumentos aptos a permitir sejam entabulados acordos capazes de gerar resultados efetivos, com a consequente reparação dos danos e sanção do seu causador. Fechar os olhos a esta possibilidade, insistindo no modelo tradicional de persecução da ilicitude, é se alienar e fugir da realidade. O interesse público tutelado nas ações de improbidade pode, sim, ser atingido por meio de um acordo. Vale a máxima: "mais vale um mau acordo que uma boa demanda"!

Referências

ANDRADE, Landolfo. *Acordo de não persecução cível*: primeiras reflexões. Disponível em: https://blog.grupogen.com.br/juridico/areas-de-interesse/processocivil/acordo-de-nao-persecucao-civel/. Acesso em: 25 maio 2024.

BANDEIRA DE MELLO, Celso Antônio. *Curso de direito administrativo*. 21. ed. São Paulo: Malheiros, 2006.

FERRAZ, Luciano. Acordos de não persecução na improbidade administrativa – o início, o fim e o meio. *Consultor Jurídico*, 9 abr. 2020. Disponível em: https://www.conjur.com.br/2020-abr-09/interesse-publico-acordos-nao-persecucao-civel-improbidade-administrativa/. Acesso em: 6 jun. 2024.

GARCIA, Emerson. O direito sancionador brasileiro e a homologação judicial do acordo de não persecução cível: alguns pespontos. *In*: SALGADO, Daniel de Resende; KIRCHER, Luis Felipe Schneider; QUEIROZ, Ronaldo Pinheiro de. *Justiça Consensual*. Acordos criminais, cíveis e administrativos. Salvador: JusPodivm, 2022.

JUSTEN FILHO, Marçal. *Reforma de Lei de Improbidade Administrativa* – comparada e comentada. Rio de Janeiro: Forense, 2022.

MARTINS JUNIOR, Wallace Paiva. Acordo de não persecução cível. *In*: BARROS, Francisco Dirceu *et al.* (Coord.). *Acordos de não persecução penal e cível*. Salvador: JusPodivm, 2021.

PALMA, Juliana Bonacorsi de. *Sanção e acordo na administração pública*. São Paulo: Malheiros, 2015.

PINHEIRO, Igor Pereira; MESSIAS, Mauro. *Acordos de não persecução penal e cível*. Leme: Mizuno, 2021.

RODRIGUES, Lucas Cherem de Camargo; RUGGERI, Julia Duprat. STJ autoriza a celebração de acordo de não persecução civil em fase recursal. *Migalhas*, 10 mar. 2021. Migalhas de peso. Disponível em: https://www.migalhas.com.br/depeso/341466/stj-autoriza-a-celebracao-de-acordo-de-nao-persecucao-civil. Acesso em: 2 jun. 2024.

Informação bibliográfica deste texto, conforme a NBR 6023:2018 da Associação Brasileira de Normas Técnicas (ABNT):

MIGUEL, Luiz Felipe Hadlich. Acordos na improbidade. *In*: JUSTEN, Monica Spezia; PEREIRA, Cesar; JUSTEN NETO, Marçal; JUSTEN, Lucas Spezia (coord.). *Uma visão humanista do Direito*: homenagem ao Professor Marçal Justen Filho. Belo Horizonte: Fórum, 2025. v. 1, p. 761-768. ISBN 978-65-5518-918-6.

O FUTURO DO CONTROLE EXTERNO DEMOCRÁTICO: DESAFIOS E IMPASSES

LUIZ HENRIQUE LIMA

As gaiolas são o lugar onde as certezas moram.

(Rubem Alves)

1 Introdução

Qual o futuro do controle externo da administração pública brasileira?

Vive-se hoje numa sociedade em acelerada revolução tecnológica, caracterizada pela utilização cada dia mais frequente e diversificada de ferramentas de inteligência artificial – IA. Observa-se a multiplicação de eventos climáticos extremos, decorrentes das mudanças climáticas globais – MCG, com crescentes e graves consequências econômicas, sociais e geopolíticas. Por fim, enfrentam-se múltiplas tentativas de fragilização da democracia no Brasil e na esfera internacional,[1] bem como o acirramento de conflitos armados, guerras civis e fortes investidas de organizações criminosas.

Todos esses fatores produzem impactos profundos na gestão governamental, no ordenamento jurídico e na estabilidade institucional. Há enormes desafios e as incertezas são ainda maiores.

Diante de tais cenários indeterminados, o presente estudo propõe uma reflexão preliminar acerca de caminhos possíveis para que o controle externo da administração pública brasileira possa efetivar a missão que lhe foi cometida pela Constituição da República de 1988: a fiscalização orçamentária, contábil, financeira, patrimonial e operacional, sob os critérios da legalidade, legitimidade e economicidade.[2]

---

[1] A democracia tem estado sob ameaça, não apenas na Nicarágua ou na Hungria, mas também nos Estados Unidos com o ataque ao Capitólio em janeiro de 2021 e no Brasil com o assalto às sedes dos Poderes em janeiro de 2023.

[2] CR: art. 70, *caput*.

O texto está organizado em cinco seções. Após esta breve introdução, discorre-se sobre as origens do controle na história humana e na organização do Estado brasileiro. A seguir, destaca-se a independência como a condição primordial para a efetividade do controle e a democracia como o seu ambiente natural. Na sequência, examinam-se algumas críticas frequentes ao atual funcionamento das Cortes de Contas brasileiras. Na conclusão, consideram-se alguns desafios e impasses para o futuro do controle externo da administração pública no Brasil.

2 O controle: suas origens históricas e sua presença nas Constituições brasileiras

Perscrutar o futuro do controle externo exige não apenas a compreensão do presente, mas um olhar acerca de sua evolução histórica.

Todos os anos milhões de visitantes procuram o *Neues Museum* em Berlim e deslumbram-se com a coleção de objetos do antigo Egito, cujo destaque é o famoso busto da Rainha Nefertiti, que rivaliza em prestígio com a Mona Lisa no *Musée du Louvre*, em Paris, e o David de Michelangelo na *Galleria dell'Accademia*, em Florença. Numa sala próxima, chama menos atenção uma grande pedra em granito negro, talhada entre os séculos VIII e IV a.C. É o sarcófago de um homem chamado Djehapimu, identificado apenas como "auditor do faraó".[3]

Da vida e das obras de Djehapimu pouco se conhece, pois o esquife é exibido vazio, sem múmia, e os hieróglifos presentes na sua luxuosa cobertura e que possivelmente descrevem parte de sua biografia não possuem uma tradução disponível em plataforma de acesso público. De toda forma, o seu sarcófago é quiçá a mais antiga evidência da atuação do controle na organização estatal (LIMA, 2021a).

Scliar (2014) identifica as origens do controle na fala de profetas do Velho Testamento, na democracia ateniense e na república romana. De fato, segundo Paulino (1961), na capital grega havia uma espécie de Corte de Contas, composta de dez oficiais eleitos anualmente pela assembleia geral do povo,[4] que tomava as contas dos arcontes, estrategas, embaixadores, sacerdotes e a todos quantos giravam com dinheiros públicos. Aristóteles (2010, p. 231), em *Política*, sustentou a necessidade de prestação de contas quanto à aplicação dos recursos públicos e de punição para responsáveis por fraudes ou desvios e defendeu a existência de um tribunal dedicado às contas e gastos públicos, para evitar que os cargos públicos enriqueçam aqueles que os ocupem:

> Considerando, porém, que muitas, para não dizer todas, dessas funções (de governo) movimentam grandes somas de dinheiro, existe a necessidade de que um outro órgão cuide da prestação de contas e da auditoria deles, não tendo nenhuma outra função além dessa. Estes funcionários são conhecidos como examinadores, auditores, contadores, controladores.

Fato é que, desde o primórdio das organizações humanas, houve a necessidade de estabelecer mecanismos que pudessem estabelecer controles sobre os estoques de

---

[3] Na placa identificadora consta *royal audit officer*, em inglês, e *Rechnungsbeamter des Königs*, em alemão.

[4] *Eclésia*, que se reunia na Ágira.

provisões e de peles, para assegurar a sobrevivência nos meses de inverno, e de armas para utilizar na caça ou em conflitos com agrupamentos rivais. Sem controles eficientes, as famílias, aldeias e tribos eram dizimadas pela fome e pelo frio ou tinham seus territórios conquistados e eram escravizadas ou mortas.

Na Idade Média, encontra-se a origem de algumas das atuais instituições de controle no continente europeu, a exemplo do *Exchequer* inglês no século XII ou do *Tribunal de Cuentas* espanhol no século XV (MILESKI, 2003; SPECK, 2000). Todavia, na organização do Estado absolutista, tais órgãos cuidavam do patrimônio das respectivas Coroas, isto é, dos soberanos e das dinastias reinantes.

Foram as Revoluções Americana e Francesa que trouxeram os modernos conceitos de democracia e de patrimônio público, atribuindo um novo sentido para a atividade do controle: o controle do povo sobre os governantes e sobre a gestão de um patrimônio que é coletivo. Nas palavras de James Madison (MADISON; ALEXANDER, 1993), em 1788:

> Se os homens fossem anjos, nenhuma espécie de governo seria necessária.
>
> Se fossem os anjos a governar os homens, não seriam necessários controles externos nem internos sobre o governo.

Proclamada em Paris, em 26.8.1789, a Declaração dos Direitos do Homem consagrava, no seu art. 15, o direito de "pedir contas", cujo corolário é o dever do agente público de prestar contas.

> Artigo 15 – A sociedade tem o direito de pedir contas a todo o gestor público de sua administração.

A organização do primeiro Tribunal de Contas com características próximas às atuais foi obra de Napoleão Bonaparte, que, em 1807, criou a *Cour des Comptes* francesa, como modelo de tribunal administrativo para os Estados modernos, inclusive com a presença de um Ministério Público especializado. E é curioso anotar que os países que foram ocupados pelos exércitos napoleônicos adotaram modelos similares (Alemanha, Bélgica, Itália, Espanha, Portugal etc.), ao passo que as nações que compunham o Império Britânico instituíram órgãos controladores à semelhança do *National Audit Office* (Canadá, Estados Unidos, Austrália, Índia, África do Sul etc.).

Em nosso país, leciona Cretella (1991, p. 112), ainda nos albores da Independência, em 1826, os senadores do Império Visconde de Barbacena e José Inácio Borges apresentaram projeto visando à criação de uma Corte de Contas no Brasil, sofrendo, contudo, a renhida oposição do Conde de Baependi.

A proposta de criação do Tribunal de Contas – TC constituiu, juntamente com o debate acerca da abolição da escravatura, uma das polêmicas de maior duração na história do Parlamento brasileiro, tendo atravessado todo o Império, só logrando êxito após a proclamação da República, sob a inspiração de Ruy Barbosa, Ministro da Fazenda do Governo Provisório, que elaborou o Decreto nº 966-A, de 7.11.1890, criando "um Tribunal de Contas para o exame, revisão e julgamento dos atos concernentes à receita e despesas da República". A primeira Constituição republicana, de 1891, também sob forte influência de Ruy Barbosa, institucionalizou o Tribunal de Contas, prevendo, no seu art. 89, que a Corte deveria "liquidar as contas da receita e despesa e verificar a sua legalidade, antes de serem prestadas ao Congresso".

Examinando o tratamento que as diferentes Constituições conferiram ao Tribunal de Contas, constata-se que o prestígio da instituição está diretamente associado com as liberdades democráticas. De fato, por duas vezes suas atribuições foram reduzidas: nas Cartas ditatoriais de 1937 (Estado Novo) e 1967 (ditadura militar). E, por duas vezes, com a redemocratização, recuperou e ampliou suas atribuições, nas Constituições democráticas de 1946 e 1988. Examinemos essa trajetória.

Na primeira Constituição Republicana, de 1891, o art. 89, além de estipular a função do Tribunal de Contas, definia que os seus membros seriam nomeados pelo Presidente da República com aprovação do Senado, e somente perderiam os seus lugares por sentença.

Na Constituição de 1934, o Tribunal de Contas "é mantido" no art. 99, e pela primeira vez é empregada a expressão "julgar as contas dos responsáveis por dinheiros ou bens públicos". Nesse diploma, o TC foi situado no Capítulo VI, intitulado "Dos órgãos de cooperação nas atividades governamentais", ao lado do Ministério Público e de Conselhos Técnicos junto a cada Ministério. O critério de nomeação foi mantido, mas asseguraram-se aos Ministros do Tribunal de Contas as mesmas garantias dos Ministros da Corte Suprema. Também se concedeu ao TC as mesmas atribuições dos Tribunais Judiciários no que concerne à organização do seu Regimento Interno e da sua Secretaria.

Outra inovação da Carta de 1934 foi a previsão, no art. 102, do parecer prévio do TC, no prazo de trinta dias, sobre as contas que o Presidente da República deve anualmente prestar à Câmara dos Deputados.

O estatuto do Estado Novo, em 1937, retirou a competência de elaboração do parecer prévio e limitou ao art. 114 as disposições acerca do Tribunal de Contas, incumbido de acompanhar a execução orçamentária, julgar das contas dos responsáveis por dinheiros ou bens públicos e da legalidade dos contratos celebrados pela União, e cujos membros seriam nomeados pelo Presidente da República, com a aprovação do Conselho Federal, assegurando-se aos Ministros do Tribunal de Contas as mesmas garantias dos Ministros do Supremo Tribunal Federal.

A Carta de 1946 foi mais extensa. No art. 76 estabeleceu que o Tribunal de Contas tem a sua sede na Capital da República e jurisdição em todo o território nacional, devendo seus Ministros serem nomeados pelo Presidente da República, depois de aprovada a escolha pelo Senado Federal, usufruindo dos mesmos direitos, garantias, prerrogativas e vencimentos dos Juízes do Tribunal Federal de Recursos.

No art. 77, fixaram-se as seguintes competências para o TC:

I – acompanhar e fiscalizar diretamente, ou por delegações criadas em lei, a execução do orçamento;

II – julgar as contas dos responsáveis por dinheiros e outros bens públicos, e as dos administradores das entidades autárquicas; e

III – julgar da legalidade dos contratos e das aposentadorias, reformas e pensões.

Foram retomadas as disposições acerca do registro prévio de contratos e da emissão de parecer prévio sobre as contas do Presidente da República, com um prazo de sessenta dias.

A Constituição de 1967 atribuiu ao Congresso Nacional o controle externo, a ser exercido com o auxílio do TC. Essa norma trouxe algumas inovações:

a) pela primeira vez foi mencionado o sistema de controle interno, embora restrito ao Poder Executivo;

b) introduziu a expressão "auditorias financeiras e orçamentárias" a ser exercida sobre as contas das unidades administrativas dos três Poderes da União, que, para esse fim, deverão remeter demonstrações contábeis ao Tribunal de Contas, a quem caberá realizar as inspeções que considerar necessárias;

c) estipulou-se que o julgamento da regularidade das contas dos administradores e demais responsáveis seria baseado em levantamentos contábeis, certificados de auditoria e pronunciamentos das autoridades administrativas, sem prejuízo das mencionadas inspeções;

d) explicitou-se que as normas de fiscalização financeira e orçamentária aplicam- se às autarquias; e

e) foi estabelecido que os Ministros do Tribunal de Contas seriam escolhidos dentre brasileiros, maiores de trinta e cinco anos, de idoneidade moral e notórios conhecimentos jurídicos, econômicos, financeiros ou de administração pública.

Manteve-se a emissão do parecer prévio, no mesmo prazo de sessenta dias, mas eliminou-se o registro prévio de contratos. Deixou-se de julgar a legalidade das aposentadorias, reformas e pensões, passando o Tribunal a apreciá-las para fins de registro.

Embora no art. 73 seja prevista a hipótese de sustação de atos pelo TC, em caso de não atendimento das determinações corretivas, atribuiu-se ao Presidente da República o poder de ordenar a execução do ato sustado, *ad referendum* do Congresso Nacional.

Por sua vez, a Constituição de 1988 ampliou significativamente as garantias e as competências do controle externo, repartindo responsabilidades entre o Congresso Nacional e o Tribunal de Contas da União – TCU, sendo essa denominação utilizada pela primeira vez num texto constitucional, para assinalar sua distinção em relação aos Tribunais de Contas estaduais e municipais.

Jacoby Fernandes (2016, p. 39) assevera que a Carta de 1988 elevou o controle ao *status* de direito fundamental. De fato, nela o TCU alcançou uma relevância institucional sem precedentes, o que foi reforçado por inúmeras leis posteriores.[5] Posicionado no Título IV – Da Organização dos Poderes, no Capítulo 1 – Do Poder Legislativo, o controle externo é objeto de uma Seção própria, a IX – Da Fiscalização Contábil, Financeira e Orçamentária, que compreende os arts. 70 a 75.[6]

Em breve síntese, o art. 70 fixa cinco dimensões para a fiscalização – contábil, financeira, orçamentária, patrimonial e operacional – e três critérios de análise – legalidade, legitimidade e economicidade, além de, no parágrafo único, estabelecer o princípio geral de prestação de contas. O art. 71 elenca o conjunto de competências do TCU. O art. 72 dispõe sobre a atuação conjunta com a comissão Mista do Congresso nacional prevista no art. 166, §1º.[7] O art. 73 estabelece garantias e fixa regras e requisitos

---

[5] *V.g.*, Lei Orgânica do TCU, Lei de Licitações e Contratos, Lei de Responsabilidade Fiscal.

[6] Sem embargo de outras menções dispersas no texto constitucional, a exemplo dos arts. 31, 52, 130 e 161.

[7] Comissão Mista de Planos, Orçamentos Públicos e Fiscalização.

para a composição do TCU e nomeação de ministros. O art. 74 trata do controle interno e, no seu parágrafo segundo, do controle social. O art. 75 estende essas normas para as Cortes de Contas subnacionais.

A mais democrática de nossas Constituições foi a que mais prestigiou o controle externo. De acordo com Justen Filho (2012, p. 92), tudo o que caracteriza a existência de um "poder" está presente na disciplina constitucional do TCU, à exceção da denominação formal de Poder.

3 A independência como a condição primordial para a efetividade do controle e a democracia como o seu ambiente natural

A evolução histórica do controle externo evidenciou que a independência da instituição e dos agentes públicos responsáveis por sua execução é condição primordial para a sua efetividade.

Como destaca Justen Filho (2012, p. 1.112): "É imperioso instituir autoridades políticas e administrativas independentes, que sejam investidas de garantias contra os ocupantes do poder e que disponham de competência para fiscalizar a conduta de qualquer exercente do poder estatal".

Assim é que o principal documento da Organização Internacional de Entidades Fiscalizadoras Superiores – Intosai[8] é a Declaração de Lima, de 1977, que destaca a importância da independência dos auditores em relação a seus fiscalizados, assim como da disponibilidade de recursos necessários para desempenhar sua tarefa.

A Declaração de Lima formula requisitos relativos à independência financeira das instituições de controle, à independência de seus membros, às relações com o Parlamento, o governo e a administração, aos poderes de investigação, aos métodos e procedimentos de auditoria, aos métodos para elaboração e apresentação de relatórios, entre outros.

Segundo a Declaração de Lima, o controle não é um fim em si mesmo, mas um elemento indispensável de um sistema regulatório cujo objetivo é revelar desvios das normas e violações dos princípios da legalidade, eficiência, eficácia e economia na gestão financeira com a tempestividade necessária para que medidas corretivas possam ser tomadas em casos individuais, para fazer com que os responsáveis por esses desvios assumam a responsabilidade por eles, para obter o devido ressarcimento ou para adotar medidas para impedir ou pelo menos dificultar a ocorrência dessas violações.

Ademais, a Declaração de Lima proclama que o Estado de direito e a democracia são premissas essenciais para uma auditoria governamental efetivamente independente.

O documento foi complementado em 2007 pela Declaração do México sobre a Independência das Entidades Fiscalizadoras Superiores – EFS.

A Declaração do México proclama oito princípios relacionados à independência das EFS.

O primeiro diz respeito à existência de um arcabouço constitucional/legal que assegure a independência da EFS. No Brasil, este princípio está expresso nos arts. 71 e 73 da CF.

---

[8] Acrônimo derivado do inglês: *International Organization of Supreme Audit Institutions*.

O segundo é relacionado às garantias e salvaguardas de seus dirigentes[9] ou membros.[10] Os Ministros do TCU têm as mesmas garantias, prerrogativas, impedimentos, vencimentos e vantagens dos Ministros do STJ,[11] incluindo a vitaliciedade, a inamovibilidade e a irredutibilidade de subsídio.[12]

O terceiro diz respeito às competências e independência de atuação das EFS, envolvendo o controle dos recursos e do patrimônio público, a capacidade de selecionar e programar as áreas a serem auditadas, bem como a autonomia administrativa do órgão.

O TCU goza de tais prerrogativas.

O quarto exige que as EFS tenham acesso irrestrito às informações necessárias ao seu trabalho. No Brasil, há restrições quanto ao acesso do TCU a determinados dados, sob o argumento de proteção do sigilo bancário/fiscal/comercial.[13]

O quinto proclama o direito e a obrigação de publicar os resultados de seus trabalhos de fiscalização. No Brasil, o TCU deve enviar trimestral e anualmente ao Congresso Nacional relatório de suas atividades,[14] bem como não enfrenta óbices para divulgar seus relatórios e decisões.

O sexto concerne à liberdade de decidir o conteúdo e a oportunidade dos relatórios de auditoria, bem como sua publicação e divulgação. Isso significa que seus trabalhos não podem ser objeto de censura ou sofrer restrições de circulação. O TCU goza de tal liberdade.

O sétimo prevê a existência de mecanismos de monitoramento das recomendações emitidas pelas EFS. O TCU desenvolve trabalhos de monitoramento das recomendações resultantes de suas auditorias operacionais.

O oitavo diz respeito à autonomia administrativa/gerencial e a disponibilidade de recursos humanos e financeiros suficientes para o desempenho de suas atribuições. No Brasil, quanto a esse aspecto a situação do TCU é satisfatória, embora haja certa heterogeneidade no que concerne às demais Cortes de Contas.[15]

Destarte, de modo geral, o Brasil observa os princípios da Declaração do México.

Nada obstante as Declarações de Lima e do México, não é raro a ocorrência de ameaças ou restrições à independência dos órgãos de controle. De fato, levantamento efetuado pela Intosai detectou que pelo menos 40% das EFS enfrentaram interferências na execução de seus orçamentos e apenas 44% obtiveram acesso irrestrito às informações necessárias ao desenvolvimento de seus trabalhos (INTOSAI, 2024).[16] Muitas dessas ameaças envolvem tentativas de alterações constitucionais ou legais reduzindo

---

9   No caso das EFS que adotam o modelo de controladoria-geral ou auditoria-geral, como no Canadá, Estados Unidos e África do Sul.

10   No caso das EFS que adotam o modelo de órgãos colegiados com atribuições jurisdicionais, como os tribunais de contas do Brasil, de Portugal ou da França.

11   CR: art. 73, §3º.

12   CR: art. 95, *caput*.

13   A controvérsia sobre o tema é discutida em Lima (2023, p. 349-355).

14   CR: art. 71, §4º.

15   O Brasil conta com 33 cortes de contas: além do TCU, 26 tribunais de contas estaduais, o tribunal de contas do Distrito Federal, os tribunais de contas dos municípios da Bahia, Goiás e Pará e os tribunais de contas municipais do Rio de Janeiro e São Paulo.

16   Disponível em: https://intosaijournal.org/journal-entry/developing-relevant-and-innovative-approaches-to-support-sai-independence-insights-from-the-sai-independence-rapid-advocacy-mechanism-siram/. Acesso em: 15 ago. 2024.

a autonomia e as competências dos órgãos de controle externo. Um exemplo recente aconteceu em Montenegro.[17] De forma a monitorar e enfrentar tais situações, bem como intermediar apoio para as EFS que enfrentam desafios à sua independência, a Intosai desenvolveu o *SAI Independence Rapid Advocacy Mechanism*.

Não é surpreendente que se observe uma correlação entre a fragilização das instituições democráticas, fenômeno descrito por diversos autores, a exemplo de Levitsky e Ziblatt (2018), e as iniciativas tendentes a mitigar a independência das Cortes de Contas. Nenhum autocrata ou ditador estima ser controlado; antes prefere concentrar o controle sobre os demais poderes e a sociedade. E, ante a inexistência de controles externos e independentes, viceja a ineficiência e a corrupção.

Uma democracia sólida exige um controle eficiente, qualificado e imparcial. Não existe democracia sem controle. Na democracia, todo governante, gestor público, parlamentar, magistrado, enfim, todo agente detentor de parcela do poder estatal tem sua atividade sujeita a múltiplos controles. A organização do estado democrático prevê inúmeros mecanismos mediante os quais o poder é controlado e a atuação de seus titulares é limitada.

O controle externo independente é essencial à vida democrática e a democracia é o seu ambiente natural.

4 Visões críticas sobre o funcionamento do controle externo brasileiro

O exercício do controle externo no Brasil tem sido objeto de críticas com múltiplas origens. De um lado, há juristas que identificam excessos na atuação fiscalizatória e judicante, sobretudo do TCU, e formulam conceitos críticos como "ativismo de contas", "apagão das canetas" e "direito administrativo do medo".[18] Outra perspectiva aponta os tribunais de contas como excessivamente maleáveis a pressões de natureza política, que os induzem a gestar jurisprudências casuísticas, de modo a justificar tratamento mais brando a gestores mais próximos, poderosos e bem relacionados.[19] Não chegam a expressar, mas de certa forma denunciam um "inativismo de contas" e um "apagão do controle". Finalmente, há um conjunto de críticas que tem origem em membros e servidores dos TCs,[20] cuja experiência lhes permite avaliar as limitações e deficiências observadas no desenho institucional e na prática diária desses órgãos.[21]

Assim, os órgãos de controle externo são acusados de não exercer plenamente a relevante missão que a Constituição lhes atribuiu e, simultaneamente, de extrapolar as suas competências constitucionais e legais, violando direitos de gestores e de pessoas jurídicas. Para uns, há excesso de controle; para outros, insuficiência. Em comum, talvez, a avaliação de que o controle não está sendo exercido na dose certa e no momento oportuno ou, ainda, que os tribunais de contas não estão conseguindo comunicar satisfatoriamente à sociedade os resultados e os eventuais benefícios dos trabalhos que desenvolvem.

---

[17] Disponível em: https://intosaijournal.org/intosai-development-initiative-publishes-report-on-independence-threats-to-sai-montenegro/. Acesso em: 15 ago. 2024.

[18] São exemplos: Goldberg (2020), Guimarães (2016) e Halpern (2018).

[19] São exemplos: Lino (2019), Segato (2019) e Callegari e Pinto (2019).

[20] São exemplos: Kania (2019), Willeman (2017) e Coutinho (2018).

[21] Um estudo mais detalhado dessas três perspectivas consta de Lima (2021b).

Como advertem Alves e Zymler (2023, p. 32):

É importante que o TCU exerça sua missão constitucional com independência, segundo os parâmetros jurídicos estabelecidos para a sua atuação. Ademais, é preciso que o Tribunal realize suas tarefas em tempo razoável, de modo a assegurar a eficácia de seu processo e permitir a atuação efetiva das demais agências encarregadas da efetivação do controle. Por outro lado, é necessário que os resultados de sua atuação sejam considerados seriamente pelo Parlamento, precipuamente nas formas de controle que dependam da ação conjunta dos dois órgãos, como é o caso do controle de contratos administrativos.

Um sintoma da insatisfação com o atual desenho constitucional do controle externo no país é a profusão de propostas de emendas constitucionais – PECs objetivando promover alterações nos arts. 70 a 75 da Carta Magna. Considerando que, para apresentar uma PEC, é necessário a assinatura de um terço dos membros de uma das casas do Congresso Nacional,[22] o expressivo número de proposições indica que o presente regramento não contempla o pensamento de significativa parcela dos parlamentares que as subscrevem. Há um desejo de mudança em relação ao modelo vigente.

Todavia, o exame do conteúdo de tais PECs também revela contradições nos diagnósticos e nas soluções propostas. Em levantamento não exaustivo, identificam-se três PECs visando extinguir o TCU e as demais Cortes de Contas: nºs 193/2000, 329/2001 e 90/2007. A alteração dos critérios de nomeação dos ministros do TCU[23] é objeto de seis PECs: nºs 442/1996, 556/1997, 50/1999, 123/1999, 11/2000, 25/2000 (concurso para conselheiros), 293/2000 (mandato dos conselheiros) e 15/2007. Promovendo reformas mais amplas, situam-se as PECs nºs 222/2003, 30/2007, 75/2007 e 329/2013, a última com alterações radicais na forma de composição dos TCs, à exceção do TCU.

Por sua vez, a PEC nº 40/2016 propôs atribuir ao Congresso Nacional a competência para dispor sobre a aplicação de normas simétricas aos Tribunais de Contas dos entes federados, visando estabelecer diretrizes fundamentais e assegurar as garantias processuais às partes sujeitas ao julgamento de contas; bem como definir as atribuições dos agentes que conduzem a instrução e o julgamento do processo de controle externo a cargo do TCU e demais TCs.

Em 2017, a Associação dos Membros dos Tribunais de Contas do Brasil – Atricon articulou a apresentação da PEC nº 22/2017, com propostas para alterar a composição dos TCs e a criação de um Conselho Nacional dos Tribunais de Contas – CNTC, nos moldes dos Conselhos Nacionais de Justiça e do Ministério Público.

Registre-se, também, a existência de uma PEC "defensiva", a nº 2/2017, que pretende vedar a extinção dos TCs, qualificados como instituições permanentes, essenciais ao exercício do controle externo.

Fato é que, desde 1988, embora a Constituição Cidadã tenha sido alterada por 132 emendas constitucionais[24] e 6 emendas de revisão, no que concerne ao controle externo, houve uma única mudança pontual, embora relevante, por meio da Emenda Constitucional nº 19/1998, no parágrafo único do art. 70, cuja redação original "Prestará

---

[22] CR: art. 60, I.

[23] Extensível, por simetria, aos conselheiros das demais cortes de contas (CR: art. 75, *caput*).

[24] Até o momento da elaboração deste artigo.

contas qualquer pessoa física, ou entidade pública, [...]" foi alterada para "Prestará contas qualquer pessoa física ou jurídica, pública ou privada, [...]".

Como em outros temas, a inexistência de consenso no Congresso Nacional quanto a mudanças no modelo de controle externo brasileiro atraiu um duplo fenômeno: a elaboração de normas subnacionais visando "adequar" as regras constitucionais às circunstâncias políticas locais e a atuação do Supremo Tribunal Federal – STF no controle de constitucionalidade e na interpretação do texto constitucional.

Em estudo não exaustivo e carente de atualização, identificaram-se 37 medidas legislativas diversas,[25] oriundas de 18 estados e do DF, todas elas censuradas pelo STF em sede de controle de constitucionalidade (LIMA, 2021b). Na sua maior parte, tais iniciativas suprimem competências dos TCs subnacionais, estabelecem liames de dependência e subordinação dos TCs às casas legislativas ou criam subterfúgios diversos para não respeitar sequer a diminuta parcela de escolhas de origem técnica para o cargo de conselheiro.[26]

Mesmo sistematicamente invalidadas pela Corte Suprema, a mera existência de tais proposições é reveladora da fragilidade institucional das Cortes de Contas estaduais e municipais. Afinal, nenhum parlamento local se atreve a formulações dessa espécie em relação ao Poder Judiciário, ao Ministério Público ou ao próprio Poder Executivo. Outro fator a ser considerado é que diversas dessas normas, por mais teratológicas, vigoraram e produziram efeitos desde a sua edição até a deliberação do STF, distorcendo e comprometendo o modelo de controle externo idealizado pelo constituinte.[27]

Em contraponto à firmeza com que repeliu a inconstitucionalidade dessas normas subnacionais, em outras oportunidades o STF adotou entendimentos cuja aplicação tem conduzido à fragilização do exercício do controle. Dois exemplos são as decisões relativas à inelegibilidade e à prescrição.

No julgamento do RE nº 848.826 – Tema nº 835 de Repercussão Geral, o STF decidiu por seis votos a cinco que os julgamentos pelos Tribunais de Contas pela irregularidade das contas de gestão de prefeitos não produzem efeito de inelegibilidade, como prescreve a Lei da Ficha Limpa.[28] Para esse efeito, a apreciação das contas de prefeitos, tanto as de governo quanto as de gestão, será exercida pelas Câmaras Municipais, com o auxílio dos TCs competentes, cujo parecer prévio somente deixará de prevalecer por decisão de 2/3 dos vereadores.

É nossa convicção que tal entendimento em grande medida frustrou o espírito da Lei da Ficha Limpa, uma vez que, nas eleições de 2014, 84% das declarações de inelegibilidade pela Justiça Eleitoral foram motivadas pela reprovação das contas pelos TCs e, em sua maioria, em razão do descumprimento da Lei de Responsabilidade Fiscal. O temor de se tornar inelegível era um importante fator dissuasório às transgressões na gestão fiscal, que desapareceu após o novel entendimento jurisprudencial.

---

[25] Tais normas foram objeto de questionamento nas ADIs nºs 374, 375, 397, 461, 507, 523, 687, 825, 849, 916, 1.175, 1.779, 1.957, 1.994, 2.117, 2.208, 2.209, 2.378, 2.596, 2.597, 3.192, 3.255, 3.276, 3.307, 3.417, 3.688, 3.715, 3.716, 3.977, 4.190, 4.416, 4.643, 4.659, 4.812, 5.117, 5.323 e 5.442.

[26] As listas tríplices oriundas das carreiras de Conselheiro Substituto e Procurador de Contas (CR: art. 73, §2º, I).

[27] Um exemplo é o fato de que, mesmo decorridos 36 anos de vigência da Constituição, ainda restam TCs que nunca instituíram o cargo de conselheiro substituto, nunca realizaram o respectivo concurso e outros que nunca completaram a sua composição com conselheiros oriundos das carreiras de conselheiro substituto e procurador de contas.

[28] Art. 1º, inc. I, alínea "g", da Lei Complementar nº 64/1990, alterado pela Lei Complementar nº 135/2010.

Posteriormente, a situação agravou-se com a decisão no RE nº 1.231.813, que entendeu que o efeito do julgamento do citado RE nº 848.826 ultrapassa a seara eleitoral.

Com isso, criou-se uma situação paradoxal, pois ainda que o TC local não possa julgar irregulares as contas relativas à totalidade do orçamento municipal, o TCU tem competência para julgar uma tomada de contas especial decorrente de irregularidades na execução de um convênio com recursos federais.[29] E nesse caso o julgamento do TCU produz efeitos no que concerne à inelegibilidade.

O tema da prescrição foi objeto de decisão pelo STF no RE nº 636.866 – Tema nº 899 de Repercussão Geral. No julgamento, alterando a jurisprudência anterior, foi fixada a seguinte tese:

> É prescritível a pretensão de ressarcimento ao erário fundada em decisão do Tribunal de Contas.

Contudo, embora inspirada no princípio da segurança jurídica, a decisão permitiu que aflorassem interpretações extensivas, tornando inefetivos inúmeros trabalhos de fiscalização e decisões transitadas em julgado e inviabilizando o ressarcimento de expressivos valores aos cofres públicos.

Espera-se que as citadas decisões sejam oportunamente reavaliadas pelo STF.

Outro fenômeno merecedor de análise são as estratégias de captura dos órgãos de controle.[30] Significa articular a nomeação de ministros e conselheiros dos TCs comprometidos com interesses de grupos políticos, econômicos ou oligárquicos. Busca controlar de fora a própria instituição de controle, para que essa se autolimite no alcance de sua fiscalização, protegendo aliados, aliviando sanções e sacrificando o interesse público. Um sintoma desse processo, mas não o único, é a nomeação para compor as Cortes de Contas de cônjuges ou parentes de primeiro grau de autoridades federais, estaduais e municipais. Que grau de independência ou imparcialidade se pode esperar nessas circunstâncias?

5 Desafios e impasses para o futuro do controle externo democrático da administração pública no Brasil

Vive-se uma governança em transformação, em cenários impactados pela revolução digital e avanços tecnológicos, bem como pela agudização das crises políticas, econômicas e sociais associadas a fenômenos como as mudanças climáticas globais e as desigualdades.

Ao estudar as origens do controle e acompanhar a sua evolução histórica no mundo e no Brasil, identificou-se a sua essencialidade para as sociedades humanas, mas especialmente para as democracias. Igualmente, registrou-se o imperativo da independência dos órgãos de controle como condição para a efetividade do seu desempenho.

---

[29] CR: art. 71, VI.

[30] A teoria da captura das entidades regulatórias tem como um de seus marcos fundadores o trabalho de George J. Stigler (1971) *The Theory of Economic Regulation*.

Analisando as críticas mais frequentes à atuação do controle externo brasileiro, observa-se que, em grande medida, elas apontam que, embora no Brasil os tribunais de contas disponham de um arcabouço constitucional-legal que respalde um satisfatório grau de independência, esta nem sempre se concretiza, especialmente nas esferas subnacionais, mercê de iniciativas legislativas locais em desacordo com o modelo constitucional ou por serem alvos de captura.

Assim, o controle externo brasileiro está diante dos gigantescos desafios do futuro, descritos na Introdução deste artigo, sem ter sequer completado, após 36 anos da Constituição Cidadã, a implantação em todos os tribunais de contas do modelo idealizado pelo constituinte e sem ter logrado construir consenso para um modelo alternativo suscetível de ser aprovado mediante emenda constitucional. Aliás, é da nossa tradição sempre imaginar que a solução para o inadequado cumprimento das leis está na edição de novas normas e não do bom uso daquelas já existentes.

Que esta breve e despretensiosa reflexão seja uma provocação a um debate mais qualificado.

Diante de tecnologias disruptivas como as ferramentas de IA generativa, que rapidamente serão apropriadas por grupos interessados em pilhar o erário, mediante fraudes ou ataques cibernéticos, como estruturar defesas e gestão de riscos em tribunais de contas que contam com mais de metade de servidores não efetivos, em cargos comissionados?

Como recomendado no documento conclusivo do XXIII Congresso da Intosai (2019), além do incremento na *accountability* e na realização de auditorias financeiras, operacionais e de conformidade, o controle externo deverá também atuar em temas como a utilização de inteligência artificial em processos de fiscalização e a disponibilização e abertura de dados, códigos-fonte e algoritmos utilizados pelos governos para a tomada de decisões. Os auditores do futuro deverão ser capazes de trabalhar com análise de dados, ferramentas de inteligência artificial e avançados métodos de análise qualitativa; reforçar a capacidade de inovação; atuar como parceiros estratégicos; compartilhar conhecimento e gerar previsões, reforçando a cooperação e comunicação com a comunidade acadêmica e o público em geral.

A dramaticidade dos efeitos de eventos climáticos extremos, como os vividos pelo Rio Grande do Sul em maio de 2024, e a dimensão extraordinária de seus impactos sobre a infraestrutura e as atividades econômicas exige a adoção de novas técnicas e metodologias de fiscalização de políticas públicas focando na sua qualidade e no alcance dos Objetivos de Desenvolvimento Sustentável – ODS adotados pelos países-membros das Nações Unidas, com o monitoramento da Agenda 2030. A evolução das MCG evidencia que a tragédia gaúcha de 2024 não será a única, nem a última, nem a maior. Isso implica um redirecionamento estratégico para que os TCs possam ser ágeis, efetivos e relevantes e para que a sua atuação independente agregue valor à sociedade, orientando de forma preventiva na identificação de áreas de risco e maior conscientização e melhor gerenciamento desses riscos, recomendando a correção de rumos e, quando necessário, sancionando responsáveis por omissões, negligência ou imperícia.

Por fim, se fortalecer o controle externo é bom para a democracia, defender a democracia é vital para o controle externo. Ampliar a sua própria transparência; aprimorar a comunicação e o diálogo com os diversos grupos sociais com o uso de linguagem simples; atuar de forma colaborativa, convergente e complementar com os controles interno e social, fortalecendo-os e multiplicando a sinergia, são apenas algumas das iniciativas necessárias e urgentes.

Na margem oeste do Rio Nilo, nos arredores do Cairo, próximo às escavações arqueológicas onde foi encontrado o sarcófago de Djehapimu, está a monumental Esfinge de Gizé, a maior escultura em monólito do planeta. Com corpo de leão, asas de águia e rosto humano, representa uma figura mitológica comum a várias civilizações antigas e imortalizada na obra de Sófocles, ao propor aos viajantes um enigma: "decifra-me ou te devoro". Semelhante é o dilema de alguns órgãos de controle, descendentes do auditor do faraó: ou decifram o anseio da sociedade e se reinventam, ampliando sua componente técnica e multiplicando sua efetividade a serviço da democracia, ou serão devorados no altar das reformas institucionais e no vórtice das transformações em curso.

Referências

ALVES, Francisco Sérgio Maia; ZYMLER, Benjamin. *Processo do Tribunal de Contas da União*. Belo Horizonte: Fórum, 2023.

ARISTÓTELES. *Política*. São Paulo: Martin Claret, 2010.

BRASIL. *Constituição da República dos Estados Unidos do Brasil*. 1891.

BRASIL. *Constituição da República dos Estados Unidos do Brasil*. 1934.

BRASIL. *Constituição da República Federativa do Brasil*. 1967.

BRASIL. *Constituição da República Federativa do Brasil*. 1988.

BRASIL. *Constituição dos Estados Unidos do Brasil*. 1937.

BRASIL. *Constituição dos Estados Unidos do Brasil*. 1946.

BRASIL. *Constituição Política do Império do Brazil*. 1824.

BRASIL. *Decreto n. 966-A, de 7 de novembro de 1890*. Crêa um Tribunal de Contas para o exame, revisão e julgamento dos actos concernentes á receita e despeza da Republica.

CALLEGARI, Cesar; PINTO, Élida Graziane. Faz de conta que aposentadoria é educação. *Folha de S. Paulo*, 11 jul. 2019. Disponível em: https://www1.folha.uol.com.br/opiniao/2019/07/faz-de-conta-que-aposentadoria-e-educacao.shtml?origin=folha. Acesso em: 9 ago. 2024.

COUR DES COMPTES. *La Cours des Comptes*. Paris: La Documentation Française, 2014

COUTINHO, Doris de Miranda. *Finanças públicas*: travessia entre o passado e o futuro. São Paulo: Blücher, 2018.

CRETELLA JR., José. *Curso de direito administrativo*. 11. ed. rev. e atual. Rio de Janeiro: Forense, 1991.

GOLDBERG, Daniel. Apagão da caneta faz vítimas todos os dias no Brasil. *Exame*, 18 jun. 2020. Disponível em: https://exame.com/exame-in/apagao-da-caneta-faz-vitimas-todosos-dias-no-brasil. Acesso em: 9 ago. 2024.

GUIMARÃES, Fernando Vernalha. O direito administrativo do medo: a crise da ineficiência pelo controle. *Direito do Estado*, 31 jan. 2016. Disponível em: http://www.direitodoestado.com.br/colunistas/fernando-vernalha-guimaraes/o-direito-administrativo-do-medo-acrise-da-ineficiencia-pelo-controle. Acesso em: 9 ago. 2024.

HALPERN, Erick. Contratação direta por inexigibilidade: o preconceito dos controladores e o medo dos gestores. *Revista Brasileira de Direito Público – RBDP*, Belo Horizonte, ano 16, n. 61, p. 73-100, abr./jun. 2018.

INTOSAI. *México Declaration on SAI Independence*. Viena: Intosai, 2007.

INTOSAI. *The Lima Declaration of Guidelines on Auditing Precepts*. Viena: Intosai, 1977.

JACOBY FERNANDES, Jorge Ulisses. *Tribunais de Contas do Brasil* – Jurisdição e competência. 4. ed. rev., atual. e ampl. Belo Horizonte: Fórum, 2016.

JUSTEN FILHO, Marçal. *Curso de Direito Administrativo*. 8. ed. rev., ampl. e atual. Belo Horizonte: Fórum, 2012.

KANIA, Cláudio Augusto. A distribuição de processos nos Tribunais de Contas: produto do contumaz aviltamento à instituição em conluio com o que sempre foi assim. *In*: LIMA, Luiz Henrique; SARQUIS, Alexandre Manir Figueiredo (Coord.). *Processos de controle externo*: estudos de ministros e conselheiros substitutos dos Tribunais de Contas. Belo Horizonte: Fórum, 2019.

LEVITSKY, Steven; ZIBLATT, Daniel. *Como as democracias morrem*. Rio de Janeiro: Zahar, 2018.

LIMA, Luiz Henrique. *Controle Externo* – Teoria e Jurisprudência para os Tribunais de Contas. 10. ed. Rio de Janeiro: Forense, 2023.

LIMA, Luiz Henrique. *Controle Externo contemporâneo*: reflexões, debates e polêmicas sobre o futuro dos Tribunais de Contas no Estado Democrático. Belo Horizonte: Fórum, 2021a.

LIMA, Luiz Henrique. Direito público de emergência e controle externo na pandemia da Covid-19: lições para o futuro? *In*: LIMA, Luiz Henrique; GODINHO, Heloísa Helena Antonacio M.; SARQUIS, Alexandre Manir Figueiredo (Coord.). *Os desafios do controle externo diante da pandemia da Covid-19*: estudos de ministros e conselheiros substitutos dos Tribunais de Contas. Belo Horizonte: Fórum, 2021b.

LINO, André Feliciano. *As lógicas conflitantes no Tribunal de Contas e o enfraquecimento de sua relevância social*. 2019. Tese (Doutorado em Ciências) – Faculdade de Economia, Administração e Contabilidade de Ribeirão Preto, Universidade de São Paulo, Ribeirão Preto, 2019.

MADISON, James; ALEXANDER, Hamilton; JAY, John. *Os artigos federalistas, 1787 – 1788*. Rio de Janeiro: Nova Fronteira, 1993.

PAULINO, Jacques. *Curso de direito constitucional*. 3. ed. Rio de Janeiro: Forense, 1961.

SCLIAR, Wremyr. *Tribunal de Contas*: do controle na Antiguidade à instituição independente do Estado Democrático de Direito. Tese (Doutorado) – Faculdade Direito, PUCRS, Porto Alegre, 2014.

SEGATO, Vitória Pedruzzi. *Composição dos Tribunais de Contas brasileiros*: o sistema de nomeação dos ministros e conselheiros em xeque. 2019. Dissertação (Mestrado em Direito) – Universidade Federal do Paraná, Curitiba, 2019.

STIGLER, G. J. The Theory of Economic Regulation. *Bell Journal of Economics and Management Science*, v. 2, p. 3-21, 1971.

WILLEMAN, Mariana Montebello. *Accountability democrática e o desenho institucional dos Tribunais de Contas no Brasil*. Belo Horizonte: Fórum, 2017.

XXIII CONGRESSO INTERNACIONAL DAS ENTIDADES FISCALIZADORAS SUPERIORES (INCOSAI). *Declaração de Moscou*. 2019. Disponível em: https://irbcontas.org.br/a-declaracao-de-moscou-2019-e-os-desafios-para-o-controle-externo-brasileiro/. Acesso em: 9 ago. 2024.

Informação bibliográfica deste texto, conforme a NBR 6023:2018 da Associação Brasileira de Normas Técnicas (ABNT):

LIMA, Luiz Henrique. O futuro do controle externo democrático: desafios e impasses. *In*: JUSTEN, Monica Spezia; PEREIRA, Cesar; JUSTEN NETO, Marçal; JUSTEN, Lucas Spezia (coord.). *Uma visão humanista do direito*: homenagem ao Professor Marçal Justen Filho. Belo Horizonte: Fórum, 2025. v. 1, p. 769-782. ISBN 978-65-5518-918-6.

UM CONCEITO DE DIREITO, PARA UMA SEGURA DEFINIÇÃO DE IMPROBIDADE ADMINISTRATIVA

MÁRCIO CAMMAROSANO

1 Ciência do Direito e as divergências quanto à delimitação de seu objeto de estudo

É um dado da realidade, da história da cultura, a existência de obras que têm como título "Filosofia do Direito".

Também parece acertado dizer que todos os que se ocupam de temas de filosofia do Direito e dos denominados ramos do Direito como objeto de estudo metodologicamente organizado, apesar de variadas divergências conceituais quanto à própria definição precisa do que seja ou que se deva conceber como sendo Direito, consideram igualmente que a palavra Direito é designativa, *prima facie*, de uma ordem normativa que rege a vida em sociedade, a que se deve obediência sob pena de ensejar, de forma institucionalizada, consequências sentidas como desfavoráveis, que se podem denominar *sanções*.

Outra questão diz respeito à confusão em que continuam a incidir alguns estudiosos da matéria entre Direito e Ciência do Direito, na vã suposição de que só se poderia falar em Ciência do Direito se se pudesse chegar sempre, diante de quaisquer textos jurídicos normativos, a uma única interpretação como se fosse a única correta, verdadeira. Nesse sentido, o positivismo kelseniano, ao falar em ciência do Direito, estaria a se contradizer quando sustenta que o jurista pode se deparar com normas que se apresentam como um marco aberto a várias possibilidades de interpretação.

Ora, nessa seara, como em muitas outras, impõe-se estabelecer, antes de tudo, o que se considera como sendo ciência. Se se parte de um conceito de ciência amplo, conhecimento metodologicamente organizado de dado objeto de estudo, ou ciência em sentido mais estrito, de fenômenos que se regem pelas leis da natureza, pela inexorável relação entre causa e efeito, haverá divergências.

Portanto, no campo da denominada Ciência do Direito, os que a ela se dedicam devem, por exigência mesmo de ordem epistemológica, adotar uma concepção do que seja seu objeto de estudo. No campo da denominada filosofia do Direito, a própria definição do que seja direito constitui o seu tema central por excelência. A própria definição de Direito é colocada em questão.

Todavia, parece oportuno recordar, desde logo, o que anota Michel Villey,[1] a respeito da filosofia jurídica, sem embargo do reconhecimento, talvez, de algum exagero, quando se refere à filosofia do Direito como uma Torre de Babel. Após relacionar alguns eminentes filósofos, também doutrinadores do Direito, sentencia: "Resultado? Em matéria de filosofia jurídica, na Doutrina contemporânea, no final das contas ninguém concorda a respeito de nada". E mais adiante, anota: "Não conheço maior torre de Babel do que os congressos da Associação Mundial de Filosofia do Direito: neles se afrontam jusnaturalistas, positivistas, kelsenianos, sociólogos e lógicos de todas as espécies".

Exagerada ou não a observação de Villey, a definição de Direito, por mais tormentosa que possa parecer, é tema que não pode ser ignorado, quer pelos juristas, que não podem deixar de considerar, de precisar, *ab initio*, qual é seu objeto de estudo, quer pelos filósofos do Direito, já que especulações filosóficas a respeito do conceito de Direito e outras dele decorrentes constituem a própria razão de ser dessa disciplina.

Toda e qualquer ciência, no sentido amplo de conhecimento metodologicamente organizado de dado objeto de estudo, é indissociável de um mínimo de precisão terminológica. E as ciências mesmas se desenvolvem a partir de princípios, da conceituação de seus objetos de estudo, atividade de que se ocupa a filosofia, que tem exatamente na epistemologia, na Teoria do Conhecimento, uma de suas áreas.

Pois bem.

Palavras ou termos constituem expressões verbais de conceitos. Conceitos, por sua vez, são representações mentais de objetos, ou de espécies de objetos, ou mesmo de um objeto singularmente considerado.

Uma língua é instrumento de comunicação, ainda que imperfeito, de sorte que as palavras ou termos têm, cada qual, um significado ou significados nucleares compartilhados pelos que se expressam mediante utilização do mesmo idioma. Esse compartilhamento diz respeito, em princípio, ao sentido da palavra, considerando-se o contexto em que é utilizada e ao alcance, extensão ou denotação do conceito ou conceitos de que seja expressão verbal. E designar algo mediante palavras decorre, via de regra, de consenso, impondo-se reconhecer certa arbitrariedade da relação entre signo e significante.

Palavras há que são polissêmicas, podendo ser utilizadas em um ou outro sentido dentre os que comporta. E para que a comunicação não seja distorcida, impõe-se recordar a clássica advertência de que "a maioria das discussões seriam resolvidas se os contendores se pusessem previamente de acordo quanto ao sentido com que empregam as palavras".[2]

Uma dessas palavras é *Direito*, que pode ser utilizada por variadas pessoas, mesmo por jusfilósofos, em sentidos não exatamente iguais, embora em alguma medida correlatos ou análogos.

---

[1] VILLEY, Michel. *Filosofia do direito*: definições e fins do direito. Os meios do direito. 2. ed. São Paulo: Martins Fontes, 2008. p. 42-43.

[2] Quanto a questões relativas às palavras e o mundo, liberdade de estipulação, definições no mundo do Direito, e outras do gênero, indispensável a leitura de GORDILLO, Agustín. *Princípios gerais de direito público*. São Paulo: Revista dos Tribunais, 1977. p. 1-09.

2 Notas de um dos conceitos de Direito

Ao ensejo dessas reflexões consideremos, como primeira aproximação, a utilização da palavra *Direito* para designar ordens normativas do comportamento humano, em sociedade, dotadas de coercibilidade institucionalizada.

Referida institucionalização de ordens normativas se consubstancia no que designamos como sendo Estado, isto é, sociedade política organizada, com seus elementos clássicos: povo, território e governo, exercendo soberania. Soberania enquanto poder incontrastável de manter-se independente na ordem internacional, autodeterminando-se no concerto das nações, e titularizando competências também incontrastáveis de produzir normas disciplinadoras de sua atuação e do comportamento de todos que estejam no seu território, bem como de fazê-las respeitar e aplicar, inclusive impondo aos que as violarem as sanções ou consequências previstas no próprio ordenamento considerado.

Não há Estado, nesse sentido, sem ordem normativa dotada de coercibilidade institucionalizada, posta por decisão do legislador competente ou por outras fontes por ele reconhecidas, autorizadas ou delegadas, independentemente da palavra utilizada para designar ordens dessa natureza.

Essas ordens normativas institucionalizadas têm como fundamento o efetivo exercício do Poder de Estado. E nada obsta que, em existindo, sejam eleitas como objeto de estudo, metodologicamente organizado sob variados aspectos. Um deles diz respeito ao reconhecimento de sua existência, validade e eficácia, e também quanto ao sentido e alcance das prescrições que compõem esta ou aquela ordem normativa.

Referidas ordens normativas podem, portanto, ser objeto de estudo com a finalidade de melhor compreendê-las, mediante utilização de técnicas de interpretação e argumentação apropriadas que, por sua vez, são objeto de estudo da hermenêutica e da teoria da argumentação.

Uma vez reconhecida a existência de dada ordem normativa, dotada de efetiva coercibilidade institucionalizada, também ela pode e deve ensejar juízos tendo como parâmetros tábuas hierarquizadas de valores pelos que a essa avaliação se dedicarem. Esses valores, qualidades abstratas que atribuímos às coisas, eventos e comportamentos, compreendem valores morais e de justiça, sem dúvida.

Todavia, para avaliar dada ordem normativa, como do tipo que estamos a tratar, precisamos antes conhecê-la, o que implica reconhecer o fato de sua existência.

As atividades de conhecer e de criticar são sucessivas. Para emitirmos juízos de valor, de aprovação ou reprovação de normas comportamentais, é preciso identificá-las e desvendar seu sentido e alcance como são, e não como eventualmente gostaríamos que fossem. Não faz sentido negar existência ao que de fato existe, seja ou não do nosso agrado, seja qual for o rótulo utilizado para designá-lo.

Isto posto, que palavra é possível utilizar para designar ordens normativas, independentemente dos juízos de valor que a respeito delas se possa fazer?

Há, hodiernamente, como já houve, Estados democráticos e ditatoriais. Ditaduras, elevadas à enésima potência, implicam totalitarismo.

Reconhece-se hoje, repita-se, Estados democráticos e Estados ditatoriais, com suas respectivas ordens normativas dotadas de coercibilidade institucionalizada.

Ordens ditatoriais são, para nós, democratas convictos, carentes de legitimidade. Combatê-las, insurgir-se contra elas constitui imperativo de ordem moral, já que reduzem os administrados, o povo, em larga medida, à condição de súditos, privados de direitos inerentes à cidadania, e que deveriam ser reconhecidos por todos os Estados como projeções da dignidade da pessoa humana, hoje proclamada pela Declaração Universal dos Direitos Humanos, da Organização das Nações Unidas – ONU –, de 1948.

Mas, a final, que palavra se pode utilizar para expressar o conceito – representação mental – das mencionadas ordens normativas, como postas?

Ordens normativas dotadas de coercibilidade institucionalizada costumam ser designadas como sendo Direito, Direito positivo. Entretanto, há jusfilósofos que sustentam que ordens normativas ou normas consagradoras de injustiça extrema ou intolerável não são Direito, não são jurídicas, não devem ser obedecidas. Deve-se, isto sim, opor resistência a elas, responsabilizando-se os que as editaram e lhes deram execução. É, pois, com esse propósito, que definem Direito.

Por outro lado, os que consideram ser Direito ordens normativas ou normas, sejam elas consideradas ou não consagradoras de injustiça extrema ou intolerável, não estão, *ipso facto*, necessariamente, aprovando ou legitimando as que forem eventualmente consagradoras de injustiça extrema ou intolerável e, assim, em rigor abomináveis.

Esse é, senão, outro equívoco em que muitos laboram quanto à relação entre *Direito* e *Valor*.

Um positivista afirma que o reconhecimento da juridicidade ou não de uma norma não está fundado nos juízos de valor que da norma considerada se possa fazer, se moral ou imoral, justa ou injusta. Mas isso não significa negar o fato de que normas jurídicas há que consagram valores, e estes é que devem ser considerados pelo jurista, à luz do sistema, e não este ou aquele valor, com esta ou aquela projeção concreta que seja da preferência de cada qual.

Deve-se, portanto, distinguir valores não juridicizados dos valores juridicizados, e nos termos em que juridicizados, e não como algo incondicionável. Como diz Michael Troper,[3] as leis expressam as preferências morais de seus autores.

Não obstante, o reconhecimento como sendo Direito de normas ainda que extrema ou intoleravelmente injustas, desprezando, para referido reconhecimento, a exigência de sua correção, estaria a implicar, para não positivistas, uma *contradição performativa*.[4]

3 Contradição performativa positivista?

A contradição performativa residiria exatamente na indissociabilidade do conceito de Direito com a pretensão de correção, isto é, de justiça. Essa pretensão de justiça, uma vez não atendida, provocaria desconforto decorrente do abuso na produção de norma padecente do referido vício capital.

Consoante essa tese, a justiça é um *postulado normativo*, é *pressuposto epistemológico* que independe de positivação e não pode ser suprimido. Segue-se que a negação de um

---

[3] Segundo o autor, "o conteúdo das regras exprime, de fato, as preferências políticas e morais daqueles que as criam". Cf.: TROPER, Michel. *A filosofia do direito*. São Paulo: Martins Fontes, 2008. p. 10.

[4] V., por todos, ALEXY, Robert. *Conceito e validade do direito*. São Paulo: Martins Fontes, 2009. p. 43-48. Na literatura nacional, MARCONDES, Ricardo Martins; PIRES, Luis Manuel Fonseca. *Um diálogo sobre a justiça*: a justiça arquetípica e a justiça deôntica. Belo Horizonte: Fórum, 2012. p. 50-53 e MARCONDES, Ricardo Martins. *Estudos de direito administrativo neoconstitucional*. São Paulo: Malheiros, 2015. p. 32-35.

postulado normativo como o da justiça, que "impõe ao direito a pretensão de justiça", seja uma negação explícita ou implícita, configuraria uma *contradição performativa*.

Diante dessa suposta contradição performativa, consistente na admissibilidade da juridicidade de normas ainda que consagradoras de injustiça extrema ou intolerável, ignorando-se o postulado normativo da justiça, que independeria de positivação, o jurista deve desprezar a contradição negando juridicidade às normas padecentes da referida distorção.

Permitimo-nos registrar, enfaticamente, que normas consagradoras de injustiça extrema ou intolerável, que assim sejam qualificadas para além de qualquer margem de dúvida razoável, devem merecer nossa repulsa. Temos mesmo o dever moral de denunciar sua existência, propugnar pela sua extinção e até lutar para que sejam extirpadas, cientes, todavia, dos eventuais riscos dessa empreitada.

Seja como for, nada obsta que juristas também se ocupem de eleger quaisquer normas dotadas de coercibilidade institucionalizada como seu objeto de estudo, reconhecendo-as formalmente como jurídicas, independentemente do juízo de valor que a respeito de seus conteúdos prescritivos se possa fazer.

A tese de ser a pretensão de correção, de justiça, indissociável do conceito de Direito, como seu indeclinável postulado normativo, exigência impostergável de natureza epistemológica, e que se insere no campo da Filosofia do Direito, não é algo que se possa impor àqueles que se ocupam da matéria, como se fosse, referida tese, a mais absoluta expressão da verdade, sendo falsa, errada, qualquer construção teórica em sentido contrário.

A propósito, jusfilósofos há, da maior respeitabilidade, que em escritos de inegável valor contestam a validade dos argumentos utilizados para sustentar a tese da indissociabilidade do conceito de Direito e da pretensão de justiça e, consequentemente, a mencionada contradição performativa.[5]

Não é nosso propósito discutir aqui, e na profundidade que o tema comporta, os argumentos em favor ou contra a tese da mencionada contradição performativa.

Todavia, não podemos nos furtar de fazer algumas brevíssimas considerações, como segue.

A tese da suposta contradição performativa consiste na não aceitação da pretensão de justiça como condição de juridicidade de normas comportamentais, pressupõe que referida pretensão de justiça seja condição de juridicidade. E que essa pretensão de justiça constitui um postulado normativo que não pode ser negado. Mas por que não poderia ser negado? Porque se negado implicaria contradição performativa na medida em que a pretensão de justiça constitui um postulado normativo, que sequer o constituinte poderia negar.

Referido pressuposto, designado *pressuposto normativo*, seria então uma norma que, por definição, estaria a prescrever um dever ser. Mas não seria uma norma positiva, mas pressuposta e, portanto, pensada. Norma pensada como pressuposta e condicionadora do próprio exercício do poder constituinte.

---

[5] Por todos, AMADO, Juan Antonio García. Sobre a ideia de pretensão de correção do direito em Robert Alexy: considerações críticas. Tradução de Andityas Soares de Moura Costa Matos e Brener Fidélis Seixas. *Revista Brasileira de Estudos Políticos*, Belo Horizonte, n. 104, p. 53-127, jan./jun. 2012. O autor destaca outras obras de outros autores em que constam críticas e objeções à pretensão de correção. São eles, Eugenio Bulygine, Jan-Reinard Sieckman e Joseph Raz (ver p. 57 do artigo).

Segue-se que a tese em questão da contradição performativa pode, então, ser sintetizada da seguinte forma: *o Direito é indissociável da pretensão de justiça que, como postulado normativo, constitui pressuposto epistemológico independente de positivação e que não pode ser suprimido. Segue-se que ordens normativas ou normas que não atendam* à *pretensão de justiça não são jurídicas.*

Esse raciocínio *pressupõe* a existência de uma norma. Tanto é que a tese se refere a postulado *normativo* como *pressuposto* epistemológico. Essa a premissa.

Que norma seria então? Uma norma *pressuposta*, evidentemente.

Se se trata de norma pressuposta, é norma pensada como *premissa* necessariamente verdadeira, evidente, indemonstrável. Trata-se, portanto, de um axioma que em si mesmo resulta de uma precompreensão. Mas como se pode afirmar que se impõe ao Direito uma pretensão de justiça? A resposta, como vimos, é a seguinte: impõe-se porque essa imposição é pressuposta epistemologicamente! Cabe então outra pergunta: e o que torna obrigatória ou verdadeira pressuposição epistemológica nesse sentido? Se a resposta for, como parece ser, que é obrigatória, verdadeira, porque se trata de um postulado normativo, caracterizada está uma tautologia, já que a resposta final reconduz à premissa inicial de que a pretensão de justiça é um postulado normativo.

Do ponto de vista lógico-formal, a tese da contradição performativa, que estaria residente na concepção do Direito mesmo sem pretensão de justiça, não se sustenta. Implica raciocínio eivado de circularidade, maculado pela *petitio principii*, mal disfarçada. E, como está fundada em um pressuposto epistemológico axiomaticamente concebido, esse pressuposto, exatamente porque preconcebido, em nada impede, obviamente, que seja rejeitado por outros jusfilósofos que tenham como postulados outros pressupostos epistemológicos.

Em outras palavras: premissa axiomática é aquela que, por definição, é posta como sendo verdadeira; implica enunciado pressuposto como verdadeiro por quem o enuncia. Assim, não há como dizer que quem não concorda com um enunciado posto como axiomático está necessariamente cometendo um erro, na suposição de que o enunciado axiomático só possa ser considerado necessariamente verdadeiro, qualidade essa, em rigor, e por definição, também indemonstrável. E ainda que se esforcem, os partidários da tese referida da contradição performativa, em demonstrar a sustentabilidade racional do postulado normativo da pretensão de justiça, essa pretendida sustentabilidade é questionável, como se tem verificado.

Vê-se, pois, que o pressuposto dever de respeitar pretensões de justiça, como indissociável do conceito de Direito, significa pressupor a existência de uma norma – daí a expressão *postulado normativo* – como fundamento de existência mesmo de normas jurídicas.

Entretanto, outras compreensões, como as positivistas, consideram necessário e suficiente, para o reconhecimento da sua juridicidade, a coercibilidade institucionalizada de normas postas por decisão de exercentes do poder político.

O postulado normativo da indeclinável pretensão de justiça do Direito é, em rigor, uma norma pensada, pressuposta pelos que a concebem como projeção da razão, da consciência humana, ou mesmo da vontade divina.

Trata-se então de uma norma fundamental, meramente pensada, que nos faz lembrar da denominada norma fundamental, pensada, concebida por Kelsen, na sua versão final, na Teoria Geral das Normas.[6] O postulado normativo da indeclinável pretensão de justiça do Direito vale, então, como uma norma fundamental pensada, embora com conteúdo diferente da norma fundamental de Kelsen.

Quanto às normas que se tenha como consagradoras de injustiça extrema ou intolerável, passíveis mesmo assim de serem objeto de estudo açambarcado por um dos conceitos de Direito, temos o dever cívico e moral de lutar, como for viável, para que sejam extirpadas do ordenamento, ainda que mediante o uso da força necessária, cientes, todavia, repetimos, dos riscos de eventual fracasso dessa empreitada.

Com efeito, tentativas de substituição integral ou parcial, pelo uso da força, de dada ordem normativa, podem, a final, serem exitosas ou fracassadas. Se fracassadas, os seus autores submetem-se à responsabilização nos termos do ordenamento contra o qual tenham se insurgido, porque continua eficaz. Se a tentativa for exitosa, os vitoriosos podem, exercitando de fato poder constituinte originário, editar novo ordenamento prescrevendo a responsabilização dos derrotados, inclusive por comportamentos pretéritos que o novo ordenamento definir, com eficácia retroativa. Em sendo o poder constituinte originário incondicional e ilimitado, por definição, nada obsta que possa produzir normas com eficácia retroativa, com a finalidade última de fazer justiça ao ver de seus exercentes.

Quando se diz que o poder constituinte originário é incondicional e ilimitado, está-se a afirmar um dado da realidade, qual seja: não há norma jurídica alguma a limitar o poder constituinte porque ele é simplesmente poder que é exercitado como fonte produtora de normas, que não tem como fundamento de validade qualquer outra norma vigente até então, posta por quem tenha exercido poder político. Movimentos insurrecionais, revoluções, golpes de Estado, guerras, colocam os vitoriosos na condição de exercitarem, de fato, o poder de produzir normas *ex novo*, dotadas de coercibilidade institucionalizada.

Pode-se até sustentar que os exercentes do poder constituinte originário estão limitados por impostergáveis exigências de moral ou de justiça. Mas limitações dessa natureza, em rigor não cogentes, em nada inviabilizam o exercício de fato do poder político originariamente instalado de produzir, como melhor lhe aprouver, normas comportamentais dotadas efetivamente de coercibilidade institucionalizada.

Nessa hipótese, em nada aproveitará aos derrotados num movimento insurrecional, a partir de então submetidos à nova ordem, a alegação de que teriam atuado de acordo com o direito então em vigor, de sorte que não se põe como necessária a desqualificação da ordem derrogada como não jurídica. Referida desqualificação não passa de expediente retórico de negação da legitimidade do que se fez no passado, considerado como abominável.

O mais célebre exemplo do que dissemos acima está registrado na história com a derrota, na Segunda Guerra Mundial, das potências do Eixo – Alemanha, Itália e Japão – pelas forças Aliadas – Estados Unidos da América, Inglaterra, Rússia e França. Derrotada a Alemanha, extirpado o governo nazista, conhecido na sua integridade o holocausto, foi implantada pelos vencedores da guerra nova ordem normativa dotada de coercibilidade

---

6 KELSEN, Hans. *Teoria Geral das Normas*. Porto Alegre: Fabris, 1986. p. 328-329. Ver também, p. VIII e IV (palavras do tradutor).

institucionalizada. Os vencedores criaram o Tribunal de Nuremberg, definiram crimes e prescreveram normas processuais e sanções *post factum*, julgaram e executaram vários réus, condenados à morte por enforcamento, não se lhes aproveitando argumentos como os de que apenas se limitaram a cumprir preteritamente deveres jurídicos.

A bem da verdade, os vitoriosos, no exercício do poder constituinte, editaram o Estatuto do Tribunal de Nuremberg e nele inseriram os arts. 6º e 7º, com a seguinte redação:

> Art. 6º O Tribunal estabelecido por acordo mencionado no art. 1º acima, para o julgamento e castigo dos grandes criminosos de guerra dos países europeus do Eixo, será competente para julgar e punir quaisquer pessoas que, agindo por conta dos países europeus do Eixo, tenham cometido, individualmente ou sob o título de membros de organizações, qualquer dos crimes seguintes:
>
> Os seguintes atos, ou qualquer um entre eles, são crimes submetidos à jurisdição do Tribunal e elencam uma responsabilidade individual:
>
> a) [...]
>
> b) [...]
>
> c) [...]
>
> Os dirigentes, organizadores, colaboradores ou cúmplices que tenham participado na elaboração ou execução de um *plan concerté* ou de um complô para o cometimento de qualquer um dos crimes acima definidos são responsáveis por todos os atos perfeitos realizados por qualquer pessoa na execução deste plano.
>
> Art. 7º A condição oficial dos acusados, seja como chefes de Estado, seja como altos funcionários, não será considerada nem como escusa absolutória, nem como motivo para diminuição da pena.

Os vitoriosos nem se deram ao trabalho de tentar desqualificar, como não sendo jurídica, a ordem normativa nazista. Essa desqualificação não teria sentido algum, porque desnecessária em face mesmo do novo direito posto, imposto pelos vencedores da guerra e como à época mais lhes pareceu cabível, criando disposições penais *post factum*, e com eficácia retroativa.

Por outro lado, o que dizer do lançamento das bombas atômicas, pelos Estados Unidos, sobre Hiroshima e Nagasaki, cidades do Japão, nos dias 6 e 9.8.1945, respectivamente. A primeira causou a morte imediata de 70.000 (setenta mil) pessoas, e até o final daquele ano, outras 60.000 (sessenta mil); a segunda, matou mais outras dezenas de milhares de pessoas. A maioria esmagadora dos mortos foi de civis, homens, mulheres, idosos, crianças, enfermos, indiscriminadamente. Um crime contra a humanidade, independentemente das razões apresentadas para justificar o inominável bombardeio atômico, não direcionado especificamente a tropas inimigas, arsenais ou instalações militares.

O ataque nuclear foi ordenado pelo então Presidente dos Estados Unidos.

Tivessem os Estados Unidos perdido a guerra, não teria sido instituído o Tribunal de Nuremberg, nem o Tribunal Militar Internacional para o Extremo Oriente, para processar e julgar os líderes derrotados por crimes de guerra. Por crimes de guerra responderiam, certamente, dentre outros, o Presidente dos Estados Unidos, Truman, e os que deram cumprimento à sua ordem de lançar bombas atômicas em cidades japonesas. Mas, para todos os fins de Direito, julgam-se por crimes de guerra líderes derrotados, não os comandantes supremos vitoriosos.

Seja como for, o conceito de Direito é objeto de divergências sem fim.

De nossa parte, e também como exigência de ordem epistemológica, definimos Direito, adotando um paradigma juspositivista, como sendo *ordem normativa do comportamento humano, dotada de coercibilidade institucionalizada, posta por decisão do legislador competente, no exercício de poder político, e por outras fontes por aquele reconhecidas, autorizadas ou delegadas.*

Na medida em que dada ordem jurídico-normativa consubstanciar normas atentatórias à dignidade humana, temos o dever moral de envidar os esforços possíveis para extingui-las. Mas a ausência de legitimidade de que estejam a padecer, a indignação que nos estejam a causar, a luta que, contra elas, nos decidirmos por encetar, não nos impede de tê-las como objeto de estudo metodologicamente organizado, designando-as como normas jurídicas.

Em rigor, bem conhecendo dada ordem normativa, institucionalizada, mais bem habilitados estaremos para submetê-la a críticas consoante a escala hierarquizada de valores que adotarmos e, a final, nos decidirmos por fazer o que nossa consciência recomendar.

Seja como for, o conceito de Direito é questão jusfilosófica, de sorte que enseja e continuará a ensejar teses variadas a partir de precompreensões epistemológicas. Em rigor, há divergências conceituais em decorrência da pluralidade de paradigmas epistemológicos.

Concepções há de natureza valorativa, idealista, utópica. Concepções outras há não valorativas, realistas, pragmáticas, ideologicamente neutras. Todas passíveis de variados matizes.

A discussão quanto ao conceito de Direito é, definitivamente, uma discussão sem fim, mesmo porque a palavra "Direito" não é susceptível de apropriação por quem quer que seja, podendo ser utilizada num dos sentidos que comporta na nossa língua, dotada que é de polissemia. Ninguém pode arvorar-se senhor de um sentido único para a palavra "Direito", como se só pudesse ser utilizada como representação mental de ordem normativa que necessariamente, para ser assim designada, devesse reunir tais ou quais características de sorte que sua utilização não obsequiosa rigorosamente a essa ou aquela concepção devesse ser considerada errada.

A partir de uma concepção não valorativa de Direito, *ab initio*, ideologicamente neutra, realista, pragmática, é que se pode alcançar um mínimo de segurança jurídica, que se traduz nuclearmente em se saber quais as possíveis consequências do nosso proceder na medida em que dada ordem normativa, como técnica de organização social, prescreve, a seu modo, o que se há de ter como proibido, obrigatório ou permitido.

4 Divergências quanto às projeções valorativas

Consoante essa noção do que seja o Direito, vale como norma jurídica o que esteja prescrito pelo legislador competente, independentemente do juízo que governantes e não governantes possam fazer quanto à justiça ou injustiça desta ou daquela prescrição, tendo como parâmetros suas próprias convicções ou concepções do que seja ou não moral ou justo.

Quanto a isso cumpre sempre lembrar as lições de Miguel Reale no sentido de que mesmo os que professam os mesmos valores podem divergir quanto às suas projeções concretas.[7] A título de exemplos, consideremos valores positivados no nosso ordenamento jurídico, como os da dignidade da pessoa humana e da veracidade.

Em outro trabalho já tivemos a oportunidade de ensaiar uma definição de dignidade do ser humano, a partir de concepções de variados autores que, todavia, não nos satisfizeram integralmente. De nossa parte, concebemos a dignidade humana nos seguintes termos:[8]

> Trata-se de um atributo do ser humano consistente no seu intrínseco valor como pessoa, merecedora de respeito nas suas dimensões físico-anímicas, individual e coletiva, sujeito de direitos fundamentais impostergáveis. Constitui projeção de sua existência natural, dotada de racionalidade, livre-arbítrio, singularidade, sociabilidade e reconhecida cada pessoa como igual a todas as outras. Igual em face, portanto, de seus semelhantes, do Estado e quaisquer outras instituições públicas e privadas, nos termos assinalados no ordenamento jurídico.

Pois bem.

Invocando igualmente o princípio constitucional da dignidade humana, há os que são favoráveis e os que são contrários ao aborto. Uns consideram que a dignidade é garantida na medida em que se assegure a liberdade da mulher de decidir-se pela interrupção ou não da gravidez. Outros consideram que a dignidade postula a preservação da vida intrauterina. E pessoas que se dizem obsequiosas à dignidade humana divergem quanto à admissibilidade da pena de morte.

Por outro lado, parece indubitável que o valor da veracidade deve, moralmente, sempre, em tese, prevalecer. Mas o direito posto no Brasil, que criminaliza a mentira de testemunhas, não criminaliza a mentira dos réus, não obrigados a se autoincriminarem.

Como se vê, o direito posto, mesmo consagrando valores, não obsta, salvo no que se possa considerar como absolutamente desarrazoado, inconstitucional, que o legislador module como melhor lhe aprouver suas projeções concretas ao descrever situações tipo ensejadoras da incidência desta ou daquela prescrição.

Nós mesmos, em homenagem ao princípio da segurança jurídica, que postula a predeterminação formal do Direito, como professa Miguel Reale,[9] temos sustentado

---

[7] REALE, Miguel. *Filosofia do direito*. 16. ed. São Paulo: Saraiva, 1994. p. 557-559.

[8] CAMMAROSANO, Márcio; DAL POZZO, Antonio Araldo Ferraz. *Improbidade administrativa*: novas disposições, novos desafios. Belo Horizonte: Fórum, 2023. p. 59. A propósito, merece referência a anotação de Marçal Justen Filho no sentido de que "o único valor supremo é a dignidade humana, núcleo dos direitos fundamentais consagrados constitucionalmente". Para consulta, JUSTEN FILHO, Marçal. *Comentários à Lei de Licitações e Contratações Administrativas*: Lei 14.133/2021. São Paulo: Thomson Reuters Brasil, 2021. p. 135.

[9] Sustenta Miguel Reale: "De todas as formas de experiência humana, o Direito é a que mais exige forma predeterminada e certa em suas regras. Não se compreende o Direito sem um mínimo de legislação escrita, de certeza, de tipificação da conduta e de previsibilidade genérica. Isto porque o Direito, ao facultar-lhe a possibilidade de escolha entre o adimplemento ou não de seus preceitos, situa o obrigado no âmbito de uma escolha já *objetivamente* feita pela sociedade, escolha esta revelada através de um complexo sistema de *modelos*". E segue: "O Direito, portanto, exige *predeterminação formal*, sendo o modelo legal a expressão máxima dessa

que o princípio da moralidade administrativa (CR, arts. 37, *caput* e 5º, LXXIII) não está reportado direta e imediatamente à moral comum, a padrões morais que supostamente prevalecem na sociedade, mas àqueles positivados no ordenamento jurídico, e nos termos em que positivados.[10]

5 Algumas projeções de nossa concepção positivista do Direito – Direito, legalidade, moralidade e improbidade

Uma vez explicitado o conceito de Direito que adotamos, metodologicamente positivista includente, compreensivo também de normas principiológicas, parece-nos oportuno dizer algumas palavras a respeito de duas projeções da referida concepção, quais sejam: *a)* da relação entre Direito e moral; e *b)* dos conceitos de legalidade, moralidade e improbidade administrativas.

Façamo-lo aqui de forma a mais direta e concisa.

a) Direito e moral:

Direito e moral não se confundem, consoante têm professado mesmo não positivistas, e isto porque as normas apenas morais não são dotadas, evidentemente, de coercibilidade institucionalizada, ao contrário do que ocorre com as normas que são consideradas jurídicas. E não é essa a única nota característica distintiva entre Direito e moral.

Sem embargo, é inegável a existência de relações entre muitas normas jurídicas e normas morais. Legisladores costumam ser sensíveis a influências, em variados graus, de normas morais e mesmo religiosas, modulando suas projeções ao produzirem normas jurídico-positivas como melhor lhes aprouver. Essas modulações, todavia, devem ser obsequiosas a Constituições que existirem como repositório de normas jurídicas do mais elevado nível hierárquico.

Juridicamente vale o que restar, a final, produzido pelo legislador competente, e que se põe como objeto de esforço exegético de estudiosos e operadores do Direito. O Direito é posto, assim, como objeto de estudo de uma das ciências humanas que dele se ocupam, a ciência do Direito, labor cognoscitivo metodologicamente organizado dos juristas.

Ordens jurídico-normativas também consagram valores, juridicizando-os. Mas o reconhecimento dessa juridicidade não depende dos juízos de valor que a respeito de dada ordem jurídica se possa fazer, que pode ensejar, total ou parcialmente, encômios ou manifestações de repúdio de quem quer que seja.

---

exigência, o que explica seu êxito em confronto com as demais espécies de modelos jurídicos [...] Não existe, na esfera moral, a predeterminação formal das regras ou dos órgãos destinados a declarar seu conteúdo rigoroso, como se verifica no mundo jurídico, onde a tipicidade não deve ser vista apenas nos domínios do Direito Penal [...]. É natural, com efeito que cuidadosa e prudentemente se certifique o Direito, sem apego a fórmulas estereotipadas e inúteis, mas também sem horror descabido à forma que lucidamente enuncie o lícito e o ilícito, a fim de prevenir e evitar os abusos e distorções do Poder. A Moral, fundada na espontaneidade e insuscetível de coação, pode dispensar a rigorosa tipicidade de seus imperativos que, aliás, não devem, por sua natureza, se desdobrar em comandos casuísticos. O Direito, ao contrário, disciplinando e discriminando 'classes de ações possíveis', deve fazê-lo com rigor, numa ordenação a mais possível lúcida de categorias e modelos normativos". Cf. em: REALE, Miguel. *Filosofia do direito*. 16. ed. São Paulo: Saraiva, 1994. p. 709-710.

[10] CAMMAROSANO, Márcio. *O princípio constitucional da moralidade e o exercício da função administrativa*. Belo Horizonte: Fórum, 2006. p. 85.

b) Legalidade, moralidade e improbidade:

Estabelecidas as premissas acima, pode-se chegar às seguintes precisões conceituais, que já buscamos esquadrinhar em trabalhos anteriores.[11]

Legalidade é a qualidade do que é legal, conforme a ordem jurídica. Porém, nem toda ofensa à ordem jurídica se apresenta com igual gravidade, ensejando sempre as mesmas consequências. Há comportamentos, fatos juridicamente relevantes, que causam danos a terceiros, impondo ao causador desses o dever de indenizar. Trata-se de mera reparação civil, não de uma sanção propriamente dita. Tanto é verdade que o dever de reparar danos transmite-se aos sucessores de quem os tenha causado. Já as sanções mesmo são de caráter personalíssimo, como as disciplinares, por improbidade e criminais.

Em se tratando de ilegalidade que implica, concomitantemente, violação a valores morais juridicizados, como a lealdade e a boa-fé, a ilegalidade estará agravada, configurando ofensa à moralidade administrativa,[12] sendo cabível também o manejo da ação popular por qualquer cidadão (CR, art. 37, *caput*, c.c. art. 5º, LXXIII) para restaurar o império da legalidade.

Como se vê, em sendo a moralidade uma moral jurídica – valores morais juridicizados –, pode haver ilegalidade sem ofensa à moralidade, mas ofensa à moralidade pressupõe ofensa à ordem jurídica, ofensa agravada, portanto.

Mas a violação à ordem jurídica pode ainda apresentar-se especialmente qualificada, de sorte a ensejar a aplicação de sanções as mais severas, na medida em que a lei prescrever que certos tipos de comportamentos são considerados ímprobos ou definidos como crime.

Destarte, atos de improbidade são as condutas dolosas tipificadas nos arts. 9º, 10 e 11 da Lei nº 8.429/92, e outras condutas como tais previstas em leis especiais (art. 1º, §1º), as quais sujeitam seus autores às sanções cominadas no art. 12. E crimes são os comportamentos tipificados como tais na legislação penal, dolosos, ou culposos nos casos expressamente previstos em lei, que sujeitam seus autores, em geral, a penas privativas de liberdade, pecuniárias, ou restritivas de outros direitos, como nas hipóteses de infrações penais imputáveis a pessoas jurídicas.[13]

Assim, é o legislador competente que, avaliando a maior ou menor censurabilidade, reprovabilidade, deste ou daquele tipo de ação ou omissão, legisla decidindo por qualificar este ou aquele comportamento como ímprobo e ou criminoso, ou não.

---

[11] Nesse sentido, ver: CAMMAROSANO, Márcio; PEREIRA, Flávio Henrique Unes. O elemento subjetivo na improbidade administrativa: por uma responsável motivação das decisões judiciais. *Revista do Superior Tribunal de Justiça*, ano 28, n. 241, p. 577-603, jan./mar. 2016, CAMMAROSANO, Márcio. Da extensão do controle judicial da Administração Pública em face do princípio da moralidade administrativa. *In*: WALD, Arnold; JUSTEN FILHO, Marçal; PEREIRA, Augusto Guimarães (Org.). *O direito administrativo na atualidade*: estudos em homenagem ao centenário de Hely Lopes Meirelles. São Paulo: Malheiros Editores, [s.d.]. p. 836-869 e CAMMAROSANO, Márcio; DAL POZZO, Antonio Araldo Ferraz. *Improbidade administrativa*: novas disposições, novos desafios. Belo Horizonte: Fórum, 2023.

[12] CAMMAROSANO, Márcio. *O princípio constitucional da moralidade e o exercício da função administrativa*. Belo Horizonte: Fórum, 2006. Veja-se, também, a precisa lição de Eros Roberto Grau: "[...] a eticização do Direito pela qual se clama apenas poderá ser realizada, no presente, mediante a adição de conteúdos às formas jurídicas, o que importa desenvolvam os juristas não uma atividade exclusivamente técnica e significa atuem segundo uma ética na lei (acima da lei)" (GRAU, Eros Roberto. *O direito posto e o direito pressuposto*. São Paulo: Malheiros, 1996. p. 78).

[13] Ver Lei nº 9.605/98, que define crimes ambientais, passíveis de serem cometidos inclusive por pessoas jurídicas.

Pode-se, então, estabelecer a seguinte afirmativa: *considera-se ato de improbidade administrativa aquele previamente tipificado como tal em lei, por imperativo da segurança jurídica e da proteção da confiança, tal qual a tipificação de crime.*

Em acréscimo, a lei de improbidade administrativa, com a redação dada pela Lei nº 14.230/21, prescreve que não se pode cogitar de improbidade senão a título de dolo, afastando assim a modalidade culposa, consoante se depreende de várias de suas disposições.

E não basta, para a configuração de improbidade, a mera voluntariedade do comportamento, com a consciência de sua antijuridicidade, isto é, o dolo genérico. Exige-se, além da voluntariedade do comportamento e da consciência da antijuridicidade do proceder – dolo –, que a conduta funcional do agente público tenha se dado com "o fim de obter proveito ou benefício indevido para si ou para outra pessoa ou entidade" (art. 11, §1º).

A exigência de dolo específico, decorrente do art. 11, §1º da lei, para além do genérico, que se perfaz com a voluntariedade do comportamento típico, mais a consciência de sua antijuridicidade, restou estendida para quaisquer atos tipificados como improbidade, por força de expressa disposição consubstanciada no §2º do próprio art. 11, assim redigido: "Aplica-se o disposto no §1º deste artigo a quaisquer atos de improbidade administrativa tipificados nesta Lei e em leis especiais e a quaisquer outros tipos especiais de improbidade administrativa instituídos por lei".

Em outras palavras: o conceito de dolo, explicitado no art. 1º, §3º, da lei em vigor, é do dolo genérico. A exigência de dolo específico, para além do genérico que não é o bastante para configurar improbidade, está prescrita nos §§1º e 2º do art. 11.

Outro ponto a se destacar, decorrente do que já aqui esmiuçado, é a exigência de tipicidade para configuração da prática de ato de improbidade que atenta contra os princípios da Administração Pública, previstos no *caput* e incisos do art. 11 da lei de regência.

O art. 11 da LIA, especialmente seu *caput*, sempre ensejou discussão entre os estudiosos da matéria, com defensores e críticos de ambos os lados.[14]

A bem da verdade, princípios são de importância fundamental na busca de consistência, racionalidade, unidade sistêmica do ordenamento jurídico. Sem o conhecimento dos princípios informadores de uma dada ordem normativa não há como proceder à composição de seus elementos sob perspectiva unitária; e sem essa composição não se faz ciência. Daí o inegável valor metodológico da noção de regime jurídico, tão encarecida por Celso Antônio Bandeira de Mello.[15]

---

[14] Os favoráveis ao art. 11 costumavam encarecer a importância dos princípios, cuja violação haveria de ser considerada mais grave que violação a uma norma do tipo regra, como consta em lições de Celso Antônio Bandeira de Mello (*Curso de direito administrativo*. 35. ed. São Paulo: Malheiros, 2021. p. 913-914), a nosso ver nem sempre bem compreendidas. Já para críticos da improbidade por atentados a princípios, sempre se alinharam os que apontavam para exigências de segurança jurídica, não prestigiada em face da falta de maior densidade das normas principiológicas que, por definição, não descrevem com adequada precisão as hipóteses de sua incidência, sendo muito vagas e, assim, fontes de incertezas quanto às suas projeções nos casos concretos.

[15] Em um melhor desenvolvimento do assunto, CAMMAROSANO, Márcio. Ainda há sentido em se falar em regime jurídico administrativo? *In*: MOTTA, Fabrício; GABARDO, Emerson (Coord.). *Crise e reformas legislativas na agenda do Direito Administrativo*: XXXI Congresso Brasileiro de Direito Administrativo. Belo Horizonte: Fórum, 2018. p. 141-151.

Contudo, a imprecisão de princípios como o da finalidade de interesse público, de imenso campo denotativo, não se compara com a segurança proporcionada por uma regra que descreva dado comportamento-tipo, proibindo-o, sob pena de uma sanção especificamente cominada. E quanto mais gravosa uma sanção, nas variadas searas do Direito, maior a exigência de tipicidade, como ocorre em matéria criminal, em face mesmo da exigência de segurança jurídica, ínsita ao Estado Democrático de Direito, que postula a predeterminação formal do Direito, mormente no Direito sancionatório.

Na busca dessa maior segurança jurídica, muitos criticávamos a redação do art. 11 da LIA, que, por essa razão, também tocava as raias da inconstitucionalidade.

Além do mais, a LIA, no seu art. 11, jamais prescreveu ser improbidade a violação a princípios, mas sim que constituía improbidade, implicando atentado a princípios, qualquer ação ou omissão violadora dos deveres de honestidade, imparcialidade, legalidade e lealdade às instituições.

A violação a esses deveres, principiológicos, sem dúvida, é que a LIA qualificava como tal e, *ipso facto*, atentatória a princípios.

Sensível às críticas referidas, postulando maior segurança jurídica, na nova redação do *caput* do art. 11, suprimiu-se a expressão "e notadamente" pela expressão "[...] caracterizada por uma das seguintes condutas".

Destarte, de meramente exemplificativo que era, o rol do art. 11 passou a ser taxativo. Assim, a referência a princípios da Administração Pública, no *caput* do art. 11, e aos deveres nele mencionados passou a ser, em rigor, despicienda, retórica.

Para a configuração de improbidade com fundamento no art. 11, é necessária agora a comprovação de comportamento que se subsuma a um dos tipos descritos nos incisos do art. 11, sob pena de se estar a ignorar que foi essa a razão determinante da nova redação dada ao referido artigo, que tantos subjetivismos caprichosos ensejou.

Conclusões

Conceituar Direito é uma exigência de ordem epistemológica. Ao fazê-lo estamos definindo o que, sob o rótulo Direito, elegemos como nosso objeto de estudo, com a finalidade de descrevê-lo como concebido, isto é, como ordem normativa da vida em sociedade, dotada de coercibilidade institucionalizada, posta por decisão do legislador competente ou por outras fontes por ele reconhecidas, autorizadas ou delegadas.

Essa concepção de Direito, nuclearmente positivista, é uma das concepções que se pode adotar. Outras há, fundadas em outros paradigmas, e que estão a evidenciar que o conceito de Direito, objeto de especulações filosóficas, implica discussão sem fim, sem que se possa eleger, dentre as definições que se têm proposto ao longo da história, uma que se tenha como a certa, verdadeira, considerando-se erradas todas as demais.

Segue-se que não há, na concepção positivista, avalorativa, do Direito, qualquer contradição performativa. Cada concepção tem seus próprios pressupostos. E o raciocínio que conduziria à tese da suposta contradição performativa da concepção positivista em rigor implica uma falácia, maculado o raciocínio pela sua circularidade, pela petição de princípio.

Direito e moral não se confundem, sem embargo da juridicização de valores morais, e suas variadas projeções, consoante decidir o legislador competente.

Legalidade, moralidade e probidade administrativa não são expressões dotadas de sinonímia absoluta, conquanto relacionadas. A moralidade administrativa consiste no imperativo de observância dos valores morais juridicizados e como juridicizados. Sua violação implica ofensa agravada à legalidade. Improbidade é ofensa à ordem jurídica especialmente qualificada pela lei ao tipificar comportamentos que assim devam ser considerados, prescrevendo severas sanções, de rigoroso teor.

Segue-se que constitui improbidade o comportamento que a lei qualificar como tal, sem embargo de possível questionamento da constitucionalidade do que eventualmente prescrever de forma destemperada, desarrazoada, abusiva, à luz do sistema constitucional em vigor.

Referências

ALEXY, Robert. *Conceito e validade do direito*. São Paulo: Martins Fontes, 2009.

AMADO, Juan Antonio García. Sobre a ideia de pretensão de correção do direito em Robert Alexy: considerações críticas. Tradução de Andityas Soares de Moura Costa Matos e Brener Fidélis Seixas. *Revista Brasileira de Estudos Políticos*, Belo Horizonte, n. 104, p. 53-127, jan./jun. 2012.

BANDEIRA DE MELLO, Celso Antônio. *Curso de direito administrativo*. 35. ed. São Paulo: Malheiros, 2021.

CAMMAROSANO, Márcio. Ainda há sentido em se falar em regime jurídico administrativo? *In*: MOTTA, Fabrício; GABARDO, Emerson (Coord.). *Crise e reformas legislativas na agenda do Direito Administrativo*: XXXI Congresso Brasileiro de Direito Administrativo. Belo Horizonte: Fórum, 2018. p. 141-151.

CAMMAROSANO, Márcio. Da extensão do controle judicial da Administração Pública em face do princípio da moralidade administrativa. *In*: WALD, Arnold; JUSTEN FILHO, Marçal; PEREIRA, Augusto Guimarães (Org.). *O direito administrativo na atualidade*: estudos em homenagem ao centenário de Hely Lopes Meirelles. São Paulo: Malheiros Editores, [s.d.]. p. 836-869.

CAMMAROSANO, Márcio. *O princípio constitucional da moralidade e o exercício da função administrativa*. Belo Horizonte: Fórum, 2006.

CAMMAROSANO, Márcio; DAL POZZO, Antonio Araldo Ferraz. *Improbidade administrativa*: novas disposições, novos desafios. Belo Horizonte: Fórum, 2023.

CAMMAROSANO, Márcio; PEREIRA, Flávio Henrique Unes. O elemento subjetivo na improbidade administrativa: por uma responsável motivação das decisões judiciais. *Revista do Superior Tribunal de Justiça*, ano 28, n. 241, p. 577-603, jan./mar. 2016.

GORDILLO, Agustín. *Princípios gerais de direito público*. São Paulo: Revista dos Tribunais, 1977.

GRAU, Eros Roberto. *O direito posto e o direito pressuposto*. São Paulo: Malheiros, 1996.

JUSTEN FILHO, Marçal. *Comentários à Lei de Licitações e Contratações Administrativas*: Lei 14.133/2021. São Paulo: Thomson Reuters Brasil, 2021.

KELSEN, Hans. *Teoria Geral das Normas*. Porto Alegre: Fabris, 1986.

MARCONDES, Ricardo Martins. *Estudos de direito administrativo neoconstitucional*. São Paulo: Malheiros, 2015.

MARCONDES, Ricardo Martins; PIRES, Luis Manuel Fonseca. *Um diálogo sobre a justiça*: a justiça arquetípica e a justiça deôntica. Belo Horizonte: Fórum, 2012.

REALE, Miguel. *Filosofia do direito*. 16. ed. São Paulo: Saraiva, 1994.

TROPER, Michel. *A filosofia do direito*. São Paulo: Martins Fontes, 2008.

VILLEY, Michel. *Filosofia do direito*: definições e fins do direito. Os meios do direito. 2. ed. São Paulo: Martins Fontes, 2008.

Informação bibliográfica deste texto, conforme a NBR 6023:2018 da Associação Brasileira de Normas Técnicas (ABNT):

CAMMAROSANO, Márcio. Um conceito de Direito, para uma segura definição de improbidade administrativa. *In*: JUSTEN, Monica Spezia; PEREIRA, Cesar; JUSTEN NETO, Marçal; JUSTEN, Lucas Spezia (coord.). *Uma visão humanista do Direito*: homenagem ao Professor Marçal Justen Filho. Belo Horizonte: Fórum, 2025. v. 1, p. 783-798. ISBN 978-65-5518-918-6.

A TUTELA CAUTELAR DE INDISPONIBILIDADE DE BENS NA LIA

MARIA AUGUSTA ROST

I Introdução

A Lei nº 14.230/2021 trouxe significativas inovações, alterando substancialmente a Lei de Improbidade Administrativa (Lei nº 8.429/92 – LIA). A medida cautelar de indisponibilidade de bens, prevista constitucionalmente no art. 37, §4º, e inicialmente regulada de forma genérica pela LIA, enfrentava limitações e lacunas que foram, em parte, sanadas com a promulgação da nova lei.

Um dos objetivos da nova lei foi densificar o regramento sobre a cautelar de indisponibilidade de bens. Também se observou a revisão de alguns entendimentos dos Tribunais, proferidos ainda sob a vigência da lei originária, além do aprimoramento das disposições sobre a medida, centralizando-as em um único dispositivo legal.

As alterações contemplam desde a definição clara da natureza da medida, agora explicitamente classificada como tutela de urgência cautelar, até a imposição de limites à sua decretação. A nova lei também trouxe importantes mudanças quanto à garantia do contraditório prévio e à preservação da continuidade dos serviços públicos.

Este artigo buscou analisar as principais inovações trazidas pela Lei nº 14.230/2021 no que tange à tutela de indisponibilidade de bens, com foco nas implicações práticas dessas alterações.

O estudo também examinou o panorama atual da jurisprudência do Superior Tribunal de Justiça (STJ) sobre a aplicação dessas novas disposições legais. Importa destacar que este artigo foi escrito enquanto o Tema Repetitivo nº 1.257 – que versa sobre a aplicabilidade das mudanças legislativas sobre o regime da medida de indisponibilidade de bens e valores na ação de improbidade administrativa – se encontra pendente de julgamento. Assim, também são coladas questões teóricas controversas que devem ser consideradas pelo STJ para a elaboração do precedente do referido tema.

II As inovações da Lei nº 14.230/2021 na tutela cautelar de indisponibilidade de bens

A medida de indisponibilidade de bens na ação de improbidade administrativa possui previsão constitucional (art. 37, §4º), mas seu regramento ficou a cargo da lei. A LIA regulamentou, em sua redação original, o procedimento para a decretação da indisponibilidade de bens do réu, embora o tenha feito de forma sucinta (art. 7º).

Dessa forma, coube à jurisprudência e à doutrina consolidar nuances importantes ao uso do instituto. Após a promulgação da Lei nº 14.230/2021, conhecida pelas profundas alterações na versão original da LIA, o regramento sobre a medida de indisponibilidade foi amplamente robustecido.

Na sua versão anterior, a LIA continha duas previsões de medida cautelar em dispositivos diferentes. A primeira, a *indisponibilidade de bens*, estava prevista genericamente no art. 7º, segundo o qual a autoridade administrativa poderia representar ao Ministério Público e pedir a indisponibilidade de bens do investigado quando o ato de improbidade importasse em lesão ao patrimônio público ou enriquecimento ilícito. O parágrafo único do art. 7º especificava que a medida de indisponibilidade poderia atingir bens dos réus no limite do que fosse suficiente para assegurar o integral ressarcimento do dano ou do valor do acréscimo patrimonial decorrente do enriquecimento ilícito. Em 2021, o STJ consolidou no julgamento do Tema Repetitivo nº 1.055 o entendimento de que o valor estimado da multa também poderia ser incluído no valor a ser constrangido do patrimônio do réu, inclusive nas demandas ajuizadas por supostas violações aos princípios da Administração Pública (art. 11).

Além do art. 7º, a redação anterior da LIA previa no art. 16 e respectivos parágrafos a medida cautelar de *sequestro de bens* do réu ou de terceiro, de acordo com o rito previsto nos arts. 822 e 825 do CPC/73, bem como a possibilidade de investigação, exame e o bloqueio de bens em contas bancárias e aplicações financeiras mantidas pelo acusado no exterior. Segundo o *caput* do art. 17, a petição inicial da ação de improbidade deveria ser ajuizada em até trinta dias da efetivação da medida cautelar do art. 16. Embora inexistisse previsão, a jurisprudência e a doutrina pacificaram a possibilidade de requerer a medida também em caráter incidental.[1]

Doutrinariamente, havia debate sobre se a LIA possuía previsão de dois instrumentos cautelares distintos para assegurar o resultado do processo (indisponibilidade e sequestro) ou se estaríamos diante de previsões esparsas em dois artigos de uma mesma medida cautelar de indisponibilidade. O entendimento dominante era de que, apesar das diferenças conceituais entre os instrumentos, a previsão do sequestro no art. 16 se resumiria a explicar a via processual adequada para efetivação judicial da indisponibilidade.[2]

Após a promulgação da Lei nº 14.230/2021, as regras sobre a indisponibilidade de bens foram concentradas no art. 16, *caput* e nos seus quatorze parágrafos.[3]

---

[1] NEVES, Daniel Amorim Assumpção; OLIVEIRA, Rafael Carvalho Resende. *Improbidade Administrativa*: direito material e processual. 8. ed. Rio de Janeiro: Forense, 2020. p. 361-362.

[2] Sobre essa discussão doutrinária, veja-se AMBRIZZI, Tiago Ravazzi. Notas sobre a indisponibilidade de bens na Lei Geral de Improbidade Administrativa. *Revista de Processo*, v. 229, p. 305-334, mar. 2014.

[3] *Vide* a redação: "Art. 16. Na ação por improbidade administrativa poderá ser formulado, em caráter antecedente ou incidente, pedido de indisponibilidade de bens dos réus, a fim de garantir a integral recomposição do erário

O novo *caput* do art. 16 possibilita que o pedido de indisponibilidade seja requerido em caráter antecedente ou incidental, bem como fixa a sua finalidade de assegurar a recomposição ao erário ou o acréscimo patrimonial ilícito.

O §2º corresponde diretamente à previsão anterior do sequestro de bens, pacificando a discussão doutrinária sobre a existência de apenas uma medida cautelar patrimonial e incluindo no instituto da indisponibilidade a possibilidade de solicitar "a investigação, o exame, e o bloqueio de bens, contas bancárias e aplicações financeiras mantidas pelo indiciado no exterior".

Já no §3º, a nova lei informa a natureza de tutela de urgência da indisponibilidade, de forma que será preciso demonstrar a probabilidade do direito e do perigo de dano irreparável ou de risco ao resultado útil do processo para deferimento do pedido, o que só pode ser feito após a oitiva do réu em cinco dias.

Tal alteração é relevante na medida em que vai de encontro ao entendimento consolidado no STJ, desde 2013, no julgamento do Tema Repetitivo nº 701. De acordo com o referido precedente, o deferimento da cautelar de indisponibilidade prescindia da demonstração da prática de atos, ou sua tentativa, que induzam à conclusão de risco de alienação, oneração ou dilapidação patrimonial de bens do acionado, dificultando ou impossibilitando o eventual ressarcimento futuro. Na época, entendeu-se que, diante do silêncio legislativo quanto ao requisito da urgência, a medida de indisponibilidade

---

ou do acréscimo patrimonial resultante de enriquecimento ilícito. §1º (Revogado). (Redação dada pela Lei nº 14.230, de 2021) §1º-A O pedido de indisponibilidade de bens a que se refere o caput deste artigo poderá ser formulado independentemente da representação de que trata o art. 7º desta Lei. §2º Quando for o caso, o pedido de indisponibilidade de bens a que se refere o caput deste artigo incluirá a investigação, o exame e o bloqueio de bens, contas bancárias e aplicações financeiras mantidas pelo indiciado no exterior, nos termos da lei e dos tratados internacionais. §3º O pedido de indisponibilidade de bens a que se refere o caput deste artigo apenas será deferido mediante a demonstração no caso concreto de perigo de dano irreparável ou de risco ao resultado útil do processo, desde que o juiz se convença da probabilidade da ocorrência dos atos descritos na petição inicial com fundamento nos respectivos elementos de instrução, após a oitiva do réu em 5 (cinco) dias. §4º A indisponibilidade de bens poderá ser decretada sem a oitiva prévia do réu, sempre que o contraditório prévio puder comprovadamente frustrar a efetividade da medida ou houver outras circunstâncias que recomendem a proteção liminar, não podendo a urgência ser presumida. §5º Se houver mais de um réu na ação, a somatória dos valores declarados indisponíveis não poderá superar o montante indicado na petição inicial como dano ao erário ou como enriquecimento ilícito. §6º O valor da indisponibilidade considerará a estimativa de dano indicada na petição inicial, permitida a sua substituição por caução idônea, por fiança bancária ou por seguro-garantia judicial, a requerimento do réu, bem como a sua readequação durante a instrução do processo. §7º A indisponibilidade de bens de terceiro dependerá da demonstração da sua efetiva concorrência para os atos ilícitos apurados ou, quando se tratar de pessoa jurídica, da instauração de incidente de desconsideração da personalidade jurídica, a ser processado na forma da lei processual. §8º Aplica-se à indisponibilidade de bens regida por esta Lei, no que for cabível, o regime da tutela provisória de urgência da Lei nº 13.105, de 16 de março de 2015 (Código de Processo Civil). §9º Da decisão que deferir ou indeferir a medida relativa à indisponibilidade de bens caberá agravo de instrumento, nos termos da Lei nº 13.105, de 16 de março de 2015 (Código de Processo Civil). §10. A indisponibilidade recairá sobre bens que assegurem exclusivamente o integral ressarcimento do dano ao erário, sem incidir sobre os valores a serem eventualmente aplicados a título de multa civil ou sobre acréscimo patrimonial decorrente de atividade lícita. §11. A ordem de indisponibilidade de bens deverá priorizar veículos de via terrestre, bens imóveis, bens móveis em geral, semoventes, navios e aeronaves, ações e quotas de sociedades simples e empresárias, pedras e metais preciosos e, apenas na inexistência desses, o bloqueio de contas bancárias, de forma a garantir a subsistência do acusado e a manutenção da atividade empresária ao longo do processo. §12. O juiz, ao apreciar o pedido de indisponibilidade de bens do réu a que se refere o caput deste artigo, observará os efeitos práticos da decisão, vedada a adoção de medida capaz de acarretar prejuízo à prestação de serviços públicos. §13. É vedada a decretação de indisponibilidade da quantia de até 40 (quarenta) salários mínimos depositados em caderneta de poupança, em outras aplicações financeiras ou em conta-corrente. §14. É vedada a decretação de indisponibilidade do bem de família do réu, salvo se comprovado que o imóvel seja fruto de vantagem patrimonial indevida, conforme descrito no art. 9º desta Lei".

possuía natureza de tutela de evidência.[4] Tal entendimento foi alvo de críticas doutrinárias.[5]

A revisão desse entendimento pelo STJ, ou a sua confirmação, deverá ocorrer em breve. Isso porque, em maio de 2024, a Primeira Turma afetou ao rito de julgamento dos recursos repetitivos o Tema nº 1.257, no qual serão decididas a possibilidade de aplicação aos processos em curso das disposições da Lei nº 14.230/2021 em relação à exigência do requisito de perigo na demora para a medida de indisponibilidade de bens e a possibilidade ou não de inclusão do valor da multa na constrição.

Há inovação também quanto à previsão de que, em regra, para decretação da indisponibilidade de bens, deverá haver prévia oitiva do réu no prazo de cinco dias, em prestígio aos princípios do contraditório e da ampla defesa. A Lei nº 14.230/2021 prevê, excepcionalmente, a possibilidade de deferimento da medida de indisponibilidade sem oitiva do réu, mas somente nos casos em que o autor comprovar que o exercício do contraditório prévio frustrará a efetividade da medida ou houver outras circunstâncias que recomendem a proteção liminar (§4º).

Outra novidade no regramento da indisponibilidade – esta que consolida na legislação entendimento já pacificado na jurisprudência – é a previsão de que o total de valores indisponibilizados não pode superar o montante indicado na petição inicial correspondente ao dano ao erário ou enriquecimento ilícito imputado ao réu (§5º). Sobre essa questão, há outra controvérsia pendente de apreciação pelo STJ, essa sobre a possibilidade de, em uma ação em que houver litisconsórcio passivo, dividir-se o valor da medida de indisponibilidade equitativamente entre o patrimônio dos réus. Nesse sentido, a Primeira Seção do STJ afetou ao julgamento de recursos repetitivos o Tema nº 1.213, cuja questão jurídica afetada consiste em definir se, diante da existência de solidariedade entre os réus até o final da instrução processual, há necessidade de divisão *pro rata* do valor total da constrição.[6]

O §6º acolhe a possibilidade de a medida de indisponibilidade ser substituída por caução idônea, fiança bancária ou seguro-garantia judicial, a requerimento do réu – em clara inspiração nas disposições do Código de Processo Civil (art. 835, §2º) –, bem como determina a readequação do valor indisponibilizado se tal necessidade se manifestar ao longo da instrução processual.

Regulamentou-se ainda a possibilidade, já prevista originalmente, de atingimento de bens de terceiros na medida de indisponibilidade. A nova redação do §7º do art. 16 prevê que somente poderão ser atingidos bens de terceiros se for demonstrada sua concorrência para os atos ímprobos. Além disso, para o atingimento de bens de pessoa

---

[4] Esse posicionamento restou claro no voto vencedor do Ministro Og Fernandes do Recurso Especial nº 1.366.721/BA, representativo da controvérsia do Tema nº 701, julgado em 26.2.2014: "Percebe-se que o sistema da Lei de Improbidade Administrativa admitiu, expressamente, a tutela de evidência. O disposto no art. 7º da aludida legislação, em nenhum momento, exige o requisito da urgência, reclamando, apenas, para o cabimento da medida, a demonstração, numa cognição sumária, de que o ato de improbidade causou lesão ao patrimônio público ou ensejou enriquecimento ilícito".

[5] Exemplificativamente: KLAIN, Lucas Pedroso. A indisponibilidade de bens na ação de improbidade administrativa. *Revista de Processo*, v. 307, p. 279-296, set. 2020.

[6] *Vide*: SANTOS, Melissa Ribeiro dos; DOCA, Luana. Improbidade e bloqueio: o tema repetitivo 1.213 do STJ. *Migalhas*. Disponível em: https://www.migalhas.com.br/depeso/398629/improbidade-e-bloqueio-o-tema-repetitivo-1-213-do-stj. Acesso em: 14 ago. 2024.

jurídica, é necessária a instauração do incidente de desconsideração da personalidade jurídica.

No §8º, a Lei nº 14.230/2021 reforçou o entendimento de que a medida de indisponibilidade possui natureza de tutela de urgência, referenciando expressamente o CPC. Apesar de a nova lei fazer menção às disposições de tutela de urgência no CPC, importa pontuar que não são aplicáveis à indisponibilidade de bens os arts. 303 e 304 do CPC – sobre as tutelas de caráter antecipado.[7] E isso por uma razão simples: a medida de indisponibilidade possui natureza cautelar, pois seu objetivo é preservar o patrimônio dos réus e assegurar que haverá patrimônio suficiente para ressarcir o erário em caso de procedência da ação. Não se trata, portanto, de antecipação do ressarcimento ao erário, visto que o patrimônio permanece como propriedade dos réus.

O §10 exclui expressamente o valor da multa da constrição cautelar. A nova disposição legal diverge frontalmente do entendimento firmado pelo STJ durante a vigência da redação anterior da LIA, consolidado no Tema Repetitivo nº 1.055, julgado em 25.8.2021. Tal tese prevê expressamente a possibilidade de inclusão do valor da multa na medida de indisponibilidade, inclusive em relação aos atos ímprobos dispostos no art. 11 (atos que atentam contra os princípios da Administração Pública). Esse entendimento também deve ser revisitado pelo STJ em breve, uma vez que a discussão está incluída na pauta de discussão do Tema Repetitivo nº 1.257.

A nova lei incluiu ainda, no §11, uma ordem de prioridade de bens a serem indisponibilizados, iniciando em bens de menor liquidez, como veículos, imóveis, navios e aeronaves, para bens de maior liquidez, esclarecendo que "apenas na inexistência desses [outros bens de menor liquidez], o bloqueio de contas bancárias, de forma a garantir a subsistência do acusado e a manutenção da atividade empresária ao longo do processo".

Por fim, os §§12, 13 e 14 apresentam limites para o deferimento da medida de indisponibilidade. Primeiro, o deferimento do pedido deverá levar em consideração os efeitos práticos da decisão, para garantir que não haverá prejuízo à prestação de serviços públicos. Segundo, a lei normatizou o entendimento jurisprudencial do STJ quanto à impenhorabilidade de quantia até quarenta salários mínimos depositados em conta corrente, aplicações financeiras ou caderneta de poupança. E, terceiro, vedou-se a indisponibilização de bem de família do réu, em contraposição ao entendimento, ainda não consolidado em tema repetitivo, que vinha vigendo no STJ sobre a possibilidade de a medida constritiva cautelar recair sobre bem de família.[8]

III Panorama atual da posição do STJ sobre as alterações no regime da cautelar de indisponibilidade de bens

Com o objetivo de analisar o *status* atual da discussão no STJ sobre a aplicabilidade da Lei nº 14.230/2021 aos processos em curso, especificamente quanto ao regramento da medida de indisponibilidade de bens, foi realizada pesquisa jurisprudencial.

---

[7] Sobre esse assunto, pertinentes as considerações de VIOLIN, Jordão *et al*. *A Nova Lei de Improbidade*. 1. ed. Rio de Janeiro: Forense, 2023. p. 178-179.

[8] Nesse sentido, REsp 1.837.848/SC, Rel. Min. Francisco Falcão, 2ª Turma, julgado em 5.3.2020. *DJe*, 10.3.2020; AgInt no REsp 1.772.897/ES, Rel. Min. Sérgio Kukina, 1ª Turma, julgado em 5.12.2019. *DJe*, 16.12.2019; e AgInt no REsp 1.633.282/SC, Rel. Min. Francisco Falcão, 2ª Turma, julgado em 20.6.2017. *DJe*, 26.6.2017.

A pesquisa foi efetuada no *site* do Tribunal por acórdãos que mencionassem os termos "indisponibilidade" e "improbidade". O recorte temporal realizado na pesquisa foi a demarcação do termo inicial como o dia 26.10.2021, data da publicação da Lei nº 14.230/2021, e termo final em 31.7.2024.

Como resultados, foram localizados e analisados 58 acórdãos.

Na primeira rodada de análise, foi realizada a leitura de todos os acórdãos encontrados e selecionados somente os acórdãos em que o STJ se manifestou sobre a aplicabilidade das disposições da Lei nº 14.230/2021, na constrição cautelar de bens aos processos em curso.

A segunda rodada de análise consistiu no exame e separação dos temas debatidos dos 20 processos inicialmente selecionados.

Registra-se que foram localizados dez processos indicados como representativos de controvérsia e afetados à sistemática dos recursos repetitivos de Temas nºs 1.213 e 1.257.

Em 5.9.2023, foram afetados os recursos do Tema Repetitivo nº 1.213, que teve origem em entendimento do Tribunal Regional da Primeira Região (TRF1), que reconhece a possibilidade de divisão equânime do valor da medida cautelar de constrição entre os réus da ação de improbidade.

O fundamento utilizado pelos acórdãos indicados como representativos da controvérsia é a impossibilidade de se aferir, antes do término da fase de instrução, a extensão e o limite da participação de cada réu no caso. Nesse sentido, diante da solidariedade existente entre os acusados e a limitação da indisponibilidade ao valor estimativo de dano ao erário ou acréscimo patrimonial ilícito indicado na inicial, o TRF1 concluiu ser possível a divisão equitativa da constrição entre o patrimônio dos réus até o fim da fase instrutória.

Em 22.5.2024, o Tema nº 1.213 foi julgado. O entendimento unânime da Primeira Seção foi que não há uma limitação, na Lei nº 14.230/2021, para que a indisponibilidade seja decretada de forma individual para cada réu. Por isso, o silêncio legislativo permitiria entender que há uma autorização implícita para que o valor da constrição seja dividido desigualmente entre os réus, desde que limitado ao montante total estimado na inicial. Dessa forma, foi estabelecida a seguinte orientação:

> Para fins de indisponibilidade de bens, há solidariedade entre os corréus da Ação de Improbidade Administrativa, de modo que a constrição deve recair sobre os bens de todos eles, sem divisão em quota-parte, limitando-se o somatório da medida ao quantum determinado pelo juiz, sendo defeso que o bloqueio corresponda ao débito total em relação a cada um.

Em 22.5.2024, foram afetados os recursos do Tema Repetitivo nº 1.257, ainda sem previsão de julgamento. O objeto desse tema é definir a aplicabilidade da LIA aos processos em curso, no que tange ao novo regramento da indisponibilidade de bens e a inclusão do valor da multa na constrição.

Diante da amplitude e importância da matéria, foram analisados também os acórdãos recorridos e os recursos especiais dos casos afetados para delimitarmos os temas discutidos e que serão aprofundados pelo STJ. Nessa análise, foram identificados os seguintes assuntos: (i) a aplicabilidade retroativa da exigência legal do requisito da urgência, estabelecido pelo art. 16, §3º e (ii) a possibilidade ou não de inclusão da estimativa da multa na medida de constrição cautelar, diante do art. 16, §10.

Os acórdãos não afetados e que trataram sobre a aplicabilidade da Lei nº 14.230/2021 corresponderam a 10 processos. Dos 10 processos analisados, o AgInt no REsp nº 1.985.909/MG, embora julgado antes do julgamento definitivo do Tema nº 1.213, decidiu pela impossibilidade de divisão *pro rata* da medida de indisponibilidade cautelar entre os réus na ação de improbidade.

Quanto aos outros nove processos, observa-se uma divisão levemente tendente a reconhecer a aplicabilidade imediata das disposições sobre a medida de indisponibilidade de bens da Lei nº 14.230/2021 aos processos em curso.

Em cinco dos casos,[9] o STJ decidiu pela aplicação imediata das disposições processuais da nova lei, especialmente no que tange à exigência do requisito de urgência nas medidas de indisponibilidade de bens. Esse entendimento foi embasado no reconhecimento da natureza processual dessas normas e na aplicação do art. 14 do CPC.

Em quatro casos,[10] o STJ reconheceu que o julgamento do Tema nº 1.199 do STF tratou exclusivamente da retroatividade de normas materiais e que teria reconhecido a retroatividade somente da tipificação de conduta culposa, excluindo a possibilidade de retroatividade de normas como as relacionadas à indisponibilidade de bens, e de quaisquer outros assuntos da nova lei não discutidos pelo STF.

Em síntese, a jurisprudência do STJ ainda não está consolidada quanto à aplicabilidade imediata das disposições sobre a medida de indisponibilidade na Lei nº 14.230/2021. Ainda foram poucos casos que analisaram a questão, mas a tendência foi pela aplicabilidade imediata das normas entendidas como processuais, especialmente em questões de urgência e indisponibilidade de bens.

IV Direito intertemporal: questões controversas a serem enfrentadas pelo STJ para decidir sobre a aplicabilidade da Lei nº 14.230/2021 aos processos em curso

Para discutir a aplicabilidade da Lei nº 14.230/2021 aos processos em curso, em especial o regramento sobre indisponibilidade de bens, o STJ terá que se debruçar de forma mais aprofundada sobre questões doutrinariamente relevantes relacionadas com o direito intertemporal.

Como se sabe, o direito intertemporal é o ramo do direito que cuida de resolver qual o regime jurídico aplicável a situações pendentes no momento de mudança legislativa.[11] Neste campo, as regras aplicáveis mudam a depender da natureza da norma. As normas de direito material estão relacionadas com o mérito a ser discutido na causa enquanto as normas de direito processual dizem respeito ao aparato instrumental que será utilizado para alcançar o direito material pleiteado.

---

[9] AgInt no REsp 2.044.966/SP; AgInt no REsp 2.059.096/PE; AgInt no AREsp 1.964.284/SP; AgInt no REsp 1.851.624/SP; e AgInt no AREsp 2.272.508/RN.

[10] AgInt no REsp 2.035.380/PR; AgInt nos EDcl no AREsp 1.684.894/SP; PET no AgInt nos EDcl no AREsp 1.877.917/RS; e PET no AgInt nos EDcl no AREsp 1.877.917/RS.

[11] NORONHA, Fernando. Indispensável reequacionamento das questões fundamentais de direito intertemporal. *Revista dos Tribunais*, v. 837, p. 58, jul. 2005. p. 58.

Portanto, a primeira questão relevante a ser estabelecida desde logo diz respeito à natureza do regramento relativo à medida cautelar de indisponibilidade, se possui natureza de direito material, de direito processual ou misto.

Pelos julgados analisados do STJ sobre o tema até o momento, a tendência da Corte é reconhecer a natureza processual da medida de indisponibilidade de bens.

Para as normas de natureza processual, o art. 14 do Código de Processo Civil, aplicável à LIA em razão do art. 16, §8º, da LIA, contempla a Teoria do Isolamento dos Atos Processuais e a não retroatividade, o que implica dizer que a lei processual é imediatamente aplicável para os atos processuais futuros, ainda não praticados no processo em curso, preservados os atos processuais já praticados e seus respectivos efeitos.[12] O que faz sentido considerando o caráter logicamente ordenado do processo.

Apesar de parecer uma questão simples que poderia levar ao entendimento de que o regramento sobre a medida cautelar de indisponibilidade não seria aplicável quando já proferida decisão no processo – visto que o ato processual já teria se perfectibilizado – a discussão se densifica quando contrastada com a revogabilidade característica das tutelas de urgência.

As tutelas possuem caráter provisório e modificável a qualquer momento (art. 296 do CPC). A possibilidade de revisão a qualquer momento pode ocorrer por alterações nas condições fáticas ou jurídicas.[13] Isso ocorre porque as decisões em tutelas são atos que devem ser continuamente revisados para se adequar à continuidade ou não dos requisitos para deferimento da medida.

Para obter uma visão mais abrangente, a característica da revogabilidade deve ser analisada também em relação aos institutos do ato jurídico perfeito e do direito adquirido. Isso se deve ao fato de que a Constituição Federal, em seu art. 5º, inc. XXXVI, assim como o art. 6º, *caput*, do Decreto-Lei nº 4.657/42 (LINDB), estabelecem que a lei nova não pode atingir o ato jurídico perfeito, o direito adquirido e a coisa julgada. Como as tutelas provisórias não geram coisa julgada, uma vez que resultam de uma análise em cognição não exauriente, é necessário avaliar se a aplicação imediata de uma nova lei quanto às medidas de indisponibilidade poderia infringir ato jurídico perfeito ou direito adquirido processual.

Os atos processuais, quando perfectibilizados, podem ser definidos como atos jurídicos perfeitos,[14] isto é, são atos ou efeitos já consumados segundo a lei vigente ao tempo em que se efetuou (art. 6º, §1º, LINDB). Já o direito adquirido processual pode ser definido como vantagens já adquiridas e introduzidas ao patrimônio formal das partes (direito subjetivo),[15] de forma que seu novo titular ou alguém por ele possa, de pronto, livremente exercê-las (art. 6º, §2º, LINDB).[16]

---

[12] ROSAS, Roberto. Direito Intertemporal Processual. *Doutrinas Essenciais de Processo Civil*, v. 1, p. 639-648, out. 2011.

[13] AUFIERO, Mario Vitor M. Evolução processual da medida de indisponibilidade de bens em improbidade administrativa. *In*: MARINHO, Daniel Octávio Silva; PEIXOTO, Marco Aurélio Ventura (Coord.). *Improbidade Administrativa*: aspectos materiais e processuais da Lei nº 14.230, de 25 de outubro de 2021. Londrina: Thoth, 2023.

[14] ROSAS, Roberto. Direito Intertemporal Processual. *Doutrinas Essenciais de Processo Civil*, v. 1, p. 639-648, out. 2011.

[15] JEVEAUX, Geovany. Direito Adquirido Processual. *Revista de Processo*, v. 136, p. 81- 103, jun. 2006.

[16] GARCIA, Sebastião Carlos. Direito adquirido e eficácia da lei no tempo. *Revista dos Tribunais*, v. 924, p. 217-256, out, 2012.

No caso das tutelas cautelares, há duas principais razões pelas quais não há que se falar em ato jurídico perfeito ou em direito adquirido.

A uma, diante da natureza perpetuamente revogável da tutela, seja por pressupostos fáticos ou jurídicos. Assim, uma alteração legislativa não atingirá a decisão que foi tomada antes, mas demandará uma nova análise dos requisitos para deferimento da medida à luz da nova lei.

A duas, porque não há estabilização de tutela de urgência cautelar. E isso por razões lógicas: as medidas acautelatórias visam assegurar que, no caso de provimento do direito pleiteado, não serão esvaziadas as condições para sua efetivação. As medidas acautelatórias não possuem natureza satisfativa, como as tutelas antecipadas, e não efetivam direitos.[17]

Por outro lado, caso se entenda que a medida de indisponibilidade possui caráter misto (material e processual), a discussão deverá perpassar ainda a possibilidade ou não de aplicação do princípio da retroatividade da lei mais benéfica ao acusado ao direito sancionatório.

O tema de retroatividade das normas mais benéficas no âmbito da LIA é controverso.[18] Os doutrinadores desfavoráveis à aplicação retroativa defendem uma interpretação mais exegeta de que a menção à "direito penal" no art. 5º, XL, da Constituição teria restringido a aplicação desse princípio àquele âmbito.[19]

Por outro lado, os doutrinadores favoráveis à aplicabilidade da retroatividade das normas mais benéficas afirmam que é uma garantia não restrita ao Direito Penal, mas princípio jurídico aplicável a toda manifestação do *jus puniendi*,[20] o que estaria demonstrado também pela previsão do art. 9º da Convenção Americana de Direitos Humanos (Decreto nº 678/92).

Foram analisadas, ainda, a jurisprudência nacional e de direito comparado, nas quais se constatou um amplo reconhecimento da aplicabilidade dos princípios constitucionais do Direito Penal ao Direito Administrativo Sancionador.[21] O STJ também já reconheceu a aplicabilidade retroativa da lei mais benéfica ao direito administrativo sancionador e à improbidade.[22]

---

[17] Para aprofundamento dessa discussão, indicamos a leitura de ALVIM, Thereza. *Requisitos para a estabilização da tutela antecipada*. [s.l.]: [s.n.], [s.d.] e SOUZA, Artur César de *Tutela provisória*: tutela de urgência e tutela da evidência. 2. ed. rev. e ampl. São Paulo: Almedina, 2017. p. 111-112.

[18] CAVALCANTE FILHO, João Costa. Retroatividade da Reforma da Lei de Improbidade Administrativa (Lei 14.230, de 25 de outubro de 2021) *Textos para discussão – Consultoria Legislativa, Núcleo de Estudos e Pesquisas*, Brasília, n. 305, nov. 2021.

[19] FAVRETO, Rogerio; GOMES JUNIOR, Luiz Manoel; LIMA, Diogo de Araújo. O Direito Intertemporal e a nova Lei de Improbidade Administrativa. *Conjur*, 2021. Disponível em: https://www.conjur.com.br/2021-out-18/opiniao-direito-intertemporal-lei-improbidade. Acesso em: 18 ago. 2024. No mesmo sentido: LEONEL, Ricardo de Barros. Nova LIA: aspectos de retroatividade associada ao Direito Sancionador. *Conjur*, 2021. Disponível em: https://www.conjur.com.br/2021-nov-17/leonel-lia-retroatividade-associada-direito-sancionador/. Acesso em: 18 ago. 2024.

[20] JUSTEN FILHO, Marçal. *Reforma da Lei de Improbidade Administrativa comentada e comparada*: Lei 14.230, de 25 de outubro de 2021. 1. ed. rev. Rio de Janeiro: Forense, 2022.

[21] CAVALCANTE FILHO, João Costa. Retroatividade da Reforma da Lei de Improbidade Administrativa (Lei 14.230, de 25 de outubro de 2021). *Textos para discussão – Consultoria Legislativa, Núcleo de Estudos e Pesquisas*, Brasília, n. 305, nov. 2021.

[22] STJ, AgInt no REsp 1.602.122/RS, Rel. Min. Regina Helena Costa, Primeira Turma, j. 7.8.2018; STJ, REsp 1.402.893/MG, Rel. Min. Sérgio Kukina, Primeira Turma, j. 11.4.2019; STJ, RMS 37.031/SP, Rel. Min. Regina Helena Costa, Primeira Turma, j. 8.2.2018.

Além disso, o Relator do Projeto de Lei nº 2.505/2021, originário da Lei nº 14.230/2021, dispensou proposta de inclusão expressa na LIA sobre a retroatividade da regra mais benéfica ao acusado por entender que:

> já é consolidada a orientação de longa data do Superior Tribunal de Justiça, na linha de que, considerando os princípios do Direito Sancionador, a novatio legis in mellius deve retroagir para favorecer o apenado (Resp nº 1.153.083/MT, Rel. Min. Sérgio Kukina, julgado em 19/11/2014).[23]

Essas são algumas das principais discussões doutrinárias que se espera que o STJ enfrente quando julgar o Tema Repetitivo nº 1.257 e a aplicabilidade do novo regramento legal da medida de indisponibilidade de bens da Lei nº 14.230/2021.

V Conclusão

A Lei nº 14.230/2021 trouxe importantes inovações para a LIA, em especial quanto à medida de indisponibilidade de bens, centralizando e regulamentando o instrumento cautelar. As principais mudanças incluem a exigência de comprovação da urgência, a aplicabilidade subsidiária das disposições do CPC, a exclusão do valor da multa da constrição, a inclusão de ordem para a indisponibilidade e a inclusão de consideração à continuidade dos serviços públicos.

Essas alterações visam equilibrar a proteção ao interesse público e aos direitos e garantias individuais dos réus. No entanto, a aplicação dessas mudanças ainda está sendo ajustada pela jurisprudência, com especial atenção ao STJ e o Tema Repetitivo nº 1.257, que enfrentará questões relativas ao direito intertemporal e retroatividade das normas.

Enquanto a nova lei representa um avanço significativo nos debates sobre o Direito Administrativo Sancionador, a adaptação completa ao novo regime dependerá da evolução das interpretações doutrinárias e jurisprudenciais, bem como da ampliação do debate para amadurecer os temas que deverão ser enfrentados pela Corte Superior.

Referências

ALVIM, Thereza. *Requisitos para a estabilização da tutela antecipada.* [s.l.]: [s.n.], [s.d.].

AMBRIZZI, Tiago Ravazzi. Notas sobre a indisponibilidade de bens na Lei Geral de Improbidade Administrativa. *Revista de Processo*, v. 229, p. 305-334, mar. 2014.

AUFIERO, Mario Vitor M. Evolução processual da medida de indisponibilidade de bens em improbidade administrativa. *In*: MARINHO, Daniel Octávio Silva; PEIXOTO, Marco Aurélio Ventura (Coord.). *Improbidade Administrativa*: aspectos materiais e processuais da Lei nº 14.230, de 25 de outubro de 2021. Londrina: Thoth, 2023.

---

[23] BRASIL. *PL 2505/2021*. Parecer (SF) nº 14, de 2021. Da Comissão de Constituição, Justiça e Cidadania, sobre o Projeto de Lei nº 2505, de 2021, que Altera a Lei nº 8.429, de 2 de junho de 1992, que dispõe sobre improbidade administrativa. Presidente eventual: Senador Antônio Anastasia. Relator: Senador Weverton, p. 44. Disponível em: https://legis.senado.leg.br/sdleg-getter/documento?dm=9022430&disposition=inline. Acesso em: 18 ago. 2024.

BRASIL. *PL 2505/2021*. Parecer (SF) nº 14, de 2021. Da Comissão de Constituição, Justiça e Cidadania, sobre o Projeto de Lei nº 2505, de 2021, que Altera a Lei nº 8.429, de 2 de junho de 1992, que dispõe sobre improbidade administrativa. Presidente eventual: Senador Antônio Anastasia. Relator: Senador Weverton, p. 44. Disponível em: https://legis.senado.leg.br/sdleg-getter/documento?dm=9022430&disposition=inline. Acesso em: 18 ago. 2024.

CAVALCANTE FILHO, João Costa. Retroatividade da Reforma da Lei de Improbidade Administrativa (Lei 14.230, de 25 de outubro de 2021). *Textos para discussão – Consultoria Legislativa, Núcleo de Estudos e Pesquisas*, Brasília, n. 305, nov. 2021.

FAVRETO, Rogerio; GOMES JUNIOR, Luiz Manoel; LIMA, Diogo de Araújo. O Direito Intertemporal e a nova Lei de Improbidade Administrativa. *Conjur*, 2021. Disponível em: https://www.conjur.com.br/2021-out-18/opiniao-direito-intertemporal-lei-improbidade. Acesso em: 18 ago. 2024.

GARCIA, Sebastião Carlos. Direito adquirido e eficácia da lei no tempo. *Revista dos Tribunais*, v. 924, p. 217-256, out, 2012.

JEVEAUX, Geovany. Direito Adquirido Processual. *Revista de Processo*, v. 136, p. 81- 103, jun. 2006.

JUSTEN FILHO, Marçal. *Reforma da Lei de Improbidade Administrativa comentada e comparada*: Lei 14.230, de 25 de outubro de 2021. 1. ed. rev. Rio de Janeiro: Forense, 2022.

KLAIN, Lucas Pedroso. A indisponibilidade de bens na ação de improbidade administrativa. *Revista de Processo*, v. 307, p. 279-296, set. 2020.

LEONEL, Ricardo de Barros. Nova LIA: aspectos de retroatividade associada ao Direito Sancionador. *Conjur*, 2021. Disponível em: https://www.conjur.com.br/2021-nov-17/leonel-lia-retroatividade-associada-direito-sancionador/. Acesso em: 18 ago. 2024.

NEVES, Daniel Amorim Assumpção; OLIVEIRA, Rafael Carvalho Resende. *Improbidade Administrativa*: direito material e processual. 8. ed. Rio de Janeiro: Forense, 2020.

NORONHA, Fernando. Indispensável reequacionamento das questões fundamentais de direito intertemporal. *Revista dos Tribunais*, v. 837, p. 58, jul. 2005.

ROSAS, Roberto. Direito Intertemporal Processual. *Doutrinas Essenciais de Processo Civil*, v. 1, p. 639-648, out. 2011.

SANTOS, Melissa Ribeiro dos; DOCA, Luana. Improbidade e bloqueio: o tema repetitivo 1.213 do STJ. *Migalhas*. Disponível em: https://www.migalhas.com.br/depeso/398629/improbidade-e-bloqueio-o-tema-repetitivo-1-213-do-stj. Acesso em: 14 ago. 2024.

SOUZA, Artur César de. *Tutela provisória*: tutela de urgência e tutela da evidência. 2. ed. rev. e ampl. São Paulo: Almedina, 2017.

VIOLIN, Jordão *et al*. *A Nova Lei de Improbidade*. 1. ed. Rio de Janeiro: Forense, 2023.

Informação bibliográfica deste texto, conforme a NBR 6023:2018 da Associação Brasileira de Normas Técnicas (ABNT):

ROST, Maria Augusta. A tutela cautelar de indisponibilidade de bens na LIA. *In*: JUSTEN, Monica Spezia; PEREIRA, Cesar; JUSTEN NETO, Marçal; JUSTEN, Lucas Spezia (coord.). *Uma visão humanista do Direito*: homenagem ao Professor Marçal Justen Filho. Belo Horizonte: Fórum, 2025. v. 1, p. 799-809. ISBN 978-65-5518-918-6.

PROCESSO ADMINISTRATIVO SANCIONADOR: POR QUE ELE É DIFERENTE?

MARINA FONTÃO ZAGO

1 Introdução[1]

Mudanças na forma de atuação do Estado e de suas atividades vêm ressaltando a relevância do processo administrativo como instrumento de exercício das funções administrativas.

A ação estatal se exterioriza e concretiza por meio de atos, contratos e processos administrativos. A arte da gestão pública para viabilizar a implementação de políticas públicas está em combinar esses instrumentos, diversificando seu uso conforme o contexto.

Como pondera Marçal Justen Filho, de um lado, função e atividade administrativas são dois lados de uma mesma moeda, "são dois aspectos de um mesmo fenômeno jurídico".[2] Por outro lado, o próprio ato administrativo deve ser compreendido no contexto de procedimentalização das atividades administrativas.[3] Eis, assim, que se constrói a (cada vez mais atual e intrínseca) relação entre função, atividade, ato e procedimentalização administrativos. Na nítida síntese do jurista:

---

[1] Este artigo se origina da prova escrita elaborada no âmbito do concurso público para Professor Doutor no Departamento de Direito do Estado, área de Direito Administrativo, da Faculdade de Direito da Universidade de São Paulo, em 2024.

[2] JUSTEN FILHO, Marçal. *Curso de Direito Administrativo*. 12. ed. São Paulo: Revista dos Tribunais, 2016. p. 183.

[3] Conforme aponta Marçal Justen Filho: "Salvo situações excepcionais, todo ato administrativo deve ser produzido no bojo de um procedimento. O conteúdo e a validade dos atos administrativos dependem da observância ao procedimento devido. Isso não significa o desaparecimento do instituto do ato administrativo e a sua substituição por procedimentos administrativos. Mas não é cabível examinar o ato administrativo sem considerar o procedimento a ele referido" (JUSTEN FILHO, Marçal. *Curso de Direito Administrativo*. 12. ed. São Paulo: Revista dos Tribunais, 2016. 185-186).

A procedimentalização consiste na submissão das atividades administrativas à observância de procedimentos como requisito de validade das ações e omissões adotadas. A função administrativa se materializa em atividade administrativa, que é um conjunto de atos. Esse conjunto de atos deve observar uma sequência predeterminada, que assegure a possibilidade de controle do poder jurídico quanto à promoção dos direitos fundamentais.[4]

O direito administrativo traz normas que regulam o exercício de funções administrativas e a estruturação e organização da administração pública. Traz, ainda, normas sobre esses instrumentos jurídicos que concretizam a ação estatal – dentre as quais, o processo administrativo.

A noção de processo administrativo é relativamente nova ao direito administrativo. Não se associava o exercício da função administrativa à ideia de processo, que era resguardada à função jurisdicional. Juliana Palma[5] destaca que, por muito tempo, o tema do processo administrativo esteve acoplado – e limitado – ao contencioso administrativo, desenvolvendo-se, posteriormente, no âmbito específico da aplicação de sanções administrativas para os servidores públicos. Levou tempo para que o processo administrativo se consolidasse como tema autônomo do direito administrativo.

Com a promulgação da Constituição Federal de 1988, o processo administrativo ganha nível de direito individual (art. 5º, LV), inaugurando um novo momento de exercício de funções administrativas e garantias individuais, inclusive com a posterior promulgação de leis gerais de processo administrativo.

O processo administrativo sancionador insere-se nesse contexto de crescimento da relevância do processo administrativo como instrumento de ação estatal, com uma peculiaridade que torna particularmente relevante seu estudo: é nele que o conflito entre autoridade estatal e liberdade fica mais proeminente, tendo em vista suas possíveis consequências de limitação a direitos individuais pela possibilidade de imposição de sanção estatal.

Nesse contexto, o objetivo deste artigo é refletir sobre as especificidades do processo administrativo sancionatório e suas evoluções relevantes. Busca-se mostrar como, mesmo antes do surgimento de uma lei geral de processo, o ordenamento brasileiro já tinha exemplos pulverizados setoriais de diplomas e normas sobre sanção administrativa. Na atualidade, ainda que não tenhamos um diploma geral sobre processo administrativo sancionador, encontramos extensa normatização nas diversas esferas federativas e setores, que demonstram haver não um, mas vários regimes jurídicos aplicáveis ao tema – que vem sendo impactado pela introdução de técnicas mais consensuais, como as regras para a celebração de acordos de ajustamento de conduta.

Para detalhar o tema, será percorrido o seguinte caminho: conceito de processo administrativo sancionador, no sentido de apontar sua peculiaridade em relação a tema mais geral de processo administrativo (tópico 2); finalidades visadas pelo processo administrativo sancionador (tópico 3); regime jurídico do processo administrativo sancionador (tópico 4); garantias do administrado (tópico 5); consensualidade no processo

---

[4]   JUSTEN FILHO, Marçal. *Curso de Direito Administrativo*. 12. ed. São Paulo: Revista dos Tribunais, 2016. p. 186.

[5]   PALMA, Juliana Bonacorsi de. *Atividade normativa da administração pública*: estudo do processo administrativo normativo. 2014. Tese (Doutorado em Direito do Estado) – Faculdade de Direito, Universidade de São Paulo, São Paulo, 2014.

administrativo sancionador (tópico 6); regime legal da proporcionalidade na aplicação de sanções administrativas (tópico 7); e conclusões (tópico 8).

2 O que o processo administrativo sancionador tem de diferente?

A expressão "processo administrativo" pode abarcar um sentido mais ou menos amplo. De forma mais ampla, processo administrativo representa a ideia de processualidade, com a sucessão de atos, até a emissão de um ato decisório. Odete Medauar[6] traz um conceito um pouco mais restrito, indicando o processo administrativo como o encadeamento de atos que, para seguirem, dependem da observância de deveres e ônus, e do cumprimento de determinados requisitos, não se configurando como uma simples sucessão de atos.

Como mencionado, a utilização da técnica processual, para viabilizar o exercício das funções administrativas, vem se ampliando no âmbito de uma administração mais consensual, mediadora e transparente. Mas o processo administrativo será especificamente exigido em caso da existência de interesses contrapostos ou controvérsia envolvendo um ou mais administrado perante a administração pública.

Com a promulgação da CF/88, o processo administrativo passa a ter base constitucional, estando previsto como direitos individuais (i) o processo administrativo com a observância do contraditório e da ampla defesa (art. 5º, LV); (ii) o devido processo legal em caso de qualquer pretensão estatal de limitação de liberdade ou de bens (art. 5º, LIV); e, ainda, mais recentemente, (iii) a duração razoável e celeridade processual (art. 5º, LXXVIII).

Há diversos tipos de processos administrativos, a depender do resultado pretendido ou objeto em controvérsia, como o processo administrativo normativo (previamente à edição de atos normativos infralegais), o processo administrativo adjudicatório (para a edição de atos de outorgas estatais), o processo administrativo licitatório (para a efetivação de compras e celebração de contratos administrativos) ou processo administrativo de arbitramento de interesses (para buscar a resolução de conflitos em âmbito administrativo).

A especificidade do processo administrativo sancionador refere-se, essencialmente, ao fato de que seu resultado poderá consistir na aplicação de uma sanção a uma pessoa física ou jurídica, que poderá restringir a propriedade privada, onerar o patrimônio ou até mesmo limitar a liberdade empresarial. Quer dizer, no uso de poderes administrativos sancionatórios – devidamente previstos em lei, e nos limites e na forma desta –, a autoridade administrativa poderá aplicar sanção que impactará garantias individuais (propriedade e liberdade). Assim, a possibilidade do uso de poderes administrativos sancionatórios traz à tona a dicotomia – tão conhecida no direito administrativo – entre autoridade estatal e liberdade individual.

Desta forma, se é certo que qualquer tipo de processo administrativo requer a observância de garantias processuais ao interessado – notadamente, contraditório e ampla defesa, pela via do rito processual adequado –, a necessidade de assegurar tais garantias estará ainda mais em pauta no caso do processo administrativo sancionador.

---

[6] MEDAUAR, Odete. *Direito Administrativo Moderno.* 23. ed. Belo Horizonte: Fórum, 2023.

3 Finalidades visadas pelo processo administrativo sancionador

A finalidade primordial visada pelo processo administrativo sancionador é a observância da legalidade administrativa, servindo o processo como mecanismo de controle da atuação administrativa sancionadora, assegurando seu exercício nas hipóteses e nos limites previstos em lei, bem como de efetivação do direito ao contraditório e ampla defesa por parte do administrado.

Atualmente, contudo, finalidades do processo administrativo em geral, incluindo o sancionador, se expandem. Isso porque a atuação processual acaba por permitir uma melhor tomada de decisão por parte da administração pública, ao dar espaço para avaliar as controvérsias envolvidas, inclusive por meio do contraditório e da ampla defesa. Nesse ínterim, o processo administrativo facilita uma decisão mais precisa em relação aos fatos, e mais eficiente e eficaz em relação aos seus resultados. A procedimentalização da atuação administrativa, na expressão de Marçal Justen Filho, permite, justamente, a tomada de decisão de forma mais ponderada e certeira em relação ao contexto concreto que envolve o objeto da decisão.[7]

Para além da visão pragmática, a processualidade privilegia a atuação estatal mais democrática, consensual e transparente, aproximando os potenciais impactados e abrindo espaços para possíveis concertações. Usando a expressão trazida por Floriano de Azevedo Marques Neto,[8] o processo administrativo pode servir de arena de mediação de interesses públicos e privados, viabilizando soluções mais efetivas do que uma atuação unilateral imperativa por parte da administração pública.

4 Regimes jurídicos do processo administrativo sancionador

No direito brasileiro, há multiplicidade de fontes de leis e normas de processos administrativos – que, por sua vez, possuem aplicabilidade restrita à administração pública do ente federativo em questão. Isso porque cada ente federativo tem competência para editar leis que regularão seus processos administrativos. Em razão da autonomia federativa para a organização político-administrativa de cada ente federativo (art. 18, CF), a aplicabilidade das leis e normas de processo administrativo está restrita aos respectivos entes federativos.

Nesse contexto, o processo administrativo, na experiência normativa brasileira, surgiu de forma dispersa, com regras aplicáveis a esferas federativas e setores específicos, como o processo administrativo disciplinar e de sindicância (para os servidores públicos de cada esfera federativa), o processo administrativo tributário, o processo licitatório, o processo de licenciamento ambiental.

---

[7] "A procedimentalização impede a concretação decisória num ato imediato e único. Mais ainda, assegura a oportunidade de manifestação para todos os potenciais interessados, a qual deverá ser promovida (em princípio) previamente a qualquer decisão. Enfim, a procedimentalização exige que toda e qualquer decisão administrativa seja logicamente compatível com os eventos que lhe foram antecedentes e se traduza em manifestação fundada em motivos cuja procedência é requisito de validade" (JUSTEN FILHO, Marçal. *Curso de Direito Administrativo*. 12. ed. São Paulo: Revista dos Tribunais, 2016. p. 186).

[8] MARQUES NETO, Floriano Peixoto de Azevedo. A bipolaridade do direito administrativo e sua superação. *In*: SUNDFELD, Carlos Ari; JURKSAITIS, Guilherme Jardim (Org.). *Contratos públicos e direito administrativo*. São Paulo: Malheiros, 2015. p. 353-475.

Por sua vez, as leis gerais de processo administrativo são relativamente recentes, começando a ser editadas no fim da década de 90, e, em geral, não detalham ou sistematizam regras específicas sobre processo administrativo sancionador.

Assim, o processo administrativo sancionador tem seu regime jurídico essencialmente ditado por leis setoriais, editadas pelo ente federativo responsável pela fiscalização da matéria envolvida. Ele não é, portanto, uniforme – variando conforme a esfera federativa e, muitas vezes, conforme o setor ou temática envolvida. São os casos dos estatutos dos servidores de cada esfera federativa, que preveem, em geral, o processo de sindicância – para infrações administrativas menos graves – e o processo administrativo sancionador – que pode culminar na aplicação de sanções mais graves, até mesmo a demissão por justa causa. Outros exemplos são as leis de cada ente federativo que regulamentam os procedimentos fiscais de lançamento e cobrança de tributos sob sua competência – inclusive o processo de aplicação de sanções pelo descumprimento das obrigações tributárias. Ou, ainda, normativos específicos de entidades reguladoras, como a Comissão de Valores Mobiliários – CVM, o Banco Central – Bacen, o Conselho Administrativo de Defesa Econômico – Cade e outras agências reguladoras.

Ainda em relação às variações das regras aplicáveis ao processo administrativo sancionador, interessa citar, aqui, Marçal Justen Filho que, em obra específica sobre concessões, quando aborda o tema das sanções aplicáveis à concessionária, constrói um exercício de extração do regime jurídico aplicável a esse procedimento, partindo da norma constitucional que assegura o direito à ampla defesa e ao contraditório, e indo para as disposições mais específicas (embora pouco detalhadas) da Lei nº 8.987/1995 (a lei que institui normas gerais para as concessões, aplicável para todos os entes federativos).

> O Estado dispõe da faculdade de impor sanções ao concessionário, sem necessidade de recorrer ao Poder Judiciário para tanto. Porém, está estritamente constrangido a observar o princípio do contraditório e da ampla defesa, decidindo orientado pelo princípio da impessoalidade (imparcialidade). Assim se impõe por força do art. 5º, inc. LV, e do art. 37 da CF/88. [...] A partir dessas premissas e tomando em vista os princípios gerais atinentes a processo e procedimento, é possível extrair um conjunto de regras e princípios adequados a disciplinar a apuração de eventuais infrações imputadas às concessionárias. A estruturação abaixo comporta variações eventuais, por força de imposição legislativa específica ou disciplina consagrada no âmbito do poder concedente. Mas, sob certo ângulo, adiante se expõe uma suma mínima extraível dos postulados do devido processo legal.[9]

Temos, pois, variações de normas aplicáveis a procedimentos sancionadores, tanto (i) de um mesmo tema em esferas federativas diferentes (como o caso de servidores públicos e tributos), como (ii) em função do setor ao qual o processo sancionador se aplica. Será preciso, para cada situação em concreto, compreender o conjunto de normas aplicáveis para o processo sancionador – extraindo das normas gerais do processo administrativo e das normas setoriais eventualmente existentes as balizas para a efetivação do processo. Eis então dizer que há diversos regimes jurídicos aplicáveis aos processos administrativos sancionadores.

---

[9] JUSTEN FILHO, Marçal. *Teoria Geral das Concessões de Serviço Público*. São Paulo: Dialética, 2003. p. 467; 471.

E esses regimes jurídicos poderão se complementar num determinado caso concreto – trazendo desafios (e possibilidades) adicionais no campo prático. Por exemplo, ainda que a nova lei geral de licitações e contratos (Lei nº 14.133/2021) não traga, no capítulo de sanções administrativas, uma autorização expressa sobre celebração de ajustamento de condutas, isso não significa que esse instrumento não seja uma alternativa possível de ser utilizada nos processos administrativos sancionadores em âmbito de execução contratual, a partir da previsão prevista no art. 26, da LINDB.[10]

Em que pese a autonomia federativa para cada ente legislar sobre suas normas de processo, destaque-se que as diretrizes da Lei Federal de Processo Administrativo – aplicável, inicialmente, para a administração federal – vêm sendo utilizadas, de forma subsidiária, em caso de ausência ou lacuna de norma processual do ente federativo.[11]

Nesse sentido, note-se que essa lei traz parâmetros particularmente relevantes para o processo administrativo sancionador, como: a motivação dos atos; a divulgação oficial dos atos como regra; a adequação entre meios e fins, vedada a aplicação de sanções e restrições em medida superior àquelas estritamente necessárias; a observância das formalidades essenciais para as garantias dos indivíduos; e o direito à comunicabilidade, à apresentação de alegações finais, à produção de provas e à interposição de recursos nos processos sancionadores.

Das considerações acima, podemos concluir que há vários regimes jurídicos a serem observados para diferentes tipos de processo administrativo, a depender da esfera federativa, do setor, do tema em específico e do possível resultado. As regras e as etapas a serem observadas podem variar conforme estivermos diante de um processo sancionador de uma concessão de rodovias federal ou estadual; de uma concessão de energia elétrica ou de esgotamento sanitário; de um processo para aplicação de caducidade da concessão ou de multa. As regras relacionadas a cada processo administrativo sancionador deverão ser moldadas buscando o equilíbrio entre proteção do administrado e eficiência processual, a depender dos fatores acima relacionados.

O fato de não termos um diploma geral com regras específicas sobre processo administrativo sancionador não significa que não temos uma base normativa substancial aplicável a esses procedimentos. O universo de regras é amplo e diverso, o que demanda esforço e razoabilidade na identificação de normas oriundas de leis diversas, e na sua aplicação para casos concretos.

5 Garantias do administrado em processo sancionador

A decisão final do processo administrativo sancionador poderá ensejar para o administrado a aplicação de sanção que, por sua vez, restringirá patrimônio ou liberdade empresarial individual. Diante disso, potencializa-se a relevância dos ritos e das garantias

---

[10] Esse ponto foi destacado por Juliana Bonacorsi de Palma, em palestra realizada em 27.6.2024 no Tribunal de Contas do Estado de São Paulo, sobre soluções consensuais da Lei nº 14.133/2021.

[11] Cite-se, nesse sentido, súmula do Superior Tribunal de Justiça editada no ano de 2019, que fala sobre a aplicação subsidiária da Lei nº 9.784/1999 para estados e municípios, em caso de inexistência de norma local e específica: "Súmula 633: A Lei nº 9.784/99, especialmente no que diz respeito ao prazo decadencial para a revisão de atos administrativos no âmbito da Administração Pública federal, pode ser aplicada, de forma subsidiária, aos estados e municípios, se inexistente norma local e específica que regule a matéria".

processuais do administrado, de modo a efetivar a ampla defesa e o contraditório, com os "meios e os recursos a eles inerentes", nos termos da Constituição Federal.

Cada tipo de procedimento deve sopesar e equilibrar os interesses e objetivos envolvidos, adaptando os ritos ao objeto em pauta. Os ritos asseguram, justamente, a processualidade e o encadeamento dos atos, com a produção das provas necessárias, a compreensão e verificação dos fatos, e o exercício do contraditório – e, com isso, a plena efetivação do direito de defesa por parte do administrado.

Contudo, a previsão de ritos e procedimentos traz dispêndios de recursos – humanos, materiais e temporais –, para ambos os polos da relação processual. Um rito mais extenso demandará mais recursos para produção de provas e para realização de atos, tempo para sua efetivação, diligência por parte dos servidores responsáveis pelo processo para dar o encadeamento dos atos, e esforço de análise por parte de quem terá que emitir (fundamentadamente) a decisão final.

Dessa forma, os ritos e procedimentos a serem estabelecidos para cada tipo de processo administrativo demanda uma ponderação de custo-benefício, a depender dos interesses envolvidos e, especialmente, dos possíveis resultados da decisão processual.

Exemplo concreto dessa ponderação é a usual previsão, em âmbito de apuração de infrações administrativas por servidores públicos, de dois ritos diferenciados, a depender do grau de impacto da ação estatal punitiva na esfera privada do administrado: (i) de um lado, a sindicância, um rito sumário que busca investigar infrações menos graves; (ii) doutro, o processo administrativo disciplinar que possui rito estendido, reservado para infrações mais graves – que podem culminar com uma infração bastante restritiva: a perda do emprego público.

Tendo em vista que o processo administrativo sancionador tem por diferencial, justamente, a possibilidade de acarretar impactos ao patrimônio ou liberdade empresarial, o rito a ele relacionado certamente deverá ser tão mais extenso e efetivador do direito à defesa e do contraditório quanto maior o impacto da sanção administrativa para a esfera individual.

Em relação às fases processuais, destaca-se, para o processo administrativo sancionador, a relevância de que a instauração do processo seja do conhecimento inequívoco do administrado, permitindo seu integral conhecimento dos fatos e da acusação. A instrução processual, por sua vez, deve atentar para a extensa produção de provas e do contraditório, facultando ao administrado a confrontação dos fatos contra ele alegados. A decisão deve ser amplamente motivada, a partir dos fatos, demonstrando avaliação cuidadosa, pelo decisor, do caso concreto. Ainda sobre a decisão, importante a observância não apenas do dever de a administração decidir, mas, também, de decidir de forma célere, tendo em vista os anseios que um processo administrativo sancionador pode gerar.

6 Consensualidade no processo administrativo sancionador

Sabe-se que a sanção não é, em si, o objetivo da atividade administrativa. A sanção é um instrumental a ser utilizado para desestimular o descumprimento de normas e condutas – ou, melhor ainda, para fomentar a adequação de todos, indivíduos e empresas, às normas que regulam o exercício de atividades e da liberdade individual.

Em adição à instrumentalidade da sanção administrativa, a ação unilateral e autoritária, "baixada" pela administração, vem cedendo espaço para uma ação administrativa mais consensual. Particularmente no exercício da atividade sancionatória, a consensualidade traz por benefício a melhor perspectiva de responsividade do administrado e de seu comprometimento com a solução proposta.

Nesse contexto, vêm ganhando espaço na prática da gestão pública os acordos que substituem a aplicação unilateral de sanção. São os casos em que outra solução, que não a imposição unilateral de uma sanção, pode se mostrar como proporcional, eficiente e compatível com os interesses públicos originalmente visados pela função administrativa.

Em princípio, quaisquer prerrogativas públicas (sancionatórias, fiscalizatórias, adjudicatórias) podem estar envolvidas em acordos, nos quais são pactuados compromissos. Fernando Dias Menezes de Almeida[12] classifica esses instrumentos como módulos convencionais substitutivos de decisão unilateral da administração pública, denominação que ressalta, justamente, a troca entre um instrumento unilateral – o ato administrativo sancionatório, editado unilateralmente pela autoridade administrativa competente – por um instrumento bilateral – um acordo que formaliza um compromisso firmado pelo administrado, perante a autoridade administrativa.

No âmbito do processo sancionador, a celebração de acordo visa a eliminar irregularidade, situação contenciosa ou incerteza na aplicação do direito, de forma mais eficiente do que a aplicação de sanção.

A celebração de acordos no âmbito de processos administrativos sancionadores era realidade que vinha sendo utilizada, de forma pontual, na legislação e prática de alguns setores. Esses acordos eram celebrados pelas autoridades administrativas com empresas, com base numa autorização legal genérica indireta – a possibilidade de celebração de termos de ajustamento de condutas, incluída na Lei de Ação Civil Pública no ano de 1990 –,[13] ou, então, com base em previsões específicas setoriais (como exemplo, na regulamentação dos processos em âmbito da CVM, do Cade e de outras agências reguladoras, ou da Lei Anticorrupção).

Exemplos interessantes são os acordos substitutivos de sanção que foram celebrados pela Agência Nacional de Telecomunicações – Anatel, anos antes da edição da nova LINDB. Em âmbito de processos administrativos sancionadores que investigavam o descumprimento de obrigações legais e contratuais pelas empresas de telecomunicações reguladas pela agência, acordava-se – após um longo processo decisório – a substituição de multas milionárias pelo comprometimento, por parte dessas empresas, da realização de investimentos – igualmente vultosos – em infraestruturas que, por sua vez, gerariam benefícios para os usuários, com a melhoria da qualidade dos serviços prestados.

Esse cenário institucional de ausência de um normativo mais geral para autorizar a celebração de acordos é significativamente impactado com as alterações promovidas na LINDB, que trouxeram normas para aumentar a segurança jurídica e a eficiência na aplicação de normas de direito público.

---

[12] ALMEIDA, Fernando Dias Menezes de. *Contrato Administrativo*. São Paulo: Quartier Latin, 2012.

[13] Lei nº 7.347/1985: "Art. 5º [...] §6º Os órgãos públicos legitimados poderão tomar dos interessados compromisso de ajustamento de sua conduta às exigências legais, mediante cominações, que terá eficácia de título executivo extrajudicial".

Como apontam Juliana Palma e Sérgio Guerra,[14] o art. 26 da LINDB[15] trouxe um novo regime jurídico da consensualidade administrativa, ao estabelecer, em lei, um permissivo genérico para a formalização de acordos administrativos, no lugar da decisão imperativa unilateral da administração pública.

De acordo com o art. 26, o compromisso pode ser (i) um acordo substitutivo de sanção, para eliminar irregularidade ou situação contenciosa, cessando a prática de determinado ato e, por vezes, impondo outros compromissos – obrigação de fazer – para compensar a irregularidade verificada; ou (ii) um acordo integrativo, para obter da autoridade administrativa competente o pronunciamento, claro e concreto, sobre eventual controvérsia, afastando incertezas jurídicas.

De modo geral, o acordo tem por objetivo otimizar o benefício para a sociedade, em relação à penalização do particular. Desta forma, para a determinação de sua vantajosidade, deve-se avaliar, concretamente, os impactos que deverão ser trazidos pela sua celebração, comparando-o com a alternativa dos eventuais benefícios que seriam obtidos pela aplicação da sanção.

Para possibilitar o controle e evitar qualquer tipo de uso indevido desse instrumento, deve haver ampla motivação das razões que justificam a escolha da celebração do acordo – e de seu exato conteúdo, com clareza quanto às obrigações, prazos e eventuais consequências em caso de descumprimento –, com expressa indicação dos benefícios esperados. Nesse sentido de ampla fundamentação, o objeto do acordo pode, inclusive, ser submetido à consulta pública, devendo as contribuições ser consideradas no processo de formatação do ajuste.

7 Proporcionalidade na aplicação de sanções administrativas

Os parâmetros da proporcionalidade devem ser aferidos justamente no âmbito da processualidade, avaliando-se as circunstâncias do caso concreto e, a partir daí, dosando-se a sanção.[16]

O dever de proporcionalidade tem especial relevância, justamente, na atuação administrativa restritiva de direitos individuais, operando por meio da ponderação entre os interesses públicos e os interesses privados, para o alcance de uma solução otimizadora.[17]

---

[14] GUERRA, Sérgio; PALMA, Juliana Bonacorsi de. O art. 26 da LINDB: Novo regime jurídico de negociação com a Administração Pública. *Revista de Direito Administrativo* RDA, p. 135-169, 2018. Edição especial: Lei de Introdução às Normas do Direito Brasileiro – LINDB (Lei nº 13.655/2018).

[15] LINDB: "Art. 26. Para eliminar irregularidade, incerteza jurídica ou situação contenciosa na aplicação do direito público, inclusive no caso de expedição de licença, a autoridade administrativa poderá, após oitiva do órgão jurídico e, quando for o caso, após realização de consulta pública, e presentes razões de relevante interesse geral, celebrar compromisso com os interessados, observada a legislação aplicável, o qual só produzirá efeitos a partir de sua publicação oficial. §1º O compromisso referido no *caput* deste artigo: I - buscará solução jurídica proporcional, equânime, eficiente e compatível com os interesses gerais; II – (VETADO); III - não poderá conferir desoneração permanente de dever ou condicionamento de direito reconhecidos por orientação geral; IV - deverá prever com clareza as obrigações das partes, o prazo para seu cumprimento e as sanções aplicáveis em caso de descumprimento".

[16] Nesse sentido: PALMA, Juliana Bonacorsi de. *Atuação administrativa consensual*: estudo dos acordos substitutivos no processo administrativo sancionador. 2010. Dissertação (Mestrado em Direito do Estado) – Faculdade de Direito, Universidade de São Paulo, São Paulo, 2010.

[17] Sobre a proporcionalidade no direito administrativo, Gustavo Binenbojm destaca ser ela um novo paradigma explicativo para o direito administrativo, que supera o princípio da supremacia do interesse público (BINENBOJM, Gustavo. *Uma Teoria para o Direito Administrativo*. 2. ed. Rio de Janeiro: Renovar, 2008).

A LINDB impõe o dever de avaliar a proporcionalidade das sanções em três momentos: (i) o dever de considerar as consequências práticas da decisão, com a motivação de demonstre a necessidade e adequação da medida (art. 20, *caput* e parágrafo único); (ii) o dever de considerar a natureza da gravidade da infração, os danos causados, as circunstâncias atenuantes, e eventuais agravantes e atenuantes (art. 22. §2º); e (iii) o dever de considerar o *bis in idem* para quantificar a aplicação das sanções (art. 22, §3º).

Interessante notar que o exercício da proporcionalidade traz à tona, justamente, o aspecto da processualidade, do procedimental. É, pois, pela sucessão de atos processuais que os fatos são conhecidos e avaliados, as circunstâncias concretas são consideradas, os danos são dimensionados. É, enfim, pela instrução processual, pela produção de provas, pelo contraditório e ampla defesa que a autoridade administrativa se mune de elementos para dosar a sanção proporcional para aquele caso específico, e considerando todas as circunstâncias concretas.

Eduardo Jordão[18] defende que a nova LINDB passou a exigir, de forma substancial, a contextualização na interpretação das normas de gestão pública, inclusive na aplicação de sanções administrativas. Posto que a sanção administrativa implica interferência na esfera pessoal dos cidadãos, é necessária uma motivação reforçada para a individualização da conduta e das circunstâncias, para que possa haver uma sanção administrativa devidamente motivada.

8 Conclusões

Ser instrumento jurídico da ação estatal faz com que o processo administrativo esteja em constante mutação. O foco da ação estatal para a implementação de políticas públicas e a atuação mais democrática e transparente muda o pêndulo dos instrumentos jurídicos para técnicas mais consensuais, como o contrato administrativo e o processo administrativo.

Nesse contexto, vemos – e seguiremos a ver – o crescimento contínuo da relevância e do uso efetivo do processo administrativo como mecanismo de ação estatal, inclusive no âmbito do exercício de poderes sancionadores pela administração pública.

Referências

ALMEIDA, Fernando Dias Menezes de. *Contrato Administrativo*. São Paulo: Quartier Latin, 2012.

BINENBOJM, Gustavo. *Uma Teoria para o Direito Administrativo*. 2. ed. Rio de Janeiro: Renovar, 2008.

GUERRA, Sérgio; PALMA, Juliana Bonacorsi de. O art. 26 da LINDB: Novo regime jurídico de negociação com a Administração Pública. *Revista de Direito Administrativo – RDA*, p. 135-169, 2018. Edição especial: Lei de Introdução às Normas do Direito Brasileiro – LINDB (Lei nº 13.655/2018).

---

[18] JORDÃO, Eduardo. O art. 22 da LINDB: acabou o romance: reforço do pragmatismo do direito público brasileiro. *Revista de Direito Administrativo – RDA*, p. 63-92, 2018. Edição especial: Lei de Introdução às Normas do Direito Brasileiro – LINDB (Lei nº 13.655/2018).

JORDÃO, Eduardo. O art. 22 da LINDB: acabou o romance: reforço do pragmatismo do direito público brasileiro. *Revista de Direito Administrativo – RDA*, p. 63-92, 2018. Edição especial: Lei de Introdução às Normas do Direito Brasileiro – LINDB (Lei nº 13.655/2018).

JUSTEN FILHO, Marçal. *Curso de Direito Administrativo*. 12. ed. São Paulo: Revista dos Tribunais, 2016.

JUSTEN FILHO, Marçal. *Teoria Geral das Concessões de Serviço Público*. São Paulo: Dialética, 2003.

MARQUES NETO, Floriano Peixoto de Azevedo. A bipolaridade do direito administrativo e sua superação. *In*: SUNDFELD, Carlos Ari; JURKSAITIS, Guilherme Jardim (Org.). *Contratos públicos e direito administrativo*. São Paulo: Malheiros, 2015. p. 353-475.

MEDAUAR, Odete. *Direito Administrativo Moderno*. 23. ed. Belo Horizonte: Fórum, 2023.

PALMA, Juliana Bonacorsi de. *Atividade normativa da administração pública*: estudo do processo administrativo normativo. 2014. Tese (Doutorado em Direito do Estado) – Faculdade de Direito, Universidade de São Paulo, São Paulo, 2014.

PALMA, Juliana Bonacorsi de. *Sanção e acordo na administração pública*. São Paulo: Malheiros, 2010.

Informação bibliográfica deste texto, conforme a NBR 6023:2018 da Associação Brasileira de Normas Técnicas (ABNT):

ZAGO, Marina Fontão. Processo administrativo sancionador: por que ele é diferente? *In*: JUSTEN, Monica Spezia; PEREIRA, Cesar; JUSTEN NETO, Marçal; JUSTEN, Lucas Spezia (coord.). *Uma visão humanista do Direito*: homenagem ao Professor Marçal Justen Filho. Belo Horizonte: Fórum, 2025. v. 1, p. 811-821. ISBN 978-65-5518-918-6.

A CONSENSUALIDADE NA ADMINISTRAÇÃO PÚBLICA COMO MECANISMO DE REDUÇÃO DE CUSTOS DE TRANSAÇÃO NAS CONTRATAÇÕES PÚBLICAS NO BRASIL

MAYARA GASPAROTO TONIN

MARINA KUKIELA

Introdução

Os contratos públicos desempenham um papel fundamental na economia brasileira. Representam parcela significativa dos gastos governamentais e impactam diretamente a eficiência da Administração Pública. No entanto, as licitações e as contratações públicas, pelos mais variados motivos, são permeadas por elevados custos de transação.

Os economistas já demonstraram que não há realidade possível sem custos de transação, que são sempre positivos e incluem gastos não só financeiros que ocorrem durante a negociação, execução e monitoramento dos contratos, bem como na resolução de conflitos e disputas. Esses custos, que tendem a ser maiores nos contratos públicos, podem (precisam) ser compreendidos e mitigados para tornar as contratações mais eficientes e vantajosas.

No contexto da Administração Pública, um fator responsável pelos altos custos de transação é a potencial litigiosidade das relações contratuais, sobretudo porque o ordenamento jurídico prevê uma série de prerrogativas processuais e materiais ao Estado (foro específico, prazos diferenciados, regime de precatórios etc.), transformando o litígio num fardo especialmente ao particular que precisa de uma solução célere.

Nesse cenário, a consensualidade, entendida como a utilização da negociação entre as partes envolvidas na relação contratual e na resolução de conflitos dela decorrentes, pode ser uma forma de diminuir esses custos de transação. Essa abordagem se contrapõe ao modelo tradicional, em que a figura da Administração Pública é vista como autoritária e unilateral, com decisões tomadas de maneira centralizada e impostas pelas autoridades administrativas. A consensualidade busca a cooperação e o diálogo entre a Administração Pública, os cidadãos, as empresas e outras partes interessadas, visando a alcançar soluções mais eficazes, justas e legitimadas socialmente.

Assim, não é à toa que "o consensualismo é consenso":[1] ela pode contribuir para a redução dos custos de transação nas contratações públicas e, consequentemente, para a criação de soluções mais eficientes. É o que se pretende abordar neste artigo, integrando perspectivas jurídicas e econômicas para enriquecer o debate sobre a modernização dos contratos públicos e a melhoria da relação do Poder Público com o setor privado.

1 Os custos de transação

Os custos de transação surgiram conceitualmente no trabalho do economista Ronald Coase sobre a natureza da firma (hoje mais comumente denominada de sociedade empresária).[2] Ele identificou que a principal razão para a existência das empresas é o alto custo do uso do sistema de preços do mercado. Um agente econômico precisa obter informações, realizar inspeções, negociar e celebrar contratos, executar contratos, solucionar disputas e assim por diante. Ou seja, o custo da firma não se limita ao custo de produção: há os custos de transação.

Segundo ele, que ganhou o Prêmio Nobel em 1991,[3] isso era algo tão óbvio que tendia a ser negligenciado.[4] Mas, apesar da obviedade, os seus efeitos são abrangentes na economia. Para o próprio Ronald Coase, a maior contribuição do seu trabalho é justamente a introdução explícita dos custos de transação na análise econômica.[5]

Em trabalho posterior,[6] ele desafiou a não incorporação dos custos de transação aos modelos econômicos, premissa implícita nos estudos realizados até então. Ele mostrou que, se existe um ambiente com direitos de propriedade bem definidos, em que os agentes podem efetuar trocas, e um regime de custos de transação zero, a solução de uma negociação sempre maximizará a riqueza, independentemente da alocação inicial de recursos. Esse é o Teorema de Coase.[7] Mas, como esse cenário é teórico e a economia

---

[1] JUSTEN FILHO, Marçal. O consensualismo é consenso: em defesa da SECEX Consenso. *Migalhas*, 11 jul. 2024. Disponível em: https://www.migalhas.com.br/depeso/411026/o-consensualismo-e-consenso-em-defesa-da-secexconsenso. Acesso em: 12 ago. 2024.

[2] COASE, Ronald H. The Nature of the Firm. *Economica*, v. 4, Issue 16, Nov. 1937.

[3] Ronald Coase ganhou o Prêmio Nobel por sua descoberta e esclarecimento acerca da importância dos custos de transação e dos direitos de propriedade para a estrutura institucional e o funcionamento da economia (Disponível em: https://www.nobelprize.org/prizes/economic-sciences/1991/summary/. Acesso em: 12 ago. 2024).

[4] COASE, Ronald H. The Institutional Structure of Production. *Nobel Prize Lecture to the memory of Alfred Nobel*, Dec. 9, 1991. Disponível em: https://www.nobelprize.org/prizes/economic-sciences/1991/coase/lecture/. Acesso em: 12 ago. 2024.

[5] "Not to include transaction costs in the theory leaves many aspects of the working of the economic system unexplained, including the emergence of the firm, but much else besides. In fact, a large part of what we think of as economic activity is designed to accomplish what high transaction costs would otherwise prevent or to reduce transaction costs so that individuals can freely negotiate, and we can take advantage of that diffused knowledge of which Hayek has told us" (COASE, Ronald H. The Institutional Structure of Production. *Nobel Prize Lecture to the memory of Alfred Nobel*, Dec. 9, 1991. Disponível em: https://www.nobelprize.org/prizes/economic-sciences/1991/coase/lecture/. Acesso em: 12 ago. 2024).

[6] COASE, Ronald H. The Problem of The Social Cost. *The Journal of Law and Economics*, v. 3, Oct. 1960.

[7] O Teorema de Coase foi assim nomeado por George Stigler (*The Theory of Price*. New York: The Macmillan Company; London: Collier-Macmillan, 1967).

real sempre pressupõe custos de transação, a conclusão do próprio economista é "vamos estudar o mundo dos custos de transação positivos".[8]

Nesse trabalho, Ronald Coase também deixou clara a importância do Direito e do sistema legal no cenário de custos de transação positivos. De acordo com ele, são direitos, e não bens, que são de fato negociados no mercado, e os direitos são estabelecidos pelo sistema legal. Daí a relevância de a lei ser clara e devidamente aplicada para os custos de transação serem baixos.[9]

Seguindo seus passos, Oliver Williamson, que ganhou o Prêmio Nobel em 2009,[10] avançou com os estudos empíricos sobre o tema e incentivou pesquisas subsequentes que futuramente seriam conhecidas como a economia dos custos de transação.[11] De acordo com seu trabalho, quanto mais altos os custos de transação incorridos por determinada empresa, mais ela tentará minimizá-los por meio da integração vertical,[12] internalizando as etapas sucessivas da cadeia produtiva.

Com isso, o economista demonstrou que a forma de organização das empresas depende de escolhas baseadas em custos de transação, que podem ser maiores ou menores. Por exemplo, problemas como oportunismo, em que as partes podem agir de forma egoísta e estratégica após a assinatura de um contrato, e informação assimétrica, em que uma parte possui mais ou melhor informação do que a outra, aumentam os custos de transação.

Ainda segundo Oliver Williamson, os custos de transação podem ser anteriores ou posteriores à relação contratual. Na primeira perspectiva, referem-se às atividades de planejamento, envolvendo a negociação, elaboração do contrato e busca de informações para a concretização da transação. Já na segunda, são aqueles custos despendidos para atividade de controle referente à implementação, execução e monitoramento dos contratos – por exemplo, a utilização do sistema judiciário para solucionar impasses entre as partes causadas por comportamentos oportunistas.[13]

Portanto, pode-se partir da premissa de que os custos de transação existem e não podem ser ignorados em nenhum cenário concreto, assim como que existem situações e condutas que aumentam ou diminuem os custos de transação.

---

[8] COASE, Ronald H. The Institutional Structure of Production. *Nobel Prize Lecture to the memory of Alfred Nobel*, Dec. 9, 1991. Disponível em: https://www.nobelprize.org/prizes/economic-sciences/1991/coase/lecture/. Acesso em: 12 ago. 2024.

[9] COASE, Ronald H. The Institutional Structure of Production. *Nobel Prize Lecture to the memory of Alfred Nobel*, Dec. 9, 1991. Disponível em: https://www.nobelprize.org/prizes/economic-sciences/1991/coase/lecture/. Acesso em: 12 ago. 2024.

[10] Oliver Williamsom ganhou o Prêmio Nobel por sua análise da governança econômica, especialmente os limites da firma (Disponível em: https://www.nobelprize.org/prizes/economic-sciences/2009/summary/. Acesso em: 12 ago. 2024).

[11] WILLIAMSON, Oliver E. Transaction Cost Economics: The Natural Progression. *Nobel Prize Lecture to the memory of Alfred Nobel*, Dec. 8, 2009. Disponível em: https://www.nobelprize.org/prizes/economic-sciences/2009/williamson/lecture/. Acesso em: 12 ago. 2024.

[12] WILLIAMSON, Oliver E. The Vertical Integration of Production: Market Failure Considerations. *The American Economic Review*, v. 61, n. 2, Papers and Proceedings of the Eighty-Third Annual Meeting of the American Economic Association, May 1971.

[13] WILLIAMSON, Oliver E. The Economics of Organization: The Transaction Cost Approach. *American Journal of Sociology*, Chicago, v. 87, 1981. p. 552.

2 Os custos de transação nas contratações públicas

Não é diferente nas contratações públicas, em que os custos de transação são mais elevados se comparados com as contratações privadas.

Em seus estudos, Oliver Williamson identificou três tipos de custos de transação: os *custos da informação*, associados à obtenção de informações sobre produtos, preços, insumos, parceiros, compradores, vendedores; os *custos de negociação e contratação*, que incluem acordos sobre os termos comerciais, além da elaboração de contratos e do pagamento de comissão a intermediários; e os *custos de monitoramento*, associados ao cumprimento dos contratos e ao retorno sobre o desempenho dos produtos ou comportamento das partes após a transação.[14]

Essa divisão didática facilita a compreensão sobre as razões pelas quais se afirma que os custos de transação são mais elevados nas contratações públicas. A assimetria de informações em um procedimento de contratação com Administração Pública é enorme; os termos dos contratos dificilmente são negociáveis; as obrigações relacionadas a auditorias e fiscalizações são diversas; os investimentos são altamente personalizados; o risco de oportunismo é maior; a burocracia é inevitável; os projetos normalmente são mais longos e complexos, de modo que as incertezas e os riscos são mais significativos; há deveres de transparência e publicidade; a estrutura de governança é mais rígida; e a Administração Pública possui uma série de prerrogativas contratuais.

Ainda, muito embora o risco de comportamento oportunista exista em qualquer relação contratual em que uma das partes tenha de fazer investimentos específicos, há dois tipos de oportunismo exclusivos aos contratos públicos: oportunismo de governo e oportunismo de terceiros. O primeiro caracteriza-se pela habilidade do governo de mudar as regras do jogo durante o jogo (alteração contratual unilateral, por exemplo). O segundo consiste no risco de comportamento oportunista de alguém que não está diretamente envolvido na relação contratual (impugnação ao edital por um cidadão ou ação popular, por exemplo).[15]

Além disso, pensando especificamente no cenário brasileiro, uma vez instaurado um litígio decorrente de um contrato administrativo, há uma grande desigualdade de tratamento entre as partes. O ordenamento jurídico prevê uma série de prerrogativas processuais e materiais à Administração Pública, como foro específico, prazos diferenciados e pagamento por regime de precatórios, tornando o ato de litigar contra o Estado um grande fardo aos particulares – e à própria sociedade como um todo, que arca com os prejuízos diretos e indiretos de uma contratação pública fracassada.

De todo modo, compreender o fato de que os custos de transação são maiores nos contratos públicos confirma a hipótese de que esses custos podem ser de diferentes graus e que, portanto, podem ser de alguma forma mitigados.[16]

---

[14] VIEIRA, Luciana Marques. The Applicability of Transaction Costs Economics to Vertical Integration Decision: Evidences from a Brazilian Beef Processor. *Organizações Rurais & Agroindustriais*, v. 10, n. 3, set. 2008. p. 319.

[15] SOARES, Otto Gill Sarkis. *Contratação pública no Brasil*: uma perspectiva da economia de custos de transação. Monografia (Conclusão de Curso) – Faculdade de Administração, Economia e Contabilidade, Universidade de Brasília (UnB), Brasília, 2014. p. 26.

[16] "Transaction Costs Economics states that exchanges between two independent agents involve transaction costs of different degrees. Economic institutions then evolve to lower these transaction costs. Williamson (1971, 1975) defended that transaction costs could be reduced, in certain cases, by substituting spot market exchange for vertical integration" (VIEIRA, Luciana Marques. The Applicability of Transaction Costs Economics to Vertical

3 Consensualidade na Administração Pública

Uma forma de mitigação dos custos de transação das contratações públicas, sobretudo aqueles relacionados ao momento em que surge um conflito com potencial de se tornar um litígio, é a consensualidade. Trata-se de uma possibilidade que tem ganhado cada vez mais destaque, tanto no âmbito doutrinário como normativo.

Não há, para o Estado, nenhuma exigência de resolver seus conflitos unicamente por meio da intervenção jurisdicional: a indisponibilidade dos direitos tutelados pela Administração Pública não implica impossibilidade de realização de acordos pelos entes públicos.[17] E mais: sabendo que a posição do particular é correta, é dever da Administração Pública não se valer de subterfúgios para subtrair-se ao cumprimento desse direito. Tal entendimento é decorrência direta dos princípios da legalidade e da boa-fé (art. 37 da Constituição Federal).[18]

Ainda, não se pode esquecer que a Administração Pública tutela interesses conflitantes,[19] que necessariamente estão refletidos nas contratações públicas, de modo que muitas vezes os meios tradicionais de resolução de conflitos serão inadequados ao atendimento do interesse coletivo. Isso porque, para conflitos decorrentes de relações contratuais complexas, é preciso ultrapassar o paradigma clássico do antagonismo, em que uma parte vence e a outra parte perde. A mentalidade do administrador *versus* administrado, regulador *versus* regulado, autor *versus* réu[20] não serve em um cenário de contratos públicos, que envolvem projetos de grande relevância, de execução prolongada, de alto risco, e que tutelam interesses variados.

Como pontuou Marçal Justen Filho, essa realidade tornou-se ainda mais evidente após a experiência da pandemia, "que conduziu à desestruturação da generalidade das contratações administrativas de longo prazo". É, portanto, preciso "abandonar a aspiração de completude, perfeição e satisfatoriedade do modelo contratual originalmente concebido pela Administração", e tratar de "incorporar soluções procedimentais de readequação da disciplina contratual em vista da variação das circunstâncias. Trata-se de admitir que a própria iniciativa privada colabore para a modelagem da contratação".[21]

Diante dessa realidade cada vez mais complexa, recorrer aos meios autocompositivos e às soluções consensuais não é apenas uma possibilidade, mas uma verdadeira

---

Integration Decision: Evidences from a Brazilian Beef Processor. *Organizações Rurais & Agroindustriais*, v. 10, n. 3, set. 2008. p. 318).

[17] DIDIER JR., Fredie. *Curso de direito processual civil*. 17. ed. Salvador: JusPodivm, 2015. v. 1. p. 625.

[18] "Se o Estado constata que o particular tem um determinado direito em face dele, cabe-lhe dar cumprimento a esse direito". Isso não quer dizer que ele esteja abrindo mão de um interesse público ao fazê-lo. Afinal, "se não há direito em favor da Administração, não há que se falar em interesse público" (TALAMINI, Eduardo. Arbitragem e parceria público-privada. *In*: TALAMINI, Eduardo; JUSTEN, Monica Spezia (Org.). *Parcerias público-privadas*: um enfoque multidisciplinar. São Paulo: Revista dos Tribunais, 2005. p. 340-341).

[19] "O regime de direito administrativo envolve a afirmação de uma pluralidade de interesses igualmente considerados como públicos" (JUSTEN FILHO, Marçal. *Curso de direito administrativo*. 15. ed. Rio de Janeiro: Forense, 2024. p. 40).

[20] Solução consensual não é "balcão de negócios" e privilegia o interesse público, defende Presidente da ABCR (Disponível em: https://agenciainfra.com/blog/solucao-consensual-nao-e-balcao-de-negocios-e-privilegia-o-interesse-publico-defende-presidente-da-abcr/. Acesso em: 13 ago. 2024).

[21] JUSTEN FILHO, Marçal. O consensualismo é consenso: em defesa da SECEX Consenso. *Migalhas*, 11 jul. 2024. Disponível em: https://www.migalhas.com.br/depeso/411026/o-consensualismo-e-consenso-em-defesa-da-secexconsenso. Acesso em: 12 ago. 2024.

necessidade quando se trata de reduzir os elevados custos de transação nas disputas envolvendo a Administração Pública.

Entretanto, apesar de a consensualidade ser possível há muito tempo em teoria,[22] com fundamento no CPC (art. 174) e na Lei nº 13.140 de 2015 (art. 1º),[23] ela não era uma opção na prática quando se tratava de conflitos envolvendo a Administração Pública. Os avanços normativos[24] não foram capazes de evitar o temor de responsabilização por parte dos servidores e empregados públicos. Os problemas causados por contratos defasados e incapazes de abarcar a complexa realidade das contratações públicas resultaram obras paralisadas e uma "multiplicação insustentável de litígios envolvendo a Administração Pública". Em outras palavras, "mudar a lei não resolveu porque o problema não era normativo, mas prático".[25]

É nesse cenário que a criação de mecanismos estatais que fomentam a consensualidade e dão segurança jurídica às partes que pretendem negociar soluções consensuais para contratos públicos ganha relevância. E a relevância se coloca não só diante de potenciais conflitos, mas da própria escolha do particular de participar de um procedimento de contratação com a Administração Pública, representando um incentivo na tomada de decisão.

4 Mecanismos de consensualidade na Administração Pública

Muito recentemente a Administração Pública foi além das autorizações legislativas genéricas e deu concretude à consensualidade ao criar mecanismos que facilitam a celebração de acordos com os particulares. Trata-se de instrumentos capazes de, na prática, diminuir os custos de transação nos potenciais conflitos e disputas relacionadas a contratos firmados com a Administração Pública.

---

[22] A título exemplificativo, o Código de Processo Civil (Lei nº 13.105/2015) trouxe em seu art. 174 a prerrogativa de Administração Pública buscar a "solução consensual de conflitos" por meio de câmaras de mediação e conciliação.

[23] Art. 1º: "Esta Lei dispõe sobre a mediação como meio de solução de controvérsias entre particulares e sobre a autocomposição de conflitos no âmbito da administração pública. Parágrafo único. Considera-se mediação a atividade técnica exercida por terceiro imparcial sem poder decisório, que, escolhido ou aceito pelas partes, as auxilia e estimula a identificar ou desenvolver soluções consensuais para a controvérsia".

[24] A Lei de Mediação (Lei nº 13.140/2015), em seu art. 40, deixa claro que "servidores e empregados públicos que participarem do processo de composição extrajudicial do conflito, somente poderão ser responsabilizados civil, administrativa ou criminalmente quando, mediante dolo ou fraude, receberem qualquer vantagem patrimonial indevida, permitirem ou facilitarem sua recepção por terceiro, ou para tal concorrerem". Ou seja, "a partir de uma regra como essa, nenhum agente público de boa-fé deveria ter qualquer temor em resolver litígios do modo mais eficiente e célere. Sem receber ou facilitar o recebimento de vantagem patrimonial indevida, ninguém deveria temer ser responsabilizado civil, administrativa ou criminalmente" (FORTINI, Cristiana; PEREIRA, Cesar. O TCU e o futuro do consenso: por um Direito Administrativo de soluções. *Migalhas*. Disponível em: https://www.migalhas.com.br/depeso/411102/o-tcu-e-o-futuro-do-consenso-por-um-direito-administrativo-de-solucao. Acesso em: 12 ago. 2024).

[25] FORTINI, Cristiana; PEREIRA, Cesar. O TCU e o futuro do consenso: por um Direito Administrativo de soluções. *Migalhas*. Disponível em: https://www.migalhas.com.br/depeso/411102/o-tcu-e-o-futuro-do-consenso-por-um-direito-administrativo-de-solucao. Acesso em: 12 ago. 2024.

4.1 Transações com a Procuradoria-Geral da Fazenda Nacional

A Lei nº 13.988, de 14.4.2020, estabeleceu requisitos e condições para que a União, as suas autarquias e fundações, e os devedores ou as partes adversas realizem transação resolutiva de litígio relativo à cobrança de créditos da Fazenda Pública, de natureza tributária ou não (art. 1º).

As transações podem ser realizadas por adesão ou por proposta individual (art. 2º da Lei nº 13.988). Podem contemplar benefícios como a concessão de descontos nas multas, juros e encargos legais relativos a créditos classificados como irrecuperáveis ou de difícil recuperação; o oferecimento de prazos e formas de pagamento especiais; o oferecimento, a substituição ou a alienação de garantias e constrições; o uso de precatórios para amortização de dívida tributária principal, multa e juros (art. 11 da Lei nº 13.988).

Os parâmetros de aceitação e requisitos para as transações foram delineados pela Procuradoria-Geral da Fazenda Nacional, por meio da Portaria nº 6.757, de 29.7.2022, que incluiu entre os princípios dos acordos a "redução de litigiosidade" (art. 2º, IV). Segundo a Portaria, para a celebração das transações, devem ser observados fatores como a perspectiva de êxito das estratégias administrativas e judiciais; o custo da cobrança administrativa e judicial; a situação econômica e a capacidade de pagamento do sujeito passivo; entre outros (art. 19). Há previsão inclusive de agendamento de reuniões para a discussão da proposta de transação individual (art. 47) e uma forma de transação simplificada (art. 64).

4.2 Soluções consensuais no Tribunal de Contas da União

Posteriormente, o TCU criou, por meio da Instrução Normativa nº 91 de 2022, a Secretaria de Controle Externo de Solução Consensual e Prevenção de Conflitos (Secex Consenso), que funciona como um órgão facilitador da solução consensual.

Entre os motivos para a edição da instrução normativa estão a pretensão do TCU de auxiliar "no estabelecimento de alternativas para a solução de problemas de interesse da administração pública" e "a necessidade de definir procedimentos voltados à busca de soluções consensuais" – que justamente "irá contribuir para acelerar e dar maior efetividade à ação do TCU".

Segundo o próprio TCU, os objetivos da Secex Consenso são os seguintes: 1) a construção colaborativa de soluções consensuais na administração pública; 2) o diálogo com as instituições na prevenção dos conflitos; 3) o compartilhamento de informações entre entidades públicas durante a fase de negociação dos acordos de leniência, com a inclusão dos processos do TCU no escopo desses acordos; 4) a elaboração e execução de estratégias para a participação cidadã no dia a dia do TCU, com o intercâmbio nacional e internacional de boas práticas; e 5) a articulação de ações do controle externo com os Tribunais de Contas do Brasil, além do compartilhamento de boas práticas de políticas públicas descentralizadas.[26]

---

[26] Disponível em: https://portal.tcu.gov.br/imprensa/noticias/voce-conhece-a-nova-sistematica-de-solucoes-con sensuais-do-tcu.htm. Acesso em: 12 ago. 2024.

Sobre o procedimento, o art. 2º da Instrução Normativa explica que a Solicitação de Solução Consensual ("SSC") pode ser formulada pelas autoridades elencadas no art. 264 do Regimento Interno do TCU; pelos dirigentes máximos das agências reguladoras definidas no art. 2º da Lei nº 13.848/2019; e pelo relator de processo em tramitação no TCU. A SSC é então encaminhada à Secex Consenso para exame de admissibilidade (arts. 4º e 5º). Se positivo, é editada Portaria designando os membros da Comissão de Solução Consensual ("CSC"), que terão 90 dias (prorrogáveis por mais 30 dias) para elaborar proposta de solução (art. 7º).

Desde o início do funcionamento da Secex Consenso, em 2023, tem-se notícia de que os valores em disputa ultrapassam 200 bilhões de reais.[27] Os acordos já firmados e homologados envolvem setores variados como ferrovia, energia, telefonia, transporte urbano. A maioria dos acordos pôs fim a diversas disputas judiciais, representando uma economia de recursos (tempo e dinheiro) significativa. Assim, apesar das críticas[28] e do questionamento judicial,[29] a intermediação do TCU permitiu que casos extremamente complexos, com a participação de diferentes entes federativos, por exemplo, chegassem a uma solução consensual.

Nesse sentido, Marçal Justen Filho destaca que "[a] rejeição ao modelo de soluções consensuais não é acompanhada de qualquer proposta alternativa. Não existe nenhuma cogitação quanto ao destino a ser dado aos impasses existentes, às arbitragens em curso, aos processos judiciais intermináveis", o que não significa que aperfeiçoamentos não sejam necessários. Mas, no cenário atual, o procedimento "tal como concebido e aplicado pelo TCU, afigura-se como a resposta jurídica mais adequada para a superação de problemas que, por outra via, se apresentavam como insolúveis".[30]

4.3 Autocomposição na Advocacia-Geral da União

A Advocacia-Geral da União, mais recentemente, também criou a Plataforma de Autocomposição Imediata e Final de Conflitos Administrativos (Pacifica), por meio da Portaria Normativa nº 144, de 1º.7.2024, com o objetivo de "viabilizar a adoção, em larga escala, de solução extrajudicial de conflitos de maneira eletrônica, por meio da utilização intensiva de automação e recursos tecnológicos" (art. 1º).

---

[27] ANGELO, Thiago. Consenso no TCU já garantiu economia bilionária no setor de energia. *Consultor Jurídico*, 4 jun. 2024. Disponível em: https://www.conjur.com.br/2024-jun-04/consenso-no-tcu-ja-garantiu-economia-bilionaria-no-setor-de-energia/. Acesso em: 14 ago. 2024.

[28] Alguns entendem que o TCU, como órgão fiscalizador, não poderia servir como mediador nas disputas ente os entes público e privado. Sobre o assunto: VAI, Bruno!. *Revista Piauí*, ed. 214, jul. 2024.

[29] Em 29.7.2024, o Partido Novo ajuizou no STF a ADPF nº 1.183, de relatoria do Ministro Edson Fachin, sob o argumento de que a Instrução Normativa nº 91/2022-TCU "amplia os poderes do presidente do TCU, que decide quais conflitos serão submetidos a conciliação, além de permitir que o tribunal participe da formatação de políticas públicas, extrapolando suas atribuições constitucionais". Pediu que "o STF declare a inconstitucionalidade da instrução normativa, com a extinção da secretaria, e anule os acordos celebrados, além de impedir que o TCU crie novos órgãos com essa competência" (Disponível em: https://noticias.stf.jus.br/postsnoticias/partido-questiona-criacao-de-secretaria-para-resolucao-de-conflitos-no-tcu/. Acesso em: 12 ago. 2024).

[30] JUSTEN FILHO, Marçal. O consensualismo é consenso: em defesa da SECEX Consenso. *Migalhas*, 11 jul. 2024. Disponível em: https://www.migalhas.com.br/depeso/411026/o-consensualismo-e-consenso-em-defesa-da-secexconsenso. Acesso em: 12 ago. 2024.

A plataforma será destinada "especialmente, à autocomposição para celebração de acordos extrajudiciais nos casos de conflitos individuais de baixa complexidade e grande volume" (art. 1º, parágrafo único).

A Portaria prevê expressamente como objetivos da plataforma "fortalecer a cultura da resolução consensual de conflitos" e "contribuir para a redução da litigiosidade, evitando a propositura de ações judiciais e os custos dela decorrentes, quando houver meios mais adequados à solução de conflitos" (art. 2º, I e II). Inclusive, também segundo a Portaria, a AGU deve fomentar, junto aos órgãos representados, a adesão à plataforma "como forma preferencial de resolução de conflitos administrativos com potencial de judicialização" (art. 6º da Portaria).

4.4 Mediação e negociação no Poder Executivo

Por fim, a Presidência da República criou a Rede Federal de Mediação e Negociação (Resolve), por meio do Decreto nº 12.091, de 3.7.2024, "destinada a organizar, promover e aperfeiçoar o uso da autocomposição de conflitos por meio da mediação e da negociação como ferramentas de gestão e de melhoria da execução de políticas públicas" (art. 1º).

As regras se aplicam "às mediações e às negociações em que sejam partes os órgãos e as entidades da administração pública federal direta, autárquica e fundacional" (art. 1º, parágrafo único). E da mesma forma que os outros mecanismos, um de seus objetivos é "estimular a solução de conflitos por meio da mediação e da negociação, com vistas a prevenir e superar os entraves na execução de políticas públicas; e reduzir a litigiosidade e diminuir o contencioso judicial e administrativo" (art. 3º, II, do Decreto nº 12.091).

Ainda, prevê-se ser possível estabelecer parcerias e outros instrumentos de cooperação com câmaras de mediação ou negociação, ou mesmo com órgãos e entidades no âmbito da Administração Pública, com o propósito de promover intercâmbio de informações sobre o assunto; contribuir com subsídios e recomendações de boas práticas que possam ser incorporadas; e fomentar ações conjuntas de capacitação em matéria de mediação e negociação na Administração Pública (art. 9º do Decreto nº 12.091).

De formas diferentes, mais ou menos polêmicas, não há dúvidas de que esses mecanismos são capazes de incentivar e facilitar a celebração de acordos entre a Administração Pública e os particulares.

5 Consensualidade como mecanismo concreto de diminuição de custos de transação

Esses mecanismos de consensualidade, assim como outros criados pela Administração Pública, ainda que sujeitos a melhorias, já têm a capacidade de mitigar os custos de transação envolvidos nas contratações públicas, sobretudo aqueles inerentes ao momento em que surge um potencial conflito que tende a gerar uma (sempre longa e custosa) disputa judicial.

Isso porque a adoção de soluções consensuais reduz a conflituosidade e permite a "alocação mais eficiente dos recursos econômicos da sociedade", já que "pode ser obtida mediante a atuação concertada dos diversos setores da sociedade".[31] Como apontado pelo Ministro Bruno Dantas em posicionamento doutrinário, a consensualidade na Administração Pública "rompe com um esquema que se alicerçava na imperatividade unilateral dos atos administrativos para contemplar um modelo pautado no diálogo, negociação, cooperação e coordenação".[32]

Na prática, os mecanismos acima elencados permitem que as partes se sentem à mesa em posições similares para a construção conjunta de uma solução para o problema existente. Ainda que não haja total igualdade, como seria o caso entre particulares, as negociações com a Administração Pública se dão em um cenário de maior equilíbrio do que em caso de litígio judicial – as prerrogativas processuais, por exemplo, perdem relevância.

Como não se está diante de uma solução que será imposta, mas construída, é fundamental reconhecer a "inviabilidade de a Administração dominar o conhecimento necessário à construção das soluções mais eficientes e satisfatórias".[33] Ou seja, é necessária a participação ativa (e por vezes até predominante) também do particular, que, juntamente com a Administração, deve incluir no diálogo profissionais que entendem a fundo da matéria e que tenham poder de decisão, permitindo uma maior tecnicidade das soluções almejadas.

E se, por um lado, os mecanismos consensuais diminuem o tempo de resolução do conflito, por outro eles também podem ser processos desgastantes, que demandam um grande esforço das partes envolvidas.[34] Assim, se não houver prazo para o fim da negociação, por exemplo, ela geralmente está fadada ao insucesso. Prazos longos demais tendem a fomentar uma cultura de procrastinação negocial. Prazos demasiadamente curtos podem não acomodar os requisitos da burocracia decisória inerente à Administração Pública. É preciso, portanto, encontrar um meio termo. E seja qual for o prazo escolhido, que ele seja fixado no início, de preferência sem possibilidade de prorrogação para que as partes realmente envidem todos os esforços possíveis na negociação em curso. É o que ocorre nas soluções consensuais no TCU, em que a instrução normativa prevê o prazo de duração de 90 dias, com possibilidade de uma curta prorrogação.

Por fim, pouco precisa ser dito acerca das vantagens financeiras inerentes a um acordo (se comparado à alternativa da disputa judicial). Os processos judiciais envolvendo contratos complexos tendem a ser morosos mesmo entre particulares. Quando se acrescenta à equação as já mencionadas prerrogativas processuais dos entes públicos, o

---

[31] JUSTEN FILHO, Marçal. O consensualismo é consenso: em defesa da SECEX Consenso. *Migalhas*, 11 jul. 2024. Disponível em: https://www.migalhas.com.br/depeso/411026/o-consensualismo-e-consenso-em-defesa-da-secexconsenso. Acesso em: 12 ago. 2024.

[32] DANTAS, Bruno. Consensualidade, eficiência e pluralismo administrativo: um estudo sobre a adoção da mediação pelo TCU. *Revista Jurídica da Presidência*, Brasília, v. 22, n. 127, jun./set. 2020. p. 269.

[33] JUSTEN FILHO, Marçal. O consensualismo é consenso: em defesa da SECEX Consenso. *Migalhas*, 11 jul. 2024. Disponível em: https://www.migalhas.com.br/depeso/411026/o-consensualismo-e-consenso-em-defesa-da-secexconsenso. Acesso em: 12 ago. 2024.

[34] Nos momentos em que a negociação parece não evoluir, um exercício interessante é descobrir o melhor cenário caso a negociação fracasse. Ou seja, saber para onde as partes irão caso o acordo falhe serve para balizar as estratégias e limites negociais de cada um. A essa estratégia se dá o nome de BATNA (*best alternative to a negotiated agreement*). Nos contratos públicos complexos, geralmente o BATNA do particular é o início (ou a retomada) de longas batalhas judiciais, enquanto o BATNA da Administração Pública é, quando menos, a prolongação indefinida do problema, mantendo-se desatendidos os interesses coletivos envolvidos na questão.

desfecho é previsível: processos que se arrastam no tempo, tratando de temas complexos que acabarão sendo decididos por laudos periciais (muitas vezes insuficientes para dar conta do problema) e que, no melhor cenário, terão como desfecho um pagamento de indenizações por precatórios. Certamente essa está longe de ser a realidade desejada e por isso que os valores envolvidos nos acordos mencionados pelo TCU atingem somas bilionárias. Litigar contra a Administração Pública tem um custo muito alto, não só para o particular como para a sociedade como um todo.

Portanto, as vantagens da existência de mecanismos de consensualidade normatizados e da adoção de soluções consensuais nas relações com a Administração são enormes, o que implica diretamente a diminuição dos custos de transação dos potenciais conflitos. Se as partes sabem que eventuais conflitos podem ser resolvidos de maneira consensual e de forma mais célere, observando procedimentos definidos e bem estruturados, terão muito mais segurança não só para contratar como para resolver os conflitos com o Poder Público.

Considerações finais

A implementação da consensualidade na Administração Pública brasileira representa um avanço significativo, com impactos profundos na redução dos custos de transação das contratações públicas, que se traduz em economia de tempo e recursos para toda a sociedade. A diminuição da incerteza e a simplificação dos procedimentos, aliadas à clareza das regras, resultam em processos mais ágeis e eficientes, aumentando a confiança e incentivando a participação de mais concorrentes, o que melhora ainda mais a qualidade e vantajosidade das contratações.

A consensualidade parece ser uma excelente estratégia para mitigar a litigiosidade nas contratações públicas, um dos fatores responsáveis por incrementar os custos de transação nesses contratos. Ao promover o diálogo e a cooperação entre as partes desde o início da relação contratual, evita-se o acirramento de conflitos que poderiam resultar em longos e custosos processos judiciais.

Com a estruturação, incentivo e adoção de mecanismos consensuais na resolução de conflitos com a Administração Pública, como as transações com a PGFN, o consenso no TCU, a autocomposição na AGU, a negociação no Poder Executivo, os litígios são resolvidos de maneira mais célere e efetiva, o que é fundamental para a eficiência das atividades estatais e da prestação dos serviços públicos.

Por fim, a consensualidade na Administração Pública não apenas moderniza as contratações públicas, mas também fortalece a relação entre o Poder Público e a iniciativa privada. Ao reduzir os custos de transação relacionados aos litígios com a Administração Pública e, consequentemente, os custos de transação das contratações públicas em geral, a consensualidade promove um ambiente de negócios mais equilibrado, contribuindo para a construção de uma sociedade mais eficiente e justa.

Referências

ANGELO, Thiago. Consenso no TCU já garantiu economia bilionária no setor de energia. *Consultor Jurídico*, 4 jun. 2024. Disponível em: https://www.conjur.com.br/2024-jun-04/consenso-no-tcu-ja-garantiu-economia-bilionaria-no-setor-de-energia/. Acesso em: 14 ago. 2024.

COASE, Ronald H. The Institutional Structure of Production. *Nobel Prize Lecture to the memory of Alfred Nobel*, Dec. 9, 1991. Disponível em: https://www.nobelprize.org/prizes/economic-sciences/1991/coase/lecture/. Acesso em: 12 ago. 2024.

COASE, Ronald H. The Nature of the Firm. *Economica*, v. 4, Issue 16, Nov. 1937.

COASE, Ronald H. The Problem of The Social Cost. *The Journal of Law and Economics*, v. 3, Oct. 1960.

DANTAS, Bruno. Consensualidade, eficiência e pluralismo administrativo: um estudo sobre a adoção da mediação pelo TCU. *Revista Jurídica da Presidência*, Brasília, v. 22, n. 127, jun./set. 2020.

DIDIER JR., Fredie. *Curso de direito processual civil*. 17. ed. Salvador: JusPodivm, 2015. v. 1.

FORTINI, Cristiana; PEREIRA, Cesar. O TCU e o futuro do consenso: por um Direito Administrativo de soluções. *Migalhas*. Disponível em: https://www.migalhas.com.br/depeso/411102/o-tcu-e-o-futuro-do-consenso-por-um-direito-administrativo-de-solucao. Acesso em: 12 ago. 2024.

JUSTEN FILHO, Marçal. *Curso de direito administrativo*. 15. ed. Rio de Janeiro: Forense, 2024.

JUSTEN FILHO, Marçal. O consensualismo é consenso: em defesa da SECEX Consenso. *Migalhas*, 11 jul. 2024. Disponível em: https://www.migalhas.com.br/depeso/411026/o-consensualismo-e-consenso-em-defesa-da-secexconsenso. Acesso em: 12 ago. 2024.

SOARES, Otto Gill Sarkis. *Contratação pública no Brasil*: uma perspectiva da economia de custos de transação. Monografia (Conclusão de Curso) – Faculdade de Administração, Economia e Contabilidade, Universidade de Brasília (UnB), Brasília, 2014.

STIGLER, George. *The Theory of Price*. New York: The Macmillan Company; London: Collier-Macmillan, 1967.

TALAMINI, Eduardo. Arbitragem e parceria público-privada. *In*: TALAMINI, Eduardo; JUSTEN, Monica Spezia (Org.). *Parcerias público-privadas*: um enfoque multidisciplinar. São Paulo: Revista dos Tribunais, 2005.

VIEIRA, Luciana Marques. The Applicability of Transaction Costs Economics to Vertical Integration Decision: Evidences from a Brazilian Beef Processor. *Organizações Rurais & Agroindustriais*, v. 10, n. 3, set. 2008.

WILLIAMSON, Oliver E. The Economics of Organization: The Transaction Cost Approach. *American Journal of Sociology*, Chicago, v. 87, 1981.

WILLIAMSON, Oliver E. The Vertical Integration of Production: Market Failure Considerations. *The American Economic Review*, v. 61, n. 2, Papers and Proceedings of the Eighty-Third Annual Meeting of the American Economic Association, May 1971.

WILLIAMSON, Oliver E. Transaction Cost Economics: The Natural Progression. *Nobel Prize Lecture to the memory of Alfred Nobel*, Dec. 8, 2009. Disponível em: https://www.nobelprize.org/prizes/economic-sciences/2009/williamson/lecture/. Acesso em: 12 ago. 2024.

Informação bibliográfica deste texto, conforme a NBR 6023:2018 da Associação Brasileira de Normas Técnicas (ABNT):

TONIN, Mayara Gasparoto; KUKIELA, Marina. A consensualidade na Administração Pública como mecanismo de redução de custos de transação nas contratações públicas no Brasil. *In*: JUSTEN, Monica Spezia; PEREIRA, Cesar; JUSTEN NETO, Marçal; JUSTEN, Lucas Spezia (coord.). *Uma visão humanista do Direito*: homenagem ao Professor Marçal Justen Filho. Belo Horizonte: Fórum, 2025. v. 1, p. 823-834. ISBN 978-65-5518-918-6.

FISHING EXPEDITION NO
DIREITO ADMINISTRATIVO SANCIONADOR

MAURO ROBERTO GOMES DE MATTOS

I Síntese do tema

A *fishing expedition* ou a "pescaria probatória" é um instituto atrelado inicialmente ao processo penal, vinculado à medida cautelar de busca e apreensão, cujas origens se iniciam na Idade Média na Inglaterra.[1] Assim, utilizava-se de um instrumento legal de busca e apreensão de coisas, documentos e objetos para tentar encontrar algo que justificasse uma futura devassa na vida do investigado para legitimar a provável causa de uma persecução estatal mais aprofundada.

Como se sabe, a persecução penal se inicia, em regra, pela investigação criminal e possui como ponto de amparo jurídico a possível existência de um fato descrito como criminoso, na forma do art. 5º, I e II, do Código de Processo Penal.

Esse tema não é novo no Direito norte-americano. Em 1947, no *leading case* Hickmann *v.* Taylor, a Suprema Corte se preocupou em debater os limites legais da colheita de prova, ante a possibilidade de uma investigação ser levada a efeito motivada por critérios com desvios de finalidade e imbuída de má-fé por parte de autoridades públicas, justamente aquelas que seriam as responsáveis pela higidez jurídica da investigação.

Apesar de ser tema presente no direito comparado, aqui em nosso país o assunto vem ganhando formato jurídico elevado, ante a demonstração frequente do desvio de finalidade de investigações que geram a *fishing expedition*. Nesta, em um primeiro passo, violam-se as garantias constitucionais para, posteriormente, buscar-se justificar, caso verificada a existência da prática ou não de um ato ilícito a devassar os direitos individuais, como uma tentativa de perscrutação investigatória, até achar algo que justifique a persecução estatal, a todo custo.

---

[1] SILVA, V. G.; SILVA, P. B. Melo e; ROSA, A. M. *Fishing expedition e encontro fortuito na busca e na apreensão um dilema oculto no processo penal.* 2. ed. Florianópolis: Emais, 2022. p. 12.

O sistema de direitos fundamentais foi concebido para qualificar o poder investigatório do Estado, evitando-se acusações infundadas e sem a mínima plausibilidade de demonstrar violação ao bem jurídico tutelado. Contudo, a pescaria probatória faz a relativização da prerrogativa fundamental de não haver acusação especulativa, com argumentos puramente pragmáticos e absolutamente genéricos, apesar de ser atividade essencial do Estado de Direito investigar e punir a prática de crimes ou de atos ilícitos. O desvio ético, em alguns casos, faz nascer um tipo de poder genérico e amplíssimo, capaz de possibilitar o risco de deturpações e abuso do poder investigatório.

Portanto, é certo que o art. 5º, X e XII, da Constituição Federal é o núcleo essencial da proteção à privacidade e aos dados pessoais: incompatibilidade com ordens exploratórias que afetam uma quantidade de inocentes.

Informações sobre pesquisas que uma pessoa/agente público realiza no âmbito privado de uso de um motor de busca na internet, ou por meio de pesquisa fiscal ou bancária, mediante verdadeira devassa, sem justa causa, é uma das formas de pescaria probatória.

Viola a Constituição promover uma varredura genérica em dados de pesquisa por meio de uma pescaria aleatória de provas, com a finalidade de impulsionar uma atividade persecutória, como vem ocorrendo em algumas investigações, e, ao não encontrar fundamento para sua instauração, volta-se à busca de provas de uma possível ilicitude para a todo custo movimentar a máquina estatal, mediante falsos argumentos.

A investigação exploratória tem como características promover a "pescaria de suspeitos", com a finalidade de criar dossiês contra pessoas ou evidenciar um possível delito, até então não conhecido.

Promove-se uma devassa na vida do investigado com a finalidade de encontrar algo que revele uma possível prática de um delito. Basta o investigado cair na "desgraça alheia" da sua chefia, ou de quem ostenta a faculdade de movimentar o poder persecutório estatal, para se iniciar com o fundamento de realizar a busca de algo concreto que possa justificar a abertura de uma investigação, até então sem objeto definido ou causa aparente de prática de ato ilícito.

Logo, mesmo que não se tenha a demonstração da prática de um ato ilícito, pela pescaria lotérica, a autoridade pública busca encontrar algo, a qualquer custo, para legitimar a futura imputação de um delito, como se tal ato pudesse justificar a prática do abuso de poder investigatório.

Apesar dessa imensa generalidade que cerca uma investigação especulativa, com fundamentação duvidosa e genérica, tem se tornado frequente a pescaria de suspeitos em nosso direito administrativo, motivada por buscas e apreensões ou notícias jornalísticas.

Sem indícios de qualquer conduta ilícita por parte do alvo da investigação, não há como legitimar uma investigação exploratória, ante a necessidade de se manter eficaz a proteção dos direitos fundamentais.

A proteção à privacidade é essencial não apenas para a autonomia moral sob a perspectiva privada, mas também sob a perspectiva pública, e, como tal, fundamental à democracia. A base estrutural de uma sociedade democrática é o autogoverno informado, participativo e deliberativo, em que pessoas podem se informar livremente, tomar decisões sobre a vida que querem levar, além de formarem e reformularem suas preferências políticas. A proteção da privacidade possui papel central nisso: serve à autonomia crítica, à diversidade de convencimentos e personalidades, à livre tomada de decisões e ao questionamento não conformista, características imprescindíveis à integridade de um Estado Democrático de Direito. Pessoas desprovidas de privacidade tomariam decisões sempre contaminadas por medo de crítica, de exposição indesejada e mesmo de sanções, gerando ambiente hostil para o projeto democrático.

No campo do processo penal, foi verificada na Operação Lava Jato uma série de medidas ilegais levadas a efeito pelo falso argumento do "interesse público", capaz de justificar uma atuação investigativa mais invasiva de modo a, por exemplo, validar condução coercitiva, quebra de sigilo de dados aleatórios sem a devida fundamentação jurídica, coação para que o investigado se tornasse um colaborador premiado com a promessa de privilégios processuais etc.

Sob essa perspectiva, a investigação criminal passou a ser confrontada, mais recentemente, com a prática de *fishing expedition*, que se caracteriza por ser uma investigação especulativa indiscriminada, sem objetivo certo ou declarado, que se esforça em pescar qualquer prova capaz de subsidiar uma incerta e futura acusação.

Portanto, é uma investigação prévia, realizada de forma ampla e genérica, focada em buscar ou encontrar evidências sobre a prática de futuros e desconhecidos atos ilícitos, como dito alhures.

Essa situação não é apenas de incidência na esfera penal, visto que a competência sancionatória do Estado se desdobra também na esfera disciplinar, em que o agente público fica exposto também às investigações especulativas no processo administrativo disciplinar e na ação de improbidade administrativa. Muitas dessas operações policiais desdobram-se para a esfera da ação de improbidade administrativa sem qualquer plausibilidade jurídica, baseadas em colaboração premiada e em fatos genéricos, aproveitando-se da redação embrionária da Lei nº 8.429/1992, antes da vigência da Lei nº 14.230/2021, sem prova de corroboração ou evidências concretas de fatos que possam ser subsumidos como ímprobos.

Essa migração para a esfera administrativa é uma consequência da tentativa da formação de dura opinião pública, em que, para encontrar o agente público erroneamente tido como corrupto, os fins justificam os meios. Nessa situação, relativizam-se os direitos fundamentais dos investigados com a finalidade de demonstrar que existe algo a ser explorado, em verdadeira erosão de direitos e violação de garantias básicas.

Cria-se um fato artificial capaz de gerar uma possível relação entre a busca da prova e o suposto ato ilícito, ao argumento de que ela seria imprescindível para a elucidação do suposto e especulado fato ilícito (*fishing expedition*).

Nesse sentido, a doutrina[2] destaca, sobre o tema:

Ao lado do fishing expedition está o "encontro fortuito", cujos atributos não podem ser confundidos, nem justificam convolações pelo critério do resultado. É que a declaração da validade da prova oriunda de "encontro fortuito", isso é, aquela cuja obtenção é diversa da finalidade inicial ou declarada da busca, subordina-se no processo penal de forma ampla.

---

[2] SILVA, V. G.; SILVA, P. B. Melo e; ROSA, A. M. *Fishing expedition e encontro fortuito na busca e na apreensão um dilema oculto no processo penal*. 2. ed. Florianópolis: Emais, 2022. p. 13.

Tal situação, como já mencionado, ganha contornos reais no âmbito do Direito Administrativo Sancionador, em que a instauração de inquérito civil, de sindicância patrimonial, ou a instauração de processo disciplinar também podem ser afetadas pela pescaria probatória, que a todo custo se "esforça" em seu ilegal objetivo especulativo.

Essa contaminação da produção da prova, realizada sob o manto da pescaria probatória, comprometerá o ajuizamento de uma futura ação de improbidade administrativa, ante a teoria do fruto da árvore envenenada, em face da violação de direitos e garantias dos investigados e da ilicitude da produção da prova, apesar de sua aparente legalidade.

Busca-se na produção da prova especulativa fazer valer acusações contra agentes públicos, com o objetivo de subsidiar denúncias vagas e inconclusivas.

Cria-se uma falsa aparência da prática de um delito na tentativa de promover uma devassa na vida do agente público, produzindo provas e evidências que possam legitimar a indevida persecução estatal, fazendo nascer teoria do fruto da árvore envenenada.

A teoria dos frutos da árvore envenenada surgiu no direito norte-americano, estabelecendo que toda prova produzida em consequência de uma descoberta obtida por meio ilícito, como uma busca ilegal, de uma quebra de sigilo de dados etc., estará contaminada pela ilicitude, considerando ilícito por derivação.

Não vale tudo na persecução estatal, sendo certo que a prova deve ser legitimamente produzida ante a demonstração de uma justa causa capaz de referendá-la. É preciso fazer valer o respeito às garantias fundamentais dos investigados como baliza de validade dos atos a serem praticados pelo poder público.

Sendo o investigado detentor de direitos e garantias fundamentais, estes devem ser observados na persecução penal, disciplinar, administrativa e cível, sob pena de nulidade dos atos praticados pelo poder público.

Deve o princípio da dignidade da pessoa humana servir de matriz hermenêutica em todas as esferas do direito sancionador estatal, como garantia de preservação na busca do fato tido como ilícito, respeitando, antes de mais nada, o agente público como cidadão e como detentor de direitos e de garantias.

O devido processo legal, sem modulação, assegura ao investigado que o procedimento investigatório será concretizado dentro de um *fair play*, sem a produção de artifícios ou de pescaria probatória, evitando-se que a todo custo possa ser encontrado algo que "legitime" a devassa a ser perpetrada contra o agente público no afã de se encontrar a prática de um ilícito funcional, até então não conhecido.

O investigado/acusado não pode ser vítima de padrão ilícito de investigação, que a todo custo busca encontrar algo que justifique a vagueza da imputação, visando à criação de provas que possam servir ao fim colimado do poder público, de encontrar algo que seja útil a um possível decreto demissório do agente público ou de uma ação natimorta, produzida sob o talante da falsa aparência da prática de um delito funcional.

Francesco Carnelutti[3] já advertia:

> O acusado sente ter a aversão de muita gente contra si, algumas vezes, nas causas mais graves, lhe parece que esteja contra ele o mundo. Não raramente, quando o transportam para audiência, é recebido pela multidão em caso de imprecações, não raramente explodem contra ele atos de violência, contra os quais não é fácil protegê-los.

---

[3] CARNELUTTI, F. *As misérias do processo penal*. 2. ed. atual. por Antônio Cardinalli. São Paulo: Bookseller, 2002. p. 26.

É preciso ter em mente que o Direito Administrativo Sancionador dota o investigado/acusado de direitos e de garantias constitucionais que impedem a concretização de uma tirania investigatória, aquela que a todo custo tenta encontrar algo que justifique a persecução investigatória estatal.

O órgão que investiga não pode ser um tirano, deve se lastrear em uma causa justa, respeitando o plasmado constitucional que impede que sejam praticados atos ilegais e produzidas provas ilícitas contra aquele que não deu azo para a persecução investigatória estatal.

Ademais, é inadmissível que o Estado, por meio de seus órgãos de investigação, de acusação e de julgamento, relativize a efetividade dos direitos e garantias do acusado, visto que somente a justa causa é que autoriza a instauração do processo investigatório.

O primado da Constituição é inegociável e, por pior que seja a acusação, a investigação, o processo e o julgamento devem ser assentados em premissas válidas pelo prisma da legalidade, não se admitindo que se decote do acusado a efetividade de seus direitos e garantias.

Por essa razão, é inadmissível a *fishing expedition* no direito sancionador, porquanto, em primeiro lugar, violam-se as garantias constitucionais do agente público/ investigado para posteriormente se buscar justificar, caso verificada a existência de crime ou de ilícito funcional, a devassa aos direitos individuais do investigado/acusado. Nesse sentido, configura-se uma incursão investigatória ilegal e desumana, que a todo custo devassa a vida funcional do agente público como forma de encontrar algo que possa embasar suspeitas ou suposições até então inexistentes.

Por esse ângulo, a investigação disciplinar ou criminal tem sido confrontada, na atualidade, com a prática de *fishing*, conceituada como a investigação especulativa indiscriminada, sem objetivo certo ou declarado, que se esforça em "pescar" qualquer prova para amparar uma futura acusação.

Assim, a pescaria probatória é uma investigação prévia, realizada de forma ampla e genérica, com uma falsa ou insubsistente motivação, com a finalidade de coletar evidências sobre a prática de futuros delitos.

Essa situação não é apenas verificada na esfera criminal, com deferimento de medidas cautelares de busca e apreensão ou de afastamento do segredo bancário e fiscal, mas também ocorre em investigações levadas a efeito em inquérito civil, em que a falta de objeto ou a ausência de justa causa para a instauração do aludido procedimento administrativo faz com que o condutor da investigação a desvie ante o não resultado positivo, para transformá-lo em "pescaria" de provas, para um futuro ajuizamento de ação de improbidade administrativa, que pode acontecer por vários motivos (enriquecimento ilícito, prejuízo ao erário ou violação aos princípios da boa administração pública).

Tal possibilidade também se insere no campo da competência disciplinar, em que a Administração Pública somente deve instaurar o processo disciplinar quando evidenciados fortes indícios de autoria da prática de ilícito funcional e de materialidade deste. Essa é a regra de validade do ato administrativo sancionador que preconiza um juízo preliminar de viabilidade jurídica, a qual deve ser tida como um dogma, capaz de impedir que seja devassada a vida do agente público por motivo fútil, ou desprovida de qualquer base empírica ou legal que possa justificar a atividade persecutória.

Até mesmo a instauração de uma sindicância prescinde de justa causa, pois não se pode devassar ou investigar a vida de agentes públicos ou pessoas de forma aleatória ou arbitrária.

A instauração de inquérito civil, de processo disciplinar ou ajuizamento de ação de improbidade administrativa deve ser precedida de causas legítimas, não ser fruto de "pescarias" probatórias ou respaldada por falsas imputações.

Antes de mais nada, vigora no Direito Sancionador Administrativo o *fair play*.

II Conclusão

A aplicação e a compreensão da *fishing expedition*, inicialmente identificada no ambiente do processo penal brasileiro, também são utilizadas com frequência no âmbito do Direito Administrativo Sancionador.

Aliás, arriscaria afirmar que o Direito Administrativo Sancionador, por possuir comandos legais mais abertos do que o Direito Penal, possibilita, com maior frequência, a utilização massificada da *fishing expedition*.

Por essa razão, a presente obra buscou trazer prontos de reflexão sobre os atuais abusos do direito de investigação aleatória, aquela que busca em uma falsa aparência de legalidade encontrar algo contra o investigado para respaldar uma futura punição disciplinar, ou servir de base para a propositura de uma ação de improbidade administrativa.

Logo, se não tem prova indiciária da prática de um ilícito funcional, mas sim convicções e especulações sobre uma possível infração disciplinar, não há por que permitir uma devassa na vida do agente público.

A "incerteza própria das expedições de pesca, em que não se sabe, antecipadamente, se haverá peixe, nem os espécimes que podem ser fisgados, mas se tem 'convicção' (o agente não tem provas, mas tem convicção)",[4] deve ser coibida no Direito Administrativo Sancionador.

Essa prática da *fishing expedition* tem se mostrado cada vez mais frequente no âmbito do Direito Administrativo Sancionador, trazendo chagas de injustiças e possibilitando que investigações especulativas e preconceituosas se tornem uma triste realidade.

É manifesta a violação de garantias e de direitos fundamentais na realização das pescarias probatórias, cujas características podem ser exteriorizadas nas quebras, sem autorização judicial, de sigilos bancários, fiscal, telemático, bem como de outros dados sigilosos, cujas características podem ser identificadas nos mandados genéricos ou coletivos, nos posicionamentos vagos e inconclusivos dos órgãos correcionais ou ainda no comportamento oportunista, em que os limites e as finalidades não são respeitados pela autoridade pública responsável pela prática do ato.

---

[4] SILVA, P. B. Melo e. Fishing expedition: a pesca predatória por provas por parte dos órgãos de investigação. *Empório do Direito*, 2017. Disponível em: https:// emporiododireito.com.br/leitura/fishing-expedition-a-pesca-predatoria-por-provas-por-parte-dos-orgaos-de-investigacao. Acesso em: 20 jun. 2023.

A *fishing expedition* pode ser verificada tanto pela decisão judicial genérica ou com falta de fundamentação legal, ou pelo órgão persecutor, por meio da prática de atos especulativos e genéricos, com a finalidade única de encontrar algo contra o investigado.

É uma investigação especulativa indiscriminada, sem objetivo certo ou declarado, que de forma ampla e genérica devassará a vida do investigado, visando "pescar" qualquer prova para possibilitar uma futura acusação ou para tentar justificar a instauração de procedimento disciplinar a ser iniciada, ou já em curso, ou até mesmo de ação de improbidade administrativa, proposta sem qualquer sustentação jurídica.

É preciso uma reação forte da doutrina e da jurisprudência, que estão dando passos importantes na persecução criminal, em que autorizadas vozes se lançam contra o arbítrio do poder estatal.

Na esfera do Direito Administrativo Sancionador, é chegada a hora também de lançar trabalhos em prol da busca da normalidade jurídica de investigações e ações disciplinares/improbidade administrativa, que não podem ter em seu âmago a motivação da *fishing expedition* como fundamento de acusações ou meio de produção de prova especulativa, com a inconstitucional finalidade de quebra de sigilo de dados de agentes públicos tidos como ímprobos, sem qualquer indício ou base de prova antecedente que justifique tal suposição, sem autorização judicial.

Não resta dúvida de que o Direito Administrativo Sancionador, por possuir comandos mais abertos que o Direito Penal, merece uma vigilância mais frequente e intensa da doutrina e da jurisprudência quanto à impossibilidade de manter-se uma investigação/ação especulativa, movida por pescaria probatória.

Por essa razão, os cultores do Direito não podem mais se calar sobre relevante tema e devem sempre verificar se a produção da prova pelo órgão persecutor estatal é lícita ou é decorrente da prática da pescaria probatória.

Não se pode mais admitir investigações ou ações judiciais que partam dos desmandos ou dos excessos do órgão investigador, em detrimento da legalidade estrita, como forma de "justificar" a prática de atos que se desviam de sua finalidade com o único objetivo de punir o agente público a qualquer custo, mesmo que ausente a justa causa.

A autoridade pública responsável pela investigação disciplinar e o Ministério Público possuem o dever de balizar os seus atos investigatórios, respeitando o direito fundamental dos acusados, sendo-lhes defesa a *fishing expedition*, utilizada como forma de imposição de uma futura acusação, totalmente desarrazoada e insubsistente.

É chegada a hora de estancar tais posturas acusatórias, que devem atuar dentro "das quatro linhas", em verdadeiro *fair play*.

Rio de Janeiro, 01 de julho de 2024.

Referências

CARNELUTTI, F. *As misérias do processo penal*. 2. ed. atual. por Antônio Cardinalli. São Paulo: Bookseller, 2002.

SILVA, P. B. Melo e. Fishing expedition: a pesca predatória por provas por parte dos órgãos de investigação. *Empório do Direito*, 2017.

SILVA, V. G.; SILVA, P. B. Melo e; ROSA, A. M. *Fishing expedition e encontro fortuito na busca e na apreensão um dilema oculto no processo penal*. 2. ed. Florianópolis: Emais, 2022.

Informação bibliográfica deste texto, conforme a NBR 6023:2018 da Associação Brasileira de Normas Técnicas (ABNT):

MATTOS, Mauro Roberto Gomes de. Fishing expedition no Direito Administrativo Sancionador. *In*: JUSTEN, Monica Spezia; PEREIRA, Cesar; JUSTEN NETO, Marçal; JUSTEN, Lucas Spezia (coord.). *Uma visão humanista do Direito*: homenagem ao Professor Marçal Justen Filho. Belo Horizonte: Fórum, 2025. v. 1, p. 835-842. ISBN 978-65-5518-918-6.

O MINISTÉRIO PÚBLICO DE CONTAS JUNTO AO TCU (MPTCU) E A PROMOÇÃO DA SUSTENTABILIDADE AMBIENTAL – ATUAÇÃO, PERSPECTIVAS E DESAFIOS

PAULO SOARES BUGARIN

1 Introdução

A preservação do meio ambiente passou a ser, nas últimas décadas, um tema de grande destaque no contexto mundial. Os danos ambientais ultrapassam as fronteiras dos Estados nacionais e as mudanças climáticas decorrentes da ação humana são percebidas e sentidas globalmente. Assim, a reflexão sobre o meio ambiente e o desenvolvimento sustentável tornou-se imprescindível para que estratégias de mitigação dos danos fossem traçadas, visando à continuidade de todas as formas de vida no planeta Terra.

Em 2022, a Organização das Nações Unidas (ONU) reconheceu que o direito a um meio ambiente limpo, saudável e sustentável é um direito humano. O período de 2021 a 2030 foi estabelecido como a Década da ONU para a Restauração de Ecossistemas, cujo objetivo é prevenir, deter e reverter a degradação dos ecossistemas em todo o mundo.

No Brasil, o direito ao meio ambiente passa a ter *status* constitucional a partir da Constituição Federal de 1988 (CF/88), que reconhece, em seu art. 225, o direito fundamental ao meio ambiente ecologicamente equilibrado. Todos os cidadãos são titulares desse direito e, ao mesmo tempo, todos têm o dever de proteger o meio ambiente. Por ser de toda a coletividade, o direito ao meio ambiente ecologicamente equilibrado é um direito difuso. Assim, todos fazem jus a um mínimo existencial ecológico para que possam ter uma vida digna.

O Supremo Tribunal Federal (STF), à luz dos mandamentos constitucionais, vem construindo uma sólida jurisprudência que reconhece a importância do direito ao meio ambiente sadio. A Suprema Corte, na ADI nº 4.717/DF, reconheceu a existência do princípio da proibição de retrocesso socioambiental, que protege o núcleo essencial dos direitos socioambientais já conquistados e evita a redução dos patamares legais de proteção ambiental já estabelecidos.

A sustentabilidade também é um princípio constitucional no Brasil. A CF/88 determina que o desenvolvimento deve ser sustentável, ou seja, o progresso material está necessariamente condicionado pelo compromisso estatal e coletivo de garantir o bem-estar de todos. Dessa forma, o desenvolvimento que ameaça a sobrevivência e a existência digna dos seres vivos em longo prazo é insustentável.

O Programa das Nações Unidas para o Meio Ambiente – PNUMA estabeleceu, em 2015, a Agenda 2030 para o Desenvolvimento Sustentável, cujo objetivo é auxiliar os países a implementarem, de maneira integrada e equilibrada, as dimensões econômica, social e ambiental da sustentabilidade. A Agenda 2030 tem quatro princípios fundamentais: universalidade; integração; direitos humanos e igualdade; e inovação. Nesse contexto, o PNUMA também elaborou 17 Objetivos de Desenvolvimento Sustentável (ODS) buscando atingir as metas de erradicar a pobreza, de proteger o planeta e de garantir paz e prosperidade para todos.

Vê-se, portanto, que o conceito de sustentabilidade é multidimensional, sendo integrado pelas perspectivas social, ética, jurídico-política, econômica e ambiental. O desenvolvimento sustentável deve ser inclusivo socialmente, sensível às desigualdades, cooperativo, empático e solidário, concretizando, assim, a tutela do direito ao futuro.[1]

Dentro desse contexto, a atuação do Ministério Público junto ao Tribunal de Contas da União (MPTCU) visa avaliar e fiscalizar as ações ou omissões do Estado que não observem o ditame constitucional de garantir um meio ambiente equilibrado. Embora a Constituição, ao tratar do controle externo nos arts. 71 a 73, tenha lhe atribuído competências específicas, a norma constitucional também é clara ao atribuir ao Estado, como um todo, o encargo da defesa e da observância desse direito fundamental de terceira geração, o de um meio ambiente sustentável.

Cabe ressaltar que o texto constitucional determina que os principais biomas brasileiros devem ser considerados um patrimônio nacional. As atividades de controle externo, embora baseadas na fiscalização contábil, operacional e patrimonial da União, dos estados e dos municípios, estão relacionadas ao controle do patrimônio público. Portanto, faz sentido que esse controle tenha forte atuação no componente ambiental.

Numa análise sistêmica da Constituição, atestar a regularidade do uso dos recursos públicos passa também por identificar o respectivo impacto ambiental, aspecto que tem merecido intervenções por parte do MPTCU.

A atuação do MPTCU na preservação do meio ambiente e contra a mudança climática é um tema de crescente relevância, dada a urgência global em enfrentar os desafios ambientais e climáticos. O MPTCU, como órgão de controle externo, tem um papel fundamental na fiscalização da aplicação de recursos públicos, na promoção da legalidade, eficiência e eficácia da gestão ambiental, e na proteção do patrimônio público e do meio ambiente. Este papel é desempenhado por meio de diversas ações, que vão desde fiscalização de políticas públicas até a atuação em situações específicas de irregularidades ou ilegalidades que afetam o meio ambiente.

Nesse contexto, o MPTCU, em sua missão de fiscal da lei e da correta aplicação dos recursos públicos, vem atuando no controle externo da gestão ambiental de competência da União por meio de representações, que provocam a manifestação do

---

[1] FREITAS, Juarez. *Sustentabilidade*: direito ao futuro. 4. ed. Belo Horizonte, 2019. p. 61-85, cap. 2.

Tribunal sobre a irregularidade apontada, e de pareceres apresentados nos processos em andamento, participando da formação do convencimento dos ministros do TCU nas decisões prolatadas pelos órgãos colegiados.

Assim, para exemplificar o trabalho que o MPTCU tem feito nas pautas de meio ambiente e de sustentabilidade, foram selecionados alguns casos relevantes que tratam das matérias e que têm a atuação do Ministério Público, direta ou indiretamente. Ainda, será abordada a criação do Comitê de Sustentabilidade Socioambiental e Mudanças Climáticas do MPTCU, iniciativa inovadora que instituiu, em 2023, um grupo de trabalho formado por Procuradores de Contas para pensar ações sobre as referidas temáticas.

Antes, é preciso fazer uma breve apresentação e caracterização desta instituição secular, adjetivada pelo STF como especial.

2 O MPTCU: uma breve apresentação

O Ministério Público de Contas junto ao TCU é um órgão secular. O Decreto nº 1.166 de 1892, ao regulamentar a estrutura do TCU, previu, pela primeira vez, que deveria haver um representante do Ministério Público na composição da Corte. Portanto, o MPTCU, em sua origem, compunha o plenário do Tribunal, inclusive com direito a voto (art. 19 do Decreto nº 1.166/1892).

Em seguida, o Decreto nº 2.409 de 1896 dispôs que o Ministério Público seria representado perante o Tribunal de Contas por um bacharel ou doutor em Direito, o qual teria as atribuições de guardar a observância das leis fiscais e dos interesses da Fazenda Pública perante a Corte de Contas (arts. 80 e 81 do Decreto nº 2.409/1896).

A primeira Lei Orgânica do TCU, Lei nº 830/1949, em seu art. 3º, determinou que eram partes integrantes da organização do órgão e serviços autônomos: os auditores, o Ministério Público e a Secretaria. O art. 29 da Lei nº 830/1949 estabeleceu que o MPTCU tinha a função própria de atuar no interesse da Administração Pública, da Justiça e da Fazenda Pública.

A Constituição de 1967 foi a primeira a fazer uma discreta menção ao Ministério Público especial. Tanto na redação original quanto no texto modificado pela Emenda Constitucional nº 1/1969, é mencionada a competência do MPTCU para provocar uma manifestação da Corte de Contas quanto às ilegalidades detectadas.

Destaca-se que é a Constituição Federal de 1988 que institucionaliza de fato os Ministérios Públicos junto aos Tribunais de Contas, os quais passam a ser órgãos de estatura constitucional. O art. 73, §2º, I, da CF/88 determina a escolha de membros do MPTCU para o cargo de Ministro do TCU e o art. 130 da CF/88 prevê que aos membros do Ministério Público junto aos Tribunais de Contas aplicam-se os direitos, as vedações e a forma de investidura dos demais membros do Ministério Público.

Nessa esteira, foi publicada a atual Lei Orgânica do TCU, Lei nº 8.443/1992, que estabelece de forma expressa o funcionamento do Ministério Público junto ao TCU em seu art. 64. O Capítulo VI da Lei nº 8.443/1992, nos arts. 80 a 84, dispõe sobre a estrutura e a atividade do MPTCU.

Em 1994, o STF foi instado a deliberar sobre a integração ou não do MPTCU à estrutura do Ministério Público da União. Conforme decisão na ADI nº 789/DF, a egrégia Corte entendeu que o MPTCU não dispõe de fisionomia institucional própria, pois faz parte da "intimidade estrutural" da Corte de Contas, a qual tem a competência para instaurar o processo legislativo concernente à sua organização, à sua estruturação interna, à definição do seu quadro de pessoal e à criação dos cargos respectivos, estando tais matérias sujeitas ao domínio normativo da legislação ordinária, já que não se encontram dentro das hipóteses constitucionais reservadas ao regramento por meio de lei complementar.

Ademais, a Suprema Corte entendeu que o MPTCU é vinculado administrativamente à Corte de Contas e não integra a estrutura orgânica do Ministério Público da União, pois é um órgão cuja existência jurídica resulta de expressa previsão constitucional, sendo indiferente que não esteja presente no rol taxativo do art. 128, I, da CF/88. A atuação do MPTCU "se projeta num domínio institucional absolutamente *diverso* daquele em que se insere o Ministério Público da União" (ADI nº 789/DF – grifos no original), o que confere um caráter de especificidade ao órgão.

Nas palavras do relator, Ministro Celso de Mello:

> A análise do texto constitucional brasileiro permite concluir, a partir da explícita referência feita pelo art. 73, §2º, I, e pelo art. 130, que, hoje, não há como recusar a existência de um Ministério Público especial junto aos Tribunais de Contas, não obstante a ausência de menção a esse órgão estatal no rol descritivo constante do art. 128 da Carta Política. [...]

> Vê-se, pois, que o Ministério Público junto ao TCU, desde os primórdios da República, quando ainda se ensaiava o seu processo de institucionalização no direito positivo brasileiro, revelou-se peça essencial no desempenho das atividades fiscalizadoras e de controle atribuídas a essa alta Corte de Contas. [...]

> Impõe-se reconhecer, desse modo, que *existe* esse Ministério Público especial, cujas atividades funcionais, no entanto, acham-se restritas ao âmbito do Tribunal de Contas da União. *Por encontrar assento normativo no texto de nossa Carta Política, o Ministério Público especial não pode ser desconsiderado em sua inquestionável existência jurídica.* (ADI nº 789/DF, p. 258-259; 261, grifos no original)

A decisão do STF destaca, ainda, que as garantias de ordem subjetiva concedidas aos Procuradores de Contas são as mesmas dos membros do Ministério Público comum quanto aos direitos, às vedações e à forma de investidura no cargo. Isso porque tais garantias estão vocacionadas à proteção dos integrantes do Ministério Público no exercício de suas significativas funções junto aos Tribunais de Contas. Há uma salvaguarda constitucional das relações estabelecidas entre os membros do Ministério Público e as instituições perante as quais atuam, sendo resguardadas a independência e a imparcialidade.

Vê-se, portanto, que o projeto de um Ministério Público de Contas autônomo, desvinculado do Ministério Público comum, foi sendo implementado e fortificado ao longo do tempo, com o advento de diversos diplomas legais.

De acordo com os arts. 81 e 82 da Lei nº 8.443/1992, são competências do procurador-geral e, por delegação deste, dos subprocuradores-gerais e dos procuradores, entre outras: (i) promover a defesa da ordem jurídica, requerendo, perante o TCU as medidas de interesse da justiça, da administração e do Erário; e (ii) comparecer às sessões do Tribunal e dizer de direito, verbalmente ou por escrito, em todos os assuntos sujeitos à decisão do Tribunal.

Assim, cabe ao MPTCU, no exercício de suas competências legais, requerer ao TCU a adoção de medidas para apurar fatos ou atos que apresentem indícios de irregularidades, caracterizando-se como uma instituição essencial à jurisdição constitucional de contas. É dever do MPTCU assegurar a probidade da ordem jurídica, preservar e restaurar a moralidade das gestões, fortalecer o controle social da Administração Pública e manter a regularidade do exercício dos Poderes, empreendendo as medidas necessárias para garantir a defesa da ordem jurídica e do regime democrático.

3 Atuação do MPTCU: alguns casos relevantes

Neste tópico, são apresentados alguns exemplos dessa atuação, a qual não se restringe apenas ao tema ambiental *stricto sensu*, mas que alcança também o espectro da sustentabilidade em geral. Nessas iniciativas, nem sempre o MPTCU tem como foco apontar irregularidades, já que também busca contribuir para a melhoria das políticas públicas e da gestão como um todo.

Nessas iniciativas, é possível constatar de forma implícita o alcance do princípio da defesa do meio ambiente (art. 170, VI, da CF/88), que envolve garantir a proteção do direito fundamental de toda população a um meio ambiente ecologicamente equilibrado, essencial à sadia qualidade de vida, como previsto no art. 225, *caput*, da Constituição.

No âmbito do Direito Ambiental, há outros princípios que devem nortear a atuação de todos os cidadãos, em especial da Administração Pública, como os princípios do equilíbrio e do desenvolvimento sustentável, da precaução, da prevenção e da responsabilidade.

Os exemplos aqui trazidos não são exaurientes, pois a atuação do MPTCU é diuturna, já que as demandas relacionadas à sustentabilidade e ao meio ambiente estão na ordem do dia.

Com os trabalhos aqui selecionados, busca-se proporcionar uma visão dos diferentes temas que podem ser objeto de atuação do MPTCU. Para melhor contextualizar e facilitar futuras pesquisas, os exemplos colhidos serão referenciados pelo número do processo e do acórdão resultante quando envolverem situações já apreciadas, bem como serão destacados os achados e/ou encaminhamentos resultantes.

O primeiro caso que merece registro trata de representação apresentada recentemente pelo MPTCU apontando indícios de irregularidades na liberação de cargas de minério (manganês) em portos da Amazônia. A representação aponta suspeitas de que não foram observadas as normas de regência sobre a matéria, apontando a existência de graves falhas na atuação da Agência Nacional de Mineração – ANM. O valor das cargas foi avaliado em aproximadamente R$200 milhões.

A questão foi autuada no âmbito do TCU, com o número TC 009.997/2024-5, e se encontra em tramitação. A relevância do tema deve-se ao fato do grande impacto ambiental decorrente da exploração mineral da Amazônia. Falhas na fiscalização e na concessão de autorizações para exploração de minérios aumentam o risco de graves impactos ao meio ambiente, além das perdas materiais e financeiras envolvidas com o desvio dessas riquezas.

Outro caso, também relacionado a falhas na atuação da ANM, foi apresentado pelo MPTCU em 2021 (TC 044.701/2021-7). Na ocasião, foram identificadas irregularidades na emissão de permissões de lavra garimpeira – PLG. Foram apontados indícios do uso dessas permissões para declarar a extração de minérios de outras áreas, especialmente em terras indígenas e em unidades de conservação ambiental.

Foram também indicadas evidências de que a ANM desconhece o efetivo potencial das áreas concedidas e se efetivamente estão em operação. Também desconheceria a real produção dessas áreas, permitindo que altos volumes de minérios, especialmente de ouro, garimpados em outros locais de forma irregular e sem adoção de quaisquer controles ambientais, pudessem ser comercializados e legalizados indevidamente.

As falhas na atuação da ANM se revelariam, assim, um provável incentivo à exploração predatória da região, à poluição dos cursos d'água, ao desmatamento desenfreado, com aumento da criminalidade e da invasão de terras indígenas, impactando diretamente a vida dessas comunidades nos aspectos de segurança e da saúde. O processo ainda se encontra em tramitação.

A questão da mineração irregular na Amazônia é antiga. O Imazon, por exemplo, em 2013, estimou que apenas no Vale do Tapajós, no início da década de 1990, havia 245 garimpos que realizavam a remoção anual de aproximadamente 67 milhões de metros cúbicos de subsolo, com liberação de 12 toneladas de mercúrio na atmosfera.

A respeito disso, cita-se outra representação do MPTCU que apontou indiretamente um dos impactos sociais mais importantes decorrentes do garimpo ilegal, a piora da saúde dos indígenas. Autuado sob o número TC 010.478/2020-5, foi levado ao conhecimento do TCU que houve um aumento alarmante dos índices da mortalidade infantil indígena no decorrer de mais de uma década. Nesse trabalho, o MPTCU defendeu haver fortes indícios de falhas na atuação dos órgãos de saúde, em especial do Subsistema de Atenção à Saúde Indígena, e na Política Nacional de Atenção à Saúde dos Povos Indígenas – PNSASPI.

Num primeiro momento, o TCU, por meio do Acórdão nº 1.903/2021-Plenário, determinou que:

> 1.7.1. nos termos do art. 8º da Resolução TCU 315/2020, fazer constar, na ata da presente sessão, comunicação do relator ao colegiado no sentido de determinar a Secretaria de Controle Externo da Saúde (SecexSaúde) que, quando oportuno, com fulcro no art. 238 do RITCU, realize Levantamento com a finalidade de avaliar a viabilidade da realização de auditoria acerca da atuação da Secretaria Especial de Saúde Indígena (Sesai) e dos Distritos Sanitários Indígenas (Dsei) indicados nesta representação, com vistas a reduzir a taxa de mortalidade infantil indígena no país; [...].

Sabe-se que, a partir de 2020 até meados de 2022, o mundo foi acometido pela pandemia da Covid-19, a qual atingiu gravemente toda a população, com significativo impacto na saúde indígena.

Dentro desse contexto, o trabalho proposto acima foi direcionado para identificar as ações adotadas pelo governo federal no enfrentamento da pandemia em relação aos indígenas.

A auditoria com esse escopo mais amplo abordou ações de enfrentamento da Covid-19, execução orçamentária, aspectos de gestão, mas também tratou da mortalidade infantil, agora de forma restrita à etnia Yanomami, gravemente atingida pela pandemia.

O trabalho confirmou o impacto negativo do garimpo, não apenas ao meio ambiente, mas sobretudo à saúde indígena. Constatou-se o fechamento de unidades de saúde na região, especialmente as localizadas nas reservas indígenas. Com isso, houve um aumento de doenças evitáveis e da insegurança alimentar, com o consequente aumento da mortalidade infantil, dentre outras consequências.

A auditoria realizada (TC 039.729/2021-4) resultou no Acórdão nº 2.467/2023-Plenário. Dentre os achados, destacam-se os dados do monitoramento mantido pela Secretaria Especial de Saúde Indígena – Sesai relativamente aos dados de Doenças Diarreicas Agudas – DDA coletados em todos os 34 Distritos Sanitários Especiais Indígenas – DSEIs. Verificou-se que, desde 2013, o DSEI Yanomami sempre figurou entre o primeiro ou o segundo distrito com maior número de casos, tendo como mais atingidas as crianças com até cinco anos de idade.

Além dessa atuação em que se buscou não apenas uma abordagem ambiental, mas também social, destaca-se outro trabalho, já com foco no direcionamento regular de linhas de crédito de bancos estatais. O MPTCU propôs ao Tribunal que atuasse na avaliação de linhas de crédito que estariam inadvertidamente apoiando empresas que descumprem regras ambientais.

Essa atuação envolveu o pedido para que houvesse a verificação da regularidade na concessão de empréstimos do BNDES para compra de máquinas agrícolas. Essa linha de crédito imprudentemente beneficiou produtores envolvidos com o desmatamento na Amazônia, em desacordo com as normas do próprio banco (BNDES) e do Banco Central do Brasil (TC 002.279/2022-3).

Como agravante, esses produtores ainda tinham dívidas junto ao Ibama e embargos ambientais em razão de desmatamentos ilegais. Tais informações não eram cotejadas pelos agentes financeiros parceiros do BNDES, levando à liberação de recursos.

O trabalho realizado resultou no Acórdão nº 928/2023-Plenário, do qual destacam-se os seguintes encaminhamentos:

> 9.3. dar ciência ao BNDES, com vistas à adoção de medidas para evitar a repetição, de que a homologação de operações de crédito sem a verificação da inexistência de embargos vigentes de uso econômico de áreas desmatadas ilegalmente no imóvel constitui infração ao inciso I da alínea "c" da Seção 2 do Capítulo 11 do Manual de Crédito Rural;
>
> 9.4. determinar ao BNDES que, por ocasião do envio do próximo relatório de gestão, informe sobre as medidas adotadas para mitigar a fragilidade indicada no subitem 9.3 retro, bem como acerca do andamento das 32 operações de crédito rural listadas no apenso da instrução de peça 52 deste processo; [...].

O BNDES reconheceu as falhas e aprimorou os seus controles, com o objetivo de impedir que desmatadores ilegais se beneficiassem das linhas de crédito do banco. Das 32 operações avaliadas, o BNDES informou que em 12 foram identificados imóveis com embargos do Ibama, o que levou ao vencimento antecipado das operações, conforme indicado no acórdão que concluiu monitoramento sobre o caso (Acórdão nº 1.826/2023-Plenário).

Continuando, a respeito da temática relativa à avaliação da regular aplicação dos recursos públicos na proteção do meio ambiente, destacam-se duas representações do MPTCU envolvendo o uso dos recursos do Fundo da Amazônia.

A primeira deu origem ao TC 010.801/2022-7, que ainda se encontra em tramitação. Neste processo, foi requerida a apuração de eventuais prejuízos às políticas de preservação ambiental, em razão da perda das contribuições financeiras ao Fundo e da paralisação na aplicação dos recursos já aportados.

A segunda, TC 012.752/2019-3, resultou no Acórdão nº 2.169/2020-2ª Câmara. A representação pediu que fossem apuradas a atuação dos órgãos ambientais na prevenção do desmatamento ilegal; a sistemática adotada para a liberação do uso de agrotóxicos em desconformidade com as normas vigentes; e as denúncias propaladas pelo próprio Ministro do Meio Ambiente, à época, de que havia irregularidades nos contratos executados com *funding* do Fundo da Amazônia.

O acórdão supracitado determinou que o feito fosse apensado ao TC 020.974/2019-1, para análise em conjunto. Este versava sobre solicitação da Comissão de Transparência, Governança, Fiscalização e Controle e Defesa do Consumidor do Senado, com vistas a realizar auditoria no Fundo da Amazônia.

A ampla verificação da gestão do Fundo confirmou as conclusões já alcançadas pelo TCU em auditoria anterior, de que não foram identificados indícios de irregularidades graves na gestão dos recursos pelo BNDES (Acórdão nº 1.107/2023-Plenário).

No entanto, o trabalho resultou em recomendações com vistas a aprimorar o processo de concessão e de controle das operações de crédito pelo BNDES. Este é mais um exemplo de como o MPTCU, por meio de sua atuação, pode suscitar o aprofundamento de denúncias e contribuir para melhoria da gestão pública.

Outro caso refere-se ao impacto ambiental causado pela exploração de minério que atingiu a cidade de Maceió em Alagoas. Os conhecidos problemas decorrentes da extração de sal-gema datam desde a década de 1970, como também os seus impactos. Foi autuado sob o número TC 039.695/2023-9.

Embora envolvesse um ente federado, por se tratar de recursos minerais que pertencem à União, a verificação das responsabilidades dos danos, bem como a identificação de possíveis responsáveis, poderia ser feita pelo TCU dentro de suas competências.

No pedido, o MPTCU apontou para a necessidade de investigar a atuação de todos os órgãos federais cujas competências tivessem relação com o colapso das minas de propriedade da empresa Braskem.

O *Parquet* ponderou que, a despeito de o assunto afetar de forma mais evidente interesses municipais e estaduais, a competência fiscalizatória do TCU seria atraída tanto pela participação acionária relevante da Petrobras na Braskem, quanto pela titularidade dos recursos minerais, cuja lavra depende de outorga federal. Requereu, ainda, a apuração de possível negligência por parte de servidores federais e de empregados da Petrobras, como também a verificação de até que ponto isso contribuiu como causa do desastre ambiental em curso.

O caso foi apensado ao TC 008.851/2023-9, que trata de representação apresentada pelo Poder Legislativo sobre a mesma temática. Numa análise inicial, o Relator do feito, Ministro Aroldo Cedraz, ressaltou que, independentemente da existência de acordo judicial em negociação, tal fato não era empecilho para que o TCU aplicasse as devidas sanções aos responsáveis e que os valores eventualmente já destinados pela compensação dos danos ambientais e materiais poderiam ser abatidos do valor do dano que viesse a ser apurado pelo TCU.

O processo encontra-se em fase de solicitação de manifestação dos envolvidos, cujas respostas ainda serão analisadas pela área técnica do TCU.

Por fim, dessa lista não exaustiva, destaco a atuação do MPTCU em duas situações envolvendo catástrofes climáticas. Uma, relativa à avaliação das obras de prevenção de desastres decorrentes de chuvas no município do Rio de Janeiro e outra neste ano de 2024, no acompanhamento das ações de socorro ao Estado do Rio Grande do Sul, em razão das graves inundações que atingiram, de forma inédita, 400 municípios gaúchos, configurando a maior tragédia climática de nosso país.

Na primeira, o MPTCU requereu ao Tribunal que adotasse medidas visando conhecer e avaliar o uso dado aos recursos federais transferidos e colocados à disposição do município carioca, com o objetivo de executar obras e serviços que evitassem ou minimizassem os desastres causados pelas chuvas (TC 007.840/2019-5).

A representação foi juntada à fiscalização dessas ações, concretizada por meio de uma auditoria integrada de obras de prevenção a desastres decorrentes de chuvas (TC 037.784/2019-6), que resultou nos acórdãos nºs 1.936/2021 e 547/2023, ambos do Plenário.

Muitas das obras estavam incluídas no PAC2 e tratavam da contenção de encostas e da remoção de moradias em áreas de risco. Foram identificadas graves falhas na governança dos recursos, baixa execução das obras, ausência de boas práticas de gestão e irregularidades nas licitações.

Os recursos eram repassados por meio de termos de compromisso, via Caixa Econômica Federal, e tinham como origem o orçamento do Ministério do Desenvolvimento Regional – MDR.

Diante disso, no parecer acostado aos autos do TC 037.784/2019-6, o MPTCU:

a) propôs a cientificação das impropriedades e ineficiências às instâncias de controle locais, como Tribunal de Contas do Município do Rio de Janeiro, Ministério Público Estadual e Câmara de Vereadores;

b) sugeriu o exame da atuação da mandatária da União e do ministério titular dos recursos repassados e gestor da política nacional voltada à prevenção de desastres;

c) entendeu necessária uma investigação de maior profundidade da conformidade das prorrogações e as reprogramações dos termos de compromisso fiscalizados; e

d) ressaltou que as ações apoiadas pelos termos de compromisso auditados são de extrema relevância e, preferencialmente, devem ser finalizadas. No entanto, a permanência de uma situação de incerteza quanto à possibilidade efetiva de atingimento dos objetivos em nada contribui para o sucesso da política pública. Ao contrário, mantém imobilizada uma dotação orçamentária que poderia ser dirigida para ações de maior efetividade. Por esse motivo, a alternativa de rescisão dos contratos de repasse merece ser considerada.

A segunda situação envolvendo desastres naturais refere-se às consequências das fortes chuvas que acometeram o Estado do Rio Grande do Sul, entre o final de abril e início de maio de 2024.

Como é de conhecimento geral, ante a ampla cobertura realizada pela imprensa, os prejuízos causados foram imensuráveis, logo surgindo a necessidade de que a União atuasse no socorro do estado, da população e das empresas atingidas.

Em vista disso, o MPTCU representou ao TCU para que, de forma preventiva e em parceria com o Tribunal de Contas do Rio Grande Sul, atuasse no acompanhamento da aplicação dos recursos emergenciais que serão liberados para garantir que a aplicação ocorra dentro das suas finalidades. Além disso, sugeriu que sejam identificadas medidas que ajudem, no futuro, o enfrentamento de desastres naturais, bem como na identificação dos fatores que eventualmente contribuíram para o agravamento da crise climática, inédita no estado. Ainda não há deliberação sobre a matéria, que está sendo tratada no TC 008.607/2024-9.

Cabe destacar que poucos dias depois, na sessão plenária de 8.5.2024, o presidente do TCU, Ministro Bruno Dantas, anunciou a criação do Programa Recupera Rio Grande do Sul para acompanhamento das ações de reestruturação do estado. O Tribunal autuou três processos com essa finalidade: o primeiro vai analisar as contratações em geral e as obras de infraestrutura (TC 008.817/2024-3); o segundo vai avaliar a conformidade das medidas adotadas pelo governo federal às normas de finanças públicas e seus impactos fiscais (TC 008.813/2024-8); e o terceiro tratará dos recursos aplicados para as atividades de Defesa Civil (TC 008.848/2024-6).

É inequívoco que o tema da sustentabilidade e do enfrentamento à mudança climática tem, no momento atual, relevância ímpar, já que faz parte da ordem mundial na busca pela máxima eficiência na governança ambiental, por conta dos compromissos assumidos pelas nações em diferentes tratados e acordos.

No Brasil, um país que está sendo duramente afetado pelas mudanças climáticas, a sociedade como um todo, o Estado e, em especial, suas instituições precisam considerar o aspecto ambiental como prioritário e essencial ante os grandes desafios que se têm apresentado.

4 O Comitê de Sustentabilidade Socioambiental e Mudanças Climáticas do MPTCU e os desafios atuais

Atento às discussões sobre meio ambiente e sustentabilidade, o MPTCU criou, em 2023, o Comitê de Sustentabilidade Socioambiental e Mudanças Climáticas, por meio da Portaria-MP/TCU nº 13, de 15.12.2023, o qual é presidido pelo Subprocurador-Geral Paulo Soares Bugarin e composto pelos procuradores Júlio Marcelo de Oliveira, Sérgio Ricardo Costa Caribé e Rodrigo Medeiros de Lima.

O Comitê foi instituído com o objetivo de discutir e de mapear oportunidades de atuação dos membros do MPTCU, dentro de suas atribuições legais, em face dos processos e ações de fiscalização pertinentes à temática já em curso no Tribunal ou inseridos no respectivo plano de controle externo.

A criação deste grupo de trabalho tem como pressuposto o mandato constitucional do Ministério Público de defesa da ordem jurídica, do regime democrático e dos interesses sociais e individuais indisponíveis, conforme o art. 127, *caput*, da CF/88. Assim, o MPTCU pode contribuir de forma relevante nas matérias de meio ambiente e de sustentabilidade por meio de sua intervenção como *custos legis* nos processos em curso no TCU e por meio de representações que instam o Tribunal a decidir sobre a questão apresentada.

A crise climática impõe a conjugação de esforços entre diversos órgãos estatais, em suas respectivas áreas de competência, para direta ou indiretamente contribuírem para a eficácia, a eficiência e a efetividade das ações de mitigação e de adaptação às mudanças do clima.

Vale destacar que, na qualidade de presidente da Organização Internacional de Instituições Superiores de Controle (Intosai), o TCU propôs a implantação do programa global *Climate Scanner*, com o objetivo de que as Instituições Superiores de Controle (ISC) ao redor do mundo promovam e participem da avaliação de como os respectivos países estão atuando no enfrentamento aos efeitos da mudança climática. Esta inovadora atividade está sendo conduzida no âmbito do Grupo de Trabalho de Auditoria Ambiental da Intosai (Intosai WGEA), e tem a finalidade de reunir e de disseminar informações confiáveis e internacionalmente comparáveis a respeito dos esforços dos diferentes Estados nacionais quanto às políticas e às ações governamentais em matéria climática.

Nesse amplo contexto, o Comitê elaborou e divulgou o seu plano de trabalho para o ano de 2024 com os seguintes objetivos: (i) ampliar o conhecimento dos membros do comitê e do MPTCU como um todo na temática de Sustentabilidade Socioambiental e Mudanças Climáticas; (ii) identificar oportunidades de atuação; e (iii) qualificar as intervenções do *Parquet* nos processos pertinentes perante o TCU, com o objetivo de melhor contribuir para o exercício do controle externo da Administração Pública e, consequentemente, para a efetividade das ações e das políticas públicas.

A partir do início do ano, os membros do Comitê passaram a colocar em prática as ações sugeridas no plano de trabalho. Foram designadas pessoas por cada gabinete de membro do Comitê para apoio às suas atividades e para a execução de tarefas que o auxiliem a atingir as metas propostas. Portanto, estão em curso as ações de compilar e disseminar conhecimento na temática, de monitorar processos sobre o assunto em tramitação no TCU, de acompanhar a jurisprudência dos Tribunais Superiores, em especial do STF, de buscar aproximação com o Ministério Público Federal para articular atuações complementares, de identificar oportunidades de capacitação e troca de experiências na matéria e de compilar as atuações processuais do MPTCU no tema, por meio de representações e pareceres.

Para direcionar o trabalho do Comitê, foram selecionados temas de especial relevância para acompanhamento: títulos soberanos sustentáveis; crédito rural; terras públicas; compras públicas sustentáveis; logística reversa na Política Nacional de Resíduos Sólidos; corrupção e crime ambiental; concessões florestais; Fundo Nacional sobre Mudança do Clima e Fundo Amazônia; economia verde; Acordo de Paris; proteção da cobertura vegetal; gestão de riscos e de desastres; energias renováveis; mobilidade urbana sustentável; ciência e tecnologia voltadas à sustentabilidade; segurança hídrica e saneamento; política indigenista e terras indígenas; e Plano Plurianual (PPA) de 2024 a 2027.

Também é da alçada do Comitê o acompanhamento das participações dos membros do MPTCU em cursos, eventos, fóruns e reuniões interinstitucionais sobre as pautas de sustentabilidade socioambiental e de mudanças climáticas. O grupo está empenhado em contribuir de forma mais contundente para o papel indutor e transformador do controle externo no âmbito da política ambiental e climática.

A atuação do Comitê está pautada nos mandamentos constitucionais que tutelam o direito fundamental ao meio ambiente ecologicamente equilibrado, mas também nos compromissos internacionais assumidos pelo Brasil. O STF, na ADPF nº 708, reconheceu que os tratados sobre direito ambiental constituem espécie do gênero tratados de direitos humanos e, devido a isso, desfrutarão de *status* supralegal ou serão equivalentes às emendas constitucionais, caso sejam incorporados ao ordenamento jurídico interno com base no art. 5º, §2º ou §3º, da CF/88, respectivamente.

5 Conclusão, perspectivas e desafios

Há mais de cem anos contribuindo para o controle externo da administração pública federal como fiscal da lei, o MPTCU tem sido um órgão essencial nas atividades de fiscalização e de controle atribuídas ao TCU.

A atuação do MPTCU vai além da apuração de eventual prejuízo financeiro ou material; são avaliados aspectos mais amplos, como o respeito aos princípios da eficiência, da economicidade, da efetividade, da igualdade e da dignidade da pessoa humana. Tem como missão o cumprimento da Constituição e das leis, identificando oportunidades de melhoria da ação estatal e disseminando boas práticas.

Nesse contexto, o MPTCU tem participado do controle externo da gestão ambiental federal, por meio de uma atuação processual na qual apresenta representações e pareceres, zelando pelo devido uso dos recursos financeiros e ambientais.

Os casos apresentados demonstram como o MPTCU tem desempenhado sua relevante função de defender o direito fundamental ao meio ambiente ecologicamente equilibrado e de garantir a efetivação do princípio do desenvolvimento sustentável, em atuação afinada com o entendimento da Suprema Corte que veda o retrocesso socioambiental.

O advento do Comitê de Sustentabilidade Socioambiental e Mudanças Climáticas do MPTCU mostra-se em harmonia com os desafios contemporâneos, já que o meio ambiente é essencial para a qualidade de vida de todos e a preservação dos ecossistemas impacta diretamente na tentativa coletiva de frear as consequências climáticas negativas que estão ocorrendo.

O Brasil enfrenta inúmeros desafios na área de meio ambiente e de sustentabilidade, dos quais se destacam: preservação dos ecossistemas e restauração de áreas desmatadas ilegalmente; adaptação às mudanças climáticas; identificação de possíveis desastres climáticos e sua prevenção; reconstrução ambientalmente planejada das cidades que porventura já foram atingidas por catástrofes; e redução da emissão dos gases do efeito estufa, que causam o aquecimento global.

A ideia de sustentabilidade ou de desenvolvimento sustentável impõe uma mudança global de paradigma, promovendo, em essência, o direito fundamental ao bem-estar socioambiental coletivo, no presente e no futuro.

Em síntese, podem-se enumerar as seguintes perspectivas/possibilidades da atuação do MPTCU:

– Fiscalização de políticas públicas ambientais: uma das principais perspectivas de atuação do MPTCU é a fiscalização da implementação de políticas públicas voltadas para a preservação do meio ambiente e o combate à mudança climática. Isso inclui a análise da eficácia de programas governamentais, a alocação de recursos para ações ambientais, e a verificação do cumprimento de normas e compromissos internacionais assumidos pelo Brasil.

- Promoção da sustentabilidade nas contratações públicas: o MPTCU pode atuar na promoção de práticas sustentáveis nas contratações públicas, incentivando a adoção de critérios ambientais nas licitações e contratos realizados pela Administração Pública. Isso contribui para a redução do impacto ambiental das atividades governamentais e fomenta o mercado de produtos e serviços sustentáveis.
- Combate à corrupção e à má gestão ambiental: a atuação do MPTCU no combate à corrupção e à má gestão de recursos públicos destinados ao meio ambiente é crucial para garantir que os investimentos na área ambiental sejam efetivamente aplicados e gerem os resultados esperados.
- Educação e conscientização: o MPTCU pode desempenhar um papel importante na educação e conscientização de gestores públicos e da sociedade sobre a importância da preservação ambiental e do combate à mudança climática, promovendo boas práticas e a adoção de medidas sustentáveis.

Pode-se, por fim, destacar como alguns dos principais desafios da Atuação do MPTCU:

- Complexidade dos problemas ambientais: os problemas ambientais e climáticos são complexos e multifacetados, exigindo uma abordagem interdisciplinar e a cooperação entre diferentes órgãos e entidades. Isso representa um desafio para o MPTCU, que precisa articular suas ações com outros órgãos de controle e entidades governamentais e não governamentais.
- Limitações de recursos: a fiscalização ambiental e a atuação contra a mudança climática demandam recursos técnicos, financeiros e humanos especializados. A limitação desses recursos pode restringir a capacidade de atuação do MPTCU.
- Pressões políticas e econômicas: a atuação do MPTCU na área ambiental pode enfrentar resistências devido a interesses políticos e econômicos contrários às medidas de preservação ambiental e combate à mudança climática. Isso requer do MPTCU uma postura firme e independente em suas ações.
- Necessidade de atualização e inovação: o cenário ambiental e climático está em constante evolução, o que exige do MPTCU uma atualização contínua e a busca por inovações em suas metodologias de fiscalização e atuação.

Em suma, a atuação do MPTCU na preservação do meio ambiente e contra a mudança climática é marcada por importantes perspectivas e desafios. A eficácia dessa atuação depende da capacidade do órgão de superar as dificuldades apresentadas, contribuindo para a promoção de uma gestão pública ambiental eficiente, transparente e sustentável.

Referências

FREITAS, Juarez. *Sustentabilidade*: direito ao futuro. 4. ed. Belo Horizonte, 2019.

INSTITUTO DO HOMEM E MEIO AMBIENTE DA AMAZÔNIA – IMAZON. *Impactos da Garimpagem de Ouro na Amazônia*, n. 2, 2013. Disponível em: https://imazon.org.br/impactos-da-garimpagem-de-ouro-na-amazonia-n-2/. Acesso em: 7 jun. 2024.

ORGANIZAÇÃO DAS NAÇÕES UNIDAS. *Objetivos de desenvolvimento sustentável.* Disponível em: https://brasil.un.org/pt-br/sdgs. Acesso em: 20 maio 2024.

PROGRAMA DAS NAÇÕES UNIDAS PARA O MEIO AMBIENTE. *Contabilidade Ambiental*: As contas econômicas ambientais e seu papel nas auditorias sobre biodiversidade e outros tópicos de meio ambiente e sustentabilidade. 2021. *E-book.*

Informação bibliográfica deste texto, conforme a NBR 6023:2018 da Associação Brasileira de Normas Técnicas (ABNT):

BUGARIN, Paulo Soares. O Ministério Público de Contas junto ao TCU (MPTCU) e a promoção da sustentabilidade ambiental – Atuação, perspectivas e desafios. *In*: JUSTEN, Monica Spezia; PEREIRA, Cesar; JUSTEN NETO, Marçal; JUSTEN, Lucas Spezia (coord.). *Uma visão humanista do Direito*: homenagem ao Professor Marçal Justen Filho. Belo Horizonte: Fórum, 2025. v. 1, p. 843-856. ISBN 978-65-5518-918-6.

LIMITES DA COISA JULGADA À LUZ DO NOVO REGIME LEGISLATIVO DE IMPROBIDADE ADMINISTRATIVA

PAULO HENRIQUE DOS SANTOS LUCON

1 Introdução

O presente estudo objetiva analisar o fenômeno da coisa julgada aplicada ao âmbito da improbidade administrativa, considerando as diversas atualizações que o tema vem sofrendo nos últimos anos. No contexto dos limites objetivos, subjetivos e temporais da coisa julgada, será dada ênfase aos aspectos temporais e objetivos no campo dos processos relativos à improbidade administrativa.

Para isso, o presente estudo versará sobre: (i) alguns aspectos gerais da disciplina da coisa julgada na lei, a fim de estabelecer algumas premissas para o estudo; (ii) a disciplina geral da improbidade administrativa na Lei nº 8.492/1992 considerando as modificações promovidas pela Lei nº 14.230/2021; e (iii) os limites objetivos e temporais da coisa julgada aplicados aos temas de improbidade administrativa, realizando-se a análise de decisões dos tribunais superiores no âmbito da improbidade administrativa, que tenham por objeto a aplicação do instituto da coisa julgada aos casos.

2 O instituto da coisa julgada como elemento fundamental do processo

A coisa julgada é um fenômeno processual com fundamento no art. 5, inc. XXXVI, da Constituição Federal, que determina que "a lei não prejudicará o direito adquirido, o ato jurídico perfeito e a coisa julgada". A coisa julgada decorre da segurança jurídica, que se encontra na relativa certeza de que relações estabelecidas ou realizadas sob a vigência de uma norma perdurarão ainda que determinada norma seja substituída.[1] Nessa esteira, o instituto da coisa julgada é um dos instrumentos basilares do direito processual para garantir estabilidade e previsibilidade ao sistema jurídico brasileiro.[2]

---

[1] SILVA, José Afonso da. *Curso de direito constitucional positivo*. 45. ed. São Paulo: JusPodivm, 2024. p. 439.

[2] CRUZ E TUCCI, José Rogério. *Comentários ao Código de Processo Civil*. São Paulo: Revista dos Tribunais, 2016. v. VIII. p. 176. Nesse sentido, o autor indica que, "como destaca Arthur Kaufmann, na esteira, aliás, de secular

A partir da ocorrência do fenômeno da coisa julgada, define-se que o Estado realizou o serviço jurisdicional na resolução de determinado litígio, ao julgar o mérito, ou ao menos desenvolveu as atividades necessárias para declarar inadmissível o julgamento do mérito da disputa.[3]

Embora a doutrina – como destacado por Ada Pellegrini Grinover – apresente alguma divergência sobre o conceito de coisa julgada, presente nas teorias de Komad Hellwig, Enrico Tullio Liebman e José Carlos Barbosa Moreira,[4] importa aqui assentar que a coisa julgada *material* se caracteriza como *situação dotada de eficácia preclusiva*.[5] Em vista da relevância processual e constitucional da coisa julgada e sua imutabilidade, o Código de Processo Civil disciplina a coisa julgada nos seus arts. 502 a 508, que estabelecem parâmetros legislativos para garantir a segurança jurídica com base nesse instituto. O art. 502 do Código de Processo civil determina que "denomina-se coisa julgada material a autoridade que torna imutável e indiscutível a decisão de mérito não mais sujeita a recurso", que observa a posição doutrinária de que a coisa julgada se identifica com a imutabilidade da sentença e de seus efeitos.[6]

Assim, a coisa julgada recai, de forma genérica, sobre o que decidido – em regra, somente quando há coisa julgada há manifestação dos plenos efeitos da sentença, o que, segundo Barbosa Moreira, indica que a coisa julgada gera o vínculo entres as partes e a declaração.[7] Nesse sentido, o autor, com acerto, afirma que a coisa julgada recai sobre o conteúdo da sentença – o que é decidido –, não sobre seus efeitos,[8] o que é compreensível diante da afirmação de que é o conteúdo da sentença que se torna imutável e não propriamente os seus efeitos por força da incidência de coisa julgada, e a partir daí revelam-se os efeitos atribuídos pela lei à sentença transitada em julgado.

A imutabilidade da sentença transitada em julgado indica que não é possível modificar ou desfazer a coisa julgada, gerando de fato o vínculo entre as partes e o que foi decidido. Apesar de que, em regra, é impossível desfazer a sentença, a ação rescisória – disciplinada pelos arts. 966 a 975 do Código de Processo Civil – é via jurisdicional adequada no direito processual brasileiro para superar a coisa jugada formada na

---

concepção, um elemento indispensável da segurança jurídica é a força da coisa julgada das sentenças judiciais, significando que um provimento judicial que adquire tal *status* não mais pode ser impugnado pelos instrumentos jurídicos ordinários. 'O processo se encontra terminado: *Roma locuta, causa finita*'".

[3]   D DINAMARCO, Cândido Rangel; BADARÓ, Gustavo Henrique Righi Ivahy; LOPES, Bruno Vasconcelos Carrilho. *Teoria geral do processo*. 33. ed. São Paulo: Malheiros, 2021. p. 458.

[4]   GRINOVER, Ada Pellegrini. *In*: LIEBMAN, Enrico Tullio. *Eficácia e autoridade da sentença*. 3. ed. Rio de Janeiro: Forense, 1984. p. 31. Sobre o tema, a autora afirma que "a confinação da coisa julgada ao efeito declaratório da sentença, consagrada por Hellwig, já havia recebido no Brasil, a adesão de Pontes de Miranda. Mais recentemente, outro abalizado processualista – Celso Neves – emprestou-lhe apoio. Mas a doutrina dominante endossa integralmente as críticas de Liebman àquela teoria, reconhecendo que a autoridade da coisa julgada também cobre os elementos constitutivos e condenatórios da sentença. [...] De resto o direito positivo brasileiro não autoriza a acolhida da teoria de Hellwig sobre a coisa julgada".

[5]   A expressão é de José Carlos Barbosa Moreira (Considerações sobre a chamada "relativização" da coisa julgada material. *In*: MOREIRA, José Carlos Barbosa. *Temas de direito processual*: nona série. 3. ed. Rio de Janeiro; GZ, 2023. p. 292).

[6]   DINAMARCO, Cândido Rangel. Relativizar a coisa julgada material. *In*: DINAMARCO, Cândido Rangel. *Nova era do processo civil*. 4. ed. São Paulo: Malheiros, 2013. p. 221.

[7]   MOREIRA, José Carlos Barbosa. Coisa julgada e declaração. *In*: MOREIRA, José Carlos Barbosa. *Temas de direito processual*: primeira série. 3. ed. Rio de Janeiro; GZ, 2023. p. 139-141.

[8]   MOREIRA, José Carlos Barbosa. Coisa julgada e declaração. *In*: MOREIRA, José Carlos Barbosa. *Temas de direito processual*: primeira série. 3. ed. Rio de Janeiro; GZ, 2023. p. 140-141.

sentença transitada em julgado. A indiscutibilidade da decisão transitada em julgado, por sua vez, indica a impossibilidade de questionar o que foi decidido e transitou em julgado. Assim, a decisão não se sujeita mais a recurso, ou seja, a discussão não pode ser levada mais uma vez ao Estado, a fim de obter um resultado diferente. Essa constatação, apesar de evidente, deixa claro que a indiscutibilidade não trata da verdade, mas da situação jurídica declarada ou originada da sentença transitada em julgado; cabe, aqui, a clássica e perspicaz observação feita por José Carlos Barbosa Moreira:

> [...] Não porque a *res iudicata* tenha a virtude mágica de transformar o falso em verdadeiro (ou, conforme diziam textos antigos em termos pitorescos, de fazer do quadrado redondo, ou do branco preto), mas simplesmente porque ela torna juridicamente irrelevante – sempre com a ressalva acima – a indagação sobre falto e verdadeiro, quadrado e redondo, branco e preto.[9]

A coisa julgada possui duas funções (ou aspectos): uma negativa e a outra positiva. A função negativa da coisa julgada refere-se à vedação à mesma postulação. Isto é, transitada em julgado a sentença e identificando-se a tríplice identidade (partes, pedido e causa de pedir)[10] em demanda futura, não se pode propor a mesma causa. Nesses casos, a exceção de coisa julgada deve ser alegada pelo réu, nos termos do art. 337 do Código de Processo Civil, gerando a extinção do processo sem resolução de mérito, nos termos do art. 485, inc. V do mesmo diploma legal. Já a função positiva da coisa julgada indica que a coisa julgada deve ser observada – portanto, seus efeitos irradiados para além da sentença em si –, estabelecendo que a decisão possui força de lei e deve ser respeitada. Assim, enquanto o efeito negativo impede a repropositura da demanda, o efeito positivo determina a obediência ao julgado originado da demanda já ajuizada.[11]

Outra relevante distinção no âmbito da coisa julgada é a da coisa julgada *formal* e a *material*. Referida distinção tem impactos determinantes na disciplina processual da coisa julgada para definição de seus efeitos. A coisa julgada *formal* é fenômeno puramente endoprocessual, apontando que o que foi decidido pelo juiz não pode ser rediscutido na mesma relação jurídica processual formada.[12] Isto é, pela coisa julgada formal, a decisão não está mais sujeita a qualquer forma de impugnação. Já a coisa julgada material representa a segurança e estabilização das relações de direito material resolvidas, sendo indiscutível e imutável e projetando efeitos para fora do processo. Então, a coisa julgada material significa a imutabilidade da decisão em uma perspectiva extraprocessual. Assim, enquanto a coisa julgada formal aponta a eficácia interna, a coisa julgada material indica a eficácia externa.

Além disso, há espécies de coisa julgada que possuem efeitos específicos e se comportam de forma especial, com particular destaque à coisa julgada *secundum eventum litis* e à coisa julgada *secundum eventum probationis*.

---

9 MOREIRA, José Carlos Barbosa. Considerações sobre a chamada "relativização" da coisa julgada material. *In*: MOREIRA, José Carlos Barbosa. *Temas de direito processual*: nona série. 3. ed. Rio de Janeiro; GZ, 2023. p. 293.

10 LUCON, Paulo Henrique dos Santos. *Conexão, continência, litispendência*: relação entre demandas no processo individual, coletivo e estrutural. 3. ed. São Paulo: Revista dos Tribunais, 2024. p. 60-61.

11 THEODORO JÚNIOR, Humberto. *Curso de direito processual civil*. 64. ed. Rio de Janeiro: Forense, 2023. v. I. p. 975-976.

12 AUFIERO, Mario Vitor. *Coisa julgada parcial*. São Paulo: Revista dos Tribunais, 2024. p. 140.

A coisa julgada *secundum eventum litis* reflete as partes do processo; a coisa julgada se forma ou não conforme o impacto à parte, apenas beneficiando (e não prejudicando) os que não participaram da lide. Nesse sentido, como exemplo, reconhece a jurisprudência do Superior Tribunal de Justiça que "[n] as hipóteses de litisconsórcio facultativo com unitariedade parcial, a coisa julgada se forma, para os que não participaram da ação, apenas com relação aos efeitos benéficos da sentença (coisa julgada *secundum eventum litis*)".[13] Exemplo de coisa julgada *secundum eventum litis* é a previsão contida nos arts. 103, §3º e 104 do Código de Defesa do Consumidor.[14]

A coisa julgada *secundum eventum probationem* é a coisa julgada que incide com relação à demanda no limite das provas produzidas, de modo que exames probatórios supervenientes à sentença são autorizados sem que haja ofensa à coisa julgada formada.[15] Na jurisprudência do Superior Tribunal de Justiça, essa modalidade é reconhecida como o afastamento da coisa julgada quando obtidas novas provas,[16] sem configurar, propriamente, revaloração.

Ainda, a coisa julgada possui três limites essenciais para sua compreensão e delimitação: objetivos, subjetivos e temporais.

O objeto material do julgamento delimita os limites objetivos da coisa julgada, o que é disciplinado no art. 503 do Código de Processo Civil. O objeto litigioso (*Streitgegenstand*) é formado pela pretensão processual, que pode ser firmada na demanda inicial e eventualmente em declaração decorrente de resolução de questão prejudicial ou reconvenção. O referido tema, que foi analisado profundamente pela doutrina alemã, é necessário para disciplinar a coisa julgada.[17] A partir da doutrina alemã, constata-se que o pedido (*petitum*) – pelo qual se manifesta uma relação processual e substancial – e a causa de pedir (*causa petendi*) são questões fundamentais para a determinação do objeto litigioso. Nesse sentido, o *petitum* e a *causa petendi* são premissas necessárias para compreender e delimitar o mérito da causa (*meritum causae*), indicado no art. 503 do Código de Processo Civil.

---

[13] STJ, REsp n. 1.124.506/RJ. Rel. Min. Nancy Andrighi, Terceira Turma, julgado em 19.6.2012. *DJe*, 14 nov. 2012.

[14] "Art. 103. Nas ações coletivas de que trata este código, a sentença fará coisa julgada: I – erga omnes, exceto se o pedido for julgado improcedente por insuficiência de provas, hipótese em que qualquer legitimado poderá intentar outra ação, com idêntico fundamento valendo-se de nova prova, na hipótese do inciso I do parágrafo único do art. 81; II – ultra partes, mas limitadamente ao grupo, categoria ou classe, salvo improcedência por insuficiência de provas, nos termos do inciso anterior, quando se tratar da hipótese prevista no inciso II do parágrafo único do art. 81; e III – erga omnes, apenas no caso de procedência do pedido, para beneficiar todas as vítimas e seus sucessores, na hipótese do inciso III do parágrafo único do art. 81. [...] §3º Os efeitos da coisa julgada de que cuida o art. 16, combinado com o art. 13 da Lei nº 7.347, de 24 de julho de 1985, não prejudicarão as ações de indenização por danos pessoalmente sofridos, propostas individualmente ou na forma prevista neste código, mas, se procedente o pedido, beneficiarão as vítimas e seus sucessores, que poderão proceder à liquidação e à execução, nos termos dos arts. 96 a 99. [...] Art. 104. As ações coletivas, previstas nos incisos I e II e do parágrafo único do art. 81, não induzem litispendência para as ações individuais, mas os efeitos da coisa julgada erga omnes ou ultra partes a que aludem os incisos II e III do artigo anterior não beneficiarão os autores das ações individuais, se não for requerida sua suspensão no prazo de trinta dias, a contar da ciência nos autos do ajuizamento da ação coletiva".

[15] GRINOVER, Ada Pellegrini. Coisa julgada erga omnes, secundum litis e secundum probationem. *Revista de Processo*, São Paulo, v. 126, p. 9-21, ago. 2005.

[16] STJ, AREsp n. 2.571.680, Ministro Teodoro Silva Santos. *DJe*, 19.6.2024.

[17] LUCON, Paulo Henrique dos Santos. *Conexão, continência, litispendência*: relação entre demandas no processo individual, coletivo e estrutural. 3. ed. São Paulo: Revista dos Tribunais, 2024. p. 57-58. Na doutrina alemã "divergiam os autores, em grosseira síntese, sobre a natureza processual ou material da pretensão (*Anspruch*) afirmada pelo demandante no processo e, também, sobre a relevância ou não de pedir (*Sachverhalt, Lebenssachverhalt*), ao lado do pedido (*Antrag, Rechtbehauptung*), na configuração do objeto litigioso".

Ainda, a coisa julgada recairá sobre a decisão que julga total ou parcialmente o mérito, à luz do art. 356 do Código de Processo Civil, que disciplina as hipóteses de julgamento parcial do mérito.

Apesar de a coisa julgada recair sobre a parte dispositiva da sentença que aprecia os pedidos formulados pelas partes, a coisa julgada pode recair sobre a questão prejudicial[18] em vista dos §§1º e 2º do art. 503 do Código de Processo Civil. A questão prejudicial é qualquer antecedente fundamental que influencie a decisão, desde que (i) haja conexão jurídica entre os juízos em análise e (ii) aprecie juridicamente fatos, sendo vedada a apreciação meramente jurídica ou fática.[19]

Além disso, ainda que a "verdade dos fatos" e os "motivos" sejam elementos essenciais para a *compreensão* da decisão, não há coisa julgada sobre a verdade e o motivo, já que a coisa julgada recai somente sobre o que foi decidido. Ou seja, a decisão tem força de lei nos limites da questão principal em respeito ao art. 504 do Código de Processo Civil.[20]

Uma vez transitada em julgada a sentença ou decisão, todas as defesas e alegações serão consideradas "deduzidas ou repelidas", que poderiam ter sido opostas ao acolhimento ou rejeição do *petitum*, à luz do art. 508 do Código de Processo Civil. Permitir-se a reabertura da discussão judicial, alegando o interessado ter novas razões ainda não apreciadas, reduziria a muito pouco a proteção decorrente da coisa julgada. Não é possível garantir que todas as questões relevantes para uma causa tenham sido consideradas de forma exaustiva. Por outro lado, tornar o processo perpétuo pode arriscar a segurança da vida social. No entanto, o instituto da coisa julgada é apto a tornar injustiças incorrigíveis – o que é o caminho (ou risco) escolhido pelo ordenamento jurídico brasileiro. Sobre possíveis injustiças, Barbosa Moreira aconselha que se tenha

---

[18] WAMBIER, Luiz Rodrigues; TALAMINI, Eduardo. *Curso avançado de processo civil*: 16. ed. São Paulo: Revista dos Tribunais, 2016. v. 2. p. 798-803. Sobre as questões prejudiciais e coisa julgada, os autores dispõem que "qualificam-se como prejudiciais as questões atinentes à existência, inexistência ou modo de ser de uma relação ou situação jurídica, que embora sem constituir propriamente o objeto da pretensão formulada (mérito da causa), são relevantes para a solução desse mérito (por exemplo relação de filiação, na ação de alimentos ou de petição de herança; validade do contrato na ação de cobrança de uma de suas parcelas). São inconfundíveis com as questões preliminares, que concernem à existência, eficácia e validade do processo. As preliminares podem conduzir apenas à impossibilidade do julgamento do mérito, não contribuindo para a sua solução (são questões meramente processuais). As questões prejudiciais repercutem sobre o mérito da causa. [...] Agora, o §1º do art. 503 do CPC/2015. A decisão expressa da questão prejudicial, uma vez observados os pressupostos dos §§1º e 2º do artigo 503, faz coisa julgada precisamente porque se trata de um comando sentencial, e não simples fundamentação. Não só recebe a autoridade de um *decisum* (coisa julgada) como produz todos os efeitos de um *decisum*".

[19] AUFIERO, Mario Vitor. *Questões prejudiciais e coisa julgada*. Rio de Janeiro: Lumen Juris, 2019. p. 28-31. A disciplina legal da matéria foi assim sintetizada por Giovanni Bonato: "a ampliação da coisa julgada às questões prejudiciais não é automática e fica condicionada ao preenchimento cumulativo dos requisitos indicados pelo mesmo art. 503 do NCPC, nos §§1º e 2º, a saber: que a questão prejudicial tenha sido necessária e determinante para a decisão sobre a questão prejudicada, não sendo suficiente uma simples antecedência; que sobre a questão tenha havido contraditório prévio e efetivo, sendo excluída a extensão da coisa julgada em caso de revelia; o juízo também era competente em razão da matéria e da pessoa para resolver a questão prejudicial *principaliter*; a cognição tenha sido plena e exauriente, sendo excluída a ampliação da coisa julgada quando a cognição for sumária ou houver restrições probatórias. Quando tiverem reunidas essas condições legais, a coisa julgada abrangerá as questões prejudiciais, independentemente do pedido da parte" (BONATO, Giovanni. Algumas considerações sobre coisa julgada no novo Código de Processo Civil brasileiro: limites objetivos e eficácia preclusiva. *Revista de Processo Comparado*, São Paulo, v. 2, p. 1231-143, jul./dez. 2015).

[20] FONSECA, João Francisco Naves da. *Comentários ao Código de Processo Civil*. São Paulo: Saraiva, 2017. v. IX. p. 142-144.

"paciência: o que passou, passou".[21] Afinal, a justiça é uma obra dos homens, sujeita, portanto, a equívocos.

Assim, a eficácia preclusiva da coisa julgada, como disposto no art. 508 do Código de Processo Civil, veda a alegação de fundamentos fáticos ou jurídicos em outro processo entre os mesmos litigantes. Isso não quer dizer que ocorra a imposição implícita da eficácia preclusiva: uma decisão que não seja explícita ofende a garantia do dever de motivação dos pronunciamentos judiciais à luz do art. 93, inc. IX, da Constituição Federal e dos arts. 11 e 489 do Código de Processo Civil.[22]

Coisa julgada e preclusão não devem ser confundidas. A coisa julgada é um instituto dotado de eficácia preclusiva, isto é, determinada modalidade de preclusão como um dos efeitos da coisa julgada. O efeito preclusivo da coisa julgada atinge não somente as questões efetivamente apreciadas, mas também (i) questões passíveis de conhecimento *ex officio*, que não foram examinadas pelo juiz, (ii) questões, dependentes de iniciativa das partes, que forma suscitadas e não foram analisadas e (iii) questões, dependentes de iniciativa das partes, que sequer foram suscitadas. Fatos supervenientes não são abrangidos pela eficácia preclusiva. Nesse sentido, a *quaestio facti* fica revestida pela eficácia preclusiva quando já ocorreu, não pelo conhecimento do fato pela parte.[23]

Os limites subjetivos da coisa julgada, por sua vez, abrangem as partes que estão vinculadas pela decisão. O art. 506 do Código de Processo Civil dispõe que "a sentença faz coisa julgada às partes entre as quais é dada, não prejudicando terceiros", o que possibilita o transporte *in utilibus* da coisa julgada. Isto é, um terceiro não é parte no processo e não pode ser prejudicado pela decisão, mas pode se beneficiar do que foi decidido, conforme já mencionado.

Os limites temporais da coisa julgada podem ser entendidos como a caracterização da coisa julgada e seus atributos (imutabilidade e indiscutibilidade) ao longo do tempo. O art. 505 do Código de Processo Civil veda a reapreciação de questões já decididas, indicando duas possibilidades de reavaliação das referidas questões: (a) "se, tratando-se de relação jurídica de trato continuado, sobreveio modificação no estado de fato ou de direito, caso em que poderá a parte pedir a revisão do que foi estatuído na sentença" – caso previsto no seu inc. I e (b) "nos demais casos prescritos em lei" – previsto no seu inc. II. As relações jurídicas de trato continuado, a que se referem o inc. I, são relações

---

[21] MOREIRA, José Carlos Barbosa. Coisa julgada e declaração. *In*: MOREIRA, José Carlos Barbosa. *Temas de direito processual*: primeira série. 3. ed. Rio de Janeiro; GZ, 2023. p. 173-188. No âmbito da segurança jurídica e da eficácia preclusiva, o jurista afirma que "sem dificuldade se entende, porém, que admitir a reabertura da discussão judicial só porque alegue o interessado ter razões ainda não apreciadas, seria reduzir a bem pouco a garantia da coisa julgada, frustrando em larga medida a finalidade prática do instituto. Quando se poderá assegurar, a priori, que tenha sido exaustiva, num processo qualquer, a consideração pelo órgão judicial, das questões relevantes para a decisão da causa? [...] os litígios não devem perpetuar-se. Entre os dois riscos que se deparam – o de comprometer a segurança a segurança da vida social e o de consentir na eventual cristalização de injustiças –, prefere o ordenamento assumir o segundo. Não chega a pôr a coisa julgada, em termos absolutos, ao abrigo de qualquer impugnação; permite, em casos de extrema gravidade, que se afaste o obstáculo ao rejulgamento: aí estão, no direito brasileiro, as hipóteses de rescindibilidade da sentença, arroladas no art. 485 do Código de Processo Civil em vigor desde 1º-1-1974. Torna-a porém imune, em linha de princípio, às dúvidas e contestações que se pretenda opor ao resultado do processo findo, mesmo com base em questões que nele não hajam constituído objeto de apreciação. Se o resultado é injusto, paciência: o que passou, passou" (p. 173).

[22] CRUZ E TUCCI, José Rogério. *Comentários ao Código de Processo Civil*. São Paulo: Revista dos Tribunais, 2016. v. VIII. p. 230-231.

[23] MOREIRA, José Carlos Barbosa. Coisa julgada e declaração. *In*: MOREIRA, José Carlos Barbosa. *Temas de direito processual*: primeira série. 3. ed. Rio de Janeiro; GZ, 2023. p. 184-188.

que se desenvolvem ao longo do tempo. Assim, quando o estado de fato ou de direito sofrer modificação, a parte tem o direito de pedir a revisão daquilo que foi decidido, pois os novos fatos podem ensejar nova causa de pedir.[24]

Nas relações continuativas ou de trato continuado, situações e posições jurídicas internas podem ser redimensionadas no curso da relação de acordo com o cenário fático ou jurídico. Desse modo, a modificação da situação fática ou de direito pode gerar nova causa de pedir – não sendo acobertada pela coisa julgada. Nesse caso, a coisa julgada não está sendo desfeita nem está submetida a uma cláusula *rebus sic stantibus*. Na verdade, a coisa julgada perdura enquanto não houvesse mudança fática ou de direito.[25]

O inc. II do art. 505 prevê que a decisão pode ainda ser revogada em hipóteses permitidas pelo ordenamento jurídico. Nesse sentido, a decisão definitiva pode ser tão prejudicial à ordem pública – interesse que transcende os das partes – que a sua revogação é permitida mesmo após verificada a preclusão dos prazos para interposição de recursos, tendo como *remedium iuris* a denominada ação rescisória.[26] Ainda, o inc. II se refere ao comportamento da coisa julgada em processos coletivos, que possuem sistemática específica a respeito do tema, com o objetivo de propiciar a melhor análise das ações coletivas – que atingem grupos sociais ou a sociedade como um todo.

A preclusão, tal disciplinada pelo art. 507 do Código de Processo Civil, é instituto processual caracterizado pela perda da possibilidade da prática de algum ato processual em função do transcurso do prazo, pela prática anterior do ato em questão ou pela prática de outro ato incompatível (respectivamente, preclusão temporal, consumativa e lógica). O sistema processual não aceita o retrocesso, indicando que os atos do processo se dirigem à estabilização em um determinado momento, gerando efeitos dentro do próprio processo.[27]

Diante do exposto, a coisa julgada é um instituto fundamental à segurança jurídica, que garante os efeitos (positivos e negativos) de uma decisão ou sentença. No escopo processual, os limites da coisa julgada são essenciais para a verificação da viabilidade da propositura de novas demandas e da reanálise do que foi decidido por força de devolutividade ou não de recursos interpostos. Leis supervenientes, que alteram redação de leis anteriores, em princípio não possuem o condão de impactar a os efeitos da coisa julgada, em observância ao art. 5º, inc. XXXVI, da Constituição Federal, excepcionando-se, contudo, a lei penal, que retroagirá em benefício do réu, na forma do art. 5º, inc. XL, da Constituição Federal. A mudança da redação de uma lei – que vigorava quando

---

[24] BUENO, Cassio Scarpinella. *Manual de direito processual civil*. 10. ed. São Paulo: Saraiva, 2024. p. 500-501.

[25] WAMBIER, Luiz Rodrigues; TALAMINI, Eduardo. *Curso avançado de processo civil*: 16. ed. São Paulo: Revista dos Tribunais, 2016. v. 2. p. 804-805.

[26] CRUZ E TUCCI, José Rogério. *Comentários ao Código de Processo Civil*. São Paulo: Revista dos Tribunais, 2016. v. VIII. p. 210-211.

[27] BUENO, Cassio Scarpinella. *Manual de direito processual civil*. 10. ed. São Paulo: Saraiva, 2024. p. 515-516. O autor aprofunda o seu estudo sobre preclusão, indicando que "de forma generalizada, desde a doutrina pioneira a esse respeito de Chiovenda, a literatura processual arrola como espécies de preclusão: a) preclusão temporal: que se verifica pelo transcurso do tempo. Como a própria noção de processo é dinâmica, a realização de seus respectivos atos se subordina a prazos contínuos e peremptórios. Consoante disposto no art. 223: 'Decorrido o prazo, extingue-se o direito de praticar ou emendar o ato processual, independente de declaração judicial...'; b) preclusão lógica: verificada diante da incompatibilidade entre o ato praticado e outro, que se pretendia também praticar; e c) preclusão consumativa: é aquela prevista no art. 507, que se obsta à parte discutir, no curso do processo, as questões já decididas".

uma sentença transitou em julgado – pode gerar prejuízos à ordem pública e danos a indivíduos, que não ocorreriam à luz da lei superveniente.

Traçadas linhas gerais sobre a coisa julgada, será dada ênfase aos limites temporais e objetivos da coisa julgada e aos impactos da alteração da Lei de Improbidade Administrativa, Lei nº 8.429/1992, promovidos pela Lei nº 14.230/2021.

3 Improbidade administrativa

Nos termos do art. 37, *caput* da Constituição Federal, são princípios básicos da administração pública a legalidade, a moralidade, a impessoalidade, a publicidade e a eficiência. A inobservância de qualquer desses princípios significa distorcer a função de administração dos negócios públicos, abandonando os interesses sociais.[28]

A improbidade administrativa verifica-se na ação ou omissão intencional presente no exercício de função pública, gerando o enriquecimento sem causa ou prejuízo ao erário, o que indica o sancionamento no escopo político e administrativo.[29] Há casos em

---

[28] MEIRELLES, Hely Lopes. *Direito administrativo brasileiro*. 23. ed. São Paulo: Malheiros, 1998. p. 85-89. Sobre os princípios da administração pública e a improbidade administrativa, o autor afirma que "os princípios básicos da administração pública estão consubstanciados em quatro regras de observância permanente e obrigatória para o bom administrador: legalidade, moralidade, impessoalidade e publicidade. Por esses padrões é que se hão de pautar todos os atos administrativos. Constituem, por assim dizer, os fundamentos da ação administrativa, ou, por outras palavras, os sustentáculos da atividade pública. Relegá-los é desvirtuar a gestão dos negócios públicos e olvidar o que há de mais elementar para a boa guarda e zelo dos interesses sociais. A Constituição de 1988 não se referiu expressamente ao princípio da finalidade, mas o admitiu sob a denominação de princípio da impessoalidade (art. 37). Vale notar que, na forma do art. 11 da Lei 8.429/92, que trata do enriquecimento ilícito, constitui 'ato de improbidade administrativa, que atenta contra os princípios da Administração Pública, qualquer ação ou omissão que viole os deveres de honestidade, imparcialidade, legalidade e lealdade às instituições'. Essa norma prevê, a título exemplificativo, condutas, comissivas ou omissivas, caracterizadoras da improbidade. Legalidade – A legalidade, como princípio de administração (CF, art. 37, caput), significa que o administrador público está, em toda a sua atividade funcional, sujeito aos mandamentos da lei e às exigências do bem comum, e deles não se pode afastar ou desviar, sob pena de praticar ato inválido e expor-se a responsabilidade disciplinar, civil e criminal, conforme o caso. A eficácia de toda atividade administrativa está condicionada ao atendimento da lei. [...] O princípio da legalidade, que até bem pouco só era sustentado pela doutrina e que passou a ser imposição legal, entre nós, pela lei reguladora da ação popular (que considera nulos os atos lesivos ao patrimônio público quando eivados de 'ilegalidade do objeto', que a mesma norma assim conceitua: 'A ilegalidade do objeto ocorre quando o resultado do ato importa em violação de lei, regulamento ou outro ato normativo' – Lei 4.717/65, art. 2º, 'c', e parágrafo único, 'c'), agora é também princípio constitucional (art. 37 da CF de 1988). [...] Moralidade – A moralidade administrativa constitui, hoje em dia, pressuposto de validade de todo ato da Administração Pública (CF, art. 37, caput). Não se trata – diz Hauriou, o sistematizador de tal conceito – da moral comum, mas sim de uma moral jurídica, entendida como 'o conjunto de regras de conduta tiradas da disciplina interior da Administração'. [...] Por considerações de Direito e de Moral, o ato administrativo não terá que obedecer somente à lei jurídica, mas também à lei ética da própria instituição, porque nem tudo que é legal é honesto, conforme já proclamavam os romanos: 'non omne quod licet honestum est'. A moral comum, remata Hauriou, é imposta ao homem para sua conduta externa; a moral administrativa é imposta ao agente público para sua conduta interna, segundo as exigências da instituição a que serve e a finalidade de sua ação: o bem comum. [...] Impessoalidade e finalidade – O princípio da impessoalidade, referido na Constituição de 1988 (art. 37, caput), nada mais é que o clássico princípio da finalidade, o qual impõe ao administrador público que só pratique o ato para o seu fim legal. E o fim legal é unicamente aquele que a norma de Direito indica expressa ou virtualmente como objetivo do ato, de forma impessoal. Esse princípio também deve ser entendido para excluir a promoção pessoal de autoridades ou servidores públicos sobre suas realizações administrativas (CF, art. 37, §1º) (47). [...] E a finalidade terá sempre um objetivo certo e inafastável de qualquer ato administrativo: o interesse público. Todo ato que se apartar desse objetivo sujeitar-se-á à invalidação por desvio de finalidade, que a nossa lei da ação popular conceituou como o 'fim diverso daquele previsto, explícita ou implicitamente, na regra de competência' do agente (Lei 4.717/65, art. 2º, parágrafo único, 'e')".

[29] JUSTEN FILHO, Marçal. *Curso de direito administrativo*. 14. ed. Rio de Janeiro: Forense, 2023. p. 803-807. Sobre os atos de improbidade administrativa, Marçal Justen Filho disciplina que "A improbidade consiste numa conduta

que é desnecessária a prova da obtenção de benefícios indevidos ou geração de danos ao erário, sendo somente necessário "lesividade relevante ao bem jurídico tutelado" à luz art. 11, §4º, da Lei de Improbidade Administrativa (Lei nº 8.429/1992).

A improbidade administrativa é primariamente disciplinada pelo art. 37, §4º, da Constituição Federal, fixando sanções aos atos de improbidade administrativa com "a suspensão dos direitos políticos, a perda da função pública, a indisponibilidade dos bens e o ressarcimento ao erário, na forma e gradação previstas em lei, sem prejuízo da ação penal cabível". De forma mais aprofundada, a improbidade administrativa é regulada pela Lei nº 8.429/1992, substancialmente modificada pela Lei nº 14.230/2021.

De forma geral, a Lei de Improbidade Administrativa regula (i) os atos de improbidade, (ii) as penas aplicáveis, (iii) os processos administrativos e judiciais que versem sobre a matéria objeto da lei e (iv) prazos prescricionais e eventos que interrompem a prescrição.

No campo específico do direito processual, a aferição da ocorrência de ato de improbidade administrativa deverá observar o devido processo legal procedimental e substancial, que é garantido pela lei constitucional também no âmbito administrativo, em particular o contraditório e a ampla defesa (art. 5º, incs. LIV e LV da Constituição Federal).[30] Outros princípios menos evidentes são também resguardados, a motivação das decisões que reconhecem atos de improbidade administrativa ou, ainda, o juiz natural.[31]

Como salientado, a Lei nº 14.230/2021 empreendeu inúmeras mudanças na legislação anterior, alterando substancialmente a disciplina legal. Para fins do presente ensaio, passa-se à análise dos aspectos atinentes aos limites objetivos e temporais da coisa julgada, considerando as modificações trazidas pelo diploma legal recentemente modificado.

---

ativa ou omissiva, praticada por agente investido em função pública, orientada voluntária e intencionalmente à obtenção de proveito ou benefício indevido para si ou para outra pessoa ou entidade. A improbidade é sancionada com a suspensão de direitos políticos, vedação de relacionamento com o Estado e perda de valores patrimoniais. Em determinadas hipóteses, não é necessária a efetiva obtenção de benefícios patrimoniais indevidos ou de lesão patrimonial ao erário (tal como previsto no art. 11, §4º, da LIA). [...] O §4º do art. 1º da LIA (com a redação da Lei 14.230/2021) determina o seguinte: 'Aplicam-se ao sistema da improbidade disciplinado nesta Lei os princípios constitucionais do direito administrativo sancionador'. O dispositivo não elimina a construção doutrinária quanto à natureza jurídica do instituto da improbidade. Mas estabelece, de modo impositivo, que os princípios que norteiam o direito administrativo sancionador serão aplicados. Isso envolve a extensão ao âmbito da improbidade de limitações e garantias contempladas constitucionalmente a propósito do próprio direito penal. [...] A improbidade administrativa somente se aperfeiçoa mediante a conjugação de dois elementos diversos. Exige-se uma conduta material, que consiste na violação à ordem jurídica, apta a produzir um resultado danoso. Ressalvam-se os casos do art. 11, cujo §4º determina que: 'Os atos de improbidade de que trata este artigo exigem lesividade relevante ao bem jurídico tutelado para serem passíveis de sancionamento e independem do reconhecimento da produção de danos ao erário e de enriquecimento ilícito dos agentes públicos'. O elemento material é insuficiente para configurar a improbidade. É indispensável um elemento subjetivo doloso".

[30] BANDEIRA DE MELLO, Celso Antônio. Parecer. Improbidade Administrativa. Proibição de Contratar com o Poder Público. Termo Inicial. *Revista de Direito Administrativo e Infraestrutura*, São Paulo, v. 12, p. 307-311, jan./mar. 2020.

[31] MORAES, Alexandre de. Improbidade administrativa e a questão do princípio do juiz natural como garantia constitucional. *Revista dos Tribunais*, São Paulo, v. 822, p. 52-60, abr. 2004.

4 Limites da coisa julgada e a Lei nº 14.230/2021

A mudança legislativa determinada pela Lei nº 14.230/2021 "alterou significativamente a tipificação da improbidade", ocasionando questionamentos e dissídios sobre a aplicabilidade retroativa da lei superveniente – considerada mais benéfica ao acusado.[32]

A principal mudança legislativa verificada é a necessidade da identificação do aspecto subjetivo na tipificação da improbidade, o que pode ser constatado pela alteração dos arts. 1º, §§1º e 2º, 9º, 10 e 11, bem como pela revogação do art. 5º. A redação antiga da lei permitia a condenação em casos de conduta culposa e dolosa, mas a lei superveniente reiteradamente indica que é necessária a comprovação do elemento subjetivo para a responsabilização. Portanto, a improbidade administrativa somente pode ser identificada perante a comprovação de dolo do acusado de acordo com a nova redação da lei.

No âmbito do dissídio sobre a retroatividade da Lei de Improbidade Administrativa, no julgamento do ARE nº 843.989, o Supremo Tribunal Federal decidiu que a nova Lei nº 14.230/2021 (a) não retroage, quando a condenação tenha transitado em julgado, mas (b) retroagirá em casos de improbidade administrativa culposa, sem condenações transitada em julgado, sendo necessário verificar eventual dolo do agente.

Em seu voto, o relator do ARE nº 843.989, o Min. Alexandre de Moraes, decidiu que:

> A norma mais benéfica prevista pela Lei nº 14.230/2021 – revogação da modalidade culposa do ato de improbidade administrativa –, portanto, não é retroativa e, consequentemente, não tem incidência em relação à eficácia da coisa julgada; nem tampouco durante o processo de execução das penas e seus incidentes; uma vez que, nos termos do artigo 5º, XXXVI. [...] Em conclusão, o novo regime prescricional previsto na Lei 14.230/21 NÃO RETROAGE, em respeito ao ato jurídico perfeito e em observância aos princípios da segurança jurídica, do acesso à Justiça e da proteção da confiança, garantindo-se a plena eficácia dos atos praticados validamente antes da alteração legislativa.[33]

Nesse sentido, o voto do Ministro definiu que, em respeito aos efeitos da coisa julgada, a nova redação da lei não pode modificar decisões que já transitaram em julgado a fim de garantir a segurança jurídica.

A superveniência ou a modificação de fatos ou de uma relação processual podem ensejar nova causa de pedir e novo pedido. Isso está albergado nos limites temporais da cosia julgada, já discutidos anteriormente. Segundo o art. 505 do Código de Processo Civil, referidas modificações no estado de fato ou de direito, no caso de relação jurídica de trato continuado ou casos previstos em lei, podem ocasionar a revisão da sentença que transitou em julgado. Em relação à superveniência de fatos, nos casos de fatos ocorridos no curso do processo, a coisa julgada opera efeitos sobre todos os fatos relevantes ao processo a partir do julgamento do último recurso ordinário, uma vez que na instância

---

[32] JUSTEN FILHO, Marçal. *Curso de direito administrativo*. 14. ed. Rio de Janeiro: Forense, 2023. p. 814.

[33] ARE 843989, Rel. Alexandre de Moraes, Tribunal Pleno, julgado em 18.08.2022, Processo Eletrônico Repercussão Geral – Mérito *DJe*-251, divulg. 09.12.2022, public. 12.12.2022.

especial e extraordinária não será possível o reexame de matéria fática; além disso, em relação ao art. 505, inc. I do Código de Processo Civil, há casos em que haverá nova causa de pedir em função de alteração fática ou jurídica após a coisa julgada.[34]

Não obstante, o Supremo Tribunal Federal decidiu que a alteração legislativa ocasionada pela superveniência da Lei nº 14.230/2021 não se enquadra na previsão do art. 505, inc. I, do Código de Processo Civil. O Supremo Tribunal Federal optou pelo respeito à coisa julgada, entendendo que a mudança legislativa não enseja nova causa de pedir. Desse modo, a Suprema Corte brasileira decidiu priorizar a segurança jurídica em detrimento de eventuais injustiças, tendo em vista não se tratar, propriamente, de fato superveniente.

Dessa maneira, fatos supervenientes podem, mas não necessariamente, ensejar demandas novas. A nova causa de pedir – gerada pela alteração do estado jurídico ou fático – transcende os limites da coisa julgada e proporciona a viabilidade e apreciação de nova causa, superando os limites temporais e objetivos, mas não possuem o condão de permitir a rediscussão do que já foi objeto da sentença transitada em julgado tal como lançada.

No caso das ações que discutem a improbidade administrativa, em vista das alterações legislativas ocasionadas pela Lei nº 14.230/2021, a superveniência é recebida de forma diferente em casos diferentes: (a) a nova legislação não representa nova causa de pedir nos casos em que a sentença transitou em julgado e (b) quando a decisão não transitou em julgado, a nova lei pode ser considerada em incidência retroativa, pode ser abordada no processo, o que importará na formação de coisa julgada distinta para casos ocorridos à mesma época, porém que tenham sido julgados antes ou depois da entrada em vigor da nova legislação.

A ação rescisória, por outro lado, seria uma alternativa para a superação da coisa julgada, considerando que, como exposto acima, fatos ou provas supervenientes são capazes de alterar o cenário e ampliar as possibilidades processuais de uma causa.

Pode-se rescindir a coisa julgada se "obtiver o autor, posteriormente ao trânsito em julgado, prova nova cuja existência ignorava ou de que não pôde fazer uso, capaz, por si só, de lhe assegurar pronunciamento favorável", o que é determinado pelo art. 966, inc. VII do Código de Processo Civil. Para isso, dois requisitos devem ser atendidos para que a decisão transitada em julgado seja rescindida: (i) após o trânsito em julgado, a obtenção de novo elemento probatório, que o autor da ação rescisória ignorava (ou não podia utilizar); até (ii) a comprovação de que a nova prova se refere a fatos alegados no processo de origem e seria capaz de provocar resultado favorável ao autor da ação rescisória.

Nesse sentido, a pessoa acusada de cometer ato de improbidade administrativa poderia ajuizar ação rescisória com base em provas fora de seu alcance ou desconhecidas anteriormente, o que superaria a coisa julgada formada na ação de improbidade administrativa anterior.

Porém, frise-se que, a partir do entendimento do Supremo Tribunal Federal acima descrito, o Tribunal de Justiça de São Paulo recentemente decidiu que a superveniência

---

[34] WAMBIER, Luiz Rodrigues; TALAMINI, Eduardo. *Curso avançado de processo civil*: 16. ed. São Paulo: Revista dos Tribunais, 2016. v. 2. p. 803-805.

da Lei nº 14.230/2021, em si, não pode ser utilizada como fundamento para arguir a desconstituição de sentença transitada em julgado nos termos do art. 966, inc. V, do Código de Processo Civil.[35]

5 Encerramento

Diante do exposto, o presente ensaio apresenta as seguintes conclusões:

(i) A coisa julgada, prevista constitucionalmente, é instituto processual que objetiva garantir segurança jurídica, caracterizada por dois aspectos essenciais à concretização de seus efeitos: a indiscutibilidade e a imutabilidade.

(ii) A coisa julgada recai sobre o conteúdo da sentença, que se torna indiscutível e imutável, gerando efeitos negativos (impossibilidade de rediscussão da matéria que transitou em julgado, inviabilizando a propositura de nova demanda para rediscutir o que já foi decidido) e positivos (o que foi decidido será respeitado e executado).

(iii) A coisa julgada pode ser formal (endoprocessual, isto é, a incapacidade de impugnação de uma decisão que transitou em julgado, eficácia interna) ou material (extraprocessual, isto é, estabilidade das relações de direito que foram estabelecidas por essa sentença imutável e indiscutível, com eficácia externa). Pode, ainda, apresentar-se em modalidades especiais, com *secundum eventum litis* (relativo às partes do processo e seu aproveitamento) e *secundum eventum probationem* (relativo às provas obtidas para julgamento).

(iv) O objeto litigioso delimita os limites objetivos da coisa julgada (art. 503 do Código de Processo Civil), identificando a questão principal da sentença a partir do pedido e da causa de pedir. A coisa julgada poderá eventualmente recair sobre questões prejudiciais. Os motivos e a verdade dos fatos também não estão abrangidos pela coisa julgada, mas consideram-se deduzidas e repelidas todas as defesas e alegações que poderiam ter sido trazidas ao processo.

(v) Os limites subjetivos da coisa julgada englobam as partes vinculadas pela decisão que transitou em julgado. Assim, terceiros, que não fazem parte do processo, não podem ser prejudicados, mas podem ser beneficiados.

---

[35] TJSP; Ação Rescisória 2003599-73.2024.8.26.0000; Rel. Ricardo Dip; Órgão Julgador: 5º Grupo de Direito Público; Foro de Pacaembu – 1ª Vara; Data do Julgamento: 06.06.2024; Data de Registro: 06.06.2024. "Ementa: AÇÃO RESCISÓRIA FUNDADA EM COGITÁVEL AFRONTA MANIFESTA DE NORMA JURÍDICA. IMPROBIDADE ADMINISTRATIVA. JUÍZO RESCINDENTE: A DEMANDA RESCISÓRIA NÃO É UMA SEGUNDA APELAÇÃO, NEM UM SUBSTITUINTE DOS RECURSOS ESPECIAL E EXTRAORDINÁRIO. ALTERAÇÃO LEGISLATIVA. – A diversidade legal dos meios impugnativos de sentenças – meios recursais e ação rescisória– é razão bastante para não permitir o trânsito dos requisitos e dos fins de uma e outros, tal se daria propiciando que a rescisória se tornasse uma segunda apelação ou um sucedâneo tardio dos recursos especial e extraordinário. – 'A violação à lei, para justificar a procedência da demanda rescisória, nos termos do art. 966, V, do CPC/2015, deve ser de tal modo evidente que afronte o dispositivo legal em sua literalidade. Caso o acórdão rescindendo opte por uma entre várias interpretações possíveis, ainda que não seja a melhor, a demanda não merecerá êxito, conforme entendimento consolidado no verbete sumular 343 do STF' (REsp 1.664.643, j. 18-5-2017). – A pretendida aplicação retroativa das alterações na Lei de improbidade administrativa promovidas com a Lei federal 14.230/2021 não toma espeque em prova nova, sendo inadmissível a rescisória com fundamento no inciso VII do art. 966 do Código processual civil. Improcedência da ação rescisória".

(vi) Os limites temporais indicam a forma como a coisa julgada se comporta no tempo, sendo vedada a reapreciação de questões já decididas, mas sendo possível, excepcionalmente, a revisão de coisa julgada quando houver mudança de situação fática ou de direito e casos prescritos em lei respectivamente. A reconsideração de uma sentença que transitou em julgado exige nova causa de pedir ou análise relevante ao interesse público.

(vii) A mudança sofrida pela Lei de Improbidade Administrativa, ocasionada pela superveniência da Lei nº 14.230/2021, gerou repercussão a respeito de sua retroatividade. O ARE nº 843.989 indicou que a nova redação da Lei de Improbidade Administrativa (i) não é retroativa quando a sentença tenha transitado em julgado e (ii) retroagirá se a condenação não transitou em julgado nos casos de improbidade administrativa que discuta culpa, tornando-se necessário verificar o elemento subjetivo do agente.

(viii) A decisão do ARE nº 843.989 verifica que as decisões que transitaram em julgado não devem ser revistas, pois se deve assegurar a estabilidade jurídica mesmo em casos de mudanças legislativas. Assim, no caso da mudança legislativa da Lei de Improbidade Administrativa, a lei superveniente não ensejou nova causa de pedir capaz de superar as barreiras objetivas e temporais da coisa julgada, isto é, não se enquadrou nas exceções dos incs. I e II do art. 505.

Referências

AUFIERO, Mario Vitor. *Coisa julgada parcial*. São Paulo: Revista dos Tribunais, 2024.

AUFIERO, Mario Vitor. *Questões prejudiciais e coisa julgada*. Rio de Janeiro: Lumen Juris, 2019.

BANDEIRA DE MELLO, Celso Antônio. Parecer. Improbidade Administrativa. Proibição de Contratar com o Poder Público. Termo Inicial. *Revista de Direito Administrativo e Infraestrutura*, São Paulo, v. 12, p. 307-311, jan./mar. 2020.

BONATO, Giovanni. Algumas considerações sobre coisa julgada no novo Código de Processo Civil brasileiro: limites objetivos e eficácia preclusiva. *Revista de Processo Comparado*, São Paulo, v. 2, p. 1231-143, jul./dez. 2015.

CRUZ E TUCCI, José Rogério. *Comentários ao Código de Processo Civil*. São Paulo: Revista dos Tribunais, 2016. v. VIII.

DINAMARCO, Cândido Rangel. Relativizar a coisa julgada material. *In*: DINAMARCO, Cândido Rangel. *Nova era do processo civil*. 4. ed. São Paulo: Malheiros, 2013.

DINAMARCO, Cândido Rangel; BADARÓ, Gustavo Henrique Righi Ivahy; LOPES, Bruno Vasconcelos Carrilho. *Teoria geral do processo*. 33. ed. São Paulo: Malheiros, 2021.

FONSECA, João Francisco Naves da. *Comentários ao Código de Processo Civil*. São Paulo: Saraiva, 2017. v. IX.

GRINOVER, Ada Pellegrini. Coisa julgada erga omnes, secundum litis e secundum probationem. *Revista de Processo*, São Paulo, v. 126, p. 9-21, ago. 2005.

JUSTEN FILHO, Marçal. *Curso de direito administrativo*. 14. ed. Rio de Janeiro: Forense, 2023.

LIEBMAN, Enrico Tullio. *Eficácia e autoridade da sentença*. 3. ed. Rio de Janeiro: Forense, 1984.

LUCON, Paulo Henrique dos Santos. *Conexão, continência, litispendência*: relação entre demandas no processo individual, coletivo e estrutural. 3. ed. São Paulo: Revista dos Tribunais, 2024.

MEIRELLES, Hely Lopes. *Direito administrativo brasileiro*. 23. ed. São Paulo: Malheiros, 1998.

MORAES, Alexandre de. Improbidade administrativa e a questão do princípio do juiz natural como garantia constitucional. *Revista dos Tribunais*, São Paulo, v. 822, p. 52-60, abr. 2004.

MOREIRA, José Carlos Barbosa. Coisa julgada e declaração. *In*: MOREIRA, José Carlos Barbosa. *Temas de direito processual*: primeira série. 3. ed. Rio de Janeiro; GZ, 2023.

MOREIRA, José Carlos Barbosa. Considerações sobre a chamada "relativização" da coisa julgada material. *In*: MOREIRA, José Carlos Barbosa. *Temas de direito processual*: nona série. 3. ed. Rio de Janeiro; GZ, 2023.

SILVA, José Afonso da. *Curso de direito constitucional positivo*. 45. ed. São Paulo: JusPodivm, 2024.

THEODORO JÚNIOR, Humberto. *Curso de direito processual civil*. 64. ed. Rio de Janeiro: Forense, 2023. v. I.

WAMBIER, Luiz Rodrigues; TALAMINI, Eduardo. *Curso avançado de processo civil*: 16. ed. São Paulo: Revista dos Tribunais, 2016. v. 2.

Informação bibliográfica deste texto, conforme a NBR 6023:2018 da Associação Brasileira de Normas Técnicas (ABNT):

LUCON, Paulo Henrique dos Santos. Limites da coisa julgada à luz do novo regime legislativo de improbidade administrativa. *In*: JUSTEN, Monica Spezia; PEREIRA, Cesar; JUSTEN NETO, Marçal; JUSTEN, Lucas Spezia (coord.). *Uma visão humanista do Direito*: homenagem ao Professor Marçal Justen Filho. Belo Horizonte: Fórum, 2025. v. 1, p. 857-870. ISBN 978-65-5518-918-6.

O PRINCÍPIO DA CULPABILIDADE E A (IN)CONSTITUCIONALIDADE DA RESPONSABILIDADE OBJETIVA NA LEI ANTICORRUPÇÃO

RAFAEL MUNHOZ DE MELLO

1 Introdução

Com propósito inegavelmente meritório, a Lei nº 12.846/2013 (Lei Anticorrupção) foi editada para aprimorar o combate à prática de atos lesivos à Administração Pública, indo além das medidas punitivas previstas na Lei de Improbidade Administrativa e na Lei de Licitações e Contratos Administrativos.

O foco da Lei Anticorrupção são as pessoas jurídicas. Não sendo alcançadas pelas normas penais, como regra, as pessoas jurídicas não eram punidas pelos atos de corrupção praticados por seus representantes, ao menos na esfera penal. A Lei nº 12.846/2013 pretendeu preencher essa lacuna, prevendo sanções administrativas graves para a prática dos ilícitos tipificados em seu art. 5º.

A grande inovação da Lei nº 12.846/2013 é a previsão de que a responsabilidade das pessoas jurídicas pela prática dos atos lesivos nela previstos é objetiva, conforme dispõem seus arts. 1º e 2º. É dizer, nos termos da Lei Anticorrupção, as pessoas jurídicas podem ser punidas independentemente de dolo ou culpa, seja na esfera administrativa, seja na civil.

No entanto, como ensina Marçal Justen Filho:

> A imposição da penalidade pressupõe a verificação de elementos subjetivos (ainda quando se tratar de conduta imputável a pessoa jurídica). Não se admite a configuração da responsabilização administrativa sem culpa, a não ser em situações excepcionais, extremamente limitadas.[1]

---

[1] JUSTEN FILHO, Marçal. *Curso de direito administrativo*. 15. ed. Rio de Janeiro: Forense, 2024. p. 359.

Tendo como norte a lição do mestre aqui muito justamente homenageado, no presente trabalho pretende-se analisar se a responsabilidade objetiva prevista na Lei nº 12.846/2013 é ou não compatível com o ordenamento jurídico brasileiro.

2 O princípio da culpabilidade no direito administrativo sancionador

Num Estado Democrático de Direito, o exercício do poder punitivo estatal, seja pelo Poder Judiciário (sanções penais), seja pela Administração Pública (sanções administrativas), está sujeito a princípios jurídicos desenvolvidos ao longo dos séculos para proteger os particulares da arbitrariedade estatal. São eles, em essência, os princípios da legalidade, da tipicidade, da irretroatividade, da culpabilidade, do *non bis in idem* e do devido processo legal.[2] Esses princípios constituem a base do regime jurídico punitivo e são todos corolários da opção constitucional por um Estado Democrático de Direito, declarada já no art. 1º da Constituição Federal – CF.

No caso específico do princípio da culpabilidade, a CF consagra-o ao prever a pessoalidade das penas (art. 5º, inc. XLV) e sua individualização (art. 5º, inc. XLVI). Para além – e antes até – de tais dispositivos constitucionais, a culpabilidade é uma decorrência direta do princípio da proporcionalidade ou proibição do excesso, um dos pilares jurídicos do Estado de Direito.[3]

O princípio da proporcionalidade, de sua vez, tem como corolários i) o subprincípio da adequação ou idoneidade, ii) o subprincípio da necessidade e iii) o subprincípio da proporcionalidade em sentido estrito.[4]

A exigência de culpabilidade no regime punitivo estatal decorre diretamente do subprincípio da adequação, segundo o qual os atos estatais devem ser idôneos para atingir o objetivo a que se destinam.[5] Ao exercer uma competência, o ente estatal tem em mira uma específica finalidade, devendo a medida adotada ser adequada ao seu alcance.

---

[2] MELLO, Rafael Munhoz de. *Princípios constitucionais de direito administrativo sancionador*: as sanções administrativas à luz da Constituição Federal de 1988. São Paulo: Malheiros, 2007. p. 101-104.

[3] CANOTILHO, José Joaquim Gomes. *Direito constitucional e Teoria das Constituições*. 3. ed. Coimbra: Almedina, 1998. p. 261. Sobre o tema, ver, por todos, OLIVEIRA, José Roberto Pimenta. *Os princípios da razoabilidade e da proporcionalidade no direito administrativo brasileiro*. São Paulo: Malheiros, 2006.

[4] CANOTILHO, José Joaquim Gomes. *Direito constitucional e Teoria das Constituições*. 3. ed. Coimbra: Almedina, 1998. p. 264-265. A origem de tal entendimento está no direito alemão, como explica Aldo Sandulli: "La caratteristica fondamentale della proporzionalità nel sistema tedesco, difatti, è rinvenibile nella duplicità del principio, il quale può essere inteso sia 'in senso lato', sia, nell'ambito di esso, 'in senso stretto'". No sentido lato, continua Sandulli, o princípio da proporcionalidade possui "tre distinti elementi, ciascuno dei quali dotato di peculiari ed autonome caratteristiche. [...] Il primo è quello di idoneità, [...], il secondo è quello di necessarietà, [...], il terzo è quello di Abwägung o di Proportionalität (proporzionalità in senso stretto)" (SANDULLI, Aldo. *La proporzionalità dell'azione amministrativa*. Padova: Cedam, 1998. p. 63-66). Ver também OLIVEIRA, José Roberto Pimenta. *Os princípios da razoabilidade e da proporcionalidade no direito administrativo brasileiro*. São Paulo: Malheiros, 2006. p. 50-58.

[5] "Assim, no exercício de seus deveres-poderes normativos, impõe-se que se utilize a Administração de meios idôneos, compatíveis, adequados ao alcance das finalidades abarcadas pela moldura legal. Demanda-se, pois, compatibilidade ou pertinência entre os meios utilizados e as finalidades a que juridicamente se encontram atreladas as normas editadas. Os meios devem propiciar o alcance do fim colimado, mostrando-se aptos para conduzir a sua implementação, oportunizando sua devida promoção" (OLIVEIRA, José Roberto Pimenta. *Os princípios da razoabilidade e da proporcionalidade no direito administrativo brasileiro*. São Paulo: Malheiros, 2006. p. 298).

Nas palavras precisas de Michel Fromont, o Estado "doit s'assurer que la mesure prise est susceptible d'atteindre l'objectif choisi".[6]

A finalidade do poder punitivo estatal é a prevenção da ocorrência de novas infrações. Assim, ao aplicar uma sanção administrativa, a Administração Pública pune o infrator para prevenir a ocorrência de futuras infrações. Essa finalidade preventiva tem em mira a pessoa do infrator (prevenção especial) e os demais membros da sociedade (prevenção geral): o infrator não mais praticará o ilícito por receio de receber nova sanção, além de servir como exemplo para os demais potenciais infratores. Ou ainda, como ensina Ángeles de Palma Del Teso, "la necesidad de la sanción administrativa deriva de fines preventivos, al objeto de evitar que el autor cometa en el futuro nuevas infracciones y confirmar a los ojos de la generalidad la vigencia de la norma jurídica".[7]

Sendo assim, a sanção administrativa só cumpre sua finalidade preventiva se for aplicada a quem age de modo doloso ou culposo. É dizer, se aplicada a quem pratica de modo consciente e voluntário a conduta típica (dolo), ou a quem pratica voluntariamente um comportamento lícito mas age com negligência, imperícia ou imprudência, causando resultado tipificado como infração administrativa (culpa *stricto sensu*).

Afinal, a finalidade preventiva só é atingida se do sujeito que sofre os efeitos da sanção fosse possível exigir conduta distinta da que foi praticada, evitando assim o resultado típico alcançado. Agindo com dolo, o indivíduo decide conscientemente praticar a conduta típica. Se escolhe agir dessa forma, pode também escolher agir de outra, servindo a sanção como estímulo à escolha que trilhe os caminhos da legalidade. No caso da conduta meramente culposa, em que o sujeito age com negligência, imperícia ou imprudência, também pode ser adotado modo de agir diverso, diligente e prudente, evitando-se assim a configuração do comportamento proibido. A sanção administrativa aplicada ao sujeito que age com dolo ou culpa serve como estímulo à mudança: se praticou deliberadamente a conduta típica, a sanção o estimula a não reincidir; se a praticou por negligência, imperícia ou imprudência, a sanção o incentiva a ser mais diligente e cuidadoso no seu agir. Previne-se, de tal maneira, a prática de novas infrações administrativas.

A situação é diferente se não há dolo ou culpa na ação do indivíduo. Ele não pratica a conduta típica de modo voluntário e consciente (dolo). Tampouco deixa de observar o dever de diligência exigido pela situação (culpa *stricto sensu*). Seu agir voluntário e consciente é voltado à prática de conduta lícita, e ele age com diligência em tal intento. Sendo assim, o comportamento exigido pelo ordenamento jurídico é atendido: o particular não pratica de modo voluntário e consciente a conduta típica e não age

---

[6] FROMONT, Michel. République Fédérale d'Allemagne: L'État de droit. *Revue du droit public et de la science politique en France et a l'étranger*, Paris, v. 1, p. 1.204-1.226, 1984. p. 1.214.

[7] PALMA DEL TESO, Ángeles de. *El principio de culpabilidad en el derecho administrativo sancionador*. Madri: Tecnos, 1996. p. 44. É também o entendimento de Celso Antônio Bandeira de Mello: "Evidentemente, a razão pela qual a lei qualifica certos comportamentos como infrações administrativas, e prevê sanções para quem nelas incorra, é a de desestimular a prática daquelas condutas censuradas ou constranger ao cumprimento das obrigatórias. Assim, o objetivo da composição das figuras infracionais e da correlata penalização é intimidar eventuais infratores, para que não pratiquem os comportamentos proibidos ou para induzir os administrados a atuarem na conformidade de regra que lhes demanda comportamento positivo. Logo, quando uma sanção é prevista e ao depois aplicada, o que se pretende com isto é tanto despertar em quem a sofreu um estímulo para que não reincida, quanto cumprir uma função exemplar para a sociedade" (BANDEIRA DE MELLO, Celso Antônio. *Curso de direito administrativo*. 37. ed. Belo Horizonte: Fórum, 2024. p. 736).

com negligência, imperícia ou imprudência. Mas não obstante a correção do seu agir, o resultado de sua ação é evento tipificado como infração administrativa. Pergunta-se: que função preventiva exerce a sanção administrativa em casos tais? Estimular o sujeito a não mais agir de modo lícito e diligente?

Sem dolo ou culpa, a aplicação da sanção administrativa não previne a ocorrência futura de comportamentos tipificados como infrações administrativas. O indivíduo que sem culpa praticou o comportamento típico não mudará seu modo de agir em face da imposição da sanção. E nem é possível exigir a mudança, pois nada de ilegal ou censurável havia em sua conduta: ele não desejou a conduta típica e tampouco agiu com negligência, imperícia ou imprudência. Logo, não há razão que justifique a imposição de uma medida sancionadora cujo propósito é estimular a mudança de comportamento do infrator.

Se não alcança sua finalidade preventiva, a sanção administrativa é medida inadequada nos casos em que não há dolo ou culpa *stricto sensu*. É inadequada em face da inaptidão para atingir seu fim, que é prevenir a ocorrência da conduta típica. Trata-se de medida inútil, portanto, como bem nota Ángeles de Palma Del Teso: "la pena proporcional a la culpabilidad es la única pena útil".[8] E complementa: "sólo la sanción sentida como adecuada, tanto por el que la soporta como por la sociedad, cumple su finalidad de prevención especial y general".[9]

Sendo medida inapta a atingir sua finalidade, a sanção administrativa imposta a quem age sem dolo ou culpa fere o subprincípio da adequação, corolário do princípio da proporcionalidade e, como tal, decorrência direta da opção constitucional por um Estado Democrático de Direito.[10]

Assim, o princípio da culpabilidade tem natureza constitucional, derivando diretamente do art. 1º da CF.[11] Como consequência, a sanção administrativa só pode ser aplicada a quem agiu com dolo ou culpa.[12] É a lição de José Roberto Pimenta Oliveira:

---

[8] PALMA DEL TESO, Ángeles de. *El principio de culpabilidad en el derecho administrativo sancionador*. Madri: Tecnos, 1996. p. 45.

[9] PALMA DEL TESO, Ángeles de. *El principio de culpabilidad en el derecho administrativo sancionador*. Madri: Tecnos, 1996. p. 148.

[10] "O Estado Democrático de Direito exclui o sancionamento punitivo dissociado da comprovação da culpabilidade. Não se pode admitir a punição apenas em virtude da concretização de uma ocorrência danosa material. Pune-se porque alguém agiu mal, de modo reprovável, em termos antissociais. A comprovação do elemento subjetivo é indispensável para a imposição da penalidade, ainda quando se possa pretender uma objetivação da culpabilidade em determinados casos" (JUSTEN FILHO, Marçal. *Curso de direito administrativo*. 15. ed. Rio de Janeiro: Forense, 2024. p. 360).

[11] "Os dispositivos dos quais deflui a culpabilidade são constitucionais e limitam o Direito Punitivo como um todo. Trata-se, nesse passo, de consagrar garantias individuais contra o arbítrio, garantias que se corporificam em direitos fundamentais da pessoa humana, os quais somente resultam protegidos se houver a segurança de que as pessoas não sejam atingidas por um poder sancionador autoritário, que despreze a subjetividade da conduta e a valoração em torno à exigibilidade de comportamento diverso, o que inclui o exame das clássicas excludentes penais, todas ligadas ao ideário de liberdade e dignidade humanas" (OSÓRIO, Fábio Medina. *Direito administrativo sancionador*. 7. ed. São Paulo: Revista dos Tribunais, 2020. p. 381).

[12] "Assim como no Direito Penal, o princípio da culpabilidade é um dos pilares do regime jurídico aplicável ao Direito Administrativo Sancionador. Segundo esse princípio, a aplicação da sanção administrativa – i.e., de um 'castigo' ou situação detrimentosa ao particular – depende da constatação de culpa em sentido lato. Ou seja, exige-se a prévia aferição de dolo (intenção de praticar ou assunção do risco de resultado) na conduta do administrado. Em outras palavras, exige-se a constatação de uma ação reprovável do ponto de vista subjetivo" (BINENBOJM, Gustavo. O direito administrativo sancionador e o estatuto constitucional do poder punitivo estatal. *Revista de Direito Administrativo Contemporâneo*, São Paulo, v. 11, p. 11-35, ago. 2014. p. 15).

Entende-se que, partindo da solução agasalhada por nosso ordenamento jurídico, tendo em vista os princípios jurídicos que delineiam o regime jurídico do *jus puniendi* em quaisquer de suas modalidades (penal e administrativa), é pressuposto da infração administrativa ter sido esta fruto de conduta dolosa ou culposa. A culpabilidade é traço inseparável do regime sancionatório. Afigura-se que a Constituição não autoriza a tese que admite a responsabilidade administrativa por base em conduta marcada apenas pela voluntariedade (qualificada pela consciência do ato e liberdade de eleger conduta diversa). É de se excluir qualquer caráter de responsabilidade objetiva no perfil da infração.[13]

A jurisprudência também adota esse entendimento, como revela o seguinte julgado do Superior Tribunal de Justiça – STJ:

> Pelo princípio da intranscendência das penas (art. 5º, inc. XLV, CR88), aplicável não só ao âmbito penal mas também a todo o Direito Sancionador, não é possível ajuizar execução fiscal em face do recorrente para cobrar multa aplicada em face de condutas imputáveis a seu pai. Isso porque a aplicação de penalidades administrativas não obedece à lógica da responsabilidade objetiva da esfera cível (para reparação dos danos causados), mas deve obedecer à sistemática da teoria da culpabilidade, ou seja, a conduta deve ser cometida pelo alegado transgressor, com demonstração do seu elemento subjetivo, e com demonstração do nexo causal entre a conduta e o dano.[14]

Em resumo: o princípio da culpabilidade tem natureza constitucional, integra o direito administrativo sancionador e veda a imposição de sanções administrativas a quem pratica ilícitos administrativos sem dolo e culpa.

3 A responsabilidade objetiva na Lei Anticorrupção: uma leitura compatível com a Constituição Federal

Como destacado ao início, a grande inovação da Lei nº 12.846/2013 é a previsão de que a responsabilidade das pessoas jurídicas pela prática dos atos nela tipificados é objetiva, tornando irrelevante, portanto, o elemento subjetivo – i.e., o dolo e a culpa do infrator.[15] É o que dispõe, sem meias palavras, o art. 2º da Lei Anticorrupção:

> Art. 2º As pessoas jurídicas serão responsabilizadas objetivamente, nos âmbitos administrativo e civil, pelos atos lesivos previstos nesta Lei praticados em seu interesse ou benefício, exclusivo ou não.

---

[13] OLIVEIRA, José Roberto Pimenta. *Os princípios da razoabilidade e da proporcionalidade no direito administrativo brasileiro*. São Paulo: Malheiros, 2006. p. 488-489.

[14] REsp nº 1.251.697/PR, Rel. Min. Mauro Campbell Marques, j. 12.4.2012. No mesmo sentido, REsp nº 1.640.243/SC, Rel. Min. Herman Benjamin, j. 7.3.2017; EREsp nº 1.318.051/RJ, Rel. Min. Mauro Campbell Marques, j. 8.5.2019.

[15] "As pessoas jurídicas alcançadas pelo âmbito de disciplina desta Lei serão responsabilizadas objetivamente pelos atos lesivos previstos nela, no âmbito administrativo e/ou civil, quando praticados em seu interesse ou benefício, mesmo não exclusivo. Isso significa que as pessoas jurídicas/empresas privadas – pois, repita-se, as empresas ou pessoas jurídicas públicas estão logicamente excluídas – respondem pelos atos praticados contra a administração independente de culpa, isto é, da imprudência, negligência ou imperícia. Ou seja, respondem, ainda que se culpa, pelo simples resultado contrário ao interesse da administração" (DIPP, Gilson; CASTILHO, Manoel L. Volkmer de. *Comentários sobre a Lei Anticorrupção*. São Paulo: Saraiva, 2016. p. 31).

O objetivo do legislador foi tornar mais simples e célere a punição das pessoas jurídicas por atos de corrupção,[16] tornando desnecessária a comprovação da culpa do infrator pela prática do ato ilícito, tarefa que pode se revelar complexa em grandes corporações empresariais, nas quais, "não raro, os atos ilícitos são praticados sem comando expresso e individual da pessoa jurídica e mesmo à sua revelia", nas palavras de Rogério Sanches Cunha e Renee do Ó Souza.[17]

Resta saber se é constitucional aplicar sanção administrativa em tais condições, à luz do princípio da culpabilidade.

Inicialmente, cabe separar a responsabilidade civil da responsabilidade administrativa, distinção da maior relevância presente no art. 2º da Lei nº 12.846/2013.

Em se tratando de responsabilidade civil, a finalidade da norma jurídica é garantir a reparação de um dano. Para tanto, admite-se, em hipóteses excepcionais previstas no ordenamento jurídico (Código Civil, art. 927, p. único), a responsabilidade objetiva do causador do dano, que estará obrigado a indenizar a vítima independentemente de dolo ou culpa. É o caso da responsabilidade de reparar os danos causados ao meio ambiente (Lei nº 6.938/1981, art. 14, §1º), como também a responsabilidade por atos de terceiros prevista no art. 933 do Código Civil, para citar alguns exemplos.

A Lei Anticorrupção criou uma nova hipótese legal de responsabilidade civil objetiva, prevendo que as pessoas jurídicas estarão obrigadas, mesmo sem culpa, a indenizar os danos causados pela prática dos atos descritos no seu art. 5º. Nas palavras de José Roberto Pimenta Oliveira, "houve expressa objetivação legal do dever indenizatório, em consonância com o art. 927, parágrafo único do Código Civil, através de competência legislativa exclusiva da União".[18]

Mas reitere-se: trata-se aqui de responsabilidade civil, cuja finalidade é ressarcitória. Não se está diante do poder punitivo estatal, exercido para punir o infrator que age de maneira reprovável, cuja finalidade, como já destacado, é prevenir a prática de novos ilícitos. Não incide aqui o regime jurídico punitivo e, mais especificamente, o princípio da culpabilidade. Assim, nada de inconstitucional há no art. 2º da Lei nº 12.846/2013, na parte em que prevê ser objetiva, "no âmbito civil", a responsabilidade das pessoas jurídicas que pratiquem atos lesivos à Administração Pública.

A situação é bastante distinta, no entanto, no caso da responsabilidade administrativa objetiva prevista na Lei Anticorrupção. Aqui há aplicação de sanção no exercício do poder punitivo estatal, sujeito, portanto, aos princípios do direito administrativo sancionador, dentre os quais o da culpabilidade – dotado, reitere-se, de natureza

---

[16] "Dúvida não pode haver de que o principal objetivo da Lei nº 12.846/2013 – a sua razão de existir – está na construção de mecanismos legislativos que determinem a responsabilização imediata de pessoas jurídicas, por meio da prévia definição normativa de sua responsabilidade objetiva caso se dê a prática de determinados atos por meio de seus funcionários, acionistas e diretores" (MOREIRA, Egon Bockmann; BAGATIN, Andreia Cristina. Lei Anticorrupção e quatro de seus principais temas. *Revista de Direito Público da Economia*, Belo Horizonte, v. 47, p. 55-84, jul./set. 2014. p. 59-60).

[17] CUNHA, Rogério Sanches; SOUZA, Renee do Ó. *Lei Anticorrupção Empresarial*. 5. ed. São Paulo: JusPodivm, 2023. p. 50.

[18] OLIVEIRA, José Roberto Pimenta. Comentários ao art. 2º. *In*: DI PIETRO, Maria Sylvia Zanella; MARRARA, Thiago (Coord.). *Lei Anticorrupção comentada*. 4. ed. Belo Horizonte: Fórum, 2024. p. 37. No mesmo sentido o entendimento de Ubirajara Costódio Filho ao comentar o art. 2º da Lei Anticorrupção: "o legislador, ao aprovar a Lei 12.846/2013, criou mais uma hipótese de responsabilidade civil objetiva no direito brasileiro" (COSTÓDIO FILHO, Ubirajara; SANTOS, José Anacleto Abduch; BERTONCINI, Mateus. *Comentários à Lei 12.846/2013*. 2. ed. São Paulo: Revista dos Tribunais, 2015. p. 89).

constitucional. Sendo assim, neste ponto a Lei nº 12.846/2013 revela-se inconstitucional, ao admitir a responsabilidade objetiva na seara do poder punitivo estatal.[19]

Como visto anteriormente, o princípio da culpabilidade garante que as sanções administrativas somente podem ser impostas a quem pratica a infração administrativa de maneira reprovável, com dolo ou culpa, pois do contrário a finalidade preventiva vinculada à competência punitiva não seria atingida. Isso vale também para as pessoas jurídicas, obviamente, como destaca Gustavo Binenbojm:

> Com efeito, a exigência constitucional de demonstração da culpa antes da imposição de sanções administrativas aplica-se também quando o infrator for pessoa jurídica. Não há norma na Constituição que permita concluir em sentido diverso. Também por força da cláusula do Estado Democrático de Direito e do princípio da proporcionalidade, bem como da interpretação sistemática do art. 5º, XLV e XLVI da CF/1988, a aferição do elemento subjetivo é exigível mesmo quando a punição se dirige a uma pessoa jurídica.[20]

A vontade da pessoa jurídica é fruto da manifestação de vontade das pessoas físicas a ela integradas.[21] Imputa-se à pessoa jurídica a atuação das pessoas físicas que a integram, de modo que a vontade da pessoa física é tida como sendo a vontade da pessoa jurídica. Não há duas vontades, mas uma só.[22] E é assim também para as infrações, como destaca Marçal Justen Filho: "as infrações, ainda quando imputadas a pessoas jurídicas, são consumadas por meio da conduta de uma ou mais pessoas físicas".[23]

Para que se configure a infração administrativa, a pessoa física que age em nome da pessoa jurídica deve praticar a conduta ilícita com dolo ou culpa *stricto sensu*. Se age assim, descumprindo um dever imposto à pessoa jurídica, imputa-se a esta a má conduta praticada, devendo-se-lhe impor a correspondente sanção administrativa.

---

[19] Em sentido contrário, confira-se a opinião de José Roberto Pimenta Oliveira: "entende-se constitucional a estrutura da denominada 'responsabilização administrativa' objetiva desenhada na Lei nº 12.846. A caracterização atual da corrupção como fenômeno local, nacional, regional e internacional fornece razões substanciais para o aperfeiçoamento institucional da estrutura jurídico-institucional de punição de atos corruptivos no direito brasileiro, autorizando a válida aplicação do critério de responsabilização civil *stricto sensu* para o domínio punitivo" (OLIVEIRA, José Roberto Pimenta. Comentários ao art. 2º. *In*: DI PIETRO, Maria Sylvia Zanella; MARRARA, Thiago (Coord.). *Lei Anticorrupção comentada*. 4. ed. Belo Horizonte: Fórum, 2024. p. 64).

[20] BINENBOJM, Gustavo. O direito administrativo sancionador e o estatuto constitucional do poder punitivo estatal. *Revista de Direito Administrativo Contemporâneo*, São Paulo, v. 11, p. 11-35, ago. 2014. p. 29. Distinto, ainda que não totalmente, é o entendimento de Fábio Medina Osório: "No plano do Direito Administrativo Sancionador, pode-se dizer que a culpabilidade é uma exigência genérica, de caráter constitucional, que limita o Estado na imposição de sanções a pessoas físicas. Não se trata de exigência que alcance também as pessoas jurídicas, com o mesmo alcance. Pode-se sinalizar que a culpabilidade das pessoas jurídicas remete à evitabilidade do fato e aos deveres de cuidado objetivos que se apresentam encadeados na relação causal. É por aí que passa a culpabilidade" (OSÓRIO, Fábio Medina. *Direito administrativo sancionador*. 7. ed. São Paulo: Revista dos Tribunais, 2020. p. 414).

[21] "Impossibilitadas de agir por si próprias, com efeito, as pessoas colectivas só podem proceder por intermédio de certas pessoas físicas cujos actos praticados em nome e no interesse da pessoa colectiva (e no âmbito dos poderes que lhes são atribuídos) irão produzir as suas conseqüências na esfera jurídica dessa mesma pessoa" (ANDRADE, Manuel A. Domingues de. *Teoria geral da relação jurídica*. Coimbra: Almedina, 1992. v. I. p. 114-115).

[22] "O gerente, diretor ou administrador é um órgão da sociedade comercial, Existe, neste particular, perfeita identificação entre a pessoa jurídica e a pessoa física. [...]. A sociedade comercial, como pessoa jurídica, não se faz representar, mas se faz presente pelo seu órgão, como esclarece Pontes de Miranda" (REQUIÃO, Rubens. *Curso de direito comercial*. São Paulo: Saraiva, 1995. v. 1. p. 312).

[23] JUSTEN FILHO, Marçal. *Curso de direito administrativo*. 15. ed. Rio de Janeiro: Forense, 2024. p. 362.

É dizer, imputa-se à pessoa jurídica o dolo ou a culpa da pessoa física que manifesta sua vontade. Daí afirmar Blanca Lozano que a exigência de culpabilidade, no caso das pessoas jurídicas, deve se referir "a los titulares de sus órganos, a través de los cuales actúa". Ou seja: "la culpa de la entidad será así la culpa de sus administradores".[24]

Para aplicar as sanções administrativas previstas na Lei nº 12.846/2013, portanto, é preciso demonstrar que a pessoa física que praticou a infração em nome da pessoa jurídica agiu de maneira censurável, podendo agir de maneira diversa. Considerando-se a descrição dos ilícitos no art. 5º da Lei Anticorrupção, a pessoa física necessariamente terá de ter agido com dolo, atribuindo-se então essa conduta dolosa à pessoa jurídica, que sofrerá, consequentemente, os efeitos das sanções administrativas previstas no diploma legal. É a lição de Marçal Justen Filho:

> Consumada a infração em virtude da conduta reprovável de um ou mais indivíduos, poderá produzir-se a responsabilização de pessoa jurídica. Essa responsabilização será "objetiva", na acepção de que bastará a existência de um vínculo jurídico com a pessoa infratora. Configurar-se-á a responsabilidade objetiva da pessoa jurídica se o indivíduo que cometeu a infração for a ela relacionado, ainda que não na qualidade de administrador ou representante.[25]

Essa é a interpretação da Lei nº 12.846/2013 compatível com a Constituição Federal: a responsabilidade administrativa é objetiva não porque prescinda do elemento subjetivo, mas sim em razão do vínculo da pessoa jurídica com a pessoa física infratora que, agindo necessariamente com dolo, pratica o ato ilícito no interesse e em benefício da primeira, "exclusivo ou não", segundo o art. 2º.

Obviamente, enquadram-se em tal condição as pessoas físicas que compõem os órgãos decisórios da pessoa jurídica – assembleia geral, conselho de administração, diretoria, gerência etc. – e, assim, dispõem de poderes para manifestar a vontade do ente social. Nesses casos, a atuação dolosa da pessoa física é tida como atuação dolosa da pessoa jurídica, que assim responderá pela sanção administrativa, nos termos da Lei nº 12.846/2013.

---

[24] LOZANO, Blanca. La responsabilidad de la persona jurídica en el ámbito sancionador administrativo. *Revista de administración pública*, Madrid, v. 129, p. 211-239, set./dez. 1992. p. 226. No mesmo sentido, ensina Heraldo Garcia Vitta: "nos entes coletivos, como são as pessoas jurídicas, exige-se o dolo ou a culpa das pessoas (físicas) encarregadas de agir por elas, ou em nome delas; as sanções, que são consequências da ilicitude realizada pelas pessoas físicas, recairão nos próprios entes (pessoas jurídicas)" (VITTA, Heraldo Garcia. *A sanção no direito administrativo*. São Paulo: Malheiros, 2003. p. 51).

[25] JUSTEN FILHO, Marçal. *Curso de direito administrativo*. 15. ed. Rio de Janeiro: Forense, 2024. p. 362. Com fundamento distinto, mas conclusão semelhante, Maurício Zockun defende o seguinte entendimento, após concluir que todos os atos ilícitos descritos no art. 5º da Lei nº 12.846/2013 demandam comportamento doloso do infrator: "Só há uma possibilidade de preservar o texto da lei com esta disposição [que prevê a responsabilização objetiva da pessoa jurídica]. Conceber a existência de duas normas jurídicas que, conjugadas, fazem nascer a referida responsabilização. Uma primeira norma dispositiva do cometimento do ilícito, necessariamente vinculado ao comportamento subjetivo do agente faltoso; e, por agente faltoso, considere-se a pessoa natural que, representando a pessoa jurídica, pratica o ilícito. Uma segunda norma prevendo a responsabilização objetiva da pessoa jurídica tendo por pressuposto o ilícito cometido. Assim, o nascimento do ilícito é apurado segundo o comportamento do agente. Uma vez ocorrido este ilícito, deflagra-se a responsabilização objetiva da pessoa jurídica" (ZOCKUN, Maurício. Comentários ao art. 1º. *In*: DI PIETRO, Maria Sylvia Zanella; MARRARA, Thiago (Coord.). *Lei Anticorrupção comentada*. 4. ed. Belo Horizonte: Fórum, 2024. p. 22).

Esse é o alcance, vale mencionar, da responsabilidade penal e administrativa das pessoas jurídicas por crimes e infrações ambientais, autorizada pelo art. 225, §3º da Constituição Federal. Com efeito, o art. 3º da Lei nº 9.605/1998 dispõe que as pessoas jurídicas respondem pelos crimes e infrações administrativas praticados "por decisão do seu representante legal ou contratual, ou de seu órgão colegiado".[26]

Já nos casos em que o infrator não integra órgão decisório da pessoa jurídica, há que se verificar, no caso concreto, i) se a pessoa física, com ou sem poderes de representação, agiu ilicitamente com o conhecimento dos órgãos decisórios da pessoa jurídica (dolo), ou ii) se os órgãos da pessoa jurídica tinham condições de evitar a prática do ilícito e não o fizeram (culpa).[27] Configurada qualquer uma dessas hipóteses, a pessoa jurídica sofrerá os efeitos da sanção administrativa.

Por outro lado, se a pessoa física infratora praticou o ato ilícito sem o conhecimento dos órgãos decisórios da pessoa jurídica e num contexto em que não era possível a esses órgãos decisórios evitar a prática da infração, não haverá vínculo que justifique a responsabilização administrativa prevista na Lei nº 12.846/2013. Tratar-se-ia, aqui, de responsabilização administrativa por fato de terceiro, incompatível com o princípio da culpabilidade.[28]

Enfim, é preciso reconhecer que atos de corrupção poderão ser praticados à revelia dos órgãos decisórios da pessoa jurídica e mesmo que nela sejam adotados e implementados rigorosos sistemas de *compliance*.[29] Em tais situações, aplicar a sanção administrativa

---

[26] Em julgamento a respeito da responsabilidade penal das pessoas jurídicas por crime ambiental, o Supremo Tribunal Federal, ainda que reconhecendo ser desnecessária a dupla imputação na denúncia (pessoa jurídica e pessoa física), esclareceu o seguinte no acórdão do julgamento: "Em suma, é necessário verificar, ao longo da investigação ou do procedimento penal, se o ato apontado como lesivo decorreu do processo normal de deliberação interna da corporação, se o círculo decisório interno ao ente coletivo foi observado, ou se houve aceitação da pessoa jurídica, no sentido da ciência, pelos órgãos internos de deliberação, do que se estava a cometer e da aceitação, ou absoluta inércia para impedi-lo, o que dependerá da organização de cada empresa" (RE nº 548.181/PR, Rel. Min. Rosa Weber, j. 6.8.2013).

[27] Como ensina Marçal Justen Filho, para a responsabilização da pessoa jurídica, no âmbito da Lei nº 12.846/2013, "é indispensável existir um vínculo que permitisse à pessoa jurídica controlar a conduta do indivíduo infrator, especificamente para adotar as providências necessárias a impedir a prática da infração" (JUSTEN FILHO, Marçal. *Curso de direito administrativo*. 15. ed. Rio de Janeiro: Forense, 2024. p. 362).

[28] "La responsabilidad de la persona jurídica por acto de agente que haya actuado sin poderes de representación o sin autorización superior solamente podría ocurrir con la comprobación de la efectiva culpa de la persona jurídica. De lo contrario, se estaría responsabilizando objetivamente la persona jurídica por acto de tercero, lo que es flagrantemente inconstitucional" (GABARDO, Emerson; CASTELLA, Gabriel Morettini e. La nueva ley anticorrupción brasileña: aspectos controvertidos y los mecanismos de responsabilización de las personas jurídicas. *Revista eurolatinoamericana de derecho administrativo*, Santa Fé, v. 2, p. 71-88, jan./jun. 2015. p. 76). Em sentido semelhante, ver COSTÓDIO FILHO, Ubirajara; SANTOS, José Anacleto Abduch; BERTONCINI, Mateus. *Comentários à Lei 12.846/2013*. 2. ed. São Paulo: Revista dos Tribunais, 2015. p. 91-95.

[29] "Todavia e ainda que sejam estabelecidos firmes parâmetros de conduta a serem observados por todos os funcionários e diretores de uma pessoa jurídica, fato é que se torna impossível extinguir os casos de corrupção. Seria ilusório pensar-se que, depois da instalação da racionalidade empresarial anticorrupção, os desvios não mais existirão. Essa certeza não se dará, pois sempre haverá um ou outro indivíduo que, muito embora bem instruído e supervisionado, não resistirá à tentação e cederá às promessas faustianas do ganho presente (e lamúria futura)" (MOREIRA, Egon Bockmann; BAGATIN, Andreia Cristina. Lei Anticorrupção e quatro de seus principais temas. *Revista de Direito Público da Economia*, Belo Horizonte, v. 47, p. 55-84, jul./set. 2014. p. 68). Para os autores, contudo, mesmo nesses casos em que a pessoa jurídica tenha adotado "firmes parâmetros de conduta", cabe puni-la com sanção administrativa na hipótese de ser praticado ato ilícito descrito no art. 5º da Lei nº 12.846/2013. Mais adequado parece ser o entendimento de Maurício Zockun: "se a pessoa jurídica adotou os meios à sua disposição e aptos para pretender evitar a prática da ilicitude pelas pessoas capazes de cometer as ilicitudes prescritas no art. 5º da Lei e, ademais, o programa de integridade edificado estava em efetivo funcionamento e era idôneo, qualificado e apto a prevenir, mapear e investigar a ilicitude (não sendo, por assim

à pessoa jurídica representaria clara violação ao princípio da culpabilidade, eis que a ela não poderia ser atribuído qualquer comportamento reprovável, de maneira que a medida punitiva não seria adequada à sua finalidade preventiva.

4 Conclusão

A Lei nº 12.846/2013 desempenha papel relevantíssimo no ordenamento jurídico brasileiro, reforçando o combate à corrupção e à prática de atos lesivos à Administração Pública.

No entanto, por mais louvável que seja o propósito da Lei nº 12.846/2013, não é possível admitir que sua aplicação acabe por corromper os princípios do direito administrativo sancionador e, muito especialmente, o princípio da culpabilidade, que veda a imposição de sanções administrativas a quem pratica a infração sem dolo ou culpa.

É preciso, assim, dar à Lei nº 12.846/2013 interpretação compatível com a Constituição Federal, não afastando o elemento subjetivo como condição para a aplicação das sanções administrativas nela previstas, nos termos acima expostos.

Referências

ANDRADE, Manuel A. Domingues de. *Teoria geral da relação jurídica*. Coimbra: Almedina, 1992. v. I.

BANDEIRA DE MELLO, Celso Antônio. *Curso de direito administrativo*. 37. ed. Belo Horizonte: Fórum, 2024.

BINENBOJM, Gustavo. O direito administrativo sancionador e o estatuto constitucional do poder punitivo estatal. *Revista de Direito Administrativo Contemporâneo*, São Paulo, v. 11, p. 11-35, ago. 2014.

CANOTILHO, José Joaquim Gomes. *Direito constitucional e Teoria das Constituições*. 3. ed. Coimbra: Almedina, 1998.

COSTÓDIO FILHO, Ubirajara; SANTOS, José Anacleto Abduch; BERTONCINI, Mateus. *Comentários à Lei 12.846/2013*. 2. ed. São Paulo: Revista dos Tribunais, 2015.

CUNHA, Rogério Sanches; SOUZA, Renee do Ó. *Lei Anticorrupção Empresarial*. 5. ed. São Paulo: JusPodivm, 2023.

DI PIETRO, Maria Sylvia Zanella; MARRARA, Thiago (Coord.). *Lei Anticorrupção comentada*. 4. ed. Belo Horizonte: Fórum, 2024.

DIPP, Gilson; CASTILHO, Manoel L. Volkmer de. *Comentários sobre a Lei Anticorrupção*. São Paulo: Saraiva, 2016.

FROMONT, Michel. République Fédérale d'Allemagne: L'État de droit. *Revue du droit public et de la science politique en France et a l'étranger*, Paris, v. 1, p. 1.204-1.226, 1984.

GABARDO, Emerson; CASTELLA, Gabriel Morettini e. La nueva ley anticorrupción brasileña: aspectos controvertidos y los mecanismos de responsabilización de las personas jurídicas. *Revista eurolatinoamericana de derecho administrativo*, Santa Fé, v. 2, p. 71-88, jan./jun. 2015.

JUSTEN FILHO, Marçal. *Curso de direito administrativo*. 15. ed. Rio de Janeiro: Forense, 2024.

---

dizer, um programa de integridade 'para inglês ver'), rompe-se o nexo causal justificador dessa transmissão [da sanção para a pessoa jurídica]. Afinal, o direito não pode exigir o impossível que, uma vez não alcançado, viabiliza a transmissão da sanção" (ZOCKUN, Maurício. Comentários ao art. 1º. *In*: DI PIETRO, Maria Sylvia Zanella; MARRARA, Thiago (Coord.). *Lei Anticorrupção comentada*. 4. ed. Belo Horizonte: Fórum, 2024. p. 23-24).

LOZANO, Blanca. La responsabilidad de la persona juridica en el ámbito sancionador administrativo. *Revista de administración pública*, Madrid, v. 129, p. 211-239, set./dez. 1992.

MELLO, Rafael Munhoz de. *Princípios constitucionais de direito administrativo sancionador*: as sanções administrativas à luz da Constituição Federal de 1988. São Paulo: Malheiros, 2007.

MOREIRA, Egon Bockmann; BAGATIN, Andreia Cristina. Lei Anticorrupção e quatro de seus principais temas. *Revista de Direito Público da Economia*, Belo Horizonte, v. 47, p. 55-84, jul./set. 2014.

OLIVEIRA, José Roberto Pimenta. Comentários ao art. 2º. *In*: DI PIETRO, Maria Sylvia Zanella; MARRARA, Thiago (Coord.). *Lei Anticorrupção comentada*. 4. ed. Belo Horizonte: Fórum, 2024.

OLIVEIRA, José Roberto Pimenta. *Os princípios da razoabilidade e da proporcionalidade no direito administrativo brasileiro*. São Paulo: Malheiros, 2006.

OSÓRIO, Fábio Medina. *Direito administrativo sancionador*. 7. ed. São Paulo: Revista dos Tribunais, 2020.

PALMA DEL TESO, Ángeles de. *El principio de culpabilidad en el derecho administrativo sancionador*. Madri: Tecnos, 1996.

REQUIÃO, Rubens. *Curso de direito comercial*. São Paulo: Saraiva, 1995. v. 1.

SANDULLI, Aldo. *La proporzionalità dell'azione amministrativa*. Padova: Cedam, 1998.

VITTA, Heraldo Garcia. *A sanção no direito administrativo*. São Paulo: Malheiros, 2003.

ZOCKUN, Maurício. Comentários ao art. 1º. *In*: DI PIETRO, Maria Sylvia Zanella; MARRARA, Thiago (Coord.). *Lei Anticorrupção comentada*. 4. ed. Belo Horizonte: Fórum, 2024. p. 15-25.

Informação bibliográfica deste texto, conforme a NBR 6023:2018 da Associação Brasileira de Normas Técnicas (ABNT):

MELLO, Rafael Munhoz de. O princípio da culpabilidade e a (in)constitucionalidade da responsabilidade objetiva na Lei Anticorrupção. *In*: JUSTEN, Monica Spezia; PEREIRA, Cesar; JUSTEN NETO, Marçal; JUSTEN, Lucas Spezia (coord.). *Uma visão humanista do Direito*: homenagem ao Professor Marçal Justen Filho. Belo Horizonte: Fórum, 2025. v. 1, p. 871-881. ISBN 978-65-5518-918-6.

A EVOLUÇÃO DA PRESCRIÇÃO NA JURISPRUDÊNCIA DO TRIBUNAL DE CONTAS DA UNIÃO

RICARDO BARRETTO DE ANDRADE

FLÁVIA TAPAJÓS TEIXEIRA

1 Introdução

A prescrição é o instituto que confere segurança jurídica e estabilidade às relações jurídicas, impedindo que a pretensão punitiva do Estado se perpetue indefinidamente.

A segurança jurídica, por sua vez, somente pode ser alcançada quando são assegurados os "ideais de cognoscibilidade, confiabilidade e calculabilidade. Isto é, há segurança jurídica quando é possível (i) conhecer o direito; (ii) confiar nas instituições públicas e (iii) prever as consequências jurídicas do comportamento".[1]

Segundo Di Pietro, a segurança jurídica

> tem muita relação com a ideia de respeito à boa-fé. Se a Administração adotou determinada interpretação como a correta e a aplicou a casos concretos, não pode depois vir a anular atos anteriores, sob o pretexto de que os mesmos foram praticados com base em errônea interpretação.[2]

É fato que o entendimento do TCU acerca da prescrição das pretensões punitiva e ressarcitória sofreu diversas alterações ao longo dos anos, bem como passou por períodos de entendimento divergente em relação à jurisprudência da Suprema Corte.

Com a publicação da Resolução nº 344/2022, os prazos prescricionais restaram delineados e em consonância com o entendimento firmado pelo STF, em especial no Recurso Extraordinário nº 636.886 (Tema nº 899 da Repercussão Geral) e na Ação Direta de Inconstitucionalidade nº 5.509. No entanto, para entender o caminho percorrido pelo

---

[1] ANASTASIA, Antônio Augusto Junho. A insegura segurança jurídica. *Revista do TCU*, n. 150, 2022. Disponível em: https://revista.tcu.gov.br/ojs/index.php/RTCU/article/view/1920. Acesso em: 14 jul. 2024.

[2] DI PIETRO, Maria Sylvia Zanella. *Direito administrativo*. 33. ed. Rio de Janeiro: Forense, 2020.

TCU até a publicação do referido normativo, o presente artigo busca mapear e analisar os principais julgados da Corte de Contas e, consequentemente, os entendimentos firmados até o presente.

Com este trabalho, que não possui a pretensão de esgotar o tema, o que se pretende é identificar como o entendimento do TCU sobre o prazo prescricional, a partir de influências do entendimento do STF, avançou ao longo dos últimos anos e quais teses foram defendidas e aplicadas até o momento.

2 Fundamentos da prescrição administrativa

Antes de adentrar na análise da jurisprudência por meio da qual o TCU firmou seu entendimento sobre prescrição, é importante explorar alguns conceitos relevantes, como o instituto da prescrição punitiva no direito administrativo brasileiro, a distinção entre prescrição ordinária e prescrição intercorrente e a distinção entre a prescrição da pretensão punitiva e a prescrição da pretensão ressarcitória.

2.1 A prescrição no direito administrativo brasileiro

Tal como a decadência, a prescrição é instituto fundamental da ordem jurídica, que contribui para efetivar o princípio da estabilidade das relações jurídicas, ou, como se tem intitulado, o princípio da segurança jurídica.[3]

Para Dantas e Santos, a prescrição consiste em um instrumento de direito material criado com a finalidade de impedir que as relações sociojurídicas perdurem indefinidamente no tempo.[4]

Como ensina Di Pietro, a prescrição administrativa estabelece, "de um lado, a perda do prazo para recorrer de decisão administrativa; de outro, significa a perda do prazo para que a Administração reveja os próprios atos; finalmente, indica a perda do prazo para aplicação de penalidades administrativas".[5]

De acordo com o art. 54 da Lei nº 9.784/99, "o direito da Administração de anular os atos administrativos de que decorram efeitos favoráveis para os destinatários decai em 5 (cinco) anos, contados da data em que foram praticados, salvo se comprovada má-fé".

Quando se trata de punição decorrente do exercício do poder de polícia, a Lei nº 9.873/99 dispõe em seu art. 1º:

> prescreve em cinco anos a ação punitiva da Administração Pública Federal, direta e indireta, no exercício do poder de polícia, objetivando apurar infração à legislação em vigor, contados da data da prática do ato ou, no caso de infração permanente ou continuada, do dia em que tiver cessado.

---

[3] CARVALHO FILHO, José dos Santos. *Manual de Direito Administrativo*. 34. ed. São Paulo: Atlas, 2020.

[4] DANTAS, Bruno; SANTOS, Caio Victor Ribeiro. Notas sobre a prescrição no Tribunal de Contas da União: a prescrição da pretensão punitiva do Estado nos processos de competência do TCU. *Revista Jurídica (FURB)*, Blumenau, v. 23, n. 52, 2019.

[5] DI PIETRO, Maria Sylvia Zanella. *Direito administrativo*. 33. ed. Rio de Janeiro: Forense, 2020.

2.2 Prescrição ordinária e prescrição intercorrente

A prescrição é "regra geral de ordem pública, inserida no ordenamento pátrio a fim de evitar que situações jurídicas se perpetuem no tempo, de modo a preservar a segurança jurídica das relações regidas pela ciência do Direito".[6] Segundo Rubin, pode-se conceituar o instituto da seguinte forma:

> [...] é um instituto de direito material, mas que ganhou importância na esfera processual desde o advento da Lei 11.280/2006, que permitiu ao juiz decretar a prescrição de ofício. Seu escopo é impedir o exame de mérito, caso o autor tenha retardado em demasia o tempo para ingresso com demanda judicial. Não impede propriamente o ajuizamento da demanda, mas sim impede a pretensão a um juízo de mérito, em razão do reconhecimento de uma prejudicial, a qual determina a extinção do feito como se o mérito houvesse sido enfrentado.[7]

Assim, no que se refere à prescrição ordinária, seu reconhecimento ocorre no bojo do processo, porém não por causas processuais, e, sim, por um fato material.

Já a prescrição intercorrente é aquela que se consuma no curso de um processo administrativo por inércia da Administração. De acordo com Marçal Justen Filho, "a demora na conclusão do processo deve conduzir à sua extinção, com o consequente exaurimento do poder-dever titularizado pela Administração relativamente à questão concreta".[8]

Importante destacar que, para Marçal Justen Filho, a expressão "prescrição administrativa" é terminologia impropriamente utilizada "para indicar a extinção do direito de a Administração promover as medidas administrativas necessárias à defesa de seus direitos e interesses".[9] Em sua concepção, trata-se de decadência:

> No direito brasileiro, essa hipótese configura um caso de decadência. A prescrição administrativa é uma figura relacionada com o contencioso administrativo, que não é adotado no Brasil. A perda de direitos em virtude da ausência tempestiva do seu exercício no relacionamento direto entre Administração e particular não configura hipótese de prescrição. Assim se passa porque não se trata da ausência de exercício do direito de ação, mas do não exercício de direitos e poderes de direito material. Portanto, trata-se de hipótese de decadência, não de prescrição.[10]

Indo além, em voto proferido no TCU, o Ministro Benjamin Zymler[11] salientou que as causas interruptivas da prescrição ordinária e da prescrição intercorrente são

---

6 ZELINSKI, Renata Brindaroli. O reconhecimento da prescrição no âmbito dos tribunais de contas. *Revista do Ministério Público de Contas do Estado do Paraná*, v. 2, n. 2, p. 1-26, 2015. Disponível em: https://revista.mpc.pr.gov.br/index.php/RMPCPR/article/view/56/55. Acesso em: 17 ago. 2024.

7 RUBIN, Fernando. A aplicação processual do instituto da prescrição. *Revista Dialética de Direito Processual*, v. 105, p. 9-25, 2011.

8 JUSTEN FILHO, Marçal. *Curso de direito administrativo*. 14. ed. São Paulo: Revista dos Tribunais, 2023. p. 1543.

9 JUSTEN FILHO, Marçal. *Curso de direito administrativo*. 14. ed. São Paulo: Revista dos Tribunais, 2023. p. 1523.

10 JUSTEN FILHO, Marçal. *Curso de direito administrativo*. 14. ed. São Paulo: Revista dos Tribunais, 2023. p. 1523.

11 BRASIL. Tribunal de Contas da União. *Acórdão nº 534/2023* – Plenário. Rel. Benjamin Zymler, DF: TCU, 22 mar. 2023. Disponível em: https://pesquisa.apps.tcu.gov.br/documento/acordao-completo/534%252F2023/%2520DT RELEVANCIA%2520desc%252C%2520NUMACORDAOINT%2520desc/0. Acesso em: 13 jul. 2024.

distintas, porém a diferença é muito sutil. A prescrição intercorrente se diferencia por possuir causas essencialmente processuais, ocorrendo no âmbito da movimentação regular dos autos.

3 Histórico: a construção jurisprudencial do STF e do TCU sobre o tema da prescrição

Antes de apresentar o histórico de entendimentos já firmados pela Corte de Contas a respeito do tema, convém apresentar uma breve diferenciação entre a prescrição da pretensão punitiva e a prescrição da pretensão ressarcitória, dado que são tratadas de formas muito diferentes ao longo da evolução da jurisprudência.

Enquanto a primeira se refere ao período determinado para que o TCU aplique sanções aos jurisdicionados, a segunda se refere à imputação de débito às pessoas físicas ou jurídicas responsáveis por bens e recursos públicos, para fins de ressarcimento ao erário.

Desde já, é importante mencionar que, mesmo durante o período em que o tema da imprescritibilidade configurou um debate relevante no âmbito do TCU, não havia sentido em sustentar a tese de imprescritibilidade para todos os processos de controle externo, haja vista que nem todos os procedimentos objetivam ressarcir o erário, dado que muitos não culminam na imputação de débito, destinando-se tão somente à aplicação de sanções em decorrência da prática de supostos atos ilegítimos.

3.1 Evolução do entendimento do STF

No âmbito do Supremo Tribunal Federal, um dos marcos que inaugurou o entendimento acerca da imprescritibilidade foi o julgamento do Mandado de Segurança nº 26.210, de relatoria do Ministro Ricardo Lewandowski, quando se decidiu que a pretensão de reparação de danos ao erário seria imprescritível, com fundamento estrito no art. 37, §5º, da CF:[12]

> MANDADO DE SEGURANÇA. TRIBUNAL DE CONTAS DA UNIÃO. BOLSISTA DO CNPq. DESCUMPRIMENTO DA OBRIGAÇÃO DE RETORNAR AO PAÍS APÓS TÉRMINO DA CONCESSÃO DE BOLSA PARA ESTUDO NO EXTERIOR. RESSARCIMENTO AO ERÁRIO. INOCORRÊNCIA DE PRESCRIÇÃO. DENEGAÇÃO DA SEGURANÇA. I – O beneficiário de bolsa de estudos no exterior patrocinada pelo Poder Público, não pode alegar desconhecimento de obrigação constante no contrato por ele subscrito e nas normas do órgão provedor. II – Precedente: MS 24.519, Rel. Min. Eros Grau. III – Incidência, na espécie, do disposto no art. 37, §5º, da Constituição Federal, no tocante à alegada prescrição. IV – Segurança denegada.

---

[12] BRASIL. Supremo Tribunal Federal. *MS 26210*. Rel. Ricardo Lewandowski, Tribunal Pleno, julgado em 04.9.2008. Disponível em: chrome-extension://efaidnbmnnnibpcajpcglclefindmkaj/https://redir.stf.jus.br/paginadorpub/paginador.jsp?docTP=AC&docID=553769. Acesso em: 14 ago. 2024.

Ao rechaçar a tese de prescrição suscitada pela parte impetrante, o STF entendeu que o processo de tomada de contas especial possui os objetivos de identificar responsáveis por danos ao erário e de determinar o ressarcimento dos valores apurados. Ainda, entendeu que não apenas os agentes públicos estariam sujeitos à imprescritibilidade, mas também os particulares que de algum modo tenham concorrido para a prática de desfalques em desfavor do erário.

Contudo, essa posição foi sendo historicamente mitigada pela Corte, conforme apontou o Ministro Edson Fachin no voto proferido na ADI nº 5.509,[13] mencionando os Recursos Extraordinários nº 669.069 e nº 852.475 (Tema nº 897) e nº 636.886 (Tema nº 899).

O primeiro caso corresponde a recurso extraordinário interposto pela União em face de decisão do Tribunal Regional Federal da 1ª Região, que reconheceu estar prescrita ação de ressarcimento de danos materiais promovida por conta de acidente de trânsito.

Na oportunidade, a União alegou infringência ao art. 37, §5º, da CF, afirmando:

> ainda quando direcionadas contra particulares, as ações de ressarcimento ajuizadas em nome do patrimônio público estariam ressalvadas da prescrição, pois o dispositivo constitucional em questão estaria impregnado de noções de supremacia e de indisponibilidade do interesse público.[14]

Em seu voto, o Ministro Relator Teori Zavascki explicitou a necessidade de delimitar a interpretação do art. 37, §5º, da CF/88, de forma mais restritiva:

> Todavia, não é adequado embutir na norma de imprescritibilidade um alcance ilimitado, ou limitado apenas pelo (a) conteúdo material da pretensão a ser exercida – o ressarcimento – ou (b) pela causa remota que deu origem ao desfalque no erário – um ato ilícito em sentido amplo. O que se mostra mais consentâneo com o sistema de direito, inclusive o constitucional, que consagra a prescritibilidade como princípio, é atribuir um sentido estrito aos ilícitos de que trata o §5º do art. 37 da Constituição Federal, afirmando como tese de repercussão geral a de que a imprescritibilidade a que se refere o mencionado dispositivo diz respeito apenas a ações de ressarcimento de danos decorrentes de ilícitos tipificados como de improbidade administrativa e como ilícitos penais.[15]

Já o segundo caso corresponde a recurso extraordinário interposto em ação de improbidade administrativa em que se pleiteia a aplicação das sanções previstas no art. 12, incs. II e III, da Lei nº 8.429/1992 (Lei de Improbidade Administrativa), inclusive o ressarcimento de danos. O Tribunal de Justiça do Estado de São Paulo deu provimento ao recurso de apelação e reconheceu a ocorrência de prescrição quanto aos réus ex-servidores públicos.

---

[13] BRASIL. Supremo Tribunal Federal. *ADI 5509*. Rel. Edson Fachin, Tribunal Pleno, julgado em 11.11.2021. Disponível em: chrome-extension://efaidnbmnnnibpcajpcglclefindmkaj/https://redir.stf.jus.br/paginadorpub/paginador.jsp?docTP=TP&docID=759335445. Acesso em: 17 ago. 2024.

[14] BRASIL. Supremo Tribunal Federal. *RE 669069*. Rel. Teori Zavascki, Tribunal Pleno, julgado em 04.9.2008. Disponível em: chrome-extension://efaidnbmnnnibpcajpcglclefindmkaj/https://portal.stf.jus.br/processos/downloadPeca.asp?id=309826252&ext=.pdf. Acesso em: 14 ago. 2024.

[15] BRASIL. Supremo Tribunal Federal. *RE 669069*. Rel. Teori Zavascki, Tribunal Pleno, julgado em 04.9.2008. Disponível em: chrome-extension://efaidnbmnnnibpcajpcglclefindmkaj/https://portal.stf.jus.br/processos/downloadPeca.asp?id=309826252&ext=.pdf. Acesso em: 14 ago. 2024.

No julgamento, fixou-se a tese de que "são imprescritíveis as ações de ressarcimento ao erário fundadas na prática de ato doloso tipificado na Lei de Improbidade Administrativa" (Tema nº 897). A redação do acórdão esclareceu a questão da seguinte forma:[16]

> DIREITO CONSTITUCIONAL. DIREITO ADMINISTRATIVO. RESSARCIMENTO AO ERÁRIO. IMPRESCRITIBILIDADE. SENTIDO E ALCANCE DO ART. 37, §5 º, DA CONSTITUIÇÃO. [...] 3. O texto constitucional é expresso (art. 37, §5º, CRFB) ao prever que a lei estabelecerá os prazos de prescrição para ilícitos na esfera cível ou penal, aqui entendidas em sentido amplo, que gerem prejuízo ao erário e sejam praticados por qualquer agente. 4. A Constituição, no mesmo dispositivo (art. 37, §5º, CRFB) decota de tal comando para o Legislador as ações cíveis de ressarcimento ao erário, tornando-as, assim, imprescritíveis. 5. São, portanto, imprescritíveis as ações de ressarcimento ao erário fundadas na prática de ato doloso tipificado na Lei de Improbidade Administrativa.

Por fim, o terceiro caso trata de recurso extraordinário interposto nos autos de execução de débito imputado por acórdão do TCU. O Tribunal Regional Federal da 5ª Região manteve a sentença que reconhecera a prescrição.

Na ocasião, o STF assentou o entendimento de que "é prescritível a pretensão de ressarcimento ao erário fundada em decisão de Tribunal de Contas". O voto do Ministro Alexandre de Moraes, então, diferenciou os temas nºs 897 e 899 ao explicar o seguinte:[17]

> Entendo que, as razões que levaram a maioria da CORTE a estabelecer excepcional hipótese de imprescritibilidade, no tema 897, não estão presentes em relação as decisões do Tribunal de Contas que resultem imputação de débito ou multa, e, que, nos termos do §3º, do artigo 71 da CF, tem eficácia de título executivo; sendo, portanto, prescritível a pretensão de ressarcimento ao erário fundada nessas decisões; uma vez que, (a) a Corte de Contas, em momento algum, analisa a existência ou não de ato doloso de improbidade administrativa; (b) não há decisão judicial caracterizando a existência de ato ilícito doloso, inexistindo contraditório e ampla defesa plenos, pois não é possível ao imputado defender-se no sentido da ausência de elemento subjetivo. Ressalte-se, ainda, que, com base nas decisões do Tribunal de Contas, paralelamente à ação de execução, será possível o ajuizamento de ação civil de improbidade administrativa para garantido o devido processo legal, ampla defesa e contraditório, eventualmente, condenar-se o imputado, inclusive a ressarcimento ao erário, que, nos termos da tese fixada no TEMA 897, será imprescritível. [...] A excepcionalidade reconhecida pela maioria do SUPREMO TRIBUNAL FEDERAL no TEMA 897, portanto, não se encontra presente no caso em análise, uma vez que no processo de tomada de contas, o TCU não perquire nem culpa, nem dolo decorrentes de ato de improbidade administrativa, mas, simplesmente realiza o julgamento das contas à partir da reunião dos elementos objeto da fiscalização e apurada a ocorrência de irregularidade de que resulte dano ao erário, proferindo o acórdão em que se imputa o débito ao responsável,

---

[16] BRASIL. Supremo Tribunal Federal. *RE 852475*. Rel. Edson Fachin, Tribunal Pleno, julgado em 25.10.2019. Disponível em: chrome-extension://efaidnbmnnnibpcajpcglclefindmkaj/https://portal.stf.jus.br/processos/down loadPeca.asp?id=15341680560&ext=.pdf. Acesso em: 17 ago. 2024.

[17] BRASIL. Supremo Tribunal Federal. *RE 636.886*. Rel. Ministro Alexandre de Moraes, Tribunal Pleno, julgado em 20/04/2020. Disponível em: https://portal.stf.jus.br/processos/downloadPeca.asp?id=15343546769&ext=.pdf. Acesso em: 19 ago. 2024.

para fins de se obter o respectivo ressarcimento. Ainda que franqueada a oportunidade de manifestação da outra parte, trata-se de atividade eminentemente administrativa, sem as garantias do devido processo legal.

Dessa forma, como os Tribunais de Contas não examinam a ocorrência dos atos dolosos de improbidade administrativa, o STF concluiu que não há razão para estender aos débitos decorrentes de condenações do TCU a cláusula constitucional da imprescritibilidade.

3.1.1 Ação Direta de Inconstitucionalidade nº 5.509

Apesar dos precedentes mencionados, foi a ADI nº 5.509[18] que veio a ser utilizada como parâmetro para a adequação normativa do TCU ao entendimento do STF.

A ação foi ajuizada pelo Procurador-Geral da República em face de dispositivos inseridos na Constituição do Estado do Ceará e na Lei Estadual nº 12.160/1993, que disciplinavam a observância dos institutos da prescrição e da decadência pelo Tribunal de Contas dos Municípios do Estado do Ceará (TCM) e pelo Tribunal de Contas do Estado do Ceará (TCE).[19]

A Constituição definia que o TCE e o TCM deveriam observar o prazo prescricional de 5 (cinco) anos, regra incorporada à Lei nº 12.160/1993, que dispõe sobre a Lei Orgânica do Tribunal de Contas dos Municípios do Estado do Ceará.

A referida legislação também estabelecia as seguintes regras para a contagem do prazo no âmbito do TCM: (i) tem início a partir da data seguinte à do encerramento do prazo para encaminhamento da prestação de contas ao Tribunal, nos casos de contas de gestão e de governo; (ii) nos demais casos, inicia-se a partir da data de ocorrência do fato; e (iii) interrompe-se pela autuação do processo no tribunal, assim como pelo julgamento (art. 35-C, parágrafo único, incs. I a III da Lei Estadual).

A alegação do PGR foi de que os dispositivos da Constituição Estadual violavam o princípio da simetria, em face do que dispõe o art. 37, *caput*, e §5º, da Constituição Federal, argumentando que as regras de funcionamento das Cortes de Contas dos entes federativos deveriam acompanhar as regras de imprescritibilidade vigentes, quando do ajuizamento da ADI, para o âmbito do TCU.

Ao delimitar a controvérsia, o Ministro Relator Edson Fachin asseverou que o exame da inconstitucionalidade apontada dependeria:

> (i) do reconhecimento da obrigatoriedade da aplicação do modelo federal aos Estados; (ii) do acolhimento no modelo federal da regra da imprescritibilidade; e (iii) do não acolhimento na legislação regional dessa mesma regra de imprescritibilidade. Conquanto seja evidente, à luz da jurisprudência deste Supremo Tribunal Federal, que o modelo do Tribunal de

---

[18] BRASIL. Supremo Tribunal Federal. *ADI 5509*. Rel. Edson Fachin, Tribunal Pleno, julgado em 11.11.2021. Disponível em: chrome-extension://efaidnbmnnnibpcajpcglclefindmkaj/https://redir.stf.jus.br/paginadorpub/paginador.jsp?docTP=TP&docID=759335445. Acesso em: 17 ago. 2024.

[19] BRASIL. Supremo Tribunal Federal. *ADI 5509*. Rel. Edson Fachin, Tribunal Pleno, julgado em 11.11.2021. Disponível em: chrome-extension://efaidnbmnnnibpcajpcglclefindmkaj/https://redir.stf.jus.br/paginadorpub/paginador.jsp?docTP=TP&docID=759335445. Acesso em: 17 ago. 2024.

Contas da União deva ser observado tanto quanto possível nos Tribunais de Contas dos Estados, não se extrai do modelo federal a regra de imprescritibilidade vislumbrada pelo Procurador-Geral da República.[20]

No que se refere à prescrição, o STF, conforme voto do Ministro Relator Edson Fachin, considerou que a legislação cearense era constitucional:

Como se observa, desde que proposta a ação direta, o Plenário deste Tribunal consolidou a interpretação do alcance da cláusula constitucional da imprescritibilidade das ações de ressarcimento ao erário e as teses consagradas na jurisprudência desta Corte vão de encontro à pretensão deduzida na inicial.[21]

Diante disso, o STF consolidou o entendimento pela prescritibilidade como regra geral, de modo que a imprescritibilidade ficou restrita às hipóteses de ações de ressarcimento fundadas em atos ilícitos tipificados como improbidade administrativa e ilícitos penais.

3.2 A evolução da prescrição da pretensão punitiva no TCU

O entendimento do TCU acerca da prescrição da pretensão punitiva é construído a partir de julgados que discutem três teses: a) a imprescritibilidade até que sobrevenha lei específica que discipline a matéria, com fundamento no art. 37, §5º, da CF; b) prescrição quinquenal, com base na aplicação por analogia de outras normas de direito público, como o art. 1º da Lei nº 9.873/1999; e c) prescrição decenal, em obediência à norma geral estabelecida pelo Código Civil.[22]

Em um primeiro momento, prevaleceu na Corte de Contas o entendimento de que à pretensão punitiva se aplicaria a regra geral estabelecida no Código Civil, resultando em um prazo prescricional de 10 (dez) anos para exercício da pretensão punitiva.

Na Representação nº 004.730/2001-4,[23] o Ministro Relator Benjamin Zymler entendeu pela aplicação da norma contida no Código Civil e explicou a forma adequada da contagem do prazo, com vistas a contemplar a mudança do prazo do Código Civil de 1916 para o Código Civil de 2002:

---

[20] BRASIL. Supremo Tribunal Federal. *ADI 5509*. Rel. Edson Fachin, Tribunal Pleno, julgado em 11.11.2021. Disponível em: chrome-extension://efaidnbmnnnibpcajpcglclefindmkaj/https://redir.stf.jus.br/paginadorpub/paginador.jsp?docTP=TP&docID=759335445. Acesso em: 17 ago. 2024.

[21] BRASIL. Supremo Tribunal Federal. *ADI 5509*. Rel. Edson Fachin, Tribunal Pleno, julgado em 11.11.2021. Disponível em: chrome-extension://efaidnbmnnnibpcajpcglclefindmkaj/https://redir.stf.jus.br/paginadorpub/paginador.jsp?docTP=TP&docID=759335445. Acesso em: 17 ago. 2024.

[22] BRASIL. Tribunal de Contas da União. *Acórdão nº 1441/2016 – Plenário*. Rel. Benjamin Zymler, DF: TCU, 08 jun. 2016. Disponível em: https://pesquisa.apps.tcu.gov.br/documento/acordao-completo/*/KEY:ACORDAO-COMPLETO-1593667/NUMACORDAOINT%20asc/0. Acesso em: 12 jul. 2024.

[23] BRASIL. Tribunal de Contas da União. *Acórdão nº 53/2005 – Plenário*. Rel. Benjamin Zymler, DF: TCU, 27 jan. 2005. Disponível em: https://pesquisa.apps.tcu.gov.br/documento/acordao-completo/*/NUMACORDAO%253A53%2520ANOACORDAO%253A2005%2520COLEGIADO%253A%2522Segunda%2520C%25C3%25A2mara%2522/DTRELEVANCIA%2520desc%252C%2520NUMACORDAOINT%2520desc/0. Acesso em: 13 jul. 2024.

[...] No âmbito deste Tribunal, em síntese, entendo deva-se aplicar o prazo prescricional de 10 (dez) anos, previsto no art. 205 do novo Código Civil, quando não houver, em 01/01/2003, o transcurso de mais da metade do prazo de 20 (vinte) anos estabelecido na lei revogada. Sendo caso de aplicação do prazo previsto no novo Código Civil, sua contagem dar-se-á por inteiro, a partir de 01/01/2003, data em que a referida norma entrou em vigor. Ao contrário, quando, em 01/01/2003, houver transcorrido mais da metade do prazo de 20 anos, a prescrição continua a correr nos moldes do Código Civil anterior.

Adicionalmente, nos autos da Tomada de Contas Especial (TCE) nº 007.343/2012-4, o Acórdão nº 3.242/2015[24] frisou que "a jurisprudência majoritária do TCU se consolidou, ante a ausência de norma específica tratando sobre o tema, no sentido de que devem ser aplicadas as regras gerais contidas no Código Civil".

De maneira similar, o Ministro Benjamin Zymler, nos autos da Representação nº 043.866/2012-3,[25] expôs o seguinte:

Quanto à preliminar de prescrição da pretensão punitiva, o Tribunal de Contas da União, em reiteradas decisões, tem entendido não se aplicarem aos processos de controle externo os prazos prescricionais previstos em normas que regulam hipóteses diversas, a exemplo das Leis nº 9.873/1999 (ação punitiva no exercício do poder de polícia), 8.112/1990 (punições disciplinares), 8.429/1992 (sanções por prática de atos de improbidade) e do Decreto nº 20.910/32 (prescrição das dívidas passivas da Fazenda Pública) [...] Destaca-se que, na ausência de prazo prescricional específico para o exercício da pretensão punitiva pela Administração, por falta de regulamentação da primeira parte do artigo 37, §5º, da Constituição Federal, o Tribunal tem aplicado o prazo de dez anos previsto no artigo 205 do Código Civil. Dada a regra de transição contida no artigo 2.028 do novo Código, aplica-se o referido prazo decenal ainda que os fatos geradores da pretensão punitiva sejam anteriores à vigência do novo Código Civil.

Apesar das reiteradas decisões que aplicaram o prazo prescricional do Código Civil, é fato que as duas outras correntes seguiam existindo na Corte de Contas: (i) imprescritibilidade; e (ii) a aplicação do prazo de 5 (cinco) anos previsto na Lei nº 9.873/1999.

Mais adiante, em 2016, em sede de incidente de uniformização de jurisprudência, o TCU prolatou o Acórdão nº 1.441/2016,[26] por meio do qual a Corte decidiu o seguinte:

[...] 9.1.1. a pretensão punitiva do Tribunal de Contas da União subordina-se ao prazo geral de prescrição indicado no art. 205 do Código Civil; 9.1.2. a prescrição a que se refere o subitem anterior é contada a partir da data de ocorrência da irregularidade sancionada,

---

[24] BRASIL. Tribunal de Contas da União. *Acórdão nº 3242/2015* – Plenário. Rel. Benjamin Zymler, DF: TCU, 02 jun. 2015. Disponível em: https://pesquisa.apps.tcu.gov.br/documento/acordao-completo/*/KEY:ACORDAO-COMPLETO-1437517/NUMACORDAOINT%20asc/0. Acesso em: 13 jul. 2024.

[25] BRASIL. Tribunal de Contas da União. *Acórdão nº 670/2013* – Plenário. Rel. Benjamin Zymler, DF: TCU, 27 mar. 2013. Disponível em: https://pesquisa.apps.tcu.gov.br/documento/acordao-completo/*/NUMACORDAO%253A670%2520ANOACORDAO%253A2013%2520COLEGIADO%253A%2522Plen%25C3%25A1rio%2522/DTRELEVANCIA%2520desc%252C%2520NUMACORDAOINT%2520desc/0. Acesso em: 13 jul. 2024.

[26] BRASIL. Tribunal de Contas da União. *Acórdão nº 1441/2016* – Plenário. Rel. Benjamin Zymler, DF: TCU, 08 jun. 2016. Disponível em: https://pesquisa.apps.tcu.gov.br/documento/acordao-completo/*/KEY:ACORDAO-COMPLETO-1593667/NUMACORDAOINT%20asc/0. Acesso em: 12 jul. 2024.

nos termos do art. 189 do Código Civil; 9.1.3. o ato que ordenar a citação, a audiência ou oitiva da parte interrompe a prescrição de que trata o subitem 9.1.1, nos termos do art. 202, inciso I, do Código Civil; [...].

Ao consolidar esse entendimento pela aplicação à pretensão punitiva da regra geral de prescrição contida no Código Civil, o TCU superou as correntes que defendiam a imprescritibilidade ou a aplicação do prazo prescricional da Lei nº 9.873/1999.

3.3 A evolução da prescrição da pretensão ressarcitória no TCU

Antes de 2008, a jurisprudência do TCU aplicava à pretensão de reparação de danos ao erário o prazo prescricional estabelecido no Código Civil: 20 (vinte) anos, durante a vigência do CC/1916, e 10 (dez) anos a partir da edição do CC/2022.

Em voto proferido na TCE nº 550.276/1995-5,[27] o Ministro Relator Benjamin Zymler afirmou que a prescrição quinquenal não se aplica às irregularidades ali apuradas e que o prazo previsto no Código Civil de 1916 seria a norma aplicável. Veja-se:

> Com relação à alegação de que as "irregularidades teriam ocorrido no ano de 1988, tendo, assim, transcorrido prazo superior a cinco (5) anos, estando, pois prescritas", não pode ser recepcionada a tese da prescrição quinquenal formulada pelo Responsável, uma vez que essa argumentação não é contemplada pelos arts. 177 e 179 do Código Civil pátrio. O caput do art. 177 estabelece o prazo de 20 (vinte) anos para as ações pessoais prescreverem. Já o art. 179 prevê que os casos de prescrição não previstos no Código Civil brasileiro serão regulados, quanto ao prazo, pelo art. 177. Entendo que, como o prazo prescricional para as dívidas com a União não está previsto no Código Civil, resta configurado o prazo de 20 (vinte) anos para a prescrição arguida pelo Responsável. Nesses termos se pronunciou a Segunda Câmara, ao prolatar o Acórdão nº 08/97, no TC 224.002/1994-5, de relatoria do eminente Ministro Adhemar Paladini Ghisi.

Nos autos da TCE nº 524.007/1995-0,[28] o Ministro Relator Bento José Bugarin asseverou que a tese de prescrição em 5 (cinco) anos, por aplicação analógica da Lei nº 9.873/99, além de contrastar com a jurisprudência predominante da Corte, que apenas reconhecia o prazo prescricional de vinte anos, também seria inaplicável diante da ausência de poder de polícia pelo TCU. Veja-se:

> Mais recentemente, a Lei nº 9.873, de 23/11/99, estabeleceu o prazo de cinco anos para a prescrição da ação punitiva da Administração Pública Federal, no exercício de poder de polícia. O Analista, invocando as lições proferidas por renomados doutrinadores, como

---

[27] BRASIL. Tribunal de Contas da União. *Acórdão nº 253/2001* – Plenário. Rel. Marcos Bemquerer, DF: TCU, 22 jan. 2003. Disponível em: https://pesquisa.apps.tcu.gov.br/documento/acordao-completo/550.276%252F1995-5/%2520/DTRELEVANCIA%2520desc%252C%2520NUMACORDAOINT%2520desc/0. Acesso em: 13 jul. 2024.

[28] BRASIL. Tribunal de Contas da União. *Acórdão nº 71/2000* – Plenário. Rel. Bento José Bugarin, DF: TCU, 26 abr. 2000. Disponível em: https://pesquisa.apps.tcu.gov.br/documento/acordao-completo/*/NUMACORDAO%253A 71%2520ANOACORDAO%253A2000%2520COLEGIADO%253A%2522Plen%25C3%25A1rio%2522/DTRELEV ANCIA%2520desc%252C%2520NUMACORDAOINT%2520desc/0. Acesso em: 13 jul. 2024.

Maria Sylvia Zanella Di Pietro (Direito Administrativo, 5ª ed., Editora Atlas), destaca que "o fundamento do poder de polícia é o princípio da predominância do interesse público sobre o particular, que dá à Administração posição de supremacia sobre os administrados. A administração tem por incumbência condicionar o exercício daqueles direitos ao bem-estar coletivo, e ela o faz usando de seu poder de polícia, que é a atividade do Estado consistente em limitar o exercício dos direitos individuais em benefício do interesse público". Assim, as prerrogativas judicantes atribuídas a esta Corte não têm como fundamento o exercício do poder de polícia, mas sim o exercício de atividades de controle externo, de previsão constitucional.

No âmbito da TCE nº 929.403/1998-3,[29] o Ministro Relator Augusto Nardes tratou da aplicação do prazo previsto no Código Civil e explicou a forma de sua contagem:

> De igual sorte, também não devem prosperar a alegação relativa à prescrição quinquenal e a afirmação de que o TCU não teria respaldo legal para levantar fatos novos numa Prestação de Contas após transcorridos mais de 10 anos da referida Prestação. Primeiro, a mencionada Prestação de Contas não foi aprovada. Segundo, a Constituição Federal, em seu art. 37, §5º, remete à lei ordinária a competência para estabelecer os prazos de prescrição para ilícitos praticados por qualquer agente público. Ante a ausência de disposição específica, a jurisprudência dessa Corte aponta no sentido de que se aplicam ao processo no âmbito do TCU as regras gerais previstas no Novo Código Civil (Acórdão 1727/2003-TCU-Primeira Câmara), quais sejam, a prescrição decenal estabelecida no art. 205 ou a regra de transição de que dispõe o art. 202, estabelecendo que valem os prazos fixados no código anterior (no presente caso, vinte anos) quando reduzidos pelo novo código se, na data de sua entrada em vigor, já houver transcorrido mais da metade do tempo estabelecido na lei revogada. Sobre o tema, transcrevo trecho do elucidativo voto do Ministro-Substituto Augusto Sherman Cavalcanti para o Acórdão retromencionado: "No âmbito deste Tribunal, em síntese, entendo deva-se aplicar o prazo prescricional de 10 (dez) anos, previsto no art. 205 do novo Código Civil, quando não houver, em 1/1/2003, o transcurso de mais da metade do prazo de 20 (vinte) anos estabelecido na lei revogada. Sendo caso de aplicação do prazo previsto no novo Código Civil, sua contagem dar-se-á por inteiro, a partir de 1/1/2003, data em que a referida norma entrou em vigor. Ao contrário, quando, em 1/1/2003 houver transcorrido mais da metade do prazo de 20 anos, a prescrição continua a correr nos moldes do Código Civil anterior".

Mais adiante, em sede de incidente de uniformização de jurisprudência julgado em 2008 (TCE nº 005.378/2000-2),[30] o TCU buscou compreender a melhor forma de interpretar as ações de ressarcimento mencionadas no art. 37, dado que tanto a prescritibilidade quanto a imprescritibilidade possuiriam argumentos favoráveis à sua aplicação.

---

[29] BRASIL. Tribunal de Contas da União. *Acórdão nº 2396/2006* – Plenário. Rel. Augusto Nardes, DF: TCU, 29 ago. 2006. Disponível em: https://pesquisa.apps.tcu.gov.br/documento/acordao-completo/%2522prescri%25C3%25 A7%25C3%25A3o%2522%2520%2522regra%2520de%2520transi%25C3%25A7%25C3%25A3o%2522%2520%252 2c%25C3%25B3digo%2520civil%2522/%2520/score%2520desc/14. Acesso em: 13 jul. 2024.

[30] BRASIL. Tribunal de Contas da União. *Acórdão nº 2709/2008* – Plenário. Rel. Benjamin Zymler, DF: TCU, 26 nov. 2008. Disponível em: https://pesquisa.apps.tcu.gov.br/documento/acordao-completo/*/NUMACORDAO%253 A2709%2520ANOACORDAO%253A2008%2520COLEGIADO%253A%2522Plen%25C3%25A1rio%2522/DTREL EVANCIA%2520desc%252C%2520NUMACORDAOINT%2520desc/0. Acesso em: 13 jul. 2024.

O debate surgiu após a Suprema Corte inaugurar a tese da imprescritibilidade da pretensão de reparação de danos ao erário, notadamente a partir do julgamento do Mandado de Segurança nº 26.210, como aqui se demonstrou em tópico anterior.[31]

Ao analisar a possibilidade de ambas as interpretações parecerem adequadas, o Parecer do Ministério Público junto ao TCU dispôs:

> De um lado, sustenta-se que a ressalva contida na parte final do §5º do artigo 37 da Constituição Federal é expressa e taxativa no sentido de eximir da prescrição a pretensão de ressarcimento do erário. Nessa linha, soa o argumento de que a necessidade de ressarcimento do erário é questão intrinsecamente relacionada ao princípio constitucional da supremacia e da indisponibilidade do interesse público. De outro lado, sustenta-se que a mencionada ressalva disposta no final do §5º do artigo 37 da Constituição fez-se apenas com o intuito de frisar que a prescrição relativa à pretensão de ressarcimento há de ser observada, mas sua regulação mediante lei não deverá necessariamente coincidir com a regulação legal que se der à prescrição da pretensão punitiva. Argumenta-se, nesse sentido, que a prescrição da pretensão de ressarcimento homenageia o princípio constitucional da segurança jurídica.

De acordo com o referido Parecer, a tese da prescritibilidade se ajusta ao princípio da segurança jurídica, pois impõe uma limitação temporal à pretensão estatal. Estabelecer um prazo prescricional significa, a um só tempo: (i) atribuir ao Estado um tempo determinado para usar de meios jurídicos e exigir do autor que cometeu o ilícito a recomposição dos cofres públicos; e (ii) garantir ao referido autor a segurança jurídica proporcionada pela prescrição.

Por seu turno, a tese da imprescritibilidade homenagearia, em tese, o princípio da supremacia e da indisponibilidade do interesse público, pois proporcionaria a persecução, a qualquer tempo, da devolução de quantias aos cofres públicos.

Para Marçal Justen Filho,[32] o princípio da supremacia e da indisponibilidade do interesse público não é o único fundamento do direito administrativo. Para tanto, apresenta quatro objeções: (i) a dificuldade de se estabelecer um conceito preciso de interesse público; (ii) admitir o referido princípio não acarreta a exclusão de outros, pois o ordenamento jurídico é composto por uma pluralidade de princípios de mesmo nível hierárquico; (iii) a inexistência de um interesse público unitário; e (iv) a concepção da supremacia do interesse público sobre o privado reflete um cenário jurídico que não mais existe.

Os efeitos sistêmicos da imprescritibilidade são complexos e abrangem consequências vastas e incalculáveis para a atividade administrativa.

Em primeiro lugar, há um impacto direto na gestão pública, tendo em vista que gestores podem ser responsabilizados por atos e fatos ocorridos há décadas, o que impede a Administração Pública de seguir adiante em seus propósitos, premida a sempre revisitar o passado.

---

[31] BRASIL. Supremo Tribunal Federal. *MS 26210*. Rel. Ricardo Lewandowski, Tribunal Pleno, julgado em 04.9.2008. Disponível em: chrome-extension://efaidnbmnnnibpcajpcglclefindmkaj/https://redir.stf.jus.br/paginadorpub/paginador.jsp?docTP=AC&docID=553769. Acesso em: 14 ago. 2024.

[32] JUSTEN FILHO, Marçal. *Curso de direito administrativo*. 14. ed. São Paulo: Revista dos Tribunais, 2023.

Em segundo lugar, a imprescritibilidade pode desencorajar a inovação e a tomada de decisões por parte dos gestores, temerosos de futuras ações de responsabilização das esferas controladora ou judicial, um fenômeno que a doutrina passou a denominar "apagão das canetas", visto que o receio da responsabilização tende a prevalecer sobre a eficiência administrativa.[33]

Apesar disso, em decorrência do julgamento realizado em 26.11.2008, a imprescritibilidade passou a ser a tese adotada pelo TCU, que assim se alinhou ao entendimento firmado à época pelo STF.

O principal argumento que sustentou tal entendimento foi o de que a existência de um prazo prescricional inviabilizaria a persecução que objetiva a recomposição do patrimônio público perdido.

Na sequência, em 2012, o Tribunal de Contas da União editou a Súmula nº 282, que possuía a seguinte redação: "As ações de ressarcimento movidas pelo Estado contra os agentes causadores de danos ao erário são imprescritíveis".

A partir de então, os julgamentos do TCU passaram a replicar a tese da imprescritibilidade da pretensão de ressarcimento de danos ao erário.

4 A Resolução nº 344/2022

Conforme exposto, após o entendimento do STF acerca da imprescritibilidade da pretensão ressarcitória, inúmeras outras discussões ocorreram no âmbito da Suprema Corte em relação a tal questão.

Entretanto, de 2016 em diante, a Suprema Corte proferiu decisões que conferiram nova interpretação à parte final do §5º do art. 37 da Constituição Federal, relativamente à prescrição da pretensão ressarcitória, conforme explorado em tópico anterior.

Seguindo esse novo momento da jurisprudência do STF, o TCU passou a debater a necessidade da edição de uma norma interna para regulamentar a prescrição das pretensões punitiva e de ressarcimento. O processo que deu origem à resolução teve origem no julgamento da TCE nº 000.006/2017-3, de relatoria do Ministro Raimundo Carreiro, ocasião em que se identificou a necessidade de se editar um ato normativo geral sobre a questão da prescrição e se deliberou pela criação de grupo técnico para tratar do tema, em decorrência do julgamento do Recurso Extraordinário nº 636.886 (Tema nº 899).

Por meio do TC nº 008.702/2022-5, a Secretaria-Geral de Controle Externo apresentou ao Plenário projeto de norma que resultou em diversos debates pelos Ministros e Ministério Público de Contas, como apresentaremos a seguir.

4.1 Acórdão nº 2.285/2022: principais discussões que conduziram à Resolução nº 344/2022

Ao fim da proposição feita pelo grupo de trabalho, abriu-se prazo para emendas e sugestões dos Ministros do TCU e do Ministério Público de Contas.

---

[33] VIPIEVSKI JUNIOR, José Mario; MILLANI, Maria Luiza. O direito administrativo do medo e os impactos nas políticas públicas. *Revista de Direito e Atualidades*, v. 2, n. 2, p. 1-26. Disponível em: https://www.portaldeperiodicos. idp.edu.br/rda/article/view/6431. Acesso em: 16 ago. 2024.

O Ministro Jorge Oliveira inaugurou as propostas de alteração e sugeriu a exclusão do termo "até que sobrevenha lei específica" em relação à prescrição no âmbito do TCU, dado que se mostra desnecessário vincular a validade do normativo à superveniência de nova lei. No mesmo sentido sugeriu o Ministério Público de Contas, sendo a proposta acolhida.

Acerca do prazo prescricional, o colegiado não demonstrou resistência a se ajustar ao entendimento firmado pelo STF. Nas palavras do Ministro Bruno Dantas:

> Conforme me manifestei no julgamento que resultou no Acórdão 1.441/2016-TCU-Plenário, à luz dos direitos fundamentais, não me parece ser a melhor solução admitir que os jurisdicionados possam ficar indefinidamente com a "espada de Dâmocles pairando sobre a sua cabeça", aguardando o dia em que o Estado deixe sua inércia e resolva exercer suas pretensões. Situações como tal devem estar limitadas a casos excepcionais, previstos na lei de forma explícita, como é a hipótese do art. 37, §5º, da Constituição Federal, e aos quais deve ser dada interpretação restritiva, como o fez recentemente o Supremo Tribunal Federal no julgamento do Recurso Extraordinário 636.886. Alinho-me, portanto, à tese da prescritibilidade ora defendida.[34]

Ainda nesse sentido, o Ministro Relator Antônio Anastasia dispôs:

> Diante dessa instabilidade jurisprudencial em sede de mandado de segurança, não tenho dúvidas em seguir a decisão do STF prolatada na ADI 5509. E o faço pelos diversos motivos que apresentei anteriormente, pois se trata de decisão do Tribunal Pleno em sede de controle concentrado de constitucionalidade, com efeitos erga omnes e vinculantes, e da qual derivou a declaração de inconstitucionalidade da norma estadual sob exame por ofensa ao modelo federal da prescrição nos Tribunais de Contas que foi, naquele julgamento, definido. Estabelecida, portanto, essa premissa, amparada em fundamentos jurídicos, registro que também na perspectiva pragmática a tese dos cinco anos a contar da data do vencimento do prazo para a apresentação da prestação de contas é a que provoca menor impacto nos atuais danos em apuração no TCU.[35]

No entanto, algumas hipóteses de exceção para a aplicação de imprescritibilidade foram levantadas. Nesse sentido, vale explicitar o entendimento do Ministro-Substituto André Luís de Carvalho, que sugeriu a possibilidade de prescrição ressarcitória e punitiva de 8 (oito) anos e possibilidade de imprescritibilidade, em determinadas situações, nos seguintes moldes:

---

[34] BRASIL. Tribunal de Contas da União. *Acórdão nº 2285/2022* – Plenário. Rel. Antônio Anastasia, DF: TCU, 11 out. 2022. Disponível em: https://pesquisa.apps.tcu.gov.br/documento/acordao-completo/*/NUMACORDAO%253 A2285%2520ANOACORDAO%253A2022%2520COLEGIADO%253A%2522Plen%25C3%25A1rio%2522/DTREL EVANCIA%2520desc%252C%2520NUMACORDAOINT%2520desc/0. Acesso em: 15 jul. 2024.

[35] BRASIL. Tribunal de Contas da União. *Acórdão nº 2285/2022* – Plenário. Rel. Antônio Anastasia, DF: TCU, 11 out. 2022. Disponível em: https://pesquisa.apps.tcu.gov.br/documento/acordao-completo/*/NUMACORDAO%253 A2285%2520ANOACORDAO%253A2022%2520COLEGIADO%253A%2522Plen%25C3%25A1rio%2522/DTREL EVANCIA%2520desc%252C%2520NUMACORDAOINT%2520desc/0. Acesso em: 15 jul. 2024.

§3º Prescreve em oito anos a pretensão de ressarcimento e de punição quando constatada a ausência de prestação de contas com vistas a ocultar irregularidade, desde que o responsável esteja obrigado a fazê-lo e disponha das condições para isso, nos termos dos arts. 11, VI, 12, III, e 23, caput, da Lei de Improbidade Administrativa. §4º São imprescritíveis as ações de ressarcimento ao erário fundadas na prática de ato doloso, com dano ao erário, tipificado na Lei de Improbidade Administrativa.[36]

Ao fundamentar sua posição de não acolher a sugestão, o Ministro Relator Antônio Anastasia afirmou que esse não é o entendimento do STF e que "considerando que a ideia, nesta oportunidade, é a de editar um normativo que retrate a jurisprudência dominante do STF, entendo não serem viáveis as citadas sugestões".

Outra discussão acerca da prescrição foi instaurada. Para os Ministros Bruno Dantas e Jorge Oliveira, existiria distinção entre o julgamento de contas e a atividade sancionatória do TCU. Segundo essa corrente, o julgamento das contas não seria alcançado pela prescrição, pois possui eficácia declaratória, ao passo que a imposição de débitos e sanções teria eficácia constitutiva, logo, se submeteria ao prazo prescricional.[37]

Em seu voto, o Ministro Relator Antônio Anastasia defendeu seu posicionamento no sentido de que decisões que julgam as contas irregulares são constitutivas, embora as decisões que julguem as contas regulares sejam declaratórias. Para o Ministro Relator, a incidência da prescrição promove a segurança jurídica, sob pena de se autorizar que o Estado possa, por tempo indeterminado, perseguir sua pretensão.

Ao acompanhar o entendimento acima, o Ministro Aroldo Cedraz dispôs:

Alinho-me ainda à compreensão do Relator quanto à natureza constitutiva, e não meramente declaratória, da decisão que julga contas irregulares. Sabe-se que a condenação pela irregularidade de contas pode gerar efeitos ao responsável que vão além da condenação em débito e da sanção típicas do processo de controle externo, a exemplo da inelegibilidade declarada pela Justiça Eleitoral por força do art. 1º, inciso I, alínea "g", da Lei Complementar 64, de 18/5/1990. Não por outro motivo esta Corte encaminha ao Tribunal Superior Eleitoral a lista de responsáveis com contas julgadas irregulares.[38]

Ao defender seu posicionamento, o Ministro Bruno Dantas afirmou:

Considero que deve ser feita uma separação entre o conteúdo meramente declaratório do julgamento das contas dos efeitos jurídicos que dele advêm. Nesse sentido, seria imprescritível a declaração do Tribunal a respeito das contas, sendo ela pela regularidade,

---

[36] BRASIL. Tribunal de Contas da União. *Acórdão nº 2285/2022* – Plenário. Rel. Antônio Anastasia, DF: TCU, 11 out. 2022. Disponível em: https://pesquisa.apps.tcu.gov.br/documento/acordao-completo/*/NUMACORDAO%253 A2285%2520ANOACORDAO%253A2022%2520COLEGIADO%253A%2522Plen%25C3%25A1rio%2522/DTREL EVANCIA%2520desc%252C%2520NUMACORDAOINT%2520desc/0. Acesso em: 15 jul. 2024.

[37] ANASTASIA, Antônio Augusto Junho. A prescrição no âmbito do Tribunal de Contas da União. *In*: RODRIGUES, Maria Isabel Diniz Gallotti; FONSECA, Reynaldo Soares da (Coord.). *Repensar a justiça*: estudos em homenagem à Ministra Assusete Magalhães. 1. ed. São Paulo: D'Plácidos, 2023. p. 217-243.

[38] BRASIL. Tribunal de Contas da União. *Acórdão nº 2285/2022* – Plenário. Rel. Antônio Anastasia, DF: TCU, 11 out. 2022. Disponível em: https://pesquisa.apps.tcu.gov.br/documento/acordao-completo/*/NUMACORDAO%253 A2285%2520ANOACORDAO%253A2022%2520COLEGIADO%253A%2522Plen%25C3%25A1rio%2522/DTREL EVANCIA%2520desc%252C%2520NUMACORDAOINT%2520desc/0. Acesso em: 15 jul. 2024.

regularidade com ressalvas ou irregularidade. O que prescreveria seriam os efeitos adjacentes desta declaração, ou melhor as pretensões de caráter punitivo advindas dessa declaração. Assim, a qualquer tempo, o Tribunal poderia emitir o seu juízo acerca da regularidade da gestão dos recursos públicos. Penso dessa forma, porque uma das funções precípuas desta Corte de Contas é emitir juízo sobre a regularidade da gestão dos recursos públicos, a fim de que a sociedade possa avaliar a atuação e o desempenho dos agentes públicos, reforçando assim a democracia. Todavia, releva considerar aspectos de racionalização e de economia processual ao decidir sobre a necessidade de prosseguir-se no julgamento das contas, pois o efeito meramente declaratório, na maioria das vezes não justifica os custos com a continuação do processo. Assim, embora considere que o julgamento das contas não prescreve, reputo que ele deve ocorrer apenas em casos excepcionais, nos quais o Tribunal reconheça a relevância da matéria e o interesse público. Também considero importante estabelecer um valor de alçada para esses casos, a fim de criar um critério objetivo e evitar que a exceção passe a ser a regra.[39]

Ao fim, a exceção proposta pelo Ministro Bruno Dantas foi acolhida para que, a depender da relevância da matéria tratada, o TCU possa realizar o julgamento de contas ainda que a pretensão punitiva e a pretensão ressarcitória estejam prescritas.

Acerca do marco inicial da prescrição, a Lei nº 9.873/99 estipula como "contados da data da prática do ato ou, no caso de infração permanente ou continuada, do dia em que tiver cessado". No entanto, com vistas a adaptar a questão à realidade dos processos do TCU, e, como não houve um direcionamento específico do STF acerca da questão, o grupo de trabalho propôs 5 (cinco) termos iniciais para a prescrição: (i) a data em que as contas deveriam ter sido prestadas, no caso de omissão de prestação de contas; (ii) o encaminhamento da tomada de contas especial ao órgão de controle interno, quanto às irregularidades ou danos detectados no exame da prestação de contas; (iii) o recebimento da denúncia ou da representação pelo Tribunal ou pelos órgãos de controle interno, quanto às apurações decorrentes de processos dessa natureza; (iv) a data do conhecimento da irregularidade ou do dano, quando constatados em fiscalização realizada pelo Tribunal ou pelos órgãos de controle interno; (v) a data da prática do ato ou, no caso de irregularidade permanente ou continuada, do dia em que tiver cessado a permanência ou a continuidade, nos casos não previstos nos incisos anteriores.

Para o Ministro Jorge Oliveira, o marco inicial deveria atender estritamente à Lei nº 9.783/99, de forma a acrescentar apenas um inciso determinando "II – da data em que as contas deveriam ter sido prestadas, no caso de sua omissão".

No entanto, prevaleceu o entendimento do Ministro Antônio Anastasia, que afirmou: "[...] ser significativa a rejeição pelo STF de um modelo estadual que previa o início da contagem do prazo prescricional a partir da data do fato". E prosseguiu:

Desse modo, o TCU não poderia fixar a data do fato como termo inicial. Ademais, a decisão foi prolatada pelo Tribunal Pleno, em controle concentrado de constitucionalidade, com efeitos

---

[39] BRASIL. Tribunal de Contas da União. *Acórdão nº 2285/2022* – Plenário. Rel. Antônio Anastasia, DF: TCU, 11 out. 2022. Disponível em: https://pesquisa.apps.tcu.gov.br/documento/acordao-completo/*/NUMACORDAO%253 A2285%2520ANOACORDAO%253A2022%2520COLEGIADO%253A%2522Plen%25C3%25A1rio%2522/DTREL EVANCIA%2520desc%252C%2520NUMACORDAOINT%2520desc/0. Acesso em: 15 jul. 2024.

erga omnes e vinculantes para todos, e resultou na declaração de inconstitucionalidade de norma estadual, de modo que sua eficácia jurídica não cede diante de decisões esparsas prolatadas em mandados de segurança.[40]

Assim, em 11.10.2022, foi publicada a Resolução nº 344/2022, que "Regulamenta, no âmbito do Tribunal de Contas da União, a prescrição para o exercício das pretensões punitiva e de ressarcimento".

No início do documento, em consonância com as discussões apresentadas acima, a Corte reconheceu a necessidade de estabelecer critérios e pacificar o tema em linha com o entendimento adotado pelo STF.

4.2 As controvérsias oriundas da aplicação da Resolução nº 344/2022 e a publicação da Resolução nº 367/2024

A partir da aplicação da Resolução nº 344/2022, surgiram, como é de se esperar de qualquer novo estatuto jurídico, dúvidas interpretativas que levaram a Corte de Contas a constituir grupo de trabalho com o objetivo de apresentar ao Plenário uma proposta de atualização da norma.

Para pacificar o entendimento e a interpretação da prescrição contida no novo normativo, o grupo de trabalho debateu as seguintes questões: (i) trânsito em julgado e cobrança executiva; (ii) marcos interruptivos objetivos e subjetivos; (iii) marco inicial de contagem de prazo da prescrição intercorrente; e (iv) interrupção do prazo prescricional por atos inequívocos de apuração praticados nos processos judiciais, cíveis ou criminais, como também nos procedimentos apuratórios conduzidos pelo Ministério Público.

Acerca do trânsito em julgado e da cobrança executiva, o art. 18 da Resolução nº 344/2022 estabelecia que as regras somente se aplicavam "aos processos nos quais não tenha ocorrido o trânsito em julgado no TCU". Da aplicação desse dispositivo surgiram dificuldades relevantes, uma vez que há um expressivo volume de decisões do TCU que já transitaram em julgado e que representam valores significativos, mas ainda não foram objeto de execução judicial ou possuem execuções não finalizadas. Ainda, "atentam contra o interesse público as evidências de que muitos desses processos têm tido a execução frustrada e, não bastasse, têm ensejado dispêndios para a União com condenações ao pagamento de honorários advocatícios no âmbito do Poder Judiciário".[41]

A Advocacia-Geral da União, por meio de comunicações enviadas à Corte de Contas, informou a existência de elevado risco de sucumbência na execução dos títulos constituídos sob a tese da imprescritibilidade, dado o potencial prejuízo que a mudança do antigo entendimento poderia gerar ao erário, tendo em vista que não houve a diferenciação se esses títulos são anteriores ou posteriores à resolução.

---

[40] ANASTASIA, Antônio Augusto Junho. A prescrição no âmbito do Tribunal de Contas da União. *In*: RODRIGUES, Maria Isabel Diniz Gallotti; FONSECA, Reynaldo Soares da (Coord.). *Repensar a justiça*: estudos em homenagem à Ministra Assusete Magalhães. 1. ed. São Paulo: D'Plácidos, 2023. p. 217-243.

[41] BRASIL. Tribunal de Contas da União. *Acórdão nº 420/2024* – Plenário. Rel. Walton Alencar Rodrigues, DF: TCU, 13 mar. 2024. Disponível em: https://pesquisa.apps.tcu.gov.br/documento/acordao-completo/*/NUMACORDAO%253A420%2520ANOACORDAO%253A2024%2520COLEGIADO%253A%2522Plen%25C3%25A1rio%2522/DTRELEVANCIA%2520desc%252C%2520NUMACORDAOINT%2520desc/0. Acesso em: 14 ago. 2024.

O Acórdão nº 420/2024, no qual foi proposta a reforma da Resolução nº 344/2022, concluiu que o artigo em análise se mostra em dissonância com o interesse público:

> [...] há que se reconhecer que a leitura literal do texto do art. 18 da Resolução 344/2022 tem levado a um resultado contrário ao interesse público em relação aos títulos constituídos antes daquela norma. Ainda que seja possível estabelecer uma ampla discussão jurídica a respeito dos institutos aplicáveis, especialmente por meio da tentativa de preencher as lacunas normativas mediante a analogia com mecanismos inerentes a ramos do Direito Civil e do Direito Penal, é inconteste que uma análise pragmática da questão impõe que seja dada uma solução para o cenário delineado. Ocorre que, admitindo-se a possibilidade de reapreciação das alegações de ocorrência da prescrição quanto às decisões em que já tenha ocorrido o trânsito em julgado, faz-se necessário delimitar o conjunto de processos nos quais o Tribunal promoverá essa análise – não fazendo sentido prático, lógico ou jurídico uma retroação indefinida ao passado. [...] O entendimento sedimentado pelo STF é de que prescreve em 5 (cinco) anos a pretensão executória da União. Com efeito, transcorrido o prazo quinquenal desde o trânsito em julgado da decisão condenatória, já não mais restaria sentido prático em o TCU apreciar eventuais alegações de ocorrência da prescrição durante a etapa de constituição do título, tendo em vista que, após esse prazo, pode ter ocorrido a prescrição na fase executória – cuja apreciação foge às competências do TCU, inserindo-se na análise do juízo de execução. Com efeito, esse também é o prazo estabelecido na Lei Orgânica do Tribunal para conhecimento do recurso de revisão (art. 35). Considerando que a ocorrência da prescrição constitui matéria de ordem pública, não há necessidade de comprovação de atendimento aos requisitos de admissibilidade específicos da mencionada espécie recursal. Ainda que a alegação de prescrição das pretensões punitiva e/ou ressarcitória seja endereçada por mera petição, cabe ao TCU examinar sua eventual ocorrência desde que dentro do prazo de cinco anos.[42]

Ao propor a alteração, afirmou-se que o transcurso de 5 (cinco) anos do trânsito em julgado do acórdão condenatório é o marco temporal para a análise da prescrição que se ajusta ao entendimento da ADI nº 5.509, e consequentemente ao objetivo do processo de controle externo. Decorrido tal prazo, não mais haverá possibilidade de intervenção do TCU sobre a matéria.

Disfunções na aplicação das causas interruptivas da prescrição também foram identificadas desde a entrada em vigor da Resolução nº 344/2022, tendo em vista a indefinição sobre a quem se estendem os efeitos da prescrição dentro do processo (concurso de agentes) e, caso haja processos conexos, como essa questão seria resolvida. Tais questões decorrem de a referida resolução não dispor acerca de situações subjetivas concretas que se aplicariam apenas a um responsável envolvido, sugerindo que os atos interruptivos alcançariam igualmente todos os responsáveis.

Nos autos da TCE nº 013.817/2021-3, o Ministro Relator Jorge Oliveira, ao analisar o termo inicial da contagem do prazo prescricional, entendeu pelo arquivamento do feito para alguns responsáveis em razão de ocorrência da prescrição da pretensão punitiva e

---

[42] BRASIL. Tribunal de Contas da União. *Acórdão nº 420/2024* – Plenário. Rel. Walton Alencar Rodrigues, DF: TCU, 13 mar. 2024. Disponível em: https://pesquisa.apps.tcu.gov.br/documento/acordao-completo/*/NUMACORDA O%253A420%2520ANOACORDAO%253A2024%2520COLEGIADO%253A%2522Plen%25C3%25A1rio%2522/ DTRELEVANCIA%2520desc%252C%2520NUMACORDAOINT%2520desc/0. Acesso em: 14 ago. 2024.

ressarcitória, e não aproveitou o entendimento aos demais responsáveis, ao fundamento de que determinados eventos processuais constituem atos de natureza pessoal:

> Inicio pelo exame da prescrição. Sobre o tema, sem prejuízo da regra geral de contagem objetiva do prazo prescricional e da possibilidade de interrupção indistinta por marcos interruptivos de caráter apuratório, esta Corte de Contas tem apresentado entendimento de que a notificação e a citação constituem atos de natureza pessoal, com efeitos interruptivos da contagem somente em relação ao responsável notificado (Acórdão 2643/2022-TCU-Plenário, Ministro Augusto Sherman). Em linha similar, menciono ainda as decisões do Supremo Tribunal Federal nos Mandados de Segurança 38.615 e 38.288. Além disso, esta Corte já fixou que o marco inicial da fluição da prescrição intercorrente se inicia somente a partir da ocorrência do primeiro marco interruptivo da prescrição ordinária (Acórdão 534/2023-TCU-Plenário, Ministro Benjamin Zymler). [...]
>
> Ocorre que, no âmbito do Ministério da Saúde, as apurações e notificações se dirigiram somente à empresa Rufolo a seus sócios, sem qualquer menção ou notificação dos servidores do Into, como se verifica nos expedientes relacionados no relatório do tomador de contas (peça 28, p. 38). Assim, há informação sobre atos com poder de interromper a contagem prescricional datados, por exemplo, de 12/7/2017 e 5/2/2018. Em seguida, ocorreram uma série de outros atos, como os elencados pela AudTCE (peça 137, p. 60), que permitiram concluir pela ausência de prescrição em relação à empresa.
>
> Os demais responsáveis, entretanto, foram arrolados somente com os autos já em tramitação neste Tribunal, com a instrução da AudTCE, de 25/7/2022, em que propôs a realização de suas citações. Assim, houve o transcurso de mais de cinco anos entre o marco inicial e o primeiro evento processual interruptivo em relação a eles, restando reconhecer estarem prescritas as mencionadas pretensões.[43]

Já no âmbito da TCE nº 043.347/2018-5, o Ministro Relator Marcos Bemquerer da Costa entendeu que o arquivamento do feito, pela ocorrência da prescrição, atinge todos os responsáveis alcançados pela TCE, ainda que decorra de ato relacionado a apenas um dos responsáveis envolvidos.

Nos autos da TCE nº 008.547/2018-1, o Ministro Relator Augusto Nardes, ao analisar a possível incidência de prescrição, salientou que o Código Civil estipula que, ao existir solidariedade passiva, "incide regra própria da teoria geral das obrigações, segundo a qual a interrupção da prescrição promovida pelo credor contra um devedor solidário se estende aos demais e aos seus herdeiros". Em suas palavras:

> Não é demais ressaltar que, como é pacífico na jurisprudência desta Corte, a solidariedade passiva constitui benefício do credor, que pode exigir de um ou de todos os devedores a integralidade da dívida, sendo certo que a propositura da ação de conhecimento contra um deles não implica renúncia à solidariedade dos remanescentes, que permanecem obrigados ao pagamento da dívida (art. 275 do Código Civil). Na mesma linha o STJ, conforme entendimento contido no REsp 1.423.083/SP, segundo o qual "é *faculdade do credor escolher*

---

[43] BRASIL. Tribunal de Contas da União. *Acórdão nº 12015/2023* – Plenário. Rel. Jorge Oliveira, DF: TCU, 31 out. 2023. Disponível em: https://pesquisa.apps.tcu.gov.br/documento/acordao-completo/*/NUMACORDAO%253A12015%2520ANOACORDAO%253A2023%2520COLEGIADO%253A%2522Primeira%2520C%25C3%25A2mara%2522/DTRELEVANCIA%2520desc%252C%2520NUMACORDAOINT%2520desc/0. Acesso em: 14 ago. 2024.

a qual ou a quais devedores direcionará a cobrança do débito comum, sendo certo que a propositura da ação de conhecimento contra um deles não implica renúncia à solidariedade dos remanescentes, que permanecem obrigados ao pagamento da dívida".

No caso, diante de lacunas, na fase administrativa do feito, quanto à responsabilização dos agentes que concorreram para os ilícitos causadores do dano e após identificação, como um dos fundamentos para a autorização do pagamento indevido de efeitos financeiros retroativos a repactuação contratual, do parecer jurídico subscrito por Maria Isabel Evangelista Rocha, foi-lhe atribuída responsabilidade solidária por esse pagamento indevido, o que a trouxe para a mesma situação jurídica do outro responsável envolvido, resultando na submissão de ambos ao mesmo regime que dispõe sobre a interrupção prescricional.[44]

Com vistas a deixar claro a quem se aplica a prescrição e a quem possivelmente aproveita sua aplicação, destacou-se na proposta de alteração que os "princípios da segurança jurídica e da não surpresa impedem que se considere interrompida a prescrição de um agente que nem sequer figurou na relação processual pelo fato de um outro haver sido notificado".

Dessa forma, alterou-se a resolução para incluir no art. 5º, o §5º, de forma a dispor que a prescrição ocorrida pela notificação, oitiva, citação ou audiência do responsável, inclusive por edital, tem efeitos tão somente em relação aos responsáveis destinatários das respectivas comunicações.[45]

No que tange à aplicação do marco inicial de contagem do prazo da prescrição intercorrente, a partir da publicação da Resolução nº 344/2022, caminhou em sentido pacífico o entendimento de que o marco inicial seria a ocorrência do primeiro marco interruptivo da prescrição ordinária.

Na TCE nº 020.186/2020-7, de relatoria do Ministro Benjamin Zymler, a Corte de Contas concluiu que tanto a prescrição intercorrente quanto a prescrição ordinária devem ser contadas a partir do mesmo marco inicial, reconhecendo, ainda, a fluência de ambos os prazos prescricionais antes da instauração da TCE.

Assim, positivando o entendimento já aplicado, o TCU acolheu a inclusão, na Resolução nº 344/2022, do §3º ao art. 8º da norma, com o seguinte teor: "o marco inicial de contagem de prazo da prescrição intercorrente é a ocorrência do primeiro marco interruptivo da prescrição principal".

No último tema tratado na proposta de alteração da norma, buscou-se definir como causa interruptiva da prescrição a prática de atos inequívocos de apuração em processos judiciais, cíveis ou criminais, como também em procedimentos apuratórios conduzidos pelo Ministério Público.

O entendimento firmado no âmbito da TCE nº 037.664/2019-0 considerou que, ao atuar em conjunto com o Poder Judiciário ou com o Ministério Público, o TCU deve

---

[44] BRASIL. Tribunal de Contas da União. *Acórdão nº 7932/2023* – Plenário. Rel. Augusto Nardes, DF: TCU, 08 ago. 2023. Disponível em: https://pesquisa.apps.tcu.gov.br/documento/acordao-completo/*/NUMACORDAO%253 A7932%2520ANOACORDAO%253A2023%2520COLEGIADO%253A%2522Segunda%2520C%25C3%25A2ma ra%2522/DTRELEVANCIA%2520desc%252C%2520NUMACORDAOINT%2520desc/0. Acesso em: 14 ago. 2024.

[45] Eis o texto inserido na resolução: "§5º A interrupção da prescrição em razão dos atos previstos no inciso I tem efeitos somente em relação aos responsáveis destinatários das respectivas comunicações".

reconhecer os atos investigativos dessas instituições como capazes de interromper a prescrição. Isso ocorre porque tais atos demonstram, de maneira inequívoca, a continuidade da apuração dos fatos, o que justificaria a interrupção do prazo prescricional.

No caso acima, os primeiros marcos interruptivos estão restritos a eventos relativos à Polícia Federal, ao MPF e ao Poder Judiciário. A lógica residiria no fato de que, se há uma apuração ativa por órgãos competentes, o responsável pelo ato ilícito não poderia alegar prescrição, uma vez que a investigação se encontra em curso.

No entanto, de maneira diversa foi o entendimento do Ministro Jhonatan de Jesus em duas TCEs: 013.268/2017-1 e 013.285/2017-3. Nesta última, por meio do Acórdão nº 13.267/2023, o Ministro afirmou que a independência das instâncias não permite que um ato ocorrido no processo de um órgão seja capaz de aproveitar a outro:

O entendimento da unidade instrutiva, corroborado pelo Ministério Público de Contas, foi no sentido de que tanto o inquérito civil quanto a ação civil pública foram desdobramentos da fiscalização da CGU e logo se constituiriam em atos inequívocos de apuração dos fatos, com vistas à obtenção da reparação devida e à aplicação de sanções aos responsáveis. Assim, justificaria o aproveitamento como causas interruptivas da prescrição no caso vertente, com amparo no art. 6º da Resolução-TCU 344/2022, que assim dispõe:

"Art. 6º Aproveitam-se as causas interruptivas ocorridas em processo diverso, quando se tratar de fato coincidente ou que esteja na linha de desdobramento causal da irregularidade ou do dano em apuração. Parágrafo único. Aplica-se o disposto no caput deste artigo aos atos praticados pelos jurisdicionados do TCU, tais como os órgãos repassadores de recursos mediante transferências voluntárias e os órgãos de controle interno, entre outros, em processo diverso, quando se tratar de fato coincidente ou que esteja na linha de desdobramento causal da irregularidade ou do dano em apuração". Com minhas respeitosas vênias, divirjo da interpretação dada pela unidade instrutiva e pelo *parquet* ante as razões que passo a expor. Os marcos indicados no parágrafo 13 acima realmente apontam atos processuais em períodos inferiores aos indicados na norma como causa de interrupção: a propositura de ação civil quatro anos após o marco inicial, período inferior aos cinco anos para prescrição ordinária; e atos de apuração em intervalos inferiores a três anos, tempo máximo por que o processo pode permanecer paralisado. Isto é, caso seja importado o andamento da ação civil para este processo, não seria hipótese, realmente, de prescrição, seja ordinária, seja intercorrente. Entretanto, contraponho essa interpretação por respeito à independência das instâncias, que deve ser observada na interpretação do referido art. 6º, na medida em que não há, de fato, um aproveitamento do que foi produzido no aludido processo judicial.[46]

No entanto, o entendimento acolhido e constante na alteração da resolução é de que "aproveitam-se as causas interruptivas ocorridas em processo diverso, quando se tratar de fato coincidente ou conexo e que esteja na linha de desdobramento causal da irregularidade ou do dano em apuração".

---

[46] BRASIL. Tribunal de Contas da União. *Acórdão nº 13267/2023* – Plenário. Rel. Jhonatan de Jesus, DF: TCU, 28 nov. 2023. Disponível em: https://pesquisa.apps.tcu.gov.br/documento/acordao-completo/*/NUMACORDAO%253A 13267%2520ANOACORDAO%253A2023%2520COLEGIADO%253A%2522Primeira%2520C%25C3%25A2ma ra%2522/DTRELEVANCIA%2520desc%252C%2520NUMACORDAOINT%2520desc/0. Acesso em: 14 ago. 2024.

Com isso, a partir dos debates gerados no grupo de trabalho, o Plenário do TCU aprovou a Resolução nº 367, de 13.3.2024, que designou alterações que pretenderam colocar fim às dúvidas até o momento existentes acerca da aplicação das regras estabelecidas pela Corte de Contas para regulamentar o instituto da prescrição.

5 Considerações finais

Com base no caminho percorrido, foi possível verificar os principais entendimentos da Corte de Contas acerca da prescrição das pretensões punitiva e ressarcitória, passando por grandes marcos, como em 2008, quando decidiu-se pela imprescritibilidade da pretensão ressarcitória.

Ao longo dos anos, o debate no âmbito do TCU sofreu alterações relevantes em decorrência das mudanças de entendimento adotadas pela Suprema Corte, o que culminou com a edição da vigente Resolução nº 344/2022, que reflete um amadurecimento institucional significativo para a Corte de Contas e o oferecimento de um ambiente permeado por maior segurança jurídica. A trajetória de aperfeiçoamento contínuo evidencia a preocupação do TCU em garantir uma aplicação justa e eficiente das sanções administrativas, respeitando os direitos dos administrados e os princípios constitucionais.

Esse processo de evolução jurisprudencial, amplamente discutido neste trabalho, demonstra a influência das decisões do STF nas deliberações do TCU, principalmente após o julgamento da ADI nº 5.509. Demonstra também que, em determinados momentos – como em 2008 e, mais recentemente, a partir de 2022 – as Cortes se alinharam no que tange à matéria. O novo normativo consolida essa evolução, oferecendo um arcabouço normativo que promove a transparência na atuação do TCU.

No entanto, a aplicação da Resolução nº 344/2022 enfrentou desafios, especialmente no que se refere à interpretação dos marcos interruptivos e à compatibilização com decisões judiciais que influenciaram a prescrição. A complexidade das situações concretas e a diversidade de casos julgados pelo TCU trouxeram à tona dificuldades na uniformização do entendimento e na operacionalização dos prazos prescricionais, o que gerou debates internos e levou à revisão da norma.

Desse modo, a recente alteração da Resolução nº 344/2022 pela Resolução nº 367/2024 evidencia a contínua necessidade de ajustes normativos para atender às demandas práticas e garantir a efetividade das decisões do TCU em um ambiente de razoabilidade e de segurança jurídica.

Referências

ANASTASIA, Antônio Augusto Junho. A insegura segurança jurídica. *Revista do TCU*, n. 150, 2022. Disponível em: https://revista.tcu.gov.br/ojs/index.php/RTCU/article/view/1920. Acesso em: 14 jul. 2024.

ANASTASIA, Antônio Augusto Junho. A prescrição no âmbito do Tribunal de Contas da União. *In*: RODRIGUES, Maria Isabel Diniz Gallotti; FONSECA, Reynaldo Soares da (Coord.). *Repensar a justiça*: estudos em homenagem à Ministra Assusete Magalhães. 1. ed. São Paulo: D'Plácidos, 2023. p. 217-243.

BRASIL. Constituição (1988). *Constituição da República Federativa do Brasil*. Brasília, DF: Senado Federal, 1988. Disponível em: https://www.planalto.gov.br/ccivil_03/constituicao/constituicao.htm. Acesso em: 10 jul. 2024.

BRASIL. Lei nº 9.784, de 29 de janeiro de 1999. Regula o processo administrativo no âmbito da Administração Pública Federal. *Diário Oficial da União*, Brasília, DF, seção 1, 1º fev. 1999. Disponível em: https://www.planalto.gov.br/ccivil_03/leis/l9784.htm. Acesso em: 13 jul. 2024.

BRASIL. Supremo Tribunal Federal. *ADI 5509*. Rel. Edson Fachin, Tribunal Pleno, julgado em 11.11.2021. Disponível em: chrome-extension://efaidnbmnnnibpcajpcglclefindmkaj/https://redir.stf.jus.br/paginadorpub/paginador.jsp?docTP=TP&docID=759335445. Acesso em: 17 ago. 2024.

BRASIL. Supremo Tribunal Federal. *MS 26210*. Rel. Ricardo Lewandowski, Tribunal Pleno, julgado em 04.9.2008. Disponível em: chrome-extension://efaidnbmnnnibpcajpcglclefindmkaj/https://redir.stf.jus.br/paginadorpub/paginador.jsp?docTP=AC&docID=553769. Acesso em: 14 ago. 2024.

BRASIL. Supremo Tribunal Federal. *RE 669069*. Rel. Teori Zavascki, Tribunal Pleno, julgado em 04.9.2008. Disponível em: chrome-extension://efaidnbmnnnibpcajpcglclefindmkaj/https://portal.stf.jus.br/processos/downloadPeca.asp?id=309826252&ext=.pdf. Acesso em: 14 ago. 2024.

BRASIL. Supremo Tribunal Federal. *RE 852475*. Rel. Edson Fachin, Tribunal Pleno, julgado em 25.10.2019. Disponível em: chrome-extension://efaidnbmnnnibpcajpcglclefindmkaj/https://portal.stf.jus.br/processos/downloadPeca.asp?id=15341680560&ext=.pdf. Acesso em: 17 ago. 2024.

BRASIL. Tribunal de Contas da União. *Acórdão nº 12015/2023* – Plenário. Rel. Jorge Oliveira, DF: TCU, 31 out. 2023. Disponível em: https://pesquisa.apps.tcu.gov.br/documento/acordao-completo/*/NUMACORDAO%253A12015%2520ANOACORDAO%253A2023%2520COLEGIADO%253A%2522Primeira%2520C%25C3%25A2mara%2522/DTRELEVANCIA%2520desc%252C%2520NUMACORDAOINT%2520desc/0. Acesso em: 14 ago. 2024.

BRASIL. Tribunal de Contas da União. *Acórdão nº 13267/2023* – Plenário. Rel. Jhonatan de Jesus, DF: TCU, 28 nov. 2023. Disponível em: https://pesquisa.apps.tcu.gov.br/documento/acordao-completo/*/NUMACORDAO%253A13267%2520ANOACORDAO%253A2023%2520COLEGIADO%253A%2522Primeira%2520C%25C3%25A2mara%2522/DTRELEVANCIA%2520desc%252C%2520NUMACORDAOINT%2520desc/0. Acesso em: 14 ago. 2024.

BRASIL. Tribunal de Contas da União. *Acórdão nº 1441/2016* – Plenário. Rel. Benjamin Zymler, DF: TCU, 08 jun. 2016. Disponível em: https://pesquisa.apps.tcu.gov.br/documento/acordao-completo/*/KEY:ACORDAO-COMPLETO-1593667/NUMACORDAOINT%20asc/0. Acesso em: 12 jul. 2024.

BRASIL. Tribunal de Contas da União. *Acórdão nº 2285/2022* – Plenário. Rel. Antônio Anastasia, DF: TCU, 11 out. 2022. Disponível em: https://pesquisa.apps.tcu.gov.br/documento/acordao-completo/*/NUMACORDAO%253A2285%2520ANOACORDAO%253A2022%2520COLEGIADO%253A%2522Plen%25C3%25A1rio%2522/DTRELEVANCIA%2520desc%252C%2520NUMACORDAOINT%2520desc/0. Acesso em: 15 jul. 2024.

BRASIL. Tribunal de Contas da União. *Acórdão nº 2396/2006* – Plenário. Rel. Augusto Nardes, DF: TCU, 29 ago. 2006. Disponível em: https://pesquisa.apps.tcu.gov.br/documento/acordao-completo/%2522prescri%25C3%25A7%25C3%25A3o%2522%2520%2522regra%2520de%2520transi%25C3%25A7%25C3%25A3o%2522%2520%2522c%25C3%25B3digo%2520civil%2522/%2520/score%2520desc/14. Acesso em: 13 jul. 2024.

BRASIL. Tribunal de Contas da União. *Acórdão nº 253/2001* – Plenário. Rel. Marcos Bemquerer, DF: TCU, 22 jan. 2003. Disponível em: https://pesquisa.apps.tcu.gov.br/documento/acordao-completo/550.276%252F1995-5/%2520/DTRELEVANCIA%2520desc%252C%2520NUMACORDAOINT%2520desc/0. Acesso em: 13 jul. 2024.

BRASIL. Tribunal de Contas da União. *Acórdão nº 2709/2008* – Plenário. Rel. Benjamin Zymler, DF: TCU, 26 nov. 2008. Disponível em: https://pesquisa.apps.tcu.gov.br/documento/acordao-completo/*/NUMACORDAO%253A2709%2520ANOACORDAO%253A2008%2520COLEGIADO%253A%2522Plen%25C3%25A1rio%2522/DTRELEVANCIA%2520desc%252C%2520NUMACORDAOINT%2520desc/0. Acesso em: 13 jul. 2024.

BRASIL. Tribunal de Contas da União. *Acórdão nº 3242/2015* – Plenário. Rel. Benjamin Zymler, DF: TCU, 02 jun. 2015. Disponível em: https://pesquisa.apps.tcu.gov.br/documento/acordao-completo/*/KEY:ACORDAO-COMPLETO-1437517/NUMACORDAOINT%20asc/0. Acesso em: 13 jul. 2024.

BRASIL. Tribunal de Contas da União. *Acórdão nº 420/2024* – Plenário. Rel. Walton Alencar Rodrigues, DF: TCU, 13 mar. 2024. Disponível em: https://pesquisa.apps.tcu.gov.br/documento/acordao-completo/*/NUMA

CORDAO%253A420%2520ANOACORDAO%253A2024%2520COLEGIADO%253A%2522Plen%25C3%25A1r
io%2522/DTRELEVANCIA%2520desc%252C%2520NUMACORDAOINT%2520desc/0. Acesso em: 14 ago. 2024.

BRASIL. Tribunal de Contas da União. *Acórdão nº 53/2005* – Plenário. Rel. Benjamin Zymler, DF: TCU, 27 jan. 2005. Disponível em: https://pesquisa.apps.tcu.gov.br/documento/acordao-completo/*/NUMACORDAO%25 3A53%2520ANOACORDAO%253A2005%2520COLEGIADO%253A%2522Segunda%2520C%25C3%25A2ma ra%2522/DTRELEVANCIA%2520desc%252C%2520NUMACORDAOINT%2520desc/0. Acesso em: 13 jul. 2024.

BRASIL. Tribunal de Contas da União. *Acórdão nº 670/2013* – Plenário. Rel. Benjamin Zymler, DF: TCU, 27 mar. 2013. Disponível em: https://pesquisa.apps.tcu.gov.br/documento/acordao-completo/*/NUMACORDAO%25 3A670%2520ANOACORDAO%253A2013%2520COLEGIADO%253A%2522Plen%25C3%25A1rio%2522/DTR ELEVANCIA%2520desc%252C%2520NUMACORDAOINT%2520desc/0. Acesso em: 13 jul. 2024.

BRASIL. Tribunal de Contas da União. *Acórdão nº 71/2000* – Plenário. Rel. Bento José Bugarin, DF: TCU, 26 abr. 2000. Disponível em: https://pesquisa.apps.tcu.gov.br/documento/acordao-completo/*/NUMACORDAO%25 3A71%2520ANOACORDAO%253A2000%2520COLEGIADO%253A%2522Plen%25C3%25A1rio%2522/DTRE LEVANCIA%2520desc%252C%2520NUMACORDAOINT%2520desc/0. Acesso em: 13 jul. 2024.

BRASIL. Tribunal de Contas da União. *Acórdão nº 7932/2023* – Plenário. Rel. Augusto Nardes, DF: TCU, 08 ago. 2023. Disponível em: https://pesquisa.apps.tcu.gov.br/documento/acordao-completo/*/NUMACORDAO%253 A7932%2520ANOACORDAO%253A2023%2520COLEGIADO%253A%2522Segunda%2520C%25C3%25A2ma ra%2522/DTRELEVANCIA%2520desc%252C%2520NUMACORDAOINT%2520desc/0. Acesso em: 14 ago. 2024.

CARVALHO FILHO, José dos Santos. *Manual de Direito Administrativo*. 34. ed. São Paulo: Atlas, 2020.

DANTAS, Bruno; SANTOS, Caio Victor Ribeiro. Notas sobre a prescrição no Tribunal de Contas da União: a prescrição da pretensão punitiva do Estado nos processos de competência do TCU. *Revista Jurídica (FURB)*, Blumenau, v. 23, n. 52, 2019.

DI PIETRO, Maria Sylvia Zanella. *Direito administrativo*. 33. ed. Rio de Janeiro: Forense, 2020.

JUSTEN FILHO, Marçal. *Curso de direito administrativo*. 14. ed. São Paulo: Revista dos Tribunais, 2023.

RUBIN, Fernando. A aplicação processual do instituto da prescrição. *Revista Dialética de Direito Processual*, v. 105, p. 9-25, 2011.

VIPIEVSKI JUNIOR, José Mario; MILLANI, Maria Luiza. O direito administrativo do medo e os impactos nas políticas públicas. *Revista de Direito e Atualidades*, v. 2, n. 2, p. 1-26. Disponível em: https://www. portaldeperiodicos.idp.edu.br/rda/article/view/6431. Acesso em: 16 ago. 2024.

ZELINSKI, Renata Brindaroli. O reconhecimento da prescrição no âmbito dos tribunais de contas. *Revista do Ministério Público de Contas do Estado do Paraná*, v. 2, n. 2, p. 1-26, 2015. Disponível em: https://revista.mpc. pr.gov.br/index.php/RMPCPR/article/view/56/55. Acesso em: 17 ago. 2024.

Informação bibliográfica deste texto, conforme a NBR 6023:2018 da Associação Brasileira de Normas Técnicas (ABNT):

ANDRADE, Ricardo Barretto de; TEIXEIRA, Flávia Tapajós. A evolução da prescrição na jurisprudência do Tribunal de Contas da União. *In*: JUSTEN, Monica Spezia; PEREIRA, Cesar; JUSTEN NETO, Marçal; JUSTEN, Lucas Spezia (coord.). *Uma visão humanista do Direito*: homenagem ao Professor Marçal Justen Filho. Belo Horizonte: Fórum, 2025. v. 1, p. 883-906. ISBN 978-65-5518-918-6.

A FLEXIBILIZAÇÃO DOS REQUISITOS ESSENCIAIS À FORMALIZAÇÃO DO ACORDO DE NÃO PERSECUÇÃO CIVIL: A INTEGRALIDADE A PARTIR DA POSSIBILIDADE

RITA TOURINHO

1 Introdução

O consenso representa uma benéfica renovação para o Direito, propiciando comandos estatais mais eficientes, aceitáveis e consequentemente mais obedecidos, uma vez que encobertos por maior legitimidade. Também desenvolve a responsabilidade dos envolvidos no ajuste, na busca da efetivação do quanto consensuado.

O estímulo à utilização de outros mecanismos diversos da propositura de demandas perante o Poder Judiciário decorre da garantia de melhores resultados. Ou seja, os meios consensuais de solução de conflitos não visam solucionar a crise de morosidade da justiça, reduzindo a quantidade de processos judiciais existentes, mas sim conferir aos interessados uma solução mais adequada e justa aos seus litígios, propiciando o acesso à justiça de forma mais ampla e correta.[1]

O ordenamento jurídico brasileiro tem prestigiado soluções para os conflitos sociais que vão além da ideia tradicional de imposição de uma sentença pelo Juiz.

Na seara da improbidade administrativa, a consensualidade que vinha se mostrando meio eficaz de solução de conflitos, sobretudo na seara do Direito Sancionador, esbarrava no art. 17, §1º, da Lei nº 8.429/1992, que impossibilitava expressamente a transação, acordo ou conciliação nas ações de improbidade.

Tal obstáculo só foi verdadeiramente ultrapassado com a Lei nº 13.946/2019, alcunhada de Pacote Anticrime, que, dentre outras coisas, alterou o §1º, do art. 17 da Lei nº 8.429/1992, introduzindo no ordenamento jurídico brasileiro o acordo de não persecução civil – ANPC. No entanto, a sua regulamentação somente veio com a introdução do art. 17-B à LIA, pela Lei nº 14.230/2021.

---

[1] WATANABE, Kazuo. *Acesso à ordem jurídica justa (conceito atualizado de acesso à justiça)*: processos coletivos e outros estudos. Belo Horizonte: Del Rey, 2019. p. 82.

O novo art. 17-B, da Lei nº 8.429/1992, ao disciplinar o ANPC, determina nos incs. I e II que o acordo poderá ser formalizado desde que dele advenham, ao menos, os seguintes resultados: o integral ressarcimento do dano e a reversão à pessoa jurídica lesada da vantagem indevida obtida, ainda que oriunda de agentes privados. A redação legal, em um primeiro momento, leva à conclusão de que a lei estabeleceu um conteúdo mínimo essencial ao ANPC.[2]

Neste trabalho pretende-se discutir, dentre outras coisas, o alcance do "ressarcimento integral" estabelecido no referido art. 17-B. Em outras palavras, só é possível formalizar o ANPC com o efetivo pagamento do prejuízo calculado, com juros e correção monetária e a exata de devolução do que foi obtido indevidamente? Essa é a questão que se pretende enfrentar.

2 Do conteúdo essencial do acordo de não persecução civil

No âmbito do acordo de não persecução civil, há uma parte do conteúdo legalmente estabelecida, ou seja, o *conteúdo essencial*. Assim, o art. 17-B, incs. I e II, da Lei nº 8.429/1992, determina que poderá ser formalizado acordo de não persecução civil, desde que haja o integral ressarcimento do dano e a reversão à pessoa jurídica lesada da vantagem indevida obtida, ainda que oriunda de agentes privados.

Por outro lado, é facultado às partes a inclusão de outras cláusulas, que constituiriam o *conteúdo não essencial* do acordo de não persecução civil, cuja ausência não compromete a sua validade, já que estabelecida dentro da esfera de livre negociação das partes. Como exemplo, tem-se a possibilidade de estabelecer medidas de interesse público no ANPC, como a adoção de mecanismos e procedimentos internos de integridade, constante do §6º, do art. 17-B, da Lei nº 8.429/1002.

Ao se reportar aos atos de improbidade administrativa, a Constituição Federal de 1988 fixou, no art. 37, §4º, dentre as suas consequências, o ressarcimento do dano.

O ressarcimento do dano não possui natureza sancionatória, visando apenas recompor o *status quo ante*,[3] repercutindo o princípio constante do art. 927 do Código Civil, que determina que aquele que seja responsável pela ofensa ou violação do direito de outrem ficará sujeito à reparação do dano causado. Nesse mesmo dispositivo o Código Civil faz remissão expressa ao art. 189, segundo o qual "Aquele que, por ação ou omissão voluntária, negligência ou imprudência, violar direito e causar dano a outrem, ainda que exclusivamente moral, comete ato ilícito".

Também a perda de bens ou valores, em rigor técnico, não representa verdadeira sanção, visando unicamente reconduzir o agente à sua condição anterior ao ilícito, sem atingir seu patrimônio legítimo.[4]

---

[2] MARTINS JÚNIOR, Wallace Paiva. Acordo de não persecução civil. *In*: DAL POZZO, Augusto Neves; OLIVEIRA, José Roberto Pimenta (Coord.). *Lei de Improbidade Administrativa Reformada*. São Paulo: Revista dos Tribunais, 2022. p. 630

[3] Nesse sentido, manifesta-se Fabio Medina Osório (OSÓRIO, Fábio Medina. *Direito Administrativo Sancionador*. São Paulo: Revista dos Tribunais, 2019. p. 113), Emerson Garcia (GARCIA, Emerson; ALVES, Rogério Pacheco. *Improbidade administrativa*. São Paulo: Saraiva, 2015. p. 644) e José Suay Rincón (SUAY RINCON, José. El Derecho Administrativo Sancionador: Perspectiva de Reforma. *Revista de Administración Pública*, n. 109, abr. 1986. p. 202.

[4] Neste sentido manifesta-se Emerson Garcia (GARCIA, Emerson; ALVES, Rogério Pacheco. *Improbidade administrativa*. São Paulo: Saraiva, 2015. p. 641).

Para a perspectiva pretendida neste trabalho, convém abordar a incidência e extensão do ressarcimento do dano no âmbito da Lei nº 8.429/1992, bem como da reversão da vantagem indevida obtida.

3 O ressarcimento do dano no âmbito da improbidade administrativa: incidência e extensão

Dentre as alterações efetivadas pela Lei nº 14.230/2021, teve-se a exclusão do ressarcimento do dano, decorrente do ato de improbidade administrativa, dentre as sanções enumeradas nos incisos do art. 12,[5] da Lei nº 8.429/1992.

Exatamente pela natureza meramente reparatória do ressarcimento dos prejuízos efetivamente causados, a nova normativa da LIA fixa, no §3º, do art. 18, que "para fins de apuração do valor do ressarcimento, deverão ser descontados os serviços efetivamente prestados".

A responsabilidade de reparar danos extranegociais decorre do dever geral de cuidado imposto a todos os membros da sociedade, que devem se conduzir de modo a não violar bens alheios ou a órbita pessoal de uma ou várias pessoas, sejam estes interesses coletivos ou difusos.[6]

3.1 Da incidência do ressarcimento do dano

Para o surgimento da responsabilidade extracontratual e consequente dever de ressarcir danos causados, tem-se como pressupostos: a *conduta humana culposa* ou *dolosa*, o *nexo causal* e o *dano*.[7]

A *conduta humana* para gerar o dever de reparar danos causados deve ser voluntária. Tanto no *dolo* como na *culpa* há conduta voluntária do agente. No primeiro caso, a conduta já nasce ilícita porque se destina a um resultado antijurídico. Já na culpa, a conduta nasce lícita, tornando-se ilícita na medida que se desvia dos padrões socialmente adequados.[8]

O §6º, do art. 37 da Constituição Federal, após estabelecer a responsabilidade objetiva das pessoas jurídicas de direito público e as de direito privado prestadoras de serviços público por danos causados a terceiro, reporta-se ao direito de regresso em face do agente responsável que tenha atuado com dolo ou culpa. No âmbito constitucional, reconhece-se, então, a obrigação do agente público de ressarcir danos causados ao ente ao qual está vinculado, caso provocado por conduta voluntária, dolosa ou culposa.

---

5 "Art. 12. Independentemente do ressarcimento integral do dano patrimonial, se efetivo, e das sanções penais comuns e de responsabilidade, civis e administrativas previstas na legislação específica, está o responsável pelo ato de improbidade sujeito às seguintes cominações, que podem ser aplicadas isolada ou cumulativamente, de acordo com a gravidade do fato" (BRASIL. *Lei nº 14.230 de 25 de outubro de 2021*. Altera a Lei nº 8.429, de 2 de junho de 1992, que dispõe sobre improbidade administrativa. Disponível em: https://www.planalto.gov.br/ccivil_03/_ato2019-2022/2021/lei/l14230.htm. Acesso em: 8 jan. 2022).

6 FARIAS, Cristiano Chaves de; ROSENVALD, Nelson; BRAGA NETTO, Felipe Peixoto. *Curso de Direito Civil*: responsabilidade civil. Salvador: JusPodivm, 2017. p. 151.

7 GONÇALVES, Carlos Roberto. *Responsabilidade civil*. São Paulo: Saraiva, 2009. p. 33.

8 CAVALIERI FILHO, Sérgio. *Programa de responsabilidade civil*. São Paulo: Atlas, 2010. p. 31.

Na esfera civil para que se tenha um dano indenizável é necessária a sua produção por uma ação ou omissão culposa, conforme se depreende do art. 186,[9] do Código Civil. Equipara-se, então, a culpa ao dolo para fins de reparação de danos.

A Lei nº 13.655/2018, que introduziu diversos dispositivos no Decreto-Lei nº 4.657/1942, trouxe o art. 28, segundo o qual "o agente público responderá pessoalmente por suas decisões ou opiniões técnicas em caso de dolo ou erro grosseiro".

Posteriormente o Decreto nº 9.830/2019 delimitou, no art. 12, o sentido do *erro grosseiro*, estabelecendo no seu §1º que "considera-se erro grosseiro aquele manifesto, evidente e inescusável praticado com culpa grave, caracterizado por ação ou omissão com elevado grau de negligência, imprudência ou imperícia", que se aproxima do erro inexcusável, da culpa grave.

Para o Tribunal de Contas da União, a gradação de culpa prevista no art. 28 da LINDB não se aplica à responsabilidade financeira por dano ao Erário, permanecendo o dever de indenizar prejuízos aos cofres públicos, sujeito à comprovação de dolo ou culpa, tendo em vista o tratamento constitucional dado à matéria (art. 37, §6º, da Constituição Federal).[10] Como se nota, para o TCU, persiste o dever de indenizar do agente público havendo a presença de dolo ou culpa, em qualquer grau, resguardada a necessidade da presença do dolo ou culpa grave, apenas para fins de aplicação de sanção.[11]

Contrário à interpretação conferida pelo TCU à questão, Joel de Menezes Niebuhr,[12] dentre os argumentos apresentados, salienta a possibilidade de o legislador infraconstitucional estabelecer balizas e condicionantes, definindo graus de culpa para efeitos de obrigação de indenizar por parte de agentes públicos, regulamentando o art. 37, §6º, da Constituição Federal. Neste sentido, o Código de Processo Civil prevê que somente em caso de dolo ou fraude certas categorias profissionais podem ser responsabilizadas civil e regressivamente por perdas de danos. São elas: juízes (art. 143, do CPC), membros do Ministério Público (art. 181, do CPC) e da advocacia pública (art. 184, do CPC). Com efeito, a Lei de Introdução às Normas do Direito Brasileiro, como norma de aplicabilidade mais geral, procura somar-se a esse movimento legislativo, do qual não constitui marco inicial, tampouco marco final, como comprova a alteração da Lei nº 8.429/1992, que passou a exigir o dolo como elemento subjetivo necessário a todos os seus tipos.[13]

Na perspectiva de alteração da Lei nº 8.429/1992, o ressarcimento de danos estabelecido no ANPC certamente decorre de conduta dolosa, uma vez que a formalização do ajuste pressupõe a prática de ato de improbidade administrativa, que exige o elemento subjetivo *dolo* para a sua configuração.

---

[9] "Art. 186. Aquele que, por ação ou omissão voluntária, negligência ou imprudência, violar direito e causar dano a outrem, ainda que exclusivamente moral, comete ato ilícito" (Brasil, 2002).

[10] TCU. Acórdão nº 1.740/2023 – Plenário, Rel. Walton Alencar Rodrigues. Tomada de Contas Especial (TCE). Data da Sessão: 23.8.2023. Disponível em: https://pesquisa.apps.tcu.gov.br/documento/acordao-completo/Acord%25 C3%25A3o%2520n%25C2%25BA%2520 1.740%252F2023%2520/%2520/DTRELEVANCIA%2520desc%252C%252 0NUMACORDAOINT%2520desc/0. Acesso em: 15 nov. 2023

[11] Plenário. Rel. Min. Benjamin Zymler. Julgado em 17.10.2018.

[12] NIEBUHR, Joel de Menezes. O erro grosseiro: análise crítica do Acórdão nº 2.391/2018 do TCU. *In*: VALIATI, Thiago Priess, HUNGARO, Luis Alberto, CASTELLA, Gabriel Morettini e (Coord.). *A Lei de Introdução e o Direito Administrativo Brasileiro*. Rio de Janeiro: Lumen Juris, 2019. p. 491-492.

[13] SUNDFELD, Carlos Ari. *Direito administrativo*: o novo olhar da LINDB. Belo Horizonte: Fórum, 2022. p. 138.

Quanto ao *nexo causal*, significa que ninguém pode responder por algo que não fez. Em síntese, é preciso que o dano tenha sido causado pelo ato ilícito. Cuida-se, então, de saber que relação deve existir entre o dano e o fato para que este seja considerado causa daquele, sob a ótica do Direito.[14] Em se tratando da prática de ato de improbidade administrativa, é imprescindível, para se falar em ressarcimento, que o dano decorra da conduta do agente público, normativamente caracterizada como ato de improbidade, com ou sem participação de terceiros.

Para que haja ressarcimento também é essencial a existência de *dano*. Ressarcimento sem dano corresponde ao enriquecimento sem causa, para quem recebe, e sanção para quem paga. Cavalieri traz afirmação comum a todos os autores, segundo a qual "o dano é não somente o fato constitutivo, mas, também, determinante do dever de indenizar".[15]

A Lei nº 8.429/1992, com a redação conferida pela Lei nº 14.230/2021, vincula corretamente o ressarcimento ao dano efetivamente causado. Assim, no art. 10, após estabelecer os atos de improbidade administrativa por prejuízo ao erário, determina no seu §1º que "Nos casos em que a inobservância de formalidades legais ou regulamentares não implicar perda patrimonial efetiva, não ocorrerá imposição de ressarcimento, vedado o enriquecimento sem causa das entidades referidas no art. 1º desta Lei". Também, nessa perspectiva, o §6º, do art. 12, fixa que "Se ocorrer lesão ao patrimônio público, a reparação do dano a que se refere esta Lei deverá deduzir o ressarcimento ocorrido nas instâncias criminal, civil e administrativa que tiver por objeto os mesmos fatos".

Tais regras aplicam-se ao acordo de não persecução civil. Logo, conforme se abordará adiante, a ausência de dano não comporta previsão de ressarcimento no ANPC. Da mesma forma, na constituição da avença deverá ser observado o ressarcimento porventura ocorrido em outras esferas, pelo mesmo fato.

3.2 A extensão do dano para fins de ressarcimento decorrente do ato de improbidade administrativa

O *dano material ou patrimonial* atinge bens integrantes do patrimônio do lesado, constituindo sua efetiva diminuição. É suscetível de avaliação pecuniária, podendo ser reparado diretamente, mediante restauração ou reconstituição específica da situação anterior, ou indiretamente, por intermédio de equivalente ou indenização pecuniária.[16] Seria, então a indenização por perdas e danos, que abrange os danos emergentes e os lucros cessantes.[17]

Quanto ao *dano presumido* – dano *in re ipsa* – há autores que o admitem em certas situações.[18] Já na opinião exposta por Aguiar Dias,[19] não basta que o autor mostre que

---

[14] CAVALIERI FILHO, Sérgio. *Programa de responsabilidade civil*. São Paulo: Atlas, 2010. p. 47.

[15] CAVALIERI FILHO, Sérgio. *Programa de responsabilidade civil*. São Paulo: Atlas, 2010. p. 73.

[16] VARELA, Antunes. *Das Obrigações em Geral: Volume I*. Coimbra: Almedina, 2003. p. 613.

[17] De acordo com o art. 402, do Código Civil "Salvo as exceções expressamente previstas em lei, as perdas e danos devidas ao credor abrangem, além do que ele efetivamente perdeu, o que razoavelmente deixou de lucrar" (Brasil, 2002).

[18] Neste sentido tem-se Flávio Tartuce, segundo o qual "Em algumas situações até se admite o dano presumido (*damnum in repisa*), mas o que normalmente ocorre é o fato de o autor da demanda ter contra si o ônus de demonstrá-lo nos termos do art. 333, I do CPC, na categoria dos danos emergentes e lucros cessantes" (TARTUCE, Flávio. *Responsabilidade civil objetiva e risco*. São Paulo: Método, 2011. p. 93).

[19] DIAS, José Aguiar. *Da responsabilidade civil*. Rio de Janeiro: Lumen Juris, 2012. p. 94.

o fato de que se queixa seja de natureza prejudicial, necessitando de prova do dano concreto, assim entendida a realidade do dano que experimentou, podendo relegar para a liquidação a fixação do seu montante.

Em se tratando de danos patrimoniais decorrentes da prática de ato de improbidade administrativa, antes das alterações trazidas pela Lei nº 14.230/2021, admitia-se o dano presumido, ao menos na hipótese do art. 10, VIII, da Lei nº 8.429/1992, que tratava do prejuízo ao erário em razão de "frustrar a licitude de processo licitatório ou de processo seletivo para celebração de parcerias com entidades sem fins lucrativos, ou dispensá-los indevidamente pode-se pensar na hipótese de lucros cessantes no caso do ente lesado".

Nesse sentido manifestavam-se, reiteradamente, os Tribunais Superiores, embalados pelo Superior Tribunal de Justiça,[20] ao estabelecer que independem de prova fatos notórios e deduzidos das regras de experiência, como exemplo, o prejuízo presumido em caso de fracionamento indevido do objeto licitado para permitir a dispensa de licitação e caracterizar a improbidade por prejuízo ao erário.

No entanto, com a redação trazida à Lei de Improbidade Administrativa pela Lei nº 14.230/2021, houve normativa contrária a tal entendimento, passando a exigir, no referido inc. VIII, do art. 10, a "perda patrimonial efetiva". Logo, não há dano patrimonial presumido no âmbito da improbidade administrativa e, consequentemente, este não poderá compor o ressarcimento do dano fixado em sede de ANPC.

Já quanto ao *dano moral coletivo*,[21] há diversos posicionamentos favoráveis à sua incidência em decorrência da prática de ato de improbidade administrativa. Nesse sentido, tem-se Emerson Garcia,[22] que se posicionou favorável ao deslocamento do dano para a coletividade, que pode sofrer com a lesão a bens jurídicos de natureza não econômica.[23] Para alcançar essa conclusão, o autor parte da premissa segundo a qual a Lei nº 8.429/1992 não se destina unicamente à proteção do erário, concebido como o patrimônio econômico dos sujeitos passivos dos atos de improbidade, mas sim à proteção ao patrimônio público no sentido mais amplo, que também abrange o patrimônio moral.

A dificuldade maior em relação ao dano moral coletivo certamente gira em torno da mensuração do valor da indenização a ser fixado a título de compensação.[24] Nesse

---

[20] "[...] é remansoso o entendimento desta Corte no sentido de que, nos casos de dispensa/inexigibilidade de licitação, o dano ao erário é presumido" (AREsp 1461963/SP, Rel. Min. Francisco Falcão, Segunda Turma. *DJe*, 25.9.2019). No mesmo sentido: REsp 1.431.610/GO, Rel. Min. Og Fernandes, Segunda Turma. *DJe*, 26.2.2019; REsp 1.507.099/GO, Rel. Min. Francisco Falcão, Segunda Turma. *DJe*, 19.12.2019; AgRg no AREsp 617.563/SP, Rel. Min. Assusete Magalhães, Segunda Turma. *DJe*, 14.10.2016.

[21] Segundo Carlos Alberto Bittar Filho, "o dano moral coletivo é a injusta lesão da esfera moral de uma dada comunidade, ou seja, é a violação antijurídica de um determinado círculo de valores coletivos. Quando se fala em dano moral coletivo, está-se fazendo menção ao fato de que o patrimônio valorativo de uma certa comunidade (maior ou menor), idealmente considerado, foi agredido de maneira absolutamente injustificável do ponto de vista jurídico" (BITTAR FILHO, Carlos Alberto. Do dano moral coletivo no contexto jurídico brasileiro. *Revista de Direito do Consumidor*, v. 12, 1994. p. 478).

[22] GARCIA, Emerson; ALVES, Rogério Pacheco. *Improbidade administrativa*. São Paulo: Saraiva, 2015. p. 655.

[23] Saliente-se que a V Jornada de Direito Civil aprovou o Enunciado nº 456, que assim dispõe: "A expressão 'dano' no art. 944 abrange não só os danos individuais, materiais ou imateriais, mas também dos danos sociais, difusos, coletivos e individuais homogêneos a serem reclamados pelos legitimados para propor ações coletivas" (Disponível em: https://www.cjf.jus.br/enunciados/enunciado/403. Acesso em: 23 out. 2022).

[24] Silvio de Salvo Venosa observa que uma das maiores objeções que se fazia no passado contra a reparação de danos morais era justamente a dificuldade de mensuração. Segundo o autor, na sua fixação deverá ser observado o próprio ilícito e a condição econômica e social dos envolvidos (VENOSA, Sílvio de Salvo. *Direito Civil*: Responsabilidade Civil. São Paulo: Atlas, 2011. p. 52).

aspecto, Emerson Garcia expõe que "[...] o valor da indenização deve ser suficiente para desestimular novas práticas ilícitas e para possibilitar que o Poder Público implemente atividades paralelas que possam contornar o ilícito praticado e recompor a paz social".[25]

Em qualquer situação, diferente do dano patrimonial, não há que se falar na espécie em ressarcimento, uma vez que não objetiva pagar o prejuízo econômico sofrido.

O vocábulo "ressarcir" significa restaurar. Os danos econômicos são restauráveis ou ressarcíveis.[26] No dano moral, o dinheiro cumpre uma função de natureza satisfativa, uma compensação, mesmo que de forma imperfeita, pois o valor estipulado não apaga o prejuízo. Qualquer avaliação ou preço estipulado como resposta do Estado à ofensa de um bem intrínseco será meramente uma compensação. Enquanto ressarcir é apagar o dano, com a recomposição do patrimônio ao estado anterior, compensar é dar algo que contrabalança o mal causado, mas sem poder apagar este.[27]

Apesar das posições favoráveis à indenização por dano moral coletivo decorrente da prática de ato de improbidade administrativa, questiona-se a manutenção de referido posicionamento diante das alterações empreendidas pela Lei nº 14.230/2021, no art. 12, *caput*, que passou a contar com a seguinte redação:

> Art. 12. Independentemente *do ressarcimento integral do dano patrimonial, se efetivo*, e das sanções penais comuns e de responsabilidade, civis e administrativas previstas na legislação específica, está o responsável pelo ato de improbidade sujeito às seguintes cominações, que podem ser aplicadas isolada ou cumulativamente, de acordo com a gravidade do fato: [...]. (Grifos nossos)

Ocorre que, ao se reportar ao "ressarcimento integral do dano patrimonial, se efetivo", o legislador não teve o propósito de afastar a possibilidade de responsabilidade por dano moral coletivo decorrente da prática de ato de improbidade, isso porque, diferentemente do dano patrimonial, suscetível de ressarcimento integral, desde que comprovada a sua efetividade, o dano moral, inclusive o coletivo, sujeita-se à compensação, conforme já articulado. Ou seja, no dano moral, a sua reparação se faz por meio de uma compensação e não de um ressarcimento.[28]

No ressarcimento do dano patrimonial, a restituição resolve-se no sacrifício de um interesse idêntico ou similar, tendo uma função de equivalência, o que não ocorre quanto ao dano moral, cuja função do dinheiro é meramente satisfatória e com ele repara-se não completamente, mas tanto quanto possível o dano dessa natureza.[29]

Vê-se que a alteração procedida no art. 12, *caput*, da Lei nº 8.429/1992, buscou guardar coerência com a nova redação do art. 10, que exige dano efetivo para tipificação da improbidade por prejuízo ao erário, conforme determina o seu inc. VIII e §1º, afastando a possibilidade de dano presumido, para fins de tal tipificação, conforme já comentado.

---

[25] GARCIA, Emerson; ALVES, Rogério Pacheco. *Improbidade administrativa*. São Paulo: Saraiva, 2015. p. 656.

[26] FARIAS, Cristiano Chaves de; ROSENVALD, Nelson; BRAGA NETTO, Felipe Peixoto. *Curso de Direito Civil*: responsabilidade civil. Salvador: JusPodivm, 2017. p. 312.

[27] NORONHA, Fernando. *Direito das Obrigações*. São Paulo: Saraiva, 2003. p. 438.

[28] CAHALI, Yussef Said. *Dano moral*. São Paulo: Revista dos Tribunais, 1998. p. 42.

[29] MENDONÇA, Manoel Ignácio Carvalho de. *Doutrina e Prática das Obrigações*. Curitiba: Typ. e Lith. a Vapor Imp Paranaense, 1908. p. 870.

Comprovada a ocorrência de dano moral coletivo, cabe a sua compensação, o que significa que persiste a possibilidade de pleito de reparação de danos morais coletivos em sede de acordo de não persecução civil.

4 Da reversão à pessoa jurídica lesada da vantagem indevida fruto da improbidade administrativa

O art. 17-B, da Lei nº 8.429/1992, conforme mencionado, também exige a devolução à pessoa jurídica lesada da vantagem indevidamente obtida, para a formalização do acordo de não persecução civil.

A Constituição Federal traz, dentre as penas a serem individualizadas e reguladas por lei, a perda de bens (art. 5º, XLVI, "b"). Por sua vez, o Código Penal estabelece *a perda de bens e valores*, dentre as penas restritivas de direito (art. 43, II, do Código Penal). Neste caso, é pena substitutiva à privação de liberdade e somente pode ser aplicada se presentes os requisitos dos incs. I, II e III do art. 44, do Código Penal, alcançando os bens do condenado, sem perquirir a sua origem.[30]

Por outro lado, o Código Penal também traz a previsão de *perda de bens e valores*, dentre os efeitos da condenação (art. 91, II, "b" e §1º).[31] Nessa perspectiva, entende-se que caberá a previsão da perda de bens e valores para atingir a perda do produto do crime ou qualquer bem ou valor que constitua proveito auferido pelo agente com a prática do fato criminoso.

No âmbito da Lei nº 8.429/1992, conforme já mencionado, percebe-se que a perda dos bens e valores adquiridos ilicitamente não tem natureza propriamente sancionatória, visando unicamente reconduzir o agente à situação anterior à prática do ilícito.[32] Há, no entanto, quem defenda a sua natureza sancionatória, distanciando-a do efeito da condenação, como ocorre na instância criminal.[33]

Quanto a este ponto, as alterações decorrentes da Lei nº 14.230/2021 não trouxeram impacto. Assim, é prevista a perda de bens e valores acrescidos ilicitamente ao patrimônio dentre as sanções aplicadas ao ato de improbidade por enriquecimento ilícito (art. 12, I) e por prejuízo ao erário (art. 12, II) – nessa segunda situação se verificada tal circunstância – não incidindo na hipótese de improbidade por violação de princípios (art. 12, III).

---

[30] Segundo Rogério Greco, "Quando a lei penal permite a substituição da pena privativa de liberdade pela perda de bens e valores nas hipóteses em que o agente, ou terceira pessoa, tenha obtido algum proveito com a prática do crime, não podendo a condenação ultrapassar o limite desse proveito, na verdade gera uma sensação de impunidade. Isso porque será preferível ao agente correr o risco, praticando infrações penais que lhe possam trazer muita lucratividade, pois, se a sua ação criminosa for descoberta, poderá a Justiça Penal tão somente compeli-lo a restituir aquilo que por ele fora havido indevidamente" (GRECO, Rogério. *Curso de Direito Penal*: Parte Geral. Niterói: Impetus, 2014. p. 549).

[31] "Art. 91 São efeitos da condenação: [...] II – a perda em favor da União, ressalvado o direito do lesado ou de terceiro de boa-fé: b) do produto do crime ou de qualquer bem ou valor que constitua proveito auferido pelo agente com a prática do fato criminoso. §1º Poderá ser decretada a perda de bens ou valores equivalentes ao produto ou proveito do crime quando estes não forem encontrados ou quando se localizarem no exterior" (Brasil, 1940).

[32] GARCIA, Emerson; ALVES, Rogério Pacheco. *Improbidade administrativa*. São Paulo: Saraiva, 2015. p. 641.

[33] Wallace Paiva Martins Júnior defendeu que é sanção patrimonial, assentando-se sobre os requisitos do locupletamento de uma parte, empobrecimento da outra, ausência de justa causa e do nexo de causalidade (MARTINS JÚNIOR, Wallace Paiva. *Probidade administrativa*. São Paulo: Saraiva, 2002. p. 310).

Estando o bem adquirido ilicitamente ainda em poder do autor do ato de improbidade, deverá ser revertido ao patrimônio público. No entanto, caso haja impossibilidade de devolução do bem, a obrigação converte-se em pecúnia, quando então será substituída pelo ressarcimento do dano, recompondo-se o erário. Assim, tem-se a situação do agente público que se utiliza em obra privada dos serviços de terceiros contratados pelo ente público (art. 9º, IV).

Por outro lado, o perdimento alcança não só o objeto do enriquecimento ilícito, bem como os seus frutos e produtos, incidindo sobre o equivalente no patrimônio do infrator, quando se tratar de bem fungível, como dinheiro ou recebimento de uma viagem com todas as despesas pagas.[34]

5 Interpretando o conteúdo essencial do ANPC: a busca pela efetividade normativa

Retornando-se à exigência de integral ressarcimento do dano e reversão à pessoa jurídica lesada de vantagem indevida obtida como conteúdo essencial para formalização do acordo de não persecução civil, deve-se partir para a interpretação da disposição legal, buscando-se o efetivo sentido da norma jurídica.

5.1 Interpretando a norma jurídica

Segundo Carlos Maximiliano, interpretar significa "mostrar o sentido verdadeiro de uma expressão; extrair de frase, sentença ou norma, tudo o que na mesma se contém".[35] O ato de interpretar precede a aplicação da norma. Segundo o referido autor, "interpretação é o ato de apreensão da expressão jurídica, enquanto a aplicação da norma é fazê-la incidir no fato concreto nela subsumido".[36]

Kelsen aduz que:

> [...] a interpretação de uma lei não deve necessariamente conduzir a uma única solução como sendo a única correta, mas possivelmente a várias soluções que – na medida em que apenas sejam aferidas pela lei a aplicar – têm igual valor, se bem que apenas uma delas se torne Direito positivo no ato do órgão aplicador do Direito – no ato do tribunal, especialmente. Dizer que uma sentença judicial é fundada na lei, não significa, na verdade, senao que ela se contém dentro da moldura ou quadro que a lei representa – nao significa que ela é *a* norma individual, mas apenas que é *uma* das normas individuais que podem ser produzidas dentro da moldura da norma geral.[37]

---

[34] Neste sentido manifestam-se Wallace Paiva Martins Júnior (MARTINS JÚNIOR, Wallace Paiva. *Probidade administrativa*. São Paulo: Saraiva, 2002. p. 310) e Marino Pazzaglini Filho (PAZZAGLINI FILHO, Marino. *Lei de Improbidade Administrativa comentada*. São Paulo: Atlas, 2007. p. 154).

[35] MAXIMILIANO, Carlos. *Hermenêutica e Aplicação do Direito*. Rio de Janeiro: Forense, 2002. p. 7.

[36] MAXIMILIANO, Carlos. *Hermenêutica e Aplicação do Direito*. Rio de Janeiro: Forense, 2002. p. 7.

[37] KELSEN, Hans. *Teoria Pura do Direito*. Tradução de João Baptista Machado. São Paulo: Martins Fontes, 2000. p. 390.

A interpretação jurídico-científica deve se afastar da ficção de que uma norma jurídica somente permite uma única interpretação, passando a estabelecer todas as significações possíveis, mesmo aquelas que sejam politicamente indesejáveis.[38]

A interpretação da norma requer a análise de fatores extrajurídicos, como políticos, econômicos, sociológicos, morais, tudo dentro de uma *moldura de significações*, cabendo ao intérprete decidir, entre todas as soluções possíveis, a mais razoável.

Nesse sentido, Eros Roberto Grau,[39] ao proferir palestra intitulada "A interpretação do Direito pelos juízes", aduziu que a norma é resultado da interpretação. Cabe ao intérprete desvendar a norma contida na disposição legal, ou seja, o intérprete desvencilha a norma do texto legal.

Desta forma, a interpretação jurídica é uma atividade que se presta em transformar preceitos em norma jurídica, obtendo uma decisão para problemas práticos. Interpretar o direito consiste em tornar concreta a lei em cada caso, sendo uma atividade que opera a mediação entre o caráter geral do texto normativo e a sua aplicação no caso particular. A norma é construída pelo intérprete no processo de concretização do direito. A concretização da norma envolve também a compreensão da realidade a que respeita o texto.

5.2 Desvendando as normas contidas nos incs. I e II, do art. 17-B, da LIA

Nesse contexto, quando o art. 17-B estabelece que é possível a formalização de acordo de não persecução civil desde que dele advenham ao menos o "integral ressarcimento do dano"[40] (inc. I) e a "reversão à pessoa jurídica lesada da vantagem indevida obtida"[41] (inc. II), deve-se de logo imaginar que tais consequências somente ocorrerão se constatada a efetiva ocorrência de dano ou a obtenção de vantagem patrimonial indevida. Quer dizer, a norma será construída não somente pelos elementos do texto, mas também considerando a realidade no momento da aplicação.

O acordo de não persecução civil, em caso de improbidade por enriquecimento ilícito (art. 9º, da Lei nº 8.429/1992), poderá contar com o ressarcimento do dano, desde que o ato de improbidade, além de proporcionar obtenção de vantagem indevida, tenha também causado prejuízo ao erário.

Assim, no caso de ANPC que teve como ato de improbidade o recebimento pelo agente público de presente de quem tem interesse direto ou indireto, que possa ser atingido ou amparado por ação ou omissão decorrente das atribuições do agente público (art. 9º, I), não constará do ajuste o ressarcimento, já que dano não houve, mas

---

[38] KELSEN, Hans. *Teoria Pura do Direito*. Tradução de João Baptista Machado. São Paulo: Martins Fontes, 2000. p. 396.

[39] GRAU, Eros Roberto. A interpretação do Direito pelos juízes (Palestra). Estratégica: carreiras jurídicas. *YouTube*, 5 jul. 2021. Disponível em: https://www.youtube.com/results?search_query=eros+roberto+grau+a+interpreta%C3%A7%C3%A3o+do+direito+pelos+ju%C3%ADzes. Acesso em: 15 abr. 2023.

[40] BRASIL. *Lei nº 14.230 de 25 de outubro de 2021*. Altera a Lei nº 8.429, de 2 de junho de 1992, que dispõe sobre improbidade administrativa. Disponível em: https://www.planalto.gov.br/ccivil_03/_ato2019-2022/2021/lei/114230.htm. Acesso em: 8 jan. 2022.

[41] BRASIL. *Lei nº 14.230 de 25 de outubro de 2021*. Altera a Lei nº 8.429, de 2 de junho de 1992, que dispõe sobre improbidade administrativa. Disponível em: https://www.planalto.gov.br/ccivil_03/_ato2019-2022/2021/lei/114230.htm. Acesso em: 8 jan. 2022.

apenas a devolução do bem ou do valor correspondente. No entanto, na situação de recebimento de vantagem econômica pelo agente público para proceder à contratação de serviços pelo ente público por preço superior ao valor do mercado (art. 9º, II), além da reversão da vantagem obtida, eventual ajuste contará também com o ressarcimento do dano causado.

Deve-se atentar para as situações em que a devolução da vantagem indevida corresponderá exatamente ao prejuízo causado ao erário. O agente público que se apropria de computador pertencente ao ente ao qual está vinculado (art. 9º, XI) adquire vantagem indevida, ao mesmo tempo que gera um prejuízo ao erário. Neste caso, a devolução do bem supre a intenção normativa, e eventual exigência concomitante de ressarcimento ocasionará um enriquecimento sem causa do ente público.

O certo é que o acordo de não persecução civil que tenha como causa ato de improbidade tipificado no art. 9º da LIA terá como conteúdo essencial a devolução da vantagem indevidamente obtida, ou seja, incidência obrigatória do inc. II, do art. 17-B da LIA, não necessariamente incidindo o ressarcimento de danos.

Quanto ao acordo de não persecução civil referente a ato de improbidade por prejuízo ao erário (art. 10, da Lei nº 8.429/1992), deverá prever o ressarcimento do dano. Ou seja, neste caso há incidência obrigatória do inc. I, do art. 17-B da LIA.

No caso do agente público que age ilegalmente no que diz respeito à conservação de bem público (art. 10, X), inexiste dúvida de que eventual acordo trará exclusivamente a obrigação de ressarcimento do dano causado, sem que se reporte a reversão de vantagem indevidamente obtida, desde quando não se verificou tal circunstância.

Ocorre que, em grande parte das hipóteses exemplificativas do art. 10, o dano causado ao erário corresponde a uma vantagem indevida obtida por terceiro.[42] Assim, seria a situação do agente público que concorre para que terceiro incorpore ao seu patrimônio um bem público (art. 10, I). Neste caso, formalizado o ANPC, o ressarcimento do dano corresponderá ao valor do bem indevidamente incorporado ao patrimônio do terceiro beneficiário, uma vez que tal hipótese legal funciona como norma de extensão a ligar sempre o enriquecimento ilícito do particular e o prejuízo ao patrimônio público facilitado, permitido ou concorrido por agente público.[43]

Fundamentando-se o acordo de não persecução civil na prática de ato de improbidade administrativa por violação de princípios (art. 11), em regra não incidirão as hipóteses dos incs. I e II, do art. 17-B, pois o art. 11 trata da violação de valores essenciais que norteiam a atividade estatal, não se exigindo para sua configuração a consumação de dano patrimonial, nem o recebimento de vantagem econômica indevida pelo agente público, conforme preconiza o §4º,[44] do art. 11, muito embora exija-se a lesividade relevante da conduta.

---

[42] Entre as hipóteses constantes do art. 10, cujo dano ao erário corresponde a uma vantagem indevida obtida por terceiro, têm-se os incs. I, II, III, IV, V, VII, VIII, XII, XIII, XVI, XVII e XXII.

[43] MARTINS JÚNIOR, Wallace Paiva. *Probidade administrativa*. São Paulo: Saraiva, 2002. p. 258.

[44] "Art. 11. [...] §4º Os atos de improbidade de que trata este artigo exigem lesividade relevante ao bem jurídico tutelado para serem passíveis de sancionamento e independem do reconhecimento da produção de danos ao erário e de enriquecimento ilícito dos agentes públicos" (BRASIL. *Lei nº 14.230 de 25 de outubro de 2021*. Altera a Lei nº 8.429, de 2 de junho de 1992, que dispõe sobre improbidade administrativa. Disponível em: https://www.planalto.gov.br/ccivil_03/_ato2019-2022/2021/lei/l14230.htm. Acesso em: 8 jan. 2022).

5.3 A extensão da integralidade para fins do ressarcimento de danos e devolução da vantagem indevidamente obtida na formalização do ANPC

Questiona-se a extensão da exigência de *ressarcimento integral* do dano para a formalização do acordo de não persecução civil, em caso de efetiva ocorrência de dano.

Entende-se que o ressarcimento é *integral*, quando satisfaz o interesse público de forma plena, o que nem sempre corresponde ao efetivo valor do dano decorrente do ato ímprobo.

Por uma confluência de fatos, pode ocorrer que os possíveis beneficiários do ajuste não possuam recursos financeiros suficientes para reparar o dano comprovadamente causado ao erário em virtude do ato de improbidade perpetrado.[45] Por outro lado, deve-se ressaltar que muitas vezes inexiste uma metodologia de cálculo adequada para identificação exata do dano, o que leva à incerteza quanto às parcelas que constituem o *ressarcimento integral.*[46]

A atual redação da Lei nº 8.429/1992, ao se reportar por 5 (cinco) vezes à necessidade do "ressarcimento integral do dano"[47] decorrente do ato de improbidade administrativa, revela inicial consonância com o princípio da indisponibilidade do interesse público. No entanto, a indisponibilidade do interesse público não se confunde com a indisponibilidade de direitos patrimoniais da Administração Pública.

Segundo afirma Eros Roberto Grau, "Disponíveis são os direitos patrimoniais que podem ser alienados. A Administração, para realização do interesse público, pratica atos, da mais variada ordem, dispondo de determinados direitos patrimoniais, ainda que não possa fazê-lo em relação a outros deles".[48]

Partindo-se da ausência de correlação direta entre indisponibilidade de interesse público e indisponibilidade de direitos patrimoniais, muitas vezes dispor de direitos patrimoniais é o caminho para atingir o interesse público. Com efeito, diante da impossibilidade absoluta de se obter o ressarcimento integral do dano causado ao erário em virtude da prática de ato de improbidade administrativa, deve-se buscar aquele que é possível, resguardando-se o interesse público na sua máxima efetividade, dentro da realidade fática subjacente.

Muitas vezes, a formalização de acordo, obtendo-se o ressarcimento imediato de parte do valor do dano causado, é muito mais vantajosa para o interesse público do que se aguardar a tramitação da ação por anos, na incerteza do recebimento do valor integral.

---

[45] DAL POZZO, Augusto Neves; BARIANI JÚNIOR, Percival José; NEGRINI NETO, João. Regime jurídico do acordo de não persecução civil na Lei de Improbidade Administrativa. *In*: DAL POZZO, Augusto Neves; OLIVEIRA, José Roberto Pimenta (Coord.). *Lei de Improbidade Administrativa reformada.* São Paulo: Revista dos Tribunais, 2022. p. 612.

[46] DAL POZZO, Augusto Neves; BARIANI JÚNIOR, Percival José; NEGRINI NETO, João. Regime jurídico do acordo de não persecução civil na Lei de Improbidade Administrativa. *In*: DAL POZZO, Augusto Neves; OLIVEIRA, José Roberto Pimenta (Coord.). *Lei de Improbidade Administrativa reformada.* São Paulo: Revista dos Tribunais, 2022. p. 613.

[47] Parágrafo único, do art. 8º-A, art. 12, art. 16, §10, do art. 17, inc. I, do art. 17-B, da Lei nº 8.429/92.

[48] GRAU, Eros Roberto. Arbitragem e contrato administrativo. *Revista Trimestral de Direito Público*, São Paulo, 2000. p. 14-20.

O Direito tem compromisso com o resultado e para isso deve atentar para o contexto no qual será aplicado, sintonizar-se com o caso concreto, uma vez que as normas jurídicas regem o mundo real, não o mundo ideal.

No âmbito do Direito Administrativo, Raquel Carvalho reporta-se ao princípio da realidade, por força do qual "não pode qualquer norma administrativa ignorar o mundo dos fatos a que se refere",[49] já utilizado como fundamento de algumas decisões judiciais relativas à Administração Pública.[50]

De acordo com José Vicente Santos de Mendonça,[51] em muitos casos se editam leis afastadas das bases reais e de qualquer exequibilidade. É o que chama de "legislação álibi", estabelecida para dar satisfação à opinião de senso comum, impondo obrigações, muitas vezes, impossíveis de serem cumpridas.

Pertinente, também, a menção à LINDB, que, segundo o seu art. 5º, "Na aplicação da lei, o juiz atenderá aos fins sociais a que ela se dirige e às exigências do bem comum".

Ademais, com as alterações decorrentes da Lei nº 13.655/2018, instituiu-se o dever de contextualização fática e jurídica das soluções adotadas quando da aplicação do direito público no país.[52] De acordo com o art. 22 da lei, "na interpretação de normas sobre gestão pública, serão considerados os obstáculos e as dificuldades reais do gestor e as exigências das políticas públicas a seu cargo, sem prejuízo dos direitos dos administrados". Tal dispositivo adiciona um viés realista à interpretação do controlador. Trata-se também da "tendência de se discutir o direito em ambiente social concreto e não no vácuo comparativo das relações normativas endógenas e despreocupadas com a vida social".[53]

Segundo Floriano de Azevedo e Rafael Véras, a LINDB contém normas "de aplicação reflexa, destinadas não a criar ou limitar direitos dos indivíduos, mas, sim normas de interpretação que serão utilizadas pelo intérprete para bem aplicar outras normas".[54]

---

[49] CARVALHO, Raquel Melo Urbano de. *Curso de direito administrativo*: parte geral, intervenção do Estado e estrutura da Administração. Salvador: JusPodivm, 2009. p. 1004.

[50] Segundo o Supremo Tribunal Federal: "Descabe ter como conflitante com o artigo 19 do Ato das Disposições Constitucionais Transitórias da Carta Magna de 1988 provimento judicial em que se reconhece a estabilidade em hipótese na qual o professor, ao término do ano letivo, era 'dispensado' e recontratado tão logo iniciadas as aulas. Os princípios da continuidade, *da realidade*, da razoabilidade e da boa-fé obstaculizam defesa do Estado em torno das interrupções e, portanto, da ausência de prestação de serviços por cinco anos continuados de modo a impedir a aquisição da estabilidade" (RE nº 158.448-MG, Rel. Min. Marco Aurélio, 2ª Turma. *DJU*, 25.9.1998. p. 20).

[51] MENDONÇA, José Vicente Santos de. *O princípio da realidade como limite ao exercício da discricionariedade administrativa: um novo nome para algumas velhas formas de se argumentar?* 2011. Disponível em: https://www.editorajc.com.br/o-principio-da-realidade-como-limite-ao-exercicio-da- discricionariedade-administrativa-um-novo-nome-para-algumas-velhas-formas-de-se-argumentar/. Acesso em: 9 jan. 2023.

[52] SOUZA, Rodrigo Pagani de. O dever de contextualização na interpretação e aplicação do direito público. *In*: VALIATI, Thiago Priess; HUNGARO, Luis Alberto; CASTELLA, Gabriel Morettini (Coord.). *A Lei de Introdução e o Direito Administrativo brasileiro*. Belo Horizonte: Lumen Juris, 2019. p. 52.

[53] Essa foi a influência ofertada por John Dewey ao realismo jurídico norte-americano, segundo Arnoldo Sampaio de Moraes Godoy (GODOY, Arnoldo Sampaio de Morais. *Introdução ao realismo jurídico norte-americano*. Brasília: edição do autor, 2013. p. 57).

[54] MARQUES NETO, Floriano de Azevedo, FREITAS, Rafael Véras de. *Comentários à Lei nº 13.655/2018 (Lei da Segurança para a Inovação Pública)*. Belo Horizonte: Fórum, 2019. *E-book*. posição 162.

Logo, constitui um "conjunto de normas sobre normas"[55] que deverá ser considerado na interpretação das leis, o que, por certo, inclui a Lei de Improbidade Administrativa.

No ano de 2015, o Conselho Nacional de Justiça publicou a série "Justiça Pesquisa" com o tema "Lei de Improbidade Administrativa: obstáculos à plena efetividade do combate aos atos de improbidade".[56] O trabalho foi fruto de pesquisa que se iniciou com a identificação da quantidade de demandas ajuizadas, a partir dos dados constantes do Cadastro Nacional de Improbidade, seguida por pesquisa empírica, em cinco regiões do país, com análise de autos físicos e eletrônicos, além de pesquisa junto aos tribunais consultando processos com trânsito em julgado das sentenças do período de 2011 a 2013. Também houve a colaboração de profissional especializado para extração dos dados sob a ótica da estatística.

Ao manifestar-se sobre o efetivo ressarcimento dos danos decorrentes das ações de improbidade administrativa, o referido trabalho aponta que "mesmo após longa tramitação, raras foram as ações nas quais se verificou uma efetiva atuação no sentido de obter a reparação de danos".[57] Acrescentando, ainda, que "as ações de improbidade administrativa não têm um fim, ou pelo menos uma parte considerável tem tramitação durante décadas, o que reflete no baixo índice de ressarcimentos".[58]

O *ressarcimento integral do dano* como uma das efetivas consequências da ação de improbidade deve ser considerado de acordo com a realidade, considerando, inclusive, a lenta tramitação das demandas.

Da mesma forma, deve também ser interpretado em sintonia com o cenário jurídico atual, permitindo-se a flexibilização da exigência do *ressarcimento integral* no sentido de prestigiar a máxima efetividade normativa, agregada à satisfação do interesse público.

Para se estabelecer o cenário real, pode-se recorrer ao princípio da verdade material, com incidência tanto no processo administrativo como no processo judicial.

Odete Medauar,[59] manifestando-se quanto a tal princípio no âmbito do processo administrativo, afirma que estabelece que as decisões devem ser adotadas com base nos fatos tais como se apresentam na realidade, não se satisfazendo com a versão ofertada pelos sujeitos. Assim, poderão ser carreados para o processo todos os dados, informações e documentos a respeito da matéria tratada, sem estar jungida aos aspectos considerados pelos sujeitos.

---

[55] Expressão utilizada por Rafael Valim (VALIM, Rafael. Os precedentes administrativos na Lei de Introdução às Normas de Direito Brasileiro. *In*: VALIATI, Thiago Priess; HUNGARO, Luis Alberto; CASTELLA, Gabriel Morettini (Coord.). *A Lei de Introdução e o Direito Administrativo Brasileiro*. Belo Horizonte: Lumen Juris, 2019. p. 124).

[56] GOMES JÚNIOR, Luis Manoel *et al.* (Coord.). Lei de Improbidade Administrativa: obstáculos à plena efetividade do combate aos atos de improbidade. Justiça Pesquisa. Brasília: Conselho Nacional de Justiça – CNJ, 2015. Disponível em: https://www.cnj.jus.br/wpcontent/uploads/conteudo/arquivo/2018/02/0c9f103a34c38f5b1e8f086ee100809d.pdf. Acesso em: 9 jan. 2023.

[57] GOMES JÚNIOR, Luis Manoel *et al.* (Coord.). Lei de Improbidade Administrativa: obstáculos à plena efetividade do combate aos atos de improbidade. Justiça Pesquisa. Brasília: Conselho Nacional de Justiça – CNJ, 2015. p. 37. Disponível em: https://www.cnj.jus.br/wpcontent/uploads/conteudo/arquivo/2018/02/0c9f103a34c38f5b1e8f086ee100809d.pdf. Acesso em: 9 jan. 2023.

[58] GOMES JÚNIOR, Luis Manoel *et al.* (Coord.). Lei de Improbidade Administrativa: obstáculos à plena efetividade do combate aos atos de improbidade. Justiça Pesquisa. Brasília: Conselho Nacional de Justiça – CNJ, 2015. p. 38. Disponível em: https://www.cnj.jus.br/wpcontent/uploads/conteudo/arquivo/2018/02/0c9f103a34c38f5b1e8f086ee100809d.pdf. Acesso em: 9 jan. 2023.

[59] MEDAUAR, Odete. *A processualidade no direito administrativo*. Belo Horizonte: Fórum, 2021. p. 157.

No que se reporta ao processo judicial, a partir da segunda metade do século XX, a tônica da ciência processual se centrou na ideia de acesso à justiça, assumindo, o direito processual, a missão de realizar a vontade da lei, aproximando-se ao máximo da aspiração de justiça.[60]

Para alcançar tal desiderato, o direito positivo teve de reforçar os poderes do juiz na condução da causa, tanto para garantir que seu desenvolvimento fosse procedimentalmente correto, como no comando da apuração da verdade real em torno dos fatos em relação aos quais se estabeleceu o litígio.

Segundo afirma Humberto Theodoro, "é com o espírito de servir à causa da verdade, que o juiz contemporâneo assumiu o comando oficial do processo integrado nas garantias fundamentais do Estado Democrático e Social de Direito".[61]

O Código de Processo Civil em vigência apresenta-se voltado à busca da verdade material, revelando tal propósito em diversos dispositivos, entre os quais se destacam: o art. 77, inc. I,[62] o art. 319, inc. VI,[63] o art. 369[64] e o art. 378.[65] No processo, buscam-se as evidências factuais dirigidas a proporcionar certeza e segurança sobre a razão que assiste a alguma das partes.[66]

Nas negociações que antecedem a formalização do acordo de não persecução civil, seja no âmbito extrajudicial, seja no judicial, caberá ao beneficiário da avença não só demonstrar o limite da sua participação na ocorrência do dano, em caso de ato de improbidade em concurso de agentes, bem como o seu acervo patrimonial, que poderá ou não suportar o ressarcimento integral do dano, na forma proposta pelo Ministério Público ou a pessoa jurídica lesada. No âmbito do Ministério Público, pode também ser instaurado procedimento de investigação financeira em face do beneficiário do ajuste, com o objetivo de efetuar o rastreamento e a identificação dos bens, direitos e valores direta ou indiretamente a ele vinculados.

As provas apresentadas ou colhidas pelo proponente do ajuste quando à extensão do patrimônio do beneficiário do acordo deverão ser ponderadas. Uma vez verificado que aquele não foi responsável pela integralidade do dano ou que seu patrimônio não comporta o valor total numericamente atribuído ao dano, persistirá, ainda, a possibilidade do ajuste, caso constitua o melhor caminho para satisfação do interesse público.

---

[60] THEODORO JÚNIOR, Humberto. *Prova – Princípio da Verdade Real – Poderes do Juiz – Ônus da Prova e sua Eventual Inversão – Provas Ilícitas – Prova e Coisa Julgada nas Ações Relativas à Paternidade*. Disponível em: https://www.direitodefamilia.adv.br/2020/wp-content/uploads/2020/07/prova.pdf. Acesso em: 10 jan. 2023.

[61] THEODORO JÚNIOR, Humberto. *Prova – Princípio da Verdade Real – Poderes do Juiz – Ônus da Prova e sua Eventual Inversão – Provas Ilícitas – Prova e Coisa Julgada nas Ações Relativas à Paternidade*. p. 7. Disponível em: https://www.direitodefamilia.adv.br/2020/wp-content/uploads/2020/07/prova.pdf. Acesso em: 10 jan. 2023.

[62] "Art. 77. Além de outros previstos neste Código, são deveres das partes, de seus procuradores e de todos aqueles que de qualquer forma participam do processo: I- expor os fatos em juízo conforme a verdade" (Brasil, 1973).

[63] "Art. 319. A petição inicial indicará: [...] VI – as provas com que o autor pretende demonstrar a verdade dos fatos alegados" (Brasil, 2015).

[64] "Art. 369. As partes têm o direito de empregar todos os meios legais, bem como os moralmente legítimos, ainda que não especificados neste Código, para provar a verdade dos fatos em que se funda o pedido ou a defesa e influir eficazmente na convicção do juiz" (Brasil, 2015).

[65] "Art. 378. Ninguém se exime do dever de colaborar com o Poder Judiciário para o descobrimento da verdade" (Brasil, 2015).

[66] SANTOS, Paulo Júnior Trindade dos; TACCA, Adriano. A verdade no novo CPC: por uma construção hermenêutica. *Revista de Processo, Jurisdição e Efetividade da Justiça*, Brasília, v. 2, jan./jun. 2016.

Em caso de concurso de agentes, quando somente um dos envolvidos acolha a proposta de ANPC, o ressarcimento deverá ser compatível com a sua participação no ilícito. Para tal conclusão, recorre-se aos termos do §2º, do art. 17-C, da Lei nº 8.429/1992, segundo o qual "na hipótese de litisconsórcio passivo, a condenação ocorrerá no limite da participação e dos benefícios diretos, vedada qualquer solidariedade".

Ora, se é possível delimitar a participação de cada um dos envolvidos no ato de improbidade, para fins de fixar a condenação, entende-se que a mesma prática poderá ser adotada na formalização de ajuste. Coerente com tal entendimento, a Portaria Normativa AGU nº 18/2021 estabelece, no §2º, do seu art. 5º, que "o ressarcimento do dano poderá ser limitado à cota parte do agente celebrante".

Quando da impossibilidade absoluta de arcar com o ressarcimento integral do dano, poderá ocorrer a substituição da obrigação de dar quantia certa pela obrigação de fazer, acolhendo a realização de atividade pelo investigado/acionado, mensurável economicamente, que garanta a satisfação do interesse público e corresponda ao valor do prejuízo causado. Como exemplo, poder-se-ia pensar em ANPC, que se reporta a ato de improbidade por prejuízo ao erário praticado por médico estatutário, quando diretor de unidade hospitalar, cuja cláusula do ajuste estabelece a substituição do valor do prejuízo por plantões a serem prestados.

Observe-se que a interpretação do dispositivo em análise com a compreensão da realidade atende de forma mais efetiva ao interesse público, uma vez que a propositura da ação de improbidade não garantirá o ressarcimento integral do dano, seja porque o acionado não dispõe de patrimônio para fazer frente ao dano, seja porque, em caso de improbidade em concurso de agentes, o ressarcimento estabelecido para cada um considerará a sua participação.

Sensível a essa realidade, o II Encontro de Enunciados do Instituto Brasileiro de Direito Administrativo, designado "Jornada Pirenópolis – Mudanças da Lei de Improbidade Administrativa", estabeleceu no Enunciado nº 31 que:

> Em relação ao acordo de não persecução civil, no caso de improbidade em concurso de agentes a extensão do ressarcimento integral deve considerar o grau de participação na conduta ímproba, bem como a capacidade econômico-financeira, podendo o valor do dano ou da vantagem obtida ser substituído por outras formas de prestação que atendam a interesse público relevante, considerando, inclusive, o §6º, do art. 17-B, mediante compensação e aquiescência do ente público interessado.[67]

A argumentação apresentada também é acolhida diante da impossibilidade absoluta de o agente proceder à devolução da vantagem indevida obtida, quando também tal devolução poderá ser substituída por oferecimento de algum bem ou serviço à Administração,[68] desde que haja a concordância do ente público lesado. Por outro

---

[67] IBDA. *II Enunciados do IBDA* – Jornada de Pirenópolis Mudanças na Lei de Improbidade Administrativa. 2023. Disponível em: https://enunciados.ibda.com.br/Enunciados-Aprovados.pdf. Acesso em: 23 dez. 2023.

[68] DAL POZZO, Augusto Neves; BARIANI JÚNIOR, Percival José; NEGRINI NETO, João. Regime jurídico do acordo de não persecução civil na Lei de Improbidade Administrativa. *In*: DAL POZZO, Augusto Neves; OLIVEIRA, José Roberto Pimenta (Coord.). *Lei de Improbidade Administrativa reformada*. São Paulo: Revista dos Tribunais, 2022. p. 612.

lado, havendo concurso de agentes na prática do ilícito, também a devolução observará o limite de participação do acordado.

Quanto ao parcelamento dos valores a serem ressarcidos ou mesmo da vantagem a ser devolvida ao ente lesado, tal possibilidade coaduna com o disposto no §4º, do art. 18, de acordo com o qual "o juiz poderá autorizar o parcelamento, em até 48 (quarenta e oito) parcelas mensais corrigidas monetariamente, do débito resultante de condenação pela prática de improbidade administrativa se o réu demonstrar incapacidade financeira de saldá-lo de imediato".[69] No entanto, em tal caso, é possível que exista cláusula prevendo o vencimento antecipado das parcelas vincendas em havendo inadimplemento.[70]

Visando reforçar a segurança ao pagamento do quanto acordado, pode ser estabelecido como cláusula do ANPC o oferecimento de garantias, que poderá ser uma garantia real, fiança bancária ou seguro-garantia.

Desta forma, pretende-se preservar a possibilidade de formalização de acordos de não persecução civil que, mesmo não alcançando o ideal, atendam à possibilidade máxima na perspectiva real, mostrando-se mais efetivos que a *via crucis* do processo judicial.

6 Conclusão

A garantia de máxima efetividade da norma, que é o alcance da melhor solução pelas partes ao celebrar o acordo de não persecução civil, perpassa uma interpretação razoável do conteúdo essencial do ANPC, fixado no art. 17-B, I e II, da Lei nº 8.429/1992. No entanto, muitas resoluções expedidas pelos Ministérios Públicos estaduais vão mais além do conteúdo normativo, exigindo que a quantificação do dano causado e dos valores acrescidos ilicitamente ao patrimônio seja monetariamente atualizada e acrescida de juros legais.[71]

Ao certo que previsões dessa natureza dificultam flexibilizações que são necessárias à obtenção do ressarcimento possível no caso concreto. Muitos são os casos nos quais os investigados/acionados têm efetivo interesse de formalizar o ajuste, porém não possuem patrimônio suficiente para arcar com os valores dos danos causados. Ocorre que a opção pela via judicial não garante o ressarcimento, pelo contrário. Muitos são os casos nos quais a fase de execução, por cumprimento de sentença, fica por anos suspensa em razão da inexistência de patrimônio do devedor. Ora, se há o acordo visando flexibilizar o débito, permitindo a sua substituição por obrigação de fazer, admitindo o parcelamento do pagamento em prestações desprovidas de juros, reduzindo o valor para pagamento a vista, certamente o interesse público estará atendido de forma mais efetiva.

---

[69] BRASIL. *Lei nº 8.429, de 02 de junho de 1992*. Dispõe sobre as sanções aplicáveis em virtude da prática de atos de improbidade administrativa, de que trata o §4º do art. 37 da Constituição Federal; e dá outras providências. (Redação dada pela Lei nº 14.230, de 2021). Disponível em: http://www.planalto.gov.br/ccivil_03/leis/l8429.htm. Acesso em: 25 jan. 2022.

[70] Nesse sentido diversas normativas editadas por Ministérios Públicos trazem a previsão do vencimento antecipado das obrigações em caso de inadimplemento, assim têm-se como exemplos: Resolução Conjunta PGJ/CGMP nº 7/2022, do Ministério Público de Minas Gerais; Resolução nº 03/2021/CPJ do Ministério Público do Estado do Mato Grosso do Sul; Ato Conjunto nº 01/2022/PGJ/CSMP/CGMP do Ministério Público do Paraná.

[71] Resolução GPGJ nº 2.469, do MPRJ, Resolução nº 109/2023, do MPCE.

Segundo a citação atribuída a Ayn Rand, "você pode ignorar a realidade, mas não pode ignorar as consequências de ignorar a realidade".[72]

Deve-se ressaltar que tal interpretação parece já sensibilizar o Supremo Tribunal Federal, que no julgamento de mérito do Tema nº 1.043, ao fixar a tese de constitucionalidade da utilização da colaboração premiada no âmbito de ação de improbidade administrativa, apesar de estabelecer dentre as diretrizes que " A obrigação de ressarcimento do dano causado ao erário pelo agente colaborador deve ser integral, não podendo ser objeto de transação ou acordo",[73] entendeu como válida a negociação em torno do modo e das condições para a indenização. É um primeiro passo que, indiscutivelmente, terá que avançar, caso a efetividade seja a tônica do ANPC, construído dentro do real e não do ideal.

Referências

BITTAR FILHO, Carlos Alberto. Do dano moral coletivo no contexto jurídico brasileiro. *Revista de Direito do Consumidor*, v. 12, 1994.

CAHALI, Yussef Said. *Dano moral*. São Paulo: Revista dos Tribunais, 1998.

CARVALHO FILHO, Milton Paulo de. *Indenização por equidade no Novo Código Civil*. São Paulo: Atlas, 2003.

CARVALHO, Raquel Melo Urbano de. *Curso de direito administrativo*: parte geral, intervenção do Estado e estrutura da Administração. Salvador: JusPodivm, 2009.

CAVALIERI FILHO, Sérgio. *Programa de responsabilidade civil*. São Paulo: Atlas, 2010.

DAL POZZO, Augusto Neves; BARIANI JÚNIOR, Percival José; NEGRINI NETO, João. Regime jurídico do acordo de não persecução civil na Lei de Improbidade Administrativa. *In*: DAL POZZO, Augusto Neves; OLIVEIRA, José Roberto Pimenta (Coord.). *Lei de Improbidade Administrativa reformada*. São Paulo: Revista dos Tribunais, 2022.

DIAS, José Aguiar. *Da responsabilidade civil*. Rio de Janeiro: Lumen Juris, 2012.

FARIAS, Cristiano Chaves de; ROSENVALD, Nelson; BRAGA NETTO, Felipe Peixoto. *Curso de Direito Civil*: responsabilidade civil. Salvador: JusPodivm, 2017.

GARCIA, Emerson; ALVES, Rogério Pacheco. *Improbidade administrativa*. São Paulo: Saraiva, 2015.

GODOY, Arnoldo Sampaio de Morais. *Introdução ao realismo jurídico norte-americano*. Brasília: edição do autor, 2013.

GONÇALVES, Carlos Roberto. *Responsabilidade civil*. São Paulo: Saraiva, 2009.

GRAU, Eros Roberto. A Interpretação do Direito pelos Juízes (Palestra). Estratégica: carreiras jurídicas. *YouTube*, 5 jul. 2021. Disponível em: https://www.youtube.com/results?search_query=eros+roberto+grau+a+interpreta%C3%A7%C3%A3o+do+direito+pelos+ju%C3%ADzes. Acesso em: 15 abr. 2023.

GRAU, Eros Roberto. Arbitragem e contrato administrativo. *Revista Trimestral de Direito Público*, São Paulo, 2000.

GRECO, Rogério. *Curso de Direito Penal*: Parte Geral. Niterói: Impetus, 2014.

KELSEN, Hans. *Teoria Pura do Direito*. Tradução de João Baptista Machado. São Paulo: Martins Fontes, 2000.

---

[72] RAND, Ayn. *A Revolta de Atlas*. São Paulo: Arquei, 1982.

[73] STF. Tribunal Pleno. ARE nº 1.175.650. Sessão virtual de 23.06.2023 a 30.06.2023. *DJe*, 12.07.2023.

MARQUES NETO, Floriano de Azevedo, FREITAS, Rafael Véras de. *Comentários à Lei nº 13.655/2018 (Lei da Segurança para a Inovação Pública)*. Belo Horizonte: Fórum, 2019. E-book.

MARTINS JÚNIOR, Wallace Paiva. Acordo de não persecução civil. *In*: DAL POZZO, Augusto Neves; OLIVEIRA, José Roberto Pimenta (Coord.). *Lei de Improbidade Administrativa Reformada*. São Paulo: Revista dos Tribunais, 2022.

MARTINS JÚNIOR, Wallace Paiva. *Probidade administrativa*. São Paulo: Saraiva, 2002.

MAXIMILIANO, Carlos. *Hermenêutica e Aplicação do Direito*. Rio de Janeiro: Forense, 2002.

MEDAUAR, Odete. *A processualidade no direito administrativo*. Belo Horizonte: Fórum, 2021.

MENDONÇA, Manoel Ignácio Carvalho de. *Doutrina e Prática das Obrigações*. Curitiba: Typ. e Lith. a Vapor Imp Paranaense, 1908.

NIEBUHR, Joel de Menezes. O erro grosseiro: análise crítica do Acordão nº 2.391/2018 do TCU. *In*: VALIATI, Thiago Priess, HUNGARO, Luis Alberto, CASTELLA, Gabriel Morettini e (Coord.). *A Lei de Introdução e o Direito Administrativo Brasileiro*. Rio de Janeiro: Lumen Juris, 2019.

NORONHA, Fernando. *Direito das Obrigações*. São Paulo: Saraiva, 2003.

OSÓRIO, Fábio Medina. *Direito Administrativo Sancionador*. São Paulo: Revista dos Tribunais, 2019.

PALMA, Juliana Bonacorsi de. *Sanção e Acordo na Administração Pública*. São Paulo: Malheiros, 2015.

PAZZAGLINI FILHO, Marino. *Lei de Improbidade Administrativa comentada*. São Paulo: Atlas, 2007.

RAND, Ayn. *A Revolta de Atlas*. São Paulo: Arquei, 1982.

SANTOS, Paulo Júnior Trindade dos; TACCA, Adriano. A verdade no novo CPC: por uma construção hermenêutica. *Revista de Processo, Jurisdição e Efetividade da Justiça*, Brasília, v. 2, jan./jun. 2016.

SOUZA, Rodrigo Pagani de. O dever de contextualização na interpretação e aplicação do direito público. *In*: VALIATI, Thiago Priess; HUNGARO, Luis Alberto; CASTELLA, Gabriel Morettini (Coord.). *A Lei de Introdução e o Direito Administrativo brasileiro*. Belo Horizonte: Lumen Juris, 2019.

SUAY RINCON, José. El Derecho Administrativo Sancionador: Perspectiva de Reforma. *Revista de Administración Pública*, n. 109, abr. 1986.

SUNDFELD, Carlos Ari. *Direito administrativo*: o novo olhar da LINDB. Belo Horizonte: Fórum, 2022.

TARTUCE, Flávio. *Responsabilidade civil objetiva e risco*. São Paulo: Método, 2011.

THEODORO JÚNIOR, Humberto. *Prova – Princípio da Verdade Real – Poderes do Juiz – Ônus da Prova e sua Eventual Inversão – Provas Ilícitas – Prova e Coisa Julgada nas Ações Relativas à Paternidade*. Disponível em: https://www.direitodefamilia.adv.br/2020/wp-content/uploads/2020/07/prova.pdf.

TOURINHO, Rita. *Discricionariedade Administrativa*: ação de improbidade & controle principiológico. Curitiba: Juruá, 2009.

VALIM, Rafael. Os precedentes administrativos na Lei de Introdução às Normas de Direito Brasileiro. *In*: VALIATI, Thiago Priess; HUNGARO, Luis Alberto; CASTELLA, Gabriel Morettini (Coord.). *A Lei de Introdução e o Direito Administrativo Brasileiro*. Belo Horizonte: Lumen Juris, 2019.

VENOSA, Sílvio de Salvo. *Direito Civil*: Responsabilidade Civil. São Paulo: Atlas, 2011.

WATANABE, Kazuo. *Acesso à ordem jurídica justa (conceito atualizado de acesso à justiça)*: processos coletivos e outros estudos. Belo Horizonte: Del Rey, 2019.

Informação bibliográfica deste texto, conforme a NBR 6023:2018 da Associação Brasileira de Normas Técnicas (ABNT):

TOURINHO, Rita. A flexibilização dos requisitos essenciais à formalização do acordo de não persecução civil: a integralidade a partir da possibilidade. *In*: JUSTEN, Monica Spezia; PEREIRA, Cesar; JUSTEN NETO, Marçal; JUSTEN, Lucas Spezia (coord.). *Uma visão humanista do Direito*: homenagem ao Professor Marçal Justen Filho. Belo Horizonte: Fórum, 2025. v. 1, p. 907-926. ISBN 978-65-5518-918-6.

A DESCONSIDERAÇÃO DA PESSOA JURÍDICA NA LEI DAS ESTATAIS (LEI 13.303/2016)

RODRIGO XAVIER LEONARDO

I Introdução

Ao passo que na maior parte do globo a *desconsideração da pessoa jurídica* continua a ser tratada como uma *teoria* excepcionalmente aplicável em casos de exercício inadmissível de *posições jurídicas*.[1] No Brasil, desde a década de 1990, o Congresso Nacional começou a enfrentar o tema por meio de uma legislação *dispersa* e *incoerente*.

Com efeito, diversas regras específicas orientadas a estipular situações de superação dos efeitos jurídicos da personificação de entidades passaram a coexistir, gerando como consequência uma erosão do próprio *instituto* da pessoa jurídica no direito brasileiro.[2] Afinal, se por tantos mecanismos jurídicos diferentes em distintas situações a separação patrimonial deve ser *desconsiderada*, qual o espaço para a pessoa jurídica verdadeiramente ser considerada?

Sob a perspectiva teórica, por sua vez, se a pessoa jurídica é um significante cujo significado é elaborado no espaço e no tempo, tal como defendido pelo homenageado, Professor Marçal Justen Filho, as inúmeras transformações legislativas ampliando as possibilidades de desconsideração da pessoa jurídica também contribuem para a própria compreensão desse instituto no direito privado brasileiro.[3]

---

[1] VANDEKERCKHOVE, Karen. Piercing the Corporate Veil. *European Company Law*, v. 4, f. 5, p. 191 200, Oct. 2007. Em Portugal, o Código Civil não apresenta uma regra geral de desconsideração da pessoa jurídica, conforme MENEZES CORDEIRO, António. *O levantamento da personalidade coletiva*. Coimbra: Almedina, 2000.

[2] Exemplos importantes podem ser encontrados no art. 4º da Lei nº 9.605/98, no Direito Ambiental; na lei que trata da atividade de distribuição de combustível (§3º do art. 18 da Lei nº 9.847/1999); no decreto sobre a exploração de hidrocarbonetos (art. 23 do Decreto nº 2.953/1999); no Direito da Concorrência, art. 34 da Lei nº 12.529/2011), no Código de Defesa do Consumidor (Lei nº 8.078/90, art. 28) e no próprio Código Civil (art. 50). O tema foi tratado pelos coautores, em pormenor, noutra oportunidade: LEONARDO, Rodrigo Xavier; RODRIGUES JR., Otavio Luiz. A autonomia da pessoa jurídica. *In*: MARQUES NETO, Floriano Peixoto; RODRIGUES JR., Otavio Luiz; LEONARDO, Rodrigo Xavier. *Comentários à Lei da Liberdade Econômica*. São Paulo: Thomson Reuters, 2020. p. 256 e seguintes.

[3] Sobre o tema, cf. JUSTEN FILHO, Marçal. *Desconsideração da personalidade societária no direito brasileiro*. São Paulo: Revista dos Tribunais, 1987.

Assim, por ocasião da homenagem, pretende-se apresentar investigação acerca de um relevante e razoavelmente recente novo capítulo acerca das pessoas jurídicas no Brasil a partir da Lei das Empresas Públicas e Sociedades de Economia Mista (Lei nº 13.303/2016).

Também essa lei inovou o ordenamento jurídico brasileiro ao estipular uma original hipótese de desconsideração da pessoa jurídica.

Com efeito, ao tratar da repercussão das sanções aplicadas aos contratantes, a Lei nº 13.303/2016 estendeu os efeitos do *impedimento de participação em licitações e contratos* para além dos contratados porventura sancionados.

O impedimento passaria a atingir também os eventuais terceiros que porventura fossem constituídos por sócio submetido à sanção de suspensão, impedimento ou inidoneidade.

Ainda que, neste caso, não se verifique uma hipótese de relativização da separação para ampliação dos sujeitos patrimonialmente responsáveis para a satisfação de um crédito, evidentemente, criou-se uma hipótese de mitigação da separação para a ampliação de efeitos jurídicos com grande repercussão patrimonial.

No presente capítulo, inserto em obra dedicada a homenagear o Professor Marçal Justen Filho, pretende-se investigar a referida hipótese de ampliação dos efeitos das sanções de suspensão, impedimento ou inidoneidade à luz da compreensão mais geral da pessoa jurídica no direito privado, mormente após as relevantes mudanças oriundas da Lei da Liberdade Econômica (Lei nº 13.874/19).

II A patologia e o fármaco: o abuso da constituição de entidades personificadas para obliterar sanções contratuais

Ainda que de maneira diversa daquela que se sucede nas licitações e contratos com a administração pública, a contratação com as sociedades de economia mista e empresas públicas justificam cuidados e controles especiais decorrentes dos imperativos de governança e controle proporcional à relevância, materialidade e riscos dos negócios jurídicos envolvendo essas entidades (§7º do art. 1º da Lei nº 13.303/2016).

Sob essa circunstância, a Lei das Estatais minudenciou situações de impedimentos à contratação com as sociedades de economia mista e empresas públicas por diversas razões (*v.g.*, decorrentes de situações de conflito de interesses [*v.g.*, art. 38, I e parágrafo único da Lei nº 13.303/2016], de sanções previamente aplicadas pela administração pública [*v.g.*, art. 38, III, da Lei nº 13.303/2016], entre outros).

Lamentavelmente, colhem-se da experiência situações recorrentes em que sanções decorrentes de condutas contratuais inadmissíveis são obliteradas pela criação disfuncional de novas sociedades personificadas, com o evidente objetivo de, impunemente, participar de licitações e contratos.[4]

---

[4] Essa afirmação prescinde de maior demonstração. Um julgado do STJ, todavia, auxilia a compreender o quanto se tornou trivial o exercício abusivo da constituição de pessoas jurídicas nessas situações: "A constituição de nova sociedade, com o mesmo objeto social, com os mesmos sócios e com o mesmo endereço, em substituição a outra declarada inidônea para licitar com a Administração Pública Estadual, com o objetivo de burlar à aplicação da sanção administrativa, constitui abuso de forma e fraude à Lei de Licitações Lei nº 8.666/93, de modo a possibilitar a aplicação da teoria da desconsideração da personalidade jurídica para estenderem-se os efeitos da sanção administrativa à nova sociedade constituída. A Administração Pública pode, em observância ao princípio da moralidade administrativa e da indisponibilidade dos interesses públicos tutelados, desconsiderar

Trata-se de uma situação de evidente exercício abusivo da prerrogativa de constituir pessoas jurídicas.

A liberdade de iniciativa, densificada na criação de entidades personificadas, não pode ser exercida licitamente com o objetivo de obstruir os *efeitos jurídicos* de sanções regularmente aplicadas. A antiquíssima figura da infração indireta à lei (*fraus legis*) há muito tempo responde a esses subterfúgios.

A Lei nº 13.303/2016 inovou os remédios à conhecida patologia. Ao disciplinar os impedimentos para contratação, inseriu regras expansivas orientadas a dilatar as sanções administrativas de *impedimento* para além das pessoas jurídicas envolvidas, atingindo sócios, administradores e, também, pessoas jurídicas diversas que tenham, ou tiveram, em seus quadros, integrantes previamente sancionados.

Neste sentido, destacam-se os seguintes dispositivos insertos ao art. 38 da Lei nº 13.303/2016:

> Art. 38. Estará impedida de participar de licitações e de ser contratada pela empresa pública ou sociedade de economia mista a empresa: [...]
>
> IV - constituída por sócio de empresa que estiver suspensa, impedida ou declarada inidônea;
> V - cujo administrador seja sócio de empresa suspensa, impedida ou declarada inidônea;
>
> VI - constituída por sócio que tenha sido sócio ou administrador de empresa suspensa, impedida ou declarada inidônea, no período dos fatos que deram ensejo à sanção;
>
> VII - cujo administrador tenha sido sócio ou administrador de empresa suspensa, impedida ou declarada inidônea, no período dos fatos que deram ensejo à sanção;
>
> VIII - que tiver, nos seus quadros de diretoria, pessoa que participou, em razão de vínculo de mesma natureza, de empresa declarada inidônea.

A regra em comento não encontra precedentes no direito brasileiro, seja pela amplitude do suporte fático, ou seja, das situações hipotéticas abrangidas, seja pela abrangência dos efeitos jurídicos imputados.

Acerca do suporte fático, o art. 38 e incisos da Lei nº 13.303/2016 permite que, diante da sanção de *suspensão* aplicada a uma pessoa jurídica, este obstáculo atinja: (i) os seus sócios; (ii) os seus administradores; (iii) os seus diretores; (iv) outras pessoas jurídicas que tenham, ou tenham tido, a participação de envolvidos.

Sublinhe-se que a expansão para sujeitos de direito tão diferentes da pessoa jurídica sancionada (sócios, administradores e diretores) se desenha em moldes objetivos, *independentemente* da maior proximidade ou afastamento com o *ato ilícito* e com o efetivo aproveitamento da situação ilícita.

Nos termos determinados pelos incisos do art. 38 sob avaliação, um sócio minoritário, um administrador ou até mesmo um diretor passariam a ser *manchados* pela sanção aplicada à pessoa jurídica e, automaticamente, teriam a possibilidade contagiar essa mancha para outras pessoas jurídicas, pura e simplesmente, por manterem ou terem mantido *contato* com essas entidades.

---

a personalidade jurídica de sociedade constituída com abuso de forma e fraude à lei, desde que facultado ao administrado o contraditório e a ampla defesa em processo administrativo regular" (SUPERIOR TRIBUNAL DE JUSTIÇA. RMS 15166-BA. Rel. Min. Castro Meira. 2ª turma j. 07.08.2024. *RSTJ*, v. 172, p. 247).

Isto porque essa "mancha" se manteria em pessoas jurídicas terceiras, constituídas antes ou depois do ato ilícito, ainda que esses sujeitos manchados viessem a sair de seus quadros (*v.g.*, quando o inc. VI abrange aqueles que tenham sido sócios ou administradores de empresa suspensa, impedida ou declarada inidônea, no período dos fatos que deram ensejo à sanção).

Este amplíssimo suporte fático, por sua vez, está vinculado a uma consequência de desconsideração da separação patrimonial muito peculiar: a diferenciação entre as esferas jurídicas não é ultrapassada para a ampliação da *responsabilidade patrimonial*, com o tradicional objetivo de extensão das possibilidades de satisfação de crédito, mas para a expansão de uma sanção com efeitos patrimoniais.

Em razão dessa peculiaridade, a expansão das sanções administrativas *em desconsideração* da separação das esferas jurídicas entre a entidade e os seus sócios, administradores e diretores tem sido denominada de *desconsideração da pessoa jurídica atributiva*, pois, nestes casos, atribui-se *determinado efeito patrimonial* para além da separação das esferas jurídicas entre o sujeito a quem é imputada a sanção e às pessoas jurídicas às quais esse mesmo efeito é *atribuído*.[5]

A Lei das Estatais inovou o ordenamento jurídico com o mais forte exemplo de *desconsideração atributiva* da pessoa jurídica.

No art. 38 da Lei nº 13.303/2016, uma sanção, uma penalidade que *limita as possibilidades de contratar* (sanções de suspensão, impedimento e inidoneidade), originariamente imputada a um sujeito de direito, com conteúdo patrimonial relevante, é objetivamente ampliada para vários outros sujeitos de direito, *desconsiderando a diferenciação jurídica entre a pessoa jurídica* e os diferentes vínculos, com distintas naturezas jurídicas, com outros sujeitos de direitos (sócios, administradores e diretores).

Ao atingir diretores, sem nem mesmo distinguir o específico órgão a que estejam vinculados, muito provavelmente haverá uma expansão de efeitos jurídicos entre as empresas estatais, as pessoas jurídicas contratadas e, até mesmo, os contratos de trabalho com os diretores.

Sublinhe-se que, ao menos nos moldes descritos na Lei das Estatais, a extensão eficacial se dá de maneira objetiva e automática, sem que se esclareça ou se determine, no curso de formação do ato sancionatório, que sejam oportunizados o contraditório e a ampla defesa a estes sujeitos (sócios, administradores ou diretores).

Um sócio minoritário de uma sociedade LTDA. de propósito específico sancionada com a inidoneidade em um específico contrato com a administração pública pode "contaminar" várias outras sociedades de que eventualmente participe, mesmo que tenham sido constituídas anteriormente ao ato (art. 38, IV da Lei nº 13.303/2016). Se esse eventual sócio minoritário deixa de participar dessas outras sociedades, que não sofreram a sanção da inidoneidade, ainda assim estas seguiriam contaminadas por um

---

[5] A terminologia da *desconsideração da pessoa jurídica atributiva* ainda é vacilante na doutrina. Outros autores preferem nominá-la de *desconsideração regulatória*, expressão que nos parece ampliar a imprecisão da situação de que se trata. A distinção, relevante, se dá entre a *expansão da responsabilidade patrimonial obrigacional*, tradicional ao remédio da desconsideração da pessoa jurídica, e a *atribuição de outros efeitos jurídicos em desconsideração da separação da esfera jurídica personalizada*. Daí preferirmos o termo *desconsideração atributiva*. Em sentido diverso, sustentando a figura da desconsideração da pessoa jurídica *regulatória*, cf. PARGENDLER, Mariana. Comentário ao art. 50 do Código Civil: desconsideração da personalidade jurídica. *In*: MARTINS-COSTA, Judith; NITSCHKE, Guilherme Carneiro. *Direito privado na Lei da Liberdade Econômica*. São Paulo: Almedina, 2022. p. 265.

dia terem tido em seus quadros alguém que participou de sociedade decretada inidônea (art. 38, VI, Lei nº 13.303/2016).

Já se verificam julgados isolados nos quais a eficácia expansiva das sanções mediante uma *objetiva* e *automática* desconsideração da pessoa jurídica é aplicada, sem qualquer cuidado sequer à garantia do *contraditório* e da *ampla defesa* dos envolvidos.[6]

Uma vez lido com atenção e rigor o citado art. 38 da Lei das Estatais, percebe-se que o legislador, ao procurar coibir uma clássica hipótese de exercício abusivo de prerrogativa jurídica (constituir uma pessoa jurídica nova para evitar os efeitos de *impedimento sancionatório* imputados a uma anterior entidade personificada), acabou por atingir uma imensa gama de situações distintas em moldes irrazoáveis, desproporcionais e que malversam um princípio básico de justiça: terceiros que não contribuíram efetiva ou potencialmente para um ato ilícito não podem sofrer as sanções decorrentes deste ato.[7]

É interessante notar que a mais recente Lei de Licitações (Lei nº 14.133/21), ainda que também tenha adotado um remédio expansivo para as sanções administrativas, o fez mediante (i) a prévia identificação e qualificação de um ato de abuso de direito, (ii) limitando a amplitude de expansão aos sócios ou administradores efetivamente envolvidos com o ato ilícito e (iii) garantindo aos envolvidos ao menos a chance do contraditório e da ampla defesa.

Cite-se, neste sentido, o art. 160 da Lei nº 14.133/21:

> A personalidade jurídica poderá ser desconsiderada sempre que utilizada com abuso do direito para facilitar, encobrir ou dissimular a prática dos atos ilícitos previstos nesta Lei ou para provocar confusão patrimonial, e, nesse caso, todos os efeitos das sanções

---

[6] "Não há ilegalidade alguma na decisão da ECT de não prorrogar a vigência dos contratos nºs. 007/2019 e 270/2019 após constatar, em consulta ao SICAF, a existência de 'impedimento de licitar e contratar com a ECT, aplicado à empresa Liderança Limpeza e Conservação LTDA, que possui sócio em comum com a empresa contratada Lince Segurança Patrimonial LTDA'. A decisão está de acordo com o disposto no art. 38 da Lei 13.303/2016, nas cláusulas 4.6, 7.7, 7.8 e 7.8.1 do Edital do Pregão Eletrônico n. 075/2019/SE/SC, e na cláusula 8.1 dos próprios contratos nºs. 007/2019 e 270/2019. [...] O impedimento foi aplicado com base na Lei 10.520/02, Art. 7º, abrangendo os Correios, de modo que a prorrogação do Contrato nº 007/2019 só seria possível se o registro da penalidade fosse retirado" (TRIBUNAL REGIONAL FEDERAL DA 4ª REGIÃO. AG 5006031-30.2022.4.04.0000, Relator Des. Rogério Favreto, 3ª turma, j. 05.07.2022); "[...] a punição aplicada pelo DNIT à GEL Engenharia S.A. de suspensão do direito de contratar teria efeito em toda a Administração Pública e porque a Impetrante possui identidade de sócios, administradores e corpo técnico com a empresa punida (Gel Engenharia). Por isso, a Impetrante estaria impedida de participar do certame, por força dos incisos IV a VII, do art. 38 da Lei 13.303/2016" (TRIBUNAL DE JUSTIÇA DE SANTA CATARINA. Agravo de Instrumento n. 5055274-49.2022.8.24.0000, Rel. Des. Vilson Fontana, 5ª Câmara de Direito Público, j. 03.10.2022); "[...] Empresa recorrente que possui sócio administrador em comum com empresa anteriormente sancionada pela recorrida. Impedimento legal previsto no art. 38, VII e VIII da Lei nº 13.303/16. LEI DAS ESTATAIS que prevê categoricamente as hipóteses de impedimento à participação em licitações, não cabendo ao gestor público discricionariedade em sua aplicação" (TRIBUNAL DE JUSTIÇA DO RIO DE JANEIRO. AI: 00497260620218190000, 22ª Câmara Cível. Rel. Desa. Maria da Gloria Oliveira Bandeira de Mello, j. 30.09.2021. DJ, 04.10.2021).

[7] No tumultuado percurso da desconsideração da pessoa jurídica do Brasil há um esforço, por vezes doutrinário, por vezes legislativo e mesmo jurisprudencial para procurar circunscrever a excepcionalidade desse remédio ao ilícito, como uma *causalidade de atribuição* dos efeitos negativos em expansão a quem participou, por ação ou omissão, da prática. Isso pode ser retratado, *v.g.*, pelo enunciado 7, da I Jornada de Direito Civil do CJF: "só se aplica a desconsideração da personalidade jurídica quando houver a prática de ato irregular, e limitadamente, aos administradores ou sócios que nela hajam incorrido". Sobre o tema, elogiando a solução da Lei da Liberdade Econômica, cf. FRAZÃO, Ana. Lei da liberdade econômica e seus impactos sobre a desconsideração da personalidade jurídica. *In*: SALOMÃO, Luis Felipe; CUEVA, Ricardo Villas Bôas; FRAZÃO, Ana. *Lei da liberdade econômica e seus impactos no Direito brasileiro*. São Paulo: Thomson Reuters, 2020. p. 479.

aplicadas à pessoa jurídica serão estendidos aos seus administradores e sócios com poderes de administração, a pessoa jurídica sucessora ou a empresa do mesmo ramo com relação de coligação ou controle, de fato ou de direito, com o sancionado, observados, em todos os casos, o contraditório, a ampla defesa e a obrigatoriedade de análise jurídica prévia.

Ainda que a patologia seja a mesma, e em ambos os casos se descreva uma hipótese de desconsideração *atributiva* da pessoa jurídica, a diferença do fármaco encontrado na Lei de Licitações e na Lei das Estatais é evidente.[8]

Ao passo que na Lei de Licitações exige-se, como pressuposto para a excepcional desconsideração da pessoa jurídica, (i) um ato decisório; (ii) alicerçado no abuso de direito orientado a facilitar, encobrir ou dissimular a prática dos atos ilícitos ou provocar convocação patrimonial, mediante prévio (iii) contraditório e ampla defesa, na Lei das Estatais o mesmo efeito é predeterminado pela pura e simples eficácia expandida da sanção.

O despropósito é evidente. O objetivo de manter os mais rigorosos padrões de governança para as empresas públicas e sociedades de economia mista não justifica o arbítrio de uma expansão de gravíssimas sanções para terceiros, independentemente da observação de garantias básicas (*v.g.*, o devido processo legal) e de uma relação fática minimamente causal com o ilícito que originou a sanção.

Mesmo que a patologia do uso abusivo da pessoa jurídica seja grave, o fármaco eleito pela Lei das Estatais foi exagerado e desproporcional.

Mais uma vez, saltou-se da excepcional *desconsideração da pessoa jurídica* para um regime jurídico de *pessoas jurídicas desconsideradas a priori*, sem qualquer cuidado com o devido processo legal, o contraditório, a ampla defesa e até mesmo de uma relação de *causalidade* entre as sanções administrativas e os atos ilícitos.

III A inconstitucionalidade da extensão automática das sanções administrativas

A expansão das sanções administrativas para terceiros, destituída de qualquer imputação específica de *ações* ou *omissões* praticadas, agride a garantia constitucional da *intransmissibilidade das penas*, tal como determinado no inc. LXV do art. 5º da Constituição Federal: "XLV - nenhuma pena passará da pessoa do condenado, podendo a obrigação de reparar o dano e a decretação do perdimento de bens ser, nos termos da lei, estendidas aos sucessores e contra eles executadas, até o limite do valor do patrimônio transferido".

O termo "pena", inserto no dispositivo, vai além do sentido estrito de *sanção jurídica penal*. A garantia abrange as sanções restritivas de direito em geral, com exceção apenas à possibilidade de extensão (i) da obrigação de reparar e (ii) da pena de perdimento em relação aos sucessores.

---

[8] Sublinhe-se que, mesmo na atual Lei de Licitações, a figura da desconsideração da pessoa jurídica foi ampliada para além dos seus limites teóricos originais, também justificando perplexidades críticas, ainda que em moldes menos severos aos aqui apresentados para a Lei das Estatais. Sobre o tema, cf. LIQUIDATO, Alexandre G. N. Comentário ao art. 160. *In*: CUNHA FILHO, Alexandre Jorge Carneiro; PICCELLI, Roberto Ricomini; ARRUDA, Carmen Silvia. *Lei de Licitações e Contratos Comentada*. São Paulo: Quartier Latin, 2022. t. III. p. 413 e seguintes.

Esta interpretação apresenta relevantes precedentes no Supremo Tribunal Federal, que compreende a garantia do inc. LXV como uma proteção à intranscendência das sanções e restrições da ordem jurídica.[9]

Cite-se, neste sentido, relevante precedente da Corte:

> o postulado da intranscendência impede que sanções e restrições de ordem jurídica superem a dimensão estritamente pessoal do infrator. Em virtude desse princípio, as limitações jurídicas que derivam da inscrição, no Cauc [Cadastro Único de Convênio], das autarquias, das empresas governamentais ou das entidades paraestatais não podem atingir os Estados-membros ou o Distrito Federal, projetando, sobre estes, consequências jurídicas desfavoráveis e gravosas, pois o inadimplemento obrigacional – por revelar-se unicamente imputável aos entes menores integrantes da administração descentralizada – só a estes pode afetar. Os Estados-membros e o Distrito Federal, em consequência, não podem sofrer limitações em sua esfera jurídica motivadas pelo só fato de se acharem administrativamente vinculadas, a eles, as autarquias, as entidades paraestatais, as sociedades sujeitas a seu poder de controle e as empresas governamentais alegadamente inadimplentes e que, por tal motivo, hajam sido incluídas em cadastros federais (Cauc, Siafi, Cadin, *v.g.*).[10]

Com efeito, o histórico pré-moderno do qual advém a garantia da intransmissibilidade das penas tem origem em abrangentes agressões de terceiros, diversos dos praticantes dos atos ilícitos, com especial crueldade para os aspectos patrimoniais.[11]

---

[9]   Esta é a amplitude conferida, por exemplo, por Roberto Barroso: "O princípio da pessoalidade da pena, da intransmissibilidade da sanção ou da intranscendência consta do ordenamento jurídico brasileiro desde a Constituição do Império, havendo sido reproduzido nos documentos constitucionais subsequentes – salvo a Carta ditatorial de 1937 – até chegar à atual formulação do inciso XLV do art. 5º da CF/88". Cf. BARROSO, Luís Roberto. *Curso de direito constitucional contemporâneo*. 12. ed. São Paulo: SaraivaJur, 2024. (Aplicativo Minha Biblioteca).

[10]   SUPREMO TRIBUNAL FEDERAL. AC 1.033 AgR-QO, Rel. Min. Celso de Mello, j. 25.5.2006, P, *DJ*, 16.6.2006. O mesmo julgado voltou a ser referido em SUPREMO TRIBUNAL FEDERAL. AgR, Rel. Min. Teori Zavascki, j. 25.11.2015, P, *DJe*, 9.12.2015. A respeito do tema, cite-se também: "Direito Constitucional, Administrativo e Processual Civil. Pena de inabilitação permanente para o exercício de cargos de administração ou gerência de instituições financeiras. Inadmissibilidade: art. 5º, XLVI, e, XLVII, b, e §2º, da CF. Representação da união, pelo Ministério Público: legitimidade para interposição do R.E. recurso extraordinário. [...] 2. No mérito, é de se manter o aresto, no ponto em que afastou o caráter permanente da pena de inabilitação imposta aos impetrantes, ora recorridos, em face do que dispõem o art. 5º, XLVI, e, XLVII, b, e §2º da CF. 3. Não é caso, porém, de se anular a imposição de qualquer sanção, como resulta dos termos do pedido inicial e do próprio julgado que assim o deferiu. 4. Na verdade, o Mandado de Segurança é de ser deferido, apenas, para se afastar o caráter permanente da pena de inabilitação, devendo, então, o Conselho Monetário Nacional prosseguir no julgamento do pedido de revisão, convertendo-a em inabilitação temporária ou noutra, menos grave, que lhe parecer adequada. 5. Nesses termos, o R.E. é conhecido, em parte, e, nessa parte, provido". Cf. RE nº 154134, Rel. Min. Sydney Sanches, Primeira Turma, julgado em 15.12.1998. *DJ*, 29.10.1999 apud CONCI, Luiz Guilherme Arcaro. Comentários ao inciso LXV ao art. 5º. In: BONAVIDES, Paulo; MIRANDA, Jorge; AGRA, Walber de Moura (Coord. Cient.); PINTO FILHO, Francisco Bilac; RODRIGUES JR., Otavio Luiz. Comentários à Constituição Federal. Rio de Janeiro: Forense, 2009. (Aplicativo Minha Biblioteca). p. 202.

[11]   Um dos exemplos históricos mais citados pode ser encontrado na expansão da sentença condenatória de Tiradentes, também em aspectos patrimoniais. Cite-se da decisão histórica: "Pelo abominável intento de conduzir os povos da capitania de Minas a uma rebelião, os juízes deste tribunal condenam ao réu Joaquim José da Silva Xavier, por alcunha o Tiradentes, alferes que foi da tropa paga da capitania de Minas, a que com baraço e pregão, seja conduzido pelas ruas públicas ao lugar da forca e nela morra morte natural para sempre, e que depois de morto lhe seja cortada a cabeça e levada a Vila Rica, onde em o lugar mais publico dela, será pregada, em um poste alto até que o tempo a consuma; e o seu corpo será dividido em quatro quartos e pregado em postes, pelo caminho de Minas, no sítio da Varginha e das Cebolas, onde o réu teve suas infames práticas, e os mais, nos sítios de maiores povoações, até que o tempo também os consuma; Declaram o réu infame, e seus filhos e netos,

Pontes de Miranda, durante o regime militar instaurado em 1964, compreendeu ser importante sustentar que "a perda dos direitos políticos não pode atingir os descendentes, cônjuges ou outros parentes, nem quaisquer outras penas podem migrar do delinquente para outrem",[12] citando exemplos históricos nas Ordenações Filipinas de transcendência patrimonial das penas.

A expansão automática e indistinta da sanção administrativa de impedimento de contratar aos *sócios, administradores e diretores*, sem que a estes seja atribuída a prática de ilícitos (*v.g.*, abuso de direito) e destituída de uma real *possibilidade* de contraditório e ampla e defesa (art. 5º, LV, CF), é inconstitucional.

A Lei das Estatais, neste particular, acabou por possibilitar uma *transcendência* da sanção sem que esta seja mediada, substancialmente, pela *imputação de um ilícito*, por ação ou omissão, a alguém. Sob a perspectiva processual, por sua vez, assim o faz sem qualquer chance de garantia ao contraditório e à ampla defesa.

A desconsideração atributiva da personalidade jurídica, neste caso, é uma expressão insuficiente para nominar a inovação da Lei das Estatais: o legislador criou uma hipótese de transcendência da sanção administrativa para todo e qualquer sujeito que mantenha determinados "contatos" com a pessoa jurídica previamente sancionada. Esse "contato" pode ser decorrente de relação societária e, até mesmo, por relação contratual ao atingir *administradores* e *diretores* que podem não ser sócios.

A aplicação pura e simples dos incs. IV a VIII do art. 38 da Lei nº 13.303/2016 viola um postulado básico de justiça: ninguém pode sofrer uma sanção restritiva de direitos sem que *lhe seja atribuída uma conduta contrária ao ordenamento jurídico e sem direito de defesa.*[13]

Essa grave inconstitucionalidade pode ser contornada por uma *interpretação conforme à Constituição.* E a Lei da Liberdade Econômica auxilia o caminho para esta solução hermenêutica.

IV A Lei da Liberdade Econômica e a Lei das Estatais: dois momentos da desconsideração da pessoa jurídica

A Lei da Liberdade Econômica (Lei nº 13.874/19) foi elaborada com o pressuposto de que a configuração dos institutos de Direito Privado pode ampliar ou reduzir os

---

tendo os seus bens aplicados para o Fisco e Câmara Real, e a casa em que vivia em Vila Rica, será arrasada e salgada, para que nunca mais no chão se edifique, e no mesmo chão se erguerá um padrão, pelo qual se conserve a memória desse abominável réu" (TRIBUNAL DE ALÇADA DO RIO DE JANEIRO. Autos do crime, 1795, p. 59-75, Biblioteca Nacional *apud* BARROSO, Luís Roberto. *Curso de direito constitucional contemporâneo.* 12. ed. São Paulo: SaraivaJur, 2024. (Aplicativo Minha Biblioteca). p. 562, nota 972.

[12] MIRANDA, Francisco Cavalcanti Pontes de. *Comentários à Constituição de 1967.* São Paulo: Revista dos Tribunais, 1968. p. 216.

[13] Ainda que sem uma conclusão objetivamente neste sentido, em raciocínio aproximado, sustentaram Edgar Guimarães e José Anacleto Abduch Santos: "A lei não faz distinção da natureza jurídica da participação societária, o que pode caracterizar inconstitucionalidade por violação dos princípios da pessoalidade e da individualização da pena, uma vez que o sócio meramente cotista, ou o mero acionista, por exemplo, não tem qualquer poder de dirigir os negócios da sociedade, logo, salvo prova em contrário, não teve participação na cadeia causal da infração que levou à aplicação da sanção" (GUIMARÃES, Edgar; SANTOS, José Anacleto Abduch. *Lei das Estatais.* Belo Horizonte: Fórum, 2017. p. 121).

custos de transação e, assim, ampliar ou restringir um suporte mais favorável ou hostil para a contratação.[14]

Neste campo, a preservação ou erosão do instituto da pessoa jurídica ostenta uma importância particular. A constante desconsideração da pessoa jurídica em situações que não sejam dotadas de gravidade e excepcionalidade amplia severamente o risco das contratações no Brasil, uma vez que não é possível predeterminar, a uma ampla cadeia de sujeitos de direito que mantém alguma proximidade em relações contratuais, quais os limites dos riscos envolvidos.

Justamente por isso, uma das mudanças significativas empreendidas por essa lei se deu em tema de pessoa jurídica, inclusive resgatando um texto legislativo muito próximo do que outrora vigeu no Código Civil de 1916. Trata-se do art. 49-A, inserto no Código Civil, com a seguinte redação:

> Art. 49-A. A pessoa jurídica não se confunde com os seus sócios, associados, instituidores ou administradores. Parágrafo único. A autonomia patrimonial das pessoas jurídicas é um instrumento lícito de alocação e segregação de riscos, estabelecido pela lei com a finalidade de estimular empreendimentos, para a geração de empregos, tributo, renda e inovação em benefício de todos.

A leitura do art. 49-A, isoladamente, poderia parecer um truísmo, uma declaração de algo evidente. Diante do art. 38 da Lei das Estatais, percebe-se que não.

A Lei das Estatais, conforme explicado nos itens precedentes, é um dos exemplos mais severos dessa *disfunção*. A mera situação de figurar como sócio minoritário ou até mesmo como um mero diretor de uma pessoa jurídica poderia justificar, automaticamente, a expansão e atribuição de penalidades para além da pessoa jurídica.

Ressaltar a distinção entre as esferas jurídicas da pessoa jurídica e as esferas jurídicas dos sócios, administradores, diretores passou a ser algo importante, porque o legislador e, por vezes, também os tribunais passaram a tratar estes campos como indistintos.

Isto se deu inclusive por uma ampliação do direito objetivo para o uso do remédio da desconsideração para situações em que não há um exercício da pessoa jurídica *desconforme ao ordenamento jurídico*, mas, apenas e tão somente, um objetivo de se *alcançar um resultado a despeito da pessoa jurídica*, como se este *instituto* ostentasse menor importância e pudesse ser malversado sem maiores *consequências*.

Os excessos do art. 38 da Lei das Estatais de 2016 exemplificam a importância do art. 49-A, inserto ao Código Civil pela Lei nº 13.874/2019.

O art. 49-A do Código Civil é uma regra de potencial hermenêutico, posterior temporalmente à Lei das Estatais, que pode orientar a sua interpretação.

---

[14] Sobre o tema, cite-se: FERREIRA, Antonio Carlos; FERREIRA, Patrícia Cândido Alves. Ronald Coase: um economista voltado para o Direito. *In*: COASE, Ronald H. *A firma, o mercado e o Direito*. Tradução de Heloísa Gonçalves Barbosa. Revisão da tradução por Francisco Niclós Negrão. 2. ed. Rio de Janeiro: Forense, 2017. p. IX-LVI. Versamos o tema, em coautoria, em LEONARDO, Rodrigo Xavier; RODRIGUES JR., Otavio Luiz. A autonomia da pessoa jurídica. *In*: MARQUES NETO, Floriano Peixoto; RODRIGUES JR., Otavio Luiz; LEONARDO, Rodrigo Xavier. *Comentários à Lei da Liberdade Econômica*. São Paulo: Thomson Reuters, 2020. p. 256 e seguintes.

Em sentido muito diferente da Lei das Estatais, resgatando a *excepcionalidade* do remédio da *desconsideração* da pessoa jurídica, a Lei da Liberdade Econômica reformou o art. 50 do Código Civil.

Sublinhe-se que uma relevante alteração diz respeito à restrição das consequências da desconsideração da pessoa jurídica aos sujeitos envolvidos na prática do ato ilícito e no seu aproveitamento. À luz da revisão encaminhada pela Lei da Liberdade Econômica, a desconsideração da pessoa jurídica, em casos de exercício abusivo da personalidade, atingiria os "bens particulares de administradores ou de sócios da pessoa jurídica beneficiados direta ou indiretamente pelo abuso" (art. 50 do Código Civil).

É perceptível que a desconsideração da pessoa jurídica, no Código Civil reformado pela Lei da Liberdade Econômica (Lei nº 13.874/19), é caracterizada como uma consequência *excepcional* para o exercício *inadmissível da liberdade de constituir e participar de pessoas jurídicas*. Essa sanção excepcional, por sua vez, somente poderia atingir os beneficiados pelo ato de abuso.

A distinção acadêmica entre a *desconsideração patrimonial da pessoa jurídica* e a *desconsideração atributiva* da pessoa jurídica não pode afastar, em ambos os casos, a interpretação consoante o art. 49 do Código Civil, que sublinha a relevância da separação patrimonial, e o art. 50 do mesmo Código que circunscreve esse remédio ao exercício abusivo de prerrogativa jurídica.

Esta relevante alteração legislativa pode e deve orientar uma interpretação corretiva ao art. 38 da Lei das Estatais, permitindo uma hermenêutica que *supere a* inconstitucionalidade sem a supressão do texto legislativo.

V A interpretação da Lei das Estatais à luz do Código Civil

É da tradição do Código Civil ser uma legislação com amplitude para além das relações jurídicas de direito privado em sentido estrito. É até mesmo intuitivo compreender que o Direito Civil, ao estruturar os contornos de institutos como o *sujeito de direito, a pessoa jurídica, o contrato, a propriedade*, entre tantos outros, tem a sua aplicação ampliada.[15]

A pessoa jurídica é um privilegiado exemplo de um instituto de Direito Privado, moldado no Código Civil, que se projeta para todo o ordenamento, com impacto não apenas para as relações jurídico-privatísticas, mas também para as relações jurídico-publicísticas.[16]

A base fundamental do regime das pessoas jurídicas encontra-se no Código Civil. Assim, quando o parágrafo único ao art. 49-A evidencia que a autonomia patrimonial das pessoas jurídicas é um instrumento lícito de alocação e segregação de riscos, estabelecido pela lei com a finalidade de estimular empreendimentos, para a geração de empregos, tributo, renda e inovação em benefício de todos, apresenta uma regra de interpretação do instituto da "pessoa jurídica" com uma funcionalidade transversal, abrangendo para todo o ordenamento jurídico.

---

[15] Sobre a relação entre o Direito Civil e o Direito Administrativo, mais próxima ao tema deste capítulo, cf. BACELLAR FILHO, Romeu Felipe. *Direito administrativo e o novo Código Civil*. Belo Horizonte: Fórum, 2007.

[16] RODRIGUES JR., Otavio Luiz. *Direito Civil contemporâneo*: estatuto epistemológico, Constituição e direitos fundamentais. 2. ed. Rio de Janeiro: Forense, 2019. p. 83-144.

Como regra de interpretação, o dispositivo tem aplicação para relações jurídicas dos diferentes setores do ordenamento, inclusive a Lei das Estatais. Por consequência, todo e qualquer ato de expansão dos efeitos sancionatórios para além da pessoa jurídica deve tomar em consideração o disposto no art. 49-A do Código Civil. Essa compreensão inclusive é expressamente orientada pelo art. 68 da Lei das Estatais: "Os contratos de que trata esta Lei regulam-se pelas suas cláusulas, pelo disposto nesta Lei e pelos preceitos de direito privado".

Os preceitos de direito privado insertos pela Lei da Liberdade Econômica (Lei nº 13.874/19), em especial aqueles que redefinem a pessoa jurídica, devem ser considerados na aplicação da Lei das Estatais.

Para se evitar que os incs. IV e seguintes do art. 38 da Lei das Estatais sejam fulminados pela inconstitucionalidade, a interpretação *conforme* o texto constitucional deve se dar por intermédio do art. 49-A do Código Civil. A separação patrimonial, em regra, deve ser preservada consoante a *função promocional* das normas jurídicas que, para além de reprimir condutas, também podem ser dirigidas a incentivar e premiar determinados comportamentos.[17]

Igualmente, para se operar a consequência excepcional da desconsideração, é necessário que os requisitos do art. 50 do Código Civil, consoante a redação dada pela Lei nº 13.874/19:

> Art. 50. Em caso de abuso da personalidade jurídica, caracterizado pelo desvio de finalidade ou pela confusão patrimonial, pode o juiz, a requerimento da parte, ou do Ministério Público quando lhe couber intervir no processo, desconsiderá-la para que os efeitos de certas e determinadas relações de obrigações sejam estendidos aos bens particulares de administradores ou de sócios da pessoa jurídica beneficiados direta ou indiretamente pelo abuso.
>
> §1º Para os fins do disposto neste artigo, desvio de finalidade é a utilização da pessoa jurídica com o propósito de lesar credores e para a prática de atos ilícitos de qualquer natureza.
>
> §2º Entende-se por confusão patrimonial a ausência de separação de fato entre os patrimônios, caracterizada por:
>
> I - cumprimento repetitivo pela sociedade de obrigações do sócio ou do administrador ou vice-versa;
>
> II - transferência de ativos ou de passivos sem efetivas contraprestações, exceto os de valor proporcionalmente insignificante; e
>
> III - outros atos de descumprimento da autonomia patrimonial.
>
> §3º O disposto no caput e nos §§1º e 2º deste artigo também se aplica à extensão das obrigações de sócios ou de administradores à pessoa jurídica.
>
> §4º A mera existência de grupo econômico sem a presença dos requisitos de que trata o caput deste artigo não autoriza a desconsideração da personalidade da pessoa jurídica.

Também devem ser considerados os princípios insertos na Lei da Liberdade Econômica que preceituam o reconhecimento da boa-fé dos particulares como um

---

[17] BOBBIO, Norberto. La funzione promozionale del diritto. *In*: BOBBIO, Norberto. *Dalla struttura alla funzione*: Nuovi studi di teoria del diritto. Milano: Edizioni di Comunità, 1977. p. 18-20.

pressuposto de interpretação e aplicação das leis.[18] Cite-se, neste sentido, em especial o §2º do art. 1º e, também, o art. 2º, incs. II e IV da Lei nº 13.874//19:

> Art. 1º Fica instituída a Declaração de Direitos de Liberdade Econômica, que estabelece normas de proteção à livre iniciativa e ao livre exercício de atividade econômica e disposições sobre a atuação do Estado como agente normativo e regulador, nos termos do inciso IV do caput do art. 1º, do parágrafo único do art. 170 e do caput do art. 174 da Constituição Federal. [...]
>
> §2º Interpretam-se em favor da liberdade econômica, da boa-fé e do respeito aos contratos, aos investimentos e à propriedade todas as normas de ordenação pública sobre atividades econômicas privadas.
>
> Art. 2º São princípios que norteiam o disposto nesta Lei: [...]
>
> II - a boa-fé do particular perante o poder público [...]
>
> IV - o reconhecimento da vulnerabilidade do particular perante o Estado.
>
> Art. 3º São direitos de toda pessoa, natural ou jurídica, essenciais para o desenvolvimento e o crescimento econômicos do País, observado o disposto no parágrafo único do art. 170 da Constituição Federal: [...]
>
> V - gozar de presunção de boa-fé nos atos praticados no exercício da atividade econômica, para os quais as dúvidas de interpretação do direito civil, empresarial, econômico e urbanístico serão resolvidas de forma a preservar a autonomia privada, exceto se houver expressa disposição legal em contrário; [...].

Este conjunto normativo permite, a um só tempo, que a efetividade das sanções pretendida pela Lei das Estatais seja alcançada, porém sob o filtro de um exercício abusivo da pessoa jurídica e de uma imputação específica, e individualizada, aos demais sujeitos de direito (sócios, administradores e diretores) que porventura sejam atingidos pela *desconsideração atributiva da eficácia do impedimento*.

Além disso, consoante também alertou Marçal Justen Filho, para que este efeito seja expandido é indispensável um prévio processo administrativo.[19] Assim, os terceiros que a administração pública pretende atingir poderão ter a oportunidade de ofertar defesa e exercer um efeito contraditório,[20] o que poderá envolver até mesmo a inexistência do

---

[18] Sobre o tema, cf. ACCIOLY, João C. de Andrade Uzêda. Hermenêutica pro libertatem. *In*: MARQUES NETO, Floriano Peixoto; RODRIGUES JR., Otavio Luiz; LEONARDO, Rodrigo Xavier. *Comentários à Lei da Liberdade Econômica*. São Paulo: Thomson Reuters, 2020. p. 256 e seguintes.

[19] "O instrumento da desconsideração da personalidade jurídica pode, portanto, ser utilizado, produzindo-se a extensão de sanções impeditivas de participação em licitação a outras sociedades, desde que evidenciado (em processo administrativo regular) a fraude e o abuso. Ressalve-se que isso não equivale a admitir a pura e simples extensão da punição para todas as empresas de um mesmo grupo empresarial. O que se admite é impedir a proliferação de sociedades destituídas de substrato autônomo, sem existência distinta. Observe-se, no entanto, que a desconsideração da pessoa jurídica não pode ser promovida sem observância do devido processo legal específico, norteado pela ampla defesa e pelo contraditório. Assim, não é juridicamente cabível que a sanção imposta à pessoa jurídica seja estendida, de modo automático, à pessoa dos sócios (ou vice-versa). A desconsideração da pessoa jurídica é uma solução jurídica extraordinária, cuja imposição pressupõe práticas abusivas e reprováveis. Por isso, o seu pressuposto é a prática de conduta abusiva, consistente na utilização indevida do instituto da pessoa jurídica" (JUSTEN FILHO, Marçal. *Comentários à Lei de Licitações e Contratos Administrativos*. 16. ed. São Paulo: RT, 2014. p. 539-540).

[20] "Para serem validamente aplicadas, todas as sanções previstas nos contratos das empresas estatais devem ser apreciadas no âmbito do processo administrativo, com garantia da prévia defesa (art. 83, caput e §2º, da Lei

exercício do abuso de direito ou do aproveitamento do ilícito, consoante determinado pelo art. 50 do Código Civil.

Cabe salientar que estes cuidados são recorrentes e estão consolidados na jurisprudência do Tribunal de Contas da União:

> A declaração de inidoneidade para participar de licitação na Administração Pública Federal (art. 46 da Lei 8.443/1992) não pode ser aplicada a sócios e administradores de empresas licitantes, por falta de previsão legal, sendo recomendável, entretanto, que, caso nova sociedade empresária tenha sido constituída, com o mesmo objeto, por qualquer um dos sócios ou administradores de empresas declaradas inidôneas, após a aplicação da sanção e no prazo de sua vigência, a Administração adote as providências necessárias à inibição de participação dessa empresa em licitações, em processo administrativo específico, assegurando o contraditório e a ampla defesa a todos os interessados. Assim, percebe-se que, ainda que a empresa Auramedi tivesse sido constituída após a punição da Farma Rápida e ambas possuíssem sócios em comum, a declaração de inidoneidade da Auramedi não seria automática, devendo-se haver processo específico, no qual fosse garantido o contraditório e a ampla defesa.[21]

> 43. Esta Corte tem aplicado a Desconsideração da Personalidade Jurídica com profundo cuidado e com a intenção majoritária de recuperação de valores ao erário [...] A inclusão, já no edital de licitação, de impedimentos para empresas com sócios que tenham participado de pessoas jurídicas suspensas ou impedidas de licitar, com fundamento na Desconsideração da Personalidade Jurídica, constitui ampliação do rol das penas previstas no Direito Administrativo, sem permissivo legal.[22]

Assim, a extravagância da Lei das Estatais na agressividade para expandir sanções administrativas para terceiros automaticamente, se não for remediada de maneira mais forte, pela inconstitucionalidade, ao menos exige um cuidado de interpretação *conforme* à Constituição.

VI Considerações finais

A Lei da Liberdade Econômica, com seus acertos e equívocos, denunciou algo que é percebido em termos difusos: no Brasil há tantas situações de *desconsideração* da pessoa jurídica que se mostra necessário pensar e refletir se *esse instituto não precisa ser novamente "considerado"*.

---

n. 13.303/2016). Ainda, aplicam-se os princípios da administração pública (art. 37, caput, da Constituição) e os princípios constitucionais do processo administrativo, notadamente o devido processo legal (art. 5º, LIV, da Constituição), o contraditório e a ampla defesa (art. 5º, LV, da Constituição) e a celeridade processual (art. 5º, LXXVIII, da Constituição). Nos processos sancionadores, aplicam-se subsidiariamente as leis de processo administrativo. Na esfera federal, por exemplo, as empresas estatais devem considerar a Lei n. 9.784/1999, seguindo os demais entes federados suas leis de processo administrativo de regência. No entanto, caso não disponham, por força da Súmula 633 do Superior Tribunal de Justiça (STJ),455 pode-se aplicar subsidiariamente a lei federal de processo administrativo (Lei n. 9.784/1999)" (PINTO JUNIOR, Mario Engler; MASTROBUONO, Cristina M. W.; MEGNA, Bruno L. *Empresas estatais*: regime jurídico e experiência prática na vigência da Lei n. 13.303/2016. Coimbra: Almedina, 2022. p. 133).

21 TRIBUNAL DE CONTAS DA UNIÃO. Acórdão 2710/2023. Processo 033.819/2023-8. Rel. Min. Vital do Rêgo, julg. 13.12.2023.

22 TRIBUNAL DE CONTAS DA UNIÃO. Acórdão 2218/2011. Processo 025.430/2009-5, julg. 12.04.2011.

A Lei das Estatais, ao disciplinar a expansão de sanções patrimoniais e restrições contratuais, desconsidera a pessoa jurídica e atribui uma expansão irrestrita desses efeitos sancionatórios a terceiros. Ao assim determinar, extrapola os limites da *intranscendência das penas* no direito brasileiro.

Apenas uma interpretação cuidadosa dessa lei pode afastar a grave inconstitucionalidade, propiciando, ao mesmo tempo, a proteção da moralidade e da ordem pública na contratação com as estatais e a consideração do instituto da pessoa jurídica no direito brasileiro.

Referências

ACCIOLY, João C. de Andrade Uzêda. Hermenêutica pro libertatem. *In*: MARQUES NETO, Floriano Peixoto; RODRIGUES JR., Otavio Luiz; LEONARDO, Rodrigo Xavier. *Comentários à Lei da Liberdade Econômica*. São Paulo: Thomson Reuters, 2020.

BACELLAR FILHO, Romeu Felipe. *Direito administrativo e o novo Código Civil*. Belo Horizonte: Fórum, 2007.

BARROSO, Luís Roberto. *Curso de direito constitucional contemporâneo*. 12. ed. São Paulo: SaraivaJur, 2024. (Aplicativo Minha Biblioteca).

BOBBIO, Norberto. La funzione promozionale del diritto. *In*: BOBBIO, Norberto. *Dalla struttura alla funzione*: Nuovi studi di teoria del diritto. Milano: Edizioni di Comunità, 1977.

COASE, Ronald H. *A firma, o mercado e o Direito*. Tradução de Heloísa Gonçalves Barbosa. Revisão da tradução por Francisco Niclós Negrão. 2. ed. Rio de Janeiro: Forense, 2017.

CONCI, Luiz Guilherme Arcaro. Comentários ao inciso LXV ao art. 5º. *In*: BONAVIDES, Paulo; MIRANDA, Jorge; AGRA, Walber de Moura (Coord. Cient.); PINTO FILHO, Francisco Bilac; RODRIGUES JR., Otavio Luiz. Comentários à Constituição Federal. Rio de Janeiro: Forense, 2009. (Aplicativo Minha Biblioteca).

GUIMARÃES, Edgar; SANTOS, José Anacleto Abduch. *Lei das Estatais*. Belo Horizonte: Fórum, 2017.

JUSTEN FILHO, Marçal. *Comentários à Lei de Licitações e Contratos Administrativos*. 16. ed. São Paulo: RT, 2014.

JUSTEN FILHO, Marçal. *Desconsideração da personalidade societária no direito brasileiro*. São Paulo: Revista dos Tribunais, 1987.

LEONARDO, Rodrigo Xavier. *Associações*. 2. ed. São Paulo: Thomson Reuters, 2023.

LEONARDO, Rodrigo Xavier; RODRIGUES JR., Otavio Luiz. A autonomia da pessoa jurídica. *In*: MARQUES NETO, Floriano Peixoto; RODRIGUES JR., Otavio Luiz; LEONARDO, Rodrigo Xavier. *Comentários à Lei da Liberdade Econômica*. São Paulo: Thomson Reuters, 2020.

LIQUIDATO, Alexandre G. N. Comentário ao art. 160. *In*: CUNHA FILHO, Alexandre Jorge Carneiro; PICCELLI, Roberto Ricomini; ARRUDA, Carmen Silvia. *Lei de Licitações e Contratos Comentada*. São Paulo: Quartier Latin, 2022. t. III.

MENEZES CORDEIRO, António. *O levantamento da personalidade coletiva*. Coimbra: Almedina, 2000.

MIRANDA, Francisco Cavalcanti Pontes de. *Comentários à Constituição de 1967*. São Paulo: Revista dos Tribunais, 1968.

PARGENDLER, Mariana. Comentário ao art. 50 do Código Civil: desconsideração da personalidade jurídica. *In*: MARTINS-COSTA, Judith; NITSCHKE, Guilherme Carneiro. *Direito privado na Lei da Liberdade Econômica*. São Paulo: Almedina, 2022.

PINTO JUNIOR, Mario Engler; MASTROBUONO, Cristina M. W.; MEGNA, Bruno L. *Empresas estatais*: regime jurídico e experiência prática na vigência da Lei n. 13.303/2016. Coimbra: Almedina, 2022.

RODRIGUES JR., Otavio Luiz. *Direito Civil contemporâneo*: estatuto epistemológico, Constituição e direitos fundamentais. 2. ed. Rio de Janeiro: Forense, 2019.

SALOMÃO, Luis Felipe; CUEVA, Ricardo Villas Bôas; FRAZÃO, Ana. *Lei da liberdade econômica e seus impactos no Direito brasileiro*. São Paulo: Thomson Reuters, 2020.

VANDEKERCKHOVE, Karen. Piercing the Corporate Veil. *European Company Law*, v. 4, f. 5, p. 191 200, Oct. 2007.

Informação bibliográfica deste texto, conforme a NBR 6023:2018 da Associação Brasileira de Normas Técnicas (ABNT):

LEONARDO, Rodrigo Xavier. A desconsideração da pessoa jurídica na Lei das Estatais (Lei 13.303/2016). *In*: JUSTEN, Monica Spezia; PEREIRA, Cesar; JUSTEN NETO, Marçal; JUSTEN, Lucas Spezia (coord.). *Uma visão humanista do direito*: homenagem ao Professor Marçal Justen Filho. Belo Horizonte: Fórum, 2025. v. 1, p. 927-941. ISBN 978-65-5518-918-6.

O *STANDARD* DE PROVA PARA A INDISPONIBILIDADE DE BENS NA AÇÃO DE IMPROBIDADE: HOMENAGEM AO PROFESSOR MARÇAL JUSTEN FILHO

ROGÉRIA DOTTI

> *Tem-se verificado no direito público a invocação de fórmulas verbais destituídas de conteúdo determinado e que podem conduzir a resultados muito diversos. O exemplo mais evidente relaciona-se com a fórmula "interesse público". Independentemente de qualquer disputa sobre o próprio conceito de "interesse público", é irrebatível que nenhuma decisão concreta pode ser extraída diretamente dessa fórmula.*
>
> (Marçal Justen Filho)[1]

1 Introdução

Até o advento da Lei nº 14.230/2021, a proteção do chamado "interesse público" vinha sendo utilizada como justificativa para o decreto de indisponibilidade de bens nas ações decorrentes de atos de improbidade. Isso vinha ocorrendo de forma genérica e completamente dissociada dos requisitos legais previstos no Código de Processo Civil.

Não havia um maior exame sobre a probabilidade do direito e prevalecia o entendimento de que o *periculum in mora* teria sido presumido pelo legislador.[2] Dessa forma, bastava a acusação da prática de atos ímprobos para que o patrimônio dos réus

---

[1] JUSTEN FILHO, Marçal. Art. 20 da LINDB: dever de transparência, concretude e proporcionalidade nas decisões públicas. *Revista de Direito Administrativo*, Rio de Janeiro, nov. 2018. Edição Especial: Direito Público na Lei de Introdução às Normas de Direito Brasileiro – LINDB. p. 22.

[2] Nesse sentido, para ser determinada a indisponibilidade de bens, bastava a demonstração de que o suposto ato de improbidade causara lesão ao patrimônio público ou ensejara enriquecimento ilícito (STJ, 2ª Turma, AgInt no REsp 1631700/RN, Rel. Min. Og Fernandes, j. 06.02.2018).

fosse liminarmente indisponibilizado. Falava-se, equivocadamente,[3] em aplicação da tutela da evidência.[4]

Essa presunção vinha sendo justificada pela gravidade da (suposta) conduta e pelo interesse público de ressarcimento. Conforme entendimento fixado no Tema nº 701 do STJ,[5] era possível a decretação da

> indisponibilidade de bens do promovido em Ação Civil Pública por Ato de Improbidade Administrativa, quando ausente (ou não demonstrada) a prática de atos (ou a sua tentativa) que induzam a conclusão de risco de alienação, oneração ou dilapidação patrimonial de bens do acionado, dificultando ou impossibilitando o eventual ressarcimento futuro.

Isso gerava um protecionismo excessivo em favor da Administração Pública e uma injustiça àqueles réus que, mais tarde, viessem a provar sua inocência. Seu patrimônio permanecia indisponível por muitos anos, mesmo sem a demonstração da probabilidade da conduta ímproba ou do risco efetivo ao ressarcimento.

A edição da Lei nº 14.230/2021 alterou essa realidade. Ela modificou, dentre outros, os arts. 7º e 16 da Lei nº 8.429/92, passando a exigir a demonstração da probabilidade e do *periculum in mora* para o decreto judicial da indisponibilidade de bens.

O presente texto aborda a incidência dessa mudança e procura analisar qual o nível de convencimento judicial para aferição da probabilidade e do *periculum in mora*. Procura, assim, encontrar um ponto de equilíbrio entre a busca de preservação do erário e as garantias individuais dos acusados.

2 A homenagem ao Professor Marçal Justen Filho

Este artigo visa contribuir para a coletânea organizada com a finalidade de prestar uma merecida homenagem ao Professor Marçal Justen Filho. O título da obra bem demonstra o ponto central de sua produção científica: "Uma visão humanista do Direito".

---

[3] Na verdade, nunca se tratou de tutela da evidência (a qual tem como característica a dispensa do *periculum in mora*), mas sim de tutela de urgência em que o *periculum in mora* era presumido. Assim, o que existia nas ações de improbidade até o surgimento da Lei nº 14.230/2021 não era evidência, mas sim uma urgência preestabelecida pela lei. Nesse sentido, *vide* DOTTI, Rogéria Fagundes. *Tutela da evidência*: probabilidade, defesa frágil e o dever de antecipar a tempo. São Paulo: Thomson Reuters Brasil, 2020. p. 185 e seguintes.

[4] Grande parte da doutrina, contudo, corrigiu esse equívoco. Eduardo Lamy afirma que o fundamento de tais decisões liminares é a urgência e não a evidência (LAMY, Eduardo. *Tutela provisória*. São Paulo: Atlas, 2018. p. 25). O mesmo defende Fábio Caldas de Araújo, ao afirmar que as medidas da Lei de Improbidade assumem uma feição nitidamente cautelar e se referem à tutela de urgência, como meio de resguardar o interesse público quanto à possível atitude de dilapidação e alienação de bens pelo investigado (ARAÚJO, Fábio Caldas de. *Curso de processo civil*: procedimentos especiais: atualizado com as Leis 13.256/2016 e 13.532/2017. São Paulo: Malheiros, 2018. t. III. p. 608-609). Luís Otávio Sequeira de Cerqueira também afirma que se trata de *periculum in mora presumido* e não de tutela da evidência (CERQUEIRA, Luís Otávio Sequeira de. Art. 7º. In: GAJARDONI, Fernando da Fonseca *et al*. *Comentários à Lei de Improbidade Administrativa*: Lei 8.429 de 02 de junho de 1992. 3. ed. São Paulo: Revista dos Tribunais, 2014. p. 91). Igualmente, vislumbrando a necessidade de *periculum in mora* (LEWANDOWSKI, Enrique Ricardo. Comentários acerca da indisponibilidade liminar de bens prevista na Lei 8.429, de 1992. In: BUENO, Cássio Scarpinella; PORTO FILHO, Pedro Paulo de Rezende. *Improbidade administrativa*: questões polêmicas e atuais. São Paulo: Malheiros, 2001. p. 162).

[5] STJ, Primeira Seção, REsp 1.366.721/BA, Rel. Min. Napoleão Nunes Maia Filho, Rel. p/Acórdão Min. Og Fernandes, j. 26.02.2014.

Não foi à toa que seu nome integrou a Comissão de Juristas indicada, em 2018, pela Câmara dos Deputados, para formular a proposta de reforma da Lei de Improbidade. Sob a presidência do Ministro do STJ, Mauro Campbell Marques, o grupo de trabalho elaborou o anteprojeto, cujas principais ideias foram mantidas na redação final da Lei nº 14.230/2021.

Dentre as inovações da lei, o próprio homenageado destaca: a exigência do dolo comprovado para a condenação; a instituição de uma ação judicial típica (diversa do regime da ação civil pública) e a ampliação do rigor no tocante aos requisitos de ajuizamento de uma ação de improbidade, com a expressa exigência de qualificação dos fatos em face dos arts. 9º, 10 e 11 da Lei nº 8.429.[6]

Como ele mesmo esclarece, "a ação de improbidade deve ser reservada para infrações muito graves, que comportem execração diferenciada". Essa verdade, que há muito tempo povoa a mente de milhares de professores e advogados Brasil afora, ganha outras cores quando é pronunciada por um jurista como o Professor Marçal. Deixa, assim, de levantar suspeitas de parcialidade ou de tolerância ao ilícito. Ganha, acima de tudo, o brilho de quem sabe que os pedidos genéricos de condenação conduzem "à eternização dos litígios, usualmente envolvendo disputas políticas (mais do que jurídicas)".[7]

De forma absolutamente correta, o Professor Marçal defende que a nova lei pode vir a propiciar a agilização dos processos e a efetividade da punição a condutas ímprobas.

Isso faz todo o sentido na medida em que a lei procura deixar para o regime mais severo apenas as condutas realmente ímprobas. Com isso, o sistema de combate à improbidade deve ganhar mais agilidade e eficiência. Parafraseando Yves Strickler: se tudo se torna ato de improbidade, não mais o é.[8]

Não tive a alegria de ser aluna do Professor Marçal na Universidade Federal do Paraná, mas guardo comigo as lições dos encontros pessoais, das leituras dos artigos e das obras produzidas. Profundamente estudioso e ético, constitui um verdadeiro exemplo para as futuras gerações de administrativistas. Ele consegue conjugar o rigor científico com a preocupação humanista. Ambos, sem dúvida, fazem parte da alma e da mente dos grandes juristas de nosso tempo.

3 As alterações da Lei nº 14.230/2021 em relação à tutela provisória nas ações de improbidade

Como exposto, a Lei nº 14.230/2021 alterou significativamente as ações de improbidade no país. Um dos aspectos mais relevantes foi a exigência da comprovação do dolo para a caracterização da improbidade.[9] Essa orientação já vinha há algum tempo sendo defendida pela doutrina e pela jurisprudência. Como bem destaca Eduardo Talamini, a

---

[6] JUSTEN FILHO, Marçal. *Reforma da Lei de Improbidade Administrativa comentada e comparada*: Lei 14.230, de 25 de outubro de 2021. 1. ed. Rio de Janeiro: Forense, 2022. p. VIII.

[7] JUSTEN FILHO, Marçal. *Reforma da Lei de Improbidade Administrativa comentada e comparada*: Lei 14.230, de 25 de outubro de 2021. 1. ed. Rio de Janeiro: Forense, 2022. p. VII.

[8] Ao criticar a banalização do conceito de urgência na França, Yves Strickler destaca: "Mais, si tout devient urgent, plus rien ne l'est. Il faut donc se souvenir que l'exception ne saurait absorber le principe" (STRICKLER, Yves. L'évolution contemporaine du référé et des procédures d'injonction. *RePro*, v. 261, 2016. p. 167-196).

[9] Conforme a redação atual do *caput* do art. 11 da Lei nº 8.429/92.

improbidade "não se confunde com a mera ilegalidade e nem mesmo com a imoralidade. É mais que isso. É a conduta daquele que é desonesto, maldoso, perverso, que ofende gravemente os padrões éticos".[10]

Diferenciar o ato meramente ilícito do ato ímprobo era algo imprescindível para preservar a boa-fé de administradores no Brasil. Tal distinção, agora, procura afastar o chamado Direito Administrativo do Medo.[11]

Em relação à tutela provisória nas ações de improbidade e, mais especificamente, à medida cautelar de indisponibilidade de bens, a inovação trazida pela Lei nº 14.230 também foi bastante significativa.

Até então, o mero ajuizamento da ação de improbidade era o suficiente para o decreto de indisponibilidade de bens dos réus. Isso porque o legislador considerava apenas a gravidade da conduta atribuída ao réu e o risco (em abstrato) de não ser viável o ressarcimento futuro. Como aponta a doutrina, nem mesmo no processo penal se admitia que medidas cautelares (como a prisão cautelar) fossem baseadas na gravidade, em abstrato, do crime.[12]

Nesse sentido, a indisponibilidade de bens, baseada na versão original do art. 7º da Lei nº 8.429/92, decorria de uma antevisão do legislador a respeito do risco da demora. Não havia a necessidade de qualquer demonstração desse *periculum in mora*, justamente porque ele era legalmente presumido.[13] Esse era, inclusive, o teor da tese fixada no Tema Repetitivo nº 701 do STJ.[14] A possibilidade de concessão de medidas cautelares tornava-se, assim, mais ampla no processo civil do que no próprio processo penal.

A Lei nº 14.230/2021 revogou o referido dispositivo, passando toda a disciplina da indisponibilidade de bens para o art. 16 da Lei nº 8.429/92. A medida adota os mesmos fundamentos de toda e qualquer tutela de urgência, conforme prevê o §8º do dispositivo. Atualmente, portanto, exige-se a demonstração concreta do *periculum in mora* e da probabilidade do direito (art. 16, §3º). Ou seja, os requisitos para a medida cautelar são os mesmos do art. 300 do CPC/2015.

A alteração na disciplina legal é tão relevante que até mesmo a demonstração da presença desses requisitos deve se dar de modo consistente.[15] Logo, a simples propositura da ação, por si só, não basta mais para o decreto de indisponibilidade do patrimônio dos réus.

---

[10] TALAMINI, Eduardo. Prefácio. *In*: AMARAL, Paulo Osternack; WATANABE, Doshin. *Manual do Processo de Improbidade Administrativa*. Londrina: Thoth, 2023. p. 9.

[11] Nesse sentido, *vide* SANTOS, Rodrigo Valga dos. Direito Administrativo do Medo: risco e fuga da responsabilização dos agentes públicos. São Paulo: Editora Revista dos Tribunais, 2024.

[12] GUIMARÃES, Bernardo Strobel; SOUZA, Caio Augusto Nazario; VIOLIN, Jordão; MADALENA, Luis Henrique. *A Nova Improbidade Administrativa*. 1. ed. Rio de Janeiro: Forense, 2023. p. 180.

[13] A propósito dessa presunção *a priori*, feita pelo legislador, *vide* DOTTI, Rogéria Fagundes. *Tutela da evidência*: probabilidade, defesa frágil e o dever de antecipar a tempo. São Paulo: Thomson Reuters Brasil, 2020. p. 185 e seguintes.

[14] Tese do Tema nº 701 do STJ: "É possível a decretação da indisponibilidade de bens do promovido em Ação Civil Pública por Ato de Improbidade Administrativa, quando ausente (ou não demonstrada) a prática de atos (ou a sua tentativa) que induzam a conclusão de risco de alienação, oneração ou dilapidação patrimonial de bens do acionado, dificultando ou impossibilitando o eventual ressarcimento futuro".

[15] Como bem esclarece Marçal Justen Filho, "é indispensável a demonstração consistente quanto à probabilidade do direito e de perigo de dano ou risco ao resultado útil do processo" (JUSTEN FILHO, Marçal. *Reforma da Lei de Improbidade Administrativa comentada e comparada*: Lei 14.230, de 25 de outubro de 2021. 1. ed. Rio de Janeiro: Forense, 2022. p. 172).

A propósito, destaca Fernando Gajardoni que a possibilidade desse risco deve ser "objetivamente considerada, fundada em motivos que possam ser demonstrados, e não em um mero temor subjetivo da parte requerente com a eminente possibilidade de dilapidação patrimonial, em suposições e ilações sem comprovação fática".[16] Isto significa que o risco deve ser concreto e plenamente demonstrado.

A probabilidade do direito, por sua vez, também deve ser objeto do convencimento judicial. Em outras palavras, sem a demonstração desses requisitos de modo objetivo, não cabe o decreto de indisponibilidade de bens.

4 O conteúdo indeterminado do decreto de indisponibilidade de bens para proteger o "interesse público" e a insegurança jurídica correlata

Ao exigir a demonstração da probabilidade do direito e do *periculum in mora* para a indisponibilidade de bens, a Lei nº 14.230/2021 passou a assegurar maior segurança jurídica.

Até então, bastava a alegação da defesa do "interesse público" para que o patrimônio dos réus se tornasse indisponível. Como já exposto, os acusados de improbidade estavam submetidos a um regime de presunção do *periculum in mora* durante toda a longa tramitação processual, nada podendo fazer para afastá-lo. De igual forma, pouco se falava sobre a probabilidade do direito.

Tendo como norte a própria Constituição Federal, percebe-se que a defesa do "interesse público" não pode se sobrepor à lei processual, tampouco aos critérios objetivos de aferição do cabimento das medidas cautelares. Ainda que o ressarcimento ao erário deva ser um dos objetivos no combate à improbidade administrativa, ele não é mais relevante que as garantias constitucionais da presunção de inocência ou do devido processo legal. Todos esses valores devem ser ponderados à luz do caso concreto, em decisões judiciais devidamente fundamentadas.

A esfera do direito sancionador – tal como ocorre nas ações de improbidade – implica um cuidado maior do que nas ações de cunho meramente patrimonial. Ainda que não se trate da aplicação de normas penais, não há como negar que a esfera individual dos réus é atingida, quer em virtude da restrição de direitos políticos, quer diante de sanções graves como a não contratação com o poder público e a perda de cargo ou função. Nesse âmbito, devem prevalecer as garantias constitucionais e um *standard* probatório mais rigoroso.

No aspecto material, defende Sarah Merçon-Vargas que os ilícitos previstos na Lei de Improbidade Administrativa e a severidade de suas sanções evidenciam que não há uma diferença ontológica em relação ao ilícito penal. Além disso, a relação jurídico-processual também é estruturalmente desigual, o que justifica a adoção de um paradigma mais garantista para a limitação do poder punitivo estatal.[17]

---

[16] GAJARDONI, Fernando da Fonseca. *In*: GAJARDONI, Fernando da Fonseca; CRUZ, Luana Pedrosa de Figueiredo; GOMES JUNIOR, Luiz Manoel; FAVRETO, Rogério. *Comentários à Nova Lei de Improbidade Administrativa*: Lei 8.429/92, com as alterações da Lei 14.230/2021. 5. ed. rev., atual. e ampl. São Paulo: Thomson Reuters Brasil, 2021. p. 288.

[17] MERÇON-VARGAS, Sarah. *Teoria do processo judicial punitivo não penal*. Salvador: JusPodivm, 2018. p. 288-289.

Assim com a dignidade da pessoa humana, o princípio da defesa do interesse público é extremamente indeterminado, permitindo uma gama de interpretações colidentes. Quase tudo se pode fazer sob a justificativa de defesa do interesse público. Nesse aspecto, Marçal Justen Filho aponta a existência de um fenômeno verificado nas diversas esferas estatais brasileiras: a invocação de fundamentos genéricos e indeterminados para respaldar a decisão adotada num caso concreto. Segundo ele, essa prática se mostra grave, pois os fundamentos genéricos são aptos a legitimar decisões distintas e de conteúdo oposto.[18]

Com efeito, as normas de tessitura aberta guardam em si o risco da manipulação por parte do intérprete, de modo a ocultar a verdadeira razão das decisões judiciais. Tais normas valem-se de conceitos jurídicos indeterminados e cláusulas gerais. Isso faz com que a lei seja apenas um dos elementos para a construção judicial do direito.[19] Nesse cenário, há uma maior amplitude de atuação do magistrado, o qual reconstrói o sentido da norma diante do caso concreto. Essa "obra de acomodação do geral ao concreto requer incessante trabalho de adaptação e até de criação, mesmo porque o legislador não é onipotente na previsão de todas e inumeráveis possiblidades oferecidas pela inesgotável riqueza da vida".[20]

Por outro lado, o uso exclusivo de regras casuísticas não garante segurança jurídica. A razão reside na *indeterminação inerente* à *linguagem natural*.[21] Isso significa que nem mesmo a clareza, que constitui um dos pressupostos da segurança jurídica, consegue assegurar univocidade.[22] Com efeito, há na interpretação dos textos normativos vários sentidos possíveis, inclusive naqueles aparentemente claros. O sentido, portanto, não existe *a priori*, ao contrário, será fornecido pelo intérprete.[23] Neil MacCormick afirma existir uma justificável presunção a favor da aplicação das leis baseada em seu sentido mais óbvio. Contudo, se existem outros sentidos possíveis, essa presunção pode vir a ser afastada por argumentos decorrentes das consequências ou dos próprios princípios.[24]

Existe uma clara distinção entre texto e norma. O primeiro constitui o objeto da interpretação.[25] A segunda, o seu resultado. Entre eles, ou seja, entre o texto da lei e o

---

[18] JUSTEN FILHO, Marçal. Art. 20 da LINDB: dever de transparência, concretude e proporcionalidade nas decisões públicas. *Revista de Direito Administrativo*, Rio de Janeiro, nov. 2018. Edição Especial: Direito Público na Lei de Introdução às Normas de Direito Brasileiro – LINDB. p. 22.

[19] MARINONI, Luiz Guilherme. *Precedentes obrigatórios*. 4. ed. rev., atual. e ampl. São Paulo: Revista dos Tribunais, 2016. p. 117.

[20] OLIVEIRA, Carlos Alberto Alvaro de. O processo civil na perspectiva dos direitos fundamentais. *In*: OLIVEIRA, Carlos Alberto Alvaro de (Org.). *Processo e Constituição*. Rio de Janeiro: Forense, 2004. p. 7.

[21] MARANHÃO, Juliano Souza de Albuquerque. *Positivismo jurídico lógico-inclusivo*. São Paulo: Marcial Pons, 2012. p. 101.

[22] A propósito, Humberto Ávila destaca que justamente por isso a clareza não pode ser confundida com a univocidade (ÁVILA, Humberto. *Teoria da segurança jurídica*. 4. ed. rev., atual. e ampl. São Paulo: Malheiros, 2016. p. 340).

[23] SILVA, Ovídio Baptista da. Verdade e significado. *Revista Magister de Direito Civil e Processual Civil*, ano I, n. 5, mar./abr. 2005. p. 84.

[24] MACCORMICK, Neil. *Legal reasoning and legal theory*. Oxford: Clarendon University Press, 2003. p. 213.

[25] "La disposizione è dunque l'oggetto dell'interpretazione, la *norma* è il suo risultato. Orbene, tra la disposizione e la norma – tra l'enunciato ed il significato – è necessario distinguere poiché tra le due cose non si dà corrispondenza biunívoca. È falso, cioè, che ad ogni disposizione corrisponda una, ed una sola norma; come è falso che ad una norma corrisponda una, ed una sola, disposizione" (GUASTINI, Riccardo. *Filosofia del diritto positivo*. Torino: G. Giappichelli Editore, 2017. p. 24).

seu significado, não há uma correspondência biunívoca. Portanto, não se pode dizer que a cada enunciado corresponda uma única norma, assim como é equivocado imaginar que cada norma se refira a apenas um enunciado.

Na verdade, a segurança jurídica (em termos de cognoscibilidade e calculabilidade) não reside exclusivamente no texto normativo, mas decorre também da maneira como ele é aplicado.[26] Quanto maior o caráter dialógico da interpretação judicial, maior será sua aceitação, justamente por superar o velho modelo de um resultado cognitivo preexistente na norma.[27]

Muito melhor, portanto, é a concepção de que, em termos de finalidade, a segurança jurídica não reside na total e antecedente determinação de incidência do texto legal, mas sim em parâmetros adequados e controláveis de interpretação, no processo de reconstrução do conteúdo normativo pelo intérprete.[28] A segurança jurídica, em sua concepção estática,[29] depende muito mais de cognoscibilidade do que de determinação (ou tipicidade cerrada).

Mas, se as regras de tessitura aberta e a indeterminação da linguagem são realidades inevitáveis nos sistemas jurídicos, impõe-se então, ao menos, a conscientização de que elas podem levar a resultados indesejáveis e absolutamente deslegitimados. Não há dúvidas que de

muitas ações de improbidade passaram a ser orientadas a fins diversos daqueles constitucionalmente previstos. Os contornos do conceito de improbidade tornaram-se indeterminados, gerando uma situação de insegurança muito significativa, que paralisava a atuação dos agentes públicos.[30]

Justamente por isso, a *fundamentação travestida* é tão perigosa. Ela confunde, oculta e dissimula os motivos que podem estar por trás de uma decisão judicial. A decisão que determina a indisponibilidade de bens deve demonstrar, à luz do caso concreto, em que consistem a probabilidade do direito e o *periculum in mora* aptos a autorizar o bloqueio judicial. E tal demonstração não pode ser feita com base tão somente na *fórmula genérica*[31] de "interesse público".

---

[26] ÁVILA, Humberto. *Teoria da segurança jurídica*. 4. ed. rev., atual. e ampl. São Paulo: Malheiros, 2016. p. 620-621.

[27] "Bisogna infatti liberarsi, nel segno di un costruttivo senso della storia, del falso mito che la decisione basata sulla razionalità sussuntiva abbia maggiori certezze di quella radicata nella ragionevolezza, ossia nella conformità a valori condivisi, quasi che sai più facile trovare consenso nella astratta (e mai univoca) freddezza delle parole, che non nella realtà dei fatti. È stato giustamente osservato che, quanto più l'interpretazione giudiziale assume un carattere dialógico, tanto più essa appare credibile, vincendo il vecchio modello secondo il quale viene concepita come cognitiva di un risultato preexistente e quindi necessariamente priva di qualsiasi portata deliberativa" (LIPARI, Nicolò. Il diritto civile dalle fonti ai principi. *Rivista Trimestrale di Diritto e Procedura Civile*, Milano, anno LXXII, n. 1, marzo 2018. p. 33-34).

[28] Para uma abordagem mais ampla dessa ideia, *vide* DOTTI, Rogéria Fagundes. *Tutela da evidência*: probabilidade, defesa frágil e o dever de antecipar a tempo. São Paulo: Thomson Reuters Brasil, 2020. p. 289 e seguintes.

[29] A perspectiva estática e atemporal difere-se da perspectiva dinâmica e intertemporal. A primeira se refere ao conhecimento do direito em determinado momento histórico, ao passo que a segunda implica as ideias de mudança e confiança ao longo do tempo (ÁVILA, Humberto. *Teoria da segurança jurídica*. 4. ed. rev., atual. e ampl. São Paulo: Malheiros, 2016. p. 140; 142).

[30] JUSTEN FILHO, Marçal. *Reforma da Lei de Improbidade Administrativa comentada e comparada*: Lei 14.230, de 25 de outubro de 2021. 1. ed. Rio de Janeiro: Forense, 2022. p. VII.

[31] A expressão é de Marçal Justen Filho.

Se não existe fundamento legal para a indisponibilidade de bens dos réus, tal provimento cautelar não deve ser concedido. Isso não tem relação com prejuízo ao interesse público. Como bem defende Eduardo Talamini, a Administração Pública não está dispondo do interesse público quando dá cumprimento a direito alheio. Segundo ele, isso decorre da "óbvia razão de que nessa hipótese, se não há direito em favor da Administração, não há se que se falar em interesse público".[32]

5 A especificidade das situações que envolvem atos improbidade e a prova persuasiva

É bem verdade que o direito sancionador atua em ambientes inerentes à prática da ilicitude. Neles, a obtenção de prova demonstrativa é extremamente improvável.

A doutrina admite que o grau de convencimento judicial na tutela provisória é variável, alterando-se caso a caso, dependendo das exigências do direito material, objeto da tutela definitiva. Não se pode, portanto, falar em um *standard* autônomo, devendo-se reconhecer sua *inerente mobilidade*.[33] A cognição sumária pressupõe um *standard* aderente ao *standard* probatório de referência para a concessão da tutela definitiva. Justamente por isso, o modelo de verossimilhança escolhido deve ter uma correlação com a natureza do direito material e com o que se exige para a concessão da tutela final.

Na mesma linha, entende-se que a variação no nível de probabilidade pode dizer respeito à dificuldade da prova ou ainda à maior ou menor gravidade social do litígio. Em outras palavras, as peculiaridades do direito material geram alteração no grau de convicção exigido para o magistrado.[34]

A maior parte da doutrina reconhece

> três modelos de *standard* de prova no direito processual comparado: (*i*) o modelo de *standard* de prova muito exigente, próprio do processo penal, precisamente por envolver a restrição do direito fundamental de liberdade do cidadão frente a condenações penais somente quando a prova tiver atingido o *standard* conhecido por *mais além de qualquer dúvida razoável*; (*ii*) o modelo da *probabilidade preponderante*, também conhecido por "mais provável que não", considerado menos exigente que o *standard* penal acima referido e, portanto, adequado às exigências de direito material tuteláveis pela via do processo civil comum; (*iii*) o modelo da *prova clara e convincente*, considerado um modelo de exigência intermediária entre o *standard* padrão do processo penal e o *standard* padrão do processo civil, podendo ser utilizado também no processo civil.[35]

---

[32] TALAMINI, Eduardo. A (in)disponibilidade do interesse público: consequências processuais (composições em juízo, prerrogativas processuais, arbitragem, negócios processuais e ação monitória – versão atualizada para o CPC/2015. *Revista de Processo*, v. 264, fev. 2017. p. 83-107.

[33] FLACH, Daisson. *A verossimilhança no processo civil e sua aplicação prática*. São Paulo: Revista dos Tribunais, 2009. p. 120-123.

[34] MITIDIERO, Daniel. *Antecipação da tutela*. 3. ed. rev., atual. e ampl. São Paulo: Revista dos Tribunais, 2017. p. 126.

[35] MARANHÃO, Clayton. Standards de prova no processo civil. *Revista Judiciária do Paraná/Associação dos Magistrados do Paraná*, ano XIV, n. 17, maio 2019. p. 224.

Como no campo das improbidades as condutas tendem a ser eivadas de ilicitude e, portanto, de difícil comprovação, o *standard* probatório para a concessão da tutela provisória não pode ser tão alto a ponto de dificultar a proteção do direito material (ressarcimento ao erário). Igualmente não pode ser tão baixo a ponto de autorizar a punição dos indivíduos com sanções gravíssimas, mediante a mera aplicação do princípio da verossimilhança preponderante.

Essa é a razão pela qual não se pode esperar sempre uma prova demonstrativa do ilícito. Isso seria algo inviável do ponto de vista prático.

Por outro lado, "o indício, ou fato indiciário, interessa aos contornos do raciocínio judicial, portanto, como instrumento destinado à investigação da hipótese fática incerta".[36] Como é natural, a "prova indiciária não incide sobre fato da causa, mas sobre fato externo, que se liga a algum fato da causa por um raciocínio indutivo lógico. Por meio da prova indiciária são provados *fatos indiciários* (ou secundários), dos quais se pode *deduzir o fato direto*".[37]

A respeito dessa possibilidade de soma das presunções, esclarecem Marinoni e Arenhart:

> quando uma presunção pode colaborar para demonstrar o fato direto, ela evidentemente pode ser somada a outra presunção para forma um juízo de procedência, embora seja necessário deixar claro que, para a elaboração desse juízo de procedência, não é imprescindível somar várias presunções.

E prosseguem: "uma única presunção, dependendo do caso concreto, pode ser suficiente para formar a convicção do juiz a respeito da procedência do pedido".[38]

Ao raciocinar a partir da demonstração dos indícios, o juiz acaba por criar várias presunções que, somadas, autorizam a concessão da tutela provisória. Trata-se da utilização da *função persuasiva* da prova.

6 Qual deve ser o *standard* probatório e as particularidades do decreto de indisponibilidade de bens nas ações de improbidade?

No que diz respeito à tutela provisória, o *standard* probatório refere-se à própria efetividade e eficiência[39] da prestação jurisdicional. Se, por um lado, um *standard* demasiadamente alto pode dificultar a concessão de medidas provisórias, por outro, um *standard* excessivamente baixo pode aumentar o risco de decisões equivocadas.

---

[36] CARPES, Arthur Thompsen. Ônus da prova no novo CPC: do estático ao dinâmico. Coordenação de Luiz Guilherme Marinoni, Sergio Cruz Arenhart e Daniel Mitidiero. São Paulo: Revista dos Tribunais, 2017. p. 72.

[37] MARINONI, Luiz Guilherme; ARENHART, Sérgio Cruz. *Prova e convicção*. 6. ed. rev., atual. e ampl. São Paulo: Thomson Reuters Brasil, 2022. p. 122.

[38] MARINONI, Luiz Guilherme; ARENHART, Sérgio Cruz. *Prova e convicção*: de acordo com o CPC de 2015. 4. ed. rev., atual. e ampl. São Paulo: Revista dos Tribunais, 2018. p. 156.

[39] Esses conceitos não se confundem. A prestação jurisdicional será *efetiva* se atender aos objetivos da norma ou previsão legal. Por sua vez, ela será *eficiente* se guardar uma boa relação entre os meios empregados e os resultados obtidos. Para uma visão melhor sobre esses conceitos, *vide* DOTTI, Rogéria Fagundes. *Tutela da evidência*: probabilidade, defesa frágil e o dever de antecipar a tempo. São Paulo: Thomson Reuters Brasil, 2020. p. 107.

Deve-se, portanto, utilizar as técnicas processuais com o intuito de evitar o excesso em sua dupla forma: o *excesso do muito pouco* (*trop peu*) e o *excesso do muito pleno* (*trop plein*).[40]

Os *standards* probatórios nada mais são que as regras que determinam o grau de probabilidade a partir do qual se considera provada determinada hipótese fática.[41] Trata-se, assim, do nível de suficiência do esforço probatório da parte para que se considere atendido o dever de demonstração em juízo de suas alegações fáticas.

Nesse mesmo sentido, diz-se que o *standard* "indica um ponto mínimo que precisa ser alcançado para que se chegue à constatação dos fatos objeto de prova".[42] Humberto Ávila equipara o *standard* probatório à força necessária para que se possa considerar comprovada determinada conclusão, fazendo menção, então, aos requisitos que devem ser satisfeitos para que os fatos possam ser considerados comprovados.[43]

É profunda a relação entre o dever de fundamentação judicial e a existência de *standards* probatórios. Como lembra Jordi Ferrer-Beltrán, "um sistema sem *standards* de prova é um sistema sem regras para justificar as decisões sobre os fatos, o que torna inúteis muitos direitos processuais *in itinere* do procedimento (como a presunção de inocência) e até mesmo o dever de motivação".[44]

Para que um enunciado seja então considerado verdadeiro "não basta que seja mais provável que todas as outras versões, mas também que seja *mais provável que sua negação*: isto é, que uma versão positiva do fato seja, em si mesma, mais provável que sua versão negativa simétrica".[45] Tal teoria considera como suficiente a "verossimilhança preponderante".[46]

Salvatore Patti esclarece que, na ausência de um grau de prova exigido pela lei, o juiz deve tomar a decisão de acordo com a prevalência da probabilidade, isto é, com base na verossimilhança preponderante.[47] Desse modo, será considerado provável aquilo que for minimamente preponderante, em termos de prova.[48]

Para a aferição da probabilidade nas ações civis de cunho meramente patrimonial, o sistema processual brasileiro adota a teoria da verossimilhança preponderante. Logo, o *standard* probatório é o da probabilidade prevalente, isto é, ele avalia se a hipótese tem

---

[40] FRISON-ROCHE, Marie-Anne. Les droits fondamentaux des justiciables au regard du temps dans la procédure. *In*: FRISON-ROCHE, Marie-Anne. *Le temps dans la procédure*. Paris: Dalloz, 1996. p. 22.

[41] FERRER-BELTRÁN, Jordi. *Prova sem convicção* – Standards de prova e devido processo. Tradução de Vitor de Paula Ramos. São Paulo: JusPodivm, 2022. p. 21.

[42] TRENTO, Simone. Os standards e o ônus da prova: suas relações e causas de variação. *Revista de Processo*, v. 226, p. 163-181, dez. 2013.

[43] ÁVILA, Humberto. Teoria da prova: standards de prova e os critérios de solidez da inferência probatória. *Revista de Processo*, v. 282, p. 113-139, ago. 2018.

[44] FERRER-BELTRÁN, Jordi. *Prova sem convicção* – Standards de prova e devido processo. Tradução de Vitor de Paula Ramos. São Paulo: JusPodivm, 2022. p. 17.

[45] TARUFFO, Michele. *A prova*. Tradução de João Gabriel Couto. 1. ed. São Paulo: Marcial Pons, 2014. p. 136.

[46] MARINONI, Luiz Guilherme; ARENHART, Sérgio Cruz. *Prova e convicção*: de acordo com o CPC de 2015. 4. ed. rev., atual. e ampl. São Paulo: Revista dos Tribunais, 2018. p. 357.

[47] PATTI, Salvatore. Le prove. *In*: IUDICA, Giovanni; ZATTI, Paolo (A cura di). *Trattato di Diritto Privato*. Parte generale. Milano: Giuffrè, 2010. p. 230.

[48] Para o desenvolvimento mais completo dessa ideia, *vide* DOTTI, Rogéria Fagundes. *Tutela da evidência*: probabilidade, defesa frágil e o dever de antecipar a tempo. São Paulo: Thomson Reuters Brasil, 2020. p. 145 e seguintes.

maior probabilidade de ser verdadeira do que falsa (*more likely than not*).[49] Tal *standard* é aplicável à tutela definitiva (cognição exauriente) e de igual forma à tutela provisória (cognição sumária).[50]

Contudo, diante da especificidade das ações de improbidade (cujas sanções atingem o próprio indivíduo e não apenas sua esfera patrimonial), há a "necessidade da adoção de um paradigma mais garantista para a limitação do exercício do poder punitivo estatal".[51]

Para Danilo Knijnik, nas ações de improbidade o *standard* probatório deveria ser variável, de acordo com a sanção cuja aplicação se postula. Para as sanções de forte caráter penal (perda da função pública e suspensão de direitos políticos), deveria ser utilizado o *standard* probatório do direito penal: prova além de qualquer dúvida razoável. Por outro lado, para as demais sanções, deveria ser adotado o modelo intermediário: prova clara e convincente. Esse *standard* intermediário se aplicaria inclusive para o pedido de ressarcimento do dano.[52]

Tal relação de gradação entre a sanção e o *standard* probatório é criticada por Sarah Merçon-Vargas, por considerá-la pouco operacional. Isto porque implicaria a adoção, em um mesmo processo, de *standards* diferentes de prova.[53] Sugere ela então a utilização do paradigma da prova além de qualquer dúvida razoável. A conclusão decorreria da regra *in dubio pro reo*, que constitui um desdobramento do princípio da presunção de inocência.[54]

Ambas as posições doutrinárias citadas são igualmente respeitáveis, consistentes e bem fundamentadas. Parece, todavia, que nos casos de improbidade, a adoção do *standard* probatório não deve considerar apenas a proteção do indivíduo face o poder punitivo estatal, mas deve abranger também a preocupação de ressarcimento ao erário. Afinal, em se tratando de atos ímprobos, a conduta causa dano a toda a coletividade, diante do prejuízo patrimonial ao Estado e, consequentemente, da violação do interesse público. Não há como negar, portanto, um aspecto patrimonial relevante. Nesse contexto, parece mais razoável a adoção do *standard* intermediário da prova clara e convincente. Ele parece ser o que mais se coaduna com a especificidade das ações de improbidade administrativa.

No mesmo sentido entende Guilherme Recena Costa, ao afirmar:

> algumas hipóteses específicas de processos de natureza civil mas que versem direitos individuais de particular importância (*v.g.*, relações de parentesco ou a aplicação de sanções por ato de improbidade administrativa) exigem avaliação intermediária. Em tais casos,

---

[49] ÁVILA, Humberto. Teoria da prova: standards de prova e os critérios de solidez da inferência probatória. *Revista de Processo*, v. 282, p. 113-139, ago. 2018.

[50] MARINONI, Luiz Guilherme; ARENHART, Sérgio Cruz. *Prova e convicção*: de acordo com o CPC de 2015. 4. ed. rev., atual. e ampl. São Paulo: Revista dos Tribunais, 2018. p. 358.

[51] MERÇON-VARGAS, Sarah. *Teoria do processo judicial punitivo não penal*. Salvador: JusPodivm, 2018. p. 289.

[52] KNIJNIK, Danilo. *A prova nos juízos cível, penal e tributário*. Rio de Janeiro: Forense, 2007. p. 168-169.

[53] MERÇON-VARGAS, Sarah. *Teoria do processo judicial punitivo não penal*. Salvador: JusPodivm, 2018. p. 223.

[54] No mesmo sentido *vide* LUCON, Paulo Henrique dos Santos. A prova na ação de improbidade administrativa. *In*: OLIVEIRA NETO, Olavo de; MEDEIROS NETO, Elias Marques; LOPES, Ricardo Augusto de Castro. *A prova no direito processual civil*: estudos em homenagem ao professor João Batista Lopes. São Paulo: Verbatim, 2013. p. 540.

uma espécie de decisão equivocada será mais custosa que outra, ainda que essa assimetria não seja tão acentuada quanto aquela identificada no processo penal.[55]

É fundamental esclarecer, contudo, que o *standard* probatório da tutela provisória não é mais baixo que aquele exigido para a tutela final. Ambas devem trabalhar com um mesmo *standard* probatório. Ainda que a tutela sumária tenha por objeto o juízo de probabilidade e a tutela final busque um juízo de certeza, elas devem se valer do mesmo nível de convencimento judicial.

O que as diferencia, apenas, é o grau de participação das partes em contraditório. A decisão baseada em cognição sumária é provisória na medida em que tende a ser substituída, confirmada ou revogada por decisão decorrente de uma análise mais profunda, advinda após a ampla oportunidade do contraditório.

Nessa linha, para a concessão da medida cautelar de indisponibilidade de bens, a aferição da probabilidade do direito deve estar baseada em um *standard* probatório intermediário, ou seja, o modelo da prova clara e convincente.

Por sua vez, a demonstração da existência de *periculum in mora* deve ser feita à luz do caso concreto, com fundamentação adequada e relacionada às circunstâncias específicas da causa. Não pode o julgador, portanto, se valer de *fórmulas genéricas* (como "interesse público"), nem muito menos decidir com base em meras presunções.

7 Conclusões

A edição da Lei nº 14.230/2021 modificou os arts. 7º e 16 da Lei nº 8.429/92, passando a exigir a demonstração da probabilidade do direito e do *periculum in mora* para o decreto judicial da indisponibilidade de bens. Ao exigir a comprovação de dolo, a alteração também contribuiu para restringir o regime mais severo às condutas realmente ímprobas. Isso trouxe critérios claros e permitiu maior simetria nas relações entre os particulares e o Estado.

A demonstração da presença desses requisitos deve se dar de modo consistente.[56] Logo, a simples propositura da ação, por si só, não basta para o decreto de indisponibilidade, como ocorria no sistema anterior.

De um modo geral, a aferição da probabilidade nas ações civis de cunho meramente patrimonial ocorre mediante a adoção do modelo da verossimilhança preponderante. Contudo, diante da especificidade das ações de improbidade (cujas sanções atingem o próprio indivíduo e não apenas sua esfera patrimonial), deve se optar por um *standard* probatório mais rigoroso e, consequentemente, mais garantista. Daí porque, para a concessão da medida cautelar de indisponibilidade de bens, a aferição da probabilidade

---

[55] COSTA, Guilherme Recena. Livre convencimento e standards de prova. *In*: ZUFFELATO, Camilo; YARSHELL, Flávio Luiz. *40 Anos da Teoria Geral do Processo no Brasil*: passado, presente e futuro. São Paulo: Malheiros, 2013. p. 368.

[56] Como bem esclarece Marçal Justen Filho, "é indispensável a demonstração consistente quanto à probabilidade do direito e de perigo de dano ou risco ao resultado útil do processo" (JUSTEN FILHO, Marçal. *Reforma da Lei de Improbidade Administrativa comentada e comparada*: Lei 14.230, de 25 de outubro de 2021. 1. ed. Rio de Janeiro: Forense, 2022. p. 172).

do direito deve estar baseada no *standard* probatório intermediário, ou seja, o da prova clara e convincente.

Por sua vez, a demonstração da existência de *periculum in mora* deve ser feita à luz do caso concreto, com fundamentação adequada e relacionada às circunstâncias específicas da causa. Não se toleram mais as presunções e as *fórmulas genéricas* (como "interesse público").

Uma visão humanista do direito, aplicada ao contexto da improbidade, exige um cuidado maior em relação ao *standard* probatório, inclusive para as decisões cautelares de indisponibilidade de bens. Por outro lado, não se pode ignorar o contexto tendente ao ilícito e a importância de se garantir a recomposição do erário. Nessa ótica, a proteção do futuro ressarcimento deve merecer a mesma atenção que a garantia dos direitos individuais dos acusados.

Para encontrar esse equilíbrio, a Lei nº 14.230/2021 impõe uma avaliação à luz das circunstâncias do caso concreto. Nesse sentido, o "juiz da tutela provisória deve ser, em suma, um artesão da justa medida".[57]

Referências

ARAÚJO, Fábio Caldas de. *Curso de processo civil*: procedimentos especiais: atualizado com as Leis 13.256/2016 e 13.532/2017. São Paulo: Malheiros, 2018. t. III.

ÁVILA, Humberto. Teoria da prova: standards de prova e os critérios de solidez da inferência probatória. *Revista de Processo*, v. 282, ago. 2018.

ÁVILA, Humberto. *Teoria da segurança jurídica*. 4. ed. rev., atual. e ampl. São Paulo: Malheiros, 2016.

CARPES, Arthur Thompsen. Ônus da prova no novo CPC: do estático ao dinâmico. Coordenação de Luiz Guilherme Marinoni, Sergio Cruz Arenhart e Daniel Mitidiero. São Paulo: Revista dos Tribunais, 2017.

CERQUEIRA, Luís Otávio Sequeira de. Art. 7º. *In*: GAJARDONI, Fernando da Fonseca *et al. Comentários à Lei de Improbidade Administrativa*: Lei 8.429 de 02 de junho de 1992. 3. ed. São Paulo: Revista dos Tribunais, 2014.

CHAINAIS, Cécile. *La protection juridictionnelle provisoire dans le procès civil en droits français et italien*. Paris: Dalloz, 2007.

COSTA, Guilherme Recena. Livre convencimento e standards de prova. *In*: ZUFFELATO, Camilo; YARSHELL, Flávio Luiz. *40 Anos da Teoria Geral do Processo no Brasil*: passado, presente e futuro. São Paulo: Malheiros, 2013.

DOTTI, Rogéria Fagundes. *Tutela da evidência*: probabilidade, defesa frágil e o dever de antecipar a tempo. São Paulo: Thomson Reuters Brasil, 2020.

FERRER-BELTRÁN, Jordi. *Prova sem convicção* – Standards de prova e devido processo. Tradução de Vitor de Paula Ramos. São Paulo: JusPodivm, 2022.

FLACH, Daisson. *A verossimilhança no processo civil e sua aplicação prática*. São Paulo: Revista dos Tribunais, 2009.

FRISON-ROCHE, Marie-Anne. Les droits fondamentaux des justiciables au regard du temps dans la procédure. *In*: FRISON-ROCHE, Marie-Anne. *Le temps dans la procédure*. Paris: Dalloz, 1996.

---

[57] Tradução livre. No original: "Le juge des référés doit être, en somme, l'artisan de la juste mesure" (CHAINAIS, Cécile. *La protection juridictionnelle provisoire dans le procès civil en droits français et italien*. Paris: Dallloz, 2007. p. 716).

GAJARDONI, Fernando da Fonseca. *In*: GAJARDONI, Fernando da Fonseca; CRUZ, Luana Pedrosa de Figueiredo; GOMES JUNIOR, Luiz Manoel; FAVRETO, Rogério. *Comentários à Nova Lei de Improbidade Administrativa*: Lei 8.429/92, com as alterações da Lei 14.230/2021. 5. ed. rev., atual. e ampl. São Paulo: Thomson Reuters Brasil, 2021.

GUASTINI, Riccardo. *Filosofia del diritto positivo*. Torino: G. Giappichelli Editore, 2017.

GUIMARÃES, Bernardo Strobel; SOUZA, Caio Augusto Nazario; VIOLIN, Jordão; MADALENA, Luis Henrique. *A Nova Improbidade Administrativa*. 1. ed. Rio de Janeiro: Forense, 2023.

JUSTEN FILHO, Marçal. Art. 20 da LINDB: dever de transparência, concretude e proporcionalidade nas decisões públicas. *Revista de Direito Administrativo*, Rio de Janeiro, nov. 2018. Edição Especial: Direito Público na Lei de Introdução às Normas de Direito Brasileiro – LINDB.

JUSTEN FILHO, Marçal. *Reforma da Lei de Improbidade Administrativa comentada e comparada*: Lei 14.230, de 25 de outubro de 2021. 1. ed. Rio de Janeiro: Forense, 2022.

KNIJNIK, Danilo. *A prova nos juízos cível, penal e tributário*. Rio de Janeiro: Forense, 2007.

LAMY, Eduardo. *Tutela provisória*. São Paulo: Atlas, 2018.

LEWANDOWSKI, Enrique Ricardo. Comentários acerca da indisponibilidade liminar de bens prevista na Lei 8.429, de 1992. *In*: BUENO, Cássio Scarpinella; PORTO FILHO, Pedro Paulo de Rezende. *Improbidade administrativa*: questões polêmicas e atuais. São Paulo: Malheiros, 2001.

LIPARI, Nicolò. Il diritto civile dalle fonti ai principi. *Rivista Trimestrale di Diritto e Procedura Civile*, Milano, anno LXXII, n. 1, marzo 2018.

LUCON, Paulo Henrique dos Santos. A prova na ação de improbidade administrativa. *In*: OLIVEIRA NETO, Olavo de; MEDEIROS NETO, Elias Marques; LOPES, Ricardo Augusto de Castro. *A prova no direito processual civil*: estudos em homenagem ao professor João Batista Lopes. São Paulo: Verbatim, 2013.

MACCORMICK, Neil. *Legal reasoning and legal theory*. Oxford: Clarendon University Press, 2003.

MARANHÃO, Clayton. Standards de prova no processo civil. *Revista Judiciária do Paraná/Associação dos Magistrados do Paraná*, ano XIV, n. 17, maio 2019.

MARANHÃO, Juliano Souza de Albuquerque. *Positivismo jurídico lógico-inclusivo*. São Paulo: Marcial Pons, 2012.

MARINONI, Luiz Guilherme. *Precedentes obrigatórios*. 4. ed. rev., atual. e ampl. São Paulo: Revista dos Tribunais, 2016.

MARINONI, Luiz Guilherme; ARENHART, Sérgio Cruz. *Prova e convicção*. 6. ed. rev., atual. e ampl. São Paulo: Thomson Reuters Brasil, 2022.

MERÇON-VARGAS, Sarah. *Teoria do processo judicial punitivo não penal*. Salvador: JusPodivm, 2018.

MITIDIERO, Daniel. *Antecipação da tutela*. 3. ed. rev., atual. e ampl. São Paulo: Revista dos Tribunais, 2017.

OLIVEIRA, Carlos Alberto Alvaro de. O processo civil na perspectiva dos direitos fundamentais. *In*: OLIVEIRA, Carlos Alberto Alvaro de (Org.). *Processo e Constituição*. Rio de Janeiro: Forense, 2004.

PATTI, Salvatore. Le prove. *In*: IUDICA, Giovanni; ZATTI, Paolo (A cura di). *Trattato di Diritto Privato*. Parte generale. Milano: Giuffrè, 2010.

SANTOS, Rodrigo Valga dos. *Direito administrativo do medo*: risco e fuga da responsabilização dos agentes públicos. São Paulo: Revista dos Tribunais, 2024.

SILVA, Ovídio Baptista da. Verdade e significado. *Revista Magister de Direito Civil e Processual Civil*, ano I, n. 5, mar./abr. 2005.

STRICKLER, Yves. L'évolution contemporaine du référé et des procédures d'injonction. *RePro*, v. 261, 2016.

TALAMINI, Eduardo. A (in)disponibilidade do interesse público: consequências processuais (composições em juízo, prerrogativas processuais, arbitragem, negócios processuais e ação monitória – versão atualizada para o CPC/2015. *Revista de Processo*, v. 264, fev. 2017.

TALAMINI, Eduardo. Prefácio. *In*: AMARAL, Paulo Osternack; WATANABE, Doshin. *Manual do Processo de Improbidade Administrativa*. Londrina: Thoth, 2023.

TARUFFO, Michele. *A prova*. Tradução de João Gabriel Couto. 1. ed. São Paulo: Marcial Pons, 2014.

TRENTO, Simone. Os standards e o ônus da prova: suas relações e causas de variação. *Revista de Processo*, v. 226, dez. 2013.

Informação bibliográfica deste texto, conforme a NBR 6023:2018 da Associação Brasileira de Normas Técnicas (ABNT):

DOTTI, Rogéria. O standard de prova para a indisponibilidade de bens na ação de improbidade: homenagem ao Professor Marçal Justen Filho. *In*: JUSTEN, Monica Spezia; PEREIRA, Cesar; JUSTEN NETO, Marçal; JUSTEN, Lucas Spezia (coord.). *Uma visão humanista do Direito*: homenagem ao Professor Marçal Justen Filho. Belo Horizonte: Fórum, 2025. v. 1, p. 943-957. ISBN 978-65-5518-918-6.

CARTEL E FRAUDE À LEI EM LICITAÇÕES

TERCIO SAMPAIO FERRAZ JUNIOR

1 O ilícito em sede concorrencial e administrativa

Questões jurídicas em matéria de direito antitruste contêm, sabidamente, cláusulas gerais com conceitos legais vagos. Algumas são parcialmente emprestadas da economia, como a noção de "eficiência econômica" ou "poder de mercado"; em alguns casos, os termos também contêm um componente de valoração (e, portanto, a serem juridicamente determináveis), como a noção de "abuso". Assim, para efeito de prova, um primeiro cuidado está na distinção entre questões jurídicas e questões de fato (substantivas). O que deve ser provado, por exemplo, para assumir uma concorrência como *efetiva*? Esse é um conceito, que, juridicamente, é interpretado com a ajuda da compreensão econômica. No entanto, a *avaliação* de que a concorrência é (ainda) qualificada como efetiva permanece uma questão de direito (problema de valoração). Por conseguinte, pode-se demonstrar, economicamente, a intensidade da concorrência (por exemplo, por meio de pesquisas, evolução de preços, análises de custos etc.); no entanto, é uma questão de direito saber se as provas em causa atingem o limiar da concorrência efetiva.[1]

Os resultados econômicos serão adequados como questão de fato para efeito de uma comprovação se, por seu lado, contribuírem para a demonstração da ocorrência de um fato (por exemplo, cálculos econométricos sobre o efeito restritivo de uma operação de cooperação/coordenação). Mas, por outro lado, quando os resultados econômicos são levados em conta na interpretação dos conceitos jurídicos, é preciso esclarecer que aqueles não podem, sem mais, ser tomados necessariamente como prova desses.

Os casos de antitruste são por isso influenciados decisiva e inevitavelmente pela qualificação do mercado relevante. Se, por exemplo, a avaliação do volume de

---

[1] Prova é um tema frequentemente discutido no domínio do direito de defesa de concorrência – e não só no Brasil –, por força de vários problemas resultantes do direito processual antitruste, aliado a um quadro de sanções expressivas. A própria lei antitruste fornece uma base para discussões desse gênero, sobretudo pela intervenção administrativa sancionadora (direito administrativo sancionador). Cf. entre outros, TSCHUDIN, Michael. Glauben, Wissen, Zweifeln – über das Beweismass im Kartellrecht. *AJP/PJA*, 10/2014.

importações paralelas se basear num mercado geográfico nacional, mesmo que uma definição de mercado internacional possa também, em princípio, ser considerada, a definição estreita do mercado neste caso poderia ser limitada, por exemplo, por requisitos de relevância. Assim, a subsunção de uma matéria da vida econômica ao conceito legal da relevância, por exemplo, depende do resultado da evidência de investigações de mercado correspondentes. Que produtos, preços, empresas etc. devem ser analisados a este respeito é questão a ser decidida de acordo com o mercado relevante.

Porém, a questão da relevância é novamente uma questão de avaliação. A economia, por exemplo, poderia responder à questão da significância estatística de uma mudança de preço. No entanto, se uma tendência de preço estatisticamente significativa é suficientemente importante para que uma *proibição mediante decisão estatal* pareça *justificada*, essa é uma questão que deve ser respondida como uma questão de direito pelas autoridades concorrenciais ou pelos tribunais. Por conseguinte, não há como a consequência jurídica deixar de ser tida em conta na apreciação dos fatos. E isso afeta a *prova* em matéria antitruste.

É possível, de plano, falar de uma abordagem diferenciada. A exigência de provas, no caso de decisões jurídicas preventivas (e, portanto, temporárias), é significativamente menor do que no caso das decisões finais de mérito (definitivas). Não obstante, tendo em vista, muitas vezes, um *periculum in mora* que afeta um interesse difuso, de toda a coletividade, no caso de proteção legal mediante medidas preventivas, os requisitos para a prova acabam sendo mais elevados do que são em geral, o que se observa, por exemplo, na parcimônia com que o Cade concede cautelares, bem como o rigor com que os tribunais apreciam as liminares administrativas concedidas pela autoridade concorrencial.

É importante compreender, portanto, nessa área de direito, que se caracteriza por questões jurídicas e economicamente substantivas complexas, bem como por consequências jurídicas de diferentes naturezas, a exigência de prova.

Uma primeira diretriz para provas está na natureza da consequência jurídica. Na referência ao direito penal econômico e ao direito administrativo sancionador, a regra da economia processual tem um papel a desempenhar: investigações desproporcionalmente extensas, a exigência de provas pormenorizadas pode tornar as provas muito difíceis devido a recursos limitados. Todavia, logo que estejam em discussão *sanções*, criminais ou administrativas, a presunção de inocência impõe limites à redução da exigência de provas com base apenas em razão da escassez de recursos probatórios (dificuldade de encontrar, em caso de cartel, documentos substanciais de sua comprovação).

Por exemplo, na definição do mercado para efeito de apuração de cartelização, a substituibilidade de produtos deve ser tida em conta do ponto de vista do outro mercado. A determinação da relevância dos produtos, bem como a avaliação da extensão da substituibilidade possível, é necessariamente baseada em certos pressupostos econômicos. Ora, os requisitos para provar tais fatos, susceptíveis de ser concebidos para evitar os efeitos econômicos ou socialmente nocivos, no caso de cartéis e tendo em vista o objetivo da lei antitruste, têm levado à estimativa de que a prova estrita, nesses contextos, dificilmente parece possível. Donde o recurso à prova mediante indícios. No entanto, mesmo assim, certa lógica de análise econômica e a probabilidade de confiabilidade jurídica devem ser convincentes e compreensíveis.

É o que se lê, por exemplo, em julgado do Cade,[2] frequentemente mencionado:

> Evidentemente, a tese da prova indireta deve ser aplicada com parcimônia, sob pena de afronta ao devido processo legal, contraditório e ampla defesa. Nesse sentido, recomenda-se a análise conjunta das provas indiretas, de forma holística e com efeito cumulativo, como evoca a OCDE. Além disso, faz-se necessário verificar se há explicações alternativas capazes de justificar, de forma plausível, os comportamentos sob investigação e, ao final desta análise, o próprio resultado licitatório.

Reitere-se que o *standard* de prova estabelecido pelo Cade para condenações por cartel clássico está diretamente relacionado à suposta estrutura dual *objeto/efeito* que estaria contida no art. 36 da Lei nº 12.529/2011. Conforme essa interpretação, por um lado, a autoridade de investigação – a Superintendência-Geral – não necessitaria comprovar e detalhar os efeitos da prática no mercado, desde que seja demonstrada *prima facie* a sua possibilidade de concretização (na verdade, *pela detenção de poder de mercado do conjunto pelos partícipes*); por outro lado, porém, a mesma jurisprudência reconhece que deve haver provas robustas que demonstrem que os agentes investigados estabeleceram acordo cujo propósito era a restrição da concorrência entre si, viabilizado por meio de mecanismos institucionalizados de monitoramento e sanção. Para tanto, em regra, exige-se da autoridade o levantamento de provas *diretas* do acordo.[3]

Na verdade, em face de processos administrativos que envolvem sanções financeiras diretas ou desvantagens administrativas graves, devem-se exigir elementos de prova mais rigorosos, uma vez que a prova plena é a regra do processo administrativo em geral. Afinal, em princípio, as autoridades da concorrência têm os mesmos instrumentos de investigação para os procedimentos relativos a essas consequências jurídicas que outras autoridades administrativas. O argumento, considerado uma razão decisiva para a redução na exigência de provas, em especial a falta de meios diretos, é semelhante em ambos os processos (administrativo em geral e concorrencial).

Não obstante, devido às limitações jurídicas e factuais, sobretudo em caso de cartel, geralmente, parece impossível para as autoridades fornecer provas rigorosas. Por isso, argumenta-se, em princípio, a alta probabilidade deveria ser suficiente nesse caso.

Em alusão à jurisprudência norte-americana, costuma-se invocar:

> De fato, é axiomático que uma conspiração típica "é raramente demonstrada por intermédio de acordos explícitos", sendo quase sempre necessário recorrer a "inferências que podem ser derivadas do comportamento dos supostos conspiradores". Assim, a investigação antitruste pode provar a existência da combinação ou conspiração por meio tanto de provas diretas ou indiretas, suficientes "para garantir [...] que os conspiradores tinham uma unidade de propósito ou compreensão" e desenho comuns, ou um encontro de intenções para um arranjo que fosse de encontro à lei antitruste.[4]

---

[2] Processo Administrativo nº 08012.009382/2010-90, Voto-vista do Conselheiro Paulo Burnier da Silveira.

[3] V. voto do Cons. Relator Carlos Ragazzo nos autos da Averiguação Preliminar nº 08012.001198/2007-04, Representante: Senador Flavio Arns, Representada: Postos de Combustíveis de Curitiba, 30-4-2010.

[4] CADE, Processo Administrativo nº 08700.003388/2018-52.

Contudo, em que pese o argumento, não deixa de ser reconhecida a necessidade de cautelas, o que se percebe nesse pronunciamento:

> Evidentemente, a tese da prova indireta deve ser aplicada com parcimônia, sob pena de afronta ao devido processo legal, contraditório e ampla defesa. Nesse sentido, recomenda-se a análise conjunta das provas indiretas, de forma holística e com efeito cumulativo, como evoca a OCDE. Além disso, faz-se necessário verificar se há explicações alternativas capazes de justificar, de forma plausível, os comportamentos sob investigação e, ao final desta análise, o próprio resultado licitatório.[5]

Nessa linha, vale mencionar o entendimento da OCDE (*Round Tables*),[6] ao reconhecer que, embora as provas indiretas sejam importantes,

> Ao mesmo tempo, há limites para o uso de provas circunstanciais. Tais evidências, especialmente evidências econômicas, podem ser ambíguas. Deve ser interpretado corretamente pelos investigadores, agências de concorrência e tribunais. É importante ressaltar que a evidência circunstancial pode ser, e muitas vezes, usada em conjunto com evidências diretas. A melhor prática é usar evidências circunstanciais holisticamente, dando seu efeito cumulativo, em vez de uma base item a item.

Percebe-se, então, à luz desse entendimento, que, a fim de reduzir o número de elementos de prova direta numa base específica, faz-se necessário considerar alguns critérios: se o elemento da situação de fato pode ser teoricamente admitido como comprovado, então pode ser cogitada uma diminuição na exigência de provas diretas. No entanto, caso os requisitos probatórios sejam reduzidos, é preciso ter em conta as interações com outras exigências jurídicas. Nesse sentido, deve ser efetuada uma avaliação global, tendo em conta que a redução do montante das provas diretas não pode ser automática. Em todo caso, em se admitindo espaço para uma redução na exigência das provas diretas, se isso vale para as circunstâncias incriminadoras (indícios), o mesmo deve valer para circunstâncias exculpatórias.

Pois bem, em caso de cartel em licitação, há de se admitir que a própria definição do objeto licitado apresenta consequências concorrenciais, posto que pode afetar o universo de potenciais licitantes. É evidente que a Administração possui alguma margem de discricionariedade para definir e caracterizar o objeto que pretende contratar. Todavia, nas palavras de Marçal Justen Filho:

> O conteúdo e a extensão da qualificação técnica dependem diretamente do objeto da licitação. Ao definir o objeto a ser contratado, a Administração Pública está implicitamente delimitando a qualificação técnica que os eventuais interessados em participar da licitação deverão apresentar. É evidente, portanto, que o controle jurídico se exerce não apenas sobre a adequação entre o objeto licitado e as qualificações técnicas exigidas dos licitantes. Cabe verificar também a correção no tocante à definição do próprio objeto.[7]

---

[5] CADE, Processo Administrativo nº 08012.000742/2011-79.

[6] OCDE. *Global Forum on Competition*: Policy Round Tables – Prosecuting Cartels without Direct Evidence. 2006.

[7] JUSTEN FILHO, Marçal. *Comentários à Lei de Licitações e Contratos Administrativos*. São Paulo: Dialética, 2012. p. 326-327.

Essas circunstâncias de direito têm de ser levadas em consideração na comprovação de um alegado ilícito por conduta colusiva. Ou seja, uma diretriz usualmente aceita para a medida de exigência probatória é a natureza da consequência legal e, portanto, da evidência padrão da área de direito correspondente.

A licitação é um procedimento que visa à satisfação do interesse público, pautando-se pelo princípio da isonomia. Está voltada a um duplo objetivo: o de proporcionar à Administração a possibilidade de realizar o negócio mais vantajoso – o melhor negócio – e o de assegurar aos administrados a oportunidade de concorrerem, em igualdade de condições, à contratação pretendida pela Administração. Imposição do interesse público, seu pressuposto é a competição. Procedimento que visa à satisfação do interesse público, pautando-se pelo princípio da isonomia, a função da licitação é a de viabilizar, através da mais ampla disputa, envolvendo o maior número possível de agentes econômicos capacitados, a satisfação do interesse público. A competição visada pela licitação, a instrumentar a seleção da proposta mais vantajosa para a Administração, impõe-se seja desenrolada de modo que reste assegurada a igualdade (isonomia) de todos quantos pretendam acesso às contratações da Administração.[8]

Os parâmetros para a atuação administrativa nesse particular são estipulados pela Lei nº 8.666 (art. 23, §1º), segundo a qual:

As obras, serviços e compras efetuadas pela Administração serão divididas em tantas parcelas quantas se comprovarem técnica e economicamente viáveis, procedendo-se à licitação com vistas ao melhor aproveitamento dos recursos disponíveis no mercado e à ampliação da competitividade sem perda da economia de escala.

Nesse caso, o parcelamento ou o não parcelamento do objeto deverá ser devida e precisamente motivado pela Administração.[9]

Tenha-se em conta, assim, que, com a prévia definição das condições de participação pela Administração Pública, um dos possíveis efeitos consiste na maior possibilidade de cada concorrente ter condições de identificar as outras empresas que preenchem os requisitos de habilitação e que são os seus potenciais concorrentes. Mas em licitações sobre um mesmo objeto, composto de bens ou serviços de natureza e complexidade *distintas*, a possibilidade de encontro entre concorrentes com concorrentes que são mutuamente fornecedores e adquirentes um do outro também é um dado plausível.

Esse efeito é potencializado à medida que os requisitos de participação conduzem a uma redução dos potenciais concorrentes justamente pela dificuldade de oferta do

---

[8] ADI 2716, Rel. Min. Eros Grau, Tribunal Pleno, julgado em 29.11.2007, *DJe*-041 Divulg. 06.03.2008, Public. 07.03.2008.

[9] Assim, no que concerne à definição do objeto licitado, uma questão probatória que pode afetar a competitividade é a reunião de diversos itens de bens ou serviços diversos no âmbito do mesmo objeto (caso de *kit* de bens ofertados). Assim se passa, por exemplo, quando a Administração reúne num mesmo certame um conjunto de prestações que, em tese, poderiam ser executadas isoladamente por meio de contratos distintos. A reunião, sob um mesmo objeto, de bens ou serviços de natureza e complexidade distintas, tende a reunir concorrentes da disputa que não concorrem entre si. Afinal, nem sempre se impõe a realização de licitações distintas para cada item específico porque, por razões técnicas, a contratação de forma conjunta pode propiciar maior eficiência e economicidade.

conjunto dos bens ou serviços licitados. Trata-se de mecanismo que, se pode favorecer a prática de condutas ilícitas (coordenação de condutas anticoncorrenciais), também pode estimular a apresentação de ofertas menos agressivas, por exigir da licitação uma capacidade genérica incompatível com a capacidade para cada item do conjunto.[10]

O que exige demonstração e consequente investigação do *mercado relevante*, de barreiras à entrada e de poder de mercado.

Na verdade, a percepção dessa exigência não é de todo ignorada pelo próprio Cade. Mesmo com as decisões da autoridade concorrencial que procuram comprovar a existência do cartel *hardcore*,[11] definido como acordos secretos entre competidores, com alguma forma de institucionalidade, com objetivo de fixar preços e condições de venda, dividir consumidores, definir nível de produção ou impedir a entrada de novas empresas no mercado, não se considerando essencial a demonstração detalhada dos efeitos negativos da conduta a fim de caracterizar uma infração da ordem econômica, é inafastável a necessidade de comprovação da existência da conduta cujo *objeto* é a restrição da concorrência, quando da investigação pela Superintendência-Geral e da condenação pelo Tribunal Administrativo.

Ou seja, mesmo a comprovação da existência de um cartel clássico não se limita a elementos consistentes em um *acordo* entre concorrentes. Afinal, a mera existência de uma reunião ou de lista de preços em posse de concorrentes não é suficiente para indicar a existência de cartel. Há de haver, afinal, evidências do objetivo da reunião ou, por exemplo, da existência de listas e/ou evidências de que nessa ocasião ou mediante aquelas listas ocorreram algumas das práticas previstas no art. 36 da lei concorrencial.

Conforme, pois, a jurisprudência do próprio Conselho, é também necessário comprovar que tal acordo apresenta um grau razoável de institucionalização, por meio do caráter perene da conduta, reuniões periódicas, estipulação de princípios comportamentais, e notadamente mecanismos de *monitoramento* e de *coação* aplicados entre os concorrentes a fim de fazer valer o arranjo espúrio.[12] E essa comprovação não prescinde de elementos como mercado relevante, barreiras à entrada e poder de mercado, dado que é inafastável a necessidade de comprovação da existência da conduta cujo *objeto* é a restrição da concorrência, quando da investigação pela Superintendência-Geral e da condenação pelo Tribunal Administrativo.

---

[10] Afinal, uma licitação para objetos de natureza diferente reunidos em um único edital tende a gerar uma tendência ao "congelamento" do mercado em razão das dificuldades criadas ao acesso de concorrentes. Daí porque, em cada caso concreto, numa acusação de cartel, deve ser avaliada a exigência de *kit* de produtos quando essa prática leva os agentes econômicos a buscarem, *nos mercados relevantes respectivos*, todos os elementos necessários para executar o objeto licitado. Daí porque a consequência mais relevante dessa forma de licitação estar na possibilidade imputação de ato reputado anticoncorrencial mesmo quando as restrições impostas sejam justificadas em termos de mercado.

[11] Tipo de cartel que opera por meio de um mecanismo de coordenação institucionalizado, podendo ser reuniões periódicas, manuais de operação, princípios de comportamento, etc. isto é, sua ação não decorre de uma situação eventual de coordenação, mas da construção de mecanismos permanentes para alcançar seus objetivos. Ver Processo Administrativo n. 08012.002127/02-14, Representante: SDE *ex officio*, Representadas: Basalto Pedreira e Pavimentação Ltda., Constran S/A, Embu S.A., Geocal Mineração Ltda., Holcim S.A., entre outras, relatoria do Conselheiro Luiz Carlos Delorme Prado, 13.7.2005. Definição semelhante consta no voto do mesmo relator no Processo Administrativo 08012.000099/2003-73, Representadas: Autoescola Detroit e outras, Representante: MP/SP, 22.2.2006.

[12] Cf. PEREIRA NETO, Caio Mario da Silva; CASAGRANDE, Paulo Leonardo. *Direito concorrencial*. São Paulo: Saraiva, 2017. p. 109; 110.

2 Lei nº 12.529/11 e Lei nº 8.666/93: mercado relevante

É no quadro dessas especificidades que deve ser entendido o papel desempenhado pelo *mercado relevante*[13] na apuração de ilícitos concorrenciais, como é o caso de conduta colusiva.

Em sede concorrencial, para a caracterização da *ofensa à livre concorrência*, prevê o art. 36 da Lei nº 12.529/11 que constituem infração à ordem econômica (*caput*), independentemente de culpa, os atos sob qualquer forma manifestados, que tenham por objeto ou possam produzir, ainda que não sejam alcançados, os seguintes efeitos (*entre outros*), I – limitar, falsear ou de qualquer forma prejudicar a livre concorrência ou a livre iniciativa; II – dominar mercado relevante de bens ou serviços; dentre os atos que, *na medida em que configurem hipótese prevista no caput e seus incisos, caracterizam infração da ordem econômica* (§3º) estão: (I) acordar, combinar, manipular ou ajustar com concorrente, sob qualquer forma: (d) *preços, condições, vantagens ou abstenção em licitação pública*.

A jurisprudência do Cade tem entendido que a fórmula legal "que tenham por objeto ou possam produzir, ainda que não sejam alcançados, os seguintes efeitos" estabelece uma distinção, inspirada no modelo europeu de defesa da concorrência, entre os conceitos de *ilícitos por objeto e por efeitos*, ambos abertos, sem tipificação estrita.

Os ilícitos por efeitos, por terem presunção de licitude, se submeteriam a um regime de análise mais aprofundada, ficando a autoridade administrativa incumbida da tarefa de analisar o mercado relevante, as estruturas do mercado, o poder econômico do agente etc., devendo comprovar os efeitos negativos que tornam a conduta uma infração. Já a ilicitude por objeto configurar-se-ia quando o próprio objeto da conduta prejudica a concorrência, não sendo possível verificar, mesmo em princípio, outro objetivo relacionado à prática que não a restrição da concorrência. Por isso, nos ilícitos por objeto, *seria desnecessário examinar as estruturas de mercado, o mercado relevante, o poder de mercado do agente* etc.

A distinção envolve alguns problemas de interpretação da lei. A começar da partícula "ou" que, em português, usada singularmente, expressa uma alternância, indica uma alternativa, não, imediatamente, uma exclusão. A exclusão é forte quando repetida: ou isto ou aquilo (correspondendo ao latim *aut/aut*).[14] O que determina se é caso de alternância e de exclusão, quando "ou" é usado uma só vez, é a extensão, não bastando que os termos se excluam mutuamente, sendo necessário que não haja outra possibilidade.[15]

Atos que tenham por objeto ou possam produzir os seguintes efeitos não são *atos excludentes*, mas *alternativos*, pois são *os mesmos atos*, isto é, atos que, *tendo por objeto* ou *não tendo por objeto*, se caracterizam por produzir o efeito de *limitar, falsear ou de qualquer forma prejudicar a livre concorrência ou a livre iniciativa, de dominar mercado relevante de bens ou serviços; de aumentar arbitrariamente os lucros; e de exercer de forma abusiva posição dominante.* Limitar, falsear, prejudicar, dominar, aumentar, exercer de forma abusiva é o

---

[13] Cf. BRUNA, Sérgio Varella. *O poder econômico e a conceituação do abuso em seu exercício.* São Paulo: RT, 1997. p. 77 e ss.

[14] Trata-se de *"conj.* que indica alternativa: Servo ou homem livre, liberto ou patrono, para ele todos eram filhos (Herc)". A exclusão aparece quando posta no princípio: "ou eu *ou* tu, ou Cesar *ou* João Fernandes" (CALDAS Aulete – Dicionário contemporâneo da língua portuguesa. Rio de Janeiro: [s.n.], 1958. Verbete "ou").

[15] LALAND, A. *Vocabulaire technique et critique de la philosophie.* Paris: [s.n.], 1960. p. 238.

que configura o objeto do ato e, alternativamente, efeitos que podem ser produzidos por atos que, não tendo esses efeitos como objeto, acabam por possibilitar a sua produção. Em outras palavras, não há como entender o objeto do ato ilícito senão pela sua capacidade de produzir os efeitos estabelecidos em lei. Os atos não são anticoncorrenciais senão pelos efeitos que produzem, podem produzir ou tendem a produzir. E essa capacidade, tanto em ato que tem, como que não tem por objeto os efeitos, há de ser demonstrada *in casu* pela autoridade.

A hipótese levantada pela jurisprudência do Cade, na verdade, é baseada em uma presunção *iuris tantum*, supostamente capaz de permitir que a autoridade prescinda da demonstração detalhada dos efeitos eventualmente decorrentes da prática.[16]

Presume-se clareza na determinação daqueles acordos que afetariam significativamente a concorrência num mercado de determinados bens ou serviços e não poderiam ser justificados por razões de eficiência econômica (*ter por efeito*), e, por isso, conduziriam à eliminação da concorrência efetiva (*ter por objeto*). Essa presunção, porém, no caso de cartéis, não afasta, ao contrário, depende de uma análise da detecção de danos econômicos. Afinal, a própria presunção constitui uma questão de avaliação. Afirmar que a potencialidade lesiva é presumida a partir do próprio objeto anticompetitivo, decorrendo da comprovação de materialidade da conduta, ou seja, que a própria irracionalidade *econômica* da conduta colusiva conduziria à conclusão pela existência de posições dominantes desse ou daquele agente, implica aceitar que a conduta seria suficientemente significativa para que uma proibição legal parecesse justificada. No entanto, é justamente isso, essa *subsunção presumida*, que não pode deixar de ser tratada como uma *questão de direito*, quer pelas autoridades administrativas quer pelos tribunais. Afinal, a subsunção de uma conduta a um conceito legal de infração econômica depende, inelutavelmente, do resultado da evidência apurada por investigações de mercados correspondentes. Quais produtos, preços, empresas etc. devam ser analisados a esse propósito é decidido de acordo com o mercado relevante.

A presunção, na verdade, inverte o disposto na lei. A invés de dizer que os atos, *na medida em que configurem hipótese prevista no caput e seus incisos, caracterizam infração da ordem econômica* (§3º), passa a dizer que os atos, na medida em que *caracterizam infração* da ordem econômica (materialmente, em termos de sua irracionalidade econômica, atos colusivos), então produzem os efeitos do *caput*. Vale dizer, ao invés de "a lei reprimirá o abuso do poder econômico que vise à dominação dos mercados, à eliminação da concorrência e ao aumento arbitrário de lucros" (CF, art. 173, §4º), afirma-se que a lei reprimirá a dominação dos mercados, a eliminação da concorrência e o aumento arbitrário de lucros que visam ao abuso de poder econômico.

Ademais, é preciso levar em conta o sentido próprio de um ilícito por *abuso*. À luz da doutrina e da jurisprudência judicial, a previsão do art. 36 contém dispositivo de direito administrativo sancionador, sanção de natureza patrimonial e comportamental, pois não visa ao sujeito em termos de sua personalidade (ainda que jurídica) e ao seu

---

[16] "Importante fixar que, em se tratando de ilícitos por objeto, a análise antitruste acerca da referida conduta dispensa a consideração de elementos adicionais, tais como mercado relevante, barreiras à entrada e poder de mercado, dado que a potencialidade lesiva é presumida do próprio objeto anticompetitivo, decorrendo da comprovação de materialidade da conduta. Assim sendo, a própria racionalidade da conduta colusiva conduz à conclusão pela existência de posição dominante" (Processo Administrativo nº 08012.008821/2008-22).

comportamento com a carga ética de sua subjetividade, mas tem antes o sentido de uma especial punição relacionada com o *funcionamento* do livre mercado. Trata-se de infrações marcadas por um conteúdo de ilicitude que, não obstante, quando em comparação com a infração criminal, em termos essenciais, também se aproxima de ilícito em âmbito penal no sentido de serem também infrações que buscam tutelar bem jurídicos, podendo também realizar essa tarefa em relação a bens jurídicos individuais, contra um entendimento de que tutelariam apenas valores supraindividuais (defesa da *concorrência*).

O que se quer ressaltar com isso é que os princípios e garantias consagrados pelo Direito Penal aplicam-se, reconhecidamente,[17] a essa lei na medida em que se enquadra no Direito Administrativo Sancionador. Por consequência, apesar de ser considerado ramo distinto do direito penal, o direito de defesa da concorrência, sendo administrativo sancionador, há de ser considerado um braço do direito punitivo estatal, com origens no poder de polícia, ainda que possua certa flexibilidade na sua aplicação. É por conta dessa natureza comum que se faz necessário, afinal, o entendimento de sua peculiar forma de sanção e da natureza específica da infração, o que põe renovada e particularmente em relevo o tema do *mercado relevante*,[18] especialmente para a configuração de *cartel em licitação* e, nela, o papel do mercado relevante.

Na delimitação de condutas anticompetitivas em licitações públicas, deve-se, como largamente reconhecido, observar as especificidades próprias do regime competitivo. Essas especificidades tendem a mostrar que as compras públicas não ocorreriam propriamente em mercados típicos (*livre mercado*), mas, por força de lei, mediante um processo organizado. Por conta disso, seria de se reconhecer, à primeira vista, que é a publicação do edital de licitação que, ao estabelecer um conjunto de procedimentos a serem cumpridos, irão gerar condições de aquisição que resguardam o interesse do licitante.[19]

Dessa forma, infere-se que, em licitação sob suspeita de infração contra a ordem econômica – cartel – deveria ser considerado, independentemente do que as empresas ofertantes produzem, o produto a *ser licitado*, ou, independentemente de sua área de atuação estar adstrita a uma área do espaço concorrencial (mercado relevante), aquilo que as ofertantes admitidas efetivamente oferecem ao ente adquirente: os produtos ou serviços objeto da licitação. Daí a conclusão de que haveria concorrência apenas entre as empresas habilitadas, vale dizer, o "mercado relevante" seria delimitado não propriamente pelo produto ou pela extensão geográfica, mas pelas ofertas das próprias empresas habilitadas.[20]

---

[17] Cf. STJ, RMS n. 245.59/PR, 5ª T., Rel. Min. Napoleão Nunes Maia Filho, decisão unânime, *DJ* 01.02.2010. Neste sentido, alguns princípios tradicionais do direito penal ganham relevo no terreno do direito administrativo sancionador, como é o caso da aplicação de lei posterior mais benéfica ao administrado, além dos princípios gerais processuais consagrados constitucionalmente, como o do devido processo legal, da ampla defesa e do direito ao contraditório.

[18] Na vigente Lei nº 12.529/11, veja-se sua menção no art. 36, II: "Art. 36. Constituem infração da ordem econômica, independentemente de culpa, os atos sob qualquer forma manifestados, que tenham por objeto ou possam produzir os seguintes efeitos, ainda que não sejam alcançados [...] II – *dominar mercado relevante* de bens ou serviços; [...]" (grifos nossos).

[19] Processo Administrativo nº 08012.010362/2007-66.

[20] Processo Administrativo nº 08012.009118/1998-26.

Por consequência, pelo fato de que propostas das empresas ofertantes somente são analisadas depois de concluída a fase de habilitação, momento em que se define exatamente o espectro em que se dará a concorrência, seria razoável supor *a priori* que o "mercado relevante" seria aquele gerado pela própria licitação, quando estabelece as características do produto e limita o número de concorrentes efetivos.[21]

Essa presunção, contudo, não é tão simples de ser sustentada, a começar pelo reconhecimento dos mecanismos cartelizadores usados em licitação pública.

Nas *Diretrizes para Combater o Conluio entre Concorrentes em Contratações Públicas*, lançadas pela OECD em 2009,[22] os cartéis em licitação são examinados em suas várias formas, das quais se destacam o *loteamento* e o *rodízio*. No *loteamento*, os membros dos cartéis dividem os entes promotores de licitações ou os itens de uma mesma licitação, ocorrendo também loteamento se o edital prever itens vários, dividindo as licitantes os lotes de produtos entre si. No caso do *rodízio*, as empresas coordenadas em cartel estabelecem a ordem em que cada um deverá ganhar determinada licitação, sendo o rodízio mais comum quando as licitações são promovidas com regularidade que possa ser antecipada pelos entes privados, tendo dimensão e escopo semelhantes.

Ora, em matéria de cartel, os esquemas em licitações frequentemente incluem mecanismos de partilha e distribuição, sendo um dos estratagemas frequentes a chamada *supressão de propostas*, caso em que ocorrem acordos entre os concorrentes nos quais uma ou mais empresas estipulam *abster-se de concorrer*, vale dizer, *nem se habilitam*.[23]

3 Abuso concorrencial e fraude à lei em licitações

O fato é que não se pode equiparar inteiramente o processo de licitação pública ao processo de concorrência no mercado. Mas o caráter intrinsecamente organizado das licitações públicas em face dos processos concorrenciais nos mercados em geral não torna a competição em licitação tão diferente da concorrência de mercado. A organização (da concorrência pública) é um fator capaz de reduzir incertezas, com as quais os agentes econômicos em geral se defrontam nos ambientes de livre mercado. O fato de o processo licitatório organizar-se imediatamente em torno das determinações do sujeito licitante, aquelas contidas no edital, faz com que o órgão (ou a empresa pública) licitante (consumidor) torne expresso aos eventuais interessados o bem a ser adquirido ou o serviço a ser executado, os critérios de julgamento e as condições de participação na concorrência, embora nisso, porém, não diferindo de modo substancial dos consumidores nos mercados livres. Ou seja, é fato que a Administração não apenas especifica o objeto, mas também o critério de seleção do ofertante. Mesmo nesta hipótese, no entanto, não difere substancialmente tal situação daquela situação normal de mercado, salvo pelo fato de ser ente público, sujeito a restrições de ordem legal nas suas aquisições.

Com efeito, na fixação, em edital, das condições de habilitação, dever legalmente previsto (art. 27 da Lei nº 8.666/93), uma prerrogativa excepcional se comparada à chamada "soberania do consumidor" dos mercados livres, capaz de – indiretamente – fixar,

---

[21] Processo Administrativo nº 08012.001826/2003-10.

[22] OECD. *Guidelines for fighting bid-rigging in public procurement*. Paris: OECD Press, 2009.

[23] OCDE. *Diretrizes para combater o conluio entre concorrentes em contratações públicas*. Paris: OECD Press, fev. 2009.

para o demandante, as empresas que poderão concorrer, aproxima o poder licitante a um caso de um monopsônio de fato em face de uma pluralidade de fornecedores potenciais. Desse ponto de vista, a Administração tem como que um poder monopsônico legitimado legalmente, ainda que – e não obstante – limitado pelos dispositivos constitucionais que lhe imputam a obrigação de respeitar os princípios da igualdade (CF, art. 37-XXI), da competitividade (Lei nº 8.666/93, art. 3º, §1º, I), a livre-iniciativa e a livre concorrência, no sentido do poder/dever de autorizar ao maior número possível de empresas a participar dos processos licitatórios promovidos (Lei nº 8.666, art. 30, §5º).

Diz-se que a competitividade não seria, contudo, inteiramente livre por força da proteção ao interesse público, capaz de estabelecer exigências que afastam, por exemplo, pessoas jurídicas não regularmente constituídas ou que não apresentem idoneidade técnica ou financeira, ou restrições a participantes previamente inscritos em registro cadastral (tomada de preços) ou simplesmente convocados (convite). Ressalvada a fundamentação legal de direito público a legitimar essas hipóteses, não há dúvida, no entanto, de que tais exigências também existem como cautelas usuais no mundo dos negócios e até como dever (*bonus pater familias*).

A verificação empírica da relação entre o número dos concorrentes numa licitação confere uma intensidade de concorrência em base peculiar e própria, como se vê pelas disputas judiciais em torno das desqualificações e do entendimento dos requisitos legais. Nesse sentido, é preciso entender, nas diferenças entre concorrências públicas e concorrências nos mercados, uma espécie de grau de incerteza dos agentes em face do comportamento do ambiente fortemente judicializado perante o caráter organizado das concorrências públicas. Como cada concorrente sabe exatamente o que os demais devem fazer, bem como a partir de qual critério vai ser selecionada a proposta vencedora, o critério de competição se localiza numa forte vigilância entre os concorrentes no atendimento dos requisitos legais e edilícios. Ainda que, mediante qualificação, se determine os licitantes admitidos, a qualificação está sempre sujeita a contestações já pelo uso de expressões que acabam por flexibilizar o espectro das condições estabelecidas para uma habilitação.[24]

A jurisprudência do Cade, nos casos de licitação, tem, porém, pura e simplesmente identificado o objeto licitado com o mercado relevante pelo produto, descartando a necessidade de seu exame aprofundado. É o que se vê, por exemplo, no Processo Administrativo nº 08012.009645/2008-46:

> Considerando a teoria do agente racional, pressupõe-se que as empresas que participam de uma licitação estão em condições de ofertar aqueles produtos naquela localidade. Mais do que isso, se elas participam da licitação, igualmente considerando a teoria do agente racional, pressupõe que elas têm algum poder de mercado ou barganha, porque se não tivessem chance de serem vencedoras, não teriam motivo para investir recursos na participação da licitação. E dado que elas podem ser vencedoras, elas podem alterar o resultado da licitação, ainda que não venham a vencê-la.

---

[24] Veja-se, por exemplo, a intensa disputa em torno da exigência de condições técnicas mediante a expressão "e assemelhados". A propósito, STJ – Agravo em Recurso Especial nº 1.144.965– SP (2017/0187615-7).

Além disso, dado que em licitações há uma padronização do produto ou serviço a ser adquirido, a facilidade para o sucesso de acordos ilícitos tende a ser maior do que para a maioria dos outros mercados. Isso porque, como o edital especifica o conjunto de características do produto ou serviço, em geral a única variável restante é o preço, o que simplifica bastante acordos entre concorrentes.

Dessa forma, não obstante cartel se configurar uma conduta por objeto, ressalto que em se tratando de cartéis em licitações, a presunção de sucesso nos acordos, e, com isso, a presunção de geração de efeitos negativos no mercado são ainda mais evidentes, sendo especialmente desnecessário, via de regra, o aprofundamento da análise de mercado relevante ou de poder de mercado. (Voto Conselheiro Alexandre Cordeiro Macedo SEI 0264382).

O argumento usual para essa conclusão está no entendimento de que "a análise de mercado relevante no controle repressivo de poder econômico funciona tão somente como mecanismo para averiguar se é adequado, prático e razoável isolar ou fragmentar a área da atividade econômica em que a lei incidirá".

No caso de concorrência pública, isso significa, no entanto, pressupor que (art. 36, §3º, I) *acordar, combinar, manipular ou ajustar com concorrente, sob qualquer forma*: (d) *preços, condições, vantagens ou abstenção em licitação pública*, por já constituírem ato de infração, *conduzem a "concluir" pela existência de posição dominante* e, assim, dispensando-se a consideração de elementos adicionais, como, em um mercado relevante, barreiras à entrada e poder de mercado.

À falta dessa comprovação, porém, acaba-se por confundir o ilícito nos termos da Lei nº 12.529/11 com o ilícito configurado pela Lei nº 8.666/93.

A questão merece atenção. Aceita-se, usualmente, que não existe proibição constitucional ou legal de se impor, cumulativamente, "consequências restritivas de direitos a um administrado através de uma pena (criminal) e uma sanção administrativa, bastando para tanto que seu comportamento tenha configurado uma conduta reprovável para essas duas ordens normativas".[25] De modo geral, adota-se o princípio da independência da potestade administrativa, que conduz à plena compatibilidade entre pena e sanção administrativa. Na atualidade, porém, a possibilidade de imposição conjunta de sanções penais e administrativas pela prática de um mesmo fato é aventada como exemplo inconteste de inadmissível *bis in idem*.[26]

O princípio *non bis in idem* veda a duplicidade de sanções (perspectiva material) e de processos (perspectiva processual) quando constatada a tríplice identidade (sujeito, fato, fundamento). Independentemente da posição adotada em favor ou contra o sistema de cumulação de penas administrativas e criminais, verifica-se atualmente uma

---

[25] FERREIRA, Daniel. *Sanções administrativas*. São Paulo: Malheiros, 2001. p. 133.

[26] Sob a perspectiva da Convenção Americana Sobre Direitos Humanos (Pacto de San José da Costa Rica), de 1969, aprovada no Brasil pelo Decreto Legislativo nº 27, de 25.9.1992, e promulgada pelo Decreto nº 678, de 6.11.1992, o *non bis in idem* é tido como uma garantia judicial no art. 8º, item 12. Tem-se reconhecido "o caráter especial desses diplomas internacionais sobre direitos humanos", o que lhes confere "lugar específico no ordenamento jurídico, estando abaixo da Constituição, porém acima da legislação interna" (RE 466.343-SP, de 3.12.2008, Rel. Min. Gilmar Mendes). O princípio, no entanto, já era reconhecido anteriormente pelo STF. Ver, em decisão do Pleno, o acórdão (Rel. Ministro Ilmar Galvão) publicado no *DJ* de 27.6.2003.

preocupação com o *bis in idem* em face do modelo do direito administrativo sancionador, como é o caso dos que tratam de matéria concorrencial.

Em artigo sobre o tema, Paulo Burnier da Silveira[27] assinala que são dois vetores – da dupla imposição de sanção (*bis*) e da identicidade da conduta (*idem*) – que deverão ser avaliados para fins de verificação de eventual violação do princípio *non bis in idem*: o *bis* ocorre por considerar as sanções administrativas de natureza penal e o *idem* por se referirem a mesma conduta ilícita.

Nesse sentido, lembra o autor que as sanções impostas a práticas anticompetitivas, por exemplo, em casos de cartel, costumam incidir sob a mesma conduta – um acordo ilícito entre concorrentes. Assim, em atenção aos impactos da decisão do caso "Grande Stevens" na esfera de suas competências e de acordo com a atual linha de entendimento do Tribunal Europeu de Direitos Humanos, bastará a caracterização das sanções administrativas como sendo de natureza penal para que todo o sistema secular da cumulação de sanções administrativas e criminais seja posto em xeque.

Dessa maneira, entende-se[28] surgir a necessidade de um cuidado especial, por parte da autoridade administrativa (concorrencial), na dosagem das sanções quando da aplicação de remédios administrativos, sob risco de estas sanções serem consideradas de natureza penal e, portanto, passíveis de incidência do princípio de vedação do *bis in idem* com relação a eventuais sanções criminais. Nesse sentido, o disposto na nova redação do art. 22, §3º, da LINDB (Lei de Introdução às normas do Direito Brasileiro – Decreto-Lei nº 4.657/1942): "As sanções aplicadas ao agente serão levadas em conta na dosimetria das demais sanções de mesma natureza e relativas ao mesmo fato". Por sua vez, no que se refere ao *idem*, ganha relevo a tipificação do ilícito. Ou seja, o *idem* diz respeito a uma mesma infração. Nesse ponto-chave (no caso "Grande Stevens" para verificação do componente *idem*), o entendimento é de que o *idem* se refere ao conjunto de circunstâncias fáticas que dão ensejo a duas condenações de *natureza* penal. Para perceber a violação do princípio *ne bis in idem*, crucial é o entendimento da configuração do ilícito e o atendimento que se faça a essa configuração.

Tenha-se por assentado, inicialmente, que *cartel em licitação* é um ilícito de direito concorrencial e *fraude à licitação*, de direito administrativo. Nada obsta que, pela mesma conduta, um acusado venha a sofrer uma imposição de pena criminal e outra,

---

[27] SILVEIRA, Paulo Burnier da. O direito administrativo sancionador e o princípio non bis in idem na União Europeia: uma releitura a partir do caso "Grande Stevens" e os impactos na defesa da concorrência. *RDC*, v. 2, n. 2, p. 5-22, nov. 2014. O artigo trata do princípio de *non bis in idem* no âmbito do direito administrativo sancionador, com base em recente caso paradigmático na União Europeia. Em março de 2014, o Tribunal Europeu de Direitos Humanos proferiu uma decisão que pode representar um divisor de águas no sistema de cumulação de sanções administrativas e penais, existente em diversos países. O caso, conhecido como "Grande Stevens", trata de uma infração no mercado de capitais na Itália, tendo sido sancionada, no âmbito nacional italiano, pela autoridade de mercado de capitais e a justiça criminal. O caso "Grande Stevens", mostra o autor, é paradigmático em razão da solução que foi oferecida, por unanimidade, pela mais alta Corte de Direitos Humanos da Europa, assinalando que o caso "antecipou o inevitável, no sentido da necessidade de transformação do modelo repressivo francês no terreno de infrações no mercado de capitais. Em perspectiva mais ampla, acadêmicos da Universidade de Harvard falam em 'sacudida' das regras de mercado de captais como consequência da decisão do TEDH". Nessa linha, como reconhece o autor, no Brasil, "o debate também merece atenção especial, considerando o diálogo necessário entre o direito administrativo sancionador e o direito penal. Ademais, parece evidente a influência dos sistemas da Europa continental no desenho da responsabilidade administrativa brasileiro".

[28] Assinala Paulo Burnier que a Convenção para a Proteção dos Direitos do Homem e das Liberdades Fundamentais estabelece o direito a não ser julgado ou punido mais de uma vez pelas jurisdições do mesmo Estado "por motivo de uma infração" (art. 4, §1º) pela qual já foi absolvido ou condenado por sentença definitiva.

administrativa. Mas, para evitar o *ne bis in idem*, é preciso guardar as *diferenças tipológicas* entre uma e outra disposição, pois, ainda que, no plano fático, a conduta seja a mesma, no plano *tipológico* elas deverão se distinguir.

Do ângulo do direito administrativo, no art. 90 da Lei nº 8.666/93, há três tipos penais que comportam a prática: "frustrar ou fraudar, mediante ajuste, combinação ou qualquer outro expediente, o caráter competitivo do procedimento licitatório, com o intuito de obter, para si ou para outrem, vantagem decorrente da adjudicação do objeto da licitação", sendo que o parágrafo único submete à mesma pena "quem se abstém ou desiste de licitar, em razão da vantagem oferecida".[29] E o art. 96 fala em "fraudar, em prejuízo da Fazenda Pública, licitação instaurada para aquisição ou venda de bens ou mercadorias, ou contrato dela decorrente: I – elevando arbitrariamente os preços; [...] V – tornando, por qualquer modo, injustamente, mais onerosa a proposta ou a execução do contrato".

O art. 90 traz o tipo que pode ser considerado o mais geral em tema de licitações, aplicável a qualquer modalidade de compra pública. O tipo abarca crime material, de resultado, em que há descrição da conduta (ajuste, combinação ou qualquer outro expediente) e seu resultado (frustrar ou fraudar o caráter competitivo do procedimento licitatório),[30] com a previsão de dolo específico (intuito de obter, para si ou para outrem, vantagem decorrente da adjudicação do contrato).

Vicente Greco Filho, ao tratar do crime descrito no art. 90 da Lei nº 8.666/93, aduz que seu elemento subjetivo "é o dolo genérico, consistente na vontade livre e consciente de realizar o ajuste ou a combinação ou praticar qualquer outro expediente, sabendo que frustrará ou fraudará o caráter competitivo do procedimento, e, também, o dolo específico, consistente no intuito de obter, para si ou para outrem, vantagem decorrente da adjudicação do objeto do certame".[31] Para Greco, a vantagem almejada pelo agente não é a contratação em si, mas sim um benefício decorrente da realização do contrato.[32] Logo,

> a simples ação produtora da frustração ou da fraude da licitação, ou, principalmente, do caráter competitivo do procedimento licitatório não tipificará essa conduta. [...]. No entanto, convém destacar, para que a conduta seja típica não é necessário que a vantagem pretendida seja alcançada, sendo suficiente que exista, com fim especial, na mente do sujeito ativo, isto é, que ela seja o móvel da ação [...].

---

[29] Exemplo é carta-convite: "HABEAS CORPUS. TRANCAMENTO DA AÇÃO PENAL. AUSÊNCIA DE JUSTA CAUSA. FRAUDE EM LICITAÇÃO (ART. 90 DA LEI 8.666/93). MATERIALIDADE E INDÍCIOS DE AUTORIA SUFICIENTEMENTE DEMONSTRADOS. PROSSEGUIMENTO. ORDEM DENEGADA. [...] 3. Segundo a denúncia, a paciente e o co-acusado, previamente acordados, teriam montado um processo fraudulento, de forma que as demais concorrentes, previamente informados, sabiam que figurariam na concorrência, modalidade Carta Convite, apenas para satisfazer a exigência legal. O co-réu encarregou-se de recolher as propostas das mencionadas entidades, as quais, embora em envelopes distintos e lacrados, foram encaminhadas diretamente para a paciente [...]" (STJ, 5ª Turma, HC 84.248/SP, Ministro Relator Napoleão Nunes Maia Filho, j. 05.06.2008, DJe 30.06.2008).

[30] "Frustrar significa enganar, baldar, tornar inútil, no caso, a competitividade da licitação. É conduta comissiva. Há que haver uma ação. Frustra-se o caráter competitivo da licitação, por exemplo, quando o servidor, em razão do ajuste efetivado com um certo concorrente, prevê, no edital, exigência que poucos podem satisfazer, ou fixa no instrumento convocatório prazo legal para a apresentação das propostas de técnica e preço incompatível com a sua complexidade de elaboração" Cf. GASPARINI, Diógenes. *Crimes na licitação*. 2. ed. São Paulo: NDJ, 2001. p. 101.

[31] GRECO FILHO, Vicente. *Dos crimes da lei de licitações*. 2. ed. São Paulo: Saraiva, 2007. p. 75.

[32] GRECO FILHO, Vicente. *Dos crimes da lei de licitações*. 2. ed. São Paulo: Saraiva, 2007. p. 25.

O que se quer proteger, portanto, é a concorrência plena no certame, sem que seja necessário ficar caracterizado prejuízo efetivo à Fazenda Pública.[33]

Não havendo necessidade de prejuízo econômico para a Administração, não sendo isso elemento material do tipo, *basta que se demonstre que o ajuste, a combinação ou outro expediente excluiu eventual candidato ou preordenou o resultado entre os concorrentes, pois o crime é de resultado*, devendo ocorrer a frustração ou fraude do caráter competitivo do procedimento licitatório, em virtude do ajuste, combinação ou outro expediente.[34]

O art. 95, por sua vez, prevê crime formal ao prever ser crime "Afastar ou procurar afastar licitante, por meio de violência, grave ameaça, fraude ou oferecimento de vantagem de qualquer tipo", incorrendo na mesma pena quem se abstém ou desiste de licitar, em razão da vantagem oferecida. Aqui não interessa o intuito do sujeito ativo, tampouco se ele efetivamente conseguiu afastar um licitante do processo licitatório, a mera tentativa ("procurar afastar") já se enquadra no tipo.

Por fim, o art. 96 traz crime material, em que há descrição da conduta (fraudar licitação instaurada para aquisição ou venda de bens ou mercadorias, ou contrato dela decorrente) e seu resultado (elevando arbitrariamente os preços ou tornando, por qualquer modo, injustamente, mais onerosa a proposta ou a execução do contrato, em prejuízo da Fazenda Pública), sem que haja a previsão de dolo específico. O tipo aqui é mais gravoso e por isso contém sanção mais rigorosa, sendo, contudo, limitado a licitações para aquisição de bens ou mercadorias e não serviços.

Ora, entender, conforme a autoridade concorrencial, que "cartéis constituem ilícito por objeto, de modo que análises de estruturas de mercado, definições de mercado relevante ou considerações do poder de mercado dos agentes tornam-se completamente desnecessárias",[35] ou seja, que o cartel, por constituir conduta ilícita por objeto, torna suficiente a comprovação da materialidade, significa, em sede de cartel em licitação pública, uma violação ao princípio *ne bis in idem*.[36]

É o que percebeu o STJ (*DJe*, 6.6.2018), em sede penal, ao distinguir o crime de cartel enquanto propriamente delito previsto no art. 4º, II, da Lei nº 8.137/90 do crime do art. 90 da Lei de Licitações. Para ocorrência do crime concorrencial o que se exige, conforme jurisprudência do STJ, é a demonstração de que os acordos, ajustes ou alianças entre os ofertantes tenham por objetivo "domínio de mercado". No entendimento do STJ, o objetivo é relevante, pois, "não havendo descrição fática suficiente da concentração do poder econômico, ou de que os acordos teriam sido efetivamente implementados com domínio de mercado, não há que se falar de formação de cartel, porquanto não

---

[33] O art. 90 da Lei nº 8.666/93, por "não contemplar qualquer expressão como 'com o fim de', 'com o intuito de', 'a fim de', etc., o desvalor da ação se esgota no dolo, é dizer, a finalidade, a razão que moveu o agente ao dispensar ou inexigir a Licitação fora das hipóteses previstas em lei é de análise desnecessária [...]" (STJ, REsp 991.880/RS, Ministro Relator Fischer, j. 28.02.2008, *DJe* 28.04.2008).

[34] GRECO FILHO, Vicente. *Dos crimes da lei de licitações*. 2. ed. São Paulo: Saraiva, 2007. p. 72-73.

[35] Cade, Voto da Conselheira Ana Frazão, SEI 0045553.

[36] O princípio *ne bis in idem* é reconhecido pelo Supremo Tribunal Federal, em decisão do Pleno, cujo acórdão (Rel. Ministro Ilmar Galvão), ressalta que: "A incorporação do princípio do ne bis in idem ao ordenamento jurídico pátrio, ainda que sem o caráter de preceito constitucional, vem, na realidade, complementar o rol dos direitos e garantias individuais já previsto pela Constituição Federal, cuja interpretação sistemática leva à conclusão de que a Lei Maior impõe a prevalência do direito à liberdade em detrimento do dever de acusar" (*DJ* de 27.6.2003).

demonstrada ofensa à livre concorrência". Ao revés, demonstrado apenas que os ajustes se deram com o fim de fraudar o processo licitatório, subsiste apenas o crime do art. 90 da Lei de Licitações.[37]

O acórdão faz ver que o art. 4º, II, "a", "b" e "c", da Lei nº 8.137/90, constitui crime contra a ordem econômica, em que a conduta objetiva é de formar acordo, convênio, ajuste, aliança entre ofertantes visando à fixação artificial de preços ou quantidades vendidas ou produzidas, ao controle regionalizado do mercado por empresa ou grupo de empresas, ao controle, em detrimento da concorrência, de rede de distribuição ou de fornecedores. Exige-se então a demonstração de que os acordos, ajustes ou alianças entre os ofertantes tinham por objetivo o domínio de mercado, assim caracterizado por

> uma posição de força econômica de que goza uma empresa, que lhe permite impedir a manutenção de uma concorrência efetiva no mercado relevante, ao permitir-lhe, em medida considerável, comportar-se de forma independente em relação aos seus concorrentes, clientes e consumidores.

E conclui:

> Assim, sendo insuficiente a descrição fática de que os acordos caracterizariam a concentração do poder econômico e de que os ajustes teriam sido efetivamente implementados com domínio de mercado, não há falar em formação de cartel, porquanto não demonstrada ofensa à livre concorrência.

E não é substancialmente diferente o disposto na Lei nº 12.529/11. Afinal, no âmbito de um cartel como ilícito contra a ordem econômica, a conduta poderá ficar configurada quando, por exemplo, um potencial licitante aborda seu concorrente e oferece vantagem para que este não participe do certame (acordar "d) preços, condições, vantagens *ou abstenção* em licitação pública"). Mas, para sua configuração, o agente econômico afastado deve estar em condições objetivas de concorrer no certame, sob pena de se configurar ilícito impossível por "impropriedade do objeto".

Referências

BRUNA, Sérgio Varella. *O poder econômico e a conceituação do abuso em seu exercício*. São Paulo: RT, 1997.

CALDAS Aulete – Dicionário contemporâneo da língua portuguesa. Rio de Janeiro: [s.n.], 1958.

FERREIRA, Daniel. *Sanções administrativas*. São Paulo: Malheiros, 2001.

GASPARINI, Diógenes. *Crimes na licitação*. 2. ed. São Paulo: NDJ, 2001.

GRECO FILHO, Vicente. *Dos crimes da lei de licitações*. 2. ed. São Paulo: Saraiva, 2007.

---

[37] Recurso Especial nº 1.623.985 – SP (2016/0232734-9) Relator: Ministro Nefi Cordeiro. "4. O delito do art. 4º, II, da Lei 8.137/90 exige a demonstração que os acordos, ajustes ou alianças entre os ofertantes tinham por objetivo domínio de mercado. 5. Não havendo descrição fática suficiente da concentração do poder econômico, ou de que os acordos ajustados teriam sido efetivamente implementados com domínio de mercado, não há falar em formação de cartel, porquanto não demonstrada ofensa à livre concorrência".

JUSTEN FILHO, Marçal. *Comentários à Lei de Licitações e Contratos Administrativos*. São Paulo: Dialética, 2012.

LALAND, A. *Vocabulaire technique et critique de la philosophie*. Paris: [s.n.], 1960.

MAIA, Rodolfo Tigre. *Tutela penal da ordem econômica*: o crime de formação de cartel. São Paulo: Malheiros, 2008.

PEREIRA NETO, Caio Mario da Silva; CASAGRANDE, Paulo Leonardo. *Direito concorrencial*. São Paulo: Saraiva, 2017.

SILVEIRA, Paulo Burnier da. O direito administrativo sancionador e o princípio non bis in idem na União Europeia: uma releitura a partir do caso "Grande Stevens" e os impactos na defesa da concorrência. *RDC*, v. 2, n. 2, nov. 2014.

TSCHUDIN, Michael. Glauben, Wissen, Zweifeln – über das Beweismass im Kartellrecht. *AJP/PJA*, 10/2014.

Informação bibliográfica deste texto, conforme a NBR 6023:2018 da Associação Brasileira de Normas Técnicas (ABNT):

FERRAZ JUNIOR, Tercio Sampaio. Cartel e fraude à lei em licitações. *In*: JUSTEN, Monica Spezia; PEREIRA, Cesar; JUSTEN NETO, Marçal; JUSTEN, Lucas Spezia (coord.). *Uma visão humanista do Direito*: homenagem ao Professor Marçal Justen Filho. Belo Horizonte: Fórum, 2025. v. 1, p. 959-975. ISBN 978-65-5518-918-6.

A AÇÃO DE IMPROBIDADE NÃO É AÇÃO COLETIVA

DAVID PEREIRA CARDOSO

TERESA ARRUDA ALVIM

1 Introdução

A Lei de Improbidade Administrativa, editada em junho de 1992, disciplina a aplicação de sanções, por meio de um processo judicial civil, ao agente público que comete desvios éticos, especialmente atos de corrupção. É um dos mais severos instrumentos de controle dos agentes estatais – há outros. Suas notas marcantes são as penas previstas nos arts. 15 e 37, §4º, da Constituição Federal (suspensão dos direitos políticos, perda da função pública, indisponibilidade dos bens e ressarcimento ao erário).[1]

Depois de quase trinta anos de experiência, a Lei de Improbidade precisava ser reformada. Havia a percepção de que a sua amplitude e abertura excessivas geravam insegurança jurídica para a administração. Em um ambiente no qual a definição do que constitui improbidade administrativa era fluida, os gestores públicos estavam constantemente sob a ameaça de serem acusados.

Não havia clareza nem mesmo a respeito do procedimento a ser seguido. A jurisprudência acabou equivocadamente, a nosso ver, entendendo que havia certo "parentesco" com o microssistema de proteção aos interesses coletivos, que é guiado por racionalidade completamente distinta daquela que orienta o intérprete quando trata do processo sancionador. Ainda que utilizada com as melhores intenções, a ação de

---

[1] "Art. 15. É vedada a cassação de direitos políticos, cuja perda ou suspensão só se dará nos casos de: I – cancelamento da naturalização por sentença transitada em julgado; II – incapacidade civil absoluta; III – condenação criminal transitada em julgado, enquanto durarem seus efeitos; IV – recusa de cumprir obrigação a todos imposta ou prestação alternativa, nos termos do art. 5º, VIII; V – improbidade administrativa, nos termos do art. 37, §4º. [...] Art. 37. A administração pública direta e indireta de qualquer dos Poderes da União, dos Estados, do Distrito Federal e dos Municípios obedecerá aos princípios de legalidade, impessoalidade, moralidade, publicidade e eficiência e, também, ao seguinte: [...] §4º Os atos de improbidade administrativa importarão a suspensão dos direitos políticos, a perda da função pública, a indisponibilidade dos bens e o ressarcimento ao erário, na forma e gradação previstas em lei, sem prejuízo da ação penal cabível".

improbidade acabou gerando disfunções, como a inação administrativa, o desestímulo à inovação e a aversão dos agentes administrativos ao risco.[2]

Em 2018, a Câmara dos Deputados destacou uma comissão de juristas, a quem foi atribuída a tarefa de elaborar um anteprojeto de reforma da Lei de Improbidade Administrativa (Projeto de Lei nº 10.887, de 2018). O anteprojeto serviu de base aos debates no Congresso Nacional e deu origem à Lei Federal nº 14.230, de outubro de 2021, que modificou, substancialmente, o regramento da matéria.

Na legislação reformada, a ação de improbidade administrativa passou a ser caracterizada, expressamente, como um processo civil de viés punitivo, que não se confunde com a ação civil pública, robustecendo os direitos fundamentais dos acusados.

2 O que é improbidade?

As punições previstas na Constituição e na Lei de Improbidade Administrativa são gravíssimas. E isso, por si só, indica que a improbidade administrativa não é algo banal. Não pode ser confundida com a mera ilegalidade, com a má-gestão, nem mesmo com a imoralidade administrativa.

Probidade significa honestidade. A improbidade é, portanto, uma forma de corrupção, entendida como abuso do cargo para a obtenção de benefícios privados. A LIA reformada adotou esse conceito ao dispor, no art. 11, §1º, que somente haverá improbidade administrativa quando for comprovado que agente público exerceu a sua função, de forma dolosa, com o fim de obter proveito indevido para si ou para terceiros – aproximando-se do conceito de corrupção adotado pelas Nações Unidas.[3]

O legislador andou bem ao aproximar os conceitos de improbidade e de corrupção. O agente que comete erros, falhas ou descuidos não é um agente ímprobo. Também não é ímprobo o agente que interpretou a lei de modo diferente dos órgãos de controle. Não há crime de exegese no direito brasileiro (STF, Inq. nº 2.482, Tribunal Pleno, *DJe* de 17.2.2012).

Na lei anterior, o ato que causava dano ao erário, ainda que sem dolo, era considerado improbidade administrativa (art. 10). A modalidade culposa de improbidade administrativa era vista com inquietação por parte da doutrina e jurisprudência.[4]

---

[2]   SANTOS, Rodrigo Valgas dos. *Direito administrativo do medo*: risco e fuga da responsabilização dos agentes públicos. 2. ed. São Paulo: Revista dos Tribunais, 2022.

[3]   "Art. 11. [...] §1º Nos termos da Convenção das Nações Unidas contra a Corrupção, promulgada pelo Decreto nº 5.687, de 31 de janeiro de 2006, somente haverá improbidade administrativa, na aplicação deste artigo, quando for comprovado na conduta funcional do agente público o fim de obter proveito ou benefício indevido para si ou para outra pessoa ou entidade".

[4]   Como assinala Mauro Campbell Marques, "a modalidade culposa do ato de improbidade administrativa lesivo ao erário, previsto no art. 10 na redação atual da LIA, foi suprimida na proposta de reforma. Tal opção partiu da premissa, conforme exposto na justificativa do projeto, de que não seria 'dogmaticamente razoável compreender como ato de improbidade o equívoco, o erro ou a omissão decorrente de uma negligência, uma imprudência ou uma imperícia', bem como explicitou que 'evidentemente tais situações não deixam de poder se caracterizar como ilícitos administrativos que se submetem a sanções daquela natureza e, acaso haja danos ao erário, às consequências da lei civil quanto ao ressarcimento. Em síntese, atos ilícitos culposos praticados por agentes públicos e políticos devem ser apurados e punidos, mas não na esfera da Lei n. 8.429/1992, a qual deve ser aplicada apenas aos atos ímprobos dolosos" (MARQUES, Mauro Campbell. Breves Considerações sobre o Anteprojeto de Reforma da Lei de Improbidade Administrativa: A proposta da Comissão de Juristas Nomeada

Entendia-se que o enquadramento na Lei de Improbidade Administrativa exigia, ao menos, culpa grave do acusado, denotativa de um desvio ético.[5] Além da ilegalidade, o juiz deveria verificar teria havido "algo a mais", um mínimo de má-fé que revelasse a presença de um comportamento desonesto.

O art. 28 da LINDB, que foi introduzido pela Lei nº 13.655/18, corrigiu, parcialmente, essa falha da Lei de Improbidade, ao dispor que "o agente público responderá pessoalmente por suas decisões ou opiniões técnicas em caso de dolo ou erro grosseiro". Ou seja, o agente não pode ser responsabilizado por uma falha qualquer. O erro deve ser manifesto, evidente e inescusável, praticado com elevado grau de negligência, imprudência ou imperícia.

A Lei Federal nº 14.230/21 eliminou de vez a modalidade culposa de improbidade, além de reforçar, em diversos momentos, que os atos de improbidade administrativa são aqueles praticados de forma dolosa.[6] Destacou, expressamente, que não há ato de improbidade na divergência interpretativa da lei (art. 1º, §8º).

Segundo pensamos, o dolo é elemento indispensável para a configuração da improbidade. Sem ele, o que se tem é mera ilegalidade. E ninguém pode ser considerado ímprobo por erro de gestão, sem que tenha objetivado alcançar resultado de cuja desonestidade tenha tido consciência. Não é sequer razoável aplicarem-se as graves sanções cominadas ao agente ímprobo, como a perda da função pública e a suspensão dos direitos político, ao agente que erra.

Isso não significa que o agir negligente, imprudente ou com imperícia passou a ser tolerado pelo ordenamento. Tais atos já são objeto de controle interno, na esfera administrativa disciplinar, ou de controle externo, mediante atuação dos Tribunais de Contas. Há ainda o controle judicial, por meio da ação popular, da ação civil pública ou da ação civil reparatória. Como observa o homenageado, Marçal Justen Filho:

> [...] a improbidade configura uma hipótese de violação à legalidade. Mas isso não significa que toda e qualquer atuação defeituosa praticada por um agente estatal configure improbidade. [...] a ilegalidade é um gênero abrangente de diversas figuras, inclusive a improbidade. Mas daí não se segue que a improbidade consista apenas e tão somente numa

---

pela Câmara dos Deputados. *Doutrina*, Brasília, 2019. Edição comemorativa, 30 anos do Superior Tribunal de Justiça).

[5] "A improbidade lesiva ao patrimônio público culposa se dá quando o resultado danoso involuntário, porém previsível, é consequência de comportamento voluntário do agente público, denotativo de má-fé, para deslealdade funcional, pelo desvio ético (falta de probidade). [...] decorre dos requisitos indispensáveis para a configuração do ato de improbidade administrativa lesiva ao Erário que o real prejuízo causado ao Erário ao agente público, por simples erro de interpretação legal ou de inabilidade administrativa (erro de boa-fé) sem a existência de indício sério de que ele tenha se conduzido com dolo ou culpa denotativa de má-fé, não autoriza seu enquadramento nessa modalidade de ato ímprobo. A LIA, em suma, alcança agente público desonesto ou imoral, não imperito ou o inábil de boa-fé" (PAZZAGLINI FILHO, Marino. *Lei de Improbidade Administrativa comentada*: aspectos constitucionais, administrativos, civis, criminais, processuais e de responsabilidade fiscal; legislação e jurisprudência atualizadas. 5. ed. São Paulo: Atlas, 2011. p. 78-79).

[6] A doutrina vem sublinhando esta característica da "nova" lei: "De outro lado, há uma sensível mudança de enquadramento, pois aqui são punidos atos ou omissões que causem lesão, desde que dolosas, seguindo agora a mesma diretriz daquela do art. 9.º, nas quais referido elemento (dolo) mostra-se indispensável, sem possibilidade de punições aqui a título de culpa" (GAJARDONI, Fernando da Fonseca; CRUZ, Luana Pedrosa de Figueiredo; GOMES JUNIOR, Luiz Manoel; FAVRETO, Rogerio. *Comentários à Nova Lei de Improbidade Administrativa*. 5. ed. São Paulo: Thomson Reuters Brasil, 2021. p. 115).

violação da lei. A improbidade é uma ilegalidade qualificada por outros elementos, que lhe dão uma dimensão de gravidade diferenciada, implicam reprovabilidade muito intensa e exigem um sancionamento extremamente severo.[7]

A mera ilegalidade não é improbidade. Se a finalidade da Lei de Improbidade é punir, severamente, os agentes que cometem desvios éticos, sua aplicação deve ser reservada aos casos graves, efetivamente comprovados.

3 Ação de improbidade como tema do direito sancionador

O regime jurídico da *punição*, no direito brasileiro, não se confunde com o regime jurídico da *reparação/indenização*. Enquanto a reparação visa à recomposição patrimonial, a punição é um meio de retribuição e intimidação para a prevenção de ilícitos.

A responsabilidade civil extracontratual teve um processo histórico diferente da responsabilidade penal ou punitiva. Surgiu da necessidade de dar solução a situações trágicas, decorrentes da multiplicação dos riscos, cada vez mais presentes no quotidiano.[8] Nas atuais sociedades de consumo, as atividades econômicas geram riscos constantes para os consumidores e para o meio ambiente, podendo causar danos a terceiros independentemente de dolo ou culpa. Por isso a facilitação da defesa desses interesses em juízo, com a atribuição de responsabilidade objetiva e a redistribuição do ônus da prova.

Situação absolutamente diferente da aplicação da sanção punitiva, que pressupõe não o dano, mas uma conduta moralmente reprovável. Para que o Estado possa punir o acusado, é sempre necessário que a conduta típica esteja, efetivamente, comprovada, tanto o elemento objetivo (o ilícito tipificado), como o elemento subjetivo (a vontade livre e consciente de alcançar o resultado ilícito).

Não só as sanções penais, impostas no exercício da jurisdição criminal, são sanções punitivas. Também são sanções punitivas, por exemplo, a multa aplicada do litigante de má-fé (prevista no art. 81 do Código de Processo Civil), as sanções aplicadas pelos órgãos administrativos de defesa do consumidor (por meio de processos administrativos) e as sanções previstas na Lei de Improbidade Administrativa.

Embora sigam ritos processuais diferentes (algumas o processo penal, outras o processo civil e outras o processo administrativo), as sanções punitivas têm uma mesma racionalidade: seu objetivo não é a reparação de um prejuízo, mas a aplicação de uma pena (restrição de direito), àquele que cometeu um ilícito, a fim de intimidar eventuais infratores, para que não pratiquem os comportamentos proibidos, ou para induzir os sujeitos a atuarem em conformidade com a regra.[9]

Alguns autores defendem a ideia de que haveria um regime jurídico unitário na aplicação de todas as sanções punitivas. É a chamada teoria da unidade do *ius puniendi* do Estado. Como o poder punitivo estatal é um só, deveria haver um mesmo regime

---

[7] JUSTEN FILHO, Marçal. *Reforma da Lei de Improbidade Administrativa Comparada e Comentada*. Rio de Janeiro: Forense, 2022. p. 14-15.

[8] SCHREIBER, Anderson. *Novos paradigmas da responsabilidade civil*: da erosão dos filtros da reparação à diluição dos danos. 6. ed. São Paulo: Atlas, 2015. p. 17.

[9] BANDEIRA DE MELLO, Celso Antônio. *Curso de Direito Administrativo*. 35. ed. São Paulo: Malheiros, 2021. p. 809.

jurídico para a aplicação de qualquer punição.[10] Essa teoria é bastante controversa. Todavia, independentemente da aceitação da teoria do *ius puniendi* estatal, é certo que existe um núcleo de garantias constitucionais, que se estendem para todos os acusados, de forma geral.

Como a sanção punitiva vai além da mera reparação do dano, não raro atribuindo um estigma social ao condenado, sua aplicação está cercada de cautelas mais rígidas, previstas no art. 5º da Constituição Federal. Todas as sanções punitivas seguem alguns princípios em comum, historicamente desenvolvidos no direito penal, como: i) a presunção de inocência e a interpretação restritiva (inc. LVII);[11] ii) o princípio da personalidade da sanção (inc. XLV);[12] iii) o princípio da irretroatividade, salvo da lei mais benéfica (inc. XL);[13] iv) o princípio do contraditório e ampla defesa, que incide de forma mais incisiva nos processos acusatórios (inc. LV);[14] v) o princípio da tipicidade ou da anterioridade da norma punitiva (inc. XXXIX);[15] vi) e a vedação do uso de provas ilícitas (inc. LVI).[16]

Ainda que as sanções punitivas não compartilhem um mesmo regime jurídico, existe um terreno comum às atividades repressivas do Estado, em que incidem as garantias fundamentais dos acusados, historicamente desenvolvidas no direito penal. Esse é o entendimento majoritário da doutrina[17] e, também, é o que prevalece na jurisprudência do Superior Tribunal de Justiça:

---

[10] Nesse sentido, Rafael Munhoz de Mello afirma que o poder punitivo estatal é *uno* e pode se manifestar tanto por meio de sanções penais (impostas no exercício da função jurisdicional) como pelas sanções administrativas (impostas no exercício da função administrativa). "É dizer, tanto a sanção penal como a administrativa são manifestações de um mesmo poder estatal, o *ius puniendi*. Daí se falar em unidade do poder punitivo estatal, poder que abrange tanto as sanções penais (direito penal) como as sanções administrativas (direito administrativo sancionador)" (MELLO, Rafael Munhoz de. *Princípios Constitucionais de Direito Administrativo Sancionador*. São Paulo: Malheiros, 2007 p. 45). Em sentido contrário, Juliana Bonacorsi de Palma entende que o direito administrativo confere peculiaridades às sanções administrativas, que não são encontradas no sistema de direito penal. O fundamento da competência sancionatória detida pela administração pública não encontraria fundamento, portanto, no *ius puniendi* estatal, mas sim em prerrogativas sancionatórias previstas pontualmente nos textos legais, que seriam exercidas nos termos e limites definidos pelo regime próprio (PALMA, Juliana Bonacorsi de. *Sanção e Acordo na Administração Pública*. São Paulo: Malheiros, 2015. p. 89). Também contrário ao discurso do *ius puniendi* estatal, Fábio Medina Osório considera que **essa** construção esbarraria em dificuldades de ordem prática e teórica, visto que os regimes jurídicos do direito penal e do direito administrativo sancionador são efetivamente distintos, uma vez que seus ilícitos recebem tratamentos substancial e processual diversos (OSÓRIO, Fábio Medina. *Teoria da Improbidade Administrativa*. 2. ed. São Paulo: Revista dos Tribunais, 2010 p. 127).

[11] "LVII – ninguém será considerado culpado até o trânsito em julgado de sentença penal condenatória; [...]".

[12] "XLV – nenhuma pena passará da pessoa do condenado, podendo a obrigação de reparar o dano e a decretação do perdimento de bens ser, nos termos da lei, estendidas aos sucessores e contra eles executadas, até o limite do valor do patrimônio transferido; [...]".

[13] "XL – a lei penal não retroagirá, salvo para beneficiar o réu; [...]".

[14] "LV – aos litigantes, em processo judicial ou administrativo, e aos acusados em geral são assegurados o contraditório e ampla defesa, com os meios e recursos a ela inerentes; [...]".

[15] "XXXIX – não há crime sem lei anterior que o defina, nem pena sem prévia cominação legal; [...]".

[16] "LVI – são inadmissíveis, no processo, as provas obtidas por meios ilícitos; [...]".

[17] Por exemplo: BANDEIRA DE MELLO, Celso Antônio. *Curso de Direito Administrativo*. 35. ed. São Paulo: Malheiros, 2021; JUSTEN FILHO, Marçal. *Comentários à Lei de Licitações e Contratações Administrativas*. 2. ed. São Paulo: Revista dos Tribunais. 2023; FIGUEIREDO, Lucia Valle. *Curso de Direito Administrativo*. 9. ed. São Paulo. Malheiros, 2008; SUNDFELD, Carlos Ari. A Defesa nas Sanções Administrativas. *Revista de Direito Público*, Rio de Janeiro, n. 84, p. 99-106, 1987; MOREIRA NETO, Diogo de Figueiredo. O direito administrativo do século XXI: um instrumento de realização da democracia substantiva. *Revista de Direito Administrativo & Constitucional*, Belo Horizonte, ano 11, n. 45, p. 13-37, jul./set. 2011; ZARDO, Francisco. *Infrações e Sanções em Licitações e Contratos Administrativos*. São Paulo: Revista dos Tribunais, 2014; OSÓRIO, Fábio Medina. *Teoria da Improbidade Administrativa*. 2. ed. São Paulo: Revista dos Tribunais, 2010; OLIVEIRA, Regis Fernandes de.

O processo administrativo disciplinar é uma espécie de direito sancionador. Por essa razão, a Primeira Turma do STJ declarou que o princípio da retroatividade mais benéfica deve ser aplicado também no âmbito dos processos administrativos disciplinares.[18]

O poder punitivo estatal exteriorizado no direito administrativo sancionador exige o diálogo com o regime jurídico aplicável no âmbito do Direito Penal, primordialmente, no que toca o princípio da culpabilidade e a obrigatória comprovação de culpa em sentido lato, seja pela prévia constatação de dolo (intenção) ou culpa em sentido estrito (negligência, imprudência ou imperícia). A incidência do princípio constitucional da culpabilidade consagra direitos e garantias fundamentais do indivíduo em face do poder sancionatório estatal e impede a responsabilização objetiva por infração administrativa, salvo previsão legal expressa.[19]

[...] por força do princípio da legalidade estrita em matéria de direito sancionador, as sanções aplicáveis limitam-se àquelas previstas pelo legislador ordinário, não cabendo ao Judiciário estendê-las ou criar novas punições, sob pena, inclusive, de violação ao princípio da separação dos poderes, de modo que, por não haver previsão na Lei 8.429/92, falece competência à autoridade judicial para impor a sanção de cassação de aposentadoria, pela prática de ato de improbidade administrativa.[20]

Com a reforma da Lei Federal nº 14.230/21, ficou claro que a ação de improbidade administrativa é regida pelo direito sancionador, não por outros sistemas. Dispõe o art. 1º, §4º que o sistema da improbidade é informado pelos "princípios constitucionais do direito administrativo sancionador". O que quer dizer que incidem as garantias comuns aplicáveis a todas as espécies de processo punitivo, tradicionalmente desenvolvidas no direito penal.

Isso aparece com clareza quando se analisam as regras relativas ao ônus probatório, que agora está inteiramente a cargo da acusação, em atenção ao princípio da presunção de inocência (art. 17). Cabe ao autor individualizar a conduta dos réus e indicar os elementos probatórios mínimos que demonstrem a ocorrência das condutas tipificadas, inclusive a demonstração do elemento subjetivo (art. 17, §6º). A lei exige, portanto, uma espécie de *fumus*, ou "justa causa", para que seja admitida uma ação de improbidade, evitando aventuras judiciárias e obstando o manejo deste tipo de ação com o objetivo único de manchar a reputação de alguém. Neste caso, o direito de ação perde um pouco de seu caráter abstrato.

Além disso, reforçando a sua integração ao sistema sancionador, a nova lei de improbidade estabelece que: para cada ato de improbidade administrativa, deverá ser indicado apenas um tipo dentre aqueles previstos na lei (art. 17, §10-D); é vedado o ajuizamento de mais de uma ação de improbidade pelo mesmo fato (art. 17, §19, III);

Infrações e Sanções Administrativas. 3. ed. São Paulo: Revista dos Tribunais, 2012; FERREIRA, Daniel. *Teoria Geral da Infração Administrativa*. Belo Horizonte: Fórum, 2009; MERÇON-VARGAS, Sarah. *Teoria do processo judicial punitivo não penal*. Salvador: JusPodivm, 2018; e MELLO, Rafael Munhoz de. *Princípios Constitucionais de Direito Administrativo Sancionador*. São Paulo: Malheiros, 2007.

[18] AgInt no RMS nº 65.486/RO. Rel. Min. Mauro Campbell Marques, Segunda Turma, julgado em 17.8.2021, *DJe* de 26.8.2022.

[19] AgInt no REsp nº 1.374.044/DF. Rel. Min. Regina Helena Costa, Primeira Turma, julgado em 14.2.2022, *DJe* de 17.2.2022.

[20] AgInt no AgInt no REsp nº 1.941.701/SC. Rel. Min. Assusete Magalhães, Segunda Turma, julgado em 8.8.2022, *DJe* de 12.8.2022.

a recusa ou o silêncio do réu não geram confissão (art. 17, §18); não há presunção de veracidade dos fatos alegados pelo autor em caso de revelia (art. 17, §19, I); não há inversão do ônus da prova ao réu (art. 17, §19, II); não há reexame obrigatório da sentença de improcedência ou de extinção sem resolução de mérito (art. 17, §19, IV); e as sanções previstas na lei de improbidade somente poderão ser executadas após o trânsito em julgado da sentença condenatória (art. 12, §9º).

4 Ação de improbidade é ação civil pública?

Talvez um dos temas mais mal compreendidos do direito brasileiro seja o das ações civis públicas ou ações coletivas.[21] São expressões quase sinônimas. O próprio constituinte, ao utilizar o termo "ação civil pública", no art. 129, III da CF,[22] trata da defesa, *lato sensu*, dos interesses difusos e coletivos.

As ações coletivas, hoje, são regidas pelo Código de Defesa do Consumidor (em sua parte processual), pela Lei da Ação Civil Pública e pela Lei da Ação Popular. Esses diplomas disciplinam, de modo engrenado, as ações coletivas no país. Esta circunstância atípica é significativamente responsável pelas infinitas discussões que existem, muitas delas de natureza meramente terminológica.

Afinal, o que é uma ação coletiva? As características de uma ação coletiva estão em seus dois extremos: i) na legitimidade diferenciada; ii) e no espectro de abrangência da eficácia da sentença, ou da coisa julgada (como erradamente se diz). Não estão no bem jurídico tutelado, como, equivocadamente, se sustenta.

A nosso ver, existem duas espécies de ações coletivas: i) aquelas por meio das quais se fazem valer direitos intrinsecamente coletivos, como exemplo, o direito ao ambiente saudável; e ii) outras em que se defendem direitos individuais idênticos, como exemplo, direitos de massa ligados a um contrato padrão de consumo. Neste último caso, pode haver ações individuais, no primeiro, nem sempre: não há ações individuais para se defender o direito à conservação do patrimônio histórico ou estético.

Mas não é o mérito que define ser a ação coletiva ou não. Basta considerar que direitos transindividuais, como direito ao meio ambiente, moralidade administrativa e direitos dos consumidores, podem ser tutelados por meio de ações civis individuais, ações civis públicas, ou, ainda, ações penais.

---

[21] Mesmo aqueles que sempre insistiram na qualificação da ação de improbidade como uma ação coletiva, em face da "nova" lei revisitaram sua posição: "Contudo, por expressa delimitação do legislador, referida posição deve ser objeto de esclarecimentos e aperfeiçoamentos. Ainda que seja uma ação coletiva, considerando a presença dos requisitos previstos pela doutrina (a-) legitimação diferenciada; b-) regime especial da coisa julgada indo além das partes e; c-) objeto coletivo – direito difuso à probidade) o fato é que agora resta clara a diferenciação na forma do art. 17-D, da Lei de Improbidade: 'Art. 17-D. A ação por improbidade administrativa é repressiva, de caráter sancionatório, destinada à aplicação de sanções de caráter pessoal previstas nesta Lei, e não constitui ação civil, vedado seu ajuizamento para o controle de legalidade de políticas públicas e para a proteção do patrimônio público e social, do meio ambiente e de outros interesses difusos, coletivos e individuais homogêneos' [...]" (GAJARDONI, Fernando da Fonseca; CRUZ, Luana Pedrosa de Figueiredo; GOMES JUNIOR, Luiz Manoel; FAVRETO, Rogerio. *Comentários à Nova Lei de Improbidade Administrativa*. 5. ed. São Paulo: Thomson Reuters Brasil, 2021. p. 405).

[22] O art. 129, III, da Constituição Federal estabelece que: "São funções institucionais do Ministério Público: [...] III – promover o inquérito civil e a ação civil pública, para a proteção do patrimônio público e social, do meio ambiente e de outros interesses difusos e coletivos; [...]".

A legitimidade diferenciada da ação civil pública visa a possibilitar a defesa de direitos coletivos (pertencente a vários indivíduos, de forma indivisível), ou dar proteção coletiva a direitos individuais homogêneos (cujos titulares são individualmente determinados, mas tratados coletivamente em razão da massificação das relações jurídicas), quer evitado o litisconsórcio multitudinário, quer evitando o ajuizamento de milhares de ações idênticas.[23] Não por outra razão, a Lei da Ação Civil Pública (art. 16) e o Código de Direito do Consumidor (art. 103) estabelecem que a sentença terá eficácia *erga omnes* ou *ultra partes*, beneficiando os titulares dos direitos de forma genérica.[24]

A doutrina nunca esteve de acordo quanto à ação de improbidade ser considerada uma ação coletiva.[25] [26] Isto ocorre porque, se de um lado a lei tutela bem jurídico "transindividual" (a moralidade administrativa), a ação de improbidade volta-se, primariamente, à aplicação de sanções punitivas aos agentes públicos, não à inibição ou à reparação de danos causados em nível supraindividual.

Para Émerson Garcia e Rogério Pacheco Alves, a Lei de Improbidade Administrativa seria uma ação civil pública porque tutela direitos transindividuais:

> Entra pelos olhos, desta forma, que a incidência, ou não das regras previstas na Lei da Ação Civil Pública, de técnica de tutela, independentemente do nome que se queira dar à ação e ao rito que se deseje imprimir, vai depender, fundamentalmente, da identificação, ou não, de um direito transindividual (difuso, coletivo ou individual homogêneo) objeto do referido diploma legal. Se considerarmos que a Lei n. 8.429/92 compõe, ao lado de outros instrumentos constitucionais e infraconstitucionais, o amplo sistema de tutela do patrimônio público interesse difuso, a possibilidade de manejo da ação civil pública na seara da improbidade, quer pelo Ministério Público, quer pelos demais colegitimados, torna-se clara.[27]

Para Teori Zavascki, a ação de improbidade não se confunde com a ação civil pública, posto que visa à aplicação de sanções punitivas aos agentes públicos, não à inibição ou à reparação de danos causados aos bens transindividuais:

---

[23] ZAVASCKI, Teori Albino. *Processo Coletivo*. Tutela de direitos coletivos e tutela coletiva de direitos. 7. ed. São Paulo: Revista dos Tribunais, 2017. p. 39.

[24] Excepcionalmente, tutelam-se por meio das ações coletivas direitos que não são coletivos, em função da sua relevância. As ações coletivas típicas, entretanto, são aquelas em que se tutelam direitos transindividuais ou individuais homogêneos e que produzem necessariamente uma decisão abstrata, cujos efeitos se espraiam por toda a comunidade ou beneficiam, coletivamente, os seus titulares: se assim não fosse, esses direitos não estariam sendo adequadamente tutelados.

[25] Entendem que a ação de improbidade administrativa era uma ação civil pública, por exemplo: GARCIA, Emerson; ALVES, Rogério Pacheco. *Improbidade administrativa*. 9. ed. São Paulo: Saraiva, 2017; NEVES, Daniel Amorim Assumpção; OLIVEIRA, Rafael Carvalho Rezende. *Manual de improbidade administrativa*: direito material e processual. 7. ed. Rio de Janeiro/São Paulo: Forense, 2019; GAJARDONI, Fernando da Fonseca; CRUZ, Luana Pedrosa de Figueiredo; GOMES JUNIOR, Luiz Manoel; FAVRETO, Rogerio. *Comentários à Nova Lei de Improbidade Administrativa*. 5. ed. São Paulo: Thomson Reuters Brasil, 2021.

[26] Entendem que a ação de improbidade administrativa não era uma ação civil pública, por exemplo: ZAVASCKI, Teori Albino. *Processo Coletivo*. Tutela de direitos coletivos e tutela coletiva de direitos. 7. ed. São Paulo: Revista dos Tribunais, 2017; MEIRELLES, Hely Lopes; WALD, Arnaldo; MENDES, Gilmar Ferreira. *Mandado de segurança e ações constitucionais*. 38. ed. São Paulo: Malheiros, 2019; FIGUEIREDO, Marcelo. Ação de improbidade administrativa: suas peculiaridades e inovações. *In*: BUENO, Cassio Scarpinella; PORTO FILHO, Pedro Paulo de Rezende (Coord.). *Improbidade Administrativa*: questões polêmicas e atuais. São Paulo: Malheiros, 2001.

[27] GARCIA, Emerson; ALVES, Rogério Pacheco. *Improbidade administrativa*. 9. ed. São Paulo: Saraiva, 2017. p. 924.

Na mesma linha da preocupação de tutelar o direito transindividual à probidade da Administração Pública, a Constituição Federal, no seu art. 37, §4.º, estabeleceu que 'os atos de improbidade administrativa importarão a suspensão dos direitos políticos, a perda da função pública, a indisponibilidade dos bens e o ressarcimento ao erário, na forma e gradação previstas em lei, sem prejuízo da ação penal cabível'. O ponto de referência, aqui, já não é o de preservar ou recompor o patrimônio público ou os atos da administração (objetivo primordial da ação civil pública e da ação popular), mas sim, fundamentalmente, o de punir os responsáveis por atos de improbidade. Foi, pois, com esse objetivo que, regulamentando o dispositivo da Constituição, surgiu a Lei 8.429, de 02.06.1992. [...] Trata-se, portanto, de ação com caráter eminentemente repressivo, destinada, mais que a tutelar direitos, a aplicar penalidades. Sob esse aspecto, ela é marcadamente diferente da ação civil pública e da ação popular. Todavia, há entre elas um ponto comum de identidade: as três, direta ou indiretamente, servem ao objetivo maior e superior de tutelar o direito transindividual e democrático a um governo probo e a uma administração pública eficiente e honesta.[28]

Como dissemos, não é o bem jurídico tutelado que faz da ação uma ação coletiva, mas a abrangência da decisão. A jurisprudência do Superior Tribunal de Justiça, no entanto, acabou adotando o entendimento de que a ação de improbidade faria parte do "microssistema de proteção dos direitos difusos",[29] especialmente diante do bem protegido (a moralidade administrativa).

A consequência prática foi a aplicação emprestada de normas previstas na Lei da Ação Civil Pública, na Lei da Ação Popular e no Código de Defesa do Consumidor. Já se entendeu, por exemplo, que: i) a sentença de improcedência na ação de improbidade estaria sujeita ao reexame necessário;[30] ii) a apelação do réu deveria ser recebida somente no efeito devolutivo;[31] iii) o autor poderia aditar a inicial, mesmo depois da defesa prévia;[32] iv) seria possível realizar a penhora dos proventos de aposentadoria;[33] e v) qualquer decisão interlocutória poderia ser impugnada por agravo de instrumento (art. 19 da Lei Federal nº 4.717/65), afastando o rol taxativo do art. 1.015 do CPC/2015.[34]

Alguns autores, partindo do pressuposto de que a ação de improbidade seria uma ação civil pública, propunham outros aportes do microssistema de processo coletivo, como: i) a coisa julgada *secundum eventum probationis*, de modo que, se a ação de improbidade fosse julgada improcedente por deficiência de prova, não haveria coisa julgada;[35] ii) e a extensão da legitimidade ativa (leia-se, o exercício da pretensão acusatória) à defensoria pública e às associações.[36]

---

[28] ZAVASCKI, Teori Albino. *Processo Coletivo*. Tutela de direitos coletivos e tutela coletiva de direitos. 7. ed. São Paulo: Revista dos Tribunais, 2017. p. 101.

[29] REsp nº 1452660/ES. Rel. Min. Og Fernandes, Segunda Turma, *DJe* 27.04.2018.

[30] EREsp nº 1.220.667/MG. Rel. Min. Herman Benjamin, Primeira Seção, *DJe* 30.6.2017.

[31] REsp nº 1.523.385/PE. Rel. Min. Herman Benjamin, Segunda Turma, *DJe* 7.10.2016.

[32] TJSP. Apelação Cível nº 1001830-76.2017.8.26.0296. Rel. Marcelo Semer, 10ª Câmara de Direito Público, *DJ* 15.03.2021.

[33] TJDF. Autos nº 0717478-08.2023.8.07.0000. Rel. Roberto Freitas Filho, 3ª Turma Cível, *DJ* 31.10.2023.

[34] AgInt no REsp nº 1.733.540/DF. Rel. Min. Gurgel de Faria, Primeira Turma, *DJe* 4.12.2019.

[35] NEVES, Daniel Amorim Assumpção; OLIVEIRA, Rafael Carvalho Rezende. *Manual de improbidade administrativa*: direito material e processual. 7. ed. Rio de Janeiro/São Paulo: Forense, 2019. p. 262.

[36] GARCIA, Emerson; ALVES, Rogério Pacheco. *Improbidade administrativa*. 9. ed. São Paulo: Saraiva, 2017. p. 952; 957.

Estes empréstimos de regras relativas às ações coletivas deformam inteiramente o regime das ações de improbidade, que devem seguir a rigidez do sistema das ações que geram sanções. A flexibilização, própria das ações coletivas, acabam por gerar dificuldades para que a lei cumpra sua função social, como a aversão aos riscos e a inação administrativa. Atar as mãos dos administradores não é o que se deseja.

Na ação de improbidade, busca-se a aplicação de sanções punitivas aos agentes públicos, não à inibição ou à reparação de danos causados em nível supraindividual. A reparação do dano ao erário e a perda dos bens ilicitamente adquiridos é efeito civil da sentença condenatória proferida na ação de improbidade (art. 18 da LIA), semelhante ao que ocorre na sentença penal (art. 91 do Código Penal). Ainda que o ressarcimento de danos ao erário possa, de certa maneira, atingir a todos, não é esta sua principal característica.

O processo de improbidade administrativa é, por sua essência, de natureza sancionadora. Visa a punir, individualmente, atos de corrupção, impondo sanções que podem incluir a perda da função pública, a suspensão de direitos políticos e a aplicação de multa. Diferencia-se, portanto, das ações civis públicas, na medida em que vai além da inibição ou da reparação do dano. Nas palavras de Marçal Justen Filho:

> [...] a disciplina da improbidade administrativa caracteriza-se pela previsão de sanções diferenciadas, com forte carga política. O pedido da ação de improbidade se dirige à aplicação de sanções dessa ordem. [...] Já uma ação civil pública envolve fundamentos e pedidos específicos que não se confundem com aqueles contemplados numa ação de improbidade.[37]

A ação de improbidade objetiva a aplicação de penas (civis, administrativas e políticas) ao réu. Por meio dessa ação, o autor exercita verdadeira pretensão acusatória, que é cercada de garantias especiais, decorrentes da presunção de inocência (art. 5º, da Constituição Federal). Devido ao seu caráter repressivo, o processo de improbidade exige observância rigorosa dos princípios do contraditório e da ampla defesa.

O microssistema de proteção aos interesses coletivos, por outro lado, age em uma "lógica" preventiva e reparatória, não necessariamente punindo um indivíduo, mas restaurando o equilíbrio social. O processo é mais flexível, permitindo medidas como a inversão do ônus da prova e a execução mais ágil da sentença, de modo obter a rápida proteção de direitos titularizados por uma coletividade.

Orientar a ação de improbidade pela racionalidade do "microssistema de tutela coletiva" não é só tecnicamente equivocado, mas suprime direitos fundamentais do acusado e gera insegurança jurídica. A confusão entre os sistemas gera disfunções, colocando o réu em posição desvantajosa, diminuindo o rigor probatório ou acarretando a aplicação de sanções prematuras.

A ação de improbidade administrativa também não é, evidentemente, uma ação civil comum, em razão da legitimidade diferenciada e da pretensão acusatória nela veiculada. É uma ação civil *sui generis*, construída de modo a compatibilizar a repressão dos atos de corrupção com os direitos fundamentais dos acusados.

---

[37] JUSTEN FILHO, Marçal. *Reforma da Lei de Improbidade Administrativa Comparada e Comentada*. Rio de Janeiro: Forense, 2022. p. 201.

A legitimidade para propor uma ação de improbidade é diferente da legitimidade disciplinada pelo Código de Processo Civil. Nas ações individuais, às quais se aplica o Código de Processo Civil, a legitimidade para o processo *deriva* da legitimidade para a ação. Significa, por exemplo, que aquele que contratou (e que, portanto, tem legitimidade para a causa) tem legitimidade para o processo em que se vai discutir a higidez das cláusulas contratuais daquele contrato específico.[38]

Diferentemente ocorre com as ações coletivas, as ações penais públicas e a ação de improbidade. A legitimidade processual não decorre automaticamente da legitimidade para a causa – decorre da lei. Aquele que pode mover uma ação de improbidade não tem legitimação para a causa. Este é o caso do Ministério Público (ou ainda a pessoa jurídica lesada, conforme decidiu o Supremo Tribunal Federal nas ADIs n°s 7.042 e 7.043),[39] que tem legitimidade extraordinária, ou seja, exclusivamente para o processo.

A legislação reformada, resolvendo a polêmica, dispôs que a ação de improbidade segue o procedimento comum previsto no Código de Processo Civil (art. 17),[40] temperado com regras específicas que buscam dar efetividade às garantias constitucionais dos acusados em geral (art. 1°, §4°).[41] Segue, portanto, não o "procedimento comum", mas um procedimento especial.

Para enfatizar a distinção entre a ação de improbidade e a ação civil pública, o legislador vedou o ajuizamento da ação de improbidade para fim de controle de legalidade de políticas públicas, ou para a proteção de interesses difusos, coletivos ou individuais homogêneos (art. 17-D).[42] Também dispôs que, se o magistrado não identificar os requisitos para a imposição das sanções aos agentes incluídos no polo passivo da demanda, poderá, em decisão motivada, converter a ação de improbidade administrativa em ação civil pública, decisão que poderá ser impugnada por meio de agravo de instrumento (art. 17, §§16 e 17).[43]

---

[38] ALVIM, Teresa Arruda. *Nulidades do processo e da sentença*. 11. ed. rev., atual. e ampl. São Paulo: Revista dos Tribunais, 2021. p. 62-65.

[39] Em 31.8.2022, o STF, por maioria, julgou parcialmente procedentes os pedidos das Ações Diretas de Inconstitucionalidade n°s 7.042 e 743 para: (a) declarar a inconstitucionalidade parcial, sem redução de texto, do *caput* e dos §§6°-A e 10-C do art. 17, assim como do *caput* e dos §§5° e 7° do art. 17-B, da Lei n° 8.429/1992, na redação dada pela Lei n° 14.230/2021, de modo a restabelecer a existência de legitimidade ativa concorrente e disjuntiva entre o Ministério Público e as pessoas jurídicas interessadas para a propositura da ação por ato de improbidade administrativa e para a celebração de acordos de não persecução civil; e (b) declarar a inconstitucionalidade parcial, com redução de texto, do §20 do art. 17 da Lei n° 8.429/1992, incluído pela Lei n° 14.230/2021, no sentido de que não existe "obrigatoriedade de defesa judicial"; havendo, porém, a possibilidade de os órgãos da Advocacia Pública autorizarem a realização dessa representação judicial, por parte da assessoria jurídica que emitiu o parecer atestando a legalidade prévia.

[40] "Art. 17. A ação para a aplicação das sanções de que trata esta Lei será proposta pelo Ministério Público e seguirá o procedimento comum previsto na Lei n° 13.105, de 16 de março de 2015 (Código de Processo Civil), salvo o disposto nesta Lei".

[41] "Art. 1° O sistema de responsabilização por atos de improbidade administrativa tutelará a probidade na organização do Estado e no exercício de suas funções, como forma de assegurar a integridade do patrimônio público e social, nos termos desta Lei. [...] §4° Aplicam-se ao sistema da improbidade disciplinado nesta Lei os princípios constitucionais do direito administrativo sancionador".

[42] "Art. 17-D. A ação por improbidade administrativa é repressiva, de caráter sancionatório, destinada à aplicação de sanções de caráter pessoal previstas nesta Lei, e não constitui ação civil, vedado seu ajuizamento para o controle de legalidade de políticas públicas e para a proteção do patrimônio público e social, do meio ambiente e de outros interesses difusos, coletivos e individuais homogêneos".

[43] "Art. 17. [...] §16. A qualquer momento, se o magistrado identificar a existência de ilegalidades ou de irregularidades administrativas a serem sanadas sem que estejam presentes todos os requisitos para a imposição das sanções aos agentes incluídos no polo passivo da demanda, poderá, em decisão motivada, converter a ação

5 Procedimento que nada tem de "comum"

Equivocadamente, o legislador diz que as ações de improbidade seguem o procedimento comum, previsto no Código de Processo Civil de 2015. Mas isso, de fato, não ocorre. O procedimento das ações de improbidade é especial, em razão do regramento específico da Lei Federal nº 8.429/92. Não havendo disposição diferente na lei especial, aplicam-se as regras gerais do Código de Processo Civil (não os dispositivos da Lei da Ação Civil Pública, da Lei da Ação Popular, ou do Código de Defesa do Consumidor).

Antes da reforma, havia uma fase preliminar, chamada de "defesa prévia", em que os réus eram intimados para falar em 15 dias a respeito da (in)admissibilidade da petição inicial, depois do qual era proferida uma decisão, no sentido de se dever (ou não) prosseguir com a ação de improbidade. Esta regra foi concebida com o objetivo de proteger os réus,[44] evitando aventuras políticas.[45] A nosso ver, a intenção era boa, mas o procedimento, ruim.

A existência de uma etapa preliminar de notificação dos acusados (nos moldes do procedimento previsto nos arts. 513 a 518 do Código de Processo Penal para os crimes funcionais) criava uma duplicidade desnecessária de defesas. As questões que o acusado poderia alegar em sua defesa prévia poderiam ser alegadas na própria contestação. Na prática, não há diferença entre a decisão que extingue o processo após a defesa prévia ou logo seguida à apresentação da contestação.[46]

A Lei de Improbidade Administrativa reformada aperfeiçoou o procedimento, prevendo três hipóteses em que o juiz poderia extinguir, liminarmente, a ação, antes da citação do réu. Dispõe o art. 17, §6º, que a petição inicial será "rejeitada", nos termos do art. 330 do CPC, quando: i) não estiver individualizada a conduta do réu; ii) não houver elementos probatórios mínimos que demonstrem a sua autoria, a veracidade dos fatos e o dolo imputado; iii) ou, ainda, quando manifestamente inexistente o ato de improbidade.[47]

---

de improbidade administrativa em ação civil pública, regulada pela Lei nº 7.347, de 24 de julho de 1985. §17. Da decisão que converter a ação de improbidade em ação civil pública caberá agravo de instrumento".

[44] A respeito da importância dessa fase inicial, Arnold Wald, Gilmar Mendes e Hely Lopes Meirelles observavam que o objetivo do procedimento, "que a princípio pode parecer repetitivo, é o de filtrar as ações que não tenham base sólida e segura, obrigando o juiz [...] a examinar efetivamente, desde logo, com atenção e cuidado, as alegações e os documentos da inicial [...]. O instituto da defesa preliminar funciona como uma proteção moral para o agente público acusado, para quem o simples fato de ser réu pode implicar mancha na reputação" (MEIRELLES, Hely Lopes; WALD, Arnaldo; MENDES, Gilmar Ferreira. *Mandado de segurança e ações constitucionais*. 32. ed. São Paulo: Malheiros, 2009. p. 257).

[45] MATTOS, Mauro Roberto Gomes de. *O limite da improbidade administrativa*: comentários à lei nº 8.429/92. 5. ed. Rio de Janeiro: Forense, 2010. p. 570.

[46] NEVES, Daniel Amorim Assumpção; OLIVEIRA, Rafael Carvalho Rezende. *Manual de improbidade administrativa*: direito material e processual. 7. ed. Rio de Janeiro/São Paulo: Forense, 2019. p. 227.

[47] "§6º A petição inicial observará o seguinte: I – deverá individualizar a conduta do réu e apontar os elementos probatórios mínimos que demonstrem a ocorrência das hipóteses dos arts. 9º, 10 e 11 desta Lei e de sua autoria, salvo impossibilidade devidamente fundamentada; II – será instruída com documentos ou justificação que contenham indícios suficientes da veracidade dos fatos e do dolo imputado ou com razões fundamentadas da impossibilidade de apresentação de qualquer dessas provas, observada a legislação vigente, inclusive as disposições constantes dos arts. 77 e 80 da Lei nº 13.105, de 16 de março de 2015 (Código de Processo Civil). [...] §6º-B A petição inicial será rejeitada nos casos do art. 330 da Lei nº 13.105, de 16 de março de 2015 (Código de Processo Civil), bem como quando não preenchidos os requisitos a que se referem os incisos I e II do §6º deste artigo, ou ainda quando manifestamente inexistente o ato de improbidade imputado".

Nas duas primeiras hipóteses a decisão é terminativa, conforme o art. 485, I, do CPC. Contudo, se o juiz considerar que não se está diante de ato de improbidade, a decisão é de mérito, nos termos do art. 487, I, do CPC. Havendo indeferimento da petição inicial, ou se a ação for julgada manifestamente improcedente, o recurso cabível será a apelação.

Além da possibilidade de rejeição liminar da inicial, o legislador reforçou, no art. 17, §11, que, em qualquer momento, o juiz poderá julgar a demanda improcedente, se verificada a inexistência do ato de improbidade. Em uma primeira leitura, o dispositivo soa desnecessário, pois as regras gerais do Código de Processo Civil já permitiriam um resultado muito parecido (arts. 332, 354, 355). Todavia, a ideia nos parece ser a de reforçar a "lógica sancionadora" do sistema, pois o juiz deve evitar, a todo momento, o prolongamento, desnecessário, de ações punitivas inviáveis ou manifestamente improcedentes.[48]

Não se podem ignorar os reflexos da ação de improbidade sobre o acusado. A mera existência do processo afeta a sua imagem, sua carreira ou os seus negócios, causando danos irreversíveis, que não serão desfeitos em caso de improcedência. O direito não admite o trâmite de ações aventureiras, sem plausibilidade jurídica, ou que estejam desacompanhadas de provas idôneas. Por isso a importância do procedimento administrativo prévio (art. 14), por meio do qual o autor deve angariar provas satisfatórias e suficientes para o ajuizamento da ação.

Antes da reforma, o art. 16 da LIA permitia o sequestro dos bens do réu que tivesse enriquecido ilicitamente ou causado dano ao patrimônio público, se houvesse indícios suficientes da sua responsabilidade.[49] Tratava-se, a nosso ver, de uma decisão cautelar, cujo deferimento pressupõe o *fumus boni iuris* e o *periculum in mora*.

O Superior Tribunal de Justiça, no entanto, adotou, a nosso ver equivocadamente, o entendimento de que o perigo seria presumido na ação de improbidade, não sendo necessária a demonstração concreta de que a medida fosse necessária para garantir a recomposição do patrimônio público.[50] Também decidiu que a indisponibilidade dos bens sobre o patrimônio dos réus deveria abranger, além da devolução do acréscimo patrimonial indevido e do ressarcimento de eventual prejuízo ao erário, o valor de possível multa civil que viesse a ser aplicada.[51] E, ainda, que seria possível a constrição patrimonial em sua totalidade, em relação a todos os acusados, sem necessidade de divisão *pro rata*, ao menos até ao final da instrução.[52]

---

[48] JUSTEN FILHO, Marçal. *Reforma da Lei de Improbidade Administrativa Comparada e Comentada*. Rio de Janeiro: Forense, 2022. p. 199.

[49] "Art. 16. Havendo fundados indícios de responsabilidade, a comissão representará ao Ministério Público ou à procuradoria do órgão para que requeira ao juízo competente a decretação do seqüestro dos bens do agente ou terceiro que tenha enriquecido ilicitamente ou causado dano ao patrimônio público. §1º O pedido de seqüestro será processado de acordo com o disposto nos arts. 822 e 825 do Código de Processo Civil. §2º Quando for o caso, o pedido incluirá a investigação, o exame e o bloqueio de bens, contas bancárias e aplicações financeiras mantidas pelo indiciado no exterior, nos termos da lei e dos tratados internacionais".

[50] "É possível a decretação da "indisponibilidade de bens do promovido em Ação Civil Pública por Ato de Improbidade Administrativa, quando ausente (ou não demonstrada) a prática de atos (ou a sua tentativa) que induzam à conclusão de risco de alienação, oneração ou dilapidação patrimonial de bens do acionado, dificultando ou impossibilitando o eventual ressarcimento futuro" (Tema Repetitivo nº 701, REsp nº 1.366.721/BA. Rel. Min. Napoleão Nunes Maia Filho, Rel. para acórdão Ministro Og Fernandes, Primeira Seção, julgado em 26.2.2014, *DJe* de 19.9.2014).

[51] AgRg no REsp nº 1414569/BA. Rel. Min. Humberto Martins, Segunda Turma, julgado em 06.05.2014.

[52] AgInt no REsp nº 1910713/DF. Rel. Min. Benedito Gonçalves, Primeira Turma, julgado em 14.06.2021.

A LIA reformada dispôs de outro modo. De acordo com a nova redação do art. 16, o pedido de indisponibilidade de bens dos réus poderá ser formulado, em caráter antecedente ou incidente, apenas para o fim de garantir a integral recomposição do erário ou do acréscimo patrimonial resultante de enriquecimento, sem incidir sobre os valores a serem eventualmente aplicados a título de multa civil. Dispôs, ainda, que o pedido de indisponibilidade de bens somente será deferido se ficar demonstrado risco ao resultado útil do processo e da probabilidade da ocorrência dos fatos descritos na petição inicial, com fundamento em elementos probatórios concretos (art. 16, §3º). Havendo mais de um réu na ação, a somatória dos valores declarados indisponíveis também não poderá superar o montante indicado na petição inicial como dano ao erário ou como enriquecimento ilícito (art. 16, §5º).

Admitida a inicial, o juiz ordenará a citação dos réus, para que a contestem no prazo comum de 30 dias (art. 17, §7º). Não há, em regra, a designação de audiência de conciliação e mediação prevista no art. 334 do CPC. Mas se houver a possibilidade de solução consensual, as partes poderão requerer ao juiz a interrupção do prazo para a contestação, por prazo não superior a 90 dias (art. 17, §10-A).

A pessoa jurídica interessada deve ser intimada para, caso queria, intervir no processo (art. 17, §14). A decisão da ação de improbidade afeta, diretamente, a sua esfera jurídica, de modo que o ente público deve ser chamado para se manifestar a respeito da legalidade dos atos praticados, bem como a sua repercussão patrimonial.

Após a contestação dos réus, o juiz poderá: i) realizar o julgamento conforme o estado do processo, examinando, mais uma vez, se não é o caso de julgar improcedente a ação por inexistência do ato de improbidade; ii) ou poderá desmembrar o litisconsórcio, com vistas a otimizar a instrução processual (art. 17, §10-B). Estando o processo em ordem, o juiz proferirá decisão na qual indicará com precisão a tipificação do ato de improbidade administrativa imputável aos réus, sendo-lhe vedado modificar o fato principal e a capitulação legal apresentada pelo autor (art. 17, §10-C).

De fato, o juiz deve decidir a *res in judicium deducta* e nada mais. Os elementos da ação (causa de pedir, pedido e partes) são fixados na petição inicial e se estabilizam.[53] As partes não podem ser modificadas, nem o pedido e as causas de pedir. A intervenção do Estado depende da iniciativa do autor (legitimado para exercer a pretensão acusatória), de modo que cabe ao autor provocar (ou não) o exercício da função jurisdicional. Estas regras dizem respeito ao processo civil tradicional, à doutrina clássica. A relevância do bem jurídico sobre o que versa a ação de improbidade gera a impossibilidade de haver, aqui, qualquer espécie de flexibilização das regras da dogmática tradicional.

O juiz, segundo o princípio do *iura novit curia* (ou *damihi facti dabo tibi jus*), pode alterar, apenas, a qualificação jurídica dos fatos. Havendo pedido de indenização por responsabilidade contratual, pode, por exemplo, conceder a indenização, mas com base na responsabilidade extracontratual. Todavia, o juiz não pode decidir de modo diferente do que foi pedido, nem violar os princípios do contraditório e da ampla defesa.[54] Em outras

---

[53] ALVIM, Teresa Arruda. *Nulidades do processo e da sentença*. 11. ed. rev., atual. e ampl. São Paulo: Revista dos Tribunais, 2021. p. 252.

[54] ALVIM, Teresa Arruda. *Embargos de declaração*. 5. ed. rev., atual. e ampl. São Paulo: Revista dos Tribunais, 2020. p. 108.

palavras, o juiz não pode alterar a providência material (concreta) requerida, somente modificar o título jurídico sob o qual a concedeu, desde que exercido o contraditório. A mesma coisa, aqui, deve ser dita: nenhum afastamento das regras clássicas é permitido.

Na ação de improbidade, as sanções previstas no art. 12 (perda de bens, afastamento da função pública, suspensão dos direitos políticos, multa e proibição de contratar com o poder público) dependem e são dosadas a partir dos tipos previstos nos arts. 9º (enriquecimento ilícito), 10 (dano ao erário) e 11 (violação aos princípios da administração). Por isso, o pedido deve ser certo no que tange à capitulação jurídica do ato de improbidade, pois, do contrário, o juiz condenaria o réu em sanções que não foram previamente requeridas pelo autor nem discutidas nos autos.

Após a decisão de tipificação da conduta dos acusados, as partes serão intimadas a especificar as provas que pretendem produzir. Aplica-se o princípio de que o autor da pretensão acusatória arca com o ônus da prova dos fatos imputados. São incompatíveis com a ação de improbidade administrativa a presunção de veracidade dos fatos alegados pelo autor em caso de revelia (art. 17, §19, I) e a distribuição dinâmica do ônus da prova (art. 17, §19, II). O silêncio do réu também não implica confissão (art. 17, §18). Garantias constitucionais estão por trás destas regras.

Se o juiz rejeitar as questões preliminares alegadas pelo réu, caberá agravo de instrumento (art. 17, §9º). A previsão específica é desnecessária, pois, diferentemente do procedimento comum do Código de Processo Civil, é cabível a interposição do agravo de instrumento contra qualquer decisão interlocutória na ação de improbidade (art. 17, §21).

Proferida sentença na ação de improbidade, cabe apelação. Não haverá, porém, remessa necessária (art. 17-C, §3º). Dispõe o art. 12, §9º, que as sanções previstas na LIA somente serão executadas após o trânsito em julgado da sentença condenatória. Assim, qualquer recurso interposto pelo réu possui, sempre, efeito suspensivo.

6 Conclusão

A nova LIA, a nosso ver, trouxe melhoras e veio em boa hora. A ação de improbidade administrativa é um instrumento fundamental no controle dos atos de corrupção. São inegáveis as conquistas decorrentes da sua aplicação, aprimorando, em razão da sua função repressiva, as práticas dos agentes públicos e políticos. Com quase 30 anos de experiência prática, contudo, revelaram-se pontos que poderiam, e deveriam, ser aprimorados, especialmente no que toca à confusão com o microssistema de tutela coletiva.

Para nós, a ação de improbidade administrativa nunca foi uma ação coletiva, mas um processo civil *sui generis*, de inspiração punitiva. As principais linhas da reforma realizada pela Lei Federal nº 14.230/21, o reforço das garantias dos acusados e construção de um procedimento mais previsível atingem esse objetivo e devem refletir positivamente na sociedade.

Improbidade administrativa é coisa grave. A sua banalização, ou uso inadequado, tem o potencial de prejudicar a administração pública, na medida em que deteriora a confiança nos órgãos de controle, afronta a segurança jurídica, reduz a governabilidade e, em última análise, enfraquece a promoção do interesse público.

Referências

ALVIM, Teresa Arruda. *Embargos de declaração*. 5. ed. rev., atual. e ampl. São Paulo: Revista dos Tribunais, 2020.

ALVIM, Teresa Arruda. *Nulidades do processo e da sentença*. 11. ed. rev., atual. e ampl. São Paulo: Revista dos Tribunais, 2021.

AMARAL, Paulo Osternack; WATANABE, Doshin. *Manual do Processo de Improbidade Administrativa*. Londrina: Thoth, 2023.

BANDEIRA DE MELLO, Celso Antônio. *Curso de Direito Administrativo*. 35. ed. São Paulo: Malheiros, 2021.

BUENO, Cassio Scarpinella; PORTO FILHO, Pedro Paulo de Rezende (Coord.). *Improbidade Administrativa*: questões polêmicas e atuais. São Paulo: Malheiros, 2001.

CÂMARA, Alexandre Freitas. A fase preliminar do procedimento da ação de improbidade administrativa. *In*: OLIVEIRA, Alexandre Albagli; CHAVES, Cristiano; GHIGNONE, Luciano (Org.). *Estudos sobre improbidade administrativa em homenagem ao Prof. J. J. Calmon de Passos*. Rio de Janeiro: Lumen Juris, 2010.

FERRARESI, Eurico. *Improbidade administrativa*. São Paulo: Método, 2011.

GAJARDONI, Fernando da Fonseca; CRUZ, Luana Pedrosa de Figueiredo; GOMES JUNIOR, Luiz Manoel; FAVRETO, Rogerio. *Comentários à Nova Lei de Improbidade Administrativa*. 5. ed. São Paulo: Thomson Reuters Brasil, 2021.

GARCIA, Emerson; ALVES, Rogério Pacheco. *Improbidade administrativa*. 9. ed. São Paulo: Saraiva, 2017.

HARGER, Marcelo. *Improbidade administrativa*: lei 8.429/1992. 2. ed. São Paulo: Thomson Reuters, 2019.

JUSTEN FILHO, Marçal. *Comentários à Lei de Licitações e Contratações Administrativas*. 2. ed. São Paulo: Revista dos Tribunais. 2023.

JUSTEN FILHO, Marçal. *Reforma da Lei de Improbidade Administrativa Comparada e Comentada*. Rio de Janeiro: Forense, 2022.

LIMA, Diogo de Araujo; GOMES JUNIOR, Luiz Manoel. *Acordo de não persecução cível aspectos teóricos e pragmáticos*. São Paulo: Thomson Reuters Brasil, 2022.

MARQUES NETO, Floriano de Azevedo; PALMA, Juliana Bonacorsi de. Os sete impasses do controle da administração pública no Brasil. *In*: PEREZ, Marcos Augusto; SOUZA, Rodrigo Pagani de (Coord.). *Controle da Administração Pública*. Belo Horizonte: Fórum, 2017.

MARQUES, Mauro Campbell (Coord.). *Improbidade administrativa*: temas atuais e controvertidos. Rio de Janeiro: Forense, 2017.

MARQUES, Mauro Campbell. Acordo de não persecução cível no âmbito da Lei de Improbidade Administrativa: a necessidade de parâmetros legais como consectários da segurança jurídica. *In*: MILARÉ, Edis (Coord.). *Ação Civil Pública após 35 anos*. São Paulo: Revista dos Tribunais, 2020.

MARQUES, Mauro Campbell. Breves Considerações sobre o Anteprojeto de Reforma da Lei de Improbidade Administrativa: A proposta da Comissão de Juristas Nomeada pela Câmara dos Deputados. *Doutrina*, Brasília, 2019. Edição comemorativa, 30 anos do Superior Tribunal de Justiça.

MATTOS, Mauro Roberto Gomes de. *O limite da improbidade administrativa*: comentários à lei nº 8.429/92. 5. ed. Rio de Janeiro: Forense, 2010.

MEIRELLES, Hely Lopes; WALD, Arnaldo; MENDES, Gilmar Ferreira. *Mandado de segurança e ações constitucionais*. 38. ed. São Paulo: Malheiros, 2019.

NEIVA, José Antonio Lisbôa. *Improbidade administrativa*: estudo sobre a demanda na ação de conhecimento e cautelar. Niterói: Impetus, 2005.

NEVES, Daniel Amorim Assumpção; OLIVEIRA, Rafael Carvalho Rezende. *Manual de improbidade administrativa*: direito material e processual. 7. ed. Rio de Janeiro/São Paulo: Forense, 2019.

NEVES, Daniel Amorim Assumpção; OLIVEIRA, Rafael Carvalho Rezende. *Comentários à Reforma da Lei de Improbidade Administrativa*. Rio de Janeiro/São Paulo: Forense, 2022.

NOLASCO, Rita Dias. *Ação de improbidade administrativa*: efeitos e efetividade da sentença de procedência. São Paulo: Quartier Latin, 2010.

OLIVEIRA, José Roberto Pimenta. *Improbidade administrativa e sua autonomia constitucional*. Belo Horizonte: Fórum, 2009.

PAZZAGLINI FILHO, Marino. *Lei de Improbidade Administrativa comentada*: aspectos constitucionais, administrativos, civis, criminais, processuais e de responsabilidade fiscal; legislação e jurisprudência atualizadas. 5. ed. São Paulo: Atlas, 2011.

POZZO, Augusto Neves Dal; OLIVEIRA, José Roberto Pimenta de (Coord.). *Lei de Improbidade Administrativa reformada*. São Paulo: Thomson Reuters Brasil, 2022.

SANTOS, Carlos Frederico Brito dos. *Improbidade administrativa*. 2. ed. Rio de Janeiro: Forense, 2009.

SANTOS, Rodrigo Valgas dos. *Direito administrativo do medo*: risco e fuga da responsabilização dos agentes públicos. 2. ed. São Paulo: Revista dos Tribunais, 2022.

SOBRANE, Sérgio Turra. *Improbidade administrativa*: aspectos materiais, dimensão difusa e coisa julgada. São Paulo: Atlas, 2010.

SPITZCOVSKY, Celso. *Improbidade administrativa*. São Paulo: GEN/Método, 2009.

ZAVASCKI, Teori Albino. *Processo Coletivo*. Tutela de direitos coletivos e tutela coletiva de direitos. 7. ed. São Paulo: Revista dos Tribunais, 2017.

Informação bibliográfica deste texto, conforme a NBR 6023:2018 da Associação Brasileira de Normas Técnicas (ABNT):

CARDOSO, David Pereira; ALVIM, Teresa Arruda. A ação de improbidade não é ação coletiva. *In:* JUSTEN, Monica Spezia; PEREIRA, Cesar; JUSTEN NETO, Marçal; JUSTEN, Lucas Spezia (coord.). *Uma visão humanista do Direito*: homenagem ao Professor Marçal Justen Filho. Belo Horizonte: Fórum, 2025. v. 1, p. 977-993. ISBN 978-65-5518-918-6.

CONTROLE EXTERNO DO TRIBUNAL DE CONTAS DA UNIÃO, LINHAS DE DEFESA, CONTROLE INTERNO PREVENTIVO NA LEI Nº 14.133/21 E A INCONSTITUCIONALIDADE DO ACÓRDÃO Nº 572/22/TCU

VIVIAN CRISTINA LIMA LÓPEZ VALLE

IGOR DINIZ KLAUTAU DE AMORIM FERREIRA

1 Uma introdução necessária: uma nova racionalidade de controle no ambiente de contratação pública brasileira

O ambiente das contratações públicas brasileiras tem sido um campo fértil para corrupção e desvios de recursos públicos, devido à debilidade da máquina pública, à desqualificação dos agentes e gestores públicos e à atuação deficiente dos órgãos de controle. Segundo Acemoglu e Robinson,[1] as instituições influenciam o sucesso econômico dos países. Couto[2] indica que o Brasil caiu no *ranking* dos países menos corruptos, necessitando de medidas urgentes.

A corrupção é um obstáculo ao desenvolvimento econômico e democrático, exigindo esforços dos agentes públicos e privados para garantir a igualdade social e o desenvolvimento nacional.

A Nova Lei de Licitações e Contratos Administrativos (Lei nº 14.133/2021 – NLLC) visa melhorar os processos licitatórios e fortalecer os princípios de eficiência, probidade, planejamento, transparência, eficácia, segregação de funções, celeridade, economicidade e desenvolvimento sustentável. A NLLC aprimora os mecanismos e princípios da

---

[1] ACEMOGLU, Daron; ROBINSON, James. *Why Nations Fail*: the Origins of Power, Prosperity, and Poverty. Nova York: Crown Publishers, 2012.

[2] COUTO, Marlen. Brasil Perde dez posições em ranking internacional de percepção da corrupção. *O Globo*, 2021. Disponível em: https://oglobo.globo.com/politica/noticia/2024/01/30/brasil-perde-dez-posicoes-em-ranking-internacional-de-percepcao-da-corrupcao-veja-os-dados.ghtml#. Acesso em: 13 mar. 2024.

legislação anterior, agregando disposições de diversas leis e orientações jurisprudenciais do Tribunal de Contas da União (TCU).

A NLLC impõe à administração pública deveres de planejamento e integridade, considerando as consequências práticas das decisões administrativas, e promove a centralização, padronização e digitalização dos processos. Também permite soluções extrajudiciais de conflitos contratuais, como conciliação e mediação, por meio de comitês de resolução de disputas e arbitragem.

A NLLC estabelece um modelo de governança pública que segmenta competências e maximiza os controles internos, seguindo as orientações do TCU. A capacitação dos agentes públicos é essencial para lidar com as complexidades e burocracias dos processos licitatórios. A priorização das licitações eletrônicas beneficia a preservação dos princípios da lei e facilita o controle interno e externo.

Desde a Constituição Federal de 1988, o sistema jurídico brasileiro permitiu um controle amplo pelo TCU, incluindo o controle social. Di Pietro[3] afirma que o controle visa assegurar que a administração pública atue conforme os princípios legais.

A NLLC adotou o modelo das três linhas de defesa do Institute of Internal Auditors (IIA), integrando o Tribunal de Contas no controle interno preventivo para aumentar a eficiência e celeridade nos processos licitatórios e contratuais. Ribas Junior[4] explica que as "linhas de defesa" segregam as funções de execução, assessoramento e controle interno. A Corte de Contas, ao integrar as linhas de defesa, deve orientar e fiscalizar de forma preventiva, contínua e permanente, promovendo a segurança jurídica e a eficiência administrativa.

2 Do papel constitucional do TCU como órgão constitucional de controle externo

Os arts. 33, §2º, 70, 71, 72, §1º, 74, §2º e 161, parágrafo único, da Constituição Federal de 1988 estabelecem as atribuições do Tribunal de Contas. O art. 70 posiciona o Tribunal como controlador externo, auxiliando o Poder Legislativo na economicidade, enquanto o art. 71 detalha suas funções.

As funções do Tribunal incluem julgamento de contas, fiscalização, informação ao parlamento, aplicação de sanções, correção, ouvidoria e consultoria. O *site* do Tribunal enfatiza o auxílio ao aperfeiçoamento da Administração Pública, tornando-a efetiva, ética e ágil.

Em 2003, o STF reconheceu o poder de cautela do Tribunal no Mandado de Segurança nº 24.510/DF, reforçado no próprio Regimento Interno da Corte de Contas. Contudo, deve haver deferência aos atos de gestão, mas sem prejuízo do controle preventivo e repressivo. Rodrigues[5] defende que a deferência promove criatividade e

---

[3] DI PIETRO, Maria Sylvia Zanella. *Direito Administrativo*. 30. ed. rev., atual. e ampl. Rio de Janeiro: Forense, 2017. p. 747.

[4] RIBAS JUNIOR, Salomão Antônio. Do Controle das Contratações. *In*: NIEBUHR, Joel de Menezes *et al*. *Nova Lei de Licitações e Contratos Administrativos*. 2. ed. Curitiba: Zênite, 2021. 283 p. Disponível em: https://www.zeniteeventos.com.br/uploads/produtos/2aEdicao_NovaLeideLicitacoeseContratosAdministrativos_JoelMenezesNiebuhr.pdf. Acesso em: 23 mar. 2024.

[5] RODRIGUES, Ricardo Schneider. A Lei nº 14.133/2021 e os novos limites do controle externo: a necessária deferência dos Tribunais de Contas em prol da administração pública. *Revista Brasileira de Políticas Públicas –*

inovação – o que é elementar ao desenvolvimento nacional sustentável. Medauar[6] define controle como verificação da conformidade de atos às normas. Ribas Junior[7] destaca a necessidade de sanear irregularidades formais para reduzir riscos.

A capacitação dos agentes públicos e a participação de perto do TCU são essenciais para melhorar os controles preventivos. O Brasil enfrenta desafios no controle de contratações públicas, sendo um dos países com altos índices de corrupção e desvios de recursos. A NLLC inclui o Tribunal nas linhas de defesa do controle interno preventivo, conforme o art. 169. O art. 171 da NLLC reforça o sedimentado poder cautelar do TCU, permitindo suspender processos licitatórios e adotar medidas corretivas.

O controle preventivo pelo TCU não se confunde com controle prévio, que atrasaria a administração. O STF decidiu na ADI nº 916 que a fiscalização do TCU não é prévia, evitando o chamado "duplo esforço". Já o controle preventivo é necessário para evitar desvios de recursos e dar celeridade aos processos licitatórios. Pascoal[8] e Garcia[9] defendem o controle preventivo como essencial para evitar danos ao erário, ressaltando a baixa taxa de ressarcimento de débitos e multas aplicadas pelo TCU.

O art. 276 do Regimento Interno do TCU reforça o controle preventivo e a aplicação de medidas cautelares em casos de urgência. Os §§1º e 2º do art. 74 da Constituição prescrevem a comunicação de irregularidades ao TCU pelos responsáveis pelo controle interno e, inclusive, a possibilidade de controle social por qualquer cidadão interessado.

3 O novo ambiente de *compliance* e integridade estabelecido pela Lei nº 14.133/21 e as linhas de defesa

Além de estabelecer as competências e atribuições do Tribunal de Contas, a Carta Maior homenageia os princípios basilares norteadores de toda a atividade administrativa, quais sejam: legalidade, impessoalidade, moralidade, publicidade e eficiência (art. 37). Ou seja, o legislador constituinte já exigia atuação honesta, justa, isonômica, transparente e eficiente por parte do agente público, visando à proteção do patrimônio e recurso público.

Ocorre que, com os crescentes índices de corrupção no Brasil, houve necessidade de atentar aos aspectos de governança pública para adoção de ações apropriadas, inclusive de gestão de riscos e controles internos, visando à promoção de um ambiente

---

CEUB Educação Superior, Brasília, v. 11, n. 3, dez. 2021. Disponível em: https://www.publicacoesacademicas.uniceub.br/RBPP/article/viewFile/7895/pdf. Acesso em: 13 mar. 2024.

[6] MEDAUAR, Odete. *Controle da Administração Pública*. 3. ed. rev., atual. e ampl. São Paulo: Revista dos Tribunais, 2003. p. 26.

[7] RIBAS JUNIOR, Salomão Antônio. Do Controle das Contratações. *In*: NIEBUHR, Joel de Menezes *et al*. *Nova Lei de Licitações e Contratos Administrativos*. 2. ed. Curitiba: Zênite, 2021. 283 p. Disponível em: https://www.zeniteeventos.com.br/uploads/produtos/2aEdicao_NovaLeideLicitacoeseContratosAdministrativos_JoelMenezesNiebuhr.pdf. Acesso em: 23 mar. 2024.

[8] PASCOAL, Valdecir Fernandes. O Poder Cautelar dos Tribunais de Contas. *Revista do TCU*, Brasília, DF, ano 41, n. 115, p. 103-118, maio/ago. 2009. Disponível em: https://revista.tcu.gov.br/ojs/index.php/RTCU/article/download/363/430. Acesso em: 13 mar. 2024.

[9] GARCIA, Gilson Piqueras. Tribunais de contas, controle preventivo, controle social e jurimetria: um estudo sobre as representações para suspensão de licitações. *Revista Controle – Tribunal de Contas do Estado do Ceará*, Fortaleza, v. XIX, n. 1, p. 160-193, jan./jun. 2021. Disponível em: https://acervo.fortaleza.ce.gov.br/download-file/documentById?id=2fa9f233-70d1-4b9b-86be-d0d51be0c8bf. Acesso em: 12 mar. 2024.

íntegro e confiável para proteger os ativos públicos e garantir a economicidade, eficiência, eficácia e qualidade dos serviços públicos.

A Administração Pública, ao pretender contratar, comprar ou alienar determinado objeto para atender a demandas da sociedade, deve publicizar tal pretensão, de modo a viabilizar que as pessoas físicas ou jurídicas privadas, eventualmente interessadas em celebrar o pretendido contrato, tenham conhecimento, oportunidade e possam concorrer de forma igualitária (isonômica), conhecendo as "regras do jogo" que serão postas no instrumento convocatório, submetendo-se a um julgamento objetivo, respeitando o que determina a lei e o processo administrativo.

Compreende-se que o processo licitatório e o contrato administrativo são instrumentos eficazes para dar aplicabilidade aos ditames constitucionais e assim homenagear os princípios consagrados desde o Texto Maior Republicano, em nome do Estado Democrático de Direito. O processo licitatório tem por objetivo assegurar a seleção da proposta mais vantajosa para a Administração Pública, garantir a justa competição, evitar sobrepreços, incentivar a inovação e promover o desenvolvimento nacional sustentável (art. 11 da NLLC).

Considerando a relevância da licitação e do contrato administrativo, regras de integridade e de *compliance* devem ser observadas pelas partes contratantes, devendo a Administração Pública e as licitantes implementarem tais práticas em seu cotidiano e rotina, para se tornarem aptas ao pleno atendimento do interesse público, de modo a se qualificarem na pretensão de celebrar contrato administrativo e entregar o objeto contratado com celeridade e eficiência.

Atento aos anseios da sociedade, o legislador, por meio da Lei nº 14.133/2021 (NLLC), passou a prever expressamente os mecanismos de *compliance* e integridade e consolidou a sistemática já prevista desde o Decreto Regulamentador nº 8.420/2015 e Lei nº 12.846/2013 (Lei Anticorrupção) que tratavam da responsabilização das pessoas jurídicas públicas e privadas por atos lesivos à Administração Pública.

Como bem observam os professores Oliveira e Venturini,[10] os programas de *compliance* e integridade estão claros na Lei nº 14.133/2021, nas seguintes hipóteses: contratações de grande vulto; critério de desempate no julgamento de propostas; atenuante em sanções administrativas; requisito para reabilitação de contratado perante a Administração Pública (arts. 25, §4º, 60, IV, 156, V, 163, parágrafo único). Oliveira e Venturini[11] destacam que, seja na regulamentação do tema pelo Poder Executivo, seja na efetiva aplicação, a gestão pode e deve se beneficiar do intercâmbio de boas práticas e metodologias de avaliação de programas de integridade desenvolvidas por órgãos de controle interno (controladorias-gerais) de todo o país para fins de *enforcement* da Lei Anticorrupção e promoção de ações de reconhecimento e fomento à adoção voluntária de programas de integridade.

---

[10] OLIVEIRA, Gustavo Henrique Justino de; VENTURINI, Otávio. Programas de integridade na nova Lei de Licitações: parâmetros e desafios. *Conjur*, São Paulo, 2021. Disponível em: https://www.conjur.com.br/2021-jun-06/publico-pragmatico-programas-integridade-lei-licitacoes. Acesso em: 23 mar. 2024.

[11] OLIVEIRA, Gustavo Henrique Justino de; VENTURINI, Otávio. Programas de integridade na nova Lei de Licitações: parâmetros e desafios. *Conjur*, São Paulo, 2021. Disponível em: https://www.conjur.com.br/2021-jun-06/publico-pragmatico-programas-integridade-lei-licitacoes. Acesso em: 23 mar. 2024.

Garante-se a segurança jurídica, diante da previsão e implantação desses programas e mecanismos, evitando um ambiente de discricionariedade, especialmente no ambiente de controle, seja interno, seja externo, que necessariamente devem se pautar em parâmetros objetivos. Ainda, no intuito de melhorar e aprimorar o ambiente público e o sistema de controle interno, o legislador inovou ao implementar o modelo das três linhas de defesa, importando a orientação de auditoria global do *Institute of Internal Auditors – IIA*.

Somado aos mecanismos de *compliance* e integridade, reforçando o ambiente íntegro e confiável e atento às práticas internacionais alvissareiras de auditoria, a Lei nº 14.133/2021 estabeleceu um controle interno preventivo a ser exercido por diversos atores e órgãos integrantes das três linhas de defesa.

Verifica-se a preocupação do legislador em apontar que o controle preventivo das contratações públicas deve ser contínuo e permanente, contando com a participação contributiva do próprio Tribunal de Contas, que passou a integrar a terceira linha de defesa. Desse modo, o Tribunal de Contas passa a atuar, também, de forma preventiva e integrada, contínua e permanente, concomitantemente, com as primeiras linhas de defesa, em atenção aos princípios norteadores do processo licitatório e a realidade do atual cenário da Administração Pública Brasileira, ainda corrupta e deficiente.

Não foi à toa que a Nova Lei de Licitações e Contratos Administrativos trouxe o Tribunal de Contas para dentro das linhas de defesa do controle preventivo. Diante do não funcionamento do modelo de controle posto até então, necessária postura ativa e tempestiva do Tribunal de Contas na missão de aprimoramento da Administração Pública, não devendo ficar apenas no plano do controle externo, exercendo mera função sancionatória depois de já desviado o recurso público.

Sobre o ambiente de controle e os papéis dos agentes públicos integrantes do sistema, Souza e Louzada[12] constataram, em pesquisa realizada com profissionais dos segmentos público e privado, que 15% dos respondentes não souberam identificar o controle interno na organização, sendo este um problema predominante do setor público; 37% apontaram o controle interno como um setor específico; 20% relacionaram com a auditoria; 19% identificaram como sendo sua forma operacional (manuais de procedimentos) e apenas 9% indicaram ser um processo dinâmico e integrado.

Anderson e Eubanks[13] enfatizam que a independência organizacional e a objetividade são marcas que distinguem a terceira linha de defesa (auditoria interna) das demais. O modelo proposto pelo *The Institute of Internal Auditors* – IIA[11] tem o objetivo de esclarecer as funções e responsabilidades, visando ao gerenciamento adequado dos riscos, diante da fragilidade dos sistemas de controle de interno. Um dos principais

---

[12] SOUZA, Frederico Pinto de; LOUZADA, Fabiano da Rocha. O modelo de três linhas de defesa para uma gestão eficaz de riscos no âmbito do Poder Executivo do Estado do Espírito Santo. *Revista da CGU*, Brasília, v. 9, n. 15, p. 659-681, jul./dez. 2017. Disponível em: https://repositorio.cgu.gov.br/bitstream/1/34389/13/V9.n15_Tr%c3%aas_linhas_de_defesa.pdf. Acesso em: 13 mar. 2024.

[13] ANDERSON, Douglas J.; EUBANKS, Gina. *Leveraging COSO Across the Three Lines of Defense*. [s.l.]: [s.n.], 2015.

[14] THE INSTITUTE OF INTERNAL AUDITORS. *Modelo das três linhas do IIA 2020*: uma atualização das três linhas de defesa. Lake Mary, FL, jul. 2020. Disponível em: https://www.theiia.org/globalassets/documents/resources/the-iias-three-lines-model-an-update-of-the-three-lines-of-defense-july-2020/three-lines-model-updated-portuguese.pdf. Acesso em: 14 mar. 2024.

pilares desse modelo é propiciar a devida comunicação, de modo dinâmico e integrado, entre as linhas de defesa, aprimorando as funções de cada qual, "proporcionando maior integração, pois é exatamente esta falta de integração que o modelo tem por objetivo ajudar a combater".

O IIA[15] informa que o modelo proposto enfatiza a necessidade de coordenação e de compartilhamento apropriado de conhecimento e informações entre as linhas de defesa, com preocupação da dinâmica relacionada à atividade de controle, sugerindo a integração entre os diversos envolvidos. O Tribunal de Contas parece ser o mais apto a promover avaliação independente, sem interferências político-partidárias, em tempo hábil, orientando as demais linhas para preservar a devida aplicação dos recursos públicos e para a plena implementação das políticas públicas necessárias a cargo do gestor público.

Em que pese falta de primor em alguns dispositivos, a NLLC (Lei nº 14.133/2021) é promissora, pois implementa a cultura de gestão de riscos, estabelecendo regras de governança, *compliance* e integridade, determinando a elaboração de matriz de riscos na fase interna de preparação do processo licitatório, além de trazer o Tribunal de Contas para dentro do modelo de controle interno preventivo – o que pode contribuir no efetivo e tempestivo combate às falhas e fraudes no nascer e no decorrer do processo licitatório e contrato administrativo.

4 O comando decisório do Acórdão nº 572/22/TCU e suas consequências práticas para o controle de ilegalidades nas licitações brasileiras

Bobbio[16] assinala que, devido ao fato de a evolução na participação política já não necessitar de mais conquistas, a esfera política se faz incluída na esfera da sociedade civil, esta condicionando ou determinando as decisões daquela. Gabardo[17] afirma que a busca da democracia substancial, bem como o crescimento das promessas do Estado de Direito, demanda o desenvolvimento de garantias capazes de realizá-las.

Ou seja, os direitos fundamentais constitucionalmente previstos devem ser rigorosamente observados e respeitados, propiciando a promoção cada vez mais incisiva do ambiente democrático, melhorando a comunicação do povo com o governo, por exemplo. Em que pesem o ideal democrático, os novos preceitos da NLLC e o já sedimentado controle amplo e preventivo do Tribunal de Contas no plano constitucional, o Plenário do TCU, recentemente, decidiu hierarquizar o modelo das três linhas de defesa, dificultando a participação social direta perante o Tribunal e trazendo riscos à garantia da satisfação dos interesses da coletividade em tempo hábil.

---

[15] THE INSTITUTE OF INTERNAL AUDITORS. *Modelo das três linhas do IIA 2020*: uma atualização das três linhas de defesa. Lake Mary, FL, jul. 2020. Disponível em: https://www.theiia.org/globalassets/documents/resources/the-iias-three-lines-model-an-update-of-the-three-lines-of-defense-july-2020/three-lines-model-updated-portuguese.pdf. Acesso em: 14 mar. 2024.

[16] BOBBIO, Norberto. *O Futuro da Democracia*: uma defesa das regras do jogo. Tradução de Marco Aurélio Nogueira. Rio de Janeiro: Paz e Terra, 1986.

[17] GABARDO, Emerson. *Eficiência e Legitimidade do Estado*. 1. ed. Barueri: Manole, 2003. p. 92.

O Tribunal de Contas da União, no Acórdão nº 572/2022 – Plenário, considerou que só deve atuar no controle "preventivo" depois de esgotadas as vias das duas primeiras linhas, sob a justificativa de evitar "duplos esforços", a pretexto de estar, em tese, homenageando os princípios da economicidade e eficiência. O Tribunal de Contas da União pretende se afastar do controle preventivo, esvaziando suas atribuições e competências constitucionais, sob o pretexto de desafogar a Corte.

A distância imposta no referenciado acórdão do TCU será adotada pelos Tribunais de Contas Estaduais e Municipais? Se positivo, algumas nuances devem ser ponderadas, considerando as particularidades de cada região e respectivas mazelas, especialmente do Poder Executivo Municipal, que não goza do mesmo aparato técnico, pessoal e financeiro em relação aos entes estaduais e federal.

A hierarquia entre as linhas de defesa, como pretendida pelo Tribunal de Contas, pode até soar, em um primeiro momento, como prudente, a fim de forçar a necessária implementação da governança e estruturação dos processos, capacitação e qualificação dos servidores, forçar a realização de concursos públicos, bem como em nome da deferência aos atos de gestão da Administração Pública.

Contudo, essa deferência deve ser gradual, em momento oportuno, quando superadas as mazelas ainda prementes no ambiente público e quando a NLLC tiver efetivamente enraizada, quando o ente municipal tiver implementado o órgão de controle central interno, por exemplo, e quando da devida observância aos aspectos de governança e integridade – o que pode levar alguns anos ainda, infelizmente. Trata-se de uma clara constatação social e econômica.

Justen Filho,[18] ao tratar da terceira linha de defesa, ensina que a concepção adotada depende da atuação das duas primeiras linhas de defesa. Ou seja, se as duas primeiras linhas forem capazes de identificar e prevenir a generalidade dos defeitos, a terceira linha atuaria apenas de modo finalístico e complementar.

Mas e se as duas primeiras linhas não identificarem, não atuarem em tempo, ou tiverem receio de comunicar qualquer irregularidade? Ou simplesmente estiverem em conluio com o interesse político do gestor? Ainda não é prudente que o Tribunal de Contas se afaste do controle preventivo, aguardando de braços cruzados as providências das primeiras linhas, sob pena de não privilegiar os relevantes princípios da economicidade, eficiência, eficácia e da própria celeridade (razoável duração do processo).

A Lei nº 14.133/2021 passou a ser de aplicação obrigatória no corrente ano (2024), e é necessário ter cautela, interpretando a lei com prudência e de forma sistêmica, cabendo ao operador do direito e ao próprio Tribunal de Contas ponderar os princípios e observar a realidade da sociedade e da Administração Pública brasileira, de modo a garantir, primordialmente, o interesse público primário.

Nesse contexto de observação e interpretação da lei conforme a realidade no atual contexto social, compreende-se que, atualmente, a atuação do Tribunal de Contas deve ocorrer de forma preventiva (permanente e contínua), tempestiva e ampla, como quis o legislador, pois não estabeleceu expressamente no texto legal o modelo hierárquico entre as linhas de defesa.

---

[18] JUSTEN FILHO, Marçal. *Comentários à Lei de Licitações e Contratações Administrativas*. 2. ed. São Paulo: Thomson Reuters, 2023. p. 1.738.

Entretanto, há quem defenda o posicionamento adotado pelo Tribunal de Contas da União, valendo-se da exceção, sob o pretexto de que os exageros de alguns – que fazem uso inadequado do direito de petição ou ação no âmbito administrativo – serviriam para respaldar a barreira pretendida. Essa lógica é extraída da própria *ratio decidendi* da decisão sob análise, pois, nitidamente, o Tribunal de Contas da União tenta, meramente, esvaziar suas estantes.

Reforça-se, os Tribunais de Contas gozam de amplo aparato técnico, financeiro e pessoal, devendo exercer com excelência e incansavelmente seu papel constitucional, não cabendo a interpretação restritiva e não sendo prudente criar barreiras desnecessárias diante de um processo de contratação pública que terá o condão de beneficiar a coletividade com a implementação de determinada política pública.

Basta que o Tribunal de Contas aprecie o requerimento protocolado em seu ambiente virtual, por técnico especializado, valendo-se do aparato tecnológico e da própria transparência, exercendo o controle preventivo, ainda que exista outro requerimento em curso protocolado perante as primeiras linhas de defesa.

Na hipótese, basta que o técnico do Tribunal desde já oriente as outras linhas ou julgue pela perda do objeto, se for o caso, uma vez detectado que as primeiras linhas resolveram a questão de forma excelente e rápida, antes da apreciação do mérito pelo Tribunal de Contas, sem prejuízo da apuração das devidas responsabilidades de cada qual no tempo próprio.

Generalizar situações excepcionais, em casos específicos de litigância de má-fé, não é razoável e vai de encontro ao que pretendeu o legislador ao inovar e trazer o Tribunal de Contas para dentro das três linhas de controle preventivo.

Se as estantes dos Tribunais se abarrotaram, certamente não foi culpa do administrado ou do potencial interessado lesado que resolveu informar, requerer ou reclamar a quem de direito. Nessa linha de raciocínio, deve sempre vigorar a máxima: todos agem e se socorrem dos Tribunais em plena boa-fé, salvo prova em contrário, bem como todos são inocentes, até que se prove o contrário. O administrado não deve pagar a conta das mazelas históricas da administração e da gestão pública, que há muito tempo erram. Não é hora de criar mais barreiras.

Reflete-se: e se os integrantes das primeiras linhas só resolveram a questão, por se sentirem pressionados diante potencial responsabilização e sanção, após tomarem conhecimento de que o interessado acionou também o Tribunal de Contas? A providência direta na Corte de Contas não teria sido eficaz e eficiente? Não teria desempenhado seu papel? Não estaria pujante o Estado Democrático de Direito? O entendimento do TCU acabará servindo de salvo-conduto para mais autoritarismo e mais arbitrariedades. Restarão escancaradas a ineficiência e morosidade quando o Tribunal de Contas, ao ser provocado por interessando, responder: "não responderei", "pergunte para eles", "não me questionem", "ainda não posso me posicionar, pois há requerimento em curso perante as duas primeiras linhas".

O Tribunal de Contas ficará de braços cruzados aguardando que o Poder Judiciário resolva a questão que poderia ter sido resolvida internamente quando do controle preventivo? O Tribunal de Contas simplesmente assistirá resolução a distância por entender que não houve enfrentamento da questão pelas primeiras linhas de defesa – o que o impediria de apreciar em tempo a questão?

Ainda, há de se considerar que a existência de determinado ato coator praticado por qualquer agente público, na fase inicial do processo licitatório, ainda sem passar pelo crivo das demais linhas de defesa, já daria ensejo à impetração de mandado de segurança ao próprio Poder Judiciário (este muito mais engessado que o Tribunal de Contas).

Ressalta-se que o art. 169 da NLLC é taxativo ao indicar que as contratações públicas deverão submeter-se a práticas contínuas e permanentes de gestão de riscos e de controle preventivo, inclusive mediante adoção de recursos tecnológicos de informação, além de estar subordinadas ao controle social.

É evidente a extrema preocupação do legislador com a gestão de riscos e de controle preventivo e tempestivo – o que requer empenho de todos os integrantes das linhas de defesa, que devem agir de forma integrada, sem distanciamentos ou instâncias hierarquizadas (o que se configura como mais uma burocracia desnecessária e que viola frontalmente os princípios da celeridade e eficiência).

A lógica estabelecida é o amplo controle, pois cabe, inclusive, o controle social, também de forma preventiva e tempestiva, como consagrado na Carta Magna e reforçado na Nova Lei de Licitações e Contratos Administrativos (Lei nº 14.133/2021).

Mesmo diante de um ambiente transparente, integrado, padronizado e virtual (com avançados recursos de tecnologia), caberá ao Tribunal de Contas ficar inerte, aguardando a boa vontade dos agentes que integram as primeiras linhas para somente, em último caso, se provocado pelo interessado, atuar e orientar? Dessa forma exercerá seu papel constitucional e, inclusive, de protagonista no aperfeiçoamento da Administração Pública? Caberá ao Poder Judiciário assumir tal incumbência e exercer papel ativista?

A interpretação dada ao art. 169 da NLLC, pelo Tribunal de Contas da União, é restritiva e inoportuna, podendo ser considerada como inconstitucional, inclusive, diante do esvaziamento de suas atribuições e competências constitucionalmente estabelecidas (poder cautelar, por exemplo, previsto também no art. 171, §1º, da NLLC), além de violar o próprio direito de petição consagrado no art. 5º, XXXIV, "a", do Texto Maior.

O distanciamento pretendido pelo Tribunal de Contas da União não é o mais prudente e não deve ocorrer de forma açodada, sob pena de violação aos mesmos princípios que o acórdão referenciado visa proteger. Teixeira[19] ressalta que o Tribunal de Contas possui relevante função social, firmando-se como instituição imprescindível para a salubridade do Estado Democrático de Direito, especialmente quando assume feições de natureza social, classificando-se como Estado de bem-estar social ou, como referido, Estado de Direito social e democrático.

Observando tal importância, Pereira[20] registra que o poder sem instâncias de fiscalização, correção e condução conduz inevitavelmente a distúrbios funcionais. No atual cenário brasileiro, ainda permeado pela corrupção entranhada nos diversos órgãos

---

[19] TEIXEIRA, Laís Santana da Rocha Salvetti. A função social do Tribunal de Contas e a Boa Governança no Estado Social e Democrático de Direito Brasileiro. *In*: COIMBRA, Wilber Carlos dos Santos; OLIVEIRA FILHO, Raimundo (Org.). *O estado do bem-estar social, os Tribunais de Contas e a boa governança pública*. Porto Velho: TCE-RO, 2019. p. 167. Disponível em: https://tcero.tc.br/wp-content/uploads/2019/11/E-BOOK-VIII-FORUM-2019_compressed.pdf#page=193. Acesso em: 25 mar. 2024.

[20] PEREIRA, Rodolfo Viana. Controle e legitimidade democrática. *In*: PINTO E NETTO, Luísa Cristina; BITTENCOURT NETO, Eurico (Coord.). *Direito Administrativo e Direitos Fundamentais*: Diálogos necessários. Belo Horizonte: Fórum, 2012. p. 280.

públicos, é prudente que o Tribunal de Contas da União se aproxime das primeiras linhas de defesa e não crie óbices ou barreiras à sua ampla atuação, considerando sua relevância e papel democrático.

Considerando que o direito administrativo é um ramo do direito essencialmente mutável, o entendimento do TCU, expressado no Acórdão nº 572/2022, pode até ser adequado e coerente, mas somente no futuro, quando a Administração Pública brasileira estiver realmente apta e interessada a resolver seus próprios problemas, com eficiência e celeridade, gozando de servidores altamente qualificados e capacitados e com os órgãos centrais de controle interno devidamente implementados.

Independentemente do momento, necessário resguardar tanto o interesse público primário, quanto o secundário, de modo a evitar que o dinheiro público "escorra pelos ralos", sem que se tenha tido a possibilidade de "tapar o bueiro" antes da consumação da tragédia que já se anuncia nos requerimentos e recursos administrativos pendentes de apreciação e efetiva resolução. Colocar o interesse público secundário na frente do interesse público primário certamente não é o mais adequado.

O entendimento firmado na decisão poderá ter consequências práticas nefastas, no contrafluxo do que pretendeu o legislador – atento às melhores práticas internacionais de auditoria – por aproximar o Tribunal de Contas da função de controle preventivo. As ilegalidades que ocorrem no ambiente público devem ser combatidas tempestivamente, visando à celeridade, economicidade, eficiência e eficácia da gestão pública.

No processo licitatório, por exemplo, objetiva-se o desenvolvimento nacional sustentável, por via do contrato administrativo, a ser celebrado com a empresa concorrente que apresentar a proposta mais vantajosa, que pode ser em torno da educação (construção de escola), saúde (construção de hospital ou aquisição de insumos) e saneamento básico (elaboração de projetos e execução de obra complexa), dentre outras tão importantes quanto.

Ou seja, nesse contexto, devem ser rigorosamente homenageados os princípios basilares do processo licitatório, inclusive da celeridade, conforme estabelecido nos arts. 5º e 25, §6º, da Lei nº 14.133/2021. Em determinados casos, o instrumento convocatório pode estar eivado de vício de ilegalidade, com nítida violação de alguns dos princípios norteadores da licitação (art. 5º da Lei nº 14.133/21) – o que deve ser percebido e observado, prontamente, pelos licitantes interessados e por qualquer do povo que acompanhe os atos públicos e transparentes de gestão, bem como pelos órgãos de controle que devem ser acionados sempre que for necessário.

Como a licitação é um processo técnico, complexo e naturalmente burocrático, considerando a própria relevância dos objetivos perseguidos e por tocar nos recursos públicos, os órgãos de controle devem estar atentos e a postos para autuar em conjunto, em franca comunicação, assim que observada ou denunciada qualquer ilegalidade.

É certo que as duas primeiras linhas são integradas por agentes públicos e, de certa forma, agentes políticos (em alguns casos), pois umbilicalmente vinculados com a gestão e com as pretensões políticas inerentes ao Poder Executivo.

Nessa linha de raciocínio, supõe-se que as primeiras linhas de defesa muitas vezes receiam "travar" determinada contratação ou determinado processo, sob pena de represálias inerentes ao jogo político.

Em muitos municípios brasileiros, por exemplo, os integrantes das duas linhas de defesa sequer são concursados (servidores não estáveis), o que pode levar inclusive a corriqueiros equívocos, pela própria falta de aptidão técnica ao serviço público, desconhecimento dos emaranhados de leis ou até mesmo para atender a interesses particulares.

Nesse cenário (realidade brasileira), não se pode esperar que as duas primeiras linhas atuem com total independência, inclusive considerando que têm dificuldade de assumir seus próprios erros, com receio da responsabilização individual que incidirá sobre cada qual, culminando com a perda de cargos, perda da confiança e sujeição a severas penalidades.

Nesse cenário, há garantia de que tais agentes comunicarão em tempo qualquer ilegalidade por eles praticadas aos demais integrantes das linhas de defesa? Não é mais prudente que Tribunal de Contas exerça um papel ativo, informativo e educativo, preventivamente? Será que finalmente a Administração Pública brasileira vai exercer com eficiência o seu poder de autotutela? É prudente criar barreira ao controle social, que pode se dar em tempo hábil e diretamente à Corte de Contas por meio de denúncia? A sociedade quer mais barreiras e contratempos? Há espaço para morosidade no Estado Democrático de Direito?

A pronta atuação do Tribunal de Contas, enquanto integrante da terceira linha de defesa e como órgão independente e apto a melhor orientar, ajudará a expurgar o quanto antes qualquer ilegalidade, viabilizar a razoável duração do processo, economicidade e imediata eficácia do contrato administrativo que gerará benefícios à sociedade, a fim de efetivar determinada política pública já em atraso no Brasil. Aguiar[21] observa que ao Tribunal de Contas são atribuídas múltiplas funções, a serem exercidas com a finalidade primordial de controlar a legalidade, legitimidade, economicidade e administração financeira dos recursos públicos em relação aos atos políticos e aos atos de gestão.

Considerando, também, a adoção de recursos de tecnologia da informação e a ostensiva transparência e publicidade que visam aprimorar o processo licitatório, não faz sentido apenas aguardar ser instigado pelas duas primeiras linhas, quando o Tribunal de Contas – que agora integra o controle preventivo – está acompanhando e monitorando "ao vivo" os atos administrativos que são lançados no ambiente virtual (exemplo: Portal Nacional de Compras Públicas – art. 174 da NLLC).

Portanto, detectada qualquer irregularidade, o vício deve ser prontamente expurgado, independentemente do esgotamento das duas primeiras linhas, adotando os esforços que se fizerem necessários, observado o aparato (especialmente técnico e de pessoal isento) das Cortes de Contas e o interesse público em jogo, não se sustentando a justificativa expressada pelo Tribunal de Contas da União de evitar "duplo esforço", sob pena de abarrotar o próprio Poder Judiciário, que terá que agir com ativismo para resolver algo que poderia ter sido resolvido no ambiente interno da Administração Pública e no tempo adequado, à luz da Constituição Federal.

---

[21] AGUIAR, Afonso Gomes; AGUIAR, Márcio Paiva de. *O Tribunal de Contas na ordem constitucional*. 2. ed. Belo Horizonte: Fórum, 2008. p. 15-19.

5 A necessidade de aplicação da Lei nº 13.655/2018 e das regras de boa administração a partir da eficiência, eficácia, economicidade e celeridade

A Lei nº 13.655/2018, que atualiza o Decreto-Lei nº 4.657/1941, é crucial para o processo licitatório, conforme destacado no art. 5º da Nova Lei de Licitações e Contratos Administrativos (Lei nº 14.133/21), que enfatiza a Lei de Introdução às Normas de Direito Brasileiro (LINDB) como normativa norteadora. A LINDB impacta significativamente as contratações públicas, facilitando a atuação dos agentes públicos e do Tribunal de Contas ao tomar decisões e expedir atos administrativos, promovendo uma Administração Pública célere, eficiente e eficaz.

Os arts. 20 e 21 da LINDB destacam a importância de considerar as consequências práticas, jurídicas e administrativas das decisões, alinhando-se aos princípios de economicidade, eficiência e eficácia. O art. 22 da LINDB proporciona flexibilidade aos gestores, reconhecendo as dificuldades reais e circunstâncias práticas enfrentadas pelos agentes públicos, o que é especialmente relevante para os municípios brasileiros com limitações de recursos.

A atuação preventiva dos Tribunais de Contas é essencial para orientar e melhorar a Administração Pública. A ponderação "caso a caso", conforme a LINDB, pode ser prejudicada pela decisão do TCU no acórdão criticado, que limita o direito de petição e o controle social, impedindo ações diretas ao tribunal. O art. 28 da LINDB responsabiliza pessoalmente os agentes públicos por decisões ou opiniões técnicas em caso de dolo ou erro grosseiro, um termo subjetivo que pode levar a múltiplas interpretações. A aplicação rigorosa e genérica de punições pelo Tribunal de Contas com base nesse termo é ineficaz e não contribui para a economicidade e eficiência, já que o dano ao erário já estará consumado.

O art. 30 da LINDB orienta as autoridades a aumentar a segurança jurídica na aplicação das normas, um princípio que deve guiar o ambiente de contratação pública.

A NLLC, seguindo a LINDB, prevê práticas contínuas e permanentes de gestão de riscos e controle preventivo, promovendo relações íntegras e resultados vantajosos para a Administração Pública.

A lei permite o saneamento de irregularidades e exige comunicação entre as linhas de defesa, incluindo o Ministério Público, para mitigar riscos e aperfeiçoar os controles preventivos.

Compreende-se que, no ambiente prático dos processos licitatórios, o papel do TCU é crucial para aplicação dos arts. 147 e 148 da NLLC, pois são dispositivos que tratam de tema delicado ao gestor público, que necessita de norte e orientação para melhor proceder em nome do interesse público primário, inclusive tendo que analisar critérios sustentáveis, o que pode o colocar em risco, inclusive.

É confortante e prudente a Corte de Contas, ao ser acionada por primeiro eventualmente, por quem quer que seja (desde que interessado na celeridade e eficiência de uma importante licitação), orientar excepcionalmente pela convalidação de um ato interno irregular (resguardando o interesse público do caso concreto), atuando de forma integrada e não repressiva com as demais linhas de defesa para evitar, em tempo hábil, que a tragédia de desperdício de dinheiro público se concretize.

Quer-se dizer, inclusive considerando a prática do cotidiano, que a Corte de Contas (permeada por eficientes técnicos) exerça a função orientadora, consultiva, preventiva, dando norte ao gestor. Não há qualquer mal nisso na função de controle interno preventivo.

Luciano Ferraz e Fabricio Mota[22] destacam que o TCU, inclusive dando comando aos arts. 170 e 171 da NLLC, faz relevante análise de critérios de oportunidade, materialidade, relevância e risco, orientando a seleção de objetos e ações de controle de maneira racional, dialogando com a LINDB.

O controle preventivo e concomitante do Tribunal de Contas deve ocorrer não para punir ou frear processos, mas para orientar e sanar vícios em tempo hábil, promovendo a autotutela administrativa e garantindo o desenvolvimento nacional rápido e sustentável. As linhas de defesa devem perseguir a eficácia no processo de contratação pública, otimizando meios e recursos com transparência e celeridade, assegurando a aplicação adequada do dinheiro público.

Niebuhr[23] destaca que as licitações e providências contratuais devem ser realizadas no tempo adequado, e a postergação dessas medidas compromete o interesse público.

Se a Administração Pública demorar excessivamente para decidir sobre recursos administrativos, homologações de licitações ou pedidos de equilíbrio econômico-financeiro, os prejudicados poderão buscar medidas judiciais ou administrativas junto ao Tribunal de Contas.

O princípio da economicidade deve ser entendido em sua amplitude, promovendo comunicação permanente e controle preventivo para expurgar rapidamente irregularidades e alcançar o desenvolvimento nacional sustentável, beneficiando o povo brasileiro que ainda carece de serviços públicos essenciais.

6 Uma conclusão: a necessidade de um controle preventivo e repressivo concomitante para a garantia do interesse público

O entendimento adotado no Acórdão nº 572/22 – TCU – Plenário poderá reverberar em consequências práticas negativas, considerando a necessidade da identificação e apuração de irregularidades de forma tempestiva no combate à corrupção.

A Lei nº 14.133/2021 foi enfática no *caput* do art. 169, ao estabelecer que as contratações públicas deverão se submeter a práticas contínuas e permanentes de gestão de riscos e de controle preventivo, trazendo o Tribunal de Contas também para o campo das linhas de defesa responsáveis pelo controle interno preventivo.

O Tribunal de Contas, como integrante da terceira linha de defesa, deve exercer papel fundamental, especialmente na função de orientação e educação, para sedimentar o princípio da segurança jurídica no ambiente de contratações públicas – o que só conseguirá fazer com atuação próxima das linhas de defesa, visando à celeridade para entrega de determinado objeto contratual em benefício da sociedade e evitando, em tempo, o

---

[22] DI PIETRO, Maria Sylvia Zanella; GUIMARÃES, Edgar. *Manual de licitações e contratos administrativos*. Lei 14.133/2021. Rio de Janeiro. Forense, 2023. p. 562.

[23] NIEBUHR, Joel de Menezes. *Licitação Pública e Contrato Administrativo*. 5. ed. Belo Horizonte: Fórum, 2022.

desperdício de recursos públicos por eventuais erros cometidos pelos integrantes das duas primeiras linhas, desafogando o Poder Judiciário, inclusive.

As disposições da LINDB devem ser necessariamente aplicadas no ambiente de contratações públicas, observado o relevante princípio da segurança jurídica, para implementação de uma boa Administração Pública, tendo o Tribunal de Contas papel relevante nesse contexto como órgão consultivo, orientador, ouvidor, servindo de baliza para o aprimoramento da atuação do gestor público, o que se mostra elementar para atrair investidores e fortalecer o mercado interno brasileiro.

Para o alcançar a boa administração, o controle preventivo deve ser eficiente, garantido o interesse público em tempo hábil, como vislumbrou o legislador na Nova Lei de Licitações e Contratos Administrativos (Lei nº 14.133/2021) ao estabelecer três linhas de defesa.

A atuação preventiva do Tribunal de Contas e a permissão do controle social no tempo adequado é que homenageará os princípios basilares da eficiência, eficácia, economicidade, celeridade e fortalecerá o ambiente democrático no Brasil. Não há espaço para mais autoritarismo, arbitrariedades, muros e morosidade.

O Brasil tem pressa pelo desenvolvimento sustentável – o que somente será alcançado com a implementação de práticas já sedimentadas no exterior, como as de: *compliance*, integridade, governança, aplicando o modelo das três linhas de defesa de forma eficiente, atendendo ao fim a que o modelo se destina.

O protagonismo do Tribunal de Contas é de extrema relevância no atual cenário brasileiro, considerando os altos índices de corrupção, de desvios de recursos públicos e diante da implementação de uma nova lei de caráter disruptivo, que visa justamente ser instrumento concreto para resguardo do erário, para implantar com eficácia o princípio da eficiência, da celeridade, alcançar o desenvolvimento nacional sustentável e efetivar políticas públicas por meio de contratos administrativos, orientado pela publicidade, transparência, rapidez, gestão de riscos, controle preventivo, controle social e utilização de recursos de tecnologia da informação.

Necessita-se da conjugação de esforços de todos os agentes públicos (especialmente dos integrantes das linhas de defesa) e, inclusive, dos particulares, os quais devem buscar a comunicação, representação, denúncia, de forma transparente e tempestiva, sem qualquer barreira, a fim de evitar desperdícios de tempo e dinheiro público, afinal, *time is money*.

No atual cenário brasileiro, o Tribunal de Contas, diante de sua relevante função social constitucionalmente definida, deve exercer com primor e, incansavelmente, suas variadas funções: judicante, fiscalizatória, informativa, corretiva, de ouvidoria, consultiva e sancionatória, sem medir esforços, em prol do interesse público e em nome do Estado Democrático de Direito.

Referências

ACEMOGLU, Daron; ROBINSON, James. *Why Nations Fail*: the Origins of Power, Prosperity, and Poverty. Nova York: Crown Publishers, 2012.

AGUIAR, Afonso Gomes; AGUIAR, Márcio Paiva de. *O Tribunal de Contas na ordem constitucional*. 2. ed. Belo Horizonte: Fórum, 2008.

ANDERSON, Douglas J.; EUBANKS, Gina. *Leveraging COSO Across the Three Lines of Defense*. [s.l.]: [s.n.], 2015.

ATRICON. *A Nova Lei de Licitações e as Três Linhas de Defesa*. Brasília, DF, 2023. Disponível em: https://atricon.org.br/a-nova-lei-de-licitacoes-e-as-tres-linhas-de-defesa/. Acesso em: 12 mar. 2024.

BAHIA, Cláudio José Amaral; SOARES, João Luiz Martins Teixeira. O papel constitucional do Tribunal de Contas da União. *Conjur*, 2023. Disponível em: https://www.conjur.com.br/2023-ago-04/bahiae-soares-papel-constitucional-tcu/. Acesso em: 14 mar. 2023.

BOBBIO, Norberto. *O Futuro da Democracia*: uma defesa das regras do jogo. Tradução de Marco Aurélio Nogueira. Rio de Janeiro: Paz e Terra, 1986.

BRASIL. *Constituição da República Federativa do Brasil de 1988*. Brasília, DF: Presidência da República, 1988. Disponível em: https://www.planalto.gov.br/ccivil_03/constituicao/constituicaocompilado.htm. Acesso em: 11 mar. 2024.

BRASIL. *Decreto-Lei nº 4.657, de 4 de setembro de 1942*. Lei de Introdução às normas do Direito Brasileiro. Rio de Janeiro, RJ: Presidência da República, 1942. Disponível em: https://www.planalto.gov.br/ccivil_03/decreto-lei/del4657compilado.htm. Acesso em: 11 mar. 2024.

BRASIL. *Lei nº 14.133, de 1º de abril de 2021*. Nova Lei de Licitações e Contratos Administrativos. Brasília, DF: Presidência da República, 2021. Disponível em: https://www.planalto.gov.br/ccivil_03/_ato2019-2022/2021/lei/l14133.htm. Acesso em: 11 mar. 2024.

BRASIL. *Lei nº 8.443, de 16 de julho de 1992*. Lei Orgânica do Tribunal de Contas da União. Brasília, DF: Presidência da República, 1992. Disponível em: https://www.planalto.gov.br/ccivil_03/leis/l8443.htm. Acesso em: 11 mar. 2024.

BRASIL. *Lei nº 8.666, de 21 de junho de 1993*. Regulamenta o art. 37, inciso XXI, da Constituição Federal, institui normas para licitações e contratos da Administração Pública e dá outras providências. Brasília, DF: Presidência da República, 1993. Disponível em: https://www.planalto.gov.br/ccivil_03/leis/l8666cons.htm. Acesso em: 11 mar. 2024.

BRASIL. Tribunal de Contas da União. *Combate à fraude e corrupção*. Disponível em: https://portal.tcu.gov.br/combate-a-corrupcao/. Acesso em: 11 mar. 2024.

BRASIL. Tribunal de Contas da União. *Resolução nº 246, de 30 de novembro de 2011*. Regimento Interno do Tribunal da União. Brasília, DF: TCU, 2011. Disponível em: https://portal.tcu.gov.br/data/files/5A/54/AE/28/EE157810ED256058E18818A8/RITCU.pdf. Acesso em: 11 mar. 2024.

COUTO, Marlen. Brasil Perde dez posições em ranking internacional de percepção da corrupção. *O Globo*, 2021. Disponível em: https://oglobo.globo.com/politica/noticia/2024/01/30/brasil-perde-dez-posicoes-em-ranking-internacional-de-percepcao-da-corrupcao-veja-os-dados.ghtml#. Acesso em: 13 mar. 2024.

DI PIETRO, Maria Sylvia Zanella. *Direito Administrativo*. 30. ed. rev., atual. e ampl. Rio de Janeiro: Forense, 2017.

DI PIETRO, Maria Sylvia Zanella; GUIMARÃES, Edgar. *Manual de licitações e contratos administrativos*. Lei 14.133/2021. Rio de Janeiro. Forense, 2023.

GABARDO, Emerson. *Eficiência e Legitimidade do Estado*. 1. ed. Barueri: Manole, 2003.

GARCIA, Gilson Piqueras. Tribunais de contas, controle preventivo, controle social e jurimetria: um estudo sobre as representações para suspensão de licitações. *Revista Controle – Tribunal de Contas do Estado do Ceará*, Fortaleza, v. XIX, n. 1, p. 160-193, jan./jun. 2021. Disponível em: https://acervo.fortaleza.ce.gov.br/download-file/documentById?id=2fa9f233-70d1-4b9b-86be-d0d51be0c8bf. Acesso em: 12 mar. 2024.

HEINEN, Juliano. Controle das licitações e contratos públicos – linhas defesa e atores. *Observatório da Nova Lei de Licitações*, 2022. Disponível em: https://www.novaleilicitacao.com.br/2020/01/14/controle-das-licitacoes-e-contratos-publicos-linhas-de-defesa-e-atores/. Acesso em: 11 mar. 2024.

JUSTEN FILHO, Marçal. *Comentários à Lei de Licitações e Contratações Administrativas*. 2. ed. São Paulo: Thomson Reuters, 2023.

MEDAUAR, Odete. *Controle da Administração Pública*. 3. ed. rev., atual. e ampl. São Paulo: Revista dos Tribunais, 2003.

MOSIMANN, Italo Augusto; PEIXOTO, Bruno Teixeira. O compliance na nova Lei de Licitações. *Conjur*, 2021. Disponível em: https://www.conjur.com.br/2021-mai-21/opiniao-compliance-lei-licitacoes/. Acesso em: 13 mar. 2024.

NIEBUHR, Joel de Menezes. *Licitação Pública e Contrato Administrativo*. 5. ed. Belo Horizonte: Fórum, 2022.

OLIVEIRA, Gustavo Henrique Justino de; VENTURINI, Otávio. Programas de integridade na nova Lei de Licitações: parâmetros e desafios. *Conjur*, São Paulo, 2021. Disponível em: https://www.conjur.com.br/2021-jun-06/publico-pragmatico-programas-integridade-lei-licitacoes. Acesso em: 23 mar. 2024.

OLIVEIRA, Rodrigo Corrêa da Costa. A Nova Lei de Licitações e inovações jurisprudenciais. *Tribunal de Contas do Estado de São Paulo*, São Paulo, 2024. Disponível em: https://www.tce.sp.gov.br/6524-artigo-nova-lei-licitacoes-e-inovacoes-jurisprudenciais. Acesso em: 11 mar. 2024.

PASCOAL, Valdecir Fernandes. O Poder Cautelar dos Tribunais de Contas. *Revista do TCU*, Brasília, DF, ano 41, n. 115, p. 103-118, maio/ago. 2009. Disponível em: https://revista.tcu.gov.br/ojs/index.php/RTCU/article/download/363/430. Acesso em: 13 mar. 2024.

PEREIRA, Rodolfo Viana. Controle e legitimidade democrática. *In*: PINTO E NETTO, Luísa Cristina; BITTENCOURT NETO, Eurico (Coord.). *Direito Administrativo e Direitos Fundamentais*: Diálogos necessários. Belo Horizonte: Fórum, 2012.

RIBAS JUNIOR, Salomão Antônio. Do Controle das Contratações. *In*: NIEBUHR, Joel de Menezes *et al. Nova Lei de Licitações e Contratos Administrativos*. 2. ed. Curitiba: Zênite, 2021. 283 p. Disponível em: https://www.zeniteeventos.com.br/uploads/produtos/2aEdicao_NovaLeideLicitacoeseContratosAdministrativos_JoelMenezesNiebuhr.pdf. Acesso em: 23 mar. 2024.

RIBEIRO, Leonardo Coelho. *O Direito Administrativo como "caixa de ferramentas"*: uma nova abordagem da ação pública. São Paulo: Malheiros, 2016.

RODRIGUES, Ricardo Schneider. A Lei nº 14.133/2021 e os novos limites do controle externo: a necessária deferência dos Tribunais de Contas em prol da administração pública. *Revista Brasileira de Políticas Públicas – CEUB Educação Superior*, Brasília, v. 11, n. 3, dez. 2021. Disponível em: https://www.publicacoesacademicas.uniceub.br/RBPP/article/viewFile/7895/pdf. Acesso em: 13 mar. 2024.

SOUZA, Frederico Pinto de; LOUZADA, Fabiano da Rocha. O modelo de três linhas de defesa para uma gestão eficaz de riscos no âmbito do Poder Executivo do Estado do Espírito Santo. *Revista da CGU*, Brasília, v. 9, n. 15, p. 659-681, jul./dez. 2017. Disponível em: https://repositorio.cgu.gov.br/bitstream/1/34389/13/V9.n15_Tr%c3%aas_linhas_de_defesa.pdf. Acesso em: 13 mar. 2024.

TEIXEIRA, Laís Santana da Rocha Salvetti. A função social do Tribunal de Contas e a Boa Governança no Estado Social e Democrático de Direito Brasileiro. *In*: COIMBRA, Wilber Carlos dos Santos; OLIVEIRA FILHO, Raimundo (Org.). *O estado do bem-estar social, os Tribunais de Contas e a boa governança pública*. Porto Velho: TCE-RO, 2019. Disponível em: https://tcero.tc.br/wp-content/uploads/2019/11/E-BOOK-VIII-FORUM-2019_compressed.pdf#page=193. Acesso em: 25 mar. 2024.

THE INSTITUTE OF INTERNAL AUDITORS. *Modelo das três linhas do IIA 2020*: uma atualização das três linhas de defesa. Lake Mary, FL, jul. 2020. Disponível em: https://www.theiia.org/globalassets/documents/resources/the-iias-three-lines-model-an-update-of-the-three-lines-of-defense-july-2020/three-lines-model-updated-portuguese.pdf. Acesso em: 14 mar. 2024.

VANNUCCI, Alberto. Desafios no estudo da corrupção: abordagens e implicações políticas. *Revista Brasileira de Direito*, v. 13, n. 1, p. 251-281, jan./abr. 2017. Disponível em: https://seer.atitus.edu.br/index.php/revistadedireito/article/view/1809/1107. Acesso em: 13 mar. 2024.

Informação bibliográfica deste texto, conforme a NBR 6023:2018 da Associação Brasileira de Normas Técnicas (ABNT):

VALLE, Vivian Cristina Lima López; FERREIRA, Igor Diniz Klautau de Amorim. Controle externo do Tribunal de Contas da União, linhas de defesa, controle interno preventivo na Lei nº 14.133/21 e a inconstitucionalidade do Acórdão nº 572/22/TCU. *In*: JUSTEN, Monica Spezia; PEREIRA, Cesar; JUSTEN NETO, Marçal; JUSTEN, Lucas Spezia (coord.). *Uma visão humanista do Direito*: homenagem ao Professor Marçal Justen Filho. Belo Horizonte: Fórum, 2025. v. 1, p. 995-1011. ISBN 978-65-5518-918-6.

A "INDEPENDÊNCIA DE INSTÂNCIAS": OS IMPACTOS DA AÇÃO E DAS SANÇÕES POR IMPROBIDADE NAS ESFERAS CIVIL, PENAL E ADMINISTRATIVA

WILLIAM ROMERO

1 Introdução

A Lei nº 14.230 promoveu significativas alterações na Lei nº 8.429, que estabelece o regime legal dos atos de improbidade administrativa. Foram positivados diversos aspectos relevantes, inclusive em torno da própria concepção do que é *improbidade*, de modo a impedir a banalização do instituto. A reforma realizada foi tal que a Lei nº 14.230 passou a ser tratada como uma "nova" lei de improbidade ("LIA").

Todos os agentes públicos e os particulares contratados pela Administração Pública ou que operem nessa condição estão sujeitos à persecução por improbidade caso tenham incorrido em práticas tipificadas como reprováveis nos incisos dos arts. 9º, 10 e 11 da Lei nº 8.429.

Por se tratar de norma própria destinada a coibir práticas de elevado grau de reprovabilidade, os agentes incorridos nessa tipificação e processados perante o Judiciário estão também sujeitos à reparação nas demais esferas competentes (civil, penal e administrativa). A lógica que admite tal assertiva está calcada no preceito constitucional da separação de poderes, estabelecido no art. 2º da Constituição, reforçada pela ressalva explícita que consta ao final do art. 37, §4º, do texto constitucional.[1]

Ocorre que a solução em torno dessa separação, tratada como independência de instâncias ou de esferas, comporta ressalvas. É apta a gerar elevado grau de insegurança jurídica, propiciar soluções incoerentes e paradoxais e a comprometer a própria lógica da unicidade do poder estatal.

---

[1] Art. 37, §4º: "Os atos de improbidade administrativa importarão a suspensão dos direitos políticos, a perda da função pública, a indisponibilidade dos bens e o ressarcimento ao erário, na forma e gradação previstas em lei, sem prejuízo da ação penal cabível".

O presente artigo se dispõe a promover reflexões acerca do tema, com amparo na gravidade (e natureza) dos atos tipificados como ímprobos, das garantias constitucionais e do princípio da proporcionalidade (e, mais especificamente, da vedação ao *bis in idem*). Sem qualquer pretensão de esgotar o assunto, realizar-se-á uma análise com viés prático destinada a evitar soluções incompatíveis, inclusive em vista de preceitos supralegais que asseguram garantias humanitárias em torno da multiplicidade de processos e sanções relacionadas aos mesmos fatos.

2 Diretrizes constitucionais e legais pertinentes: admissão em torno da viabilidade de múltiplas sanções

O raciocínio a ser desenvolvido tomará em conta disposições constitucionais e legais expressas em variados atos normativos. Em geral, as previsões legais tratam da eficácia de sentenças proferidas na esfera penal ao âmbito administrativo e civil, e procuram sinalizar a independência de cada qual.

O art. 37, §4º, da Constituição, reproduzido na nota 1 acima, contempla expressa dicção em torno da independência entre o sancionamento aplicado na órbita da improbidade e aquele eventualmente a ser perseguido no âmbito criminal.

Na mesma esteira, o art. 935 do Código Civil ("CC") preceitua que: "A responsabilidade civil é independente da criminal, não se podendo questionar mais sobre a existência do fato, ou sobre quem seja o seu autor, quando estas questões se acharem decididas no juízo criminal".

Como se vê, o dispositivo em questão vincula a solução em termos de responsabilização civil às apurações criminais, mas desde que a decisão tenha decidido a questão sob a perspectiva (i) da ocorrência efetiva do fato delituoso, e/ou (ii) do responsável pela sua prática (autoria).

Nessa mesma linha é o art. 66 do Código de Processo Penal ("CPP"): "Não obstante a sentença absolutória no juízo criminal, a ação civil poderá ser proposta quando não tiver sido, categoricamente, reconhecida a inexistência material do fato".

A Lei nº 8.112, por seu turno, estabelece que as sanções civis, penais e administrativas "poderão cumular-se, sendo independentes entre si", e que "A responsabilidade administrativa do servidor será afastada no caso de absolvição criminal que negue a existência do fato ou sua autoria".

A Lei Anticorrupção (de nº 13.689 – "LAC") reforça essa assertiva no seu art. 7º, do qual se extrai que "As responsabilidades civil e administrativa são independentes da criminal, não se podendo mais questionar sobre a existência ou a autoria do fato quando essas questões tenham sido decididas no juízo criminal".

No art. 30, a LAC estabelece ainda que a aplicação das sanções da referida lei "não afeta os processos de responsabilização e aplicação de penalidades decorrentes de" ato de improbidade (inc. I) e de ilícitos alcançados pelas legislações que regem licitações e contratos administrativos (inc. II).

Também a LIA disciplina a questão de forma expressa.

Ao anunciar as hipóteses de sanções pelos atos de improbidade, preceitua em seu art. 12 que:

Independentemente do ressarcimento integral do dano patrimonial, se efetivo, e das sanções penais comuns e de responsabilidade, civis e administrativas previstas na legislação específica, está o responsável pelo ato de improbidade sujeito às seguintes cominações, que podem ser aplicadas isolada ou cumulativamente, de acordo com a gravidade do fato.

Por outro lado, a LIA consagra também a ideia de proporcionalidade no próprio art. 12, em seu §6º. Estabelece que "Se ocorrer lesão ao patrimônio público, a reparação do dano a que se refere esta Lei deverá deduzir o ressarcimento ocorrido nas instâncias criminal, civil e administrativa que tiver por objeto os mesmos fatos".

Nessa esteira, a vedação ao *bis in idem* também foi consagrada pelo diploma legal de forma expressa: "As sanções aplicadas a pessoas jurídicas com base nesta Lei e na Lei nº 12.846, de 1º de agosto de 2013, deverão observar o princípio constitucional do non bis in idem" (art. 12, §7º, LIA).

A norma também afasta expressamente a aplicação das sanções por improbidade aos casos em que houver sancionamento pela LAC (art. 3º, §2º): "As sanções desta Lei não se aplicarão à pessoa jurídica, caso o ato de improbidade administrativa seja também sancionado como ato lesivo à administração pública de que trata a Lei nº 12.846, de 1º de agosto de 2013".

Do mesmo diploma legal colhem-se ainda disposições relevantes da LIA incorporadas pela Lei nº 14.230: art. 21, §§3º e 4º.

O primeiro (§3º) segue a linha dos dispositivos já acima mencionados. Consagra a ideia de que "As sentenças civis e penais produzirão efeitos em relação à ação de improbidade quando concluírem pela inexistência da conduta ou pela negativa da autoria".

O segundo (§4º), por outro lado, prescreve o seguinte:

A absolvição criminal em ação que discuta os mesmos fatos, confirmada por decisão colegiada, impede o trâmite da ação da qual trata esta Lei, havendo comunicação com todos os fundamentos de absolvição previstos no art. 386 do Decreto-Lei nº 3.689, de 3 de outubro de 1941 (Código de Processo Penal).

É dizer: preceitua que a absolvição criminal deve sim gerar efeitos às ações de improbidade, independentemente da base utilizada. Estabelece a comunicação de todos os fundamentos do art. 386 do CPP – e, portanto, elimina a vinculação restrita às hipóteses de inexistência do fato (inc. I) e negativa de autoria (inc. IV). Eventual absolvição por falta de provas do fato e da autoria (inc. II e V), por exemplo, seria suficiente a eliminar a possibilidade de persecução por improbidade.

O dispositivo (art. 21, §4º, LIA) está suspenso em atenção à decisão liminar proferida pelo STF no âmbito da ADI nº 7.236/DF, cujo julgamento se iniciou em 16.5.2024 e foi imediatamente suspenso após o voto do Min. Alexandre de Moraes, relator do caso, em atenção a pedido de vista do Min. Gilmar Mendes.

O relator confirmou a liminar e, em relação ao art. 21, §4º, votou por reconhecer sua parcial inconstitucionalidade, conferindo ao dispositivo interpretação conforme a fim de definir que a absolvição criminal somente impede o trâmite da ação de improbidade administrativa nas hipóteses dos arts. 65 (sentença penal que reconhecer ter sido o ato praticado em estado de necessidade, em legítima defesa, em estrito cumprimento de dever legal ou no exercício regular de direito); 386, I (estar provada a inexistência do fato); e 386, IV (estar provado que o réu não concorreu para a infração penal), todos do Código de Processo Penal.[2]

O caso deverá retornar à pauta oportunamente.

Sem prejuízo disso, há também disciplina afeta à Convenção Americana de Direitos Humanos (CADH), de caráter *supralegal*, que contempla previsões relevantes acerca da multiplicidade de processos e de sanções e será examinada adiante.

3 As perspectivas da análise: absolvição e múltiplas sanções

O exame em torno da independência de instâncias e do alcance de tal lógica pressupõe o estabelecimento de algumas premissas fundamentais. A primeira delas se relaciona à averiguação (em tese) acerca da admissibilidade de múltiplos processos e múltiplas sanções em face de uma mesma conduta.

A resposta, em abstrato, é positiva. Tal conclusão deriva da constatação em torno da pluralidade de dimensões normativas, aptas a estabelecer de forma autônoma vedações e consequências em face de uma mesma conduta.

A esse respeito, Marçal Justen Filho esclarece que "a pluralidade de normas jurídicas pode resultar em que uma mesma conduta concreta configure violação ao mandamento de normas jurídicas diversas e inconfundíveis".[3] Nessa linha, ressalva que tal não é incompatível com a vedação ao *bis in idem*, já que tal vedação deve incidir *internamente* a cada ramo do direito, não se aplicando aos demais. Mas ressalva que "será inconstitucional aplicar à mesma infração duas ou mais sanções de igual natureza jurídica".

A segunda premissa se relaciona ao encaminhamento da solução adotada numa ou noutra esfera. Se houve uma primeira decisão condenatória, será útil (e de todo imprescindível) o aprofundamento em torno da viabilidade da multiplicação de sanções em face dessa conduta já anteriormente punida.

Por outro lado, se o acusado tiver sido absolvido no primeiro pronunciamento proferido em relação a ele, caberá perquirir em que medida será viável que outras esferas concluam o contrário e lhe imputem consequências sancionatórias.

A terceira situação sugere verificar a esfera em que se deu essa primeira decisão (condenatória ou absolutória): penal, improbidade,[4] cível ou administrativa. Muito embora as normas sempre considerem como referencial máximo a absolvição *penal*, decisões proferidas em outras esferas também poderão servir de referencial e gerar consequências

---

[2] Até a finalização deste artigo, o caso não voltou para a pauta.

[3] JUSTEN FILHO, Marçal. *Reforma da Lei de Improbidade Administrativa Comparada e Comentada*. 1. ed. Rio de Janeiro: Forense, 2022. p. 138-139.

[4] Muito embora o *processo* por improbidade possua natureza civil em razão de seus preceitos e da expressa sujeição à sistemática do Código de Processo Civil (art. 17, *caput*, da Lei nº 8.429), a gravidade das sanções e os pressupostos imprescindíveis à condenação a aproximam (em muito) do direito penal. Como será examinado adiante, incorporamos a improbidade como dotada de natureza jurídica *sui generis*. Para Bernardo Strobel Guimarães, "No plano judicial, a par das normas de natureza penal, há normas de natureza diversa (usualmente chamadas de civis). A ação de improbidade se insere nesse último campo: do *controle judicial de natureza extrapenal*. Cuida-se de um sistema próprio de responsabilização, orientado ao combate de atos descritos normativamente como ímprobos" (GUIMARÃES, Bernardo Strobel *et al. A Nova Improbidade Administrativa*. 1. ed. Rio de Janeiro: Forense, 2023. p. 31).

naquele âmbito. Não se está aqui a falar em comunicação automática, como se uma negativa de pretensão civil em face do acusado devesse propiciar instantânea absolvição criminal. Mas o contexto desse julgamento deverá necessariamente ser aproveitado.

A quarta premissa que parece relevante é observar a origem da autoridade julgadora – se administrativa ou se judicial.

A despeito da competência de autoridades administrativas para desencadear e conduzir internamente os processos sancionatórios a ela relacionados, e sem prejuízo de as garantias fundamentais incidirem também em processos administrativos, o Judiciário possui aptidão e mecanismos para promover um julgamento mais abalizado e com instrução mais aprofundada. A própria noção de segurança jurídica e de imparcialidade passa pelo pronunciamento do Poder Judiciário, inclusive porque eventuais deliberações administrativas estão sujeitas a controle de legalidade ante a inafastabilidade do controle jurisdicional – preceito positivado no art. 5º, XXXV, do texto constitucional.

É dizer: uma decisão judicial proferida por primeiro fortalecerá a tese adotada perante as demais esferas pela parte que teve sua pretensão acolhida.

Quanto a isso, cabe destacar que a improbidade contempla avaliação afeta exclusivamente ao Poder Judiciário. E isso ocorre fundamentalmente em vista dos valores protegidos e da natureza das sanções veiculadas pelo instituto.[5]

A quinta e última premissa tem relação com o exame da conduta e dos fatos apurados numa e noutra esfera, a fim de confirmar a plena identificação entre tal conduta (no plano prático) e o conjunto probatório que serviu de amparo à conclusão exarada por primeiro.

Sob essa perspectiva, os fundamentos utilizados para a solução adotada devem ser necessariamente examinados e cotejados, a fim de se compreender o alcance da solução, e não apenas o dispositivo em si.

Este autor entende que os impactos de uma eventual absolvição criminal às demais instâncias não se resumem às hipóteses de inexistência do fato ou negativa de autoria (art. 386, incs. I e IV, CPP). É plenamente possível (e inclusive comum) que o conjunto instrutório dos autos e as referências constantes da própria decisão envolvam elementos mais aprofundados e aptos a propiciar destecho distinto de uma absolvição calcada na ausência de provas – e que, mesmo assim, no dispositivo o julgador tenha fundamentado sua conclusão nos incisos pertinentes à insuficiência de provas em torno da existência do fato e da autoria (incs. II e V). Nesses casos, caberá prestigiar o que efetivamente foi debatido e averiguado no processo, e não apenas a base legal ou o dispositivo sentencial que ensejou a conclusão exposta.[6]

---

[5] "Há uma proximidade intensa quanto à natureza, às peculiaridades e ao regime do Direito Penal e do sancionamento à improbidade. [...] Justamente por isso, o Poder Judiciário é titular da competência privativa para promover a apuração, o processamento e a condenação pela prática de infrações por improbidade" (JUSTEN FILHO, Marçal. *Reforma da Lei de Improbidade Administrativa Comparada e Comentada*. 1. ed. Rio de Janeiro: Forense, 2022. p. 20).

[6] Nesse sentido, confira-se: "2. Embora não se possa negar a independência entre as esferas - segundo a qual, em tese, admite-se repercussão da absolvição penal nas demais instâncias apenas nos casos de inexistência material ou de negativa de autoria -, não há como ser mantida a incoerência de se ter o mesmo fato por não provado na esfera criminal e por provado na esfera administrativa. Precedente. 3. Em hipóteses como a dos autos, em que o único fato que motivou a penalidade administrativa resultou em absolvição no âmbito criminal, ainda que por ausência de provas, a autonomia das esferas há que ceder espaço à coerência que deve existir entre as decisões sancionatórias" (STJ, AgRg nos EDcl no HC n. 601.533/SP, Rel. Min. Sebastião Reis Júnior, Sexta Turma, julgado em 21.9.2021, *DJe* de 1.10.2021).

Seja como for, será sempre imprescindível avaliar a extensão e profundidade de cada um dos processos como forma de mensurar os impactos de uma decisão – seja para aplicar a lógica da "independência de instâncias" e justificar o prosseguimento da persecução, seja para interrompê-la em atenção à solução já sedimentada perante outra esfera.

Em qualquer caso, a "independência de instâncias" não pode servir de pretexto para justificar desenfreadas persecuções e penalizações – o que, em última análise, gera apenas insegurança jurídica e instabilidade social.[7]

4 A natureza jurídica da improbidade

O exame em torno da "independência entre as instâncias" e dos impactos do sancionamento por improbidade com os outros ramos demanda uma valoração em torno da sua natureza jurídica – que, como já sinalizado, não pode ser tida puramente por *civil*.

A percepção da improbidade como dotada de natureza *sui generis*, e com mecanismos persecutórios e sancionatórios que a aproximam do direito criminal, é apta a atrair a aplicação de princípios e garantias inerentes a esfera penal.

4.1 Os valores protegidos e a incidência dos princípios do direito administrativo sancionador

A improbidade tem relação com valores que transcendem aspectos puramente econômicos. Relaciona-se a preceitos basilares ínsitos à atuação perante a Administração Pública, destinados a preservar mais que a simples *legalidade* da atuação. A própria amplitude das sanções estabelecidas nos incisos do art. 12 da LIA (perda de função pública, suspensão de direitos políticos, multa e proibição de contratar com o poder público e receber incentivos fiscais ou creditícios) reforça tal constatação.

Por essa razão, o art. 1º, §4º, da Lei nº 14.230 incorporou ao ato normativo previsão que esclarece a aplicabilidade "ao sistema da improbidade disciplinado nesta Lei os princípios constitucionais do direito administrativo sancionador".

4.2 A incidência de garantias do direito penal ao direito administrativo sancionador

A constatação acima indicada permite concluir que são aplicáveis os princípios do direito penal às ações de improbidade.

Tal lógica já restou sedimentada pelo Supremo Tribunal Federal (STF).[8] Na oportunidade, observou-se a necessidade de tratar a independência entre as instâncias de forma mitigada. Em meio aos fundamentos daquela decisão, que ordenou o trancamento de ação de improbidade em atenção a acórdão anterior, proferido em *habeas corpus*,

---

[7]   "[...] a independência das esferas não é absoluta e admite mitigação [...]" (AMARAL, Paulo Osternack; WATANABE, Doshin. *Manual do Processo de Improbidade Administrativa*. Londrina: Thoth, 2023. p. 108).

[8]   STF, RCL 41.557, Segunda Turma, Rel. Min. Gilmar Mendes, j. 20.12.2020.

o voto condutor consignou serem aplicáveis "princípios penais no âmbito do direito administrativo sancionador".

Marçal Justen Filho aponta que tal previsão constitui decorrência da natureza vinculada da improbidade a interesses de direito público. Segundo o autor, a repressão à improbidade, tal como contemplada na Lei nº 8.429, compreende as garantias próprias do direito sancionatório. Essas garantias (inclusive constitucionais) encontram-se formalmente consagradas a propósito do Direito Penal, mas também se aplicam no tocante à punição pela improbidade.[9]

Ele observa também as percepções que identificam os ramos. Enfatiza que "Há uma proximidade intensa quanto à natureza, às peculiaridades e ao regime do Direito Penal e do sancionamento à improbidade".[10]

Fábio Medina Osório, por sua vez, destaca a necessidade de se examinar a dogmática penal como *inspiração* ao direito administrativo sancionador – que, portanto, deve atrair tais preceitos ao sistema da improbidade:

> Não se trata de reduzir as fontes do direito administrativo sancionador ao direito penal, como se ostentasse alguma espécie de superioridade normativa. Trata-se apenas de perceber a superioridade teórica da dogmática penal, que pode servir de inspiração garantista na seara do direito administrativo punitivo, eis que ambas constituem projeções do direito punitivo público, carecendo de limites e contornos básicos comuns.[11]

Tal constatação pode ser apurada também a partir da semelhança da improbidade com *crimes de responsabilidade* aos quais respondem ministros de Estado e de Tribunais Superiores – os quais, se não houver essa compatibilização, poderiam responder por ações de improbidade em 1º grau de jurisdição. Esse aspecto foi bastante lembrado no curso do julgamento do Tema nº 1.199, que será objeto de comentários a seguir.

A esse respeito, é digno de nota excerto doutrinário do Ministro Gilmar Mendes:[12]

> A análise das condutas tipificadas nas Leis 8.429/1992 e 1.079/1950, assim como das penalidades ali previstas, evidencia que tais diplomas estão a disciplinar o mesmo setor do direito punitivo, os chamados crimes de responsabilidade. Em síntese, cabe concluir que a disciplina punitiva de ambas as leis opera no mesmo espaço normativo definido pela Constituição, ou seja, no âmbito dos chamados crimes de responsabilidade. [...]
>
> Em outras palavras, se a Constituição estabelece que os agentes políticos respondem por crime comum ou de responsabilidade, perante o Supremo Tribunal Federal, entender que tais agentes devem responder a processo assemelhado ou de consequência assemelhada, perante juiz de primeiro grau, não pode ser admitido.

---

[9] JUSTEN FILHO, Marçal. *Reforma da Lei de Improbidade Administrativa Comparada e Comentada.* 1. ed. Rio de Janeiro: Forense, 2022. p. 20.

[10] JUSTEN FILHO, Marçal. *Reforma da Lei de Improbidade Administrativa Comparada e Comentada.* 1. ed. Rio de Janeiro: Forense, 2022. p. 20.

[11] OSÓRIO, Fábio Medina. *Teoria da Improbidade Administrativa*: má gestão pública, corrupção, ineficiência. São Paulo: RT, 2020. p. 224.

[12] MENDES, Gilmar Ferreira. A improbidade administrativa pelo Supremo Tribunal Federal. *In*: MARQUES, Mauro Campbell (Coord.). *Improbidade Administrativa*: temas atuais e controvertidos. Rio de Janeiro: Forense, 2017. p. 139-140.

Vale ainda destacar a doutrina de Rodrigo Valgas dos Santos, quando relaciona direito penal e direito administrativo sancionador e identifica o inafastável dever de observância dos direitos e garantias fundamentais no bojo da improbidade:

> [...] o Direito Administrativo Sancionador – DAS, não destoa da necessária proteção dos direitos fundamentais afetados pela incidência de quaisquer tipos de sanção. Independentemente da superada discussão acerca da natureza jurídica das ações de improbidade, o fato é que há uma pluralidade de sanções que exorbitam as meramente civis, aproximando-as dos arquétipos do Direito Penal.[13]

4.3 As discussões do STF no âmbito do Tema nº 1.199: confirmação de identidade entre o direito penal e o direito administrativo sancionador

Essa inevitável discussão veio à tona no julgamento do Tema nº 1.199.

Ao apreciar a constitucionalidade das definições normativas da Lei nº 14.230 em torno da exigência de *dolo específico* para caracterização da improbidade, o STF concluiu por maioria de votos que as tais diretrizes seriam sim constitucionais, mas incidiriam apenas aos casos sem trânsito em julgado ("retroatividade parcial" ou "não ultra-atividade" da norma revogada, segundo o voto do Min. Alexandre de Moraes, relator).

Essa análise passou inexoravelmente por debates acerca da incidência de princípios do direito penal às ações de improbidade – em especial, o da *retroatividade da lei mais benéfica* ao acusado. A ideia prevalente, extraída do voto condutor, foi a seguinte:

> [...] *vige o princípio da não ultra-atividade,* uma vez que não retroagirá para aplicar-se a fatos pretéritos com a respectiva condenação transitada em julgado, mas tampouco será permitida sua aplicação a fatos praticados durante sua vigência, mas cuja responsabilização judicial ainda não foi finalizada. [...]
>
> Isso ocorre pelo mesmo princípio do *tempus regit actum,* ou seja, tendo sido revogado o ato de improbidade administrativa culposo antes do trânsito em julgado da decisão condenatória; *não é possível a continuidade de uma investigação, de uma ação de improbidade ou mesmo de uma sentença condenatória com base em uma conduta não mais tipificada legalmente, por ter sido revogada.*

No entanto, a votação foi heterogênea. Ao final, foram computados 7 (sete) votos nesse sentido: Ministros Alexandre de Moraes, André Mendonça, Nunes Marques, Dias Toffoli, Ricardo Lewandowski, Gilmar Mendes e Luiz Fux. Desses, no entanto, ao menos 4 (quatro)[14] concluíam pela *retroatividade* irrestrita, a fim de atingir também condenações já transitadas em julgado (Ministros André Mendonça, Dias Toffoli, Ricardo

---

[13] SANTOS, Rodrigo Valgas dos. *Direito Administrativo do Medo.* 3. ed. São Paulo: RT, 2023. p. 196.

[14] O Min. Nunes Marques limitou em seu voto a retroatividade aos casos "sem condenação definitiva", embora tenha tido seu nome computado pelo Min. Alexandre de Moraes nas discussões, ao final, como sendo no sentido de admitir reversão de sentenças transitadas em julgado.

Lewandowski e Gilmar Mendes). Houve ainda outros 4 (quatro) votos pela vedação a qualquer retroação da Lei nº 14.230 (Ministros Edson Fachin, Roberto Barroso, Rosa Weber e Cármen Lúcia).

Ocorre que, a despeito da divergência no que diz respeito à automática cumulação de garantias e preceitos penais às ações de improbidade, a maioria dos Ministros esclareceu em seus votos a relação de identidade entre os institutos.

A título de exemplo, vale mencionar o voto do Min. Roberto Barroso, que votou contra o reconhecimento de qualquer *retroatividade*, e mesmo assim reconheceu que "em muitas situações da vida, não é irrazoável, e em algumas é até desejável, a retroação benéfica em caso de Direito Administrativo sancionador". Depois, em arremate, justificou sua posição com base em questões empíricas e práticas relativas às consequências da improbidade junto ao TSE (comum ausência de distinção entre "dolo" e "culpa" nas condenações). Nessa linha, consignou que:

> Em outros contextos, eu não teria dúvida de aplicar a retroatividade benéfica. A razão pela qual optei por não aplicar neste caso é porque, como as decisões anteriores muitas vezes não faziam essa distinção, a gente cria uma situação em que se estaria cobrando, das decisões ou das investigações que tenham sido feitas, que tivessem atuado, no passado, de acordo com a lei futura, o que eu acho que seria uma imposição irrazoável.

De forma análoga, o voto do Min. Luiz Fux observou que "ambos [direito penal e direito administrativo sancionador] compartilham um núcleo constitucional comum". No entanto, afastou a concepção de que ambos seriam "exatamente idênticos", sendo necessário transpor os princípios penais com cautela ao direito administrativo, "sob pena de desnaturar a característica inerente ao ordenamento criminal de agir como *ultima ratio*". Ao final, reforçou também sua posição com base em evidências empíricas (dados do CNJ) sobre o número de ações de improbidade dos últimos anos e seu conteúdo.

Logo, um exame aprofundado da deliberação permite verificar que há ao menos 7 (sete) Ministros que *reconhecem* a incidência de postulados penais às ações de improbidade administrativa. E isto não só é extremamente significativo, como reforça a percepção em torno da inviabilidade de se atribuir à ação de improbidade administrativa natureza "civil", pura e simplesmente.

4.4 Síntese do tópico

Se de um lado a improbidade não possui natureza penal, a despeito do caráter equivalente de suas sanções, de outro também é inviável tratá-la como medida de natureza civil. Trata-se de norma autônoma, editada com o fito de conceber disciplina específica para os preceitos e interesses que visa tutelar, e que reúne características de variados ramos do direito (penal, administrativo e civil).

De todo modo, aos presentes fins cumpre delimitar a premissa de que a peculiaridade do regramento inequivocamente admite, inclusive por expressa dicção do art. 1º, §4º, da Lei nº 8.429, a incidência de princípios do direito administrativo sancionador, ramo do direito que assimila garantias intrínsecas ao direito penal.

5 O dever de coerência das decisões sob tutela do Estado (juiz e administração)

Os fundamentos que servem de base à Constituição – como dignidade da pessoa humana (art. 1º, III), a ideia de construção de uma sociedade livre, justa e solidária (art. 3º, I) e a concepção em torno da prevalência de direitos humanos (art. 4º, II) – são incompatíveis com a ideia automática e irrestrita de multiplicidade de processos e sanções.

5.1 Autonomia relativa do Estado: núcleo comum do poder sancionatório

Não cabe considerar que a autonomia do Estado é irrestrita e aferível apenas a partir da existência de disposições constantes de atos normativos distintos, para legitimar penalização pelos mesmos fatos e eventualmente nos mesmos documentos e materiais probatórios.

O poder sancionatório do Estado (*jus puniendi*) possui um núcleo comum. Assim, tanto as sanções emanadas de órgãos administrativos ligados ao Poder Executivo, quanto aquelas impostas pelo Poder Judiciário ou por instituições fiscalizatórias (Ministérios Públicos e Tribunais de Contas) possuem a mesma origem axiológica.

Em outras palavras, há uma unidade comum entre todas as prerrogativas exercidas pelo Estado em torno das punições, sejam elas penais ou administrativas (*lato sensu*).

5.2 Independência mitigada entre instâncias e prestígio à segurança jurídica

Sob essa perspectiva, é de todo irrazoável e incoerente que tal constatação seja representativa de legitimação irrestrita de aplicação desenfreada de sanções pelos variados colegitimados, inseridos na mesma estrutura estatal.

Valter Shuenquener de Araújo enfatiza a necessidade de priorizar a segurança jurídica e a racionalidade do sistema para justificar descabimento da utilização irrestrita da lógica de incomunicabilidade entre as instâncias.[15]

Na mesma linha, Helena Lobo da Costa adverte que esta solução é apta a ocasionar "enormes perplexidades", e destaca que a ideia de indicação aleatória e irrestrita da "independência de instâncias":

> [...] nega todos [o]s pontos de contato entre direito administrativo e direito penal, como se pudessem se desenvolver paralelamente ao outro, criando um fechamento artificial no sistema e gerando, por consequência, resultados muitas vezes insatisfatórios em termos de coerência e lógicas jurídicas.[16]

---

[15] ARAÚJO, Valter Shuenquener de. O princípio da interdependência das instâncias punitivas e seus reflexos no Direito Administrativo Sancionador. *Revista Jurídica da Presidência*, Brasília, v. 23, n. 131, p. 629-653, out. 2021/jan. 2022.

[16] COSTA, Helena Lobo da. Direito administrativo sancionador e direito penal: a necessidade de desenvolvimento de uma política sancionadora integrada. *In*: BLAZECK, Luiz Mauricio Souza; MARZAGÃO JÚNIOR, Laerte I. (Coord.). *Direito Administrativo Sancionador*. São Paulo: Quartier Latin, 2014. p. 113.

No mesmo sentido, Adriano Teixeira, Heloisa Estellita e Marcelo Cavali aludem à ideia de independência de instâncias como "fórmula mágica" invocada pelos entes estatais aleatoriamente para legitimar sanções múltiplas e descabidas:

> Esse cúmulo sancionatório baseado em uma só conduta não precisa ser aceito passivamente como mero dado da realidade. Aquele que comete infrações contrárias a bens jurídicos relevantes deve ser adequadamente punido, mas não parece razoável que tenha que se defrontar com várias cabeças do mesmo Estado. O argumento, sempre sacado da manga e usado indiscriminadamente, da 'independência das instâncias' penal e administrativa não é capaz, por si só, de domesticar o odioso *bis in idem*. [...]
>
> Todos estes problemas são terraplenados com o uso da fórmula mágica da 'independência das instâncias', por meio da qual se busca, na tradição de nosso país, como que varrer para debaixo do tapete problemas de sensível complexidade. Talvez a prova mais eloquente do fracasso desse subterfúgio seja o clima de forte insegurança que hoje reina no Brasil quanto aos efeitos e força dos acordos (de delação e de leniência), que parece frustrar as próprias finalidades da justiça negocial, especialmente no âmbito da repressão aos ilícitos contra a administração pública.[17]

5.3 Dever de avaliar a situação concreta e prestígio à tutela do Poder Judiciário

A questão, portanto, precisa ser examinada caso a caso, em vista do contexto em que estão inseridas as condutas, as investigações e os processos em curso acerca da mesma matéria. Cabe frear os excessos (especialmente os administrativos), inclusive porque o sistema sancionatório não foi concebido para satisfazer anseios *discricionários* de um ou outro gestor.

Em linhas gerais, cabe prestigiar a instrução coordenada pelo Poder Judiciário – seja ela em âmbito criminal, seja ela em meio a um processo de improbidade ou mesmo de índole civil.

Sob essa perspectiva, a compatibilidade entre as próprias persecuções precisa ser coordenada, sob pena de se admitir situações ilógicas mesmo nos cenários em que não há deliberação definitiva de alguma instância. Nesse plano, parece a este autor ser mais relevante examinar a própria independência da autoridade perante a qual tramita o processo (via judicial ou administrativa) do que estabelecer gradações entre os ramos do direito. O aproveitamento da solução, ainda que não para replicá-la *in totum*, será impositivo independentemente de sua origem (se penal ou cível).

Imagine-se uma hipótese em que o ente público (Estado) ingresse, ao lado do Ministério Público, com ação por improbidade contra particular que figura como seu prestador de serviços. Proposta a ação, o Estado tem pretensão cautelar de bloqueio de bens indeferida e, com a contestação e início da instrução, verifica que será improvável

---

[17] TEIXEIRA, Adriano; ESTELLITA, Heloisa; CAVALI, Marcelo. Ne bis in idem e o cúmulo de sanções penais e administrativas: Um "Estado Hidra de Lerna"?. *Jota*, 1º ago. 2018. Disponível em: https://www.jota.info/opiniao-e-analise/artigos/ne-bis-in-idem-e-o-cumulo-de-sancoes-penais-e-administrativas-01082018. Acesso em: 13 de ago. 2024.

que o particular seja condenado naquela conjuntura. Diante disso, a pretexto da "independência de instâncias", o Estado lança mão em paralelo de processos administrativos por meio da CGE, por exemplo, com base exatamente nos mesmos fatos e com vistas a impor penalidades equivalentes àquelas postuladas na ação de improbidade, na qual se revelaram baixas as chances de acolhimento do seu pedido. No caso cogitado, o Estado fundamenta essa persecução nas diretrizes da LAC – em especial, as decorrentes do art. 30, inc. I, que pretende afastar a vinculação entre as apurações.

Ora, tal situação gera perplexidade e subverte os valores primordiais do ordenamento. Pode até ser comparada à prática do instituto do atentado no processo civil, em que a parte inova propositalmente na situação do litígio. Note-se inclusive que, sem prejuízo das presunções de legitimidade que recaem sobre os atos administrativos, nesse caso o Estado é *parte* em medida judicial proposta com amparo na mesma suposta conduta delituosa. Como admitir que ele então chame para si a prerrogativa de abrir um processo internamente a fim de se atribuir a jurisdição para definir a punição a ser imposta ao particular? Nessa condição, o entendimento deste autor é no sentido de que as presunções (inclusive para fins de escrutínio interno) assumem uma posição mitigada e é preciso reconhecer o Judiciário como esfera apta a propiciar uma solução justa, equânime e imparcial.

Este autor reputa que tal caso seja uma completa distorção. Compromete a credibilidade do Estado e gera uma completa instabilidade social. Ainda que a solução judicial ainda não exista (ou não seja definitiva), o próprio desencadeamento de outro *processo* (ainda que sem a efetivação de sanções) em âmbito administrativo, sobre fatos comuns, é problemático. Poder-se-ia cogitar da necessidade de se propiciar sua abertura para evitar prazos decadenciais, mas ainda assim a medida seria de todo questionável. Em última análise, o Estado lançou mão (ele próprio), por primeiro, de ação perante o Poder Judiciário.

Ademais, os preceitos legais devem ser necessariamente visualizados de forma sistemática. Assim, a previsão do art. 30, I, da LAC não pode ser examinada de forma dissociada das diretrizes constantes na LIA – em especial, aquelas agregadas ao ordenamento pela Lei nº 14.230. Nelas, buscou-se justamente positivar mecanismos destinados a impedir as distorções derivadas do uso irrestrito e paradoxal da independência de instâncias como subterfúgio para multiplicar os processos e as sanções.

Assim, a ideia de compensação por eventual ressarcimento já efetivado (art. 12, §6º) e a expressa vedação ao *bis in idem* entre as normas, que consiste na consagração de prática ínsita à proporcionalidade (art. 12, §7º), precisam ser tomadas em conta nesses casos. A ideia de *dano* em torno da mesma conjuntura fática de uma só conduta, aliás, é una, e não pode ser segregada (e multiplicada) a depender da esfera.

5.4 Distinção entre múltiplos processos e múltiplas sanções

O tema da coerência pressupõe também uma distinção entre a vedação à limitação de processos (desencadeados de forma simultânea ou sucessiva) e de sanções.

A questão foi examinada de modo aprofundado em artigo de Gilmar Mendes, Bruno Tadeu Buonicore e Felipe da Costa De-Lorenzi. Sob o prisma da proporcionalidade, e do *ne bis in idem* como preceito dela corolário, os autores propõem uma distinção entre o *ne bis in idem* material (relativo à sanção em si) e o *ne bis in idem* processual (relativo aos processos). A análise é útil ao raciocínio ora desenvolvido e tem aplicação à persecução do ato de improbidade administrativa em razão das considerações em torno da sua natureza jurídica já realizadas mais acima:

> [...] se o processo penal é visto, em si mesmo, como uma intervenção em direito fundamental – e assim deve ser –, a dimensão processual parece também poder ser explicada com apelo à ideia de proporcionalidade, entendendo-se que a múltipla submissão a persecuções distintas pelo mesmo fato viola a proibição de excesso. A proporcionalidade, assim, seria elemento comum tanto à perspectiva material quanto à processual do *ne bis in idem*, mas, em relação a esta última, apenas como um fundamento complementar à concepção de segurança jurídica. Por sua vez, o princípio da legalidade, como antecipado, pouco tem a dizer sobre a proibição de múltiplo processamento.[18]

No mesmo texto, os autores formularam observação relevante em torno da incoerência de se admitir múltipla persecução se a multiplicidade de sanções não se afigura viável em determinada hipótese: "Contudo, o contrário – isto é, a independência entre processos, mas não entre sanções – não faz sentido, porque se não é permitida a cumulação de sanções, torna-se ilógico permitir a múltipla persecução".[19]

Não se está a negar aqui a possibilidade de abertura de processos distintos nem da imposição de sanções em relação à pluralidade normativa, como já esclarecido de forma clara em caráter introdutório. O aspecto central aqui é criticar a aplicação desmedida da lógica de independência de instâncias sem um exame específico da hipótese concreta, imprescindível para assegurar a coerência entre as soluções. Caso contrário, frustrado o intento judicializado, o gestor se sentirá sempre legitimado a desencadear ele próprio as providências (e consequências) que ele considera cabíveis.

Em qualquer caso, a unicidade do *jus puniendi* não se reflete apenas na necessidade de razoabilidade e coerência para evitar soluções *paradoxais*, mas também na necessidade de assegurar amplo acesso às garantias, em qualquer esfera, para que o acusado possa exercer a sua defesa de modo amplo e substancial – que, na hipótese cogitada, já resta comprometida de antemão, eis que o Estado estava inserido na condição de *parte* e já possuía solução premeditada acerca do caso.

5.5 Preceitos supralegais da Convenção Americana de Direitos Humanos

O Decreto nº 678, de 6.1.1992, recepcionou o Pacto de San Jose da Costa Rica (Convenção Americana de Direitos Humanos – "CADH") e previu que a referida convenção "deverá ser cumprida tão inteiramente como nela se contém" (art. 1º).

---

[18] MENDES, Gilmar; BUONICORE, Bruno Tadeu; DE-LORENZI, Felipe da Costa. Ne bis in idem entre direito penal e administrativo sancionador: considerações sobre a multiplicidade de sanções e de processos em distintas instâncias. *Revista Brasileira de Ciências Criminais: RBCCrim*, São Paulo, v. 192, p. 75-112, set./out. 2022. p. 5-6.

[19] MENDES, Gilmar; BUONICORE, Bruno Tadeu; DE-LORENZI, Felipe da Costa. Ne bis in idem entre direito penal e administrativo sancionador: considerações sobre a multiplicidade de sanções e de processos em distintas instâncias. *Revista Brasileira de Ciências Criminais: RBCCrim*, São Paulo, v. 192, p. 75-112, set./out. 2022. p. 11.

Da referida legislação, de caráter *supralegal*,[20] extrai-se previsão no sentido de que "O acusado absolvido por sentença passada em julgado não poderá ser submetido a novo processo pelos mesmos fatos" (Artigo 8º, item 4).

A referida norma é igualmente relevante ao presente exame. Implica prestígio à lógica do art. 21, §4º, da LIA, suspenso em atenção à decisão provisória (não definitiva) proferida pelo STF no bojo da já citada ADI nº 7.236.

5.6 A relevância do art. 21, §4º, da LIA

A esse respeito – e aos impactos relevantes da previsão do referido dispositivo – cabe esclarecer que este autor se alinha à doutrina[21] que não entende haver incompatibilidade da previsão do 21, §4º, da LIA com a lógica constitucional do art. 37, §4º, reforçada pelo Artigo 8º, item 4 da CADH. O dispositivo parece plenamente regular, inclusive em vista da imprescindível ponderação com os valores de coerência, segurança jurídica e proporcionalidade.

Em recente obra sobre a reforma da LIA, Fernando Gajardoni, Luana Cruz, Luiz Gomes Junior e Rogério Favreto se posicionaram pela constitucionalidade do artigo em questão. Segundo os autores, o art. 37, §4º da CF – ao tratar da improbidade administrativa – não impediu que a absolvição criminal gerasse efeitos sobre a ação civil. Ao estabelecer que é possível apuração concomitante nas duas esferas (civil e criminal), a Constituição Federal não fechou a possibilidade de o legislador infraconstitucional estabelecer os critérios de comunicação dos fundamentos entre elas.[22]

Em artigo sobre o tema, as advogadas Rafaella Bahia Spacho e Kamile Meideiros do Valle fizeram pertinentes observações sobre a finalidade e relevância da previsão incorporada pelo art. 21, §4º, da LIA:

> Entretanto, o art. 21, §4º na LIA não ignora a independência das instâncias, mas pretende afastar uma multiplicidade injusta de esferas punitivas ao mesmo agente e sobre o mesmo fato. Tem como objeto ponderar a ação do poder sancionador, evitando-se decisões conflitantes. Persistindo a possibilidade de condenação por improbidade administrativa daquele que foi absolvido por decisão colegiada na esfera criminal, com base nos exatos mesmos fatos, haveria contradição. [...]

> Impedir a comunicabilidade excepcional das instâncias, como prevê o art. 21, §4º, LIA, significa permitir que o mesmo Estado que não vê ilicitude na esfera criminal qualifique a mesma conduta como ímproba e penalize gravemente o agente na esfera cível. Não se verifica qualquer segurança jurídica nessa situação. [...]

> A equivalência dos fatos exige uma resposta jurisdicional idêntica, razão pela qual o princípio de independência entre as esferas sancionadoras deve ser mitigado, em favor de outro princípio, típico do direito sancionador, o non bis in idem (não devem ser aplicadas duas penalidades para o mesmo fato).[23]

---

[20] STF, RE 466.343/SP, Plenário, Rel. Min. Cezar Peluso, *DJe* 5.6.2009.

[21] AMARAL, Paulo Osternack; WATANABE, Doshin. *Manual do Processo de Improbidade Administrativa*. Londrina: Thoth, 2023. p. 107.

[22] GAJARDONI, Fernando da Fonseca *et al*. *Comentários à Nova Lei de Improbidade Administrativa*: Lei 8.429/1998, com as alterações da Lei 14.230/2021. São Paulo: RT, 2022. p. 494.

[23] SPACH, Rafaella Bahia; VALLE, Kamile Medeiros do. Comunicabilidade entre instâncias (na Lei de Improbidade administrativa) deve voltar à pauta do Supremo. *Migalhas*, 16 de fev. 2023. Disponível em: https://www.migalhas.

Essas percepções são relevantes e confirmam o descabimento da tese (genérica) da independência de instâncias para justificar a abertura de múltiplos processos e desenfreadas sanções em torno dos mesmos fatos. A questão, como já esclarecido, pressupõe necessariamente um exame do caso concreto e das peculiaridades a ele inerentes.

Nessa linha de intelecção, o art. 21, §4º, da LIA afigura-se relevante a impedir a conjugação de decisões incompatíveis e temerárias. Não se trata do único instrumento legal a indicar tal consequência, extraível de valores fundamentais relacionados à proporcionalidade, mas constitui valiosa contribuição destinada a solucionar o tema.

5.7 Comunicação feita a partir da absolvição por improbidade ao direito penal

O Superior Tribunal de Justiça (STJ) teve a oportunidade de enfrentar o assunto por ocasião do Recurso em Habeas Corpus (RHC) nº 173.448/DF.[24] A lógica da análise ora sob comento seguiu a tendência inversa: pretendeu-se trancar ação penal em razão de absolvição consumada no bojo de processo por improbidade, no qual o Judiciário concluiu pela inexistência de dolo.

O voto condutor do acórdão, de lavra do Ministro Reynaldo Soares da Fonseca, mencionou a independência entre as instâncias civil, penal e administrativa. Mas, ao mesmo tempo, lembrou que "É pertinente, todavia, na esfera penal, considerar os argumentos contidos na decisão absolutória na via da improbidade administrativa como elementos de persuasão". Nessa linha, lembrou de outro precedente acerca do tema.[25]

Nessa linha, o acórdão observou que a paciente fora absolvida na ação por improbidade em virtude da ausência do elemento subjetivo *dolo*. Prosseguiu formulando considerações cuja excelência recomenda sua reprodução *ipsis literis*:

> Como é de conhecimento, a independência das esferas tem por objetivo o exame particularizado do fato narrado, com base em cada ramo do direito, devendo as consequências cíveis e administrativas ser aferidas pelo juízo cível e as repercussões penais pelo Juízo criminal, dada a especialização de cada esfera. No entanto, as consequências jurídicas recaem sobre o mesmo fato. [...]
>
> *Nessa linha de intelecção, não é possível que o dolo da conduta em si não esteja demonstrado no juízo cível e se revele no juízo penal, porquanto se trata do mesmo fato, na medida em que a ausência do requisito subjetivo provado interfere na caracterização da própria tipicidade do delito, mormente se se considera a doutrina finalista (que insere o elemento subjetivo no tipo), bem como que os fatos aduzidos na denúncia não admitem uma figura culposa, culminando-se, dessa forma em atipicidade, ensejadora do trancamento ora visado.*

---

com.br/depeso/381672/comunicabilidade-entre-instancias-deve-voltar-a-pauta-do-supremo. Acesso em: 13 de ago. 2024.

[24] STJ, RHC 173.448/DF, Quinta Turma, Rel. Min. Reynaldo Soares da Fonseca, *DJe* 13.3.2023.

[25] STJ, REsp 1.847.488/SP, Quinta Turma, Rel. Min. Ribeiro Dantas, *DJe* 26.4.2021.

Com amparo nesses fundamentos, concluiu o voto condutor que a ausência de dolo e de obtenção de vantagem indevida, já confirmadas em ação por improbidade, elimina a justa causa para a persecução penal.

A fundamentação e respectiva conclusão do julgado são extremamente relevantes. Revelam-se consentâneas com o entendimento deste autor, e implicam prestígio aos valores de segurança jurídica e proporcionalidade, além de valorizar a coerência entre as decisões judiciais e impedir a existência de possíveis soluções conflitantes e paradoxais.

6 Considerações finais

A prerrogativa (em abstrato) de múltiplo processamento e sancionamento pelos mesmos fatos deriva do pluralismo dimensional de normas. Isso é inquestionável e pode ser visualizado mediante exame expresso das diretrizes diluídas em variados diplomas normativos (CC, LIA, LAC, Estatuto dos Servidores Federais etc.).

Isso, no entanto, não é pressuposto para a adoção de soluções paradoxais. A penalização desenfreada é incompatível com as próprias bases subjetivas que legitimam as sanções, com viés não apenas repressivo, mas também educativo. Em nenhum ramo se admite a utilização de tais mecanismos com propósito específico de destruição. Impõe-se, pois, observância de tais diretrizes em torno do dever de coerência e proporcionalidade.

Nesse plano, será fundamental examinar o encaminhamento da primeira persecução (condenatória ou absolutória) e as avaliações realizadas no processo em meio à instrução. Caberá também visualizar a origem da autoridade a quem incumbe decidir (judicial ou administrativa) e priorizar (ou compatibilizar) as soluções, sempre no intuito de impedir a consolidação de definições inconciliáveis.

Por fim, o exame não deve necessariamente observar uma ordem de prioridades (do penal para a improbidade, por exemplo), mas as bases do encaminhamento dado ao primeiro processo, qualquer que seja sua esfera, priorizando a segurança jurídica caso haja persecução em curso no âmbito de outra instância.

A jurisprudência tem evoluído no sentido de propiciar soluções mais equânimes a esse respeito, e a legislação tem acompanhado essa tendência. Sob esse aspecto, será relevante monitorar o desfecho da ADI nº 7.236 – em especial, a definição que o STF atribuirá ao alcance do art. 21, §4º, da LIA. Isso será relevante para materializar, de forma ainda mais clara, o dever de coerência e proporcionalidade que deve existir em torno de qualquer processo sancionatório, cujo núcleo originário é *comum*.

Com isso, espera-se que as breves reflexões aqui elaboradas possam estimular cada vez mais a concepção de soluções razoáveis, coerentes e, principalmente, desvinculadas de uma "fórmula mágica" incompatível com ideais de proporcionalidade e razoabilidade. A intenção foi (é) propiciar a solidificação de mecanismos tendentes à construção de um país melhor e mais justo. As meditações seguem a linha dos ensinamentos e valores adquiridos ao longo de vários anos trabalhando (*rectius*, aprendendo) com o Prof. Marçal Justen Filho, pessoa a quem dedico minha gratidão e minha homenagem por meio desta singela contribuição.

Referências

AMARAL, Paulo Osternack; WATANABE, Doshin. *Manual do Processo de Improbidade Administrativa*. Londrina: Thoth, 2023.

ARAÚJO, Valter Shuenquener de. O princípio da interdependência das instâncias punitivas e seus reflexos no Direito Administrativo Sancionador. *Revista Jurídica da Presidência*, Brasília, v. 23, n. 131, p. 629-653, out. 2021/jan. 2022.

COSTA, Helena Lobo da. Direito administrativo sancionador e direito penal: a necessidade de desenvolvimento de uma política sancionadora integrada. *In*: BLAZECK, Luiz Mauricio Souza; MARZAGÃO JÚNIOR, Laerte I. (Coord.). *Direito Administrativo Sancionador*. São Paulo: Quartier Latin, 2014.

GAJARDONI, Fernando da Fonseca *et al*. *Comentários à Nova Lei de Improbidade Administrativa*: Lei 8.429/1998, com as alterações da Lei 14.230/2021. São Paulo: RT, 2022.

GUIMARÃES, Bernardo Strobel *et al*. *A Nova Improbidade Administrativa*. 1. ed. Rio de Janeiro: Forense, 2023.

JUSTEN FILHO, Marçal. *Reforma da Lei de Improbidade Administrativa Comparada e Comentada*. 1. ed. Rio de Janeiro: Forense, 2022.

MENDES, Gilmar Ferreira. A improbidade administrativa pelo Supremo Tribunal Federal. *In*: MARQUES, Mauro Campbell (Coord.). *Improbidade Administrativa*: temas atuais e controvertidos. Rio de Janeiro: Forense, 2017.

MENDES, Gilmar; BUONICORE, Bruno Tadeu; DE-LORENZI, Felipe da Costa. Ne bis in idem entre direito penal e administrativo sancionador: considerações sobre a multiplicidade de sanções e de processos em distintas instâncias. *Revista Brasileira de Ciências Criminais: RBCCrim*, São Paulo, v. 192, p. 75-112, set./out. 2022.

OSÓRIO, Fábio Medina. *Teoria da Improbidade Administrativa*: má gestão pública, corrupção, ineficiência. São Paulo: RT, 2020.

SANTOS, Rodrigo Valgas dos. *Direito Administrativo do Medo*. 3. ed. São Paulo: RT, 2023.

SPACH, Rafaella Bahia; VALLE, Kamile Medeiros do. Comunicabilidade entre instâncias (na Lei de Improbidade administrativa) deve voltar à pauta do Supremo. *Migalhas*, 16 de fev. 2023. Disponível em: https://www.migalhas.com.br/depeso/381672/comunicabilidade-entre-instancias-deve-voltar-a-pauta-do-supremo. Acesso em: 13 de ago. 2024.

TEIXEIRA, Adriano; ESTELLITA, Heloisa; CAVALI, Marcelo. Ne bis in idem e o cúmulo de sanções penais e administrativas: Um "Estado Hidra de Lerna"? *Jota*, 1º ago. 2018. Disponível em: https://www.jota.info/opiniao-e-analise/artigos/ne-bis-in-idem-e-o-cumulo-de-sancoes-penais-e-administrativas-01082018. Acesso em: 13 de ago. 2024.

Informação bibliográfica deste texto, conforme a NBR 6023:2018 da Associação Brasileira de Normas Técnicas (ABNT):

ROMERO, William. A "independência de instâncias": os impactos da ação e das sanções por improbidade nas esferas civil, penal e administrativa. *In*: JUSTEN, Monica Spezia; PEREIRA, Cesar; JUSTEN NETO, Marçal; JUSTEN, Lucas Spezia (coord.). *Uma visão humanista do Direito*: homenagem ao Professor Marçal Justen Filho. Belo Horizonte: Fórum, 2025. v. 1, p. 1013-1029. ISBN 978-65-5518-918-6.

SOBRE OS AUTORES

Adilson Abreu Dallari
Professor Titular de Direito Administrativo pela Faculdade de Direito da PUC-SP. Membro do Conselho Científico da Sociedade Brasileira de Direito Público – SBDP. Membro do Conselho Consultivo da Associação Brasileira de Direito Administrativo e Econômico – Abradade. Membro do Conselho Superior de Orientação do Instituto Brasileiro de Estudos de Direito Administrativo, Financeiro e Tributário – IBEDAFT. Membro do Instituto dos Advogados de São Paulo (IASP). Consultor Jurídico.

Adriana da Costa Ricardo Schier
Advogada do escritório Bacellar & Andrade. Doutora e Mestre pela Universidade Federal do Paraná. Pós-Doutora pela Pontifícia Universidade Católica do Paraná. Professora de Direito Administrativo do Centro Universitário Autônomo do Brasil – UniBrasil – na Graduação, no Mestrado e Doutorado em Direito. Presidente da Comissão de Estudos em Fomento e Poder de Polícia do Instituto Brasileiro de Direito Administrativo. Presidente do Instituto Paranaense de Direito Administrativo. Vice-Presidente da Comissão de Infraestrutura e Desenvolvimento da OAB/PR.

Alexandre Ditzel Faraco
Doutor e Livre-Docente pela Universidade de São Paulo. Professor Associado do Departamento de Direito Público da Universidade Federal do Paraná.

Alexandre Santos de Aragão
Professor Titular de Direito Administrativo da Universidade do Estado do Rio de Janeiro. Doutor em Direito do Estado pela Universidade de São Paulo. Mestre em Direito Público pela UERJ. Procurador do Estado do Rio de Janeiro. Árbitro. Advogado.

Alice Danielle Silveira de Medeiros
Mestre em Direito do Estado pelo Programa de Pós-Graduação da Universidade Federal do Paraná. Pós-Graduada em Contratações Públicas pela Universidade de Coimbra. Especialista em Licitações e Contratos Públicos com Tópicos Especiais em Direito das Concessões pela Pontifícia Universidade Católica do Paraná. Membro da Comissão de Gestão Pública, Transparência e Controle da Administração da OAB/PR. Advogada.

Ana Carolina Sette da Silveira
Bacharel em Direito pela Faculdade Milton Campos. Pós-Graduada em Direito Ambiental. MBA em Infraestrutura, Concessões e Parcerias Público-Privadas pela PUC Minas. Certificação CP3P. Advogada e consultora jurídica.

Ana Cristina Aguilar Viana
Doutora em Direito Público pela Universidade Paris 1 Panthéon-Sorbonne. Doutora em Direito do Estado pela Universidade Federal do Paraná. Advogada e professora.

André Cyrino
Professor Associado de Direito Administrativo da Faculdade de Direito da Universidade do Estado do Rio de Janeiro. *Master of Laws* pela Yale Law School (EUA). Doutor e Mestre em Direito Público pela UERJ.

André Guskow Cardoso
Mestre em Direito do Estado pela Universidade Federal do Paraná. Sócio de Justen, Pereira, Oliveira e Talamini – Sociedade de Advogados.

André Rosilho
Professor da FGV Direito SP. Doutor em Direito pela USP. Mestre em Direito pela FGV Direito SP.

Angela Cassia Costaldello
Professora Titular de Direito Administrativo da Faculdade de Direito da Universidade Federal do Paraná, e de Direito Urbanístico do Departamento de Direito Público e do Programa da Pós-Graduação em Direito da UFPR. Advogada e parecerista.

Antonio Anastasia
Bacharel em Direito pela Universidade Federal de Minas Gerais e Mestre em Direito pela Universidade Federal de Minas Gerais. Foi Professor de Direito Administrativo da Faculdade de Direito da UFMG de 1993 a 2022. Professor da FGV, do IDP, da Unipac e do Imepac. Foi Secretário-Executivo dos Ministérios do Trabalho e da Justiça, Secretário de Estado de diversas pastas no Governo de Minas Gerais, Vice-Governador do Estado de Minas Gerais, Governador do Estado de Minas Gerais, Senador da República por Minas Gerais. Atualmente é Ministro do Tribunal de Contas da União desde 2022.

Atalá Correia
Doutor e Mestre em Direito pela Universidade de São Paulo. Juiz de Direito no Tribunal de Justiça do Distrito Federal e Territórios. Diretor Acadêmico do IDP.

Caio Felipe Caminha de Albuquerque
Mestre em Direito e Desenvolvimento Sustentável. Profissional certificado em PPPs e Concessões pela APMG International (CP3P-F, P, E). Secretário Adjunto de Logística e Concessões de Mato Grosso. Procurador do Estado de Mato Grosso. Advogado e consultor jurídico.

Carlos Ari Sundfeld
Professor Titular da FGV Direito SP. Doutor e Mestre em Direito pela PUC-SP.

Carmen Silvia Lima de Arruda
PhD em Direito Público pela Università di Pavia. Doutora e Mestre pela UFF. *Juris Doctor* pela University of Miami. Pesquisadora vinculada ao Cedau. Desembargadora Federal do Tribunal Regional Federal da 2ª Região.

Caroline Maria Vieira Lacerda
Doutora em Direito pela Universidade de Brasília. Mestra em Direito Administrativo pelo IDP. Professora de Direito Administrativo no IDP, e de Direito Eleitoral na UNB. Advogada.

Clèmerson Merlin Clève
Professor Titular das Faculdades de Direito da UFPR e do UniBrasil Centro Universitário.

David Pereira Cardoso
Mestre pela UFPR. Advogado.

Doshin Watanabe
Mestre em Direito Processual Civil pela UFPR. Advogado.

Edilson Pereira Nobre Junior
Professor Titular da Faculdade de Direito do Recife – Universidade Federal de Pernambuco. Desembargador do Tribunal Regional Federal da Quinta Região. Membro do Instituto Internacional de Derecho Administrativo – IIDA e do Instituto de Direito Administrativo Sancionador – Idasan.

Edson Ribas Malachini
Mestre e Doutor em Direito pela Universidade Federal do Paraná. Professor aposentado de Direito Processual Civil da UFPR. Membro fundador da Academia Paranaense de Letras Jurídicas e do Instituto Paranaense de Direito Processual. Desembargador aposentado do Tribunal de Justiça do Paraná. Advogado.

Egon Bockmann Moreira
Professor Titular de Direito Econômico da Faculdade de Direito da UFPR.

Eurico Bitencourt Neto
Professor de Direito Administrativo da Faculdade de Direito da UFMG. Doutor em Ciências Jurídico-Políticas pela Universidade de Lisboa.

Felipe Scripes Wladeck
Mestre em Processo Civil pela Universidade de São Paulo. Membro do IBDP – Instituto Brasileiro de Direito Processual. Membro do CBAr – Comitê Brasileiro de Arbitragem. Membro do CIArb Brazil Branch. Advogado.

Fernando Menezes de Almeida
Professor titular da Faculdade de Direito da Universidade de São Paulo.

Flávia Tapajós Teixeira
Bacharel em Direito pelo Instituto de Educação Superior de Brasília (IESB). Advogada.

Flávio Cheim Jorge
Professor Titular da Universidade Federal do Espírito Santo. Doutor e Mestre em Direito Processual Civil pela PUC-SP. Foi Juiz Titular – Classe dos Juristas – do Tribunal Regional Eleitoral do Espírito Santo (TRE-ES). Membro do IBDP e da Abradep. Advogado.

Flavio José Roman
Doutor e Mestre em Direito Administrativo pela PUC-SP. Procurador do Banco Central, atualmente Advogado-Geral da União Substituto. Professor de Direito Administrativo no IDP.

Flávio Unes
Doutor e Mestre em Direito Administrativo pela Universidade Federal de Minas Gerais. Diretor Jurídico Titular da FIESP. Professor do Mestrado Profissional do IDP (São Paulo/SP). Sócio do Silveira e Unes Advogados. Foi Assessor Especial da Presidência do STF, Assessor de Ministro do STJ e Assessor de Ministro do TSE. Exerceu o cargo de Secretário Adjunto da Casa Civil e Relações Institucionais do Governo de Minas Gerais, além de ter sido Assessor Parlamentar no Senado Federal.

Floriano de Azevedo Marques Neto
Professor Titular de Direito Administrativo da FDUSP.

Francisco Schertel Mendes
Doutor pela Humbodt-Universität zu Berlin. Mestre em Direito, Estado e Constituição pela Universidade de Brasília. Diretor-Geral do IDP.

Francisco Zardo
Doutorando em Direito Administrativo na USP. Mestre em Direito do Estado pela UFPR. Presidente da Comissão de Direito Administrativo Sancionador do IBDA. Advogado.

Gilmar Ferreira Mendes
Doutor em Direito pela Universidade de Münster, Alemanha. Professor de Direito Constitucional do Instituto Brasileiro de Ensino, Desenvolvimento e Pesquisa (IDP). Ministro do Supremo Tribunal Federal (STF).

Giulia De Rossi Andrade
Doutoranda e Mestre em Direito Econômico e Desenvolvimento pela Pontifícia Universidade Católica do Paraná. Bolsista da Coordenação de Aperfeiçoamento de Pessoal de Nível Superior – Capes. Diretora Acadêmica Adjunta do Instituto Paranaense de Direito Administrativo. Editora da *Global Review of Constitutional*. Advogada.

Giuseppe Giamundo Neto
Doutorando e Mestre em Direito do Estado pela Faculdade de Direito da Universidade de São Paulo. Sócio fundador do Giamundo Neto Advogados.

Igor Diniz Klautau de Amorim Ferreira
Advogado. Pós-Graduado em Licitações e Contratos Administrativos pela PUCPR.

Isadora Chansky Cohen
Sócia da ICO Consultoria. Foi secretária-executiva de Transportes Metropolitanos do Estado de São Paulo, secretária do Programa de Desestatização. Fundadora e apresentadora do Infracast. Presidente Infra Women Brazil (2020-2022). Professora do MBA LSE FESP. Pesquisadora da FIPE.

Jacinto Nelson de Miranda Coutinho
Professor Titular de Direito Processual Penal da Faculdade de Direito da Universidade Federal do Paraná (aposentado). Professor do Programa de Pós-Graduação em Ciências Criminais da Pontifícia Universidade Católica do Rio Grande do Sul. Professor do Programa de Pós-Graduação em Direito da Faculdade Damas, Recife. Professor do Programa de Pós-Graduação em Direito da Univel, Cascavel. Especialista em Filosofia do Direito (PUCPR). Mestre (UFPR). Doutor (Università degli Studi di Roma "La Sapienza"). Procurador do Estado do Paraná (aposentado). Advogado.

Jefferson Lemes dos Santos
Especialista em Direito Ambiental pela UFPR. Mestrando em Direito Ambiental pela PUCPR.

Jessé Torres Pereira Junior
Desembargador aposentado. Conferencista emérito de Direito Administrativo e presidente do Fórum Permanente de Gestão Pública Sustentável, da Escola da Magistratura do Tribunal de Justiça do Estado do Rio de Janeiro. Membro de conselhos editoriais de revistas nacionais especializadas em Direito Público.

José Sérgio da Silva Cristóvam
Professor Adjunto de Direito Administrativo da UFSC. Mestre e Doutor em Direito pela UFSC, com estágio de Doutoramento Sanduíche junto à Universidade de Lisboa – Portugal. Membro fundador e Presidente do Instituto de Direito Administrativo de Santa Catarina (IDASC). Advogado.

José Vicente Santos de Mendonça
Professor Associado de Direito Administrativo da UERJ. Doutor e Mestre em Direito Público pela UERJ.

Juliana Bonacorsi de Palma
Professora Associada da FGV Direito SP. Coordenadora do Núcleo Público da FGV. Mestre e Doutora pela Faculdade de Direito da USP. LL.M. pela Yale Law School.

Karlin Olbertz Niebuhr
Mestra e Doutora em Direito do Estado pela Universidade de São Paulo. Advogada.

Leila Cuéllar
Mestre e Doutora em Direito pela UFPR. Especialista em Regulação Econômica (Universidade de Coimbra). Educação Executiva em Mediação (Harvard Law School e Pepperdine Law School). Procuradora do Estado do Paraná.

Licínio Lopes Martins
Professor da Faculdade de Direito da Universidade de Coimbra. Investigador do Instituto Jurídico.

Lucas Spezia Justen
Acadêmico de Direito do IDP.

Luciano Ferraz
Professor Associado IV de Direito Administrativo na UFMG. Professor Adjunto IV de Direito Administrativo e Financeiro na PUC-Minas. Mestre e Doutor em Direito Administrativo pela UFMG, com Pós-Doutorado pela Universidade Nova de Lisboa. Advogado e consultor jurídico.

Luiz Felipe Hadlich Miguel
Pós-Doutor em Direito Público pela Faculdade de Direito da Universidade de Coimbra. Doutor e Mestre em Direito do Estado pela Faculdade de Direito da Universidade de São Paulo. Advogado.

Luiz Henrique Lima
Conselheiro Substituto do TCE-MT. Doutor e Mestre em Planejamento Energético (COPPE-UFRJ). Especialista em Finanças Corporativas (PUC-Rio). Bacharel em Ciências Econômicas (UFRJ). Conselheiro certificado CCA-IBGC.

Marcelo Boss Fábris
Bacharel em Direito pela UFSC. Mestrando em Direito pelo Programa de Pós-Graduação em Direito da UFSC. Advogado.

Márcio Cammarosano
Doutor em Direito do Estado pela PUC-SP. Professor de Direito Administrativo nos cursos de Graduação e Pós-Graduação da PUC-SP. Presidente do Instituto CEDDE. Ex-Presidente do IBDA e do IBDM. Advogado, parecerista e árbitro.

Marcus Vinicius Barbosa
Mestre em Direito Tributário e Doutorando em Direito Público pela UERJ. Master of Laws pela Columbia Law School (EUA).

Maria Augusta Rost
Mestre em Direito do Estado pela Universidade de Brasília. MBA em Regulação e Economia pela FGV. Especialista em Processo Civil nos Tribunais Superiores pelo Centro Universitário de Brasília. Membro do Comitê Brasileiro de Arbitragem – CBAr. Professora voluntária da disciplina de Arbitragem na Universidade de Brasília – UnB. Advogada.

Maria Cristina Cesar de Oliveira
Mestre e Doutora em Direito pela Universidade Federal do Pará. Professora Associada III, aposentada, UFPA. Consultora Jurídica do Estado do Pará, aposentada. Advogada. Diretora Acadêmica do Idapar.

Mariana Fernandes Beliqui
Mestre em Direito pela Universidade Federal do Espírito Santo. Especialista em Direito Administrativo pela Pontifícia Universidade Católica de Minas Gerais. Advogada.

Marina Fontão Zago
Professora de Direito Administrativo na Faculdade de Direito da Universidade de São Paulo. Doutora em Direito do Estado pela Faculdade de Direito da Universidade de São Paulo. Mestra em Gestão e Políticas Públicas pela Escola de Administração de Empresas da Fundação Getúlio Vargas – EAESP/FGV. Advogada.

Marina Kukiela
Mestre em Direito Internacional Privado e Comércio Internacional pela Université Panthéon-Assas. Graduada em Direito pela Universidade Federal do Paraná e em Administração pela Unifae. Advogada.

Mauro Roberto Gomes de Mattos
Graduado em Direito pela UERJ. Advogado, sócio fundador do escritório Gomes de Mattos – Advogados Associados desde 1987. Vice-Presidente do Instituto Ibero Americano de Direito Público – IADP.

Mayara Gasparoto Tonin
Mestre em Direito Comercial pela Universidade de São Paulo. Graduada em Direito pela Universidade Federal do Paraná e em Economia pelo IDP. Advogada associada da Justen, Pereira, Oliveira e Talamini.

Monica Spezia Justen
Advogada. Mestre em Direito pela UFPR. Autora do livro *A Noção de Serviço Público no Direito Europeu*.

Murilo Tambasco
Graduado em Economia pela Facamp. Foi consultor econômico-financeiro na ICO Consultoria e pesquisador pela Fipe. Pesquisador no Núcleo de Estudos em Conjuntura (NEC-Facamp).

Paulo Henrique dos Santos Lucon
Livre Docente e Professor Associado de Direito Processual Civil da Faculdade de Direito da USP. Vice-Presidente do Conselho do Instituto Brasileiro de Direito Processual – IBDP. Participou da Comissão Especial do Código de Processo Civil na Câmara dos Deputados. Foi Juiz do Tribunal Regional Eleitoral de São Paulo e Presidente da Comissão de Ética da Presidência da República. Advogado.

Paulo Modesto
Professor de Direito Administrativo da UFBA. Presidente do Instituto Brasileiro de Direito Público. Presidente do Instituto de Direito Administrativo da Bahia. Membro do Ministério Público da Bahia. Ex-Consultor Jurídico e Assessor Especial do Ministério da Administração Federal e Reforma do Estado do Brasil. Editor do *site* www.direitodoestado.com.br.

Paulo Osternack Amaral
Pós-Doutor em Direito Processual pela Universidade de Lisboa. Doutor e Mestre em Direito Processual pela Universidade de São Paulo. Coordenador e professor do curso de pós-graduação em Direito Processual Civil da Escola da Magistratura Federal – Esmafe/PR. Membro do IBDP – Instituto Brasileiro de Direito Processual. Advogado.

Paulo Soares Bugarin
Subprocurador-Geral do Ministério Público de Contas junto ao Tribunal de Contas da União (MPTCU). Procurador-Geral, de 2013 a 2017. Presidente de Comitê de Sustentabilidade Socioambiental e Mudanças Climáticas do MPTCU. Mestre em Direito Público pela UnB e Mestre em Gestão e Economia de Empresas pela DEA de Analyse Industrielle – Univ. de Paris 1 – Sorbonne.

Rafael Carvalho Rezende Oliveira
Visiting Scholar pela Fordham University School of Law (Nova Iorque). Pós-Doutor pela UERJ. Doutor em Direito pela UVA-RJ. Mestre em Teoria do Estado e Direito Constitucional pela PUC-Rio. Professor Titular de Direito Administrativo do IBMEC. Professor do Mestrado Acadêmico em Direito da Universidade Cândido Mendes. Professor de Direito Administrativo da EMERJ. Procurador do Município do Rio de Janeiro. Árbitro e consultor jurídico.

Rafael Munhoz de Mello
Mestre em Direito do Estado pela PUC-SP. Advogado. Árbitro.

Ricardo Barretto de Andrade
Doutor e Mestre em Direito pela Universidade de Brasília (UnB). Sócio de Fenelon Barretto Rost Advogados.

Ricardo de Paula Feijó
Mestre e Doutorando em Direito do Estado pela UFPR. Presidente da Comissão de Apostas do Instituto Brasileiro de Direito Regulatório – IBDRE. Advogado sócio de Feijó Souza Advogados.

Rita Tourinho
Mestre em Direito Público pela UFPE. Doutora em Direito Público pela UFBA. Professora Adjunta da UFBA. Promotora de Justiça do Estado da Bahia. Coordenadora do Centro de Apoio às Promotorias do Patrimônio Público do MPBA.

Rodrigo Xavier Leonardo
Professor Associado de Direito Civil na Universidade Federal do Paraná – UFPR. Doutor em Direito Civil na Universidade de São Paulo – USP. Advogado.

Rogéria Dotti
Doutora e Mestre pela Universidade Federal do Paraná. Secretária-Geral do Instituto Brasileiro de Direito Processual – IBDP. Presidente da Comissão de Processo Civil da OABPR. Membro do Instituto Iberoamericano de Derecho Procesal. Membro da International Association of Procedural Law. Advogada.

Ruy Fernando de Oliveira
Desembargador aposentado do Tribunal de Justiça do Estado do Paraná. Foi 1º Vice-Presidente do Tribunal de Justiça do Estado do Paraná, presidente da Associação dos Magistrados do Paraná (1998-99) e diretor-Geral da Escola da Magistratura do Paraná.

Tercio Sampaio Ferraz Junior

Professor titular da Pontifícia Universidade Católica de São Paulo. Professor aposentado da Universidade de São Paulo. Professor emérito pela Faculdade de Direito da USP – Ribeirão Preto. Doutor em Filosofia pela Johannes Gutemberg Universitat de Mainz e em Direito pela Universidade de São Paulo. Graduado em Filosofia, Letras e Ciências Humanas pela Universidade de São Paulo (1964), em Ciências Jurídicas e Sociais pela Universidade de São Paulo.

Teresa Arruda Alvim

Livre-Docente. Doutora e Mestre em Direito pela PUC-SP. Advogada.

Vitor Galvão Fraga

Doutorando em Direito Constitucional e Democracia pela Universidade de Brasília. Mestre em Direito do Estado e Regulação pela Universidade Federal de Pernambuco. Advogado do Senado Federal.

Vivian Cristina Lima López Valle

Doutora e Mestre em Direito do Estado pela Universidade Federal do Paraná. Professora Titular do Curso de Direito da Pontifícia Universidade Católica do Paraná.

Wallace Paiva Martins Junior

Bacharel em Direito. Mestre e Doutor em Direito do Estado (USP). Procurador de Justiça (MPSP) e Professor de Direito Administrativo (graduação) e Direito Ambiental (programa de pós-graduação *stricto sensu*) (Unisantos).

William Romero

Especialista em Direito Processual Civil. Graduado em Direito pela Faculdade de Direito de Curitiba – Unicuritiba. Advogado de Justen, Pereira, Oliveira & Talamini.

Yasser Gabriel

Professor da FGV Direito SP. Doutor em Direito pela USP. Mestre em Direito pela FGV Direito SP.

Esta obra foi composta em fonte Palatino Linotype, corpo 10
e impressa em papel Offset 63g (miolo) e Supremo 250g (capa)
pela Gráfica Forma Certa.